G. DONIGUIAN & SONS PUBLISHING HOUSE

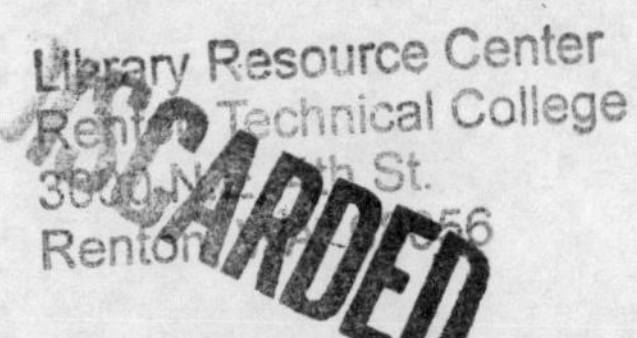

ENGLISH-ARMENIAN
Modern Dictionary

BY

MARDIROS KOUSHAKDJIAN

&

REV. DICRAN KHANTROUNI

BEIRUT

1989

ՀՐԱՏԱՐԱԿՉԱՏՈՒՆ Կ. ՏՕՆԻԿԵԱՆ ԵՒ ՈՐԴԻՔ

ԱՆԳԼԵՐԷՆԷ-ՀԱՅԵՐԷՆ

Արդի Բառարան

Աշխատասիրեցին՝

ՄԱՐՏԻՐՈՍ ԳՈՒՇԱԳՃԵԱՆ

Եւ

ՎԵՐ. ՏԻԳՐԱՆ ԽՆԴՐՈՒՆԻ

ՊԷՅՐՈՒԹ

1989

ԾԱՆՕԹՈՒԹԻՒՆ

A տառէն մինչեւ L տառը (ներառեալ) եւ U-էն Z տառերը Մարտիրոս Գուշագճեան, իսկ M տառէն մինչեւ T գիրը վեր. Տիգրան Խնդրունի աշխատասիրած են։

Ստուգիչ սրբագրողներ՝

ՓԱՐԱՄԱԶ Կ. ՏՕՆԻԿԵԱՆ

եւ

ԱՐՏԱՇԷՍ ՏԷՐ ԽԱՉԱՏՈՒՐԵԱՆ

Verifier proof-readers :

PARAMAZ G. DONIGUIAN

&

ARDACHES
DER KHATCHADOURIAN

ՄԵՐ ԲԱՌԱՐԱՆՆԵՐԸ

Մեր մտահոգութիւնը եղած է բառարաններու հրատարակութեամբ հայ կեանքէն ներս բաց մը գոցել։

Արդէն 1953ին, լոյս ընծայեցինք Գ. Գ. Աճէմեանի Անգլերէնէ–Հայերէն բառարանը (576 երկսիւնակ էջ)։

1968ին՝ լոյս տեսաւ «Հայոց Լեզուի Նոր Բառարանը» (922 երկսիւնակ էջ), աշխատասիրութիւն՝ Արտաշէս Տէր Խաչատուրեանի, Հըրանդ Գանգրունիի եւ Փարամազ Կ. Տօնիկեանի, որ ջերմ ընդունելութիւն գտաւ ըլլա՛յ Հայրենիքի, ըլլա՛յ արտասահմանի մէջ։

Այսօր ալ, 1970ի սեմին, գոհունակութեամբ մեր ժողովուրդի ուսումնատենչ զաւակներուն տրամադրութեան տակ կը դնենք՝ Անգլերէնէ-Հայերէն Արդի Բառարանը, որ արդիւնքն է երեք տարիներու տքնաջան գիտական աշխատանքի եւ արդի տպագրական կարելի բարձր թեքնիքի։

Ինչպէս մեր միւս ձեռնարկները, կը յուսանք թէ Անգլերէնէ–Հայերէն Արդի Բառարանն ալ մեր հասարակութեան եւ յատկապէս բառարանի մասնագէտներուն ջերմ ուշադրութեան եւ գնահատութեան պիտի արժանանայ։

ՀՐԱՏԱՐԱԿՉԱՏՈՒՆ

Կ. ՏՕՆԻԿԵԱՆ ԵՒ ՈՐԴԻՔ

Improved 3rd Edition

Enriched with up-to-date new words and terms.

Գ. ՏՊԱԳՐՈՒԹԻՒՆ

(բարեփոխուած եւ ճոխացած)

ՆԱԽԱԲԱՆ

Ներկայ բառարանը կազմելու ընթացքին նկատի առած ենք հետեւեալ կէտերը·

ա· 40·000 ԳՈՐԾՆԱԿԱՆ ԵՒ ԱՆՀՐԱԺԵՇՏ ԲԱՌԵՐ·—

Բառարանին մէջ տեղ տուած ենք այն տեսակ բառերու, որոնք նախ գործնական, ապա գիտական եւ գեղարուեստական կեանքի մէջ ամենէն աւելի անհրաժեշտ կը նկատուին: Այս մտահոգութենէն մեկնելով՝ իբր աղբիւր գործածած ենք անգլիական եւ ամերիկեան առձեռն եւ գրպանի հանրածանօթ կարգ մը բառարաններ:

Բառարանին մէջ տեղ գտած են այս տեսակի շուրջ 40·000 բառեր՝ անշուշտ իրենց պարզ, բարդ, ածանցեալ՝ նոյն ընտանիքին պատկանող զանազան ձեւերով:

Թէեւ բառերուն առջեւ չէ նշուած թէ իւրաքանչիւրը ո՛ր մասունք բանիին կը պատկանի, սակայն պահպանուած է ընդհանուր կարգը: Փորձած ենք նախ տալ բայերը, ապա գոյականները, ածականները, մակբայները, եւայլն:

բ· ԹԵՔՆԻՔ ԵՒ ԱՅԼ ԲԱՌԵՐՈՒ ՍՊԱՌԻՉ ԲԱՑԱՏՐՈՒԹԻՒՆ·—

Դժուարահասկնալի եւ բարդ ամէն բառ՝ գիտական, *թեքնիք*, փիլիսոփայական, գրական, գեղարուեստական, քաղաք-տնտեսական, եւայլն՝ ջանացած ենք դիւրամատչելի լեզուով եւ սպառիչ ձեւով բացատրել:

Տուեալ որեւէ բառի բոլոր առումներն ալ ջանացած ենք արձանագրել՝ անհրաժեշտ մանրամասնութիւններով:

Հիմնական բացատրութենէն ետք՝ տուած ենք նաեւ հոմանիշներ:

Ընդարձակ բացատրութեան այս դրութեան կը հետեւինք այն համոզումով՝ թէ բառարանը ո՛չ միայն բառերու իմաստը պէտք է փոխադրէ մէկ լեզուէն ուրիշ լեզուի մը, հապա պէտք է դառնայ նաեւ ընդհանուր զարգացման ազդակ, փոքր հանրագիտարան մը՝ յատկապէս ուսանողութեան եւ միջակորեար ընթերցողներու համար:

Լայն տարողութեամբ բացատրուած՝ շուրջ 3000 այլազան մարզերու վերաբերեալ բառեր եւ եզրեր տեղ գտած են բառարանին մէջ:

գ· ՈՃԵՐ·—

Բառարանին մէջ յատուկ կարեւորութիւն ընծայած ենք ոճերուն: Անգլերէնը կոչած են առաւելաբար ռնաքանական լեզու: Արդարեւ, ոեւէ անձ անգլերէնի մէջ չի կրնար խորանալ առանց տիրանալու անոր ռնաքանութեան:

Այս մեկնակէտով՝ շուրջ 10·000 ոճերու (անգլիական դասական գրականութեան մէջ գործածուած, ժողովրդային եւ ռամկական) տեղ տուած ենք բառարանին մէջ:

դ· ՕՔՍՖՈՐՏԵԱՆ ՀՆՉՈՒՄ.—

Յատուկ դժուարութեան բախեցանք հնչաբանութեան եւ շեշտադրութեան ընտրութեան ընթացքին:

Ծանօթ է թէ անգլերէնի ամենէն բարդ առանձնայատկութիւններէն մէկը՝ հնչումներու հարցն է: Անգլիական եւ ամերիկեան գլխաւոր զոյգ հնչական դրութիւններէն զատ, իւրաքանչիւր հնչական դրութիւն իր կարգին բազմաթիւ ենթահնչումներու բաժնուած է: Մենք հետեւելով հանդերձ *օքսֆորտեան հնչաբանական դրութեան*, կարելի եղածին չափ տուած ենք նաեւ ամերիկեան եւ այլ երբերանգներ:

Շեշտադրութեան մէջ եւս այլազանութիւններ կան: Մենք հետեւեցանք Collins Contemporary Dictionary–ի որդեգրած դրութեան:

Անգլերէնէ–Հայերէն Արդի Բառարանը լոյս ընծայելով կը հաւատանք թէ անհրաժեշտ եւ օգտակար գործ մը կը կատարենք: Այն զոհու–

նակութիւնը ունինք թէ ներկայ բառարանը՝ անգլերէնէ-հայերէն բառարաններու հոյլին մէջ, իր գործնական բազմահազար եւ նորահնար բառերով, ընդարձակ բացատրողական դրութեամբ, ընտրուած ոճերու եւ դարձուածքներու նոխ մթերքով եւ դրական այլ յատկանիշներով, իւրայատուկ տեղ մը պիտի գրաւէ եւ իբր այդպիսին՝ մեր ժողովուրդի յատկապէս նորահաս սերունդին պիտի սատարէ լաւապէս ճանչնալու անգլերէնը եւ անկլօ-սաքսոն մշակոյթը:

ԽՄԲԱԳՐՈՒԹԻՒՆ

ՇԵՇՏԱԴՐՈՒԹԻՒՆ ԵՒ ԿԷՏԱԴՐՈՒԹԻՒՆ

Բառարանը գործածելէ առաջ անհրաժեշտ է ծանօթանալ հետեւեալ շեշտերուն գործածութեան եւ համառօտագրութիւններուն նշանակութեան։

`´ բութ եւ երկար միասին՝ հապաղային հնչում ձայնաւորի եւ երկար հնչուող վանկ. օրինակ՝ fall (ֆո`´լ), awe (օ`´)։

`' բութ եւ շեշտ միասին՝ օ-ի հնչումը հապաղային. օրինակ՝ lawyer (լո`'երր)։

.՝ կէտ եւ բութ՝ կրճատում. օր.՝ օրինակի համար։

' շեշտ. շեշտուող վանկին վերջաւորութեան կը դրուի. օրինակ՝ abash (ըպէշ'). cosmic (քազ'միք). reject (րիճէքթ')։

″ երկար եւ շեշտ. շեշտուած եւ երկար հնչուած վանկ. օրինակ՝ muffetee (մաֆըթի″)։

( ) Փակագիծ կը գործածուի՝

1. Բառերուն հայերէնով հնչումը տալու համար։

2. Տալու համար բառ (բառեր), որ անմիջականօրէն իրեն նախորդող բառին մօտաւոր առումը ունի։

3. Ծանօթութիւն մը կամ բացատրութիւն մը տալու համար։

— (գծիկ) կրճատուած (յապաւուած) բառի կամ վանկի տեղ կը դրուի։ Այս նշանը կը գործածուի կրկնութիւններէ խուսափելու համար։

Հնչումը չտրուած կամ շեշտ չկրող բառերը (վանկերը) սովորաբար իրենց նախորդող, կամ սկիզբի բառին (վանկին) շեշտը կամ հնչումը ունին։

Անգլերէնի ‘O’ գիրը օ, ը, ա հնչումները կրնայ ունենալ. այդ տարբեր հնչումները միաժամանակ տրուած են, քանի որ անգլիախօս զանազան շրջաններու եւ երկիրներու մէջ մէկ կամ միւս ձեւով կը հնչուին։

ՀԱՄԱՌՕՏԱԳՐՈՒԹԻՒՆՆԵՐ

Ա·Մ·Ն· — Ամերիկայի Միացեալ Նահանգներ

Անգլ· — Անգլիա, անգլիական, անգլերէն

անդր· դեր· — անդրադարձ դերանուն

անձ· դեր· — անձնական դերանուն

անց· — անցեալ ժամանակ (բայի)

անց· ընդ· — անցեալ ընդունելութիւն (բայի)

աստղ· — աստղաբաշխութիւն, աստղաբաշխական

արաբ· — արաբերէն, արաբական

բանաստ· — բանաստեղծական

բժշկ· — բժշկական

բուս· — բուսական, բուսաբանական

գիտ· — գիտական

դից· — դիցաբանութիւն, դիցաբանական

ելեկտ· — ելեկտրականութիւն

եկեղեց· — եկեղեցական

երաժշտ· — երաժշտութիւն, երաժշտական

երկրաչ· — երկրաչափութիւն

թռչ· — թռչուն

թրք· — թրքերէն

լատ· — լատիներէն

կեդր. — կեդրոն, կեդրոնական

հայց. հոլ. — հայցական հոլով

հարաւ. — հարաւային

հնդկ. — հնդկական, հնդկերէն

հռովմ. — հռովմէական, հռովմէացի

յոգ. — յոգնակի

յուն. — յունարէն, յունական

ներկ. ընդ. — ներկայ ընդունելութիւն (բայի)

սեռ. հոլ. — սեռական հոլով

սկանտ. — սկանտինաւեան

սկովտ. — սկովտիական

ստ. ած. — ստացական ածական

ստ. դեր. — ստացական դերանուն

վիրաբ. — վիրաբուժութիւն, վիրաբուժական

փիլ. — փիլիսոփայական

փոխաբ. — փոխաբերական

քեր. — քերականական

քիմի. — քիմիական

օր. — օրինակի համար

Ֆրնս. — Ֆրանսա, ֆրանսերէն, ֆրանսական

A

A, a (*ը, էյ*) մը անգլերէն այբուբենի առաջին տառը·

an (*էն*) մը (երբ յաջորդող գոյականը ձայնաւոր գիրով կը սկսի)·

a. b. (*էյ. պի.*) կարող մարմիններ· նաւաստի, որ սորված է անհրաժեշտ պարտականութիւնները ·

abacist (*ը'պէսիսթ*) հաշուակալ·

aback (*ըպէք'*) դէպի ետ·

abacus (*ըպ'ըքըս*) շրջանակ՝ վրան գնդիկներով՝ մանուկներու հաշուել սորվեցնելու համար· հաշուելու գործիք·

abalienate (*էպէյլ'իընէյթ*) օտար դարձնել· ուրիշի մը տալ·

abandon (*ըպէն'տըն*) լքել· անհակակշիռ· լքուած· անառակ· *abandoned (person)* բարոյական գիծէ դուրս ելած անձ· — *oneself to* ենթարկուիլ, անձնատուր ըլլալ· —*ment* աւերում, լքում· յանձնում· նուիրում անձի:

abase (*ըպէյս'*) նուաստացընել, ցածցնել՝ պաշտօնի մէջ· պատուազրկել·

abash (*ըպէշ'*) ամչցնել·

abatage (*էպ'ըթաժ*) քանդում՝ պայթուցիկի հետեւանքով.

abate (*ըպէյթ'*) նուազեցընել, նուազիլ·

abatis (*ըպ'էթիս*) պատնէշ·

abattoir (*էպըթուար'*) ըսպանդանոց·

abb (*էպ'*) ոստայն·

abba (*էպ'է*) աբբայ·

abbey (*էպ'ի*) աբբայարան, մենաստան· աբբաներու համար գործածելի եկեղեցի· *abbot* (*էպըթ*) վանահայր· *abbess* (*էպիս*) մայրապետ·

abbreviate (*էպրի'վիէյթ*) կարճեցնել, համառօտել· *an abbreviation* համառօտագրութիւն.

A. B. C. (*էյ-Պի,Սի.*) կը գործածուի նշելու համար անգլերէն այբուբենը (թիւով 26 տառ)· *The A.B.C. of Science* գիտութեան ամենապարզ մասը·

abdicate (*է'պտիքէյթ*) հրաժարիլ (իրաւունքէ եւ իշխանութենէ)·

abdomen (*էպտո'մէն*) ըստամոքս, փոր, որովայն· —minal ստամոքսային· որովայնային·

abduce (էպտիուս') վտարել·

abduct (էպտաքթ') առեւանգել, յափշտակել·

abed (ըպէտ') անկողնին մէջ·

aberration (էպըրէյ'շըն) ցրուածութիւն (միտքի)· զարտուղութիւն· խոտորում, մոլորում գաղափարի կամ գործի·

abet (ըպէթ') քաջալերել, օգնել (գէշ բան մը ընելու համար)·

abeyance (ըպէյ'ընս) անորոշ կացութիւն· *in abeyance* անգործածելի, ի զօրու չեղող, ժամանակավրէպ·

abhor (ըպհօր') ատել, զզուիլ· —*rence* ատելութիւն, զզուանք·

abide (ըպայտ') մնալ, բնակիլ· *I can't abide him* կ'ատեմ զինք·

ability (ըպիլ'իթի) կարողութիւն· ուշիմութիւն·

abinitio (էպինիշ'իօ) ըսկիզբէն·

abject (էպ'ճէքթ) անարժէք· անարգ· *In abject poverty* շատ աղքատ·

abjure (ըպճուր') երդնուլ· լքել, ուրանալ·

ablactation (էպլէքթէյ'շըն) կաթէ կտրել (մանուկը)·

ablative (էպ'լըթիվ) բացառական հոլով·

ablaze (ըպլէյզ') վառող, բոցավառող·

able (էյ'պլ) կարող, խելացի· —*bodied* ուժեղ, մարմնապէս առողջ·

ablepsy (էպ'լէփսի) կուրութիւն·

ablution (էպլու'շըն) լուալու գործողութիւն·

ably (էյ'պլի) ի վիճակի եղող· ճարտարօրէն·

abnegate (էպ'նիկէյթ) լըքել· արգիլք հանդիսանալ· —*tion* լքում, ուրացում· արգելակում·

abnormal (ըպնոր'մըլ) անբնական, արտասովոր·

aboard (ըպորտ') նաւուն կամ շոգեկառքին վրայ ըլլալ (նամբորդելու նըպատակով)· all aboard ամէն ոք նաւ կամ շոգեկառք պէտք է մտնէ·

abode (ըպոտ') տուն, բընակարան· *my present abode* իմ ներկայ տունըս· *abide* (ըպայտ) մնալ բային անցեալը·

abolish (ըպոլ'իշ) կործանել, ջնջել· *abolition* խափանում· *abolitionist* գերութեան ջնջումին կուսակից·

abominate (ըպոմ'ինէյթ) զզուանք, մեծ ատելութիւն զգալ· *abominable* շատ գէշ, ատելի·

aborigines (ըպորիճ'ինիզ) նախարնիկներ· *aboriginal* նախնական·

abort (ըպորթ') վիժում յառաջացնել· —*ion* վիժում· *abortive* պակասաւոր ծնած· *abortive attempt* անյաջող փորձ·

abound (ըպաունտ') առատ ըլլալ· *the river abounds in fish* գետը ձուկերով կը յորդի·

about (*ըպաութ'*) մօտաւորապէս· ամէն կողմ, ամէն ուղղութեամբ· մասին, հակառակ ուղղութեամբ· *right about turn* ետ դարձ·

above (*ըպավ'*) աւելի բարձր, վեր (քան)· աւելի քան· վերեւ·

ab ovo (*էպօ'վօ*) *սկիզբէն*·

abrade (*ըպրէյտ'*) ջնջել· աւրել· մաշեցնել· —*sion* ջնջում, մաշում· —*sive* ջնջող·

abreast (*ըպրէսթ'*) կողք կողքի· *abreast of the times* իրազեկ ըլլալ ամենավերջին պատահարներուն եւ գործերուն·

abridge (*էպրի'ճ*) ամփոփել, կրճատել, համառօտել·

abroad (*ըպրօտ'*) արտասահման, սփիւռք· հեռու· *the Armenians abroad* արտասահմանի հայերը·

abrogate (*ըպ'րոկէյթ*) դադրեցնել· ջնջել· *to abrogate a law* օրէնք մը ջնջել·

abrupt (*ըպրապթ'*) յանկարծական· անակնկալ· խորունկ·

an abrupt manner անքաղաքավար վարուելակերպ·

abscess (*ըպ'սէս*) մարմնի վրայ (կամ մէջը) թունաւորուած տեղ· ցաւ·

abscind (*էպսինտ'*) հատանել, կտրել· *abscission* հատանում·

abscond (*էպսքոնտ'*) գաղտնօրէն խոյս տալ· պահուըտիլ·

absent (*էպ'սընթ*) բացակայ· *absence* բացակայութիւն· *absent-minded* մտազբաղ, մտացիր· *absentee(ism)* բացակայող, բացակայում·

absent (*էպսենթ'*) բացակայիլ·

absey-book (*է'պսի պուք*) այբբենարան (հին, գործածութենէ ինկած բառ)·

absinth(e) (*էպ'սինթհ*) օշինդր·

absis (*էպ'սիս*) շրջադարձ· աղեղնակէտ·

absist (*էպսիսթ'*) հրաժարիլ· —*ence* (*էնս*) հրաժարում·

absolute (*էպ'սըլութ*) ամբողջական, բացարձակ· ազատ, չհակակշռուած· իրական·

absolution (*էպսոլի'ւշըն*) ներում, թողութիւն, արձակում·

absolutism (*էպ'սըլութիզմ*) ամբողջատիրութիւն· բացարձակապետութիւն·

absolutist ամբողջատէր·

absolvable (*էպզոլվ'էպլ*) լուծելի, արձակելի·

absolve (*ըպզ'ոլվ*) ներել, անմեղ արձակել·

absonant, absonous (*էպ'սոնընթ, էպ'սոնըզ*) աններդաշնակ· հակառակ·

absorb (*ըպսորպ'*) ծծել, իւրացնել, սպառել·

absorbedly յափշտակուածօրէն·

absorpt (*էպսորպթ'*) յա—

փըշտակուած, խորապէս հետաքրքրուած․

abstain (ապսթէյն՛) ետ կենալ․ ժուժկալ ըլլալ․

abstemious (էպսթի՛միըս) չափաւոր, ժուժկալ, քիչով գոհացող․

abstention (էպսթէն՛շըն) ընտրութեան ատեն ձեռնպահութիւն․

absterge (էպսթըրճ՛) սրբել, մաքրազտել․

abstract (էպս՛թրաքթ) վերացական․

abstraction անջատում․
—*nal* վերացական
—*ist* գաղափարական․

abstract arts վերացական արուեստներ․

abstriction (էպսթրիք՛շըն) անջատում (բջիջի)․

abstruse (ըպսթրիւ՛ս) դժուար իմանալի․ *abstrusity* խրթնութիւն․

absurd (ըպսըրտ՛) աբտառոց, անհեթեթ (խնդուք յառաջացնող)․ —*ity* անհեթեթութիւն․

abterminal (էպթըր՛մինըլ) հոսանք՝ ծայրէն դէպի ապածայր՝ կեդրոն.

abuna (ապու՛նա) արաբ վարդապետ․

abundance (ըպան՛տընս) առատութիւն․ *abundant* առատ․

aburst (ըպըրսթ՛) պայթած, ճեղքուած․

abuse (ըպեուզ՛) սխալ կերպով գործածել․ եղծանել․ նախատել․ եղծանում․ նախատանք․
—*er* (ըպեուզըր) զեղծանող․

abusive (ըպեու՛սիվ) գէշ․ անգութ․ նախատական․

abut (ըպաթ՛) վերջանալ, յանգիլ (բանի մը)․
—*ment* (ըպա՛թմընթ) կամարակալում․

abuzz (ըպը՛զ) բզզացող․ հեծեծող․

aby (ըպա՛յ) վնասել․ տոկալ․ քաւել․ հատուցում ընել:

abysm (ըպի՛զմ) անդունդ․ դժոխք.

abyss (ըպիս՛) խորխորատ, անդունդ․ դժոխք.

abysmal (ըպիզմ՛ըլ) անքննելի, անյատակ, խորունկ․

Abyssinian (էպիսի՛նիըն) եթովպիացի․

a/c (ըգաունդ՛) հաշիւ (դրամական)․

acacia (ըքէյշ՛իա) ակասիա, տաք երկիրներու մէջ աճող բոյս (ծաղիկ)․

acacin (ըք՛էսին) խէժ մը (արաբական)․

academy (ըգէտ՛ըմի) կաճառ, ակադեմիա․ ճեմարան․ *academic* ակադեմական․

acajou (ը՛քէժու) բալատրենի (բոյս մը)․

acaleph (էք՛ըլիֆ) եղինճ․ *acalephae* (էք՛ըլիֆի) եղինճներ (յոգ․)․

acanaceous (ըքէնէյ՛շըս) փուշ ունեցող․

acantha (ըքէն՛թհէ) փշաթեւ ձուկ․

acanthoid (ըքէ՛նթհոյտ) փշալից, փշակերպ․

acarian (ըքէ՛րիըն) սարդի

ընտանիքին պատկանող միջատ։

acariasis (ըքէրայէ՛սիս) քոսոտութիւն։

acarpous (ըգար՛ըըս) բոյս՝ որ պտուղ չի տար։

acatalectic (ըքէթէլէ՛քթիք)անթերի ոտանաւոր։

acatalepsia (ըքէթէլէ՛փսիէ) ճանչնալու անկարողութիւն (հիւանդութիւն)։ տկարամտութիւն։

acatalepsy (ըքէթէլէ՛փսի) անմատչելիութիւն։ անիմանալիութիւն։

Accadian (ըգէ՛յտիըն) նախաբաբելոնական ցեղախումբ մը։

accede (էքսի՛տ) համաձայնիլ։ ներթարկուիլ (մէկուն)։ բարձրանալ (պաշտօնի մէջ)։

accelerate (էքսըլ՛ըրէյթ) արագացնել։ փութացընել։ *accelerator* (էքսէլ՛ըրէյթըր) արագացնող։

accend (էքսէ՛նտ) բռնկեցնել։

accensor (էքսէն՛սըր) լուսարար։

accent (էք՛սընթ) շեշտ (կէտադրական նշան)։ խօսելակերպ։

accent (էքսէ՛նթ) շեշտել, շեշտ դնել։

accentuate (էքսէնթ՛իուէյթ) շեշտել։ գերադաս ներկայացնել։

accept (էքսէփթ՛) ընդունիլ։ հաւատալ։ *acceptable* ընդունելի։ *acceptance, acceptation* ընդունելութիւն։

acceptilate (էքսէփթ՛իլէյթ) պարտքէ զերծ կացուցանել։

access (էքսէս՛) ծամանում, յաւելում։ հասանում։

accession (էքսէշ՛ըն) յաւելում։ գահակալութիւն։

accessive (էքսէս՛իվ) յաւելուածական։

accessory (էքսէս՛որի) մեղսակից, օժանդակող։ մեքենայի կտորներ։

accidence (էք՛սիտընս) նախատարերք (քերականութեան)։ դիպուած։

accident (էք՛սիտընդ) արկած, դիպուած, անկարեւոր բան։

accidie (էք՛սիտի) թուլամորթութիւն։

accipient (էքսիփ՛իընթ) ընդունող։

accismus (էքսիզ՛մըս) ամօթխածութիւն։

accite (էքսայթ) ատեան կոչել։

acclaim (էքլէյմ՛) ծափողջունել, ցնծութեամբ ընդունիլ։ *acclamation* (էքլըմէյ՛շըն) ծափողջունում, հռչակում։ *acclamatory* (էքլէմ՛էթըրի) բացագանչական։

acclimatize (էքլայմ՛ըթայզ) մթնոլորտին վարժուիլ։ վարժեցնել։

acclivity (էքլիվ՛իթի) զառիվեր։

accoast (ըքոսթ՛) եզերքէն թիավարել։

accoil (ըքո՛յլ) ի մի բերել, հաւաքել։

accolade (ըքոլէյտ՛) ասպետ դարձնել՝ ուսին սուր մը դնելով։

accomodate (ըքքոմ'ոտէյթ) յարմարեցնել, դիւրութիւններ տալ։ պատշաճ։ *accommodately* պատշաճօրէն։—*tion* (ըքքոմոտէ'յշըն) յարմարութիւն, համաձայնութիւն։

accompanable (ըքքոմ'փէնէպլ) ընկերային։ *accompanier* (ըքքոմ'փէնիըր) ընկերակից։ *accompaniment* (ըքքո'մփէնիմընթ) ընկերակցութիւն։ *accompanist* նուագի մէջ ընկերացող։ *accompany* (ըքքո'մփէնի) ընկերակցիլ։

accompletive (ըքքոմ'փլիթիվ) լրացուցիչ։

accomplice (ըքքամ'փլիս) մեղսակից։ *accomplicity* մեղսակցութիւն։

accomplish (ըքքոմ'փլիշ) աւարտել, վերջացնել, ի գլուխ հանել։

—*ment* յաջողութեամբ կատարում։ յաջողութիւն։

accomplished act կատարուած իրողութիւն։

accord (ըքքորտ') համաձայնութիւն, ներդաշնակութիւն։ *accord with* համաձայնութեան գալ։ —*ance* համաձայնութիւն։ —*ant* with *or* to ներդաշնակ։ *according to* համաձայն։ *according as* ինչպէս որ։ *accordingly* հետեւաբար։

accordion (ըքքոր'տիըն) ձեռնադաշնակ, դաշնօն։

accorporate (ըքքո'րփորէյթ) շաղկապել, միացնել։

accost (ըքքոսթ') եզերքին մօտենալ։ ուղղել։ ողջունել։ մօտենալով խօսիլ։ —*able* մատչելի, մարդամօտ։ —*ed* քով քովի։ տոփալ։

accouchement (ըքքուշ'մընթ) ծննդաբերութիւն։ —*cheur* (ըքքուշըր'ր) մանկաբարձ։ —*cheuse* (շը'զ) դայեակ։ մանկաբարձուհի։

account (ըքքաունթ') հաշիւ։ պատճառաբանութիւն։ տեղեկութիւն։ կարեւորութիւն։ պատմութիւն։ *to take into account* նկատողութեան առնել։ *on account of* պատճառով։ *idleness accounts for poverty* ծուլութիւնը աղքատութեան պատճառ կը դառնայ։ *accountable* պատասխանատու։ *accountant* հաշուակալ։ *accountantship* հաշուակալութիւն։

accouter (ըքքո'ւթըր) հագուեցնել։ նաեւ *accoutre*. *accoutrements* (ըքքո'ւթըրմընթս) հագուստներ։ զինուորի մը բոլոր կազմածները՝ բացի հագուստներէն։

accoy (ըքքո'յ) հանդարտեցնել։ ընտանի դարձընել։

accredit (ըքքրէտ'իթ) վարկաւորել, հաստատել, յանձնարարել, հաւատք ընծայել·

accrete (*ըքքրի՛թ*) միատեղ մեծնալ· աւելնալ· աւելցնել· *accretion* աճում, ուռճացում·

accriminate (*ըքքրիմ՛ինէյթ*) ոճրագործութեամբ ամբաստանուիլ· *accrimination* ամբաստանութիւն·

accroach (*ըքքրո՛չ*) բռնի առնել·

accrue (*ըքքրու՛*) աւելնալ (բնական ընթացքով)· աճիլ (ընդհանրապէս դրամի համար)· *accrual* աճում·

accubation (*ըքքիուպէյ՛շըն*) ընկողմանում·

accumb (*ըքքըմպ՛*) բազմիլ, պառկիլ·

accumulate (*ըքքիո՛ւմիուլէյթ*) դիզել, հաւաքել· ուռճանալ· դիզուած· *accumulation* կուտակում, հաւաքում· *accumulative* կուտակելու ձըգտում, կուտակողական· *accumulator* կուտակող, դիզող·

accuracy (*էք՛քիուրէսի*) ճշգրտութիւն· *accurate* ճշգրիտ, սխալէ զերծ, ուղիղ· *accurateness* ճշգրտութիւն·

accurse (*ըքքըրս՛*) անիծել, նզովել· *accursed* կամ accurst նզովուած·

accusation (*էքքիուզէյ՛շըն*) ամբաստանութիւն· նաեւ՝ *accusal*·

accusative case (*էքքիու՛զէթիվ քէյս*) հայցական հոլով·

accuse (*ըքքիո՛ւզ*) ամբաստանել· *accused* ամբաստանուած, ամբաստանեալ· *accusement* ամբաստանութիւն·

accustom (*ըքքաս՛թըմ*) սովորեցնել, վարժեցընել· *accustomed (to be)* սովոր ըլլալ· *accustomary* սովորական·

ace (*էյս*) միաւոր, խաղաթուղթ՝ որ մէկ թուանշանը ցոյց կու տայ· մասնագէտ օդաչուորդ· շահած կէտը (մրցումի մէջ)·

acedia (*ըսիտ՛իէ*) մելամաղձոտութիւն· ծուլութիւն·

aceldama (*աքէլ՛տամա*) *արեան դաշտ*·

acentric (*ասէն՛թրիք*) արտակեդրոն, կեդրոն չունեցող·

acequia (*ըսը՛քիէ*) ջուրի ճամբայ·

acer (*է՛յսըր*) ցախ·

acerb (*ըսըրպ՛*) թթու, կըծու համ· *acerbate* թըթուեցնել, ջղային երեւոյթ տալ· *acerbic* դաժան, թթու·

acescence (*ըսէս՛սընս*) թըթուում· *acescent* թըթուող·

acetarious (*էսիթէյ՛րիըս*) թթուային·

acetary (*էս՛իթէրի*) թըթուահիւթ·

acetic (*ըսի՛թիք*) քացախային·

acetic acid կծու, անգոյն հեղուկ մը՝ որ կը գտնուի

քացախին մէջ, քիմիա-կան փորմիւլը հետեւեա-լըն է — CH^3COOH. *acetify* (ըսէ՛թիֆայ) քացախի փոխել. *acetize* (ըսէթա՛յզ) թթուիլ.

acetylsalicylic acid (հսը՛-թիլսէլը՛սիլի՛ք հսիտ) ասպիրին.

Achean (ըքի՛ըն) Աքայ-եան, Յոյն.

Achaemenian (ըքիմինի՛-ըն) Աքեմենեան (պար-սիկ գահատոհմ մը որ վարեց պատերազմներու շարք մը Յունաստանի դէմ).

acharnement (աշարնը՛-ման) կատաղութիւն.

ache (էյք) ցաւ. ցաւիլ.

achene (էքի՛ն) մերկա-սերմ, պզտիկ, չոր, մէկ հունտով պտուղ որ կը հասուննայ առանց բաց-ուելու.

achieve (ըչի՛վ) կատարել, իրագործել, գլուխ հա-նել. *achievement* իրա-կանացում, իրագործում.

Achilles (ըքըլ՛իզ) Աքիլ-լէս, Իլիականի մէջ, Տը-րովաթայի պատերազմի յոյն հերոսը. *Achilles' heel* Աքիլլէսի կրունկը. մէկուն խոցելի կէտը.

achirous (ըքա՛յըըս) ան-ձեռն բժշկութիւն.

achromatic (էքրոմէթ՛իք) անգոյն, գունատ. *achromous* (էքրո՛մըս) գու-նաթափ, անգոյն.

acid (է՛սիտ) թթու. *acidic* թթուային. *acidify* թթուեցնել. *acider* թը-թուեցնող. *acidulous* (հսի՛ւուլըս) թթուաչ.

aciform (հա՛յֆորմ) ա-սեղնաձեւ.

acinus (հա՛յնըս) ողկու-զաձեւ պտուղ. օր.' խա-ղող.

acipenser (հսիփէ՛նսըր) թառափազգի (տեսակ մը ձուկ).

aciurgy (հա՛յըրճի) վի-րահատութիւն.

ack-ack (էք՛էք) հակաօ-դային հրետանի, անոր հանած ձայնը.

acker (էյք՛ըր) դաշտա-վայր, մէկ օրուան վա-րելիք հող, լծվար.

acknowledge (էքնալ՛էճ) հաստատել, ընդունիլ, ճանչնալ, խոստովանիլ. հաստատել՝ օրինական ձեւի մէջ. *acknowledgment* ճանաչում, հաս-տատում. երախտագի-տութեան արտայայ-տում. օրինական հաս-տատագիր.

acme (էք՛մի) ծայրակէտ. կատարելութիւն.

acne (էք՛նի) բշտկում (մորթային հիւանդու-թիւն).

acold (ըքոլտ՛) մսկոտ.

acolothist (ըքալ՛օթիստ) դպիր. արբանեակ.

acolyte (ըէ՛ոլայթ) դպիր.

acorn (էյ՛քորն) խոզկա-ղին.

acosmism (ըքա՛սմիզմ) աստուածային ուժէ դուրս տիեզերքի չհաւա-տացող.

acoustic (ըքուս'թիք) լսողական, ձայնատու·

acoustics (ըքուս'թիքս) ձայնի գիտութիւն·

acquaint (with) (ըքքուէյ'նթ) ճանչցնել, ծանօթացնել. *to acquaint oneself with* սորվիլ· *acquaintance* ծանօթութիւն (ոչ-մտերմական)· *acquainted* ծանօթ·

acquiesce (էքքուի'էս) լըռութեամբ համաձայնիլ·

acquire (ըքուա'յր) շահիլ, ձեռք ձգել, ստանալ· *acquirement* ըստացում· *acquisitive* (ըքուիզ'իթիվ) ստացական. ձեռք ձգելու անձկութիւն·

acquit (ըքուիթ') ազատ, անպարտ արձակել (օրէնքով)· վճարել· *to acquit oneself well* պաշտօնը, դերը լաւ կատարել·

acquitment (ըքքուիթ'մընթ) անպարտ արձակում·

acrase, acraze (ըքրէյզ') նզմել· խենթեցնել·

acre (է'յքըր) արտավար· 4840 քառ· մեթր հողամաս·

acreage (է'յքըրէճ) մշակելի հող· արտավարով ծախուած կամ բաժնըւած հող·

acrid (էք'րիտ) կծու, թըթու· կախերես· դաժան (ճառ)·

acrimony (էք'րիմընի) լեզուի խստութիւն, զգացումի խստութիւն·

aesthesia (էսթի'զիէ) ծայրայեղ ցաւ (մարմնական), գերզգայնութիւն·

acrobat (է'քրըպէթ) լարախաղաց· *acrobatic* լարախաղային· *acrobatics* լարախաղային հընարքները·

Acropolis (էքրափ'ըլիս) վերնաբերդ· քաղաքին վրայ իշխող յունական բերդ, օր·— Աթէնքի Ակրոփոլը որ կառուցուած է Փարթէնոնի կողմէ·

across (ըքրոս') մէկ կողմէն միւս կողմը· խաչաձեւ· վրայէն· *to come across (a thing)* պատահմամբ գտնել· *to come across (a person)* պատահմամբ հանդիպիլ·

acrostic (ըքրոս'թիք) ծայրանուն· բանաստեղծութիւն մը որուն իւրաքանչիւր տողի առաջին գիրերը բառեր կը կազմեն·

act (էքթ) արարք, կատարուած գործ· որոշում (դատարանին տըրւած)· արար· հակազդել· *to act on* գործել համաձայն (մէկու մը)· *to act one's age* տարիքի համապատասխան վերաբերմունք ցոյց տալ· *to act the part of* մէկը ներկայացնել՝ անոր պաշտօնը կատարելով· *act of grace* գործ մը կատարուած մէկու մը սիրոյն (այլապէս պիտի չկատարուէր)· *action* (էք'շըն) շարժում, գործ· վարմունք· կռիւ· ազդեցութիւն· դատավարութիւն· *to take action* բանի մը ձեռնարկել· *the soldiers are in action* զինուորները կը կռուին· actious վառվռուն· *activate* գործօն դարձնել· *active* գործօն·

acto (*էք'թօ*) դատ·

actor (*էք'թըր*) դերասան·

actress (*էք'թրէս*) դերասանուհի·

actual (*էք'չիուըլ*) *հիմա* գոյութիւն ունեցող, արդի· իրական· գործնական· —*ise* (*էքչիուըլայզ*) իրականացնել (գործնական կամ կենդանի նկարագրութեամբ)· —*ist* իրապաշտ· —*ity* իրականութիւն, այժմէութիւն· —*ly* իրապէս· այժմ·

actuate (*էք'չիուէյթ*) աշխատցնել· ազդել· —*tion* շարժում· դրդում·

acute (*ըքիութ'*) սուր, սըրածայր· նրբամիտ· թափանցող· ոչ-ուղիղ անկիւն (երկչ·)· —*ly* նըրբամտօրէն· —*ness* սրութիւն, նրբութիւն (միտքի)․ ուժգնութիւն․ *acute accent* շեշտ·

adage (*էտ'էյճ*) ասացուածք, առած· առակ· —*ial* առակային·

adagio (*ատա'ճիօ*) յամր, դանդաղ եւ արտայայտիչ, դանդաղ զնացք՝ համանուագի կամ սոնաթի մէջ·

adamant (*էտ'ըմընթ*) ադամանդ, թանկագին քար· շատ կարծր· —*ine* ադամանդեայ· անկոտրուն· *be* — յամառօրէն մերժել· անզգայ ըլլալ·

adapt (*ըտէփթ'*) յարմարցնել, համապատասխանեցնել· —*ability* յարմարելիութիւն· —*ableness* յարմարեցում. պատշաճեցում (քանակապէս)· —*able* յարմարելի· —*ation* յարմարեցում (կեանքի նոր պայմաններուն)· —*er* յարմարեցնող (որեւէ գործարկում որ կարելի կը դարձնէ գործիքի մը երկու տարբեր տեսակներուն միացումը)·

add (*էտ'*) աւելցնել, գումարել· կցել· *adder* գումարող մեքենայ, հաշուեմեքենայ· —*ition* գումարում· —*itive* յաւելուածական·

adder (*էտ'ըր*) թունաւոր օձ, որուն հայրենիքը Անգլիա է· իժ·

addict (*էտիք'թ*) հետապնդել, ետեւէն իյնալ· ծայրայեղ, մոլի· —*ed* նուիրեալ, մոլի դարձած·

addle (*էտ'լ*) ապականել, եղծանել, նեխել· նեխած, լխկած· ախտաւոր· *addle-brained* թեթեւամիտ, ապուշ·

address (*ըտրէս'*) հասցէ· ուղերձ, ճառ· ճարպիկութիւն· հանճար· ուղղել, դրկել· խօսիլ· —*ograph* հասցէագրող մեքենայ·

addressee (*էտրէսիի'*) ան՝

որուն ուղղուած է նամակը·

adduce (*ըտիուս'*) յառաջ բերել իբր ապացոյց· յայտնել·

adept (*ըտէփթ'*) նարտար, ձեռներէց (որեւէ արուեստի մէջ)· մասնագէտ·

adequate (*էտ'իքուէյթ*) հաւասար (բանի մը)· բաւարար· ատակ· համեմատական· *—cy* յարմարութիւն· բաւարարութիւն· *—ness* յարմարութիւն· ընդունակութիւն·

adhere (*ըտհիր'*) շուտով փակիլ· յարիլ· կցուիլ· *adherent* փակչող, միացող· կուսակից· *adhesion* յարում· *adhesive* կպչուն·

adhibit (*ըտհիպ'իթ*) ընդունիլ· գործածել· կապել, կցել· *—ion* ընկալում· կիրարկում·

adiabatic (*էտիըպէթ'իք*) ջերմութիւնը անփոփոխ պահող·

adieu (*ըտեո'ւ*) մնաf բարով· ցտեսութիւն·

adjacent (*ըտճէ'յսընթ*) յարակից, մօտիկ, սահմանակից· *—cy* յարակցութիւն, մօտիկութիւն·

adject (*ըտճ'էքթ*) միացընել, կապել· *—ion* միացում, շաղկապում· յաւելում·

adjective (*էտ'ճէքթիվ*) ածական·

adjoin (*ըճոյն'*) միացնել, կապել, մօտը՝ fովը ըլլալ· *—ing* միացում·

adjourn (*ըճըրն'*) յետաձըգել, ուշացնել· առկախել· *—ment* յետաձգում (գործի)·

adjudge (*ըճա'ճ*) դատել· վճռել, որոշել· նկատել· *—ment* դատում, դատողութիւն· դատաստանավճիռ·

adjunct (*էտ'ճընքթ*) յարակից, հետեւող, գործակից, կցորդ·

adjure (*ըտճո'ւր*) երդումով կապել, երդուըցնել· *—ation* երդում (հանդիսաւոր)·

adjust (*ըճըսթ'*) յարմարեցնել, կարգի դնել· ճշդել· *—ment* կարգաւորում, յարմարեցում·

adjutant (*էտ'ճութընթ*) օգնական· բանակի մէջ սպայի աստիճան մը·

administer (*ըտմինիս'թըր*) մատակարարել, յանձանձել (հանրային գործեր կամ կալուածներ)· *administration* վարչութիւն, խնամակալութիւն· կառավարութեան մը գործադիր մասը·

admiral (*էտ'միրըլ*) ծովակալ· թիթեռնիկ մը· *—ship*, *—ty* ծովակալութիւն·

admire (*ըտմայր'*) հիանալ· զարմանալ· բարձր համարում· *admirable* հիանալի· լաւագոյն· *—ation* հիացում, խոր սէր եւ յարգանf·

admissible (*էտմիս'իպլ*)

ընդունելի, թոյլատրելի· *admission* ընդունելութիւն, ընդունում, մուտք· այս նպատակով վճարուած գումար·

admit (*ըտմիթ'*) ընդունիլ (մուտք շնորհել)· ընդունիլ (իբր ճշմարտութիւն)· *admittance* ընդունելութիւն, մուտքի արտօնութիւն·

admix (*ըտմիքս'*) խառնել (ուրիշ բանի մը հետ)· *—ture* խառնուրդ·

adolescence (*ըտոլէս'ընս*) պատանեկութիւն· երիտասարդութիւն· *adolescent* պատանի·

adopt (*ըտոփթ'*) որդեգրել, ընտրել·

adore (*ըտոր'*) պաշտել, խորապէս սիրել· իտէալականացնել· *—r* սիրահար· *—able* պաշտելի· *—ation* երկրպագութիւն·

adorn (*ըտորն'*) զարդարել, գեղեցկացնել· պերճանքի առարկայ, զարդ· *—ment* զարդարանք·

adroit (*էտրոյթ'*) ճարպիկ, ձեռներեց, խելացի·

adsorb (*ըտսորպ'*) խտանել եւ պահել կազը (մակերեսին վրայ)·

adulate (*էտ'իուլէյթ*) շողոքորթել· *—tor* շողոքորթ·

adult (*էտըլթ'*) չափահաս· կազմի եւ ուժի տիրացած· *—ness* չափահասութիւն·

adultery (*ըտըլ'թըրի*) ամուսնական ուխտի, խոստումի խախտում· շնութիւն, շնացում·

adust (*ըտասթ'*) տաք, այրող·

advance (*ըտվէնս'*) յառաջ մղել· բարձրացնել (գինը)· մէջտեղ բերել· բարեկարգել· յառաջանալ· յառաջացում, յառաջդիմութիւն· *— payment* կանխավճար· *advanced age* յառաջացած տարիք· *thanking you in advance* կանխայայտ շնորհակալութեամբ·

advantage (*ըտվէնթ'էյճ*) առաւելութիւն, շահ· *advantage ground* կարեւոր դիրք, *to take — of* օգտուիլ, առիթը օգտագործել· *—ous* նպաստաւոր·

Advent (*էտ'վընթ*) Յիսուսի Ծնունդը· Յիսուսի Բ. Գալուստը·

adventure (*ըտվէն'չըր*) խիզախ ձեռնարկութիւն, արկածախնդրութիւն· բախտը փորձել· *—ous* արկածախնդրական·

adverb (*էտ'վըրպ*) մակբայ· *—ial* մակբայական·

adversary (*էտ'վըրսըրի*) հակառակորդ, թշնամի· *adverse* (*էտ'վըրս*) հակառակ· վնասակար·

advertise (*էտ'վըրթայզ*) ծանուցանել, հանրայայտ ընել· *—er* ծանուցող· ներկայացնող· *—ing* ծանուցանող· *—ment* ծանուցում·

advice (*ըտ'վայս*) խրատ, խորհուրդ· *advise* (*ըտվայզ'*) խրատել, թելադրել, խորհուրդ տալ· *—sable* յարմար·

advocate (*է՛տվոգէյթ*) իրաւաբան, փաստաբան· ջատագով(ել), պաշտպան(ել)· *judge* — զինուորական ընդհ· դատախազ· *advocacy* պաշտպանութիւն (օրէնքի առջեւ)·

adze, adz (*է՛տզ*) ուրագ·

Aegean Islands (*իճ՛իըն այլընտզ*) Եգէական կղզեխումբ· *Aegean Sea* Եգէական ծով·

aerate (*է՛յըրէյթ*) *քարբոնիք ասիտով* կամ այլ կազով լեցնել· օդով լեցնել· *aerial* (*է՛յիրիըլ*) օդեղէն (անթէննա՝ ռատիոյի, հեռատեսիլի)·

aerobatics (*էյըրոպէ՛թիքս*) վարպետ օդաչու·

aerocycle (*էյը՛րոսայքըլ*) հէլիքոփթըրի նմանող եւ ցածէն թռչող մեքենայ՝ մէկ անձի համար·

aerodrome (*է՛յըրոտրոմ*) օդակայան·

aerometer (*էյըրոմի՛թըր*) օդաչափ·

aeronaut (*է՛յըրոնոթ*) օդանաւորդ (յատկապէս տիեզերանաւերու)·

aeroplane (*է՛յըրոփլէյն*) սաւառնակ, ինքնաթիռ· նաեւ *airplane, plane* (Ամերիկայի մէջ)· *torpedo carrying* — թորփիլ փոխադրող սաւառնակ·

aeroscope (*է՛յըրոսքոփ*) օդադիտակ որ մանրէներ կը հաւաքէ տիեզերքէն·

aesthetics (*էսթհէթ՛իքս*) գեղագիտութիւն· *aesthetical* գեղագիտական·

afar (*ըֆա՛ր*) հեռու (վայրէ մը)· *from* — հեռուէն·

affable (*էֆ՛էպլ*) հաճոյակատար, ազնիւ, քաղաքավար·

affair (*ըֆէ՛ր*) գործ, գործառնութիւն, զբաղում· —*s* հանրային կամ անձնական նիւթական գործեր· — *of honour* մենամարտ· *love* — սիրահարութիւն·

affect (*ըֆէքթ՛*) հակազդել, ազդել· մէջը փոփոխութիւն յառաջացնել· —*ed* հակամէտ դարձած· —*ing* սրտաշարժ· —*ion* խանդաղատանք, գորով· բարեկամեցողութիւն· մոլութիւն· —*ate* գորովալիր, խանդակաթ·

affected (*ըֆէքթ՛ըտ*) շինծու, արուեստակեալ· ձեւացնող· ախտաւորուած, վարակումի ենթարկուած·

affiance (*ըֆա՛յընս*) նշանտուք· վստահութիւն· նշանել·

affidavit (*էֆիտէ՛յվիթ*) գրաւոր վկայաթուղթ (երդումով հաստատուած)·

affiliate (*ըֆիլ՛իէյթ*) որդեգրել· բարեկամ ընդունիլ· — *with* ընկերակցիլ· —*ion* որդեգրութիւն· ծննդեան արձանագրութիւն·

affinity (*ըֆին՛իթի*) խնամիութիւն· սերտ համաձայնութիւն· գրաւչութիւն· նկարագրի նմանութիւն․ տարրերու ֆի-միականն միացում․

affirm (ըֆըրմ՛) հաստա-տել, վկայել․ պնդել․ վաւերացնել․ —*ation* հաստատում․ —*ative* հաստատական․ *in the affirmative* այո․

affix (ըֆիքս՛) ամրացնել, կցել, կապել․ յետադաս կամ նախադաս մասնիկ․

afflation (ըֆլէյ՛շըն) շըն-չում եւ արտաշնչում․ փչելը․ *afflated* ներշըն-չուած․

afflict (ըֆլիք՛թ) տեւական ցաւ առթել, վշտացնել․ —*ive* տառապեցնող․ —*ed* արկածահար եղած․

affluence (էֆ՛լուընս) ա-ռատութիւն, հարստու-թիւն․ հոսանք, *affluent* հարուստ․ առատօրէն հոսող․

affluent (էֆ՛լուընթ) օ-ժանդակ գետ․

afflux (էֆ՛լըքս) ընթացք․ —*ion* հոսում․ յորդում․

afford (ըֆորտ՛) տալ կամ արտադրել․ *I can afford to* կարող եմ․ *I can't afford it* անկարող եմ ընելու (բան մը)․

afforest (ըֆորէս՛թ) ան-տառ (լայն տարածու-թեան վրայ)․ —*ation* անտառատնկում․

affranchise (ըֆրէն՛չայզ) ստրկութենէ ազատել․ արձակել․ առանձնաշը-նորհել․

affray (ըֆրէյ՛) կռիւ (հը-րապարակային վայրի մը մէջ)․ վախցնել, ցնցել․ խաղաղութիւնը վրդո-վել․

affreight (ըֆրէյթ՛) ապ-րանքատար նաւ վարձել․

affright (ըֆրայթ՛) *fright-en* յանկարծահաս վա-խով տպաւորել, ահաբե-կել․

affront (ըֆրոնթ՛) նակա-տիլ, դէմ դիմաց գալ․ խօսքով վիրաւորել, նա-խատել․ վիրաւորանք, նախատինք․

Afghanistan (էֆ՛կանիս-թըն) Աֆղանիստան․

afield (ըֆիլտ՛) դաշտ (դէ-պի, մէջը)․ հեռու․ ար-տասահման․

afire (ըֆայր՛) կրակ ա-ռած, բռնկած․

aflame (ըֆլէյմ՛) բոցերու մէջ, բոցավառած․

afloat (ըֆլոթ՛) ծփացող, պլետառան․ ծովուն մէջ․

afoot (ըֆութ՛) ոտքի վը-րայ, կանգնած․

afore (ըֆոր՛) նախապէս, —*mentioned* նախապէս նշուած․ — *said* նախա-պէս ըսուած․ —*going* նախընթաց․ —*time* նա-խապէս, ի հնումն․

afraid (ըֆրէյտ՛) վախ-ցած․ *to be* — վախնալ․ *to make* — վախցնել․

afresh (էֆրէշ՛) կրկին, նորէն, վերստին․

Africa (էֆ՛րիքա) Աֆրի-կէ․ —*n* ափրիկեան, ափրիկեցի․ —*nder* բնիկ Հար․ Աֆրիկեցի որ եւր-մակ ծնողքներէ կը սեռի (մասնաւորապէս հոլան-տացի)․ նոյն իմաստով՝

Afrikaans (*էֆրիքաՀնզ'*) Հար. Աֆրիկէի հոլանտերէն. *Afrikanize* Աֆրիկէի սեւերուն ենթարկել.

afront (*ըֆրոնթ'*) դէմը, առջեւը.

aft (*աֆթ'*) դէպի ետեւի կողմը. *fore and aft* երկայնքին.

after (*աֆ'թըր*) ետեւը, համաձայն. յաջորդող. — *all* ի վերջոյ. *look after* խնամել, հոգ տանիլ. *to be — (money)* դրամի հետամուտ ըլլալ. *day — day* օրէ օր. — *glow* վերջալոյս. — *guard* յետսապահ. — *wards* ետքէն.

aga, agha (*ա'կա*) աղա (*թրքերէն*).

again (*ըկէն'*) նորէն, կրկին, աւելի ըլլալով. *now and —* երբեմն երբեմն. *time and —* շարունակաբար.

against (*ըկէնսթ'*) հակառակ, փոխարէն, դէմ. — *a rainy day* ակնկալելով նեղութիւն, դժուարութիւն.

agape (*ըկէյփ'*) բերանաբաց (զարմացման նշան).

age (*էյճ'*) տարիք, գոյութեան շրջան, ժամանակաշրջան, դարաշրջան. ծերանալ. —*d* ծեր, ալեւոր. *to come to* — 21 տարեկան ըլլալ. *golden* — ոսկեդար. *Middle ages* միջնադար. —*long* երկարատեւ.

agenda (*ըճէն'տա*) գրականն յուշատետր. ծրագիր, յայտագիր, օրակարգ. տեսարան. *agendum* (յոգ.).

agent (*էյ'ճընթ*) գործակալ. ազդակ. *agency* գործակալութիւն. գործ. — *general* ընդ. գործակալ. — *provocateur* խռովարար.

agglomerate (*ըկլոմ'ըրըյթ*) դիզել. համախմբում. լաւայի դէզ. — *ation* կուտակում.

agglutinate (*ըկլու'թինէյթ*) փակցնել. անքակտելիօրէն փակած. բարդ բառ կազմել առանց փոխելու մասերը.

aggrandise (*էկ'րէնտայզ*) մեծցնել (չափը, ուժը, հարստութիւնը, աստիճանը, եւայլն). *aggrandizement* (*ըկրէն'տիզմընթ*) մեծացում, մեծցնելը.

aggravate (*էկ'րէվէյթ*) ծանրացնել, աւելի գէշ դարձնել. գրգռել. —*ing* աւելի գէշցնող, զայրացուցիչ, գրգռող. *aggravating circumstance* ծանրացուցիչ պարագայ. —*tion* ծանրացում, ծանրութիւն, սաստկացում. գրգռութիւն.

aggregate (*էկ'րիկէյթ*) գումարել, ժողվել, դիզել. ընդհանուր գումար. —*tion* կուտակում, դիզում. ժողով. —*tive* հաւաքական, կուտակող.

aggress (*ըկրէս'*) յարձակիլ, կռուի սկսիլ. —*ion*

նախայարձակում. չփաստարկուած յարձակում. —*ive* յարձակողական. —*or* նախայարձակ, կռուի գրգռող.

aghast (*ըկէսթ'*) ահաբեկուած, սարսափած.

agile (*էճ'իլ, է'ճայլ*) արագաշարժ, թեթեւաշարժ, ճկուն. —*ity* արագաշարժութիւն.

agitate (*էճ'իթէյթ*) գրգռել, խառնակել, շարժման մէջ դնել, յուզել. —*ion* սաստիկ եւ անկանոն շարժում. խռովութիւն. վիճաբանութիւն. —*or* շարժում մը վարող, ղեկավար. խռովարար.

agnate (*էկ'նէյթ*) այր ազգական (հօր կողմէ).

agnomen (*էկնօ'մէն*) նոր անուանակոչում մէկու մը որ հռչակաւոր գործ մը կատարած է (Հռովմէացիներու մօտ).

agnostic (*ըկնաս'թիք*) երեւութապաշտ, որ միայն նիւթական երեւոյթներուն կը հաւատայ. —*ism* երեւութապաշտութիւն (*փիլ.*). անգիտական.

ago (*ըկօ'*), agone (*ըկոն'*) առաջ. *long ago* շատոնց.

agog (*ըկակ'*) անձկութեամբ. ակնկալութեամբ.

agony (*էկ'ընի*) ֆիզիքական կամ մտային գերագանց ցաւ. հոգեվարք. — *column* թերթերու մէջ՝ «կը փնտռուի» սիւնակը. *agonise* չարչարել.

agrarian (*ըկրէյր'իըն*) հողային կալուածի յատուկ. հողի կառավարումն ու բաշխումը. —*ism* հողի հաւասար բաշխում. —*ize* հաւասար բաժնել հողը.

agree (*ըկրի'*) համաձայնիլ. նմանիլ. *agreed* համաձայն, յարմար. *agreeable* գոհացնող, հաճելի. նպաստաւոր. *agreement* համաձայնութիւն, ներդաշնակութիւն. սակարկութիւն.

agriculture (*էկ'րիքըլչըր*) հողագործութիւն. հողը մշակելու տեսութիւնն ու գործադրումը. —*al* հողագործական. —*ist* հողամշակ.

agrology (*ըկրո'լոճի*) հողագիտութիւն.

agronomy (*ըկրան'ոմի*) հողատնտեսութիւն. —*ics* ագարակներու կառավարման գիտութիւն.

ague (*է'յկիու*) ջերմ (մալարիա) որ դողով եւ քրտնելով կը յատկանըշուի.

ahead (*ըհէտ'*) դէպի առաջ, առջեւէն, կանխաւ.

aid (*է'յտ*) օգնել. օգնութիւն. օժանդակ, օգնող. *in — of* ի նպաստ. *with the — of* օժանդակութեամբը.

aide-de-camp (*էյտ' տը քան*) զօրավարի օգնական, համհարզ. *aidless* անօգնական. *aide-me-*

moir (է յա՛ մեմուար) յուշագրութիւն, յուշագիր․

ail (էյլ) տանջել․ նեղուիլ․ —*ment* ցաւ․

aim (էյմ) միտք, նպատակ․ ուղղութիւն՝ կապարի, ռումբի․ նշան առնել․ փափաքիլ․ *to take — of* նշան առնել․ —*less* աննպատակ․

ain't (էյնթ) am not, is not եւ are not*ի* ռամկական ձեւը․

air (է՛ր) մթնոլորտ, օդ, զեփիւռ․ եղանակ․ կերպարանք․ չորցնել․ տողանցել․ *in the —* անորոշ․ *to build castles in the —* օդային (սպանիական) դղեակներ շինել․ *air chamber* օդային խըցիկ․ *aircraft* օդանաւ, սաւառնակ․ —*craftman* օդանաւորդ․ — *conditioned* պայմանաւորուած օդ․ — *defence* օդային պաշտպանութիւն․ — *force* օդուժ, օդատորմիղ․ — *liner* հսկայ սաւառնակ․ — *marshal* օդուժի մարաջախտ․ *the Air Ministry* օդատորմիղի նախարարութիւն․ — *plane* օդանաւ․ — *port* օդակայան․ — *raid* օդային ռմբակոծում․ — - *space* մթնոլորտ․ — *warfare* օդային պատերազմ․ — - *woman* օդանաւորդուհի․ —*y* երթային, զուարթ, օդաւէտ․

aisle (այլ) կառուցուածքի մը թեւը, եկեղեցւոյ միջանցք, նստարաններու շարքերուն միջեւ անցք․

ait (էյթ) կղզեակ՝ լիճի կամ գետի մէջ․

ajar (ըճա՛ր) մասամբ բաց․

akin (ըքին) մերձաւոր, արենակից, ազգական․

alarm (ըլա՛րմ) ահազանգ․ զարթուցիչ․ զինակոչութիւն․ զէնքի կոչել․ — *clock* զարթուցիչ ժամացոյց․

alas (ըլա՛ս) աւա՜ղ, եղուկ․

alate (էյլ՛էյթ) թեւաւոր․ նաեւ *alated.*

alb (էլպ) շապիկ (եկեղեցիի մէջ՝ արարողութեան ատեն հագուած)․

Albania (էլպէյ՛նիա) Ալպանիա․ —*n* ալպանական, ալպանացի. ալպաներէն․

albatross (էլ՛պըթրոս) ծովային թռչուն, ձկընկուլ․

Albion (էլ՛պիըն) Մեծն Բրիտանիա, Ալբիոն (բանաստեղծական)․

album (էլ՛պըմ) նկարներու յատուկ տետրակ կամ գիրք (նաեւ ինքնագրութեան, դրոշմաթուղթերու, եւայլն)․

albumen (էլպիու՛մըն) հաւկիթի ճերմկուց․

albumin (էլպիու՛մին) բնասպիտ․

alchemy (ա՛լքէմի) ոսկեխուզութիւն․ տարրախուզութիւն․ — *mic* տարրախուզական․ —

mist ոսկեխոյզ· տարրախոյզ·

alcohol (*էլ'քոհոլ*) ալքոհոլ· ոգելից ըմպելի· —*ism* ոգելից ըմպելիի մոլութիւն· —*ize* ոգելից ըմպելիի վերածել·

Alcoran (*էլ'քորան*) իսլամներու նուիրական գիրքը, Ղուրան· նաեւ՝ *Koran*·

alcove (*էլ'քով*) խորշ· պարտէզի մէջ ծածկուած նստարան·

alder (*օլ'տըր*) լաստենի (ծառ մը)·

alderman (*օլ'տըրմէն*) քաղաքային պաշտօնատար· քաղաքապետին փոխանորդը, թաղապետ·

ale (*էյլ*) անգլիական կասկաչուր· գիւղահանդէս (ուր յատկապէս կասկաչուր կը խմեն)·

alembic (*ըլէմ'պիք*) թորելու անօթ, գործիք·

Aleppo (*ալէփ'օ*) Հալէպ, Բերիա·

alert (*ըլըրթ'*) արթուն, գերուշադիր· ճկուն· գործօն· ահազանգ (օդային յարձակման իրր կանխազգուշացում)·

algebra (*էլ'ճէպրա*) գրահաշիւ. —*ic* գրահաշուական·

Algeria (*էլճի'րիա*) Ալճերիա·

algid (*էլ'ճիտ*) ցուրտ· —*ity* ցրտութիւն·

alias (*էյ'լիըս*) ծածկանուն, երկրորդ անուն· մականուն· այլապէս·

alibi (*էլ'իպայ*) չքմեղանք· ուրիշ տեղ, բացակայ (դատական փաստարկում թէ բանտարկեալը այլ տեղ կը գտնուէր ոճիրի ատեն)·

alien (*էյլ'իըն*) օտարերկրացի· այլասերած· օտարացնել· *alienate* շեղել· օտարացնել·

alienist (*էյ'լիընիստ*) յիմարաբոյժ·

aliferous (*էյլիֆ'էրըս*) թեւաւոր·

alight (*ըլայթ'*) վառող, լուսաւորուած· ձիէն իջնել· ճամբորդութիւնը աւարտել· իջնալ· իջնել· օդէն իջնել՝ թառիլ·

align (*ըլայն'*) տողագրել, նոյն տողին վրայ շարել, շարել· —*ment* տողագրութիւն·

alike (*ըլայք'*) նման· նմանապէս, հաւասարապէս·

aliment (*էլ'իմընթ*) սընունդ· սնունդ տալ· —*al* սննդային· —*ary* սննդական· —*ary canal* մարսողական խողովակ· —*ation* սննդառութիւն, սննդանիւթ·

alimony (*էլ'իմոնի*) ապրելամիջոց· սննդագին (տրուած ամուսնոյն կողմէ ամուսնալուծուած կնոջ)·

aliphatic (*էլիֆէթ'իք*) ճարպանիւթային·

aliquant (*է'լիքուընթ*) քանիոնական, անբաժանելի (անպայման մնացորդ կը մնայ բաժանման ատեն)·

aliquot (*էլ'իքուաթ*) քանորդական, բաժանելի (առանց մնացորդի)·

alive (*ըլայվ'*) ողջ, ապրող· գործօն· առողջ զուարթ· *while alive* կենդանութեան· *alive and kicking* ողջ առողջ·

alkali (*էլ'քըլայ*) կալաքար (քիմիական բաղադրութիւն որ *ասիտ*ներու հետ խառնուելով աղեր կը գոյացնէ· կը գործածուի ճարպի հետ միասին՝ օճառ պատրաստելու)·

all (*օ'լ*) ամբողջը, բոլորը, ամէնը· ամբողջապէս· *all-fours* ձեռքեր եւ ոտքեր· թղթախաղ մը· *all-hail!* ողջոյն, բարի գալուստ· *all-out* ամբողջական· *all-powerful* ամենազօր· *all-but* մօտաւորապէս· *all in all* ամէն ձեւով· *above —* ամէն բանէ վեր· *after—* ի վերջոյ· *—along* շարունակ· *—right* շատ լաւ· *It is — the same* միեւնոյնն է· *— in the wind* անստոյգ· *— the better* աւելի լաւ· *at—* երբեք· *once and for—* միանգամ ընդ միշտ· *— in* առանց բացառութեան· *— at once* մէկէն· *— clear* օդային ռմբակոծման աւարտումի նշան· *— over* կատարելապէս աւարտած· *for — that* հակառակ անոր· *not at —* երբեք·

Allah (*էլ'է*) Աստուած (իսլամներուն)·

allay (*ըլէյ'*) ընկճել, ճըզմել· ցաւը թեթեւցնել, մեղմել· մեղմանալ·

allegation (*էլիկէյ'շըն*) հաստատում, վկայութիւն·

allege (*ըլէճ'*) հաստատել, վկայակոչել· չքմեղել· յայտարարել, նշել· *— able* հաստատելի· *—d* ենթադրուած·

allegiance (*ըլի'ճընս*) հաւատարմութիւն, հնազանդութիւն· հաւատարմութեան երդում·

allegory (*էլ'իկըրի*) այլաբանութիւն· *—ric* այլաբանական· *—rically* այլաբանօրէն· *—ist* այլաբան·

allegretto (*էլիկրէթ'օ*) զըւարթագին բան (երաժըշտական ձայնարկութիւն)·

allegro (*էլէ'կրօ*) անմիջական· զուարթ· ցայտուն (շարժում) երաժշտ· *— vivace* աւելի զուարթ·

alleluiah (*էլէլու'եէ*) ալէլուիա (օրհնութիւն առ Աստուած)·

allergy (*էլ'ըրճի*) գերըզգայնութիւն, դիւրազգացութիւն (բժշկ·)·

alleviate (*էլիվ'իէյթ*) թեթեւցնել, մեղմել·

alley (*էլ'ի*) նեղ անցք շէնքերու մէջէն· պարտէզի արահետ· ծառուղի· կոնախաղարան· *blind alley* անել փողոց·

All fools' Day (*օլ ֆուլզ տէյ*) Ապրիլ մէկ·

alliance (ըլայ'ընս) դաշնակցութիւն. զինակցութիւն. խնամիութիւն. ամուսնութեամբ միութիւն.

allied (ըլայտ') դաշնակից, զինակից.

alligate (էլ'իկէյթ) շաղկապել, զօդել, կապել.

alligator (էլ'իկէյթըր) կայման, ամերիկեան կոկորդիլոս (18 ոտք երկայն).

alliterate (էլիթ'ըրէյթ) իւրաքանչիւր բառ նոյն գիրով եւ հնչումով ըսկըսիլ. կրկնաձայնել. —*ion* նմանաձայնութիւն, նմանատառութիւն.

allocate (էլ'ոգէյթ) բաժնել, բաշխել, յատկացնել. տեղաւորել. —*ion* յատկացում, բաշխում.

allocution (էլոքիու'ւշըն) ուղերձ (յատկապէս Պապին կողմէ կաթողիկէ կղերին ուղղուած).

allot (ըլոթ') բաժին բաժին ընել, բաժնել. տալ. յատկացնել.

allow (ըլաու') թոյլատրել, արտօնել, հաւանիլ, տալ. մէկ կողմ դնել. —*able* օրինական, ընդունելի. —*ance* յատկացում. հաւանութիւն, արտօնութիւն. *to make allowance for* նկատողութեան առնել.

alloy (ըլոյ') մետաղներու խառնուրդ (արժեզրկելով զայն).

allspice (օլ'սփայս) Ճամայիքեան պղպեղ. դարապղպեղ.

allude (ըլիուտ') ակնարկել (անուղղակի կերպով). թելադրել.

allure (ըլիուր') գրաւել, հրապուրել. ընթացք. գրաւչութիւն.

allusion (ըլիու'ւժըն) ակնարկութիւն. թելադրանք.

ally (ըլայ') դաշնակցիլ (համաձայնութեամբ, ամուսնութեամբ). դաշնակից. ամոլ. խնամի. *allies* վերջին Բ. Աշխարհամարտի դաշնակիցները.

ally (է'լի) գարեգնդակ.

almanac, (ck) (էլ'մընէք) տարեցոյց. օրացոյց.

almighty (օլ՝մայթ'ի) ամենակարող, ամենազօր. *The Almighty* Ամենակարողն Աստուած.

almond (ա'հմընտ) նուշ.

almoner (էլմ'ոնըր) ողորմութիւն բաշխող. ընկերային սպասարկութեան աշխատողներուն վրայ հսկող պաշտօնեայ.

almost (օ՝լ'մոսթ) գրեթէ, համարեա թէ.

alms (ահմզ) ողորմութիւն. *alms deed* բարեգործութիւն. *alms house* աղքատանոց.

alott (ըլոֆ'թ) բարձրութեան վրայ.

alone (ըլոն') առանձինն, առանձին, միայնակ. *let me* — ձգէ՛ զիս.

along (ըլոնկ) երկայնքին, երկայնքը միասին. *all* — ամէն ատեն. *come* —

երկէ՛ք. *go*— աչքիս առջեւէն հեռացի՛ր.

alongshore (*ըլոնկ՛շօր*) եզերքի երկայնքին.

aloof (*ըլուֆ՛*) առանձին, մեկուսի. հեռու. տարեխ.

aloud (*ըլաուտ՛*) բարձրաձայն.

alp (*էլփ*) բարձր լեռ.

alpha (*էլ՛ֆա*) Յունարէն այբուբենի առաջին տառը.

alphabet (*էլ՛ֆէպէթ*) այբուբեն.—*ic* այբուբենական. —*ics* այբբենագիտութիւն. —*ically* այբուբենական կարգով.

alps (*էլփս*) Ալպեան լեռներ. *alpinist* Ալպեան մագլցող.

already (*օ՝լրէտ՛ի*) արդէն իսկ. նոյնիսկ հիմա.

alright (*օ՝լ՛րայթ*) սխալ՝ սակայն ընդհանրացած գրելաձեւ *all right*ին.

also (*օ՝լ՛սօ*) նաեւ, նոյնպէս.

alt (*ալթ*) բարձր ձայն (երաժշտ.).

altar (*օ՝լ՛թըր*) զոհասեղան, խորան, բագին. *to lead to the* — ամուսնանալ (այրը).

alter (*օ՝լ՛թըր*) փոխել, փոփոխել. փոփոխուիլ, տարբերուիլ. —*ation* փոփոխութիւն, ձեւափոխութիւն.

altercate (*օ՝լ՛թըրքէյթ*) վիճիլ, բանավէճի բռնուիլ. —*tion* վիճաբանութիւն, բանակռիւ.

alternate (*օ՝լթըր՛նէյթ*) կարգաւ, փոփոխակի. —*ly* կարգով. *alternate* (*օ՝լ՛թըրնէյթ*) փոխակարգել, իրարու յաջորդել. *alternating current* փոփոխական հոսանք. —*tion* յաջորդականութիւն, փոխակարգութիւն. —*tive* փոխընտրութիւն. ընտրանիք. —*tor* փոփոխիչ (ելեկտրակ.).

although (*օ՝լթհօ՛*) թէեւ, թէպէտեւ.

altimeter (*էլթիմի՛թըր*) բարձրութիւն առնող գործիք, բարձրաչափ.

altitude (*էլ՛թիթիուտ*) բարձրութիւն.

altivolant (*էլթիվ՛ոլընթ*) բարձրաթռիչ.

alto (*էլ՛թօ*) կանացի ամենացած ձայն, աւելի բարձր քան *թէնոր* (արական ձայն) եւ աւելի ցած քան *սոփրանօ* (կանացի ամենաբարձր ձայն) (երաժշտ.) նաեւ՝ *contralto.*

altogether (*օ՝լթուկէտ՛հըր*) ամբողջովին. ամբողջութեամբ առած. բնականաբար.

altometer (*էլթամիթ՛ըր*) բարձրութիւն չափող գործիք.

alto-rilievo (*ալ՛թօ րիլի՛վօ*) բարձրաքանդակ.

altruism (*էլ՛թրուիզմ*) այլասիրութիւն. *altruist* այլասէր. —*ic* այլասիրական.

alum (*էլ՛ըմ*) պաղլեղ (հանքային աղ).

aluminium (*էլիո'ւմինի-ըմ*) պաղլեղածին (մետաղ՝ յատկապէս *պոքսիտէն* արտադրուած).
alumnus (*էլըմ'նըս*) սան, աշակերտ, շրջանաւարտ· *alumna* սանուհի· *alumni* սաներ· *alumnae* սանուհիներ·
alway, always (*օ՝լ'ուէյզ*) միշտ, տեւապէս, յաճախ·
am (*էմ*) եմ (Սահմ· Եղ· ներկայ, Եզ· Ա· դիմք՝ *ըլլալ* բային)·
amability (*էմէպիլ'իթի*) սիրելիութիւն·
amalgam (*ըմէլ'կըմ*) սնդկազօդ, սնդիկի եւ ուրիշ մետաղի մը խառնուրդը· տարբեր զոյացութեանց խառնուրդ· — *ate* խառնել· միաձուլել (ձեռնարկութիւններ)· զօրացնել·
amand (*ըմէնտ'*) տուգանք·
amanuensis (*ըմէնիուէն'սիս*) ուրիշին բանձը գրի առնող, քարտուղար, ընդօրինակող·
amaranth (*էմ'ըրէնթ*) երեւակայական ծաղիկ մը որ երբեք չի թառամիր, անթառամ, անմեռուկ·
amass (*ըմէս'*) դիզել, հաւաքել· —*er* հաւաքող· —*ment* կոյտ, դէզ·
amateur (*էմէթըր'*) սիրող, մէկը որ կը մշակէ որեւէ արուեստ, *սոսկ* եւայլն անոր սէրէն մղուած եւ ոչ թէ դրամի համար, արհեստավարժ·
amative (*էմ'էթիվ*) սիրատենչիկ, սիրային·
amatory (*էմ'էթըրի*) սիրայարոյց, տարփանք յառաջացնող·
amaze (*ըմէյզ'*) զարմացնել, շուարեցնել, ապշեցնել· հիացնել· —*ment* զարմացում, շուարում· զարմանք· —*ing* ապշեցուցիչ·
Amazon (*էմ'էզըն*) դիցաբանական ցեղի մը կըռուող կին, առնական յատկութիւններով կին· —*ian* ամազոնեան·
ambassador (*էմպէս'էտըր*) դեսպան· միջնորդ· պատգամատար· —*dress* դեսպանուհի· — *extraordinary* արտակարգ դեսպան· — *plenipotentiary* լիազօր դեսպան· —*ial* դեսպանական· *embassy* դեսպանատուն· դեսպանութիւն·
amber (*էմ'պըր*) սաթ· սաթանման·
ambidexter (*էմպիտէքս'թըր*) երկկողմեան, երկերես, խարդախ· նոյն յաջողութեամբ երկու ձեռքերով ալ գործող·
ambient (*էմ'պիընթ*) շըրջապատող, չորս կողմը բռնած·
ambiguity (*էմպիկիու'իթի*) տարտամ, մէկէ աւելի ձեւով մեկնելի խօսք· երկդիմութիւն· *ambiguous* երկդիմի·
ambition (*էմպիշ'ըն*) փառասիրութիւն· —*tious* փառասէր, փառատենչ-

չիկ· —*less* տենչազուրկ·

amble (*էմ'պըլ*) ՝յառաջ ընթանալ՝ դիւրութեամբ եւ քնքշութեամբ· ձիու միակողմանի քայլուածք·

ambrosia (*էմպրո'զիա*) հին յոյն չաստուածներու կերակուրը որ անմահութիւն կը պատճառէր· նեկտար·

ambulance (*էմ'պիուլընս*) հիւանդակառք· շարժական հիւանդանոց (պատերազմի դաշտի վրայ)·

ambulant (*էմ'պիուլընթ*) քալող· *ambulate* ետ ու առաջ երթալ· *ambulator* հեռաւորութիւններ չափող գործիք· շրջող·

ambury (*էմ'պըրի*) թարախոտ ուռեցք (ձիու)·

ambuscade (*ըմպըսքէյտ'*) դարան· դարանակալ ըսպասել· յանկարծակի յարձակիլ՝ պահուըտած տեղէն·

ambush (*էմ'պուշ*) դարան, դարանամուտ· դարանակալ սպասել· յարձակիլ·

ameer, amir (*ըմիր'*) իշխան, ամիր (արաբական երկիրներու մէջ)·

ameliorate (*ըմիլ'իըրէյթ*) բարելաւել, բարւոքել· կատարելագործել· —*tion* բարւոքում· կատարելագործում·

Amen (*էյմէն'*) ամէ՛ն· թող այդպէս ըլլայ (աղօթքի վերջը ըսուած)·

amenable (*ըմին'ըպըլ*) ենթարկելի, պատասխանատուութեան ենթակայ· պատիժի արժանի·

amend (*ըմէնտ'*) բարեփոխել, շտկուիլ· —*ment* բարեփոխում, նորոգութիւն· —*s* հատուցում, տուգանք·

amenity (*ըմէն'իթի*) հաճելիութիւն (կացութեան, կլիմայի, վայրի, շարժուձեւերու կամ տրամադրութեան)·

amerce (*ըմըրս'*) թեթեւօրէն տուգանքել· *amendment* տուգանքում·

America (*ըմէ'րիքա*) Ամերիկա· —*n* ամերիկեան, ամերիկացի· —*nise* ամերիկանացնել·

amess (*ըմէ'ս*) վեղար·

amiable (*էյ'միըպըլ*) սիրուելի արժանի, սիրուն, շնորհալի·

amicable (*էմ'իգըպըլ*) բարեկամական· խաղաղասիրական·

amid, amidst (*ըմիտ', ըմիտ'սթ*) մէջտեղը, միջեւ· միջոցին, ընթացքին·

amiss (*ըմիս'*) սխալ, գէշ, վրիպած· սխալ կերպով, անպատշաճօրէն·

amity (*էմ'իթի*) բարեկամութիւն·

ammeter (*էմ'իթըր*) գործիք մը ելեկտրական հոսանքի ուժը *ամբէր*ներով չափող, ամբէրաչափ·

ammonal (*էմ'ոնըլ*) քանի մը տարրերու խառնուրդէն գոյացած զօրաւոր պայթուցիկ·

ammonite (*էմ'ընայթ*) եւրոպական խխունջ· պարարտանիւթ·

ammunition (*էմիունի-*

չ՛ըն) ռազմամթերք. զինամթերքային ամբարներ. փաստ, ապացոյց.

amnesia (*էմնի՛զիա*) յիշողութեան կորուստ.

amnesty (*էմ՛նիսթի*) քաղաքական յանցապարտներու ընդհանուր ներում.

amoeba (*էմիպ՛ա*) մանրադիտային կենդանիկ.

among, amongst (*ըմանկ՛, ըմանկսթ՛*) մէջը, հետը խառնուած նաեւ *amidst*.

amoral (*էյմոր՛ըլ*) ոչ–բարոյական.

amorous (*էմ՛ըրըզ*) տարփալից, սիրահար. սիրային.

amorphous (*ըմորֆ՛ըս*) անձեւ. անկանոն. անփայլ.

amount (*ըմաունթ՛*) հասնիլ, հաւասարիլ. ամբողջական գումար. ամբողջը.

amour (*ամու՛ր*) սեռատենչիկ, տարփանք.

ampere (*էմփէ՛ր*) ելեկտրական հոսանքի միութիւնը. ամբեր (Անտրէ Ամբէրի անունով՝ Ֆրանսացի բնագէտ մը [1775–1836]).

ampersand (*էմ՛փըրսէնտ*) (*and*) *եւ* նշանին տրրուած նախկին անունը.

Amphibious (*էմֆի՛պիըս*) երկակենցաղ. օդուժի եւ բանակի գործակցութիւնով եղած (արշաւանք).

amphibrach (*էմ՛ֆիպրէք*) տաղաչափութեան մէջ՝ երեք վանկով ոտք մը. մէջտեղինը երկար, առաջինը եւ երրորդը՝ կարճ.

amphitheatre (*էմֆ՛իթհի՛էթըր*) ամփիթատրոն.

ample (*էմ՛փըլ*) լայն չափով, ամբողջական տարածութեամբ. անհրաժեշտ չափով, բաւարար տարածութեամբ. առատ, ճոխ.

amplitude (*էմ՛փլիթիուտ*) լայնութիւն, տարածք. առատութիւն. (հեռասփիւռի ալիքի մը ուղղահայեաց հեռաւորութիւնը իր ամենէն բարձր եւ ամենէն ցած մակերեսներուն միջեւ. *ելեկտրականութեան* մէջ՝ առաւելագոյն արժէքը փոփոխակի հոսանքի մը).

amuck, amok (*ըմըք՛, ըմաք՛*) վայրագ. անզգօրէն. *to run* — վայրագօրէն յարձակիլ՝ արիւնահեղութեան նպատակով.

amulet (*էմ՛իուլէթ*) բալիսման, թժժանք, յուռութք (որ չարերը եւ հիւանդութիւնները կը վանէ).

amuse (*ըմիուզ՛*) զբօսցնել, հաճելի ժամանակ ջամբել. *—ment* զուարճութիւն, զբօսանք. հաճելի ժամանց.

an (*էն*) մը, մէկ. անորոշ յօդի ձեւը որ կը գործածուի ձայնաւորի մը առջեւ. տես *a*. նաեւ շաղկապ *եւ*ի իմաստով.

anabaptist (*էնէպէփ՛թիսթ*)

այն որ կը ժխտէ մանուկի մկրտութիւնը եւ կը դաւանի չափահասի մկրտութիւնը· վերամըկըրտչական·

anabolism (էնէպ'ոլիզմ) վերափոխութիւն, կերպարանափոխութիւն· իւրացում սնունդի·

anachronism (էնէք'րոնիզմ) ժամանակագրական սխալ· ժամանակավրէպ դէպք·

anaesthesia, anesthesia (էնէսթհի'զիը) արտաքին տպաւորութեանց նկատմամբ զգայնութեան բացակայութիւն, անզգայացում· *anaesthetic* ըզգայազրկիչ (դեղ մը)·

analepsis (էնէլէբ'սիս) ֆիզիքական ուժերու վերահաստատում, կազդուրում (հիւանդութենէ ետք)·

analgesia (էնէլճիզ'իը) ցաւի, զգացումի բացակայութիւն· անցաւութիւն·

analogy (էնէլ'աճի) նմանութիւն տարբեր բաներու միջեւ· յարաբերութիւն· նմանութիւն, համապատասխանութիւն·

analysis (ընէլ'իսիս) վերլուծում· լուծում (քերակն·)· *analyse* (էն'էլայզ) լուծում, վերլուծում· *analyst* վերլուծող· *analytic* վերլուծական·

ananas (ընէյն'էս) արքայախնձոր, անանաս· հասարակածային շրջաններու յատուկ պտուղ մը·

anapaest, anapest (էն'էփիսթ) տաղաչափութեան մէջ՝ երեք վանկերէ բաղկացած ոտք· երկու կարճ կամ անշեշտ որոնց կը հետեւի երկար կամ շեշտուած վանկ մը· վերջատանջ·

anarchy (էն'արքի) անիշխանութիւն· *anarchism* տակնուվրայութիւն, քաոս, անկարգութիւն, օրինազանցութիւն· *anarchist* անիշխանական·

anathema (ընէթ'հիմա) նզովք՝ բանադրանքի ընթացքին արձակուած բառ (կաթողիկէ եկեղեցւոյ)·

anatomy (ընէթ'ոմի) անդամազննութիւն (կենդանի կամ բոյս)· մարմին· կմախք· *—mist* անդամազննութեան մասնագէտ, կազմախօս·

ancestor (էն'սէսթըր) նախահայր, նախատիպար·

anchor (էն'քըր) խարիսխ· խարիսխ նետել, խարսխել, կենալ· *anchorage* պաշտպանուած վայր ուր նաւը կը խարսխէ, նաւակայք· *to cast anchor* խարիսխ նետել· *to weigh anchor* խարիսխ վերցնել·

anchorite, anchoret (էն'քըրայթ, -րէթ) ճգնաւոր, մենակեաց, միանձն· *anchoress, anchoriters* միանձնուհի(ներ)·

ancient (էն'շընթ) շատ հին· հնագիտական·

նախկին· յարգարժան· ալեւոր մարդ·
ancillary (*էնսիլ'ըրի*) օգնող, օժանդակ, երկրորդական, ստորադաս·
and (*էնտ*) եւ, միասին· բառ մը որ բառեր եւ նախադասութիւններ կը կապէ իրարու (շաղկապ).
andante (*անտան'թի*) յորդորակ· հանդարտօրէն եւ դանդաղ կերպով ընթացող (երաժշտ·).
Anderson shelter (*էն'տըրսըն շէլ'թըր*) փոքրիկ ապաստանարան օդային ռմբակոծութեան դէմ պաշտպանուելու համար (1939ին գործածութեան դրուած).
androgynous (*էնտրոճ'ինըս*) որձեւէգ ծաղիկ (նոյն բոյսին վրայ գտնուող)·
anecdote(*էն'իքտոթ*) մանրավէպ, փոքր պատմութիւն (յաճախ զուարճալի)· —*ist* մանրավէպ պատմող կամ գրող· *anecdotes* չհրատարակուած պատմական մանրամասնութիւն·
anele, aneal (*ընիլ'*) օծել·
anelectric (*էնիլէք'թրիք*) ոչ–ելեկտրական մարմին մը որ ելեկտրականութեան չի վերածուիր· ելեկտրականութիւն փոխադրող·
anemagraph (*ընէ'մոկրէֆ*) գործիք մը որ կ'արձանագրէ հովին ուժըն ու ուղղութիւնը· հողմագիր·
anemometer (*ընիմամ'իթըր*) գործիք որ կը չափէ ուժը կամ սաստկութիւնը հովին· հողմաչափ·
anemone (*ընէմ'ընի*) հողմածաղիկ, պտոյտ· ծափկոտրուկ. *sea-anemone* բուսակերպ ծովային կենդանիներ·
anent (*ընէնթ'*) վերաբերեալ, շուրջ· դիմացը·
aneurism (*էն'իուրիզմ*) շնչերակի ընդլայնում, ծաւալում·
anew (*ընիու'*) նորէն, անգամ մը եւս, նոր ձեւով·
angel (*էն'ճըլ*) հրեշտակ· պահապան ոգի· հին անգլիական՝ շուրջ 10 շիլինգ արժող դրամ· շատ սիրելի անձ· *angelic(al)* հրեշտակի պէս· — *shark* շանաձուկ·
anger (*էնկ'ըր*) բարկութիւն, կատաղութիւն· բարկացնել, զայրացնել· *angrily* բարկութեամբ· *angriness* բարկութիւն·
angina (*էնճայ'նէ*) կոկորդի բորբոքում, ցաւ·
angle (*էնկ'ըլ*) անկիւն· կարթ· ձուկ որսալ· զբաղել, հմայել· տեսակէտ· *angular* անկիւնային· *acute angle* սուր անկիւն (90°է պակաս)· *obtuse* — բութ անկիւն (90°է աւելի բայց 180°է պակաս)· *right* — ուղղանկիւն (90°)· *adjacent* — յարակից անկիւն· *plane* — հարթ անկիւն· *solid* — խորանարդ ան–

կիւն· *oblique* — շեղանկիւն· — *optic* տեսաբանական անկիւն· *angled* անկիւնաւոր· *anglemeter* անկիւնաչափ·

Angle (*էն'կըլ*) Անգլ· Տեւտոն ցեղախումբի անդամ որոնք Ճիւթերուն եւ Սաքսոններուն հետ Անգլիա ներխուժած են 5րդ դարուն (Ց· Տ·) եւ իրենց անունը տուած են երկրին·

Anglican (*էն'կլիքըն*) անգլիական եւ Անգլիոյ պատկանող· Անգլիոյ ազգային եկեղեցին· անգլիական եկեղեցւոյ անդամ· *Anglicanism* Անկլիքանութիւն·

anglice (*էն'կլիսի*) անգլերէն· նաեւ *anglicé* կամ *anglicè*, *anglicise* անգլիերէն ոճով արտայայտել· *anglicism* անգլերէն ոճ· անգլիական սովորութիւն· *anglify* անգլիականացնել·

Anglo - (*էն'կլօ –*) նախդիր մը որ կը ծառայէ բազմաթիւ բարդ բառեր կազմելու· *Anglo-American* անկլօ–ամերիկեան· *Anglo-Indian* Հնդկաստան ծնած անձ որուն հայրը եւրոպական ծագում ունի· *Anglo-Saxon* անկլօ–սաքսոններ կամ իրենց լեզուն· *Anglophile* անգլիասէր· *Anglophobia*, *Anglophobe* անգլիատեաց·

Angora (*էնկորա*) Թրքական նահանգ Փոքր Ասիոյ մէջ՝ որուն նշանաւոր այծերու ներմակ մետաքսի նման մազերէն այծապատառ կը շինուի·

angry (*էնկ'րի*) բարկացած, զայրացած·

anguish (*էն'կուիշ*) խոր սուր ցաւ՝ մարմնային, մտային· ցաւ, մտահոգութիւն· բարոյական չարչարանք· վիշտ պատճառել·

angular (*էն'կիուլըր*) անկիւն ունեցող, անկիւնային, սուր անկիւնային·

anguria (*էն'կիուրիա*) դդում·

anharmonic (*էնհէրմօն'իք*) աններդաշնակ·

anhelation (*էնհիլէյ'շըն*) դժուարաշնչութիւն· *anhelose* շունչը կտրած, շնչասպառ·

anhydride (*էնհա'յտրայտ*) ջուրի զոլորշիացումով կազմուած բաղադրութիւն՝ յառաջ եկած *ասիտէ*· անջուր·

anil (*էն'իլ*) լեղակենի· լեղակ՝ օշարակ մը որ կը շինուի համանուն ծառի տերեւներէն կամ ճիւղերէն·

anile (*էն'այլ*) պառաւի պէս՝ զառամած· անըզգամ·

animadvert (*էնիմէտվըրթ'*) միտքը փոխել· ճկատողութիւն ընել· վերատեսութեան ենթարկել· պարսաւել, քննադատել·

animal (*էն'իմըլ*) կենդա–

նի (որ կը զատորոշուի բոյսերէն)· կենդանական· — *cule* մանրանենի·

animate (*էն'իմէյթ*) ոգեւորել, ներշնչել· կենդանի, ողջ· *animated* կենսալից· —*ting* ոգեւորող· —*mation* ոգեւորութիւն·

animosity (*էնիմոս'իթի*) կատաղի ատելութիւն, թշնամութիւն·

animus (*էն'իմըս*) նպատակադրութիւն, ծրագիր· ատելութիւն·

Ankara Անգարա (Գաղատիա)՝ Թուրքիոյ ներկայ մայրաքաղաքը·

anker (*էն'քըր*) հոլանտական հեղուկաչափ մը (8½ կալոն)·

ankle (*էն'քըլ*) յօդուած, յօդ որ կը միացնէ ոտքը սրունքին· բումբ· պճեղ·

annals (*էն'ըլզ*) տարեգրութիւն· տարեկան ժամանակագրութիւն· *annalise* տարեգրել· *annalist* տարեգրող·

anneal (*ընիլ'*) տաքցնել՝ ապա աստիճանաբար զաղջացնել· պաղեցնել· տաքցնել՝ գունաւորելու համար·

annex (*ընէքս'*) կցել, կապել· յաւելեալ հողամաս հակակշիռի ենթարկել· *annexation* կցում (հողամասի՝ պարտադիր կերպով)· *annexationist* կցումի կողմնակից, միութենական·

annihilate (*ընայ'հիլէյթ*) կործանել, ոչնչացնել· —*tion* բնաջնջում· —*tor* բնաջնջող·

anniversary (*էնիվըր'սըրի*) տարեդարձ, ամէն տարի·

Anno Domini (*էն'օ Տամ'ինայ*) Յամի Տեառն·

annomination (*էնոմինէյ'շըն*) բառախաղ·

annotate (*էն'օթէյթ*) ծանօթագրել (գրական բնագիրի վրայ)· —*tion* ծանօթագրութիւն·

annotine (*էն'ոթին*) մէկ տարեկան·

announce (*ընա'ունս*) ծանուցանել, յայտնել, հռչակել, հրատարակել· —*ment* յայտարարութիւն, ազդ, ծանուցում, հռչակում·

annoy (*ընո'յ*) ձանձրացընել· վիրաւորել· տեւապէս խանգարել, նեղացնել· —*ance* ձանձրոյթ· —*ing* ձանձրացուցիչ·

annual ((*էն'իուըլ*) տարեկան, ամէն տարի· տարեգիրք· մէկ տարի ապրող բոյսեր· —*ist* տարեգրող· —*ly* տարուէ տարի·

annuity (*ընի'ուիթի*) տարեվճար (որոշ շրջանի մը համար կամ մինչեւ ի մահ)· եկամուտ·

annul (*ընըլ'*) ջնջել, չեղեալ համարել. —*ment* ջնջում, չեղեալ համարում·

annular (*էն'իուլըր*) մատանիի ձեւով· օղակաձեւ· *annulet* փոքր մատանի·

annunciate (*ընըն'շիէյթ*)

աւետել․ հռչակել, ծանուցանել․ —*ciation* աւետում (Ս․ Կոյսի)․ հռչակում․ ազդարարութիւն․ —*tor* ազդարարող, յայտնող․

anode (*էն'ոտ*) *վոլթայիկեան* հոսանքի դրական էլէկտրոտ․ (հեռասփիւռի) պահպանակ՝ *ելեկտրոնիք* դռնակի մէջ, որուն բարձր ճնշումի *վոլթաժ* կը յատկացուի՝ մանրաթելէն *էլէկտրոններ* հաւաքելու համար։

anodyne (*էն'ոտին*) դեղ կամ այլ միջոցառում՝ ցաւը մեղմելու․

anoint (*ընոյնթ'*) իւղոտել, օծել․—*ed* օծեալ․ —*ing,* —*ment* օծում․ *the Lord's Anointed* Քրիստոս․

anomaly (*ընոմ'էլի*) զարտուղում (սովորական օրէնքէն կամ տեսակէն)․ անկանոնութիւն․ —*anomalism, anomaly* անկանոնութիւն․ —*listic* անկանոն, անբնական․

anon (*ընոն'*) շուտով, անմիջապէս, մէկէն․ *ever and anon* միշտ․

anonymous (*ընոն'իմըս*) հեղինակը․ անծանօթ գրութիւն կամ գործ․ *anonym* մէկը որ անծանօթ կը մնայ․

anopheles (*ընոֆ'էլէզ*) մալարիայի մանրէն կրող մժեղ․

another (*ընատ'Հըր*) մէկ ուրիշ, տարբեր․ անգամ մը եւս․ *one after* — մէկը միւսին ետեւէն․

answer (*ան'սըր, էն'սըր*) պատասխանել․ յարմարիլ․ հետեւանքները կրել․ պատասխան․ հարցումի, խնդիրի մը լուծումը․ *to — for* ·պատասխանատու ըլլալ․ *to — to* յարմարիլ *answerless* անպատասխան․

ant (*էնթ*) մրջիւն․ —*bird* մրջնակեր թռչուն․ —*bear* մրջնառիւծ (Հար․ Ամերիկայի յատուկ)․ —*cattle* մրջնալուին․ —*hill* մրջիւններու բոյն․

ant - anti (*էնթ - էնթի*) հակա—

antagonise (*էնթէկ'ոնայզ*) հակադրուիլ, հակառակիլ, թշնամանալ․ թըշնամացնել․ —*nism* հակառակութիւն, թշնամութիւն, ատելութիւն․ —*nist* հակառակորդ․ ախոյեան․

antartic (*անթարք'թիք*) հակարջային․ հարաւային բեւեռին կամ անոր մերձակայ շրջաններուն վերաբերեալ․

ante — (*էն'թի—*) նախա- (տեղ, ժամանակ, կարգ), ածանց․ նախդիր․ *antecedent* ժամանակէն, տեղէն, աստիճանէն առաջ․ նախորդող․ նախընթաց․ (քեր․) յարաբերեալ․ —*choir* նախադաս․ —*cursor* առաջ վազող․

antedate (*էնթիտէյթ'*) նա—

խաթունել· կանուխ թրւականի փոխել·

antediluvian (*էնթիտիլիու՛վիըն*) ջրհեղեղէն առաջ· շատ հին·

antelope (*էն՛թիլոփ*) յամոյր, այծքաղ·

antemeridian (*էնթիմիրիտ՛իըն*) կէսօրէ առաջ (համառօտ. *a. m.*)·

antenna (*էնթէն՛ա*) եղջերիկ (միջատին զգալու զգայարանքը)· (գիտ·) ելեկտրական հոսանք դրկող կամ ստացող թել·

anterior (*էնթի՛րիըր*) նախընթաց, նախապէս պատահած, կատարուած·

ante-room (*էն՛թի-րում*) նախասենեակ·

anthem (*էն՛թհըմ*) Սուրբ գրային բնագրով երգեցողութիւն· ազգային օրհներգ·

anther (*էն՛թհըր*) ծաղիկի մէջ փոքրիկ տոպրակ որ կը պարունակէ բեղմնաւորիչ փոշի· նաեւ՝ *anther dust* կկչան· *antheroid* կկչանին նմանող·

anthography (*էնթհօկ՛րաֆի*) ծաղկագրութիւն·

anthology (*էնթհոլ՛ոճի*) ծաղկահաւաք· գրական հատուածներու կամ բանաստեղծութիւններու հաւաք· *—gist* ծաղկաքաղ·

anthracite (*էն՛թրըսայթ*) մաքուր ածուխ որ առանց մուխի կամ բոցի կը վառի·

anthropo- (*էն՛թրոփօ –*) մարդա–ածանցակերտ· *—geny* մարդու զարգացման գիտութիւն· մարդածնութիւն· *—graphy* մարդոց աշխարհագրական տեղադրութեամբ զբաղող գիտութիւն· մարդագրութիւն· *anthropoid* մարդակերպ աբարած·

anthropology (*էնթհրոփոլ՛ոճի*) մարդ էակի ֆիզիքական եւ ընկերային բարեշրջութիւնը ուսումնասիրող գիտութիւն· մարդաբանութիւն·

anthropometry (*էնթհրոփոմ՛էթրի*) մարդկային մարմնի գիտական չափրկում·

anthropomorphosis (*էնթհրօփոմորֆո՛սիս*) մարդակերպութիւն, մարդաձեւութիւն·

anthropophagy (*էնթհրոփոֆ՛էճի*) մարդակերութիւն·

anti – (*էնթի –*) նախածանց· հակա —· փոխարէն· հակառակ· *—air craft* հակաօդային· *—gun* հակաօդային թնդանօթ· *—rocket* հակահրթիռային· *—artillery* հակաօդային հրետանի·

antibacterial (*էնթհիպէքթի՛րիըլ*) հակամանրէական·

antibiotic (*անթիպայոթ՛իք*) մանրէասպան·

antibody (*էն՛թիպատի*) արեան միքրոպներու դէմ պայքարող· հակաթոյն·

antic (*էն՛թիք*) երեւակայական· տարօրինակ· հին· զաւեշտական·

anticipate (էնթիս'իփէյթ) կանխել, նախորդել· ակընկալել· —*tion* ակընկալութիւն, նախատեսութիւն·

anticline (էն'թիքլայն) հակուղիղ·

anticonstitutional (էնթիգանսթիթիո'ւշընըլ) հակասահմանադրական·

antidemocratic (էն'թիտէմոգ'րէթիք) հակառամկավարական, հակատեմոկրատական·

antidote (էն'թիտոթ) թոյնին հակազդող դեղ· դեղթափ·

antigen (էն'թիճըն) հակաթոյն·

antilogy (էնթի'լոճի) հակադրութիւն եզրերու կամ գիրքի մը երկու տարբեր հատուածներու միջեւ· ընդդիմախօսութիւն·

antimony (էն'թիմոնի) ներմակորակ, դիւրաբեկ քիմիական նիւթ՝ տաքութեան վատ հաղորդիչ· ծարիր·

antinatural (էնթինէ'թիուրըլ) հակաբնական·

antinomy (էնթինո'մի) ներհակութիւն·

Antioch . (էնթիո'ք) Անտիոք·

antipathy (էնթիփ'էթհի) հակակրութիւն, ատելութիւն· —*thetical*, —*thic* հակակրական·

antiphon, antiphony (էն'թիֆոն, նի) փոխերգ, փոխերգութիւն·

antipodes (էնթի'փոտիզ) երկրագունդին հակառակ կողմը բնակող, հակոտնեայք·

antipyrine (էնթիփա'յրին) հակաջերմ· ջերմութիւնը ցածցնել· —*retic* ջերմութիւնը ցածցնող·

antique (էնթիք') հին, հնաձեւ· տարիքաւոր· արուեստի հին գործ· հին արուեստի ոճը· —*quarian* հնագէտ, հնագիտական արժէք ունեցող նիւթերու հաւաքիչ· —*quarianism* հնագիտութիւն, հնասիրութիւն· —*quate* հնացնել (արժեւորելու իմաստով)· —*quity* հին, պատմական ժամանակներ· պատմական ժամանակաշրջանին ապրող մարդիկ· —*quities* հնութիւններ· պատմական ժամանակաշըրջաններու սովորութիւններ·

antirevolutionary (էնթիրէվոլիո'ւշընէրի) հակայեղափոխական·

antisabbatarian (էնթիսէպէթէյ'րիըն) հակաշաբաթական· շաբաթ օրը տօնախմբելու դէմ·

anti - Semite (էնթի – սէմ'այթ) հակա–սեմականութիւն, հակա–հրեայ· —*tic* հակասեմական·

antiseptic (էնթիսէփ'թիկ) հեղուկ կամ փոշի որ կը սպաննէ հիւանդութեան մանրէները· հականեխիչ· հականեխական·

antithesis (*էնթի՛թիսիս*) ճիշդ հակառակը. հակադրութիւն. *antithetical* հակադրական.

antitoxin (*էնթիթոք՛սին*) նիւթ, ընդհանրապէս հեղուկ վիճակի մէջ որ կը չէզոքացնէ թոյնը կամ հիւանդութիւնը. կը պատրաստուի նոյն հիւանդութենէն վարակուած ապա բուժուած անձերու արիւնէն. հակաթոյն. հակաժահր.

antitype (*էն՛թիթայփ*) հակատիպ.

antler (*էնթ՛լըր*) եղջերուի ճիւղաւոր կոտոշ.

antlion (*էնթ՛լայըն*) մըրջնառիւծ.

antonym (*էն՛թօնիմ*) հականիշ.

antrum (*էն՛թրըմ*) խոռոչաւոր ոսկոր. խոռոչ.

anus (*էյ՛նըս*) նստատեղի, որքան.

anvil (*էն՛վիլ*) երկաթագործի սալ. — *block* սալի կոճղ. *on the —* օրակարգի վրայ.

anxiety (*էնկզա՛յըթի*) մըտահոգութիւն, ապագայի նկատմամբ վախի եւ կասկածի զգացում մը. *anxious* մտահոգ. անձկալից.

any (*էնի*) որեւէ. քանի մը. իւրաքանչիւր. — *how* ամէն պարագայի տակ. *at — rate* ամէն գնով, ինչ ալ ըլլայ. *in — case* ամէն պարագայի տակ. *—way* որեւէ կերպով.

Anzac (*էն՛զէք*) Անզակ. Աւստրալիական եւ Նոր Զելանտական զօրաբանակ (Ա. Աշխարհամարտին).

aorta (*էյոր՛թա*) մեծ շընչերակ՝ ուրկէ արիւնը դուրս կ'ելլէ սիրտէն.

apace (*ըփէյս՛*) արագ կերպով, շուտով, անապարանքով.

apache (*ըփ՛աշ*) Հիւս. Ամերիկայի հնդկ. ցեղախումբ. վտանգաւոր գող կամ մարդասպան Փարիզի մէջ.

apart (*ըփարթ՛*) անջատօրէն, զատ, մէկդի. *set —* մասնաւոր նպատակի մը համար պահել.

apartheid (*էփարթ՛հէյթ*) ճերմակ եւ սեւ ազգաբընակչութեան բաժանումը (Հար. Ափրիկէի մէջ) տարբեր շրջաններու.

apartment (*ըփարթ՛մընթ*) սենեակ. յարկաբաժին (Ամերիկայի մէջ).

apathy (*էփ՛աթհի*) անտարբերութիւն. *—thetic* անտարբեր, անզգայ.

ape (*էյփ*) կապիկ (մարդու նմանող). կորիլլա. կապկել.

apepsia (*ըփէփ՛սիը*) անմարսողութիւն. նաեւ *apepsy*.

aperient (*էփի՛րիընթ*) լուծողական.

aperitive(f) (*էփէ՛րիթիվ*) ախորժաբեր ալքոլային խմիչք (ճաշէն առաջ). մաքրողական.

aperture (*է՛փըրչիուր*, —

թիուր) բացուածք, ծակ․

apex (*էյ'փէքս*) գագաթը․ ցցուած ծայրը (որեւէ բանի)․

aphasia (*ըֆէյ'ժիը*) խօսելու անկարողութիւն (ընդհանրապէս մտային հիւանդութեան պատճառով)․

aphelion (*ըֆի'լիըն*) մոլորակի շրջածիրի՝ արեւէն ամենէն հեռու կէտը․

aphis (*էֆ'իս*) տերեւի կամ արմատի լուին․ *aphides* (*էֆ'իտիս*) յոգնակին․

aphonia, aphony (*ըֆո'-նիը, էֆո'նի*) անձայնութիւն․ ձայնը կորսնցնել․

aphorism (*էֆ'որիզմ*) առած․ *—rist* առածագիր․

aphrodisiac (*էֆրոտիզ'-իաք*) ցանկայարոյց․ վեներական․

Aphrodite (*էֆրոտայ'թի*) սիրոյ եւ գեղեցկութեան դիցուհին (յոյն դից․), Աֆրոտիթ (Աստղիկ)․ փրփրածին․

apiary (*էյ'փիըրի*) մեղուանոց, փեթակ․ *apiarist* մեղուարոյծ, մեղուաբան․ *apiculture* մեղուաբուծութիւն․

apiece (*ըփիս'*) իւրաքանչիւրին, ամէն մէկուն․

apieces (*ըփի'սըս*) կտոր կտոր․

apish (*էյփ'իշ*) կապիկի պէս․ ապուշ․

aplomb (*ըփլոմ'*) ուղղահայեացութիւն․ ինքնավստահութիւն․

apo – (*էփօ' –*) ածանցային մասնիկ․ ապ–․ հեռա–․

Apocalypse (*ըփոք'ըլիփս*) յայտնութիւն, քօղազերծում․ Յայտնութիւն Ս․ Յովհաննու․

apocrypha (*ըփոք'րիֆը*) անվաւեր մատեաններ (Հին Կտակարանի 14 մատեաններ)․

apogee (*էփ'օճի*) լուսինին (կամ արուեստ․ արբանեակի մը) ամենամեծ հեռաւորութիւնը երկրագունդէն․

apologize (*ըփո'լոճայզ*) չքմեղանք յայտնել․ *apology* չքմեղանք․

apologue (*էփո'լոկ*) բարոյական պատում․ առակ․

apostasy, apostacy (*ըփոս'թէսի*) ուրացում․ ուխտադրժում․ *apostate* ուրացող․ դասալիք․

apostle (*էփոս'ըլ*) առաքեալ․ *—ship* առաքելութիւն․ *apostolate* առաքելութիւն․ *Armenian Apostolic Church* Հայ Առաքելական Եկեղեցի․ *Apostolic See* քահանայապետական Աթոռ․

apostrophe (*ըփոս'թրոֆի*) ապաթարց (սեռական հոլով շինելու կամ զեղչուած գիր(եր)ու տեղ դնելու)․ բացադարձութիւն․ *—ic* ապաթարցային․ *—ize* յապաւել․ ապաթարցել․ ճառ մը ընդհատելով խօսքը ուղղել մասնաւոր անձի մը կամ խումբի մը․

apothecary (*էփոթ'հիքէ-րի*) դեղագործ (շինող եւ ծախող․ հին առումով)․

apotheosis (*ըփաթհիոս'-իս*) աստուածացում․ փառաւորում (անձի մը)․ սրբարարել․

appal (*էփո՛լ*) վախցնել․ ցնցել․ վախնալ, սարսափիլ․ վախ․ *appalling* ահաւոր, սարսափելի, զարհուրելի․

apponage, apanage (*է'-ընէյճ*) ժառանգական իրաւունք․ հողի նուիրում թագաւորի կողմէ արքայական տան կրտսեր որդիներուն․ հետեւող․ ստորոգելիք․ ենթագաւառ․

apparatus (*էփէրէ'յթըս*) գործիքներ եւ մեքենաներ (յատկապէս բժիշկներու եւ գիտնականներու կողմէ գործածուող)․

apparel (*ըփէ'րըլ*) հագուստեղէն, պատմուճան․ կազմած․ հագուածք․ երեւոյթ․ հագուիլ․

apparent (*էփէր'ընթ*) բացայայտ, յայտնի, ակներեւ․ առերեւոյթ․ *—ly* ըստ երեւոյթին․ երեւցածին նայելով․ *—rence* տեսք․ նմանութիւն․

apparition (*էփէրի'շըն*) ուրուական (մեռած մարդու մը հոգին)․

appeal (*ըփի'լ*) կոչ ընել․ վկայակոչել․ վերաքննութիւն պահանջել (դատի)․ *this song does not appeal to me* այս երգը սիրտիս չի խօսիր, չի հետաքրքրեր զիս․ *appealing* գուք հայցող․ գթաշարժ․

appear (*ըփի'ր*) երեւնալ, յայտնուիլ․ թուիլ․ *to — for* ներկայացնել (պաշտօնապէս)․ *to — before a judge* դատաւորին ներկայանալ․ *to all appearances* ըստ երեւոյթին․ *appearance* երեւոյթ․ երեւում․ տեսք․ նմանութիւն․

appease (*ըփիզ'*) խաղաղեցնել, հանդարտեցնել․ ողոքել, բաւարարել, գոհացնել (անօթութիւն)․ *—ment* խաղաղասիրութիւն․ յանուն խաղաղութեան տեղի տալ թշնամիին (միւնիխականութիւն)․

appel (*էփէլ'*) ոտքի ձայն․ յարձակման նշան․

appellant (*ըփէլ'ընթ*) վերաքննութիւն պահանջող, խնդրարկու․ *appellation* անուն, տիտղոս․ կոչում․ բողոք․

append (*ըփէնտ'*) կցել, աւելցնել․ կախել․ *—age* յաւելուած․

appendix (*ըփէ'նտիքս*) գիրքի մը վերջաւորութեան աւելցուած երկար ծանօթագրութիւններ․ *the appendix* կուրաղի․ *appendicitis* կուրաղիի բորբոքմամբ յառաջացած հիւանդութիւն․

appertain (*էփըրթէյն'*) պատկանիլ, վերաբերիլ․ *appertinent* պատկանող․

appetite (*էբ'ըթայթ*) ախորժակ, խոր փափաք (կերակուրի, խմիչքի)· *appetizing* ախորժաբեր· *appetizer* ախորժակ բացող· *want of* — ախորժակի պակաս·

applaud (*ըփլո'տ*) ծափահարել· փառաբանել· *applause* ծափահարութիւն, հրապարակաւ գովաբանութիւն·

apple (*էփ'լ*) *խնձոր*· խնձորենի· *apple of my eye* ամենասիրելի, աչքի լոյս, բիբ· *apple of discord* կռիւի պատճառ, կռուախնձոր· *love* — լոլիկ· *I upset his apple-cart* ծրագիրները ձախողեցուցի· *Adam's* — ադամախնձոր· — *brandy* խնձորօղի· —*-cake* խնձորածաղ· — *pie* խնձորածաղ· *in* — *-pie order* կատարեալ կերպով· — *woman* խնձորավաճառուհի·

appliance (*էփլա'յընս*) մասնաւոր նպատակի համար գործածուած գործիք· գործադրում· յարմարում· դարման· կիրարութիւն·

apply (*ըփլա'յ*) գործածել· դնել· կիրարել· բռնեցընել· տրամադրել, յանձնել· խնդրել (գործ)· *apply oneself to* աշխատանքի նուիրուիլ· This does not apply to *you* քեզի չի վերաբերիր· *applied science* կիրարական գիտութիւն· *applicant* գործ փնտռող· *application* դիմումնագիր· դարման, եւն·

appoint (*ըփոյնթ'*) հաստատել, սահմանել· նըշանակել, անուանել· վճռել, հրամանագրել· ժամադրուիլ· —*ment* ժամադրութիւն· *appointments (of a house)* (տան) կահ կարասի եւ զարդարանք·

apportion (*ըփոր'շըն*) հաւասար բաժիններով բաշխել·

apposite (*ըփ'ոզիթ*) լաւ ընտրուած, ճիշդ (բառը կամ ասացուածքը)· վայելուչ·

apposition (*էփոզի'շըն*) յարադրութիւն (բանի կամ բառի)· յաւելում· վայելչութիւն· բացայայտիչ·

appraise (*ըփրէյզ'*) գնահատել· *appraisal* գնահատութիւն, արժեւորում· —*ment* գնահատութիւն·

appreciate (*ըփրի'շիէյթ*) գնահատել, արժեւորել· արժեւորուիլ, սուղնալ· *appreciation* գնահատութիւն· սղութիւն·

apprehend (*էփրիհէնտ'*) բռնել, ըմբռնել· ձերբակալել· վախնալ· *apprehension* ըմբռնում, ընկալում· վախ· *apprehensive* մեծ վախով լեցուած· կասկածոտ·

apprentice (*ըփրէն'թիս*) աշկերտ· սկսնակ· աշկերտ ըլլալ·

apprise (*ըփր'այզ*) յայտնել, տեղեկացնել· ազդարարել·

apprize (*ըփրայզ'*) գին կտրել·

approach (*ըփրոչ'*) մօտենալ· բանակցութեանց մէջ մտնել· նմանիլ· մօտեցում, մերձեցում· ճամբայ· մուտք· *I will approach him on the matter* պիտի հարցնեմ իրեն այդ մասին·

approbation (*էփրոպէյ'շըն*) վաւերացում, հաստատում, հաւանում·գովեստ· *by* — պայմանով· *approbate* հաւանիլ, հաստատել·

appropriate (*ըփրո'փրիէյթ*) յատուկ· անձնական, սեփական· նպատակայարմար· սեփականացնել· իւրացնել· յատկացնել· —*tion* սեփականացում, իւրացում· յատկացում· սեփականութիւն· *appropriator* սեփականացնող· թոշակառու·

approve (*ըփրուվ'*) վաւերացնել· հաստատել· հաւանիլ, ընդունիլ· —*al* վաւերացում, հաւանում, հաւանութիւն· *goods on* — ապրանքներ որ կարելի է վերադարձնել եթէ չհաւնուին·

approximate (*ըփրոք'սիմէյթ*) մօտենալ· մօտեցընել (ճշմարտութեան)· —*ly* շուրջ, մօտաւորապէս· *approximation* մերձեցում· բաւական յաջող գնահատութիւն·

appui (*էփուի*) յենարան· թիկունք·

appurtenance (*ըփըր'թինընս*) յարակից մաս· բան մը որ ուրիշ բանի մը կը պատկանի·

apricot (*է'յփրիքաթ*) ծիրան·

April (*է'յփրիլ*) Ապրիլ ամիս· *April fool* Ապրիլ մէկի առիթով խաբուած·

a priori (*էյ փրայո'րի*) ի յառաջագունէ (լատ·)·

apron (*է'յփրըն*) գոգնոց· կրծկալ· անձեռոց· —*ful* գոգնոց մը լի· —*man* գործաւոր· *he is tied to his wife's* — կնոջ ազդեցութեան տակ է· *she is tied to her mother's apron strings* երկար ատեն մօրը ազդեցութեան տակ է·

apropos (*էփրոփօ'*) մասին· յարմար· ի դէպ (Ֆրանս·)·

apse (*էփս*) կիսաբոլորակաձեւ արեւելեան մասը եկեղեցւոյ· խորան· մատուռ·

apsis (*էփ'սիս*) այն կէտը ուր մոլորակը արեւուն ամենէն մօտը կամ ամենէն հեռուն կը գտնուի·

apt (*էփթ*) յարմար· հակամէտ. —*itude* բնատուր ուշիմութիւն (գործի մէջ)·

aqua (*է'յքուը*) ջուր (դեղագործութեան մէջ գործածելի)·

aqualung (*է'քուալընկ*) գործիք մը ջուրի մէջ

շնչելու համար·

aquamarine (*էյքուըմը-րին'*) կիսաթափանցագին ֆար մը·

aquarium (*ըքուէ'յրիըմ*) աւազան կամ ապակիէ աման ուր կը բուծանուին ձուկեր, ծովային բոյսեր եւ ծովային այլ կենդանիներ· ձկնարան·

aquatic (*ըքուէթ'իք*) ջրային, ջուրի մէջ ապրող· ջուրի մէջ խաղեր·

aqueduct (*էք'ուիտաքթ*) ջրուղի (գետնին տակ կամ վրայ)·

aqueous (*է'յքուիըս*) ջրային, ջրոտ· — *rocks* ջրային ժայռեր·

aquiferous (*էքուիֆ'ըրըս*) ջրատար·

aquiline (*էք'ուիլայն*) արծուային· *aquiline nose* արծուաքիթ·

a quo (*ը' քուօ'*) որմէ·

Arab (*էր'էպ*) Արաբ· արաբական ձի. *street* — թափառաշրջիկ մանուկ· — *League* Արաբական Լիկա· *Arabian* արաբական· *Arabic* արաբերէն· *gum Arabic* արաբական խէժ· —*ian bird* փիւնիկ· — *horse* արաբական ձի· —*ian nights* արաբական (հազարումէկ) գիշերներ· *Arabia* Արաբիա·

arabesque (*էրէպէսք'*) արաբական զարդ· նկար (տերեւներու)· —*d* արաբական ոճով·

arable (*է'րէպլ*) հերկելու յարմար·

arbiter (*ար'պիթըր*) իրաւարար· *arbitrament* իրաւարարութիւն· *to arbitrate* դատել, որոշել, վճռել· իրաւացին եւ անիրաւը որոշել· *arbitrary* կամայական· *arbitress* իրաւարարուհի·

Arbor Day (*ար'պըր տէյ*) Ծառ Տնկելու Օր՝ (Ա. Մ. Ն.)·

arbor (*ար'պըր*) ձող՝ որուն վրայէն անիւը կը դառնայ·

arbour (*ար'պըր*) նստարան պարտէզի մէջ որ ծածկուած է ծառերով·

arc (*արք*) կամար· աղեղ· *arc-light* ելեկտ· լամբ որ շատ զօրաւոր ներմակ լոյս կու տայ· *arc de triomphe* յաղթութեան կամար· — *of light* կըրակակամար· *arc-welding* մետաղները ելեկտըրականութեամբ իրարու փակցնել·

arcade (*արքէյտ'*) կամարաշարք· ծածկուած փողոցներ՝ երկու կողմերը խանութներով·

arch- (*արչ —*) նախադաս մասնիկ· գլխաւոր· արք. կամար, աղեղ· կամար շինել· աղեղնաւորել· — *bishop* արքեպիսկոպոս· —*duke* մեծ դուքս, արքիդուքս, Աւստրիոյ կայսեր որդին· —*duchess* նոյնին դուստրը, արքիդքսուհի· *my* —*enemy* գլխաւոր թշնամիս· *an* — *look* հրաւիրող նայուածք·

archaean (*արքի'ըն*) երկրաբանական ամենահին շրջան։

archaeology (*արքիալ'ոճի*) հնագիտութիւն (հին արուեստներու, գերեզմաններու, հնութիւններու, եւ այլն ուսումնասիրութիւն)։

archaic, archaical (*արքէ'յիք, —ըլ*) հնագիտական, նախնական, շատ հին՝ անգործածելի։ *archaism* հին անգործածելի բառի՝ ոճի գործածութիւն։

archangel (*արքէ'յնճըլ*) հրեշտակապետ։

archer (*արչ'ըր*) աղեղնաւոր, աղեղնաձիգ։

archetype (*ար'քիթայփ*) նախատիպ, նախատիպար։

archiater (*ար'քիէյթըր*) բժշկապետ։

archiepiscopacy (*արքիիփիս'քոփէսի*) արքեպիսկոպոսութիւն։

archiepiscopal (*արքիիփիս'քոփըլ*) արքեպիսկոպոսական։

archimage, archimagus *ար'քիմէյճ, արքիմէյ'կըս*) մոգերու պետ։ մոգպետ։

Archimedean (*արքիմի'տիըն*) Արքիմիտեան։ նըշանաւոր ուսողագէտ Արքիմիտէսի (287–212 Ն. Ք.) վերաբերող։

archipelago (*արքիփէլէ'կօ*) Եգէական ծովու ըսկըզբնական անունը։ արշիպեղագոս։ փոքր կղզիներու խումբ։

architect (*արք'իթէքթ*) ճարտարապետ։ վարպետ շինարար։ *—onics* ճարտարագիտութիւն։ *—ural* ճարտարապետական։ *—ure* ճարտարապետութիւն, կառուցանելու արուեստ, շինութեան յատկանշական ոճ, կառուցուածք։ *Armenian architecture* հայկական ճարտարապետութիւն ։ *Byzantine* — Բիւզանդական ճարտարապետութիւն։ *civil* — քաղաքային —։ *classical* — դասական —։ *ecclesiastical* — կրօնական —. *gothic* — կոթական —։ *Ionic* — յոնիական —. *Roman* — հռովմէական —։ *rural* — գեղջկական —։

architrave (*ար'քիթրէյվ*) քովթար, մակասիւն, դըրան եւ պատուհանի շուրջ ճարտարապետական զարդեր։

archives (*ար'քայվզ*) արխիւ, դիւան։ դիւանատուն։ յիշատակարան։

archon (*ա'րքոն*) հին Աթէնքի իննը ատենակալներէն մէկը։ արքոն։ իշխանապետ։

arctic (*արք'թիք*) բեւեռային շրջաններու մօտ (հիւսիսային)։ սաստիկ պաղ։ արջային, արջային շրջան։ *Arctic Ocean* Հիւսիսային Սառուցեալ ովկիանոս։

Arctos (*արք'թոս*) Արջ (Մեծ եւ Փոքր)·

arcuate (*արք'իուըթ*) աղեղնաձեւ·

arcula (*ար'քիուլը*) սկիհ·

ardent (*ար'տընթ*) անձկալից· կրակոտ· *ardour* ջերմ, զգացումի ջերմութիւն·

arduous (*ար'տիուըս*) խոր, դժուար յաղթահարելի· աշխատասէր·

are (*ար*) *ըլլալ* օժանդակ բայի սահ· եղանակ ներկայ յոգնակի· ֆրանսական չափ 100² մեթր տարածութ· (շուրջ 119·6 քառակուսի եարտ)·

area (*է'րիը*) շրջան, բաց տարածութիւն· մակերես· ցած բակ տունի մը եւ փողոցի մը միջեւ·

arena (*ըրի'նը*) կրկէս՝ խաղերու եւ ժողովրդային ցուցադրութեանց համար· ամփիթատրոն (հռովմէական) ուր *կլատիաթոր*ները կը կռուէին·

arenose (*ըր'ինոզ*) աւազուտ·

areometer (*էրիոմ'իթըր*) գործիք մը որ հեղուկներու տեսակարար ծանրութիւնը կը չափէ· հեղուկաչափ·

argali (*ար'կըլի*) ասիական վայրի ոչխար·

argent (*ար'ճընթ*) արծաթէ· արծաթ· —*al* արծաթեայ· —*ation* արծաթազօծում· —*ine* արծաթազօծ· փայլուն կըրաքար·

Argentine (*ար'ճընթայն*) Արժանթին· արժանթինական·

argil (*ար'ճիլ*) զուտ կաւ որմէ կուժ, եւայլն կը շինեն·

argillite (*ար'ճիլայթ*) կաւաքար·

argon (*ար'կոն*) կազ մը (ելեկտրական լամբի մէջ)·

Argonaut (*ար'կոնոթ*) արգոնաւորդ՝ ոսկեգեղմին տիրանալու համար (Յուն. դիցբ.)·

argosy (*ար'կոսի*) արժէքաւոր ապրանքներով լեցուած մեծ առեւտրական նաւ·

argot (*ար'կոթ*) գողերու յատուկ գաղտնի լեզու (Ֆրանսայի մէջ)· արգոտերէն·

argue (*ար'կիու*) պատճառաբանել, վիճաբանիլ· տարհամոզել· ապացուցանել· *argument* ապացոյց, փաստարկութիւն· առարկութիւն· *argumentation* պատճառաբանութիւն, փաստարկութիւն·

Argus (*ար'կըս*) հարիւրաչեայ առասպելական արարած· Արգոս· սրատես· հաւատարիմ պահակ· ասիական գեղեցիկ փասիան·

aria (*ա'րիը*) արիա· մենակատարութիւն *գանթաթայի*, *օփերայի*, *օրաթորիոյի*, եւայլն մէջ՝ երաժշտութեան ընկերակցութեամբ·

Arian (*ար'իըն*) արիական

(ցեղ)․ արիոսական (Արիոս Ալէքսանդրիացի, 280 – 336 Ք․ Ե․ որ կը ժխտէր Քրիստոսի աստուածութիւնը, համէակցութիւնը)․

arid (*էր'իտ*) չոր, անջրդի, երաշտային․ անհետաքրքրական եւ անօգուտ (խօսակցութիւն)․

aright (*ըրայթ'*) ուղիղ, շիտակ․

aril (*էր'իլ*) հունտի կեղեւ․

arioso (*արիո'սօ*) մեղանուշ․

arise (*ըրայզ'*) ոտքի ելլել, բարձրանալ․ յայտնուիլ․ ցատկել․ պատահիլ․ ծագիլ․

Aristarch (*էր'իսթարք*) Արիստաքոս․ անգիջող քննադատ․

aristocracy (*էրիսթոք'րըսի*) ազնուապետութիւն, ազնուականութիւն, վերի դասակարգեր․ *aristocrat* ազնուական․ *aristocratic* ազնուապետական․

Aristotle (*արիսթոթ'լ*) Արիստոտել (յոյն մեծ իմաստասէր 384–322 Ք․ Ա․)․ *Aristotelian* արիստոտելեան․

arithmetic (*ըրիթ'հմէթիք*) թուաբանութիւն․ *—al* թուաբանական․ *—ian* թուաբանագէտ․ *arithmetical progression* թուաբանական յառաջատուութիւն․

ark (*արք*) Տապան (ուր Նոյը ապրեցաւ Ջրհեղեղի ատեն)․ *ark of the Covenant* Տապանակ ուխտի․

arm (*արմ*) բազուկ, թեւ․ ոստ․ ճեցուկ, օգնութիւն․ թեւի զրահ․ *—less* անբազուկ․ *—chair* բազկաթոռ․ *arm - in - arm* թեւ թեւի․ *to receive with open arms* սիրով ընդունիլ․ *to keep at arm's length* պաղ վերաբերմունք ցոյց տալ․ *within —s reach* բազուկի հասողութիւն․

arm, arms (*արմ, արմզ*) զէնք, կռուելու գործիքներ․ բանակի մէկ ճիւղը․ զինուորական պարապմունք․ զինել․ զինուիլ․ *armed* զինուած․ *armed neutrality* զինեալ չէզոքութիւն․ *under arms* զէնքի տակ․ *small arms* փոքր զէնքեր․ *in arms* զինեալ․ *lay down arms* զէնքերը վար դնել․ *by force of arms* զինու ուժով․ *to be in arms* պատերազմական վիճակի մէջ ըլլալ․ *up in arms* ճակատաբաց կռուելով․ *up in arms against* ուժգնօրէն բողոքել․

armada (*արմէյ'տը*) նաւատորմիղ․

Armageddon (*արմէկէտ'ըն*) վերջին ճակատամարտի տեսարանը ընդմէջ արդար եւ մեղաւոր ուժերուն՝ վերջին դատաստանի օրէն առաջ․ վերջին ճակատագրական կռիւը մեծ ազգերու մի–

ջեւ· Արմագեդոն (Յայտ· ԺԶ: 16)·

armament (*ար՛մէմընթ*) ցամաքային, ծովային եւ օդային ուժեր պատերազմելու պատրաստ վիճակի մէջ· բանակ, ռազմական ուժ· սպառազինութիւն·

armature (*ար՛մէթիուր*) զրահ· պաշտպանակ (մագնիսի)·

Armenia (*արմի՛նիա*) Հայաստան· *Historical* — պատմական Հայաստան· — *Major* Մեծ Հայք· — *Minor* Փոքր Հայք· *Soviet* — Խորհրդային Հայաստան· *Armenian* (*արմի՛նիըն*) հայ· հայերէն· հայեցի· — *language* հայերէն լեզու· *Armenian Literature* հայ գրականութիւն· *Armenian Apostolic Church* Հայաստանեայց Առաքելական Եկեղեցի· *the Armenian Question* Հայկական հարց· *the Armenian Genocide in 1915* հայկական ցեղասպանութիւնը 1915ին· *Armenian speaking* հայախօս· *Armenist* հայագէտ· *Armenology* հայագիտութիւն· *armenophile* (*արմէ՛նոֆիլ*) հայասէր·

armipotence (*արմիփո՛-թընս*) զինազօրութիւն· —*tent* զինազօր, զէնքի մէջ ամենազօր·

armistice (*ար՛միսթիս*) զինադադար·

armlet (*արմ՛լէթ*) պզտիկ բազուկ· փոքր ծովախորշ·

armour (*ար՛մըր*) զրահ· պաշտպանակ (պատերազմի ժամանակ գործածուած)· — *bearer* զինակիր· —*ed car* զրահապատ կառք· —*ed forces* զրահապատ ուժեր·

army (*ար՛մի*) բանակ· կազմակերպուած մարմին՝ որոշ նպատակի մը համար· օր· *Salvation Army* փրկագործութեան բանակ· — *corps* զօրաբանակ· — *command* բանակի հրամանատարութիւն· — *of occupation* գրաւման բանակ· *allied* — դաշնակից բանակ·

aroma (*ըրօ՛մը*) խունկ· համեմ· գրաւչութիւն· մթնոլորտ·

around (*ըրաունտ՛*) շուրջ, մօտ· չորս բոլորը· միասին·

arouse (*ըրա:ուզ՛*) արթնցընել· գործի մղել· արթըննալ· ոգեւորիլ·

arpent (*ար՛փընթ*) արտավար·

arrack (*ար՛աք*) ոգելից ըմպելի մը որ կը գործածուի Հնդկաստանի մէջ· բրինձօղի· օղի·

arraign (*ըրէյն՛*) ատեան առաջնորդել (բանտարկեալ մը)· ամբաստանել, մեղադրել· ամբաստանութիւն·

arrange (*ըրէյնճ՛*) կարգաւորել· պատրաստել· որդեգրել․ շտկել․ —*ment* կարգադրութիւն․ համաձայնութիւն․

arrant (*էր'ընթ*) տխրահռչակ, վատ․

array (*ըրէյ'*) կարգաւորել, դասաւորել․ հագուեցնել․ շարք, կազմածք․ կարգ․ հագուածք․ *She arrayed herself in all her finery* բոլոր աղուոր հագուստները հագաւ․

arrear(s) (*ըրիըր'(ս)*) չկատարուած գործ․ պարտք․ ետ մնալը․ *in arrears* պարտքի մէջ․

arrearage (*էրիր'էյճ*) յետամնացութիւն․ անվճար հաշիւ․

arrect (*ըրէքթ'*) բարձրացընել, կանգնել․ ուղղել․ բարձրացած (ականջը)․ արթուն․

arrest (*ըրէսթ'*) ձերբակալել․ կեցնել․ քննութիւն բանալ․ ուշադրութիւնը գրաւել․ ձերբակալութիւն․ ձերբակալութեան հրամանագիր․ —*ation* ձերբակալութիւն․ բանտարկութիւն․ —*er (or)* ձերբակալող․ —*ing* տըպաւորիչ, աչքառու․ —*ment* ոճրագործի ձերբակալութիւն․ մէկու մը օրավարձը գրաւել (պարտքի փոխարէն)․

arrière - pensée (*էր'իէր բա'նսէ*) յետին միտք (ֆրնս․)․

arrive (*ըրայվ'*) (at, in) հասնիլ (տեղ մը, նպատակի մը)․ հանդիպիլ․ *arrival* ժամանում․ նոր ծնած մանուկ․ նոր հասած նաւու բեռ․

arrogance, arrogancy (*էր'ոկէնս, էր'ոկէնսի*) ամբարտաւանութիւն․ վանողական նկարագիր․ *arrogant* պահանջել (առանց իրաւունքի)․ իւրացնել․

arrondissement (*էրոնտիս'ման*) մարզ․ ամենամեծ նահանգային ըստորաբաժանում (Ֆրս․)․

arrow (*էր'օ*) նետ․ նշան մը ուղղութիւն ցոյց տըւող․ *arrowroot* արարոտ․ Արեւմտ․ Հնդկական բոյս որ կաթի կամ ջուրի հետ կ'եռացնեն եւ հիւանդներուն կու տան՝ նետէ թունաւորուածներու իբրեւ հակաթոյն․

arse (*արս*) յետոյք․ տակը․

arsenal (*ար'սէնըլ*) զինարան․

arsenic (*ար'սէնիք*) կէսմետաղային նիւթ․ նոյն նիւթին ճերմակ, թունաւոր փոշին․ զառիկ․

arson (*արս'ըն*) հրձիգութիւն․ գիտակցաբար տուներ, նաւեր, եւայլն հրկիզել, նաեւ անձնական՝ երբ ապահովագըրուած են․

art (*արթ*) to be (ըլլալ) բային՝ Սահ․ եղանակ, ներկայ, եզ․ Բ․ դէմք դուն *ես*․ արուեստ․ ճարտարութիւն․ *artless* անարուեստ․ *the Arts* արուեստներ՝ ուսումնական որոշ ճիւղեր՝ օր․ գրականութիւն, պատմութիւն, աշխարհագրութիւն, ետայլն. հականակը՝ *the Sciences* գիտութիւններ (գիտական նիւթեր). *art and part* մեղսակցութիւն. *the black art* մոգութիւն. որեւէ գիտութեան գործնական կիրարկում. *fine arts* գեղարուեստներ. *useful arts* արհեստներ. խորամանկութիւն. խաբեբայութիւն.

artel (*արթէլ'*) արտել, աշխատաւորներու միութիւն (ԽՍՀՄ).

artery (*ար'թըրի*) արիւնը սիրտէն փոխադրող խողովակ, շնչերակ. հաղորդակցութեան որեւէ հիմնական խողովակ. *—rial* շնչերակային. *—rialise* երակային արիւնը շնչերակային արիւնի վերածել՝ թթուածնումի միջոցով. *arteriole* շնչերակիկ. *arterio - sclerosis* պնդերակութիւն.

Artesian wells (*արթի'ժըն ուէլզ*) արտէզեան ջըրհորներ (յայտնագործըւած Ժ.Ա. դարուն Ֆրանսայի մէջ).

artful (*արթ'ֆուլ*) խորամանկ. խարդախ. *—ly* խորամանկութեամբ.

arthralgia (*արթհրալ'ճիը*) յօդացաւ

arthropod (*ար'թհրոփոտ*) յօդոտն միջատ (ինչպէս սարդը).

artichoke (*արթ'իչոք*) կանկառ (բոյս մը).

article (*ար'թիքըլ*) յօդուած օրաթերթի (գրութիւն. համաձայնութեան կէտ). յօդ. հատուած. հաւատքի կէտ. օրէնք կամ պայման. նիւթ. ամբաստանել. կազմել. պայմանաւորել.

articular (*արթիք'իուլըր*) յօդային.

articulate (*արթիք'իուլէյթ*) յօդաւորել, յըստակ արտասանել. յըստակ. հատուածաւոր. *articulation* հնչում, յօդաւորում (երկու ոսկորներու միջեւ).

artifact (*ար'թիֆէքթ*) արհեստական (ոչ-բնական).

artifice (*ար'թիֆիս*) հընարք. վարպետութիւն. ճարտարութիւն. *artificer* ճարտար աշխատաւոր. հնարիչ. *artificial* (*արթիֆիշ'ըլ*) արուեստական, շինծու.

artillery (*արթիլ'ըրի*) հըրետանի, թնդանօթ. հըրետանի գործածելու գիտութիւն. զինեալ ուժերու մէկ ճիւղը. *atomic* — հիւլէական հրետանի. *heavy, light* — ծանր, թեթեւ հրետանի.

artisan (*արթիզան'*) արհեստաւոր, մեքենագէտ.

artist (*ար'թիսթ*) արուեստագէտ. գեղարուեստը սիրող. *artistic, artistical* գեղարուեստական. *artistry* արուեստագիտութիւն.

artiste (*արթիսթ'*) մասնագէտ արուեստի կիրարողական ճիւղի մէջ, ինչպէս դերասան, վարսայարդար, պարող, եւն․

Aryan (*է'յրիըն*) արիական, հնդ - եւրոպական ցեղ, լեզու (Կելթիկ, Տեւտոնիկ, Արմէնոիտ ցեղ, եւայլն․ Սանսգրիտ, պարսկերէն, հայերէն, լատիներէն, գերմաներէն, եւ այլն)․

as (*էզ*) քանի որ․ երբ․ օրինակի համար․ նման․ նոյն ձեւով ինչ որ․ *as for* մասին․ — *if* իբր թէ․ — *it is* ինչպէս որ է․ — *far* — որչափ որ․ — *for me* ըստ ինծ․ — *long* — որքան ատեն որ․— *though* իբր թէ․ — *to* նկատմամբ․ — *yet* ցարդ․

asbestos (*էզպէս'թըս*) չկիզող հանքային նիւթ մը արդիւնաբերութեան մէջ գործածուող, անկիզաքար, կտաւաքար․

ascend (*էսէնտ'*) մագլցիլ, բարձրանալ․ *—able, —ible,* մագլցելի․ *—ancy* իշխանութիւն․ — *ant* վերելակ․ բարձրացող․ իշխանութիւն․

ascension (*ըսէն'շըն*) բարձրըրացում․ վերելք․ համբարձում (Յիսուսի)․ *Ascension Day* Համբարձման օր․

ascertain (*էսըրթէյն'*) ըստուգել․ հաստատել․ — *ment* ստուգում․

ascetic (*էսէ'թիք*) ճգնաւոր․ *—ism* ճգնաւորութիւն․

Asclepias (*էսքլի'փիըս*) բժշկութեան աստուած․ Ասկլիպիոս (դից․)

ascribe (*էսքրայպ'*) վերագրել․ յատկացնել․ *ascription* (*էսքրիփ'շըն*) վերագրում․ տուչութիւն․

ascus (*էս'քըս*) բշտիկ․

asdic (*էս'տիք*) գործիք՝ երեւան հանելու ծովու մէջ եղող (օրինակ ընդծովեայ) առարկաները՝ ձայնի ալիքներու շնորհիւ․ Նաեւ՝ *A.S.D.I.C.*

aseity (*էսի'իթի*) անկախ գոյութիւն․

asepsis (*էսէփ'սիս*) նեխումէ, փտելէ զերծ մընալը՝ հականեխիչի գործածութեամբ․

aseptic (*ըսէփ'թիք*) փըտումէ զերծ․ անապական, հականեխուած․

asexual (*ըսէք'շուըլ*) անսեռ․ սեռային ըննագդի բացակայութիւն․ անսեռային․

ash (*էշ*) հացենի (ձիթենիի ընտանիքին պատկանող ծառ մը)․ մոխիր․ *ashes* աճիւններ․ փոթաս (քիմիա)․ *ashen* մոխրագոյն․ — *pan,* — *tray* մոխրաման․ *Ash Wednesday* Փալեալ խորան․

ashamed (*ըշէյմտ'*) ամըչցած, ամօթահար․ *to be ashamed* ամչնալ․

ashore (*ըշոր'*) եզերքին վրայ․ ցամաքին վրայ․ հակառակը *aboard* նաւուն վրայ․

Asia (*էյ'շա*) Ասիա․ *As-*

ian, Asiatic ասիական, ասիացի· *Asia Minor* Փոքր Ասիա·

aside (*ըսայտ'*) մեկուսի, մէկ կողմը (գործածութենէ դադրած)· *set aside* մէկ կողմ դնել (յետոյ կորսուելու համար)· *to set aside a judgment* տրուած որոշումէն տարբեր գործել·

asiderite (*էսիտ'ըրայթ*) երկաթ չպարունակող մետաղ· աներկաթ աստղաքար·

asinine (*էս'ինայն*) իշավարի, շատ ապուշ·

ask (*ասք*) հարցնել· *ask someone to dinner* մէկը ընթրիքի հրաւիրել· *ask after someone* մէկուն առողջութեան մասին հարցնել· *ask for* փնտռել· *ask in* ներս հրամցնել·

askance, askant (*ըսքէնս', ըսքէնթ'*) աչքի ծայրով, կողմնակի· կասկածանքով·

askari (*էսքա'րի*) բնիկ զինուոր եւրոպական պետութեան մը ծառայող՝ արեւելեան Ափրիկէի մէջ·

askew (*ըսքիու'*) կողմնակի· օրէնքէն դուրս· ծուռ·

aslant (*ըսլէնթ'*) վեր վար· ծուռ, ոչ-ուղիղ· շեղ·.

asleep (*ըսլիփ'*) քնացած, հանգիստի մէջ· մեռած·

aslope (*ըսլոփ'*) զառիվայր· շեղ·

asp, aspic (*էսփ, էսփ'իք*) թունաւոր փոքր օձ·

asp — *տե՛ս aspen.*

asparagus (*ըսփէր'ըկըս*) հիւթեղ բանջարեղէն մը· վայրի ծնեբեկ·

aspect (*էս'փէքթ*) տեսք, երեւոյթ· տեսարան· տեսանկիւն· ուղղութիւն· (Էսփէքթ') դիտել·

aspen (*էս'փըն*) անգլիական բարտի·

asper (*էս'փըր*) կոշտ· դաժան· բիրտ· հնչական· կոշտացնել·

asperity (*էսփէր'իթի*) մակերեսի խորտուբորտութիւն· անտաշ ճաշակ· ճառ· խստութիւն, դաժանութիւն·

aspermia (*ըսփըր'միը*) սերունդ արտադրելու անկարելիութիւն, անսերմնութիւն· սերմ·

asperse (*էսփըրս'*) զրպարտել, վատաբանել, համբաւազրկել· *aspersion* զրպարտութիւն· *cast aspersions on a person's character* մէկուն մասին գէշ բաներ ըսել·

asphalt (*էս'ֆէլթ*) կուպր, ասֆալթ· ասֆալթապատել (ճամբան)·

asphyxia asphyxy (*էսֆիք'սիը, էսֆիք'սի*) շնչահեղձութիւն· *asphyxiation* հեղձում· շնչահեղձութիւն·

aspic (*էսփիք*) թունաւոր օձ, իժ· խորտիկ (կերակուր)·

aspidistra (*էսփիտէս'թրը*) սենեակի մէջ աճող խոշոր տերեւներով բոյս·

aspirant (*էս՛փայրընթ*) բաղձացող. թեկնածու.

aspirate (*էս՛փիրէյթ*) խոռունկ, հագագային հընչում. *h* հնչումը. խոռունկէն հնչել. *aspiration* ձգտում, տենչանք. վերաշնչում. *aspire* տենչալ, անձկալ. բարձրանալ.

Aspirin (*էս՛փիրին*) դեղահատ ցաւի դէմ (յատկապէս գլխու ցաւ). ասփիրին.

ass (*էս*) էշ, աւանակ. ապուշ մարդ. *you ass!* ապուշ. *to make an ass of oneself* յիմարութիւն մը ընել.

asquint (*էս՛*քուինթ) շիլ. շեղ.

assagai (*էսս՛ըկայ*) ափրիկեան թեթեւ նիզակ. նաեւ *assegai*.

assail (*ըսէյլ՛*) յարձակիլ. յանդիմանել. վնռական մօտեցում (գործի).

assassin (*ըսէս՛ին*) մարդասպան. վարձուած ոճրագործ. *assassinate* յանկարծական բարկութենէ մղուած սպաննել. *—nation* մարդասպանութիւն. *the assassins* իսլամ մոլեռանդ աղանդ մը (ԺԱ. դար) որ իսլամութեան թշնամիները կը սպաննէր.

assault (*ըսո՛լթ*) կատաղի յարձակում (ֆիզիքապէս կամ խօսքով). յարձակիլ. փոթորկիլ. բռնաբարութիւն.

assay (*ըսէյ՛*) փորձ. քննութիւն. մետաղը փորձարկել. փորձել, քննել.

assemble (*ըսէմ՛պլ*) հաւաքել, խմբել. յարմարցնել (մեքենայի մասերը). իրարու հանդիպիլ. *assemblage* հաւաքում. *assembly* հաւաքում, հաւաքոյթ.

assent (*ըսէնթ՛*) ընդունիլ. համաձայնիլ. վաւերացընել. համաձայնութիւն. *royal —* թագաւորական հաւանութիւն, վաւերացում.

assert (*էսըրթ՛*) փաստարկել, հաստատել. յայտարարել. *—ion* հաստատում, յայտարարութիւն. *—ive* ինքնավըստահ. դրական. *—ory* հաստատական.

assess (*ըսէս՛*) գնահատել. տուգանքել, տուրք կամ մաքս դնել. վնասը գնահատել. *—ment* տուգանքում, տուրքի որոշում. *—or* տուրքը, տուգանքը որոշող.

assets (*էս՛էթս*) պարտքը վճարելու համար տրամադրելի դրամ կամ սեփականութիւն. թողօն. ընկերութեան մը ամբողջ սեփականութիւնը. արժէքաւոր առարկայ. *— and liabilities* պահանջք եւ պարտք. *asset* օգնութիւն.

asseverate (*ըսէվ՛ըրէյթ*) հանդիսաւոր կերպով յայտարարել. հաստատել (դրապէս).

assiduity (*էսիտ՛իուիթի*)

յարատեւութիւն· նուիրում·

assiduous (*ըսիտ'իուըս*) յարատեւող (կիրարկութեան կամ ուշադրութեան մէջ)· աշխատասէր, ժրաջան·

assign (*ըսայն'*) տալ· հաստատել· նշանակել· *he assigned him to a task* պարտականութիւն մը տուաւ իրեն· *he assigned a task to him* կարգադրեց որ աշխատանքի սկսի· անձ՝ որուն կ'ըլլայ օրինաւոր փոխանցում կալուածի·

assignation (*ըսիկնէյ'շըն*) ժամադրութիւն (սիրահարներու)· սահմանում· փոխանցում·

assimilate (*ըսի'միլէյթ*) ձուլել, նոյնացնել· նըմանցնել· մարսել· նմանիլ· ձուլուիլ· փոխակերպուիլ· *assimilable* իւրանալի· *assimilation* ձուլում· իւրացում· փոխակերպում·

assist (*ըսիսթ'*) օգնել, օժանդակել· ներկայ ըլլալ· *—ance* օգնութիւն, օժանդակութիւն· *—ant* օգնական· *assist a meeting* ժողովի մը ներկայ ըլլալ·

assize (*ըսայզ'*) որոշել (չափը)· գինը որոշել (հացի, միսի, եւայլն՝ դատարանի որոշմամբ)· արդարութեան ատեան· *assizement* ծանրութեանց եւ չափերու քննութիւն·

associate (*էսօ'շիէյթ*) ընկերանալ· միանալ (իբր բարեկամ, աշխատակից, գործի ընկեր)· գաղափարները միացնել· ընկերակից· բաժնեկից· *association* ընկերակցութիւն, միութիւն· գաղափարներու զուգորդութիւն·

assonance (*էս'օնընս*) ձայներու նմանութիւն· անկատար յանգ ուր ձայնաւորները նոյնն են սակայն հետեւող բաղաձայնները՝ տարբեր· *assonant*. նմանաձայն·

assort (*ըսորթ'*) դասաւորել, կարգաւորել (տարբեր դասակարգերու). *assorted* տարբեր· *ill-assorted persons* տարբեր նաշակի, մտայնութեան անձեր (որ իրարու հետ չեն կրնար գործել)·

assuage (*էսուէյճ'*) մեղմել, նուազեցնել (ցաւ, տառապանք, եւայլն).

assume (*էսիում'*) ստանձնել· յատկացնել· կեղծել· *assume the offensive* յարձակիլ· *the matter assumes a grave character* հարցը լուրջ տարողութիւն կը ստանայ· *to assume the reins of government* կառավարութեան ղեկը ձեռք առնել· *to assume an air of importance (innocence)* կարեւոր մէկու մը (անմեղի) հովեր առնել· *assumption* ենթադրութիւն· ստանձնում·

Feast of the Assumption Վերափոխումն Սըրբոյ Աստուածածնի·

assumptive (*ըսամփ'թիվ*) ամբարտաւան·

assure (*էշուր'*) վստահեցընել· հաստատել· համոզել· *assurance* ապահովագրութիւն, վստահութիւն, ինքնավստահութիւն· *assured* որոշ, ապահով, վստահ·

Assyrian (*էսի'րիըն*) ասորի· ասորերէն· ասորական·

aster (*էս'թըր*) գեղաբոյս· աստղածաղիկ· աստղ·

asterias (*էսթի'րիըս*) ծովաստղ·

asterisk (*էս'թէրիսք*) աստղանիշ (տպագրութեան մէջ գործածուող)· *three asterisks* երեք աստղանիշ (⁂)·

astern (*ըսթըրն'*) նաւուն ետեւի կողմը·

asteroid (*էս'թըրոյտ*) աստղաձեւ, աստղակերպ· պզտիկ մոլորակներէն մէկը· աստղաձուկ·

asthenia (*էսթհի'նիը*) ուժի բացակայութիւն, անզօրութիւն·

asthma (*էսթ'մը, էս'մը, էսթհ'մը*) շնչարգելութիւն, հեղձանք·

astigmatism (*էսթիկ'մըթիզմ*) աչքի աղօտատեսութիւն՝ հետեւանք ոսպնեակի թերութեան· համակեդրոնութիւն·

astir (*ըսթըր'*) շարժման մէջ· գերուշադիր· անկողինէն ելած· յուզուած·

astonish (*ըսթոն'իշ*) զարմացնել (հիացում կամ վախ պատճառելով)· —*ed* զարմացած. —*ment* զարմանք, զարմացում·

astound (*ըսթաունտ'*) ապշած· ապշեցնել· վախցընել·

Astrachan (*ասթրըքան'*) Աստրախան՝ Կասպից ծովուն վրայ քաղաք· պարսկական գառնուկի մորթ՝ բուրդով·

astral (*էս'թրըլ*) աստղային·

astray (*ըսթրէյ'*) ճամբան կորսնցուցած, մոլորած·

astride (*էսթրայտ'*) ոտքերը երկու կողմը կախելով (ինչպէս ձի հեծած ատեն)·

astringe (*էսթրինճ'*) կապել· իրարու սեղմել· —*nt* ամրացնող, կապող·

astro — (*էս'թրօ—*) ածանցուած բառ· աստղա—

astrology (*էսթրո'լոճի*) աստղաբաշխութիւն, աստղագուշակութիւն· աստղագիտութիւն·

astronomy (*էսթրոն'ոմի*) աստղաբանութիւն, աստղագիտութիւն· —*mer* աստղագէտ, աստղաբաշխ· —*mic* աստղաբանական· —*mical figures* շատ մեծ թիւեր· աներեւակայելի թիւ կամ հեռաւորութիւն·

astrophysics (*էսթրոֆիզ'իքս*) աստղաբնագիտութիւն·

astute (*էսթիութ'*) խորագէտ, սրամիտ, գործավարի․
asunder (*ըսըն'տըր*) կտոր կտոր․ անջատ․ բաժնուած ձեւով․
asylum (*ըսա'յլըմ*) ապաստանարան (ծերերու, յիմարներու, ոճրագործներու) ուր յատուկ խնամքի կ'արժանանան․
asymmetry (*ըսէմ'էթրի*) անհամաչափութիւն․ —tric անհամաչափական․
asymptote (*էս'իմթոթ*) ուղիղ գիծ՝ որ շարունակապէս կը մօտենայ կոր գիծի, բայց երբեք չի հանդիպիր անոր․ անհանդիպական գիծ․
asyntactic (*ըսէնթէք'թիք*) զարտուղի․ քերականութեան հակառակ․
at (*էթ*) մօտը, քովը․ մէջը․ դիմացը․ առջեւը․ տեղ մը․ *what are you at?* ի՞նչ ընելու նպատակ ունիք․ *at once* անմիջապէս․ *at home* տունը․ *at war* պատերազմի մէջ․
atabrine (*էթէպ'րայն*) մալարիայի դէմ դեղահատ մը․
atactic (*ըթէք'թիք*) անկանոն․
ataghan (*ըթ'էկըն*) եաթաղան․
ataman (*ըթ'էմըն*) կոզակներու պետ․ ադաման․
ataraxia (*էթըրաք'սիա*) կիրքերէ ազատ․ խռովութեան դէմ․
atavism (*էթ'ըվիզմ*) մանուկի մը մարմնին կամ նկարագրին վրայ երեւոյթներու ներկայութիւնը, որ ժառանգական է․ առհաւութիւն․ *atavistic* հօրը, մեծ հօրը մեծ հայրը․
ataxia, ataxy (*էթէյք'սիա, էթէյք'սի*) մարմնական գործարաններու (ձեռքի ոտքի) անկանոնութիւն (բժշկ․)․
ate (*էյթ*) *(he)* կերաւ․ *to eat* (ուտել) բային պարզ անցեալը․
atelier (*էթըլիէ'*) արուեստանոց․ գործանոց․ դարբնոց․
atheism (*էյ'թհիիզմ*) անաստուածութիւն․ —*st* անաստուած․
Athena, Athene (*էթհի'նա, էթի'նի*) իմաստութեան աստուածուհին (Յոյն Դից․)․ հռովմէացիներու Մինէրվան․ *athenaeum, atheneum* իր տաճարը՝ (Աթէնքի մէջ)․ որ իմաստասէրներու, բեմբասացներու, բանաստեղծներու հանդիպավայրն էր․
Athens (*էթհ'ընզ*) Աթէնք․
athirst (*էթհըրսթ'*) ծարաւ․
athlete (*էթհ'լիթ*) մարզիկ․ մարզասէր․ զօտեմարտիկ․ —*tic* մարզական․ կորովի․ — *tics* մարզական խաղեր․
at-home (*էթհ'ոմ*) հիւրերու տրուած ընդունելութիւն․
athwart (*էթհուորթ'*) մէկ

կողմէն միւս. ծուռ. ընդդէմ.

Atlantic (*էթլէնթիք*) Ատլանտեան (ովկէանոս).

Atlas (*էթ՛լըս*) Տիտան որ Զեւսի կողմէ դատապարտուած էր աշխարհը ուսերուն վրայ կրել. *atlas* քարտէզներու գիրք. աշխարհացոյց.

atmosphere (*էթ՛մոսֆիր*) մթնոլորտ. մթնոլորտային ճնշում. միջավայր (բարոյական). — *ric* մթնոլորտային. —*rics* ելեկտրական խանգարում օդի մէջ, որ ի յայտ կու գայ ռատիոյի վրայ՝ խռպոտ ձայներով.

atoll (*էթ՛ոլ, ըթոլ՛*) բըստային կղզի (գոյացած ծովային կենդանիներու մարմիններու միացումէն).

atom (*էթ՛ըմ*) հիւլէ. նիւթի մը ամենափոքր միութիւնը, որ կարելի չէ վերածել քիմիական միջոցներով եւ որ բաղկացած է երեք հիմնական բաղադրիչներէ՝ *փրոթոն, նիւթրոն* եւ *էլէկթրոն*. շատ փոքր առարկայ. *atom(—ic) bomb* հիւլէական ռումբ. *—ic energy* հիւլէական ուժ. *—ic heat* հիւլէական տաքութիւն. *— ic pile* հիւլէական ջերմատեղծիչ. *—ic weight* հիւլէական ծանրութիւն. *—ic warfare* հիւլէական պատերազմ.

atonal (*էթօ՛նըլ*) ապաձայն (երաժշտ.).

atone (*ըթոն՛*) ներդաշնակել. հատուցում ընել. քաւել.

atony (*էթ՛ընի*) ջլատութիւն. թուլակազմութիւն (բժշկ.).

atrium (*էյթ՛րիըմ*) նախագաւիթ. հռովմէական գաւիթ. հռովմէական ընակարանին գլխաւոր սենեակը. խոռոչ (սըրտի). բլթակ.

atrocious (*ըթրօ՛շըս*) գազանային. վայրագօրէն դաժան.

atrophy (*էթ՛րոֆի*) հիւծում. մարմնի մէկ մասի չորացում (արեան չշրջագայելուն իբր հետեւանք).

atropin, atropine (*էթ՛րոփին*) թունաւոր դեղ՝ որ սիրտը արագ բաբախել կու տայ եւ բերանը կը չորցնէ. ատրոպին.

attach (*ըթէչ՛*) կապել. ամրացնել. օրինաւորապէս առնել. կցել. հարել. —*ed* կապուած. շաղկապուած (համակրութեամբ). —*ment* բարեկամութիւն.

attaché (*աթա՛շէ*) կցորդ (դեսպանատան). *attaché-case* կաշիէ ձեռնապայուսակ.

attack (*ըթէք՛*) յարձակիլ. գրել կամ խօսիլ մէկուն դէմ. *to attack a task* նոր աշխատանքի մը սկըսիլ. *an attack of illness* յանկարծօրէն հիւանդանալ.

attaghan (ըթ'էկէն) եաթաղան·

attain (ըթէյն') հասնիլ· ձեռք ձգել (նիգով)· կատարել· յաջողիլ· —*able* հասանելի, ձեռք ձգելի· —*ment* բարձր հմտութիւն (գիտութեան մէջ)·

attaint (ըթէյնթ') շնորհազրկել· ամբաստանել· քաղաքացիական իրաւունքներէ զրկել (դատապարտութեան համար)· ապականել· բիծ· հարուած· ձիու ոտքի վրայ վէրք·

attar (աթ'ըր) վարդաջուր· անուշահոտ իւղ·

attempt (ըթէմթ') փորձել, ձեռնարկել· յարձակիլ· դաւել· ջանալ· փորձ· ձեռնարկ· դաւ·

attend (էթէնտ') մասնակցիլ, ներկայ ըլլալ· ընկերակցիլ· բժշկական խնամք տալ· ուշադրութիւն ընել· սպասել (հրամանի)· —*ance* մասնակցութիւն· խնամք (բժշկական)· ներկաներ· ուշադրութիւն· —*dant* ներկայ· սպասող· ընկերակցող· հոգատարող· *attention* (ըթէն'շըն) ուշադրութիւն· քաղաքավարութիւն· *to pay* — ուշադրութիւն ընել· *to rivet one's* — ուշքը կեդրոնացնել· *to attrack* — ուշադրութիւն գրաւել· *to call one's* — ուշադրութիւնը հրաւիրել· *attentions* մեծարանք· *attentive* ուշադիր· *attentiveness* ուշադրութիւն·

attenuate (էթէն'իւէյթ) նրբացնել· նուազեցնել· տկարացնել· նրբանալ· նուազիլ· նուրբ·

attest (էթէսթ') վկայութեան կանչել· վկայել, հաստատել· —*ation* վըկայութիւն (դատարանի մէջ)· հաստատագիր·

Attic (է'թիք) ատտիկեան, աթենացի գրողներու ոճին նմանող· վայելուչ· աթենացի· վայելչութիւն· փափկութիւն (խօսքի)· ձեղնայարկ· — *bee* զուարթ քերթող· — *faith* տոկուն հաւատք· — *salt*, — *wit* սրամըտութիւն·

attire (էթայր') հագցնել· զարդարել· հագուստ· զարդարանք· —*ment* զարդարանք·

attitude (էթիթ'իուտ) վերաբերմունք, վարուեցողութիւն· դիրք·

attorney (էթըրն'էյ) տեղակալ, փոխանորդ (պաշտօնապէս որոշուած)· գործակալ, միջնորդ· դատախազ· *letter of, power of, warrant of* — փոխանորդագիր· — *general* ընդհ.՝ դատախազ· *private* — անկախ դատախազ·

attract (ըթրէքթ') գրաւել, հրապուրել· մօտեցնել· *to — attention* ուշադրութիւն գրաւել· —*ability* քաշողականութիւն· —*able, —ive* քաշողական· —*ion* քաշողութիւն, ձգողութիւն· հրապոյր·

attribute (*էթրիպ'իութ*) ընծայել, համարել· (*էթ'րիպիութ*) յատկութիւն· ստորոգելի (քերականութ·)· —*tion* վերագրում· ընծայում· տուչութիւն· յատկութիւն·

attrition (*ըթրիշ'ըն*) շփումով մաշում· զիտակցաբար թշնամին յոգնեցնել յարձակելէ առաջ·

attune (*ըթիուն'*) դաշնաւորել, ներդաշնակել (երկու երաժշտ· գործիքներ)·

aubade (*օպէտ'*) առաւօտեան երգ·

aubergine (*օպ'էրժին*) սմբուկ·

auburn (*օ'պըրն*) շագանակագոյն·

auction (*օք'շըն*) աճուրդ· *auctioneer* (*օք'շընիր*) աճուրդի մունետիկ·

aucourant (*օքուրան'*) լաւատեղեակ·

audacious (*օտէյ'շըս*) յանդուգն, անվախ· ապերասան· —*ly* մեծ համարձակութեամբ· —*ness* յանդգնութիւն· *audacity* (*օտէս'իթի*) խիզախութիւն·

audible (*օտ'իպըլ*) լսելի· —*ness, —bility* լսելիութիւն·

audience (*օտ'իընս*) ունկնդրութիւն· հանդիսականներ· ատեան· *audient* ունկնդիր·

audile (*օ'տիլ, օ'տայլ*) անձ մը, որ կը ձգտի մտային պատկերացումներ կազմել՝ մղուած լսողական զգայութիւններէ·

audio (*օ'տիօ*) որ կը վերաբերի ձայնային ալիքներուն միացած առանձնայատկութիւններուն· հնարքներ, որոնք կը գործածուին փոխանցելու կամ ստանալու ձայնի ալիքներ·

audio communication (*օ'տիօ գոմիու'նիքէյ'շըն*) ձայնային հաղորդակցութիւն· հաղորդակցութեան որեւէ ձեւ, որ ձայնային ալիքներու առաքումի, ձայնագրութեան եւ ընդլայնման ատեն՝ կ'օգտագործէ ելէկտրօ – լսողական մեթոտներ·

audio frequency (*օ'տիօ ֆրիք'ուընսի*) ելեկտրական, ձայնի կամ այլ ալիքներու թրթռացումներուն արագութիւնը, որ կը համընկնի մարդկային լսողութեան սովորական աստիճանին, 20էն 20·000 ծիր առ երկվայրկեան·

audiogenic (*օտիօժէնի'ք*) որ կը վերաբերի ձայնին, կամ յառաջ կու գայ անկէ·

audiogram (*օտիօկրէմ'*) ցուցագիծ՝ ցոյց տալու լսողական աստիճանը առարկայի մը, սովորական ականջի համար ընկալելի ձայներու նուա–

զագոյն ուժգնութեան յաւ-
րաբերութեամբ·

audiometer (*օտիոմի'թըր*) գործիք մը՝ չափելու եւ արձանագրելու լսողութեան նշգրտութիւնը· լսելաչափ·

audiophile (*օտիոֆայլ'*) մասնագէտ հեռասփիւռի, հեռատեսիլի, ձայնագրութեան մեքենայի վրայ ձայնի հաւատարիմ վերարտադրութիւն·

audiophone (*օ'տիոֆոն*) հնարք մը, որ ձայնը գլխու ոսկորներու մէջէն լսողական ջիղերուն կ'առաջնորդէ·

audio - visual (*օ'տիօ վի-ժ'ուըլ*) որ կը վերաբերի գիրքերէն տարբեր ուսուցողական ձեւերու, ինչպէս՝ հեռասփիւռ, հեռատեսիլ, շարժանկարներ, նկարներ, ժապաւէն, եւայլն· լսա-տեսողական·

audit (*օտ'իթ*) քննութիւն (կարող անձերու կողմէ)· հաշուի, գործունէութեան քննութիւն եւ ստուգում· *auditor* ունկընդրող· հաշուեքննիչ· *auditorium* լսարան, հանդիսասրահ· *auditorship* հաշուեքննիչութիւն· *auditory* ունկընդիրներ· լսարան· ատեան·

auger (*օկ'ըր*) գայլիկոն, մեծ գչիր· փայտը փորող, ծակող գործիք·

aught (*օթ*) բան մը· որեւէ մաս· ոչինչ·

augment (*օգմընթ'*) աւելցընել, շատցնել, լայնցընել· մեծնալ· անում· մեծնալը· —*ation* մեծնալը, աւելնալը, աճիլը·

augur (*օ'կըր*) գուշակող· թռչունին թռիչքը դիտելով՝ ապագան գուշակել·

August (*օ'կըսթ*) Օգոստոս ամիս· *august* (*օկըսթ'*) փառապանծ, վսեմ, օգոստափառ· տիտղոս առաջին անգամ տրուած Օգտաւիանոս կայսեր·

Augustan (*օկըս'թըն*) դասական, յղկուած· օգոստոսեան (Օգոստոս կայսեր անունով)· — *Age* Օգոստոսեան դարաշրջան·

Augustine (*օկըս'թին*) անդամ վանական կարգի մը՝ որ կը հետեւի Սուրբ Օգոստինի (354–430) կողմէ հիմնուած օրէնքներուն·

auk (*օք*) ծովային թռչուն մը, որի·

aunt (*անդ*) հօրաքոյր· մօրաքոյր· հօրեղբօր կամ քեռիի կին· *auntie* (*անթի'*) նոյնին փաղաքշականը·

aural (*օ'րըլ*) լսողական, ականջային·

aureola, aureole (*օրի'ոլը, օ'րիոլ*) լուսապսակ, նանանչաւորուած շրջանակ, պսակ· ոսկիէ շըրջանակ մը գլխուն շուրջ՝ իբր նշան սրբութեան·

aureomycin (*օրիօմայ'սին*) մանրէասպան դեղ մը նման *փէնէսելինի* եւ *սթրէփթոմայսինի*·

auric (օ'րիք) ոսկեայ․
auricle (օ'րիքըլ) ականջի դուրսի մասը․ բլթակ․ սիրտի խորշ․ *auricular* ականջայուր․
auriferous (օրիֆ'էրըս) ոսկեբեր, ոսկիին տեղի տուող․
Aurora (օրո'րա) Արշալոյսի աստուածը (Հըռովմ․ դից․)․ այգածագիկ․ — *borealis* (պոռիէ'յլիս) հիւսիսայգ․
auscultation (օսքըլթէյ'շըն) սիրտի եւ թոքերու շարժումներու ունկընդրութիւն (ականջով կամ ականջափողով․ բժշկ․)․
auspice (օս'պիս) գուշակութիւն հաւահմայութեան շնորհիւ․ —*s* հովանաւորութիւն․
austere (օսթիր') շատ խիստ, լուրջ․ դաժան․ պարզ (առանց զարդի)․
austral (օս'թրըլ) հարաւային․
Australasion (օսթրըլէյ'շըն) Աւստրալէզեան․
Australia (օսթրէ'յլիա) Աւստրալիա․ *Australian* Աւստրալիական․
Austria (օս'թրիա) Աւստրիա․ *Austria - Hungary* (հըն'կէրի) Աւստրօ–Հունգարիա․
autarchy (օթ'ըրքի) ամբողջական ուժ․ ինքնակալութիւն, ամբողջատիրութիւն․
authentic (օթհէնթ'իք) իրական, վաւերական, հարազատ․ —*ally* վաւերականօրէն․ —*alness* վաւերականութիւն․ —*ity* հարազատութիւն․ —*ate* վաւերացնել․ *authentics* վաւերական․
author (օթ'հըր) հեղինակ․ *authoress* (օ'թհըրէս) հեղինակուհի․ —*ial* հեղինակային․ —*ship* հեղինակութիւն․
authorise(ze) (օ'թհօրայզ) լիազօրել․ օրինականացնել․
authority (օթհոր'իթի) իշխանութիւն․ օրինական ուժ կամ իրաւունք․ բարոյական ազդեցութիւն․ *authoritarian* ամբողջատիրական․
auto - (օ'թօ–) ինքնա - (առածանց)․ *auto* ինքնաշարժ, ինքնիրեն ընթացող․ *autobus, autocar, automobile* ինքնաշարժ․
autobiography (օթոպայօկ'րաֆի) ինքնակենսագրութիւն․
autocephalous (օթոսէֆ'էլըս) ինքնագլուխ, ինքնավար, անկախ․
autochthon (օթոք'թհոն) բնիկ, տուեալ երկրին մէջ ծնած․
autocrat (օ'թօգրէթ) ինքնակալ (թագաւոր)․ —*ic* ինքնակալական, անկախ․ —*cy* ինքնակալութիւն․
auto-da-fé (օթ'օտաֆէ'յ) հաւատքննութեան ատեաններու կողմէ՝ հերետիկոսներու մահապատիժի գործադրութիւն (ընդհանրապէս խարոյկի վրայ բարձրացնելով)․ արարողութիւնը․

autodiagnosis (*օթոտայէկնո'սիս*) ինքնախտաճանաչութիւն.

auto-erotism (*օ'թոէր'ոթիզմ*) ինքնաբեր սեռային տռփանք.

autograph (*օ'թոկրաֆ*) ինքնագիր.

autogyro (*օթոճայր'օ*) ուղղաձիգ օդանաւ.

automatic (*օթոմէթ'իք*) ինքնագործ, ինքնաշարժ.

autonomy (*օթոն'ոմի*) ինքնավարութիւն. *autonomous* ինքնավար. *autonomic* ինքնավարական.

autopsy (*օթ'ոփսի*) դիազննութիւն. քննութիւն.

auto-suggestion (*օթոսաճէս'չըն*) ինքնաթելադրութիւն.

autumn (*օ'թըմ*) աշուն.

auxiliary (*օկզիլ'իըրի*) օժանդակ, օգնող. օժանդակ բայ *(to have, to be, to do, etc.).*

avail (*էվէյլ'*) օգտուիլ. օգտագործել. յառաջացնել. շահ, օգտակարութիւն. *—able* որ կարելի է ձեռք ձգել. օգտագործելի. տրամադրելի.

avalanche (*էվ'էլանշ*) ձիւնակոյտ, արագօրէն սահող ձիւնալեռ.

avarice (*էվ'էրիս*) ագահութիւն. *avaricious* (*էվէրիշ'ըս*) կծծի, ագահ. *avariciousness* ագահութիւն.

avast (*էվասթ'*) կեցիր, կանգ առ, կանգնիր.

ave (*է'յվէյ, է'յվի*) ողջոյն. մնաք բարով.

Ave Maria (*էյվէյ' մէրրիը*) Ողջոյն քեզ Մարիամ (Կաթողիկէ աղօթք).

avel (*էյ'վըլ*) քիստ, հասկի գլուխին փշոտ մազերը.

avenge (*էվէնճ'*) վրէժ առնել. չարագործ մը պատժել. *avenger* վրիժառու.

avenue (*էվ'ընիու*) ծառուղի. պողոտայ (երկու կողմը տուներու եւ ծառերու շարքերով).

aver (*էվըր'*) հաստատել, շեշտել. *—ment* հաստատում.

average (*էվ'ըրէյճ*) միջին. սովորական, բնական. միջինը գտնել.

averse (*էվըրս'*) խորշող, ախորժակը վանող. *averseness, aversion* խորշանք, ատելութիւն.

avert (*էվըրթ'*) մէկ կողմ դարձնել.

avian (*էյ'վիըն*) թռչնազգիներուն վերաբերող. *aviary* թռչնաբուծարան.

aviation (*էյվիէյ'շըն*) օդանաւորդութիւն. օդագնացութիւն, օդանաւ, նաւ քշելու արհեստը. *aviate* սաւառնակը իջեցնել, թռցնել. *—tor* (*էյվիէ'թըր*) սաւառնորդ.

avid (*էվ'իտ*) խորապէս փափաքող. ագահ. *—ity* անօթութիւն.

avital (*է'վայթըլ*) մեծ հօր պատկանող. շատ հին.

avocado (*էվոքա'տօ*) աւկատանձի. Արեւմտեան

Հնդկաստանի յատուկ պտուղ մը·

avocation (էվոքէյ՛շըն) նուիրում՝ գործի, նպատակի մը՝ կեանքի հաճոյքներէ խուսափելով (հին առում)· առաջնային կոչում կեանքի մէջ· *avocative* կանչող· համոզողական·

avoid (ըվոյտ՛) զգուշանալ, խուսափիլ, հեռու կենալ· փախչիլ· անվաւեր դարձնել (դատ·). —*ance* զգուշացում· խուսափում· —*less* անխուսափելի·

avoirdupois (էվըրտիւփոյզ՛) ծանրութեանց հասարակաց դրութիւն· կշիռքի ապրանք. —*weight* 7000 ցորենի հատիկ, կամ 453,54 կրամ (մէկ փաունտ).

avouch (ըվաուչ՛) հաստատել, երաշխաւորել· վկայութիւն բերել· փաստ·

avow (ըվաո՛ւ) բացայայտ կերպով յայտարարել· ազատօրէն խոստովանիլ, յայտնել·

avulsion (ըվըլ՛շըն) խլելը· հանելը· պատռուած կտոր մը·

await (ըուէյթ՛) սպասել· հետեւիլ· պատրաստ ըլլալ·

awake (ըուէյք՛) քունէ արթննալ· ոգեւորել· ոգեւորուիլ· արթնցնել· *awoke* (անց·), *awaked* (անց·) *awaken* (անց· ընդ·)· *wide* — բոլորովին արթուն·

award (ըուորտ՛) սահմանել· վճռել, որոշել· դատում· դատարանի որոշումով նուէր· պատիժ· —*ment* սահմանում·

aware (ըուէ՛յր) զգոյշ, արթուն· գիտակից· քաջատեղեակ· *to be — of* տեղեակ ըլլալ·

away (ըուէ՛յ) բացակայ· հեռաւորութեան մը վըրայ· ճամբուն վրայ· կողմնակի· կորսուէ՛. երթա՛նք· գացէ՛ք· *far* — շատ հեռու· *to make — with* վատնել· ուտել· մեռցնել· *to do — with* վերցնել· ջնջել· — *with him* թող մեռնի· — *with it* թող կորսուի·

awe (օ՝՛) երկիւղ, ահ, մեծ վախ, սարսափ· ակնածութիւն· սարսափ ներշնչել· *awful* ահարկու· —*ness* ահաւորութիւն *awesome* սարսափազդու· *awestruck, awestricken* ահաբեկ, սարսափահար եղած· *awe commanding, awe inspiring* ահարկու·

awhile (ըուայլ՛) քիչ մը· փոքր ժամանակ մը·

awkward (օ՝ք՛ուըրտ) անճարակ· ապիկար· բթամիտ· անկառավարելի· անյարմար· նեղացուցիչ· —*ly* անճարակ կերպով· —*ness* անճարակութիւն·

awl (օ՝լ՛) հերիւն· հըննդկաթուք·

awn (օ՝՛ն) քիստ (հասկի)· փուշ· մազ· մօ–

բուֆ·

awning (օ՛'նինկ) ծածկոց (արեւէն, անձրեւէն պաշտպանուելու).

awoke տես *awake*.

awry (ըրա՛յ) կողմնակի, ծուռ, մէկ կողմ դարձած· գէշ·

axe, ax (էքս) կացին· *an — to grind* անձնական նպատակ մը հետապնդել· *axes* (յոգնակի)·

axil, — la (է՛քսիլ, —լա) անութ·

axiom (էք՛սիըմ) անհրաժեշտ եւ ինքնավստահ առաջարկութիւն· առած· սկզբունք· *—atic* առածային·

axis (էք՛սիս) առանցք· վիզին երկրորդ ոսկորը· *Axis Powers* ք· Աշխարհամարտի ընթացքին Գերմանիոյ, Իտալիոյ եւ Ճարոնի կազմած խմբակցութիւնը· Առանցքի Ուժերը·

axle, axle-tree (էք՛սըլ) առնակ· փայտէ կամ երկաթէ ցպիկ մը՝ որուն վրայ անիւ մը կամ անիւներու սիստեմ մը կը դառնայ·

axminster (էքս՛մինսթըր) մեքենայով հիւսուած թանկարժէք գորգ·

ay, aye (այ) այո· նաեւ *yea* (եա՛)·

aye, ay (էյ) միշտ, շարունակ·

azimuth (էզ՛իմըթհ) հեռազգաք· անկիւն· ազմութ·

azoic (ըզօ՛իք) կենդանական կեանքէ զուրկ երկրաբանական շրջանի վերաբերող·

azote (էզ՛օթ) բորոկածին կազ·

Aztec (ազ՛թէք) սպանական գրաւումէն առաջ Մեքսիկական կայսրութիւնը հիմնող ցեղախումբէն անդամ մը· նոյն ցեղին լեզուն·

azure (էժ՛ուր, էյ՛ժըր) կապոյտ երկինք· կապուտակ· երկնակամար· կապոյտ ներկել·

B

B, b (պի՛) անգլերէն այբուբենի երկրորդ տառը·
baa (պա) ոչխարի մայիւն· մայել·
Baal (պէ՛յըլ) կեղծ աստուածութիւն· Բահաղ (փիւնիկեան չաստուած մը)·
baas (պաա) պետ, գլխաւոր՝ Հարաւային Ափրիկէի մէջ, բնդհանրապէս ներմակամորթ·
Babbitt metal (պէպ՛իթ մէթ՛ըլ) կակուղ մեղմիչ մը՝ որ կը գործածուի պակսեցնելու շփումը մեքենայի աշխատանքի պահուն· 9 մասը թիթեղ, 1 մասը պղինձ·
babble (պէ՛պլ) շաղակրատել· մրթմրթալ· գաղտնիքներ յայտնել· վազող ջուրին կարկաչը· *—r* շաղակրատ· *—ing* շաղակրատութիւն·
babe (պէյպ) մանկիկ·
babel (պէյ՛պըլ) աղմուկ, իրարանցում (Բաբելոն)· առանց գիրար հասկնալու՝ պոռչտուք (հրապարակային հաւաքոյթի մը մէջ)·
baboon (պըպուն՛) կապիկ՝ որուն գլուխը շան գլուխին կը նմանի·
baby (պէյ՛պի) մանկիկ, նորածին· մանուկ· *babyhood* մանկութիւն· *babyish* մանկական·
Babylonian (պէյպիլո՛նիըն) Բաբելոնացի, բաբելոնեան· նոխ· հրաշագործ· աստղաբաշխ·
baccalaureate (պէքէլօ՛րիէյթ) միջնակարգ ուսման աւարտին (յաջող քննութենէ ետք) տրուած վկայական (այս վկայականէն ետք կարելի է համալսարան մտնել)· հուսկ բանք ուղղուած շրջանաւարտ դասարանի մը (Ա·Մ·Ն·)·
baccarat, baccara (պէքըրա՛) բախտախաղ մը (խաղաթուղթի միջոցով)· բակարա·
Bacchus (պէք՛ըս) գինիի աստուածը (յոյն դից·) Բագոս· *bacchanal* (պէքէ՛նըլ) շուայտ· գինեմոլ, Բագոսի հետեւող· *—ia* բագոսատօն·
bachelor (պէչ՛ըլըր) ամուրի· պսակաւոր (համալսարանի Ա· աստի-

նան)· —*hood* ամուրիութիւն· —*ship* ամուրիութիւն·

bacillus (պըսիլ'ըս) մանրադիտակային մարմին՝ որ որոշ հիւանդութեանց պատճառ կը հանդիսանայ· պասիլ· բակեր· *bacilli* (յոգ·), *bacillicide*, *bacilli*—ն սպաննող գոյացութիւն·

back (պէք) կռնակ, քամակ· ետեւի կողմ· արտաքին կողմ· հեռու. ետ· դարձեալ· փոխարէն· նորէն· փութպոլիստ որ դիրքաւորուած է բերդապահին առջեւ· հեծնել (կռնակը)· զօրավիգ ըլլալ· կռնակը բան մը դնել· *behind the back* ի բացակայութեան· *to bring someone on someone's* — երկու անձեր թշնամացնել· *to fall* — նահանջել· *to fall — upon* վստահիլ· ապաստանիլ· *to order* — ետ գալու՝ երթալու հրաման տալ· *to — out, down* դառնալ (խօսքէն)· *backache* կռնակի ցաւ· —*bite* դէմ խօսիլ (ի բացակայութեան)· չարախօսել· — *blocks* Աւստրալիոյ ներսերը· —*bone* ողնայար· հաստատութիւն· քաջութիւն· *backdoor* ետեւի դուռ, փախուստի նամբայ· *back gammon* նարտ.—*ground* հիմ· ուսում· փորձառութիւն· ներք—հող· յատուկ· երես (նըկարի)· —*slider* հաւատուրաց· —*ward* յետադէմ· ետ· դէպի ետ· դէպի անցեալը· ընդդէմ· ծուռ· —*wardly* առանց ուզելու· շրջուած· —*wardness* տհանութիւն· յետամնացութիւն·

bacon (պէյքըն) խոզապուխտ (յատկապէս անգ·)· *to save one's bacon* կաշին փրկել·

Baconian (պըքօնիըն) պէքընեան· անձ որ կը խորհին թէ Շէյքսփիրի գործերուն բուն հեղինակը Լորտ Պէյքըն է:

bacterium (պէքթիր'իըմ) միաբջիջ ապրող օրկանիզմներ· պակտէրիական· ցպկային· *bacteria* (յոգ·)· *bacteriology* (պէքթիրիալ'ըճի) մանրէաբանութիւն· ցպկաբանութիւն· *bactericide bacteria*—ն սպաննող·

bad (պէտ) գէշ, վատ· *baddish* շատ գէշ· *badly* գէշ կերպով· —*ness* գէշութիւն· — *blood* վատ զգացմունք· *to go* — աւրուիլ· *to go to the* — բարոյազրկուիլ· մոլորիլ·

bad, bade (պէտ, պէյտ) bid բային (հրամայել· ընծայել) անցեալը·

badge (պէճ) շքանշան· շքանշան տալ· —*r* փերեզակ· ցորենի վաճառական· արջի նմանող կենդանի մը·

badinage (պատինաժ') զըւարթախօսութիւն·

badminton (*պէտ'մինթըն*) տեսակ մը անուշ խմիչք· տեսակ մը թէնիս·

baffle (*պէֆ'լ*) ծաղրել, վիրաւորել· խափանել· ամչցնել· պարտութեան մատնել· *baffler* խափանող· *baffling* խափանելը· տակնուվրայութիւն ստեղծելը· *—ment* տակնուվրայութիւն· մետաղէ պնակիտ որ կը կանոնաւորէ հեղուկի կամ կազի հոսումը· ցոլարան (ջերմութեան)· մեքենայի լըծակ· *baffling wind* յարափոփոխ հով·

bag (*պէկ*) տոպրակ· քըսակ· մախաղ· տոպրակի պարունակութիւնը· որսի՝ ձկնորսութեան արդիւնքը· տոպրակել· յափըշտակել· թակարդել· ամբարել· *bagging* տոպրակելը· *bagman* փերեզակ· *bag and baggage* ամբողջ ունեցուածքը (մէկուն)· *to give one the bag* յուսախաբ ընել (մէկը)· *bags* տաբատ· *to let the cat out of the bag* գաղտնիք մը անըզգուշութեամբ մէջտեղ հանել·

bagatelle (*պէկըթէլ'*) պարապ բան· սնոտիք· գընդամուղ (խաղ մը)· թեթեւ ոճով երաժշտութիւն·

bagnio (*պէն'իօ*) բաղնիք· լոգարան· անառականոց· ստրուկներու արգելափակման տեղ (Թուրքիոյ մէջ)·

bagpipe (*պէկ'փայփ*) երաժշտական գործիք մը (Սկովտիոյ մէջ)· փքափող· նոյնին ձեւը տալ·

bail (*պէյլ*) երաշխաւորութեամբ արձակել (օրէնք)· երաշխաւոր· շըրջափակ· ջուրը պարպել· *bail-bond* երաշխաւորագիր· *— out* օդանաւէն *փարաշիւթ*ով վար ցատկել· *to admit to —* երաշխաւորութեամբ ազատ ձգել·

bailey (*պէյլ'ի*) աւատական դղեակի մը արտաքին պատերը·

bairn (*պէյրն*) մանուկ (սկովտ·)·

bait (*պէյթ*) խայծ (ձուկը կամ այլ կենդանիներ որսալու)· պտոյտի ժամանակ առնուած զովացուցիչ կամ կերակուր· հըրապուրել, գրգռել·

baize (*պէյզ*) բուրդէ կամ բամպակէ կերպաս· ասուի (գործածուած իբր վարագոյր, սեղանի ծածկոց, եւայլն)·

bake (*պէյք*) տաքութեամբ կարծրացնել· թխել, եփել (փուռի մէջ կամ կրակի վրայ)· *—house* փուռ *baker* հացագործ· *—ry* փուռ· *a baker's dozen* 13. *baking-powder* գինեմրրական թթուի եւ երկնածնածխատ սոտայի խառնուրդով գոյացած թթխմոր· *baking* եփելը·

Balaclava helmet (*պալ'-

ըքլէվ՛ը) բրդեայ գլխու ծածկոց (միայն դէմքը բաց մնալու պայմանով՝ գործածուած խրիմի պատերազմի ատեն)·

balalaika (*պէլէլա՛յքը*) հին Սլաւական երաժըշտական գործիք, եռանկիւն խմբիսխով եւ երկու կամ երեք լարերով·

balance (*պէ՛լընս*) կշիռք, հաւասարակշռութիւն· ճօճանակ (ժամացոյցի)· բաղդատութիւն· հաշուեկշիռ· հաւասարակշըռել· բաղդատել· հաշիւը փակել· վարանիլ· *to strike a —* հաշուեկշիռ ընել· *— sheet* հաշուեկշիռ·

balcony (*պէ՛լքընի*) պատըշգամ·

bald (*պո՛լտ*) ճաղատ· մերկ· անզարդ· պարզ ոճ· միօրինակ· *bald-head* ճաղատ գլուխ· *—ness* ճաղատութիւն·

baldachin (*պէ՛լտէքին*) ամպհովանի·

Balder (*պո՛լտըր*) խաղաղութեան աստուածը (դիցաբանական)·

baldric, baldrick (*պո՛լտրիք*) ուսի գօտի·

bale (*պէյլ*) թշուառութիւն· աղէտ· վիրաւորանք· *—ful* ցաւալից· ճախորդ· աղիտալի· *—fulness* չարամտութիւն· յուղարկաւորութեան խարոյկ· խարոյկ· հակ, ծրար· ծրարել· կապել (բեռը)· ջուր պարպել·

baline (*պէյլի՛ն*) կոշտ կըտաւ, պաստառ՝ փաթթելու համար·

balk, baulk (*պո՛լք*) հեծան· չհերկուած հողամաս· արգելք· դժգոհութիւն· դիզել· խաբել· զանց առնել· կեցնել· հակառակիլ· *—ish* խորտուբորտ·

ball (*պո՛լ*) գնդակ· գունդ· երկրագունդ· գնդակ (հրազէնի)· պարահանդէս· *ball-point pen* չոր մելան գրիչ·

ballad (*պէ՛լըտ*) հայրենասիրական, ժողովրդային բանաստեղծութիւն, որ սկիզբը քնարի ընկերակցութեամբ կ'երգուէր· մեղեդի մը (ընդհանրապէս սիրային)· *balladist* նոյնը յօրինող կամ երգող· *— monger* նոյնը գրող· *balladry* հաւաքուած ժողվ· երգեր· *—e* (*պելատ՛*) գեղօն·

ballast (*պէ՛լըսթ*) հակաբեռ (յատկապէս նաւուն կայունութիւնը երաշխաւորելու համար)· նաւախիճ· խիճ· խիճով բեռնալ· կայունացնել·

ballerina (*պէլըրի՛նը*) թատերապար կատարող աղջիկ· իգական սեռի պատկանող պարող·

ballet (*պէ՛լէյ*) թատերապար՝ երաժշտութեան ընկերակցութեամբ·

ballista, balista (*պըլի՛սթը*) քարընկէց (հին ատեն՝ պատերազմի ժամանակ)· բաբան·

balloon (*պըլու՛ն*) օդապարիկ· ապակիէ գունդ·

ballot (պէլ'ըթ) գաղտնի քուէարկութիւն· քուէաթուղթ· — *box* քուէատուփ· —*age* համեմատական քուէարկութիւն· քուէարկել·

balm (պամ) սպեղանի· բալասան· օծանելիք· ամոքել·

balsa, balza (պո`լ'սը -զը) Արեւմտա - հնդկական շատ թեթեւ փայտ, օդանաւաշինութեան մէջ գործածուած· լաստափայտ·

balsam (պո`լսըմ) բալասան· հինայածաղիկ· ամոքել· օծանել· —*odendron* ապրասամ·

Baltic (պո`լ'թիկ) Պալթեան·

bambino (պէմպի'նօ) մանկիկ, մանուկ·

bamboo (պէմ'պու) հընդկական եղէգ·

ban (պէն) հրովարտակ· յայտարարութիւն· բանադրանք· հայհոյանք· արգիլում· արգիլել· հայհոյել·

banal (պէյն'ըլ) հասարակ· անարժէք· հասարակ տեղիք·

banana (պընա'նէ) պանան· ադամաթուզ· մոզ·

band (պէնտ) կապ· վիրակապ· փողկապ· երիզ· շղթայ· աւազակներու խումբ· զինուորներու խումբ· նուագախումբ· —*stand* բացօթեայ երաժըշտական կատարման բեմ· կապել· միաբանիլ· դաշնակցիլ·

bandage (պէնտ'էյճ) վիրակապ· վիրակապել·

bandeau (պէն'տօ) վարսակալ·

banderol, banderole (պէն'տըրօլ) փոքրիկ դրօշակ·

bandit (պէն'տիթ) աւազակ· յելուզակ (դիմադրողը սպաննելու պատրաստ)· —*ti*, —*s* (յոգ·) (պէնտիթթ'ի)·

bandle (պէն'տըլ) իրլանտական չափ (երկու ոտք)·

bando (պէն'տօ) հրովարտակ·

bandog (պէնտօկ) գամփռ· պահապան շուն·

bandolero (պէնտօլէր'օ) աւազակ, յելուզակ·

bandy (պէն'տի) ծռած, ծուռ· հոս հոն թողնել, տանիլ· շարժել· — -*legged* ծունկերը դուրս ծռած·

bane (պէյն) կործանման, բնաջնջումի որեւէ պատճառ· թոյն· աղէտ· աւերում· —*ful* թունալից·

bang (պէնկ) ծեծել (գաւազանով)· կոշտ կերպով ձեռք առնել· բարձր ձայն մը հանել· գաւազանով կամ մտրակով հարուած· բարձր ձայն· պայթում· ճակատի վրայ թափած մազ·

bangle (պէնկ'կըլ) ապարանջան (հնդկ·)· քիչ քիչ ծախսել·

banian, banyan (պէն'իըն)

հնդկական թուզ· հաշուստ· հնդիկ վաճառական·
banish (պէն'իշ) աքսորի դատապարտել· քշել հեռու· արտաքսել· միտքէն դուրս հանել· —*ment* աքսոր·
banister (պէն'իսթըր) վանդակամատ· սանդուխամատ·
banjo (պէն'ճօ) երաժշտական լարային գործիք մը, թմբկաձեւ մարմինով եւ երկար վիզով·
bank (պէնք) ճստարան· սեղան· ափեան· թումբ· զետափ· ծանծաղուտ· շարք· դրամատուն· լըճակ· դրամ դրամատուն դնել· —*book* դրամատան տետրակ՝ ուր արձանագրուած է յաճախորդին գործառնութիւնը· —*cheque* դրամատնային փոխգիր· —*note* դրամատնային տոմս· *banker* դրամատան պաշտօնեայ· սեղանաւոր· խաղաքուղք·
bankrupt (պէնք'րափթ) սնանկ· սնանկացնել· —*cy* սնանկութիւն·
banner (պէն'ըր) դրօշակ· — *headline* օրաթերթի վերտառութիւնը՝ ամբողջ թերթի լայնքը գըրաւող·
bannerol տես banderol.
banns (պէնզ) պսակի ծանուցում·
banquet (պէնք'քուէթ) կոչունք· մեծ խնճոյք, հացկերոյթ· խնճոյք ունենալ·
banter (պէն'թըր) մէկուն հետ կատակել (հետը իյնալով)· կատակով խայթել· զուարճանալ· —*er* զուարճարան·
banting (պէնթ'ինկ) կերակուրներու ռէժիմ՝ նիհարնալու համար·
bantling (պէնթ'լինկ) փոքր տղայ, մանուկ·
banyan, banian (պէն'իըն) հնդկական թուզ· ծառ մը՝ որուն ճիւղերը գետին խոնարհելով կ'արմատաւորուին եւ նոր ծառեր կը գոյացնեն, մինչեւ որ անտառ մը մէջտեղ գայ· *to flourish like the banyan tree.* սոյն ծառին պէս անիլ·
baobab (պէյ'օպէպ) հասարակածային Ափրիկէի մէջ աճող ամենահսկայ ծառերէն մէկը· բաբեճ·
baptise (պէփթայզ') մկըրտել· քրիստոնեայ դարձնել· անուանակոչել· *baptism* մկրտութիւն· *baptist* մկրտիչ· մկըրտչական·
bar (պար) ձող· ճիգ (դըրան)· թումբ· ատեան· փաստաբանական կանոն· բաժանման գիծ (երժշ.)· գինետուն· գինեսեղան, հանրութեան պատկանող տուն· փակել (ճիգով)· խափանել, արգիլել· *to (be) called to the* — փաստաբանութեան ատեանն ընդունիլ· *plea in bar* ատեանին յանձնուած դատ· *trial at bar*

քօղօր դատաւորներու ներկայութեան կատարուած դատ. *bar man* գինեպան.

barb (*պարպ*) մօրուք. քիստ. թեւ (նետի). կարթ. արքայաձուկ. արագավազ եւ տոկուն ձի. ածիլել (մօրուքը). կըտրել. բռնել.

barbarian (*պէրպէ'յրիըն*) սկզբնական առումով՝ մէկը որ յունարէն չէր կրնար խօսիլ. հիմա՝ բարբարոս. կատաղի, դաժան, անգութ մարդ. *barbaric* բարբարոսական. *—ism* բարբարոսութիւն.

barbecue (*պար'պիքիու*) երկաթէ ձող՝ որուն վըրայ ամբողջ կենդանի մը կարմրցուած է. կարմրցուած կենդանի (ոչխար, եւայլն). տան վերի յարկը ուր հատիկ կամ սուրճ ամբարուած է.

barbel (*պար'պէլ*) ձկան մօրուք. գետի արքայաձուկ.

barber (*պարպ'ըր*) սափրիչ. վարսայարդար.

barbette (*պարպէթ'*) հողաբլուր ուր թնդանօթները կը հեծցուին.

barbican (*պար'պիքըն*) որմնածակ (ամրութեան, բերդի) ուրկէ թշնամիին դէմ կը պաշտպանուի քաղաքը կամ բերդը.

bard (*պարտ*) կեղտական գուսան որ երգերով կը պանծացնէր հերոսներու արարքները. բանաստեղծ. երգիչ.

bare (*պէ'ր*) առանց հագուստի՝ մերկ. պարապ. ծածկոցը վերցնել. մերկացնել. *to lay bare.* մերկապարանոց դարձընել. պահուածը ցոյց տալ. *a bare hundred pounds* միայն 100 ոսկի. *a bare possibility* թեթեւ յոյս մը. *a barefaced man* անամօթ մարդ. *—footed* բոպիկ. *—headed* բաց գլուխ.

barely (*պէր'լի*) պարզապէս. հազիւ թէ.

bargain (*պար'կէն*) սակարկութիւն. աժան գընուած բան. պայման. սակարկել. *into the —* նաեւ. *to strike a —* համաձայնութեան գալ. *to — away* սակարկելով վանառել. *more than one —ed for* անհանոյ անակնկալ.

barge (*պարճ*) մեծ նաւակ (տափարակ յատակով). *— into* մէջը մտնել. *a bargee* մակոյկավար.

baritone, barytone (*պէրի'թոն*) այր մարդու միջին ձայն (թէնորի ու պասի մէջտեղ). նոյն ձայնով երգողը.

barium (*պէյ'րիըմ*) արծաթի նմանող ծանր մետաղ մը.

bark (*պարք*) կեղեւ (ծառի). հաչիւն (շունի). կեղուել. հաչել. մորթը վիրաւորել. *—en* կեղեւի պէս չորնալ.

bark, barque (*պարք*) ե-

ԲԻՔԷՆ հինգ կայմերով նաւ. փոքր արագաստանաւ. նաւ (բանաստ.). — *louse* կեղեւի ոջիլ.

barley (*պարլ'ի*) գարի. — *bird* սարիկ թռչուն. — *beer* գարեջուր. *John Barleycorn* ուիսքի.

barm (*պարմ*) խմոր. փրփուր.

barmy (*պարմ'ի*) խենդ, ապուշ.

barn (*պարն*) մարագ. մարագել.

barnacle (*պար'նըքըլ*) կըռախեցի՝ որ նաւերուն տակը եւ ժայռերուն կը փակի.

barndoor (*պարն'տոր*) մարագի դուռ. հաւ. *he can't hit a barn door* շատ աննարակ որսորդ մըն է.

barometer (*պէրոմ'իթըր*) ծանրաչափ. օդաչափ. —*trical* ծանրաչափական.

baron (*պէր'ըն*) ազնուականի տիտղոս, պարոն. իշխան. —*age* պարոնութիւն. —*ess* պարոնուհի.

baronet (*պար'ոնէթ*) պարոնէն ստորադաս եւ ասպետէն աւելի բարձր ազնուականի տիտղոս.

baroque (*պըրոք'*) շէնքի շեշտուած ձեւով գեղազարդուած ձեւ. քմայքոտ. խեղկատակ.

barouche (*պըրուշ'*) ռեսակ մը ձիակառք (կերպանակ նստատեղիով).

barque տես **bark.**

barrack (*պէր'էք*) զօրանոց (ընդհանրապէս յոգնակի առումով). խաղի ժամանակ խաղացողին վրայ կոշտ կերպով պոռալ.

barrage (*պար'էյճ*) երկաթէ նաղ՝ գետի մը լայնքին, անոր հոսանքը կանոնաւորելու համար. համազարկ (հրացաններու). — (*պար'աժ*) զինուորական խոչընդոտներ (փշաթել, թումբ, եւլն) պաշտպանողական կամ յարձակողական նպատակի համար. *barrage ballons* կազէ տոպրակներ երկինքի մէջ՝ քաղաքը օդային յարձակման դէմ պաշտպանելու համար.

barrel (*պէր'ըլ*) տակառ. հրացանի փող. *to — up* տակառը լեցնել. *to — off* տակառին մէջ քաշել.

barren (*պէր'ըն*) ամուլ, անպտուղ. տեսակը վերարտադրելու անկարողութիւն. ապարդիւն. անպէտ. անիմն. —*ness* ամլութիւն.

barricade (*պէ'րիքէյտ*) պատնէշ. ծառերէ հողէ կամ քարերէ արագօրէն շինուած պատ (պաշտպանուելու համար). — (*պէրիքէյտ'*) ամրափակել. պատնէշել. *barricado*՝ հին ձեւը.

barrier (*պէր'իըր*) արգելք. սահման. արահետի մը մէջ դրուած արգելքներ, սահման, մարդոց անցքը արգիլելու համար.

barrister(*պէր'իսթըր*) գաւազանակիր իրաւաբան· փաստաբան·

barrow, wheel barrow (*հուիլ պէր'օ*) ձեռնակառք· բլրակ' շինուած հին գերեզմանի մը վրայ·

barter (*պար'թըր*) ապրանքով փոխանակել (առանց դրամ գործածելու)· փոխանակում (ապրանքներու)·

barytone տես **baritone**·

basal (*պէյ'սըլ*) հիմք· տես **base**·

basalt (*պըսօլթ'*) կանաչորակ-սեւ կարծր քար մը· երկաթաքար· բազալտ·

base (*պէյս*) հիմք· խարիսխ· յատակը· պատուանդան· ցած, ստորին, գռեհիկ· այր մարդու ամէնէն հաստ ձայն· գինուորի կամ օդային կայան· չկազմուած նիւթ· *base-born* ընկեցիկ· ցածոգի· *base-metal* ցածարժէք մետաղ (պղինձ, կապար, զինկ, թիթեղ)· *—less* անհիմն· *—ment* խոնարհակոչում (շէնքի), շէնքի մը ամենէն վարի յարկը· *basic* հիմնական· *baseboard* յատակատախտակ· հիմնադրել· նուազեցնել·

baseball (*պէյս'պօ՛լ*) գնդախաղ մը (ամերիկեան ծագումով' գրիգէթի նմանողութեամբ)·

bash (*պէշ*) ծեծել· ապտակել· ձեւազեղծել· ամըչցնել· յուրջ հարուած·

bashful (*պէշ'ֆուլ*) դիւրին շփոթող· ցուցամոլութենէ խորշող· ամըչկոտ· վախկոտ·

bashi-bazouk(s) (*պէշ'իպըզուքս*) թուրք անկանոն զինուորական խումբեր' ծանօթ իրենց անգթութեամբ յատկապէս հայերու դէմ· պաշի պոզուք (թրք)·

basic (*պէյ'սիք*) հիմնական· առաջնային· — *English* օտարներուն համար դիւրացուած անգլերէնի դասընթացք· արմատական անգլերէն·

basil (*պէզ'իլ*) բոյս մը· շահասպրամ· արքայիկ· *sweet* — ռեհան· *holy* — համասպրամ· *wild* — վայրի ռեհան·

basil, bazil (*պէզ'իլ*) ոչխարի մորթ· նոյնը վարծեցուած' գործածուելով իբր գիրքի կողք, եւլն·

basilica (*պըսիլ'իքը*) իրռովմէական հանրային շէնք կամ սրահ, որ աւելի ուշ ձեւափոխուած է եկեղեցիի առաջին դաբերու քրիստոնեաներու կողմէ· մասնաւոր եկեղեցի շինուած սկզբնական պասիլիքաներու օրինակով· *basilical, basilican* աթոռանիստ եկեղեցի· կաթողիկէ· առեւտրահ· թագաւորական·

basilisk (*պէզ'իլիսք*) առասպելական թունաւոր օձ, քարբ· արքայիկ օձ·

ամերիկեան մողէզ մը․ մեծ թնդանօթ․

basin (պէյ՛սըն) տաշտ․ աւազան․ լճակ․ աւազան (գետի)․ յեռնադաշտ․ նժար․

basis (պէյ՛սիս) խարիսխ․ հիմք․ նախատարր․ յոգ․ *bases*․

bask (պէսք) արեւի լոգանք առնել, արեւի տակ պառկիլ․ տաքցնել․

basket (պաս՛քէթ) կողով․ սակառ․ կողովի մէջ դրնել․ —-*ball* կողովագնդակ․ պասքէթպոլ․ —*hilt* սակառի ձեւով հիւսուած կոթ (սուրի, զարդացուպի)․ *basketry* կողովագործութիւն․ —*work* կողովահիւսութիւն․

Basque (պասք) պասքացի․ պասքերէն․ պասքեան (Արեւմտեան Փիրենէիայի շրջան)․ կնոջ հագուստին մէկ մասը որ կը նմանի ժաքէթի՝ կարճ քէշով մը․

bas - relief, bass - relief (պաս կամ պա-րիլիֆ՛) հարթաքանդակ․ քանդակ ուր առարկան թեթեւօրէն ցցուած է․ օրինակ, Լիբանանեան մետաղադրամի վրայ մայրիի ծառը հարթաքանդակ է․

bass (պէս, պաս) կարմրախայտ․ ծովագայլ․ փըրիաթ․ թմբի (ծառ)․ տեսակ մը զարթէջուր (զօրաւոր, կծու)․

bass, base (պէյս) դաշնաւորումի ամենէն ցած մասը (ձայնային կամ գործիքային)․ այր մարդու ամենէն հաստ ձայնը (երաժշտ․) *double - bass* լարային ամենէն մեծ գործիքը․

basset (պէս՛էթ) բարակ շուն․ տեսակ մը թղթախաղ․

bassinet, bassinette (պասինէթ՛) կողովաձեւ օրօրոց․ փոքր սայլակ․

basso (պէս՛օ, պաս՛օ) պաս ձայնով երգող․ դաշնաւորութեան մը պաս մասը․

bassoon (պըսուն՛) ստուարափող, թաւափող, զուռնա (երժշտ․)

bast (պէսթ) ծառին ներքին կեղեւը․ թմբիի, թթենիի կեղեւ․ փսիաթ․

bastard (պէս՛թըրտ) ընկեցիկ․ պոռնկորդի․ բին․ վատորակ շաքար․ անհնազանդ․ անօրէն․ խառնածին․ գինի մը (սպանիական)․ կեղծ․ —*ise (ize)* անհարազատ հռչակել․

baste (պէյսթ) թելակարել․ զաւազանով զարնել․ ցանել․ սրսկել․ թրջել (արցունքով)․ հալած իւղ թափել միսին վրայ՝ եփելու ատեն․

bastille (պասթիլ՛) աշտարակ․ պետական բանտ․ *The bastille.* Փարիզի հռչակաւոր պետական բանտը որ 1789 Յուլիս 14-ին Ֆրանսայի յեղափոխականներու կողմէ գրաւուեցաւ։

bastinado (պէսթինէ'յտօ) արեւելեան պատժելակերպ՝ ոտքին տակ գանակոծել. ֆալագայի քաշել.

bastion (պէսթ'իըն, պէս-չ'ըն) պատնէշ. մարտկոց. ամրոց.

bat (պէթ) չղջիկ. թիրգաւազանիկ՝ գրիգէթի կամ պէյսպոլի մէջ գործածուող. թակ. վինակ. ածուխի խաւ. թակել. զարնել. *to go full bat* շատ արագ երթալ. *off one's own bat*. առանձինն, անօգնական. *to have bats in the belfry* արտակեդրոն, ապուշ ըլլալ. *never batted an eyelid* երբեք զգայնութիւն ցոյց չտուաւ. երբեք չքնացաւ (Ա.Մ.Ն.).

batch (պէչ) նոյն ատեն եփուած հացին քանակութիւնը. նոյն ատեն ստացուած առարկաներ. նոյն ձեւի առարկաներու *սէրի* մը. շարք. դաս.

bate (պէյթ) պակսեցնել, նուազեցնել. յաղթել. թակել (թեւերը). ջանք. *with bated breath* սարսափէն շունչը բռնած. *to get into a bate* զայրանալ.

bath (պաթհ, պէթհ) լոգարան. լոգանք, բաղնիք. ջերմուկ. հեղուկաչափ (գիտութեան մէջ գործածուած հեղուկներու). *cold* — պաղ ջուրի լոգանք. *shower* — պաղ ջուրի ցնցուղ. լոգանք. *warm* — տաք ջուրի լոգանք. *dry* — բժշկական լոգանք. *go to bath* մուրացկան եղիր. *Knight of the Bath* ասպետ. *Turkish bath* թրքական բաղնիք. *blood - bath* ջարդ մը. *bath - chair* անիւով աթոռ հիւանդ կամ ծեր մարդոց համար.

bathe (պէյտհ) ջուրի մէջ մտնել. լողալ (ծովու մէջ). ջուրի մէջ դնել. թրջել. լոգցնել. արեւի լոգանք առնել. —*r*, *bath - keeper* բաղնեպան. *bathing* լոգանք. *bathing machine* բաղնեկառք. *bathing tub* բաղնիքի կոնք, տաշտիկ.

bathometer (պէտհօմ'իթըր) խորաչափ (ջուրին խորութիւնը որոշելու).

bathos (պէյ'թհոս) յանկարծական փոփոխութիւն ամենէն գեղեցիկ մտածումներէն դէպի հասարակ կամ ապուշ մտածումները. ուռուցիկ, փքուն խօսք. հակատիեան. *bathetic* հակատիեանական.

bathy - (պէթհի -) խորա- (նախդրիւ մասնիկ). *bathyal zone* ծովուն յատակը 600–3000 ոտք խորութեան վրայ. *bathymetry* խորաչափութիւն. *bathy - orographical* երզըր՝ որ կը գործածուի քարտէսներու համար՝ որ յարմար գունաւորումով ցոյց կու տայ ցամաքի բարձրութիւններ եւ ծովու խորութիւններ· *bathysphere* պողպատէ շինուած գունդ՝ որուն մէջ մտնելով կարելի է ծովուն խորերը թափանցել·

bating (պէյթ'ինկ) ի բաց առեալ·

batiste (պէթիսթ') բարակ, ճերմակ կերպաս՝ բամպակէ շինուած· ջանջիլ·

batman (պաթ'մէն) սպայի սպասաւոր· գրաստապան· վազող·

baton (պէթ'ըն, պաթ'ոն) գաւազան· մական· ցպիկ (չափ տալու· երաժշտ·)· գաւազանով զարնել·

batrachia (պէթրէյ'քիը) երկակենցաղներ· գորտազգիներ·

battalion (պըթէլ'իըն) վաշտ (1000 զինուոր տեղակալ – գնդապետի մը հրամանատարութեան տակ)· —s մեծ բազմութիւններ· պարսեր·

batten (պէթ'ն) գիրցնել, պարարտացնել· ճոխութեան մէջ ապրիլ (ուրիշի հաշւոյն)· պարարտանալ· հեծան· յեցակ· [illegible]նանեւ սանտր· [illegible]րաներ՝ բեմը լուսաւորելու համար·

batter (պէթ'ըր) շարունակաբար հարուածել· մաշել· հաւկիթ, կաթ եւ ալիւր իրարու խառնուած՝ եփելու համար· գնդակ զարնող· խնուցուկ· ճզմուած գիր· *battering-ram* մեծ եւ ծանր գերան երկաթէ վերջաւորութեամբ՝ բերդերու դռները եւ պատերը քանդելու համար· մանգղիոն· *batter-pudding* կարկանդակ·

battery (պէթ'ըրի) հրետանաձիգ գումարտակ· ամրութեան կամ մարտանաւի մը մէջ հաստատուած թնդանօթներ· տուփ մը որ կը պարունակէ մետաղէ եւ ասիտէ պնակիտներ՝ ելեկտրականութիւն արտադրելու կամ ամբարելու համար· ուրիշ անձ մը հարուածել (օրէնքի մէջ)· փոքր տուփերու շարքեր՝ իւրաքանչիւրին մէջ հաւ մը, կերակուրը տուփին առջեւ կը դրուի, հաւկիթը գլտորելով վար կու գայ·

battle (պէթ'լ) ճակատամարտ· բանակներու կամ նաւերու միջեւ կռիւ· կռուիլ· ճգնիլ· —-*cry* պատերազմական աղաղակ, ռազմակոչ· —-*field*, —-*ground* ռազմադաշտ· —-*ship* մարտանաւ· *the — of life* կեանքի պայքար· *to — the watch* արիաբար կռուիլ· — *array* զինուորական շարք· *engage in —* յարձակիլ· *give —* յարձակիլ· —-*royal* աքլորամարտ· կատաղի կռիւ·

battledore, battledoor (պէթ'լտոր) փռապանի երկար գաւազան՝ խմորը փուռի մէջ ներմուծելու, կամ եփած հացը դուրս բերելու համար· հին զնդախաղ մը·

battlement (պէթ'լմընթ) բերդին վրայ կանոնաւոր բացուածքներով պատ, ուրկէ թշնամին կը նետահարուէր կամ կը զընդակոծուէր· որմածակ· վարդակորմ· ատամունք (պարիսպի)·

batty (պէթ'ի) խենթ· ապուշ·

bauble (պո'պլ) պերճանք· ուլունք· բազաւորի ծաղրածուին կրած գաւազանը·

baulk տես balk·

bauxite (պո'զայթ, պոք'սայթ) հող՝ որմէ ալիւմինիում կը ստացուի· բարեքար· պոքսաքար·

bavardage (պէվէրտէժ') շատախօսութիւն·

Bavaria (Պէվէ'յրիա) Պաւարիա —*n* պաւարացի· պաւարիական·

bavin (պէվ'ին) ճիւղերու տրցակ·

bawd (պո՛տ) հանրային կիներ պահող այր կամ կին՝ զանոնք անբարոյական գծով աշխատցնելու· կաւատ· նոյն գործը կատարելը· —*y house* հանրատուն· բոզանոց· —*iness* կաւատութիւն· ցոփութիւն· —*y* կեղտոտ, լկտի· բոզ·

bawl (պո՛լ) բարձր պոռալ· ճիչ· *to — out* յանդիմանել·

bay (պէյ) ծոց, ծովախորշ· շէնքի մը մէկ մասը· դափնի, դափնեծառ· կարմիր սրճագոյն· նոյն գոյնի ձի· որսորդական շունի ցած հաչոցը, կանչը· *to keep at* — ապահով հեռաւորութենէ քաշել· *to bring to* — ըստիպել կենդանի մը կեանքի պայքար մղել· *to keep at* — յարձակումը ետ մղել· *to — back* թումբ դնել·

bayadère (պէյեէտի'ր) զուսանուհի· պարուհի (հնդիկ)·

bayonet (պէյ'ոնէթ) սըւին· սուինահարել· *to carry at the point of* — սուիններով գրաւել·

bazaar, bazar (պըզար') արեւելեան շուկայ· բարեսիրական նպատակով վաճառահանդէս· պազար·

bazooka (պըզու'քը) ամերիկեան բերբեւ հրթիռաձակ թնդանօթ՝ հրասայլի դէմ·

be (պի) ըլլալ, գտնուիլ· ներկայ ըլլալ· *be he alive or be he dead* ըլլայ թէ մեռած· *be at (about)* մօտը ըլլալ· — *after* ետեւէ ըլլալ· — *no more* մեռնիլ· *if so* — երէ· *let* — առանձին ձգել·

beach(es) (պիչ[ս]) եզերք (ծովու, լիճի, գետի)· աւազուտ ափ· խրեցնել· —*-comber* երկար, թաւալող ալիք· —*-head* կամրջագլուխ· — *master* ցամաքահանումի ուժերու ղեկավար սպայ· —y աւազուտ·

beacon (պի՛քըն) բարձր բլուր կամ առարկայ որ հեռուէն կրնայ նշմարուիլ· լոյս կամ կրակ՝ բարձր տեղի մը վրայ՝ ազդարարութիւն տալու համար· վտանգի նշան· լամբայ· ջահ· երթեւեկի նշան անցորդներու համար· լոյս տալ· նշան տալ· ազդարարել·

bead (պիյտ) ուլունքի, խամոցի գնդիկ· համրիչի հատիկ· հյուն· վարդարան· աղօթք· ուլունքով զարդարել· *to tell one's —s, to bid —s* աղօթել (վարդարանի միջոցով)· *to thread —* մարգարիտները դերձանէ անցնել· *beadhouse* աղօթատեղի· աղքատանոց· *bead-roll* մեռելներու ցանկ (հոգեհանգիստի համար)· *beadsman, bedesman* աղօթարար· *to draw a bead on* նշան առնել հրացանով·

beadle (պէյ՛տլ) պաշտօնեայ մը որ արարողութիւններ կը կատարէ Օքսփորտ եւ Քէմպրիճ համալսարաններու մէջ· լուսարար· ժամկոչ· բարապան· *beadlery, —ship* լուսարարութիւն· *—dom* անիմաստ պաշտօնականութիւն· լուսարարներու անձնակազմը·

beagle (պի՛յկլ) փոքր բարակ շուն, նապաստակ որսալու համար· գաղտնի ոստիկան·

beak (պիյք) կտուց· այս ձեւի որեւէ սուր ցցուածք· բերան· ցռուկ· դպրոցի տնօրէն· դատաւոր· ոստիկան· ծորակ·

beaker (պիյ՛քըր) մեծ բաժակ·

be-all (պի - օ՛լ) ամբողջը·

beam (պիյմ) գերան· *on one's beam ends* առանց դրամի եւ անօգնական· լոյսի հոսանք· *to beam at* հաճելի ձեւով ժըպտիլ· շողալ· *to be on her — ends* նաւու մէկ կողմին վրայ հակիլը·

bean (պիյն) բակլայ, լուբիա· *bean-feast* տարտ կերակուրներով խնճոյք· *full of —s* շատ գործօն· կենսալից· *to give a person beans* լուրջ կերպով պատժել մէկը· *old bean* ծեր մարդ· *without a bean* անկուտի·

bear (պէ՛ր) կրել· պաշտպանել· տոկալ· տառապիլ· լաւ վարուիլ· ծընունդ տալ· արտադրել (պտուղ)· ընծել· *bore, borne* կամ *born* անցեալ· անցեալ ընդունելութիւն· *—er* պատգամատար· թազաղակիր· անձնական սպասաւոր· *—ing* վերաբերմունք· գործելակերպ· համբերութիւն· յարակից մասարտադրութիւն· նեցուկ· նպատակ· *to — out* համբերել· արդարացնել·

համագործակցիլ· *to — one's cross* տառապանքի տոկալ· *to bring to —* ճնշում բանեցնել· *to — a hand* օգնել· *to — away* տանիլ· *to — down* յաղթել· *to — way* նաւուն ուղղութիւնը փոխել· *to bear in mind* յիշել· *to — hard* ստիպել· *to — company* ընկերանալ· *to — fruit* պտուղ տալ· *to — off* հեռանալ· հեռացնել· *to — on* ոգեւորել· *to — up* քաջութիւն ունենալ· վեր բռնել· *to — with* կրել· համբերել· *to play the — with* վնասել· *to — false witness* սուտ վկայութիւն տալ· *to — a grudge against* ատելութիւն զգալ դէմը· *to — the brunt* առաջին եւ կատաղի յարձակումին տոկալ· *I can't — him* չեմ կրնար հանդուրժել զայն· *to lose one's bearings* ուղղութեան ամէն զգացում կորսնցընել· *what you say has no bearing on the subject* ըսածդ ոչ մէկ կապ ունի խնդրին հետ· *past all bearings* պէտք եղածէն աւելի տառապեցաւ· *ball-bearings* մետաղէ գնդիկներ մեքենայի մէջ ձողի մը շուրջ դրուած, որպէսզի ան աւելի դիւրին դառնայ առանց տեղ մը քռուելու· *armorial bearings* պատկերներ գծուած վահանի մը վրայ իբր զինանշանը անձի մը կամ ընտանիքի մը·

bear (*պէ՛ր*) արջ· կոպիտ· վայրենի· սրբիչ· *— baiting* արջի կռիւը շունին հետ· *He is a —* կոշտ կոպիտ է խօսակցութեան եւ վարուելակերպի մէջ· *the Great Bear* Մեծ Արջը (խումբ մը աստղեր)· *to bear the market* գինը կոտրելու համար ցած գինով ծախել, որպէսզի վերջը անոնք ետ գնուին մեծաքանակ կերպով ծախած գինէն շատ աւելի աժան·

bear (*պիիր*) գարի·

beard (*պիյրտ*) մօրուք· մազմզուք· մօրուքը քաշել· արհամարհել· *bearded* մօրուսաւոր· *—less* անմօրուս· պատանի· *beard the lion in his den* մէկը երթալ տեսնել առանց վախնալու·

beast (*պիյսթ*) գազան· անասուն· չորքոտանի· գէշ նկարագրով մարդ· *—s of burden* գրաստներ (ձի, էշ, եւայլն)· *—s of prey* ուրիշ կենդանիներ ուտող գազաններ (առիւծ, եւայլն)· *—ly* անասունի պէս· անհանոյ· *beastly hard* շատ դըժուար·

beat (*պիիթ*) ծեծել, տփել· յաղթել· փշրել· թըմբուկ զարնել· սրտի զարկ· *to follow a beaten track* ընել ինչպէս որ ուրիշներ ըրած են առաջ· *beat it!* հեռացի՛ր· *to* *beat up an egg* ամբողջապէս խառնել· *this beats everything* այս իմ ցարդ լսած ամենէն զարմանալի բանն է· *this beats me* շատ դժուար է ինծի համար· *to beat time to music* երաժշտութեան տանել չափ տալ· *policeman on his beat* ոստիկանը իր պարտականութեան գլխուն (փողոցներ շրջելով)· *to — about* խօսք նետել· փնտռել· *to — back* ետ մղել (յարձակումը)· *to — down* գինը իջեցնել· *to — out* շինել, կառուցել· *to — into* կաթեցնել· մարզել· *to — off* նահանջել· *to — up* անակնկալօրէն յարձակիլ· *to — the hoof* ոտքով երթալ· *to — the wings* թեւերը բախել· *to — up and down* հոս հոն վազվզել· *to — a retreat* նահանջել· *to — the air* ի զուր տեղը պայքարիլ· *to — hollow* ամբողջական յաղթանակ տանիլ· *dead —* ամբողջապէս սպառած· *beaten* յաղթուած· մաշած· յոգնած· ոտնակոխ· *beating* ծեծ· ապտակ· երակի զարկ· հովու դէմ նաւարկութիւն·

beatify (*պիէթ'իֆայ*) մեծապէս երջանկացնել եւ օրհնել· երանելի դարձնել· *beatification* Պապի նախաձեռնութիւնը, մեռնելէն ետք արտօնելու մէկուն երանաւէտ, օրհնուած յայտարարուելու·

beatitude (*պիէթ'իթիուտ*) երանութիւն, գերագոյն օրհնութիւն· երանաւէտ կեանք· սրբազնութիւն·

beau (*պօ*) զարդարուիլը սիրող· գեղեցիկ· ասպետ· սիրահար· յոգ· *beaux. beau-monde* նորաձեւութեան աշխարհը եւ իր բնակիչները· *beau ideal* տիպար կատարելութեան· *beauish* ունայնամիտ· պճնասէր·

beauty (*պիու'թի*) գեղեցկութիւն· շնորհք (հոգեկան յատկութիւն)· գեղեցկուհի· *beauteous* շատ գեղեցիկ, չքնաղ, աղուոր· *beautician* շըպարի առարկաներու գործածութեան մասնագէտ· *beautiful* գեղեցիկ, աղուոր (հոգեկան, իմացական· *pretty* մարմնական, արտաքին գեղեցկութիւն)· *beautify* գեղեցկացնել· *beauty culture* շպարի գործածութիւն մէկու մը տեսքը բարելաւելու համար· *beauty-spot* իր գրաւիչ շրջապատով աչքի զարնող վայր· *beauty and the beast* գեղեցիկ կին մը տգեղ այր մարդու մը հետ· *beauty sleep* գիշերը կանուխ քնանալ· (Ա· Մ· Ն·)·

beaver (*պիվ'ըր*) արժէքաւոր մուշտակ հայթայթող երկակենցաղ կենդանի մը որ ջուրին մէջ հրաշալի տուներ կը շինէ· կուղբ, ջրշուն· երեսի պահպանակ· մօրուսաւոր մարդ· *to doff one's —* մէկը պատուել, գլխարկ հանել իրեն·

bebop (*պի՛պափ*) տեսակ մը ճազ երաժշտութիւն (Ա· Մ· Ն·)·

becalm (*պիքամ՛*) հանդարտեցնել· *becalmed* հանդարտած· նաւ՝ որ հովի բացակայութեամբ՝ չի շարժիր·

became (*պիքէյմ՛*) եղաւ· *become*ին անցեալ ժամանակը·

because (*պիք՝ոզ՛*) որովհետեւ, զի·

beck (*պէք*) նշան մը (գըլուխով կամ ձեռքով) մէկը կանչելու· նոյն նշանը ընել· փոքր գետակ կամ ձոր, ուրկէ ջուր կը հոսի· կտուց· *to be at a person's — and call* միշտ պատրաստ ըլլալ ընելու ինչ որ կը խնդըրուի·

becket (*պէք՛էթ*) օղակաւորուած պարան·

beckon (*պէք՛ըն*) ձեռքով կամ գլխով մօտը կանչել·

become (*պիքա՛մ*) ըլլալ, յարմարիլ, յարմար ըլլալ (բանի մը)· վայելել· *to — accustomed* վարժուիլ· *to — known* ճանչցուիլ· *becoming* վայելուչ· *became* եղաւ·

bed (*պէտ*) անկողին· ամուսնութիւն· ածու· ակօսամէջ· խաւ· հանք· յարկ· խումբ· ջրմուղ· յենարան· *a bed of roses* երջանիկ, հանգստաւէտ վիճակ· գետի ընթացք· յարմար դիրք· *a flower-bed* պարտէզի այն մասը որ յատկացուած է ծաղկամշակութեան· *to bed out flowers* ծաղիկներ ցանել· *bed of justice* Փրանսական խորհրդարանի գումարում՝ թագաւորի ներկայութեան· *from bed and board* բաժանուած ապրիլ (առանց ամուսնալուծութեան)· տուն եւ ընակութիւն· *to be brought to bed* ծնիլ· *to die in one's bed* բընական մահով մեռնիլ· *bed-fellow* նոյն անկողինին մէջ քնացող· *bed-gown* գիշերանոց·

bed-ridden (*պէտ–րիտ՛ըն*) մինչեւ վերջ անկողին գամուած հիւանդ·

bedding (*պէտ՛ինկ*) անկողինի ծածկոցներ·

bedaggle (*պիտակլ՛*) հաղուստները աղտոտել ցեխին մէջ իյնալով·

bedash (*պիտէշ՛*) ջուրով թրջել·

bedazzle (*պիտէզ՛լ*) ուժաթափ ընել զօրաւոր լոյս զործածելով·

bede (*պիտ*) աղօթք մը· տես *bead*·

bedeck (*պիտէք՛*) զարդարել· զարդ·

bedel (պի՛տլ), bedell (պէ-տէ՛լ) bedellus (պէտէ՛լ-ըս) համալսարանի պաշտօնեայ. տես *beadle*.

bedevil (պիտէվ՛լ) դիւահարել. խոշտանգել. շըփոթեցնել.

bedim (պիտիմ՛) խաւարեցնել. նսեմացնել.

bedizen (պիտիզ՛ըն, պիտայ՛զըն) անճաշակ կերպով հագուիլ.

bedlam (պէտլը՛մ) յիմարանոց. ցնցիչ տեսարան. *bedlamite* (պէտլը՛մայթ) խելագար.

bedouin (պէտ՛ուին) արաբական անապատներու մէջ վաչկատուն կեանք ապրող արաբներ. պետէվի. պետուինական. —*ism* վրանաբնակութիւն.

bedraggled (պէտրէկ՛լտ) աղտոտ հագուստ կապուստով.

bee (պի) մեղու. զամբուռ. ժրաջան աշխատող. հաւաքոյթ (դրացիներու՝ իրարու օգնելու կամ զըւարճանալու նպատակով). — -*bread* բեղմնափոշի. *bee-eater* մեղուաքաղ (թռչուն). — -*hive* փեթակ. — *line* երկու վայրերու մէջ ամենէն կարճ ճամբան. *bees-wax* մեղրամոմ. *to have a — in one's bonnet* խենթ մտածում մը ունենալ միշտ ուղեղին մէջ.

beech (պիյչ) փեկոն. կարծըր փայտով ծառ որ սեսակ մը ընկոյզ կու տայ (փայտը շատ արժէքաւոր է). *beech nut* փեկոնին պտուղը.

beef (պիյֆ) եզ. կովու, եզան միս. բողոք. ջղուտ ուժ. խստութիւն. —*eater* Լոնտոնի Աշտարակին զեղարդնաւոր. ափրիկեան թռչուն՝ որ եզի ոտքերով կը սնանի. — -*steak* եզան միսի կասկար. — -*tea* եզան միսի արգանակ. — -*witted* բթամիտ. *beefy* մսոտ. ճարպոտ. զօրաւոր.

been (պիին) եղած. be (ըլլալ) բային անց. ընդունելութիւն.

beer (պիյր) գարեջուր. *he is very small beer* անկարեւոր է. *not all beer and skittles* միայն հաճոյք եւ դիւրակեցութիւն չէ. *small-beer* ածանցք գարեջուր. անկարեւոր մարդ.

beestings, biestings (պիյս՛թինկզ) նոր ծնող կովու մը առաջին կաթը. աւելի թանձր սովորական կաթէն. դալ. խիժ.

beet (պիյթ) ճակնդեղ. բազուկ. *sugar-beet* ճերմակ գոյնով ճակնդեղ որմէ շաքար կը հանեն.

beetle (պիի՛թլ) բզէզ. բակ. տափան. թակել. պոստել. *beetle-head* ապուշ արարած. *beetle-brow* դաժան. տխուր երեւոյթով.

beeves (պիյվզ) արջառ.

beefall (պիֆո՛լ) պատահիլ. տեղի ունենալ.

befit (*պիֆիթ'*) վայելել· յարմարիլ·

befog (*պիֆոկ'*) մշուշապատել· շփոթեցնել·

before (*պիֆոր'*) նախապէս· առջեւը· *beforehand* նախապէս· *before mentioned* վերոյիշեալ· *before time* ժամանակին· *before the mast* հասարակ նաւաստիի մը պէս·

befoul (*պիֆաուլ'*) աղտոտել· խանգարել·

befriend (*պիֆրէնտ'*) իբր բարեկամ գործել· օտարականի մը օգնել· պաշտպանել· *—ment* բարեկամեցողութիւն·

befringed (*պէֆր'ինճտ*) ծոպաւոր·

beg (*պէկ*) խնդրել, աղաչել· մուրալ· համարել· պէյ (թրք· տիտղոս)· *begging* մուրալը· խընդրելը· *begged* անցեալ եւ անց· ընդունելութ· *beggar* մուրացիկ· *—liness* մուրացկանութիւն· *—ly* մուրացիկի պէս· աղքատ· անարժէք· նիհար· *—y* ծայրագոյն աղքատութիւն· *to beg off* ներողամտութիւն (շնորհք) հայցել· *I beg leave to do* կը խնդրեմ որ արտօնես ընել· *I beg your pardon* ներողամտութիւնդ կը հայցեմ· կը հանի՞ս կրկնել ինչ որ նախապէս ըսիր· *I beg your pardon!* ինչպէ՜ս կը համարձակիս ըսել այդ· *to beg the question* ճշմարտութիւնը հետեւցնել բանէ մը որ ապացուցուելու պէտք ունի· *to go a-begging* պէտք չունենալ· ընդունելութիւն չգտնել·

began (*պիկէն'*) սկսաւ· *begin*–ի անց·

beget (*պիկէթ'*) ծնիլ· արտադրել· *begetting* (ներկ. ընդ·)· ծագիլ, առթել· *begot, begat* (անց·)· *begot, begotten* (անց· ընդ·)·

begin (*պիկին'*) (*beginning, began, begun*) ըսկըսիլ· սկիզբ առնել· ծագիլ· *beginner* սկըսնակ· *beginning* սկզբնաւորութիւն, սկիզբը· *from the —* սկիզբէն ի վեր· *in the —* սկիզբէն·

begird (*պիկըրտ'*) գօտեւորել· (*begirt, begirded*).

begone (*պիկոն'*) գնա՛, կորսուէ՛· *woe-begone* թշուառ եւ տխուր·

begonia (*պիկոն'իը*) բոյս փայլուն կարմիր (եւն·) տերեւներով եւ ծաղիկներով մէկ ոտք բարձրութեամբ· բիգոն·

begrime (*պիկրայմ'*) աղտոտութեամբ ծածկել· *—r* աղտոտող·

beguile (*պեկայլ'*) խաբել (խաղով)· ննեգութիւն ընել· ժամանակը հաճոյքով անցընել (երկար ձանձրութեամբ, եւայլն)· *beguilement* պատրանք· *beguiler* խաբող·

begum (*պի'կըմ*) իսլամ

կնոջ տրուած բարձր տիտղոս, իշխանուհի (Հնդկաստանի մէջ)․

begun (պիկա՛ն) begin-ի անց․ ընդ․

behalf (պիհա՛ֆ) շնորհք․ առաւելութիւն․ շահ․ պաշտպանութիւն․ *on his* — իրեն օգնելու նըպատակով․ *in — of* ի նպաստ․ *on — of* ի դիմաց․ յօգուտ․ վասն․

behave (պիհէյվ՛) լաւ վարք ու բարք ունենալ․ *behaviour* վարք ու բարք, վերաբերմունք․ *behave yourself* վարք ու բարքդ շտկէ․ *to be upon one's good behaviour* պատկառիլ․

behead (պիհէտ՛) գլխատել․ *beheadal, beheading* գլխատում․

beheld (պիհէլտ՛) behold-ի անց․ ընդ․

behemoth (պի՛հիմոթհ) մեծ կենդանի մը, իրական կամ երեւակայական․ Բեհեմովտ․ գետաձի (Աստ․)․

behest (պիհէսթ՛) հրաման․ հրովարտակ․ ուխտ․

behind (պիհայնտ՛) ետեւը, ետեւի մաս․ կռնակը․ յետոյ․ ուշ․ *—hand* ուշ․ յետամնաց․ *— time* անճշդապահ․ *— the scenes* գաղտնաբար․ *— the times* ժամանակավըրէպ․ *— one's back* ի բացակայութեան․

behold (պիհօլտ՛) դիտել․ ակնարկը սեւեռել․ ուշադրութիւնը կեդրոնացնել․ տե՛ս, նայէ․ *beheld, beholden* (անց․ անց․ ընդ․) նաեւ՝ *beholder* դիտող․

behoof (պիհուֆ՛) կարիք, անհրաժեշտութիւն․ առաւելութիւն․ շահ․ գործածութիւն․ *behove, behoove* (պիհօվ՛, պիհուվ՛) անց․ անց․ ընդ․ պէտք, անհրաժեշտ ըլլալ․ *behooveful* օգտակար․

behowl (պիհաուլ՛) ոռնալ․

beige (պէժ, պէյժ) գոց աւազին գոյնը․ ասր․

being (պի՛ինկ) գոյութիւն․ էակ․ կենդանի․ *the time being* ներկայիս․

Bel (պէլ) Բել․ սերկեւիլ (պինկալ)․

belabour (պիլէյ՛պըր) ծեծել․ զարնել․ պեղել․

belate (պիլէյթ՛) ուշացընել․ *—d* ուշացած, յապաղած․ *—dness* ուշացում, յապաղում․ *belated efforts* ուշ մնացած փորձեր․

belaud (պիլօտ՛) բարձրաձայն գովաբանել․

belay (պիլէյ՛) ամրացնել․ կապել (պարան մը)․ պաշարել․ *belay there!* կեցի՛ր, հերիք է․ *belaying pin* փայտէ կամ երկաթէ ցցիկ՝ որուն պարաններ կ'ամրացուին․ ամրանեպ․

belch (պէլչ, պէլճ) ստամոքսի օդը կոկորդէն եւ բերանէն դուրս արտա-

բերել· զզայոել· երեժկըտալ· ուժով դուրս մղել մեծ քանակութեամբ· *guns belched shot* հրացաններ իրարու ետեւ կրակեցին·
beldame (*պէլ'տէյմ*) մեծ մայր· տգեղ ծեր կին· ջատուկ·
beleaguer (*պիլի'կըր*) պաշարել (փախուստը արգիլելու համար)·*—ment* պաշարում·
belfry (*պէլ'Ֆրի*) աշտարակի այն մասը ուր զանգակը կը գտնուի· զանգակատուն·
Belgian (*պէլճիըն*) պելճիքական, պելճիքացի· *Belgic* պելճիքական·
Belgium (*Պէլ'ճիըմ*) Պելճիքա·
Belgrade (*Պէլկրէյտ'*) Պելկրատ·
Belial (*պիլ'իըլ*) Սատանայ· չար ոգի· ապըստամբ· *sons of Belial* ապերախտ մարդեր·
belibel (*պիլայ'պըլ*) զըրպարտել·
belie (*պիլա'յ*) հերքել· խեղաթիւրել· զրպարտել· ստել· խոստումը դրժել·
believe (*պիլիյվ'*) հաւատալ· վստահիլ· հաւատք ունենալ· մտածել· ենթադրել· *belief* հաւմոզում· հաւատք· *beyond —* անհաւատալի· *believer* հաւատացեալ· *to — on* հաւատալ· *to make —* հաւատացնել, կեղծել, ձեւացնել·
belike (*պիլայք'*) գուցէ·
belittle (*պիլիթ'ըլ*) պըզտիկցնել· ենթագնահատել· նսեմացնել·
bell (*պէլ*) զանգակ· բոժոժ· կոչնակ· *cap and bells* ապուշի մը հագուստները· *passing —* մահազանգ· *bells* ամէն կէս ժամը հեղ մը հնչող զանգակներ (նաւուն վըրայ)· *to carry away the —* մրցանակի արժանանալ· *to bear the —* առաջին ըլլալ, շահիլ· *to shake the —* ահազանգ հնչեցնել· *to curse by —, book and candle* բանադրել (կաթողիկէ եկեղեցի)· *to — the cat* ինքզինք վտանգել ուրիշներու սիրոյն՝ որեւէ ձեւով իրմէ մեծին դէմ մարտահրաւէր կարդալով· *to lose the —* յաղթուիլ· *bell-boy* պանդոկի մէջ ծառայող պատանի· *bell-bearer* զանգակակիր· *bell-flower* զանգիկ· *bell-bird* զանգահաւ· *bellman* զանգակահար· զանգակով ազդանշան տուող· *bell-wether* բոժոժակիր ոչխար (հօտը առաջնորդող)·
bell (*պէլ*) կենդանիի մը ճիչը· վայրի եղջերուի մը բառաչը (վտանգի պահուն)·
belladonna (*պէլըտոն'ը*) թունաւոր բոյս որմէ դեղ մը կը պատրաստուի (աթրոբին), ան աչքերը կը չորցնէ, սիրտին զար-

կերը կ'արագացնէ եւ աչքին սեւուցները կը մեծցընէ· ատրոպ· շնախաղող·

belle (*պէլ*) գեղեցկուհի (փրանս·).

belles-lettres (*պէլ-լէթ'ր*) գրականութիւն որ կ'ընդգրկէ բանաստեղծութիւն, թատերգութիւն, գրադատութիւն, գեղագիտութիւն, եւայլն· գեղեցիկ դպրութիւններ (Ֆրանս·).

bellicose (*պէլ'իքոս*) ռազմաշունչ, ռազմատենչ·

belligerence (*պէլի'ճէրընս*) պատերազմական վիճակի մէջ ըլլալ· պատերազմի մէջ կողմ բռնել· *belligerency* պատերազմական վիճակ· *belligerent* պատերազմիկ·

bellow (*պէլ'օ*) բառաչել· պոռալ· գոռալ (թնդանօթի)· բառաչ· գոռում· *—ing* գոռում-գոչում·

bellows (*պէլ'ող, պէլ'ըզ*) փքոց·

belly (*պէլ'ի*) փոր· որովայն· ցանկութիւն· ուռիլ (առագաստի պէս)· ուռեցնել· *belly-ache* փորի ցաւ· *belly-band* փոր կապ (ձիու)· *—full* առատութիւն· ցանկացուածին չափ (կռիւ).

belong (*պիլոնկ'*) պատկանիլ· սեփականութիւնը ըլլալ· *belonging* վերաբերեալ· *belongings* ունեցուածք, սեփականութիւն· *I belong to this school* այս դպրոցին անդամներէն մէկն եմ·

beloved (*պիլավ'ըտ, պիլավտ'*) շատ սիրելի· սիրեցեալ· սիրուած·

below (*պիլօ'*) տակը, ներքեւ, վար· անարժէք· ստորին· դժոխքի մէջ (ի հակադրութիւն դրախտի)· *hit below the belt* անարդարօրէն հարուածել, վրան ապօրինի յարձակիլ· *down —* ստորեւ· *here —* աստ (աշխարհի մէջ).

belt (*պէլ'թ*) գօտի· փոկ· կամար· կաշիի կտոր մեքենան աշխատցնելու ծառայող· գօտիով զարնել· գօտի կապել· *the corn belt* գօտի, շրջան, ցորենի մշակութեան յատկացուած· *belted* գօտեպընդուած·

belvedere (*պէլ'վիտիր*) վերնատուն· գեղադիտակ· ամառնային տուն գեղեցիկ տեսարանի մը վրայ բացուած·

bemoan (*պիմօ'ն'*) ողբալ, հեծեծել·

bemuse (*պիմիուզ'*) շփոթահար դարձնել· տակն ու վրայ ընել· գինովցնել· *bemused with wine* ապուշ դարձած (գինովնալով).

ben (*պէն*) աշխարհագրական եզր մը· ներքնասենեակ·

bench (*պէնչ*) նստարան· ատեան· աշխատասեղան (կօշկակարի, եւայլն).

ցուցադրութեան համար՝ նստարանին վրայ դնել· դատաւոր ըլլալ· *bencher* աթոռակալ· *bench of bishops* դատաւորներ· եպիսկոպոսներու ատեան·

bend (պէնտ) (bent) ծռիլ· նամբայէն շեղիլ· հակամէտ դարձնել· դատապարտել· *to be bent upon* հակամէտ ըլլալ· վճռակամ ըլլալ (բանի մը մասին)· *he bent his mind to the work* միտքը գործին վրայ կեդրոնացուց· *to bend the brow* յօնքը պռստել· *bender* անկարգ· կէս շիլինգ·

beneath (պինիյթհ') տակը, աւելի ցած քան· անարժան·

benedict (պէն'էտիքթ) նոր ամուսնացած մարդ· մեղմ մարդ·

Benedict (պէն'էտիքթ) նոյնանուն սուրբը (480-543) որ հիմնադիրն է *Benedictine* (պէնէտիք'-թին) պենետիքթեան եկեղեցական միաբանութեան·

benediction (պէնէտիք'-շըն) օրհնութիւն· գոհութիւն· *—al* աղօթագիրք, *benedictor* բարեգործ· *benedictory* բարեմաղթական· *benedictus* օրհներգ·

benefaction (պէնիֆէք'-շըն) բարեգործութիւն· նուիրում· *benefactor (tress)* բարեգործ, բարեգործուհի·

benefice (պէն'իֆիս) շընորհ· օգուտ, շահ· *—d* շնորհեալ·

beneficial (պէնիֆիշ'ըլ) շահաւէտ· հասութաբեր· օգտաշատ·

beneficence (պէնէֆ'իսընս) բարերարութիւն· ողորմածութիւն· *beneficent* բարերար, բարեգործ·

benefit (պէն'իֆիթ) շահ· բարիք· ազնուութիւն· ծառայականութիւն· նըւէր կամ շնորհք· բարիք ընել· ծառայել· օգտուիլ· *I get no benefit from the medicine* դեղէն օգուտ չեմ տեսներ· *for your benefit* քեզի օգնելու համար· *benefit performance* թատերական ցուցադրութիւն ի շահ որոշ դերասանի մը կամ բարեսիրական նպատակի մը· *benefit society* գործաւորներու միութիւն·

Benelux (պէն'իլաքս) ...ըլս երկիրներու՝ Պելճիքայի, Հոլանտայի եւ Լիւքսէմպուրկի կազմած տընտեսական խմբակցութիւնը·

benevolence (պինէվ'ոլընս) բարեգործութիւն· բարեսիրութիւն· *benevolent* բարեգործական· բարեսէր·

Bengal (պէնկո՛լ) Հընդկաստանի մէկ նահանգը· Պենկալ· նուրբ կերպաս մը· *—ese* պենկալական·

պենկալցի· —*i* պենկալեբէն (հնդեւրոպական լեզուներու արեւելեան ճիւղին պատկանող)· *bengal - light* ծովու մէջ վառուած զօրաւոր կրակ՝ նշան տալու համար· հըրախաղ·

benighted (պինայթ'իտ) խաւարամած· խաւարամտութիւն· խոր տգիտութիւն· կորսուած·

benign (պինայն') *benignant* ազնիւ· մեղմաբարոյ· մեղմ (հիւանդութիւն)· *benignancy* (պինիկ'նընսի) ազնուութիւն· *benignness* ազնուութիւն· առատաձեռնութիւն·

benison (պէն'իզըն) օրհնութիւն·

Benjamin (պէն'ճըմին) Բենիամին· ամենափոքր կրտսեր որդի (ամենէն սիրելի)·

benjamin (պէն'ճըմին) տեսակ մը ռետին որ կը գործածուի իբր դեղ· այր մարդու բաճկոն·

bent (պէնթ) *bend*ի անց· ընդ· հակամիտութիւն· ձգտում· *he has a bent for art* մասնաւոր ձիրք ունի արուեստի մէջ· *to follow one's bent* կոչումի ձայնին հետեւիլ·

benumb (պինամ') թմրիլ· ընդարմանալ· թմրեցնել (պաղին պատճառով)· —*ed* թմրած· —*edness*, —*ment* ընդարմացում·

Benzedrine (պէն'զըտրին) արուեստական դեղ որ կը գործածուի թեթեւցնելու ռնգային արիւնազեղումը, կամ խթանելու շընչառական դրութիւնը·

benzine (պէն'զին), *benzol* (պէն'զոլ) թեթեւ բնական կազային հեղուկ որ դիւրաւ կը բռնկի· բնակընդրուկ· պէնզին·

benzoin (պէն'զոին, պէնզոյն) կնդրիտ· կնդրուկ· անուշահոտ խէժ մը որ ձեռք կը ձգուի ճաւայի մէկ ծառէն·

benzoline (պէն'զոլին) չըզտուած պէնզին·

bequeath (պիքուիթհ') կտակել· աւանդել· *bequest* կտակ· աւանդ (հանրային հաստատութեան մը)· *bequeathal* կտակ (անձի մը)·

berate (պիրէյթ') յանդիմանել· պախարակել·

beray (պիրէ'յ) աղտոտել·

Berber (պէրպըր) պէրպեր ցեղը (Քապիլները, Հիւս. Ափրիկէ) կամ անոնց լեզուն·

berceuse (պէրսըզ') օրօրոցային երգ· օրօր·

bere (պեր) ծակել· գարեջուր· տես *bear*.

bereave (պիրիվ') (bereaved, bereft) յափշտակել, բռնի առնել· զրկել· *bereaved* կորսնցուցած ըլլալ· մեռած (կինը, ամուսինը)· *bereavement* կորուստ (սիրելի անձերու)·

beret, berret (պէր'էյ, պէր'էթ) առանց եզրի

գլխարկ, գդակ, պէրէ (Ֆրնս.)։
berg (*պըրկ*) սառնալեռ, սառնակոյտ (ծովուն վըրայէն քալող)․ *iceberg* բլուր կամ լեռ (Հարաւային Ափրիկէ)։
bergamask, bergomask (*պըր'կըմէսք*) խեղկատակներու յատուկ գեղջկական պար․ պերկամօ (Լոմպարտիա)։
bergamot (*պըր'կըմոթ*) տեսակ մը նարինջ․ պերկամոթ․ արքայատանձ որմէ անուշահոտութիւն կը ստացուի։
beri-beri (*պէր'ի-պէր'ի*) ջղային հիւանդութիւն մը արդիւնք կենսանիւթ *B*-ի անբաւարարութեան․ անդամագօսութիւն (հնդկական հիւանդութիւն)։
berlin (*պըր'լին*) տեսակ մը կառք․ *berlin wool* ընտիր եւ նուրբ բուրդ․ *Berlin* Գերմանիոյ մայրաքաղաքը։
berry (*պէր'ի*) հատապըտուղ․ փոքր պտուղ (հիւթեղ)․ ձուկի հաւկիթ․ փոքր բլուր․ *berrying* պտղաքաղ։
berserk, berserker (*պէր'-սըրք, պէր'սըրքըր*) Նորս (սկանտինաւիան) հին խիզախ մարտիկ․ մոլեգնած․ *to go berserk* ջըղայնոտութենէն կատղիլ։
berth (*պըրթ՜*) նաւակայք (նաւահանգիստի մէջ)․ նաւուն մէջ քնանալիք տեղ․ պաշտօն․ գործատեղի․ *berth-deck* տախտակամած (նաւախուցի)․ *to give a person a wide* — հեռու պահել․ հեռու մնալ (մէկէ մը)․ *to get a good* — լաւ գործի մը տիրանալ։
Bertha (*Պէրթ՜ը*) կնոջ յատուկ անուն․ Պէրթա գերմանական հսկայ թընդանօթ (Տիկին Պէրթա Քրուփի անունով)․ օձիք մը։
beryl (*պէր'իլ*) բիւրեղ․ թանկագին քար, ընդհանրապէս կանաչ․ —*line* բիւրեղային․ —*lium* մակնեզիումի խումբին պատկանող՝ ճերմակ եւ տոկուն։
beseech (*պիսիյչ'*) (besought) աղաչել․ խընդրել․ խնդրանք․ *beseecher* աղերսարկու, խընդրող․ —*ing* —*ingly* պաղատագին․ —*ingness,* —*ment* խնդրանք․ պաղատանք։
beseem (*պիսիյմ'*) յարմարիլ․ պատշաճիլ․ վայելել․ թուիլ․ —*ing* երեւոյթ․ յարմար․ վայել․ —*ingness* վայելչութիւն․ *It ill beseems you to go* յարմար չէ որ երթաս։
beset (*պիսէթ'*) տեղաւորել (վրան, մէջը, շուրջը)․ շարել․ շրջապատել (վտանգով)․ ներփակել․ նեղել․ —*ment* պաշարում․ —*ting* տագնապիչ․ պաշարող․ *beset*

անց․ եւ անց․ ընդ․ *besetting* ներկ․ ընդ․

beshrew (*պիշրու'*) անիծել․ չարիք կամենալ․ — *me* վա՜յ ինձ․

beshroud (*պիշրաուտ'*) պատանքել․ ամբողջապէս ծածկել․

beshut (*պիշըթ'*) փակել․ ներփակել․

beside (*պիսայտ'*) քովը․ կողմը․ մէկդի․ բացի․ besides (*պիսայտզ'*) բացի․ աւելին ըլլալով․ նաեւ․ — *oneself* յուզումէն խենթացած․ — *the point* նիւթին հետ կապ չունեցող․

besiege (*պիսիյճ'*) քաղաք մը պաշարել զինեալ ուժերով․ քաղաքին վրայ յարձակիլ ամէն կողմէ․ —*ment* պաշարում․ *he was besieged with letters (questions, etc.)* ան ստացած է մեծաթիւ նամակներ, եւայլն․ ամէն կողմէ․

besmear (*պիսմիր'*) աղտոտել, աղտոտութեամբ ծածկել․ պղծել․

besmirch (*պիսմըրչ'*) աղտոտել․ համբաւազրկել․

besom (*պիզ'ըմ*, *պէզ'ըմ*) աւել․ աւլել․ դժուաբութիւն յարուցող կին․

besot (*պիսոթ'*) *(besotted)* խմիչքով ապուշցնել․ անհեթեթ դարձնել․ *besotted* խմիչքով անբանացած․

besought (*պիսոթ'*) beseechի (աղաչել) անց. եւ անց․ ընդ․

bespatter (*պիըսփէթ'ըր*) ցեխոտել․ արատաւորել (պատիւը)․

bespeak (*պիըսփիյք'*) իրբամայել․ խօսիլ․ յանձնարարել․ նշանակել․ ուղերձ․ ներկայացումէն յառաջացած շահ․ *bespoke, bespoken* անց․ անց․ ընդ․ ապսպրուած․ չափի վրայ (կօշիկ, հագուստ, եւ այլն)․ *to bespeak your help* խընդրել որ պատրաստ ըլլաս օգնելու․ *his appearance bespeaks illness* երեւոյթը հիւանդութիւն կը մատնէ․ *bespoke shoes* ապսպրանքի վրայ կարուած կօշիկներ․

bespeckle (*պիըսփէք'լ*) արատաւորել․ պիսակաւորել․

bespice (*պիսփայս'*) համեմել․

bespread (*պիսփրէտ'*) տարածել․ ընդհանրացնել․

bespurt (*պիըսփըրթ'*) ցայտել․ կեղտոտել․

Bessemer (*պէս'ըմըր*) պողպատ՝ կառուցելու համար կիրարկուած․ պէսէմիրեան դրութիւն՝ որ կը կայանայ մթնոլորտային օդը ձուլուած երկաթին ներմղելու մէջ, գիւտարար *Bessemer*ի (1813–98) անունով․ պէսէմերեան պողպատ․

best (*պէսթ*) *good*ի (լաւ) գերադրականը *(good, better, best.)* ամենէն լաւը, լաւագոյն․ *best man* փեսային ընկերակցող (պատկի մէջ) փեսեդրայր. կնքահայր. *best seller* մեծ ընդունելութեան արժանացած հսկայ տպաքանակով բապառող գիրք. *It is all for the best* որեւէ վնաս չի տար մեզի մինչեւ վերջ. *have the best of it* շահիլ. յաջողիլ. *make the best of it, make the best of a bad business* դժբախտութեան մէջ բարձր տրամադրութեամբ մնալ. *make the best of one's time* լաւապէս օգտագործել ժամանակը. *make the best of one's way, put one's best foot forward* կարելի եղածին չափ արագ երթալ. *we had best do (something)* լաւ պիտի ըլլար ընել (բան մը). *to best* շահիլ (խաղի մը շնորհիւ).

bestead (պիըսթէտ') օգնել. գործի գալ. վտանգի մէջ դնել. ծառայել.

bestial (պէս'թիըլ) վաւաշոտ, լկտի. գազանային. —*ize* անասնացնել. —*ly* անասնաբար.

bestir (պիյսթըր') բուռն կերպով յուզել. շարժել.

bestow (պիսթօ') դնել. ամբարել. գործածել. տեղաւորել. տալ (ամուսնութեան). պարգեւել. մթերել. վստահիլ. —*al* ընծայում. տնօրինութիւն. —*ment* պարգեւ. կարգադրութիւն. *bestow upon* տալ.

bestraddle (պիսթրէտ'ըլ) լծել. սրունքները տարածելով նստիլ կամ կայնիլ.

bestrew (պիյսթրիու') սըրբսկել. տարածել. (*bestrewed, bestrewn*).

bestride (պի'յսթրայտ') ոտնակոխել. ձի հեծնել. կոխել. սրունքները տարածելով նստիլ. օրինակ ձիուն վրայ. *bestrode, bestrid.* անց. *bestrid. bestridden.* անց. ընդ.

bet (պէթ) գրաւի գալ. գրաւ. *to bet one's bottom dollar on, to bet one's shirt on* ամբողջ դրամը գրաւի դնել՝ վըստահ ըլլալով թէ բածը պիտի ըլլայ. (*bet, betted*). *better, bettor* գրաւի եկողը.

Beta (պի'թա) Յունարէն այբուբենի երկրորդ գիրը. *beta particles* արձակարծ ելեկտրոն մը. հիւլէէն փոքր մասնիկ մը. *beta rays* հոսանքներ *beta particles*-ներու, որ յառաջ կու գան ռատիօաքթիւ գոյացութիւններէ. *Beta plus* երկրորդ կարգէն քիչ մը աւելի լաւ. *Beta minus* միջակէն քիչ մը վար.

betake (պիթէյք') *betook, betaken*) դիմում կատարել. կիրարկել. երթալ. ճորոգել.

betatron (պէյթըթրոն') կարգադրութիւն մը արագացնելու էլեկտրոններ որ դրկուելով մետաղէ տաf մանրաթելէ մը, կը մղուին շրջանակներ գոյացնելով շարժելու ուժեղ մագնիսական դաշտի մը մէջ եւ կ'արագացուին փոփոխուող բարձր կրկնուող կարողականութեամբ․

betel (*պի'թըլ*) տերեւ մը որ լեցուած է արեկնիընկոյզի մասնիկներով եւ կը ծամուի հնդիկներու կողմէ․ փուփալ․

Bethel (*պէ'թհէլ*) Բեթէլ․ Պաղեստին․ աղօթատեղի․

bethink (*պիթհինք'*) խորհրդածել․ վերյիշեցնել․

bethlehem (*պէթ'հլիհէմ*) նշխարներու տեղ․ լուսնոտանոց․

Bethlemite (*պէթ'հլեմայթ*) բէթլեհեմցի․ խենթ․

bethumb (*պիթհըմ'*) մատով կեղտոտել․

bethump (*պիթհըմփ'*) աղուոր ծեծել․

betide (*պիթայտ'*) պատահիլ․ *woe betide you* ցաւի բաժին դառնաս․

betimes (*պիթայմզ'*) կանուխ․ ճիշդ ատենին․ յառաջ․

bêtise (*պէթիյզ'*) անտեղի, ապուշ խօսf, արարf․

betoken (*պիթո'քըն*) տեսանելի նշանով մը ցոյց տալ․ նշան մը ըլլալ (բանի մը)․

betony, betonica (*պէթ'ոնի*) տեսակ մը խոտ որ կը գործածուի նեխելու բուրդը (մութ դեղին), ժամանակին անիկա իբր դեղ կը գործածուէր հազին դէմ․ լօտսերմ․ նշնարօտ․

betray (*պիթրէյ'*) մատնել․ դաւադրաբար յանձնել․ անհաւատարիմ ըլլալ․ յայտնաբերել (գաղտնիf մը)․ խաբել․ հայրենիfը կամ ընկերը թշնամիին ծախել․ *betrayal* մատնութիւն․ *—er* մատնիչ․

betroth (*պիթրոթհ'*) նշանել․ *—al* նշանտուf․ *—ed* նշանուած (անձ)․ *—ment* նշանախօսութիւն, նշանտուf․

better (*պէ'թըր*) *good*ին (լաւ) բաղդատականը, աւելի լաւ․ բարեփոխութիւն (առողջութեան)․ *no better than she should be* կասկածելի նկարագիրով․ *better half* կին (կամ ամուսին)․ *do better than one's word* խոստումէն աւելին ընել․ *one's betters* տարիfով կամ աստիճանով աւելի բարձր անձեր․ *think better of it,* ինfն իր կարծիfը փոխել․ *for better for worse* բախտին ձգելով․ *we had better go* աւելի խելացի պիտի ըլլար երթալը․ *at the better* բոլորովին աղէկ․ *to get the better of* առաւելութիւն ձեռf ձգել․ յաղթահարել․ *to be the better* օգտուիլ․ *to be better off* առողջանալ․ նպաստարրուած ըլլալ· *so much the better* աւելի լաւ· *I wish you better* ձեզի առողջութիւն կը մաղթեմ· *I had better not* լաւ կ'ըլլար որ չընէի· *to better* աւելի լաւ ըլլալ· բարւոքիլ· գերազանցել·

betting, better, bettor տես *bet*.

between (*պիթուիյն'*) միջեւ (երկու բանի)· մէջտեղ· — *this and to morrow* մինչեւ վաղը, մինչեւ յաջորդ առտու· *far between* հազիւ· *betwixt* միջեւ· *between - maid* օգնական սպասուհի· *between whiles* երբեմն երբեմն·

bevel (*պէվ'ըլ*) անկիւնաչափ· ձեւելիք· ծուռ· շեղ· ծռել· շեղել·

beverage (*պէվ'ըրէյճ*) խմիչք· ըմպելիք·

bevy (*պէվ'ի*) տարմ (թռչուններու), երամ· հաւաքոյթ (երիտասարդ կիներու)· հաւաքածոյ· խումբ·

bewail (*պիուէյլ'*) ողբալ (բանի մը վրայ)· սգալ·

beware (*պիուէյր'*) զգուշանալ· պատկառանք ըզգալ· խուսափիլ· զգո՛յշ եղիր·

bewilder (*պիուիլ'տըր*) մոլորեցնել· շփոթել· տագնապի մատնել· —*ed* շփոթած· —*ing* շփոթեցուցիչ· —*ment* շփոթութիւն· տագնապ·

bewitch (*պիուիչ'*) կախարդել· դիւթել· յափշտակել· —*ery*, —*ment* կախարդութիւն· յափշտակութիւն· —*ing* դիւթիչ· հմայիչ·

bewray (*պիրէյ'*) մատնել (աննպատակ կերպով)· հրապարակել·

bey (*պէյ*) քաղաքի, գաւառակի կամ գաւառի մը կառավարիչը հին Թուրքիոյ կամ արեւելեան այլ երկիրներու մէջ· պէյ, իշխան·

beyond (*պիեանտ'*) անդին· հասողութենէն վեր· անցած (ժամանակով)· աւելի ուշ քան· գերադաս· հեռաւորութեան մը վրայ· *the* — ապագայ կեանքը· *beyond us* մեզմէ հեռու·

bezel (*պէզ'էլ*) գոհարեղէնի սահող մակերեսը· դարձուած մետաղէ եզր որ գոհարը իր տեղը կը պահէ· մատանիի ակնապին· ճանակ·

bezique (*պըզիք'*) տեսակ մը թղթախաղ (Ֆրանս·)·

bezonian (*պիզօ'նիըն*) ցած· սինքլոր·

bhang (*պէնկ*) հաշիշ (Հնդկ·), խաշխաշ·

bi-, bis- (*պայ-, պիս-*) նախդիր՝ բարդ բառեր շինելու, երկու, երկու անգամ կամ զոյգ նշանակութեամբ· *bi - weekly* շաբաթը երկու անգամ կամ երկու շաբաթը մէկ անգամ·

bias (*պա'յէս*) շեղում· հակամիտութիւն· վնաս·

նախապաշարում. ծանրութիւն դրուած գնդակի մը մէկ կողմին վրայ որ պատճառ կը դառնայ որ ան ուղիղ ճամբայէն չթաւալի. շեղել. նախապաշարել. վնասել.

bib (*պիպ*) կրծկալ. աշխատաւորի գոգնոց. յանախակի խմել. գինովնալ. —*acious* գինեմոլ. —*ber* խման.

bibble-babble (*պի՛պըլ-պէպ՛ըլ*) շատախօս. շաղակրատ.

Bible (*պայ՛պըլ*) Աստուածաշունչ. Սր. Գիրք (որ կը պարունակէ Հին եւ Նոր Կտակարանները). *biblical* (*պիպ՛լիքըլ*) աստուածաշնչական.

biblio- (*պիպ՛լիօ–*) նախդիր որ կը գործածուի բարդ բառեր կազմելու՝ գիրքերու վերաբերեալ. *bibliography* մատենագիտութիւն. մատենախօսութիւն. որոշ նիւթի մը շուրջ գիրքեր, որ օգտագործուած են ուսումնասիրողի մը կողմէ. *bibliographer* մատենագիր. *bibliographic(al)* մատենագիտական. *bibliolatrist, bibliolater* մէկը որ Սուրբ Գիրքը կը նկատէ ամենէն հեղինակաւորը բոլոր հարցերու մէջ. *bibliology* ուսմունք գիրքերու տպագրութեան եւ ցրուումի մասին. մատենախօսութիւն. *bibliomania* գրամոլութիւն. հազուագիւտ գիրքեր ձեռք ձգելու մոլութիւն. *bibliomaniac, bibliophile* գրասէր, գրամոլ. *bibliopole, bibliopolist* գրավաճառ (յատկապէս հազուագիւտ գիրքերու).

bibulous (*պիպ՛իուլըս*) խման. սպնգային.

bicameral (*պայքամ՛էրըլ*) երկու օրէնսդիր ներկայացչութիւն (օր. խորհրդարան եւ ծերակոյտ).

bicarbonate (*պայքար՛պօնէյթ*) երկրնածխատ (աղ մը).

bice (*պայս*) սեւ կամ քուխ գոյն.

bicentenary (*պայսէն՛թէնըրի, պայսէնթի՛նըրի*) երկուհարիւրամեայ. նաեւ *bicentennial* (*պայսէնթէն՛իըլ*) 200ամեայ.

biceps (*պայ՛սէփս*) մեծ դնդեր վերի բազուկին ճակատը. բազուկի կամ սրունքի երկգլխանի դնդեր. երկծայր.

bicker (*պիք՛ըր*) պզտիկ հարցերու համար կռուիլ. վիճիլ. արագ շարժիլ. *bickering, bickerments* բախում. վէճ.

bicuspid (*պայքըս՛փիտ*) երկսայր (ակռայ). նաեւ՝ *bicuspidate*.

bicycle (*պայ՛սիքլ*) հեծիկ. հեծանիւ. *bicyclist* հեծելանւորդ, հեծիկ քշող.

bid (*պիտ*) հրամայել. հրաւիրել. յայտնել. առաջարկել (գնելու). տալ (գին մը). ըսել (մնաք բարով) (*bid or bade* անց· *bid, bidden* անց· ընդ·)· *to bid to a feast* խնճոյքի մը հրաւիրել· *to bid good bye* մնաք բարով ըսել· *to bid beads* աղօթել (վարդարանով)· *to bid defiance to* ասպարէզ կարդալ· *to bid fair* խոստանալ·

biddy (*պիտ'ի*) իրլանտացի երիտասարդ սպասուհի· ոզելից ըմպելի մը· հաւ· ձագ·

bide (*պայտ*) բնակիլ· ըսպասել· մնալ· տոկալ· *to bide one's time* ըսպասել մինչեւ որ լաւ առիթ մը ներկայանայ·

biennial (*պայէն'իըլ*) երկու տարին անգամ մը· բոյս՝ որ երկու տարի կ'ապրի· երկամեայ·

bier (*պիր*) դագաղակառք· դագաղի սեղան· դագաղ· գերեզման·

biestings տես *beestings*

bifacial (*պայֆէյ'շըլ*) համերես· նոյն ձեւի երկու երես ունենալ· երկդիմի·

biflorate (*պայֆլո'րէյթ*) նոյնատեսակ երկու ծաղիկ ունենալ նոյն ցօղունին վրայ· երկծաղիկ·

bifocal (*պայֆո'քըլ*) երկվառարան· կարդալու համար ակնոցներ՝ փոքրիկ ոսպնեակներով, դրուած հեռատես ակնոցներու ոսպնեակներուն մէջ·

bifoliate (*պայֆո'լիէյթ*) երկտերեւ· երկու տերեւներ որ նոյն տեղէն կը ծլին·

bifurcate (*պայ'ֆըրքէյթ*) երկու ճիւղերու բաժնել· երկճիւղել· (օրինակ՝ ճամբայ մը)· երկճիւղ·

big (*պիկ*) մեծ· ընդարձակ· խոշոր· հպարտ· յղի· վեհանձն· առատաձեռն· կարեւոր· աւելի նիւթական մեծութիւն ցոյց տուող· (*great* հոգեկան, իմացական մեծութիւն)· —*-noise* մեծ իշխանութեան տէր անձ· *big wig* ազդեցիկ մարդ· *big gun, big bug* հարուստ մարդ·

bigamy (*պիկ'ըմի*) միաժամանակ երկու կին կամ երկու ամուսին ունենալու ոճիրը· երկամուսնութիւն·

bight (*պայթ*) անկիւն· խորշ, ծոց· պարանի մէջ շինուած շրջանակ·

bigot (*պիկոթ*) մոլեռանդ· կեղծաւոր· —*ry* մոլեռանդութիւն· սնապաշտութիւն·

bijou (*պիժու'*) գոհար· *a bijou residence* աղուոր պզտիկ տուն· *bijoux* (յոգ·)· *bijoutery, bijoutry* գոհարեղէն·

bike (*պայք*) հեծիկ· փեթակ·

bilateral (*պայլէթ'ըրըլ*) երկկողմնեայ· երկու կողմերու վրայ ազդող·

bilberry (*պիլ'պըրի*) մըրտենական հապալասի· Սկովտիոյ մէջ կը կոչուի *blaeberry* (= *blueberry*).

bilbo (*պիլ՛պօ*) սուր. *bilboes* ոտնակապեր. նախապէս կը գործածուէր սպանական նաւերու վրայ.

bile (*պայլ*) մաղձ. լեղուց. դառնութիւն. բարկութիւն. *bileduct* մաղձափող. *—stone* մաղձաքար.

bilge (*պիլճ*) աղտոտ ջուր նաւու մը յատակը. նաւուն լայն յատակը. տակառի փոր. ապուշ խօսակցութիւն. *bilgy* գարշահոտ.

bilingual (*պայլինկ՛կուըլ*) երկլեզու (երկու լեզուով խօսուած կամ գրըուած). նաեւ *bilinguar, bilinguist* մէկը որ երկու լեզու կրնայ խօսիլ սահուն կերպով.

bilk (*պիլք*) ննենգութիւն ընել. խաղի բերել. խաբել. խաբէութիւն. խաբեբայ.

bill (*պիլ*) կտուց. տապար. սակր. օրինագիծ. հաշուեցոյց. մուրհակ–ծանուցագիր. տեղեկագիր. պիտակ կպցնել. գզուել. ծանուցանել. *to — and coo* սէր ընել. *— of cost* ծախսացոյց. *— of credit* վարկագիր. *— of divorce* ապահարզանի թուղթ. *— of exchange* փոխանակագիր. *— of health* առողջութեան վկայագիր՝ նաւուն վրայ. *— of lading* նաւու մը բեռցած ապրանքին ցուցակը. *— of fare* կերակուրներու ցուցակ. *— of entry* մաքսատուն մտնող ապրանքներու ներածագիր. *— of mortality* մահացածներու ցուցակ. *— of indictment* ամբաստանագիր. *— of rights* ժողովրդական իրաւունքներու փաստաթուղթ. *— of sale* վաճառագիր. *— payable to order* հրամանի մուրհակ. *— in circulation* շրջաբերութեան մուրհակ. *— payable on demand* պահանջքի վրայ վճարուող մուրհակ. *long (long dates)* — երկար վճարօրով մուրհակ. *short* — կարճ վճարօրով մուրհակ. *—s of accomodation* հանոյակատարութեան մուրհակ. *— purchased* գնուած մուրհակ. *— discounted* զեղչուած մուրհակ. *to cash a* — փոխգիր մը վճարել (վճարել տալ). *to draw a* — փոխգիր մը քաշել. *to endorse a* — փոխգիրը ուրիշին փոխանցել. *to take up a* — փոխգիրը վճարել. *to honour a* — մուրհակը ընդունիլ. *to pay the* — մուրհակը վճարել. *to protest a* — մուրհակ մը բողոքագրել. *to discount a* — մուրհակ մը զեղչել. *to fill the bill* ամէն ձեւով գոհացուցիչ ըլլալ.

billabang, bilabong (*պիլ՛էպանկ*) գետի մը աճ–

ջատ ճիւղը· զետաճաիին·

billet (*պիլ'էթ*) վարձու սենեակ (իջեւան), զինուորի համար· տոմսակ· գործ· փայտ (վառելու)· *to — on* զինուորներ դրկել մէկու մը տունը բնակելու համար· *— of residence* բնակութեան տոմս· *a good —* լաւ վճարուած աշխատանք· *billet-doux* սիրային նամակ·

billiards (*պիլ'եարտս*) գնդամուղ· գնդակախաղ· ձուկի շուկայ Լոնտոնի մէջ· հայհոյութիւն·

billion (*պիլ'իըն*) երկիլիոն· 1000 միլիոն (10^9) (Ֆրանսայի եւ Ամերիկայի մէջ)· միլիոն միլիոն (10^{12}), (Անգլիոյ եւ Գերմանիոյ մէջ)· *billionaire* առասպելական հարստութեան տէր մէկը·

billow (*պիլ'օ*) մեծ ալիք· կոհակել· *—y* ալեծուփ·

billy (*պիլ'ի*) աման մը· լախտ·

billycock (*պիլ'իգոգ*) կարճ բազով եւ լայն երիզով գլխարկ մը·

billygoat (*պիլ'իկօ'թ*) նոխազ (արու այծ)·

biltong (*պիլ'թոնկ*) արեւին տակ չորցուած մսաշերտ·

bimetallist (*պայմէթ'ըլիզմ*) անոնք որ կը խորհին թէ ոսկին եւ արծաթը իրական արժէք պէտք է ունենան իբր դրամ· *bimetallism* այս ձեւի խորհողութիւն· երկմետաղութիւն·

bimonthly (*պիմանթ'հլի*) ճշգրիտ իմաստով երկու ամիսը մէկ անգամ·բայց յաճախ վրիպանքով կը նշանակէ երկու անգամ ամիսը· պարբերական որ երկու ամիսը մէկ անգամ կը հրատարակուի·

bin (*պին*) սնտուկ· ամբար (հացի, ալիւրի, գոռենի, ագբի համար)· ամբարել·

binary (*պա'յնըրի*) երկեակ· կրկնակ· կրկնակ աստղ· *binate* երկեակ·

bind (*պայնտ*) (bound անց·) կապել (նիւթական եւ բարոյական առումներով)· կաշկանդել· սեղմել· կազմել (գիրք)· *binder* կազմող (մարդ, մեքենայ)· *bind oneself to* խոստանալ· *to bind over* պահանջել դատարան ներկայանալ երբ պէտք ըլլայ· *binding* գիրքի կողք· *a promise given under force is not binding* պարտադրանքի տակ տրուած խոստումին կարելի չէ վստահիլ· *bindweed* պատատուկ (բոյս որ կը փաթթուի ուրիշ բոյսերուն)·

bing (*պինկ*) դէզ (ցորենի)· ծանրութիւն մը·

binge (*պինճ*) առատ խըմիչքով նշուող խնճոյք եւ տօնախմբութիւն·

binnacle (*պին'ըքըլ*) նաւու մը կողմնացոյցը պարունակող արկղ·

binocle (պինՙոքլ) երկու աչքով հեռադիտակ. *binoculars* հեռադիտակ երկու ապակիով.

binomial (պայնոմՙիըլ) գրահաշուական արտայայտութիւն մը որ կը բաղկանայ երկու եզրերէ, առուել (+) կամ նուազ (—) նշաններով իրարու կապուած. օրինակ՝ $a+b$ կամ $c—d$. *binomial theorem* Նիւտոնի օրէնքը.

bio - (պայոՙ –) նախդիր որ կը գործածուի կեանքի վերաբերող բարդ բառեր շինելու. կենսա_

bioblast (պայՙոպլէսթ) կենսաբջիջ.

biochemistry (պայոքէմՙիսթրի) կենսատարրաբանութիւն. ապրող էակներու քիմիաբանութիւն.

biodynamics (պայոտայնէմՙիքս) գիտութիւն որ կ'ուսումնասիրէ կենսական ուժերը, կեանքի գործօններու ուժականութիւնը. կենսուժութիւն.

biogen (պայոՙճէն) կենսածին. *biogenesis* տեսութիւն թէ կեանքը կը զարգանայ միայն ապրող օրկանիզմներէ.

biograph, bioscope (պաՙյոկրէֆ, պայՙոսքոփ) սկզբնական շարժանկարչութիւնը. կենսապատկեր.

biography (պայոկՙրաֆի) կենսագրութիւն. *biographic, —cal* կենսագրական. *biographize* կենսագրել.

biology (պայոլՙըճի) կենսաբանութիւն. *biologic (al)* կենսաբանական. *biologist* կենսաբան. *biological warfare* մանրէական պատերազմ.

bionomics (պայոնաՙմիքս) շրջապատի ազդեցութեան ուսումնասիրութիւնը օրկանիզմներու վրայ.

biophysics (պայոֆիՙզիքս) ապրող օրկանիզմներու բնագիտութիւնը. կենսաբնագիտութիւն.

bioscope տես **biograph**.

biotic (պայոթՙիք) կենսական. կենսային. *biotics* ապրող կենդանիներու կամ բոյսերու դերերը, յատկութիւնները և գործունէութիւնները.

biotin (պաՙյոթին) կենսանիւթ B^2–ի բաղադրութեան բաղկացուցիչներէն մէկը՝ նախապէս ծանօթ իբրեւ կենսանիւթ *H*, հիմնապէս անհրաժեշտ բուսային եւ կենդանական կեանքի շատ մը ձեւերուն.

bipartient (պիփարՙթիընթ) թուանշան մը որ ուրիշ թուանշան մը կը բաժնէ երկու հաւասար մասերու. օրինակ՝ 16–ը երկբաժանարար է 32–ին.

bipartisan (պայփարՙթիզըն) ներկայացուած կամ բաղկացած երկու կու–

սակցութեանց անդամներէն։

bipartite (պայփէր'Թայթ) երկու մաս․ երկու կողմի համաձայնութեամբ կնքուած (դաշինք, պայմանագրութիւն)։

biped (պայ'փէտ) երկոտանի (կենդանի)․ *bipedal* երկոտնեայ։

biplane (պայ'փլէյն) սաւառնակ երկու թեւերով՝ մէկը միւսին վրայ։

bipolar (պայփօ'լըր) երկբեւեռ։

biquadrate (պայքուատր'էյթ) քառանշանի մը 4րդ կարողութեան արժէքը․ 81 համազօր է 3⁴ի․ երկքառակուսի։

birch (պըրչ) ցարասի․ գաւազան․ — *patridge* ցարասահաւ․ *birch, birchen* ցարասիէ․ *birch-rod* ճիպոտ։

bird (պըրտ) թռչուն․ թռչուն որսալ․ —*-cage* վանդակ․ —*-call* սուլակ․ —*-eyed* սրատես․ *bird fancier* թռչուն անեցնող ցուցադրութեան եւ ծախելու համար․ —*-lime* կպչուն նիւթ մը թռչուն բռնելու համար․ ոստդ․ —*-man* օդանաւորդ կամ պզզոնիստ․ —*'s-eye* տեսակ մը ծխախոտ․ —*'s eye view* վերէն դիտուած տեսարան․ բանի մը ընդհանուր տեսարանը․ *Arabian* — փիւնիկ․ — *of freedom* արծիւ․ — *of juno* սիրամարգ — *of paradise* դրախտահաւ․ — *of passage* գաղթող թռչուն․ տեւապէս նամբորդող մարդ — *of night* բու․ — *of peace* աղաւնի․ *the — has flown* բանտարկեալը փախած է․ *he killed two —s with one stone* մէկ քարով երկու թռչուն զարկաւ․ *a dear old* — սիրելի մէկը․ *a bird of prey* թռչուն որ ուրիշ թռչուններ եւ փոքր կենդաններ կը սպաննէ․ —*s of a feather* նոյն նաշակի, նկարագրի, նոյն տեսակի անձեր․ *a — in the hand* բան մը որուն իրապէս տէրն ենք․ *I will do it like a —* մեծ կամեցողութեամբ պիտի կատարեմ․ *to give an actor the —* դերասանի մը սուլել։

bireme (պայրիմ) Հռովմէական ցռկանաւ երկշար թեւերով։

biretta (պիրէԹա) կաթոլիկէ կղերին գործածած գդակը, որուն գոյնը կը տարբերի ըստ եկեղեցական աստիճանին։

birk (պըրք) ցարասի․ խարակաձուկ մը։

birkie (պըր'քի) կենսայորդ մէկը։

birr (պըրր) վզզիւն․ թափ․ բաղաձայնը շեշտուած ձեւով հնչել․ հնչուած շեշտ։

birth (պըրԹհ) ծնունդ․ ծագում․ տոհմ․ *birth-control* յղութիւնը սահմանափակել· —*day* ծըննդեան տարեդարձ· —*mark* ծնելու ժամանակ մարմնի վրայ որոշ նըշան· — -*place* ծննդավայր· — -*rate* բնակչութեան ծնունդի միջին տոկոսը· (1000 հոգիի վրայ քանի՞ անձ)· *birthright* ծննդեան իրաւունք· երէց որդիի իրաւունք·

bis (*պիս*) երկու անգամ· կրկին· բուռն ծափահարելով պահանջել· կըրկնութիւն (նուագ, երգ, եւայլն)·

biscuit (*պիս'քիթ*) պաքսիմատ· կրկնեփ· *this takes the* — լսած ամենէն լաւ (գէշ) բանն է այս·

bisect (*պայսէքթ'*) երկու հաւասար մասերու բաժնել· —*ion* երկու հաւասար մասերէն մէկը· —*or* բաժանող գիծ· *bisegment* կիսահատուած·

bisexual (*պայսէքշ'իուըլ*) որձեւէգ· երկսեռ·

bishop (*պիշ'ըփ*) եպիսկոպոս· եպիսկոպոսացնել· օշարակ գինեխառն· —*ric* եպիսկոպոսի մը պաշտօնը· անոր իշխանութեան մարզը· *bishopdom* եպիսկոպոսութիւն· — *sleeve* լայն թեզանիք· —*'s length* իւղաներկի կտաւ մը· — *stool* եպիսկոպոսական աթոռ·

bismuth (*պիզ'մութհ*) մոխրագոյն մետաղ մը՝ հիմնական մարմիններէն մէկը որուն աղերը լայնօրէն կ'օգտագործուին բժշկութեան մէջ (ստամոքսի ցաւը մեղմելու)· բիսմութ·

bison (*պայ'սըն*) վայրի եզ (կ'ապրի ժայռոտ լեռներու վրայ — Ա·Մ·Ն·)·

bisque (*պիսք*) տեսակ մը ապուր· մաղեալ թան· անզօծ ճենապակի· նաեւ *bisk.*

bistre (*պիս'թըր*) մութ սրճագոյն ներկ մը հաճարի փայտի մուրէն շինուած, մրաջուր·

bisulphate (*պայսըլ'ֆէյթ*) երկծծմբատ· ծծմբային թթուի աղ, ուր ջրածինի կէսը ասիտին մէջ կը փոխարինուի մետաղով մը:

bit (*պիթ*) *bite*–ին անցեալը· սանձ· կտոր· փոքր աստիճան· *bit by bit* կամաց կամաց· քիչ առ քիչ· կտոր առ կտոր· *to give him a bit of one's mind* յանդիմանել· *do one's bit* աշխատանքի իր բաժինը կատարել· *wait a bit* սպասէ քիչ մը· *not a bit* երբեք· *little* — քիչ մը· *to take the bit between the teeth* անկառավարելի դառնալ·

bitch (*պիչ*) իգական շուն (գայլ, աղուէս), քած· (նաեւ կնոջ համար՝ իբրեւ անբարոյիկ)·

bite (*պայթ*) *(bit, bitten)* ակռայով կտրել· խածնել· խայթել· խարել·

վնասել· ննճգութիւն· նենգաւոր· *to bite the dust* գետին իյնալ· ըսպաննուիլ· — *one's thumb at* անարգել· — *one's lips* ինքնազսպում ցոյց տալ· *bite off more than one can chew* խոստանալ անկարելին կարելի ընել· *to — the tongue* լուռ կենալ· *biting words* խայթող բառեր· *I offered it but he would not bite* հրաւիրեցի իրեն սակայն չընդունեց·

bitaccle տես binnacle·

bitter (*պիթ'ըր*) դառն, կծու· ցաւառիթ· կսկըծալի· — *beer* լեղի գարեջուր· — *almond* լեղի նուշ· — *apple* դառնադդում· հանդալ· — *gourd* դառնադդմակ· դառնախալամ· — *bark* դառնակեղեւ· — *orange* թրնջենի, թուրինջ· — *root* վայրի վարունգ· — *sweet* վայրի որթ· արմատ որ նախ լեղի կը թուի ապա կը քաղցրանայ·

bittern (*պիթ'ըրն*) ճայի ընտանիքին պատկանող թռչուն մը· բոտոր· աղկիոն·

bitumen (*պիթ'իումէն*) ասփալթ, կուպր, կպրածիւթ· նաւթ· *bituminise* ասփալթապատել· *bituminous* կպրային· — *coal* կպրային ածուխ·

bivalve (*պա'յվէլվ*) երկդռնակ· երկպատեան (խեցեմորթ)· *bivalvular* երկպատեանաւոր·

bivouac (*պիվ'ուէք*) բացօթեայ բանակատեղ· բացօթեայ բանակիլ·

bi-weekly (*պայուիք'լի*) երկշաբաթեայ· շաբաթը երկու անգամ· պարբերական որ լոյս կը տեսնէ շաբաթը երկու անգամ եւ կամ երկու շաբաթը մէկ անգամ·

bizarre (*պիզար'*) այլանդակ, տարօրինակ· արտակեդրոն·

Bizonia (*պայզո'նիը*) Բ· Աշխարհամարտէն ետք երկու շրջանները գրաւեալ Գերմանիոյ (յատկապէս ամերիկեան եւ անգլիական հակակշիռի տակ գտնուող շրջանները միասին առած)·

blab (*պլէպ*) (blabled) մէկու մը վստահուած գաղտնիքը յայտնել· շաղակրատել· հէքիաթներ պատմել· —*ber* շաղակրատ· ֆսու·

black (*պլէք*) սեւ· մութխաւար· աղտոտ· դըժխեմ· սուգ· սուգի հագուստ· խափշիկ· սեւցընել· քուէով մերժել· *blacks* սեւ հագուստներ· —*en* սեւցնել· ամօթահար դարձնել· *to grow (turn) black* սեւնալ· —*ness* սեւութիւն· խաւար· — *amoor* նեկրօ· — *art* կախարդութիւն, մոգութիւն· — *and tan* ցամաքային զինուոր· *Black and Tans* կէս զինուորական ոստիկանութիւն որ կեանքի կոչուեցաւ 1920-ին Իրլանտայի ըմբոստութիւնը ճնշելու համար. համազգեստնին *խաքի* գոյնով էր, գլխարկնին՝ սեւ. — *ball* բացասական քուէ. կօշիկի ներկ. *I am in his black books* ճեղացած է ինծմէ. *black and blue* շատ տառապած. կապուտակ. *the black cap* դատաւորին հագած սեւ գդակը երբ մահուան վճիռը կը կարդայ. *look* — չղայնացած բուիլ. ցած բուիլ, բարկացած. *the future looks black* խնդիրներ եւ դժուարութիւններ հաւանական կը թուին. —*berry* մորմենի, մոշենի. — *bread* հաճարի հաց. — *coat* կղերական կամ մասնագէտ անձ. —*birding* սեւամորթներու առեւանգում (ստրկացնելու համար). —*board* գրատախտակ. —*book* սեւ ցանկ. յանցագործներու ցանկ. — *cock* ցախաքլոր. — *diamonds* հանքածուխ. — *bourse* սեւ շուկայ՝ արժեթուղթերու. — *flag* ծովահէններու դրօշակ. — *guard* թշուառական. —*leg* բախտախաղի մոլի. — *list* սեւ ցանկ. անբաղձալի մարդոց ցանկ. — *mail* դրամ պահանջել մէկէ մը սպառնալով թէ այլապէս իր մասին գիտցած գէշ բան մը պիտի հրապարակէ. շանթաժ. — *leg* այն անձը որ կ'առաջարկէ աշխատիլ երբ իր բոլոր ընկերները գործադուլի մէջ են. — *- market* սեւ շուկայ. — *out* կրակամար. յիշողութեան կամ տեսողութեան ժամանակաւոր կորուստ. — *sheep* յարգարժան ընտանիքի մը անառակ որդին. *Black Shirt* Սեւ Շապիկաւոր (Իտալիոյ փաշական կուսակցութեան անդամ). — *smith* երկաթագործ. — *fly* սեւ ճանճ (բունաւոր). — *heart* սեւ կեռաս. — *hearted* սեւ սիրտ. — *hole* Կալկաթայի մէջ բանտ. — *maria* բանտարկեալներու կառք. *Black Death* հիւանդութիւն մը որ Եւրոպայի վրայէն անցաւ 1349-ին (Յ. Տ.) եւ բազմաթիւ մարդոց մահ պատճառեց. — *letter* գոթական տպագրութիւն. — *rod* խորհրդարանի բարապան. արքունի արարողապետ. — *snake* սեւ օձ (շուրջ 2 մեթր երկայն). — *thorn* մամխի. — *vomit* փըսխուք. — *wash* գրպարտանք.

bladder (*պլէտ'ըր*) մարմնի այն մասը որ կը բովանդակէ աղտոտած աւելորդ հեղուկը որ յետոյ իբր մէզ դուրս կ'ելլէ. միզապարկ, միզափամփուշտ· սերմատուն· պարկ, տոպրակ մորթէ կամ կաշիէ հեղուկ բովանդակելու համար·

blade (*պլէ'յտ*) տերեւ· շեղբ (դանակի)· ուսոսկր· քաջ մարդ· շեղբ անցընել· — *bone* ուսոսկր· — *smith* դանակ շինող·

blae (*պլէյ'*) թուխ կապոյտ· տժգոյն· *blaeberry* մրտենական հապալասի (Սկովտիոյ յատուկ)· *bilberry, whortleberry* (նոյն պտուղը Սկանտինաւեան երկիրներուն յատուկ)·

blague (*պլէկ'*) անարժէք· սուտ խօսող· ստախօսութիւն·

blah (*պլա'*) անիմաստ գրութիւն կամ խօսք·

blain (*պլէ'յն*) բշտիկ· ուռեցք· այտուց·

blame (*պլէ'յմ*) մեղադրել, պարսաւել· յանցանք· մեղադրանք· մեղք· *blamable* մեղադրելի· *blameful* յանցաւոր, մեղադրելի· *blameless* անմեղադրելի, անպարտ· անըստգիւտ· *blameworthy* յանցագործ, մեղադրելի· *he is to blame* մեղադրելի է·

blanch (*պլէնչ'*) ճերմկցընել· մաքրել· կեղեւել· ճերմկիլ· գունատիլ· — *holding* վարձակալութիւն·

blanc-mange (*պլը-մանչ', պլանմանժ'*) ալիւրի, շաքարի, կաթի եւ այլ նիւթերու խառնուրդէն գոյացած անուշեղէն· դոնդող·

bland (*պլէնտ'*) մեղմ· քաղցրահամբոյր (խօսելու մէջ)· *bland diet* հիւանդի յատուկ պարզ կերակուր· — *ation* շողոքորթութիւն·

blandish (*պլէն'տիշ*) շողոքորթել· գգուել· ամոքել· — *ment* գըգուանք, փաղաքշանք (գէշ գործ մը քաջալերելով)·

blank (*պլէնք*) ճերմակ· պարապ· շուարած· պարապ միջոց· չշահող տոմս· նշանակէտ· պարապ ձգել· գունատիլ· ջնջել· *pointblank* ուղղակի նշանակէտ· *blank cheque* բաց չէք· — *door (window)* պատի մը մէջ դուռի (պատուհանի) տեղ· — *wall* բաց միջոց· — *verse* արձակ քերթուած· *to fire* — կրակել (առանց գնդակի)· *my mind was blank* գաղափար չունէի· *a — look* նայուածք որ զգացում կամ ըմբռնում չ'արտայայտեր· *to draw a* — անյաջող ըլլալ·

blanket (*պլէնկ'քէթ*) բըրդեայ ծածկոց, վերմակ. ճարպի խաւ· բրդեայ վերմակով ծածկել· հարց մը, գայթակղութիւն մը ծածկել· *a wet* — անձ որ ուրիշներ կը տխրեցընէ եւ անօգնական կը դարձնէ· *to be born on the wrong side of the* *blanket* անհարազատ, խորթ ըլլալ·

blare (պլէյր) բարձր հընչել, հնչեցնել (փող)· գոչել· աղաղակել· մըռընչել·

blarney (պլար'նի) սանձարձակ շողոքորթութիւն· մեղմ հաճելի խօսք·

blasé (պլա՛զ'էյ) յափրացած (հաճոյքներէ)·

blaspheme (պլէսֆիյմ') հայհոյել (Աստուծոյ)· Աստուծոյ Անունը ի զուր տեղը բերան առնել· *blasphemer* հայհոյիչ· *blasphemy* (պլէս'ֆիմի) հայհոյութիւն·

blast (պլէսթ) հովի (տաքութեան) զօրաւոր հոսանք· փոթորիկ· պայթում· խորշակահարել· ժանտախտով հարուածել· ոչնչացնել· արատաւորել· պայթեցնել· — *furnace* օդահոս վառարան մետաղ հալեցնելու· *—ing* պայթուցիկ· *—er* պայթեցնող· *Blast you* բարկութեան ատեն նախատական խօսք դիմացինին ուղղուած· *—ing powder* վառօդ ժայռերը պայթեցնելու համար·

blastoderm (պլէս'թօտըրմ) ծնամաշկ·

blatant (պլէյ'թէնթ) աղմկարար, կոշտ եւ անքաղաքավար վարուեցողութեամբ մարդ·

blate (պլէյթ) համեստ· ազմկոտ· կասկածոտ·

blather, blatherskite տես blether.

blatter (պլէթ'ըր) անհամաստ խօսակցութիւն· անիմաստ խօսիլ·

blaze (պլէյզ) բոց· ցոլք· լոյս· պոռթկալ· պիսակ ձիու ճակատին· բոցավառիլ· հրապարակել· նշան ընել (դնել)· *go to —s* դժոխք գնա՛· հեռացի՛ր քովէս· *to blaze a trail* ծառերուն վրայ ընշաններ դնելով հետեւողի մը ճամբայ ցոյց տալ· *blaze of colour* շատ գոյներով· *blazer* բուրդէ բանկոն՝ աչքի զարնող գոյներով, խաղերու ժամանակ հագուած·

blazon (պլէյ'զըն) վահանին վրայ տոհմանշաններ դնել· զարդարել· ցուցադրել· *to — abroad* ամէն մարդու յայտնել· *—er* մունետիկ· *—ment* հռչակում· գեղազարդում· *—ry* գեղազրութիւն· տոհմի նշաններ·

bleach (պլիյչ) ճերմկցնել· ճերմկնալ· գունատիլ· *—er* լուացարար· ճերմկցնել արեւին տակ դնելով կամ քիմիական միջոցներով·

bleak (պլիյք) անգոյն· գունատ· լքուած· տըխուր· ցուրտ· ամայի·

blear (պլիյր) ջրոտ· ճըպռոտ (աչք)· ճպռոտել· աղօտել· *—y (eyed)* կարմիր, ճպռոտած, ջըրակալած եւ լաւ չտեսնող աչքերով·

bleat (*պլիյթ*) մայել (ոչխարը)· —*ing* մայիւն·

bleed (*պլի՛տ*) (bled) արիւնիլ· արիւն առնել (մէկէ մը)· շատ դրամ առնել մէկէ մը՝ կողոպտել· պատերազմի մէջ մեռնիլ·

blemish (*պլէմ՛իշ*) գեղեցիկ բանի մը կոտրուած կամ տգեղ մէկ տեղը· արատ· բիծ· աւրել· տգեղցընել· —*less* անարատ· —*ment* արատաւորում·

blench (*պլէնչ*) ետ քաշուիլ (վախնալով)· ընկըրկիլ· խրտչեցնել·

blend (*պլէնտ*) երկու բաներ իրարու խառնել որակը բարելաւելու կամ գոյնը փոխելու համար· միջամուսնութիւն· խառնուրդ (*blended, blent*).

blende (*պլէնտ*) զինկ· մետաղ՝ որ կը բաղկանայ զինկէ եւ ծծումբէ· փայլուկ·

bless (*պլէս*) (blessed, blest) օրհնել· փառաւորել· շնորհակալութիւն յայտնել· —*ed* օրհնեալ· երջանիկ· *a* —*ing* օրհնութիւն մը· օրհնաբեր (բան մը)· —*ed sacrament* Սուրբ Հաղորդութիւն· *bless me! bless my soul* զարմանքի բացագանչութիւններ· *bless you!* խեր ըլլայ· *not a penny to bless oneself with* շատ աղքատ· *to bless with* օժտել· *to bless one's stars* երախտապարտ ըլլալ մէկու մը՝ լաւ բախտի համար· *bless her honest soul* Աստուած ողորմի հոգւոյն· *the whole blessed lot* բոլորը· *a state of single blessedness* ամուրի· *what blessing it is that...* որքա՜ն բախտաւոր է· *a blessing in disguise* բան մը որ գէշ կ'երեւէր բայց յայտնի կ'ըլլայ որ շատ բախտաւոր է·

blether (*պլէթհ՛ըր*) ոչինչ բաներ խօսիլ· —*s* ոչընչաբանութիւն·

blew (*պլու*) blow-ին անց· ժամանակ· փչել·

blight (*պլայթ*) բոյսերու յատուկ հիւանդութիւն մը· ածխահարութիւն· մորթի բորբոքում· խամրեցնել· խաբել· *to cast a blight on the party* ուրախութիւնը աւրել· *blighted hopes* կործանած յոյսեր· *blighter* անհանոյ անձ· *blighting* խորշակահար ընող·

Blighty (*պլայթ՛ի*) Անգլիա (զինուորական բառ)·

blimp (*պլիմփ*) պզտիկ օդանաւ (հետախուզող)· *colonel Blimp* տես *colonel.*

blind (*պլայնտ*) կոյր· տըգէտ· անծանօթ· անտեսանելի· զինով· կուրցընել· խաբել· խաւարել· պահել· փեղկ· պատուհանի ծածկոց· —*ness* կուրութիւն· — *alley* անել փողոց· — *gut* կուրաղի· — *shell* փամփուշտ· — *wall* առանց բացուածքի պատ· *colour —ness* գոյներու զանազանելու անկարողութիւն. *blind to the world* շատ խմած· *his kindness was merely a blind* ազնուութիւնը կը գործածէր իր իրական մըտադրութիւնը քօղարկելու· *blindman's buff* աչկապուկ·

blink (պլինք) աչք թըթըել· աչքը կէս գոցելով դիտել· պլպլալ· թարթել· անտեսել· ակնարկ, հայեացք· *It is no good blinking the fact* լաւ չէ տեսնել մերժել իրողութիւնը· *—s* կաշիի կտորներ որ կ'արգիլեն ձիուն տեսնել կողմնակի· ձիու աչապահ·

bliss (պլիս) երանութիւն· գերագոյն երջանկութիւն· *—ful* երանելի·

blissom (պլի'սըմ) ցանկալ, տռփալ·

blister (պլիս'թըր) բշտիկ· այտուց· նոյնին դեղը· ուռիլ· արգիլել·

blithe (պլայտհ) ուրախ, զուարթ· *—some* երջանիկ·

blitz (պլից) թշնամի ռըմբաձիգներու յանկարծական ծանր յարձակում· *—krieg* (—քրիյկ) կայծակնամարտ· (Բ. Աշխարհամարտ· գերմն·).

blizzard (պլիզ'ըրտ) ձիւնամրրիկ·

bloat (պլո'թ) ուռեցնել· ուռիլ· ծուխը պահածոյ ընել· *—ed* ուռած· *—er* պահածոյ աղուած ձուկ·

blob (պլապ) փոքր կլոր զանգուած· կաթիլ (իւղի, ներկի, եւայլն)·

bloc (պլաք, պլոք) խումբ (օր· երկիրներու) իրարու միացած հասարակաց շահերով· օր· *Sterling.* — *en bloc* ամբողջական վաճառում·

block (պլաք, պլոք) փայտի զանգուած· կոճղ· բուն· քար· կաղապար տուներու շարք· — *buster* ծանր եւ բարձրօրէն պայթուցիկ ռումբ· — *ing* խափանում· ամրացում· *—ish* ապուշիկ· — *head* ապուշ· — *letters* փայտէ շինուած տառեր (գլխագիր)· — *house* փայտէ շինուած ամրոց· *block and tackle* անիւներու եւ պարանի կարգաւորում' ծանր առարկաներ վերցնելու. *a chip of the old block* իր ծնողքին նմանող մանուկ· *to go to the* — գլխատուելու երթալ· *to block a pipe* արգելք ըլլալ որ ջուրը անցնի· *to — in a picture* կոշտ գծագրութիւն' ընդհանուր կարգաւորութիւն ցոյց տուող· *stumbling* — քար գայթակղութեան· *to block out* ձեւաւորել· *to — up* տարածութիւն մը լեցնել· *blocked currency* դըրամ որ կարելի չէ տըւ-

եալ երկրէն դուրս ծախ-
սել·

blockade (պլաքէյտ՛) մարտանաւերով կամ զինուորներով շրջապատել՝ արգիլելով որ որեւէ մարդ կամ ապրանք գայ. օգնութիւն· պաշարում· — *de facto* իրական պաշարում·

bloke (պլոք) մարդ մը· անձ մը·

blond (պլանտ) դեղձան, դեղին մազերով· իգական՝ *blonde*·

blood (պլատ) արիւն· բարձր ծագում· ընտանիք· արիւնահեղութիւն· ջուր· զայրոյթ· ստահակ· զգայացունց պատմութիւն· արիւնել· կատղեցնել· — *and thunder* զգայացունց· — *baptism* արեան մկրտութիւն, նահատակութիւն· *blood - feud* ցեղային վրէժխնդրութիւն· *blood - group* չորս խումբերէն մէկը ուր մարդկային արիւնը կրնար իյնալ· — *guilty* ոճրագործ· — *heat* շուրջ 98° Ֆարէնհայթ տաքութիւն· — *horse* ընտիր ձի· աբաբական ձոյգ· — *hound* հետախոյզ շուն· — *less* արիւնի պակասութենէ տառապող· — *plasma* արիւնին հեղուկ մասը· — *pressure* արեան ճնշում· — *letting* արիւն առնել՝ տաքութիւնը իջեցնելու համար· —*shed* արիւնահեղութիւն· —*shot* արիւնոտ (աչքեր)· — - *sports* գազաններու որսորդութիւն· — - *stain* արեան բիծ (հագուստի եւայլնի վրայ)· — - *thirsty* արեան ծարաւի· — *-transfusion* անձէ մը ուրիշ անձի մը արիւն ներարկել· — *vascular* երակային· — *vessel* երակ· —*y* արիւնով բծաւորուած· արիւնարբու· *flesh and blood* մարդկային կառուցուածք, նոյն ընտանիքին պատկանող· *his — is up* կատղած է· *in cold —* կանխամտածուած պաղարիւնութեամբ· առանց զգացումի· *he is of good —* լաւ ընտանիքէ է· *blue - —ed* ազնուական ծագումով· *make bad — between* կռիւի պատճառ դառնալ· *more than flesh and — can stand* անտանելի է· — *minded* ոճրամիտ· — *bones* ճիւաղ·

bloom (պլում) ծաղիկը (բոյսի մը)· թարմութիւն· ծաղիկ հասակ· ծաղկիլ· *the tree is blooming* ծառը ծաղկած է· —*ing health* կատարեալ առողջութիւն· *every —ing person* ամէն անձ· —*er* ապուշ սխալ· —*ers* կարճ փէշ եւ տաբատ (կանանց յատուկ)·

blossom (պլատ՛ըմ) ծաղիկ (բոյսի մը)· ծաղկիլ·

ծաղկեցնել. *in blossom* ծաղկած. *—y* ծաղկալից.

blot (*պլաթ, պլոթ*) բիծ. նշան (օր. մելանի՝ թուղթին վրայ). նախատինք. աղտոտել. արատաւորել. *to — out* աւրել. գծել. ջնջել. մեռցնել. *blotting paper* ծծուն թուղթ. *blotting pad* ծծուն թուղթի կաղապար. *—less* անբիծ.

blotch (*պլաչ, պլոչ*) արատ. աղտոտութիւն. բշտիկ.

blotto (*պլաթ'օ, պլոթ'օ*) շատ գինով.

blouse (*պլաուզ, պլաուս*) բանկոն. կտաւէ վրանոց. թեթեւ դուրսի հագուստ կուրծքը ծածկող մինչեւ մէջքը (կանանց յատուկ).

blow (*պլօ'*) ծաղիկներու զանգուած կամ աճու. ծաղկիլ.

blow (*պլօ'*) հարուած. զարկ. աղէտ. անակնկալ գէշ դէպք. հով.

blow (*պլօ'*) (blew,blown) փչել. ուռեցնել. շարժիլ (օդի պէս). արագ արագ շնչել. ձայն տալ. բարձր հով. կարճ պտոյտ մը բաց օդին մէջ. *blower* հովահար. պարծենկոտ. *blow-fly* միջատ. *blown* ուռած. յոգնած. շնչահատ. *blow-out* կոչունք. պայթած անիւ. *blow-pipe* փքափող. *blowy* հովոտ. *at a blow* յանկարծ. *to blow hot and cold* անհաստատ ըլլալ. *to — one's brains out* ինքզինք սպաննել. *to come to —s* կռուիլ. *to — off steam* գերազանց ուժէն ձերբազատուիլ. *to — down* գետին ձգել. կործանել. *to — up* պայթեցնել. ուռեցնել. սաստել. *to — the nose* քիթը մաքրել. *to — out (a lamp)* մարել (լամբը). *— it!* անիծուի. *I'm —ed if I will* որոշապէս պիտի (չընեմ). *to — in* անակնկալօրէն այցելել. *to — the gaff* գաղտնիք մը մէջտեղ հանել. *to — one's horn or trumpet* ինքզինք գովել. *— up* սնանկութիւն.

blowze (*պլաուզ*) անձոռնի տեսքով պոռնիկ. *—d* կարմրերես.

blubber (*պլապ'ըր*) կէտի, բոկի կամ այլ ծովային կենդանիներու իւղը. լաց ու կոծ բարձրացնել. *—ed* լացէն ուռած (աչքեր). *—ing* լաց ու կոծ.

blucher (*պլուչ'ըր*) կաշիէ ցած մոյկ. կիսակօշիկ մը փրուսացի մարաջախտ Պլուխէրի (1742–1819) անունով.

bludgeon (*պլաճ'ըն*) գաւազան. բիր. բրահար ընել.

blue (*պլու*) կապոյտ (երկինքի գոյնը). կապուտակ. մելամաղձոտութիւն. *—s* շատ դանդաղ ճէզ պար մը՝ նէկրօ ծագումով. *the Blues* Արքայական Ձիաւոր Պահակներ *(Royal Horse Guards)*· կապոյտ ներկել· չրարկել (պողպատը)· *bluish* կապտորակ· *—-bell* սմբուլ (վայրի)· զանգակածաղիկ· *— black ink* մութ կապոյտ մելան· *—-berry* առողջարար բոյս մը պզտիկ պտուղներով. հապալսի· *Blue Book* Կապոյտ Գիրք (անգլ. կառավարութեան հրատարակութիւն՝ Հայկական Եղեռնի մասին)· *— heat* շուրջ 550° Ֆարէնհայթ տաքութիւն· *— nose* ծաղրանուն՝ Նովա Սքոթիըի տրուած· *— print* խաժատիպ· *— water* խորունկ ջուր· *true —* հաւատարիմ· Պահպանողական կուսակցութեան պաշտպան· *once in a — moon* շատ հազուադէպ· *— pig* ուիսքի· *— poll* կապոյտ գլուխ (ձուկ)· *Blue beard* շատ մը կիներ սպանող ամուսին· *look —* տխուր երեւնալ· *in the —s* տխուր· մելամաղձոտ· *drink till all is —* խմել մինչեւ որ արբենայ· *a bolt form the —* մեծ անակնկալ· *get the —s* տխուր ըզգալ· *to look —* շփոթիլ· *to — money* անհակակըշիռ կերպով ծախսել (դրամ)· *the man in —* ոստիկան· *an Oxford (Cambridge) —* մէկը որ համալսարանի կողմէ խաղ մը կը խաղայ·

bluff (պլաֆ) ժայռուտ· ցից տեղ· կոշտ· հսկայ· յոխորտանք. *—ness* բիրտ վերաբերմունք· *bluff man* աղմկարար մարդ· *to —* յոխորտալ· խաբել·

blume (պլիւմ) ծաղկիլ·

blunder (պլան'տըր) մեծ սխալ մը գործել (անուշադրութեան հետեւանքով)· մեծ սխալ· *to — on* տեւապէս սխալիլ·

blunderbuss (պլան'տըր-պաս) հին ձեւի հրացան որուն փողին ծայրը անհամեմատօրէն լայն է·

blunt (պլանթ) բութ (ծայր)· կոշտ· բթամիտ· բթացնել· ախորժակը (փափաքը) պակսեցնել·

blur (պլըր) կէտ· արատ· արատաւորել· նսեմացնել· *— red* տարտամ, շփոթ· աղօտ·

blurb (պլըրպ) կարճ գըրութիւն մը որ տեղեկութիւններ կու տայ գիրքի մը մասին եւ կը գովէ զայն (գիրքին կողքին վրայ տպուած)· *— ed* մշուշոտ·

blurt (պլըրթ) յանկարծական պոռթկում· անխորհուրդ կերպով խօսիլ· գաղտնիք մը յայտնել· *to — at* մէկուն դէմ արհամարհանքով արտայայտուիլ·

blush (պլաշ) շիկնիլ (ամօթէն, համեստութենէն կամ շփոթութենէն)· կարմրիլ· *spare my —*

es իմ ներկայութեան զիս մի՛ զովաբաներ· *at first blush* առաջին տեսքին· *to put to the* — ամչցընել· —*ing* շիկնում· վարդագոյն· —*less* անամօթ·

bluster (*պլաս'Թըր*) ուժով փչել (հովը)· ինքզինք կորսնցնել· մեծ սուտեր գլտորել· աղմուկ յարուցանել· պոռչտուք· փոթորիկ· ինքնագովութիւն· —*er* մեծխօսիկ· —*ing* աղմկալից· —*ous* ինքնահաւան·

boa (*պո'ը*) հսկայ օձ (վիշապ օձ)· պուա· պատենաձեւ զարդարանք փետուրներէ շինուած՝ վիզէն կախուելու համար (կանանց յատուկ)·

boa - constrictor (*պո'ը - քանսԹրիք'Թըր*) վարազ օձ· հսկայ պրկող օձ (Հարաւ· Ափրիկէ)·

boar (*պո'ր*) վարազ· կինճ· արու խոզ·

board (*պո'րտ*) տախտակ (2 ինչէն պակաս հաստութեամբ)· սեղան, ճողովասեղան· խորհուրդ· խաւաքարտ· ուտեստեղէն· թոշակ (հացի համար)· նաւու վրայ· տախտակով ծածկել· նաւ մտնել· կերակուր տալ· թոշակւորել· —*s* թատրոնի բեմ· գիրքին կողքը· *boarder* գիշերօթիկ (կերակուր եւ քնանալու տեղ ստացող)· —*ing* փայտէ ցանկապատ· թոշակւորում· — *house* գիշերօթիկներու տուն· — *school* գիշերօթիկ վարժարան· — *clerk* մաքսատան քարտուղար· *board - school* դպրոց՝ դպրոցական խորհուրդի մը հսկողութեան տակ (հին առում)· հանրային նախակրթարան (Սկովտիա)· — - *wages* ուտեստի եւ սենեակի վարձք· դրամ վընարուած սպասաւորներուն երբ տան տէրը տունէն կը բացակայի· — *of control* վերահըսկիչ յանձնաժողով· — *of directors* տնօրէն՝ վարչական խորհուրդ· — *of managers* հոգաբարձուներուն խորհուրդ· — *of trustees* խնամակալներու ժողով· — *of education* ուսումնական խորհուրդ· *to go by the* — լքուիլ· նաւէն իյնալ· *to sweep the* — բոլոր մրցանակները ստանալ· *by the* — ամբողջովին· *on* — նաւուն վրայ· *to enter on the* — ուսանող արձանագրուիլ· *to tread the boards* դերասան դառնալ· *above* — առանց գաղտնապահութեան· — *and lodging* կերակուր եւ սենեակ· *to board a ship* նաւուն վրայ երթալ (յարձակելու նպատակով)· նաւ մտնել·

boast (*պո'սԹ*) պարծենալ· սնապարծութիւն· —*er* մեծամիտ· անձնագով· — *ful* պարծենկոտ· —

fulness պարծենկոտութիւն· *—ing* ինքնագովութիւն·

boat (պո՛թ) նաւակ· շոգենաւակ· նաւ· նաւարկել· նաւով փոխադրել· *— house* նաւատուն· *— swain* նաւապետ որ նաւաստիները կ'աշխատցնէ *— - man* մակուկավար· *to burn one's —s* անկարելի ըլլալ գործէ մը ետ դառնալ· *to be all in the same —* նոյն կացութեան մէջ գտնուիլ (վտանգաւոր)·

bob (պապ, պոպ) արագօրէն վեր ու վար շարժել· ճօճուիլ· մազերը կարճ կտրել (աղջկայ)· զարնել· շահիլ· խաբել· արագ շարժում· ճօճում· ճօճանակ· յանկերգ· ոսպ· շիլին· *to give —* խաբել·

bobbin (պապ'ին, պոպ'ին) թել փաթթելու նախարակ· եղեգնիկ· *— lace* բարձի ժանեակ·

bobby (պապ'ի, պոպ'ի) ոստիկան (ծաղրական)·

bobby - sox (պապ'իսաքս) 10–15 տարեկան աղջկայ հագած գուլպայ· *bobby-soxer* 10–15 տարեկան աղջիկ (Ամերիկա)·

bobolink (պապ'ըլինք) սարեկ (թռչ·)·

Boche (պոշ) Գերմանացի (ֆրանս· ծաղրանուն պատերազմէն ետք)·

bode (պո՛տ) գուշակել· կանխատեսել· *—ful, boding* չարագուշակ· *—ment* կանխագուշակութիւն·

bodega (պոտի'կը) գինետուն·

bodge (պաճ, պոճ) կարկըտան·

bodice (պատ'իս, պոտ'իս) սեղմիրան· պախնաւանդ·

bodkin (պատ'քին) հերիւն· խոշոր ասեղ· դաշոյն·

body (պատ'ի, պոտ'ի) մարմին· իրան· հիմնական մաս (բանի մը)· զանգուած· մեռած անձ (կամ անասուն)· խումբ (մարդոց)· զօրաւոր նաշակ· անձ մը մարմնաւորել՝ ձեւ տալ· *in a —* հաւաքաբար· *body-guard* թիկնապահ· *— politic* պետութիւն· *— servant* անձնական սպասաւոր· *— - snatcher* մեռելագող, դիակապուտ· *the — of the hall* սրահին կեդրոնական մասը· *the — of the car* այն մասը ինքնաշարժին ուր մարդ կը նստի· *heavenly —ies* աստղեր· *the governing — of the school* դըպրոցին վարչական մարմինը· *this wine has a full —* այս գինին շատ թունդ է· *an honest —* պատուաւոր անձ մը·

Boer (պուըր, պո'ըր) պոէր· հոլլանտացի ագարակապաններ Հար· Աֆրիկէի մէջ· հոլլանտացի ծագումով անձ·

boffin (պաֆ'ին) գիտական կամ հետազօտական

աշխատանք տանող *R. A. F.*-ի (Արքայական Օդուժի) դեկավարութեամբ.

bog (*պակ, պոկ*) ճահիճ. *—gy* ճահճախուտ. *bog myrtle* վայրի մրտենի. *— trotter* ճահիճի մէջ բնակող. *— - house* արտաքնոց.

bogey (*պո՛կի*) ուրուական.

boggle (*պակ՛լ, պոկ՛լ*) կենալ. դժուարութիւններ ստեղծել. սոսկալ. *— a tor about* տատամսիլ, վարանիլ.

bogie, bogey (*պոկ՛ի*) տեսակ մը ձեռնակառք.

bogle (*պոկ՛լ*) ուրուական կամ հրէշ. վախազդեցիկ երեւոյթ.

bogus (*պոկ՛ըս*) շինծու. ողջելից ըմպելի մը.

Bohemian (*պոհիմ՛իըն*) պոհեմական. պոհեմիացի. գնչու.

boil (*պոյլ*) եռալ. եփել. եռացնել. ջղայնանալ. ցաւոց թունաւոր ուռեցք մարմնին մէջ. եռացում. *—er* խաշցնող. կաթսայ. *boilings* եռացուած շաքարով պատրաստուած անուշեղէն. *boiling point* եռացման կէտ (ջուրի՝ 100° սանթիկըրատ, 212° ֆարէնհայթ). *make one's blood boil* մէկը շատ ջղայնացնել. *boil down* եռացնելով պակսեցնել կամ կրճատել. օր. *boil down a book* գիրք մը կրճատել.

to keept he pot boiling աշխատունակ մնալ. *to — away* եռալով շոգիանալ. *to — over* յորդիլ.

boisterous (*պոյս՛թըրըս*) կատաղի. կոշտ. աղմըկոտ. *—ness* խառնակութիւն. կատաղութիւն.

bold (*պոլտ*) յանդուգն. անվեհեր. ինքնավստահ. չինչ. դիւրին տեսանելի. պզտախօս. լիրբ. համարձակող. *— faced* անպատկառ. *—en* քաջալերիչ. *—ness* յանդգնութիւն. *to make —* համարձակիլ. *as — as brass* անզգոյշ. անզգամ.

bole (*պո՛լ*) ծառի բուն.

bolero (*պոլէյ՛րօ*) սպանական ազգային պար մը. այս պարին երաժշտութիւնը. սպանական կանացի բաճկոն.

boll (*պոլ*) կճեպ (բամպակի հունտի, եւ այլն).

bollard (*պա՛լըրտ*) պարանասիւն ուրկէ նաւերը կը կապուին.

bologna (*պըլոն՛եա*) sausage երշիկ. բոլոնական երշիկ.

boloney (*պըլոն՛էյ*) տես baloneyապուշութիւն.

Bolshevik (*պոլ՛շըվիք*) անդամ Խորհրդային Միութեան մեծամասնական՝ Համայնավար կուսակցութեան. ծայրայեղ յեղափոխական. *bolshevism* մեծամասնականութիւն (համայնավարութիւն)· *Bolshie, Bolshy* համայնավար·

bolster (պոլ'սթըր) երկար փափուկ բարձ· օժանդակ· վերցնել· օժանդակել· *to — up* տկարի մը օգնել·

bolt (պոլթ) սողնակ· սըլաք· նիզ· նետ (կարճ)· շանթ· փախուստ (բանտարկեալի)· արձակել· կտրել· առանց անդրադառնալու ըսել· նիզել· փախչիլ· կլլել (կերակուրը)· *—-hole* ստորերկրեայ ապաստանարան· *—-up right* ուղիղ վեր, ինչպէս նետը· *I have shot my —* անկարելիս ըրած եմ· *a thunderbolt* շանթ, մեղաղի զանգուած որ իբր թէ փոթորիկի ատեն երկինքէն կը թափի· *a — from the blue* մեծ անակնկալ·

bomb (պոմ) ռումբ· *—er* ռմբաձիգ (օդանաւ)· *atom(ic), A-bomb, cosmic* · *—* հիւլէական ռումբ· *aerial —* օդանաւէն նետուած ռումբ· *chemical —* քիմիական ռումբ· *depth —* հակա-ականաւին ռումբ· *flying —*, *rocket —* հրթիռարձակ ռումբ· *hydrogen —* ջրածնային ռումբ· *gasoline —* հակահրասայլային ռումբ·

bombard (պոմ'պէրտ) քաղքենէց թնդանօթ· ռըմբանաւ· ըմպանակ· (պոմպարտ') ռմբակոծել՝ հրետանիով· *—ier* ռմբաձիգ (զինուոր)· *—ment* ռմբակոծում· *bombarded him with many questions* հարցումներով ողողել զինք·

bombardon (պոմպար'տըն) սրնգափող·

bombast (պոմ'-, պըմ'-պէսթ) բամպակ-բուրդ· մեծխօսիկութիւն· նամարտակութիւն·

bombshell (պա'մշէլ) ռումբ· *he dropped a —* շատ տարօրինակ բան մը ըսաւ·

bon (պո'ն) լաւ (Ֆրնս·)· *a — vivant* հեշտամոլ·

bonanza (պո'նան'զը) բացառիկ կերպով հարուստ հանքային երակ· մեծ բախտաւորութիւն· հարստութիւն· հարուստ մարդ·

bonbons (պոն'պոնս) շաքարեղէն·

bona roba (պո'նը րո'պը) ցուցամոլ պոռնիկ կին·

bond (պանտ, պոնտ) կապ, հանգոյց· չուան· շղթայ· պարտաւորութիւն· զօդ· մուրհակ· կալանաւոր· երաշխաւորագին· *—s* ստրկութեան շղթաներ· *his word is as good as his bond* իր խոստացածը պատիւ է· պարկեշտ մարդ է· *goods in —* ներածուած ապրանք մաքսատան մէջ (որուն մաքսը չէ վճարուած տակաւին)· *—age* ստըրկութիւն· *—-stone* պատը հիւսելու ժամանակ գործածուած քարի կըտորներ· *—maid* ստըրկացած աղջիկ· *—man,*

—*sman* ստրկացած այր մարդ.

bone (պո՛ն) ոսկոր. կըմախք. ոսկրեայ. ոսկորները վերցնել (գազտնի). —*s* անիւններ (մեռած մարդու). —*d* ոսկրոտ. — *orchard* գերեզմանատուն. — *setting* բեկաբուժութիւն. — *of contention* վինաբանութեան առարկայ. *body and bones* ամբողջութեամբ. *to pick a bone with* բանի մը շուրջ գանգատիլ. *make no bones about* կասկած կամ վախ չունենալ, անվարան ըլլալ (բան մը ընելու ատեն). *to make old bones* տարիքը առնել. *bone-dry* բաւական չոր.

boner (պո՛նըր) աշակերտի մը ապուշ սխալը.

bonfire (պո՛նֆայր) զըւարճանալու համար կըրակ (խարոյկ) վառել. հրախաղութիւն.

bonhomie (պո՛նոմի) անկեղծ. պարզ. զուարթ բնութիւն.

bonito (պոնի՛թօ) տեսակ մը գծաւոր ձուկ. թենիտոն.

bonmot (պո՛նմօ) խելացի ասացուածք.

bonne bouche (պ՛ոն – պ՛ուշ) յատկապէս համեղ կերակուր մը.

bonne (պոն) սպասուհի. ստնտու.

bonnet (պո՛նէթ) գդակ. գլխարկ գլխուն կապուած. իննանշարժի մը շարժակին կափարիչը. գլխարկը գլխուն, երեսին վրայ իջեցնել՝ կոզպտելու նպատակով. *to have a bee in one's* — խենդ միտք մը ունենալ ուղեղին մէջ.

bonny (պա՛նի, պո՛նի) գեղեցիկ. ազուոր. սիրուն եւ առողջ.

bonus (պո՛նըս) յաւելեալ շահաբաժին հանրային ընկերութեան մը բաժնետիրոջ. աշխատանքին տրուած յաւելեալ վճարում (իբր նուէր).

bonze (պա՛նզի, պո՛նզի) արեւելեան զանազան կըրօնքներու հոգեւորականն. պուտտայականն քահանայ. չինացի քուրմ.

boobook (պու՛պուք) փոքր բու.

booby (պուպ՛ի) խօլահաւ (ծովային թռչուն) որ դիւրաւ կարելի է բռնել. —-*prize* ամենէն գէշ կատարողին տրուած պարգեւ. —-*trap* երեւոյթով անվնաս բան մը որուն երբ դպչնաս կը պայթի (Բ. Աշխարհամարտի ընթացքին գործածուող բառ).

Boodhism (պուտ՛իզմ) Պուտտայականութիւն.

boodle (պո՛ւտլ) կաշառք. քուէի գին. կեղծ դրամ.

boogie woogie (պո՛ւճի–ուո՛ւճի) տեսակ մը պարային երաժշտութիւն հիմնուած հակադիր չափի վրայ.

book (պուք) գիրք. տետրակ. տոմար. մաս. գրլուխ. ճերթուած. խաղի մը բառերը. տետրակին մէջ արձանագրել. ձեռք ձգել կամ տալ (առեւտրական ապսպրանք, տոմս). — - *binding* կազմարարութիւն. — - *case* գրադարակ. գիրքի կողք. *booking - clerk* տոմսավաճառ. արձանագրող. — - *hall,* — - *office* տոմսերը տրուած տեղ. *bookish* գրքունակ. իմաստակ. *book - jacket* գրաւիչ կերպով տըպուած դուրսի թուղթէ կողքը (գիրքի մը). *book - keeper* տոմարակալ. *book - keeping* տոմարակալութիւն. *book - knowledge,* — - *learning,* — - *lore* հետեւողական ընթերցանութեամբ ձեռք ձգուած գիտութիւն. *booklet* գըրքոյկ. *book maker* մատենագիր. *bookman* գըրող. *the Book of Books* Սուրբ Գիրք. *book-plate* գրապիտակ. — - *seller* գրավաճառ. — - *shop, book-stall, book-stand* գրատուն. գրախանութ. *book - store* մեծ գրատուն. *book - worm* գրամոլ. գրացեց. *reference book* գիրք որ խտացած ձեւով տեղեկութիւն կու տայ. *to be upon the books* պաշտօնական ցանկի մէջ անուն ունենալ. *to take a leaf out of his book* օրինակին հետեւիլ. *without book* յիշողութեամբ. *to bring to book* պատժել. *to speak by the book* ճշմարիտը խօսիլ. *He is in my black books* նեղացած եմ իրմէ. *It suits my books* ծրագիրներուս կը յարմարի. *to book a seat* աթոռ մը ապահովել (հաւաքոյթի մէջ). *out of book* գող.

boom (պու՛ւմ) խորունկ ձայն (մեծ զանգակի կամ հրացանի). կայմ. ջուրի անցքը արգիլող շղթայ. ջուրին երեսը ծփացող գերան. յաջող ըլլալ (գործի մէջ). — *town* արագօրէն աճող քաղաք. *to boom a person* մէկը դրապէս ծանօթացնել.

boomerang (պու՛մ'ըրէնկ) թռչուն որսալու նետ (Աւստրալիացի բնիկները կը գործածեն).

boon (պու՛ւն) բարերարութիւն. շնորհ. օրհնութիւն. *a good books is a great boon on a long journey* լաւ գիրք մը օրհնութիւն մըն է, երկար ճամբորդութեան մը ընթացքին. *boon companion* հաճելի ընկերակից, ուղեկից.

boor (պու՛ւր) անհետաքրքիր մարդ՝ յոռի ըկարագրով. միմոս. — *ish* անտաշ. գեղջկական.

boose (պու՛ւս) մսուր.

booser (պուզ'ըր) խման.

boost (պուսթ) վեր կամ

յառաջ քշել· առարկաներուն վաճառքը աւելցնել· արժէքը կամ ուժը աւելցնել· մղում· օգնութիւն·

boot(s) (*պութ(ս)*) մոյկ· կօշիկ· կառքի ծածկոց· օգուտ· շահ· կօշիկ հագնիլ· օգուտ ընել· *to get the boot* գործէն վռնտուիլ· *to have one's heart in one's boots* յուսահատիլ· վախնալ· *the boot is on the other foot* միւս անձը պէտք է մեղադրել· *the boots* պանդոկներու մէջ կօշիկներու ներկարար· *boot of a car* ինքնաշարժի ապրանքներու տեղը·

booth (*պութհ*) հիւղակ·

booty (*պու'թի*) գողօն· գողերու կողմէ գողցըւած ապրանք· պատերազմի ատեն՝ աւար·

bootless (*պութ'լէս*) անգործածելի· *what boots it?* ի՞նչ արժէք ունի·

booze, bouse (*պուզ*) գինովնալ· գինարբուք·

boracic (*պորէս'իք*) բորու՝ փոշիի ձեւի տակ, որ կերակուրը թարմ կը պահէ, կը դրուի նաեւ փոքր վէրքերու վրայ· բորակային թթու· տես *borax*.

borage (*պը'րէյճ*) եզնալեզու (բժշկ· բոյս մը)·

borak (*պօ'րէյք*) կատակ· *to poke — at* խնդալ (մէկուն վրայ)·

borax (*պօ'րէքս*) մաքրութեան համար գործածուող ներմակ աղի նման փոշի· ուսկեբորակ· *boracic acid* ներմակ փոշի որ կը գործածուի իբրեւ հականեխիչ· *borate* յիշեալին աղը·

Bordeaux (*պորտօ'*) Պորտոյի (Ֆրանսա) ներմակ կամ կարմիր գինի·

bordel (*պոր'տէլ*) հանրատուն·

border (*պորտ'ըր*) սահման· սահմանագիծ· զարդարել· ծաղկաբլուր· շրջանակ· սահմանակցիլ· մօտենալ· դպչիլ· *the Border* Անգլիոյ եւ Սկովտիոյ միջեւ սահմանային գիծը· *—line case* դժուար որոշելի հարց· *to — on sixty* վաթսուն տարեկանի մօտենալ· *—land* սահմանակից երկիր·

bore (*պո'ր*) ծակ մը բանալ· ձանձրացնել (անհետաքրքիր նիւթերու մասին խօսելով)· յոգնեցնել· *a bore* անհետաքրքիր մարդ մը· ծակ· զօրաւոր ալիք (մակընթացութեան ատեն)· գետըն ի վեր·

Boreal (*պո'րիըլ*) Հիւսիսայգ· հիւսիսային·

boreas (*պօր'իըս*) Հիւսիսային հովի աստուածը (յոյն դից·)·

boric տես *borax*. *borax*ին վերաբերող· *acid boric* ուսկեբորակային թթու·

born (*պորն*) ծնած· անց· ընդ· *bear*-ին· բնական· *he was — in 1925* ան ծնած էր 1925–ին· *born days* բովանդակ կեանքը·

borne (պորն) կրած· գաւակ բերած· մէջտեղ բերել· անց· ընդ· *bear*–ին· *he has borne a heavy load* ծանր բեռ կրած է·

borné (պորնէ՛) անհանդուրժող· տկարամիտ·

boron (պո՛րոն) ոչ–մետաղային նիւթ մը որուն բաղադրութիւնները գործածելի են արուեստներու եւ բժշկութեան մէջ· ոսկերոր·

borough (պար՛օ՛) ինքնավար քաղաք·

borrow (պա՛րօ) փոխ առնել· քաղել· *to — trouble* ի զուր տեղը նեղուիլ· *—ing* փոխառութիւն· *—ing sorrowing* պարտք ունեցողը վիշտ կ'ունենայ·

Borstal (պորս՛Թըլ) 16–21 տարեկան անկարգ երիտասարդներու համար բարեկարգիչ դպրոցներու դրութիւն, ուր աշակերտը կը սորվի ինքնազսպում եւ վարուելակերպ·

borzoi (պոր՛զոյ) գայլ խեղդող ռուսական շուն·

boscage, boskage (պաս՛քէյճ) անտառ· թաւուտք·

bosh (պաշ, պոշ) պարապ խօսակցութիւն, խօսք· (Թրք·)·

bosk(պասք, պոսք) փոքր անտառ·

bosom (պո՛ւզմ) կուրծք· գիրկ· կուրծքի վրայի հագուստ· սիրտ· ցանկութիւն· *to press to the bosom* կուրծքին սեղմել·

boss (պաս, պոս) ցցուածք· ուռեցք· պարապ· կոճակ· գլուխ (առարկայի)· *the — of the nail* գամին գլուխը· ցցուած զարդեղէն մը· իշխել· ուռեցընել· զարդարել (ուլունքով)·

boss (պաս, պոս) գործի վերակացու· վարպետ· հսկել· իշխել· անհանոյ դառնալ՝ խիստ հսկողութեամբ·

bossism (պաս՛(պոս)իզմ) կուսակցապետերու ամբողջատիրութիւն·

bos'un (պաս՛ըն) նաւաստիներու պետ· տեղակալ·

botany (պա(պո)Թ՛ընի) բուսաբանութիւն· *botanic, botanical* բուսաբանական· *botanic garden* բուսաբանական պարտէզ· *botanist* բուսաբան·

botch (պաչ) գործը անխընամ կատարել· անխնամ նորոգել· վէրք· կարկըտան· անճարակութիւն·

both (պոԹհ) երկուքը, երկուքն ալ· նաեւ· *both of us* երկուքս ալ·

bother (պաԹհ՛ըր, պոԹհ՛ըր) ձանձրացնել· նեղել· ձանձրանալ· մտահոգուիլ· *bother!* բարկութեան ճիչ· ձանձրոյթ· նեղութիւն· *bothersome* ձանձրացուցիչ·

bothie, bothy (պաԹհ՛ի, պոԹհ՛ի) հիւղակ (ամուրի երկրագործին յատուկ. Սկովտիա).

bottle (պաթլ, պոթլ) շիշ. շիշին պարունակութիւնը. սրուակ. թունդ խըմիչք. շիշին մէջ դնել. *bottled* որ արտօնուած չէ խօսիլ. *bottledhead* դլփին. կէտի ընտանիքին պատկանող. *bottle party* գինարբուքի կոչունք. գիշերային ակումբ. *to bottle up one's anger* բարկութիւնը զսպել (պահել). *a bottle companion* բաժակի ընկեր.

bottom (պաթ'ըմ) յատակ. խարիսխ. ծովուն (գետին) յատակը. ձոր. զօրութիւն. նաւ. հիմնադրել. հիմնուիլ. *to touch bottom* ամենէն գէշին հասնիլ. *at the bottom* յատակը. *to get at the bottom* հիմնապէս ըստուգել. *bottoms* հանքի մը ամենէն խոր մասը. *bottomless pit* դժոխք.

botulism (պաթ'իուլիզմ) կերակուրի թունաւորումի վտանգաւոր ձեւ որ յառաջ կու գայ պահածոյ կերակուրներէն.

boudoir (պո'ւտուար) կընոջ մը աձձնական սենեակը. զարդախուց.

bouffant (պուֆ'ան) ուռուցիկ. ցցուն.

bougain villea (պո'ւկըն վելիը) հարաւ ամերիկեան մագլցող բոյս մը՝ մեծ ծաղիկներով.

bough (պաու) ծառի մը մեծ ճիւղը.

bought (պո'թ) գնեց. գընած. գնուած. *buy*ի անց. եւ անց. ընդ.

bouillabaisse (պուիապէս') ձկնապուր. *bouilli* (պուէյի') խաշած միս.

bouillon (պուիեոն') մսաջուրի ապուր. արգանակ.

boulder (պոլտըր) մեծ քար մը որ ջուրէն կլորցած է.

boulevard (պուլ'ըվար) լայն փողոց՝ ծառերով եզերուած. ծառուղի.

bounce (պաունս) ցատքել (ինչպէս գնդակը). անակընկալօրէն երթալ գալ. պարծենալ. մէկը անխոհեմ գործի մը մղել. *he has too much bounce* աղմկարար եւ յանդուգն է. *a bouncing boy* ուժեղ եւ առողջ տղայ մը. *the cheque bounced* դրամատունէն մերժուած չէք.

bound (պաունտ) *bind*ի (կապուած) անց. եւ անց. ընդ. սահման. ոստում. սահմանել. ցատկել. ամփոփել. *bounds* սահմանագիծ. ուրկէ անդին կարելի չէ երթալ. *to over step the bounds of common sense* ապուշ կերպով վարուիլ. *by leaps and bounds* շատ արագ. *the ship is bound for Beirut* նաւը Պէյրութ կ'երթայ. *outward bound* տունէն (հայրենիքէն) հեռանալ. *he is bound* *to win* վստահ է թէ պիտի շահի.

boundary (*պաունտըրի*) սահման. սահմանագիծ. աւարտագիծ. այն սահմանագիծը ուր խաղ մը կը խաղցուի.

bounder (*պաունտըր*) գէշ ունակութեան տէր մարդ.

bounty (*պաունթի*) առատաձեռնութիւն. պարգեւ. շնորհ. *bountious* առատաձեռն. բարեգործ.

bouquet (*պուքէ'*) ծաղկեփունջ. անուշահոտ մը.

bourdon (*պուր'տըն*) ուխտաւորի ցուպ.

bourg (*պուրկ*) տես *borough. burgh.*

bourgeois (*պուրժուա'*) քաղքենի. միջակորեար դասակարգի անդամ. խանութպան. *bourgeosie* քաղքենիութիւն.

bourgeon (*պուր'ճըն*) փթթիլ. պտուկ.

bourn (*պուրն*) գետակ.

bourn, bourne (*պորն, պուրն*) սահման. նպատակակէտ. *last bourne* գերեզման.

bourse (*պուրս*) սակարան.

bout (*պաութ*) անգամ. գործունէութիւն. կարճ ժամանակամիջոց. պայքար. մրցում. *a bout of fighting. a short bout with the enemy* փոքր ճակատամարտ. *a bout of illness* անակնկալ թեթեւ հիւանդութիւն.

boviform (*պով'իֆորմ*) եզան ձեւ ունեցող.

bovine (*պով'այն*) եզան ձեւով. եզան պէս դանդաղ.

bow (*պաու*) խոնարհիլ (յարգանքի իբր նշան). ողջունել. հակում. *I bow to your opinion* կ'ենթարկուիմ կարծիքիդ. *bow down to* մեծ յարգանք ցոյց տալ. *one must bow to circumstances* մարդ պարտի պարագաներուն ենթարկուիլ.

bow (*պօ*) աղեղ. նպտա. հանգոյց. զուղդ. *to have two strings to one's bow* քանի մը ծրագիրներ նոյն նպատակին համար. *draw the long bow* անճիշդ պատմութիւն մը պատմել.

bowdlerise(ze) (*պոտ —, պաուտ'լըր'այզ*) գիրքի մը անբարոյիկ մասերը վերցնել (երիտասարդութեան համար). (*T. Bowdler*ի մաքրազըտուած հրատարակութիւն Շէյքսփիրի, 1818-ին).

bowel (*պաո'ւըլ*) աղիք. գութ եւ քնքշութիւն. *—s* փորոտիք.

bower (*պաո'ւըր*) կիներու առանձնասենեակ. ծողաբարձ. գեղատուն. ծառի մը շուքը. *—y* շքառատ.

bowie - knife (*պո'ինայֆ*) երկար որսորդական դանակ՝ երկու կողմէն ալ սուր.

bowl (*պոլ*) կլոր աման. խոր աւազան. թասկնաք. գնդակախաղ. գընդակ. ծխափող. գնդակ արձակել. թաւալիլ. —*er* գնդակ խաղացող. գլխարկ. *bowled over* զգետնուած (հիւանդութենէ).

bowman (պո'մըն) աղեղնաձիգ. նաւու ցռուկի մօտ՝ թի վարող.

bowshot (պո'շաթ) շուրջ 300 եարտ.

box (պաքս, պոքս) տուփ. գանձանակ. սնտուկ. թանգարանի մէջ աթոռներուն քով պզտիկ սենեակ. օթեակ. գիւղի մէջ փոքրիկ սենեակ. փոքր մացառուտ. շատ կարծր փայտով ծառ. ապտակ. տուփին մէջ դնել. ապտակել. կոփահարել. նաւուն ուղղութիւնը փոխել. *on the box* կառքին մէջ՝ կառապանին աթոռին քով. *boxed up in* մէջը փակուած. *box the compass* կողմնացոյցի բոլոր ուղղութիւնները ըսել. *box a person's ears* մէկուն ականջներուն կամ գլխուն հարուած իջեցնել. *boxing day* Դեկտ. 26 Ս. Ծնունդի յաջորդ օրը երբ նուէրներ կը տրուին. *to be in the wrong box* մոլորած ըլլալ. *to box up* արկղին մէջ փակել. —*er* կոփամարտիկ. —*ing* կոփամարտութիւն. *box office* թատրոնի մէջ տոմս տալու տեղ.

boy (պոյ) տղայ. մանչ. լան. գաղութներու մէջ բնիկ սպասաւոր կամ հողագործ. *boyhood* մանկութիւն. *boyish* տղայական. *boy-scout(ing)* սկաուտ(ութիւն). թարմը նկարագիր պատրաստել.

boycott (պոյ'քոթ) միանալ եւ մերժել գնել կամ ծախել կամ որեւէ այլ գործ ունենալ մէկու մը (պետութիւն, եւայլն) հետ. խեցեվնել. պոյքոթի ենթարկել.

brace (պրէյս) կապ. պարան. գօտի. լար. ներցուկ. ամոլներ. պահանգ. տպագրական նըշան՝ բառեր փակագիծի մէջ առնելու. կապել. պրկել. օժանդակել. *a pair of —s* ձգափոկ (տաբատը բռնելու). *to brace oneself for a task* ուժերը հաւաքել. *brace and bit* գործիք փայտին մէջ ծակ բանալու. *a brace of* երկու.

bracelet (պրէյս'լէթ) ապարանջան. վահանակ.

brach (պրէչ, պրէչ) բարակ (շուն).

brack (պրէք) նեղքուած. ծակ.

bracket (պրէք'էթ) փակագիծ [( )]. պատին մէջ դրուած երկաթ՝ զայն ամրացնելու համար. ծոռակ. փակագիծով միացնել.

brackish (պրէք'իշ) աղի համ տուող. անոյշ ջուր՝ աղի ջուրի հետ խառնըւած.

brad (պրէտ) փոքր, առանց գլուխի գամ· *brad-awl* պզտիկ ձեռային գործիք՝ փոքր ծակեր բանալու· հերիւն.

brae (պրէյ) բլուրի մը կողը (Սկովտ·).

brag (պրէկ) պարծենալ· մեծաբանել· պարծենկոտութիւն· *a braggart* ինքնագով եւ ադմկարար մարդ·

braggadocio (պրէկէտօ'շիօ) սնապարծ անձ·

Brahma (պրա'մէ) հընդկական կրօնքի երրորդութեան գլխաւոր անձը եւ նախապատճառը՝ ստեղծիչը· Պրահմա·

Brahman (պրա'մըն) հընդիկ քուրմ· Պրահման· նաեւ՝ *brahmin. brahminee* (պրամի'նի) պըրահմանուհի· *brahminism* Պրահմանականութիւն·

braid (պրէյտ) երիզ· հիւսել· հիւսք· խառնել· յանցանքը երեսին տալ·

braille (պրէյլ) ցցուն ձեւով տպագրուած գիրք՝ կոյրերու կողմէ ընթերցուելու համար· նոյն գիրերը· Լուիս Պրէյլ՝ հիմնադիրը (1809–52) նոյնպէս կոյր·

brain (պրէյն) ուղեղ· միտք· մտային ընդունակութիւն, ըմբռնողութիւն· խելացիութիւն· գլուխը ճզմել· սպաննել· *blow out one's brains* անձնասպան ըլլալ (ատրճանակով)· *cudgel one's brain* մտածելու համար մեծ ճիգ ընել· *pick his brains* գիտելութիւնը օգտագործել· *to have on the brain* միշտ միտքի մէջ ունենալ· *to puzzle one's brains* միտքը զբաղցնել· *brain storm* խելագարութիւն· *brain box* խելապատակ· *brainish* տաք գլուխ մարդ· *brain pan* գանկոսկր· *brainsick* մտային հիւանդութենէ տառապող· գլխու պտոյտ ունեցող· *braintrust* խումբ մը մասնագէտփորձագէտներ (չորս անձ կամ աւելի) որ հեռասփիւռէն կամ հեռուստատեսիլէն իրենց ուղղուած հարցերուն կը պատասխանեն· *brainy* շատ խելացի·

braise (պրէյզ) դանդաղօրէն միսը եփել փակ ամանի մը մէջ·

brake (պրէյք) արգելակ (ինքնաշարժի)· լծակ· պուրակ· թաւուտք· պախուրց· արգելակել·

bramble (պրէ'մպլ) մորմենի· մորենի·

bran (պրէն) թեփ (ցորենի կամ այլ հացահատիկներու)·

brancard (պրէն'քարտ) պատգարակ·

branch (պրէնչ) ճիւղ· ոստ· մասնաճիւղ· սեբունդ· ճիւղաւորել· — *of a river* կողմնակի գետակը· *to — out* շատ մը նոր գործերու սկսիլ·

շատ դրամ վատնել. *to — off* բաժնուիլ. *—ing* ճիւղաւորում. *root and —* ամբողջապէս.

branchiae (*պրէնկ՛քիի*) ձուկերու շնչառական գործարանը, խռիկ.

brand (*պրէնտ*) վառած կամ կիսով վառած փայտ. խանձող. խարան. դրոշմ. սուր. ապառ. կայծակ. խարանել. դրոշմել. *branded* խարանուած. դրոշմըւած. *branding-iron* խարանող երկաթ. *brand-new* բոլորովին նոր. *to snatch a brand from burning* մէկը մեծ վըտանգէ մը ազատել. *to brand a man as a thief* ցոյց տալ թէ ան գող է.

brandish (*պրէն՛տիշ*) ճօճել (սուր մը).

brandy (*պրէն՛տի*) գինիէն շինուած թունդ խմիչք. օղի.

brank (*պրէնք*) գլուխը ցնցել. տեսակ մը ցորեն (սեւ). *branks* ձիերու եւ կովերու սանձ.

brash (*պրէշ*) ուրիշներ հրմշտկելով յառաջանալ. անզուսպ. թեթեւ անտըրամադրութիւն. տեղատարափ անձրեւ. գինուորական յարձակում. ապականանքով. ժայռի թեկորներ.

brass (*պրէս*) արոյր (1 մաս պղինձ 2 մաս զինկ). դրամ. լրբութիւն. *brass-band* երաժիշտներ որ արոյրէ գործիքներով կը նուագեն. զինուորական նուագախումբ. *brasset* գլխու զրահ. *brass-faces* անպատկառ. *plenty of brass* շատ դրամ. *a brass hat* բարձրաստիճան զինուորական. *get down to brass tacks* խօսէ իրական պատահարներու մասին, հիմնականին մասին.

brassard (*պրէս՛ըրտ*) բազկանոց (մետաղէ).

brassière (*պրաս՛իէր՛*) սեղմիրան (կուրծքերու).

brat (*պրէթ*) (արհամարհական) պզտիկ. կըրծկալ. ածխախաւ.

bravado (*պրավա՛տօ*) յոխորտանք. ինքնացուցադրութիւն.

brave (*պրէյվ*) քաջ. ազնուական. ազուոր հագուած. ամերիկացի հընդիկ պատերազմիկ. խիզախել, դիմագրաւել. *bravery* քաջութիւն. եռանդ. եռութիւն. *a brave show* գեղեցիկ ցուցադրութիւն.

bravo (*պրա՛վօ*) աւազակ. վարձուած մարդասպան. կեցցե՛ս.

bravura (*պրավո՛ւրը*) փայլուն կատարում. երաժշտական ոճ, որ բացառիկ ուժ կը պահանջէ. գեղանուագ.

brawl (*պրո՛լ*) աղմուկով կռուիլ. ձայն հանել հոսիլ (ջուր). կարկաչել. աղմուկ. վէճ. *—er* կըռուազան.

brawn (պրո՛ն) ուժ (դընդերային)· եփուած խոզի միս· *brawny* կարշնեղ· մկանուտ·

braws (պրոզ) լաւագոյն հագուստներ (Սկովտ·)·

braxy (պրէքսի) ոչխարի վտանգաւոր հիւանդութիւն· այս ձեւի ոչխարի մը միսը (Սկովտ·)·

bray (պրէյ) զռինչ (իշու)· տրտունջ· զռալ· զռնչել· մանրել (աղալով)· փոշիի վերածել· ցտել·

braze (պրէյզ) զօդել· երկու մետաղի կտորներ իրարու միացնել հալած արոյրով կամ արծաթով· —*n* արոյրէ շինուած· լիրբ· — *face* անամօթ· —*ness* լրբութիւն·

brazier (պրէյ՛ժըր) արուրագործ· ածան՝ վառած հանքածուխով·

Brazil (պրըզիլ՛) Պրազիլիա· —*ian* պրազիլիական, պրազիլիացի· —*wood* մծխի· շիկածառ·

breach (պրիյչ) բեկանում (օր· օրէնքի)· դրժում· խրամ· բացուածք (պատի մէջ)· կռիւ· բանաբարբում· ծակել· խրամատ բանալ· *breach of promise* խոստումը դըրժել (ամուսնութեան)· *breach of faith* անհաւատարիմ (արարք)· *breach of peace* կռիւ· *to throw oneself in breach* վտանգի (կամ կարիքի) ժամանակ օգնութեան հասնիլ·

bread (պրէ՛տ) հաց· կերակուր· *bread-basket* ստամոքս· *breadless* սովամահ եղող· *bread-winner* ընտանիքի մը անդամներուն ապրուստը շահող· *one's bread and butter* մէկու մը ապրուստի միջոցը· *to break bread with* ուտել (մէկուն հետ)· *he has eaten my bread and salt* աղ ու հաց ըրած ենք իրարու հետ· *to take the bread out of one's mouth* մէկուն ապրուստի միջոցը կըտրել· *know on which side one's bread is buttered* գիտնալ թէ ինչը աւելի շահաւէտ է մէկուն համար· *bread fruit* հարաւային խաղաղականի կղզիներուն մէջ ծառի պտուղ մը, որ հացի համ ունի· հացապըտղի·

breadth (պրէտթ՚) լայնք· լայնամտութիւն·

break (պրէյք) (*broke, broken*) կոտրել, կործանել· խզել· աւրել· ջնջել· ընտելացնել· սընանկացնել· խախտել· դրժել· կեցնել· միջամտել· *break some one's heart* մէկուն սիրտը կոտրել· *break the back of a task* գործին մէջքը կոտրել (անենէն դժուար մասը ընել)· *break the ice* սկիզբի վերապահութեան յաղթել· *break bread with* հետը ուտել· *to break in a horse* ձին ընտելացնել· զսպել· *break his spirit* հակակշիռն ենթարկել· *break a record (in running)* մրցանիշը կոտրել (վազքի մէջ)· *break some one's rest* մէկուն հանգիստը խանգարել· *to break down* անկարող ըլլալ շարունակելու (աշխատանք, խօսք).

սպառիլ· *break off* մէկէն կենալ· *break out* մէկէն սկսիլ· *break up* փոքրիկ կտորներու վերածել· լուծել· ցրուել· ցրուիլ· *break with* (խզուիլ մէկուն հետ)· *give someone a break* պատեհութիւն տալ մէկուն· *break of day* առտու շատ կանուխ· *to break ground* հերկել· *to break short* կարճ կապել· *to break the law* օրէնքը բեկանել· *to break into* կոտրելով ներս մտնել· *to break upon the wheel* կտոր կտոր ընելով սպաննել· *to break a house* տուն մը բռնի մտնել· *to break cover* պահուըտած տեղէ մը դուրս պոռթկալ (ինչպէս աղուէսը)· *breakage* բեկում· *breakaway* անջատուած· փախչող· *breakdown* անկում· ձախողութիւն· *breaker* խոստումնադրուժ· փոքր տակառ· ալիք· *breakfast* նախաճաշ· *breakneck* զէշ անկում· վիզը (սրունքը) կոտրել· *break water* թումբ· *a bad break* ձախորդութեան շրջան մը.

bream (*պրիյմ*) անոյշ ջուրի ձուկ· բրամ.

breast (*պրէսթ*) կուրծք· լանջ· սիրտ· ծոց· կուրծք տալ· հակառակիլ· բարձրանալ (բլուր մը)· *breasts* ստինքներ, ծիծեր· *a troubled breast* մտահոգ միտք· *to make a clean breast of it* յայտնել մէկուն բոլոր սխալները· կատարեալ խոստովանութիւն ընել· *to give the breast to a child* դիեցնել (մանուկ մը)· *breast band* կրծկալ· *breast bone* լանջոսկր· *breast knot* կուրծքի ժապաւէն· *breast plate* լանջազրահ· լանջապանակ· *breast pin* փողկապի ասեղ· *breastwise* միասին· *breast work* ցած պատ շինուած պաշտպանողական նպատակով (պատերազմի ատեն).

breath (*պրէթհ*) շունչ· ազատօրէն շնչելը· կեանք· ներշնչում· զեփիւռ· փսփսուք· *—less* շնչահատ· մեռած· *under one's breath* փսփսուքով· *to be out of breath* շնչասպառ ըլլալ (յոգնութենէ, եւայլն)· *to hold one's breath* շունչը բռնել (վախէն)· *there is not a breath of air stirring* բնաւ հով չկայ. *with bated breath* մտահոգութեամբ. *take someone's breath away* զարմանք պատճառել.

breathe (*պրիյտհ*) շնչել. ներշնչել (քաջութիւն, կորով). բուրել. հանգչեցնել. փչել. փափսալ. *to breathe again* մտահոգութենէ ձերբազատուիլ. *—r* հիացող. շընչող. *breathing* շնչառութիւն. *breathing-space, breathing-time* հանգըստեան, դադարի ժամ (աշխատանքի պահուն). *bred* անց. եւ անց. ընդ. *breed*ի. *ill-bred, well-bred* գէշ կրթուած, լաւ կրթուած. *bred out* այլասերած. *bred in the bone* իր բնութեան մաս կազմող.

breech (*պրիյչ*) բանի մը ետեւի մասը. հրացանի մը այն մասը ուր գնդակը կը դնեն. եբասան. *breeches* տղու կարճ տաբատ. վարտիք. ծածկել. տաբատ հագցնել. խարազանել. *breech-buoy, breeches boy* փրկութեան գօտի (ջուրի մէջ խեղդուողը փրկելու). *breach loader* յատկէն լեցուող հրացան.

breed (*պրի՛տ*) *(bred)* յըղանալ. ծնիլ. մէջտեղ բերել. կրթել. սերիլ. շատնալ. սերունդ. ցեղ. տեսակ. *—er* մայր ադբիւր. արտադրող. *—ing* արտադրութիւն. կրթութիւն. սերունդ. *good —* լաւ կրթութիւն. *to — trouble* նեղութիւն պատճառել.

breeze (*պրիյզ*) զեփիւռ. կոիւ. տակնուվրայութիւն. մոխիր. շշուկ. փչել. *—y* հովասուն. տեսակ մը ճանճ որ կենդանիներուն արիւնը կը ծծէ. *breeze fly* բոռ. *breezy person* զուարթ եւ զուարճացնող անձ. *breeze along* արագ երթալ. *to — up* աւելի զօրանալ.

bren gun (*պրէն կան*) թեթեւ, արագ կրակող՝ ապահազարուած (առաջին անգամ շինուած է Չեխոսլովաքիայի Պրնօ քաղաքը).

brent, brent-goose (*պրէնթ կուս*) տեսակ մը սագ.

brer (*պրէր*) եղբայր. գործածուած՝ *Uncle Remus*ի սեւամորթներու կենդանիներու յատուկ պատմութիւններուն մէջ.

brethren (*պրէտ՛հրըն*) եղբայրներ՝ յոգ. *brother*ի. կրօնական աղանդներու հետեւորդները զիրար այսպէս կը կոչեն.

Breton (*պրէթ՛ըն*) Բրիթանիայի մէջ խօսուած կեղտական բարբառներէն մէկը. Բրիթանիայի բընիկ. բրիթանիացի. բրիթանական.

breve (*պրիվ*) ամենէն երկար ձայնանիշը (նոթա) (o). նշան մը որ կը զատորոշէ կարգ ձայնաւոր-ները․

brevet (*պրէվ'էթ*) արտօնագիր․ աստիճանի բարձրացում (բանակի մէջ)․ ոչ–լրիւ միջնակարգ ուսման (Գ․ միջնակարգ) աստիճան․

breviary (*պրիվ'իըրի*) համառօտութիւն․ գիրք մը որ կը պարունակէ օրական կրօնական արարողութիւնները կաթողիկէ եկեղեցւոյ․

brevity (*պրէվ'իթի*) համառօտութիւն․ կարճութիւն․

brew (*պրու*) տեսակ մը գարեջուր պատրաստել․ դաւադրել․ խառնել․ կասկաջուր․ *brewery, brewhouse* գարեջրատուն․ կասկատուն․

briar (*պրայ'ըր*) Հարաւ․ Ֆրանսայի յատուկ բուժիչ բոյս․ այս բոյսին արմատէն շինուած ծխամորճ․ վայրի վարդ․ փըշոտ մացառ․ փուշ․ *sweet - briar* վայրի վարդ․

bribe (*պրայպ*) կաշառք․ կաշառել․ հրապուրել․ կաշառուիլ․ *—less* անկաշառ․ *bribery* կաշառակերութիւն․ կաշառք տալը․

bric-à-brac (*պրիք' ը պրէք*) տան մէջ փոքրիկ զարդեղէններ․ փոքր արժէքով հնութիւններ․

brick (*պրիք*) կղմինտր․ անարժէք մարդ․ աղիւս ընել․ սալայատակել․ *to make bricks without straw* գործ ընել առանց անհրաժեշտ գործիքները կամ դրամը ունենալու․ *he is a brick* շատ լաւ անձ մըն է․ *drop a brick* ապուշ նկատողութիւն մը ընել որ ուրիշի մը զգացումները կը վիրաւորէ․ *a brick in his hat* գինով․ *brickbat* կոտրուած կղմինտր․ *brickfield* աղիւսարան․ *—layer* որմնադիր․ *—laying* որմնադրութիւն․ *—works* աղիւսարան․

bride (*պրայտ*) հարս․ նըշանած․ *— of the sea* Վենետիկ․ *bridal* հարսանեկան․ *bride ale* գիւղական հարսանիք․ *bride chamber* առագաստ․ *—groom* փեսայ․ *bridesmaid* հարսնաքոյր․ *bridesman* փեսեղբայր․ *bridewell* արգելարան․ զգաստարան․

bridge (*պրիճ*) կամուրջ․ կամրջակ (նաւու վըրայ)․ թղթախաղ մը․ *bowstring bridge* աղեղնալար կամուրջ․ *chain bridge* առկախեալ կամուրջ․ *draw —* շարժական կամուրջ․ *swing —* բացուող գոցուող կամուրջ․ *a golden —* փախուստի դիւրին ճամբայ․ *to burn one's —* նահանջի ուղին բեկանել․ *to — over* դժուարութիւնը յաղթահարել․ *- head* կամրջագլուխ․

bridle (*պրայ'տլ*) երասա–

նակ (կենդանիի մը)· սանձ· սանձել, զսպել· գլուխը ցցել· *to bridle one's desires* հակակշռել փափաքները· — *path* նեղ, ձիու ճամբայ· — *rein* երասանակ·

brief (*պրիյֆ*) կարճ· սեղմ· համառօտագրութիւն· համառօտել· *in brief* կարճ առած· մէկ խօսքով· —*less* անգործ (իրաւաբան)· —*ly* կարճ առած· —*ness* համառօտութիւն· — -*case* կաշեպանակ·

brier, briar (*պրա'յըր*) վայրի վարդ· մորենի·

brig (*պրիկ*) երկկայմ նաւ եւ խոշոր առագաստով նաւ·

brigade (*պրիկէյտ'*) վաշտ· գունդ· շուրջ 5000 անձ հաշուող զինուորական խումբ· զինուորական միաւորներ միացընել վաշտին· *brigadier* աւագ զնդապետ· գունդի հրամանատար·

brigand (*պրիկ'ընտ*) աւազակ· —*age* աւազակութիւն·

brigantine (*պրիկ'ընթին*) երկու կայմով ու երկու առագաստով նաւ՝ աւազակութեան համար· յելուզականաւ·

bright (*պրայթ*) փայլուն· յստակ· դիւրին զանազանուող (գոյն)· ուշիմ· —*en* փայլեցնել· պայծառացնել· միտքը սրել· փայլիլ·

bright's disease (*տիզիյզ'*) երիկամունքի հիւանդութիւն·

brill (*պրիլ*) տափակ ծովային ձուկ· պիսակաւոր վահանաձուկ·

brilliant (*պրիլ'իընթ*) շողշողուն· փայլուն· շատ յստակ· շատ ուշիմ· հիացում առթող· յղկուած ադամանդ· շողակն·

brilliantine (*պրիլ'իընթին*) իւղային բաղադրութիւն մը մազի համար·

brim (*պրիմ*) ծայր· եզերք· երիզ· շրթունք· լուսանցք· յորդիլ· մինչեւ ծայրը լեցնել· *to — over with* մինչեւ ծայրը լեցուիլ· յորդիլ· —*ful* լեփլեցուն· *brimmer* լեցուն բաժակ·

brimstone (*պրիմ'սթոն*) ծծումբ·

brindled (*պրինտ'ըլտ*) պիսակաւոր· բծաւոր·

brine (*պրայն*) աղի ջուր· ծով· արցունք· *the briny* ծով· աղջրել· քացխու շինել·

bring (*պրինկ*) (*brought*) բերել· պատճառ ըլլալ· տանիլ· ձգել· քաշել· *to bring about* պատճառ դառնալ· *bring a person to do it* ստիպել որ ընէ· *bring off* յաջողապէս ղեկավարել· *bring to, bring round a person who is fainted* մարած անձ մը արթնցընել· *bring up children* հոգ տանիլ եւ կրթել մանուկները· *bring home a fault to* ապացուցանել թէ ինք բրաւ գայն կամ համկցնել թէ սխալ էր. *bring forth* ծնանիլ. մէջտեղ բերել. *bring down* խոնարհեցնել. — *forward* փոխադրել, յառաջացնել. *bring home the bacon* նպատակին հասնիլ. — *one on his way* առաջնորդել մէկը. — *to light* երեւան հանել. — *to book* պատիկանութեան յանձնել. — *to mind* մտաբերել, յիշել. *bring under* ենթարկել.

brinjal (*պրին'ճըլ*) սըմբուկ.

brink (*պրինկք*) ցից վայրի մը ծայրը. շրթունք. *on the — of the grave* մահամերձ. *on the brink of ruin* կործանելու մօտ.

brio (*պրի'օ*) կորով (երաժըշտ.).

briquet (*պրիքէթ'*) հրահան, կայծհան.

briquette (*պրիքէթ'*) հանքածուխի փոշիէն շինուած աղիւս (վառելու համար).

brisk (*պրիսք*) աշխոյժ, կայտառ. արագ. սուր. ոգեւորել. — *up* ոգեւորուիլ.

brisket (*պրիս'քիթ*) կենդանիի լանջք. անկէ առնուած միս.

bristle (*պրիս'լ*) կարծր մազ (խոզի). ստեւ. քիստ. ցցուն. ցցուիլ. քստմնիլ. *bristle with* շատ սուր կէտեր, դըժուարութիւններ ունենալ. *to bristle up* բորբոքիլ.

Britannia (*պրիթան'իը*) Մեծն Բրիտանիան՝ անձնաւորուած. ներմակ մետաղախառնուրդ. *Britannic* բրիտանական.

British (*պրիթ'իշ*) բրիտանական. բրիտանացի. *Briticism* բրիտանական ոճ. *Britisher* բրիտանական հպատակ. *British Empire* Բրիտանական կայսրութիւն.

Briton (*պրիթ'ըն*) Բրիտանիոյ հին կեղտացի բնակիչները. բրիտանացի բնիկ.

brittle (*պրիթ'ըլ*) դիւրաբեկ. դիւրափշուր (ինչպէս ապակին).

broach (*պրո'չ*) շամփուր. նաղ. գայլիկոն՝ ծակ բանալու. բանալ (հեղուկի տակառ).

broad (*պրօ'տ*) լայն, ընդարձակ. բոց. հաստ. բիրտ. ազնիւ դատումի մէջ. ազատ. *it is as broad as it's long* նոյն բանն ըսել է. *broad minded* լայնամիտ. — *daylight* լման ցերեկ, լոյս. — *facts* որոշ իրականութիւն. — *distinction* մէկին. գլխաւոր զանազանութիւն. — *hint* գլխաւոր թելադրութիւն. *broaden* լայնցնել.

broadcast (*պրօ'տ'քէսթ*) հեռասփռում (ամէն ուղղութեամբ). ռատիօ. եւլեկտրական ալիքներով խօսf եւ երաժշտութիւն առաfել ամէն կողմ. —*ing* հեռասփռում. —*er* ձայնասփիւռի խօսնակ. *broad-spread* լայնատարած.

Brobdingnagian (պրոկ-տինկնէ'ճիըն) հսկայ («Կիւլիվէրի ճամբորդութեանց» մէջ).

brocade (պրոքէյտ') ծաղկեայ կերպաս ոսկիէ եւ արծաթէ թելերով.

brochure (պրոշուր') գրքոյկ.

brogan (պրո'կըն) հողագործներու գործածած կօշիկ (Հիւս. Ամերիկա).

brogue (պրոկ) տեսակ մը կօշիկ՝ իրլանտացիներու յատուկ. անգլերէնի շեշտ իրլանտացիներու.

broil (պրոյլ) ազմկալի կըռիւ. զօրաւոր կրակի վրայ խորովել միսը. բարձր ջերմով հիւանդանալ.

broke անց. *break* ին. *broke, stony broke* առանց դրամի. անկուտի. *a broken man* կործանած մարդ. *a broken reed* տկար, անվստահելի անձ. *broken down* գէշ վիճակի մէջ, աշխատանքի անյարմար. *broken-hearted* ապերջանիկ, սրտաբեկ.

broker (պրոք'ըր) մէկը որ ուրիշի մը համար գործ կ'ընէ, մասնաւորապէս գնելով եւ ծախելով օտար դրամանիշներ եւ բաժնետոմսեր. սեղանաւոր. միջնորդ. *broker-age* միջնորդին վճարուած դրամը՝ ծախելու եւ գնելու համար.

bromide (պրոմ'այտ) հանդարտեցուցիչ (դեղ). ժահնուտ.

bronchi, bronchia (պըրանկ'քայ, պրանկ'քիը) ցնցղափող(եր). *bronchitis* (պրանկքայ'թիս) ցնցղատապ.

bronco (պրանկ'քօ) կէս վայրի ձի (Ամերիկա).

brantosaurus (պրոնթրսո-ր'րս) 70 ոտf երկայնfով եւ 20 թոն ծանրութեամբ կենդանի, որոտնամողէս.

bronze (պրոնզ) 9 մաս պղինձ խառնուած 1 մաս թիթեղի հետ. անագապղինձ. նոյն մետաղէ արձան. լըբութիւն. պըղինձի գոյն տալ. պղինձի պէս կարծրացնել. *B— Age* պրոնզէ դար.

brooch (պրոչ) զարդական գնդասեղ՝ հագուստի վըրայ. լանջասեղ.

brood (պրուտ) թուխս նստիլ. խոկալ. խնամել. թուխս. ճուտ. *to brood over a subject* խոր կերպով մտածել նիւթի մը մասին. *to brood over one's troubles* տխրօրէն խորհիլ (բանի մը մասին շարունակ).

brook (պրուք) գետակ. վտակ. տոկալ, հանդուրժել, համբերել.

broom (պրո'ւմ) ցախ. աւել.

brose (պրոզ) վարսակով ապուր մը.

broth (*պրոթհ*) մսաջուրի ապուր․ արգանակ․

brothel (*պրոթ'հըլ*) հանրատուն․

brother (*պրատհ'ըր*) եղբայր․ *full* — հարազատ եղբայր․ *foster* — կաթնեղբայր․ *half* — խորթ եղբայր․ —*hood* եղբայրութիւն․ — *-german* հարազատ եղբայր․ —*-in-law* մէկու մը ամուսնոյն կամ կնոջը եղբայրը․ *brothers in arms* զէնքի ընկերներ․

brougham (*պրում, պրո'էմ*) զոց ձիակառք երկու կամ չորս անիւներով․

brought (*պրոթ*) բերաւ․ *bring*–ին անց․ եւ անց․ ընդ․

brow (*պրաու*) յօնք․ ճակատ․ կատար (բլուրի)․ *brow of the hill* բլուրին ցից կատարը․ *to smooth one's brow* զըւարճանալ․ *to bend the brow, to knit the brows* յօնքերը պռստել, դէմքը խոժոռոցնել․ *browless* անըզգամ․ *browheat* մէկուն երեսին պոռալ եւ նախատել․

brown (*պրաուն*) թուխ․ թխացնել․ գեղեցկացնել․ թխանալ․ *in a brown study* խոհանք․ երազանք․ *browned off* յոգնած եւ նեղացած․ — *-coal* փայտածուխ․ *brownish, browny* թուխ․

browse (*պրաուզ*) արածիլ (բոյսեր)․ կեր (ընձիւղներէ)․ զիրք մը հանոյքի համար կարդալ․ ծիլ․ *browsing* մացառուտք․ նարակում․

bruise (*պրուզ*) ճզմել․ ճմլել․ վիրաւորել․ կըռփամարտիլ․ ճմլուածք․ —*r* կռփամարտիկ․

bruit (*պրութ*) տեղեկատուութիւն․ տարաձայնութիւն․ համբաւ․ ձայն․ տեղեկագրել․ *to bruit abroad* ամէն մարդու յայտնել․

brumal (*պրու'մըլ*) ձմեռնային․

brume (*պրում*) մշուշ․ շոգի․ *brumous* մշուշոտ․

brummagem (*պրամ'ըճըմ*) կեղծ զոհար (շինուած Պիրմինկամի մէջ)․

brunch (*պրանչ*) նախաճաշ եւ ճաշ միացած․

brunette (*պրունէթ'*) թուխ մազերով եւ սեւ աչքերով աղջիկ․

brunt (*պրընթ*) հարուած․ *to bear the brunt* ոյժ․ ուժգնութիւն․ յարձակման ամենէն ծանր մասը կրել․

brush (*պրաշ*) խոզանակ․ վրձին․ պոչ (աղուէսի կամ սկիւռի)․ փոքր ծառ․ վազք․ խոզանակել․ աւլել․ յօտել (ծառը)․ *a — with the enemy* փոքըր բախում (թշնամիին հետ)․ *give him a brush off* անբարեացակամութիւն ցոյց տալ (մէկու մը)․ *brush up your English* վերստին ուշադրութեամբ սորվէ (վե–

բանորոգէ) անգլերէնդ· *to brush past a person* անձ մը իրենլով անցնիլ· *brush wood* թուփեր· մացառ·

brusque (պրըսք', պըրուսք') բիրտ եւ արագ· *brusquerie* (պրուս'քըրի) բիրտ արտայայտութիւն·

Brussels (պրասըլզ) Պըրիւքսէլ (Պէլճիգայի մայրաքաղաքը)· *Brussels carpet* պրիւքսէլեան տեսակ մը գորգ· *Brussels sprouts* տեսակ մը կաղամբի բողբոջ·

brute (պրութ) կոպիտ· վայրագ· անասնային· գազան· անասուն· անմարդկային· *brutal* գազանային· *brutalism* գազանութիւն· *brutality* գազանութիւն, վայրագութիւն·

bubble (պապ'լ) պղպջակ· պատրանք· *bubbly-jock* հնդկահաւ (Սկովտ·)·

bubo (պիու'պօ) բազուկին տակը կամ սրունքին զիստին միացած տեղը· ուռեցք, պալար· *bubonic plague* վտանգաւոր հիւանդութիւն որ կը տարածուի լուերու միջոցով, ծանօթ իբրեւ Սեւ Մահ 14րդ դարու·

buccaneer, buccanier (պաքընիր') ծովային յելուզակ, ծովահէն ասպատակ (Արեւմտեան Հընդկաստանի)· յելուզակութիւն ընել·

bucentaur (պիուսէն'թօր) առասպելական հրէշ կէս ցուլ, կէս մարդ·

buck (պաք) արու· *a buck* նազար, քարայծ, եղջերու, այծեամ· արու նապաստակ· ցուցամոլ· վայելուչ· խափշիկ· տոլար (Ա· Մ· Ն·) լուալ· թռչել· զուգաւորիլ· վեր ցատքել (ձի)· *to — up* ուրախանալ· ջանալ· արագ ընել· *to pass the buck* պատասխանատուութիւնը ուրիշին վրայ բեռցընել· *very bucked* շատ ուրախ· *buck - basket* աղտոտ հագուստներու սակառ· *buck-board* քառանիւ կառք· *buck dancer* սեւամորթ պարող·

bucket (պաք'էթ) դոյլ· տաշտ· գէշ կերպով թիավարել նաւակը· *to kick the —* մեռնիլ· *— - shop* սակարանի խանութ·

buckle (պո'ւքըլ) նարմանդ· օղ· օղակ· խոպոպիկ· օղակել· ծռել· պատրաստել· ամուսնացնել· *buckle to, buckle down to it* խանդով սկսիլ աշխատանքի· *to — on* հագուստ հագցնել· *—r* վահան·

buckram (պաք'րըմ) խէժով պատած հաստ լաթ· լաթ՝ գիրքի կողք շինելու· սխտորի տեսակ մը·

buckshee (պաք'շի) նուէր· ձրի· չնախատեսուած բայց հաճելի·

buckthorn (պաք'թհօրն) եղջերափուշ (բոյս մը)·

buckwheat (պաք'ուիթ) սեւ ցորեն·

bucolic (պիուքալ'իք) գաւառին, գաւառացիին վերաբերեալ· հովուերգութիւն· —*al* հովուերգական·

bud (պատ) կոկոն· բողբոջ· սերմ· ծլիլ· բացուիլ· ծաղկիլ· աճիլ· *a budding poet* խոստումնալի երիտասարդ բանաստեղծ· *to nip in the bud* սկիզբէն բնաջնջել·

Budapest (պու'տափէսթ) Պուտափեշտ (Հունգարիոյ մայրաքաղաքը)·

Buddha (պու'տա'ը) մեծ կրօնական ուսուցիչ Չինաստանի եւ Արեւելքի մէջ մեծապէս յարգուած կոթամա· *Buddhism* (պու'տիզմ) կոթամացի (Պուտտայի) կրօնական եւ փիլիսոփայական դրութիւնը· պուտտայականութիւն· *Buddhist* պուտտայական·

buddy (պատի) ամձ· սըրտակից բարեկամ· ընկեր·

budge (պաճ) շարժել· խառնել· մուշտակ· ուսանող· կարծր· *he won't budge* չ'ուզեր ծրագիրները կամ կարծիքները փոխել·

budgerigar (պաճէրիկէ'ր) փոքր փայլուն գոյներով թռչուն ծանօթ իբր «սիրոյ թռչուն»·

budget (պաճ'էթ) ելեւմըտացոյց· պիւտճէ· լուրերու եւ նամակներու հաւաքածոյ· տոպրակ մը իր պարունակութեամբ·

buff (պաֆ) մարած դեղին գոյն· դեղին կաշի շինուած կովու մորթէն· փայլեցնել մետաղը· *strip to (in) the buff* մէկուն բոլոր հագուստները առնել·

buffalo (պաֆ'ըլօ) գոմէշ·

buffer (պաֆ'ըր) ինքնաշարժին առջեւը եւ ետեւը դրած երկաթէ նաղերը արկածի դէմ զայն պաշտպանելու համար· թափարգել· *old buffer* պարզամիտ այլ բարի մարդ· *Armenia has been always a buffer state* Հայաստան միշտ խաղաղասէր փոքր պետութիւն մը եղած է երկու ուժեղ եւ մրցակից պետութիւններու միջեւ·

buffet (պաֆ'էթ) ձեռքով հարուած, զարնել· *to — - about* զարնել ու մէկ կողմէն միւս կողմը նետել· (պաֆ'էթ) պահարան· կողմնադարան· գաւաթ, պնակ դնելու· (պաֆէ'յ), պուֆէ'յ) սեղանակ կամ սեղան ուր կրնաս նաշ նարել՝ ոտքի վրայ ուտելով· — *car* շոգեկառքի մէջ նաշարան–վակոն (Ա· Մ· Ն·)·

buffoon (պաֆուն') կոշտ եւ աղմկարար· ապուշ· միմոս· ծաղրել· խեղկատակութիւն ընել· —*ery* խեղկատակութիւն· —*ish* միմոսային·

bug (պակ) մլուկ· միջատ·

bed-bug մլուկ. *a big bug* կարեւոր անձնաւորութիւն. *bugaboo* սարսափեցնող առարկայ (երեւակայական). *bugbear* որեւէ բան որ կը վախցնէ կամ կը մտահոգէ. *bugger* շնացող.

buggy (պագ'ի) փոքր կառք մը (երկու անիւով). մլուկոտ. ոջլոտ.

bugle (պիու'կլ) շեփոր (պատերազմի ատեն) ապակիէ զարդեղէն. ուլունք հագուստին վրայ. մագլցող բոյս մը.

bugloss (պիու'կլաս) եզնալեզու (բոյս մը).

build (պիլտ) *(built)* շինել, կառուցել. հաստատել (համբաւ, եւայլն). յոյս տալ. *—er* շինարար. շինարարական աշխատանքներու վրայ վերակացու. *to build upon* հաւատք դնել (մէկու մը վրայ) թէ պիտի օգնէ իրեն. *of the same general build* նոյն ընդհանուր ձեւին եւ չափին. *a building* շէնք մը. *built up area* հողամաս որուն վրայ շինարարութիւն կը կատարուի.

bulb (պալպ) որոշ ծաղիկներու կլոր արմատը. ծաղիկի սոխ. այրուցք. ելեկտրական լամբ.

bulbul (պուլ'պուլ) հընդկական, պարսկական սոխակ. բլբուլ.

Bulgaria (պըլկէ'րիա) Պուլկարիա.

bulge (պալճ) փոր. գդակին վերի ուռած մասը ուռիլ. ցցուիլ.

bulk (պալք) չափ. գլխաւոր մարմինը. մեծամասնութիւնը. մեծութիւն. *to break bulk* նաւու բեռը պարպել. *to sell in bulk* մեծ քանակութեամբ ծախել. *to bulk large* մեծ թուիլ.

bulkhead (պալք'հէտ) միջնորմ նաւու մէջ. նաւուն վնասուելուն պարագային այդ մասը ապահով եւ անվտանգ պահելու համար.

bull (պուլ) ցուլ. որեւէ եզնազգի կենդանիի արու. անօգուտ աշխատանք բանակին մէջ. խօսելու ատեն՝ ապուշ սըխալ. պապական կոնդակ. *John Bull* անգլիացի (հեգնական). *—beef* ցուլի միս. *—calf* (գաֆ) արու հորթ. անխելք. *—dog* գլաշան. գամփռ. յամառ. *—dozer* հողը հերկող խոշոր բրաքթոր մը. *—finch* (ֆինչ) սարեկիկ (թռչ.). *—headed* յամառ անձ. գլագլուխ. *—ock* կըրտուած եզ, հորթ. ըսպառնալ. *talk a lot of —* ապուշ բաներ խօսիլ. *to take the — by the horns* առանց վախի դըժուարութեանց դէմ ճակատիլ. *to — shares* շատ մը շահաբաժիններ ցած գինով գնել, որմէ ետք գինը բարձրացնել. *to* *make a —* ծիծաղելի ընել։

bullet (պուլ'էթ) գնդակ (հրացանի)։

bulletin (պուլ'ըթին) տեղեկագիր․ պաշտօնական բժշկական զեկոյց։

bullion (պու'լեըն) ձոյլ ոսկի եւ արծաթ (որ դըրամի չէ վերածուած)։

bully (պուլ'ի) տուփի միս (եզան)․ մէկը որ իր ուժը կը գործածէ ուրիշներու վնասելու համար։

bulwark (պուլ'ուըրք) ամրութիւն․ պատնէշ․ ծովային պաշտպանութեան պատ։

bum (պամ) յետոյք․ մուրացկան․ մրմնջել․ տըզզալ։

bumbailiff (պամպէ'յլիֆ) գիւղական ոստիկան։

bumble-bee (պա'մպըլ-պի՛) մազոտ խոշոր մեղու որ թռչելու ատեն բարձր ձայն կը հանէ․ բզզամեղու։

bummaree (պա'մըրի) ձկնավաճառ․ դրամ փոխ տուող․ միջնորդ։

bump (պամփ) ուռեցք՝ հարուածէ յառաջացած․ հարուած․ *to — against* հարուածել․ ընել․ բախիլ․ *to — off* սպաննել (հրազէնով)․ *—y* ցնցող, ելեւէջող։

bumper (պամփ'ըր) մեծ բաժակ գինիով լեցուն․ արգելակ ինքնաշարժին սկիզբն ու ետեւը, վնասէ խուսափելու համար․ առատ, լեցուն (բերք, բատրոն)։

bumpkin (պամփ'քին) անճարակ․ ձախաւեր մարդ․ թեթեւամիտ (գիւղացի)։

bumptious (պամփ'շըս) ինքնահաւան․ կոռւազան։

bun (պան) տեսակ մը բըլիթ․ նապաստակ․ բըկեռ․ *this takes the —* այս կը շահի․ շատ լաւ է․ զարմացնող։

buna (պիուն'է) արուեստական քաուչուկ։

bunch (պանչ) փունջ․ խուրձ․ կոյտ․ խումբ (Ա․Մ․Ն․)․ փնջել․ խըմբել։

buncombe տես **bunkum**։

Bund (պունտ) համադաշնակցութիւն (Գերման պետութիւններու)։ — (պանտ) թումբ․ քարափ։

bundle (պան'տլ) տըցակ․ ծրար․ խուրձ․ ծրարել․ անապարել։

bung (պանկ) խցան (տակառի)․ *— hole* տակառի մէջ ծակ․ *his eyes were bunged up* աչքերը գոցուած էին ուռելէն։

bungalow (պանկ'կըլօ) մէկ յարկով տուն Հնդկաստանի մէջ (եւրոպացիի յատուկ)․ արդիական մէկ յարկնոց տուն․ զեղատուն։

bungle (պանկ'կլ) անճարակ գործ տեսնել․ կարկրտնել։

bunion (պան'իըն) կոշտ (ոտքի)։

bunk (պանք) փոքր նեղ անկողին հաստատուած նաւուն կամ ինքնաշարժին պատին մէջ. նոյն ձեւի անկողնի մը մէջ քնանալ. ոչնչութիւն. խաբեբայութիւն.

bunker (պանք'քըր) ածուխի ամբար՝ սնտուկ՝ նաւու մէջ.

bunkum, buncombe (պանք'քըմ) անիմաստ խօսակցութիւն. զուարճալի սակայն անճիշդ խօսքեր.

bunny (պան'ի) ճագարակ (մանուկի խօսք).

Bunsen burner (Պուն'սըն, Պան'սըն պըրնըր) լամբայ որ օդ եւ կազ իրարու խառնելով տաք կապոյտ բոց մը կ'արտադրէ. (գիւտարար Փրոֆ. *Bunsen*, գերման).

bunt (պանթ) նազարի պոչ. մէջք. ուռած մաս ուռկանի. ուռիլ. գլխով, կոտոշով հրել.

bunter (պան'թըր) անառակ կին.

buoy (պոյ) խարսխանշան. ծփակ. ծփացնել. խարըսխելու նշան ընել. վեր բռնել. պաշտպանել. *life* — ջուրի մէջ ծփացող միջոց, փրկածփան. *buayage* ծփանք. *buoyancy* վեր մղելը. զըւարթութիւն. *to buoy up one's hopes* յոյսը պահել. *buoyant* դիւրածուփ. թեթեւամիտ. յուսալից.

bur, տես *burr*.

burbot (պար'պըթ) անոյշ ջուրի մեծ ձուկ. լոդ, լոդի.

burden (պըր'տն) բեռ (ծանր). ծանրօրէն բեռնաւորուիլ. *burdensome* ծանր. *the burden of proof lies with you* պարտականութիւնդ է ապացուցանել. *beast of burden* գրաստ.

burden (պըր'տն) յանկերգ (երգի). երգչախումբ.

bureau (պիուրօ', պիու'րօ) գրասեղան. գրասենեակ. պաշտօնատուն (Ա. Մ. Ն.). *bureaux, bureaus* (պիուրօ'զ) յոգ. (փրնս.).

bureaucracy (պիուրօ'քրասի) կառավարական գրասենեակային դրութիւն ուր տաղտկալի ձեւակերպութիւններով եւ դանդաղութեամբ կը քալեն գործերը. պաշտօնակալութիւն. *bureaucrat* դիւանակալ. պաշտօնակալ որ կը փորձէ լիազօրութիւնները իր շուրջ կեդրոնացնել.

burg (պըրկ') գիւղաքաղաք (Ա.Մ.Ն.). ամրացուած քաղաք. *burgher* քաղաքաբնակ (յատկապէս Գերման կամ հոլլանտական քաղաքներու). *burgomaster* քաղաքապետ (Հոլլանտայի եւ Գերմանիոյ մէջ).

burgeois (պըր'ճոյա) քաղքենի, պուրժուա.

burgh (պըր, պըրկ) Սկովտիական բառ որ կը համապատասխանէ *boroughի* (քաղաք) որոշ առանձնաշնորհներով.

burglar (*պըրկ'լըր*) գող· աւազակ·
burgundy (*պըր'կանտի*) տեսակ մը գինի որ կ'արտադրուի Պուրկոնիէի նահանգին մէջ (Ֆրանսա)·
burial (*պէր'իըլ*) թաղում· յուղարկաւորութիւն·
burin (*պիուր'ին*) քանդակելու յատուկ գրիչ· փորագրութիւն·
burke (*պըրք*) սպաննել՝ խեղդելով, դիակը ծախելու համար·
burlap (*պըր'լէփ*) կտաւ·
burlesque (*պըրլէսք'*) երգիծանք· զաւեշտախաղ (ժողովուրդը խնդացնելու համար)·
burly (*պըրլ'ի*) գէր· զօրաւոր· հսկայ·
burn (*պըրն*) գետակ· վըտակ·
burn (*պըրն*) *(burned, burnt)* այրել· բոցերու մէջ ըլլալ· տոչորիլ· խամրիլ· հրդեհել· թըթուածինով խառնել· փայլիլ· այրուածք· թըրծում· վտակ· *burn ones boats* բան մը ընել որուն պատճառաւ սկսած գործէ մը կարելի չէ ետ դառնալ այլեւս· *burn the candle at both ends* ուշ ատեն քնանալ եւ կանուխ արթննալ ժամանակը յատկացնելով աշխատանքի եւ խաղի· *to burn away* այրելով ջնջել· *to — down, to — up, to — out* այրել հիմնայատակ· *to — daylight* ի զուր տեղ ժամանակ անցնել· *to — to ashes* մոխրանալ· *to — one's fingers* ի զուր տեղը ներղութեանց մէջ մտնել· *burner* այրող· կանթեղի եզերք· *—ing* բոցավառ· *—ing glass* խոշորացոյց·
burnish (*պըր'նիշ*) մետաղը փայլեցնել՝ շփելով·
burnoose (*պըրնուս'*) վեղարով վերարկու·
burnt անց· եւ անց· ընդ· *burn*ի·
burr (*պըր*) հազազէն ելլող *r* հնչումը (սկովտիացիներու քով)· կըպչուն ծաղիկ, կամ սերմ ունեցող բոյս)·
burro (*պըրօ'*) աւանակ (Ա·Մ·Ն·)·
burrow (*պար'օ'*) նապաստակի, աղուէսի եւայլն բացած որջ· կոյտ· որջ բանալ եւ հոն բնակիլ·
bursar (*պըր'սըր*) գանձապահ (համալսարանի կամ դպրոցներու մէջ)· *—ship* գանձապահութիւն·
burst (*պըրսթ*) *(burst)* պայթիլ· պատռել· ներդքել· փղձկել· պոռթկալ· խորտակել· պայթում· փղձկում· *my heart will burst* շատ տխուր եւ յուզուած եմ· *ready to burst* գերյուզուած· *to burst into tears* մէկէն սկսիլ բուռն կերպով լալ· *a burst of laughter* խնդուքի պոռթկում· *to burst open* խորտակելով բանալ (դուռ, ձայն)·

burst of applause որոտընդոստ ծափահարութիւն· *burster bomb* խորտակիչ ռումբ·

bury (պէր'ի) թաղել· քօղարկել· պահել· մոռնալ· կոխել· տուն· գիւղաքաղաք· *to — oneself in the country* հեռաւոր երկիր մը մեկնիլ· *to — the hatchet* կռիւի մը վերջ դնել· հաշտեցընել· *burying place (ground)* գերեզմաննոց·

bus (պաս) մարդատար մեծ ինքնաշարժ որ քաղաքներու մէջ կ'աշխատի· օթոպիւս· *busman's holiday* արձակուրդ առնել· մէկուն սովորական աշխատանքը փոխարինել· *to miss the bus* առիթը փախցնել·

busby (պազպի) անգլիացի ձիաւոր զինուորներու գլխարկ·

bush (պուշ) մացառ· թաւուտք· օղակ· կապելայ· խցան· անտառանալ· ծառ ցանել· *to beat about the bush* գործի համար շատ չարչարուիլ· *bush fighter* անտառի հրոսակ· *bushwren* ցախսարիկ (թռչ·)· *bushy* մացառուտ· գիւղացի·

bushel (պուշըլ) հացահատիկի, պտուղի յատուկ չափ մը 8 կալոննոց (36½ լիդր)· *to hide one's light under a bushel* շատ համեստ ըլլալ (ցոյց չտալով բարձր արժանիքները)·

business (պիզ'նէս) գործ· արհեստ· զբաղում· առուտուր· խանութ· աշխատանոց· *—-like* գործնական· *— is —* առեւտուրը՝ տարբեր, բարեկամութիւնը՝ տարբեր· *mind your —* դուն քու գործիդ միայն խառնուէ· *you have no —* իրաւունք չունիս· *out of —* սնանկ· *to mean —* լըրջօրէն վերաբերիլ· *I did his —* հախէն եկայ· *— letter* գործի նամակ· *—man* գործի մարդ·

buss (պաս) սրտագին համբոյր· համբուրել·

bust (պասթ) կիսանդրի· *go on the —* դուրսը հանելի ժամանակ մը անցընել· *the business is — (is gone bust)* գործը ձախողած է·

bustle (պաս'լ) աղմուկ· շփոթութիւն· եռանդ· շարժիլ· աղմկել· նեղել·

busy (պիզ'ի) բազմազբաղ· ժրաջան աշխատող·

busy body (պիզ'ի պատ'ի) ուրիշներու գործին խառնուող մարդ·

but (պաթ) բայց· ամէն պարագայի տակ· բացի. միայն· *all but* մօտաւորապէս· բացի·

butcher (պուչ'ըր) մսագործ. անգթօրէն սպաննել·

butler (պաթ'լըր) մատակարար· վերակացու ըսպասաւոր·

butt (պաթ) մեծ տակառ·

զէնքի, զաւազանի հաստ ծայր․ մնացած ծայրը (գլանիկի)․ նպատակ, նպատակակէտ․ նշաւակ․ սահման․ վերջանալ․ գըլխով զարնել․ *to butt in* անկոչ կերպով գալ․

butter (*պաթ'ր*) կարագ․ *butter-fingers* աննաբակ․ *look as if butter would not melt in his mouth* շատ ազնիւ մարդ․ *he knows on which side his bread is buttered* գիտէ թէ ով ամնէն աւելի պիտի օգնէ իրեն․

butterfly (*պաթ'ըրֆլայ*) թիթեռնիկ․

buttermilk (*պաթ'ըրմիլք*) կարէն կարագ շինելէն ետք մնացած հեղուկը․ *buttery* մառան․ շտեմարան․

buttock (*պաթ'ըք*) յետոյք․

button (*պաթ'ըն*) կոճակ․ կոկոն․ կոճկել․ *—s* պանդոկներու կամ մեծ տուներու մէջ սպասաւոր․ *to buttonhole a person* մէկուն պարտադրել որ մտիկ ընէ․

buttress (*պաթ'րէս*) որմացեց․ կանգուն պահել․ *flying buttress* կիսակամար շինուած պատին դէմ՝ զայն ամրացնելու համար․

buxom (*պաքս'ըմ*) կայտառ․ կենսալից․

buy (*պայ*) գնել (*bought*). կաշառել․ *to buy off* դրամ վճարելով պահանջէ մը ձերբազատուիլ․ *to buy up* ամէն ինչ գնել որ կարելի է ձեռք ձգել․ *to buy in* մթերել․ *to — on cubit* ապառիկ գնել․ *to — for cash* կանխիկ գնել․ *to buy wholesale* մեծաքանակ գնել․

buzz (*պազ*) բզզալ․ բըզզիւն․ բզէզ․ *to buzz along* արագօրէն շարժել․ *buzz bomb* թռչող ռումբ․

bwana (*պո'ւանա*) պարոն (ափրիկերէն)․

by (*պայ*) մօտ․ քով․ ըդբացնութիւն․ վրայ․ մօտը․ մէկդի․ …ով, միջոցով (գործ) …է, …էն (բայ)․ *to take by force* բռնութեամբ առնել․ *by and by* հետզհետէ․ *day by day* օրըստօրէ․ *by God* յանուն Աստուծոյ․ *I was by* ես հոն էի․ *by oneself* առանձինն․ *— the way* անցողակի․ *by and large* ամէն գնով․ *by the by* ի դէպս․ աղէկ եղաւ որ յիշեցի․ *by the run* լիովին․ *to come by* սեփականացնել․ *to set by* արժեւորել․ *to stand by* կողքին կենալ․ *a by-product* երկրորդ կարգի արտադրութիւն․ *a by-road* երկրորդական ճամբայ․ *a by pass* նոր ճամբայ յատկապէս ինքնաշարժներու համար շինուած որպէսզի քաղաքներէն հեռու մնան․ *bye-bye* (*պայ-պա'յ*) ցըտեսութիւն. մանուկներու ոճ (կրճատուած). *good-bye* (կուտպայ՛) *bye-bye* (պայ՛-պայ) անկողին երթալու պահ. անկողին. քուն.

bygone (պայ՛կոն) անցեալ.

by-law (պա՛յլօ՝) կողմնակի կամ տեղական օրէնք.

byname (պա՛յնէյմ) երկրորդական անուն. ծաղրանուն. ծաղրանուն տալ.

byre (պայր) գոմ.

bystander (պա՛յսթէնտըր) հանդիսատես. —s ներկաները.

bystreet (պա՛յսթրիյթ) կողմնակի փողոց, մեկուսի փողոց.

byview (պայ՛վիու) անձնական տեսակէտ.

byword (պայ՛ուըրտ) առած. արգահատելի.

Byzantine (պիզէն՛թայն) բիւզանդական. *Byzantian* (պիզէն՛թըն) բիւզանդական. բիւզանդացի. *Byzantine Empire* Բիւզանդական Կայսրութիւն (395–1453). *Byzantinism* բիւզանդաբանութիւն (արուեստ, մշակոյթ սովորութիւն, եւայլն). *Byzantium* Բիւզանդիոն.

C

C, c (սի) անգլերէն այբուբենի երրորդ գիրը· Հռովմէական 100 թուանշանը·

cab (գէպ) ձիաքարշ փոքր կառք· ինքնաշարժ (մարդատար)· *cabby* նոյն ինքնաշարժին վարիչը·

cabal (քըպէլ') գաղտնի ծրագիր· դաւադրական խումբ· դաւաճանել· գաղտնի, ծածկագիտական·

caballero (քապալիէ'յրօ) սպանացի ազնուական պարոն·

cabaret (քէպ'էյրէ, քէպ'էրէթ) կապելայ· ճաշարանի զբօսանք, ճաշի միջոցին·

cabbage (քէպ'էյճ) կաղամբ·

cabin (քէպ'ին) տնակ, խրճիթ· օդանաւի կամ նաւու վրայ խուց· *cabin ship*, մէկ կարգով (առանց Ա· Բ· եւ Գ· կարգի)· ճամբորդ փոխադրող նաւ· — *boy* նաւու մէջ ծառայող սպասաւոր·

cabinet (քէպ'ինըթ) առանձնարան· աշխատասենեակ· պահարան· գզրոցով սնտուկ· Նախարարներու խորհուրդ, դահլիճ· *caretaker* — առժամեայ դահլիճ· — *maker* կահագործ·

cable (գէյ'պըլ) պողպատէ պարան (շղթայ)· դիմացկուն թել դրուած ծովուն մէջ կամ գետնէն վեր· ելեկտրական պատգամներ· հեռագիր· ամրացնել պարանով· հեռագրել· *cablegram* ովկիանոսի վրայէն ղրկուած հեռագիր·

caboose (քըպուս') նաւուն վրայի խոհանոցը·

cacao (քըքէյ'օ) հասարակածային բոյս, որուն հունտերէն քաքաօ եւ շոքոլաթ կը պատրաստուի· կակաուոն· տրմենի·

cache (քէշ) գաղտնի տեղ ուր ճամբորդները իրենց ապրանքները կը պահեն·

cachet (քէշ'էյ) կնիք· յատկանշական նշան, կամ նկարագիր· *lettre de cachet* առանց դատի մէկը բանտարկելու հրամանագիր (Ֆրնս·)· ժլաթինէ

կլոր տուփ մէջը դեղ դը-նելով կլլելու համար·
cachinnation (քէքինէյ'-շըն) բարձր ջղացնցական խնդուք·
cackle (քէք'լ) գրգալ (հաւ)· կառաչել (սագ)· շաղակրատել· շաղակ-րատութիւն·
cacophony (քէքըֆ'ոնի) անհանոյ ձայն·
cactus (քէք'թըս) խիտ փուշերով եւ առանց տե-րեւի ծառ (Հար· Ամեր· եւ Մեքսիկա)·
cad (քէտ) դատարկա-պորտ· քաղաքացի (Օքս-ֆորտի մէջ)·
cadastre (քէտէս'թըր) կալուածագիր· *cadastral survey* քարտէս մը ուր հողերուն տէրերը եւ չա-փերը արձանագրուած են· *cadaster* կալուա-ծատուրք·
cadaver (քէտէյ'վըր) դիակ (բժշկ·)· *cadaverous* դիակնային· մեռելատիպ·
caddy (քէտ'ի) թէյի տուփ (1 1/2 լիպրա տարողու-թեամբ)·
cadence (քէյ'տընս) ձայնի ելեւէջ· յանգ· ներդաշ-նակ· դաշնաւորել·
cadet (քըտէթ') զինուո-րական ուսանող՝ սպայ դառնալու համար նաւա-տորմիղին մէջ·
cadge (քէճ) դրամ (եւ-այլն) ուզել· մուրալով առնել տանիլ·
cadi (քէյ'տի, քա'տը) դա-տաւոր (արաբներուն եւ թուրքերուն քով)·
Cadmean (քէտմի'ըն) Կադմոս· կադմէական· — *Victory* շատ ծանր գնով յաղթութիւն·
Caesar (սի'զըր) Կեսար· *Caesaria* (սի'զըրիա) Կե-սարիա·
caesura (սիզուիր'ը) հա-տած (բանաստ·)· «*To be or not to be, that is the question*» — «*Hamlet*». («Լինել թէ չլինել· այդ է հարցը»)· 6 վանկնոց երկու հատած·
café (քաֆէ', քաֆ'է) սըր-ճարան· սուրճ· *cafeteria* (քաֆիթիր'իը) սրճա-րան–ճաշարան՝ ինքնաս-պասարկութեամբ·
cage (քէյճ) վանդակ· գա-ռազեղ· վանդակել· վե-րելակ որ գործաւորները հանք կ'իջեցնէ·
cairn (քէրն) կլոր կամ կո-նաձեւ քարակոյտ·
Cairo (քէյէ'րօ) Գահիրէ·
caisson (քէյ'սըն) զինա-մթերք պարունակող ար-կղ· ռազմամթերքի կառք· երկաթէ արկղ ուր մարդիկ ջուրին մէջ կ'աշխատին·
caitiff (քէյ'թիֆ) ստրուկ, գձծ· վախկոտ·
cajole (քըճոլ') փաղաքշել· շողոքորթել· քծնիլ· խա-բել· —*r* քծնող· —*ry* քծնանք· փաղաքշանք· խաբէութիւն·
cake (քէյք) բլիթ· քա-քար· կոյտ· բլիթ շինել· կաղապարել (օճառ)· *cake and ale* հանգստա-ւէտ կեանք· *to take the*

cake մրգանակ ապահովել· *caked with dirt* աղտոտութեամբ ծածկըւած· *a cake of soap* կտոր մը օճառ·

calabash (քէլ'ըպէշ) խալամեճի· խալամ (շիշի ձեւով դդում, որ իբր ջրամամն կը գործածուի)·

calamine (քէլ'ըմին) քիմիական միջոցներով զինկէն արտադրուած փոշի մը որ մորթին վրայ կը դրուի երբ ան արեւէն այրած է·

calamity (քըլէմ'իթի) աղէտ· վիշտ·

calci - (քէլսի –) կրային, կաւիճի հետ կապուած· *calcic* կրային· *calcium* կրածին· *calcium hydroxide* մարած կիր·

calculate (քէլ'քիուլէյթ) հաշուել· համրել· բաժնել· քննելով յայտնել· ենթադրել· այն կարծիքը ունենալ թէ· *calculating machine* հաշուիչ մեքենայ· *to calculate upon* վստահիլ·

calculus (քէլ'քիուլըս) կարծր քար· երիկամներուն մէջ քար· անումի կամ շատ փոքր փոփոխութիւններու հաշուելու ձեւ· համարողութիւն· ամենէն բարձր հաշիւ· *differential* — տարբերական համարողութիւն· *exponential* — ցուցիչներու համարողութիւն· *integral* — ամբողջական համարողութիւն·

caldron, cauldron (քօ'լտրըն) կաթսայ·

caledonia (քալէտօ'նիը) Սկովտիայի հռովմէական անունը· —*n* սկովտիական·

calendar (քէլ'էնտըր) օրացոյց· տոմար·

calf (քաֆ) հորթ· ապուշ· բումբ· սրունքի ետեւի մսոտ մասը· — *love* պատանեկան սէր·

calibrate (քալ'իպրէյթ) հրացանի մը փողին լայնքը չափել· ստուգել թէ այդ չափող մեքենան ուղի՞ղ է· չափը գտնել·

calibre, caliber (քէլ'իպըր) թնդանօթի (հրացանի փողի) տրամագիծը· ներքին տրամաչափ գլանի, խողովակի· միտքի զարգացում· նկարագիր· կարեւորութիւն·

calico (քէլ'իքօ) ներմակ կտաւ (բամպակէ)·

caliph, calif (քալ'իֆ, քէյ'լիֆ) Մուհամմէտի յաջորդը, խալիֆա· *caliphate* խալիֆայութիւն·

calisthenic(s), callisthenic(s) (քէլիսթհէն'իքս) մարմինը գեղեցկացնող եւ զօրացնող մարզանք· գեղամարզանք·

calix (քէյ'լիքս) տես *calyx*.

call (քօ՛լ) կանչել· կարճ այցելութիւն մը տալ բարեկամին տունը· հրաւիրել (մէկը)· կեղծանուն կախել· արթնցնել· կոչ· հրաւէր· ազդ· այցելութիւն· *to* — *down* յանդիմանել· *to* — *to account* բացատրութիւն պահանջել· *to — at* հանդիպել· *to — down (upon)* խնդրել· կանչել· *to — for* պահանջել· *to — out* ասպարէզ կարդալ· *to — to mind* յիշեցնել· *to — to order* կարգի հրաւիրել· *to — up* վերյիշել· *to — over* անունները կարդալ· *to — over the coals* յանդիմանել· *— in question* կասկածիլ· *— a spade a spade* յստակ արտայայտուիլ· *this will — for a lot of money* մեծ գումար կը պահանջէ այս· *there is no — to* կարիք չկայ· *— up men* բանակ կանչուած մարդիկ· *a —-down* յանդիմանութիւն·

calligraphy (*քէլիկ'րըֆի*) գեղագրութիւն·

calliper(s), calipers (*քէլ'իփըր(ս)*) երկու ոտքով գործիք մը որ տրամագիծներ կը չափէ· կարկին·

callosity (*քէլա'սիթի*) կոճանք· մորթի բրտութիւն·

callous (*քէլ'ըս*) անզգայ (մորթ)· անկարեկից· բրտացած·

callow (*քէլ'օ*) երիտասարդ եւ անփորձ· նորընծայ·

calm (*քահմ*) հանդարտ· խաղաղ· հանդարտութիւն· դադար· հանդարտեցնել· *It was very — of him to* շատ համարձակ էր·

caloric (*քըլար'իք*) տաքութիւն· ջերմութեան նիւթ·

calorie, calory (*քէլ'ըրի*) ջերմուժ (կերակուրի գոյացուցած)· *calorific* ջերմարար·

calumet (*քէլ'իումէթ*) կաւէ ծխափող (ամերիկեան հնդիկներու գործածած)·

calumniate (*քըլամ'նիէյթ*) զրպարտել· *a calumny* զրպարտութիւն·

Calvary (*քալվ'ըրի*) Գողգոթա· խաչելութիւն·

calve (*քահվ*) մէջտեղ բերել· ծնանիլ (կով)·

calyx, calix (*քէյ'լիքս*) ծաղիկի բաժակ·

cam (*քէմ*) մեքենայի այն մասը որ կը գործածուի փոխելու շրջանակային շարժումները ուղիղ շարժումներու· հողակոյտ·

camaraderie (*քէմէրահ-տ'ըրի*) ընկերութիւն· բարեկամութիւն·

cambric (*քէյմ'պրիք*) ֆրանսական ճերմակ նուրբ կտաւ մը·

camel (*քէմ'ըլ*) ուղտ· *cameleer* ուղտապան·

cameleon (*քամը'լիըն*) զետնառիւծ·

cameo (*քամ'իօ*) քարաքանդակ (թանկագին քար)· խեցեքանդակ·

camera (*քամ'էրը*) լուսանկարչական մեքենայ (գործիք)· սենեակ· *in —* գաղտնի· *—-man* մամուլի լուսանկարիչ·

camerlingo (*քամէրլին'կօ*) քահանայապետին սենեկապետը·

camouflage (*քա'մուֆ-*

լաչձ) ծպտում· հրացաններն ու զինուորական այլ սարքեր ներկելով, ծածկելով եւ այլն կերպարանափոխել (թըշնամիի տեսողութենէն հեռու պահելու համար)·

camp (քէմփ) բանակատեղ· հիւղ· մարզադաշտ· բանակիլ· բանակեցնել· *in the same* — նոյն կուսակցութեան մէջ· — *fever* ժանտատենդ· — *meeting* բացօթեայ աղօթաժողով· *to — on the trail of* մօտէն հետեւիլ· *to — out* վրանի տակ պառկիլ· *to pitch* — վըրան լարել· բանակիլ· *to strike* — բանակատեղը վերցնել·

campaign (քէմփէյն') բանակին շարժումները ու նակատամարտները պատերազմի ընթացքին· մարտ· ընտրական պայքար· դաշտավայր· *a — against something* բանի մը դէմ պայքար·

camphor (քէմ'ֆըր) ճերմակ զօրաւոր հոտով նիւթ մը որ կը գործածուի միջատները հագուստներէն հեռու պահելու համար· քամֆուր· դեղ·

campus (քէմ'փըս) դպրոցի կամ համալսարանի շրջակայ հողերը· վարժարանի բակ·

can (քէն) մետաղէ փոքր տուփ ընդհանրապէս կլորաձեւ՝ պտուղներ պահելու համար· անօթի մէջ պահել· *canned food* պահածոյ կերակուր· կարենալ· կարող ըլլալ· *could* անց·

Canada (քէն'ըտա) Գանատա· *Canadian* Գանատացի· գանատական·

canal (քընէլ') ջրանցք· ցնցուղ· անցք·

canard (քէնարտ') շինծու պատմութիւն·

canary (քընէյր'ի) դեղձանիկ· դեղին գոյնով փոքրիկ երգեցիկ թռչուն· երգչուհի·

cancel (քէն'սըլ) ջնջել (գիծ մը քաշելով գըրուածքին վրայ)· վերջ մը դնել· չէզոքացնել (ուսողութիւն)·

cancer (քէն'սըր) քաղցկեղ· խլիրդ· խեցգետին· *colloid* — արգանդի խըլիրդ· *hard* — կուրծքի խլիրդ· *osteoid* — ոսկորի խլիրդ·

candleabrum (քէնտըլէյ'պըըմ) աշտանակ (մոմի)·

candid (քէն'տիտ) պատուախնդիր, ճշմարտախօսանկեղծ·

candidate (քէն'տիտէյթ) թեկնածու (երեսփոխանական ընտրութեանց, քննութեան)·

candle (քէն'տլ) մոմ· ճըրագ· *not fit to hold a — to* այնքան լաւ չէ· *not worth the* — չ'արժեր զբաղիլ իրմով· — *stick*— աշտանակ· ճրագարան· —*mas* մոմօրհնէք, տօն՝ նուիրուած

Մարիամ Կոյսին, 2 փետրրուարին.

candour (քէն'տըր) անաչառութիւն. ճշմարտախօսութիւն.

candy (քէն'տի) քաղցրեղէն. շաքարով եփել.

cane (կէյն) եղէգ. ցուպ. շաքարեղէգ. եղէգով ծեծել. *cane apple* մաքուզենի. *cane-brake* եղեգնուտ.

canine (քէն'այն, քընայն') շնական. *canine teeth* բերնին մէջ դուրս ցցուած ատամներ (շնատամներ). շնատամային.

canister (քէն'իսթըր) թէյատուփ. —*shot* թնդանօթի գնդակ.

canker (քէնկ'քըր) փտութիւն (ծառի կեղեւ. մարդու, անասունի անդամներուն). չարագեղ. որեւէ չարիք որ հետզհետէ կը մեծնայ եւ կը կործանէ. մաշիլ. կործանել. փտիլ.

cannibal (քէն'իպըլ) մարդակեր. —*ize* մեքենայէ մը մասեր առնելով ուրիշ մեքենայ մը նորոգել.

cannon (քէն'ըն) թնդանօթ. օդանաւէն գործող փոքր արագահարուածներ. պիլիարտ խաղին մէջ իրարու ետեւէ հարուածուած գնդակներ. —*ade* թնդանօթակոծում. ռմբակոծում.

cannot (քէն'աթ) չկարենալ. *can't* (կրճատուած).

canny (քէն'ի) խորամանկ. իմաստուն. զգուշաւոր. կախարդ (Սկովտ.).

canoe (քընու') նաւակ՝ թիակով. նաւավարել. *to paddle one's own canoe* առանձինն, առանց օգնականի աշխատիլ.

canon (քէն'ըն) եկեղեցական օրէնք. կանոնագիրք. եկեղեցւոյ պաշտօնեայ. գիրքերու ցանկ որ կ'ընդունուի գրուած ըլլալ Շէյքսբիրի կողմէ. *canonical* կանոնական (համաձայն եկեղեցական օրէնքներուն). — *law* Եկեղ. իրաւագիտութիւն (Օրթոտոքս, Կաթողիկէ եւ Անկլիքան եկեղեցւոյ). — *of the mass* Պատարագի կանոն. *canonical Books* Սուրբ Գիրք. — *life* վանական կեանք. — *sins* մահացու մեղքեր. *in full —s* քահանայի լրիւ զգեստաւորում.

canopy (քէն'ոփի) ամպհովանի. վրան. ծածկոյթ.

canorous (քէնը'րըս) քաղցրաձայն.

cant (քէնթ) կեղծարարութիւն. շինական. մղում. ծածկալեզու (գողերու). ծռել. հակեցնել. մղել. անուրդով ծախել.

can't (քանթ, քէնթ) *cannot*ի հմոտթ..

cantaloup(e) (քէն'թըլուփ) խոշոր, ջրոտ պտուղ (ամերուկի ընտանիքէն). կանտալուպ.

cantankerous (*քէնթէնք'-քըրըս*) կամակոր. խոժոռ. կռուազան.

cantata (*քէնթա'թը*) սիբերգ. հանդիսաւոր երգ (տրամախօսութեան ձեւով, առանց խօսելու).

canted column (*քէնթ'թըդ քալըմ*) բազմանկիւն սիւն. հակեալ, ծռած սիւն.

canteen (*քէնթին'*) ճաշարան. խմիչքի խանութ զինուորական քէմբի մէջ. ջրաման. փայտի, ուտելիքի մթերանոց.

canter (*քէն'թըր*) դանդաղ ընթացող ձի. կեղծաւոր. խաչագող. *win at a canter* դիւրութեամբ շահիլ.

canterbury (*քէն'թըրպէրի*) քէնթըրպըրի. մատենադարան. գրակալ.

canticle (*քէն'թիքլ*) սաղմոսերգութիւն.

canto (*քէն'թօ*) պոէմայի կամ երգի մէկ մասը.

cantonment (*քէնթըն'-մընթ*) զօրակայան.

canvas (*քէն'վըս*) առագաստի, վրանի, նկարի կտաւ. քննել. ընտրապայքար ընել.

canvass (*քէն'վէս*) քննութիւն (ուշադիր). քուէ հաւաքել. յուզել. քննել. խնդրել.

canyon (*քէն'իըն*) ձոր. կիրճ.

caoutchuc (*քաու'չուք*) ձգախէժ.

cap (*քէփ*) գդակ. խոյր. գլխարկ. ողջունել. պըսակել. գլուխը ծածկել. *to set one's — for* աշխատիլ մէկուն համարումը շահիլ. *a feather in one's —* հպարտ ըլլալ բանով մը. *to — a joke* աւելի լաւ պատմութիւն մը պատմել. *to come — in hand* խոնարհաբար գալ. *—money* գլխարկի մէջ հաւաքուած դրամ. *— and gown* համալսարանական ուսուցիչի մը հագուստը. *— and bells* միմոսութիւն. *— of liberty* հանրապետականութիւն. *black cap* մահապատիժ յայտարարելու ատեն դատաւորին կրած սեւ գդակը.

capable (*քէյփ'ըպլ*) կարող. ընդունակ.

capacious (*քըփէյ'շըս*) ընդարձակ. մեծ քանակութիւն պարփակելու կարող.

capacity (*քըփէ'սիթի*) ընդունակութիւն. պարունակութիւն. տարողութիւն. լայնութիւն. պաշտօն. *in the capacity of* հանգամանքով, գործելով իբր...

cap-a-pie (*քէփ-էփի'*) ոտքէն գլուխը (զինուած).

caparison (*քըփէր'իսըն*) հին ատենուան զեղեցիկ հանդերձանք (մարդու, ձիու).

cape (*քէյփ*) ուսերու ծածկոց. ուսանոց (կիներու). օձիք. հրուանդան. գըլուխ. *The Cape* Բարեյուսոյ Հրուանդան. *cape lay* Հար․ Աֆրիկեցի․ խառնածին․

caper (*քէյ'փըր*) ոստոստել․ պարել․ *give a —, to give capers* ուրախ ցատկոտել․ ոստիւն․ վազք․ մորենիի նման ցախ, կապարցախ․

capillary (*քէփ'իլըրի, քէփիլ'ըրի*) հերաձեւ․ մազանման (նուրբ)․

capital (*քէփ'իթըլ*) գլխաւոր․ շատ կարեւոր․ գըլխագիր․ մայրաքաղաք․ սիւնագլուխ․ խոյակ․ դրամագլուխ․ *capital punishment* մահապատիժ․ *a capital speech* շատ լաւ ճառ․ *capital goods* մեքենաներ, եւայլն․ հակառակը *consumer goods* սպառման ապրանքներ (կերակուր, հագուստ, եւայլն)․ *Capital and Labour* Դրամատիրութիւն եւ Բանուորութիւն․

capitalism (*քէփ'իթըլիզմ*) դրամատիրութիւն․ *capitalist* դրամատէր․ *capitalistic* դրամատիրական․ *capitalize* շահագործել․ դրամագլուխի վերածել․ ի նպաստ իրեն գործածել․

Capitol (*քէփ'իթոլ*) ծիւփիւթըրի Տաճարը Հռովմի մէջ․ Ա․ Մ․ Ն․ի Գոնկրէսի շէնքերը Ուաշինկթընի մէջ․

capitulate (*քըփիթ'իուլէյթ*) անձնատուր ըլլալ (որոշ պայմաններով)․ *capitulation* անձնատուութիւն․

capon (*քէյ'փն*) կրտուած (առնականութեան օրկանները չէզոքացուած) աքլոր․ կրտել․ ործատել․

caprice (*քէփրիս'*) քմահաճոյք․

capricorn (*քէփ'րիքորն*) այծեղջիւր․

capsicum (*քէփ'սիքըմ*) դարապղպեղ․ երկայն բարկ պղպեղ․

capsize (*քէփսայզ'*) դարձընել․ նաւակը շրջել (ջուրին մէջ)․

capstan (*քէփ'սթըն*) անուորդ․ *a — bar* բռնատեղ․

capsule (*քէփ'սիուլ*) պարունակ․ պատիճ․ հունտի պատեան․ դեղահատ (պատրաստուած)․ հրթիռի ծայրի անջատելի մասը, խցիկը․

captain (*քէփ'թըն, քէփ'թին*) նաւապետ․ հրամանատար․ բանակի մէջ 120 զինուորի պատասխանատու․ խմբապետ (խաղերու մէջ)․ ղեկավարել․

caption (*քէփ'շըն*) խորագիր (թերթի, գրութեան, եւայլն)․ կալանաւորութիւն․

captious (*քէփ'շըս*) դըժուարահաճ․ խծբծող․ խաբեբայ․

captive (*քէփթիվ*) գերի բռնուած․ բանտարկեալ․ հրապուրուած․ գերել․ *— chains* գերութեան շղթաներ․ *captivity* ըստրկութիւն․ բանտարկութիւն · *captor* կալանող · *capture* բռնել · գերի բռնել, կալանել · *captivate* գերեվարել (հրապուրելով) ·

car (*քար*) ինքնաշարժ · կառք · սայլ ·

carafe (*քըրաֆ'*) ապակիէ կուժ · շիշ · յուրան ·

caramel (*քար'ըմէլ*) շաքարեղէն · աղիտայ ·

carat (*քար'ըթ*) թանկագին քարերու եւ ոսկիի կշիռք · կշռաչափ ·

caravan (*քէր'էվէն, քէրէվէն'*) կարաւան · ծածկուած կառք ուր կարելի է բնակիլ ·

caravanserai (*քէրէվէն'սէրայ*) իջեւան պանդոկ · խան (Արեւելքի մէջ) ·

caravel (*քէր'ըվէլ*) թեթեւ առագաստանաւ ·

caraway (*քէր'ըուէյ*) համեմաւոր բոյս մը կամ հունտ · չաման հայոց (կը գործածուի բլիթի մէջ) ·

carbide (*քար'պայտ*) բընածխիտ · ածուխի նման նիւթ մը որ ջուրին միանալով կազ մը կ'արտադրէ որ ճերմակ բոցով կը վառի ·

carbine, carabine (*քար'(է)պայն*) ձիաւորներու կողմէ գործածուած կարճ հրացան մը · ատրացան ·

carbolic acid (*քարպոլ'իք*) միքրոպասպան թուխ հեղուկ մը որ կը ստացուի ածուխէն ·

carbon (*քար'պըն*) ոչ-մետաղային նիւթ որ կը գտնուի բնութեան մէջ (ածուխի, փայտի եւ կենդանիներու մէջ) · բընածուխ · *carbonic acid* բնածխային թթու · *carbon paper* բնածխաթուղթ · *carbonate* քարպոնիք թթուի աղ ·

carbonize (*քար'պընայզ*) ածխացնել ·

carbuncle (*քար'պանկըլ*) կարմիր թանկագին քար · մորթին դժուար ներկուող կէտը · կայծոռիկ · պալար · բշտիկ (երեսի, քիթի) ·

carburettor(er) (*քար'պիուրէթըր*) ածխացուցիչ · ինքնաշարժի այն մասը ուր այրող հեղուկը (պէնզին) կը խառնուի օդին հետ ·

carcass, carcase (*քար'քըս*) դիակ · կմախք · հին նաւակ · վանդակաձեւ ռումբ ·

card (*քարտ*) խաւաքարտ · այցաքարտ · խաղի թուղթ · *put one's cards on the table* բոլոր խաղաքարթերը բանալ · բոլոր ծրագիրները բացայայտել · *a queer card* տարօրինակ մարդ · *on the cards* հաւանական է · *to speak by the cards* անկեղծօրէն խօսիլ ·

cardamine (*քար'տըմայն*) վայրի կոտիմ ·

cardamom (*քար'տըմըմ*) համեմ · շուշմիր ·

cardboard (*քարտպո`րտ*) խաւաքարտ ·

cardiac (*քարտ'իէք*) սրտի

հետ կապուած· զօրացուցիչ դեղ մը (սիրտի)·
cardialgia (*քար'տիէլճիը*) սրտի ցաւ· ստամոքսի ցաւ·
cardigan (*քարտ'իկըն*) բուրդէ կարճ բաճկոն·
cardinal (*քարտ'ինըլ*) Ծիրանաւոր (Կաթողիկէ եկեղեցւոյ)· Կարտինալ· գլխաւոր· շատ կարեւոր· կարմիր գոյն· բացարձակ թիւեր (1, 2, 3 եւայլն)· *the cardinal points* երկրի չորս կողմերը՝ հիւսիս, հարաւ, արեւելք, արեւմուտք· *cardinal virtues* գլխաւոր չորս առաքինութիւնները՝ արդարութիւն *(justice)*, խոհեմութիւն *(prudence)*, ժուժկալութիւն *(temperance)*, արիութիւն *(fortitude)*.
care (*քէր*) հոգատարութիւն, խնամք· զգուշութիւն· մտալլկում· գործ· *I don't care* հոգս չէ· *to care for* սիրել, հոգատարել· *to take care* խնամել· *c/o (care of)* շնորհիւ, հոգատարութեամբ (նամակի պահարանին վրայ կը գրուի)· *the gloomy cares* սեւ հոգեր· *careful* ուշադիր· *carefulness* ուշադրութիւն· *careless* անուշադիր· *caretaker* հոգատար· *caretaker government* առժամեայ կառավարութիւն·
career (*քըրիյր'*) ասպարէզ· զբաղմունք· արագութիւն· արագ շարժիլ·
carefree (*քէր'ֆրի'*) անհոգ.
careful տես *care.*
caress (*քըրէս'*) գգուանք· գգուել· համբուրել·
caret (*քէյ'րըթ*) նշան մը ( ) որ ցոյց կու տայ թէ բան մը դուրս ձգուած է գրութենէն·
caretaker տես *care.*
cargo (*քար'կօ*) նաւու փոխադրած բեռ·
cariboa, caribou (*քէր'իպու*) զանազան եղջերու·
caricature (*քէրիքըթիուր'*) ծաղրանկար·
caries (*քէյ'րիզ*) ատամի կամ ոսկորի փտութիւն·
carillon (*քըրիլ'իըն*) հանելի հնչող զանգակներ·
carminative (*քարմին'ըթիվ*) դեղ մը փքուտուցութեան դէմ·
carmine (*քարմ'այն, քարմ'ին*) խորունկ կարմիր, որդան կարմիր·
carnage (*քարն'էյճ*) կոտորած· նախճիր·
carnal (*քարն'ըլ*) մարմնական· հեշտասէր, աշխատասէր. *carnal knowledge* սեռային յարաբերութիւն· *carnalism* ցոփութիւն· *carnal-minded* վաւաշոտ·
carnation (*քարնէյ'շըն*) ներմակ կամ այլ գոյնով անուշաբոյր ծաղիկ· շահոքրամ·
carnival (*քարն'իվըլ*) դիմակահանդէս· բարեկենդան·
carnivora (*քարնիվ'որէ*)

մսակեր կենդանիներ․ *carnivorous* մսակեր․

carob (*քէր'ոպ*) եղջիւր․ եղջերենի (խառնուպ)․

carol (*քէր'ըլ*) ուրախ երգ․ տաղ․ ծննդեան երգ․ ուրախ երգեր երգել․

carouse (*քըրաուզ'*) շուայտութիւն․ շուայտօրէն ուտել խմել․ *carousal* (*քըրուզ'ըլ*) կերուխում․

carp (*քարփ*) խծբծել․ ծածան (անուշ ջուրի մեծակազմ ձուկ)․

carpenter (*քարփ'էնթըր*) ատաղձագործ․ հիւսն․ *carpentry* ատաղձագործութիւն․

carpet (*քարփ'էթ*) գորգ․ կապերտ․ տեսակ մը ցեց․ գորգով ծածկել․ *the question on the —* քննարկուող հարց․ *—-bag* ճամբորդութեան մախաղ․ *—-bagger* բախտախնդիր․ *— knight* խռովարար․ կանացի այր մարդ․

carriage (*քէ'րիճ*) կառք․ սայլ․ բեռնաբարձութիւն․ փոխադրութեան վարձք․ վարք․ ընթացք․

carrion (*քար'իըն*) հոտած միս․ սատակ․ կեղտ․ աղբ․

carrot (*քէր'ըթ*) ստեպղին․ *—s* կարմիր մազեր․

carry (*քէր'ի*) կրել․ տանիլ․ փոխադրել․ բերել․ վերջացնել․ տիրանալ․ *to — all before one* բոլոր դժուարութիւններ յաղթահարել․ *to — off* շահիլ․ մեռցնել․ *to — weight* ազդեցութիւն գործել․ տպաւորել․ *to be carried away* մեծապէս տպաւորուած ըլլալ․ *to — out* գործադրել․ *to — coals to newcastle* բազում աշխատանք վասն ոչինչի․ *he carried everything before him* ամէն բանի մէջ յաջող է․ *carry on!* շարունակէ․ *to — through a piece of business* գործ մը աւարտել․

cart (*քար'թ*) կառք․ ձիաքարշ կառք․ բեռնակառք․ *put the — before the horse* սխալ կարգով կատարել գործը․ կառքով փոխադրել․ *in the —* անպատեհ դիրքի մէջ․

cartage (*քարթ'էյճ*) կառագին․ փոխադրողչէք․

carte blanche (*քարթ' պըլանշ'*) լիազօրագիր ուզածը ընելու կամ ընելու․ ճերմակ թուղթ որուն վրայ ենթական կարող է գրել եւ գործադրել ինչ որ կը փափաքի․

cartel (*քարթ'էլ*) մենամարտի կոչ․ մարտակոչ․ պատերազմի ատեն պատերազմիկ կողմերու միջեւ համաձայնութիւն՝ գերիները փոխանակելու․ առեւտրական համաձայնութիւն արտադրողչէքը նուազեցնելու եւ ապրանքին գիները բարձրացնելու․ կարծել․

cartilage (*քարթ'իլէյճ*) կռճիկ․ աճառ․ գեղձ․

carticular — յօդային անոր·

carton (*քարթ'ըն*) խաւաքարտ·

cartoon (*քարթո'ւն*) ծաղրանկար (ընդհանրապէս ժամանակակից դէպքի, անձի մասին)·

cartridge (*քարթ'րիճ*) փամփուշտ (հրացանի)·

carve (*քարվ*) քանդակել (քարի, փայտի վրայ)· միսը մանրել· *carver* միս կտրող դանակ· միս կըտրող անձ· *to carve out* կտրել հանել·

caryatid (*քարիաթ'իտ*) իբր սիւն գործածուած կնոջ արձան·

cascade (*քէս'քէյտ, քասքէյտ'*) փոքր ջրվէժ·

case (*քէյս*) տուփ, անօթ· կափարիչ· սնտուկ· պահարան· պարագայ· խընդիր· հոլով· *book case* գրադարակ· *doctor's cases* բժիշկին խնամելիք հիւանդները· *a case in a lawcourt* դատավարութիւն դատարանին մէջ· *as the case stands* ինչպէս հարցերը կը ներկայանան· *that is not the case* նշմարտութիւնը այդ չէ· *in case it rains* եթէ անձրեւէ· *to make out a good case* պատճառներ բունել (բանի մը)· *nominative* (ուղղ·) *accusative* (հայց)· *possessive (genitive)* (սեռ·) *dative* (տրական) *case* հոլով·

casein (*քէյս'էին*) կաթին պանիր եղող հաստատուն մասը· պանրին·

casement (*քէյս'մընթ*) լուսամուտ· պատուհան·

cash (*քէշ*) կանխիկ դրամ· *pay cash, cash down* կանխիկ վճարել· *to cash a cheque* փոխգիր մը գանձել· *cash on delivery (C. O. D.)* ապրանքը ստանալէն ետք վճարել· *cash account* կանխիկ հաշիւ·

cash register (*քէշ րէճ'իսթըր*) դրամները ընդունելով հաշիւները արձանագրող մեքենայ·

cashier (*քէշիյր'*) արկղապահ· գանձապահ· պաշտօնէն հեռացնել, պաշտօնազրկել·

Cashmere (*քաշ'միյր*) Գաշմիրի շալ· կակուղ բրդեղէն·

casing (*քէյս'ինկ*) շրջանակ· ծածկոց· պատատ·

casino (*քըսի'նօ*) պարի եւ բախտախաղի սրահ, տընակ· *casa* տուն·

cask (*քասք*) հեղուկ պարունակող տակառ·

casket (*քաս'քէթ*) բանկաշին քարերու փոքր արկղ· շատ սուղնոց դագաղ· պահել·

cassation (*քէսէյ'շըն*) բեկում· *court of cassation* վճռաբեկ ատեան·

casserole (*քէս'ըրոլ*) սան, խեցեղէն·

cassock (*քէս'ըք*) եկեղեցւոյ մէջ քահանային հագած երկար հագուստը· փիլոն· լոդիկ·

cast (*քէսթ*) նետել· նետել (իբր անպէտ)· հեղուկ լեցնել· կաղապարել· դերերը (ներկայացման) բաժնել· քուէ տալ· կանխահասօրէն ծնիլ· լքել· նայուածք· հարուած· հով· ձոյլ· *to cast it in his teeth* մեղադրել զինք ատոր համար· *cast off clothing* նետուած հագուստեղէն· *a cast-iron case* դատական հարց որ վստահ ես թէ պիտի շահիս· *to cast about for* փնտռել· *cast down* տըխուր· *the cast in a play* դերասաններու առած այլազան դերերը· *to cast lots* վիճակ նետել· *to cast forth* մերժել· *to cast a light* լոյս սփռել· *the die is cast* վճռուած է մահապատիժը· *to cast up* ծովեզերքը նետել·

castaway (*քասթ'ըուէյ*) նաւաբեկեալ անձ· անառակ·

caste (*քասթ*) չորս ժառանգական դասակարգերէն մէկը Հնդկաստանի մէջ· նման դասակարգերու բաժնելու սովորութիւնը· *to lose caste* ընկերային դիրքը կորսնցընել·

castellated (*քէս'թըլէյթտ*) դղեակաձեւ· դղեակի պէս ամրացուած·

castigate (*քէս'թիկէյթ*) սրբագրել· պատժել· ծեծել· ուղղել·

cast-iron (*քէ'սթ այըրն*) ձուլածոյ երկաթ· *cast iron rules* անփոփոխելի դաժան օրէնքներ· անխոնջ· անթեքելի· անյարմարելի·

castle (*քէս'լ*) դղեակ· ամրոց· բերդ· *castles in the air (in Spain)* օդային դղեակներ կառուցել Սպանիոյ մէջ· անգործնական ծրագիր եւ պարապ յոյսեր սնուցանել·

castor (*քէս'թըր*) շիշ՝ բերնին վրայ ծակերով (փոշի շաքարի, աղի, եւայլըի համար)· *castors* փոքր անիւներ մահճակալներու, սեղաններու տակը դրուած, զանոնք դիւրաւ շարժելու· կուղբէն առնուած նիւթ դեղի մէջ գործածելու· *castor oil* հնդկիւղ (փորը կակղեցնելու եւ ստամոքսը մաքրելու համար)·

castrate (*քէս'թրէյթ*) կըրտել· ներքինացնել·

casual (*քէժ'իուըլ*) պատահական· ոչ-ծրագրուած· անհոգ եւ կոշտ վերաբերմունքով·

casualty (*քէժ'իուըլթի*) արկածի կամ պատերազմի մէջ վիրաւորուած կամ սպաննուած·

casuist (*քէզ'իուիսթ, քէժ'իուիսթ*) խիղճի, արդար եւ անարդար հարցեր քննել· խղճագէտ· Աստուածաբան որ կասկածելի հարցերը կը մեկնէ·

casus belli (*քէյ'սըս պէ'լայ*) պատերազմի պատճառ·

cat (*քէթ*) կատու· կատուազգի· քինախնդիր կին· խարիսխը վար առնել· *let the cat out of the bag* գաղտնիքը յայտնել· *to rain cats and dogs* տեղատարափ անձրեւ իջնել· *wait and see which way the cat jumps* հանրային կարծիքը տեսնել ապա գործել· *to lead a cat and a dog life* յաճախ կռուիլ·

cataclysm (քաթ'ըքլիզմ) յանկարծական աղիտալի փոփոխութիւն (օր· ջըրհեղեղ, երկրաշարժ, յեղափոխութիւն, եւայլն)·

catacomb(s) (քէթ'ըքոմզ) գետնադամբաններ·

catafalque (քէթ'ըֆէլք) զարդարուն սեղան որուն վրայ դագաղը կը հանգչեցնեն· քաւարան· դիակառք·

catalepsy (քէթ'ըլէփսի) հիւանդութիւն որուն ընթացքին մարմինը բոլորովին մեռած կը թուի· ուշաբարձութիւն·

catalogue (քէթ'ըլոկ) ցուցակ· գրացուցակ· ցանկ (ապրանքներու, նկարներու, եւայլն)·

catalysis (քըթէլ'իսիս) նիւթի մը մէջ յառաջացած փոփոխութիւն, արդիւնք ուրիշ նիւթի մը որ ինք անձամբ անփոփոխ կը մնայ· օրինակ շոգին կ'անցնի տաք բլաթինի վրայէն եւ կը փոխարկուի *oxygen*ի (թթուածին) եւ *hydrogen*ի (ջրածին)· բլաթինը հոս *catalyst* է·

catameran (քաթըմըրէն') նաւ՝ երկու մասէ շինուած· հնդկական լաստ·

catapult (քէթ'ըփալթ) բաբան· քարընկէց· պարսատիկ *y* (ուայ) գիրի ձեւով ուրկէ լաստիկ կապուած կ'ըլլայ·

cataract (քէթ'ըրէքթ) ջըրվէժ· սահանք· տեղատարափ· վարագոյր (աչքին սեւուցին վրայ)·

catarrh (քըթար') հարբուխ· պաղառութիւն·

catastrophe (քըթէս'թրըֆի) աղէտ· դժբախտութիւն· տրամայի վախճանը·

catcall (քէթ'քոլ) սուլում· սոյլ բերնով կամ գործիքով թատրոնի մէջ, երբ դերասանը կամ ներկայացումը դժգոհ կը ձգէ հանդիսատեսները·

catch (քէչ) (caught) բըռնել՝ ետեւէն վազելով· գրաւել· հանդիպիլ· ըմբռնել· երեւան հանել· վարակուիլ· հաղորդել· առնուիլ· ըմբշամարտ· *to — cold* պաղ առնել· *to — fire* կրակ առնել· *to — it* յանդիմանութիւն լսել· *to — one's eye* ուշքը գրաւել· *to — by the heels* ետեւէն երթալով ձերբակալել· *to — on* ըմբռնել· *to — with chaff* առանց ճիգի խաբել· *to — the train* ճիշդ ժամանակին շոգեկառքին հասնիլ· *I don't — your meaning* չեմ կարող ըմբռնել քեզ· *there is a — in it somewhere* խաղ մը կայ ետեւը· *that is no —* բան մը չ'արժեր· *—word* յանկերգ· *—y* գրաւիչ (երաժշտութիւն)·

catechize (*քէթ'ըքայզ*) հարց պատասխանով ուսուցանել (կրօնք)· *catechism* (*քէթ'ըքիզմ*) հարց պատասխանով ցուցադրումը մէկու մը պարտականութեան (հանդէպ եկեղեցւոյ եւ կրօնքի)· քրիստոնէական·

categorical (*քէթըկօ'րիքըլ*) հաստատական, բացարձակ· *—ly* հաստատօրէն, բացարձակօրէն· դրականօրէն·

category (*քէթ'ըկըրի*) ստորոգութիւն· դաս· տեսակ· հանգամանք·

cater for (to) (*քէյթ'ըր*) կերակուր ապահովել· մատակարարել· մատակարար· հանոյք հայթայթել·

caterpillar (*քէթ'ըրփիլըր*) թրթուր· որդ (որմէ թիթեռնիկը յառաջ կու գայ)· հսկայ մեքենայ մը, ինքնաշարժ, որ կարող է խորտուբորտ տեղերէ քալել· սողակառք·

catgut (*քէթ'կըթ*) լար (ջութակի եւլն·) ոչխարի, ձիու աղիքէ շինուած·

cathartic (*քըթհար'թիք*) դեղ որ աւելորդ կամ թունաւոր բոլոր տարրերը մարմինէն կ'արտաքսէ· լծողական· լուծիտ·

cathedral (*քըթհի'տրըլ*) մայր եկեղեցի (առաջնորդանիստ), կաթողիկէ·

catheter (*քէյթ'հիթըր*) փոքր խողովակ որ բժիշկներու կողմէ միզապարկէն հեղուկ հանելու կը ծառայէ· խորայոյզ·

cathode (*քէթհ'ոտ*) ժըխտական մետաղաթերթեր որոնցմէ ելեկտրականութիւնը կը հոսի դէպի դրական մետաղաթերթերը (օրինակ ռատիոյի մէջ նուազական ելեկտրաայր)·

catholic (*քէթհ'ըլիք*) կաթողիկէ· ընդհանրական (եկեղեցի)· հռովմէական եկեղեցի· *the Catholic Epistles* Ընդհանրական թուղթեր· *catholic in one's tastes* ամէն տեսակ մարդ (բան) սիրող·

catholicos (*քէթհօլ'իքոս*) կաթողիկոս· *His Holiness Vasken I, Supreme Patriarch and Catholicos of all Armenians* Ն· Ս· Օ· Վազգէն Ա·, Ծայրագոյն Պատրիարք եւ Կաթողիկոս Ամենայն Հայոց· *His Holiness Khoren I, Catholicos of Cilicia* Ն· Ս· Օ· Խորէն Ա·, Կաթողիկոս Մեծի Տանն Կիլիկիոյ·

cat-o-nine-tails (*թէյլզ*) խարազան·

cat's tail (*քէթս թէյլ*) յիմար գործիք (մարդը)·

cattle (*քէթ'լ*) արջառ (կովերու, երբեմն ալ ձիերու խումբ)·

Caucasian (*քո՛քէյ՛ժըն*) Կովկասեան· հնդեւրոպական·

caucus (*քօ՛քըս*) ազդեցիկ քաղաքական շրջանակ·

cauf (*քոֆ*) ձկնարան· ձուկի կողով·

caught անց· եւ անց· ընդ· *catch*ի·

cauldron տես *caldron* կաթսայ·

cauliflower (*քա՛լիֆլաուըր*) կաղամբածաղիկ· ծաղկակաղամբ·

cause (*քո՛զ*) պատճառ· դատ· խնդիր· պատճառ դառնալ· *in the cause of science* գիտութեան օգնելու համար· *for the Armenian cause* հայկական դատին համար· *cause and effect* պատճառ եւ արդիւնք· *final* — վերջնական նպատակ· *causeless* անհիմն· *to make common — with* բարձր իտէալի մը համար միանալ· *First Cause* Արարիչ·

causerie (*քոզըրի՛*) խօսակցութիւն·

caustic (*քոս՛թիք*) հրկիզող· համու· կծու (խօսք)· երգիծական·

cauterize (*քո՛թըրայզ*) խարազանել (մորթը)·

caution (*քո՛շըն*) կանխազգուշութիւն· զգուշացընել, ազդարարել· — *money* երաշխաւորութեան դրամ· *He is a* — բացառիկ հանոյակատար մէկն է· *cautious* ուշադիր, զգուշաւոր·

cavalcade (*քէվըլքէյտ՛*) յառաջացող հեծեալներու շարք· հեծելահանդէս·

cavalier (*քէվըլիիր՛*) ձիաւոր (զինուոր)· Չարլս Ա·ի հետեւորդ· ասպետ· զուարթ· *in a cavalier manner* հպարտ եւ կոշտ ձեւով·

cavalry (*քէվ՛վըլրի*) ձիաւոր զօրք· հեծելազօրք· այրուձի·

cave (*քէյվ*) քարայր· ընկուղ· հերձուածող· *to cave in* տեղի տալ, ետ քաշուիլ· դէպի վար, ներս փլչիլ·

cavern (*քէվ՛ըրն*) մեծ քարայր· այր· քարանձաւ·

caviar, caviare (*քավիար՛*) ձկնկիթ· խաւիար· *caviar to the general* հասարակութեան համար ըմբռնելը դժուար·

cavil at (*քէվիլ՛*) խծբըծանք· խծբծել·

cavity (*քէ՛վիթի*) ծակ· խոռոչ, փոս·

cavort (*քըվորթ՛*) ցայտել, կայտռել· սիգալ·

caw (*քօ՛*) կռնչել (ագռաւ)· կռինչ·

cayenne (*քէյէն՛*) կարմիր կծու պղպեղ [Քայէնի մէջ (Կույանա, Հարաւային Ամերիկա) հասունցող]·

cease (*սիյս*) դադրիլ· կենալ· վերջացնել· դադար· —*less* անդադար·

cedar (*սի՛տըր*) մայրի (ծառ)· եղեւնի (քաղցբարոյր փայտէն մատիտ կը շինեն)· *Cedar of Lebanon* Լիբանանի մայրին·

cede (*սիյտ*) տալ· յանձնել (հող)· շնորհել· ընդունիլ·

ceiling (*սիյլ'ինկ*) առաստաղ· ձեղուն· *ceiling of an aeroplane* ամենէն մեծ բարձրութիւնը ուր սաւառնակը կրնայ հասնիլ· *price ceiling* թոյլատրուած ամենէն բարձր գինը·

celebrate (*սէլ'իպրէյթ*) հռչակել· գովել· տօնախմբել· *—d* հռչակաւոր· *—tion* տօնախմբում· հռչակում· պատարագ·

celebrity (*սէլէպ'րիթի*) հռչակաւոր անձ·

celebrant (*սէլէպ'րընթ*) պատարագիչ քահանայ·

celerity (*սէլէր'իթի*) արագութիւն, երագութիւն·

celery (*սէ'լըրի*) բանջարեղէն մը, լախուտ կարոս·

celestial (*սիլէս'չըլ*) երկնային· աստուածային· չնաշխարհիկ երեւտակ· *the Celestial Empire* Չինաստան·

celibacy (*սէ'լիպըսի*) ամուրիութիւն· կուսակրօնութիւն· *celibate* ամուրի·

cell (*սէլ*) խցիկ (վանքի, բանտի մէջ)· բջիջ· խորշ· փապար· արգելափակել· արկղ որ կը պարունակէ մետաղէ թեր-թեր եւ ասիտ՝ ելեկտրականութիւն արտադրելու կամ ամբարելու համար· *Communist cell* կոմունիստական բջիջ (ոչ-համայնավարական երկրի մը մէջ)·

cellar (*սէ'լըր*) մառան· *wine —* գինի պահելու մառան· ստորերկրեայ խուց ուտեստեղէն պահելու·

cello, 'cello (*չէլօ*) թաւջութակ· *cellist, 'cellist* թաւջութակ նուագող·

cellophane (*սէ'լըֆէյն*) ապակիի նման թափանցիկ եւ ջուրէ չազդուող թուղթ մը առարկայ փաթթելու համար·

celluloid (*սէ'լիուլոյտ*) ապակեղէնի նմանող նիւթ որ կարելի է դիւրութեամբ ծռել կամ այրել·

cellulose (*սէ'լիուլոս*) բուսային նիւթ որ կը գործածուի թուղթ, արուեստական մետաքս շինելու·

Celt, Kelt (*սէլթ, քէլթ*) կելտ· ցեղեր որ կ'ընդգրկէ սկովտիացիները, իրլանտացիները, կալեցիները, պրըթոնները, մէնքսները եւ գարնիշները· նոյն ցեղերուն պատկանող անձ· *Celtic, Keltic* կելտական, կելտերէն·

cement (*սէմէնթ'*) որեւէ փոշի որ հեղուկի հետ խառնուելով քիչ վերջ հաստատուն մարմին մը կը դառնայ· (Օր· բրծաշաղախ, կրափոշի որ կը գործածուի շինութեանց մէջ)․ փակչուն հեղուկ որ կը գործածուի կոտրած ապակին փակցնելու․ զօրաւոր փակցնել․ զօդել․ կպչիլ․

cemetery (*սէմ'իթըրի*) գերեզմանոց․

cenotaph (*սէն'ոթէֆ*) խոշոր յուշադամբան (մէկու մը կամ բազմաթիւ անձերու, որոնց մարմինները այլ տեղ կը հանգչին)․ սնադամբան․

censar (*սէն'սըր*) բուրվառ․

censor (*սէն'սըր*) գրաքննիչ (նամակներու, գիրքերու, պատկերներու, թերթերու եւայլն) առաջին անգամ կիրարկուած Հռովմի մէջ․ քննադատ․ հաշուեքննիչ․ գրաքննիչ․ *censorial* (*սէնսօր'իըլ*) արագօրէն սխալ գտնող․ խծբծող․

censure (*սէն'շըր*) մեղադրանք․ մեղադրել․

census (*սէն'սըս*) մարդահամար․

cent (*սէնթ*) Տոլարին մէկ հարիւրերորդ մասը․ սէնթ․ *per* — առ հարիւր․

centaur (*սէն'թօր*) երեւակայական արարած՝ կէս ձի կէս մարդ․ յուշկապարիկ․

centenarian (*սէնթէնէյր'իըն*) հարիւրամեայ անձ․

centenary (*սէնթին'ըրի*) հարիւրամեակ (մէկու մը, բանի մը)․ հարիւրամեակի տօնախմբութիւն․

centi - (*սէնթի* —) հարիւրերորդ․ 1/100 մասը․ ասկէ *centimetre* 1/100 մեթր․

centigrade (*սէն'թիկրէյտ*) ջերմաստիճանը չափելու ֆրանսական ձեւ որ աշխարհի մեծ մասին կողմէ ընդունուած է․ միութիւնը 100° (աստիճանն) է․ 0°՝ սառած կէտը, 100°՝ եռացող (շոգիացող) կէտը․

centipede, centiped (*սէն'թիփիտ*, — *փէտ*) հարիւր ոտն (թունաւոր փոքր սողուն)․

centre, center (*սէն'թըր*) կեդրոն․ մէջտեղ․ միջավայր․ կեդրոնացնել․ ամփոփել․ ամփոփուիլ․ *centrel* դէպի կեդրոն դրկել գնդակը․ *central* կեդրոնական․ *centralize* կեդրոնացնել (օր․ իշխանութիւնը)․

centrifugal (*սէնթրիֆ'իուկըլ*) կեդրոնախոյս․ կեդրոնին հակառակ․ — *forces* — կեդրոնախոյս ուժեր (զօրութիւն)․

centripetal (*սէնթրիփ'իթըլ*) կեդրոնաձիգ․ — *forces* կեդրոնաձիգ ուժեր․ *centripetence* կեդրոնաձգութիւն․

centurion (*սէնթիու'րիըն*) 100ապետ (Հռովմէական բանակին մէջ)․

century (*սէն'թիուրի*, *սէն'չըրի*) դար․ հարիւրեակ (Հռովմէական զինուոր)․

cephalalgy, cephalalgia (*սիՖէլէլ'ճի, սիՖէլէլ'ճիը*) գլխու ցաւ (բժշկ.)·

cephalopod (*սէՖ'ըլըփոտ*) գլխոտն (կենդանիներ)·

ceramic (*սիրէմ'իք*) բրուտագործական· —*s* բրուտագործութիւն·

cereal (*սի'րիըլ*) հատիկեղէնով (ցորեն, եւայլն) պատրաստուած կերակուր· —*s* հացահատիկ, արմտիք·

cerebrum (*սէր'իպրըմ*) վերին (մեծ) ուղեղը· *cerebellum* (*սէրիպէլ'ըմ*) փոքր ուղեղ (գլուխին ետեւի կողմը)·

ceremony (*սէր'էմընի*) արարողութիւն· ձեւակերպութիւն (պաշտօնական)· քաղաքավար վարմունք· *to stand upon ceremony* լուրջ եւ ծանրը ձեւով վարուիլ· պաշտօնական ըլլալ· *master of ceremonies* արարողապետ· *a ceremonial* (*սէրիմօն'իըլ*) հանդիսութիւն մը· *ceremonious* ցուցամոլ, ձեւակերպութեան բծախնդիր· հանդիսաւոր· ծիսական·

cerise (*սէրիզ'*) կեռասագոյն·

certain (*սըրթ'ըն*) որոշ· ապահով· ստոյգ· —*ly* որոշապէս· անկասկած· անպայման· *a certain amount* որոշ գումար· *will you come? Certainly* պիտի գա՞ս· անպայման եւ ուրախութեամբ·

certificate (*սըրթիՖ'իքէյթ*) հաստատագիր· վկայագիր· վկայական· վկայել· հաստատել· — *of merit* արժանեաց վկայական· *a birth* — ծննդեան վկայագիր· *certify* վկայել·

certitude (*սէր'թիթիուտ*) հաւաստիք· համոզում·

cerulean (*սիրու'լիըն*) երկնակապոյտ· խոր կապոյտ·

cessation (*սէսէյ'շըն*) դադար· ընդհատում· — *of arms* զինադադար·

cession (*սէ'շըն*) փոխանցում (օրինականօրէն)· յանձնում·

cesspit, cesspool (*սէս'փիթ, սէս'փու'լ*) խորունկ ծակ որ կ'ընդունի տունէն հոսող աղտոտ ջուրը· կոյալին·

cetacean (*սիթէյ'շըն*) կիտազգի·

chafe (*չէյՖ*) շփելով ջերմացնել· շփելով ցաւցնել· մաշում· բարկութիւն·

chaff (*չէՖ*) յարդ, թեփ (ցորենի)· անպէտ նիւթ· կատակ·

chaffer (*չաՖ'ըր*) սակարկել (գինի մասին)· փոխանակել·

chafing-dish (*չէՖ'ինկ տիշ*) ջերամման· աման՝ տաք պահելու կերակուրը սեղանին վրայ·

chagrin (*շըկրին'*) բարկութիւն եւ ամօթի զգացում. վիշտ. ցած տրամադրութիւն.

chain (*չէյն*) շղթայ. մանեակ. գերութիւն. կանգուն. չափ մը (66 ոտք). շղթայել. *a — of mountains* լեռնաշղթայ. *— -bridge* առկախեալ կամուրջ. *chaingang* շըղթայակապ թիապարտներու խումբ. *— -stores* տարբեր վայրերու մէջ խանութներ որոնք նոյն կազմակերպութեան կը պատկանին.

chair (*չէ՛ր*) աթոռ. գահ. պաշտօն. աթոռի վրայ պտտցնել՝ յաղթական. *he holds the chair of History* պատմութեան ճիւղին գլխաւոր ուսուցիչն է համալսարանին մէջ. *to take the chair in the meeting* ժողովին առաջնորդողը, նախագահը դառնալ. *chairman* ատենապետ. նախագահ. *chairdays* ծերութեան օրեր. *chairwarmer* ծոյլ մարդ.

chaise (*չէյզ*) մէկ ձիով թեթեւ կառք, ընդհանրապէս երկու անձի համար. թիկնաթոռ. *chaise -longue* բազմոց.

chalet (*չալ՛էյ*) փայտաշէն տուն Ալպեաններուն մէջ. հիւղ. հանրային արտաքնոց (Ֆրնս.).

chalice (*չէլ՛իս*) գինիի բաժակ. սկիհ.

chalk (*չո՛ք*) կաւիճ. կաւիճով գրել. *black —* քարեգրիչ. *to — out* ուրուագծել. *to — up* գինը սղցնել. վարկաւորել. *better by a long —* շատ աւելի լաւ.

challenge (*չէլ՛էնճ*) մարտակոչ. մարտահրաւէր. յաւակնոտութիւն. պահակի զգուշացման ազդարարագիր. ասպարէզ կարդալ. մենամարտի հրաւիրել.

cham (*քէմ*) ամբողջատէր. բռնակալ. *great —* նշանաւոր գրաքննադատ, մասնաւորապէս նշանաւոր քննադատ Տոքթ. Ճոհնսըն.

chamber (*չէյմ՛պըր*) սենեակ. օրէնսդիրներու խումբ (խորհրդարան). դատարան. գրասենեակ. թնդանօթի վառօդարան. սենեակի մէջ կեանք անցընել. փակել. *— of commerce* առեւտրական գրասենեակ. *—er* կնահանոյ. *—ing* տարփանք. *Upper —* Լորտերու տուն (Անգլիա).

chamberlain (*չէյմ՛պըրլին*) սենեկապետ. արարողապետ (պալատի մը մէջ). գանձապետ (քաղաքի մը). *Lord Great —* Թագադիր Լորտ (Անգլիոյ).

chambermaid (*չէյմ՛պըրմէյտ*) սպասուհի.

chameleon (*քըմիլ՛իըն*) գետնառիւծ.

chamois (*չէ՛մուահ*) քարայծ՝ եղնիկի ընտանիքէն. փափուկ կաշի ոչխարի, այծի մորթէն.

champ (*չէմփ*) ձայն հանելով ծամել (յատկապէս ձիու համար)· կրծել· խածնել· սկսելու համար անհանգստութիւն ցոյց տալ·

champagne (*չէմփէյն'*) փրփրուկ գինի· շամպանը·

champaign (*չէմ'փէյն*) դաշտավայր·

champignon (*չէմ'փինիըն*) սունկ·

champion (*չէմ'փիըն*) ախոյեան· առաջամարտիկ· ըմբիշ· պաշտպան (իտէալի մը)· —*ship* ախոյեանութիւն·

chance (*չանս, չէնս*) պատեհութիւն· բախտ· պատահար· կարելիութիւն· պատահիլ (անակնկալօրէն)· կատարել (պատահմամբ)· *I chanced to meet him* պատահեցաւ որ հանդիպիմ իրեն· *give me a* — պատեհութիւն տուէք ինծի· *I will — it* պիտի փորձեմ (ձախողութեան իսկ գնով)· *game of* — բախտախաղ· *to take one's — of* բախտը փորձել· *to — upon* անակնկալ կերպով պատահիլ, մոլորիլ· —*y* անորոշ· վտանգաւոր·

chancel (*չէն'սըլ*) եկեղեցւոյ արեւելեան մասը (ուր կը գտնուի խորանը)· սրբարան·

chancellor (*չէն'սըլըր*) վարչապետ (Արեւմտեան Գերմանիոյ մէջ)· դիւանապետ· համալսարանի նախագահ· գերագոյն դատաւոր (երկրի մը)· — *of exchequer* ելեւմտական նախ· (Անգլ·)·

chancery (*չէն'սըրի*) բարձրագոյն ատեան· *to get into* — անյուսալի դրութեան մատնուիլ·

chancre (*չէնկ'քըր*) վեներական վէրք·

chandelier (*չէնտըլիր'*) աշտանակներու փունջ·

chandler (*չէնտ'լըր*) մոմ շինող եւ վաճառող· *a ship's* — նաւերու ամէն տեսակ առարկաներու վաճառորդ (կերակուր, պարան, եւ այլն)·

change (*չէյնճ*) փոխել· տարբերել· մանրել (դրամ)· փոփոխութիւն· մանրուք դրամ· սակարան· հանրատուն· *change for a shilling* շիլինը մանրել (12 փէնս շիլինի փոխարէն)· *all* — այս շոգեկառքը ա'լ չի շարունակեր նամբան· *to — front* տարբեր ուղղութեամբ յարձակիլ· *to — hands* տէր փոխել· — *of life* դաշտանի դադար·

channel (*չէն'ըլ*) ջրանցք· նեղուց· խողովակ· ապահով նաւուղի·
through which — did you get this news? ի՞նչ խողովակով ստացար այս լուրը·

chanson de geste (*շանսոն տը ժէսթ*) դիւցազներգութիւն·

chant (*չանթ*) մեղեդի (կրօնական)· մեղմ երգել· տաղերգել· *to — a horse* ձին չափազանց գովելով՝ ծախել·

chantage (*չան'թաժ*) բռնանաք· շանթաժ·

chanticleer (*չէնթիքլիր'*) աքլոր·

chaos (*քէյ'օս*) պարապ, անսահման միջոց· խառնաշփոթութիւն· քաոս, թոհուբոհ·

chap (*չէփ*) լանջ· ճեղք· հարուած· ճեղքել· ճարնել· *chaps* այտեր· *old chap* բարեկամին դիմելու ոճ·

chapel (*չէփ'ըլ*) մատուռ· խորան· դպրաց դաս·

chaperon (*չէփ'ըրոն*) խընամակալ, հոգատարող, բարոյականին հսկող (պարմանուհիի մը)· հոգատարել·

chaplain (*չէփ'լին*) մատուռի մը պատասխանատու երէց· բանակի կամ նաւու մէջ պաշտօնավարող կղեր· տանէրէց·

chaplet (*չէփ'լէթ*) ծաղկեպսակ· վարդարան· համրիչ·

chapped (*չէփ'տ*) ճաթըրտած մորթ (ցուրտէն)·

chapter (*չէփ'թըր*) գիրքի գլուխ· եկեղեցւոյ պաշտօնեաներու խումբ· եպիսկոպոսի գլխաւորած խորհուրդ· գլուխներու բաժնել·

char (*չար*) կրակի մէջ սեւցած· մոխրացած· լոսդի (ձուկ)· թէյ·

char, chare (*չար, չէյր*) աշխատանք· առօրեայ աշխատանք· ամէն օր աշխատիլ· *charwoman* մաքրութեամբ զբաղող կին·

char-a-banc (*չար'-ը-պէնկ*) խոշոր մարդատար կառք, մէկ կողմէն միւսը բազմոցներ շարուած·

character (*քէր'էքթըր*) նըկարագիր· անձի մը ձեռագիրը· տպագրուած կամ ձեռագիր տառեր (*A. B. C.* եւայլն)· գործող անձինք (ներկայացման կամ գիրքի մէջ)· պատկերել· յատկանշել· *characteristic* (*քէրէքթըրիս'թիք*) յատկանշական· որոշիչ· *characterize* յատկանշել· նկարագրել· *an official character* պաշտօնական անձնաւորութիւն· *quite a —, a perfect —* տարօրինակ անձնաւորութիւն· *to ask for a —* վկայական ուզել· *to take a —* մէկուն վարք ու բարքի մասին տեղեկութիւններ առնել·

charcoal (*չար'քո՝լ*) փայտածուխ·

chard (*չարտ*) ճակնդեղ·

charge (*չարճ*) հրացանը լեցնել· ելեկտրականութիւն (լեցնել)· անձի մը իր պարտաւորութիւնները յիշեցնել· պահանջել (ռռնիկ)· բեռցնել· ամբաստանել· հրամայել· մեծցնել· ծանրութիւն· չափ· հրաման· պաշտօն· յարձակում· *give in —*

յանձնարարել· *to take in* — յանձն առնել· *to beat any one's* — բեռ ըլլալ (մէկու մը)· *to sound a* — յարձակման փողը հնչել· *to bring a — against* ամբաստանել (մէկը)· *to — for* հաշւոյն անցրնել· *—able* ամբաստանելի· վերագրելի· ընծայելի·

charger (*չար'ճըր*) սպայի ձի (պատերազմի ատեն)· մեծ տափակ ձուկ մը·

chargé d'affaires (*չարժէյ' աաֆէր'*) գործակատար (դեսպանութիւն)·

chariot (*չէր'իըթ*) երկու անիւնոց պատերազմական կառք· *charioteer* նոյնին կառավարը·

charity (*չէր'իթի*) գութ· կարեկցութիւն· ողորմածութիւն· աղքատին տրուած ողորմութիւն· մարդասիրութիւն· *sisters of* — գթութեան քոյրեր, մայրապետներ·

charlatan (*չարլ'աթան*) սուտ բժիշկ· շատախօս (անհետաքրքիր նիւթերու շուրջ)·

charm (*չարմ*) դիւթութիւն· թովչանք· հրապոյր· գեղեցկութիւն· դիւթել· հրապուրել· կախարդել· *—ful* զմայլելի· գեղեցիկ· *—ing* սիրուն, գրաւիչ·

charnel house (*չար'նըլ*) դամբարան·

chart (*չարթ*) աշխարհացոյց (նաւերու կողմէ գործածուած)· դաշնագիր· ջերմութեան (գիներու) բարձրանալն ու իջնելը ցոյց տուող ցուցակ·

charter (*չար'թըր*) հրովարտակ· արտօնագիր (հողերու տիրանալու, եւայլն)· *to — a ship, plane* նաւ, օդանաւ վարձել·

charwoman (*չար'ուըւմըն*) ժամական, օրական աշխատող, մանր գործեր կատարող կին·

chary (*չէյր'ի*) ուշադիր խնամող·

chase (*չէյս*) հալածել· ետեւէն վազել (բռնելու համար)· որս· հետապնդում· հրետանաձըգութիւն· շրջանակ· *to give* — հետապնդել·

chasm (*քէզմ*) խորխորատ· խորունկ ձոր ցից կողերով, վիհ·

chassis (*չէ'սի*) անիւները եւ շրջանակը որուն վրայ ինքնաշարժին մարմինը կը հանգչի·

chaste (*չէ'յսթ*) անարատ (մարմնով)· կոյս· վայելուչ (խօսող)· նրբանաշակ· *chastity* (*չէսթ'իթի*) զգաստութիւն· պարզութիւն· պարկեշտութիւն· ողջախոհութիւն·

chasten (*չէյ'սն*) պատժել (ուղղելու նպատակով)·

chastise (*չէս'թայզ*) վիրաւորել (խօսքով) կամ ծեծել՝ իբր պատիժ· նուաստել· ուղղել· *chastisement* (*չէս'թիզմընթ*) ուղղելու համար տրը- ուած պատիժ·

chat (*չէթ*) բարեկամական խօսակցութիւն (սարէն ձորէն)· —*ty* շատախօս·

château (*շա՛թօ*) դղեակ կամ գաւառային մեծ տուն (Ֆրանսա)·

châtelaine (*չէթ՛ըլէյն*) դղեակին տիրուհին· գօտիի շղթայ· զարդակոճակ·

chattel(s) (*չէթ՛ըլ*)(*ս*) տան շարժական առարկաներ· *chattel real* պայմանաժամով վարձուած հող·

chatter (*չէթ՛ըր*) շատախօսութիւն· թոթովանք· շաղփաղփանք (պաղէն)· թոթովել· շատախօսել· շաղփաղփել· *chatter-box* շատախօս անձ·

chauffeur (*շօ՛ֆըր*) վարորդի շարժավար (ինքնաշարժի)·

chauvinist (*շո՛վինիսթ*) մոլեռանդ· ազգայնամոլ· մէկը բան մը կը սիրէ (հայրենիք, եւն·) վայրագօրէն եւ ուժգնութեամբ, արհամարհելով ուրիշներ· *chauvinism* մոլեռանդութիւն· ազգայնամոլութիւն (Նիքոլա Շովէն որ նուիրուած էր Նափոլէոնի)·

cheap (*չիյփ*) աժան· գածագին· *dirt —, dog —* շատ աժան· *to —en* աժանցնել· *— -jack* աժան եւ հին ապրանքներ ծախող շրջուն վաճառորդ.

cheat (*չէյթ*) խաբել· շորթել (խաղով մը)· խաբէութիւն· *—er* խաբեբայ·

check (*չէք*) արգիլել մէկուն ընելու իր կամեցածը· քննելով ստուգել թէ մէկը իր գործը ճիշդ կատարա՞ծ է· *— in* ցոյց տալ (արձանագրելով) թէ մէկը գործարան (գրասենեակ) եկած է. նոյն իմաստով՝ *— out.* *a —* փոխգիր· վճարագիր· չէք·

check տես *cheque* (փոխգիր)· *crossed —* ջնջուած չէք· *stumer —* առանց վճարուելու վերադարձուած չէք·

checkers (*չէք՛ըր*) տեսակ մը նատրակախաղ·

checkmate (*չէքմէյթ՛*) հընարք որով նատրակի խաղին մէջ դիմացինը յաջորդ շարժումին թագաւորը (շահը) կը կորսնցնէ· խաղին մէջ խաղակիցին բոլոր ծրագիրները ձախողեցնել· խափանել· ի դերեւ հանել·

cheek (*չի՛ք*) այտ· *— by owl* շատ մտերիմ· *to — to* համարձակիլ· *cheeky* լիրբ· անկիրթ· աներես·

cheer (*չի՛ր*) զուարթութիւն· ցնծութիւն· զըւարճարար· ծափ· ցնծութեամբ ողջունել· ուրախութեամբ յայտնել· *good-cheer* առատ ու ընտիր ուտելիք-խմելիք· *cheer up* ուրախացի՛ր· *cheerful* եռջանիկ, ցընծալից·

cheese (*չի՛զ*) պանիր·

cheese paring դրամ խնայող, կծծի· — *it* պարապ մի՛ խօսիր·

cheetah (*չի՛թը*) ընձառիւծ (Հնդկաստանի)·

chef (*չէֆ*) խոհարարապետ· գլուխ· ղեկավար·

chef-d'œuvre (*չէյ–տէօվ՛ր*) գլուխ–գործոց·

cheka (*չէյ՛քա*) խորհրդային քաղաքական գաղտնի ոստիկանութիւն· չեկա·

chemical (*քէմ՛իքըլ*) քիմիական· տարրալուծական· *chemistry* (*քէմ՛իսթրի*) քիմիաբանութիւն· *chemist* (*քէմ՛իսթ*) քիմիաբան· դեղագործ·

chemise (*շըմիզ՛*) շապիկ (կանացի)·

cheque (*չէք*) փոխ գիր· չէք· —*-book* փոխ գիրի տետրակ·

cherish (*չէր՛իշ*) սիրել· փայփայել· հոգ տանիլ եւ պաշտպանել· միտքին մէջ պահել· սնուցանել· — *a hatred of* ատելութիւն կը սնուցանէ·

cheroot (*շէրու՛թ*) տեսակ մը սիկար (Պուրմայի, Մանիլայի յատուկ)·

cherry (*չէր՛ի*) կեռաս· կեռասենի· թեթեւ կարմիր գոյն·

cherub (*չէր՛ապ*) թեւաւոր հոգիներ· քերովբէ· գեղեցիկ· —*ic* քերովբէական·

chess (*չէս*) ճատրակ· շախմատ· *chessmen* ճատրակի միաւորները· *chessboard* ճատրակի տախտակը·

chest (*չէսթ*) սնտուկ· արկղ· կուրծք, լանջ· — *of drawers* գզրոցաւոր արկղ·

chesterfield (*չէս՛թըր–ֆիլտ*) երկար վերարկու· հանգստաւէտ բազմոց երկու կամ երեք անձի համար·

chestnut (*չէս՛նաթ*) շագանակ· — *tree* շագանակենի· շատ կրկնուած զուարճալի պատմութիւն· թխագոյն ձի·

chesty (*չէս՛թի*) հպարտ· ինքզինք հաւնող·

cheval (*շըվէլ՛*) ձի· ձեցուկ· շրջանակ· — *gluss* խոշոր հայելի ուր մարդու մը ամբողջ մարմինը կ'երեւի·

chevalier (*շէվըլիր՛*) ասպետ· ձիաւոր·

chevron (*շէվ՛րըն*) v ձեւով երիզ որ զինուորականները իրենց թեւերուն վրայ կը կրեն իրենց աստիճանը ցոյց տալու·

chew (*չու*) ծամել (կերակուր, ձիւթ), ծամոն· ձիւթ· *to — the cud* որոճալ· *to — the fat, the rag* քրթմնջել· —*ing gum* ծամոն, ձիւթ·

chiaroscuro (*քիարըսքու՛ըրօ*) լոյս եւ շուք պատկերին վրայ· ստուերալոյս, արուեստագէտի կողմէ տրուած·

chic (*շիք*) հագուստի մէջ եւ երեւոյթով գրաւիչ· գեղաձեւ·

chich (*չիչ*) սիսեռ (Ֆրս·)·

chicanery (*չիքէյն'ըրի*) անիրաւ. ոյժիկ տրամաբանութիւն. խաբելու փորձ.
chick (*չիք*) վառեկիկ. հաւու ձագ. բողբոջներ արձակել. *chicken* վառեակ, ձագ (հաւու). անոր միսը. *count one's chickens before they are hetched* շատ յուսալից ըլլալ. *chicken-hearted* վախկոտ. *chicken-pox* ջրծաղիկ, սուտ ծաղկախտ. *chick-peas* սիսեռ.
chicory (*չիք'ըրի*) վայրի հազար. նոյնին արմատը չորցնելով իբր փոշի կը դրուի սուրճին մէջ (կըծու համ մը տալու համար անոր).
chide (*չայտ*) մեղադրել (յանցանքի մը համար). մրմռնջ. *to — away* յանդիմանելէ ետք վըռընտել.
chief (*չի՛ֆ*) ամենէն կարեւոր. առաջնորդ. *chieftain* (*չիֆ'թըն*) մեծ խումբի մը ղեկավարը. ցեղապետ. *commander-in-chief* ընդհ. հրամանատար. *editor-in-chief* խմբագրապետ (թերթի մը). *— of staff* սպայակոյտի պետ.
chilblain (*չիլ'պլէյն*) ձըմռուկ (ցուրտի հետեւանք).
child (*չայլտ*) փոքրիկ մանչ կամ աղջիկ. մանուկ. զաւակ. *children* (յոգ). *with child* յղի.
chill (*չիլ*) ցուրտ. ցուրտին պատճառած հիւանդութիւն. դող.
chilli, chili (*չիլ'ի*) չորցուած կարմիր կծու պղպեղ.
chime (*չայմ*) զանգակներուն յարուցած երաժըշտական ներդաշնակ ձայները. զանգադաշնակ. դաշնակաւոր հնչել. յանգաւորել. *to — in with* համապատասխանել. յաւելել. *—r* դաշնահար.
chimera, chimaera *քիմի'-րը*) առասպելութիւն. բերանէն կրակ ժայթքող վիշապ. երեւակայական վիշապ. անկարելի երեւակայութիւն.
chimney (*չիմ'նի*) ծխնելոյզ. լամպի շիշը. նեղ նեղքուածք լերան կողին.
chimpanzee (*չիմ'փէնզի'*) սեւակապիկ, շէմբանզէ.
chin (*չին*) կզակ. ծնօտ. դունչ.
China (*չայ'նը*) Չինաստան. ճենապակի. ճենապակեայ ամաններ. *Chinese* (*չայնի'յզ*) չինական. չինարէն.
chine (*չայն*) ողնայար. կռնակ. ձոր. ճեղք.
chink (*չինք*) ճեղք. հընչուն դրամ. անոնց հանած ձայնը.
chintz (*չինց*) ծաղկետիպ բամպակեղէն.
chip (*չիփ*) պզտիկ կտոր. տաշեղ. տաշել. գրաւի զալ. *a chip of the old block* մէկը որ շատ կը նմանի հօրը. *to — in*

միջամտել (խօսակցու-թեան)։

chipmunk (չիփ'մընք) հնդկական սկիւռ։

chirp, chirrup (չըրփ, չի-ր'ափ) ճռուողիւն (թըռ-չունի)։ ճռուողել։

chisel (չիզ'ըլ) դուր, գչիր (հիւսներու եւ քարա-կոփներու)։ քանդակել։ գողնալ։ խաբել։

chit (չիթ) մանուկ։ նիհար փոքր կին։ կարճ նամակ։ վճարելու գրաւոր խոս-տում (Հնդկ.)։ *a chit of a girl* երիտասարդ աղ-ջիկ։

chivarly (չիվ'ըլրի) աս-պետութիւն։ ասպետա-կալութիւն։ ձիաւորներ։ *the chivarly of England* լաւ ասպետի մը նկարա-գիրը։ — քաջութիւն, քաղաքավարութիւն, վե-հանձնութիւն։

chlorine (քլո'րին) ծանր կազ մը որ գունաւոր ա-ռարկաները կը ճերմկցը-նէ։

chloroform (քլո'րոֆորմ) հեղուկ մը որ զգայազիրկ կը դարձնէ մէկը, որ-պէսզի առանց ցաւ զգա-լու գործողութեան են-թարկուի։ քլորակերպ։

chlorophyll (քլո'րոֆիլ) բոյսերուն կանանչ գու-նաւորող նիւթը։ բուսա-կանաչ։

chock (չոք) սեպ։ խեց։ խցել։ *chock-full, chock-a-block* լեփ-լեցուն։ ա-մուր կապուած։

chocolate (չոք'ըլէյթ) տուրմ։ կոլահատ։ շոքո-լա։

choice (չոյս) ընտրութիւն։ ընտրուածը։ ընտրելա-ներ։ լաւ ընտրուած։ *to make a* — ընտրութիւն ընել։ *Hobson's* — ըն-տրութեան առիթ չկայ։ եղած մէկ բանով պէտք է բաւարարուիլ։ — *flowers* ուշադրութեամբ ընտրուած լաւ ծաղիկ-ներ։

choir (քուայր) դպրաց դաս։ խմբերգ։ երգչա-խումբ։ — *master* դըպ-րապետ։ — *organ* եր-գեհոն։ — *service* երգե-ցողութիւն։

choke (չո'ք) խեղդուիլ։ շնչահեղձ ըլլալ։ խեղդել։ *the house is choked up with things* տունը լեց-ուած է այնքան առար-կաներով որ կարելի չէ ազատ շարժիլ։ *choky* բանտ։

choler (քոլ'ըր) բարկու-թիւն։ զայրոյթ։

cholera (քոլ'ըրը) ժան-տախտ։ հնդկախտ։ *A-siatic* — ասիական ժան-տախտ։

choleric (քոլ'ըրիք) դիւ-րաբորբոք։ զայրացկոտ։

choose (չո'ւզ) (chose, chosen) ընտրել։ զատել։ նախընտրել։ ձեւ տալ։ *there is nothing to — between them* անոնք հաւասար են։

chop (չոփ) (chopped) կոտրտել։ կացինահարել։ ճեղքրտել (ձեռք)։ մանրել· փոխանակել· *to — and change* տեւապէս միտքը փոխել· *a choppy sea* բեկբեկ ալիքներ· *a chop* շերտ մը միս կենդանիին կռնակէն կամ վիզէն (ոսկորով միասին)· *chopsticks* չինական դգալ·

choral (*քո'րըլ*) խմբերգային·

chord (*քորտ*) լար (ջութակի, եւ այլն)· աղիթել դնել· ներդաշնակել· *vocal —s* ձայնալարեր·

chore (*չոր*) տնային մանր պարտականութիւն·

chorister (*քոր'իսթըր*) անդամ՝ դպրաց դասի, երգչախումբի·

chortle (*չոր'թլ*) լիահագագ խնդալ· քեքեւիլ·

chorus (*քո'րըս*) երգչախումբ· երգի մը կրկնուող մասը· *chorus of praise* ամէն ոք բան մը կը գովէ· *chorus of approval* միաձայնութեամբ (ընդունուած)·

chosen (*չո'զըն*) ընտըրուած· *choose*ի անցեալ ընդ·

chose (*չոզ*) ընտրեց· *choos*ի անց·

chow (*չաու*) չինացի· շուն (չինական)·

chowder (*չաու'տըր*) ձըկնապուր բանջարեղէնով·

chrism (*քրիզմ*) միւռոն· *—al* միւռոնային·

Christ (*քրայսթ*) Քրիստոս· Օծեալը· *— cross* խաչանշան·

christen (*քրիս'ն*) մկրտել· անուանակոչել (մանուկ մը)· *—dom* քրիստոնէութիւն·

christian (*քրիս'չըն, քըրիս'թիըն*) քրիստոնեայ· *—ity* քրիստոնէութիւն· *— Era* քրիստոնէական դարաշրջան· *— name* մկրտութեան ժամանակ տրուած անուն·

Christmas (*քրիս'մըս*) Ս· Ծնունդ· *—-box* Ծնընդեան նուէրներու տուփ·

chrome-, chromo-, chromato- (*քրոմ–, քրոմօ–, քրոմըթօ–*) գոյնի հետ կապ ունեցող· *chromatics* գոյներու գիտութիւն·

chrome, chromium (*քըրոմ, քրոմ'իըմ*) մոխրագոյն ճերմակ մետաղ· քրոմ·

chromosome (*քրօ'մըսոմ*) գունահատ· մարմինը կառուցուած է միլիոնաւոր բջիջներէ· *քրոմոսոմները* կարելի է տեսնել բջիջներուն մէջ իբր գունաւոր մասնիկներ· անոնք կը կրեն այդ բըջիջներուն գլխաւոր յատկանիշը· սեռի (արական –իգական) բջիջներուն *քրոմոսոմ*ները կը կրեն մանուկին նկարագիրը որ պիտի ծնի անոնց միացումէն·

chronic (*քրոն'իք*) երկարատեւ (հիւանդութիւն)·

chronicle (*քրոն'իքլ*) ժամանակագրութիւն· քրոնիկ· ժամանակագրել·

—r ժամանակագիր· քըրոնիկագիր·

chronological (*քրոնըլոճ'իքըլ*) ժամանակագրական·

chronometer (*քրըն'ոմիթըր*) ճշգրիտ ժամանակ ցոյց տուող ժամացոյց·

chrysalis (*քրիս'ըլիս*) հարսնեակ (միջատի)·

chrysanthemum(*քրիսէն'թըմըմ*) ճարոնական ծաղիկ մը (աշնան ծաղկող)· ոսկեծաղիկ·

chub (*չապ*) անուշ ջուրի ձուկ մը· կապուտձուկ·

chubby (*չապի*) գիրուկ դէմքով·

chuck (*չաք*) զգուել· խընդալ· գրդգրդել (հաւուն ձագերը կանչելը)· գըգուանք (ծնօտին տակ թեթեւ հարուած)· շշուկ· սեղմակ (գործիք մը)· *to — away* վատնել· առիթը կորսնցնել· *to — up (one's job)* գործը լքել զզուանքով·

chuckle (*չաքլ*) հանդարտ խնդուք· քեքեւել· խընդալ· զգուել (ձագուկները)· —*head* տխմարապուշ·

chum (*չամ*) լաւ բարեկամ· փայտի մեծ կտորապուշ·

chunk (*չանք*) մեծ կտոր (բլիթի, փայտի, սառի եւլն·)·

church (*չըրչ*) եկեղեցի· *Apostolic —* Առաքելական եկեղեցի· *to enter the —* հոգեւորական դառնալ· *the — militant* զինուորեալ եկեղեցի·

churchwarden(s) (*չըրչ'ուորտըն(զ)*) քահանայի օգնական (որ տարին անգամ մը կ'ընտրուի)· երկար ծխամորճ·

churlish (*չըրլ'իշ*) կոշտ· կծծի· անոպայ·

churn (*չըրն*) սերը կարագի վերածող գործիք· խնոցի· ցնցել· խնոցել·

chute (*շո՛ւթ*) սահանք· անկում· գլորում· ցած ջրվէժ·

chutney (*չաթ'նի*) հնդկական աղցան մը·

cicada (*սիքէյ'տը*) ճըպուռ·

cicatrix(-ce) (*սիք'ըթրիքս*) սպի·

cicerone (*չիչըրոն'ի*) առաջնորդ· տեղ (քանգարանի մէջ եւ այլն) ցոյց տուող ; եւ բացատրութիւններ կատարող·

cider (*սայտ'ըր*) խնձորէն հանուած թեթեւ խմիչք· խնձորօղի·

cigar (*սիկար'*) ծխագլան· սիկար·

cigarette (*սիկըրէթ'*) գլանիկ· սիկարէթ·

cilia (*սի'լիը*) (իտ· *cilium*) արտեւանունք· թարթիչներ· նման ծով՝ միջատի թեւին ծայրը·

Cilicia (*սիլի'շիա*) Կիլիկիա· —*n* կիլիկեան·

cimex (*սայ'մէքս*) մլուկ· (յոգ· *cimice*)·

cinch (*սինչ*) ձիու թամբը կապող փոկ, գօտի·

It's a — դիւրին յաջողութիւն մըն է․
cinchona (*սինքօ՛նէ*) քինքին կեղեւը արտադրող ծառ (ուրկէ քինինի դեղը կը պատրաստուի)․
cincture (*սինկ՛չըր, սինկթիուր*) գօտի․
cinder(s) (*սին՛տըրզ*) անթեղ․ զազախ․ մոխիր․
cinema (*սին՛եմա*) շարժանկարի թատրոն․ շարժանկար․ — *scope* շարժանկար երեք տարածութեամբ պաստառով․ — *tograph* շարժանկար ցուցընող․ շարժագիր մեքենայ․
cinnamon (*սին՛էմըն*) ծառի ներսի կեղեւէն պատրաստուած համեմ որ բլիթին կու տայ դեղին գոյն, եւ մանաւանդ համ․ դարիճենիկ (տարչըն)․
cipher, cypher (*սայ՛ֆըր*) գաղտնի գրութիւն․ զերօ․ ոչինչ թուանշան․
circa (*սըր՛քը*) շուրջ․ մօտ (լատին․)․
circle (*սըր՛քլ*) շրջանակ․ բոլորակ․ *a circle of friends* խումբ մը բարեկամներ․
circuit (*սըր՛քըթ*) շրջան․ շրջափակ․ պտոյտ․ *electric* — ելեկտրական շրջանցք․
circular (*սըր՛քիուլըր*) բոլորաձեւ․ շրջուն․ շրջաբերական․
circulate (*սըր՛քիուլէյթ*) շրջաբերել․ շրջան ընել․
circulation (*սըր՛քիուլէ՛յշըն*) շրջագայութիւն․
the — of a newspaper թերթի մը տպաքանակը․
circumcision (*սըրքըմսի՛ժըն*) թլփատութիւն․
circumference (*սըրքը՛մֆըրընս*) շրջապատ․ շըրջագիծ․ շրջապատել․
circumflex (*սըրքը՛մֆլէքս*) յանգապարոյկ․
circumnavigate (*սըրքըմնէվ՛իկէյթ*) երկրին շուրջ նաւարկել․
circumscribe (*սըր՛քըմսքրայպ*) շրջափակել․ շրջագծել․ սահմանափակել․
circumspect (*սըրք՛ըմսփէքթ*) շրջահայեաց․ ուշադիր․
circumstance (*սըրք՛ըմսթընս*) պարագայ․ բերմունք․ հանգամանք․ *not a* — աննշան․ *under the —s* հանգամանքներուն տակ․ *under no —s* ոչ մէկ պարագայի տակ․ *in reduced —s* խեղճ պարագաներու տակ․
circumvent (*սըրքըմվէնթ՛*) թակարդի մէջ ձգել, նենգել․ սրամտութեամբ գերազանցել․
circus (*սըր՛քըս*) կրկէս․ ձիարձակարան․
cirrus (*սի՛րըս*) շատ բարձր խոպոպանման ամպեր․ ոլորած ծիլ․ ձուկի մօրուք․
cissy, sissy (*սի՛սի*) աղջկայ նման վարուող տըղայ․ քոյր․
cistern (*սիս՛թըրն*) ջրամբար․ լճակ (փոխաբ․)․
citadel (*սիթ՛էտլ*) միջնա-

բերդ. դղեակ. նահանջի վերջին կէտ, տեղ.

cite (*սայթ*) անձ մը դատարան կանչել. կոչնագիր ղրկել. մէջբերել, յիշատակել. մէջբերում ընել (գիրքէ մը). *a citation* մէջբերում. կոչնագիր.

citizen (*սիթ'իզըն*) քաղաքացի. քաղաքացիական իրաւունք ունեցող անձ. *citizenship* քաղաքացիութիւն.

citron (*սիթ'րըն*) կիտրոն.

citrus fruits (*սիթ'րըս ֆրըութս*) կիտրոնազգի պտուղներ (կիտրոն, նարինջ, լէմոն, 'կրիփոն').

city (*սիթ'ի*) մէկ միլիոնէ աւելի բնակիչ ունեցող քաղաք (Լոնտոն, Մոսկուա, Փարիզ, Եւայլն). *the City* Լոնտոնի առեւտրական շրջանը (հին Լոնտոն).

civet (*սիվ'իթ*) պղուէսանման կենդանի անոյշ հոտով մը.

civic (*սիվ'իք*) քաղաքային. թաղային.

civics (*սիվ'իքս*) քաղաքային վարչագիտութիւն.

civil (*սիվ'իլ*) քաղաքային (ոչ–զինուորական). քաղաքացիական. քաղաքավար. *civil war* քաղաքացիական պատերազմ. *civil servant* (*սըրվ'ընթ*) քաղաքային (ոչ–զինուորական) պաշտօնեայ. *civilian* (*սիվիլ'յըն*) երկրի մը քաղաքացին (ոչ–զինուորական). պաշտօնեայ կառավարական.

civilization, civilisation (*սիվիլիզէյ'շըն*) քաղաքակրթութիւն.

civilize (*սիվ'իլայզ*) քաղաքակրթել. *civilized* քաղաքակրթուած. *civilizer* քաղաքակրթիչ.

clad (*քլէտ*) հագուած. ծածկուած.

claim (*գլէյմ*) ըսել. պահանջել. պնդել. անուանել. պահանջք. իրաւապահանջ.

clairvoyant (*քլ'էրվայ'ընթ*) յստակատես, պայծառատես.

clam (*քլէմ*) ծովախեցի. ափցան. մամլակ.

clamber (*քլէմ'պըր*) դըժուարաւ մագլցիլ. ձեռքով ոտքով մագլցիլ.

clammy (*քլէմ'ի*) թացկպչուն եւ պաղ.

clamour (*քլէմ'ըր*) վայնասուն. պոռչտուք. զանգատ. աղաղակել. *to — bells* զանգակները հնչեցնել.

clamp (*քլէմփ*) բան մը շատ ամուր բռնող գործիք. ճանկ. յօդակապ.

clan (*քլէն*) ընտանեկան խումբ. ցեղ. տոհմ.

clandestine (*քլէնտէս'թին*) ծածուկ, գաղտնի.

clang, clank (*քլէնկ, քլէնկք*) մետաղ. մետաղի զարնուելով յառաջացած ձայն. շառաչիւն. շառաչեցնել.

clannish (*քլէն'իշ*) տոհմիկ. տոհմը, ընտանիքը

շատ սիրող եւ անոր շաղ-
կապուած·

clap (*քլէփ*) ծափել· բարձր խօսիլ· ծափ· որոտում· *clapped his hat on* շուտով գլխարկը դրաւ· *clap eyes on* նշմարեց· *to clap hold of* կոշտ կերպով բռնել· *to — up* առանց այլեւայլի բանտարկել·

claptrap (*քլէփ'թրէփ*) ծափ խլելու հետամուտ· պարզուկ եւ անմիտ խաղ՝ զովուելու համար·

claret (*քլար'րթ*) տեսակ մը կարմիր գինի· մուգ կարմիր· արիւն·

clarify (*գլէ'րիֆայ*) յըստակացնել· *clarity* յըստակութիւն· նաեւ՝ *claritude* (*քլէր'իթիուտ*).

clarinet (*քլէ'րինէթ*) երաժըշտական փչելու գործիք· աւազասրինգ·

clarion (*քլէր'իըն*) երաժըշտական փոքր փող· յստակ եւ բարձր·

clash (*քլէշ*) բախիլ· կըռուիլ· բախում· կռիւ·

clasp (*քլասփ, քլէսփ*) սեղմել (ձեռքը)· ողջունել· ճարմանդել· սեղմում· ողջագուրում· *a clasp knive* զմելի· դանակ որուն շեղբը դէպի ներս կը գոցուի·

class (*քլաս, քլէս*) դասարան, կարգ· նոյնատեսակ խումբ· աստիճան· դասակարգ· *the upper classes* լորդեր, եւայլն· *the middle classes* միջակորեալ դասակարգ· *first class* առաջնակարգ·

classic (*քլէս'իք*) Յունական եւ Հռովմէական հին մշակոյթին վերաբերեալ· վարպետ հին մատենագրութեան· դասական· բոլոր ժամանակներուն համար ընտիր նկատուող մշակութային ծառանգութիւն· *—al* դասական· *—ism* (*քլէս'իսիզմ*) դասականութիւն· *—ist* դասական գրագէտ·

classify (*քլէս'իֆայ*) դասակարգել· համակարգել· դասաւորել·

classmate (*քլաս'մէյթ*) դասընկեր·

clatter (*քլէթ'ըր*) ճռնչել· ճարճատել· իրկող առարկաներու ձայն· ոտքերուն ձայնը քարէ տախտակամածին վրայ· ժխոր·

clause (*քլօ'զ*) նախադասութիւն ոչ-լրիւ իմաստով· ենթանախադասութիւն· համաձայնութեան մէկ մասը·

claustrophobia (*քլօ'սթրըֆօպ'իը*) փոքրիկ տեղի մը մէջ արգելափակուելու վախ·

claw (*քլօ՝*) ճանկ (թըռչունի կամ կենդանիի)· ճանկել· պատռել (ճանկերով)·

clay (*քլէյ*) կաւ· հող· մարմին (բանաստ·)·

claymore (*քլէյ'մօ'ր*) ըսկովտիական սուր·

clean (*քլի'ն*) մաքուր· անարատ· զուտ· անմեղ· *make a — breast of it* բոլոր սխալները խոստովանիլ· *to show a — pair of heels* փախչիլ· *a — stroke* ճարպիկ· *come —* ճշմարտութիւնը խօսիլ· խոստովանիլ· *to —, cleanse* (քլէնզ) մաքրել· *clean timbered* (— թիմպըրտ) գեղակազմ·

clear (քլիը՛ր) յստակ· դիւրին լսելի· դիւրըմբռնելի· անվտանգ անցնիլ· ամբողջ· յստակացնել· դիւրացնել· *the streets are —* փողոցները ապահով են· *to keep — of* ապահով հեռաւորութեան մը վրայ կենալ· *a — month* ամբողջ ամիս մը· *these things must be cleared* պէտք է ծախուին· *clear one's character* ցոյց տալ թէ մէկը յանցագործ չէ· *my car just cleared the other car* ինքնաշարժս չբախեցաւ միւս ինքնաշարժին· *to — one's costs* ծախսերուն չափ շահիլ· *clear away the dishes* տանիլ· *clear off (work)* աշխատանքը վերջացնել, կամ առանց վերջացնելու երթալ· *cleared me out completely* ամբողջ դրամս վատնեց· *clear up* առարկաները դասաւորել· *clear out* հեռանալ· *out clear* օդանաւային ռմբակոծութեան վտանգը փարատած· *to —* զուտ շահ ապահովել·

clearance (քլիը՛րընս) մաքրագործում· ծառերը կտրել (գետինը մաքրելու համար)· զուտ շահ· մեկնումի արտօնագիր·

clearing (քլիը՛րինկ) անտառի մէջ փոքր բացատ·

cleave (քլիյվ) երկու մաս ընել (սուրի հարուածով)· փակչիլ· յարիլ· *—r* ծանր դանակ· հերձիչ·

clef (քլէֆ) բանալի (սոլի, ըէի) երաժշտ·

cleft (քլէֆթ) *cleave*-ի անց· եւ անց· ընդ·

clematis (քլէմ՛ըթիս) հողմավարդ· պատն ի վեր մագլցող՝ գեղեցիկ ծաղիկներով բոյս·

clemency (քլէ՛մընսի) ներողամտութիւն· գութ· մեղմութիւն խառնուածքի, օդի·

clench (քլէնչ) զօրաւոր սեղմել· համաձայնութիւն մը կնքել·

clergy (քլըր՛ճի) հոգեւորականութիւն· կղեր· *—man* կղերական·

clerical (քլէ՛րիքըլ) ընդօրինակող· կղերական· *— error* ընդօրինակութեան վրիպում· *he puts on his clericals* եկեղեցական հագուստները կը հագնի·

clerk (քլարք, քլըրք) գըրագիր, հաշուապահ, ամակագիր առեւտրական հաստատութեան մը մէջ·

clever (քլէվ՛ըր) ճարպիկ· ուշիմ· տաղանդաւոր· սրամիտ· կորովի·

clew (քլո՛ւ) առագաստ մը փաթթել· կծիկ· ուղեցոյց· *to — down, to — up* առագաստ մը վար քաշել, վեր քաշել·

click (քլիք) յանկարծական թեթեւ ձայն· կցել (կղպելու ձայն)· շաչել· խլել·

client (քլայ՛ընթ) պաշտպանեալ· յաճախորդ· խորհուրդ առնող (բժիշկէն, փաստաբանէն)·

clientèle (քլա՛յէնթիլ) յաճախորդներու խումբ· յաճախորդութիւն·

cliff (քլիֆ) խարակ· ցից ժայռոտ եզերք·

climate (քլայ՛միթ) կլիմայ·

climax (քլայ՛մէքս) իրերայաջորդ ցնցող դէպքեր· բարձրակէտ· վերելք· զերաստիճան·

climb (քլայմ) մագլցիլ (լեռ, ծառ, եւայլն)· *to — down* յանձնուիլ· տեղի տալ·

clime (քլայմ) երկիր· շրջան (առանց կլիման նըկատի ունենալու)·

clinch (քլինչ) պրկել· սեղմել· գամել· ամրացընել· վճռական փաստ·

cling (քլինկ) (clung) փարիլ· կառչիլ·

clinic (քլին՛իք) դարմանատուն· հիւանդ· գործնական բժշկութիւն· *—al* դարմանական·

clink (քլինկ) զետին իյնալու ատեն ապակիին կամ մետաղի կտորին հանած ձայնը· հնչեցնել· հնչել·

clinker (քլինկ՛ըր) վառած աղիւսի կամ ածուխի զանգուած·

clip (քլիփ) *(clipped)* ամրացնել· կապել· գրկել· միացնել· ծայրը կտրել· խուզել· խուզում· խուզուածք (ոչխարի)· ապտակ· *to clip the wings of* իշխանութիւնը, հեղինակութիւնը սահմանափակել· *clipper* խուզիչ, կտրիչ մեքենայ· եզերահատ (դրամի)· արագաշարժ ձի, նաւ· *newspaper clippings* թերթի կտրօններ·

clique (քլի՛ք՛) համախոհ փոքր խումբեր· քլիք (հակառակորդներու)·

cloak (քլո՛ք) կրկնոց (հագուստ)· դիմակ· պահուըտիլ· ծածկել· *cloak-room* պանդոկներու մէջ վերարկու պահելու սենեակ· *he uses long words as a cloak for his ignorance* երկար բառեր կը գործածէ տգիտութիւնը ծածկելու համար·

clobber (քլապ՛ըր) հագուստներ· սեւ սոսինձ կաշիի նեղքեր գոցելու·

cloche (քլոշ) նորածիլ բոյսերը պաշտպանող ապակիէ կափարիչ·

clock (քլաք) պատի կամ սեղանի ժամացոյց· գուլպայի զարդ· *clockwork* զսպանակաւոր գործիք (մեքենայ)· *to — in* մասնաւոր ժամացոյցով ցոյց տալ մէկու մը գործի զացած ժամը· *alarm* — զարթուցիչ ժամացոյց·

clod (*քլատ*) հողակոշտ· ապուշ· *clod - hopper* անտաշ գիւղացի· անճարակ անձ·

clog (*քլակ*) արգելակել· շարժիլը կամ աշխատանքը դժուարացնել· արգելք· կապանք· կոճղ· սանդալ·

cloister (*քլոյս'թըր*) մենաստան· վանք· զաւիթ· ծածկուած անցք եկեղեցի առաջնորդող· *cloistral(ess)* վանական(ուհի).

clone (*քլո'ն*) կտրուած տեղէն աճող բոյս (օրինակ գետնախնձորը)·

close (*քլոզ*) փակել· գոցել· վերջացնել· փակ· դպրոցի բակ· մօտ· ամբողջ կառուցուած· *close up* միասին նըստիլ կամ քալել· *close with* համաձայնութիւն մը գոյացնել· *closed shop* գործարան որուն բանուորները ստիպուած են նոյն արհեստակցական միութեան անդամակցիլ· *close-quarters* մերձակուիւ· *a close friend* մօտ բարեկամ· *the room is close* սենեակին օդը ապականած է· *close-fisted* ամուր ձեռք (կծծի)· *close - up* շատ մեծ լուսանկար (շարժանկարի)· *a close* վանականներու չէնքի բակ· վերջ, աւարտ· եզրակացութիւն·

closet (*քլոզ'էթ*) առանձնասենեակ· ներքնասենեակ·

closure (*քլո'ժըր*) փակում վիճաբանութեանց եւ քըւէարկութեան արդիւնքի ստուգում·

clot (*քլաթ*) մածիլ, մակարդել (արեան)· հեղուկի մէջ կարծր նիւթ· փտոր· մակարդ·

cloth (*քլաթհ*) կերպաս· կտաւ· *American cloth* մոմլաթով կերպաս· *to lay the cloth* սեղան դընել (կերակուրի համար)· *to clothe* հագուեցնել· *clothes* հագուստներ· *bed - clothes* անկողինի սաւաններ· *clothier* հանդերձավաճառ· *clothing* հագուստեղէն·

cloud (*քլաուտ*) ամպ· երազ· վզնոց· *to be under a cloud* կասկածի տակ ըլլալ· *in the clouds* ամպերու մէջ· արթուն վիճակի մէջ երազել· — *built* երեւակայական· —*burst* տեղատարափ·

clout (*քլաութ*) քուրջի կըտոր· շոր (մանուկի)· հարուածել· զարնել· հարուած·

clove (*քլով*) ծաղիկի սոխ· սխտորի պճեղ· տեսակ մը մեխակ· *cleave*ի անց· *clove - pink* շահոքրամ·

cloven (*քլո'վըն*) ճեղքել· *cleave*ի անց· ընդ· երկու մասի բաժնուած· *to show the cloven foot* *(or hoof)* հրէշային ընկարագիր բացայայտել· կճղակաբաշխ ոտք (այծի, եւայլն)·

clover (քլո՛վըր) առուոյտ· *to live, be in —* ճոխութեան մէջ ապրիլ· փարթամ ըլլալ·

clown (քլաուն) միմոս· անոպայ. գեղջուկ· տըգէտ մարդ· միմոսութիւն, խեղկատակութիւն ընել·

cloy (քլոյ) զզուեցնել (շատ քնքշութիւն ցոյց տալով)· յագեցնել· ծակել· *—less* անյագ·

club (քլապ) ակումբ· հասարակաց նպատակով կազմուած խումբ· օր· *a football club. Club law* անիշխանութիւն· բիր, ծանր գաւազան· խաղաթուղթի նշան· միանալ·

cluck (քլաք) հաւու ձայն· գրգանք· գրգալ (հաւուն՝ ձագերը կանչել)·

clue (քլո՛ւ) կծիկ· հետք· թել·

clump (քլամփ) պուրակ· դանդաղ քալել·

clumsy (քլամ՛զի) անճարակ· անշնորհ·

clung (քլանկ) *cling*ի անց·

cluster (քլաս՛թըր) իրարու քով աճած բոյսեր, ծաղիկներ, եւայլն· ողկոյզ· կարկառ· խումբ (կղզիներու)· ողկուզանալ·

clutch (քլաչ) բռնել (ամուր)· խլել· ըմբռնել· կորզում· ազուցիկ, կալանք·

clutter (քլա՛թըր) անկարգութիւն· խառնակոյտ· խառնշտկել·

Co. (քօ·) համառօտագըրութիւն *company* (առեւտրական ընկերութիւն) բառին· նաեւ *county* (քաուն՛թի) գաւառ բառին համառօտագրութիւնը·

co - (քօ –) համա–, միասին·

coach (քո՛չ) քառանիւ մեծ կառք· շոգեկառքի վակոն· մարզիչ· նախապատրաստող· մարզել, ուսուցանել· *coachman* կառավար· կառապան·

coagulate (քոէկ՛իուլէյթ) թանձրանալ, մածնիլ, մակարդիլ (արեան պէս)·

coal (քո՛լ) ածուխ· քարածուխ· *Age of coal plants* ածխային տունկերու շրջան· *to haul over the coals* յանդիմանել· *heap coals of fire on someone's head* չարիքի փոխարէն բարիք ընել մէկուն·

coalesce (քոըլէս՛) միասին աճիլ· միանալ· զանգիլ· դաշնակցիլ·

coalite (քո՛լայթ) քարածուխի փոշիէ պատրաստուած վառելանիւթ·

coalition (քոըլի՛շըն) միակցութիւն· առժամեայ միացում այլազան խումբերու· *— government* միախառն կառավարութիւն·

coal-box, coal-scuttle (քօլ՛պաքս, քոլ՛սքաթլ)

սենեակի մէջ ածուխի տուփ·

coarse (*քո՛րս*) կոշտ· անողորկ· անքաղաքավար·

coast (*քո՛ուսթ*) ծովեզերք· ծովափ· բլրակող· *the coast is clear* ամէն ինչ ապահով է· վտանգ չկայ· մարդ չի տեսնուիր· *to coast* բլուրն ի վար իջնել ազատօրէն· եզերել· *coast waiter* մաքսապահ·

coat (*քո՛ութ*) բաճկոն· վերարկու· կեղեւ· — *of arms* տոհմանշան (վահանի վրայ)· *turn one's coat* դասալիք ըլլալ· կողմ փոխել·

coax (*քո՛քս*) թափանցել· անուշութեամբ համոզել· փայփայել· ողոքել·

cob (*քապ*) կլոր կտոր· գլուխ (որեւէ բանի)· կորեկի առանցք· կարճ ոտքով ուժեղ ձի·

cobalt (*քապ՛ոլթ·*) կապոյտ նիւթ· մետաղ մը·

cobble (*քապլ*) կօշիկ շինել (կամ նորոգել)· —*r* (*քապ՛լըր*) հնակարկատ·

cobblestones (*քապլսթոնզ*) խճաքար·

cobra (*քո՛պրը*) կեղուղաւոր օձ· հնդկական թունաւոր օձ·

cobweb (*քապ՛ուէպ*) ոստայն·

cocaine (*քոքէյին՛*) զօրաւոր դեղ մը որ զգայազիրկ կը դարձնէ մորթը·

cochineal (*քոքինի՛ըլ*) կարմրազոյն նիւթ մը որ ձեռք կը ձգուի որոշ միջատներու չորցուած մարմիններէն·

cock (*քոք*) աքլոր· հողմացոյց· ծորակ· բլթակ· *old cock* նախատական հասցէ· *cock-and-bull story* անհաւատալի պատմութիւն· *cock-sure* ինքնավստահ·

cockade (*քոքէյտ՛*) խոյրանիշ· գլխարկի վրայ զարդեղէն·

cockatoo (*քոքըթ՛ու*) մեծաթթուկ թութակ·

cockatrice (*քոք՛ըթրայս*) առասպելական օձ որուն նայուածքը իրր թէ մահացու է·

cockboat (*քոքպո՛թ*) մակոյկ· —-*brained* յախուռն· ցնորած·

cockchafer (*քոքչէյֆ՛ըր*) թռչող մեծ միջատ մը·

cocked hat (*քո՛քթ հէթ*) դարձուած եզերքներով գլխարկ·

cockerel (*քաքըրըլ*) մատղաշ աքլոր·

cockle (*քաք՛լ*) ծծմակ· խեցի·

cockloft (*քաք՛լոֆթ*) ձեղնայարկ սենեակ·

cockney (*քոք՛նի*) Լոնտոնի համեստ խաւերուն անգլերէն խօսելակերպ· Լոնտոն ծնած անձ· շփացած· վատաբարոյ·

cockpit (*քոք՛փիթ*) աքլորներու կռուարան· առագաստանաւի մէկ մասը· մեծ պատերազմէ տեսաբան մը· սաւառնորդին նստած տեղը·

cockroach (*քոք՛րոչ*) ուտիճ (խոհանոցի միջատ)·

cockscomb (*քոքս'քոմ*) կատար (աքլորի)·
cocktail (*քաք'Թէյլ*) իրարու խառնուած զօրաւոր խմիչքներ (ճաշէն առաջ գործածելի)· իրարու խառնուած կերակուրներ պնակի մը վրայ հրամցուած՝ ճաշին սկիզբը (Ա·Մ·Ն·)· խառնածին ձի· վատ·
cocoa (*քօ'քօ'ը*) քաքաօ·
coconut (*քոքըն'աթ*) հնդկական ընկոյզ·
cocoon (*քըքո'ւն*) խոզակ· բժոժ (շերամի)·
cod (*քատ*) ծովային մեծ ձուկ· փրփրուկ·
coddle (*քատ'ըլ*) գգուել (մանկիկ մը, հիւանդ մը)·
code (*քոտ*) օրինագիրք· կանոնագիրք· ծածկագիր· — *civil or* — *Napoleon* քաղաքային օրէնք մշակուած 1803–1804-ին Նափոլէոնի կողմէ անձնական սեփականութեան մասին·
codex (*քոտ'էքս*) գրչագիր (մատեան)·
codicil (*քատ'իսիլ*) կտակի վրայ աւելցուած·
codlin (*քատ'լին*) եփելու խնձոր·
coerce (*քոիրս'*) բռնադատել (մէկը)·
coeval (*քոիվ'ըլ*) ժամանակակից· տարեկից·
coexist (*քոէկզիսթ'*) համագոյ ըլլալ· —*ence* համակեցութիւն·
coffee (*քաֆֆ'ի*) սուրճ· սրճենի·
coffer (*քաֆ'ըր*) արկղ՝ թանկարժէք իրերու համար·
coffin (*քաֆ'ին*) դագաղ·
cog(s) (*քակզ*) անիւի վրայ ատամնաշար որ ուրիշ անիւ մը կը դարձնէ·
cogent (*քո'ճընթ*) ուժգին (տրամաբանութիւն)· մէկը համաձայնեցնել·
cogitate (*քո'ճիթէյթ*) մըտածել· խորհրդածել·
cognac (*քոն'իէք*) քոնեաք· բարկօղի·
cognate (*քակ'նէյթ*) արենակից· ազգական· *a — word* բառ՝ որ երկու լեզուներու մէջ ալ նոյնն է· նոյնարմատ սեռի խընդիր· օր·՝ *to dream a dream*·
cognition (*քակնի'շըն*) ճանաչում· նշմարում· *not to take cognizance of* չտեսնելու զարնել·
cohabit (*քօհէ'պիթ*) կենակցիլ իբր այր ու կին·
coheir (*քօէյր'*) ժառանգակից·
cohere (*քոհի'ր*) իրարու փակցնել· յարակցիլ· յարմարիլ· —*ent speech* խելացի, բանիմաց ճառ·
cohesion (*քոհի'ժըն*) յարակցութիւն· բաղակցութիւն· փակչիլը (իրարու)· շաղկապում·
cohibit (*քոհիպ'իթ*) զըսպել· արգիլել· —*ion* (*քոհիպիշ'ըն*) արգելք·
cohort (*քո'հորթ*) գունդ (հռովմէական՝ 600 հոգի հաշուող)· խումբ·
coiffeur (*քուաֆըր'*) սափ-

րիչ· կանացի սափրիչ· վարսայարդար· *coiffure* վարսայարդարանք·
coil (քոյլ) պարանով շըրջանակներ գոյացնել· պլլել· փաթթել· կծիկ· աղմուկ· զսպանակ· փաթոյթ· բոլորաձեւ ելեկտրական թել·
coin (քոյն) մետաղադրամ· *to* — մետաղէն դրամ կոխել· *I am simply coining money* շատ դրամ կը շահիմ· *to — a word* նոր բառ մը շինել· —*age* (քօյն'էյճ) երկրի մէջ շրջաբերութեան մէջ եղող դրամանիշ· յօրինում· դարբնում· դրամահատում·
coincide (քոինսայտ') զուգադիպիլ· համընկնիլ· *a* —*nce* (քօին'սիտընս) համընկնութիւն· զուգադիպութիւն·
coir (քոիըր) չուանինց (ուրկէ պարան կը պատրաստեն)·
coke (քոք) առանց կազի քարածուխ·
colonder, cullendar (քը'լինտըր) սուզակ· պարզուտ· ծակծկուած մետաղէ աման ուրկէ ջուրը կը թափի·
cold (քոլտ) պաղ· պաղ նկարագրով· զորովազուրկ· պաղառութիւն· հարբուխ· *in — blood* պաղարիւնօրէն· *to throw — water on a plan* յայտնել թէ ծրագիրը անիրագործելի է·
colic (քալ'իք) ստամոքսի կամ աղիքներու խիթ, ցաւ·
colitis (քըլայթ'իս) մեծ աղիքի բորբոքում·
collaborate (քըլէպ'ըրէյթ) համագործակցիլ, յատկապէս գիրք գրելու ատեն·
collapse (քըլէփս') փլիլ· տապալիլ· փլուզում· կըքում· տկարացում·
collar (քա'լըր) օձիք· մէկը բռնել· զգդնալ· *to slip the* — ազատիլ· փախուստ տալ·
collate (քըլէյթ') երկու գրուած թուղթեր ուշադրութեամբ քննել·
collateral (քըլէթ'ըրըլ) կողք կողքի· զուգահեռական· անուղղակի· սատարիչ·
colleague (քալ'իյկ) պաշտօնակից (գրասենեակի, վարժարանի մէջ, ելն·)·
collect (քըլէքթ') հաւաքել· եզրակացնել· մակարերել· *a* — (քըլ'էթք) կարճ աղօթք մը·
collective (քըլէք'թիվ) հաւաքական· *polity of collective ownership of land* այն գաղափարը թէ հողը պէտք է ազգին ըլլայ եւ ո'չ թէ անհատներու· — *farm* կոլխոզ· հաւաքատնտեսութիւն·
colleen (քոլի'ն') իրլանտացի գեղեցկուհի· աղջիկ·
college (քալ'էճ) վարժարան· երկրորդական վարժարան· համաժողով·

կաճառ. *collegiate* (քըլի'ճիէթ) քոլէճական.

collide (քըլայտ') իրարու բախիլ.

collie (քոլ'ի) գամփռ.

collier (քոլ'իըր) ածխագործ. ածուխ փոխադրող նաւ. *colliery* ածխահանք.

collision (քոլիժ'ըն) ընդհարում. բախում.

collocation (քալըքէյ'շըն) իրարու քով դնելը, դասաւորելը, դասաւորում. *collocate* (քալ'ըքէյթ) դասաւորել. իրարու քով դնել.

colloquial (քըլո'քըուըլ) խօսակցական (ոճ, լեզու).

collusion (քըլո'ւժըն) դաւադրութիւն. գաղտնի համաձայնութիւն (դաւի).

colon (քոլ'ըն) երկու կէտ (:) հայերէն միջակէտին (.) կը համապատասխանէ. վերնաղի, լայնաղի. սիւնակ.

colonel (քըր'նըլ) գնդապետ (որ շուրջ 1000 զինուորի կը հրամայէ բանակին մէջ). *colonel Blimp* պահպանողական ծերուկ զէր սպայ.

colonnade (քալընէյտ') կամարները պաշտպանող սիւնաշարք.

colony (քալ'ընի) գաղութ (համայնք) գաղութ (գըրաւուած երկիր). բոյսերու, միջատներու խումբ. գաղութ. *colonial* գաղթային.

colossus (քըլաս'ըս) հըսկայ արձան. մեծ մարդ. *colossal* շատ մեծ.

colour (քալ'ըր) գոյն. *he has a high colour* կարմիր դէմք մը ունի. *local colour* նկարագրութիւնը վայրի մը ուր պատմութեան մը դէպքերը պատահած են. տեղական գոյն. *colours* նաւու մը դրօշակը. *come off with flying colours* շատ յաջող դուրս գալ. *nail one's colours to the mast* մերժել յանձնուիլ. — *blindness* գունակուրութիւն.

colt (քոլթ) մտրուկ (արու ձի). ապուշ. անառակութիւն ընել.

column (քալ'ըմ) սիւն (շինութեան). զինուորներու սիւնաշարք. սիւնակ. շարք.

coma (քո'մը) մահաքուն. *comatose* մահաքունի վիճակի մէջ.

comb (քոմ) սանտր. *comb out* ամէն կողմ փնտռել. սանտրել.

combat (քամ'պէթ) նակատամարտ. կռիւ. *combatant* մարտիկ. մաքառիլ. մրցիլ, մենամարտիլ.

combination (քամպինէյ'շըն) զուգադրութիւն. բաղադրութիւն. *combine* (քըմպայն') միախառնել. միասին աշխատելու համաձայնիլ. *a combine* միասին աշխատող առեւտրական գործարաններ եւ կամ անձեր· *combine harvester* հնձող եւ կամնող մեքենայ·

combustion (*քըմպաս'չըն*) կիզում, այրում· *combustible* կիզելի· վառելանիւթ· դիւրավառ·

come (*քամ*) գալ· հասնիլ· պատահիլ· ժամանել· յաջողցնել· *how did you come to do that?* ինչպէ՞ս պատահեցաւ որ ըրիր այդ· *he will come to no good* յաջող պիտի չըլլայ· *come, come!* հանդարտէ· *to come across* պատահմամբ հանդիպիլ· *come by* ձեռք ձգել· *come down on (a person)* մէկը պատժել· *come forward* օգնութիւն առաջարկել· *come in useful* օգտակար նըկատուիլ· *come off* պատահիլ *come off with flying colours* շատ յաջող ըլլալ· *come out* հրապարակուիլ· *come round, come to* ինքզինքին գալ (մարելէ ետք)· — *to* ժառանգել· *come up to* հաւասար ըլլալ· *to come short* թերանալ· յուսախաբել· *to come to* տեղի տալ· *to come to grief* արկածահար ըլլալ· *to come to blows*·ծեծի բռնուիլ· *to come to terms* համաձայնիլ· *to come of age* 21 տարեկան ըլլալ·

comedy (*քամ'իտի*) կատակերգութիւն· *comedian* կատակերգակ·

comely (*քամ'լի*) գեղեցիկ· շնորհալի·

comestibles (*քըմէս'թիպըլզ*) ուտելիք· կերակուր·

comet (*քամ'էթ*) գիսաւոր, գիսաստղ·

comfit(s) (*քամ'ֆիթ(ս)*) քաղցրեղէններ պտուղի·

comfort (*քամ'ֆըրթ*) հանգստաւէտութիւն· *comfortable* հանգստաւէտ· *The Comforter* Ս. Հոգի·

comic (*քամ'իք*) զաւեշտական. կատակերգական· *comic paper* մանուկներու յատուկ նկարազարդ զաւեշտական թերթ·

cominform (*քամ'ինֆորմ*) համայնավար քարոզչութեան կազմակերպութիւն ծանօթ իբր Համայնավար Տեղեկատուութեան Դիւան (հիմնուած 1947ին)·

comity (*քամ'իթի*) քաղաքավարութիւն· բարեկամութիւն·

comma (*քամ'ը*) ստորակէտ (,)· բացատ·

command (*քըմանտ'*) հրամայել· իշխել· վարել· ուղղել· պատուիրել· հրամանատարութիւն· հրաման· *in — of* հրամանատար· *He commands respect* ամենուն յարգանքին արժանի է· *commandant* հրամանատար· *commander, commandeer* (*քամընտիյր'*) բանակին մէջ ծառայել ստիպել (պատերազմի ատեն)․ տպաւորել․

commandment (գոմէնտմրնթ) պատուիրանք․ *the Ten C—s* Տասը Պատուիրանները․

commando (քըմաՆ'տօ) արձակազէն, փէտայի․

comme il faut (քո'մ իլ ֆօ') ուղիղ․ լաւ կըրթուած․

commemorate (քըմէմ'ըրէյթ) յիշատակել․ տօնախմբել․ *—ion* յիշատակութիւն․

commence (քըմէնս') սկըսիլ․ *commencement* շրջանաւարտութեան հանդէս․

commend (քըմէնտ') գովել․ աւանդել․ *to — a thing to a person* մէկուն խնամքին յանձնել բան մը․ *—ation* յանձնարարութիւն․ գովեստ․

commensurate (քըմէն'շըրէյթ) *(— with, to)* համաչափ, համահաւասար․

comment (քըմ'էնթ) մեկնաբանութիւն․ գրադատութիւն․ մեկնել․ *commentate* մեկնաբանել․ գրադատել․ *commentation* մեկնաբանութիւն․ *commentator* մեկնաբան․

commerce (քամ'ըրս) առեւտուր․ վաճառականութիւն․ սեռային յարաբերութիւն․

commercial (քըմըր'շըլ) առեւտրական․

commiserate (քամիզ'ըրէյթ) գթալ․ ցաւիլ (ուրիշին վրայ)․

commisserat (քամիս'ըրիըթ) մատակարարութիւն (բանակի)․ կոմիսարիա․

commissar (քամիսար') կոմիսար․ խորհրդային պետական պաշտօնեայ․ նախարար (1945–էն առաջ)․

commissary (քամ'իսըրի) պատուիրակ․ յանձնակատար․

commission (քըմի'շըն) յանձնաժողով․ յանձնարարութիւն․ միջնորդչէք․

commit (քըմիթ') կատարել․ սխալ գործել․ *to — to prison* բանտ դրկել․ վստահիլ․ յանձնել․ *— to memory* գոց սորվիլ․

committee (քըմիթ'ի) կոմիտէ․ յանձնաժողով․ վարչութիւն․

commodious (քըմօտ'իըս) հանգստաւէտ․ յարմար․ շատ սենեակներով․

commodity (քըմատ'իթի) յարմարութիւն․ *staple —* ապրանք․ օգտակար բան, առարկայ․

commodore (քամ'ըտո'ր) աւագ նաւապետ․ հազարապետ (ծովային)․ *air —* օդուժի հազարապետ․

common (քամ'ըն) հասարակ․ ընդհանուր․ յաճախ․ գռեհիկ․ *a common* հանրային հող․ *House of Commons* Համայնքներու Տուն․ *common sense* դատողութիւն․ ողջմտութիւն․ *by — consent* միաձայնութեամբ․ *in —* ընկե–

բութեամբ· —*ly* առհասարակ· յաճախ·

commoner (քամ՛ընըր) առանց տիտղոսի ազնուական·

commonplace (քամ՛ըն-փլէյս) յիշատակարան· տափակ· գռեհիկ· հասարակ ոճ· — *book* յուշատետր·

commonwealth (քամ՛ըն-ուէլթհ) անկախ երկիրներու խումբ մը, միացած կեդրոնական կառավարութեան մը տակ· *The British Commonwealth* Բրիտանական Հասարակապետութիւն (1947–էն ի վեր ստեղծուած)·

commotion (քըմո՛շն) խըռովութիւն, անկարգութիւն· յուզում·

communal (քըմ՛իունըլ) համայնքային· թաղային·

commune (քամ՛իուն) երկրի մէջ ինքնավար շրջան· գաւառակ· վիճակ· հաղորդակցութիւն· սրտակցիլ· հաղորդակցիլ· հաղորդութիւն առնել·

communicate (քըմիուն՛իքէյթ) *(with)* հաղորդակցիլ· հաղորդութիւն առնել· *communicative* հաղորդական· *communicating rooms* իրարու մէջ բացուած երեք սենեակներ· *communication* հաղորդակցութիւն· *communiqué* պաշտօնական հաղորդագրութիւն (պետական)·

communion (քըմիուն՛եըն) սրտակցութիւն· հաւատակցութիւն· հաղորդութիւն· մասնակցիլ· բաժնել·

communism (քամ՛իունիզմ) համայնավարութիւն· *communist* համայնավար· *communistic* համայնավարական·

community (քըմիուն՛իթի) համայնք· հասարակութիւն· հանրային սեփականութիւն· նկարագրի նոյնութիւն·

commute (քըմիութ՛) պատիժը նուազեցնել· փոխանակել· ճամբորդութեան ամսական տոմս·

compact (քըմփէքթ՛) համառօտ· խտացած· իրարու սեղմուած· — (քամ՛փէքթ) ուխտ· պայմանագրութիւն· *general* — միաձայնութիւն·

companion (քըմփէն՛եըն) ուղեկից· ուղեկցիլ· բարեկամ· —*ship* ընկերակցութիւն· ուղեկցութիւն· *companion ladder* նաւու մէջ աստիճաններ· —*able* ընկերական, հաճելի·

company (քամ՛փընի) ընկերութիւն· ընկերակցութիւն· հիւրեր· գումարտակ (100–250 զինուոր հարիւրապետի մը հրամանատարութեան տակ)· ընկերութիւն (առեւտուրի, գործառնութեան)· *in the company of* հետը· *to keep bad company* գէշ բարեկամներ ունենալ·

compare (քըմփէ'ր') բաղդատել· համեմատել· նըմանցնել· *comparative* բաղդատական· *comparable* բաղդատելի· *comparison* բաղդատութիւն· *beyond comparison* անբաղդատելի·

compartment (քըմփարթ'մընթ) բաժանում· բաժնեակ· մասնաբաժին·

compass (քամ'փէս) կողմնացոյց· շրջանակ· գօտի· *—es* կարկին· *within the compass of* մէջը· *to —* շրջան ընել, շըրջապատել· ըմբռնել· կատարել· ծրագրել·

compassion (քըմփէ'շըն) կարեկցութիւն· գութ· *compassionate* կարեկից· գթասիրտ·

compatible (քըմփէթ'իպլ) հանելի· յարմար· *— with* ներդաշնակ, գոյակցելի·

compatriots (քըմփէթ'րիըթս) հայրենակիցներ·

compeer (քըմփի'ր') ընկեր· հաւասար·

compel (քըմփէ'լ) պարտադրել· մղել· *—ling* հետաքրքրութիւն, հիացում առթող· պարտադրանք·

compendium (քըմփէնտ'իըմ) գիրքի մը համառօտագրութիւնը· *compendious* հակիրճ սակայն լայն իմաստով·

compensate (քամ'փընսէյթ) հատուցանել· վարձատրել· փոխարինել·

compensation (քըմփընսէ'շըն) վարձատրութիւն· փոխարինում·

compete (քըմփի'թ') մըրցիլ· *competition* (քամփէթի'շըն) մրցում· մըրցակցութիւն· *competitive* (քըմփէթ'իթիվ) մրցական, մրցող·

competent (քամ'փիթընթ) ատակ· կարող· արտօնելի· *competency* կարողութիւն·

compile (քըմփայլ') համադրել· խմբագրել· մատենագրել· *compilation* (քամփիլէյ'շըն) գրաքաղութիւն· ծաղկաքաղ·

complacent (քըմփլէյ'սընթ) ինքնագոհ· դիւրահան· քաղաքավար·

complacence(cy) (քըմփլէյ'սէնս, սէնսի) ինքնագոհութիւն·

complain (քըմփլէյն') գանգատիլ· տրտնջալ· *—t* տրտունջք· հիւանդութիւն· պաշտօնական ամբաստանութիւն·

complaisant (քըմփլէյ'զընթ) հանոյակատար· բարեհամբոյր· քաղաքավար·

complement (քամ'փլիմընթ) լրացուցիչ· ամբողջութիւն· նաւու մը անհրաժեշտ եղող բոլոր պաշտօնեաներն ու նաւաստիները· *—ary angles* ուղղանկիւնի (90°) լրացուցիչ անկիւններ·

complete (քըմփլի'թ') աւարտել· ամբողջացնել· ամբողջ· վերջացած·

complex (քամ'փլէքս) բարդ· *a — (in the mind)* բարդոյթ· գաղափարթերու կամ իղձերու շարք մը, զոր մենք կ'անգիտանանք եւ սակայն անդրադարձ կ'ունենայ մէկուն վարուելակերպին վրայ· *inferiority* — ստորակայութեան բարդոյթ· *superiority* — գերակայութեան բարդոյթ·

complexion (*քըմփլէք'շըն*) երեսի գոյն· դէմք· *to put a different — on it* բան մը տարբեր ձեւով ցոյց տալ·

compliance (*քըմփլայ'ընս*) համաձայնութիւն· ենթարկում· հնազանդութիւն· *compliant* դիւրահաւան· հլու· *in — with* համաձայն (փափաքի, կանոնի եւ այլն)·

complicate (*քոմփ'լիքէյթ*) բարդացնել· կնճռոտել· բարդ· կնճռոտ· *complication* բարդութիւն· դժուարութիւն·

complicity (*քըմփլի'սիթի*) մեղսակցութիւն·

compliment (*քամ'փլիմընթ*) հիացում արտայայտել ուրիշի մը հանդէպ· մեծարել· պայմանադրական մեծարանքներ ընել· *a —* գովասանք· *—s* գրաւոր, պաշտօնական բարեւ· մաղթանք տօնական· մեծարանք· փաղաքշանք·

comply (*քըմփլայ'*) (*— with*) համաձայնիլ· ենթարկուիլ·

component (*քըմփոն'ընթ*) հիմնական մաս· գլխաւոր բաղկացուցիչ·

comport (oneself) (*քըմփորթ'*) վարուիլ· համաձայնիլ· *— with* յարմարիլ· *—able* պատշաճ·

compose (*քըմփոզ'*) իրարու քով դնել· կազմել· *— oneself* խաղաղիլ, հանդարտիլ· *to — poetry, music* բանաստեղծութիւն, երաժշտութիւն գրել· *composed* հանդարտ՝ յօրինուած· *composer* երգահան· *composure* (*քըմփո'ժըր*) հանդարտութիւն·

composite (*քամ'փըզիթ*) տարբեր մասերէ շինուած· խառն, բաղադրեալ· *—a* (*քամփըզ'իթի*) արեւածաղիկ·

composition (*քոմփոզի'շըն*) համադրութիւն· կազմութիւն· երգագրութիւն· բաղադրութիւն· շարադրութիւն· *compositor* (*քըմփոզ'իթըր*) տպագրական տառեր դասաւորող· գրաշար· կազմարար· յօրինող·

compound (*քըմ'փաունտ*) իրարու խառնուած· բաղադրեալ· *to compound* (*քըմփաունտ'*) *a debt* պարտքը վճարել համաձայնուած գումարով մը (բուն պարտքէն աւելի պակաս սակայն)· *to — a felony* մեղսակցիլ·

compound (*քը'մփաունտ*) տարբեր նիւթերէ շինուած· խառնուրդ· բաղադրութիւն· շրջափակ· երկու նիւթերու միախառնում, այնպէս որ նոր նիւթ մը մէջտեղ

գայ․ օրինակ մտադ + թթու․
comprehend (*քամփրի-հէնտ՛*) հասկնալ․ ըմբռնել․ բովանդակել․ պարփակել․
comprehensive (*քամփրի-հէն՛սիվ*) դիւրըմբռնելի․ հասկնալի․ ընդարձակ, մեծապարփակ․
compress (*քըմփրէս՛*) սեղմել․ ճնշել․ —*ion* (*քըմ-փրէ՛շըն*) սեղմում․ ճնշում․ կազերուն միախառնումն ու ճնշումը կրակ առնելէ առաջ (ինքնաշարժներու մէջ)․
compress (*քամ՛փրէս*) թաց վիրակապ, կամ բարձիկ՝ երակը ճնշելու, բորբոքումը մեղմացնելու համար․
comprise (*քըմփրայզ՛*) պարունակել․ շինուած ըլլալ․
compromise (*քամ՛փրը-մայզ*) իրաւախոհութիւն․ զիջում․ կարգադրել․ հաշտուիլ․ —*r* հաշտարար․ իրաւարար․ *to — oneself* անխոհեմօրէն կասկած հրաւիրել մարդոց թէ ինք յանցագործ եղած է․
comptograph (*քըմփԹ՛ո-կրաֆ*) հաշուեմեքենայ․
comptroller (*քընԹրո՛լըր*) հաշուեքննիչ (պետական պաշտօնեայ)․
compulsion (*քըմփալ՛շըն*) ստիպում, պարտադրութիւն․ բռնադատութիւն․
compulsory (*քըմփալ՛սը-րի*) պարտաւորիչ․ բռնի կատարուելիք․ պարտադիր․
compunction (*քըմփանք՛-շըն*) խղճահարութիւն․ զղջում․
compute (*քըմփիուԹ՛*) հաշուել․ գումարը գտնել (գումարելով, բաժնելով եւ այլն)․ —*er* ելեկտրական հաշուիչ մեքենայ․
comrade (*քամրէյտ*) ընկեր․ մտերիմ բարեկամ․ գործակից․ կուսակցական ընկեր․
con (over) (*քան*) սերտել, գոց սորվիլ․
con – (*քան –*) հետը․ միասին (նախադրական մասնիկ)․
con (*քան*) դէմը․ հակառակ․ դժուարամիտ․ *pro and con* ի նպաստ եւ հակառակ, թեր ու դէմ․ *the pros and cons* առաւելութիւններն ու անպատեհութիւնները․
concatenation (*քընքէԹի-նէյ՛շըն*) յաջորդութիւն (դէպքերու)․
concave (*քան՛քէյվ*) ներսի կողմէն քանդակուած․ գոգաւոր․ փոս․
conceal (*քանսիյլ՛*) պահել․ ծածկել․
concede (*քանսիյտ՛*) տեղի տալ․ ճիշդ ըլլալը ընդունել․ խաղը սկսիլը արտօնել․ խաղը կորսնցնել․
conceited (*քընսիԹ՛ըտ*) բարձր համարում ունեցող ինքն իր մասին․ սին, մտացածին․
conceive (*քընսիյվ՛*) գաղափար յղանալ․ երեւակայել․ յղանալ․

concentrate (*քան'սէնթ-րէյթ*) կեդրոնացնել (բանակ, եւայլն) որոշ կէտի մը վրայ. խտացնել (հեղուկ մը, գայն շատ եռացնելով). *I shall concentrate on* ամբողջ ուշքըս պիտի կեդրոնացնեմ (բանի մը վրայ).

concentration camp (*քըն-սէնթրէյ'շըն քէմփ*) կեդրոնացման ճամբար քաղաքական յանցաւորներու համար.

concentric, concentrical (*քընսէն'թրիք, քընսէն'-թրիքըլ*) նոյնակեդրոն. համակեդրոն.

concept (*քան'սէփթ*) յղացք. գաղափար. *conception* (*քոնսէփ'շըն*) յղացում. յղութիւն. ըմբռնում. մտապատկեր.

concern (*քանսըրն'*) վերաբերիլ. *to be concerned about* մտահոգ ըլլալ. *a matter of great concern* շատ լուրջ հարց. *a going concern* յաջող գործ. *a paying concern* շահաբեր գործ՝ վաճառատուն.

concert (*քան'սըրթ*) երգահանդէս, նուագահանդէս. համաձայնութիւն. ներդաշնակութիւն. ծրագրել. համաձայնութիւն գոյացնել. խորհրդակցիլ.

concession (*քընսէշ'ըն*) զիջում. մենաշնորհ. արտօնութիւն հողամաս մը գործածելու.

conch (*քանկք*) խեցեփող, ականջակոնք.

conchology (*քանկքալ'ըճի*) խեցերանութիւն. խեցիներու մասին գիտական ուսումնասիրութիւն.

conciliate (*քանսիլ'իէյթ*) բարեկամութիւնը շահիլ. հաշտեցնել.

concise (*քընսայս'*) կարճ. հակիրճ.

conclave (*քանք'լէյվ*) գաղտնի ժողով. Պապը ընտրող կարտինալներու դռնփակ ժողով.

conclude (*քընքլուտ'*) եզրակացնել. փակել. վերջացնել. որոշել. *conclusion* (*քընքլու'ժըն*) եզրակացութիւն. վերջ. վերջամաս. հետեւութիւն. *come to a —* եզրակացութեան մը գալ.

conclusive (*քընքլուս'իվ*) վճռական. համոզիչ.

concoct (*քընքաքթ'*) պատրաստել (իրարու խառնելով). ծրագրել. *— a story* սխալ պատմութիւն մը ընել.

concomitant (*քընքամ'իթընթ*) համընթաց. զուգընթաց. ընկեր. *music is the usual concomitant of feasting* երաժշտութիւնը խնճոյքին ընկերն է, զուգընթաց են իրարու.

concord (*քան'քորտ, քոն'-քորտ*) դաշինք, համաձայնութիւն. խաղաղութիւն. ներդաշնակութիւն. *concordat* (*քըն-քոր'տէթ*) Պապի եւ թագաւորի մը միջեւ համաձայնութիւն կրօնական

հարցերու շուրջ. բարե-կամական դաշինք (պետութիւններու միջեւ).
concourse (քան'քորս) համախմբում. համագումար.
concrete (քան'քրի'թ) հաստատուն. շօշափելի. միաձոյլ. իրական. թանձրացեալ. *a concrete noun* թանձրացեալ անուն. բրձաշաղախ.
concubinage (քոնքիու'-պինէյճ) կենակցութիւն, հարճակալութիւն.
concur (քընքըր') գործակցիլ. համաձայնիլ. նոյն կէտին վրայ հանդիպիլ. զուգադիպիլ.
concuss (քընքաս') խանգարել. ցնցել. սպառնալով պարտադրել. *concussion* (քընքաշ'ըն) ցնցում. զգայազրկութիւն՝ գլխուն տրուած հարուածի մը պատճառաւ. բռնադատութիւն.
condemn (քընտէմ') դատապարտել. մեղադրել. տուգանել. *to — to death* մահուան դատապարտել. *—ation* (քըն-տէմնէյ'շըն) դատապարտութիւն.
condense (քընտէնս') իբարու սեղմել. ամփոփել (ընելիքները). *condensation* խտացում.
condenser (քընտէնս'ըր) մեքենայի մը մէկ մասը որ կազը հեղուկի կը վերածէ. գործիք որ ելեկտրականութիւն կ'ամբարէ.
condescend (քանտիսէնտ') խոնարհիլ. զիջանիլ. յօժարիլ.
condign (քընտայն') *(punishment)* արժանի ելլալ (ծանր պատիժի).
condignity (քընտիկ'նիթի) արժանաւորութիւն.
condiment (քան'տիմընթ) թացան. համեմանք.
condition (քընտի'շըն) վիճակ. պայման. աստիճան. *in good condition* յստակ. զօրաւոր. *on condition that* եթէ. *to impose condition* պայման առաջարկել, պարտադրել (բան մը ընելու համար). յարմար վիճակի հասցնել.
conditioned reflex (րիֆ-լէքս') (հոգեբանութեան մէջ) կերակուրին տեսքէն բերնին մէջ լորձունք հոսիլը նման վիճակ մըն է (ուրիշ արտաքին ազդակներ այլ վիճակ կը ստեղծեն).
condole (քընտոլ') սրտակցիլ. ցաւակցիլ.
condone (քընտոն') ներել. չտեսնել ձեւացնել անմուսնական անհաւատարմութիւնը. *condonation* ներում.
conduce (քընտիուս') պատճառել. ծառայել. օգնել. *—ive* օգնական.
conduct (քընտաքթ') առաջնորդել. թոյլատրել (որ անցնի). ուղղել. (քան'տըքթ) կառավարում. վերաբերմունք. *to — oneself* լաւ վարուիլ. *to — a business (war)* գործ մը (պատերազմը) շարունակել. *conductor*

(քընտաքթ'ըր) նուագախումբի ղեկավար. իմֆնաշարժի վարիչ.

conduit (քոն'–, քան'տուիթ) ջուրի ընդյատակեայ խողովակ.

cone (քոն) կոն, կոնի ձեւը ունեցող պտուղ. *cones* բարակ ալիւր.

confabulate (քընֆէպ'իուլէյթ) խօսակցիլ (մտերմաբար). *confabulation* ծանրակշիռ հարցի մը շուրջ թեթեւօրէն խօսիլ.

confectionery (քընֆէք'շընըրի), confectioner (քընֆէք'շընըր) քաղցրեղէն եւ բլիթ շինող եւ ծախող.

confederate (քընֆէտ'ըրէյթ) դաշնակից. մեղսակից. *confederation* համադաշնակցութիւն. *—tive* դաշնակցային.

confer (upon) (քընֆըր') պատուել. շնորհել. *confer with* խորհրդակցիլ. *conference* (քան'ֆըրէնս) խորհրդակցութիւն. բանակցութիւն. խորհրդաժողով.

confess (քընֆէս') խոստովանիլ. ընդունիլ. ունենալ. *confessor* խոստովանահայր.

confetti (քընֆէթ'ի) գունաւոր փոքր թղթիկներ որ նորապսակ ամոլին վրայ կը թափեն երբ եկեղեցիէն դուրս կ'ելլեն.

confide (քընֆայտ') վըստահիլ. գաղտնիքներ յայտնել վստահելի անձի մը.

confidence (քան'ֆիտէնս) վստահութիւն. հաւատք. ապահովութեան զգացում. *confidential* խորհրդապահական. խիստ գաղտնի պահելիք.

confine (քընֆայն') արգելափակել. սահմանափակել. *—s* (քան'ֆայնս) եզերք. սահման. բանտարկել. *confinement* արգելափակում. ծննդաբերութիւն. անկողինի ծառայել.

confirm (քանֆըրմ') հաստատել. զօրացնել. ապահովել. *confirmation* հաստատում. վաւերացում. *a confirmed bachelor* այր մարդ որ երբեք պիտի չամուսնանայ.

confiscate (քան'ֆիսքէյթ) իրաւագրկել. բոլոր շարժուն եւ անշարժ կալուածները բռնագրաւել.

conflagration (քանֆլըկրէյ'շըն) կործանարար մեծ կրակ.

conflict (քան'ֆլիքթ) կըռիւ. անհամաձայնութիւն. (քանֆլիք'թ) կըռուիլ. տարբերիլ.

confluence (քանֆլո'ւընս) միահոսութիւն. գետախառնում.

conform (քընֆորմ') համաձեւ ըլլալ. ներթարկուիլ. օրէնքին կամ սովորութեան համաձայն գործել. *in conformity with* համաձայն (բանի մը).

confound (քընֆաունտ') տակնուվրայութիւն բըտեղծել. շփոթութիւն

ստեղծել· *confound you!* բարկութեան եկէ՛ք· *a confounded long time* շատ երկար ժամանակ·

confrère (*քոնֆրէ՛ր*) արհեստակից· գործակից·

confront (*քընֆրանթ՛*) ճակատիլ, դիմագրաւել· դէմ դիմաց գալ· համեմատել·

Confucius (*քոնֆիու՛շըս*) Չին փիլիսոփայ, Քոնֆու-Չէ (550–479 Ք·Ա·)· Կոմփիւկիոս·

confuse (*քընֆիուզ՛*) իրարու խառնել· շփոթել· խանգարել· *confusion* շփոթութիւն· խուճապ·

confute (*քընֆիութ՛*) հերքել (փաստը, մէկը)·

congé (*քընժէ՛*) ճամբելը, պաշտօնանկ ընելը·

congee (*քան՛ճի*) արձակուրդ·

congeal (*քընճի՛լ*) հաստնալ (ինչպէս արիւնը օդին մէջ)· ուռիլ· կարծրանալ· *congelation* սառում· դոնդող·

congenial (*քընճի՛նիըլ*) համանաշակ· համազգի· համաբարոյ· կարեկից·

congenital (*քընճէ՛նիթըլ*) ժառանգական (հիւանդութիւն)· ի ծնէ, բնածին·

conger (*քանկ՛կըր*) օձաձուկ (ծովի)·

congest (*քընճէսթ՛*) կուտակել, խռնել· *congested* խռնուած (մարդոցմով)· արիւնազեղ·

conglomerate (*քընկլամ՛ըրէյթ*) միախռնուած· համակուտակ·

congratulate (*քընկրէթ՛իուլէյթ*) շնորհաւորել· երջանկութիւն մաղթել·

congregate (*քանկ՛կրիկէյթ*) իրարու հանդիպիլ· հաւաքուիլ· *congregation* մարդոց մեծ համախմբում· հաւատացեալներու բազմութիւն (եկեղեցիի մէջ)·

congress (*քանկ՛կրէս*) համաժողով· դեսպաններու ժողով· երեսփոխաններու եւ ծերակուտականներու ժողով (Ա·Մ·Ն·)

congruent (*քանկ՛կրուընթ*) յարմար, համապատասխան·

conic (*քան՛իք*) կոնաձեւ·

conjecture (*քընճէքթ՛իուր*, *քընճէք՛շըր*) ենթադրել· ենթադրութիւն· վարկած·

conjugal (*քան՛ճուկըլ*) ամուսնական·

conjugate (*քան՛ճուկէյթ*) խոնարհել· լծորդել· ամուսնացնել· լծորդ·

conjunction (*քընճանք՛շըն*) շաղկապ (*and, but*, եւայլն)· կապ· միացում· *in — with* միասին·

conjure (*քան՛ճըր*) մեռածի մը հոգին կանչել· աղերսել· թովել· — (*քընճուր՛*) ծանր պատուէր տալ (ընելու)·

connate (*քըն՛էյթ*) ընդոծին, բնածին·

connect (*քընէքթ՛*) կապել· ընկերացնել, միացնել· յարել· *connection* կապ· կապակցութիւն· զուգաւորութիւն․ *she is well connected* լաւ ընտանիքէ մը կը սերի եւ լաւ ընտանիքի մը հարս եղած է․ *the shop has a good connexion* խանութը շատ յաճախորդներ ունի․

conning-tower (*քոնինկ'-թաուըր*) զրահապատ աշտարակ մարտանաւի մը վրայ՝ նաւու ղեկավար սպաներու գործածութեան համար․

connive (*քընայվ'*) աչք գոցելով օգնել չարագործներուն․ չարիքը չտեսնել ձեւացնել․

connoisseur (*քանըսըր'*) հմուտ, գիտակ (արուեստներու, ճաշակի հարցերուն մէջ)․

connote (*քընոթ'*) ակնարկել․ տեղին գործածել (բուն իմաստով)․

connubial (*քընիուպ'իըլ*) ամուսնական․ հարսանեկան․

conquer (*քանկ'քըր*) նուաճել (երկիր մը)․ յաղթել․ շահիլ․ *—er* յաղթող, աշխարհակալ․ *conquest* նուաճում․ գրաւում․ աշխարհակալութիւն․

consanguineous (*քանսէնկկուին'իըս*) արիւնակցական․ միեւնոյն արիւնէն կամ ընտանիքէն․

conscience (*քան'շընս*) խիղճ․ խղճմտանք․ *in all* — խղճմտանքով․ *conscientious* (*քանշիէն'շըս*) խղճամիտ․

conscious (*քան'շըս*) գիտակից․ տեղեակ․ *consciousness* գիտակցութիւն․ *to lose* — մարիլ․

conscript (*քան'սքրիփթ*) զինուորագրեալ․ նորազէն․

conscript (*քանսքրիփթ'*) պարտադիր զինուոր արձանագրուիլ․ *conscription* (*քանսքրիփ'շըն*) զինուորագրութիւն․

consecrate (*քան'սիքրէյթ*) նուիրագործել․ մատաղ ընել․ նուիրաբերել (եկեղեցւոյ համար)․ օծել․

consecutive (*քընսէք'իութիվ*) յաջորդական․ անընդմէջ․ *—ly* յաջորդաբար․

consensus (of opinion) (*քընսէն'սըս*) ընդհ․ համաձայնութիւն․ միաձայն հաւանութիւն․

consent (*քընսէնթ'*) համակերպիլ, հաւանիլ, ընդունիլ, հաւանութիւն, համաձայնութիւն․ *with one* — միաձայնութեամբ․ *silence gives* — լռութիւնը հաւանութիւն տալ ըսել է․

consequence (*քան'սիքուընս*) հետեւանք․ արդիւնք․ *of no consequence* անկարեւոր․ *consequent* հետեւորդ․ հետագայ․ հետեւական․

consequently (*քան'սիքուէնթլի*) հետեւաբար․

conservancy (*քընսըրվ'էնսի*) պահպանում (անտառներու, գետերու, նաւահանգիստի)․ քաղաքի մը մաքրութեամբ ըզբաղող մարդոց խումբ·

conservation (*քանսըր-վէյ՛շըն*) պահպանելը (աւրուելու դէմ)· պաշտպանութիւն· պահպանութիւն· — *of mass* նիւթի անկորնչելիութեան օրէնք·

conservative (*քընսըրվ՛է-թիվ*) պահպանողական· *Conservative Party* Անգլիոյ Պահպանողական կուսակցութիւնը·

conservatoire (*քոնսըրվա-թուար՛*) երաժշտանոց· արուեստի տուն·

conservatory (*քընսըրվ՛է-թըրի*) ապակիէ տուն՝ ծաղիկներու համար· երաժշտանոց·

conserve (*քընսըրվ՛*) ապահով պահել (աւրուելէ)· պահպանել· պահածոյ· —*s* պահածոյ պտուղներ·

consider (*քընսիտ՛ըր*) նկատել· մտածել (բանի մը շուրջ)· որոշ կարծիք կազմել· *to — others* ուրիշներու զգացումներուն եւ փափաքներուն մասին մտածել· —*able* նկատառելի· շատ կարեւոր· —*ate* փափկանկատ· զգոյշ· ազնիւ·

consign (*քընսայն՛*) դրկել· անձի մը պատասխանատուութեան տակ դնել· յանձնել· աւանդել· վստահիլ· *to — to the grave* հողին յանձնել·

consignee (*քընսայնի՛*) վաճառընկալ· յանձնառու·

consigner (*քընսայ՛նըր*) յանձնող· դրկող·

consignment (*քընսայն՛մընթ*) աւանդում· առաքում· յանձնում· դրկըւած ապրանք· աւանդ·

consist (*քընսիսթ՛*) կայանալ· բաղկանալ·

consistence(cy) (*քոնսիս՛թէնս(ի)*) թանձրութիւն (նիւթի) եւ տոկունութիւն (անձի)· նկարագրի հաստատութիւն·

consistent (*քընսիս՛թընթ*) տոկուն· հաստատ· ներդաշնակ·

console (*քընսոլ՛*) մխիթարել· *consolation* (*քանսըլէյ՛շըն*) մխիթարութիւն·

consolidate (*քընսալ՛իտէյթ*) զօրացնել· ամրապնդել· հաստատել·

Consols (*քանսոլզ՛*, *քան՛սոլզ*) 1751ին Բրիտանական կառավարութեան բոլոր պարտքերը մէկ պարտքի վերածուեցան միեւնոյն տոկոսով: Այս միացեալ պարտքերը կը կոչուին *Consols* երաշխաւորեալ պարտք·

consommé (*քոնսոմէ՛*) արգանակ·

consonant (*քոն՛սընընթ*) բաղաձայն (գիր)· նոյնաձայն· ներդաշնակ (ձայն)· հաճելի· համաձայն·

consort (*քան՛սորթ*) թագաւորի կինը, թագուհիին ամուսինը· ուրիշ նաւու մը պաշտպանութեան տակ նաւարկող նաւ· ընկերակցութիւն· (քըն-սորթ') միացնել, ընկերակցիլ, ներդաշնակուիլ·

conspectus (քընսփէք'թըս) ընդհանուր տեսարան, գաղափար կամ կարճ պատմութիւն (ընդարձակ նիւթի մը)· ուրուագիծ·

conspicuous (քընսփիք'իուըս) յստակօրէն տեսանելի· շատ աչքառու· ակներեւ· ականաւոր·

conspiracy (քընսփիր'ըսի) դաւադրութիւն· մեքենայութիւն· համագործակցութիւն· *conspiration* դաւադրութիւն· *conspirator* դաւադիր· *conspire* (քընսփայր') դաւադրել· ծրագրել·

constable (քըն'սթէպլ) ոստիկան· *chief —* ոստիկանապետ· *special —* պատերազմի շրջանի քաղաքային ոստիկան· *to outrun the —* պարտքի տակ իյնալ· *constabulary* (քընսթէպ'իուլըրի) ոստիկանութիւն· ոստիկանական·

constant (քան'սթընթ) անփոփոխ· հաւատարիմ· հաստատամիտ· *constancy* (քան'սթընսի) անփոփոխութիւն· հաւատարմութիւն·

Constantinople (քոնսթէն'թինոփըլ) կ. Պոլիս· Իսթամպուլ (ներկայիս)·

constellation (քանսթըլէյ'շըն) համաստեղութիւն·

consternation (քանսթըրնէյ'շըն) սարսափ· զարհուրանք, տարակու-թիւն·

constipated (քան'սթիփէյթըտ) պնդացած (փորը)· *constipation* պընդութիւն·

constituency (քընսթիթ'իուէնսի) ընտրողներ· քըւէատուփ· յանձնորդներ (ձեռնարկի մը)·

constituent (քանսթիթ'իուընթ) բաղկացուցիչ· քուէարկող· *Constituent Assembly* Սահմանադիր Խորհուրդ·

constitute (քան'սթիթիութ) հաստատել· հիմնել· սահմանել· *her gentleness constitutes her real charm* իր ազնուութիւնը իր իրական գրաւչութիւնը կը կազմէ· *constitution* սահմանադրութիւն· հաստատութիւն· հիմնարկ· կազմութիւն· *he has a good constitution* լաւ առողջութիւն, կազմըւածք, խառնուածք ունի· *a constitutional* պտոյտ մը առողջութեան սիրոյն·

constrain (քընսթրէյն') ստիպել· բռնադատել (բան մը ընել)· արգելափակել, բանտարկել·

constrict (քոնսթրիքթ') սեղմել· պրկել· *—ion* ստիպում· արգելափակում. զսպում·

construct (քընսթրաքթ') կառուցանել· կազմել· *—ion* կառուցում· *—ive* կառուցողական· շինիչ· *he puts a bad construc-*

tion on my words իմ խօսքերուս գէշ նշանակութիւն կու տայ.

construe (*քանսթրու՛, քան՛սթրու*) մաս առ մաս բացատրել. մեկնել. *his speech was construed as an attack on the government* ճառը մեկնուեր էր իբր յարձակում կառավարութեան վրայ.

Consul (*քան՛սըլ*) հիւպատոս. հին Հռովմի մէջ ընտրուած դատաւոր կամ պաշտօնատար.

consulate (*քան՛սիուլէյթ*) հիւպատոսութիւն. հիւպատոսարան.

consult (*քընսալթ՛*) խորհրդակցիլ. ուրիշին կարծիքը հարցնել. — *ation* խորհուրդ, խորհրդակցութիւն.

consume (*քընսիում՛*) սպառել. կործանել. վատնել. *consumer goods* սպառման ապրանքներ.

consummate (*քըն՛սամէյթ*) կատարելագործել. վերջացնել. (*քընսամէյ՛թ*) կատարեալ, ամբողջական. *a — ass* շատ ապուշ անձ. — *skill* կատարեալ հմտութիւն.

consumption (*քընսամփ՛շըն*) մաշում. սպառում. հիւծախտ. *a consumptive* թոքախտաւոր.

contact (*քան՛թէքթ*) կապ. շփում. երկու ելեկտրական թելերու հպման կէտը. *to — him* երթալ եւ խօսիլ հետը. *make —* կապ հաստատել. *break —* կապը խզել.

contagious (disease) (*քընթէյ՛ճըս*) փոխանցիկ (ախտ), վարակիչ.

contain (*քընթէյն՛*) սահմանափակել. պարունակել. ներփակել. *he could scarcely contain himself* հազիւ թէ կրնար զսպել ինքզինք (չխօսելու). անշարժութեան մատնել.

contaminate (*քընթէմ՛ինէյթ*) վարակել, ապականել, պղծել.

contemn (*քընթէմ՛*) արհամարհել. անարժէք նըկատել.

contemplate (*քան՛թէմփլէյթ*) խորհիլ. խորհրդածել. ուշադրութեամբ դիտել. նպատակադրել. *I — giving up my work here next year* կը ծրագրեմ գալ տարի այս տեղի գործս ձգել.

contemporaneous (*քընթէմփըրէյ՛նիըս*) ժամանակակից. արդի. *contemporary* ժամանակակից. *a — account* դէպքի մը պատմութիւնը պատմուած անձի մը կողմէ որ ապրած է այդ ատեն.

contempt (*քընթէմփթ՛*) անարգանք. անտեսում. *hold in —* արհամարհել. — *of court* դատաւորին անհնազանդ գտնուիլ. *contemptible* արհամարհելի. արգահատեյի· —*uous* (քըն-թէմփթիւըս) գոռոզ· արհամարհոտ·

contend (քընթէնտ՛) պայքարիլ· տարհամոզել աշխատիլ· վիճիլ· պնդել·

content (քընթէնթ՛) գոհ· գոհացուած· բաւարարուած· *I am — to* տրամադիր եմ (ընել բան մը)·

content (քըն՛թէնթ) պարունակութիւն (գիրքի, ճառի, ամանի)· *table of —s* բովանդակութիւն·

contention (քընթէն՛շըն) կարծիք· կռիւ կամ անհամաձայնութիւն· վէճ· ճիգ· *contentious* կըռուազան· անհամաձայնութիւն սերմանող· վիճելի·

contest (քան՛թէսթ) անհամաձայնութիւն· մըրցում· կռիւ· փաստարկութիւն· — (քընթէսթ՛) հակառակիլ· վիճիլ· *to — an election* ընտրութեան արդիւնքը չընդունիլ·

context (քան՛թէքսթ) բընաբան· բնագիր·

contiguous (քընթիկ՛իուըս) մօտ· ներգործող· *contiguity* (քանթիկի՛ւիթի) յարակցութիւն, մերձակցութիւն·

continent (քան՛թինընթ) ցամաքամաս· հինգ ցամաքամասերէն մէկը· չափաւոր, զգաստ· պարկեշտ· *continence* (քան՛-թինընս) ժուժկալութիւն· ժուժկալ·

contingent (քընթին՛ճընթ) անվստահ· դիպուածական· դիպուած· անկարեւոր· բանակի մաս·

continue (քընթին՛եու) շարունակել· երկարել· պահել·

continuity (քանթինիու՛ւիթի) շարունակութիւն· սինեմայի համար գըրուած պատմութիւն· *continuous* (քընթին՛իուըզ) շարունակական· անընդհատ· *continuously* շարունակաբար·

contort (քընթորթ՛) գալարել· ոլորել· գալարուն· —*ionist* մարմնական այլանդակ շարժումներ ընող՝ ներկաները զուարճացնելու համար· —*ion* գալարում (երեսի, մարմնի)·

contour (քան՛թուր, քոն-թուր՛) ձեւ (երկրի, լեռան)· քարտէսի վրայ նշան որ նոյն բարձրութիւնները ցոյց կու տայ·

contra- (քան՛թրա—) հակառակ, դէմ·

contraband (քան՛թրըպէնտ) մաքսանենգութիւն· արգիլուած վաճառք· — *of war* պատերազմի յատուկ նիւթեր հայթայթելու արգելք·

contrabass (քան՛թրըպէյս) կրկնակի պաս· թաւ ջութակ·

contract(քընթրէքթ՛) սեղմել· կծկել· կարճեցնել· կարճնալ· համաձայնիլ· *a —* (քան՛թրէքթ) համաձայնութիւն· պայմանագրութիւն· նշանախօսութիւն· *to — an illness* հիւանդանալ·

contradict (*քանթրըտիքթ'*) հակասել· ժխտել· ուրանալ· *—ion* հակասութիւն· *—ory* հակասական·

contralto (*քէնթրէլ'թօ*) կանացի ամենէն թաւ ձայնը·

contraption (*քընթրէփ'շըն*) հնարք· նարտարութիւն· արտառոց մեքենայ·

contrariwise (*քան'թրըրիուայզ*) հակառակ ձեւով· ներհակօրէն·

contrary (*քան'թրըրի*) հակառակը· աննպաստ· յամառ· հակասական· *on the —* ընդհակառակը· *to the —* հակառակ·

contrast (*քանթրասթ'*) տարբերութիւնները երեւան հանել· քով քովի դնել ցոյց տալու համար տարբերութիւնը· հակադրել· (*քանթ'րասթ*) հակադրութիւն, հակապատկեր·

contravene (*քանթրըվին'*) հակառակիլ· օրէնքին դէմ գործել· ջնջել· մեղանչել·

contravention (*քանթրըվէն'շըն*) օրինազանցութիւն· *in — of* անսաստութիւն·

contretemps (*քոնթրըթան'*) փորձանք· չակընկալուած դժբախտ դէպք·

contribute (*քանթրիպ'իութ*) սատարել· նպաստել· բաշխել· հանգանակութեան մասնակցիլ· *to — to a newspaper* թերթի մը աշխատակցիլ· *contribution* աշխատակցութիւն· նպաստ· պատերազմական տուրք·

contrite (*քան'թրայթ*) սրտաբեկ· զղջացած·

contrition (*քընթրի'շըն*) զղջում· ապաշաւ·

contrivance (*քընթրայվ'ընս*) հնարք· խարդախ միջոց, կեղպ· նարտարութիւն·

contrive (*քընթրայվ'*) ծրագրել· հնարել· ձեւացնել· *he contrived to ruin the whole business* աշխատանքին արդիւնքը ամբողջ գործին կործանումը եղաւ·

control (*քընթրոլ'*) ուղղել· առաջնորդել· տիրել· ստուգել· ղեկավարել· *a — experiment* նոյն աշխատանքը երկու անգամ կատարել՝ նիշդ ըլլալուն վրայ համոզում գոյացնելու համար: Հակակշիռ, հսկողութիւն· իշխանութիւն· զսպում· արգելք·

controversial (*քանթրըվըր'շըլ*) հակամարտ· հակաճառելի· վիճելի·

controversy (*քան'թրըվըրսի*) վիճաբանութիւն· անհամաձայնութիւն· հակաճառութիւն·

controvert (*քան'թրըվըրթ*) հակաճառել· ուրանալ·

contumacious (*քանթիու–

մէյ՛շըս) անհնազանդ· յամառ· օրինազանց·

contumely (քոնթիու՛միլի) ամբարտաւան· անհնազանդ· լիրբ·

contuse (քընթիուզ՛) ճըմլել· *contusion* ճմլում·

conundrum (քընան՛տրըմ) հանելուկ· դժուարալուծելի խնդիր, առեղծուած·

convalesce (քանվըլէս՛) ապաքինիլ· առողջանալ· *convalescence* ապաքինում· *convalescent* (քանվըլէս՛ընթ) *home* կազդուրման տուն·

convection (քընվէք՛շըն) փոխանցում, փոխադարութիւն (ելեկտ. եւ ջերմութեան)·

convene (քընվին՛) ժողովի հրաւիրել· ժողով գումարել· ժողովիլ, հաւաքուիլ·

convenient (քընվին՛իընթ) յարմար· հանգստաւէտ· *convenience* յարմարութիւն· հանգստաւէտութիւն· *at your convenience* քեզի յարմար եղած ատեն· *a marriage of convenience* առանց սիրոյ, հաշուի վրայ ամուսնութիւն· *a convenience* լուացարան·

convent (քան՛վընթ) մենաստան· միանձնուհիներ·

conventicle (քընվէն՛թիքըլ) մատուռ· գաղտնի աղօթաժողով·

convention (քընվէն՛շըն) համագումար· համաձայնութիւն· պայման· *conventional* պայմանադրական· նուիրական· աւանդական·

converge (քընվըրճ՛) կէտի մը վրայ իրարու հանդիպիլ (գիծեր)· միտիլ, հակիլ·

conversance, —cy (քան՛վըրսընս) ընտանութիւն, մտերմութիւն·

conversant with (քան՛վըրսընթ) յաճախակի, յարաբերութեան մէջ եղող· ծանօթ (ըլլալ բանի մը)·

converse (քընվըրս՛) խօսակցիլ, խօսիլ (մէկու մը հետ)· ընկերանալ· ծանօթանալ· յարաբերիլ· *conversation* խօսակցութիւն· զրուցատրութիւն· սեռային յարաբերութիւն· *criminal* — շնութիւն·

converse (քան՛վըրս) հակառակը· հակադարձըւած· շրջուած·

convert (քընվըրթ՛) ձեւափոխուիլ· փոխակերպուիլ· գաղափարները (համոզումները) փոխել· (քան՛վըրթ) նորադարձ· դարձի եկած անձ· *conversion* կրօնափոխութիւն· շրջում· դարձ· վերածում, փոփոխում·

convex (քան՛վէքս, քընվէքս՛) կորնթարդ· գըմբէթաւոր·

convey (քընվէյ՛) կրել· մէկ տեղէն ուրիշ տեղը տանիլ· հաղորդել· թելադրել· *conveyance* կառք․ փոխադրութիւն․

convict (քընվիքթ') դատապարտել (դատարանի մէջ)․ յանցաւոր գտնել․ (քան'վիքթ) թիապարտ․ յանձաւոր․

conviction (քընվիք'շըն) համոզում․ ապացոյց․ դատապարտութիւն․ *carry — to* համոզում գոյացնել․

convince (քընվինս') համոզել․ ապացուցանել․ *convincible* համոզիչ․

convivial (քընվիվ'իըլ) զուարթ․ ընկերական․

convocation (քանվըքէյ'շըն) գումարում․ համագումար․ հրաւէր․ եկեղեցական ժողով․ *convoke* (քընվոք') հրաւիրել (ժողովի)․

convolute(d) (քան'վըլութ(ըտ)) գալարուած, գալարուն, թաւալած․ *convolutions* գալարում (միտքի)․

convoy (քընվոյ') հետեւիլ (պաշտպանելու, պատուելու նպատակով) բանակին․

convoy (քան'վոյ) շքախումբ․ հետեւող՝ պաշարի գումարտակներ․ նաեւ պաշարի նաւերուն ընկերակցող մարտանաւեր․

convulse (քընվալս') ցնցել մեծ ուժով․ պրկել․ դողդողալ, դողէ բռնուիլ (հիւանդութեան հետեւանքով)․ *he was convulsed with laughter* խնդալէն կը մարէր․ *the country was convulsed with war* պատերազմը մեծապէս ցնցեց երկիրը․ *convulsion* խռովութիւն, շարժում․ *—sive* ջղաձգային․

cony, coney (քոն'ի) նապաստակ․

coo (քու) մնչել (աղաւնիին հանած ձայնը)․ սիրել․ *to bill and coo* սէր ընել․

cook (քուք) կերակուր եփել․ խոհարար․ *to — up* նիւթել, հնարել․ *to — accounts* հաշիւները կեղծել․ *I'll — his goose* ծրագիրները պիտի քանդեմ (կործանեմ)․ *cookery* խոհարարութիւն․

cookle, cooky (քուք'ի) բարակ․ չոր բլիթ (Ա․ Մ․ Ն․)․

cool (քո՛ւլ) գաղջ․ զով․ հանդարտ․ մեղմ․ զովանալ, զովացնել․ *he's a cool customer* յանդուգն մէկն է (գէշ առումով)․ *cool as a cucumber* անխռով․

coolie (քու'լի) ասիացի մշակ․ բանուոր․

coon (քո՛ւն) Ամերիկեան նեկրոններու երգեր․

coop (քուփ) վանդակ (յատկապէս նաւերու)․ *to coop up* նեղ տեղ մը արգելափակել․

cooper (քուփ'ըր) տակառագործ․

co-operate (քո–ափ'ըրէյթ) համագործակցիլ․ *co-operative* համագործակցական․ *— stores* շահաբաժիններով աշխատող վաճառատուն․

co-opt (*քօափթ'*) ընտրել, քուէով անդամ ընտրել·
co-opted (*քոափ'թըտ*) ընտրրուած մարմինի կամ վարչութեան մէջ՝ իր անձնական անդամներուն ձայներով·
co-ordinate (*քոօր'տի-նէյթ*) համակարգ· հաւասար· (*քօօրտ'ինէյթ*) համադասել· ներդաշնակել· նոյն նպատակին համար համագործակցաբար աշխատիլ·
cop (*քափ*) բռնել (չարագործ մը)· ոստիկան· — *waste* բամպակէ աւելցուք· *cop it, catch it* պատժուէ· պատժէ·
cope with (*քոփ*) դժուարութիւն մը յաղթահարել· գլուխ ելլել· *cope-stone* անկիւնաքար· պորտաքար (կամարի)·
copeck (*քո'փէք*) կոպեկ, 1/100 ռուբլի·
Copernican (*քոփըր'նի-քըն*) Կոպերնիկեան (Կոպերնիկոս (1473–1543) արդի աստղաբաշխութեան հիմնադիր), կամ արեգակնային դրութիւն, որ իր անունը կը կրէ·
coping (*քոփինկ*) քիւ (տունի)·
copious (*քոփ'իըս*) առատ· բազում· ճոխ (լեզու, տեղեկութիւն)·
copper (*քափ'ըր*) պղինձ· պղինձէ դրամ, կաթսայ· պղնձապատել· ոստիկան· *copper-plate* ձուլապղնակ· ձուլատախտակ· *copper-plate writing* շատ գեղեցիկ ձեռագիր·
coppice, copse (*քափ'իս*, *քափս*) պուրակ·
copra (*քափ'րա*) հնդկընկոյզի ներսի չորցուած մասը·
copy (*քափ'ի*) օրինակ· պատճէն· ընդօրինակել· հետեւիլ· կեղծել· տըպուելու պատրաստ գրութիւն· տպուած գիրքի օրինակ մը· *the copyright* գործ մը հրատարակելու իրաւունք (իրաւասութիւն), այս իրաւունքը կ'ընդգրկէ նաեւ պատկերներ եւ երաժըշտութիւն·
coquette (*քոքէթ'*) պչրասէր (աղջիկ)· պչրուհի· կը զուարճանայ երբ ուրիշներ սիրահարին իրեն·
coracle (*քար'ըքլ*) կաշիով պատուած սակարաձեւ նաւակ·
coral (*քար'ըլ*) բուստ (ովկիանոսային) —*-reefs* բստավէմ, բուստէ ժայռեր·
cord (*քորտ*) հաստ դերձան· չուան, կապ· լար· կապել·
cordage (*քորտ'էճ*) պարաններու խուրձ (ինչպէս առագաստանաւի մը վրայ)·
cordial (*քորտ'իըլ*) սրտագին· սիրալիր· բարեկամական·
cordite (*քորտ'այթ*) վառօդ որ ծուխ չի հաներ·
cordon (*քորտ'ըն*) զօրաշղթայ (իբր պահակ)·

ժապաւէն (պատուոյ)· պսակ· պատի վրայ ցցուն քարերու շարք·

corduroy (*քոր՛տըռուրոյ*) բամպակ· թաւիշ·

core (*քոր*) կորիզ· միջուկ· կեդրոն· ստկել (միջուկը հանել)·

corgi (*քոր՛ճի*) փոքր շուն մը· փոքր հեծելանիւ·

cork (*քորք*) ծառի մը կեղեւը· սունկ· խցան· խըցել· *to cork up* յանկարծ լռել·

cormorant (*քոր՛մորընթ*) փելիքանի ընտանիքին պատկանող թռչուն մը որ չինացիներուն կողմէ ձուկ որսալու կը գործածուի·

corn (*քորն*) որեւէ հատիկ· արմտիք (ցորեն, գարի, եգիպտացորեն եւայլն, անգլիական առում)· եգիպտացորեն (Ա·Մ·Ն·)· *corncob* եգիպտացորենի ողկոյզ· *corn juice* ուիսքի·

corn (*քորն*) ոտքի կոշտ· *tread on a person's corns* մէկը ջղայնացնել՝ իր համոզումներուն դէմ խօսելով·

cornea (*քոր՛նիը*) եղջերիկ (աչքերու)·

corned (meat) (*քոր՛նտ*) տուփի միս·

corner (*քոր՛նըր*) անկիւն (սենեակի)· դարձուածք (ճամբու)· *to turn the —* վտանգէ, հիւանդութենէ ազատիլ· մէկը մըղել դժուար տեղ մը՝ ուրկէ չի կրնար դուրս գալ· բանի մը ամբողջ մթերքը գնել, որպէսզի վերջը գինը կարելի ըլլայ բարձրացնել· *cornerstone* անկիւնաքար, հիմնաքար (շէնքի մը)·

cornet (*քոր՛նէթ*) փչելիք երաժշտական գործիք (պղինձէ շինուած)· փող· տեսակ մը կոտոշ· դրօշակիր· պաղպաղակի կոնաձեւ ընդունարան·

cornflour (*քորն՛ֆլաուըր*) եգիպտացորենի ալիւր·

cornice (*քոր՛նիս*) փայտէ կամ քարէ զարդական գիծ· շէնքի կամ սենեակի մը պատին գագաթը·

corny (*քոր՛նի*) հին, նախապէս լսուած (Ա· Մ· Ն·)·

corolla (*քըրալ՛ը*) պսակ (ծաղիկի թերթերէ կազմուած)·

corollary (*քըրալ՛ըրի*) հետեւութիւն· հետեւանք·

coronation (*քարընէյ՛շըն*) թագադրութիւն (թագաւորի)·

coronet (*քարընիթ՛*) ազնուականի փոքր թագ)·

corporal (*քոր՛փըրըլ*) անձնական· մարմնական· — *punishment* մարմնական պատիժ·

corporal (*քոր՛փըրըլ*) տասնապետ· հաղորդութեան սեղանի ծածկոց· — *oath* երդում հաղորդութեան վրայ·

corporate (*քոր՛փըրէյթ*) միացեալ խումբ (որ իբր մէկ անձ գործելու իրաւունքին ունի)· — *member* գործօն անդամ·

corporation (*քորփորէյ'շըն*) միացեալ մարմին· արհեստագիտական ընկերակցութիւն· *he has a big* — մեծ ստամոքս մը ունի (խօսակցական ոճ)·

corporeal (*քորփո'րիըլ*) հողեղէն, մարմնեղէն·

corps (*քօր*, յոգ· *քորզ*) բանակ· խումբ· մարմին·

corpse (*քորփս*) մարդու դիակ·

corpulent (*քոր'փիւլընթ*) գեր, մսոտ, մարմնեղ·

corpuscle (*քոր'փըսըլ*) շատ փոքր մարմին· վայրկեանի մասնիկ· արեան ճերմակ եւ կարմիր գնդիկները·

corral (*քըրա'լ'*) կլոր ցանկապատ ուր կենդանիները կ'արգելափակուին·

correct (*քըրէքթ'*) ուղիղ· ճիշդ· օրէնքին (սովորութեան) համաձայն· ուղղել· սրբագրել (գրութիւնը)· պատժել· —*ive* զգաստացուցիչ միջոց, ուղղիչ·

correlate (*քար'ըլէյթ*) ցոյց տալ թէ ինչպէս երկու բաներ իրարու կապուած են· (իրարու հետ առնչութիւն ունին)·

correspond (*քարէսփոնտ'*) թղթակցիլ· համապատասխանել· *correspondence* թղթակցութիւն· *correspondent* թղթակից· համապատասխան·

corridor (*քար'իտոր*) նրբանցք·

corrigendum (*քարիճէն'տըմ*) վրիպակ (տպուած գիրքի մը մէջ)· *corrigenda* (*քարիճէն'տա*) վրիպակներ·

corroborate (*քըրա'պըրէյթ*) նոր փաստեր յայտնագործել· աւելի վստահ ըլլալ·

corrode (*քըրօտ'*) հետզհետէ ատել· մաշել (հիւանդութեամբ, քիմիական միջոցներով)· մաշիլ, ծիւրիլ·

corrugated(iron) (*քար'ուկէյթտ*) փոթեալ երկաթի թերթ·

corrupt (*քըրափթ'*) փըտած· յոռի, ապականած· կաշառակեր· աղաւաղուած· եղծել· աւրել· կաշառել·

corsage (*քոր'սէյժ*, *քոր'սաժ*) սեղմիրան (կնոջ)· լանջապան·

corsair (*քոր'սէր*) ծովահէն· ասպատականաւ·

corset (*քոր'սիթ*) սեղմիրան·

corslet, corselet (*քորս'լիթ*) մարմնի համար զըրահ·

cortège (*քորթէժ'*) թափօր· շքախումբ· յուղարկաւորութեան թափօր·

cortex (*քորթէքս'*) (յոգ· *cortices*) կեղեւ ծառի, պատեան· ուղեղի, երիկամունքի դուրսի մասը·

coruscate (*քար'ըսքէյթ*) փայլիլ· շողշողալ·

corvée (*քորվէ'յ*) տարիհապարհակ աշխատութիւն·

cosh (*քոշ*) լախտ․
cosmetics (*քազմ'էթիքս*) գեղեցկագիտական արուեստներ․ մորթը, մազը եւ դէմքը գեղեցկացնելու համար կիրարուող գործածած հեղուկները եւ փոշիները․
cosmic (*քազ'միք*) տիեզերական․ *cosmic rays* ուժալիքներ, հեռասփիւռի ալիքներու պէս, սակայն անոնցմէ աւելի կարճ, երկրին շուրջ մթնոլորտին մէջ կու գան՝ դուրսէն․ տիեզերական ալիքներ․
cosmopolitan (*քազմըփա'լիթըն*) աշխարհաքաղաքացի․ համաշխարհային․ *cosmopolition* աշխարհաքաղաքացիութիւն․ *Beirut is a cosmopolitan city* Պէյրութի մէջ ամէն ազգէ մարդ կը բնակի․
cosmos (*քազ'մոս*) համակարգութիւն․ տիեզերական համակարգութիւն (տիեզերք)․
cosset (*քաս'իթ*) գուրգուրալ, գուրգուրանքով խնամել (հիւանդ մանուկը)․
cost (*քո'սթ*) գին․ արժէք․ ծախք․ կորուստ․ արժել․ *cost price* դրամագլուխը․ *at all costs* ամէն գնով․
coster, costermonger (*քոսթըրման'կըր*) մըրգավաճառ (ձեռնակառքի մը մէջ)․
costly (*քո'սթլի*) սուղ․
costume (*քաս'թիւմ*) տարազ․ ձեւ․ մասնաւոր հագուստ (դերասանի)․
costumier (*քասթիւմ'իր*) կանացի հագուստներ շինող եւ ծախող․
cosy (*քոզ'ի*) հանգստաւէտ․
cot (*քաթ*) պզտիկ անկողին (մանուկի յատուկ)․ փոքրիկ տուն․ *dovecote* (*տավ'քաթ*) աղաւնետուն․ առկախ անկողին․
coterie (*գոթըրի'*) ընկերական խումբ․
cottage (*քաթ'իճ*) տնակ․ գիւղական խրճիթ․
cotton (*քաթ'ըն*) բամպակ․ բամպակեղէն, կտաւ․ *I don't cotton on to him* չեմ սիրեր զինք․
couch (*քաուչ*) ցած անկողին․ երկար ցած աթոռ․ յարձակման պատրաստ նիզակ․ *I demand couched in very polite form* շատ քաղաքավարութեամբ արտայայտուեցայ․
cough (*քո'ֆ, քաֆ*) հազալ․ *to — down* հազալով լռեցնել անհանոյ ճառախօս մը․
council (*քաունս'ըլ*) խորհուրդ․ խորհրդակցութիւն․
counsel (*քաունս'ըլ*) խըրատ․ թելադրանք․ նպատակ․ ծրագիր․ խորհըրդատու․ խրատել․ *in —* գաղտնի․ *to keep one's own —* ծրագիր մը գաղտնի պահել․ *—or* խորհրդատու․
count (*քաունթ*) հաշուել․

քուել· համրել· *to count oneself fortunate* բախտաւոր նկատել ինքզինք· *may I count on you?* կարո՞ղ եմ քու օգնութեանդ վստահիլ· *to count out* հաշիւէն դուրս հանել· — *on (upon)* հաշուի առնել·

count (*քաունթ*) օտար ազնուականի մը տիտղոսկոմս·

countenance (*քաո'ւնթինընս*) դէմքի արտայայտութիւն· կերպարանք· երես· *in* — ապահով· *put out of* — ամօքահար· *to keep the* — պատշաճութիւնը պահել·

counter (*քաունթ'ըր*) հաշուասեղան· նարտի զար· որեւէ տեսակի հակադիր շարժում ընել·

counter — (*քաունթ'ըր* —) հակա —· *counter-revolution* հակայեղափոխութիւն· —*act* արգիլել, պարտել, հակազդել, չեզոքացնել·

counterfeit (*քաո'ւնթըրֆիթ*) կեղծ (դրամ)· կեղծարարութիւն· խարդախուած, շինծու· կեղծել·

counterfoil (*քաո'ւնթըրֆոյլ*) կտրօն·

countermand (*քաունթըրմանտ'*) հակահրահանգ· ապսպրանքը ջնջել·

counterpane (*քաունթ'ըրփէյն*) անկողինի մը դուրսի ծածկոցը·

counterpart (*քաունթ'ըրփարթ*) համանման· համանման՝ սակայն հակառակը· օրինակ՝ աջ եւ ձախ ձեռք·

counterpoised (*քաունթ'ըրփ'ոյզտ*) երկու ծայրերուն վրայ նոյն ծանրութիւնը ունենալու վիճակ· *a counterpoise* այս նպատակով գործածուող ծանրութիւն·

countershaft (*քաո'ւնթըրշէֆթ*) հականիւ· շարժակի անիւ մը կը դարձնէ հականիւին վրայ եւ հականիւը մէկ կամ աւելի անիւներ կը դարձնէ մեքենային կամ ինքնաշարժին վրայ, այսպէս փոփոխելով արագութիւնը·

countess (*քաո'ւնթէս*) կոմսուհի·

countrified (*քան'թրիֆայտ*) գեղջկական·

country (*քան'թրի*) երկիր· հայրենիք· գաւառ· գիւղ· այն հողը որ քաղաք չէ· գաւառային· *a countryman* ան որ քաղաքացի չէ (գիւղացի)· նոյն երկրի պատկանող քաղաքացի·

county (*քաունթ'ի*) կոմսութիւն· գաւառ·

coup (*քու'*) հարուած· յաջողակ գործ· *coup d'état* (*քու տէյթա'*) պետական հարուած· *coup de grace* զթութեան հարուած (երբ դահիճը մէկ հարուածով կը սպաննէ մահապարտը)·

couple (*քափ'լ*) զոյգ· երկու· ամոլ· ամուսնացեալ զոյգ· զուգորդել· ամուսնացնել·

couplet (*քափ'լիթ*) զուգեակ (նոյն հանգով վերջացող երկու տող), որ ամբողջական գաղափար մը կ'արտայայտէ·

coupling (*քափ'լինկ*) զուգորդում. մօտիկութիւն·

coupon (*քո'ւփոն*) կտրօն (բաժնեթուղթի, տոմսակի, մուրհակի)·

courage (*քա'րիճ*) քաջութիւն. համարձակութիւն. միտում· *Dutch courage* գինովութեան հետեւանքով քաջութեան զգայութիւն· *courageous* (*քըրէյճ'ըս*) քաջ, քաջարի·

courier (*քո՛ւ'րիըր*) սուրհանդակ· օրաթերթ·

course (*քորս*) յառաջընթաց· գնացք· հոսանք· ճամբայ· դասընթացք· շարք· դաշտան· ձիարշաւ· *in the — of* ընթացքին· *in due —* յարմար ժամանակին· *a — of action* գործի ծրագիր· *a matter of —* բնական բանը· *—r* սըրարշաւ ձի· նժոյգ·

court (*քո՛րթ*) բակ· պալատ· արքունիք· դատարան· դատաւորներ· դարպասել (կին մը)· փաղաքշել· *— in bank (banc)* ատեանի կանոնաւոր նիստ· *the courts of the Lord* Երուսաղէմի տաճար· եկեղեցի· *to put out of —* դատը մերժել· *— of error* քննիչ ատեան·

courteous (*քըր'թիըս*) շատ քաղաքավար· բարեկիրթ· *courtesy* (*քըր'թիզի*) քաղաքավարութիւն·

courtier (*քո՛րթ'իըր*) պալատական· շողոքորթ·

courtlike (*քորթ'լայք*) քաղաքավար·

courtling (*քորթ'լինկ*) պընակալէզ·

courtly (*քորթ'լի*) քաղաքավար· քծնող·

court-martial (*քորթ' մար'շըլ*) զինուորական ատեան·

court plaster (*քորթ' փըլասթըր*) վէրքի վրայ փակցուելիք յատկապէս պատրաստուած մետաքսի կտոր·

courtyard (*քո՛րթ'եարտ*) բակ·

cousin (*քազ'ն*) զարմիկ, զարմուհի· *second —* առաջին զարմիկին զաւակը·

couturière (*քո՛ւթիուրիէ'ր*) դերձակուհի·

cove (*քով*) պզտիկ ծոց· խորշիկ· նեղ արօտ· կամար նետել· *a queer —* տարօրինակ անձ·

covenant ((*քավ'ընընթ*) հանդիսաւոր խոստում կամ համաձայնութիւն, ուխտ·

Coventry (*քավ'ընթրի*) Անգլիոյ մէջ քաղաք մը· *to send to —* մերժել խօսիլ (մէկուն հետ)·

cover (*քավ'ըր*) ծածկել· պաշտպանել· պահել· վընասի դէմ պաշտպանուիլ· կտրել անցնիլ· գիրքի ետեւի կողմը· ծածկոց (վերմակի)· *I am covered against fire* կրակի դէմ ապահովագրուած եմ· *this law covers all such matters* այս օրէնքը հարցերն ալ օրէնքին տակ կը մտնեն· *this book covers the whole subject* այս գիրքը ամբողջ նիւթին շուրջ կը խօսի· *to cover the distance* միջոցը կտրել անցնիլ· *under cover of darkness* խաւարի մէջ թաքնուած· *to break cover* պահուըտած տեղէն փախչիլ·

coverlet (քավ'ըրլէթ) վերմակ·

covert (քավ'ըրթ) գոցուած· գաղտնի· թըռչուններու եւ փոքր կենդանիներուն ապաստանարան եղող պուրակ·

covet (քավ'վէթ) ուրիշին ունեցածին ցանկալ· աչք դնել· *—able* ցանկալի· *—ous* կծծի, անյագ, անկուշտ·

covey (քավ'ի) որսացու թռչուններու երամ· աղջիկներու խումբ· բուխս·

cow (քաու) կով· էգ կենդանի· ահաբեկել· *cowherd, cow-boy* կովարած·

coward (քաու'ըրտ) վախկոտ· վատ· պոչը ոտքերուններուն միջեւ (առիւծ)· վախցնել· *—ice* (իս) վախկոտութիւն, վատութիւն·

cower (քաու'ըր) վախէն կծիկը դնել· դողալ· վըրան գուրգուրալ·

cowl (քաուլ) վեղար· ծըխանի մետաղէ գլուխ·

cowle (քաուլ) արձանագիր· ննրում·

cox (քաքս) տխմար· ապուշ· նաւակի թիավար·

coxcomb (քաքս'քոմ) ցուցամոլ· ունայնամիտ, սնափառ·

coxswain (քաք'սն, քաք'սուէյն) նաւաստի·

coxy (քոք'սի) ինքնահաւան·

coy (քոյ) ամչկոտ (կին)· վարանոտ· հանդարտ· շոյել· հրապուրել· ամըչնալ· խրտչիլ·

coyote (քայոթ'ի) շնագայլ (Հիւս. Ամերիկա)·

cozen (քա'զըն) խաբել· մղել չարիք գործելու·

crab (քրէպ) խեչափառ· *to crab a crab* աննարակ թիավարել· չարախօսել· դառնացնել· *to walk crab - wise* կողմնակի քալել·

crack (քրէք) կոտրել· նեղ բացուածք. կոտրելու ձայն հանել· *he's cracked* բախուկ է, խենթ է· *to crack jokes* զուարճացնող բաներ ըսել· *to crack up a person* գովել մէկը· *a crack on the head* ուժեղ հարուած մը գլխուն վրայ· *a crack player* շատ լաւ խաղացող մը·

cracker (քրէք'ըր) պայթ

ղակ. ցպիկ վառօդով լեցուն որ կրակ տեսնելով կը պայթի. ճարճատիլ. ճարճատիւն. *nut-cracker* ընկոյզ կոտրելիք գործիք.

cracksman (*քրէքս'մըն*) տուն մտնող աւազակ.

cradle (*քրէյ'տլ*) օրօրոց. օրօրող գործիք. շրջանակ (կոտրուած սրունքի համար). որորան.

craft (*քրաֆթ*) որեւէ տեսակի նաւ. ճարտարութիւն. վարպետութիւն (մանաւանդ արուեստի մէջ). խաբելու մէջ վարպետ. *crafsman* արհեստաւոր. արուեստագէտ. *crafty* ճարտար, վարպետ. խաբեբայ.

crag (*քրէկ*) բարձր, ցից ժայռ. սեպաժայռ.

cram (*քրէմ*) *(crammed)* շատ շուտով լեցուիլ. թխմել. նիւթ մը արագ սորվիլ (քննութեան համար).

cramp (*քրէ'մփ*) սեղմել. պրկել. կաղապարել. արգելք. կծկում. ջղաձգութիւն.

cranberry (*քրէն'պէրի*) պզտիկ կարմիր թթու պտուղ.

crane (*քրէյն*) կռունկ. ծովային թռչուն երկայն սրունքներով եւ վիզով. ծանր առարկաներ վերցնող մեքենայ, վերհան. բեռնամբարձ մեքենայ.

cranium (*քրէյ'նիըմ*) գանկ.

crank (*քրէնք*) բռնատեղ. մանիվ. կոթ. մեքենայի այն մասը որ վեր-վար շարժումը շրջանակային շարժումի կը վերածէ. աշխոյժ. յամառ. արտառոց գաղափարներու տէր մարդ. —*y* քմայքոտ, յամառ. կամակոր. դիւրաշրջելի. բախուկ.

cranny (*քրէն'ի*) փոքր նեղք, ծերպ.

crape (*քրէյփ*) շղարշ. շալ (կը գործածուի յուղարկաւորութեան ընթացքին).

crapulence (*քրէփ'իուլընս*) գինովութեան հետեւանքով հիւանդութիւն. շուայտախտ. *crapulent* անժուժկալութեան, գինարբուքի հետեւանքներէ տառապող.

crash (*քրէշ*) ծանրօրէն իյնալ եւ կոտրել՝ մեծ աղմուկ հանելով. խորտակուիլ. ջախջախուիլ. խորտակել. ջախջախում. թնդիւն. գործի ձախողութիւն. — *helmet* հեծելանւորդի տոկուն կլոր գլխարկ՝ գլուխը պաշտպանելու համար.

crass (*քրէս*) ամբողջական. կոշտ. բանձր. — *ignorance* ամբողջական տգիտութիւն.

crate (*քրէյթ*) կոշտ սակառ (կողմերը լայն բացուածքներով).

crater (*քրէյ'թըր*) խառնարան (հրաբուխի). հրաբերան.

cravat (*քրըվէթ'*) փողկապ.

crave (*քրէյվ*) աղերսել. ցանկալ. տենչալ. *craving* տենչանք.

craven (*քրէյվ'ըն*) վախկոտ, վատ, անոգի.

crawl (*քրո`լ*) սողալ. լողալու ձեւ. մարմինը փուշ փուշ ըլլալ.

crayfish, crawfish (*քրէյ'-ֆիշ, քր`ո'ֆիշ*) խեցգետին. քարժանկ. անոյշ ջուրի կենդանի պատեանով եւ տասը ոտքերով.

crayon (*քրէյ'ոն*) գունաւոր մատիտ. ածխաձող (գծագր.).

craze (*քրէյզ*) խենթեցնել. տկարացնել. մանրել. քմահաճոյք. խենթութիւն. *crazy* (*քրէյ'զի*) խենթ. խելագար. չափազանց խանդավառ.

creak (*քրի'ք*) ճռնչիւն. ճռնչել.

cream (*քրի'մ*) սեր. գեղադեղ. լաւագոյն մասը (որեւէ բանի). դեղին, ճերմակ (գոյն). *cold cream* պաղ, զովացնող սեր (նուշէ, իւղէ, վարդաջուրէ, եւայլն).

crease (*քրի'ս*) փոթ. ծալք. սահման.

create (*քրիէյթ'*) ստեղծել. յառաջացնել. շինել. ջղայնանալ. *creation* ստեղծագործութիւն. ստեղծուած. Աստուծմէ ստեղծուած ամէն բան. *creator* Արարիչ, Ստեղծիչ. *The Creator* Ստեղծող.

creature (*քրի'չըր*) արարած.

crèche (*քրէյշ*) մանկարան (ուր՝ աշխատող մայրերը իրենց զաւակները կը դնեն). մանկամսուր. Բեթղեհէմի մըսուրին նմանակը.

credence (*քրի'տընս*) հաւատք. վստահութիւն. *letter of* — յանձնարարական նամակ. սեղան. *give* — *to* հաւատալ.

credential(s) (*քրիտէն'-շըլ(ս)*) հաւատարմագիր (դեսպան մը իր պաշտօնավարած երկրի նախագահին [թագաւորին] կը ներկայացնէ իր հաւատարմագիրը).

credible (*քրէտ'իպլ*) վըստահելի. հաւատալի.

credit (*քրէտ'իթ*) վստահութիւն. վարկ. համբաւ. պահանջք (տոմարակալութեան մէջ). *letter of credit* վարկագիր բանալ (ապրանք մը ապըսպրելու պարագային). *money at my credit* ունեցած դրամս. *to give a man credit for what he has done* գովել մէկը. *on credit* ապառիկ. *creditable* վստահելի. պատուական. *creditor* վարկատու. պահանջատէր.

Credo (*քրիտ'օ*) —*s* յոգ. «Հաւատամք».

credulity (*քրէտ'իուլ'իթի*) դիւրահաւանութիւն. *credulous* (*քրէտ'իու-լըս*) դիւրահաւան.

creed (*քրի'տ*) հանգանակ.

հաւատամք. դաւանանք. *Nicene* — Նիկիոյ Հանգանակ. — *less* անհաւատ.

creek (քրի'ք) գետակ (Ա. Մ. Ն.). երկար խորշ (ծովեզերք կամ լիճի եզերքը).

creel (քրի'լ) ձուկի սակառ.

creep (քրի'փ) *(crept)* սողալ. դանդաղօրէն եւ հանդարտօրէն շարժիլ. սպրդիլ. սահիլ. սողոսկում. *make one's flesh creep* վախցնել (մէկը). *a creeper* պատատիճ. մագլցող կամ սողացող բոյս մը. *creepy* վախազդեցիկ.

cremate (քրիմէյթ') դիակակիզել. *cremated* դիակիզուած. *cremation* (քրիմէյ'շըն) դիակիզում. *crematorium* (քրիմըթո'րիըմ) դիակիզարան.

creole (քրի'օլ) ամերիկածին. արեւմտեան Հնդկաստանի մէջ ծնած.

creosote (քրի'ըսօթ) ածուխէն հանուած հեղուկանիւթ՝ որ կը սպաննէ հիւանդութեան մանրէները եւ առարկաները փտումի դէմ կը պաշտպանէ. կրիոսոտ.

crêpe (քրէյփ) մետաքսեայ բարակ կերպաս, կամ թուղթ բազմաթիւ ծալքերով.

crescendo (քրէշէն'տօ) հետզհետէ աւելի բարձրացող ձայն (երաժշտ.).

crescent (քրէս'ընթ) մահիկաձեւ. թրքական դրօշակ. աճող լուսին.

cress (քրէս) կոտեմ (թեթէ). *not worth a* — անարժէք է.

cress - selle (քրէյս'-սէլ') կոչնակ (փայտէ).

cresset (քրէս'էթ) ջահ. լապտեր (ձէթով վառող).

crest (քրէսթ) կատար (թըռչունի, ալիքի). թրուկ (աքլորի, թռչունի). տոհմանիշ. սաղաւարտ.

crestfallen (քրէսթ'ֆոլըն) գլխիկոր. նուաստ.

cretonne (քրիթոն') տպածոյ բամպակեղէն.

crevasse (քրըվէս') խոր նեղք լերան կողը գետնուող սառին վրայ.

crevice (քրէ'վիս) փոքր նեղք.

crew (քրու) *crow*ի (խօսիլ՝ աքաղաղի) անց. նաւաստիներու խումբ, նաւազներ. գործաւորներու խումբ. ամբոխ, խառնիճաղանճ.

crib (քրիպ) մսուր. գոմ. տնակ. մանուկի անկողին. լաստ. գաղափարներու բանագողութիւն. քննութեան ժամանակ գաղտնի ընդօրինակել ուրիշի մը գրութիւնը.

cribbage (քրիպ'իճ) թղթախաղ մը.

crick (քրիք) վիզի, կռնակի ցաւ. ջղակծկում.

cricket (քրիք'իթ) ծղրիդ. մարախ. աթոռակ. գնդակախաղ մը (քրիքէթ).

ֆրիքէթ խաղալ· *that's not cricket!* ճիշդ չէ, օրինաւոր գործ չէ·

cried (*քրայտ*) *cry*ին (ճըչալ) անց· ը· լացաւ·

crime (*քրայմ*) ոճիր· եղեռն· ոճրագործութիւն· *criminal* (*քրի՛մինըլ*) ոճրագործ· եղեռնական· *crimination* ամբաստանութիւն·

crimp (*քրիմփ*) վէտվիտել· ուժեղ բռնել· որսալ մարդիկ (նաւերու մէջ աշխատցնելու կամ զինուորական ծառայութեան համար)·

crimson (*քրի՛մզն*) խորունկ կարմիր· որդան կարմիր· բոսորագոյն ներկել·

cringe (*քրինճ*) ծունկի գալ կամ խոնարհիլ մէկուն առջեւ իբրեւ վախի կամ ամօթի նշան· քծնիլ·

crinkle (*քրի՛նքըլ*) ծմրըկել· գալարել· փոթ·

crinoline (*քրի՛նըլի՛ն*) շըրջազգեստի լաթուռոյց·

cripple (*քրի՛փըլ*) հաշմանդամ· կաղ· հաշմել· կաղալ·

crisis (*քրայ՛սիս*) (յոգ· *crises – սի՛զ*) տագնապ· ճգնաժամ·

crisp (*քրիսփ*) չոր եւ դիւրաբեկ· գանգուր· գալարուն· փխրուն· ոլորել· հիւսել· ծփալ· — *air* թարմ օդ· *potato-crisps* իւղի մէջ տապկուած գետնախնձորի բարակ շերտեր·

criterion (*քրայթի՛րիըն*) (յոգ· *criteria*) դատանիշ· ուղղադատութիւն·

critic (*քրի՛թիք*) քննադատութիւն· քննադատ· *criticize* քննադատել·

critical (*քրի՛թիքըլ*) ճգնաժամային· ճակատագրական· խիստ վտանգաւոր· քննադատական· խծբծող· պարսաւական· — *moment* ճակատագրական վայրկեան·

critique (*քրիթի՛ք*) գրադատութիւն (գրաւոր)·

croak (*քրո՛ք*) գորտին հանած ձայնը· կռկռալ· կըռընչել· տրտնջալ· կռկըռոց· գուժկան·

crochet (*քրո՛շէյ՛*) կեռածանեակ·

crock (*քրաք*) կաւեղէն աման· ծեր (մարդ կամ անասուն)· մուր· աթոռակ· կաւագործ· խեցեղէնի կտոր· մրոտել· *to — up* հիւանդ եւ անարժէք դառնալ·

crockery (*քրա՛քըրի*) կաւեղէն ամաններ· խեցեղէններ·

crocodile (*քրա՛քըտայլ*) կոկորդիլոս· *to shed — tears* կոկորդիլոսի արցունքներ թափել· կեղծ լաց·

crocus (*քրո՛քըս*) քրքում (գարնանային ծաղիկ)·

croft (*քրո՛ֆթ*) փոքր ագարակ· փոքր դաշտ· *—er* ագարակապան·

crone (*քրոն*) շատ ծեր (պառաւ)· ծեր մաքի·

crony (քրօ'նի) մտերիմ, վաղեմի բարեկամ·

crook (քրու'ք) ծռութիւն· կորութիւն· կեռ գաւազան· օրինազանց, նենգ մարդ (Ա· Մ· Ն·)· *by hook or by* — որեւէ միջոցով· *crooked* անպարկեշտ, խարդախ·

croon (քրու'ն) քնքշօրէն երգել· —*er* պարային երաժշտութեան մէջ զգացական, սիրային երգեր երգող· մրմնջել·

crop (քրափ) թռչունի խռչակ· հունձք· բերք· կութք· մտրակի կոթը· հնձել· ծայրերը կտրել· արածել· *neck and* — ամբողջութիւնը· *to — up* անակնկալօրէն երեւնալ· բուսնիլ· կարճ կտրել (ականջները, պոչը, մազը եւլն·)·

cropper (քրա'փըր) հնձող· ցայգաղաւնի· կտրող մեքենայ· — *sick* շատ ուտելէն անհանգիստ դարձած· *to come a* — իյնալ (ձիէ մը)· գէշ կերպով ձախողիլ· կախերես·

croquet (քրօքէյ') խաղ մը ուր փայտէ գնդակները թակով կը գլորեն՝ *n* ձեւով օղերու տակէն անցընելու համար· քրոքէ·

croquette (քրօքէ'թ) կլորակ մսաշաղ իւղի մէջ տապկուած·

cross (քրօս) խաչ· *the* — խաչափայտը (որուն վրայ Յիսուս խաչուեցաւ եւ մեռաւ)· որեւէ խաչաձեւ բան· դրամ (խաչի նշանով)· տառապանք· — *and pile* դրամախաղ· *to do a thing on the* — խարդախութիւն ընել· *to take up the* — համբերութեամբ կրել տառապանքը·

cross (to) (քրօս) կտրել անցնիլ (ճամբան)· *to go cross lots* կարճ ճամբան կտրել· խաչաձեւել· *to cross one's path* մէկուն ծրագրին արգելք հանդիսանալ· *to cross a check* փոխ գիր մը ըստորագրել· *cross off, cross out* բառ մը ջնջել վրան գիծ քաշելով·

cross (քրօս) ջղային, խոժոռ· ցաւալի·

crossbow (քրօս'պօ) խաչաղեղ·

crossbred (քրօս'պրէտ) տարբեր ցեղերէ կամ տեսակներէ յառաջ եկած անձեր, կենդանիներ եւ բոյսեր·

cross-examination (էկզէմինէյ'շըն) տար-հարցաքննութիւն·

cross-eye (քրօս'այ) շիլութիւն· —*eyed* շիլ·

cross-road (քրօս'րօ՝տ) քառուղի· խաչաձեւ կըտրող ճամբայ·

cross-section (քրօս'սէք'շըն) առարկայի մը պատկերը՝ լայնքէն կըտրուած վիճակի մէջ դըրուած·

crossword puzzle (քրօս'ուըրտ փազըլ) խաչբառ·

crotch (քրաչ) երկժանի·

crotchet (*քրաչ'իթ*) շատ կարճ, կորանիշ (երժշ.)· տարօրինակ երեւակայութիւն· *crotchety* (*քրաչ'իթի*) տարօրինակ երեւակայութեամբ մը· կախ երես·

crouch (*քրաուչ*) քծնիլ· խոնարհիլ· ցածնալ· ծռիլ· կծկուիլ (ինչպէս կատուն, ցատկել պատրաստուելու ատեն)·

croup (*քրու'փ*) մանուկներու կոկորդի հիւանդութիւն (հազալով)· գաւակ (ձիու)·

crow (*քրօ'*) կուկուլիկու կանչել· ճուալ· երգել (աքաղաղի)· *to crow over* ուրախանալ պարտութեան համար (հակառակորդին)·/ագռաւ· ագռաւին կանչելը· աքցան·

crow-bar (*պա'ր*) լծակ·

crowd (*քրաուտ*) ամբոխ· խճողուած փոքր վայր· խռնել· խճողել· խռնուիլ· ճնշել· *to — out* դուրս քշել· *to — sail* բոլոր առագաստները բացած՝ նաւարկել· ջութակ նուագել· *—er* ջութակահար·

crown (*քրաուն*) թագ· պսակ· *the crown* թագաւոր· թագաւորութիւն· գագաթ (բլուրի, գլխարկի, գլխու)· թագադրել· *half a crown* երկու ու կէս շիլինգնոց կտոր· *— Prince* գահաժառանգ· *pleas of the crown* եղեռնական դատ·

crow's foot (feet) (*քրօ'զ' ֆութ* (*ֆի'թ*) խորշում(ներ) աչքին շուրջ·

crow's nest (*քրօ'զ' նէսթ*) դիտանոց նաւու մը կայմին վրայ·

crucial (*քրու'շըլ*) խաչաձեւ· տաժանելի· խիստ· *a crucial moment* ճակատագրական որոշման պահ·

crucible (*քրու'սիպլ*) հալոց· ձուլարան· *Hessian —* Հէսեան (բարձր ջերմութեան դիմացող)· հալոց·

crucifix (*քրու'սիֆիքս*) խաչելութիւն· խաչելութեան պատկեր, քանդակ· *—ion* խաչելութիւն· տառապանք· *crucify* (*քրու'սիֆայ*) խաչել· չարչարել·

crude (*քրուտ*) հում եւ կծու համով· տհաս· բնական վիճակի մէջ· անտաշ·

cruel (*քրու'ըլ*) անգութ· կարծր սրտով· ցաւ պատճառող·

cruet (*քրու'իթ*) սրուակ (իւղի, գինիի, քացախի)· ճաշի սեղանի վրայ·

cruise (*քրու'զ*) ծովային ճամբորդութիւն· *to cruise* նաւային ճամբորդութիւն կատարել· ծովու մէջ շրջիլ· *cruiser* (*քրու'զըր*) յածանաւ· արագընթաց մարտանաւ·

crumb (*քրամ*) հացի փշրանք· որեւէ փոքր կտոր· ոչինչ· *to a —* ամբողջովին· հացը փշրել· *— cloth* սեղանի սփռոց·

crumble (*քրամ'պլ*) փշր–

ըել․ մանրել․ կամաց կա-մաց փտիլ․

crumpet (քրամ'փիթ) տափարակ կլոր հացանեւ-քլիթ՝ որ կարագին հետ կը գործածուի․

crumple (քրամ'փլ) ճըմըրթկել (թուղթը)․ փոթփոթել․ fանի մը ծալf ըսել․

crunch (քրանչ) ճարճատիլ (երբ խիճերու վրայ կը fալեսf)․ ագմուկով կե-րակուրը ծամել․

crupper (քրափ'ըր) ձիու գաւակ․

crusade (քրուս'էյտ) խաչակրութիւն․ խաչակիր-ներու պատերազմ Երու-սաղէմը ազատագրելու համար․ որեւէ ազնիւ նպատակի համար պատե-րազմ․

cruse (քրո'ւզ) փոքր ա-ման․ կուժ, փարչ․

crush (քրաշ) ջախջախել (թշնամին)․ խորտակել․ ձեւազեղծել․ ճմրթկել․ հիւթը հանել (պտուղին)․ փոշիի վերածել․

crust (քրասթ) կեղեւ․ կո-ղինձ (հացի)․ խաւ․

crustacean (քրասթ'էյշ-ըըն) խեցեպատեան․

crusty (քրասթ'ի) կարծր կեղեւով․ դիւրաբորբոf․

crutch (քրաչ) անթացուպ․ յենուիլ․ հաստատել․ *—ed* կոթնած․ *—ed friar* խա-չակիր վանական․

crux (քրաքս) որոշելու դժուար կէտ․ խրթնու-թիւն․

cry (քրայ) ճչալ, պոռալ․ կանչել․ աղաղակել․ լալ․ աղաղակ, ճիչ․ լաց․ *to cry off* յայտնել թէ մէ-կը պիտի չկատարէ խոս-տումը․ *to cry down* անուանարկել․ *in full cry (of dogs)* կենդանիի մը ետեւէն վազել՝ մեծ աղմուկ յարուցանելով․ *to — up* փառաբանել․ *to — out* յայտարարել․ *crying* բացայայտ․ աղա-ղակող․ տխրահոչակ․

crypt (քրիփթ) ստորեր-կրեայ մատուռ, որ եր-բեմն իբր դամբան կը գործածուի․

cryptic (քրիփ'թիք) գաղտ-նի․ դժուար հասկնալի․

crypto - (քրիփ'թօ –) գաղտնի․ *a crypto-Communist* գաղտնի համայ-նավար․ *cryptogram* (քրիփթ'ըկրէմ) գաղտ-նի գրութիւն․

crystal (քրիս'թլ) բիւրեղ․ ժամացոյցի ապակի․ ա-ղին առած ձեւը երբ ան հեղուկ վիճակէն հաստա-տուն վիճակի կը վե-րածուի․

crystalized fruit (քրիս'-թըլայզտ ֆրո'ւթ) շա-fարով եփած պտուղ ո-րուն վրայ բիւրեղ կազ-մած է․

cub (քապ) վայրի գազան-ներու ձագ (կորիւն, ար-ջաձագ, եւայլն)․ երի-տասարդ․ մուրք․ դա-րան․ ցկնիլ․ զոցել․ *cub reporter* թղթակից․

cubby-hole (քապ'ի հոլ)

փոքր ամբար կամ սենեակ·

cube (քիուպ) խորանարդ զանգուած· *3 cubed* = 3^3 = 27. *cube root* (րութ) խորանարդ արմատ· 27ի խորանարդ արմատը 3 է· *cubic* (քիու'պիք) խորանարդային· *a cubic foot* մէկ խորանարդային ոտք (1 ոտք երկայնք × 1 ոտք լայնք × 1 ոտք բարձրութ·)· *cubicle* (քիու'պ'իքլ) փոքր ննջասենեակ աւելի մեծ վայրէ մը անջատուած·

cubit (քիո'ւ'պիթ) կանգուն· արմկաչափ (շուրջ 18 մատնաչափ)·

cuckoo (քըքո'ւ') կուկու (թռչ·) որ իր անունին պէս ձայն կը հանէ եւ ուրիշ թռչուններու բոյնին մէջ հաւկիթ կ'ածէ·

cucumber (քիո'ւքամպր) վարունգ·

cud (քատ) որոճ, որոճալ· *to chew the cud* որոճալ· խոկալ·

cuddle (քատ'լ) փայփայել· սիրաբանիլ· փաթթուիլ·

cudgel (քատ'ճըլ) կարճ, հաստ գաւազան· բիր· բրածեծ ընել· *to take up the cudgels for* պաշտպանել· ծեծել (բիրով)· *cudgel one's brain* միտքը զօրել (դժուար հարցի մը պատասխանը գտնելու համար)·

cue (քիու) վերջին բառ (դերին մէջ), յուշարարութիւն (ներկայացման ատեն)· պիլիարտի մէջ գործածուող՝ գաւազանը հարուածող երկար փայտ, վարսամ· ծանուցում· թելադրանք·

cuerpo (քիուըր'փօ) մարմին· *in* — կիսամերկ·

cuff (քաֆ) թեւնոց, թեզանիք· ապտակ· կռուփ· ապտակել· կռփամարտիլ·

cuirass (քուիրէս') զրահ· կրծապանակ· *cuirassier* (քուիրըս'իր) զրահապատ ձիաւոր·

cuisine (քուիզին') խոհանոց· խոհարարութիւն (Ֆրնս·)·

cul-de-sac (քուլտըսէք') անել փողոց·

culinary (քիո'ւլինըրի) խոհանոցային·

cull (քըլ) հաւաքել· ընտրել (լաւը առնելով գէշը ձգել)·

cullender, colander (քու'լինտըր) ծակ–ծակ մետաղէ աման· քամոց·

culminate (քալ'մինէյթ) գագաթնակէտին հասնիլ·

culpable (քալ'փըպլ) մեղադրելի·

culprit (քալ'փրիթ) չարագործ· յանցապարտ·

cult (քըլթ) պաշտամունք· սիրելի ուսուցիչի կամ գաղափարի նուիրում·

cultivate (քալ'թիվէյթ) մշակել (հողը)· կրթել· անեցնել· *to cultivate a person's friendship* բարեկամանալ փորձել մէկուն հետ· *a cultivated person* մշակուած, արուեստներու գիտակ մարդ․

culture (*քալ՛չըր, քալ՛-թիուր*) մշակոյթ (ժողովուրդի մը)․ հողագործութիւն․ հող․ մշակել․ կրթել․ *a person of culture* արուեստի ու մշակոյթի մարդ․

culvert (*քալ՛վըրթ*) ջուրի անցքի համար կամուրջ (որպէսզի ջուրը տակէն հոսի)․

cumber (*քամ՛պըր*) անարժէք բաներով բեռնաւորելով դժուարացնել շարժումը․ նեղել․ շփոթեցնել․ *cumbersome, or cumbrous* տաղտկալի․ նեղացուցիչ․

cumbrance (*քէմ՛պրընս*) ծանրութիւն․ բեռ․ արգելք․ *cumbrous* տաժանելի․

cumin (*քամ՛ին*) չաման․ քիմոն (եգիպտական բոյս մը որ կը գործածուի նաեւ բժշկութեան մէջ)․

cummorbund (*քամ՛ըր-պանտ*) գօտի․

cumulate (*քիում՛իուլէյթ*) դիզել, կուտակել․ *cumulative* յարանուն դիզուող, աւելցող․

cuneiform, cuniform (*քիունի՛ֆորմ, քիու՛նի-ֆորմ*) սեպագիր գրութիւն (հին Ասորեստանի, Ուրարտուի եւ այլ երկիրներու մէջ)․

cunning (*քան՛ինկ*) խորամանկ․ խարդող․ (Ա․Մ․Ն․ սիրուն, հաճելի)․

cup (*քափ*) բաժակ․ գաւաթ․ սրուակ․ *a bitter cup* դառն բաժակ․ գինի հրամցնել․ տաքցած գաւաթ փակցնել պաղ առած տեղ մը, յատկապէս կռնակը․ *to be in one's cup* գինով ըլլալ․ *cup and can* մտերիմ ընկերներ․ *cupboard* (*քապ՛-օրտ*) պահարան (գաւաթներու, ամաններէնի համար)․ *cupboard-love* շահախնդիր սէր․ *cupful* լեցուն բաժակ մը․

cupid (*քիու՛փիտ*) գեղեցիկ տղայ՝ նետ աղեղով․ *Cupid* Երոս․ Կուպիտոն (Սիրոյ Աստուածուհի Վեներսի պատգամաբերն ու գաւակը)․

cupidity (*քիուփիտ՛իթի*) մեծ փափաք․ ցանկութիւն․ ընչաքաղցութիւն․

cupola (*քիու՛փոլը*) փոքր գմբէթ․

cupreous (*քիու՛փրիըս*) cupric (*քիու՛փրիք*) պղնձային․ պղնձեայ․

cur (*քըր*) անպէտ շուն․ քած․ վատ մարդ․

curate (*քիու՛րէյթ*) քահանայի օգնական (իրմէ աւելի փոքր տարիքով)․ ծխատէր․ ժողովրդապետ․

curative (*քիու՛րըթիվ*) բուժիչ․

curator (*քիուրէյթ՛ըր*) ընդհանուր պատասխանատու շէնքի մը ուր արժէքաւոր առարկաներ ի պահ դրուած են (թանգարան, պատկերասրահ, եւ այլն)․ խնամակալ․

curb (*քըրպ*) հակակշռել· զսպել· առաջնորդել· ենթարկուիլ· սանձ· երագել· *—stone* եզրաքար (փողոցը մայթէն զատող)·

curd (*քըրտ*) մակարդ· մածուն· սեր· մակարդել·

curdle (*քըր'տլ*) մակարդել (կաթը)· մածուն շինել· *to make his blood —* վախցնել զինք·

cure (*քիուր*) բուժել· բուժուիլ· խնամել· դարման· բուժում· խնամք· *cure-all* ամենաբոյժ· *cureless* անդարման·

curé (*քիու'րէ*) երէց· ծխատէր քահանայ·

curfew (*քըր'ֆիու*) գիշեր ատեն զանգահարում որ կ'ազդարարէ մարդոց՝ լոյսերը եւ կրակները մարել (հին ժամանակ)·

curie (*քիու'րի*) մէկ կրամ ռատիումէն գոյացող ընդունուած միութիւն·

curio (*քիու'րիօ*) տարօրինակ, հետաքրքրական առարկայ· հետաքրքրութիւն·

curiosity (*քիուրիաս'իթի*) հետաքրքրութիւն· տարօրինակութիւն· *a —* արտասովոր, հազուագիւտ առարկայ·

curioso (*քիուրիօ'սօ*) գեղարուեստական առարկաներու հաւաքածոյ կազմող·

curious (*քիու'րիըս*) հետաքրքիր· տարօրինակ· *—ness* հետաքրքրութիւն· տարօրինակութիւն·

curl (*քըրլ*) գանգուր, խոպոպ (մազի)· ծալք· երակ (տախտակի)· օղակ· մազը խոպոպել· գալարել· *—ed* ալիքաձեւ· ծալ ծալ·

curlew (*քըր'լիու*) ճկնկուլ (թռչուն մը)· արօր, արօրիկ (թռչ.)·

curling (*քըր'լինկ*) գալարում· խաղ մը (կլոր քարեր սառին վրայ նետել)·

curmudgeon (*քըրմըճ'ըն*) կծծի· ջղային· թափթփած· անոպայ (ընդհանրապէս ծեր)·

currency (*քար'ընսի*) շրջաբերութիւն, ընթացիկութիւն· վարկ· դրամ որ շրջաբերութեան մէջ է·

current (*քար'ընթ*) հոսանք (ջուրի, ելեկտրականութեան)· ընթացք· ընթացիկ· շրջաբերութիւն· ընդհանուր· *the — opinion* ընդհանուրին կարծիքը· *the — week* ընթացիկ շաբաթ· *the current number of a newspaper* թերթին այսօրուան թիւը·

curriculum (*քարիք'իուլըմ*) դասընթացք· ծրագիր (յոգ· *curricula*).

curry (*քար'ի*) միս կամ ձուկ հնդկահամեմին մէջ եփուած· գարի· կաշին յարդարել· գունակալել· համեմել· *to — favour with* քծնիլ·

curry cumb (*քարի քա'մպ*) ձիու քերոց·

curse (*քըրս*) անիծել. նըզովել. հայհոյել. նզովք. հայհոյութիւն. դժբախտութիւն. աղէտ. *cursed* անիծեալ. գարշելի. ատելի. *curser* հայհոյող.

cursive (*քըր'սիվ*) սահուն, արագօրէն գրուած գիր (իրարու կապուած). — *hand* ձեռագիր.

cursory (*քըր'սըրի*) արագ եւ անհոգ. *a — glance* արագ ակնարկ մը.

curt (*քըրթ*) բիրտ. անքաղաքավար. կտրուկ.

curtail (*քըրթէյլ'*) կրճատել. համառօտել. զրկել.

curtain (*քըր'թըն*) վարագոյր (պատուհանի, եւայլն). պաստառ բեմին վրայ. վարագուրել. *the — rises* ներկայացումը կը սկսի. *behind the —* գաղտնի. *to drop the —* պատմութիւնը աւարտել. *a — raiser* փոքր ներկայացում գլխաւոր ներկայացումէն առաջ. — *lecture* կանացի յանդիմանութիւն իր ամուսնոյն դէմ.

curtsy (*քըր'թսի*) մեծարանք. ծունկերը ծռելով յարգանքի արտայայտութիւն (կիներու կողմէ). *to drop a —* յարգանք ընել.

curvature (*քըր'վըչըր, քըր'վըթիուր*) կորութիւն. կորացում. *angle of —* կոր անկիւն. *rodius of —* կոր շառաւիղ. — *of the spine* ողնաշարի կորութիւն.

curve (*քըրվ*) կոր գիծ. կոր. շրջանակի մէկ մասը. թեքել. ծռել. կորանալ.

curvet (*քըր'վէթ*) ձիու անհանդարտ խայտանք. կորավազք. ոստնուլ. ցատկերտել (ձիու).

curviform (*քըր'վիֆորմ*) կորաձեւ.

curvilineal (*քըրվիլին'իըլ*) կորագիծ. *curviliniar* կորաձեւ գիծերով.

cushion (*քուշ'ըն*) բարձ (վրան նստելու, կռթնելու). բարձի վրայ նըստեցնել.

cusp (*քասփ*) մահիկներու միացման կէտ. մահիկի ծայր. ատամնապսակի ծայր. սուր ծայր (որեւէ բանի).

cussedness (*քը'սէտնէս*) կամակորութիւն.

custard (*քաս'թըրտ*) ուտելիք՝ պատրաստուած կաթէ, հաւկիթէ եւ շաքարէ (դեղին գոյնով). քաքար. տնան.

custody (*քաս'թըտի*) պահպանութիւն. պահեստ. խնամք. *to take into —* բանտարկել. *custodian* հսկող. պահապան, պահակ (հանրային շէնքի մը).

custom (*քաս'թըմ*) սովորութիւն. յաճախորդութիւն. օրէնքի ընտանի դարձնել. *to take away one's custom from a shop* գնումը դադրեցնել խանութէ մը. *customary* սովորական. *custo-*

mer յաճախորդ· *a queer customer* ապիկար, անշընորհ մարդ· *customhouse* մաքսատուն· *customs duty* մաքս·

cut (*քաթ*) դանակով կըտրել· ճեղքել· տաշել· վիրաւորել (սիրտը, մարմինը)· ձեւել· փորագրել· ճեղքուիլ· կրճատուած· քանդակուած· կըտըրուածք· ճեղք· վէրք· քանդակ· քլիշէ· ձեւ· *that cuts no ice* ազդեցիկ չէ· *that cuts both ways* երկուքիս վրայ ալ կ'ազդէ· *to cut a coat* բաճկոն մը ձեւել· *cut one's coat according to one's cloth* ծրագիրները կարելիութիւններուն յարմարցնել· *cut out for* լաւ յարմարած· *cut down a story* պատմութիւն մը կրճատել· *cut price* գինը իջեցնել· *cut a class* դասապահի մը չերթալ· *to cut a person, to cut him dead* չտեսնել ձեւացնել (մէկը)· *to cut off with a shilling* իբր ժառանգ ոչ մէկ դահեկան ձգել· *he cut me out* աւելի յաջողակ դուրս եկաւ (կնոջ մը սիրտը շահելու համար)· *very cut up at* շատ տխուր· *to cut up rough* ջղայնանալ· *a cut above* — աւելի լաւ (քան)· *cut along* վազել· *to cut in (into)* ընդմիջել· բաժնել· *to cut a tooth* ակռայ հանել· *to cut short* կարճ կապել· *cut and dried* պատրաստ· *cut purse* քսակահատ· *cut throat* մարդասպան·

cutaneous (*քիութէյ'նիըս*) մորթային·

cute (*քիութ*) խելացի· սըրամիտ· գրաւիչ· դրամ շահելու մէջ վարպետ·

cuticle (*քիու'թիքըլ*) մաշկ (մորթի)·

cutlass (*քաթ'լէս*) ծովայինի կարճ սուր· դահնայ· սակր·

cutlery (*քաթ'լըրի*) կըտրող գործիքներ·

cutlet (*քաթ'լէթ*) կենդանիի մը վիզէն խորոված, եփուած միս· կողիկ (ոչխարի, հորթի)·

cutting (*քաթինկ*) հատուած· սուր· ազուրի (բուս·)· բլուրի մը մէջէն կտրուած ճամբայ· *a newspaper* — թերթէ մը կտրուած հետաքրքրական գրութիւն·

cuttlefish (*քաթ'լֆիշ*) դանդաղաձեւ կենդանի որ կը ծփայ ծովուն մէջ: Կ'արտադրէ թուխ գոյն մելան մը եւ ոսկորը կը գործածուի ձեռք մաքրելու համար· մելանաձուկ· սեպեան·

cwt. = hundredweight (*հընտ'րըտուէյթ*) 112 լիպրա (շուրջ 50,8 քիլոկրամ)· ամերիկեան 100 լիպրա·

cybernetics (*սայպըրնէ'թիքս*) ինքնիրեն աշխատող եւ կանոնաւորուող մեքենաներու կամ մեքե–

նական ուղեղի ուսումնասիրութիւն·

cycle (*սայքըլ*) հեծանիւ· շրջանակ· ծիր· շրջան ընել· հեծանիւ նստիլ· *in* — շրջանակային· *a* — *of events* իրարու յաջորդող դէպքերու շարք· *motor* — շարժակաւոր հեծանիւ· *solar* — արեգակնային շրջան (28 տարի)· — *of indiction* 15 տարի· — *of eclipses* խաւարումի շրջան (6586 օր)·

cyclone (*սա՛յքլոն*) կիկլոն· թաթառ· պտուտակաձեւ զօրաւոր հով·

cyclopaedia (*սայքլոփի՛տիը*) *encyclopaedia* (*ինսայքլըփի՛տիը*) հանրագիտարան·

cyclostyle (*սա՛յքլոսթայլ*) նամակներ, եւ այլն բազմացրող մեքենայ· բազմացրել·

cyclotron (*սա՛յքլոթրոն*) ելեկտրական մասնիկները աւելի եւ աւելի արագ ճամբորդել տուող գործիք (կը գործածուի հիւլէն բեկանելու)· ելեկտրոմագնիսական գործիք մը·

cyder (տես cider)·

cygnet (*սի՛կնէթ*) կարապի ճուտիկ·

cylinder (*սի՛լինտըր*) գըլան· խոռոչաւոր գլան· շոգեբաշխ գլան·

cymbal (*սիմ՛պըլ*) ծնծղայ· բամբիռ·

cynical (*սին՛իքըլ*) լկտի· շնական· *cynic* անամօթ· լկտի· սինիք·

cynosure (*սին՛ոշուր, սա՛յնոշուր*) Փոքր Արջ (համաստեղութիւն)· բեւեռային աստղ· նպատակակէտ·

cypher, cipher (*սայֆըր*) գաղտնի գրութիւն· զերօ (0)· աննկարեւոր (մարդ)·

cypress (*սա՛յփրէս*) նոճի· մշկի ծառիկ· *weeping* — սգանոճի·

Cyprus (*սա՛յփրըս*) Կիպրոս·

Cyrus (*սա՛յրըս*) Կիւրոս·

cyst (*սիսթ*) բուշտ, բըշտիկ· քսակ· փամփուշտ·

cystitis (*սիսթա՛յթիս*) միզափամփուշտի բորբոքում·

cytology (*սայթա՛լոճի*) բջիջներու ուսումնասիրութիւն·

cytola (*սիթ՛իուլը*) բեղմնաւորուած ձուաբջիջ·

czar (*զար*) ձար· *czardom* ձարի իշխանութիւն· *czarevitch* ձարովիչ, գահաժառանգ· *czarina* ձարուհի·

Chechoslovakia (*չէք՛ոսլովաքիա*) Չեխոսլովաքիա·

czigany (*ցիկանի*) գնչու·

D

D, d (*տի*) Անգլերէն այբուբենի չորրորդ գիրը· թիւ 500·

dab (*տէպ*) մեղմ շոյանք· մեղմ հարուած· փոքրիկ զանգուած· վահանաձուկ· զարնել (կակուղ կամ թաց բանով)· *a dab at* շատ խելացի (բանի մը մէջ)·

dab, dabster (*տէպ'սթըր*) ճարտար·

dabble (*տէպ'լ*) ջուրին մէջ զուարճանալ· *to — in (art)* աշխատիլ (արուեստի ճիւղի մէջ), բայց ոչ-հետեւողականօրէն·

dace (*տէյս*) անուշ ջուրի փոքր ձուկ· տիզաձուկ·

dachshund (*տաքս'հունտ*) երկար մարմնով եւ կարճ սրունքներով գերմանական շուն·

dactylo (*տէքթի'լօ*) մատներուն հետ կապ ունեցող· *dactyliography* թանկագին քարեր կամ մատանիներ փորագրելու արուեստ· *dactylography* մեքենագրութիւն· *dactylology* խուլ-համրերու մատներու լեզուն·

dad, daddy (*տէտ'ի*) հայրիկ· տատա· *daddy - long - legs* դաշտասարդ·

dadle (*տէտ'լ*) գայթիլ· օրօրուելով քալել (մանուկի կամ ծերի պէս)· գետինը ճանկել·

dado (*տէյ'տօ*) տարբեր ներկերու կամ փայտէ երիզ՝ սենեակի մը պատերու ներքեւի մասին շուրջ·

daffodil (*տէֆ'ոտիլ*) զարնանային դեղին ծաղիկ մը· սուտ նարգիս·

daft (*տէֆթ*) ապուշ· խենթ, բախուկ·

dagger (*տէկ'ըր*) դաշոյն (կռիւի մէջ գործածուող)· *look daggers at* ատելութիւն ցոյց տալ·

dago (*տէյ'կօ*) թխամորթ անձ (հարաւային Եւրոպայէն)·

dahlia (*տէյ'լիէ*) դալիա (ծաղիկ մը), գորգինա·

daily (*տէյ'լի*) առօրեայ· օրաքերթ·

dainty (*տէյն'թի*) գեղեցիկ եւ կոկիկ· համեղ· դըժուարահաճ· *daintiness* փափկութիւն· վայելչութիւն· համեղութիւն· *daintily (dressed)* վայելչօրէն (հագուած)· *a dainty* շատ համեղ կերակուր մը·

dairy (*տէյ'րի*) կովարուծարան· կաթնարան· կաթնագործութիւն·

dais (*տէյս*) տախտակամածին բարձրացած մասը, դարեւանդակ· ամպհովանի գահ·

daisy (*տէյ'զի*) մարգարտածաղիկ·

dale (*տէյլ*) ձոր, հովիտ·

dally (*տէ'լի*) դանդաղիլ, ժամանակ վատնել· զբօսնուլ· *to dally with (love)* զբօսնուլ (սէր կեղծելով)·

dalmatian (*տէլմէյ'շըն*) ներմակ շուն, սեւ պիսակներով·

daltonism (*տօ'լթընիզմ*) գոյները չկարենալ որոշելը (հիւանդութիւն)·

dam (*տէմ*) թումբ (ջուրը արգելակող)· արգիլել, թմբել, զսպել· կենդանիներու մայր·

damage (*տէմ'էյճ*) կորուստ, վնաս· կործանում· տուգանք· *damages* վնասուց հատուցում·

damascene (*տէմէսին'*) մետաղի մակերեսին վրայ գիծեր փորել եւ ուրիշ մետաղներ դնել այս բացուածքին մէջ· դամոն·

damask (*տէմ'էսք*) Դամասկեան կերպաս· թեթեւ վարդագոյն· ծաղկազարդել·

dame (*տէյմ*) ծերութեան մօտ կին· կնոջ մը տրրուած պատուոյ տիտղոս· բամբիշ· տանտիկին· վարժուհի· *a dame school* փոքր աղջկանց վարժարան, որ տարիքոտ կնոջ մը կողմէ կը կառավարուի·

damn (*տէմ*) նզովել· դատապարտել· պարսաւել· սուլել· *God — you, — you, — your soul* Աստուած հոգիդ առնէ· *damn!* նզովից արմատ· *—ation* անէծք·

damp (*տէմփ*) խոնաւութիւն· *fire damp* հանքածուխի հանքահորերու մէջ գտնուող թունաւոր կազ· *to damp* խոնաւցնել· *— (down)* կրակը մեղմացնել· մեքենային ձայնը ցածցընել· *— a person's feelings* մէկը յուսահատեցնել·

damper (*տէմփ'ըր*) վառարանի (ծխնելոյզի) դըռնակ՝ կրակը աւելի հանդարտ վառելու համար· փականակ· *cast a — on a party* հաւաքոյթ մը պաղեցնել· *a —* աւըստրալիական թեթեւ բլիթ մը·

damsel (*տէմ'զլ*) աղջիկ· նաժիշտ·

damson (*տէմ'զըն*) դամասկեան սալոր·

dance (*տանս, տէնս*) պարպարել· դիպուած· *to lead a person a —* մէկը լաւ մը յոգնեցնել, զայն տեղէ տեղ տանելով· *to give a —* պաբանցիկ երեկոյթ տալ· *rope dancer* լարախաղաց·

dandelion (տէնտըլայ'ըն) փոքրիկ դեղին վայրի ծաղիկ մը· կռապանջար·

dandle (տէն'տլ) մանուկը խաղցնել՝ վեր վար թաթժըռացնելով ծունկերուն վրայ· գգուել (մանուկը).

dandriff, dandruff (տէն'տրիֆ, —տրաֆ) գլխու մազի թեփ·

dandy (տէն'տի) պճնասէր, հագուստ կապուստի շատ կարեւորութիւն եւ ժամանակ տուող մարդ·

Dane (տէյն) տանիմարքացի· *Danish* տանիմարքական·

danger (տէյն'ճըր) վըտանգ· տագնապ· *—ous* վտանգաւոր·

dangle (տէնկ'լ) կախել· ճօճել· քծնիլ·

dank (տէնք), *—ish* (տէնք'իշ) պաղ, խոնաւ եւ թաց·

danseuse (տանսէօզ) պարուհի·

Daphne (տէֆ'նի) դափնի·

dapper (տէփ'ըր) կոկիկ հագուած (մանուկ).

dappled (տէփ'լտ) խատուտիկ· պիսակաւոր·

Darbey and Joan (տար'պի էնտ ճօ'ն) սիրով ապրող ծեր ամոլ·

dare (տէր) (dared, durst) համարձակիլ· յանդգնիլ· *I — say* անտարակոյս· *daring* համարձակ, յանդուգն· *daredevil* յախուռն, վտանգի առջեւ անվախ·

dark (տարք) մութ, խաւար· գաղտնի եւ անյայտնի· գէշ· կոյր· տըգէտ· տխուր· սեւ (աչք, մազ, մորթ). *dark red* խորունկ կարմիր·

darkling (տարք'լինկ) մութին մէջ·

darky, darkey (տարք'ի) սեւամորթ·

darling (տար'լինկ) սիրուհի, շատ սիրելի·

darn (տարն) կարկտել· լեցնել (դերձանով)· նըզովել· *darn it!* բարկութեան աղաղակ·

dart (տարթ) արագ վազել· նետի պէս սլանալ· դուրս հանել շատ արագ· նիզակ· գեղարդ· տէգ·

dash (տէշ) խուժել· ուժով նետել (նետուիլ)· զարնել· գծել· ջնջել· վախցնել· *to — off a letter* արագ կերպով նամակ մը գրել· *her hopes were dashed* յոյսերը յօդս ցնդեցան· *a dash for safety* արագ շարժում· *to cut a —* ինքզինք իրբեւ լաւ մէկը ցոյց տալ· *dash!* թեթեւ բարկութեան նիշ· *dashing (fellow)* զըւարթ, գործօն·

dastard (տէս'թըրտ) վախկոտ եւ ցածոգի·

data (տէյ'թը) եղելութիւններ· տուեալներ·

date (տէյթ) թուական· թուականը ցոյց տալ· արմաւ· *out of date* ժամանակավրէպ· *make a* — ժամադրութիւն մը որոշել· *up to* — նոր· ժամանակակից· *date-palm* արմաւենի·

dative (*տէյ'թիվ*) — *case* տրական հոլով· հոլովը գոյականի կամ դերանունի մը որ բային բնութեան խնդիրն է·

datum (*տէյ'թըմ*) տուեալ· հիմ· (տես՝ *data* յոգնակի)·

daub (*տոպ*) քսել· աղտոտել, անհեթեթ նկարներ գծել·

daughter (*տօհ'թըր*) դուստր· — *in-law* հարս, որդիին կինը·

daunt (*տօնթ*) վախցնելով ետ կեցնել (բան մը ընելէ)· ահաբեկել· *nothing —ed* անվախօրէն·

Dauphin (*տօ'ֆին*) (Dauphiness) ֆրանսացի գահաժառանգ իշխան (իշխանուհի)·

davenport (*տէվ'ընփորթ*) գրելու փոքր սեղան·

Davis apparatus (*տէյվիս էփըրէյ'թըս*) թթուածինի գործիք՝ որուն շնորհիւ ընդծովեայի մէջ թակարդուած մէկուն կեանքը կ'ազատի·

Davy Jones's Locker (*Տէ'վի Ճօն'զիզ լաքըր*) երեւակայական ոգի մը ծովուն յատակը՝ որ ունի սնտուկ մը ուր կը դնէ ընկղմած ամէն ինչ· ծովուն յատակը՝ նաւաստիին գերեզմանը·

dawdle (*տօ'տըլ*) ժամավաճառ ըլլալ· յամենալ·

dawn (*տօ'ն*) արշալոյս· այգ· սկիզբ· ծագիլ· իմացուիլ· *it began to dawn on him* սկսաւ հասկնալ·

day (*տէյ*) օր· ցերեկ· ժամանակ· դար· ճակատ· յաջողութիւն· *this — week* յաջորդ շաբաթ նոյն օրը· *days of grace* պարտքի վճարումի յետաձգման յաջորդական երեք օրերը· *to win the day, the day is ours* ճակատամարտը շահիլ· *every dog has his day* ամէն մարդ իր օրը ունի (երջանկութեան)· *day-book* ձեռատետր (տետրակ՝ ուր ամէն օրուան հաշիւները կ'արձանագրուին)· *—break* արեւածագ· *—dream* արթուն եղած ատեն հաճելի այլ անիմաստ բաներու մասին երազել· *—spring* արեւագալ· *daysman* միջնորդ դատաւոր· *Judg(e)ment Day* Վերջին Դատաստանի օրը· *lunar day* լուսնային օր· *siderial* — աստեղային օր·

daze (*տէյզ*) շշմեցնել· շըլացնել· խաբել· շփոթեցնել·

dazzle (*տէ'զլ*) շլացնել (աչքերը զօրաւոր լոյսով)· հիացում պատճառել· *dazzling* շլացուցիչ· գինովցնող·

D. C. (*Տի Սի·*) ուղղակի հոսանք.

D. D. (Doctor of Divi-

nity) (Աստուածաբանութեան Տոքթոր)․
D.D.T. (*Տի․Տի․Թի․*) նիւթ մը որ կը սպաննէ միջատները․
deacon (*տի՛քըն*) սարկաւագ․ վերակացու․
dead (*տէտ*) մեռած, անկենդան․ անշարժ․ լռիկ․ ամայի․ խուլ․ — *in law* քաղաքացիական իրաւունքէ զրկուած․ *a — sleep* շատ խոր քուն․ *— tired* շատ յոգնած․ *— beat* պարտասած․ *the — centre* ուղիղ մէջտեղը․ *—-line* վճարելու կամ ստորագրելու վերջին ժամկէտը․ *—lock* անել (բանակցութիւն, վիճակ, ճամբայ ելլն․)․ *make a — set at* ուղղակի վրան երթալ․ *— of night* գիշերուան ամենամութ պահը․
deaf (*տէֆ*) խուլ․ *turn a — ear to* մերժել լսել․ *deafen* խուլցնել․
deal (*տիլ*) (dealt, dealt) տալ (հարուած, բաժին, ելլն․)․ գործ ընել (մէկու մը հետ)․ *to deal in a corn* առուծախ ընել․ *to — with a matter* կարգադրել․ *to — with a question* որոշել․ պատասխանել․ *a deal* գործառնութիւն․ *a great deal* մեծ քանակութեամբ․
dean (*տին*) երիցապետ․ ճախերէց (եկեղեցւոյ մէջ)․ ուսուցչապետ, տընօրէն (համալսարանի)․ քարտուղար․ *—ship* երիցապետութիւն․
dear (*տիյր*) սիրելի․ պատուական․ թանկագին․ *my — fellow* սիրելիդ իմ․ *oh dear! dear me!, dear, dear!* ցաւի ու զարմանքի ճիչեր․
dearth (*տըրԹհ*) նուազ․ նուազութիւն․ սղութիւն․
death (*տէԹհ*) մահ․ մահացում․ *— duties* հանգուցեալի մը ձգած ժառանգութեան կառավարութեան առած բաժինը․ *death rattle* մահուան հռնդիւն․ *—-man* դահիճ․
débâcle, debacle (*տէյպահ'լ*) անակնկալ կործանում, բնաջնջում․ ողողում․ սաստահալութիւն․
debar (*տիպար'*) արգիլել․ խափանել․
debark (*տիպարք'*) նաւէն դուրս գալ․ ցամաք ելլել․
debase (*տիպէյս'*) արժէզրկել․ նուաստացնել․ անարգել․
debate (*տիպէյԹ'*) վիճաբանիլ․ յուզել․ *a debate* հանրային, ակադեմական վիճաբանութիւն․ *—r* ատենաբան․ վիճաբանող․
debauch (*տիպոչ'*) ապականել․ մոլորեցնել․ զեխութեան մատնուիլ․ ցոփնալ, ցոփացնել․
debenture (*տիպէն'չըր*) մուրհակ․ մաքսատոմս․
debilitate (*տէպիլ'իԹէյԹ*) տկարացած․ տկարացնել․ թուլցնել․
debit (*տէպ'իԹ*) պարտք․

պարտքի կողմը գրել (տոմարի մէջ)·

debonair (տէպոնէ՛ր) ազնիւ հոգի, բարեկիրթ· բարեհամբոյր·

debouch (տիպուչ՛) դուրս ելլել (կիրճէն, անտառէն)· դուրս հոսիլ·

debris (տէյ՛պրի) բեկոր, մնացորդ, անպէտ կտորներ·

debt (տէթ) պարտք· *a bad debt* երբեք չվճարուելիք պարտք մը· *the balance of* — պարտքին մնացորդը· *debtor* պարտական·

debunk (տի՛պանք՛) ծայրայեղ կերպով փառաբանուած անձի մը ցոյց տալ թէ ինք արդարեւ ով է·

debut (տէյպիւ՛) առաջին անգամ ելոյթով դուրս գալը հասարակութեան առջեւ իբրեւ արուեստագէտ· —*ant*, —*ante* սկսնակ դերասան, մատենագիր (այր, կին)· երիտասարդ աղջիկ մը որ առաջին տարին է որ ընկերութեան մէջ կ'երեւի իբրեւ հրաւիրեալ անդամ·

deca - (տէք՛ա –) նախադիր որ տասը կը նշանակէ· *decade* (տէ՛քէյթ) տասնեակներ, տասը տարիներ·

decadence (տէք՛ըտընս) *decadency* վատթարացում· անկում· *decadent* անկեալ· անկումային միտքեր բացայայտող գրագէտ, արուեստագէտ, եւայլն·

decagon (տէք՛ակոն) տասը անկիւն ունեցող·

decagram(me) (տէք՛ակրամ) 10 կրամ (մեթրական դրութեան մէջ)·

decalitre (տէք՛ալիթր) 10 լիթրի համազօր չափ մը·

Decalogue (տէքա՛լոկ) Տասնաբանեայ (Հին Կտակարանի մէջ)·

decametre (տէք՛ամիթր) 10 մեթր չափ·

decamp (տիքէմփ՛) գաղտնապէս փախչիլ· բանակը վերցնել·

decant (տիքէնթ՛) հեղուկը ուշադրութեամբ մէկ ամանէն միւսը լեցնել· զտել· *decanter* զարդարուած գինիի շիշ· յուրան·

decapitate (տիքափ՛իթէյթ) գլխատել· —*tion* գլխատութիւն·

decapod (տէք՛ըփատ) տասնոտանի·

decarbonize (տիքար՛պընայզ) մարմնի (ինքնաշարժի շարժակ) մը բնածուխը դուրս հանել·

decay (տիքէյ՛) եղծանուիլ, աւրուիլ· կործանիլ· գէշնալ կամ քիչնալ· անկում· եղծանում·

decease (տիսիյ՛ս) մեռնիլ· վախճանիլ· մահ·

deceive (տիսի՛վ՛) խաբել· *deceit* նենգութիւն· խաբէութիւն· դաւ· *deceitful* նենգաւոր, խորամանկ·

decelerate (տիսէ՛լըրէյթ) արագութիւնը նուազեցնել·

December (տիսէմ՛պըր) Դեկտեմբեր.

decennial (տիսէն՛իըլ) տասնամեայ.

decent (տի՛սէնթ) ուղիղ, յարմար. վայելուչ. համեստ. պարկեշտ. *decency* ազնուութիւն, պարկեշտութիւն.

decentralise (տիսէն՛թրըլայզ) ապակեդրոնացնել.

deception (տիսէփ՛շըն) խաբէութիւն.

decide (տիսայտ՛) որոշել. վճռել. դատել. *decided* որոշուած. *decidedly* որոշապէս. *decision* որոշում. *decisive* վճռական.

deciduous (տիսիտ՛իուըս) ծառեր որոնց տերեւները ձմեռ ատեն կը թափին. թօթափական (տերեւ, մազ, ակռայ).

decimal (տէս՛իմըլ) տասնորդական. *a decimal* օրինակ 1,3 (,3 տասնորդական է եւ կը նշանակէ $^3/_{10}$. *decimal fraction* տասնորդական կոտորակ.

decimate (տէս՛իմէյթ) տասանորդել՝ զանգուածային օրէնք ջնջելով, բնաջնջելով.

decipher (տիսայ՛ֆըր) ծածկագիրները լուծել, կարդալ.

decision տես *decide.*

deck (տէք) տախտակամած (նաւու). ծածկել. զարդարել (ծաղիկներով). թղթախաղ մը.

declaim (տիքլէյմ՛) ատենաբանել. ճառել. զօրաւոր շեշտով խօսիլ. *declamation* (տէքլըմէ՛յշըն) ատենաբանութիւն.

declare (տիքլէր՛) յայտարարել. պարզել. հաստատել. յայտնել. ընտանցնել. *have you anything to declare?* մաքսատան յայտնելիք որեւէ ապրանք ունի՞ք. *well, I declare!* զարմացումի աղաղակ. *declaration* յայտարարութիւն (պատերազմի, սիրոյ, եւայլն). ծանուցում. հրապարակում.

declension (տիքլէն՛շըն) անկում (գիրի). խոնարհում (բայի). հոլովում (գոյականի, դերանունի). խոտորում. մերժում.

decline (տիքլայն՛) խոնարհիլ. շեղիլ. տկարանալ. նուազիլ. խոյս տալ. մերժել. տարաժամիլ. հոլովել. *a decline* անկում (նկարագիրի).

declutch (տիքլաչ՛) ինքնաշարժին ընթացքը կեցնել, մինչ շարժակը կ'աշխատի.

decoction (տէքաք՛շըն) երկար ժամանակ հեղուկ մը եռացնելէ ետք մնացած մասը.

decode (տիքոտ՛) գաղտնի կամ համառօտուած պատգամ մը սովորական լեզուի վերածել.

decompose (տիքըմփոզ՛) տարբաղադրել. ապականել.

decorate (տէք՛ըրէյթ) զարդարել. պճնել. շքանշան տալ. տունը ներկել կամ թուղթով պատել· *decoration* զարդարանք· շքեղութիւն· շքանշանով պատուելը·

decorous (*տէք'որըս*) յարմար· վայելուչ· *decorum* (*տիքոր'րմ*) պարկեշտ կենցաղ եւ հագուածք·

decoy (*տիքոյ'*) հրապոյր· թակարդ· թռչունի պատկեր որ կը գործածուի թռչունները հրացանի տարողութեան մօտեցնելու համար· թակարդել·

decrease (*տիքրի'զ*) նուազիլ, պակսիլ· քաշուիլ· քիչցնել· պակսեցնել· նուազում· անկում·

decree (*տիքրի'*) հրամանագիր· դատարանի վճիռ· հրամանագրել, հրամայել· վճռել·

decrement (*տեք'րըմընթ*) փոփոխական քանակութեան մը արժէքի նուազում·

decrepit (*տիքրէփ'իթ*) ոտքէ ձեռքէ ինկած (ծերութեան պատճառաւ)· *decrepitude* զառամածութիւն·

decry (*տիքրայ'*) վատաբանել, գէշ խօսիլ·

dedicate (*տէտ'իքէյթ*) ձօնել (գիրք մը)· նուիրել (Աստուծոյ)· սրբել· *—d* ընծայուած· *dedication* նուիրում· ձօն· *dedicater* ընծայող· ձօնող·

deduce (*տիտիուս'*) քաշել· հասկնալ հետեւցնել· *—ment* հետեւութիւն· *deduction* հետեւութիւն· հանում· արտածութիւն· *deductive* (*տիտաք'թիւ*) մակաբերական·

deed (*տի'տ*) գործ· արդիւնք· արարք· քաջագործութիւն· համաձայնագիր· մուրհակ·

deem (*տի'մ*) խորհիլ· համարել· գտնել· նկատել·

deep (*տի'փ*) խոր· խորիմաստ· խորագէտ· թանձր (գոյն)· *the deep* ովկիանոս· *deepen* խորացնել· աւելցնել· *deep freeze* տուփ ուր սառեցուած կերակուրը երկար ատեն կը դիմանայ·

deer (*տի'ր*) եղնիկ· եղջերու· իշայծեամ·

deface (*տիֆէյս'*) եղծանել· քերել· աւրել·

de facto (*տի ֆ'էքթօ*) գործնապէս· իրականութեան մէջ (գուցէ ոչ-իրաւապէս)·

defalcate (*տիֆ'էլքէյթ*) նուազեցնել· պակսեցնել· ուրիշի մը դրամը անձնական նպատակի համար գործածել· *defalcation* ուրիշի մը դրամը անձնական նպատակի համար գործածելը·

defame (*տիֆէյմ'*) վատահամբաւել,զրպարտել· *defamation* վատաբանում·

default (*տիֆոլթ'*) վրիպակ· յանցանք· թերութիւն· *a judgement in default* դատավարութիւն ի բացակայութեան·

defeat (*տիֆիյթ'*) պարտութիւն· նուաճում· ձախողեցնել· արգիլել· ջնջել· պարտել·

defect (*տիֆէքթ'*) պակասութիւն· թերութիւն· *—ion* զանցառութիւն· լքել (ղեկավարը)· *defective* խեղանդամ· պակասաւոր (բայ)· *mentally defective* միտքով թերաճ·

defend (*տիֆէնտ՛*) պաշտպանել· ջատագովել· *defence* պաշտպանութիւն· *defensive* պաշտպանողական· *on the defensive* (պաշտպանուիլ եւ ոչ թէ յարձակիլ)·

defer (*տիֆըր՛*) յետաձգել· ուրիշի մը կարծիքին ենթարկուիլ· ակնածիլ· զիջանիլ· *deference* զիջողութիւն· ակնածանք·

defiant (*տիֆա՛յընթ*) անվախ եւ անյարգալից· ասպարէզ կարդացող· *defiance* ձայնատուութիւն· մարտահրաւէր·

deficient (*տիֆի՛շընթ*) պակասաւոր· կարիքաւոր· *deficience, deficiency, deficientness* պակաս· կարօտութիւն· անկարողութիւն· *deficiency disease* որոշ կենսանիւթերու (կերակուրներու մէջ) պակասէն յառաջացած հիւանդութիւն·

deficit (*տէֆ՛իսիթ*) պակասորդ· բաց· եկամուտի պակաս·

defile (*տիֆայլ՛*) աղտոտել· պղծել· կիրճ· տողանցք· (*տի՛ֆայլ*) տողանցել·

define (*տիֆայն՛*) սահմանել· որոշել· *a definition* (*տէֆինի՛շըն*) սահմանում· բառի մը, եզրի մը բացատրութիւն·

definite (*տէֆ՛ինիթ*) որոշիչ (յօդ)· յստակ եւ ճըշգրիտ· *definition* յըստակութիւն· լուսանկարի մը մէջ գիծերու շեշտըւածութիւն· սահմանում·

deflate (*տիֆլէյթ՛*) օդը կամ կազը պարպել (ինչպէս անիւէն, փուչիկէն, ելլն·)· թղթադրամը իր նշանակուած գինէն արժէզրկել·

deflect (*տիֆլէքթ՛*) բան մը (օրինակ լոյսը) իր ուղիղ ճամբէն շեղել· խոտորել· մոլորեցնել·

deform (*տիֆորմ՛*) ձեւազեղծել· տգեղցնել· անշքացնել· *—ation* (*տիֆորմէյ՛շըն*) ձեւազեղծում·

defraud (*տիֆրոտ՛*) դրամ ձեռք ձգել (խաբեբայութեամբ)· նենգութիւն ընել· անիրաւել·

defray (*տիֆրէյ՛*) վճարել· մատակարարել· *—ment* վճարում· մատակարարում·

deft (*տէֆթ*) ճարտար· վայելուչ·

defunct (*տիֆընկթ՛*) հանգուցեալ·

defy (*տիֆայ՛*) մարտահրաւէր կարդալ· խիզախել· խրոխտանալ· գրգռել· *to defy the law* անվախօրէն օրէնքին դէմ գործել· *it defies description* կարելի չէ զայն նկարագրել·

degenerate (*տիճէն՛ըրէյթ*) այլասերիլ· օտարանալ· փոխուիլ (դէպի գէշը)· անհարազատ· խորթ· այլասերած· *a degenerate* այլասերած անձ.

degrade (տիկրէյտ') պատուազրկել. աստիճանազրկել. շնորհազրկել. անբարոյիկ դարձնել. կործանել. *degradation* (տէկրէտէյշ'ըն) շնորհազրկում. անբարոյացում.

degree (տիկրի'') աստիճան. չափ. քայլ. *by degrees* հետզհետէ. *of high —* բարձրաստիճան. *of low —* ցած աստիճան. *the base degrees* սանդուխին վարի ոտքը. *he took his doctor's degree* տոքթորի (համալսարանական) աստիճան ստացաւ. *in some —* որոշ չափով մը. *third degree* բուռն հարցաքննութիւն ոստիկանութեան կողմէ.

degression (տիկրէ'շըն) վայրէջք. անկում. նուազում.

dehydration (տիհայտրէյ'շըն) պահածոյ չորցուած կերակուր. հեղուկի կորուստ մարմնի մէջէն մեծ ծարաւի պատճառով.

deicide (տի'իսայտ) աստուածասպան. խաչահանում (Յիսուսի).

deify (տի'իֆայ) աստուածացնել. պաշտել.

deign to (տէյն) խոնարհիլ. խոնարհանալ. շնորհք ընել. շնորհել.

deistical (տիիսթ'իքըլ) աստուածային.

deity (տի'իթի) աստուածութիւն. Աստուած. դիք. դիցուհի. աստուածային բնութեամբ.

dejected (տիճէք'թտ) տըխուր. ցած տրամադրութեամբ. վշտացած. վըհատեցնել. ընկեկից. *dejectedness* վհատութիւն.

delate (տիլէյ'թ) հրատարակել. ամբաստանել.

delay (տիլէյ') յետաձգել. ուշացնել. դանդաղ գործել (որոշ նպատակով). ուշացում, յապաղում.

delectable (տիլէք'թըպլ) շատ բերկրալի. հեշտալի. քաղցր.

delegate (տէլ'իկէյթ) պատուիրակ. նուիրակ. փոխանորդ. տեղակալ. ներկայացուցիչ (կառավարական). *delegation* պատուիրակութիւն. պատուիրակել.

delete (տիլիյթ') գրուած կամ տպուած մասեր վերցնել, հանել.

deleterious (տէլիթը'րիըս) վնասակար (առողջութեան). մահաբեր.

deliberate (տիլիպ'ըրէյթ) նկատողութեան առնել. քննարկել, տատամսիլ. զգուշաւոր. խոհական. *deliberation* խորհրդածութիւն. որոշում.

delicate (տէ'լիքէյթ) փափուկ. քնքուշ. փխրուն. շատ զգայուն եւ դիւրին աւրուող (գործիք). *a delicate child* հիւանդկախ մանուկ. *delicacy* փափկութիւն. *a delicacy* յատկապէս լաւ կերակուր մը.

delicatessen (տիլիքըթէ-ս'էն) շատ համեղ կերակուրներ (յատկապէս միս, ձուկ՝ պաղ ձեւով)· այս կերակուրները ծախող խանութ·

delicious (*տիլի՛շըս*) շատ համեղ· հեշտալի· *—ly* վայելչօրէն· *—ness* քաղցրութիւն· փափկութիւն·

delight (*տիլա՛յթ*) մեծ բերկրութիւն· երջանկութիւն պատճառել· *to —* դիւթել· *to take — in* հաճոյք զգալ·

delimit(ate) (*տիլի՛միթ*), *-(էյթ)* սահմանները որոշել (երկրի, հողամասի)·

delineate (*տիլինի՛իէյթ*) ուրուագիծ մը գծել· ուշադրութեամբ նկարագրել (անձ մը)· *delineation* ստուերագրութիւն· նկար· նկարագիր·

delinquency (*տիլի՛նքուընսի*) յանցագործութիւն· պարտազանցութիւն·

delirious (*տիլի՛րիըս*) ցընորած· զառանցող· յիմար· *to be —* զառանցել· *delirium* ցնորում· զառանցանք· մոլեգնութիւն·

deliver (*տէլի՛վըր*) ազատել (վտանգէ, գերութենէ, մտահոգութիւններէ)· տանիլ եւ յանձնել տիրոջ (նամակ, եւայլն)· *to deliver a speech* ճառ մը արտասանել· *she was delivered of a child* մանուկի մը ծնունդ տուաւ· *he has a good delivery* լաւ խօսելակերպ ունի· *deliverance, delivery* ազատում, տղաբերք·

յանձնում·

dell (*տէլ*) ծործոր· խոռոչ· ձորակ երկու կողմը ծառերով·

delta (*տէ՛լթա*) յունարէն Δ գիրը· այս ձեւը ունեցող որեւէ բան· *the Nile Delta, the Ganges —* Նեղոսի, Կանգէսի գետաբերան· *delta rays* ռատիօ-աքթիւ մետաղներէ յառաջացած ճառագայթներ նուազ ուժեղ եւ թափանցող քան Ալֆա ճառագայթները·

delude (*տէլիուտ՛*) խաբել, սխալի առաջնորդել·

deluge (*տէլ՛իուճ*) ջրհեղեղ· տեղատարափ· բառերու եւ հարցումներու հեղեղում·

delusion (*տիլ՛ուժըն*) ցընորք· պատրանք· խաբկանք· *delusive, delusory* (*տիլո՛ւզըրի*) խաբէական·

de luxe (*տը լուքս*) շատ նոխ եւ արժէքաւոր (հարուստներու յատուկ)·

delve (*տէլվ*) պեղել· փորել· *to delve into old books* հին գիրքերը պեղել, խոր ուսումնասիրութեան ենթարկել·

demagnetize (*տիմէկ՛նըթայզ*) անմագնիսել· ապաքովել·

demagogue (*տէմ՛ըկոկ*) զանգուածներու ղեկավար որ աւելի ամբոխին զգացումները կը հրահրէ քան թէ բանականութիւնը· *demagogy* զգացումները հրահրելը կամ ատոր հաւատալը·

demand (*տիմէնտ'*) պահանջ. դատ. խնդրանք. պահանջել. խնդրել. *formal* — պաշտօնական պահանջք. *fresh flowers are in demand* ամէն մարդ իրական ծաղիկներ կ'ուզէ գնել. *the law of supply and demand* հայթայթումի եւ պահանջքի օրէնքը. «առատութիւնը գիները կը ցածցնէ. սակաւութիւնը՝ կը բարձրացնէ» օրէնքը.

demarcate (*տիմարքէյթ'*) սահմանները գծել, որոշել. *demarcation, demarkation line* սահմանագիծ.

demean (*տիմին'*) (*oneself*) ստորնանալ. նուաստանալ. զիջանիլ.

demeanour (*տիմին'ըր*) վարմունք. ընթացք.

demented (*տիմէն'թտ*) խենթ. *dementia* (*տիմէն'շիը*) խելագարութիւն.

dementi (*տէյմանկ'թի*) տարաձայնութիւն մը հերքելու դիւանագիտական եզր. հերքում.

demerit (*տիմէր'իթ*) սըխալ. գէշ նկարագիր. յանցանք. մեղք.

demesne, demain (*տըմին', տըմէյն'*) ստացուածք, կալուած (մեծ տունի մը շուրջ) կամ թաղաւորի, լորտի սեփականութիւն.

demi – (*տէմ'ի*) կէս. *demi-god* կիսաստուած.

demilitarize (*տիմիլ'իթըրայզ*) ապառազմականացնել. սահմանային շըրջանը պարպել ու չզինել.

demise (*տիմայզ'*) կտակով սեփականութիւնը (դրամ), ուրիշի մը փոխանցել. մահ.

demob (*տիմապ'*) զինաթափել, զօրացրուել.

demobilize (*տիմոպ'իլայզ*) զինաթափել, զօրացըրուել.

democracy (*տիմաք'րըսի*) ժողովրդավարութիւն (կառավարութիւն, պետութիւն). *a democrat* ժողովրդավար. ժողովըրդավարութեան հաւատացող մարդ. *democratic* ժողովրդավարական. դեմոկրատական.

demography (*տիմոկ'րըֆի*) գիտութեան այն ճիւղը որ կը զբաղի ծընունդներու, մահուան եւ ընկերութեան առողջապահութեան վիճակագրութիւններով.

demolish (*տիմոլ'իշ*) կործանել, քանդել (շէնք մը). *demolition* քանդում.

demon (*տի'մըն, տէ'մըն*) դեւ. սատանայ. դաժան մարդ. —*iac* դիւային. դիւահար. —*ry* դեւերու իշխանութիւն.

demonstrate (*տէմ'ընստրէյթ*) ցոյց տալ. ապացուցանել. *demonstration* ցուցադրութիւն. ապացոյց. զօրքի շարժում եւ ցուցադրութիւն. *demonstrative* (*տիման'ստըրըթիվ*) (*adjective*) ցուցական (ածական).

demoralize (*տիմոր'ըլայզ*)

թարոյալքել (նկարագիրը, հաւատքը)· բանակին թարոյականը եւ քաջութիւնը բեկանել·

demote (*տիմոթ'*) ցածցընել (աստիճանով, դասակարգով)· (գոյ·) *demotion.*

demur (*տիմըր'*) վարանիլ· տատամսիլ· պատճառաբանութեամբ մը ետ կենալ (գործէ մը)·

demure (*տիմիուր'*) պարկեշտ, ծանրաբարոյ եւ լուրջ նկարագրով (աղջիկ)· վերապահութիւն ձեւացնող·

demurrage (*տիմըր'էյճ*) նաւը կամ շոգեկառքը որոշուած ժամանակէն աւելի պահել: Յաւելեալ այդ ժամանակին համար անոնց վճարուած գումարը·

den (*տէն*) որջ (կենդանիներու)· քարայր· փոքր հանգստաւէտ սենեակ·

denature (spirit) (*տէնէյ'չըր*) ալքոլը, թէյը չըխըմուելու վիճակի բերել·

dengue (*տէնկ'է*) տաք երկիրներու յատուկ հիւանդութիւն որ կը յատկանշուի անդամներու մէջ (ձեռք, ոտք) զգացուած մեծ ցաւերով·

denial (*տինայ'ըլ*) ժըխտում, հերքում· մերժում· զլացում· ուրացում·

denizen (*տէն'իզըն*) բնիկ· հպատակ· բնակելու արտօնուած օտարական· — *of the air* թռչուն· —*ship* քաղաքացիութիւն·

denomination (*տինամինէյ'շըն*) անուանում· նշանակելը· մասնաւոր դասակարգի կամ տեսակի անուն· յարանուանութիւն· *denominate* (*տինամ'ինէյթ*) անուանել·

denominator (*տինամինէյ'թըր*) անուանող· յայտարար (կոտորակի)· օրինակ՝ 4–ը յայտարար է ¾ի մէջ· 3–ը համարիչ է *(numerator).*

denote (*տինոթ'*) նշել· ըսել· նշանակել·

dénouement (*տէյնու'ման*) հանգոյցը քակելը· վերջելք· պատմութեան մը աւարտը ուր ամէն ինչ կ'աւարտի եւ կը լուսաբանուի·

denounce (*տինաունս'*) մերժել· դէմը խօսիլ· խզել համաձայնութիւնը (յատկապէս պետութեանց միջեւ)· *denunciation* (*էյ'շըն*) համաձայնութեան խզում·

dense (*տէնս*) խիտ· խիտ բնակուած· հոծ· թանձր (միտք)· կարծր·

dent (*տէնթ*) դրոշմ· նըշան· փոքր փոս· փոսիկ շինել· նշանակել·

dental (*տէն'թըլ*) ատամնային· *dentifrice* (*տէն'թիֆրիս*) փոշի կամ այլ նիւթ որ կը ծառայէ ակռաները մաքրելու· *dentist* ատամնաբոյժ· *den-*

ture (*թէն' շըր*) կեղծ ատամնաշար.

dentition (*տէնթիշ'ըն*) ակռայ բուսնիլը.

denudate, denude (*տինիուտ' էյթ, տինիուտ'*) մերկացնել. *denuded of all his money* կորսնցուցած է ամբողջ դրամը.

deny (*տինայ'*) ժխտել. մերժել (տալ). հրաժարիլ. *to — oneself* մարդ չընդունիլ (տունը). անձը ուրանալ.

deodorant (*տիօ'տըրընթ*) հեղուկ կամ փոշի որ գէշ հոտերը կը վերցնէ.

depart (*տիփարթ'*) մեկնիլ. ձգել հեռանալ. մեռնիլ. *the departed* ողբացեալք, ննջեցեալ(ներ)ը.

department (*տիփարթ'մընթ*) ճիւղ (գործի մը). բաժանմունք. վիճակ. գաւառ. *departmental store* խոշոր վաճառատուն ուր ամէն տեսակ ապրանքներ կը ծախուին.

departure (*տիփար'շըր*) մեկնում. բաժանում. շեղում.

depend on (*տիփէնտ օն*) կախեալ ըլլալ. *victory depends on strength and courage* յաղթանակը կախեալ է ուժէ եւ քաջութենէ. *dependable* վստահելի. *dependency* կախեալութիւն. երկիր մը ուրիշ երկրի մը հակակշռին տակ կը գտնուի.

depict (*տիփիքթ'*) նկարով մը ցոյց տալ. ուշադրութեամբ նկարագրել.

depilatory (*տիփի'լէթըրի*) հեղուկ մը որ կը գործածուի մարմնի վրայէն մազը թափելու. հերաթափ դեղ.

deplete (*տիփլի'թ'*) պարպել. գործածել մինչեւ որ սպառի (կամ քիչնայ).

deplore (*տիփլոր'*) ողբալ, խորապէս ցաւիլ (պատահարի մը վրայ).

deploy (*տիփլոյ'*) բանալ. տարածել. սփռել (բանակը).

deponent (*տիփ'օնընթ*) վկայ. հասարակ բայ.

depopulate (*տիփափ'իուլէյթ*) ամայացնել. բընակչութիւնը պարպել (երկիրէ մը).

deport (*տիփորթ'*) տեղափոխել. վտարել. աքսորել. տարագրել. օտար մը իր երկիրը վերադարձնել. *deport oneself* վարուիլ. *—ment* վարք. վայելուչ շարժումներ եւ վարմունք.

deposal (*տիփօզ'ըլ*) գահազրկում. պաշտօնանկութիւն. *depose* գահազրկել. ճիշդ յայտարարել դատարանին մէջ.

deposit (*տիփա'զիթ*) աւանդ. գրաւ. ետեւ ձգել. ածել. պահեստի դնել. յանձնել. *—ary* մտերիմ. *—ion* շնորհազրկում. *—ory* աւանդատուն. մըթերանոց.

depôt (*տէփ'օ*) մթերանոց. զինուորական մթերանոց. զօրակայան. երկաթուդագծի կայան (Ա·Մ·Ն·)·

deprave (*տիփրէյվ՛*) եղծանել, ապականել (նկարագիրը)·

depravity (*տիփրէվ՛իթի*) ապականութիւն, եղծում·

deprecate (*տէփ՛րիգէյթ*) աղերսել· մաղթել (որ գէշ բան մը չկատարուի)·

depredation (*տէփրիտէյ՛շըն*) կողոպուտ· աւար· գողացում· *depredate* (*տէփ՛րիտէյթ*) գողնալ· յափշտակել· աւարի տալ· *—tor* աւարառու, յափըշտակիչ·

depress (*տիփրէս՛*) ճնշել· ընկճել· արժէզրկել· լըքել· յուսալքել· *—ion* (*տիփրէ՛շըն*) տխրութիւն· յուսալքում· նըւաստացում· փոս· ճախորդութիւն (առուտուրի մէջ)·

depriciate (*տիփրի՛շիէյթ*) արժէքազրկել (դրամ, ապրանք)·

deprive (*տիփրայվ՛*) առնել (բռնութեամբ)· զըրկել, պաշտօնազրկել (եկեղեցական մը)· *deprivation* (*տէփրիվէ՛յշըն*) զրկում· կորուստ· բըռնութեամբ առնելը·

dept. (= department) (*տիփարթ՛մընթ*) բաժանմունք, ճիւղ·

depth (*տէփթհ*) խորութիւն· խրթին վիճակ· *I am out of my depth* ի վիճակի չեմ հասկնալու այս հարցը· ուժգնութիւն (զգացումի)· մթութիւն (գոյնի)· *in the depths of despair* յուսալքուած վիճակի մէջ·

depulsion (*տիփը՛լշըն*) մերժում· վանում·

depurate (*տէփ՛իուրէյթ*) մաքրազտել· պարզ· մաքուր· *—tion* զտում· *—tory* (*տէփիուրէ՛թըրի*) զտիչ·

depute (*տիփիութ՛*) լիազօրել· կարգել· որոշել· *deputation* (*տէփիութէյ՛շըն*) պատգամաւորութիւն· լիազօրութիւն (ուրիշներու հաշւոյն գործ մը կատարելու)· *deputy* (*տէ՛փիութի*) երեսփոխան· փոխանորդ· պատգամաւոր· *deputy prime minister* վարչապետի փոխանորդը·

derail (*տիրէյլ՛*) շոգեկառքը գիծէն դուրս հանել·

derange (*տիրէյնճ՛*) խառնըշտկել· շփոթել· աւրել· *he is deranged* խենթ է· *derangement* շփոթութիւն· խանգարում· նեղութիւն·

Derby (the) (*տէրպի*) հըռչակաւոր ձիարշաւ Անգլիոյ մէջ (զայն հիմնող Տէրպիի 12րդ Կոմսին անունով (1780ին)·

derelict (*տէր՛իլիքթ*) լըքուած· անտէր· անտէր եւ անգործածելի նաւ· *dereliction* լքում· պարտականութեան մը մէջ թերացում·

deride (*տիրայտ՛*) հեգնել· ծաղրանքի առարկայ դարձնել· *derision* (*տի-*

ըի'ժըն) ծառը ու ծանակ·
կատակ·

derive (տիրայվ') ձեռք
ձգել· առնել· բխեցնել·
ածանցել· *derivate* ա-
ծանցեալ· *derivation*
(տէրիվէ'յշըն) ածան-
ցում· ծագում·

derm -, -derm (տըրմ)
մորթ· մորթի հետ կա-
պուած·

dernier cri (տ'էրնիէ քրի)
վերջին նորաձեւութիւնը
(օր· կանացի գլխարկ
մը)·

derogate (տէր'ըկէյթ) փո-
փոխիչ· հակառակ գոր-
ծել (մէկուն)· *dero-
gation* փոփոխութիւն
(օրէնքի)· *derogative,
—tory* (տիրակ'էթիվ,
—թըրի) յարգազրկելու
պատճառ դարձող·

derrick (տէր'իք) բեռնա-
բարձ· կռունկ·

dervish (տէր'վիշ) տէրվիշ
(իսլամ կրօնական ա-
ղանդի հետեւող)·

descant (տիսքէնթ') եր-
գել· ճառել· փոխերգ·

descend (տիսէնտ') իջնել·
ցածնալ· ծագիլ· գառ ի
վայր· անկում· խոնար-
հում· ծագում· սերունդ·
ժառանգութիւն· *descend
upon* մէկէն յարձակիլ·

describe (տիսգրայպ') նը-
կարագրել· *description*
(տիսգրիփ'շըն) նկարա-
գրութիւն· *a man of
that description* այդ
ձեւի մարդ· *descriptive*
նկարագրող· նկարագրա-
կան·

descry (տիսքրայ') նշմա-
րել (հեռուէն)· դիտել·
տեսարան·

desecrate (տէս'իգրէյթ)
սրբապղծել· ապականել·

desert (տիզըրթ') լքել
(վայր մը, անձ մը, պաշ-
տօնը)· դասալիք ըլլալ·

desert (տէ'զըրթ) անա-
պատ· վարձատրութիւն
(արժանիքի համար)·
պատիժ (յանցանքի հա-
մար)· *he has got his
deserts* ստացաւ իր վար-
ձատրութիւնը (լաւ կամ
գէշ)·

deserve (տիզըրվ') արժանի
ըլլալ (լաւ կամ գէշ բա-
նի մը)·

déshabillé (տէզապի'յէ),
(dishabille) (en —)
(տիսըպի'լ) մասամբ
հագուած (տունը գըտ-
նուած ատեն յատկա-
պէս)· *in dishabille* տան
հագուստներով· կամ՝
մերկացած·

desiccate (տէ'սիքէյթ)
ցամքեցնել· չորցնել·

desideratum (տիսիտիրէ'յ-
թըմ) շատ փափաքելի
(բան մը)· պակասը ըզ-
գալի·

design (տիզայն') ստուե-
րագծել· գծել· ծրագրել·
խորհիլ· սահմանել· ծը-
րագիր· յատակագիծ· *a
designing person* մէկը
որ կը ծրագրէ խաբել·

designate (տէզ'իկնէյթ)
որոշել· անուանել·

desirable (տիզայր'էյպլ)
բաղձալի, փափաքելի·

desire (տիզայր') փափա-
քիլ· բղձալ· փափաք·
իղձ· *earnest* — անկեղծ

փափաք· *to be inflamed by* — ցանկութեամբ վառիլ· *to curb one's* — փափաքը, ցանկութիւնը զսպել·

desist (*տիզիսթ'*) դադրիլ ընելէ· ետ կենալ· հրաժարիլ·

desk (*տէսք*) գրասեղան· բեմ (եկեղեցիի)·

desolate (*տէս'ըլէյթ*) ամայացած տեղ· աւերակ տեղ· անմխիթար եւ լքեալ· անապատի վերածել· լքել· *desolation* կործանում· առանձնութիւն· յուսալքութիւն·

despair (*տիսբէյր'*) յուսահատ ըլլալ· յուսահատութեան վիճակ· *in* — յուսահատութեան մէջ·

despatch տես **dispatch.**

desperado (*տէսփըրէյ'տօ*) յուսահատ անձ· սխալ գործող անձ· կատաղի·

desperate (*տէս'բըրէյթ*) յուսահատ մարդ որ ատակ է ամէն ծայրայեղ արարքի· կատաղի· անկարելի· —*ly* յուսահատ կերպով· —*tion* յուսահատութիւն·

despise (*տիսփայզ'*) արհամարհել· ատել· անարգել· *despicable* (*տէս'փիքէպլ*) անարգ· ըռւաստ· անարգելի·

despite (*տիսփայթ'*) հակառակ· չարութիւն· նախատինք· նախատել· զայրացնել· —*ful* չարակամ·

despoil (*տիսփոյլ'*) զողնալ· թռնագրաւել· յափշտակել· —*ment* զըրկել, մերկացնել· —*liation* (*տիսփոլիէյ'շըն*) կողոպուտ·

despondent (*տիսփանտ'ընթ*) ամէն յոյս կորսընցուցած· *despond* վհատիլ· —*ency* սրտաբեկութիւն·

despot (*տէս'փոթ*) միահեծան իշխանակալ· *despotic* (*տիսփաթ'իք*), —*ical* բացարձակ· *despotism* տիրապետութիւն·

dessert (*տիզըրթ*) նաշէն ետք մատուցուած պըտուղ, ընկոյզ եւ անուշեղէն· աղանդեր· նաշէն ետք հրամցուած պընակ մը անուշեղէն (Ա. Մ. Ն.)·

destination (*տէսթինէյ'շըն*) նպատակակէտ· որոշեալ վայր· վախճան· նակատագիր· *destinate* (*տէս'թայնէյթ*) սահմանել· *destined* նակատագրուած· Աստուծմէ որոշուած· *destiny* (*տէս'թինի*) նակատագիր· կեանք·

destitude (of) (*տէս'թիթիութ*) առանց (ունեցուածքի)· աղքատ անձ· լքեալ· զուրկ·

destitution (*տէսթիթիու'շըն*) չքաւորութիւն· զրկում, զրկանք·

destroy (*տիսթրոյ'*) կործանել· ջնջել· վերջ դընել· կցել· *destruction* (*տիսթրաք'շըն*) կործանում· բնաջնջում· *destroyer* արագաշարժ մարտանաւ, խորտըրկէկց·

destructive կործանարար, քանդիչ. չոր.

destructible (*տիսթրաք'թիպլ*) կործանելի.

desuetude (*տի'սուիթիուտ*) վերջ գտնելը (սովորութեան մը). *that law or custom is in desuetude* այդ օրէնքը կամ սովորութիւնը գործածութենէ դադրած է.

desultory (*տէս'ըլթըրի*) անհաստատ. մէկ նիւթէ ուրիշի մը անցնիլ առանց յատակ ծրագրի կամ նըպատակի. անկապակից.

detach (*տիթէչ'*) առանձին առնել. զատել. անջատել. բաժնել. հեռացնել. —*ed* անջատ (տուն). ուրիշներու կարծիքէն չազդուող. —*ment* ջոկատ (զինուորներու). անջատում.

detail (*տի'թէյլ*) մանրամասնութիւն. վանառում. *details* պատմութեան մանրամասնութիւնները. *in* — մանրամասնօրէն.

detail (*տիթէյլ'*) հաստուածներու բաժնել (զինուորները) եւ պաշտօնի մը համար ղրկել.

detain (*տիթէյն'*) վար դնել. պահել. թոյլ չտալ որ մեկնի. —*ment* բանտարկութիւն. —*ee* արգելափակեալ մէկը.

detect (*տիթէքթ'*) յայտնել. երեւան հանել. *a detective* (*տէթէք'թիվ*) գաղտնի ոստիկան (ոճրագործներ հետապնդող եւ հարցաքննող). *a detector* գործիք մը որ կը գործածուի երեւան հանելու բան մը.

détente (*տէյթա'նթ'*) քաղաքական շրջանակներու մէջ գործածուող բառ որ կը նշանակէ քաղաքական կացութեան մեղմացում.

detention (*տիթէն'շըն*) արգիլում. արգելափակում. դպրոցի աւարտէն ետք աշակերտը դպրոց պահել իբր պատիժ.

deter (*տիթըր'*) վախի հետեւանքով արարքէ մը ետ կենալ. կեցնել. արգիլել. —*gent*, —*sive* մաքրիչ. մաքրադեղ.

deteriorate (*տիթիր'իօրէյթ*) վատթարանալ. աւելի գէշնալ. վատթարացնել. աւրել.

determine (*տիթըր'մին*) որոշել. սահմանել. հակակշռել. պատճառել. վճռել. *determination* վճռակամութիւն.

deterrent (*տիթըր'ընթ*) արգելիչ.

detersion (*տիթըր'շըն*) մաքրելը (վէրքը). սրբում.

detest (*տիթէսթ'*) ատել. զզուիլ.

dethrone (*տիթհրոն'*) գահազրկել. —*ment* գահազրկում.

detonate (*տիթ'ոնէյթ*, *տէթ'ոնէյթ*) պայթեցնել.

detour (*տիթուր'*) շրջան (կլոր). ծուռ ու մուռ ճամբայ.

detract (*տիթրէքթ'*) արժէզրկել. վատահամբաւել, նուազեցնել.

detrain (տիթրէյն՛) շոգեկառքէն ելլել, հանել·

detriment (տէթ՛րիմընթ) վնաս· կորուստ· —*al* (տէթրիմէնթ՛ըլ) վնասակար, վնասաբեր·

detrition (տիթրի՛շըն) մաշում·

detritus (տիթրայ՛թըս) լեռնակողէն, սառին վար բերած քարերը· մաշուած քարեր· մնացորդ·

de trop (տը թրօ) շատ· անբարեհացակամ·

deuce (տիուս) կրկնակ· կրկին· սատանայ· 40–40 թէնիսի մէջ (խաղ մը)· *the deuce!* սատանա՛յ (զարմանքի աղաղակ)· *to play the deuce* մեծ դժուարութիւն կամ անկարգութիւն յառաջացընել· *deuce of a lot* շատ· —*d* շփոթած· *in a — hurry* չափազանց մեծ անապարանքով·

deuteranopia (տու՛ւթըրը-նօ՛փիը) աչքի թերութիւն, որ կանանչ գոյնը չի տեսներ·

deuterium (տիութըր՛իըմ) ծանր ջուր· ծանր ջրածին·

deuterogamy (տիութիրօ-կ՛ըմի) երկրորդ ամուսնութիւն (առաջին կնոջ ամուսնոյն մահէն ետք)·

Deuteronomy (տիութը-րան՛ըմի) Գիրք Երկրորդ Օրինաց (Ս· Գիրք).

devaluate (տիվէլ՛իուէյթ) արժէզրկել· կործանում· ամէն ինչ կործանել (երկրի մը մէջ)· —*tion* արժէզրկում·

develop (տիվէլ՛ափ) զարգանալ· անիլ· կատարելալ դառնալ· ֆիլմի մը վրայ երեւնալ· զարգացնել· յայտնել· մանրամասնել· —*ment* զարգացում·

deviate (տի՛վիէյթ) մոլորիլ· ուղիղ ճամբայէն դուրս ելլել·

device (տիվայս՛) հնարք· գիւտ· ծրագիր· խորամանկութիւն· նկար· *leave him to his own device* առանձին ձգէ զինք· մի՛ օգներ իրեն·

devil (տէվ՛լ) սատանայ· դեւ· սրիկայ· *between the devil and the deep sea* երկու ընտրութիւն, երկուքն ալ գէշ· *give the — his due* վատ անձի մը նոյնիսկ վարկ տալ· *to go to the devil* վարքով վատթարանալ· կործանիլ· *play the devil with* մեծ վնաս հասցընել (մէկուն)· *It's the very devil* շատ դըժուար կամ ցաւալի է· *a — of a fellow* շատ քաջ մէկը· *to devil* ուրիշի մը համար աշխատիլ· կծու հեղուկի մը մէջ կերակուր եփել· —*ish* դիւային, սատանայական·

devious (տի՛վիըս) անպարկեշտ· ծուռ ու մուռ· խոտորող· դարձդարձիկ·

devise (տիվայզ՛) ծրագիր մը շինել· հնարել· կտակել· ժառանգութիւն· դաւ· ծրագիր·

devitalize (տիվայ՛թլայզ)

կենսագրկել եւ ուժազըրկել։

devoid (*տիվոյտ՛*) պարապ. պակսող. զուրկ.

devolve (*տիվոլվ՛*) աշխատանքը ուրիշի մը ընել տալ. փոխանցել. թաւալիլ.

devote (*տիվոթ՛*) նուիրել. ամբողջապէս տրամադրել. նզովել. —*d* անձնազոհ. նուիրեալ. *devotee* (*տիվոթի՛*) ջերմեռանդ. բարեպաշտ կամ բարեգործ. *devotions* աղօթքներ.

devour (*տիվաուր՛*) արագ կերպով (ուտել, կարդալ). բզկտել. սպառել. ըղձանքով դիտել.

devout (*տիվաութ՛*) ջերմեռանդ. երկիւղած.

dew (*տիու*) ցօղ. ցօղ իջնել. խոնաւցնել.

dewlap (*տիու՛լէփ*) կովերու, շուներու եւ այլն վիզերուն տակ կախուած մորթ.

dextrous (*տէք՛սթրըս*) արագաշարժ. ձեռագործի մէջ վարպետ, ճարտար, ներթամիտ.

dey (*տէյ*) թրքական կուսակալ Ալճերիոյ (փրենկ. գրաւումէն առաջ).

di- (*տի–*) անջատ, զատ. երկու.

dia- (*տիա–*) մէջէն, անջատ. ամբողջապէս.

diabetes (*տայըպի՛թիզ*) շաքարախտ.

diabetic (*տայըպէթ՛իք*) շաքարախտային, շաքարախտաւոր.

diabolic, diabolical (*տայըպո՛լիք, —իքըլ*) սատանայեկական. դաժան.

diadem (*տայ՛ըտէմ*) ադամանդակուռ թագ.

diaeresis (*տայէ՛րիսիս*) վանկի տրոհում.

diagnose (*տայէկնո՛զ*) հիւանդութեան մը ախտանանաչումը ընել. *diagnosis* (*տայէկնո՛սիս*) ախտանանաչում. հիւանդութիւնը ցոյց տուող նշան.

diagonal (*տայա՛կընըլ*) ուղիղ գիծ մը որ երկու հակոտնեայ անկիւններ իրարու կը միացնէ եռանկիւն մը գոյացնելով. տրամանկիւն.

diagram (*տայ՛ըկրամ*) գծուած պատկեր մը՝ *թէորէմ* մը ցոյց տալու համար. նախագիծ՝ ծըրագիրի մը շուրջ ընդհանուր գաղափար մը տալու համար.

dial (*տայ՛ըլ*) գործիք մը որ օրուան ընթացքին ժամը ցոյց կու տայ հիմնուելով արեւի շուքին վրայ. պատի ժամացոյցի մը դէմքը. չափելու յատկացուած որեւէ կլոր գործիք. հեռաձայնի ընկալուչին վրայ երեւցող թուանշաններ ցոյց տըւող շրջանակը. *to dial* հեռաձայնի վրայ կանչել (մէկը).

dialect (*տայ՛ըլէքթ*) բարբառ, գաւառաբարբառ.

dialectic(s) (*տայըլէ՛քթիք(ս)*) տրամաբանութեան եւ վիճաբանութեան արուեստ. բանավէճ. *dialectical and historical materialism* տիալեքթիքական եւ պատմական նիւթապաշտութիւն (գիտական ընկերվարութեան փիլիսոփայութեան մեթոտն ու տեսութիւնը).

dialogue (*տայըլ'լոկ*) տրամախօսութիւն (երկու կամ աւելի անձերու միջեւ). խօսակցութիւն.

diameter (*տայէմ'իթըր*) շրջանակի մը կեդրոնէն անցնող ուղիղ գիծ որ կը վերջանայ շրջագծին վրայ. տրամագիծ. տրամաչափ.

diametrically (*տայամէթ'րիքըլի*) տրամագծօրէն (հակառակ).

diamond (*տայ'էմընտ*) ադամանդ. քառեակ (թղթախաղ). — *edition* խիստ մանրատառ տպագրութիւն. — *wedding* ամուսնութեան ադամանդեայ յոբելեան (60 ամեակ). *a rough* — բարի այլ կոշտ մարդ. — *cut* — խելացի երկու անձեր կը ջանան զիրար խաբել. *black* — քարածուխ.

Diana (*Տայէ'նէ*) Տիանա. Անահիտ(հայ դից. մէջ). Արտեմիս.

dianoetic (*տայընոէթ'իք*) մտաւորական. խելացի մարդ.

diapason (*տայըփէյ'զըն*) ձայնանցոյց (երաժշտ.). ձայնաչար (ութնեակ). ներդաշնակութիւն.

diaper (*տայ'ըփըր*) անձեռոց. կրծկալ. բանուած զարդարուն կտաւ. խորձունձ, շոր (մանկանց).

diaphanous (*տայըֆ'ընըս*) թափանցիկ (կերպաս). շատ նուրբ.

diaphragm (*տայ'ըֆրէմ*) զատող պատ. ստոծանի. միջնամաշկ. դնդերային այն մասը որ թոքերը ստամոքսէն կը զատէ. որեւէ բարակ սկաւառակ (տարբեր մեքենաներու եւ գործիքներու մէջ).

diarrhœa, diarrhea (*տայ'իրիը*) փորհարութիւն.

diary (*տայ'ըրի*) օրագրութիւն. տետրակ ուր մէկու մը կեանքի առօրեայ պատահարները կամ ծրագիրները կ'արձանագրուին.

diaspora (*տայէս'փորա*) աշխարհի չորս ծագերուն ցրուած հրեաներ. սփիւռք. գաղթաշխարհ.

diatom (*տայ'ըթոմ*) ջուրին մէջ բնակող շատ փոքր արարած կամ բոյս. տրամահատ.

diatribe (*տայ'ըթրայպ*) դատափետութիւն. բուռն ճառով մէկուն (կամ բանի մը) վրայ յարձակիլ.

dibble (*տիպ'լ*) սրածայր գործիք որ պարտիզամըշակութեան մէջ կը գործածուի ծակեր փորելու հողին մէջ. տնկափայտ. փայտով ծակ բանալ.

dice (*տայս*) նարտի բախտախաղ. նարտի քուէ. քուէ. նարտ խաղալ.

dichotomy (*տայքոթ'ըմի*) բաժանում երկու

մասի· գաղափարներու բաժանում երկու դասակարգի, դրական եւ ժխտական· երկհերձութիւն.

dickens (*տիք'ինզ*) շուտիկ· սատանայ· *Dickensian* (*տիքէն'զիըն*) Տիքընզեան (Անգլիացի նշանաւոր գրագէտ Չարլս Տիքընզի (1810 – 1870) գործերուն եւ ոճին վերաբերեալ)·

dictaphone (*տըք'թըֆոն*) ձայնագրային գործիք որ կը գործածուի առեւտրական գրասենեակներու մէջ՝ ձայնին հնչումները արձանագրելով մոմի վրայ (որպէսզի աւելի ուշ անոնք վերարտադրուելով գրուին թուղթին վրայ)·

dictate (*տիք'թէյթ*) թելադրել· տուն տալ (որպէսզի ուրիշ մը գրէ)· հրահանգել եւ գործադրել տալ· *dictation* ուղղագրութիւն· թելադրութիւն· հրաման· կանոն·

dictator (*տիքթէյ'թըր*) բռնապետ, տիքթաթոր· *—ship* ամբողջատիրութիւն· տիքթաթորութիւն· *—ial* (*տիքթըթօր'իըլ*) ամբողջատիրական·

diction (*տիք'շըն*) գրելու եւ խօսելու ատեն բառերու ընտրութիւն· գրելաոճ· զրուցուածք·

dictionary (*տիք'շընըրի*) բառարան· բառգիրք·

dictum (*տիք'թըմ*) ուժգնութեամբ արտայայտուած կարծիք· առած·

did (*տիտ*) *do* բային պարզ անցեալը·

didactic (*տիտէք'թիք*) վարդապետական· յորդորական· *he is too didactic* անձնական կարծիքներուն վրայ մեծ հաւատք ունի եւ ուրիշներու կարծիքին կարեւորութիւն չի տար·

die (*տայ*) *(died, dying)* մեռնիլ· *a die-hard* ժամանակավրէպ հայեացքներու վրայ պնդող մարդ· *to — away* մեռնիլ· *to — off* մարիլ· մոռցուիլ·

die (*տայ*) (յոգ· *dice*) նարտի բախտաքար (եզակի)· *the die is cast* հարցը վճռուած է·

Diesel engine (*տի'զլ էն'ճին*) ծանր վառելանիւթով (օրինակ մազութ) աշխատող մեքենայ· (*R. Diesel* 1858–1913)·

diet (*տայ'էթ*) կերակուրի դրութիւն· պահք· ռէժիմ· սնունդ· ռոճիկ· բժիշկին կողմէ թելադրուած կերակուրներ միայն ուտել· սնանիլ· *— drink* բուսաջուր·

diet (*տայ'էթ*) անձերու խումբ մը որ կը կառավարէ երկիրը (օր· Տանիմարքան)· աւագաժողով–խորհրդարան·

differ (*տիֆ'ըր*) տարբերիլ· անհամաձայն ըլլալ· կռուիլ· *difference* (*տիֆ'ըրընս*) տարբերութիւն· կռիւ· *different* տարբեր· *differential gear* (*կիյր*) կեռանիւ· *differentiate* զատորոշել· զանազանել·

difficult (*տիֆ'իգըլթ*) դժուար· ծանր· խիստ· տաժանելի· *a difficult person* անձ մը զոր դըժուար է գոհացնել· *difficulty* դժուարութիւն· խնդիր· վիշտ· տարակոյս·

diffident (*տիֆ'իտընթ*) թերահաւատ, ինքն իր վրայ վստահութիւն չունեցող· կասկածոտ· *diffidence, —dentness* թերահաւատութիւն· երկչոտութիւն· վախ· պակշոտութիւն, չափազանց ամօթխածութիւն·

diffuse (*տիֆիուզ'*) ծաւալել· հեղուլ· տարածել (հոտ մը)·

dig (*տիկ*) *(dug, digged)* փորել· պեղել(գիրք մը)· *diggings, digs* բնակավայրեր· հանք ուր ոսկի կը փնտռեն·

digest (*տայճէսթ'*) մարսել· հալեցնել· հանդուրժել· քննել· հասցնել· — *a book* գիրքի մը իմաստը ընկալել· *digest* (*տայ'ճէսթ*), *—ion* (*տիճէս'չըն*) մարսողութիւն· *a* — գիրքի մը կամ գրութեան մը ամփոփ շարադրանքը· օրինագիրք· քաղուածք, հաւաքածոյ·

digit (*տիճ'իթ*) մատ կամ ոտքի մատ· թիւեր 0–էն մինչեւ 9· մատին լայնքը (3/4 ինչ)· արեւի կամ լուսնի տրամագծին 1/12–րդ մասը·

digitalis (*տիճիթէ'լիս*), **digitalin** (*տ'իճիթ'էյլին*) դեղ որ կը դանդաղեցնէ սիրտին զարկերը· մատնոցակ·

dignify (*տիկ'նիֆայ*) բարձրացնել· մեծարել·

dignitary (*տիկ'նիթըրի*) աստիճանաւոր, բարձր աստիճանի պաշտօնեայ (մասն. եկեղեցական)·

dignity (*տիկ'նիթի*) արժանապատուութիւն· գերազանցութիւն· բարձր աստիճան եւ պատիւ·

digress (*տայկրէս'*) շեղիլ (նիւթէն)· շեղում· —*ional, —ive* խոտոր· խոտորեալ·

dike, dyke (*տայք*) փոս, խրամ, ջրանցք (հոսող ջուրի համար)· թումբ, ամբարտակ (Հոլանտայի մէջ)· թումբ շինել·

dilapidate (*տիլէփ'իտէյթ*) աւերել· կործանել· մաշել· մաշիլ· վատնել· —*d* մաշած, աւերուած·

dilate (*տիլէյթ', տայլէյթ'*) տարածել· ընդարձակել· ուռեցնել· ուռիլ· տարածուիլ· բացուիլ· *dilate upon a subject* երկար ատեն խօսիլ կամ գրել բանի մը շուրջ·

dilatory (*տիլ'ըթըրի*) յամր· դանդաղ· դանդաղեցնող·

dilemma (*տայլէմ'ը, տիլէմ'ը*) փոխընտրութիւն, երկսայրաբանութիւն·

dilettante (*տիլէթէն'թէ*) մէկը որ լուրջ ուսումնասիրութիւն մը կ'ընէ անհոգ եւ անկանոն ձեւով· գեղարուեստասէր·

diligent (*տի'լիճընթ*) ջանաւէր· ժիր· փոյթ ընող· *—ly* փութաջանու-թեամբ·

dilly-dally (*տի'լի տէ'լի*) ուշանալ· տնտնալ· ժամանակ վատնել·

dilute (*տիլիուԹ', տայլ-իուԹ'*) լուծել· նօսրացընել· մեղմել (ջուրին հետ խառնելով)· բարեխառնութիւն ստեղծել· *—d* մեղմ· թոյլ·

diluvial (*տիլիվ'իըլ*) հեղեղային, ջրհեղեղային·

dim (*տիմ*) աղօտ· մութ· նսեմ· անյստակ· *to take a dim view of* գէշ մըտածել (մէկուն մասին)·

dime (*տայմ*) տասը սէնթ (տոլարի) (արծաթ)·

dimension (*տայ—, տիմէն'-շըն*) չափ· խտութիւն· տարածութիւն· ծանակութիւն· որեւէ բանի երկայնքը, լայնքը եւ բարձրութիւնը· *the fourth Dimension* ժամանակ·

diminish (*տիմի'նիշ*) պակսեցնել կամ պակսիլ· նուազեցնել· նրբացնել· *diminution* նուազութիւն· զեղչ· *diminutive* նուազ· փոքր· նուազական·

diminuendo (*տիմինիու-էն'տօ*) աւելի եւ աւելի մեղմացնելով, պակսեցնելով (երաժշտ·)·

dimple (*տիմ'փըլ*) փոքր փոսիկներ մորթին վրայ (դէմքին)· փոսիկ ընել·

din (*տին*) բարձր աղմուկ· աղաղակ· *to din into the ears of* նոյն բանը կրկնել եւ կրկնել·

dine (*տայն*) ճաշել· ընթրել· *diner* ընթրող· շոգեկառքի կառախումբի մէջ յատուկ վակոն ուր ճաշ կը տրուի· փոքր փայտաշէն տնակ ճամբաներու եզերքը ուր ուտելիք կը մատակարարուի· (Ա·Մ·Ն·)· *dining-room* ճաշարան·

ding-dong (*տի'նկ-տո'նկ*) ղօղանջ (զանգակի)·

dinghy, dingey (*տինկ'կի*) պզտիկ նաւակ· սաւառնակի ձգախէժէ նաւակ (փռուչուք)·

dingle (*տինկ'կըլ*) փոքր ծառաշատ ձորակ·

dingo (*տինկ'կօ*) Աւստրալիական վայրի շուն·

dingy (*տին'ճի*) աղտոտ· աղօտ·

dinner (*տին'ըր*) ընթրիք· օրուան ամենէն կարեւոր ճաշը (որոշ երկիրներու մէջ՝ կէսօրին, ուրիշ երկիրներու՝ իրիկունը)· *— - party* ճաշկերոյթ· *— - time* ճաշի ժամ·

dinosaur (*տայ'նոսօ'ր*) Մեսոզոիք դարաշրջանին ապրող հսկայ մողէս·

dint (*տինԹ*) հարուած· վէրք· զօրութիւն· խոցել· *by dint of* միջոցով, շնորհիւ·

diocese (*տայ'ըսէս*) թեմ (եպիսկոպոսական)· աթոռ· վիճակ·

dip (*տիփ*) *(dipped, dipt)* մխել· թաթաւել· սուզուիլ· իջեցնել· *dip into a book* քիչ մը կարդալ գիրքէ մը. *a dip* թեթեւ լոգանք մը. *dip of the needle* մագնիսական հակում.

diphtheria (*տիֆթիր'իը*) դիւրութեամբ տարածուող կոկորդի վտանգաւոր հիւանդութիւն. կեղծմաշկ.

diphtong (*տիֆ'թոնկ*) երկբարբառ. երկձայն.

diploma (*տիփլօ'մը*) վկայական.

diplomacy (*տիփլո'մըսի*) քաղաքականութիւն. դիւանագիտութիւն. դիւանագիտական մարմին. կենցաղագիտութիւն. *diplomat, diplomatist* դիւանագէտ. վարպետորդի. *diplomatic* դիւանագիտական.

dipper (*տիփ'ըր*) սուզակ. մխրճող. շերեփ. Մեծ Արջ (7 աստղերու խումբը).

dipsomania (*տիփսոմէյ'նիը*) գինեմոլութիւն.

dire (*տայր*) սարսափելի. ահռելի. շատ գէշ. չարագուշակ. սաստիկ.

direct (*տայրէքթ', տիրէքթ'*) ուղիղ. շիտակ. ուղղել. առաջնորդել. վարել. հասցէագրել. *direct current* մէկ ուղղութեամբ թելի երկայնքին անցնող ելեկտ. հոսանք. *(alternating current* ելեկտր. փոփոխական հոսանք). *direct (indirect) object* սեռի (թնութեան) խնդիր. *directly* անմիջապէս. ուղղակի. *direction* տնօրէնութիւն. վարչութիւն. հրահանգ. *directive* ցուցմունք. առաջնորդող. *director* տնօրէն. տեսուչ. վարիչ.

directory (*տիր'էքթըրի*) մարդոց անուններու եւ իրենց հասցէներուն ցուցակը. հասցէագիրք. ուղեցոյց.

dirge (*տըրճ*) մահերգ. ողբ.

dirigible (*տի'րիճիպլ*) ղեկավարելի. օդապարիկ.

dirk (*տըրք*) դաշոյն. դաշունահարել.

dirndl (*տըրն'տլ*) Զուիցերիացի գիւղացիներու հագուստ.

dirt (*տըրթ*) աղտոտութիւն. ցեխ. տիղմ. աղտոտել. *dirt road* հողէ շինուած ճամբայ. *dirt-track* ձիարշաւներու համար ճամբայ. *dirt-cheap* շատ աժան. —*y* աղտոտ. կեղտոտ (մարդ).

dis- (*տիս —*) ժխտական մասնիկ.

disability (*տիսէպիլ'իթի*) անկարողութիւն. *to disable* (*տիսէյ'պլ*) անկարող դարձնել. վիրաւորել.

disabuse (*տիսըպիուզ'*) մոլորանքէ ազատել. աչքերը բանալ. ուղիղ դատողութեան բերել.

disaccord (*տիսէքորտ'*) անհամաձայն. անհամաձայնութիւն.

disadvantage (*տիսըտվէն'թէյճ*) անպատեհութիւն. վնաս. վնասել. —*ous* (*տիսէտվէնթէյ՛ճըս*) անպաստ, ձախորդ.

disaffect (*տիսըֆէքթ՛*) դժգոհեցնել. խանգարել. —*ed* դժգոհ. պաղ. անսէր.

disagree (*տիսըկրի՛*) անհամաձայն գտնուիլ. վիճիլ. կռուիլ. *disagreeable* անհաճելի, անհաճոյ, անախորժ.

disallow (*տիսըլաու՛*) արգիլել. չհաւնիլ. մերժել.

disannul (*տիսըննըլ՛*) ջնջել, ոչնչացնել.

disappear (*տիսըփիյր՛*) անհետանալ. տեսողութենէ հեռանալ.

disappoint (*տիսըփոյնթ՛*) յուսախաբ ընել. ստել. խաբել. —*ed* յուսախաբ. —*ment* յուսախաբութիւն.

disapprobation (*տիսէփրոպէյ՛շըն*) անհաւանութիւն.

disapprove (*տիսըփրուվ՛*) մերժել. չընդունիլ. դատապարտել. *disapproval* դատապարտութիւն.

disarm (*տիսարմ՛*) ապազինել (մէկը, բանակը, նաւատորմիղը, եւայլն). զինաթափ ընել (բարկութիւնը հեռացնելով). —*ament* զինաթափութիւն.

disarrange (*տիսըրէյնճ՛*) խանգարել. խառնակել. կարգէն դուրս բերել.

disarray (*տիսէրէյ՛*) տակնուվրայութիւն ստեղծել. տակնուվրայութիւն. խառնակութիւն.

disassociate (*տիսէսօ՛շիէյթ*) բաժնել, զատել. *disassociation* – տարաբաժանում.

disaster (*տիզաս՛թըր*) աղէտ. ահաւոր դժբախտութիւն.

disavow (*տիսըվաու՛*) ուրանալ. անգիտանալ. տեղեկութիւն չունենալ ձեւացնել.

disband (*տիսպէնտ՛*) արձակել, զօրացրուել. բանակը կազմալուծել. բաժնուիլ եւ այլ ուղղութեամբ երթալ.

disbelieve (*տիսպիլիյվ՛*) չհաւատալ.

disburse (*տիսպըրս՛*) վճարել (դրամ). ծախսել. —*ment* վճարում, ծախք.

disc տես *disk*

discard (*տիսքարտ՛*) նետել (իբր անպէտ).

discern (*տիսըրն՛*) դժուար զատորոշել (հեռու գտնուող բան մը). գիտնալ. ըմբռնել. —*ment* ընտրողութիւն, զատորոշում.

discharge (*տիսչարճ՛*) կատարել (պարտականութիւն մը). գործէ հեռացնել (մէկը). նաւէն ապրանքները պարպել. կրակել (հրացանը). պարտքը ամբողջապէս վճարել. բեռնաթափութիւն. արձակում. անդորրագիր. թարախում. թարախ, շարաւ.

disciple (*տիսայ՛փլ*) աշակերտ (մեծ ուսուցիչի մը). հետեւորդ. ուսանող. —*ship* աշակերտութիւն.

discipline (*տիս՛իփլին*)

կարգապահութիւն· կրթութիւն· հրահանգ· խարազան· կրթել· պատժել· *disciplinarian* (տիսիփլինէյ'րիըն) դաստրանը լաւ կառավարող ուսուցիչ· ձաղկիչ· հրահանգիչ· *disciplinary* (տիս'իփլինըրի) կարգապահական· ուղղապատժական·

disclaim (տիսքլէյմ') պահանջէն հրաժարիլ· չընդունիլ· մերժել·

disclose (տիսքլոզ') երեւան բերել (գաղտնիք մը)· յայտնել· մերկապարանոց ընել·

discolour (տիսքա'լըր) բուն գոյնը հանել· տժգունիլ· բծաւորել·

discomfit (տիսքամ'ֆիթ) խորտակել (ծրագիրները)· ջախջախել·

discomfort (տիսքամ'ֆըրթ) նեղել· վհատեցնել· նեղութիւն· անհանգստութիւն·

disconcert (տիսքոնսըրթ') ծրագիրները ձախողեցնել· շփոթեցնել· խանգարել·

disconnect (տիսքընէքթ') անջատել· *—ed* անջատ· կցկտուր, անկապակից·

disconsolate (տիսքան'սոլէյթ) տխուր· անյոյս· անմխիթար·

discontent (տիսքընթէնթ') դժգոհիլ· դժգոհութիւն· դժգոհ·

discontinue (տիսքընթին'իու) դադրեցնել· կասեցնել· ընդհատել· դադրիլ· կենալ·

discord (տիս'քորտ) անհամաձայնութիւն· բախում· աններդաշնակութիւն (ձայնանիշներու)· չհամաձայնիլ· *—ant* (տիսքոր'տընթ) – անհամաձայն· աններդաշնակ·

discount (տիս'քաունթ) զեղչ· դրամ· (տիսքաունթ') վճարել՝ տոկոսը զեղչելով· *at a —* զեղչով· *to — a story* մասամբ միայն հաւատալ պատմութեան մը·

discountenance (տիսքաունթ'ընընս) երես դարձնել (ծրագիրի մը դէմ)· ամչցնել· հակակրութիւն· շնորհազրկում·

discourage (տիսքար'էյճ) վհատեցնել· վախցնել·

discouragement (տիսքար'էճմէնթ) վհատութիւն· վախցնելը·

discourse (տիս'քորս) ճառ. խօսք· խօսակցութիւն· (տիսքորս') ճառել· արտասանել· պատմել·

discourteous (տիսքըր'թիըս) անքաղաքավար· բիրտ·

discourtesy (տիսքըրթ'ըսի) բրտութիւն· անքաղաքավարութիւն·

discover (տիսքավ'ըր) երեւան հանել· յայտնել· յայտնագործել· հնարել· *—y* գիւտ· յայտնագործութիւն·

discredit (տիսքրէտ'իթ) անվստահութիւն· վարկաբեկում· անուանարկել· վարկաբեկել·

discreet (տիսքրիյթ') զգոյշ· խոհեմ· խելացի·

discrepancy (*տիսքրէփ'ընսի*) անհամաձայնութիւն· նոյն անձին բաւծ երկու բաներու որոնք զիրար չեն բռներ (օր· ծնած է 1940ին, 1965ին 30 տարեկան է)·

discrete (*տիսքրիթ'*) անջատ· զատ· —*ness* տրոհականութիւն·

discretion (*տիսքրէշ'ըն*) զգօնութիւն· բարձր դատողութիւն· *at* — ըստ կամս· *to use one's own* — յարմար նկատածը ընել· *years of* — արբունքի տարիք·

discriminate (*տիսքրիմ'ինէյթ*) տարբերել· խտրութիւն դնել· զատորոշել· ուրոյն· զատ· — *against* անարդար վարուիլ·

discursive (*տիսքըր'սիվ*) նիւթէն դուրս· առանց նպատակի դեգերող· տրամաբանող· տրամաբանական·

discus (*տիս'քըս*) սկաւառակ· սկուտեղ·

discuss (*տիսքաս'*) վիճաբանիլ· խօսիլ (բանի մը մասին)· քննարկել· հակաճառել· փարատել· *discussion* (*տիսքաշ'ըն*) վիճաբանութիւն· լուծում· *to discuss a bottle of wine* շիշ մը գինին քաժնուիլ·

disdain (*տիստէյն'*) արհամարհանք· անտեսում· արհամարհել· անգոսնել·

disease (*տիզիյզ'*) հիւանդութիւն· մոլութիւն· ապականութիւն նկարագրի· նեղել· հիւանդացնել· —*d* ախտաւոր· ապականեալ, վատթար·

disembark (*տիզեմպարք'*) նաւէն ցամաք ելլել·

disembody (*տիսէմպատ'ի*) մարմինէն զատել· —*iment* զօրացրուում· անմարմնացում·

disembowel (*տիսէմպաո'ւէլ*) փորոտիքը, աղիքները հանել·

disenchant (*տիսէնչէնթ'*) պատրանաթափ ընել· հրմայաթափ ընել·

disengage (*տիսէնկէյճ'*) արձակել, զատել· անջատել·

disentangle (*տիսէնթէն'կըլ*) հանգոյցը քակել· կնճիռը պարզել· ազատել·

disfigure (*տիսֆիկ'ըր*) գեղեցկութիւնը եղծանել (դէմքի, ձեւյլն)· այլանդակել·

disfranchise (*տիսֆրէն'չայզ*) քուէարկելու իրաւունքէն զրկել·

disgorge (*տիսկորճ'*) կոկորդէն դուրս հանել· փսխել· վերադարձնել· լքել (գողցուած ապրանքները)·

disgrace (*տիսկրէյս'*) շընորհազրկութիւն· անպատուութիւն· շնորհազրկել· անպատուել· անուանարկել, խայտառակել·

disgruntled (*տիսկրըն'թըլտ*) յուսախաբ եղած· ձանձրացած· դժգոհ, տխուր· խոժոռ·

disguise (*տիսկայզ'*) ծըպտուիլ· ծպտել· կերպաբանափոխել. ծպտում. կեղծիք. *blessing in —* օրհնութիւն որ չարիքի երեւոյթ ունի.

dish (տիշ) մեծ տափակ պնակ. պնակեղէն. պընակ մը (խորտիկ). պընակի մէջ դնել. *to — up* հրամցնել. *to — out* բաժնել (կերակուրը) սեղանի վրայ. իրողութիւնը հրապուրիչ ձեւով ներկայացնել.

dishabille (տիսէպիլ') թեթեւօրէն հագուած. թեթեւ հագուստ. զգեստը հանելը.

dishearten (տիսհար'թըն) յուսահատեցնել. վհատեցնել.

dishevel (տիշէվ'ըլ) տարտըղնել (մազերը, հագուստները). *—ed* հերարձակ. անհնաշակ, թափթփած.

dishonest (տիսան'եսթ) անպարկեշտ. անհաւատարիմ, նենգ, խարդախ.

dishonour (տիսան'ըր) անպատուել. պղծել. կոշտ կերպով վարուիլ. չվճարել (պարտքը). անպատուութիւն.

disillusion (տիսիլիու'ժըն) պատրանաթափ ընել. ըսթափեցնել. սթափում.

disinfect (տիսինֆէքթ') հականեխել.

disinherit (տիսինհէր'իթ) ժառանգութենէ զրկել.

disintegrate (տիսին'թիկրէյթ) տարանջատել. քայքայել. անջատել. կտոր կտոր ընել. անջատուիլ.

disinter (տիսընթըր') գերեզմանէ հանել.

disinterested (տիսին'թըրէսթըտ) անշահախնդիր. անաչառ.

disinterment (տիսինթըրն'մրնթ) գերեզմանէ, դամբանէ դուրս հանելը.

disinthrall (տիսինթհրոլ') ազատագրել (գերութենէ). *—ment* ազատագրութիւն.

disjoin (տիսճոյն') բաժնել. զատել. *—t* անջատուած կապի. կճեռ. բաժնել. ոսկորը տեղէն հանել. *—ted* անկապակից.

disjunct (տիսճընքթ') իւրաքանչիւր. զատ. անջատ. *—ion* անջատում. *—ive* անջատելու կոչուած. տրոհական.

disk, disc (տիսք) սկաւառակ, բոլորակ. երգապնակ. *Disk-jockey* ձայնագիր մեքենային վրայ երգապնակ դնող անձ (հեռասփռումի ատեն).

dislike (տիսլայք') ատել. հակակրութիւն. ատելութիւն. *—ful* անհաճոյ.

dislocate (տիս'լոքէյթ) տեղափոխել. խախտել. *traffic was dislocated* երթեւեկը անկարգութեան մէջ ինկած էր. *dislocation* (տիսլոքէ'յշըն) տեղահանութիւն. տեղէն խախտելը.

dislodge (տիսլոճ', տիսլաճ') տեղէն շարժել. ուրիշ տեղ տանիլ. *—ment* տեղահանութիւն. վտա–

ըսել (իր բնական տեղէն)·

disloyal (տիսլոյ'ըլ) անհաւատարիմ (գահին հանդէպ)· նենգ·

dismal (տիզ'մըլ) տխրատեսիլ· չարագուշակ· ճնշիչ (իր տեսքով)·

disman (տիսմէն') անմարդաբնակ դարձնել· ամայացնել·

dismantle (տիսմէն'թլ) կարասիները վերցնել· մերկացնել· — *a ship* նաւու մը կազմածները վերցնելով՝ զայն քանդել·

dismay (տիսմէյ') յուսալքուիլ (մեծ դժուարութեան դիմաց)· ահաբեկել· արհաւիրք· ահաբեկութիւն·

dismember (տիսմէմ'պըր) անդամահատել· կտոր կտոր ընել· —*ment* անդամահատում· յօշոտում·

dismiss (տիսմիս') պաշտօնէ արձակել· քշել· —*al* պաշտօնէ արձակում·

dismount (տիսմաունթ') վար իջնել (ձիէն, կառքէն, ինքնաշարժէն)· վար իջեցնել հաստատուած տեղէն· մեքենան քակել· անգործածելի դարձնել·

disnaturalize (տիսնէթ'իւրըլայզ) օտար դարձընել·

disobey (տիսօպէյ') անհնազանդ գտնուիլ· *disobedience* (տիսօպի'տիընս) անհնազանդութիւն· *disobedient* անհնազանդ·

disorganize (տիսօր'կընայզ) կազմալուծել· չաշխատելու վիճակին բերել·

disown (տիսօ'ն') չճանչնալ իբր մէկուն սեփականութիւնը· ուրանալ·

disparage (տիսփէր'էյճ) վատաբանել, չարախօսել (մէկուն դէմ)· անարգել·

disparate (տիս'փէրէյթ) հիմնապէս տարբեր· անհաւասար·

disparity (տիսփէր'իթի) անհաւասարութիւն·

dispassion (տիսփէշ'ըն) առանց զգացումի ըլլալը· հանդարտութիւն· —*ate* անյոյզ· անկողմնակալ· զաղջ·

dispatch, despatch (տիսփէչ') արագ կերպով յըղել· շուտով սպաննել· առաքում· պաշտօնագիր, հեռագիր· — *-case* պաշտօնագրի կաշիէ տոպրակ· հեռագիր· *mentioned in —es (of a soldier)* տեղեկատուութեան մէջ արձանագրըուած է թէ լաւ կռուած է (զինուորը)·

dispel (տիսփէլ') քշել, տարտղնել (ամպերը)·

dispense (տիսփէնս') մասերու բաժնել· տնօրինել· դեղեր պատրաստել· *dispensary* այն տեղը ուր դեղերը կը խառնուին եւ կը կազմուին· դեղարան· *dispensation* թոյլտուութիւն· բաշխում· նախախնամութիւն· տընտեսութիւն· *to dispense with* արտօնել· զանց ընել·

disperse (*տիսփըրս'*) ցըրուել· տարածել· ցրուիլ·

dispirited (*տիսփիր'իթըտ*) ընկճուած·

displace (*տիսփլէյս'*) տեղէն հանել· տեղափոխել· —*ment* տեղահանութիւն, տեղափոխութիւն· *displaced person* հայրենիքէն հեռացուած անձ· վտարանդի·

display (*տիսփլէյ'*) ցոյց տալ· ցոյց· հանդէս· գիրերու շարք·

displease (*տիսփլիյզ'*) դըժգոհ ձգել· վշտացնել· *displeasure* (*տիսփլէժըր*) թեթեւ բարկութիւն·

disport (*տիսփորթ'*) զըւարճանալ·

dispose (*տիսփոզ'*) կարգադրել· տրամադրել· *I am well disposed towards him* իր մասին լաւ տրամադրուած եմ (կ'ուզեմ օգնել իրեն)· *dispose of* վերջացնել· ձերբազատուիլ (ապրանքէն, աշխատանքէն, թշնամիէն)· *I am at your disposal* տրամադրութեանդ տակ եմ· *disposition* տրամադրութիւն· դասաւորում (կըռուող բանակի)·

dispossess (*տիսփըզէս'*) սեփականազրկել· տեղէն հանել (մէկը)·

dispost (*տիսփոսթ'*) տեղահանել·

dispraise (*տիսփրէյզ'*) նախատել· պատուազրկել· պարսաւ· նախատինք·

disprize (*տիսփրայզ'*) ստորագնահատել·

disproof (*տիսփրուֆ'*) հերքում·

disproportionate (*տիսփըրոփոր'շընէյթ*) անհամեմատական· անյարմար·

dispute (*տիսփիութ'*) վէճ· վիճաբանութիւն· բանակռիւ· վիճիլ· պայքարիլ· մրցիլ· —*ant*. —*r* հակառակորդ· վիճաբանող·

disqualify (*տիսքո`լ'իֆայ*) անկարող կամ անատակ դարձնել (գործ մը ընելու)· դուրս ձգել·

disquiet (*տիսքուայ'էթ*) մտահոգել· հանգիստը խանգարել· անհանդարտութիւն·

disquisition (*տիսքուիզի'շըն*) երկար ճառ կամ գրաւոր տեղեկագիր նիւթի մը շուրջ· հետազօտութիւն· քննարկում·

disregard (*տիսըրիկարտ'*) անտեսել, հաշուի չառնել· անտարբերութիւն·

disrepute (*տիսըրիփիութ'*) անպատուութիւն· վատ համբաւ ունենալը· *disreputable* (*տիսըրէփ'իւթէպըլ*) վատահամբաւ· վատանուն·

disrobe (*տիսըրոպ'*) հագուստները հանել· մերկացնել· կողոպտել (ամէն ինչ)· հանուիլ·

disrupt (*տիսըրըփթ'*) բզիք բզիք եղած· բզքտել· —*ion* քայքայում·

dissect (*տիսսէքթ'*) անդամահատել դիակ մը (քննելու համար)· ուշադրութեամբ ուսումնասիրել գիրք մը·

dissemble (*տիսսէմ'պըլ*)

ֆօղարկել (զգացումներ). կեղծել.

disseminate (*տիսսէմ'ինէյթ*) սերմանել. չորս քոլորը ցրուել. ամէն կողմ տեղեկագիր ղրկել.

dissent (*տիսսէնթ'*) անհամաձայն ըլլալ. կռուիլ. հերձուած. անհամաձայնութիւն. *dissention* կը-ռիւ. անհամաձայնութիւն. *dissentient* անհամաձայն. *a dissenter* Անկլիքան Եկեղեցւոյ վարդապետութեան անհամաձայն անձ.

dissertation (*տիսըրթէյ'շըն*) քննական ճառ. համալսարանական աստիճան ստանալու համար թէզ. ուսումնասիրութիւն.

disservice (*տիսսըրվ'իս*) վնասակար արարք, վնաս.

dissever (*տիսսէվ'ըր*) զատել. անջատել.

dissimulate (*տիսսիմ'իուլէյթ*) զգացումները ֆօղարկել. կեղծել.

dissipate (*տիս'սիփէյթ*) ցրուել. ջնջել. մսխել. *dissipation* փճացում. անառակութիւն. ցոփութիւն.

dissociate (*տիսսօ'շիյէթ*) անջատել. ֆակել.

dissolute (*տիս'ոլիւթ*) անառակ կեանք վարող. զեխ. ցոփ.

dissolve (*տիզալվ'*) լուծել. հալել. ցրուել. ջնջել. լուծուիլ. *dissolved in tears* դառն լաց.

dissonant (*տիս'ոնընթ*) աններդաշնակ. խառնաձայն.

dissuade (*տիս՝սուէյտ'*) տարհամոզել. շրջել.

distaff (*տիս'թէֆ*) մանող. աղեկատ, իլիկ. *on the distaff side* ամուսնացած կնոջ կողմէ.

distance (*տիս'թընս*) հեռաւորութիւն. անջրպետ. *keep one's distance* հեռաւորութիւնը պահել մէկէ մը, շատ չմտերմանալ. *distant* հեռու, հեռաւոր. երկար ժամանակ առաջ. *distant in manner* ոչ-քաբեկամական.

distasteful (*տիսթէյսթ'ֆուլ*) անհաճոյ. ատելի.

distemper (*տիսթէմ'փըր*) պատերը ջրաներկով ներկելու մեթոտ. անքարեխառնութիւն. շուներու հիւանդութիւն (հոսախտ).

distend (*տիսթենտ'*) ուռիլ. ուռեցնել. ծաւալել. *distent* ծաւալում. *distention* տարածութիւն. ձգտում.

distich (*տիս'թիք*) քանաստեղծութեան երկու տողնոց խումբ, որ ինքնին ամբողջութիւն մըն է. երկկարգ.

distil (*տիսթիլ'*) թորիլ. կաթկթիլ. թորեցնել. ֆամել. *distil-house* զըտարան. *distilled water* թորեալ ջուր. *distillery* (*տիսթիլ'ըրի*) ուիսքիի կամ այլ խմիչքներու պատրաստման վայր. թորարանոց. զտարան.

distinct (*տիսթինքթ'*) որոշ. զատ. յստակ. *—ion*

հռչակ. բարձր վարկ. գնահատանութիւն. —ive յատկանշական. high —ion բարձր յիշատակութիւն.

distingué (տիսթէնկէ՛) աչքի զարնող, համբաւաւոր.

distinguish (տիսթինկ՛ուիշ) զատորոշել. որոշել. — oneself զատորոշուիլ. համբաւաւոր դառնալ.

distort (տիսթորթ՛) ձեւազեղծել. կերպարանափոխել. ոլորել. ծամածռել. խեղաթիւրել. —er խեղաթիւրող.

distract (տիսթրէքթ՛) ուշադրութիւնը վրիպեցնել. միտքը դարձնել. խանգարել. շփոթեցնել. —ed խորապէս մտահոգուած. մտացիր. —ion շփոթութիւն. զբաղում.

distrain (տիսթրէյն՛) ինչքը գրաւել (պարտքի փոխարէն). —t բռնագրաւում.

distrait (տիսթրէ՛յ) մտացիր. երազկոտ.

distraught (տիսթրոթ՛) խորապէս մտահոգուած. շուարած.

distress (տիսթրէս՛) ծայրայեղ ցաւ. տառապանք. չքաւորութիւն. տառապեցնել. տանջել. —ful տառապալից. —ed բեշուառ. մտատանջ.

distribute (տիսթրիպ՛իութ) բաժնել. ցրուել. դասակարգել. distribution բաժանում. բաշխում. distributor ցրւող, բաժնող.

district (տիս՛թրիքթ) շրջան (երկրամասի). գաւառ. թեմ. շրջաններու բաժնել. — court նահանգային ատեան.

distrust (տիսթրըսթ՛) անվստահութիւն. կասկած. հաւատք չընծայել. չհաւատալ.

disturb (տիսթըրպ՛) խանգարել. տակն ու վրայ ընել, խռովել (միտքի խաղաղութիւնը, քունը). to cause a disturbance աղմուկ յարուցանել. կըռիւի սկսիլ. disturber խռովարար. աղմկարար.

disulphate (տայսըլ՛ֆէյթ) երկծծմբատ.

disunion (տիսեուն՛իըն) բաժանում. երկփեղկում. disunite պառակտել.

disuse (տիսեուզ՛) չգործածել. (տիսեուս՛) անգործածութիւն.

disvaluation (տիսվէլիուէյ՛շըն) արժէզրկում. պատուազրկում.

ditch (տիչ) փոս, խրամ. ջուրի խորունկ անցք (ճամբաներու երկու կողմերը). to die in the last ditch կռուիլ մինչեւ հուսկ շունչ. to — an aeroplane օդանաւի պարտադիր էջք ծովուն վրայ.

ditto (տիթ՛օ) նոյնը. նշան մը (» ») որ նոյնը կը նշանակէ.

ditty (տիթ՛ի) պարզ երգ. աստցուածք. երգ մը մրմռալ.

diuretic (տայիուրէթ՛իք) միզաբեր.

diurnal (*տայըր'նըլ*) առօրեայ. ամէնօրեայ.

diurnation (*տայըրնէյ'շըն*) ցերեկ ժամանակ քնանալը.

diva (*տի'վը*) ժողովրդային երգչուհի. գլխաւոր մենակատարուհի.

divagate (*տայ'վըկէյթ*) թափառիլ. ճամբան կորսնցնել. *divagation* աննպատակ թափառում.

divan (*տիվէն'*) բազմոց. տիւան. դահլիճ. սրահ. արքունի (թրքական) ատեան. ծխասրահ (պանդոկի մը մէջ). պարսկական բանաստեղծութեանց հաւաքածոյ.

divaricate (*տայվէր'իքէյթ*) երկճիւղել. տարածուիլ. երկճիւղ. տարածուն.

dive (*տայվ*) սուզուիլ, մըխրճուիլ. *a dive* վատ մարդոց բնակարան կամ գործունէութեան վայր. *diver* սուզակ (մասնաւոր հագուստով ծովուն յատակը աշխատող մարդ).

diverge (*տիվըրճ'*) խոտորիլ. տարբեր ուղղութեամբ երթալ. տարբեր միտք յղանալ. *—ment, —nce* տարամիտութիւն. անհամաձայնութիւն.

divers (*տայ'վըրզ*) այլազան. տարբեր. քանի մը. *diverse* տարբեր, այլազան. այլ ուղղութեամբ. *diversion* (*տայվըր'ժըն*) շեղում. զբօսանք. մոլորեցում (թշնամիին). *divert* շեղել. ուշադրութիւնը փոխել. զբօսցընել. հաճոյացնել. *diverting* հաճոյացնող.

Dives (*տայ'վիզ*) Ղազարոսի առակին մէջ յիշուող հարուստը (Ղուկ. 16). շատ հարուստ մարդ.

divest (*տիվեսթ', տայվէսթ'*) մերկացնել. սեփականազրկել. կողոպտել.

divide (*տիվայտ'*) բաժնել (մասերու). թիւ մը ուրիշ թիւերու բաժնել (6 ÷ 3 = 2. 6-ը բաժնուած 3 հաւասար մասերու). երկպառակել. բաժնուիլ. գետի մէջ. խորհրդարանի մէջ առաջարկի մը ի նպաստ կամ հակառակ քուէարկել (Ա. Մ. Ն.). *the Great Divide* մահ.

dividend (*տիվ'իտընտ*) բաժանելի. շահաբաժին.

divine (*տիվայն'*) աստուածային. նախախնամական. հրաշալի. դրախտային. աստուածաբանեկեղեցական. կանխատեսել. գուշակել. *— right* աստուածային իրաւունք (թագաւորին տրուած). *— service* կրօնական արարողութիւն. *diviner* գուշակ. *to sing divinely* շատ լաւ երգել. *a water diviner* մէկը որ ընդյատակեայ գետակները կը յայտնագործէ y ձեւը ունեցող ձողերու օգնութեամբ. *divinity* Աստուած. աստուածութիւն. դիք. աստուածաբանութիւն. *divinity school* աստուածաբանական դպրոց.

divisible (տիվիզ'իպլ) բաժանելի.

division (տիվիժ'ըն) բաժանում. բաժանմունք. զօրաբաժին (շուրջ 20·000 զինուոր)· *divisor* բաժանարար· *common division* հասարակ բաժանարար.

divorce (տիվորս') ամուսնալուծում. ապահարզան. ամուսնալուծել· *divorcee* ամուսնաթող.

divulge (տիվըլճ') հրապարակել (գաղտնիք մը)· հաղորդել· *divulgate* (տայվըլ'կէյթ) հրատարակել.

dixie (տիքս'ի) խոշոր կաթսայ (12 կալոն տարողութեամբ).

dizain (տիզէն') տասը տողէ բաղկացող քերթուած.

dizzy (տիզ'ի) ցնորամիտ· թեթեւամիտ. գլխու պըտոյտէ տառապող· գլուխը դառնալ· գլխու պըտոյտ տալ· *dizziness* գլխու պտոյտ (ինքնիր վրայ դառնալէ ետք).

do (did, done) տու (տիտ, տան) ընել օժանդակ բայ (ըրաւ, ըրած)· կատարել· վերջացնել· պատրաստել· յանդիմանել· *do the flowers* ծաղիկները յարդարել· *do one's hair* մազերը խոզանակել· *do the meat well* միսը լաւ եփել· *To do Lebanon* Լիբանանի տեսարժան վայրերը դիտել· *done in the eye* խաբուած· *will this do you?* այս պիտի յարմարի՞ ձեզի· *do oneself well (proud)* մեծ հանգստաւէտութեան մէջ ապրիլ· *have to do with* կապ ունենալ· *it doesn't do to be* իմաստուն չէ· *that will do* բաւական է· *do away with* սպաննել· *do for* սպաննել· կործանել· *do in* տհարեկել· *do out a room* մաքրել սենեակ մը· *do up a (shoe, dress)* կապել, ամրացնել (կօշիկը, հագուստը)· *do up (a house)* ներկել կամ նորոգել (տունը)· *a do* խաղ· խնճոյք հիւրերու տրուած· *fair do's* հաւասարապէս բաժնել· *do-nothing* դատարկապորտ· *well-to-do* բարեկեցիկ· *never-do-well* անպիտան· *done-out* ըսպառած· շատ յոգնած·

dobby (տապ'պի) խրտուիլակ·

docent (տօ'սընթ) դոցենթ. դասախօս (համալսարանի)· ուսուցում·

doch-an-doris (տոք'էնտոր'իս) հրաժեշտի բաժակ· վերջին ըմպելի·

docile (տո'սայլ, տո'սիլ) դիւրընտել· հլու·

dock (տոք, տաք) նաւերու եզերքները բուսնող հասարակ բոյս (ալպեան բոքի)· նաւակայք. նաւահանգիստ. նաւը նորոգելու տեղ· նաւաշինարան· ամբաստանեալի աթոռ (դատարանի մէջ)· կրճատել· պոչը կտրել·

փճացնել. նաւը նաւահանգիստ մտցնել. *dry* — նաւը նորոգելու տեղ.

dockage (*տոք'էյճ, տաք'էյճ*) նաւակայքի տուրք.

docket (*տոք'էթ, տաք'էթ*) գործունէութեան ծրագիր. հաշուեցոյց. ընդարձակ զեկոյցի մը համառօտագիրը. պիտակ. օրինակ. ծանօթագրել. պիտակել. *to strike a* — սնանկութիւն յայտարարել.

dockyard (*տոք'եարտ*) նաւաշինարան. նաւը նորոգելու վայր.

doctor (*տաք'թըր*) համալսարանին տուած բարձրագոյն աստիճանը. բժիշկ. վարդապետ. համակարգող մեքենայ. բժշկել. *to doctor a thing* նորոգել (բան մը). *to doctor food* վատ որակով բաներ իրարու խառնելով կերակուր պատրաստել. *to doctor accounts* հաշիւներ խարդախել (զայն նիշդ ցոյց տալով).

doctorate (*տաք'թըրէյթ*) վարդապետութեան տիտղոս.

doctoress (*տաք'թըրէս*) համալսարանական բարձրագոյն տիտղոս առած կին. բժշկուհի.

doctrinaire (*տաք'թրինէր*) անձ՝ որ ունի ուժեղ սկզբունքներ զորս կը փափաքի գործնականացնել անպայման, նոյնիսկ եթէ անոնք անգործնական եւ անկարելի են. վարդապետական.

doctrine (*տաք'թրին*) ըսկըզբունք. վարդապետութիւն. կրօնական ուսմունք.

document (*տաք'իումընթ*) փաստաթուղթ. վաւերագիր. արձանագրութիւն. յիշատակարան. *documental, documentary* վաւերագրական. *documentation* փաստագրութիւն. վաւերագրութիւն.

documentary film (*տաքիումէն'թըրի ֆիլմ*) վաւերագրական ֆիլմ (իրական բաներու կամ պատահարներու մասին).

dodder (*տատ'ըր*) դողդողալ (ծերուկի մը պէս). տատանիլ.

Dodecanese (*տոտէք'էնիս*) Տասներկուակղզիներ.

dodge (*տաճ*) յանկարծական խուսափում (վտանգէ մը հեռանալու համար). խաղով մը պարտաւորութենէ փախչիլ. խորամանկութիւն. փախուստ տալ. *clever* — խելացի խաղ.

doe (*տօ*) էգ եղնիկ կամ նապաստակ. — *hare* էգ նապաստակ.

does (*տըազ*) *ըննլ* բային սահ. եղ. երրկայ, եզ. գ. դէմք (ան կ'ընէ).

doff (*տաֆ*) հանել (գըլխարկը, հագուստը). մէկդի նետել. օձիքը ազատել.

dog (*տօկ, տակ*) շուն. շընիկ. անօպայ մարդ. վառարանի երկաթ. կարթ. ճանկ. Շուն (համաստեղութիւն)· *a gay dog* հաճոյքի ետեւէն եղող անձ· *you dog!* ինկած, վատ անձ· *to lead a dog's life* դժուարութիւններով լի կեանք մը վարել· *to go to the dogs* նկարագրով կործանիլ· *dog in the manger* մէկը որ չ'ուզեր առարկայ մը գործածել եւ թոյլ չի տար որ ուրիշներ ալ գործածեն· *let sleeping dogs lie* հեռու մնալ բաներէ որ կարող են գըլխացաւանք պատճառել· *to dog* մօտէն հետեւիլ· —*-cart* երկանիւ թեթեւ կառք· —*-days* շատ տաք օրեր (սովորաբար Յուլիս 3էն Օգոստոս 11, երբ շնաստղը՝ Սիրիըս կը ծագի եւ կը մարի արեւին հետ)· —*-eared* ծայրերը ծալուած (գիրք)·

dogged (*տակ'կէտ*) կարծր, յամառ, պինդ գլուխ մարդ. — - *fish* շանաձուկ. —*-rose* վայրի վարդ· — - *tired* չափէն աւելի յոգնած· —, —*'s tooth* քարի վրայ փորագրուած նորմանտական զարդ· *a hot-dog* երշիկով շինուած սանտուիչ (Ա· Մ· Ն·)· —*-watch* երկժամեայ պահակութիւն նաւուն վրայ (ժամը 4–6 կէսօրէ ետք)·

doggerel (*տոկ'ըրըլ*) անհարթ, անարժէք, ապուշ բանաստեղծութիւն·

dogma (*տակ'մը, տակ'մէ*) որոշուած ուսմունք զոր պէտք է ընդունիլ առանց այլեւայլի· հաւատալիք· կանոն· աղանդ· տոկմա· —*tic* երեւոյթներուն քարացած մտայնութեամբ մօտեցող անձ· վարդապետական· հրամանական·

doh (*տօ*) տօ (ձայնագրութեան մէջ առաջին նոթան)· նաեւ *do*.

doily (*տոյ'լի*) պնակի կամ ջրամանի տակը դրուած զարդարուած պնակալաթ· անձեռոցակ·

dolce (*տոլ'չէ*) մեղմ (երաժշտութիւն)·

dolcemente (*տոլչէմէն'թէ*) անոյշ (երաժշտ·)·

doldrums (*տալ'տրըմզ*) ովկիանոսի մէջ շրջաններ ուր նաւերը չեն կրնար շարժիլ հովի բացակայութեան պատճառաւ· *in the* — մտային ցած ու տխուր վիճակ·

dole (*տոլ*) բաժին· մեծ ցաւ· նենգութիւն· ողորմութիւն· ողորմութիւն տալ· *doleful* դժբախտ· *dolent* տխրագին·

doll (*տոլ, տալ*) պուպրիկ· *to doll up* աղուոր հագուստներ հագուիլ·

dollar (*տալ'ըր*) արծաթէ մետաղադրամ մը· Միացեալ Նահանգներու եւ Գանատայի մէջ գործածուող դրամական միութիւնը (գերմաներէն կը կոչուի *Taler*, կարճ ձեւը *Yoachimstaler*-ին. այս դրամը առաջին անգամ շինուած է *Yoachimstaler*ի [Պոհեմիա] արծաթի հանճերէն)․ Տոլար․ $ 6·00 (6 տոլար)․

dollar - bird (*տա՛լըր - պըրտ*) ցախսարիկ․

dolly (*տա՛լի*) պուպրիկ․ մետաղ փայլեցնող գործիք․

dolour, dolor (*տօ՛լըր*) ցաւ․ վիշտ․ մեծ տառապանք․ *dolorous* վշտալից․ դառնակսկիծ․

dolphin (*տօլ՛ֆին*) դլփին (6–8 ոտք երկայնութիւն ունեցող ծովային կենդանի որ զիկ զակ ձեւով շատ արագ կը լողայ)․ խարսխակալ․ —*et* էգ դլփին․

dolt (*տօլթ*) անմիտ․ ապուշ․

— dom(*- տոմ*) կը գործածուի ցոյց տալու համար աստիճան կամ կառավարուող երկիր․ (*dukedom* դուքսի աստիճան․ *Kingdom* թագաւորին կողմէ կառավարուող երկիր)․

domain (*տոմէյն՛*) իշխանութիւն․ կալուած․ գերիշխանութիւն․ գործունէութեան կալուած, մարզ․

dome (*տոմ*) գմբէթ․ տաճար․ կամար․ եկեղեցի․

domesday (*տուլմզ՛տէյ*) վերջին դատաստանի օր․

Domesday Book հանրային արձանագրութեանց գիրք որ պատրաստուած է Անգլիոյ մէջ Ուիլիըմ Յաղթողի ժամանակ, 1085–1086-ին․

domestic (*տոմէս՛թիք*) առտնին․ տունին հետ կապուած․ ընտանի․ ընտանեկան․ բնիկ․ ներքին․ ծառայ․ — *economy* ներքին (երկրի մը) տնտեսութիւն․ —*ate* ընտելացնել․

domicile (*տոմ՛իսայլ, տոմ՛իսիլ*) բնակարան․ բնակութիւն․ բնակեցնել․

domina (*տոմ՛ինա*) պարոնուհի․ աւատատէր․

dominate (*տամ՛ինէյթ, տոմ՛ինէյթ*) իշխել․ տիրապետել․ տէր ըլլալ․ *domination* տիրապետութիւն․ *dominion* (*տամին՛իըն*) գերիշխանութիւն․ հողամաս իշխանութեան մը ենթակայ․ ինքնավար Բրիտանական գաղութ․ մասնաւորապէս այս եզրով ծանօթ են Գանատան եւ Նոր Զելանտան․

domineer (*տամինի՛ր*) տիրակալել․ բռնութեամբ իշխել․

Dominican (*տոմին՛իքըն*) դոմինիկեան․ — *nuns* դոմինիկեան մայրապետներ․

dominicide (*տոմին՛իսայտ*) տիրասպան․ տիրասպանութիւն․

domino (*տամ՛ինօ*) ծածկոց (դէմքի) չճանչցուելու համար․ դիմակ․ փիլոն․ թիկնոցակ․ տոմինօ (պիսակախաղ)․

dominus (*տամ՛ինըս*) հոգեւորականի, ուսուցիչի տրուած տիտղոս․ *dominie* (*տամ՛ինի*) տնօրէն (Սկովտիա)․ հոգեւորական (Ա·Մ·Ն·)․

don (*տոն, տան*) տէր. պարոն. ազնուական (Սպանիա). ուսուցիչ համալսարանի մէջ. *dona* տիկին (Սպանիա). *donna* տիկին (Իտալիա). հագուստներ հագնիլ.

donah (*տո'նը*) տիկին.

donary (*տո'նըրի*) սրբանուէր.

donate (*տոնէյթ'*) նուիրել. տալ. ձօնել. *donation* պարգեւ. նուիրատուութիւն. *donator* նուիրատու. *donatory* նուէրընկալ.

done (*տան*) *do*-ին անց. ընդունելիթ. (ըրած). *I am done* վերջացած եմ. գործս բուրդ է. *over* — շատ եփած. *under* — քիչ եփած. *well* — ապրի'ս. — *brown* խաբուած. — *for* կործանած. — *up* մաշած.

donee (*տօնի'*) նուէրընկալ.

donkey (*տանկ'քի*) աւանակ. իշուկ. տխմար. —*'s years* անորոշ, երկարաձիգ եղանակ.

donor (*տո'նըր*) նուէր տըւող. արիւն տուող.

don't (*տոնթ*) *do not*ի խօսակցական կրճատում.

don't care հոգ չընող. անտարբեր.

donzel (*տան'զէլ*) մանկլաւիկ.

doodle (*տու'տըլ*) թուղթի կտորի մը վրայ իմաստազուրկ նշաններ գծել. անմիտ. պարզամիտ. —*bug* թթթուր (միջատներու).

doom (*տու'ւմ*) ճակատագիր. դատաստան. կործանում. վերջին դատաստան. դատապարտել. ողողել. *dooms-day* վերջին դատաստանի օր. *doomage* տուգանք. *doomsman* դատաւոր. *doomster* դատավճիռը կարդացող.

Doom-book տես **Domes-day Book**.

door (*տոր*) դուռ. անցք. *next* — դրացի. *out of doors* բացօթեայ. *lay at a person's* — մէկը մեղադրել (բանի մը համար). *to show one the* — մէկը վռնտել. *the fault lies at his* — սըխալը իր քովն է. *to shut the* — *on* մէկը անելի առջեւ դնել. *dead as a door-nail* համարեա թէ մեռած. — *step* դրան սեմ. —*-way* դրան մուտք.

dope (*տո'փ*) սաւառնակներու թեւերը ներկելու համար գործածուած ներկ. թմրեցուցիչ. թըմրեցուցիչ տալ. փայլեցընել. ապականել.

dopy (*տո'փի*) թմրեցուցիչ գործածող. անհոգ.

dormant (*տոր'մընթ*) քընացող. անգործունեայ.

dormer-window ձեղնայարկի պատուհան.

dormitory (*տո'րմիթորի*) ննջարան.

dormouse (*տոր'մաուս*) առնէտ. դաշտամուկ. *dormice* (յոգ.).

dorp (*տորփ*) չէն. գիւղակ.
dorr (*տոր*) պիծակ.
dorsal (*տոր'սըլ*) թիկունքային.
dory (*տո'րի*), *doree* (*տոռի*) ծովային ձուկ մը. ոսկեձուկ.
dory (*տո'րի*) տափարակ յատակով նաւակ.
dos-à-dos (*տոզէտօ'*) կըռնակ կռնակի.
dosage (*տոս'էյճ*) տրուած դեղին չափը.
dose (*տոս*) դեղաչափ. դառնահամ դեղ. դեղ տալ. որեւէ լեղի բան զոր ստիպուած ենք առնել.
doss-house (*տոս հաուզ*) աղքատներու ննջարան. աժան օթեւան.
dossier (*տոսիէ'*) թղթածրար. տոսիէ.
dost (*տըսթ*) սահ. ներկայ do–ին բ. դէմք *thou dost=you do.*
dot (*տաթ*) կէտ. բիծ. օժիտ. որեւէ մանր առարկայ. կէտ դնել. *on the* — ճշգրիտ ժամուն. *to — him one* հարուածել.
dotage (*տո'թէյճ*) զառամածութիւն. ծերութեան վիճակ ուր ենթական չի յիշեր ներկան, միայն կը յիշէ անցեալը. տղայամըտութիւն. տարօրինակութիւն. *dotard* (*տո'թըրտ*) շատ ծեր մարդ.
doth (*տըթհ*) do–ի սահմ. ներկ. եզ. գ. դէմք. *he doth=he does* կ'ընէ.
dotish (*տոթ'իշ*) խենդուկ.
dotty (*տո'թի*) խենդ. կիտաւոր.
douane (*տո'ւան*) մաքսատուն (ֆրնս.). *douanier* (*տուա'նիէ*) մաքսատան պաշտօնեայ.
douar (*տո'ւար*) վրանագիւղ (արաբներու յատուկ).
double (*տապլ*) կրկին. երկու անգամ. զոյգ. երկու անձ. կրկնակի. դաւփախուստ. կրկնել. դաւել. *advance at the* — փախչիլ (զինուորներու). *one's* — մէկը որ ուրիշի մը շատ կը նմանի. — *charge* կրկին գին պահանջել. — *crown* 20× *30 inch* (մատնաչափ) տպագրական թուղթ. — *cross* մատնել. զողնալ. — *dealing* խարդախութիւն. — *eagle* 20 տոլար արժէքով ոսկեդրամ. —*-edged* երկսայրի. — *entendre* երկու իմաստով արտայայտութիւն. — *entry* կրկնատոմար. — *faced* կեղծաւոր. — *hearted* կեղծաւոր. — *minded* փոփոխամիտ. — *pneumonia* երկու թոքերէն թոքատապ. — *quick* շատ արագ. — *tongued* խաբեբայ. — *up* վեր ծալուած. — *back* փախչիլ.
doublet (*տըպ'լէթ*) կըրկնոց. զոյգ. կեղծ գոհար.
doubloon (*տուպլուն'*) հին ատեն Սպանիոյ մէջ գործածուող ոսկեդրամ.
doubt (*տաութ*) կասկած. վարանք. վախ. կասկածիլ. վախնալ. *in* — անորոշ. *no* —, *without*

— անկասկած· *my —s are dispelled* կասկածներս վերցան· *—able* կասկածելի· *—ful* կասկածելի· վտանգաւոր·

douche (տուշ) ջրցայտ· ցնցուղ· ներարկում·

dough (տօ) խմոր (ալիւրէ), հայս· խմորէ գունդ· ստակ· *my cake is —* ամբողջապէս յուսախաբ եղած եմ· *—-baked* լաւ չեփած· թերաճ միտքով· *—-boy* ամերիկեան հետեւակ զինուոր· *—-face (faced)* ճկուն· թուլամիտ·

doughty (տո'թի) խիզախ, քաջ·

dour (տուր) յամառ· անուղղայ· կամակոր· խոժոռ·

douse (տաուս), **dowse** (տաուս) ջուրի մէջ դնել (իյնալ)· խոթել· ընկղմել· կրակը մարել (վրան ջուր թափելով)·

dove (տըվ) աղաւնի (խաղաղութեան խորհրդանըշան)· տատրակ· *—cote* աղաւնիի տուն· *—-eyed* քնքուշաչեայ· *dovetail* երկու կտոր փայտեր զօրաւոր կերպով իրարու կապել՝ ակռայ ակռայի մէջ· ծիծռատտուք· ագուցանել· *their plans dovetailed* իրենց ծրագիրները շատ լաւ իրարու յարմարեցան·

dowager (տաու'էճըր) *the — queen of X* մահացած X թագաւորին այրի թագուհին (եւ ոչ թէ ներկայ թագաւորին թագուհին)· հասաւոր· մահրընկալ (այրի կին)·

dowdy (տաու'տի) թափթըփած (հագուած)· անճաշակ ձեւով հագուած·

dower (տաու'էր) ամուսնոյն մահով կնոջ ժառանգած դրամը, կալուածները եւլն· օժիտ· բնական ընդունակութիւններ զորս ծնած ատեն ի յայտ կը բերէ մէկը· մահրտուայր·

down (տաուն) վար· վայրէջք· անկում· աղուամազ· դաշտագետին· աւազակոյտ· տապալել· ծունկի բերել· *to — a person* մէկը ծեծել (նըւաճել)· *to be — on, to have a — on* ուժեղ կերպով ատել· *to be — with* անկողնոյ ծառայել· *to be sent down* համալսարանէն արտաքսուիլ զէշ վարք ու բարքին պատճառաւ· *ups and downs* բախտի վերիվայրումներ· *he is down for a speech* ճառախօսներու ցանկին մէջ է· *down and out* անգործ (առանց դրամի եւ յոյսի) մարդ· *to put a man down* մարդ մը կշտամբել· *to go down* համալսարանը ձգել հեռանալ· *to down tools* գործը կեցնել· գործադուլ ընել· *downcome* վարկի անկում· *downfall* տեղատարափ անձրեւ (ձիւն). կործանում·

downstairs վարի յարկը· վարը· *downcast* շատ ընկճուած հոգիով· *downright* բանլիճը յստակ ու կտրուկ կերպով բանլ· *downtrodden* ոտնակոխ· *downward, downwards* հիճէն ի վեր· դէպի անկում· յուսահատած· *down with* անկցի· *down with it* կործանեցէք·

downs (տաունզ) ցած բըլուրներ խոտով ծածկըւած· նուաստութիւն·

downy (տաունի) փետրալից· բրդոտ· հեզահամբոյր· խորամանկ·

dowry (տաուրի) օժիտ· նուէր· մահր·

dowser (տաուզըր) *Y*-ի ձեւով ցուպով ընդյատակեայ հոսանքներ գըտնող անձ· գուշակի գաւազան·

doxology (տոքսոլոճի) կարճ օրհներգ· փառաբանութիւն·

doxy (տոքսի) հաւատք· տարփուհի·

doyen (տուայէն) ամենէն տարիքոտ անձը· աւագ անդամ·

doze (տոզ) մրափ· կէս քուն·

dozen (տըզըն) երկվեցեակ· *a baker's dozen* 12 հատ·

D. P. (տի փի) տեղափոխուած անձեր· տարագիրներ·

Dr. (տաքթըր) *doctor*ի կրճատումը·

dr., debtor (տէթըր) պարտական·

drab (տրէպ) անհետաքըրքըրական· միօրինակ· մութ գորշագոյն· հաստ բրդեղէն կերպաս· հանրային կին· կին որսագող·

drachm (տրամ) տրամ· ծանրութեան փոքր չափ մը· դահեկան· ումպ մը· տրագմէ (դրամ)· — *drinker* գինեմոլ·

Draco (տրէյքօ) Աթենացի 7րդ դարու (Ք. Ա.) նշանաւոր օրէնսդիր, իբր հեղինակը շատ խիստ օրէնսդրութեան մը· Տրակոն· *Draconic, Draconian* տրակոնական, շատ խիստ եւ կտրուկ·

draff (տրէֆ) աւելցուք· կերակուր (խոզի)· մըրուր·

draft (տրէֆթ) ումպ· քաշում· օդի հոսանք· նախագիծ· ուրուագիծ· ծըրագիր· փոխանակագիր· մուրհակ· սուզաչափ· ուրիշ տեղ զրկուելիք զինուորներու խումբ· ծրագրել· գծել· ուրուագծել· փոխգիրով տալ· զօրք զրկել· *accommodation* — հանոյակատարութեան մուրհակ· *draftsman* (տրէֆթսմէն) նախագիծ պատրաստող (մեքենաներու, շէնքերու, եւայլն)· օրէնսդիր·

drag (տրէկ) քաշել, քաշքըշել (ծանր առարկայ մը)· դանդաղ եւ անհետաքրքիր· սայլակ (ցած անիւով)· ոտնակապ· *a drag on the party* պաղ ջուր թափել հաւաքոյթի մը վրայ· *to — the net* ուռկանը ջուրին յատակը նետել մեռած մարմին մը դուրս հանելու համար·

dragée (*տրաժէ՛յ, տրաժի՛*) դեղահատ մը· փոքր շաքարահատ·

draggled (*տրէկ՛ըլտ*) ցեխոտած ու թափթփած հագուստ·

dragoman (*տրէկ՛ոմէն*) արեւելքի մէջ թարգման եւ առաջնորդ, արաբերէն *թարգիման* բառէն·

dragon (*տրէկ՛ըն*) թեւաւոր ժայթքող ձուկ, շունչէն կրակ ժայթքող երեւակայական վիշապ (հէքիաթներու մէջ)· հրացան մը· *—et* վիշապիկ· ձուկի տեսակ մը· *— - fly* ճպուռ·

dragoon (*տրէկուն՛*) ձիաւոր զինուոր· մեծեցնելէն զունդ· հարստահարել եւ իրեն հնազանդեցնել·

drain (*տրէյն*) չորցնել· պարպել· ծծել· չորնալ· կոյուղի· փոս· տեւական կորուստ (արեւի, դրամի, եւ այլն)· *—age* դուրս հոսող կոյուղիի ջուր· կոյուղիի ջուրը փոխադրող խողովակներ·

drake (*տրէյք*) արու բադ·

dram (*տրէմ*) փոքր ծանրութեան չափ· տրամ· զօրաւոր խմիչք (օղի, ուիսքի)·

drama (*տրա՛մը*) թատերախաղ· թիէս· զգայացունց պատահարներ (թատերախաղի մը պէս)· *—tic* թատերական, յանկարծական եւ շշմեցուցիչ· *dramatic music* թատերական երաժշտութիւն· *dramatics* թատերգութիւն· *dramatis personae* (*տրամ՛էթիս փըրս՛ոնի*) դերակատարներ· գործող անձինք· *dramatist* թատերագիր·

drape (*տրէյփ*) ասուով ծածկել· լաթով զգեստաւորել· ասուի շինել· *draper* կտաւեղէն հագուստեղէն (կերպաս, վարագոյր) ծախող· կերպասագործ· կերպասավաճառ·

drastic (*տրէս՛թիք*) ամբողջապէս կատարուած ուժով· ազդու· մաքրող·

draught (*տրաֆթ, տրէֆթ*) օդի հոսանք (սենեակէն ներս)· ուրուագիծ· նախագիծ· ումպ· ջոկատ· փոխգիր· կոյուղի· հաւաքել (զինուոր)· ուրուագծել· նաւուն խորութիւնը ջուրին մէջ չափել· *draught of fishes* ուռկանով բռնուած ձուկին քանակը· *draught of wine* խոշոր ումպ մը գինի· *a draught horse* ծանրը իրեղէններ քաշող ձի· *— - house* արտաքնոց·

draughts (*տրաֆթս, տրէֆթս*) խաղ երկու անձի միջեւ (տամա), ագիւսախաղ· խիւս· *draughtsman, draftsman* ագիւսախաղի խաղաքար· գըծագրիչ· շէնքերու, նաւերու, սաւառնակներու, եւայլն, յատակագիծները գծող·

Dravidian (*տրըվիտ՛իըն*) Հարաւային Հնդկաստան ապրող ոչ–արիական ցեղ·

նոյն ցեղին խօսած լեզուն. Դրավիդեան ցեղ (լեզու).

draw (տրօ՛) *(drew, drawn)* քաշել. ստանալ. մխրճուիլ. հաւասարով վերջանալ (խաղի մէջ). նկարել. ուրուագծել. նկարագրել. վիճակ քաշել. հանուած. վիճակահանութիւն. քաշողութիւն. օդի ազատ անցք (օրինակ ծխնելոյզ). *a horse draws a load* ձին բեռ մը կը քաշէ. *to draw teeth* ակռաներ դարձընել. *to — one's pay* վճարը ստանալ. *to — blood* արիւն հոսեցնել. *the ship draws 60 feet* նաւը 60 ոտք կը խորանայ. *a drawn game* հաւասարութեամբ վերջացած խաղ. *to draw a picture* նկար մը գծել. *to draw the line at (murder)* չհասնիլ մինչեւ (ոճիրի). *the chimney draws well* ծխնելոյզը լաւ օդ կը քաշէ. *draw back, near, away* երթալ. *— on, — round* գալ. *the play is a great —* ներկայացումը մեծ յաջողութիւն մը եղաւ. *to — a long bow* չափազանցել. *to — breath* շունչ առնել. հանգստանալ. *to — in* հրապուրել. *to — off* հրաժարիլ. հանել. *to — over* տարհամոզել. *to — together* համախմբուիլ. *to — up* շարադրել. *to — rein* զսպել. *to — a sigh* հառաչել. *to — it mild* չափաւոր ըլլալ.

drawback (տրօ'պէք) դրժուարութիւն. վնաս. արգելք. մաքսի զեղչ.

drawbridge (տրօ'պրիճ) շարժական կամուրջ.

drawee (տրօի')անձը՝ որուն անուան չէք գրուած է.

drawer (տրո՛'ըր) գծագրիչ (գրիչով կամ մատիտով). գրող. չէք գրողը. զգրոց. սպասաւոր (գինետան մէջ). *—s* շապ(կ)ըներ, վարտիք. *a drawing* նկար. *a chest of drawers* զգրոցաւոր արկղ (ներմակեղէն դնելու).

drawing-room ընտանեկան. առօրեայ գործածութեան սենեակ. հիւրասենեակ.

drawl (տրո՛'լ) կմկմալ. բառերը ծամծմել. դանդաղ խօսք.

dray (տրէյ) բեռնակառք (4 անիւով).

dread (տրէտ) մեծ վախ. երկիւղ. ակնածանք. ահեղ. զարհուրիլ. *in — of* վախէն. *dreadful* սոսկալի. *—less* անվախ. *penny dreadful* ոճիր արկածի պատմութիւն. *dread-nought* (տրէտ'նոթ) որեւէ բանէ չվախցող. մեծ մարտանաւ.

dream (տրի՛մ) երազ. երազել. *I shouldn't — of doing that* որոշապէս պիտի չընեմ այդ. *to — away* ժամանակը երազելով անցընել. *to go to one's —s* ննջել· *dream-book* երազահան·

dreary (*տրիր'ի*) տխուր· տխրատեսիլ·

dredger (*տրէտճ'ըր*) հողահան, հողահան մեքենայ· մեքենայով օժտուած նաւակ որ կը ծառայէ գետի կամ նաւահանգիստի յատակէն ցեխ հանելու· *to dredge* գետը մաքրել նման միջոցով· *a dredger* ծայրէն ծակ-ծակ փոքր ամամ շաքար, աղ, եւայլն ցանելու համար ուտեստեղէնի վրայ·

dregs (*տրէկս*) մրուր, տըկուռք (գինիի)·

drench (*տրէնչ*) ողողել (ջուրով)· ըմպելի· լուծողական·

dress (*տրէս*) հագուիլ· լըւալ եւ կապել (վէրք մը)· գործածութեան համար պատրաստել (կերակուր, կաշի)· շփել· սանտրել· մշակել· զօրքը դասաւորել· հագուստ· տարազ· զարդարանք· *dress up* մասնաւոր հագուստներ հագուիլ (օր· թատերական)· *dress ship* դրօշակներով զարդարել նաւը· *to dress on 500 L. Pounds a year* տարին 500 Լ· ոսկի ծախսել հագուստներու համար· *dress by the right* աջ կողմը նայելով շարքի մէջ մտնել· *dress down* յանդիմանել· *full dress* երեկոյթի շքեղ հագուստ· պաշտօնական տարազ· *Armenian dress* հայկական տարազ. *dress-maker* դերձակուհի· կարուհի·

dressage (*տրէս'էյճ*) ձի մը կառավարելու արուեստը·

dressing (*տրէս'ինկ*) հագուիլը· արդուզարդ· վիրակապ· կերակուրի թացան· *dressing - gown* սենեկազգեստ· գիշերազգեստ·

dressy (*տրէս'ի*) միշտ պերճ հագուած·

dribble (*տրիպ'լ*) կաթկըթեցնել· կաթկթել· լորձունքոտել· թեթեւ անձրեւ· ոտազնդակին թեթեւ հարուածներ տալ մինչ հետը կը վազես·

driblet (*տրիպ'լէթ*) փոքր քանակութիւն (հեղուկ, եւայլն)· մասնիկ· փոքր գումար·

dried (*տրայտ*) չորցած· *dry*ի (չոր) անց· եւ անց· ընդ·

drier նաեւ *dryer* աւելի չոր· չորցնող·

drift (*տրիֆթ*) ծփալով ընթանալ· աննպատակ քալել· ուժգնութիւն· հոսանք· խումբ· երամ· ընթացք· նպատակ· *a snow-drift* ձիւնի գոյացուցած բլրակ (հովի պատճառաւ)· *the drift of a speech* ճառի մը միտք բանին· *—age* ծըփանք·

drift-way (*տրիֆթ'-ուէյ*) հանքայինն գետնուղի·

drift-wood հոսանքէն ծովեզերք (գետեզերք) բերուած փայտ·

drill (*տրիլ*) գայլիկոն. ծակ մը բանալ գայլիկոնով. մեքենայով սերմ ցանել. սերմնիչ մեքենայ. զինուորամարզութիւն. ուսանիլ. բամպակէ ծանր կշռող կերպաս.

drink (*տրինք*) խմել. ծըծել. կոնծել. խմիչք. *drink like a fish* գինեմոլ ըլլալ. *to take to drink* գինի կամ այլ թունդ խմիչք խմել սկըսիլ. *to — down* կլլել. *to — deep* անհակակշիռ կերպով խմել. *to — to the health* առողջութեան կենացը գաւաթ պարպել. *to — off* սոյտ ընել. *to — up* ամբողջը խմել. *I could — the sea dry* չափէն աւելի ծարաւ եմ. *in —* գինով.

drip (*տրիփ*) կաթկթիլ. ծորիլ. թորիլ. շիթ. կաթիլ. *—ping* կերակուրի մէջ գործածուող իւղ.

drive (*տրայվ*) *(drove, driven)* քշել. վարել. զամել. պարտադրել. որսալ. տանիլ. կառքը վարել. արշաւ. կառքով (ինքնաշարժով) պտոյտ. վանում. մխում. զնդակի հասողութիւնը. տան սեմին հասնող ճամբայ. *to — a nail* գամ մը գամել. *to — a hard bargain* համաձայնութիւն մը գոյացնել ուրկէ դիմացինը գրեթէ ոչինչ կը շահի. *what are you —ing at* ի՞նչ է նըպատակդ. *to — away at* չարաչար տքնիլ. *to — away* ճամբու դնել. *to — off, to — out* հեռացնել. վռնտել. *to let — at* յարձակիլ. զարնել. *—-in* խանութ. ճաշարան. *a driver* վարորդ, շարժավար.

drivel (*տրիվ'լ*) ապուշ խօսակցութիւն. թարթանչանք. անմիտ. թարթանչել. զառանցել.

drizzle (*տրիզ'լ*) թեթեւ անձրեւ.

drogue (*տրոկ*) արգելակիչ (նաւու, եւայլն).

droll (*տրոլ*) տարօրինակ. խնդուք յառաջացնող. ծաղրածու. կատակել.

dromedary (*տրամ'իտըրի*) արագավազ ուղտ. տանիկ ուղտ.

drone (*տրոն*) արու մեղու. ծոյլ, դատարկապորտ անձ. բզզիւն (մեղուի). բզզալ. պարապ պտըտիլ. *— - fly* իշամեղու.

droop (*տրու'փ*) թուշնիլ (թոյս). կթոտիլ. տըխրութեամբ համակուիլ.

drop (*տրոփ, տրափ*) շիթ. կաթիլ. փեղկ. անկում. կաթեցնել. ձգել. կաթիլ. կաթկթիլ. հանդիպիլ. յանկարծ ներս մտնել. *— a brick* ընկերութեան մէջ ապուշ բան մը ընել. *— money* դրամ կորսընցընել. *I will — you at your house* ինքնաշարժովս քու տունդ պիտի ձգեմ քեզ. *— a person* բարեկամութիւնը խզել (մէկուն հետ). *prices have —ped* գիները իջած են. *— behind* ետեւ ձգուիլ· — *in* չյուսացուած ատեն ներս մտնել· *take a — too much* պէտք եղածէն աւելի գինի խմել· *a — of 15 feet* 15 ոտք բարձրութեան մը իյնալը·

dropsy (տրափ'սի) մարմնի մէջ ջուրի հաւաքում (յատկապէս սրունքներու մէջ) հիւանդութեան իրբեւ արդիւնք· ջրգողութիւն·

dropwise (տրափ'ուայզ) կաթիլ (գոյ·)· կաթիլ (բայ)·

dropworm (տրափ'ուըրմ) թրթուր· որդ·

droshky (տրոշ'քի) ռուսական քառանիւ թեթեւ կառք·

dross (տրոս, տրաս) հալեցուած մետաղի վրայէն առնուած անարժէք մասը· խարամ· աւելցուք·

drought, drouth (տրաութ, տրաութհ) երաշտ· չորութիւն·

drove (տրով) drive-ի (քշել) պարզ անց· հօտ (ոչխարներու)· առու· հօտը քշել· քարը յղկել· —r խաշնարած·

drown (տրաուն) խեղդել· ողողել· խեղդուիլ· խեղդամահ ընել· ծովու մէջ խեղդուիլ· *to — a voice* մեծ աղմուկ յարուցանելով ձայն մը անլսելի դարձնել·

drowsy (տրաու'զի) քնատ· քունը սիրող· ապուշ·

drub (տրըպ, տրապ) գաւազանով ծեծել· ծեծ, տփոց·

drudge (տրէճ, տրաճ) սեւագործ, տաժանելի աշխատանք (չնչին վարձատրութեամբ)· չարաչար աշխատիլ·

drug (տրըկ, տրակ) դեղորայք· թմրեցուցիչ· դեղերը իրարու խառնել· դեղ տալ· թմրեցնել· —*gist* դեղագործ· դեղավաճառ· *a drug in the market* ապրանք զոր ոչ ոք կ'ուզէ գնել· —-*fiend* հաշիշամոլ· —*gery* դեղորայքի վաճառատուն·

drugget (տրը'կէթ) տախտակամածը ծածկող բրդեայ կոշտ ծածկոց· բազիք·

drum (տրամ, տրըմ) թըմբուկ· թմբկահար· թըմբկահարել· կանչել· սիրտը զարնել· *ear* — (*էյր տըրամ*) ականջաթմբուկ· *to drum a thing into a boy's ear* բան մը սորվեցնելու համար միշտ կրկնել եւ կրկնել· *to — out* բանակէն վռնտել· *side* — փոքր թմբուկ·

drunk (տրանք) *drink*-ի (խմել) անց· ընդ· գինով· —*ard* գինով· *drunken* գինով·

drupe (տրուփ) կարծր հունտ ունեցող պտուղ· միակորիզ պտուղ (սալոր, դեղձ, եւ այլն)·

Druse (տրուզ) Տիւրզի·

dry (տրայ) չոր· ցամաք· անզգայ· խիստ· չորցընել· շոգիացնել· ցամքիլ· *to dry up* չորնալ ամբողջապէս· չորցնել· *dry up!* լռէ՛· *dryer* աւելի չոր· չորցնող մեքենայ· — *canteen* զինուորական խանութ ուր խմիչք ծախելը արգիլուած է· — *goods* մանածեղէն (Ա· Մ· Ն·)· — *cleaning* առանց թրջելու մաքրում եւ արդուկում·

dryad (*տրայ՛էտ*) անտառի ոգի, յաւերժահարս (անտառի, ծառի)·

dry-fisted (*տրայ՛ ֆիս՛-թըտ*) կծծի·

dry-rot (*տրայ՛ րաթ*) փայտի փտութիւն·

D. T.(s) (*տի· թիզ*) (Delirium Tremens) (*տիլի՛-րիըմ թրի՛մէնզ*) չափազանցուած ալքոլի գործածութեամբ յառաջացած հիւանդութիւն·

dual (*տեու՛ըլ*) երկեակ· զոյգ·

dub (*տըպ*) ասպետ կարգել՝ սուրով ուսին դըպչելով· անուանել· պատուել· *a* — ապուշ անձ· *to — a cock* կռիւի նախապատրաստել· *to — up* վճարել· աւարտել·

dub (a film) տուեալ լեզուով խօսող փիլմ մը ուրիշ լեզուով մը տուպլաժ ընել (օր· ֆրանսախօս փիլմ մը անգլերէնով տուպլաժ ընել)·

dubious (*տիու՛պիըս*) անստոյգ· կասկածելի·

ducal (*տիուք՛ըլ*) դքսային· դուքսի վերաբերող·

ducat (*տիք՛էթ*) հին ժամանակ (առ հասարակ միջին դարերուն) Եւրոպայի մէջ գործածուող դրամ· դուկատ· մէկ ոսկի դուկատը կ'արժէր 18 շիլինկ· արծաթէ դուկատը՝ 6 շիլինկ·

duchess (*տըչ՛էս*) դքսուհի·

duchy (*տըչ՛ի*) դքսութիւն· դուքսին ենթակայ հողամաս·

duck (*տաք, տըք*), բադ· կտաւեղէն մը որմէ նաւաստիի հագուստ կը շինեն· անուշիկ· ենթարկում· սուզուիլ· ծռել (գլուխը)· խոթել (գլուխը ջուրին մէջ)· *to play —s and drakes with* մսխել (դրամ)· *like water off a —'s back* անազդեցիկ· *take to it like a — to water* դիւրութեամբ եւ բնական կերպով սորվիլ· — *and drake* ջուրի մակերեսին վրայ տափակ քար նետելու խաղ· *she's a perfect* — շատ ազնիւ ու լաւ է· *a—'s egg (a —)* զէրօ (խաղի մէջ)· *duckling* (*տաք՛լինկ*) բադիկ·

duct (*տըքթ*) մարմնի որեւէ խողովակ· փողրակ·

ductile (*տըք՛թիլ*) կակուղ· կռանելի· դիւրաթեք·

dud (*տըտ*) անարժէք (անձ կամ առարկայ)· խաբկանք·

dude (*տիուտ, տուտ*) պչրանամոլ (այր մարդ)· զարդասէր·

dudgeon (*տըճ՛ըն*) բարկութիւն· ատելութիւն· դաշոյն· դաշոյնի կոթ· *to take in* — թիւր ըմբռնել· ջղայնանալ·

dudish (*տիուտ՛իշ*) պճնամոլ· անլուրջ վերաբերմունք ունեցող·

duds (*տատզ*) հագուստներ (հին)· ցնոտի· տպաւորութիւն·

due (*տիու*) սահմանուած· յատուկ· վայելուչ· ժամկէտ (շոգեկառքի ժամանման)· ճշգրիտ· հետեւանք· ուղղակի· ամբողջական· *the debt is due on August 15th* պարտքը պէտք է վճարուի Օգոստոս 15-ին· *to give a man his due* մէկուն իր իրաւունքը տալ· *give a devil his —* նոյնիսկ անարժան մէկուն հետ իսկ արդար վարուիլ· *with due respect, in due time (course)* յատուկ ժամանակին· *death due to an accident* մահը արկածի մը հետեւանքով· *due east* ուղիղ արեւելք·

duel (*տիու'էլ*) մենամարտ (ատրճանակով, սուրով, եւայլն)· երկու կողմերու մրցանք· մենամարտիլ·

duet (*տուէթ'*) զուգերգ (երկանուագ)·

duffer (*տաֆ'ըր*) ապուշ· թթամիտ· խարդախ (փերեզակ)·

dug (*տակ, տըկ*) *digh* (փորել) պարզ անց. եւ անց. ընդ. կովու ծիծ, պտկունք·

dugong (*տիու'կանկ*) ձուկի նմանող խոշոր կենդանի մը (ծովու մէջ ապրող)· կը կոչուի *sea-cow* ծովակով· հալիկոր·

dugout (*տըկ աուԹ*) փայտի կոճղով շինուած նաւակ· ընդյատակեայ ապաստանարան պատերազմի ժամանակ· պատերազմի ատեն կրկին պաշտօնի կանչուած հանգստեան կոչուած սպայ·

duke (*տիուք*) դուքս· *to dine with — Humphrey* անօթի մնալ· *dukedom* դքսութիւն (հողամաս եւ տիտղոս)· *duchess* դքսուհի·

dulcet (*տըլ'սէԹ*) քաղցր (համով կամ ականջին քաղցր հնչող)· քաղցրացնել·

dulcimer (*տըլ'սիմըր*) հին հրեական երաժշտական գործիք հաւանաբար քնարի նմանող·

dull (*տըլ*) թթամիտ· բութ· անհետաքրքրական· աղօտ (լոյս, ձայն, ցաւ)· տկար (տեսողութիւն· զգայութիւն)· թոյլ (առեւտուր)· թթացնել· նըսեմացնել·

dullard (*տալ'ըրտ*) թթամիտ· ապուշ·

duly (*տիու'լի*) ճիշդ, ուղիղ, ժամանակին· համաձայն իրողութեան·

dumb (*տըմ*) համր· անխօս· լռեցնել· *dumb show* ձեռքի շարժումներով ինքզինք հասկցնել· ապուշ (Ա·Մ·Ն·)· *to strike —* շփոթութիւն առեղծել· զարմացնել·

dumb-bell (*տըմ'-պէլ*) երկաթէ կամ փայտէ ծանր զուգեր բազուկի մարզանքի համար· *dumb-show* արտայայտիչ շարժումներ՝ առանց խօսքի·

dum(b)found (տըմֆաունտ) պապանձեցնել (ուժեղ զարմանք պատճառել)·

dumb-waiter (տըմ-ուէյ'թըր) շարժական սեղան կերակուր մատուցանելու համար· ճաշի վակոն· սպասեղան·

dummy (տըմի) շինուած առարկայ որ կը նմանի կամ տեղը կը գրաւէ իրական առարկային· պընակակալ· կոշտ· արուեստական· *to play* — բաց ձեռքով թուղթ խաղալ·

dump (տըմփ) ապրանքներ ամբարելու բացօդեայ վայր (յատկապէս պատերազմի ատեն)· աղբանոց· տխրութիւն· հին դրամ մը· գէր· հարուած· նետել· *to be in the —s* տխուր ըլլալ· օտար երկրի մը մէջ ապրանք ծախել շատ ցած գինով· *dumpling* քիթը կախ· գունդ եղած խմոր· *dumpy* կարճ եւ հաստ.

dun (տըն) պարտքի պահանջում· ամրոց· թխագոյն·

dunce (տընս) դանդաղամիտ· ապուշիկ·

dunderhead (տընտ'ըրհէտ) ապուշ· անկարող·

dune (տիուն) աւազակոյտ· աւազէ բլուր·

dung (տընկ) թրիք· աղբ· ծիրտ· աղբել· թրիքել· ծրտել·

dungaree(s) (տըն'կէյրի) բանտարկեալի, մեքենագործի իրեր, ներքին հագուստները մաքուր պահելու· արտաքին հագուստ·

dung-beetle բզէզ·

dungeon (տըն'ճըն) զընդան· դղեակի աշտարակ· ընդյատակեայ բանտ·

dunk (տընք) հացը խորը մէջը խոթել (թէյի, կաթի) ուտելէ առաջ·

Dunker (տան'քըր) գերմանացի մկրտչական·

dunnage (տը'նէյճ) փայտի կտորներ՝ որոնք կը գործածուին արգիլելու որ նաւու մը բեռները շարժին, երբ նաւը կը յառաջանայ· տաշուք· նաւաստիի պայուսակ·

duo - (տիու'օ) զուգերգ· զոյգ· բեմի զոյգ մը դերասաններ·

duodenum (տիուօտի'նըմ) աղիքի սկզբնական մասը՝ 12 մատնաչափ· առաջնաղիք·

dupe (տիուփ) խաբուած· ակամայ գործիք դարձած (գէշ արարք մը կատարելու համար)· դիւրաւ խաբուող·

duplex (տիու'փլէքս) կըրկին· կրկնակ·

duplicate (տիու'փլիքէյթ) կրկնատիպ· պատճէն· կրկնօրինակ· կրկին օրինակ առնել· կրկնապատկել· *duplicator* մեքենայ մը որ նամակը բազմաթիւ օրինակներով կը վերարտադրէ·

duplicity (տիուփլիս'իթի) կեղծիք· խարդախութիւն· երկդիմութիւն·

durable (*տիւ'րէպըլ*) տեւական. դիմացկուն.

durance (*տիուր'ընս*) տեւողութիւն (բանտարկութեան). միջոց.

duration (*տիուրէյ'շըն*) տեւողութիւն.

durbar (*տըր'պար*) կառավարիչի մը կազմակերպած մասնաւոր ժողովը եւ անոր կառավարութեան կարեւոր անդամները (Հնդկաստան). իշխանական հիւրասենեակ. դարպաս.

duress(e) (*տիուր'էս*) բանտարկութիւն. կապանք. բռնութիւն. *promise made under duress* բռնութեան տակ եղած խոստում (որուն կարելի չէ հաւատք ընծայել).

during (*տիու'րինկ*) ընթացքին, ատեն.

durst (*տըրսթ*) *dare*ի (համարձակիլ) պարզ. անց. ձեւ *dared*.

dusk (*տըսք*) մթնշաղ. կիսամութ. աղջամուղջ. մթնցնել. մթին. սեւորակ. *a dusky skin* մութ գոյն մորթ.

dust (*տասթ*) փոշի. աճիւն. հող. գերեզման. յուզում. փոշոտել. մաքրել (խոզանակելով, աւելելով). փոշիի վերածել. *to bite the dust* մեռնիլ. վիրաւորուիլ. *throw — in his eyes* խաբել. *shake the — off one's feet* զայրանալով հեռանալ. *to raise a —* յուզում պատճառել. *to lick the —* ստորնաքարշ դառնալ. *in — and ashes* խոնարհ զղջում ցուցաբերելով. *— with sugar* շաքարով օծել. *— a room* սենեակի մը փոշին առնել. *— bin* աղբաման. *— brush* խոզանակ. *—er* փետուրէ աւել. *—man* աղբահաւաք. *— -storm* աւազամրրիկ. *not so —* բաւականին լաւ.

Dutch (*տաչ*) հոլանտացի, հոլանտերէն, հոլանտական. *High —* գերմաներէն. *Low —* հոլանտերէն. *— treat* հոլանտական խնճոյք (ուր ամէն անձ ծախսի իր բաժինը կը վճարէ). *— uncle* անկողմնակալ քննադատ.

duteous (*տիու'թիըս*), *dutiful* (*տիու'թիֆուլ*) հնազանդ. պարտաճանաչ.

duty (*տիութ'ի*) պարտականութիւն. յարգանք. ծառայութիւն. տուրք. մաքսատուրք. *to do — for* մէկուն տեղ իր աշխատանքը կատարել. մաքսատուրք վճարել (ապրանքը ստանձնելէ առաջ). *dutiable (goods)* (ապրանք) որուն մաքսատուրք պէտք է վճարել. *export duty* արտածումի տուրք. *excise —* տեղական արտադրութեան տուրք. *customs —* մաքսատուրք. *to be on —* պաշտօնի վրայ ըլլալ.

D. V. (*տի. վի.*) (Deo Volente) (*տ'իօ վօլ'էն-*

թի) կամօքն Աստուծոյ, եթէ Տէրը կամենայ (Լատիներէն).

dwarf (*տուորֆ*) թզուկ. գաճաճ. գաճաճ դարձընել. գաճաճ դառնալ.

dwell (*տուէլ*) տեղ մը բընակիլ. կառչիլ. բնակում. յապաղում. *to — in* բնակիլ. կենալ. *to — upon (on)* կանգ առնել. երկարել (խօսքը, գրըուածքը). *—ing* տուն. *dwelt, dwell*–ի պարզ անցեալը.

dwindle (*տուինտըլ*) աւելի եւ աւելի նուազիլ. սպառիլ. պակսեցնել.

dye (*տայ*) գունաւորել. ներկել (հագուստ). ներկ. *of the deepest —* ամենէն գէշ տեսակի. *dyeing* ներկարարութիւն.

dying (*տայ'ինկ*) մահամերձ. մեռնող. մեռնիլը. *never - — fame* անմահ համբաւ. *— breath* վերջին շունչ.

dyke (*տայք*) թումբ. քարէ պատ. խրամ.

dynamic (*տայնէմ'իք*) ուժական. զօրութենութիւն. ուժեղ ներգործիչ ուներցող անձ. *dynamism* ուժականութիւն.

dynamite (*տայ'նէմայթ*) ուժանակ. ուժեղ պայթուցիկ (ժայռերը քայքայելու).

dynamo (*տայ'նէմօ*) դինամօ. ելեկտրական ոյժ արտադրող մեքենայ.

dynasty (*տայ'նէսթի*) գահատոհմ. հարստութիւն. գահատոհմի տիրապետութեան ժամանակաշրջան.

dysentery (*տիս'զէնթէրի*) թանչ. թանչախտ (աղիքային հիւանդութիւն).

dyslalia (*տիսլէյ'լիը*) դըժուրախօսութիւն.

dyspepsia (*տիսփէփ'սիը*) դժուարամարսութիւն.

dysthymia (*տիսթհայ'միը*) թախիծ. վհատութիւն.

dysuria (*տիսիու'րիը*) միզարգելութիւն.

dy'vour (*տիվ'ուր*) սնանկացած.

E

E, e (*ի՛*) անգլերէն լեզուի հինգերորդ տառը եւ երկրորդ ձայնաւորը·

E.N.I.A.C. (*էն'իԱՔ*) Electronic Numerical Integrator and Computor մաթեմաթիքական խնդիրներ լուծող մեքենայ մը·

each (*իյչ*) իւրաքանչիւրը, ամէն·

each other իրարու (երկու անձ)·

eager (*ի'կըր*) անձկալից· ջերմ· փափաքով վառուած·

eagle (*ի'կլ*) արծիւ· արծաթադրամ· արծիւի նշանով դրօշ (Ամերիկեան)· *eagle-eyed* սրատես (արծուի պէս)· *the Eagle* աստղանաւորդները լուսին իջեցնող ամերիկեան առաջին խցիկը·

eaglet (*իյկ'լէթ*) արծուիկ·

ear (*իյր*) ականջ· լսողութիւն· ուշադրութիւն· հասկ· *an — for music* երաժշտութեան ականջ ունենալ· *give — to* լսել· *he was all —s* ամբողջովին ականջ կտրած էր, ըսուածէն բան մը չէր ուզեր փախցնել· *set people by the —* կռիւի մը պատճառ դառնալ· *about the —s* մօտը· քիթին տակ· *by the —s* հաւասարապէս· իրարու մօտ· *over head and —s* ամբողջապէս· *to turn a deaf —* ականջ չկախել· չլսել ձեւացնել· *he boxed my —s* զիս ապտակեց· *up to the —s* խորասուզուած (բանի մը մէջ)· *— drum* ականջի թմբուկ· *ear-ring* օղ· ականջօղ·

earl (*ըրլ*) կոմս (ազնուականի տիտղոս, իշխանէն 3 աստիճան վար)·

early (*ըր'լի*) կանուխ· նախկին· շուտով· *an — bird* շատ կանուխ արթնցող մարդ·

earmark (*իյր'մարք*) կենդանիներու (ոչխար, խոզ եւ այլն) ականջին վրայ նշան՝ զանոնք զատորոշելու համար· *to earmark* որոշ նպատակի մը համար մէկ կողմ դնել (օրինակ դրամ)·

earn (*ըրն*) շահիլ· իբր աշխատավարձք ստանալ· արժանի ըլլալ·

earnest (*ըրն'էսթ*) անձկալից եւ լուրջ. անկեղծ. *I am in* — ըսածս շատ ճիշդ է. — *money* երաշխիք. գրաւ.

earshot (*իյր'շաթ*) ձայնահաս. *within* — այնքան մօտ որ կարելի է լսել.

earth (*ըրթհ*) աշխարհ. գետին. հող. երկրագունդ. ճիւթ. հողով ծածկել. պահուըստիլ. *how on —?* ի՞նչ կարելիութեամբ (բան մը կարելի է ընել). *to move heaven and* — ամէն ինչ ընել նպատակին հասնելու համար. *come back to* — իրողութեանց վերադարձիր (երազելէ դադրելով). *to run to* — կենդանի մը իր որջը քշել. երկար փնտռտուքէ ետք բան մը երեւան հանել. —*-wire* ելեկտրականութիւնը ռատիոյէն (եւ այլն) հողին առաջնորդող թել.

earthbound (*ըրթհ'պաունտ*) աշխարհային. հանոյասէր. հողին կապուած.

earthen (*ըրթհ'ըն*) հողային. հողէ շինուած.

earthenware (*ըրթհ'ընուէր*) կաւեղէն աման. հողէ շինուած աման. խեցեղէն.

earth-fall (*ըրթհ'ֆո՝լ*) քաղաքական անկում. հողի սահանք.

earth-house (—' *հաուզ*) նախապատմական շրջանի սկովտիական ընդյատակեայ բնակարան.

earth lead (—' *լի'տ*) հողին կապել ելեկտրական հոսանքի շրջանը ապահովելու համար.

earthquake (*ըրթհ'քուէյք*) երկրաշարժ.

earthworm (*ըրթհ'ուըրմ*) գետնի որդ. հասարակ մարդ. կծծի.

earthwig (*ըրթհ'ուիկ*) տերեւակեր միջատ մը.ականջամուտ. խորհուրդտուող (գաղտնի). փսփըսալ (ականջին).

ease (*ի'զ*) հանգստութիւն. հոգազերծութիւն. հանգըստաւէտութիւն. գեղեցկութիւն (ոճի). դիւրին. ամոքել (ցաւերը). դիւրացնել. *to — a ship* առագաստները կարգի բերել. *to — off* չուանները թուլցնել. *to — the pain* ցաւը ամոքել. *to — a coat* բաճկոնը մեծցընել. *to stand at* — հանգիստ կենալ. *ill at* — մտահոգուած. *at* — խաղաղ. *with* — դիւրութեամբ. *to — up* թափը կտրել. *easy-chair* բազկաթոռ. *easily* դիւրութեամբ.

easel (*ի'զըլ*) շրջանակ պատկերին շուրջ՝ գծագրութեան պահուն. նկարակալ.

east (*իյսթ*) արեւելք. արեւելեան. արեւելեան կողմը դառնալ. *the Middle East* Միջին Արեւելք. *the Near East* Մերձաւոր Արեւելք. *the Far East* Ծայրագոյն Արեւելք.

Easter (իյս'թըր) Զատիկ· — *egg* կարմիր հաւկիթ· — -*eve* խթում·

Eastern (իյս'թըրն) արեւելեան, արեւելքցի· — *Churches* Արեւելեան Ուղղափառ եկեղեցիներ (յունական, հայաստանեայց, ղպտի, հաբէշ, ասորի, եւն·)· — *Empire* Բիւզանդական կայսրութիւն· *Eastertide* Զատիկէն մինչեւ Համբարձում իենող ժամանակամիջոցը·

easting երկու միջօրէականներու միջեւ եղած հեռաւորութիւնը·

eastward դէպի արեւելք·

easy (ի'զի) դիւրին· հանգիստ· յօժար· թեթեւ· համարձակ· *easy! easy!* կամաց կամաց (քալէ)· *an easy going person* ինքզինք կամ ուրիշները նեղը չձգող անձ· — *money* դիւրաւ շահուած դրամ· *easy come, easy go* դիւրաւ շահուած դրամը շուտով կը ծախսուի· *he lives on — street* բարեկեցիկ կեանք մը կը վարէ· *take it —* մի' նեղանար, հանդարտօրէն մօտեցիր հարցին· *easy-chair* խոշոր թիկնաթոռ·

eat (ի'թ) (ate, eaten) ուտել· սպառել· վատնել· սնանիլ· ուղին գտնել· *eat one's word* խօսքը ետ առնել· — *one's heart out* շատ տխուր ըլլալ· *eating its head off (of a horse)* (ձին) աւելի կ'ուտէ քան աշխատանքով բերած հասոյթը· *the acid is eating away the metal* թթուն կը փճացնէ մետաղը· *eat into* մասամբ փճացնել· *eaten up with pride* շատ հպարտ եւ հակակրելի· *eat up* ուտել վերջացնել· *eatables* ուտելիք· *eating-house* ճաշարան·

eats (իյթս) ուտելիք· որդ· թրթուր·

eau de Cologne (օ տը քօլօն'եը) կոլոնիական ջուր· անուշահոտութիւն· *eau de vie* օղի·

eaves (ի'վզ) պատէն դուրս ցցուած տանիքի ծայրը· քիւ· ղարաւանդք· — -*drop* գաղտնի խօսակցութիւն մը մտիկ ընել· — -*dropper* գաղտնի խօսակցութիւն մը մտիկ ընող·

ebb (էպ) ետ քաշուիլ· կամաց կամաց ցածնալ· *ebb-tide* տեղատուութիւն (ծովու)· — *and flow* տեղատուութիւն եւ մակընթացութիւն·

E-Boat (ի' պօ'թ) փոքր թորփիլանաւ Բ· աշխարհամարտին գերմաններու կողմէ գործածուած·

ebenezer (էպընի'զըր) պաշտամունքի վայր· յիշատակի քար·

ebony (էպ'ընի) շատ տոկուն եւ ծանր փայտ· Եբենոսի փայտ· *ebon* Եբենոսի պէս· շատ սեւ· *ebonite* շատ կարծր քար, եբենաքար·

ebullient (*իպըլ'իընթ*) ուժգնօրէն եռացող. բորբոքուն. շատ խանդավառ. *ebullience, ebullition* եռացում. պոռթկում.

ecaudate (*իքո'թէյթ*) պոչատ.

eccaleobion (*էք'էլիօ'պիօն*) արուեստ. թխսում.

Ecce Homo (*էք'սի հոմ'օ*) փշեպսակ (որով Քրիստոս նկարներու մէջ կ'երեւի).

eccentric (*էքսէն'թրիք*) արտակեդրոն (շրջանակ). արտասովոր (վարուելակերպ). արտարնական (անձ), խենթութեան մօտեցող.

ecclesiastic (*էք'լիզիէս'թիք*) եկեղեցապատկան. եկեղեցւոյ մէջ աշխատող. եկեղեցական.

echelon (*էշ'ըլօն, էշ'ըլան*) զինուորները աստիճաններու համաձայն շարել շարք շարք. աստիճանաշարում.

echidna (*էքիտ'նէ*) անասուն ոզնի.

Echmiadzin, Etchmiadzin (*էջմիածին'*) էջմիածին՝ Ամենայն Հայոց Կաթողիկոսութեան Մայր Աթոռ. էջմիածնի Տաճարը (կառուցուած 303ին, Գրիգոր Լուսաւորիչի նախաձեռնութեամբ).

echo (*էք'օ*) արձագանգ. արձագանգել. *he is an — of his master* իր վարպետին բառերը կը կրկնէ միշտ.

echolalia (*էքօլէյ'լիը*) հարցում մը կրկնել բառ առ բառ. բառերու աննպատակ գործածութիւն.

éclair (*էքլ'էր*) մատի ձեւով կարկանդակ մը ուր քրէմ լեցուած կ'ըլլայ. փայլակ.

eclaircissement (*էքլէրսիսմ'ըման*) լուսաբանութիւն.

eclat (*էքլա'*) շքեղութիւն. մեծ յաջողութիւն. փառք.

eclectic (*էքլէք'թիք*) միակ կարծիքի մը չհետեւող, այլ զանազան գաղափարներ որոնող. ընտրողական. *—ism* ընտրաբանութիւն.

eclipse (*էքլիփս'*) խաւարում (արեւի կամ լուսինի). ծածկել. խաւարել. *she is quite eclipsed by her sister* իր քրոջմէն շատ աւելի նուազ գեղեցիկ (զուարճասէր, խելացի) է.

eclipsis (*էքլիփ'սիս*) նըւազում.

eclogite (*էք'լոճայթ*) տեսակ մը զմրուխտ (բաց կանաչ).

eclogue (*էք'լակ, էք'լոկ*) հովուերգութիւն.

ecology (*իքօլ'ոճի, իքալ'ոճի*) օրկանական (կենդանական) մարմիններու ուսումնասիրութիւնը իրենց շրջապատի հետ փոխյարաբերութեամբ.

ecomania (*իքոմէյն'իը*) տոփանքի պահ.

economic (*իքոնոմ'իք*) տնտեսական. խնայողական. *economics* տնտեսագիտութիւն. քաղաքկան տնտեսագիտութիւն· *economical* խնայողական· տնտեսական· — *geography* տնտեսական աշխարհագրութիւն· — *penetration* տնտեսական թափանցում· *economist* տնտեսագէտ· *economize* տնտեսել· մատակարարել· խնայել·

economy (իքոն'ըմի) տընտեսութիւն· խնայողութիւն· տնտեսագիտութիւն· *political* — քաղաքական տնտեսագիտութիւն·

ecstasy (էք'սթըսի) զգացական ուժեղ դրութիւն· երջանկութեան խոր ըզգայութիւն· սքանչացում· յիմարացում· ապուշութեան վիճակ (բըժըշկական)·

ectasis (էք'թէսիս) երկարում (ձայնաւորի կամ վանկի)·

ectroma (էքթ'րոմը) վիժում·

Ecumenical (էքիւմէն'իքըլ) ընդհանրական· տիեզերական (կրօնական իմաստով)· — *Bishop* Տիեզերական Եպիսկոպոս, Քահանայապետ· — *Council* Ընդհանրական ժողով· — *Patriarch* Տիեզերական Պատրիարք·

ecurie (էք'իւրի) ախոռ·

eczema (էք'զիմը) մորթային հիւանդութիւն մըմալաքոր· եռք·

eddy (էտ'ի) ջրապտոյտ· սիքլոն· պտուտկել·

edelweiss (էյ'տըլվայս) Ալպեան լեռներու յատուկ ձիւնածաղիկ·

Eden (ի'տըն) եդեմ· դըրախտ· —*ic* եդեմական, դրախտային·

edge (էճ) ծայր· շեղբ (դանակի)· եզերք· սըրութիւն· սրել· գրգռել· կամաց կամաց յառաջանալ· *put an — on* սըրցնել· *to be — on* շատ շուտով գրգռուիլ· *it set my teeth on —* շատ սուր ձայն ունէր· շատ թթու համ ունէր· *to set one's nerves on —* գայրացնել· *to — off (away)* հեռանալ· *to — out* ըզգուշանալով հեռանալ· *to — down* մօտը գալ· *can't get a word in edge - ways* խօսելու առիթ չունի·

edible (էտ'իպլ) որ կարելի է ուտել· — *crab* ուտուելիք խեչափառ·

edict (ի'տիքթ) հրաման (թագաւորական կամ կառավարական)· հրովարտակ· հրամանագիր·

edifice (էտ'իֆիս) շէնք· ապարանք·

edify (էտ'իֆայ) զարգանալ· յառաջդիմել· ուսուցանել (լաւ գիտելիքներ)· բարի օրինակ ծառայել· շինել·

edit (էտ'իթ) խմբագրել· շարադրել· զեղչել, փոխել· —*ion* հրատարակութիւն (թերթի, գիրքի)· տպագրութիւն· —*ion de luxe* շքեղ հրատարակութիւն· —*or* խմբագիր· —*or in chief* գլխաւոր խմբագիր, խմբագրապետ· *an — -orial* խմբագրական· առաջնորդող (յօդուած)· *—orship* խմբագրութիւն· հրատարակչութիւն·

educate (էտ'իուքէյթ) դաստիարակել· կրթել· սորվեցնել· *education* կրթութիւն· *—al* կրթական· *educative* դաստիարակիչ· *educator* դաստիարակ· ուսուցիչ·

educe (իտիուս') բացայայտել· ի յայտ բերել (տաղանդ, ներքին ոյժ)· որոշ իրողութիւններէ դատում մը կազմել·

Edwardian (էտուարտ'իըն) Եդուարդեան· Եդուարդ *VII*ի (1901–1910) իշխանութեան շրջանին վերաբերեալ·

eel (ի'լ) օձաձուկ (Ա. Մ. Ն.)·

e'en (ին) տես *even* (նոյնիսկ, եթէ)·

e'er (էյր) տես *ever* (երբեք)·

eerie, eery (էյ'ր'ի, ի'ր'ի) ահաւոր եւ տարօրինակ·

efface (էֆէյս') ջնջել, աւրել (գրութիւն)· մտահան ընել· *to — the memory of* մոռցնել յիշատակը·

effect (էֆէքթ') արդիւնք (պատճառի մը)· գործ· ներգործութիւն· ազդեցութիւն· իրականութիւն· ներգործել· պատճառ հանդիսանալ· իրականացնել· *to talk to —* տպաւորութիւն գործելու համար խօսիլ· *to carry into —* իրականացնել· *to this —* առ այս· *to that —* այդ մտքով· *take —* ազդել· իրականանալ· *of no —* ի զուր տեղը· *to give — to* կենսագործել· *effective* ազդու· պիտանի· *effectual* ազդու· ներգործող· կարող·

effeminate (էֆէմ'ինէյթ) կանացի· կնոջ պէս (ոչ այր մարդու պէս)· թոյլ· վախկոտ· հեշտասէր· մեղկանալ (մեղկացնել)· կնոջ պէս վարուիլ·

effendi (էֆէն'տի) Թուրքիոյ եւ Եգիպտոսի մէջ կառավարական պաշտօնատարին տրուած տիտղոս· քաղաքավար դիմում երիտասարդի մը (նոյն երկիրներուն մէջ)· էֆէնտի· տիար·

efferent (էֆ'ըրընթ) հեռացնել, դուրս մղել (միտքէն, ուղեղէն)· վըտարական·

effervesce (էֆըրվէս') պղպջակներ արձակել· եռալ· զուարթ տրամադրութեան մէջ ըլլալ· բորբոքիլ·

effete (էֆիթ') մաշած· անպէտ· ամուլ· պառաւած·

efficacious (էֆիքէյ'շըս) ուզած արդիւնքը ձեռք ձգելու ատակ· արդիւնաւէտ· զօրաւոր· *efficacy* ազդուութիւն·

efficient (էֆիշ'ընթ) ատակ· կարող· ուզածը ընելու կարող· *efficiency* (էֆիշ'ընսի) ատակութիւն· ուզած արդիւնքը ձեռք ձգելու կարողութիւն·

effigy (էֆ'իճի) անձի մը պատկերը փորագրուած քարի կամ փայտի վրայ· անձի մը նկարը (իւղանկար)· *to be burnt in effigy* մէկուն պատկերը խարոյկի մատնել (ի նշան զայրոյթի)·

effloresce (էֆլորէս') ծաղկիլ· բորբոս կապել· ժանգոտիլ·

effluent (էֆ'լուընթ) արտածորուն· մէջէն հոսում·

effluvium (էֆլուվ'իըմ) անհաճոյ հոտ· արտաշընչում· գոլորշի·

effort (էֆ'ըրթ) ջանք· ճիգ· արդիւնք· *it was a great — to* դժուար էր· *it was a good —* լաւ կատարուած էր· *to exert (use) every —* ամէն ջանք կատարել·

effrontery (էֆրընթ'ըրի) անամօթութիւն· լրբութիւն·

effulgence (էֆըլ'ճընս) պայծառութիւն· ուժեղ փայլք·

effusion (էֆիու'ժըն) դուրս հոսիլը· դուրս հոսեցնելը· պոռթկում·

effusive (էֆիու'սիվ) զգացումի. ազատ արտայայտում· առատօրէն հոսող· առատահոսութիւն·

e. g. (ի ճի) *exemple gratia* (էկզ'էմփըլ կր'աշիը) օրինակի համար (Լատ·)·

egal (ի'կըլ) հաւասար·

egalitarian (իկէլիթէր'իըն) անձ որ կը խորհի ամէն մարդ իրարու հաւասար պէտք է ըլլայ· հաւասարապաշտ·

egestion (իճէ'սչըն) մարսուած նիւթերու արտաթափութիւն·

egg (էկ) հաւկիթ· սաղմ· ձու· *he is a bad egg* չարագործ մըն է· *to teach one's grand mother to suck eggs* սորվեցնել մէկուն՝ որ սորվեցնողէն աւելի գիտէ· *put all one's — in one basket* բոլոր ունեցուածքը մէկ անգամէն նժարի մէջ դնել· ընկերովի ձեռնարկի մը մէջ ամբողջ հարստութիւնը դնելով զայն վտանգել· *bad —* ձախորդութիւն· *nest —* միշտ բոյնին մէջ պահուող հաւկիթ· բունկալ· *to — on* ստիպել· մղել· սիրտ տալ· *yolk (white) of an egg* հաւկիթի մը դեղնուց (սպիտակուց)·

egg-nog (էկ-նոկ, էկ-նակ) հաւկիթի խմիչք ջուրի եւ գինիի հետ խառնուած·

eglantine (էկ'լընթայն) վայրի վարդի մացառուտ·

ego (է'կօ, ի'կօ) եսը· անձնականութիւն· եսասիրութիւն· *—ism* անձնասիրութիւն· *—ist* անձնասէր· եսամոլ· *egocentric* եսակեդրոն· եսասէր·

egotism (է'կոթիզմ) ինքզինք հաւնիլը· անձնագովութիւն· *—tist* անձը հաւնող· անձնագով·

egregious (իկրի'ճիըս) տարօրինակ· արտառոց· վատ համբաւի տէր· *an*

— *ass* այլանդակ կերպով խենդ անձ.

egress (*իկ'րէս*) մեկնում. ելքի ճամբայ. *egression* մեկնում.

egret (*ի'կրէթ*) ճերմակ թռչուն մը երկար ճերմակ պոչով եւ ետեւի փետուրներով. կաչաղակ (ճերմակ). քիստ.

egriot (*ի'կրիօթ*) բալ. բալենի.

Egypt (*իճ'իփթ*) Եգիպտոս. *(U.A.R. United Arab Republic* Միացեալ Արաբական Հանրապետութիւն). *Lower (Upper) Egypt* Ստորին (վերին) Եգիպտոս. *—ian* (*իճիփ'շըն*) եգիպտական. եգիպտացի. — *wheat* եգիպտացորեն.

Egyptology (*իճիփթօլ'օճի*) եգիպտաբանութիւն.

eider (*այ'տըր*) խոշոր՝ սեւ եւ ճերմակ գոյնով եւ կուրծքին վրայ փափուկ փետուրներով բադ. հիւսիսաբադ. *—down* հաստ վերմակ՝ հիւսիսաբադի նուրբ փետուրներով լեցուած. փետրավերմակ.

eidograph (*այ'տըկրաֆ*) գործիք մը որով մեքենական կերպով գծագրութիւն մը կ'ընդօրինակուի. պատկերագիծ.

eidolon (*այտօ'լըն*) պատկեր. ուրուական.

eight (*էյթ*) ութ. *—een* 18. *—eenth* 18րդ. *eightfold* ութնապատիկ. *eighty* 80.

Eisteddfod (*էյսթէտ'վըտ*) Կալլէսեան երգիչներու եւ բանաստեղծներու ժողով.

either (*այ'տհըր, ի'տհըր*) մէկը կամ երկուքէն մէկը. այս կամ այն. *he will not go, and I shall not either* ան պիտի չերթայ, նոյնպէս՝ ես.

ejaculate (*իճէք'իուլէյթ*) ճչալ (յանկարծօրէն). ժայթքեցնել (հեղուկ). ժայթքիլ. *ejaculation* ժայթքում. մաղթանք. երկիւղած աղօթք.

eject (*իճէքթ'*) վռնտել. պարպել. (*ի'ճէքթ*) ապրող (առարկայ).

eke (*իք*) (out) խնայողութեամբ գործածել. աճեցնել. նաեւ (հին գիրքերու մէջ).

elaborate (*իլէպ'օրէյթ*) մեծ հոգատարութեամբ պատրաստել (տրուած ըլլալով որ շատ դըժուար մասեր ունի), օր. *an elaborate machine.* ընտիր, ճարտար.

elan (*էլան'*) մղում (դէպի առաջ). անձկութիւն. խանդ.

eland (*ի'լէնտ*) հարաւ ափրիկեան հսկայ եղջերու. ոմզդական եղջերու.

elapse (*իլէփս'*) *(of time)* ժամանակի սահիլը. անցնիլ.

elastic (*իլէս'թիկ*) առաձգական. *a piece of —* մետաքսով կամ բամպակով պատուած ձգախէժ. *an — rule* աննայուն իշխանութիւն. ճկուն իշխանութիւն.

elated (*իլէյթ'տ*) հրճուալից.

elbow (էլ'պօ) արմունկ· անկիւնածել· արմունկով հրել· հեռացնել· անկիւն գոյացնել· *out at —s* գէշ հագուած, աղքատի երեւոյթով· *to — one's way through a crowd* հրելով յառաջանալ ամբոխին մէջէն· *— -grease* չարաչար աշխատանք· *to have — -room* բաւարար տեղ ունենալ· *at the —* ձեռքի տակ· *jog the —* յիշեցնել· *up to the —* աշխատանքով ծանրաբեռնուած· *— -chair* բազկաթոռ·

elder (էլ'տըր) old*ի* (մեծ) բաղդատականը· աւելի մեծ, տարիքոտ· նախահայր· երէց (տարիներու փորձառութիւն ունեցող քահանայ)·

El-Dorado, Eldorado (էլտորա'տօ) երեւակայական երկիր (քաղաք) ուր մեծ քանակութեամբ ոսկի դիզուած է·

elect (իլէքթ') ընտրել (խորհրդարանի, կառավարութեան անդամ)· որոշել· *—ed* ընտրեալ· *headmaster —* ընտրեալ տնօրէն (սակայն տակաւին պաշտօնի չսկսած)· *he —ed to stay* որոշեց մնալ· *the elect* ընտրեալները (Աստուծմէ)· *—ion* ընտրութիւն· քուէարկութիւն· *by-election* մասնակի ընտրութիւն· *general- —* ընդհանուր ընտրութիւն· *elector* ընտրող· քուէարկող· կայսրընտիր· *electoral* ընտրողական· *electorate* ընտրող· ընտրելու իրաւունք ունեցող մարմին·

electric, electrical (էլէք'թրիք, էլէք'թրիքըլ) ելեկտրական· ելեկտրիկի (անհաղորդիչ՝ ապակի, ռետին, սաթ, եւայլն)· *electric chair* ելեկտրական աթոռ (մահապատիժի, Ա·Մ·Ն·)· *electrician* ելեկտրագէտ· *electrify* ելեկտրականացնել· մեծապէս զարմացնել· *electricity* ելեկտրականութիւն·

electro- (իլէկ'թրօ -) ելեկտրա -·

electrocute (իլէկ'թրօքիութ) ելեկտրասայր· ելեկտրականութեամբ ըսպաննել· *electro-plate* (էլէկ'թրօ-փլէյթ) ելեկտրականութեան շնորհիւ մետաղէ կեղեւ մը դնել ուրիշ մետաղի մը վրայ·

electrolyze (իլէկ'թրոլայզ) քիմիական գոյացութիւններ քականել ելեկտրականութեան շնորհիւ· ելեկտրալուծել·

electromagnet (իլէք'թրոմէկ'նէթ) ելեկտրամագնիս· *—ic* ելեկտրամագնիսական·

electron (էլէք'թրոն) նախապէս կը կարծուէր որ նիւթի ամենէն փոքր բաժանելի մասնիկը ատոմն է· բայց աւելի ետք գիտութիւնը փաստեց թէ ատոմը եւս բաղկացած է էլեկտրոններէ (փոքր մասնիկներ ժխտական ելեկտրականութեան որ կը արժին արագօրէն փրոթոնի՝ դրական ելեկտրրականութեան փոքր մասնիկի մը շուրջ).

electronics (էլէքթրօն'իքս) ուսումնասիրութիւնը գործիքներու ուր էլէքթրոնները կը շարժին (ինչպէս հեռատեսիլ, հեռուստատեսիլ, ռատար).

electropathy (իլէքթրօփ'էթհի) ելեկտրական բուժում. *electrotherapeutics* (իլէքթրօթհէրէփիու'թիքս) ելեկտրական բժշկութիւն.

electrotype (էլէք'թրօթայփ) ելեկտրատիպ.

electrotypograph (–'թիփօկրէֆ) ելեկտրական տպագրական մեքենայ.

eleemosynary (էլ'իմազ'իների) ձրիագործութիւն. ցուցաբերուած ազնիւ ըզգացում. բարեգործութիւն. գթասիրական, ողորմական օգնութիւն.

elegant (էլ'էկընթ) *(person)* վայելուչ (անձ). շքեղ, կոկիկ եւ գեղեցիկ (առարկայ).

elegy (էլ'էճի) եղերերգութիւն. մահերգութիւն (երգ կամ բանաստեղծութիւն). *elegiac* (էլիճա'յէք) մահերգական. եղերերգական.

element (էլ'իմընթ) նիւթ, տարր. առաջին սկզբունք կամ օրէնք. հիմնական կէտ. գոյացութիւն որ երկու կամ աւելի գոյացութեանց չի կրնար բաժնուիլ (քիմ.). դիմադրական թել ելեկտրական տաքուցիչի. *the four elements: earth, air, fire, water* չորս նիւթերը՝ հող, օդ, կրակ, ջուր. *to learn the elements of a subject* նիւթի մը ամենապարզ տըւեալները սորվիլ. *an element of truth* քիչ մը ճշմարտութիւն. *elements* (էլ'իմընթս) հաց եւ գինի (վերջին ընթրիքի ընթացքին Յիսուսի կողմէ գործածուած). տարերք. նախագիտելիք. *the consecrated elements* հաղորդութիւն (հաց եւ գինի).

elemental, elementary (էլիմէն'թըլ, էլիմէն'թըրի) նախնական, նախակրթարան. *elementary school* նախակրթարան.

elephant (էլ'իֆընթ) փիղ. *— leg* սրունքի ուռեցք. *— mouse* մկնաքիս. *— paper* խոշոր թուղթի թերթ (23×28 ինչ). *— shark* շանաձուկ (մեծ). *— thorn* փղափուշ. *white —* օգուտ չունեցող (անգործածելի) ըստացուածք բան մը՝ որմէ սիրով պիտի փափաքէինք ձերբազատուիլ.

elephantiasis (էլիֆընթայ'էսիս) հիւանդութիւն մը որ մարմնի մը մէկ մասին վրայ (յատկապէս սրունքներուն) անբնական մեծ ուռեցք կը յառաջացնէ. ելիփանդական բորոտութիւն. *elephantine* (էլըֆըն'թին) հսկայ.

elevate (էլ'իվէյթ) բարձրբացնել (վարկը, ստիճանը)· ոգեւորել· տընկել· —*d* վեհ· բարձր· ոգեւորուած· —*tion* վերեմութիւն· բարձրացում· բլուր· շէնքի մը մէկ կողմը միայն ցոյց տուող յատակագիծ· —*tor* վերելակ· վեր բարձրացող մեքենայ· *a grain —tor* նաւուն մէջ ցորեն, եւ այլն բեռցող (կամ բեռը վար առնող մեքենայ)·

eleven (*իլէ'վըն*) տասնըմէկ· —*ses* (*իլէվ'ընզիզ*) ժամը 11ին (կ. ա.) բանուորներու առած թեթեւ նաշ կամ թէյ, սուրճ, եւ այլն· —*th* տասնըմէկերորդ· *the eleventh hour* մետասաներորդ ժամը·

elf (*էլֆ*) ոգի· պարիկ (պզտիկ)· թզնկել· —*child* մանուկ· — *fire* երեւակայական կրակ· ատուպ· —*in* (*էլֆ'ին*) պարիկական· չարաճճի· թզուկ, —*-lock* թընճկած մազ·

elicit (*էլիս'իթ*) դուրս քաշել· յայտնաբերել (միտքի կայլակներ)· —*ation* լոյսին բերելը· հրաւէր·

elide (*իլայտ'*) վանկ մը կամ ձայն մը դուրս ձըգել· կրճատել· յապաւել· օրինակ *he's (= he is), they're (= they are). elision* (*իլի'ժըն*) կրճատում· բաժանում·

eligible (*էլ'իճիպըլ*) ընտրըուելու յարմար· նախընտրելի·

eliminate (*էլիմ'ինէյթ*) դուրս հանել· յապաւել· վտարել· չէզոքացնել· *elimination* վտարում· տարագրութիւն· *we may eliminate the possibility of* այդ մասին՝ իբր կարելիութիւն, պէտք չէ մտածել·

élite (*էլիթ'*) խումբի մը լաւագոյն անձերը· ազնուագոյն մասը·

elixer (*էլիք'սըր*) երեւակայական հեղուկ որ կարող է մետաղը ոսկիի վերածել, կամ կեանքը յաւերժական դարձնել· կենսաջուր· ոգելից ըմպելի·

elk (*էլք*) խոշոր եղջերու՝ լայն եւ տափակ եղջիւրներով· հիւսիսային եղջերու·

ell (*էլ*) 1 կանգուն· 1¹/⁴ եարտա· *give him an inch and he will take an ell* քիչ մը երէ տաս իրեն, աւելին պիտի պահանջէ·

ellipse (*էլիփս'*) ձուածիր· երբ շրջանակ մը կողմնակի դիտես՝ ստացած ձեւը·

ellipsis (*էլիփ'սիս*) զեղչում (բառի, բառերու)· զանցառութիւն·

elm (*էլմ*) կնձնի (մեծ ծառ մը)·

Elmo's Fire (*էլ'մոզ ֆայր*) Ս. Երամոսի (նաւաստիներու պետ) հուրը· կայմի վրայ շողացող լոյս·

elocation (*էլոքէյ'շըն*) տեղէն հանելը· բանի առնելը·

elocution (*իլոքիու՛շըն*) պերճախօսութիւն, վայելչաբանութիւն. արտասանութիւն.

elongate (*իլ՛ոնկէյթ*) երկարել. տարածել.

elope (*իլօփ՛*) տունէն փախչիլ (կնոջ) սիրահարի հետ.

eloquent (*էլ՛ոքուընթ*) պերճախօս. *eloquence* պերճախօսութիւն.

else (*էլս*) ուրիշ. այլ. եթէ ոչ. *no one else* ուրիշ ոչ մէկը. *come or else you will be sorry* եկուր, այլապէս պիտի զղջաս. *elsewhere* ուրիշ այլ տեղ. *elsewise* այլապէս.

elsin (*էլ՛սին*) հերիւն.

elucidate (*իլիու՛սիտէյթ*) պարզաբանել. յստակացնել. *elucidation* լուսաբանութիւն.

elude (*իլիուտ՛*) փախուստ տալ (խաղով մը). խուսափիլ. *elusive, elusory* խուսափողական, փախստական. միտքը դժուար պահելիք (բառ).

elver (*էլ՛վըր*) օձաձուկի ձագ.

elves (*էլվզ*) պարիկներ (եզ. *elf*).

Elysium (*էլի՛զիըմ*) դրախտ (ըստ յոյն դից.) հեշտանքի վայր. *Elysian* Եղիսեան. երանաւէտ.

elytroid (*էլի՛թրոյտ*) թեւկերպ. վահանակերպ.

em —, en — (էմ—, էն— *b, p* եւ յառաջ՝ *m*-էն առաջ) մէջը *to embed* անկողինին մէջ դնել. *to enclose* արգելափակել. *to endear* սիրելի դարձնել.

emaciate (*իմէյ՛շիէյթ*) նիհարցնել. նիհարնալ. ծիւրիլ, հիւծիլ.

emanate (*էմ՛ընէյթ*) յառաջ գալ. բխիլ. ծագիլ.

emancipate (*իմէն՛սիփէյթ*) ազատագրել (ստրուկները). *an —d woman* ընկերային կապանքներէ ազատագրուած կին. *—tion* ազատագրութիւն. *emancipist* ազատ արձակուած դատապարտեալ.

emasculate (*իմէս՛քիուլէյթ*) առնականութենէ զրկել. կրտել. ներքինացնել.

embalm (*էմպա՛մ*) զմռսել (մեռած մարմին մը). անուշահոտութեամբ օծել.

embankment (*իմպէնք՛մընթ*) լայն քարէ պատնէշ պատուար (ջուրը իր հունին մէջ պահելու համար).

embargo (*էմպար՛կօ*) նաւը նաւահանգիստէ արգիլել. գործ մը արգիլող հրաման. *to lay an — upon* նաւուն մեկնումը արգիլել.

embark (*իմպարք՛*) նաւ մտնել. նաւ դնել. նաւու մէջ բեռցնել. սկսիլ. *to — upon an action* գործի մը սկսիլ.

embarrass (*իմպէ՛րըս*) խանգարել. դժուարացնել. խափանել. *—ed* շփոթեցնել· կնճռոտել· ըսելիքին մէջ շուարած· *embarras de richesses* (անպարրա՛ տը րիշէս՛) արժէքաւոր շատ բաներ ունեցող· *—ment* շփոթութիւն· կնճիռ·

embassador (էմպէս՛էտըր) դեսպան·

embassy (էմ՛պըսի) դեսպանատան անձնակազմ· դեսպանութիւն· դեսպանատուն·

embed (իմպէտ՛) տեղաւորել (անկողինի մէջ)· *precious stones embedded in rocks* թանկագին քարեր՝ ժայռերու մէջ տեղաւորուած·

embellish (էմպէլ՛իշ) զարդարել, գեղեցկացնել·

ember (էմ՛պըր) կարմրածվառած փայտի կամ ածուխի կտոր· անթեղ· *—s* կրակամոխիր·

Ember days տարին չորս անգամ պատահող երեքական օր պահեցողութեան շրջան·

embezzle (էմպէզ՛ըլ) որոշ նպատակի մը համար մէկուն քով ի պահ դրուած դրամը անձնական նպատակի համար գործածել· շորթել· գողնալ·

embitter (էմպիթ՛ըր) ատելութիւնը կամ բարկութիւնը աւելի զօրացնել· դառնացնել· *—ed* տխուր եւ նեղացած· դառնացած·

emblazon (իմպլէյ՛զըն) գեղազարդել (վահանը, եւ այլն)·

emblem (էմ՛պլէմ) զինանշան· պետնիշ· նշանակ· *—atical* խորհրդանշական·

embody (**imbody**) (իմպա՛տի) կազմել· ձեւաւորել· միախմբել· *this book imbodies all the rules of...* այս գիրքը կը խմբէ բոլոր կանոնները...

embolism (էմ՛պոլիզմ) փոսորախտ· խափանում արեան երակի· յաւելում նահանջ օրուան·

embonpoint (անպոն՛փուան) գիրութիւն (կիներու)· մէջքը շատ լայն·

emboss (իմպոս՛, իմպաս՛) ուռեցնել· բարձրաքանդակել·

embowel (իմպաու՛ըլ) աղեհատել· փորոտիքը դուրս հանել·

embrace (իմպրէ՛յս) սեղմել (կուրծքին)· ողջագուրել (անձ մը)· օգտագործել (պատեհութիւն մը)· հաւատաւոր ըլլալ (գաղափարի մէջ)· *this book —s many subjects* այս գիրքը շատ գաղափարներ կը պարփակէ·

embrasure (իմպրէ՛յժըր) բերդի որմնածակ ուրկէ բերդի պաշտպանները կարող են կրակել·

embrocation (էմպրոքէյ՛շըն) շփելու համար գործածուող հեղուկ դեղ· ստածում·

embroider (իմպրոյ՛տըր) ասեղնագործուած յար· երեւակայութեամբ հարըստացած (պատմութիւն)· ասեղնագործել· —y ասեղնագործութիւն· ասեղնագործ·

embroil (*իմպրոյլ՛*) խառնել (վէճի, կռիւի մէջ)· խանգարել· շփոթել· —*ment* խառնաշփոթութիւն·

embrute (*իմպրութ՛*) գազան դարձնել· վարկաբեկել·

embryo (*էմ՛պրիօ*) սաղմ· սաղմնային· —*nic* անկատար, կիսկատար·

emend (*իմէնտ՛*) ուղղել· անթերի դարձնել· —*ation* սրբագրում·

emerald (*էմ՛ըրըլտ*) կանաչ թանկագին քար· զմրուխտ· կապոյտ-կանաչ գոյն· գիր (տպագրական)· *the Emerald Isle* Իրլանտա·

emerge (*իմըրճ՛*) դուրս ելլել· յայտնուիլ (անձ)· պարզաբանուիլ (առարկայ)·

emergency (*իմը՛րճընսի*) ստիպողական· նոր կացութեան մը հետեւանքով ստիպողականօրէն գործել· *state of* — ստիպողական վիճակ·

emeritus (*իմէր՛իթըս*) պատուակալ ուսուցչապետ համալսարանի մէջ·

emery (*էմ՛ըրի*) կարծր նիւթ մը հալելով փոշիի պէս փակցուած հաստ թուղթի վրայ· կը ծառայէ փայտ կամ մետաղ հարթելու.. զմռնիտ· *ըրի-փէյփըր*· — *wheel* զմըռնիտէ շինուած անիւ որ կը ծառայէ մկրատ, դանակ, եւ այլն սրցնելու· յղկանիւ·

emetic (*իմէ՛թիք*) փսխեցընող (դեղ)·

emigrate (*էմ՛իկրէյթ*) գաղթել· *emigrant* գաղթական· գաղթող· տարագիր· *emigration* գաղթականութիւն·

eminence (*է՛մինընս*) բարձունք· մեծութիւն· գերազանցութիւն·

eminent (*է՛մինընթ*) հռչակաւոր· բարձրաստիճան· *His Eminence* Նորին Գերազանցութիւն (Կարտինալին դիմելու ժամանակ)· Նորին Վըսեմութիւն·

emir (*էմի՛ր*) իշխան (իսլամական երկիրներու մէջ)· եպարքոս· Մուհամմէտի ընտանիքին պատկանող անդամ·

emissary (*էմ՛իսըրի*) գաղտնի պատուիրակ (գէշ կամ անհանոյ պարտականութեամբ)· լրտես· ջրանցք· *an emissary of the Devil* Սատանային պատուիրակը·

emission ((*իմիշ՛ըն*) հրատարակութիւն· հեռասփռում· արձակում· բխում·

emit (*իմիթ՛*) արձակել (հոտ)· ղրկել· ցաթիլ (արեւը)· *to — paper money* թղթադրամ շըրջաբերութեան հանել· *the sun emits light and heat* արեւը լոյս եւ տաքութիւն կու տայ·

emmet (*է՛մէթ*) տեսակ մը մրջիւն·

emmew, immew (*էմմիու՛, իմմիու՛*) բանտարկել· արգելակել·

emolliate (*իմոլ՛իէյթ*) կակուղցնել· իգականացնել·

emollient (*իմո՛լիընթ*) կակուղցնող· մորթը փափկացնող դեղ·

emolument (*իմոլ՛իումընթ*) շահ· վճարում· ռոճիկ· վարձք·

emotion (*իմո՛շըն*) խորունկ զգացում· յուզում· վրդովմունք· —*al* զգացական· յուզում առթող·

empale (*իմփէյլ՛*) պարըսպապատել· տես նաեւ *impale* ցցահարել·

empanel, impanel (*էմփէն՛ըլ, իմփէն՛ըլ*) երդուեալներու ցանկին մէջ արձանագրուիլ·

emperor (*էմ՛փըրըր*) կայսր· — *purple* մեծ թիթեռ մը· — *moth* կեկրոպամեծ (թեւին վրայ պիսակներ)·

emphasis (*էմ՛ֆըսիս*) զօրաւոր շեշտ (մասնաւոր բառերու տրուած)· ուժգնութիւն· *emphasize* (էմֆըսայզ) զօրաւոր հնչել, շեշտել· *emphasizing pronoun* գոչական դերանուն· *emphatic* զօրաւոր· աչքի զարնող·

empire (*էմ՛փայր*) կայսրութիւն· *celestial* — երկնային կայսրութիւն (Չինաստան)·

empiric, empirical (*էմփիր՛իք, էմփիր՛իքըլ*) փորձառական· փորձառութենէ առաջնորդուած քան թէ գիտական գաղափարներէ· *empiricism* փորձառականութիւն· փորձառական յատկութիւն (փիլսփ·)·

emplace (*իմփլէյս՛*) տեղաւորել· զետեղել· —*ment* տեղաւորում· դիրք· թնդանօթներու համար յատուկ տեղ·

emplane (*իմփլէյն՛*) օդանաւ (նաւ) առնել·

employ (*իմփլոյ՛*) գործածել· աշխատանքային ուժը գործածել (բանուորի մը)· գործ· զբաղում· *employee* (*իմփլոյի՛*) վարձուած պաշտօնեայ· —*er* գործատէր· գործատու· *employment* պաշտօն· գործ·

empoison (*իմփոյ՛զըն*) թունաւորել· դառնացընել (կեանքը)· —*ment* թունաւորում·

emporium (*իմփո՛րիըմ*) առեւտուրի վայր· խոշոր վաճառատուն·

empower (*իմփաու՛ըր*) իրաւասութիւն տալ· իշխանութիւն տալ·

empress (*էմ՛փրէս*) կայսրուհի·

emption (*էմփ՛շըն*) գնում·

empty (*էմփ՛թի*) պարապ· ամայի· տակառ· պարպել· թափել· *on an* — *stomach* անօթի փորով· *to feel* — անօթենալ·

empyrean (*էմփիր՛իըն*) երկինքի ամենէն բարձրը· հրեղէն երկինք· դըրախտ·

emu, emeu (*ի՛միու*) հընդկական ջայլամ·

emulate (*էմ՛իուլէյթ*) մըրցակցիլ· աւելի լաւը ընելու հետամտիլ·

emulsion (*իմալ՛շըն*) իրարու հետ չլուծուող երկու հեղուկներու խառնուրդ (օր· իւղ եւ ջուր)·

en - (*ին –*) մէջը (օր· *encircle* շրջանակի մէջ դնել, շրջապատել)·

en - ընել· *enable* կարող դարձնել· *blacken* սեւցնել· *sharpen* սրցնել·

en - շինուած· *wooden* փայտէ շինուած· փայտեայ·

enact (*ինէքթ՛*) կատարել· օրէնքի մէջ մտցնել, օրէնք անցընել·

enamel (*էնէմ՛ըլ*) ջնարակ· կիտուած (ակռայի)· ջընարակել· շպարել·

enamour (*ինէմ՛ըր*) սիրահարիլ· սիրահար դարձընել· գրաւել· *to be —ed of* սիրահարուած ըլլալ·

encage (*ինգէյճ՛*) վանդակի մէջ փակել·

encamp (*ինքէմփ՛*) բանակել· քէմբ պատրաստել·

encase (*ինքէյս՛*) արկղի մէջ դնել· նիւթի մը մէջ փակել· *—ment* արկղի մէջ դնելը· պատեան·

enceinte (*անսէնթ՛*) յղի (կին)·

enchant (*ինչանթ՛*) կախարդել· մեծապէս գոհացնել· *—ed* կախարդուած· հրաշալի·

en clair (*ան գլէր*) յըստակ· բացայայտ·

enclose (*ինքլոզ՛*) ներփակել (նամակ, եւայլն)· *ed—* ներփակեալ· *enclosure* (*ինքլո՛ժըր*) որմընափակում· շրջափակ· ցանկապատ·

encomium (*ինքո՛միըմ*) ներբող· գովասանք·

encompass (*ինքամ՛փէս*) շրջանակել· շրջապատել· պարփակել· մէջը առնել·

encore (*անքո՛ր*) կրկին· կրկնել տալ· յաւելեալ ծանօթութիւն տալ·

encounter (*ինքաուն՛թըր*) հանդիպիլ (թշնամիին, կամ մեծ դժուարութեան)· ճակատամարտ· հանդիպում· ճակատում· անակնկալ հանդիպում·

encourage (*ինքա՛րէյճ*) քաջալերել· օգնել· դըրդել· *—ment* քաջալերութիւն·

encroach (*ինքրո՛չ*) ուրիշի մը հողին տիրանալ անօրինականօրէն· ոտնձըգութիւն ընել· *the sea is —ing upon the land* ծովը ցամաքին մէջ կը թափանցէ· *— upon a person's time* մէկուն ժամանակը չարաչար գործածել·

encrust (*ին՛քրասթ*) բարակ կեղեւով պատել·

encumber (*ինքամ՛պըր*) արգելակել, խափանել (ճամբան տուփերով, բազմանդամ ընտանիքով· պարտքերով)· *encumbrance* խոչընդոտ, արգելք, արգելակում· պարտք· *wanted, man and wife for house-work, no —* տան մէջ աշխատող այր եւ կին կ'ուզուի՝ առանց գաւա-կի·

encyclical (*էնսայք'լիքըլ*) Տրջաբերական կոնդակ Քահանայապետին կողմէ առաքուած կաթողիկէ բոլոր եկեղեցիներուն·

encyclopaedia (*էնսայքլոփի'տիը*) համայնագիտարան· գիրք, կամ գիրքերու շարք ուր գիտելութեան բոլոր ճիւղերու մասին կ'անդրադարձուի A-Z (Ա-Ֆ) շարքով· *encyclopaedist* Համայնագէտ·

end (*էնտ*) վերջ· աւարտ· վախճան· ծայր· մահ· մեկնակէտ· անկում· աւարտել· մեռցնել· մեռնիլ· կորսուիլ· *at a loose —* ընելիք ոչինչ ունենալ· *to make both —s meet* նիւթական շահով հազիւ թէ ծայրը ծայրին բերել· *at the — of one's tether* ա'լ անկարող ըլլալ աւելի տառապելու· *at one's wit's —* շատ մտահոգ ըլլալ, ինչ ընելը չգիտնալ· *odds and —s* փոքր անարժէք բաներ. *got hold of thewrong — of the stick* ճշմարտութեան հակոտնեայ կարծիք մը ունենալ· *put an — to, make an — of* կեցնել· կործանել· *he is near his —* մեռնելու մօտ է· *the —s justifies the means* նպատակը կ'արդարացնէ միջոցը· *to gain one's —* նպատակին հասնիլ· *— in smoke* ո'չ մէկ արդիւնք ունենալ· *to beat an —* վախճանին հասած ըլլալ· *from — to —* ծայրէ ծայր· *in the —* ի վերջոյ· *on —* շիտակ· յաջորդաբար· *to the —* նպատակով· *to no —* ի զուր տեղը· *to keep one's — up* ընկերային դիրքը պահել· *the —s crowns all* վախճանը գործը յաջողութեամբ կը պսակէ· *— for —* ծայրէ ծայր· *the further —* միւս ծայրը· *to — up with* աւարտել· *never —ing* անվերջանալի· *—pipe* ծորակ·

endanger (*էնտէյն'ճըր*) վտանգել·

endear (*էնտիյ'ր*) սիրցընել· *—ment* խանդաղատանք·

endeavour (*էնտէվ'ըր*) փորձել· ջանք թափել· ճիգ· *to use every —* ամէն կարելիութիւն ի գործ դնել·

endemic, endemical (*էնտէմիք, —ըլ*) endemial (*էնտի'միըլ*) (disease) մասնաւոր ժողովուրդներու եւ վայրերու յատուկ հիւանդութիւն· տեղանարակ·

endive(*էն'տիվ*) կծու բոյս մը որ սալատի համար կը գործածուի· եղերդակ·

endless (*էնտ'լէս*) անվերջանալի· աննպատակ·

endmost (*էնտ'մոսթ*) ամենէն ծայրը գտնուող·

endo- (*էնտօ—*) նախադաս

մասնիկ որ *ներսը, մէջը* կը նշանակէ. *endoblast* (*էնտ'օպլէսթ*) ներաբոյս. *endocarp* (*էնտ'օքարփ*) պտուղի ներքնամաշկ. endocrine (gland) (*ին-տ'օքրայն*) (*կլէնտ'*) ներքնահոս գեղձ. *endogamy* (*ինտ'օկէմի*) ներամուսնութիւն.

endome (*ինտոմ'*) գմբէթը ծածկել.

endorse, indorse (*էն-տորս'*, *ինտորս'*) ետեւը ստորագրել, գրել (ինչպէս փոխգիրին). հաստատել.

endow (*ինտաու'*) օժտել. հարստացնել. տալ. հասոյթ սահմանել. շնորհել.

endue (*ինտիու'*) իշխանութիւն տալ. օժտել. շնորհել.

endure (*ինտիուր'*) տոկալ. համբերութեամբ տանիլ. տեւել. *I can't — him* կ'ատեմ զինք. *will — for ever* պիտի տեւէ յաւիտեան.

enema (*էն'ըմէ*) գրեխ.

enemy (*էն'իմի*) թշնամի. թշնամի երկիր. թշնամի երկրի մը զինեալ ուժերը (նաւատորմիղը). *the old —* սատանան.

energetic (*էնըրճէթ'իք*) գործօն. ուժեղ. կորովի.

energize, —se (*էն'ըրճայզ*) ոյժ, կորով գործածել.

energy (*էն'ըրճի*) ոյժ. ուժականութիւն. զօրութիւն. կորով. *potential —* կարողական զօրութիւն. *kinetic —* շարժական զօրութիւն. *— of rotation* հոլովումի ուժգնութիւն.

enervate (*էնըրվ'էյթ*) տըկարացնել. ուժերը ջլատել. մեղկ դարձնել. ուժէ ինկած. մեղկ.

enfeeble (*էնֆի'պըլ*) տըկարացնել.

enfilade (*էնֆիլէյտ'*) մէկ ուղղութեան վրայ կրակել. ճակատի վրայ կէտ մը որ ամէն կողմէ կարելի է կրակի տակ պահել. ուղիղ գիծով ամբութիւն. ռմբակոծել (երկայնքի վրայ).

enfold (*ինֆոլտ'*) փաթթել (առարկայ մը). ծալքերով ձեւ տալ. *— in one's arms* բազուկներով գրկել.

enforce (*ինֆորս'*) պարտադրել. ստիպել. հնազանդութեան պարտադրել (օրէնքի).

enframe (*ինֆրէյմ'*) շըրջանակի մէջ առնել (պատկերը).

enfranchise (*էնֆրէն'չայզ*) արտօնել կառավարութեան անդամները ընտրելու. ազատ արձակել. ազատութիւն տալ. առանձնաշնորհել. *to — slaves* ստրուկները ազատ արձակել.

engage (*էնկէյճ'*) յանձնառու ըլլալ. երաշխաւորել. գործի առնել. զբաղեցնել. յարձակիլ. նըշանել. նշանուիլ. *engage oneself to* խոստանալ. *Miss Sossi is engaged to Mr. Khoren* Օր. Սօսին եւ Պրն. Խորէնը նշանուած են. *I am —d* ժամադրուած եմ (չեմ կրնար գալ). *to — a room (a seat)* սենեակ մը (աթոռ) վերապահել. *an engaging manner* հաճելի վարուելակերպ. *to — a servant* սպասաւոր մը վարձել. *to — the enemy* ճակատամարտի մէջ մտնել. *an engagement* նշանախօսութիւն. ժամադրութիւն. ճակատամարտ.

engender (*ինճէն'տըր*) արտադրել. ծնիլ. սերմանել. պատճառ դառնալ.

engine (*էն'ճին*) մեքենայ. ոյժ արտադրող մեքենայ. հնարք. մեքենաները ձեռք բերել. *—-driver* մեքենավար.

engineer (*էնճինի'ըր*) ճարտարագէտ – մեքենագէտ. երկրաչափ. շինել. մեքենայութիւն ընել. *—ing* ճարտարագիտութիւն. երկրաչափութիւն. *civil —* քաղաքային երկրաչափութիւն. *electrical (mechanical) —* ելեկտրական (մեքենական) չափագիտութիւն.

England (*ինկ'լընտ*) Անգլիա. *—er* անգլիացի.

English (*ին'կլիշ*) անգլիացի. անգլերէն. *English horn* սրինգ. *old English language* հին Անգլերէն, մինչեւ 1150ին գործածուած անգլերէնը. *Middle English* Միջին անգլերէն. 1150–1500 գործածուած անգլերէն. *Modern English* արդի անգլերէն. 1500էն ի վեր գործածուող անգլերէն. *Basic English* հիմնական անգլերէն (1000 բառերէ վար բառամթերքով՝ օտար ուսանողներու յատուկ անգլերէն լեզու).

engorge (*ինկոր'ճ*) կլլել. լափել. գոցել. *—d with blood* արիւնով լի.

engrain, ingrain (*էնկ'րէյն, ին–*) մութ գոյնով ներկել. մխրճել. *—ed habits* նկարագիր դարձած սովորութիւններ.

engrave (*ինկրէյվ'*) փորագրել (մետաղի, քարի կամ փայտի վրայ). քանդակել. տեսակ մը քլիշէ շինել. *—d* փորագրըուած. *—ment* քանդակ. փորագրութիւն.

engross (*ինկրօս'*) մեծցընել. ստուարացնել. յըստակ գրել. միտքը լեցնել. *—ed in a book* միտքը ամբողջ ընթերցանութեան տուած. *an —ing story* շատ հետաքրքրական պատմութիւն.

engulf (*ինկըլֆ'*) կլլել. *the waves engulfed the ship* ալիքները կլլեցին նաւը.

enhance (*ինհէնս'*) բանի մը արժէքը աւելցնել. աւելի գեղեցկացնել. աւելնալ. բարձրանալ.

enigma (*էնիկ'մը*) դժուար հասկնալի (բան, մարդ). առեղծուածային (մարդ). հանելուկ. *—tic, (—tical)* առեղծուածային.

enjoin (*ինճոյն'*) հրամայել· պատուիրել· արգելք դնել· *to enjoin silence upon* լռութիւն հրամայել·

enjoy (*ինճո'յ*) հրճուիլ· վայելել· *—ment* վայելք· հրճուանք· *to enjoy oneself* երջանիկ ըլլալ· *he enjoys reading poetry* սովորութիւն ունի բանաստեղծութիւն կարդալու·

enlace (*ինլէյս'*) իրարու կապել· թնճկել·

enlair (*անլէր'*) անպաշտպան·

enlarge (*ինլարճ'*) մեծցընել· ընդարձակել· երկար ատեն նոյն նիւթին շուրջ խօսիլ· *—ment* փոքր նկարի մը մեծ օրինակը· ընդարձակում· երկարաբանութիւն·

enlighten (*ինլայթ'ըն*) լուսաբանել· լուսաւորել·

enlist (*ինլիսթ'*) արձանագրել· զինուորագրուիլ· *—ment* զինուորագրութիւն·

enliven (*ինլայվ'ըն*) կենսալից դարձնել· ոգեւորել·

enlock (*ինլօք', ինլաք*) կղպել·

en masse (*ան մաս'*) զանգուածի հետ· խմբովին· ամբողջով·

enmesh (*ինմէշ'*) ուռկանի (թակարդի) մէջ ձգել·

enmity (*էն'միթի*) թշնամութեան զգացում· ատելութիւն· ոխ·

ennoble (*իննօ'պլ*) ազնուացնել· բարձրացնել·

ennui (*աննուի*) տաղտուկ· ձանձրոյթ·

enormity (*ինոր'միթի*) ահագնութիւն· հսկայութիւն· նախճիր· *an—* շատ գէշ արարք մը· *the — of the offence* չարագործութեան բացառիկ գէշութիւնը·

enormous (*ինոր'մըս*) հըսկայ· վիթխարի· այլանդակ·

enough (*ինաֆ'*) ըստ բաւականին· *more than —* պէտք եղածէն աւելի· *oddly —* մէկէն ի մէկ·

en passant (*ան-փասսան'*) անցնելու ժամանակ·

enquire (*ինքուայր'*) տես՝ *inquire* հարցաքննել· քննել·

enrage (*ինրէյճ'*) կատղեցընել· մեծապէս բարկացնել·

enrapture (*ինրէփ'չըր, ինրէփ'չիուր*) բերկրանք պատճառել· յափշտակել (ուշադրութիւնը)·

enravish (*ինրէվ'իշ*) մեծապէս ուրախացնել·

enregiment (*ինրէճ'իմընթ*) զինուորական խումբ կազմել· մարզել (բանակի մէջ)·

enregister (*ինրէճ'իսթըր*) արձանագրութիւն կազմել· զինուորագրել· ապահովագրել·

enrich (*ինրիչ'*) հարստացընել· ճոխացնել· արգաւանդ դարձնել· *—ment* ճոխացում· զարդարանք·

enrobe (*ինրոպ'*) հագուեցընել· զգեստաւորել·

enrol, enroll (*ինրոլ՛*) անունը արձանագրել (ցանկի մը վրայ)· մէկը խումբի մը անդամ դարձընել· *enrollment* արձանագրութիւն·

en route (*ան րութ՛*) ճամբա՛յ ելլենք· ճամբուն վրայ·

ens (*էնս*) ըլլալը, առանց յատկանշումներու· էութիւն· էակ (փիլ·)·

Ensa (*ին՛սը*) բ· Աշխարհամարտի ատեն կազմակերպութիւն, որուն նըպատակն էր զինեալ ուժերը եւ պատերազմի աշխատողները զուարճացընել (*Entertainments National Service Association*).

ensample (*էնսէմ՛փլ*) օրինակ·

ensanguine (*ինսէնկ՛ուին*) արիւնոտել· խոր կարմիր (արիւնի) գոյն տալ·

ensconce (*ինսքոնս՛, ինսքանս՛*) հանգստաւէտ կամ ապահով տեղ մը դնել· ծածկել· պաշտպանել· պատսպարել·

ensemble (*անսամ՛պլը*) միասին· ամբողջովին· համոյթ (երաժշտ·)·

enshrine (*ինշրայն՛*) սուրբ, նուիրական տեղ մը դընել եւ պահել· *his name is —d in our memory* մի՛շտ անհուն սիրով պիտի յիշենք իր անունը·

enshroud (*ինշրաուտ՛*) ծածկել, պատանքել· քօղարկել·

ensiform (*էն՛սիֆորմ*) սուրի ձեւ ունեցող·

ensign (*ին՛սայն*) դրօշակ· նշանակ· յատուկ նշան· — *bearer* դրօշակիր·

ensilage (*էն՛սիլէյճ*) ձմեռուան իբր պաշար՝ կանանչ խոտ արջառի համար պահուած յատուկ գուբերու մէջ (ուր օդ չի մտներ)· ձմրան համար կանանչ խոտ պահել·

enslave (*ինսլէյվ՛*) ստրըկացնել· գերել· հպատակ դարձնել·

ensnare, insnare (*ինսնէր՛*) թակարդի մէջ ձգել·

ensue (*ինսիու՛*) ետեւէն գալ· հետեւիլ· հետեւանքը ըլլալ·

ensure (*ինշուր՛*) վստահեցնել· ապահովեցնել·

entablature (*ինթէպ՛լէթիուր*) սիւներու վրայ հանգչող երկրաչափական կառուցուածքներ· վերնախարիսխ·

entail (*ինթէյլ՛*) հող որ հօրմէն զաւակին ձգուած է (զոր կարելի չէ ծախել)· հրիտակ· անհրաժեշտ դարձնել· *writing this book has entailed much work* այս գիրքը գրելու համար անհրաժեշտ եղած է շատ աշխատանք վատնել·

entangle (*ինթէնկ՛կլ*) մէկը այնպէս մը կապկպել (կամ ուռկանի մէջ ձգել) որ ազատիլը չափէն աւելի դժուար է· թնճկել· շփոթեցնել· ենթարկել· խառնշտկել· *an —ment* խառնշտկում· ենթարկում· թակարդուած· ճակատի վրայ դրուած փշաքել որպէսզի Թշնամին չկարենայ յառաջանալ.

entente (*անթանթ'*) համաձայնութիւն եւ բարեկամութիւն ժողովուրդներու միջեւ (ոչ–դաշնագրութեան ձեւով). *E— Cordiale* Անկլօ–Ֆրանսական համաձայնութիւն 1904ին. *Little E—* Ռումանիոյ, Չեխոսլովաքիոյ եւ Սերպիոյ միջեւ կնքուած տնտեսական եւ պաշտպանողական համաձայնութիւն 1921ին.

enter (*էն'Թըր*) ներս մտնել. անդամ ըլլալ. միանալ. ցանկի մը մէջ մտցընել. թափանցել. ներխուժել. *to enter the room* սենեակը մտնել. *to enter the army* զինուոր արձանագրուիլ. *to enter a boy for an examination* տղայ մը քննութիւն անցընողներուն ցանկին մէջ արձանագրել. *to enter the amount in the account book* հաշիւը տոմարին մէջ արձանագրել. *to — into details* մանրամասնութեանց մէջ մտնել. *to — into the composition of* մասնակից դառնալ. *he —ed into the game with great spirit* մեծ խանդավառութեամբ մասնակցեցաւ խաղին. *— into a person's feeling, — into the spirit of someone* մէկը ըմբռնել. *— into an agreement* համաձայնութիւն մը կնքել. *— into a new life* նոր կեանք մը սկսիլ. *to — the law* իրաւաբան դառնալ. *to — upon an inheritance* ժառանգութեան մը տիրանալ. *to — upon* սկսիլ.

enter - (*էն'Թըր* –) նախդիր բառ որ աղիքներու հետ առնչուած բարդածանց բառեր կը կազմէ. *entera* (յոգ.) աղիքներ. *enteral* աղիքներու մէջէն. *enteric* սաստիկ վարակիչ հիւանդութիւն՝ փոքր աղիքի հետ կապուած. *enteric fever* ժանտատենդ. *enteritis* աղետապ. աղիքներու բորբոքում.

enterprise (*էն'Թըրփրայզ*) քաջութիւն. համարձակ ծրագիր. նախաձեռնութիւն. յանդուգն ծրագրի մը սկսիլ. *a business —* նոր գործի մը սկսելու փորձ. *enterprising* յանդուգն գործերու սկսող մարդ. ձեռներէց.

entertain (*էնԹըրԹէյն'*) հիւրընկալել. հիւրասիրել. զուարճացնել. *to — an idea* միտքին մէջ գաղափար մը ունենալ. *—ing* հաճոյացնող. *—ment* հանելի ժամանցք (ներկայացում, երգ, եւայլն). հիւրասիրութիւն. զբօսանք. *house of entertainment* իջեւան.

enthetic (*էնԹհէԹ'իք*) ներածական.

enthral, enthrall, inthral (*էնԹհրօ'լ, ինԹհրօ'լ*)

ստրկացնել· գերել· կախարդել· —*ling* շատ հետաքրքրական· —*ment* ստրկութիւն.

enthrone (*էնթհրոն'*) գահը բարձրացնել· —*d in our hearts* շատ յարգուած ու սիրուած· *enthronement* գահակալութիւն.

enthusiasm (*էնթհիու'զիազմ*) խանդավառութիւն· հիացում· *enthusiastic(al)* խանդավառ· դիւրաբորբոք.

entice (*ինթայս'*) հրապուրել (գէշ բանով մը ընդհանրապէս).

entire (*էնթայր'*) ամբողջութիւն· ամբողջը· անվնաս վիճակի մէջ· զուտ (չխառնուած)· — *ignorance* անսահման տգիտութիւն.

entitle (*էնթայ'թըլ*) անուանել· տիտղոս տալ· իրաւունք տալ.

entity (*էն'թիթի*) որեւէ իրական բան· էութիւն.

entoblast (*էն'թոպլէսթ*) ներքնամաշկ.

entomb (*էնթում'*) գերեզմանել· թաղել.

entomology (*էնթըմոլ'ոճի*) միջատաբանութիւն· *entomologist* միջատաբան.

entoparasite (*էնթոփար'ըսայթ*) կենդանիի մը մարմնոյն մէջ ապրող մակաբոյծ.

entracte (*անթրաքթ*) միջնարար.

entrails (*էն'թրէյլզ*) կենդանիի մը ներքին մասերը (փորոտիք, եւն.).

entrain (*էնթրէյն'*) կառախումբի մէջ դնել (զինուորներ).

entrammel (*ինթրէմ'ըլ*) խառնշտկել· արգիլել.

entrance (*էն'թրէնս*) մուտք· մտնելը· դուռ· արձանագրութիւն (մուտքի)· դիւթել· հրապուրել· —*ing* սիրուն· գըրաւիչ· — *fee* մտնելու համար վճարում.

entrant (*էն'թրընթ*) ներս մտնող· ձիարշաւի, քննութեան մասնակցող.

entreat (*էնթրիյթ'*) աղաչել· խնդրել· —*y* պաղատանք.

entrée (*անթրէ'*) մուտքի իրաւունք (մէկու մը տունը)· մուտք· ձուկէն յետոյ եւ բուն ընթրիքէն առաջ սպասարկուած մըսեղէնի պնակ.

entrench, intrench (*էնթրէնչ', ինթրէնչ'*) խրամներ բանալ.

entre nous (*անթրը նու*) խօսքը մէջերնիս.

entrepôt (*անթրըփօ'*) ամբար· շտեմարան.

entrepreneur (*անթրըփրընըր'*) մէկը որ ձեռնարկի մը ծրագիրը կը պատրաստէ եւ զայն կը գործադրէ (յատկապէս ներկայացումներու եւ երաժշտական ունկնդրութիւններու կապակցութեամբ)· ձեռնարկու.

entresol (*ան'թրըսըլ, օն'թրըսոլ*) միջնայարկ.

entropy (*ան'թրոփի*) բընական ընթացքի մէջ ընդհանուր մղում որոշ քանակութեամբ ուժի մը՝ տարտղնուելու եւ օգտաշատ նպատակներու համար չգործադրուելու. ջերմութեան կայուն վիճակ.

entrust, intrust (*էնթրասթ՛, ինթրասթ՛*) վըստահիլ, յանձնել (մէկու մը խնամքին).

entry (*էնթ՛րի*) մուտք. մտնելու իրաւունք. գըրուածք. արձանագրութիւն (ձիարշաւի մասնակցողներու ցանկին վըրայ). տուրք. *card of* — մուտքի տոմս. *single* — պարզ տոմար. *double* — կրկնատոմար.

entwine, intwine (*էնթ–, ինթուայն՛*) փաթթել. փաթթուիլ (բոյս մը ծառի մը շուրջ).

enumerate (*ինիու՛մըրէյթ*) հաշուել. անուանել մէկ առ մէկ.

enunciate (*ինըն՛սիէյթ, ինըն՛շիէյթ*) յստակօրէն եւ հանդիսաւոր կերպով ըսել. յստակ եւ մեկին խօսիլ. *enunciation* յըստակ արտայայտութիւն. յայտնութիւն.

enure (*ինիուր*) տես *inure* սովորութիւն ընել.

enuresis (*ինիուրի՛սիս*) մէզը չկարենալ զսպելու հիւանդութիւն. միզարձակութիւն.

envelop (*ինվէ՛լըփ*) փաթթել կամ ծածկել (հագուստի, բոցերու կամ ամպերու մէջ).

envelope (*էն՛վըլոփ*) պահարան (նամակի, եւն.).

պատեան.

envenom (*ինվէն՛ըմ*) թունաւորել. զայրացնել. ատելավառ դարձնել.

enviable, envious (*էն՛վիէպլ, էն՛վիըս*) նախանձելի. նախանձոտ. տես՝ envy.

environs (*ինվայ՛րընզ*) շրջակայք (քաղաքի). արուարձաններ. *environment* (*ինվայ՛րընմընթ*) շրջապատ. միջավայր.

envisage (*ինվիզ՛էյճ*) տեսնել. մտապատկեր կազմել. նկատի ունենալ. ակնարկել. երեւակայել.

envoy (*էն՛վոյ*) բանագնաց (կառավարութեան մը կարեւոր մէկ պատգամը ուրիշ կառավարութեան մը տանող անձ). պատուիրակ.

envy (*էն՛վի*) նախանձ եւ ատելութիւն (յառաջացած մէկուն հարստութեան եւ յաջողութեան ի տես). նախանձիլ. ցանկալ.

enwrap, inwrap (*էնրէփ՛, ինրէփ՛*) ծրար ընել. փաթթել. պահարանի մէջ դնել. *—ment* ծրարում. փաթաթ.

enwreathe, inwreathe (*էն–, ինրի՛թհ՛*) ծաղիկներով զարդարել, շրջանակել.

enzyme, enzym (*էն՛զայմ*) օրկանական նիւթէն յառաջացած գոյացութիւն որ քիմիական փոփոխութիւններ կը յառաջացնէ (օր. թթխմորի այս գո–

յացութիւնը շաքարը ալքոհոլի կը փոխակերպէ)· ներխմոր· թնախմոր·

Eos (*ի'օս*) առաւօտեան դիցուհի·

eparch (*էփ'արք*) Եպարքոս· նահանգապետ (Բիւզանդիոնի եւ հին ու նոր Յունաստանի մէջ)· Ռուսական Ուղղափառ Եկեղեցւոյ Եպիսկոպոս·

epaulet, epaulette (*էփ'օլէթ*) ուսնոց, ուսադիր որ ցոյց կու տայ զինուորի, նաւաստիի, եւայլնի աստիճանը·

épée (*էյփէյ'*) սուր (սուսերամարտութեան յատուկ)· սուրի հարուած մարմնի վրայ (Ֆրնս·)·

ephemeral (*իֆէմ'ըրըլ*) մէկ օր ապրող· վաղանցուկ կեանք ունեցող·

ephemeris (*էֆէմի'րիս*) ծրագիր· —*s* օրագրող·

Ephesian (*էֆի'ժըն*) Եփեսոսցի· իրարանցում ընտեղծող· զուարճութիւնը սիրող·

ephialtes (*էֆիէլ'թիզ*) մղձաւանջ·

ephor (*էֆ'որ*) վերահըսկիչ· զինուորեան պատկուար· Մագիստրոս·

epic (*էփ'իք*) դիւցազներգութիւն· դիւցազներգական· —*al* դիւցազներգական·

epicede (*էփիսիտ'*) մահերգութիւն· *epicedium* մահերգ·

epicure (*էփ'իքիուր*) կերուխումի եւ հաճոյքներու հետամուտ մարդ·

Epicurean փիլիսոփայական ուսմունք որ կը հաւատայ թէ այն որ հաճոյք կը պատճառէ լաւ' այն որ ցաւ կը պատճառէ' վատ է (ըստ Յոյն նիւթապաշտ փիլիսոփայ Եպիկուրոսի' 342–270 Ք·Ա·)·

epidemic (*էփիտէմ'իք*) փոխանցիկ հիւանդութիւն· համաճարակ· *epidemy* համաճարակ·

epidermis (*էփիտըր'միս*) մորթի դուրսի մասը· հակամաշկ·

epigram (*էփ'իկրէմ*) դիպուկ, կարճ արտայայտութիւն կամ ոտանաւոր· վերտառութիւն· պարսաւանք· —*atic* (*էփիկրէմէթ'իք*) մակագրական·

epigraph (*էփ'իկրաֆ*) մէջբերում· մակագիր· արձանագրութիւն·

epilate (*էփ'իլէյթ*) հերատել, մազը հանել·

epilepsy (*էփ'իլէփսի*) լուսնոտութիւն·

epileptic (*էփիլէփ'թիք*) լուսնոտ·

epilogue (*է'փիլոկ, էփ'իլոկ*) ներկայացումէ մը հաք արտասանուած կարճ քերթուած կամ նաւ· վերջաբան (գրական գործի մը)· եզրակացութիւն·

Epiphany (*էփիֆ'ընի*) տօն Աստուածայայտնութեան (որ Յունուար 6ին կը կատարուի)·

epiphenomenon (*էփիֆէնոմ'ընըն*) ախտանիշ·

կրկներեւոյթ· մակախտանիշ·

epiphyte (*էփ'իֆայթ*) բոյս որ կ'անի ուրիշ բոյսի վրայ, սակայն անկէ սընունդ չ'առներ· վերաբուսակ· մակաբոյծ· բոյս կենդանիի վրայ·

episcopacy (*էփիս'քոփէսի*) եպիսկոպոսութիւն· առաջնորդութիւն· եպիսկոպոսի գրասենեակ· եպիսկոպոսներ· *episcopal* եպիսկոպոսական· *episcopize* (*էփիս'քոփայզ*) եպիսկոպոսացնել·

episcope (*էփ'իսքոփ*) տեսողական լամբ որ նկարներ կամ աղօտ (անթափանցիկ) պատկեր մը կը ցոլացնէ պաստառին վըրայ, շատ մեծցուած ձեւով·

episode (*էփ'իսոտ*) դրուագ (վէպի կամ թատրերգութեան մէջ)· պատահար· արկած· յարանուագ·

epistle (*իփիս'ըլ*) ընդարձակ եւ կարեւոր նամակ· թուղթ (Պետրոս, Պօղոս Առաքեալներու Թուղթերը)· *epistolary* նամակագրական·

epitaph (*էփ'իթաֆ*) տապանագիր· յիշատակարան (գերեզմանաքարի վրայ)·

epitasis (*էփիթէ'սիս*) յունական թատրերգութեանց մէջ հանգոյցի լուծման գործողութիւնը· հիւանդութեան ամենէն ծանր աստիճանը·

epithet (*էփ'իթհէթ*) առարկայի մը մէկ յատկութիւնը արտայայտող բառ· պարբերութիւն կամ բառ՝ իբր ածական գործածուած՝ սեռի խընդրին մէկ յատկութիւնը ցոյց տալու համար· տիտղոս· վերադիր·

epitome (*էփիթ'ոմի*) գիրքի (ճառի) ամփոփում· համառօտութիւն·

epoch (*էփ'աք, իփ'ոք*) դարաշրջան· ժամանակաշրջան· — *-making* դարաշրջան կազմող· շատ կարեւոր·

epode (*էփ'ոտ*) վերջին երգ (յունական թատրերգութեան երգչախումբի մէջ)·

epopee (*իփ'ոփի*) դիւցազներգութիւն· նաեւ՝ *epos* (*ի'փոս*)·

equable (*իք'ուըպըլ*) հանդարտ· դիւրաւ չփոխուող· բարեխառն մթնոլորտ· նոյն· հաւասար·

equal (*ի'քուըլ*) հաւասար (արժէքով, ծանրութեամբ, եւայլն)· նման· արդար· ուղիղ· համազօր· հաւասարիլ· փոխարինել· *equal to his work* կարող ըլլալ գործը ընելու· — *to the occasion* գլուխ ելլել ինչ ալ պատահի· *one's equals* նոյն աստիճանի անձեր· —*ity* հաւասարութիւն· —*ize* հաւասարեցնել·

equanimity (*իքուընիմ'իթի*) միտքի հանդարտութիւն·

equate (*իքուէյթ'*) հաւասարեցնել· միջինի մը բերել·

equation (իքուէյ'շըն) հաւասարութիւն (ուսողք·)· *theory of —s* հաւասարութեանց տեսութիւն·

equator (իքուէյ'Թըր) հասարակած· գիծ (երկրագունդը հիւսիսային եւ հարաւային հաւասար մասերու բաժնող)·

equerry (էքուըր'ի) թագաւորի ախոռապետ· թագաւորի ձիաւոր ուղեկից·

equestrian (իքուէս'Թրիըն) ձիավարական· ձիաւոր·

equidistant (իքիուիտիս'Թընթ) զուգահեռ·

equilateral (իքուիլէԹ'ըրըլ) բոլոր կողմերով հաւասար· հաւասարակողմ·

equilibrist (իքուիլ'իպրիսԹ) կշռախաղաց·

equilibrium (իքուիլիպ'րիըմ) հաւասարակշռութիւն· *to keep the —* հաւասարակշռութիւնը պահել·

equine (ի'քուայն) ձիերու հետ առնչուած·

equinox (ի'քուինոքս, է'քուինաքս) գիշերահաւասար (Մարտ 21 եւ Սեպտեմբեր 22)·

equip (իքուիփ') անհրաժեշտ ծանօթութիւններով (կամ կազմածներով) օժտել· սպառազինել· *—age* կառքին վրայ կամ քովէն ճամբորդող սպասաւորներ, ձիեր եւ կառք· սպասք (նաւու կամ բանակի)· *—ment* կազմածք· հանդերձանք· բապառազինութիւն·

equipoise (է'քուիփոյզ) հաւասարակշռութիւն (միտքի)· հաւասարակշռել·

equitable (էք'ուիԹըպըլ) արդար· ուղիղ· *equity* (է'քուիԹի) արդարութիւն· իրաւունք·

equitation (էքուիԹէյ'շըն) ձիավարութեան արուեստ·

equivalent (իքուիվ'ըլընԹ) համազօր (ուժի, արժէքի, եւայլն)· *equivalence* համազօրութիւն·

equivocal (իքուիվ'ոքըլ) երկիմաստ խօսք· երկդիմի· երկմիտ· կասկածելի նկարագրով անձ·

equivocate (իքուիվ'ոքէյԹ) երկիմաստ խօսիլ· երկդիմաբանել· հեռանալ· *equivocation* երկիմաստութիւն· երկդիմութիւն· *equivocator* երկիմաստ խօսող· ճիշդը չխօսող·

era (ի'րը) դարաշրջան· ժամանակաշրջան· *Christian Era* Քրիստոնէական ժամանակաշրջան

eradicate (իրէտ'իքէյԹ) արմատախիլ ընել· ամբողջապէս կործանել·

erase (իրէյզ') սրբել (մատիտի, կաւիճի գրութիւնը)· աւրել· քերթել· ջնջել· *—r* սրբիչ· սրբող· *erasure* (իրէյ'ժըր) սրբուած տառ· քերթուկ·

erbium (էր'պիըմ) մէԹալիկ հազուագիւտ տարր, որուն աթոմական կշիռքըն է 167·64 եւ աքոմա-կան թիւը՝ 68· եբբէ·

ere (*էր*) նախապէս· աւելի կանուխ քան· — *now* ցարդ· — *long* շուտով· — *while* քիչ առաջ·

erect (*իրէքթ՛*) ուղիղ· կանգուն· ուղղաձիգ· կանգնել· կառուցել· *to — a statue* արձան մը կանգնել·

erectile (*իրէք՛թայլ*) կա-ռուցանելի·

erection (*իրէք՛շըն*) շէնք· պնդացում·

eremite (*իր՛էմայթ*) ճըգ-նաւոր· վանական· անա-պատական·

Erevan, Erivan (*էրիվան՛*) Երեւան·

erg (*ըրկ*) աշխատանքի չափ· արկ·

ergo (*ըրկ՛օ*) հետեւաբար (Լատին·)·

ergot (*ըր՛կոթ, ըր՛կաթ*) փտած խոտէ առնուած նիւթ մը որ արիւնը կեց-նելու եւ ծննդաբերու-թեան կ'օգնէ· բիտ· կարք· հաճարի փտախտ·

Erin (*է՛րին*) Իրլանտայի հին անունը·

Ermin (*ըր՛մին*) Հայ·

ermine (*ըր՛մին*) ճերմակ կզաքիս· կզաքիսի մոր-թէն պատրաստուած մուշտակ որ կը կրեն պաշտօնի վրայ եղող անգլիացի դատաւորնե-րը·

erode (*իրոտ՛*) մաշել կա-մաց կամաց (հողը)· *ero-sion* (*իրո՛ժըն*) մաշում· կրծում·

Eros (*է՛րոս*) սիրոյ աստ-ուած· *Piccadilly Circus*ի արձանը զայն կը խորհրդանշէ (Լոնտոն)· 1898ին յայտնագործուած բոլոր աստղը·

erotic (*էրոթ՛իք*) սիրա-յին· տռփական· սիրերգ·

erotomania (*էրոթըմէյ՛-նիը*) տռփամոլութիւն·

err (*ըր*) սխալիլ· սխալ գործել· մոլորիլ· աննը-պատակ շրջիլ· *to — is human, to forgive, di-vine* սխալիլը մարդկա-յին է, ներելը՝ աստուա-ծային·

errand (*էր՛ընտ*) նամակ մը տանելու համար կատար-ուած ճամբորդութիւն· *run (go) errands* պատ-գամ տանիլ·

errant (*էր՛ընթ*) թափա-ռաշրջիկ· աննպատակ թափառող· վտարանդի·

errata (*էրէ՛թը*) տպագ-րական սխալներ, վրի-պակներ· *erratum* (*է-րէյ՛թըմ*) վրիպակ·

erratic (*իրէթ՛իք*) անկա-յուն· յարափոփոխ մարդ· մարմնոյն մէջ տեղը փո-խող (ցաւ, հիւանդու-թիւն)·

erroneous (*էրո՛նիըս*) սը-խալած· մոլորած· թիւր·

error (*էր՛ըր*) սխալ· սը-խալ գաղափար· մոլո-րանք· վրիպում· *to la-bour under* — հիմնա-պէս սխալիլ·

ersatz (*էրզաց՛*) արուես-տական· շինծու· կեղծ· փոխանակական (գերմ·)·

erst - (*ըրսթ* -) սկիզբը· երբեմն· *at* — նախ·

now at — այժմ. — -*while* նախկին, նախապէս.

eructation (*իրըքթէյ՛շըն*) ստամոքսէն դէպի բերանը կազ արտաքսելը. ըզ-զայռում. ձգեռտ.

erudite (*էր՛ուտայթ*) քաջահմուտ. շատ զարգացած.

erupt (*իրըփթ՛*) ուժգնութեամբ դուրս ելլել (ակռան լինտէն դուրս գալ). ժայթքել. հուր եւ մուխ դուրս տալ (հրաբուխ). —*ion* ժայթքում (հրաբուխի). կատաղութիւն. եռացում. —*ive* հրաբխային.

-ery (*-ըրի*) բառին վերջը աւելցնելով գործի, տեղի իմաստ կու տայ. օր. *fishery* ձկնորսարան. նոյնպէս արուեստ կամ աշխատանքի ձեւ ցոյց կու տայ՝ *archery* աղեղնաձգութիւն. *bakery* հացագործարան.

erysipelas (*էրիսիփ՛ելըս*) մորթային յուրջ հիւանդութիւն. օձացաւ.

erythema (*էրիթհի՛մը*) մորթային բորբոքում.

escadrille (*էսքատրիլ՛*) ջոկատ. միութիւն (ծովային, օդային).

escalade (*էսքըլէյտ՛*) սանդուխներու օգնութեամբ պատ բարձրանալը.

escalator (*էս՛քըլէյթըր*) ելեկտրական մեքենայի շնորհիւ շարժուն, ինքնագործ սանդուխ.

escapade (*էսքըփէյտ՛*) ըզգայացուն, հակաօրինական արարք. փախուստ.

escape (*իսքէյփ՛*) փախչիլ. խոյս տալ. փախուստի միջոցով ազատած. *this matter —d my notice* այս հարցը ուշադրութենէս վրիպեցաւ. *he —d being hurt* բախտաւոր էր որ չվնասուեցաւ. *to — death* մահէն ազատիլ. *his name —s me* անունը միտքս չի գար. *to have a narrow —* դժուարաւ ազատիլ (վըտանգէ մը). *fire —* հրդեհի սանդուխ.

escapee (*էսքէփի՛*) խոյս տուած (թիապարտ).

escapement (*իսքէյփ՛մընթ*) ժամացոյցին ընթացքը կանոնաւորող եւ «թիք-թաք» ձայն հանող մասը. ժամարգել. խուսափում.

escapist (*էսքէյփ՛իսթ*) իրապաշտ չեղող. պատասխանատուութենէ հեռացող.

escarpment (*էսքարփ՛մընթ*) զառիթափ. ամրութեան մը պատին նիշդ տակը.

eschatology (*էսքըթալօճի*) վախճանաբանութիւն.

escheat (*էսչիթ՛*) կալուածներու եւ ինչքի գրաւում թագաւորին կողմէ իբր պատիժ, կամ անժառանգութեան պատճառաւ պետականացում.

eschew (*իսչու՛*) հեռու կենալ. զգուշանալ (գէշ բանէ մը). ազատիլ.

escort (*է'ս'քորթ*) ուղեկից (ճամբայ ցոյց տալու կամ պաշտպանելու համար)· յուղարկաւորներ· շքախումբ· պաշտպանութեան նպատակով առեւտրական նաւերու ընկերակցող մարտանաւերու խումբ· ընկերակցիլ· պաշտպանել·

escritoire (*է'ս'քրիթուար*) փոքր գրասեղան (բացուող-գոցուող)·

escutcheon (*իսքաչ'ըն*) վահան որուն վրայ ընտանիքի մը անունը գրուած կ'ըլլայ· տախտակ ուր նաւու մը անունը գրուած է·

esexual (*իսէքս'իուըլ*) անսեռ·

Eskimo, Esquimau (*էս'-քիմօ*) էսքիմոցի· — *dog* սահնակ քաշող շուն·

esophagus (*իսոֆ'ըկըս*) խռչափող·

esoteric (*իսոթէր'իք*) խոր կամ գաղտնի իմաստ ունեցող, որ որոշ անձեր միայն կարող են ըմբռնել· գաղտնի վարդապետութիւն· —*s* գաղտնի գիտութիւն·

especial (*էսփէշ'ըլ*) մասնաւոր, առանձին, յատուկ·

Esperanto (*էսփըրան'թօ*) միջազգային պարզուսոյց լեզու· էսփէրանթօ·

espionage (*էս'փիոնէյճ, էսփիոնաժ'*) լրտեսութիւն·

esplanade (*էսփլէնէյտ'*) ծովեզերքը բացօտեայ պտըտելու համար·

espouse (*իսփաուզ'*) ամուսնանալ· աշխատանքի կամ գաղափարի մը յարիլ· թիկունք կանգնիլ· ընդունիլ· *espousal* (*իսփաուզ'ըլ*) ամուսնութիւն· որդեգրում· օժանդակութիւն· *espousals* ամուսնութեան խոստում· հարսանիք· *espousement* ամուսնութիւն·

espress-sivo (*էսփրէսի'վօ*) արտայայտիչ (երաժշտ·)·

esprit (*էսփրի'*) հոգի· ոգի· ոգեւորութիւն· միտք· *esprit de corps* հաւատարմութիւն եւ կապուածութիւն պատկանած կազմակերպութեան·

espy (*էսփայ'*) նկատել· նշմարել· որոշ հեռաւորութենէ մը տեսնել· լրտեսել· *espial* (*էսփայ'ըլ*) լրտեսում· նկատողութիւն·

esquire (*էսքուայր'*) վահանակիր· ասպետի մը երկու հետեւորդներէն մէկը· պարոն· տէր·

esquisse (*էսքիս'*) ուրուագիծ·

essay (*էս'սէյ*) փորձ· նիւթի մը շուրջ կարճ գրութիւն· քննասիրութիւն· նառ. (*էսսէյ'*) փորձել· ջանալ· —*ist* քննասիրութիւն գրող, նառ գրող·

essence (*էս'ընս*) իրական բնութիւնը ցոյց տուող· էութիւն· հիւթ· իւղ· բուրմունք· անուշահոտել· *fruit* — պտուղին համն ու հոտը միայն պարունակող խտացած հեղուկ· *essential* (*էսէն'շըլ*) հիմնական· խիկական· էական, տարրական·

establish (*էսթէպ'լիշ*) հաստատել· զօրացնել· կառուցել· ապացուցանել· հիմնել· որոշել· *—ed church* պետական եկեղեցի· *—ment* հաստատութիւն· վաճառատուն· մարմին· գործարան· բոշակ· վարժարան· *the peace establishment of an army* խաղաղութեան շրջանի բանակ·

estaminet (*էսթա'մինէ*) խմիչքի փոքր խանութ (Ֆրանսա)·

estancia (*էսթէն'սիը*) գիւղի տուն· Լատին Ամերիկայի մէջ ագարակ· *estanciero* ագարակապան (Լատին Ամերիկայի մէջ)·

estate (*էսթէյթ'*) աստիճան· կեանքի պայման· հանգամանք· դիրք· կալուած· հարստութիւն· պետութիւն· *an — in the country* հող եւ տուն գաւառի մէջ· *the fourth estate* մամուլ (հեղինակաւոր). *real —* տուներ եւ հող (անշարժ կալուած)· *personal —* շարժուն իրեր, ունեցուածք.

esteem (*էսթիյմ'*) արժեւորել· բարձր գնահատել· յարգել· մեծարել· յարգ· պատիւ· վարք·

esthetic (*էսթհէթ'իք*) գեղագիտական· *—s* գեղագիտութիւն·

estimable (*էս'թիմըպլ*) յարգելի· նկատառութեան արժանի·

estimate (*էս'թիմէյթ*) գնահատել (արժէքը, գինը, չափը, եւայլն)· յարգել· հաշիւ· գին· նախահաշիւ· դատողութիւն· *rough —* մօտաւոր հաշիւ· *estimation* գնահատութիւն· պատիւ· տեսակէտ· *in my estimation* ըստ իս·

Estonian, Esthonian (*էսթհօ'նիըն*) էսթոնացի· էսթոներէն·

estop (*էսթըփ', էսթափ'*) կեցնել· արգելակել·

estrange (*էսթրէյնճ'*) պաղեցնել· հեռացնել (մէկէ մը)·

estrich, estridge (*էս'թրիչ, էս'թրիճ*) ջայլամ· ջայլամի փետուր·

estuary (*էս'թիուէրի*) գետաբերան·

- et (*էթ*) փոքրութիւն ցոյց տուող մասնիկ· օր· *islet* կղզեակ·

et cetera (etc.) (*էթսէթ'էրը*) եւայլն·

etch (*էչ*) ասիտով (ժանտաջուր) մետաղին վրայ նկար մը փորագրել (քանդակել) զոր կարելի ըլլայ տպել· *an etching* այս ձեւով տպուած նըկար· ժանտագրութիւն·

eternal (*իթըր'նըլ*) յաւիտենական· մշտնջենական· *the Eternal* Աստուած· *Eternal City* Յաւիտենական Քաղաք՝ Հռոմ· *eternity* յաւիտենականութիւն. հանդերձեալ կեանք.

etesian (*իթի'ժըն*) տարուան որոշ շրջաններուն փչող (հով). — *wind* Ցունուարէն-Սեպտեմբեր արեւելքէն փչող տաք հով.

ethane (*է'թհէյն*) անգոյն, անհոտ եւ չրոնկող կազ մը. եթուն.

ether (*ի'թհըր*) շատ նօսր նիւթ մը (աւելի նօսր քան օդը) որով կ'ենթադրուի թէ ամբողջ միջոցը լեցուած է. վերի օդ. դեղ որ կը գործածուի հիւանդը զգայազիրկ դարձնելու գործողութեան ատեն. եթեր. *ethereal* եթերային (ոգի). շատ նօսր.

ethic (*էթհ'իք*), **ethical** (*էթհ'իքըլ*) բարոյական. բարոյագիտական. *ethics* բարոյագիտութիւն. *ethicist* բարոյագէտ.

ethiop (*իթհ'իօփ*) խափշիկ. եթովպիացի.

Ethiophia (*իթհիօփ'իը*) Եթովպիա. Հապէշիստան. *Ethiophian* եթովպիացի. խափշիկ. *Ethiopic* եթովպերէն.

ethnic, ethnical (*էթնիք, էթհ'նիքըլ*) ցեղային. ցեղագիտական. *ethnology* ցեղաբանութիւն. ազգախօսութիւն.

ethology (*էթհա'լոճի*) բարոյախօսութիւն. *ethologist* բարոյախօս.

etiquette (*էթիքէթ'*) կենցաղագիտութիւն. վարուելակերպ.

Eton (*ի'թըն*) տղոց յատուկ շատ հին դպրոց Անգլիոյ մէջ. *eton jacket* կարճ բաճկոն (մինչեւ մէջքը). — *crop* այր մարդու մազին պէս կարճ կտրուած կնոջ մազ.

Etrurian (*էթրու'րիըն*) Հին. Արեւմտեան Իտալիոյ հովմէական անունը.

—ette (*-էթ*) յետադաս մասնիկ փոքր, նմանիլ նշանակող. *statuette* (*սթէթիո'ւէթ*) արձանիկ. *leatherette* կաշիի նմանող նիւթ.

etude (*էթո'ւտ*) ուսում. վարժութիւն.

etymology (*էթիմալը'ճի*) ստուգաբանութիւն.

etymon (*էթ'իման*) արմատ (բառի).

eucalyptus (*եուքէլիփ'թըս*) ծառ որ կ'արտադրէ բժշկութեան մէջ գործածուող զօրաւոր հոտով իւղ մը, կը գործածուի պազառութեան դէմ. եւկալիպտոս.

Eucharist (*եո'ւքարիսթ*) Ս. Հաղորդութիւն.

euchre (*իո'ւքըր*) թղթախաղի տեսակ մը. ձախողեցնել.

Euclid (*իո'ւքլիտ*) երկրաչափութեան ձեւ (Եւքլիտէսի անունով որ Ք. Ա. 300ին Աղեքսանդրիոյ մէջ ուսողութեան դպրոց մը հիմնեց).

eugenic (*իուճէ'նիք*) բարեծին. —*s* ցեղամշակութիւն. գիտութիւն որ կը ձգտի բարեփոխել մարդկային ցեղը կամ կենդանիներու յատկութիւնը անոնց սերնդագործող արուներու եւ էգերու հոգածու ընտրութեամբ.

eulogy (եո'ւլըճի) գովասանութիւն (գրաւոր կամ խօսքով).

eunuch (եո'ւնըք) ներքինիացած մարդ. կիներու համար սպասարկութիւն ընող ներքինի.

euphemism (եո'ւֆիմիզմ) անհաճոյ ճշմարտութիւն մը հաճելի ձեւով յայտնող մեղմ ոճ.

euphonieus (եուֆո'նիըս) լաւ հնչող. հաճելի ձայնով.

euphonium (եուֆո'նիըմ) արոյրէ երաժշտական գործիք.

Eurasian (եուրէյ'շըն) եւրոպա-ասիական խառն ծնունդ.

eureka (եուրի'քը) գտա՜յ, գտա՜յ (ուրախութեան բացագանչութիւն). Էվրէքա (յունարէն).

eurhythmics (եուրիթ'միքս) մարմնի շարժումներով երաժշտութիւն արտայայտելու արուեստ. գեղաչափութիւն.

Europe (եո'ւրոփ) Եւրոպա. *—an* եւրոպական, եւրոպացի.

euthanasia (եութհէնէյ'զիը) առանց ցաւ զգալու մահ. քաղցրամահ.

evacuate (իվէք'իուէյթ) պարպել (բանակը). ներսը մաքրել. փախել. *evacuation* պարպում. կըղկըղանք.

evacuees (իվէք'ուիս) պատերազմի ժամանակ քաղաքէ մը գերեվարուած ժողովուրդ.

evade (իվէյ'տ) փախչիլ. խոյս տալ (մէկուն չըհանդիպելու համար). փորձել հարցումի մը չպատասխանել. *to — the law* անպատիժ վերաբերմունք ունենալով մէկտեղ օրէնքին դէմ չգործել.

evaluate(իվէ'լուէյթ) արժեւորել. *evaluation* արժեւորում. գնահատութեան բարձրացում.

evanesce (էվանէ'ս) անհետանալ. աներեւութանալ.

evanescent (իվէնէսը'նթ) արագ անհետացող. աղօտող. վաղանցուկ. *evanescence* անհետացում.

evangel (իվէն'ճըլ) աւետիս. աւետարան. *—ic* աւետարանական. *—ical* աւետարանական. *Arm. Evangelical Church* Հայ Աւետարանական Եկեղեցի. *evangelism* աւետարանչութիւն. *evangelist* աւետարանիչ.

evaporate (իվէփ'որէյթ) շոգիացնել. չորցնել. շոգիանալ. *evaporation* շոգիացում.

evasion (իվէյ'ժըն) փախուստ. հնարամտութիւն. *evasive* խուսափուկ.

eve (իվ) երեկոյ. նախագիշեր. նախօրեակ. նախատօն. *Christmas Eve* Ծնունդի նախորդող օր (գիշեր). խթում. *before* — կարեւոր դէպքէ մը անմիջապէս առաջ.

even (*ի'վըն*) հարթ հաւասար. հանդարտ. ուղիղ. զոյգ. հարթել. հաւասարեցնել. նոյնիսկ. համապատասխան. *to make it — money* հաշիւը կըլորցնել. *I will get — with him* ինծի ըրածին չափ չարիք պիտի հասցընեմ իրեն. —*-tempered* մեղմաբարոյ. *an — number* 2-ով բաժանելի թիւ. — *so* հակառակ. — *if* թէպէտեւ. — *though* մինչեւ իսկ.

evenfall (*ի'վընֆո՚լ*) երեկոյեան պահ.

even-handed (man) (*ի'վընհէնտըտ*) անկողմնակալ (մարդ).

evening (*ի'վնինկ*) իրիկուն. երեկոյ. — *star* իրիկուան աստղ. — *party* երեկոյթ (պարանցիկ).

event (*իվէ'նթ*) պատահար. կարեւոր դէպք. վախճան. *in the — of his death* մեռնելու պարագային. *at all —s* ինչ ալ պատահի.

eventful (*իվէնթ'ֆուլ*) պատահմունքով. դիպուածալից.

eventide (*ի'վէնթայտ*) իրիկուն.

eventual (*իվէն'թիուըլ*) վերջնական. դիպուածական. պատահած (իբր արդիւնք բանի մը). *eventuate* (*իվէն'թուէյթ*) պատահիլ. մէջտեղ գալ.

ever (*է'վըր*) որեւէ ատեն. երբեք. — *and anon* ժամանակէ ժամանակ. *for* —, —*more* յաւիտեան, միշտ. — *so much* չափազանց շատ. — *since* անկէ ի վեր. *or* — յառաջ քան. — *burning fire* մշտավառ կրակ. — *changing* միշտ փոխուող. — *during* յաւիտենական. *whoever, whatever* ով ալ ըլլայ, ինչ ալ ըլլայ.

evergreen (*էվ'ըրկրի՛ն*) մշտադալար (բոյս, ծառ).

everlasting (*էվ'ըրլասթինկ*) յաւիտենական. — *peace* մշտնջենական խաղաղութիւն.

evermore (*էվ'ըրմոր*) տեւապէս. միշտ.

evert ((*իվըրթ'*) դարձնել. արտաշրջել.

every (*էվ'րի*) ամէն. իւրաքանչիւր. — *now and again* ժամանակէ ժամանակ. —*where* ամէն տեղ. — *other day* երկու օրը մէկ հեղ.

evict (*իվիքթ'*) արտաքսել հողէն (տունէն). իրաւազրկել (դատարանով). —*ion* իրաւազրկութիւն.

evidence (*էվ'իտընս*) ապացոյց. վկայութիւն. հաստատել. ապացուցել. *to turn king's —* գործած ոճիրը խոստովանիլ.

evident (*էվ'իտընթ*) յըստակ եւ որոշ․ բացայայտ․

evil (*ի'վլ*) գէշ․ վնասաբեր․ չար․ անբախտ․ յոռի․ վնաս․ թշուառութիւն․ *the — one* սատանայ․ *the — eye* չար աչք․ *—-minded* չարամիտ․ ննգամիտ․

evince (*իվինս'*) յայտնել (զգացում)․ ցոյց տալ․

evirate (*ի'վիրէյթ*) ներքինի դարձնել․ *eviration* ներքինիութիւն․

eviscerate (*իվի'սըրէյթ*) մարմնին ներքին օրկաններր (աղիք, փոր եւլն․) դուրս հանել․ անդամահատել․

evitate (*իվ'իթէյթ*) խուսափիլ․ հեռու մնալ․ *evitable* խուսափելի․

evocation (*էվոքէյ'շըն*) կոչում․ իրեն կանչելը․ *evoke* (*իվոք'*) կանչել (մեռած մարդոց ոգիներր)․

evolution (*էվոլիո'ւշըն*) եղափոխութիւն․ բարեշըրջութիւն․ կենդանական եւ նիւթական աշխարհի աստիճանական զարգացումը իր ամենէն պարզ ձեւերէն մինչեւ ամենէն բարդ, կատարելագործուած ձեւերը․ աստիճանական զարգացում եւ ոչ թէ անակընկալ․

evolve (*իվոլվ', իվալվ'*) կամաց կամաց փոխուիլ (դէպի լաւը)․ արձակել․ բանալ․

evulgation (*իվըլ'կէյշըն*) հրապարակում․

evulsion (*իվըլ'շըն*) բռնի առնելը․ իւրացում․ կորզում․

Evzone (*էվզոն'*) յունական բանակի ընտիր զինուոր․

ewe (*եու*) մաքի․ էգ ոչխար․

ewer (*եուվըր*) խոշոր ջըրաման՝ բռնելիքով․ քըսիստին․

ex (*էքս*) դուրս․ նախկին․ *exit* դուրս առաջնորդող դուռ․ անդին․ *excel* անդին երթալ․ աւելի լաւ ըլլալ․ *ex-king* նախկին թագաւոր․

exacerbate (*էկզէս'ըրպէյթ*) դառն զգացումներր աւելի սաստկացնել․ գրգռել․ *exacerbation* սաստկացում (զգացումներու)․ գրգռութիւն․

exact (*էգզէքթ'*) ուղիղ․ ճշգրիտ․ ստոյգ․ մէկուն վճարել տալ (դրամ)․ *—ing* աւելի աշխատանք (հոգատարութիւն) պահանջող․ *exactly!* ճիշդ այդ իմ մտածումս է․ *exactitude* ճշգրտութիւն․ ճշմարտացիութիւն․

exacter (*էգզէ'քթըր*) հարստահարող․

exaggerate (*էգզէճ'ըրէյթ*) չափազանցել․ *exaggerating* չափազանցող․ *exaggeration* չափազանցութիւն․ *to — an illness* աւելի վատթարացնել հիւանդութիւն մը․

exalt (*էկզօ՛լթ'*) բարձրացնել (աստիճանը)․ գովաբանել․ *—ation* մեծ յուզում եւ երջանկութիւն իբր արդիւնք անհատական նախաձեռնութեամբ ձեռք ձգուած յաջողութեան· —*ed* բարձրը· ազնիւ· վսեմ·

exam (էկզէմ՛) քննութիւն· *examination* (էկզէմինէյ՛շըն) քննութիւն· *to undergo an —* բժշկական քննութեան ենթարկուիլ·

examine (էկզէմ՛ին) քննել· հարցաքննել· *examinee* (էկզէմինի՛) քննուող (դպրոցի, համալսարանի ուսանող)·

example (էկզէմ՛փըլ) օրինակ· նախատիպար· *to make an — of him* ուրիշներուն օրինակ դարձնել· պատժել զինք որպէսզի ուրիշներ տեսնելով իրեն պէս չվարուին· *to set an —* օրինակ մը տալ·

exanthesis (էքսէնթհի՛սիս) մորթի բորբոքում·

exasperate (էկզէս՛փըրէյթ) ջղայնացնել· զայրացնել· վատթարացնել (հիւանդութիւն, եւն·)· —*tion* սաստկացում· զրգռում· երեւան հանել·

excavate (էքս՛քէվէյթ) փորել· յայտնաբերել (հողի մէջէն) օր· քաղաք մը·

excel (էքսէլ՛) ուրիշներէն աւելի լաւ ըլլալ· ամենաբարձր յատկութիւններ ունենալ· գերազանցել· *excellence* (էքս՛ըլընս) վսեմութիւն· մեծարժանիք· *your excellency* Ձերդ վսեմութիւն· *his excellency* նորին վսեմութիւն· *excellent* հիանալի· շատ լաւ· գերազանց·

excelsior (էքսէլ՛սիըր) բարձրնտիր· վսեմ·

Excelsior State Նիւ Եորք·

excentric (էքսէնթ՛րիք) արտակեդրոն·

except (էքսէփթ՛) բացի· բացառել· դուրս ձգել· *exception* բացառութիւն· օրէնքի մէջ չինկող· *to take exception to* անհամաձայն ըլլալ· *exceptional* բացառիկ· արտաբնական· սովորականէն աւելի լաւ· *to take exception* չընդունիլ· *bill of exception* առարկութեանց թուղթ (դատի վերաքննութեան համար)·

excerpt (էքսըրփթ՛) քաղուածք, հատընտիր (գիրքէ մը)· ընտրութիւն ընել·

excess (էքսէս՛) պէտք եղածէն շատ աւելի· չափազանցութիւն· *— luggage* պէտք եղածէն աւելի բեռ (ճամբորդութեան ատեն)· *excessive* բնականէն շատ աւելի· չափազանց· *excessiveness* չափազանցութիւն· *excesses* շատակերութիւն եւ զինեմոլութիւն·

exchange (էքսչէյնճ՛) փոխանակել· փոխանակութիւն· *the Exchange* սակարան· հեռագրական կեդրոն·

exchequer (էքսչէ՛քըր) ելեւմտական տեսչութիւն․ պետական գանձատուն․ Արդարադատութեան Բարձրագոյն Ատեան․ *chancellor of the Exchequer* ելեւմտական նախարար (Մ․ Բրիտանիա)․

excise (*էքսայզ՛*) անուղղակի տուրք․ շահատուրք․ կտրել հանել․ տուրքի ենթարկել․

excite (*էքսայթ՛*) աշխուժացնել․ զօրաւոր կերպով յուզել․ գրգռել․ *excitement* խոր յուզում․ *exciting* յուզիչ․ գրգռող․

exclaim (*էքսքլէյմ՛*) բացագանչել․ *—ation* բացագանչութիւն․ *exclamatory* բացագանչական․

exclude (*էքսքլիուտ՛*) վըտարել․ մերժել ընդունիլ․ *exclusion* վտարում․ *exclusive* ամբողջական․ բացարձակ (ներկայացչութիւն)․ մասնայատուկ․ *an exclusive school* միայն հարուստներու զաւակները ընդունող դպրոց․

excogitate (*էքսքոճ՛իթէյթ*) խորհիլ․ խոկալ․ *excogitation* հնարք․

excommunicate (*էքսքոմիուն՛իքէյթ*) բանադրել․ արտաքսել (խմբակցութենէ մը)․ բանադրանք․ *excommunication* բանադրութիւն․ նըզովք (եկեղեցւոյ կողմէ)․

excoriate (*էքսքոր՛րիէյթ*) քերթել (մորթը)․ *excoriation* սկրթում․

excrement (*էքս՛քրիմընթ*) կղկղանք․ աղբ․ ծիրտ (թռչուններու)․

excrescence (*էքսքրէս՛ընս*) անբնական աճ մակերեսի վրայ․ աւելորդ միս․

excrete (*էքսքրիթ՛*) մարմնէն արտաքսել (կղկըղանք․ աղբ)․

excruciating (pain) (*էքսքրու՛շիէյթինկ*) տանջող․ շատ մեծ (ցաւ)․

exculpate (*էքսքըլ՛փէյթ*) մեղադրանքէ ազատել․

excursion (*էքսքըր՛շըն*) պտոյտի նպատակով կարճ ճամբորդութիւն․ արշաւ․ նիւթէ շեղում․ *an — train* աժան սակով շոգեկառք․ *excurse* պտըտիլ․ ճամբորդել․

excuse (*էքսքիուզ՛*) չքմեղանք․ պատճառաբանութիւն․ ներում․ չքմեղել․ ներողութիւն խնդրել․ գործէ արձակել․ *to stammer out —* ներում հայցել․

execrate (*էք՛սիքրէյթ*) անիծել․ պժգալ․

executant (*էգզէք՛իութընթ*) գործադրութեան դնող․ նուագող․

execute (*էք՛սիքիութ*) գործադրութեան դնել․ գըլխատել․ *executer* դահիճ․ գործադրող․ *execution* մահապատիժի գործադրութիւն (ընդհանրապէս գլխատելով)․ գործադրում․ կատարում (երաժշտական)․ *to carry into execution* գործադըրութեան դնել· *warrant of execution* գըլխատման հրամանագիր· *executive (body)* գործադիր (մարմին)· գործի մը պատասխանատու· *executor* կտակը գործադրող անձ (կտակողի մահէն ետք)· *executrix* կին կտակարար·

exemplary (*էգզէմ'փլէրի*) օրինակելի· *— conduct* օրինակելի վարք·

exemplify (*էգզէմ'փլիֆայ*) օրինակով ցոյց տալ· ապացուցանել·

exempt(from) (*էկզէմփթ'*) ազատել· զերծ կացուցանել (զինուորութենէ, տուրքէ, եւայլն)·

exercise (*էք'սըրսայզ*) վարժութիւն· հրահանգ· մարզանք· փորձ· հրահանգել· մարզել· պտըտիլ· գործածել· *to — patience* համբերատար ըլլալ· *greatly —d about* մտահոգ ըլլալ· *to take —* շրջագայիլ·

exert (*էկզըրթ'*) ջանադիր ըլլալ· ի գործ դնել· յաջողցնել· վճռակամութիւն ցոյց տալ· *to — oneself* լաւագոյնը ընել· *—ion* ջանադրութիւն· ճիգ·

exeunt (*էգս'իընթ*) դերասանները բեմէն դուրս կ'ելլեն (ներկայացման ընթացքին)·

exhale (*էգսհէյլ'*) արտաշնչել· շոգիացնել· *exhalation* (*էգսհըլէյ'շըն*) արտաշնչում· արտաշընչուած· օդ· շոգի· մշուշ·

exhaust (*էգզոսթ'*) սպառել· վերջացնել· ուժասպառ ըլլալ· շատ տկարանալ· դատարկ· պարպուած· ուժասպառ· *the —* վառած կազ որ շարժակի մը մէջէն անցած է· *—ive* ամբողջական· լրիւ կերպով վերջացած· սպառիչ· *an — book on the Armenian History* սպառիչ գիրք մը հայ ժողովուրդի պատմութեան մասին· *my patience is —ed* համբերութիւնս հատած է·

exheredate (*էգսհէր'իտէյթ*) ժառանգութենէ զրկել·

exhibit (*էգզիպ'իթ*) ցուցադրել (հանրային տեղ մը դնելով)· ապահովել (դեղ)· տալ· ցուցադըրութեան դրուած առարկայ· մուրհակ· *to — courage* քաջութիւն ցուցաբերել· *exhibition* ցուցահանդէս· ցոյց տալը· յայտնում· *to make an exhibition of oneself* ցուցամոլութիւն ընել·

exhibitionist (*էգսհիպի'շընիսթ*) ցուցամոլ·պըռնամոլ·

exhilarate (*էգզհիլ'էրէյթ*) հանոյացնել· խանդավառել·

exhort (*էգզորթ'*) խրատել· յորդորել· պարտաւորեցնել·

exhume (*էգսհիում'*) դիակը գերեզմանէն հանել·

exigence, exigency (*էգս'իճընսի*) ստիպողականութիւն· հարկ· չքաւոր-

բութիւն․ *reduced to —* չքաւորութեան գիրկը ինկած․
exiguous (*էքսիկ'իուըս*) փոքրաքանակ․ անբաւարար․ սակաւ․
exile (*էքս'այլ*) աքսորել․ հայրենիքէն արտաքսել․ աքսոր․ աքսորեալ․ *to drive into —* տարագրել․
exist (*էկզիսթ'*) գոյութիւն ունենալ․ ըլլալ․ ապրիլ․ *—ence* գոյութիւն․ *existential* գոյականական․ *existentialism* (*էքզիսթէն'շըլիզմ*) գոյապաշտութիւն (գրական–փիլիսոփայական դպրոց)․ *existentialist* գոյապաշտ․
exit (*էքս'իթ*) ելք․ ելքի դուռ (թատրոնի, են․)․ մեկնում․ վերջ․ *exit Vahan* Վահան դուրս կ'ելլէ (ներկայացման ժամանակ)․
exo - (*էքսօ –*) յուն․ նախդիր (մասնիկ)․ դուրս․
exodus (*էքս'ըտըս*) ելք (ժողովուրդի՝ երկրէ մը)․ Եբրայեցիներուն ելքը Եգիպտոսէն (Սբ․ Գիրք)․
ex-official (*էքս–օֆիշ'ըլ, էքս–աֆիշ'ըլ*) պաշտօնական․
ex-officio (*էքս–օֆիշ'իօ*) պաշտօնին պատճառաւ․ պաշտօնապէս․
exogamy (*էքսօկ'էմի*) ուրիշ համայնքի (ազգի) հետ ամուսնանալու սովորութիւն․ արտամուսնութիւն․
exonerate (*էքզոն'ըրէյթ*) անպարտ հանել․ չքմեղացնել․ *exoneration* արդարացում․
exorbitant (*էկզոր'պիթ–ընթ*) շատ բարձր (գին, պահանջք)․ այլանդակ․
exorcise (*էքս'որսայզ*) չար ոգիները դուրս հանել․ երդում ընել տալ․ *exorcist* (*էքս'որսիսթ*) դեւը հալածող․ դիւահան․
exordium (*էկզոր'տիըմ*) մուտք, ներածութիւն (գրուածքի, ճառի)․
exotic (*էկզոթ'իք*) օտարական․ այլ աշխարհէ եկած, օտար․
expand (*էքսփէնտ'*) տարածել․ մեծցնել․ մեծնալ․ *expansive* ընդարձակ․ տարածական․ ընդգացումները ազատօրէն արտայայտել․ *expansionism* ծաւալողապաշտութիւն․ *—sion* տարածում․
exparte (*էքսփար'թի*) միակողմանի (դատումի կամ դատապարտութեան մէջ)․
expatiate (*էքսփէյ'շիէյթ*) բանի մը մասին գրել կամ խօսիլ հեռուէն․ տարածել․ երկարել (խօսքը)․ քննադատել․
expatriate (*էքսփէյ'թրիէյթ*) անձ մը իր հայրենիքէն աքսորել․ *—tion* տարագրութիւն․ աքսորում․
expect (*էքսփէքթ'*) ակնկալել (անձ մը, բանի մը պատահիլը)․ *expectation* ակնկալութիւն․ *he has —s* կը հաւատայ թէ մէկը իր մահէն ետք դրամ պիտի ձգէ իրեն․

—ation of life կեանքի միջին տեւողութիւն.

expectorate (*էքսփէք'թըրէյթ*) թքնել. հազալ.

expedient (*էքսփի'տիընթ*) յարմար. շահաւէտ. հընարաւոր (ոչ անպայման ուղիղ սակայն շահաւէտ քայլ). *expediency* շահաւէտութիւն (առանց նկատողութեան առնելու արդարութիւնը).

expedite (*էքս'փիտայթ*) արագացնել (ընթացքը), արագ դրկել. փութացընել. արագ.

expedition (*էքսփիտի'շըն*) արշաւախումբ (պատերազմի կամ անծանօթ հողամասեր հետախուզելու համար). առաքում. անապարանք. *by —* շուտով. *expeditious* արագ.

expel (*էքսփէլ'*) վտարել. վռնտել. դուրս քշել.

expend (*էքսփէնտ'*) վատնել (դրամ, ժամանակ). *expenditure* ծախում. մսխուած դրամ. *expense* ծախք. արժէք. *at the expense of* վնասով. վընասի պատճառ հանդիսանալով. ծախսովը. *free of —* ձրի. *at any —* ինչ գնով ալ ըլլայ. *expensive* սուղ.

experience (*էքսփի'րիընս*) փորձառութիւն. հմտութիւն. ենթարկուիլ. փորձառութիւնը ունենալ. *to gain —* փորձառութիւն շահիլ.

experiment (*էքսփէր'իմընթ*) փորձարկութիւն (գիտական, եւայլն). փորձ. փորձարկութիւն ընել. *—al philosophy* փորձառական (մակածական) փիլիսոփայութիւն.

expert (an) (*էքսփըրթ'*) փորձագէտ, վարպետ. մասնագէտ մը.

expertise (*էքսփըրթիզ'*) փորձագիտութիւն. մասնագիտութիւն.

expiate (*էքս'փիէյթ*) քաւել (յանցանքը). *expiation* քաւութեան զոհ.

expire (*էքսփայր'*) հոգին աւանդել. վերջանալ. *at the expiry of* վերջաւորութեան (պայմանաժամի կամ զինադուլի).

explain (*էքսփլէյն'*) բացատրել. պատճառաբանել. լուսաբանել. *explanatory* (*էքսփլէնէթ'ըրի*) բացատրական. *explanation* բացատրութիւն.

expletive (*էքս'փլիթիվ*) լրացուցիչ բառ, խօսք. աւելադիր.

explicit (*էքսփլի'սիթ*) յըստակ եւ մեկին յայտնուած, յստակօրէն բացատրուած.

explode (*էքսփլոտ'*) պայթիլ. մերժել. պայթեցնել. *to — with rage* յանկարծ կատաղութենէն պոռթկալ. *to — with laughter* խնդալէն մարիլ. *to — an idea* գաղափար մը հերքել.

exploit (*էքսփլոյթ'*) մեծ արարք. քաջագործութիւն. ամբողջապէս շահագործել (մարդ մը, հանք մը)· —*ation* շահագործում· շահատակութիւն· *exploiter* շահագործող·

explore (*էքսփլոր'*) հետախուզել· երկրախուզել (անծանօթ բաներ երեւան հանելու համար)· —*ration* երկրախուզութիւն· հետախուզութիւն· —*r* երկրախոյզ· հետախոյզ·

exponent (*էքսփո'նընթ*) ցոյց տուող· բացատրիչ, ցուցիչ (օր· 6^3· 3–ը *exponent* է եւ կը նշանակէ՝ 6×6×6)· յայտարար, մեկնիչ·

export (*էքսփորթ'*) արտածել (ապրանք, եւն·)· (*էքս'փորթ*) արտածում· —*s* արտածուելիք ապրանքներ· —*ation* արտածում·

expose (*էքսփոզ'*) բաց ձգել· քօղազերծել· անպաշտպան ձգել· ծախելու հանել· ցոյց տալ· *to — one's skin to the sunlight* իրական պատկերը ցոյց տալ (ժխտական առումով)· *to — oneself to risk* անձը վտանգի տակ դնել· *to — oneself to ridicule* ինքզինք ծաղր ու ծանակ դարձնել·

exposé (*էքսփոզէյ'*) հրապարակային բացատրութիւն· չարագործութիւն մը բացատրել·

exposition (*էքսփոզի'շըն*) ցուցահանդէս· բացատրութիւն (բանի մը)·

expostulate (*էքսփոսթ'իուլէյթ*) բարեկամական դիտողութիւն ընել (սխալները մատնանշելով)· յանդիմանել·

exposure (*էքսփո'ժըր*) ցուցադրութիւն· յայտնուիլը· մերկացում·

express (*էքսփրէս'*) յստակօրէն ըսել կամ ցոյց տալ· արտայայտել· արագօրէն դրկել· սուրհանդակ· լրաբեր· ճեպընթաց· ճշգրիտ· *an — train* ճեպընթաց կառախումբ· —*ion* արտայայտութիւն· յուզականութիւն· *beyond —* աննկարագրելի· *expressive* արտայայտիչ. *an — look* նշանակալից նայուածք.

expropriate (*էքսփրո'փրիէյթ*) սեփականազրկել·

expulsion (*էքսփըլ'շըն*) վտարում· *expulsive* վանողական· արտաքսիչ.

expunction (*էքսփընք'շըն*) եղծանում·

expunge (*էքսփընճ'*) սրբել (բառ մը)·

expurgate (*էքս'փըրկէյթ*) մաքրազտել գիրք մը, զայն մանուկներու յարմար դարձնելու համար· *expurgatory index* արգիլուած գիրքերու ցանկ·

exquisite (*էքս'քուիզիթ*) ուշադրութեամբ ընտըրուած. նորաձեւութեան հետամուտ· շատ գեղեցիկ եւ սիրուն· *exquisitely* գեղեցկօրէն· գերազանցօրէն· *— painful* շատ ցաւող·

exscind (*էքսինտ'*) կտրել

հանել․ քնաջնջել․ բաժնել․

extant (էքսթէնթ՛) գոյատեւող․ չբնաջնջուած․ ապրող․

extemporaneous (էքսթէմփորէյ՛նիըս) յանպատրաստից․

extempore (էքսթէմ՛փորի) յանպատրաստից (ճառ, եւայլն)․ *to speak —* յանպատրաստից խօսիլ հաւաքոյթի մէջ․ *extemporaneously* (էքսթէմփորէյ՛նիըսլի) յանկարծակաօրէն, անակնկալօրէն․

extend (էքսթէնտ՛) տարածել (երկայնքին եւ լայնքին)․ շարունակել․ *to — kindness to* ազնիւ վարուիլ․ *extension* տարածում․ ընդլայնում․ *an extending* տան վրայ շինուած նոր մաս․ *an extension course* համալսարանի անդամ չեղողներուն տրուած դասընթացք․ *extensive* տարածուն․ լայն․ *extensive repairs* հիմնական նորոգութիւններ․ *extent* չափ․ ծաւալ․ տարածութիւն․ *to a certain extent* մինչեւ տունեալ կէտ մը․ *to a great extent* մեծ մասով․

extenuate (էքսթէն՛իուէթ) տկարացնել․ գործել (ոճիր մը)․ բարակցնել․ նրբացնել․ թեթեւցնել (յանցանքը)․

exterior (էքսթի՛րիըր) արտաքին․ դուրսի․

exterminate (էքսթէր՛մինէյթ) կործանել․ բնաջնջել (ցեղ, ազգութիւն, զաղափար)․ *extermination* բնաջնջում․

external (էքսթըրն՛ըլ) արտաքին․ օտար․

extinct (էքսթինքթ՛) մեռած․ մահացած․ *— animals* հին ժամանակներուն ապրած կենդանիներ․

extinguish (էքսթին՛կուիշ) մարել (կրակը ջուրով)․ *—er* կրակը մարող մեքենայ․ մոմի վրայ դրուելիք մետաղէ գդակ․ *to — a debt* պարտքը մաքրել․

extirpate (էքս՛թըրփէյթ) արմատախիլ ընել․ կործանել․ ջնջել․

extol (էքսթոլ՛) գովաբանել․ փառաւորել․

extort (էքսթորթ՛) խլել, յափշտակել․ խաբելով առնել․ *to — a promise* խոստում մը կորզել․ *to — money* դրամ խլել․ *extortionate* մեծագումար դրամ պահանջել․

extra- (էքս՛թրը-) արտաքնական․ սովորականէն աւելի․ դուրս․ աւելի քան․ *extra-mural* պատերէն դուրս․ *extra-ordinary* տարօրինակ․ արտակարգ․ բացառիկ․

extract (էքսթրէքթ՛) քաղուածք (լաւագոյն մասը)․ հատուածք․ քաշել հանել․ քաղել․ *— of meat* միսին լաւագոյն մասը՝ եռալով հեղուկի վերածուած․ մսաջուր․

extradite (էքս՛թրըտայթ)

եւ իր երկիրը դրկել (փախստական յանցագործը, քաղաքական յանցաւորը)։
extraneous (*էքսթրէյն՛իըս*) օտար. անհարազատ.
extravagant (*էքսթրէվէ՛կընթ*) շռայլ. անկանոն. արտաքնական. — *praise* ծայրայեղ (ապուշ) գովասանք.
extravaganza (*էքսթրէվէկէն՛զա*) ոչ-իրաւանմանն գաղափարներով (գիրք, ներկայացում, երաժշտական գործ, եւ այլն)։
extreme (*էքսթրիյմ՛*) ծայրայեղ, սաստիկ. — *ideas* ծայրայեղ գաղափարներ. *an extremist* ծայրայեղական (անձ)։
extremity (*էքսթրէմ՛իթի*) ծայրամաս. վերջին սահման. ծայրայեղութիւն. *to proceed to extremity* ծայրայեղ միջոցառումներու դիմել. *dire extremity* վերջին ծայր չունեւորութիւն. *extremities of the body* ձեռքեր, ոտքեր, մատներ, եւայլն.
extricate (*էքս՛թրիքէյթ*) դժուարութենէ հանել. կնճիռը լուծել.
extrovert (*էքսթրովըրթ՛*) անձ մը որ իր մասին չի խորհիր հապա միայն դուրսի աշխարհի մասին. արտաքնահայեաց. արտակեդրոն.
extrude (*էքսթրուտ՛*) արտաքսել. դուրս մղել.
exuberant (*էքսիու՛պըրընթ*) կեանքով եւ ոգեւորութեամբ լի. ազատօրէն աճող (բոյս). շատ պտղոտ գծագրութիւն (զարդարանք).
exude (*էքզիուտ՛*) քրտնիլ. քրտնցնել (դժուարին աշխատանքի իբր արդիւնք).
exult (*էգզըլթ՛*) ցնծալ. հպարտ զգալ (լաւ գործ մը ըրած ըլլալուն համար). *exultant* ցնծագին.
ex-voto (*էքսվո՛թօ*) մատաղ.
eyas (*այ՛ըս*) բազէի ձագ.
eye (*այ*) աչք. կարծիք. փոքր ծակ (ասեղի). գնահատելու կարողութիւն. հանգոյց. լամբակ. դիտել. աչք ընել. *an — for beauty* գեղեցիկը գնահատող աչք. *up to the eyes in work* գործի մէջ թաղուած. *keep an — on him* հսկել վրան. *to have an — on someone's goods* մէկուն ունեցածին վրայ աչք ունենալ. *to see eye to eye* բոլոր կէտերուն շուրջ համաձայնիլ. *make someone open his —s* մէկը զարմացնել. *to do someone in the eye* մէկը խաբել. *to make —s at* սիրալիր ձեւով նայիլ մէկուն. *sheep's —s* սիրալիր նայուածքներ. *oh, my —!* զարմացման բացագանչութիւն. *it's all my —* խաբելու ապուշ փորձ մըն է. *an — for an —* ակն ընդական. *in the — of the law* յաչս օրէնքի. *in the wind's —*

հովին հակառակ կողմը·

eyeball (այ'պո՛լ) ակնագունդ·

eybeam (այ'պիյմ) նայուածք·

eyebrow (այպրաու) յօնք·

eyeful (այ'ֆուլ) սքանչելի·

eyeglasses (այ'կլասս) ակնոցներ·

eyelet (այ'լէթ) փոքր ծակ (կօշիկի կապին համար)· օղեկ· լամբակ·

eyelid (այ'լիտ) կոպ, աչքերու կափարիչ·

eye-opener (այ'օփընըր) զարմանք պատճառող որեւէ բան·

eye service (այ'սըրվիս) հաշիւէ մղուած ծառայութիւն·

eyesight (այ'սայթ) տեսողութիւն·

eyesore (այ'սոր) աչքի համար անհաճոյ որեւէ բան·

eyetooth (այ'թութհ) վերի շնատամ·

eyewash (այ'ուոշ) արցունք· աչքի դեղ· մէկը խաբել գէշ կատարուած գործը իբր լաւ ցոյց տալով·

eye water (այ' ուոթըր) արցունք·

eyewitness (այ'ուիթնէս) ականատես վկայ·

eyne (այն) *eye*ի յոգնակին (դասական գրականութեան մէջ միայն գործածուած).

eyrie (էյ'րի) տես *aerie* արծուի բոյն·

F

F, f (*էֆ*) անգլերէն այբուբէնի 6րդ գիրը․ բարձրը (երաժշտութեան մէջ)․

Fabian (*ֆէյ'պիըն*) զգոյշ․ խուսափողական․ յամբընթաց (քաղաքականութեան մէջ)․ անգլիական ընկերվարական շարժում (հիմնուած 1884ին) ծանօթ իր չափաւոր ուղեգիծով․ *Fabianism* այս փիլիսոփայութիւնը․ փաբիոսեան ընկերվարութիւն․

fable (*ֆէյ'պլ*) առակ․ առասպել․ հէքիաթ․ առակաբանել․ սուտեր հնարել․ *fabulous* (*ֆէփ'իւլըս*) առասպելական․ չափազանցուած․

fabric (*ֆէպ'րիք*) շինուածք․ հիւսք․ բանուածք․ շէնք․

fabricate (*ֆէպ'րիքէյթ*) հնարել (սուտ պատմութիւն) կազմել․ կառուցել․ *fabricator* հնարող․ կերտիչ․

fabulist (*ֆէպ'իուլիսթ*) առակագիր․

facade (*ֆըսատ', ֆէսէյտ'*) դուրսի նակատը (շէնքի մը)․

face (*ֆէյս*) դէմք․ երես․ երեւոյթ (արտաքին)․ ժամացոյցի կլորակը․ լրբութիւն․ նակատիլ․ դիմաւորել․ նայիլ․ դառնալ․ *to have the face to say* համարձակիլ ըսել․ *in the — of danger* վտանգի դիմաց․ *on the — of it* միայն դուրսի երեւոյթէն դատելով․ *to fly in the — of good fortune* առիթը չօգտագործել․ *to put a brave — on* անվախութիւն ձեւացնել․ *make a —* դէմքը ծամածռել․ *to save one's —* ձեւացնել թէ յաջողած ես, մինչդեռ ընդհակառակը՝ ձախողած․ *to pull a long face* տխուր նայիլ․ *to — the enemy* թշնամիին դէմ ցցուիլ․ *to laugh in one's —* մէկուն քիթին խնդալ․ *in the — of day* բացայայտ կերպով․ *to — to the right* կեդրոնացնել (?) *to set the — against* դէմ կենալ․ *to — the music* պատրաստուիլ ծանր պա-

տիժի ենթարկուելու․ — *up to* անհանոյ իրականութիւն մը ընդունիլ․ *to — out* պնդել (բանի մը վրայ)․ *right —* աջ դարձ (մարզանք)․
face-guard (*ֆէյս'կարտ*) երեսը պաշտպանող դիմակ․
face-value (*ֆէյս' վէլիու*) դրամի, դրոշմաթուղթի վրայ արձանագրուած արժէք (սովորականէն բարձր)․ անուանական արժէք․
facet (*ֆէսէթ'*) տափարակ երես (թանկագին քարի)․ միջատի փոքր աչք․
facete (*ֆէսիթ'*) կատակախօս․ պատրաստաբան․
facetious (*ֆիսի'շըս*) զըւարճացնող․ կատակաբան․
facial (*ֆէյ'շըլ*) դէմքի․ *facial massage* դէմքի մարզանք (մարձում)․
facile (*ֆէս'իլ*) դիւրին․ գործի մէջ անհոգ․ արագ գործ ընող մարդ․ հանոյակատար (մարդ)․
facile princeps (*ֆէս'իլի փրի'նսիբս*) դիւրութեամբ ձեռք ձգուած (առաջնութիւն)․
facilitate (*ֆէսիլ'իթէյթ*) դիւրացնել․ օգնել․
facility (*ֆէսիլ'իթի*) դիւրութիւն․ ճարպիկութիւն․ պատեհութիւն․
facsimile (*ֆէքսիմ'իլի*) նշգրիտ ընդօրինակութիւն․ նմանագիր․
fact (*ֆէքթ*) իրականութիւն․ կատարուած բան․ արարք․ ճշմարտութիւն․ *in fact* կամ *in point of fact* իրականութեան մէջ, արդարեւ․ *as a matter of —* իրականութիւնը այն է թէ․
faction (*ֆէք'շըն*) հակադիր խումբ (մարդոց)․ կռիւ․ հակառակութիւն․ *factious* հատուածական․
factitious (*ֆէքթի'շըս*) արուեստական։ սխալ․ անբնական (վարմունք)․
facto (*ֆէք'թօ*) իրականապէս․ *de-facto* իրապէս․ իրողապէս․
factor (*ֆէք'թըր*) ազդակ․ գործակատար․ արտադրիչ․
factory (*ֆէքթ'ըրի*) գործատուն․ գործարան․ առեւտուրի կայան օտար երկրի մը մէջ․
factotum (*ֆէքթո'թըմ*) ամէն տեսակ գործառնութիւն, աշխատանք կատարող մարդ․
factual (*ֆէք'թիուըլ*) իրական․
faculty (*ֆէ'քըլթի*) կարող․ կարողութիւն․ իշխանութիւն․ ձիրք․ *a person's faculty* մարդու մը տեսնելու, մտածելու, լսելու, եւ այլ յատկութիւնը․ *the F—* բժշկական ատպարէզ․ ուսուցչակազմ (գոլէճի, համալսարանի)․
fad (*ֆէտ*) կարճ ժամանակ մը տեւող սովորութիւն կամ շահագրգռութիւն․ քմայք․
fade (*ֆէյտ*) տժգունիլ․ գունատիլ․ ուժաթափ ըլլալ․

fag (*ֆէկ*) յոգնեցնել· չարաչար աշխատիլ (դասերուն մէջ)· փոքր տըղայ մը մեծ տղու մը տեղ աշխատցնել· կըտենիկ· անարժէք մնացորդ (թանի մը)·

faggot, fagot (*ֆէկ'ըթ*) չոր փայտի խուրձ (վառելու համար)· պառաւ·

Fahrenheit (*ֆար'ընհայթ*) ջերմաստիճանը որոշելու ձեւ գերմանացի բնագէտ Ֆարընհայթի (1686–1736) անունով· սառելու աստիճանը՝ 32°· ջուրի եռալու աստիճանը՝ 212°·

fail (*ֆէյլ*) ձախողիլ· առողջութիւնը (ուժը) կորսընցնել· սնանկանալ· սպառիլ· յուսախաբ ըլլալ· ձախողանք· պակաս· *do not — me* խոստումդ պահէ· մի՛ խաբեր զիս· *failing* տըկարութիւն· անյաջողութիւն· սխալ· *failure* ձախողութիւն· թերացում· սնանկութիւն·

fain (*ֆէյն*) ուրախ· կամեցող· *I — would help him* հաճոյքով պիտի փափաքէի օգնել իրեն·

faint (*ֆէյնթ*) անզօր· տըկար· աղօտ· նուաղում· *— -hearted* երկչոտ· *—ish* նուաղկոտ·

fair (*ֆէ'ր*) գեղեցիկ· արդար· յստակ· ակնհաճոյ· սահուն· պարզկայ· գոհացուցիչ· *the —* տօնավաճառ· գեղեցիկ· *to bid —* խոստանալ· *to bid — to* նմանիլ· *the — sex* գեղեցիկ սեռը (կիներ)· *one's fair name* լաւ անունը (մէկուն)· *fair play* պատուաւոր վերաբերմունք· *— weather* հանդարտ օդ· *hit the nail — on the head, — and square on the head* ճիշդ նպատակին հասնիլ· *fairly well* գոհացուցիչ (ոչ շատ լաւ)·

fair-minded (*մայնտըտ*) արդարակորով·

fair-spoken (*սփոքըն*) քաղքավար լեզուով խօսող·

fair-trade (*թրէյտ*) հաւասար պայմաններով առուտուր·

fair way (*ֆէր' ուէյ*) գործածելի (նաւարկելի) ճամբայ (գետ)·

fairy (*ֆէր'ի*) պարիկ· ըղձանոյշ· *fairyland* հրաշալիքներու երկիր· *fairytale* հէքիաթ·

fait accompli (*ֆէթէքոմփլի'*) կատարուած իրողութիւն·

faith (*ֆէյթհ*) հաւատք· հաւատալիք· դաւանանք· վստահութիւն· խոստում· *he did it in good —* անկեղծութեամբ ըրաւ· *act of —* հաւատքննութիւն· *bad —* անպարկեշտութիւն· *on the — of* յանուն· *to put — in* հաւատալ· *to have faith in God* Աստուծոյ հաւատալ·

faithful (*ֆէյթհ'ֆուլ*) հաւատարիմ· *the —* հաւատացեալք (Աստուծոյ մը)·

fake (*ֆէյք*) կեղծել· շորթել· կեղծուած (առար-

կայ)․ խարերայ․
fakir (*ֆէքիր՛*) մուրացկանութեամբ յատկանըշուած հնդիկ կրօնական աղանդ․ փաքիր․
Falangists (*ֆալան՛ճիսթս*) սպանացի զինուորական փաշիստներ՝ որ Զօր․ Ֆըրանքոյի հետ գործակցեցան Սպանիոյ քաղաքացիական պատերազմի ընթացքին (1936–39)․ Փաղանգաւորներ (լիբանանցի)․
falchion (*ֆո՛լշըն*) լայն եւ կոր թուր․
falcon (*ֆո՛քըն, ֆո՛լքըն*) բազէ․ տեսակ մը թեթեւ թնդանօթ․ *falconry* (*ֆո՛քընրի*) բազէով որսորդութիւն․
fall (*ֆո՛լ*) (*fell, : fallen* անցեալ, անց․ ընդ․) իյնալ․ թափիլ․ կործանիլ․ տեղալ․ նուազիլ․ արժէզըրկուիլ․ պատահիլ․ անկում․ կործանում․ մահ․ արժէզրկում (աշնան եղանակ)․ աշուն․ ջըրվէժ․ տարափ․ *the river is falling* գետին ջուրերը կը նուազին․ *the prices are falling* գիները անկում կը կրեն․ *the enemy attacked the capital city and it fell* թշնամին մայրաքաղաքին վրայ յարձակեցաւ եւ ան ինկաւ․ *trade always falls away during the war time* պատերազմի ժամանակ առեւտուրը կը նուազի․ *his friends fell away from him* բարեկամները հեռացան իրմէ․ *to fall back* նահանջել (բանակ)․ *to fall on the battle front* պատերազմի դաշտին վրայ իյնալ․ *to fall across* պատահմամբ հանդիպիլ․ *to fall for* հմայուիլ․ *to fall in* շարքի մէջ մտնել․ *to fall out* շարքը կազմալուծել (զինուորներու համար)․ *the two brothers fell out* երկու եղբայրները կռուեցան․ *to fall short of one's hopes* աւելի պակաս ըլլալ քան․ *fall for him, fall in love with him* մէկուն սիրահարիլ․ *the plan fell through* ծրագիրը ձախողեցաւ․ *to fall on one's feet* լաւ բախտ ունենալ․ *to fall in with* հանդիպիլ (մէկուն)․ *to fall under* ենթարկուիլ․ *to fall off* նուազիլ․ ձգել․ *to fall down* երկրպագել․ *to fall on, upon* վրան յարձակիլ․ *to fall over* ըմբոստանալ․ *to fall short* չբաւել․ *to fall to blows* ծեծկռուքի սկսիլ․ *fall-out* օդին մէջ շողարձակ տարրեր հիւլէական կամ թթուածինի ռումբի պայթումէն գոյացած․
fallacious (*ֆէլէյ՛շըս*) խաբէական․ պատիր․
fallacy (*ֆէլ՛ըսի*) սխալ գաղափար․ աչքը (միտքը) խաբող պատրանք․ խորամանկութիւն․ *a popular fallacy* սխալ հանրային կարծիք․

fallen (*ֆո՛լըն*) *fall*ի անց. ընդ. *the fallen* պատերազմի մէջ ինկածները.

fallibility (*ֆէլիպիլ'իթի*) սխալականութիւն.

fallopian tube (*ֆէլօ'փիըն թիուպ*) այն խողովակը որ կազմուորուած ձուն դէպի արգանդ կ'առաջնորդէ. Փալլոպեան ցընցուղ (գիտ.).

fallow (*ֆէլ'օ*) շէկ. մէկ տարի անմշակ մնացած հող. *green* — բանջարեղէնի յատուկ արտ. *to lie* — հանգչիլ.

false (*ֆո՛լս*) սխալ. անճիշդ. անհաւատարիմ. կեղծ. կեղծել. խաբել. *sailing under — colours* խաբել (ինչպէս ծովահէնները). *a — note* սխալ ձայնանիշ (երաժշտ.).

false-colours (*գ'ալըրս*) կեղծ դրօշ.

false-imprisonment (*իմփրիզըն'մընթ*) անօրէն բանտարկութիւն.

false-papers (*փէյփըրս'*) կեղծ թուղթեր.

false-token (*թօքըն*) կեղծ նշան.

false-hearted (*հարթըտ*) դաւաճան.

falsehood (*ֆո՛լս'հուտ*) անճշդութիւն. նենգութիւն.

falsetto (*ֆո՛լսէթ'օ*) գըլխու (կեղծ) ձայն.

fàlsification (*ֆօլ'սիֆիքէյշըն*) խեղաթիւրում. նենգութիւն.

falsifier (*ֆո՛լ'սիֆայըր*) խեղաթիւրող.

falsify (*ֆո՛լ'սիֆայ*) խեղաթիւրել. նենգել. դըրժել. սուտ խօսիլ. *my hopes have been falsified* յոյսերս սխալ դուրս եկան.

falsity (*ֆո՛լ'սիթի*) կեղծիք. ստութիւն.

fàlter (*ֆո՛լ'թըր*) վարանելով խօսիլ (քալել).

falx (*ֆէլքս*) մանգաղ.

fame (*ֆէյմ*) համբաւ. հռչակ. *ill* — վատ համբաւ. վատահամբաւութիւն. *house of ill* — գէշանոց. հանրատուն. *famous* հռչակաւոր, անուանի, շատ լաւ.

familiar (*ֆէմիլ'իըր*) մըտերիմ. ծանօթ. ընտանի. քաջածանօթ. բարեկամ. *familiarize oneself with* ընտանի դարձընել, ծանօթացնել ինքզինք (բանի մը).

family (*ֆէմ'իլի*) ընտանիք. ծնողքի մը զաւակները. գերդաստան. ազգատոհմ. տեսակ, խումբ. ցեղ. *a family tree* ընտանիքի ծառ. *in the family way* յղի. *family Bible* Սուրբ Գիրք ուր ընտանիքի մը ծնունդները, մահերը, եւայլն կ'արձանագրուին.

famine (*ֆէմ'ին*) անօթութիւն. սով. — *fever* ժանտատենդ.

famished (*ֆէմ'իշտ*) սովամահ եղած. *I am* — շատ անօթի եմ.

famulus (*ֆէմ'իուլըս*) ծառայող.

fan (*ֆէն*) հովահար. հողմահար. դեկ. հովահարել. *a film* — շարժանկարի սիրահար. *a —-light* հովահարի ձեւ ունեցող պատուհան, սովորաբար դրան վրայ.

fanatic (*ֆընէթ'իք*) մոլեռանդ (ազգասէր, կրօնասէր).

fancier (*ֆէն'սիըր*) որոշ տեսակի կենդանիներ պահող (գրաղմունքի կամ ծախելու համար). կենդանիներէ լաւ հասկցող մարդ. երազկոտ. մոլի.

fanciful (*ֆէն'սիֆուլ*) քմայքոտ. երազուն. տարօրինակ.

fancy (*ֆէն'սի*) երեւակայութիւն. գաղափար. մըտապատկեր. քմահաճոյք. շքեղանք. կարծատեւ սէր. երեւակայել. սիրել. *to take a — to* սիրել. *I have a — for* պիտի փափաքէի. *to — oneself* ինքն իր մասին մեծ համարում ունենալ. *fancy-cake* շատ մեծ եւ շքեղ բլիթ.

fancyman թղթախաղի մոլի. անբարոյական կնոջ բարեկամ.

fancy-work ասեղնագործութիւն.

fancyprice շատ բարձր գին.

fancystore կանանց զարդեղէններու վաճառատուն.

fancy woman բոզ.

fane (*ֆէյն*) սուրբ շինութիւն (եկեղեցի).

fanfare (*ֆէն'ֆէր*) փողերախումբ. նուագախումբ.

fang (*ֆէնկ*) երկայն սուր ակռայ (օձի). ժանիք. ճանկ. ճանկել. *in a —* ձգտուած վիճակի մէջ.

fantastic (*ֆէնթէս'թիք*) տարօրինակ. անկարելի. միայն երեւակայութեան մէջ.

fantasy (*ֆէն'թըզի*) տարօրինակ գաղափար. տարօրինակ եւ անսովոր գըրութիւն մը (կամ երաժշտութիւն) որ երբեմն կը կոչուի նաեւ *fantasia* (*ֆէնթէյ'զիը*).

far (*ֆար*) հեռու. հեռաւոր. աւելի. *far be it from me to* — պիտի չհամարձակէի ընել. *he will go* — պիտի յաջողի. *far stronger* շատ զօրաւոր. — *and away better* շատ լաւ. *it is a — cry to* շատ հեռու է. *few and — between* միշտ չի գտնուիր. *by far* բացառիկ կերպով շատ. *as — as* մինչեւ, այնքան որ. *thus —* մինչեւ հոս. *far from it* Աստուած չընէ. — *off* շատ հեռու. — *other* մեծապէս տարբեր. — —*and away* ամբողջապէս. — *East* Ծայրագոյն Արեւելք (Ճապոն, Չինաստան, եւն.). —-*sighted* հեռատես. *far-away* հեռաւոր.

farad (*ֆէր'էտ*) ելեկտրականական կարողութեան միութիւն՝ որ կը պահանջէ մէկ կուլոն՝ կարողականութիւնը մէկ վոլթով բարձրացնելու համար,

Միշէլ Ֆէրէտէյի (1791-1867) անունով. *Faradic currents* Ֆէրէտէի հոսանք.

farce (*ֆարս*) զաւեշտ. խնդուք յառաջացնող որեւէ տարօրինակութիւն. լեցնել. *his plans were a —* ծրագիրները անգործնական եւ ապուշ էին. *farcical* զաւեշտական.

fare (*ֆէյր, ֆէր*) վարձք. հեծնողչէք. ուղեւորութիւն. ուտեստեղէն. երթալ (բանաստեղծութեան մէջ). *he fared forth* դուրս գնաց. յաջողիլ. *it —d ill with him* անյաջող դուրս եկաւ. *you may go farther and — worse* ունեցածովդ պէտք է բաւարարուիս. *a bill of —* ճաշացուցակ (պանդոկի մէջ). *the fare from Beirut to Aleppo* նամբորդողչէք Պէյրութէն Հալէպ.

farewell (*ֆէր'ուէլ*) հրաժեշտ. մնաս բարով. երթաս բարով (երբ զիրար կրկին տեսնելու քիչ յոյս կայ). *to bid some one farewell* մէկուն մնաս բարով ըսել.

far-fetched (*ֆար'ֆէչտ*) անտրամաբանական. ապուշ. հեռուէն բերուած.

farinaceous (*ֆէրինէյ'շըս*) ալիւրեղէն. ալիւրանման.

farm (*ֆարմ*) ագարակ. տուրք. վարձել. մշակել (հողը). վարուցան ընել (ագարակի մը հողերը). *to — out the work* գործը ուրիշներուն տալ որ կատարեն. *a farmer* ագարակապան. *farmstead* (*ֆարմ'սթէտ*) ագարակի տուն. *farmyard* ագարակի բակ. *oyster —* ջուրի տարածութիւն մը՝ ուր ոստրէներ կ'անեցնեն.

farrago (*ֆարէյ'կօ*) խառնարան ապուշ, անիմաստ խօսքերու.

farrier (*ֆար'իըր*) պայտագործ. ձիադարման. ձիերու բժիշկ.

far - seeing, far - sighted տես՝ *far* հեռատես.

farther (*ֆար'Թհըր*) աւելի հեռու. (*far, farther, farthest*). *farthermost* (*ֆարԹ'հըրմօսԹ*) ամենէն հեռու.

farthing (*ֆարտհ'ինկ*) 1/4 փէննի. 1/2 սէնթ.

farthingale (*ֆար'տհինկէյլ*) կնոջ փէշին տակ դրուած շրջանակ՝ որ կ'ուռեցնէ զայն. լայթուռոյց.

fascicule (*ֆէս'իքիուլ*) փոքր խուրձ.

fascinate (*ֆէս'ինէյԹ*) հրմայել. դիւթել. աչքը վրան սեւեռել (ինչպէս օձը փոքր կենդանիներուն վրայ). *—tion* դիւթանք. թովչանք. *—ting* գրաւիչ. դիւթիչ.

Fascist (*ֆէշ'իսԹ*) ֆաշիստ. ցեղակրօն. *Fascism* (*ֆէշ'իզմ*) Իտալական Ազգայնական շարժում՝ կազմակերպուած Պէնիթօ Մուսոլինիի կողմէ 1919ին (սկզբունքներ՝ ամբողջատիրութիւն, ցեղակրօն, վարդապետութիւն, պետական դրամատիրութիւն)։

fashion (ֆէշ'ըն) նորաձեւութիւն։ կերպ։ մեթոտ։ կաղապար։ ձեւ։ ձեւել։ նորաձեւել։ *strange* — տարօրինակ ձեւ։ *after a* — ոչ շատ լաւ։ *after the — of* նման։ *as today, short skirts were the fashion in 1919* այսօրուան պէս կարճ փէշերը նորաձեւութիւն էին 1919ին։ *to be the* — ամենուն հիացումին արժանի ըլլալ եւ ընդօրինակուիլ իրենցմէ։ *it is not the — to* ներկայիս նորաձեւութիւնը չէ։ *—able* նորաձեւական։ վայելուչ։ *old-fashioned, out of fashion* հին ձեւ։ *new-fashioned* նորաձեւ։ *a fashion-plate* տարբեր ձեւերով հագուստներ ցոյց տուող նկար։

fast (ֆասթ) արագ։ արագաշարժութիւն։ ամուր։ խոր (քուն)։ զեխ։ շըռայլ։ իրական (բարեկամ)։ ծոմ պահել։ *the — set* զեխութեան եւ շըռայլութեան հետամուտ մարդոց խումբ։ *— colour* չփոխուող, չտըժգունող գոյն։ *a fast woman* զէշ նկարագրով եւ ապուշ կին։ *to play — and loose* փախուստի նամբան բռնել։ *fast asleep* խոր քունի մէջ։ *to stand* — քաջաբար դիմադրել։ *to lead a — life* հանոյքներու համար ապրիլ։ *she broke her fast* պահքը աւրեց (բեկանեց)։

fasten (ֆաս'ն, ֆէս'ն) ամրացնել։ հաստատել։ փակել։

fastidious (ֆէսթիտ'իըս) դժուարահան։ խիստ բըծախնդիր։

fastness (ֆասթ'նէս) ամրութիւն։ ամրոց։ հաւատարմութիւն։

fat (ֆէթ) գէր։ իւղոտ։ նարպոտ։ նարպ։ իւղ։ լաւագոյն արտադրանք։ ապուշ։ կոշտ։ *a fat-head* ապուշ անձ։ *a — lot you care* անհոգ ես։ *to live on the — of the land* հանգստաւէտութեան մէջ ապրիլ։ *the fat is in the fire* արարքըդ շատ զէշ հետեւանքներ պիտի ունենայ։

fatal (ֆէյ'թըլ) նակատագրական։ աղիտալի։ մահաբեր։ *fatalism* նակատագրականութիւն։ *a fatality* (ֆըթէլ'իթի) մահ։ դժբախտութիւն։

fate (ֆէյթ) նակատագիր։ մահ։ կործանում։ *fateful* նակատագրական (լաւ կամ զէշ կարեւորութեամբ)։

father (ֆա'տհըր) հայր։ եկեղեցական։ նախահայր։ Աստուած։ որդեգրել։ տէր ըլլալ։ *to — a plan* ծրագիրի մը իրականացման օգնել։ *the —s of their country* երկրի մը ղեկավար անձերը. *father-in-law* աներհայր, կեսրայր. *adoptive* — հայրագիր. *god* — կնքահայր. *grand* — մեծ հայր. *step* — խորթ հայր. *Heavenly* — Երկնաւոր Հայր. *the father of waters* Նեղոս գետ. *natural* — ապօրինի հայր. *the Holy Father* Քահանայապետ, Պապը.

Father in God Սրբազան Հայր (Եպիսկ.ի տրուած տիտղոս). *Most Reverend* — Ամենապատիւ Սրբազան Հայր.

father of lies սատանայ.

fathers of the city քաղական խորհուրդ.

fatherland (*ֆա'տհըր-լէնտ*) հայրենիք.

fathom (*ֆէտհ'ըմ*) ջուրի խորութիւնը առնող չափ (6 ոտք երկայն). *to* — խորաչափել. ըմբռնել. *fathomless* չափէն աւելի խոր.

fatigue (*ֆըթիկ'*) յոգնութիւն. ծանր գործ. յոգնեցնել. *to stand* — յոգնութեան տոկալ. — *dress* աշխատանքի հագուստ (զին.).

fatuity. (*ֆէթիւ'ուիթի*) ապուշութիւն. բթամտութիւն. *fatuous* ապուշ. բթամիտ.

faucet (*ֆօ'սէթ*) ծորակ (Ա.Մ.Ն.).

fault (*ֆոլթ*) սխալ. ձախողութիւն. թերութիւն (նկարագրի). պակասութիւն. յանցանք. *kind to a* — շատ ազնիւ. *to be at* — յաջորդ ընելիքը չգիտնալ. *a* —*-finder* անհրաժեշտ չեղող սխալներ գտնող. *to find* — *(with)* խծբծել. *faulty* յանցաւոր. դատապարտելի. թերի.

faun (*ֆօն*) պուրակներու ոգի մարդկային մարմնով եւ այծի պոչ եւ կոտոշներով. փաւն. Պայ.

fauna (*ֆօն'ը*) նոյն աշխարհագրական (երկրաբանական) շրջաններու պատկանող կենդանիներուն տրուած հաւաքական բնորոշում.

fauteuil (*ֆօթէյ'*) բազկաթոռ (թատրոնի).

faux pas (*ֆօ փա*) սխալանք.

favour, favor (*ֆէյ'վըր*) շնորհ. բարիք. լաւութիւն. պարգեւ. պէճ. ընշանակ (անդամակցութեան). նպաստել. շնորհ ընել. օգնել. *the child favours his father* մանուկը շատ կը նմանի հօրը. *to curry favour* շընորհ մուրալ՝ ծծելով. *may I ask a* — *of you?* կարո՞ղ եմ ձեզմէ շնորհ մը խնդրել. *your* — *of the 24th inst.* ամսոյս 24 թուակիր ձեր նամակը. *with your* — ձեր թոյլտուութեամբ. *in* — *of* ի նպաստ. *in* — *with* քաջալերանքով. *by* — շնորհիւ. *he drew a cheque in his father's* — հօրը անունով չէք մը տորագրեց. *favourable*

նպաստաւոր· հանու-
թեամբ· *favourite* (*ֆէյ'-
վըրիթ*) նախասիրած
(անձ, առարկայ)․

fawn (*ֆո՛՛ն*) եղնիկի, այ-
ծեամի ձագ· *to fawn on*
(of an animal) (անա-
սունը) մէկու մը ձեռքը
լզել՝ իրր նշան սիրոյ·
(անձի) մէկու մը առջեւ
նուաստանալ· շէկ գոյն·

fay (*ֆէյ*) պարիկ· հա-
ւատք· կցել·

F. B. I. *(Federal Bureau of Investigation)* (*էֆ· պի· այ·*) Ա·Մ·Ն·ի մէջ կեդրոնական կառավա-
րական Ապահովութեան
Մարմին· *Federation of British Industries* Բրի-
տանական արդիւնաբե-
րութեանց համադաշնակ-
ցութիւն·

fealty (*ֆի՛ըլթի*) հաւա-
տարմութիւն (թագաւո-
րին, իշխողին)· *feal*
հաւատարիմ·

fear (*ֆիյր*) վախ· խոր
մտահոգութիւն· երկիւղ·
վախնալ· երկնչիլ (Աս-
տուծմէ)· ակնածիլ· *for*
— of, from — վախէն·
for — վախնալով· *to*
— God մեծապէս յար-
գել զԱստուած· *I — it's*
too late կը խորհիմ գա-
ւով· թէ՝ չատ ուշ է· *no*
— որոշապէս ոչ· *—ful*
վախազդեցիկ· սոսկալի·
—some վախազդեցիկ·
—less անվախ·

feasible (*ֆիզ'իպլ*) հնա-
րաւոր· կարելի·

feast (*ֆիյսթ*) խնճոյք·
կոչունք· խրախճանք·
խրախճանք սարքել· տօ-
նախմբել· *to — one's*
eyes դիտելով հաճոյք
զգալ· *— day* փառատօն·

feat (*ֆի՛թ*) յիշատակու-
թեան արժանի արարք·
քաջագործութիւն·

feather (*ֆէտհ'ըր*) փե-
տուր· մազէ փունջ· փե-
տըրագրիչ· *birds of a*
— նոյն տեսակի մար-
դիկ· *that's a — in his*
cap իրեն համար պատիւ
մըն է այդ· *to be in*
high — բարձր տրամա-
դրրութեան մէջ ըլլալ·
to — one's nest ան-
պարկեշտ միջոցներով
դրամ շահիլ· *to show*
the white — վախկոտ
ըլլալ· *fur and —* այն
թռչուններն ու կենդանի-
ները՝ որ հաճոյքի եւ կո-
կորդի սիրոյն կ'որսաց-
ուին· *birds of a —*
flock together նոյն տե-
սակի մարդիկ զիրար կը
սիրեն·

feather-brained, — headed թեթեւամիտ· թեթեւ-
սոլիկ·

feather-heeled (*—' հիլտ*)
զուարթ·

featherless առանց փետու-
րի

feather-weight (*— ուէյ'թհ*) ամենափոքր ծան-
րութիւնը, մարդը՝ զոր
ձիարշաւի ձին կը կրէ·
թեթեւագոյն կոփամար-
տիկ(ներ)·

feature (*ֆի՛չըր, ֆը-
թ'իուր*) դիմագիծ· կեր-
պար· բանի մը կարեւոր
մասը· պատկեր· *to —*

anything կարեւոր տեղ տալ բանի մը. — *film* երկարատեւ ֆիլմ (սինեմայի մէջ). —*ed* կերպարանուորուած.

febrile (*ֆի՛պրայլ, ֆէպ՛-րիլ*) ջերմային. տենդաւոր.

February (*ֆէպ՛րուէրի*) փետրուար.

feces, faeces (*ֆիս՛իզ*) մըրուր. կղկղանք.

feckless (*ֆէք՛լէս*) անհոգ. անարժէք.

fecund (*ֆէք՛ընտ*) պտղալից. բեղմնաւոր.

fed (*ֆէտ*) *feed* (կերակըրել) բային անց. եւ անց. ընդունել. — *up* յոգնած եւ բարկացած. կըշտացած.

federal (*ֆէտ՛ըրըլ*) դաշնակցային. համադաշնակցային. Ամերիկայի հիւսիսային նահանգները քաղաքացիական պատերազմի ժամանակ. —*ist* դաշնակցային սիստէմի պաշտպան. *federation* (*ֆէտըրէյ՛շըն*) համադաշնակցութիւն. *federative* դաշնակից. միացեալ. դաշնակցային.

fee (*ֆի՛*) վարձք. գին. ստացուածք. վարձքը վըճարել. վարձատրել. վըճարել. կաշառել.

feeble (*ֆի՛պլ*) տկար. անզօր. վատոյժ. —- *minded* տկարամիտ. —*ness* տկարութիւն.

feed (*ֆիյտ*) կերակրել. գոհացնել. հայթայթել. արածել. կշտանալ. կեր. կերակուր. ջուր (շոգեմեքենայի). *feed the flames* ածուխ դնել կըրակին վրայ. —*ing* կերակրելը.

feel (*ֆիյլ*) զգալ. ձեռնել. շօշափելով ճանչնալ. համոզուիլ. զգայարանք. *to feel cold* պաղ զգալ. *I feel the cold* ցուրտէն կը նեղուիմ. *I feel the beauty of his painting* նկարին գեղեցկութիւնը կը հասկնամ. *to — one's way* շօշափելով ճամբան գտնել. *feelers* շօշափուկներ (միջատի գըլխուն յառաջամասին վըրայ). *feelings* զգացումներ (սիրոյ, ատելութեան, եւայլն). *he hurt my* — զգացումներս վիրաւորեց. *good* — բարեկամութիւն. *ill* — թշնամութիւն.

feet (*ֆի՛թ*) ոտքեր. եզակի *foot* (*ֆութ*).

feign (*ֆէյն*) ձեւացնել. կեղծել.

feint (*ֆէյնթ*) կեղծ յարձակում. յարձակում ձեւացնել.

feldspar, felspar (*ֆէլտ՛սփար, ֆէլ՛սփար*) թափանցիկ ճերմակ կամ կարմիր ժայռ. պնդաքար.

felicitate (*ֆէլիս՛իթէյթ*) շնորհաւորել. երջանկութիւն մաղթել. —*tion* շնորհաւորութիւն.

felicitous (speech) (*ֆիլիս՛իթըս*) նպատակայարմար (ճառ).

felicity (*ֆիլիս՛իթի*) բերկրանք. հրճուանք. եբանաւէտութիւն· *he expresses himself with great felicity* նպատակայարմար ոճով կ'արտայայտուի·

feline (ֆի՛լայն) կատուի նման· կատուային·

fell (ֆէլ) *fall*–ին անց· ը ինկաւ· մուշտակ· քարքարուտ հողամաս (բըլուր)· կտրել (ծառ)· զգետնել (մէկը)· անգութ· սարսափելի·

fellah (ֆէ՛լը) հողագործ (Սուրիա, Եգիպտոս, եւայլն)·

felloe (ֆէ՛լօ) անիւին գուրսի մասը·

fellow (ֆէ՛լօ) ընկերակից· գործակից· անձ· հաւասարակից· մասնաւոր խմբակցութեան մը մէկ անդամը· մասնակցիլ (մրցման)· *fine —* գեղեցիկ մարդ· *old —* տարիքոտ բարեկամի մը դիմելու ձեւ· *— worker (student)* նոյն տեղը աշխատող (դասընկեր)· *our — creatures* մարդկային էակներ· *—- feeling* ուրիշներու հետ արտայայտուած սրտակցութիւն· *the — of this shoe* միւսոտքին համար կօշիկ· *fellow-traveller* ուղեկից· խորհրդային կոմունիզմին հաւատացող·

felo-de-se (ֆի՛լօտիսի) անձնասպան եղող·

felony (ֆէ՛լընի) ծանր յանցագործութիւն (ոճիր, տուն այրել, եւայլն)· *a felon* եղեռնագործ·

felspar տես՝ *feldspar*.

felt (ֆէլթ) *feel*–ին անց· ը զգաց· թաղիք· թաղիք շինել· *felter* թաղիքագործ·

female (ֆի՛մէյլ) իգական· էգ· կին·

feminine (ֆէմ՛ինին) կանացի· իգական· *— gender* իգական սեռ·

feminism (ֆէմ՛ինիզմ) սեռերու հաւասարութիւն ջատագովող շարժում· *feminist* այս շարժման ջատագով անձ·

femur (ֆի՛մըր) ազդրի ոսկոր· սրունքի վերի մեծ ոսկորը· *femoral* ազդրային·

fen (ֆէն) տափարակ, ցած ճահճային հող· *fen-land* ճախճախուտք·

fence (ֆէնս) ցանկապատ· շրջապատ· զողցուած ապրանքներ ծախող· սուրով կռուիլ· սուսերամարտիլ· ցանկապատել· հարցումին ուղղակի պատասխանելէ խուսափիլ· *fenceless* անպաշտպան·

fend (ֆէնտ) հոգատարել· պաշտպանել· արգիլել· *—er* պաշտպանակ·

ferment (ֆըր՛մընթ) պըտուղներու հիւթը խմորելով խմիչքի վերածել· մակարդել· խմոր· մակարդ· յուզում· խմորում· *in a —* շատ յուզուած·

fern (ֆըրն) առանց ծաղիկի՝ տերեւով բոյս՝ որուն հունտերը կը գտնուին

տերեւի նտեւի կողմը· վայրի ձարխոտ.
ferocious (ֆիրո'շըս) կատաղի· անգութ·
—ferous (–ֆէր'ըս) պարունակող, օր· *carboniferous* ածուխ պարունակող·
ferret (ֆէր'էթ) վայրաքիս· նապաստակ որսացող՝ կատուանման կենդանի· *to ferret out* ուշադիր պրպտում մը ընել պահուած կամ գաղտնի բաներու մէջ.
ferric (ֆէր'իք), **ferrous** (ֆէր'ըս) երկաթային· *ferrous metals* երկաթ պարունակող մետաղներ· *non - —* ոչ–երկաթային·
ferrule (ֆէր'ուլ) մետաղէ գդակ ձեռնազաւազանին ծայրը· մետաղէ օղակ որեւէ կտրուածք զօրացնելու համար·
ferry (ֆէր'ի) նաւակ գետին մէկ եզերքէն միւսը մարդ փոխադրող· նաւակով փոխադրել գետի մէջէն.
fertile (ֆըր'թայլ) բարեբեր· պտղաբեր· *a — mind* ծրագրող եւ կազմակերպող ուղեղ· *fertilize* արգասաւորել· *fertilizer* արգասաւորիչ· պարարտանիւթ· պարարտացուցիչ·
fervent (ֆըր'վընթ) ուժեղ· անձկալից· տաք նախանձախնդիր·
fervid (ֆըր'վիտ) այրող· ջերմ. սուր (միտք)·
fervour (ֆըր'վըր) ջերմութիւն· նախանձ· տենչ·
festal (ֆէս'թըլ) խրախճանքային· զուարթ· տօնական·
fester (ֆէս'թըր) թունաւորուիլ (վէրք)· թարախոտիլ· բորբոքիլ·
festival (ֆէս'թիվըլ) տօնահանդէս· փառատօն· *festive* տօնական·
festoon (ֆէսթուն') երկու ծայրերուն վրայ հաստատուած եւ կոր ձեւով կախուած զարդարանք· դրասանգով զարդարել·
fetch (ֆէչ) երթալ եւ բերել (բան մը· անձ մը)· *to fetch a man a blow on the nose* քիթին հարուած մը տալ· *the picture fetched 1000 L.P.* նկարը ծախուեցաւ 1000 Լ· Ոսկիի· *to — away* առնել տանիլ· *to — down* վար առնել· *to — a compass* շրջան ընել· *—ing* հանոյացնում.
fête (ֆէյթ, ֆէթ) տօնական օր· բացօդեայ խընախնանք· տօնախմբութիւն· խրախճանք սարքել ի պատիւ մէկուն· հիւրասիրել·
fetid, fœtid (ֆի'թիտ) գարշահոտ·
fetish (ֆի'թիշ) (fetich, fetiche) (ֆէթ'իշ) որեւէ բան սիրել կամ սուրբ նկատել անտրամաբանական եւ ծայրայեղ ձեւով· փէթիշ· սնոտիք· *—ism* սնոտիապաշտութիւն·
fetlock (ֆէթ'լոք, ֆէթ'-լաք) ձիու ոտքի անմի-

չապէս վերի մասը. ոտնակոճ.
fetter (*ֆէթ'ըր*) ոտքերու շղթայ (բանտարկեալի).. շղթայել. ոտնակապել. ազատութենէ զրկել.
fettle (*ֆէթ'ըլ*) նորոգել. նորոգութիւն. *in fine* — լաւ. բարձր տրամադրութեամբ.
feud (*ֆիուտ*) երկարատեւ վէճ եւ կռիւ անձերու, ընտանիքներու կամ խմբակցութեանց միջեւ՝ որ սպանութեան կը յանգի շատ անգամ. կալուած. աւատ. *feudal (system)* (*ֆիուտ'լ սիս'թըմ*) աւատական, աւատապետական դրութիւն. *—ism* աւատապետութիւն. *—ist* աւատապետ.
fever (*ֆի'վըր*) տենդ. ջերմ (մարմնի). *feverish* (*ֆի'վըրիշ*) տենդոտ. հըրատապ. յուզեալ.
few (*ֆիու*) քանի մը (հազիւ 2). *a few* քանի մը (3–5). *in few* կարճ կերպով. *a good* — շատ մեծ թիւով.
fey (*ֆէյ*) նակատագրուած (մահուան). նզնաժամ (մահուան).
fez (*ֆէզ*) գլխարկ (կարմիր գոյնով). ֆէս.
fiancé (*ֆիանսէ'*) խօսեցեալ, փեսացու. *—e* նշանած (աղջիկ). հարսնցու.
fiasco (*ֆիէս'քօ*) ձախողութիւն (ծիծաղելի).
fiat (*ֆայ'էթ*) հրաման. վճիռ.
fib (*ֆիպ*) առասպել. սուտ (աննշան).
fibre (*ֆայ'պըր*) նեարդ. զօրացնող մանրաթել. *a man of coarse fibre* կոշտ նկարագրով մարդ. *fibrous* (*ֆայ'պրըս*) նեարդային. *a fibroid* ուռեցք (մարմնի վրայ).
fibula (*ֆիպիուլը*) արտաքին բարակ ոսկոր ծունկի եւ ոտքի միջեւ. ճարմանդ. ոլոք (նուրբ).
fichue (*ֆի'շու*) կանացի վզնոց. շալ.
fickle (*ֆիք'լ*) փոփոխական. յեղյեղուկ (նկարագրով). անվստահելի.
fiction (*ֆիք'շըն*) երեւակայական բան (պատմութիւն). արձակ ստեղծագործութիւն. առասպել. *fictious, fictitious* կեղծ. երեւակայական.
fiddle (*ֆիտլ*) ջութակ. ջութակ ածել. *with a face as long as a* — շատ տխուր արտայայտութիւն ունեցող. *to play second* — ուրիշին ենթակայ ըլլալ. *fit as a* — կատարեալ վիճակի մէջ. — *away* պարապ ժամանակ անցընել. *—r* զէշ ջութակահար. *to fiddle* ջութակ նուագել. բանով մը զբաղիլ (ցըրուած ուշքով).
fiddle-dee-dee (*ֆիտլ-տի-տի'*) ապուշութիւն. պարապ բան.
fiddlestick (*ֆիտ'լսթիք*) ջութակի աղեղ. *—s!* ապուշաբանութիւն.
fidelity (*ֆայտէ'լիթի*) հաւատարմութիւն. հարա-

զատութիւն (օրինակի)·
high — բարձր հարազատութիւն ձայնի, ձայնապնակի, ձայնագիր մեքենայի, եւայլն)·

fidget (*ֆիճ'իթ*) միշտ շարժիլ· յարաշարժութիւն·

fiduciary (*ֆիտիու'շըրի*) խնամակալութիւն· հոգատարութիւն· խնամակալ· աւանդապահ·

fie (*ֆայ*) ամօթ· *fie upon you!* ըրածէդ պէտք է ամչնաս·

fief (*ֆիյֆ*) աւատ· աւատապետական դրութեան տակ հողամաս·

field (*ֆիյլտ*) դաշտ· դաշտավայր· ռազմադաշտ· աշխատանքի մարզ· արտ· մրցման վայր· բացօդեայ· գնդակը նետել եւ բռնել· *field of vision* տեսողութեան միջոց· *the — of the work* ուսման նիւղ· *army in the —* կռուող բանակը· *to keep the —* կռիւը շարունակել· *to beat the —* բոլորը յաղթել· *a — day* զօրահանդէս· խրախճանային օր· դաշտահանդէս·

field-glass (— - *կլաս*) հեռադիտակ·

field-gun, — piece (— *կան*, — *փիյս*) դաշտային թնդանօթ (անիւներով)·

field-marshal (—' *մարշըլ*) մարաջախտ (բանակի մէջ ամենէն բարձր աստիճանը)·

field of honour (— *օֆ ա-ն'ըր*) մենամարտութեան վայր·

fiend (*ֆիյնտ*) չար ոգի· դաժան մարդ·

fierce (*ֆիըրս*) կատաղի· վայրենի· վայրագ· անձկալից· ուժգին·

fiery (*ֆայըր'ի*) հրեղէն· տաք· դիւրաբորբոք·

fife (*ֆայֆ*) սրինգի նմանող փոքր նուագարան·

Fifteenth Amendment Ա· Մ· Ն·ի Սահմանադրութեան մէկ տրամադրութիւնը, որ քուէարկելու իրաւունք կու տայ քաղաքացիներուն առանց ցեղի, գոյնի կամ այլ խտրութեանց·

fifth, fifth column (*ֆիֆթհ գալըմ*) հինգերորդ· 5րդ զօրասիւն· պատերազմի ընթացքին թշնամիին օգնող անձեր·

fig (*ֆիկ*) թուզ· թզենի· *I don't care a —* բնաւ հոգ չեմ ըներ· *a — for him* որեւէ ուշադրութեան արժանի չէ·

fight (*ֆայթ*) կռիւ· նակատամարտ· կռուիլ· հակակշռել ջանալ· *to — out a thing* կռուելով որոշել· *to — shy of* հեռու կենալ (մէկէ մը)· *to — off* յարձակումը ետ մղել· *—er* պատերազմիկ· հալածիչ (օդանաւ)· *fighting* պատերազմ· պատերազմող·

figment (*ֆիկ'մընթ*) երեւակայութիւն· կեղծիք· հնարք·

figurative (*ֆիկ'իուըրթիվ*) պատկերաւոր այլաբանական (արտայայտութիւն)·

figure (*ֆիկ'ըր*, *ֆիկ'իուր*) պատկեր· կերպարանք·

երես. դէմք. թուանշան. պատկերել. ներկայացընել. ներկայանալ. հաշիւ ընել. *to cut a poor —* աղուոր երեւոյթ ունենալ. *a — of speech* պատկերաւոր նառ. *to — in a play* ներկայացման մը մէջ դեր խաղալ. *to — out* պատասխանը գըտնել. աւելցնել. *to — up* գումարել. *— caster* աստղաբաշխ. *— painting* դիմանկարչութիւն. *—d* ձայնագրուած. *figure - head* ձեւական (անուանական) ղեկավար.

filament (*ֆիլ՛ըմընթ*) շատ բարակ դերձան. մազմըզուք. բարակ մետաղաթել (ելեկտ. լամբի մէջ).

filbert (*ֆիլ՛պըրթ*) փոքր ընկոյզ. արքայակաղնի.

filch (*ֆիլչ*) գողնալ. *—er* քսակահատ.

file (*ֆայլ*) կարգաւորել. շարել. կարգադրել. արձանագրել. աղտոտել. խարտոցել. կարգ. տող. կապոց. թղթածրար. խարտոց. խարդախ. *to — off* խարտոցել. *to — with* քայլ պահել (մէկուն հետ). *the rank and —* հասարակ զինուորներ եւ տասնապետներ (միասին). *— marching* երկու կարգով քալուածք.

filial (*ֆիլ՛իըլ*) որդիական. զաւակի (աղջիկ, մանչ). *filial piety* ծնողքներու հանդէպ զուցաբերուելիք սէր եւ պարտաւորութիւն.

filibuster (*ֆիլ՛իպաս՛թըր*) անօրէն արկածախնդիր. ծովահէն. յելուզակ. գողնալ. ծովահէնութիւն ընել. մէկը որ օրէնքի մը որդեգրուիլը կ'ուշացնէ անվերջ խօսելով.

filigree (*ֆիլ՛իկրի՛*) զարդական աշխատանք ոսկի եւ արծաթ թելերով կատարուած. ժանեկահիւս.

filings (*ֆայլ՛ինկզ*) խարտոցուք.

Filipino (*ֆիլիփի՛նօ*) Ֆիլիպեան կղզիի բնակիչ.

fill (*ֆիլ*) լեցնել. կշտացընել. զրաւել. ուռեցնել. գիրնալ. լեցուն. յագուրդ. կուշտ. *to — the bill* կարիքը բաւարարել. *to — the office* պաշտօնը վարել. *to — out* գիրնալ. *to — out (in) a form* տպագրուած թերթի մը բոլոր պարապ միջոցներուն մէջ անհրաժեշտը գրել. *to — the roll* պաշտօնը կատարել. *to — a tooth* ակռայ մը լեցնել.

fillet (*ֆիլ՛իթ, ֆիլ՛էթ*) զարդագիծ. մազերուն վրայ գործածուած. առանց ոսկորի բարակ միսի (ձուկի) կտոր.

fillip (*ֆիլ՛իփ*) քջալերել. սիրտ տալ. մատով զարնել. *this medicine gives one a —* այս դեղը կը կազդուրէ.

filly (*ֆիլ՛ի*) զամբիկ. մըտրուկ. էգ ձի. շէնշող աղջիկ.

film (*ֆիլմ*) նուրբ մաշկ. թաղանթ. դերձան (բարակ)․ ժապաւէն, երիզ (լուսանկար պատրաստելու)․ պատկերներու լայն երիզ (շարժանկարի մէջ ցուցադրուելու)․ *a — actor* շարժանկարի աստղ (դերասան)․

filter (*ֆիլ'թըր*) զտիչ (հեղուկի)․ fամոց․ զտել․ զտուիլ․ զտուելով հոսիլ․ *new ideas — into people's mind* նոր գաղափարները դանդաղօրէն կ'իւրացուին մարդոց կողմէ․

filth (*ֆիլթհ*) աղտոտ նիւթ․ կեղտոտութիւն․ աղտոտ տեսարան․

filtrate (*ֆիլ'թրէյթ*) զտել․ զտելով ստացուած հեղուկ․

fin(s) (*ֆին(զ)* լողակ (կենդանիներու)՝ որոնց շնորհիւ կը լողան․ զագաթ․ թեւը շարժել․ կտրտելով բաժնել․

final (*ֆայ'նըլ*) վերջնական․ նախատագրական․ *finale* (*ֆինալի*) վերջաւորութիւն (ներկայացման, երաժշտական կտորի, եւայլն)․

finance (*ֆինէնս'*) երկրի մը ելեւմուտքը հակակշռող գիտութիւն․ ելեւմուտքի վիճակ․ գործ մը յաջողցնելու համար դրամ ներմուծել․ հայթայթել․ *financial* (*ֆինէն'շըլ*) ելեւմտական․ *financier* ելեւմտագէտ․

finch (*ֆինչ*) երգեցիկ փոքր թռչուն․ սարեկիկ․

find (*ֆայնտ*) (*found* անց․ եւ անց․ ընդ․) գտնել․ յայտնագործել․ հասկընալ․ հայթայթել (դըրամ)․ որոշել․ դատել․ *to — fault* մեղադրել․ *to find oneself* ուժերը վերագտնել․ *— one's feet* աւելի լաւ ընելու առիթ ձեռք ձգել․ *how did you — the weather?* օդը սիրեցի՞ր․ *I found him out* գտայ թէ անպատուութեան մէջ ինկած էր․ *find out* գտնել․ *a find* արժէքաւոր յայտնագործում․ *a —ing* դատում․ դատավճիռ (դատարանի)․

fine (*ֆայն*) տուգանք․ տուգանք առնել․ նրբացնել․ աւարտել․ նուրբ ձեւով կարել․ գեղեցիկ․ նուրբ․ վայելուչ․ մաքուր․ *a fine day* աղուոր օդ․ *a fine line (dust, cloth)* բարակ գիծ (փոշի, կերպաս)․ *fine arts* գեղարուեստներ․ *in —* ի վերջոյ․ *finery* գեղեցիկ հագուստներ եւ զարդեղէններ․ *fineness* նրբամտութիւն․ փափկութիւն․ նուրբ վարուելակերպ․

finger (*ֆին'կըր*) մատ․ մատնաչափ․ վարպետութիւն․ դպիլ․ գողնալ․ նուագել․ *to have the business at one's —tips* գործին ամէն մանրամասնութեան ծանօթ ըլլալ․ *a light-fingered person* գող․ *I can twist him round my little —* ուզածս կարող եմ ընել տալ իրեն· *the — of God* Աստուծոյ մատը· *to have a — in the pie* ամէն բանի խառնուիլ· *do — some Chopin, please* քիչ մը Շոբէն նուագէ, խնդրեմ· — *boards* ստեղնաշար· — *post* ուղեցոյց ցից (նամ-բուն քով)· — *reading* կոյր էակի ընթերցում·

fingerling (*ֆինկ'րլինկ*) լոսդիկ (ձուկ)·

fingle-fangle (*ֆինկ'կլ—ֆէնկըլ*) պարապ բան·

finical, finickin, finicking, finicky (*ֆին'իքըլ, ֆին'իքին, ֆին'իքինկ, ֆին'իքի*) շատ բծախնդիր·

finis (*ֆայ'նիս*) վերջ·

finish (*ֆին'իշ*) կատարել· վերջացնել· կատարելագործել· վերջանալ· կատարում· փայլ· *it nearly —ed me (off)* համարեա թէ սպաննեց զիս· *the table has a good —* սեղանը աղուոր փայլեցուած է. *the —ing stroke* վճռական հարուած·

finite (*ֆայն'այթ*) սահմանուած. հունաւոր. կարելի է հաշուել, չափել, ևն· *a — verb* դիմաւոր բայ· *I go. he speaks. we go* (դէմք եւ թիւ ունին)·

Finland (*ֆին'լէնտ*) Ֆինլանտա· *Finlander* ֆինլանտացի· *Finnish* ֆինլանտական· ֆիններէն·

finns (*ֆինզ*) Եւրոպայի մէջ ապրող մոնկոլական ցեղեր (ֆիններ, նորվեկիացիներ, եւայլն)·

finny (*ֆին'ի*) լողակաւոր· լողակ ունեցող (ձուկի նման)·

fiord, fjord (*ֆիորտ*) ծովախորշ, երկու կողմերը բլուրներով (Նորվեկիա)·

fir (*ֆըր*) ասեղնանման տերեւներով ծառ' որ կոնի նման պտուղներ կ'արտադրէ· եղեւին· շոճի· *fir-apple* կոն·

fire (*ֆայր*) կրակ· բոց· հրդեհ· լոյս· եռանդ· կըրակոց· կրակել (հրացան)· *he is full of —* ուժեղ նկարագրով, կորովի մարդ է· *the speaker fired his listeners* ճառախօսը հրահրեց ունկնդիրները· *he won't set the Thames on fire* մեծ գործ մը պիտի չընէ· *let him fire away* թող սկսի կամ թող շարունակէ· *the old woman kept up a running fire of words* պառաւը շարունակեց խօսերու տարափը· *under fire* հրացանի կրակի տակ· *to fire an employee* աշխատաւոր մը գործէ արձակել· *the house is on —* տունը կ'այրի· *to put out the —* կրակը մարել· *to set on —* բոցավառել· *artillery —* հրետանիի կրակ· *to cease —* կրակը դադրեցնել·

fire-arm զէնք' զոր կարելի է ձեռքի վրայ կրել·

fire-brand (*—' պրէնտ*)

պայքարի հրահրող. խանձող.

fire-brigade (— պրիկէյտ՛) հրշէջ խումբ.

firecracker (ֆայր՛քրէքըր) պայթուցիկ՝ թուղթի վրայ (տօնախմբութեանց ատեն գործածուող).

firedamp (ֆայր՛տէմփ) ածխահանքի մէջ գտնուող վտանգաւոր կազ. ածխակազ.

fire-dog (—՛-տոկ) բաց վառարանի փայտակալ.

fire-eater (—՛ իթըր) կրակ կլլող (իբրեւ խաղ). կռուազան. մեծխօսիկ.

fire-engine (—՛ էնճին) հրշէջներու ջրհան մեքենայ.

fire-ascape (ֆայր՛-էսքէյփ) հրշէջներու գործածած ազատարար սանդուխ.

firefly (ֆայր՛ֆլայ) կայծոռիկ. մարմնէն լոյս արտադրող փոքր միջատ.

fireproof (ֆայր՛փրուֆ) կրակին դիմացող. չայրող. անկէզ.

fireside (ֆայր՛սայտ) վառարան. ընտանիք.

fireworks (ֆայր՛ուըրքս) հրախաղութիւն (տօնախըմբութեան առիթով).

fire-worship (—՛ուըրշիփ) կրակապաշտութիւն. —-*worshipper* կրակապաշտ.

fire-line (ֆայր՛-լայն) կըրակի գիծ. կռուի առաջին գիծը.

firkin (ֆըր՛քին) 1/4 տակառի տարողութեամբ անգլ. չափ. 9 կալոն. 56 լիպրա կարագ. 86 քաշ. շուրջ 25,40 քիլօ.

firm (ֆըրմ) տոկուն. ուժեղ. հաստատ. առեւտըրական հաստատութիւն. ընկերութիւն. վաճառատուն. հաստատել. զօրացնել. *to be — with children* մանուկները հնազանդեցնել.

firmament (ֆըր՛մըմընթ) երկինք.

firman (ֆըր՛մէն) հրովարտակ. ֆերման.

first (ֆըրսթ) առաջին. սկիզբը. ամենէն կանուխ. ամենէն կարեւոր. գլխաւոր. առաջին անգամ. *at — hand* ուղղակի. *— or last* ուշ կամ կանուխ. *from the —* սկիզբէն. *I will come — thing* առտու կանուխ պիտի գամ. *I'll see him hanged —* ուզածը պիտի չընեմ. *the — cause* Աստուած. —-*aid* նախնական դարմանում (վիրաւորի կամ հիւանդի). —-*rate* առաջին կարգի.

firth (ֆըրթհ) ծովաբազուկ. փոքր ծովախորշ. գետաբերան.

fiscal (ֆիս՛քըլ) գանձային. ելեւմտական (պետութեան). գանձապահ.

fish (ֆիշ) ձուկ. ձուկի միս. լողակ. կայտառ. ձուկ որսալ. բռնել. կարկըտնել. *to become food for —es* ձուկերու կեր դառնալ, խեղդուիլ. *to — in troubled water* պըղտոր ջուրի մէջ ձուկ որսալ. *all is — that comes to his net* շատ բարակը փնտռող մարդ չէ. *feeling like a — out of water* օտար զգալ ինքզինք անծանօթ շրջանակի մէջ. *a poor —* ապուշ, անարժէք մարդ. *I have other — to fry* աւելի կարեւոր բաներ ունիմ ընելիք. *a pretty kettle of —* գէշ գործ. դժուար լուծելի հարց. *cry stinking fish* վատաբանել բանի մը շուրջ որ ծախու դրուած է. *a queer —* տարօրինակ անձ. *to go —ing* ձըկնորսութեան երթալ. *— day* պահքի օր. *fisher, fisherman* ձկնորս. *fish-hook* կարթ. *fishing boat* ձկնորսանաւ. *— net* ձկնորսութեան ուռկան. *fish-monger* (—'մոնկր) ձկնավաճառ. *fishy* (ֆիշ'ի) ձուկի հետ առնչուած. ձկնային. ձըկնահամ. *that sounds fishy* անճիշդ եւ անպարկեշտ կը թուի.

fissile (ֆիս'այլ, ֆիս'իլ) որ կարելի է երկու մասի բաժնել. բեկանել. հերձանելի.

fission (ֆիշ'ըն) կտրելով երկու մասի բաժնելը. հերձում. ատոմական կորիզը *(nucleus)* մօտաւորապէս երկու հաւասար մասերու եւ շարք մը *neutrons* (նիութրոնս')–ներու բաժնել, որուն հետեւանքը կ'ըլլայ հսկայ ուժի մը ձերբազատումը, ինչպէս ատոմական ռումբի պայթումը.

fissure (ֆի'շըր, ֆիշ'իուր) ճեղք. ճեղքուած. հերձ. ճեղքել. հերձանել.

fist (ֆիսթ) բռունցք. կըռուփ. *close —ed, tight —ed* կծծի, *fisticuffs* բռնցամարտ.

fistula (ֆիս'թիուլը) հիւանդութեան հետեւանքով մարմնի մակերեսի վրայ բացուածք, ուրկէ թարախ կը հոսի. կեղանկ.

fit (ֆիթ) նոպայ. կաթուած. զգայութեան կորուստ. մարմրուք. յարմար. յատուկ. պատշաճ. վարպետ. պատշաճիլ. յարմարցնել. պատրաստել. *a fit of anger* ջղայնութեան նոպայ. *to do things by fits and starts* ընդհատումներով գործ մը կատարել. *fit time and place* յարմար ժամանակ եւ տեղ. *law of survival of the fittest* գիտական կենսաբանական օրէնք՝ ըստ որուն միջավայրին ամենէն աւելի յարմարող կենդանիներն են միայն որ կարող են ապրիլ եւ բազմանալ. *fit to drop* շատ յոգնած. *to think fit* որոշել. *to feel fit, to be as fit as a fiddle* կատարելապէս առողջ ըլլալ. *this coat fits me* այս բաճկոնը լաւ կու գայ ինծի. *to — out* բոլոր կարիքները բաւարարել. *to — up* գործածութեան համար պատրաստել. *the* *inside fittings of a motor-car* ինքնաշարժին ներքին կազմածը (ժամացոյց, փոքր տուփեր, լամբեր, եւայլն)·

fitful (*ֆիթ'ֆուլ*) անկանոն· անհաստատ· յեղյեղուկ·

five (*ֆայվ*) հինգ· *five year plan (in U.S.S.R.)* հնգամեայ ծրագիր (Խ. Ս. Հ.ի մէջ)·

fiver (*ֆայվ'ըր*) 5 սթերլին թղթադրամ·

fives (*ֆայվզ*) խաղ մը՝ ձեռագնդակը պատին զարնելով·

fix (*ֆիքս*) հաստատել· աչքը վրան ըլլալ· սեւեռել· զօրացնել· զօրեղ· *I will fix you up* իբր հիւր պիտի ընդունիմ քեզ· *to fix up to go to the play* կարգադրութիւն ընել ներկայացման երթալու· *— up a quarrel* վէճ (կռիւ) մը կարգադրել· *I'll fix him* պիտի պատժեմ զինք· *fix these shoes for me* կօշիկներս կարկըտնէ· *in a bad —* դժուարութեան մէջ· *to fix on* որոշել· *to — oneself* տեղ մը հաստատուիլ (բնակութեան համար)· *fixed* հաստատուն· անշարժ· *— idea* սեւեռուն գաղափար· *fixings* հագուստներ· պիտոյք·

fixture (*ֆիքս'չըր*) անշարժ կահ կարասիներ (խողովակներ, կրակարան, կողմնադարան, եւայլն)· հաստատութիւն· *a football —* ապագային որոշ թուականի մը համար նախատեսուած ֆութպոլի խաղ· *I am a — here* այս վայրը ձգելու նպատակ չունիմ·

fizz (*ֆիզ*) սուլել (ինչպէս որ կազր դուրս կու գայ հեղուկի մէջէն) օր· շամբանեը երբ շիշը կը բանանք.

fizzle (*ֆի'զըլ*) եռալու ժամանակ ջուրին հանած ձայնը· սխալիլ· սխալմունք· *to — out* ապուշ վախճան մը ունենալ·

fjord տես՝ *fiord*.

flabbergast (*ֆլէպ'ըր-կասթ*) ափ ի զարմանս ձգել· անակնկալի բերել· ապշեցնել·

flabby (*ֆլէպ'ի*) փափուկ· կակուղ· թոյլ· թուլամորթ (նկարագրով)·

flaccid (*ֆլէք'սիտ*) տկար· փափուկ· թոյլ·

flacker (*ֆլէք'ըր*) թռչկոտիլ·

flag (*ֆլէկ*) դրօշակ· ազգային գոյներ· սալփետրափունջ· դրօշակով նշան ընել· տկարացնել· տկարանալ· ծածանիլ· ծփալ· *the white —* ներմակ դրօշակ (անձնատուութեան նշան)· *the — ship* այն նաւը ուր հրամանատարը կը նաւարկէ· *Flag Day* (Ա.Մ.Ն.ի մէջ դրօշակի օր. 14 Յունիս)· *to deck with —s* դրօշազարդել· *to hang the — half-mast high* կայմին կէս թարձրութեան վրայ դրօշը պարզել (իբր նշան սուգի)· *yellow* — դեղին դրօշ (փոխանցիկ հիւանդութեան նշան)·

flagellate (ֆլէճ'էլէյթ) խարազանել· մտրակել (մարմինը)· ճաղկազգի (խոտ)·

flageolet (ֆլէճ'ըոլէթ) սրինգ·

flagitious (ֆլէճիշ'ըս) անօթապարտ· անզգամ· անառակ·

flagon (ֆլէկ'ըն) սըրուակ· շիշ·

flagstone (ֆլէկ'սթոն) սալայատակելու յատուկ քար· սալաքար·

flail (ֆլէյ'լ) թակ· կամնակ (փայտէ գործիք հատիկը բոյսէն զատելու համար)·

flair (ֆլէյ'ր) բնական հակում· բնական ոյժ (բան մը ընելու)· հոտառութիւն·

flak (ֆլէք) հակաօդային կրակոց·

flake (ֆլէյք) փոքր· բարակ կտոր (որեւէ բանի)·

flambeau (ֆլէմ'պօ) ջահ· կերոն (վառած)·

flamboyant (ֆլէմ'պոյընթ) զունազարդուած· նոխ կերպով զարդարուած· փողփողուն·

flame (ֆլէյմ) բոց (կրակի, կազի)· կրակ· եռանդ· տռփանք· սիրուհի· բոցավառել· բռնկիլ (շատ նեղանալ)· *she is a — of him* շատ կը սիրէ (աղջիկը)· *she was an old* — ժամանակին շատ կը սիրուէր· *flaming eyes* բոցավառող (շատ ջղայնացած) աչքեր· *flaming cheeks* կարմիր այտեր· *flameless* անբոց·

flamingo (ֆլէմինկօ') երկար սրունքներով եւ փայլուն կարմիր թեւերով ջրային թռչուն· հրաթռչուն· եռանդուն·

flan (ֆլէն) ծաղի ընդունարան· տեսակ մը կարկանդակ·

flâneur (ֆլէնըր') թափառաշրջիկ· աննպատակ շրջող·

flange (ֆլէնճ) ծայր (անիւի, խողովակի)· կող· եզերք շինել·

flank (ֆլէնք) կողմը, թիկունք (մարմնի)· բանակի աջ կամ ձախ կողմը· զիստ· կողէն հարուածել· կողմը դարձընել· — *attack* կողէն յարձակում· — *movement* կողէն յառաջխաղացում·

flannel (ֆլէն'ըլ) կակուղ բրդեղէն կերպաս· —*s* բուրդէ շինուած հագուստ խաղի ընթացքին գործածելու համար· սաւեակ·

flannelette (ֆլէնըլէթ') բամպակէ կերպաս որ *flannel*ի շատ կը նմանի·

flap (ֆլէփ) (*flapped*) թեւահարել· յառաջանալ (թեւահարելով)· բախել· սաւառնիլ· *a sail (flag) flaps in the wind* առագաստը (դրօշակը) կը ծածանի օդին մէջ· *in a* — յուզուած· *a flap* քղանցք· զոցիչ (գրպանի)· վար կախուած (սեղանի ծածկոց, եւայլն)·

flapper (*ֆլէփ'ըր*) 16 տարու աղջիկ· յուղարթեւ· ճանճասպան գործիք·

flare (*ֆլէր*) բոցավառիլ· շողշողալ· փայլիլ· բարկանալ· ուժեղ լոյս· բոց· փայլ· ճարպ· բարկութիւն· *a* — *-up* յանկարծական սաստիկ կռիւ· *flare-path* լոյսերու այն շարքը որ՝ կ'օգնէ օդանաւին գետին իջնելու օդակայանին մէջ·

flash (*ֆլէշ*) յանկարծօրէն փայլիլ· արագօրէն շարժիլ· խոյանալ· բռբռքիլ· զուճաւորել· փայլակ· ուժեղ լոյս· հասարակ լեզու· բոց· *to* — *a message* փայլուն լամբարով պատգամ մը ղրկել· *a* — *in the pan* կարճ ժամանակի մը համար միայն մեծ ազդեցութիւն գործող բան· *in a* — շատ արագ· — *-light* ելեկտրական ձեռնալամբ·

flashy (*ֆլէշ'ի*) փայլուն եւ որակուոր երեւցող սակայն անարժէք բան (աժան հագուստ, կեղծ զարդեղէն, եւայլն)·

flask (*ֆլասք*) տափակ շիշ· թոքաճոթ·

flat (*ֆլէթ*) տափարակ· հարթ· միօրինակ· անհետաքրքիր· դաշտավայր· յարկ· տափակ (մարդ)· հարթել· թթացնել· ցածնալ· բացայայտօրէն· *life is* — կեանքը անհետաքրքիր է· *and that's* — եւ ես պիտի չփոխեմ իմ կարծիքս· *to give a* — *rate* տարբեր բաներ նոյն գինով ծախել· *I told him* — յստակօրէն ըսի իրեն· *go into a* — *spin* հակակշիռը կորսնցնել, ինքն իր վրայ դառնալ (օդանաւ)· բանականութիւնը կորսուիլ՝ յուզուելով (մարդ)· *a river* — գետին մօտ ցած հողամաս· *to flat out* յուսախաբ ըլլալ· — *iron* արդուկ· կիսվար ձայն (պէմոլ)· *flat out* ամբողջական ձախողութիւն·

flatten (—'*ըն*) հարթել· տափակցնել· անհամացնել· տափակնալ·

flatter (*ֆլէթ'ըր*) շողոքորթել· զգուել· հարթիչ· *the picture* —*s her* նկարը աւելի գեղեցիկ ցոյց կու տայ զինք· *I* — *myself that I can...* ուրախ եմ ըսելու թէ...

flatulence (*ֆլէթ'իուլընս*) ստամոքսի մէջ կազ· փուք· պարապ·

flaunt (*ֆլօ'նթ*) ցուցամոլութիւն ընել· հպարտութեամբ ցուցադրել·

flautist (*ֆլօ'թիսթ*) սրինգ նուագող· սրնգահար·

flavour (*ֆլէյ'վըր*) համ եւ հոտաւէտութիւն· համ տալ· *flavourless* անհամ· —*some* գեղահամ եւ գեղաբոյր·

flaw (*ֆլօ'*) ճեղք· պակասութիւն. տակնուվրայութիւն. փոթորիկ. ճնդֆել. կոտրել. —*less* կատարեալ.

flax (*ֆլէքս*) բոյս մը՝ որմէ բարակ կտաւ կը պատրաստուի. քթան. վուշ. *earth* — ամիանթ. —*en* քթանէ շինուած. խարտեաշ.

flay (*ֆլէյ*) քերթել. մորթազերծ ընել. *The Persian king ordered to flay Vassak Mamigonian alive* պարսից թագաւորը հրամայեց ողջ-ողջ՝ Վասակ Մամիկոնեանի տիկը հանել.

flay-flint (— - *ֆլինթ*) կծծի.

flea (*ֆլի՛*) լու. *a — in the ear* գլխու ցաւ. մըտահոգութիւն.

flea-lite (*ֆլի՛-լայթ*) լուի խայծ. անկարեւոր եւ աննշան բան. *one thousand pounds is a flea-lite to a rich man.*

flea-louse (— - *լաուս*) լու. ոջիլ.

fleck (*ֆլէք*) բիծ. պիսակ. պիսակաւորել. *flecker* բծաւորել. խատուտել.

flection (*ֆլէք՛շըն*) թեքում. հոլովում. տես՝ *flexion.*

fled (*ֆլէտ*) անց. ը *flee*-ի փախաւ.

fledge (*ֆլէճ*) փետրաւորել. փետրաւոր. *fledgeling, fledgling* նորափետուր թռչնիկ՝ որ ի վիճակի է թռչելու. *a newly-fledged doctor* բըժիշկ որ նոր կը սկսի աշխատիլ.

flee (*ֆլի՛*) փախչիլ (վըտանգէն).

fleece (*ֆլի՛ս*) բուրդ (ոչխարի վրայ). գեղմ. խուզուածք. բուրդը խուզել. կողոպտել. —*less* առանց բուրդի. —*d* խուզուած. *fleecy clouds* բուրդի նմանող ամպեր. *to fleece a man* մարդու մը ամբողջ դրամը գողնալ գայն խաբելով.

fleer (*ֆլիր*) ծաղրել. երեսը ծամածռել. հեգնանք.

fleet (*ֆլիյթ*) նաւատորմիղ (պատերազմական). նաւախումբ. սլանալ. սահիլ. անցնիլ. նաւարկել. արագ. *fleet-footed* արագ վազող.

fleeting (*ֆլիթ՛ինկ*) անցաւոր (կեանք). *life is* — կեանքը անցաւոր է.

Fleet Street (*ֆլիյթ ըսթրիյթ*) Լոնտոնի մէջ փողոց՝ ուր թերթերուն մեծ մասը կը հրատարակուի.

flesh (*ֆլէշ*) միս (մարմնի վրայ). մարմին. մարդկային ցեղ. տոհմանք. գորով. միս հրամցնել. միս եփել. *one's own flesh and blood* նոյն ընտանիքին անդամները. *the spirit is willing but the flesh is weak* հոգին յօժար է, սակայն մարմինը՝ տկար. *appear in the* — ինքզինքին գալ. *to put on* — գիրնալ. *to lose* — նիհարնալ. *go the way of all* — մեռնիլ.

I am only — and blood ես զերմարդ չեմ· *in — and blood* անձամբ· *the — -pots (of Egypt)* առատ կերակուր եւ հանգըստաւէտութիւն· *— -monger* (—մոն'կըր) մըսավաճառ·

fleur-de-lis (ֆլըր–տը–լի') Ֆրանսայի թագաւորներու զինանշանը (կնիքը)· շուշան·

flex (ֆլէքս) ծռել· կորացընել· դիւրին ծռող ելեկտրական թել· *flexion* թեքուող· կորացում·կորութիւն· թեքում· *flexible* դիւրաթեք· հնազանդեցնելը դիւրին· *flexile* կակուղ· ճկուն· *flexibility* ճկունութիւն· դիւրաթեքութիւն· յարմարեցում·

flibbertigibet (ֆլիպ'ըր-թիճիպ'էթ) յարափոփոխ (ընկարագիր)· սատանայորդի·

flick (ֆլիք) թեթեւօրէն մտրակել (ձին)· թեթեւ զարկ· *the —s* շարժանըկար·

flicker (ֆլիք'ըր) պլպլալ· մարմրիլ (լամբարի լոյս) մարմրում· պլպլացում· *—s* շարժանկար·

flight (ֆլայթ) փախուստ· թռիչք· (օդանաւի)· երամ· սլացք· օդանաւով ճամբորդութիւն· *put to —* փախցնել· *to take —* գաղթել· փախուստի դիմել· *— -lieutenant* օդաչու տեղակալ· *— phobia* (—'ֆոպիը) սաւառնակ նստելէն վախնալը·

flighty (ֆլայթ'ի) քմայքոտ· արագաթռիչ· խօլական· անվստահելի (ընկարագիր)·

flimsy (ֆլիմ'զի) բարակ· տկար· դիւրաբեկ· սնամիտ· դրամատոմս· փոխանցման թուղթ·

flinch (ֆլինչ) ընկրկիլ (վախէն կամ ցաւէն)· ձգել· թերանալ· ընկըրկում· *to — from* հրաժարիլ· *without —ing* անխռով·

flinders (ֆլին'տըրզ) փոքր կտորներ· փշուրք·

fling (ֆլինկ) (*flung* անց· եւ անց· ընդ·) շպրտել· նետել· աքացի զարնել· արագօրէն նետել· ձգել· թերանալ· *to — one's clothes on* արագօրէն հագուիլ· *she flung out of doors* բարկացած տունէն դուրս ելաւ· *have a fling at* փորձել· *I have had my —* վայելած եմ կեանքս· յագեցած եմ հաճոյքներէն· *to — down* գետին ձգել· կործանել· *to — out* բերնէն փախցնել· դուրս նետել· *— over* դաւալիք ըլլալ· երեսի վրայ ձգել· *the Highland Fling* Սկովտիական պար·

flint (ֆլինթ) կայծքար· *flint Age* քարէ շրջան· *— lock* կայծհան· *— hearted* անգութ· *a — -lock* հին տեսակի հրացան·

flip (ֆլիփ) թեթեւ հարուածել (մտրակով)։ մտրակի թեթեւ հարուած։ տեսակ մը խմիչք։

flippant (ֆլիփ'ընթ) պարապաբանող։ լուրջ խնդիրներու շուրջ թեթեւ մօտեցում ցուցաբերող։

flipper (ֆլի'փըր) լողակ։ ձեռք։ ջրային կենդանիի մը անդամը որ լողալու համար կը գործածուի։

flirt (ֆլըրթ) արագօրէն շարժիլ կամ ցնցել (թռչունի թեւը, պոչը)։ ըզբաղելու համար սիրաբանիլ։ ծաղրել։ ծաղրանք։ կատակ։ թեթեւսոլիկ աղջիկ (մանչ) որ սէր կը խաղայ։ *flirtation* թեթեւաբարոյ սիրահարութիւն։

flit (ֆլիթ) թռչկոտիլ (ծառէ ծառ)։ զաղթել։

flitch (ֆլիչ) կողաշերտ (խոզապուխտի)։

flitter (ֆլիթ'ըր) կտոր (քուրջի)։ թռչկոտիլ։ տես՝ *flutter*.

float (ֆլո՛թ) ծփալ։ տատանիլ։ տարուբերիլ։ լաստ։ ալիք։ ածխակառք։ *to — a company* անհրաժեշտ դրամագլուխը ապահովելով գործի ընկերութիւն մը բանալ։

flock (ֆլոք, ֆլաք) հօտ (կենդանիններու)։ երամ (թռչուններու)։ խումբ։ ծուխ (քահանայի մը)։ ամբոխ։ գնդակ։ *flower of the flock* ընտանիքին ամենէն լաւ զաւակը։ *— master* ոչխարներ պահող։ *— surface* թաւիշով պատուած։ *— paper* պատը փակցնելիք թուղթ։

floe (ֆլօ) սառնակոյտ։ սառնադաշտ։

flog (ֆլոկ, ֆլակ) խարազանել։ մտրակել։ *to — oneself on* պարտադրել որ երթայ (երբ յոգնած է)։ *to — a dead horse* շարունակել հետեւիլ բանի մը՝ երբ ան շատոնց նորաձեւութիւն ըլլալէ դադրած է։ մեռնելու մօտ եղող հիւանդը ջանալ բժշկել։

flood (ֆլատ) հեղեղ։ ողողում։ ողողել։ հեղեղ կազմել։ *a flood of (tears, words, people)* յանկարծական հեղեղ (արցունքի, բառերու, մարդոց)։ *flood - gates* ամբարտակի դռներ՝ որ ջուրը դուրս կը հոսեցնեն։ *—lights* զեղեցիկ տուներու առջեւ վառող զօրաւոր լոյսեր։ *— - tide* մակընթացութեան ամենաբարձր աստիճանը։ *flooding* հեղեղում։

floor (ֆլոր) տախտակամած։ յարկ։ հարթ մակերես։ տախտակով պատել։ տապալել։ լռեցնել։ վերջացնել։ *first - —* Ա. յարկ։ *first, main or ground —* փողոցին հաւասար յարկ (Ա.Մ.Ն.)։ *he was —ed* հարցումին չէր կրնար պատասխանել։ *he has the —* խօսելու կարգը իրեն է։ *— - walker* խանութի (յարկաբաժնի) վերակացու.

flop (ֆլոփ, ֆլափ) ծանօրէն իյնալ. թեւերը իրարու զարնել. թեւաթափում. —-*eared dog* երկար՝ կախուած ականջներով շուն. *the play was a* — ներկայացումը կատարեալ ձախողութիւն մը եղաւ.

flora (ֆլո'րը) բուսականութիւն (որոշ աշխարհագրական կամ երկրաբանական շրջաններու յատուկ). բուսականութեան կարգաւորուած ցանկ. ծաղկանոց. — *and fauna* բոյսեր եւ կենդանիներ. *floral* ծաղկային.

florescent (ֆլորէս'ընթ) ծաղկափթիթ. ծաղկալից.

florid (ֆլոր'իտ) ծաղկուն. ծաղկազարդ. նոխ. կերպով զարդարուած. — *speech* գունազարդուած եւ դժուարիմաց ոճով ճառ.

florin (ֆլոր'ին) անգլիական դրամ (2 շիլին արժէքով).

florist (ֆլոր'իսթ) ծաղկավաճառ կամ ծաղիկներ աճեցնող.

floss (ֆլոս) բնական մետաքսի կարճ թել. ընրթառէջ.

flotilla (ֆլոթիլ'ա) մարտանաւերու խումբ (նոյն տեսակի. ընդհանրապէս խորտընկէց).

flotsam (ֆլոթ'սըմ) նաւաբեկութեան մնացուկներ (ծովուն երեսը ծփացող). — *and jetsam* ջուրին վրայ ծփացող կամ ծովեզերքը նետուած առարկաներ.

flounce (ֆլաունս) զատկոտուք. կնոջ հագուստի քղանցքի վրայ փակցուած զարդարանք. զատկրտել. կից զարնել. *to — out of a room* բարկութեամբ սենեակէն դուրս սուրալ.

flounder (ֆլաուն'տըր) յուսահատ ջանք ընել (ջուրէն դուրս ելլելու). թաւալիլ (անյուսօրէն). խօսակցութեան խառնուիլ ապուշութիւններ դուրս տալով. *a* — տափակ ծովային ձուկ մը. ապատաձուկ.

flour (ֆլաուըր) ալիւր. ալիւրոտել.

flourish (ֆլա'րիշ) ծաղկիլ. ուռճանալ. զարգանալ. շողացնել. զարդգեղանուազ. փայլք (սուրի). *a —ing business man* շատ յաջող գործի մարդ.

flout (ֆլաութ) ծաղր ու ծանակի ենթարկել. վրբան խնդալ. անարգանք. ծաղրանք.

flow (ֆլօ) հոսիլ (կամ տարածուիլ) ջուրի պէս. վազել. հեղուկի վերածուիլ. ողողել. *the — of a river* գետին վազող ջուրերը. *the wine —ed freely* շատ գինի խմեցին.

flower (ֆլաու'ըր) ծաղիկ. ամենէն ընտիր մաար (բանի մը)· պատկերաւոր ոճ· ծաղկիլ· *the — of life* կեանքի այն շրջանը՝ ուր ուժերը իրենց բարձրագոյն ծաղկումին մէջ են· *— of the flock* ընտանիքին լաւագոյն զաւակը· *a — of speech* բանաստեղծական խօսուածք· *—s* դաշտանի հոսիլը· *— dust* ծաղիկը բեղմնաւորող փոշի· *— -show* ծաղկատօն· *the Flowery Kingdom* Չինաստան.

flu (*ֆլու*) ուժեղ ջերմով յատկանշուած հարբուխ· դում· տես՝ *influenza.*

fluctuate (*ֆլըք'թիուէյթ*) տարուբերիլ· բարձրանալ եւ ցածնալ· *fluctuating prices* յարափոփոխ գիներ.

flue (*ֆլու*) ծխնելոյզ· խողովակ՝ ուրկէ մուխը դուրս կ'ելլէ եւ օդը ներս կը մտնէ· աղտոտ տախտակամածին վրայ ցրուած բուրդի, բամպակի թելեր.

fluent (*ֆլու'ընթ*) սահուն· *— reading (ideas)* սահուն ընթերցանութիւն (գաղափարներ)· *fluency* սահունութիւն· արագ խօսելու յատկութիւն.

fluff (*ֆլըֆ*) աղուամազ· բեմին վրայ ըսելիքը մոռնալ· *to — out* ցնցել· փետուրները ուռեցնել (թռչուններ).

fluid (*ֆլու'իտ*) հեղուկ· յեղյեղուկ.

fluke (*ֆլուք*) տափարակ փոքր ձուկ՝ որ կը գտնուի հիւանդ ոչխարի լեարդին մէջ· ծովային տափակ ձուկ· ապարաձուկ· անակնկալ բախտաւորութիւն· հարըստութիւն· *he did it by a —* բախտով ըրաւ (եւ ոչ թէ աշխատանքով կամ դատողութեամբ).

flume (*ֆլիում*) ջրաղացքի առու.

flummery (*ֆլամ'ըրի*) ապուշ խօսակցութիւն· քաղցր խմորեղէն (պատրաստուած ալիւրէ, կաթէ, պտուղէ, եւայլն).

flummox (*ֆլամ'ըքս*) զարմանքէն (կամ տգիտութենէն) պապանձեցնել.

flung (*ֆլանկ*) *fling*ի անց· եւ անց· ընդ.

flunkey (*ֆլանկ'քի*) յատուկ հագուստ կապուտով այր սպասաւոր· պատուի արժանանալու համար ուրիշի ծառայող· անմիտ.

fluorescent (*ֆլուըրէ'ընթ*) ելեկտրական ճառագայթներ (կամ լոյս)՝ որ մարդկային աչքերով չի տեսնուիր, ինչ որ սակայն *fluorescent* գոյացութիւններով լոյս կու տան՝ զոր կարող ենք տեսնել (օր· հեռատեսիլին պաստառը).

fluoroscope (*ֆլու'ըրոսքոփ*) գործիք, որ *x* - ճառագայթներու օգնութեամբ մեր մարմնի ոսկորներուն ձեւը ցոյց կու տայ մեզի.

fluor-spar (*ֆլու'ըր–ըսփէր*) այլազան գոյներով

ապակեքար․ ծորճաքար․

flurry (ֆլաը'ի) յանկարծական քերեւ հովախառն ձիւն (անձրեւ)․ մեծ տակնուվրայութիւն․

flush (ֆլաշ) ողողել (ջուրով)․ խուժել․ սրբել տանիլ․ շառագունել․ կարմրիլ․ լեցուն․ պայծառ․ հարթ․ եռանդուն․ *the — of Victory* յաղթանակի հետեւող ցընծութիւն․ *being flush* հարուստ․ *the — of youth* երիտասարդական կենսունակութիւն․

fluster (ֆլաս'թըր) բորբոքել․ յուզել․ յուզուիլ․ շփոթութիւն․ յուզմունք․

flute (ֆլութ) սրինգ․ ընկանակ․ սրնգահարել․ *armed en —* կիսով զինուած․ *flutist* (ֆլութ'իսթ) սրնգահար․

fluting (ֆլութինկ) ուղղահայեաց ակօսներով զարդարուած սիւնաշարք․

flutter (ֆլա'թըր) թեւերը արագ թափահարել (թռչուն)․ թեւաբախել․ խռյանալ (յուզուած վիճակի մէջ)․ թեւաբախում․ յուզում․ տակնուվրայութիւն․ *to be all in a flutter* մեծ յուզումի մէջ ըլլալ․

fluvial (ֆլուվ'իըլ) գետաբնակ․ գետային․

flux (ֆլաքս) հոսանք․ յափոփոխութիւն․ հալեցնել (մետաղը)․ մաքրել (աղիքները)․

fly (ֆլայ) ճանճ․ սլաք․ գնդակ (արձակուած)․ աբազ․ խեյացի․ *a fly in the ointment* պզտիկ բան մը որ կ'արժէզրկէ արժէքաւոր բան մը․ *a — on the wheel* անկարեւոր անձ՝ որ մեծ գործերու ատակ կը կարծէ ինքզինք․ միաձի հանրային կառք․ վրանին իբր դուռ ծառայող կտաւ․

fly (ֆլայ) *(flew, flown)* թռչիլ․ խոյս տալ․ թըռցընել․ երեսի վրայ ձգել․ *to — in the face of* անարգել․ *to — back* աքացի տալ․ *to — up* թռիլ․ օդը բարձրանալ․ *to — high* վսեմ նպատակներ ունենալ․ *to let — at* նշան առնելով կըրակել․ բարկանալով դէմը խօսիլ․ *to — a flag* բարձր տեղ մը դրօշը դնել․ *with —ing colours* յաղթական․ *time flies* ժամանակը արագօրէն կ'անցնի․ *to fly in the face of providence* շատ վտանգաւոր գործ մը կատարել․ *the door flew open* դուռը յանկարծօրէն բացուեցաւ․ *a flying visit* կարճատեւ այցելութիւն․ *to fly into a rage* մէկէն զայրանալ․ *— of at a tangent* մէկէն տարբեր նիւթի մը շուրջ սկսիլ խօսիլ․ *— at, — on* մէկուն վրայ յարձակիլ․ *to — for refuge* ապաստանիլ․

flyblown (ֆլայ'-պլո՛ն) կեղտոտած․ որդնոտած․

flying-fox (ֆլայ'ինկ - ֆոքս) չղջիկ․

flyleaf (ֆլայ՛լիյֆ) գիրքի մը սկիզբը եւ վերջը ճեր-մակ, չտպագրուած էջեր.

F. O. (էֆ. օ.) *(Foreign Office)* Արտաքին Գոր-ծերու մասնաբաժին.

foal (ֆո՛ուլ) մտրուկ. գամ-բիկ. մտրուկի մը ծնունդ տալ.

foam (ֆո՛ում) պղպջակներ. փրփուրներ. *to — at the mouth* զայրանալ.

f. o. b. (էֆ. օ. պի.) (ֆոպ) *(free on board) price 1000 L. Pounds f. o. b.* գինը 1000 Լ. ոսկի մին-չեւ նաւը դնելը (բոլոր ծախսերը ներառեալ).

fob (ֆոպ) ժամացոյցի փոքր գրպան. խաղի բե-րել. *to — off* մէկ կողմ դնել. խաբել. խաբուիլ. *— chain* ժամացոյցի զարդակապ (շղթայ).

fo'c'sle (ֆո՛ք՛՛սըլ) տես՝ *Forecastle* նաւու ցռուկ.

focus (ֆո՛քըս) այն կէտը՝ ուր լոյսի ճառագայթնե-րը իրարու կը հանդիպին արտացոլալէ ետք. կիզա-կէտ. վառարան. ապա-կիին կամ պաստառին վը-րայ լոյսին արտացոլա-ցած պատկերը պարզա-ցնել. որեւէ կեդրոնական կէտ. *to — one's attention on* մէկուն ամբողջ ուղեղը կեդրոնացնել. *focal* կիզակիտային.

fodder (ֆոտ՛ըր) արջառի կեր. նարակ. արածել.

foe (ֆօ՛) թշնամի. թշնա-մի բանակ. *—man* թըշ-նամի՝ պատերազմի մէջ.

foetid, fetid (ֆէ՛թիտ) գարշահոտ.

fog (ֆոկ, ֆակ) մշուշ. մառախուղ. մշուշել. մը-տային շփոթութիւն. *to be —ged* յստակ գա-ղափարներ չունենալ.

fogey, fogy (ֆոկ՛ի) հին մտայնութեամբ ծեր մարդ. նարպիկ. զինուո-րի տրուած յաւելուածա-կան վճարում.

foible (ֆոյ՛պըլ) տկար կողմ մէկուն նկարագրի մէջ. բարոյական թերութիւն.

foil (ֆոյլ) թշնամին ան-յաջողութեան մատնել. ի դերեւ հանել. առանց ծայրի սուր. *He used his friends as a foil* իր բարեկամին ապիկարու-թիւնը ցոյց տալով իր առաւելութիւնը ուզեց ա-պացուցանել.

foist (ֆոյսթ) ննեզութիւն ընել. խաբել (մէկը). *to foist off false money on a person* մէկուն կեղծ դրամ կլլեցնել. *—er* կեղծարար.

fold (ֆոլտ) ծալել. փաք-թել. հիւսել. ծալք. պա-հարան. փեղկ. *— yard* փարախ. *to return to the —* տուն վերադառ-նալ.

folder (ֆոլ՛տըր) թղթա-կալ. ժամակակալ. ծա-լող.

-fold (—ֆոլտ) անգամ. *fourfold* չորս անգամ.

folderol (ֆոլ՛տէրոլ) անի-մաստ բառ հին երգերու մէջ.

foliage (*ֆօլ'իէյճ*) տերեւ (ծառի)։
folio (*ֆօլ'իօ*) թերթ՝ ծալլուելով երկուքի վերածուած։ խոշոր գիրք։ գիրքի մը էջերուն թիւը։ էջերը թուել գիրքի մը մէկ կողմին վրայ միայն։
folk (*ֆօք*) պարզ ժողովուրդ։ ցեղ։ ամբոխ։ *young folk(s)* երիտասարդներ։ *one's folks, my ain folk* մէկուն ընտանիքը կամ ազգականները։ *folk-dances* հին ժողովրդային պարեր։ *folklore* ժողովրդային հին երգ ու պար։ աւանդավէպ։ նոյնին ուսումնասիրութիւնը։ *—-song* ռամկական երգ։ *—-speech* զաւառաբարբառ։ ժողովրդային խօսուածք։
follicle (*ֆալ'իքլ*) փոքր ծակտի (մորթի) ուրկէ մազը կ'անի։ պարկիկ որ սերմ մը կը պարունակէ։
follow (*ֆալ'օ*) հետեւիլ մէկուն (երթալ, գալ)։ յաջորդել։ համաձայնիլ։ ըմբռնել։ *do you — me* զիս կը հասկնա՞ս։ *to — the sea* ծովային դառնալ։ *— your nose* ուղիղ գնա։ *to — up* հետեւիլ։ *as —s* հետեւեալ գրուածին պէս։ *the —ing* հետեւեալը։
folly (*ֆօլ'ի*) ապուշութիւն։ խենդութիւն։
foment (*ֆօմէնթ'*) տաքուկ ջուրով լուալ ցաւը թեթեւցնելու համար։ քաջալերել։ տաք դեղ (լաթ) դնել վէրքին վրայ թունաւորուած արիւնը դուրս հանելու կամ ցաւը թեթեւցնելու համար։ խընդիր յարուցանել։ *—ation* տաք նիւթեր դնելը ցաւած մասին վրայ։ գրգռում։ արծարծում։
fond (*ֆոնտ, ֆանտ*) մոլի սէր։ հիմք։ դրամագըլուխ։ արգանակ։ մոլի կերպով սիրել։ գուրգուրալ։ ուժգնօրէն սիրող։ անխելք։ *a — mother* զաւակներուն վնասելու աստիճան զիրենք սիրող մայր։ *a — belief* բանի մը խոր հաւատքով՝ սակայն ապուշ կերպով հաւատալ։ *to be — of* մոլի ըլլալ։ շատ սիրել։
fondle (*ֆոն'տլ*) փայփայանք։ շոյել։ գգուել (սիրածը)։
font (*ֆոնթ*) մկրտութեան աւազան։
food (*ֆուտ*) կերակուր (խմիչք)։ սննդեղէն։ *food for thought* հարց՝ որուն մասին երկար պէտք է մտածել։ *— for powder* զինուոր (հեզնական առումով)։ *— office* պատերազմի ժամանակ գրասենեակ ուր *— card* (պարէնի տոմս) կու տան բնակչութեան։
fool (*ֆուլ*) ապուշ։ անխելք։ յիմար։ միամիտ։ խեղկատակ։ խաբել։ կատակել։ ծաղրել։ *the king's —* թագաւորին ծաղրածուն։ *to — away one's time* ժամանակը ի զուր տեղը վատնել։ *to — with a gun* հրա-

ցանով վնաս հասցնել․ *a fool's paradise* յաւիտենական երջանիկ մարդ․ *to go on a —'s errand* անշահաբեր եւ ապուշ գործառնութիւն ընել․ *All Fools' Day* Ապրիլ Մէկ (խաբելու օր)․ *April fool* մէկը որ նման սուտերու կը հաւատայ․ *fools' cap* ծոյլ աշակերտին հագցուած եղրմակ թուղթէ գդակ․ *foolscap* խոշոր չափով թուղթ *(13×8 inches)*. *foolery* զուարճացուցիչ խաղ․ *foolhardy* անհըրաժեշտ չեղող վտանգին դիմել․ *foolish* ապուշ․ անիմաստ․ *foolproof* այնքան դիւրին որ ոչ ոք կը սխալի․

foot (ֆութ) (*feet* յոգնակի)․ ոտք չափ (= 12 մատնաչափ, 1/3 եարտա, 30,5 սանթիմեթր)․ ոտք․ ստորոտ․ հիմնական հարց․ հետեւակ զինուոր․ ոտքը գետինը զարնել (եղանակով)․ պարտիլ․ աքացի զարնել․ *by —, on —* ոտքով․ *to — it* քալել․ կաքաւել․ *to set a plan on —* ծրագիր մը սկսիլ․ *to — the bill* հաշուեցոյցը վըճարել․ *to stand on your own —* քու ուժերուդ միայն վստահիլ․ *to fall on one's feet* բախտաւոր ըլլալ․ *to put one's — in* լուրջ (ծիծաղելի) սըխալ մը գործել․ *horse and —* երկու տեսակի զինուորներ․ *one — in the grave* գերեզմանի սեմին գտնուիլ․

football (ֆութ'պօ`լ) ոտնագնդակ․ *—er* ոտնագընդակ խաղացող․

footfall (ֆութ'ֆօ`լ) ոտքի ձայն․

foot-hills (ֆութ'հիլզ) բարձր լեռներու մէջտեղ ցած բլուրներ․

foothold մեկնակէտ․ մագըլցելու ժամանակ ոտքը դնելիք տեղ․ կռուան․

footing տեղ․ *to get a — in a group of persons* խումբի մը մէջ ընդունուիլ․ *the army is on a war —* բանակը կը մեծնայ եւ պատերազմի կը պատրաստուի․ *to be on a friendly —* բարեկամական կապեր ունենալ հետը․

footlights (ֆութ'լայթս) թատերաբեմի տախտակամածի լոյսերը․

footman այր սպասաւոր․

footnote էջի տակի ծանօթագրութիւն․ տողատակ․

footpad (—'փէտ) ճամբորդները կողոպտող գող (հետեւակ)․

footprint (—'փրինթ) ոտքին ձգած հետքը․

footstep (—'սթէփ) հետք․ քայլափոխ․

footling (ֆութ'լինկ) փոքր եւ անարժէք․ ապուշ․

foozle (ֆուզլ') լաւ չհարուածել գնդակը (կողմէն դուրս հանելով)․ գործ մը գէշ կատարել․

fop (ֆոփ) պճնասէր․ թեթեւսոլիկ․ *—pish* պընասէր․ ցուցամոլիկ․

f. o. r. (էֆ. օ. ար. = ֆոր) (= free on rail) (ֆրի օն րէյլ)·*price 200 L. Pounds f.o.r.* գինը 200 Լ. ոսկի՝ առանց շոգեկառքին վճարելու.

for (ֆոր) համար· փոխարէն· որովհետեւ· քանզի· դէպի· հաշւոյն· ընթացքին· *for as much as* որովհետեւ· քանզի· քանի որ· *as — me* գալով ինծի· *— all that* հակառակ այդ բոլորին. *— ever* յաւիտեանս· ընդմիշտ· *— your sake* ձեր սիրոյն. ձեզի համար· *— the present* առայժմ· *I buy it — myself* իմ հաշւոյս կը գնեմ.

forage (ֆոր'իճ) նախիրի կեր· կերակուր· կերակուր փնտռել.

forasmuch as տես՝ *for.* որովհետեւ.

foray (ֆոր'էյ) անակնկալ արշաւ (կերակուր կամ կենդանիներ կողոպտելու համար)· անակնկալօրէն յարձակիլ·

forbade (ֆըրպէյտ') *forbid*ի անց·ը.

forbear, forebear (ֆոր'-պէյր) *(forbore, forborne)* արգիլել· խնայել· համբերել· նախնիք·

forbid (ֆորպիտ') *(forbade, forbidden)* արգիլել· թոյլ չտալ· *God forbid* Աստուած տայ որ չըլլայ· *a —ding manner* անհաճոյ, կոշտ վերաբերմունք.

force (ֆորս) ոյժ· զօրութիւն· բանակ· միտքի ուժգնութիւն· կարողութիւն· ջրվէժ· պարտադրել· ստիպել· ջանք թափել· *the force of an expression* ոճին իմաստը· *in —* վաւերական. մեծ ուժով· *the police force* ամբողջ ոստիկանական ուժը· *the Armenian forces* հայկական մարտական ուժերը (ծովային, ցամաքային, օդային)· *to force plants* այնպիսի պայմաններ ստեղծել՝ որ բոյսը ժամանակէն առաջ ծաղկի եւ պտուղ տայ· *to — one's hand* մէկուն կամքին հակառակ բան մը պարտադրել· *by main —* բռնութեամբ· *centrifugal force* կեդրոնախոյս ոյժ· *to come into —* վաւերական դառնալ· *— majeure* գլխաւոր պատճառը (արդիւնքի մը)· հարկեցուցիչ պարագայ· *to — back* նահանջի մատնել· *to — open the gates* բռնութեամբ դարպասները բանալ· *to force the enemy out of the homeland* թշնամին հայրենիքէն դուրս քըշել· *to yield to —* ուժին առջեւ տեղի տալ· *she began to cry with —* ամբողջ ուժով սկսաւ պոռալ· *force and arms* բռնութիւն· *forced* պարտադրուած· *forceful* զօրաւոր· *forcemeat* ծեծուած միս.

forceps (ֆոր'սէփս) փոքր

վիրաբուժային աքցան·
forcible (ֆոր'սիպլ) բռնի. զօրաւոր.
ford (ֆորտ) ծանծաղուտ (գետի)՝ ուրկէ ոտքով կարելի է անցնիլ. հունէն անցնիլ.
fore - (ֆոր –) սկիզբը. նախկին. առջեւի մասը fore and aft առջեւը եւ ետեւը. նաւու մը մէկ ծայրէն միւսը.
forearm (ֆոր'արմ) նախաբազուկ.
forearm (ֆորարմ') յարձակումի մը պատրաստուիլ. forewarned is forearmed եթէ զգուշացուինք պատահելիքի մը շուրջ, կը նախապատրաստուինք անոր դէմ.
forebear տես՝ forbear նախնիք.
forbode (ֆորպոտ') կանխազգացում. կանխազգուշացում. գուշակել. կանխազգալ (գէշ բանի մը պատահիլը).
forecast (ֆորգասթ') ապագան կանխատեսել. գուշակել. the weather — յաջորդ օրուան (կամ մը օրուան) օդի վիճակի շուրջ տեղեկութիւն. տեղեկանք.
forecastle (ֆոր'քէսլ) նաւու յառաջամասի ցռուկ. նաւու այն մասը՝ ուր նաւաստիները խըցիկները կը գտնուին.
forclose (ֆոր'քլոզ) արգիլակել. to — a mortgage մէկուն հողը ծախել որպէսզի պարտքը գանձուի իրմէ.
foredoom (ֆորտում') նախատարդուածութիւն. վստահ ըլլալ սկիզբէն. foredoomed to failure սկիզբէն վստահ ըլլալ թէ պիտի ձախողի.
forefather (ֆոր'ֆատհըր) նախահայր.
forefinger (—'ֆինկըր) ցուցամատ.
forefront (—'ֆրոնթ) առջեւը. նիշդ առջեւը (ոչ թէ քիչ մը ետեւ).
foregoing նախորդ. աւելի կանուխ. foregone (conclusion) անխուսափելի եզրակացութիւն.
foreground (—'կրաունտ) նկարի մը (տեսարանի) առջեւի մասը՝ դիտողին ամենէն մօտ մասը. to keep oneself in the — վստահ ըլլալ թէ կը տեսնուի.
forehand (—'հէնտ) առաջամաս (ձիու). թէնիսի գնդակը սովորական ձեւով հարուածել. առաջնութիւն.
forehead (ֆոր'հէտ) նակատ (մարդու).
foreign (ֆոր'ին, ֆար'ին) արտաքին. օտարական. հեռաւոր. — matter օտար նիւթ. — to his nature իր բնութեան համար խորթ.
forelock (ֆոր'լոք) նակատի վրայի խոպոպիկ մազեր. to seize time by the — պատրաստ ըլլալ ամէն պատեհութիւն օգտագործելու.
foreman (ֆոր'մէն) վերակացու (բանուորներու).

foremast (—'մէսթ) յառաջակայմ.

foremost (—'մոսթ) առաջինը (ժամանակով, տեղով, աստիճանով կամ կարեւորութեամբ)· *first and* — ամենէն առաջ· սկիզբը·

forenoon (—'նուն) կէսօրէ առաջ· առաւօտ·

forensic (ֆորէն'սիք) օրինական· օրէնքի հետ առընչուած· ատենական·

foreordained (ֆորորտէյնըտ') նախատրուած· նախասահմանուած. *foreordination* նախակարգութիւն·

forequoted (ֆոր քուոթտ) նախապէս յիշուած·

forerunner (—'րանըր) առջեւէն վազող (լուր տանելու համար)· նախակարապետ·

foresee (ֆորսի') կանխատեսել· գուշակել· (*foresaw* անց·, *foreseen* անց· ընդ·)·

foreshadow (ֆորշէտ'ոյ) կանխանշան (գալիք դէպքերու)· կանխապատկեր· կանխապատկերել·

foreshore (ֆոր'շոր) ծովեզերք (տեղատուութեան եւ մակընթացութեան միջեւ)·

foreshorten (—շորթ'ըն) գծագրութեամբ նկար մը կարճեցնել· պզտիկցնել·

foresight (ֆոր'սայթ) կանխատեսութիւն· ապագային համար պատրաստութիւն, հեռատեսութիւն· —*ed* հեռատես· իմաստուն·

foreskin (ֆոր'սքին) թըլիփ· առնանդամին գըլուխը պատող մաշկը·

forest (ֆոր'էսթ) անտառ (բնական)· թագաւորական որսատեղի· —*al* անտառային·

forestall (ֆորսթո'լ) կանխել (գործ մը)· արգելք ըլլալ՝ առաջ ինք ընելու համար (բան մը)·

forestry (ֆոր'էսթրի) անտառամշակութիւն· անտառին հոգ տանիլը· *forester* անտառապահ·

forever (ֆորէվ'ըր) մինչեւ վերջ· յաւիտենապէս· — *and ever* յաւիտեանս յաւիտենից·

forewarn (—ուորն') սկիզբէն զգուշացնել·

forewit (—'ուիթ) զգուշաւորութիւն· խոհեմութիւն·

foreword (ֆոր'ուըրտ) նախաբան (գիրքի)·

forfeit (ֆոր'ֆիթ) տուգանք· իրաւազրկութիւն· պատիժ· կորուստ· —*ure* (ֆոր'ֆիթիուր) տուգանք· կորուստ· իրաւազրկուիլ·

forfend (ֆորֆէնտ') արգիլել· *God* — Աստուած չընէ· Աստուած արգիլէ որ պատահի·

forgather (ֆորկէտհ'ըր) իրարու հանդիպիլ·

forge (ֆորճ) դարբնոցի կրակ· դարբնոց· դարբնել· *to — ahead* դժուարութիւններու մէջէն ընթանալ· —*man* դարբին· —*ry* դարբնում· դարբնոց·

forge (ֆորճ) խարդախել կամ կեղծել (գրութիւն մը)․ սուտեր դարբնել, հնարել․ *forgery* խարդախանք․

forget (ֆորկէթ՛) (*forgot* անց․, *forgotten* անց․ ընդ․) մոռնալ․

forgett (ֆորճէթ՛) ձեռնոցի մատները․

forget-me-not (ֆորկէթ մի նաթ՛) անմեռուկ (ծաղիկ)․

forgive (ֆորկիվ՛) (*forgave* անց․, *forgiven* անց․ ընդ․) ներել․ — *ness* ներողամտութիւն․

forgo, forego (ֆոր՛կօ) (*forwent* անց․, *forgone* անց․ ընդ․) հրաժարիլ՝ վայելքէ, իրաւունքէ, բան մը ընելէ․ ետ կենալ․

fork (ֆորք) պատառաքաղ․ եռաժանի․ *y* ձեւը ունեցող․ երկնիւղել․ հողը փորել․ *a — in the road* ճամբան կ՚երկճիւղի․ *he plays a good knife and —* ախորժակը տեղն է․ *— out* վճարել (դրամ)․ *a tuning —* ուղիղ ձայն տուող (երաժշտ․ գործիք)․

forlorn (ֆըրլորն՛) յուսալքուած․ լքուած․ անտէր․ անօգնական․ *a — hope* անյուսալի ծրագիր․

form (ֆորմ) նստարան (առանց քազրիքի)․ դասարան․ ձեւ․ կերպարանք․ շինուածք․ ծրագիր․ ձեւաւորել․ շինել․ կառուցել․ *a diamond is a form of coal* ադամանդը շինուած է ածուխէն՝ սակայն փոխուելով տարբեր երեւոյթ ստացած է․ *a telegraph form* հեռագիրի թուղթ (որ պէտք է լեցնել)․ *in due —* օրինական ձեւով․ *good —* լաւ վիճակի մէջ․ *it's a matter of form* ձեւակերպութեան համար միայն պէտք է ընել․ *plans are —ed* ծրագիրները շինուած են․ *clouds formed in the sky* ամպեր գոյացան երկինքի մէջ․

formal (ֆոր՛մըլ) ձեւական (օրէնքներուն եւ սովորութեանց համաձայն)․ *— dress* պաշտօնական հագուստ․ *formality* (ֆորմէլ՛իթի) ձեւակերպութիւն․ պաշտօնականութիւն․ *a mere formality* միայն ձեւակերպութիւն մըն է․ *formalist* ձեւապաշտ․

formalin (ֆոր՛մըլին) հեղուկ դեղ մը՝ որ կը ծառայէ հոտերը չէզոքացընելու եւ մաքրելու վէրքերը (վանառանիշ)․

formation (ֆորմէյ՛շըն) կազմութիւն․ շարք․ շինուածք․

former (ֆոր՛մըր) նախկին․ առաջինը․ ստեղծիչ․ շինող․

formic (ֆոր՛միք) մրջնային․

formicary (ֆոր՛միքէրի) մրջիւններու բոյն․

formidable (ֆոր՛միտէպլ) վախազդեցիկ․ ահուոր․

a — task դժուարին պարտաւորութիւն.

formula (ֆոր'միուլը) (*formulae, —las* յոգ.) բանաձեւ. դեղագիր. տարազ (արտայայտութեան). որեւէ նշմարտութիւն՝ կարճ ձեւով գրուած. իրողութեանց օրէնք, արտայայտուած խորհրդանշաններով եւ պատկերներով (գիտական առումով). *to formulate* բանաձեւել (կարճ եւ յըստակ ձեւով).

fornication (ֆորնիքէյ'շըն) ապօրէն սեռային յարաբերութիւն. պոռնըկութիւն. շնութիւն. *to fornicate* պոռնկանալ.

forsake (ֆորսէյք') (*forsook* անց., *forsaken* անց. ընդ.) լքել. երեսի վրայ ձգել.

forsooth (ֆորսութհ') (*in truth*) ճշմարտութեան նկատմամբ երկրայութիւն. կասկածանք.

forswear (ֆորսուէըր') (*forsworn* անց. եւ անց. ընդ.). սուտ երդում ընել. ուրանալ. այլեւս չգործածել խոստանալ.

fort (ֆորթ) ամրոց. ամրութիւն. բերդ.

forte (ֆորթ'է) բարձր, բարձրօրէն (երաժշտ.). ուժեղ. *dancing is not my forte* պարելը իմ ուժեղ կողմս չէ.

forth (ֆորթհ) յառաջ. տեսողութեան մէջ. դուրսը. *forthcoming* որ շուտով պիտի գայ. գալիք. *—going* հետագայ.

forthright (ֆորթհրայթ') պատուաւոր. անկեղծ. միտքին մէջինը ըսող.

forthwith (ֆորթուիթ') անմիջապէս. մէկէն.

fortify (ֆոր'թիֆայ) ամրացնել (յարձակման դէմ). *fortified* ամրացուած. *fortification* ամրութիւն.

fortissimo (ֆորթիս'իմօ) շատ բարձր (երաժշտ.).

fortitude (ֆոր'թիթիուտ) հաստատակամութիւն (ցաւի, վտանգի, եւայլնի դէմ). արիութիւն.

fortnight (ֆորթ'նայթ) 2 շաբաթ. *—ly* երկու շաբաթը անգամ մը.

fortress (ֆորթ'րէս) ամրութիւն. հսկայ ամրոց, բերդ.

fortuitous (ֆորթիու'իթըս) պատահական. դիպուածային.

fortune (ֆոր'թիուն) բախտ. բախտաւորութիւն. բարեկեցութիւն. հարստութիւն. *fortune knocks once at every man's door* կեանքի մէջ բախտը մէկ անգամ միայն դուռ գայ. *to make a fortune* հարըստութիւն դիզել. *a soldier of —* վարձկան զինուոր. *to tell —* ապագան գուշակել. *to marry a —* հարուստ կնոջ մը հետ ամուսնանալ. *a —-hunter* մէկը որ հարստանալ կը ձգտի հարուստ աղջկայ մը հետ ամուսնանալով. *fortunate* (ֆոր'թիունէյթ) բարեբախտ· բախտաւոր· *fortunately* բարեբախտաբար·

forty (*ֆոր'թի*) քառասուն· *forties* (յոգ·) *fortieth* 40երորդ· *The Forty* ֆրանսական Ակադեմիա· *a forty winks* փոքր մրափ ցերեկուան ընթացքին·

forty-niner ոսկի փնտռող արկածախնդիր (1849ին Գալիֆորնիա խուժող բախտախնդիրներ)·

forum (*ֆո'րըմ*) հրապարակ (շուկայ) հին Հռոմի մէջ՝ ուր հրապարակաւ հարցեր կը քննարկուէին· ատեան· դատարան· վինարանական ժողովի սրահ·

forward (*ֆոր'ուըրտ*) առջեւի մաս· դէպի առաջ· շատ համարձակ· առաջին գիծի վրայ խաղացող (ֆութպոլ, եւն·)· *look forward to* անհամբեր սպասել· *to* — դրկել· *to — a plan* ծրագրի մը իրականացման օգնել· *—ly* անապարանքով· *—ness* յանդգնութիւն· եռանդ·

forzando (*ֆորզան'տօ*) ուժգին· ուժգնութեամբ (երաժշտ·)·

fosse (*ֆոս*) խրամ, փոս (ամրոցի, բերդի մը շուրջ)·

fossil (*ֆոս'իլ*) բրածոյ· *an old* — հին, քարացած մտայնութեամբ ծերունի·

foster (*ֆոս'թըր*) քաջալերել· օգնել· նպաստաւոր ըլլալ· սնուցանել· *a — mother* ստնտու· *foster brother, sister* ստնտուէն դիեցուած եղբայր, քոյր· *to — evil thoughts* գէշ գաղափարներ սնուցանել·

fought (*ֆոթ*) *fight*–ի անց· եւ անց· ընդ· կռուեցաւ· կռուած·

foul (*ֆաուլ*) աղտոտ· անհանոյ· անարդար· կոշտ· թաց· *a — (in a game)* հակաօրինական արարք· *— play* գէշ արարք· *fall — of* կռուի բռնուիլ հետը· *the ship —ed another ship* նաւը ուրիշ նաւու մը դէմ ուղղուեցաւ· *— breath* գարշահոտ շունչ·

foulard (*ֆուլարտ'*) փափուկ մետաքսեղէն· նամուկ·

found (*ֆաունտ*) *find*ի անց· եւ անց· ընդ· գըտաւ· գտած·

found (*ֆաունտ*) հիմնադրել (տուն մը)· հաստատել· ձուլել· *the house is founded upon a rock* տունը կառուցուած է ժայռի մը վրայ· *his opinion is not founded on facts (is unfounded)* կարծիքը իրողութեանց վրայ կազմուած չէ (անհիմն է)· *foundation* (*ֆաունտէյ'շըն*) հիմունք· հիմնական մաս· հիմնարկութիւն· կրամական յատկացում· *— stone* հիմնարկէքի քար· *foundationer* թոշակառու (ուսանող)·

founder (*ֆաունտ'ըր*) ջուլ–

բով լեցուիլ եւ ընկղմիլ (նաւը)· կաղալ· հիմնա-դիր· ձուլող·
foundling (*ֆաունտ'լինկ*) լքուած ընկեցիկ մանուկ·
foundry (*ֆաունտ'րի*) ձուլարան·
fount (*ֆաունթ*) աղբիւրակ· ակիզբ· նոյն չափի գիրեր (տպագրական)·
fountain (*ֆաունթ'ըն*) աղբիւր· ակ· խողովակէ մը վեր ցայտող ջուր· — *pen* ինքնահոս գրիչ· —*-head* գետին ծագում առած տեղը· *the —-head of the troubles* դժուարութիւններու սկզբնական պատճառը·
four (*ֆոր*) չորս· *on all —s* ձեռքերու եւ ծունկերու վրայ· *fourth* 4րդ· *fourteen* 14. *fourteenth* 14րդ· *fourteenfold* 14 անգամ· *four in — hand* քառաձի կառք· *the Fourth Estate* չորրորդ պետութիւն՝ մամուլ· *four-wheeled* քառանիւ·
fowl (*ֆաուլ*) թռչուն (ընտանի խոշոր)· հաւ (աքլոր)· հաւեղէն· *fowler* թռչնազգիներու որսորդ·
fox (*ֆոքս, ֆաքս*) աղուէս, խորամանկ (անպարկեշտ) անձ· պարան (կուպրով ծածկուած)· բծաւորել (թուղթը)·
fox - glove (*ֆոքս'-կլով*) հաստակուռ ծաղկաւոր բոյս մը· մատնածաղիկ·
fox - terrier (— *- թէրիըր*) փոքր ներմակ շուն·
fox - trot (*ֆոքս'-թրոթ*) տեսակ մը պար·
foxy (*ֆոքս'ի*) խորամանկ· թթու (համ)· կարմիր (մազ)·
foyer (*ֆուէյ'է*) թատրոնի (պանդոկի) մուտքին մեծ սրահ հանրութեան համար· նախասենեակ·
fracas (*ֆրէքաա'*) ծխոր· աղմկալի կռիւ·
fraction (*ֆրէք'շըն*) կոտորակ· փշրանք· կտոր· խմբաւորում (օրինական շարժման մէջ)· *a — of a second* շատ կարճ ժամանակ· *—al* կոտորակային·
fractious (*ֆրէք'շըս*) խռոժոռադէմ· բարկացած· չար·
fracture (*ֆրէք'շըր, ֆրէք'թիըր*) կոտրուածք (սրունքի)· բեկում (ոսկորի)· կոտրել· խզել·
fragile (*ֆրէճ'իլ*) դիւրաբեկ· նուրբ·
fragment (*ֆրէկ'մընթ*) կտրուած փոքր մաս· բեկոր·
fragrance (*ֆրէկ'րընս*) հաճելի բոյր· բուրմունք·
frail (*ֆրէյլ*) տկար· դիւրաբեկ· դիւրին սայթաքող· *—ty* դիւրաբեկութիւն· փոփոխամտութիւն·
frame (*ֆրէյմ*) կառուցել· շինել· որդեգրել· բառերով արտայայտել· ձեւաւորել· շրջանակել· հիմնական կառոյց· շրջանակ (նկարի)· եղանակ· *he has a strong —* զօրաւոր մարմին (կազմ) ունի· *his lips*

could not — the words չէր կարող ըսել· *to — a person* յանցագործ մէկը մէջտեղ հանել· *—work* գլխաւոր կառոյցը (որուն վրայ կամ շուրջը բան մը պիտի շինուի)·

franc (*ֆրէնք*) փրանսական (պելճիքական, զուիցերիական) դրամ·

franchise (*ֆրէն'չայզ*) քուէարկելու իրաւունք (կառավարութիւն ընտրելու)· ազատութիւն· ազատութիւն տալ (գործելու)·

Franciscan (*ֆրէնսիս'քըն*) Ֆրանչիսկեան (կրօն·)·

Francophile (*ֆրէնք'ոֆիլ*) փրանսասէր· փրօ-փրանսացի·

Francophobe (*ֆրէնք'ոֆոպ*) փրանսատեաց·

franc-tireur (*ֆրէնք'-թիրէոր'*) փետայի· արձակազէն· անկանոն զինուոր·

frangible (*ֆրէն'ճիպլ*) նուրբ· փխրուն· դիւրին կոտրուող· — *grenade* հակահրասայլ· ռումբ·

frank (*ֆրէնք*) անկեղծ· պատուախնդիր· ձրի· նամակ (առանց դրոշմաթուղթի)· նայ (թոչ·) նամակ յղել (ձրի)·

frankincense (*ֆրէնկէ'ինսէնս*) անուշահոտ խէժ (վառելու ժամանակ անուշաբոյր ծուխ մը կ'արձակէ)· կնդրուկ·

frantic (*ֆրէն'թիք*) ինքզինքէն դուրս ելած (ուրախութենէն, վախէն, ցաւէն, եւայլն)·

fraternal (*ֆրըթըր'նըլ*) եղբայրական· եղբօր պէս·

fraternity (*ֆրըթըր'նիթի*) եղբայրակցութիւն· եղբայրութիւն· համալսարանական ուսանողներու խմբակցութիւն (Ա· Մ· Ն·)·

fraternize (*ֆրէթ'ըրնայզ*) եղբայրանալ· իրարու հետ եղբօր պէս վարուիլ·

fratricide (*ֆրէթ'րիսայտ*) եղբայրասպանութիւն·

Frau (*ֆրաու*) տիկին (Գերմ·)· *Fräulein* (*ֆրոյ'լայն*) օրիորդ (Գերմ·)·

fraud (*ֆրոտ*) խաղ· անպատուութիւն· խարդախութիւն· *he is a—* իր ձեւացածին պէս չէ· *—ulent* (*ֆրոտ'իուլընթ*) խարդախ· ննենգամիտ·

fraught (*ֆրոթ*) լի (վըտանգով)· բեռնաւոր·

fray (*ֆրէյ*) կռիւ· վէճ· սարսափեցնել· պատառոտել (հագուստը)·

frazzle (*ֆրէզ'լ*) կռիւ· յոգնածութիւն· մաշում· *beat someone to a —* աղուոր ծեծ մը քաշել մէկուն·

freak (*ֆրիք*) անսովոր առարկայ (արարք)· այլանդակ· քմածին·

freckle (*ֆրէ'քլ*) պիսակ· թուխ բիծ (մորթին վըրայ)· պիսակաւորել·

free (*ֆրի'*) ազատ· անկաշկանդ· կամաւոր· դիւրին· շնորհալի· ձրի· ազատական· անկեղծ· ընտանի· ազատել· ազատագրել· մաքրել· ազատել (պաշտօնէ)· անկաշկանդ արտայայտութիւն· *the way is —* ուղին բաց է· *to get a — hand* ուժը ընելու իրաւասութիւն· *— and easy* պարզ եւ անմիջական (վարմունքի մէջ)· *— with his money, — -handed* առատաձեռն· *— drinks* ձրի խմիչք (ուրիշ մը պիտի վճարէ)· *price 200 L. Pounds, post —* գինը 200 Լ· ոսկի, փոստը վճարուած· *— trade* առանց մաքսի առեւտուր· *to set —* ազատ արձակել· *— love* ազատ սէր·

freebooter (—'*պուԹըր*) ծովային աւազակ· *պաշիպոզուք·* աւարառու·

freedom (*Ֆրի'տըմ*) ազատութիւն·

freehold (*Ֆրի'հոլտ*) կալուածատէր (լիարժէք)·

freelance (—'*լանս*) իրեն հանոյ եղող որեւէ թերթի աշխատակցող գրող (լրագրող)·

freemason (—'*մէյսըն*) ազատ որմնադիր· մասոնական· փարմասոն·

freethinker (*Ֆրի'Թհինքըր*) ազատախոհ· կրօնական ամէն ձեւի իշխանութիւն մերժող·

freeze (*Ֆրիյզ*) (*froze* անց·, *frozen* անց· ընդ)· սառիլ· պաղիլ· տեղը անշարժ կենալ· *he has a frozen face* դէմքը որեւէ զգացում չ'արտայայտեր· *to freeze on to* ամուր բռնել եւ չձգել· *to freeze prices* գիները սառեցնել (անփոփոխ պահել)· *to freeze out* դուրս քշել· *freezing machine* սառեցնող մեքենայ· *— point* սառելու կէտ·

freight (*Ֆրէյթ*) վարձք (բեռան փոխադրութեան համար)· բեռ· *ocean freight* ծովու փոխադրուած բեռներու վարձք· *a — train* բեռ փոխադրող շոգեկառք· *freighter* բեռնանաւ·

French (*Ֆրէնչ*) ֆրանսերէն· ֆրանսական· *Frenchman* ֆրանսացի·

French leave (*Ֆրէնչ' լիյվ*) գաղտնի կամ առանց արտօնութեան մեկնում·

frenetic (*Ֆրինէթ'իք*) տես *phrenetic* խելացնոր· խիստ բարկացած·

frenzy (*Ֆրէն'զի*) կատաղութիւն· ցասում· մտաբախութիւն, մտային խանգարում·

frequency (*Ֆրի'քուընսի*) յաճախականութիւն· կրկնութիւն· արագութիւն· *frequent* (*Ֆրի'քուընԹ*) յաճախադէպ· յաճախ կրկնուող· (*Ֆրիքուէնթ'*) յաճախել (վայր մը)·

fresco (*Ֆրէս'քօ*) որմնանկարում (եկեղեցւոյ)· որմնանկար·

fresh (*Ֆրէշ*) նոր (անած, շինուած)· թարմ· յաւելուածական· մաքուր· անլի· զով· կայտառ· մատղաշ· *have you any fresh news, is there anything —?* որեւէ նոր լուր կա՞յ. — *gale* մըրրիկ. *freshen* թարմացընել. անուշցնել. զովացընել. զօրացնել (զօրանալ). *freshness* թարմութիւն. զովութիւն.

freshet (*ֆրէշ'էթ*) առատութիւն. հեղեղատ.

freshman (*ֆրէշ'մէն*) Ա. Մ. Ն.ի կրթական սիստէմին մէջ *քալէճի* առաջին տարին. կրտսեր. կրտսեր ուսանող.

fret (*ֆրէթ*) մտահոգ ըլլալ. սրտնեղիլ. մաշեցընել (հագնելով). նեղութիւն տալ. զարդարել. *sick people are often —ful* հիւանդ մարդիկ յաճախ սրտնեղ եւ դըժուարահաճ կ'ըլլան.

fretsaw (*ֆրէթ'սօ՝*) շատ նեղ եւ բարակ սղոց՝ որուն միջոցով նօսր տախտակէն զանազան զարդեր կը շինեն. *fretwork* նըրման սղոցով բարակ տախտակէն զարդարանքներ շինելու արուեստ.

friable (*ֆրայ'էպլ*) դիւրաբեկ. փխրուն.

friar (*ֆրայ'ըր*) վանական. կրօնական խմբակցութեան մը անդամ. միաբան եղբայր. *Black —* Դոմինիկեան Միաբանութեան անդամ. *Gray —* Ֆրանչիսկեան Միաբանութեան անդամ.

fricassee (*ֆրիք'ըսի*) մանրուած իւղալից միսը համեմներով եփել. այսպէս եփուած միսը.

friction (*ֆրիք'շըն*) շըփում. տեւական շփումի պատճառաւ մաշում. անհամաձայնութիւն. վէճ. կռիւ.

Friday (*ֆրայ'տէյ*) Ուրբաթ. *Good Friday* Աւագ Ուրբաթ.

fridge (*ֆրիճ*) *refrigerator*-ի կրճատ ձեւը. սառնարան.

fried (*ֆրայտ*) *fry*-ին անց. եւ անց. ընդ. տապկեց. տապկած. տապկուած.

friend (*ֆրէնտ*) բարեկամ. օգնական. ծանօթ. Քուէյքըր կոչուած կրօնական կազմակերպութեան անդամ (պարզ կը հագուին, պարզ կ'ապրին եւ ուժգնօրէն պատերազմին դէմ կը հակադրուին). *a — at court* անկեղծ ու նուիրաբերող բարեկամ. *a — in need is a — indeed* նեղ, դըժուար օրերու բարեկամը՝ իրական բարեկամ է. *to make —s with* մըտերմանալ. *to make —s* կռիւէ (հակառակութիւն) ետք հաշտուիլ. *bosom —* սրտակից բարեկամ. *friendly* բարեկամական. *friendship* բարեկամութիւն.

frieze (*ֆրիզ*) քանդակ պատին վրայ՝ նիշդ տանիքին տակը. բուրդէ կոշտ կերպաս.

frig (*ֆրիճ*) *refrigerator*-ի կրճատ ձեւը. սառնարան.

frigate (*ֆրիկ'էյթ*) արագընթաց երկյարկանի փոքր մարտանաւ (հակաընդծովեայ կռիւի մէջ գործածելի)։

fright (ֆրայթ) վախ․ ահ․ կոշտ անձ․ *she looks a* — շատ տգեղ է․ —*ful* վախալից․ շատ գէշ․ տգեղ․ *frighten* վախցընել․ *to —en the French* սարսափեցնել․

frigid (ֆրի՛ճիտ) ցուրտ․ ձեւական (վարմունքի մէջ)․ խիստ․ անկարող․ — *zone* սառուցեալ գօտի․

frill (ֆրիլ) հագուստի մը զարդարուած փոթածալք քղանցքը․ անհարկի զարդարանք․ զարդարել․ դողդղալ․

fringe (ֆրինճ) ծոպ․ ծայր․ ծայրամաս․ եզերք․ *the river is —d with trees* գետին երկու ափերուն վրայ ծառեր կան․

frippery (ֆրիփ՛ըրի) անհարկի զարդեղէններ (հագուստի վրայ, եւն․)․ հին անարժէք բան․ պարապ․

frisk (ֆրիսք) ոստնուլ եւ վազել․ մեծապէս հըրճուիլ․ ուրախութիւն․ հրճուանք․ —*y* կայտառ․ ցնծուն․

fritter (ֆրի՛թըր) պտուղով բլիթ մը․ կտոր կըտոր ընել․ մանրել․ կըտոր․ շերտ․ *to — away one's time* ժամանակը ի զուր անցընել․

frivolous (ֆրիվ՛ըլըս) անլուրջ․ մակերեսային․ թեթեւսոլիկ․ *frivolity* թեթեւսոլիկութիւն․ անմըտութիւն․

frizz, friz (ֆրիզ) խոպոպել․ գանգուրցնել (մազերը)․ գանգուր․

frizzle (ֆրիզ՛լ) տաքութեան միջոցով գանգուրցընել․ տապկել․ խորովել (միս)․ եփելու ժամանակ ֆիչ մը այրել (կերակուրը)․

fro (ֆրօ) հեռու, հեռուէն․ *to and fro* ետ եւ առաջ․ հոս-հոն․

frock (ֆրոք, ֆրաք) կանացի երկար զգեստ․ սըքեմ․ լօդիկ․ —-*coat* թիկնոց․ երկար սեւ բանկոն (այր մարդու)․ *to unfrock a priest* փիլոնազուրկ ընել քահանայ մը․

frog (ֆրոկ, ֆրակ) գորտ․ —-*eater* գորտակեր (այդպէս կը կոչուէին ֆրանսացիք հին ժամանակներուն)․ *to frog-march* մէկը երկու ոտքերէն վեր բռնել՝ երեսը վար․

frogman մասնաւոր հագուստով ծովուն տակ սուզուող մարդ․

frolic (ֆրո՛լիք) մարզական․ ուրախութիւն․ ուրախ զուարթ խաղալ․

from (ֆրոմ, ֆրամ) ․․․էն (բաց․ հոլով)․ *die from weakness* տկարութենէն մեռնիլ․ *act from pity* գթալէն, գթալուն պատճառաւ (այդպէս վարուիլ)․ *from afar* հեռուէն․

fromage (ֆրոմէժ՛, ֆրոմաժ՛) պանիր (ֆրանս․)․

frond (*ֆրոնտ*) թուփի մը տերեւի նմանող մասը. ճղատերեւ.

front (*ֆրոնթ*) ճակատ. դէմքը. առջեւի մասը. համարձակութիւն. ըսկիզբ. դիմագրաւել. ճակատիլ. *in front of* առջեւը. դիմացը. *come to the* — նշանաւոր դառնալ. *the sea-* — ծովեզերքի քովէն երկարող ճամբայ. *to go to the* — ճակատ (պատերազմի) երթալ. *put on a bold* — քաջութիւն ձեւացնել. *the house —s the sea* տունը կը նայի ծովուն.

frontage (*ֆրոնթ'էյճ*) շէնքի երեսամաս. փողոցի մը, գետի մը կամ նաւահանգիստի մը նայող հողամաս (Աւստրալիա, Նոր Զելանտա, եւայլն).

frontier (*ֆրոն'թիըր*) սահմանագիծ. սահմանակից. հողամաս՝ ուր նոր կը հաստատուին. սահման, սահմանագլուխ.

frontpiece (*ֆրոնթ'փիյս*) գիրքի մը պատկերազարդ կողքի էջը.

frost (*ֆրոսթ*) սառածութիւն. սաստիկ ցուրտ. խստութիւն. սառեցնել. *it was a* — կատարելապէս ձախողեցաւ. *frostbite* ցրտահարութիւն. *to frost* բլիթը փոշի շաքարով ծածկել.

froth (*ֆրոթհ*) պղպջակներ. ոչնչութիւն. փրփըրիլ.

froward (*ֆրօ'ուըրտ*) յամառ. չհնազանդող. օրէնքի (հրամանի) չենթարկուող.

frown (*ֆրաուն*) պռստել (ճակատը) ի նշան խորհրդածութեան կամ բարկութեան. բարկութիւն. խոժոռութիւն.

frowzy (*ֆրաու'զի*) կեղտոտ. մգլոտած. գարշահոտ.

froze (*ֆրոզ*) *freeze*-ի անցեալը. սառիլ.

fructify (*ֆրաք'թիֆայ*) պտղաբերել. բեղմնաւորել.

frugal (*ֆրու'կըլ*) խնայասէր (դրամ, կերակուր). տնտեսող. *a — meal* համեստ կերակուր.

fruit (*ֆրութ*) պտուղ. հողէն արտադրուած (հատիկ, խնձոր, ուտելի տերեւներ, եւայլն). սերմ. արգասիք. ծնունդ. շահ. պտղաբերել. *the — of his body* զաւակները. *fruiterer* պտղավաճառ. *fruition* (*ֆրուիշ'ըն*) վայելք. վայելում (պըտուղի, արդիւնքի). ըստացում. *come to fruition* յաջողիլ. *fruitless* անպտուղ. անարդիւնք. անյաջող. *fruity* պտղային. պտղահամ. միրգի պէս.

frump (*ֆրամփ*) թափթըփած հագուստով կին. պառաւ.

frustrate (*ֆրասթրէյթ'*) սարսափեցնել. ձախողեցնել. արգելակել. անարդիւնք. ի զուր.

fry (*ֆրայ*) պզտիկ ձուկ.

տապկել· խորովել· *out of the frying-pan into the fire* մէկ դժուարութենէն աւելի գէշին մէջ իյնալ· *he is very small fry* շատ անկարեւոր մարդ մըն է· մատղաշ է·

fuchsia (ֆիու'շըր) ընտանի ծաղիկ վար կախուած ծաղիկներով. փուքսիան·

fuddled (ֆատ'լտ) յստակօրէն դատելու կարողութիւնը կորսնցուցած (գինովութեան պատճառաւ)· խենթեցած·

fudge (ֆաճ) տեսակ մը քաղցրեղէն· անհամաձայնութիւն· սուտ· խեղաթիւրում· կեղծել·

fuel (ֆիու'ըլ) վառելանիւթ (փայտ, հանքածուխ, քարիւղ, եւայլն)· — *consumption* առ թիթեղ (կալոն) ինքնաշարժի (սաւառնակի) կտրած ճամբան· *to add — to the flame* հրահրել·

fug (ֆակ) ծուխ· մուխ· շոգի· փոշի· մշուշ·

fugitive (ֆիու'ճիթիվ) փախստական (օրէնքէն)· կարճատեւ· թափառական· վտարանդի·

fugue (ֆիուկ) երաժշտական կտոր՝ ուր մեղեդին անմիջապէս կը կրկնուի աւելի բարձր կամ ցած ձայնանիշերով· խուսափերգ·

—ful (—'ֆուլ) յատկանիշ ունեցող· օր· *beautiful* գեղեցկութեան յատկանիշ ունեցող· *graceful* շնորհալի· լեցուն·

fulcrum (ֆալ'քրըմ) յենակ, յենարան, նեցուկ·

fulfil (ֆուլֆիլ') ամբողջացնել· կատարել· իրականացնել· *to — his expectations* յուսացուածին չափ լաւ դուրս գալ·

full (ֆուլ) լի· լեցուն· ամբողջ· կուշտ· գէր· ամբողջովին· եռացնել· շատնալ· *full house* թատրոնի մէջ տեղ չկայ· *a full report* ամբողջական տեղեկագիր· *my heart is too — for words* այնքան յուզուած եմ որ չեմ կարող խօսիլ· *full speed* ամենաբարձր արագութեամբ· *full dress* երեկոյթի (արարողութեան) ընթացքին հագուած հագուստ· *in full swing* արագ ընթացքով· *of — age* չափահաս (21 տարեկան)·

full brother (sister) հարազատ եղբայր (քոյր)·

fuller (ֆուլ'ըր) լուացարար, թափիչ· *—'s earth* փափուկ դեղին հող՝ կերպասին վրայէն իւղի բիծեր հանելու համար· տեսակ մը կաւ· կը գործածուի նաեւ օճառաշինութեան մէջ·

fulminate (ֆալ'մինէյթ) որոտալ· բարկանայթ պոռալ (մէկուն)· պայթիլ·

fulsome (ֆուլ'սըմ) քծնողական· զզուելի·

fumble (ֆամ'պլ) աննարկութիւն ցուցաբերել· խարխափել· պարապ ժամանակ անցընել·

fume (ֆիում) ծուխ· մուխ

(կծու). մխալ. բարկութե-
նէն եռալ. *fret and —*մտա-
հոգ եւ բարկացած ըլլալ.
fumigate (*ֆիու'միկէյթ*) հակաճեխել սենեակ մը (ծանր մուխով). անու-
շահոտել.
fun (*ֆան*) զուարճութիւն. խաղ. մարզախաղ. *to do a thing in —* բան մը ընել առանց լուրջ նպա-
տակի. *to poke — at* մէկը ծաղրանքի առար-
կայ դարձնել.
function (*ֆանկը'շըն*) դեր, պաշտօն. ծիսակատարու-
թիւն. արարողութիւն. պաշտօնը կատարել. *a social —* խրախճանք, տօնակատարութիւն ի պատիւ մեծ անձնաւո-
րութեան մը. *a functionary* պաշտօնակա-
տար. *functionate* գոր-
ծել. պաշտօնը կատարել.
fund (*ֆանտ*) հիմնադը-
րամ. յատկացում. դրամ յատկացնել. *he has a — of humour* շատ զուար-
ճացնող գաղափարներ ունի.
fundamental (*ֆանտըմէն'-թըլ*) հիմնական. առաջ-
նահերթ. ամենէն կարե-
ւորը. *—ism* այն հա-
ւատքը՝ թէ Ս. Գիրքի բոլոր խօսքերը բառա-
ցիօրէն ուղիղ են.
funeral (*ֆիուն'ըրըլ*) յու-
ղարկաւորութիւն. թաղ-
ման արարողութիւն. *fu-nereal* թաղմանական.
fungus (*ֆան'կկըս*) սունկ. սունկի հետ առնչուած.
funk (*ֆանկը*) սարսափ, երկիւղ. վախկոտ. ձա-
խողիլ (վախի պատճա-
ռաւ). սոսկալ. *a blue funk* մեծ սարսափ.
funnel (*ֆան'ըլ*) ձագար. ծխնելոյզ (նաւու).
funny (*ֆա'նի*) հաճելի. զուարճալի. տարօրինակ. *—-bone* ծղոսկր. *—-paper* թերթի մը երգի-
ծական յաւելուածը.
fur (*ֆըր, ֆար*) մուշտակ. մորթ. լեզուի վրայի ներմակ խաւ. մուշտա-
կով շրջապատել. *to make the — fly* կռուիլ.
furbelow (*ֆըր'պիլօ*) ծոպ (կնոջ հագուստի). *frills and —s* կիներու հա-
գուստներու վրայ դըր-
ուած զարդարանքներ.
furbish (*ֆըր'պիշ*) փայ-
լեցնել. փայլիլ՝ նորի պէս.
furious (*ֆիւ'րիըս*) կա-
տաղի. ցասումնալից. *at a — pace* մեծ արա-
գութեամբ. *—ness* կա-
տաղութիւն.
furl (*ֆըրլ*) ծալլել. փաթ-
թել. դրօշը վար առնելով մէկ կողմ դնել. ծրար.
furlong (*ֆըր'լոնկ*) 1/8 մղոն (201 մեթր).
furlough (*ֆըր'լօ*) արձա-
կուրդ (տրուած օտար երկիր մը աշխատող ան-
ձի).
furnace (*ֆըր'նէյս*) հնոց, փուռայ. տանջարան.
furnish (*ֆըրն'իշ*) հայ-
թայթել. պարենաւորել. կահաւորել. պատրաստել. *furniture* կահ կարասի.
furore (*ֆիուրորէ'*) մեծ եռուզեռ. հիացում.

furrier (ֆըր'իըր) մուշտակագործ· մուշտակավաճառ·
furrow (ֆա'րօ) ակօս (դաշտի մէջ)· խորշում· ակօսներ բանալ· կնճռոտել· *to draw a straight* — լաւ վարք ու բարքով ապրիլ·
furry (ֆըր'ի) մուշտականման· մուշտակէ·
further (ֆըր'տհըր) աւելի հեռու· աւելի· աւելին ըլլալով· *I have no — demands* ուրիշ պահանջքներ չունիմ· *to — one's plans* մէկուն ծրագիրներուն իրականացման օգնել·
furtive (ֆըր'թիվ) գաղտագողի·
fury (ֆիու'րի) կատաղութիւն· ցասում· փոթորկում· *to rain like* — տեղատարափ անձրեւել· *Furies* դիցուհիներ՝ որոնք չարագործները կը պատժէին· վշկապարիկներ·
furze (ֆըրզ) մշտադալար փշոտ թուփ· կոճի·
fuse (ֆիուզ) հալեցնել (տաքութեամբ)· երկու մետաղներ իրարու միացընել (տաքցնելով)· տեսակ մը մետաղ՝ որուն մէջէն եթէ նախատեսուած չափէն աւելի ելեկտրականութիւն հոսի, կը հալի (երբ *fuse*-ը հալի, ելեկտրականութիւնը կը կտրի, այս ձեւով հրդեհը կը կանխուի)· հրթիռ·
fuselage (ֆիու'զըլիճ) օդանաւի մը մարմինը·
fusel oil (ֆիու'զլ օյլ) շատ ուժեղ ալքոհոլ պարունակող խմիչք·
fusil (ֆիու'զիլ) թեթեւ հրացան·
fusillade (ֆիուզիլէյտ') հրացանաձգութիւն· հրացանազարկ ընել·
fusilier (ֆիուզիլիըր') 1700ին փոքր հրացան կրող զինուոր· հրացանակիր·
fusion (ֆիու'ժն) ձուլում· հալում· հալած մետաղներու միախառնում·
fuss (ֆաս, ֆըս) իրարանցում· աղմուկ հանել· *fuss-pot* միշտ խնդիր հանող անձ·
fustion (ֆըս'չիըն) հաստ բամպակակտաւ· ճոռոմաբանութիւն·
fustilug (ֆըս'թիլըկ) տգեղ կազմով գէր անձ·
fusty (ֆաս'թի, ֆըս'թի) գարշահոտ· բորբոսահոտ· բորբոսած·
futile (ֆիու'թիլ) անարժէք· անպէտ· փուճ· ի զուր·
future (ֆիու'չըր) ապառնի· ապագայ· գալիք· *to deal in* — բերքը չարտադրուած գնել որպէսզի հետագային կարելի ըլլայ աւելի սուղ գինով ծախել· *he has a* — փայլուն ապագայ ունի· *in* — ապագային· — *tense* ապառնի ժամանակ· *simple* — բացարձակ ապառնի· — *in past* անկատար ապառնի· *futurity* ապառնիութիւն·
futurist (ֆիու'չըրիստ)

արուեստագէտ՝ որ կը խորհի թէ ապագային միայն պիտի ըմբռնեն եւ գնահատեն զինք. ապագայապաշտ. *futurism* ապագայապաշտութիւն.

fuze (*ֆիուզ*) մեքենական կամ ելեկտրական հնարք մը, որ կը սկզբնաւորէ ռումբի մը պայթուցիկային լիցքը.

fuzzy (*ֆը՛զի*) ազուամազային. թաւ.

—fy (*ֆայ*) — ընել. — ըլլալ. օր. *solidify*, հաստատուն դարձնել (ընել). հաստատուն ըլլալ.

fyke (*ֆայք*), *fike* (ֆայք) արտենդութիւն. սիրտը նեղուիլ.

fylfot (*ֆիլ՛ֆոթ*) գերմանացի նացիներու զինանշան. սվաստիքա. կեռ խաչ. նաեւ՝ *gammadion*.

fyrd (*ֆիրտ*) նորմանտական նուաճումէն առաջ բանակ կամ զինուորական ուժ Անգլիոյ մէջ.

G

G, g (*ճի*) անգլերէն լեզուի 7րդ գիրը·

g-man (*ճի–մէն*) *F. B. I.*ի (*Federal Bureau of Investigation* Հետազօտութեան Դաշնակցային Գրասենեակ) կրճատում· զինեալ ատրճանաւոր· կառավարական մարդ·

gab (*կէպ*) շատախօսութիւն· շատախօսել· *the gift of the gab* լաւ (կամ շատ) խօսելու բընատուր շնորհք·

gabardine (*կէպ'ըրտին*) տեսակ մը բարակ կերպաս· վերարկու (հրէական)·

gabble (*կէ'պլ*) շատախօսել· զրաբանել·

gable (*կէ'պլ*) փոքր տանիք պատուհանի մը վըրայ· առիք· պարան·

gad (*կէտ*) աննպատակ պըտըտիլ· հաճոյամոլութեան հետամուտ ըլլալ· *gad about* թափառաշրջիկ· աշխատանքէ աւելի՝ պտըտիլ սիրող· չարաբանող·

gadfly (*կէտ'ֆլայ*) խայթող ճանճ· բոռ·

gadget (*կէտճ'իթ*) որեւէ օգտակար գործիք· հնարամտութիւն·

Gaelic (*կէյլիք*) Սկովտիոյ *High lands*ի (լեռնային շրջան) մէջ խօսուած լեզու·

gaff (*կէֆ*) կարթ· երեքժանի· ծողովրդ· թատրոն· *to blow the* — գաղտնիք մը յայտնել·

gaffe (*կէֆ*) սխալ· անխոհեմութիւն· *to commit a* — անխոհեմ խօսք (արարք) մը ընել· *կաֆ* մը գործել·

gaffer (*կէֆ'րր*) գիւղաբնակ ծերուկ· մեծ հայր·

gag (*կէկ*) լռեցնել (ուժով)· բերանը բան մը դնել որպէսզի չկարենայ խօսիլ· դերասանին հնարած խօսքերը բեմի վրայ·

gaga (*կէ'կը*) ապուշ· անշնորհ (մարդ)·

gage (*կէյճ*) երաշխաւորութիւն· գրաւ· մարտակոչ (մենամարտի)· *to throw down the* — ձեռնոցը նետել (մենամարտի հրաւիրել)·

gag-man (*կէկ'մէն*) արհեստով երգիծաբան անձ·

gaiety (*կէյ'իթի*) բերկ–

բութիւն· զոհունակութիւն· զուարթութիւն· *gaily* զուարթօրէն·

gain (կէյն) շահիլ· դրամ դիզել· լաւնալ· շահ· յարմար· *to — ground* յաջողութիւն ձեռք ձգել· *to — on (a runner)* (վազողի մը) քովը գալ· *to — time* ժամանակ շահիլ· *— the upper hand* շահիլ· գերակշիռ դիրք ստանալ·

gainsay (կէյն'սէյ) յայտնել թէ բան մը սխալ է·

gait (կէյթ) քալուածք· ընթացք·

gaiter (կէյ'թըր) սրունքներու ծածկոյթ (կաշիէ)· սռնապան·

gala (կէ'լը, կա'լը) *(day)* տօնահանդէս· խրախճանք·

galaxy (կէլ'ըքսի) ծիր կաթին· յարդգողի· ճանապարհ· գեղեցիկ կիներու (կամ նշանաւոր մարդոց) խումբ·

gale (կէյլ) զօրաւոր հով· մրրիկ·

gall (կո'լ) մաղձ· բոյսի ուռեցք· ցաւած տեղ (կենդանիի մարմնոյն վրայ)· ատելութիւն· յանդգնութիւն (անամօթ) (Ա·Մ·Ն·)· *galling fire* թշնամիի մահացու համազարկ·

gallant (կէլ'ընթ) քաջ· խիզախ· ասպետական· կնամեծար· *a —* կոկիկ հագնուած եւ քաղաքավար այր մարդ· սիրահար·

galleon (կէլ'իըն) եռակայմ պատերազմական մեծ նաւ (սպանական) շուրջ 1600ի ատեններըը·

gallery (կէլ'ըրի) պատկերասրահ· վերնատուն (թատերասրահի)· գեղարուեստական հաւաքածոյ· *to play to the —* հասարակ պարզ մարդոց գնահատութիւնը փնտըռել·

galley (կէլ'ի) հին ժամանակներու մարտանաւ· *a — -slave* մարտանաւի վրայ ստրուկ· *— proofs* տպագրական փորձի առաջին սրբագրութիւն· *ship's —* նաւու խոհանոցը·

gallium (կէլ'իըմ) դիւրահալ մետաղային նիւթ·

gallivant (կէլիվէնթ') հաճոյքներու ետեւէն վազել· դարպասել·

gallon (կէլ'ըն) հեղուկներու (հատիկի) չափ (= 4 1/2 լիթր)· կալոն·

gallop (կէլ'ըփ) քառասըմբակ վազեցնել (ձին)· քառասմբակ (շատ արագ) ընթանալ· շատ արագ ընթացք· *—ing consumption* թոքախտ (արագ գործող), մահացընող·

gallows (կէլ'օզ) կախաղան· *— -bird* կախաղանի արժանի անձ·

gall-stone (կո'լ-սթօն) մաղձային փամփուշտի մէջ գոյացած քար (հիւանդութիւն)·

gallup poll (կէլ'ըփ-փօլ) որոշ թիւով տարբեր տարիքի, սեռի, դիրքի, պաշտօնի, եւայլն տէր անձեր հարցաքննելով՝ ժողովուրդի մը ընդհանուր կարծիքը առնելը խնդրի մը շուրջ.

galore (*կըլօ՛ր*) առատօրէն. առատութիւն (միսի եւ արբեցուցիչ խմիչքի).

galoshes, goloshes (*կըլօ՛շըզ*) քաուչուկէ վերնաշոշիկ (ոտքը չոր պահելու համար). վերնամոյկ.

galvanism (*կէլ՛վէնիզմ*) ասիտին՝ մետաղին վրայ ներգործելով ելեկտրականութեան արտադրութիւն. կալվանականութիւն. *he produced a —nic effect* ելեկտրականացուց ժողովուրդը. *galvanometer* կալվանական ելեկտրականութիւնը չափող գործիք.

galvanize, —se (*կէլ՛վընայզ*) մետաղէ ծածկոյթ մը դնել ելեկտրականութեամբ. ելեկտրականութեամբ գրգռել (հիւանդութիւն մը բուժելու նպատակով).

gambit (*կէմ՛պիթ*) նատրակախաղը սկսելու որոշ ձեւ.

gamble (*կէմ՛պըլ*) բախտախաղ խաղալ. բախտախաղ. *—r* բախտախաղի հետեւող. խաղամոլ.

gamboge (*կէմպուժ՛*) դեղին-թուխ գոյնով ներկ.

gambol (*կէմ՛պըլ*) ցատկռտուք (խաղի նպատակով). ցատկռտել.

game (*կէյմ*) խաղ. մրցում (ֆութպոլի, եւն.). զբօսանքի խաղ. գործունէութեան ծրագիր. արշաւ. որսացուելիք կենդանիներ. խաղալ (զըւարճանալու նպատակով). որսալ. դրամով խաղալ. *play the —* արդար ըլլալ. *to have the — in one's hand* յաջողութեան վրայ վստահ ըլլալ. *the — is up* ծրագիրը ձախողած է. *to make — of* ծաղրել. *don't try any of your —s* որեւէ խաղ մի՛ փորձեր. *to die —* հերոսի մահով իյնալ. *what is your —?* ի՞նչ է նպատակդ. *a —keeper* մէկը որ կ'արգիլէ մասնաւոր վայրերու մէջ որսորդութիւն ընել. *a —-cock* կռուող աքլոր. *—-some* զուարճասէր. *—-ster* խաղամոլ.

gamin (*կէմ՛էն*) ստահակ. փողոցի լակոտ.

gamma (*կէմ՛ը*) յունարէն 3րդ գիրը. 3րդ կարգի (որակ). *— plus* երրորդ աստիճանէն անմիջապէս վեր (քննութեան մէջ). *— minus* երրորդ աստիճանէն ցած.

gamma-ray (*կէմ՛ը-րէյ*) թափանցող *X* ճառագայթ.

gammon (*կէ՛մըն*) խոզապուխտ. անիմաստ խօսակցութիւն. խաբէութիւն. ապուխտ պատրաստել. խաբել.

gammy (*կէ՛մի*) ֆիզիքական թերութիւն ունեցող (կաղ, եւայլն).

gamut (*կէմ՛ըթ*) ձայնանիշերու ամբողջութիւնը. ճայնաշար. *the whole — of (pleasure)* ամէն տեսակի (հանոյք).

gamy (կէյ՛մի) քաջազործ. խիզախ.

gan (կէն) սկսաւ (բանաստեղծ.).

gander (կէն՛տըր) արու սագ.

Gandhism (կէն՛տիզմ) կանտիականութիւն.

Ganesa (կէնի՛սէ) հնդիկ աստուած (իմաստութեան).

gang (կէնկ) խմբակցութիւն. աշխատակիցներ. հրոսակախումբ. բարեկամներու խումբ. ընթանալ.

gang agley (կէնկ՛-ըկլ՛էյ) սխալիլ. մոլորիլ.

gangling (կէն՛կլինկ) տըկար. վտիտ.

ganglion (կէն՛կլիըն) ջիղերու հանգուցակէտ. աշխահանգոյց. թարախոռոււմ.

gang-plank (կէնկ՛-փըլէնկ՛ք) շարժական կամուրջ՝ նաւը նաւամատոյցին կապող.

gangrene (կէն՛կրին) մարմնի մէկ մասին փըտացում (արեան շրջանառութեան ընդհատումին պատճառաւ). փտացնել. փտիլ.

gangster (կէնկ՛ըսթըր) օրինազանց. չարագործ. խուլիգան (յատկապէս Ա.Մ.Ն.ի մէջ).

gangway (կէնկ՛ուէյ) անցք (աթոռներու շարքի միջեւ). շարժական կամուրջ՝ նաւը նաւամատոյցին կապող.

gannet (կէն՛ըթ) բազի ընտանիքին պատկանող թռչուն. խօլահաւ. ծովասագ.

gantlet (կան՛թլէթ) հին ատեն զինուորական (նաւու վրայ) պատիժ՝ ըստ որուն ենթական կը վազէր զինուորներու շարքին առջեւէն, որոնք կը հարուածէին զինք՝ անցած պահուն. *to run the —* այս պատիժին ենթարկուիլ.

gaol, jail (ճէյլ) բանտ. արգելարան. *a —-bird* տեւապէս բանտը եղող անձ. *gaoler* (ճէյլ՛ըր) բանտապահ.

gap (կէփ) ծակ. բացուածք. լեռնային անցք. միջոց. նեղքել (անցնիլ). *to fill a —* նորոգել.

gape (կէյփ) բերանը բաց նայիլ մէկուն (զայն չըմբռնելով). յօրանջել. *to make people —* մեծ զարմանք պատճառել. *to — after* ցանկալ. *the —s* թռչուններու հիւանդութիւն՝ որուն ընթացքին թռչունը կը մեռնի բերանը լայնօրէն բանալով.

garage (կըրաժ՛) կառատուն. փանառատուն՝ ուր ինքնաշարժի կազմածներ կը ծախուին եւ ինքնաշարժներ կը նորոգուին. կարաժ.

garb (կարպ) հագուստ. երեւոյթ. հագուիլ. *in the — of* հագուած ըստ...

garbage (կար՛պէճ) աւելցուք կերակուր (դուրս

նետուած)· որեւէ անարժէք բան· աղբ·

garble (*կար'պլ*) խեղաթիւրել (պատմութիւն մը)· գիրք մը արժէզրկել (զայն փոխելով)· *—r* խեղաթիւրող·

garden (*կար'տըն*) պարտէզ· պարտէզ մշակել· *pleasure —* զբօսանքի պարտէզ· *(Kensington) Gardens* (քաղաքի մէջ) բաց միջոցի մը շուրջ շինուած տուներ· *hanging —* առկախեալ պարտէզ· *— of remembrance* գերեզման· *common or —* սովորական· *—er* պարտիզպան· *—ing* պարտիզամշակութիւն·

gargantuan (*կարկէն'թիուըն*) հսկայ· որկրամոլ (Ֆրանսուա Ռապըլէի համանուն վէպի գլխաւոր հերոսը)·

gargle (*կար'կլ*) կարկարա ընել· խախանջել· կոկորդի դեղ·

gargoyle, gargoil (*կար'-կոյլ*) քարէ պատկեր (մարդու, կենդանիի, եւայլն) շէնքերու (եկեղեցիի) պատերու կամ անկիւններու վրայ՝ որուն բացուածքի մէջէն տանիքէն ջուր կը հոսի· ագռաւաքիթի բերան· ջրորդան·

garish (*կէր'իշ*) փայլուն· շողշողուն· զուարթ·

garland (*կար'լընտ*) ծաղկեպսակ (իբր նշան յաղթանակի)· առաջին՝ կամ առաջնակարգ մրցանակ· ծաղիկներով զարդարել·

garlic (*կար'լիք*) սխտոր·

garment (*կար'մընթ*) պատմուճան·

garner (*կար'նըր*) ամբար· շտեմարան· ամբարել· համախմբել·

garnet (*կար'նէթ*) թանկագին քար (մուգ կարմիր)· սուտակ·

garnish (*կար'նիշ*) զարդարել· ապահովել· կերակուրի պնակը զարդարել· ազդարարել (օրէնք)· զարդարանք· ոտնաշրջթայ·

garniture (*կար'նիչըր*) զարդարանք· կահ կարասի·

garret (*կէր'ըթ*) ձեղնայարկ· տանիքին անմիջապէս տակը գտնուող փոքր սենեակ·

garreteer (*կէրիթիիր'*) ձեղնայարկի բնակիչ· չըքաւոր գրագէտ·

garrison (*կէր'իսըն*) պահակազօրք· կայազօրք· *to — (a town)* զինուորներ դնել (քաղաքի մը մէջ)· *— artillery* քաղաք մը պաշտպանող ծանըր հրետանի·

garrotte (*կըրօթ'*) լաթի կտորով մը կոկորդը սեղմելով սպաննել (սպանման միթոտ)· *garrotting* նոյն ձեւով սպաննելը·

garrulous (*կէր'ուլըս*) շաղակրատ· անկարեւոր բաներու մասին շատախօսող·

garter (*կար'թըր*) ծնկակապ (ասպետի)· *knight of the —* ամենէն բարձր աստիճանի ասպետ (Անգլիոյ մէջ)·

gas (*կէս*) կազ. օդային վիճակ (օդը կազերու խառնուրդ մըն է).. կազի հնթարկել. կազով թունաւորել. պարապ խօսակցութիւն. քարիւղ. *gasoline*–ի կրճատ ձեւը. *gases* յոգ. Ա.Մ.Ն.). *coal* - — օդաձման նիւթ՝ որ ձեռք կը ձգուի ածուխը զոց ամանի մը մէջ տաքցնելով. *a* — *-bag* շատախօս անձ. — *chamber* կազի սենեակ, ուր մահապարտը կազով շընչահեղձ կ'ըլլայ. *step on the* — արագութիւնը աւելցնել. — *- mask* կազի դիմակ (կը գործածեն երբ օդը թունաւորուած է). *asphyxiating* — հեղձուցիչ կազ. *lachrymatory* — արտասուաբեր կազ. — *bomb* կազային ռումբ.

gasconade (*կէսքընէյտ'*) մեծամտութիւն. *Gascon* մեծխօսիկ (հարաւ արեւմտեան Ֆրանսայի նոյնանուն նահանգի բնակիչ).

gaseous (*կէս'իըս*)կազային.

gas-fittings (— *-ֆիթ'ինկս*) կազի սարքաւորում (տունին մէջ).

gash (*կէշ*) խորունկ վէրք (մարմնի մէջ). խորունկ վէրք բանալ.

gasket (*կէս'քէթ*) առագաստը ամրացնող պարան. որեւէ բարակ նիւթ՝ որ կը դրուի մեքենայի մը մետաղէ մակերեսներուն միջեւ՝ արգիլելու համար հեղին դուրս հոսիլը, կամ ամրացնելու համար մասերը.

gasolene, —ine (*կէս'ոլին*) թեթեւ, դիւրավառ վառելանիւթ՝ որ կը գործածուի ինքնաշարժներ քշելու. պէնզին (Ա. Մ. Ն.). (Անգլիոյ մէջ նոյն հեղուկը կը կոչուի *petrol). — bomb* հակահրասայլ. ձեռնառումբ.

gasometer (*կէսոմ'իթըր*) ընդարձակ ընդունարան՝ ուր քաղաքի մը գործածելիք կազը ամբարուած կ'ըլլայ. կազաչափ.

gasp (*կասփ, կէսփ*) շընչարգելութիւն. դժուարաշնչութիւն. հեւալ. տենչալ. *at the last* — մահուան վայրկեանին.

gasteropod (*կէս'թըրոփոտ, կէս'թըրափոտ*) փորոտանի. որովայնի վրայ քսուելով յառաջացող (ինչպէս խխունջ, փղարդ, եւայլն).

gastric (*կէս'թրիք*) ստամոքսային. — *fever* աղետաք. — *juice* ստամոքսահիւթ.

gastritis (*կէսթրայ'թիս*) ստամոքսային հիւանդութիւն (բորբոքում).

gastronomy (*կէսթրոն'ըմի, կէսթրան'ըմի*) լաւ կերակուր եփելու եւ համով-հոտով նաշակելու արուեստ. խորտկագիտութիւն.

gat (*կէթ*) ատրճանակ (կրճատ ձեւը *gathing-gun*–ի).

gate (*կէյթ*) մեծ դուռ (պատէ, ցանկապատէ ներս). մուտք. պատուար. դարպաս. դուռ շի–

նել. դպրոցին մէջ թաւտարկել. *the game had a good* — շատեր վնարեցին խաղը դիտելու համար. *this is between you, me and the* — *-post* մեր մէջ գաղտնիք է այս. — *-crasher* անկոչ հիւր. — *man* դռնապան. — *-money* մուտքի գին (ձեռնարկէ մը ներս).

gateau (*կա'թօ*) կարկանդակ (Ֆր.).

gather (*կէաՀ'ըր*) հաւաքել. հաւաքուիլ. ի մի բերել. քաղել (բերքը). դիզել. աւելցնել. *I — he is ill* կը հասկնամ թէ հիւանդ է. *to — way* արագութիւնը աւելցնել. *—ed to his fathers* մեռած. *to — oneself together* ինքզինքին իշխել եւ բոլոր ուժերը ի գործ դնել վտանգի ժամանակ. *a —ing* հաւաքոյթ.

gatling-gun (*կէթ'լինկկըան*) ամերիկեան արագահարուած որ հնարուած է *R. Y. Gatling*-ի կողմէ.

gauche (*կօշ*) ընկերութեան մէջ անճարակութիւն ցուցաբերող (անձ).

gaucho (*կօ'չօ*) հարաւ-ամերիկացի թնիկ, սպանացի ծագումով. անուանի ձիավարժներ.

gaudy (*կօ'տի*) պճնասէր. — *day* խրախճանքի օր.

gauge (*կէյճ*) չափել (ծաւալը, ուժը, արժէքը). *a* — չափող գործիք. *a wind* — հովաչափ. *broad* — երկաթուղագիծ որուն լայնքը 56[1]/[2] ինչէն աւելի է.

Gaul (*կօլ*) հին Ֆրանսականներու երկիր. Գաղղիա. գաղղիացի.

gaunt (*կօնթ*) նիհար. մահատիպ. հիւանդկախ.

gauntlet (*կօ'նթ'լէթ*) կաշիէ (մետաղէ) ձեռնոց. ձեռնապան. *to throw down the —, to take up the —* ձեռնոցը նետել. ձեռնոցը վերցնել (կռուի պատրաստ ըլլալ). *to run the* — անցնիլ երկու շարք մարդոց մէջէն, որոնք կը հարուածեն անցնելու ատեն.

gauss (*կաուս*) մագնիսական ուժի միութեան խըտութիւն (գիւտարար՝ գերմանացի Քարլ Ֆ. Կաուս, 1777–1855).

gauze (*կօ'զ*) քօղ (դէմքի). շղարշ. նրբահիւսթել.

gave (*կէյվ*) *give*-ին անց. տուաւ.

gavel (*կէվ'լ*) ատենապետի (անուրդ վարողի) մուրճ (փայտէ) (ժողովականները լռեցնելու, կամ անուրդի որոշումը յայտնելու համար).

gavotte (*կըվ'օթ, կըվ'աթ*) հին պար մը. այս պարին երաժշտութիւնը.

gawk (*կօ'ք*) անճարակ անձ. յիմար. կկու. *—y* ծիծաղելի. անճարակ. ապուշ. ապշահար նայիլ.

gay (*կէյ*) ուրախ-զուարթ. փայլուն գոյն. ցուցամոլ. *gayly* զուարթօրէն.

gayety, gaiety զուարթութիւն·

gaze (կէյզ) սեւեռաբիր նայիլ (հիացումով կամ ըղձանքով)· —-*hound* (կէյզ՛-հաունտ) շատ հեռուն տեսնող բարակ՝ շուն·

gazel (կէզ՛էլ) սիրերգութիւն· գազել (բանաստեղծութեան տեսակ մը)·

gazelle (կէզէլ՛) եղնիկի նմանող շնորհալի կենդանի· վիթ· յամոյր·

gazette (կըզէթ՛) լրաթերթ· թերթ· պաշտօնաթերթ (կառավարական, համալսարանի մը)· *gazetteer* (կէզըթիր՛ր) տեղանունններու այբուբենական ցանկ՝ որ ցոյց կու տայ թէ անոնք ո՛ւր կը գտնուին քարտէսի մը վրայ· լրագրող· հրատարակիչ·

gean (կին) վայրի բալենի (կեռաս)·

gear (կի՛ր) կազմած (մեքենայի, նաւու)· ատամնաւոր անիւներու յարդարանք՝ որ կը ծառայէ մեքենայի մը ընթացքը դանդաղեցնելու (կամ արագացնելու)՝ մինչ շարժակը նոյն արագութեամբ կ'աշխատի· կեռանիւ· զարդարել· ազուցանել· *all one's worldly gear* մէկուն ամբողջ ստացուածքը· *to be out of gear* լաւ չաշխատիլ· — *wheel* կեռանիւ·

gee (ճի՛) զարմացման արտայայտութիւն (Ա· Մ· Ն·)· *gee-up* (ճի՛-ափ) արա՛գ գնա (ձիուն)· *gee-gee* (ճի՛-ճի) ձի (մանուկներու կոչում)·

geese (կի՛ս) *goose* սագին յոգնակին·

Geeze (կի՛զ) հին եթովպացի· անոնց լեզուն·

Gehenna (կիհէնը) դըժոխք· գեհեն·

Geiger counter (կայ՛կըր քաունթ՛ըր) գործիք մը որ կը ծառայէ գտնելու եւ չափելու՝ ելեկտրական մասնիկներ արտադրող ռատիոաքթիվ գոյացութիւնները·

geisha (կայ՛շը) ճափոնցի ժողովրդական երգչուհիպարուհի·

gelatin (ճէլ՛ըթին) *gelatine* (ճէլ՛ըթին) յստակ նիւթ մը՝ որ կը հալի ջուրին մէջ եւ պաղելու պարզային թանձր մածնիտ ձեւ մը կը ստանայ· դոնդող· ժելատին· —-*ous* մածնիտեայ·

gelding (կէլտ՛ինկ) որձատ՝ առնականութենէ զրկուած ձի·

gelid (ճէլ՛իտ) ցուրտ· սառած·

gem (ճէմ) գոհար· որեւէ թանկագին քար· թանկագին բան· *she is a* — շատ ազնիւ անձ մըն է· *gemmy* ականակուռ· փայլփլուն· —-*stone* կեղծ գոհար·

gen (ճէն) տեղեկութիւն· *give him the* — (զինուորական) իրողութիւնները հաղորդէ իրեն·

gendarme (ժա՛նտարմ) ոստիկան-զինուոր· (Ֆրբանսայի եւ Մերձ. Արեւելեան շարք մը երկիրներու մէջ)։

gender (ճէն'տըր) սեռ (qրականի մը)· տեսակ· յառաջ բերել· *masculine* — արական սեռ· *feminine* — իգական սեռ· *neuter* — չեզոք սեռ· *common* — հասարակաց սեռ (իգական կամ արական)·

gene (ճին) ժառանգական գիծեր (մանուկի)՝ որ ծընողքին կողմէ կը փոխանցուին իրեն. իւրաքանչիւր գիծ որոշ նկարագրի յատկանիշ մը կը կրէ (մազի գոյն, որոշ օրկանի մը ձեւը, արական կամ իգական ըլլալը, եւայլն)· —*alogy* (ճինիէլ'ոճի) ազգականութիւն, ծննդաբանական ծառ (ընտանիքի մը)· —*gical* ազգաբանական, ծննդաբանական.

gene-arch (ճին'-իարք) նահապետ.

general (ճէն'ըրըլ) զօրավար· ընդհանուր· հասարակաց· —*ity* (ճէնըրէ-լ'իթի) ընդհանրացում· ընդհանրութիւն· —*ly, in general* ընդհանրապէս· —*ize* ընդհանրացնել· *Attorney general* ընդհ. դատախազ· *Major* — ււագ ·(զօրաբաժնի) զօրավար· *Lieutenant* — տեղակալ (զօրաբանակի) զօրավար· *army* — բանակի զօրավար·

generalissimo (ճէնըրըլի'սիմօ) ընդհանուր հրամանատար· բանակի գեբազոյն պետ.

generate (ճէն'ըրէյթ) ծընիլ· արտադրել (ոյժ, տաքութիւն, ելեկտրականութիւն)· պատճառ հանդիսանալ· *generation* (ճէնըրէյ'շըն) ծննդագործութիւն· սերունդ·

generator (ճէն'ըրէյթըր) ելեկտրականութիւն (կազ) արտադրող մեքենայ·

generic (ճինէր'իք) ընդհանրական (իմաստ, գործածութիւն)· սեռական·

generous (ճէն'ըրըս) առատաձեռն· ազատական (տալու մէջ)· ազնիւ· վեհանձն· *generosity* (ճէնըրաս'իթի) ազնուութիւն (սիրտի եւ հոգիի)· վեհանձնութիւն·

genesis (ճէն'իսիս) սկիզբը· ծագումը· ծննդաբերութիւն· *G*— Գիրք Ծըննդոց·

genetic (ճինէթ'իք) սկըզբնական· ծննդական· —*s* ժառանգականութեան (յատկապէս նկարագրի կապակցութեամբ՝ գիտական ուսումնասիրութիւն)·

Genevan (ճընի'վն) ժընեւեան (համաձայնութիւն)· միջազգային համաձայնութիւններ՝ որոնք կնքուեցան Ժընեւի մէջ 1864ին, 1868ին, 1906ին եւ 1949ին՝ պատերազմներու պատճառած վէրքերը ամոքելու·

genial (ճին'եըլ) ընկերային· համակրելից· զըւարթագին· բեղմնաւորբող· — *disposition* հաճելի տրամադրութիւն·

genie (*ճի՛նի*) յոգ· *genii* (*ճի՛նիայ*) ոգի (չար կամ բարի)·

genital (*ճէն՛իթըլ*) ծննդական· —*s* ծննդական գործարաններ·

genitive (case) (*ճէն՛իթիվ*) սեռական (հոլով)· ըստացական· *boy's* (*of boy*) ապաքարց *s*՝ սեռական հոլով է·

genius (*ճի՛՛նիըս*) բնատուր տաղանդ, հանճար· *one's evil genius* մէկու մը վրայ ժխտական ազդեցութիւն ունեցող անձ·

genocide (*ճէն՛ոսայտ*) ցեղասպանութիւն· *Armenian — of 1915* հայկական ցեղասպանութիւնը 1915ի·

genre (*ժան՛րր*) տեսակ· սեռ·

gens (*ճէնզ*) ցեղային միութիւն· տոհմ·

gent (*ճէնթ*) տիար· պարոն· տէր· *gentleman*ի կրճատ ձեւը·

genteel (*ճէնթի՛լ*) ազնըւազարմ· բարեկիրթ· վայելուչ·

gentian (*ճէն՛շըն*) ծաղկաւոր բոյս որմէ լեղուահամ դեղ մը կը պատրաստուի· օձի սխտոր· *horse* — ջերմի դեղ·

gentile (*ճէն՛թայլ*) ոչ-հրեայ· հեթանոս· ոչ-քրիստոնեայ·

gentility (*ճէնթիլ՛իթի*) բարեկրթութիւն· ազնըւականութիւն· վայելչութիւն·

gentle (*ճէն՛թլ*) ազնիւ· բարեկիրթ· մեղմաբարոյ· հեզահամբոյր· *of — breeding* ազնիւ ծընունդ· *the — sex* գեղեցիկ սեռը (իգական սեռը)·

gentleman (*ճէն՛թլմէն*) յարգարժան այր մարդ· տիար· ազնուական պարոն· *gentleman of fortune* վարձկան զինուոր· *gentlewoman* · յարգարժան կին· *gentleman-at arms* թագաւորական թիկնապահ· *gentleman's agreement* պատուոյ խօսքով (առանց օրինական ձեւակերպութեանց) եղած համաձայնութիւն·

gentry (*ճէն՛թրի*) քաղքենի դասակարգ· *light-fingered* — գողեր·

genuflect (*ճին՛իուփլէքթ*) ծունկի գալ (ի նշան յարգանքի)· —*tion*, —*xion* (—՛*շըն*) ծնրադրութիւն·

genuine (*ճէն՛իուըն*) իրական· ճշգրիտ·

genus (*ճին՛ըս*) սեռ· տեսակարգ (կենդանիներու)·

geo — (*ճի՛օ* –) նախաբառ որ տեղագրական իմաստ ունի· *geocentric* երկրակեդրոնական (աստղագիտութեան երբեմնի այն վարկածը թէ մեր երկրագունդը կեդրոնն է մեզ շրջապատող տիեզերքին)·

geography (*ճիօկ՛րըֆի*) աշխարհագրութիւն. *physical* (*political*) — ֆիզիքական (քաղաքական) աշխարհգ․ *—phical* աշխարհագրական․

geology (*ճիօլ'ըճի, ճիալ'ըճի*) երկրաբանութիւն․ *—gist* երկրաբան․ *—gical* երկրաբանական․

geometry (*ճիոմ'էթրի*) երկրաչափութիւն․ *—ter* երկրաչափ․ *—tric* երկրաչափական․ *—trical progression* երկրաչափական յառաջատուութիւն (= 3, 9, 27, 81, եւայլն․ իւրաքանչիւր արդիւնք սկզբնական թիւով կը բազմապատկուի)․

georgette (*ճորճէթ'*) բարակ կերպաս՝ կանանց համար․

Georgia (*ճոր'ճիը*) Վրաստան․

geosphere (*ճի'ոսֆիյր*) երկրագունդ․ մթնոլորտ (երկրագունդի շուրջ)․

geostatic (*ճիըսթաթ'իք*) որ կը վերաբերի երկրի ճնշումին․

geranium (*ճըրէյ'նիըմ*) ծաղկամանին մէջ աճող կարմիր ծաղիկ․ կոնկենի․

gerant (*ճի'րընթ*) տնօրէն․ արտօնատէր․

geriatrics (*կէրիէթ'րիքս, ճէրիէթ'րիքս*) ծերերու բժշկական խնամք․

germ (*ճըրմ*) սերմ․ հունտ․ մանրէ․ պտուկ․ սկզբնապատճառ․ *— -cell* սերմնարջիչ․

german (*ճըր'մըն*) նոյն ծնողքէն (մեծ ծնողքէն)․ միեւնոյն գերդաստանէն․

German (*ճըր'մըն*) գերման(ացի), գերմաներէն, գերմանական․

germane (*ճըրմէյն'*) հարազատ․ *what he said was — to the question* ըսածը տեղին էր․

germicide (*ճըրմ'իսայտ*) մանրէասպան (դեղ)․

germinal (*ճըրմ'ինըլ*) սաղմնային․ մանրէական․

germinate (*ճըրմ'ինէյթ*) ծիլ արձակել․ աճիլ․ աճեցնել․

gerontocracy (*ճէրոնթոք'րըսի*) ծերիշխանութիւն․

gerontology (*ճէրոնթոլ'ըճի*) գիտութեան այն ճիւղը՝ որ ծերութեան շրջանը կ'ուսումնասիրէ․

gerrymander (*ճէրիմէն'տըր*) ընտրական խաղեր սարքել մարդիկ կառավարութեան մէջ ընտրելու համար (Ա․Մ․Ն․)․

gerund (*ճէր'ընտ*) բայանուն․ դերբայ․ *gerundial* դերբայական․ *gerundive* ապառնի դերբայ․

gest, geste (*ճէսթ*) արարք (օրինակելի)․ վարմունք․ հանգրուան․ արկածային պատմութիւն․

Gestapo (*կէսթա'փօ*) գերմանական Նացի կուսակցութեան (կառավարութեան) գաղտնի ոստիկանութիւն․ որեւէ գաղտնի ոստիկանութիւն․

gestation (*ճէսթէյ'շըն*) յղ(ի)անալ․ յղութիւն․

gesticulate (*ճէսթիք'իուլէյթ*) ձեռքի կամ դէմքի շարժումներով գաղափարներ կամ զգացումներ արտայայտել․

gesture (*ճէս'չըր, ճէս'թիուր*) դէմքի, ձեռքերու

(եւայլն) շարժումներ (արարքներ)՝ զգացումներ արտայայտելու համար·

get (*կէթ*) ձեռք ձգել· ըստանալ· ընել տալ· հասնիլ· ըլլալ· երթալ· (*got* անց. եւ անց. ընդ.) ծնունդ. սովորոյթ· երնարք· — *me a chair* աթոռ մը բեր ինծի· — *a new book* նոր գիրք մը գնել· *to get (an illness)* հիւանդութեան մը բռնուիլ· — *one's own back* մէկը պատժել (ուրիշին բրած իր վնասին համար)· *she has got a lovely voice* անոյշ ձայն ունի· *he got his hair cut* մազերը սափրել տըւաւ· — *the child to bed* մանուկը անկողին դնել (քնանալու համար). — *the tea ready* պատրաստել թէյը· *can you — him to come?* կարո՞ղ ես զինք համոզել որ գայ. *the lawyer — his client off* փաստաբանը ապացուցանեց թէ իր յաճախորդը անմեղ է· *to — up* անկողինէն ելլել· ոտքի ելլել· *to — up a play* ներկայացում մը պատրաստել (դերասաններր մարզելով)· *a well-got-up book* լաւ տըպուած եւ գեղեցիկ կողքով գիրք մը· *you'll — nowhere if you speak like that* տեղ մը չես կրնար հասնիլ եթէ շարունակես այդպէս խօսիլ· *the story got about* պատմութիւնը ամէն տեղ լսուեցաւ· *I can't get you* չեմ կրնար հասկնալ քեզ· *he has been got at* դրամ ստացած է անպատիւ գործ մը կատարելու համար· *she got round him* զայն հանոյացուց եւ ուզածը ընել տուաւ անոր· *the mother will soon get over (the loss of her son)* մայրը շուտով պիտի մխիթարուի (իր զաւակին կորուստին մասին). *you'll get to like it in time* ժամանակի ընթացքին պիտի ըսկըսիս սիրել զայն· *the days are getting longer* օրերը կ'երկարին· *you will get hurt* պիտի վըշնասուիս· *get tired* յոգնիլ· *get out* դուրս ել (սենեակէն)· *get along with you!* հեռացի՛ր եւ զիս անհանգիստ մի՛ ըներ· — *on with some one's work* աշխատանքը շարունակել· *to — rid of* ձեռքէն ազատիլ· *to — forward* յառաջանալ· *to — better* առողջանալ· *to — married* ամուսնանալ· *to — the gate* հրաժարեցուիլ· *to — under* նուաճել· յաղթել·

get-at-able (*կէթ-էթ'-էպլ*) մատչելի· *unget-at-able* անմատչելի· տեսնելը դժուար·

getaway (*կէթ էուէյ*) փախուստով (հետապնդումէ ազատում)·

gewgaw (*կիու'կօ*) անկարեւոր զարդ· խաղալիք·

geyser (*կայ՛զըր*) ջերմուկ (ջուրի)· ցայտաղբիւր· — (*կի՛՛զըր*) արագօրէն ջուր տաքցնող գործիք մը·

ghastly (*կասթ՛լի*) մահատիպ· սարսափելի·

gherkin (*կըր՛քին*) տեսակ մը վարունգ՝ որմէ թթթուաշ (թուրշու) կը պատրաստեն·

ghetto (*կէթ՛օ*) չքաւոր հրեաներու թաղ·

ghost (*կոսթ*) ուրուական· ստուեր· մէկը որ ուրիշ ծանօթ անձի մը անունով արուեստի գործ կ'արտադրէ· *a — of a smile* շատ թեթեւ ժպիտ մը· *give up the —* մեռնիլ· *haven't a — of a chance* բախտ չունի· *Holy G—* Սուրբ Հոգի·

ghoul (*կուլ*) չար ոգի· մէկը որ սարսափելի բաներէն հաճոյք կ'առնէ· դիակները կողոպտող եւ անոնցմով սնանող չար ոգի (արեւելեան երկիրներու սնապաշտութիւն)·

G. I. (*ճի՛· այ·*) Միացեալ Նահանգներու բանակային· (*G.I. = Government Issue* կառավարութենէն հայթայթուած)·

giant (*ճայ՛ընթ*) հսկայ (հէքիաթի)· մտային կամ ֆիզիքական բարձր յատկութեանց տէր անձ· *—ism* անբնական աճ (բժշկ·)·

giaour (*ճաուր*) անհաւատարիմ· անաստուած· հայհոյիչ· թրքական արտայայտութիւն ոչ-թուրքի (քրիստոնեայ, յատկապէս հայ) տարբերու·

gibber (*ճիպ՛ըր*) արագ եւ անիմաստ բացագանչութիւններ (խօսքեր) արտաբերել· *gibberish* անիմաստ ձայներ (խօսքեր)·

gibbet (*ճիպ՛իթ*) կախաղան· կախաղան հանել· վարկաբեկել մէկը (գէշ խօսելով իր մասին)·

gibbon (*ճիպ՛ըն*) մարդակերպ կապիկ մը· ապուզնայ (Հարաւ – Արեւել· Ասիա)·

gibbous (*ճիպ՛ըս*) (*moon*) կորնթարդ ձեւով· կէս շրջանակէն աւելի ծաւալով (լուսին)·

gibe, jibe (*ճայպ*) խնդալ մէկուն վրայ, ջանալով զգացումները վիրաւորել· ծաղրել· ծաղր ու ծանակ· քննադատութիւնով հեգնանք·

giblets (*ճիպ՛լէթս*) թռչուններու ներսի ուտելի մասերը (թոք, սիրտ, փայծաղ, եւայլն)·

giddy (*կիտի*) գլխու պըտոյտի զգայութիւն· թեթեւ վարք ու բարքով· հաճոյամոլ· գլուխը դարձնել· *— -paced* յեղյեղուկ (անձ)·

gift (*կիֆթ*) նուէր· բնատուր ձիրք· *a — for poetry* բանաստեղծական բնատուր ձիրք· *— of the gab* լաւ խօսելու ընդունակութիւն·

gig (*կիկ*) երկանիւ թեթեւ կառք· փոքր նաւակ·

gigantic (*ճայկէն՛թիք*)

հսկայ. վիթխարի. *gigantism* մարմնի եւ սրրունքներու աններդական ած (բժշկ.).

giggle (*կիկլ*) քիթի տակէն խնդալ. քեքեւել. — *water* խմիչք.

gigolo (*ճիկ'ըլօ*) կնարուամով պարող (կիներու հետ) այր մարդ. անպէտ մարդ.

gigot (*ճիկ'ոթ*) ոչխարի (գառնուկի) զիստ.

Gilbertian (*կիլպէրթ'իըն*) այլանդակ. անհեթեթ՝ տակնուվրայութեամբ (*Sir W. S. Gilbert (1836-1911)* թատրերգակ).

gild (*կիլտ*) ոսկեզօծել. բարակ ոսկեթերթերով պատել. փայլեցնել. —*ed youth* հարուստ երիտասարդութիւն. *to — the pill* անհաճոյ բան մը հաճելի դարձնել. —*ing* ոսկեթերթերով պատում. պատող ոսկեթերթիկ.

gill (*կիլ*) խռիկ (ձուկի). ձուկի շնչառութեան օրկանը. ներ հովիտ, ուրկէ գետ մը կը հոսի. *green (or white) about —s* վախցած (հիւանդ) երեւոյթով.

gill (*ճիլ*) հեղուկաչափ մը՝ շուրջ 1/10 լիդր. տեսակ մը գարեջուր.

gillie, gilly (*կիլ'ի*) օգնական (ձկնորսութեան կամ որսորդութեան մէջ) (Սկովտ.).

gilt (*կիլթ*) ոսկիով պատած կամ ոսկեզոյն ներկուած. դեռատի էգ խոզ. —-*edge (book)* եզերքը ոսկեզօծուած գիրք.

gim (*ճիմ*) կոկիկ արտաքինով.

gimbals (*կիմ'պլզ*) կողմնացոյցի կշռոց (կողմնացոյցը միշտ հորիզոնական դիրքի վրայ պահելու համար).

gimcrack (*ճիմ'քրէք*) գեղեցիկ սակայն անարժէք բան. խաղալիք.

gimlet (*ճիմ'լէթ*) փայտի (կամ մետաղի) մէջ ծակ բացող փոքր գործիք. գչիր. —-*eye* շիլ աչք.

gin (*ճին*) անգոյն զօրաւոր խմիչք. գինօղի. կռունկ (վերամբարձ մեքենայ). բամպակը մաքրող մեքենայ. թակարդ.

ginger (*ճին'ճըր*) բոյսի մը կծու արմատը. կոճապղպեղ. *Egyptian —* կոլկաս. *Mango —* քըրքում. —-*ale (beer)* պղպեղօղի. —-*bread* համեմով շինուած հաց. *to — up* աւելի գործունեայ դարձնել. *to take the gilt off the — bread* ցոյց տալ թէ խնդիրը երեւակայածին չափ ալ հաճելի չէ. պատրանաթափ ընել.

gingham (*կինկ'ըմ*) գունաւոր (գծաւոր) բամպակէ կերպաս մը. մանուսա. գինգան.

gipsy, gypsy (*ճիփ'սիհ*) բոշա. գնչու. *չինկէնէ*. (թափառաշրջիկ ցեղ մը որ 14րդ դարուն Հընդկաստանէն Եւրոպա եկած է Եգիպտոսի վրայով).

խորամանկ· սեւուլիկ գեղուհի·

giraffe (ճիրաֆ') ընձուղտ·

girasol (ճիր'էսօլ) արեւածաղիկ·

gird (կըրտ) գօրաւոր կերպով կապել (գօտիեն)· սուրը կապել (մէջքին)· շրջապատել· — *up one's loins* պատրաստուիլ (նակատամարտի)· *to — at* զանգատիլ (բանի մը դէմ)·

girder (կըր'տըր) հեծան (երկաթէ)· գօտեպնդող·

girdle (կըր'տլ) գօտի· կամար·

girl (կըրլ) աղջիկ· երիտասարդ սպասուհի· — *guide (scout)* արենուշ· արծուիկ· աղջիկ բոկաուտ· —*hood* աղջիկութիւն· —*ish* կուսական· աղջկային·

Girondist (ճիրոն'տիսթ) ֆրանսացի չափաւոր յեղափոխականներ 1789ի յեղափոխութեան ժամանակ·

girt (կըրթ) *gird*–ի անց· եւ անց· ընդ·

girth (կըրթհ) շրջակապել· համետը ձիուն մարմնին վրայ հաստատող կապ·

gist (ճիսթ) ամենէն անհրաժեշտ (կարեւոր) մասը (հարցը)· հիմնակէտ·

gitano (ճիթ'անօ) գնչու (Սպ·)·

gittern (կիթ'ըրն), cithern (սիթ'հըրն) տեսակ մը կիթար·

give (կիվ) *(gave* անց· *given* անց· ընդ·) տալ· նուիրել· շնորհել· լքել· պարենաւորել· արտայայտել (գաղափար մը)· — *it him hot* պատժել զայն· — *someone a hand* օգնել (մէկուն)· *he gave his life to literature* գրականութեան նըւիրեց կեանքը· *to — out news* լուրերը հրապարակել· *his voice gave him away* ձայնը տուաւ թէ ինչն էր որ կը փափաքէր զաղտնի պահել· ձայնին թոնը մատնեց զինք· *to — up* լքել· *to — in* տեղի տալ· *to — way to tears* թոյլ տուաւ որ արցունքները հոսին· *the butter has given out* կարագը սպառած է· *there must be — and take* երկու կողմերն ալ քիչ մը պէտք է զիջին· *give over* կանգ առնել· *the rope gave way* պարանը կտրեցաւ· *the window gives upon the garden* պատուհանը պարտէզին վրայ կը բացուի· *within a given time* տուեալ ժամանակին մէջ· *given that* ենթադրելով թէ· *he is given to chattering* շատախօսութեան տուած է ինքզինք· *to give it to* պատժել· *to give a toast* կենացը պարպել· *give way* տեղի տալ·

giving (կիվ'ինկ) նուիրում· — *in* կործանում· — *out* յայտարարութիւն·

gizzard (կիզ'ըրտ) թռչունին երկրորդ ստամոքսը

(փարճիկ)· *to fret the —* ճեղութիւն տալ·

glabrous (*կլէյ'պրըս*) ճաղատ· հարթ հաւասար·

glacé (*կլէ'սէ*) սառած բըլիթ· պաղպաղակ· փայլուն·

glacier (*կլէ'սիըր, կլէ'շըր*) սառնակոյտ· սառնագետ (որ կամաց կամաց յառաջ կը սահի)· *— period* Սառցային Շրջան·

glacis (*կլէ'սիս*) դուրսի զահավիժային եզերքը (ամրութիւններու մէջ)·

glad (*կլէտ*) ուրախ· երջանիկ· *give the — eye to* սիրավառ ակնարկով նայիլ· *—den* (*կլէտ'ըն*) ուրախացնել·

glade (*կլէյտ*) բացատ (անտառի, պուրակի, եւայլնի մէջ)·

gladiator (*կլէտ'իէյԹըր*) յատկապէս մարզուած սորուկներ հին Հռովմի մէջ՝ որոնք կրկէսներու մէջ իրարու կամ գազաններու հետ սուրերով կը կռուէին մինչեւ որ մէկ կողմը սպաննուէր· սուսերամարտիկ·

gladiolus (*կլէտիյո'լըս, կլիտայ'ոլըս*) փայլուն գոյնով ծաղիկ սուրի նըման տերեւներով· թրաշուշան·

glair (*կլէյր*) հաւկիթի ճերմկուց·

glamour (*կլէմ'ըր*) արտաքին փայլ եւ պերճութիւն (որոնք կը ծածկեն խեղճ ներքինը)·

glance (*կլանս, կլէնս*) ակնարկ· արագ նայուածք· լոյսի անակնկալ ցայտ· փայլիլ· ակնարկել· *to — off* զարնել եւ սահիլ կարծր մակերեսէ մը·

gland (*կլէնտ*) գեղձ· մարմնական փոքր մասնիկներ՝ որ կ'արտադրեն հեղուկ մը՝ որ հոսելով արեան մէջ մարմնի զանազան մասերու վրայ որոշ անդրադարձներ կ'ունենայ (օր· մակերիկամային *(adrenal)* գեղձը վախի զգայութիւնները կը յառաջացնէ· մաղասային *(pituitary)* գեղձը մարմնային աճը կը հակակշռէ, եւայլն)· որոշ գեղձեր հեղուկ մը կ'արտադրեն՝ որ մարմնէն դուրս կը զրկուի· ինչպէս օձին գեղձերուն թոյնը· *bronchial —* ցնցղային գեղձ· *endocrine —* ներքնահոս գեղձ· *excreting —* արտաթորիչ գեղձ· *lachrymal —* արցունքի գեղձ· *peptic —* մարսողական գեղձ· *salivary —* լորձնային գեղձ· *sebaceous —* ճարպային գեղձ· *sexual —* սեռային գեղձ· *thyroid —* վահանագեղձ, եւայլն· *glandular* գեղձային·

glanders (*կլէնտ'ըրզ*) ձիերու քերնի եւ կոկորդի հիւանդութիւն·

glare (*կլէր*) շողարձակել· ցասումով նայիլ· սիրոյ կրակ· համարձակ նայուածք· *glaring colours* շատ փայլուն գոյներ· *a —ing mistake* ամենուն կողմէ նշմարուելիք զէշ սխալ.

glass (կլաս, կլէս) ապակի. գաւաթ (ջուրի). գինի. ցոլացնել. փայլեցրնել (ապակիով). *a spy* — հեռադիտակ. *a looking* — հայելի. — *eye* արուեստական աչք. *he is fond of his* — գինի խմել շատ կը սիրէ. *the — is falling* ծանրաչափը զէշ օդ ցոյց կու տայ. —*es, eye* —*es* ակնոցներ. *glassy stare* սեւեռուն նայուածք, կը նայի, սակայն չի տեսներ. *glass-paper* ապակեթուղթ. — *house* գինետրական բանտ. — *maker* ապակի շինող. — *man* ապակի ծախող. — *ware* ապակիէ ապրանքներ.

glaze (կլէյզ) ներկի նըմանող հեղուկ՝ որ ապակեայ մակերես կու տայ. ջնարակում. ջնարակել. ապակիի նման փայլուն մակերես տալ. ապակի անցընել. *glazier* պատուհաններուն ապակի անցընող.

gleam (կլիյմ) շող (լոյսի). ճառագայթ. *a — of humour* հանոյքի թեթեւ նշան.

glean (կլիյն) հասկաքաղ ընել. դանդաղօրէն հաւաքել.

glebe (կլի՛պ) եկեղեցապատկան հող, կալուած.

glee (կլի՛) բերկրանք. զուարթութիւն. բազմաձայն երգեցողութիւն. երբեակ (երգ). — *man* թափառաշրջիկ աշուղ. զուսան.

gleet (կլիյթ) թարախ. սերմնահոսութիւն.

glen (կլէն) ձոր. նեղ հովիտ (ուրկէ ընդհանրապէս գետ մը կը հոսի).

glib (կլիպ) սահուն. դիւրին խօսող, սակայն մակերեսային (տախօս) մարդ.

glide (կլայտ) դիւրին եւ մեղմիկ սահիլ (հարթ մակերեսի մը վրայ կամ երկինքի մէջ). երաժըշտական մէկ ձայնանիշէն միւսը անցնիլ առանց դադարի. *glider* առանց շարժակի օդանաւ

gliff (կլիֆ) վայրկեան. վախ.

glim (կլիմ) լոյս. լամբ. աչք.

glimmer (կլի՛մըր) պըլպըլալ. պլպլացում.

glimpse (կլիմփս) ակնարկ. արագ անցնիլը. վաղանցիկ (լոյս, երեւոյթ). նշմարել. վայրկեանապէս անցնիլ.

glint (կլինթ) լոյսի ցայտք (փայլուն մետաղէ մը). ցոլք արձակել. նշուլել.

glisten (կլի՛սըն) լոյսը ցոլացնել (հարթ մակերեսէ մը). փայլիլ.

glitter (կլի՛թըր) ցոլք արձակել. շողշողալ (օր.՝ թանկագին քարը կը շողշողայ).

gloaming (կլօ՛մինկ) իրիկնամուտ. վերջալոյս.

gloat (կլօ՛թ) մեծ ցանկութեամբ, ընձանքով նայիլ. տենչալ.

globe (կլօ՛պ) գունդ. գընդակ· *the* — երկրագունդ· —*-trotter* աշխարհի բոլոր երկիրները շրջող մարդ· *globular* (*կլապ'եու-լըր*) երկրագունդի ձեւով·

gloom (*կլում*) խաւար· վատ տրամադրութիւն·

glorious (*կլո'րիըս*) հրաշագեղ· երկնային· շատ ընտիր· փառահեղ· *to have a — time* շատ ուրախ ժամանակ անցընել· *the children made a — mess of the room* մանուկներ տակնուվրայ ըրին սենեակը·

glory (*կլո'րի*) փառք· մեծ համբաւ եւ պատիւ· *to go to —* մեռնիլ· *to be in one's —* մէկուն փափաքածը ընել· *Old Glory* ամերիկեան դրօշը· *Gloria in excelsis* փառք ի բարձունս· *glorify* փառք տալ· օրհնել· *glorious* փառաւոր· մեծափառ· փառապանծ· *Glory to God in the highest* փառք ի բարձունըս Աստուծոյ·

gloss (*կլաս*) փայլք· փայլուն մակերես· *to — over* յանցանքի վրայ գոցել·

glossary (*կլա'սըրի*) դըժուար հասկնալի բառերու բացատրական ցանկ· բառագրքոյկ (հատորի մը յատուկ)·

glove (*կլըվ*) ձեռնոց· *to be hand in —* մէկուն հետ շատ մտերիմ ըլլալ· *to handle without —s* խիստ վարուիլ մէկուն հետ· *to throw down the —* ձեռնոցը հանել· պատերազմ յայտարարել·

glow (*կլօ'*) ջերմութիւն· գոլ· լուսափայլութիւն· շառագոյն տաքութիւն· շառագունիլ· կարմրիլ· առանց կրակի տաքութիւն տալ· ջերմութիւն եւ մտերմութիւն զգալ· բոցբոքիլ· —*ing* ջերմ· տաք· խանդավառ· —*-fly* կայծոռիկ· —*-lamp* անբոց կրակ (ելեկտ·)·

glower (*կլաու'ըր*) խոժոռ նայիլ·

glucose (*կլու'քոս*) պըտուղներէ (խաղող) եւ բոյսերէ ստացուած բնական շաքար· քաղցրուց·

glue (*կլու*) կպչուն նիւթ· սոսինձ· փակցնել (թուղթը, եւայլն)·

glum (*կլամ*) լուռ եւ անտըրամադիր· կախերես·

glume (*կլում*) կեղեւ (հատիկին, խոտին)·

glut (*կլաթ*) մինչեւ ծայրը լեցնել· ագահօրէն կլլել· յագեցնել· ողողել· առատութիւն· ողողում· անյագութիւն·

gluten (*կլու'թէն*) ցորենի եւ այլ հացահատիկներու սպիրտը· սնձան· սոսինձ·

glutinate (*կլիու'թինէյթ*) փակցնել (սոսինձով)·

glutinous (*կլու'թինըս*) կպչուն· փակչող (սոսինձի պէս)·

glutton (*կլաթ'ըն*) շատակեր· որկրամոլ· ծակաչք· մոլի (գիրքերու, աշխատանքի, եւայլն)·

glycerine (*կլի'սըրին*) քաղցրահամ անգոյն, անհոտ հեղուկ՝ որ ձեռք կը ձգուի բնական կամ բուսական իւղէն. կը գործածուի բժշկութեան եւ գիտութեան մէջ. քաղցրին.

glycogen (գլայ՛ քօճըն) մարմինին ամբարած նշան (օսլայ). կենդանիի նըշայ.

glyph (գլիֆ) քանդակ.

G-man (ճի-մէն) Միացեալ Նահանգներու կեդրոնական կառավարութեան զինեալ ոստիկան.

gnar, gnarr, gnarl (նար) մռնչել. մռմռալ. տըրտնջալ. հանգոյց.

gnarled (նարլտ) հանգուցաւոր. խորտուբորտ մակերեսով.

gnash (նէշ) ակռաները կրճտել. ծամածռել (դէմքը).

gnat (նէթ) մժեղ.

gnaw (նօ՛) կրծել. խածնել.

gnome (նոմ) գաճաճ (հէքեաթային) որ կը կարծուի թէ պահուած ոսկի եւ գոհարեղէններ կը պահպանէ.

gnu (նիու) ափրիկեան եղնիկ մը. եղջերուաձի.

go (կօ) (*went* անց., *gone* անց. ընդ.) երթալ. շարժիլ. աշխատիլ. մեկնիլ. դնել. արդիւնք տալ. մեռնիլ. ըլլալ. յարմարիլ. *the tree went in the wind* հովը տապալեց ծառը. *he goes by his friend's feelings* իր բարեկամին զգացումներով կ'առաջնորդուի. *to — by atomic energy* հիւլէական ուժով աշխատիլ. առաջնորդել. *to — black in the face (with anger)* ջղայնութենէն դէմքը կապուտնալ. *to — to pieces* մարմնով թէ միտքով հիւանդանալ. կենցաղի գէշ ձեւեր սորվիլ. *it has just gone nine* ժամը ճիշդ 9 զարկաւ. *this pen goes for (at) 15 L. Pounds* այս գրիչը 15 Լ. ոսկի կ'արժէ. *going like hot cakes* լաւ կը ծախուի. *to — with* համաձայնիլ. *it's a —* համաձայնած ենք. *it's no —* անարժէք (անկարելի) է. *her dress does not — with her body* հագուստը չի յարմարիր մարմինին. *that won't — with me* համաձայն չեմ ատոր. չեմ հաւատար ատոր. *the play went down well* ներկայացումը հանրութենէն գնահատուեցաւ. *the newspaper went for the prime-minister* թերթը վարչապետին վրայ յարձակեցաւ. *to — in for literature* գրականութեան ժամանակ յատկացնել. *to — on (a person)* խոստումին հակառակ՝ չօգնել (մէկուն). *let's have a — at it* փորձենք կատարել.; *I'm on the —* շատ զբաղած եմ. *big hats have gone out* մեծ գլխարկները նոբաժնուրեն եղած են· *the fire has gone out* կրակը մարած է· *a going concern* յաջող գործառնութիւն· *to give someone the go-by* մէկուն քովէն անցնիլ եւ զայն չտեսնել ձեւացնել· *to — ashore* ցամաք ելլել· *to — astray* մոլորիլ· սըխալի մէջ իյնալ· *to — between* միջնորդել (անհամաձայնութիւն մը բառնալու)· *to — by the board* կորսուիլ· *to — the whole hog* առանց վերապահութեան աշխատիլ· *to — with young* յղի մնալ· *— to* կորսուէ· օ՜ն· *to — to west* սպաննուիլ (զինուոր)·

goad (*կո՛տ*) խթան· խթանել· անապարեցնել·

go-ahead (*կօ՛ ըհէտ*) եռանդուն·

goal (*կո՛լ*) նպատակակէտ· բերդ (ֆութպոլի)· ելք· *to score a — in football* կոլ մը նշանակել (ֆութպոլի խաղի մէջ)· *—keeper* բերդապահ·

goat (*կո՛թ*) այծ· նոխազ· *to play the giddy —* ապուշի պէս վարուիլ· *separate the sheep from the —s* լաւ անձերը գէշերէն զատել· *this gets my —* զիս կը նեղացնէ (այս բանը)·

goatee (*կո՛թի*) ծնօտի տակ փոքր մօրուք (այծի մօրուքի պէս)·

gob (*կոպ, կապ*) խոշոր կտոր· պատառ· բերան· մարտանաւի վրայ ծովային (Ա·Մ·Ն·)· *stop your —* բերանդ գոցէ, լռէ·

gobbet (*կոպ՛էթ*) բերնի պատառ· զանգուած·

gobble (*կոպ՛լ*) չտեսի պէս ուտել· լափել· արու հնդկահաւի պէս ձայն հանել· չտես· որկրամոլ· *to — up* բռնի առնել· *gobbler* (*կոպ՛լըր*) հընդկահաւ (արու)·

Gobelin (*կոպըլէն՛, կոպ՛ըլին*) ֆրանսական արձէքաւոր գորգ· (գորգի պատկեր) 15րդ դարու·

go-between (*կօ՛-պիթուին*) միջնորդ՝ անձերու միջեւ զորս երբեք տեսած չենք·

goblet (*կոպ՛լէթ*) գաւաթ· ըմպանակ·

goblin (*կոպ՛լին*) չար պարիկ· վհուկ· չար ոգի·

go-by (*կօ՛-պայ*) մերժում· ճամբու դնելը· ողջերթ·

go-cart (*կօ՛-քարթ*) մանուկի յատուկ ձեռակառք·

God (*կոտ, կատ*) Աստուած, չաստուած· *goddess* չաստուածուհի· դիցուհի· *he is a little tin god* սնափառ խեղճ մէկն է· *God forbid!* Աստուած չընէ· Աստուած մի արասցէ· *would to God* Աստուած տար որ· *God-Man* Յիսուս-Քրիստոս· *a godly (person)* բարեպաշտ (մարդ)· *godsend* աստուածառաք (օգնութիւն)· *I wish you God-speed* Աստուած յետերնիդ ըլլայ (ճամբորդութեան ատեն)· *God's acre* գերեզմաճող· *God's Sunday* Ս· Զատիկ·

godbox (*կոտ'պոքս, կատ'պաքս*) մատուռ·

godchild (*կոտ'չայլտ*) սան, սանիկ·

goddaughter (*կոտ'տոթըր*) սանուհի·

godfather (*կոտ'ֆատհըր*) կնքահայր·

godless (*կոտ'լէս*) անաստուած·

godmother (*կոտ'մատհըր*) կնքամայր·

godown (*կոտաուն'*) խոշոր խանութ· ամբարանոց (Հնդկաստանի եւ Չինաստանի մէջ)·

godparent (*կոտ'փէրընթ*) սանահայր եւ սանամայր·

go-getter (*կօ'-կէթըր*) ի գին ամէն ինչի ուզածը ձեռք ձգող անձ·

goggle (*կակ'լ, կոկ'լ*) աչքերը լայն լայն բանալ· խոժոռադէմ· *—s* խոշոր ակնոց աչքերը փոշիի դէմ պաշտպանելու համար·

goitre (*կոյ'թըր*) ուռեցք (վահանագեղձի) վիզի մէջ· ուռք·

gold (*կոլտ*) ոսկի· հարըստութիւն· դեղնագոյն· *all is not — that glitters* ամէն փայլող բան ոսկի չէ· երեւոյթներէն պէտք չէ խաբուիլ· *—-digger* իր շնորհքները ծախելով հարստութիւն դիզող կին·

golden (*կոլ'տըն*) ոսկիէ· ոսկիէ շինուած· ոսկեղէն· *— age* ոսկեդար· *worship the golden calf* ոսկեհորթը պաշտել· միայն հարստութեան հետամուտ ըլլալ· *G— fleece* ոսկեգեղմ (յուն· դից·)· *— grease* կաշառք· *G— horn* ոսկեղջիւր· *G— Legend* Վարք Ամենայն Սրբոց· *golden rule* ոսկեղէն կանոն («ուրիշներուն հետ վարուէ այնպէս ինչպէս որ պիտի ուզէիր որ անոնք վարուին քեզի հետ»)· *G— State* Գալիֆորնիոյ Նահանգ· *— wedding* ամուսնութեան 50–ամեայ տարեդարձ·

gold finch (*կոլտ' ֆինչ*) եկքանիկ (թռչուն)·

gold fish (*կոլտ' ֆէշ*) ոսկեձուկ·

gold-leaf (*կոլտ' լի'ֆ*) նուրբ ոսկեթերթ·

gold-mine (*կոլտ' մայն*) ոսկեհանք·

gold paint (*կոլտ' փէյնթ*) ոսկեդրուագ·

gold proof (*կոլտ' բրուֆ*) անկողմնակալ· արդարադատ·

goldsmith (*կոլտ'սմիթ*) ոսկերիչ·

gold standard (*կոլտ' ըսթէնտըրտ*) միջազգային սակարանի վրայ ոսկիի հիմնաչափը·

gold washings (*կոլտ' ուոշինկս*) ոսկեհանքի հանածոն լուալով ոսկին զատելը·

golf (*կոլֆ*) անգլիական նկարագրով գնդախաղ մը· կոլֆ· *—-club* կոլֆ խաղալու գաւազան· նոյն խաղին հետեւողներու ակումբ·

Golgotha (*կէլ'կոթը*) Գողգոթա․
goliard (*կոլ'եըրտ*) միմոս․
golliwog, gollywog (*կոլ'իուօկ*) տգեղ սեւամորթ պուպրիկ, խոշոր աչքերով․
goloshes (*կըլոշ'էզ*) տես՝ *galoshes.*
gondola (*կոն'տոլը*) երկայն եւ նեղ նաւակ երկու ծայրերը ցցուած՝ Վենետիկի մէջ գործածուող․ կոնտոլ․
gone (*կոն*) *go*–ին անցեալ․ գացած․ *gone case, gone man, gone coon* կործանած (մարդ, եւայլն)․ *gone on* սիրահարած․
gong (*կոնկ*) ծնծղայ (նաշի կանչելու համար)․
gonococcus (*կոնոքոք'ըս*) ջերմամիզութեան միքրոպ․
good (*կուտ*) լաւ․ *(better* աւելի լաւ․ *best* ամենէն լաւ)․ ազնիւ․ կարող․ ուղիղ․ յարմար․ առաքինի․ ազնիւ․ ապահով․ *all in — time* ամէն ինչ իր ժամանակին․ *a — while, a — distance* երկար (ժամանակ)․ *a — deal* շատ․ *with a — grace* սիրայօժար կերպով․ *for —, for — and all* կատարեալ կերպով, ամբողջովին․ *to hold —* հաստատ մնալ․ *goodly* գեղեցիկ․ հաճելի․ *good-brother (sister)* փեսայ (հարս) (Սկովտիա)․ *— - bye* (*կուտպայ'*) մնաք բարով․ *good-day* բարեւ․ *good morning (evening, night)* բարի լոյս (երեկոյ, գիշեր)․ *— - for-nothing* անպիտան․ *G— Friday* Աւագ Ուրբաթ․ *— sense* ողջմիտ դատողութիւն․ *— - will* բարեկամեցողութիւն․ *goods* ապրանքներ․ *—s and chattels* մէկուն բոլոր ստացուածքները․
goody-goody (*կուտ'իկուտի*) սրբակրօնութիւն կեղծող․
goose (*կուս*) սագ․ (յոգ․ *geese*)․ ապուշ․ արդուկ․ *cook his —* ձախողութեան պատճառ դառնալ․ *all his geese are swans* կը խորհի թէ բոլոր բաբեկամները (զաւակները) ալ հիանալի են․ *can't say boo to a —* ամէն ինչէ կը վախնայ․ *a tailor's goose* արդուկ․ *— berry (— պէրի)* փոքր հաստապտուղ մը․ փշահաղարջի․ երկու սիրահարներու անբաղձալի երրորդ ներկան․ *— - flesh* մորթի մազերուն ցցումը (պաղի կամ յանկարծական վախի հետեւանքով)․ *— - quill* փետրագրիչ․ *— - step* զերման բանակի քայլուածք (զօրահանդէսներու ժամանակ)․
gopher (*կո'ֆըր*) գետնամուկ (Հիւս․ Ամերիկա)․
gor (*կոր*) հսկայ․ խոշոր․ *— - bellied* խոշոր փոր․
Gordian (*կորտ'իըն*) գորդեան․ *to cut the — knot*

Գորդեան հանգոյցը քակել· բռնութեամբ լուծել հարց մը՝ զոր կարելի չէ խաղաղ միջոցներով լուծել·

gore (կոր) արիւն· կոտոշներով վիրաւորել·

gorge (կորճ) կոկորդ· կիրճ· նեղ անցք· կլլել· յղփանալ (պէտք եղածէն աւելի ուտել)· *to make one's — rise* մէկուն ատելութիւն պարտադրել·

gorgeous (կոր'ճըս) հիանալի եւ գեղեցիկ·

gorget (կոր'կէթ, կոր'ճէթ) վիզին շուրջ զրահ· փողպան·

gorilla (կըրիլ'ը) մարդակերպ մեծ կապիկ· կորիլլա, կը կշռէ շուրջ 250 քլ·

gormandize (կոր'մընտայզ) լափել (կերակուրը)·

gorse (կորս) մացառուտ (փշոտ) որ դեղին գոյնով անուշահոտ ծաղիկներ կու տայ·

gosling (կոզ'լինկ) սագիկ· սագի ձագ·

gospel (կոս'փըլ, կաս'փըլ) Աւետարան· բարի լուր· *The G—* Յիսուսի կեանքի պատմութիւնը այնպէս ինչպէս գրուած է Նոր Կտակարանի չորս Աւետարաններուն մէջ· *gospel truth* փրկագործութիւն· վարդապետութիւն· աներկբայելի ճըշմարտութիւն· *to take for —* բանի մը անմիջապէս հաւատք ընծայել·

gossamer (կոս'ըմըր, կաս'ըմըր) նուրբ մետաքսային թել· շղարշ·

gossip (կաս'իփ) սնամէջ շատախօսութիւն· բամբասանք· տարաձայնութիւն· *a —* բամբասող· շատախօս (անձ)· բամբասել· տարաձայնել·

got (կոթ, կաթ) *get*-ին անց· եւ անց· ընդ· *got up* ծպտուած· ցուցադրութեան համար հագուած·

Gothamite (կոթ'հըմայթ) Կոթըմ-ի իմաստուններէն մէկը ծանօթ իր ծայրայեղ պարզամտութեամբ· պարզամիտ· խիկար·

Gothic (կոթհ'իք) կոթական (հին Տեւտոնական ցեղախումբին պատկանող)· բարբարոս· տըգէտ· գոթական (ոճ)· *— architecture* կոթական ճարտարապետութիւն (սրածայր կամարակապ ոճով)·

gouda (կաու'տը) հոլլանտական ծանօթ պանիր մը·

gouge (կաուճ) ծակ բացող (փայտի, քարի, երկաթի մէջ) կոր սուր· գործիք· յղկիչ (կազմարարի)· մատով դուրս հանել (աչքը)· ծակել·

goulash (կուլաշ') հունգարական ծանօթ կերակուր մը (միսով, բանջարեղէնով եւ կարմիր պղպեղով)·

gourd (կուրտ) խոշոր եւ երկար պտուղ մը՝ որ կը պատկանի դդումի ընտանիքին (չորնալէ ետք իրր չրամաճ կը գործածեն)․ դդմամաճ․ ըմպանակ․ խալամ․ — *tree* ճոյճ պտուղին թուփը․

gourmand (կուր'մրնտ) շատակեր․ որկրամոլ (անձ)․ *gourmet* (կուր'-մէյ, կուր'մէթ) լաւ կերակուրներուն հետամուտ եղող․ ուտելը սիրող մարդ․ փափկակեր․

gout (կաութ) արեան մէջ չափազանցեալ ասիտէն յառաջացած հիւանդութիւն՝ որուն պատճառաւ ծունկերը, ոտքերը, մատները ւեայլն կ'ուռին եւ կը ցաւին․ գօղնութեցf․ կաթուած․

goût (կու) ճաշակ․ fիմf․ (փր․)․

govern (կավ'ըրն, կըվ'ըրն) կառավարել․ առաջնորդել․ տիրապետել․ —*ment* կառավարութիւն․ տեսչութիւն․ —*or* կառավարիչ․ մեfենայի մը մէջ արագութիւնը հակակշռող գործիf․ հայր․ պարոն (շատ անգամ *guvnor* ձեւով․ ռամկական)․ *Governor-General* անգլիական հոգատարութեան ենթակայ երկիրներու ընդհ․ կառավարիչ․

governess (կավ'ըրնէս) դաստիարակուհի․ ճաեւ *governante* (կավ'ըր-նընթ)․

gowan (կաու'ըն) սկովտիական վայրի մարգարտածաղիկ․

gowk (կաուք) շատ պարզամիտ մարդ․ կկու (թռչուն)․

gown (կաուն) սենեակին մէջ գործածելիf երկար շրջազգեստ․ պարեգօտ․ *night* — գիշերազգեստ․ *bed* — գիշերանոց․

graal, grail (կրէյլ) սկիհ․

grab (կրէպ) յափշտակել․ բռնի առնել․ (*grabbed* անց․ եւ անց․ ընդ․)․

grace (կրէյս) շնորհալիութիւն․ գեղեցկութիւն․ վայելուչ շարժուածf, գրելակերպ, եւայլն․ գոհութեան աղօթf․ շընորհ ընել․ բարձրացնել․ զարդարել․ *did it with a good* — սրտով ըրաւ․ *have the* — *to* ազնիւ եղէf․ *to grant a week's grace* պարտfը վճարելու մէկ շաբաթ պայմանաժամ տալ մէկուն․ *day of* — ապաշխարութեան օր․ *I am in his good* —*s* իր շնորհfները (բարեկամութիւնը) կը վայելեմ․ *by the* — *of God* Աստուծոյ շնորհիւ․ *this year of* — Յիսուսի մահէն եtf․ *to say* — ճաշելէ առաջ (կամ ետfը) աղօթել․ *The three Graces* գեղեցկութեան երեf դիցուհիները․ *an act of* — պատիժի ներում․ *Your Grace, (His Grace)* Ձերդ, (Նորին) Շնորհափայլութիւն (Արfեպիսկոպոսին կամ դուfսին դիմելու ատեն)․

gracious (կրէյ'շըս) շնորհալի․ fաղցրաբարոյ․ ազնիւ․ ողորմած․ *good*

—! զարմանքի բացագանչութիւն·

gradate (*կրրտէյթ'*) դասաւորելով գրեթէ նոյն աստիճանին բերել· անզգալիօրէն մէկ գոյնէն ուրիշ գոյնի փոխել· —*tion* մէկ աստիճանէն (գոյնէն) անզգալաբար միւսին անցնիլը·

grade (*կրէյտ*) աստիճան· դասարան· քայլ· սահանք· հաւասարեցնել· *at* — բոլորովին հաւասար· *up*-—, *down*-— վերելք· վայրէջք· *on the up*-— բարելաւում· *make the* — դպրոցի մը որոշ մէկ դասարանը հասնիլ· գործի մը մէջ յաջողակ ըլլալ· *gradient* ճամբու ցցուածութիւն·

gradual (*կրէտ'իուլ*), —*ly* աստիճանաբար· քայլ առ քայլ· ժամազիրք·

graduate (*կրէտ'իուէյթ*) շրջանաւարտ (Ա·Մ·Ն·)· համալսարանաւարտ· շրջանաւարտ ըլլալ· աստիճանաւորել·

graduated (*կրէտ'իուէյթտ*) աստիճանաւորուած· շըրջանաւարտ·

graduation (*կրէտ'իուէշըն*) շրջանաւարտութիւն· աստիճանաւորում·

graduator (*կրէտ'իուէթըր*) շրջանաւարտ·

graff (*կրէֆ*) գերեզման·

graft (*կրաֆթ*, *կրէֆթ*) պատուաստել (ծառ մը)· կաշառել· զեղծարարութիւն ընել· պատուաստ· զեղծարարութիւն·

grain (*կրէյն*) հատիկ· ցորենի եւ այլ ընդեղէններու հատիկ· հացահատիկ· սերմ· պտուղ· փոքրր չափ (0,0648 կրամ)· երակ (փայտի)· կաշի (մազոտ երեսը)· *to take it with a* — *of salt* ամբողջին չհաւատալ· *against the* — կամքին հակառակ (մէկուն)· *with a* — *of salt* մինոյն վերապահութեամբ· — *weevil* ցորենաճճի·

gram (*կրէմ*) տես՝ *gramme* կրամ·

grammar (*կրէմ'ըր*) քերականութիւն· *comparative* — բաղդատական քերականութիւն· — *school* երկրորդական վարժարան (11–18 տարեկան տղոց համար)· —*ian* (*կրէմէյ'րիըն*) քերականագէտ· լեզուաբան· —*tical* քերականական·

gramme (*կրէմ*) կրամ· մեթրական· դրութեան մէջ ծանրութեան միութիւն՝ որ հաւասար է 15·432 կշռաչափ ցորենահատիկի, կամ 0,035 ունկի (*ounce*).

gramophone (*կրէմ'ըֆոն*) ձայնապնակ նուագող մեքենայ· գրամաձայն·

grampus (*կրէմ'փըս*) ծովային խոշոր վայրագ կենդանի՝ որ արագ կերպով եւ շչալով կը շնչէ եւ կ'արտաշնչէ· որքակրամփոս·

granary (*կրէն'ըրի*) ցորենի (հացահատիկի) շտեմարան· ամբար·

grand (*կրէնտ*) հոյակապ. շքեղ. ամենէն կարեւոր. ազնուական. 1000 տոլար (Ա.Մ.Ն.). *we had a — time* շատ հաճելի ժամանակ մը անցուցինք. *he is too — to speak to us* ինքզինք այնքան մեծ կը կարծէ՝ որ չի զիջիր խօսիլ մեզի հետ. *Grand Cordon* մեծ ժապաւէն (պատուանշան). *G— Duke* Մեծ Դուքս (Ռուսիոյ). *G— Lodge* Ազատ Որմնադիրներու աւագ ժողովը (ակումբը). *G— Vizier* վարչապետ (Մեծ Եպարքոս) (սուլթանական Թուրքիա). *—child* թոռնիկ. *— daughter* թոռնուհի. *—father* մեծ հայր. նոյնպէս *grand pa. —mother (grand ma.)* մեծ մայր. *—son* թոռնիկ.

grandee (*կրէնտի՛ի*) բարձրաստիճան ազնուական.

grandeur (*կրէնտ՛իուր*) վայելչութիւն. մեծութիւն (երեւոյթի, նկարագիրի).

grandiloquent (*կրէնտ՛իլըքուէնթ*) երկարաբան. ճոռոմաբան.

grandiose (*կրէնտ՛իոս*) փառաշուք. յաւակնոտ. մեծամոլ.

grandstand (*կրէնտ՛ըթէնտ*) նստարաններու շարք մէկը միւսին վրայ կառուցուած ամփիթատրոնի ձեւով (ձիարշաւի կամ այլ խաղերու համար).

grange (*կրէյնճ*) ագարակ յարակից փոքր շինութիւններով.

granite (*կրէն՛իթ*) շատ կարծր քար մը. որձաքար. կրանիթ.

granny (*կրէն՛ի*) ծեր կին. մէկուն հօրը կամ մօրը մայրը.

grant (*կրանթ, կրէնթ*) շնորհել. տալ. թոյլատրել. նուիրել (գումար մը որոշ նպատակի մը համար). պարգեւ. շընորհք. առանձնաշնորհ. *to take for —ed* իբր ճշմարտութիւն ընդունիլ ի յառաջագունէ.

granule (*կրէն՛իուլ*) նիւթի փոքրիկ հատիկ. *granulate* փոքր հատիկներու վերածել.

grape (*կրէյփ՛*) ողկոյզ (խաղողի). *sour —s* թթու խաղող (քանի որ կարելի չէ ձեռք ձգել). *—ry* որթատունկի այգի. *—s* չամիչ.

grapefruit (*կրէյփ՛ֆրութ*) կրիփոն. հնդկական նարինջ.

grape-vine (*կրէփ՛վայն*) որթատունկ. գաղտնի տարածայնութիւն.

graph (*կրէֆ*) ուղիղ (կոր) գիծ քառակուսի թուղթի կտորի մը վրայ՝ ցոյց տալու համար երկու փոխուող քանակութիւններու յարաբերութիւնը, օրինակ մէկուն տարիքին եւ հասակին (բարձրութեան) միջեւ. ցուցագիծ.

—graph (*– կրէֆ*) վերջաբառ՝ որ գրութեան հետ առնչութիւն ցոյց կու տայ․ *orthograph*, *—y* ուղղագրութիւն․ *autograph* ինքնագիր․

graphic (*կրէֆ'իք*) գըրուած իրականին պէս (յստակ)․ *a — account of the event* դէպքին հարազատ նկարագրութիւնը․ *the — arts* գըծագրական արուեստներ (գծագրութիւն, նկարչութիւն, տպագրութիւն)․

graphite (*կրէֆ'այթ*) մատիտի մէջի գրող սեւ նիւթը․ ուրուաքար․

grapnel (*կրէփ'նըլ*) չորս ժանիքով խարիսխ (նաւը կեցնելու)․ այս գործիքով թշնամի նաւերը կ'անշարժացնեն պատերազմի ատեն․

graphomania (*կրէֆըմէ'նիը*) գրելու մղիչ փափաք․

grapple (*կրէփ'լ*) կաշկանդել․ քառաժանի խարիսխով անշարժացնել․ գիրկընդխառն կռուիլ թշնամիին հետ․

grasp (*կրասփ, կրէսփ*) ըմբռնել․ բռնագրաւել․ ըմբռնում․ սեղմում․ ուժեղ ձեռք․ *to — at* ջանալ ձեռք ձգել․ *— all, lose all* մէկ ձեռքի մէջ երկու ձմերուկ չի բռնուիր․

grass (*կրաս, կրէս*) խոտ․ մարգագետին․ խոտով ծածկել․ խոտ ճարակեցընել․ արածիլ․ *to go to —* որոշ շրջան մը հանգըստանալ․ *don't let the — grow under your feet* ժամանակ մի' կորսընցներ (վատներ)․ *—-hopper* մարախ․ *— widow* կին որուն ամուսինը տունէն հեռու կը գտնուի (անջատուած են)․ *—y* դալարագեղ․

grate (*կրէյթ*) երկաթէ շրջանակ՝ կրակարանի վրայ դրուած․ կասկարայ․ կտրտել (կարծր մակերեսի մը քսելով)․ անհաճոյ խռպոտ ձայն մը հանել (կարծր բանի մը)․ *such expressions — on me* շատ կ'ատեմ նման արտայայտութիւններ․

grateful (*կրէյթ'ֆուլ*) շընորհապարտ․ երախտապարտ․ հաճոյացուցիչ․ *—ness* երախտագիտութիւն․

graticule (*կրէթ'իքիուլ*) վանդակագծային աշխատանք (գիտական գործիքի մը մէջ)․

gratify (*կրէթ'իֆայ*) գոհացնել․ հաճոյացնել․ բաւարարել․

grating (*կրէյ'թինկ*) փոքր բացուածքներով շրջանակ․ վանդակորմ․ խըռպոտ (ձայն)․

gratis (*կրէյ'թիս*) ձրի․ անվճար․

gratitude (*կրէթ'իթիուտ*) երախտագիտութիւն․

gratuitous (*կրըթիու'իթըս*) ձրի․ անվճար․ չպահանջուած․ անհիմն․ *a — insult* չգործած յանցանքի մը համար նախատինքի ենթարկում․

gratuity (*կրըթիու'իթի*) դրամական փոքր պարգեւ (սպասաւորի տըրուած).

grave (*կրէյվ*) գերեզման. ծանրակշիռ. լուրջ. —-*clothes* թաղուած ժամանակ մեռեալին հագցուած հագուստները. պատանք. — *stone* գերեզմանաքար. —*yard* գերեզմանոց.

gravel (*կրէվ՛ըլ*) խճաքար եւ աւազ խառնուած (որ կը գործածուի ճամբաներու շինութեան համար). միզաքար. միզաքարի (աւազի) հիւանդութիւն.

graven (*կրէյ՛վըն*) քանդակուած. փորագրուած (քարի վրայ).

gravid (*կրէվ՛իտ*) ծպնր. յղի.

gravitate (*կրէվ՛իթէյթ*) հակիլ. թեքիլ (որեւէ ուղղութեամբ որ ուժը զինք կը քաշէ). մղուիլ. ուղղուիլ.

gravity (*կրէվ՛իթի*) ծանրութիւն. կշիռք. ոյժ՝ որ առարկաները դէպի վար կը քաշէ. քաշողականութիւն. խոհականութիւն. *center of* — ծանրութեան կեդրոն. *specific* — տեսակարար կշիռ.

gravure (*կրէյ՛վիուր*) փորագրութիւն. քանդակ.

gravy (*կրէյ՛վի*) խորոված (տապկուած) միսի հիւթ. եփուած միսի վրայ դըրուած ջուր. առանց ճիգի ձեռք ձգուած դրամ.

gray տես՝ *grey* գորշ.

Gray Friar (*կրէյ՛ ֆրայ՛ըր*) Ֆրանչիսկեան.

grayling (*կրէյ՛լինկ*) անոյշ ջուրի ձուկ. հովանաձուկ. գամբռիկ.

graze (*կրէյզ*) արածիլ. արածել. շփել. քերել. ճանկ. խոտ հնձելը. *grazier* (*կրէյ՛ժըր*) հովիւ. կովարած. անասնարոյծ.

grazioso (*կրա՛ցիօսօ*) շատ մեղմ (երժշտ.).

grease (*կրիս՛*) հալած իւղ (ճարպ). կաշառք. իւղոտել (մեքենան). կաշառք տալ. *to grease the palm* կաշառել (անարդար գործի մը մէջ իրեն օգնելու համար). —*sy spoon* աժանագին ճաշարան.

great (*կրէյթ*) մեծ (իմացականօրէն, նկարագրով, արժէքով). հիանալի. հսկայ. տարածուն. գըլխաւոր. տարիքը առած. յղի. — *talker* շատախօս. *that's great* շատ լաւ է. *he is — on history* պատմութեամբ շատ կը հետաքրքրուի. *a — gun* աչքառու անձնաւորութիւն մը. *a — deal of* մեծ քանակութեամբ (թիւով). *Great Bear* Մեծ Արջ (աստղ.). — *go B. A.* (Պսակաւոր Արուեստից) աստիճանի վերջին քննութիւն (Քէմպրիջ համալսարան). — *grand child (daughter)* թոռան որդի (դուստր). —-*grand father (mother)* մեծ հօրը (մօրը) հայրը (մայրը). —-*grand son* թոռան որդի. *the four Great Powers* չորս մեծ պետութիւննէր (*Soviet Union* (Խորհրդային Միութիւն), *United States of America* (Ա·Մ·Ն·), *France* (Ֆրանսա), *Great Britain* (Մեծն Բրիտանիա)· *G— Sea* Միջերկրական Ծով· *—s* վերջին քննութիւն (Օքսփորտ Համալսարանի)·

greave (*կրեյվ*) սրունքի վարի մասի շուրջի զրահը· սռնապան· ուտելիք (առատ)·

Grecian (*կրէ՛շըն*) յունական· բնիկ յոյն· *Grecism* յունական ոճ· *Greco-Roman, Graeco-Roman* յունա-հռովմէական·

Greece (*կրեյս*) Յունաստան·

greed (*կրեյտ*) ագահութիւն· որկրամոլութիւն· աչքըծակութիւն· *greedy* ագահ· անկուշտ· ցանկամոլ· *greedy of gain* դրամասէր· *greedy of honour* փառատենչիկ·

Greek (*կրեյք*) յունարէն· յունական· յոյն· հելլէնուհի· *— to any one* անհասկնալի լեզուով ըսուած· *— architecture* յուն· ճարտարապետութիւն· *— church* արեւելեան (Ուղղափառ) եկեղեցի՝ որ կաթողիկէ եկեղեցիէն անջատուեցաւ 1054ին· *at the — calends* երբեք· ո՛չ մէկ ատեն·

greekling (*կրեյք՛լինկ*) անձնասէր· մեծամիտ·

green (*կրեյն*) կանաչ· թարմ· խակ (պտուղ)· բանջարեղէն· *a — horn* անփորձ անձ· *a village —* գիւղին մէջտեղը բացատ-մարգագետին·

greenback(s) (*կրեյն՛պէք(ս)*) ամերիկեան թղթադրամ (1882ին շրջաբերութեան դրուած)·

green-eyed կանաչորակ աչքերով· *the green-eyed monster* նախանձ·

green-finch (*—՛ - ֆինչ*) կանաչ սարեկիկ (փոքր թռչուն մը)·

greengage (*կրեյն՛կէյճ*) տեսակ մը սալոր·

greengrocer (*կրեյն՛կրոսըր*) բանջարեղէնի (պտղեղէնի) վաճառորդ·

greenhorn (*կրեյն՛հորն*) անփորձ (այր մարդ)·

greenhouse բոյսերու անման արուեստական վայր· ջերմանոց·

greenroom դերասաններու հանգիստի սենեակ (թատրոնի մէջ)·

green sickness չափահաս աղջիկներու յատուկ արիւնատութեան հիւանդութիւն մը·

greensward (*կրեյն՛սուըրտ*) մարգագետին·

greens (*կրեյն՛ս*) բանջարեղէն (կերակուրին հետ կամ մէջը գործածելի)·

Greenwich (*կրէն՛իճ*) Լոնտոնի մէկ արուարձանը՝ ուր հաստատուած է Արքայական Դիտարանը· *— time* անգլիական չափանըշային ժամ որ կը հաշուուի՝ արեւին Կրինիճի միջօրէական գիծի վրայէն անցնելէն.

greet (կրիյթ) ողջունել. բարեւել. դիմաւորել. —*ing(s)* ողջոյն. շնորհաւորութիւններ.

greeve (կրի՛վ) կալուածի վերակացու (Սկովտ.).

gregarious (կրիկէյ՛րիըս) համախումբ ապրող. համախումբ (խումբով) ապրիլը սիրող.

Gregorian (կրէկ՛որիըն) Գրիգորեան (Կրէկորի *I* եւ *XIII* Պապերուն եւ Գրիգոր Լուսաւորիչի վերաբերեալ). — *calendar* Գրիգորեան Տոմար ներկայ օրացուցային տոմարը որ գործադրութեան դրուած է Կրէկորի *XIII*ի կողմէ 1582ին. — *chants* կաթողիկէներու գործածած եկեղեցական երգեցողութիւն (հիմնուած Կրէկորի *I*ի երգերուն վրայ, Ցրդ դար). *Armenian — Church* Հայ Լուսաւորչական Եկեղեցի *սխալ* է. պէտք է ըսել՝ *Arm. Apostolic Church*.

greige (կրէյճ) բամպակ, մետաքս, բուրդ եւ այլ, իրր հում նիւթ.

gremlin (կրէմ՛լին) չար ոգի, որ կը կարծուի թէ դժուարութիւններ կը ստեղծէ օդանաւերու մէջ.

grenade (կրէնէ՛յտ), *hand* — ձեռնառումբ. նռնակ.

grenadier (կրէնէտիյր՛) ռմբաձիգ (զինուոր). ռմբաձիգ պահակագունդի զինուոր.

grenadine (կրըն՛էտին) նուռի օշարակ.

grew (կրու) *grow*ի անց. անցեալ.

grey (կրէյ) գորշ (սեւերմակ գոյներու խառնուրդ). *grey matter* գորշանիւթ (ուղեղի այն մասը, որ մտածողութիւնը կը հակակշռէ). *the future looks grey* ապագան անյուսալի է. —*-beard* ալեւոր. —*hound* (կրէյ՛-հաունտ) խոշորակազմ բարակ (շուն).

grid (կրիտ) երկաթէ շինուածք (վանդակ). նուրբ թելերու հիւսուածք՝ ելեկտ. գործիքի մը մէջ. կասկարայ.

griddle (կրիտ՛լ) տապակ (տապկելու, բլիթ թխելու).

gridiron (կրիտ՛այըրն) երկաթէ թելերով հիւսուած ճաղանկիւն շինուածք՝ վրան միս (ձուկ) խորովելու համար. կասկարայ.

grief (կրի՛ֆ) մեծ ցաւ. կսկիծ. *to come to* — արկածի մը հանդիպիլ. ձախողիլ.

grievance (կրիվ՛ընս) իրական կամ երեւակայական վիրաւորանքը պատճառ բռնելը. մեծ վիշտ.

grieve (կրի՛վ) ցաւիլ. ուրիշներուն ցաւ (վիշտ) պատճառել. վշտացնել.

griffin, griffon (կրիֆ՛ին) առասպելական կենդանի մարմինը՝ առիւծի, թեւերը եւ գլուխը՝ արծիւի.

grill (կրիլ) խորովել (կաս–

կարայի վրայ)։ խորռված (միս, ձուկ)։
grim (*կրիմ*) դաժան, անհանոյ եւ յամառ երեւոյթով (մարդ)։ *like — death* որոշման մէջ անխախտ։
grimace (*կրիմէյս'*) դէմքի անբնական արտայայտութիւն (տխուր)։
grimalkin (*կրիմէլ'քին*) ծերացած էգ կատու։ դաժան ծեր պառաւ։
grime (*կրայմ*) աղտ։ կեղտ (մարմնի)։ աղտոտել։ սեւցնել։ —*y* աղտոտ։ կեղտոտ։
grin (*կրին*) լայն ժպիտ։ խնդալու (ցաւի) ժամանակ ակռաները ցոյց տալ։
grind (*կրայնտ*) (*ground* անց. եւ անց ընդ.)։ աղալ։ մանրատել։ սրցընել (դանակ)։ չարաչար աշխատիլ։ աղալը։ դըժուարին պարտականութիւն։ *grindstone* դանակ կամ այլ գործիքներ սրցնող կարծր քար։ յեսանաքար։ յեսանանիւ։ —*mill* ջաղացք։ *grinders* աղօրիքներ։ ակռաներ։ *to keep one's nose to the grindstone* չարաչար աշխատանքի մըղուիլ (պարտադրուիլ)։
gringo (*կրին'կօ*) Ամերիկայի սպանախօս երկիրներու մէջ անգլիացիներուն եւ ամերիկացիներու տրուած յորջորջում (նախատական)։
grip (*կրիփ*) սեղմել (ձեռքի մէջ)։ ուժով բռնել։ *a —ping story* շատ հետաքրքրական պատմութիւն։ *he got a good — of the affair* գործը լաւ մը հասկցաւ։
gripe(s) (*կրայփ(ս)*) ստամոքսային ցաւ (խիթ)։ սեղմում։ մանիչ։ զըսպանակ։ յափշտակել։ փորի ցաւ տալ։ ճնշել։
grippe (*կրիփ'*) զօրաւոր (ջերմով) հարբուխ։ կըրիփ։ *ինֆլուէնզա*։
grisly (*կրիզ'լի*) սարսափազդու։ անհանոյ։
grist (*կրիսթ*) ալիւրցու (ցորեն, եգիպտացորեն)։ պաշարեղէն։ շահ։ *to bring — to the mill* դրամ շահիլ։ *all is — that comes to his mill* որեւէ պարագայի տակ պատրաստ է դրամ գանձելու։
grit (*կրիթ*) աւազ։ խիճ։ ձաւար։ քաջութիւն։ վճռակամութիւն։ աղալ (ակռայով)։ ոտքի ձայն հանել (երբ աւազի վրայ կը քալենք)։ *he has plenty of —* քաջ է։ *to — the teeth* ակռաները սեղմել (երբ դըժուար աշխատանք կը կատարենք)։
grizette (*կրիզէթ'*) ֆրանսացի շէնշող բանուորուհի։ մայթաղին։ հանրային կին։
grizzle (*կրիզ'լ*) շարունակարար ճչալ եւ գանգատիլ։ տրտնջալ։ մոխրագոյն։ —*d* մոխրագոյն (մազեր)։
grizzly-bear (*կրիզ'լի պէր*)

կատաղի հսկայ արջ (Գաճատա եւ Ա·Մ·Ն·)։

groan (կրո՛ն) տնքալ (ցաւի հետեւանքով)· հեծեծել· կոծել· տնքոց· հառաչանք· հեծեծանք· բեռնաւորուած·

groat (կրո՛թ) մանրադրամ (հին ժամանակուան)· հին անգլ· արծաթադրամ 4 փէնս (բէնի) արժէքով·

groats (կրո՛թս) թեփատ ցորեն· կորկոտ· խոշոր հատիկներով ալիւր·

grocer (կրո՛սըր) նպարավաճառ· *—ies* նպարեղէնք·

grog (կրոկ, կրակ) զօրաւոր խմիչք մը· ջրախառն եւ շաքարախառն օղի· *grog-blossom* (կրոկ'պլասըմ) թեթեւ ուռեցք եւ կարմրութիւն քիթին վրայ (շատ խմելու կամ շատակերութեան արդիւնք)· *groggery* գինետուն· *groggy* գինով· տկար·

groin (կրոյն) մարմնի այն մասը՝ ուր զիստերը կը միանան մարմինին· երկու կամարակապ տանիքներու միացումով զոյացած կոր գիծը·

groom (կրու՛մ) ձիերը խնամող սպասաւոր· ձիադարման· ամուսնանալու վրայ եղող այր մարդ· փեսացու· ձի խնամել (լուալ, խոզանակել)· *well —ed man* կոկիկ մարդ·

groove (կրուվ) խոռոչ (փայտի, եւայլնի վրայ)· ակօս· ջրանցք· *his life runs in a —* կեանքը նոյն միօրինակութեամբ կ'ընթանայ·

grope (կրո՛փ) խարխափել (մութին մէջ)· *to — along* խարխափելով ընթանալ·

gross (կրոս) մեծ· զէր· կոշտ (վարմունքի մէջ)· *a — mistake* շատ մեծ սխալ· *gross amount* ամբողջ գումարը (առանց բան մը դուրս ձըգելու)· 12 երկվեցեակ (144 հատ)· *in (by) the —* ամբողջութեամբ· *— weight* անզուտ կշիռք (ապրանքի մը)·

grot, grotto (կրոթ', կրոթ'օ) բնական, գեղատեսիլ փոքր քարայր· քարանձաւ·

grotesque (կրոթէսք') այլանդակ· կոշտ· տարօրինակ· անբնական·

grouch (կրաուչ) տրտընջալ· մրթմրթալ· տըրտունջք· ցած տրամադրութիւն·

ground (կրաունտ) գետին· հող· յատակ· խարիսխ· հնձահող· հրդամաշարժառիթ· հաստատել· ամենէն պարզ բաները սորվեցնել· *even with —* հարթ հաւասար· *on what grounds?* ի՞նչ պատճառներով· *to shift the ground* տարբեր գործելակերպի դիմել· *white letters on a black —* ներմակ գիրեր սեւ մակերեսի վրայ· *he has a good —ing in English* իր՝ անզլերէն լեզուի հիմքը լաւ է. *from the — of the heart* ամբողջ սրտով. *without —* անհիմն. *to stand one's —* հաստատ մնալ (տեսակէտին վրայ). *— -floor* գետնայարկ. *— forces* ցամաքային ուժեր. *— -less* անհիմն (խօսք). *— mail* քաղումի գին. *— nut* պիստակ. *— work* հիմք (շինութեան մը). նախատարրերք. *the —s* տան շուրջի պարտէզ. հողամաս.

group (*կրուփ*) խումբ (անձերու կամ առարկաներու). դասակարգ. տեսակ. խմբել. դասակարգել. ի մի բերել. *—ed columns* սիւնաշարք.

grouse (*կրաուս*) փոքր թռչուն (որսացուող). գանգատիլ. տրտնջացող.

grout (*կրաութ*) մրուր (գաւաթին, կարասին տակը մնացած). շաղախ.

grove (*կրովԷ*) ծառերու խումբ. պուրակ.

grovel (*կրովԷ'րլ, կրավ'րլ*) երեսի վրայ իյնալ (գութ հայցելու համար). սողալ. նուաստանալ.

grow (*կրօ'*) (*grew* անց. *grown* անց. ընդ.) աճիլ. մեծնալ. ապրիլ. ըլլալ. *her hair has grown grey* մազերը ճերմկած են. *this book begins to grow on me* կը սկսիմ սիրել այս գիրքը. *to grow up* մեծնալ, չափահաս մարդ (կին) դառնալ.

growl (*կրաուլ*) մռնչել. մրմռալ. *—er* մռնչացող. մրմռացող. չորս անիւով կառք մը.

grown (*կր'օն*) *grow*-ին անց. ընդ. աճած. չափահաս դարձած. *— -ups* չափահաս մարդիկ (ոչ-մանուկ, պատանի).

growth (*կրօ'թհ*) աճ (փիզիքական, հոգեկան). արբունք. արտադրութիւն.

grub (*կրըպ*) թրթուր. որդ. միջատ. *— up* արմատախիլ ընել. *G— Street* թերթեր (աժան) գրականութիւն. *grubby* աղտոտ.

grudge (*կրըճ*) ակամայ տալ (թոյլատրել). նախանձիլ (մէկուն լաւ յատկութեանց վրայ). չկամութիւն. չար նախանձ. *to owe a person a —* քինախնդիր ըլլալ.

gruel (*կրու'րլ*) աղացուած հացահատիկով պատրաստուած թանձր ապուր. մալէզ. թանապուր. *to get one's —* ծանր պատիժի ենթարկուիլ.

gruesome (*կրու'սըմ*) շատ անհաճոյ. սարսափելի.

gruff (*կրըֆ*) կոշտ եւ անհաճոյ (ձայն, վարք).

grum (*կրըմ*) անհաճոյ, խոպոտ.

grumble (*կրըմ'պլ*) տըրտընջալ. գանգատիլ. խուլ ձայն մը հանել.

grumpy (*կրամ'փի*) կախերես. խոժոռադէմ.

grunt (*կրանթ*) խռնչալ (խոզին հանած ձայնը). խռնչիւն. խոզի ձագ.

gryphon (*կրիֆ'ըն*) անգղ (արծիւի ընտանիքէն գիշատիչ թռչուն).

guano (*կուա'նօ*) ծիրտ. թռչնաղբ (ծովային թռչունի).

guarantee (*կէրէնթի'*) երաշխաւորել. երաշխաւորութիւն. *—d* երաշխաւորուած.

guaranty (*կէր'էնթի*) երաշխաւորութիւն.

guard (*կարտ*) պահպանել (վտանգի եւ անակնկալի դէմ). պաշտպանել. հըսկողութիւն ընել. պահակ. պահակ զինուոր. պահապան. *advance —* յառաջապահ (զինուոր). *on —* աչալուրջ. պահակութեան պաշտօնի վրայ. *to come off —* պահակութեան կարգը վերջացընել. *a —ed answer* շրջահայեաց պատասխան. *guardian* պահապան. պաշտպան խնամակալ. *guardians of the poor* աղքատախնամ մարմին. *guards* պահակներ. պահակախումբ.

gubernatorial (*կիուպըրնէթօ'րիըլ*) կառավարչական. կառավարիչին հետ առնչուած.

gudgeon (*կըճ'ըն*) անոյշ ջուրի ձուկ մը (խաբակաձուկ). առանցք (դուռի, մեքենայի, եւայլն). ապուշ.

Guebre (*կիպըր*) կրակապաշտ.

guerdon (*կըր'տըն*) վարձատրութիւն. վարձատրել.

guerilla, guerrilla (war) (*կէրի՛լը*) արձակազէնային պատերազմ. արձակազէն. փէտայի. պարտիզան.

guess (*կէս*) ենթադրել. կռահել. ենթադրութիւն. *I —* ըստ իս.

guest (*կէսթ*) հիւր. այցելու. *—-house* գիշերելու տուն. հիւրանոց.

guffaw (*կըֆօ''*) քահքահ (խնդուք). քրքիջ.

guide (*կայտ*) առաջնորդել. ղեկավարել. ուղեցոյց. առաջնորդ. խորհրդատու. *guidance* ուղղութիւն. կառավարութիւն. *guide-book* ուղեցոյց գիրք (զբօսաշրջիկներու համար). *guided-missile* հեռուէն ղեկավարուող զօրաւոր արկ (հրթիռ). *guide-post* ուղեցոյց սիւն.

guild (*կիլտ*), **gild** (*կիլտ*) արհեստակցական միութիւն. համագործակցական մարմին. ընկերակցութիւն.

guile (*կայլ*) նենգութիւն. խորամանկութիւն. *—-less* անկեղծ. միամիտ. անմեղ.

guillotine (*կիլ'օթին'*) կառափնարան. գլխատել (կառափնատի ենթարկելով). թուղթ կտրող գործիք մը.

guilt (*կիլթ*) յանցանք. *—y* յանցաւոր. *a — look* յանցապարտ նայուածք.

Guinea (*կինի*) 21 շիլին. նախապէս՝ նոյն արժէքով ոսկեդրամ մը. այսպէս կը կոչուէր ոսկին Կուինէայէն (Արեւմտ. Ափրիկէ) բերուած ըլլալուն համար)․ Կուինիա․

guinea-fowl (— -ֆաուլ) խոշոր կիտաւոր թռչուն (հաւերու միսով)․ նումիտահաւ․

guinea-pig (—'- փիկ) նապաստակի նմանող փոքր կենդանի մը․ կուինախոզ․ փոքր ծառայութեանց համար դրամ պահանջող անձ․

guise (կայզ) ընդհանուր երեւոյթ․ կերպ․ կերպարանք (արտաքին)․ հագուստ․ *guiser, guisard* (կայ'զըր, կայ'զըրտ) ծպտուած անձ․

guitar (կիթա'ր) կիթառ․ *—ist* կիթառ նուագող․

gulch (կալչ) քարքարոտ ձոր․ հեղեղատ (Ա․ Մ․ Ն․)․

gulf (կալֆ, կըլֆ) ծոց (ծովու)․ խորխորատ․ *G— Stream* Մեքսիկեան ծովածոցի տաք հոսանք․

gull, (sea—) (կալ, սի' կալ) ծովային թռչուն (ամար)․ դիւրախաբ անձ․ խաբել․ նենգութիւն ընել․

gullet (կա'լէթ) կերակուրը ստամոքս առաջնորդող խողովակը․ փողրակ․

gullible (կա'լիպլ) դիւրախաբ․

gully (կա'լի) հեղեղատ․ հեղեղներէն մաշած ջրուղի․

gulp (կալփ) մեծ քանակութեամբ կուլ տալ․ լափել․ *to — up* փսխել․

gum (կամ) լինդ (ակռաներու արմատը պատող միս)․ խէժ․ խէժով փակցնել․ *chewing—* ծամոն, ձիւթ (Ա․Մ․Ն․)․ *— arabic tree* աքասիա․ խէժի ծառ․

gum boil (կամ'պոյլ) բերնի մէջի ուռեցք․ լնտայտուց․

gum-boots (— -պութս) ձգախէժէ շինուած կրրկնակօշիկ (պոթին)․

gum-drop (—' -տրոփ) փոքր շաքարագնդիկ․

gumption (կամփ'շըն) ողջմտութիւն․

gun (կան, կըն) հրացան․ ատրճանակ․ թնդանօթ․ ստահակ․ որսորդութեան երթալ․ *machine —* արագահարուած․ *tommy —* թեթեւ արագահարուած․ *— -fire* հրացանաձգութիւն․ թնդանօթաձգութիւն․ *—age* մարտանաւի մը փոխադրած զէներու ընդհանուր քանակութիւնը․ *— cotton* բամպակէ եւ ասիտներէ շինուած պայթուցիկ․ *— -running* օրէնքին հակառակ զէնք կրելը (ծախել)․ *— -smith* զինագործ․ *— -stock* հրացանի փայտէ բունը (ուր խողովակը հաստատուած է)․ *— -room* զինանոց․ սպաներու սենեակ (մարտանաւի մէջ)․

gunnel (կան'լ) *gunwale* նաւու եզերք․

gunny (կա'նի) քան մը

փաթթելու լաթի կտոր·

gurgle (կըր'կլ) ջուրի կարկաչ· կարկաչել·

guru (կու'րու) հոգեւոր ուսուցիչ· ընտանիքի քահանայ (Հնդկաստանի մէջ)·

gush (կաշ, կըշ) ցայտել· յորդիլ· ցայտք· *a — person* դիւրազգաց անձ· *a gusher* ցայտաղբիւր (նաֆթի)·

gusset (կաս'իթ) հագուստին մէջ դրուած լաթի կտոր՝ հագուստը աւելի լայնցնելու համար· անթոց·

gust (կասթ, կըսթ) յանկարծահաս փոթորիկ (անձրեւ)· ուժեղ կիրք· ճաշակ· *—less* անճաշակ·

gustatory (կաս'թէյթըրի) համ տուող· ճաշակի եկող·

gusto (կաս'թօ) հաճոյք· հրճուանք· ճաշակ·

gut (կաթ, կըթ) աղիք· ոչխարի աղիքէն պատրաստուած թել (երաժշ. գործիքներու համար)· նեղ առու· արահետ· *he has no —s* վախկոտ է· *fire gutted the mosque* կրակը կործանեց մզկիթին ներքնամասը·

gutta-percha (կաթ'ը-փըր'չը) տեսակ մը խէժ· եղջերախէժ (Մալայեան ծառ)·

gutter (կաթ'ըր) տանիքի երկայնքին հաստատուած խողովակ, ջուրը վար տանելու համար· ջրորդան· նեղ ջրանցք (ճամբու երկու կողմերը)· ճկուղ· *Gutter-snipe* փողոցներու մէջ տապլտկող մանուկ· հալեցնել (վառելով)·

guttural (կաթ'ըրըլ) *(sound)* ձայնային· հագագային·

guy (կայ) բան մը ամրացընող եւ անշարժ պահող պարան· խրտուիլակ (Նոյեմբեր 5ին հրկիզելու համար)· անձ (Ա.Մ.Ն.)· ծաղրանքի առարկայ դարձնել· *to do a —* փախչիլ· խոյս տալ·

guzzle (կազլ) կուշտ կերպով ուտել (խմել)·

gymkhana (ճիմքա'նը) խաղերու ցուցադրութիւն· վազք· ձիարշաւ·

gymnasium (ճիմնէյ'զիըմ) մարզարան· ֆիզիքական մարզանքի (կրթութեան) սրահ· երկրորդական վարժարան (Գերմանիոյ, Հոլանտայի, եւայլնի մէջ)· կիմնազիոն· *gymnast* (ճիմ'նէսթ) մարզանքի ուսուցիչ· վարպետ մարզիկ· *gymnastics* (ճիմնէս'թիքս) մարզանք· մարմնակրթութիւն·

gynae-, gyne- (ճինի —, կինի —) նախաբառ· կնոջային· *gynaecology* (ճինիքօլ'ըճի) կնոջական հիւանդութեանց բուժում·

gynecocracy, gynocracy (ճինիքօք'րըսի, կինօք'րըսի) կնոջային կառավարութիւն· կին իշխանութիւն·

gyp (ճիփ) սպասաւոր

(Թէմպրին Համալսարա-նին մէջ). վիրաւորանք. պատիժ. լուրջ ցաւ. *he has been gypped* խաբ-ուած է.

gypsum (*ճիփ'սըմ*) գաճ. գաճաքար.

gypsy (*ճիփ'սի*) տես՝ *gipsy* գնչու.

gyrate (*ճայ'րէյթ*) շուր-ջանակի դառնալ. թաւա-լիլ. կլոր. —*tion* թա-ւալում. պտոյտ. դար-ձուածք.

gyre (*ճայր*) շրջանակային շարժում. անիւ. շրջա-նակ.

gyroscope (*ճայ'րըսքօփ*) շրջադէտ. թաւալացոյց (նաւերը եւ օդանաւերը հաստատուն պահելու համար). *gyro-compass* թաւալացոյցի շնորհիւ անշարժ պահուող կողմ-նացոյց.

gyrose (*ճայ'րոս*) գալա-րուն.

gyrus (*ճի'րըս*) ուղեղային գալարում.

gyte (*կայթ*) ցրուած միտ-քով. մտացնոր.

gyves (*ճայվզ*) բանտար-կեալին ձեռքերը կամ ոտքերը կաշկանդող շղ-թաներ. շղթայել. կաշ-կանդել (ոտքերը, ձեռ-քերը).

H

H, h (էյչ) անգլերէն այբուբենի 8րդ տառը·

ha! (հա՛) բացագանչութիւն· զարմանք· հրճըւանք կամ անմիջական յուզմունք արտայայտող· իրա՞ւ· հէ՞.

haar (հար) ծովային մշուշ (Սկովտիոյ Արեւել· ծովեզերք)·

habeas corpus (հէյ՛պիէս քո՛ր՛փըս) *(you must have the body)* պաշտօնաթուղթ՝ որ կը հրահանգէ բանտարկեալը դատարան ներկայացնել որոշելու համար թէ իր բանտարկութիւնը օրէնքին համաձա՞յն է (լատին·) անձնակալագիր·

haberdasher (հէպ՛ըրտէշըր) մանրավաճառ (դերձան, ասեղ եւ հագուստի ու գլխարկի վերաբերեալ այլ առարկաներ ծախող)·

habilements (հըպիլ՛իմընթս) հանդերձանք· հագուստներ·

habit (հէպ՛իթ) սովորութիւն· ունակութիւն· հագուստ· հագուիլ· *a riding —* ձիավարութեան կանացի հագուստ· *habitual* (հէպիչ՛իուըլ) սովորական· *habitué* (հըպիթ՛իուէ) սովոր եղած· յաճախող· յաճախորդ·

habitable (հէպ՛իթըպլ) բնակելի· *habitant* (հէպ՛իթընթ) բնակիչ· նաեւ *an inhabitant. habitation* բնակավայր· բնակութիւն·

habitat (հէպ՛իթէթ) կենդանիի (բոյսի) անման բնական միջավայր·

hachure (հէշ՛իուր) ըստուերագիծ քարտէսի վըրայ (լեռները ցոյց տալու)· ստուերագծել·

hack (հէք) կտոր կտոր ընել· թորթովել· վարձու տալ· կտրուածք· ճըզմուածք· բրիչ· —-*saw* փայտ կտրող փոքր սղոց·

hack (հէք) վարձու ձի· ամէն տեսակ գործ կատարող ձի· վարձկան· անհետաքրքիր գործ կատարող· ձիավարել· ճամբորդել· *he spends money at — and manger* շռայլօրէն դրամ կը ծախսէ·

hackney carriage (հէք՛նի քէ՛րիըճ) վարձու կառք·

hackneyed (հէք'նիտ) միշտ գործածուող. հինցած. — *saying* յաճախ գործածուած (մաշած) արտայայտութիւններ.

had (հէտ) *have*-ին անց. եւ անց. ընդ. ունէր. ունեցած էր. *you — better go* կը թելադրեմ որ մեկնիս. *to be — up* դատաւորին առջեւ հանուիլ. *he has been —* խաբուած է. *he's had it* սպաննուած է.

haddock (հէտ'ըք) ծովային յարգի ձուկ մը. իշաձուկ.

Hades (հէյտի'զ) դժոխք. անդունդ. ստորերկրեայ աշխարհ.

hadj, hajj (հաճ) ուխտագնացութիւն (դէպի Մեքքէ). *hadji, hajji* (հաճ'ի) իսլամ ուխտաւոր (արաբ.).

haematuria (հեմէթիու'րը) արիւնամիզութիւն.

haemoglobin, hemoglobin (հիմըկլօ'պին) արեան կարմիր գնդիկներ՝ որ թթուածին կը տանին օդէն եւ մարմնոյն բոլոր մասերը կը փոխադրեն.

haemophilia (հիմոֆիլ'իը) անկաս արիւնահոսութիւն՝ որ մահ կը պատճառէ.

haemoptysis (հիմոփթայ'սիս) հազալէ ետք արիւն թքնելը.

haemorrhage (հէմ'ըրիճ) անակնկալ վտանգաւոր արիւնահոսութիւն.

haemorrhoids, hemorrhoids (հէմ'ըրոյտզ) ադիքի ստորին ծայրամասի շուրջ ցաւ. թութք.

haft (հաֆթ) զէնքի կամ այլ գործիքներու կոթ. երախակալ.

hag (հէկ) տգեղ պառաւ. ջատուկ. վհուկ. — -*ridden* (հէկ'-րիտ'ըն) մըղձաւանջէ տարուած (տառապող).

haggard (հէկ'ըրտ) դժնատեսիլ. յոգնած երեւոյթով. վայրենի. բազէի ձագ.

haggis (հէկ'իս) ստամոքսի՝ միսով լիցք (Սկով.) արգանակ. *to cool one's —* մէկուն տփոց մը քաշել.

haggle (հէկ'լ) սակարկել. կտրատել.

ha ha! (հա հա') խնդուքի ձայն. պարտէզի մը շուրջ խրամատ (ցանկապատի փոխարէն).

hail (հէյլ) կարկուտ. նաեւ՝ *hailstone.*

hail (հէյլ) բարի գալուստի աղաղակ. ողջո՜յն. *he —s from Armenia* Հայաստանէն կու գայ. — -*fellow well met* մըտերիմ ընկեր (բարեկամ).

hair (հէ'ր) մազ. մազմըզուք. թել. *hair-breadth* (հէր'պրէտթհ), *hair's-breadth* շատ փոքր հեռաւորութիւն. — -*brained* ապուշ. — -*brush* խոզանակ. *hair dresser* վարսայարդար. սափրիչ. — -*pencil* շատ նուրբ վրձին (նկարիչի). — -*space* միջոց մէկ բառէն միւս բառի միջեւ (տպպագ․)․ — - *stroke* գրիչի մէկ հարուած(ով)․ — - *raising* վախազդեցիկ․ *to lose one's hair* չզայրանալ․ *keep your — on* մի՛ նեղանար․ *make one's — stand on end* վախցնել (մէկը)․ *not to turn a —* անխռով մընալ․ վախ ցոյց չտալ․ *to split —s* շատ բարակին նայիլ․ *not worth a —* անարժէք ըլլալ․ *to a —* ճիշդ կերպով․

haje (հա՛ճի) եգիպտ․ բունաւոր իժ․ կոպրա․

halberd, halbert (հէլ՛-պէրտ, —պէրթ) կացին (պատերազմի մէջ գործածուող)․ գեղարդ․

halcyon (days) (հէլ՛սիըն) խաղաղ, երջանիկ օրեր․ ծովածիծառ․

hale (հէյլ) առողջ․ քաշել․ մէկը տանիլ տեղ մը՝ բռնի․

half (հաֆ) *halves* (յոգ․) կէս․ մասնակի․ *my better —* կինս․ *to do a thing by halves* գործ մը կիսկատար ընել (առանց խանդավառութեան)․ *to cry halves* կէսը պահանջել (բանի մը)․ *half and half* կէս առ կէս (երկու հեղուկ իրարու խառնուած)․ — *blood* նոյն հօրմէն կամ նոյն մօրմէն միայն․ — - *breed* խառնածին․ — - *bred* ռամիկ․ անտաշ (անձ)․ — - *crown* անգլ․ արծաթադրամ 2[1]/[2] շիլին արժէքով․ — - *hearted* առանց խանդավառութեան․ — - *mast, to put the flag at* — - *mast* դրօշը կիսակայմին վրայ պարզել (ի նշան սուգի)․ — - *seas-over* շատ գինով․ — - *tone* կիսալուսատիպ (պատկեր) տըպագրութեան յարմարեցնելու համար․ — - *witted* կէս խենթ․ պարզամիտ․ — - *yearly* 6 ամսու․

halibut (հէլ՛իպըթ) ծովային խոշոր տափակ ձուկ․ ձիալեզու (ձուկ)․

halitosis (հէլիթո՛սիս) նեխած շունչ․ բերնի գէշ հոտ․

hall (հո՛լ) սրահ․ դահլիճ․ միջանցք․ գաւիթ․ *a dining - —* ճաշասրահ․ ապարանք․ *The City Hall* կառավարչատուն (քաղաքի մը)․ — - *mark* մասնաւոր նշան (կնիք) դրուած առարկաներու վրայ՝ ցոյց տալու համար թէ անոնք իրական արծաթէ կամ ոսկիէ շինուած են․

hallelujah, halleluiah (հէլելու՛եը) ալէլուիա․ փառաբանութիւն (առ Տէր)․ Փառք Աստուծոյ․

hallo, halloa (հէլօ՛) զարմացումի աղաղակ․ նիշ՝ ուրիշներու ուշադրութիւնը գրաւելու համար․ բարեւ, ողջոյն (մտերիմներու միջեւ)․ *don't — till you are out of the wood* ժամանակէն առաջ մի՛ ուրախանար․

hallow (հէլ՛օ) սրբացնել․ սրբագործել․

Hallowmas (հէլ՛օմըս)

Տօն Ամենայն Սրբոց (Նոյեմբեր 1ին)։

hallucination (*հըլուսինէյ՛շըն*) պատրանք. զգայախաբութիւն. պատրանական երեւոյթ. *hallucinator* պատրանախաբ. մտամոլոր.

halma (*հալ՛մը*) տախտակի վրայ 256 քառակուսիներով խաղ մը. ցատկում.

halo (*հէյ՛լօ*) լուսապսակ. լոյսի շրջանակ (սուրբի մը նկարին գլխուն շուրջ). լոյսի շրջանակով պատել.

halt (*հօ՛լթ*) կաղալ. կենալ. կեցնել. դադար. —*ing speech* շփոթ ճառ.

halter (*հօ՛լթըր*) սանձ. պախուրց. ձիու վիզին կապը (զինք առաջնորդելու համար). կախաղանի պարան. խեղդակապ. կաղացող.

halve (*հավ*) կիսել. երկու հաւասար մասերու բաժնել.

halyard, halliard (*հէլ՛եըրտ*) առագաստի (դրօշակի) պարան.

ham (*հէմ*) զիստ (խոզի, աղուած եւ եփելու պատրաստ). անտաղանդ դերասան (երգիչ). — -*fisted*, — -*handed* անճարակ. ձեռքէն գործ չելող. *H*— Գամ (Նոյի 3 որդիներէն մին).

hamadryad (*հէ՛մըտրայյ՛ըտ*) ծառերու պարիկ (ծառանոյշ). քունաւոր օձ մը (Հնդկ.).

Hamburg (*հէմ՛պըրկ*) Համպուրկ. սեւ գոյնով խաղող. հաւազգի մը. *hamburger* (*հէմ՛պըրկըր*) սոխի հետ խորովուած երշիկի *սանտուիչ*.

hamlet (*հէմ՛լէթ*) գիւղակ (ճանի մը տուներէ բաղկացած).

hammer (*հէմ՛ըր*) մուրճ. *to — away at it* յամառօրէն աշխատիլ. *to — out* կերտել (չարաչար աշխատանքի իբր արդիւնք). *to bring to the —, to come under the —* աճուրդի դրուիլ. աճուրդով ծախուիլ. *to go at it — and tongs* աշխատիլ (կռուիլ) ամբողջ ուժով.

hammock (*հէմ՛ըք*) կախօրրան. կախուած անկողին. *— chair* առկախեալ աթոռ.

hamper (*հէմ՛փըր*) տուփի ձեւով խոշոր կողով. սակառ (մէջը կերակուր դընելու համար). արգելակել. նեղել. արգելք. կապանք.

hamstring (*հէմ՛սթրինկ*) ծունկի ետեւի կողմի ներարդ. կարթալար. կարթալարը կտրելով անդամալոյծ դարձնել.

hand (*հէնտ*) ձեռք. ձեռնաչափ (4 ինչ). ձեռագիր. ձեռային աշխատող. թղթախաղի տեսակ մը. նաւաստի. կող. քառորդ. ուղղութիւն. գործակալութիւն. օգնութիւն. օգնել. պատել. անցնիլ. —*y (man)* ձեռներէց.

յարմար. ձեռնհաս. *handless* անձեռակ. *—bag* ձեռքի պայուսակ. *—book* ձեռագիրք. *—cuff* ձեռնակապ. *handed* ձեռք ձեռքի. *handful* ափ մը լեցուն. *— maid(en)* սպասուհի. *—-out* մամուլին տրուած պաշտօնական հաղորդագրութիւն. *— shake* ձեռքի սեղմում. *—-to-—* ձեռք ձեռքի. բռունցք բռունցքի. *—-to-mouth* անհոգ. ապագայի մասին չմտածող. *at first —* ուղղակի աղբիւրէն (տեղեկութիւն). *off-—* առանց պատրաստութեան. *on —* բռնացած. *under one's —* յատուկ կերպով բռնաքռած. *an old —* փորձառու մարդ. վեթերան. *second —* գործածուած (ոչ-նոր). *to change —s* ուրիշի մը սեփականութիւնը դառնալ. *to take someone in —* հսկակշռի տակ առնել մէկը. *bird in the —* այն ինչ որ տրամադրութեան տակ ունինք. *to win —s down* դիւրութեամբ շահիլ. *—s up!* ձեռքե՛րդ վեր (յանձնուէ՛). *to ask for a lady's —* օրիորդի մը ձեռքը խնդրել (ամուսնանալու համար). *to force his —* կամքը պարտադրել մէկուն. *to lay —s on* յարձակիլ. ձերբակալել. *to get the upper —* շահիլ կամ հսկակշռի տակ առնել. *get work off one's —s* վերջացնել գործը. *a cool —* անպատկառ անձ. *all —s (on a ship)* (նաւուն) բոլոր նաւաստիները. *he's a handful* դժուար է հսկակշիռի տակ պահել.

handicap (հէնտ'իքէփ) խաղ մը հաւասարեցնել տկար կողմին կէտ (կէտեր) մը տալով, կամ զօրաւորին համար խաղը աւելի դժուարացնելով. յաջողութեան արգելակ (որեւէ բան). անկարողութիւն (միտք, եւն.).

handicraft (հէնտ'իքրաֆթ) ձեռարուեստ. ձեռքով կատարուած վարպետ գործ.

handiwork (հէնտ'իուըրք) ձեռագործ.

handkerchief (հէնք'քըրչիֆ) թաշկինակ.

handle (հէնտլ) ձեռնել. դպչիլ. բռնել. հսկակշռել. կոթ. բռնելիք. երախակալ. *to have a — to one's name* տիտղոս մը ունենալ. *you gave him a — against me* առիթ տուիր իրեն որ վնասէ ինծի.

handsel, hansel (հէնտ'սէլ, հէն'սէլ) կաղանդի առիթով տրուած նուէր. կաղանդչէք. առաջին անգամ շահուած դրամ. առաջին անգամ գործածել (բան մը).

handsome (հէն'սըմ) սիրուն, գեղադէմ, վայելուչ (այր մարդ). ազնիւ. — *is as — does* ազնիւ սիրտը աւելի կարեւոր է քան արտաքին գեղեցկութիւնը.

handy տես՝ *hand*. մօտ. մատչելի. *it will come in* — օգտակար պիտի ըլլայ. —*work* ձեռագործ.

hang (հէնկ) (*hanged* անց. եւ անց. ընդ.). կախել. ճօճուիլ. կախաղան հանել. զառիթափ (շեշտըւած). հնարամտութիւն. հուսանք. *to — one's head* գլուխը կախել (ի նշան ամօթի). *oh, — it all!* բարկութեան բացագանչութիւն. — *it!* գետինն անցնի. կորչի. *to — back* ուշացնել. յետաձգել. *I don't care a* — հոգս չէ. *to — about* աննպատակ պտըտիլ. *to — on the (lips)* շըրթունքներէն կախուիլ. *to let go* — անտարբեր մընալ. *let it go* — հոգս չէ. *to — together* իրարու թիկունք կենալ. *his story does not — together* պատմութիւնը ճիշդ չէ. *to — about* քովը մնալ (մէկուն). *to be hung up* ուշ մընալ. *where do you hang out?* ուր կը բնակիս. *to.— over* հակիլ. *to get the — of* ընդհանուր իմաստը առնել.

hangar (հէն'կըր) օդանաւերու պահուած տեղը. օդանաւատուն.

hang-dog (look) (հէնկ'-տոկ, — -տոկ) ցածոգի, լիրբ նայուածք.

hanger-on (հէնկ'ըր-օն) ուրիշի մը օգնութեան վստահող անձ.

hang-man (հէնկ'-մէն) կախաղան բարձրացնող մարդ. դահիճ.

hang-over (հէնկ'-օվըր) անտրամադրութեան ըզգացում գինովութեան յաջորդող առաւօտուն.

hank (հէնկք) որոշ քանակութեամբ մետաքսի (բուրդի) թել. կարժ. երկաթէ օղակ պարանը սիւնին (կայմին) վրայ ամրացնելու համար. պարանով կապել. կարժել.

hanker (հէնկ'քըր) տենչալ. ցանկալ.

hanky (հէնկ'քի) թաշկինակ (մանկական կոչումով).

hanky-panky (հէնկ'քի-փէնկ'քի) խաբելու փորձ. ենեզամիտ խաղեր. անպարարութիւն.

hansom (հէն'սըմ) երկանիւ զոց կառք, ուր կառավարը ետեւը կը նստի (գիւտարար Ժոզէֆ Հէնսըմի (1803–1882) անունով).

hap (հէփ) պատահմունք. բախտ. պատահիլ. —*less* անբախտ. —*ly* պատահմամբ.

haphazard (հէփ'հէզըրտ) պատահմունք. արկած. պատահմամբ (առանց սկզբնական ծրագրի).

ha'p'orth (հէյ'փ'ըրթ) 1/2 բէննի արժէքով ապրանք.

happen (հէփ'ըն) պատահիլ. տեղի ունենալ. *it happened that* պատահեցաւ որ. *to — on* բախտով, պատահմամբ գտնել (հանդիպիլ). *— what may* ինչ ալ պատահի.

happy (հէփ'ի) երջանիկ. ուրախ-զուարթ. *a — idea* լաւ (ճիշդ) գաղափար. *happiness* երջանկութիւն.

happy-go-lucky (— - կօ-լա'քի) անհոգ. անխորհուրդ.

hara-kiri (հարա-քի'րի) ստամոքսը պատռելով անձնասպանութիւն (ճապոնական սովորութիւն). հարաքիրի.

harangue (հըրէնկ') ամբոխավարական ճառ. *to deliver a —* ամբոխավարական ճառ մը խօսիլ.

harass (հէր'ըս) մտահոգել. դժուարութիւններ յարուցանել. տառապեցնել. *—ment* մտահոգութիւն.

harbinger (հար'պինճըր) յառաջապահ. սուրհանդակ. նախակարապետ. աւետիս տալ.

harbour (հար'պըր) նաւահանգիստ. ապաստանարան. ապաստանիլ. ապաստանարան տալ. պաշտպանել. *to — evil thoughts* գէշ մտածումներ սնուցանել. *—age* ապաստանարան. կռչուելիք.

hard (հարտ) դժուար. ուժեղ. ճնշումին տոկացող. անտանելի. կարծր. խիստ (ձմեռ). թթու. սաստիկ. *—en* զօրացնել. դժուարացնել (աւելի). խստացնել. *—ish* կարծրկեկ. *—ly* հազիւ թէ. դժուարութեամբ. *— -set* անյողդողդ. անաչառ. *—ship* տաժանք. դժուարութիւն. *—y* քաջ. անվախ. *a hard and fast rule* անփոփոխելի՝ խիստ կանոն. *a — voice* կոշտ (ոչ-եռաժշտական) ձայն. *— drink (liquor)* թունդ, զօրաւոր խմիչք. *to run —* արագ վազել. *follow — upon (— by)* շատ մօտէն հետեւիլ. *— put to it* մեծ դժուարութեամբ. *— of hearing* ծանր լսողութիւն. *to go — with* ցաւալի ըլլալ. *a — bargain* համաձայնութիւն՝ որմէ փոքր շահ մը միայն կ'ապահովենք. *— up* անկուտի. առանց դրամի. *— cash* կանխիկ դրամ (եւ ոչ թէ վճարելու խոստում). *prices are —* գիները բարձր են եւ ցածնալու որեւէ կարելիութիւն չկայ. *— labour* տաժանակիր աշխատանք (բանտի մէջ). *the poor boy has — luck* խեղճ տղան անբախտ է.

hard-bitten (—'-պիթ'ըն) ուժեղ կամքի տէր (Ա. Մ. Ն.).

hard-boiled (—' պօյլտ) կարծրանալու աստիճան եփած (օր. հաւկիթ). անօթի զգացում չունեցող.

hard-headed (—' հէտ'ըտ)

գործնական (դրամ շահելու մէջ)· խելացի·

hard-mouthed (of a horse) (—' մաութ'տ) անզուսպ (ձի)· գռեհիկ ոճ գործածող·

hardware (հարտ'ուէր) մետաղէ շինուած առարկաներ (տան մէջ գործածուելի)·

hare (հէր) նապաստակ· արագ վազել· *hare and hounds* խաղ մը ուր խումբ մը տղաք (նապաստակներ) կը վազեն ազատ բնութեան մէջ թուղթի կտորներ ձգելով իրենց ետին, մինչ թուղթի կտորներուն հետեւելով զիրենք կը հետապնդեն ուրիշ տղաք (որսի շուներ)· *—-brained* ապուշ· անխորհուրդ·

harem (հարիյմ') կանանոց· հարէմ (իսլամական երկիրներու մէջ)·

haricot (հար'իքօ) լուբիա· — *(mutton)* լուբիայի եւ բանջարեղէնի հետ եփուած փոքր կտոր մը միս·

hari-kari անուղիղ ձեւը *hara-kiri*-ին·

hark! (հարք) լսեցէք· ուշադրութիւն ըրէք· *to — back* նախկին ըսածին դառնալ·

harlequin (հար'լիքին, հար'լիքուին) ապուշի (խեղկատակ) դեր խաղացող ներկայացման մէջ· ապուշ անձ· խեղկատակին հագած գոյնզգոյն հագուստ· *—ade* ծնծղեան ներկայացման մը վերջին տեսարանին մէջ դերասաններու սրամիտ խաղերը·

harlot (հար'լըթ) բոզ· պոռնիկ· *—ry* պոռնկութիւն·

harm (հարմ) վնասել· չարիք գործել· վնաս· չարիք· *—ful* վնասակար· *—less* անվնաս·

harmonica (հարմոն'իքը) ձեռնադաշնակ· *mouth —* բերանի փոքր երգեհոն·

harmony (հար'մընի) ներդաշնակութիւն· համաձայնութիւն· բարեացակամութիւն· խաղաղութիւն· ներդաշնակ մեղեդի· երաժշտական նօթերու յատուկ կարգաւորում· *to live in —* առանց կռիւի, ներդաշնակօրէն ապրիլ· *harmonic* ներդաշնակ (երաժշտական ձայն)· *harmonious* ներդաշնակ եւ հաճելի ձայն (երաժշտական)· ներդաշնակ համակեցութիւն· *harmonise* ներդաշնակել· համաձայնեցնել·

harness (հար'նիս) ձին կառքին լծող կազմածները (կապեր, պարան, փոկ, եւայլն)· սարք· լծել· զինել· *to die in —* պարտականութեան վրայ մեռնիլ· *to — a waterfall* ջուրը օգտագործել ելեկտրականութիւն արտադրելու համար·

harp (հարփ) քնար· տաւիղ· քնար նուագել· *harping on the same string* շարունակ նոյն

բանը կրկնել․ *harpist* տաւիղ նուագող․
harping iron եռաժանի․
harpoon (հարփուն՛) կէտ ձուկ որսացող խոշոր նիզակ․
harpsichord (հարփ՛սի-քորտ) խոշոր երաժշտական գործիք՝որ հին ժամանակներուն կը գործածուէր․ դաշնամուրի նախնական ձեւը․ տաղաւար․
harpy (հար՛փի) կէս թռչուն կէս կին արարած (յունական հին հէքիաթներու մէջ), որ ամէն ինչ կ'ուզէ սեփականացնել․ գէշ կին․
harridan (հէր՛իտըն) չատուկ․ չար հոգիով պառաւ վհուկ․
harrier (հէր՛իըր) փոքր տեսակի որսորդական շուն (նապաստակ որսալու)․ բազէ․ մեծ հեռաւորութիւններ վազող․
harrow (հէր՛օ) խորտուբորտ մակերեսները (հողը) հաւասարեցնել․ երկրագործական գործիք․ ցաքան․ հողը ցաքանել․ *to — the feelings* միտքըն ու սիրտը տագնապեցնել․ տանջել․
harry (հէ՛րի) կողոպտել․ յափշտակել․ թշնամիին քաղաքները կործանել․
harsh (հարշ) կոշտ․ անհաճոյ (զգացում, համ)․ անգութ․
hart (հարթ) եղջերու․
harum-scarum (հէյ՛րըմ-ըսքէյ՛րըմ) անմիտ եւ վայրագ անձ․
harvest (հար՛վէսթ) հունձքի ժամանակը․ հողէն ձեռք ձգուած բերք․ մէկուն աշխատանքի (վերաբերմունքի) պտուղը․
harvester (հար՛վիսթըր) բերքահաւաք․ հնձող (ցորեն, եգիպտացորեն, եւն․)․ հնձող եւ հաւաքող մեքենայ․ խայթող փոքր միջատ՝ հնձամբըռնիկ․
harvest-home (—՛ հոմ) բերքերը հաւաքելէն ետք աշնանային տօնախմբութիւն․
has (հէզ) *have* բային սահմ․ներկայ, եզ․ 3րդ դէմքը, ունի (ան)․
hash (հէշ) մանրուած եւ կրկին անգամ եփուած միս․ տակնուվրայութիւն․ կտրել եւ նորէն տաքցնել (միսը)․ — *house* աժան ճաշարան․ *to make a — of it (work)* գէշ աշխատիլ․ *I'll settle his —* այնպէս պիտի վարուիմ հետը՝ որ ա'լ ներդութիւն չտայ․
hashish, hasheesh (հէշ՛իշ) հնդկական բոյսի մը տերեւներէն շինուած թաղադրութիւն՝ որ ծամելով (ծխելով) ուղղազգացութիւնը կը կորսնցնենք․ հաշիշ․ աֆիոն․
hasp (հասփ, հէսփ) դուռը կապող, ամրացնող․ ծիգ․ առղնակ․ նիգել․ ամրափակել․
hassock (հէս՛ըք) բարձիկ՝ վրան ծնրադրելու համար (եկեղեցւոյ մէջ)․
hast (հէսթ) *thou hast*

(տհասու. հէսթ) *you have* դուն ունիս (հին անգլ.).

hastate (հէս'թէյթ) նիզակաձեւ.

haste (հէյսթ) աճապարանք. աճապարել. *to make* — աճապարել.

hasten (հէյ'սըն) փութացնել. աճապարեցնել. աճապարել.

hasty (հէյս'թի) փութկոտ. յախուռն. առանց մտածելու կատարուած (գործ).

hat (հէթ) գլխարկ. կարտինալի կարմիր գդակ. *hatter* գլխարկագործ (գլխարկավաճառ). *hatband* գլխարկի ժապաւէն. *to pass (round) the* — հաւաքածոյ ընել. դրամ հանգանակել. *high* — հպարտ (Ա.Մ.Ն.). *to talk through one's* — ապուշութիւններ դուրս տալ. *my* —*!* զարմացումի բացագանչութիւն.

hatch (հէչ) բացուածք (նաւու մը տախտակամածին մէջ). բացուածք՝ ուրկէ ջուրը դուրս կու գայ, սակայն ձուկերը ներս կը մնան. շտեմարանի մուտք. դռնակը փակել. —*-boat* ձուկ ամբարելու նաւ.

hatch (հէչ) թխել. թուխս նստիլ (մինչեւ որ ձագը դուրս ելլէ հաւկիթէն). մեքենայութիւններ ընել. —*ing a plan* մութի մէջ (գաղտնի) ծրագիր մը նիւթել.

hatch (հէչ) քարին վրայ բարակ գիծեր փորագրել (իբրեւ զարդ).

hatchery (հէչ'ըրի) ձկնաբուծարան. ձուկի թխսարան.

hatchet (հէչ'իթ) փոքր կացին. —*-faced* նիհար, նեղ դէմքով (անձ). *to bury the* — խաղաղութիւն հաստատել.

hatchway (հէչ'ուէյ) նաւու տախտակամածին մէջ բացուածք. մառանին դուռ.

hate (հէյթ) ատել. խորշիլ. *hatred* (հէյթ'րիտ) ատելութիւն.

hath (հէթհ) *he hath* = *he has* ան ունի.

hauberk (հօ'պըրք) լանջապանակ.

haughty (հօ'թի) գոռոզ. ինքնահաւան.

haul (հօ'լ) քաշքշել. քաշել. քաշուածք. առնուած գումար. *to* — *over the coal* յանդիմանել. *I* —*ed him up* չարագործութենէ հեռու պահեցի զինք.

haunch (հօնչ) ազդր. մարմնին եւ զիստին իրարու միացած տեղը.

haunt (հօնթ) յաճախ այցելել. յաճախել. միշտ միտքը գալ (փիլմ, եղանակ). յաճախանք. յաճախատեղի.

haunted (house) (հօնթ'ըտ) ոգիներէ յաճախուած (տուն).

hauteur (հօթըր'), *haughtiness* (հօ'թինէս) ինքնահաւան. ինքնահաւանութիւն. գոռոզութիւն.

Havana (հէվէն'ը) հաւանական սիկար.

have (հէվ) (*had* անց., անց. ընդ.). ունենալ. պարտիլ. պահել. ընդունիլ. ընել տալ. ստիպուիլ. *to — any one* խաբուիլ. *to — an illness* հիւանդութենէ մը տառապիլ. *you have to visit him* պէտք է այցելես իրեն. *to have a school built* դպրոց կառուցանել տալ. *to have the matter out* վէճ (կըռիւ) մը կարգադրել. *to — to do with* առնչուած ըլլալ (բանի մը հետ). *to — a baby* մանկիկի մը ծնունդ տալ. *I won't — it* թոյլ պիտի չտամ (որ կատարուի). *— at him!* յարձակէ՛ վրան. *let him — it* պատժէ՛ զինք. *to — a person* անձ մը խաբել.

haven (հէյ՛վըն) նաւահանգիստ. ապաստանարան. հանգչելու վայր.

haver (հէվ՛ըր) անհեթեթ խօսակցութիւն. սխալ գործածող. անորոշ ձեւի գործ. քիթին տակէն մոմռալ.

haversack (հէվ՛ըրսէք) մէջքին կապուած նամբորդական պայուսակ.

havoc (հէվ՛ըք) համատարած քանդում եւ աւերածութիւն. *cry —* աւերածութեան սկսելու ազդանշան.

haw (հօ՚) կմկմալ (երբ վստահ չենք մեր ըսածին վրայ). *haw, haw* խընդուքի ձայն.

hawk (հո՛ք) գիշատիչ թռչուն մը (բազէ). *— eyed* սրատես աչք ունեցող.

hawk (հո՛ք) կոկորդը մաքրել (բարձրաձայն).

hawk (հո՛ք) ձեռքի կառքի վրայ ապրանքներ ծախող. փերեզակութիւն ընող. *—er* փերեզակ.

hawser (հո՛զըր) զօրաւոր հաստ պարան.

hawthorn (հո՛թ՛հորն) ճերմակ կամ վարդագոյն ծաղիկներով՝ փոքր մուք կարմիր պտուղներ տուող ծառ (Անգլիա). մամու տանձ.

hay (հէյ) չորցուած խոտ (արջառի համար). *to make — of* խառնակութեան մէջ ձգել. *make — while the sun shines* առիթը լաւագոյնս օգտագործել երբ տակաւին ուշ չէ.

haycock (հէյ՛քոք) խոտի փոքր դէզ (կառքով փոխադրելու համար).

hay-fever (հէյ՛-ֆիվըր) քիթի ջրհոսուք եւ կոկորդի ցաւ երբ ծաղիկի փոշի մտնէ քիթը կամ կոկորդը.

hay-fork (հէյ՛ֆորք) եռաժանի.

hayrick (հէյ՛րիք), **haystack** (հէյ՛սթէք) խոտի խոշոր դէզ վրանի ձեւով.

haywire (հէյ՛ուայր) վայրագ. խենդ. կճճիռ. *to go —* անկարգ վիճակ ունենալ. ինքզինք կորսնցնել.

hazard (հէզ՛ըրտ) վտանգ. վտանգաւոր արարք.

փորձանք. դիպուած. վտանգել. դիմագրաւել (վտանգ մը). *at all —s* ինչ ալ պատահի (վտանգ). *—ous* վտանգաւոր.

haze (հէյզ) մշուշ. մէգ. աղօտութիւն. մտային խաւարամտութիւն. չսիրած գործ մը կատարել տալ (մէկուն). խաղեր սարքել (մէկուն դէմ).

hazel (հէյ'զլ) կաղնիի ընտանիքին պատկանող փոքր ծառ մը. որձաքար. կաղնեայ. *— eyes* կաղնեգոյն աչքերով.

hazy (հէյ'զի) աղօտ. մըշուշոտ.

H bomb (էյճ' պոմ) տես՝ *Hydrogen bomb* ջրածնային ռումբ.

he (հի) ան, անձ. դեր. գ. դէմք, եզ. արական. *he-man* շատ առնական մարդ. *he-goat* արու այծ.

head (հէտ) գլուխ. ուղեղ. մտաւորական ընդունակութիւն. պարագլուխ. կատար. գլուխի մը հատուածը (գիրքի). աղբիւր. տագնապ. մեկնելու ազատութիւն. առաջնորդել. գլուխը գտնուիլ. գլխով զարնել. ստուգել. գլուխ կազմել. *to work one's — off* չարաչար աշխատիլ. *eat one's — off* առանց աշխատելու ուտել. *— over ears in love* ամբողջապէս սիրահարուած. *I can't make — or tail of it* անկարող եմ հասկնալ զայն. *give him his —* գործելու ազատութիւն տալ (անձի, ձիու). *the — boy of the street* փողոցի տղոց ղեկավարը. *we must put our —s together* մէկը միւսին կարծիքը պէտք է առնէ. *the speech was above my head* ճառը իմ հասողութենէս վեր էր. *off his —* խենդ. *to lose one's —* գլուխը կորսնցնել. ինչ ընելը չգիտնալ. *keep one's —* հանդարտ մընալ. *success turned his —* յաջողութիւնը գլուխը դարձուց. *— and ears* ամբողջովին. *— and shoulders* բոնի. *to be over — and ears in debt* պարտքի մէջ թաղուած ըլլալ. *to — a revolution* յեղափոխութիւն մը ղեկավարել. *weak in the —* տկարամիտ. *things come to a —* գործելու ժամանակը հասած է. *100 — of sheep* 100 հատ ոչխար. *breakfast at 2 L. P. a —* իւրաքանչիւր անձի համար նախաճաշը 2 Լ. ոսկի. *I —ed him off* քշեցի զինք. *to — straight* ուղղուիլ (դէպի մէկը).

headache (հէտ'էյք) գլխու ցաւ.

head-dress (—' - տրէս) գլխանոց. գլխու ծածկոց (զարդարուն).

heading (հէտ'ինկ) վերնագիր. խորագիր.

headland (հէտ'լէնտ) հրուանդան.

headlights (հէտ'լայթս) ինքնաշարժի առջեւի խոշոր լոյսերը.

headline (հէտ'լայն) վերնագիր (թերթի).

headlong (հէտ'լոնկ) անապարանքով. *to fall —* գլուխը սկիզբը. *he was running —* գլուխը կախ կը վազէր.

headquarters (հէտքո'րթըրզ) սպայակոյտ. բանակոյտի կեդրոն. գլխաւոր կեդրոնատեղի (որեւէ բանի).

headsman (հէտ'զմէն) վարձկան. գլխատող. դահիճ.

headstrong (հէտ'սթրոնկ) վճռական. յամառ. կամակոր.

headway (հէտ'ուէյ) յառաջ ընթանալը.

heady (հէտ'ի) անզուսպ. կամակոր. գլուխ բռնող (օդի).

heal (հի'լ) բուժել. առողջանալ.

health (հէլթհ) առողջութիւն. *to drink his —* կենացը խմել. *healthy* առողջ.

heap (հիյփ) դիզել. մէկը միւսին վրայ դնել. *—s of times* յաճախ.

hear (հիյր) լսել. *(heard* անց. եւ անց. ընդ.). *to get a hearing* առիթ ստանալ փափաքածը ըսելու. *I hear from my friend often* յաճախ նամակ կը ստանամ բարեկամէս. *hear! hear!* համաձայն եմ բարձիր.

hearsay (հիր'սէյ) տարաձայնութիւն.

hearken (հարք'ն) մտիկ ընել.

hearse (հըրս) մեռելակառք.

heart (հարթ) սիրտ. կեանքի աղբիւր. զգացումներու կեդրոն. հիմնական մաս. կորիզ. խիզախութիւն. հոգի. խաղաքարթ (սիրտի նշանով). *to learn by —* գոց սորվիլ. *take it to —* լուրջ նկատողութեան առնել. *to eat (cry) one's heart out* մեծ վիշտ մը ունենալ. *to have one's — in the right place* ազնիւ էակ մը ըլլալ. *have a —!* գո՛ւթ ունեցիր. *an affair of the —* սիրոյ փորձառութիւն. *to have one's heart in one's mouth* սարսափիլ. *to lose —* սրտաթեկուիլ. *to lose one's —* սիրահարուիլ. *a man after my own —* ճիշդ իմ ցանկացած անձը. *to wear one's heart upon one's sleeve* զգացումները բացայայտ կերպով արտայայտել. *a — - to - — talk* սրտագին (անվերապահ) խօսակցութիւն. *in the heart of Asia* Ասիոյ սիրտը (կեդրոնը). *I love you with all my —* ամբողջ սրբտովս կը սիրեմ քեզ. *to set the — at rest* հանգստեցնել ըլլալ.

heart-ache (հարթ'-էյք)

վիշտ. չիրականացած իղձ.

heart-beat (հարթ՛-պիթ) սիրտի տրոփ.

heartbreak (հարթ՛պրէյք) մեծ վիշտ. սրտաբեկութիւն. վշտառիթ.

heartburn (հարթ՛պըրն) ստամոքսի ցաւ (նաշէն ետք). — -*ing* դժգոհութիւն. ծածուկ թշնամութիւն.

hearten (հարթ՛ըն) քաջալերել. սիրտ տալ.

heartfelt (հարթ՛ֆէլթ) խորապէս զգացուած. անկեղծ.

heart-free (հարթ՛-ֆրի՛) անտարբեր (մէկու մը նկատմամբ). ամուսնանալ չփափաքող.

hearth (հարթհ) խոշոր տափարակ քար՝ բաց կրակարանի առջեւ. օճախ. ակութ. *a man's* — մարդու մը տունը (օճախը).

heartless (հարթ՛լէս) անգութ.

heart's-ease (հարթս՛-իյզ) սրտի խաղաղութիւն (հանդարտութիւն). խոկածաղիկ (փանզէ).

heart-sick (հարթ՛-սիք) վշտահար. վշտաբեկ.

heart-stricken (հարթ՛-ըսթրիքըն) կսկծալից. սըրտաբեկ.

heart-string (—՛-սթրինկ) սրտալար. *to pull at one's* — *-strings* մէկուն ամենէն խոր զգացումներուն դպչիլ.

heart-whole (—՛-հօ՛լ) առանց սիրոյ. սիրտը ազատ. առանց ամուսնանալու փափաքի.

hearty (հարթ՛ի) բարձր տրամադրութեամբ. առողջ. անկեղծ զգացումով լի. սննդարար.

heat (հի՛թ) տաքութիւն. տաք մթնոլորտ. եռանդ. զգացումի ջերմութիւն. բարկութիւն. սեռային կիրք (իգական). տաքցնել. տաքնալ. յուզել. *he spoke with* — կիրքով (բարկութեամբ) խօսեցաւ. *the first* — *took place* ձիարշաւի առաջին մասը կատարուեցաւ.

heath (հիթհ) խոպան հող. ցախաստան. ցախ.

heathen (հիտհ՛ըն) հեթանոս. *those boys are young* —*s* այս տղաքը վայրենի են.

heather (հէտհ՛ըր) լեռնային վայրի բոյս շատ փոքր կարմիր-կապոյտ ծաղիկներով. ցարասի.

heave (հի՛վ) ծանր առարկայ մը շարժել (վերցընել). խոր շնչել. ալեծըփիլ. *to* — *to (of a ship)* կենալ. կեցնել (նաւը). *to* — *a sigh* հոգոց քաշել. *to* — *in sight* երեւնալ. *to* — *in* պարանը կարճեցնել. *to* — *the anchor* խարիսխը վերցնել (նաւու). *to* — *the lead* խորութիւնը չափել.

heaven (հէվ՛ըն) դրախտ. արքայութիւն (երկինք). *the* —*s* երկինք. — *-given* աստուածատուր.

heavy (հէվ'ի) ծանր (որ դժուար կարելի է վերցընել)· լուրջ· ծանրաբարոյ· —-*handed* անճարակ· ճնշող· —-*hearted* տխուր· — *seas* մեծ ալիքներ· *a — line* հաստ գիծ·

heavy water (հէ'վի ուո-թ'րր) ջուր = 2 հիւլէ ջրածին + 1 հիւլէ թթուածին· (*water = 2 atoms of hydrogen + 1 atom of oxygen*. փորմիւլը՝ $H^2 O$). երկու տեսակ ջրածնային հիւլէ կայ· թեթեւ (սովորական) եւ ծանր (կոչուած *Deuterium*). *heavy water*ը այն ջուրն է ուր *H* ատոմները ծանր ջրածին են·

heavy-weight (—'ուէյթ) բարձրագոյն ծանրութեամբ կռփամարտիկ·

hebdomad (հէպ'տըմէտ) 7 առարկաներու խումբ· շաբաթ (7 օր)· —*al* շաբաթական· շաբաթաթերթ·

hecatomb (հէք'ըթըմ) մեծ զոհեր (100 հատ)· 100 եզան զոհաբերութիւն (աստուծոյ)· արիւնահեղութիւն·

heckle (հէք'լ) նեղը ձգել (ճառախօս մը) այլազան հարցումներ ուղղելով իրեն·

hectic (հէք'թիք) հիւծող (հիւանդութիւն)· հիւծախտ· կարմրագոյն· *a — time* շատ յուզումնավառ շրջան·

hecto- (հէքթօ —) նախաբառ որ 100 կը նշանակէ (յուն·)· —*gram* 100 կրամ· —*liter*, —*litre* 100 լիդր· —*meter*, —*metre* 100 մեթր·

hectograph (հէք'թօկրէֆ) բազմագրող մեքենայ·

hector (հէքթ'րր) տկար անձի մը հետ կոշտ կերպով վարուիլ· նեղել· բռնանալ· սնափառ· *H*— Տրովաքայի պատերազմին մէջ Տրովաքայի գլխաւոր հերոսը (յոյներու դէմ)·

hedge (հէճ) —row (հէճ'րօ) մացառներէ կազմըւած ցանկապատ (պատ)· պատսպարել· ցանկապատել· *to — a question* խուսափողական պատասխան մը տալ (հարցումի մը)· —-*hopping* շատ ցածէն թռչիլ (օդանաւորդութեան մէջ, Բ. Աշխարհամարտի ընթացքին)· — *hog* ոզնի· ամբոց·

hedonist (հի'տընիսթ) մէկը որ կը խորհի թէ կեանքի մեծագոյն իմաստը հաճոյքներու մէջ կը կայանայ· հաճոյապաշտ· հեշտասէր·

heed (հիյտ) նկատողութեան առնել· ուշադրութիւն ընել· հոգատարել· ուշադրութիւն· նկատողութիւն· խնամք· —*less* անհոգ·

hee-haw (հի'-հօ՛) զռալ (էշը)·

heel (հիյլ) կրունկ (կօշիկի)· գարշապար· կրունկ (ոտքի)· տակի մասը·

խթան. կրունկով զարնել. անբաղձալի մարդ (Ա.Մ.Ն.). *to cool (kick) one's —s* սպասցնել (մէկը). *down at —, out at —* ցնցոտիապատ (անձ). *to come to —* շունի պէս հնազանդիլ. *to show one's (a clean pair of) —s* փախչիլ. *kick up one's —s* ուրախ–զուարթ ըլլալ (ազատութեան մէջ). *under the — of (tyranny)* (բռնակալութեան) կրունկին տակ. *— of Achilles* Աքիլլէսի կրունկը. մէկուն տկար (խոցելի) կէտը. *to lay by the —s* շղթայել (բանտարկել). *to cool the —s* սպասել.

heelover (հէյլ'օվըր) կողին վրայ հակած (նաւ).

hefty (հէֆ'թի) զօրաւոր. ուժեղ. ծանր.

Hegelian (հիկէլ'իըն) հեկելեան (գերման փիլիսոփայ Հէկելի վերաբերեալ).

hegemony (հիկէմ'ընի, հի'ճէմընի) ղեկավարութիւն. գերիշխանութիւն. տիրապետութիւն (շարք մը ազգերու վրայ).

heifer (հէֆ'ըր) երինջ. երինջ.

heigh (հայ) զարմանքի արտայայտութիւն.

heigh-ho (հայ'–հօ) ա՛հ, ո՛հ (ցաւի կամ յոգնածութեան արտայայտութիւն).

height (հայթ) բարձրութիւն. հասակ. բարձր տեղ. *at the height of his power* իր զօրութեան զէնիթին. *—en* բարձրացնել.

heinous (offence) (հէյ'նըս) շատ գէշ, հակաօրինական (արարք). հրէշային.

heir (հէ'ր) ժառանգորդ. *— - apparent* անմիջական ժառանգորդ. *— - at law* օրինական ժառանգորդ. *—loom* ժառանգուած անձնական առարկայ. սերունդէ սերունդ ընտանիքի մը պատկանող առարկայ.

hejira (հէճ'իրէ) Մուհամմէտի փախուստը Մէքքէէն Մետինէ 622ին Ք. Ե. (իսլամութեան թուականը). նաեւ *hegira.*

held (հէլտ) *hold*ին անց. եւ անց. ընդ. բռնեց. բռնած. բռնուած.

helical (spring) (հէլ'իքըլ) պտուտաձեւ, պարուրաձեւ (զսպանակ).

helicopter (հէլ'իքօփթըր) ուղղաթիռ օդանաւ. հէլիքոփթէր. *helidrome* ուղղաթիռներու յատուկ օդակայան.

helio - (հի'լիօ –) նախադիր բառ՝ որ կը նշանակէ արեւային, արեւի հետ առնչուած. *—graph* (հի'լիօկրէֆ) գործիք՝ որ կը ծառայէ արեւի լոյսով լուրեր յղել. *—gram* արեւահեռագրալուր.

heliolatry (հիլիօլ'ըթրի) արեւապաշտութիւն.

Heliopolis (հիլ'իափօլիս) Հելիոպոլիս (Արեւաքաղաք).

helioscope (*հիլ'իոսքոփ*) տեսակ մը հեռադիտակ՝ որ կը ծառայէ արեւը դիտելու, առանց որ աչքերը վնասուին. արեւադէտ.

helium (*հիլ'իըմ*) անկէզ՝ շատ թեթեւ կազ մը.

hell (*հէլ*) դժոխք. գերեզման. *a gambling —* բախտախաղի վայր. *— for leather* մեծագոյն արագութեամբ. *—ish* դժոխային.

Hellenic (*հէլէն'իք*) յունական. հելլենական.

hello (*հէլօ'*), *hallo* մտերմական բարեւ. զարմանքի արտայայտութիւն. թէլէֆոնի մէջ մէկուն խօսք ուղղել.

helm (*հէլմ*) ղեկ. նաւու ղեկի բռնիչ. գլխու սաղաւարտ (բանաստղ.).

helmet (*հէլ'մէթ*) գլխու սաղաւարտ (զրահ), (կռուելու ժամանակ գործածուող).

helot (*հէլ'ըթ, հի'լըթ*) ստրուկ հին Սպարտայի (Յունաստան) մէջ. *—ism* ստրկութիւն.

help (*հէլփ*) օգնել. թիկունք կենալ. թեթեւցնել (ցաւը, եւայլն). արգիլել. օգտակար ըլլալ. օգնութիւն. օժանդակութիւն. օգնող. սպասաւոր. *—less* անօգնական. *he —ed me to some cakes* պնակիս մէջ քանի մը բլիթ դրաւ. *— yourself* հրամմէ, կեր, ինչ որ կ'ուզես առ. *I can't — it* ոչինչ կարող եմ ընել արգիլելու համար (պատահելիքը). *don't do more than you can —* կարելի եղածին չափ քիչ ըրէ. *there is no — for it* ոչինչ կարելի է ընել արգիլելու համար. *a —ing* մէկուն պնակին մէջ դրուած կերակուրը. *—mate, —meet* օգնական. կին (ամուսին).

helter-skelter (*հէլթըր'-սքէլ'թըր*) անապարանքով. տակնուվրայութեան մէջ.

helve (*հէլվ*) գործիքի մը (կացինի) կոթը.

Helvetia (*հէլվի'շը*) Զուիցերիա (լատինական, քաղաքական կոչում). *—n* զուիցերիական.

hem (*հէմ*) կերպասը դարձնել, շրջազգեստը կարանցնել. կերպասը ծալել դարձնելով եւ թելակարելով. դարձուած կերպաս. *the flowers hem in the house* ծաղիկները ամէն կողմէ շրջապատած են տունը. *to — out* դուրս ձգել.

hem (*հէմ*) ինչպէ՞ս, ի՞նչ (կէս հարցական, կէս հեգնական). խօսքերը ծամծմել.

hemi - (*հէմ'ի -*) յունարէն նախդրառ որ կը նշանակէ կէս. *—sphere* (*հէմ'իսֆիըր*) կիսագունդ. *—stich* (*—'սթիք*) կիսատող (բանաստեղծութեան).

hemlock (*հէմ'լոք, —'լաք*) թունաւոր բոյս, որ իբր հանդարտեցուցիչ կը գործածուի. մոլեխինդ·

hemorrhage, hemorrhoids տես՝ *haemorrhage* անակնկալ արիւնահոսութիւն.

hemp (հէմփ) բոյս որմէ պարան (կոշտ կերպաս) կը հիւսեն. կանեփ. կանեփեղէն. կանեփէն պատրաստուած դերձան. *Indian* — բոյս՝ որմէ քընաբեր եւ տարօրինակ երազներ արծարծող դեղ կը պատրաստեն. —*en* կանեփեայ.

hen (հէն) հաւ. թռչնազգի. —*coop* հաւերու համար խոշոր վանդակ (հաւնոց). — -*party* ընկերային հաւաքոյթ (միայն կիներուն յատուկ).

henbane (հէն'պէյն) թունաւոր բոյս մը որմէ *hyoscine* (ամենէն զօրաւոր քնաբեր դեղը) կը պատրաստեն. բանգ. խոզի բակլայ.

hence (հէնս) հետեւաբար. այս պատճառաւ. այսուհետեւ. *a year* — անկէ տարի մը ետք. անկէ.

henceforth (հէնս'ֆորթհ, **henceforward** (հէնս-ֆոր'ուըրտ) այսուհետեւ, անկէ ետք.

henchman (հէնչ'մըն, հէն-չ'մըն) սպասաւոր. հաւատարիմ հետեւորդ.

henna (հէն'ը) գոց սրճագոյն ներկ (բոյսերէ շինուած), որով աղջիկները իրենց ձեռքերն ու եղունգները կը ներկեն հարսնիքի նախագիշերը. հինայ.

henpecked (**husband**) (հէն'փէքթ) կնոջ կողմէ կառավարուող (ամուսին).

hepatic (հիփէթ'իք) լեարդային (լերդային). լեարդի գոյն ունեցող.

hepta - (հէփ'թա –) յունարէն նախաբառ որ 7 կը նշանակէ. —*gon* եօթնանկիւն (պատկեր). —*pla* (—փլը) եօթնալեզուան. —*podic* (—փոտ'իք) եօթնոտեայ. —*teuch* (—թիուք) եօթնամատեան.

her (հըր) իր (ստց. ած.). *hers* (ստ. դեր.) իրը (իգական). *herself* (անդրադարձ եւ շեշտող դեր.) ինք, ինքզինք.

herald (հէր'ըլտ) պաշտօնեայ՝ որ կարեւոր լուրեր (թագաւորական որոշումներ) կը հաղորդէ հանրութեան. բանբեր. մունետիկ. սուրհանդակ. նախակարապետ. արարողապետ.

heraldry (հէր'ըլտրի) արարողապետութիւն. վահաններու վրայ ազնուական ընտանիքներու զինանշաններու գծագրութեան արուեստ. բանբերութիւն. *heraldic* կընքարանական.

herb (հըրպ) խոտ, դալար (որ ձմեռը կը չորնայ). բժշկութեան մէջ գործածուող բոյս. —*aceous* (հըրպէյ'շըս) խոտեղէն. —*age* (—'պիճ) խոտեղէններ. արօտ. —*alist* խոտագէտ. զանազան տեսակի խոտերէն դեղեր պատրաստող անձ. —*arium* (—*էյ'րիըմ*) բուսագիրք. չորցուած բոյսերու հաւաքածոյ.

Hercules (*հէր'քիու լիզ*) առասպելական ուժի տէր յոյն արդարակորով հերոս. Հերքիւլէս. առասպելական ուժի տէր ուեւէ անձ. *Herculean* հերքիւլեան. Հերքիւլէսի ուժով.

herd (*հըրտ*) հօտ (նոյնատեսակ կենդանիներու). նախիր. խումբ. հովիւ. հաւաքել. հովուել. *the common* — հասարակ մարդիկ. *a cow*—, *a herdsman* հովիւ.

here (*հիյր*) հոս. *here!* զարմացումի, զանգատի, ուշադրութիւն գրաւելու բացագանչութիւն. *here below* այս աշխարհի վրայ. *that's neither here nor there* այդ ոչ մէկ կապ ունի խնդրին հետ. *here's to you* քու կենացդ կը խմեմ.

here - (*հիյր* —) նախադաս այլազան իմաստներով. —*by* այսու. ասով. —*about(s)* այստեղ. մօտը. —*after* այսուհետեւ. —*to* այսու. առ այս. —*at* այս պատճառով. —*in* այս բանին մէջ. —*with* այսու, ասով. —*on* ասոր վրայ.

hereditary (*հիրէտ'իթըրի*) ժառանգական (նկարագրի գիծերու անցնուած). — *powers* ժառանգական յատկութիւններ. *heredity* (*հիրէտ'իթի*) ժառանգականութիւն.

heresy (*հէր'ըսի*) հերետիկոսութիւն. ուղղափառ հաւատքէն շեղում.

heretofore (*հիյրթու ֆոր'*) մինչեւ հիմա.

heritage (*հէր'իթիճ*) ծնողքէն մանուկին փոխանցուած (ֆիզ. եւ հոգ. յատկութիւններ). ժառանգութիւն (հոգեւոր).

hermaphrodite (*հըրմէֆ'րոտայթ*) ործեւէզ. երկասեռ.

Hermes (*հըր'միզ*) Հերմէս (յուն. դից.), փայլածու.

hermetic (*հէրմէթ'իք*) գաղտնի վարդապետութեանց (գրութիւններու) վերաբերեալ. ալքիմիական. կախարդական. —*sealing* օդախից բնելը (շիշ, անօթ).

hermit (*հըր'միթ*) ճգնաւոր. միանձն. —*age* ճգնաւորութիւն.

hernia (*հըր'նիը*) ճողուածք. իջուածք. — *of intestines* աղեբափութիւն.

hero (*հի'րօ*) հերոս. դիւցազն. կեդրոնական դէմք (վէպի, պիէսի մէջ). —*ic* (*հի'րոիք*) հերոսական. դիւցազնական. —*ics* (*հիրօ'իքս*) ճոռոմաբանութիւն. —*ism* հերոսութիւն. դիւցազնութիւն.

heroin (*հիր'օին*) ցաւերը անհետացնող եւ զգայութիւնը կորսնցնող (քնաբեր) դեղ.

heroine (հիր'ոին) հերոսուհի. դիւցազնուհի.
heron, hern (հէր'ըն, հէրն) ճայ. ձկնկուլ.
herpes (հըր'փիզ) մորթային հիւանդութիւն. սողնախտ.
herpetology (հէրփիթա-լ'ըճի) սողուններու բընական պատմութիւն. սողունաբանութիւն.
Herr (հէր) պարոն (գեր.).
herring (հէր'ինկ) տառեխ (ձուկ). *neither fish, flesh nor good red herring* բան մը որ կարելի չէ որեւէ դասակարգումի տակ բերել. *to draw a red — across the path* ժողովուրդին ուշադրութիւնը առարկայէ մը հեռացնել. *the — -pond* Ատլանտեան Ովկիանոս. *— -bone* որեւէ զարդական աշխատանք ձեւաւորուած ձուկի կռնակի ոսկորի պէս.
Hertzian waves (հերց'իըն ուէյվզ) Հերցեան (ելեկտ.) ալիքներ.
herzog (հէր'ցօկ) կոմս. հերցոգ (գերմ.).
hesitate (հէզ'իթէյթ) տատամսիլ. վարանիլ. *—-tion* (հէզիթէյ'շըն) վարանում.
Hesperus (հէս'փէրըս) Արուսեակ (մոլորակ).
hessian (հէս'իըն) հեսեան (Հեսի շրջանէն, Գերմանիա). կոշտ քթան հընդկականներէն շինուած. *— boots* հեսեան զինուորներու յատուկ մոյկեր.
hetero- (հէթ'ըրօ -) նախաբառ որ կը նշանակէ տարբեր. *—dox* այլադաւան. հերետիկոս. *— -geneous* (հէթըրօճին'-իըս) այլատեսակ.
hew (հիու) կտրել. տաշել. մանրել. կոփել (կացինով, սուրով).
hexa- (հէքս'ը -) նախաբառ որ կը նշանակէ վեցեայ, վեց. *—gon* (հէքս'ըկըն) վեց անկիւն (պատկեր).
hey! (հէյ) զարմացական (հարցականութեան) բացագանչութիւն. հէ՜յ. *— presto* (հէյ րրէսթօ) կախարդական խաղի մը ընթացքին այս բառը կ'արտասանեն.
hey-day (հէյ'-տէյ) զուարճութեան, բարձր տրամադրութեան (ուժի) պահ.
hiatus (հայէյ'թըս) զրութեան մէջ բաց (պակսող, կորսուած բառեր). բացուածք. երկու իրարու յաջորդող բաց ձայնաւոր հնչիւններ. օր. *Aïda Opera.*
hibernate (հայ'պըրնէյթ) ձմեռնային քունի մէջ մտնել. ձմեռել (ընդարմացած).
Hibernia (հայպըր'նիա) Իրլանտա (լատիներէն).
hibiscus (հիպիս'քըս) ծաղկած բոյս. մոլոշ.
hic-jacet (հիք'-ճէյս'իթ) սատ հանգչի.
hiccup (հիք'ըփ) նաեւ *hiccough* (ծաղրական առումով) շնչարգելութիւն. շունչին բռնուիլը

(շատ ուտելու կամ խմելու իրր հետեւանք)· հեծկըլտալ· կլթիկ·

hickory (*հի՛քըրի*) ամերիկեան ընկուզենի շատ կարծր փայտով·

hid (*հիտ*) *hide*–ին անց· պահուըտեցաւ· եւ անց· ընդ· պահուած·

hidalgo (*հիտէլ՛կօ*) բարձրաստիճան անձ (Սպանիոյ մէջ)· ազնուական·

hide (*հայտ*) պահուըտիլ· տեսողութենէ հեռանալ· (*hid* անց· *hidden* անց· ընդ·)· կենդանիի մորթ· կաշի· *to save one's hide* մորթը փրկել· պատիժէ (մահուընէ) փրկուիլ· *give him a hiding* աղուոր ծեծ մը քաշել իրեն·

hide-bound (*—՛-պաունտ*) շատ նեղմիտ· պահպանողական·

hideous (*հի՛տիըս*) շատ տգեղ· շատ անհաճոյ· սոսկատեսիլ· ահռելի·

hie (*հայ*) աճապարել·

hierarchy (*հայ՛ըրարքի*) նուիրապետութիւն· եկեղեցականներու աստիճաններու կարգ· *hieratic* (*հայըրէթ՛իք*) նուիրապետական·

hieroglyphic (writing) (*հայըրոկլիֆ՛իք*) մեհենագրական, պատկերագրական, նշանագրական գրութիւն (հին Եգիպտոսի մէջ գործածուած)·

higgledy-piggledy (*հիկ՛ըլտի–փիկ՛լտի*) ամբողջական տակնուվրայութեան մէջ· խառնաշփոթ (ութիւն)·

high (*հայ*) բարձր· բարձր տեղ· երկինք· ղեկավար· հպարտ· ջղայնացած· սուր· սուր (ձայն)· բարձրորէն· *to ride the — horse* հպարտ ըլլալ· *a high (old) time, High jinks* ուրախ ժամանակներ· *—-living* հանգըստաւէտ կեանք· *—wind* զօրաւոր հով· *— colour* կարմրած դէմք· *it is — time you were gone* ուշացած ես մեկնելու· *the — seas* բաց ծովերը (ցամաքէն շատ հեռու)·

highball (*հայ՛պո՛լ*) ուիսքիի եւ սոտայի խառնուրդ (զօրաւոր խմիչք մը)·

high-bred (*հայ՛պրէտ*) լաւ ընտանիքէ մը սերած եւ կրթեալ·

highbrow (*հայ՛պրաու*) բարձր, ուսումնական երեւոյթով (մարդ)· դըժուար ըմբռնելի արուեստ (երաժշտ·, գրակ· եւն·)·

high command (*— քըմէնտ*) բարձր հրամանատարութիւն (զին·)·

high commissioner (*— քըմի՛շըներ*) բարձր յանձնակատար· բարձր գոմիսէր (Անգ· գաղթային ամենաբարձր պաշտօնեայ)·

high-flown (*—՛-ֆլո՛ն*) *(language)* աղուոր հընչող սակայն սնամէջ (լեզու)·

high-frequency (*—՛-ֆրի-քուընսի*) փոփոխական ելեկտ· հոսանքի որեւէ արագութիւն, 12·000 սայքըլ առ երկվայրկեանէ վեր.

high-handed (—'-հէնտըտ) քմահաճ. բռնակալ. ճնշող.

high-hatted (—'-հէթըտ) յաւակնոտ. սնափառ. հըպարտ (Ա.Մ.Ն.).

Highlander (հայ'լընտըր) լեռնական. լեռնցի. Սկովտիական լեռներու բնակիչ.

high-life բարձր դասու պատկանող.

highlight(s) (հայ'լայթ(ս)) գծագրութեան ամենէն փայլուն մասերը. տագնապի պահեր. կարեւոր անձնաւորութիւններ.

high-minded (հայ'-մայնտըտ) ազնուամիտ. պատուախնդիր.

highness (հայ'նէս) բարձրութիւն. վսեմութիւն. *Your Highness* Ձերդ բարձրութիւն՝ (վսեմութիւն), իշխաններուն կամ թագաւորական տան անդամներուն դիմելու ատեն.

highroad (հայ'րո'տ) երկրի մը մէջ բարձրադիր լայն ճամբայ. օթոսթրատ.

high-strung (հայ'-սթրանկ) դիւրագրգիռ.

high tea (—' թի') միսով եւ ձուկով հրամցուած թէյ.

high treason (հայ' թրի'զըն) բարձրագոյն դաւաճանութիւն իր երկրի դէմ.

highway (հայ'ուէյ) տես՝ *highroad*. օթոսթրատ.

highwayman (հայ'ուէյմըն) ձիաւոր գող՝ ժողովրդային ճամբաներու վրայ, որ զէնքի սպառնալիքով ճամբորդներ կը կողոպտէ.

hijacker (հայ'ճէքըր) աւազակ (օդի մէջ). *hijacking (of the plane)* օդանաւը բռնագրաւելով ուրիշ օդակայան մը իջեցնել (Ա.Մ.Ն.). օդահէն.

hike (հայք) հանոյքի համար կատարուած երկար ճամբորդութիւն. թափառում. նետուածք. թափառիլ. նետել.

hilarious (հիլէյր'իըս) շատ ուրախ, զուարթ.

hill (հիլ) բլուր. *hillock* (հի'լըք) փոքր բլուր.

hilt (հիլթ) սուրի կոթը. *up to the —* ամբողջապէս.

him (հիմ) զինք (արական). *himself* ինքզինք (անդրադ. դեր.). ինք. *by himself* առանձինն.

Himalayan (հիմա'լէեըն) Հիմալայեան (լեռներ).

hind (հայնտ) եղնիկ. էգ եղջերու. շինական. ծառայ (ագարակի). *— legs* ետեւի ոտքեր (կենդանիի).

hinder (հայն'տըր) ետեւի (մասեր).

hinder (հին'տըր) արգիլել (մէկուն կամքը գործադրելով). խափանել. *hindrance* (հին'տրընս) արգելակ. խոչընդոտ.

hindermost, hindmost (հայնտը'րմոսթ, հայնտ'-

մութ) ամենէն եռեւի. ամենայետին.

Hindustan (հին'տուսթան) Հնդկաստան. Գանկէս գետի վերին հովիտին տրուած անունը. *Hindi, Hindee* (հին'տի) Հիւս. Հնդկաստանի մէջ խօսուած հնդկերէն. *Hinduism* (հին'տուիզմ) Հնդկաստանի մէջ կիրարկուող կրօնը. պրահմանականութիւն. *a Hindu* (հին'տու) պրահմանական.

Hindustani, Hindoostanee (հինտուսթա'նի) Հնդկաստանի եւ Փաքիստանի մեծ մասին մէջ գործածուող խառն լեզուն.

hinge (հինճ) ծխնի (որ տուփը եւ կափարիչը իրարու կը միացնէ). ճարմանդ. կեդրոն. կապել. կցել. ծխնի դնել. *to — upon* կախեալ ըլլալ. *his mind is off its —s (unhinged)* խենդ է. *to fly off the —s* ջղագըրգռուիլ.

hink (հինք) գերանդի.

hinny (հին'ի) ջորի.

hint (հինթ) անուղղակի կերպով ըսել (բան մը). *to take a — from* գաղափար մը առնել. *there is a — of trouble* անկարգութեան բերբեւ երեւոյթ մը կայ. *he can't take a —* ուղղակի պէտք է ըսեն իրեն, այլապէս չի հասկնար.

hinterland (հինթ'ըրլէնտ) ներքնացաւառ (ծովէն կամ գետերէն հեռու).

hip (հիփ) զիստ. երանք. *to love him on the —* ծեծել (մէկը). հակակըշիռ հաստատել վրան. *smite — and thigh* ամբողջական յաղթանակ մը շահիլ.

hip (հիփ) *hip! hip! hurrah! (—! —!* հուրա!) բացականչութիւն (երջանկութեան, յաղթանակի).

hipped (հիփթ) տխուր. մելամաղձոտ.

Hipprocrates (հիփոք'րէթիզ) Հիպպոկրատ (յոյն բժշկութեան հայրը. ծնած է շուրջ 460-ին Ք. Ա.). *Hipprocratic face* մեռելադէմ.

hippodrome (հի'փոտրոմ) ձիարձակարան. հանդէսի վայր.

hippopotamus (հիփըփոթ'ըմըս) խոշոր վայրի կենդանի մը (Ափրիկէ). գետաձի.

hippy (հիփ'ի) բացազանչութիւն. երիտասարդական կիսավայրենի յայտանիշներով ազանդամոլութիւն մը. մելամաղձոտ.

hire (հայր) վարձք. վարձել. կաշառել. *to — out* վարձու տալ. *—ling* վարձկան. դրամի սիրոյն աշխատող. *— purchase* մասնավճարով գնում.

hirondelle (հիր'ոնտէլ) ծիծեռնակ.

hirsute (հըր'սիւթ) մազոտ. կոշտ.

hirudo (հայրու'տօ) տզրուկ.

hiss (հիս) սուլում. օձի շչիւն. ատելութիւն բացայայտող բացագանչութիւն. սուլել.

histology (հիսթօլ'ըճի) ապրող նիւթի կերտումի յառաջընթացք. հիւսկէններուն կերտումը.

historic (հիսթօ'րիք) պատմական. *historian* պատմաբան. *—al* պատմական.

history (հիս'թըրի) պատմութիւն (անցեալի դէպքերուն, պայմաններուն եւ մտածումներուն). *to make —* կարեւոր գործեր կատարել.

histrion (հիս'թրիըն) ծաղրածու. միմոս. գուսան.

histrionic (հիսթրիօն'իք) թատերական, դերասանի պէս (ոչ անկեղծ).

hit (հիթ) զարնել. հարուածել (գլխուն). հանդիպիլ. նշան առնելով զարնել. հարուած. զարկ. նշան. պատահար. *to — upon* պատահմամբ գտնել. *to make a —* մեծ յաջողութիւն մը իրագործել. *to be hard —* մեծագումար դրամ կորսնցուցած ըլլալ. *you have — the nail on the head* ճիշդ անհրաժեշտը ըսիր. *they — it off well* մեծ բարեկամներ են.

hitch, hitch up (հիչ, հիչ' ափ) վեր քաշել. *— on to* հաստատել (կապել) վրան.

hitch (հիչ) պարզ հանգոյց. *a — in one's plans* դժուարութիւններ մէկուն ծրագիրներուն մէջ.

hitch-hiker (հիչ'-հայքըր) մէկը՝ որ ժողովրդային ճամբաներու վրայ կը կանգնի եւ անծանօթ ինքնաշարժներ կանգնեցնելով կը խնդրէ որ ներս ընդունին զինք.

hither (հիտհ'ըր) այս ուղղութեամբ. *— and thither* հոս-հոն. աստանդ. *— to* մինչեւ հիմա. ցարդ.

Hitlerism (հիթ'լըրիզմ) հիթլերականութիւն. Հիթլերի (1889–1945) վարդապետութիւն. Ազգ. Ընկերվարութիւն. *Hitlerite* (հիթ'լըրայթ) հիթլերական.

hive (հայվ) փեթակ. *a — industry* բազմազբաղ աշխատանքի վայր.

hives (հայվզ) մորթային հիւանդութիւն մը՝ ջրածաղիկ. կապոյտ հազ.

ho (հօ) ուշադրութեան հրաւիրել. *ho! ho!* ըզբաղումի բացագանչութիւն. *westward ho!* դէպի Արեւմուտք ճամբորդութեան կը սկսինք.

hoar(y) (հոր,-ի) ճերմկած (հնութեան կամ տարիքի պատճառով). շատ հին (ծեր). *hoar frost* ճերմակ սառի կաթիլներ.

hoard (հորտ) պահուած գանձ, գանձարան, դրամ (դիզել). գաղտնի ամբարել (անհատական գործածութեան համար)·

hoarding (*հոր'տինկ*) փայտէ տախտակ կամ պատ՝ ուր ծանուցումներ կը փակցուին·

hoarse (*հորս*) խռպոտ· կոշտ ձայն·

hoax (*հոքս*) մէկը խաբելով վրան խնդալ· այս ձեւի խաղ·

hob (*հապ*) կրակարանին կից երկաթէ դարակ ուր ամանեղէնները կը տաքցուին·

hobble (*հապլ*) կաղալ· ցուած (վնասուած) ոտքը (ձիուն)կապել·կաղութիւն·

hobbledehoy, hobbladehoy, hobbedehoy (*հապ'լտիհոյ*) անհոգ եւ անճարակ երիտասարդ·

hobby (*հապ'ի*) զբաղմունք հաճոյքի համար· նախասիրութիւն· պզտիկ ձի· գաւազան ձիու գլուխով· *to ride a — to death* հաճոյքի համար զբաղմունքին շատ ժամանակ յատկացնել·

hobby-horse (*հապ'ի-հօրս*) փայտէ ձի (մանկական խաղալիք)·

hobgoblin (*հապկապ'լին*) ուրուական· ճիւաղ·

hobnail (*հապ'նէյլ*) մեծ գլուխով կարճ գամ· պայտի գամ·

hobnob (*հապ'նապ*) բարեկամութիւն ընել· սրտակից խօսակցութիւն·

hobo (*հապ'օ*) անգործ թափառաշրջիկ անձ (Ա· Մ· Ն·)·

Hobson's choice (*հապ'սըն չոյս*) պարտադիր ընտրութիւն·

hock (*հոք*) կարթ· թեթեւ ճերմակ գինի· գրաւական դնելով՝ դրամ փոխ առնել·

hockey (*հոք'ի*) խոտին կամ սառին վրայ խաղցուող խաղ մը՝ ուր կը գործածուին կոր գաւազաններ եւ գնդակ· ճոկանախաղ·

hocus-pocus (*հո'քըս-փո'քըս*) խաբելու միտող (խօսք կամ գործ)·

hod (*հատ*) փայտէ տաշտ կղմինտր փոխադրելու·

hodgepodge (*հատճ'փատճ*) տես՝ *hotchpotch*. խառնիխուռն·

hoe (*հօ*) բրիչ· փորել· պեղել·

hog (*հոկ*) խոզ· աղտոտ անձ· կոշտ ձեւով կերակուր յափշտակել· *to go the whole —* գործ մը ամբողջացնել·

Hogmanay (*հոկմընէյ'*) տարուան վերջին օրուան խնճոյք (Սկովտիոյ մէջ)· կաղանդ·

hogshead (*հոկզ'հէտ*) փայտեայ հսկայ ընդունարան գինիի կամ այլ զօրաւոր խմիչքի· խոշոր հեղուկաչափ ($52^1/_2$ կամ 54 կալոն, շուրջ 239–246 լիթր)·

hoist (*հոյսթ*) աւելի բարձըր դիրքի մը հասած· *hoist with his own petard* իր խաղով բռնուած (թերութեան վրայ)· *a —* վերամբարձ մեքենայ· կռունկ· *to —*

բարձրացնել· պարզել (դրօշակ)·

hoity-toity (հօյ'թի-թօյ'թի) (բացաց·) զարմանքի եւ արհամարհանքի արտայայտութիւն.

hold (հոլտ) նաւուն մէջ տեղ՝ որ կը պարունակէ ապրանքները· ուժի հակակշիռ· *I have a hold on him* իշխանութիւն ունիմ իր վրայ· *to lay — on* ձերբակալել· բռնել·

hold (հոլտ) բռնել· առնել· պարունակել· *(held* անց·, անց· ընդ·) *to hold in the hollow of one's hand* կատարեալ իշխանութիւն ունենալ վրան· պաշտպանել, բռնել (որ չփլի)· *the cold weather —s* պաղ օդերը կը շարունակուին· *to hold a meeting* հաւաքոյթ մը կայացնել· *to hold a piece of land* կտոր մը հող ունենալ· *to — the town* քաղաքը պաշտպանել· *I — him to be a fool* համոզուած եմ թէ ապուշ մըն է· *he held his breath* շունչը բռնեց· *hold a man to his promise* ստիպել մէկը որ իր խոստումը կատարէ· *— your tongue* լեզուդ բռնէ· *to — up* մէկը կեցնել եւ կողոպտել· *to — forth* երկար ճառ մը արտասանել· *— hard!* կեցի՛ր·

holdings (հոլտ'ինկզ) սեփական գումար· վարձու հող·

hole (հոլ) ծակ· փոս· *I am in a —* մեծ դժուարութեան մէջ եմ· *like a rat in a —* թակարդը ինկած է ուրկէ անկարող է ազատիլ· *to pick —s in* թերութիւն մը գտնել· *— and corner methods* գաղտնի՝ անպարկեշտ գործելակերպ·

holey (հօ'լի) ծակոտ.

holiday (հօլ'իտէյ) տօնական (կրօնական) օր· արձակուրդ· ուրախութեան օր· արձակուրդ անցընել·

His Holiness Նորին Սրբութիւն.

holla, hollo, holloa (հօ'լը, հօլ'օ) բացականչութիւն՝ ուշադրութիւն հրաւիրող· հէ՜յ· բարեւ·

holland (հօլ'ընտ) հոլանտական կտաւ մը (հաստ դերձանով հիւսուած)· *H—* Հոլանտա· *Hollands* զօրաւոր խմիչք մը·

hollow (հօլ'օ) փոս· խոռոչ· ձոր· ջրանցք· պարապ· փորել (փոս)· *— cheeks* շատ նիհար (փոսը ինկած) այտեր· *a — victory* անարժէք յաղթանակ· *to beat someone —* ամբողջապէս յաղթել մէկուն· *—-eyed* փոսը ինկած աչքեր.

holly (հօլ'ի) մշտադալար ծառ փշատերեւներով եւ կարմիր փոքր պտուղներով· չիչխան·

hollyhock (հօլ'իհօք) բարձրահասակ բոյս՝ որ զօղունի երկայնքին ծադիկներ կու տայ. մոլոշավարդ.

holocaust (հոլ՛ըքոսթ) սարսափելի աղէտ (հըրդեհ, ջարդ, եւայլն).

holster (հոլ՛սթըր) ատրճանակի կաշիէ պատեան.

holt (հոլթ) պուրակ. կանաչութեամբ ծածկուած բլուր.

holy (հո՛լի) սուրբ. մաքրակենցաղ. *holiness* սրբութիւն. *holyday* (ներկայ ուղղագրութեամբ *holiday*) կրօնական տօն. արձակուրդ. *Holy Ghost (Spirit)* Սուրբ Հոգի. — *Land* Պաղեստին. *he is in — orders* քահանայ է. *a — terror* անհանոյ, գէշ նկարագրով անձ. *the Holy See* Սուրբ Աթոռ, Հռովմի Պապական Աթոռը.

holystone (հոլ՛իսթոն) նաւու տախտակամածը մաքրող քար.

homage (համ՛իճ) բարձր յարգանք նորտին կողմէ իր տիրոջ՝ աւատապետին՝ միջնադարուն. մեծարանք. պատիւ. հպատակութիւն. *to pay —* պատիւ ընծայել.

Homburg hat (համ՛պըրկ հէթ) այր մարդու յատուկ գլխարկ.

home (հո՛մ) տուն (սեփական). բնակարան. հայրենիք. ընտանեկան. հայրենի. *to drive a nail —* հաստատուն գամել. *his words went —* խօսքերը ունկնդիրներուն սիրտին դպան. *not at —* հիւր չ՚ուզեր ընդունիլ. *an at —* պարանցիկ հաւաքոյթ. *Home-rule* ինքնավարութիւն. *—-sick* տնախտ. *to feel at —* ինքզինք իր իր տան մէջ զգալ. *—land* հայրենիք. *—less* անտուն. *—ly speech* շատ պարզ ճառ. *—ly fare* պարզ կերակուր. *homely* անպաճոյճ. ոչ-գեղեցիկ (դէմք). *H— Office*, *H— Department* Ներքին Գործոց Նախարարութիւն (Անգլիա). *H— Secretary* Ներքին Գործոց Նախարար (Անգլ.).

homeopathy (հոմիափ՛ըթհի) նմանարուժութիւն. հիւանդութիւն մը բուժելու ձեւ, որուն համաձայն հիւանդին կը տրուի շատ փոքր քանակութեամբ նոյն դեղէն՝ որ կը յառաջացնէ տուեալ հիւանդութեան ախտանիշները.

Homeric (հոմէր՛իք) Հոմերական. — *verse* Հոմերական տաղաչափութիւն.

homestead (հոմ՛սթէտ) հողամասով շրջապատուած տուն (ագարակ).

homicide (համ՛իսայտ) մարդասպանութիւն. մարդասպան.

homily (համ՛իլի) քարոզ (Աստուծոյ մասին). տաղտկալի երկար բարոյախօսութիւն. *homiletic* (համիլէթ՛իք) քարոզական.

homing (հոմ՛ինկ) տուն

վերադարձ․ — *pigeon* երկար հեռաւորութիւններէ իր տունը (բոյնը) վերադարձող աղաւնի․

hominy (*համ'ինի*) եգիպտացորենի ալիւրով ապուր․

homo (*հոմ'օ*) մարդ (լատին․)․

homo- (*հոմօ* –) նախաբառ՝ որ կը նշանակէ նըմանող․ նոյն նկարագըրով․

homoeopathy (*հոմիոփ'ըթհի*) նմանաբուժութիւն․ տես՝ *homeopathy.*

homogeneous (*հոմըճի'նիըս*) համասեռ․ համատեսակ․ *homogeny* համասեռութիւն․

homograph (*հոմ'ոկրաֆ*) նոյն ուղղագրութեամբ այլ իմաստով (բառ)․

homonym (*հոմ'ընիմ*) բազմանիշ (բառ)․ օրինակ՝ *spring* (աղբիւր), *spring* (գարուն, ցատկել)․

homoousian (*հոմուա'իըն*) համագոյակից․ նմանագոյական․

homosexual (*հոմոսէքս'իուըլ*) միասեռական․ արուամոլական․ *—ity* միասեռականութիւն․

hone (*հոն*) փոքր ողորկ կարծր քար՝ որ դանակ (եւայլն) կը սրէ, յեսան․ իւղաքար․ սրել․

honest (*օն'էսթ, ան'էսթ*) պատուաւոր․ ճշմարտախօս․ արդար․

honey (*հան'ի, հըն'ի*) մեղր․ քաղցրութիւն․ անուշցնել․ գգուել․ *my* — իմ ամենասիրելիս (աղջիկ)․ —*-comb* (*հան'իքոմ*) մեղրախորիսխ․ *—ed (words)* մեղրածոր բառեր․ —*-eater* մեղուահաւ (թռչուն)․

honeymoon (*հան'իմուն*) մեղրալուսին (որ յաճախ ամուսնութեան մէջ կ'անցընեն)․

honeysuckle (*հան'իսաքըլ*) անուշաբոյր ծաղիկ մը (տիկոմ, կարմիր փողածաղիկ)․

honk (*հոնկք*) ինքնաշարժի ճչակ․ վայրի սագերու կարկաչ․

honorarium (*անըրէյ'րիըմ*) պատուագին․ պատուավճար․

honorary (*ան'ըրըրի*) պատուակալ (առանց վըճարումի աշխատող)․ *Honorary Magistrate* պատուակալ ատենակալի (դատաւոր) աստիճան եւ տիտղոս ունի, սակայն չի վճարուիր․

honour (*ան'ըր*) պատիւ․ յաւ անուն․ ինքնայարգանք․ համբաւ․ առաքինութիւն․ պատուել․ մեծարել․ *on my* — պատւոյս վրայ․ *a debt of* — պատւոյ պարտք (առանց մուրհակի)․ *maid of* — նաժիշտ․ *I did* — *to the meal* նաշը համեղ ըլլալով փառաւոր կերպով նաշեցի․ *do the —s of the house* իբր հիւրընկալ գործել․ *your H—* դատաւորին հետ խօսելու դարձուածք․ *—s of war* պարտուածի մը բնծայուած զինուորական պատուեսեր․ *point of* — պատուոյ հարց․ *sense of* — ուղղամտութիւն․ — *to whom — is due* պատիւը արժանաւորներուն մատուցանել․ *to* — *a promise* խոստում մը յարգել․ *to — a debt* պարտք մը վճարել․ *to render the last* — վերջին յարգանքը ընծայել (մեռեալի մը)․ — *-able* յարգելի․ յարգարժան․ *Right honourable* գերապատիւ․ գերաշնորհ․ վսեմաշուք․

hooch (հուչ) անօրակ ոգելից ըմպելի․

hood (հուտ) վեղար․ կընգուղ․ համալսարանական մետաքսէ վզնոց (իրենց պատմուճանի մէկ մասը)․ ինքնաշարժի տանիքը՝ զոր կարելի է ծալել․ ծածկել (վեղարով)․

hoodlum (հուտ'լըմ) (Ա․ Մ․ Ն․) դատարկապորտ, խուլիգան․

hoodoo (հու'տու) չար բախտ բերող․ չար բախտ բերել․

hoodwink (հուտ'ուինք) աչքը գոցել (կենդանիի մը)․ խաբել (անձ մը)․

hoof (հուֆ) սմբակ․ անասնոց չրջիլ․ ահւցել․ *he showed the cloven* — իր բնութեան գէշութիւնը ցոյց տուաւ․

hook (հուք) կեռ․ կարթ (ձուկ որսալու)․ մանգաղ․ կարթով ձուկ բռնել․ ճանկել․ — *and eye* ճարմանդ․ *I'll do it by hook or by crook* ինչ ձեւով ալ ըլլայ որոշած եմ յաջողիլ․ *do it on my own* — առանձին ընել (առանց մէկուն օգնութեան)․ *to — it* կծիկը դնել․

hookah (հու'քը) կլկլակ․

hook-up (հուք'-ափ) հեռասփռումի տարբեր կայաններ իրարու միացնել որպէսզի ունկնդիրները նոյն յայտագիրը լսեն (Ա․Մ․Ն․)․

hookworm (հուք'ուըրմ) ստամոքսային (աղիքային) որդ՝ որ արիւն կը ծծէ եւ հիւանդութիւն կը յառաջացնէ․

hooligan (հու'լիկն) խուլիգան․ հանրային կարգը խանգարող չարագործ․ ստահակ․

hoop (հուփ) շրջանակ (թարակ մետաղէ, թելէ կամ փայտէ)․

hoopoe (հու'փու) յոպոպ (թռչ․)․

hooray (հուր'էյ) ուրախութեան բացագանչութիւն․

hoot (հութ) հայհոյանք․ զայրոյթի աղաղակ․ կըռինչ (բուին հանած ձայնը)․

Hoover (հու'վըր) տախտակամածը աւլող, մաքրող եւ փոշին վերցնող մեքենայ (վաճառանիշի անուն)․

hop (հափ) ոստոստել․ միայն մէկ ոտքին վրայ ցատկել․ —*it!* կորսուէ՛, հեռացի՛ր․ *catch him on the* — բռնէ զինք երբ

անպատրաստ է տկա-
լին· *a* — փոքր ոստում·

hop (հափ) մագլցող բոյս
մը որուն պտուղէն գա-
րեջուր կը պատրաստեն·
պտղի· գայլուկ·

hope (հո՛փ) յուսալ եւ
փափաքիլ· յոյս· ակնկա-
լութիւն· *hoping against*
— յուսալ երբ յուսալու
ո՛չ մէկ յոյս կայ այլեւս·
— *in* վստահիլ· *—ful*
յուսալից· *—less* անյոյս·
a hopeless fool կա-
տարեալ ապուշ·

hopper (հափ՛ըր) ցատկըռ-
տող որեւէ փոքր միջատ·
ձագար·

hopscotch (հափս՛գոչ)
մանկական խաղ, մէկ
ոտքի վրայ ցատկելով,
միւս ոտքով քարի կտոր
մը քառակուսիներու մէ-
ջէն փոխադրել· ցայտա-
խաղ·

hop-thumb (հափ՛-Թհըմ)
շատ փոքր մարդ·

horde (հորտ) ասպատակող
հսկայ մարդկային զան-
գուած· հորդայ· հրոսա-
կախումբ·

horizon (հորայ՛զն) հորի-
զոն· *—tal* (հորիզոն՛Թըլ)
հորիզոնական·

hormone (հոր՛մոն) արեան
շնորհիւ մարմնի տարբեր
մասերը փոխադրուող
ուժանիւթ՝ որ աւելի
կ'աշխուժացնէ անոնց
գործունէութիւնը· են-
թագդակ· մղօն· հորմոն·

horn (հորն) կոտոշ· եղ-
ջիւր (կենդանիներու)·
եղջերանիւթ· եղջերափող
(երաժշտ·)· ճչակ (ինք-
նաշարժի)· *to draw in
one's —s* ճուազ գործօն
դառնալ· խռանդը զսպել·
take the bull by the —s
անվախօրէն դիմագրաւել
վտանգը· *to raise the —*
մեծխօսիկութիւններ ը-
նել· *to take a —* խար-
բենալ·

hornbill (հորն՛պիլ) շատ
խոշոր կտուցով թռչուն·
եղնեղջիւր (թռչ·)·

hornet (հորն՛էԹ) իշամեղու·
*to stir up a —'s
nest* խնդիրներ յարու-
ցանելով մարդիկ դէմդ
գրգռել·

hornpipe (հորն՛փայփ) հին
երաժշտական գործիք մը
եւ այդ գործիքով կա-
տարուող պար (նաւա-
տիներու կողմէ)· եղջե-
րափողով առանձնապար·

horology (հարալ՛ըճի) ժա-
մագործութիւն·

horoscope (հար՛ըսքոփ)
աստղերուն դիրքը մէկուն
ծննդեան ժամանակ եւ
ատկէ թելադրուած գու-
շակութիւն ենթակային
ապագային մասին· աղ-
թարք· պահացուցակ·

horrible (հար՛իպլ) սար-
սափելի· ահռելի·

horrid (հար՛իտ) շատ ան-
հաճոյ· վախազդեցիկ·

horror (հար՛ըր) մեծ սար-
սափ եւ ատելութիւն·
սոսկում· *the —s* թան-
դագուշանք·

hors de combat (օր՛ տը
գոմպա) նակատամար-
տէն դուրս ձգուած· աշ-
խատանքի սկսելու ան-
կարող·

hors d'oeuvre (օր տէօվ'րը) աղանդերներ (բուն կերակուրէն առաջ)։

horse (հորս) ձի. ձիակերպ (շինուածք). հեծակ. պատկերակալ. *a — breaker* ձիերը վարժեցնող. *— and foot* ձիաւոր եւ հետիոտն զինուորներ. *to ride the high —* հպարտ ըլլալ. *a dark —* անծանօթ յաղթակիր. *to flog a dead —* շարունակել խօսիլ բանի մը շուրջ՝ որ խնդրոյ առարկայ ըլլալէ դադրած է. *to look a gift — in the mouth* նուէր մը չհաւնիլ. *to put the cart before the —* գործ մը սխալ կարգով սկսիլ. *a — laugh* լիահագագ խնդուք. *— sense* ողջադատութիւն. *tell it to the — marines* ըսածիդ ո՛չ ոք պիտի հաւատայ.

horseman (հորս'մէն) ձիաւոր. ձիաւոր (զինուոր).

horse-power (հորս'-փաու'ըր) կրճատ՝ *h. p.* ձիու ոյժ (ուժի չափ որ հաւասար է՝ 550 լիպրա ծանրութիւնը մէկ երկվայրկեանի մէջ մէկ ոտք բարձրացնելուն).

horse-radish (հորս'-րէ'տիշ) վայրի բողկ.

horse-shoe (հորս'-շու) պայտ (ձիու).

hortative (հորթ'ըթիվ), *hortatory* (հորթ'ըթըրի) յորդորատուութիւն. պարտադրութիւն.

horticulture (հոր'թիքըլչըր) պարտիզամշակութիւն. պարտիզագիտութիւն.

hosanna (հոզան'ը) ովսաննա. փառաւորութիւն առ Տէր.

hose (հոզ) ջուրի քաուչուկէ խողովակ (պարտէզը ջրելու, կրակ մարելու, եւայլն). գուլպայ (այր մարդու թէ կնոջ). *hosiery* (հոզ'երրի) այր մարդու ներքնազգեստներ, ներմակեղէն. *hosier* այր մարդու ներմակեղէն ծախող. գուլպայագործ.

hospice (հոս'փիս) ճամբորդներու (աշխատաւորներու) հանգիստի տուն. հիւրավանք.

hospitable (հոս'փիթըպըլ, հասփիթ'ըպըլ) հիւրասէր. հիւրընկալ. *hospitability* հիւրասիրութիւն.

hospital (հաս'փիթլ) հիւանդանոց. *— attendant* հիւանդապահ(ուհի).

host (հոսթ) հիւրընկալ. *—ess* հիւրընկալուհի. տիրուհի.

host (հոսթ) մեծ ամբոխ. բանակ.

host (հոսթ) Սուրբ Հաղորդ. նշխար (պատարագի).

hostage (հաս'թիճ) պատանդ.

hostel (հաս'թլ) ուսանողներու բնակարան. աշխատաւորներու հանգիստի վայր. *—ry* իջեւան.

hostile (հոս'թայլ) թշնամական. հակառակ.

hostler (հաս'թլըր) կը գրուի նաեւ *ostler* (աս'լըր) ձիերու հոգ տանող մարդ․ ձիադարման․

hot (հոթ, հաթ) տաք․ տօթագին․ շատ ջերմ․ դիւրագրգիռ․ *in — water* դժուարութեան մէջ․ *— money* գողցուած թղթադրամ՝ զոր կարելի չէ ապահով կերպով գործածել․ *give it to him —* սաստկօրէն պատժել զինք․ *he is — on the scent (trail)* փափաքածը գտնելու վրայ է․ *this place is too — for him* այնքան գէշ անուն ձգած է որ ա՚լ ստիպուած է հեռանալ այս տեղէն․ *hot dog* տաք երշիկի սանտուիչ․

hot-bed (հոթ՛-պէտ) ջերմոց (բոյսերու)․ *a — bed of crime* չարագործներ արտադրող վայր․

hotch-potch (հոչ՛-փոչ, հաչ՛-փաչ), hotchpot (հոչ՛փոթ, հաչ՛փաթ) շատ մը նիւթերէ բաղկացած կերակուր (պղնակ)․ անկարգ․

hotel (հօթէլ՛) պանդոկ․ հիւրանոց․ *—ier, —keeper* պանդոկապետ․

hot-foot (—՛-ֆութ) մեծ անապարանքով․

hothouse (—՛հաուս) ապակիէ ջերմատուն (բոյսերու)․

Hottentots (հոթ՛նթոթս, հաթ՛նթաթս) Հարաւային Ափրիկէի բնիկներ (վաչկատուն), որոնք անհետանալու վրայ են գրեթէ․

hound (հաունտ) բարակ, շուն (որսորդութեան)․ շատ անարժէք մարդ․ *to — out* դուրս մղել․

hour (աուր) ժամ․ ժամանակ․ պահ․ *at the eleventh —* մետասաներորդ ժամուն․ *his — has come* մահուան (կամ մեծ բախտաւորութեան) ժամը եկած է․ *the question of the —* ներկայի ամենէն կարեւոր հարցը․ *in an evil —* գէշ (անբախտ) պատահարով․ դժբախտաբար․ *to keep good —s* կանուխ քնանալ․ ժամադրութիւնները յարգել․ *after —* գործի ժամէն ետք․

hour-glass (—՛-կլաս) աւազ պարունակող զաւաթ՝ որ մէկ ժամէն կը պարպուի (կը գործածուի իբր ժամանակացոյց)․

houri (հուրրի) շատ գեղեցիկ, չնաշխարհիկ կին․ հուրի (պարսկ․, արաբ․)․

house (հաուս) տուն․ ընտանիք․ ընտանիք․ ցեղ․ առեւտրական հաստատութիւն․ *to —* պատսպարել․ բնակիլ․ թաղել․ *to keep —* տունը մնալ (գործի բերումով)․ *House of God* եկեղեցի․ *The Upper (Lower) House* Լորտերու՝ (երեսփոխանական) ժողով․ *it went like a house on fire* շատ շուտով (մեծ յաջողութեամբ) գնաց․ *a full —* լեցուն թատրոն․ *to bring down the —* մեծ ոգեւորութիւն յաառջացնել քատրոնի մէջ. քուռն ծափահարութիւններ խլել. *House of Commons* (քա'մընս) Համայնքներու Պալատ. *House of Lords* Լորտերու Պալատ (Մեծն Բրիտանիա). *The White H—* Ա.Մ.Ն.ի նախագահական պաշտօնատունը. Սպիտակ Տունը. *to enter the —* խորհրդարանի անդամ ընտրուիլ.

housebreaker (հաուսպրէյք'ըր) գող' որ ցերեկ ատեն տուն մը կը մտնէ կողոպտելու նպատակով. խարխուլ տուներ փլող բանուոր (Ա.Մ.Ն.).

household (հաուս'հոլտ) ընտանիք. ընտանիքի անդամներ. *a — word* առտրենին խօսակցութիւն.

housekeeping տանտիկնութիւն.

housewarming (—'ուորմինկ) նոր տուն մը մըտնելէ ետք տրուած խընճոյք (հանդէս).

housewife (—'ուայֆ) տանտիկին. ասեղներու, դերձանի, եւայլնի փոքր տուփ.

hove (հով) *heave*ի անց. ատտանեցաւ. վերցուց. կանգնեցաւ.

hovel (հավ'ըլ) խրճիթ. հիւղակ. փրկել.

hover (հավ'ըր) նախրել. սաւառնիլ (թռչուն). երկմտիլ.

how (հաու) ինչպէ՞ս. ինչո՞ւ. ցիրակ.

howdah (հաու'տը) փիղին վրայ հաստատուած փոքր տաղաւար' ուր փիղը առաջնորդողը նստած կ'ըլլայ.

howitzer (հաո'ւիցըր) կարճ թնդանօթ ծանր ռումբեր արձակող. ռըմբընկէց.

howl (հաուլ) ոռնալ (շունի, գայլի, եւայլն). գոռալ հովի հանած ձայնը. ոռնալ. *a howler* շատ ծիծաղելի սխալ մը. *a —ing success* մեծ յաջողութիւն.

howsoever (հաուսոէվ'ըր) ամէն պարագայի տակ. ինչպէս ալ ըլլայ.

hoyden (հոյ'տըն) կոշտ գեղջկուհի.

hub (հըպ) անիւին կեդրոնը. նշանակէտ.

hubble-bubble (հապլ'-պապլ') կլկլակ.

hubbub (հըպ'ըպ) մեծ աղմուկ. վայնասուն.

hubby (հը'պի) ամուսին.

huckleberry (հըք'ըլպէրրի) փոքր սեւ կամ մութ կապոյտ գոյնով պտուղ տըւող ծառ մը. մրտենիի հապալասի.

huckle-bone (հըք'ըլ—պոն) ազդրոսկր.

huckster (հըք'սթըր) մանրավաճառ. փերեզակ. կծծի.վարձկան հոգիով անձ.

huddle (հըտ'լ) իրարու խռնուիլ. իրարու վրայ դիզուիլ (պաղ օդի կամ մեծ վախի պարագային).

hue (հիու) գոյն (բաց կամ գոց). մասնայատուկ գոյն մը. աղաղակ. *— and cry* գոռում-գոչում (գողը բռնելու համար).

huffed (*հըֆթ*) չղայինն· չղայնացած· *huffy* դիւրաւ զայրացող· դիւրաբորբոք·

hug (*հակ, հըկ*) սեղմել (կուրծքին)· գրկել· ողջագուրում· *to hug the shore* ցամաքին շատ մօտենալ (նաւը)· *to — oneself* գաղտնի ուրախութեան զգացումով տոգորուած ըլլալ·

huge (*հիուճ*) հսկայ· ամեհի· անսահման·

hugger-mugger (*հըկ'ըր-մըկ'ըր*) անկարգութիւն· շփոթութիւն· ծածկամըտութիւն·

hulk (*հալք, հըլք*) հին, գործածութենէ ինկած նաւու մարմին· հսկայ կոշտ անձ (առարկայ)՝ որ դժուար է տեղէն շարժել· դանդաղօրէն շարժիլ· շատնալ· *—ing* հսկայ եւ անշնորհք (տձեւ)·

hull (*հըլ*) թեփ (ցորենի)· կեղեւ (որեւէ պտուղի)· որեւէ նաւու միայն մարմինը (առանց առագաստի, պարաններու, եւայլն)·

hullabaloo (*հալ'ըպըլու*) մեծ խառնաշփոթ աղմուկ· մռնչիւն·

hullo (*հալօ', հըլօ'*), *hulloa* (*հըլօ'*) ողջոյնի (զարմանքի) բացագանչութիւն·

hum (*համ, հըմ*) բզզալ (մեղուի պէս)· քիթին տակէն երգել· մռմռալ· *to — and haw* նման հնչումներ արձակել երբ ճառելու ժամանակ նեղը մնացած ես· *to make things —* գործի մը ընթացքը արագացնել·

human (*հիու'մըն*) մարդկային· մարդկայնական· *—ly speaking* իբր մարդ խօսելով, այսինքն՝ որուն համար սխալիլը բնական է·

humane (*հիու'մէյն*) ազնիւ եւ հեզահամբոյր· *— learning* մարդկային եւ արուեստներու ուսմունք·

humanism (*հիու'մընիզմ*) մարդկայնութիւն· մտածելակերպ՝ որ մարդը ամենէն կարեւոր առարկան կը նկատէ ուսումնասիրութեան (ոչ Աստուած կամ բնութիւն) արժանի· *humanist* մարդասէր·

humanitarian (*հիումէնի-թէր'իըն*) մարդկայնական· մարդկային·

humanity (*հիումէն'իթի*) մարդկութիւն· բովանդակ մարդկային ցեղը· *the humanities* Լատիներէնի եւ հին յունարէնի ինչպէս նաեւ հին դպրութեան ուսումնասիրութիւն·

humanized milk կովու կաթ·

humankind (*հիւմըն'-քայնտ*) մարդկութիւն·

humble (*հըմ'պլ*) խոնարհ· համեստ· խոնարհեցնել· պզտիկցնել· *of — birth* համեստ ծագումով· *my — task* իմ անկարեւոր պարտականութիւնս·

humble pie (*հըմպ'լ-փայ*) *to eat —pie* ըրած սխալին համար ներողութիւն խնդրել. անարգանքը ընդունիլ. առանց տրտնջալու հպատակիլ.

humbug (*համ'պակ*, *հըմ'պըկ*) խաբեբայական արարք. անպատիւ եւ յեբիւրածոյ խօսք (ճառ). *a* — յաւակնոտ անձ. *to* — խաբել.

humdrum (*համտ'րամ*, *հըմ'տրըմ*) բութ. անհետաքրքիր, ապուշ (մարդ).

humerus (*հիու'մըրըս*) բազկոսկր.

humid (*հիու'միտ*) խոնաւ. —*ity* (*հիումիտ'իթի*) խոնաւութիւն.

humiliate (*հիումիլ'իէյթ*) նուաստացնել. ամչցնել. —*tion* նուաստացում. ընկճում.

humility (*հիումիլ'իթի*) խոնարհութիւն. խոնարհամտութիւն. հեզութիւն.

humming bird (*համ'ինկ պըրտ*) շատ փոքր գունագեղ թռչուն մը՝ որ իր թեւերուն արագ թափահարումովը մեղուներու բզզոցին պէս ձայն մը կը հանէ. հծծահաւ.

hummock (*համ'աք*) բլրակ (ծառազարդ). սառնակոյտի կատար.

humour (*հիու'մըր*) որեւէ հեղուկ (հին. առում). մարմնի մէջ գտնուող որոշ հեղուկներ. արցունք. զուարթամտութիւն. նուրբ հեգնանք. *he is good-humoured* զուարթախոհ՝ ազնիւ է. *to — a child* մանուկ մը երջանկացնել բոլոր ուզածները տալով անոր. *humorist* զուարթաբան (գրող, անձ).

hump (*համփ*, *հըմփ*) կուզ (մարդու, կենդանիի). սապատ (ուղտի). *to — the swag* թափառիլ.

humph (*հըմֆ*) բացագանչութիւն՝ անհլութիւն կամ հաւատքի պակաս բացայայտող. ո՛ւֆ. է՛. հը՛.

humus (*հիու'մըս*) փտած տերեւներուն գոյացուցած հողը. բուսահող

hunch (*հանչ*, *հընչ*) կատուի սապատ (կուզ) երբ կը բարկանայ. —*back* սապատաւոր. *I have a hunch* (առանց որոշ պատճառի մը) կը հաւատամ թէ.

hundred (*հըն'տրըտ*) 100. —*fold* հարիւրապատիկ. — -*weight* 112 լիպրանոց ($^1/_{20}$ թոն, 50,302 քիլօ) ծանրութիւն.

hung (*հանկ*) *hang*ի անց. եւ անց. ընդ. կախեց. կախած.

hunger (*հանկ'կըր*, *հընկ'կըր*) անօթութիւն. որեւէ ուժեղ փափաք. *to go on a — strike* հացադուլ յայտարարել (բանտի մէջ). *hungry* (*հընկ'րի*) անօթի.

hunk (*հընկք*) խոշոր կըտոր. զանգուած.

hunker (*հըն'քըր*) յետադիմական.

hunt (*հանթ*, *հընթ*) որսորդութեան երթալ. որսալ. ետեւէն իյնալ. կորսուածը փնտռել. *to* —

up, to — out դժուար գտանելի բան մը փնտրել· *hunter* որսորդ· ագուէսի որսորդութեան ժամանակ գործածուող ձի· որսի շուն· *—ing* որսին ետեւէն երթալը·

hurdle (*հըր՛տլ*) ոճրագործը փոխադրող վանդակորմներով կառք· տախտակէ կազմածներ՝ որոնց վրայէն արգելարշաւ կ'ընեն·

hurdy - gurdy (*հըր՛տի-կըր՛տի*) հին ատեն գործածուող երաժշտական գործիք· փողոցի երգեհոն·

hurl (*հըրլ*) ուժով նետել· սեղան(թաղիք հիւսելու)·

hurly-burly (*հըր՛լի- պըր՛-լի*) վայնասուն· մեծ աղմուկ եւ իրարանցում·

hurrah (*հուրա՛*) ուրախութեան բացագանչութիւն·

hurricane (*հըր՛իքըն, հըր՛իքէյն*) շրջանակաձեւ փչող զօրաւոր հով· ոլորամրրիկ· *— -lamp* հովէն չմարող լամբ·

hurry (*հար՛ի, հըր՛ի*) աճապարել· աճապարանք· վազք· *to be in a —* աճապարանքի մէջ ըլլալ· *to — off (back)* շուտով մեկնիլ (վերադառնալ)· *— no man's cattle* համբերատար եղիր· *hurry-scurry* աճապարանքի մէջ·

hurt (*հըրթ*) վնասել· ցաւցնել (մարմինը կամ միտքը)· կործանել· *to — the feelings of someone* մէկուն զգացումները վիրաւորել·

hurtle (*հըր՛թլ*) մեծ արագութեամբ եւ ուժգնութեամբ երթալ· թնդալ· իրարու զարնուիլ·

husband (*հազ՛պընթ, հըզ՛-պընթ*) ամուսին· էրիկ մարդ· նախկին առումը՝ խնամակալ, գործակատար· *to — one's money* դրամը մեծ խնայողութեամբ գործածել·

husbandman (*հազ՛պընտ-մըն*) ագարակապան· հողագործ· *husbandry* ագարակային (հողագործական) աշխատանք·

hush (*հաշ*) լռեցնել· *hush!* լռեցէ՛ք· *to — up the affair* գործի մասին լռութիւն պահել· *hush-money* մէկուն գումար մը տալ փոխարէնը պահանջելով որ իր գիտցած վատ մէկ գործին մասին լռէ·

husk (*հասք*) կեղեւ (հացահատիկի)· կճեպ·

husky (*հաս՛քի*) կոշտ, անհարթ, տկար ձայն (կոկորդի յոգնածութեան եւ չորութեան պատճառաւ)·

hussar (*հուզար՛*) ձիաւոր զինուոր (Հունգար)·

hussy (*հըզի՛, հըսի՛*) ինկած բարքով կին·

hustings (*հաս՛թինկզ*) ընտրափոխանական ընտրապայքարի վայր (սրահ)·

hustle (*հաս՛լ*) աճապարել· ճամբայ բանալ (ուրիշները հրմշտկելով)· *he is a —* շատ գործունեայ եւ ձեռներէց անձ մըն է·

hut (*հաթ, հըթ*) խրճիթ. տնակ.

hutch (*հըչ*) ճագարներ (կամ այլ փոքր կենդանիներ) պահելու համար շինուած յատուկ յարմարութիւն. հանքահորէն քարածուխ փոխադրող ցած վակոն. տուփ. արկղիկ.

huzza, huzzah (*հուզա՛*) կեցցէ՛, ապրի՛ պոռալով ծափահարել.

hyacinth (*հայ՛ըսինթհ*) անուշաբոյր գարնանային ծաղիկ. յակինթ. սմբուլ. *wild* — վայրի սմբուլ. զանգակածաղիկ.

hyaena, hyena (*հայիհ՛ը*) գարշահոտ դիակակեր անասուն. բորենի.

hybrid (*հայ՛պրիտ*) խառնածին (կենդանի). այլաբոյս.

hydrangea (*հայտրէյն՛ճիը*) խոշոր կլորաձեւ ծաղիկներ—տուող բոյս. դրախտավարդ.

hydrant (*հայ՛տրընթ*) խոշոր ջուրի խողովակ՝ կրակը մարելու համար. ջուրի խցան. ջրանիւ.

hydrate (*հայ՛տրէյթ*) ջուրի եւ ուրիշ նիւթի մը (նիւթերու) խառնուրդէն յառաջ եկած բաղադրութիւն.

hydraulic (*հայտրո՛լիք*) ջրաքարշ. ջուրի ուժով աշխատող.

hydro- (*հայտրօ —, հայտրա —*) նախդաւ՝ որ ջուրի հետ առնչութիւն ցոյց կու տայ. —*electric company* ջրելեկտրական ընկերութիւն. *a Hydro* բժշկական բուժարանութիւն ունեցող պանդոկ.

hydrogen (*հայ՛տրըճըն*) ամենէն թեթեւ կազը (դիւրավառ, անգոյն, անհոտ)՝ ջրածին. — *bomb* ջրածնային ռումբ. (այս ռումբին մէջ ջրածինի հիւլէները կը կազմալուծուին եւ նոր կազ մը կը գոյացնեն՝ *helium*, այսպէս աշխարհի ամենէն ահաւոր եւ վնասաբեր պայթումը յառաջացնելով).

hydrometer (*հայտրոմ՛իթըր*) աստիճանաւոր գործիք մը՝ տեսակարար ծանրութիւն եւ հետեւաբար հեղուկներու ուժը գտնելու համար. ջրաչափ (գործիք).

hydrophobia (*հայտրաֆո՛պիը*) կատաղութիւն (կատղած շունի խածնելէն յառաջացած հիւանդութիւն). ջրավախութիւն, որ կ'ենթադրուի թէ կատաղութեան ախտանիշներէն մէկն է.

hydroplane (*հայ՛տրափլէյն*) ջուրին երեսէն սուրացող շարժակաւոր տափակ նաւակ. ջրօդանաւ.

hydroponics (*հայտրափա՛նիքս*) քիմիական հեղուկի մը մէջ տնկամշակութիւն.

hydrotherapy (*հայտրաթ՛էրըփի*) ջրաբուժութիւն.

hyena (հայինը՛) տես՝ *hyaena* բորենի.

hygiene (հայ՛ճի՛ն) առողջապահութիւն. *hygienic* (հայճին՛իք) առողջապահական.

hygro- (հայկրը –) նախաբառ՝ որ խոնաւութեան հետ առնչութիւն ունի. —*scope* (հայ՛կրըսքոփ) մթնոլորտին խոնաւութիւնը ցոյց տուող գործիք.

hygroscopic (հայկրըսք՛ոփիք) խոնաւնալով հեղուկի վերածուիլը. խոնաւացուցական.

Hymen (հայ՛մէն) ամուսնութեան չաստուածը. *hymen* կուսութեան թաղանթը. —*eal* (հայմէն՛իըլ) ամուսնական.

hymenoptera (հայմէնափթ՛ըրը) չորս թեւեայ միջատներ (մեղու, մրջիւն, եւայլն).

hymn (հիմ) օրհներգ. գովերգ (ազգային). երգ. օրհներգել. գովերգել. —*al* հոգեւոր երգարան. տաղարան.

hyper- (հայփըր՛ –) նախաբառ՝ որ կը նշանակէ վրայ, վրայէն, շատ.

hyperbola (հայփըր՛պոլը) ձգողականութեան ենթարկուիլը. անդրաձիգ.

hyperbole (հայփըր՛պըլի) գրական չափազանցութիւն.

hyperborean (հայփըրպո՛րիըն) ծայրագոյն հիւսիսը բնակող ցեղ մը (դից.). անդր հիւսիսային. շատ ցուրտ.

hypercritic (հայփըրքրի-թ՛իք)ծայրայեղ քննադատ.

hyperphysical (հայփըրֆի-զ՛իքըլ) գերբնական. բընազանցական.

hypertrophy (հայփըր՛-թրաֆի) մարմնի մէկ օրկանին (մասին) անբնական աճը.

hyphen (հայ՛ֆըն) միացման գծիկ (–). գծիկ.

hypholin (հայ՛ֆալին) փէնէսիլինի նմանող դեղանիւթ մը.

hypnotism (հիփ՛նըթիզմ) քնէածութիւն. քնածութիւն յառաջացնել՝ որուն ընթացքին ուզուածը կարելի է ընել տալ ենթակային. *hypnotize* (հիփ՛-նըթայզ) քնէածութեան վիճակին բերել.

hypo (հայփ՛օ) լուսանկարը հանելու համար գործածուած ներմակ փոշի.

hypo- (հայփ՛օ –) նախաբառ՝ որ կը նշանակէ՝ աւելի պակաս քան. տակը.

hypochondriac (հայփո-քան՛տրիաք) հոգեկան ցած (մելամաղձոտ) տրամադրութիւն, հետեւանք առողջական վիճակի մասին եղած կասկածին.

hypocrisy (հիփաք՛րիսի) կեղծաւորութիւն. *hypocrite* (հիփ՛աքրիթ) կեղծաւոր.

hypodermic (հայփատըր՛-միք) ենթամորթային ասեղ. ներարկումով դեղ (մորթին տակ տրուած).

hypogean (հիփաճի՛ըն) ենթահող.

hypotenuse (հայփաթ՛ի-

նիուս) ու գգանկիւն ռանկիւնի մը ուղղանկիւնին հակառակ կողմը գտնուող գիծը. հակուդիղ.

hypothecate (*հայփաթհ'իգէյթ*) գրաւի դնել (առարկայ մը).

hypothesis (*հայփաթհ'իսիս*) վարկած.

hyssop (*հիս'ըփ*) մացառուտքի բոյս՝ որ կու տայ կապոյտ ծաղիկներ՝ զօրաւոր հոտով, համը՝ կծու. մշտիկ. զոպայ.

hysteria (*հիսթի'րիը*), **hysterics** (*հիսթէր'իքս*) զգայութիւններու խանգարում՝ որուն հետեւանքով մէկը առանց պատճառի կու լայ կամ կը խնդայ. անհակակշիռ ըզգայութիւն. արգանդախեղդ. ջղացնցութիւն.

hysteric, hysterical ջըղացնցական.

I

I, i (*այ*) անգլերէն լեզուի 9րդ տառը եւ 3րդ ձայնաւորը.

I (*այ*) ես (անձ. դեր.).

iatric, iatrical (*աէթ'րիք, —րըլ*) բժշկական. բուժական.

Iberian (*այպի'րիըն*) Իբերիական. սպան. եւ փորթուգալեան. — *Peninsula* Իբերեան թերակղզի (Սպանիա եւ Փորթուգալ).

ib. (*իպ.*) կրճատ ձեւը *ibid., ibidem*ի.

ibex (*այ'պէքս*) վայրի այծ. այծքաղ.

ibid., ibidem (*իպայ'տ., իպայ'տէմ*) միեւնոյն տեղը, անդ (գիրքին մէջ).

ibis (*այ'պիս*) երկար սրունքներով խոշոր ջրային թռչուն. քաջահաւ.

ible, able (*ըպլ, էպլ*) բառավերջի մասնիկ —ելի իմաստով. *reducible* (*րիտիուս'ըպլ*) զեղչելի. *eatable* (*իյթ'էպլ, իյթ'ըպլ*) ուտելի, զոր կարելի է ուտել.

ice (*այս*) սառ. պաղպաղակ. սառած քաղցրեղէն. սառով ծածկել. սառեցնել. շաքարով պատել. *to break the ice* սառը հալեցնել. բարեկամութեան առաջին դժուարին քայլը առնել. *to cut no* — անկարեւոր ըլլալ. *on thin ice* վտանգաւոր վայրի՝ դիրքի մէջ. *ice-age* սառցաշրջան. — *-berg* սառնակոյտ. սառնալեռ. — *-boat* սառցահատ նաւ. սառին վրայէն ընթացող թեթեւ նաւ. — *-cream* պաղպաղակ. — *-pack* սառնակոյտ (հիւսիսային եւ հարաւային բեւեռներու շրջաններուն մէջ).

ichneumon (*իքնիու'մըն*) կատուանման փոքր կենդանի որ օձ կը սպաննէ. հետահաւ. —*fly* (*—ֆլըլայ*) միջատ (ճանճ) որ հաւկիթները ուրիշ միջատներու մարմնին վրայ կ'ածէ.

ichthyo- (*իք'թհիը —*) նախաբառ որ ձուկի հետ առնչութիւն ցոյց կու տայ. ձկնա — *ichthyosaurus* (*իքթհիըսօ'րըս*) շատ հին ժամանակներու կենդանի խոշոր բերանով ձկանման մարմնով. ձըկ-նամողէս.

icicle (*այս'իքըլ*) շքաքարի ձեւով սառած ջուր. պաղլորակ.

icing (*այս'ինկ*) բլիթներու վրայ շաքարի փոշի ցանելը. սառով ծածկելը.

icon (*այ'քան*) նուիրական առարկայ. (օր. սուրբի մը նկարը).

iconoclast (*այքոն'ըքլասթ*) պատկերամարտ. նուիրական մասունքները պատըռտող. հին համոզումներու եւ սովորութեանց դէմ պայքարող անձ.

iconoscope (*այքոն'ըսգոփ*) հեռուստատեսիլով նկարներ ղրկող գործիք. ռատիօ պատկերներ.

icterus (*իք'թէրըս*) դեղնուկ. դեղնութիւն (հիւանդ.). դեղնախտ.

icy (*այ'սի*) սառով պատած. սառնանման. շատ պաղ.

idea (*այտի'ը*) գաղափար. մտապատկեր. միտք. մըտածմունք. նպատակ. *fixed* — սեւեռակէտ.

ideal (*այտի'ըլ*) իտէալ. տեսլական. հրաշալի. *idealism* (*այտի'ըլիզմ*) գաղափարապաշտութիւն. տեսլականութիւն. իտէալականութիւն. փիլիսոփայական ուսմունք, ըստ որուն գաղափարէն (հոգիէն, միտքէն) կը ծնի նիւթը, միակ իրականը գաղափարն է. հակառակ ուսմունքն է *materialism*ը (նիւթապաշտութիւն). *idealist* իտէալիստ՝ բարոյական կամ փիլիսոփայական իմաստով. *idealize* իտէալականացնել. երեւակայել.

idée fixe (*իտէ-ֆիքս'*) կաղապարուած միտք.

idem (*իյ'տէմ*), **id** (*իտ*) նոյնը (գրագէտ, գիրք, բառ).

identical (*այտէն'թիգըլ*) նոյնը. նիշդ. նման. նոյնատեսակ. *identify* (*այտէն'թիֆայ*) ինքնութիւնը ճշդել (փաստել). *identity* (*այտէն'թիթի*) ինքնութիւն. — *-card* ինքնութեան թուղթ.

ideogram (*իտ'իակրամ*) *ideograph* (*իտ'իակրաֆ*) գաղափարագիր. գաղափարանշան (օր. չինարէնը).

ideology (*այտիալ'ըճի, իտէալ'ըճի*) գաղափարաբանութիւն. *communist* — համայնավարական գաղափարաբանութիւն.

id est (*իտ էսթ*) (կարճ՝ *i.e.)* օրինակի համար.

idiocy (*իտ'իըսի*) տկարամըտութիւն. տխմարութիւն.

idiom (*իտ'իըմ*) ոճ. դարձուածք. գաւառաբարբառ.

idiosyncrasy (*իտիըսին'քրըսի*) մասնայատկութիւն. սովորամոլութիւն.

idiot (*իտ'իըթ*) խենդ. յիմար. ծնունդով տկարամիտ.

idle (*այ'տլ*) ծոյլ. անգործ. պարապ. թուք. անարժէք. *it is — to* *expect* ի զուր է ակնկալել. *to — away one's time* զուր տեղը վատնել ժամանակը.

idol (*այ'տլ*) կուռք (մարդու կամ կենդանիի) պաշտելու համար. բարձրօրէն յարգուած (հիացումի առարկայ) մարդ. *idolater* (*այտալ'ըթըր*) կռապաշտ. *idolize* (*այ'տըլայզ*) կուռքի վերածել. մեծապէս յարգել եւ մեծարել. *idolatry* (*այտալ'ըթրի*) կռապաշտութիւն. խորազոյն սէր (համարում).

idyl(l) (*այ'տիլ, իտ'իլ*) հովուերգական փոքր քերթուած. *idyllic* (*այտիլ'իք*) հովուերգական. շատ հաճելի եւ գրաւիչ.

if (*իֆ*) եթէ. թէ որ. *as —* իբր թէ. *— not* եթէ ոչ.

igloo (*իկ'լու*) սառէ շինուած տնակ. էսքիմոցիի ձիւնատուն.

igneous (*իկ'նիըս*) կրականման. հրեղէն. հրաբըխային.

ignite (*իկնայթ'*) կրակի տալ. վառել. *—tion* (*իկնիՙշըն*) կիզում. հըրդեհում. *the —tion* գործիքներ՝ որ բռնկեցնելով ինքնաշարժին կազը՝ զայն յառաջ կը մղեն.

ignoble (*իկնո'պլ*) ստորին ծագումով. ցած ենկարագրով.

ignominous (*իկնոմին'իըս*) ամօթալի. ստորնաքարշ. *ignominy* (*իկ'նըմինի*) անպատուութիւն.

ignoramus (*իկնըրէյ'մըս*) տգէտ (անձ). տգէտ յաւակնոտ.

ignorant (*իկ'նորընթ*) տըգէտ. գիտելութենէ բոլորովին զուրկ. *ignorance* տգիտութիւն.

ignore (*իկնոր'*) անգիտանալ. նկատողութեան չառնել.

iguana (*իկիուա'նը*) մեծ մողէս մը (Պրազիլ).

ikon տես՝ *icon* նուիրական առարկայ.

Iliad (*ի'լիըտ*) Հոմերոսի «Իլիականը»՝ որ Տրովադայի պաշարման պատմութիւնն է.

ilk (*իլք*) նոյն. *of that —* այդ նոյն տեսակին, այդ անունին.

ill (*իլ*) հիւանդ (ծանր). անպիտան. վատ. չարիք. աղէտ. *an — turn* վնասաբեր գործ. *ill blood, ill will* ատելութիւն. *— usage* գէշ վարմունք (գործածութիւն). *—tempered* վատ տրամադրըուած. նեղացած. *I take it —* նեղացած եմ ատկէ. *I can — afford it* դժուար կարող եմ այդ գումարը վճարել եւ զնել.

ill-advised ոչ-իմաստուն. անխոհուրդ.

ill-affected թշնամական. անբարեացակամ.

ill-bred անքաղաքավարի. կոշտ.

ill-disposed վատ տրամադրըուած. թշնամական.

illegal (*իլի'կըլ*) անօրինական. ապօրէն. օրէնքէ դուրս.

illegible (*իլէճ'իպլ*) անընթեռնլի·

illegitimate (*իլէճ'իթիմէյթ*) անօրինակ· ապօրինի (զաւակ)·

ill-fame վատ համբաւ·

ill-fated դժբախտ· տարաբախտ·

illiberal (*իլիպ'ըրըլ*) նեղմիտ· պահպանողական·

illicit (*իլիս'իթ*) ապօրէն· անվաւեր· արգիլուած·

illimitable (*իլիմ'իթըպլ*) անսահման· շատ մեծ·

illiteracy (*իլիթ'ըրըսի*) անգրագիտութիւն·

ill-natured (*իլնէյ'չըրտ*) կոպիտ· դաժան·

illogical (*իլաճ'իգլ*) անգործնական· անտրամաբանական·

ill-starred (*—'-սթարտ*) անբախտ· տարաբախտ· չար աստղի տակ ծնած·

illuminate (*իլիում'ինէյթ*) լուսաւորել· պայծառացընել· գեղազարդել (գիրք մը)· *—tor* լուսաւորիչ· *Saint Gregory the Illuminator* Սուրբ Գրիգոր Լուսաւորիչ·

illumine (*իլիու'մին*) լուսաւորել·

illusion (*իլիու'ժըն*) պատրանք· խաբկանք· երազանք· *illusive* (*իլիու'սիվ*), *illusory* (*իլիու'սըրի*) պատրանական· խաբէական· ցնորական·

illustrate (*ի'լըսթրէյթ*) պատկերազարդել· յստակացնել (օրինակներով)· *—tive* լուսաբանական· բացատրողական·

illustrious (*իլըս'թրիըս*) նշանաւոր· զարդական· նկարազարդուած· փայլուն·

im - (*իմ* –) ժխտական նախամասնիկ = *in—*, *un—*.

image (*իմ'իճ*, *իմ'էճ*) նըկար· մտապատկեր· քանդակ (մետաղի, փայտի վրայ)· կուռք· *speak in —s* պատկերայնութեամբ խօսիլ· *he is the living — of the king* նիշդ թագաւորին կը նմանի·

imagery (*իմ'իճըրի*) պատկերներ· դիմապատկեր մարդու (կենդանիի)՝ քարէ կամ մետաղէ պատրաստուած· պատկերաւոր խօսակցութիւն (գըրութիւն)·

imagine (*իմէճ'ին*) երեւակայել· մտապատկերել· *imaginary* (*իմէճ'ինըրի*) երեւակայական· *—native* ցնորական· հնարողական· անգործնական մտայղացողական· *—nation* երեւակայութիւն·

imâm (*իմամ'*), imaum (*իմամ'*) իսլամ կրօնական· իսլամ առաջնորդ·

imbecile (*իմպէսի'լ*) ապուշ· տկարամիտ·

imbed (*իմպէտ'*) զօրաւոր կերպով հաստատուիլ (որեւէ նիւթի մէջ)· հաստատել· թաղել· տես՝ *embed*.

imbibe (*իմպայպ'*) ներծըծել· ներս քաշել· խմել· իւրացնել (գաղափարներ)·

imbroglio (*իմպրո'լիօ*) խառնաշփոթութիւն (գա-

գաղափարներու եւ ծրագիրներու)·

imbrue, embrue (*իմպրու՛*) գունաւորել· աղտոտել· կեղտոտել· բծաւորել· *to — the hands with blood* արեամբ կեղտոտել ձեռքերը·

imbue (*իմպիու՛*) չորցնել· ներկել· գունաւորել· *to — with hate* ատելութեամբ լեցնել (մէկուն դէմ)·

imitate (*իմ՛իթէյթ*) ընդօրինակել· ձեւացնել· կեղծել·

immaculate (*իմէք՛իուլէյթ*) անբիծ· անարատ· անսխալ·

immanent (*իմ՛ընընթ*) մէջը բնակող· ամէն տեղ ներկայ եղող· ներքին·

immediate (*իմի՛՛տիըթ*) անմիջական· շատ մօտը· *— family* մէկուն ծնողքը, քոյրերն ու եղբայրները·

immemorial (*իմէմոր՛իըլ*) շատ հին· անյիշատակ· վաղեմի·

immense (*իմէնս՛*) շատ մեծ· հսկայ· անսահման·

immerge (*իմըրճ՛*) մխրճել· խոթել· թաթխել·

immerse (*իմըր՛ս*) ջուրին մէջ դնել (մխրճել)· *—d in a book* գիրքի մը մէջ մխրճուած· *—d in difficulties* դժուարութիւններու մէջ թաղուած·

immigrant (*իմ՛իկրընթ*) գաղթական եկած մէկը· *to immigrate* գաղթական գալ· պանդխտանալ· *—tion* ներգաղթ· պանդըխտութիւն·

imminent (*իմ՛ինընթ*) շատ մօտ· անմիջապէս պատահելիք· մօտալուտ· *imminence* վերահասութիւն·

immobile (*իմապ՛իլ*) անշարժ·

immodest (*իմատ՛ըսթ*) յայրատ· անպարկեշտ·

immoderate (*իմատ՛ըրէթ*) անժուժկալ· յախուռն·

immolate (*իմ՛ոլէյթ*) զոհաբերել (չաստուածի մը)·

immoral (*իմոր՛ըլ*) անբարոյիկ· չարագործ·

immortal (*իմոր՛թըլ*) անմահ· յաւերժօրէն ապրող· *The Immortals* Ֆրանս. Ակադեմիային անդամները·

immune (*իմիուն՛*) զերծ, ախտազերծ· անխոցելի· *I have had that disease and so am —* անգամ մը բռնուած եմ այդ հիւանդութենէն, հետեւաբար կրկին հիւանդանալու վտանգ չկայ ալ· *—ity* ախտազերծութիւն·

immure (*իմիուր՛*) բանտարկել· արգելափակել·

immutable (*իմիութ՛ըպլ*) անփոփոխելի·

imp (*իմփ*) փոքր սատանայ· գէշ ոգի· չարաճճի փոքրիկ· ծիլ· որդեգրել· *—ish* սատանայական·

impact (*իմ՛փէքթ*) ընդհարում (երկու առարկաներու)· *to —* (*իմփէքթ՛*) սեղմել (իրարու)·

impair (իմփէր՛) տկարացընել. պակսեցնել (քանակը, արժէքը, ուժը, եւայլն).

impale (իմփէյլ՛) շամփուրել. խոցել (սրածայր բանով մը). ցցահարել.

impalpable (իմփէլ՛փըպըլ) անշօշափելի. զգայարանքներով ընկալելը անկարելի (շատ փոքր եւ նուրբ ըլլալուն համար).

impanel (իմփէն՛ըլ) երդուեալներու ցանկին մէջ առնել. տես նաեւ *empanel*.

impart (իմփարթ՛) տալ. շնորհել. օժտել. *to — colour* գունաւորել. *to — news* լուրերը տալ.

impartial (իմփար՛շըլ) անկողմնակալ. աննախապաշար.

impasse (էմփաս՛) անել (ճամբայ). անլուծելի դժուարութիւն. տեսակէտ՝ որուն շուրջ կարելի չէ համաձայնիլ.

impassioned (speech) (իմփէշ՛ընտ) կրքոտ (ճառ). *impassion* (իմփէշ՛ըն) ոգեւորել. կրքոտել. *impassionate* (իմփէշ՛ընէյթ) խանդավառուած. գերյուզուած. կրքահար.

impassive (իմփէս՛իվ) առանց կիրքի. հանդարտ.

impatient (իմփէյ՛շընթ) անհամբեր. անհանդարտ. անձկալից.

impeach (իմփի՛չ) ամբաստանել. ամբաստանել (ազնուական). դատարանի առջեւ հանել.

impeccable (իմփէք՛ըպըլ) անսխալական. սխալ ընելու անատակ.

impecunious (ինփիքիու՛նիըս) աղքատ. անկուտի. թշուառ.

impede (իմփիտ՛) արգելակել. յառաջդիմութիւնը խափանել.

impediment (իմփէտ՛իմընթ) կանգառում. արգելական խոչընդոտ. խօսելու դժուարութիւն (կոկորդի ցաւի պատճառով).

impedimenta (իմփէտիմէնթ՛ը) բեռ (զինուորական). ճամբորդութեան ատեն փոխադրուած առարկաներ, որոնք ուշացումի պատճառ կը դառնան.

impel (իմփէլ՛) մղել. պարտադրել. դրդել.

impending (իմփէնտ՛ինկ) շատ մօտ (վտանգ, փոթորիկ).

impenetrable (իմփէն՛իթրըպըլ) անթափանցելի. մէջէն անցնիլը անկարելի. *— darkness* անթափանցելի, շատ թանձր խաւար.

imperative (իմփէր՛ըթիվ) հրամայական. *— mood* հրամայական եղանակ. *it is — for him to go* երթալը շատ կարեւոր է իրեն համար.

imperial (իմփի՛րիըլ) կայսերական. կայսերապատկան. *I— gallon* բրիտանական (ոչ-ամերիկեան) կալոն, 277,3 խորանարդ ինչ հեղուկ. ամերիկեան կալոնը՝ 231 խորանարդ ինչ (եղուկ)· *an* — փոքըր մօրուք·

imperil (*իմփէր՛իլ*) վտանգել· վտանգի ենթարկել·

imperious (*իմփի՛րիըս*) ամբարտաւան· հրամայել սիրող (անձ)·

impersonate (*իմփըր՛սընէյթ*) անձնաւորել· ուրիշ անձի մը տեղ գործել· ուրիշ անձ մը ներկայացնել· դեր խաղալ (ներկայացման մէջ)·

impertinent (*իմփըր՛թինընթ*) անքաղաքավար· կենցաղագէտ չեղող· լրբենի·

imperturbable (*իմփըրթըր՛պըպլ*) հանդարտ· պաղարիւն· դիւրին չբորբոքող· անվրդով·

impervious (*իմփըր՛վիըս*) անանցանելի· մէջէն անցնիլը անկարելի· անթափանցելի· *he is — to reason* տրամաբանութիւնը շատ տկար է· չի կրնար հասկնալ·

impetigo (*իմփիթայ՛կօ*) մորթային հիւանդութիւն· եռիթ·

impetuous (*իմփէթ՛իուըս*) մեծ թափով շարժող՝ յառաջ ընթացող· անշրջահայեաց կերպով գործող (անձ)·

impetus (*իմ՛փիթըս*) ուժգնութիւն· մղում· յառաջմղիչ ոյժ·

impiety (*իմ՛փայըթի*) ամբարշտութիւն· յարգանքի պակաս Աստուծոյ (ծնողքի) նկատմամբ·

impinge (*իմփինճ՛*) թափանցել· զարնուիլ· *light —s upon the eye* լոյսը կը զարնուի աչքին·

impious (*իմ՛փիըս*) ամբարիշտ·

implacable (*իմփլէ՛քըպլ, իմփլէյ՛քըպլ*) քինախնդիր· չներող· ոխերիմ·

implant (*իմփլէնթ՛*) թխել· ներմուծել (գաղափարներ)· տնկել· ցանել (հատիկ)·

implement (*իմ՛փլիմընթ*) գործիք· ձեռագործիք· զէնք· *to* — (օրէնքը) գործադրել·

implicate (*իմփ՛լիքէյթ*) բաժին ունենալ· մէջը խառնուած ըլլալ· *he was —d in the riots* անկարգութեանց (խառնակութեանց) մէջ ինք ալ բաժին ունէր·

implicit (*իմփլի՛սիթ*) զօրութեամբ հասկցուած (սակայն չարտայայտըւած)·

implore (*իմփլոր՛*) պաղատիլ· աղաչել· աղերսել·

imply (*իմփլա՛յ*) հասկընել (առանց ըսելու)· *implied negative* թելադրական ժխտական (ձեւով՝ ոչ, իմաստով ժխտական)·

impoison (*իմփոյ՛զըն*) թունաւորել·

impolite (*իմփոլայթ՛*) անքաղաքավար·

impolitic (*իմփո՛լիթիք*) անխոհեմ· ոչ-իմաստուն·

imponderable (*իմփոն՛տըրըպլ*) կշռելը (չափելը) անկարելի· անկշռելի·

շատ փոքր քանակու-թեամբ.

import (*իմ'փորթ*) ներածում (արտադրութեան). նշանակութիւն. —s ներածուած ապրանքներ. — (*իմփորթ'*) ներածել.

important (*իմփոր'թընթ*) կարեւոր. լուրջ. մեծամեծ-քէֆ. ազդեցիկ, կարեւոր (անձ). *importance* կարեւորութիւն. *self —nce* անձնազոհութիւն.

importunate (*իմփոր'-թիունիթ*) ձանձրացուցիչ. տաղտկալի. *importunity* տաղտուկ. ձանձրոյթ.

impose (*իմփոզ'*) պարտադրել. բռնաւորել. տըպագրելի էջերը շարել եւ դասաւորել. *you have been imposed upon (on)* խաբուած (կամ խաղի զոհ գացած) ես.

imposing (*իմփոզ'ինկ*) տպաւորիչ. հրաշալի. ինքզինք պարտադրող. տպագր. էջերու դասաւորում.

imposition (*իմփոզի'շըն*) հարկադրանք. պարտաւորութիւն (անհանոյ). դրամական անտրամաբանական պահանջք. աշակերտի պատիժ (որբնդօրինակութիւն ընել տալ, եւայլն).

impost (*իմ'փոսթ*) տուրք եւ մաքս (կառավարութենէն պահանջուած).

imposter (*իմփոս'թըր*) խաբեբայ. խաչագող. *imposture* խաբեբայութիւն. խաղ.

impotent (*իմ'փոթընթ*) գործելու անկարող. ամուլ.

impound (*իմփաունտ'*) արգելափակել. փարախը դնել կենդանին (օրէնքի զօրութեամբ).

impoverish (*իմփավ'ըրիշ*) աղքատացնել. թշուառացնել. հողը ամլացընել.

impracticable (*իմփրէքթ'-թիքըպլ*) անգործնական. *impractical* անգործնական.

imprecate (*իմ'փրիքէյթ*) անիծել. նզովել.

impregnable (*իմփրէկ'նըպըլ*) անյաղթելի. աննուաճելի.

impregnate (*իմփրէկ'նէյթ*) կշտացնել. յղիացնել. բեղմնաւորել. յղանալ. ծծցուոր. յղի.

impresario (*իմփրէսա'րիօ*) օփէրէթային ներկայացումներու, երաժշտական ունկնդրութիւններու կազմակերպիչ. թատերավար.

impress (*իմ'փրէս*) տպաւորել. դրոշմել. *he impressed on me the need of hard work* ըսաւ թէ չարաչար պէտք է աշխատիմ. *I am —ed by his novel* վէպը խոր տպաւորութիւն ձգեց վրաս. *impression* տպաւորութիւն. ընդհանուր գաղափար. տպագրական թիւ. I *have an — that* կը խորհիմ թէ (վստահ չեմ սակայն).

impressionist (*իմփրէշ'ըն-իսթ*) տպաւորապաշտ (արուեստագէտ, նկարիչ)․
impressive (*իմփրէս'իվ*) տպաւորիչ․ ծանրաբարոյ․
imprimatur (*իմփրիմէյ'-թըր*) գիրք մը հրատարակելու արտօնութիւն․ պաշտօնական արտօնութիւն․ *L.* = թող տըպուի․
imprint (*իմփրինթ'*) տպագրել․ միտքին մէջ տըպաւորել․ տպել․ *imprint* (*իմ'փրինթ*) տպագրիչի (հրատարակիչի) անունը հատորին առաջին կամ վերջին էջին վրայ․ դըրոշմ․ տպագրութիւն․
imprison (*իմփրի'զըն*) բանտարկել․ արգելափակել․ —*er* բանտարկող․ —*ment* բանտարկութիւն․
improbable (*իմփրոպ'ըպլ*) անհաւանական․
improbity (*իմփրոպ'իթի*) անպատուութիւն․ անուղղամտութիւն․
impromptu (*իմփրոմփ'-թիու*) առանց պատրաստութեան (յանպատրաստից) խօսուած ճառ․
improper (*իմփրոփ'ըր*) ընպատակին (ծրագրին) անյարմար․ անտեղի․
impropriate (*իմփրօ'փրի-էյթ*) եկեղց․ կալուածները (անոնց եկամուտները) աշխարհական մարդոց յանձնել․
improve (*իմփրուվ'*) բարեկարգել․ բարւոքել (բարւոքուիլ)․ զարգացնել (զարգանալ)․ *there is room for improvement* աւելի լաւ կարելի է ընել․ *to improve the occasion* առիթը օգտագործել (դաս մը սորվեցնելու)․ — *upon it* բան մը աւելի լաւ ընել․
improvident (*իմփրավ'ի-տընթ*) ապագան չնախատեսող, նեղութեան շըրջանի համար նիւթական խնայողութիւն չպահող, անհոգ, անհեռատես (անձ)․
improvise (*իմփրըվայզ'*) **improvisate** (*իմփրըվ'ի-զէյթ*) յանպատրաստից բան մը ընել (նուագել)․ *to — a meal* անակնկալ ճաշ մը պատրաստել (երբ պէտք եղած նախանիւթերը չկան)․
imprudent (*իմ'փրուտընթ*) անպատկառ․ անխոհեմ․
impudent (*իմ'փիուտնթ*) կոշտ․ կոպիտ․ անյարգալից․
impugn (*իմփիուն'*) հակառակել․ հարցաքննել (սխալը փաստելու համար)․ հակադրուիլ․
impulse (*իմ'փըլս*) ներմըղում (գործելու) յանախ առանց խոր մտածումի․ հակում․ շարժառիթ․ *an impulsive* (*իմ-փըլս'իվ*) *person* առանց ծրագրումներու գործող անձ․
impunity (*իմփիուն'իթի*) *with* — առանց պատժուելէ վախնալու․
impure (*իմփիուր'*) անմաքուր․ պիղծ․

impute (*իմփիութ'*) ընծայել. համարել. վերագրել. *to — evil to* չար (գէշ) համարել (մէկը).

in (*ին*) մէջ(ը). ներս(ը). *in-and-in* ներմնացնել. *in and out* ծայրէ ծայր. *in coin* մետաղադրամով. *in sort* տեսակով.

in - ժխտ. նախամասնիկ.

inability (*ինըպի'լիթի*) անկարողութիւն.

inaccessible (*ինէքսէս'իպլ*) անհասանելի. անհպելի.

inaccurate (*ինէք'իուրէյթ*) ոչ-ուղիղ. սխալ.

inactive (*ինէք'թիվ*) անգործունեայ. ծոյլ.

inadequate (*ինէտ'իքուէյթ*) անբաւարար. անկարող.

inadvertence (*ինէտվըր-թ'ընս*) անհոգութիւն. անուշադրութիւն.

inadvisable, unadvisable (*ին'—, ա'նէտվայզըպլ*) ոչ-յանձնարարելի.

inalienable (*ինէյլ'ինըպըլ*) բաժնուելու (հեռացնելու) անկարող. *an — right* անձողոպրելի իրաւունք.

inane (*ինէյն'*) շատ ապուշ. սնամէջ. փուճ.

inapplicable (*ինէփ'լիքըպլ*) անյարմար. անգործնական. անկիրարկելի.

inappropriate (*ինէփրո'փրիէյթ*) անյարմար. սըխալ ժամանակին.

inapt (*ինէփթ'*) անյարմար. անճարակ. հարցով չհետաքրքրուող.

inarticulate (*ինարթիք'իուլէյթ*) մտածումներն ու զգացումները արտայայտելու անկարող.

inasmuch as (*ինէզմաչ' էզ*) որովհետեւ.

inattentive (*ինըթէնթ'իվ*) անուշադիր. ցրուած.

inaugurate (*ինօ''կիուրէյթ*) պաշտօնական արարողութիւններով բացումը կատարել. սկսել. *—tion* պաշտօնական բացում. օծում.

inauspicious (*ինօ'սփի'շըս*) անբախտ. ձախորդ.

inborn (*ին'պորն*) բնածին. ժառանգական. բնատուր.

inbred (*ին'պրէտ*) բնածին. ժառանգական. բնական.

inbreeding (*ին'պրիտինկ*) ներքնամուսնութիւն. մերձաւորներու ամուսնութիւն.

incalculable (*ինքէլ'քիուլըպլ*) անհաշուելի. շատ մեծ թիւով.

incandescent (*ինքէնտէս'ընթ*) տաքութենէն ներմըկած (կարմրած) առանց կիզուելու (օրինակ՝ ելեկտ. լամբը). հրաշէկ.

incantation (*ինքէնթէյ'շըն*) որոշ բառեր արտասանելով (երգելով) կախարդութիւն յառաջացընելը. դիւթանք. կախարդութիւն.

incapable (*ինքէյփ'ըպլ*) անկարող (գործի մը մէջ). անօգնական. անատակ (շարժելու).

incapacitate (*ինքըփէս'իթէյթ*) անյարմար, անպէտ դարձնել.

incarcerate (*ինքար'սըրէյթ*) բանտարկել. արգելափակել.

incarnadine (*ինքար'նը-*

տայն) կարմրցնել· կարմիր ներկել· պղնձագոյն·
incarnate (*ինքար'նէյթ*) մարմնաւորուիլ· մարդկային կերպարանքով յայտնուիլ· —*tion* մարմընաւորում· մարդեղութիւն·
incendiary (*ինսէն'տիըրի*) հրձիգ· հրդեհ յառաջացընող (շէնքերու մէջ), մասնաւոր նպատակով· խռովարար·
incence (*ինսէնս'*) բարկացընել· զայրացնել· խունկ ծխել· (*ին'սէնս*) խունկ·
incentive (*ինսէնթ'իվ*) գրգռիչ· աշխատանքի մըղող· ոգեւորող· մղում· ոգեւորում·
inception (*ինսէփ'շըն*) ըսկիզբը· սկզբնաւորութիւնը· ծագումը·
incertitude (*ինսըր'թիթիուտ*) անստուգութիւն· անորոշ կացութիւն (վիճակ)·
incessant (*ինսէս'ընթ*) անկաս· անդադար·
incest (*ին'սէսթ*) շատ մերձաւորներու միջեւ սեռային յարաբերութիւն (օրէնքով արգիլուած)·
inch (*ինչ*) մատնաչափ· $^{1}/_{12}$ ոտնաչափ· 2,54 սմ· ինչ· փոքր չափ (բանակային)· կզզեակ· դանդաղօրէն յառաջանալ· *every* — լրիւ կերպով· *to* — *out* աւելցնել· շատցնել·
inchoate (*ին'քոէյթ*) ըսկըզբնական շրջան (տակաւին չկազմաւորուած, չկարգաւորուած)·
incident (*ին'սիտընթ*) պատահմունք· դէպք· դիպուած· պատահական· *incidence* (*ին'սիտընս*) դէպք· պատահմունք· յանախակիութիւն· *10* —*s of cholera* ժանտախտի 10 դէպք (պարագայ)· *incidental* պատահական· անկարեւոր·
incinerator (*ինսին'ըրէյթըր*) հսկայ հնոց (աւելցուքներ վառելու համար)·
incipient (*ինսիփ'իընթ*) սկսնակ· նորածագ· նորափթիթ·
incise (*ինսայզ'*) փորագըրել· քանդակել· —*sion* (*ինսիժ'ըն*) փորագրութիւն· ճեղք· կտրուածք· *incisive* (*ինսայ'սիվ*) սուր· հատու· *an* — *remark* սուր նկատողութիւն· *incisor* (*ինսայ'զըր*) հերձատամ (կտրող ակռայ)·
incite (*ինսայթ'*) յուզել· գրգռել· յառաջացնել·
inclement (weather) (*ինքլէմ'ընթ*) գէշ օդ (մթնոլորտ)·
incline (*ինքլայն'*) հակամէտ ըլլալ· հակիլ· սահիլ· դիրքորոշուիլ· *an incline* սահանք (հողի)· *inclination* հակում· սէր· փափաք·
inclose, inclosure տես՝ *enclose*.
include (*ինքլուտ'*) ըրվանդակել· ընդգրկել· *inclusive* ներառեալ·
incognito (*ինքոկ'նիթօ*) ծպտուած (գաղտնի) ձե-

ւով· առանց նաննչցուե-լու· տարբեր անունով·

incoherent (*ինքոհիր'ընթ*) անկապակից· զէշ դասաւորումով (գաղափարներ)·

income (*ին'քամ, ին'քըմ*) եկամուտ (տարեկան)·

incommensurable (*ինքըմէն'սիուրէպլ*) անհամեմատելի· անբաղդատելի· *incommensurate* (—'*սիուրէյթ*) անհաւասար· անբաւարար·

incommode (*ինքըմոտ'*) անհանգստաւէտ դարձնել· դժուարութիւն յարուցանել· նեղացնել· —*dity* անհանգստաւէտութիւն· անյարմարութիւն·

incommunicado, incomunicado (*ին'քոմիունիքա'տօ*) արտաքին աշխարհի հետ ամէն կապէ զրկուած բանտարկեալ·

incomparable (*ինքոմ'փէըըպլ*) անբաղդատելի (միւսներէն ամենէն լաւը)·

incompatible (*ինքըմփէթ'իպլ*) ներհակ· իրարու հակառակ (օր· ջուր եւ կրակ)·

incompetent (*ինքամ'փիթընթ*) անկարող· աննարակ· ձեռնհրէցութենէ զուրկ·

incongruous (*ինքանկ'կրուըս*) անյարմար, առանց փոխադարձ համաձայնութեան· չհամեմատող·

inconscient (*ինքան'շընթ*) անգիտակից·

inconsequential (*ինքանսիքուէն'շըլ*) անտրամաբանական· անհեթեթ· օրինական կարգին հակառակ· (օրինակ ըսել՝ գրլուխս կը ցաւի, սակայն շատ տաք է···)·

inconsiderable (*ինքընսիտ'ըըրպլ*) աննկատելի· շատ փոքր·

inconstant (*ինքոն'սթընթ*) անկայուն· անհաստատ·

incontestable (*ինքընթեսթ'ըպլ*) անառարկելի·

inconvenient (*ինքընվին'իընթ*) անյարմար· անհանգստաւէտ· —*nce* անպատեհութիւն· անյարմարութիւն·

incorporate (*ինքոր'փըրէյթ*) միախառնել· միացընել· միաձուլել· միացեալ·—*tion* համընկերակցութիւն· միաձուլում·

incorrect (*ինքորէքթ'*) անճիշդ· սխալ·

incorrigible (*ինքոր'իճիպլ*) անսրբագրելի, անուղղայ (սխալ, անձ)·

increase (*ինքրիս'*) աւելնալ· մեծնալ· շատնալ· (*ին'քրիս*) ան· յաւելում·

incredible (*ինքրէտ'իպլ*) անհաւատալի· *incredulous* (*ինքրէտ'իուլըս*) թերահաւատ· դժուարահան· կասկածոտ·

increment (*ին'քրիմընթ*) ան· աշխատավարձի տարեկան յաւելում· աւելցած (նիւթ)·

incriminate (*ինքրիմ'ինէյթ*) ամբաստանութեան տակ բերել· մեղադրել·

incroyable (*ինքրուաէպ'լ*) անհաւատալի․
incrustation (*ինքրըսթէյ'շըն*) կեղեւ․ արտաքին (պատեան, խաւ)․
incubate (*ին'քիուպէյթ*) թխսել (մինչեւ որ ձագը դուրս գայ հաւկիթէն)․ գաղափար մը յղանալ․
incubus (*ին'քիուպըս*) մղձաւանջ․ մտայլկիչ խորհուրդ․
inculcate (*ինքըլ'քէյթ*) տեւապէս կրկնելով մէկուն միտքին մէջ արմատաւորել․
incumbent (*ինքըմ'պընթ*) պարտաւորիչ․ *an —* քահանայ (շրջանի մը)․ *it is — upon me* պարտականութիւնս է․
incunabula (*ինքիունէպ'իուլէ*) 15րդ դարուն լոյս տեսած գիրքերու համար գործածուած եզր․
incur (*ինքըր'*) ենթարկուիլ․ տակը մնալ․ *to — a debt* պարտական մնալ․ *I —red his anger* բարկութիւնը հրահրեցի․
incurable (*ինքիուր'էպըլ*) անբուժելի․
incursion (*ինքըր'շըն*) յանկարծական յարձակում (թշնամիի կողմէ)․ ասպատակութիւն․ մեծաթիւ անկոչ հիւրերու այցելութիւն․
indebted (*ինտէտ'ըտ*) պարտաւոր․ պարտական․ երախտապարտ․
indecent (*ինտի'սընթ*) անմաքուր․ անպարկեշտ․
indecision (*ինտիսիժ'ըն*) անվճռականութիւն․ վարանում․ *indecisive* (*ինտիսայ'սիվ*) անվճռական․
indecorous (*ինտէքը'րըս*) անվայել․ անյարմար․ անպատշաճ (վերաբերմունք)․
indeed (*ինտի'տ*) անշուշտ․ իրականութեան մէջ․ որոշապէս․ *—!* զարմանքի եւ անվստահութեան բացագանչութիւն․
indefatigable (*ինտիֆէթ'իկէպըլ*) անխոնջ․ առանց յոգնելու ջանադրութիւն մինչեւ նպատակին իրականանալը․
indefinite (*ինտէֆ'ինիթ*) անորոշ․ սահմանազերծ․ *— article* անորոշ յօդ (*a, an* մը)․
indelible (*ինտէլ'ըպըլ*) անջնջելի․ չաւրուող (մատիտ, մելան)․
indelicate (*ինտէլ'իքէյթ*) կոշտ․ անքաղաքավար․
indemnify (*ինտէմ'նիֆայ*) վնասուց հատուցում կատարել․ *an indemnity* վնասուց հատուցում․ աշխատանքէ դադրեցուելէ ետք աշխատած տարիներու համեմատութեամբ կատարուած դրամական հատուցում․
indent (*ինտէնթ'*) պզտիկ ծակ մը ծակել․ ատամնաւորել․ լուսանցքի ներսէն շարել (գիրերը)․ ապրանքներ ապսպրել․ ապրսպրանք․ *indenture* (*ինտէն'չըր*) գրաւոր համաձայնագիր վարպետի մը եւ արհեստ սորվողի մը միջեւ․ գրաւոր հա-

մաձայնագիր երկու անձերու միջեւ.
independent (*ինտիփէնտ'ընթ*) անկախ. ինքնավար. նիւթապէս բաւարարուած (կեանք). *independence* անկախութիւն. անկախ դիրք.
indescribable (*ինտիսքրայպ'ըպլ*) աննկարագրելի.
indeterminate (*ինտիթըր'մինէյթ*) անորոշ. անհաստատ (ժամանակով, տեղով եւ իմաստով).
index (*ին'տէքս*) (*indices* յոգ.) ցանկ նիւթոց. բովանդակութիւն. ցուցանիշ. ցուցակագրել. ցանկ կազմել. — *finger* ցուցամատ. — *number* կարողութիւն ցոյց տուող (թուանշան). օր. $a^3 \times b^3$ = *3 index number* է.
India (*ին'տիա*) Հնդկաստան.
Indiaman (*ին'տիըմըն*) հին խոշոր առագաստանաւ՝ որ Հնդկաստանի հետ առեւտուր կ'ընէր.
Indian corn (*ին'տիըն քորն*) եգիպտացորեն.
Indian-ink (—' *ինք*) չինական մելան.
Indian Ocean (—' *օշըն*) Հնդկաց Ովկիանոս.
Indian summer (—' *սամըր*) տարուան վերջին օրերուն հանելի տաք օրեր.
India-rubber (*ին'տիա—րապըր*) ձգախէժ. ռետին.
indicate (*ին'տիքէյթ*) նշել. ցոյց տալ. յայտնել. *indicative (mood)* սահմանական (եղանակ).
indict (*ինտայթ'*) ամբաստանել օրինազանցութեամբ. *indictable offence* լուրջ օրինազանցութիւն՝ որուն պատճառաւ երդուական կրնայ դատարան հանուիլ եւ դատապարտուիլ.
Indies (*ին'տիզ*) Հնդկաչին եւ Մալայեան կղզիներ. *West* — Անդիլեան կղզիներ (Կեդր. Ամերիկա).
indifferent (*ինտիֆ'ըրընթ*) անտարբեր. —*nce* անտարբերութիւն.
indigenous (*ինտիճ'ինըս*) բնիկ. բնաշխարհիկ. տեղական (արտադրութիւն).
indigent (*ին'տիճընթ*) շատ աղքատ. չքաւոր.
indigestion (*ինտիճէս'չըն*) անմարսողութիւն.
indign (*ինտայն'*) արժանի քէ զուրկ (անձ).
indignant (*ինտիկ'նընթ*) վրդոված, զայրացած (իրաւացի պատճառով).
indignity (*ինտիկ'նիթի*) անարժանութիւն. անարժան ըլլալուն հետեւանքով արժանապատուութեան ոտնակոխում.
indigo (*ին'տիկօ*) լեղակ. մութ կապոյտ գոյն.
indirect (*ինտայրէքթ'*) անուղիղ. անուղղակի. — *object* անուղղակի (բընութեան) խնդիր.
indiscernible (*ինտիզըր-ն'իպլ*) անզանազանելի. որոշ եւ յստակ տեսնելը անկարելի.
indiscretion (*ինտիսքրէ-

չ'ըն) անխոհեմութիւն· անհեռատեսութիւն·

indiscriminate (*ինտիսքրի-մ'ինէյթ*) ուշադրութեամբ չընտրելը· տարբերութիւն չդնելը· անխտրական· *indiscrimination* անխտրականութիւն·

indispensable (*ինտիսփէնս'-ըպըլ*) կենսական· անհրաժեշտ· *food is — for (to) life* կերակուրը կեանքի համար կենսական է·

indisposed (*ինտիսփոզտ'*) անտրամադիր· անհանգիստ (աշխատելու անկարող)· *indisposition* (*ինտիսփոզի'շըն*) անտրամադրութիւն· անհանգստութիւն·

indite (*ինտայթ'*) գրել· շարադրել· տուն տալ· քերթուած (նամակ) գրել·

individual (*ինտիվիտ'իուըլ*) անհատ (առարկայ)· առանձին· անհատական· *—ism* (*—իզմ*) անհատապաշտութիւն· անհատականութիւն· ուսուցմունք որ կը հաւատայ անհատի դերին (եւ ո'չ թէ հաւաքականութեան)· *individuality* անհատականութիւն· ինքնատպութիւն·

Indo- (*ինտօ —*) հնդկա-·

Indo-Aryan հնդկա-արիական·

Indo-European հնդեւրոպական·

indoctrinate (*ինտաք'թրինէյթ*) ուսուցանել (վարդապետութիւն մը)·

indolent (*ին'տոլընթ*) անհոգ· ծոյլ· անտարբեր·

indomitable (*ինտամ'իթըպըլ*) անընկուն· անպարտելի· անվեհեր·

Indonesia (*ինտոնի'զիը*) Ինտոնէզիա·

indoor(s) (*ին'տոր(զ)*) ներսը (տան մէջ)·

indorse, indorsement տես *endorse.*

indubitable (*ինտիու'պիթըպըլ*) անկասկածելի· վստահ·

induce (*ինտիուս'*) պատճառել· դրդելով գործի մղել· առաջնորդել· ելեկտրական հոսանք անցնել (մէջէն)·

induct (*ինտըքթ'*) պաշտօնի կոչել· ներս բերել եւ ծանօթացնել· եկեղեցի մը յանձնել (քահանայի մը)· *—ion* պաշտօնագործութիւն· ծանօթացըրութիւն (բանաստեղծութեան կամ ներկայացման)· մակաբերութիւն·

inductive (*ինտըք'թիվ*) մակածական· *— reasoning* տուեալները օգտագործելով ընդհանուր օրէնք մը փաստարկել· մակածական տրամաբանութիւն·

indue (*ինտու'*) օժտել· տալ·

indulge (*ինտըլճ'*) ներթարկուիլ· հանդուրժել· թոյլատու գտնուիլ· հաճոյք պատճառել· *to — in* զուարճանալ· *he —s too much* շատ կը խմէ (գինի)· *—nce* (*ինտըլ'-*

ճրնս) հանդուրժողութիւն. ներողամտութիւն. թողութեան գիր (պապական).

indurate (*ին'տիուրէյթ*) կարծրացած. զգայազիրկ դարձած. կարծրացնել. զգայազրկել.

industry (*ին'տըսթրի*) արդիւնաբերութիւն. նարտարարուեստ. աշխատասիրութիւն. *industrious* աշխատասէր. *industrial* արդիւնաբերական, նարտարարուեստական. *industrialist* արդիւնաբերող. գործարանատէր.

indwelling (*ին'տուէլինկ*) ներքնակութիւն. սրտին եւ հոգիին մէջ տեղ ունենալը.

-ine (– *այն*) վերջամասնիկ՝ նման, բնութեամբ (իմաստով). *elephantine* (*էլիֆ'էնթայն*) փիղի նըման.

inebriated (*ինի'պրիէյթտ*) գինով. գինովնալ.

ineffable (*ինէֆ'ըպլ*) աներկարագրելի. աննման. անասելի.

ineffectual (*ինֆէք'թիուլ*) ամուլ. ի զուր. անազդեցիկ. ակնկալուած արդիւնքը չտուող.

inefficacy (*ինէֆ'իքըսի*) անզօրութիւն.

inefficient (*ինէֆի'շընթ*) անկարող. անատակ. անճարակ.

inept (*ինէփթ'*) անատակ. *ineptitude* անատակութիւն.

ineradicable (*ինիրէտ'իքըպլ*) խորապէս արմատաւորուած. փոփոխելը դժուար.

inert (*ինըրթ'*) անշարժ եւ հեզ (ինչպէս քնացած ժամանակ). *—ia* (*ինըր'շիը*) թուլամորթութիւն. թուլութիւն. անզօրծ եւ անշարժ վիճակ. այն ուժը որ կ'արգիլէ բանի մը շարժիլը (երբ ան անշարժ կեցած է) եւ կ'արգիլէ որ կանգ առնէ (երբ ան շարժման մէջ է). (գիտ.)

inestimable (*ինէս'թիմըպլ*) անգնահատելի. շատ արժէքաւոր.

inevitable (*ինէվ'իթըպլ*) անխուսափելի. *the — hour* մահուան ժամը.

inexhaustible (*ինէքզո'ս'թիպլ*) անսպառելի.

inexorable (*ինէքզ'որըպլ*) անողոք. *the — laws of nature* բնութեան անողոք օրէնքները.

inexpensive (*ինէքսփէն'սիվ*) աժան.

inexperienced (*ինէքսփի'րիընս*) անփորձ. փորձառութիւն չունեցող.

inexplicable (*ինէք'սփլիքըպլ*) անբացատրելի.

inexplicit (*ինէքսփլիս'իթ*) անորոշ. անմեկին.

inextricable (*ինէքս'թրիքըպլ*) քակելը եւ դասաւորելը անկարելի.

ineye (*ինա'յ*) պատուաստել (ծառը).

infallibilism (*ինֆէլ'իպիլիզմ*) Պապի անսխալականութեան համոզմունք.

infallible (*ինֆէլ'իպլ*) անսխալական. վստահ. չձախողող.

infamous (ին'ֆէյմըս) անպատիւ. աննկարագիր. *infamy* (ին'ֆըմի) անպատուութիւն. վատահամբաւութիւն.

infant (ին'ֆընթ) մանուկ. մանկական. տղայական. *infancy* (ին'ֆընսի) մանկութիւն. մինչեւ 20 տարիքը ապրուած կեանք (ըստ օրէնքի). *infantile* (—թայլ) մանկական, տղայական, երախայական. *infantile paralysis* մանկական անդամալուծութիւն. *infanticide* (ինֆէնթ'իսայտ) մանկասպանութիւն.

infantry (ին'ֆընթրի) հետեւակ զինուորներ.

infatuate (ինֆէթ'իուէյթ) յափշտակել (միտքը). ամբողջապէս գրաւել (հմայել).

infect (ինֆէքթ') վարակել (հիւանդութեամբ). ապառողջ գաղափարներ տալ. *infectious* (ինֆէք'շըս) վարակիչ. ապականիչ.

infecund (ինֆիք'ընտ) ամուլ. պտուղ չտուող.

infelicity (ինֆէլիս'իթի) ապերջանկութիւն.

infer (ինֆըր') եզրակացընել. մակաբերել. *inference* (ին'ֆըրընս) եզրակացութիւն. մակաբերութիւն.

inferior (ինֆիյր'իըր) ըստորադաս. ստորակայ. ցած. գէշ (նկարագիր). *inferiority complex* (ինֆիյրիըր'իթի քըմփ'լէքս) ստորակայութեան բարդոյթ (զգացում).

infernal (ինֆըր'նըլ) դըժոխային. սադայելական. *an — nuisance* մեծ խառնակիչ. *an — machine* դժոխային մեքենայ (ռումբ՝ որ կոչուած է շէնք մը օդը հանել).

inferno (ինֆըր'նօ) դժոխք (իտ.), չափազանց տաք տեղ.

infest (ինֆէսթ') վխտալ. մեծ թիւով ներկայ ըլլալ (եւ նեղել, անհանգըստացնել).

infidel (ին'ֆիտըլ) անհաւատ. անկրօն. Աստուծոյ որոշ ստորոգելիներուն չհաւատացող.

infidelity (ինֆիտէլ'իթի) անհաւատարմութիւն (ամուսնական կեանքի մէջ). անհաւատութիւն.

infield (ին'ֆիլտ) ագարակին մօտը գտնուող դաշտ. ցանուած արտ.

infilter (ինֆիլ'թըր) զտել. մզել. մզուիլ.

infiltrate (ինֆիլ'թրէյթ) թափանցել. մուտք գործել (թշնամիին շարքերը). քամուիլ. ջուրը մէջէն անցնիլ (աւազին). թափանցել (մարդոց միտքին մէջ).

infinite (ին'ֆինիթ) անսահման. *The I—* Աստուած. *infinity* յաւիտենականութիւն.

infinitesimal (ինֆինիթէս'իմըլ) այնքան փոքր որ կարելի չէ չափել. անսահմանական (հաշիւ).

infinitive (mood) (ինֆին'իթիվ) (մու'տ) աներեւոյթ եղանակ.

infirm (ինֆըրմ') անհաստատ. տկար (մարմնով կամ միտքով). *infirmary* (ինֆըրմ'ըրի) անկելանոց. հիւանդանոց.

inflame (ինֆլէյմ') կրակի տալ. բոցավառել. գրգըռել. բորբոքել (մորթը). *inflammation* (ինֆլըմէյ'շըն) բոցավառութիւն. բորբոքում (մարմնի). *inflammatory (speech)* ժողովուրդը կառավարութեան դէմ գրգռող (ճառ).

inflate (ինֆլէյթ') ուռեցընել (օդով կամ կազով). դրամին արժէքը բարձրացնել. —*d* գոռոզ. անձնագոհ. փքուռոյց.

inflation (ինֆլէյ'շըն) թղթադրամի անբնական աճ (առանց երաշխաւորութեան), որուն հետեւանքը կ'ըլլայ դրամանիշի անհամեմատ անկում.

inflect (ինֆլէքթ') ձայնը ելեւէջել (խօսելու ատեն). խոնարհել. հոլովել.

inflection, —xion (ինֆլէքշ'ըն) ձայնի ելեւէջում. թեքում. կորութիւն. հոլովում.

inflexible (ինֆլէքս'իպլ) չթեքուող. ճկուն չեղող. կամակոր.

inflict (ինֆլիքթ') պատճառել (ցաւ, խղճահարութիւն). պատժել. դատապարտել.

inflorescence (ինֆլորէս'ընս) ծաղկում. փըթթում. ծաղկատուութիւն.

influence (ին'ֆլուընս) ազդեցութիւն (մարդոց վրայ). ներգործութիւն (միտքին վրայ). ազդել. ներգործել. *influential* ազդեցիկ. կարեւոր.

influenza (ինֆլուէն'զը) ուժեղ ջերմութեամբ յատկանշուող հարբուխ. դում.

influx (ին'ֆլըքս) ողողում. առատ հոսում.

inform (ինֆորմ') տեղեկացնել. յայտնել. *to lay information against* յանցագործներու մասին ոստիկանութեան լուր տալ. *well informed* քաջատեղեակ. զարգացած.

informal (ինֆորմ'ըլ) անպաշտօն. պարզ. առանց պաշտօնականութեան. *information* տեղեկութիւն. լուր.

infra- (ին'ֆրը –) տակը, ցած (նախաբառ).

infraction (ինֆրէք'շըն) օրինազանցութիւն. հակօրինական արարք. դրժում (խօսքի).

infra dig (ին'ֆրը տիկ) արժանաւորութենէ զուրկ. անվայել. բարձր յարգանքի անարժան.

infra-red (rays) լոյսին այն մասը՝ որ պարզ աչքերով կարելի չէ տեսնել. ենթակարմիր.

infringe (ինֆրինճ') օրինազանցութիւն ընել. օըէնքը թեկանել· *—ment of copyright* ուրիշի մը երկասիրութիւնը առանց արտօնութեան հրատարակելը·

infuriate (*ինֆիու'րիէյթ*) ծայրաստիճան զայրացընել· կատղեցնել·

infuse (*ինֆիուզ'*) թափել (մէջը)· մուծանել (եռացող ջուրին մէջ՝ թէյ)· *an infusion* (*ինֆիու'-ժըն*) որեւէ հեղուկ՝ ուր բանջարեղէն մը եռացած է եւ իր իւրայատուկ համը (հոտը, գոյնը) տուած է իրեն· թորում· թրջոց·

infusoria (*ինֆիուզո'րիը*) ապականած ջուրի ջրանըճիճներ·

ingenious (*ինճի'նի'ըս*) խելացի· ուշիմ· հնարագէտ· ճարպիկ·

ingénue (*էնժէյնիու'*) միամիտ երիտասարդ աղջիկ (Ֆրնս·)·

ingenuity (*ինճինիու'իթի*) հնարամտութիւն·

ingenuous (*ինճէն'իուըս*) պարզամիտ եւ փորձառութենէ զուրկ· անկեղծ· անմեղ·

ingle-nook (*ինկլ'-նուք*) ծխնելոյզի անկիւն·

ingot (*ինկ'կըթ*) ձուլուած մետաղաձող·

ingrain(ed) (*ին'կրէյն(ըտ)* ներկել· ներկուած· շեշտուած բնոյթով· տպաւորել մտքին մէջ·

ingrate (*ին'կրէյթ*) ապերախտ·

ingratiate (*ինկրէյ'թիէյթ*) ջանալ ուրիշի մը հաճելի դառնալ·

ingredient (*ինկրիտ'իընթ*) բաղկացուցիչ տարր (խառնուրդի մը)·

ingress (*ին'կրէս*) մուտք· մտնելը· մտնելու իշխանութիւն·

inhabit (*ինհէպ'իթ*) բնակիլ (երկրի մը մէջ)· *inhabitant* բնակիչ (քաղաքի, երկրի)·

inhale (*ինհէյլ'*) շունչը ներս առնել· ներշնչել·

inhere (*ինհիյր'*) անհրաժեշտ մէկ մասը ըլլալ· պատկանիլ (իբր մէկ յատկութիւնը)· յարիլ· *—nt* յարակից· յարակաց·

inherit (*ինհէր'իթ*) ժառանգել (դրամ, նկարագրի յատկանիշներ)· *an —ance* ժառանգութիւն·

inhibit (*ինհիպ'իթ*) արգիլել· ճնշել· թոյլ չտալ կատարելու (կրօնաւորի պարտաւորութիւններ)·

inhuman (*ինհիու'մըն*) անմարդկային· անգութ· դաժան·

inimical (*ինի'միքըլ*) անբարեացակամ· թշնամական·

inimitable (*ինիմ'իթըպլ*) հրաշալի· անբաղդատելի·

iniquitous (*ինիք'ուիթըս*) շատ վատ· անօրէն·

initial (*ինիշ'ըլ*) առաջին· սկզբնական· անձի մը անունին (մականունին) առաջին տառը (տառերը)·

initiate (*ինի'շիէյթ*) սկսիլ· նախաձեռնել· սկսնակ· նորընծայ·

initiative (*ինիշ'իըթիվ*) նախաձեռնութիւն· *on*

my — իմ նախաձեռնութեամբ· *to have the* — նախաձեռնութեան ոգի ունենալ· *to take the* — նախաձեռնութիւնը առնել (ճակատամարտի մէջ)·

inject (*ինճէքթ'*) ներարկել (դեղ)· —*ion* ներարկում·

injunction (*ինճընք'շըն*) հրաման· վճիռ (դատարանի)·

injure (*ին'ճըր*) վիրաւորել· նախատել· *injurious* (*ինճու'րըիըս*) վիրաւորական· նախատական·

ink (*ինկք*) մելան (գրելու, տպագրական)·

inkhorn (*ինք'հորն*) կաղամար· իմաստակ·

inkling (*ինկք'լինկ*) նախանըշան (գաղափար)· նըշմար· կասկած·

inkwell (*ինկք'ուէլ*) կաղամար· նաեւ *inkstand*.

inlaid (*ինլէյտ'*) *inlay*ին անց· եւ անց· ընդ· դըրուագեց· դրուագած· դրուագեալ·

inland (*ին'լէնտ*) ներքնամաս (երկրի)· ներքնամասային·

— in-law (*—ի'ն–լօ՝*) ամուսնութեամբ. *mother-in-law* կեսուր կամ աներմայր· *father-in-law* կեսրայր· աներ· *brother-in-law* տագր· աներորդի· *sister-in-law* քենի կամ տալ· *son-in-law* փեսայ· *daughter-in-law* հարս·

inlay (*ինլէյ'*) մակերեսը փորելով մէջը ոսկի, արծաթ, ադամանդ դնել (իբր զարդեղէն)· դրուագել· *inlaid* (անց· եւ անց· ընդ)· — (*ին'լէյ*) դրուագ (փայտ, արծաթ, փղոսկր, եւայլն)·

inlet (*ին'լէթ*) մուտք· նրբանցք· նեղուց· ներմուծում·

inmate (*ին'մէյթ*) բնակակից· նոյն տեղը բնակող·

in memoriam (*ին' մէմօր'իըմ*) ի յիշատակ·

inmost (*ին'մոսթ*) տես՝ *inner* ամենէն խոր· ներքին·

inn (*ին*) օթեւան· փոքր պանդոկ·

innate (*ին'էյթ*) բնածին· հետը միասին ծնած·

inner (*ին'ըր*) ներքին· ամենախոր· *the — man* միտք եւ հոգի· ստամոքս·

innocent (*ին'ըսընթ*) անմեղ· միամիտ·

innocuous (*ինաք'իուըս*) անվնաս·

innovate (*ին'ովէյթ*) նորարար· *innovation* նորարարութիւն·

innuendo (*ինուէն'տօ*) յետին միտքով (չարամիտ) ակնարկութիւն·

innumerous (*ինիու'մըրըս*) անթիւ· անհամար·

inoculate (against) (*ինաք'իուլէյթ*) պատուաստել (հիւանդութեան մը դէմ)· — *with* վարակել (հիւանդութեամբ)·

inoperable (*ինափ'ըրապլ*) գործողութիւն ընելը անկարելի· — *cancer* անբուժելի քաղցկեղ·

inopportune (*ինափ'ըր-թիուն*) անդէպ.
inordinate (*ինոր'տինէյթ*) անհակակշռելի. անչափաւոր.
inorganic (*ինորկէն'իք*) կեանքի հետ գործ չունեցող. անօրկանական. անգործարանաւոր (նիւթ).
inquest (*ին'քուէսթ*) դատաքննութիւն (կասկածելի մահուան մը շուրջ կամ արժէքաւոր իրեղէններու օրինական տէրը ճշդելու համար).
inquire (*ինքուա'յր*) հարցնել. հարցաքննել. *inquiry* հարցաքննութիւն.
inquisition (*ինքուիզի'շըն*) հաւատաքննութիւն. *court of —* հաւատաքննական ատեան.
inquisitive (*ինքուզ'իթիվ*) ուրիշներու զբաղմունքը հասկնալու մարմաջ ցուցնող. չափազանց հետաքրքիր.
inroad (*ին'րօ՛տ*) արշաւանք (զինուորական). *he makes inroads on one's money* մէկու մը դրամը կը մսխէ.
ins and outs (*ինզ էնտ աութս*) ներսը եւ դուրսը, ամէն ինչ (բանի մը).
insane (*ինսէյն'*) խենդ. խելագար.
insatiable (*ինսէյ'շըպլ*) որկրամոլ. անկուշտ.
inscribe (*ինսքրայպ'*) փորագրել. ընծայել. *inscription* (*ինսքրիփ'շըն*) արձանագրութիւն. ընծայարան. ձօնագրութիւն.
inscrutable (*ինսքրու'թըպլ*) անհասկնալի. անքննելի.
insect (*ին'սէքթ*) միջատ. անարժէք մարդ. *—icide* (*ինսէք'թիսայտ*) միջատասպան (տարր). *insectivora* (*ինսէքթիվ'որա*) միջատակեր կենդանիներ.
insecurity (*ինսիքիուր'իթի*) անապահովութիւն.
insemination (*ինսէմինէյ'շըն*) ցանք. սերմ ներմուծելը. *artificial —* արուեստական բեղմնաւորութիւն (օր. կովու).
insensate (*ինսէն'սէյթ*) անզգամ. ապուշ.
insensible (*ինսէն'սիպլ*) անզգամ. զգացումէ զուրկ. անգիտակից. *— to shame* չխպնող.
insert (*ինսըրթ'*) ներմուծել. աւելցնել.
inset (*ինսէթ'*) փոքր բան մը աւելի մեծ բանի մը մէջ դնել.
inshore (*ին'շոր*) եզերքին մօտ.
insidious (*ինսիտ'իըս*) դարանակալ սպասող. դաւադիր.
insight (*ին'սայթ*) իրատեսութիւն. խորատեսութիւն. խորաթափանցութիւն.
insignia (*ինսիկ'նիը*) պատուանշաններ (պատուաստիճաններ).
insignificant (*ինսիկնիֆ'իքընթ*) անկարեւոր. աննշանակալից.
insinuate (*ինսին'իուէյթ*)

սպրդասացութիւններ ընել, կողմնակի ակնարկութիւններ (մէկուն դէմ)·

insipid (*ինսիփ'իտ*) անհամ· անճաշակ·

insist (*ինսիսթ'*) պնդել· *He —ed on having the money* պնդեց որ անպայման դրամը ունենայ·

insolent (*ին՛սըլընթ*) վիրաւորիչ (յատկապէս տարիքաւորներու, աստիճանաւորներու դէմ)· լիրբ·

insoluble (*ինսոլ'իւպլ*) անլուծելի· չհալող· հասկընալը, բացատրելը անկարելի·

insolvent (*ինսոլ'վընթ*) պարտքը վճարելու անկարող· սնանկ·

insomnia (*ինսամ'նիը*) անքնութիւն·

insouciant (*ինսուսիան'*) անհոգ· անտարբեր· հանգիստ·

inspan (*ինսփէն'*) լծել ձիերը (կառքին)·

inspect (*ինսփէքթ'*) քննել· քննութենէ անցընել· *inspectorate* (*ինսփէք'թըրէթ*) քննիչներու յանձնախումբ· վերատեսուչ· *inspector* քննիչ·

inspire (*ինսփայր'*) ներշնչել· ոգեւորել (բարձրը, ազնիւ գաղափարներով)· *—d* աստուածային շունչով տոգորուած· *inspiration* (*ինսփըր'էյշըն*) ներշնչում (բանաստեղծական)·

inst. (*ինսթ.*) *instant*ի կրճատ ձեւը· *the 10th inst.* ներկայ ամսուան (տարուան) 10-ը·

instability (*ինսթըպիլ'իթի*) անկայունութիւն (յատկապէս նկարագրի)·

install (*ինսթո՛լ'*) մէկը պաշտօնի վրայ տեղաւորել· աթոռի վրայ (տան մէջ) հաստատել· մեքենաները կարգաւորել, հաստատել (աշխատցնելու համար)·

instalment (*ինսթո՛լ'մընթ*) մասնավճար·

instance (*ին'սթընս*) օրինակ· *for —* օրինակի համար· *at the — of my friend* իմ բարեկամիս նախաձեռնութեամբ·

instant (*ին'սթընթ*) շատ կարճ ժամանակ· գործօն· պատրաստակամ· *—aneous* (*ինսթէնթէյն'եըս*) րոպէական· *—er* մէկէն· անմիջապէս·

instead (*ինսթէտ'*) փոխարէն· տեղը·

instep (*ին'սթէփ*) ոտքի ներսի կոր մասը·

instigate (*ինսթիկէյթ'*) յառաջացնել· դրդել·

instil (*ինսթիլ'*) կաթիլ կաթիլ հոսեցնել· *to — knowledge* սորվեցնել·

instinct (*ին'սթինքթ*) բնազդ (կենդանական)· *self-preservation —* ինքնապահպանութեան բնազդ·

institute (*ին'սթիթիութ*) հաստատել· կազմակերպել· հաստատութիւն· ձեռնարկութիւն· *an —* կազմակերպութիւն (հիմնարկութիւն)· *—tion* հաստատութիւն. սահմանադրութիւն. սովորութիւն. հիմնարկութիւն.

instruct (ինսթրըքթ') ուսուցանել. ցուցմունք տալ. հրահանգել. *—ion* ուսմունք. ցուցմունք.

instrument (ին'սթրումընթ) գործիք. *—al* ձեռնարկու. գործիական (երաժշտ.). *—al case* գործիական հոլով.

insubordinate (ինսըբոր'տինէյթ) անհնազանդ (իր մեծաւորներուն).

insufficient (ինսըֆի'շընթ) անբաւարար. անատակ.

insular (ին'սիուլըր) կղզիացած. *— ideas* նեղմիտ գաղափարներ.

insulate (ին'սիուլէյթ) անջատել (շրջափակէն). կղզիացնել. ելեկտրական թելը պատել նիւթով մը՝ որ թոյլ չտայ որ ելեկտրական հոսանքը դուրս ելլէ անկէ.

insulin (ին'սիուլին) ոչխարի որոշ մասերէն պատրաստուած դեղ մը՝ որ կ'օգնէ մարմնին իւրացնելու իր ստացած շաքարը. էնսիւլին.

insult (ինսըլթ') վիրաւորել. — (ին'սըլթ) վիրաւորանք.

insuperable (difficulty) (ինսիու'փըրըպլ) անտանելի, անյաղթահարելի (դժուարութիւն).

insupportable (ին'սըփորթըպլ) անտանելի. անհանդուրժելի.

insurance (ինշու'րընս) ապահովագրութիւն.

insure (ին'շուր) ապահովեցնել. ապահովագրել.

insurgent (ինսըր'ճընթ) ապստամբ (կառավարութեան դէմ). *insurrection* (ինսըրէք'շըն) ապստամբութիւն.

intact (ին'թէքթ) անվնաս. անեղծ.

intaglio (ինթէկլ'իօ) քարի մէջ փորագրուած պատկեր (մեղրամոմի մէջ, եւայլն) կնքելու.

intake (ին'թէյք) ներս առնելը. նորագիր (բանակի մէջ).

intangible (ինթէն'ճըպլ) անզգալի. անշօշափելի (շատ փոքր ըլլալուն համար).

integer (ին'թիճըր) ամբողջական թիւ. *integral* (ին'թիկրըլ) ամբողջական (կատարեալ). *integrate* (ին'թիկրէյթ) ամբողջացնել. կատարեալ դարձնել. *integrity* (ինթէկ'րիթի) ամբողջականութիւն. *a man of integrity* պատուախնդիր մարդ.

intellect (ին'թէլէքթ) միտք. իմացականութիւն. ուշիմութիւն. *intellectual* (ինթիլէք'թուըլ) մտաւորական. հոգեկան. *intelligence* (ինթէլ'իճընս) ուշիմութիւն. մտային եւ հոգեկան բարձր ընդունակութիւն. *intelligent* ուշիմ. ճարտարամիտ. *Intelligence-Service* Տեղեկատուութեան Գրասենեակ. Գաղտնի Ոստիկանութիւն. *intelligentsia* (*ին-Թէ՛լիճէնսիը*) մտաւորականութիւն.

intend (*ինԹէնտ՛*) մտադրել. նպատակադրել.

intendant (*ինԹէնտ՛ընԹ*) հոգաբարձու. պատասխանատու (հասարակական գործի մը).

intense (*ինԹէնս՛*) ուժգին. բուռն. զգացական. *an intense young lady* ծանրաբարոյ երիտասարդուհի. *intensive study* լիակատար (խղճամիտ) ուսումնասիրութիւն. *intensive* (*ինԹէն՛սիվ*) տարածուն. ձգտեալ. զօրաւոր.

intent (*ինԹէնԹ՛*) որոշադրած. մտադիր. նպատակադրութիւն.

intention (*ինԹէն՛շըն*) նպատակ. յառաջադրանք. ծրագիր. *he has —s* կը փափաքի ամուսնանալ հետը.

inter (*ինԹըր՛*) գերեզմանել. թաղել.

inter- (*ինԹըր՛ –*) *մէջ—*. *international* (*ինԹըր՛-նէշընլ*) միջազգային.

inter alia (*ինԹըր՛ էյլիը*) ի միջի այլոց.

interact (*ինԹըրէքԹ՛*) հակազդել (իրարու վրայ).

intercede (*ինԹըրսիտ՛*) բարեխօսել. միջնորդել.

intercept (*ինԹըրսէփԹ՛*) արգելակել. կեցնել. թոյլ չտալ որ նամակ մը իր տեղը հասնի.

intercession (*ինԹըրսէ՛շըն*) միջնորդութիւն. բարեխօսութիւն.

interchange (*ինԹըրչէյնճ՛*) փոխանակել. փոխանակութիւն.

interchapter (*ին՛Թըրչէփ՛-Թըր*) միջանկեալ գլուխ (գիրքի).

intercom (*ին՛Թըրքամ*) օդանաւի մէջ հեռաձայնի սիստէմ.

intercommunication (*ին-Թըրքամիու՛նիքէյշըն*) պատգամներու փոխանակութիւն. միջյարաբերութիւն.

intercourse (*ին՛Թըրքորս*) փոխադարձ շփում. փոխյարաբերութիւն.

interdict (*ինԹէրտիքԹ՛*) արգիլել. — (*ին՛Թէր-տիքԹ*) արգելք (դատարանի, եկեղեցւոյ, եւն.).

interest (*ին՛Թըրէսթ*) հետաքրքրել. շահ. հետաքրքրութիւն. հետաքրքրքրութեան առարկայ. տոկոս. *it is to your —* քու բարիքիդ (շահ) համար է. *the speech of the prime minister aroused great —* վարչապետին ճառը մեծ հետաքրքրութիւն ստեղծեց. *literature is one of his —s* գրականութիւնը զինք հետաքրքրող առարկաներէն մէկն է. *to return a blow with —* հարուածին աւելի զօրաւոր հարուածով մը պատասխանել.

interfere (*ինԹըրՖիըր՛*) միջամտել. միջամուխ ըլլալ զինք չհետաքրքրող խնդրի մը. *—nce* միջամտութիւն. միջամուխ ըլլալը, կամ ռատիոյի ձայնը խանգարող պատճառ (փարազիթ).

interfuse (*ինթըրֆիուզ'*) միասին հոսեցնել.

interim (*ին'թէրիմ*) միջանկեալ ժամանակաշրջան (երկու դէպքերու միջեւ). առժամեայ (տեղեկագիր). կանխավճար.

interior (*ինթի'րիըր*) ներքին. ներքնամաս. *Minister of the —* Ներքին Գործոց Նախարար.

interject (*ինթըրճէքթ'*) մէջը մտնել (խօսքին). ուրիշի մը խօսած պահուն հաւանութիւն (դժգոհանք) յայտնող բացագանչութիւն ընել. *an —ion* ձայնարկութիւն. բացագանչութիւն.

interlace (*ինթըրլէյս'*) ընդելուզել. հիւսել.

interlard (*ինթըրլարտ'*) օտարաբանութիւններ գործածել՝ խօսելու ժամանակ.

interleave (*ինթըրլիյվ'*) գիրքի մը մէջ պարապ էջեր աւելցնել (նօթագրութեան համար).

interlinear *ինթըրլին'իըր*) տողամիջեան (տպագիր). տողընդմէջ.

interlock (*ինթըրլոք', — — լաք'*) իրարու հետ ամրապէս կցել.

interlocutor (*ինթըրլաք'իութըր*) խօսակից. *my —* մէկը որ ինծի եւ խօսակիցիս հետ կը խօսի.

interloper (*ինթըրլո'փըր*) առանց արտօնագրի ինքնաշարժ, եւայլն քշող (ճամբորդող).

interlude (*ին'թըրլուտ*) միջնարար. հանգիստ.

intermediary (*ինթըրմի'տիըրի*) միջնորդ (անձերու, խումբերու միջեւ). միջանկեալ.

intermediate (*ինթըրմի'տիըթ*) միջեւ. միջանկեալ (դիրք). միջակ.

interment (*ինթըր'մընթ*) թաղում. գերեզմանում.

intermezzo (*ինթըրմէթ'զօ*) միջնանուագ (միջնախաղ).

interminable (*ինթըր'մինըպլ*) անվերջանալի.

intermingle (*ինթըրմին'կլ*) խառնուիլ. միախառնել.

intermission (*ինթըրմի'շըն*) միջնարար. կարճ դադար.

intermittent (*ինթըրմի'թընթ*) ընդհատ-ընդհատ (ոչ-շարունակական).

intermix (*ինթըրմիքս'*) իրարու խառնել.

intern (*ինթըրն'*) արգելափակել (թոյլ չտալու համար որ վնաս հասցնէ). (Ա.Մ.Ն.). *an —* դըպրոցին մէջ ապրող ուսանող. հիւանդանոցի մը մէջ ապրող եւ աշխատող երիտասարդ բժիշկ.

internal (*ինթըր'նըլ*) ներքին. ընտանեկան.

international (*ինթըրնէ'շընըլ*) միջազգային. *I—* 1864ին Ք. Մարքսի եւ Ֆ. Էնկէլսի կողմէ հիմնուած ընկերվարական Միջազգ. կազմակերպութիւն (Ա. Միջազգայնական). *In-*

ternationale Միջազգային Համայնավարութեան քայլերգը· *Internationalism* միջազգայնականութիւն· *—list* միջազգայնական·

internecine (war) (*ինթըրնի'սայն*) երկու կողմին ալ մեծ վնաս պատճառող պատերազմ·

inter nos (*ինթ'ըր նոս*) խօսքը մէջերնիս·

interpellate (*ինթըր'փըլէյթ*) հարցաքննութիւն կատարել (կառավարութեան մօտ) բացատրութիւն պահանջելով·

interplay (*ին'թըրփլէյ*) փոխադարձ աշխատանք (գործառնութիւն, ազդեցութիւն, եւայլն)·

interpolate (*ինթը'րփոլէյթ*) աղաւաղել (գիրք մը)·

interpose (*ինթըրփոզ'*) մէջտեղը տեղաւորել· մէջտեղը գալ· միջամտել· օգնութիւն առաջարկել·

interpret (*ինթըր'փրեթ*) մեկնաբանել· բերանացի բացատրել· լուսաբանել· թարգմանել· *—ation* (*ինթըրփրեթէյ'շըն*) մեկնաբանութիւն· մեկնութիւն· թարգմանութիւն· ներկայացնելը· *—er* մեկնիչ· թարգմանող·

interracial (*ինթըրրէյ'շըլ*) միջցեղային·

interregnum (*ինթըրրէկ'նըմ*) թագաւորի (նախագահի) մը մահուան (հրաժարման) եւ նոր իշխանաւորի մը պաշտօնի անցնելու միջեւ եղած ժամանակաշրջանը· միջիշխանութիւն·

interrogate (*ինթըր'րըկէյթ*) հարցաքննել· *—tive* հարցական· հարցաքննական· *—tion mark, point of —tion* հարցման նշան (?) (պարոյկ)· *—tory* հարցաքննում· հարհարցաքննական·

interrupt (*ինթըրըփթ'*) միջամտել· ընդմիջել (խօսակցութիւնը)· ընդհատել· արգելակել· *—ion* ընդմիջում· ընդհատում·

intersect (*ինթըրսէքթ'*) կտրել (մէջտեղէն, երկայնքին)· *intersection* կտրել անցնիլը· հատման կէտ·

intersperse (*ինթըրըսփըրս'*) տարտղնել· ցանցրնել· հոս հոն դնել·

interstellar (*ինթըրսթէլ'ըր*) միջաստղային· աստղային· աստղերու մէջէն անցնող կամ անոնց միջեւ հաստատուած·

interstice (*ինթըր'սթիս*) փոքր միջոց, բացուածք (առարկաներու, կամ նոյն առարկայի զանազան մասերու միջեւ)·

intertwine (*ինթըրթուայն'*) երկու դերձանի թելեր իրարու հիւսել· փաթթել·

interurban (*ինթըրըր'պն*) միջքաղաքային· քաղաքներու միջեւ·

interval (*ին'թըրվըլ*) միջոց (ժամանակի, տարածութեան)· *at —s* երբեմն երբեմն· հոս հոն·

intervene (*ինթըրվին'*)

մէջտեղ մտնել, միջամըտել (երկու կռուողներու միջեւ)· ճիշդ ժամանակին միջամտել· *I will come should nothing* — պիտի գամ եթէ արգելք մը չըլլայ·

interview (ին'թըրվիու) տեսակցութիւն (թղթակիցի) մէկու մը հետ որոշ հարցերու շուրջ հարցում-պատասխանի համար·

intestate (ինթէս'թէյթ) առանց կտակը գրելու մեռած, անկտակ (անձ)·

intestine (ինթէս'թին) աղիք·

intimate (ին'թիմիթ) ներքին· մտերիմ (բարեկամ)· գաղտնի (մտածումներ)· *to* — (ին'թիմէյթ) անուղղակի ձեւով յայտնել·

intimidate (ինթիմ'իտէյթ) վախցնել· յուսահատեցընել·

intolerable (ինթօլ'ըրըպլ) անհանդուրժելի (կարելի չէ, պէտք չէ հանդուրժել)·

intolerant (ինթօլ'ըրընթ) անհանդուրժող· նեղմիտ·

intone (ինթօն') եղանակաւորումով (երգեցիկ ձայնով) ըսել· *intonation* (ինթօնէյ'շըն) ձայնի ելեւէջ (խօսակցութեան ատեն)·

intoxicate (ինթօքս'իքէյթ) գինովցնելով պայծառազգացութիւնը մթագնել· *intoxicants* գինի եւ այլ զօրաւոր խմիչքներ·

intra- (ին'թրը –) մէջը, ներսը (սկզբնաւոր)·

intractable (ինթրէք'թըպլ) անհակակշռելի· անուղղայ· անկառավարելի·

intrada (ինթրա'տա) ներածութիւն·

intramural (ինթրըմիու'րըլ) ներպարսպեայ (պատէն, պարիսպէն ներս)· նաեւ՝ քաղաքէն, համալսարանէն, եւայլն ներս·

intranquillity (ինթրէնքուիլ'լիթի) անհանդարտութիւն·

intransigent (ինթրէն'սիճընթ) անհրաւախոհ· համաձայնիլ չուզող՝ (քաղաքականութեան մէջ)·

intransitive (verb) (ինթրէնս'իթիվ) չէզոք բայ·

intra-territorial (ին'թրը-թէրիթօ'րիըլ) ներերկրեայ· երկրին սահմաններէն ներսը·

intrepid (ինթրէփ'իտ) անվախ· քաջ·

intricate (ին'թրիքիթ) կնճռոտ· բազմաթիւ փոքր մասերով·

intrigue (ինթրիկ') դաւադրել· գաղտնի ծրագիր մը կազմել· մեծապէս հետաքրքրուիլ· *an* — գաղտնի սիրահարութիւն· *intrigant, intriguant, intriguer* (ին'թրիկընթ, ին'թրիկըր) դաւադիր· նենգամիտ·

intrinsic (ինթրին'սիք) հարազատ· իրական· բնական· ներքին·

intro- (ինթրը –) ներսի (սկզբնաւոր)·

introduce (ին'թրըտիուս) գործադրել· ներմուծել· ի զօրու դարձնել· ներկայացնել․ *I will — you to Mr. X* Պրն․ *X*ին պիտի ներկայացնեմ ձեզ․ *introduction.* (*ինթրըտաք՛շըն*) ներկայացում (նիւթի)․ ներածութիւն․ ծանօթացում.

introspect (*ինթրոսփէքթ՛*) իննքն իր միտքն ու զգացումները քննել․ *—ion* (*ինթրոսփէք՛շըն*) ներազննութիւն․ ներհայեցողութիւն.

introvert (*ինթրըվըրթ՛*) իննքնամփոփութիւն․ հոգեվերլուծութեան մէջ՝ իննքնակեդրոն անձ.

intrude (*ինթրուտ՛*) իննքնել, իննքնակոչ կերպով ներս մտնել․ *intrusive* իննքնակոչ․ իննքնիրեն (ուրանց իրաւէրի) ներս մտնող.

intrust (*ինթրասթ՛*) տես՝ *entrust* վստահիլ.

intuition (*ինթիուի՛շըն*) առանց տրամաբանելու ձեռք ձգուած գիտութիւն․ յայտնատեսութիւն․ բացայայտ նշմարտութիւն.

inundate (*ին՛ընտէյթ*) ողողել․ մէջը թաղել.

inure, enure (*ինիուր՛*) վարժուիլ․ *soldiers are —d to cold and hunger* զինուորները վարժուած են ցուրտին եւ անօթութեան.

invade (*ինվէյտ՛*) ներխուժել (հակառակորդին երկիրը)․ պատերազմի բռնկելիլ.

invalid (*ին՛վըլիտ*) հիւանդկախ․ վատառողջ (անձ)․ խեղանդամ․ *an — chair* հիւանդի յատուկ աթոռ․ *to — a person* մէկը զործէ արձակել իր վատառողջութեան պատճառաւ.

invalid (*ինվէլ՛իտ*) անզօր․ անվաւեր․ անպէտ (պահանջք, համաձայնութիւն, եւայլն)․

invaluable (*ինվէլ՛իուըպըլ*) շատ թարձրարժէք․ թանկարժէք.

invariable (*ինվէր՛իըպլ*) անփոփոխելի.

invasion (*ինվէյ՛ժըն*) ներխուժում.

invective (*ինվէք՛թիվ*) նըզովք․ հայհոյանք․ կըշտամբանք.

inveigh (against) (*ինվէյ՛*) (խօսքով, գրելով, նախատելով) վրան յարձակիլ.

inveigle (*ինվի՛կլ*) անպարկեշտ միջոցներ գործադրելով մէկուն՝ ուզածը ընել տալ․ մոլորեցնել.

invent (*ինվէնթ՛*) հնարել․ շինել․ յղանալ․ *—ion* նոր գիւտ․ յայտնագործութիւն․ երեւակայական պատմութիւն.

inventory (*ին՛վէնթըրի*) առարկաներու ընդհանուր ցուցակ․ ցուցակագրութիւն․ ցուցակագրել.

inverse (*ինվըրս՛*) հակառակ․ հակոտնեայ․ *inversion* սխալ (հակառակ) կարգի մէջ դնուիլը․ *invert* շրջել (գլխիվայր)․ տեղափոխութիւն ընել․

invertebrate (*ինվըր'թիպրէթ*) առանց ողնայարի․ կամազուրկ․ տկարակազմ․

invest (*ինվէսթ'*) մէկուն հագցնել հագուստներ՝ որոնք աստիճան մը ցոյց կու տան․ իշխանութիւն տալ․ դրամը շահու, տոկոսի դնել․ *to — a city* քաղաք մը պաշարել․ — *in a (car)* ինքնաշարժ մը գնել․

investigate (*ինվէս'թիկէյթ*) քննարկել․ խուզարկել․ —*tion* քննարկութիւն․ հետազօտութիւն․

investiture (*ինվէս'թիչըր, ինվէս'թիթիուր*) իշխանութեան, պաշտօնի տուչութիւն․

investment (*ինվէսթ'մընթ*) դրամի, դրամագլուխի ներդրում (գործի մը մէջ)․

inveterate (*ինվէթ'ըրէյթ*) հիմնաւորուած (սովորութեամբ)․

invidious (*ինվիտ'իըս*) ատելի․ տաղտկացուցիչ․

invigilate (*ինվիճ'իլէյթ*) ուշադրութեամբ հսկել (քննութիւն անցընողներու, եւայլն, վրայ)․

invigorate (*ինվիկ'ըրէյթ*) զօտեպնդել․ բարոյապէս զօրացնել․

invincible (*ինվին'սիպլ*) անյաղթելի․ անպարտելի․

inviolate (*ինվայ'ըլէթ*) անվնաս․ անբիծ․ սրբակրօն․ *inviolable* (*ինվայ'ըլըպըլ*) անբռնաբարելի․ անխոցելի․

invisible (*ինվիզ'ըպլ*) անտեսանելի․ աննշմարելի․

invite (*ինվայթ'*) հրաւիրել․ *I — questions* սիրով կ'ընդունիմ հարցումները․ *invitation* հրաւէր․ խնճոյք․

invocation (*ինվոքէյ'շըն*) աղերսանք առ Աստուած․ աղօթք․

invoice (*ին'վոյս*) հաշուեցուցակ․ առաքուած ապրանքներուն ցանկն ու անոնց գիները․

invoke (*ինվոք'*) հայցել (աղօթքի մէջ)․ պաղատիլ․ պաշտպանութիւնը խնդրել (օրէնքի)․

involuntary (*ինվալ'ընթըրի*) կամքին հակառակ․ դժկամակ․ անյօժար․ —*rily* դժկամակութեամբ․ անյօժար կերպով․

involve (*ինվոլվ', ինվալվ'*) ձեռնամուխ ըլլալ․ ներս մտնել․ առընչութիւն ունենալ․ բարդացնել (բան մը)․ բազմապատկել․ կնճռոտել․ *to — oneself* պարտքի տակ մտնել․

invulnerable (*ինվըլ'նըրըպլ*) վիրաւորելը անկարելի․ անխոցելի․

inwards (*ին'ուըրտզ*) ներսի կողմը․ ներքինը․ *inward* ներքին (մտային, հոգեկան)․ *the true inwardness* իրական նշանակութիւնը․

iodine (*այ'ըտին*) ադանըման քիմիական նիւթ՝ որմէ կ'արտադրուի սըրնագոյն հեղուկ մը (զոր վէրքերու վրայ կը դնեն)· մանիշ·

ion (*ա'յըն*) հիւլէի մը դըրական եւ ժխտական ելեկտրականութիւնը ուժի մէջ հաւասար են· *ion*-ի մէջ դրականը եւ ժխտականը հաւասար չեն· հետեւաբար *ion*-ը ելեկտըրականօրէն կարող է դըրական կամ ժխտական ըլլալ·

Ionian (*այո'նիըն*) յոնիական· *Ionic dialect* յոնիական բարբառ (հին յունական լեզուի երեք ճիւղերէն մէկը)·

iota (*այո'թը*) յունարէն գիր մը (ι). *not one iota of truth* ճշմարտութեան ո'չ մէկ մասնիկ·դոյզն իսկ·

I. O. U. (*այ. օ. եու.*) (*I owe you* պարտական եմ քեզի)· պարտքը վճարելու խոստում·

ipecacuanha (*իփիքաքիուա'նը*) պրազիլիական բոյս մը՝ որուն արմատէն պատրաստուած դեղը փսխումք կը յառաջացնէ· ոսկետուեկ·

ipso facto (*ի'փսօ ֆ'էքթօ*) իբր իրականութիւն· իբր փաստ·

Irak, Iraq (*իրա'ք*) հին Միջագետքը· Իրաք· *Iraki, Iraqi* իրաքեան, իրաքցի·

Iran (*իրա'ն*) Պարսկաստանի բնիկ անունը· *Irani, Iranian* իրանցի, իրանական·

irascible (*իրէս'իպլ*) դիւրաբորբոք· ցասկոտ·

irate (*իրէյթ'*) զայրացած· բարկացած·

ire (*այր*) բարկութիւն· զայրոյթ·

Ireland (*այր'լէնտ*) Իրլանտա·

Irene (*այրի'նի*) խաղաղութեան չաստուածուհին (յուն· դից· մէջ)·

iridescence (*իրիտէս'նս*) մակերես՝ որ լոյսը կը բեկբեկէ եւ այլազան փոխուող գոյներ ցոյց կու տայ փաղփիւն·

iridium (*այրիտ'իըմ*) ներմակ մետաղային քիմիական նիւթ մը՝ որ կը պատկանի փլաթինի խումբին·

iris (*այ'րիս*) աչքի ծիածանը· ծիրանի գօտի· գեղեցիկ ծաղիկ մը (հիրիկ)·

Irish (*այ'րիշ*) իրլանտական· իրլանտերէն· իրլանտացի· *Irish Free State* (1922ին հաստատուած) Հարաւային Իրլանտայի հանրապետութիւնը· 1937էն ի վեր կը կոչուի *Eire* (այր)·

irk (*ըրք*) պարտասած· յոգնած· յոգնեցնել· տաղտուկ ստեղծել· *an —some task* յոգնեցուցիչ եւ անհետաքրքրական պարտաւորութիւն·

iron (*այ'ըրն*) երկաթ· արդուկ· երկաթեայ· արդուկել· շղթաներով կաշկանդել· *to rule with a rod of —* բռնութեամբ իշխել· *strike while the iron is hot* երկաթը տաք

տաք կը ծեծեն· *a man of —* աննկուն նկարագրով մարդ· *to have too many —s in the fire* փորձել միաժամանակ շատ մը գործեր ընել· *to put a man in —s* մէկը երկաթէ շղթաներով կաշկանդել·

Iron Age երկաթէ դար·

Iron Curtain երկաթէ վարագոյր·

iron lung (—' *լընկ*) երկաթէ թոք՝ որ մանկական անդամալուծութեան պարագային յատկապէս կը նպաստէ արուեստական շնչառութեան·

ironmonger (*այ'ըրնմընկըր*) երկաթեղէններ ծախող (մարդ)·

ironsmith (*այ'ըրնսմիթհ*) երկաթագործ·

iron works (*այ'ըրն ուըրքս*) դարբնոց·

irony (*այ'ըրնի*) երկաթէ· հեգնանք· զուարթաբանութիւն· *the — of fate* ճակատագրի հեգնանքը· *ironical* (*այըրն'իքըլ*) հեգնական·

irr- (*իր* –) ժխտական նախամասնիկ (օր·՝ *irregular* անկանոն)·

irradiate (*իրէյ'տիէյթ*) շողշողալ· ճառագայթել· ուժգնօրէն փայլիլ· *—tion* շողարձակում· լուսաւորութիւն· *X* (անդրըմանիշակագոյն, արեգակնային) ճառագայթներու ենթարկում·

irrational (*իրէշ'ընըլ*) տրամաբանութեան հակառակ· անիմաստ· անհամաչափ· անտրամաբանական·

irreceptive (*իրիսէփ'թիվ*) անատակ (նոր գաղափարներ եւ տպաւորութիւններ ընկալելու)·

irreclaimable (*իրիքլէյ'մըպըլ*) կարելի չէ ետ կոչել· անուղղայ (նկարագիր)·

irreconcilable (*իրէքընսայ'լըպըլ*) անհաշտ· համաձայնիլը անկարելի·

irrecoverable (*իրիքավ'ըրըպըլ*) անբուժելի· աննորոգելի· անգտանելի·

irregular (*իրէկ'իուլըր*) անկանոն· *— Verb* անկանոն բայ· *— forces* կառավարական հակակշիռէն դուրս զինեալ ուժեր·

irrelevant (*իրէլ'իվընթ*) անկապակից· հարցին (նիւթին) հետ ո՛չ մէկ առնչութիւն ունեցող·

irreligion (*իրիլիճ'ըն*) անտարբերութիւն (ընդիմադրութիւն (կրօնքի նկատմամբ· անհաւատութիւն·

irremediable (*իրէմի'տիըպըլ*) անդարմանելի·

irremissible (*իրէմիս'իպլ*) աններելի·

irreparable (*իրէփ'էրըպըլ*) աննորոգելի· անդարմանելի·

irreplaceable (*իրիփլէյ'սըպըլ*) անփոխարինելի·

irreproachable (*իրիփրօ'չըպըլ*) անայպանելի· անմեղադրելի·

irresistible (*իրէզիս'թըպըլ*) անդիմադրելի (շատ գրաւիչ ըլլալուն համար)·

irresolute (իրէզ՛ըլութ) անվճռակամ. նկարագրով տկար.

irrespective (of) (իրիսփէք՛թիվ) հակառակ. առանց հաշուի առնելու. անկախ.

irresponsible (իրիսփան՛սըպլ) անպատասխանատու. անհոգ. անվստահելի.

irresponsive (իրէսփոն՛սիվ) խանդավառութենէ պարպուած. անպատրաստակամ.

irreverent (իրէվ՛ըրընթ) անյարգալից. ամբարիշտ.

irrevocable (իրէվ՛ոքըպլ) անփոփոխելի. անդառնալի. *an — letter of credit (decision)* անփոփոխելի, անդառնալի վարկագիր (որոշում).

irrigate (իր՛իկէյթ) ոռոգել անջրդի հողերը (ջրանցքներու միջոցով). ջուր թափել. *irrigation* (իր՛իկէյշըն) ջրաբաշխութիւն.

irritate (իր՛իթէյթ) գայրացնել. յուզել. ցաւիլ. ցաւցնել (մարմնի մէկ մասը).

irritable (իր՛իթըպլ) դիւրաբորբոք.

irruption (իրըփ՛շըն) յանկարծական պոռթկում. անակնկալ ներխուժում. գրոհ.

is (իզ) է (էական բայ). սահմ. ներկ., եզ. Գ. դէմք.

Ishmaelite (իշ՛մըլայթ) (զոր Աստուած կը լսէ. Եբ.). Իսմայելէն սերած. Իսմայիլեան.

isinglass (այ՛զինկկլաս) փակչուն նիւթ՝ որ կը ծառայէ հաւկիթները անեղծ պահելու եւ գարեջուրը յստակացնելու. ձկնասոսինձ.

Islam, Islamism (իզ՛լէմ, իզ՛լէմիզմ) Իսլամ. Իսլամութիւն. *Islamic* իսլամական (հնազանդութիւն առ Աստուած. արաբ.).

island (այ՛լընտ) կղզի. *—er* կղզեբնակ.

isle (այլ) կղզի (բանաստ. մէջ). *—sman* կղզեբընակ (Սկովտ. կղզիներուն մէկուն վրայ). *islet* (այ՛լէթ) կղզեակ.

- ism (– իզմ) յետադաս մասնիկ՝ որ որոշ վարդապետութիւն մը ցոյց կու տայ. *Socialism, Capitalism* (ընկերվարութիւն, դրամատիրութիւն).

iso - (այ՛սօ –) նախադաս մասնիկ (հաւասար արժէքով). *isobar* (այ՛սոպար) գիծ քարտէսի վըրայ՝ որ ցոյց կու տայ երկրագունդի վրայ այն վայրերը՝ ուր մթնոլորտը նոյն խտութիւնը ունի, տուեալ որեւէ եղանակի ընթացքին. զուգածանրագիծ. հիւլէներու խումբեր՝ որոնք նոյն զանգուածի թիւերը ունին, սակայն տարբեր ատոմական թիւեր.

isochromatic (այսոքրոմէթ՛իք) նոյներանգ. նոյն գոյնը ունեցող.

isodynamic (այսոտայնէմ՛իք) հաւասար ոյժ եւ զօրութիւն ունեցող. զուգաւօր·

isolate (*այ'սըլէյթ*) կղզիացնել· նոյն տեսակէն զատել· —*tion* կղզիացում· *isolation hospital* վարակիչ հիւանդութիւններու յատուկ հիւանդանոց· *isolationist* (Ա· Մ· Ն·ի մէջ) մեկուսացման քաղաքականութեան հաւատացող անձ·

isosceles (*այսա'սըլիզ*) երկու հաւասար կողմեր ունեցող (եռանկիւն)· զուգաբարձ (եռանկիւն)· երկկողմնազոյգ·

isotope (*այ'սըթոփ*) տարրի մը՝ ատոմական ծանրութեամբ մէկը միւսէն տարբերող երկու կամ աւելի ձեւերէն մէկը· զուգատեղ·

issue (*իսա'իու, իշ'իու*) դուրս ելլելը· առաքում· թերթի մը նոր թիւին տպագրութիւնը· պարենաւորում· արդիւնք· *issue with arms* զէնքերով օժտել (բանակը)· *the matters at* — տակաւին չվճռուած հարցեր· *to face the* — յստակօրէն իրողութիւնները տեսնել եւ խորհիլ թէ ինչ պէտք է ընել· *to abide the* — ելքին սպասել· *he died without* — առանց զաւակի մեռաւ· *to join* — *with* կռուիլ· անհամաձայն գտնուիլ·

isthmus (*իս'մըս, իս'թհմըս*) պարանոց.

it (*իթ*) ան, զայն· անձ· դեր·, եզ· Գ· դէմք (առարկայի համար)· սեռային գրաւչութիւն·

Italian (*իթէլ'իըն*) իտալացի· իտալական· իտալերէն· *Italy* Իտալիա·

italics (*իթէլ'իքս*) շեղագիր (որ իտալական ծագում ունի)·

itch (*իչ*) քերուըտուք· քերուըտիլ·

item (*այ'թէմ, այ'թըմ*) մաս· կտոր· առարկաներու ցանկ· առարկայ· յուր (յօդուած)· մուտք (հաշուի մէջ)· մանրամասնութիւն· նաեւ· նըման· գրել· նշել·

iterate (*իթ'ըրէյթ*) շարունակ կրկնել·

itinerant (*այթին'ըրընթ*) տեղէ տեղ ճամբորդութիւն (շրջիկը)· *itinerary* (*այթին'ըրըրի*) մէկ օրուան ընթացքին կտրելիք ճամբայ· ուղեգրութիւն· առաջնորդող գիրք (ճամբորդներու համար)·

ivory (*այ'վըրի*) փղոսկր· փիղի ժանիք· *black* — սեւամորթ ստրուկներ·

ivy (*այ'վի*) խոշոր կանանչ տերեւներով մշտադալար բոյս մը՝ որ կ'անի պատերուն վրայ եւ շէնքերուն քովը· բաղեղ·

- ize (*— այզ*) յետադիր մասնիկ· *equalize* հաւասարեցնել·

izzard (*իզ'ըրտ*) սկիզբէն մինչեւ վերջ·

izzat (*իզ'ըթ*) պատիւ· վարկ·

J

J, j (ճէյ) անգլերէն լեզուի 10րդ տառը.

jab (ճէպ) խոցել. խոթել. դաշունահարել. բռունցքով հրել. խոց. վէրք.

jabber (ճէպ'ըր) արագ արագ խօսիլ. լփոտալ.

jabot (ժա'պօ, ժապօ') զարդարանք կնոջ հագուստի առջեւի մասին վրայ, հին ատեն այր մարդու վերնաշապիկին վրայ.

jacinth (ճէս'ինթհ) յակինթ.

jack (ճէք) թղթախաղի մանչը. կռունկ. նաւու դրօշակ. այլազան փոքր բաներ. կենդանիներու անուններուն աւելցնելով՝ արական (կամ փոքըր) ցոյց կու տայ. *jack ass* արու էշ (ապուշ). *jack-snipe* (սնայփ) փոքըր թռչուն մը. ափար. *before you could say Jack Robinson* մէկ վայրկեանէն. *Jack in office* ինքզինքին հովեր տուող փոքրաստիճան պաշտօնեայ. *Jack-tar* նաւաստի. *Union-Jack* Անգլիոյ դրօշակը.

jackal (ճէք'ոլ) շնագայլ.

jackanapes (ճէք'ընէյփս) շատ չար մանուկ. կոշտ մարդ. սկզբնական ծանակութեամբ կապիկ.

jackboot (ճէք'պութ) բարձրրասրունք մոյկ.

jackdaw (ճէք'տօ՝) աղմըկարար թռչուն մը՝ որ փոքր փայլուն բաներ կը գողնայ. ճայեակ.

jacket (ճէք'էթ) կարճ բաճկոն. բաճկոնակ. *to dust a person's* — աղուոր ծեծ մը քաշել մէկուն.

jack-in-the-box (ճէք'-ին-տհը-պոքս (պաքս) տուփ՝ ուրկէ զսպանակով փայտէ խաղալիկ մը դուրս կը ցատքէ երբ կափարիչը բացուի. մամուլի պըտուտակ.

jack-knife (ճէք'-նայֆ) փակուող խոշոր դանակ.

jackpot (ճէք'փաթ) բախտախաղի (թղթախաղի) ամենամեծ նուէրը.

Jacobean (ճէքըպի'ըն) Ճէյմս Ա.ի ժամանակաշրջանի Անգլիան (1566-1625).

Jacobin (ճէքօ'պին) ֆրանսացի Տոմինիքեան

վանական. ժագոպինեան (Յակոբինեան)՝ 1789ի Ֆրանս. յեղափոխութեան շրջանի ծայրայեղ յեղափոխական.

jade (*ճէյտ*) գէշ կին. ծաղրալից ակնարկութիւններ (կնոջ նկատմամբ). յոգնած ձի. *jaded* յոգնած եւ հիւանդ.

jade (*ճէյտ*) թանկագին կանաչ քար (յասմկաքար).

jagged (*ճէկ'իտ*) կոշտ եւ սուր ծայրերով.

jaggery (*ճէ'կըրի*) արմաւի շաքար.

jaguar (*ճէկ'ուար*) հարաւային Ամերիկայի յովազ.

jail (gaol) (*ճէյլ*) բանտ. բանտարկել.

jam (*ճէմ*) սեղմել. հաստատուն ըլլալ. *radio jamming* հեռասփռումի խանգարում ուրիշ ալիքի միջամտութեամբ. *in a jam* անելի մէջ.

Jamaica-pepper (*ճամա'ի-քը—փէփ'ըր*) դարապըղպեղ.

jamb (*ճէմպ*) դրան (կրակարանի, պատուհանի) քովնտի կտորը.

jamboree (*ճէմպըրի'*) ըսկաուտական ընդհանուր բանակում. ճամբար. այս առիթով՝ խրախճանք.

jane (*ճէյն*) կոշտ բամպակեղէն մը. ինկած վարք ու բարքով կին.

jangle (*ճէնկ'կլ*) խումբ մը զանգակներու հանած անախորժ աղմուկը. ճման ձայն մը հանել.

janitor (*ճէն'իթըր*) դռնապան. բեռնակիր.

Janizary, Janissary (*ճէն'իզըրի*) ենիչէրի. թուրք հետեւակ զինուոր. սկիզբը՝ Սուլթանի պահակախումբը. 1826ին Սուլթան Մահմուտը լուծարքի ենթարկեց զանոնք.

January (*ճէն'ուէրի*) Յունուար.

Japan (*ճէփէն'*) Ճարոն. *Jap* կրճատ ձեւը *Japanese*ին (ճարոնական, ճարոնցի). *japan* զօրաւոր ներկ մը (ճարոնական ջնարակ). *to* — ջընարակել.

jape (*ճէյփ*) զուարճալի ասութիւն. կատակաբանութիւն.

jar (*ճար*) սափոր. կարաս.

jar (*ճար*) անհաճոյ ձայն. նոինչ (երկու կարծր առարկաներու բախումի պարագային). ցնցում. *to* — անհանոյ ձայն մը հանել. ցնցել. *he —s on me* զիս կը զայրացնէ. *family —s* ընտանեկան վէճ. վիճաբանութիւն.

jargon (*ճար'կն*) ռամկական (արհեստաւորական) դժուար հասկնալի լեզու. այդ լեզուով խօսիլ.

jasey (*ճէյ'զի*) կեղծ մազ.

jasmin(e) (*ճէս'մին*) *jessamin(e)* (*ճէս'ըմին*) յասմիկ (անուշաբոյր ծաղիկ մը).

jasper (*ճէս'փըր*) թանկագին քար (կարմիր, դեղին կամ սրճագոյն). յասպիս.

jaundice (ճոն'տիս, ճան'տիս) դեղնախտ. —*d* (ճոն'տիստ) *outlook* յոռետես (նախապաշարեալ) դիտելակերպ.

jaunt (ճոնթ, ճանթ) կարճ պտոյտ (հաճոյքի համար). —*ing-car* երկանիւ կառք (Իրլանտա).

javelin (ճէվ'լին) շուրջ 1 1/2 մեթր երկայնութեամբ թեթեւ նիզակ. գեղարդ.

jaw (ճօ՛) կզակ. յանդիմանել. շատախօսել. *hold your* — ձայնդ քաշէ. *a* — -*breaker* դժուար արտասանուելիք բառ.

jay (ճէյ) աղմկարար փոքր թռչուն մը. անձեղ. ապուշ անձ.

jaywalker (ճէյ'ուոքըր) առանց ուշադրութեան փողոցը կտրող անցնող անձ.

jazz (ճէզ) շարժունակութեամբ յատկանշուող թեթեւ պարային նուագ. — -*band* նոյն երաժշտութիւնը նուագող նուագախումբ.

jealous (ճէլ'ըս) նախանձոտ. նախանձախնդրութեամբ պահող-պահպանող.

jeep (ճիյփ) չարքաշ գործեր կատարող եւ խորտուբորտ ճամբաներէ ընթացող թեթեւ, տոկուն ինքնաշարժ. ամերիկեան զինուորական թեթեւ ինքնաշարժ.

jeer (at) (ճիր) (էթ) մէկը ծաղր ու ծանակի ենթարկել. —*s* ծաղր ու ծանակ.

Jehu (ճէ'հիու) արագ ընթացող եւ անխոհեմ կառավար. (9րդ դար Ք. Ա. Իսրայէլի թագաւորը, որ անխոհեմ կերպով կը քշէր իր կառքը).

jejune (ճէճուն') պարապ. անհետաքրքիր. չոր. անգոհացուցիչ.

jell (ճէլ) մածնել. հաստատուն դառնալ.

jelly (ճէլ'ի) որեւէ մածնիտային բաղադրութիւն. շաքարով եւ պտուղով մածնիտ. հաստատուն եւ հեղուկի միջեւ վիճակ. մածնիլ.

jelly-fish (ճէլ'ի-ֆիշ) մածնիտաձեւ մարմնով ծովային կենդանի. ծովամայր.

jemmy (ճէմ'ի) մանելու մեքենայ մը. սինեմայի դիւրին փոխադրելի ելեկտ. տինամօ (ուժամեքենայ). էգ (էշ, թռչուն).

jeopardy (ճէփ'ըրտի) վտանգ.

jeremiad (ճէրիմայ'էտ) ցաւի կամ գանգատի պատմութիւն. երեմիական (ըստ *Jeremiah* (ճէրէմայ'ը) Երեմիա Մարգարէի՝ որ Ողբի գիրքին հեղինակն է).

jerk (ճըրք) յանկարծական շարժում. ցայտք. ցնցում. յանկարծ քաշել (նետել). ցնցուիլ. միսը չորցնել (ապուխտի վերածել). օրօրուն, արագ շարժուձեւերով երիտասարդական պար.

jerkin (ճըր'քին) կարճ եւ

նեղ բանկոն (ընդհանրապէս կաշիէ շինուած)։

jeroboam (ճէրոպո'ըմ) հսկայ շիշ (սովորական շիշի 8 տարողութեամբը)։

Jerry (ճէր'ի) Գերման զինուոր (օդանաւորդ)։

jerry built (ճէր'ի պիլթ) զէշ կերպով շինուած (տուն)։

jersey (ճըր'զի) բուրդէ շապիկ (նաւաստիի)։ *J—* անգլ. նեղուցի ամենամեծ կղզին։

jest (ճէսթ) սրամտութիւն. կատակ։ *—er* (ճէսթ'ըր) միմոս (պալատի մէջ)։

Jesuit (ճէզ'ուիթ) նէզուիթական (Յիսուսեան) Միաբանութեան անդամ (կրօնաւոր), (հիմնուած՝ 1543ին)։ կեղծաւոր։ *—ic* յիսուսեան. խորամանկ։

Jesus (ճիզ'ըս) Յիսուս։

jet (ճէթ) սեւ սաթ։ *—-black* շատ սեւ։

jet (ճէթ) ցայտք (ջուրի կամ այլ հեղուկի)։ շատրուան. ինքնամուղ սաւառնակ։ *—-engine* (—'էնճին), *— propulsion* (— բրըփ'ալշն) սաւառնակը սուրալու ատեն առջեւի կողմէն օդը ներս կ'առնէ, զայն խառնելով իւղերուն հետ եւ ապա ետեւի կողմէն տաք վառած կազեր դուրս կու տայ։

jetsam (ճէթ'սըմ) նաւը թեթեւցնելու համար անկէ դուրս նետուած առարկաները։

jettison (ճէթ'իսըն) առարկաներ դուրս նետել նաւէն (զայն թեթեւցնելու համար)։

jetty (ճէթ'ի) նաւամատոյց։

Jew (ճու, ճիու) Հրեայ։ *—-baiting* հրեաներու հալածանք։

jewel (ճու'ըլ) գոհար. թանկագին քար. գոհարով եղած զարդարանք։ *jeweller* գոհարավաճառ. ականագործ. *jewellery* թանկագին քարերով շինուած առարկաներ. գոհարեղէններ. անոնց առուծախը։

jezebel (ճէզ'ըպէլ) ինկած վարքուբարքով կին։

jib (ճիպ) փոքր առագաստ. վերամբարձ կռունկի (մեքենայի) թեւը. յանկարծ կենալ եւ մերժել շարժիլ։

jibe, gibe (ճայպ) արհամարհական կերպով մէկուն վրայ խնդալ (ծաղրել, հեգնել)։

jiffy (ճիֆ'ի) շատ կարճ պահ. երկվայրկեան. րոպէ։

jig (ճիկ) աշխոյժ պար. (երաժշտութիւն) անոր համար. աշխոյժ կերպով պարել (կատակել)։

jig (ճիկ) հատանող (փորագրող) գործիք մը առաջնորդող մեքենայ։

jigsaw puzzle (ճիկ'սօ փըզլ) պատանեկան խաղ. նկար մը տախտակի կըտորի մը վրայ փակցըւած եւ բազմաթիւ կտորներու վերածուած՝ սղոցունելով (այս կտորները իրարու խառնելէ ետք պէտք է կրկին նկարը կազմել)։

jihad, gehad (ճիհատ՛) սուրբ պատերազմ (անհաւատներու դէմ) (Իսլամ․)։

jilt (ճիլթ) սիրուհի (սիրահար) մը հեռացնել՝ ձեւացնելէ ետք թէ անկեղծ սիրուած է ան․ այս արարքը գործողը։

jingle (ճինկ՛կլ) զրնգալ․ փոքր զանգակներու ձայնը յիշեցնող աղմուկ․ քանաստեղծական յանգ․

jingo (ճինկ՛կօ) ռազմակոչ․ կռիւի հրաւէր․ *by jingo!* զարմանք եւ հըրճուանք արտայայտող բացագանչութիւն․ *jingoism* (ճին՛կոիզմ) ռազմատենչութիւն։

jinks (ճինքս), *high jinks* աղմկալից խենդոյք–խըրախճանք։

jinks (ճինքս), *high jinks* (ճին) (եզ․ *jinnee*) ոգի․ ջինն (որ ըստ Իսլամական կրօնքին կրնայ մարդու կամ այլ կերպարանք առնել)։

jinricksha (ճինրիք՛իշը) մարդու կողմէ քաշուող երկանիւ փոքր կառք (Ճարոն)։

jitterbug (ճիթ՛ըրպըկ) (Ա․Մ․Ն․) ջղաձգական վայրի եւ տգեղ շարժումներով պարել․ նոյն ձեւով պարող անձ։

jitters (ճիթ՛ըրս) յուզումի եւ վախի զգացում․ դիւրաբորբոք նկարագիր։

jiu-jitsu, ju-jutsu (ճիու–ճիթ՛սու, ճու–ճութ՛սու) ճաբոնական ըմբշամարտ (ձեռքերով եւ ոտքերով)։

jive (ճայվ) խժալուր նըւագ մը․ այս երաժշտութեան չափին վրայ պարել։

job (ճոպ, ճապ) գործ, վարձու աշխատանք․ պաշտօն․ անպատիւ գործ․ օրականով վարձել (ձի, կառք, եւայլն)․ առուծախով զբաղիլ․ *to fall down on the —* գործի մէջ թերանալ․ *by the —* գործ գլուխ․ *to do the — for one* մէկը սպաննել․ *a —-master* ձիեր (եւայլն) վարձու տուող անձ․ *jobbery* կառավարական պաշտօնեայի հանգամանքի անպարկեշտ կերպով շահագործում։

Job (ճապ) Յոբ․ ամէն դժբախտութեան եւ ցաւի տոկացող եւ համբերող․ *—'s comforter* շահախնդիր բարեկամ։

jockey (ճոք՛ի, ճաք՛ի) ձիավարիկ (ձիարշաւի ժամանակ)․ ձիավաճառ․ խարդախ առեւտրական․ (գործի մէջ)․ խարդախութիւն ընել․ խաբել։

jocose (ճըքոս՛), jocular (ճաք՛իուլըր) զուարճաբան․ կատակախօս․ սըրամիտ։

jocund (ճոք՛ընտ, ճաք՛ընտ) զուարթ․ զուարթամիտ։

jog (ճոկ՛, ճակ՛) մշտել․ ցնցել (մէկը, ուշադրութիւնը հրաւիրելու համար)․ հանդարտօրէն վա–

գել. *to — a person's memory* չանալ յիշեցը-նել իրեն.

jog-trot (*ճոկ' - թրոթ, ճակ'-թրաթ*) դանդաղ այլ հետեւողական վազք.

John Bull (*ճոն, (ճան) պուլ*) անգլիացի. անգ-լիացի ազգը. անգլիական նկարագիր.

Johnsonian (*ճոնս'ոնիըն, ճանսո'նիըն*) Ճոնսոնեան (Տոքթ. Սամուէլ Ճոնսոն-նի (1708–84) վերամբարձ գրական ոճին վերաբեր-եալ). *Johnsonese* (*Ճոն-սոնիզմ*) Տոքթ. Ս. Ճոն-սոնի ուռուցիկ ոճ.

join (*ճոյն*) միացնել. ամ-բացնել. խառնել. հան-դիպիլ. միանալ (ամուս-նութեամբ ընկերութիւն կազմելով, եւն.). *a —er* փայտի աշխատաւոր. ա-տաղձագործ. *—ery* փայտի վրայ աշխատանք (հիւսնութիւն).

joint (*ճո'յնթ*) միացման կէտ. հանգոյց. յօդուած (մարմնի այլազան մասե-րու). ոչխարի զիստ. միացեալ (կարծիք, եւ-այլն). *to take — action* միացեալ գործողութեան ձեռնարկել. *out of —* տեղէն ելած. խառնակ. *—ed* յօդաւոր.

jointure (*ճոյն'չըր, — - թիուր*) ամուսնոյն մա-հէն ետք՝ ապրելու հա-մար անոր կնոջ տրուած դրամը.

joists (*ճոյսթս*) գերաններ (փայտէ, երկաթէ) որոնց վրայ առաստաղը (տա-

նիքը) կառուցուած կ'ըլ-լայ. հեծան.

joke (*ճո'ք*) զուարճալիք. սրամտութիւն. կատակ. կատակել. սրամտութիւն ընել. զուարճալիքներ պատմել. *it's no —* լուրջ հարց մըն է. *a practical —* մէկուն գըլ-խուն խաղ մը խաղալ ու-րիշներ զուարճացնելու համար. *—r* կատակա-բան. «ճոքէր» (թղթա-խաղի).

jolly (*ճա'լի*) ուրախ–զը-ւարթ. զեղեցիկ. բարե-ձեւ. *a — good person* շատ լաւ անձ. *to — a person along (up)* մէ-կուն հետ շատ լաւ վար-ուիլ որպէսզի ուրիշի մը փափաքածը ընէ. *jollification* զուարթարանու-թիւն. խրախճանք.

jolly-boat (*ճալի պո'թ*) նաւու մակոյկ.

jolt (*ճոլթ*) անհանոյ ցըն-ցում (անակնկալ).

Jonah (*ճո'նըհ*) Յովնան Մարգարէ. դժբախտու-թիւն բերող մարդ (մա-նաւանդ նաւուն վրայ).

jorum (*ճո'րըմ*) գինիի գա-ւաթ.

josh (*ճաշ*) մէկուն գլխուն խաղ խաղալ եւ ապա խնդալ վրան.

Brother Jonathan (*պրա-տհըր ժան'էթհըն*) ամե-րիկացի.

joss (*ճաս*) կուռք (չինա-կան). *— - house* կռա-տուն.

jostle (*ճաս'լ*) զարնուիլ (մէկուն). հրել (արմուկով)։ *—ment* հրմշտըկում։

jot (down) (ճաթ) կարճ նօթագրութիւն մը ընել։ *not a —* ոչինչ։ բան մը չէ։

journal (ճըր'նըլ) առօրեայ տեղեկագիր։ խանութի մը հաշիւներու օրագրութիւնը։ յուշատետր։ օրաթերթ։ պարբերական։ *journalese* (ճըրնըլի'զ) օրաթերթի ոճ։ *a journalist* լրագրող։ *—ic* (ճըրնըլիս'թիք) լրագրական։

journey (ճըր'նի) ճամբորդութիւն։ ճամբորդել։ *— man* վարձուած բանուոր (օրականով վարձատրուող)։ վարպետ աշխատաւոր։

joust (ճուսթ) նիզակամարտ (ասպետներու միջեւ)։ նիզակով առերես կռուիլ։ իրարու նիզակ նետել (փորձի համար)։

Jove (ճով) Հռոմէական չաստուած։ կը համապատասխանէ մեր Արամազդին։ *by jove!* զարմացման եւ հրճուանքի բացագանչութիւն։ խա՛չ որ։

jovial (ճով'իըլ) ուրախզուարթ։

jowl (ճաուլ) դէմքի վարի մասը։ այտ։ ծամող կըզակ։ *cheek by —* իրարու շատ մօտ։ գլուխ գլխի։

joy (ճոյ) մեծ ուրախութիւն։ ցնծութիւն։ ուրախացնել։ խայտալ։ *—ful* ցնծալից։ *—ous* (ճոյ'ըս) ուրախալի։

jubilate (ճուպիլէյ'թ) թերկրութիւն։ յաղթութիւն։ *jubilant* ցնծագին։ ուրախութեան երգեր երգելով։

jubilee (ճու'պիլի՛) յիսնամեայ յոբելեան։ այս առիթով կատարուած խրախճանքի հանդիսութիւններ։ *silver (diamond) —* 25ամեակ (60ամեակ)։

Judaism (ճու'տէյիզմ) Մովսիսականութիւն (հրէական կրօնք)։

Judas (ճու'տըս) Յուդայ (Յիսուսի աշակերտ)։ մատնիչ։ *— - kiss* դաւադիր արարք մը քօղարկուած իբր ազնուութիւն։

judge (ճաճ, ճըճ) դատաւոր։ դատել։ կարծիքը յայտնել։ *a judgement* դատարանի վճիռը։ դատողութիւն։ *it's a — on him* Աստուած պատիժը տուած է։ *Judg(e)ment Day* Վերջին Դատաստանի Օրը։

judicature (ճուտ'իքըթըր, —թիուր) երկրի մը դատաւորական ընդհ. կազմը։ իրենց տարած աշխատանքը։

judicial (ճուտիշ'ըլ) դատական։ ատենական։ իրաւախոհական։

judicious (ճուտիշ'ըս) ողջադատ։ իմաստուն։

judo (ճու'տօ) *ju-jutsu*ին ուրիշ մէկ անունը։

jug (ճըկ) կուժ։ միսը խաշել զոց ամանի մը մէջ։ *stone —* բանտ։

Juggernaut (ճըկ'ըրնո'թ)

հնդկական չաստուած՝ որուն կառքին անիւներուն տակ մարդիկ ինքզինքնին սովոր էին նետելու. որեւէ մեծ ոյժ՝ որ իր ճամբուն վրայ ամէն ինչ կը կործանէ. վիշնու իբրեւ մարմնաւորուած Քրիշնա.

juggle (ճըկլ) ժամանցի համար ձեռքով ճարպիկ խաղեր ընել. ձեռնածութիւն ընել. *to — out of* խաղով մը ձեռքէն առնել. *to — with facts* ապացոյցներով սխալը փաստել.

Jugular Vein (ճուկ'իուլըր վէյն) վիզի մեծ երակ որ արիւնը ետ սիրտ կը տանի. փողերակ.

juice (ճուս) հիւթ (պտուղի, կերակուրի). ելեկտրրականութիւն. շարժակի իւղ.

ju-ju (ճու'-ճու) գլխաւոր հմայեկ Արեւմտ. Ափրիկէի մէջ. յուռութք.

jujube (ճու'ճուպ) մածնիտի նմանող անուշեղէն. յունապի.

juke-box (ճուք'-պոքս, —պաքս) մեքենայ որ կը նուագէ երբ դրամ ձգուի մէջը.

julep (ճու'լէփ) քաղցրահամ հեղուկ դեղ. ճուլապ. յուլապ.

Julian (ճու'լիըն) Յուլիոս կեսարի վերաբերեալ. *Julian Calendar* Յուլեան Տոմար (Յուլիոս Կեսարի կողմէ հաստատուած 46ին Ն.Ք.)՝ որուն մէջ տարին կը բաղկանայ 365 օրերէ եւ 6 ժամէ.

July (ճիու'լայ) Յուլիս. *— flower* մեխակ.

jumble (ճըմ'պլ) խառնըշտըկուած. խառնակոյտ. իրարու խառնել. *a jumble sale* գործածուած առարկաներ աժան ծախել գոյացած դրամը բարեսիրական նպատակի մը յատկացնելով.

jump (ճըմփ) ցատքել. ոստնուլ. անակնկալօրէն շարժիլ. *— at the chance* սիրով ընդունիլ (բան մը). *— a claim* ուրիշի մը պահանջած հողը յափըշտակել. *a — in prices* գիներու յանկարծական յաւելում.

jumper (ճամ'փըր) կարճ բաճկոն (նաւաստիներու կողմէ գործածուած). ցատքող. քար ծակող.

jumpy (ճըմփ'ի) դիւրաբորբոք, դիւրավախ (անձ).

junction (ճընկք'շըն) կապ. միացման կէտ. միաւորում. շոգեկառքի գիծերու միացում.

juncture (ճընկք'չըր, —'-Թիուր) կցուածք. պարագայ. *at this —* տըւեալ վայրկեանին.

June (ճուն) Յունիս.

jungle (ճընկ'կլ) վայրի (կոյս) անտառներով ծածկուած հողամաս. ճահիճ. *jungly* անտառոտ. կիսավայրենի. *— fever* վտանգաւոր մալարիա.

junior (ճուն'իըր) կրտսեր.

ածելի՝ փոքր. պատանի.

juniper (*ճունի'փըր*) ծառ՝ որուն հատապտուղէն անուշահոտութիւն կը պատրաստեն. գիհի. արտուն.

junk (*ճընկք*) մաշած պարան. աղբ միս. հին անարկաներ (փոքր արժէքով).

junk (*ճընկք*) երեք առագաստներով չինական նաւ.

Junker (*եունկ'քըր*) գերման երիտասարդ ազնուական. հողատէրերու իրաւունքը պաշտպանող գերման յետադ. կուսակցութեան անդամ.

junket (*ճընկ'քիթ*) կաթնապուր. անոյշ խախար. կերուխում. խնճոյք սարքել.

juridical (*ճիուր'իտիքլ*) օրինական. օրէնքի հետ առնչուած.

jurisdiction (*ճիուրիստիք'շըն*) արդարադատութիւն. օրինաւոր իշխանութիւն.

jurisprudence (*ճիուրիսփրու'տընս*) օրէնսգիտութիւն. որեւէ օրինական դրութեան հիմնական սկզբունքներու ուսումնասիրութիւն. *medical* — բժշկական օրէնսգիտութիւն (յատկապէս ոճիրներու հետ կապուած).

jurist (*ճու'րիսթ*) օրէնսգէտ.

juror (*ճու'րըր*) դատական կազմի անդամ.

jury (*ճու'րի*) դատական կազմ (Անգլիոյ մէջ 12 երդուեալ դատաւորներէ բաղկացած).

jury-most (— -*մասթ*) կոտրուած կայմի տեղ դրուած առժամեայ կայմ.

just (*ճըսթ*) ուղիղ. ճիշդ. արդար.

just (*ճըսթ*) ճշգրտօրէն. ճիշդ այդպէս. — *now* վայրկեան մը առաջ. *he — succeeded* հազիւ թէ յաջողեցաւ. — *perfect* կատարեալ.

justice (*ճաս'թիս*, *ճըս'թիս*) արդարութիւն. օրէնքի գործադրութիւն. դատաւոր. — *of the peace* հաշտարար դատաւոր. *the killer was brought to* — ոճրագործը արդար կերպով պատիժը ստացաւ.

justify (*ճըս'թիֆայ*) արդարացնել. *justifiable* արդարանալի. *justification* արդարացում.

jut (out) (*ճըթ*) դուրս ցցուիլ (բուն զանգուածէն). դուրս ցցուած (մաս).

jute (*ճութ*) բոյս՝ որուն կեղեւէն պարան (գորգ, կերպաս, եւայլն) կը հիւսեն. հնդկականեփ.

Jutes (*ճութս*) Տեւտոնեան ցեղախումբ (յուտեաններ)՝ որ 5րդ եւ 6րդ դարերուն Անգլիա ներխուժեցին.

juvenile (*ճու'վինայլ*) պատանի. երիտասարդ.

juxtapose (*ճըքսթըփոզ'*) քով քովի տեղաւորել.

K

K, k (*քէյ*) անգլերէն լեզուի 11րդ գիրը։

Kaaba (*քաա'պէյ*) Սեւ Քար, Մեքքէի Տաճար (իսլամական սրբատեղի)։ Քեապէ։

Kaffir, Kafir (*քէֆ'ըր*) Հարաւ. Ափրիկէի Արեւելեան մասի բնիկ պատերազմիկ ցեղ (Պանթու ցեղախումբին մէկ ճիւղը)։ անհաւատ (արաբ.)։

kail, kale (*քէյլ*) վայրի կաղամբ։

Kaiser (*քայ'զըր*) կայսր (Գերմ.)։

kaleidoscopic (*քըլայ'տըսքափիք*) յարափոփոխ (գեղեցկութեամբ եւ ձեւով)։

Kalif տես՝ *caliph* խալիֆա։

Kanaka (*քէնաք'ա*) Հարաւային Ծովու (Սանտուիչ) կղզեխումբի բնիկ։

kangaroo (*քէնկկըրու'*) եռեւի մեծ ոտքերուն վրայ ցատքելով յառաջացող աւստրալիական կենդանի։ ագեվազ։ քանգարու։

Kantian (*քան'շըըն, քէն'թըըն*) Քանթեան։ ըստ գերման Քանթ փիլիսոփային (1724–1804)։

Kanuck, Canuck (*քէնըք'*) ֆրանսական ծագումով գանատացի։

kaolin (*քէյ'ըլըն*) ճերմակ կաւ որմէ պնակեղէն կը պատրաստեն։

kapok (*քէյփոք', —աք'*) տեսակ մը բամպակ որմէ բարձեր կը շինեն։ կապոկենի։

kaput (*քափութ'*) վերջացած։ մեռած (Գերմ.)։

Kar(r)oo (*քըրու'*) Հարաւ. Ափրիկէի մէջ բարձրադիր հողամասեր՝ որոնք տարուան մեծ մասը անձրեւ չեն տեսներ։

katabolism (*քէթէպ'ըլիզմ*) աշխատանքի հետեւանքով տարրի քայքայում մեր մարմնին մէջ։ տարաբկութիւն։

kayak (*քայ'էք*) երկար եւ նեղ նաւակ (էսքիմոցիի յատուկ)։

kedgeree, kedjeree (*քէճ'ըրի*) հնդկական բրինձի (ձուկի) աման։

keel (*քիլ'*) նաւու խարիսխի երկար ձողը (երկաթը) որուն վրայ նաւը կը կառուցուի։ *sliding*

— կեդրոնափայտ· *to* — *over* մէկ կողմի վըրայ դարձնել·

keen (*քին՛*) սուր· սրածայր· սրամիտ· զօրաւոր (լոյս, ձայն)· *a — wind* շատ պաղ օդ· — *sight* սուր տեսողութիւն· *keen on* շատ հետաքրքիր, սիրահար (բանի մը)·

keen (*քին՛*) մեռելի վրայ լալ (Սկովտ·)·

keep (*քիփ՛*) պահել· պահպանել· հոգատարել· պաշտպանել· *to — track of a person* գիտնալ թէ ինչ կ'ընէ մէկը· *God keep you* Աստուած քեզ պահէ, պաշտպանէ քեզ· *to — pigs* խոզեր պահել· *he —s open house* բազմաթիւ հիւրեր ունի· *keep down (under)* իշխանութեան տակ պահել· *keep someone from going* արգիլել մէկուն երթալը· *to — touch* յարաբերութիւն պահել· — *one's feet* չիյնալ· — *oneself to oneself* չկարենալ բարեկամներ շինել· *to keep on* յառաջդիմել· *to keep bed* անկողինէն ուշ ելլել· *to — good hours (bad hours)* կանուխ պառկիլ (ուշ պառկիլ)· *to — in (a boy)* դպրոցական տղայ մը դպրոց պահելով աշխատցնել· — *it up* շարունակել· — *up appearances* երեւոյթները փրկել· աշխատիլ չֆաւոր չերեւնալ·

keep (*քիյփ*) դղեակի մը մեծ աշտարակը·

keeper (*քիյփ՛ըր*) պահակ·

keepsake (*քիյփ՛սէյք*) առարկայ մը (մէկէ մը իբր յիշատակ)·

keg (*քէկ*) փոքր տակառ·

kell (*քէլ*) գլխու զարդարանք· նրբամաշկ աչքին վրայ·

kelp (*քէլփ*) տեսակ մը բոյս՝ որ ծովուն մէջ կ'անի· աղբոյս·

kelpie, kelpy (*քէլ՛փի*) ջուրի ոգի՝ ձիու կերպարանքով (Սկովտ· դից·)·

kelt, keltic նոյնը ինչպէս *Celt, Celtic*. կեղտացի, կեղտական·

ken (*քէն*) գիտնալ· ճանչնալ· տեսարան· *beyond my* — այդ մասին չեմ գիտեր·

kennel (*քէն՛ըլ*) շուներու ապաստանարան (տնակ)· շուներու խումբ· որջ (աղուէսի, եւայլն)· որջի մէջ ապրիլ·

kept (*քէփթ*) *keep*–ին անց· եւ անց· ընդ· պահեց· պահած·

kerasine (*քէր՛ասին*) եղջիւր· եղջերային·

kerb (*քըրպ*), kerbstone (*քըրպ՛սթոն*) մայթը ճամբայէն զատող քարեր
րու շարքը· մայթի եզերքը·

kerchief (*քէր՛չիֆ*) գլուխը ծածկող լաթ· վարշամակ (արեւելքի մէջ տարիքոտ կիները կը գործածեն ներկայիս)·

kermes (*քըր՛միզ*) թեւաւոր էզ միջատներէ պատրաստուած խորունկ կար–

միր ներկանիւթ. որդան կաղնի.

kermess, kermis (քըր'մէս) տօնավաճառ. տօնահանդէս.

kernel (քըր'նըլ) ընկոյզի միջուկ.

kerosene (քէր'ըսին) քարիւղ.

kersey (քըր'զի) բուրդէ կոշտ հիւսուածք. թանձր ասուի.

kestrel (քէս'թրըլ) մուկերով, միջատներով եւ փոքր այլ թռչուններով սնանող թռչուն. հողմավար (թռչ.).

ketch (քէչ) փոքր առագաստանաւ.

ketchup (քէչ'ըփ) միսին վրայ դրուած թացան.

kettle (քէթլ) թէյաման. *a pretty — of fish* մեծ դժուարութիւն.

kettledrum (քէթ'լտրըմ) կիսաբոլորակ թմբուկ (նուագախումբի յատուկ).

key (քի') բանալի. կըղպանք. ձայնանիշ. *to key (up)* ձայնը բարձրացնել (երաժշտ. գործիքի մը). *key board* փականակալք (դաշնամուրի). *key-industry* երկրի մը գլխաւոր արդիւնաբերութիւնը. *keynote* հիմնական ձայնանիշ. նոտի մը հիմնական գաղափարը. *keystone* միջնաքար. *keyed up* գերյուզուած.

khaki (քա'քի) թխագոյն հազուստ (զինուորներու կողմէ գործածուած).

khan (քան) իշխանաւորի տիտղոս Արեւելեան երկիրներու մէջ (Իրան, Փաքիստան, եւայլն). իջեւան (արեւելեան երկիրներու մէջ).

khedive (քէտիվ') Եգիպտոսի կառավարիչին տրուած տիտղոս 1867-1914. կը համապատասխանէ փոխարքայութեան. խտիւ.

kibosh (քայ'պոշ, քիպոշ') պարապ բան. *to put the — on* լռեցնել. պարտութեան մատնել. ձերբազատուիլ.

kick (քիք) աքացել. ոտքով զարնել. կից. աքացի. *has no — left in him* բոլորովին սպառած է. *— the bucket* մեռնիլ. *— up a dust* դըժուարութիւններ ստեղծել. *— up one's heels* հաճելի ժամանակ անցընել. *—ed out of a job* գործէն արձակուած (հեռացուած).

kickshaws (քիք'շո՝զ) խաղալիք. արտարնական, երեւակայական (բան). երեւակայութեամբ կառուցուած շատ նոխ սեղան.

kid (քիտ) ուլ. այծի մորթէն շինուած կաշի. մանուկ. լաճ. մէկը խաբել ապա վրան խնդալու համար. *—-glove* կոշտ (դժուար) աշխատանքներէ հեռու կեցող.

kidnap (քիտ'նէփ) առեւանգել (մանուկ մը), որոշ գումարի մը փոխարէն գայն վերադարձնելու համար.

kidney(s) (*քիտ'նիզ*) երիկամունք. *(a man) of that kidney* այդ ձեւի (մարդ). *kidney-bean* լուբիա. լոպիաս.

kill (*քիլ*) սպաննել. մահացնել. խորտակել. ըսպաննութիւն. *killer* ոճրագործ. *a kill-joy* բարեկամներու հաճելի ժամանցը աւրող (մարդ). *kill-time* ժամանակը թեթեւ կերպով անցընելը. *the kill* որսի ատեն ըսպաննուած կենդանիներ. *killing* սպաննութիւն. շատ հաճելի.

kiln (*քիլն*) կղմինտրները թրծող փուռ.

kilo- (*քիլօ* –) հազար. *kilometre* 1000 մեթր. *—gramme* 1000 կրամ (մէկ քիլօ). *—walt* (*քիլ'օուաթ*) հազար ուաթ (1·34 ձիու ոյժ). *—cycle* (*—սայ'քլ*) ելեկտ. հոսանքի 1000 շրջագայութիւն ելեկտրալարի վրայ կամ ռատիոյի մէջ.

kilt (*քիլթ*) սկովտիական կարճ շրջազգեստ (այր մարդոց յատուկ).

kimono (*քիմոն'օ*) ճաբոնական երկար պարեգօտ.

-kin (– *քին*) յետադաս մասնիկ (փոքր). *lambkin* գառնուկ.

kin (*քին*) ազգական. նման.

kinaesthesis (*քինէսթհի'սիս*) դնդերային զգայութիւն. շարժազգացում.

kind (*քայնտ*) տեսակ. դասակարգ. ազնիւ. հեզ. բարի. *after their —* համաձայն իրենց բնական յատկութեանց. *payment in —* ապրանքով փոխանակել (դրամ չվճարել). *repay his rudeness in —* կոշտութեան դէմ կոշտութիւն ցուցաբերել.

kindergarten (*քին'տըրկար'թն*) մանկապարտէզ.

kindle (a fire) (*քին'տլ*) վառել (կրակ մը). *kindling* չոր փայտ (ճիւղեր) կրակ վառելու.

kindly (*քայնտ'լի*) հաճելի. ազնիւ. քնքուշ.

kindred (*քին'տրետ*) ազգականութիւն. նոյն ընտանիքին պատկանիլը. նոյնութիւն.

kinema (*քին'ըմը*) տես՝ *cinema* շարժանկար.

king (*քինկ*) թագաւոր. նատրակի քար մը. թըղթախաղի քարթ մը. թագաւորել. *King of kings* Յիսուս, արքայից արքայ. *king of terrors* մահ. *—'s evil* հիւանդութիւն որ կոկորդի ուռեցք կը պատճառէ. գեղձախտ. *King's Bench* Գերագոյն Ատեան (Անգլիոյ).

kingdom (*քինկ'տըմ*) թագաւորութիւն. *United —* Միացեալ Թագաւորութիւն (Մեծն Բրիտանիոյ).

kingpin (*քինկ'փին*) սեպ որ ինքնաշարժի անիւը ամուր կը բռնէ. շատ կարեւոր անձնաւորութիւն.

kink (*քինկք*) թնճուկ (պարանի, շղթայի)· միտքի մասնայատկութիւն·

kinsfolk (*քինզ'ֆոք*) ազգականներ· նոյն ընտանիքի անդամներ·

kinship (*քին'շիփ*) ազգականութիւն· նմանութիւն·

kiosk (*քիոսք'*) բաց խըրճիթ (օր· թերթ վաճառելու)· քէօշկ·

kipper (*քիփ'ըր*) չորցուած եւ աղուած ձուկ (լոսդի)· ձուկը աղել·

kirk (*քըրք*) եկեղեցի (ըսկովտ·)·

kismet (*քիս'մէթ*) ճակատագիր (արաբ·)·

kiss (*քիս*) համբոյր· համբուրել· համբուրուիլ· — *the dust* ամբողջապէս յանձնուիլ· սպաննուիլ·

kit (*քիթ*) հագուստներ, եւայլն զորս զինուորը պայուսակին մէջ կը կրէ· ճամբորդութեան ատեն հետը վերցուած հագուստեղէն· պիտանի գործիքներու ծրար·

kitchen (*քիչ'ըն*) խոհանոց· — *garden* բանջարանոց· —*er* խոհարար· երկաթէ խոշոր կրակարան կերակուր եփելու համար·

kite (*քայթ*) գիշատիչ թըռչուն· թռուցիկ·

kith (*քիթհ*) ճանչուոր· ազգական· — *and kin* նոյն ընտանիքին անդամները եւ բարեկամները·

kitten (*քիթ'ըն*) կատուի ձագ· ցկնիլ·

kittle cattle (*քիթ'լ քէթլ*) քմահաճ մարդիկ·

kitty (*քիթ'ի*) կատուիկ (մանկական կոչում)· բախտախաղի մէջ մէկ անգամէն շահուած դըրամ·

kiwi (*քի'ուի'*) անթեւ թըռչուն· անթեւակ·

klaxon (*քլէք'սըն*) ճչակ (ինքնաշարժի)· ելեկտ· զանգակ·

kleptomania (*քլէփթո-մէյ'նիը*) գողնալու սովորամոլութիւն· —*c* գողամոլ·

knack (*նէք*) բնատուր ճարպիկութիւն (տաղանդ)· խաղալիք· —*er* խաղալիքներ շինող· թամբագործ· —*y* խելացի· ճարպիկ·

knapsack (*նէփ'սէք*) մախաղ (զինուորի, ճամբորդի)·

knave (*նէյվ*) նենգամիտ (սրիկայ) անձ· թղթախաղի քարթ (մանչի նըկարով)· —*ry* (*նէյվ'ըրի*) նենգամտութիւն· *knavish* նենգաւոր· սրիկայական·

knead (*նիտ*) խմոր շաղել (հաց թխելու համար)·

knee (*նի*) ծունկ· ծունկի եկած՝ պաղատիլ· *on the —s of the gods* անորոշ· անհակակշռելի·

kneel (*նի'լ*) ծնրադրել· ծունկի գալ· *knelt* (*նէլթ*) անց· եւ անց· ընդ·

knell (*նէլ*) մահազանգ·

knickerbockers (*նիք'ըր-պոք'ըրզ*) կարճ տաբատ· *nickers* (*նիք'ըրզ*) նոյնը

(աւելի կիներու յատուկ)· քարեզնդակ·
knick-knack (*նիք'-նէք*) փոքր զարդարանք (տան, հագուստի)· խաղալիք·
knife (*նայֆ*) զմելի· դանակ· կտրել· *war to the —* անգութ, մինչեւ հուսկ շունչ կռիւ (դիմադրութիւն)· *before you can say —* անանկընկալ կերպով· *— grinder* դանակ սրցնող (անձ)·
knight (*նայթ*) ասպետ· անունին առջեւ *Sir* տիտղոսը դնելու իրաւունք ունեցող անձ· *—hood* ասպետութիւն·
Knight Templar (*— թէմփլըր*) Երուսաղէմի Ասպետ·
knit (*նիթ*) հիւսել (հագուստ, ձեռնոց, գուլպայ)· միացնել· հանգուցել· *knit one's brows* յօնքերը պռստել·
knives (*նայվզ*) *knife*ին յոգ· դանակներ·
knob (*նոպ, նապ*) փոքրիկ գունտ՝ իբր բռնիչ (գաւազանին ծայրը, դրան բռնիչ, եւայլն)· ուռ· ուռնակ· գունտ կապել· *—stick* լախտ· գործածուելի չմասնակցող·
knock (*նոք, նաք*) հարուածել· զարնել· զարնուիլ· հարուած· բախիւն· *to — on the head* սպաննել կամ զգայազիրկ դարձնել· *to — about* աննպատակ շրջիլ· գէշ կերպով ծեծել· *to — under* տեղի տալ· *to — down* գետին տապալել· *— a thing down to* աճուրդէն բարձր գինով ծախել բան մը· *— off work* գործը կեցնել· *to — out* զարնելով զգայազիրկ դարձնել· *the engine is —ing* մեքենան ձայն մը կը հանէ՝ որ ցոյց կու տայ թէ գործածուած պէնզինը անորակ է, կամ չափէն աւելի արագ կ'աշխատի· *a — argument* վճռական ապացոյց·
knoll (*նոլ*) կլոր բլրակ·
knot (*նոթ, նաթ*) հանգոյց· կապ· կարծր մաս փայտի մէջ· նաւային մղոն· հանգուցել· օղակել· հիւսել· *a knotty question* դժուար հարցում·
knout (*նաութ*) խարազան·
know (*նօ'*) (*knew* անց· *known* անց· ընդ·) գիտնալ· ըմբռնել· յիշել· ճանչնալ· փորձառութիւն ունենալ· սեռային յարաբերութիւն ունենալ· *he —s what's what* ամէն ինչէ կը հասկնայ· դժուար է խաբել զինք· *to know the ropes* փորձառու ըլլալով գիտէ թէ ինչ պիտի ընէ· *to — by heart* գոց գիտնալ· *to — of* ճանչնալ (բան մը)· *in the —* խորհրդապահական ծանօթութիւն· *know-all* ամէն բան գիտնալ յաւակնող· *knowing* խելացի· ուղղադատութեան տէր·
knowledge (*նալ'իճ*) գի-

տութիւն. հմտութիւն. *to my* — որչափ որ ես գիտեմ.

knuckle (*նըք'ըլ*) այն ոսկորը որ մատը կը միացնէ ձեռքին. կցայօդ. *to — down to* յանձնուիլ. անձնատուր ըլլալ. *to — under* տեղի տալ. — *duster* կռուփի հարուածը աւելի ազդեցիկ դարձընող մետաղէ գործիք.

kodak (*քո'տէք*) լուսանըկարչական դիւրատար մեքենայ (գերմ. առեւտրանիշի անուն).

kohl (*քոլ*) արտեւանունքները թխացնող փոշի. գեղադեղ.

kohl-rabi (*քոլ'-րապի*) կերակուրի մէջ գործածուող բանջարեղէն. կաղամբագոնգեղ.

kolkhos (*քոլ'քոզ*) կոլտընտեսական գիւղ. կոլխոզ (ռուս.).

kopeck (*քո'փէք*) կոպէկ (100 կոպէկ = 1 ռուփլի). ռուս. դրամ.

koran (*քորան', քորէն'*) ղուրան. (արաբ.).

kosher (*քո'շըր*) մսեղէն կերակուրը ըստ հրէական ծէսի պատրաստուած.

kowtow, kotow (*քո'թաու*) ըստ չինական սովորութեան, գլուխը գետին դպցնել ի նշան յարգանքի.

kraal (*քրաալ*) Հարաւ. Ափրիկեան գիւղակ, շուրջը ցանկապատով.

Kremlin (the) (*քրէմ'լին*) Մոսկուայի միջնաբերդը եւ անկէ ներս շինուած շէնքերը՝ իբր խորհրդային կեդր. կառավարութեան նստատեղի.

kt. կրճատ ձեւը *knight*ի.

kudos (*քիու'տաս*) պատիւ. գովեստ. փառաբանութիւն.

Ku-Klux-Klan (*քիու'-քըլըքս-քլէն*) յատկապէս Ա.Մ.Ն.ի Հարաւ. նահանգներու մէջ գործող ապօրէն, ցեղակրօն կազմակերպութիւն սեւամորթները հալածելու համար. հիմնուած՝ 1865ին.

kukri (*քուք'րի*) կուրկաններու (նեփալ) յատուկ կեռ դանակ.

kulak (*քու'լէյք*) Սովետ. իշխանութեան առաջին տարիներուն ունեւոր գիւղացիութիւն, որ հակադրուեցաւ կոլտնտեսական դրութեան.

kultur (*քուլթուր'*) գերման ցեղակրօն տեսութիւն, ըստ որուն գերման քաղաքակրթութիւնը պէտք է պարտադրել բոլոր միւս ժողովուրդներուն. մշակոյթ.

Kuomintang (*քուոմին-թէնկ'*) չին ազգայնական կուսակցութիւն.

Kurd (*քըրտ*) քիւրտ. —*ish* քրտերէն. քրտական. *Kurdistan* Քիւրտիստան.

kursaal (*քուր'զաալ*) ծովեզերեայ սրահ երաժշտական կատարումներու համար (Գերմանիա).

kyloe (*քայ'լօ*) արջառ.

Kyrie Eleeson (*քայ'րիի էլիի'սըն*) Տէր Ողորմեա. (եկեղեց.).

L

L, l (*էլ*) անգլերէն լեզուի 12րդ տառը.

la (*լա*) նոթայի (սոլֆէժ) 6րդ ձայն. լա.

laager (*լա'կըր*) ճամբորդական կառքերով կազմուած շրջանակ՝ որուն մէջ կը բնակին ճամբորդները ապահովութեան մտահոգութեամբ.

label (*լէյ'պլ*) պիտակ (գիրքի մը թիւը ցոյց տըւող, եւայլն). կտակի մը գրաւոր յաւելուածը. դըրան վրայի զարդ. պիտակ փակցնել. դասաւորել (առարկաները).

labial (*լէյ'պիըլ*) շրթնային հնչումներ (ինչպէս *p, b, w, o,* եւայլն). շրթնային.

laboratory (*լէպ'որըթըրի*) գիտական աշխատանոց. տարրալուծարան.

laborious (*լըպո'րիըս*) աշխատասէր.

labour (*լէյ'պըր*) աշխատանք. սեւագործ աշխատաւորներու խումբ. բանուոր դասակարգ. ծննդաբերութեան ցաւ. աշխատիլ. տքնիլ. հողը հերկել. *a — of love* ազատ կամքով կատարուած (ո՛չ թէ վճարումով) աշխատանք. *hard —* տաժանակիր աշխատանք (բանտի մէջ). *a very —ed poem* մասնաւոր ճիգով (եւ ոչ թէ ներշնչումով) գրուած քերթուած. *to — under a delusion* սխալ գաղափար ունենալ. *to — the point* անփոյթ կերպով բացատրել բան մը.

Labour Day (*լէյ'պըր տէյ*) Միջազգային աշխատանքի օր (Մայիս 1).

Labour Party (*— փարթի*) Անգլիոյ Աշխատաւորական կուսակցութիւնը.

laburnum (*լըպըր'նըմ*) դեղին՝ կախուող ծաղիկներով ծառ. սնձենի.

labyrinth (*լէպ'իրինթհ*) անել ճամբաներու խառնարան՝ ուրկէ դժուար է ճամբան գտնել. լաբիւրինթոս.

lac, lakh (*լէք*) (rupee) հարիւր հազար (ռուպի, հնդկ. դրամ).

lac (*լէք*) շատ փոքր միջատներէ պատրաստուած

գոց կարմիր հեղուկ ներկ. կնճախէժ.

lace (*լէյս*) ասեղնային աշխատանք՝ իբր զարդ կանացի հագուստներու վրայ. ժանեակ. երիզ. հիւսել. երիզ դնել. ժանեակով օժտել. *to — up* ժանեակով կապել. *tea —d with brandy* թէյը խառնուած օղիին հետ.

lacerate (*լէ'սըրէյթ*) վիրաւորել. պատռել.

lachrymal (*լէք'րիմըլ*) արտասուալի. արտասուաբեր. *— gland* արտասուաբեր գեղձ. *lachrymose* (*լէք'րիմոս*) արտասուալից.

lack (*լէք*) պակաս. բացակայութիւն. *— of money* դրամի չգոյութիւն. *—-lustre* (*լէք'-լըսթըր*) անփայլ.

lacka daisical (*լէքը տէյ'զիքըլ*) անբնական, թոյլ, զգայնոտ (վարուեցողութեամբ).

lackey (*լէք'ի*) այր սպասաւոր. սպասաւորի պէս վարուող. հետեւակ. իբր սպասաւոր ծառայել.

laconic (*լըքոն'իք*) կըրճուկ. կարճ. լակոնական (սպարտական խօսելակերպ). *laconism* լակոնական ոճ. լակոնիզմ.

lacquer, lacker (*լէք'ըր*) զօրաւոր ներկ. ջնարակ.

lacrosse (*լըքրոս'*) գնդակախաղ մը. ճոկան.

lactation (*լէքթէյ'շըն*) դիեցում. ծիծ տալը. ծիծերու մէջ կաթի գոյացում. *lacteal, lactic* կաթնային.

lad (*լէտ*), laddie (*լէտ'ի*) տղայ. լաճ.

ladder (*լէտ'ըր*) սանդուխ (փայտէ, երկաթէ կամ պարանէ).

lade (*լէյտ*) (անց. ընդ. *laden*) բեռցնել. բառնալ. *a bill of lading* նաւուն վրայ դրուած ապրանքներուն ցուցակը.

ladle (*լէյ'տլ*) խոշոր դըրգալ. շերեփ.

lady (*լէյ'տի*) ընտիր (բարձր) դասակարգի կին. ազնուական կին (օրիորդ). տանտիկին. տիտղոս (պարոններու, ասպետներու, եւն.) կիներուն տրուած. *Our Lady* Սուրբ Կոյս Մարիամ.

Lady-day (*լէյ'տի-տէյ*) Տօն Աւետման (Մարտ 25).

ladykiller (*—քիլ'ըր*) մէկը որ կը խորհի թէ ինք շատ հաճելի է կանանց համար, բոլորին սիրտը կը գրաւէ.

ladyship (*լէյ'տիշիփ*) *Her (your) Ladyship* բարձր դասակարգի պատկանող կնոջ մը դիմելու ժամանակ տրուած տիտղոս՝ Նորին Ազնուափայլութիւն.

lag (*լէկ*) շատ ցած մարդ. խուժան. *an old —* կեանքին կարեւոր մէկ մասը բանտերուն մէջ անցընող.

lag behind (*լէկ պիհայ'նտ*) դանդաղիլ. ետեւ մնալ.

lager-beer (*լա'կըր-պիյր*)

թերթեւ զարեջուր (գեր-մանական)․

laggard (*լէկ'ըրտ*) դանդաղաշարժ․

lagoon (*լըկուն'*) ծովէն անջատուած աղի ջուրի լիճ․ ծովալիճ․ լճակ․

laid (*լէյտ*) *lay*ին անց․ եւ անց․ ընդ․ դրուած (ի պահ)․ հաստատուած․

lain (*լէյն*) *lie*ին անց․ ընդ․ երկնցած․ քնացած․

lair (*լէր*) որջ (վայրի գազանի)․ գերեզմանի մը համար հող (Սկովտ․)․ *go to my* — սենեակս գնա․

laird (*լէրտ*) հողատէր (Սկովտ․)․

laissez-faire (*լէս'է-ֆէր'*) ոչ-միջամտութիւն․ *a policy of laissez-faire* քաղաքական իրաւարանութեան մէջ խորհեակերպ թէ՝ ըստ կարելւոյն․քիչ օրէնքներ պէտք է պարտադրել մարդոց, թոյլ տալով որ դէպքերը ընթանան իրենց բնական հունով․

laity (*լէյ'իթի*) հասարակ (աշխարհական) ժողովուրդ, ոչ-մասնագէտներ (ինչպէս են բժիշկ, քահանայ, եւայլն)․

lake (*լէյք*) լիճ․ *—let* լըճակ․

lake (crimson lake) (*քըրիմ'զն լէյք*) կարմիր ներկ մը (դոնաներկ)․

lama (*լամը*) Թիպեթի կրօնաւոր (կրօնապետ)․ *Dalai lama* Աստուածընտիր արքայ․

lamb (*լէմ*) գառնուկ․ անպաշտպան անուշիկ արարած․ գառնուկի ծնունդ տալ․ *the Lamb of God* Գառն Աստուծոյ․ *as well be hanged for a sheep as a lamb* եթէ չարագործ ես մասամբ, լրիւ կերպով եղիր, որովհետեւ պատիժդ, ամէն պարագայի տակ, ծանր պիտի ըլլայ․

lambent (flame) (*լէմ'պընթ*) մեղմ, հանելի (բոց)․

lame (*լէյմ*) կաղ․ *a — duck* կաղ (նիւթապէս քայքայուած անձ)․ *a — excuse* տկար պատճառաբանութիւն․ *to walk* — կաղալ․

lament (*լըմէնթ'*) մեծ կսկիծ․ սուգ․ ողբ․ ողբալ․․ սգալ․ *—able* (*—ըպըլ*) կսկծալի․ շատ ցաւալի․

lames (*լէյմզ*) թերթազրահ․

laminated (*լէմ'ինէյթըտ*) շատ բարակ թերթերէ կազմուած․

lamp (*լէմփ*) լամբար․ ճըրագ․ աչք․ *safety* — ապահովութեան (Տէյվիի) լամբ․ *smell of the* — մեծ տքնութեան արդիւնք եղող (գրական գործ)․

lamp-black լամբարի մուր որմէ ներկ կը շինեն․

lampoon (*լէմփուն'*) պարսաւագիր․ երգիծական գրութիւն (մէկուն դէմ)․

lamprey (*լէմ'փրէյ*) ձկնակերպ կենդանի, շուրջ 16 մատնաչափ օձանման երկար մարմնով· քարադեաց·

lance (*լանս*) ձիաւոր զինուորներու կողմէ գործածուած նիզակ (տէգ)· տէգով հարուածել· *lancer* նիզակով զինուած ձիաւոր զինուոր·

lance (*լանս*) նշդրակով կտրել (բանալ)·

lance-corporal (*լանս քորփ'ըրըլ*) անգլիական բանակի մէջ ամենացած աստիճան (հասարակ զինուորներէն քիչ մը վեր), փոխ-տասնապետ·

lancet (*լա'նսիթ*) գործողութեան ժամանակ բժիշկին գործածած փոքր դանակը· նշդրակ·

land (*լէնտ*) հող· գետին· կալուած· ցամաք· երկիր· երկրագունդ· ցամաք ելլել (նաւէն)· ցամաք հանել· *by* — ցամաքէն· *to shut in the* — ցամաքը ծածկել (մըշուշով)· *landing* ցամաքահանում· սանդուխի գլուխ·

landau (*լէն'տօ*) չորս անիւով (տանիքէն բացուող) կառք·

landlady (*լէնտ'լէյտի*) պանդոկապետուհի· վարձակալ պահող տանտիկին·

landlord (*լէնտ'լորտ*) տանտէր· հողատէր·

landmark (*լէնտ'մարք*) սահմանագիծ, սահմանաքար (մէկուն կալուածին)· ուղեցոյց նըշաններ (վայրի մը ճամբան գտնելու)·

Land Rover (— *րովըր*) շատ խորտուբորտ մակերեսով հողի վրայ տաժանելի աշխատանք տանող ինքնաշարժ·

landscape (*լէնտ'սքէյփ*) գեղեցիկ՝ բնական տեսարան· բնանկար·

landslip, landslide (*լէնտ'սլիփ, լէնտ'սլայտ*) հողի սահանք· քաղաքական պայթուցիկ կացութիւն·

landsturm (*լանտ'սթուրմ*) մինչեւ 1918 գերման պահեստի բանակ (60 տարեկանէն վեր անձերէ բաղկացած)·

lane (*լէյն*) արահետ· նեղ ճամբայ· *it is a long lane that has no turning* կարճ ժամանակէն գործերը պիտի բարեփոխուին·

language (*լէնկ'կուիճ*) լեզու· ոճ (խօսելու եւ գըրելու)· բարբառ· ժողովուրդ· *to use bad* — գռեհիկ ոճով արտայայտուիլ·

languid (*լէնկ'կուիթ*) տըկար· անհետաքրքիր· մեղկ·

languish (*լէնկ'կուիշ*) նըւաղուն (քնքուշ) նայուածք· մեղկութիւն· տկարանալ· նուաղիլ· *to — in prison* շատ վատ կեանք մը ապրիլ բանտին մէջ· *a —ing look* մելամաղձոտ նայուածք·

languor (*լէնկ'կըր*) տըկարութիւն· թուլութիւն· մեղկութիւն·

lank (*լէնկք*), **lanky** (*լէնկքի*) նիհար եւ երկարահասակ. ազազուն. նուրբ.

lanolin (*լէն'ըլին*) տեսակ մը իւղ՝ որ իբր դեղ կը գործածուի. ասրիւղ.

lantern (*լէն'Թըրն*) լամբարի (մոմի) ապակիէ տուփը. լապտեր. պատուհան. աշտարակի (եկեղեցիի, եւայլն) գագաթը՝ չորս կողմը պատուհաններով.

lanyard (*լէն'եըրտ*) վիզէն անցուած չուան՝ որուն ծայրը սուլիչ մը (զմելի, եւայլն) կապուած է.

lap (*լէփ*) գիրկ. ծունկ. համտակ. վերածալ. *lapped in luxury* նոխ ապրելակերպով. *—-dog* շնիկ.

lap (*լէփ*) փաթթել (դերձանը ձողի մը շուրջ). *to run one — round the field* մէկ անգամ դաշտին շրջանը ընել (վազելով).

lap (*լէփ*) լակել (ինչպէս կատուն). *the waves lapped the shore* ալիքները կը զարնուէին եզերքին.

lapel (*լէփէլ'*) բաճկոնի վերէն՝ վիզին ուղղութեամբ դարձուած մասը, կրծածալ.

lapidary (*լէփ'իտըրի*) թանկագին քարերը յղկող եւ ձեւաւորող վարպետ. ակնահատ. ակնագործ.

lapis lazuli (*լէփ'իս լէզիու'լայ*) փայլուն կապոյտ թանկագին քարեղակ.

lapse (*լէփս*) սխալմունք. անկում (վարք ու բարքի). ժամանց. իյնալ (մոլութեանց մէջ). մէկ անձէն ուրիշի մը ձեռքը անցնիլ (հող, ապրանք), առաջինին զէշ վարուեցողութեան պատճառաւ. *— of the pen* գրչավրէպ. *the — of time* հոլովոյթ (ժամանակի).

lapwing (*լէփ'ուինկ*) փոքր թռչկոտուն թռչուն. եղտիւրիկ.

larboard (*լար'պորտ*) ձախակողմ (նաւու).

larceny (*լար'սընի*) գողութիւն.

larch (*լարչ*) բարձր սլացիկ ծառ՝ որուն բունը իբր սիւն կը գործածուի. կունենի. կեծի.

lard (*լարտ*) խոզի ճարպ. ճարպի հետ խառնել. *to — one's speech with metaphors* փոխաբերութեամբ խօսիլ.

larder (*լար'տըր*) մառան.

large (*լարճ*) ընդարձակ. մեծ. խոշոր. *he has a — heart* շատ ազնիւ ու վեհանձն է. *at —* ազատ (բանտէն դուրս). *to the world at —* աշխարհի բոլոր մարդերը. *—ly* գլխաւորապէս.

largess(e) (*լար'ճիս*) մեծ անձնաւորութեան մը կողմէ՝ խրախճանքի առիթով ժողովուրդին բաշխուած դրամը.

largo (*լար'կօ*) *(music)* ծանր, հանդիսաւոր (երաժշտ.).

lariat (*լէր'իէԹ*) փոկ (ձին կապելու).

lark (*լարք*) արտոյտ. զըւարճութիւն. զուարճանալ· *larks* հաճելի խաղեր (սրամտութիւններ)· *he only said it for a lark* զուարճանալու համար միայն ըսաւ (բանը լուրջ չէր)·

larva (*լար'վը*) (յոգ· *larvae*) (*լար'վի*) թրթուր·

larynx (*լէր'ինկքս*) խըռչակ· կոկորդի այն մասը ուր ձայնալարերը կան·

lascar (*լէս'քըր*) հնդիկ նաւաստի·

lascivious (*լըսիվ'իըս*) նենգամիտ· ցանկամոլ· անպարկեշտ·

lash (*լէշ*) մտրակել· մըտրակ· *to — with the tongue* նախատել·

lash (*լէշ*) չուանով (պարանով) ամրացնել·

lashes (*լէշ'ըզ*) թարթիչներ· նաեւ *eye —*.

lass (*լէս*), lassie (*լէս'ի*) աղջիկ· սիրուհի·

lassitude (*լէս'իթիուտ*) յոգնութիւն·

lasso (*լէսօ'*) օղակով պարան վայրի ձիեր բռնելու համար (Ա·Մ·Ն·)· օղակաւոր պարանով բըռնել·

last (*լասթ*, *լէսթ*) վերջին· ամենէն անհաւանականը· վերջնական· գերագոյն· ի վերջոյ· իբր եզրակացութիւն· *The Last Day* Վերջին Դատաստանը· *The Last Supper* Վերջին Ընթրիքը· *this day last week* անցեալ շաբաթ այս օրը· *the —, but not the least* վերջինը սակայն ո՛չ նուազագոյնը· *at —* ի վերջոյ·

last (*լասթ*) կաղապար (կօշիկի)· *to stick to one's —* անձնական (ո՛չ թէ ուրիշներուն) գործը կատարել·

last (*լասթ*, *լէսթ*) տեւել· գոյատեւել· գործածուիլ· *for the —ing peace* յանուն տեւական խաղաղութեան·

latch (*լէչ*) պարզ կղպանք (դրան)· մղլակ· տէգ· կղպել· նիգը անցընել· *latchkey* (*լէչ'քի*) տան գլխաւոր դրան բանալին·

latchet (*լէչ'էթ*) կօշիկի կապ·

late (*լէյթ*) ուշ· վերջին· հանգուցեալ· *the late president* հանգուցեալ (վերջերս մեռած) նախագահը· *better — than never* աւելի լաւ է ուշ քան երբեք· *too —* շատ ուշ· *lately* (*լէյթ'լի*) վերջերս·

latent (*լէյթ'ընթ*) պահուըտած· թաքուն·

lateral (*լէթ'ըրըլ*) կողմնակի· քովնտի·

Lateran (*լէթ'ըրըն*) Հռոմի Պապական Կաթողիկէ Եկեղեցին·

latest (*լէյթ'էսթ*) ամենավերջին· ամենէն նորը· *did you hear the —?* ամենավերջին (լուրը) լսեցի՞ր·

latex (*լէյ'թէքս*) կարգ մը բոյսերէ դուրս հոսող ճերմակ նիւթ մը· բուսակաթ·

lath (*լաթ*, *լէթհ*) փայտի երկար բարակ կտոր· շերտ·

lathe (լէյթհ) մեքենայ՝ որ կը ծառայէ փայտէ (մետաղէ) առարկաներ դարձընելու. ճախրանիւ.

lather (լէտհ'ըր) օճառի փրփուր. օճառել.

Latin (լէթ'ին) հին Հռովմէական. Լատիներէն. Լատին. — *Kingdom* Երուսաղէմի թագաւորութիւն (1099–1187). — *peoples* լատին ժողովուրդներ (ֆրանսացիներ, իտալացիներ, սպանացիներ, փորթուգալցիներ). —*ism* լատինականոն (լատինաբանութիւն).

latitude (լէթիթ'իուտ) ազատութիւն (միտքի). — *of choice (movement)* ընտրելու (շարժումի) ազատութիւն.

latitude (լէթ'իթիուտ) լայնութեան աստիճաններ (քարտէսի վրայ). տարածութիւն. լայնութիւն. կլիմայ.

latrine (լըթրին') բանակատեղիի (քէմփի) արտաքնոց.

latter (լէթ'ըր), *later* (լէյ'թըր) վերջինը (երկուքէն). յետին. աւելի ուշ.

lattice (լէթ'իս) վանդակամած (փայտէ շինուած) որուն վրայէն բոյսերը կը մագլցին. վանդակի մէջ փակել.

laud (լո`տ) գովաբանել. գովքը հիւսել. օրհնել. փառաբանութիւն. —*able* (լո`տըպլ) գովեստի արժանի. —*atory* գովաբանելի. դրուատական.

laudanum (լո'տընըմ) ափիոնի հեղուկ ձեւը, որ քուն կը պատճառէ. լոտան.

laugh (լաֆ) խնդալ. խընդուք. *he —s best who —s last* վերջին խնդացողը լաւ կը խնդայ. *to — in a person's face* մէկուն քիթին (երեսին) խնդալ. *to — up one's sleeve* քիթին տակէն (գաղտնօրէն) խնդալ. *to — to scorn* ծաղրել. — *at* մէկուն վրայ խնդալ. *have the — on a person* մէկուն վրայ խնդալ (անկէ աւելի յաջողակ ըլլալուն համար). —*able* խնդալիք (խնդացընելիք). *a —ing-stock* բոլորին խնդուքի առարկայ (անձ). —*ter* (լաֆ'թըր) խնդուք.

laughing-gas (լաֆ'ինկ կէս) մարեցնող կազ (գործողութեան, ակռայ քաշելու ատեն). բորակային ոքսիդ.

launch (լո`նչ, լանշ) շոգեմակոյկ. շոգենաւակ. *to — (a ship)* նոր կառուցուած նաւ մը ծովը իջեցնել. *to — (an attack)* յարձակում մը շղթայազերծել. *to — out on* սկսիլ (նոր գործի մը). *to — out* դրամ մսխել (շռայլել).

launder (լո`ն'տըր, լահն'տըր) լուալ (հագուստներ). *laundry* (լո`ն'տրի, լահն'տրի) լուացարան. լուացքի մեքենայ. լուացքի տեղ.

laundress (*լան՛տրէս*, *լո՛ն՛տրէս*) լուացարարուհի·

laureate (*լո՛րիըթ*) դափնեկիր· դափնիով պսակուած (բանաստեղծ, գիտնական, եւայլն)· *Poet Laureate* դափնեկիր բանաստեղծ (պատուոյ տիտղոս բանաստեղծի մը տրուած թագաւորին կողմէ)·

laurel (*լոր՛ըլ*) դափնի· դափնեծառ· նաեւ՝ *bay-tree*. բարձր պատիւ·

lava (*լա՛վը*) հրաբուխի խառնարանէն դուրս ցայտող հրաշէկ նիւթ· խանձաքար· հրահոսանք· լաւա·

lavabo, lavatory (*ըլվէյ՛պօ*, *լէվ՛ըթըրի*) լուացարան· արտաքնոց· լոգանք·

lave (*լէյվ*) լուացուիլ· լոգնալ· լուալ·

lavender (*լէվ՛էնտըր*) անուշաբոյր փոքր կապոյտ–կարմիր ծաղիկներով բոյս· հուսամ·

lavish (*լէվ՛իշ*) ձրիօրէն բաշխող· առատաձեռն· շռայլ· *to lavish* ձրի տալ· շռայլել·

law (*լօ՛*) օրէնք (իշխանութենէն հաստատուած)· օրէնք (խաղերու, բնութեան, եւայլն)· օրինագիտութիւն· իրաւաբանութիւն· *to lay down the* — հինքնավստահօրէն խօսիլ (համոզուած՝ տեսակէտներու ճշդութեան)· *to go in for* — իրաւաբան դառնալ· *take the — in one's own hands* անձնապէս իենք իր իրաւունքը պաշտպանել· — *-abiding* (*—՛-ըպայ՛տինկ*) օրէնքին հընազանդող· — *-court* դատաստարահ· դատարան· —*ful* օրինական· —*less* ապօրէն· *civil (criminal, electoral, martial, Mosaic, penal, written [lex scripta], unwritten [lex non scripta]) law* քաղաքային (քրէական, ընտրական, պատերազմական [պաշարման վիճակ], Մովսիսական, պատժական, գրաւոր, անգիր) օրէնք·

Law of co-existence համագոյութեան՝ համագոյակցութեան օրէնք· — *of Nature* բնութեան օրէնք· *Laws of Motion (Newton)* Շարժումներու (Նեւթոնեան) օրէնք· — *book* օրինագիրք· — *making* օրէնսդրութիւն·

law-monger (*լօ՛–մընկ՛ըր*) երկրորդ աստիճանի իրաւաբան· իմաստակ·

lawn (*լո՛ն*) ընտիր նրբակտաւ կերպաս՝ իբր եպիսկոպոսական աստիճանի նշան·

lawn (*լո՛ն*) տնամերձ յարդարուած խոտով հող· մարմանդ· դալարավայր· *lawn-mower* (—՛-մօու՛ըր) խոտը խուզող գործիք· — *-tennis* թէնիսի խաղ մարմանդադաշտի վրայ (թէնիսի դաշտը՝ 78 ոտք երկայնք եւ 36 ոտք լայնք)·

lawsuit (*լո՚ս՚իութ*) դատ· դատավարութիւն·

lawyer (*լո՚՚եըր*) իրաւաբան·

lax (*լէքս*) թոյլ· թուլամորթ· մեղկ· անհող·

laxative (*լէք՚սըթիվ*) լուծողական·

lay (*լէյ*) (*laid* անց· եւ անց· ընդ·) դնել· տեղաւորել, պատրաստել (սեղանը, ճաշելու համար)· երկարել, ուղղել (հրացանը)· պահանջել· *lay stress on it* բանի մը կարեւորութիւնը շեշտել· *— one's finger on* երեւան հանել (վնաս պատճառել)· *— the hands on* զտնել· *— it at his door* մեղադրել զինք (բանի մը համար)· *— by the hells* բռնել եւ բանտարկել· *— the table (— the cloth)* սեղանը պատրաստել (ճաշի սկսելու համար)· *— heavy odds that* զրաւի զալ· *— open* ճեղքել (դանակով, հարուածով)· *— one's heart bare* իր սրտին բոլոր զաղտնիքները յայտնել· *— aside (— by) (money)* ապագայի համար դրամ խնայել· *— on (blows)* հարուածել· *— down the law* իշխանավստահօրէն կարծիք արտայայտել· *— a man out* մէկը ծեծելով զգայազիրկ դարձնել· *— out one's money* դրամը զգուշութեամբ ծախսել· *— heads together* խորհրդակցիլ· *— down (arms)* զէնքերը վար դընել· *— hold of* բռնել· զրաւել·

lay (*լէյ*) (eggs) հաւկիթ ածել· *to — an egg* ձախողիլ·

lay երգ մը·

lay աշխարհական (ոչ–մասնագէտ՝ բժիշկ, երկրաչափ, կրօնաւոր, եւայլն) մարդ·

lay lieին անց· կը պառկէր· պառկեցաւ·

lay-by (*լէյ՚–պայ*) ճամբուն եզերքը յատուկ լայնցըւած տեղեր՝ ուր ինքնաշարժը կարող է կանգ առնել·

layer (*լէյ՚ըր*) ածող· դընող, հիւսող (պատ)· ժայռերու խաւ· թեթեւ խաւ (շաքարի) բլիթի վրայ ցանուած·

layette (*լէյ՚էթ*) նորածին մանուկի շորեր·

lay figure (*լէյ՚ ֆիկըր*) փայտէ մարդապատկեր շարժական սրունքներով (նկարիչներու կողմէ օգտագործուած՝ նկար մը զծագրելու ատեն)·

layland (*լէյ՚լէնտ*) խոպան, անմշակ երկիր (հողամաս)·

lay-out տպուած էջի մը էջադրումը (կազմութիւնը)· յատակագիծ·

lazar (*լէ՚զըր*) բորոտ· *lazaret, lazarette* (*լէզ՚ըրէթ*) բորոտներու յատուկ (փոխանցիկ հիւանդութեանց) հիւանդանոց· նաւու մէջ ամբարանոց (շտեմարան)·

lazy (լէյ՛զի) ծոյլ. —-*bones* ծոյլ անձ. *to laze* ծուլանալ.

£E եգիպտական թղթադրամ ոսկի (կինէ).

lea (լի) մարգագետին. արօտավայր.

lead (լէտ) կապար. *black-lead* մատիտի սեւ (գրքող) նիւթը. —*en limbs* յոգնած սրունքներ. *to swing the lead* ծուլութիւն ընել (մինչ ուրիշներ կ'աշխատին). —*swan* ծայրը կապար՝ թելով մը ծովուն խորութիւնը չափող նաւաստի. — *poisoning* կապարին արեան մէջ ծծուելէն յառաջացած թունաւորում. *leaden* կապարէ.

lead (լիյտ) (*led* անց. եւ անց. ընդ.) առաջնորդել. առջեւէն քալել. ուղղութիւն տալ. կառավարել. ղեկավարել. վարել (կեանք). առաջնորդութիւն. շունը առաջնորդելու չուան. — *by the nose* ամբողջապէս հակակշիռի տակ առնել. — *a lady to the altar* ամուսնանալ (աղջկան մը հետ). *I am led to believe* մղուած իմ հաւատալու. *this road leads to our school* այս ճամբան մեր դպրոցը կը տանի. *to lead a happy (a dog's) life* երջանիկ (շունի) կեանք ապրիլ. *to — astray* մոլորեցնել. *All roads — to Rome* Ամէն ճամբայ Հռոմ կը տանի. *to swing the* — չափազանցել (բրածները). *leading article* առաջնորդող յօդուած, խմբագրական.

leader (լիյտ՛ըր) առաջնորդ. ղեկավար. —*ship* ղեկավարութիւն.

leaf (լիյֆ) (յոգ. *leaves*) տերեւ. երկու տպագրուած էջեր (գիրքի մը). *to take a — out of someone's book* հեղինակ մը ընդօրինակել եւ անոր յայտնած գաղափարները օգտագործել. *turn over a new* — ապագային աւելի լաւ կեանք մը վարելու որոշում տալ. դուռի, պատուհանի փեղկ.

leafage (լիյֆ՛իճ) խիտ տերեւներով ծածկուած ծառ. սաղարթախիտ ծառ.

leaflet (լիյֆլ՛իթ) թերթիկ (տպագրուած). քանի մը էջերով գրքոյկ. թռուցիկ (տպագ. թերթիկ).

league (լիյկ) իրերօգնութեան դաշինք (պետութիւններու, անձերու միջեւ). լիկա. դաշնակցիլ. *Arab League* Արաբական Լիկա. *League of Nations* Ազգերու Դաշնակցութիւն (Ա. Աշխարհամարտէն ետք ստեղծուած).

league (լիյկ) փարսախ (շուրջ 3 մղոն, կամ 5 քիլոմեթր).

leak (լիյք) ճեղք, փոքր ծակ (ուրկէ հեղուկը դուրս կը մզուի կամ ներս կը մտնէ). կաթկըթել· արտածորել· *to — out* երեւան ելլել· *leak-age* (*լիյք'իճ*) ծորում·

lean (*լի՛ն*) բարակ· անոթակ· փոքրաքանակ· առանց ճարպի միս· անարժէք ձեռագիր· կռթնիլ· ծռիլ· հակիլ· կռթնցընել· *lean years* վատ բերքով տարիներ· *a leaning towards* միտում· ձգտում (դէպի բան մը)·

leap (*լիյփ*) (*leaped,* [*leapt*] անց· եւ անց· ընդ·)· ցատքել· ոստնուլ· զուգաւորում յառաջացնել· ոստում· գինի անակնկալ բարձրացում· *— - frog* մէկը միւսին կռնակին վրայէն ցատքելու մանկական խաղ· *L— - year* նահանջ տարի· *a — in the dark* վտանգաւոր նախաձեռնութիւն՝ որուն ելքը կարելի չէ նախատեսել· *by —s and bounds* շատ արագ·

learn (*լըր՛ն*) սորվիլ· սերտել· փորձառնութեամբ յառաջդիմել· իմանալ· *—ed* (*լըրն'իտ*) քաջահմուտ· շատ զարգացած· *to — by heart (by rote)* գոց սորվիլ (առանց իմաստը հասկնալու)·

lease (*լիյս*) քանի մը տարուան համար (տունը, հողը) վարձու տալ որոշ պայմաններով· *leasehold* յիշեալ ձեւով վարձուած տուն (հող)· *a new — life* երկար տառապանքէ նետէ (հիւանդութիւն, եւայլն)· աւելի երջանիկ կեանքի մը ընկըզբնաւորութիւն·

leash (*լիյշ*) շունը առաջնորդելու կապ· չուանով բռնել·

least (*լիյսթ*) նուազագոյն· ամենէն քիչը· *at —* նըւազագոյնը·

leather (*լէտհ'ըր*) կաշի· զօրաւոր կերպով զարնել· *—ette* կաշիի նմանող կերպաս· արուեստական կաշի·

leave (*լիյվ*) (*left* անց· եւ անց· ընդ·) թող տալ· ձգել· մեկնիլ· տալ· յանձնել· արտօնութիւն· հրաժեշտ· *to get — off* արտօնութիւն ստանալ բացակայելու· *to go on —* արձակուրդի երթալ· *a few month's home —* քանի մը ամիսներ արձակուրդ տան մէջ· *to take French —* առանց արտօնութեան բացակայութիւն· *leave a person alone* մէկը առանձին ձգել (չնեղել)· *— it to me* գործը ինծի վստահէ· *— off* դադրիլ· կենալ· *— out a word* չըսել կամ չգրել· *you have left out the fact* նկատողութեան չես առած իրականութիւնը· *to — without beat of drum* առանց աղմուկի հեռանալ· *leavings* լըքուած անպէտ առարկաներ·

leaven (*լէ'վըն*) խմոր (թթխմոր) հաց թխելու·

Lebanon (*լէպէ'նըն*) Լիբանան. *cedar of Lebanon* լիբանանեան մայրի (ծառ). *Lebanese* լիբանանցի. լիբանանեան.

lebensraum (*լէպ'ընսրաում*) կենսական տարածութիւն (գերմանական ցեղակրօն հայեացք՝ ըստ որուն Գերմանիան նոր հողամասերու (երկիրներու) պէտք ունի որպէսզի կարենայ բաւարարել ժողովուրդին աճը).

lectern (*լէք'թըրն*) գրակալ (եկեղեցւոյ մէջ).

lecture (*լէք'չըր*) դասախօսութիւն. բանախօսութիւն. դասախօսել. *lectureship* քարոզչութիւն.

led (*լէտ*) *lead*ին անց. եւ անց. ընդ.

ledge (*լէճ*) նեղ նեղք (պատի կամ ժայռի մէջ). տափարակ ժայռ ծովուն յատակը. հանքերակ.

ledger (*լէճ'ըր*) հաշուետետր. մայր տոմար. գերեզմանաքար.

lee (*լի'*) հովին հակառակ կողմը. *in the lee of* ապաստանարանին մէջ. —*-shore* նաւուն հով չփչած կողմը. *—ward* հովին հակառակ կողմը. *leeway* ժամավաճառ աշխատանք.

leech (*լիյչ*) տզրուկ. բըժիշկ (հին առում).

leek (*լի'ք*) պրաս. սխտորին նմանող բանջարեղէն.

leer (at) (*լի'ր*) լկտի ցանկութեամբ նայիլ. աչքով ուտել. լկտի նայուածք.

lees (*լի'զ*) մրուր (շիշին, տակառին տակը).

leeward (*լի'ուըրտ*), **leeway** (*լի'ուէյ*) տես՝ *lee.*

left (*լէֆթ*) *leave*ի անց. եւ անց. ընդ.

left (*լէֆթ*) ձախ. *— hand side* ձախակողմը. *to get —* յուսախաբ ըլլալ. *— center* ձախ կեդրոն. չափաւոր արմատական (կուսակցութիւն). *—y* ձախլիկ. *leftist* ծայրայեղ ձախ.

leg (*լէկ*) սրունք. սեղանի ոտք. *have no — to stand on* ունելի ոչինչ ունի ըսելիք ի նպաստ. *pull someone's leg* մէկուն վրայ խնդալ. մէկը քաշքշել (ծաղրել). *on its last —s* մահուան սեմին. *give a person a — up* մէկուն օգնել. *to shake a —* անապարել.

legacy (*լէկ'ըսի*) կտակ. յետ մահու ձգուած ժառանգութիւն.

legal (*լի'կըլ*) օրինական. օրէնքին համաձայն. *— tender* օրինական նամբով մէկուն փոխանցըւած դրամ.

legalize (*լի'կըլայզ*) օրինականացնել.

legate (*լէկէյթ*) պապական նուիրակ (օտար երկիրներ առաքուած Պապին կողմէ). (*լըկէյթ'*) ժառանգ ձգել.

legatee (*լէկէյթի'*) կտակառու. կտակի համաձայն ժառանգութեան մը տիրացած անձ.

legation (*լըկէյ'շըն*) դեսպանութիւն. դեսպանատուն. կառավարական պատուիրակութիւն. *a legate* դեսպան.

legend (*լէճ'ընտ*) աւանդավէպ. առասպել. վարք սրբոց. *—ary* (*—'տըրի*) առասպելական.

legerdemain (*լէճըրտը-մէյն'*) աճպարարութիւն. ձեռնածութիւն.

leggings (*լէկ'ինկզ*) սըրունքները ծածկող կաշիէ շինուածքներ. հեսկ.

leggy (*լէ'կի*) երկարասըրունք.

leghorn (*լէկ'հորն*) կնոջական լայնադիր գլխարկ. տեսակ մը հաւ.

legible (*լէճ'իպլ*) դիւրընթեռնլի. դիւրաւ կարդացուելիք. պարզ.

legion (*լի'ճըն*) հռովմէական բանակի մէջ հետիոտըն զինուորական գունդ (բաղկացած 3000–6000 զինուորներէ). լեգէոն. *my enemies are —* բազմաթիւ թշնամիներ ունիմ. *The Foreign Legion* օտարազգիներէ բաղկացած Ֆրանս. լեգէոն Հիւս. Ափրիկէի մէջ գաղթապետութեան շըրջանին). *The Armenian Legion* Հայկական Լեգէոն (Ա. Աշխարհամարտի ժամանակ Պաղեստինի ճակատին վրայ՝ ֆըրանսական հրամանատարութեան տակ գործող հայ կամաւորական գունդ, որ հռչակուեցաւ Արարայի մէջ տարած փառաւոր յաղթանակով (1918 Սեպտ.). *Legion of Honour* Պատուոյ Լեգէոն (ֆրանսական զինուորներու յատուկ պատուանշան). *a —ary* հռովմէական զինուոր. լեգէոնական (պատուանշան ստացած).

legislator (*լէճ'իսլէյթըր*) օրէնսդիր. օրէնսգէտ. *the legislature* (*լէճ'իսլէյթշըր*) օրէնսդիրներ. օրէնսդրական մարմին.

legitimate (*լէճիթ'իմիթ*) օրինական. օրինաւոր. վաւերական. *his — son* օրինական (պաշտօնական ամուսնութենէն ծնած) զաւակ. *legitimize* օրինականացնել.

leg-of-mutton (*լէկ'-օֆ-մըթն*) ոչխարի սրունքին պէս. մէկ ծայրէն աւելի մեծ քան միւս ծայրը.

leguminous (plant) (*լէկիու'մինըս*) լուբիայի բոյս. լուբիայի պէս.

leisure (time) (*լէժ'ուր, լի'ժըր*) հանգիստի ժամանակ. *to be at —* ազատ ըլլալ (չաշխատիլ). *at one's leisure* մէկուն համար յարմար. *—ly* (*լէժ'ըրլի*) դանդաղօրէն. առանց աճապարելու. *leisured* (*լի'ժըրտ*) երկարատեւ ազատ ժամեր ունեցող.

lemming (*լէ'մինկ*) առնէտի նմանող փոքր կենդանի. դաշտամուկ.

lemon (*լէ'մըն*) լիմոն. կիտրոն. լիմոնի ծառ (գոյն). *—ade* (*լէմո-նէյտ'*), *lemon squash*

(*լէմըն ըսքուաշ*) օշարակ․ լիմոնաջուր․
lemur (*լի՛մըր*) մազոտ պոչով տեսակ մը կապիկ․ ագուէսակապիկ․
lend (*լէնտ*) (*lent* անց․, անց․ ընդ․) փոխ տալ․ հայթայթել․ դրամ փոխ տալ (տոկոսով)․ *it lends itself to* շատ լաւ յարմարցուած է․ *— me your ears* մտիկ ըրէ զիս․ *to — (a hand), a helping hand* օգնել․
length (*լէնկթհ*) երկայնք․ միջոց․ ընդարձակութիւն․ *at —* երկար ժամանակ ետք․ *keep him at arm's —* իրմէ կարելի եղածին չափ հեռու մնալ․ հետը բարեկամ չըլլալ․ *to —en* երկընցընել (երկննալ)․ *—y* երկայն․ հսկայ․
lenient (*լի՛նիընթ*) ազնիւ եւ ներողամիտ․ գթասիրտ․ ամոքիչ (ցաւեբու)․
lens (*լէնզ*) ոսպնեակ (լոյսը հաւաքող կամ ցըրուող)․
Lent (*լէնթ*) Մեծ Պահք․
lent (*լէնթ*) *lend*ի անց․ եւ անց․ ընդ․
lentil (*լէ՛նթիլ*) ոսպ․
leonine (*լի՛անայն*) առիւծանման․ առիւծակերպ․ Լէօ Պապի․
leopard (*լէփ՛ըրտ*) ընձառիւծ (որ Ափրիկէի եւ Հնդկաստանի անտառներուն մէջ կ'ապրի)․
leper (*լէփ՛ըր*) բորոտ․ *leprosy* բորոտութիւն․
lepidoptera (*լէփիտափ՛թըրը*) 4 թեւեայ միջատներ (օր․ ցայգաթիթեռ, ուտիճ, եւայլն) որոնք հագուստներ կը փճացրնեն․
leprosy (*լէփ՛րըսի*) տես՝ *leper.*
lesion (*լի՛ժըն*) վէրք․ խոց․ հիւանդագին դրութիւն․
less (*լէս*) պակաս․ աւելի քիչ․ *(little, less, least). —en* պակսեցնել․ *the —er* աւելի փոքրը․
lessee (*լէսի՛*) տուն վարձող անձ․ վարձակալ․ *lessor* (*լէ՛սոր*) վարձու տուող անձ․ տանտէր․
lesson (*լէ՛սըն*) դաս․ *teach him a lesson* շատ խիստ կերպով պատժել զինք (որ կրկին նոյն սխալը չգործէ)․
lest (*լէսթ*) որ չըլլայ թէ․ զուցէ․
let (*լէթ*) թոյլ տալ․ արտօնել․ ձգել․ վարձու տալ․ արգելք․ *let me be. let me alone* մի՛ նեղեր զիս․ *— the business alone* գործին մի՛ խառնուիր․ *let's have a song* երգ մը երգենք․ *— drive at* հարուած մը ուղղել (մէկուն)․ *let go* թոյլ տալ որ երթայ․ *— a man down* յուսախաբ ընել մէկը․ *let him down easily* յանկարծակի չլքել (զինք)․ *— off a gun* կրակել (զէնք մը)․ *— him off* ներէ իրեն․ *let out* գաղտնիք մը յայտնել․ *don't — on* մի՛ ըսեր․ *— out a garment* հագուստ մը պզտիկցնել

(մեծցնել)․ — *one in* մէկը պատասխանատու բռնել․ — *bygones be bygones* անցուկը մոռցուկ թող ըլլայ․ — *sleeping dogs lie* նոր հարցեր մի՛ յուզեր․

- let (– *լէթ*) վերջաբառ (փոքր)․ *streamlet* փոքր գետակ․ վտակ․

lethal (*լի՛թհըլ*) մահաբեր․ մահ պատճառող․

lethargy (*լէթ՛հըրճի*) քընատութիւն․ քնախտ․ անհետաքրքրութիւն․ թուլութիւն․ *lethargic* (*լիթհա՛րճիք*) քնատական․ անհոգ․

letter (*լէ՛թր*) գիր․ նամակ․ *a man of —s* գըրոց բրոց․ գրագէտ մարդ․ *—s patent* հրովարտակ․ իրաւագիր․

letterpress (*լէ՛թըրփրէս*) տպագրուած նիւթ․

lettuce (*լէթ՛իս*) հազար (բանջարեղէն)․

levant (*լի՛վէնթ*) առանց պարտքը վճարելու հեռանալ․ *Levant* Արեւելեան երկիրներ․

levee (*լէվ՛ի*) թագաւորական ունկնդրութիւն․ ամբարտակ․

level (*լէվ՛ըլ*) տափարակ․ շիտակ երեսով հարթութիւն․ աստիճան․ տափակցնել․ յարմարցնել․ ուղղել․ *to find one's —* իննն իր հաւասարը գտնել (որուն հետ աշխատիլը դիւրին է)․ *on the —* պատուախնդիր․ *level-crossing* այն կէտը ուր ճամբան եւ երկաթուղագիծը զիրար կը խաչաձեւեն․ *—-headed (man)* շատ հանդարտաբարոյ (մարդ)․ *a leveller* մէկը որ պիտի ուզէր բոլոր մարդիկը իրարու հաւասար դարձնել․

lever (*լի՛վըր*) լծակ (ծանրութիւն վերցնելու համար)․ *—age* լծակի մը ուժը․ լծակում․

leviathan (*լիվայ՛ըթհըն, լէվի՛ըթհըն*) ծովային շատ հսկայ կենդանի․ կէտ ձուկ․ վիշապ․ որեւէ հսկայ բան․

levitate (*լէ՛վիթէյթ*) մարմին մը վեր մղել (իբր թէ կախարդանքով)․ ծըփացնել․

levity (*լէվ՛իթի*) թեթեւսոլիկութիւն (լուրջ բաներ քննելու ատեն)․

levy (*լէվ՛ի*) հարկ հաւաքել․ տուրք զանձել․ զօրահաւաք ընել․ հարկահաւաքութիւն․ զօրակոչ․

lewd (*լիուտ*) կեղտոտ․ լկտի (վերաբերմունք, պատմութիւն, եւայլն)․

lexicon (*լէք՛սիքըն*) բառարան․ *lexicographer* (*լէքսիքօ՛կրըֆըր*) բառարանագիր․ բառարաններ գրող․

ley (*լէյ*) մարգագետին ուր չորս տարին անգամ մը խոտ կը ցանուի․

liable (*լայ՛էպլ*) պարտաւորուած․ պատասխանատու․ *I am — for his debts* պարտաւորուած եմ իր պարտքերը ես վճարել եթէ ինք չվճարէ․ *liable to illness* հիւան–

դառնալու հակամէտ. *liabilities* պարտքեր.

liaison officer (*լիէյ'զըն օֆ'իսըր, աֆ'իսըր*) սպայ՝ որ ուրիշ երկրի մը բանակին հետ կապ է (տեղեկութիւններ կու տայ անոր մասին). կապի սպայ.

liar (*լայ'ըր*) ստախօս.

libation (*լայպէյ'շըն*) գինեձօն (ի պատիւ աստուածներու).

libel (*լայ'պըլ*) տպագրուած գրութիւն (մէկուն վարկին, պատույն դէմ). պարսաւագիր.

liberal (*լիպ'ըրըլ*) ազատական. ազատախոհ. առատաձեռն. — *allowance of food* առատ կերակուր. *the Liberal Party* Անգլիոյ Ազատական Կուսակցութիւն. *a — education* ազատական (ոչ-կաշկանդուած) կրթութիւն. *—ism* ազատականութիւն.

liberate (*լիպ'ըրէյթ*) ազատագրել. ազատ արձակել. *—tion* ազատագրում.

libertine (*լիպ'ըրթին*) անառակ. ինկած նկարագրով. լկտի (անձ).

liberty (*լիպ'ըրթի*) ազատութիւն. հրաման. *to take liberties (with)* ընել գործեր որ իրաւունք չունի ընելու. *— of the press* մամլոյ ազատութիւն.

library (*լայ'պրը'րի*) գրադարան. գրատուն. *public —* հանրային մատենադարան. *a librarian* գրադարանապետ.

libretto (*լիպրէթ'օ*) երաժշտական ներկայացումի (օփէրայի) բառերը պարունակող գիրք. թատերակ.

Libya (*լիպ'իը*) Լիպիա. *Libyan* լիպիական. լիպիացի.

lice (*լայս*) *louse*ի (ոջիլ) յոգ.

licence (*լայ'սընս*) (նաեւ *license*) արտօնութեան թուղթ. արտօնագիր. արտօնել. ազատութիւն (բանաստեղծ). *poetic —* լեզուական օրէնքներու դէմ մեղանչելու կամ չափազանցութիւններ ընելու ազատութիւն (բանաստեղծի). *a licentiate* (*լայսէն'շիէյթ*) արտօնեալ. արտօնութիւն ունեցող (սորվեցնելու, բժշկութիւն կիրարկելու).

licensee (*լայսընսի'*) արտօնութիւն ստացած անձ. արտօնատէր.

licentious (*լայսէն'շըս*) կոշտ վերաբերմունք ցուցաբերող. լկտի. լիրբ.

lichen (*լայ'քըն*) ժայռերը ծածկող շատ փոքրիկ բոյս. քարաքոս.

lick (*լիք*) լզել. գաւազանել. լզում, ծեծ. *to lick the lips* անօթի ըլլալ. *— a person's boots* ստորնանալ մէկուն առջեւ. *a licking* աղուոր ծեծ. *to lick into shape* բթամիտի մը սորվեցընել. տակնուվրայ գործ մը վերջացնել.

lid (*լիտ*) կափարիչ· գըլխարկ· *eyelid* աչքի կոպ· *put the — on* գլել անցնիլ·

lido (*լիտօ*) բացօթեայ շատ ընդարձակ լողարան·

lie (*լայ*) երկննալ· տարածուիլ· հանգչիլ· պահուիլ· մնալ· *it lies with you to decide* քեզի կը մնայ որոշել· *lie doggo* հանդարտ կեցիր· *the claim does not —* պահանջքը ապօրէն (անօրինական) է· *lie in* ծննդաբերութեան շրջանին անկողինին մէջ ըլլալ· *lie up* հիւանդ՝ սենեակին մէջ մնալ· *let sleeping dogs lie* անհարկի հետաքրքրութիւնով գլխու ցաւ մի՛ ստեղծեր դուն քեզի· *take it lying down* չարիքի (պատիժի) դէմ չըցցուիլ· *see how the land lies* տեսնել թէ հարցերը ինչպէս են ներկայիս· *to lie in the way* բանի մը արգելք ըլլալ· *to lie in wait* գաղտագողի սպասել (մէկուն), ձեռք ձգելու համար զինք· *here lies* աստ հանգչի·

lie (*լայ*) ստել· սուտ խօսիլ· սուտ. կեղծիք· *to give the —* ստախօսութեամբ ամբաստանել· *white —* անմեղ (անվընաս) սուտ.

lief (*լիյֆ*) հաճելի· համակրելի· կամքով· *I'd as —, I'd liefer* շատ պիտի փափաքէի, շատ պիտի ուզէի· *I had as lief go as not* երթալը կամ մնալը ինծի համար միեւնոյնն է.

liege (*լիճ*) վեհապետ, տէր, մեծաւոր՝ որուն պարտաւոր են ծառայել (հնազանդիլ)· հաւատարիմ· *— homage* նորտի հպատակութիւնը աւատապետին· *—man* ճորտ·

lien (*լիըն*) իրաւունք (բան մը քովը պահելու)· *to have lien on* իրաւունք ունենալ արժէքաւոր առարկայ մը քովը պահելու մինչեւ որ պարտքը վճարուի·

lieu (*լիու*) վայր (Ֆր.)· *in — of* փոխանակ·

lieutenant (*լէֆթէն'ընթ*) տեղակալ· ծովային ենթասպայ· *— governor* փոխ կառավարիչ· *— general* զօրաբանակի զօրավար (հրամանատար)·

life (*լայֆ*) կեանք· ապրող արարածներ·. աշխուժութիւն· արագութիւն· *the life of Komidas Vartabed* Կոմիտաս Վարդապետի բովանդակ կեանքի պատմութիւնը· *a matter of — and death* կենաց եւ մահու հարց· *for —* մինչեւ կեանքին վերջը· *everybody will depart this —* ամէն մարդ պիտի մեռնի· *to the —* բացառիկ հոգածութեամբ· *manner of —* կենցաղագիտութիւն· քաղաքավարութիւն·

life-belt (*լայֆ'-պէլթ*) փրկութեան գօտի (լողա-

յու ժամանակ գործածուող)։
lifeboat (*լայֆ'պօ'թ*) խեղդուող մարդիկը ազատող նաւակ։
life-buoy (—'-*պոյ*) ջուրին երեսը տատանող առարկայ՝ զոր լողացողը կը բռնէ (չխեղդուելու համար)։ սուզարգել։
life-insurance (*լայֆ-ին-շուր'ընս*) կեանքի ապահովագրութիւն։
lifelong (*լայֆ' լօնկ*) բովանդակ կեանքի ընթացքին։
life-preserver (*լայֆ'-փրիզըր'վըր*) կարճ այլ ծանր գաւազան՝ որով թշնամին գլուխէն կը հարուածեն։ փրկութեան գօտի եւ նըման առարկաներ։
life-sentence (— *սէնթ'էնս*) ցկեանս բանտարգելութիւն։
life-work (— *ուըրք*) բովանդակ ամբողջ կեանքի աշխատանք՝ որ ամբողջ կեանք մը կը պահանջէ։
lift (*լիֆթ*) բարձրացնել։ պատուել։ գողնալ։ ելլել (վեր)։ ճիգ ընել։ ներս առնել (ինքնաշարժէն)։ գողութեամբ ապրիլ։ բարձրացում։ վերելակ։ պատիւ։ *give a lift to* մէկը ինքնաշարժի մէջ առնել։ *to — the elbow* խմել։ գինովնալ։
ligament (*լիկ'ըմընթ*) յօդակապ (մարմնի)։
ligature (*լիկ'ըչըր*) վիրակապ։ երակի կապ։
light (*լայթ*) լոյս։ լապտեր։ վառած լուցկի։ մոմ։ պատուհան։ կեանք։ միտքի լոյս։ առաւօտ։ բերկրանք։ լոյս տալ։ վառել։ փայլիլ։ իջնալ։ հանդիպիլ։ *ancient lights* պատուհաններ՝ որոնց լոյսը յարակից շէնքեր չեն խափաներ։ *I can't see it in that light* հարցը այդ ձեւով չեմ կրնար հասկնալ։ *in a different —* տարբեր լոյսի տակ (տարբեր մեկնութեամբ)։ *northern — (Aurora Borealis)* հիւսիսափայլ։ հիւսիսայգ։ *to bring to —* յայտնագործել։ *to see the —* ծնիլ։ *to make — of* հաշուի չառնել։ *to set — by* վերէն նայիլ վրան։ *to — off* անէանալ։ *—er* հրահան (գլանիկ վառող)։
light (*լայթ*) փայլուն։
light (*լայթ*) թեթեւ։ գործունեայ։ շնորհալի։ *a light attack of cold* թեթեւ պաղառութիւն։ *light reading* թեթեւ ընթերցանութիւն։
light upon (— *ըփան*) չակընկալուած առեն գտնել։
lighter (*լայթ'ըր*) նաւը բեռնաթափելու սահմանուած տափարակ յատակով նաւակ։
lighthouse (*լայթ'հաուզ*) փարոս։
lightning (*լայթ'նինկ*) փայլակ։ փայլատակում։ *— -rod* շանթարգել։
lights (*լայթս*) *(of an ani-*

mal) (կենդանիի մը) թոքերը·

lignite (*լիկ'նայթ*) տեսակ մը ածուխ· փայտաքար·

lignum (*լիկ'նըմ*) փայտ· *ligneous* (*լիկ'նիըս*) փայտեայ· փայտէ·

like (*լայք*) նման· նմանօրինակ· նմանութիւն· *it was — him to do that* մարդ մըն է որմէ կարելի է ակնկալել (այդ գործը)· *that is just like your foolishness* սովորական ապուշ գործերուդ պէս է· *ah! that's something like!* ա՛հ, ճիշդ ուզածիս պէս է· *we shall not see his like again* իրեն պէս ուրիշ մը պիտի չկարենանք տեսնել· *had — to be* մազ մնաց· գրեթէ ըլլալու վրայ էր· *— master — man* տիրոջ եւ ծառային միջեւ տարբերութիւն չկայ· *—-minded* համախոհ·

like (*լայք*) ախորժիլ· հաճելի գտնել· *I like that!* երածը անակնկալ մըն է ինծի համար եւ զիս դրժգոհ կը ձգէ· *I don't like to trouble* կը ցաւիմ անհանգիստ ընելու քեզ·

likely (*լայք'լի*) հաւանական· կարող է· *a — person for the work* գործին շատ յարմար մէկը· *likelihood* հաւանականութիւն· կարելիութիւն·

likeness (*լայք'նէս*) նմանութիւն· *a good —* բացառիկ նմանութիւն·

likewise (*լայք'ուայզ*) նոյնպէս· նաեւ, նմանապէս·

lilac (*լայ'լըք*) կապոյտ-կարմիր (ներմակ) ծաղիկով բոյս մը· երբեւանի·

lilt (*լիլթ*) երաժշտութեան կանոնաւոր չափ· զուարթաձայն երգել· զուարթ երգ ու պար·

lily (*լիլի*) գեղեցիկ ծաղիկ մը· շուշան· շուշանաթոյր·

limb (*լիմ*) մարմնի անդամ (բազուկ, ոտք կամ թեւ)· ծառին մէկ ճիւղը·

limber (*լիմ'պըր*) թնդանօթակիր կառքի առաջամասը՝ ուր վառօդը եւ զնդակները դրուած կ'ըլլան· ջրորդան· ճկուն· դիւրաշարժ· *to limber up* թնդանօթը կառքին կապել·

limbo (*լիմ'պօ*) մեռնելէն ետք դրախտի եւ դժոխքի միջին տեղը· քաւարան· բանտ·

lime (*լայմ*) կիր· ոստղ (թռչուն բռնելու համար փակչուն նիւթ մը)· փոքրիկ թթու հատապտուղ· *lime-light* շատ զօրաւոր լոյս՝ որ թատրոնի մէջ կը գործածուի· կրալոյս· *in the lime-light* ներկաջիս շատ կարեւոր·

limerick (*լիմ'ըրիք*) 5 տողեայ (անիմաստ) երգիծական ոտանաւոր, որ ընդհանրապէս կը սկսի սա ձեւով «Երիտասարդ օրիորդ մը կար (վայրի մը անունը՝ Պէյրութի) մէջ,»...

limestone (*լայմ'սթոն*) կըրաքար·
limit (*լիմ'իթ*) սահման· ծայր· անտանելի անձ (բան)· սահմանի մը մէջ դնել· սահմանափակել· իրաւասութիւնները ճըշդել· —ation սահմանում· իրաւասութեան ճշդում· to know one's own —s ինքն իր կարողութիւնները ճանչնալ· to have one's —s նկարագրի տկար գիծեր ունենալ· Limited Company (կրճատ՝ Ltd.) շահարկութեան ընկերութիւն, որուն բաժնետէրերը չեն կրնար գործի մէջ ներմուծած իրենց սկզբնական դրամագլուխէն աւելի կորսնցնել· պայմանադրեալ ընկերութիւն·
limn (*լիմ*) բանի մը նկարը գծել (նկարել)·
limousine (*լիմ'ուզին*) գոց ինքնաշարժ կառավարին համար յատուկ խցիկով·
limp (*լիմփ*) թոյլ· կակուղ· կաղութիւն· կաղալ·
limpet (*լիմ'փիթ*) կոախեցի՝ որ ժայռերուն փակած կ'ըլլայ·
limpid (*լիմ'փիտ*) յստակ· բիւրեղային·
linchpin (*լինչ'փին*) գամ՝ որ ինքնաշարժի անիւը կը բռնէ· շնկոր·
linden (*լին'տըն*) անուշաբոյր ծաղիկներով ծառ· թմրի· լորենի·
line (*լայն*) լար· չուան· գիծ· երկաթուղագիծ· շարք· տող· ուղեծիր· մասնագիտութիւն· ճիւղ· սերունդ· երկտող· դերասանին գոց սորված բաժինը· սահմանագծել· շարել· կրկնել· պատել· hard — բախտ· his line is engineering մասնագիտութիւնը ճարտարապետութիւն է· to toe the line հրամանի տակ մընալ· draw the — at գէշ գործէ մը հեռու կենալ (կեցուցանուի;)· read between the —s գրութեան մը մէջ՝էն ըսուածէն աւելին հասկընալ· marriage —s ամուսնութիւնը հաստատող գրութիւն· come into line with համաձայնիլ (բան մը ընելու)· a ship of the — հսկայ մարտանաւ· to cross the — հասարակածային շըրջանը կտրել· to take a strong — անզուր վարուեցողութիւն ցոյց տալ· a long — of kings նոյն գահատոհմին պատկանող թագաւորներու երկար շարք· what is his —? ի՞նչ ճիւղի վրայ կ'աշխատի· that's not in my — ատով չեմ հետաքըրքըրուիր ես· hard —s! այդ գէշ բախտին պէտք չէ արժանանայիր դուն· to shoot a — ըրածէն աւելի ցոյց տալ· a fishing — ձկնորսի կարթ· line of communication (defense, fire, operations) (հաղորդակցութեան, պաշտպանու-

թեան, կրակի, զինուորական գործողութեանց) գիծ·

lineage (*լին'իճ*) սերնդակից· շառաւիղ (գերդաստանական)· *a lineal* (*լի-նի'ըլ*) ուղիղ շառաւիղ·

lineament (*լին'իըմընթ*) մէկուն իրական նկարագիրը· արտայայտող դէմք· դիմագիծ· ծրագիր·

linen (*լին'ին*) քթանէ շինուած (կտաւ)· տան մէջ գործածուած հագուստ· *to wash dirty — in public* աղտոտ լաթերը դուրսը լուալ· տան գաղտնիքները հրապարակել·

linen-draper (*լին'են–տրէյ'փըր*) տան մէջ գործածելի (կիներու հագուստներ)· կերպասեղէն ծախող անձ·

liner (*լայ'նըր*) անդրատլանտեան մարդատար խոշոր շոգենաւ (կամ սաւառնակ)·

linger (*լինկ'կըր*) համենալ· ուշանալ·

lingerie (*լէնժըրի'*) կիներու յատուկ ներմակեղէն (ներքնազգեստ)·

lingo (*լինկ'կօ*) լեզու (հասարակ լեզուի իմաստով)· կասկածելի պատմութիւն·

lingua franca (*լինկ'կուը ֆր'էնկըր*) խառն լեզու՝ որ կարգ մը ժողովուրդներու համար իբր հասարակաց լեզու կը ծառայէ·

lingual (*լինկ'կուըլ*) լեզուային· լեզուական·

linguist (*լինկ'կուիսթ*) լեզուագէտ· բազմաթիւ լեզուներ խօսող· *linguistic* լեզուաբանական· լեզուագիտական· *linguistics* լեզուաբանութիւն·

liniment (*լին'իմընթ*) բըժշկական օծանելիք իւղ (մորթի վրայ քսելիք)·

lining (*լայ'նինկ*) *(of a coat)* (բանկոնի մը) աստառը· ներսի ծեփ· *every cloud has a silver —* ամէն դժբախտութեան երջանկութիւն կը յաջորդէ·

link (*լինք*) շղթայի օղակ· կարգ· խոպոպիք· ջահ· չափ մը (7,92 մատնաչափ)· օղակել· կապել· *—man* ջահակիր· *to — arms* բանակին միանալ·

links (*լինկքս*) խոտաւէտ բլրակ· կոլֆի խաղավայր·

linnet (*լի'նէթ*) երգեցիկ թռչուն· կտաւաքաղ·

linoleum (*լինօ'լիըմ*) տախտակամածի յատուկ տոկուն մոմլաթէ ծածկոց·

linotype (*լայնօ'ըթայփ*) տողաշար (տողատիպ) մեքենայ·

linseed (*լին'սիյտ*) կտաւահատ (որ ծեծելով վէրքին վրայ կը դնեն՝ թարախը քաշելու համար)· նոյնին բոյսը, որմէ սեղանի, անկողնի եւայլն ծածկոցներ կը շինեն· *— oil* կտաւատի իւղ·

lint (*լինթ*) վուշ· քթանի

կտոր՝ որ վէրքի վրայ կը դրուի․

lintel (*լին'թլ*) պատուհանի (դրան) վերի ճաղը․

lion (*լա'յըն*) առիւծ․ կարեւոր մարդ․ *the lion's share* առիւծի բաժին (ամենամեծ բաժին)․ *to lionize* (*լայ'ընայզ*) մեծ կուն շատ մեծ կարեւորութիւն ընծայել․ *lioness* էգ առիւծ․

lip (*լիփ*) շրթունք․ բանի մը ծայրը (եզերքը)․ *to smack one's lips* կերակուրը ըմբոշխնել․ *none of your lip* աւելի յարգանք ցոյց տուր ինծի․ *— work* համբոյր․ համբուրուիլը․ *to make a lip (to shoot out the —)* արհամարհել․ *lispstick* (*լիփ'սթիք*) շրթնաներկի ցպիկ (շրթունքի ներկ)․

liqueur (*լիքէր'*) խմիչք, ըմպելի (քաղցր)․ *— whisky (brandy)* թունդ (առանց ջուրի) ուիսքի (օղի)․

liquid (*լիք'ուիտ*) հեղուկ․ *his ideas are still very —* գաղափարները տակաւին կազմաւորուած չեն․ *— (money)* դիւրին ծախուող կամ դրամի հետ փոխանակուող․ *liquefaction* հեղուկի վերածում․ *liquescent* (*լիք'ուէսընթ*) հեղուկանալը․ *liquidate* (*լիք'ուիտէյթ*) հաշուեյարդարի ենթարկել․ պարտքերը վճարել․ *— an enemy* թշնամին սպաննել․ *liquidation* հաշուեյարդարի ենթարկում․ սպաննութիւն (թշնամիի)․

liquor (*լի'քըր*) հեղուկ․ զօրաւոր խմիչք (օրուիսքի)․

lisp (*լիսփ*) թոթովել․ *ս* (*u*) հնչումը իբր *th* (*թհ*) հնչել․

lissom (*լի'սըմ*) շնորհալի եւ զործունեայ․ ճկուն․

list (*լիսթ*) ցուցակ․ ցանկ․ *to make a list* ցուցակագրել․ *to enter the —* կռուի (մրցումի) մասնակցիլ․ *free —* մաքսազերծ ապրանքներ․

list (*լիսթ*) կտաւի ծայր․ կերպասէ շինուած հողաթափ․

list (*լիսթ*) փափաքիլ․ փափաք․

listen (*լի'սըն*) *(to)* մտիկ ընել․ *listen in* ռատիոյէն ճառ (երաժշտութիւն) մտիկ ընել․ *—er* ունկնդիր․

listerine (*լիսթ'ըրին*) մանրէասպան եւ վէրքը հականեխող հեղուկ․

listless (*լիս'թլէս*) տկար եւ անհետաքրքիր․ ուշացրիւ․

lists (*լիսթս*) վայր՝ ուր ասպետները նիզակներով եւ վահաններով կը կռուէին․

lit (*լիթ*) *light*ին անց․ եւ անց․ ընդ․ վառեց․ վառած․

litany (*լիթ'ընի*) Տէր ողորմեա․ բոլոր մեղաւորներուն փրկագործութեան համար աղօթք․ լիթանիա․

litchi (*լի''չի*) չինական (հնդկական) ընկուզաբման ջրոտ փոքր պտուղ․

literacy (*լիթ՛ըրրսի*) գրագիտութիւն․ գրանանաչութիւն․

literal (*լիթ՛ըրըլ*) բառացի․ տառական․ *it means literally* բառացիօրէն կը նշանակէ․

literary (*լիթ՛ըրըրի*) գրական․ — *circle* գրական շրջանակ․

literate (*լիթ՛ըրէթ*) գրել-կարդալ գիտցող․

literature (*լիթ՛րիչըր, լիթ՛ըրէթիուր*) գրականութիւն․ դպրութիւն․

lithe (*լայտ*) դիւրաթեք․ ճկուն․

lithograph (*լիթհօ՛կրաֆ*) վիմատիպ․ վիմագրել․ —*er* վիմագրիչ․

litigate (*լիթ՛իկէյթ*) դատարան դիմել․ դատ բանալ․ *a litigious* (*լիթի-ճ՛ըս*) *(person)* խնդրայարոյց անձ․ միշտ դատարան գացող անձ․ *litigation* դատավարութիւն․ վէճ․

litmus (*լիթ՛մըս*) կապոյտ գունաւորող նիւթ՝ որ ասիտի մը ներգործութեամբ կարմիրի կը վերածուի․

litre (*լի՛թըր*) փրանս. հեղուկաչափ (1,76 փայնթ)․

Litt. D. (*լիթ․ տի․*) Գրականութեան Տոքթոր․

litter (*լիթ՛ըր*) պատգարակ (վիրաւորեալներ փոխադրելու համար)․ հոս հոն թափթփած թուղթի կտորներ (եւ այլ անպէտ առարկաներ)․ խառնակոյտ․ խշտեակ․ ձագ (շունի, կատուի, եւն․)․ ցկնիլ․ խոտ սփռել․ *a — of puppies* շունի ձագեր․

little (*լիթլ*) փոքր․ պզտիկ․ քիչ․ *a* — փոքր գումար․ *for a* — կարճ ժամանակի մը համար․ — *by* — կամաց կամաց․ (*little* քիչ [քանակութիւն], *less* աւելի քիչ, *least* ամենէն քիչ)․

littoral (*լիթ՛արըլ*) ծովեզերեայ հողամաս․

liturgy (*լիթ՛ըրճի*) արարողութիւն․ պաշտամունք․

live (*լիվ*) ապրիլ․ կենդանի ըլլալ․ բնակիլ․ *to — at (the village)* գիւղին մէջ բնակիլ․ *he —s on (his parents)* ծնողքէն կախեալ է․ *he —s by his wits* խաբելով դրամ կը քաշէ մարդոցմէ․ — *and let* — ուրիշներու տկարութիւններուն աչք գոցել՝ ակնկալելով որ նոյնը ընեն ուրիշներ իր տկարութիւններուն հանդէպ․ *live from hand to mouth* օրը օրին ապրիլ (առանց ապագան մտածելու)․ — *down one's past* այնպիսի կեանք մը ապրիլ որ մարդիկ մոռնան իր անցեալի սխալները․

live (*լայվ*) ողջ․ կենդանի․ շարժուն․ *a — broadcast* հեռասփիւռէն խօսիլը․ — *wire* ելեկտրական թել՝ որմէ հոսանք կ'անցնի․

livelihood (*լայվ՛լիհուտ*)

ապրուստի միջոց. պա-
րէն.

livelong (*լիվ՛լոնկ*) *(night)* բովանդակ գիշերուան ընթացքին.

lively (*լայվ՛լի*) արագ. կենսալից. աշխոյժ. *a — time* դժուար եւ վտանգաւոր ժամանակ. *—liness* կենսունակութիւն.

liver (*լիվ՛րր*) լեարդ. *to feel —ish* լեարդի անհանգստութենէ տառապիլ. *white (lily) livered (person)* վախկոտ (անձ).

livery (*լիվ՛րրի*) ազնուականի (մեծահարուստի) մը սպասաւորին համազգեստը. հանդիսաւոր տարազ. ռոճիկ. *— -stable* ախոռ (վարձու ձիերու).

livestook (*լայ՛վսթոք*) ագարակի մը ձիերը, կովերը, ոչխարները, եւն.

livid (*լիվ՛իտ*) *(face)* նեղմըկած, գունատ դէմք (վախի, պաղի կամ հիւանդութեան իբր հետեւանք).

living (*լիվ՛ինկ*) ապրող. կենդանի. կենսունակ. կեանք. ապրուստ. *good —* ազուոր կերակուր եւ հանգստաւէտութիւն. *a — room* նստասենեակ. առօրեայ գործածութեան սենեակ. *a — wage* ապրելու համար անհրաժեշտ եղող ռոճիկ.

livraison (*լի՛վրէզոն*) տըպագրական պրակ.

lizard (*լիզ՛ըրտ*) մողէզ.

llama (*լա՛մը*) ոչխարի նըմանող՝ երկար վիզով եւ մազերով կենդանի (Հար. Ամերիկա). այծուղտ. լամա.

LL. D. (*էլ. տի.*) իրաւաբանութեան տոքթոր.

Lloyd's (*լոյտ՛ս*) Նաւային Ապահովագրութեան Ընկերութիւն. Լոյտ.

Lo! (*լօ*) նայէ՛, տե՛ս. ահա՛.

load (*լո՛տ*) բեռ (նաւու, կառքի, ձիու, եւայլն). հրացանի լիցք. բեռցնել (նաւը, կառքը, ձին եւայլն). ծանրութիւն աւելցնել. հրացանը լեցընել. *that's a load off my mind* հիմա նուազ մտահոգ կը զգամ. *load-shedding* ելեկտ. հոսանքի ընդհատում (պէտք եղածէն աւելի բարձր տարողութեան հետեւանքով).

load, lode (*լո՛տ*) տես՝ *lode.*

loadstar, lodestar (*լոտ՛սթար*) փայլուն աստղ մը՝ որ հիւսիսային կողմը կ'երեւնայ եւ նաւապետներու համար իբր ուղեցոյց կը ծառայէ. Բեւեռային Աստղ.

loadstone, lodestone (*լոտ՛սթոն*) երկաթաքար (մագնիս) որ միշտ դէպի հիւսիս կը դառնայ (ժամանակին իբր կողմնացոյց կը ծառայէր).

loaf (*լո՛ֆ*) նկանակ. *(loaves* յոգ.). շաքարի մեծ գունդ.

loaf (*լո՛ֆ*) դատարկապորտ. դատարկապորտի պէս ժամանակը անցընել.

loam (լո՛մ) ընտիր հող. կաւային հող.

loan (լո՛ն) փոխ տրուած առարկայ. փոխատուութիւն. փոխ. փոխ տալ.

loath, loth (լոթհ) դժկամակ. անյօժար.

loathe (լոտհ) ատել. *loathly, loathsome* ատելավառ. զարշելի.

loaves (լո՛վս) *loaf*ի յոգնակին՝ նկանակներ.

lob (լապ) վեր նետուած գնդակ. թթամիտ. թողուլ.

lobby (լապ'ի) նախասրահ. զաւիթ. քուէարկել (ապրսպրանքով).

lobe (լոպ) բլթակ (ականջի).

lobster (լապ'սթըր) խեչափառ. խեցգետին.

local (լո'քըլ) տեղական. — *colour* տեղական գոյն (գրական գործի մը մէջ). *the* — իջեւան. —*ity* տեղ. վայր. դիրք. —*ize* մասնաւոր տեղ մը պահել. *locate* տեղադրել. գետեղել. տեղը գտնել.

location (լոքէյ'շըն) վայր. տեղ. տեղադրութիւն. գետեղում.

loch (լոք, լոխ) լիճ (Սկովտ.). ծովախորշ.

lock (լաք) գանգուր (մազ). կղպանք. հրահան (հրացանի). կղպել. ամրացնել. —, *stock and barrel* ամբողջութիւնը. *to — up capital* գործի մէջ դրուած դրամ՝ զոր կարելի չէ որեւէ ատեն ետ պահանջել.
lock-jaw հիւանդութիւն՝ որուն իրր հետեւանք մարմինը կը քարանայ եւ բերանը չի բացուիր. կզակախփութիւն.
Lockanism Ճան Լոքի այն վարդապետութիւնը՝ թէ գաղափարները արտաքին աշխարհի փորձառութենէն յառաջ կու գան. —*man* դահիճ.

locker (լաք'ըր) արկղ (պատին վրայ հաստատուած).

locket (լաք'իթ) թանկագին մետաղէ շինուած տփիկ, ոսկեշղթայով վիզէն կախուած, ուր սիրելիի մը նկարը կամ մազը պահուած կ'ըլլայ.

lockout (լաք'աութ) գործաւորները իրենց աշխատավայրէն հեռացնել. գործարանը փակել.

locksmith (լաք'սմիթ) կղպանքագործ. դարբին.

lock-up (լա'ք-ըփ) բանտ. դպրոցը փակ պահելու ժամեր (իրիկուընէ մինչեւ առտու).

locomotive (լո'քոմոթիվ) վայրաշարժ (շոգեկառքի). տեղափոխական. տեղէ տեղ փոխադրելու ոյժ ունենալը.

locum tenens (լո'քըմ թի'-նէնզ) տեղապահ (հոգեւորականի, բժիշկի մը բացակայութեան).

locust(s) (լո'քըսթ(ս) մարախազգիներ. մարախներ՝ որ խումբով արշաւելով ցանքերը կը փճացնեն.

lode, load (լո՛տ) թանական

մետաղի երակ ժայռին մէջ.
lodge (լաճ) որսորդական հանդիպման (խրախճանքի) վայր (տուն). ապարանքի մը մայր դրան պահապանին տնակը. օթեւան. տեղադրել. տեղաւորել. մէկուն օթեւան տալ. տուն մը վարձել. *to — a complaint* դատաւորին առջեւ գանգատ մը ներկայացնել. *—er* վարձակալ. *lodgings* վարձու սենեակներ.
loft (լաֆթ) ձեղնայարկ (սենեակ). *on —* բարձր. եպարտ.
loft (լօ՛ֆթ, լաֆթ) գրնդակը վեր նետել.
lofty (լաֆ՛թի) շատ բարձրը. ինքնահաւան (անձ).
log (լակ) տապալուած ծառի մը բունը (կոճղը).
log (լակ) նաւուն արագութիւնը չափող գործիք.
log-book (լակ՛-պուք) օրագրութեան տետր (որ կը պահուի նաւապետին կողմէ).
logarithm (լակ՛ըրիթհմ) թուանշան, որ ցոյց կու տայ անգամներու թիւը. արմատ թիւ մը (օր. 10) հարկ է բազմապատկել ինքնիրմով 3 անգամ (10^3) որպէսզի 1000 թիւը գտնենք. 10ին 3րդ կարողութիւնը *logarithm* կը կոչուի. տիպահամար.
loggerhead (լակ՛ըրհէ՛տ) տխմար. *at —s* կռիւ. վէճ. կռիւի մէջ.
logic (լաճ՛իք) տրամաբանութիւն. *—al* տրամաբանական. տրամաբանող. *—ian* (լաճի՛շըն) տրամաբան.
logistics (լոճիս՛թիքս) պատերազմի ժամանակ բանակներր տեղափոխելու գիտութիւն.
loin (լոյն) մէջք. երիկամունք. *to gird up one's loins* գործելու պատրաստուիլ. *sprung from the loins of* ծագած, յառաջ եկած.
loiter (լոյ՛թըր) ժամավաճառութիւն ընել, տանըրնալ (տեղ մը երթալու ժամանակ).
loll (լալ) ծուլօրէն նստիլ կամ երկարիլ. ընկողմանիլ.
lone (լոն) առանձին. միայնակ. *lonely* առանձին. մենակեաց. տխուր. *loneliness* առանձնութիւն. մենութիւն. *lonesome* (լոն՛սըմ) մենակեաց եւ տխուր.
long (լոնկ) երկար. երկայն. *a — arm* իշխանութիւն (ազդեցութիւն)՝ որ շատ հեռուները կը տարածուի. *a — face* տխուր դէմք. *make a long nose* ձեռքը քիթին վրայ դնել ի նշան արհամարհանքի (հեգնանքի). *have a — tongue* շատախօս ըլլալ. *in the long run* իբր վերջնական արդիւնք. *the — and the short of a thing* խօսքը կարճ կապենք.
long (լոնկ) կարօտիլ. *longer* կարօտել. *longing*

կարօտ· *longing of life* կեանքի կարօտ· *longingly* կարօտագին·

long-bow (*լոնկ'–պօ*) երկար աղեղ· *to draw the long-bow* անհաւատալի պատմութիւններ պատմել· մեծ մեծ ջարդել·

long-breathed (*լոնկ'–պր–րէթհտ*) երկարաշունչ·

long-drawn (*լոնկ–տրո՚ն*) երկարաձիգ·

longevity (*լոնճէվ'իթի*) երկարակեցութիւն·

longhand (*լոնկ'հէնտ*) սովորական ձեւի գիր (ոչ-սղագրութիւն)·

longitude (*լոն'ճիթիուտ*) երկայնութեան աստիճան (քարտէսի վրայ)·

longitudinal (*լոնճիթիու'–տինլ*) երկայնութիւն· երկարաձիգ·

longshoreman (*լոնկ'շոր–մըն*) նաւահանգիստի մէջ աշխատող բանուոր·

long-suffering (*լոնկ'–սա–ֆ'ըրինկ*) երկայնամիտ· տառապանքները անտըր-տունջ տանող·

long-winded (*լոնկ–ուին–տ'ըտ*) երկարաբան անձ· շատ խօսող քիչ բան ը-սող անձ·

loofah (*լո'ւֆը*) սպունգ· լիֆ (լուացուելու համար)·

look (*լուք*) նայիլ· դիտել· թուել· — *before you leap* նախ քան գործելդ լաւ մտածէ· — *daggers at* ջղայնութեամբ նայիլ· — *a gift horse in the mouth* նուէր մը չհաւնիլ· — *blue (black)* տխուր թուիլ· *to look about* շուրջը նայիլ· *it —s as if* հաւանական կը թուի թէ· *look after* հոգ տանիլ· *wouldn't look at it* որոշապէս պիտի չընդունի կամ համաձայնի (այդ մասին)· *look for* փնտռել· — *at* նայիլ (բանի մը)· — *on* գէշ կարծիք ունենալ (բանի մը մասին)· — *forward to* անհամբեր սպասել· — *in on* այցելել· — *into* մօտէն քննել· քննարկել· — *out!* ուշադրութիւն ըրէ· — *to* ուշադիր եղիր· *business is looking up* ձեռնարկը յառաջդիմելու վրայ է· *look up a fact* գիրքի մը մէջ գտնել· *a —* նայուածք· երեւոյթ· *good looks* գեղեցկութիւն (յատկապէս այր մարդու)· *looking-glass* հայելի·

look-out (*լուք'–աուտ*) դիտարան· պահակ· *keep a good look-out* զգուշութեամբ (աչալրջութեամբ) հսկել·

loom (*լո'ւմ*) ոստայնանկի գործիք· հիւսուածեղէնի գործիք· իրականէն մեծ երեւնալ· սպառնալ·

loon (*լո'ւն*) ապուշ· խենթ· ստահակ· ջրային թռչուն մը (սուզահաւ, Հիւս. Ամեր·)·

loop (*լո'ւփ*) հանգոյց (թելի, դերձանի)· օղակ·

loophole (*լուփ'հոլ*) որմնածակ (ուրկէ կը կրա–

կեն)․ փախուստի ճամբայ․

loose (*լուս*) ազատ․ անանց հակակշիռի․ անառակ․ թոյլ, քակուած․ *to break —* փախչիլ․ ազատիլ (բանտէն)․ — *cash* կղպանքի տակ չպահուած դրամ․ *a — life* անառակ (մեղկ) կեանք․ *he has a screw —* խելագար է․ *play fast and —* անպարկեշտօրէն (յիմարաբար) վարուիլ․ *at a — end* ինչ ընելիքը շուարած․ անգործ մնացած․ *to give — to* ազատ թողուլ․ *loosen* (*լուս'ըն*) թուլցնել․ սանձազերծ ընել․ *looseness* թուլութիւն․ անառակութիւն․

loot (*լութ*) թշնամիէն գրաւուած աւար․ կողոպուտ․ գողօն․ թշնամիէն գրաւել․ աւարել․ կողոպտել․

lop (*լափ*) յօտել (ծառը)․ մաքրել․ թողուլ․ կտրուած ճիւղեր․ —*-eared* կախ-ականջ․

lope (*լոփ*) լայն քայլերով յառաջանալ․ ցատքել․

lopsided (*լափ'սայտտ*) մէկ կողմի վրայ հակած (նաւ)․ հաւասարակշռութիւնը կորսնցուցած․

loquacious (*լըքուէյ'շըս*) շատախօս․ *loquacity* (*լըքուէս'իթի*) շատախօսութիւն․

loquat (*լո'քուէթ, լո'քուաթ*) փոքր հատապտուղ (կարմիր կամ դեղին գոյնով)․ ճափոնական զկեռ, զղեար (նոր աշխարհ)․

lord (*լորտ*) տէր․ գերիշխող․ Աստուած․ ազնուական մը տիտղոսը․ *to lord it over* հպարտօրէն վարուիլ․ *Our Lord* մեր Տէրը (Յիսուս Քրիստոս)․ *House of Lords* Լորտերու Պալատը․ *the Lord's prayer* Տէրունական աղօթքը (Հայր Մեր)․ *The Lord's Supper* Ս․ Հաղորդութիւն․ *The Lord's Table* Ս․ Խորան․ *Lord's Day* Տէրունական օր (Կիրակի)․

lordkin, lordling (*լորտ'քին, լորտ'լինկ*) իշխանիկ․

lordly (*լորտ'լի*) հպարտ․ լորտի պէս․

lordship (*լորտ'շիփ*) լորտի իշխանութիւն․ *Your Lordship* Ձերդ Տէրութիւն (լորտին դիմելու ժամանակ)․

lore (*լոր*) ուսմունք․ իմաստութիւն․ տուեալներ․

lorgnette (*լորնեէթ'*) կոթով ակնոց․ ձեռադիտակ․

lorn (*լորն*) լքեալ․ առանձին եւ տխուր․

lorry (*լար'ի*) երկար ցած ինքնաշարժ (կառք)՝ ծանր ապրանքներ փոխադրելու համար․ հանակառք․

lose (*լուզ*) (*lost* անց․ եւ անց․ ընդ․) կորսնցնել․ չկարենալ գտնել․ փախցնել․ *he lost his train* շոգեկառքը փախցուց․ *lose one's way* ճամբան կորսնցնել· *lose one's temper* ջղայնանալ· *lose one's head* գլուխը կորսնցնել, ինչ ընելը չգիտնալ· *to lose ground* նահանջել·

loss (*լո՛ս*) կորուստ· կորուած (առարկայ)· *I am at a —* ինչ ընելիքս չեմ գիտեր· *he can't bear this loss* այս կորուստին չի կրնար տոկալ·

lost (*լո՛սթ*) *lose*ին անց. եւ անց. ընդ. կորսուած. կորսնցուցած. պարտըւած. անյոյս վիճակի մէջ·

lot (*լաթ*) մեծ քանակութիւն· *a lot of* մեծաքանակ (մեծաթիւ)·

lot (*լաթ*) վիճակ· *to cast —s* վիճակ նետել· բախտով որոշել· *his lot* ճակատագիրը· *a bad —* անվստահելի նկարագիր·

lottery (*լաթ'ըրի*) վիճակահանութիւն·

loth (*լոթհ*) տես՝ *loath* դժկամակ·

lotion (*լո'շըն*) օծանելիք· մորթին (վէրքին) վրայ դնելիք հեղուկ (բուժական, հականեխական յատկութեամբ)·

lotus (*լո'թըս*) բոյս մը՝ զոր իրր թէ մէկը երբ ուտէ, ամէն բան կը մոռնայ· լոտոս·

loud (*լաուտ*) բարձր· ուժգին· դիւրին լսելի· փայլուն (գոյն)· աղմկարար. կոշտ (վերաբերմունք)· — *-speaker* բարձրախօս·

loun (*լուն*) հանդարտ· վճիտ·

lounge (*լաունճ*) հիւրասենեակ խոշոր հանգըստաւէտ բազկաթոռներով· պարապ պտըտիլ· — *-lizard* արկածախնդիր· — *suit* երրոպական ձեւի առօրեայ հագուստ·

lour, lower (*լաուըր*) ատելավառ նայուածքով նայիլ (մէկուն)· քէնանալ·

louse (*լաուս*) (յոգ· *lice)* ոջիլ· *lousy* ոջլոտ· աղտոտ· անարժէք·

lout (*լաութ*) կոշտ կոպիտ մարդ· միմոս·

louvre (*լու'վր*) մասնաւոր յարմարանքներ դրուած պատուհանին վրայ՝ որ օդ ներս առնէ, սակայն անձրեւ կամ արեւի ճառագայթներ ներս չթափանցեն·—*boards* լուսափեղկ·

love (*լավ*) սէր· ձգտում· սիրել· տենչալ· *there's no love lost between them* զիրար կ'ատեն· *give my love to Vazken* բարեւներս հաղորդէ Վազգէնին· *fall in — (with)* սիրահարիլ· *make — to* սիրաբանիլ· *a labour of —* ազատ կամքով (առանց վարձատըրութեան) աշխատանք· *with love* սիրով· — *-child* ապօրինի զաւակ· — *match* սիրահարութեամբ ամուսնութիւն· — *rites* սեռային մերձեցում· *love-lorn* սիրահարէն լքուած ապերջանիկ (անձ)· —*ly* գեղեցիկ· անուշիկ· — *-philtre* դեղ մը՝ որ կ'ենթադրուի թէ... սիրահարութիւն կը յառաջացրնէ· —*ing-cup* խնճոյ-քի ընթացքին գործածուող երեք բռնելիքով գաւաթ·

love (լավ) (խաղի մը մէջ) զէրօ· *the score is 2-love* սխորը 2 – զէրօ է·

low (լօ) ցած· խոր (երաժըշտ·)· ստորին· ցածցրնել· ննջել· *in a — voice* հանդարտ ձայնով· *of — rank* խոնարհ դասակարգէ· *a — fellow* ինկած անձ· *—-down* անպատիւ· *to lie —* հանդարտ կենալ· *to be laid —* սպաննուիլ· *—-brow* ցած մակարդակով (նաշակով) մարդ· *give him the —-down* զաղտնի տուեալները յայտնէ իրեն· *in —-water* նիւթական դժուարութեան մէջ·

low (լօ) բառաչել· բառաչիւն (կովուն ձայնը)·

lower (լօ'ուըր) ցածցընել· խոնարհեցնել· *to — oneself* համեստութեամբ վարուիլ· աւելի ցածնուազ կարեւոր· *L— Chamber* Համայնքներու Տուն (խորհրդարան)· *lower classes* աշխատաւոր դասակարգ· պրոլետարիատ·

lower (լա'ուըր) տես՝ *lour* քէնալ·

lowly (լո'լի) համեստ (նկարագրով, աստիճանով)·

loyal (լոյ'ըլ) հաւատարիմ (օր· թագաւորին)·

lozenge (լա'զինճ, լազ'էնճ) չորս կողմ ունեցող պատկեր· տարանկիւն· շաքարի ձեւով կոկորդի դեղ·

L. s. d. (էլ· էս· տի·) սթէրլին (թղթոսկի)· շիլինկ· բէնս·

Lt. (lieutenantի կրճատ ձեւը) բանակի մէջ աստիճան· տեղակալ·

Ltd. (Limitedի կրճատ ձեւը) տես՝ *limit.*

lubber (լըպ'ըր) անվարժ նաւաստի· անտաշ աշխատաւոր·

lubber's line (լըպըր'ս լայն) գիծ կողմնացոյցի վրայ՝ որ ցոյց կու տայ նաւուն առաջամասի ուղղութիւնը·

lubricate (լուպ'րիքէյթ) մեքենայ մը իւղոտել· *lubricant* մեքենայի իւղ·

lucerne (լու'սըրն) արջառի համար իբր կերակուր ծառայող խոտ մը· մառուոյտ·

lucid (լու'սիտ) յստակ· փայլուն· դիւրըմբռնելի (ոն)· *—ity* յստակութիւն·

lucifer (լու'սիֆըր) սատանայ· չար ոգի· Արուսեակ (Վէնիւս) մոլորակը որ իբր առաւօտեան աստղ կ'երեւի·

luck (լաք, լըք) բախտ (լաւ կամ գէշ)· *luckily* բարեբախտաբար· *lucky* բախտաւոր· *—less* անբախտ· *to be in luck* բախտաւոր ըլլալ·

lucrative (լուք'րըթիվ) շահաւէտ· շահաբեր· նըպաստաւոր·

lucre (լու'քր) շահ· շահուած նիւթ. առաւելու-թիւն. *filthy* — դրամ. շահ (գէշ իմաստով).

lucubrations (*լուքիու-պրէյ'շընզ*) չարաչար աշխատանք (մինչեւ ուշ գիշերները). տքնաջան ուսումնասիրութիւն.

ludicrous (*լու'տիքրըս*) ծիծաղելի. խնդուք յառաջացնող.

luff (*լըֆ*) նաւու մը յառաջամասը հովին կողմը դարձնելով նաւարկել.

luftlag (*լուֆթ'լէկ*) *R. A. F.*ի (Արքայական Օդուժ) անձնակազմի յատուկ պատերազմ. գերիներու կայան Գերմանիոյ մէջ.

Luftwaffe (*լուֆթ'վաֆը*) Գերմանական օդուժ.

lug (*լակ, լըկ*) դժուարութեամբ քաշել, քաշքշել (բեռը). բեռ. ականջ (Սկովտ.). կոթ. գաւազան. դէմք.

luge (*լուճ*) սահնակ (առաջնակարգ).

luggage (*լըկ'իճ*) բեռներ (ճամբորդողի).

lugger (*լըկ'ըր*) փոքր առագաստանաւ.

lugubrious (*լուկու'պրիըս*) տրտում-տխուր. սգալի.

lukewarm (*լուք'ուորմ*) չափաւոր տաք. գաղջ. անտարբեր. թուլամորթ.

lull (*լըլ*) երգով քնացնել. խաղաղեցնել. կամաց կամաց հանդարտեցնել. ազմուկի (փոթորիկի, ցաւի) մէջ հանդարտութեան պահ.

lullaby (*լըլը'պայ*) օրօրոցային երգ (մանուկը քընացնելու համար) (Սկանտ.).

lumbago (*լըմպէյ'կօ*) մէջքին մէջ ցաւ յառաջացընող հիւանդութիւն.

lumbar (*լամ'պըր*) մէջքի հետ առնչուած. մէջքի.

lumber (*լամ'պըր*) դանդաղօրէն շարժիլ. անտառ կտրել (սղոցել). անպէտ առարկաներ. տախտակ. *to — up* անպէտ առարկաներով լեցնել. *lumberjack* (*լըմ'պըրճէք*), *lumber-man* (*լըմ'պըրմըն*) փայտահատ. անտառագործ.

luminary (*լում'ինըրի*) լուսատու մարմիններ (յատկապէս երկնային). աստղ. բազմահմուտ եւ հանրածանօթ (անձ).

luminous (*լու'մինըս*) լուսատու. լուսաւոր. փայլուն.

lump (*լըմփ*) անձեւ (տըձեւ) զանգուած. ուռեցք. *a — sum* զանազան մասերը-մուերը քաներու համար վճարելի գումար. խմբել. դասաւորել (առարկաները). *if you don't like it, you can — it* առանց տրտնջալու պէտք է տոկաս.

lunar (*լու'նըր*) լուսնային. *lunary, lunacy* լուսնոտութիւն. խելագարութիւն (նախապէս կ'ենթադրուէր թէ այս հիւանդութիւնը արդիւնքն էր լուսնի փոփոխութեանց). *lunatic* լուսնոտ. յիմար. խենթ.

lunar month լուսնային ամիս (շուրջ $29^1/_2$ օր)· *lunar year* լուսնային տարի ($354^1/_2$ օր)·

lunar landing լուսնէջք· ամերիկեան Ափոլօ 11 տիեզերանաւի մասնաւոր կայանը իր մէջ ունենալով 2 աստղանաւորդներ, հանդարտօրէն լուսնի մակերեսին վրայ իջաւ Յուլիս 21, 1969ին, Պէյրութի ժամանակով ժամը 4·57ին· առաջին անգամ լուսնի մակերեսին վրայ ոտք դնողը եղաւ աստղանաւորդ Արմսթըրօնկ ապա Ալտրին·

luna spaceship Սովետ· տիեզերանաւ (առանց աստղանաւորդի)՝ որ լուսինին շուրջը դառնալէն ետք լուսնէջք կատարեց·

lunch (*լանչ*), luncheon (*լընչ'ըն*) կէսօրուան թեթեւ ճաշ·

lune (*լուն*) կիսալուսնի ձեւով որեւէ առարկայ·

lunge (at) (*լընճ*) յարձակելով սուրը մխրճել (մարմնին մէջ)· սուրի հարուած·

lungs (*լընկզ*) թոքեր· *lung fever* թոքատապ·

lurch (*լըրչ*) թաւալիլ· անակնկալօրէն տատանիլ· խաբել· թաւալում· *to give a —* խաբել· *to leave in the —* դժուարութեանց մէջ ձգել·

lurcher (*լըր'չըր*) տեսակ մը որսաշուն·

lure (*լիուր*) որսորդ բազէն ետ կանչող գործիք մը· հրապոյր· հրապուրել մէկը (խոստումներով)·

lurid (*լիու'րիտ*) տժգոյն· մոխրագոյն· *a — story* անհանոյ, տագնապեցուցիչ պատմութիւն·

lurk (*լըրք*) դարանակալ սպասել·

luscious (*լըշ'ըս*) շատ քաղցր ու ախորժահամ·

lush (grass) խոռունկ կանաչ եւ հիւթալի (խոտ)·

lust (*լըսթ*) զօրաւոր փափաք· ցանկութիւն·

lustre (*լըս'թըր*) փայլք· շքեղանք· փառք· շքեղափայլ հագուստ· փայլ տալ·

lusty (*լըս'թի*) երիտասարդ եւ ուժեղ· առոյգ· կայտառ·

lute (*լութ*) տեսակ մը երաժշտ· գործիք· վին·

luxate (*լըքս'էյթ*) տեղէն հանել (խախտել)· *luxation* տեղէն խախտում·

luxury (*լըք'շըրի*) ճոխութիւն· շքեղութիւն· պերճանք· *luxurious* (*լըքշիու'րիըս*) շատ շքեղ· խիստ հանգստաւէտ· զեխ· *luxuriant* (*լըքշիու'րիընթ*) շատ պտղատօրէն աճած (բուսականութիւն)· *to live in luxury* պերճանքի մէջ ապրիլ· *luxury boat* պերճանաւ·

lycée (*լի'սէ*) 14–18 տարեկան տղոց համար միջնակարգ վարժարան (Ֆրանսա·)· Ճեմարան, Լիսէ, գրական ակումբ (խըմբակ)·

lye (*լայ*․ մոխրաջուր (լըւացքի համար գործածուող)․

lying-in (*լայ'ինկ-ին*) ծըննդաբերութեան բերմամբ կնոջ անկողնոյ ծառայելու շրջանը․

lym (*լիմ*), **lym hound** (*լիմ' հաունտ*) հետախոյզ շուն․

lyke-wake (*լայք'-ուէյք*) մեռելի վրայ հսկում․

lymph (*լիմֆ*) աւիշ (մարմինի)․ մաքուր ջուր․

lymphatics (*լիմֆէթիքս'*) աւշային անօթներ (խողովակներ)․

lyn (*լին*) ջրվէժ․

lynch (*լինչ*) առանց օրինական դատավարութեան ամբոխի դատաստան (խոշտանգելով սպանութիւն)․ լընչահարել․ լինչի ենթարկել․ խոշտանգելով սպաննել․ *lynch law* լինչի օրէնք (առանց դատավարութեան ամբոխի կողմէ սպանութիւն)․

lynx (*լինկքս*) վայրի կատուի նմանող շատ վայրագ կենդանի՝ որ սուր տեսողութիւն ունի․ լուսան․

lyon (*լայ'ըն*) կնքապետ․

lypothymia (*լայփոթայ'միը*) մեյամաղձոտութիւն․

lyre (*լայր*) քնար

lyrics, lyrical poems (*լի'րիքս, լիրիք'ըլ փո'էմզ*) բանաստեղծութիւններ՝ որոնք երգերու վերածուած են․ կարճ քերթուածներ՝ որոնք կ'արտայայտեն բանաստեղծին անձնական մտածումներն ու ապրումները․

lysol (*լայ'սոլ*) թխագոյն հեղոտ մանրէասպան ասիտ․

M

M, m (*էմ*) անգլերէնի 13րդ գիրը· իբրեւ թուանշան 1000.

ma (*մա*) մայրիկ (մանկական կոչում).

ma'am (*մա'մ*) կրճտ. *madam*ի, տիկին· բամբիշ·

mac (*մէք*) սկովտական նախաբառ՝ որ կը նշանակէ որդի.

macaco (*մըքէյ'քօ*) ազուէսակապիկ (Մատակասկարի եւ Պրազիլիոյ յատուկ).

macadem (*մըքատ'էմ*) խընուղի· —*ized* խճնայատակուած.

macaroni (*մէքըրօն'ի*) դդմաճ (փողաձեւ)· խառնուրդ· ցուցամոլ· պըճնասէր.

macassar (*մըքէս'ըր*) (*oil*) մազի համար իւղ մը Չէլէպեան կղզիներէն.

macaw (*մըքօ'*) Հարաւ Ամերիկեան թութակ.

macabean (*մէքըպ'իըն*) Մակաբայեցի· *macabees* հրեայ իշխանները որ Ն. Ք. 166ին Յուդայի երկիրը ազատագրեցին.

mace (*մէյս*) լախտ. գաւազան, մական.

macerate (*մէ'սըրէյթ*) թրջելով կակուղցնել, թրջոց դնել· տկարացնել· հիւծել (խեղճ սնունդով կամ ծոմ պահելով).

machiavelli (*մէքիըվէլ'ի*) կեղծ դիւանագէտ. խորամանկ.

machinal (*մըշին'ըլ*) մեքենային, մեքենական.

machinate (*մէք'ինէյթ*) մեքենայել, սադրանքներ լարել· *machination* (*մէքինէյ'շըն*) մեքենայութիւն, դաւ, սադրանք.

machine (*մըշի'յն*) մեքենայ. կազմածք. մեքենաբար շարժող՝ գործող անձ· կանոնաւոր, ճըշգրիտ գործող· *sewing* — կարի մեքենայ· *printing* — տպագրութեան մեքենայ.

machinist (*մըշին'իսթ*) մեքենայ շինող. մեքենագէտ. *machinery* մեքենականութիւն. մեքենաներ.

mackerel (*մէք'ըրէլ*) (ձկ.) թիւնիկ. — *sky* ամպակոյտերով ծածկուած երկինք.

mac(k) *կամ* mackintosh

(մէք'ինթօշ) ջրապիրկ հագուստ. անձրեւարգել հագուստ.

macro (մէք'րօ) մեծ, խոշոր, երկայն. —*cephalic* մեծ, երկայն գլուխով. —*cosm* տիեզերք. —*meter* հեռաւոր առարկաներ չափելու գործիք. —*scopic* (մէքրօսքափ'իք) պարզ աչքով տեսանելի.

macron (մէ'քրան) ձայնաւորի վրայ դրուած գծիկ ā.

mad (մէտ) յիմար, խելագար. կատղած. սրտմըտած. շռայլ. *to get — at* մէկուն բարկանալ. *mad (after, about) for* խօլական յարում ունեցող (առած). *mad as a march hare, — as a hatter* շատ զուարթ. — *cap* խիստ դիւրագրգիռ. — *doctor* յիմարանոցի բժիշկ. — *house* յիմարանոց. — *man,* — *woman* խենթ, յիմար, խեւ մարդ կամ կին. *to get mad, to go mad* յիմարանալ. խենթենալ. խենթեցնել. տես՝ *madden.*

madam (մէտ'ըմ) տիկին, տիրուհի.

madame (մատաՀ'մ, մէտ'ըմ) տիկին, խաթուն. (Ֆրնս.).

madden (մէտ'ըն) զայրանալ, կատղիլ. կատղեցնել. զայրացնել. գըրգըռել. ջղայնացնել.

made (մէյտ) անց. *make*ի բրու. շինեց. շինած. շինուած. կեղծ, շինծու, արուեստական. (*well —, stoutly —, loosely —, powerfully —*) կազմըւած, խառնուածքով (առողջ, յաղթանդամ, մեղկ, թոյլ. *made up* կատարեալ. շինծու, սուտ.

mademoiselle (մէտմուազէ'լ) օրիորդ.

madness (մէտ'նէս) յիմարութիւն. կատաղութիւն. մոլեգնութիւն.

Madonna (մըտօն'է) (արձան, պատկեր). Տիրամայր. — *lily* ճերմակ շուշան.

madrigal (մէտ'րիկըլ) կարճ սիրերգ, գեղօն.

madzoun (մէտ'ծուն) մածուն.

maesenas (մէսին'էս) մեկենաս.

maelstrom (մէյլ'սթրըմ) Նորվեկիոյ ծովեզերքի յորձանք. (փոխ. մեծ յորձանք).

maestoso (մաէսթօ'զօ) վեհագին. մեծափառօրէն.

maestro (մաէս'թրօ) մեծ երաժշտագէտ, երգապետ, երաժշտապետ, խմբավար.

Mae West (մէյ' ուէսթ) = *life belt* ազատարար բանկոն. գօտի (սււառ.).

magazine (մէկէզին') վառօդարան, զինարան. զինուորական շտեմարան, մթերանոց. պարբերաթերթ (սովորաբար պատկերազարդ).

Magdalen, —lene (մակ'տըլին) Մագտաղինէ, ապաշաւուհի, դարձի եկած պոռնիկ.

mage (*մէյճ*) = *magician* մոգ. ուսեալ մարդ. *magi* (*մէյ՛ճայ*) մոգեր.

magenta (*մըճէն՛թը*) բաց բոսորային ներկ, կարմիր անիլին.

maggot (*մէկ՛ըթ*) թըր-թուր, որդ. քմայք. — *in one's head* քմայքոտ.

magic (*մէճ՛իք*) մոգական, կախարդական, դիւթական. *black* — այսակալութիւն, կախարդութիւն. *white* — հրեշտակային, երկնային մոգութիւն. *natural* — բնազիտական մոգութիւն, հրաշալի երեւոյթ. — *lantern* մոգական լապտեր.

Maginot line (*մա՛ժինօ լայն*) Մաժինոյի գիծ (զին.) (Ֆրանսայի արեւելեան սահմանին վրայ).

magisterial (*մէճիսթիր՛իըլ*) իշխանական. դատաւորական. հեղինակութիւն ստացած. ամբողջատիրական.

magistral (*մըճիս՛դրըլ*) մագիստրոսական. իշխանական. վարդապետական. *the — staff* ուսուցչակազմ. դեղագրական. բժիշկի կողմէ հրնարուած.

magistrate (*մէճ՛իսթրէյթ*) իշխան. դատաւոր. տեղակալ.

Magna Charta (*մէկ՛նէ քար՛թէ*) անհատական ու քաղաքական ազատութիւն տուող թագաւորական հրովարտակ. Մեծ Հրովարտակ (1215ին).

magnanimity (*մէկնէնիմ՛իթի*) վեհանձնութիւն.

magnanimous (*մէկնէն՛իմըս*) վեհանձն, վեհոգի.

magnate (*մէկ՛նէյթ*) չոչ. մեծ մարդ. հարուստ մարդ. աւագ.

magnet (*մէկ՛նիթ*) մագնիս. —*ic* մագնիսական. ձգողական, քաշողական. *magnetic battery* մագնիսական բարդ. — *field* մագնիսական ազդեցութեան շրջանակ. — *induction* մագնիսական մակածութիւն. — *mine* մագնիսական ական. — *needle* մագնիսական ասեղ. — *poles* մագնիսական բեւեռներ. — *storm* մագնիսական փոթորիկ.

magnetism (*մէկ՛նիթիզմ*) մագնիսականութիւն. քաշողականութիւն.

magnetize (-se) (*մէկ՛նիթայզ*) մագնիսացնել. շարժել. յուզել. հրապուրել.

magnetist (*մէկ՛նիթիսթ*) մագնիսագէտ. մեսմերական.

magneto-electric (*մէկնի՛թօ-իլէք՛թրիք*) մագնիտաելեկտրական. — *meter* մագնիտաչափ.

magnetron (*մէկ՛նիթրոն*) (բնագ.) ելեկտրոնի շատ արագ թրթռացում յառաջ բերող խողովակ.

magnifiable (*մէկնիֆայ՛էպլ*) մեծարելի.

magnificat (*մէկնիֆ՛իքէթ*) օրհներգ Ս. Կուսին, մեծացուցէ.

magnificent (*մէկնիֆ՛իս-*

ընթ) հոյակապ· շքեղ· փառաւոր· —*ly* շքեղօրէն·

magnifico (յոգ· —*es*) (մէկնիֆ'իքօ) Վենետիկի ազնուական· ջոջ·

magnify (մէկ'նիֆայ) չափազանցել· մեծցնել· փառաւորել· *magnifying glass* (մէկնիֆայ'ինկ) խոշորացոյց·

magnitude (մէկ'նիթիուտ) մեծութիւն, ծաւալ, քանակ· կարեւորութիւն·

magpie (մէկ'փայ) անծեղ· կաչաղակ·

magus (մէյկ'ըս) յոգ· —*gi* (մէյ'ճայ) պարսկ· մոգ· կախարդ· գուշակ· *the three magi* երեք մոգերը՝ որոնք Յիսուս Մանուկին ընծաներ տուին·

Magyar (մէճ'եար) մաճառ· հունգարացի· հունգարերէն·

Mahatma (մըհէթ'մա) Բրահմաններու վարդապետ· նախադաս տիտղոս հնդիկ ականաւորներու. օր· *Mahatma Gandhi.*

Mahdi (մա'տի) մահտի· իսլամ առաջնորդ·

mahlstick (մոլ'սթիք) նկարիչի ձեռնակալ· ձախ ձեռքին նեցուկ գաւազանիկ·

mahogany (մըհօկ'ընի) մահոգանի· (բուս·)· փայտ կարմրասրճագոյն· *the* — ճաշասեղան· *have one's knees under a person's* — միասին ճաշել·

mahometan (մահոմ'իթան) մահմետական· —*ize* (մահոմէ'թընայզ) մահմետականացնել· —*ism* մահմետականութիւն·

maid (մէյտ) աղջիկ· կոյս· սպասուհի· աղախին· *old* — ամուրի տարէց աղջիկ· — *servant, house* —, *nurse* —, *lady's maid* նաժիշտ· սպասուհի· — *of honour* թագուհիին կամ իշխանուհիին ընկերացող աղջիկ· պատուոյ տիկին·

maiden (մէյտ'ըն) աղջիկ· կոյս· օրիորդ· — *name* օրիորդութեան մականուն· — *(of horse)* ձիարշաւի մէջ երբեք չշահած ձի· — *speech* առաջին ատենախօսութիւն· — *voyage* (վոյ'էյճ) նաւու մը առաջին նաւարկութիւնը·

maidenhead (մէյտ'ընհէտ) կուսութիւն (ֆիզիքական).

maidenhood (մէյտ'ընհուտ) անարատութիւն· կուսութիւն·

maidenish, maidenlike, ամօթխած· համեստ· կուսանման·

maidenly (մէյտ'ընլի) նազելի· պարկեշտ· կուսավայել·

maidhood (մէյտ'հուտ) թարմութիւն· անարատութիւն· կուսութիւն·

mail (մէյլ) զրահ· վերտ· զրահ հագուեցնել· *mail-clad* զրահապատ· *the mailed fist* ֆիզիքական ոյժ. ոյժի քաղաքակա-նութիւն.

mail (մէյլ) նամակ. նա-մակի ծրար. թղթատա-րական դրութիւն. նա-մակ ղրկել. նամակա-տուփի մէջ դնել. — *bag* թղթատարական պայու-սակ. — *-man* նամակի ցրուիչ.

maillot (մայօ՛) լողազ-գեստ.

maim (մէյմ) հաշմել. ա-րել. ջախջախել. —*ed* հաշմանդամ. խեղ. խե-ղանդամ. —*edness* հաշ-մանդամութիւն. խեղու-թիւն.

main (մէյն) միայն *with might and main* ձեռով զօրծածական (ֆիզիքա-կան ուժով. մեծ ճի-գով). — գլխաւոր խո-ղովակ. բուն ծով. ցա-մաք. *in the* — ընդհա-նուր կերպով.

main (մէյն) էական. մեծ. գլխաւոր. *have an eye to the — chance* անձ-նական, նիւթական շա-հեր հետապնդել. — *land* բուն ցամաք. — *mast* գլխ. կայմ. — *street* գլխ. փողոց.

mainly (մէյն՛լի) մանա-ւանդ. մեծապէս. գլխա-ւորաբար.

mainspring (մէյն՛սփրինկ) զսպանակ. գլխաւոր շար-ժառիթ.

mainstay (մէյն՛սթէյ) գըլ-խաւոր օժանդակ. ապ-րուստի միջոց.

maintain (մէյնթէյն՛) պա-հել. պահպանել. շարու-նակել. պնդել. հաստա-տել. —*er* պահող. վեր րնող. ջատագովող.

maintainable (—՛էպլ) պաշտպանելի. ջատագո-վելի. պահպանելի.

maintenance (մէյն՛թըն-ընս) պահպանութիւն. թեւ թիկունք. ապրուստ. սնունդ. շարունակու-թիւն.

maiso(n)ette (մէյզօնէթ՛) տնակ. բնակարան.

maître d'hôtel (մէթր տօ-թէլ՛) պանդոկի տնօրէն. տնտես իշխանի (Իտ. եւ Սպան.).

maize (մէյզ) եգիպտացո-րեն. մայծ. լազուտ. *pop — (popcorn)* բոհ-բոված. բոհբոեկիք ե-գիպտացորեն.

majestic (մըճէս՛թիք) վե-հաշուք. վեհափառ. — *ally* վեհաշուքօրէն. վե-հափառութեամբ.

majesty (մէճ՛իսթի) վե-հութիւն. մեծափառու-թիւն. վեհապետական իշխանութիւն.

major (մէյճ՛ըր) աւագ. մեծ. հազարապետ. մե-ծազոյն նախադասու-թիւն. (տրամբնք.). չա-փահաս. — *axis* աւագ առանցք. — *offense* մեծ յանցանք. — *part* մե-ծամասնութիւնը. մեծ մասը. *major* ուսման գլխաւոր առարկայ. դա-սընթացք. (համ.) *minor* երկրորդական նիւթ ու-սման.

majority (մըճար՛իթի) մե-ծամասնութիւն. չափահասութիւն. աւագութիւն. օրինական տարիք. որ. *attained his* — չափահաս եղաւ. հազարապետի պաշտօն, տիտղոս. *to join the majority* մեռնիլ. *absolute* — բացարձակ մեծամասնութիւն՝ քուէներու կէսէն աւելին.

majuscule (*մըճա՛սքիուլ*) մեծ գիր. գլխագիր. գըլխագրութիւն.

make (*մէյք*) կազմուածք. շինուածք. ձեւ. գործ. ապրանք. ամբողջացում. ոն. կառուցում. կերտուածք. տրամադրութիւն (մտային կամ բարոյական). կազմել. շինել. ձեւել. յարդարել. գործադրել. յառաջացընել. շահիլ. հաւաքել. կատարել. ճամբայ կըտրել. ներկայացնել. արդիւնք ունենալ. անիլ. հաւասար ըլլալ. *German make* Գերմանիա շինուած. *is this your own make?* դո՞ւն շինեցիր. — *and mend* նաւաստիներու պարապոյ պահ (հին ատեն հագուստ նորոգելու պահ).

make անց. *made* (*մէյտ*) *make good* փոխարինել. յաջողիլ. վարձատրել. խոստումը կատարել. *make sure* ապահովել. վստահ գիտնալու ջանալ. — *hay* առիթը օգտագործել. — *sport* ծաղրել. — *no bones* չվարանիլ. խիղճի հարց չընել. *to make fun, to — game of* թեթեւ առնել. հեգնանքով վարուիլ. *to — place* տեղ, ճամբայ տալ ուրիշին. — *a habit of it* բան մը սովորութիւն ընել. *can you make anything of it?* անկէ բան մը կը հասկնա՞ս. — *much, little, the best of it* շատ, քիչ, առաւելագոյնս օգտուիլ բանէ մը. կամ՝ շատ, քիչ, առաւել արժէք տալ. — *head or tail of it* բան չհասկնալ եղածէն, ըսուածէն. *make it* յաջողիլ. հեռաւորութիւն կտրել. *2 and 2=4*, կ'ընէ, հաւասար է. *one swallow does not make a summer* մէկ ծիծեռնակով (ծաղիկով) գարուն չի գար. *she will — a good wife* լաւ կին մը կ'ըլլայ. *make for home* դէպի տուն ուղղուիլ. *make or mar* յաջողցնել կամ աւրել. *make believe* կեղծել. հաւատացնել. *make bold* յանդգնիլ. *make a living, make one's bread* ապրուստը շահիլ. *to — face* քիթ բերան ընել, երեսը ծամածռել. *to — head* յառաջանալ. *to — love* սիրաբանիլ. դարպաս ընել. *to — merry* ուրախանալ, ցընծալ. *to — out* հասկընալ. գտնել. փաստել. *to — sail* առագաստ բանալ. *to — one's pile* դրամ, հարստութ. դիզել· — *away* անապա-րանքով հեռանալ· — *away with* սպաննել· ձերբազատուիլ· վատնել· մսխել· — *for* նպաստել· ծառայել (երջանկացնելու, ելայլն)· ուղղուիլ դէպի··· յարձակիլ· — *off with* փախչիլ· գողնալ ու փախչիլ· *make up* քերին լրացընել· գումարը ամբողջացրնել· *make up for lost time* կորսուած ժամանակը շահիլ· — *up* միացրնել· խառնել· կապոց, ծրար ընել· խմբուիլ· գումար մը ի մի բերել· շպարուիլ· շպար· — *it up* հաշտուիլ· — *up one's mind* որոշման գալ· որոշել·

maker (մէյքըր) *the Maker, our* —Արարիչը·

making (մէյք'ինկ) կերտում· կազմութիւն· —*s* շահ· ընդհանուր յատկութիւնները·

mal- (մէլ -) նախադաս (փրնս·)· գէշ ձեւով, կերպով· (*maltreat* գէշ վարուիլ)·

malacca (մըլէք'քը) Մալայեան Թերակղզիի քաղաք· նահանգ·

maladjustment (մէլաճըս-թ'մէնթ) յոռի կարգադրութիւն· գէշ ներդաշնակում·

maladministration (մէլ-էտմինիսթրէյ'շըն) յոռի վարչութիւն·

maladroit (մէլ'ըտրոյթ) ձախաւեր· անճարակ·

malady (մէլ'էտի) տկարութիւն· հիւանդութիւն· ցաւ·

Malagasy (մէլըկաս'ի) Մատակասքարցի· մատակասքարերէն·

malaise (մալ'էզ) փիզիքական նեղութիւն· անհանգստութիւն·

malapert (մէլ'ըփըրթ) յանդուգն· լիրբ· համարձակ· կոպիտ· —*ly* համարձակօրէն· լրբօրէն·

malaprop (ism) (մէլ'ափ-րափիզմ) ծիծաղելի բառագեղծութիւն·

malapropos (մէլափրոփօ') անպատեհ· անժամանակ (եղած, ըսուած, պատահած բան)·

malar (bone) (մէյլ'ըր) այտային· այտոսկր·

malaria (մըլէր'իա) ջերմ· ճահճային տենդ· դեղնախտ· —*l fever* տենդ· վատօդութիւն·

malay (մըլէ'յ) Մալայեան· մալայերէն·

malcontent (մէլ'քընթէնթ) դժգոհ· տհաճ· դժկամակ·

mal de mer (մէլ տը մէ'ր) ծովախտ·

male (մէյլ) որձ· արու· առնական·

malediction (մէլիտիք'շըն) անէծք· նզովք·

maledicency (մէլիտայս'-էնսի) չարախօսութիւն· անէծք·

malefactor (մէլ'իֆէքթըր) ոճրագործ· չարագործ· —*tress* չարագործուհի· — *faction* (—ֆէ'քշըն) ոճիր, չարագործութիւն·

maleficence (մըլէֆ'իսէնս) ոճիր· չար(ագործ)ութիւն· —*cent* (սէնթ) վնասակար· ոճրային·

malevolent (մըլէվ'ոլէնթ) չարակամ· ուրիշին համար չարիք բաղձացող· —*ance* չարաբաղձութիւն· չարակամութիւն·

malexecution (մէլէքզէքիւ'շըն) յոռի գործադրութիւն·

malformation (մէլֆորմէյ'շըն) թերի կազմըւածք· հաշմութիւն·

malice (մէլ'իս) չարակամութիւն· գործօն չարաբաղձութիւն· *bear — (to)* քինախնդրական ըզգացումներ սնուցանել·

malign (մըլայն') վնասակար· չարաբարոյ· անզգամ· գէշ տրամադրութեամբ լի ուրիշներու հանդէպ· չարախօսել· զրպարտել· վատահամբաւել·

malignant (մէլիկ'նէնթ) մահաբեր· ժանտ· չար· տարափոխիկ·

malignity (մէլիկ'նիթի) արմատացած չարակամութիւն· մահաբեր յատկութիւն· ժանտութիւն· ժահրոտութիւն·

malinger (մըլինկ'ըր) սուտ հիւանդ ըլլալ· հիւանդ ձեւանալ·

mall (մօ՚լ, մէլ) պատըսպարուած ճեմավայր· թակ· թակագնդախաղ· խաղարան·

malleable (մէլ'իէպըլ) (մետաղի համար) կռանելի· տարածական· (փոխաբ·) ճկուն· յարմարելի· յարմարող·

mallet (մէլ'իթ) փայտէ մուրճ· թակ·

malmaison (մէլմէ'զօն) շահոքրամի տեսակ մը· (նաեւ Ժոզէֆին կայսրուհիին պալատը — Փարիզ)·

malnutrition (մէլնիւթրի'շըն) անբաւարար կամ սխալ սննդառութիւն·

malodorous (մէլօտ'ըրըս) գարշահոտ·

malodour (մէլօ'տըր) գարշահոտութիւն·

malpractice (մէլփրէք'թիս) ապօրինի գործ· հիւանդը անտեսող կամ սխալ դարման մատակարարող բժշկութիւն· իր իշխանութիւնը անձնական շահին համար գործածելը·

malt (մօ՚լթ) կասկ· կասկեայ· գարի եւ այլ արմըտիք գարեջուրի կամ թորումի համար գործածելի· — *house* կասկատուն· — *sugar* կասկուց·

Malta (մօ՚լթէ) Մալթա կղզին·

— fever (— ֆիվ'ըր) Միջերկրականի ջերմ·

Maltese (մօ՚լթիյզ') Մալթացի· մալթայեան·

Malthusian (մէլթհուզ'իըն) մալթուզեան, Մալթուզի (մեռած 1835–ին) վարդապետութիւն·

maltreat (մէլթրիյթ') = *ill-treat,* վատ վերաբերիլ· նեղել· —*ment* գէշ վերաբերում· խոշտանգում·

maltworm (*մօ՝լթ'ուըրմ*) գինով, խման.

mameluke (*մէմ'իլուք*) Մեմլուք (Եգիպտ.).

mam(m)a (*մէյմա'*) մայրիկ (մանկ.).

mamma (*մէյմ'մէ*) ստինք, ծիծ.

mammal (*մէմ'ըլ*) ստնաւոր. նաեւ արական պըտուկ.

mammalia (*մէմէյլ'իը*) ստնաւոր կենդանիներ. կաթնասուններ. —*n* ըստընաւորներու յատուկ.

mammilla (*մէմի'լէ*) ըստինքի պտուկ.

mammon (*մէմ'օն*) մամոնայ, հարստութիւն. վատօրէն շահուած, գործածուած հարստութիւն. —*ism* մամոնայապաշտութիւն.

mammoth (*մէմ'աթհ*) մամութ. մեծազազան. հազարամեակներ առաջ ըընաջինջ եղած մեծ փիղ մը. վիթխարի.

mammy (*մէմ'ի*) մայրիկ (մանկ.). խափշիկ սպասուհի (ներմակ մանկանց հսկող).

man (*մէն*) (յոգ. *men*) մարդ. մարդիկ. *fellow* — ընկեր արարած եւ եղբայր. *men* ոմանք. կարգ մը մարդիկ. *men say* կ'ըսեն թէ. *to a* — բոլորն ալ անխտիր. մարդ. մարդկային սեռը. *inner* — հոգեւոր. ներքին մասը. *outer* — մարդուն փիզիքականը. *new*—, *old*— նոր մարդը, հին մարդը. — հասուն այր մարդ. *little* — մանչուկ. *I am your* — կ'ընդունիմ առաջարկդ, դրած պայմանդ եւայլն. *to be one's own man* գործելու ազատ ըլլալ. իր կարողութեանց լրիւ տէր ըլլալ. (բարդ բառերու մէջ) օր. *clergyman* կղեր. եկեղեցական անձ. *postman* սուրհանդակ. ցրուիչ. *pen*— գեղագիր. մատենագիր. *best*— Ս. Պսակի ատեն փեսային ընկերակցող այր մարդ. փեսեղբայր. *play the* — իրական մարդու յատկութիւններով օժտուած ըլլալ. *men* ծառայ. գործաւոր. զինուորները. *man* նատրակի, ադիւսախաղի (տամա) քար. — *of straw* ոչինչ մարդ. անպատասխանատու մարդ. (բարդ բառերու մէջ) — - *of-war* զրահաւոր. *Friday man* սըրըկամիտ. հլու, ենթակայ. — - *at-arms* զինեալ հեծելազօրք. — - *eater* մարդակեր. խածնող ձի. — *handle* (*մէն' հէնտլ*) ձեռքով գործ կատարել. կոշտօրէն բռնել. հրել. քաշել (ռամկ.). — *hole* գուբ. հոր. փողոցէն կոյուղի իջնելու բացուածք. — - *hour* մէկ մարդու մէկ ժամուան աշխատանքը. *man of letters* — գրագէտ. հեղինակ. —*servant* (— -*ըըր'վէնթ*) սպասաւոր. — *slaughter* ոչ-կանխամըտածուած մարդասպանութիւն. *man to man* անկեղծօրէն. անվերապահօրէն. *— of sorrows* Մեսիան.

manacle (մէն'ըքըլ) ձեռք կապելու շղթայ. ձեռնակապ. շղթայակապել. ձեռնակապել.

manage (մէն'էճ) վարել. կառավարել. դարձնել. գործածել. գլուխ հանել. հնարք բանեցնել. ձին նուաճել. խնամքը ըստանձնել (արջառի, եւայլն). կարենալ. կարող ըլլալ. *—able* դիւրավարելի. ղեկավարելի. *—ability, —ableness* հլութիւն. ղեկավարելիութիւն. *—ment* (մէն'իճմէնթ) խարերայութիւն. հնարք բանեցում. *the —* տեսչութիւն. վարչութիւն.

manager (մէն'իճըր) վարիչ. տեսուչ. տնօրէն. ղեկավար. *—ess* տեսչուհի. տնօրէնուհի. *— ship* տեսչութեան պաշտօն.

manche (մանշ) թեզանիք (փր.).

manchette (մանշէթ') թեւնոց. թեզանիք.

man-child (մէն'-չայլտ) մանչ.

Manchu (մանչու') մանչուրիացի. մանչուերէն. մանչուրիական.

manda (մէն'տը) հրամանագիր.

mandarin (մէն'տըրին) չին պաշտօնեայ. բարձրադաս չինարէն. յետամնաց չին կուսակցապետ. չինական ազնուաբադ.

mandarin(e) (մէն'տըրիյն) նումա. նարնջազգի պըզտիկ պտուղ.

mandate (մէն'տէյթ) հըրաման. հրովարտակ. հովանաւորութիւն. հոգատարութիւն.

mandate (մէնտէյթ') երկիր, եւայլն յանձնել հովանաւորելու.

mandatory (մէն'տըթըրի) յանձնակատար. պարտաւորիչ.

mandible (մէն'տիպըլ) կըզակ, ծնօտ. դունչ. կըտուցի վերի մաս.

mandola (մէնտօլ'ը, mandor'a) տեսակ մը վին կամ մանտոլին.

mandolin(e) (մէն'տըլին) 4 զոյգ թելերով կիթառիկ (մանտոլին).

mandrake (մէն'տրէյք) բարձր բոյս.

mandrill (մէն'տրիլ) հոլակապիկ. մորմոն.

manducate (մէն'տիեուքէյթ) ծամել. ուտել. *—tion* ծամում. *—able* ծամելի.

mane (մէյն) բաշ (ձիու, առիւծի, եւայլն).

manequin (մէն'քին) կաղապար. օրինակ.

manes (մէյն'իզ) թերափիք. նախնեաց աստուածացած ոգիներ.

manful (մէն'ֆուլ) քաջասիրտ. արի. վեհանձն. վճռական.

manganese (մէնկ'ընիյզ) մոխրագոյն մետաղ մը. մանգան. *—steel* պողպատի կարծր խառնուրդ մը.

mange (մէյնճ) —*iness* կեղտանիներու քոս. քոսոտութիւն. մորթի աղտոտ վիճակ.

mangel (— wurzel) (մէն'կըլ վըրզ'ըլ) երկարարմատ խոշոր ճակնդեղ, իբըր արջառի սնունդ.

manger (մէյն'ճըր) մսուր. *dog in the* — նախանձոտ. զձուձ անձ.

mangle (մէնկ'ըլ) մամլակ. մամլոց. 2 գլանով արդուկի մեքենայ. մեքենայով արդուկել = *(press in* —*)*.

mango (մէնկ'օ) (յոգ. —*es*). հնդկական պտուղ մը. մանգ. մանգենի (փորք. եւ փրնս. *manga*).

mangonel (մէնկ'ոնըլ) հին ատենուան զէն. մեքենայ (քար արձակելու). բաբան. վիրգահան. մանգղիոն.

mangrove (մէնկ'րօվ) հասարակածային թուփ. ծառ, որուն կեղեւէն դեղ կ'արտադրուի. մանգլենի.

manhood (մէն'հուտ) չափահասութիւն. առնականութիւն. մարդկութիւն. երկրի մը այր մարդիկը. — *suffrage* (— սըֆ'րէյճ) այրերու իրաւունք քուէարկելու.

mania (մէյն'իէ) յիմարութիւն. մոլութիւն. մոլուցք (ուղեղային խանգարում). —*c* կատաղի. մոլի. խելագար. խենթ. —*mania* յետադաս բառ' բարդ բառերու մէջ. մասնաւոր մոլութիւն. *klepto* — գողամոլութիւն. *megalo* — մեծամոլութիւն. *nympho* — կանանց վաւաշոտութիւն. հարսնեմոլութիւն. այրամոլութիւն.

manicure (մէն'իքիուր) ձեռարդոյժ. ձեռնայարդարում. —*ist* ձեռարդոյժ. ձեռնայարդար.

manifest (մէն'իֆէսթ) վաճառացանկ. մաքսատան ներկայացուելիք բեռնագիր, յայտարարութիւն. ակներեւ. բացայայտ. փաստել. արտայայտել. յայտնուիլ. —*ation* (մէնիֆէսթէյ'շըն) յայտարարութիւն. յայտնութիւն.

manifesto (մէնիֆէս'թօ) (յոգ. —*s*) պետական, խմբային յայտարարութիւն քաղաքական կամ ընկերային սկզբունքներու.

manifold (մէն'իֆոլտ) բազմապատիկ. զանազան ձեւի, կարգի, բազմազան. բազմագրել. — *writer* բազմագիր. բազմագրող մեքենայ.

manikin (մէն'իքին) մարդուկ. գաճաճ. մարդապատկեր (անդամազն.). անխօս դերասան.

manil(l)a (մէնիլ'է) Փիլիպպեան կղզեխումբի մայրաքաղաք — Մանիլա.

manipulate (մէնիփ'իուլէյթ) դեկավարել. ճարտարութեամբ վարուիլ.

mankind տես' *man*.

man-made (*մէն'-մէյտ*) ձեռագործ. ձեռակերտ.

manna (*մէն'նէ*) մանանայ. — *lichen* (— *լայ'-քըն*) ծափքոս. մանանայ. — *plant* ագուտ. ուղտափուշ. — *tree* մանանաբեր մոշի.

mannequin (*մէն'իքին*) խրտուիլակ. մարդապատկեր՝ իգ. ձեւով, զոր դերձակուհիները կը գործածեն հագուեցնելու կամ ցուցադրելու տարազներ. տարազացոյց.

manner (*մէն'ըր*) կերպ. ձեւ. եղանակ. *in this manner* այս ձեւով. *after this manner* այս կերպով. *after the* — ըստ, համաձայն. *adverb of* — կերպ ցուցնող մակբայ. —*s* վարք. կենցաղ. սովորութիւն. շարժուձեւ. *good manners* բարի սովորութիւն. քաղաքավարութիւն. *bad* —*s* յոռի սովորութիւն, շարժուձեւ, կենցաղ. *he has no manners* բարեկիրթ չէ. կենցաղագիտութիւն չունի. *in a* — որոշ իմաստով, չափով.

mannered (—'*ըրտ*) *ill-mannered* յոռի վարուելակերպ ունեցող.

mannerly (*մէն'ըրլի*) ազնիւ, քաղաքավար, շնորհալի. —*liness* —ութիւն.

mannish (*մէն'իշ*) կին մը որ առնական յատկութիւն, վարմունք, հագուելակերպ ունի. մարդավայել. մարդանման.

manœuvre, — euver (*մէնու'վըր*, —*ըւ*) մարզանք. շարժում. զինուորական կամ նաւային ռազմավարութիւն. հնարագիտութիւն. դաւադրութիւն. խորամանկութիւն. ռազմափորձ. *to manœuvre*, .. *euver* զինուորական շարժումներ ընել. ռազմավարութիւն գործածել. մէկը մղել. պարտադրել զաղտնի հնարք բանեցրնելով.

manor house (*մէն'ըր հաուս*) դղեակ.

manorial (*մէնօ'րիըլ*) աւանդական. դղեակային.

man-power (*մէն'փաուըր*) մարդու՝ մատչելի աշխատող ձեռքեր.

manqué (*մանքէ'*) վիժած. վրիպեալ. թերածին. *a Napoleon* — Նափոլէոն մը կրնար եղած ըլլալ. *a comic actor* — պաւէշտ ներկայացնող դերասան կրնար ըլլալ (բայց վրիպեցաւ).

manse (*մէնս*) երիցատուն (Սկովտիա). եկեղեցական բնակարան.

mansion (*մէն'շըն*) բնակարան (հարուստի). տուն. ապարանք. դղեակ. —*s* (յանախ) յարկարաժինններով մեծ բնակարան. — *house* աւատական (լորտի) տուն. քաղաքապետի պալատ (Լոնտոնի).

manslaughter (*մէն'սլօթըր*) տես՝ *man*.

manslayer (մէն'սլէյըր) մարդասպան.

mantel (mantelpiece) (մէն'թըլ) վառարանի դարակ (փայտէ, մարմարէ). —*shelf* նոյն. հնոցի պատ.

mantic (մէն'թիք) կանխատեսող. մարգարէական.

mantilla (մէնթիլ'է) քըղանփ. լաչակ. (Սպ.) պզտիկ ուսանոց կանանց.

mantis (մէն'թիս) մարախի ընտանիքէն ուղղաթեւ միջատ. հիւսեակ.

mantle (manteau) (մէն'թըլ, մանթօ') վերարկու. կրկնոց. օթոց. ձորձ. ծածկոյթ. քող. վառարանի ծածկոյթ. *to* — ծածկել. ծպտիլ. թեւերը տարածել. հեղուկի երեսը փրփրիլ. արիւնը դէմքին խուժել. դէմքը փայլիլ (շէկ գոյնով).

manual (մէն'իուըլ) ձեռային. — *labour* ձեռային աշխատանք. — *exercise* (զին.) զինավարժութիւն. —, *or finger alphabet* մատի նշաններով այբուբէն (խուլ եւ համրերուն). — առձեռն գիրք. ձեռագիրք. ժամագիրք. ստեղնաշար (նուագի). ձեռավարժութիւն. — *seal* (— սիլ) մատնեկնիք. —*ly* ձեռքով.

manufactory (մէնիուֆէք'թըրի) գործարան. արուեստանոց.

manufacture (մէնիուֆէք'չըր) նարտարարուեստարագ. շինել. յօրինել. ձեռակերտել. տարազագործել. գրական գործ արտադրել (մեքենաբար ու առատօրէն) (հեգնական). (պատմութիւն մը) հնարել, շինել.

manure (մընիուր') աղբ. կենդանական պարարտացուցիչ. աղբել. պարարտացնել. մշակել.

manuscript (մէն'իուսքրիփթ) կրճ. *Ms.* յոգ. *Mss.* (էմէս, էմէս'իզ) ձեռագիր (տպագրութեան պատրաստ). ձեռագիրներ.

manway (մէն'ուէյ) հանքի նեղ անցք.

manx (մէնքս) Ման կղզեցի. (— *man*) մանեան, կեղտեան. մաներէն.

many (մէն'ի) բազմաթիւ. շատ. բազում. շատեր. ամբոխ. ժողովուրդ. *many times, many a time* յաճախ. *many wish* շատեր կը բաղձան. *six mistakes in as many lines* 6 սխալ նոյնքան տողերու մէջ. *one too many* մէկ հատ աւելորդ է. *a good* —, *a great many* բաւական լաւ կամ մեծ թիւով. *many-sided* բազմակողմանի. շատ մը երեւոյթներով, կարողութիւններով.

map (մէփ) քարտէս. աշխարհացոյց. *off the* — անարժէք. անգործածական. *on the* — նկատելի. կարեւոր. *to* — քարտէս մը շինել. *to* — *up* ծրագրել. ընթացքը որոշել.

maple (մէյ'փըլ) դղքի. թեծխի (ծառ). *hard* — դըղֆի՝ որուն աւիշէն շաքար կը պատրաստուի. դըղֆիի փայտ.

maquis (*մաքի՛*) մաքի. փոքր ծառերէ կազմուած խիտ անտառ. հայդուկ. (ֆրնս. 1939–45) հայրենասէրներու գաղտնի ըՆկերակցութիւն.

mar (*մար*) եղծանել. ապականել. խանգարել. վնասել. մրոտել. *make or* — շինել թէ աւրել, եղծանել.

marplot (*մար՛փլաթ*) միջամուխ ըլլալով ձեռնարկը աւրող. խանգարող.

marathon (*մէր՛ըթհօն*) Մարաթոն. — *race* Մարաթոնի վազք (26 մղոն եւ 283 եարտա).

maraud (*մէրօտ՛*) կողոպտել. ասպատակել. շրջիլ գողնալով. —*er* ասպատակ. յելուզակ. մեկնազէն.

marble (*մար՛պլ*) մարմարիոն. կուն. քարեգնդակ. լուսաքար. մարմարել. կենդանագծել (թուղթ, օճառ, եւայլն). —*d* մարմարագոյն. պիսակաւոր.

marcel (*մարսէլ՛*) արուեստական վէտվէտում մազի.

March (*մարչ*) Մարտ (ամիս). սահմանագլուխ (Բրիտ. կղզիներու մէջ). սահմանի վիճելի հողամաս. քափօր. քայլերգ. զին. քալուածք. ճամբայ. քալել. քալեցնել. յառաջանալ.

marchioness (*մար՛շընիս*) մարքիզուհի.

march-mad (*մարչ՛-մէտ*) կատաղի. յախուռն.

marconigram (*մարքօնի՛իկրամ*) անթել հեռագրով պատգամ.

mardi-gras (*մարտ՛ի կրա*) բարեկենդանի վերջին օրը (Երեքշաբթի).

mare (*մէ՛ր*) մատակ ձի. զամբիկ.

maremma (*մըրէմմ՛ա*) ծովեզերեայ վտառողջ ճախճախուտ. մօր. ճախին.

margarine (*մարկ՛ր(ճ՛ը)րին*) մարգարտին (բուսեւ կենդ. իւղերէ բաղադըրրուած իւղ).

margin (*մար՛ճին*) լուսանցք. ծայր. սահման. եզր. — *al* նօթագրական. լուսանցային. եզրային (հող որ անմշակելի է).

margrave (*մարկ՛րէյվ*) մարքիզ. մարզպետ. —*vine* (*մարկ՛րըվին*) մարզպետի կինը.

marguerite (*մարկ՛ըրիթ*) մարգարտածաղիկ. զատկածաղիկ. *golden* — վայրի երիցուկ.

Marian (*մէր՛իըն*) Աստուածածնայ. Մէյրի թագուհիին յարող. մարիեան.

marid (*մէ՛րիտ*) ճին. ոգի.

marijuana, — huana (*մարիհուաՀ՛նա*) հնդկ. կանեփի տերեւէ հանուած թմրեցուցիչ՝ սիկարէթի մէջ դրուելով՝ երազել կու տայ. այսպիսի գլանիկները կը կոչուին *reefers.*

marine (*մըրի՛յն*) ծովային զօրք, ոյժ, նաւատորմիղ· — *glue* (— *կլու*) ջրապիրկ ցիմենտ· *merchant* — (*մըրչ՛ընթ*) առեւտրական նաւեր·

mariner (*մէր՛ինըր*) նաւաստի· *master* — նաւավար· նաւապետ·

mariolatry (*մէրիօլ՛էթրի*) մարեմապաշտութիւն· Աստուածածնապաշտութիւն·

marionette (*մէրիօնէթ՛*) խամաճիկ· կոճիկ·

marish (*մէր՛իշ*) ճահճային հող· մօրուտք·

marital (*մէր՛իթըլ, մըրայթ՛ըլ*) այրական· ամուսնական·

maritime (*մէր՛իթայմ*) ծովային· նաւային· ծովեզերեայ· — *insurance* ծովային ապահովագրութիւն· — *law* ծովային օրէնք·

mark (*մարք*) նշան· նիշ· նշագիր· հետք· դրոշմ· կնիք· տառանիշ· կէտ· տպաւորութիւն· շուք· պատիւ· արժանիք· թիրախ· նպատակ· խաչանիշ· Գերմ· մարք (դրամ)· *beside the* —, *wide of the* — վրիպիլ· *hit, miss the* — նպատակին հասնիլ· նպատակէն շեղիլ· *below the* — չափանիշէն վար, գաճ· *up to the* — չափանիշին հասնող· հասած· *easy* — դիւրախաբ անձ· *man of* — նշանաւոր մարդ· նշանցնել· զարնել· դրոշմել· խարանել· շեշտել· դիտել· նշանակել· քննել· նայիլ· *mark time* — տեղ քայլ ընել· (փոխ·) չյառաջդիմել·

marked (*մարքթ*) նշանագըրուած· նշանաւոր· ուշագրաւ· կասկած հրաւիրող (անձ)· —*ly* ուշագրաւօրէն·

marker (*մարք՛ըր*) գծիչ· ակօսիչ· խաղի կէտերու նշանակիչ· ռմբաձիգ սաւառնակի նշան տուող լոյս·

market (*մարք՛էթ*) շուկայ· առեւտրական հրապարակ· շահաստան· առեւտուրի քաղաք· *put on the* — շուկայ իջեցնել· ծախու հանել· — *garden* շահարկելի բանջարանոց· — -*place* տօնավաճառանոց (պազար)· — *price* օրուան գին· շուկայի գին· գնել կամ ծախել շուկայի մէջ կամ այլուր· —*able* ընթացիկ· ծախելի· վաճառելի·

marksman (*մարքս՛մէն*) վարժ նշանառու·

marline (*մար՛լին*) առասան· չուան (մալուխը [նաւու] փաթթելու)·

marmalade (*մարմ՛ըլէյտ*) սինձ· քաղցրաւենի (պըտուղներէ, յատկապէս նարինջէ եփուած քաղցրեղէն)·

marmorial (*մարմօր՛իըլ*) մարմարէ· մարմարեայ·

Maronite (*մէ՛րօնայթ*)

մարոնի (Լիր. կաթոլի-կէ յարանուանութիւն).

maroon (*մըրու՛ն*) թուխ կարմիր. հրախաղի զօ-րաւոր պայթուցիկ. ա-զատ սեւամորթ. փախըս-տական գերի. ամայի կղզի նետել. աքսորել.

marquee (*մարքի՛*) մեծ վրան՝ ծաղկացուցահան-դէսի կամ ճաշ բաշխելու.

marquis, —quess (*մար՛-քուիզ*) մարքիզ. մարզ-պետ. *—ate* մարքիզու-թիւն.

marquise (*մարքիզ՛*) մար-քիզուհի.

marquois (*մար քուօյզ*) — *scale* զուգահեռական գի-ծեր քաշելիք գործիք.

marriage (*մէր՛իճ*) ամուս-նութիւն. հարսնիք. պը-սակ. միութիւն. *give, take, in* — ամուսնու-թեան տալ, ամուսնու-թեան առնել. — *licence* ամուսնութեան արտօնա-գիր. *civil* — քաղաքա-յին ամուսնութիւն. — *settlement* կնոջ եւ կամ զաւակներուն համար կալուած ապահովել.

marriageable (*մէ՛րիճէպլ*) ամուսնանալի տարիքի մէջ.

married (*մէ՛րիտ*) ամուս-նական. ամուսնացած.

marron (*մէ՛րօն*) շագա-նակագոյն. շագանակ.

marrow (*մէ՛րօ*) ծուծ (ոսկորի, ողնայարի). *chilled to the* — մին-չեւ ողն ու ծուծը մսած. *pith and* —էական մա-սը. *vegetable* — (*վէ-ճէթ՛էպլ*) դդում. կար-կաչ.

marry (*մէ՛րի*) ամուսնա-ցընել. զուգել. պսակել. ամուսնանալ. կարգուիլ. հարս երթալ. կին ա-ռնել. (փոխ.) սերտօրէն, մտերմօրէն միանալ. կապուիլ. պարաններ միացնել անճշմարելի հանգոյցով.

Mars (*մարզ*) Հրատ (մո-լորակ). Արէս. պատե-րազմ. պատերազմի չաս-տուած.

Marseillaise (*մարսըլէյզ՛*) ֆրնս. ազգային քայլերգ.

Marseilles (*մարսէյլզ՛*) Մարսիլիա.

marsh (*մարշ*) ճահիճ. մօր (ջրով ծածկուած գած դաշտագետին). — *mallow* վայրի մոլոշ. նոյնին արմատէն շին-ուած քաղցրաւենի, ա-նուշեղէն. *—tit* ցախսա-րիկ. ծիտ.

marshal (*մար՛շըլ*) մարա-ջախտ. արարողապետ. հիւրամեծար. բանակի քննիչ. *Field - Marshal* բանակի մէջ ամենէն բարձր պաշտօն. Մարա-ջախտ. — կարգադրել. դասաւորել առաջնոր-դել. — *ling yard* եր-կաթուղիի բակ՝ ուր ապ-րանք, շոգեկառքեր կը հաւաքուին. *—cy* մա-րաջախտութիւն.

marsupial (*մարսիու-փ՛իըլ*) պարկաւոր, ագեվազի տեսակէն. պարկերէ, քանգարուի նման անաւորներ․ — *wolf* պարկաւոր գայլ․

mart (*մարթ*) վաճառանոց․ շուկայ․ աճուրդի սենեակ․

martello (*մարթէլ՛լօ*) փոքր ամրոց (ծովեզերեայ)․

marten (*մարթ՛ին*) սամոյր․ կուզ․

martial (*մար՛շըլ*) զինուորական․ պատերազմական․ հրատեխն․ ռազմաւէր․ — *court* զինուորական ատեան, դատարան․ — *law* զինուորական կառավարութիւն․

martinet (*մարթինէթ՛*) խիստ կարգապահութիւն պահանջող․ զինուորական․ —*ism* խիստ կարգապահութիւն․

martini (*մարթի՛նի*) մարթինի (հրացան մը)․ ըմպելիք մը նաշէն առաջ գործածելի․

martyr (*մար՛թըր*) մարտիրոս, նահատակ․ տանջել․ նահատակել․ *make a — of oneself* իր փափաքը զոհել ձեւացնել վարկ շահելու նպատակով․ —*dom* (*մար՛թըրտըմ*) մարտիրոսութիւն․ նահատակութիւն․ —*ize* (—*այզ*) *or (ise)* մարտիրոսացնել (մէկը, ինքզինք)․

martyrology (*մարթիրօլ՛աճի*) նահատակաբանութիւն․ յայսմաւուրք․

martyrophile (*մար՛թըրօֆիլ*) վկայասէր․

marvel (*մարվ՛ըլ*) հրաշալիք․ սքանչելիք․ զարմանք․ ապշիլ, սքանչանալ․ —*lous* (*մարվ՛ըլըս*) սքանչելի․ հիանալի․ հրաշալի․

marxian (*մարքս՛իըն*) մարքսիստական․

Marxism (*մարքս՛իզմ*) մարքսիստականութիւն․ Մարքսիզմ․ Գիտկ․ ընկերվարութիւն․

mascara (*մէսքար՛ա*) թարթիչի գեղադեղ․ ներկ․

mascot (*մէս՛քաթ*) բախտաբեր (անձ, իր)․

masculine (*մէս՛քիուլին*) արական․ արու․ արի․ հզօր․ քաջ․ առնական յատկանիշով (կին)․

mash (*մէշ*) խառնուրդ․ կասկախառն (տաք ջուրով)․ թենուկ․ դժուարութիւն․ եզմել․ շաղել․ —*ed* հակառակ սեռին հիացող = *masher.*

mask (*մասք*) դիմակ․ քօղ․ ծածկոյթ․ դիմակահանդէս (պար)․ պատրուակ․ կեղծիք․ *throw off the —* դիմակը վերցնել․ *to mask* դիմակել․ ծպտել․ ծածկել․ քօղարկել․ ծըպտիլ․ դիմակ հագնիլ․

masked (*մէսքթ*) ծպտեալ․ դիմակաւոր․ դիմակեալ․

mason (*մէյ՛սըն*) որմնադիր․ Ազատ Որմնադիր․ ագիւսով կամ քարով շինել, հիւսել (պատ)․ —*ic* մասոնական․ —*ry* որմնադրութիւն․ քարաշէն բան․ մասոնականութիւն․

mass (*մէս, մահս*) պատարագ․ ժամերգութիւն․ զանգուած․ կոյտ․ գումար․ մարմին․ ամբոխ․

մեծամասնութիւն· բռվանդակութիւն· հայս (դեղ·) կուտել· հաւաքել· խմել· շեղջել· *evening* — իրիկնաղօթք· եկեսցէ· հսկում· *high* — ձայնաւոր պատարագ· *low* — անձայն պատարագ (Կաթողիկէ)· *to say* — պատարագել· պատարագ մատուցանել· *attend* — պատարագի մասնակցիլ· *say* — հոգեհանգիստ ընել· — *Requiem* Հոգեհանգստի պատարագ· *mass meeting* (քաղաք·) մեծ հաւաքոյթ· — *production* մեծաքանակ արտադրութիւն·

massacre (մէս'էքըր) նախճիր(ք)· ջարդ· կոտորած· արիւնահեղութիւն· ջարդել· —*r* ջարդարար· ջարդող·

massage (մէս'էյժ կամ մէսէյժ') մարձում· մարձել· իւղով շփել·

masseur (մէսըր') *masseuse* (մէսըզ') մարձող· մարձիչուհի («մասսաժ» ընող)·

massive (մէս'իվ) հսկայ (չափով, ծանրութեամբ)· միաձոյլ· —*ness* ստուարութիւն·

mast (մէսթ) կայմ· ալեհաւաք կայմ (ռատիոյի, հեռատեսիլի)·

mastaba (մէս'թէպէ) եգիպտական դամբան·

master (մէս'թըր կամ մահըս'թըր) վարպետ· վարդապետ· ուսուցիչ· իշխան· նաւապետ· գործատէր· տանուտէր (այր)· վերակացու· մասնապետ (երրորդ աստիճանը անցած)· — *mind* մեծ միտք· գերադաս միտք· — *key* շատ կղպանքներ բացող բանալի· — *piece* գլուխ գործոց· — *touch* նըրբին արուեստ· ճարտար ձեռք· *to master* տիրանալ· ձեռնհաս դառնալ· յաղթել· ծանօթութիւն, գիտութիւն իւրացնել· *Master of Arts (M. A.)* մագիստրոս արուեստից· —*'s degree* համալսարանական տիտղոս· աստիճան· —*ful* (մէս'թըրֆուլ) տիրող· իշխանական· բռնապետական· կամակոր· —*ly* (մէս'թըրլի) տիրաբար· տիրողաբար· հմուտ· շատ ճարտար· վարպետ· —*y* (մէս'թըրի) տիրապետութիւն· գերազանցութիւն· արուեստ· հնարք· յաղթութիւն· հմտութիւն· գերակայութիւն·

masticate (մէս'թիքէյթ) ծամել· ծասքել· —*tion* (—'շըն) ծամում· ծամողութիւն· —*tory* (—'ըրի) ծամողական· ծամոն·

mastiff (մէհ'սթիֆ) գամփռ (շուն)·

mastodon (մէս'թըտան) պտկաժանի, անյայտացած մեծ փղազգի անասուն·

mastoid (մէս'թոյտ) ըստինքաձեւ· ականջի ետեւի ոսկորին մէկ մասը·

masturbate (մէս'թըրպէյթ) գիջութիւն ընել·

—*tion* (*մէսթըրպէյ'շըն*) գիջութիւն·

mat (*մէթ*) փսիաթ· խսիր· *door* - — դռնախսիր· խսիրով ծածկել· խառնուիլ· իրարու հիւսուիլ· *matted hair* խառն ի խուռն մազ·

mat or matt (*մէթ*) աղօտ· անփայլ· պատկերի անփայլ ոսկեզոյն շրջանակ· խորտուբորտ կամ եղեամնազարդ հիմունք· ապակին անթափանց դարձնել·

matador (*մէթ'ըտօր*) ցըլասպան· թղթախաղի գլխաւոր քարտ·

match (*մէչ*) հաւասար· ընկեր· մրցակից· նմանը· մրցում· փեսացու· հարսնցու· ամոլ· ամուսնութիւն· մրցիլ· հաւասարեցնել· յարմարցընել· զուգել· ամուսնացընել· լծակցիլ· յարմարիլ· հաւասարիլ· համեմատիլ· *make a good* —, *a bad* — լաւ ամուսնութիւն, գէշ ամուսնութիւն կնքել·

match (*մէչ*) լուցկի· պատրոյգ· — - *box* լուցկիի տուփ· —*wood* լուցկիի փայտ· փայտաշերտ· *make* — *wood of* ամբողջովին փշրել, ջախջախել· — - *maker* լուցկեգործ· ամուսնարար· միջնորդ·

matchless (*մէչ'լէս*) աննըման· անզուգական· եզական·

mate (*մէյթ*) բանուորի ընկեր· գործակից· կին· ամուսին· զոյգ· օգնական նաւապետ· ամուսնանալ· միացնել· մրցիլ· զուգաւորիլ· ընկերանալ· դէմ ելլել·

matelot (*մաթ'լօ*) նաւազ· նաւաստի·

materia medica (*մէթի'րիա մէտ'իքէ*) դեղագիտութիւն·

material (*մըթիր'իըլ*) նիւթական· տարերային· էական· նիւթ· ատաղձ· *raw* — հում նիւթ·

materialism (*մէթիր'իէլիզմ*) նիւթապաշտութիւն· գաղափար մը՝ որ լոկ նիւթի գոյութիւնը կ'ընդունի, եւ թէ՝ միտք, հոգի, բանականութիւն եւայլն, նիւթէն կը բըխին·

materialist (*մէթիր'իէլիսթ*) նիւթապաշտ· իրապաշտ·

materialize(se) (*մէթիր'իըլայզ*) նիւթականացնել· իրականացնել· հոգիի երեւնալը, մարմին առնելը· իրականանալ·

materially (*մէթիր'իէլլի*) հիմնովին· էականօրէն· նիւթականօրէն·

materiel (*մթէրիէլ'*) նիւթ· ատաղձ· շէնքեր· ռազմամթերք· ամէն ինչ բացի անձնակազմէ եւ պաշտօնէութենէ·

maternal (*մէթըրն'ըլ*) մայրական· մայրենի· — *uncle* մօրեղբայր· — *aunt* մօրաքոյր·

maternity (*մըթէրն'իթի*), մայրութիւն· — *hospital* մայրանոց· — *nurse* մայրանցի հիւանդապահուհի· — *robe* յղութեան միջոցին գործածուած շրջազգեստ.

mathematical (*մէթհէ'մէթ'իքըլ*) ուսողական· մաթեմաթիքական· չափագիտական· —*ly* չափագիտօրէն· անհնանիշդ կերպով·

mathematician (*մէթհիմէթի'շըն*) ուսողագէտ· ուսողագիր· մաթէմաթիկոս·

mathematics (*մէթհէմէթ'իքս*) *pure* — ուսողութիւն· քանակագիտութիւն· մաթեմաթիք.

matinée (*մէթ'ինէ'*) ցերեկոյթ· յետմիջօրէի գործունէութիւն· թատրոն, եւայլն·

matriarch (*մէյթ'րիարք*) մայրիշխան·

matriarchy (*մէյթ'րիարքի*) մայրատիրութիւն, մայրիշխանութիւն.

matricide (*մէյթ'րիսայտ*) մայրասպանութիւն·

matriculate (*մէթրիք'իուլէյթ*) համալսարան արձանագրել, արձանագրըուիլ·

matrimony (*մէթ'րիմօնի*) ամուսնութիւն· թղթախաղ մը· —*ial* ամուսնական· հարսանեկան.

matrix (*մէյթ'րիքս*) (յոգ· —*ices* —*իսըզ* կամ —*es* —*'րիքսիզ*) արգանդ· մայր հող· ժայռի զանգուած որ գոհարներ կը պարունակէ· բջիջներու մէջի նիւթ· կաղապար գրի·

matron (*մէյթ'րըն*) ամուսնացած կին· տիկին· քամբիշ· հիւանդանոցի տեսչուհի, տնտեսուհի·

mattamare (*մէթ'րմօր*) ստորերկրեայ մթերանոց կամ բնակարան·

matter (*մէթ'ըր*) նիւթ· մարմին· էութիւն· թարախ· բիժ· գործ· խնդիր· դատ· քանակ· միջոց· պատճառ· պարագայ· նշանակել· կարեւոր ըլլալ· թարախոտիլ· բըժոտիլ· *no matter* չնայելով··· հակառակ··· հոգ չէ··· *what matter?* ի՞նչ փոյթ· *a — of life and death* կենաց եւ մահու հարց· *as a — of fact* իրողութիւնն այն է որ· *what is the —?* ի՞նչ ունիք, ի՞նչ կայ· *matter of taste* ճաշակի խնդիր· It doesn't — *հարց չէ*, կարեւոր չէ·

mattery (*մէթ'ըրի*) շարաւոտ· բժոտ.

matting (*մէթ'ինկ*) փըսիաթ· խսիրով հիւսուածք (ծածկոյթի համար)·

mattock (*մէթ'ըք*) բրիչ· փետատ· մէկ կողմը սուր բերանով փորիչ·

mattoid (*մէթ'օյտ*) կէս հանճար, կէս խենթ մարդ· բախուկ·

mattress (*մէթ'րէս*) անկողին, մահիճ·

maturate (*մէթ'իուրէյթ*) հասունցնել (վէրքը)· շարաւեցնել· թարախիլ· —*tion* թարախոտում· հասունացում·

mature (*մէթիուր'*) չափա–

հաս. հասուն. հասունցած. լման անած. պարտամութիւնկի պայմանաժամը լրացած. լման. կատարեալ. *to* — լման զարգանալ. անիլ. հասուննալ. հասունցնել. պարտամուրհակին պայմանաժամը լրանալ.

maudlin (*մօ՛տ՛լին*) մեծապէս զգացական. գինովօգ. գինովլաց հարբած մէկը. թանձրամիտ.

maul, mall (*մօ՛լ*) թակ (մուրճ մը). լախտ. ծեծել ու ճմլել. կոշտօրէն վարուիլ.

maulstick տես՝ *mahl stick*.

maunder (*մօն՛տըր*) անտարբերօրէն երազուն ձեւով վարուիլ, շարժիլ եւ խօսիլ.

Maundy Thursday (*մոն-տ՛ի թհըրզտէյ*) Աւագ Հինգշաբթի.

mauser (*մաու՛զըր*) գերմանական հրացան, մաուզէր.

mausoleum (*մօսօլի՛ըմ*) շիրիմ.

mauve (*մօվ*) բաց ծիրանի գոյն. ներկ նոյն գոյնով.

mavoorneen (*մըվուր՛-նին*) (բացագ.) սիրահա՛ն. (գոյ.) սիրական, սիրուհի.

maw (*մօ՛*) որոճացողներու ստամոքսին 4 մասերէն վերջինը. (ծիծաղի համար) մարդու ստամոքս.

mawkish (*մօ՛քիշ*) զանեզենող. նողկացուցիչ սակայն քաղցր համ.

maxilla (*մաքսիլ՛ա*) (յոգ. —*ae*) ծնօտ, վերի կզակ (ոսկոր).

maxim (*մէքզ՛իմ*) առած. սացուածք. սկզբունք. վարքի կանոն. — *gun* գնդացիր (հրացան).

maximize, —ise (*մաքզ՛իմայզ*) աւելցնել, մեծցընել առաւելագոյնս. կորովիօրէն մեկնել (գաղափար, վարդապետութիւն).

maximum (*մէքզ՛իմըմ*) (յոգ. *maxima*) առաւելագոյն (չափ, թիւ, յատկութիւն). ծայրագոյն աստիճան.

may (*մէյ*) (օժ. բայ. անց. *might*) հաւանական ըլլալ. թոյլատրուիլ. կարենալ. արտօնուիլ. թերեւս. ի ցիւ թէ ըլլար. մի գուցէ.

may (*մէյ*) (բանաստ.) օրիորդ, աղջիկ, կոյս.

May (*մէյ*) Մայիս ամիսծաղիկ հասակ. —*day* Մայիսեան տօն. *Queen of (the)* — մայիսեան թագուհի (*May lady, — queen*). — *games* Մայիս 1ին սարքուած խաղեր.

maybe (*մէյ՛պի*) թերեւս. հաւանական է.

mayday (*մէյ՛տէյ*) (ֆր. *m'aidez*) օգնեցէք ինծի. միջազգային նշան՝ անթել հեռագիր եւ հեռաձայնով ղրկուած կոչ, օգնութիւն խնդրելու.

mayest (*մէյըսթ*) *Thou mayest* հին անգլերէն =

(you may) դուն կարող ես, արտօնուած ես.

mayonnaise (մէյօնէզ') մայոնէզ.

mayor (մէյ'ըր) քաղաքապետ. թաղապետ. —*alty* (մէյ'ըրէլթի) թաղապետութիւն. քաղաքապետութեան պաշտօնը. —-*ess* քաղաքապետուհի.

mazdean (մէզտ'իըն) մազդէական, զրադաշտական.

maze (մէյզ) շփոթութիւն. անել. ապշում. իրարու մէջ մտած ճամբաներ՝ ուրկէ կարելի չէ դուրս ելլել. լաբիւրինթոս. շըփոթեցնել. ապշեցնել. անելի մատնել.

mazurka (մըզուրք'ը) լեհական պար. նոյնին նըւագը. — մազովիացի կին.

McCarthyism (մըքքար'թհիիզմ) քաղաքականութիւն, որուն համաձայն պետական սպասարկութիւններէն կը հեռացուին համայնավար կասկածելիներ (Ամեր. ծերակուտական Ժօզէֆ Մաքքարթհիի անունով. անոր խորհուրդով այս քաղաքականութիւնը հաստատուած է).

me (մի) զիս, (հայց. հոլով). *to me* ինծի, (տրկ. հոլով). *I myself* (շեշտ.) ես ինքս, մինակս, ինքնիրենս. *myself* ինքզինքս (անդրադարձ դեր.).

meadow (մէտ'օ) մարգագետին. — *brown* սըրճագոյն թիթեռնիկ. — *pipit* արտոյտ. — *saffron* ձիւնածաղիկ.

meagre (մի'կըր) նիհար. վտիտ. ճղճիմ. — *meal*, — *fare* անբաւական ճաշ, աղքատիկ սնունդ (շարադրութիւն, գաղափար). չնչին. աղքատ. ցամաք.

meal (միյլ) հացահատիկի, ընդեղէնի ալիւր. *whole* — զուտ ցորենի հաց. *square* — գոհացուցիչ ճաշ. *make a — of* ըսպառել. կովուն մէկ անգամով տուած կաթը. — *time* ճաշի ժամ. ժում.

mealy (միյլ'ի) ալիւրանման. կակուղ. ալիւրային. ալիւր պարունակող. — *complexion* տժգոյն դէմք, գունատ երես. —-*mouthed* բառերը ծամծմող. կակուղ բերան.

mean (միյն) միջին. միջակ. միջոց. քանակ. միջին չափ. *the golden* — միջին ճամբայ, չափաւորութիւն. *the happy* — նոյն. յոգ. —*s* կը գործածուի իբր եզակի. *a* — միջոց մը. *by fair* — արդար կերպով, միջոցով. *ways and —s* ամէն միջոց. *he lives beyond his* — իր եկամուտէն աւելի կը ծախսէ. *by all* — ամէն գնով. *by no* — անշո՛ւշտ ոչ, երբեք. *a man of —s* հարուստ մարդ. *in the mean time, mean while* այդ միջոցին. — (կարողութիւնով, հասկացոդուրեկամբ) ցածոգի, գած, ստորադաս, աղքատ, խոնարհ, անարգ, վարնոց. կծծի. գձուձ. չարամիտ. ամօթապարտ, անարժան, որ. ՝ *he felt* —. *meant* (մինթ) անց. մտադրել. ի մտի ունենալ, ծրագրել. *he meant to go* մտադրած էր երթալ. *what do you mean by.?* ատով ի՞նչ ըսել կ'ուզես.

meander (միէն'տըր) օձապտոյտ դարձուածք. բաւիղ. ոլորել, ոլորիլ, պտուտքիլ. մանուածապատ ընել. հոսիլ.

meaning (միյն'ինկ) նշանակութիւն. իմաստ. *with —, —ful* նշանակալից. *—less* անիմաստ.

meaning արտայայտիչ. նշանակալից. *well—* բարի, լաւ մտադրութիւն ունեցող.

measles (միյ'զըլզ) հարսանիք. կարմրուկ.

measly (միյզ'լի) հարսանիքեալ, հարսանիքէ վարակուած, ուրկոտ. անարժէք, արհամարհելի (ռամկ.).

measure (մէժ'ըր) չափ. կշիռ. միջոց. քանակ. միջոցառում, ժամանակ. սահման. կարողութիւն. *to —* չափել. գնահատել. արժեցնել. քննել. չափին գալ. չափին հասնիլ. ծաւալ ունենալ. *clothes made to —* չափի վրայ հագուստ. *in some (or a) —* մասամբ. *tape —* ժապաւէնէ երկայնութեան չափ. *yard —* եարտայի չափ, քանակ. *greatest common —* առաւելագոյն հասարակ բազմապատիկ. *liquid —* հեղուկաչափ. *linear —* երկայնութեան չափ. *set —s to* սահման դնել. չափաւորել. *beyond —* անչափ. չափէ դուրս. *take —s* միջոցներ ձեռք առնել. *to — one's length* գետնատարած իյնալ. *— swords* մէկուն հետ չափուիլ. *within —able distance of ruin* կործանման մօտ.

meat (միյթ) միս. ուտելիք, կերակուր. *butcher's —* ուտուելիք միս (բացի ձուկի եւ հաւու միսէ). *green —* խոտ. բանջարեղէն (իբր կեր). *this was — and drink to him* իրեն մեծ գոհացում կու տար. *—y* մըսոտ. մսուտ. միսէ. մսամնման. *—less* անմիս.

meatus (միէյթ'ըս) ցընցուղ. անցք. *auditory —* լսողական խողովակ, անցք.

Mecca (մէք'է) Մէքքէ. մահմետականներու ուխտատեղի. (փոխ.) այցելութիւն բաղձալի վայր մը. հաւատքի մը, քաղաքականութեան մը եւ այլն ծննդավայր, օրրան.

mechanic (միքան'իք) մեքենավար. մեքենագործ. մեքենաներու արհեստաւոր. *—s* մեքենագիտութիւն. շարժումի մասին կիրարական մաթեմաթիկի ճիւղ·

mechanical (*միքան'իքըլ*) մեքենական· մեքենագիտական· *the — powers* լծակ, անիւ եւ առանցք, լիսեռնիկ, հակուղիղ մակարդակ, սեպ եւ պտուտակ· մեքենական ոյժի արտադրած շարժումը· *— engineering* չափագիտութիւն· մեքենագիտութիւն· *— transport* փոխադրութիւն (մեքենաներով)· *mechanical* մեքենայաբար գործող (անձ, գործ)· մեքենական·

mechanician (*մէքէնի'շըն*) մեքենագէտ· մեքենագործ·

mechanism (*մէք'ընիզմ*) մեքենայի մասերուն յարմարեցում· (փոխ·) փոխադարձ յարմարեցումով գործակցութիւն որեւէ դրութեան մէջ·

mechanist, machinist (*մէք'ընիսթ*) մեքենագործ· (փիլ·) մեքենայապաշտ· մէկը որ բնութեան բոլոր երեւոյթներուն մեքենական բացատրութիւն կու տայ·

mechanize, —ise) (*մէք'ընայզ*) մեքենացնել· մեքենագինել· կենդանիներով փոխադրութիւնը կատարել ինքնաշարժ մեքենայով·

Mechitharist (*մըք'իթարիսթ*) (կրօն·) Մխիթարեան (Միաբանութիւն)·

medal (*մէտ'ըլ*) մետալ (դրամ կոխելու)· մետալ· պատուանշան· շքանշան· *the reverse of the —* հարցին միւս կողմը· *—lic* շքադրամեան· մետալական·

medallion (*միտալ'եըն*) մետալիոն· շքադրամ·

meddle (*մէտ'տլ*) խառնուիլ· միջամտել· միջամուխ ըլլալ· նետուիլ· *—some* խառնուող· փութկոտ·

mediacy (*մի'տիէսի*) միջնորդութիւն· միջինութիւն· միջոց·

mediaeval, — dieval (*մէտիիվ'ըլ*) միջնադարեան· *—ism, —ist, —ize* միջնադարեան ոգի, մեթոտ· միջնադարեանի վերածել·

mediate (*միտ'իէյթ*) միջին· միջանկեալ· միջնորդ· միջակայ· միջնորդել (հաշտարարի դերով)· *—tion* (*միտիէյ'շըն*) միջնորդութիւն· բարեխօսութիւն· *—tor* միջնորդ· Քրիստոս·

medical (*մէտ'իքըլ*) բժշկական· բուժական· *— man* բժիշկ· վիրաբոյժ· բժշկական (ոչ-վիրաբուժական կամ մանկաբարձական)·

medicament (*միտիք'ըմէնթ*) դեղ·

medicate (*մէտ'իքէյթ*) դեղել· բուժել· *—tion* բուժում· բուժման եղանակ·

medicine (*մէտ'սն, մէտ'իսին*) բժշկութիւն· դարման· դեղ *— man* կախարդ բժիշկ· *take one's*

— անհանոյ կացութեան հետ հաշտուիլ։

medico- (*մէտ'իքօ –*) նախաբառ բարդ բառերու․ —*botanical* բժշկաբուսաբանական․ —*judicial* բժշկա–օրինական․

mediocre (*միտ'իօքըր*) փանաքի․ չնչին․ միջակ․ —*rity* (*միտիաք'րիթի*) միջակութիւն․

meditate (*մէտ'իթէյթ*) խոկալ․ խորհրդածել․ մտքի մէջ որոճալ․ խորհիլ․ ծրագրել․ — *on, upon* նիւթի մը մասին խոկալ․ —*tion* (*մէտիթէյ'շըն*) խոկում․ խորհուրդ․ մտախոհութիւն․ մտածութիւն․ խորհրդածութիւն․

Mediterranean (sea) (*մէտիթէրրէյն'իըն*) ցամաքով շրջապատուած․ միջերկրեայ․ Միջերկր․ Ծով․

medium (*միտ'իըմ*) միջակ տեսակ․ միջին․ միջոց․ միջավայր․ միջին եզր․ — *of circulation* դրամ․ —*of exchange* փոխանակութեան միջոց (դրամ)․ — *of instruction* ուսուցման գործիքը, լեզուն․ — *wave* (ռատիոյի) միջակ ալիք (100–800 մեթր)․

medley (*մէտ'լի*) (յոգ․ —*s*) խառն ժողովուրդ․ խառնուրդ․ խառնիճաղանճ․ խառնեբզ․ խառնանուագ․ գրական ժողովածոյ․

meek (*միյք*) հեզ․ մեղմ․ հեզահամբոյր․ —*en* հեզացնել․ հեզանալ․

meerschaum (*միյր'շըմ*) ծովափրփուր (հանքային նիւթ մը)՝ որմէ ծխափող կը պատրաստեն․

meet (*միյթ*) ժողով․ հաւաքոյթ (որսորդներու եւ շուներու) կամ հեծանուորդներու․ հանդիպիլ․ պատահիլ․ զարնուիլ․ ժողով գումարել․ յարմար գալ․ ընդունիլ․ վճարել․ գտնել․ միանալ․ հաւաքուիլ․ համաձայնիլ․ գոհացնել․ ծանօթացէ՛ք․ ծեծկուիլ․ ընդունուիլ․ — յարմար․ պատշաճ․ վայելուչ․ *meeting* մենամարտ․ սուսերամարտ․ մրցում․ գումարում․ ժամանցի հաւաքոյթ․ հանդիպում․ տեսակցութիւն․ ժողով․ աղօթաժողով․

mega (*մէկ'ը*) մեծ, խոշոր (նախաբառ)․ — *cephalic* (— *սէֆալ'իք*) մեծագըլուխ․ —*phone* մեծաձայն․ մեծափող (ծանուցում ընելու)․ —*scope* մեծացոյց մոգական լապտեր․ —*scopic* պարզ աչքով տեսնուող․ —*tone* 1,000,000 թօն․ —*watt* 1000 քիլօվաթ․

megalo (*մէկ'էլօ*) (նախաբառ) մեծ․ — *mania* (— *մէյն'իը*) մեծամոլութիւն․ — *saurus* (*մէկէլօսօր'ըս*) անյայտացած մսակեր մողէզ․ մեծամողէզ․

megaphone (*մէկ'ըֆօն*) բարձրախօս․

megrim (*միկ'րիմ*) զօրաւոր գլխացաւ (մէկ կողմի)․ քմայք․ —չ վատոգիութիւն․ ձիու յանկարծակի զլխապտոյտ․

melancholia (մէլընքօլ'իը) մելամաղձոտութիւն․ թախծութիւն․ տխուր․ մտածկոտ․ մելամաղձոտ․

Melanesia (մէլանի'շը) Մելանէզեան կղզիները խումբը․

mélange (մէլանժ') խառնուրդ․

meld (մէլտ) ընկղմիլ․ մըխըրճուիլ․ ընկղմել․ մըխըրճել․

mêlée (մէլ'է') ձեռք ձեռքի կռիւ․ թեթեւ ընդհարում (զին․)․

meliorate (միլ'իորէյթ) բարւոքել․ ամոքել․ աղէկնալ․ բարելաւուիլ․ —tion բարւոքում․ բարելաւութիւն․

melliferous (մէլլիֆ'ըրըս) մեղրաբեր․

mellow (մէլ'օ) կակուղ․ քաղցր․ հիւթեղ․ փափուկ․ զուարթ․ ընկերական․ քիչ մը հարբած․

melodic (մէլօտ'իք) քաղցրաձայն․ քաղցրանուագ․

melodious (միլօտ'իըս) ներդաշնակ․ քաղցրահընչիւն․

melodrama (մէլօտրա'մա) նուագախառն թատերախաղ․ —tist (—'թիսթ) թատերագիր․ նուագաթատրերգակ․

melody (մէլ'օտի) եղանակ․ քաղցր նուագ կամ երգ․ մեղեդի․

melon (yellow) (մը'լըն) (եէլօ) սեխ․ *musk* — սեխ․ *water* — ձմերուկ․

melt (մէլթ) (անց․ ընդ․ *molten* հալած) (մետաղի համար)․ — *away* ցրնդիլ․ աներեւութանալ․ *melt* դիւրին ծամուիլ․ հալիլ (բերնին մէջ)․ —*ing point* հալման կէտ․ *go into the —ing pot* (փոխ․) հիմնափոխուիլ․ մեղմանալ (ձայնը)․

member (մէմ'պըր) մասանդամ (մարմինի, խումբի)․ անդամակից․ *unruly* — (անզուսպ անդամը) լեզուն․ *M.P.* (*Member of Parliament*) (Անգլ․) խորհրդարանի անդամ․ *M.B.E.* Բրիտանական կայսրութեան անդամ (*member of the British Empire*). —*ship* անդամակցութիւն․ կազմակերպութեան մը բոլոր անդամները․ —*less* անանդամ․

membrane (մէմ'պրէյն) մաշկ․ թաղանթ․ մագաղաթի մորթ․ —*neous* թաղանթեայ․ —*nous* թաղանթաւոր․

memento (միմէն'թօ) յուշարար․ յիշատակ․

memoir (մէմ'ուար) օրագրութիւն․ յուշագրութիւն․ յուշեր․ յիշատակագիր․ (ինքնա)կենսագրութիւն․ քննասիրութիւն․

memorable (մէմ'ըրէպլ) յիշատակելի․ —*ably* անմոռանալիօրէն․ —*ability* (մէմըրէպիլ'իթի) յիշատակելիութիւն․

memorandum (մէմըրէն'-

մըմ) (կրճ· *mem, memo)* հաշուեթուղթ· յուշարան, յիշատակագիր· յուշագիր·

memorial (միմոր'իըլ) յիշատակի, ի յիշատակ· յիշատակարան· յուշարձան· — *day* յուշատօն· —*ize,* —*ise* յուշատօն կատարել· այդ առթիւ ուղերձ տալ·

memorize, —ise (մէմ'ըրայզ) գոց սորվիլ· յուշագրել·

memory (մէմ'ըրի) յիշողութիւն· *in — of* ի յիշատակ· *commit to —* գոց սորվիլ· *within the — of men* մարդոց յիշողութեան շրջանին· *beyond the — of men* հինաւուրց· *within living —* մերօրեայ, կենդանի յիշատակ· *good —* լաւ, զօրաւոր յիշողութիւն· *bad —* գէշ, տկար յիշողութիւն·

menace (մէն'ըս) սպառնալիք· սպառնալ· վախ տալ· *menacingly* սպառնական ձեւով· սպառնալով·

ménage (մէնաժ') տնտեսութիւն· ընտանեկան յարկ·

menagerie (մընա'ժըրի) գազազեղ· ցուցադրութեան համար վանդակի (գազազեղի) մէջ պտըտցուող վայրի գազաններ·

mend (մէնտ) նորոգել· նորել· յարդել· շտկել· *on the —* (գործը, առողջութիւնը, եւայլն) բարւոքուելու վրայ· — *one's ways* ուղղուիլ· սրբագրուիլ (ընթացքը, կեանքը)· —*able* ուղղելի· նորոգելի· սրբագրելի·

mendacious (մէնտէյ'շըս) ստախօս· կեղծ· —*acity* ստախօսութիւն· —*ly* խաբէութիւնով· սուտ կերպով·

mendicant (մէն'տիքընթ) մուրացիկ· —*dicity* (մէնտիս'իթի) մուրացկանութիւն·

menfolk (մէն'ֆոք) ընտանիքի այր մարդիկը·

menial (մին'իըլ) ծառայական· անարգ· ծառայ·

meningitis (մէնինճայ'թիս) խեյատապ· ուղեզատապ·

meniscus (մինիս'քըս) ոսպրնեակ՝ որուն մէկ կողմը կորնթարդ է, միւսը՝ գոգաւոր· շիշի մէջի հեղուկին կոր մակերեսը·

menopause (մէն'օփօզ) վերջնական դադարում դաշտանի (միջին հաշուով 50 տարիքին)·

menses (մէն'սիզ) ամսահոսութիւն դաշտանի·

menshevik (մէն'շէվիք) չափաւոր ընկերվարական (փոքրամասնութիւն)· ռուս չափաւոր ընկերվարական·

menstruate (մէն'սթրուէյթ) դաշտան ունենալ· —*ation* (մէնսթրուէյ'շըն) տես՝ *menses*·

mensurable (մէն'սիուրէպըլ) չափելի· *mensuration* (մէնսիուրէյ'շըն) չափում (մաթեմ·) երկայնութեան, մակերեսի եւ ծաւալի. չափելու կանոնները.

-ment (*– մընթ*) յետադաս մասնիկ (գոյականներ կազմելու ծառայող). օր. *betterment* բարելաւում.

mental (*մէն'թըլ*) իմացական. մտային. մտաւոր. կզակային. — *home, (hospital)* յիմարանոց. — *patient (case)* բժշկ. խնամքի տակ մտային հիւանդ. —*ity* մտայնութիւն. միտք. տրամադրութիւն. իմացական կարողութիւն.

menthol (*մէն'թհօլ*) անանխող. մէնթօլ (ցաւը ամոքող օծանելիք դեղ).

mention (*մէն'շըն*) յիշատակութիւն. յիշել. անուանել. նշել. *don't — it* չ'արժեր, բան մը չէ. *not to —* զատ, բացի, առանց ... հաշուելու.

Mentor (*մէն'թօր*) (Հոմերոսի մէջ) Թէլէմաքի խորհրդատուն. մենտոր. փորձառու խորհրդատու.

menu (*մէն'իու*) ճաշացուցակ.

Mephistopheles (*մէֆիսթաֆ'իլիզ*) չար ոգի. Սատանայ՝ որուն Ֆաուսթ իր հոգին ծախեց. *mephistophelean* (*մէֆիսթաֆիլի'ըն*) սատանայական. չնական.

mephitis (*միֆայթ'իս*) նեխութիւն. ժանտահոտութիւն.

mercantile (*մըրք'ընթայլ*) առեւտրական. — *marine* (*մըր'իյն*) առեւտրական նաւեր. առեւտրապաշտ.

mercinary (*մըր'սինըրի*) վարձկան. վարձկան զինուոր. —*riness* վարձկանութիւն.

mercery (*մըր'սըրի*) կերպասավաճառութիւն.

merchandise (*մըրչ'ընտայզ*) ապրանք.

merchant (*մըրչ'ընթ*) վաճառական. — *prince* հարուստ իշխան. — *ship*, — *man*, — *marine* վաճառականական նաւեր. —*able* վաճառելի (առեւտուրի յատուկ).

merciful (*մըր'սիֆուլ*) ողորմած. գթած. —*ly* ողորմութեամբ. —*ness* ողորմածութիւն.

mercurial (*մըրքիու ր'իըլ*) աշխոյժ. կայտառ. զուարթ. սնդիկ պարունակող. *M—* Փայլածու մոլորակի յատուկ.

mercury (*մըրք'իուրի*) *M—* Հերմէս (Հռովմ). չատրուած պերճախօսութեան, ճարտարութեան, զողութեան, եւայլն. սուրհանդակ. Փայլածու (մոլորակ). սնդիկ՝ հեղուկ մետաղ՝ ծանրաչափի, ջերմաչափի եւայլնի մէջ գործածելի.

mercy (*մըր'սի*) շնորհք. գութ. ողորմածութիւն. օրհնութիւն. *that's a mercy!* եղածին համար պէտք է փառք տալ Աստուծոյ. *to be at the — of* վնասի, վտանգի ենթակայ ըլլալ. մէկուն գութին ենթակայ ըլլալ.

mere (*միյր*) լճակ. պարզ.

սուկ. բացարձակ. —*ly* պարզապէս.

merge (*մըրճ*) բանի մը բնոյթը, էութիւնը փոխելով ձուլուիլ ուրիշ բանի մը հետ. թաղուիլ. ընկղմիլ. —*r* միացում, ձուլում (օր. երկու կազմակերպութիւններու).

meridian (*միրիտ՛իըն*) միջօրէական, միջօրէական գիծ. միջօրէ. (փոխ.) փառքի գագաթնակէտ.

meridional (*միրիտ՛իընըլ*) միջօրէականի. հարաւամասի բնակիչ (Ֆրանսայի).

merino (*մէրի՛նօ*) մերինոս (ոչխար). մերինոսի բուրդէն շինուած կերպաս (դերձան).

merit (*մէր՛իթ*) արժէք. արժանիք. արժանի ըլլալ (պատիժի կամ վարձատրութեան). —*s* երախտիքի կամ վարձատրութեան արժանացնող բան.

meritorious (*մէրիթօր՛իըս*) (անձ կամ արարք) արժանի վարձատրութեան, գովասանքի կամ երախտիքի. արժանաւոր. —*ly* արժանաւորապէս. —*ness* արժանիք. արժանաւորութիւն.

mermaid (*մըրմ՛էյտ*) ծովանոյշ (կէս կին, կէս ձուկ). համբարու. *merman* (*մըրմ՛ըն*) յուշկապարիկ.

merriment. (*մէր՛իմընթ*) զուարթութիւն.

merriness (*մէր՛ինէս*) զուարթութիւն.

merry (*մէր՛ի*) ուրախ. բերկրալի. վայրի կեռաս. —-*go-round* շուրջանակի դարձող փայտէ ձիերով կամ կառքերով մեքենայ (զբօսանքի համար). — *making* ուրախութիւն. խնջոյք. —*ily* զուարթօրէն.

mesa (*մէյ՛սէ*) սարահարթ.

meseems (*միսիյմս՛*) ինծի կը թուի.

mesh (*մէշ*) օղակահիւսք. վարմահիւսք. վարմով, ուռկանով բռնել. —*es* ուռկան.

mesotron (*մէս՛օթրօն*) հիւլէի ստորաբաժանեալ մասնիկ՝ որ էլէքթրոնէ 200 անգամ աւելի ծանր է.

mess (*մէս*) ուտելիք, ճաշ. սեղանակիցներ (զին.). անկարգութիւն. քննուկ. աղտեղութիւն. *go to* — ճաշի երթալ. *make a mess of* գործը աւրել. անճաշակ գործ տեսնել. — *room* ճաշարան. *to — together* հանրային սեղանէ մը ճաշել.

message (*մէս՛իճ*) պատգամ. լուր. հաղորդագիր.

messenger (*մէս՛էնճըր*) սուրհանդակ. պատգամաբեր. բանբեր.

Messiah (*մէսայ՛ա*) Քրիստոս. Օծեալն Փրկիչ.

Messianic (*մէսիան՛իք*) մեսիական.

messieurs (*մէսիէր՛*) պարոնայք (կրճ. *messrs.* *մէս՛ըրզ*).

messmate (*մէսմէյթ՛*) բաբեկամ. սեղանակից (զինուոր).

messuage (*մէս'ուիճ*) ապարանք. արտ կամ պարտէզով շրջապատուած տուն, տուներ.

mestizo (*մէսթի'զօ*) սպանացիի ու ամերիկ. հնդիկի խառնածին.

met (*մէթ*) *meet*ին անց. հանդիպեցաւ.

metabolism (*միթապ'օլիզմ*) փոխարկութիւն, սնունդին՝ մարմինի մասի վերածուիլը.

metabolize (*միթապ'ըլայզ*) փոխարկել.

metacarpus (*մէթաքարփ'ըս*) դաստակի եւ մատներուն միջեւ (ձեռքի մասը), նախադաստակ.

metal (*մէթ'ըլ*) մետաղ. ձիւթ. զրահապատ կառք (հրասայլ). *road* — մանրախիճ. —*s* երկաթուղի. *train leaves the* —*s* շոգեկառքը գիծէն կ'ելլէ. *to* — նորոգել. մետաղով ծածկել. —*lic* (*մէթէ'լիք*) մետաղական. մետաղային. — *sound* մետաղային ձայն. —-*lustre* (*լաս'թըր*) մետաղային փայլ. —*lize*, —-*lise* (*մէթ'ըլայզ*) մետաղացնել. մետաղով ծածկել. խիժամծծրմբել.

metallography (*մէթալոկ'րէֆի*) մետաղագիտութիւն.

metallurgy (*միթէլ'ըրճի*) մետաղագործութիւն. հանքէն մետաղը մաքրազտելու արհեստ. —*gist* մետաղագործ.

metamorphism (*մէթամորֆ'իզմ*) փոխակերպութիւն, ժայռերու կրած փոփոխութիւնը.

metamorphosis (*մէթամորֆ'ոսիս*) այլակերպութիւն. կերպարանափոխութիւն.

metaphor (*մէթ'ըֆոր*) փոխաբերութիւն. —*ical* (*մէթըֆոր'իքըլ*) փոխաբերական. —*ically* փոխաբերաբար.

metaphrase (*մէթ'ըֆրէյզ*) բառացի թարգմանութիւն. —*phrastic* (*մէթըֆրէսթ'իք*) փոխաբանական.

metaphysics (*մէթըֆիզիքս'*) բնազանցութիւն.

metaphysical (*մէթըֆիզ'իքըլ*) բնազանցական. վերացական. էապանական —*sician* (*մէթաֆիզի'շըն*) բնազանցագէտ. հոգեբան.

metayer (*մէթ'էյեէ*) կիսավարձ հողագործ.

mete (*միյթ*) սահման. սահմանաքար. սահմանել. չափել. բաժին որոշել. — *punishment* պատիժ սահմանել. — *reward* վարձատրութիւն սահմանել.

meteor (*միթ'իոր*) օդերեւոյթ. աստղ. երկնաքար. —*ic* օդերեւութական. շլացուցիչ. արագ. —*ite* (*միթ'իորայթ*) (երկիր ինկած) երկնաքար.

meteorologist (*միթ'իըրալ'ոճիսթ*) օդերեւութաբան. — *logy* օդերեւութաբանութիւն.

meter (մի՛յթըր) չափող անձ կամ գործիք. չափ. չափացոյց. մեթր. համարացոյց.

meter (–՛միթըր) (յետադաս բառ՝ բարդ բառի կազմութեան համար). օր. *calorimeter* զոլոյծ չափող գործիք. *gasometer* կազաչափ.

methane (մէթ՛էյն) մօրակազ. մէթան (դիւրավառ բոցարկելի կազ մը).

methinks (միթհ՛ինքս՛) (հին ձեւ). (*methought* անց. եւ անց. ընդ.) ինծի կը թուի. կարծեմ թէ.

method (մէթ՛ըտ) կերպ. եղանակ. մեթոտ. դրութիւն. *—ical* կանոնաւոր. *—ically* կանոնաւորապէս. *—ize, —ise* մեթոտաւորել.

methodist (մէթ՛ըտիսթ) մեթոտական. Ուէսլէեան (կրօնական աղանդ). խստակրօն. կարգ կանոնի հետեւող, կարգախնդիր.

methyl (մէթ՛իլ) փայտօղի. մեթիլ. *—ate* փայտօղի՝ մեթիլ խառնել.

meticulous (միթիք՛իուլըս) բծախնդիր. ճշգրիտ. խիստ խղճամիտ. *—ly* բծախնդրութեամբ. ճըշգըրտութեամբ.

métier (մէ՛թիէ) մասնագիտութիւն.

Metonic (միթօն՛իք) մետոնական. *— cycle* 19 տարուան շրջան (235 լուսնոյ ամիս).

metope (միթ՛ըփի, միթ՛ոփ) սիւնաճակատ.

metre (մի՛թըր) տես (բանատ.) մեթր 39.37 մատնաչափ = 100 սանթիմ. *metric* (մէթ՛րիք) մեթրական. *—rical* տաղաչափական. չափական.

The Metro (մէթ՛րօ) Փարիզի ընդյատակեայ հանրակառք. մէթրօ.

metronome (մէթ՛րոնոմ) չափահար. երգաչափ.

metropolis (միթրափ՛ըլիս) մայրաքաղաք. ոստան.

metropolitan (մէթրըփա՛լիթըն) ոստանական. մայր երկրի յատուկ. արքեպիսկոպոսական. ոստանի բնակիչ.

mettle (մէթ՛թըլ) ոգի. տրամադրութիւն. եռանդ. սիրտ. *put him in his —* մղել որ իր կարելին ընէ. *to be on one's mettle* եռանդ՝ տրամադրութիւն ունենալ.

mew (միու) *sea - —* ծովանայ. նայ. բազէի վանդակ. մլաւիւն. մլաւել. *put (hawk) in —* արգելափակել, բանտարկել. փետուրը՝ մազը փոխել.

mewl, mule (միուլ) նըւալ, ճչել. մլաւել.

mews (միուզ) արքայական ախոռներ.

mezzanene (floor) (մէզ՛անիյն) կիսայարկ (գետնայարկի եւ առաջին յարկի միջեւ).

mezzo (մէ՛ցօ) միջին. կէս. *— forte* կիսազօր

ձայն. — *soprano* կի-սազիլ ձայն.

mi (*մի*) մի (երաժշ.) եր-րորդ խազ.

M.I. 5 (*հմ. այ. ֆայվ*) Բրիտանական պատերազ-մական գրասենեակի գաղտնի սպասարկու-թիւն.

miaw (*միաու'*) մլաւել. մլաւում.

miasma (*մայէզ'մը*) ժան-տախտութիւն. վնասա-բեր մշուշ.

miaul (*միաուլ'*) մլաւել.

mica (*մայ'քէ*) բարակ թերթերու բաժնուող ա-պակենման հանքային նիւթ. փայլար. միքա.

mice (*մայս*) *mouse*-ի յոգ. մուկեր.

micro - (*մայք'րօ* -) նախա-դաս բառ՝ բարդ բառեր կազմելու կը ծառայէ. փոքր. —*cephalic* (—սէ-ֆէլ'իք) մանրագլուխ. —*film* մանրաժապաւէն (լուսանկարչութեան մէջ գործածուած). — *orga-nism* ամենէն փոքր կեն-դանի. —*phyte* (*ֆայթ*) մանրատունկ. —*be* (*մայք'րո՛պ*) մանրէ. միքրոպ.

microcosme (*մայք'րը-քոզմ*) մարդ. փոքր աշ-խարհ. մանրաշխարհ (որ մեծ աշխարհի պէս կազ-մակերպուած է. (օր. մրջնանոց).

micron (*մայք'րան*) մէկ միլիոներորդ մաս մեթ-րի.

microphone (*մայք'րը-ֆօ՛ն*) բարձրախօս. ման-րաձայն.

microscope (*մայք'րըս-քո՛փ*) մանրացոյց. ման-րադիտակ.

microscopic (*մայքըըս-քար'իք*) մանրադիտա-կան. —*al* չափազանց մանր, առանց մանրադի-տակի մասամբ տեսանե-լի.

microtome (*մայ'քըըթոմ*) գործիք՝ որ որեւէ նիւթ փոքր մասնիկներու կը բաժնէ՝ որպէսզի մանրա-դիտակով տեսնուին.

micturition (*միքթիուրի'-շըն*) յաճախ միզելու մի-տում. միզութիւն.

mid - (*միտ* -) (գերադր. — *most*) միջին. մէջ-տեղի. *in — air* (— - *career*, — - *channel*, — - *stream*, — - *winter*) օդին մէջ, ընթացքին, ջրանցքին, գետին, ձմրան մէջտեղը. —*day* (*միտ'-տէյ*) կէսօր. կէսօրուան.

midden (*մի'տըն*) աղբա-կոյտ.

middle (*միտ'տըլ*) մէջտե-ղի. միջին. միջակ. մի-ջանկեալ. —*age* միջին տարիք (40–60). *Middle Ages* Միջին Դարեր. — *class* միջին դասա-կարգ. *M— East* Միջին Արեւելք. —*man* միջ-նորդ. առեւտրական գործակատար. —*weight* միջակ ծանրութիւն ու-նեցող (կոփամարտիկ).

middling (*միտ'լինկ*) մի-ջին. միջակ. չափաւոր. —*s* միջակ ալիւր. —

բաւական առողջ, հանգիստ.
midget (*միճ'էթ*) շատ փոքր մարդ (իր).
midnight (*միտ'նայթ*) կէս գիշեր. կէս գիշերուան.
midriff (*միտ'րիֆ*) ստոծանի. որովայն.
midship (*միտ'շիփ*) նաւուն մէջտեղ.
midst (*միտսթ*) մէջտեղը. կեդրոն.
midsummer (*միտ'սըմըր*) միջնամառ. — *Day* Յունիս 24.
midwife (*միտ'ուայֆ*) դայեակ. մանկաբարձ. —*ry* դայեակութիւն. մանկաբարձութիւն.
mien (*միյն*) արտաքին երեւոյթ. կերպարանք. վարմունք.
might (*մայթ*) անց. կատար. *may*ի. ոյժ (մտային, ֆիզիքական). զօրութիւն. կարողութիւն. —*is right* իրաւունքը զօրաւորինն է. —*y* (*մայթ'ի*) հուժկու. հզօր. ըմբռնելի.
mignon (*ֆր.*) *մին'եօն*) քնքուշ. սիրուն. մինիոնիկ.
mignonette (*մինեօնէթ'*) շահոքրամիկ՝ անուշահոտ ծաղիկ մը. ժանեակ. երիզ.
migrate (*մայ'կրէյթ*) գաղթել. չուել (տունէն, երկրէն, գիւղէն, դպրոցէն).
migrant գաղթող. գաղթողը.
migrator (*մայկրէյթ'ըր*) գաղթող.
Micado (*միքա'տօ*) ճապոնի կայսրը (եւրոպացիներու կողմէ այսպէս կոչուած). Միքատօ.
mike (*մայք*) գործէ խոյս տալ. կրճատում *microphone*ի. մանրաձայն. բարձրախօս.
milch (cow) (*միլչ*) կաթնտու կով (ընտանի ստնաւոր). (փոխ.) շահու աղբիւր. կթան կով. մարդ մը որմէ դիւրաւ դրամ քաշել կարելի է.
mild (*մայլտ*) քաղցր. փափուկ. մեղմ. — *food (drink)* ուտելիք կամ խմելիք՝ որ կծու կամ դառն չէ.
Mildew (*միլ'տիու*) սընկափոշի. որթատունկի սնկային հիւանդութիւն. բորբոս. բորբոսիլ (կաշիի, թուղթի, եւայլն).
mile (*մայլ*) մղոն = 1760 եարտա, 5280 ոտք կամ 1609 մեթր. *nautical* — ծովային մղոն = 6080 ոտք կամ 1853 մեթր. *statue* — օրինական մղոն = 5280 ոտք կամ 1609 մեթր. —*age* մղոնաչափ. մղոնագին. —*post* մղոնասիւն. —*stone* մղոնաքար.
miler (*մայլ'ըր*) մարդ. ձի՝ որ մէկ մղոն վազելու կը մարզուի. նոյնպէս *two* —, *three* —.
milieu (*միլ'իէօ*) միջավայր. շրջապատ.
militant (*միլ'իթընթ*) պատերազմող. զինուորեալ. մարտական. *church* —

զինուորեալ եկեղեցի·
—*ly* ռազմականօրէն·

militarism (*մի՛լիթըրիզմ*) զինուորականութեան ոգի· զինուորապաշտութիւն·

militarist (*մի՛լիթէրիսթ*) զինուորական ուսանող· զինուորապաշտ·

militarization (*միլիթէրի-զէյ՛շըն*) զինուորականացում·

military (*մի՛լիթըրի*) բանակ· զինուորական· ռազմական· — *court* զինուորական ատեան· — *intelligence* զինուորական գաղտնի սպասարկութիւն·

militate (*մի՛լիթէյթ*) հակառակիլ· մաքառիլ·

militia (*միլի՛շը*) քաղաքագօրք· միլիցիա·

milk (*միլք*) կաթ· կթել· — *for babies* պարզ գրական հատուածներ· դիւրիմաց վարդապետութիւն· *a land of — and honey* վայելքի առատ միջոցներ· — *of human kindness* մարդկային բնական բարեսրտութիւն· ազնուութիւն· *no use crying over spilt milk* անդարմանելի կորուստ, (սխալ)· —*maid* կթող աղջիկ· կաթնավաճառ աղջիկ· —*man* կաթ բաշխող կամ ծախող մարդ· — -*tooth* կաթնատամ· շահագործել· շահատակութիւն ընել· — -*and* -*water* տկար անճ (նկարագրով)· —*y* կաթնանման· կաթէ· կաթնախառն· աղօտ· ոչ–յստակ· թոյլ· հեշտասէր· կնամարդի· *Milky Way* Ծիր կաթին· Յարդ գողի ճանապարհ (մեր տիեզերքը)· *milksop* կնոջ նման այր մարդ·

mill (*միլ*) աղօրիք· ջաղացք· աղալ· մանրել· ճմլել· դրամի եզերքը շինել· ծեծել· բռունցքով զարնել· եզրել· գլանով ճմլել· *coffee* - —, *pepper* - —, *paper* - — մեքենայ որ կը փշրէ կամ կ'աղայ սուրճ, պղպեղ· թղթաշինութեան մէջ խիւսը կը պատրաստէ· արուեստանոց· տպածոյի մամուլ· — *wheel*, — *stone* երկանաքար ջաղացքի· — *board* հաստ խաւաքարտ·

millenarian (*միլինէյ՛րիըն*) հազարամեան·

millenary (*մի՛լիների*) հազարամեայ (շրջան)· հազարամեայի հաւատացող·

millennium (*միլէնի՛իըմ*) հազարամեայ թագաւորութիւն Քրիստոսի (երկրի վրայ)· լաւ կառավարութիւն· մեծ երջանկութիւն·

millepede (*մի՛լիփիյտ*) *millipede* օձասանտր· քառասնոտանի· թունաւոր սողուն·

miller (*մի՛լըր*) ջաղացպան· արուեստանոց կամ գործարան վարող· ցեց· լուիճ մը· —*'s thumb* բազէանուկ· կատուաձուկ·

millessimal (*միլէսը՛իմըլ*)

մէկ հազարերորդ մաս· հազարերորդներէ բաղկացած·

millet (*միլ'էթ*) կորեկ· կորեակ· տուրա·

milli (*միլ'ի*) մեթրական դրութեան մէջ մէկ հազարերորդ· —*gramme*, —*litre*, —*metre* (*միլլեկրամ*), (*միլլիլիթըր*), (*միլլիմեթր*) հազարորդակրամ, եւայլն·

milliard (*միլ'եարտ*) հազար միլիոն·

milliner (*միլ'ինըր*) փեղուրագործ, կանանց գլխանոց շինող կին· *man*— չնչին կամ պզտիկ գործերով զբաղող մարդ·

million (*միլ'իըն*) հազար հազար· միլիոն —*aire* (*միլիընէր'*) միլիոնատէր·

millipede տես՝ *millepede*.

milord (*միլօրտ'*) Անգլիացի լորտ կամ մեծահարուստ (փրն·)·

milt (*միլթ*) փայծաղ (ըստրնաւորներու)· ձկնասերմ· ձկնկիթը բեղմնաւորել· —*er* բեղմնաւորող (արու) ձուկ·

Miltonic, Miltonian (*միլթըն'իք*, *միլթոնիըն*) Միլտոնեան, Միլտոնական·

mime (*մայմ*) Յուն· կամ Հռովմ· պարզ զաւեշտ· նոյնին տեսարանը· հըտպիտ· մնջախաղ· միմոսութիւն ընել (առանց բառի) դեր կատարել·

mimeograph (*միմ'իօկըրէֆ*, —*կրաֆ*) տպագրող մեքենայ՝ գրութիւն մը բազմագրելու ծառայող·

mimesis (*մայմի'սիս*) նըմանողութիւն երկու կենդանիներու կամ կենդանիի մը եւ առարկայի մը միջեւ· միմոսութիւն· կապկութիւն·

mimic (*միմ'իք*) կապկող· ոչ-իրական· ընդօրինակող· ճարպիկ ծաղրածու·

mimic (*միմ'իք*). —*ked*, —*king* ծաղրելու նպատակով կապկել· միմոսել· նմանցնել·

miminy-piminy (*միմ'ինի-փիմ'ինի*) չափազանց նրբանաշակ· բծախնդիր·

mimosa (*միմօս'ա*, —*զա*) պարկուճաւոր բոյս մը զգայնիկի տեսակէն՝ ճաղցրաբոյր ծաղիկով, տաք երկիրներու յատուկ·

minacious (*մինէյ'շըս*) ըսպառնական·

minar (*մինար'*) փարոսման աշտարակ· —*et* (*մին'արէթ*) մինարէ·

minatory (*մին'էթըրի*) ըսպառնական·

mince (*մինս*) սիզանեմ ճալուածք· խօսուածք· —*meat* (*մինս'միյթ*) յօշածաղ որ կը պարունակէ հաղարջ, չամիչ, շաքար, խնձոր եւ պահածոյ կեղեւ պտուղի· *make mincemeat of* անձ մը կործանել· փաստի մը անհեթեթութիւնը երեւան հանել· (միս եւայլն) մանր կտորներու վերածել· յօշել· *do not*

— *matters* ճշմարտութիւնը ըսէ·

mind (մայնտ) միտք· յիշողութիւն· խելք· կարծիք· հակում· կամք· հաճոյք· *keep in* — յիշել· միտքը պահել· *bring or call to* — յիշել· *pass out of* — մոռցուիլ· *give him a piece of* — խորհուրդ տալ· *to my* — կը խորհիմ թէ· *be of one* — համաձայն ըլլալ· *make up one's* — որոշել· *make up one's* — *to* համակերպիլ (անհաճոյ կացութեան մը)· *out of his mind* խելագար· *change one's* — նպատակը, միտքը փոխել· *be in two* —*s* տատամսիլ· *to read someone's mind* դիմացինին միտքը հասկնալ· *give one's mind (attention) to* ուշադրութիւն ընել· *mind out!* ուշադիր եղիր· *frame or state of* — մտածելակերպ· *mind one's ps and qs* ուշադիր ըլլալ թէ մէկը ինչ կ'ըսէ· *minded* հակամէտ· յօժար· *minder* հոգացող· *mindless* անուշադիր· անմիտ· *absence of* — մոռացկոտութիւն· *presence of* — պատրաստամտութիւն· մտքի արթնութիւն· *bear in* — յիշէ', մի' մոռնար· *never* — *the expense* ծախսը հարց չէ· *never* — խնդիր չէ· մխիթարուէ'· — *your own business* գործի'դ խառնուէ· — *your eye* հսկէ'·

mine (մայն) ական· հանք (մետաղի, քարածուխի, աղի եւայլն)· ճոխ աղբիւր (ծանօթութեանց)· փոս փորել· ականահարել· հանքի մէջ աշխատիլ· հանք հանել· *land* — ցամաքի ական (մեծ պայթուցիկ, ռումբ)· *magnetic* — մագնիսական ական· —*field* ականադաշտ· — *layer* ական տեղաւորող նաւ· — *sweeper* ականահաւաք նաւ· *miner* հանքագործ·

mine (մայն) իմինս, իմս· *me and* — ես ու ազգականներս· *he is a friend of* — բարեկամներէս մէկն է·

mineral (մին'ըրըլ) հանքանիւթ· ոչ–գործարանաւոր տարր· հանքային· — *water* հանքային ջուր·

mineralogy (մինըրէ'լըճի) հանքաբանութիւն· —*ist* հանքաբան·

Minerva (մինըր'վէ) իմաստութեան դիցուհի (Հռովմ·)·

mingle (մինկ'ըլ) խառնել· խառնշտկել· բաղադրել· խառնուիլ· միանալ· — *their tears* միասին լալ· — *with* ընկերանալ·

mingy (մին'ճի) կծծի, ագահ, ժլատ· փոքր·

miniature (մին'իէթիւր) մանրանկար· պզտիկ բան· լուսազարդուած ձեռագիր·

minicab (*մին'իքէպ*) պըզտիկ «թէքսի»։
minify (*մին'իֆայ*) ստորագնահատել։
minikin (*մին'իքին*) փոքր (արարած)։ զգացական, արուեստակեալ, ծեքծեքող անձ։
minim (*մին'իմ*) հեղուկաչափ։ 16,894 *minims* = 1 լիդր։
minimal (*մին'իմըլ*) շատ փոքր։ նուազագոյն։ *—ist* նուազագոյնը ընդունիլ առժամապէս։ (հակ։ *maximalist*)։
minimize (ise) (*մին'իմայզ*) նուազագոյնի վերածել։ նուազագոյն ստիճանի կամ արժէքի իջեցնել։
minimum, յոգ։ *minima* (*մին'իմըմ, մին'իմա*) նուազագոյն։ նուազաչափ։
minion (*մին'եըն*) սիրական (անձ, զաւակ, ծառայ, անասուն, եւայլն)։ (կը գործածուի նսեմացուցիչներով)։ ստրուկ։ մանրատառ (տպագ։)։ *—s of the law* բանտարկեալներ, ոստիկաններ, եւայլն։
minister (*մին'իսթըր*) պաշտօնեայ։ քահանայ։ հոգեւոր հովիւ։ նախարար։ գործիչ։ պատուիրակ։ դեսպան։ շնորհել։ ծառայել։ մատակարարել։ քարոզչութիւն ընել։ *—ial* (*մինիսթըր'իըլ*) օրէնքի գործադրութեան հետ կապ ունեցող։ օժանդակ։ նպաստող։ քարոզչական։ նախարարական։ *Prime —* վարչապետ։ նախարարապետ։
ministration (*մինիսթրէյ'շըն*) պաշտօն։ հովուական ծառայութիւն (կրօն։)։
ministry (*մին'իսթրի*) նախարարներ։ նախարարութիւն։ վարչութիւն։ քարոզչութիւն։ ծառայութիւն։ *— of education* կրթական նախարարութիւն։ *— of war* պատերազմական —։ *— of agriculture* երկրագործական —։ *— of national defense* ազգ։ պաշտպանութեան նախարարութիւն։ եւայլն։
mink (*մինք*) ջրադուէս։ մուշտակաւոր կենդանի։
minnow (*մին'օ*) շատ փոքր ձուկ՝ անոյշ ջուրի։
minor (*մայն'ըր*) փոքր։ կրտսեր։ դոյզն։ անչափահաս։ փրանչիսքան կրօնաւոր մը։ *— poet* աննշան բանաստեղծ։ *— Prophets* (Ս. Գիրք) փոքր մարգարէները (առաջին հինգ մարգարէներէն զատ)։ *— orders* փոքրաւորներ։ *Asia M—* Փոքր Ասիա։ դպրոցի մէջ՝ *Hagop —* երկու Յակոբներէն նուազ. տարեցը։
minority (*մայնա'րիթի, մայնո'րիթի*) անչափահասութիւն (21 տարեկանէն վար ըլլալը)։ փոքրամասնութիւն (ազգային)։ քուէարկութեան պարագային կորսնցնող կողմը։

minotaur (*մին'օթոր*) մարդացուլ. առասպելական հրէշ մը՝ որ մարդու միսով կը սնանէր.

minster (*մին'սթըր*) վանքի մը եկեղեցին. մեծ կամ կարեւոր եկեղեցիներու տրուած անուն.

minstrel (*մին'սթրըլ*) աշուղ. գուսան. երաժիշտ. շրջուն բանաստեղծ (միջին դարու). իր տէրը երգով ու միմոսութիւնով զուարճացնող, հըտապիտ. —*sy* գուսանութիւն.

mint (*մինթ*) փողերանոց. դրամ կոխելու տեղ. աղբիւր գիտի եւայլն. դրամ կոխել. յօրինել. հնարել (բառ, սաացուածք). համեմային բոյս մը, անանուխ. *a — of money* մեծ գումար. — *state, — condition* գիրքերու, նամակադրոշմի նոր եւ չծախուած մթերք.

minuet (*մինիւէթ'*) քնքուշ յամրապար 2 կամ 3 չափ նուագով.

minus (*մայն'ըս*) նուազ. բարձման նշան (—). օր. 5—4 *is equal to 1. a — quantity* նուազական քանակութիւն. օր. — 10^0C, —*1. minus an eye* առանց մէկ աչքի.

minuscule (*մինըս'քիուլ*) մանր առարկայ. մանրագիր.

minute (*մայնիութ'*) մանր. բարակ. մանրակրկիտ. չնչին. անարժէք. ճշգրիտ. —*ly* ճըշգրտօրէն. — (*մին'իթ*) վայրկեան. նախագիր. ճիշդ ժամանակը որոշել. —*s* ատենագրութիւն. ատենագրութիւն ընել. — *down* նօթագրել. *a — book* ատենագրութեան տետր. — վայրկեան, րոպէ. *the — that* անմիջապէս որ...(անկիւն). պատիկանի մէկ վաթսուներորդ մաս. —*hand* վայրկեան ցուցնող սլաք (ժամացոյցի). —*ly* ամէն վայրկեան պատահող. — *glass* աւազեայ ժամացոյց.

minutia (*մինիւ'շիը*) յոգ. *minutiae* ճշգրիտ սակայն անկարեւոր մանրամասնութիւն.

minx (*մինքս*) լիրբ. ցոփ աղջիկ. շուտիկ. ջրադուէս.

mir (*միր*) ռուս գիւղական համայնք.

miracle (*միր'էքլ*) հրաշալիք. հրաշք.

miraculous (*միրէք'իւլըս*) սքանչելի. գերբնական. հրաշալի. —*ly* հրաշալիօրէն.

mirage (*միրաԺժ'*) կրկնեբեւոյթ. *M—* Նոյնանուն ֆրանսական արագաթռիչ որսորդ սաւառնակներ.

mire (*մայր*) նախնախուտ տեղ. մօրատ. տիղմ. մօր. *to stick in the —, to find oneself in the —* դժուարութիւններու մէջ իյնալ. *to —* դժուարութեանց մատնել. ցեխոտել. պղծել. *miry* (*մայ'րի*) ցեխոտ. պիղծ.

mirror (մի՛րըր) հայելի· լուսաբանութիւն· ճշգրիտ նկարագրութիւն· հայելիացնել· ցոլացնել·

mirth (մըրթհ) զնծութիւն· խինդ· կերուխում·

mis - (միս –) նախադաս մասնիկ բայերու եւ բայանուններու սկիզբը (սխալ կերպով, գէշ կերպով, աննպաստօրէն, անբախտօրէն)· — *understanding* անհասկացողութիւն·

misadventure (միսէտվէն՛չըր) ձախողանք· դժբախտութիւն· *—rous* աղիտալի· դժբախտ·

misadvice (միսէտվայս՛) վատ խրատ, խորհուրդ· *—se* գէշ խորհուրդ տալ· *—sed* մոլորցուած·

misaimed (միսէյմտ՛) սխալ ուղղուած· սխալ ուղղութիւնով·

misallege (միսէլլէճ՛) սխալ ներկայացնել կամ վկայել·

misalliance (միսէլլայ՛ընս) անյարմար ուխտ, զինակցութիւն· անյարմար ամուսնութիւն (համեստ ծագումով մէկուն հետ)·

misanthrope (միս՛անթհրօփ) մարդատեաց· *—py* մարդատեացութիւն· մարդոց ընկերակցութենէն խուսափում·

misapplication (միսէփլիքէյ՛շըն) սխալ գործածութիւն· սխալ կիրարկութիւն·

misapply (միսէփլայ՛) սխալ գործածել կամ կիրարկել·

misapprehend (միսէփրիհէնտ՛) սխալ ըմբռնել· սխալ հասկնալ· — *hension* (միսէփրիհէն՛շըն) թիւրիմացութիւն·

misappropriate (միսէփրօփ՛րիէյթ) (դրամ) իւրացնել· սխալ նպատակի գործածել կամ յատկացնել· *—tion* անիրաւ իւրացում·

misbecome (միսպիքամ՛) չվայելել· չյարմարիլ· *—ing* անվայել·

misbegotten (միսպիկաթ՛ըն) վատածնունդ· ապօրինի զաւակ·

misbehave (միսպիհէյվ՛) գէշ վերաբերմունք ցոյց տալ· վատ ընթացք բռնել·

misbelief (միսպիլիյֆ՛) մոլորութիւն· մոլոր հաւատք·

miscalculate (միսքէլ՛քիւլէյթ) սխալ հաշուել կամ դատել· *—tion* (միսքէլքիւլէյ՛շըն) սխալ հաշիւ·

miscall (միսքօ՛լ) սխալ անուն տալ· ծաղրանուն տալ·

miscarriage (միսքէ՛րիճ) վրիպում· նամակը իր հասցէին չհասնիլը· — *of justice* դատարանի որոշման վրիպում· վիժում· սխալ դատում· ծրագրի ձախողանք·

miscegination (միսիճինէյ՛շըն) ցեղախառնութիւն· օր· խափշիկի եւ ճերմակի ամուսնութիւն·

miscellanea (միսէլէյն՛իը) ժողովածոյ·

miscellaneous (*միսէլէյն'-իըս*) խառն. այլազան. այլեւայլ. բազմակող-մանի (անձ).
miscellany (*միս'էլէնի*) հաւաքածոյ ճառերու. ճոյնին հատորը.
mischance (*միսչէնս'*) ար-կած. դժբախտութիւն.
mischief (*միս'չիֆ*) չա-րութիւն. նեղութիւն. վնաս. *make, do* — վը-նաս հասցնել. — *-mak-er,* — *-making* չարիք պատճառող. վնասելը. *to make — between* մարդիկ իրարու ձգել. *get into* — չարագոր-ծութիւն ընել. *keep out of* — չարութիւն գոր-ծելէ ետ կեցնել, պահել. չարաճճիութիւն. երգի-ծանք. *mischievous* չար. չարագործ.
miscible (*միս'իպլ*) խառ-նելի, բան մը որ կրնայ լուծուիլ. խառնուիլ.
misconceive (*միսքընսիյվ'*) սխալ ըմբռնել. սխալ դա-տել. սխալ հասկնալ (անձ մը).
misconception (*միսքըն-սէփ'շըն*) սխալ ըմբռնո-ղութիւն. սխալ կարծիք.
misconduct (*միսքան'-տըքթ*) սխալ ընթացք. շնութիւն. (*միսքըն-տաքթ'*) գէշ ընթացքի մէջ գտնուիլ. շնանալ. յոռի ղեկավարել.
misconstrue (*միսքըն'ս-թրու*) սխալ ձեւ տալ գործի. բառը սխալ կազ-մել կամ դասաւորել. սխալ մեկնել կամ թարգ-մանել. սխալ հասկնալ (անձ մը).
miscount (*միսքաունթ'*) սխալ համրել (քուէները, եւայլն).
miscreant (*միսքրիընթ'*) չարագործ.
miscreated (*միսքրիէյ-թ'ըտ*) վատակազմ. ան-բընական ծնած կամ կազ-մուած.
misdate (*միստէյթ'*) սխալ թուական դնել.
misdeal (*միստիյլ'*) սխալ կտրել, բաժնել (քարտե-րը). —*ings* սխալ եւ անպատեհ արարքներ.
misdeed (*միստիյտ'*) չար գործ. ոճիր.
misdemeanour (*միստի-միյն'ըր*) յանցանք. վա-տաբարոյութիւն.
misdirect (*միստիրէքթ'*) սխալ ուղղութիւն տալ (անձի, հարուածի).
misdoing (*միստու'ինկ*) վատ գործ. յանցանք. չարագործութիւն.
misdoubt (*միստաութ'*) չվստահիլ.
mise (*միզ, մայզ*) համա-ձայնաբար լուծում (պատմ.). — *en scène* ներկայացման տեսարանը եւ յատկութիւնները. բե-մադրութիւն.
miser (*մայզ'ըր*) ագահ. կծծի. —*ly* կծծի. ժլատ. — հոր փորող գործիք.
miserable (*միզ'ըրէպլ*) ո-ղորմելի. թշուառ. խեղճ. արհամարհելի.
misery (*միզ'ըրի*) թշուա-

ռութիւն· խեղճութիւն· սաստիկ ցաւ, վիշտ·

misfire (*միսֆայր'*) (զէնք, մեքենայ) կրակ չառնել, գործելու չսկսիլ·

misfit (*միսֆիթ'*) չյարմարող զգեստ· դիրքին կամ տեղին անյարմար մարդ·

misfortune (*միսֆորչ'ըն, միսֆոր'թիւն*) դժբախտութիւն· ձախորդութիւն· չարիք·

misgive (*միսկիվ'*) վախցնել· կասկածիլ· *one's mind —s him* կասկածով կը լեցնէ· չարագուշակութիւն կ'ունենայ· *—ings* վախ· կասկած· անվստահութիւն·

misgovern (*միսկը'վըրն*) գէշ վարել կամ կառավարել (պետութիւնը)·

misguide (*միսկայտ'*) մոլորեցնել· սխալ առաջնորդել (սովորաբար անցընդ·ով կը գործածուի *—ed*).

mishandle (*միսհէն'տլ*) գէշ գործածել կամ վերաբերուիլ·

mishap (*միսհէփ'*) գէշ արկած· դժբախտ պատահար·

misinform (*միսինֆորմ'*) սխալ տեղեկութիւն տալ· մոլորեցնել· խաբել· *—ation* սխալ տեղեկատուութիւն·

misinterpret (*միսինթըր- փ'րէթ*) սխալ մեկնել· սխալ եզրակացնել· *—ation* (*միսինթըրփրի- թէյ'շըն*) սխալ մեկնութիւն կամ եզրակացութիւն·

misjudge (*միսճաճ'*) սխալ դատել· սխալ գաղափար կազմել (անձի, հարցի մասին)·

mislay (*միսլէյ'*) սխալ տեղ դնել·

misnomer (*միսնոմ'ըր*) սըխալ անուանում· սխալ յորջորջում· սխալ տիտղոս·

miso (*մայսօ*) (Յուն·) ատելութիւն· ատող· որ· *misologist* ուսումը ատող·

misogamist (*միսոկէ'միսթ*) ամուսնատեաց· *—gamy* ամուսնատեացութիւն·

misogynist (*միսոճ'ինիսթ, միսոկ'ինիսթ*) կնատեաց· *misogynic* կնատեաց·

misplace (*միսփլէյս'*) սըխալ տեղ կամ ձեռքերու մէջ դնել· վստահութիւնը (սէրը) սխալ առարկայի կապել·

misprint (*միսփրինթ'*) սըխալ տպագրել· տպագրական սխալ· վրիպակ·

mispronounce (*միսփրոնաունս'*) սխալ հնչել· *mispronunciation* (*միսփրոնընսիէյ'շըն*) սխալ արտասանութիւն կամ հնչում·

misquote (*միսքօ'թ'*) սխալ մէջբերում ընել· սխալ վկայաբերել·

misrepresent (*միսրէփրիզէնթ'*) սխալ ներկայացնել· սխալ տեղեկութիւն տալ·

miss (*միս*) թերացում· կորուստ· չգոյութիւն· փախուստ· չհասնիլ·

փախցնել (պատեհութիւնը)․ չհասկնալ, չլսել (դիտողութիւնը)․ — *the train, the bus* շոգեկառքը, «պաս»ը փախցնել․ — *out (words etc.)* կարդալու կամ գրելու ատեն բառեր փախցնել․ կարօտնալ, պակասը զգալ (անձի, բանի մը)․ *I will miss you very much* բացակայութիւնդ շատ զգալի պիտի ըլլայ․ *I will give him a —* պիտի չհանդիպիմ իրեն․

Miss (յոգ․ *—es*) (միս, *—'ըզ*) օրիորդ․ *Misses Tourian, or, Miss Tourians* Թուրեան օրիորդները․

missle (*միս'ըլ, միս'այլ*) (առարկայ, զէնք) որ կ'արձակուի մեքենայէ կամ հրետանիէ մը․ նետելի․ արտընկէց․

missing (*միս'ինկ*) պակաս․ կորսուած․ բացակայ․ անյայտ (զինուոր' որուն ուր ըլլալը կամ մահացած ըլլալը ստուգուած չէ)․ — *link* յաջորդութիւնը կամ շարքը ամբողջացնելու համար պակսող մասը, օղակը․ մարդուն եւ մարդակապիկին միջեւ կենդանին որ դեռ գտնուած չէ (կենդանաբանական վարկած)․

mission (*մի'շըն*) առաքելութիւն․ պատգամաւորութիւն․ պաշտօն․ միսիոնարական կեդրոն․ զինուորական խոյանք, արշաւանք․ կեանքի գործ, կոչում․

missionary (*մի'շընըրի*) առաքեալ, միսիոնար (կրօնական գործով)․ աւետարանիչ․ միսիոնարական․

mis-spell (*միս-սփէլ'*) սըխալ հեգել․

mis-spend (*միս-սփէնտ'*) վատնել․ մսխել․

missive (*միս'իվ*) նամակ․ պատգամ․

mis-state (*միս-սթէյթ'*) սխալ տեղեկագրել․ սըխալ հաստատել․

missy (*միս'ի*) նազելի, խանդաշատ․ կուսական․

mist (*միսթ*) մէգ, մառախուղ․ բարակ անձրեւ․ *—-net* նուրբ թելով շինուած վարմ․ մշուշով պատել․ (բարակ) անձրեւել․

mistake (*միսթէյք'*) սխալ․ վրիպակ․ վրիպում․ *make no —* անկասկած․ սխալ չընել․ խորհուրդով կամ գործով չսխալիլ․ *— and no —* անկասկած․

mister (*միս'թըր*) (յոգ․ *Messrs* (*մէս'ըրզ*) կրճտ․ *Mr.* տէր․ պարոն․ տիար․ *Ms.* երբ յայտնի չէ անձին արական կամ իգական ըլլալը․

mistime (*միսթայմ'*) անյարմար ատենին խօսիլ․

mistletoe (*միզ'լթօ*) մակաբոյծ բոյս մը մանր ճերմակ պտուղներով (կը գործածուի Ծնունդի տունը զարդարելու)․

mistral (*միս'թրըլ*) Ֆրանսայի Հար․ կողմը փչող ցուրտ հով․

mistranslate (*միսթրէնս-լէյթ՛*) սխալ թարգմանել.
mistreat (*միսթրիյթ՛*) գէշ վերաբերիլ.
mistress (*միս՛թրէս*) տիրուհի. ուսուցչուհի. հոմանուհի. մասնագէտ ճիւղի մը. *Mistress of the seas* Անգլիա.
mistrust (*միսթրասթ՛*) անվստահութիւն (ուրիշին, իր անձին). *—ful* կասկածելի.
misty (*միս՛թի*) միգապատ. *a — idea* տարտամ, աղօտ գաղափար մը.
misunderstand (*միսընտըրսթէնտ՛*) սխալ հասկընալ. *—ing* սխալ հասկացողութիւն.
misuse (*միսեուզ՛*) չարաչար գործածել. — (*միսեուս՛*) չարաչար գործածութիւն.
mite (*մայթ*) մեց. շատ փոքր միջատ. նաւարակիտ (դրամ). փոքրիկ. *a — of a child* մանկիկ մը.
mitigate (*միթ՛իկէյթ*) մեղմացնել (բարկութիւնը). ամոքել (ցաւը, վիշտը). թեթեւցնել (պատիժը).
mitrailleuse (*միթրայ-եէօզ՛*) արագահարուած փոքր խորտընկէց.
miter, mitre (*մայ՛թըր*) խոյր. թագ (բարձրաստիճան եկեղեցականի). խոյր դնել. թագադրել.
mitten (*միթ՛ըն*) թաթպան. ձեռնոց որ միայն բթամատի զատ մաս ունի. *frozen —* պաղ ընդունելութիւն տալ. *give the —* սիրահարը լքել. մէկը պաշտօնէն արձակել.
mittimus (*միթ՛իմըս*) բանտարկութեան հրամանագիր. *get one's —* պաշտօնազուրկ ըլլալ.
mix (*միքս*) խառնել. միացընել. բաղադրութիւն մը պատրաստել. յարաբերիլ. *—up* յաւ խառնել. շփոթեցնել. շփոթիլ. *be —ed up* կասկածելի, գէշ արարքի մէջ բաժին ունենալ. *good mixer, bad —*, ընկերական անձ, հակընկերական մէկը.
mixed (*միքսթ*) խառն. *— bathing* խառն լոգանք. *— school* երկսեռ դպրոց. շփոթ. ոչ-ընտրանի խումբ. չյարմարող. *— marriage* խառն ամուսնութիւն.
mixture (*միքս՛չըր*) խառնուրդ (դեղերու, եւն.).
miz(z)le (*մեզ՛զըլ*) բարակ անձրեւ. *mizzly* անձրեւոտ. բանակումը ցրուել.
mnemonic (*նիմոն՛իք*) յիշողութեան օգնող. *—s* յիշողութեան արուեստ.
mo (*մօ*) կրճ. *moment*ին. *wait a mo* վայրկեան մը սպասէ. *in half a mo* կէս րոպէէն.
moan (*մօ՛ն*) հեծեծանք. վայիւն. հեծել. ողբալ.
moat (*մօ՛թ*) խրամ, փոս (տան, դղեակի կամ բերդի շուրջ).
mob (*մապ*) խուժան. խառ-

նինաղանն· —*law* խուժանի օրէնք· *swell* — նաշակաւոր հագուած քըսակահատ· —*ocracy* (*մապաք'րըսի*) ամբոխավարութիւն· *to mob* հաւաքուիլ (խուժան)· չարչրկել· յարձակիլ·

mobile (*մոպ'այլ*) շարժական· շարժուն· փոփոխամիտ· արագ փոխադրուող զօրագունդեր· *mobility* (*մոպիլ'իթի*) դիւրաշարժութիւն·

mobilize(se) (*մոպ'իլայզ*) շարժուն դարձնել· շրջագայիլ· զօրաշարժի ենթարկել·

mobilization (*մոպիլիզէյ'շըն*) զօրաշարժ· զօրահաւաք·

moccasin (*մաք'ըսին*) եդնիկի մորթէ շինուած կակուղ (նուրբ) կօշիկ· — *snake* թունաւոր օձ մը· *water* — ջուրի թունաւոր օձ մը·

mock (*մաք*) ծաղրանք· հեգնանք· կեղծ· շինծու բան· ծաղր· առերեւ· ծաղրել· կեղծել· խաբել· կապկել (ծաղրելու նպատակով)· զբօսնուլ· —*ery* ծաղրանք· կեղծիք· նենգութիւն· *a mere mockery of* շատ գէշ օրինակը (գիրքի, եւայլն)·

mock-up (*մօք'-ափ*) մաքէթ· շինուելիք առարկայի մը (օդանաւ, զէնք, եւայլն) նախատիպը բընական մեծութեամբ·

mode (*մօ'տ*) ոճ· ձեւ· կերպ· նորաձեւութիւն· տարազ· ձայնաշար· *the mode* նորաձեւութիւն (տուեալ ժամանակաշրջանի մը)·

model (*մատ'ըլ*) օրինակ· նախատիպ· չափանիշ· կաղապար· կերպասավաճառի քով այլազան ձեւի հագուստներ հագուելով ցուցադրող կին· կաղապարել· ձեւել· ձեւ տալ· նմանցնել· ընդօրինակել· —*ler* կաղապարիչ· օրինակող· *modelling* կաւով արուեստի գործեր շինել·

moderate (*մատ'ըրէյթ*) չափաւոր· պարկեշտ· մեղմ· զգաստ· դիւրամատչելի· ամոքել· մեղմել· զսպել· բարեփոխել·

moderately չափաւորապէս· բաւականին·

moderato (*մատըրէ'թօ*) չափաւոր (երաժշտ·)· *allegro* — զուարթագին·

moderator (*մատըրէյ'թըր*) չափաւորիչ· խաղաղարար· ատենապետ· ուղղիչ· վարիչ·

modern (*մատ'ըրն*) արդիներկայ· աշխարհիկ· նոր· ժամանակակից· —*ism* նոր՝ արդի ոճ· արդիապաշտութիւն· արդիամտութիւն· —*ist* արդիական· արդիապաշտ· —*istic* (*մատըրնիս'թիք*) արդիական· արդիապաշտական· —*ization* (*մատըրնիզէյ'շըն*, —*նայզէյ'շըն*) այժմէացում· արդիականացում· —*ize* արդիականացնել· այժմէացնել· —*ness* նորութիւն· այժմէութիւն·

modest (*մատ'էսթ*) անշուք. պարզ. համեստ. պարկեշտ. առաքինի. —*ly* համեստաբար. պարզութեամբ. —*y* ամօթխածութիւն. համեստութիւն. պարզութիւն. պարկեշտութիւն.

modicum (*մատ'իքըմ*) քիչ չափով (ուտելիք). քիչ քանակութիւն.

modify (*մատ'իֆայ*) բարեփոխել. —*fiable* (— — ֆայ'էպլ) բարեփոխելի. —*fication* (—ֆիքէ'յշըն) փոփոխութիւն. բարեփոխութիւն. —*fier* (—ֆայ'ըր) բարեփոխիչ. եղանակաւորիչ.

modish (*մօտ'իշ*) արդիաձեւ. նորաձեւ. նորելուկ.

modiste (*մօտիսթ'*) դերձակուհի. փեղուրայարդար.

modulate (*մատ'իուլէյթ*) կանոնաւորել. ձայնը փոխել. շտկել. կարգադրել. յարմարցնել.

modulator (*մատ'իուլէյթըր*) եղանակաւորիչ. (խօսողին) ձայնը կանոնաւորող. ձայնարկու.

module (*մատ'իուլ*) .չափ. տիպ. համեմատաչափ (երկրչփ.).

modus (*մօտ'ըս*) փոխարժէք. պայմանակերպ. կերպ. եղանակ. — *operandi* (— օփէրան'տայ) գործելակերպ. — *vivendi* (— վիվէն'տայ) ապրելակերպ. ժամանակաւոր կարգադրութիւն կամ համաձայնութիւն (հակամարտ կողմերու միջեւ).

Mogul (*մոկալ'*) Մոնկոլ. *the grand* — Հնդկաստանի մոնկոլ իշխանը.

mohair (*մո'հէ՛ր*) անգորա այծի մազ. այդ մազով շինուած կերպաս.

Mohammedan (*մօհէմ'իտըն*) մահմետական, իսլամ. —*ism* իսլամութիւն, մահմետականութիւն.

moider (*մօյ'տըր*) նեղել, ձանձրացնել.

moiety (*մոյըթ'ի*) կէս.

moil and toil (*մօյլ էնտ թօյլ*) չարաչար աշխատիլ.

moist (*մօյսթ*) թաց. խոնաւ. —*en* (*մօյ'սըն*) թրջել, խոնաւցնել. —*ure* (*մօյս'չըր, մօյսթիուր*) խոնաւութիւն, թացութիւն.

molar (*մօլ'ըր*) ստնաւորներու աղօրիք (ատամներ). լեսատամունք. աղօրային, աղօրաձեւ.

molasses (*մօլէս'ըզ*) մեղրաջուր, ռուփ.

mole (*մօլ*) ելունդ, կռծիծ (սիներ). պիսակ. բիծ. արգանդի մսուկ. խըլուրդ. արուեստական քարափ. թումբ.

molecular (*մօլէք'իուլըր*) մասնիկային. — *weight* մասնիկային ծանրութիւն

molecule (*մօլ'էքիուլ*) հիւլէներու խումբ՝ որով նիւթեր եւ տարրեր կազմուած են.

molest (*մօլէսթ'*) չարչըրկել, նեղել.

moll (*մալ, մօլ*) տարբուհի. պոռնիկ. կին, աղջիկ.

mollify (*մալ'իֆայ*) ողոքել. մեղմել. ամոքել. հանդարտեցնել.

mollusc, mollusk (*մալ'-ըսք*) կակղամորթ (խըխունչի, ոստրէի նման).

molly (*մօլ'ի*) թուլամորթ, կանացի (այր մարդ). — *caddle* հեշտասէր, մեղկ մարդ. հոգատարել (մանուկը).

Moloch (*մօլ'աք*) Մողոք (չաստուած).

Molotov (*մոլ'ըթով*) սովետ պետական գործիչ (արտ. գործոց նախարար). — *cocktail* հակահրասայլային ձեռնառումբ (գործածուած 1939–45-ի Բ. Աշխարհամարտի ընթացքին).

molten (*մօլ'թըն*) melt-ի անց. ընդ. հալած. թափծու (այժմ իբր ածական միայն կը գործածուի).

moment (*մօմ'ընթ*) վայրկեան, պահ. ոյժ. կարեւորութիւն. առիթ. բարեպատեհ ժամ. *this very* — անմիջապէս. *of* — լուրջ, խիստ կարեւոր. *the man of the* — օրուան մարդը. *the — of a force* ուժի մը նպատակը. *of little* — անկարեւոր. —*al* ծանրարժէք. յոյժ կարեւոր. —*ally* վայրկեան մը. —*arily* վայրկենապէս. —*ary* վայրկենական. —*ous* լուրջ. ծանրակշիռ.

momentum (*մօմէն'թըմ*) (յոգ. *momenta*) թափ. շարժումի չափը որ կը գտնուի բազմապատկելով շարժող մարմինին ծանրութիւնը մէկ երկվայրկեանի արագութեան հետ.

monad (*ման'ըտ, մոն'ըտ*) մեկնակ. մէկ թիւը. միաւոր. մենատարր (ինչպէս՝ հոգի, հիւլէ, Աստուած) Լայպնիցի փիլիսոփայութեան մէջ.

monarch (*մանըրք*) միապետ. ինքնակալ (արքայ, կայսր, թագաւոր, թագուհի). մեծ, նարնջագոյն թիթեռնիկ մը, արքայաթիթեռ. —*al*, —*ic(al)* արքայական. —*ism* արքայութիւն. —*y* միապետութիւն. միահեծան իշխանութիւն.

monastery (*ման'ըսթըրի*) վանք. կղերանոց. մենաստան.

monastic (*մընաս'թիք*) վանական. եզնաւորական. վանքի յատուկ. —*ism* (*մընաս'թիսիզմ*) վանականութիւն.

mondain (*մօնտէյն'*) աշխարհիկ (կին). նորաձեւութիւնը սիրող.

Monday (*մըն'տէյ*) Երկուշաբթի.

monde (*մո՛նտ*) նորաձեւութեան աշխարհ (ընկերութիւն).

mondial (*մոն'տիըլ*) համաշխարհային.

monetary (*մա'նիթըրի*) դրամական.

money (*մը'նի*) դրամ. հարստութիւն. *paper* — թղթադրամ. — *order* վճարագիր· *make —* հարստանալ· *coin —* արագօրէն դրամ շահիլ· *— - box* հանգանակութեան կամ խնայողութեան զոց տուփ· *— - changer* լումայափոխ· *— - lender* վաշխառու· *—'s worth* դրամի փոխարժէք· *—less* անկուտի· չքաւոր· *—ed* հարուստ· ունեւոր· դրամական·

—monger (*—մը'նկկըր*) վաճառող· ծախող· *fish —, cheese —,* ձուկ, պանիր ծախող· *iron—* երկաթեղէն ծախող·

Mongol (*ման'կկոլ*) Մոնկոլ· *—oid* մոնկոլատիպ· *—ia* Մոնկոլիա· *—ian* մոնկոլական·

mongrel (*մա'նկկրէլ*) խառնածին (շուն, ջորի, բոյս)· խառնածին մարդ·

monism (*մոն'իզմ, ման'իզմ*) միականութիւն, նիւթի ու մտքի երկուութիւնը ուրացող փիլիսոփայական տեսութիւն·

monitor (*ման'իթըր*) խրատատու· հսկող (երէց աշակերտ) կարգապահութեան համար· ազդարար· գրահուոր· ազդանաւ· պաշտօնական հեռախօսէն (հեռասփիւռէն) զաղտագողի լուր առնող· դաստատու· *—ial* (*մանիթօ'րիըլ*) ազդարարողական· դաստատուական·

monk (*մընք*) վանական· աբեղայ· *—hood* վանականութիւն· *—ery* վանականութիւն· *—ish* վանական·

monkey (*մըն'քի, ման'քի*) կապիկ· մեքենական մուրճ՝ ցից զամելու համար· կապկել· ծաղրել· չարաճճի խաղեր ընել· *— nut* գետնապիստակ· *— wrench* պտուտակաւոր բանալի (բռնիչ)·

mono — (*մոնօ —*) մէկ· միակ·

monocarp (*մոն'ոքարփ*) միապտուղ· *monocarpic, monocarpous* նոյն իմաստով· *monocotyledon(ous)* (*մոնոքաթիլիտ'ըն(ըս)*) միաբլթակ սերմ (բոյս)· *monocracy* միապետութիւն· *monocular* միականի· մէկ աչքի յարմար ձեւով· *monogamy* միակնութիւն· *monogeny* մէկ սկզբնական զոյգէ սերում· համասերականութիւն· *mono - glot* միալեզուագէտ· *monoplane* միահարթ սաւառնակ·

monochromatic (*մոնոքըրոմաթ'իք*) միագոյն (լոյս)·

monochrome (*մանօ'քրոմ*) նկար մէկ գոյնի երանգներով· միագոյն նկար·

monograph (*ման'ըկրաֆ*) մենագիր· գիրք մը (նիւթի մը շուրջ գրուած)· մենագրութիւն·

monolith (*ման'ըլիթհ*) սիւնաձեւ յիշատակարան·

մենաճար. կամարը բռնող (սիւն, եւն.).

monologue (*մանʼըլակ, մանʼըլոկ*) մէկ դերասանով ներկայացում. մենախօսութիւն. մէկ անձի կողմէ երկայն ճառ.

monologize (*մանըլʼըճայզ*) մենախօսել.

monomania (*մանոմʼէյնիը*) ինքնամոլութիւն. մենամոլութիւն. մասնակի խենթութիւն. —*c* մենամոլիկ. մենագար.

monomial (*մընոմʼիըլ*) միաքաշխ (ուսողք.). հակ. *binomial* երկքաշխ.

monophysite (*մընաֆʼիսայթ*) միաբնութենական.

monopolist (*մընափʼըլիսթ*) մենաշնորհական.

monopolize(ise) (*մընափʼըլայզ*) մենաշնորհ առնել. առանձինն վաճառել. *to — the conversation* միայն ինքը խօսիլ (խօսակցութեան մէջ).

monopoly (*մընափʼըլի*) մենաշնորհ.

monosyllable (*մանըսիլʼէպլ*) միավանկ բառ. *monosyllabic* միավանկային. *to speak in monosyllables* միայն «այո», «ոչ»–ով պատասխանել.

monotheism (*մանʼըթհիիզմ*) միաստուածութիւն. *monotheist(ic)* միաստուածեան.

monotone (*մանʼըթոն*) միաձայն. միօրինակութիւն. միաձայն (միօրինակ) երգել (խօսիլ, արտասանել).

monotonous (*մընաթʼընըս*) միօրինակ. ձանձրալի. —*ness* միօրինակութիւն.

monotonize (—*ʼթընայզ*) միաձայն, միօրինակութիւնով խօսիլ (երգել, եւայլն).

monotype (*մոնըթայփʼ*) տպագրական գիրերը մէկ առ մէկ շարող մեքենայ. (*Linotype* կամ *Intertype* տող առ տող շարող).

monsoon (*մընսուʼն*) Հար. Ասիոյ հար. արեւմտեան հով (անձրեւաբեր՝ ամառը, չոր՝ ձմեռը).անձրեւոտ եղանակ.

monster (*մանʼսթըր*) վիթխարի գազան. ճիւաղ. հրէշ. անբնական ծնունդ վիժումով.

monstrosity (*մանսթրաʼսիթի*) երեւակայական հրէշ. վիժում. հրէշութիւն.

monstrous (*մանʼսթրըս*) հրէշատիպ. ճիւաղային. անբնականօրէն. ձեւակերպըուած. ահագին. անհեթեթ. *it is perfectly — to* շատ սխալ է.

montage (*մոնթաժʼ*) շարժանկարի ժապաւէնի սարքաւորում.

montane (*մանʼթէյն*) լեռնային. լեռնաբնակ.

Montenegrin (*մանթինիկʼրին*) մոնթոնէկրոցի.

Montissori system (*մանթէսոʼրի սիսʼթէմ*) փոքր մանուկները կրթելու մեթոտ՝ առանց խիստ հըսկողութեան· 1900ին ըսկըսուած Տօքթ· Մարիա Մոնթիսորիի միջոցով (Հռովմ)·

month (*մանթհ*) ամիս· *calendar* — տարեցոյցի ամիս· *lunar* — լուսնային ամիս որ 29,5 օր է· *solar* — արեգակնային ամիս որ 30 օր, 10 ժամ եւ 29 վայրկեան է· *sidereal* — աստղային ամիս (27 օր, 7 ժամ, 43 վայրկեան)·

Armenian months (ancient & modern) 12 months & 5 supplementary days.

1· Նաւասարդ	30 օր	— 8 *August*	Օգոստ·
2· Հոռի	30 օր	— 9 *Sept.*	Սեպտ·
3· Սահմի	30 օր	— 10 *Oct.*	Հոկտ·
4· Տրէ	30	— 11 *Nov.*	Նոյեմ·
5· Քաղոց	30 օր	— 12 *Dec.*	Դեկտ·
6· Արաց	30 օր	— 1 *Jan.*	Յունուար
7· Մեհեկան	30 օր	— 2 *Febr.*	Փետր·
8· Արեգ	30 օր	— 3 *March*	Մարտ
9· Ահեկան	30 օր	— 4 *April*	Ապրիլ
10· Մարերի	30 օր	— 5 *May*	Մայիս
11· Մարգաց	30 օր	— 6 *June*	Յունիս
12· Հրոտից	30 օր	— 7 *July*	Յուլիս

5 օր — Աւելեաց·

this day month, a month from today այսկէ ամիս մը ետք· *month's mind* հոգեհանգիստ՝ հանգուցեալի մահէն ամիս մը ետք· (նաեւ) հակամիտութիւն· նախընտրութիւն·

monthly (*մանթհլի*) ամէն ամիս· ամսական· ամսաթերթ· — *rose* ամէն ամիս ծաղկող վարդ·

monticule (*մանթիքիուլ*) բլրակ· սարակ· հրաբուխէ գոյացած բլրակ· կենդանիի մորթին վրայ տեսնուած փոքր ցըցուածք·

monument (*մանիումընթ*) յիշատակարան· կոթող· յուշարձան· —*al* (*մանիումէնթըլ*) յիշատակի· կոթողային· հոյակապ· monumental ignorance ապշեցուցիչ տգիտութիւն·

monumentalize(ise) (*մանիումէնթըլայզ*) յիշատակել· կոթող կանգնել·

moo (*մու*) բառաչել· բառաչիւն (կովու)·

mooch, mouch (*մուչ*) ըլըքտալ· տնտնալ· գողնալ·

mood (*մուտ*) մտքի, ըզգացումի վիճակ· ձեւ· տարազ· կերպ· *in the* — տրամադիր· *in no* — անտրամադիր· (քերակ·) բայի եղանակ· —*y* թախծալի· դժնդակ· կրքոտ·

moollah, mullah, moolvie *մուլլա, մուլվի*) իսլամ կրօնաւոր· օրէնքի վար–

դապետ. ուսուցիչ.

moon (*մու'ւն*) լուսին. *new* — նոր լուսին. *full* — լիալուսին. *once in a blue* — երբեք չպատահող բան. շատ հազուադէպ. *the man in the moon* մարդուն երեսին նմանող բիծեր լուսինին վրայ. *to — about* երազկոտ քալել. — *calf* միամիտ՝ բախուկ ծնած. —*shine* ապօրինի խըմիչք. ոչ-իրական. —*struck* խելագար. լուսնոտ. անտարբերօրէն չորսդին նայիլ. ժամավաճառ ըլլալ. —*y* լուսնանման. ապուշ. երազկոտ.

Moor (*մու'ւր*) Պէրպէր եւ Արաբի խառնածին խափշիկ. մաւրիտանիացի. *moor* ճահիճ. մօրուտ. խարսխել. ամրացնել պարանով. —*age* խարըսխատեղի. խարսխատուրք. —*ing(s)* խարըսխում. պարանով կապելը. —*ish* խափշիկ. ճահճային. —*land* ճախճախուտ. մօրուտք.

moose (*մու'ս*) տեսակ մը եղջերու (Հիւս. Ամերիկա).

moot (*մու'թ*) վիճաբանական ժողով. խորհրդաժողով. — *point* վիճելի կէտ. հակաճառել. վիճիլ (վարժութեան համար).

mop (*մափ*) գետնի սրբիչ. ջնջիչ. — *head* խառնաշփոթ մազերով. գիսախիւ.

mope (*մո'փ*) տաղտկանալ. յիմարանալ. ընկճուիլ. *the* —*s* թուլութիւն. վըհատութիւն.

moped (*մո'փէտ*) մեքենականացած հեծելանիւ.

moquette (*մըքէթ'*) թուրդէ (վուշէ կամ կանեփէ) նիւթ՝ որ կարպետ հիւսելու կը գործածուի.

moraine (*մըրէն'*) սառնակոյտի բերած քարակոյտ. խնակարկառ.

moral (*մոր'ըլ*) բարոյական. առաքինի. բարեմիտ. *morals* բարոյագիտութիւն. — *sense* բարին ու չարը զանազանելու կարողութիւն. — *victory* պարտութիւն՝ ուր բարոյականը բարձր կը մնայ. բարոյապէս յաղթութիւն շահիլ. *draw the moral* բարոյական դաս առնել. — *habits* կամ *morals* սեռային վարմունք. *low* —*s* անբարոյ. —*e* (*մորալ'*) բարոյական (կորով) վիճակ.

moralist (*մորէլ'իսթ*) բարոյապաշտ. բարոյագէտ.

morality (*մորէլ'իթի*) բարոյականութեան գիտութիւն. բարոյագիտութիւն. բարոյականութեան, կենցաղավարութեան կանոններ, սկըզբունքներ.

morass (*մըրէս'*) ճահիճ. մօրուտք.

moratorium (*մարըթոր'իըմ*) վճարման պայմանաժամի յետաձգում.

Moravian (*մըրէ'յվիըն*) Մորավիացի. Մորավեան

եղբայրներ. Հուսի վարդապետութեան հետեւորդներ.

morbid (*մորպ'իտ*) ախտաժէտ. հիւանդագին. տխուր (մտածում). —ity (*մորպիտ'իթի*) ախտաժէտութիւն. հիւանդութեան ծաւալում (տեղական). —ness ախտաւորութիւն. հիւանդագին վիճակ.

morbific (*մորպիֆ'իք*) ախտաբեր. ախտածին.

morceau (*մորսօ'*) գրական, երաժշտական կարճ կտոր. պատառ.

mordant (*մորտ'ընթ*) կծու. խածնող. խածան. գունարկու. երգիծական. ծաղրական. մաշեցնող (թթու).

more (*մո'ր*) աւելի (չափով, աստիճանով). աւելորդ. մեծագոյն. never — երբեք. what is — աւելի կարեւորը. — — frightened than hurt աւելի վախցած քան թէ վնասուած. —over ասկէ զատ. no — ոչ եւս, մեռած. ոչ աւելի. հեբիք. any — դեռ աւելի. այլեւս. — or less գրեթէ. — and — առաւել քան զառաւել. the — ա՛լ աւելի. neither — nor less than պարզապէս. բառացիօրէն.

norel (*մըրէլ'*) սեւասունկ. ուտելի սունկ.

norello (*մըրէլ'օ*) բալ.

noreover (*մորօվ'ըր*) ասկէ զատ. դարձեալ.

nores (*մոր'իզ*) սովորութիւններ. աւանդութիւններ.

Moresque (*մըրէսք'*) մաւրիտական. խափշիկական (նաեւ Morisco).

morganatic (marriage) (*մորկընէթ'իք*) ենթատոհմային (ամուսնութիւն), երբ թագաւորը (իշխանը) կ'ամուսնանայ ոչ-ազնուական արիւնով կնոջ մը հետ՝ որուն զաւակը գահաժառանգ չի կրնար ըլլալ. — wife բարձր դասակարգի կին ամուսնացած ցած դասակարգի մարդու հետ.

morgay (*մոր'կէյ*) շանաձուկ.

morgue (*մորկ*) դիարան.

moribund (*մա'րիպընտ*) մահամերձ.

morion (*մա'րիըն*) սաղաւարտ առանց ճակատնոցի.

Mormonism (*մորմը'նիզմ*) Մորմոնականութիւն (կրօնական աղանդ Ամերիկայի մէջ ծնունդ առած).

morn (*մորն*) առաւօտ.

morning (*մոր'նինկ*) առաւօտ. լուսաբաց. կէսօրէ առաջ. առաւօտեան. առտուան. —ing performance (matinée) ցերեկոյթ. —ing star առաւօտեան աստղ. արուսեակ կամ այլ մոլորակ, որ արեւածագէն առաջ կ'երեւի. —ing watch ժամը 4-8 (կէսօրէ առաջ). պահպանութիւն.

morocco (*մըրաք'օ*) սեկենի. մարոքեան փայլուն կաշի (այծի, եւայլն)՝ որ իբր գիրքի կողք կը գործածուի.

moron (*մոր'ըն*) բթամիտ· տկարամիտ· այլասերած զազան·

morose (*մըրոս'*) տխուր· անժպիտ· մորմորոս·

Morpheus (*մորֆ'իուս*) երազի կամ քունի չաստուած· *in the arms of* — քունի գացած·

morphia (*մորֆ'իը*), *morphine* (*մորֆ'ին*) ներմակ փոշի մը՝ որ քուն կը պատճառէ (ցաւը կը մեղմէ)· բնաբիոն· մորֆին·

morphology (*մորֆալ'ըճը*) կազմախօսութիւն· ձեւաբանութիւն (բառերու)·

morrow (*մար'օ, մօր'օ*) վաղը· յաջորդ օրը· հետեւեալ օրը· *to* — վաղը·

morse (*մորս*) ծովափիղ· կարճ կամ երկար հնչումներով (լոյսով) լուր (նամակ) ղրկել·

morsel (*մոր'սըլ*) պատառ· մաս·

mortal (*մոր'թըլ*) մահացու· մահկանացու· — *enemy* ոխերիմ թշնամի·

mortality (*մորթէլ'իթի*) մահացութիւն· աւեր· մարդկութիւն·

mortar (*մորթ'ըր*) սանդ· հրասանդ· սխտորածեծ· շաղախ· կրաղիւս· ցեխ· հրասանդով ռմբակոծել· շաղախել·

mortgage (*մորկ'իճ*) գրաւագիր· կալուածագրաւ· —*deed* կալուածամուրհակ· պարտքի փոխարէն կալուածը գրաւ առնել·

mortician (*մորթի'շըն*) մեռելաթաղ·

mortify (*մորթ'իֆայ*) մահացնել· ճնշել· խիստ ժուժկալ ապրիլ· փտիլ· մահանալ·

mortise, —ice (*մորթ'իս*) փորակ (երկու տախտակներու մէջ)· քորիծ· քորիծել· ագուցանել·

mortmain (*մորթ'մէյն*) անվաճառելի կալուածք· *in* — կրօնական կալուածք·

mortuary (*մոր'թիուէրի*) մեռելական· մեռելատուն· մեռելատուրք·

mosaic (*մոզէյ'իք*) (անց· եւ անց· ընդ· —*ked*, ներկ· ընդ· *mosaiking*) խճանկար պատրաստել մանր խիճերով՝ ապակիներով· խճանկար· խճանկարչութիւն·

Mosaic (*մոզէյ'իք*) Մովսիսական· — *Law* Մովսիսական օրէնք (Հնգամատեանի մէջ)·

Moslem, Muslim (*մաս'լիմ*) մահմետական· իսլամ· —*ism* մահմետականութիւն, իսլամութիւն·

mosque (*մասք*) մզկիթ·

mosquito (*մըսքիթ'օ*) յոզ· —*es* մժեղ· մժղուկ, որուն էգը արիւն կը ծծէ· — *net (curtain)* մժեղարգել·

moss (*մաս*) մամուռ· ճախճախուտք· մամռապատել· *rolling stone gathers no* — թաւալող քարը մամուռ չի բռներ·

most (*մոսթ*) ամենաշատ·

առաւելագոյն· մեծա-պէս· *at —, at the —* առ առաւելն· *this is the — I can do* առաւելագոյնն է զոր կրնամ ընել· *make the — of it* լաւագոյնս գործածել· օգտագործել· լաւագոյնս կամ յոռեգոյնս ներկայացնել· *most* յետադաս մասնիկ գերադր. ածականներ կազմելու ծառայող (նախադրութենէ ետք կու գայ)· *foremost* յառաջագոյն· *in—* ամենէն ներսը· *ut—* ծայրագոյն· ամենավերջին· *back—* յետին· *top—* բարձրագոյն· *upper—* ամենէն վերին.

mot (*մօ*) յոգ· *—s* (*մոզ*) սրախօսութիւն· *— juste* (*մօ ժիւսթ*) նիշդ նշանակութիւնը ցուցաբերող բառ.

mote (*մո՛թ*) փոշի· մասնիկ· շիւղ· *the — in (another's) eye* ուրիշին աչքին շիւղը (ուրիշին թերթի յանցանքը) տեսնել՝ իր աչքին գերանէն առաջ.

motel (*մոթ՛էլ*) պզտիկ պանդոկ· իջեւան (շարժավարներու համար).

motet (*մըթէթ՛*) սաղմոսերգութիւն· մեղեդի.

moth (*մաթհ*) ցեց· գիշեբաթիթեռ· ուտիճ· մէկը որ փորձութեան վայրը կը սլքտայ· *—ball* ցեցերը կրծելէ արգիլող քիմիական բաղադրութիւն մը· *—-eaten* ցեց կերած· մաշած· ծրուած· վաղեմի.

mother (*մատ՛ըր*) մայր· ծնող· պատճառ· աղբիւր· մայրապետ· մայրական· մայրենի· ծննդեան· մօր պէս նայիլ· մայրանալ· որդեգրել· դարմանել· *necessity is the — of invention* հարկը պատճառ կ'ըլլայ գիւտի· *— country* մայր երկիր. հայրենիք· *— earth* համարակաց մայր· *— tongue* մայրենի լեզու· *—hood* մայրութիւն· *— of pearl* սատափ· *—less* որբ· *—like* մայրանըման· *—ly* մայրաբար· *mother-in-law* կեսուր· զոքանչ.

motif (*մոթիֆ՛*) հիմնական գաղափար (արուեստի գործի մը մէջ).

motile (*մոթ՛իլ*) (բուսկենդան.) շարժուն· շարժական· *—lity* շարժականութիւն.

motion (*մո՛շըն*) շարժում· առաջարկ. ընթացք. կերպ· առաջարկել· ձեռքի շարժումով նշան ընել· *in —* շարժող· *to put in —, to set in —* շարժման մէջ դնել· *— picture* շարժապատկեր· սինեմա· *—less* անշարժ· *he motioned me away* ձեռքի շարժումով զիս ճամբեց.

motive (*մոթ՛իվ*) շարժառիթ· շարժուն կերպար· բնախօրհուրդ· ըներգմղիչ (մեքենական ոյժ)· գործի, փափաքի, որոշունի մղող (դրդում)· — *power* մղիչ ոյժ· — *or motivate* մղել· շարժել· դրդել·

motley (*մաթ'լի*) երփներանգ· նախշուն· խտպիտի գոյնզգոյն զգեստ· — *assembly* այլազան տեսակներէ կազմուած հաւաքոյթ· խառնուրդ·

motor (*մոթ'ըր*) շարժիչ· շարժակ· շարժող· — *(bi)cycle* մեքենականացած հեծելանիւ· —-*boat*, —-*bus*, —-*ship* (շարժանաւակ, շարժակառք, շարժանաւ)· —-*car* ինքնաշարժ կառք· —*ist* կառավար· շարժավար·

motorize(ise) (*մոթ'ըրայզ*) շարժակով սարքաւորել (բանակը, եւայլն)·

mottle (*մաթ'թըլ*) երփնաւորութիւն· երփնաւորել· գունազարդել· երփնաւորուած բուրդէ դերձան· մանած·

motto (*մաթ'օ*, յոգ· —*es*) նշանաբան· բարոյական մակագիր·

moue (*մու*) տես՝ *mow* կախերեսութիւն· ծամածռութիւն·

moujik, mouzhik (*մու'ժիք*) մուժիկ· ռուս գիւղացի·

mould (*մոլտ*) մակերեսի հող· մշակուած հողը· կաղապար (աղիւսի, եւն·)· հալած մետաղին ձեւ տալու համար կաղապար· կազմել· ձեւակերպել· բորբոս· մգլոտութիւն· *man of* — կաւեղէն· մահկանացու մարդ· —*y* բորբոսած· ծաղկոտ· հինցած· օքեկ·

moult (*մոլթ*) թափուած փետուրներ· փետուր փոխել· ստեւը, մազը փոխել·

mound (*մաունտ*) ռսկեգունդ (թագի վրայ), որ երկիրը կը ներկայացնէ· բլրակ· թումբ· հողապատնէշ· պատնէշ կանգնել· թումբ շինել·

mount (*մաունթ*) լեռ· ափին ուռած բարձր մասը· պատկերի շրջանակ· հեծնելու ձի· հիմնադրամ· բարձրանալ· մագլցիլ· հեծնել· անիլ· բարձրացնել· կազմել· յարդարել· հազուստներ ցուցադրութեան դնել· *Mount Ararat* Արարատ լեռ· *to — a friend* ձին փոխ տալ բարեկամի մը· *to — up* աւելցնել·

mountain (*մաունթ'թըն*) լեռ· սար· սեպ բլուր· *run* —-*high* մինչեւ լեռան գագաթը հասնիլ· բարձրանալ· —*eer* (—*նիր'*) լեռնաբնակ· լեռնցի· վարժ լեռ մագլցող· —*ous* լեռնոտ· լեռնային· ամեհի·

mountebank (*մաունթ'թիպէնք*) շառլախօս· սուտ բժիշկ· խաբեբայ· շարլաթան· —*ery* շաղակրատութիւն· խաբեբայութիւն· անարժէք բան մը պոռալ-կանչելով ծախող մարդ·

mourn (*մորն*) ողբալ· սըգալ· սուգ հագնիլ· —*er*

սգակիր· ողբացող· սըգաւոր· ապաշխարող· *—ful* ողբալի· տխրառիթ· սգալի· *—fully* տխրագին· *—ing* սուգ· ողբ· թախիծ· սեւեր, սուգի հանդերձ· *in —ing* սուգի հանդերձով· աղտոտ (եղունգ)· *—ing coach* յուղարկաւորութեան կառք· *—ing,* (նաեւ՝ *weeping). cypress* նոճի· սգանոճի· *—ing (weeping) willow* վարսաւոր ուռի·

mouse յոզ· *mice* (մաուս, մայս) մուկ· *house (field, harvest)* — տունի մուկ (դաշտամուկ, հընձամուկ)· երկչոտ, վարանոտ անձ· *— trap* մուկի թակարդ· գէշ տեսակ պանիր· *mousie* մկնիկ· մուկ որսալ· դիտել· դարանել· *mousy* մկնոտ· մկնահոտ·

mousse (մուս) սերով պատրաստուած համադամ ուտելիք (պաղ վիճակի մէջ)·

mousselin (մուսլին') շըղարշ· *— - de-laine, — - de-soie,* բուրդէ շղարշ, մետաքսէ շղարշ·

moustache, mustache (մըսթա'շ') *—s* պեխ·

mouth (մաութհ) բերան· անխորհուրդ խօսք· յանդուգն վարուող· աներեսութիւն)· սանձի բերան· գետաբերան· ծակ· բացուածք· մուտք· *useless —* մակաբոյծ· ծոյլ· միայն կերակրուող· *put words into his —* իր բերանը խօսք դնել· *give —* հաչել· *make —* բերանը ծամածռել· քիթ բերան ընել· *— piece* նուագարանի բերնով փչելիք մասը· թարգման· ներկայացուցիչ· *— - filling* փքուն· ուռուցիկ (խօսող)· *to mouth* բերանը դնել (կերակուր)· բերնով դպչիլ· *—y* մեծաբան· փքուն· հեգնող· պոռոտախօս·

movable (մուվ'էպլ) շարժական· փոխադրելի· *—s* շարժուն գոյքեր, կահ կարասի· *— feasts* շարժական տօներ·

move (մուվ) շարժում· փոխադրութիւն· շարժիլ· փոխադրուիլ· աղիքները պարպել· ցնցել· յուզել· խառնել· գրգռել· մղել· յառաջդիմել· առաջարկ բերել· քայլ առնել· միջոց ձեռք առնել· քայլ· միջոցառում· *make a move* քայլ առնել· *to be on the —* շարժիլ· գործունեայ ըլլալ· *to move house* ապրանքները մէկ տունէն միւսը փոխադրել· *to — heaven and earth* ամէն ջանք թափել· *—ment* (մուվ'մընթ) շարժում· զգացք· յուզում· գրգռում· երաժըշտական կտորի մը բաժանումները, մասերը· *youth —* երիտասարդական շարժում·

mover (մու'վըր) շարժող· ողեւորող· առաջարկող·

prime — առաջին շարժիչ ոյժ (բնական կամ մեքենական)·

movies (մու'վիզ) շարժանկար· սինեմա *(moving picture)*.

mow (մօ') դէզ (խոտի, ցորենի, ոլոռնի)· մարագ· շտեմարան· յարդանոց· քաղել (խոտ)· սուրէ անցընել· արագ կոտորել· *—er* (մո'ըր) հնձող մեքենայ· քաղող· ջարդող· *—ing* հնձում· *—ing machine* հնձող մեքենայ· *—n* հնձուած·

moxa (մաք'սը) կիզախարան· մորթը այրել չոր տերեւով·

moya (մոյ'ը) հրաբուխի տիղմ·

M. P. (էմ. փի.) *(Member of Parliament)* Համայնքներու Տան անդամ·

Mr. (միս'թըր) (կրճատ· *mister*–ի)· պարոն·

Mrs. (միս'ըզ) (կրճատ· *mistress*–ի)· ամուսնացեալ կնոջ անուան առջեւ դրուած բառ·

much (մաչ, մըչ) շատ· մեծաքանակ· *too much noise* չափազանց շատ աղմուկ· *too — rain* չափազանց անձրեւ· *to make — of* մեծ կարեւորութիւն տալ մէկուն· *too much for me* չեմ կրնար մրցիլ· *think or make — of* գնահատել· մեծ արժէք տալ· բանի մը տեղ դնել· *— better* աւելի լաւ· *— the most likely* գրեթէ շատ հաւանական· *as — of a size* գրեթէ նոյն չափով, մեծութեամբ·

mucilage (միու'սիլէճ) խէժ· հոյզ· բուսահոյզ· կպչուն՝ խլնային նիւթ·

muck (մաք) աղբ· տիղմ· գարշելի բան· աղտոտել· աղբը հեռացնել· աղբախառն կղկղանք· գործը անճարակօրէն ընել· *—rake* աղբի քաղոց· *— worm* աղբորդ· կծծի· *to — about* աննպատակ դեգերիլ· *—er* (մաք'ըր) յանկարծական անկում (գրակ· եւ փոխ·)· *come a —* այս փորձառութենէն անցնիլ· *go a —* գնման ատեն շռայլ վարուիլ· *to make a —* կործանել·

mucous, mucus (միու'քըս) խլնոտ· խլինքոտ· լորձնաւոր· *— membrane* խլնաթաղանթ (քիթի, բերնի, կոկորդի)· *mucosity* (միուքոս'իթի) խլնոտութիւն·

mud (մըտ, մատ) ցեխ· տիղմ· կաւ· ափրոն· արատ· *his name is —* պիղծ (վատ) անուն ունի· *fling (throw) mud at* ցեխոտել· վարկաբեկիչ ակնարկութիւն ընել· *to stick in the —* տղմաթաթաւ ըլլալ· *a stick-in-the-mud person* յետադիմական· դանդաղ (սորվելու մէջ)· *—lark* տիղմի մէջ ապրող (գործող) անձ·

muddle (մըտ'տլ) անկանոնութիւն· պղտորութիւն (մտքի)· — *-head-*

ed(ness) ապուշ(ութիւն). բթամտութիւն. շփոթեցնել (գինովցնել). թմրեցնել. խառնաշփոթ գործ ընել. — *through* յամառութեամբ գլուխ հանել. *to — along* գործ մը կատարել առանց յատուկ ծրագրի.

muddy (*մըտ'ի, մատ'ի*) տղմաթաթաւ. ցեխոտ. պղտոր. շփոթ. ցեխոտել. բթացնել. աղտոտել. —-*headed* թանձրամիտ.

mudir (*մուտիր'*) միւտիւր. թրք. գիւղի կառավարիչ. գիւղապետ.

muezzin (*մուէզ'ին*) աղօթքի հրաւիրող (իսլամ).

muff (*մաֆ*) կանացի ձեռնամուշտակ. ապուշ. գնդակի վրիպում. գէշ խաղցող. խարխափել. վրիպեցնել (գնդակը). *foot*— ոտնամուշտակ.

muffetee (*մաֆըթի'*) դաստակի մուշտակ.

muffin (*մաֆ'ին*) թերթեւ, կլոր կարկանդակ. քաքար, որ կարմրցուած կ'ուտուի. —*eer* (*մաֆինիյր'*) քաքարի վրայ շաքար, աղ ցանելու աման.

muffle (*մաֆ'ըլ*) կրծող եւ որոճացող անասուններու ցռուկ. յուսնոտի կաշիէ ձեռնոց. հողէ անօթ. ձայնը մեղմացնել. քիթը բերանը փաթթել. թմբուկը, (զանգակը, եւայլն) փաթթել ձայնը խեղդելու համար. խուլ ձայնով խօսիլ.

muffler (*մաֆ'լըր*) քօղ. վզնոց. վզկապ. ձայնի մեղմիչ.

mufti (*մաֆ'թի*) մահմետօրէնսգէտ կամ կղերական. մահմետական կրօնապետ. քաղաքային (ոչպաշտօնական) հագուստ.

mug (*մագ, մըգ*) գաւաթ (բռնելիքով). թաս. անոր պարունակութիւնը. զովացուցիչ մը. դէմք. բերան. պարզամիտ. բըթամիտ. — *at* քննութեան համար ծանր աշխատանք տանիլ. — *up* նիւթ մը պատրաստել.

muggins (*մագ'ինս*) պարզուկ. ապուշ. քարտի խաղ մը. տոմինոյի խաղ.

muggy (*մըգ'ի*) խեղդուկ, տաք եւ խոնաւ (օդ).

mugwump (*մըգ'ուամփ*) քաղաքական չեզոքութիւն պահող ղեկավար. մեծ մարդ (Ա.Մ.Ն.).

Muhammadan (*մուհէմ'ըտան*) Մահմետական.

mulatto (*միուլէթ'օ*) խառնածին.

mulberry (*մըլ'պէրի*) թըթենի. տցրի. —*fig* մոլաթզենի. ժանտաթզենի.

mulch (*մըլչ*) թաց տերեւ. կէս փտած յարդ. յարդով ծածկել նորատունկերու արմատները.

mulct (*մըլքթ*) տուգանք. տուգանքել. տուժել տալ. զրկել.

mule (*միուլ*) ջորի. իշակէս. տկար ձայնով լալ. մլաւել. կարգ կանոնի չենթարկուող մարդ. հողաթափ.

muleteer (*միուլէթիյր'*) ջորեպան·

muliebrity (*միուլիէպ'րիթի*) կնութիւն· կանացիութիւն· (հակ·) *virility* առնականութիւն·

mull (*մըլ*) սնդուս (մուսլին)· սխալ· թերացում· հրուանդան· քթախոտի տուփ· խառնակել· սխալիլ· խոկալ· խորհրդածել· գինիով տաք ըմպելիք պատրաստել·

mullah, moollah (*մալ'ահ, մու'լահ*) մահմետական օրէնսգէտ (աստուածաբան)·

mullein (*մըլ'ին*) եզնագի (բոյս)·

mullet (*մըլ'էթ*) կեփաղ· արքայաձուկ· կարմրուկ (ձուկ)·

mulligrubs (*մըլ'իկրապզ*) կախերեսութիւն· փորի (ստամոքսի) ցաւ·

mullock (*մըլ'ըք*) ոսկեհանք չպարունակող ժայռ· անպէտ ժայռ (բան)·

multangular (*մըլթէն'կիուլըր*) բազմանկիւն·

multeity (*մըլթի'իթի*) շատութիւն· բազմաւորութիւն·

multi (*մըլ'թի*) նախդիր բառ (շատ, բազմաթիւ, բազմապատիկ, եւայլն իմաստով) բարդ բառերու կազմութեան ծառայող· —*colour(ed)* բազմագոյն· —-*farious* այլազան· բազմատեսակ· —-*florous* բազմածաղիկ· —*form* բազմաձեւ· —*lateral* բազմակողմեայ· —*lingual* բազմալեզու· շատ լեզուներով· —*millionaire* բազմամիլիոնատէր· —-*parous* բազմածին (կին)· —-*partite* բազմամաս· —-*racial* բազմացեղ·

multiple (*մալ'թիփլ*) բազմապատիկ (թիւ)· —*shop* մասնաճիւղերով խանութ· *least common* —նուազագոյն հասարակ բազմապատիկ·

multiplex (*մըլ'թիփլէքս*) բազմապատիկ· բազմատարր·

multiplicable (*մըլ'թիփլիքէպլ*) բազմապատկելի·

multiplicand (*մըլթիփլիքէնտ'*) բազմապատկելի թիւը·

multiplication (*մըլթիփլիքէյ'շըն*) բազմապատկութիւն· —*cative* (—'*քէթիվ*) բազմապատկող·

multiplicity (*մըլթիփլի'սիթի*) *of duties* բազմապիսի պարտաւորութիւններ միեւնոյն ժամանակ· *a, the* — բազմութիւն· շատութիւն·

multiplier (*մըլ'թիփլայըր*) բազմապատկիչ· բազմապատկող· մագնիսի կամ ելեկտրականութեան ուժգնութիւնը զգալիօրէն աւելցնող գործիք·

multiply (*մըլ'թիփլայ*) բազմապատկել· բազմանալ (անասուններ)· շատնալ·

multitude (*մալթ'իթիուտ*) բազմութիւն· շատութիւն· ամբոխ· *the* — հասարակ ժողովուրդը·

—*dinous* բազմածաւալ· բազմաթիւ. —*dinism* (մըլթիթիւտ'ընիզմ) անձնական շահէ աւելի հասարակութեան շահը փնտռող սկզբունք:

multure (մալ'չըր) ',աղալու վարձք՝ հատուցուած ցորենով կամ ալիւրով· աղունավարձ.

mum (մըմ) լռութի'ւն· լուռ. լուռ դերակատարութիւն. գարեջուր. կասկ.

mumble (մամ'պլ) ծամծըմել. մռմռալ. խածնել. ծամել լինտերով (առանց ակռայի). մըռմուռ.

mumbo-jumbo (մըմպօ - ճըմ'պօ) պարապ պաշտամունք, անիմաստ պաշտամունքի (յարգանքի) առարկայ.

mummer (մամ'ըր) դիմակաւոր դերասան ռամկական ներկայացումի. անխօս դերասան. —*y* ծիծաղաշարժ ծիսակատարութիւն.

mummify (մամ'իֆայ) մոմիացնել. զմռսուած դի պատրաստել.

mummy (մամ'ի) մոմիա· զմռսուած դիակ, մարմին. չոր եւ նիհար անձ· խժահիւթ. — (*mama*-ի մանկական բառ).

mump (մըմփ) լուռ եւ կախերես կենալ. մռմըռալ. մուրալ.

mumps (մամփս) ականջախոյլ (տարափոխիկ հիւանդութիւն). (եզակի բայ կ'առնէ).

munch (մընչ) ուտել. ծամել լիարերան.

mundane (մընտ'էյն) աշխարհիկ. աշխարհային.

Munich (միունիք) հակառակորդը մեղմացնելու, ողոքելու համար զիջում. տեղի տալու քաղաքականութիւն. 1938ին Չեխոսլովաքիան բաժնելու համաձայնութիւն (Հիթլէրի, Չէյմպըրլէյնի եւ Տալատիէի միջեւ). Միւնիխ (մեծ քաղաք Հարաւ. Գերմանիոյ մէջ).

municipal (միունի'սիփըլ) քաղաքապետական. քաղաքապետական. —*ity* քաղաքապետութիւն. քաղաքապետութիւն.

munificence (միունիֆ'իսընս) բարերարութիւն.

munificent (միունիֆ'իսընթ) առատաձեռն. բարեսէր. —*ly* առատաձեռնօրէն.

muniment (միուն'իմընթ) պաշտօնաթուղթ. վաւերաթուղթ.

munition (միունի'շըն) ռազմամթերք. զինուորական մթերք. պաշար եւ կամ մթերանոց. —*s* մթերք. ռազմամթերք. ռազմամթերք եւ պաշար հայթայթել. բանակը սարքաւորել, զինել.

munshi (see moonshee) ուսուցիչ.

muntz (մընց), — *metal* մունցի մետաղ (60% պղինձ եւ 40% զինկ) որ նաւերը պատելու կը ծառայէ.

mural (միուր'ըլ) պատի·

որմականն· — *painting* որմանկար·

murder (*մըրտ'ըր*) մարդասպանութիւն· կանխամտածուած սպանութիւն· սպաննել· մեռցնել· աւրել (վատ կատարումով, սխալ հնչելով)· — *will out* սպանութիւնը չի ծածկուիր· —*!* բացագ· սպանութի՛ւն· —*ous* (անձ, զէնք, արարք) սպաննելու կարող, մասնակից·

murk, mirk (*մըրք*) մութ· աղօտ· մշուշոտ· —*y* մըթին· մռայլ·

murmur (*մըրմ'ըր*) կարկաչ· մրմունջ· տրտունջ· տրտնջալ· հծծել· կարկաչել· —*ous* մրմնջոտ·

murphy (*մըր'ֆի*) գետնախնձոր·

murrain (*մըր'րին*) արջառի տարափոխիկ հիւանդութիւն· պանարախտ· *a — on you!* նզովուիս·

murrey (*մը'րի*) թուխ կարմիր·

muscle (*մա'սլ*) դնդեր· մկան· *not move a —* բոլորովին անշարժ· —*bound* մկանպձիգ· շարժելու անկարող·

muscovado (*մասքովա'տօ*) չզտուած շաքար·

Muscovite (*մաս'քըվայթ*) ռուս· մոսկուացի·

Muscovy (*մաս'քըվի*) Ռուսիա·

muscular (*մըս'քիուլէր*) մկանային· դնդերոտ· ջլապինդ· ուժեղ· —*ity* (*մըսքիուլէր'իթի*) կարշնեղութիւն· մկանականութիւն·

musculature (*մըս'քիուլէչըր*) մարմինի մկանային դրութիւնը·

muse (*միուզ*), *the Muses* Զեւսի 9 աղջիկները, (չաստուածուհիներ, մուսաներ), որոնք ներշնչում կու տան գեղարուեստի· մտքի վերացում· խորհրդածութիւն· երազել· խորհրդածել·

museum (*միուզի'ըմ*՝ թանգարան· — *piece* թանգարան դրուելու արժանի առարկայ· հնաձեւ անձ, մեքենայ եւայլն·

mush (*մըշ*) կակուղ միս· (պտուղի) խիւս· —*y* (*մը'շի*) սնկային· կակուղ· զգացական· *to —* շունի քալխիրով ձիւնի վրայէն ճամբորդել·

mushroom (*մաշ'րո'ւմ*) սունկ· — *growth (of a town)* արագ աճող, զարգացող (քաղաք)·

music (*միուզ'իք*) երգ, նուագ, երաժշտութիւն· հաճելի ձայն թռչուններու· առուակի կարկաչ· ձայնանիշ, գրուած եղանակ· *to —* եղանակը հայթայթել· *face the —* քննադատները դիմագրաւել· *rough —* ժխոր· —*-hall* նուագասրահ· հանդիսասրահ· —*-stool* դաշնակի աթոռ· —*al* երաժշտական, ներդաշնակ (ձայն, նըւագ)· երաժշտասէր· նըւագի յարմարցուած· նըւագով ընկերակցող·

musician (*միուզի'շըն*) եբաժիշտ. երգահան. նըւագածու.

musk (*մըսք*) մուշկ. մըշկիւղ. արու մշկերէի (եղջերու) արտադրած անոյշ հոտը. անուշաբոյր տունկեր. — *melon* սեխ. — *- rose* մագլցող վարդենի.

musket (*մըս'քէթ*) պատրուագաւոր հրազէն (անգործածելի հիմա). —*eer* (*մըսքէթիյր'*) հրացանակիր. —*ry* այս զէնքը գործածելու արուեստ. ատով զինուած բանակ.

Muslim, *see Moslem.*

muslin (*մըզ'լին*) բամպակէ ծանր կերպաս. բեհեզ.

musquash (*մըս'քուաշ*) ջրաքիսի՝ մշկառնէտի մուշտակ.

muss (*մըս*) խառնշտկել. ճմռթկել. աղմուկ. խառնաշփոթութիւն.

mussal (*մըսալ'*) ջահ. — *- chee* ջահակիր.

mussel (*մըս'ըլ*) ձկնականջ.

mussuck (*մաս'ըք*) ջուրի տիկ.

Mussulman (*մաս'ըլման*) իսլամ. մահմետական.

must (*մըսթ*) նոր գինի (խաղողի հիւթը ոչ–լման խմորուած). բորբոս. մոլեգնութիւն (արու փիղի եւ ուղտի). պարտիլ. ստիպուած ըլլալ. պէտք ըլլալ. *it — needs be* անհրաժեշտօրէն անխուսափելի ըլլալ.

mustache, *see moustache.*

mustang (*մըս'թէնկ*) Մեքսիկայի վայրի ձի. Թէքսասի մանր, կարմիր խաղող.

mustard (*մըս'թարտ*) մանանեխ (բոյս). խիւս՝ որ կը պատրաստուի անոր հունտէն. *French* — քացախով պատրաստուած խիւսը.

muster (*մըս'թըր*) զօրահաւաք. հաւաքոյթ. *pass* — քննուելով յարմար նկատուիլ. — *- book* զինուորներն ու սպաները արձանագրելու տոմար. — *- roll* նաւու պաշտօնեաներուն եւ բանակին ամբողջական ցանկը. *to* — զինուորական ուժերը հաւաքել. (փաստերը) ի մի բերել.

musty (*մըս'թի*) բորբոսածի համ եւ հոտ տըւող. օթեկ. հնադարեան.

mutable (*միութ'էպլ*) յեղյեղուկ. փոփոխական. —*bility* (*միութէպիլ'իթի*) փոփոխելիութիւն.

mutation (*միութէյ'շըն*) փոփոխում (կենսաբան.) որ կրնայ փոխանցուիլ յաջորդ սերունդին.

mute (*միութ*) լուռ. համրը. չհնչուող գիր. բաղաձայն. մեղմիչ գործի (ջութակի թելին վրայ կը դրուի). — *appeal* լուռ պաղատանք. — *adoration* լուռ պաշտամունք. *to* — լռեցնել. ձայնը մեղմացնել. ծրտել (թռչուն). ճետել.

mutilate (*միութ'իլէյթ*) խեղդել. հաշմել. կրճատել (գիրք մը). անդամ մը կտրել. *mutilation* (*միուԹիլէ՛յշըն*) հաշմում. կրճատում.

mutineer (*միուԹընիյր՛*) ապստամբող (նաւաստի, զինուոր).

mutinous (*միու՛Թինըս*) ապստամբ. ըմբոստ.

mutiny (*միուԹ՛ինի*) ապըստամբութիւն. խռովութիւն (մասնաւորաբար զինուորներ՝ սպաներու դէմ). անհնազանդութիւն. *to* — ապստամբիլ. խռովութիւն հանել.

mutograph (*միուԹ՛ըկրէֆ*) շարժող առարկայ (անձ) վերի կողմէն նկարելու գործիք. շարժագիր.

mutoscope (*միուԹ՛ըսքօփ*) շարժող առարկայի մը վերէն առնուած նկարները ցուցադրող գործիք.

mutt (*մըԹ*) յիմար. ապուշ.

mutter (*մըԹ՛ըր*) քրթմընջել. գաղտնօրէն ըսել.

mutton (*մաԹ՛ըն*) ոչխարի միս. *dead as* — ամբողջովին մեռած. — *chop* ոչխարի կողամիս (կողիկ). — *dressed like lamb* տարիքոտ կին երիտասարդուհիի պէս հագուած. — *-head* բըթամիտ. ապուշ անձ.

mutual (*միուչ՛իուըլ*) (ըզգացում, գործ) փոխադարձ. — *affection* փոխադարձ սէր. գուրգուրանք. — *benefit* փոխադարձ շահ. — *suspicion* փոխադարձ կասկած. *our* — *friends* մեր (հասարակաց) բարեկամը. — *enemy* հասարակաց թըշնամի.

muzhik, see **moujik**. մուժիկ.

muzzle (*մըզ՛զլ*) դունչ. ցռուկ. հրացանի բերան. բերանակապ (եզի, շան). —*-loader* հրացան՝ որուն պայթուցիկը բերանէն կը լեցուի. *to* — դունչը կապել. բերանը գոցել (լռեցնել). առագաստները ներս քաշել. ցռուկը մխել.

muzzy (*մըզ՛ի*) ապուշ. մտացիր. խմիչքէն ապուշ դարձած.

my (*մայ*) իմ. (ստաց. ածական). *my! my eye!* բացագանչութիւն՝ զարմացման արտայայտութիւն.

mya (*մայ՛ը*) ծովախեցի.

myalgia (*մայէլ՛ճա*) մկանացաւ.

myall (*մայ՛օ՝լ*) Աւստրալիոյ ակակիա (բուրումնաւէտ փայտ ունի).

myelitis (*մայըլայԹ՛իս*) ողնուղեղի բորբոքում.

Mylodon (*մայլ՛ըտան*) հին դարաշրջաններուն ապրած ու ոչնչացած վիթխարի յամրերէ մը.

mynheer (*մայնհէյր՛*) հոլանտացի. պարոն. տիար.

myo - նախդաս (յուն.) բառ. մկան.

myology (*մայալ՛ըճի*) մըկանաբանութիւն.

myope (*մայ՛ոփ*) կարճատես մարդ.

myopia (*մայոփ՛իա*) կարճատեսութիւն. *myopic*

կարճատեսական· կարճատես·
myosis (*մայոս'իս*) աչքի բիբին կծկումը·
myosote (*մայ'ըսոթ*), *forget-me-not* անմոռուկ·
myriad (*մի'րիըտ*) տասը հազար· բիւր· բիւրաւոր·
myriapod (*մի'րիըփատ*) թունաւոր միջատ՝ որ շատ ոտքեր ունի· հազարոտնեայ· բիւրոտն·
myrmidon (*մըրմ'իտըն*) զանան զօրքեր Աքիլլէսի· ցածոգի վարձկան· ցած պաշտօնեաներ·
myrrh (*մըր*) զմուռս՝ որ անուշահոտութիւն, դեղեր եւ խունկ պատրաստելու կը ծառայէ· զըմռոնենի·
myrtle (*մըր'թլ*) մրտենի· մրտի·
myself (*մայսէլֆ'*) ես ինքս, ինքս, անձամբ· ինքզինքս· *I am not —* բնականոն չեմ զգար (մարմնով, միտքով)·
mysterious (*միսթիր'իըս*) խորհրդաւոր· թագուն· գաղտնի·
mystery (*միս'թըրի*) խորհուրդ· գաղտնիք· առեղծուած· *— play* Սուրբ գրային նիւթով ներկայացում·
mystic (*միս'թիք*) խորհըրդապաշտ· անհասանելի· խորհրդաւոր· *—al* (*միս'թիքըլ*) խորհրդաւոր· *—ism* խորհրդապաշտութիւն· միստիկականութիւն·
mystify (*միս'թիֆայ*) խաբել· խորհրդաւոր դարձնել· ապշեցնել·
myth (*միթհ*) առասպել· դիցավէպ· *—ic, ical* մըտացածին· առասպելական·
mythicize(ise) պատմութիւն մը առասպելականացնել·
mytho - (*միթհօ –*) նախադաս բառ (յուն·) բարդ բառերու կազմութեան ծառայող·
mythogony (*միթհօկ'ոնի*) ուսումնասիրութիւն·
mythographer (*միթհակ'րէֆըր*) առասպելագիր·
mythopoetic (*միթհոփոէթ'իք*) վիպարարական·
mythology (*միթհալ'ըճի*) դիցաբանութիւն·
mythological (*միթհալաճ'իքըլ*) դիցաբանական·
myxoedema (*միքսոիտըմ'ը*) լորձայտուց· վահանագեղձերու անկանոն գործելէն (անգործութեան մատնուելէն) յառաջ եկող հիւանդութիւն՝ ֆիզիքական եւ մտային վատուժութիւնով·
myxomatosis (*միքսոմըթոս'իս*) լորձուռոյցք (ճագար մեռցնող հիւանդութիւն մը)·
myxopod (*միքս'ոփատ*) խլնոտն·
myxorrhoea (*միքս'որիը*) լորձունքի հոսում·

N

N, n (*էն*) 14րդ տառ անգլերէն այբուբենի.

nab (*նէպ*) ձերբակալել. յանկարծ բռնել. յանցանքի վրայ բռնել.

nabob (*նէյ'պապ*) մահմետական իշխան մոնկոլական կայսրութեան շրջանին. մեծահարուստ.

naboth's vineyard (*նէյ-պ'աթ՛ս վին'եըրտ*) անիրաւօրէն բան մը գրաւել.

nacarat (*նէքէ'րրէթ*) զօրաւոր գոյն (նարնջագոյնի եւ կարմիրի զարնող).

nacelle (*նէսէլ'*) օդանաւի մարմինը. դուրսի պատեանը.

nacre (*նէյ'քըր*) սատափ. —*ous, nacrous* սատափուոր. սատափային.

nadir (*նէյ'տիր*) ստորակէտ. ամենացած կէտը (յոյսի). (հակ. *zenith*).

nag (*նէկ*) փոքր ձի. նեղել. ձանձրացնել. յանդիմանել տեւապէս. —*gy* (*նէկ'ի*) կռուազան.

naiad (*նայ'էտ*) յոգ. —*s* կամ *naiades* (*նայ'էտիզ*) գետերու յաւերժահարս.

naïf, naïve (*նաՀիֆ', նաՀիվ', նէյվ*) անպաճոյճ, պարզամիտ. *naïvely* պարզամտօրէն.

nail (*նէյլ*) եղունգ. մագիլ. ճիրան. գամ. բեւեռ. գամել. հաստատել. զոդնալ. ձերբակալել. —*brush* եղունգի խոզանակ. —-*scissors* եղունգի մկրատ. *hit the* —, *(the right)* — *on the head* ճիշդ պատասխանը տալ. առաջարկել կամ ընել յարմար բանը. *fight tooth and* — կատաղօրէն կռուիլ. — *one's colours to the mast* երբեք տեղի չտալ. — *a man down to his promise* պարտադրել որ խոստումը կատարէ. — *in one's coffin* իր դագաղին վրայ գամ մը աւելցնել. մահարեր արարք. *on the* — փութով, ժամանակին (վճարել). *as hard as* —*s* լաւ մարզուող. անգութ. ուժեղ. —*er* բեւեռագործ. գամող.

naïve (տես՝ *naïf*).

naked (*նէյքըտ*) մերկ. բոպիկ. անզէն. անպաշտպան. բացայայտ. բաց. *the* — *truth* (*facts* բացայայտ ճշմարտութիւնը (իրողութիւնները)․ զուրկ․ առանց կարասիի (սենեակ)․ առանց ակնոցի կամ մանրադիտակի․ անտերեւ․ անպատեան․ նիւթական, զինուորական միջոցներէ զուրկ, յարձակման ենթակայ․

naker (*նէյ'քըր*) կիսարոլորակ թմբուկ․

namby-pamby (*նէմ'պի-փէմ'պի*) կեղծ․ զգացական․ նման խօսելակերպ․

name (*նէյմ*) անուն․ *mention by —* անունը տուր․ *Hratch by —, by — Hratch* Հրաչ կոչուած․ *know by —* ճանչնալ անունով․ իր մասին լսած․ *by the — of* կոչուած․ *call (a person) —s* անուանարկիչ բառերով նկարագրել․ անուանել․ *—s* հանրածանօթ, համբաւաւոր անձինք․ *an ill —* գէշ անուն, համբաւ․ *a good —* բարի անուն, բարի համբաւ․ *win oneself a name* բարի անուն շահիլ․ *virtuous in name* իբր թէ առաքինի․ *Christian in —* անուանական քրիստոնեայ․ *in the — of* յանուն, ի դիմաց․ *to — the day* ամուսնութեան օրը որոշել․ *in God's —* յանուն Աստուծոյ․ *in the — of goodness* յանուն գթութեան, բարութեան․ *— your price* ի՞նչ գին կու տաս․ *not a penny to his —* աղքատ մարդ․ *give a dog a bad — and hang him* ուրիշներու կարծիքին վրայ հիմնուելով դատապարտել մէկը․ *—less* անծանօթ․ անանուն․ անբացատրելի․ անսահմանելի․ անասելի (զարշելի մեղքերու եւ պղծութիւններու նկատմամբ)․ *—ly* այսինքն, ըսել կ'ուզեմ․ *name sake* անուանակից․

nancy (*նէն'սի*) արուամոլ մարդ (մանչ)․

nankeen (*նէնքի յն'*) չինական դեղին կտաւ․

nanny (*նէն'ի*) *(— goat)* էգ այծ․ մանկապահ աղջիկ․ սպասուհի․

nap (*նէփ*) մրափ․ *catch —ping* քնացած գտնել․ անակնկալօրէն անտարբերութեան կամ յանցանքի մէջ բռնել․ ցերեկուան թեթեւ, կարճ քուն․ *take a —* կարճ քուն մը քաշել․ *to go — on* վստահ ըլլալ թէ բան մը պիտի պատահի․ մազմզուք․ մրափել․ անհոգ գտնուիլ․ քարտով բախտախաղ մը․

napalm (*նէյ'փալմ*) բաղադրութիւն մը նաֆթալինի եւ հնդկընկոյզի իւղի․ *— bomb* ռումբ որ մածուած պէնզին կը պարունակէ․ հրդեհ յառաջացնող ռումբ․

nape (*նէյփ*) ծոծրակ․

napery (*նէյփ'ըրի*) սեղանի կտաւ․

naphtha (*նէֆ'թհա*) նաւթ․

դիւրավառ նիւթ (հանքածուխէ, քարիւղէ հանուած)· դիւրավառ ցընդական հեղուկ (որ գետնի տակէն կ'ելլէ)·

naphtalene(ine) (*նէֆ'թհըլին*) նաֆթալին (ճերմակ բիւրեղներէ կազմուած) որ կուպրէն կը հանուի եւ միջատները հագուստներէն հեռու կը վանէ·

napkin (*նէփ'քին*) *table* — սեղանի անձեռոց· ձեռալաթ· դաստառակ· կըրծկալ· մանկանց շոր· խորձուձ· — -*ring* օղակ՝ ձեռալաթը մէջը անցընելու·

napoleon (*նափոլ'իըն*) 20 ոսկի փրանքի արժէքով ոսկեդրամ·

Napoleonic (*նափոլիոն'իք*) Նափոլէոն Ա·ի յատուկ, Նափոլէոնեան· Նափոլէոնական·

napoo (*նէփու'*) ոչ եւս, կորսուած· անօգուտ· լըրացած· (րացազ·) կրնտ· *il n'y en a plus* ա'լ չկայ (փր·)·

nappy (*նէփ'ի*) (հին·) փրփրոտ· զօրաւոր (գարեջուր)· *napkin*ի կըրճատ ձեւը· մանկան շոր (լաթ)·

napu (*նա'փու*) մշկեղջերու խնտռնեզիոյ·

narcissism (*նարսիս'զմ*) նարկիզականութիւն· սեռաքնազդ· ինքնապաշտութիւն·

narcissus (*նարսիս'ըս*) նարգէս, նարկիս·

narcosis (*նարքոս'իս*) թըմրութիւն·

narcotic (*նարքաթ'իք*) քընաբեր, մրափաբեր (դեղ)·

nard (*նարտ*) նարդոս բոյսը որ գեղաբոյր բալասան կ'արտադրէ·

narghile (*նարկ'իլէ*) կըլկըլակ· *նարկիլէ* (թրք·)·

nark (*նարք*) ոստիկան· լրտես·

narrate (*նէրէյթ'*) պատմութիւն մը գրել կամ պատմել·

narration (*նէրէ'յշըն*) պատմութիւն· վէպ· պատմում·

narrative (*նէ'րէթիվ*) գըրոյց· պատմութիւն· վէպ· պատմական·

narrow (*նէ'րո*) նեղ· նեղնալ· սեղմել· կծկել· սեղմ· համառօտ· *the — way* արդարութիւն· *the — bed, (cell, house)* գերեզման· — *circumstances (means)* անձկութիւն· չքաւորութիւն· *a — escape (squeak)* մազապուրծ ազատուիլը· — -*minded* նեղմիտ· նախապաշարեալ· անձնականդրոն· *a — examination* կատարեալ պրպըտում մը· *the —s* նեղուցի, ծոցի, գետի, փողոցի ամենէն նեղ մասը· *become —er* պզտիկնալ· նուազիլ· կծկծուիլ·

narthex (*նար'թհէքս*) գաւիթ·

nasal (*նէյզ'ըլ*) ռնգային· ռնգային հնչում·

nascent (*նէյս'ընթ*) գոյացող· դեռածին· անող·

nascency (*նէս'սընսի*) ծընուն. դեռածնութիւն.

nasturtium (նէսթըր՛շըմ) ախրիզան. հնդկոտեմ. (սխալ գործածութիւնով) սողացող բոյս՝ դեղին կամ կարմիր ծաղիկներով.

nasty (նէս՛թի, նաս՛թի) զզուելի. կեղտոտ. լղըրնուկ. պժգալի հոտ (համ). տաղտուկ տըւող. առարկելի. — *weather* գէշ (անձրեւոտ, փոթորկոտ) օդ. *a — sea (blow, illness)* ծով (հարուած, հիւանդութիւն) որմէ դժուար է խոյս տալ. *to turn —* ոխակալ, զայրացկոտ ըլլալ.

natal (նէյթ՛ըլ) ծննդական, ծննդեան (օր). հայրենի.

natality (նըթէլ՛իթի) ծըննդեան համեմատութիւն. ծնունդներու թիւը.

nates (նէյթ՛իզ) յետոյք, նստատեղ. ուղեղի տեսողական բլթակի ետեւի զոյգը.

nation (նէյ՛շըն) ազգ. տոհմ. (միջին դար) նոյն երկրամասէ եկած ուսանողներու խումբը. *League of —s* Ազգերու Դաշնակցութիւն. *United —s Organisation* Միացեալ Ազգերու Կազմակերպութիւն. *—al* (նէ՛շընըլ) ազգային. ազգայնական. *—al anthem* ազգային քայլերգ. *—al debt* պետական պարտք. *—al guard* ազգային պահակազունդ. *—als* հպատակներ. քաղաքացիներ. *—al government* բոլոր կուսակցութիւններու մասնակցութեամբ կազմուած կառավարութիւն.

nationalism (նէ՛շընէլիզմ) հայրենասիրութիւն. ազգայնականութիւն. ազգային անկախութեան քաղաքականութիւն.

nationality (նէշընէլ՛իթի) ազգութիւն. ազգայնականութիւն. հայրենասիրութիւն. ազգ. հպատակութիւն.

nationalize, —ise (նէ՛շընըլայզ) ազգայնացնել. քաղաքացի ընդունիլ. քաղաքացիութեան իրաւունք տալ.

native (նէյ՛թիվ) բնիկ. ընդոծին. բնածին. ծըննդեան. պարզունակ.

nativism (նէյթ՛իվիզմ) բնածին գաղափարներու վարդապետութիւն (փիլ.).

nativity (նէյթիվ՛իթի) Ծնունդ. Ս. Ծնունդ Քրիստոսի. ծնունդ Ս. Կոյսին (Ս. Յովհաննէս Մկրտիչին). Ս. Ծնունդը ներկայացնող պատկեր.

natter (նէթ՛ըր) շաղակրատել. քրթմնջել. առարկել.

nattier blue (նէթ՛իըր պըլու) թեթեւ կապոյտ ներկ.

natty (նէթ՛ի) կոկիկ. մաքուր. ճարտար ձեռք ունեցող.

natural (նէչ՛ըրըլ) բնածին. բնական. ընդարոյս.

իրական· օրինաւոր· անարուեստ· անպաճոյճ· ձայնադարձ (նշան նոթայի)· — *scale* բնական ձայնաշար առանց *b*-ի (պէմոլ) կամ #ի (տիէզ) կիսվարի կամ կիսվերի· բնականոն· կանոնաւոր· — *death* բնական մահ (առանց արկածի, բունաւորումի կամ բռնաբարութեան)· *the* — *man* բնական, աննորոգ մարդը· — *religion* բընութեան վրայ հիմնուած կրօնք· — *selection* յարմարագոյնին (կենդանիի, բոյսի) վերապրումի տեսութիւնը (բարեշրջ·)· — *son (child, brother)* ապօրինի ծնունդով (որդի, զաւակ, եղբայր)· ծնունդով պակասամիտ· բնական ձիրքով մը օժտուած·

naturalism (նէչ'ըրէլիզմ) բնականութիւն· բնապաշտութիւն (գրական դըպրոց)·

naturalist (նէչ'ըրէլիսթ) բնապաշտ· բնապատմագէտ (բուսաբան, կենդանաբան)· վանդակի կենդանիներ (շուներ) ծախող խանութպան· —*ic* (նէչըրէլիս'թիք) բնականի նման· բնապաշտական·

naturalize, —ise (նէ'չըրէլայզ) օտարի մը քաղաքացիութեան իրաւունք տալ· բնականացնել· ըntանեցնել· բնական օրէնքներով մեկնել (հըրաշքը մերժել)· բնապատմութեան հետեւիլ·

naturally (նէ'չըրէլի) անշուշտ· բնականաբար· բնականօրէն·

nature (նէյ'չըր) բնոյթ· բնութիւն· էութիւն· տիեզերք· իրերու վիճակ· տեսակ· խառնըւածք· *state of* — մարմնաւոր, ոչ-հոգեւոր· աննորոգ· նախնական բոյս, մարդ· անքաղաքակիրթ· մերկ· բաց· — *study* կենսաբանութեան, բներեւոյթներու ուսում·

naught (նոթ) ոչինչ, ոչ մէկ բան· զէրօ· անպէտ· անարժէք·

naughty (նոթ'ի) չար· անպարկեշտ· կամակոր·

nausea (նոզ'իը) սրտխառնուք· պժգանք· ծովախտ· —*te* (նոզ'իէյթ) սիրտը խառնուիլ· գարշիլ· զըզուեցնել· զանիլ (գործէ, կերակուրէ, եւայլն)·

nauseous (նոզ'իըս) զանելի, զզուելի· սիրտ խառնող (համ, հոտ)·

nautch (նոչ) Հնդկ· պարուհիներու ցուցադրութիւն· —-*girl* պարուհի·

nautical (նոթ'իքըլ) ծովային· նաւագիտական· նաւային· — *almanach* նաւագիտական օրացոյց (տարեգիրք)· — *mile* 6082 ոտք·

nautilus (յոգ· *nautiluses*, —*tili* նոթիլայ) նաւախեցի· առագաստաձեւ թեւերով խեցեմորթ·

naval (նէյվ'ըլ) ծովային· նաւային· — *base* նաւային խարիսխ· — *officer* ծովային սպայ· — *stores* մթերք, նիւթեր եւ սարք (նաւային փոխադրութեան համար անհրաժեշտ)․

nave (*նէյվ*) միջանիւ· անիւին այն մասը որուն մէջ առանցքը կը դառնայ· եկեղեցիին դռնէն մինչեւ խորանը՝ որ դասու թեւերէն զատուած է սիւներով․

navel (*նէյվ'ըլ*) պորտ· որեւէ բանի կեդրոնը· — *-string* պորտալար·

navicert (*նէվ'իսըրթ*) նաւու ազատ երթեւեկութեան անցագիր· առեւտրական անցագիր·

navigable (*նէվ'իկէպլ*) նաւարկելի (գետ, լիճ, ծովամաս)· *in — condition* նաւուն ծովային նամբորդութեան յարմար վիճակ· ղեկավարելի· օդապարիկ·

navigate (*նէվ'իկէյթ*) նաւարկել (ծովու կամ գետի վրայ)· նաւուն կամ սաւառնակին ուղղութիւն տալ·

navigation (*նէվիկէյ'շըն*) նաւարկութիւն· նաւագնացութիւն·

navigator (*նէվ'իկէյթըր*) նաւարկող· նաւագնաց· ծովախոյզ·

navvy (*նէվ'ի*) պեղումի գործով զբաղող բանուոր· սեւագործ բանուոր· *steam* — փորող մեքենայ·

navy (*նէյվ'ի*) նաւատորմիղ· ծովոյժ· *merchant* — անդրծովկինաւսեան ծովային ույժ· — *yard* նաւարան·

nawab (*նէուապ'*) կառավարիչ· ազնուական (հնդկ·)․ երեսփոխան (արաբ·)․

nay (*նէյ*) ոչ· ատկէ զատ· *say* — մերժել· ուրանալ· հակասել·

Nazarene (*նէզըրին'*) Նազարէթ քաղաքի բնակիչ· Նազովրեցի (հրեաներ եւ իսլամներ այս անունով կը կոչեն քրիստոնեաները)․

Nazarite (*նէզ'ըրայթ*) Նազովրեցի· Ուխտեալ Իսրայէլացի·

naze (*նէյզ*) գլուխ· հրուանդան·

Nazi (*նա'ցի, նա'զի*) Գերման Ազգ· Ընկերվ· Կուսակցութեան (1922–45) անդամ· *—dom, —ism, —sm* նացիականութիւն· (երբեմն գերման կամ գերմանացի նշանակութիւնով)․

Neandertal (*նիէն'տըրթալ*) Նէանտէրթալեան, բրածոյ մարդ (նախամարդու տիպար մը), գտնուած 1857 թուին Բայն նահանգին մէջ·

neap (*նիյփ*) լուսնի Ա· եւ Գ· քառորդին ջրախաղացքի ամենէն ցած մակարդակը մակընթացութեան պահուն· *neap-tide* կամ *neaptides* ամենէն ցած ջրախաղացք·

near (*նիյր*) մօտ, մօտիկ (հեռաւորութիւնով եւ կամ ժամանակով)· *far and* — ամէնուրեք. — *at hand* դիւրահասանելի. մօտ օրէն. —*by* շատ մօտ. *not — so numerous* ոչ այնքան բազմաթիւ. *he lives very* — շատ խնայողութեամբ կ'ապրի. — *the end* ծայրին, վախճանին մօտ. *the sun is — setting* արեւը մարելու մօտ է. *who comes nearest him in wit?* սրամտութեան մէջ իրեն հաւասարող (մօտեցող) ո՞վ կայ. *a — friend* մտերիմ բարեկամ. *on a — day* մօտ օրէն. *a — guess* պատասխանին շատ մօտ. *a — resemblance* գրեթէ նման. *a — translation* մօտաւորապէս ճշգրիտ թարգմանութիւն. *a —-miss* վրիպած բայց թիրախին վնասած. —-*sighted* կարճատես. *draw* — մօտենալ. *The — East* Մերձաւոր Արեւելք. —*ly* մօտէն. մօտաւորապէս. գրեթէ.

neat (*նիյթ*) կոկիկ ու շատ մաքուր. պարզ, յստակ, ճարտարօրէն բանահիւսուած խօսք, ռն. արջառ (եզի տեսակէն). —-*herd* (*նիյթ'-հըրտ*) կովարած. —-*house* գոմ. —-*handed* ճկուն, ճարտար ձեռք. —*ly* մաքուր կերպով, ճարտարօրէն. —*ness* կոկիկութիւն. ճարտարութիւն.

neath տես՝ beneath տակը, ներքեւը, վարը.

neb (*նէպ*) դունչ. կտուց. ծայր. քիթ.

nebula (*նէպ'իուլը*) աչքի մէզ. միգամած, միգաստղ. ամպամած. —*r* միգամածային. —*r theory* տեսութիւն՝ որուն համաձայն արեւն ու միւս աստղերը միգամածէ մը ծագում առած են.

nebulous (*նէպ'իուլըս*) միգապատ. — *star* միգամածային աստղ(եր), աստղերու հոյլ մը՝ որ լուսաւոր ամպի կը նմանի. ամպամած. աղօտ. անձեւ.

necessarianism (*նէսսէյ'րիընիզմ*) անհրաժեշտականութիւն (փիլ.).

necessarily (*նէ'սսէսէրիլի*) ստիպեալ. անհրաժեշտօրէն. անխուսափելիօրէն.

necessary (*նէսէս'սըրի*) անհրաժեշտ. էական. կարեւոր բան. ստիպողական. *the —ies of life* ապրելու համար անհրաժեշտ բաներ. *the* — հարկ եղած գումարը, դրամը.

necessitate (*նիսէս'իթէյթ*) ստիպել. պարտադրել. անհրաժեշտ դարձնել.

necessitous (*նիսէս'իթըս*) կարօտ. աղքատ.

necessity (*նիսէս'իթի*) ըստիպողականութիւն, անհրաժեշտութիւն, հարկ. *of* — անխուսափելիօրէն. — *knows no law* հարկը օրէնքը կը լուծէ. — *is the mother of invention* հարկադրութիւնը գիտելիքներու եւ յըղացումներու պատճառ կ'ըլլայ. *necessities* պիտոյք, ապրուստ. չքաւորութիւն. անձկութիւն, նեղութիւն.

neck (*նէք*) վիզ. ճիտ. լեզու. նեղ երկիր. անցքի նեղ մաս. *break one's —* ողնայարը կոտրուիլ (մեռնիլ). *break the — of a task* գործին դըժուար մասը լրացնել. *save one's —* կախաղանէ ազատիլ. *— or nothing* ամէն գնով փորձել. *— and —* վազքի ատեն քով քովի. *— and crop* ամբողջապէս. *—-cloth* (*նէք'քլոթհ*) փողկապ. *—erchief* (*նէք'ըրչիֆ*) վզկապ. *—tie* (*նէք'թայ*) փողկապ. *to —* զգուել, գրկել. *—ing* սիրաբանութիւն. հաւաքոյթ.

necklet (*նէք'լէթ*) մուշտակէ օձիք.

necro - (*նէք'րօ —*) (նախարառ, յուն.). դիակ, մեռել. բարդ բառեր կազմելու կը ծառայէ. *—genic* (*նէքրոճէնի'իք*) դիակի հպելով գոյացած. *—biosis* (*նէքրոպայօ'սիս*) գործարաններու փտութիւն. *—polis* (*նէքրափ'ըլիս*) գերեզմանոց. *—psy, —scopy* դիազննութիւն.

necromancy (*նէք'րըմէնսի*) մեռելահմայութիւն. կախարդութիւն.

necromantic (*նէքրըմէնթ'իք*) կախարդական. մեռելահմայական.

nectar (*նէք'թըր*) նեկտար. անմահական ըմպելի. *—y* մեղրահիւթ ծաղիկներու.

nectarine (*նէք'թարին*) նեկտարադեղձ (պտուղ մը).

neddy (*նէտ'ի*) աւանակ. էշ.

née (*նէ'*) ծնեալ (փրնս.).

need (*նիյտ*) հարկ, պէտք, կարիք. չքաւորութիւն. պէտք ըլլալ. պէտք ունենալ. ուզուիլ. կարօտիլ. ուզել. *if — be (were)* եթէ հարկ ըլլայ. *there is no —* հարկ չկայ. *a friend in — is a friend indeed* խնկական բարեկամը նեղ օրերուն բարեկամութիւն ցուցնողն է. *do one's —s* բնական պէտքը հոգալ. *more than needs* հարկ եղածէն աւելի. *he needs must* ստիպուած է. *—s* հարկ եղածէն աւելի. *he need not trouble himself* նեղութիւն թող չկրէ. *why need he have come?* ի՞նչ հարկ կար գալուն. *do the needful* անհրաժեշտը ընել. *—ful* պահանջուած, անհրաժեշտ. *the —ful* ինչ որ անհրաժեշտ է (դրամական կամ բնեղէնք ըլլալ). *—less* անպէտ, անօգուտ.

needle (*նի'տլ*) ասեղ. սլաք. հիւսելու ասեղ. գազար. սուր կատար. մայրիի ասեղնաձեւ տերեւ. *sharp as a —* դիտող, սուր նայուածք, միտք ունեցող· *Cleopatra's* — Կղէոպատրայի կոթողը· — *case* անեղի տեղ· գրգռել· հրահրել·

needs (*նիյտզ*) անհրաժեշտութիւն *must*ով կը գործածուի· *I need must do* անխուսափելի է չընել· *I must — do* անխորհրդաբար ընելու յամառիլ (ըրած ըլլալ)·

ne'er (*նէր*) (կրճ· *never*-ի) երբեք· — *-do-well* անպէտ, չարասիրտ·

nefarious (*նէֆէյ'րիըս*) ապիրատ· ամբարիշտ· եղեռնագործ·

negate (*նէկէյթ'*) ուրանալ· ժխտել· ոչնչացնել· գոյութիւնը ուրանալ·

negation (*նէկէյ'շըն*) ժըխտում· ուրացում· հակասութիւն· անգոյութիւն· —*ist* ընդունուած հաւատալիք մը ժխտող (մերժող) առանց զայն փոխարինող բան մը թելադրելու·

negative (*նէկ'էթիվ*) բացասական· ժխտական· մերժող· — *vote* վէտոյի իրաւունք· — *sign* նուազ· նուազի նշան· — *electricity* ժխտական ելեկտրականութիւն· — *virtue* մոլութենէ, սխալ արարքէ ետ կենալը· հակառակ թնոյթ ունեցող· *debt is — capital* պարտքը թնոյթով դրամագլուխին հակառակ է· *capital, — debt* դրամագլուխը՝ ժխտական պարտք· (յուսանկ·) ժխտական փորձապակի (փիլմ)· ժխտական արդիւնք· *they decided in the —* ոչ ըսին· մերժեցին· *he returned a negative* ոչ ըսաւ· *his character's made up of —s* բացասական նկարագիր ունի· ժխտել, մերժել, վէտօ գործածել·

negativism (*նէկ'էթիվիզմ*) բացասականութիւն· ուրացողութիւն·

neglect (*նիկլէքթ'*) անտեսել· հոգ չտանիլ·

négligé (*նէկ'լիժէ*) կիսազգեստ, հեշտազգեստ· զանցառու·

negligeable տես՝ *negligible.*

negligence (*նէկ'լիճընս*) անհոգութիւն, զանցառութիւն· անփութութիւն·

negligent (*նէկ'լիճընթ*) անփոյթ· զանցառու· անհոգ· —*ly* անհոգաբար·

negligible (*նէկ'լիճիպլ*) չնչին· անարժէք· զանցառելի·

negotiate (*նէկօ'շիէյթ*) բանակցիլ· փոխանցել (չէք, փոխգիր)· միջնորդել· կարգադրել· հարթել· լուծել (հարց, դժուարութիւն)·

negotiation (*նէկօշիէյ'շըն, նէկօսիէյ'շըն*) բանակցութիւն· առեւտուր·

Negrillo (*նէկրիլ'օ*) զանան սեւամորթներու ցեղ մը (Կեդր· Ափրիկէի մէջ)·

Negro (*նիկ'րօ*) յոգ· (*—es.* իգ· *Negress*) Ափրիկեան խափշիկ, սեւամորթ· ափրիկեցի· ցեղբոյական, խափշիկի, խափշիկեան. — *head* տեսակ մը զօրաւոր ծըխախոտ. ցած տեսակ ձըգախէժ (քաուչուք), ոեռտին. —*id* (նիկ'րոյտ) սեւակերպ. սեւերու յատուկ.

Negus (նիկ'ըս) Եթովպիոյ թագաւորը. քաղցրահամ ջրախառն գինի.

neigh (նէյ) վրնջել. խըրխընջել. վրինջ, խըրխինջ (ձիու ձայն).

neighbour (նէյ'պր) դրացի. մօտիկ. *next-door —s* դրկից. *—ing* մերձակայ. մօտաւոր. *—ly* ազնիւ. բարեկամական.

neighbourhood (նէյ'պըր-հուտ) դրացնութիւն. շրջակայք. դրացիք. դըրացիական զգացում (վարուելակերպ). *in the —* շրջակայքը. *in the — of 100 Lebanese Pounds* շուրջ հարիւր Լիբ. թղթոսկի.

neither (նիտհ'ըր, նայտհ'ըր) ոչ ալ. ոչ մէկ. ոչ մէկը. ո'չ մէկը եւ ոչ... *neither I (you), or he knows* ո'չ ես (դուն), ո'չ ալ ինք գիտէ. *I don't know that —* ե'ս ալ չեմ գիտեր այդ բանը. *neither answer is right* երկու պատասխաններն ալ սըխալ են. *— of them knows* երկուքէն ո'չ ոք գիտէ.

nekton (նէք'թըն) լիճերու եւ ծովերու զանազան մասերուն մէջ լողացող գործարանաւորներ.

Nemesis (նէմ'իսիս) վրէժխընդրութեան դիցուհի. Նեմեսիս.

nenuphar (նէն'ուֆար) հարսնամատ, ջրաշուշան, նունուփար.

neo - (նի'օ –) (յուն. նախարառ). նոր. արդի. վերջնագոյն. վերջին. նախկին. — - *Christianity* քանապաշտութիւն. — - *paganism* նոր հեթանոսութիւն. — - *Malthusianism* (նէօ' – մալթիուժանիզմ) յղութեան արգելիչ արուեստական միջոցներու գործածութիւն. — *doxy* նոր տեսութիւն (վարդապետութիւն).

neolithic (նիոլիթհ'իք) նոր քարի շրջանին յատուկ. քարային. *Neolithic Age* Նոր Քարեդարեան Շրջան (շուրջ 10 հազար տարի առաջ).

neologian (նէոլ'ըճիըն) աստուածաբանական նորաբան. նորաբանական.

neologism, neology (նէո'լըճիզմ, նէոլ'ըճի) կրօնական նոր բառեր շինող կամ նոր քանապաշտական տեսութիւններ ընդգրկող մէկը.

neon (նի'ան) նեոն (օդին մէջ գտնուած ոչ-կիզելի կազերէն մէկը). — *lights* նեոնեան լոյսեր.

neophyte (նի'ըֆայթ) նորընծայ կաթոլիկ կղերական. նորահաւատ. սկսնակ. համբակ.

neoteric (նիըթէր'իք) այժմեան· արդի· նոր (գաղափարներ)·

nephew (նէ՛վիու, նէֆ՛իու) եղբայրորդի· քեռորդի·

nephrite (նէֆ՛րայթ) երիկամաքար·

nephritic (նէֆրիթ՛իք) երիկամային·

nephritis (նէֆրայ՛թիս) երիկամունքներու բորբոքում, երիկամատապ·

nepotism (նէփ՛ըթիզմ) տուեալ ընտանեկան պարագաներուն աւելի հոգ տանիլ եւ անոնց պաշտօններ տալ· խնամիական կապեր·

Neptune (նէփ՛թիուն) Պոսիդոն՝ ծովու չաստուած· սեւ մոլորակ·

Neronian (նիրոն՛իըն) Ներոնեան· անգութ· փառաշոտ· բռնապետական·

nerve (նըրվ) ջիղ· ոյժ· խառնուածք· համարձակութիւն· ջղայնութիւն· *auditory* — (օտի՛թըրի նըրվ) լսողական ջիղ· ջիղերու խուրձեր՝ որոնք ուղեղէն եւ ողնուղեղէն տպաւորութիւններ եւ գրգիռներ կը հաղորդեն մարմնոյն զանազան մասերուն եւ փոխադարձաբար· *a fit of* —*s* ջղագրգռութիւն· *get on one's* —*s* ջղայնացնել, մտահոգել· *has iron* —*s*, —*s of steel* դիւրաւ չի վախնար կամ տակնուվրայ ըլլար· *lose one's* —*s* երկչոտ դառնալ· վարանոտ ըլլալ· *to* — խրախուսել, քաջալերել, զօ-
րացնել վտանգը դիմագրաւելու համար·

nerveless (նըրվ՛լէս) անջիղ· վատոյժ· թոյլ· անտարբեր· տափակ (ոճ)·

nervine (նըրվ՛այն) ջղաղեղ·

nervous (նըրվ՛ըս) ջղոտ· ջղազգեցիկ· զգայուն ջիղեր ունեցող· ջղագրգիռ· դիւրագրգիռ· երկչոտ· մկանուտ· կուռ (ոճ)· — *system* ջղային դրութիւն· *a* — *breakdown* ջղային դրութեան խանգարում·

nervy (նըրվ՛ի) զօրաւոր· ջղուտ· հանդարտ· ինքնավստահ· լպիրշ· անպարկեշտ· ցնցիչ· ջղային·

nescience (նէշ՛իընս) տգիտութիւն· *nescient* (նէ՛շիընթ) անգիտական (ակնոսթիք)·

ness (նէս) հրուանդան· գլուխ·

-ness (նէս) յետադաս մասնիկ (ածականներէն գոյական կազմելու)· *bitter*— դառնութիւն· *loving*— գորով· սիրունութիւն· *tired*— յոգնածութիւն· *broken*— զղջում· վշտակրութիւն· անհարթութիւն· *up-to-dateness* արդիականութիւն· նորութիւն· այժմէութիւն· թարմութիւն·

nest (նէսթ) բոյն· հաւբոյն· ծագարան· բնակարան· ապաստան· անկողին· զողերու բոյն, ծամադրավայր· փոքր զըղբոցաւոր սեղան· *feather one's nest* հարստանալ· իր բոյնը շինել· — *-egg* բունկալ· բոյն դնել, տեղաւորել·

nestle (*նէսըլ*) բոյն շինել· տեղաւորուիլ· բոյնին մէջ նստիլ· — *down, in (into, among) leaves, (wraps, chairs etc.).* հանգիստ տեղաւորուիլ տերեւներու (ծածկոցներու, աթոռներու) միջեւ· գուրգուրալով մօտիկ երթալ մէկուն·

nestling (*նէս'լինկ, նէսթ'լինկ*) բոյնի ձագ· երախայ· թռչնիկ·

Nestorian (*նէսթոր'իըն*) նեստորական· Նեստորի վարդապետութեան յարող· (Նեստոր 428ին Յ·Ք· յայտարարեց թէ Քրիստոս որոշ երկու անձնաւորութեանց [աստուածային ու մարդկային] մարմնացումն էր)·

net (*նէթ*) ուռկան· ցանց· ծուղակ· թակարդ· անխառն· զուտ· ուռկանով որսալ· օղ շինել· հիւսել· զուտ շահ ընել· — *profit* զուտ շահ· *network* գետերու, երկաթուղիներու, ջրանցքներու ձայնասփռման կայաններու բարդ դրութիւն մը· *set nets in (river)* գետի մէջ ուռկան ձգել· ցանցով քսակ, կախորան շինել·

netemeri (*նեթէմ'էրի*) 1907ին Պապական Կոնդակ՝ որուն համաձայն կաթոլիկէի մը ոչ-կաթոլիկէի հետ կնքած ամուսնութիւնը օրինաւոր չի նըկատուիր, եթէ կաթոլիկէ կղերական մը չկատարէ պսակը·

nether (*նէտ'հըր*) վարի· ստորին· — *lip* վարի շրթունք· — *jaw* վարի ծնօտ· — *man* սրունքները· — *world (regions)* դժոխք·

Netherlands (*նէտհ'ըրլէնտս*) Հոլանտա, Պելճիքա· —*der* (*նէտհ'ըրլէնտըր*) հոլանտացի· —*dish* (*նէտհ'ըրլէնտիշ*) հոլանտական կամ պելճիքական·

netting (*նէթ'ինկ*) օղահիւք· ուռկան· ուռկանի պէս հիւսուած կերպաս·

nettle (*նէթ'ըլ*) եղին (խայթող բոյս մը)· խայթել· գրգռել· նեղել· *stinging* — կաղնչուկ· *white dead* — սպիտակ եղինամայր·

neural (*նիուր'ըլ*) ջղային (դրութեան յատուկ)·

neuralgia (*նիուրէլ'ճա*) ջղացաւ·

neuralgic (*նիուրէլ'ճիք*) ջղացաւային· ջղացաւի (երեսի կամ գլխու)·

neurasthenia (*նիուրէսթհէն'իը*) ջղաթուլութիւն· ջղային տկարութիւն·

neuritis (*նիուրայ'թիս*) ջըղատապ·

neurosis (*նիուրոս'իս*) ջըլախտ· ջղագարութիւն·

neuter (*նիութ'ըր*) չէզոք· անկողմնակալ· անկուսակից· ո՛չ արու, ո՛չ էգ·

սեռէ զուրկ· ամուլ· անծին·

neutral (*նիու'թրըլ*) չէզոք գոյն· անտարբեր· չէզոք (երկիր որ պատերազմի պարագային ուղղակի կամ անուղղակի կերպով կողմ չի բռներ)· անկողմնակալ· ո՛չ թթու (ասիտ), ո՛չ կալաքարային (քիմիար·)· ո՛չ դրական, ո՛չ ժխտական (ելեկտ·)· սեռէ զուրկ· ամուլ·

neutralize, —ise (*նիու-թ'րըլայզ*) չէզոքացնել· ի դերեւ հանել· չէզոք գօտի նանչնալ, նանչցընել·

neutron (*նիութ'րան*) ելեկտրական չէզոք մասնիկ որ հիւլէի մաս կը կազմէ·

never (*նէվ'ըր*) ամենեւին· երբեք· բնաւ· —*-ending* անվերջ· —*-to-be-for-gotten* անմոռանալի· — *more* ոչ այլեւս· —*-mind* հոգ չէ, հոգ մի՛ ըներ· —*theless* այսուհանդերձ· ասով մէկտեղ· *on never never plan (system)* մասնավճարով տալ գինը·

new (*նիու*) նոր· թարմ· արդի· խակ· անվարժ· համբակ· նորընծայ· անծանօթ· փոխուած· տարբեր· *a — fashion* նորաձեւութիւն· *lead a — life, turn over a — leaf* նոր էջ մը դարձնել· *the —rich* վերջէն (նոր) հարստացած· *the —-poor* նոր աղքատացած· *the — woman* ապանդամոլութենէ եւ սեռմումներէ ձերբազատուիլ տենչացող կիներ· — *moon* նոր լուսին· —*-blown* նորափթիթ· նոր ծաղկած· —*-born* նորածին·

newly (*նիու'լի*) վերջերս· նոր· —*-discovered land* վերջերս (նոր) գտնուած երկիր· *the —-wed* նորապսակ զոյգը·

news (*նիուզ*) լուր· զըրոյց· տեղեկութիւն (եզակի բայով)· *the news is good* բարի լուր է· *ill — flies apace* գուժը շուտով կը լսուի (կը տարածուի)· *no — is good —* եթէ լուր չի գար՝ մտահոգուելիք բան չկայ· *that is no —* այդ ծանօթ բան է· —*-agent* թերթավաճառ· —*-boy,* —*-man* շրջիկ լրագրավաճառ մանչ (մարդ)· —*paper* լրագիր· —*-monger* (*նիուզ'մընկըր*) բամբասող· լրատար· լրաքաղ· —*caster* ձայնասփիւռի խօսնակ· *newsreel* (*նի'ուզրիլ*) օրուան (շաբթուան) լուրերը ցոյց տուող փիլմ·

newt (*նիութ*) ջրամողէզ· ջուրի սալամանտր·

Newtonian (*նիութոն'իըն*) Նեւտոնական (տեսութիւն տիեզերքի)· Նեւտոնի հետեւորդ [Սըր Իսահակ Նեւտոնի (1642-1727) անունով]·

next (*նէքսթ*) յաջորդ· հետագայ· հետեւեալ· երկրորդ. ամենէն մօտ. — *neighbour* մօտիկ դրացին. *he lives — door* յաջորդ տունը կը բնակի. — *- door to a lie* գրեթէ սուտ է. — *to nothing* գրեթէ ոչինչ, անանշան. — *to impossible* գրեթէ անկարելի. *I shall ask the — man* առաջին հանդիպած մարդուս պիտի հարցնեմ. *the next-best* երկրորդ գծի վրայ, երկրորդ ընտրելի բանը. *the person — to him (him)* աստիճանով իրմէ ետք կու գայ. *New York is the largest city — to London* Լոնտոնէն ետք Նիւ Եորք մեծագոյն քաղաքն է. *I shall write you in my —* յաջորդ նամակիս մէջ կը գրեմ. *her — was a grocer* յաջորդ ամուսինը նպարավաճառ էր. *her — was a boy* յաջորդ զաւակը մանչ էր. — *please* յաջորդ հարցում (ընթերցանութիւն, եւայլն).

Niagara (*նայէկ'ըրը*) ջրվէժ. Նիակարայի ջրվէժ. *shoot —* մեծ վտանգի մէջ մտնել.

nib (*նիպ*) կտուց. գրչածայր. գործիքի մը սուր ծայրը. սրել, նորել գրչի ծայրը.

nibble (*նիպ'ըլ*) մեղմ խած. կրծել. խածխըծել. փորձութեան մատնուիլ. սակարկել. *—r* խածխծող. շարունակ ծամող.

niblick (*նիպ'լիք*) կոլֆի (գնդախաղի) գաւազան.

nice (*նայս*) ազուոր. հաճելի. նուրբ. ընտիր. ճնճուշ. համեղ. փափուկ. դժուարահաճ. բըծախնդիր. ազնիւ. զգուշաւոր. ճշգրիտ. զգայուն. *— and...* գոհացուցիչ. գովելի. *a — point of law* դժուար դատելի պարագայ.

Nicene (*նայսին', նայ'սին*) Նիկիական. — *Councils* Նիկիական ժողովներ. Ա. 325 Յ.Տ., Բ. 787ին լուծում տալու Արիոսականութեան վէճին եւ պատկերապաշտութեան հարցին. — *Creed* Նիկիական հաւատոյ հանգանակ.

nicety (*նայ'սիթի*) նրբութիւն. բծախնդրութիւն. *he judges it to a —* արդարօրէն կը դատէ.

niche (*նիշ*) որմնախորշ. բացուտ (արձան, ծաղկաման եւայլն դնելու համար). *a — in the temple of fame* պատուոյ տեղ մը յիշատակութեան արժանի բանի (անձի) մը համար.

nick (*նիք*) հաշուեփայտ. զգդուկ. կեռ (տառի). ճգնաժամ. ժամկէտ. պատեհ առիթ. ճիշդ ժամուն, ժամանակին. *old —* սատանայ. *in the — of time* ճիշդ ժամանակին. *— it, — the truth* գուշակէ'. (գողը) բռնել.

դիպուածով նշանակէտին զարնել.

nickel (*նիք'ըլ*) նիքէլ (ճերմակ, կարծր մետաղ մը). (Ա.Մ.Ն.) 5 սէնթ-նոց դրամ. նիքելազօծել.

nickname (*նիք'նէյմ*) ծաղ-րանուն. կրճատուած ա-նուն. տարբեր բառով յորջորջում. *give — to* ծաղրանուն տալ. *they — patience cowardice* համբերութեան՝ երկչո-տութիւն անունը կու տան.

nicotine (*նիք'ըթին*) նիկո-տին, ծխախոտի թունա-ւոր հիւթը.

nictate, nictitate (*նիք'-թէյթ, նիք'թիթէյթ*) թարթել, աչքը գոցել.

niddle, noddle (*նիտ'ըլ, նատ'տըլ*) դողդողուն. անկայուն. գլուխը ծռող. տատանիլ. երերալ. (նոյն *nid-nod*).

nidificate, nidify (*նիտ'ի-ֆիքէյթ, նիտ'իֆայ*) բոյն շինել.

nidus (*նայտ'ըս*) (յոգ. *—di, niduses*) յարմար միջավայր.

niece (*նիյս*) եղբօր աղ-ջիկ. քեռաղջիկ.

niello (*նիէլ'օ*) յոգ. *nielli* (*նիէլ'ի*), *niellos* (*նիէ-լ'օս*) սեւ կիտուած որ արծաթագործութեան եւ-այլնի մէջ կը գործած-ուի. կիտուածանկար. *—ed* կիտուած.

Nietzschean (*նիչ'էըն*) Նիցչէական. կամապաշտ. յետադիմական փիլիսո-փայութեան յատուկ.

nifty (*նիֆ'թի*) նորաձեւ-եան. վայելուչ. պճնա-մոլ. նարպիկ. զարշա-հոտ.

niggard (*նիկ'ըրտ*) կծծի. բռնուկ. դժկամակու-թեամբ տուող. *—ly* կծծի. կծծիութեամբ. խիստ խնայողութեամբ.

nigger (*նիկ'ըր*) (ծաղրա-կան ձեւը *nigroի*). խափ-շիկ. *work like a —* ծանր աշխատանքի լծ-ուիլ. թխամորթ ոեւէ ժողովուրդ. *— melody, song* խափշիկներու յա-տուկ երգ.

niggle (*նիկ'կըլ*) չնչին բա-ներով զբաղիլ. մանրա-մասնութիւններու շատ բծախնդիր ըլլալ.

niggling (*նիկ'լինկ*) սնա-բանութիւն. ժամավաճա-ռութիւն. անընթեռնլի բառ, ձեռագիր.

nigh (*նայ*) մօտ. մօտիկ. գրեթէ. առընթեր. (հին ձեւը՝ *nigher, —est*. ներ-կայ ձեւը՝ *nearer, next*).

night (*նայթ*) գիշեր. մը-թութիւն. խաւար. նաեւ *—fall* մթնկոխ. գիշե-րամուտ. *black, dark as —* մութ. դժխեմ. *the — of ignorance* տգիտութեան խաւարը. *a dirty —* փոթորկոտ (անձրեւոտ) գիշեր մը. *make a — of it* գիշեր մը խրախճանութիւնով անցընել. *by —* գիշե-րանց. ծածկաբար. *at — (nightfall)* երեկոյ-եան. *— cap* գիշերագը-դակ. ննջելու ժամու ըմպերլի. — *clothes (gown)* գիշերանոց. — *shift* գիշերը աշխատող խումբ. —*mare* մղձաւանջ. սարսափազդու երազ. չարչըրկող մտահոգութիւն. — -*school* երեկոյեան, գիշերային վարժարան.

nightingale (*նայթ'ինկկէյլ*) սոխակ.

nightly (*նայթ'լի*) ամէն գիշեր. գիշերուան. գիշերային. գիշերանց.

nightshade (*նայթ'շէյտ*) թունաւոր պտուղ մը. ջրախաղող. *deadly* — ատրոպ.

nihilism (*նը'հիլիզմ*, *նայ'հիլիզմ*) ոչնչապաշտութիւն. մերժում տիրող կրօնական եւ քաղաքական ամէն համոզումի (գաղափարի, պետութեան).

nihility (*նայհիլ'իթի*) ոչնչութիւն.

nil (*նիլ*) ոչինչ, անարժէք. խաղի մէջ կէտերու հաշիւը պահելու համար կը գործածուի. օր.՝ *two goals to* — երկու կոլի դէմ զէրօ. ոչինչ.

nill (*նիլ*) չուզել. մերժել. (քէական քայ, ներկայ, գ. դէմք). *will he — he* ուզէ կամ ոչ. (ներկային՝ *willy-nilly*) կամայ ակամայ.

nimble (*նիմ'պըլ*) ճկուն. դիւրաշարժ. պատրաստարան. — -*fingered* ճարպիկ. փորձառու (գողութեան մէջ). արագ ըմբռնող.

nimbus յօգ. —*bi*, —*buses* (*նիմ'պըս*, *նիմ'պայ*, *նիմ'պըսըս*) լուսապըսակ. անձրեւի ամպ.

nimiety (*նիմայ'իթի*) առատութիւն. յորդութիւն. չափազանց շատ.

niminy-piminy (*նիմ'ինիփիմ'իմինի*) արուեստակեալ. ցուցամոլ. պչրական.

nincompoop (*նին'քըմփուփ*) պարզուկ. ապուշ. զգացումէ եւ նկարագիրէ զուրկ.

nine (*նայն*) ինը. *The Nine* ինը Մուսաները. *will be — next birthday* ծննդեան յաջորդ տարեդարձին 9 տարեկան պիտի ըլլայ. — *times out of ten* առհասարակ. *a cat has — lives* կատուն դժուար կը սպաննուի. *dressed up to the —s* շքեղօրէն եւ խնամքով հագուած. —*pins* իննական (խաղ). —*fold* (*նայն'ֆոլտ*) իննապատիկ. —*teen* (*նայն'թին'*) տասն եւ ինը. —*th* (*նայնթինթհ*) տասնըիններորդ.

ninety (*նայն'թի*) իննըսուն. — -*one*, — -*two*, *or one and* —, *two and* — *etc.* — -*nine times out of a hundred* գրեթէ միշտ. — -*nine out of a hundred* գրեթէ բոլորը. *the —ies* ջերմութեան 90 աստիճանը (*ֆարհէնայթ*). կեանքի մը 90 տարիները. դարու մը 90ական թըւականները (90ի եւ 100ի միջեւ).

Ninevite (նին'էվայթ) Նինուէցի.

ninny (նին'ի) տկարամիտ. պարզուկ. խենր.

ninth (նայնթհ) իններորդ. *on the — (day of the month)* ամսուն իններն. — *part* մէկ իններորդը. — *part of a man* դերձակ. *ly*— (կէտեր համրելու ատեն) իններորդ կէտ(ը).

niobium (նայոպ'իըմ) հազուագիւտ մետաղ մը. նիոբիոն.

nip (նիփ) կսմիթ. խայթ. կծու հեգնանք. ցրտահարութիւն. կսմթել. խայթել. հեգնել. ափծանել. ցրտահարել. անումը կասեցնել. փոքր քանակով ոգելից ըմպելի. *take —s, or —s of* քիչ մը կոնծել. *nip off!* փախի'ր. *there is a — in the air* ցուրտ է.

nipper (նիփ'ըր) *nip* բային տառական նշանակութիւնները ունի. տեսակ մը ձուկ. մանչուկ. մըրզավանառի օգնական. —*s* ափծանիկ. կտակ (գործի). մազխիլ. ունելեակ. ձիու հերձատամ.

nipple (նիփըլ) պտուկ ծծի (կաթի շիշի), որով մանուկներուն կաթ կը տրուի. լերան վրայ փոքր բարձրութիւն մը.

Nippon (նիփ'ըն) Ճարոն. Ճարոնական.

nirvana (նիրվա'նը) Նիրվանա. յետ մահու վիճակ, ուր մարդու հոգին կը միաւորուի Աստուծոյ հետ (պուտտայականութիւն).

nitrate (նայթ'րէյթ) բորակատ. կարն ձեւը *potassium* —ի, կամ *sodium* —ի. *to* — միացնել բորակական թթուով.

nitre (նայ'թըր) բորակ.

nitric (նայթ'րիք) բորակածին պարունակող. — *acid* զօրաւոր, անգոյն, մաշեցնող թթու մը.

nitrite (նայթ'րայթ) բորակային աղ.

nitro - յուն. նախաբառ, բարդ բառերու կազմութեան կը ծառայէ. (նայթրօ –) *nitro-acid* (նայթրօ–ա'սիտ) բաղադրեալ թթու մը. — - *explosive* (նայթրօ–էքսփլօս'իվ) բորակական թթուով շինուած պայթուցիկ. — - *glycerine* (նայթրօ–կլըս'ըէրին) բորակաքաղցրին (զօրաւոր պայթուցիկ նիւթ մը).

nitrogen (նայթ'րոճին) բորոկածին, անգոյն կազ մը, որ մթնոլորտին 4/5ը կը կազմէ եւ բոյսերու համար շատ կենսական է.

nitwit (նիթ'ուիթ) տկարամիտ, պարզամիտ անձ. ապուշ.

nix (նիքս) ջուրի պարիկ. ուրանալ. մերժել.

Nizam (նիզամ') Հայտաբապատի իշխանին տիտղոսը. —*i* (նիզամ'ի) թրքական բանակի կանոնաւոր զինուոր.

no (*նօ*) ոչ մէկ. ոչ. ոչ ոք. — *date* կարճ՝ *n.d.* առանց թուականի (գիրքեր, նամակ). — *end* խիստ շատ. մեծ գումար մը. *by* — *means* ոչ երբեք. *that is* — *distance* հեռու չի նկատուիր. *he did it in* — *time* շատ կարճ ժամանակի մէջ ըրաւ. — *surrender* յանձնուիլ չկայ. *now* — *mistake* զիս շիտակ հասկցէք. — *flowers* յուղարկաւորութեան ծաղիկ չղրկել.

no (*նօ*) ոչ. յոզ. *noes* (*նօզ*). *2 noes make a yes* երկու մերժում մէկ հաւանութիւն կը նշանակէ. *he could not do it, no, nor five* ինք չի կրնար ընել, ոչ իսկ հինգ հոգի.

Noachian, Noachic (*նոէյքի'ըն, նոյէքի'ք*) Նոյեան, Նոյի շրջանին.

Noah's ark (*նո'աս արք*) Նոյեան տապանը՝ որուն մէջ Նոյի ընտանիքը՝ ութը հոգի, եւ կենդանիները ջրհեղեղէն ազատեցան.

nob (*նապ*) գլուխ. գըլխուն հարուած տալ (կռփամարտի մէջ). ազնուական.

nobble (*նապ'պլ*) խաբել. ձիարշաւի անտակ դարձնել. ծածկաբար կողմնակցութիւնը շահիլ. անպարկեշտ միջոցներով դրամ ձեռք ձգել. բռնել (ոճրագործը). —*r* (*նապ'լըր*) խաչագող. խաբեբայ.

Nobel prize (*նոպէլ' փրայզ*) տարեկան մրցանակ (բնագիտութեան, ֆիմիագիտութեան, բըժշկութեան, գրականութեան մարզերուն մէջ լաւագոյն արդիւնք ձեռք ձգող կամ խաղաղութեան ի նպաստ գործ կատարող անձերուն). Նոպէլեան Մրցանակ.

nobiliary (*նոպիլ'իըրի*) ազնուականութիւն. — *pride* ազնուականի հըպարտութիւն. — *rank* ազնուական դաս, աստիճան. — *particle* ազնուականութեան տիտղոսի նախադաս մասնիկ. օրինակ՝ Ֆրնս. *de*, Գերմ. *von* (ֆօն).

nobility (*նոպիլ'իթի*) ազնուութիւն (նկարագրի, մտքի, ծնունդով եւ կամ դասով). ազնուականութիւն.

noble (*նօ'պլ*) ազնիւ, ազնուազարմ. տիտղոսով (դասով, ծնունդով) հրաշակաւոր. — *minded* վեհանձն. վսեմ. հոյակապ. հիանալի. տպաւորիչ. — *metals* բարձրորակ մետաղներ (ոսկի, արծաթ եւ յանոսկի)՝ որոնք ժանգ չեն բռներ, թթուներէն դիւրաւ չեն ազդուիր. — *man* ազնուական.

nobly (*նոպ'լի*) ազնուութեամբ. վեհանձնօրէն.

noblesse (*նոպլէս'*) ազնըւական դասը. աւագորեար. — *oblige* (*նոպլէս'* *օպլիժ')* առանձնաշնորհումը կ'ենթադրէ նաեւ պարտաւորութիւն·

noct(i)- նախադաս բառ (լատ·) (*նաքթ(ի)-*) գիշերային· գիշերուան· — -*ambulent* (*նաքթէմ'պիուլընթ*) գիշերաշրջիկ· քնաշրջիկ·

nocturnal (*նաքթըրն'ըլ*) գիշերային·

nocturne (*նաք'թըրն*) գայգանուագ, գայգերգ· (նկարչ·) գիշերային տեսարան· նկար·

nod (*նատ*) գլխու հակում· գլխու նշան (այո ըսելու, հրամայելու կամ բարեւելու)· հնազանդութիւն· մրափ· ծռիլ· հաւանութիւն տալ· բարեւել· ցնցել· մրափել· գըլուխով նշան ընել· անհոգաբար սխալ' գործել· —*ding* բացարձակ տիրապետութիւն· օր· *the entire country was at his —ding. The land of Nod* քուն·

noddle (*նատ'տլ*) գլուխ· դդում (հեգնական)·

node (*նօտ*) հանգոյց· օղակ· կապ· կոշկոռ· ելունդ· յօդացաւի ուռեցք յօդին վրայ· տերեւին ծլած կէտը·

nodus (*նատ'ըս*) յոզ· —*di* (*նատ'այ*) հանգոյց· դըժուարութիւն· բարդութիւն պատմութեան մը ծրագրին մէջ·

Noël (*նօէլ'*) Ծնունդ· *(Nowel)* Ծնունդի երգերով ուրախութիւն·

noetic (*նօիթ'իք*) մտաւորական· մտացի· — կամ —*s* իմացականութեան գիտութիւնը·

nog (*նակ*) սեպ· փայտի փոքր կոճղ մը· ծառի վրայ կոճղ· սեպով հաստատել· սեպաձեւ հիւսել (աղիւսով, սիմէնթով, քարով)· (ներկայ ընդ· *nogging*). —զօրաւոր գարեջուր մը·

noggin (*նակ'ին*) գաւաթիկ· հեղուկի չափ (1/32 կալօն)·

noise (*նոյզ*) ձայն· աղմուկ· ժխոր· գոչիւն· հրապարակել· տարաձայնել· աղմկել· ժխոր հանել· —*less* (*նոյզ'լէս*) անձայն· անաղմուկ· —*lessness* անաղմուկ վիճակ· *big noise* (Ա· Մ· Ն·)· ականաւոր անձ· *make a —* զանգատիլ· իր մասին շատ խօսուիլ, համբաւ հանել·

noisette (*նուազէթ'*) տեսակ մը վարդ· —*s* որոշ կերպով եփուած միսի փոքր կտորներ· արքայակազին·

noisome (*նոյ'սըմ*) վնասակար· հակառողջ· ապականիչ· գարշահոտ· անախորժ· —*ness* գարշահոտութիւն· ապականութիւն·

noisy (*նոյզ'ի*) աղմկալի· շռնդալից· աղմկայոյզ·

nolens volens (*նոլ'էնզ վոլ'էնզ*) կամայ-ակամայ· բռնի· անհրաժեշտօրէն·

nomad (*նոմ'էտ*) վաչկատուն· վրանաբնակ· արօտական· —*ic* (*նոմէտ՛իք*) շրջուն· թափառական·

nom-de-plume (*նոմ-տը-փլիւմ՛*) *pen-name* գըրչանուն· կեղծանուն· ծածկանուն·

nominal (*նամ՛ինըլ*) անունի· — *and verbal roots* անունի եւ բայի արմատներ· անուանական· բառական· — *ruler* անուանական ղեկավար· ոչ-իրական· — *price* ոչ բուն գինը, շատ ցած գին· —*ly* անուանապէս· անուամբ·

nominate (*նամ՛ինէյթ*) անուանել· յորջորջել· պաշտօնի ընտրելի՝ թեկնածու նշանակել· որոշել՝ տեղ, թուական· սահմանել·

nomination (*նամինէյ՛շըն*) նշանակում· անուանում· անուանելու իրաւունք· պաշտօնակարգութիւն·

nominative (case) (*նամ՛ինէթիվ*) ուղղական հոլով· անուանական· անուանումով նշանակուած·

nominator (*նամինէյ՛թըր*) կարգող· նշանակող· անուանող·

nominee (*նամինի՛*) անուանեալ· ընտրելի·

nomistic (*նոմիս՛թիք*) օրինական (բարոյական).

non - (*նան* -, *նըն* -) ոչ· -ան·.. ասացուածքներու կազմութեան ծառայող· բացասական մասնիկ (նախդաս) լատիներէն· —-*compos* (*նընքամ՛փոս*) յուսնոտ· խենթ·

non - (*նըն*-) նախ· մասնիկ՝ ժխտական բառերու կազմութեան ծառայող. (Ֆրնս· *non* -) —-*acceptance* (*նըն-էքսէփ՛թընս*) աներնդունելիութիւն. —-*access* (*նըն - աք՛սէս*) սեռային անմերձենալիութիւն· —-*appearance* (*նընէփփիյր՛ընս*) վկայի դատարանէ բացակայութիւն· —-*compliance* (*նըն-քըմփլայ՛ընս*) դըժկամակութիւն· անթեքնելիութիւն· —-*interference* (*նըն-ինթըրֆի՛րէնս*), —-*intervention* (*նըն-ինթըրվէն՛շըն*) քաղաքական, միջազգային վէճի պարագային չէզոք մնալու քաղաքականութիւն· —-*member* ոչ-անդամ· —-*belligerent* (*նըն-պէլի՛ճըրէնթ*) (*non-combatant*) ոչ-պատերազմիկ· պատերազմի չմասնակցող երկիր· ո՛չ մէկ կերպով, չափով· երբեք· *I am* — *the better for it* ինծի օգուտ մը չըրաւ այդ բանը· — *the less* սակայն եւ այնպէս· այսուհանդերձ·

nonchalant (*նըն՛շալընթ*) անփոյթ· անհոգ· չյուզուող· չգրգռուող·

none (*նըն*) ոչ ոք· ո՛չ մէկ· ո՛չ մէկ բան· — *of them is (are) here* մէկն ալ հոս չէ (չեն)· — *can tell* չկայ մէկը որ կարենայ պատմել (գուշակել)· *you have money, I have* — դուն դրամ ունիս, ես ոչ· — *the less* այսուհանդերձ·

nonentity (*նէնէն'թիթի*) անգոյութիւն. անէութիւն. ոչնչութիւն.

nonesuch, nonsuch (*նըն'-սաչ*) աննման. անզուգական.

nonillion (*նընիլ'եըն*) իննիլիոն, միլիոնի 9րդ կարողութիւն (1 թուանշանէն ետք 54 զէրօ).

nonpareil (*նանփարէլ'*) աննման անձ, բան. գիրի չափ. խնձորի, թռչունի, ցորենի, ցեցի տեսակներ.

nonplus (*նանփլաս'*) վարանում. անյաղթելի դժուարութիւն. խառնակել. նեղել.

non-resident (*նան-րէզ'իտընթ*) գործին վայրը չբնակող (կղերական). մէկը որ կարն միջոց մը կը մնայ, բնակութեան վայրը այլ տեղ է.

nonsense (*նան'սէնս*) անիմաստ խօսք (բան). անհեթեթութիւն.

nonsensical (*նանսէն'սիքըլ*) անհամ. անիմաստ.

noodle (*նու'տլ*) ապուշ. յիմար. պարզամիտ. —*s* տափակ խմոր (չորցուած). տրէ.

nook (*նուք*) անկիւն. առանձնարան.

noon (*նո'ւն*) կէսօր. միջօրէ. *at* — կէսօրին. —*day, —tide* միջօրէ. կէսօրուան. —*ing* կէսօրուան հանգիստ. հացկերոյթ. ճաշ.

noose (*նու'զ*) խեղդան, խեղդակապ. ձիեր (վայրի կովեր) խեղդակապով բռնել. օղակ եղած պարանով կամ ձգարանով բռնել.

nopal (*նոփ'ըլ*) Ամերիկ. հնդկաթզենի, որդանենի.

nor (*նոր*) ոչ ալ. կը գործածուի սովորաբար *neither ... nor* ձեւով. *neither he nor Hovsep came* ո՛չ ինք եկաւ, ո՛չ ալ Յովսէփը. *she neither studies nor plays* ո՛չ կը սերտէ, ո՛չ ալ կը խաղայ.

nordic (*նորտ'իք*) Սկանտինաւեան, հիւսիսական (ժողովուրդներ).

norea (*նո'րիը*) ջրանիւ, գետէ ջուր հանող անիւ.

norland (*նոր'լէնտ*) հիւսիսային, հիւսիսակողմ.

norm (*նորմ*) տիպար. նըմոյշ. չափանիշ. —*al* (*նորմ'ըլ*) կանոնաւոր. բնականոն. ուղղահայեաց.

normal school ուսուցչանոց, ուսուցիչ պատրաստող դպրոց (Ա.Մ.Ն.).

normalcy (*նոր'մըլսի*) բընականոն վիճակ.

normality (*նորմէլ'իթի*) բնականոն վիճակ.

normalize (*նոր'մըլայզ*) բնականոն դարձնել.

normally (*նոր'մըլլի*) բընականոն կերպով.

Norman (*նոր'մըն*) Նորմանտական. — *conquest* Նորմանտական տիրապետութիւն Անգլիոյ վրայ (1066ին).

Norse (*նորս*) Նորվեկեան լեզու. Նորսերէն. —*land* Սկանտինաւիա, Նորվեկիա. —*man* Հիւսիսաբնակ. Նորս. Նորվեկիացի.

Norsk (նորսք) Սկանտինաւեան.

north (նորթհ) (կարճ՝ *nor'-*) հիւսիս. հիւսիսային. հիւսիսակողմ. — *of* հիւսիսակողմը. *further — than* աւելի հիւսիս. *NE, NW,* (հիւս. արեւելք, հիւս. արեւմուտք). —*-eastward* —*-westward* դէպի հիւսիս արեւելք, հիւսիս արեւմուտք. — *Pole* Հիւսիսային Բեւեռ. — *polar* (նորթհփո՛լըր) Հիւսիսային բեւեռի. — *star* բեւեռային աստղ. — *light* Հիւսիսայգ. — *Sea* Հիւսիսային Ծով.

norther (նորթ՛հըր) հիւսիսահով (Թէքսաս նահանգի, Ֆլորիտայի եւ Մեքսիքայի Ծոցին). —*ly* հով որ հիւսիսէն կը փչէ.

northern (նորթհ՛ըրն) հիւսիսաբնակ. հիւսիսէն եկած բնակիչ. — *lights* Հիւսիսայգ.

norward(s) (նոր՛ուըրտ(ս)) դէպի հիւսիս.

Norwegian (նորուի՛ճըն) Նորվեկիացի. Նորվեկերէն. Նորվեկեան.

nose (նոզ) քիթ. ցռուկ. հոտոտելիք. կնճիթ. թէյամանի, խողովակի, փքոցի փողածայր. հոտուըտալ. քիթէն խօսիլ. քիթ ընել. քիթը խոթել. մէջը մտնել. քիթը մեծնալ, արհամարհել. *bite (snap) some-one's — off* շատ կըտրուկ պատասխան տալ. *count (tell) —s* կողմնակիցներ հաշուել. *cut off one's — to spite one's face* վշտացած, վիրաւորուած ըլլալով ինքնիր անձին վնասել. *follow one's —* ուղղակի դէպի առաջ երթալ. — *of wax* դիւրաւ հետեւող, ազդուող մարդ. *lead by the —* կուրաբար առաջնորդել, առաջնորդուիլ. *keep one's — to the grind-stone* չարաչար աշխատիլ. *pay through the —* բարձր գին վճարել. *poke one's nose* բանի մը միջամուխ ըլլալ. *turn up one's — at* արհամարհել մէկը. *has a good —* լաւ, սուր հոտառութիւն ունի (շուն, գաղտնի ոստիկան). — *dive* օդանաւի խոյանք, վայրէջք. քիթը վար խոյանալ.

nosing (նոզ՛ինկ) կլորցուած եզերք սանդուխի աստիճանին, ձուլուած կաղապարի.

nostalgia (նասթէլ՛ճիը) հայրենատենչութիւն. հայրենիքի, տունի կարօտ. *nostalgic* հայրենատենչական.

Nostradamus (նասթրըտէյմ՛ըս) տեսանող. գուշակ.

nostril (նաս՛թրիլ) ռունգ. քիթի ծակ.

nostrum (նաս՛թրըմ) կեղծ բժիշկի յանձնարարած

դեղ· պառաւներու շինած դեղ· ջատագովուած ծրագիր ֆաղաֆական եւ ընկերային բարեկարգութեան կամ մասնաւոր ծրագիրի.

nosy (*նոզ'ի*) խոշոր ֆիթ· լրտեսող, հետաֆրֆիր (անձ)· անուշահոտ թէյ· անախորժ հոտի զգայութիւն. տաֆ, մգլոտած եգիպտացորենի, խոտի հոտով.

not, n't (*նաթ*) ոչ, չէ· բայերու հետ կը գործածուի երկու ձեւով ալ· *I do not (I don't). I can not (I can't). he will not (he won't). — one came* ո'չ ոֆ եկաւ· *— a hair of your head shall be touched* գլխուդ մէկ մազն իսկ պիտի չվնասուի.

nota bene (*նոթ'ա պինի*) նոթագրեցէֆ. նկատի ունեցէֆ.

notability (*նոթէպիլ'իթի*) համբաւաւոր մարդ· երեւելիութիւն.

notable (*նոթ'էպլ*) երեւելի· համբաւաւոր· կարող· *—s* առժամեայ խորհրդարան.

notary (*նոթ'ըրի*) նոտար, մուրհակագիր· *— public* նոտար.

notation (*նոթէյ'շըն*) նշանագրութիւն· թուանշաններու փոխարէն որոշ նըշանագրեր գրելը· օրինակ՝ հռովմէական նշանագրերու սիստէմ, *L. V. X.* եւայլն.

notch (*նաչ*) նիշ. կտած· խազ· կիրճ· անցֆ· *V*-ի ձեւով կտրուածֆ. կրտրել· նշել· սղոցի վերածել.

note (*նոթ*) ձայնանիշ· խազ· նշան· նոթ· նոթագրութիւն. ծանօթութիւն. ծանուցագիր· մուրհակ· պատիւ· համբաւ· դիտել· նոթագրել· նկարագրել· միտֆ դնել· *to take —s* յուշագրել, նոթ առնել. *a — book* յուշատետր· ծանօթատետրը· *—d* հռչակաւոր, ականաւոր· *— - paper* յուշագրաթուղթ· *—r* նկատող· *—worthy* (*նոթ'ուըրտհի*) նկատելի· տեսարժան. արժանայիշատակ.

nothing (*նը'թհինկ, նա'թհինկ*) ոչինչ. ո'չ մէկ բան. *— great is easy* կարեւոր ո'չ մէկ բան դիւրին է· *there is — to it* անկարեւոր է, սըխալ է· *— venture — have* դժուարութիւնը յանձն չառնողը չի կրնար բան մը ձեռֆ ձգել· *get thing for —* ձրի առնել· *that is — to you* ֆեզի չի վերաբերիր· *come to —* ձախողիլ· *be —* անկրօն ըլլալ· *avails —* անօգուտ է· *—ness* ոչնչութիւն.

notice (*նոթ'իս*) ազդ, ազդագիր, ազդարարութիւն. ծանօթագրութիւն. լուր. ուշադրութիւն. մեծարանֆ. *come into —* ուշադրութիւն գրաւել· *takes no — of* նկատի չ'առներ, ուշադրութիւն չի դարձներ (բանի մը)· *take — that* կ'ազդարարեմ որ, զգուշացիր որ· *baby takes —* մանկիկը դիտելու, զանազանելու սկսած է· *— -board* ազդատախտակ· *serve with —, give — to* ազդարարութիւն տալ որ ձգէ, (պաշտօնը) թողու·

notifiable (*նոթ'իֆայէպլ*) տեղեկացուելիք (հիւանդութեան պարագան առողջապահական իշխանութեանց լուր տալու)·

notify (*նոթ'իֆայ*) տեղեկագրել· նշել· տեղեկացընել, լուր տալ· ազդարարել· *— to* տեղեկացնել մէկուն· *— that* տեղեկացնել թէ·

notion (*նո'շըն*) ըմբռնում· կարծիք· տրամադրութիւն· քմայք· գաղափար· մտադրութիւն· կարողութիւն· *—al* (*նո'շընըլ*) մտացածին, երեւակայական· բան մը որ գիտական փորձարկութեան չէ ենթարկուած·

notoriety (*նոթորայ'իթի*) հանրածանօթութիւն·

notorious (*նոթոր'իըս*) նշանաւոր (դէպք, իրողութիւն) գէշ իմաստով· *it is — that* ամէնուն յայտնի է, ծանօթ է թէ· տխրահռչակ· վատանուն· վատահամբաւ· ստորին· *— vice* ստորին մեղք, մոլութիւն·

Notre-Dame (*նոթրը-տամ'*) Փարիզի Նոթր Տամ Մայր Եկեղեցին·

notwithstanding (*նոթ'ուիթսթէն'տինկ*) այսուհանդերձ, բայց եւ այնպէս· չնայելով· հակառակ (անոր որ)· *this —* հակառակ ասոր·

nougat (*նուկ'ա*) հրուշակ· նուշով, ընկոյզով պատրաստուած անուշեղէն·

nought (*նօ'թ*) ոչինչ· զէրօ· *come, bring to —* կործանուիլ· ձախողիլ· կործանել· ձախողեցնել· *set at —* անտեսել· ծաղրել·

noun (*նաուն*) անուն· գոյական·

nourish (*նա'րիշ*) կերակրել· սնուցանել· կըրթել· մեծցնել· քաջալերել· զօրացնել· (յոյս, զգացում) տածել· *— -ment* սնունդ· սնուցում·

nous (*նաուս*) միտք· բանականութիւն· ողջմտութիւն· առողջ դատողութիւն·

nouveau-riche (*նուվօրիշ'*) նոր հարուստ· սնոպ· չտես· յետոյ հարստացած (տես՝ *parvenu*).

nouvelle (*նուվ'էլ*) կարճ վէպ·

novel (*նավ'ըլ*) նորավէպ· յաւելուածական օրէնք· նոր· նորօրինակ· տարօրինակ· *—ist* վիպասան·

novelize, —ise (*նավ'ըլայզ*) պատմախաղ մը, դէպք մը վէպի վերածել, վիպագրել· *novelization* (*նավըլըզէյ'շըն*) վիպագրում·

novelty (*նավ'ըլթի*) նորութիւն. նորոյթ (ապրանք). նորօրինակութիւն (դէպքի, բնոյթի).
November (*նօվէմ'պըր*) Նոյեմբեր.
novice (*նավ'իս*) նորընծայ, փորձի համար ընդունուած (կրօնական նպատակով). նորադարձ. անփորձ. թերավարժ. համբակ.
novitiate, noviciate (*նըվի'շիէյթ*) սկսնակութիւն. նորընծայ. սկըսնակներու, նորընծաներու օթեւան, բնակարան.
novocaine (*նո'վըքէյն'*) մարմնոյն մէկ մասը անզգայացնելու դեղ.
now (*նաու*) հիմա. ներկայիս. — *and then* երբեմն. առեն առեն. — *that I know it* հիմա որ գիտեմ, հասկցայ. — *or never* նիշդ ժամանակն է. *he is there by now* մինչեւ հիմա հասած ըլլալու է. *ere* — ասկէ առաջ. *till* — ցարդ. *read the future in the* — ներկայով բացատրէ ապագան. *now, now!* մանուկներու տրուած ազդարարութիւն որ լռեն.
nowaday (*նաու'ըտէյ*) այսօրուան. —*s* այս օրերս. ներկայ յառաջդիմութեան օրերուն.
Nowel (*նօէլ'*) տես՝ *Noël*
nowhere (*նո'հուէ'ր*) ո՛չ մէկ տեղ. *be (come in)* — վազքի, մրցումի չքոյլատրուիլ.
noxious (*նա'քշըս*) վնասակար. ապառողջ. —*ly* ապառողջօրէն.
noyade (*նուայեատ'*) մահապատիժ խեղդամահութեամբ.
nozzle (*նազ'ըլ*) ցռուկ. փողածայր (խողովակի). քորանոց (թէյամանի). բերան. կտուց.
nuance (*նիւանս'*) նուրբ տարբերութիւն նշանակութիւններու (զգացումներու, կարծիքներու, երանգներու). երբերանգ. երփնազանութիւն.
nub, nubble (*նապ, նապ'պըլ*) ճեղք. գունդ (քարածուխի). կէտ կամ էական կէտը, ծուծը (պատմութեան մը).
nubile (*նիուպ'իլ*) հարսնցու. *nubility* (*նիուպիլ'իթի*) ամուսնանալու վիճակ.
nuciferous (*նիուսիֆ'էրըս*) ընկուզաբեր. *nucivorous* (*նիուսի'վորըս*) ընկուզակեր, ընկոյզներով սնանող կենդանիներ.
nuclear (*նիուք'լիըր*) կորիզային. —*-powered* կորիզային ուժով մըղուող. — *bomb (atomic bomb)* ատոմական ռումբ. — *fission* (*նիուք'լիըր ֆիշըն*) հիւլէի հերձում. — *fuel* կորիզային վառելանիւթ, ատոմական ուժի աղբիւր. — *reactor* կորիզային բարդ.
nucleole (*նիուք'լիօլ*) կորիզակ. կորիզակի մէջը.
nucleus (*նիուք'լիըս*) գի-

սաւորի գլուխը, խիտ մասը. աքոմի դրական ելեկտրականութիւն պարունակող կեդրոնական մասը. (բուս.) ծուիկի, սերմի կեդրոնը. կենդանական եւ բուսական բջիջի կեդրոնը. — *of a story* պատմութեան մը կորիզը. — *of a community* ընկերութեան, համայնքի մը կորիզը.

nude (նիուտ) մերկ. հոլանի. աննկատ. — *contract* անվաւեր համաձայնագիր. մորթազոյն (գուլպայ). — *figure* մերկ նկար (իւղաներկով կամ քանդակուած).

nudist (նիուտ'իսթ) մերկապաշտ (առողջապահական մտահոգութեամբ).

nudism (նիուտ'իզմ) մերկապաշտութիւն. մերկ ապրողներու ընկերակցութիւն, աղանդ.

nudge (նաճ) արմունկով դպիլ, մշտել, դնդել (ուշադրութիւնը գրաւելու համար). մշտում.

nugatory (նիուկ'էթըրի) աննշան. անարժէք. անօգուտ. ոչ ի զօրու.

nugget (նակ'էթ) ծոյլ ոսկի.

nuisance (նիուսընս) ցաւ. աղէտ. վնասակար բան՝ զոր կարելի է չէզոքացրնել կամ արգիլել օրինական միջոցներով. *commit no* — հանրութեան ուղղուած ազդ՝ որ այդ տեղը չաղտոտեն. աղիտաբեր, վնասակար բան, անձ. անհանոյ

որեւէ բան.

null (նըլ) ոչ ի զօրու. անվաւեր. անզօր. փուճ. — *and void* անօգուտ. անվաւեր. ապարդիւն. —*ify* ջնջել. փճացնել. —*ification* ջնջում. ոչնչացում.

nullah (նալլ'ա) ջրուղի. ջրանցք. գետի, ջուրի հուսանք.

nullity (նալ'իթի) — *of marriage* ամուսնութիւնը լուծուած, չեղեալ նըկատուած. — *suit* ամուսնալուծուելու համար դատ.

numb (նամ) թմրած, անզգայ. ընդարմացնել, թմրեցնել. — *with cold* ցուրտէն թմրած. —*skull* (նամ'սքըլ) բթամիտ. ապուշ. անդամալուծել. ապուշցնել.

number (նամ'պըր) կը գրուի *Nº* թիւ. յոգ. *Nos. room Nº 15,* թիւ 15 սենեակը. *Nos. 1 - 10* մէկէն մինչեւ 10 թիւերը. թիւ, թուանշան. չափ. քանակ. շատութիւն. բազմութիւն. մարդ մը. թերթ. ոտանաւոր. մէկ համար թերթ. թուել. հաշուել. թուարկել. համրել. թիւ տալ. թիւ կազմել. *N—s* (նամ'պըրս) Գիրք Թուոց. *Science of —s* թուաբանութիւն. *is not of our* — մեզմէ չէ. *won by —s (by force of —s)* թիւի շատութիւնով շահեցաւ. —*less* անթիւ. *singular* — եզակի.

plural — յոգնակի· (երաժշտ·) չափ· —*s* երաժշտական ձայնանիշեր (նոթաներ)· տաղաչափական ոտքեր, վանկեր, տուներ· *his (days) years are —ed* երկար կեանք չունի· —*ed among the great* մեծերու կարգին մարդ է· *He was —ed with transgressors* Անիկա (Քրիստոս) յանցաւորներուն հետ սեպուեցաւ· *look after — one* իրեն իրեն հոգ տանիլ·

numerable (նիում'ըրէպլ) թուելի·

numeral (նիումը'րըլ) թըւանշան· թիւ· թուական· թուային·

numerator (նիու'մըրէյթըր) համարակ կոտորակի համարիչը· թուարկու· թուագիր մեքենայ·

numerous (նիու'մըրըս) բազմաթիւ· շատուոր· *a — acquaintance (family, army, class)* շատուոր ծանօթներ (ընտանիք, բանակ, դասարան)·

numinous (նիում'ինըս) *the —* աստուածպաշտութեան հրապոյրն ու ակնածանքի զգացումը միացած·

numismatic (նիումիզմէթ'իք) դրամա(գիտա)կան· —*s* դրամագիտութիւն·

nummary (նամ'ըրի) *nummulary* (նամ'իուլըրի) դրամական· դրամաձեւ·

nummet (նամ'իթ) կէսօրուան ճաշ·

numskull (նամ'սքըլ) բըթամիտ· ապուշ·

nun (նան, նըն) մայրապետ· կուսան· միանձնուհի· թռչունի եւ ցեցի տեսակներ· —*hood,* —*ship* մայրապետութիւն· —*nish,* —*like* կուսական· կուսանման· մայրապետական· մայրապետանման·

nuncio (նըն'շիօ) պապական պատուիրակ օտար պետութեան մօտ·

nuncupate (նըն'քիուփէյթ) կտակը բերանացի յայտարարել (ոչ-գրաւոր)·

nunnery (նըն'ըրի) կուսավանք· կուսանոց·

nuphar (նիուֆ'ար) ջուրի դեղին նունուփար·

nuptial (նըփ'շըլ) ամուսնական· հարսանեկան· —*s* հարսանիք·

nurse (նըրս) ստնտու, ծծմայր, դայեակ· բուժքոյր· հիւանդապահ(ուհի)· *wet* — ծծմայր· *dry* — անկաթ դայեակ· հովանի ծառ՝ որ կը պաշտպանէ ուրիշ ծառեր· աշխատող, գործաւորուհի մեղու, մրջիւն· —*child* ծծմանուկ· որդեգիր· — *maid* սպասուհի· հիւանդապահուհի· *to* — սնուցանել· կաթ տալ· դարմանել· խնամել (հիւանդը)· մանուկը ծունկին վրայ դրած փայփայել· ուժ տալ· զարգացնել· *to — a hatred* սնուցանել (ատելութիւն)· *to — a business* մեծ հոգ տանիլ

(գործառնութեան մը)․ *nursing father* հայրագիր․ — *mother* մայրագիր․
nurse (*նըրս*) շանաձուկի տեսակներ․
nursery (*նըրս՛ըրի*) մանկարան․ մանկատածարան․ տնկարան․ — *rhymes* ֆերթուած մանուկներու համար․ — *governess* մանուկները խնամող եւ վարժուհի․ — *man* տնկարան պահող․ — *garden* պարտէզ ուր մատաղատունկեր կ'անեցուին․
nursing (*նըրս՛ինկ*) հիւանդապահութիւն․ դիեցում․ — *-home* աղքատանոց․ ծերանոց․
nursling (*նըրս՛լինկ*) երախայ․ մանկիկ․ նաեւ *(nurseling)*.
nurture (*նըր՛չըր*) խնամք․ դիեցում․ սնունդ․ կրթութիւն․ խնամել․ սնուցանել․ կրթել․ մեծցնել․
nut (*նաթ*) ընկոյզ․ կաղին․ էգ պտուտակ․ կաղին ժողվել․ *a hard — to crack* դժուար լուծելի հարց․ մէկը որուն հետ վարժուիլ շատ դժուար է․ *to be —s on* ցնորիլ․ զառամիլ․ խենթենալ․ բանէ մը շատ հաճոյք առնել․ գործի մը մէջ ճարտարութիւն ցոյց տալ․ *—s* խենթ․ բախուկ․ *—cracker* ընկոյզ կոտրելիք գործիք․ — *-butter* ընկոյզի իւղ․ — *shell* ընկոյզի կճեպ․ կեղեւ․ փոքր ընդունարան կամ բնակարան․ *can give the thought in a — shell* գաղափարը կրնամ տալ շատ ամփոփ ձեւով․ *dead nuts on* շատ հետաքրքիր (բանով մը)․
nutation (*նիութէյ՛շըն*) վայրահակում․ նօնում․ երերում երկրի առանցքին․
nutmeg (*նըթ՛մէկ*) մշկընկոյզ, կարծր, ընկուզաձեւ հունտ մը՝ որ համեմի համար կը գործածուի․
nutrient (*նիութ՛րիընթ*) սննդարար․ սնուցիչ․
nutriment (*նիութ՛րիմընթ*) սնունդ․ կերակուր․
nutrition (*նիութրի՛շըն*) սննդառութիւն․ սնուցում․ կերակրում․ *—al* սննդարար․ սննդական․
nutritious (*նիութրի՛շըս*) սննդարար․ սնուցիչ․ *nutritive* նոյնը․
nut-screw (*նըթ՛սքրու*) էգ պտուտակի (սոմունի) բանալի *(nut-wrench)*.
nutty (*նաթ՛ի*) կաղնելից․ ընկուզահամ․ յիմար, բախուկ․
nux vomica (*նաքս վամ՛իքը*) ժանտընկոյզ որ կու տայ զօրաւոր թոյն մը․ սթրիքնին, մորմին․
nuzzle (*նազ՛զլ*) քիթ․ ցըռուկ․ բոյն շինել․ ցռուկը մխել․ հոտուըտալ․ հանգիստ պառկիլ․
nyctalopia (*նիքթըլո՛փիը*) արեւամուտէն ետք աչքերը չտեսնելու հիւանդութիւն․ գիշերատեսու-

թիւն. միայն գիշերը յստակ տեսնելու կարողութիւն.

nycturia (նիքթու՛ր՛իը) գիշերամիզութիւն.

nylon (նայ՛լըն) նայլըն, համադրական մետաքս. *my* —*s* նայլընէ շինուած գուլպաներս.

nymph(a) (նիմֆ)(ը) յաւերժահարս. գեղուհի. նիմափայ. հարսնեակ (միջատի).

nympholept (նիմ՛ֆըլէփթ) թունոտ սքանչացում (իտէալի մը).

nymphomania (նիմֆըմէյն՛իը) անզուսպ վաւաշոտութիւն կանանց. հարսնեմոլութիւն. —*c* հարսնեմոլ. վաւաշոտ կին.

nystagmus (նիսթէկ՛մըս) ակնաշարժ. հանքագործներու աչքի հիւանդութիւն, ուր աչքին գունդը կ՚ելեւէջէ.

nyx (նիքս) դիցուհի.

O

O, o (օ՛) անգլերէն լեզուի 15րդ տառը եւ 4րդ ձայնաւորը գիրը· իբրեւ թագագանչութիւն կոչական անուանէ մը առաջ· (յոգ·) *Os, O's, Oes. O, oh* (օ՛) ո՛վ, ո՛հ, օ՛, քաբէ՛·

o' (կրճատուած *of, on* բառերէն)· օր· *o'clock = (of clock). will-o'-the wisp = (of the). man-o'-war = (of war). cup-o'-tea = (on tea).*

oaf (օֆ) յոգ· *—s, oaves* ոգիներէ փոխակերպուած մանուկ· պարզամիտ· ապուշ տղայ· հաստ գըլուխ· վատածնունդ· խեղ· միմոս·

oak (օ՛ք) կաղնի· կաղնեփայտ· *cork oak* սնկակաղնի· սնկենի· ամենադըրսի դուռ· *to sport one's —* դուռը գոցել այցելուները արգիլելու համար· *—en* կաղնեայ· կաղնեփայտեայ· *— -grove* կաղնեստան· *—ling, —let* կաղնիկ· *—y* կաղնեայ·

oakum (օ՛քըմ) վուշի, կանեփի գզածք· խծուծ·

oar (օ՛ր) թի· թիակ· թիավարել· թի քաշել· *pulls a good —, is a good —sman* լաւ թիավար է· *put in one's oar, have an — in every man's boat* ուրիշին գործին միջամուխ ըլլալ· ոտնձգութիւն ընել· *— one's arms (hands)* լողալու ձեւով շարժել բազուկները (ձեռքերը)· *—smanship* թիավարութիւն·

oasis (օէյ՛սիս) յոգ· *oases* ովասիս·

oat (օ՛թ) վարսակ· *wild —s* վարսականման խոտ մը· *sow one's wild —s* երիտասարդական հեշտամոլութիւնով ապրիլ· *—cake* վարսակի քաքար· *—meal* վարսակալիւր՝ որմէ ապուր կամ քաքար կը պատրաստուի· *—en* վարսակեայ·

oath (օ՛թհ յոգ· *oaths* օ՛տհզ) երդում· հայհոյութիւն· *take an —, make an —, swear an —* երդուըլնցնել, երդնուլ· երդում առնել· *to put on —* երդուըլնցնել· *— of office,* *allegiance* հաւատարմութեան երդում. պաշտօնի երդում. խօսքը ազդու ընելու կամ բարկութեան պարագային Աստուծոյ անունը գործածել (ինչ որ կը նկատուի հայհոյութիւն).

obbligato (*ապլիկա'թօ*) (երաժշտ.) ընկերակցութիւնը անհրաժեշտ. գործիական մաս.

obdurate (*ապ'տիուրէյթ, ապտիուր'էյթ*) խստասիրտ. կամակոր. անապաշխար.

obea (*օպ'ի, օպ'իը*) կախարդութիւն (խափշիկներու).

obedience (*օպիտ'իընս*) հպատակութիւն. հնազանդութիւն. *passive* — կրաւորական հպատակութիւն.

obedient (*օպիտ'իընթ*) հլու. հնազանդ. *your* — *servant* (հեգն.) հրամանքնիդ. խնդրագիրի վերջաւորութեան ոն (ստորագրութենէ առաջ կը դրուի).

obeisance (*օպէյս'ընս*) խոնարհութիւն. մեծարանք. *to make (to do, to pan) an obeisance* խոնարհութիւն ընել. մեծարել.

obelisk (*ապ'էլիսք*) կոթող. քարէ կոթող (բրըգաձեւ գագաթով). — խաչանիշ (†). *double* — զոյգ խաչանիշ (‡) (տպագ.).

obelize, —ise (*ապ'ըլայզ*) խաչանիշով ցոյց տալ թէ բառը, եւայլն, կասկածելի է.

obelus (*ապ'իլըս*) յոգ. *obili* տես՝ *obelisk*.

obese (*օպիս'*) շատ գէր. մեծափոր.

obesity, obeseness (*օպիս'իթի, օպիս'նէս*) գիրութիւն. ճարպակալութիւն.

obey (*օպէյ'*) հնազանդիլ. հրամանը կատարել.

obfuscate (*ապ'ֆըսքէյթ*) մթագնել. աղօտել. մըթընցնել. ապշեցնել. շըփոթեցնել. —*tion* մըթագնում. շուարեցում. մթութիւն.

obiit (*ապ'իթ*) միայն եզակի 3րդ դէմքով. (կարճ. *ob)* մեռաւ. մահկանացուն կնքեց... (թուականի տալով).

obituary (*օպիթ'իուըրի*) մահազդ. մահազոյժ. մեռելատոմար.

object (*ապ'ճէքթ*) առարկայ. նպատակակէտ. *direct* — սեռի խնդիր. *indirect* — թնութեան խնդիր. ծիծաղելի կամ ողորմելի (բան, անձ). — -*glass*, — -*lens* մանրադիտակի ոսպնեակը՝ որ դիտուող առարկային մօտ է. — -*lesson* առարկայական դաս. *to* — առարկել. հակառակիլ. չհաստատել. —*or* (*ապճէք'թըր*) առարկող. ընդդիմացող. —*ify* քընել. առարկայականացընել. մարմնացնել. —*ion* (*ապճէք'շըն*) առարկութիւն. արգելք. ընդդիմութիւն.

object to (*ապճէքթ' թու*) առարկել. հակառակիլ. ատել.

objectionable (*օպճէք'շըը-նըպլ*) առարկելի. անհաճոյ, ոչ-բաղձալի. զարշելի.

objective (*ապճէք'թիվ*) իրական. առարկայական. — *case* ներգործական բայի խնդիրը (հայցական հոլով) կամ նախադրութեամբ կառավարուող. — *point* (բանակին) առարկայակէտը ուրուն հասնիլ ծրագրուած է.

objectivism (*ապճէքթ'իվիզմ*) առարկայապաշտութիւն.

objurgate (*ապճըրկ'էյթ*) կշտամբել. յանդիմանել. *objurgation* (*ապճըրկէյ'շըն*) յանդիմանութիւն.

oblation (*օպլէյ'շըն*) գինիի ու հացի զոհ՝ նուիրաբերուած Աստուծոյ (Ս. Հաղորդութեան պահուն). զոհ. —*al* զոհի.

obligate (*ապ' լիկէյթ*) պարտաւորել՝ օրէնքով կամ բարոյականի պահանջներով.

obligation (*ապլիկէյ'շըն*) պարտաւորութիւն. երախտապարտութիւն. *put under an* — երախտապարտ դարձնել՝ ըզգալ տալ.

obligatory (*ապլիկէթ'ըրի*) պարտաւորիչ. ստիպողական.

oblige (*օպլայճ'*) պարտաւորել. ստիպել (ուխտով, երդումով, պայմանագիրով). երախտապարտ ընել. հաւաքոյթի մասնակցիլ (երգով, եւյլն.).

obligee (*ապլըճի'*) պահանջատէր.

obliging (*օպլայ'ճինկ*) ազնիւ. շնորհատու. օգնելու պատրաստ. երախտապարտ դարձնող.

oblique (*օպլիք'*) շեղիլ. շեղ. կողմնակի. շեղակի. անուղղակի. *oblique angle* շեղանկիւն. — *case* ոչ-ուղղական հոլով. — *oration (narration, speech)* խօսողին ըսածը երկրորդի մը կողմէ պատմուած խօսք. *(reported, indirect speech)*.

obliterate (*օպլիթ'ըրէյթ*) ջնջել. սրբել. բնաջինջ ընել. անհետացնել.

oblivion (*օպլիվ'իըն*) մոռացութիւն. մոռացում. անյիշաչարութիւն. *fall into* — մոռացութեան մատնուիլ. անգործածելի դառնալ. *Bill of O—* ընդհանուր ներման հրովարտակ. ներում.

oblivious (*օպլիվ'իըս*) մոռացկոտ. մոռցնող. —*ness* մոռացկոտութիւն.

oblong (*ապ' լոնկ*) քառակուսիէն եւ շրջանակէն շեղող. երկայնաձեւ (մէկ երկայն առանցքով). նամականիշ, տախտակ, գիրք, որ բարձրութենէ աւելի լայնք ունի.

obloquy (*ապ'լըքուի*) մեղադրանք. բամբասանք. չարախօսութիւն.

obnoxious (*օպնաք'շըս*)

մեղադրելի. յանցաւոր. ատելի. նշաւակ. առարկելի. անբաղձալի. — *ness* անբաղձալիութիւն.

oboe (օպ'օ) սրափող. բարձրասրինգ (փայտեայ)՝ որ մեղամաղձոտ ձայն մը կը հանէ. *oboist* (օպ'օիսթ) սրափող նըւագող.

obscene (օպսիյն') պիղծ (մտածումով). լկտի. յայրատ. խայտառակ.

obscurant (օպսքիւր'ընթ) խաւարիչ. հետազօտումի, լուսաւորութեան եւ բարեկարգութեան հակառակող անձ.

obscure (օպսքիւր') մութ. մթին. աննշան. տարտամ (գոյն). ծածուկ. աննշմարելի. խոնարհ. կասկածելի. —*rity* խաւար. խրթնութիւն. աննշանութիւն. *to* — մթնցնել. նսեմացընել. անիմանալի դարձնել.

obsecration (ապսէքրէյ'շըն) աղաչանք. պաղատանք.

obsequies (ապ'սէքուիզ) թաղման հանդէս. յուղարկաւորութիւն.

obsequious (օպսի'քւիըս) (հին.) հնազանդ. քծնող. խնկարկող.

observance (ապզըրվ'ընս) համակերպութիւն. անսացում. գործադրութիւն. ծէս. յարգանք. կրօնական միաբանութեան կանոնները.

observation (ապզըրվէյ'շըն) դիտողութիւն. զըննութիւն. քննութիւն. դիտարկութիւն. խորհըրդածութիւն. *to keep under* — հսկողութեան տակ պահել (առնել).

observatory (օպզըրվ'էթըրի) աստղաբաշխական դիտարան. աստղադիտարան.

observe (օպզըրվ') նկատել. նկատի առնել. անսալ. զննել. դիտել. դիտողութիւն ընել. *to — silence* լուռ մնալ. *to — time* ճշդապահ ըլլալ. — *the laws* օրինապահ ըլլալ. *observer* դիտող. օդանաւի մէջ պաշտօն՝ թշնամիին դիրքերն ու շարժումները քննելու համար. թշնամի օդանաւերը դիտող (ճանչցող) մասնագէտ.

obsess (օպսէս') պատրանքով (չար ոգիով) լեցնել. գրաւել, նեղել, պաշարել. *(—ed by, —ed with)* լեցուած. գրաւուած. պաշարուած. —*ion* (օպսէշ'ըն) պաշարում. սեւեռուն գաղափար. մտքի լման գրաւում, անձկութիւն.

obsidian (օպսիտ'իըն) օպսիդ, մութ, թափանցիկ լաւա.

obsolete (ապ'սըլիյթ) անգործածական. հինցած.

obstacle (ապ'սթէքըլ) արգելք. խոչընդոտ. խափան.

obstatric(al) (օպսթէթ'րիք(ըլ)) մանկաբարձական. —*s* մանկաբարձութիւն. —*ian* (օպսթէթրի'շըն) մանկաբարձ(ուհի).

obstinate (ապ'սթինէթ) յամառ. կամակոր.

obstreperous (օպսթրէփ'ըրըս) աղմկոտ, անկարգ (մանուկներ).

obstruct (օպսթրաքթ') խափանել. յառաջխաղացքը կասեցնել կամ դանդաղեցնել.

obstruction (օպսթրաք'շըն) խոչընդոտ. խցում. խորհրդարանի մէջ խօսքը երկարել հարց մը քուէարկութեան չհասցնելու նպատակով. *—ist* խափանարար.

obstructive (օպսթրաք'թիւ) արգելիչ.

obtain (օպթէյն') ձեռք բերել. ստանալ. շնորհուիլ մէկուն. *—able* ստանալի. ընդհանրացած, հաստատուած (բան).

obtrude (օպթրուտ') պարտադրել. բանի ընդունիլ տալ. ներս առնել.

obtruncate (օպթրանք'էյթ) ծայրատել. գլխատել.

obtrusive (օպթրուս'իվ) գլուխ ցաւցնող.

obtuse (օպթիուս') բութ (անկիւն). բթածայր. բթամիտ. մեղմ (ցաւ).

obverse (ապ'վըրս) գագաթը խարիսխէն աւելի լայն, մակադարձ. մետաղեայ դրամի կամ մետալի այն կողմը՝ ուր գլուխ կամ գլխաւոր պատկերը կայ. ճակատ. երես. հակամաս իրողութեան (ճշմարտութեան) մը.

obvert (օպվըրթ') դարձընել, շրջել (առաջադրութիւն մը).

obviate (ապ'վիէյթ) առաջքը առնել, չէզոքացընել (ճամբու մէջի արգելքը). ձերբազատուիլ.

obvious (ապ'վիըս) ակներեւ. բացայայտ. պարզ. յայտնի. շօշափելի. *—ly* բացայայտօրէն.

obvolute (ապ'վոլիութ) կիսափակ. գալարուն.

occasion (օքէյ'ժըն) առիթ. պատեհութիւն. պարագայ. պատճառ. պէտք. արդարացում. *take —* առիթը գործածել. առիթէն օգտուիլ (բան մը ընելու). *take — by the forelock* առիթը չփախցնել (ճակատի մազի փունջէն բռնել). *no — to be angry* բարկանալու պէտք չկայ. *on this festive —* այս հանդիսաւոր առիթով. *to celebrate the —* դէպքը տօնել.

occasional (օքէյ'ժընըլ) պատահական. պարագայական. *— cause* երկրորդական պատճառ.

Occident (աք'սիտընթ) Արեւմուտքը. Արեւմտեան Եւրոպան. Եւրոպա եւ Ամերիկա. Ամերիկա. արեւմտեան քաղաքակըրթութիւն (հակադրուած արեւելեաններ). *—al* արեւմտեան.

occlude (ըքլուտ') գոցել. փակել. խցել (ծակտիք, բացուածք). քիմ. քաշել՝ ծծել (կազերը) եւ պահել․

occult (օքալթ՛) ծածուկ․ թաքուն․ խորհրդաւոր․ գերբնական․ — *science* կախարդական (գիտութիւն)․ *to* —, պահել, ծածկել տեսողութենէ՝ առջեւէն անցնելով (աստղ․)․

occupant (աք՛իուփընթ) բնակող․ գրաւող․ բռնագրաւող․ ստացող․ կալուածին (հողին) տէր․ անտէր կալուածի տիրացող՝ կալուածագիր հանելով․

occupation (աքիուփէյ՛շըն) գրաւելը․ գրաւում (բանակով)․ *army of* — գրաւման բանակ․ տիրացում․ պարապմունք․ ըզբաղում․ —*al disease* արհեստէն յառաջացող հիւանդութիւն․ —*al therapy* հիւանդութիւն մը բուժելը՝ հիւանդին որոշ ձեւի աշխատանք մը կատարել տալով․

occupier (աք՛իուփայըր) գրաւող (առժամապէս)․ բնակող․

occupy (աք՛իուփայ) գրաւել (երկիր, հողամաս, քաղաք, ռազմագիտական դիրք) բանակի կողմէ․ գրաւել (միջոց, ժամանակ)․ դիրք՝ պաշտօն գրաւել (ունենալ)․ զբաղիլ․ — *oneself with (in)* գործով մը պարապիլ․ բանով մը զբաղիլ․

occur (ըքըր՛) հանդիպիլ․ պատահիլ․ միտքը գալ, յիշել․ *it —ed to me that* յիշեցի թէ․

occurrence (ըքա՛րէնս) պատահար․ դէպք․ անցք․ պատահում․

ocean (օ՛շըն) ովկիանոս․ ծով․ անհունութիւն․ — *lane* ծովուն մէջ նաւերուն յատուկ ուղի․

Oceania (օշըն՛իը, օսիէյ՛նիը) Ովկիանոս (Խաղաղականի կղզիները եւ զիրենք շրջապատող ծովերը․ —*n* Ովկիանիոյ․

oceanid(e) (օսի՛անիտ) յաւերժահարս․ ովկիանոյշ (յուն․ դիցաբ․)․

och (օխ) (ձայնարկ․) ա՛հ, ո՛հ, օ՛․ (Սկովտ․ եւ Իրլանտ․)․

ochlocracy (աքլաք՛րըսի) խուժանավարութիւն․

ochre(օք՛ըր) գունաւորուող դեղին հող․ դեղին կաւ․ երկաթի ջրատաւոր թթուիտ (ոքսիտ)․

-ock յետադաս մասնիկ՝ որ նուազական իմաստով գոյականներու կազմութեան կը ծառայէ․ *hill*— (հի՛լըք) բլրակ․ *bull*— (պու՛լըք) հորթ․ եզնիկ․ եզ․

o'clock (օքլաք՛) *of clock* տես՝ *clock* ժամ․

oct(o), octa (օքթ[—օ, —ա]) ութը․

octochord (աք՛թըքորտ) ութը լարով նուագարան․ ստեղնաշար 8 ձայնանիշով․ օր․ վարի տօէն մինչեւ վերի տօ․

octad (աք՛թէտ) ութնեակ․

octagon (աք՛թըկըն) ութանկիւն․ —*al* (աքթէ-

կ'ընըլ) ութնանկիւն. ութնանկիւնեան.

octane (*աք'թէյն*) շարժակի վառելանիւթ. *high* — բարձր որակի (լաւ զըտուած) վառելանիւթ շարժակներու.

octant (*աք'թընթ*) շրջանակի $1/8$րդ աղեղը. շըրջանակի մակերեսին $1/8$ը. կիսաքառորդ (գործի). աստղամիջոց.

octaroon տես՝ *octoroon*.

octave (*աք'թըվ*) ութնեակ. ութօրէք. ութնօրեայ տօնակատարութիւն. ութտողեան ոտանաւոր. ութը ձայնաստիճան. գինիի տակառ որ $13^1/_2$ կալոն կ'առնէ.

octavo (*աքթէյվ'օ*) (կարճ. *8vo, oct.*) թերթ մը բուղթը երեք անգամ կը ծալենք, որպէսզի 8 թերթ կամ 16 էջ ունենանք.

octennial (*աքթէն'իըլ*) ութնամեայ, ութը տարի տեւող. ութը տարին մէկ անգամ պատահող.

octillion (*աքթիլ'իըն*) միլիոնի 8րդ կարողութիւնը, 1 եւ 48 զէրօ.

October (*աքթօպ'ըր*) 10րդ ամիս, Հոկտեմբեր.

Octobrist (*աքթօպ'րիսթ*) Ռուսական խորհրդարանի չափաւորական անդամ. 1905, Հոկտ. 30ին հռչակուած կայսերական սահմանադրութեան յարող.

octodecimo (*աքթօտէ'սի-մօ*) կարճ ձեւը՝ *18 mo.* թերթը որ 18 էջերու վերածուած է (տետրակ, գիրք).

octogenarian (*աքթօճէ-նէյ'րիըն*) 80–89 տարիքի անձ. ութսունամեայ.

octonarian (*աքթընէյ'ր-իըն*) 8 ոտքով (յանգով) տող.

octopus (*աք'թօփըս*) ութոտն. դեւաձուկ. կակղամորթ ծովային կենդանի՝ որ բերնին շուրջ 8 ծծիչ բազուկներ ունի. կազմակերպուած վնասակար ուժ. ազդեցութիւն.

octoroon (*օքթըրու'ն'*) խառնածինի եւ ճերմակի սերունդ. $1/8$ համեմատութեամբ խափշիկի արիւն ունեցող.

octosyllabic (*աքթըսիլ'է-պիք*) ութնավանկեայ (ոտանաւոր).

octroi (*աք'թրուա*) քաղաք բերուող ապրանքի վրայ դրուած մաքս. նոյնին մաքսատունը.

ocular (*աք'իուլըր*) աչքի. ականային. աչքով. աչամաս՝ տեսողական գործիքներու. —*ist* արուեստական աչք շինող.

oculist (*աք'իուլիսթ*) ակնաբոյժ. —*ic* (*աքիուլիս'թիք*) ակնաբուժական.

oculo - (*աք'իուլօ* –) աչք բառով շինուած բաղադրեալ բառերու նախաբառ. օր. —*nasal* (*աքիուլօնէյզ'ըլ*) աչքի եւ քիթի հետ առնչութիւն ունեցող.

odalisque (*օտ'ըլիսք*) հարճ.

odd (*ատ*) անզոյգ. կոճատ.

այլանդակ· արտառոց· անհեթեթ· *the — man* անզոյգ յանձնախումբի վերջին քուէն տուողը· *— and even* կոնատ եւ զոյգ (բախտախաղ մը)· *twelve Lebanese Pounds odd* 12 Լիր. ոսկի եւ քանի մը դահեկան· *keep the — money* աւելցածը (մանրուք դրամը) քեզի պահէ· *he picks up — jobs* պատահական գործեր կ'ընէ· *— fellow* գաղտնի ընկերակցութեան անդամ· *—ity* (ատ'իթի) արտառոցութիւն· մասնայատուկ գիծ նկարագրի· անսովոր մարդ· տարօրինակ դէպք· այլանդակ առարկայ·

oddment (ատ'մընթ) տես *odds and ends.*

odds (ատս) (իբր եզակի առ) անհաւասարութիւն· տարբերութիւն· առաւելութիւն· *make — even* անհաւասարութիւնները հարթեցէ՛ք· *what is the —* ի՞նչ փոյթ· անհամաձայնութիւն· վէճ· *he is at — with his friend* բարեկամին հետ անհամաձայն է· *the — are in our favour* առաւելութիւնը մեր կողմըն է· *— and ends* զանազան կտորներ· աւելցուք·

ode (օ'տ) ծանր գնացքով բանաստեղծութիւն (տաղ)· տաղերգ· գեղօն·

odeum (օտի'ըմ) լսարան երաժշտութեան·

odious (օ'տիըս) ատելի· զզուելի· գարշելի·

odium (օ'տիըմ) գարշանք· ատելութիւն· *I shall get the — of it, exposed me to —* այդ պատճառաւ ատելութեան նշաւակ եղայ, զիս ատելութեան նշաւակ ըրաւ·

odont(o) (օտոնթ(օ)) ակռայ· նախաբառ բարդ բառերու· *—elgia* (օտոնթէլ'ճիը) ակռայի ցաւ· *—logy* (օտոնթա'լըճի) ատամնաբանութիւն·

odoriferous (օտըրիֆ'ըրըս) անուշահոտ· բուրումնաւէտ·

odorous (օ'տըրըս) հոտաւէտ·

odour, odor (օ'տըր) հոտ (անոյշ կամ գէշ)· բոյր· հետք· նշան· *he is in bad — with the modernists* արդիականները համարում չունին իր վրայ· *—less* անհոտ·

odyl (օ'տիլ) ուժանիւթ· մեսմերական զօրութիւն·

Odyssey (ա'տիսի) Ոդիսական· Ոդիսեւսի եւ Ուլիսէսի արկածախնդրութիւններն ու քաջագործութիւնները նկարագրող դիւցազներգական գրութիւններ· թափառումներ· արկածախնդրական ճամբորդութիւն· չարչարալից արկածներ·

oecology (էքա'լըճի) տես՝ *ecology.*

oecumeniacal (էքիումէ'նիքըլ) համեկեղեցական· ընդհանուր· տիեզերական· քրիստոնեայ եկեդեցինները միացնելու ծրագրին հետամուտ.

oedema (իտիմ'ը) մարմնի վրայ դեղին ջուրով յառաջացած ուռեցք. տեղային կաթուած.

o'er (օր) կարճ *over*-ի.

oersted (ըր'սթէտ) մագնիսական ուժի միութիւն.

oesophagus (իսաֆ'էյկըս) որկոր. որկորային. բերնէն մինչեւ ստամոքս երկարող խողովակ, անցք.

oestrum, —us (իս'թրըմ(ըս)) բոռ. բուռն սեռային մղում. գրգիռ. մոլեգնութիւն. սեռային մարմաջ (անասուններու).

of (ավ, ըվ, օֆ) նախադրութիւն որ իր գոյականը կը կապէ նախորդող գոյականին, մակբային, ածականին ու բային, ցուցնելով անոնց փոխադարձ կապը. նախդիր սեռական եւ բացառական հոլովներու. վըրայ. մասին. տեղը. վասըն. *north* — հիւսիսակողմը. *within a mile* — մէկ մղոն հեռաւորութեան (միջոցի) մէջ. *upward* — վեր. աւելի. *back* — ետեւը. *wide* — *the mark* նշանէն վրիպիլ. *heal (rid)* — (բանէ մը) բժշկել. ձերբազատել. *destitute (free)* — զրկուած, զերծ, ազատ (բանէ մը). *deprive* — զրկել. *irrespective* — (ատկէ) անկախ. ծագում, պատճառ, ազդակ, հեղինակութիւն ցոյց տուող ասութիւններ կը կազմուին *of*ով. *come (descend, spring)* — ծագում առնել, գալ. *borrow (buy, receive, hire)* — (...էն փոխ առնել) գնել, ստանալ, վարձել). *have comfort* — (...լու, ...ի) մխիթարութիւնը ունենալ. *demand, learn, expect* — պահանջել, սորվիլ, ակընկալել (մէկէ մը). — *one's own accord* յօժար կամքով. — *necessity* ստիպուած. *die* — *malaria* տենդէ մեռնիլ. *smell, savour* — ...ի հոտ, համ կու տայ. *tired (ashamed, afraid glad, proud) of* ...է(ն) յոգնած է (կ'ամչնայ, կը վախնայ, կ'ուրախանայ, հպարտ կը զգայ). *forsaken* — *God and man* Աստուծմէ եւ մարդոցմէ լքուած. *it was kind (foolish)* — *you to say so* ազնիւ (անխելք) էք այդ ըսելու. *The works* — *Baronian* Պարոնեանի գործերը. *a family* — *eight* 8 հոգինոց ընտանիք. *think well* — *him* իր մասին լաւ համարում. *capable (careful)* — կարող (զգուշաւոր). *half, all* — *it* կէսը. բոլորը. *a thing of the past* անցեալի կը պատկանի. *of old (late)* հին ատեն, (վերջերս). *for fear* — ...ի վախէն. *for the sake* — սիրոյն. *in behalf* — յօգուտ. ի

պաշտպանութիւն· *on behalf* — վասն· ի դիմաց·
off (օֆ, աֆ) մէկդի· հեռու· ի բաց· վրայէն· հակառակ կողմը· *rode* — հեծնելով հեռացաւ· *beat — the attack* յարձակումը ետ մղել· *be, make* — մեկնիլ· — *with you!* անցի՛ր, հեռացի՛ր· *throw — reserve* անկեղծ զտնուիլ· *the gas is* — կազը հատած է· *drink* — խմելով լմնցնել· *pay* — ամբողջը վճարել· *badly* — նիւթականով անձուկ վիճակի մէջ· *well* — բարւոք· — *and on* ընդմիջումով, մերթ ընդ մերթ· *he fell — the ladder* սանդուխէն ինկաւ· *take cover — dish* պնակին վրայէն վերցուր ծածկոցը, կափարիչը· *the meat is a bit* — միսը շատ թարմ չէ· *off colour* անգոյն· անտրամադիր· *is off duty (— work, — day)* հանգստի օր, ժամեր առած է· *he is a yard off me* ինձմէ մէկ եարտա անդին է· — *the point* անկապակից, նիւթէն շեղած· —*hand* յանպատրաստից· — *shore* ծովեզրի մօտ· *voices* — ուրիշի ձայնով երգող երգիչ (ֆիլմի մէջ)· *off-white* ոչ այնքան ճերմակ· — *side of the wall* հեռուն, աւելի անդին· *an — street* կողմնակի փողոց· *an — issue* մեր նիւթէն դուրս է· *an —-print* մասնակի վերատպում· *to* — բանակցութիւնը (համաձայնութիւնը, ձեռնարկը) դադրեցնել (խզել)·
offal (աֆ՛ըլ) աղբ· մըրուր· աւելցուք· փորոտիք· մորթուած անասունին գլուխը, պոչը, երիկամունքը, սիրտը, լեզուն, լեարդը եւ աղիքները, որոնք իբր սնունդ կը գործածուին· դիակ· ածան ձուկ· —*s* ցորենի թեփ· — *milk (wheat, wood)* ցած որակի կաթ (ցորեն, փայտ)·
offense, offence (օֆէնս՛) զայթակղութիւն· թշնամանք· յարձակում· վըշտացում· օրինազանցութիւն· *give — to* վշտացընել· *take* — անարգըւած զգալ· *commit an — against* յանցանք գործել մէկուն դէմ· —*less* անմեղ· անվնաս·
offend (օֆէնտ՛) վիրաւորել *(խօսքով)*· դառնացընել· վշտացնել· մեղանչել· *he —ed her delicacy, sense of justice* իր ազնուութիւնը, արդարութեան զգացումը վիրաւորեց·
offensive (օֆէն՛սիվ) յարձակողական· նախատական· վնասակար· *take the — (act on the —)* յարձակողականի անցնիլ· *peace* — խաղաղութիւն վերահաստատելու շարժում·
offer (աֆ՛ըր, օֆ՛ըր) առաջարկել· ընծայել· մա–

տուցանել· տալ· հրամցընել· ծախու հանել· — *an opinion* գաղափար տալ՝ յայտնել· — *no apology* չքմեղանք չընել· — *resistance* ընդդիմութիւն ցոյց տալ· *he —ed to hit me* ինծի զարնելու մտադիր էր· *each age —s its special problems* ամէն տարիքի յատուկ հարցեր կը ներկայանան, կը ծագին·

offertory (աֆ'ըրթըրի) նուիրագործութիւն, նըւիրում (դրամական նըւէրները որոնք պատարագի միջոցին կը տրուին երբ որոշ շարական մը կ'երգուի)·

office (աֆ'իս) ազնուութիւն· բարիք· պարտք· գործ· պաշտօն· պաշտօնավարութիւն· գրասենեակ· ժամերգութիւն· *owing to the ill —s of* հասցուցած վնասին՝ չարութեան պատճառով· *good —s* բարիք· բարութիւն· *the — of the arteries* շնչերակներուն պաշտօնը· *it is my — to* պաշտօնս է· *take office* պաշտօն առնել· *enter upon —* պաշտօնի անցնիլ· *hold —* պաշտօն վարել· *leave —* պաշտօնը ձգել· *resign —* պաշտօնէ հրաժարիլ· *perform the last —s to* կրօնական արարողութիւն կատարել հանգուցեալի մը համար· *divine —* կաթողիկէ ժամասացութիւն· *say —* ժամասացութիւն կատարել· *post —* նամակատուն· *a telegraph —* հեռագրատուն· *Office* պետական կազմ, իշխանութիւն· *the Foreign O—* (ֆար'ին աֆ'իս) արտաքին գործոց նախարարութիւնը (Անգլիա)· *—s* տունի մէջ աշխատանոց, մառան, ախոռանոց եւլն· *Holy O —* հաւատաքննութիւն· *— -bearer* պաշտօնեայ· սպայ· *use his good —s* իր բարեկամական ազդեցութիւնը առաջարկել (ի նըպաստ ուրիշի· մը)· — *boy* գրասենեակի մանչ·

officer (աֆ'իսըր) պաշտօնեայ· սպայ· ընկերութեան մը նախագահը, ատենադպիրը եւ գանձապահը· բարձրաստիճան ղեկավար սպաներ· *senior —* աւագ սպայ· *to —* (անգ. ընդ. կը գործածուի) սպաներ (պաշտօնեաներ) կարգել· ըսպայի պաշտօն կատարել· հրամանատարը ըլլալ·

official (աֆի'շըլ) պաշտօնական· ի պաշտօնէ· *an —* պաշտօնեայ· պաշտօնատար· *— news* պաշտօնական (կառավարութենէն վաւերացուած լուր)· *—ize* պաշտօնականացընել· *— principal* եկեղեցական դատարանի ատենապետ կամ դատաւոր եպիսկոպոսը·

officiate (աֆի'շիէյթ) պատարագել· պաշտօն կատարել· բացակայ (հի–

ւանդ) մէկուն տեղ աշխատիլ․

officinal (աֆի՛սինըլ) բըժըշկական բոյսեր․ առձեռն (պատրաստ) դեղեր․

officious (աֆի՛շըս) հանոյակատար․ միջամուխ․ անպաշտօն․ յանդուգն․

offing (աֆ՛ինկ, օ՛ֆ՛ինկ) *in the* — բաց ծով․ ծովամէջ․ ծովեզրէն որոշ հեռաւորութիւն․ հորիզոն․

offset (աֆ՛սէթ, օ՛ֆ՛սէթ) նամրայ ելլել․ բողբոջ․ ընձիւղ․ տրիտուր․ փարձատրութիւն․ հաւասարակշռել․ փոխանակել․ փոխարինել․ հաշիւը գոցել․ — *printing* բազմատիպ (զուգաւոր) տըպագրութիւն․

offshoot (աֆ՛շո՛ւթ, օ՛ֆ՛շո՛ւթ) շառաւիղ․ ընձիւղ․ բողբոջ․ ճիւղ․ ածանցական․

offspring (աֆ՛սփրինկ, օ՛ֆ՛սփրինկ) մանուկներ․ սերունդ․ ծնունդ․ արդիւնք․

oft (աֆթ, օ՛ֆթ) յաճախ․ բազմիցս․ անցեալ եւ ներկայ ընդունելութեան հետ բարդ բառ կը կազմուի․ օր․ *oft-told* յաճախ ըսուած․ — *-recurring* յաճախադէպ․ — *times* յաճախ․ —*en* (աֆ՛թըն, օ՛ֆ՛ըն), —*er*, —*est* յաճախակի, շատ անգամ․ — *and* — (շեշտուած ձեւ) շատ յաճախ․

ogle (օ՛կըլ) սիրահարի նայուածք․ քովնտի սիրային նայուածք նետել․

Ogpu (ակ՛փու) (1922–25) Խորհրդային գաղտնի ոստիկանութիւն․

ogre (օ՛կըր) երեւակայական մարդակեր ճիւաղ․ *ogrish* ճիւաղային․ *ogress* ճիւաղուհի․

ohm (օմ) ելեկտրական ընդդիմութեան չափ․ օհմ․ — *meter*, — *ammeter* օհմաչափ․

oho (ըհօ՛) (ձայն․) անակընկալ հրճուանքի արտայայտութիւն․

oh, yes տես՝ *oyez*.

-oid (– օյտ) ածանց յետադաս մասնիկ․ նման, ձեւով․

oil (օյլ) իւղ․ եղ․ իւղով օծել․ *olive* — ձիթաիւղ․ *palm*— արմաւի իւղ․ *salad* — սեղանի իւղ․ *sesame* — շուշմայի իւղ․ *to throw* — *on the flames* կրակի․ գժտութիւն․ *to burn the midnight* — մինչեւ կէս գիշեր կարդալ, աշխատիլ․ *to strike* — արժէքաւոր յայտնագործութիւն մը ընել (քարիւղ գտնել)․ յաջողիլ․ բարգաւաճիլ․ — *cloth* մոմլաթ, մոմշոր, անթափանց կտաւ ներքին յատակներու համար․ — *-colour* իւղանկ․ — *field* քարիւղ արտադրող շրջան․ *to* — *one's hand*, *to* — *one* կաշառել․ — *-paper* ջրթափ թուղթ․ — *press* ձիթահան․

oilskin (օյլ՛սքին) մոմլաթէ հագուստ.

oil-tanker (օյլ՛թէնքըր) իւղատար նաւ, քարիւղ փոխադրող նաւ.

oily (օյլ՛ի) իւղոտ. իւղանման. իւղային. փայլուն. շողոքորթ. քծնող. կեղծաւոր. ծածկանպատակ.

ointment (օյնթ՛մընթ) օծանելիք, մարմնի մորթին քսելիք իւղ.

O. K. (օ՛. քէյ.) համաձայն եմ. շատ լաւ.

okra (աք՛րէ, օք՛րէ) պամիա, կուտատուկ.

-ol ածանց. *alcohol* եւ այլ նման հեղուկներու անուններուն կցուած. *methol* փայտօղի. *phenol* փենոլ. *benzol* կընդրրանիւթ.

old (օլտ) *older, oldest, elder, eldest* տարեց. ծեր. հին. վաղեմի. հինցած. մաշած. վարժ. փորձառու. *young and* — ամէն ոք. —*-age pension* հանգստեան թոշակ. *an — bachelor* (պէչ՛ըլըր) պնդացած ամուրի (այր մարդ). *as — as the hills* շատ հին. — *hand* փորձառու անձ. — *maid* տարիքոտ օրիորդ. *my — man* ամուսինս (սիրելի բարեկամս). *my — woman* կինս (մտերիմ բարեկամուհիս). .— *head on young shoulders* իր տարիքէն աւելի իմաստուն. *oldfashioned* (օլտֆէշ՛ընտ) հնաձեւ. *a ten-year — boy* տասը տարեկան մանչ մը. — *in diplomacy* դիւանագիտութեան մէջ շատ փորձառու. — *bird* ծուղակ իյնալէ զգուշացող.

old masters հին (դասական) նկարիչներ. հին (դասական) իւղանկարներ.

Old Glory (օլտ կլօր՛ի) Միացեալ Նահանգներու դրօշակը.

old-line (օլտ լայն) աւանդապաշտ. պահպանողական.

Old Testament (օլտ թէսթ՛ըմընթ) Հին Կտակարան.

Old World (օլտ՛ ուըրլտ) Արեւելեան կիսագունդ. Հին Աշխարհ.

olden (օլ՛տըն) հին. վաղեմի. ծերացեալ. տկարացեալ տարիքի բերմամբ.

old-timer (օլտ թայմ՛ըր) վեթերան. փորձառու. վաղեմի բարեկամ (ժող.).

oleaginous (օլիէ՛ճինըս) իւղային. իւղոտ. իւղաբեր.

oleander (օ՛լիէնտըր) նրփնի, դափնեվարդ.

oleaster (օլիէս՛թըր) մոլաձիթենի. վայրի ձիթենի. փշատենի.

oleomargarine (օ՛լիոմարկ՛ըրին) արուեստական կարագ (կովու եւ բուսական իւղերու միախառնումէն գոյացած). բուսական իւղ.

olfaction (ալֆէք՛շըն) հոտառութիւն. հոտառական զգայարանք. *olfac-*

tive, olfactory հոտառական. հոտոտելիք. — *organ* քիթ.

olibanum (օլիպ՛էնըմ) կնդրուկ.

olid (ալ՛իտ) նեխած. գարշահոտ.

oligarch (ալ՛իկարք) սակաւապետ. —*y* սակաւապետութիւն. —*ical* (ալիկարք՛իքըլ) սակաւապետական.

olig(o) (ալ՛իկ(օ)) յունարէն նախդրաւ՝ փոքր, քիչ իմաստով. — *ocarpous* (ալիկօ քարփ՛ըս) քիչ, մի քանի պտուղ ունեցող.

olivacious (ալիվէյ՛շըս) դեղնորակ կանաչ (ձիթագոյն).

olive (ալ՛իվ) ձիթենի. ձիթապտուղ. ձիթագոյն. *olive branch* ձիթենիի ճիւղ. զաւակ. մանչ մը. *hold out the — - branch* հաշտուելու տրամադրութիւն ցոյց տալ.

olive crown յաղթական ըլլալը ցուցնող պսակ՝ ձիթենիի ճիւղերով հիւսուած.

olive oil (ալ՛իվ օյլ) ձիթաիւղ. — - *yard* ձիթենիի պարտէզ.

olympiad (ալիմ՛փիէտ) քառամեայ շրջան ողիմպիական խաղերու միջեւ (առաջին ողիմպիականը՝ Ք.Ա. 776 թուին). կարճ՝ *ol.*

Olympian (օլիմ՛փիըն) Ողիմպիոսի. ողիմպիական. երկնային. սքանչելի. գերադաս. գիջող.

Olympic (օլիմ՛փիք) ողիմպիական. — *games* ողիմպիական խաղեր որոնք կը սարքուէին Ողիմպոս լերան Զեւս չաստուծոյն ի պատիւ, (կը սարքուին նաեւ հիմա).

Olympus (օլիմ՛փըս) Ողիմպոս լեռ Թեսալիայի մէջ, որուն վրայ կը բընակէին գլխաւոր յոյն չաստուածները. երկինք.

ombrograph (ամ՛պրակրէֆ) անձրեւաչափ. *ombrometer* անձրեւաչափ.

omega (օմ՛իկէ) օմեգա. յունարէն այբուբենին վերջին տառը. չարքի մը վերջինը. իրերու վերջին վիճակը. վախճանը. *I am alpha and* — ես եմ Աոաջինը եւ վերջինը.

omelet(te) (ամ՛ըլէթ) ձըւածեղ. *an — without breaking eggs* նպատակը կը պահանջէ որոշ միջոցառումներ.

omen (օմ՛էն) գուշակութեան նշան. կանխագուշակել. *ill —ed* չարագուշակ. *is of good* — բարեգուշակ է.

ominous (ամ՛ինըս) չարագուշակ. չարաշուք. սպառնացող.

omission (օմի՛շըն) զանցառութիւն. մոռացում. թերացում. *sins of — and commission* զանցառութեան մեղքեր եւ գործադրուած մեղքեր.

omit (օմիթ՛) զանց ընել. դուրս ձգել. մոռնալ. զեղչել. *omissible* (օմի-ս՛ըպլ) զանցառելի. ձգելի. զանց առնուելիք.

omni (ամ'նի) (լատին. նախաբառ). ամէն. բոլոր. (կերպեր, բաներ, տեղեր). — *competent* (ամ'նիքըմ'փիթընթ) ամէն բանի մէջ իրաւական իշխանութիւն ունեցող. —*farious* բազմատեսակ. —*fic* (ամնիֆ'իք) ամենատեղծ. —*bus* հանրակառք. —*genous* համասեռ. ամէն տեսակի. —*potence* (ամնիփ'ըթընս) ամենազօրութիւն. —*potent* (ամնիփ'ըթընթ) ամենազօր. *the* — *scient* (ամնի'շընթ) Աստուած. ամենագէտ. — *vorous* (ամնիվ'ըրըս) ամենակեր. ամէն բան լափող՝ կարդացող.

omphalos (ամ'ֆըլաս) պորտ. միջնակէտ. կոնաձեւ քար Թելփիի մէջ, որ երկրի կեդրոնը կը նկատուէր.

on (ան, ըն, օն) նախադրութիւն՝ վրայ. *lives* — *the continent* եւրոպական ցամաքամասին վրայ կը բնակի. *travels* — *foot* հետիոտն կը ճամբորդէ. *threw him on the floor* զայն գետին տապալեց. *works* — *half-pay* կէս թոշակով կ' աշխատի. *based* — *fact* իրողութեան վրայ հիմնուած. *arrested on suspicion* (սասփի'շըն) կասկածով ձերբակալուեցաւ. *had it* — *good authority* իրազեկ աղբիւրէ լսեցի. *did it* — *purpose (deliberation)* դիտմամբ ըրի. — *the average* միջին հաշուով. *(up)* — *the whole* ընդհանուր առմամբ. *interest* — *one's capital* իր դրամագլուխին տոկոսը. *house is* — *the road* տունը ճամբուն վրայ է. — *the right (North) of)* աջ կողմը, հիւսիսակողմը. *hit him* — *the head* գլխուն զարկաւ. վրան հարուած իջեցուց. *lay hold* — ամուր բռնել. *smiled (frowned)* — *me* ինծի ժպտեցաւ (շնորհք բրաւ). ինծի խոժոռադէմ նայեցաւ. *rose* — *their oppressor* իրենց հարստահարիչին դէմ ըմբոստացան. — *the next day* յաջորդ օրը. — *the instant* անմիջապէս. — *time* ճշդապահօրէն. — *the sly* գաղտագողի. — *fire* կրակ առած. — *sale* ծախու. — *strike* գործադուլ ըրած. *writes* — *economics* տնտեսագիտութեան վրայ կը գրէ. *a book* — *ethics* բարոյագիտութեան վրայ գիրք. *the refreshments are* — *me* զովացուցիչները ծախքը իմ վրաս. *is not binding* — *us* մենք զերծ ենք, մեզմէ չի պահանջուիր. *age tells* — *him* տարիքը յառաջացած ըլլալը յայտնի է. *title was conferred* — *him* տիտղոս տրուեցաւ իրեն. *has his shoes* — կօշիկները հագած է. *end* — ծայրը դէպի առջեւ· *send* — առջեւէն ղրկէ· *later* — աւելի վերջը· *Othello is* — Օթէլլօն կը բեմադրուի· *gas (water) is* — կազը (ջուրը) բաց է, կը հոսի· *on-coming* վերահասու· *onfall* յարձակում· *onlooker or looker-on* հանդիսատես.

onanism (օն'ընիզմ) գիջութիւն.

once (ուանս) անգամ մը· ատենօք· մէկ անգամ· — *or twice* մէկ-երկու անգամ· — *in a while* շատ հազուադէպ· — *bitten twice shy* ցաւը, վնասը նախազգուշութիւն կը սորվեցնէ· *a —-famous doctrine* ատենօք հռչակաւոր վարդապետութիւն մը· *a —-loved friend* ժամանակին սիրելի, մտերիմ բարեկամ մը· *my — master (ally)* նախկին տէրս, վարպետս (դաշնակիցս)· *for this (that)* — այս (այդ) անգամին բացառաբար· իբր շաղկապ· *if —, when* — անմիջապէս որ·

on dit (օն տի) կ'ըսեն թէ· ըսի ըսաւ· տարաձայնութիւն կայ թէ (ֆրնս.)·

one (ուան) մէկ· մէկ հատ· միակ· մէկը· ոք· նոյն· *one-and-twenty* քսան եւ մէկ· կամ *twenty-one.* — *dozen (hundred)* մէկ երկվեցեակ (հարիւր)· — *man in ten, a thousand* տասը մարդուն մէկը· հազարէն մէկ (մարդ)· *God is* — Աստուած մէկ է· *the* — (իբր ածական), *the — way* միակ կերպը· *cried out with — voice* մէկ ձայնով աղաղակեցին· *were made* — ամուսնացան· *became* — միացան· համաձայնեցան· *met him — night* իրիկուն մը իրեն հանդիպեցաւ· իբր գոյական *one* մէկ· մէկը· միաւոր· միութիւն· մէկ բան· անձ· օրինակ՝ *in the year* — հին ատեն· *ten to* — շատ անհաւանական· *all in* — միացած· խմբուած· *at* — հաշտուած· համաձայն· *get me a good* — լաւ հատ մը բեր ինծի· *choose good —s* լաւերը ընտրէ· *that was a nasty* — շատ գէշ հարուած մըն էր· — *too many for him* իրեն համար շատ դժուար է· *it is all — to me* ինծի համար նոյնն է, տարբերութիւն չ'ըներ· իբր դերանուն· *one-another* զիրար, իրարու (երբ երկուքէ աւելի ըլլան)· — *came running* մէկը եկաւ վազելով· *someone* մի ոմն· *no* — ոչ ոք· *such a* — այսպիսի մէկը· *many a* — շատեր· *loved — or —s* սիրելիներ· *the Holy* — Սուրբը, Աստուած· *bought it from — Hagop* Յակոբ անունով մէկէ մը գնեցի· *—-eyed* միականի· *—-horse* մէկ ձիով քաշուող, ոչ-բաւարար սարքաւորումով·

— - *idea'd*, (— - *ideaed*) նեղմիտ. — - *sided* միակողմանի. անհաւասար. — *self* ինքզինք. *a* — - *sided street* մէկ կողմին վրայ տուներով փողոց. *a* — - *way street* փողոց մը որուն մէջ միայն մէկ ուղղութեամբ փոխադրութիւն (նամրորդութիւն) արտօնուած է.

oneiro - (օնայր'օ –) յունանախարառ' երազ. — *mancy* երազագուշակութիւն. —*critic* (—քրի-թ'իք) երազահան, երազը մեկնող.

onerous (ան'ըրըս) ծանր. ծանրաբեռն. դժնդակ. — *property* ինչք' կալուած որ պարտաւորութիւններ կը դնէ իր տիրոջ վրայ.

onion (ան'եըն) սոխ. *flaming* —*s* հակաօդային հրթիռ' որ կրակէ գունդերու շղթայի կը նմանի. *know one's* —*s* մէկ գործի մէջ մասնագէտ ըլլալ. գլուխ (ռամկ.). *off one's* — բախուկ. խելագար. *to* — սոխով շփել (*rub eyes with* —) արցունք բերելու համար.

only (օն'լի) (ած.) միակ. միայն. միմիայն. եզական. *the* — *child* մէկ հատիկ զաւակ. *my one and* — *hope* միակ յոյսս. (*not* —, *but also*) ո՛չ միայն... այլ նաեւ. *If* — *he would come soon* երանի թէ շուտով համնէր. *he makes good resolutions*, — *he never keeps them* լաւ որոշումներ կ'առնէ, միայն թէ զանոնք չի գործադրեր.

onset (ան'սէթ) (*onrush*) խուժում. գրոհ տալը. յարձակում.

onslaught (ան'սլօթ) ձոյն.

onto, on to (ան'թու) վրան. դէպի.

ontology (անթալ'ըճի) էաբանութիւն.

onus (օն'ըս) (միայն եզակի) բեռ. ծանրութիւն. պէտք. պատասխանատուութիւն. *the* — *of proof lies with you* պէտք է փաստես բաժդ.

onward, onwards (ան'-ուըրտ, —զ) դէպի առաջ. յառաջ. յառաջադէմ.

onyx (ան'իքս) բազմաթիւ երանգներով թանկագին քար. եղնգաքար.

oodles (of money) (ու'-տըլս) մեծագումար դրամ.

oof (ու'ֆ) (ռամկ.) դրամ. հարուստ մարդ. — - *bird* մեծատուն, հարուստ մարդ.

ooze (ու'զ) տիղմ (լճի, գետաբերանի, ծովու յատակի). ծորում. մզել. ծորել. կաթկթել. — *out* յառիլ. երեւան ելլել.

opal (օփ'ըլ) թանկագին քար մը. արեւակն. արեւաքար. —*ine* (օփ'ըլին) բազմագոյն. կիսաթափանց ներմակ ապակի.

opaque (օփէյք') (—*r*, —*est*) անթափանցիկ. անլոյս. աղօտ. բթամիտ.

ope (օ'փ) = *open* բաց. բացուիլ.

open (օփ'ըն) (*—er, —est*) բաց· պարզ· մերկ· չծածկուած· ազնիւ· անկեղծ· համարձակ· անկախ· բանալ· արձակել· տարածել· երեւնալ· սկիզբ առնել· բացուիլ· *— air* բացօդեայ· *door flew —* դուռը մէկէն բացուեցաւ· *— ears* ուշադիր· *— mouth* շատակեր· անկեղծ արտայայտուող· ապշահար նայող (բերանը բացած)· *— mind* բաց միտք· աննախապաշար· *keep — doors (house)* հիւրասէր ըլլալ· *the — door (policy)* ազատ առեւտուրի քաղաքականութիւն· *— heart* անկեղծութիւն· ազնուութիւն· *the position is — to attack* դիրքը յարձակումի ենթակայ է· *— river (harbour)* գետը (նաւահանգիստը) սառէ զերծ է· *— letter* բաց նամակ (բողոքի, քննադատութեան անձի մը դէմ)· *to — fire* կրակել· կրակ բանալ· *— one's eyes* զարմանալ· *—-eyed* արթուն· աչքը բաց· *—-handed* առատաձեռն· *—-hearted* բացսիրտ· առատաձեռն· *—-armed* սրտանց· հիւրասիրութեամբ· *open-faced* անկեղծ· պարզ· ազնիւ·

opening (օփ'նինկ) ճեղք· ծակ· բացում· սկիզբ·

openly (օփ'ընլի) հրապարակաւ· համարձակօրէն· յայտնապէս· բացէ ի բաց·

O.P.E.P. (օփէփ) քարիւղ արտադրող երկիրներու միջազգային միութիւն·

opera (ափ'ըրա) օփերա· թատերախաղ (երաժըշտութիւնով)· *grand —* թատերգութիւն (առանց խօսակցութեան)· *—-glass(es)* դիտակ թատրոնի· *—-house* թատերասրահ (օփերայի ներկայացման յատուկ)·

operate (ափ'ըրէյթ) գործել· ներգործել· անդամահատել· յառաջ բերել·

operation (ափըրէյ'շըն) գործողութիւն· ազդեցութիւն· վիրահատութիւն· ներգործութիւն· գործառնութիւն· իրաւականութիւն· գործելակերպ· գործադրութիւն· *combined —* բանակի (զինուորական) գործողութիւն ծովուժի, օդուժի եւ ցամաքային ուժի մասնակցութեամբ·

operative (օփ'ըրէթիվ) ի զօրու· իրաւական· գործնական·արդիւնագործ·ազդու· *an —* աշխատաւոր·

operatize, (—se) (ափ'ըրէթայզ) թատերանուագի վերածել·

operculum (օփըրք'իուլըմ) ձուկին խռիկները ծածկող խփիկ, խփան·

operetta (ափըրէթ'ա) երաժշտախառն թատերերգութիւն·

operose (ափ'ըրօզ) տաժանելի· ծանր·

ophthalmia (աֆթհէլ'միը) աչացաւ· ակնաբորբ·

ophthalmic (աֆթհէլ'միք)

աչացաւի· աչացաւով վարակուած· աչացաւի դարման, դեղ·

opiate (*օփ'իէյթ*) հին առումով՝ թմրեցնող դեղ· թմբրադեղ խառնել·

opinion (*օփին'ըն*) կարծիք· համարում· գաղափար· միտք· կարծիք յայտնել· դատել· համարիլ· *in my —* ըստ իս· *am of — that* կը համատամ թէ· *a matter of —* վիճելի հարց է· *public —* հանրային կարծիք (մանաւանդ բարոյական հարցերու շուրջ)· մասնագէտի խըրատ, ուղղութիւն· *(to have, form a high, (low) — of him* իր մասին բարձր, (ցած) գաղափար ունենալ, կազմել·

opinionated (*օփին'ընէյթըտ*), **opinionative** (*օփին'ընէյթիվ*) կամակոր· յամառ· ինքնագոհ·

opisometer (*ափիսօ'միթըր*) գծաչափ·

opium (*օփ'իըմ*) ափիոն· *— poppy* մեկոն· խաշխաշ· *— habit* ափիոնամոլութիւն· *to —* ափիոնով թմրեցնել կամ դարմանել·

opossum (*օփաս'ըմ*) Ամերիկայի ծառաբնակ կամ ջուրի փոքրիկ պարկերէ· ծառ մագլցող փոքր կենդանի, երբ բռնուի մեռած կը ձեւանայ·

oppilate (*ա'փիլէյթ*) խափանել· բռնել·

opponent (*օփոն'ընթ*) հակառակորդ· ընդդիմադիր· ընդդիմաքան· ներհակ·

opportune (*ափ'ըրթիուն, ափըրթիուն'*) յարմար· նպաստաւոր· դիպուկ· բարեպատեհ·

opportunism (*ափըրթիուն'իզմ*) պատեհապաշտութիւն· սկզբունքը շահի զոհելը· *opportunist* պատեհապաշտ·

opportunity (*ափըրթիուն'իթի*) պատեհութիւն· առիթ· *make (find, seize, give) an —* առիթը ստեղծել, գտնել, աւիթէն օգտուիլ, առիթ տալ·

oppose (*ըփօզ'*) ընդդիմանալ· դիմադրել· հակադըրուիլ· արգիլել· առարկել· հակադրել· դէմ դէմի բերել· հակակըշռել· *To Plato I — Aristotle* Պղատոնին կը հակադրեմ Արիստոտէլը· *The thumb can be —d to any of the fingers* բթամատը որեւէ մատի հետ դէմ դէմի կրնայ գալ· *I am —d to that plan* դէմ եմ այդ ծրագիրին·

opposite (*ափ'ըզիթ*) հակառակ· ներհակ· հանդիպակաց· դէմի· *go in — directions* հակառակ ուղղութեամբ երթալ· *the tree — (to) the house* տան դիմացի ծառը· *you are kind, she is the —* դուն ազնիւ ես, բայց ինք՝ ոչ·

opposition (*ափոզի'շըն*) դիմացը գտնուիլը· ընդդիմութիւն· ընդդիմադրութիւն· արգելք· դիմադրութիւն· հակառակութիւն· թշնամական գիրք· ընդդիմադիր կողմ՝ կուսակցութիւն· *leader of the O —* ընդդիմադիրներու ղեկավարը·

oppress (օփրէս') ճնշել· նեղել· կոխել· հարստահարել· *—ion* կեղեքում· զրկանք· ճնշում· *—or* կեղեքիչ· ճնշող· հարըստահարող· *—ive* ճնշիչ· բռնակալական·

opprobrious (օփրօփ'րիըս) նախատական· անպատիւ· խայտառակ·

opprobrium (օփրօփ'րիըմ) նախատինք· ամօթ· խաղքութիւն·

opsonic (ափսան'իք) մանրէաբոյսերը սպիտակ գնդիկներու կողմէ փըճացուելու վիճակի մէջ դնող· *opsonin* (ափ'սօնին) հիւանդին արեան մէջ ներարկուած շինուկով դիմադրութեան ոյժ յառաջ բերող նիւթ·

opt (ափթ) ընտրել· ընտրութիւն մը ընել· փոխընտրութիւն ընել (երկու բաներու միջեւ)·

optative (ափ'թէթիվ, ափթէյ'թիվ) (քեր·)· *— mood* ըղձական եղանակ (ստորադասականի ձեւով)·

optic (ափ'թիք) տեսողական· աչքի յատուկ· *— nerve* տեսողական ջիղ· *—s* (եզակի բայով գործածուող) տեսագիտութիւն· լուսագիտութիւն· *—al* տեսողական· *—al illusion* տեսողական, երեւութական խաբկանք· տեսողութեան նպաստող· տեսագիտութեան համաձայն·

optician (ափթի'շըն) ակնոցագործ· դիտակագործ·

optime (ափ'թիմէ) կըռուազան· վիճասէր· երկրորդ մրցանակ շահող· քաջալաւ·

optimism (ափ'թիմիզմ, օփ'թիմիզմ) լաւատեսութիւն· Լայպնիցի փիլիսոփայական տեսութիւնը, որուն համաձայն ներկայ աշխարհը լաւագոյնն է. տեսութիւն՝ թէ բարին պիտի տանի վերջնական յաղթանակը·

optimist լաւատես· *—ic* լաւատեսական· *—ically* լաւատեսօրէն·

optimum (ափ'թիմըմ) (կենս·) նպաստաւոր պայմաններ աճումի եւ բազմացումի· *— temperature* յարմարագոյն, ամենանպաստաւոր կլիմայ (աշխատելու համար)·

option (ափ'շըն) ընտրութիւն· կամք· վերապահ ազատութիւն· *make one's —* ընտրել· *have no — but to* ստիպուած եմ· *—al* կամքի թողուած· կամաւոր· ոչ-ըստիպողական·

optophone (ափ'թըֆօ՛ն) լոյսը ձայնի փոխող գործիք, որով կոյրեր կաբող կ՚ըլլան տպուածը լանլիֆով կարդալ․

opulent (*աբ՛իուլընթ*) հարուստ․ փարթամ․ առատ․ *opulence* փարթամութիւն․ ճոխութիւն․ առատութիւն․

opus (*օփ՛ըս*) յոգ․ երբեմն *opera*. երաժշտական գործ, երկ, (երբ թիւերով մէջբերում կատարուի․ կարճ ձեւը՝ op. *Beethoven op. 15)* Պէթովէնի թիւ 15 երկը․ — *magnum* (*մէկ՛նըմ*) մեծ գրական ձեռնարկ․ հեղինակի՝ արուեստագէտի գլխաւոր արտադրութիւնը․

opuscule (*օփըս՛քիուլ*) գրական կամ երաժշտական շարադրութիւն (երգի յօրինում)․ փանաքի գործ․

or (*օր*) ոսկեգոյն մաս վահանաբարձիկի․

or (*օր*) թէ․ կամ․ կամ թէ․ *right — wrong* շիտակ թէ սխալ․ իրաւացի կամ անիրաւ․ — *in the heart — in the head* թէ սրտին եւ թէ գլխուն մէջ․ *either take the book — leave it* գիրքը կա՛մ առ եւ կամ ձգէ․ *make haste, — else you will be late* աճապարէ՛, թէ ոչ պիտի ուշանաս․ *whether — not he is going, I don't know* պիտի երթայ թէ ոչ, չեմ գիտեր․ *the man or the woman or the boy goes* կա՛մ մարդը, կա՛մ կինը եւ կամ մանչը կ՚երթայ (եզ․ թայ)․

oracle (*օ՛րէքըլ*) խօսք․ պատգամ․ վճիռ․ պատգամատեղի․ ճերշմնչեալ պատգամ․ անսխալական, հեղինակաւոր, խորագէտ պատգամախօս կամ խրատատու, մարգարէ․

oral (*օր՛ըլ*) բերանացի․ անգիր․ բերնի․ — *examination* բերանացի քննութիւն․ —*ly* բերանացի․

orange (*ա՛րէնճ, օ՛րէնճ*) նարնջենի․ նարինջ․ նարնջագոյն․ *squeeze the* — քամէ մը առաւելագոյնս օգտուիլ․ *squeezed* — քամ մը որմէ օգուտ քաղել ա՚լ կարելի չէ․ *mandarin* — նուշայենի․ նուշայի, տեսակ մը նարինջ՝ որ դիւրաւ կը կեղուըուի․ *Tangerine* — (*թէն՛ճըրին-ա՛րէնճ*) տանգերին (նարինջի փոքր տեսակ)․ —*ade* (*արընճէյտ՛*) նարինջի օշարակ․

orang-outang (*օրանկ՛-ու-թէնկ՛*) առանց պոչի հըսկայ կապիկ․ օրանկութան, մարդակապիկ․

orate (*օրէյթ՛*) ճառախօսել․ ատենաբանութիւն ձեւացնել․

oration (*օրէյ՛շըն*) ատենաբանութիւն․ ճառախօսութիւն․

orator (*օ՛րէյթըր*) ատենաբան․ վարպետ ճառախօս․ *public O*— կարգախօս Քէյմպրիճ համալըսարանի․ պաշտօնական օրերուն ճառախօսող պաշտօնեայ․

oratorio (օրըթո'րիօ) յոգ. —s սրբազան թատրերգութիւն մասնակցութեամբ մեներգողներու, երգչախումբի եւ նուագախումբի (առանց տեսարանի եւ տարազի).

oratory (օ'րէթըրի) աղօթարան. առանձնոց. ճարտարախօսութիւն (չափազանցուած բառերով).

orb (օրպ) գունտ (երկնային). շրջանակ. երկնային մարմին. ծիր. աչքի գունդ. աչք. գունտ (վրան խաչ հաստատուած). բոլորիլ, բոլորակիլ. բոլորել, բոլորակել.

orbicular (օրպիք'իուլըր) բոլորակաձեւ. օղակաձեւ. գնդաձեւ. կլոր. լման.

orbit (օրպ'իթ) աչքի խոռոչ. ակնակապիճ. ուղեծիր. մոլորակի (գիսաւորի, արբանեակի) ուղեծիր. գործունէութեան շրջանակ. սահման.

orc, orca (օրք, օրք'ը) որֆայ. մեծ կիտազգի. վիթխարի գազան.

orchard (օրչ'ըրտ) պտղաստան, մրգաստան. —-*man*, —*ist* մրգամշակ.

orchestra (օր'քիսթրէ) նուագախումբ. երաժշտախումբ. նուագատեղ. —*l* նուագախմբային.

orchestrate (օր'քըսթըրէյթ) նուագախումբի համար եղանակ գրել.

orchid, orchis (օր'քիտ, օր'քիս) միաբլթակ բոյսի տեսակներ ուռական արմատներով. խոլորձ. ձուածաղիկ. —*acious* (օրքիտէյ'շըս) խոլորձեայ.

ordain (օրտէյն') կարգել. ձեռնադրել քրիստոնէական պաշտօնի. կարգ տալ. վճռել. տնօրինել. կարգադրել.

ordeal (օրտիյլ', օրտ'իլ) անմեղութիւն հաստատելու համար փորձ. պատճառափորձ. չարչարանք. նկարագիրը (համբերութիւնը) փորձող. նեղութիւն. փորձառութիւն.

order (օրտ'ըր) դասակարգ. աստիճան. շարք. կանոն դասաւորութիւն. յօրինուածք. հրաման. ապսպրանք. բարեկարգութիւն. կանոնաւորել. կարգադրել. տնօրինել. վարել. հրամայել. ուղղութիւն տալ. *holy —s* եկեղեցական աստիճաններ. *the lower —s* հասարակ ժողովուրդ. *made to —* չափի վրայ (կարուած, շինուած). *take —s from* հնազանդիլ. *to take holy —s* ձեռնադրուիլ. *to be in —s* ձեռնադրուած ըլլալ. *in alphabetic —* այբուբենական կարգով. *in chronological —* ժամանակագրական կարգով. *are scattered without any —* խառն ի խուռն նետուած, ցրուած. *love of —* կարգ ու կանոնի, կոկիկութեան սէր. *is in good —* լաւ վիճակի մէջ է, կը գործէ, գործածելի է· *out of* — չի գործեր, աւրուած է (գործիf, մեfենայ)· *the — of things (the world)* իրերու (աշխարհի) վիճակը, կարգ ու սարfը· *the old — changeth* հին կարգ ու սարfը փոխուեցաւ· — *of the day* օրակարգ· կարգախօս· մարդիկ հետաfրfրող, զբաղցնող ընթացիկ հարցեր (նիւթեր)· — *was restored* խռովութիւնը դադրելով՝ կարգ ու կանոն վերահաստատուեցաւ· *in — to do* ընելու նպատակով· *in — that* որպէսզի· *gave —s, an —, the —* հրաման ըրաւ, արձակեց· — *one's life, affairs* կեանfը, գործերը կարգի դնել· — *a retreat* նահանջի հրաման արձակել· *ordered away, (home)* հրամայեց որ հեռանայ, տուն երթայ· *was —ed to Cyprus* Կիպրոս երթալու պատուէր ստացաւ· — *about* հոս հոն ղրկել, վրան իշխել· — *dinner* (ծառային) ուղղութիւն տալ թէ ինչ նաշեր պիտի պատրաստէ.

orderly (օրտ'ըրլի) կանոնաւոր· կարգապահօրէն· կարգապահ· լրաբեր զինուոր· հրամաններու գործադրութեան հսկող (զին·)· — *room* հերթապահութեան սենեակ· — *bin* աղբի սնտուկ, տակառ (փողոցի)· հիւանդանոցի ծառայ· փողոց մաfրող.

ordinal (number) (օրտ'ինըլ) դասական թիւ· (օր· առաջին, հինգերորդ)· ծիսարան· Մաշտոց.

ordinance (օրտ'ինընս) վճիռ· օրէնf· կարգ· ծէս· արարողութիւն.

ordinary (օրտ'ինըրի) սովորական· հասարակ· կանոնաւոր· — *seaman (O.S.)* ուժով, կարողութեամբ ստորադաս նաւաստի· *Lord —* Սկովտական գերագոյն դատարանի հինգ դատաւորներէն մէկը.

ordinarily (օրտ'ինէրըլի) սովորաբար· ըստ կարգի.

ordination (օրտինէյ'շըն) կարգաւորութիւն· եկեղեցական աստիճան տալը· կարգում· ձեռնադրութիւն.

ordnance (օրտ'նընս) հրետանի· թնդանօթարանի վարչութիւն· բանակի վերաբերեալ ամբարներ·

ordure (օրտ'իուր, օրտ'եըր) աղբ· ապաւառ· կղկղանf· լկտիութիւն· անպարկեշտ, աղտոտ լեզու.

ore (օր) հանf՝ որմէ մետաղ(ներ) եւայլն կը հանուի· մետաղ· ոսկի·

oreide (օր'էիտ) արոյր՝ որ ոսկիի կը նմանի եւ զարդեղէն շինելու կը ծառայէ.

organ (օրկ'ըն) գործարան. երգեհոն. — - *grinder*

(*կըայնտ'ըր*) երգեհոն նուագող· *mouth* — բերնի երգեհոն· —*s of speech (perception, digestion etc.)* խօսելու (զգալու, մարսելու) գործարանները· *nasal* — քիթ·

organdie (*օր'կընտի*) մարմաշ· օրգանտի· շատ նուրբ, կիսաթափանց կերպաս·

organic (*օրկէն'իք*) գործարանական· կազմուածոյ· կենսական· գործարանաւոր (բոյս, կենդանի)· բնածուխ պարունակող (բաղադրեալ մարմիններ)· գործարանական·

organism (*օրկ'ընիզմ*) կազմուած մարմին· յօրինուածք· կազմութիւն· գործարանաւոր մարմին·

organization (*օրկընիզէյ'շըն*) կազմակերպութիւն· կազմակերպուած մարմին· դրութիւն· ընկերութիւն·

organize, (—ise) (*օրկ'ընայզ*) կազմակերպել· գործարանաւորել· գործարանաւոր դարձնել· գործակցութիւն ստեղծել· կարգադրել·

orgasm (*օրկ'էզմ*) բուռն գրգիռ· յուզում· կատաղութիւն· սեռային յուզումի գագաթնակէտ· կտզուցք· մոլուցք·

orgy (*օր'ճի*) Բագոսատօնք· շուայտանք· պարով, երգով եւ շուայտութիւնով զինարբուք·

oriel (*օր'իըլ*) գոթաձեւ սրակամար պատուհան· — *window* վերի յարկի դուրս ցցուած պատուհան·

orient (*օր'իընթ*) արեւելք· արեւելեան· ծագող (արեւ)· *O*— Միջերկրականի արեւելակողմի երկիրները· — *pearl* փայլուն սատափ· մարգարիտ· թանկարժէք·

orient (*օրիէնթ'*) *orientate* (*օ'րիէնթէյթ*) ուղղել· դառնալ· արեւելք դարձնել (խորան)· մեռելը թաղել ոտքերը դէպի արեւելք· կողմնացոյցով ուղղութիւն առնել· դիրքը, կեցուածքը ճշդել· դառնալ դէպի···

orientate (oneself) գըտնուած տեղը ճշդել· —*al* (*օրիէն'թըլ*) արեւելեան· արեւելքցի· թանկագին· ասիական· ասիացի· *orientalist* արեւելագէտ· արեւելքցի·

orifice (*ա'րիֆիս*) անցք· մուտք· բերան· բացուածք· ծակ·

origin (*ա'րիճին*) ծագում· ծնունդ· սկիզբ· աղբիւր· արմատ· պատճառ· —*al* (*օրի'ճինըլ*) ծագում· ըսկիզբ· սկզբնատիպ· նախատիպար· բնագիր· նախնական· բուն· ինքնատիպ· ինքնատեղծ· նորօրինակ· ինքնագիր· —*al sin* սկզբնական մեղք· բնածին մեղք·

originality (*օրիճինէլ'իթի*) ինքնատպութիւն· ինքնագիտ սեփականութիւն. նորութիւն. այլանդակութիւն.

originally (օրի'ճընէլլի) ի ծնէ. սկիզբէն. բնագրին մէջ.

originate (օրի'ճինէյթ) ծագում տալ, առնել, գոյանալ, յառաջ բերել. պատճառել. *to — from (in) a place* տեղ(է) մը ծագում առնել, գոյանալ. *to — with (from) a person* անձով մը՝ անձէ մը ծագում առնել. մէկը սկսած ըլլալ. հեղինակը ըլլալ.

originator սկզբնապատճառ. հեղինակ. նախապատճառ.

Orion (օրայ'ըն) Որիոն. Հայկ Համաստեղութիւնը. *—'s hound (or Sirius)* Որիոնի շունը՝ խոշոր եւ շատ փայլուն աստղ մը. շնիկ աստղը.

orison (ա'րիզն) աղօթք, մաղթանք.

orlop (օ'րլըփ) նաւու ամենավարի յարկը.

ormolu (օ'րմոլու') ոսկի արոյր.

ornament(s) (օրն'ըմէնթ) զարդ(արանք). շքանշան. պաշտամունքի համար եղած սեղանը, սկիհը, անօթները եւ ծիսարան (գիրքը). *was an — to his country* իր երկրին համար զարդ մըն էր (երկրին պատիւն էր). զարդարել. պճնել. դըռուագել.

ornate (օրնէյթ') պճնուած. գեղազարդ. զարդարուն (ճառտասանական, բանաստեղծական ոճերով ու ձեւով). *—ly* շքեղօրէն. զարդարուն կերպով.

ornithology (օրնիթհա'լըճի) թռչնաբանութիւն.

orography (արաք'րէֆի), oreagraphy (արիաք'րէֆի), oralogy (արա'լըճի) լեռնագրութիւն. լեռնաբանութիւն.

orphan (օրֆ'ըն) որբ. որբուհի. որբացնել. *—age* (օրֆ'ընէճ) որբանոց. *—hood* որբութիւն.

orra (ա'րա) (գիտ.) արտառոց. պատահական. բացառիկ.

orrery (ա'րըրի) մոլորակներու դրութիւնը ներկայացնող անուանաշարք. մոլորակացոյց.

orris (ա'րիս) հովտաշուշան. բուրումնաւէտ արմատով շուշան. ոսկեծանեակ. ասեղնագործութիւն.

ort(s) (օրթ, օրց) փըշրանք. աւելցուք.

orth(o) (յուն. նախաբառ) ուղիղ. շիտակ. ուղղանկիւն. կանգուն.

orthodox (օ'րթհատաքս) ուղղափառ. ուղղահաւատ. ուղիղ. *—ness, —y* ուղղափառութիւն.

orthoepic (օրթհօէփ'իք) ուղղախօս. ուղղահնչիւն.

orthogon (օ'րթհըկան) ուղղանկիւն.

orthographer, orthographist ուղղագիր. բառագիր.

orthography (օրթհաք'րէֆի) ուղղագրութիւն. ուղղագիր.

orthology (օրթհա'լըճի) ուղղախօսութիւն.

—ory ածանց բառի կազմութեան կը ծառայէ. *compulsory* (*քըմփըլ'սըրի*) պարտաւորիչ. *illusory* (*իլիու'զըրի, իլիու'ժըրի*) պատիր. խաբէական.

oryctology (*օրիքթօ'լըճի*) հանքաբանութիւն.

oryx (*օ'րիքս*) խոշոր ու լայն եղջիւրներով ափրիկեան այծքաղ. յամոյր.

Oscar (*օ'սքըր*) մրցանակ տրուած տարուան լաւագոյն շարժանկարի դերասանին եւ շարժանկարի հեղինակին, եւայլն.

oscillate (*ա'սիլէյթ*) ճօճել. թրթռալ. տատանել.

oscillation (*ասիլէյ'շըն*) ճօճում. տատանում. ելեւէջ.

oscular (*ա'սքիուլըր*) բերանի, համբոյրի վերաբերեալ (կատակով գործածուած).

osculate (*ա'սքիուլէյթ*) համբուրել. հպիլ. շօշափել. երեք կամ աւելի կէտերու մէջ հպող (մակերես).

osier (*օ'ժըր*) ջրուռի. ուռենի (որուն թարմ ճիւղերով սակառ կը հիւսեն). փակուռի.

Osmanli (*օ'սմանլի*) օսմանցի.

osmium (*ազ'միըմ, աս'միըմ*) ոսմիոն, լանօսկիի տեսակէն մետաղ՝ որ ցարդ գտնուած նիւթերուն ամենէն բարձր խըտութիւնը ունի.

osmology (*ասմա'լըճի*) հոտառութեան գիտութիւն.

osprey (*աս'փրի, աս'փրէյ*) գետարծիւ. արծիւ. ձկ՚յարն փոտտ որ.

osseous (*ա'սիըս*) ոսկրային. ոսկրեղէն. ոսկորէ. ոսկրուտ. բրածոյ ոսկորներով լի.

ossify (*ա'սիֆայ*) ոսկրանալ. կարծրանալ. ոսկըրացնել. յետադիմական դառնալ.

ossuary (*ա'սիուըրի*) ոսկըրակոյտ. քարայր՝ ուր հինցած ոսկորներ կան. շիրիմ. ոսկորները ամփոփելու սափոր, ընդունարան. դամբարան.

ostensible (*ասթէն'սիպլ*) ցոյցի համար. ցուցարկելի. դաւանելի. ակներեւ. յայտնի. հաւանական. կարծեցեալ.

ostentation (*ասթընթէյ'շըն*) ցուցամոլութիւն.

ostentatious (*ասթընթէյ'շըս*) ցուցամոլ. ցուցասէր. —*ness* ցուցամոլութիւն.

osteoclasis (*ասթիոքլէյ'սիս*) ոսկրաբեկութիւն.

osteocope (*աս'թիոքոփ*)

ostelgia (*ասթէլ'ճիը*) ոսկըրացաւ.

osteopathy (*ասթիափ'էթհի*) բեկարուժութիւն.

osteopath (*աս'թիըփէթհ*) բեկարոյժ.

ostler (*ա'սլըր*) ախոռապան. ձիապան.

ostracize (ise) (*աս'թրըսայզ*) վտարել. աքսորել. խեցեվճռել.

ostracism (*աս'թրըսիզմ*) խեցեվճիռ. աքսոր. վըտարում.

ostrich (*ա'սթրիչ*) ջայլամ. — *policy, (belief)* ջայլամի քաղաքականութիւն, (հաւատք)՝ ինքնախաբէութիւն.

other (*ա'տհըր, ը'տհըր*) այլ. ուրիշ. միւս. միւսը. հակառակ. յաւելեալ. —*wise* տարբեր. այլապէս. եթէ ոչ. *the — day* անցեալ օր. *every — day* օր ընդ մէջ, երկու օրը անգամ մը. *every —* փոփոխակի. մէջընդմէջ. ամէն երկրորդ. — *- worldly* հոգեւոր. անտեսանելի աշխարհի մասին խորհող.

otiose (*օ'շիոս*) թոյլ. ամուլ. պարապոյ ժամեր անցընող. ծոյլ.

otitis (*օթայ'թիս*) ականջի բորբոքում.

ottar (*աթ'էր*) վարդի իւղ.

otter (*աթ'ըր*) ձկնակեր կենդանի զեղեցիկ մուշտակով. ջրասամոյր.

Ottoman (*աթ'օմէն*) օսմանեան. թուրք. — *Empire* Օսմանեան կայսրութիւն.

oubliette (*ուպլիէթ'*) վիրապ. անյուշ բանտ.

ought (*օ'թ*), **aught** (*օ'թ*) ոչնչութիւն. զէրօ. որեւէ բան. պէտք է. վայել է. *I — to* պէտք է որ ես.

ounce (*աունս*) կարճ ձեւը՝ *(oz.)* ունկի. աւունս. լիպրայի 1'16 մասը. (28,35 կրամ). յովազիկ.

our (*աուր*) մեր. —*s* մերը. մերինը. —*self (selves)* մենք. մենք մեզի. մենք իսկ. մենք զմեզ.

oust (*աուսթ*) դուրս հանել, վտարել (գործէն). զրկել. դիրք մը գրաւել ենթադրաբար, անարդար միջոցներով. ուրիշին տեղը դրուիլ.

out (*աութ*) դուրս. մէկդի. առանց. բացակայ. մեկնած. ներսէն. կորսնցուցած. անգործ. շըփոթած. հինցած. ծաղկած. —*!* մէկդի՛, հեռացի՛ր. *the secret is —* գաղտնիքը երեւան եկած է. *she is not yet —* տունէն դուրս՝ պարի, երեկոյթներու երթալու տարիքը չէ հասած տակաւին (աղջկան). հեռաւոր. *to —* դուրս դնել. զըրկել. փոխադրուիլ. պաշտօնանկ. —*er* դրսի. արտաքին. թիրախի ամենադրսի շրջանակը. *acted out of kindness to* պատճառով. *out and out (bad)* ամէն ձեւով շատ (գէշ). *outermost, outmost* ամենադուրս.

outbid (*աութ'պիտ*) աւելի գին ուզել կամ տալ. (անց. *outbade*, ներկայ ընդ. *outbidding*, անց. ընդ. *outbid, outbidden*).

outboard motor (*աութ'-պորտ մոթ'ըր*) նաւակի վրայ շարժակ.

outbound (*աութ'պաունտ*) դուրս երթալիք. արտագնաց.

outbreak (*աութ'պրէյք*) պոռթկում. պայթիւն. խլրտում. ըմբոստութիւն. (հիւանդութիւն, պատերազմ) ծագիլը.

outbuilding (*աուԹ'պիլտինկ*) տան մասը՝ բայց անջատ. յարաշէնք.

outburst (*աուԹ'պըրսԹ*) ժայթքում. պայթում. — *of laughter* մեծաձայն խնդուք. — *of anger* բարկութեան պոռթկում.

outcast (*աուԹ'քէսԹ*) վտարուած. ընկերութենէն մերժուած մէկը. —*caste* (*աուԹ'քէսԹ*) Հնդկաստանի չորս վերի դասերուն չպատկանող.

outclass (*աուԹքլէս'*) աւելի բարձր դասակարգի պատկանիլ. գերազանցել հմտութիւնով կամ որակով.

outcome (*աուԹ'քամ*) արդիւնք, ելք. հետեւանք.

outcrop (*աուԹ'քրափ*) ժայռի խաւէ մը դուրս ցցուիլը, երեւնալը (հանքի). — *coal* մակերեսը գտնուող քարածուխ.

outcry (*աուԹ'քրայ*) աղաղակ, վայնասուն. դժգոհանք, գանգատ.

outdistance (*աուԹ'տիսԹընս*) գլել անցնիլ. աւելի արագ երթալով անցնիլ (մէկը).

outdo (*աուԹտու'*) գերազանցել.

outdoor (*աու'Թտօ'ր*) դուրսը. բաց օդին մէջ. —*s* բացօդեայ.

outfield (*աուԹ'Ֆիյլտ*) արտադաշտ. ագարակին եզերքի հողամասերը.

outfit (*աուԹ'ՖիԹ*) կազմածք. պատրաստում. պիտոյք (հագուստ, գործիք). *to* — պիտոյք հայթայթել.

outflank (*աուԹՖլէնք'*) թշնամին կողէն պաշարել.

outgo (*աուԹկօ'*) աւելի անդին երթալ. առաջ անցնիլ. ծախս(ում). —*ing* մեկնում. մեկնող. հեռացող. ծախք.

outgrow (*աուԹկրօ'*) աւելի մեծնալ, անիլ. մանկական ունակութիւնները թողուլ. ա'լ հագուստները պզտիկ գալ. —*th* շառաւիղ. ծագում առնող բան. արդիւնք. անում.

outing (*աուԹ'ինկ*) ելք. պտոյտք. արտագնացութիւն. *to go for an* — կարճ՝ հաճելի շրջապտոյտի մը ելլել.

outlandish (*աուԹ'լէնտիշ*) օտար. հեռաւոր. տարօրինակ. արտառոց. մեկուսացած. սովորութենէ տարբեր. բարբարոս.

outlaw (*աուԹ'լօ'*) գող. յելուզակ. իրաւազուրկ. օրինազանց. *to* — իրաւազուրկ հռչակել օրինական միջոցով.

outlay (*աուԹ'լէյ*) ծախք, ելք.

outlet (*աուԹ'լէԹ*) անցք. ելք. նամբայ. ծակ.

outline (*աուԹ'լայն*) ուրուագիծ. ծրագիր. ծիր. նախագիծ. շրջագիծ. ամփոփում. *to* — ուրուագծել. ծրագրել. նախագիծ պատրաստել· ամփոփել·

outlive (աութլիվ') դարէ, սահմանուած տարիներէ աւելի ապրիլ· վերապրիլ· անվնաս դուրս գալ·

outlook (աութ'լուք) հեռանկար· հայեացք· նայուածք· տեսակէտ· *an — tower* դիտակ· աշտարակ·

outlying (աութ'լայինկ) դուրսի· հեռաւոր· մեկուսացած· անջատ·

outmoded (աութ'մօտըտ) հնաձեւ· նորոյթ ըլլալէ դադրած·

outnumber (աութնըմ'-պըր) թիւով գերազանցել· թիւի առաւելութիւն ունենալ·

out-patient (աութ'-փէյ'-շընթ) դուրսի հիւանդ (հիւանդանոցի անկողին չզբաղող)·

outpost (աութ'փոսթ) առաջապահ զունդ· ջոկատ՝ որ պահակ եւ հսկիչ է բանակէն հեռու դիրքերուն·

outpour (աութփօ'ր') թափել· զեղուլ· *an —, —ing* յորդում· արտահոսութիւն· մեծ յուզում·

output (աութ'փութ) արտադրութիւն (տրուած ժամանակի մը մէջ)·

outrage (աութ'րէյճ) թըշնամանք· լուտանք· նախատինք· այլոց իրաւունքներուն ոտնձգութիւն· *to —* չարաչար նախատել· բռնաբարել· խիստ անիրաւել· ցնցել· *—ous* (աութրէյ'ճըս) կատաղի, վայրագ· *—ously* նախատալից· կատաղօրէն·

outré (ութրէ') չափազանցեալ· ծայրայեղօրէն արտասովոր·

outride (աութ'րայտ) աւելի արագ ձիավարել· աւելի հեռու ճամբորդել· փոթորիկէ դուրս գալ ապահով (նաւը)· անց· *outrode* անց· ընդ· *outridden* (աութ'րիտըն)· *outrider* (աութրայ'տըր) կառքին քովէն քալող ձիաւոր ծառայ· արտահեծիկ·

outright (աութ'րայթ) մէկէն· անմիջապէս·

outrun (աութրըն') վազելով անցնիլ (ուրիշ մը)· ետեւը թողուլ·

outset (աութ'սէթ) սկիզբ· սկզբնաւորութիւն· ճամբայ ելլելը·

outside (աութսայտ') դուրսի· դուրսի կողմ· բացօդեայ· արտաքին· ծայրագոյն, վերջին գիծ· արտաքին մասը, ծայրինը· *—r* (աութսայ'տըր) օտար· դրսեցի· ոչ-անդամ· ոչ-յաջող արշաւաձի·

outsize(s) (աութ'սայզ(ս)) անսովոր կերպով խոշոր (հագուստ, կօշիկ, գըլխարկ, եւայլն)·

outskirt (աութ'սքըրթ) արուարձան· սահման· եզերք·

outspoken (աութսփո'քըն) գերանառեալ· կարծիքը յանդգնօրէն արտայայտող· համարձակախօս·

outstanding (*աութսթէնտ'ինկ*) ուշագրաւ. երեւելի. ցցուն. ցցուած. նկատելի. առկախ՝ անվճար պարտք. անկատար մնացած գործ (լրացուելիք).

outstrip (*աութսթրիփ'*) ետեւը թողուլ. արագութեամբ գերազանցել.

outvote (*աութվօթ'*) աւելի քուէով յաղթել. աւելի քուէ շահիլ.

outward (*աութ'ուըրտ*) արտաքին. դուրսի. արտաքին երեւոյթ. յանդուգն. կոպիտ. լիրբ. —*s* դէպի դուրս. —*ly* երեւութապէս.

outweigh (*աութուէյ'*) ծանրութեամբ (արժէքով, ազդեցութիւնով, եւայլն) գերազանցել.

outwit (*աութուիթ'*) խորամանկութեամբ խաբել. նենգել. առաւելութիւն ունենալ.

ouzel, ousel (*ու'զլ*) սարեակ (թռչ.).

oval (*օ'վըլ*) ձուաձեւ.

ovation (*օվէյ'շըն*) խանդավառ ընդունելութիւն. յաղթական մուտք. պատուոյ ցոյց.

oven (*օվ'ըն*) հնոց. փուռ.

over (*օ'վըր*) վրայ. վրայէն. մէկ կողմէն միւսը. աւելի. դուրսի. վերջացած. գերազանց. անցեալ. վերեւի. կրկին. միւս կողմը. ծայրէ ծայր. չափազանց. ծածկող. *it's all — with him* կործանուած է. —*all* միջառեալ. պարփակող. *to go* — ուշադրութեամբ քննել.

overact (*օվըր'էքթ*) դերասանութիւն (չափազանցելով) ընել.

overall(s) (*օ'վըրօ՝լ(զ)*) արտազգեստ. մակալաթ.

overarm (*օ'վըրարմ*) կըրիքէթ խաղալու եւ լողալու ատեն ձեռքն ու բազուկը ուսէն վեր բըռնած.

overawe (*օվըրօ''*) վախցընելով զսպել. ահաբեկել.

overbalance (*օվըրպէլ'ընս*) ծանրութեամբ, արժէքով գերազանցել. հաւասարակշռութիւնը կորսնցընել. իյնալ միւս կողմը.

overbear (*օվըրպէ'ր'*) ընկճել. նուաճել. յաղթել. —*ing* տիրակալող. ամբարտաւան, զոռոզ.

overcast (*օվըրքէսթ'*) մէկ կողմ նետել. մթագնել. ամպոտել. հարեւանցի կարել. մթագին. աղօտ.

overcharge (*օվըրչարճ'*) ծանրաբեռնել. շատ լեցնել. աւելի գին պահանջել, առնել.

overcoat (*օ'վըրքօ'թ*) վերարկու. բիկնոց. վրանոց.

overcome (*օվըրքամ'*) յաղթել. նուաճել. գլուխ ելլել. գերազանցել.

overdo (*օվըրտու'*) չափէն աւելի ընել. չարաչար աշխատիլ. յոգնեցնել. չափէն աւելի եփել. —*ne* չափազանցուած. յոգնած. չափէն աւելի եփուած. (անց.) *overdid*.

overdose (օվըրտօզ′) չափէն աւելի դեղ կլլեցնել. չափէն աւելի դեղ.
overdraw (օվըրտրօ′′) չափազանցել. դրամատան մէջ ունեցածէն աւելի դրամ քաշել. *overdraft* դրամատունը ունեցածէն աւելին քաշելու արարք. ունեցածէն աւելի քաշած գումարը.
overdress (օվըրտրէս′) անճաշակ՝ ցուցամոլօրէն հագուիլ. հագուեցնել.
overdue (օվըրտիու′) վըճարումի օրը անցած. (հասնելու) ուշացած. յապաղեալ.
overeat (օվըրիյթ′) շատ ուտել.
overestimate (օվըրէս′թիմէյթ) գերագնահատել.
overfeed (օվըրֆի′տ′) շատ կերցնել.
overflow (օվըրֆլօ′′) յորդիլ. զեղուլ. հեղեղ. յորդութիւն. աւելցած ջուրերու համար խողովակ.
overgrow (օվըրկրօ′′) չափազանց անիլ. բուսականութիւնով ծածկել. —*n* խոտով ծածկուած. վնասակար խոտերով ծածկուած. չափազանց աճած՝ մեծցած կամ գիրցած.
overhaul (օվըրհօ՝լ′) լման քննել ու շտկել. հետապնդելով ետեւէն հասնիլ. նորոգութիւն. լման քննութիւն (հիմնական նորոգութեան դիտումով).
overhead (օվ′ըրհէ′տ) գլխուն վերեւ. վերը. բարձրը. — *costs, (charges)* ընկերութեան մը մնայուն ծախսերը (հում նիւթերու եւ արտադրութեան ծախսերէն դուրս).
overhear (օվըրհիր′) պատահաբար լսել. ականջին հասնիլ. (անց. եւ անց. ընդ. *overheard*).
overjoy (օվըրճօյ′) շատ ուրախացնել.
overland (օ′վըրլէնտ) ցամաքէն. ցամաքի ճամբով (ճամբորդութիւն).
overlay (օվըրլէյ′) ծածկել. վրան սփռել. պատել. մէկ կողմէն միւսը դնել, հաստատել (կամուրջ).
overload (օվըրլօ′տ′) ծանրաբեռնել. շատ բեռ.
overlook (օվըրլուք′) վերէն նայիլ. անդին, հեռուն նայիլ. քննել. աչքէ անցընել. զանց ընել. չմեղել. ներել.
overmuch (օվըրմըչ′) չափազանց շատ.
overnight (օվ′ըրնայթ) ամբողջ գիշերը. նախորդ երեկոյ՝ գիշեր.
overpower (օվըրփաու′ըր) նզմել. յաղթահարել. ընկճել. —*ing* ծանրութեան տակ կքում.
overrate (օվըրրէյթ′) շատ արժէք տալ. չափազանց բարձր գնահատանք ցոյց տալ.
override (օվըրրայտ′) հեծնելով թշնամիի հողը անցնիլ. (ձի) շատ հեծնել. զատել. մէկդի դընել. ջնջել. օրէնք (հեղինակութիւն), օրէնքի

հատուած մը մերժել· անց· *overrode* անց· ընդ· *overridden*.

overrun (օվըրրըն՛) ողողել· ասպատակել· նուաճել· (ճճի, մոլախոտ) տարածուիլ՝ ծածկել, սահմանները անցնիլ· ճզմել·

oversea(s) (օվըրսի՛(զ) անդրծովեան· օտար· արտասահման (Անգլիոյ համար)·

oversee (օվըրսի՛) հսկել· քննել· աչքէ անցընել· վերահսկել· տնօրինել· —r (օվըրսի՛ըր) վերակացու· վերահսկիչ· վարիչ·

overshadow (օվըրշէտ՛օ) շուք ընել· հովանի ըլլալ· նսեմացնել· (երբեմըն) պաշտպանել յարձակումի դէմ·

oversight (օ՛վըրսայթ) սըխալ· վրիպակ· զանցառութիւն· վերակացութիւն· տեսչութիւն·

overstrung (օվըրսթրանկ՛) ջիղերը շատ լարուած·

overt (օ՛վըրթ) բացայայտ· հասարակաց·

overtake (օվըրթէ՛յք) վերահասնիլ· բռնել· անակընկալի բերել·

overthrow (օվըրթհրօ՛) վերիվայր ընել· տապալել· պարտութեան մատնել· անկում· շրջում· տապալում· կործանում·

overtime (work) (օ՛վըրթայմ) յապաժամ· գործի ժամերէն աւելի (աշխատանք)· յաւելեալ վըճարում այսպիսի աշխատանքի համար·

overture (օ՛վըրթիուր) բանակցութեանց բացում· առաջարկ· նախերգութիւն· բացում·

overturn (օվըրթըրն՛) շըրջել· դարձնել· տապալել· վերիվայրել· խանգարել·

overweening (օվըրուի՛նինկ) յանձնապաստան· ինքնահաւան· ամբարտաւան· ինքզինք հաւնող·

overweight (օ՛վըրուէյթ) աւելորդ ծանրութիւն· ծանրակշռութիւն·

overwhelm (օվըրհուէլմ՛) ճզմել· ջախջախել· յաղթել գերադաս ուժով· նուաճել· ծածկել· շուքի տակ առնել·

overwork (օվըրուըրք՛) չափազանց աշխատիլ՝ աշխատցնել· չարաչար աշխատիլ· յոգնիլ· չափազանց աշխատանք·

overwrought (օվըրրօ՛թ) չարաչար յոգնած· սպառած· չափազանց ջղագրգռուած· յուզուած·

ovi - (օ՛վի –) նախաբառ (լատ·) ձու· հաւկիթ· —*duct* ձուատար խողովակ· —*ferous* (օվիֆ՛էրըս) ձուակիր· —*form* (օ՛վիֆորմ) ձուաձեւ· —*parous* (օվիփ՛էրըս) ձուածին·

ovo (օվը) (նախաբառ) ձու· կը գործածուի աձանցեալ բառ կազմելու· —*id* (օ՛վոյտ) հաւկթաձեւ· ձուակերպ·

ovum (օ՛վըմ) իգական ձըւաբջիջը· բեղմնաւորնուած ձու. սաղմ. (յոգ. *ova* օ՛վը).

owe (օ՛) պարտիլ. պարտաւորուիլ. պարտական ըլլալ.

owing (օ՛ւինկ) վճարելու պարտաւոր. — *to (the heat)* (տաքութեան) պատճառաւ.

owl (աուլ) բու. բթամիտ՝ ապուշ մէկը. —*et* (աուլ՛իթ) բուիկ. մուհնակ.

own (օ՛ն) սեփական. անձնական. յատուկ. տիրանալ. ստանալ. *own up to* ընդել թէ մէկը սխալ արարք մը գործեց. *come into one's* — ստացուածքը ձեռք ձգել. արժանաւորապէս համբաւի տիրանալ. *hold one's* — յարձակման դէմ տոկալ. *on one's* — բոլորովին առանձին. —*er* (օ՛ն՛ըր) տէր. սեփականատէր.

ownership (օ՛ն՛ըրշիփ) սեփականութիւն.

ox (աքս) եզ. (յոգ. *oxen*) *ox-eye* (աքս՛այ) վարդակակաչ.

oxalic acid թունաւոր թթու մը. թթնչային թթու.

oxide (օքս՛այտ) թթուիտ ոքսիդ (թթուածինի եւ ուրիշ տարրի մը բաղադրումով գոյացած).

oxidise, —ze թթուածինը մետաղի միանալով թըթուիտ կազմել. օր.՝ մետաղներու ժանգոտիլը.

oxslip (օքս՛լիփ) գարնանածաղիկ.

oxter (աքս՛թըր) անութ.

oxy - (նախադաս բառ). սուր. — - *acetylene welding* մետաղները իրարու միացնել (կտրել) թթուածինի եւ ասիթիլինի բոցով. — - *blepsia* (օքսիպլէփ՛սիը) սրատեսութիւն.

oxygen (օքս՛իճէն) թըթուածին. —*ate* (օքս՛իճինէյթ) թթուածնել. — - *ic* (օքսիճէն՛իք) թթուածնական.

oxygon (օքս՛իկան) սուր եռանկիւն.

oxymoron (օքսիմօ՛րըն) հակադիր բառերու միասին գործածումը՝ շեշտ դնելու համար. օր.՝ *failed successfully* յաջողապէս ձախողեցաւ. վերտառում.

oyer (օ՛յըր) ունկնդրութիւն. — *and terminer* եղեռնադատ ատեան.

oyez (օ՛յէս) մտիկ ըրէ.

oyster (օյս՛թըր) ոստրէ.

ozone (օ՛զօն) օզոն. խտացած թթուածին՝ որուն իւրաքանչիւր մասնիկը երեք հիւլէ ունի. (ծողովրդ.) ծովեզերքի կազդուրիչ օդ.

ozostomia (օզասթօ՛միը) բերանի գէշ հոտ.

P

P, p (*փի՛*) անգլերէն լեզուի 16րդ տառը.

pa (*փա*) հայրիկ (մանկական կոչում).

pabulum (*փէպ՛իուլըմ*) սնունդ, ուտեստ, ճարակ (մտքի եւ մարմնի). *pabular* սննդական.

pace (*փէյս*) քայլ. քայլուածք. քայլափոխ. գրնացք. քայլաչափ. քայլով չափել. դանդաղ քայլերով ընթանալ. որոշ գնացքով քալել. —*r* (*փէյս՛ըր*) ուրիշին քայլերը կանոնաւորող.

pachy- (*փաքի՛* –) (յուն. նախարառ թանձր իմաստով). —*derm* չորոնաւոր թանձրամորթ կենդանի. օր.՝ փիղ. —-*dermatous* (*փաքիտըր՛մէյթըս*) թանձրամորթ. անզգայ.

pacificism, pacifism խաղաղապաշտութիւն. *pacifist* խաղաղապաշտ. խաղաղասէր. *pacific* խաղաղ. խաղաղասիրական. *pacification* խաղաղեցում. *pacifier* (*փէս՛իֆայըր*) խաղաղարար. խաղաղիչ.

Pacific Ocean խաղաղական Ովկիանոս.

pacify (*փէս՛իֆայ*) ողոքել. հանդարտեցնել. խաղաղեցնել.

pack (*փէք*) ծրար. հակ. բեռ. խումբ. վոհմակ. խաղի թուղթ. կապել. փաթ(ա)թել. դիզել. տեղաւորել. մեքենայի վրայ դնել. յղել. գլխէ նետել. վռնտել. տեղաւորուիլ. սղմուիլ. խռնուիլ. *to — meat* միսը թիթեղներու մէջ դնել.

package (*փէք՛էճ*) ծրար. ապրանք (գոյք) սնտուկի մէջ տեղաւորելու վարձք.

packer ծրարող.

packet կապոց. պզտիկ ծրար. *a — boat* թղթատարութեան յատկացուած նաւ. —-*horse* բեռ փոխադրող ձի.

packing հակողչէք. ծրարելու իբր վարձք տըրուած դրամ. ծրարում. կապոց. —-*case* ծրարի (պատատի) սնտուկ.

packman (*փէք՛մէն*) փեռեզակ.

pack-saddle (*փէք՛–սէտըլ*) համետ (թամբի տեղ գըբաստի կռնակին հաստատուած կազմած)։

pact (*փէքթ*) ուխտ. դաշինք. համաձայնութիւն.

pad (*փէտ*) կակուղ նիւթով լեցուած բարձ(իկ). ծծուն թուղթ. թերթակալ. կնքակալ. քաջընթաց ձի. յեյուզակ. ճամբաներու աւազակ. նըրբուղի. քալել. հետիոտն ճամբորդել. կողոպտել. բարձ լեցնել. բարձով զարդարել.

paddle (*փէտ'լ*) բոպիկ քալել ծանծաղ ջուրի մէջ. թիավարել. վարել. ճշել (հեծելանիւ). թիակ. բար. ճանկ. — *wheels* թեւնակ՝ խոշոր անիւներուն կողերուն վրայ հաստատուած՝ զայն յառաջ մղելու համար.

paddock (*փէտ'ըք*) մարզաստան. փոքր դաշտ. որմափակ՝ ուր ձիարշաւի ձիերուն թամբերը կը դրուին վազքէն առաջ. դօդօշ.

paddy (*փէտ'ի*) փեճեկաւոր բրինձ. բրինձ.

padlock (*փէտ'լաք*) կախփականք. կղպել.

padre (*փա'տրէ*) հովիւ. երէց. Անգլ. բանակի հոգեւոր պաշտօնեայ. մատռանապետ.

paean (*փի'ըն*) գնծերգ. յաղթերգ (ի պատիւ Ապողոնի).

paediatrics, pediatrics (*փիտիէթ'րիքս*) մանկատածութիւն. մանկական հիւանդութեանց բուժում.

paediatrician (*փիտիէ'-թրի'շըն*) խեղ կամ հիւանդ մանկանց մասնագէտ բժիշկ.

pagan (*փէյ'կըն*) կռապաշտ. հեթանոս. հեթանոսական. կռապաշտական. —*ize*, —*ise* հեթանոսացնել. —*ish* հեթանոսական.

page (*փէյճ*) էջ. *to paginate* (*փէ'ճինէյթ*) երեսները թուագրել. էջագրել. մանկլաւիկ. մանչ.

pageant (*փէճ'ընթ, փէյճ'ընթ*) ցոյց. հանդէս. ներկայացում (պատմական). —*ry* շքացոյց. գեղահանդիսութիւն.

pagoda - (*փէկօ'տը* -) կըռատուն. նուիրական աշտարակ մը Հնդկաստանի (Պուրմայի) մէջ.

paid անց. եւ անց. ընդ. *pay*-ի. վճարեց. վճարած. վճարուած. տուաւ.

pail (*փէյլ*) դոյլ. կոնք.

paillasse (*փալ'իաս, փալ'աս*) յարդէ անկողին. փսիաթ.

pain (*փէյն*) մարմնական՝ մտային ցաւ, տագնապ. վիշտ. կսկիծ. տանջանք. նեղութիւն. պատիժ. —*s* նեղութիւն. ծնգ. ցաւ, վիշտ պատճառել. —*ful* ցաւագին. վշտագին. դըժընդակ. տաժանելի. *painfully* (*փէյն'ֆուլի*) վշտալից. ցաւագին. բազմաշխատ. —*less* անցաւ. անվիշտ. *on — of death* մահապատիժ. *he* *took great —s* շատ ուշադիր էր.

painstaking (փէյնզ'թէյքինկ) բազմաշխատ. խընամոտ.

paint (փէյնթ) ներկ. գոյն. սնգոյր. շպար. կարմիր. նկարագրել. ներկել. սրնգուրել. նկարչութիւն ընել. շպարել. *—er* նկարիչ. *—ing* նկարչութիւն. պատկեր. նկար. կենդանագիր. *— the town red* հաճելի երեկոյ մը անցընել.

painter (փէյնթ'րր) չուան. պարանիկ (նաւակը կապելու).

pair (փէր) զոյգ. կրկնակ. ջուխտակ. նշանածներ. ամոլ. զուգուած անասուն՝ թռչուն. կրկին մասեր ունեցող իրեր (մկրատ, ունելի, փէնց, ակնոց, մազխիլ, եւյլն.). օր.՝ *a pair of scissors* մկրատ. *a pair of tweezers* մազխիլ, մազքաշ.

pajamas (փըճ'ամըս) տես՝ *pyjamas* գիշերանոց.

pal (փէլ) ընկեր. գործակից. մտերիմ բարեկամ. մեղսակից.

palace (փէլ'էս) պալատ.

paladine (փէլ'ըտին) բախտախնդիր ասպետ. քաջ. ասպետ. Մեծն Կարոլոսի 12 պալատականներէ.

palae-, pale-, palaeo-, paleo- (փէլ'ի, —օ) (յուն. նախաբառ) հին. հին դարերու.

palaeography (փէլիակ'րըֆի) հնագրութիւն. հընագրչագրութիւն.

palaeographer (փէլիէ'կրէֆըր) հնագրագէտ.

palaeolith (փէլ'իոլիթհ) հին քարէ շրջանէն անտաշ քարէ գործիք. *—ic* (փէլիօլիթհ'իք) հին քարէ շրջանի վերաբերեալ.

palaeology (փէլիալ'ըճի) հնաբանութիւն. *—gist* հնաբան. հնախօս.

palaentology (փէլիանթալ'ըճի) բրածոներու ուսումնասիրութիւն. հընէաբանութիւն. *—gist* հնախօս (բրածոներու).

palaeozoic (փէլիազո'իք) հնակենդանական. առաջին կենդանական բրածոներ պարունակող (խաւ).

palate (փէլ'էթ) քիմք. ճաշակ. համառութիւն.

palatine (փէլ'ըթայն) պալատի. պալատական. դըրանիկ. արքայակոմս. *—ate* (փէլըթ'ինէթ) պալատականութիւն. արքայակոմսի. իր իրաւական իշխանութեան պատկանող երկրամաս.

palaver (փըլէ'վըր) փաղաքշանք. ոչնչաբանութիւն. անշահ, պարապ խօսք.

pale (փէյլ) տժգոյն. դալկահար. տմոյն. գունատ. աղօտ. *—ness* տժգունութիւն. աղօտութիւն. *palish* քիչ մը տժգոյն. *— -face* (փէյլ'ֆէյս) սպիտակ մարդ. տրժգունիլ. *he is beyond the pale* մարդավայել վերաբերմունք չունի.

pale (փէյլ) ցից. ձող (ցանկապատի). սահման. *to*

— ցանկել. ցանկափակել. *a paling* ցցաշարքով շինուած փակարան.

palette (*փըլ'էթ*) երանգապնակ. գունատախտակ. —*-knife* գունադանակ (գոյները խառնելու).

palfrey (*փօ'լֆրի, փէլ'ֆրի*) ձոյգ. երիվար.

pali (*փա'լի*) նուիրական լեզու (Պուտտայականներու).

palindrome (*փէլ'ինտրօ'մ*) անդրադարձ բառ. օր. *madam, Ara* (դէպի ետ նոյն ձեւով կարդացուող).

palisade (*փէլիսէյտ'*) նադապատ. ցցապատնէշ (թշնամիի յարձակման դէմ պաշտպանող).

pall (*փօ'լ*) դագաղի ծածկոց. եպիսկոպոսական պալիուն, եմիփորոն.

pall (*փօ'լ*) յափրանալ. համը փախցնել. անհամանալ. անհետաքրքիր դառնալ.

palladian (*փըլէյ'տիըն*) դասական ճարտարապետութեան յատուկ. փալլատիոսեան.

palladium (*փըլէյ'տիըմ*) լսնոսկիի տեսակէն հազուագիւտ մետաղ. *P—* ապահովութիւն. պաշտպանութիւն. Պալլասի արձան.

pallet (*փէլ'էթ*) խշտեակ. յարդէ բազմոց. բրուտի գործիք տախտակէ տափակ շեղբով.

palliasse (*փէլ'իէս*) տես՝ *pallet.*

palliate (*փէլ'իէյթ*) նուազեցնել (վիշտը, ցաւը). ամոքել. սփոփել. ծածկել. սօղել. չքմեղել.

palliation (*փէլիէյ'շըն*) ամոքում. մեղմացում. քօղարկում.

palliative (*փէլ'իէյթիվ*) մեղմացնող դեղ. ամոքիչ. առժամանակեայ սփոփիչ. կիսամիջոց.

pallid (*փէլ'իտ*) գունատ. տմոյն. տժգոյն. —*ly* տժգունօրէն. *pallidness* տժգունութիւն. *pallor* (*փէլ'ըր*) գունատութիւն.

pall-mall (*փէլ-մէլ'*) թակգնդակ (խաղ եւ խաղալու տեղը).

palm (*փա'մ*) ափ. ազուոթիզ (3–4 մատնաչափ). թիի եւ դահուկի տափակ մասը. ափին մէջ պահել. — *off* նենգել. —*er* ափի. —*ate* (*փամ'էյթ*) ափի ձեւով (տերեւ, եւայլն). —*ist* ձեռնահմայ. —*istry* ձեռնահմայութիւն. ափին գիծերէն բախտ կարդալը, գուշակելը. արմաւենի. —*y (days)* փառաւոր, արմաւենեաց, ծաղկեալ, յաղթանակի, անոյշ եւ ուրախ (օրեր). —*-oil* կարգ մը արմաւենիներու պտուղներէն հանուած իւղ՝ որ օճառի, մոմի պատրաստութեան համար կը գործածուի. *bear away the palm* յաղթանակը շահիլ. *yield the — to* պարտուիլ. *Palm Sunday* Ծաղկազարդ.

palomino (*փալըմի'նօ*)

բաց դեղին գոյնով արաբական ձի.

palpable (*փէլփ'էպլ*) զգալի. շօշափելի. որոշ. ակնյայտ. —*ness* զգալիութիւն. շօշափելիութիւն.

palpate (*փէլ'փէյթ*) շօշափելով քննել. *palpation* շօշափում.

palpitate (*փէլ'փիթէյթ*) բաբախել. տրոփել.

palpus (*փէլ'փըս*) շօշափուկ (միջատ).

palsy (*փօ'լզի*) անդամալուծութիւն. անդամալուծել.

palsied (*փօ'լզիտ*) անդամալոյծ. հաշմոտ.

palter (*փօ'լթըր*) հետը իյնալ. քիթին խնդալ. ծաղրաբանել. խաբէական միջոցներ գործածել.

paltry (*փօ'լթրի*) փանաքի. չնչին. անպէտ. արհամարհելի.

paludal (*փըլ'իուտըլ*) ճախճախուտ. ճահճային. մօրուտ. տենդի աղբիւր.

pampas (*փէմ'փազ*) Հար. Ամերիկայի ընդարձակ խոտաւէտ դաշտերը.

pamper (*փէմ'փըր*) յափրացնել. չափազանց կերցնել. փաղաքշել. քնքշել (մանուկը). լեցնել. խճողել.

pamphlet (*փէմֆ'լիթ*) գրքոյկ. թռուցիկ. տետրակ. կարճ բանագրութիւն այժմէական նիւթի մը մասին. —*eer* տետրակագիր.

pan (*փէն*) սան. տապակ. կայծքարով հրազէնի խանձակալը. ծափ. խանձոց. գանկի վերնամասը. ոսկիի հանք պարունակող հողը խեցեղէն անօթի մէջ լուալ ոսկին զատելու համար. շարժանկարի համար լուսանըկարը հորիզոնական ձեւով առնելու միջոցին գործիքը շարժել. քուրայել. արդիւնք տալ.

pan - (*փէն* –) (յուն. նախաբառ) համ..., ամբողջ. բոլոր. *Pan-American* համա–ամերիկեան.

panacea (*փէնէյսի'ը*) ամենաբոյժ. համայնաբոյժ.

panache (*փանաշ'*) փետրափունջ՝ որ իբր գլխանոց (վարսակալ) կը գործածուի.

panama (*փէնըմէ'*) յարդանման նիւթէ շինուած գլխարկ. *P*— Փանամա, կեդր. Ամերիկայի երկիր. նոյն անունով ջրանցք.

pancake (*փէն'քէյք*) տապակաբլիթ. *to* — սաւառնակը հորիզոնական դիրքով իջեցնել գրեթէ ուղղաձիգ գիծով.

panchromatic (*փէնքրօմէ-թ'իք*) համազունական (լուսանկարչական).

pancreas (*փէն'քրիէս*) պանգրէաս. շարոյր. ըստամոքսի ետեւը գտնուող մարսողական գեղձ.

panda (*փան'տա*) արջակատու.

pandemic (*փէնտէմ'իք*) համաճարակ. հանրաձաւալ· ամբողջ ազգին ազդող·

pandemonium (փէնտիմօ-նիըմ) դիւարան· դիւանոց· պանդեմոնիոն· խըռովարարներու, աղմկարարներու ժողով կամ ժողովատեղի· ըմբոստական շարժում մը·

pander (փէն'տըր) կաւատ· —ess կաւատ կին· անբարոյութեան միջնորդող մարդ (կին)· — to կաւատութիւն ընել· որեւէ անվայել փափաք գոհացընելու միջոց ըլլալ·

pane (փէյն) պատուհանի ապակի· մասնոյմ. paned տափարակ երես· ապակի անցուած· to — երիզաւոր գոյնզգոյն բզզեստ կարել·

panegyric (փէնիճի'րիք) ներբողական· դրուատիք· գովաբանութիւն· —al գովասանական· ներբողական·

panegyrist (փէն'իճիրիսթ) դրուատող· ներբողաբան·

panegerize, —ise (փէնի'-ճըրայզ) ներբողել· դրըուատել·

panel (փէն'ըլ) շրջանակեալ տախտակ· պատկերցու տախտակ· ուղղանկիւն կտոր մը կերպասի (մագաղաթի, փայտի)· դրան երեսիկ· երդուեալք· երդուեալացնկ· to — երեսարկել· —ling երեսարկուած գործ· փայտեայ որմնածածկ·

pang (փէնկ) յանկարծադէպ ցաւ, վիշտ· տուայտանք· հոգեվարք·

panic (փէն'իք) խուճապ· մեծ վախ· ահաբեկում· պանական (երկիւղ)· to — վախցնել· վախնալ· խուճապով փախչիլ (անց. panicked). panicky խուճապահար· երկչոտ·

panic-monger (փէն'իք-մընկ'ըր) խուճապ ստեղծել ջանացող մէկը·

panic-stricken (փէն'իք-սթրիք'ըն) խուճապահար·

pannier (փէն'իըր) զրաստի համետին երկու կողմէն կախուած սակառ· զամբիւղ· կանանց ուռած փէշ· նաեւ զայս շինող շրջանակ·

pannikin (փէն'իքին) թիթեղէ փոքր թաս·

panoply (փէն'ըփլի) ըսպառազինութիւն· զինաշար· լման ծածկող կամ շրջապատող բան· panoplied լման սպառազինուած·

panorama (փէնօրա'մա, —րէ'մա) համայնապատկեր· համատեսարան· շրջապատկեր· panoramic (փէնօրէմ'իք) համատեսական· համատեսիլ·

pansy (փէն'զի) խոկածաղիկ· խոկիկ· խնդածաղիկ· սրտահանգիստ· հիր (բուս.)· կանացի մարդ· մեղկ (ռամկական ոճ)·

pant (փէնթ) հեւք· հեւացում· սրտի թնդիւն· to — հեւալ· թասել· շունչը բռնուիլ· — for, (af-

ter) բուռն կերպով բաղձալ. տենչալ.

pantaloon (փանթէլուն') (հին.) իտալական զաւեշտի մէջ տարեց հտպիտ. խեղկատակ. —*s* նեղ տաբատ.

pantheism (փէն'թհիիզմ) համաստուածութիւն.

pantheist (փէն'թհիիսթ) համաստուածեան.

Pantheon (փէն'թհիոն, փէնթհի'ոն) Պանթէոն. ամենադից մեհեան. դիցարան. ազգի մը մեծ մարդոց համար պատրաստուած մասնաւոր դամբարան. Հռովմի մէջ բոլորաձեւ տաճար. Փարիզի մեծ յիշատակարանը՝ ուր Ֆրանսայի համբաւաւոր անձնաւորութիւնները թաղուած են.

panther (փէն'թհըր) յովազ, տեսակ մը ընձառիւծ. —*ess* էգ յովազ.

pantile (փէն'թայլ) *S* ձեւով կղմինտր՝ տանիք ծածկելու.

pantograph (փէն'թօկրէֆ) համայնագիր. գծագրութիւն՝ քարտէս ընդօրինակելիք գործիք.

pantomime (փէն'թըմայմ) անխօս ներկայացում Ծընընդեան տօնի առիթով.

pantry (փէն'թրի) մառան. շտեմարան.

pants (փէնթս) տաբատ. կարճ տաբատ. այրերու երկայն եւ նեղ անդրավարտիք.

panzer (փանց'էր) զրահապատ. — *division* զրահապատ զօրաբաժին (գերմանական բանակի, Բ. աշխարհամարտին).

pap (փէփ) մանուկներու համար կակուղ կերակուր. ստինք. փոքր՝ կըլոր բլուր.

papa (փափա') հայրիկ (մանկական կոչում).

papacy (փէյ'փէսի) պապութիւն. պապականութիւն. պապերը.

papal (փէյ'փըլ) պապական. պապի. — *infallibility* (ինֆէլըպիլ'իթի) պապական՝ պապի անսխալականութիւն.

papaya (փըփա'յը). *papaw* (փէփօ'') քնարենի, տեսակ մը արմաւենի (Հար. Ամեր.).

paper (փէյ'փըր) թուղթ. թերթ. օրաթերթ. յօդուած. վաւերագիր. պատ ծածկելու թուղթ. քննութեան հարցարաններ. —*s* մէկուն ինքնութիւնը փաստող պաշտօնական թուղթ (անձնագիր, անցագիր, եւայլն). թուղթէ. *to* — թուղթ անցընել. — *money* թղթադրամ. — *reed* պապիրոս. պըրտու. — *war* գրչապայքար.

papier-mâché (փափ'իէմա'շէ) թուղթի խիւս՝ որ սոսինձով շաղուելով կը գործածուի առարկաներ շինելու.

papist (փէյ'փիսթ) Պապին կողմնակից. պապականութեան յարող. կաթոլիկ. —*ic(al)* (փէյփիսթ'իք(ըլ)) ըստ պապականութեան վարդապետութեանց.

papoose (*փէփուս'*) Ամեր. հնդիկի մանուկ.

papula, papule (*փէփ'իուլէ, փէփ'իուլ*) մորթի վրայ բշտիկ.

paprika (*փափ'րիքա*) հունգարական կարմիր պղպեղ.

papyrus (*փըփայ'րըս*) պապիրոս. Նեղոսի կնիւն՝ որմէ տեսակ մը թուղթ կը պատրաստուէր (հին դարերուն). պապիրոսի վրայ գրուած ձեռագիր.

par (*փար*) արժէքի կամ պարագաներու հաւասարութիւն. բաժնեթուղթերու արժէք. *at* — բուն արժէքով. *above* — շահաբաժինով. *below* — զեղչով. *par value* անուանական արժէք.

parable (*փէր'էպլ*) առակ.

parabolical (*փէրէպօլ'իքըլ*) առակի.

parabola (*փէրէ'պօլը*) զուգորդ. կոնական հատուած. *parabolic(al)* լաբաձիգ. *paraboloid* (*փէրէ'պըլօյտ*) զուգորդակերպ.

parachute (*փար'ըշու'ւթ*) անկարգել. պահպանակ. *parachutist* (*փար'աշութիսթ*) անկարգելաւոր. անկարգելորդ. — *troops* (*paratroops*) անկարգելաւոր զօրք.

paraclete (*փար'ըքլիյթ*) Սուրբ Հոգի. օգնական. բարեխօս.

parade (*փէր'էյտ*) շքահանդէս. զօրահանդէս. թափօր. ցոյց. շուք. տողանցք. ցոյց ընել. թափօր կազմել.

paradise (*փէր'էտայս*) դրախտ. եդեմի պարտէզ. երկինք. երանութեան վայր. *paradisaic(al)* (*փէրէտիսէ'յիք(ըլ)*) դրախտային. եդեմական.

paradox (*փէր'րտաքս*) նոյնատեսակ կարծիք. յարակարծութիւն. —*ical* յարակարծական.

paraffin (*փէր'ըֆին*) իւղ՝ որ լուսաւորութեան եւ կամ մեքենաներ իւղելու կը ծառայէ. — *matches* մոմապատ լուցկի.

paragon (*փէր'էկըն*) արժանիքի, մեծութեան օրինակ.

paragraph (*փէր'էկրէֆ*) հատուած. պարբերութիւն. (# կամ §) որով նոր տող կը սկսի. *to* — հատուածի վերածել. պարբերութիւններու վերածել.

parakeet (*փէր'ըքիյթ*) երկար պոչով պզտիկ թութակ մը.

paraldehyde (*փըրէ'լտիհայտ*) զօրաւոր թմրեցուցիչ մը.

parallel (*փէր'ըլէլ*) զուգահեռագիծ. զուգահեռական. համեմատութիւն. նման. հաւասար. լայնութեան աստիճան ցուցնող գիծ (աշխրհ.). հաւասարիլ. հաւասարեցնել. զուգահեռական դարձնել. բաղդատել. —*ism* զուգահեռականութիւն. —*ogram* (*փարա—*

լէլ՛ոկրէմ) չորս կողմով երկրաչափական պատկեր՝ որուն հանդիպակաց կողմերը իրարու հաւասար են։

paralysis (*փէրէլ՛իսիս*) անդամալուծութիւն։ *paralize, (—ise)* (*փէր՛ըլայզ*) շլատել։ լուծել։ անդամալուծել։ խափանել։ *paralytic* (*փէրէլի՛թիք*) անդամալոյծ։ անդամալուծական։ *infantile* — (*ին՛ֆէնթայլ փէրէլ՛իսիս*) մանկական անդամալուծութիւն՝ ողնածուծի բորբոքման հետեւանքով։

paramount (*փար՛ըմաունթ*) գերագոյն։ բարձրըագոյն։ գլխաւոր։ *—cy* գերակայութիւն։ գերազանցութիւն։ *—ly* գերազանցապէս։

paramour (*փար՛ամո՛ւր*) սիրուհի։ հարճ։

paranoia (*փարանոյ՛ա, փարանի՛է*) խելացնորութիւն՝ երբ մտային հիւանդը ինքզինք նշանաւոր մէկը կը կարծէ։

parapet (*փար՛էփէթ*) նադաշար։ փայտորմ։ տանիքի (կամուրջի) մը ծայրը պատուած պատ։

paraphernalia (*փարաֆըրնէյ՛լիա*) անձնական ինչք։ (մեքեն։) կազմածք։ ըպաուք։ կնոջ ինչքեր (օժիտէն դուրս)։

paraphrase (*փէր՛ըֆրէյզ*) մեկնութիւն։ տարբեր բառերով նոյն միտքը յայտնել։ յարասութիւն։ *to* — յարասել։ պարզաբանել։ ազատ թարգմանութիւն ընել։ Ս. Գրային հատուած մը ոտանաւորի վերածել։ *paraphrast* ազատ թարգմանող։

parasite (*փէր՛ըսայթ*) մակաբոյծ։ պնակալէզ։ հացկատակ։

parasol (*փէր՛ըսոլ*) հովանոց։ հովանիկ (կնոջ կողմէ փոխադրուող)։

parathesis (*փարաթհի՛սիս*) յարադրութիւն։

paratroops (*փէր՛էթրուփս*) անկարգելաւոր զունդ զինուորներու, որոնք ըսպառազէն՝ օդանաւէն կ՚իջնեն։

paratyphoid (*փէրէթայ՛ֆոյտ*) աղետապ։

parboil (*փար՛պօյլ*) թերխաշել, կարճ ատեն մը եռացնել։

parcel (*փար՛սըլ*) կապոց։ ծրար։ կտոր մը հող։ *to* — *(out)* մասերու բաժնել։ բաշխել։ ծրարել։ *part and — of (the plan)* (յատակագիծին) շատ կարեւոր մասը։

parch (*փարչ*) խանձել։ չորցնել։ խանձիլ (ծայրայեղ տաքութենէ)։

parchment (*փարչ՛մընթ*) մագաղաթ։

pardon (*փար՛տըն*) ներել։ ներողամիտ ըլլալ։ ներում։ *—able* ներելի։ *—er* ներող։ ատենօք թղթութեան տոմսակներ ծախող պապական գործակատար։ *I beg your* — ներողամիտ եղէք։ կը հանի՞ք անգամ մըն ալ կրկնել բառծնիդ։

pare (փէյր) կոփել· կեղուել· քերծել· (եղունգը) շտկել· *paring* կտուրք· տաշեղ· տաշուք· տաշելը· կեղուելը·

paregoric (փէրիկո'րիք) մեղմացնող· մեղմիչ դեղ·

parent (փէր'ընթ) ծնող (հայր կամ մայր)· պատճառ· ծնունդ տուող· —*age* (փէր'ընթէճ) սերունդ· տոհմ· ծնունդ· ազգակցութիւն·

parenthesis (փէրէն'թըսիս) փակագիծ· միջանկեալ խօսք որ փակագիծով (գծիկով) կամ ստորակէտով կը զատուի բուն խօսքէն· յոգ· *parentheses* (փէրէն'թըսիզ)·

parenthetic(al) (փէրէնթէթ'իք(ըլ)) միջանկեալ· փակագծային·

pariah (փէյր'իը, փար'իը) Հնդկաստանի անհպելի՝ ստորնագոյն դասակարգի պատկանող անձ· մերժիկ· սինլքոր· պարիա· — *dog* (Հնդկաստանի մէջ) դեղին՝ անտէր շուն·

parish (փէր'իշ) թեմ· ծուխ· ծխական· եկեղեցական հասարակութիւն· թեմական· —*ioner* (փէրիշ'ընըր) ծխական· ժողովուրդ· ծուխ·

parity (փէր'իթի) հաւասարութիւն· նմանութիւն· հանգիտութիւն·

park (փարք) պուրակ· հանրային պարտէզ· զբօսավայր· գիւղի տան մարգագետին՝ ծառերով· կառավայր· *to* — փակել· ցանկապատել· ինքնաշարժը առժամաբար կեցնել տեղ մը·

parlance (փար'լընս) խօսելու ոճ· խօսք· զրոյց·

parley (փար'լի) բանակցութիւն· հաշտութեան պայմաններու մասին բանակցութիւն ընել·

parliament (փար'լըմէնթ) խորհրդարան· —*ary* (փարլըմէնթ'ըրի) խորհրդարանական· —*arian* (փարլըմէնթէյ'րիըն) ճարտասան խորհրդարանական·

parlour (փար'լըր) նստասենեակ· խօսարան· հիւրանոց (անպաշտօն)·

parlous (փար'լըս) վտանգաւոր· յանդուգն·

Parnassus (փարնէս'ըս) Պառնաս լեռ՝ նուիրուած Ապողոնի եւ մուսաներուն· բանաստեղծութիւն· բանաստեղծութեանց ծաղկաքաղ·

parochial (փըրո'քիըլ) թեմական· — *school* թեմական դպրոց· —*ly* թեմական միջոցով· նեղմըտօրէն· կոշտաբար·

parody (փէր'ըտի) մէկուն խօսուածքը (գրուածքը) ձեւացնելով խնդուք յառաջացնելը· բանի մը ծիծաղելի օրինակը· *to* — ծաղրաբանել ոտանաւորով·

parole (փէրօլ') պատուոյ խօսք պատերազմական գերիին՝ որ պիտի չփախչի·

paronomasia (փարոնոմէյ'զիը) բառախաղ·

paronomastic (*փէր'ոնը-մէս'թիք*) նոյնաձայնական. *paronym* (*փէր'ա-նիմ*) նոյնահնչիւն բառ. *paronymous* (*փէրան'ի-մըս*) յարանուն. նոյնահնչիւն.

paroxysm (*փէր'աքսիզմ*) յանկարծակի եկող ցաւ. նոպայ. բորբոքում. ջըղաձգում.

parquet (*փար'քէթ*) գեղաշար տախտակամած (զանազան տեսակի փայտէ կտորներով հիւսուած).

parrakeet տես՝ *parakeet*.

parricide (*փէր'իսայտ*) հայրասպան. ծնողասպան. ազգական սպաննող. մեծայարգ մէկը սպաննող.

parrot (*փէր'ըթ*) թութակ. թութակել. ուրիշին ըսածը (ըրածը, գաղափարները) կրկնող. կապկող.

parry (*փէ'րի*) զգուշանալ. խոյս տալ. արգիլել.

parse (*փարս*) վերլուծել. լուծել (քերակ.) *parsing* (*փարս'ինկ*) լուծում. վերլուծում.

Parsee, Parsi (*փար'սի*) զրադաշտական. Զրադաշտութեան հետեւորդներ. կրակապաշտ. *—ism* կրակապաշտութիւն.

parsimony (*փար'սիմընի*) կծծիութիւն. անտեղի խնայողութիւն.

parsimonious (*փարսիմո-նի'ըս*) ծայրայեղօրէն խնայողասէր. *—ness* խիստ խնայողասիրութիւն.

parsley (*փարս'լի*) ազատքեղ. *cow —* վայրի քաղկարոս.

parsnip (*փարս'նիփ*) վայրի ստեպղին. գազար.

parson (*փար'սըն*) թեմերէց. քահանայ. եկեղեցական. ժողովրդապետ. *—age* երիցատուն.

part (*փարթ*) մաս. բաժին. կտոր. մասնակցութիւն. գործակցութեան դեր. պարտականութիւն. հաղորդութիւն. հետաքըրքրութիւն. *—s* տաղանդներ. կատարում. *to —* զատել. բաժնել. զատուիլ. բաժնուիլ. մեկնիլ. *to — with* հրաժարիլ. զատուիլ. *take it in good —* մի' նեղանար դէմը. *I for my —* ինչ կը վերաբերի ինծի. *to take — in* օգնել. *take the — of* խօսիլ ի նըպաստ. *—ly* մասամբ. մասնակի. *—ible* բաժանական. զատելի. բաժանելի.

partake (*փըրթէյք'*) հաղորդ, մասնակից ըլլալ. մասնակցիլ. հաղորդուիլ. *—r* կցորդ. հաղորդ.

parterre (*փարթէր'*) պարդարուն ձեւով պատրաստուած ածու. գետնայարկ (թատրոնի).

parthenogenesis (*փարթ-հինոճէն'իսիս*) անրեղմնածնութիւն. կուսածընութիւն.

Parthia (*փար'թհիը*) Պարթեւներու երկիր, Հիւս.

Արեւելեան Պարսկաստան․

partial (*փար՛շըլ*) մասնակի․ կուսակից․ աչառու․ *—ly* մասամբ․ աչառութեամբ․ *—ity* կողմնակալութիւն․ *she is — to sweets* քաղցրեղէնները շատ կը սիրէ․

participate (*փարթիս՛իփէյթ*) մասնակցիլ․ հաղորդ ըլլալ․ *participant* մասնակից․ կցորդ․ *participation* (*փարտիսիփէյ՛շըն*) մասնակցութիւն․ մաս․ բաժին․

participle (*փար՛թիսիփլ*) ածական՝ կազմուած բային ընդունելութիւններէն․ *(going, gone, participle* են)․ *participial* (*փարթիսիփ՛իըլ*) դերբայական․

particle (*փար՛թիքըլ*) մասնիկ․ նուազագոյն (չափ), գումար․ հիւլէ․ չփոխուող մաս բառի․ (օր․ *of, to, the, out, in* եւայլն)․ նախադաս կամ յետադաս մասնիկ․ (օր․՝ *im—, un—, ab—. —less, —ful, —ness, —ship,* եւայլն)․

particoloured, party-coloured (*փարթ՛իքալըրտ*) գոյնզգոյն․ երփներանգ․

particular (*փըրթիք՛իուլըր*) առանձնայատուկ․ մասնաւոր (պարագայ)․ մանրամասն․ բծախնդիր․ դժուարահաճ․ մանրամասնութիւն․ *—ly* մասնաւորապար․ *—ity* մասնաւոր պարագայ․ առանձնայատկութիւն․ բըծախնդրութիւն․ հանգամանք․ *—ize, (—ise)* մանրամասնել․ մասնաւորել․ *particularization* (*փըրթիքիուլըրիզէյ՛շըն*) մասնաւորում․ մանրամասնում․

partisan (*փար՛թիզըն*) համախոհ․ կուսակից․ արձակազէն․ *—ship* համախոհութիւն․ կողմնակցութիւն․

partition (*փար՛թիշըն*) բաժանում․ անջատում․ բաժնուած մասերէն մէկը․ միջնորմ, վարագոյր (եւայլն) որ կը բաժնէ․ *to —* միջնորմել․ բաժիններու վերածել․ անջրպետել․ *partitive* մասնական․ բաշխական․

partner (*փարթ՛նըր*) ընկեր․ ընկերակից․ պարակից․ կողակից․ խաղի ընկեր․ *—ship* ընկերակցութիւն․ ընկերութիւն (գործի)․ լծակցութիւն․

partridge (*փարթ՛րիճ*) կաքաւ․

parturient (*փարթիուրիընթ*) տղաբերքի մօտ (կին)․ ծննդական․ արգասաբեր․ բեղմնաւոր․ *parturition* (*փարթիուրի՛շըն*) տղաբերք․

party (*փար՛թի*) կուսակցութիւն․ խումբ․ խմբակ․ հաւաքոյթ․ կուսակից․ մեղսակից․ ամուսնական, առեւտրական համաձայնութեամբ միացածներ․ կուսակցական․ կուսակցութեան․ *an ugly old —* տգեղ անձ․

parvenu (*փար'վընիւ*) չտես անձ. յետոյ հարստացած մէկը.

paschal (*փէս'քըլ*) զատկական.

Pasha (*փա'շա*) փաշա.

pasquin (*փէս'քուին*) զաւեշտ. երգիծանք. երգիծագիր. երգիծաբանութիւն. —*ade* երգիծաբանութիւն.

pass (*փաս, փէս*) անցնիլ. երթալ. աւրուիլ. տեղի ունենալ. գերազանցել. անցընել (բան մը, ժամանակ). վաւերացնել. փոխանցել. շարժիլ. անընկատ թողուլ. քննութենէ յաջող դուրս գալ. պատահիլ. մեռնիլ. շըրջաբերիլ. (*passed* անց., *passed, past* անց. ընդ.). անցք. կիրճ. անցագիր. արտօնագիր. դիրք, վիճակ, յաջողութիւն (քննութեան, փորձի մէջ). զնդախաղերուն զնդակը կողմնակիցին անցընելը. —*able* (*փէս'էպլ*) անցնելի. ընդունելի. չափաւոր. միջակ. — *book* հաշուեգիրք՝ զոր դրամատունը յաճախորդին կու տայ — *key* մղլակաբանալի. հասարակաց բանալի. —*port* անցագիր. — *word* (գին.) պահակին տրուած ծածկաբառ. անցաբառ. *to pass away, to pass out* մեռնիլ (մարիլ). *please, pass the butter* կարագը տուր ինծի, խընդրեմ. *to pass for* ընդունուիլ (իբր...). — *oneself off as* ձեւացնել. *things have come to a bad* — դէպքերը գէշ ընթացքի մէջ են.

passage (*փէս'էճ*) անցնելու արարքը (ժամանակը, իրաւունքը). անցք. փոխանցում. ճամբորդութիւն (ցամաքի, ծովու). ուղեգին. նրբանցք. հատուած. մէջբերում (գիրքի). օրէնք մը անցընելը. արտատպում. կռիւ. պատահար. — *of arms* կռիւ (յանախ փոխաբերաբար). *bird of* — գաղթող թռչուն.

passé(e) (*փասէյ'*) անցած. գունատ. անընդունելի. հինցած.

passenger (*փէս'էնճըր*) անցորդ. ճամբորդ (ոչ-քալող). ճամբորդութեան. ճամբորդի. — - *pigeon* (— - *փիճ'ըն*) վայրի աղաւնի.

passe-partout (*փաս-փարթու'*) համաբանալի (ամէն դուռ բացող). անցագիր. խծոտ թուղթով պատկեր շրջանակելը.

passeriformes (*փէս'ըրիֆորմիզ*) ճնճղազգի. *passerine* (*փէս'ըրայն*) ճնճղազգիներու յատուկ. ճնճղազգի (թռչուն).

passion (*փէշ'ըն*) *The Passion* Քրիստոսի չարչարանաց պատմութիւնը. յուզում. տարփանք. բարկութիւն. զգացում. եռանդ. —*ate* դիւրագրգիռ. կրքոտ. խանդավառ. սիրահարուած. — - *flower* սիրածաղիկ (ծիրանեգոյն ծաղիկով եւ ճաշակելի պտուղով)· — - *play* Քրիստոսի չարչարանաց ներկայացում· — - *week* չարչարանաց եօթնեակ· Աւագ Շաբաթ·

passive (*փէս'իվ*) հլու· կրաւորական· անգործ· — *obedience* կրաւորական հնազանդութիւն· — *resistance* կրաւորական դիմադրութիւն· — *verb* կրաւորական բայ· — - *ness,* —*ity* հլութիւն· կրաւորականութիւն· հանդարտութիւն·

Passover (*փէս'օվըր*) Պասեք· Ելից Տօն (Եգիպտոսէն)·

past (*փէսթ, փասթ*) անցած· անցեալ· հին, նախկին· լմնցած· անցեալ հին օրեր· անդին անցած· գերազանց·

paste (*փէյսթ*) խմոր· հայս· զանգուած· սինձ· կպչուն նիւթ· ծեծուած միս· փակցնել սոսինձով, մածիտով· սոսնձել· *to* — ծեծել· տփել· *pasty* (*փէյս'թի*) խմորային· մսածաղ· կարկանդակ· *pastry* (*փէյս'թրի*) ծաղ· խմորեղէն· —*board* խաւաքարդ· խաւաքարդէ· տկար· թեթեւ·

pastel (*փէս'թըլ*) ներկամատիտ· ներկամատիտով գծուած պատկեր· լըրջաներկ (հիւսուածեղէններու)·

pastern (*փէս'թըրն*) ձիուն ոտնակոճին ու սմբակին միջեւ եղող մասը· նախանոց· ոտնակապ (ձիու)·

Pasteur (*փէսթէօր'*) ֆրանսացի քիմիագէտ՝ որ կատաղութեան եւ այլ հիւանդութիւններու մասին հետազօտութիւններ եւ դարմանումի համար շինուկներ ներարկելու յանձնարարութիւն ըրաւ· —*ization* պաստրացում· կաթը, եւայլն 65° սանթիկրատ տաքցնելով ամլացնելը· *to pasteurize* այս կերպով ամլացնել, վնասակար մանրէները փճացնել·

pastille, pastil (*փէս'թիլ*) քաղցրահամ՝ կլլելու յատուկ դեղ· խիժաշաքար (դեղախառն)·

pastime (*փէս'թայմ*) զբօսանք· ժամանց· թեթեւ զբաղմունք·

pastor (*փէս'թըր*) Աւետարանի պաշտօնեայ· հովիւ· —*al* հովուական· գիւղական· հովիւի վերաբերեալ· *a pastoral* ոտանաւոր (գեղջկական կեանքի վրայ գրուած)· —*ate* երէցութիւն· հովուութիւն· —*ship* հովուական պաշտօն, աստիճան· հովուութիւն·

pasture (*փէս'չըր*) արօտ· կեր· խոտ· արօտավայր· արածիլ· նարակել· արածել· *pasturable* արածելի· *pasturage* արօտավայր· արջառ բուծանելու արհեստը·

pat (*փէթ*) շոյել· փայփայել· կտոր (կարագի)· տափտափել· *patted* պատրաստ· ատակ· յարմար ատենին· անվարան· —*ness* յարմարութիւն· *to answer pat* պատրաստաբան ըլլալ·

patch (փէչ) կարկտան· կտոր· հողի մաս· բիծ· կարկտնել· կտոր դնել· նորոգել· շտկել· —*y* կարկտաններով լի· անհաւասար· —*work* (փէչ'ուըրք) երփնազարդ վերմակ· *patch* սխալը դարմանել ջանալ· հաշտեցողութեան փորձ կատարել· հապճեպով շըտկըրտել· կարգադրել· *to — up a quarrel* առժամապէս կռիւ մը դադրեցնել·

pate (փէյթ) գլուխ· բանականութեան կեդրոն·

pâté (փաթէ') մանր կարկանդակ· փոկեղ· մսածաղ· հայս·

patella (փաթէլ'ը) ծնկոսկըր·

paten (փէթ'ըն) սկաւառակ· մաղզմայ (սկիհի)·

patent (փէյ'թընթ) յայտնի· արտօնեալ· արտօնագիր· մենաշնորհ· վկայագիր· պետագրական իրաւունք· գիւտի օգտագործման մենաշնորհ· —*ee* մենաշնորհ ստացած անձ· մենաշնորհ ստանալ· —*ly* բացայայտօրէն·

pater (փէյ'թըր) հայր· — *familias* (— ֆէմիլ'իաս) ընտանիքի մը գլուխը·

paternal (փէթըրն'ըլ) հայրական· հօրենական· հայրենի· *paternity* հայրութիւն· հայրական հեղինակութիւն·

paternoster (փէթըրնոս'թըր) Տէրունական աղօթք· Հայր Մեր·

path (փաթհ, փէթհ) ճամբայ· ուղի· արահետ· շաւիղ· ընթացք· գործարկութիւն· —*finder* (փէթհ'ֆայնտըր) հետախոյզ· հետահան· յարձակումի յարմարագոյն ուղղութիւնը գտնող սաւառնորդ· *pathway* (փէթհ'ուէյ) արահետ·

pathetic (փըթհէթ'իք) հոգեյոյզ· յուզիչ· գութ շարժող· սրտառուչ· —*al* յուզիչ· ողորմելի· կարեկցելի·

patho - (փէթ'հօ –) (նախաբառ՝ որ ածանցեալ բառերու կազմութեան մէջ կը գործածուի)· զգացում· տառապանք· *pathogeny* (փէթհօ'ճէնի) հիւանդութեան ծագումն ու անումը· —*genetic*, —*genic* հիւանդութիւն պատճառող· —*logy* (փէթհա'լըճի) ախտաբանութիւն· —*logist* ախտաբան·

pathos (փէյ'թհոս) յուզելու կարողութիւն· խորունկ զգացում·

patient (փէյ'շընթ) համբերատար· հանդարտ· հիւանդ· —*ly* համբերութեամբ· *patience* (փէյ'շընս) համբերութիւն· երկայնամտութիւն· *to be out of — with* չդայնանալ (մէկուն դէմ)·

patois (փաթ'ուա) գեղջկաբարբառ· կոպեայ

(փրնս․)․ տեղական բընոյթով բարբառ․

patriarch (փէյթ՛րիարք) նահապետ․ պատրիարք․ —al (փէյթրիար՛քըլ) հայրապետական․ ծերունազարդ․ —ate (փէթ՛րիարքէյթ) պատրիարքութիւն․ պատրիարքարան․ —y պատրիարքութիւն․

patrician (փէթրիշ՛ըն) հին Հռովմի ազնուական դասակարգի պատկանող․ ազնուազարմ․

patricide (փէթ՛րիսայտ) տես *parricide*.

patrimony (փէթ՛րիմընի) հօրենական ժառանգութիւն․ եկեղեցական կալուած կամ եկամուտ․ —*ial* վանապատկան․ հօրենական ժառանգութեան․

patriot (փէյթ՛րիըթ, փէթ՛րիըթ) հայրենասէր․ —*ic* հայրենասիրական․ —*ically* (փէթրիօթ՛իքըլի) հայրենասիրաբար․ —*ism* հայրենասիրութիւն․

patrol (փաթրոլ՛) պահակ (զին․)․ *patrolling, patrolled* (ներկ․ ընդ․, անց․ կատ․ եւ անց․ ընդ․)․

patron (փէյթ՛րըն) (իգ․ —*ess*) պաշտպան․ տանուտէր․ խնամակալ․ կանոնաւոր յաճախորդ․ —-*age* հովանաւորութիւն․ խնամակալութիւն․ քաջալերութիւն․ —*ise*, —-*ize* օգնել․ հովանաւորել․ պաշտպանել․

patter (փէթ՛ըր) տրոփ (զաւառաբարբառ)․ մասնաւոր դասակարգի մը խօսուածքը (գողերու, եւայլն)․ աղօթքը կըրկնել․ շաղակրատել․

pattern (փէթ՛ըրն) կաղապար․ նմոյշ․ ծրագիր․ տիպար․ օրինակել․ օրինակ ըլլալ․ կաղապար պատրաստող․

paucity (փօ՛սիթի) սակաւութիւն․

paunch (փոնչ) ստամոքս (խոշոր)․

pauper (փօ՛փըր) (իգ․ —*ess*) չքաւոր․ մուրացիկ․

pause (փօզ) դադար․ դուլ․ միջոց․ լռութիւն․ *to* — վարանիլ․ դադար տալ․ կենալ․

pave (փէյվ) քարայատակ շինել․ հարթ ու ողորկ ընել․ պատրաստել․ —-*ment* (փէյվ՛մընթ) սալայատակ․ սալարկուած մայթ, ճամբայ, եւայլն․

pavid (փէյվ՛իտ) երկչոտ․ վերապահ․

pavilion (փէվիլ՛եըն) խոշոր վրան․ խորան․ տաղաւար․

paw (փօ) թաթ․ ճանկ․ *to* — ճանկել․ թաթով բռնել․ առջեւի ոտքով քերել․

pawn (փօն) գրաւ․ գրաւական․ գրաւ դնել (պարտքի փոխարէն)․ —-*broker* գրաւ ստանալով դրամ փոխ տըւող․

pawn (փօն) վահանակ (նատրակի)․

pax (փէքս) համբոյր (խաչելուԹեան պատկերին)․ խաղաղութիւն․ — *vobis*, — *vobiscum* խաղաղութիւն ընկալ ձեզ․

pay (փէյ) վճարել․ հատուցանել․ պատժել․ քաւել․ հատուցում․ վճարում․ *it doesn't pay* շահաբեր չէ․ չ'արժեր․ *paid* (փէյտ) անց․ եւ անց․ ընդ․ *the worker received his* — գործաւորը վարձքը, ամսականը ստացաւ․ —*ee* (փէյի՛) վճարառու․ —*er* (փէ՛յըր) վճարող․ —-*ment* վճարում․ հատուցում․ պատիժ․ *to pay through the nose* շատ բարձր գին վճարել․ *my* — աշխատավարձս․ — *a call* մէկուն երթալ այցելել․ *I will* — *him out* պիտի պատժեմ զինք իմծի հասցուցած չարիքին համար․

payroll (փէյ՛րոլ) հաշուեցոյց․

pea (փի՛) ոլոռն (բանջ․)․ *chick pea* սիսեռ․ —-*nut* գետնապիստակ․ —-*soup* ոլորի ապուր․ *sweet* — հոտաւէտ ոլոռն․

peace (փիյս) հաշտութիւն․ խաղաղութիւն․ —*able* անխռով․ խաղաղ(աւէր)․ —*ful* խաղաղաւէր․ — *maker* հաշտարար․

peach (փիյչ) դեղձ․ դեղձենի․ *to* — մատնել․ չարախօսել․

peacock (փի՛քոք) (իգ․ *peahen*) սիրամարգ․ ցուցամոլ մարդ․

peak (փիյք) հիւծիլ․ բալկանալ․ —*y* (փիյք՛ի) վտիտ․ հիւանդկախ․

peak (փիյք) գագաթ․ ծայր․ —*ed* սրածայր․ դուրս ցցուած․

peal (փիյլ) որոտում․ թնդիւն․ ղօղանջիւն․ *a* — *of laughter* բարձրաձայն խնդուք․ հնչել․ թնդալ․ տօնել․

pear (փէ՛ր) տանձ․

pearl (փըրլ) մարգարիտ․ թանկարժէք բան․ մանրատառ տպագրութիւն․ մարգարիտի․ մարգարտեայ․ մարգարտազարդել․ *mother-of-pearl* սատափ․ —*y* մարգարտափայլ․

peasant (փէզ՛ընթ) շինական․ գեղջուկ․ անօպայ․ —*ry* գիւղացիութիւն․

pease (փի՛զ) ոլոռնի տեսակները հաւաքաբար․

peat (փիյթ) հողածուխ․ կիզահող․ —-*bog*, —-*moss* ճախճախուտ տեղ, որուն տակը կիզահողէ է․

pebble (փէպ՛լ) խիճ․ անգոյն քար բիւրեղեայ (ակնոցի ապակի շինելու կը ծառայէ)․ —*d*, *pebbly* խճալից․

peccable (փէք՛էպլ) մեղանչական․ *peccability* (փէքէպի՛լիթի) մեղանչականութիւն․

peccant (փէք՛ընթ) մեղաւոր․ վատ․ հիւանդագին․ *peccany* մեղք․ մեղաւորութիւն․

peck (փէք) 2 կալոնի (7 1/2 լիտր) հաւասար չափ ընդեղէններու, եւայլն․ *a* — *of* շատ․ բազմաթիւ․

to — կտցահարել· կըտուցով վերցնել· քիչ ուտել· *keep one's — up* ուրախ ըլլալ· *pecker* (փէքʼըր) քիթ·

pecktoral (փէք'թըրըլ) կուրծքի· լանջային·

peculate (փէք'իուլէյթ) շորթել· գողնալ· *—tion* գողութիւն· *—tor* գող· խորող·

peculiar (փիքիուլ'եըր) յատուկ· ուրոյն· յարմար· եզական· արտասովոր· *—ly* յատկապէս· *—ity* (փիքիուլիէր'իթի) բնորոշող յատկութիւն· առանձնայատկութիւն·

pecuniary (փիքիու'նիէրի) դրամական· *—ily* դրամապէս·

pedagogue (փէտ'ագըգ) վարժապետ· մանկավարժ· *pedagogic* մանկավարժական· *pedagogics* (փէտագօ'ճիքս) ուսուցանելու արուեստ· *pedagogy* մանկավարժութիւն·

pedal (փէտ'ըլ) ոտքի· ոտնակ· ոտնակ գործածել (նուագելու, հեծելանիւ քշելու)· *(—ing, —ling* ներկայ ընդ· *—ed, —led* անց· եւ անց· ընդ·)·

pedant (փէտ'ընթ) սոփեստ· իմաստակ· գրականութեան եւ քերականութեան կանոններուն ծայրայեղօրէն յարող· *—ic(al)* (փէտէնթ'իք(ըլ)) սոփեստական· իմաստակի· *—ry* (փէտ'էնթրի) իմաստակութիւն·

peddle (փէտ'լ) պտըտելով ապրանք ծախել· *ped(d)ler* (փէտ'լըր) փերեզակ·

peddling (փէ'տլինկ) ոչինչ· անարժէք·

pedestal (փէտ'էսթըլ) պատուանդան·

pedestrian (փէտէս'թրիըն) հետիոտն· հետիոտն նամբորդող·

pediatrics (փէտիաթ'րիքս) տես՝ *paediastrics.*

pedicure (փէտ'իքիուր) ոտնայարդում· ոտնաբուժութիւն·

pedigree (փէտ'իկրի') նախահայրերու շարքը· նիւղահամար·

pedler տես՝ *peddle.*

pedometer (փիտօմ'իթր) քայլաչափ գործիք·

peek (փիյք) գողունի նայիլ· կէս գոց աչքով՝ ծածկաբար նայուածք·

peel (փիյլ) կեղուել· կեղուըուիլ· կեղեւ· փենեկ· մաշկ· հացագործի թի· *—er* ոստիկան·

peep (փիյփ) գաղտագողի նայիլ (կարճ պահ մը)· երեւնալ· գաղտնի նայուածք· *to peep* ճռուողել· ճուալ·

peer (փիյր) իգ· *peeress* (փիյր'էս) հաւասար· ընման· ազնուական· ընկեր· *—age* (փիյր'էճ) ազնուականութիւն· *—less* անզուգական· *—lessly* անբաղդատելիօրէն· *to —* սերտօրէն նայիլ· գաղտագողի նայիլ· երեւնալ·

peeve (փիյվ) նեղացնել· գրգռել· *—ish* (փի'վիշ)

դիւրագրգիռ. դժուարահաճ. անհամբոյր. —*ly* անհաճոյ կերպով. —*ness* դժուարահաճութիւն.

peg (*փէկ*) ցից. սեպ. չըփմեղանք. *to* — յարատեւել.

pêle-mêle (*փէլ-մէլ՛*) տես՝ *pall-mall.*

pelf (*փէլֆ*) դրամ. շահ.

pelican (*փէլ՛իքըն*) հաւալուսն. շատ երկար կըտուցով թռչուն.

pellet (*փէլ՛իթ*) գնդակ. դեղահատ. փոքր գնդիկ (կապարէ կամ խմորէ).

pell-mell (*փէլ-մէլ՛*) խառնիխուռն.

pellucid (*փէլլիու՛սիտ*) յստակ. կիսաթափանց. —*ly* յստակօրէն. —*ness,* —*ity* (*փէլլիուսիտ՛իթի*) յստակութիւն.

pelt (*փէլթ*) մորթ. չթանուած մուշտակ. *to* — նետելով զարնել. ուժգնօրէն տեղալ. արագօրէն վազել.

pelvis (*փէլ՛վիս*) որովայնակոնք. *pelvic* կոնքային. կոնքի.

pen (*փէն*) գրիչ. փետրագրիչ. գրել. շարադրել. —*knife* (*փէն՛նայֆ*) ըզմելի. —*man* գեղագիր. հեղինակ. —*manship* գեղագրութիւն. —*name* ծածկանուն (ներկայ ընդ.)՝ *penning. fountain* — ինքնահոս (գրիչ).

pen (*փէն*) էգ կարապ. (*cob* արու կարապ).

pen (*փէն*) փարախ. հաւնոց. մանուկի փակարան. փարախը դնել. հաւնոցին մէջ դնել. փակել.

penal (*փին՛ըլ*) պատժական. —*ize* պատիժի ենթարկել. —*ty* պատիժ. տուգանք.

penance (*փին՛ընս*) ապաշխարանք. քաւելը (մեղքը).

pence (*փէնս*) տես՝ *penny.*

penchant (*փանշան՛*) հակամիտութիւն.

pencil (*փէն՛սըլ*) մատիտ. նուրբ վրձին. մատիտով գրել՝ գծել. —*led* մատիտով նշան դրուած. —*ling* մատիտով կամ վրձինով եղած գործ.

pendant, pendent (*փէն՛տընթ*) կախուած զարդ. գինդ. ճեղունէն կախուած ջահ. յաւելուած. *pendent* ցցուած. կախուած. *pending* անորոշ. անկախ (հաշիւ, հարց). մինչեւ. միջոցին.

pendulous (*փէն՛տիուլըս*) երերուն. ճօճուն. —*ness* ճօճունութիւն. *pendulum* ճօճանակ.

penetrate (*փէն՛էթրէյթ*) թափանցել. անցնիլ. յուզել. հասկնալ. *penetrating* խորատես. թափանցող. *penetrable* թափանցելի. *penetration* (*փէնէթրէյ՛շըն*) խորաթափանցութիւն. թափանցում. սրամտութիւն. *penetrative* (*փէն՛էթրէթիվ*) թափանցող. կորովամիտ.

penguin (*փէն՛կուին*) թեւատ թռչուն հակարջային (շատ պաղ) շրջաններու.

penicillin (*փէնիսիլ'ին*) փենիսիլին.

peninsula (*փէնին'սիուլա*) թերակղզի.

penis (*փին'իս*) առնանդամ. *penial* առնանդամի.

penitent (*փէն'իթընթ*) զղջացեալ. ապաշխարող. —*ly* զղջումով. *penitence* զղջում. ապաշխարութիւն.

penitentiary (*փէնիթէն'շէրի*) բանտ. ուղղիչ տուն.

pennate(d) (*փէն'էյթ(ըտ)* փետրաւոր. թեւաւոր. *penniform* փետրաձեւ.

penny (*փէն'ի, փն'ի*) շիլինի 1/12 մասը. յոգ. *pennies* (*փնի'զ*) մէկ բեննինոց դրամներ. *pence* գումարը բեննիներով հաշուելով. *penniless* չունեւոր. առանց դրամի. — *weight* 24 ցորենի հատիկի ծանրութեան կշիռ. (կարճ՝ *dwt*). — *worth* բեննինոց. քիչ քանակութիւն.

pensile (*փէն'սիլ, փէն'սայլ*) ճօճուն. առկախ.

pension (*փէն'շըն*) հանգստաթոշակ. հատուցում. —*er* ռոճիկ ստացող. հանգստեան թոշակ առնողը. — (*փան'սիօն*) թոշակատուն.

pensive (*փէն'սիվ*) խոկուն. խոհուն. մելամաղձոտ. —*ly* խոհուն կերպով. —*ness* խոհունութիւն. մելամաղձոտութիւն.

pent (*փէնթ*) փակուած.

penta- (*փէն'թա –*) նախարառ (յուն.) 5. ածանցեալ բառեր շինելու կը ծառայէ. —*chord* հնգալար. —*gon* հնգանկիւն (պատկեր). *The Pentagon* պատերազմական պաշտօնատուն Ուաշինկթընի մէջ (Ա.Մ.Ն.). —*gram* հնգաթեւ աստղ. —*meter* (*փէնթամ'իթըր*) հինգ վանկ (ոտք)ով ոտանաւոր.

Pentateuch (*փէն'թըթիուք*) Հնգամատեան. Հին Կտակարանի առաջին հինգ գիրքերը.

Pentecost (*փէն'թէքոսթ*) Հոգեգալուստ. Պենտեկոստէ. —*al* հոգեգալստեան.

penthouse (*փէնթ'հաուս*) շէնքին կցուած ծածք. —-*roof* շեղերդիք (տուն).

Pentothal (*փէն'թօթհըլ*) թմրեցուցիչ՝ որ ուղեղին ներարկուելով ենթական խոստովանութիւններ կ'ընէ.

penult (*փինըլթ'*) վերջընթեր. շարքի մը վերջին անդամէն մէկ հատ առաջ եղողը. —*imate* վերջընթեր վանկ.

penumbra (*փէնըմ'պրա*) կիսաստուեր.

penury (*փէն'իուրի*) ծայրայեղ չքաւորութիւն. սակաւութիւն. *penurious* (*փէնիու'րիըս*) կծծի. խեղճ. սակաւ. *penuriously* ժլատօրէն. սակաւութեամբ.

peon (*փի'ըն*) ագարակա–

պան· հողամշակ Հարաւ· Ամերիկայի մէջ·

peony (*փի'ընի*) արջվարդ·

people (*փի'փլ*) մարդիկ (անեզակի թառ)· ժողովուրդ· ցեղ· —*s* ժողովուրդներ· բնակչութիւն· *to* — բազմացնել· շէնցընել·

pep (*փէփ*) ոյժ· կենսունակութիւն·

pepper (*փէփ'ըր*) պղպեղ (համեմ)· պղպեղ ցանել· կրակի տակ առնել (զինք·)· —*mint* անանուխ· անանուխի ցեղական իւղ· —*y* պղպեղոտ· կծու· ցասկոտ·

pepsin(e) (*փէփ'սին*) մարսողութեան հիւթ· *peptic* մարսողական· *peptic ulcer* ստամոքսային կեղ·

per (*փըր*) առ· իւրաքանչիւր· *per head* իւրաքանչիւր անձի համար·

peradventure (*փըրէտվէն'թիուր*) թերեւս· պատահաբար·

perambulate (*փըրէմ'պիուլէյթ*) շրջիլ· խուզարկել· —*tor* շրջող· խուզարկող· մանկիկի կառք· —*tion* (*փէրէմպիուլէյ'շըն*) շրջագայութիւն· զննութիւն·

perceive (*փըրսիյվ'*) նըշմարել· իմանալ· զգալ· —*able* հասկնալի· —*r* նշմարող· հասկցող· *perceptible* (*փըրսէփ'թիպլ*) զգալի· նշմարելի· հասկնալի· *perception* (*փըրսէփ'շըն*) նշմարում· հասողութիւն· զգացում· *perceptive* ըմբռնումի· նշմարողական· *perceptivity* ըմբռնողութեան կարողութիւն·

percentage (*փըրսէնթ'էյճ*) առ հարիւր· հարիւրորդէք· *percentum*, կարճ՝ *percent.* (*փըրսէնթ*) ամէն հարիւրի· առ հարիւր· հարիւրին ... տոկոսով·

perch (*փըրչ*) անոյշ ջուրի ձուկ մը· թառ· ձող· ձողաչափ (5 1/2 եարտայի)· չափ մը որ 30 1/4 քառ. եարտայի հաւասար է· *to* — թառիլ·

perchance (*փըրչէնս'*) թերեւս· պատահմամբ·

percolate (*փըր'քօլէյթ*) նեղ ծակտիկներէ անցնիլ (զտուելու համար)· զըտել· մզիլ· —*tion* քամում· —*tor* զտող· քամող սարքի·

percuss (*փըրքաս'*) ուժով զարնել· —*ion* (*փըրքաշ'ըն*) հարուած· բախում· թրթռացում յառաջ բերող ցնցում· —*ive* ընդհարող·

perdition (*փըրտի'շըն*) կործանում· կորուստ· դատապարտութիւն·

peremptory (*փըր'էմփթըրի*) բացարձակ· բռնատիրական· վճռական· —*torily* վճռաբար· —*toriness* դրականութիւն· վճռականութիւն·

perennial (*փըրէն'իըլ*) տարեկան· տեւական· երկու տարիէ աւելի ապրող բոյս·

perfect (*փըր'ֆէքթ*) կատարեալ· անթերի· գեբազանց. *to —* (փըր–ֆէքթ') կատարել. լրացնել. բարելաւել. *—ly* կատարելապէս. *—ible* կատարելագործելի. *—ion* (փըրֆէք'շըն) կատարելութիւն. *perfectionist* բարոյական կատարելութիւնը կարելի է ըսող.

perfidy (փըր'ֆիտի) նենգութիւն. դաւաճանութիւն. *perfidious* (փըր–ֆիտ'իըս) ուխտադրուժ. նենգաւոր. *perfidiously* դաւաճանօրէն. *perfidiousness* նենգութիւն. դաւաճանութիւն.

perforate (փըր'ֆորէյթ) ծակել. *—tion* (փըրֆո–րէյ'շըն) ծակ բանալը. ծակ. շարք մը ծակեր.

perforce (փըրֆորս') ստիպողաբար. բռնի.

perform (փըրֆորմ') կատարել (դերը). *—ing* իրագործում. դերը կատարելու վարժուած. *—er* դերասան. դերակատար. *—ance* գործ. կատարում. դեր. հանդէս.

perfume (փըր'ֆիում) բոյր. անուշահոտութիւն արձակող նիւթ. — (փըրֆիում') բուրել. *—r* հոտավաճառ. իւղարար. *—ry* հոտեղէններ. զանոնք պատրաստելու արուեստ.

perfunctory (փըրֆանք'–թորի) անխնամ. անփոյթ. մակերեսային. *—rily* հարեւանցի. *—riness* անփութութիւն.

pergola (փըր'կոլա) ձողա- բարձ. սարփինայ. բարձըր պատշգամ.

perhaps (փըրհէփս') գուցէ. հաւանաբար.

pericardium (փէրիքար'–տիըմ) սիրտը պատող գոյգ մաշկերու պարկ. *pericardiac, pericardial* սրտապարկի.

pericarp (փէր'իքարփ) բոյսին հունտերը պարփակող մասը. պարկուն. *—ial* (փէրիքար'փիըլ) պարկունի.

perigee (փէր'իճի) լուսնի ծիրին երկրամերձ կէտը. (հակ. *apogee*).

peril (փէր'ըլ) վտանգ. կորուստի (վնասի) ենթարկում. *to —* վտանգի (կորուստի) ենթարկել. *—ous* վտանգաւոր. փորձանաւոր.

perimeter (փըրիմ'իթըր) շրջագիծ. *—ical* (փըրիմէթ'րիքըլ) պարագծային.

period (փի'րիըտ) շրջան. միջոց. վախճան. վերջակէտ. *—s* դաշտան. *—ic* (փիրիատ'իք) պարբերական. *—ical* պարբերական. պարբերաթերթ. *—ically* պարբերաբար. *—icity* (փիրիա–տիս'իթի) պարբերականութիւն.

peripatetic (փէրիփըթէ–թ'իք) նեմական. Սոկրատեան (քալելով ուսուցանելու մեթոտը). գործի բերմամբ շատ տեղեր շրջող մէկը.

periphry (փըրիֆ'ըրի) շըրջագիծ. շրջապատ. *peri-*

pheral (*փըրիՖ'ըրէլ*) շրջապատային·

periphrasis (*փըրիՖ'րէյսիս*) շրջաբանութիւն· յոգ· *periphrases. periphrastic* (*փըրիՖրէս'թիք*) շրջաբանական· անուղղակի (խօսք, գրութիւն)·

periscope (*փէր'իսքոփ*) խրամներու եւ սուզանաւերու մէջ գործածուող հեռադիտակ·

perish (*փէր'իշ*) մեռնիլ· կորսուիլ· փճանալ· փըտիլ· —*able* շուտ աւրուելու ենթակայ (պըտուղ, ձուկ, եւայլն)·

peritonium (*փէրիթոնի'ըմ*) որովայնը շրջապատող մաշկ· *peritonitis* (*փէրիթոնայ'յթիս*) որովայնամաշկի բորբոքում·

periwig (*փէր'իուիկ*) կեղծամ·

perjure (*փըր'ճըր*) *he —d himself* խոստումնազանց եղաւ· սուտ երդում ըրաւ· —*d* խոստումնազանց· —*r* սուտ երդում ընող· *perjurious, perjerous* (*փըրճու'րիըս, փըր'ճըրըս*) խոստումնազանց·

perk (*փըրք*) սէգ· կայտառ· հպարտ· —*up* կայտառանալ· —*y* աշխոյժ· յանդուգն· լիրբ· կոկիկ· ցուցամոլ·

permanent (*փըր'մընէնթ*) տեւական· հաստատուն· անփոփոխ· —*ly* տեւականօրէն· —*nency* տեւականութիւն· —*way* երկաթուղի·

permanganate (*փըրմէնկ'կընէյթ*) փերմանգանական աղ՝ հականեխիչ յատկութիւնով·

permeate (*փըր'միէյթ*) թափանցել· յագեցնել· ծաւալել· *permeable* հեղուկներու թափանցելի· —*tion* (*փըրմիէյ'շըն*) թափանցում· —*ative* թափանցող·

permit (*փըրմիթ'*) արտօնել· թողուլ· — (*փըր'միթ*) արտօնագիր· —*ting*, —*ted* (*փըրմիթ'ինկ, փըրմիթ'ըտ*) (ներկ· ընդ·, անց· եւ անց· ընդ·)· —*ission* (*փըրմիշ'ըն*) արտօնութիւն· հրաման·

permute (*փըրմիութ'*) փոխանակել· շարքը փոխել· —*table* փոխանակելի· —*tably* փոխանակելի ձեւով· —*tation* թուաբանական քանակութիւնները կարելի բոլոր ձեւերով շարելը·

pernicious (*փըրնի'շըս*) վտանգաւոր· վնասակար· չար· —*ly* վտանգաւոր կերպով· —*ness* վնասակարութիւն· անզգամութիւն·

peroration (*փէրըր'էյշըն*) երկարապատում ճառի մը վերջը·

peroxide (*փէրըք'սայտ*) բնականէն աւելի թթուածին պարունակող նիւթ· վերոքսիտ·

perpendicular (*փըրփէնտիք'իուլըր*) ուղղահայեաց· գիծ որ ուղիղ անկիւնով կը միանայ հորիգոնական գիծի մը (մակերեսի մը). —*ly* ուղղահայեացօրէն.

perpetrate (*փըր՛փէթրէյթ*) ոճիր գործել. մեղանչել. յանցապարտ. —*tion* (*փըրփէթրէյ՛շըն*) չարագործութիւն. —*tor* մեղապարտ. չարագործ.

perpetual (*փըրփէթ՛իուըլ*) յարատեւ. յաւիտենական. —*ly* յաւէտ. շարունակաբար.

perpetuate յաւերժացնել.

perpetuation (*փըրփէթիուէ՛յշըն*) *perpetuity* *փըրփէթիու՛իթի*) մըշտընջենաւորութիւն. յաւերժացում.

perplex (*փըրփլէքս՛*) խըրթին՝ բարդ դարձնել. շըփոթել. —*ed* շուարած. —*ing* կնճռոտ. շփոթեցուցիչ. —*ity* շփոթութիւն. վարանում.

perquisite (*փըր՛քուիզիթ*) յաւելեալ վարձատրութիւն. պարգեւ.

perquisition (*փըրքուիզի՛շըն*) փնտռտուք.

persecute (*փըրս՛ըքիութ*) հալածել. չարչրկել. —*tion* (*փըրսըքիու՛շըն*) հալածանք. նեղութիւն. —*tor* հալածիչ. թշնամի.

persevere (*փըրսըվիյր՛*) յարատեւել. դիմանալ. —*rance* յարատեւութիւն.

Persian (*փըրժ՛ըն*) պարսկական. պարսկերէն. պարսիկ.

persiflage (*փըրսիֆլ՛աժ*) շաղակրատում.

persist (*փըրսիսթ՛*) յամառօրէն շարունակել. հաստատ մնալ. տոկալ. —*ent* յարատեւող. անշարժ. —*ently* յարատեւօրէն. —*ence*, —*ency* յարատեւութիւն. յամառութիւն.

person (*փըր՛սըն*) անձ. դէմք. անձնաւորութիւն. *in* — անձամբ. —*able* ներկայանալի. հրապուրիչ. —*age* մեծ անձնաւորութիւն. —*al* անձնական. անհատական. —*ally* անձնապէս. անհատաբար. —*ality* անձնաւորութիւն. յատկանիշներու գումարը՝ որով անհատականութիւնը կը կազմուի. —*alities* (*փըրսընէլ՛իթիս*) անձին ուղղուած կամ անձին մասին անարգական խօսքեր. —*ate* խաղալ. կեղծել.

personnel (*փըրսընէլ՛*) անձնակազմ. պաշտօնեաներ.

personify (*փըրսըն՛իֆայ*) անձնաւորել. ցցուն օրինակը ըլլալ. *personifying* (ներկ. ընդ.). *personified* (անց. եւ անց. ընդ.). *personification* (*փըրսընիֆիքէյ՛շըն*) անձնաւորում. մարմնացում.

perspective (*փըրսփէք՛թիվ*) հեռանկար. շիտակ համեմատութիւն.

perspicacious (*փըրսփիքէյ՛շըս*) սրատես. կորովամիտ. —*ly* սրամտութեամբ. *perspicacity* (*փըրսփիքէ՛սիթի*) սրատեսութիւն. *perspicuous* (*փըրսփի՛քիուըս*) որոշ. ակներեւ. *perspicuity* (*փըրսփիքիու՛իթի*) յըստակութիւն.

perspire (*փըրսփայր՛*) քրտնիլ. թորիլ. *perspiration* (*փըրսփիրէյ՛շըն*) քրտինք. քրտնիլը.

persuade (*փըրսուէյտ՛*) համոզել. հաւնեցնել. *persuasive* (*փըրսուէյ՛սիվ*) համոզիչ. *persuasion* (*փըրսուէյ՛ժըն*) համոզում. հաւատք.

pert (child) (*փըրթ*) վառվռուն (մանուկ). յանդուգն. լիրբ.

pertain to (*փըրթէյն՛*) վերաբերիլ. պատկանիլ.

pertinacious (*փըրթինէյ՛շըս*) յամառ. հաստատ. *—ly* յամառօրէն. *—ness, pertinacity* կամակորութիւն. հաստատամտութիւն.

pertinent (*փըր՛թինընթ*) յարմար. կապակցութիւն ունեցող. *pertinently* պատշաճօրէն. *pertinence, —cy* յարմարութիւն.

perturb (*փըրթըրպ՛*) վրդովեցնել. մտահոգել. խռովել. *—ation* (*փըրթըրպէյ՛շըն*) խառնակութիւն. մտահոգութիւն.

peruke (*փըրիուք՛*) կեղծամ.

peruse (*փըրուզ՛*) ուշի ուշով լման կարդալ՝ քննել. *perusal* (*փըրու՛զըլ*) լման քննարկում՝ զննութիւն.

pervade (*փըրվէյտ՛*) թափանցել. տարածուիլ. մէջէն անցնիլ. *pervasion* (*փըրվէյ՛ժըն*) թափանցում. *pervasive* (*փըրվէյ՛սիվ*) թափանցող.

perverse (*փըրվըրս՛*) կամակոր. չար. *—ness, —sity* կամակորութիւն. չարութիւն.

perversion (*փըրվըր՛շըն*) շեղում. խեղաթիւրում.

pervert (*փըրվըրթ՛*) մոլորեցնել. խեղաթիւրել. նպատակէն շեղեցնել. (*փըր՛վըրթ*) մոլորած. ապականած.

pervious (*փըր՛վիըս*) թափանցելի. *—ness* թափանցելիութիւն.

pessimism (*փէս՛իմիզմ*) յոռետեսութիւն. մելամաղձոտութիւն. *pessimist* յոռետես. *pessimistic* տխուր. յոռետես. *pessimistically* (*փէսիմիս՛թիքըլի*) յոռետեսօրէն. տխրօրէն.

pest (*փէսթ*) աղէտ. համաճարակ. *—iferous* (*փէսթիֆ՛ըրըս*) վնասակար. ժանտաբեր.

pester (*փէս՛թըր*) չարչըրկել. տաղտկացնել.

pesticide (*փէս՛թիսայտ*) վնասակար մանրէներ՝ միջատներ սպաննող դեղ.

pestiferous (*փէսթիֆ՛էրըս*) մահաբեր. վնասակար.

pestilence (*փէս՛թիլէնս*) ժանտախտ. վարակիչ, մահաբեր ախտ. *pestilent* ժանտաբեր. չար. *pestilential* (*փէսթիլէն՛շըլ*) մահաշունչ. կործանիչ. վատթար.

pestle (*փէս՛թլ*) թակ (ո–

բով զանազան իրեղէններ կը մանրեն սանդի մը մէջ)․

pet (փէթ) (—ted անց․ եւ անց․ ընդ․) գուրգուրանքի առարկայ եղող անձ (կենդանի)․ սիրական․ կիրք․ բարկութիւն․ գըրգուել․ շփացնել․

petal (փէթ'ըլ) թերթ (ծաղիկի)․ —ed, —led (փէթ'ըլտ) ծաղկատերեւ ունեցող․

peter out (փի'թըր աութ) սպառիլ․ վերջանալ․

petiole (փէթ'իոլ) տերեւի կոթուկ․

petite (փըթիթ') կոկիկ եւ փոքր (կին)․

petition (փիթի'շըն) խընդրանք․ աղաչանք․ աղերսագիր․ պաղատիլ․ աղերսագիր տալ․ —er աղերսող անձ․ խնդրարկու․

petrify (փէթ'րիֆայ) petrifying (ներկ․ ընդ․)․ petrified (անց․ եւ անց․ ընդ․)․ քարանալ․ քարացնել․ petrifactive (փէթրիֆէք'թիվ) քարացնող, քարացուցիչ (նիւթ)․

petro - (փէթ'րօ –) նախաբառ (լատ․ եւ յուն․) վէմ․ քար․ petrogeny (փէթրոճ'էնի) ժայռերու ծագման ուսումնասիրութիւն․ —graphy ժայռերու բաղադրութիւնը, կազմուածքը եւ դասաւորումը նկատի առնող երկրաբանութեան ճիւղ․ petrous (փէթ'րըս) ժայռոտ․ ժայռանման․ կարծըր․

petroleum (փէթրո'լիըմ) քարիւղ․ petrol (փէթրոլ) պէնզին․ gasoline (Ա․Մ․Ն․)․ petrolic (փէթրո'լիք) քարիւղային․ պէնզինի․

petticoat (փէթ'իքոթ) կիսազգեստ (կանանց)․ իգական․ կին․

pettifogger (փէթ'իֆակըր) խեղճ փաստաբան․ պըզտիկ հարցերու մէջ ցած վերաբերուող․ to pettifog իմաստակօրէն փաստաբանել․ վատ վերաբերում ցոյց տալ․ pettifoggery ճենճութիւն․ խարեբայութիւն․ իմաստակ․ քաշքշուք․

pettish (փէթ'իշ) ցասկոտ․ դէգ․ դիւրագրգիռ․ —ly դէգօրէն․ —ness ցասկոտութիւն․ դէգութիւն․

petty (փէթ'ի) փանաքի․ անկարեւոր․ փոքրոգի, ստորադաս․ pettily ցածօրէն․ pettiness ցածութիւն․ ստորադասութիւն․ — cash (գրասենեակի) պզտիկ ծախսեր․ — officer ենթասպայ (նաւային)․

petulant (փէթ'իուլընթ) ջղագրգիռ․ դիւրաւ բարկանալու (տրտնջալու) հակամէտ․ petulance, —ancy ցասկոտութիւն․ դիւրագրգռութիւն․

pew (փիու) (եկեղեցիի) նստարան․

pewter (փիու'թըր) կապարանագ․ թիթեղի եւ կապարի խառնուրդ․ այս նիւթէն շինուած ապրանք․ կապարանագեայ․

P.F.L.P. *(Popular Front for Liberation of Palestine)* Պաղեստինի Ազատագրութեան Ժողովրդային Ճակատ. Մարքս-լենինեան գաղափարախօսութեամբ պաղեստինեան դիմադրական (ֆետայական) շարժում. ղեկավարը՝ Ճորճ Հապաշ.

P.L.O. (արաբերէն՝ Ֆաթհ) *Palestine Liberation Organization.* ՊԱԿ (Պաղեստինի Ազատագրութեան Կազմակերպութիւն), հիմնուած 1964ին: Պաղեստինեան ֆետայական շարժումներուն ամենէն կարեւորը եւ բազմամարդը. չափաւոր իր հայեացքներուն մէջ. ղեկավարն է՝ Ե. Արաֆաթ. ֆետայական այլ շարժումներ. *P.D.F.L. (Popular Demotratic Front for Liberation [of Palestine])* Պաղեստինի Ազատագրութեան Ժողովրդային Դեմոկրատական Ճակատ, ծայրայեղ մարքսիստական գաղափարախօսութեամբ. *AL-SAIQUAT* (Էլ Սայիքա) Ֆաթհի զինուորական կազմակերպութիւնը. կեդրոնը կը գտնուի Սուրիա. ղեկավարը՝ Ահմէտ Ժիպրաիլի. *AL-ARD Movement* (Ըլ-Արտ) ՀՈՂԸ Շարժում. ֆետայական փոքրաթիւ շարժում՝ որ կը գործէ բռնագրաւուած Պաղեստինի մէջ.

phacitis (*ֆէսայ՛թիս*) ոսպնեակի բորբոքում.

phacoid (*ֆէյ՛քոյտ*) ոսպնաձեւ.

phaeton (*ֆէյ՛իթըն*) քառանիւ կառք մը.

phaegedena (*ֆէճիտի՛նէ*) քաղցկեղ.

phagolysis (*ֆէկալ՛իսիս*) ճերմակ գնդիկներու մահացում.

phagomania (*ֆէկամէյ՛նիը*) որկրամոլութիւն.

phalacrosis (*ֆէլէյքրօ՛սիս*) ճաղատութիւն.

phalange (*ֆէլ՛էնճ*) մատնոսկր.

phalanx (*ֆէլ՛էնկքս*) յոգ.՝ *phalanges* կամ *phalanxes* հին Յունաստանի մէջ սպառազէն գունդ. փաղանգաւորներ.

phalanges, phalangists (արաբ. Քաթաիպ) Լիբանանեան քաղաքական եւ կիսազինուորական ազգայնական կազմակերպութիւն, Փաղանգաւորներ. հիմնուած է 1936ին. ղեկավարն է Փիէր Ճէմայէլ. շարժումը ներշնչուած է Մուսոլինիի Փաղանգաւորներէն.

phallus (*ֆէլ՛ըս*) առնանդամ.

phaneromania (*ֆէնըրօմէն՛իա*) եղնգակրծում.

phantasm (*ֆէն'թազմ*) ցնորք. ուրուական. երեւոյթ. —*al*, —*ic* ցնորատեսական. —*agoria* (*ֆէնթազմըկոր'իը*) մոգական տեսիլք. ցնորապատկեր. —*agoric* ցընորական. *phantasy* տես՝ *fantasy*.

phantom (*ֆէն'թըմ*) երեւոյթ. ոգի. ուրուական.

Pharaoh (*ֆէյ'րօ*) Փարաւոն. Մեծ Տուն.

Pharisee (*ֆէր'իսի'*) փարիսեցի. խիստ օրինապահ աղանդ (հրէից). —*ism* փարիսեցիութիւն. *phariseic(al)* (*ֆէր'իսէիք(ըլ)*) փարիսեցիական.

pharmaceutical (*ֆարմըսիու'թիքըլ*) դեղագիտական. *pharmaceutics* դեղագիտութիւն.

pharmacy (*ֆար'մըսի*) դեղագործութիւն. դեղարան. *pharmacology* (*ֆարմաքա'լըճի*) դեղագիտութիւն. *pharmacopoeia* (*ֆարմըքօփի'ըը*) դեղագիրք. դեղերու ցուցակ.

pharos (*ֆէյ'րըս*) փարոս.

phare (*ֆէր*) փարոս.

pharynx (*ֆէր'ինկքս*) կոկորդ. (յոգ. *pharynges*). *pharyngitis* (*ֆէրինճայ'թիս*) կոկորդի բորբոքում.

phase (*ֆէյզ*) (աստղ.) փուլ. աստիճան. (լուսնի, մոլորակի) տարբեր երեւոյթներ. ձեւ.

pheasant (*ֆէզ'ընթ*) փասիան, երկար պոչով եւ շատ փայլուն փետուրներով թռչուն մը.

phenomenon (*ֆինամ'ինըն*) թներեւոյթ. սքանչելիք. հիանալի բան՝ անձ. յոգ. *phenomena*. *phenominal* նորանշան. սքանչելի. երեւութական.

phial (*ֆայ'ըլ*) սրուակ. պզտիկ շիշ.

philander (*ֆիլէն'տըր*) պչրիլ. դարպաս ընել. —*er* դարպասող. սիրաբանելով ժամանց ընող.

philanthropy (*ֆէլէն'թհըրփի*) մարդասիրութիւն. բարեսիրութիւն. *philanthropic* (*ֆիլէնթհըր'փիք*) մարդասիրական. —*pist* մարդասէր.

philately (*ֆիլէթ'ըլի*) դրոշմահաւաքում. —*lic* դրոշմ հաւաքելու վերաբերող. —*list* դրոշմահաւաք.

philharmonic (*ֆիլհարմըն'իք*) երաժշտասէր. երաժշտական.

Philistine (*ֆիլ'իսթայն*, —*թին*) փղշտացի. արուեստի սէրէ զուրկ (անոպայ) անձ.

philology (*ֆիլա'լըճի*) բանասիրութիւն. լեզուագիտութիւն. —*gical* (*ֆիլալըճ'իքըլ*) լեզուագիտական, բանասիրական. —*gian*, —*gist* լեզուաբան. բանասէր.

philosophy (*ֆիլաս'ըֆի*)

փիլիսոփայութիւն. իմաստասիրութիւն. մտքի անդորրութիւն. համակերպութիւն. —*pher* փիլիսոփայ. իմաստասէր. —*phical* իմաստասիրական. հանդարտ. —*ically* (ֆիլըսաֆիք'ըլլի) փիլիսոփայօրէն. իմաստութեամբ.

philosophize(ise) (ֆիլա'ըֆայզ) իմաստասիրել. իմաստակութիւն ընել.

phlegm (ֆլէմ) խուխ. խլինք. պաղարիւնութիւն. հանդարտութիւն. յուլութիւն. —*atic* (ֆըլէկ'մըթիք) պաղարիւն. —*atically* (ֆլէկմէթ'իքըլլի) պաղարիւնութեամբ.

phlogiston (ֆլըճիս'թըն) կիզատարր.

- phobia (– ֆոպ'իը) երկիւղ. վախ. (յետադաս բառ. օր. *hydrophobia*).

Phoenix, Phenix (ֆի'նիքս) (դից.). փիւնիկ թռչունը՝ որ իբր թէ 500 տարի կ'ապրէր (անմահութիւն կը խորհրդանշէ).

phone (ֆոն) կրճատ ձեւը *telephone*ի. ձայն. —*tic* (ֆոնէթ'իք) ձայնի. ձայնական. —*tic spelling* ձայնական հեգում.

phonetics (ֆոնէթ'իքս) հնչաբանութիւն. *phonics* (ֆոն'իքս) (կը գործածուի եզակի բայով) ձայնագիտութիւն. *phonetician* (ֆոնէթիշ'ըն) հնչաբան. ձայնագէտ. *phoneticize* (ֆոնէթ'իսայզ) ձայնականօրէն ներկայացնել.

phoney, phony (ֆո'նի) (ռամկ.) կեղծ. շինծու (Ա.Մ.Ն.).

phono - (ֆոնօ –) նախաբառ՝ ձայնային նշանակութեամբ.

phonogram (ֆո'նոկրէմ) ձայնագիծ. սղագրութեան գիր կամ նշան. —*graph* ձայնագիր. —-*graphy* նուագապնակ պատրաստելու արուեստը. տեսակ մը սղագրութիւն. *phonology* (ֆոնա'լըճի) հնչուած ձայներու ուսում.

phosphate (ֆաս'ֆէթ) լուսածնատ. փոսփատ. *phosphatic* (ֆասֆէ'թիք) լուսածնի. *phosphate of lime* ոսկրամոխիր.

phosphorus (ֆաս'ֆըրըս) լուսածին. *phosphorous* (ֆաս'ֆըրըս) լուսածնային. փոսփորային.

phosphorescence (ֆասֆըրէս'էնս) լուսափայլութիւն. փոսուռայի (կայծոռիկի) լոյս արձակելը. *phosphorescent* լուսափայլ. փոսորափայլ.

photo (ֆո'թօ) (կրճատ ձեւը *photograph*ի) լուսանկար. լուսանկարել.

photo - (ֆո'թօ –) նախաբառ յուն.՝ լոյս իմաստով. բարդ բառեր շինելու կը ծառայէ. օր.՝ —-*chemistry* լուսաքիմիաբանութիւն. —-*electricity* լուսելեկտրականութիւն. — - *electron* լուսելեկտրոն. — - *finish* վազքի աւարտին մրցորդներուն դիրքը որոշելու նպատակով առնուած լուսանկար. —*genic* (ֆոթոճէ'նիք) լոյս արտադրող. լուսանկարչական. լուսանկարուելու յարմարութիւն ունեցող (դիմագիծ).

photography (ֆոթըկ'րէֆի) լուսանկարչութիւն. *photograph* (ֆոթ'ըկըրէֆ) լուսանկար. լուսանկարել. *photographer* (ֆոթըկ'րէֆըր) լուսանկարիչ. *photographic(al)* (ֆոթըկրէֆ'իք(ըլ)) լուսանկարչական. *photogravure* (ֆոթ'կրէվիուր) լուսափորագրութիւն.

photostat (ֆո'թոսթէթ) գործիք մը՝ որ պաշտօնական գրութեան, եւայլնի լուսանկարը կը հանէ ուղղակի թուղթին վրայ. այս ձեւով նկար հանել.

phototelegraphy (ֆոթոթէլէկ'րէֆի) լուսանկարի կամ պատկերներու առաքում հեռագիրի միջոցով. լուսահեռագիր.

phrase (ֆրէյզ) նախադասութեան մաս կազմող փոքր բառախումբ՝ որ դիմաւոր բայ չունի. ասացուածք. ոճ. խօսքի ձեւ. բանահիւսել. արտայայտել.

phraseology (ֆրէյզիա-լ'ըճի) ոճ. ոճաբանութիւն. ուռուցաբանութիւն.

phrenetic (ֆրէնէթ'իք) վայրագ. խենթ.

phthisis (թհայ'սիս) թոքախտ. հիւծախտ. *phthisic(al)* հիւծախտաւոր. թոքախտաւոր.

phut (ֆըթ) պայթիւն. *to go —* ճաթիլ. կքիլ. տեղի տալ.

physic (ֆիզ'իք) (հին առում) բուժագիտութիւն. դեղ. *to —, —king* (ներկայ ընդ.). *—ked* (անց.) դեղ տալ. *—ian* (ֆիզի'շըն) բժիշկ. *—al* մարմնական. նիւթական. բնագիտական. *—ally* մարմնապէս. ֆիզիքական օրէն. *—s* (ֆիզ'իքս) բնագիտութիւն. *—ist* (ֆիզ'իսիսթ) բնագէտ. բնապաշտ.

physiognomy (ֆիզիակ'նըմի) դիմագիծ. դիմագիտութիւն. դէմքին արտայայտութիւնը. *—mic* (ֆիզիանըմ'իք) դիմագիտական. *—mist* դէմքին նայելով նկարագիրը կարդացող. դիմաճանաչ.

physiology (ֆիզիա'լըճի) բնախօսութիւն. մարդակազմութիւն. *—gist* բնախօս. *—gical* բնախօսական.

physique (ֆիզիք') բնակազմական եւ մարմնական զարգացում՝ անում. մարմնի կազմ.

pi (փայ) յունարէն գիր, որ ուսողութեան մէջ շրջանակին իր տրամագիծին հետ ունեցած համեմատութիւնը կը ցուցրնէ, որ է 3¹/⁷, կամ 3·14159·

piano (*փիէ՛նօ*) կրճատ ձեւը *pianoforte*ի (*փիէնօ-ֆօր՛թ*) դաշնակ· դաշնամուր· երաժշտութեան մէջ՝ մեղմ· *—nissimo* (*փիանիս՛իմօ*) շատ մեղմ·

piano - player, pianist (*փի՛էնիսթ*) դաշնակահար·

piaster (*փիէս՛թըր*) դահեկան·

piazza (*փիէթ՛սը, փիէզ՛է*) հրապարակ· կամարներով (սիւնաշարքերով) շրջապատուած տեղ մը·

picaroon (*փիքէրու՛ւն*) արկածախնդիր· ծովահէն· *picaresque* (*փիքէրէսք՛*) ծովահէնի մասին գրուած վէպ·

piccalilli (*փիքըլիլ՛ի*) համեմով քացխու· թթուաշ· աղցուր·

pick (*փիք*) կտցել· ծակել· քաղել· ժողվել· ընտրել· կողոպտել· ուտել· նեղել· *— on* յանցանք գտնել· բրիչ· ընտրութիւն· ընտրանի բան· *—axe* փորիչ· փետատ· *—ing* փորող· նեղող· ժողվող· գողութիւն· *—pocket* (*փիք՛փաքէթ*) քսակահատ· *— - a-back* ուսամբարձ· կռնակին, ուսին (վրայ)·

picket (*փիք՛ըթ*) ցից· պատնիշաձող յառաջապահ պահակ բանակի· գործադուլ ընելէ տարհամոզելու համար ղրկուած յանձնախումբ· ցանկապատել· ցիցի կապել· պահակ կարգել·

pickle (*փիք՛լ*) աղջուր· թթուաշ (մսի, ձուկի կամ բանջարեղէնի)· աղի ջուրով կամ քացախով պահուած որեւէ ուտելիք· *—d* (ռամկ·) հարբած· *—s* թթուաշ· աղցան (բանջարեղէնի)·

picnic (*փիք՛նիք*) նեկ-ընդ· *picnicking,* անց· եւ անց· ընդ· *—ked.* զբօսախնճոյք սարքել· բնութեան ծոցին մէջ ճաշելի ժամանց եւ կեր ու խում·

picric (*փիք՛րիք*) պիկրական· *— acid* բիւրեղային նիւթ՝ որ թունաւոր է, եւ լուծոյթ ձեւով այրուածքներ դարմանելու կը գործածուի· պիկրական թթու·

pictorial (*փիքթօր՛իըլ*) պատկերազարդ·

picture (*փիք՛չըր, փիք՛թիուր*) պատկեր· նկարազիր· նմանութիւն· նկարագրութիւն· նկարագրել· ներկայացնել·

picture house, picture palace սինէմա·

picture gallery (*փիք՛չըր կէլ՛ըրի*) պատկերասրահ·

picturesque (*փիքչըրէսք՛*) նկարագեղ· վառ· կենդանի նկարագրութիւնով· *—ness* նկարչագեղութիւն·

pie (*փայ*) կաչաղակ· փայտփոր (թռչ·)· կարկանդակ· մսածաղ· *he has a finger in the —* շահուն մասնակից է· *—bald* (*փայ՛պօ՛լտ*) զոյնզգոյն· խառն· *—d*

պիսակաւոր․ բազմեբանք․
piece (*փիյս*) մաս․ կտոր․ երկ․ գործ․ մէկ կտոր բան․ դրամ․ երաժշտական կտոր մը․ թնդանօթ․ զէնքին․ կտոր մը հող․ նորոգել․ կտոր դնել․ *—meal* (*փիյս՛միՙլ*) քըչիկ–քչիկ․ աստիճանաբար․ *—work* գործ գըլուխ (վճարում), ոչ–ժամով կամ օրականով․
pier (*փիյր*) քարափ․ կամարակալ․ *—age* քարափի տուրք․
pierce (*փիյրս*) թափանցել․ ծակել․ մխուիլ․ *piercing* սուր․ խիստ․ ծակող․ թափանցող․
piety (*փայ՛իթի*) երկիւղածութիւն․ մեծարանք ծնողքին հանդէպ․ կրօնասիրութիւն․ *pietist* ջերմեռանդական․ կեղծ սուրբ․ *pietism* կեղծ սրբութիւն․
pig (*փիկ*) խոզ․ խոճկոր․ հալած երկաթի կտոր․ *to —* ցնկնիլ, ձագ բերել․ *—gish* անյագ․ աղտոտ․ յամառ․ *—gery* խոզանոց․
pigeon (*փիճ՛ըն*) աղաւնի․ դիւրախաբ․ պարզամիտ․ *—-hole* նամակախորշ (գրասեղանի կամ սնտուկի մէջ)․ նամակախորշի մէջ դնել․ դասաւորել․ *—-hearted* երկչոտ․ *—-livered* հեզ․ երկչոտ․
pigment (*փիկ՛մընթ*) ներկ․ գոյն․ ներկանիւթ (մարմընի հիւսկէնին կամ բըջիջին մէջ)․
pigmy, pygmy (*փիկ՛մի*) գաճաճ․ թզուկ․
pike (*փայք*) տէգ․ գայլաձուկ․ դուռ՝ ուր մաքս կամ տուրք վճարելու են կառքերը․
pile (*փայլ*) կոյտ․ կառոյց․ *to —* կուտակել․ դիզել․ կորիզային վառարան՝ ուրկէ նիւթոյն եւ կամմա ճառագայթներ կ'արձակուին․ սիւն․ ցից․ ցից զարնել (շէնք կամ կամուրջ վեր բռնելու համար)․ մազ կամ մուշտակ․ կերպասի խաւ, թաւակոզմ․
pilfer (*փիլ՛ֆըր*) գողնալ (փոքր քանակութիւնով)․
pilgrim (*փիլ՛կրիմ*) ուխտաւոր․ ուղեւոր․ պանդուխտ․ *—age* ուխտագնացութիւն․ կեանքի ճամբորդութիւնը․
pill (*փիլ*) դեղահատ․ անհանոյ բան, որուն պէտք է հանդուրժել․ *—-box* գնդացիրի մարտկոց․
pillage (*փիլ՛էճ*) աւար․ աւարառութիւն․ կողոպուտ․ աւար առնել․ կողոպտել․
pillar (*փիլ՛ըր*) քարէ (երկաթէ) սիւն․ նեցուկ․ *—-box* երկաթէ սնամէջ սիւն՝ մէջը նամակ ձգելու համար․ փոստարկղ․ *—ed* սիւնազարդ․
pillory (*փիլ՛ըրի*) ձեռքի եւ գլխու համար ծակեր ունեցող տախտակ՝ զոր պատժուողներուն գըլխուն կ'անցրնէին․ *to —* տախտակը գլխուն անցընել․ նշաւակել․

pillow (*փիլ'օ*) բարձ · —-*case*, —-*slip* բարձի երես · բարձի շարժական ծածկոց · *to* — բարձի վրայ դնել ·

pilos, pilous (*փայ'լոս*, *փայ'լըս*) թաւարծի · մազոտ · *pilosity* (*փայլոս'իթի*) մազոտութիւն ·

pilot (*փայ'լըթ*) նաւուղիղ · դեկավար · առաջնորդ · սաւառնորդ · ուղղել · դեկավարել · օդանաւ վարել · վտանգի մէջէն առաջնորդել · — *light* մընայուն փոքրիկ բոց՝ որ վառարան եւայլն բոնկեցնելու կը ծառայէ · — *officer* օդային երկրորդ տեղակալ ·

pimp (*փիմփ*) բոզաւագ · կաւատ · *to* — կաւատութիւն ընել ·

pimple (*փիմ'փըլ*) շուտ · բշտիկ · —*d*, *pimply* պալարալից · շուտաւոր, բշտիկներով լի ·

pin (*փին*) (*pinned* անց · եւ անց · ընդ ·) գնդասեղով բռնեցնել · ամուր բռնել · գնդասեղ · փականք · սեպ · մգլակ · գամ · չնչին բան · —*s* սրունքներ (ռամկ ·) · *pincushion* ասեղնաբարձ · —-*money* կընոջ հագուստեղէնի համար տրուած դրամ · —*point* ճիշդ տեղը նշանակել՝ որոշել (սաւառն ·) · —-*prick* գընդասեղի խոց · պզտիկ գրգռութիւն · *a* —-*up girl* հրապուրիչ աղջիկ ·

pinafore (*փին'ըֆոր*) մանուկի կրծկալ ·

pincers (*փին'սըրզ*) ագծան · մագլխիլ · կտակ (գործի) ·

pinch (*փինչ*) կսմիթ · ճըզմում · քարակցնել (անօթութիւնով) · կսմթել · (ռամկ ·) ձերբակալել · ճնշել · կծծիութեամբ վարուիլ (ապրիլ) · պըտղունց · *at a* — ստիպողականութեան պարագային · *a* — *of salt* պըտղունց մը աղ · —*ed* նիհար եւ անօթի երեւոյթով ·

Pindar (*փին'տար*) Յոյն համբաւաւոր քնարերգակ (522–442 Ք · Ա ·) ·

pine (*փայն*) շոճի · մայրի · մայրիի փայտ · —*y*, *piny* (*փայ'նի*) սոճիոտ · մայրիի ծառերով լի ·

pine (*փայն*) հիւծիլ · թօշնիլ · մաշիլ · ուժաթափ ըլլալ · տենդագին բաղձալ ·

pine-apple (*փայն'էփլ*) անանաս · արքայախնձոր · *pine-cone* մայրիի, սոճոյրի խուզակ · *pine-needle* սոճիի (մայրիի) տերեւ՝ որ ասեղի կը նմանի ·

pinfold (*փին'ֆոլտ*) փարախ՝ ուր կորսուած արջառները կ'արգելափակուին ·

ping (*փինկ*) շաչիւն (արձակուած գնդակի) · շչալ · —-*pong* (*փինկ'-փանկ*) փինկ-փոնկ · գնդիկ-գընդակ ·

pinhole (*փին'հօլ*) պզտիկ բացուածք ·

pinion (*փին'եըն*) թեւածայր․ թեւ․ փետուր․ ատամնաւոր փոքր անիւ․ *to* — թեւերը մարմնին կապել․ շղթայակապ ընել․ թեւին ծայրը կըտրել․

pink (*փինք*) շահոքրամ․ մեխակ (ծաղիկ)․ ՛վարդագոյն․ ազնուագոյն բան․ ծիրանի․ մութ կարմիր․ նեղ յետսակողմով նաւ․ նաւ *pink-sterned. to* — դաշոյնով խոցել․ փոքր ծակեր բանալ․ *a* — դաշոյնի խոց․

pinna (*փին՛ը*) փետուր․ ձուկի լողակ․ լողաթեւ․ տերեւ․ արտաքին ականջ․ *—te* (*փին՛էյթ*), *—ed* տերեւաձեւ․ թեւաւոր․ լողակաւոր․

pinnacle (*փին՛էքըլ*) շէնքէն բարձրացող աշտարակիկ․ ծայրոտ կատար․ գագաթնակէտ *(*փոխաբեր․*)*․

pint (*փայնթ*) հեղուկաչափ (1/8 կալոն)․

pin worm (*փին՛ ուըրմ*) ասեղնորդ աղիքի․

pioneer (*փայընիյըր՛*) ճամբայ հարթող (զին․)․ երկրախոյզ․ առաջնորդ․ նախաձեռնարկ եղող․ ուրիշներուն ճամբայ բացող․ ռահվիրայ․ *to* — ճամբայ բանալ․ գոյացընել․ ծագում տալ․

pious (*փայ՛ըս*) աստուածավախ․ աստուածասէր․ կեղծ բարեպաշտութիւն ցուցնող․

pip (*փիփ*) կուտ (խնձորի, նարինջի, եւայլն)․ հաւերու լեզուախտ․ *to have the* — անտրամադիր՝ (ջղային) ըլլալ․ *to* — վիրաւորել․ ձախողիլ (քննութենէն)․

pipe (*փայփ*) խողովակ․ ծխափող․ սրինգ․ թըռչնոց սոյլ․ ծխելոյզ․ *to* — սրինգ նուագել․ սուլել․ խողովակով փոխադրել․ *—d* խողովակ հայթայթած․ խողովակաձեւ․ խողովակով փոխադրուած․ *—-line* նաւթախողովակ․ ջուրի խողովակներու երկար շարք․

piquant (*փիք՛ընթ*) հաճելիօրէն կծու․ կճան․ բարկ․ հետաքրքրութիւն արթնցնող․ խելացի եւ զուարճացնող․

pique (*փիք*) *piquing (*ներ․ ընդ․)․ *piqued* (անց․ եւ անց․ ընդ․)․ գրգռել․ զայրացնել․ վիրաւորել արժանապատուութիւնը․ վիրաւորանք․ գժտութիւն․ հետաքրքրել․ հըպարտ զգալ․

piquet (*փիքէթ*) թղթախաղ մը․

pirate (*փայ՛րէյթ*) ծովահէն․ բանագող․ գրագող․ ծովահէնութիւն ընել․ կողոպտել․ տպել առանց հեղինակին արտօնութեան․

piscina (*փիսի՛նը*) խորանին մօտ քարէ աւազան․ ձկնարան․ *—l* աւազանի․ *piscine* ձուկի, լողալու աւազան․

piss (*փիս*) միզել․ մէզ․

pistachio (*փիսթա՛շիօ, փիսթէյ՛շիօ*) պիստակ․

pistil (*փիս՛թիլ*) (բուս․) իգայ․ սերմնափակ․ —

late իգայաւոր առանց առէջներու.

pistol (*փիս'թըլ*) ատրճանակ. ատրճանակով (մարդ) զարնել.

piston (*փիս'թըն*) մխոց. —*rod* մխոցին կոթը.

pit (*փիթ*) հոր. խրամ. հանքածուխ եւայլն հանուած փոս. գերեզման. դժոխք. աքաղաղի կռիւի կամ այլ մրցումներու (վայր), բեմ (թատերասրահի մէջ). *arm-pit* անութ. *to — against* կռիւի կանչել մրցորդը. —*fall* (*փիթ'ֆո՛լ*) որոգայթ.

pitapat (*փիթ'ըփէթ*) բաբախուն. թեթեւ արագ քայլ.

pitch (*փիչ*) ձիւթ. կպրաձիւթ. կպրաձիւթել. պատել՝ ծեփել. —*black*, —*dark* թանձր խաւար. աղջամուղջ. *to —* նետել. արձակել. վրան՝ (բանակումի) կանգնել. նետուիլ. ձայնի բարձրութիւն. —*ed battle* վճռական ճակատամարտ. ընտրել. թառիլ.

pitcher (*փիչ'ըր*) արձակող. թակոյկ. մեծ սափոր (ջուրի, գինիի).

pitchfork (*փիչ'ֆորք*) երեքժանի (որ ցորեն, չոր խոտ եւայլն վեր նետելու կը ծառայէ).

pith (*փիթհ*) տունկի, ոգտուղի պտուկ, ծուծ. ուժգնութիւն. կարեւորութիւն. —*y* (*փիթ'հի*) հակիրճ եւ ազդու (խօսք, գրութիւն). կորովի. —*less* անձուծ. տկար. անարժէք.

pity (*փիթ'ի*) գութ. կարեկցութիւն. գթալ. արգահատիլ. *pitied* (անց. եւ անց. ընդ.). *pitiable* խղճալի. խղճալու արժանի. *pitiful* ողորմած. կարեկից. ողորմելի. *pitiless* անգութ, անողորմ.

pivot (*փիվ'ըթ*) առանցք. սռնակ. (առանցքի վրայ) դառնալ.

pizzicato (*փիցիքա'թօ*) լարաւոր նուագարանի թելերը մատով քաշելու նշան.

placard (*փլէք'արտ*) պատերու վրայ փակցուած ազդաքարտ. որմագիր. ծանուցագիր փակցնել. հրապարակել.

place (*փլէյս*) տեղ. վայր. միջոց. շէնք. կարգ. դիրք. պաշտօն. բնակարան. երկիր. քաղաք. դնել. տեղաւորել. մէկուն պաշտօն գտնել. կարգել. հաստատել. որոշել. —*d* մրցումի մէջ առաջին, երկրորդ կամ երրորդ ըլլալ. *to give —* տեղ տալ (կամ *to make room for*).

placid (*փլէս'իտ*) անդորր. խաղաղ. —*ity* (*փլէսի'թիթի*) քաղցրութիւն. հանդարտաբարոյութիւն.

plagiarize, —**rise** (*փլէյ'ճիըրայզ*) բանագողութիւն ընել. *plagiarism*, *plagiary* բանագողութիւն. *plagiarist* գրագող. բանագող.

plague (*փլէյկ*) մահացու մեծ համաճարակ. տարափոխիկ հիւանդութիւն. ժանտախտ. չարիք. պատուհաս. *to* — չարչրկել. նեղել. —*y* ժանտախտաւոր. համաճարակի ենթարկուած.

plaid (*փլէյտ*, *փլէտ*) քառեկաւոր վերարկու (Սկովտ.).

plain (*փլէյն*) հարթ. տափարակ. որոշ. մէկին. պարզ. սովորական. անպաճոյճ. ոչ–գեղեցիկ. դաշտ. հարթավայր. —*ness* յստակութիւն. պարզութիւն. — *sailing* (*փլէյն'–սէյլ'ինկ*) առանց արգելքի ընթացող գործ. — *dealing* անկեղծ(ութիւն).

plaint (*փլէյնթ*) տրտունջ. բողոք. բողոքագիր. —*iff* (*փլէյնթ'իֆ*) դատ բացող. դատախազ. —*ive* ագիողորմ. ողբագին.

plaintive voice (*փլէյնթ'–իվ վոյս*) տխուր՝ գութ հայցող (ձայն).

plait (*փլէթ*, *փլէյթ*) ծալք. հիւսակ (մազի). հիւսել, ծալել (մազ, յարդ).

plan (*փլէն*) հորիզոնական հատուածի մը պատկերը. ծրագիր. քարտէս. ծրագրել. պատկերել. ձեւել.

plane (*փլէյն*) քերիչ (հիւսնի գործի). քերիչով հարթել. սաւառնակ. մակարդակ. հարթ. մակերես. — *geometry* մակարդակ երկրաչափութիւն. սօսի. չինարի ծառ.

planet (*փլէն'իթ*) մոլորակ (օր.՝ հրատ, փայլածու, երկիր, եւայլն). —*oid* փոքրիկ մոլորակ.

plank (*փլէնք*) հաստ տախտակ. քաղաքական յայտագիր. տախտակամածել.

plankton (*փլէնք'թըն*) շատ մանր բոյս կամ կենդանիներ՝ որոնք ովկիանոսին մէջ կը ծփան.

plant (*փլէնթ*) բոյս (բացի ծառերէ եւ թուփերէ). մասնաւոր նպատակի մը համար գործածուող շէնքեր (մեքենաներ, գործիքներ, եւայլն). ճիւղեր տնկել (հողին մէջ). ցանել (հունտեր). —*ation* (*փլէնթէյ'շըն*) տնկաստան. մշակավայր. տընկում. գաղութ.

plantain (*փլէն'թէյն*) կանաչորակ ծաղիկով եւ լայն տերեւներով խոտ մը. հասարակածային ծառ ադամաթուզի ընտանիքէն. նոյն ծառին պտուղը.

plaque (*փլէք*) ճկարատախտակ (պատի կամ կահի վրայ զետեղուած).

plashy (*փլէ'շի*) տղմուտ. մորուտ.

plasm (*փլէզմ*) (բջիջի) կենսանիւթ. —*a* (*փլէզ'–մը*) նախանիւթ. ջրարիւն (արեան գնդիկներէն զատ).

plaster (*փլէս'թըր*) կրաշաղախ (պատ ծեփելու համար). սպեղանի. շըղարշի վրայ ծեփուած կպչուն նիւթ՝ որ բուժող յատկութիւն ունի մարմինի ցաւոզ մասերուն համար· *to* — ծածկել (թերութիւնը)· պարտըկել·

plastic (*փլէս'թիք*) ամէն ձեւ առնելու ընդունակ· թեքելի· —*s* կերպարուեստ· ածուխէ եւ իւղէ պատրաստուած քիմիական նիւթ՝ որմէ բազմատեսակ առարկաներ կը պատրաստուին· — *surgery* կազմողական վիրաբուժութիւն·

plat տես՝ *plait.*

plate (*փլէյթ*) պնակ· ըպնակ մը լեցուն· մետաղէ (ապակիէ) տախտակ· ոսկեզօծել· արծաթազօծել, եւայլն· — *-glass* հայելիի (պատուհանի) ապակի· ցուցափեղկերու ապակի·

plateau (*փլէթօ'*) լեռնադաշտ· բարձրաւանդակ, տափաստան· (յոգ· *plateaus, plateaux*) (*փլաթոզ'*)·

platform (*փլէթ'ֆորմ*) տախտակամած· բեմ· ամպիոն· քաղաքական կուսակցութեան մը ծրագիրը (սկզբունքները)·

platinum (*փլէթ'ինըմ*) լանոսկի·

platitude (*փլէթ'իթիուտ*) գռեհիկ, հասարակ, տափակ դիտողութիւն, (գրուած կամ խօսուած) տափակ ոճ·

Plato (*փլէյ'թօ*) Պղատոն, յոյն փիլիսոփայ (427–347 Ք· Ա·)·

Platonic(al) (*փլէթոն'իք(ըլ)*) պղատոնական· —*ic love* գաղափարական կամ պղատոնական (ձեւական) սէր·

platoon (*փլըթո՛ւն'*) (զին·) ջոկատ (35 զինուորէ բաղկացած) խումբ·

platter (*փլէթ'ըր*) մեծ՝ ոչխորունկ պնակ·

plaudit (*փլո''տիթ*) ծափ· գովեստ· —*ory* (*փլո'-տիթ'ըրի*) գովասանական· *plausible* (*փլո''-զիպլ*) իրական թուող· շիտակ կարծուած·

play (*փլէյ*) խաղալ· վըւարճանալ· բախտախաղի մասնակցիլ· դեր կատարել· նուագարան նուագել· գործածել· թեթեւօրէն վարուիլ· կատակել· խաղ· հանոյք· կատակ· բախտախաղ· ներկայացում (թատերական)· —*er* (*փլէյ'ըր*) խաղացող· դերասան· նըւագող· *to* — *on the flute* սրինգ նուագել· — *the piano* դաշնակ նուագել· — *on words* բառախաղութիւն ընել· *foul* — նենգութիւն· — *false* դաւաճանել·

play-bill ազդագիր (թատրոնի)·

play-fellow (*փլէյ'–ֆէլօ'*) խաղընկեր· բարեկամ·

playful խաղասէր· կենսունակ· վառվռուն·

playwright (*փլէյ'րայթ*) թատերագիր·

plea (*փլի'*) չքմեղանք· ամբաստանեալի կողմէ պաշտպանողական· պաղատանք·

plead (փլիյտ) դատը պաշտպանել· պաշտպանել· պաղատիլ·
please (փլիյզ) գոհացնել· հաճեցնել· ախորժիլ· յարմար նկատել· ընտրել· հաճելի ըլլալ· եթէ հաճիս (հաճիք)·
pleasant (փլէ'զընթ) հաճելի· զուարթ· *—ry* կատակաբանութիւն· կատակ· *pleasing* (փլի'զինկ) հաճելի·
pleasurable (փլէ'ժըրէպլ) հաճոյական· *pleasure* (փլէ'ժըր) հաճոյք· բերկրանք· յօժարութիւն· կամք· հաճոյքի աղբիւր·
pleat (փլիյթ) փոթ· ծալծալ· ծալծալել·
plebs (փլէպզ) ռամիկ, հասարակ ժողովուրդ (հին Հռովմ·)· *plebeian* (փլէպի'ըն) ռամիկ· ժողովրդային·
plebiscite (փլէպ'իսայթ, փլէպ'իսիթ) հանրաքուէ·
pledge (փլէճ) գրաւական· գրաւ· երաշխաւորութիւն· գրաւ դնել· կենաց խմել· խոստանալ·
Pleiades (փլէ'եէտիզ) բազմաստեղք· համաստեղութիւն· աստղերու խումբ·
plenary (փլի'նըրի) լման· ամբողջական· *a — session* լիակատար նիստ (ժողովի) բոլոր անդամներուն ներկայութեամբ·
plenipotentiary (փլէնիփոթէն'շըրի) լիազօր դեսպան՝ պատուիրակ·
plenish (փլէն'իշ) սարքաւորել· հայթայթել (նիւթեղէն, գործիք)·
plenitude (փլէն'իթիուտ) լիութիւն· ամբողջութիւն· առատութիւն·
plenty (փլէն'թի) առատ· յորդառատութիւն· բաւարարութիւն· *—tious, —tiful* յորդ, լիառատ, ճոխ·
pleurisy (փլու'րիսի) լանջամաշկի բորբոքում·
plexus (փլէքս'սըս) ջիղերու, երակներու ցանցն·
pliable (փլայ'էպլ), pliant (փլայ'ընթ) ճապուկ· հեզ· դիւրաթեք· *pliability* կակղութիւն· դիւրաթեքութիւն·
pliers (փլայ'ըրզ) աքցան·
plight (փլայթ) դժուարին կացութիւն· խօսք տալ·
plinth (փլինթհ) պատի վարի մասը՝ որ երկայնքին դուրս ցցուած է· սիւնի պատուանդան·
plod (փլատ) ծանրաքայլ երթալ· տաժանակիր աշխատանք տանիլ· *—der* ծանրաքայլ ընթացող·
plot (փլաթ) ծրագրել· դաւադրել· նիւթել· պատմութեան՝ գիրքի մը ծրագիրը· նիւթանք· դաւադրութիւն· գետին· հողաշերտ· հողի, արտի յատակագիծ·
plough (փլաու) արօր· գութան· հերկել· պատռել· քննութեան թեկնածուն մերժել· *The P—* Մեծ Արջ (համաստեղութիւն)· *—share* (փլաուշէ'ր) (արօրի) խոփ·
ploy (փլօյ) ժամանց· կատակ·
pluck (փլաք) փրցնել·

կորզել· խլել· փետտել· քաշուքիւն․ սրտոտութիւն․ —*y* (*փլա'քի*) կոբովի․ քաշ․

plug (*փլակ*) խից․ խցան․ ելեկտրական հոսանքը կապելու կամ կտրելու միջոց․ խցանով գոցել․ ելեկտրական հոսանքը կապել․

plum (*փլամ*) սալոր․ սալորենի․ լաւ, շահաբեր պաշտօն․

plumage (*փլու'մէյճ*) թռչունի փետուրները․

plumb (*փլամ*) տրամալար․ ուղղաձիգ դիրք․ ուղղաձիգ․ ուղղահայեաց․ բոլորովին․ բացարձակապէս․ ծովուն խորութիւնը չափել խորաչափ կապարով․ —*er* (*փլամ'ըր*) խողովակներ զետեղող արհեստաւոր․ —*ing* կապարագործութիւն․ խողովակ զետեղելու գործ․ զետեղուած խողովակներու ամբողջութիւնը․ —*line* տրամալար․

plume (*փլո'ւմ*) փետուր․ փետուրով զարդեղէն․ պատուոյ նշան․ փետրազարդել․ գոռոզանալ․

plummet (*փլըմ'էթ*) տրամալար․ խորաչափ կապար․

plump (*փլամփ*) թմպուլիկ․ գիրուկ․ —*ness* թնթռշիկութիւն․ գիրուկութիւն․ *to* — մէկէն իյնալ․ *to* — *for* թեկնածուի քուէ տալ․

plunder (*փլան'տր*) աւար․ կողոպուտ․ յափշտակել․ թալլել․

plunge (*փլանճ*) մխրճում․ ընկղմում․ խոյացում․ սուզուիլ․ իջնել․

pluperfect (*փլու'փըր-ֆէքթ*) գերակատարեալ կատարեալ (բայի)․ օր․ *he had studied before he took his supper* ընթրիք ընելէ առաջ սերտած էր․

plural (*փլու'րըլ*) յոգնակի․

plus (*փլաս*) գումարումի նշան․ առաւել․ յաւելեալ․

plutocracy (*փլութաք'րէսի*) հարստապետութիւն․ *plutocrat* (*փլու'թաքրէթ*) մեծահարուստ մարդ․

ply (*փլայ*) գործել յարատեւօրէն․ պարապիլ․ կանոնաւոր երթեւեկ որոշ վայրերու միջեւ․ ծալք․ դարձուածք (անկիւնի)․ յոգ․ *plies.* —*wood* (*փլայ' ուուտ*) երկու կամ աւելի բարակ խաւերէ շինուած տախտակ․ շերտակ․

pneumatic (*նիումէթ'իք*) օդային․ ննշուած օդով մղուող (շարժող)․ —*s* օդաբանութիւն․

pneumonia (*նիումոն'իը*) թոքատապ․

P. O. (*փի․ օ․*) (*Post Office*) նամակատուն․

poach (*փո'՛չ*) հաւկիթ եփել (եռացած ջուրի մէջ կոտրելով)․ ապօրինի միջոցներով ուրիշին երէները (ձուկերը, թռչունները) բռնել, գողնալ․

pock (*փաք*) պալար (ծաղկախտի)․ — *mark* (*փա՛ք մարք*) ծաղկախտի գոյացուցած փոսիկ (մորթի վրայ)․

pocket (*փաք՛էթ*) գրպան․ պարկ․ փոս․ պարապութիւն․ գրպանել․ գողնալ (դրամ)․ — - *battleship* (*փաք՛էթ–պէթ՛ւշիփ*) 10 հազար թոննոց զրահաւոր (Գերմ․)․ — - *book* յուշատետր․ թղթապանակ (թուղթի կամ թղթադրամի)․ — - *money* գրպանի դրամ․ *in* — պահեստի դրամ ունենալ․

pod (*փատ*) փեճեկ․ լուբիայի, ոլոռնի պատիճ․ պատիճէն (պարկուճէն) զատել ընդեղէնները․

podge (*փաճ*) կարճահասակ (գէր) մարդ․ *podgy* (*փաճ՛ի*) կարճ ու գէր․ հաստ․

poem (*փո՛իմ*) բանաստեղծութիւն․ քերթուած․ *poesy* (*փո՛էզի*) քերթողութիւն․ տաղաչափութիւն․ *poet* (*փո՛էթ*), բանաստեղծ․ *poetic(al)* (*փոէթ՛իք(ըլ*) բանաստեղծական․ *poetry* բանաստեղծութիւն․ *poet lauriate* (*փոէթ լո՛րէյթ*) պսակաւոր բանաստեղծութեան․

poignant (*փոյ՛նընթ*) խայթող․ սուր․ զգացական․

point (*փոյնթ*) կէտ․ ծայր․ տասնորդական կոտորակի կէտ․ վերջակէտ․ փաստ․ նպատակ․ փոքր հրուանդան․ շոգեկառքը ուրիշ երկաթուղիի անցընելու գործիք․ (տըպագ․) գիրերը չափելու միութիւն (մէկ մատնաչափի մէջ 72 կէտ)․ սըրել․ նպատակին ուղղել․ կէտադրել․ գաւազանիկով ցուցնել․ —*ed* սըրածայր․ ուղղակի․ աչքառու․ —*less* բութ․ անիմաստ․ —*er* սլաք․ գաւազան (սեւ տախտակ, քարտէս եւայլն ցուցնելու համար)․ որսը գտնելու վարժ տեսակ մը շուն․ —*ing* կէտադրութիւն․ *point - blank* (*փոյնթ՛–պլէնք*) հորիզոնական, ուղղակի (նշան առնել)․ մօտէն նշան առնել․

poise (*փոյզ*) հաւասարակշռութիւն․ գլխու (մարմնի) անխախտ կեցուածք․ հանդարտութիւն․ հանդարտ (հաւասարակշռուած) կեցուածք․

poison (*փոյ՛զըն*) թոյն մարմնի (բարոյական)․ ապականիչ ազդակ․ ապականել․ թունաւորել․ վարակել․ —*ous* թունաւոր․ ապականիչ․ — - *pen* չարասիրտ մարդ՝ որ անստորագիր նամակ կը գրէ․

poke (*փոք*) քշտել (մատով, գաւազանով)․ գըրգռել․ խոթել․ —*r* (*փո՛քըր*) մետաղէ ձող կրակը խառնելու․ *poky* (*փո՛քի*) փոքր․ կծկուած․ խեղճուկ գրպան․ տողակ․

poker (*փո՛քըր*) բախտախաղ մը․ փոքէր․

polar (*փո՛լըր*) բեւեռային. մագնիսական. ներհակ. — *bear* բեւեռային (ներմակ) արջ. — *circles* (— *սըրքըլս*) բեւեռային գօտիներ, Հիւս. եւ Հարաւ. բեւեռներէն 23°28′ հեռու գտնուող լայնութեան գիծերը.

pole (*փոլ*) առանցքի մը երկու ծայրերէն մէկը. երկրին Հիւս. եւ Հար. բեւեռը. մագնիսի երկու հակառակ ծայրերը. —-*star* (*փո՛լ-սթար*) բեւեռային աստղ. առաջնորդ. ձող. *P*— լեհ. լեհացի. երկայնութեան չափ (5¹/² եարտա). *to* — ձողով քշել. —-*jump(ing)* ձողով բարձրութիւն ցատքել.

polecat (*փոլ՛քէթ*) ժանտակուզ (կենդ.).

polemic (*փըլէմ՛իք*) վիճաբանական. վիճաբանող. բանակռիւ (յատկապէս կրօնական).

police (*փըլիյս՛*) ոստիկանական ոյժ. ոստիկանութիւն. ոստիկանութեան միջոցով հսկել. կարգ ու կանոն պահել. —*man* ոստիկան. —-*office*, —-*station* ոստիկանատուն. առժամեայ բանտ պզտիկ օրինազանցներու համար.

policy (*փա՛լիսի*) քաղաքականութիւն (պետական). խոհեմ գործելակերպ. ապահովագրական պայմանագրութիւն.

polyomyelitis (*փոլիոմայըլա՛յթիս*) կրնատ ձեւը՝ *polio* ողնուղեղի բորբոքում. մանկական անդամալուծութիւն.

polish (*փո՛լիշ*) փայլեցընել. յղկել. կրթել. յըղկում. փայլ. ազնուացում. ներկ (չնարակ, եւայլն).

Polish տես՝ *pole* բոլոնական.

polite (*փոլայթ՛*) բարեկիրթ. քաղաքավար.

politic (*փալ՛իթիք*) խոհեմ. խորամանկ. —*s* քաղաքականութիւն. —*al* (*փալիթ՛իքըլ*) քաղաքական. —*ian* (*փալիթի՛շըն*) քաղաքագէտ.

polity (*փալ՛իթի*) պետութիւն. քաղաքային կառավարութիւն.

polka (*փոլ՛քը*) արագաշարժ պոհեմական պար.

poll (*փոլ*) գլուխ. գագաթ. ընտրողներու ցանկ. քուէներու թիւը. քուէարկելու վայրը. ծառին գագաթը կտրել. կոտոշները կարճեցնել. ցուցակը անցընել. (քուէ) ստանալ. քուէ տալ. —-*tax* գլխահարկ.

pollen (*փոլ՛ըն*) բեղմնափոշի. *pollinate* իգային վրայ բեղմնափոշի ցանելով բեղմնաւորել.

pollute (*փոլիութ՛*) պղծել. աղտոտել. սրբապղծութիւն ընել. *pollution* (*փոլիու՛շըն*) ապականութիւն. մեղք.

polo (*փոլ՛օ*) գնդակախաղ՝ որ փոքր ձիերու վրայ հեծած կը խաղան. *water*-— լողալով խաղցուող զնդակախաղ․

polonaise (*փոլընէյզ'*) լեհապար․ նոյնին եղանակը․

polonium (*փըլո'նիըմ*) շողարձակ մետաղ մը․ Պոլոնիոն․

poltroon (*փըլթրո'ւն*) վախկոտ․ —*ery* վատասրտութիւն․

poly- (*փըլ'ի* –) յուն․ նախաբառ՝ շատ, բազում իմաստով․ բարդ բառ կազմելու կը ծառայէ օր․՝ *polyandry* (*փըլիէն'տրի*) բազմամայրութիւն․ —*gamy* (—'*կէմի*) բազմակնութիւն․ —*gamist*, —*gamous* բազմակին․ —*genesis* (—*ճէն'իսիս*) բազմասեռութիւն․

polyclinic (*փոլիքլին'իք*) դարմանատուն՝ որ այլազան հիւանդութիւններու դարմանումով կը զբաղի․ ընդհանուր հիւանդանոց․

polyglot (*փոլ'իկլաթ*) բազմալեզու․ շատ լեզուներով գրող կամ խօսող․ Ա․ Գիրք մը՝ որ տարբեր լեզուներով տպուած սիւնակներ ունի քով քովի․

polynomial (*փոլինոմ'իըլ*) բազմեզր (գրահշ․)․

polyp, —e (*փալ'իփ*) բազմոտն (ծովային կակղամորթ կենդանի)․

polyphonic (*փալիֆոն'իք*) *music* բազմաձայն երաժշտութիւն․

polysyllable (*փալիսիլ'էպլ*) բազմավանկ բառ․

polytechnic (*փալիթէք'նիք*) բազմարուեստեան (դպրոց)․

polytheism (*փալ'իթհիիզմ*) բազմաստուածութիւն․

polytheist բազմաստուածեան․

pomade (*փոմէտ'*) օծանելիք․ մազի անուշահոտ իւղ․

pome (*փոմ*) մսոտ պտուղներ, ինչպէս տանձ, խնձոր, եւայլն․ *pomiculture* պտղամշակութիւն․

pomegranate (*փամ'կրընէյթ*) նուռ․

pomelo (*փամ'իլօ*), *grapefruit* (*կրէյփ'–ֆրութ*) Տեսակ մը հնդկական նարինջ կամ նարնջենի․

pommel (*փըմ'ըլ*) սուրի կլոր կոթ․ թամբի առջեւի գունդը․ արագ արագ զարնել․ կոփահարել․

pomp (*փամփ*) շուք․ փառացոյց․ —*ous* պերճ․ մեծաշուք․ փքուռոյց (ոճ, խօսք)․ —*osity* (*փամփոզ'իթի*), —*ousness* (*փամ'փըսնէս*) պերճութիւն․ շքեղութիւն․ սնապարծութիւն․ —*ously* առօք փառօք․ փառաւորապէս․

pond (*փանտ*) լճակ․ աւազան․

ponder (*փան'տըր*) խոկալ․ կշռել (մտքով), կշռադատել․

ponderous (*փան'տըրըս*) ծանր․ հուժկու․ ծանրակշիռ․ թոյլ․ անշիղ․ —*ness*, *ponderosity* (*փանտըրաս'իթի*) կարեւորութիւն․ ծանրակշռութիւն․

poniard (*փան'եըրտ*) բարակ դաշոյն․ դաշունահարել․

Pontiff (*փան'թիֆ*) Պապը․ եպիսկոպոս․ —*ical* բար–

ձըբաստիճան եկեղեցական. պապական. —*icate* (փանթիֆ'իքէյթ) հայրապետութեան վիճակ (շուք). պաշտօնավարութեան շրջան.

pontoon (փանթո'ւն') տափակ յատակով նաւ՝ առժամեայ կամուրջը վեր բռնելու. նաւակամուրջ.

pony (փոն'ի) փոքր տեսակի ձի.

poodle (փու'տլ) գանգրահեր շնիկ.

pooh (փո'ւ) (բաց.) բուհ. անիմաստ (արհամարհոտ).

pool (փո'ւլ) լճակ. ջրակոյտ. առեւտրական ընկերակցութիւն (գիներ որոշելու եւ գործի բաժանման համար). հասարակաց դրամագլուխ. *to* — դրամագլուխները միացնել. լճացնել. ջրակոյտ կազմել.

poor (փո'ւր) չքաւոր. ապերջանիկ. անբախտ. տկար. անշահ. ցած որակի. —*ly* կարօտ. անյաջող. թոյլ. — -*spirited* վատասիրտ. ցածոգի. —*house* աղքատանոց.

pop (փափ) շաչիւն. յանկարծակի պայթիւն. յանկարծ նետուիլ, երթալ, մտնել, գալ, դնել. — *corn*, — *maize* բոհրած, պայթած եգիպտացորեն.

Pope (փոփ) Պապ. *popish* (փո'փիշ) պապական. —*dom* (փո'փտըմ) պապական պաշտօն, շուք, իրաւական հեղինակութիւն. *popery* կաթոլիկութիւն (անարգական ձեւ). —*'s-nose* եփուած հաւու դմակ.

poplar (փափ'լըր) կաղամախ. տեսակ մը բարտի (բուս.).

poplin (փափ'լին) մետաքսեղէն մը.

poppy (փա'փի) մեկոն (գարշահոտ կարմիր ծաղիկ մը). *opium* — խաշխաշ՝ որուն հիւթէն աֆիոն կը հանեն.

populace (փափ'իուլէյս) ժողովուրդ. հասարակ ժողովուրդ. *populate* շէնցնել. բազմանալ. *population* (փափիուլէյ'շըն) բնակչութիւն. *populous* (փափ'իուլըս) շէն. բազմամարդ.

popular (փափ'իուլըր) ժողովրդային. սովորական. ժողովրդական դիւրաւ հասկնալի. —*ize*, —*ise* ժողովրդականացնել. մատչելի՝ հասկնալի դարձնել. —*ity* (փափիուլէր'իթի) ժողովըրդականութիւն.

porcelain (փար'սըլէյն, փար'սլէն) ճենապակի. յախճապակի.

porch (փորչ) գաւիթ. անդաստակ.

porcupine (փար'քիուփայն) խոզակ. ոզնիի նմանող կրծող կենդանի, որուն միա՛յն կոնակը փուշեր կան.

pore (փոր) ծակտիկ (մորթի). *porous* (փոր'ըս) ծակոտկէն. *porousness* (փոր'ըսնէս), *porosity* (փորոս'իթի) ծակոտկէնութիւն. — անքթիթ նայիլ (կարդալու, սերտելու ատեն). — *over* խոկալ.

pork (*փորք*) խոզի միս. —*y* (*փոր'քի*) խոզի միսի նման. գէր. նարպալից. —*ling* խոճկոր.

pornography (*փառնակ'րէֆի*) պոռնկագրութիւն. լկտի պատկեր եւ կամ գրութիւն.

porpoise (*փառ'փըս*) կիտազգի ստնաւոր (5–8 մեթր երկայնութեամբ). դլփին. ծովախոզ.

porridge (*փառ'իճ*) վարսակի ալիւրով պատրաստուած ապուր (սկովտիական նախանաշ).

port (*փորթ*) նաւահանգիստ. քաղաք՝ որ նաւահանգիստ ունի. ապաւէն. պատսպարան. անցք. դուռ. —-*hole* (*փորթ'հո'լ*) նաւուն կողմերը գտնուող ծակ (փոքր պատուհան). —*ly* շքեղօրէն. փառքով.

portable (*փորթ'էպլ*) դիւրատար. առձեռն. դիւրաւ կրելի.

portage (*փոր'թէյճ*) ապրանքի փոխադրութիւն. տանողչէք.

portal (*փորթ'ըլ*) մուտք. խոշոր դուռ. դուրսի գոյգ դռներուն փոքրը.

portend (*փորթէնտ'*) գուշակել. կանուխէն զգուշացնել. չարագուշակութեան նշան. *portent* (*փոր'թընթ*) նախանշան. չարագուշակ. *portentious* (*փորթէն'շըս*) ահռելի. չարագուշակ.

porter (*փոր'թըր*) դռնապան. ծառայ. բեռնակիր. —*age* բեռնակիրին տրուած վարձք. —-*house* նաշարան (Ա. Մ. Ն.).

portfolio (*փորթֆո'լիօ*) թղթակալ. պաշտօնական թուղթեր, գծագրութիւններ. նախարարի պաշտօն.

portico (*փոր'թիքօ*) անդաստակ. կամարակապ սիւնազարդ սրահ. նամբայ. յոզ. —*s*, —*es*.

portion (*փոր'շըն*) մասբաժին. ժառանգութիւն. նակատագիր. օժիտ. մէկ անձի կերակուրի բաժինը. բաժին տալ. օժիտ տալ. —*less* անբաժին. անօժիտ. անժառանգ.

portmanteau (*փորթմէն'թօ*) զգեստակալ. կաշիէ պայուսակ (նամբորդութեան).

portray (*փօրթրէյ'*) նկարագրել. նկարել. ներկայացնել գծելով (ձեւերով, կամ կապկելով). —*al* նկարում. նկարագրութիւն.

portrait (*փոր'թրէյթ*) դիմանկար. կենդանագիր. անձի մը նկարագրութիւնը (բառերով). —*ure* (*փորթ'րէյթիուր, փորթ'րէյչըր*) կենդանագիր. դիմանկարչութեան արուեստը.

Portuguese (*փոր'չիուկի'զ, փորթիուկիյզ'*) Փորթուկալցի, Փորթուկայերէն, փորթուկալեան.

pose (փո՛զ) դիրք. կացք. կեցուածք (մտային, գաղափարով). յարմար տեղ եւ ձեւով կեցնել (կենալ). պնդել. *to pose as* ձեւացնել. *that is a poser* դժուար հարց մըն է. *poseur* (փօզէօր), *poseuse* (փօզէօզ՛) արուեստարկող, ձեւացնող (մարդ, կին).

posit (փազ՛իթ) տեղաւորել. իբր սկզբունք կամ իրողութիւն յառաջադրել.

position (փոզի՛շըն) դիրք. տեղաւորում. կեցուածք. կացութիւն. պաշտօն.

positive (փազ՛իթիվ) պաշտօնապէս ներկայացուած. դրական. իրական արժէքով. վստահ. զէրոյէ բարձր արժէքով թիւ, օր. + 3. ածականի (մակբայի) պարզ ձեւը. անվիճելի. տպուած լուսանկար. *—ly* դրականօրէն. որոշապէս. *positivism* դրապաշտութիւն. *—pole* մագնիսի դէպի հիւսիս դարձող կողմը.

positron (փազ՛իթրան) նիւթի մասնիկը՝ որ դրական ելեկտրականութիւն ունի.

posse (փաս՛ի) (Ա. Մ. Ն.) ոստիկանապետի օգնական զպախումբ. օրինական հեղինակութիւն ունեցող մարմին (խումբ).

possess (փազէս՛) ունենալ. տիրանալ. *—ed* դիւահար. խենդ. *—ion* (փազէշ՛ըն) ստացուածք. կալուածք. այսահարութիւն. *—ive adjective* ստացական ածական. *—case* սեռ. հոլով (դերանունի). *—or* ստացող.

posset (փաս՛էթ) պաղառութեան դէմ դեղ՝ տաք կաթին գինի խառնելով.

possible (փոս՛իպլ, փաս՛իպլ) կարելի. հաւանական. նկատառելի. կարելին.

possibility (փասիպիլ՛իթի) կարելիութիւն. հաւանականութիւն.

possibly (փաս՛իպլի) գուցէ. թերեւս.

post (փոսթ) սիւն, նեցուկ՝ որ ուղղաձիգ կանգնած է. սիւնի (պատի) վրայ փակցնել (ազդ, յայտարարութիւն). *—er* (փոս՛թըր) որմազդ փակցնող. ազդաթուղթ.

post (փոսթ) սիւն. դիրք. զինուորական կայարան. պաշտօն. կայան. սուրհանդակ. նամակի ծրար. նամակի թուղթ. կարգել. թղթատարին յանձնել. տեղեկացնել. արագօրէն նամբորդել. *—age* (փոսթ՛էճ) նամակագին. *—al* թղթատարական. *—al-order* (կարճ *P. O.*) վճարագիր. *—man* (փոսթ՛մէն) ցրուիչ. սուրհանդակ. *—master* նամակատան տնօրէն. *—-card* բացիկ. *—haste* կարելի եղածին չափ արագ. *—age stamp* (փոսթ՛էյճ սթէմփ) նամակադրոշմ. *—-free* ծախսը վճարուած նամակ·

post - (*փօսթ* –) լատ· նախաբառ՝ յետոյ, ետեւ իմաստով· *post - date* (*փոսթ–տէյթ'*) աւելի ուշ թուականի փոխել· — - *graduate* (*փոսթ'–կրէտ'իուէթ*) յետընթացաւարտ (ուսում, գիտական հետազօտութիւն, եւայլն)· — - *mortem* (*փոս'թ–մոր'թըմ*) մարմնի յետ մահու քննութիւն (հասկնալու համար մահուան պատճառները)·

poste restante (*փոսթ–րէսթանթ'*) նամակատան այն բաժինը՝ ուր կարելի է յղուած նամակ մը պահել տալ մինչեւ որ ուզուի·

posterior (*փոսթի'րիըր*) հետագայ· ետեւի· յետոյ· նստատեղի· զաւակ (ձիու)·

postern (*փոս'թըրն*) ետեւի դուռ· գաղտնի· անձնական·

posthumous (*փոսթ'հիումըս*) հօր մահէն ետք ծնունդ· յետ մահու հրատարակութիւն· յետ մահու պատահած·

postil (*փաս'թիլ*) լուսանցքի մէջ գրուած նօթեր· քարոզ· —*late* լուսանցքի նօթագրութիւնով բացատրել·

postpone (*փոսթփոն'*) յետաձգել· —*ment* (*փոսթփոն'մընթ*) յետաձգում·

postscript (*փոսթ'սքրիփթ*) գրքի յաւելուած· յետ գրութիւն (կրճատ՝ *P.S.*).

նամակը լրացնելէ ետք աւելցուած երկտող՝ խօսք.

postulate (*փաս'թիուլէյթ*) յառաջադրութիւն· առանց ապացոյցի ենթադրութիւն· առաջարկ· ենթադրել· առաջարկել· *postulant* (*փոս'թիուլընթ*) թեկնածու· խնդրարկու·

posture (*փոս'թիուր*) կեցուածք (մարմնի)· շինծու կեցուածք ցուցնել·

posy (*փո'զի*) ծաղկեփունջ· ծաղկեփունջով դրկուած յուշատող (մօթթօ)· մատանիի վրայ փորագրըուած տող·

pot (*փաթ*) աման· անօթ· թաղար· կուժ· պտուկ· քուրայ· ծխանի գագաթ· դրամական մեծ գումար· թաղարի մէջ տնկել· պահծոյ քաղցրեղէն դնել· նշան առնելով հարուածել· (գնդակը) փոսին մէջ ձգել· *potsherd* (*փաթ'շըրտ*) պտուկի (թաղարի) փրթած կտոր· *pot-bellied* (*փաթ'պէլ'իտ*) գէր· մեծափոր· — - *boiler* (*փաթ'պոյլ'ըր*) արուեստի (գրական) գործ՝ որ լոկ դրամի սիրոյն կ'արտադրուի· — - *boy* նաշարանի սպասեակ· — - *house* գարեջրատուն· — - *luck* ինչ կերակուր որ եփուած է· *pot-man* նաշարանի օգնական· — - *shot* պատահական զարկ (զէնքի)· *to go to* — կործանել·

potable (*փօթ'էպլ*) խմելի·

potation ըմպելի· արբանք·
potash (*փաթ'էշ*), potass (*փոթ'աս*) տնկազ· փոթաս· *potassium* (*փոթէ-ս'իըմ*) կալիում·· փոթասիոն·
potato (*փոթէյ'թօ*) յոզ· —*es* (*փոթէյ'թոզ*) գետնախնձոր·
potent (*փո'թընթ*) ազդեցիկ· կարող· զօրաւոր· իր նմանը արտադրելու կարող· *potency* բարոյական եւ ֆիզիքական ոյժ· ազդեցութիւն· բաւարարութիւն· —*ate* (*փո'թէնթէյթ*) վեհապետ· իշխան· —*ial* (*փոթէն'շըլ*) կարողական· թաքուն· ներքին կարողական ոյժ·
potion (*փոշ'ըն*) ումպ· դեղաջուր·
pottage (*փաթ'էյճ*) ապուր· բանջարապուր· ոսպի ապուր (Ս· Գիրք)·
potter (*փաթ'ըր*) բրուտ· —*y* կաւեղէն· խեցեղէն· կաւագործարան·
pouch (*փաուչ*) պարկ· գրպան· գրպանի (պարկի) մէջ դնել·
pouf, pouffe (*փո'ւֆ*) թմբուկի ձեւով բարձիկ (վրան նստելու)·
poult (*փոլթ*) վառեակ· աքլոր· —*ry* (*փոլ'թրի*) ընտանի հաւեր·
poultice (*փոլ'թիս*) խիւսցաւող մասը ծեփելիք· ծեփելիք դնել·
pounce (*փաունս*) յանկարծակի ցատքել (խոյանալ) մէկուն վրայ· մեկանը տարածուելէ առած փոշի· փոշի ցանել·
pound (*փաունտ*) ոսկի· քաշ· լիպրա (կարճ *lb.*). — *sterling* սթերլին· *to* — հարուածել· ճզմել· փոշիի վերածել· քալել՝ վազել ծանրօրէն·
pour (*փո'ր*) հոսիլ· խուժելով գալ· առատօրէն տեղալ· հոսեցնել· թափել· խօսիլ·
pout (*փաութ*) շրթները կախել· կախերես կենալ· կախերեսութիւն·
poverty (*փավ'ըրթի*) չքաւորութիւն·
powder (*փաու'տըր*) փոշի· փոշիի ձեւով դեղ· վառօդ· շպարափոշի· փոշիացնել· փոշի ցանել· փոշիանալ· *gun*— վառօդ·
power (*փաո'ւըր*) կարողութիւն· իշխանութիւն· ազգ· ինքնիրմով բազմապատկուող թիւ մը տըրւած արդիւնքը· —*ful* բուռն· հզօր· ազդեցիկ· —*less(ness)* ոչ–ազդու· ազդեցութենէ զուրկ (ըլլալը)· *power - station* (— –*սթէյ'շըն*), — - *house* (—'–*հաուս*) ելեկտրական ուժամբար· — *of attorney* փոխանորդագիր·
pox (*փաքս*) պալար· բըշտիկ (ծաղկախտի, ջրածաղիկի, եւայլն)· ֆրանկախտ·
practice (*փրէք'թիս*) վարժութիւն· կիրարկութիւն· սովորութիւն· մարզանք· *practise* կիրարկել· գոր-

ծադրել· կատարել· փորձով սորվիլ· արհեստը ընել· *—able* գործադրելի· գործածելի· *practical* գործնական· իրական· *practitioner* (*փրէքթի՛շընըր*) կիրարկող· գործադրող (բժշկութիւն, փաստաբանութիւն)·

pragmatic(al) (*փրէկմէթ՛իք(ըլ)*) գործնական· ձեռներէց (առեւտուրի, պետական գործերու վերաբերեալ)· միջամուխ եղող· *pragmatism* (*փրէկ՛մէթիզմ*) գործնապաշտութիւն· արդիւնքէն սկզբունքը դատելու տեսութիւն·

prairie (*փրէյ՛րի*) առանց ծառի մարգագետին՝ արօտավայր·

praise (*փրէյզ*) գովել, փառաբանել· գովասանք· դրուատիք· *—worthy* (*փրէյզ՛ուըրտի*) գովելի· պատուական·

prance (*փրանս*) կայտռել·

prank (*փրէնք*) պճնել· զըւարճութիւն· չարաճըճիութիւն·

prate (*փրէյթ*) շաղակրատել· բարբառնջել· շաղակըրատութիւն·

prattle (*փրէթ՛լ*) մանուկի պէս խօսիլ· շատախօսութիւն·

pray (*փրէյ*) խնդրել· աղօթել· խոստովանիլ· *—er* (*փրէյ՛ըր*) աղօթող· աղօթք· պաղատանք· աղերսագիր· *prayerful* ջերմեռանդ·

pre- (*փրի –*) լատ. նախաբառ՝ առաջ, կանխապէս իմաստով· շատ մը գոյականներու եւ բայերու միանալովը բարդ բառեր կը կազմուին·

preach (*փրիյչ*) քարոզել· *—er* (*փրի՛չըր*) քարոզիչ·

preamble (*փրիէմ՛պլ*) նախաբան ճառի, պատմութեան, վաւերաթուղթի, եւայլն·

precarious (*փրիքէյ՛րիըս*) ուրիշին կամքէն կախուած· անորոշ· վտանգաւոր·

precaution (*փրիքօ՛շըն*) նախազգուշութիւն· նախազգուշացնել·

precede (*փրիսիյտ՛*) առջեւէն երթալ· առաջ ըլլալ՝ տեղի, ժամանակի, կարգի եւ կարեւորութեան նկատմամբ· *—nt* (*փրիսիյտ՛էնթ*) նաեւ *precedent* (*փրէս՛իտէնթ*) նախորդ, առաջ եղող (տեղով, ժամանակով, կարգով եւ կարեւորութեամբ)· (*փրէս՛իտէնթ*) նախընթաց (խօսք, գործ, եւայլն)·

preceding (*փրիսի՛յտինկ*) նախորդ·

precept (*փրի՛սէփթ*) պատուէր· հրաման· կանոն· հրամանագիր·

precinct (*փրի՛սինքթ*) շըրջապատ· սահման· *—s* եկեղեցական շէնքի կից հողեր·

precious (*փրէշ՛ըս*) թանկագին· չափազանց նըրբացած· արհամարհելի·

precipice (փրէս'իփիս) վիհ. գահավէժ.

precipitate (փրէսիփ'իթէյթ) գահավիժել. փութացնել. ինքզինք նետել. (քիմ.) դիրտ, լուծոյթէն զատուելով ամանին տակը իջնող նիւթ. խըտանալ (շոգիի). տիղմ. *precipitance* (փրէսիփ'իթընս), *precipitancy* (—ի), *precipitation* (փրէսիփիթէյ'շըն) գըլխիվայր խուժում. անխորհուրդ անապարանք. շոգիի խտացում.

precis (փրէյ'սի) ամփոփում. ամփոփել.

precise (փրիսայզ') ճըշգըրիտ. որոշ. *—ly* ճըշգըրտօրէն. *—ness precision* (փրէսիժ'ըն) ճըշգըրտութիւն. կատարեալ ճշգրտութեամբ ընելու կարող.

preclude (փրէքլուտ') արգիլել. խափանել. *preclusion* (փրէքլու'ժըն) դուրս թողուլ. կանուխէն արգիլել.

precocious (փրիքօ'շըս) (կարողութիւններ) տարիքէն առաջ հասունցած. վաղահաս. յանդուգն. *precocity* (փրիքա'սիթի), *precociousness* (փրիքօ'շընէս) կանխահասութիւն.

preconceive (փրիքանսիյվ') առաջուց գաղափար կազմել. նախայղացնալ. *preconception* (փրիքանսէփ'շըն) նախայղացում.

precursor (փրիքըր'սըր) սուրհանդակ. կարապետ. գալիքը (եկողը) գիտցող եւ տեղեկացնող անձ (բան). կանխանշան. մունետիկ. *—y* նախընթացիկ.

predacious (փրիտէյ'շըս) գիշատիչ. աւարառու. նաեւ *predatory* (փրիտէթ'ըրի) կողոպտելով ապրող.

predecessor (փրիտիսէս'ըր) նախորդը (պաշտօնեան, նոյն գործը կատարողը).

predestine (փրիտէս'թին) նախասահմանել. կանխորոշել. *predestination* վարդապետութիւն՝ որուն համաձայն մարդոց փրկութիւնը եւ դատապարտութիւնը կանխորոշած է Աստուած. ապագան որոշել.

predicament (փրէտիք'ըմէնթ) սիրտ հատցնող՝ շփոթեցուցիչ կացութիւն, պարագայ.

predicate (փրէտ'իքէյթ) հաստատել. հռչակել. ստորոգութիւն. ստորոգելի. *predication* (փրէտիքէյ'շըն) հաստատում. *predicative* (փրէ'տիքէթիվ) հաստատական. ըստորոգական.

predict (փրիտիքթ') նախածայնել. մարգարէանալ. գուշակել. *—able* գուշակելի. *—ive* մարգարէական. *—or* նախագուշակ.

predilection (փրիտիլէք'-

շըն) նախասիրութիւն. կողմնակցութիւն.

predispose (փրիտիսփոզ') կանխատրամադրել. նախապաշարել.

predominate (փրիտամ'ինէյթ) գերակշռել. իշխել. տիրել. տիրական դառնալ. *predominance, predominancy* գերակըշռութիւն. գերազանցութիւն. *predominant* գերակշիռ. տիրող.

pre-eminent (փրիէմ'ինընթ) գերազանց. նախապատիւ. ընտիր. *pre-eminence* նախապատուութիւն. գերապատուութիւն.

pre-emption (փրիէմփ'շըն) նախագնման իրաւունք. *pre-empt* (փրիէմփթ') նախագնել. ուրիշէն առաջ տիրանալ.

preen (փրին) կտուցով յղկել. շքուիլ.

pre-exist (փրիէկզիսթ') նախագոյ ըլլալ. *—ence* նախագոյութիւն. *—ent* նախագոյ.

prefabricate (փրիֆէպ'րիքէյթ) (նաւ, տուն) շինել գործարանի մէջ. բոլոր մասերը նախապատրաստել ·իրենց տեղը չկանգնած. *—d* կանխակառոյց.

preface (փրէֆ'էս) նախաբան. յառաջաբան գրել.

prefatory (փրէֆ'էթըրի) ներածական.

prefect (փրի'ֆէքթ) կուսակալ (հին Հռովմէական կայսրութեան մէջ). հսկիչ (ուսանող, աշակերտ). վերատեսուչ.

prefer (փրիֆըր') նախընտրել. դիրքը, պաշտօնը բարձրացնել. յառաջացընել. *—able* (փրէֆ'ըրէպլ) նախընտրելի. *—ably* նախընտրաբար. *—ence* նախընտրութիւն. *—ment* պաշտօնի բարձրացում. նախամեծարում.

prefix (փրի'ֆիքս) նախադաս գիր (վանկ, բառ)՝ որ բառերուն նոր իմաստ տալու կը ծառայէ. *to prefix* (փրիֆիքս') սկիզբը դնել.

pregnant (փրէկ'նընթ) յղի. արգաւանդ. իմաստալից. *pregnancy* յըղութիւն.

prehistory (փրիհիսթ'ըրի) նախապատմութիւն. *prehistoric* (փրիհիսթոր'իք) նախապատմական.

prejudice (փրէճ'իտուիս) նախապաշարում. վնաս. նախապաշարել. վնաս հասցնել. *to the — of* ի վնաս. *to my —* ի վընաս ինծի.

prejudicial (փրէճիտուի'շըլ) վնասաբեր. վնասակար.

prelate (փրէ'լէթ) առաջնորդ. մեծաւոր (եկեղ.) եպիսկոպոս.

prelacy (փրէլ'ըսի) եպիսկոպոսութիւն. առաջնորդութիւն.

preliminary (փրիլիմ'ինըրի) նախնական. նախաբան. նախապատրաստական.

prelude (*փրէլ՛իուտ*) նախերգանք · սկիզբ · մուտք · ներածութիւն · նախերգել · առաջ երկող ·

premature (*փրէ՛—*, *փրի՛մէթիուր*) տարաժամ · կանխահաս · *—ly* (*փրիմէթիո՛ւրլի*) կանխահասօրէն · *(—ness), prematurity* (*փրիմէթիո՛ւրնէս*), (*—՛իթի*) կանխահասութիւն ·

premeditate (*փրիմէտ՛իթէյթ*) կանխամտածել · կշռել ·

premier (*փրի՛միըր*, *փրէ՛միըր*) առաջին · գլխաւոր · հնագոյն · վարչապետ · *première* (*փրիմիէր՛*) թատերական կըտորի առաջին ներկայացում ·

premise (*փրէմայզ՛*) յառաջադրել · նախաբան ընել՝ գլխաւոր նիւթին անցնելէ առաջ · — (*փրէմ՛իս*) նաեւ *premiss* (*փրէմ՛իս*) նախապէս փաստուած (ենթադրուած) առաջարկ · առաջադրութիւն՝ որմէ եզրակացութիւն կը հանուի · *—s* շէնք մը իր յարակից կալուածներով ·

premium (*փրի՛միըմ*) պարգեւ · նախագին՝ որ արհեստ սորվողը կը վճարէ · ապահովողչէք · *at a —* քան մը որուն մեծ պահանջ կայ · արժէքինէն աւելի · շահաբաժինով ·

premonition (*փրիմոնի՛շըն*) կանխազգուշացում · նախազգացում · *premonitor* (*փրիման՛իթըր*) զգուշացնող ·

pre-natal (*փրի—նէյ՛թըլ*) նախածննդական ·

prentice (*փրէն՛թիս*), **apprentice** (*էփրէն՛թիս*) աշկերտ · համբակ ·

preoccupy (*փրիաք՛իուփայ*) նախագրաւել · ըզբաղեցնել · *preoccupied* կանխագրաւուած · խորհուրդի (խոկումի) մէջ ընկղմած · *preoccupation* (*փրիաքիուփէյ՛շըն*) մտազբաղութիւն ·

preordain (*փրիօրտէյն՛*) նախասահմանել · *preordinance* (*փրիօր՛տինըն*) նախկին օրէնք (վճիռ) ·

prepaid (*փրիփէյտ՛*) կանխավճարուած · *prepay* կանխավճար ընել · *prepayment* (*փրիփէյ՛մընթ*) կանխավճար · փրկանակ ·

prepare (*փրիփէյր՛*) պատրաստել · կազմել · հանդերձել · *preparation* (*փրէփըրէյ՛շըն*) պատրաստութիւն · *preparative* (*փրիփէր՛էթիվ*) պատրաստական · *preparatory* նախապատրաստական · *—dness* (*փրիփէր՛էտնէս*) պատրաստակամութիւն ·

preponderate (*փրիփան՛տըրէյթ*) գերակշիռ ըլլալ (ուժով, թիւով, ազդեցութեամբ) · *preponderance* գերակայութիւն ·

preposition (*փրէփոզի՛շըն*) (քեր ·) նախադրութիւն (օր ·՝ *at, in, on,* եւայլն), որ անունէ կամ դերանունէ առաջ կը գործածուի՝ անոնց ուրիշ բառերու հետ ունեցած յարաբերութիւնը ցուցնելու համար. նախդիր. յարադրութիւն, առընթերադրութիւն.

prepossess (*փրիփըզէս՛*) նախագրաւել. նախապաշարել. *prepossessing* գրաւիչ. հաճոյական. —*ion* (*փրիփազէ՛շըն*) նախատիրութիւն. նախամիտութիւն.

preposterous (*փրէփոս՛-թըրըս*) հակաբնական. այլանդակ.

prerogative (*փրիրակ՛է-թիվ*) առանձնաշնորհում.

presage (*փրէ՛սէյճ*) նախազգացում. գուշակութիւն. գուշակել. նախազգացում ունենալ.

presbyter (*փրէզ՛պիթըր*) երէց. երկրորդ հովիւ. —*ian (church)* (*—՛իըն*) երիցական (եկեղեցի). —*y* (*փրէզ՛պիթըրի*) շրջանի մը հովիւներուն, երէցներուն ժողովը. երիցատուն. երիցութիւն.

prescience (*փրի՛շիընս*) կանխագիտութիւն. *prescient* (*փրի՛շիընթ*) նախագիտակ. գալիք դէպքերու կանխագիտութիւն ունեցող.

prescribe (*փրիսքրայպ՛*) հրամայել. սահմանել. դեղագրել. պատուէր տալ. *prescription* (*փըրիսքրիփ՛շըն*) դեղագիր. պատուէր.

present (*փրէզ՛ընթ*) ներկայ. այժմու. անմիջական. պատրաստ. *presence* (*փրէզ՛ընս*) ներկայութիւն. երեւոյթ. բարձր անձնաւորութիւն. —*ly* անմիջապէս. այժմ.

present (*փրիզէնթ՛*) ներկայացնել. մատուցանել. շնորհել. նուիրել. —*able* ներկայանալի. ընծայելի. —*ation* (*փրիզէնթէյ՛շըն*) ներկայացում. ներկայացուած բան. *present* (*փըրէզ՛ընթ*) նուէր. ընծայ.

presentiment (*փրիսէն՛թիմընթ*) չարագուշակութիւն. նախազգացում.

preserve (*փրիզըրվ՛*) ապահով պահել. պահպանել. համեմել. քաղցրաւենի շինել. քաղցրաւենի.

preservation (*փրէզըրվէյ՛շըն*) պահպանութիւն. *preservative* (*փրիզըրվ՛էթիվ*) պահպանակ. պահածոները աւրուելէ պահող միջոց, քիմիական նիւթ. պահիչ.

preside (*փրիզայտ՛*) նախագահել. ատենապետել. *president* (*փրէզ՛իտընթ*) նախագահ. *presidency* (*փրէզ՛իտէնսի*), *presidentship* (*փրէզ՛իտէնթշիփ*) նախագահութիւն.

press (*փրէս*) ճնշել. հրել. տպել. աճապարեցնել. ողջագուրել. դիզուիլ. խճողուիլ. մամուլ. տպագրութիւն. լրագրութիւն. *in the* — մամլոյ տակ. *go to* — տպուիլ. —*ing* (*փրէս՛ինկ*) ստիպողական. անյետաձգելի. *hard —ed* դժուարութեան մէջ. — *on* անապարել․ — *for* շարունակաբար պահանջել (բան մը)․

pressure (*փրէ'շըր*) ճնշում․ ստիպում․ ազդեցութիւն․ *to work at high* — չարաչար աշխատիլ․

prestige (*փրէս'թիյժ, փրէս'թիճ*) վարկ․ համբաւ․ ազդեցութիւն․

presume (*փրիզիում'*) ենթադրել․ համարում ունենալ․ խիստ ըլլալ (վերաբերմունքի մէջ)․ *presumable* ենթադրելի․ *presumption* (*փրիզամ'փշըն*) ենթադրութիւն․ մեծ հաւանականութիւն․ *presumptuous* (*փրիզամ'փթիուըս*) յաւակնոտ․ ծպիրհ․ յանդուգն․

pretend (*փրիթէնտ'*) ձեւացնել․ յաւակնիլ․ պահանջ դնել․ *pretence* (*փրիթէնս'*) կեղծում․ պատրուակ․ ցոյց․ պահանջ․ *pretentious* յաւակնոտ․

preterit(e) (*փրէթ'ըրիթ*) (քեր․) անցեալ ժամանակ․

pretext (*փրի'թէքսթ*) պատրուակ․ պատճառանք․ ձող․

pretty (*փրիթ'ի*) ճենուշ, սիրուն (միայն իգական սեռի համար)․ արտաքին (դիմագիծի, եւայլնի) գեղեցկութիւն․ ցուցամոլ․ բաւական․ բատ բաւականին․ — *good* շատ լաւ․ *a* — *penny* մեծագումար դրամ․

prevail (*փրիվէյլ'*) տիրել․ — *over* յաղթել․ գերակայութիւն շահիլ․ ի զօրու ըլլալ․ պատահիլ․ — *upon, (on)* համոզել․ *prevalent* (*փրէվ'էլընթ*) տիրող․ ընդհանրացած․ ընդունուած․ *prevalence* (*փրէ'վէլընս*) տիրողութիւն․ ազդեցութիւն․ ընդհանրութիւն․

prevent (*փրիվէնթ'*) արգիլել․ խափանել․ կանխել․ —*ion* (*փրիվէն'շըն*) խափանում․ խոչ․ արգելք․ —*ive* արգելիչ (դեղ, միջոց)․

pre-view (*փրի'վիու*) գեղարուեստական գործի (ֆիլմի) կանխացուցադրութիւն մասնաւորներու ներկայութեան․

previous (*փրիվ'իըս*) նախորդ․ նախընթաց․ —*ly* նախապէս․

previse (*փրիվայզ'*) կանխագուշակել․ *prevision* (*փրիվի'ժըն*) նախատեսութիւն․

prey (*փրէյ*) անասունի մը բռնած որսը․ զոհ․ — *on (upon)* բռնել ու նարակել․ աւարել․

price (*փրայս*) գին․ արժէք․ վարձատրութիւն․ գին կտրել․ գինը պահանջել․ —*less* անգին․ *put a price on the head of* դրամ վճարել (մէկը գերի բռնելու համար)․

prick (*փրիք*) խայթոց․ խթան․ սուր ծայրով ենած նշան․ խայթ․ ցաւ․ խղճի խայթ․ խայթել․ ծակել․ — -*eared* (*փրի-*

ք'իյրտ) ականջներբը տըն-կուած.

prickle (փրիք'ըլ) սուր ծայր. փուշ. կնել. խայ-թել. ընդարմանալ. *prickly-heat* (փրիք'լի-հիյթ) քրտինքխաշ.

pride (փրայտ) հպարտու-թիւն. հպարտ զգալ. *to — oneself on* եղա-ծին (ունեցածին, ըրա-ծին) վրայով հպարտ զգալ. *—ful* հպարտ. ար-համարհոտ.

priest (փրիյսթ) երէց. քահանայ. քուրմ. *—-hood* քահանայութիւն.

prig (փրիկ) յաւակնոտ մարդ.

prim (փրիմ) սեթեւեթ. պաշտօնական եւ ճշդա-պահ. սեթեւեթել.

prima (փրի'մը) առաջին. գլխաւոր. *— donna* թատրոնի գլխաւոր երգ-չուհի. *prima facie* (փրայ'մը ֆէյսիի') առա-ջին տեսնելուն. *—l* (փրայ'մըլ) գլխաւոր. սկզբնական.

primary (փրայ'մըրի) նախնական. նախակրթա-կան. *primarily* (փրայ-մէր'իլի) նախ եւ առաջ. *— colours* հիմնական գոյներ (կարմիր, նարըն-ջագոյն, դեղին, կանաչ, կապոյտ, լեղակագոյն եւ մանիշակագոյն).

primate (փրայ'մէյթ) ե-պիսկոպոսապետ (Անգլի-քան եկեղեցւոյ գլուխը). *primacy* (փրայ'մըսի) արքեպիսկոպոսութիւն.

prime (փրայմ) առաջին. գերագոյն. ազնիւ տե-սակ. ուրիշ արտադրիչ չունեցող թիւ. գարուն. ծաղիկ հասակ. լաւա-գոյն մասը. *to —* զէնքը կրակելու պատրաստել վառօդ դնելով մէջը. նա-ռախօսելու համար նա-խամարզել. *—r* (փրայ'-մըր) խանձարկու. այբ-բենարան. *—ly* գերազան-ցօրէն. *Prime Minister* վարչապետ. *— factor* ան-բաժանելի թիւ. *the prime of the year* տարուան լաւագոյն ժամանակը.

primitive (փրի'միթիվ) նախնական. սկզբնական. հնաձեւ. պարզ ու կոշտ. տարրական բառ.

primogeniture (փրայմօ-ճէն'իթիուր) անդրան-կութեան իրաւունք. *pri-mogenitor* (փրիմօճէ-ն'իթըր) նախածնող.

primrose (փրիմ'րօզ) գար-նանածաղիկ. բաց դեղին.

primus (փրայ'մըս, փրի'-մըս) եպիսկոպոս (սկով-տիացի). *— stove* նաւ-թավառ վառարան.

prince (փրինս) իշխան. արքայազուն. *—ss* (փը-րինսէս') իշխանուհի. *— Consort* (փրինս' քոն-սըր'թ) իշխող թագուհիին ամուսինը. *— Regent* (փրինս րէճ'ընթ) փո-խարքայ. խնամակալ (իշ-խան). *— of Darkness* սատանայ. *— of Peace* Փրկիչ, խաղաղութեան իշխան. *—ly* իշխանա-վայել. իշխանական.

principal (փրին'սիփըլ)

գլխաւոր· էական· պետ· վարիչ· տնօրէն դպրոցի· դրամագլուխ. —*ity* (*փրինսիփէլ'իթի*) վեհապետութիւն· իշխանապետութիւն.

principle (*փրին'սիփըլ*) սկզբունք· հիմ· ծագում· կանոն. ուղղութիւն· պարկեշտութիւն· *a man of —* սկզբունքի տէր մարդ· —*d* որոշ կանոնի համաձայն քալող մարդ·

print (*փրինթ*) տպել· տըպագրել· տպաւորել· հըրատարակել· հետք· տիպ· դրոշմ· տպածոյ· լուսանկար· փորագրութիւն· —*er* (*փրին'թըր*) տպագրիչ· —*ing-press* տպագրական մամուլ (մեքենայ)· —*ing office* տպագրատուն· —*'s pie* իրարու խառնուած գիրեր ու կոյտ.

prior (*փրայ'ըր*) սկզբնական· աւելի առաջ· վանահայր· իգ· *prioress* վանամայր· —*ity* (*փրայըր'իթի*) առաջնութիւն· նախապատուութիւն. բարձրակայութիւն.

prise (*փրայզ*) լծակ· լծակով վերցնելու պէս բարձրացնել· ուժով առնող·

prism (*փրիզմ*) հատուածակողմ (երկրաչփ·)· պրիսմակ· —*atic(al)* (*փրիզմէթ'իք(ըլ)*) պրիսմակի· —*atic colours* եօթը գոյները·

prison (*փրիզ'ըն*) բանտ· արգելարան· բանտարկել· —*er* բանտարկեալ· — *of war* պատերազմական գերի.

pristine (*փրիս'թայն*) վաղեմի· նախնական.

prithee (*փրիթհ'ի*) աղաւաղեալ ձեւը *I pray thee*ի՝ կ'աղաչեմ· շնորհք ըրէք.

private (*փրայ'վէյթ*) անձնական· առանձին· գաղտնի· պարզ զինուոր· *in —* գաղտնի· —*ly* ծածկաբար· առանձնաբար.

privacy (*փրայ'վըսի*) առանձնութիւն· գաղտնիք· մտերմութիւն· մենարան.

privateer (*փրայվըթիյր'*) զինեալ անձնական նաւ·

privation (*փրայվէյ'շըն*) կարօտութիւն· զրկում.

privative (*փրիվ'էթիվ*) զրկող· զրկողական· բացասական· ժխտականութիւն·

privilege (*փրիվ'իլէճ*) առանձնաշնորհում· արտօնութիւն· առանձնաշնորհ տալ· —*d* առանձնաշընորհեալ·

privy (*փրայ'վի*) առանձին· գաղտնի· գաղտնակից· զուգարան հետաքրքրուող· նեմիշ· *privity* սագրանք· գաղտնի տեղեկութիւն· *P- Council* արքունի խորհրդական մարմին.

prize (*փրայզ*) պարգեւ, մրցանակ· բան մը որուն համար կը մարտնչին· վիճակահանութեամբ շահուած բան· բռնուած (իբր աւար առնուած) նաւ· արժեցնել· արժէք տալ· —*-fight* (*փրայզ'-ֆայթ*) դրամ շահելու համար կռփամարտութիւն· —- *fighter* (*փըրայզ'–ֆայթըր*) մրցանակի համար մրցող, կոփամարտիկ· լծակով վերցնել·

pro - (*փրօ –*) լատ· եւ յուն· նախաբառ՝ համար· փոխարէն· կողմէն· առաջ· առջեւը· համաձայն·

probable (*փրապ'ըպլ*) հաւանական· *probably* հաւանօրէն· *probability* հաւանականութիւն·

probate (*փրո'պէյթ*) վաւերացեալ կտակ· *probation* (*փրօպէյ'շըն*) կրօնական խումբի անդամութեան թեկնածութիւն փորձ· փորձարկում· փորձի համար թերահաս ոճրագործներու տրուած ազատութիւն (հսկողութեան տակ)· *probationer* համբակ· փորձի ենթարկուող մէկը· *probative* (*փրո'պէթիվ*) դատաքննական·

probe (*փրոպ*) վիրաչափ· լման քննել· վիրաչափով քննել·

probity (*փրապ'իթի*) ուղղամտութիւն· անկեղծութիւն·

problem (*փրապ'լըմ*) անլուծուած· խնդիր· կընճռոտ հարց· *—atic(al)* (*փրապլէմըթ'իք(ըլ)*) անորոշ· վիճելի· կասկածելի·

proboscis (*փրօպաս'իս*) փիղի պատիճ· այլ անասուններու ցռուկը· կընճիթ·

proceed (*փրօսիյտ'*) յառաջ երթալ· գործի սկսիլ· ծագիլ· յաջորդիլ (նիւթի, խօսքի) անցնիլ· դատ վարել· *—s* (*փրո'սիյտզ*) հասոյթ· արդիւնք·

procedure (*փրոսիտ'իուր*) քայլ· գործելակերպ·

process (*փրոս'էս*) ընթացք· արարք· դատավարութիւն· գործելու եղանակ· — (*փրոսէս'*) թափօրի հետեւիլ· *—ion* (*փրոսէ'շըն*) թափօր· շըքերթ· կանոնաւոր յառաջդիմութիւն·

proclaim (*փրոքլէյմ'*) հըռչակել· հրատարակել· *proclamation* (*փրոքլըմէյ'շըն*) հռչակում·

proclivity (*փրոքլիվ'իթի*) միտում· ընդունակութիւն·

proconsul (*փրոքան'սըլ*) փոխ հիւպատոս· գաղութի, նահանգի կառավարիչ (հին Հռովմ·)·

procrastinate (*փրոքրէս'թինէյթ*) յետաձգել· ձգձգել· *—tion* յետաձըգում·

procreate (*փրո'քրիէյթ*) ծնանիլ· արտադրել· —-*tion* (*փրոքրիէյ'շըն*) ծընընդագործութիւն·

proctor (*փրաք'թըր*) վերակացու· համալսարանի կարգապահական պաշտօնեայ· փոխանորդ·

procumbent (*փրոքամ'պընթ*) գետնամած· երեսի վրայ պառկած· գետնի երեսէն սողացող (բոյս)·

procuration (*փրաքիուրէյ'շըն*) գործակատարութիւն. հայթայթում. *procurator* գործակալ (օրինական հարցերու մէջ).

procure (փրոքիուր') ստանալ. հայթայթել. ճարել. —*ment* հայթայթում. —*r* հայթայթող. կաւատութիւն ընող. իգ. —*ss.* կիներ հայթայթել անբարոյութեան նպատակով.

prod (փրատ) հերիւն. խըթան. խթանել. նեղել.

prodigal (փրա'տիկըլ) անառակ. շռայլ. մսխող. —*ly* (փրատ'իկըլլի) անառակօրէն. շռայլաբար. —*ity* (փրատիկէլ'իթի) անառակութիւն. մսխում.

prodigy (փրա'տիճի) սքանչելիք. անսովոր բան. զարմացում պատճառող անձ. բացառիկ տաղանդի տէր մանուկ. վիթխարի գազան.

produce (փրոտիուս') արտադրել. ծնանիլ. յառաջ բերել. առթել. բեմադրել. երկարաձգել (գիծը). — (փրո'տիուս) բերք. հասոյթ. —*r* արտադրող. ծնող.

product (փրա'տըքթ) արդիւնք. հասոյթ. արտադրեալ (թիւ). *productive* (փրոտաք'թիւ) արդիւնաբեր. արգասաբեր. արտադրողական. —*ivity* (փրոտաքթիվ'իթի) արգասաբերութիւն. արտադրողականութիւն.

proem (փրո'իմ) ներածութիւն. մուտք. նախերգանք.

profane (փրոֆէյն') աշխարհական. պիղծ. ամբարիշտ. սրբապղծութիւն գործել. պղծել. եղծանել. —*ness, profanity* (փրոֆէն'իթի) անսրբութիւն. սրբապըղծութիւն. հայհոյութիւն. —*r* սրբապիղծ. ամբարիշտ. հայհոյիչ.

profess (փրաֆէս') դաւանիլ. խոստովանիլ (հրապարակաւ). —*ed* յայտարարուած. դաւանեալ. —*edly* (փրաֆէս'էտլի) հրապարակաւ. արուեստով. —*ion* (փրաֆէ'շըն) դաւանում. զբաղում. կոչում. պաշտօն. —*ional* արուեստի. կոչումի. արհեստավարժ (հակ. *amateur*ի). իր «սփոր»ի կարողութիւնը նիւթական շահու համար գործածող.

professor (փրաֆէս'ըր) խոստովանող. ուսուցչապետ (համալսարանի). —*iate* (փրաֆէսոր'իէյթ) ուսուցչապետութիւն. փրոֆէսէօրներու կազմ.

proffer (փրաֆ'ըր) ընծայել. առաջարկել. —*er* առաջարկող.

proficient (փրաֆիշ'ընթ) հմուտ. ձեռնհաս. մասնագէտ. —*ly* հմտօրէն. —*cience, —cy* (փրաֆիշ'ընս, փրաֆիշ'ընսի) ատակութիւն. փորձագիտութիւն. հմտութիւն.

profile (փրո'ֆայլ, փրո'ֆիլ) կիսադէմ. ուրուագիծ. կարճ կենսագրական. *to* — ուրուագծել.

profit (փրա՛ֆիթ) շահ. հասոյթ. շահիլ. շահեցնել. —*able* շահաբեր. օգտակար. —*eer* (փրաֆիթիյր՛) շահադէտ. շահագործող մարդ.

profligate (փրա՛ֆլիկէյթ) անառակ. ցոփ. բարեծադիկ. *profligacy* (փրաֆլիկըսի) ցոփութիւն. անառակութիւն.

profluent (փրո՛ֆլուըընթ) դիւրասահ.

profound (փրոֆաունտ՛) խորունկ. բազմահմուտ.

profuse (փրոֆիուզ՛) շռայլ. լիառատ. —*ly* շռայլօրէն. առատօրէն. —*ness*, —*sion* (փրոֆիու՛ժըն) առատութիւն. ճոխութիւն. շռայլութիւն.

progeny (փրա՛ճընի) շառաւիղ. սերունդ. *progenitive* (փրաճէն՛իթիվ) վերարտադրողական (սերունդի). *progenitor* (փրաճէն՛իթըր) նախահայր. իգ. *progenitress*, *progenitrix* նախամայր.

prognosis (փրակ՛նոսիս) ախտաճանաչութիւն.

program, programme (փրո՛կրամ) յայտագիր. ընտրութեանց պարագային կուսակցութեան մը ծրագիրը.

progress (փրա՛կրէս) յառաջդիմութիւն.

progress (փրակրէս՛) յառաջանալ. զարգանալ. —*ive* (փրակրէս՛իվ) յառաջդիմական. *arithmetical* —*ion* թուաբանական յառաջատուութիւն (նոյն չափով աւելցող կամ պակսող թիւերու շարք. 3, 6, 9, 12. 20, 18, 16, 14 եւայլն). *geometrical progression* երկրաչափական յառաջատուութիւն. յաջորդական համեմատութեամբ աւելցող կամ նուազող թիւերու շարք (3, 9, 27, 81 կամ 81, 27, 9, 3).

prohibit (փրոհի՛պիթ) արգիլել. արգելք հանդիսանալ. —*ion* (փրոհիպի՛շըն) արգիլում. խափանում. ոգելից ըմպելիի պատրաստութիւնը (ներածումը) կամ վաճառումը եւ գնումը արգիլող օրէնք. —*ive*, —*ory* արգելիչ.

project (փրոճէքթ՛) ծրագրել. նիւթել. դուրս ցցուիլ. արտաձգել. — (փրո՛ճէքթ) ծրագիր. դիտում. առաջարկ. —*ile* (փրոճէ՛քթայլ) օդընկէց. հրթիռ. —*or* (փրոճէ՛քթըր) լուսարձակ. պաստառի վրայ պատկերի ուրուագիծ ձգող մեքենայ.

proletarian (փրոլիթէյ՛րիըն) պրոլետարական. ընչազուրկ. ռամիկ. *proletariat(e)* (փրոլիթէյ՛րիըթ) ընչազուրկ աշխատաւորութիւն. բանուոր. բանուորականութիւն. իր աշխատանքային ուժէն զատ ուրիշ ոչ մէկ սեփականութիւն ունեցող դասակարգ.

prolific (փրոլիֆ՛իք) արգասաբեր. բազմածին.

prolix (փրո՛լիքս) երկաբապատում. ձանձրալի. անլորդարան. —ness, —ity (փրոլիքս'նէս, փրոլիքս'իթի) անլորդարանութիւն. երկարաբանութիւն.

prologue (փրօ'լակ) նախաբան.

prolong (փրօլանկ') երկարաձգել. երկարել.

promenade (փրոմընատ', —մընէյտ') պտոյտ. ենմավայր. պտըտիլ.

prominent (փրամ'ինընթ) ցցուն. ուշագրաւ. երեւելի. prominence, prominency (փրամ'ինընս(ի) երեւելիութիւն. ցցուածք. բարձրութիւն. բարձունք (բլուր, լեռ, եւայլն).

promiscuous (փրոմիս'քիուըս) խառնակ. . ամէն դասակարգի. խառնագընաց. անխտիր. պատահական. —ness, promiscuity (փրոմիս'քիուիթի) խառնագնացութիւն (տեսակներու, սեռերու).

promise (փրամ'իս) խոստում. խօսք. ուխտ. յոյս. ակնկալութիւն. խոստանալ. յուսադրել. —r խոստացող. promising յուսալից. խոստումնալից.

promissory (փրամ'իսըրի) խոստումնական. — note պարտամուրհակ.

promontory (փրամ'ոնթարի) հրուանդան. սարաւանդ.

promote (փրոմօ'թ') բարձրացնել. յառաջացընել. —r քաջալերող. յառաջացնող. promotion (փրոմօշ'ըն) բարձրացում. նախամեծարում. յառաջացում. քաջալերութիւն. promotive խըրախուսիչ. յառաջացուցիչ.

prompt (փրամփթ) ճշդապահ. արագ. յիշեցնել. գործի մղել. յուշարարութիւն ընել (դերասանին). —ly փութով.

promulgate (փրամ'ալկէյթ) հանրութեան տեղեկացնել (լուրը, դատարանի որոշումները).

prone (փրօն) հակեալ (երեսը վար). գլխիվայր. հակամէտ.

prong (փրանկ) պատառաքաղի, (եղաժանիի) մանր երկաթէ մաս.

pronoun (փրօ'նաուն) դերանուն. pronominal (փրոնամ'ինըլ) դերանւանական.

pronounce (փրոնաունս') հնչել. արտասանել. ծանուցանել (վճիռը). —d որոշ. շեշտուած. —ment պաշտօնական յայտարարութիւն. pronunciation (փրոնընսիէյ'շըն) արտասանութիւն. հնչում.

proof (փրուֆ) ապացոյց. տպագրական փորձ. ընշան. անթափանցիկ (ջուրի դէմ). —-reader (փրուֆ'-րիյտ'ըր) տպագրուող էջերը սրբագըրող. water-proof անջըրանցիկ. fire— անկիզելի.

prop (փրափ) յենակ. ենցուկ.

propaganda (փրափըկէն'-տը) քարոզչութիւն· պըրոպականդ· *propagandist* (փրափըկէնտ'իսթ) քարոզչութիւն ընող· պըրոպականդիստ·

propagate (փրափ'ըկէյթ) բազմացնել (ծնունդ տալով)· յառաջ տանիլ· փոխանցել· *propagation* (փրափըկէյ'շըն) ծաւալում· անում·

propel (փրոփէլ') հրել· շարժական ոյժ հայթայթել· շարժել· —*ler* մըղիչ· շարժիչ (սաւառնակի եւ շոգենաւի)·

propensity (փրոփէն'սիթի) հակում· տրամադրութիւն·

proper (փրափ'ըր) յատուկ· պատշաճ· վայելուչ· բուն· —*ly* պատշաճօրէն· շնորհքով· —-*fraction* համարիչը յայտարարէն փոքր կոտորակ· օր·՝ $^3/_5$· — *noun* յատուկ անուն (քեր·)·

property (փրափ'ըրթի) սեփականութիւն· *private* — անհատական սեփականութիւն· կալուած· *collective* — հաւաքական սեփականութիւն·

prophecy (փրաֆ'ըսի) մարգարէութիւն· *prophesy* (փրաֆիսայ') (*prophecying* ներկ· ընդ· *prophecied* անց· եւ անց· ընդ·)· մարգարէանալ· կանխագուշակել· մեկնել· *prophet* (փրաֆ'էթ) մարգարէ· իգ· *prophetess* մարգարէուհի· *prophetic(al)* (փրաֆէթ'իք(ըլ) մարգարէական·

prophylactic (փրաֆիլէք'-թիք) կանխազգուշական դեղ·

propinquity (փրոփինկ'-քուիթի) մերձաւորութիւն (տեղի, ժամանակի)· ազգականութիւն·

propitiate (փրոփիշ'իէյթ) համարումը շահիլ· ողոքել· *propitiation* (փրոփիշիէյ'շըն) ողոքում· հաշտութիւն· *propitiator* (փրոփիշիէյ'թըր) քաւիչ· հաշտարար· *propitious* (փրոփիշ'ըս) նըպաստաւոր· յարմար· ազնիւ·

proportion (փրափոր'շըն) համեմատութիւն· բազդատութիւն· արդար բաժին· բաշխում· յարմարեցում· (թուաբ·) երեքի կանոն· —*s* չափ· համեմատութիւններ· *a building of magnificent (dimension) proportions* հոյակապ ծաւալով շէնք մը· —*al* (փրափոր'շընըլ) համեմատական· *of large proportions* մեծ թիւով (ծաւալով, քանակով եւ այլն)· համաչափ·

propose (փրափոզ') առաջարկել· ձեռք խնդրել· մտադրել· *proposal* առաջարկ· ամուսնանալու առաջարկ· *proposition* (փրափոզի'շըն) առաջարկութիւն· խօսքկապ· նախադասութիւն (տուեալ)՝ զոր հարկ է փաստել (երկրաչ·)·

propound (*փրափաունտ'*) առաջարկել· ենթադրութեան յանձնել (գաղափար մը)·

proprietor (*փրոփրա'յըթըր*) իգ· *proprietress, proprietrix* տէր· սեփականատէր· տիրուհի· *proprietary* մենաշնորհեալ (շինելու եւ ծախելու բացարձակ արտօնութիւնով)·

propriety (*փրոփրայ'իթի*) յարմարութիւն· պարկեշտ վարք, ընթացք· *the proprieties* կենցաղագիտութիւն եւ սովորութիւններ բարեկիրթ ընկերութեան մէջ·

propulsion (*փրոփալ'շըն*) յառաջամղում· մղում· *propulsive* (*փրոփալ'սիվ*), *propulsory* մղիչ· յառաջմղիչ·

prosaic (*փրոզէյ'իք*), *—al* անշուք· ձանձրալի· հասարակ·

proscribe (*փրոսքրայպ'*) հրաւագրկել· արգիլել· *proscription* (*փրոսքրիփ'շըն*) հրաւագրկում· արգիլում·

prose (*փրոզ*) արձակ (գրութիւն)· արձակ գրել· ճապաղ (տաղտկալի) կերպով գրել (խօսիլ)· *prosy* (*փրո'զի*) ճապաղ եւ տաղտկալի (խօսակցութիւն)·

prosecute (*փրաս'էքիութ*) հետապնդել (ծրագիր մը)· դատ բանալ· ամբաստանել·

prosecution (*փրասէքիու'շըն*) դատավարութիւն· հետապնդում· *prosecutor* (*փրասէքիու'թըր*) (իգ· *prosecutrix*) դատախազ (դատախազուհի)·

proselyte (*փրաս'իլայթ*) նորադարձ (այլ կրօնի կամ կուսակցութեան)· նորահաւատ ընել· *proselytise* (*փրաս'իլիթայզ*) հաւատափոխ (նորադարձ) ընել·

prosodi, prosody (*փրաս'ոտի*) տաղաչափութիւն· առոգանութիւն· *—st* տաղաչափ· առոգանութեան հմուտ·

prospect (*փրաս'փէքթ*) հեռանկար· տեսիլ· փայլուն ապագայի յոյս· — (*փրասփէքթ'*) քննել· փնտռել (ոսկի, քարիւղ, եւայլն)· *—ive* ապագայ· յուսալի· ակնկալուած· *—us* (*փրասփէք'թըս*) պանդոկի (նոր հրատարակութեան, դպրոցի) յայտարարութիւնները պարունակող գրքոյկ·

prosper (*փրաս'փըր*) յաջողցնել· ծաղկիլ· յաջողիլ· *—ity* (*փրասփէր'իթի*) բարեկեցութիւն· բարգաւաճում· *—ous* (*փրաս'փըրըս*) աճող· յաջող· բարգաւաճ·

prostate (*փրաս'թէյթ*), *—gland* յառաջագեղձ· արական միզային փամփուշտի կողմի գեղձ·

prostitute (*փրաս'թիթիութ*) բոզ· պոռնիկ· պոռնկացնել· ստորին (անարժան) նպատակի ծառայեցնել·

prostrate (փրաս'Թրէյթ) երեսը վար գետին պառկած (ի նշան յարգանքի). մտքով ու մարմնով ուժասպառ. — (փրասԹրէյթ') խոնարհեցնել. երկրպագել. յաղթել. զգետնել. *prostration* (փրասԹրէյ'շըն) երկրպագութիւն. գետնամածութիւն. զգետնում.

protect (փրոԹէքԹ') պաշտպանել. —*tion* (փրոԹէք'շըն) պաշտպանութիւն. հովանաւորութիւն. անցագիր. մաքսապաշտպանութիւն. —*or* պաշտպան. խնամակալ. հովանաւոր. կռնակ.

protein (փրո'Թիին) սպիտ. պրոտէին, բորոկածինի բաղադրութիւն, որ բոյսերուն (կենդանիներուն մարմինին) էական մասը կը կազմէ.

protest (փրոԹէսԹ') բողոքել. հանդիսաւորապէս յայտարարել. — (փրո'Թէսթ) բողոք(ագիր). *protestant* (փրոԹէս'Թընթ) հակառակ գաղափարէ եղող. *P*— Բողոքական. *Protestantism* Բողոքականութիւն.

proto - (փրո'Թօ -) յուն. նախաբառ՝ առաջին, նախնական, սկզբնական իմաստով. *proto-martyr* (փրո'Թօ-մար'Թըր) նախավկայ (Ս. Ստեփաննոս). —*plasm* նախահիւթ (կեանքի). —*type* նախատիպ. — - *zoa* (փրոԹոզո'ը) նախակենդանիներ՝ մանրէ, միաբջիջ կենդանիներ (ջուրի մէջ). —*col* (փրոԹ'ոքոլ) դիւանագիտական կարգուձեւ. համաձայնութեան (դաշինքի) նախագիծ.

proton (փրո'Թան) հիւլէի միջուկի մասնիկներէն մէկը.

protract (փրոԹրէքԹ') երկարել. երկարաձգել. ընծարկել. —*ed* երկարաձըգուած. տաղտկալի. —*or* յապաղող. անկիւնաչափ (գործիք). մկան՝ որ մարմնի անդամ մը կ'երկարէ կամ առջեւ կը քաշէ (կը կծկէ).

protrude (փրոԹրուտ') երկնցնել. դուրս ցցել.

proturberant (փրոԹիուր'-պըրընԹ) ցցուած. ուռած. *proturberance* ուռոյց. այտոյց. ցցուածք.

proud (փրաուտ) հպարտ. ամբարտաւան. ինքնահաւան.

prove (փրուվ) ապացուցանել. փաստել. հաստատել.

provender (փրավէն'տըր) յարդ (չոր խոտ, վարսակ եւայլն), իբր կեր (նարակ) արջառի.

proverb (փրավ'ըրպ) առակ. ասացուած. *P—s* Գիրք Առակաց. —*ial* (փրավըր'պիըլ) առակի կարգ անցած. առակային.

provide (փրովայտ') *(with)* նախապատրաստել (բանի մը համար). հայթայթել. —*d (that)* (փրովայ'տտ) (առնէԹ) *providing that* պայմանաւ որ· *providence* (*փրա-վ'իտընս*) հեռատեսու-թիւն· *P—* Նախախնա-մութիւն (Աստուած)· *—ntial* (*փրավիտէն'շըլ*) նախախնամական· բարե-բախտ·

province (*փրավ'ինս*) նա-հանգ· գործունէութեան շրջանակ· գիտութեան կալուած· մէկուն մաս-նաւոր պարտականութիւ-նը· *the —s*ներքին գա-ւառներ· մայրաքաղաքէն զատ երկրին մնացած մա-սերը·

provision (*փրովի'ժըն*) պարէն· պաշար· պայ-ման· նախապատրաստու-թիւն· պաշար հայթայ-թել· մատակարարել· *—al (government)* առ-ժամեայ (կառավարու-թիւն)· *—ally* առժամա-պէս·

proviso (*փրովայ'զօ*) պայ-մանագրութեան մէջ յօդ-ուած (կէտ մը)· *on the — that* եթէ...

provoke (*փրըվոք'*) դըր-դել· զայրացնել· յառա-ջացնել· *provoking* զայ-րացուցիչ· *provocation* (*փրավըքէյ'շըն*) դըրդում. գրգռութիւն· յուզում· *how —king!* ի'նչ ջղայ-նացուցիչ·

provost (*փրավ'ըսթ*) գո-լէճի տնօրէն· վերատե-սուչ (եկեղեցւոյ մէջ)· քաղաքային պաշտօնա-տար (Սկովտ·)·

prow (*փրաու*) նաւու ցը-ռուկին յառաջամասը· (քանատեղծական) նաւ·

prowess (*փրաու'էս*) շա-հատակութիւն· քաջա-գործութիւն·

prowl (*փրաուլ*) որսի ել-լել· ալքոտել·

proximate (*փրաք'սիմէթ*) անմիջական· *proximity* (*փրաքսի'միթի*) մօտի-կութիւն (տեղի, ժամա-նակի) եւայլն·

proxy (*փրաք'սի*) փոխա-նորդութիւն· փոխանոր-դագիր· փոխանորդ կար-գել· *voting by —* փո-խանորդաբար քուէ տալ (ուրիշին տեղ)·

prude (*փրուտ*) ամչկոտ՝ սուտ զգաստ կին· ար-ուեստակեալօրէն վերա-պահ·

prudent (*փրու'տընթ*) խո-հեմ· շրջահայեաց· ի-մաստուն· *prudence* խո-հեմութիւն· իմաստու-թիւն·

prune (*փրո'ւն*) չորցած սալոր· յոտել (ծառը)· *pruning-hook* յոտոց (պարտիզպանի)·

prurient (*փրու'րիընթ*) ցանկասէր· լկտի խոր-հուրդներէ ծնած·

Prussia (*փրաշ'ա*) Փրու-սիա՝ գերման զինուորա-պաշտութեան հայրենիքը (Արեւելեան Գերմանիա)· *prussic acid* (*փրաս'իք ասիտ*) զօրաւոր թոյն մը·

pry (*փրայ*) յրտել· դի-տել· կէսխուփ նայիլ·

psalm (*սա'մ*) տաղ· հոգե-ւոր երգ· *the P—s* Ս· Գրքի Սաղմոսաց Գիրք· *—ist* (*սամ'իսթ*) սաղմո-սագիր· սաղմոսերգակ·

Psalter (*սո՝լ'թըր*) Գիրք Սաղմոսաց·

pseudo - (*սիու'տօ* –) յուն. նախաբառ՝ սուտ, կեղծ իմաստով· —*nym* կեղծանուն. ծածկանուն (*nom de plume*).

pshaw (*շօ՝*) անհամաձայն ըլլալու (արհամարհանքի) արտայայտութիւն (բացագ·)·

Psyche (*սայ'քի, փսայ'քի*) յաւերժահարս մը՝ որ Երոսի հետ ամուսնացաւ· *p*— միտք· հոգի· շունչ·

psychiatry (*սիքայ'ըթրի, սայքայ'ըթրի*) հոգեբուժութիւն· —*rist* մտային խանգարումները վերլուծելով դարման թելադրող հոգեբան (բժիշկ, եւայլն)· հոգեբոյժ·

psychic(al) (*սայ'քիք(ըլ)*) հոգեկան· մտային· հոգեհարցական·

psycho-analysis (*սայ'քոէ'նէլիսիս*) հոգեվերլուծութիւն (Ֆրէօյտի փորձառական հոգեբանութիւնը՝ որ միտքը գիտակից եւ անգիտակից տարբերու կը բաժնէ)· —-*analist* հոգեվերլուծում ընող անձ·

psychology (*սայքոլ'ըճի, սայքալ'ըճի*) հոգեբանութիւն· —*gist* հոգեբան·

psychopath (*սայ'քոփէթհ*) մտախտաւոր· —*y* մտային խանգարումի դարմանման գիտութիւն·

psychosis (*սայքօս'իս*) մըտավիճակ· մտախտ· խելագարութիւն·

psychotherapy (*սայքոթհէր'ըփի*) մտաբուժութիւն. քնէածութեամբ (ինքնաթելադրութիւնով) դարմանում·

Ptolemy (*թոլ'ըմի*) Պտղոմիոս՝ Եգիպտոսի թագաւորական հարստութեան հիմնադիր (323–3 Ք·Ա·)· եգիպտացի համբաւաւոր աստղաբաշխ (Բ· դար)· *Ptolemaic* (*թոլըմէյ'իք*) Պտղոմեան հարստութիւն· Պտղոմիոս աստղաբաշխին· *Ptolemaic system* աստղաբաշխութեան սիստէմ՝ որուն համաձայն երկիրը անշարժ է եւ տիեզերքը անոր շուրջը կը դառնայ·

ptomaine poisoning (*թո'մէյն փոյզ'ընինկ*) աւրուած կերակուրէ թունաւորում·

pub (*փապ*) օթեւան· ժողովրդ· սրճարան (ուր երգ ու նուագ կը մատուցուի)· (Սկովտ·)·

puberty (*փիու'պըրթի*) արբունք·

public (*փապ'լիք*) հանրային· հասարակաց· հրապարակային· ժողովուրդ· հասարակութիւն· —*ly* հրապարակաւ· —*ist* հրապարակագիր· —-*house* գինետուն· պանդոկ· — *school* պետական երկրորդական վարժարան (գիշերօթիկ) (Ա· Մ· Ն·)· *the English P— schools* անձնական վարժարաններ (Անգլիա)· — *opinion* հանրային կարծիք· — *servant* պետական պաշտօնեայ· — *ser-*

vice հանրային սպասարկութիւն. *in* — հրապարակաւ.

publican (փա'պլիքըն) մաքսաւոր, հարկահան. գինեպան. պանդոկապետ.

publication (փապլիքէ'յշըն) հրատարակութիւն.

publicity (փապ'լիսիթի) առեւտրական յայտարարութիւն. ծանուցում.

publish (փապ'լիշ) հրատարակել. հրապարակել. տարածել.

pucker (փաք'ըր) խորշոմիլ. փոթ փոթ ըլլալ. կնճիռ.

pudding (փու'տինկ) քաքար. կարկանդակ. արմշաղ. ալիւրապատ միս (եփուած). երշիկ (ալիւր, ճարպ եւ արիւն խառնելով պատրաստուած).

puddle (փատ'լ) եղտիւր. աղտոտ ջրակոյտ. տղմական՝ որ իբրեւ թրծաշաղախ (սիմէնթ) կը գործածուի. աղտոտել. ծեփել (տիղմով).

puerile (փիու'ըրիլ) տղայական. մանկական. յիմար.

puff (փաֆ) կարճատեւ զօրաւոր հով. շունչի ձայնը. թեթեւ մուխ. *powder-puff* փոշեցան. զովեստ (չափազանց). փչելով մարել. —*y* ուռած. պոռոտախօս.

pug (փակ) կարճ՝ լայն քիթ. կապիկ. շնիկ. աղուէս. —-*faced* (փակ'ֆէյստ) կապիկի երեսով. —-*nose* տափակ քիթ.

pugilism (փիու'ճիլիզմ) կռփամարտ. —*st* կռփամարտիկ.

pugnacious (փակնէյ'շըս) կռուազան.

pusne (փիու'նի) (օրէնս.) կրտսեր. ստորադաս.

puissant (փիու'իսընթ) ուժեղ. կարող.

pulchritude (փալ'քրիթիուտ) վայելչութիւն. շնորհ.

pull (փուլ) քաշել. վերցնել. թիավարել. ժողվել. քաշելը. թիավարելը. ջանք. տոկունութիւն. *to — a face* ծամածռել (դէմքը). — *down* փլցնել. կործանել. — *strings* ազդեցութիւն ի գործ դնել. — *together* գործակցիլ. — *up* արմատախիլ ընել. կեցնել. — *a person's leg* մէկը խաբել վրան խնդալու համար. *take a — at the bottle* գաւաթ մը խմէ.

pullet (փուլ'էթ) վառեակ.

pullover (փուլ'օվըր) փուլովըր, գլխէն անցընելով հագցուող բուրդէ վերնաշապիկ.

pulmo- (փալ'մօ –) լատ. նախարառ՝ թոք իմաստով. —-*nary* (փալ'մընըրի) թոքային. —*nic* թոքային.

pulp (փալփ) խիւս. պտուղի մսոտ մաս. ցօղունի ծուծ՝ որմէ թուղթ կ'արտադրուի. խիւս շինել. խիւսը (ծուծը), միսը մէջէն հանել.

pulpit (փուլ'փիթ) խորան. ամպիոն. բեմ.

pulsate (փալ'սէյթ) տրոփել. բաբախել. թրթռռալ· —*tion* բաբախում· զարկ·

pulse (*փալս*) սրտի բաբախում· բազկերակ· որեւէ տեսակի զարկ· տրոփել· բաբախել· կանանչեղէն կամ անոնց հունտերը (լուբիա, ոլոռն, բակլայ, թրմուս, եւայլն)·

pulverize, —se (*փալ'վըրայզ*) փոշիացնել· ճանդել· փշրել· փոշիանալ·

pulverization (*փալվըրէզէյ'շըն*) փոշիացում· կործանում· *pulverizible* (*փալվըրայ'զըպլ*) փոշիանալի· փշրելի·

puma (*փիու'մը*) կատուանիւծ·

pumice (*փիու'միս*) —*stone* բեբեւ, ծակոտկէն լաւայի քար՝ որ իրեր փայլեցնելու (մաքրելու) կը ծառայէ·

pummel, pommel (*փամ'ըլ*) սուրի կոթին գունդը· թամբի գունդ· կըռփահարել·

pump (*փամփ*) ջրհան· օդահան· ջրհանել· պարպել· քաշել· բերնէն տեղեկութիւն քաշել·

pumpkin (*փամփ'քին*) կարկամ· դդում· դդմենի· (չորցած, դատարկուածը) կօշ·

pun (*փան*) բառախաղ· երմանաձայն՝ բայց տարբեր նշանակութիւն ունեցող բառերով խաղ ընել· —*ster* բառախաղ ընող·

punch (*փանչ*) համեմուած օղի· կիտրոնի հիւթի, համեմներու խառնուրդէն գոյացած ոգելից ըմպելի· հարուած· ծակարկ· ծակ բանալ· կնքել· հարուած տալ բռունցքով· վիրաւորել· արջառը քշել· —*y* կարճ եւ գիրուկ·

punctilious (*փընգ—, փանքթիլ'իըս*) չափազանց բծախնդիր·

punctual (*փանկք'թիուըլ*) ճշդապահ·

punctuate (*փանք'թիուէյթ*) կիտադրել· մասնաւորապէս շեշտել· մերթ ընդ մերթ ընդմիջել· —*tion* կիտադրութիւն· —*tion marks* (—*'շըն մարքս*) կիտադրութեան նշաններ·

puncture (*փանկք'թիուր*) ծակում· ծակ· խայթըւածք· ծակել· ծակծկել·

pungent (*փան'ճընթ*) լեղի· խածնող· հեգնական·

Punic (*փիու'նիք*) Կարկեդոնական· Փիւնիկեան· դաւաճան· խաբեբայ·

punish (*փան'իշ*) պատժել· ծեծել· —*ment* պատիժ· խրատ·

punk (*փանք*) փտած փայտ· անարժէք.

puny (*փիու'նի*) փանաքի· տկար· չնչին· —*iness* ոչնչութիւն·

pup (*փափ*) շան ձագ· լակոտ· յաւակնոտ (պննամոլ, թեթեւսոլիկ) մարդ· ձագ բերել· ցկնել·

pupa (*փիու'փը*) հարսնեակ (միջատի)· խոզակի մէջ եղած շրջանի միջատ· յոզ· *pupae* (փիու'փի)·

pupil (*փիու'փիլ*) աշակերտ(ուհի) (նախակըր—

թարանի)· խնամակալի յանձնուած պատանի, պատանուհի (արբունքէն առաջ)· բիբ· —*age* աշակերտութիւն·

puppet (*փափ'էթ*) խամաճիկ· պուպրիկ· —*show* խամաճիկի խաղ· ուրիշին հրամաններով ղեկավարուող անձ·

puppy (*փափ'ի*) տես՝ *pup.*

purchase (*փըր'չիս*) գնել· ձեռք բերել· գնում·

purda(h) (*փըրտա(հ)* վարագոյր· (Հնդկաստան) կիներր պահել վարագոյրի ետեւ (որպէսզի չտեսնուին)·

pure (*փիուր*) զուտ· մաքուր· պարզ· պարկեշտ· բացարձակ· տեսական· (ոչ-իրական)· —*ly* ամբողջովին· լոկ· —*rity* (*փիուր'իթի*) մաքրութիւն· անմեղութիւն· պարկեշտութիւն·

purée (*փուրէ'*) փիւրէ· թանձր ապուր· եփուած կամ քամուած անցուած բանջարեղէն, միս, եւն·

purge (*փըրճ*) մաքրել· սրբել· քաւել· ներսը մաքրել· կազմակերպութենէ (բանակէ, եւայլն) վտարել (հանել) անբաղձալիները, կասկածելիները· լուծողական, նաեւ *purgative* (*փըր'կէթիվ*)· *purgatory* (*փըր'կըթրի*) մաքրող· քաւող· Կաթոլիկէ եկեղեցւոյ վարդապետութեան մէջ՝ քաւարան·

purify (*փիու'րիֆայ*) մաքրագտել· չքմեղել· մաքրագտուիլ· *purification* (*փիուրիֆիքէյ'շըն*) զըտում· սրբութիւն· քաւութիւն·

Puritan (*փիու'րիթըն*) մաքրակրօն Բողոքական խումբ՝ որ կը պահանջէր եկեղեցիի աւելի մաքրութիւնը· մաքրակրօնական· (նաեւ՝ —*ic*) չափազանց խստապահանջ իրենց կրօնական վարդապետութեան եւ պարելակերպին մէջ· —*ism* մաքրակրօնութիւն· մոլեռանդութիւն· նեղմըտութիւն·

purlieu (*փըր'լիու*) արուարձան· շրջակայք·

purloin (*փըրլոյն'*) շորթել· գողնալ·

purple (*փըր'փլ*) ծիրանի գոյն· ծիրանի գոյնով պատմուճան· կայսերական իշխանութիւն· կարտինալութիւն· ծիրանի գոյն ներկել·

purport (*փըր'փըրթ*) նըպատակ· մտում· նշանակութիւն· — (*փըրփըրթ'*) մտադրել· իմաստ տալ·

purpose (*փըր'փըս*) մտադրութիւն (նպատակ, ծըրագիր) առաջադրել· միտք ընել· որոշել· —*ful* վճռակամ· —*ly* դիտմամբ· —*less* աննըպատակ·

purr (*փըր*) մռմռալ· (կատուի) մռմռոց·

purse (*փըրս*) քսակ· գանձ· պարկ· քսակել· *light* — չքաւորութիւն· *long* — հարստութիւն· —*er*

(*փըր՛ըր*) զանձապետ· ծախսարար (նաւու)·
pursue (*փըրսիու՛*) հալածել· հետապնդել· հետեւիլ· շարունակել· դատ բանալ· *pursuant* համեմատ· հետեւող· *pursuance* հետապնդում· *in pursuance of* ըստ· *pursuit* (*փուրսուԹ՛*) հետապնդում· զբաղում· *scientific pursuit* գիտական հետազօտութիւն·
purvey (*փըրվէյ՛*) մատակարարել· պարէն գնել· հայթայթել· *—ance* մատակաբարում· ամբարում· *—or* հայթայթող (սննդեղէն, մեծաքանակ նաշ)·
pus (*փաս*) շարաւ· թարախ·
push (*փուշ*) հրել· մղել· քշել· վարել· ստիպել· նեղել· մղում· նեղում· ստիպում· նիզ· փորձ· *to — in* ծովեզերքին մօտենալ· *— off* ծովեզերքէն հեռանալ (դէպի բացերը)· *to make a —* զօրաւոր ճիգ մը ընել· *—-cart* յոպնակ, մէկ անիւով սայլակ (ձեռքի)· *pushing, pushful* կորովի հետապնդող·
pusillanimous (*փիուզիլէ-նի՛միըս*) երկչոտ· վատասիրտ· *—mity* (*փիուզի-լէնիմ՛իԹի*) վատասրտութիւն· ցածոգիութիւն·
puss (*փուս*) կատու· նապաստակ· *sly —* խորամանկ աղջիկ· *—y* (ընտանական) կատուիկ·
put (*փուԹ*) դնել· նետել· տեղաւորել· կարգել· հարցում ընել· առաջադրել· երթալ· *— away* խնայել (դրամ)· *— by* մթերել· *— down* տապալել· վար առնել· հաշուել· նկատել· սանձել· կեցնել· *— forth* գործածել· *— forward* առաջարկել· *— in a word* յանձնարարել· ի նպաստ խօսիլ· *put off* յետաձգել· հանել· *— on* հագնիլ· *— over* յաջողցնել· *— up* օթեւանիլ· *— up with* աչք գոցել· դիմանալ· *— his back up* նեղացնել· *— the shot* երկաթէ գունդ նետել (ուժէն)·
putative (*փիու՛ԹէԹիվ*) կարծեցեալ·
putrefy (*փիու՛ԹրիՖայ*) փտիլ· փտեցնել· նեխիլ· *putrefaction* (*փիուԹրի-Ֆէք՛շըն*) փտութիւն· նեխում· *putrecent* (*փիու-Թրէս՛ընԹ*), *putrid* (*փի-ու՛Թրիտ*) փտուն· նեխոտ· նեխած·
putsch (*փուչ*) ապստամբութեան պոռթկում· պետական հարուած·
putt (*փըԹ*) *put* «կոլֆ»ի հարուած·
putty (*փաԹ՛ի*) մածիկ· խմոր· խմորել· փակցընել· *—face* յիմար· ապուշ·
put-up (*փուԹ-ափ՛*) նիւթուած· կարգադրուած·
puzzle (*փազ՛լ*) առեղծուած· հանելուկ· վարանք· շփոթեցնել· շուա-

թիլ· կճճռել· — *out* առեղծուածը լուծել· — *over* կճճռոտ հարցին վըրայ լուրջ խորհիլ· *puzzling* շփոթեցնող·

Pygmy, Pigmy (*փիկ'մի*) Աֆրիկէի թզուկ խափշիկներու ցեղ· գաճաճ.

pyjamas, paj— (*փիճա'մազ, փըճա'մա*) գիշերանոց· գիշերային զգեստ (տաբատի ձեւով).

pyorrhoea, pyorrhéa (*փաըրի'ը*) թարախահոսում ակռաներու լինտերէն.

pyramid (*փիր'ըմիտ*) բուրգ· —*ic*, —*al* բրգաձեւ· բրգային.

pyre (*փայր*) խարոյկ, փայտակոյտ (մասնաւորաբար վրան մեռելները այրելու համար)·

pyretic (*փայրէթ'իք*) ջերմարոյժ· ջերմային· *pyrexia* (*փայրէքս'իը*) ջերմ· ջերմութիւն.

pyrite (*փայ'րայթ*) հրաքար (ծծումբի եւ երկաթի խառնուրդ մը)· —*s* շատ մետաղներու խառնուրդներ ծծումբով կամ զառիկով·

pyroelectricity (*փայ'րոիլէքթրիս'իթի*) կարգ մը բիւրեղներու՝ տաքնալով ելեկտրական բեւեռներ յառաջացնելու յատկութիւնը·

pyrolatry (*փայրալ'էթրի*) կրակապաշտութիւն.

pyrronist (*փիրոնի'սթ*) սկեպտիկ·

Pythagoras (*փիթհէ'կորաս*) Պիւթակորաս (յոյն փիլիսոփայ) (582–507 Ք. Ա.).

python (*փայ'թհըն*) պօայի տեսակէն խոշոր՝ անթոյն օձ. գուշակ· *P—ess* գուշակուհի (Թեղփեան)· ջատուկ·

pythoness (*փայթհոնէս*) գուշակուհի·

pyx (*փիքս*) սրբատուփ·

pyxis (*փիքս'իս*) զոհարեղէնի տուփ·

Q

Q, q (*քիու*) անգլ. այբուբենի 17րդ գիրը.

Q-boat (*քիու-պո՛թ*) Ա. աշխարհամարտին գործածուած զինեալ փոխադրանաւ.

quack (*քուէք*) կռինչ (բադի). կեղծ բժիշկ. կռընչել. —*ery* (*քուէք՛ըրի*) սուտ բժշկութիւն.

Quadragesima (*քուատրըճէս՛իմը*) Քառասնօրեակ. Մեծ Պահք. աղուհացք. —*l* Մեծի Պահոց.

quadrangle (*քուատ՛րէնկըլ*) քառանկիւն. բակ կամ հրապարակ՝ որ շէնքերով շրջապատուած է.

quadrant (*քուատ՛րընթ*) շրջանակի մակերեսին $^1/_4$ը. աղեղ՝ որ 90° է. երկնային մարմիններու բարձրութիւնը չափող գործիք.

quadratic equation (գրահաշիւ) քառակուսի անծանօթէ աւելի չունեցող հաւասարութիւն.

quadrennial (*քուատրէն՛իըլ*) քառամեայ.

quadricycle (*քուատ՛րիսայքլ*) քառանիւ հեծելանիւ.

quadrilateral (*քուատրիլէթ՛ըրըլ*) քառակողմ (պատկեր երկրաչ.).

quadrillion (*քուատրիլ՛եըն*) քառիլիոն (1 եւ 24 զէրօ [Անգլ. առում]. (1 եւ 15 զէրօ աջ կողմը) [Ֆրանս. եւ Ամերիկ.].

quadroon (*քուատրուն՛*) խառնածինի եւ ճերմակի զաւակ ($^1/_4$ խափշիկ).

quadruped (*քուատ՛րուփէտ*) չորքոտանի.

quadruple (*քուատ՛րուփլ*) քառապատիկ. քառապատկել. 4-ով բազմապատկուիլ.

quadruplet (*քուատ՛րուփլեթ*) մէկ անգամէն 4 զաւակներու ծնունդ տուող մայր.

quaff (*քուէֆ*) կոնծել. խմել (մեծ ումպերով).

quag (*քուէկ*) ճահիճ. —*gy* (*քուէ՛կի*) ապնգային. ճախճախուտ. —*mire* (*քուէկ՛մայր*) մօրուտք (կակղուտ) բաց դաշտ՝ ուրուն մէջ ոտքերը կը մըխրճուին. (փոխաբեր.) անել կացութիւն.

quail (*քուէյլ*) վհատիլ. ընկճուիլ. լորամարգի.

quaint (*քուէյնթ*) անսովոր․ հնադարեան․ —*ness* այլանդակութիւն․

quake (*քուէյք*) դողալ․ շարժիլ․ սարսռալ (վախէն, ցուրտէն կամ յուզումէն)․ թրթռալ․ սարսուռ․ դող․ սասանում․

Quaker (*քուէյ՛քըր*), իգ․ —*ess* Ճորճ Ֆաքսի հիմնած կրօնական հաստուածի անդամ․ (17րդ դարուն հիմնուած է Քուէյքըրութիւնը)․ *q*— երերացող․

qualify (*քուալ՛իֆայ*) որակել․ յարմարցնել․ բարեփոխել․ չափաւորել․ եզանակաւորել․ յարմարիլ․ *qualification* (*քուոլիֆիքէյ՛շըն*) յարմարութիւն․ պայմանները լրացնելու պատրաստութիւն․ (պաշտօնի) բարեփոխում․ որակում․ չափաւորում․

qualified (*քուոլ՛իֆայտ*) որակեալ․ բարեփոխեալ․

quality (*քուա՛լիթի*) յատկութիւն․ որակ․ նկարագիր․ բարեմասնութիւն․ նկարագրի գերազանցութիւն․ ազնուազարմ․ *qualitative* որակական․

qualm (*քուամ*) նուաղում․ սիրտ խառնուք․ խղճահարութիւն․

quantity (*քուան՛թիթի*) քանակ․ չափ․ քանակութիւն․ կշիռ․ թիւ․ բառերու (ձայնաւորներու) վանկերու չափը (երկար թէ կարճ)․ *quantities* առատութիւն․ *quantitative* (*քոուանթի՛թէյթիվ*) քանակական․

quarantine (*քուար՛ընթին*) քառասունք․ մաքրանոց․ արգելանոցի մէջ փակել․ քառասուն օր արգելափակել ըստ առողջապահական եւ նաւանեխման կանոններու պահանջին․

quarrel (*քուոր՛րլ*) վիճիլ․ կռուիլ․ վէճ․ կռիւ․ բանակռիւ․ —*ler* կռուող․ վիճող․ —*some* կռուասէր․ կռուարար․ ադամանդի ձեւով ապակի (պատուհանի)․

quarry (*քուո՛րի*) քարահանք․ բազէով որսացուած հաւազգի որս․ աղբիւր՝ տեղեկութեան աղբիւր․

quatrain (*քուաթ՛րէյն*) չորս տողէ բաղկացած տուն, քառեակ (բանաստեղծութիւն)․

quaver (*քուէյ՛վըր*) դողալ․ թրթռալ․ թրթռացնել․ թրթռումով երգել կամ նուագել․ թըրթռում (ձայնի)․

quay (*քի*) քարափ․ —*age* (*քի՛իճ*) քարափի գրաւած շրջանը․ քարափի տուրք․

quean (*քուիյն*) յոռի վարքով աղջիկ․

queen (*քուիյն*) թագուհի․ դշխոյ․ մեղուներու մայրը՝ որ ձուերը կ'ածէ․ *to — it* թագուհիի հովեր առնել․ թագուհի որոշել․ դեր կատարել․ —*ly* թագուհիի պէս․ —*dom* թագուհութիւն․

queer (*քուիյր*) տարօրինակ․ այլանդակ․ կասկա–

ծելի նկարագիրով· վատառողջ· —*ly* այլանդակօրէն·

quell (*քուէլ*) նուաճել· ճզմել·

quench (*քուէնչ*) մարել· պապակը անցընել·

querulous (*քուէր'ուլըս*) կռուազան· դժգոհ· գանգատող· անհամբոյր· —*ness* դժգոհութիւն·

query (*քուի'րի*) հարցում· հարցման նշան (պարոյկ)· հարցաքննութիւն·

quest (*քուէսթ*) փնտռոտուք· փնտռել·

question (*քուէս'չըն, քուէսչըն*) հարցում· կասկածելի խնդիր· հարցաքննութիւն· վէճի նիւթ· հարցուփորձել· —*able* (*քուէս'չընըպլ*) կասկածելի· երկբայելի· —*-mark* հարցման նշան· —*er* հարցաքննիչ· հարցարար· *without, beyond, out of* — անկասկած· *to beg the* — կասկածելի հարց մը ապացուցուած համարել·

questionnaire (*քուէսչընէր', քէսթիոնէյր'*) հարցարան· ծանօթութիւն քաղելու, վիճակագրութիւն պատրաստելու դիտումով՝ անձի (կամ խումբի) ուղղուած հարցումներու շարք մը·

queue (*քիու*) պոչ· սպասողներու շարք· պոչ ընել· — *up* շարուած՝ կարգի սպասել·

quib (*քուիպ*) երգիծանք·

quibble (*քուիպ'լ*) բառախաղ· ճիշդ պատասխանը տալէ խուսափիլ (անկարեւոր կէտեր շեշտելով)· —*ler* տարտամ բառերով ճիշդ պատասխան տալէ խուսափող·

quick (*քուիք*) արագ· սուր· աշխոյժ· կենդանի· սրամիտ· զգայուն· փութկոտ· անհամբեր· յղի· ապրող բոյսերը՝ Կուաքաբար· —*ly* փութով· արագօրէն· —*ness* (*քուիք'նըս*) աշխոյժ· սրամտութիւն· վառ ըմբռնողութիւն· արագութիւն· անհամբերութիւն· —*en* (*քուիք'ըն*) կենդանացնել· խթանել· կենսունակ դառնալ· աւելի արագօրէն շարժիլ· —*-sand* աւազուտք՝ որ շատ թաց ըլլալով ճնշումի տեղի կու տայ՝ աւազախրում պատճառելով· —*silver (mercury)* սնդիկ՝ որ միակ հեղուկ մետաղն է (տեսակարար կշիռը 13)· *the* — ողջերը·

quid (*քուիտ*) ծամոն· ծխածամոն·

quiddity (*քուիտ'իթի*) ընծախնդրութիւն· խուսափանք· բանի մը էութիւնը· ինչութիւն·

quiesce (*քուայէս'*) հանդարտ (անձայն) մնալ· —*ent* լուռ· անշարժ·

quiet (*քուայ'էթ*) հանդարտ· անդորր· խաղաղ· հեզահամբոյր· ոչ-ցուցամոլ· հանդարտութիւն· լռեցնել· հանդարտեցնել· լռել· հանդարտիլ· —*en* լռեցնել· մեղմացնել·

quietus (*քուայէ'թըս*) պարտքի վճարում (հին առում)· մահ·

quill (*քուիլ*) խոշոր՝ սնամէջ փետուր· նոյնը իբր գրիչ գործածուած· ոզնիի փուշ· նուագարանի լարերը թրթռացնող գործիք (կտնոտց)· մագզ·

quilt (*քուիլթ*) վերմակ· վերմակի նման կարել· շուլլել·

quince (*քուինս*) սերկեւիլ·

quincentenary (*քուինսըն-թի'նըրի, քուինսըն'թինըրը*) հինգհարիւրերորդ տարեդարձ·

quinine (*քուինայն', քուինայն'*) քինին· քինածուէ եւ ուրիշ ծառերու կեղեւներէն հանուած դառն նիւթ (որ իբր դեղ կը գործածուի իր հակաջերմ եւ թոնիք յատկութեան համար՝ յատկապէս մալարիայի դէմ)·

quinqu(e) - (*քուինք-քու(ը)* –) լատ· նախաբառ՝ հինգ իմաստով·

quinquagesima (*քուին-քուըճէս'իմը*), — *Sunday* Բուն Բարեկենդանի կիրակի·

quinquennial (*քուինքուէ-ն'իըլ*) հինգ տարի տեւող· հնգամեայ· —*ly* ամէն հինգ տարին·

quins (*քուինզ*), quintuplets (*քուին'թիուփլըթս*) մէկ անգամէն 5 զաւակներու ծնունդ տուող մայր· հնգուորեակ·

quinsy (*քուին'զի*) փողացաւ, կոկորդի բորբոքում (բարձր տաքութիւնով եւ նշագեղձերու թարախումով)·

quintal (*քուին'թըլ*) 101 լիպրա ծանրութիւն· գանթար· կենդինար·

quintet, —te (*քուինթէթ'*) հնգեակ· հինգ անձի համար պատրաստուած կըտոր (երգելու կամ նուագելու)·

quintillion (*քուինթիլ'եըն*) հնգիլիոն· 1 եւ աջ կողմը 30 զէրօ (Անգ· առում)· (Ֆրնս· եւ Ամեր· առումով՝ 1 եւ աջ կողմը 18 զէրօ)·

quip (*քուիփ*) երգիծանք· սրամիտ խօսք·

quire (*քուայր*), *choir* երաժշտախումբ· խմբերգ· 1/20 հակ (թուղթի) որ 25 թերթ է· (փրանս· *ռամ*, արաբ· *մաուն* որուն մէջ 500 թերթ թուղթ կ'ըլլայ)·

quirt (*քուըրթ*) մտրակ·

Quisling (*քուիզ'լինկ*) *Vidkun Quisling* (1887–1945) Նորվեկիացի քաղաքագէտ՝ որ երկիրը կառավարեց Հիթլէրի տիրապետութեան շրջանին (1940–45)· իր երկրին դաւանան·

quit (*քուիթ*) ձգել· մեկնիլ· հրաժարիլ· — *oneself* վայելուչ կերպով վարուիլ· անպարտ· *to — costs* հատուցանել· *to — scores* առնելիք տալիք չթողուլ· —*ter* (*քուիթ'ըր*) խուսափող· դիւրաւ յուսահատող·

quite (*քուայթ*) լրիւ· ամբողչովին. բաւականա-չափ.

quiver (*քուիվ'ըր*) կա-պարճ. դողդողում. դող-դըղալ. դողալ.

qui vive? (*քի վիվ'*) (Ֆրնս.) (*who goes there?*) (գին.) ո՞վ է.

quixotic (*քուիքզ'աթիք*) ազնիւ. անգործնական. տոնքիշոտեան.

quiz (*քուիզ*) հարց. առեղ-ծուած. կատակ. պատ-րանք. հարցնող. հարցա-քննող. ընդհանուր՝ գի-տութեան մրցում. հար-ցափորձել. չարչրկել. կոշտ (արհամարհոտ) նայիլ. —*zer* հարցամոլ.

quoif (*քու'ոյֆ*) գլխանոց.

quorum (*քուո'րըմ*) օրի-նաւոր թիւ (ժողովի).

quota (*քուո'թա*) մաս. տեղական բաժին.

quote (*քուոթ*) յիշել. մէջ-բերում ընել. վկայու-թիւն բերել. գին տալ. *quotation* (*քուոթէյ'-շըն*), *quotations* գնա-ցուցակ, հրապարակի գին. մէջբերում. *quota-tion marks* չակերտ.

quoth (he) (*քուոթհ*) (Ա. եւ Գ. դէմքի մէջ գոր-ծածական) ըսի. ըսաւ. խօսեցաւ.

quotidian (*քուոթիտ'իըն*) օրական եկող (ջերմ). ամէնօրեայ.

quotient (*քուո'շընթ*) քա-նորդ.

quotum (*քուո'թըմ*) բա-ժին. համեմատութիւն.

quo warranto (*քուօ' ուա-րէնթօ*) իրաւական հրա-մանագիր.

R

R, r (*ար*) անգլերէն լեզուի 18րդ տառը· յոգ· *Rs, R's.* *the three Rs* երեք *R*-երը, այսինքն *Reading, (W)riting* եւ *(a)rithmetic* գրել, կարդալ եւ թուաբանութիւն, երեք հիմնական սորվելիք բաներ նախակրթարանի մէջ.

rabbi (*րէպ'ի, րապ'այ*), **rabbin** (*րապ'ին*) Ռաբբի, օրինաց վարդապետ (Եբր.).

rabbit (*րէպ'իթ*) ճագարակ.

rabble (*րէպ'լ*) ամբոխ. խաժամուժ. հրմշտկել.

rabid (*րէպ'իտ*) կատաղի. մոլեռանդ. կատաղութեան ախտէն վարակուած.

rabies (*րէյ'պիզ*) ջրավախութիւն. (շուներու) կատաղութեան ախտ. *rabious* (*րէյ'պիըս*) ցասկոտ. կատղած.

race (*րէյս*) ցեղ. սերունդ. զարմ. վազել. մրցիլ. *racial* (*րէյ'շըլ*) ցեղային. — *-hatred* (*րէյս'-հէյթ'րըտ*) օտար ցեղի հանդէպ ատելութիւն. — *course*, — *ground* վազքի դաշտ.

rachis (*րէյ'քիս*) ողնայար. *rachitis* (*րըքայ'թիս*) ոսկրաթեքութիւն.

rack (*րէք*) պրկելով տանջանք պատճառող գործիք. գելարան. թեթեւ կազմած (որուն վրայ գիրք, գլխարկ եւայլն ցուցադրութեան կը դրուին). մսուրի վանդակ (խոտ դնելու). պրկել. չարչարել. բարձր վարձք գանձել. —*ing* տագնապալի (ցաւ). շարժուն ամպեր. կործանում. քշուիլ (շոգիի պէս).

racket, racquet (*րէք'էթ*) թակ (թէնիսի). ձիւնի մուճակ. —*s* գնդակախաղ մը. ժխոր. շահադիտութեամբ դրամ շահիլ. —*eer* (*րէքըթիըր'*) անստորագիր նամակ գրող յեղուզակ. «կէնկըսթըր» (Ա.Մ.Ն.).

racy (*րէյ'սի*) կծու. լեղի. խայթող (համ). —*iness* լեղիութիւն.

radar (*րէյ'տըր*) *Radio Detection And Ranging* բառերուն առաջին տառեթէն կազմուած բառ. ռատիօ տեղակայանք, կամ մէջի գործիքները. շատ հեռուէն օդանաւը տեսնելու միջոց, շնորհիւ անոր արտացոլած ելեկտ. ալիքներուն՝ որոնք կ'արձանագրուին փայլուն ապակիէ պաստառի մը վըրայ.

radial (րէյ'տիըլ) ճառագայթի, շառաւիղի (երկրաչ.) եւ բազուկի վերաբերեալ. անիւի կեդրոնէն ճառագայթող ճողերու նման.

radiant (րէյ'տիընթ) լայն ժպիտ. փայլուն. պայծառ. կենսազուարթ. *—ce, —cy* լուսափայլութիւն. պայծառութիւն.

radiate (րէյ'տիէյթ) շողալ. փայլիլ. ճառագայթել. *radiation* (րէյտիէյ'շըն) ճառագայթում (կեդրոնէ մը). *radiator* (րէյ'տիէյթըր) լոյս կամ տաքութիւն արձակող գործիք. տուներու ջեռուցման միջոց (շոգիով կամ տաք ջուրով). ջուրը քաշող եւ զովացնող գործիք.

radical (րէտ'իքըլ) արմատական. հիմնական. լըման. շատ ազատական. արմատ (բուս.). արմատ բառ. *—ism* քաղաք. տեսութիւն, որուն համաձայն հիմնական բարեկարգում պէտք է.

radio-active (րէյ'տիօ-էքթիվ) շողարձակ. *—-activity* շողարձակում. *radiograph* շողագիր (արեւուն ջերմութիւնը չափող գործիք). Փ. ճառագայթով առնուած լուսանկար. *radiography* շողագրութիւն. *radiology* (րէյտիալ'ըճը) շողաքննութեան գիտութիւն (բժշկ.).

radio (րէյ'տիօ) անթել հեռաձայն (հեռագիր)՝ ռատիօ. ձայնասփռում. նոյնին ընկալուչ մեքենան. ռատիոյով հեռագիր. *radiogram* ռատիոյի ընկալուչ մեքենայ՝ կապուած ձայնագիրի. *radiolocation,* տես՝ *radar.*

radish (րէտ'իշ) բողկ.

radium (րէյ'տիըմ) շողարձակ նիւթ. ռատիում.

radius (րէյ'տիըս) (շրջանակի) շառաւիղ. անիւի շառաւիղ. ճաճանչոսկր (նախաբազուկի).

radix (րէյ'տիքս) արմատ. ծագում. օր. 10 թիւը տասնորդական դրութեան արմատն (աղբիւրն) է. (բնախօս.) մարմնի կառոյցի մը արմատը (ակռայի).

raff (րէֆ) խառն կոյտ. խաժամուժ. անպէտ մարդ. *—ish* ամբոխային. *riff-—* խաժամուժ. խուժան.

raft (րէֆթ) լաստափայտ. լաստով ընթանալ (գետնիվար).

rag (րէկ) ցնցոտիք. քուրջ. մնացորդ. կարկտան. *—s* թշուառական երեւոյթ. քուրջէ. *—-tag* խուժան. նեղել. ծաղրել.

համալսարանականներու վէճ (կռիւ).

rage (րէյճ) կատաղութիւն. ցասում. մոլութիւն. կատղիլ. սաստկանալ (փոթորիկ, պատերազմ). —*ing* կատաղի. մոլեգին. մոլեգնութիւն.

ragged (րէկ'ըտ) ցնցոտիապատ. պատռտած. հարեւանցի եղած.

raid (րէյտ) ասպատակութիւն. ոստիկանական անակնկալ այցելութիւն (վայրի մը որ կասկած հրաւիրած է). թշնամի քաղաքի վրայ օդային յարձակում (*air-raid*). անակնկալ յարձակիլ. ասպատակել. —*er* ասպատակիչ. ռազմանաւ.

rail (րէյլ) ձող. երկաթուղագիծ. ձողերով պատել. շոգեկառքով ուղարկել. —*road* (րէյլ'րո'տ), —*way* երկաթուղի. *to* — հեգնել. այպանել. —*er* ծաղրող. քննադատող.

raiment (րէյ'մընթ) հանդերձ. զգեստ.

rain (րէյն) անձրեւ. անձրեւել. —*bow* (րէյն'պօ') ծիրանի գօտի. —*coat* անձրեւազգեստ. —*fall* եկած անձրեւի քանակը. անձրեւելը. —-*proof* (րէյն'-փրուֆ), —-*tight* (րէյն'-թայթ) ջրապինդ. —*y* անձրեւոտ. *it —s cats and dogs* ուժգնօրէն կ'անձրեւէ. *tears —ed down her cheeks* շատ արցունք կը թափէր. *blows —ed upon him* հարուածներ կ'իջնէին իր վրայ.

raise (րէյզ) վերցնել. բարձրացնել. յառաջացընել. կառուցանել. հանգանակել. արտադրել (մշակելով). տուրք ժողվել. ոգեւորել. վերցընել (պաշարումը). վերելք. —*d* բարձր. *to — cain, a dust, the devil, hell* փոթորիկ յարուցանել. *to — the wind* պատրաստ դրամ ճարել.

raisin (րէյ'զին) չամիչ.

rake (րէյք) տրմուղ (հողը հարթելու, տերեւ եւայլն գետնէն ժողվելու գործիք). քքրել. քաղոցել. ցոփ. —*hell* խառնակեաց (ցոփ) մարդ. —*ish* ցոփ.

rally (րէլ'ի) մէկտեղում. հաւաքում. բացօդեայ ցոյց. կատակ. ծաղր. ուժերը ժողվել. չարչըրկել. ծաղրանքով յարձակիլ.

ram (րէմ) խոյ (արու ոչխար). ռազմական մեքենայ (դռներ, պատեր փլցնելու համար). զարնել. խցել. մխել.

Ramadan (րէմ'ըտան) Ռամատան.

ramble (րէմ'պլ) դեգերում. սլքտալ. անկապակից խօսիլ (գրել).

ramify (րէմ'իֆայ) ճիւղաւորել. ճիւղաւորուիլ. —*fication* (րէմիֆիքէյ'շըն) ճիւղ. ճիւղաւորում.

ramp (րէմփ) մագլցիլ. ցատքել. վազք. ոստում.

—*age* (*րէմփէյճ'*) խըռովք. բարկութիւն. կատաղութեամբ հոս հոն վազել. *be on the rampage* ինքնիրմէ դուրս ելած՝ վազել.

rampant (*րէմփ'ընթ*) գեղուն. ծաւալուն. բուռն.

ran (*րէն*) (անց. *run* բային) վազեց.

ranch (*րէնչ*) ձիաբուծարան. արջառի յատուկ խոշոր ագարակ.

rancid (*րէն'սիտ*) նեխած, ապականած. ծթռած.

rancorous (*րէն'քըրըս*) ոխակալ.

rancour (*րէնկ'քըր*) ոխակալութիւն. չարութիւն.

random (*րէն'տըմ*) պատահմամբ. աննպատակ. *at* — առանց նպատակի.

rang (*րէնկ*) անց. *ring*ի հնչեց.

range (*րէյնճ*) կարգ. շարք. աստիճան. խոհանոցի խոշոր վառարան. նշանառութեան վայր. լեռնաշղթայ. հասողութիւն. արօտավայր. դասաւորել. տողի վերածել. ելեւէջել (գիները). շըրջագայիլ. —*r* անտառապահ. արենուշ. որս փընտրող (շուն). —*rs* հեծելազօրքի վաշտ.

rank (*րէնկք*) դասաւորուիլ. բարձր դիրք բռնել. կարգ. տող. աւագութիւն. զինուորներու շարք. համեմատական աստիճան. բարեբեր. ռոխ. նեխած. անոպայ. չափազանց վաւաշոտ. —*s* պարզ զինուոր.

ransack (*րէն'սէք*) զզուշութեամբ խուզարկել. կողոպտել.

ransom (*րէն'սըմ*) փրկագին. մեծ գումար (փըրկագին) վճարել.

rant (*րէնթ*) կատղած պոռալ. մեծաբանել. պոռոտախօսութիւն ընել. պոռոտախօս.

rap (*րէփ*) թեթեւ հարուած (դուռի). բախիւն. բախել. ուժգնօրէն բռնել. յափշտակել.

rapaceous (*րըփէյ'շըս*) գիշակեր. յափշտակիչ. ագահ.

rape (*րէյփ*) յափշտակութիւն. բռնաբարութիւն. բռնաբարել.

rapid (*րէփ'իտ*) արագ. սրընթաց. —*s* ժայռերու վրայէն սահող գետ. սահանք.

rapier (*րէյ'փիըր*) բարակ սուր.

rapport (*րափորթ'*) համաձայնութիւն. սերտ կապակցութիւն.

rapprochement (*րափրոշ'ըման*) լաւ յարաբերութիւններու վերահաստատում. մերձեցում.

rapt (*րէփթ*) խլուած. յափըշտակուած. վերացած. երանաւէտ.

rare (*րէյր*) հազուագիւտ. անսովոր. նուրբ. ցանցառ. կիսեփ. —*fy* անօսրացնել. անզգայացնել.

rarity (*րէր'իթի*) անօսրութիւն. սակաւութիւն. հազուագիւտ բան.

rascal (*րաս'քըլ*) սրիկայ. բարի ծաղիկ. ցած. ստորին. անզգամ.

rase տես՝ *raze* (րէյզ)։

rash (րէշ) յամառ. յանդուգն. ժպիրհ. անխոհեմ. եռք (մորթի)։

rasp (րէսփ) շփել. խարտոցել. քերել. գրգռիչ ձեւով խօսիլ. մեծ խարտոց. —*berry* (րէսփ'պէրի) արքայամորի։

raster (րէս'թըր) հեռատեսիլի ճառանկիւն լոյսը (վարագոյրին վրայ)։

rat (րէթ) առնէտ. դասալիք. մուկ բռնել. զինքը կտրել. դասալիք ըլլալ. *to smell a rat* ըզգալ թէ գաղտնի բան մը կը ծրագրուի (մէկուն դէմ)։

ratch (րէչ) կեռաժանի անիւ։

rate (րէյթ) սակ. որոշուած գին. արժէք. ատիճան. ընթացք. գնահատել. հաշուել. սակը որոշել. *first* — առաջնակարգ. *at any* — ինչ որ ալ ըլլայ. ամէն պարագայի տակ. *at the — of* գնով. արագութեամբ. *to* — կշտամբել։

rather (րաոհ'ըր) նախընտրաբար. մանաւանդ. լաւ եւս. փոխանակ. քիչ մը. չափով մը. *rather!* որաշապէս։

ratify (րէթ'իֆայ) վաւերացնել. հաստատել։

ratio (րէյ'շիօ) համեմատութիւն. զուգակշիռ։

ration (րէյ'շըն, րէ'շըն) օրաբաժին. ռոճիկ. —*s* պաշար. օրական սնունդի բաժինը որոշել։

rational (րէշ'ընըլ) բանական, բանական. արդարիրացի. —*e* (րէշընէյ'լի) պատճառաբանութիւն. —*ism* բանապաշտութիւն։

rationalize (րէշ'ընէլայզ) բանարկել. բանապաշտ դարձնել։

ratsbane (րէթզ'պէյն) մուկի թոյն (թեփախառն զառիկային թթուով պատրաստութիւն)։

rattle (րէթ'ըլ) ճռնչել. լփռտալ. աղմկել. ճռինչ. շառաչիւն. —*-brained*, —*-headed*, —*-pated* պարապ գլուխ. ապուշ. —*snake* բոժոժաւոր օձ։

raucus (րո՛'քըս) խռպոտ. բիրտ։

ravage (րէվ'էճ) աւերել. քանդել. աւար առնել. կործանել. աւերում. կործանում. աւարառութիւն։

rave (րէյվ) ցնորիլ. զայրանալ. բանդագուշել։

ravel (րէվ'ըլ) թնճկիլ. բարդանալ. բարդացնել. կնճռոտել։

raven (րէյ'վըն) ագռաւ. սեւ՝ փայլուն (մազ)։

ravin, raven (րէվ'ըն) կողոպտել. աւարառել. գիշատել. կողոպուտ. աւար. որս. *ravenous* գիշատիչ. անյագ։

ravine (րըվին') երկար, խորունկ ձոր. հեղեղատ։

ravish (րէվ'իշ) յափշտակել. բռնաբարել. կուսութիւնը առնել. դիւթել։

raw (րո՛) հում. խակ. համբակ. ցուրտ. չքանուած. սկրթուած (մորթ)։

խոց․ սկրբուք․ — *hide* չրաճուած մորթ․ — *deal* կոշտ (վերաբերում)․ *raw material* հում նիւթ․

ray (րէյ) ճառագայթ․ շող․ շառաւիղ․ խոշոր տափակ ծովային ձուկ (կատուաձուկ)․ *a — of hope (truth)* յոյսի (ճըշմարտութեան) նշոյլ մը․

rayon (րէյ'ոն) արուեստական մետաքս․

raze (րէյզ), rase (րէյզ) հիմնայատակ ընել․ աւրել․ կործանել․քերել (մորթը)․

razor (րէյ'զըր) ածելի․ ածիլել․

razzle (րէ'զլ) կերուխում․

re - (րի –) նորէն․ կրկին․ նախդիր (բարդ բառերու կազմութեան ծառայող), օր․՝*react, readd* եւայլն․

reabsorb (րիէպսոր'պ) վերածծել․

reach (րիյչ) հասնիլ․ հասցնել․ երկարիլ․ տարածել․ առնել․ թափանցել․ շահիլ․ երկարել․ դպչիլ․ յաջողիլ․ հասողութիւն․ կարողութիւն․ սահման․ միջոց․ ժամանում․ հընարք․

react (րիէքթ') ներգործել․ հակազդել․ փոխազդել․ —*ion* (րիէք'շըն) հակազդեցութիւն․

reactor (րիէքթ'ըր) հիւլէական բարդ (տաքութիւն արտադրող)․

read (րիյտ), (read (րէտ) անց․ եւ անց․ ընդ․) կարդալ․ արտասանել․ սերտել․ վերածել․ սորվիլ․ *to — between the lines* թաքուն իմաստին թափանցել․ — (րէտ) ուսեալ․ հմուտ․ —*able* լաւ գրուած․ հմտալից․ հետաքրքրական․ ընթեռնելի․

readily տես՝ *ready* (րէտ'ի)․

readjust (րիըճըսթ') նորէն յարդարել․ վերանշդել․

ready (րէտ'ի) պատրաստ․ յօժար․ մօտ․ արագ․ ծանօթ․ կանուխէն․ պատրաստութեան վիճակի մէջ․ —*ily* յօժարութեամբ․ խնդոյն․ —*made* պատրաստ, ոչ-չափի վրայ․

reagent (րիէյ'ճընթ) հակազդակ, քիմիական նիւթ՝ որ վերլուծութեան արդիւնքը փոխելու կը ծառայէ․

real (րի'ըլ) իրական․ բուն․ ստոյգ․ — *estate*, — *property* անշարժ կալուած․ —*ity* (րիէլ'իթի) իրականութիւն․

realize, —se (րի'ըլայզ) իրականացնել․ իրագործել․ կատարել․ ստանալ․ դրամի վերածել․ հասոյթ բերել․ ըմբռնել․ *realist* իրապաշտ․ գործնական․

realm (րէլմ) թագաւորութիւն․ պետութիւն․ կալուած․ շրջան․

ream (րիյմ) թղթի կապոց (480 թերթեր), ռամ․

reap (րիյփ) քաղել․ հընձել․ —*er* հնձող (անձ, մեքենայ)․

rear (րիյր) յետսակողմ․ վերջամաս․ կառուցանել․ բարձրացնել․ մեծցնել (ընտանիք, զաւակ)․ անե-

ցընել, շառցնել (ար-ջառ)· եռեւի ոտքերուն վրայ կանգնիլ·
rearm (*րիարմ՛*) վերազինել·
rearmost (*րիյր՛մոսթ*) վերջինը, ամենայետինը·
rearrange (*րիէրէյնճ՛*) վերբստին կարգադրել·
reason (*րի՛զըն*) դատողութիւն· բանականութիւն· խելք· արդարամտութիւն· նպատակ· պատճառ· շարժառիթ· տրամաբանել· պատճառաբանել· համոզելու աշխատիլ· —*able* իրաւացի· բանաւոր· չափաւոր·
reassure (*րիըշուր՛*) հաւաստիք տալ· մտահոգութիւնը (վախը) փարատել, վստահութիւն ներշնչել· կրկին ապահովագրել· —*ing* սրտապնդիչ· քաջալերական·
rebate (*րըպէյթ՛*) բթացընել· զեղչ ընել· զեղչ· նուազում·
rebel (*րէպ՛ըլ*) ապստամբ· ըմբոստ· (*րիպէլ՛*) ապըստամբիլ (զէնք վերցնելով պետութեան դէմ)·
rebellion (*րիպէլ՛եըն*) ապըստամբութիւն·
rebirth (*րիպըրթհ՛*) հոգեւոր վերածնունդ· գիտութեանց վերածնունդ·
rebound (*րիպաունտ՛*) վերադառնալ·
rebuff (*րիպաֆ՛*) արհամարհոտ մերժում· վանում· *to get a* — մէկուն հետ գէշ վարուիլ (հակառակ ցոյց տրուած բարիկամեցողութեան)·
rebuke (*րիպիուք՛*) սաստել· սաստում·
rebut (*րիպըթ՛*) ետ մղել· հերքել· —*al* հերքում·
recalcitrate (*րիքէլ՛սիթ-րէյթ*) ընդդիմանալ· ապստամբիլ· հեղինակութեան դէմ կենալ· անսաստել·
recall (*րիքո՛լ*) ետ առնել· յետս կոչել· մտաբերել· ջնջել (կանոն մը)· յետս կոչում· պաշտօնանկութիւն·
recant (*րիքէնթ՛*) ետ առնել (խօսքը, գաղափարը)· հերքել·
recapitulate (*րիքէփի-թ՛իուլէյթ*) գլխաւոր միտքերը ամփոփել (ճառի մը)· ամփոփում ընել·
recapture (*րիքէփ՛չըր, րի-քէփ՛թիուր*) վերագրաւել· վերագրաւում·
recede (*րիսիյտ՛*) նահանջել· ետ քաշուիլ· տեղի տալ· յետադիմել·
receipt (*րիսիյթ՛*) ստացագիր· ընկալագիր· ընկալում· դեղագիր· եփելու ուղղութիւն տուող պատուէր· խոհագիր·
receive (*րիսիյվ՛*) ստանալ· ընդունիլ· հիւրընկալել· փորձառութիւն սորվիլ· գողօն առնել (կամ գնել)· —*r* ստացող· ձայնասփիւռ մեքենայի ընկալուչը·
recent (*րի՛սընթ*) նոր· այժմեան· —*ly* դեռ նոր, վերջերս·
receptacle (*րիսէփ՛թէքըլ*) աման· պատիճ (բուս·)· ընդունարան·
reception (*րիսէփ՛շըն*) ընդունելութիւն· ռատիո-

յէն առնուած ձայներու որակը. receptive (րի-սէփ'թիվ) ընդունակ. մտացի. խելացի.

recess (րիսէս') առանձնացում. դադար. որմախորշ.

recharge (րիչարճ') կրկին ամբաստանել (յարձակիլ, զէնքը լեցնել).

recipe (րէս'իփի) դեղագիր. պատուէր. ձեւագիր.

recipient (րէսիփ'իընթ) ընդունակ. ընդունող.

reciprocal (րէսիփ'րոքըլ) փոխադարձ. փոխնիփոխ. լրացուցիչ.

recite (րիսայթ') արտասանել (հանրութեան առջեւ). պատմել. դասը աւանդել. թուել. *recital* արտասանում. մենանուագ. *recitation* (րէսիթէյ'շըն) արտասանութիւն. դասաւանդութիւն.

reck (րէք) հոգալ. հաշուի առնել. կարեւորութիւն տալ. *—less* (րէք'լէս) անհոգ. անզգոյշ.

reckon (րէք'ըն) հաշուել. թուել. սեպել. յարգել. հաշիւ ճշդել. *to — upon* վստահիլ.

reclaim (րիքլէյմ') ետ պահանջել. բերրի դարձնել (հողերը). մեղքէ (մոլորութենէ) հեռացնել, բարեկարգել.

recline (րիքլայն') կռթնիլ. ընկողմանած հանգչիլ.

recluse (րիքլուզ') ճգնաւոր. փակեալ.

recognize, —ise (րէք'ըգնայզ) ճանչնալ. հասկընալ. վերահասու ըլլալ. բարեւել. *recognition* (րէքըգնի'շըն) ճանաչում. խոստովանութիւն.

recoil (րիքոյլ') ցնցուելով ետ ցատքել (հրացանը պարպելէն ետք). ընկրկիլ. ընկրկում. յետադարձ.

recollect (րէք'ըլէքթ) վերյիշել. մտաբերել. — (րի'քըլէքթ) վերստին հաւաքել.

recommend (րէք'ըմէնտ') յանձնարարել. գովել. *—ation* (րէքըմէնտէյ'շըն) յանձնարարական (գրութիւն, յանձնարարութիւն).

recompense (րէք'ըմփէնս) հատուցանել. վարձատրել. պատժել. հատուցում. պատիժ. վարձատրութիւն.

reconcile (րէք'ընսայլ) հաշտեցնել. յարմարցընել. հաշտուիլ (կացութեան հետ).

recondite (րէք'ընտայթ) ծածկուած. գաղտնի. քիչ ծանօթ.

recondition (րիքընտիշ'ըն) վերանորոգել (անձ, բան).

reconnaissance (րիքան'էյսընս) երկրախուզութիւն (օդէն, ծովէն), երկրաչափական կամ զինուորական գործողութեանց համար.

reconsider (րիքընսիտ'ըր) քննել. վերստին նկատի առնել. վերատեսութեան ենթարկել.

reconstitute (րիքընս'թի-

թիուշթ) վերակազմել.

reconstruct (*րիքանսթրաքթ'*) վերաշինել. վերակառուցել. ոճիրը գործուած վայրին վրայ ձեւացնելով կրկնել տալ՝ դատական նպատակով.

record (*րիքորտ'*) արձանագրել. նոթ առնել. երգալնակ պատրաստել (երգելով, խօսելով). — (*րէք'ըրտ*) արձանագրութիւն. ցուցանիշ. մրցանիշ.

recount (*րիքաունթ'*) պատմել. վերստին հաշուել. նառել.

recoup (*րիքուփ'*) հատուցանել (կորուստին փոխարէն).

recourse (*րիքորս'*) դիմում. խնդրանք. ապաւէն.

recover (*րիքավ'ըր*) ետ առնել. վերաշահիլ. ապաքինիլ. բուժուիլ. դատը շահիլ. վերստին ծածկել (*re-cover*).

recreant (*րէք'րիընթ*) վատ. անհաւատարիմ. հաւատուրաց.

recreate (*րէք'րիէյթ*) ոգեւորել. նոր կեանք տալ. —*tion* (*րէքրիէյ'շըն*) հանգիստ. զուարճանք. *re-creation* (*րիքրիէյ'շըն*) վերստեղծում.

recruit (*րէքրութ'*) զինուորագրել. պակասը լեցնել. օգնականներ հաւաքել. ուժերը նորոգել. կողմնակիցներ շահիլ. *a* — նորագիր (զինուոր, անդամ).

rectangle (*րէք'թէնկկըլ*) ուղղանկիւն քառանկիւն.

rectify (*րէք'թիֆայ*) շըտկել. սրբագրել. զտել. ելեկտր. փոփոխական հոսանքը փոխել ուղղակի հոսանքի.

rectitude (*րէք'թիթիութ*) ուղղամտութիւն.

recto (*րէք'թօ*) օր.՝ բաց գրքի մը աջ կողմի էջը. (հակ. *verso*).

rector (*րէք'թըր*) Անգլիքան եկեղեցիի հովիւ. ուսուցչապետ (սկովտ.) գոլէճի մէջ. տնօրէն կարգ մը համալսարաններու մէջ.

rectum (*րէք'թըմ*) հաստ աղիքի վարի ծայրը. նախաղի.

recumbent (*րիքըմ'պընթ*) ընկողմանած. կռնակի վրայ պառկած.

recuperate (*րիքիու'փըրէյթ*) ապաքինիլ. կազդուրուիլ.

recur (*րիքըր'*) ետ գալ. պարբերաբար պատահիլ. —*ring* պարբերաբար եկող (պատահող).

recusant (*րիքիու'զընթ*) անհնազանդ.

red (*րէտ*) (redder, reddest) կարմիր, (աւելի, ամենէն կարմիր). հըրաշէկ. յեղափոխական. համայնավար. *to see* — զայրանալ. վտանգի ազդանշան. *The Red Army* կարմիր Բանակը. —*-blooded* առնական. — *corpuscle* (*րէտ քարփ'ըսըլ*) արեան կարմիր գնդիկ. *he was* *caught red-handed* սըխալ արարքի վրայ բռնուեցաւ. *red-letter day* տօնական օր. *Red-cap* զինուորական ատեան. (Ա. Մ. Ն.) շոգեկառքի բեռնակիր. *—den* կարմրցնել. կարմրիլ. շիկնիլ. ժանգոտիլ.

redact (*րիտէքթ'*) խմբագրել.

reddition (*րէտի'շըն*) վերայանձնում. անձնատուութիւն.

redeem (*րիտիյմ'*) վերազնել. փրկագին վճարել. գրաւի դրուած կալուած մը պարտքէ ազատել. մեղքէ փրկել. *R—er* Փրկիչ.

redemption (*րիտէմփ'շըն*) փրկութիւն. պարտքի վըճարում. ազատութեան փրկանք.

redirect (*րիտայրէքթ'*) վերըստին հասցէագրել. վերստին վարել.

redistribute (*րիտիսթրի–պ'իութ*) վերաբաշխել. վերացրուել.

redolent (*րէտ'ոլընթ*) բուրումնաւէտ. վերյիշեցնող.

redoubt (*րիտաու'թ*) փոքր ամրոց.

redoubtable (*րիտաու'թը–պըլ*) ահարկու. սոսկալի. քաջարի.

redound (*րիտաունտ'*) հետեւանք տալ. նպաստաւոր ըլլալ. ետ քաշուիլ. հակազդել.

redraft (*րիտրէֆթ'*) վերըստին գծել (ուրուագըծել). երկրորդ օրինակ մը. երկրորդ մուրհակ մը (փոխանակագիր).

redress (*րիտրէս'*) հազցընել. հատուցում ընել. շտկել. դարմանել. հատուցում. դարմանում.

redressal (*րիտրէս'ըլ*) փոխարինում.

reduce (*րիտիուս'*) նուազեցնել. վերածել. ամփոփել. բովանդակել. նիհարնալ. *reduction* նուազում. վերածում. նուաճում.

redundant (*րիտան'տընթ*) աւելորդ. ըսելիքը արտայայտող բառերէն շատ աւելի.

re-echo (*րի–էք'օ*) վերստին արձագանգել. վերարձագանգում.

reed (*րիյտ*) եղէգ. շամբ. սրինգ. եղէգով ծածկել. *—en* եղեգնեայ.

reef (*րիյֆ*) առագաստի օղակ. վիմուտք. խարակ. *—y* վիմուտ.

reek (*րիյք*) ծուխ. շոգի. շոգի արձակել. մխալ.

reel (*րիյլ*) պար մը. կարժառ. ճախարակ. *to — off* սահուն արտասանել.

reem տես՝ *ream.*

refection (*րիֆէք'շըն*) զովացուցիչ. պարզ ճաշ մը. *refectory* (*րիֆէք'–թըրի*) ճաշասրահ (վանքի, դպրոցի).

refer (*րիֆըր'*) յղել. դիմել. մատնանիշ ընել. վերաբերիլ. ակնարկել. *to refer to a book* գիրքի մէջ որոշ բան մը փնտռել. *—ee* (*րէֆը–րի''*) իրաւարար. *—ence* (*րէֆ'ըրընս*) վերագըրում. ակնարկութիւն.

կապակցութիւն. գիրքի մը մէկ հատուածը՝ որ ընթերցողի ուշադրութեան կը յանձնուի.
referendum (րէֆըրէն'-տըմ) հանրաքուէ. հարցագիր. հւանագիր.
refine (րիֆայն') մաքրել. զտել. փայլեցնել. ազնուացնել. զտուիլ. մաքրուիլ. յղկուիլ (վարքով, ճաշակով). —*d* յղկըւած. բարեկիրթ. ազնիւ.
refinery (րիֆայն'ըրի) զըտարան.
reflect (րիֆլէքթ') ցոլացնել, անդրադարձնել (ձայնը, լոյսը, ջերմութիւնը). փոխարինել. պարսաւել. խոկալ. —*on* վարկաբեկել. անուանարկել. —*ion* արտացոլացում. խոկում. *to cast —ions on* մէկուն դէմ վատախօսել.
reflex (րի'ֆլէքս) անդրադարձ. *Reflexive Pronoun* Անդրադարձ Դերանուն.
reflux (րի'ֆլաքս) յետահոսում. տեղատուութիւն.
reform (րիֆորմ') վերակազմել. բարենորոգել բարեկարգութիւն. բարենորոգում. —*ation* (րէֆորմէյ'շըն) բարեկարգութիւն՝ որ Բողոքականութեան ծնունդ տուաւ (16րդ դար). —*er* (րիֆորմ'ըր) բարեկարգիչ.
refract (րիֆրէքթ') բեկանել. բեկբեկել (լոյսի ճառագայթները). —*ion* (րիֆրէք'շըն) բեկբեկում.
refractory (րէֆրէքթ'ըրի) կամակոր, անսաստ. անկէզ (նիւթ՝ որով հալոցի ներսը կը ծեփեն).
refrain (րիֆրէյն') սանձել. զսպել. ետ կենալ. կրկներգ.
refresh (րիֆրէշ') կազդուրել. զովացնել. թարմացնել. սփոփել. ոգեւորել. յոգնութիւնը փարատել. — *one's memory* յիշողութիւնը թարմացնել. —*er* կազդուրող. նորոգող. —*ments* զովացուցիչ. թեթեւ ըմպելի.
refrigerate (րէֆրիճ'իրէյթ) պաղեցնել. սառեցնել. կերակուրները զով պահել. պաղիլ.
refuge (րէֆ'իուճ) ապաւէն. ապաստան. ապաստանարան. պողոտայի մէջտեղ կղզեակ. պատսպարել. ապաստան հայթայթել. ապաստանիլ. *political refugee* (փոլիթ'իքըլ րէֆիուճի") քաղաքական ապաստանեալ. ուրիշ երկիր մը փախչելով ապաստան գըտած անձ.
refulgent (րիֆըլ'ճընթ) շողշողուն. —*gence* փայլունութիւն. շողիւն.
refund (րիֆանտ') գումարը վերադարձնել. — (րի'ֆանտ) վերստին վըճարում.
refurbish (րիֆըր'պիշ) փայլեցնել. նորի պէս ընել.
refuse (րիֆիուզ') մերժել.

գլանալ· չհամակերպիլ· — (րէ'ֆիուզ) ամէլցում· դիրտ· անպիտան (նետուելիք) բան· աղբ· —*sal* (րիֆիու'զըլ) մերժում·
refute (րիֆիութ') հերքել· փաստը ջրել· *refutation* (րէֆիութէյ'շըն) հերքում· մերժում·
regain (րիկէյն') վերստանալ· նորէն շահիլ· նորէն հասնիլ·
regal (րի'կըլ) արքայական· —*ia* (րիկէյ'լիը) արքայական թագ, գաւազան, զարդարանք, եւայլն·
regard (րիկարտ') դիտել· նկատել· յարգել· վերաբերիլ· զննել· ակնարկ· նկատում· յարգանք· *my best —s* լաւագոյն մաղթանքներս· բարեւներս· *in — to* նկատմամբ· *as —s* նկատմամբ· —*ful* ուշադիր· ակնածու· —·*ing* նկատմամբ·
regatta (րիկաթ'ը) նաւարշաւ·
regency տես՝ *regent*.
regenerate (րիճէն'ըրէյթ) նոր կեանք (կենսունակութիւն) տալ· վերածընիլ· վերստին ծնունդ տալ· վերածնեալ·
regent (րի'ճընթ) իշխան· խնամակալ· փոխարքայ·
régime (րէժիյմ') վարչաձեւ· պահեցողութիւն (ուտելիքի, խմելիքի նկատմամբ), սննդականոն·
regimen (րէճ'իմըն), *regime* (րէճիմ') վարչութիւն· կառավարութիւն· սննդականոն· առողջական կանոն·
regiment (րէճ'իմընթ) գունդ (զինուորական), չորս խումբերէ կազմըւած, շուրջ 1000 անձէ բաղկացած· գունդ կազմել· —*ation* (րէճիմընթէյ'շըն) մարդոց կամքին հակառակ կանոններ դնելով անոնց ընթացքը (կեանքը) վարելը·
region (րի'ճըն) գաւառ· շրջան· երկիր· շրջակայք· —*s* տիեզերքի անջատ մասերը·
register (րէճ'իսթըր) արձանագրութիւն· տոմար· այրութենական ցանկ· արձանագիր· օրացոյց· արձանագրել· բողոքագիր ներկայացնել· — *a letter* նամակ մը ապահովագրել· *registration* (րէճիսթրէյ'շըն) արձանագրութիւն· —*ar* դիւանադպիր·
regnal (րէկ'նըլ) իշխանական·
regnant (րէկ'նընթ) իշխան· ժառանգաբար իշխող·
regress (րիկրէս') վերադարձ· յետանցք· նախկին վիճակին դառնալ· յետադիմել· արեւելքէն դէպի արեւմուտք շարժիլ (աստղ)·
regret (րիկրէթ') զղջալ· ափսոսալ· վշտանալ· վիշտ· մորմոք· ապաշաւ· զղջ·
regular (րէկ'իուլըր) կանոնաւոր· բնական· հարթ· պարբերական· — *army* կանոնաւոր բա-

ճակ․ —*ize*, —*ise* կանոնաւորել․
regulate (*րէկ՛իուլէյթ*) կարգի դնել․ *regulation* (*րէկիուլէյ՛շըն*) կարգաւորում․ կանոն․ պատուէր․
regurgitate (*րէկըր՛ճի-թէյթ*) դուրս թափել․ առատօրէն հոսեցնել․ թափիլ․ հոսիլ դէպի ետ․
rehabilitate (*րիհէպիլ՛ի-թէյթ*) վերահաստատել (պաշտօնին վրայ)․ պատիւը փրկել․
rehearse (*րիհըրս՛*) փորձ ընել․ բարձրաձայն կրրկնել․ արտասանել․ *rehearsal* փորձ․ դերափորձ․ կրկնում (փորձի)․
Reich (*րայխ*) գերման դաշնակցային պետութիւն․ —*stag* (*րայխըս՛-թակ*) Գերմանիոյ խորհրդարանը․ —*swehr* (*րայխս՛վէհր*) Գերմանիոյ ցամաքային եւ ծովային ուժերը․
reify (*րի՛իֆայ*) շօշափելի (իրական) դարձնել․
reign (*րէյն*) իշխանութիւն․ տիրապետութեան շրջան․ զօրութիւն․ տիրել․ իշխել․ թագաւորել․
rein (*րէյն*) երասանակ․ սանձ․ զսպել․ սանձահարել․ *to give* — արտօնել․ *to take the* —*s* ղեկը ձեռք առնել․
reincarnate (*րիինքար՛-նէյթ*) վերստին մարմնանալ․ վերստին ծնիլ․ —*tion* հոգեփոխութիւն․ վերածնունդ․
reindeer (*րէյն՛տիյր*) եղջերու (ցուրտ շրջաններու)․
reinforce (*րիինֆորս՛*) ամրացնել․ վերստին զօրացնել․ —*ment* օգնական ուժեր, ուժեղացում (նոր օգնական ույժ բերելով)․ *reinforced concrete* քրծաշաղախի հետ երկաթէ ձողեր կապելը՝ շէնքը հաստատուն եւ միաձոյլ ընելու համար․
reins (*րէյնզ*) երիկամունք․ երանք․ արանք․
reinstate (*րիինսթէյթ՛*) նախկին դիրքին (պատիւին) հասցնել, հաստատել․
reissue (*րիիշ՛իու*) վերըստին հրատարակել․ վերըստին հրատարակութիւն․
reiterate (*րիիթ՛ըրէյթ*) վերակրկնել․ —*tion* (*րիիթըրէյ՛շըն*) կրկնում․
reive, reave (*րի՛վ*) գողնալ․ կողոպտել․ —*r* գող․ աւազակ․
reject (*րիճէքթ՛*) մերժել․ նետել․ մէկդի ընել․ —*ion* (*րիճէք՛շըն*) մերժում․
rejoice (*րիճոյս՛*) ցնծալ․ հրճուիլ․ ուրախացնել․ զուարթացնել․
rejoin (*րիճոյն՛*) վերստին միանալ․ յարիլ․ —*der* կտրուկ պատասխան․
rejuvinate (*րիճու՛վինէյթ*), *rejuvinize*, —*ise* նորէն երիտասարդացնել․
relapse (*րիլէփս՛*) հիւանդութիւնը կրկնել․ ետ իյնալ (վատ կեանքի մէջ)․

relate (*րիլէյթ'*) պատմել· ըսել· յարաբերիլ· կապ ստեղծել· ակնարկել· —*d (words)* ազգական (բառեր)· նման· համանեռ· կապ ունեցող· *relating* նկատմամբ· *relative pronoun* յարաբերական դերանուն·

relatively (*րէլ'էթիվլի*) յարաբերաբար· համեմատաբար·

Relativity (*րէլէթիվ'իթի*) Այնշթայնի Յարաբերականութեան Տեսութիւնը·

relax (*րիլէքս'*) մեղմացնել· թուլցնել· թեթեւցնել· մեղմանալ· թեթեւնալ· —*ation* զբօսանք. հանգիստ.

relay (*րիլէյ'*) ճամբու երկայնքին հոս հոն մթերուած պաշար· փոխանակուած նոր ուժերով աշխատանքի կատարում· ստանալ եւ տալ (լուր, ձայնասփռում)·

release (*րիլիյզ'*) ազատ արձակել· անպարտ թողուլ· բանտէն ազատել· հրատարակութիւնը արտօնել· արձակում· ներում· փոխանցում·

relegate (*րէլ'իկէյթ*) աքսորել· քշել· աստիճանազրկել·

relent (*րիլէնթ'*) մեղմանալ· թուլնալ· —*less* անգութ. անողոք.

relevant (*րէլ'ըվընթ*) յարմար· պատշաճ. *relevance* պատշաճութիւն· յարմարութիւն.

reliable (*րիլայ'ըպլ*) հաւատարիմ· վստահելի·

reliance (*րիլայ'ընս*) վստահութիւն· համարում·

relic (*րէլ'իք*) նշխար· մասունք· յիշատակ· մնացորդ· —*s* դիակ (մարդու)·

relief (*րիլիյֆ'*) օգնութիւն· թեթեւացում (ցաւի)· դարման· ելեւէջք· ցայտաքանդակ· քանդակ·

relieve (*րիլիյվ'*) մեղմել, ամոքել (ցաւը)· նպաստ տալ· փոխանորդել· պահակ ըլլալ· *relieving officer* նպաստի գործին վերակացու·

religion (*րիլիճ'ըն*) կրօնք· հաւատք· բարեպաշտութիւն· *religious* կրօնական· կրօնաւէր· կրօնք սորվեցնող·

relinquish (*րիլին'քուիշ*) լքել· հրաժարիլ·

relish (*րէլ'իշ*) վայելել· ճաշակ· համ· ախորժակ·

reluctant (*րիլաք'թընթ*) դժկամակ· —*ance* դժկամակութիւն· —*ly* ակամայ·

rely (*րիլայ'*) ապաւինիլ· վստահիլ·

remain (*րիմէյն'*) մնալ· տեւել· բնակիլ· —*s* դիակ· նշխարք· մահացածի անտիպ գործերը· —*der* մնացորդ·

remark (*րիմարք'*) նշմարել· նշել· դիտողութիւն ընել· դիտողութիւն· նկատողութիւն· մեկնութիւն· —*able* արտակարգ· նշանաւոր· աչքառու·

remedy դար-

մանի. նար. դեղ. դարմանել. նորոգել.
remedial (րեմէտ'իըլ) բուժական. բուժիչ.
remember (րիմէմ'պըր) յիշել. ի մտի ունենալ. *he wishes to be remembered to you* կ'ողջունէ ձեզ. *—ance* (րիմէմ'պրէնս) յիշողութիւն.
remind (րիմայն) յիշեցընել. *—er* յիշեցնող. յուշանամակ. յուշարար.
reminiscence (րէմինիս'սընզ) յիշատակ. յիշողութիւն. *—s* յուշեր. ինքնակենսագրական նօթեր.
remiss (րըմիս') զանցառու. անհոգ.
remit (րիմիթ') ներել. յանձնել. տալ. *to — money* դրամ ղրկել. *—tance* դրամի փոխանցում. փոխանցուած դըրամ.
remnant (րէմ'նընթ) մնացորդ. բեկոր.
remonstrate (րիմանս'թրէյթ) դիտողութիւն ընել. առարկել. յանդիմանել. *remonstrance, remonstration* առարկութիւն. խրատ.
remorse (րիմորս') խղճի խայթ. զղջում. *—less* անգութ. անողոք. անխիղճ.
remote (րիմո'թ') հեռու. հեռաւոր (տեղով կամ ժամանակով). անձնութիւն չունեցող.
remove (րիմուվ') փոխադրել. հեռացնել. պաշտօնէ զրկել. փոխադրըուիլ.
remunerate (րիմիուն'ըրէյթ) վարձատրել. հատուցանել.
ren (րէն) երիկամունք. յոզ. *renes* (րէն'իզ). *—al* (րէն'ըլ) երիկամային.
Renaissance (The) (րընէյ'սանս) վերածնունդ (գեղարուեստի, դպրութեան) (ԺԴ.-ԺԶ. դարերուն).
rencounter, rencontre (րէնքաուն'թըր, րանքոն'թըր) հանդիպում. մենամարտ. փոքր կռիւ.
rend (րէնտ) *rent* (անց. եւ անց. ընդ. ճեղքուեցաւ. ճեղքուած). պատռել. պատռիլ. ճեղքուիլ.
render (րէն'տըր) հատուցանել. փոխարէնը տալ. թարգմանել. ետ տալ. շնորհել. պատճառել. *render good for evil* չարիքի դէմ բարիք գործել. *rendition* անձնատուր ըլլալը (արդարութեան ձեռքը).
rendezvous (րան'տէվու) ժամադրավայր. ժամադրութիւն.
renegade (րէն'ըկէյտ) ուրացող. դասալիք. դաւաճան. *reneg(u)e* (րընիյկ') ուրանալ. դասալիք ըլլալ.
renew (րինիու') վերանորոգել. նորել. կրկնել. թարմացնել. վերսկսիլ.
renounce (րինաունս') հրաժարիլ. մերժել. ուրանալ. *renunciation* (րինընսիէյ'շըն) մեր-

ժում. ուրացում. անձնուրացութիւն.

renovate (*րէն'ովէյթ*) նորոգել. թարմացնել.

renown (*րինաուն'*) համբաւ. հռչակ. հռչակաւոր դարձնել. *—ed* անուանի.

rent (*րէնթ*) *rend*ի անց. եւ անց. ընդ.՝ ճեղքեց. ճեղք. պատռուածք.

rent վարձք (տունի, խանութի, եւայլն). վարձել. վարձու առնել. վարձուիլ. վարձու տրուիլ.

reorganize, —ise (*րիօրկընայզ*) վերակազմակերպել.

repair (*րիփէ'ր'*) նորոգել. կարկտնել. յաճախել. վերադառնալ. նորոգում. դարմանում. *—able* նորոգելի. դարմանելի.

repartee (*րըփարթի'*) սրամիտ (պատրաստաբան պատասխան).

repast (*րիփասթ'*) կերակուր. ուտել. կերակրել.

repatriate (*րիփէթ'րիէյթ, րիփէյթ'րիէյթ*) իր հայրենիքը վերադարձնել (մէկը). պատերազմական գերիները եւ արտագաղթածները արտասահմանէն հայրենիք բերել. ներգաղթել.

repay (*րիփէյ'*) կրկին վճարել. հատուցանել.

repeal (*րիփիյլ'*) յետս կոչել. ջնջել (տրուած օրէնք մը), յետս կոչում. խափանում.

repeat (*րիփիյթ'*) կրկնել. արձագանգել. վերաքաղ ընել. փոխել. *repetition* (*րէփիթի'շըն*) կրկնում. զոց սորվելիք կտոր. *—ed* յաճախադէպ.

repel (*րիփէլ'*) ետ քշել. վանել. ընդդիմանալ. *— an accusation* ամբաստանութիւն մը մերժել. *—lent* վանող(ական).

repent (*րիփէնթ'*) զղջալ. ցաւիլ. *—ance* ապաշխարանք. *—ant* զղջացող. ապաշխարող.

repertoir (*րէփըրթուար'*) ցուցակ (խաղերու, երաժշտական կտորներու եւ օփերաներու՝ զորս պէտք է ներկայացնել). խաղացանկ, երգացանկ.

repetition (*րէփէթի'շըն*) կրկնում. զոց արտասանութիւն.

repine (*րիփայն'*) գանգատիլ. տխուր զգալ.

replace (*րիփլէյս'*) նորէն դնել. տեղը առնել. փոխարինել. յաջորդել (մէկուն).

replenish (*րիփլէն'իշ*) կըրկին լեցնել. հայթայթել.

replete (*րիփլիյթ'*) լեցուն.

replica (*րէփ'լիքա*) կրկնօրինակ (նկարի կամ արուեստի այլ գործերու).

reply (*րիփլայ'*) պատասխանել. պատասխան.

report (*րիփորթ'*) տեղեկացնել. ներկայանալ. տեղեկագիր. պայթիւն. լուր. համբաւ. *—er* լըրագրող. լրաբեր.

repose (*րիփոզ'*) հանգչիլ. վստահիլ. կենալ. աւանդ դնել. հանգիստ. դադար.

reprehend (*րէփրիհէնտ'*) մեղադրել. *reprehensible* (*րէփրիհէն'սիպըլ*) այպանելի. մեղադրելի.

represent (*րէփրիզէնթ'*)

ններկայացնել· պատկերացնել· փոխանորդել· —*ative* ներկայացուցչական· ներկայացուցիչ· պատգամաւոր· —*ative government* խորհրդարանական կառավարութիւն·

repress (*րիփրէս'*) ընկճել· զսպել· —*ion* ճնշում· զսպում· սեղմում· —*ive* ճնշողական· զսպողական·

reprieve (*րիփրիյվ'*) առկախել, յետաձգել (պատիժի գործադրութիւնը)· յետաձգում (մահապատիժի)·

reprimand (*րէփ'րիմէնտ*) սաստել· յանդիմանել· սաստ· կշտամբանք·

reprint (*րիփրինթ'*) նոր տպագրութիւն· վերստին տպել·

reprisal (*րիփրայ'զըլ*) փոխ վրէժ· փոխարինութիւն·

reproach (*րիփրո'չ'*) յանդիմանել· մեղադրանք· վարկաբեկում· պարսաւ·

reprobate (*րէփ'րոպէյթ*) անառակ· ամբարիշտ· անարգել· *reprobation* (*րէփրոպէյ'շըն*) դատապարտում· մերժում·

reproduce (*րիփրոտիուս'*) վերարտադրել· օրինակը հանել· ընդօրինակել· նմանին ծնունդ տալ· *reproduction* (*րիփրոտաք'շըն*) արգասաւորութիւն· վերարտադրութիւն· օրինակ·

reproof (*րիփրո'ւֆ'*) յանդիմանութիւն· կշտամբանք· *reprove* (*րիփրո'ւվ'*) կշտամբել· սաստել·

reptile (*րէփ'թայլ*) սողուն· զեռուն· գձուձ մարդ· *reptilian* (*րէփթիլ'իըն*) սողացող·

republic (*րիփապ'լիք*) հանրապետութիւն· —*an* հանրապետական·

repudiate (*րէփիուտ'իէյթ*) մերժել· մէկդի նետել· վնարումը մերժել·

repugn (*րէփիուն'*) ընդդիմանալ· հակառակ դիրք բռնել· —*ance* (*րիփակ'նընս*) խորշում· զզուանք· դժկամակութիւն· —*ant* (*րիփակ'նընթ*) ատելի·

repulse (*րիփալս'*) ետ մղել (քշել)· մերժել· յետմղում· պարտութիւն· —*sion* (*րիփալ'շըն*) զըզուանք· վանողութիւն·

repulsive (*րիփալս'իվ*) զզուելի· վանողական· այլամերժ·

repute (*րէփիութ'*) համարել· հաշուի առնել· կարծիք· վարկ· *reputation* համբաւ· վարկ· բարի անուն·

reputable (*րէփիու'թէպլ*) բարեհամբաւ· յարգելի·

request (*րիքուէսթ'*) աղերսել· խնդրել· թախանձանք· խնդրանք·

requiem (*րէք'ուիէմ*) հոգեհանգիստ·

require (*րիքուայր'*) պահանջել· կարօտիլ· —*ment* պահանջ· հարկ· էական պայման·

requisite (*րէք'ուիզիթ*) անհրաժեշտ· խնդրուած· *requisition* (*րէքուիզի'-*

շըն) հարկ (պահանջք)՝ զոր բանակը կը դնէ, համայնքէն գրաւելով պիտոյքներ, ևւայլն. պահանջել.

requite (րիքուայթ՛) փոխարինել բարիով կամ չարիքով. հատուցանել.

rescind (րիսինտ՛) ջնջել, չեղեալ համարել (օրէնք մը). յապաւել. կրճատել. —*ment, recission* (րիսինտ՛մընթ, րիսիժըն) ջնջում. խափանում.

rescue (րէս՛քիու) ազատել (չարէ, վտանգէ). փրկել. օգնութեան հասնիլ.

research (րի՛սըրչ) հետազօտել. (րիսըրչ՛) գիտական հետազօտութիւն.

resemble (րիզէմ՛պլ) նմանիլ. բաղդատուիլ. նըմանցնել. *resemblance* (րիզէմ՛պլընս) նմանութիւն. նոյնութիւն.

resent (րիզէնթ՛) ընդվզիլ. դժգոհիլ. —*ful* դժգոհ. —*ment* ընդվզում.

reserve (րիզըրվ՛) վերապահել (նյժ, աթոռ մը). սահմանել. պահեստ. վերապահութիւն. պահեստի զօրք. պահեստի գումար. *to be sold without* — առաջարկուած որեւէ գինով ծախուիլ. *English* — անգլիական վերապահութիւն. —*d* զգոյշ. վերապահ.

reservation (րէզըրվէյ՛շըն) վերապահութիւն. զգուշութիւն. *my* — ինծի համար վերապահուած աթոռ օդանաւի, թատրոնի մէջ. պանդոկի մէջ սենեակ ապահովելը. պայման. հողամաս՝ որ հանրութեան գործածութեան յատկացուած է.

reservoir (րէզ՛ըրվուար) ջրամբար. ջուրի զտարան եւ ամբար.

reset (րիսէթ՛) նորէն շարել (էջը). զետեղել. գոհարները (գիտնալով). ոսկերչութեան ապատանել:

reside (րիզայտ՛) բնակիլ. մնալ. մէջը գտնուիլ. —*nce* (րէզ՛իտընս) բնակարան. տուն. —*nt* բնակիչ. բնակող.

residential (րէզիտէն՛շըլ) տնային բնակութեան յատուկ (թաղամաս, ապարանք խանութներու).

residue (րէզ՛իտիու) մնացորդ. (պարտքին) մնացած մասը.

resign (րիզայն՛) հրաժարիլ. տեղի տալ. թողուլ. —*ation* (րէզիկնէյ՛շըն) հրաժարում (պաշտօնէ, ինչքէ, պահանջէ). համակերպութիւն. համբերութիւն.

resin (րէզ՛ին) խէժ. փըխրուն նիւթ՝ որ կը ստացուի խիժաբեր բոյսերէ. —*ous* խիժային. խիժաբեր.

resist (րէզիսթ՛) դիմադըրել. ընդդիմանալ. տոկալ. —*ance* դիմակայում. դիմադրութիւն. *passive resistance* կրաւորական ընդդիմութիւն.

resolute (րէզ՛ալիութ) վճռական. հաստատամիտ. *resolution* (րէզօ-

լիու՛շըն) վճռականու-թիւն· հաստատամտու-թիւն· ժողովի (դատա-րանի) բուէով ընդգըր-կուած որոշումը·

resort (*րիզորթ՛*) դիմել· երթալ· ապաւինիլ· յա-ճախել· դիմում· յաճա-խում· ժամադրավայր· ապաստան· *in the last* — վերջ ի վերջոյ· *a seaside* — ծովամերձ զբօսարան (հանգստավայր)·

resound (*րիզաունտ՛*) հըն-չել· ձայն տալ· արձա-նագրել· հնչեցնել·

resource (*րիսորս՛*) աղ-բիւր· միջոց· յոյս· հը-նարք· ճար· —*s* դրամա-կան միջոց· հարստու-թիւն· —*ful* հնարալից· բազմաշնորհ· հնարա-միտ·

respect (*րիսփէքթ՛*) յար-գել· մեծարել· վերաբե-րիլ· խնայել· յարգանք· մեծարանք· պատկա-ռանք· վերաբերութիւն· *in every* — ամէն կեր-պով· —*able* մեծարելի· —*ful* քաղաքավար· յար-գալից· —*ive* փոխա-դարձ· պատկանեալ·

respire (*րիսփայր՛*) շունչ առնել· հանգչիլ· *respi-ration* (*րէսփիրէյ՛շըն*) շնչառութիւն· *respira-tory* (*րէսփիրէ՛թըրի*) շնչառական· շնչառու-թեան·

respite (*րէս՛փիթ, րիս՛-փայթ*) կարճ դադար աշ-խատանքի մէջ· հան-գիստ· դուլ· մահավճի-ռի գործադրութեան յե-տաձգում· դադար տալ· առկախել·

respond (*րիսփանտ՛*) պա-տասխան տալ· համապա-տասխանել· յարմարիլ· հակազդել· փոխազդել·

response (*րիսփանս՛*) պա-տասխան· փոխասացու-թեան մէջ պատասխան·

responsibility (*րիսփանսի-պիլ՛իթի*) պատասխանա-տուութիւն· *responsible* պատասխանատու· *res-ponsive* համապատասխան· փոխասաց·

rest (*րէսթ*) հանգիստ· դադար· նիստ· հանգըս-տարան· մահ· *be laid to rest* գերեզմանուիլ· *it* —*s with you* դուն պէտք է որոշես· *the rest* մը-նացեալը· —*ful* հան-դարտ· անդորր· —*house* պանդոկ·

restaurant (*րէս՛թորան, րէս՛թըրընթ*) ճաշարան· թէյատուն·

restitute (*րէս՛թիթիութ*) հատուցանել· վերահաս-տատել· *restitution* (*րէս-թիթիու՛շըն*) հատուցում·

restive (*րէս՛թիվ*) անհամ-բեր· յամառ· ըմբոստ·

restless (*րէսթ՛լէս*) ան-հանդարտ· խռովեալ·

restore (*րիսթոր՛*) վերա-հաստատել· կործանումէ փրկել· վերակառուցել· բուժել· *restoration* (*րէսթորէյ՛շըն*) վերա-հաստատում (իշխանու-թեան մը)· դարձ· նորո-գութիւն· կազդուրում·

restrain (*րիսթրէյն՛*) սան-ձահարել· զսպել· խափանել. —t զսպում. սահմանափակում. արգելափակում. սեղմում.

restrict (րիսթրիքթ՛) սեղմել. չափաւորել. —ed սահմանափակ.

result (րիզալթ՛) արդիւնք. հետեւանք. ելք. հետեւիլ. պատահիլ. յառաջ գալ. վերջանալ.

resume (րիզիում՛) վերըսկըսիլ. ձեռք առնել. ամփոփել. *resumé* (րէզիումէ՛) ամփոփում. *resumption* (րիզամփ՛շըն) վերսկսում. վերառութիւն.

resurge (րիսըրճ՛) յարութիւն առնել. յառնել. *—nt* յառնող.

resurrect (րէզըրէքթ՛) յարութիւն տալ. վերակենդանացնել. *—ion* (րէզըրէք՛շըն) յարութիւն. Քրիստոսի մեռելներէն յարութիւն առնելը.

resuscitate (րիսաս՛իթէյթ) վերակենդանացնել.

retail (րիթէյլ՛) փոքրաքանակ վաճառք. փոքրաքանակ ծախել. յաճախ պատմել. (րի՛թէյլ) փոքրաքանակ.

retain (րիթէյն՛) վերապահել. վար դնել (իրեն իրեն համար). վարձել (գործի համար).

retaliate (րիթէլ՛իէյթ) վրէժ լուծել. փոխարինել. *retaliation* փոխ վրէժ. հատուցում.

retard (րիթարտ՛) ուշացնել. *—ation* ուշացում. շարժող մարմնի մը արագութիւնը նուազեցնել. մտային զարգացման դանդաղում (արտաքին պատճառներով).

retention (րիթէն՛շըն) ըմբռնում. յիշողութիւն. վերապահում. բանտարգելութիւն.

reticent (րէթ՛իսընթ) լուռ. վերապահ.

retina (րէթ՛ինը) կիսաթափանց մաշկ աչքի. ցանցենի.

retinue (րէթ՛ընիու) շքախումբ. հետեւորդ.

retire (րիթայր՛) վերադառնալ. թղթադրամները շրջաբերութենէ դադրեցնել. մեկուսանալ. անկողին երթալ. գործէ քաշուիլ. *a —d spot* հանդարտ վայր. *—ment* հրաժարում. մենակեցութիւն. *retiring* վերապահ. քաշուող (գործէ). համեստ.

retort (րիթորթ՛) շրջել. ետ ծռել. արագ պատասխան տալ. փոխադարձել. արագ պատասխան. փոխադարձութիւն. անօթ՝ որ թորելու կը ծառայէ.

retrace (րիթրէյս՛) հետքը բռնել. նորէն գծել. հետազօտել.

retract (րիթրէքթ՛) ետ առնել (խօսքը). կծկել.

retreat (րիթրիյթ՛) նահանջել. ետ քաշուիլ. նահանջ. առանձնացում. առանձնարան (աղօթելու եւ խորհրդածելու). *beat a —* ձեռնարկը ձգել.

retrench (րիթրէնչ՛) ծախսերը պակսեցնել. յապաւել. նուազեցնել. խնայողութիւն ընել.

retribution (րէթրիպիու'շըն) փոխարինութիւն (իբր փոխվրէժ, պատիժ)· փոխարինում· *retribute* (րէթրի'պիութ) հատուցանել·

retrieve (րիթրիյվ') վերաշահիլ· վերադարմանել· նորոգել· վերստանալ·

retro- (րիթ'րօ —) նախաբառ՝ յետ, դէպի ետ իմաստով (բարդ բառեր կազմելու կը ծառայէ)·

retrocede (րիթրօսիյտ') ետ դարձնել· յետադիմել·

retrograde (րէթ'րօկրէյտ, րի'թրօկրէյտ) վատթարանալ· յետադիմել· *retrogression* (րիթրօկրէ'շըն) յետադիմութիւն· անկում·

retrospect (րիթ'րօսփէքթ), —ion (—'շըն) յետադարձ ակնարկ· յետահայեացք·

return (րիթըրն') վերադարձնել· վերադառնալ· պատասխանել· նորէն պատահիլ· վերադարձ· շահ· եկամուտ· *a —-match* հակառակորդ խումբի կողմէ առաջարկուած մրցում· *a —-ticket* երթուդարձի տոմսակ· *many happy returns of the day* մէկու մը ծննդեան տարեդարձի առթիւ արեւշատութեան մաղթանք· *to make a return of (money spent)* ծախսուած դրամի մասին գրաւոր հաշուետուութիւն ընել·

reunion (րիեուն'եըն) ընկերային հաւաքոյթ· հաւաքում· միացում·

reveal (րիվիյլ') յայտնել· վեր հանել· երեւան հանել (պահուած բան մը)·

reveille (րիվէլ'ի) զինուորները արթնցնող առաւօտեան փողահարութիւն (թմբուկ)· զարթօնք·

revel (րէվ'ըլ) կերուխում· շուայտութիւն· ուտել խմել·

revelation (րէվըլէյ'շըն) յայտնութիւն· Աստուծոյ գիտութիւնը կամ իր ներգործութիւնը մարդուն հոգիին մէջ· *R—* Յայտնութիւն Յովհաննու·

revenge (րիվէնճ') վրէժ լուծել· վրիժառութիւն· *—ful* քինախնդիր· վըրէժխնդիր·

revenue (րէվ'ընիու) եկամուտ (պետական)· մուտք· շահ·

reverberate (րիվըրպ'ըրէյթ) արձագանգել· հնչել· անդրադառնալ·

revere (րիվիյր') մեծարել· ակնածիլ· յարգել· *—nce* րէվ'ըրընս) մեծարանք· ակնածանք· ծնկածալ ողջոյն·

reverend (րէվ'ըրընտ) *(Rev.)* վերապատուելի· գերաշնորհ· ակնածելի· *Most —* ամենապատիւ (արքեպիսկոպոս)· *Right —* գերապատիւ (եպիսկոպոս)· *Very —* վերապատուելի· *reverent* ակնածու· *to revere* (րիվիյր') յարգել· ակնածիլ (յարգանքի արժանի անձ մը)·

reverse (*րիվըրս՛*) սխալ կողմը դառնալ (դարձընել)․ շրջել․ կործանել․ յետսակողմ․ կռնակ․ ձախորդութիւն․ *to suffer a reverse* ճակատամարտին մէջ պարտուիլ․ *the — of* հակառակը (բանի մը)․ *reversal* ջնջում․ շրջում․

revert (*րիվըրթ՛*) նախկին վիճակին կամ աստիճանին դառնալ․ նիւթին դառնալ․ ետ դառնալ․

review (*րիվիու՛*) վերաքննել․ վերաքաղ ընել․ գիրք մը գրախօսել․ զորահանդէս․ դիտողութիւն․ քաղուածք․ վերաքննութիւն․ պարբերաթերթ․

revile (*րիվայլ՛*) նախատել․ վարկաբեկել․

revise (*րիվայզ՛*) սրբագրել․ բարեփոխել․ *revision* (*րիվի՛ժըն*) վերաքննութիւն․ *R—d Version* Ս․ Գիրքի վերըստուգուած թարգմանութիւն (անգլերէնի)․

revive (*րիվայվ՛*) նորոգուիլ․ վերածնիլ․ նորոգել․ ոգեւորել․ թարմացնել (յիշողութիւնը)․ *revival* (*րիվայ՛վըլ*) արթնութիւն․ վերազարթնում․ վերարծարծում․ *revivalism* (*րիվայ՛վըլիզմ*) կրօնական վերազարթնումի եռանդ․

revoke (*րիվոք՛*) ջնջել․ ետ առնել (որոշումը)․ սխալ թուղթ նետել (թղթախաղի մէջ)․

revolt (*րիվոլթ՛*) ապստամբիլ․ ցնցուիլ․ դասալքութիւն․ ապստամբութիւն․ *—ing* զարշելի․

revolution (*րէվոլիու՛շըն*) յեղափոխութիւն․ թաւալում․ շրջան․ *—ary* յեղափոխական․ յեղաշրջական․

revolve (*րիվալվ՛*) առանցքի մը շուրջ դառնալ․ թաւալիլ․ հոլովել․ դարձընել (միտքին մէջ)․ *—r* (*րիվալվ՛ըր*) վեցհարուածեան (ատրճանակ)․

revue (*րիվիու՛*) երաժշտական զաւեշտ․ զորահանդէս․

revulsion (*րիվալ՛շըն*) նողկանքի զգացում․ բուռն փոփոխութիւն զգացումներու․

reward (*րիուօ՛րտ*) փոխարինել․ վարձատրել․ վարձատրութիւն․ հատուցում․ վարձ․ *—er* վարձահատոյց․ վարձատրող․

rhachis (*րէյ՛քիս*) ողնայար․

rhapsody (*րէփ՛սըտի*) յուզական ուժեղ մթնոլորտի տակ գրի առնուած երաժշտական կտոր (բանաստեղծութիւն)․ յանկերգութիւն․ անկանոն (ազատ ոճով) եղանակ (քերթուած)․

rhea (*րիա*) Ամեր․ ջայլամ․

Rhenish (*րէն՛իշ*) Հռենոսեան․ հռենոսեան գինի․

rhetoric (*րէթ՛որիք*) հռետորութիւն․ արուեստական ճոռոմաբանութիւն․ *—al question* հարցումի ձեւով խօսք՝ որուն միայն մէկ տրամաբանական պատասխան կայ.

rheum (*րո՛ւմ*) պաղառութեան միջոցին քիթէն (աչքէն) հոսող հեղուկ. արցունք.

rheumatism (*րում՛ըթիզմ*) յօդացաւ.

rhinal (*րայ՛նըլ*) ռնգային.

rhinoceros (*րայնաս՛իրաս*) ռնգեղջիւր.

rhombus (*րամ՛պըս*) տարանկիւն պատկեր (երկրաչ.).

rhone, rone (*րոն*), —*pipe* (—՛-փայփ) տանիքի քիւի խողովակ՝ որ անձրեւի ջուրերը կը հաւաքէ.

rhyme, rime (*րայմ*) տաղ. յանգ. ոտանաւոր. զուգեակ. յանգաւորել.

rhythm (*րիտհմ*) նուագի (բանաստեղծութեան, պարի) մէջ ձայնի կանոնաւոր չափ. դաշնակութիւն. —*ic(al)* (*րիտհ՛միք(ըլ)*) չափական. կըշռութաւոր.

rib (*րիպ*) կողոսկր. հովանոցի թելեր. կոր գերան.

ribald (*րիպ՛ըլտ*) ցած. գռեհիկ.

ribbon, riband, ribband (*րիպ՛ան, րիպ՛ընտ*) ժապաւէն. —*s* երասանակ.

ribbon development պողոտայի երկայնքին տուներու շինութիւն (ետեւի հողամասերը անտեսելով). —-*worm, tapeworm* երիզորդ (աղիքի տափակ ճճի).

riboflavin (*րայ՛պոֆլէյվին*) քիմիական նիւթ մը՝ որ վիթամին B^2ի մէջ կը գտնուի եւ անումի նըպաստող յատկութիւն ունի.

rice (*րայս*) բրինձ. —-*paper* (*րայս՛-փէյ՛փըր*) շատ նուրբ թուղթ՝ զոր Չինաստանի եւ Ճապոնի մէջ գծագրութեան եւ նըկարչութեան համար կը գործածեն.

rich (*րիչ*) հարուստ. ճոխ. սննդարար. պարարտ. փառաւոր. —*es* հարըստութիւն. *that's —!* շատ զուարճալի է.

rick (*րիք*) խոտի (ցորենի) դէզ. յարդանոց. մարագ. դիզել. մարագել.

rickets (*րիք՛էթս*) ոսկրաթեքութիւն (մանկական).

rickety (*րիք՛էթի*) ոսկրաթեք. քամակակոր. խարխըլած վիճակի մէջ. անապահով.

rid (*րիտ*), *to get rid of* ազատիլ. ձերբազատուիլ. — *dance* զերծում. ձերբազատում.

ridden (*րիտ՛ըն*) անց. ընդ. *ride*ի՝ հեծած.

riddle (*րիտ՛լ*) հանելուկ. առեղծուած. փոկէ մաղ (կալի). ծակոտել. ծակծըկել. մաղել. հանելուկ լուծել.

ride (*րայտ*) հեծնել. ձիավարել. մտնել (նաւ, ինքնաշարժ, եւայլն). ծփալ. խարսխած կենալ. պտոյտ. շրջագայութիւն. հեծապտոյտ. —*r* հեծնող. վճիռի (պաշտօնաթուղթի) լրացուցիչ (զատէն կցուած)․ կցուածք․ *to — over (to lord over)* բռնակալել․ *to — rough-shod over* (*րաֆ-շատ օվըր*) ուրիշները նկատի չառնել․ կոշտ վարուիլ մէկուն հետ․

ridge (*րիճ*) կատար․ բըլ-րաշարք․ կռնակ․ ակօս-ներ բանալ․ խորշոմիլ․

ridicule (*րիտ՛իքիուլ*) ծաղրանք․ հեգնանք․ ծաղրաբանել․ հեգնել․ *ridiculous* (*րիտիք՛իու-լըս*) ծիծաղաշարժ․ այ-լանդակ․

rife (*րայֆ*) տիրապետող․ զեղուն․ առատ․ հասա-րակ․

riff-raff (*րիֆ՛-րէֆ*) ամ-բոխ․ աւելցուք․

rifle (*րայ՛ֆլ*) պրպտել (կողոպտելու համար)․ թալլել․ յեսանով սրել․ զէնք՝ որուն խողովակը ակօսաւորուած է․ սովո-րական զինուորական զէնք․ *—r* (*րայֆ՛լըր*) թալլող․

rift (*րիֆթ*) ճեղք․ ամպի մէջէն բացուածք․ ճեղ-քել․

rig (*րիկ*) նաւու առա-գաստները սարքաւորել․ հագուեցնել․ զարդարել․ *—ging* կազմածք (սար-քուածք) նաւու․

rig (*րիկ*) ցատկոտուք․ խուսափում․ շողոքելը․ վատ (լիրբ) անձ․ աղմկե-լով (գլտորուելով) խա-ղալ․ *to rig the market* (*մարք՛իթ*) արուեստա-կանօրէն գիները բար-ձրացնել․

right (*րայթ*) յարմար․ շիփշիտակ․ աջ․ աջա-կողմ․ արդար․ արդա-րութիւն․ իրաւունք․ օ-րինական պահանջ․ ուղ-ղել․ արդարութիւն ը-նել․ (ձայնարկ․) *right!* պրի՛ս․ *—ly* իրաւամբ․ *— -hand* աջ բազուկ (կարեւոր օգնական)․ *— -of-way* ազատ անց-քի իրաւունք․

righteous (*րայ՛թեըս, րայ՛չըս*) արդար, Աստու-ծոյ ընդունելի․ աստուա-ծապաշտ․ *—ness* արդա-րութիւն․ բարեպաշտու-թիւն․

rigid (*րիճ՛իտ*) անթեքելի․ կարծր․ խստապահանջ․ *—ity, —ness* խստու-թիւն․ անթեքելիութիւն․

rigor (*րիկ՛ըր*) չերմասար-սուռ․ անաչառութիւն․ խստապահանջութիւն․ բրտութիւն․

rigour (*րիկ՛ըր*) խստու-թիւն․ կարծրութիւն․ խստաբարոյութիւն․

rile (*րայլ*) խռովել․ զայ-րացնել․

rill (*րիլ*) առուակ․ վտակ․

rim (*րիմ*) եզերք (բաժա-կի)․ լուսանցք․ ծայր․ մետաղէ օղակ (անիւին դուրսէն դրուած)․ եզ-րել․ եզերազարդել․

rime տես՝ *rhyme* (*րայմ*)․

rime (*րայմ*) եղեամ․ սա-ռած ցող․

rind (*րայնտ*) կեղեւ (ծա-ռի, պտուղի, պանիրի, եւայլն)․ մորթ․ պատ-եան․

ring (*րինկ*) մատանի․ օղակ· մանեակ· շրջանակ· կրկէս· հնչել· հնչեցնել· զարնել· օղակել· *to ring up* մէկը հեռաձայնէն կանչել· —*leader* (րինկ'-լի'տըր) պարագլուխ· խռովարար· — -'*master* (— -մէս'Թըր) կրկեսապետ·

rink (րինկք) չմշկարան· ցնդակախաղի մարզադետին (18–21 ոտք լայնքով)·

rinse (րինս) ցօղուել· ռանց օճառի կրկնակի լուալ·

riot (րայ'ըԹ) խռովութիւն· աղմկալի խրախճանք· խռովարարութիւն ընել· կերուխումի մասնակցիլ· *to run* — անզուսպ վարմունք ցոյց տալ·

rip (րիփ) ճեղքել· արագ եւ ազատօրէն շարժիլ· շուայտ անձ· ստահակ· — *open* փորը ճեղքել· — *off* խլել հանել· — *up* պատռել· *let things rip* անփոյթ ըլլալ·

ripe (րայփ) հասուն· հըմուտ· իմաստուն· առողջ (դատողութիւն, գաղափար, եւայլն)· —*n* (րայ'փըն) հասուննալ· հասունցնել·

riposte (րիփոսԹ') հակահարուած· խիստ (կըտրուկ) պատասխան·

ripple (րիփ'լ) ծփծփալ· ծօծել· խոպոպել· ծըփանք· վէտվիտում· ալեակ· մրմունջ· մեղմ կարկաչ·

rise (րայզ) (*rose, risen*) ծագիլ· բարձրանալ· արթըննալ· յառաջ գալ· աճիլ· կանգնիլ· ծլիլ· յարութիւն առնել· ցըրուել (ժողովը)· ապըստամբիլ· բարձրացում· ծագում· յաւելում· վերելք· սկզբնաւորութիւն· *rising* ապստամբութիւն· —*n* (րի'զըն) ելած· յարուցեալ·

risible (րիզ'իպլ) ծիծաղելու հակամէտ· ծիծաղաշարժ·

risk (րիսք) վտանգ· վնաս· վտանգի հաւանականութիւն· վտանգի ենթարկել· ապահովագրեալ անձի (ինչքի) դրամի քանակը՝ որով ապահովագըրուած է մէկը· —*y* վտանգաւոր· *at the — of his life* իր կեանքը վտանգելով· *to run the* — վըտանգուիլ· վտանգը աչքը առնել· *at your* — շահ ու վնաս քեզի·

risorial (րիզո'րիըլ) ծիծաղաշարժ·

risol (րիս'ոլ) մսածաղ·

rite (րայԹ) ծէս· արարողութիւն· *ritual* (րիչ'-իուըլ) ծիսական· մաշտոց·

rival (րայ'վըլ) մրցակից· հակառակորդ· ախոյեան· մրցիլ· —*ry* (րայ'վըլրի) մրցակցութիւն· նախանձնդութիւն·

river (րիվ'ըր) գետ· (րայվ'ըր) հերձող· ճեղքող· — -*bed* գետի հունը (յատակը)· — -*side* գետափ (ունք)·

rivet (րիվ'իԹ) բեւեռ· յօդակապ․ պամել․ հաստատել․

rivulet (րիվ'իուլիթ) առուակ․ գետակ․

roach (րո'չ) անոյշ ջուրի ձուկ մը (խարակաձուկ)․ ուտիճ․ (կրճատ ձեւը *cockroach*ի, Ա․Մ․Ն․)․

road (րո'տ) ճամբայ․ ուղի․ նաւու կայան․ —-*roller* խճուղին հարթող գլան․ *road-hog* արագ սուրացող ինքնաշարժի վարորդ․ *road-metal* խճուղիի շինութեան համար գործածուած քարեր․ — *show* շրջիկ դերասաններ․ *to take to the* — դատարկապորտի կեանք վարել․ յելուզակ դառնալ․

roam (րո'մ) թափառիլ․ շրջիլ․

roar (րո'ր) գոռալ․ մռնչել․ տքալ․ մռնչիւն․ գոռում․ գոչում․ աղաղակ․ —*ing trade* շահաբեր առեւտուր․

roary (րո'րի) աչքառու․ բարձրաձայն․ զօրաւոր (գոյն)․

roast (րո'սթ) խորովել․ բոհրել․ վատ վարուիլ․

rob (րապ) բռնի կամ խարդախութեամբ առնել․ կողոպտել․ գողնալ․ —-*ber* (րապ'ըր) աւազակ․ —*bery* աւազակութիւն․

robe (րո'պ) պատմուճան․ հագուեցնել․ պճնել․

robin (րապ'ին) կարմրալանջ (փոքրիկ թռչուն մը)․ ծոբակ․

robot (րո'պաթ) մարդամեքենայ․

robust (րոպաստ') չարքաշ․ տոկուն․ առողջ․

rochet (րաչ'իթ) զգեստ (եկեղեցական շապիկի ձեւով), նեղ թեզանիքով․

rock (րաք) ժայռ․ վէմ․ ամրոց․ ոյժ․ հաստատուն հիմ․ —*er* օրօրոց․ —*ing chair* ճօճուող աթոռ․ —*y* ապառաժուտ․ —-*oil* (րաք'օյլ), —-*tar* (րաք'թար) քարիւղ․ —-*salt* ժայռերէն հանուած աղ (խոհանոցի)․ *the R*— Ճիպրալթար․

rocket (րաք'էթ) հրթիռ․ սաւառնիլ․ գիները արագօրէն բարձրանալ․ —-*bomb* հրթիռով օժտուած ռումբ․ — *plane* հրթիռով մղուող օդանաւ․ *to get a* — յանդիմանուիլ․

rococo (րոքո'քօ) 18րդ դարու չափազանց զարդարուն ճարտարապետական ոճ․

rod (րատ) ձող․ ճիւղ․ ցուպ․ գաւազան․ մական․ ճնշում․ ձկնորսութեան եղէգ (ձող)․ չանթարգել․ անգլիական երկայնութեան չափ՝ որ 5 1/2 եարտ է․ թառ․

rode (րո'տ) (անց․ *ride*ի) հեծաւ․

rodent (րո'տընթ) կրծող․ կրծող անասուն (մուկ, ճագար, եւայլն)․

rodomont (րատ'ոմանթ) պոռոտախօս․ սնապարծ․ մեծաբանել․ պարծենալ․

roe (րօ') էգ այծեամ․ ձկնկիթ․ — *buck* (րո'-պաք) այծեմնիկ (նաեւ կնոջ յատուկ անուն)․

roentgen (*րանթ'կէն*) տես՝ *rontgen.*

rogue (*րո՛կ*) աւազակ· ստամբակ· մուրացիկ· անառակ (մանուկ)· —*ry* (*րո՛կըրի*) ստամբակութիւն· խարեբայութիւն· —*s' gallery* գողերու (աւազակներու) լուսանկարներու հաւաքածոյ ոստիկանութեան մօտ.

roist, roister (*րոյսթ, րոյսթ'ըր*) յոխորտացող· ամբարտաւան· մեծ մեծ ջարդող·

rôle (*րո՛լ*) դեր (ներկայացման մէջ)· պաշտօն·

roll (*րո՛լ*) առանցքի վրայ թաւալիլ· գոռալ· շրջիլ· բացուիլ· թաւալիլ· փաթթել· հարել· գոռալ· գլորում· փաթոյթ· կըծիկ· անուանացանկ· ցուցակ· մագաղաթ· արձանագրութիւն· —-*call, call the* — ներկայ բացակայ կարդալ· —*er* գլան· *a —ing stone gathers no moss* թաւալող քարը մամուռ չի բռներ· *to roll in* մեծ թիւով գալ· —*ing-pin* գլանակ (խմորեղէնի խըմորը բանալու), գրտնակ· —-*top* (*րո՛լ'-թափ*) ինքնաշարժի բացուող տանիքը (իրր դուռ)· կափարիչով գրասեղան· *rolled gold* ոսկեթերթիկով պատուած մետաղ·

rollick (*րա՛լ'իք*) անհոգ թափառիլ· տարուբերուիլ· խայտանք· զուարճասիրութիւն· —*ing* զըւարթ· անհոգ· ոգեւորեալ· վառվռուն.

roly-poly (*րո՛լի-փո՛լի*) մէջը քաղցրեղէն փաթթելով եփուած խմորեղէն (ծաղ)·

rom (*րամ*) այր բոշայ· յոգ· *roma* (*րամ'ա*) գըն-չու այրեր.

Romaic (*րոմէյ'իք*) արդի յունարէն· Յունաստանի (յունարէնի) կապակից·

Roman (*րոմ'ըն*) հռովմէական· — *italics* բոլորագիր տառեր (ոչ-շեղագիր). գիրերով արտայայտուած թիւ· (օր· $V = 5$· $X = 10$· $L = 50$ եւայլն)· Հռոմ քաղաքի բնակիչ· կաթողիկէ· *R—ic* լատիններէնի ճիւղերուն յատուկ· *R—ce languages* լատիններէնէ ծագում առած լեզուները (ֆրանսերէն, իտալերէն, փորթուկալերէն, սպաներէն, փրովանսալ, ռումաներէն եւ ռոմանշ)·

romantic (*րոմանթ'իք*) ռոմանթիք· վիպական· վիպապաշտ· երեւակայական· առասպելական· զգացական· —*ism* (*րոմանթ'իսիզմ*) վիպականութիւն· վիպապաշտութիւն· ոչ-դասական գրականութիւն·

Romany, Rommany (*րամ'ընի*) գնչու· բոշայերէն (լեզու)·

romp (*րամփ*) *(of children)* աղմկելով գլտորուելու խաղ· պոռալ ցատքել· կոպիտ աղջիկ· գռեհիկ գեղջկուհի·

Röntgen rays (*րէօնթ'կըն*

րէյղ) Գ. ճառագայթներ· —*ize*, —*ise* Գ. ճառագայթի ազդեցութեան ենթարկել· (գիտ *Wilhelm von Röntgen*ի, 1845–1923)·

roof (րու՛ֆ) տանիք. երդիք. որեւէ խորոշի վերի մասը· տանիքով ծածկել· հովանի հայթայթել· ապաստան տալ·

rook (րու՛ք) ճատրակի տախտակին չորս անկիւնները դրուող քար, բերդ, ճեղագրաւ. տեսակ մը ագռաւ·

room (րու՛մ) սենեակ· միջոց. տեղ. խուց. կայան· կարելիութիւն. առիթ· *enough* — բաւական տեղ· —*s* բնակարաններ. *to* — սենեակ վարձելով բնակիլ· —*y* ընդարձակ. լայն·

roost (րուսթ) թռչունի (հաւու) թառելու փայտ· թառ նստած հաւերու խումբ. քնանալու երթալ· թառիլ. —*er* (րուս՛թըր) աքաղաղ·

root (րու՛թ) արմատ. ուտելի արմատ (բոյսերու). պատճառ. հիմ. խարիսխ· արմատացնել· արմատ բռնել· տնկել· հաստատել. խլել. փերցնել· *love of money is the root of all evil* դրամասիրութիւնը ամէն չարեաց արմատն է (պատճառը)· արմատ բառ· *square* — քառակուսի արմատ· *cubic* — խորանարդ արմատ· —*ed* հաստատուած·

rope (րո՛փ) պարան· մալուխ (մետաղէ կամ բուսական թելերէ)· *the rope* կախաղանով մահապատիժ. *to* — մրցման դաշտը պարանով զատել· ձգալարով որսալ (վայրի ձիեր)· — *dancer* լարախաղաց· *give someone* — ապուշի մը թոյլ տալ ուզածը ընելու·

rorqual (րար՛քուո՛լ) ամենէն խոշոր տեսակի կէտ ձուկը (ապրող էակներուն խոշորագոյնը)·

Rosacea (րոզէյ՛սիի) վարդազգի· *rosarium* (րոզէյր՛իըմ) վարդաստան· *rosary* (րոզ՛ըրի) վարդաստան. վարդարան՝ որուն ուլունքները համրելով «Ողջոյն քեզ Մարիամ» եւ «Հայր Մեր» աղօթքները կը կրկնուին (Կաթողիկէ աղօթք)·

roscid (րաս՛իտ) ցօղոտ·

rose (րո՛զ) (անց. *rise*ի) ելաւ. ծագեցաւ. բարձրացաւ·

rose (րո՛զ) վարդենի· վարդ. վարդագոյն. ցընցուղի ծակոտ բերանը· ծաղկող. լաւատես. —-*bud* (րոզ՛պատ) վարդի կոկոն. արբունքի տարիքի մէջ պատանուհի· —-*coloured* վարդագոյն. անհիմն կերպով լաւատես· *she has quite lost her natural* —*s* այտերուն կարմրութիւնը կորսնցուցած է· *under the* — գաղտնի·

rosin (րոզ՛ին), *resin* (րէզ՛ին) խէժ, ռետին (հաստատուն ձեւի տակ)· խէժով (ռետինով) շփել (պատել)·

ross (րաս) ծառի կեղեւ·

roster (րաս'թըր) գործի կարգը ցուցնող ցանկ· անուանացանկ·

rostrum (րաս'թրամ) (յոգ· —*s, rostra)* բեմ· թռչունի կտուց· նաւացռուկ·

rosy (րոզ'ի) տես՝ *rose. rosy future* վարդագոյն ապագայ·

rot (րաթ) նեխիլ· ապականիլ· մգլոտիլ· սեւախտ· ոչխարներու ոտքի հիւանդութիւն·

rotary (րոթ'ըրի) դարձող· անիւի պէս թաւալուն· *Rotary Club* առեւտրականներու միջազգային ակումբ·

rotate (րոթէյթ') թաւալեցնել· թաւալիլ· առանցքի վրայ դառնալ· *rotation* թաւալում· հոլովում· *rotation of crops* ամէն տարի տեսակ մը բան ցանելը (որպէսզի հողը չյոգնի)·

rote (րո'թ) գոց սորվուած բան մը մեքենաբար արտասանել· հին ձեւի ջութակ մը·

rotor (րո'թար) ելեկտ· մեքենայի մը ներքնամասի թաւալումը·

rotten (րաթ'ըն) փտած· ապականած· եղծանուած· *a rotter* անպէտ (անըսկըզբունք) մարդ·

rotund (րոթանտ') կլոր եւ գէր, թոմպուլիկ· —*a* (րոթան'տը) բոլորաձեւ շէնք (գմբեթածածկ սենեակ)·

roble, ruble (րու'պլ) ռուբլի, ռուսական դրամ·

roue (րու'էյ) անառակ· ցոփ· խառնակեաց·

rouge (րուժ) դէմքի ներկ (կանանց)· սնգոյր· շպարել· սնգուրել (դէմքը, շրթները)·

rough (րաֆ) խորտուբորտ· անտաշ· մրրկալից· հարեւանցի· կոշտ մարդ· անհարթ դարձնել· հարեւանցի ընել· *a — diamond* անտաշ բայց բարի սիրտ ունեցող անձ· չյղկուած ադամանդ· —*en* կոպիտ (անհարթ) դարձնել· կոպտանալ· —*-house* կոշտ խաղ· կռուազան պոռթկում· ցոյց· —*ly* վերիվերոյ· *to — it* նեղութեանց տոկալ· *— and ready* անպատրանքով շինուած (առժամեայ գործածութեան համար)·

roulette (րուլէթ') գնդակով բախտախաղ մը·

round (րաունտ) շրջանակային· կլոր· լման· առանց կոտորակի (թիւ)· գիրուկ· սահուն (ոճ)· արդար· անկեղծ· շրջանակ· շրջան· յաջորդութիւն (գործի)· կերուխում· *a doctor's (postman's, etc.) —* բժիշկի մը (նամակաբաշխի մը, եւայլն) ամէն օր տունէ տուն երթալը· խաղի շարք մը· շուրջպար· հրացանաձգութիւն· շրջան ընել· յղկել· լեցուիլ· գիրնալ· *to go — to* բաըեկամ մը տեսնել· *to — off* լաւ ձեւով վերջացընել· *— up* հաւաքել· ձերբակալել· *to come —* ուշաբերիլ·

round (*րաունտ*) փսփսալ· *to — on* մեղադրել· պարսաւել· իբրեւ. բոլորտիքը· շուրջ·

roup (*րաուփ*) հաւերու տարափոխիկ հիւանդութիւն·

rouse (*րաուզ*) արթնցնել (քունէն)· զգաստացնել· գործի մղել· գրգռել· արթննալ· *rousy* (*րաու'զի*) աղմկոտ· կռուազան· ըմբոստ·

rout (*րաուԹ*) խաժամուժ· խուժան· պարտուած բանակի խառնիճաղանճ· պարտել եւ շփոթութեան մատնել· փորել· դուրս հանել (ցռուկով)· ռոնալ· խորդալ·

route (*րո'ւԹ*) ճամբայ· ընթացք· *en —* (*ան րո'ւԹ*) ճամբայ հանուած· փոխանցման մէջ· *a — march* զինուորական քալուածք (վարժութեան համար)·

routine (*րուԹիյն'*) ամէնօրեայ զբաղում· սովորամոլութիւն· վարժութիւն· կանոնի համաձայն ընթացք (գործ)·

rove (*րո'վ*) յածիլ· պտըտիլ· շրջիլ· *—r* (*րո'վըր*) թափառաշրջիկ· աւազակ· ծովահէն·

row (*րօ'*) շարք· կարգ· թիավարութիւն· թիավարել· *—er* թիավարող· *row-boat, rowing boat* (*րո'ինկ պո'Թ*) նաւակ (թիով քշուող)·

row (*րաու*) աղմկոտ կըռիւ· վայնասուն· *—dy* (*րաու'տի*) կոշտ ու աղմըկարար· խուլիգան·

rowel (*րաու'ըլ*) խթանիւ·

royal (*րոյ'ըլ*) արքայական, արքունի· հրաշալի· 20×25 մատնաչափ մեծութեամբ տպագրական թուղթ· *—ist* արքայասէր· միապետական·

R.S.V.P. *(répondez s'il vous plaît)* (Ֆրանս·) հաճեցէք պատասխանել (այս նամակին)·

rub (*րապ*) շփել· քերել· սրբել· նեղութեամբ անցնիլ· *— out* ջնջել· արել· խրթնութիւն· արգելք· *— in* շեշտել· սըպաւորել·

rubber (*րապ'ըր*) ռետին· շփող· քերիչ· յեսան· ձգախէժ· *—s* վերնամոյկ· ձգախէժէ· *—neck* հետաքրքիր թուրիստ, որ ամէն ինչ տեսնել կ'ուզէ·

rubbish (*րապ'իշ*) անպէտ բան· նետուելիք· աւելցուք· աղբ· *—-heap* աղբի կոյտ·

rubble (*րապ'ըլ*) ծայռերուն մաշած մակերեսի հող (խիճ, եւայլն)· մանրաքար· անկանոն քարերով հիւսուած պատ (շէնք)·

rubicund (*րու'պիքանտ*) կարմրագոյն· վարդագոյն (երես)·

ruble տես' *rouble*. ռուբլի·

ruby (*րու'պի*) սուտակ (թանկագին քար)՝ որ կրնայ ըլլալ կարմիր, վարդագոյն, ծիրանի կամ մանիշակագոյն.

rucksack (*րուք'սաք*) մախաղ, զոր մագլցողներ կռնակին կը կրեն.

ruction(s) (*րաք'շըն(ս)*) աղմուկ. վէճ. կռիւ.

rudder (*րատ'ըր*) ղեկ. ուղղութիւն տուող որեւէ բան (օր.՝ թռչունին պոչին փետուրները).

ruddy (*րատ'ի*) վարդագոյն, կարմրագոյն. առողջ մորթի գոյն.

rude (*րո'ւտ*) նախնական. անտաշ. կոշտ.

rudiment (*րուտ'իմընթ*) նախատարերք. նախագիտելիք. տարրական դասագիրք. թերի կազմուած անդամ.

rue (*րո'ւ*) վիշտ զգալ. ողբալ. զղջալ. ցաւիլ. վիշտ. զիղջ. *—ful* ողբալի. ցաւալի.

ruff (*րաֆ*) լայն՝ կլոր օձիք. փոթփոթած շապիկ.

ruffian (*րաֆ'իըն*) վայրագ. սրիկայ. անօրէն մարդ.

ruffle (*րաֆ'ըլ*) խորշոմել. ծփարկել. մակերեսը վրդովել (շարժել). ձանձրացնել. բրտանալ. խըռովութիւն. անկարգութիւն. *to — the feelings* ջղայնացնել.

rug (*րակ*) հաստ բուրդէ կարպետ. գորգ. թաղիք.

rugby (*րակ'պի*) բակպի. գնդակախաղ մը՝ ուր ամէն մէկ կողմը 15 հոգի կը խաղայ.

rugged (*րակ'էտ*) անհարթ. կոպիտ. կորովի. պարզունակ.

rugger (*րակ'ըր*) տես՝ *rugby.*

ruin (*րու'ին*) կործանում. աւերակ. աւերել. կործանել. նիւթական միջոցները ցամքեցնել. *—s* աւերակներ.

rule (*րո'ւլ*) իշխել. ուղղել. վճռել. քանակ. կանոն. օրէնք. իշխանութիւն. *as a —* սովորաբար. *— of three* երեքի կանոն.

rum (*րամ*) շաքարօղի. հըսնածեւ. տարօրինակ.

rumble (*րամ'պըլ*) որոտում. մռնչիւն. որոտալ. մռնչել. կառքի ետեւի նստարան.

ruminant (*րու'մինընթ*) որոճացող. *ruminate* որոճալ. խոկալ.

rummage (*րամ'էյճ*) պըրպըտել. խուզարկել. խընամքով փնտռտուք. անկանոն կուտակում. ատաղձ. *a — sale* հին ապրանքներ ծախել՝ գումարը յատկացնելով բարեսիրական նպատակի մը.

rumour (*րու'մըր*) տարաձայնութիւն. տարաձայնել.

rump (*րամփ*) կռնակ. գաւակ. յետսամաս. աւելցուք.

rumple (*րամ'փըլ*) ճմռթըկել. անկանոն ծալք. ճըմռթուք.

rumpus (*րամ'փըս*) վէճ· կռիւ· խռովութիւն·

run (*րան*) վազել· ճամբորդել· ընթանալ· հոսիլ· կաթիլ· թեկնածու ըլլալ· կանոնաւորապէս ճամբորդել· ընդարձակել· նահանջել· փախչիլ· վարել· քշել· դառնալ· հալիլ· կազմել· գնացք· ընթացք· հոսանք· արշաւ· առուակ· գաղթ· չու· ուղղութիւն· կըրկնութիւն· *runaway* (*րըն'ըուէյ*) փախստական· *runner* վազող· *in the long —* ի վերջոյ· *to — amock* կատղիլ· *to — off* արտասանել· հոսեցնել· նոր օրինակներ տպել· *to — out* հատնիլ· վերջանալ· *to run to earth* երկար հետապնդումէ ետք բռնել· *to — to seed* կանխահաս եւ անօգուտ ըլլալ· *the story runs* պատմուած է· *to — dry* ցամքիլ· *to run down (run over)* ինքնաշարժով կոխել մէկը· *runagate* (*րան'ըկէյթ*) փախստական· դասալիք·

rung (*րանկ*) (անց· ընդ· *ring*ի) հնչած· հնչեցուած·

runnel (*րան'ըլ*) առուակ· ջրորդան· ջրուղի·

runway (*րան'ուէյ*) օդանաւի յատուկ ուղի՝ բարձրանալէ առաջ կամ գետին իջնելէ ետք գործածուող·

rupee (*րուփի՛*) բուբի· հնդիկ· արծաթադրամ·

rupture (*րափ'չըր*) խզում· ճեղք· աղեթափութիւն· դիւանագիտական յարաբերութեանց խզում դաշինքի մը ջնջումով· խըզել· խորտակել· պայթիլ· պայթեցնել·

rural (*րուր'ըլ*) գիւղային· գիւղաբնակ· երկրագործական· գեղջկական·

ruse (*րուզ*) խորամանկութիւն·

rush (*րաշ*) խուժել· խոյանալ· դիմել· աճապարել· *to — on* վրան յարձակիլ· խուճապ· յարձակում· մղում· խոյանք·

rusk (*րասք*) թխուելով կարծրացած հաց· պաքսիմատ·

Russ (*րաս*), **Russian** (*րաշ'ըն*) ռուսական· ռուսերէն· սլաւական ժողովուրդները·

russet (*րաս'իթ*) կարմրորակ թուխ լաթ· շիկախնձորի ազանդեր·

rust (*րասթ*) ժանգ· ժանգոտիլ· ժանգոտեցնել· *— proof* ժանգոտելու ենթակայ չեղող· *I am rusty on that subject* այդ հարցը մոռցած եմ·

rustic (*րաս'թիք*) գեղջկական· գեղջուկ· կոշտ· *—ate* (*րաս'թիքէյթ*) գիւղը բնակիլ· գոլէճէն (համալսարանէն) կախակայել (առժամեայ կերպով)·

rustle (*րաս'ըլ*) խշրտուք (չորցած տերեւներու)· սօսափիւն· խշրտալ·

rut (*րաթ*) անիւին շինած ակօսը· հաստատուած

սովորութիւն. ակօս բանալ. *to be in a rut* նոր բան մը ընելու (խորհելու) անատակ վիճակ.

ruth (րուԹհ) գութ. ողորմածութիւն. —*ful* ողորմած. —*less* անգութ. խուժդուժ.

ruthenium (րուԹհին'իըմ) ծակոտկէն, հազուագիւտ մետաղ. ռուտենիոն.

ruthful (րուԹհ'ֆուլ) կաբեկիչ.

rutty (րը'Թի) հեշտասէր, վաւաշոտ.

rye (րայ) հաճար. հացահատիկ մը՝ որմէ հաց եւ ուիսքի կը շինուի.

rynd (րինտ) երկանաքարի երկաթ.

ryot (րայըԹ) հնդիկ գիւղացի.

rytina (րիԹ'ինը) ծովածի.

S

S, s (էս) 19րդ տառ անգլերէն այբուբենի· յոգ· *ss, s's.*

sabaism (սէյ՛պէյիզմ) *sabeism, sabaeanism* մոգութիւն· հրապաշտութիւն·

Sabbath (սէպ՛ըթհ) Շաբաթ· եօթներորդ օր· հանգստեան օր հրէից· Տէրունական օր· Կիրակի· *Sabbatarian* շաբաթապահ (աղանդին հետեւորդ)·

sable (սէյ՛պլ) սամոյր (կենդ·)· սամոյրի մուշտակ (սեւ)· *—s* սուգի տարազ· սեւ· սամոյրի·

sabot (սըպ՛օ) փայտամունակ·

sabotage (սա՛պոթաժ) խափանարարութիւն· վընասարարութիւն·

sabre (սէյ՛պըր) կեռ թուր· թուրով զարնել (վիրաւորել)·

sac (սէք) հեղուկի պարկ (բոյսերու, կենդանիներու մէջ)· տոպրակ·

saccharin(e) (սաք՛արին) շաքարին· ճերմակ բիւրեղներով նիւթ՝ որ շատ քաղցր է· *saccharify, saccharize* շաքարի վերածել·

saccule (սէք՛իուլ) փոքր տոպրակ·

sacerdotal (սէսըրտո՛թըլ) քահանայական·

sachet (սա՛շէ) անուշահոտի տոպրակ (բարձիկ)·

sack (սէք) տոպրակ· լայն զգեստ (վերարկու)· տոպրակի մէջ դնել· կողոպուտ ընել· աւարել· աւերել· աւերում· կործանում (քաղաքի մը)·

sacrament (սէք՛րըմընթ) Հաղորդութիւն· Ս· խորհուրդ· Եկեղեցիի 7 խորհուրդները·

sacrarium (սէքրէյ՛րիըմ) սրբարան· խորան·

sacred (սէյք՛րըտ) սուրբ· նուիրական· *—ness* նըւիրականութիւն·

sacrifice (սէք՛րիֆայս) զոհ· զոհողութիւն· պատարագ· զոհել· պատարագել· նուիրել· սեղանին վրայ Աստուծոյ մատուցուած զոհ (նուէր)·

sacrilege (սէք՛րիլէճ) սրբապղծութիւն· *sacrilegious* սրբապիղծ· ամբարիշտ·

sacrist (*սէյ'քրիսթ*), *—an* լուսարար·

sacrosanct (*սէք'րոսէնկքթ*) սրբազան, (այդ պատճառով անձեռնմխելի)·

sacrum (*սէյք'րըմ*) ողնասիւնի վարի ծայրի եռանկիւն ոսկորը· սրբանի ոսկոր·

sad (*սէտ*) տրտում, տրխուր· *—den* (*սէտ'ըն*) տրտմեցնել·

saddle (*սէտ'ըլ*) թամբ· հեծելանիւի կաշիէ աթոռը· ոչխարի միսին կողիկը եւ կռնակը· թամբել· բեռցնել· *in the —* ձիու վրայ· *— -horse* հեծնելիք ձի·

Sadducee (*սէտ'իուսի'*) Սադուկեցի աղանդ՝ որ յարութեան (անմահութեան, հոգիի գոյութեան) չէր հաւատար·

sadism (*սէ'տիզմ, սէյ'տիզմ, սահտ'իզմ*) սեռային այլասերում· անյագ փափաք ուրիշին ֆիզիքական ցաւ պատճառելու (յատկապէս իգական սեռի քով)·

safari (*սէֆա'րի*) որսորդութեան արշաւ·

safe (*սէյֆ*) ապահով· դրամարկղ· թելապատ պահարան՝ միս եւայլն պահելու· *— and sound* անվնաս· *— -conduct* (*— -'քան'տըքթ*) վտանգաւոր շրջանէ անցնելու նպաստող ապահովագիր· *—guard* (*—'կարտ*) պաշտպանութիւն· անցագիր· պահպանել· *—ty* ապահովութիւն· *safety-valve* դռնակ· բլթակ· *safety-lamp* հանքագործներու լապտեր՝ որ դիւրավառ կազերու մէջ իսկ ապահով է· *safety pin* ապահով գնդասեղ·

saffron (*սէֆ'րան*) քրքում· դեղնագոյն·

sag (*սէկ*) ծռիլ մէջտեղէն· հակիլ· կախուիլ (թոյլ կապուած պարանի պէս)· յոգնիլ· տեղի տալ·

saga (*սա'կը, սէյ'կը*) ըսկանտինաւեան աւանդավէպ· ընտանեկան (գերդաստանական) կեանք նկարագրող վէպ·

sagacious (*սըկէյ'շըս*) սրամիտ· խորամանկ· *sagacity* (*սըկէս'իթի*) խորաթափանցութիւն· խորամանկութիւն·

sage (*սէյճ*) անանուխի ընտանիքէն կարճ թուփ՝ եղեսպակ·

sage (*սէյճ*) իմաստուն· խելօք·

sago (*սէյ'կօ*) կարգ մը արմաւենիներէ առնուած օսլա՝ որ իբր սննդանիւթ կը գործածուի·

said (*սէտ*) (անց· եւ անց· ընդ· *sayի*) ըսաւ· ըսած· ըսուած· յիշուած·

sail (*սէյլ*) առագաստ· առագաստանաւ· նաւարկել· մէջէն թռչիլ անցնիլ· *set —* ճամբայ ելլել· *strike sail* առագաստները իջեցնել· *sailing-boat* առագաստանաւ· *to sail under false colours* կեղծիքով վարուիլ·

saint (*սէյնթ*) սուրբ· սըրբացնել, սուրբերու ցանկին անելցնել (Կաթողիկէ եկեղեցիի սովորութիւն). —ed լուսահոգի. *All-Saints' Day* Նոյմ. 1. Ամենայն Սրբոց տօն. — *Bernard* (սէն պէրնար՛) Սէն Պեռնարեան շուն՝ որ ձիւնի մէջ կորսուած մարդիկ կ'ազատէ.

sake (սէյք) նկատառում. վախնան. սէր. յարգանք. *for God's* — Աստուծոյ սիրոյն. *for my* — իմ սիրոյս համար. *for the* — *of* վասն. յանուն.

sake (սէյ՛քի) բրինձօղի (ճարոնական ազգային ըմպելիքը).

sal (սէլ) քիմիական աղ. —*-ammoniac* անուշատրակի աղ (եղեկտ. բարդ շինելու կը գործածուի).

salaam, salam (սըլէմ՛) ողջոյն. բարեւ (արեւելքի մէջ կը գործածուի).

salacious (սըլէյ՛շըս) տըռփոտ. լկտի. անբարոյ.

salad (սալ՛ըտ) աղցան. — *days* երիտասարդի անփորձ շրջան. —*-oil* ձիթաիւղ.

salamander (սէլէմէն՛տըր) պոչաւոր, երկակենցաղ մողէս (հին ատեն կը խորհէին թէ ան կրակի մէջ կրնայ ապրիլ). *salamandrine* (սէլէմէն՛տրին) կրակէ չազդուող.

salary (սէ՛լըրի) թոշակ (սովորաբար ամսական).

sale (սէյլ) վաճառում. *a sale* անուրդ. *for* — ծախու. *sailable, salable* (սէյլ՛էպլ, սէլ՛էպլ) վաճառելի. —*-price* զեղչեալ գին. —*sman*. . —*swoman* վաճառորդ, վաճառուհի.

salient (սէյ՛լիընթ) ցցուն. ցայտուն. ուշագրաւ. ցայտանկիւն. —*ence* ցայտք. ուշագրաւութիւն.

saline (սէյ՛լայն, սըլայն՛) աղի. աղային. աղահանք. *salinity* (սէլին՛իթի) աղային յատկութիւն. աղիութեան չափը.

saliva (սըլայ՛վը) լորձունք. թուք. շողիք.

sallow (սէլ՛օ) վատառողջ. դալկահար (դէմք). տեսակ մը ուռենի.

sally (սէլ՛ի) պաշարուած բանակի մը պաշտպաններուն բանակէն դուրս խուժելը. դուրս ցատքել. *to* — *forth* պտոյտի ելլել.

salmi(s) (սէլ՛մի) խորտիկ (որսի թռչուններու միսով).

salmon (սէմ՛ըն) լոստի (ձուկ).

salon (սէ՛լոն) սրահ. դահլիճ. հիւրասենեակ.

saloon (սըլու՛ւն՛) ճաշասենեակ. գինետուն. շոգենաւի վագոն (առանց բաժանումներու).

salt (սօ՛լթ) աղ (խոհանոցի). քիմիական աղ. համով կատակ. լուծողական (աղ). աղի. սուր. հեշտասէր. աղել. համեմել. — *of the earth* ազնուազոյն մարդիկ. *to take with a grain of salt* վերապահութեամբ· կասկածանքով· *an old* — ծեր նաւաստի·

saltee (*սոլ'թի*) մանր դըրամ·

saltpetre (*սո՝լթ'փիթըր*) աղաfար· ներմակ փոշի մը (որմէ բորակածինի թթու կը հանուի, եւ որ ապակիի նարտարարուեստի մէջ, [վառօդ շինելու] կը գործածուի)·

salubrious (*սըլիուպ'րիըս*) առողջարար·

salutary (*սէլ'իութըրի*) կենսարեր· առողջարար·

salute (*սըլիութ'*) ձեռքով բարեւել (զինուորի պէս)· ողջունել· պատուել (թնդանօթի հարուածներով, դրօշակներ պարզելով, եւայլն)· ողջոյն·

salvage (*սէլ'վէյճ*) փրկանք (նաւը ազատելու համար)· օգնութիւն· ազատել (կրակի մէջէն ապրանք)· ընկղմող նաւէն հանել ինչ որ կարելի է·

salvarsan (*սէլ'վըրսան*) զառիկային դեղ՝ որ փըռանկախտի դէմ կը գործածուէր ներարկումով·

salvation (*սէլվէյ'շըն*) փրկութիւն· փրկագործութիւն (հոգիի)· *S— Army* Փրկութեան Բանակ·

salve (*սէլվ, սալվ*) ազատել (նաւը)· դարմանել· սպեղանի· բալասան· օծանելիք իւղի հետ խառնուած՝ ցաւած տեղի մը վրայ դնելու·

salver (*սէլ'վըր*) ափսէ (արծաթէ կամ այլ մետաղէ)·

salvo (*սէլ'վօ*) հրաձանձըգութիւն·

Samaritan (*սըմէր'իթըն*) Սամարացի· բարեսիրտ մարդ·

same (*սէյմ*) միեւնոյն· նման· յիշեալ·

samovar (*սէմով'ար*) ռուսական խոշոր թէյաման· սամավար·

sample (*սէմ'փլ*) նմուշ· օրինակ· պատրաստել· համտեսել·

sanatorium (յոգ· *—ria*) բուժարան· (նաեւ՝ *sanitarium)* ապաքինարան·

sanctify (*սէնկք'թիֆայ*) սրբագործել· սրբացնել· *sanctification* (*սէնկքթիֆիքէյ'շըն*) սրբագործութիւն·

sanctimonious (*սէնկքթիմոն'իըս*) սրբանման· կեղծ սուրբ·

sanction (*սէնկք'շըն*) հաւանութիւն· վաւերացում· հաւանիլ· վաւերացնել· *—s* միջազգային համաձայնութեան պայմանները գործադրել տալու պատժամիջոց·

sanctity (*սէնկք'թիթի*) սրբութիւն·

sanctuary (*սէնկք'թիուըրը*) սրբարան· սրբավայր· ապաստանարան·

sand (*սէնտ*) աւազ· *—s* աւազուտ ծովեզր· աւազուտք· աւազով ծածկել· *—-paper* աւազաթուղթ· *sanding* աւազաթուղթով յղկել (շփելով)· *make ropes of* *sand* անկարելի (անօ-գուտ) բան մը ընել փոր-ձել.

sand-storm (սէնտ՛-սթորմ) աւազուտ անապատի փո-թորիկ.

sandal (սէն՛տըլ) տոեխ. հողաթափ.

sandwich (սէնտ՛ուիչ) սանտուիչ. սանտուիչ շի-նել. — - *man* շրջիկ ծա-նուցող. շրջիկ անձ՝ ո-րուն կուրծքին եւ կռնա-կին վրայ կախուած են ծանուցման պաստառներ՝ ծախուելիք առարկանե-րու մասին.

sane (սէյն) առողջ. ողջ-միտ. յստակ. բանաւոր.

sang (սէնկ) (անց. *sing*ի) երգեց.

sang-froid (սան-ֆրուա՛) պաղարիւնութիւն. ան-տարբերութիւն.

sanguine (սէնկ՛կուին), sanguinary (սէնկկուի՛-նըրը) զուարթ. տաքուկ. յուսալի. բոսորագոյն. արիւնարբու.

Sanhedrim, —rin (սէն՛-հէտրիմ, —րին) հին Ե-բուսաղէմի իրաւարար եւ օրէնսդիր ատեան. հրէա-կան ծերակոյտ. սենեդ-րիոն.

sanify (սէն՛իֆայ) առողջ (կենսունակ) դարձնել. առողջապահական վիճա-կը բարելաւել.

sanitary (սէն՛իթըրի) ա-ռողջապահական. աղտոտ ջուրերը եւ կոյուղիները խողովակներով հեռացը-նելու միջոցներ. *sanita-tion* հիւանդութիւնները արգիլելու առողջապա-հական միջոց. *sanitor-ium, sanitarium* (սէնի-թո՛րիըմ, սէնիթա՛րիըմ) բուժարան. ապաքինա-րան.

sanity (սէն՛իթի) ողջմը-տութիւն. մտքի առող-ջութիւն.

sank (սէնկք) (անց. *sink*ի) ընկղմեցաւ.

san souci (սան սու՛սի) հոգազերծ.

Sanskrit, Sanscrit (սէնս՛-քրիթ) Հնդ. հին գրական լեզուն (Արիական լեզու-ներու ընտանիքէն).

Santa Claus (սան՛թա քլոս) Ս. Նիկողոս. Ս. Բարսեղ. Կաղանդ Պա-պուկ.

sap (սէփ) աւիշ. բուսա-հիւթ. *sapling* թերատ ծառ. —*py* հիւթեղ. բա-խուկ. *to sap* հիմնէն քանդել. վտանգել. ու-ժասպառ դարձնել (աս-տիճանաբար). *to — the strength* աստիճանաբար տկարացնել.

sapper (սէ՛փըր) շինարա-րութեամբ զբաղող զին-ուոր.

sapid (սէփ՛իտ) համեղ.

sapient (սէյ՛փիընթ) ի-մաստուն. խորամանկ. (հեգնական) խելացի Դա-ւիթ.

sapphire (սէֆ՛այր) շա-փիւղայ. կապտորակ կի-սաթափանց թանկագին քար.

Saracen (սար՛ըսին) իս-լամ արաբներ՝ որոնք Աֆրիկէ եւ Եւրոպա արշաւեցին. Սարակինոս. անհաւատ.

sarcasm (*սէր'քէզմ*) հեգնանք. երգիծանք. *sarcastic* (*սէրքէս'թիք*) հեգնական.

sarcophagus (*սարքաֆ'ըկըս*) քարէ դագաղ (դամբարան) յոգ. *sarcophagi* (*սարքաֆ'ըճայ*).

sardine (*սար'տին*) աղկեր (ձուկ).

sardonic (smile) (*սարտան'իք*) հեգնական, ծաղրական, արհամարհոտ.

sari (*սար'ի*) հնդկուհիի երկայն շրջազգեստ.

sark (*սարք*) շապիկ.

sarment (*սար'մընթ*) բարունակ.

sash (*սէշ*) մետաքսի ժապաւէն (գօտի).

Sassenach (*սէս'ինախ*) սկովտական յորջորջում անգլիացիի.

sat (*սէթ*), sate (*սէյթ*) (անց. *sit*ի) նստաւ.

Satan (*սէյ'թըն*) սատանայ. —*ic* սադայելական. դժոխային. սատանայական.

satchel (*սէչ'ըլ*) դպրոցական պայուսակ.

sate (*սէյթ*) յագեցնել ախորժակը.

sateen (*սէթիյն'*) սնդուս. սաթէն.

satellite (*սէթ'ըլայթ*) արբանեակ. զանազան գործիքներով սարքաւորուած մարմին. մը՝ զոր անջրպետ կը ղրկեն գիտական նպատակներու համար. — *state* աւելի մեծ երկրէ մը կախեալ փոքր պետութիւն. արբանեակ պետութիւն.

satiate (*սէյ'շիէթ*) յագեցնել. կշտացնել. կշտացած. յղփացած.

satiety (*սըթայ'իթի*) յափրացում. յագուրդ.

satin (*սէթ'ին*) սնդուս. փայլուն (փափուկ) երեսով մետաքսէ կերպաս.

satire (*սէթ'այր*) երգիծաբանութիւն. *satiric(al)* *սէթիր'իք(ըլ)* երգիծական. *satirist* (*սէթ'իրիսթ*) երգիծաբան.

satisfy (*սէթ'իսֆայ*) գոհացնել. հաստատել. համոզել. հատուցանել. *satisfaction* (*սէթիսֆէք'շըն*) գոհացում. հատուցում. *satisfactory* (*սէթիսֆէք'թըրի*) գոհացուցիչ. հաճելի.

satrap (*սէյթ'րէփ*, *սէթ'րէփ*) մարզպան. սատրապ (պարս.).

satteen (*սէթիյն'*) տես՝ *sateen*.

saturate (*սէթ'իուրէյթ*) կշտացնել. տոգորել. թաթխելով լման թրջել.

Saturday (*սէթ'ըրտէյ*) Շաբաթ օր.

Saturn (*սէթ'ըրն*) Կռոնոս չաստուածը. երեւակ (մոլորակ).

satyre (*սէթ'իր*) այծամարդ, անտառի պայ(իկ) (չաստուած). տոփոտ այր մարդ.

sauce (*սո'ս*) համեմ. թացան. լրբութիւն. համեմել. *saucy* (*սո'սի*) ծըպիրհ. լիրբ. —*r* (*սո'սըր*) պնակիկ (գաւաթի տակը դրուող պնակ)· սկուտեղ·

sauerkraut (*սաուըր'քրաութ*) կաղամբի աղցան (թթուաշ)· —-*eater* գերմանացի·

saunter (*սո'նթըր, սան'թըր*) սլքտալ· թափառիլ·

sausage (*սո''սէյճ*) երշիկ·

sauté (*սոթէյ'*) արագօրէն տապկուած·

savage (*սէ'վէճ*) բարբարոս· վայրենի· տմարդի· —*ry* վայրենութիւն· տմարդութիւն·

savant (*սա'վան*) գիտնական· գիտուն·

save (*սէյվ*) փրկել· պաշտպանել· անվտանգ պահել· բացի· բայց· —*r* խնայող· ազատող· *saving* խնայասէր· մեղքէ փրկելը· *saving* ի բաց առնել· խնայողութիւն· *savings* խնայողութիւն· շահ·

saviour (*սէյվ'եըր*) փրկիչ· *Our S*— մեր Փրկիչը, այսինքն՝ Յիսուս Քրիստոս·

savoir-faire (*սավուար-ֆէր'*) ինչ ընելը եւ երբ ընելը գիտցող· վարուելակերպ·

savory (*սէյ'վըրի*) խնկենի· գեղարոյր բոյս՝ որուն տերեւները ճաշեր համեմելու կը գործածուին·

savour, savor (*սէյ'վըր*) համ· հոտ· համ հոտ տալ· (Ս· Գիրք) ենկարագիր· ախորժիլ· —*y* համեղ·

saw (*սո՝*) (անց· *see*ի) տեսաւ· սղոց· *to* — սղոցել· (*sawn* անց· ընդ·) —-*horse* սղոցելու յենակ· —*mill* սղոցարան· *hack*-— մետաղ կտրելու ծառայող սղոց·

Saxon (*սէք'սըն*) Սաքսոնիոյ բնակիչներ՝ որոնք 5րդ եւ 6րդ դարերուն Անգլիա արշաւեցին· անգլիական ցեղէ մէկը· Սաքսոնիացի· Սաքսոներէն· Անկլօ-Սաքսոն·

saxophone (*սէք'սոֆոն*) տեսակ մը փողային, նուագարան· սաքսափող·

say (*սէյ*) (*said* անց· եւ անց· ընդ·) ըսել· պատմել· կրկնել (դասը)· —*ing* առած· ասացուածք· ըսելիք, ձայն·

say (*սէյ*) փորձ· փորձել· նուրբ մետաքս·

scab (*սքէպ*) սպի· վէրքի կեղեւ· քոս (կենդանիներու ախտ)· խնձորի (տանձի) հիւանդութիւն· ծոյլ մարդ· —*bed* (*ըսքէպտ*) սպիացած· գձուձ (պիղծ) անձ· —-*mite* քոսոտութիւն պատճառող մէց, ննի՝ որ մորթին տակ կը տեղաւորուի·

scabbard (*սքէպ'ըրտ*) պատեան (սուրի)·

scabies (*սքէյ'պիզ*) քոս· (մատներու) քերուըտուք.

scad (*սքէտ*) աղուէսաձուկ·

scaffold (*սքէֆ'ոլտ*) կախաղան· կառափնատ· լաստակ· լաստակերտ· լաստակել· նեցուկով վեր բռնել·

scald (*սքո՛լտ*) խաշել կամ շոգիով այրել. կաթը տաքցնել մինչեւ եռացման կէտ. այրուածք. կիզում.

scald, skald (*սքո՛լտ*) հին սկանտինաւեան բանաստեղծ. աշուղ.

scale (*սքէյլ*) կշիռք. (սովորաբար) *scales.* ձուկի թեփ. կշռել. թեփերը մաքրել. թեփերը թափիլ.

scale (*սքէյլ*) սանդուխ. դասակարգ. աստիճան (քարտէզի). ձայնաշար. սանդուխով բարձրանալ.

scalp (*սքէլփ*) գանկին գագաթը (մորթն ու մազը). լերկ կատար. խստիւ քննադատել.

scalpel (*սքէլփ՛ըլ*) վիրաբուժական հերձադանակ՝ կոր ծայրով.

scamp (*սքէմփ*) սրիկայ. գործը շատ թերի կատարել.

scamper (*սքէմ՛փըր*) խոյս տալ. հապճեպով փախչիլ (մանուկի պէս).

scan (*սքէն*) զննել. տողի վանկերը (ոտքը) համրել. ելեկտր. ճառագայթներով քննել. տաղաչափօրէն ճշգրիտ ըլլալ.

scandal (*սքէն՛տըլ*) գայթակղութիւն. չարամիտ բամբասանք. խայտառակութիւն. վատահամբաւութիւն. խայտառակել. անուանարկել. —*ize,* —*ise* (*սքէն՛տըլայզ*) գայթակղութիւն պատճառել. վարկաբեկել. անուանարկել. —*ous* գայթակղեցուցիչ. ամօթալից.

Scandinavia (*սքէնտինէյ՛վիը*) Սկանտինաւեան երկիրներ (թերակղզի). Շուէտ եւ Նորվեկիա, ու երբեմն Տանիմարքա եւ Իսլանտա՝ պատմական եւ լեզուական հիմքերու վրայ յեցած.

scant (*սքէնթ*) սակաւ. դոյզն. անբաւարար.

scape (*սքէյփ*) փախուստ. փախչիլ. —*goat* (*սքէյփ՛կո՛թ*) քաւութեան նոխազ. —*grace* անշընորհ. անզգամ. —*gallows* (*—կէլ՛լո՛զ*) հանած-վարած.

scapula (*սքէփ՛իուլը*) թիակ, ուսոսկր.

scar (*սքար*) վէրքի (այրուածքի) հետք՝ մորթին վրայ. սպի. սպիանալ. ապառաժ.

scarab (*սքէր՛ըպ*) բզէզ. աղբի ճճի.

scarce (*սքէրս*) հազուագիւտ. սակաւ. *make oneself* — անհետանալ. *scarcely* (*սքէրս՛լի*) հազիւ թէ.

scare (*սքէ՛ր*) ահաբեկել. սոսկում. վախ. —*crow* (*սքէր՛-քրօ*) խըրտուիլակ.

scarf (*սքարֆ*) վզկապ. վզնոց. շալ. յոզ. —*s,* —*ves.*

scarify (*սքէր՛իֆայ*) քիչ մը կտրել կամ քերթել մորթը.

scarlet (*սքար՛լէթ*) ծիրանի, շառագոյն. ծիրանի

ատուի· շառագունիլ· շիկնիլ· — - *fever, scarlatina* կարմրախտ.

scary (*սքէյր'ի*) վախազդու· չափազանց երկչոտ·

scathe, scath (*սքէյթհ*) վնաս· աւեր· կորուստ· վնասել· —*ful* վնասակար· —*less* (*սքէյթ'հլէս*) անվնաս· *scathing* կործանարար· ճանդիչ·

scatology (*սքէթալ'աճի*) զռեհիկ գրականութիւն·

scatter (*սքէթ'ըր*) ցրուել· փախուստի մատնել· ցիրուցան ըլլալ· փախչիլ· — - *brain* անկայուն (անխոհեմ) անձ· —*ed* ցրուած· տարտղնուած· անկանոն·

scaur (*սքո'ր*) տես՝ *scar* զահավէժ· ապառաժ·

scavenger (*սքէվ'էնճըր*) աղբահաւաք· փողոցի աւելածու· դիակ (սատակ) ուտող անասուն· *to scavenge* աղբ հաւաքել· գէշ ուտել·

scenario (*սէնա'րիօ*) պատմութեան մը թատերական ուրուագիծ՝ որ շարժանկարի արահի մէջ ցուցադրուելու համար կը պատրաստուի· *scenarist* շարժանկարի ուրուագիծ գրող·

scene (*սիյն*) թատրոնի բեմ· տեսարան (խաղի)· պատկեր· —*ry* տեսարան· դաշտանկար· *to have a scene* աղմկալից վէճ (կռիւ) մը ունենալ·

scent (*սէնթ*) հոտառութիւն· բուրում· հոտ· բոյր տալ· երեւան հանել· կասկածիլ· *scent-gland* բուրում արտադրող գեղձ·

sceptic, skeptic (*սքէփ'թիք*) այն անձը՝ որ ամէն երեւոյթի (բնուածի) կասկածանքով կը մօտենայ· սկեպտիկ· —*ism, skepsis, scepsis* (*սքէփ'թիսիզմ, սքէփ'սիս*) ընկեպտիկութիւն· գերբնական՝ին կամ Աստուծոյ գոյութեան վրայ կասկած·

sceptre (*սէփ'թըր*) մական· գաւազան· իշխանութիւն· արքայական պատիւ եւ իշխանութիւն·

schedule (*շէտ'իուլ*, [*Ա. Մ. Ն.*] *սքէտ'իուլ*) ցուցակ· կալուած· ժամանակացոյց· դասացուցակ· ցուցակագրել·

scheme (*սքիյմ*) ծրագիր· ուրուագիծ· յատակագիծ· ծրագրել· նիւթել (դաւեր)· *scheming* մեքենայութիւն, դաւ·

scherzo (*սքէր'թսօ*) վառվռուն (թեթեւ) երաժշտական կտոր·

schilling (*շիլ'ինկ*) շիլին (հինուց գերմանական արծաթ դրամ)·

schism (*սիզմ*) հերձուած եկեղեցւոյ մը մէջ· պառակտում· հերձուածողութիւն· —*atic* հերձուածող·

schist (*շիսթ*) հերձաքար· թերթաքար· —*ose* (*շիսթ'ոզ*) հերձաքարային·

schnorkel (*շնոր'քըլ*) այն խողովակը՝ որ ընդծովեային օդ կը մատակաբարէ երբ ան ջուրին տակ կը գտնուի․

scholar (*սքա՛լըր*) դպրոցական․ ուսումնական․ դպրագէտ․ թոշակառու ուսանող․ —*ship* ուսումնականութիւն․ ուսումնաթոշակ․ կրթաթոշակ․

scholastic (*սքոլա՛սթիք*) դպրոցական․ ակադեմական․ միջնադարեան փիլիսոփայական․ —*ism* դպրականութիւն․ իմաստասիրական գիտութիւնը եւ աստուածաբանութիւնը զուգընթաց պահելու մեթոտ․

school (*սքուլ*) դպրոց․ վարժարան․ վարդապետութիւն․ դասախօսութեան սրահ․ ուսման ճիւղ․ դրութիւն․ կրթել․ —*fellow* (*սքու՛լֆէլօ*), *schoolmate* (*սքու՛լմէյթ*) դպրոցի ընկեր․ —*master* (*սքու՛լմաս՛թըր*), *schoolteacher* ուսուցիչ․ —*room* դասարան․ դասասրահ․ *boarding* — գիշերօթիկ դպրոց․ *day* — ցերեկօթիկ դպրոց․ *grammar* — երկրորդական վարժարան՝ ուր լատիներէնի այժ կը սորուի (Անգ․)․ *preparatory* — (*փրէփէրէթ՛օրի ըսքուլ*) նախակրթարան․ *public* — (*փապ՛լիք ըսքուլ*) պետական նախակրթարան կամ երկրորդական վարժարան․ *a — of fish* ձուկերու խոշոր խումբ․

schooner (*սքու՛ներ*) փոքրիկ առագաստանաւ․ գաբեջուրի խոշոր գաւաթ․

science (*սայ՛ընս*) գիտութիւն․ հմտութիւն․ *scientific* (*սայէնթի՛ֆիք*) գիտական․ *scientist* (*սայ՛էնթիսթ*) գիտնական․ *domestic science* առտընին տնտեսագիտութիւն․ *pure* — (*փիուր՛ սայէնս*) ինքնայայտ ճշմարտութիւններու ուսում․ (օրուսողութիւն, տրամաբանութիւն, եւայլն)․

scintilla (*սինթիլ՛ը*) կայծ․ շող․ հիւլէ․ —*nt* շողարձակ․ կայծ տուող․ —*te* (*սին՛թիլէյթ*) կայծեր արձակել․ շողալ․

scion (*սայ՛ան*) ծիլ․ բողբոջ․ ժառանգորդ․ չաչ (պատուաստուելիք ոստ)․

scirocco տես՝ *sirocco.*

scissors (*սիզ՛ըրզ*) մկրատ․ *to scissor* մկրատել․ կտրել․

sclav, sclavonic տես՝ *slav.*

scler -, sclero - (*սքլիր՛ –, սքլի՛րօ –*) յուն․ նախաբառ՝ կարծր, չոր իմաստով․ (բարդ բառեր կազմելու կը ծառայէ)․

sclera (*սքլէ՛րա*) աչքի անթափանց ճերմակ մաշկը․ պնդենի․ *scleral* (*սքլէ՛րըլ*) կարծր․ ոսկրոտ․ *scleradermic,* —*mitic* թանձր պատեան․

sclerosis (*սքլէրո՛սիս*) պնդերակութիւն․

scobs (*սքապզ*) սղոցուք․ տաշեղ․ մետաղներու կկղանք․

scoff (*սքաֆ*) արհամարհանք․ ծաղրել․ ծաղրան–

ֆի առարկայ (դարձնել)· *—er* ծաղրող·

scold (*սքոլտ*) պարսաւել· կշտամբել· կշտամբող՝ կռուազան կին·

scone (*սքան*, *սքոն*) բարակ ֆաֆար (կարկանդակ) մը·

scoop (*սքուփ*) բահ· խոշոր շերեփ· փոս մը փորել· միայն մէկ թերթի մէջ լոյս տեսած կարեւոր լուր·

scoot (*սքութ*) արագ վազել· *—er* երկանիւ տախտակ՝ որուն վրայ մէկ ոտքը դնելով ֆշել կարելի է՝ ղեկէն բռնելով, եւ միւս ոտքը գետին ֆսելով (մանուկներու յատուկ խաղալիֆ)·

scope (*սքո՛փ*) դիտակէտ· տեսութեան սահման· նպատակ· ընդարձակութիւն· առիթ·

scorch (*սքարչ*) խանձել· այրել· խանձիլ· *—ed earth policy* թշնամիին յառաջխաղացումը արգիլելու համար կռուող ուժերու կողմէ կատարուած ամբողջական աւերածութիւն· *—er* (*սքարչ՛ըր*) կիզող· խանձող· հեգնական (կծու) դիտողութիւն· կատաղօրէն (կառֆ) ֆշող· տաֆ, խոնաւ օդ· հեղձուցիչ օդ·

score (*սքօր*) գիծ· սկոռակ· ֆսան· ֆսաննեակ· հաշուեցուցակ· փայտանիշ· խաղի մէջ շահիլ· հաշւոյն նշանակել· կըտրել· նշանակել (գիծերով)· *to — off* յաղթանակել· ջնջել· փազել· կօլ ընել· կէտ մը շահիլ· *he scored the table with a nail* խաղի մը մէջ կէտեր շահեցաւ· *—r* (*սքոր՛ըր*) նշանակող· կէտը (փազֆը) շահողը·

scorn (*սքորն*) ֆամահրանֆ· արհամարհանֆ· *he would — to do it* պէտֆ է ամչնար ընելու· *—ful* արհամարհոտ· սէգ·

scorpion (*սքար՛փիըն*) կարիճ· խարազան (կարիճի պոչին ձեւով)· կնող լեզու ունեցող անձ·

scot (*սքաթ*) (հին առումով)՝ տուրֆ· տուգանֆ·

Scotch (*սքոչ*, *սքաչ*) սկովտիական· սկովտիացի· Սկովտ· բարբառ· *—man* (*սքաչ՛մըն*) սկովտիացի· նաեւ՝ *Scotsman.* սկովտիական ուիսֆի·

scotch (*սքոչ*, *սքաչ*) սահումը արգիլել· սեպ դընել (անիւին առջեւ)՝ որ չդառնայ (չսահի)· ըսպաննել (անվնաս դարձընել)·

scoundrel (*սքաուն՛տրըլ*) ապիրատ· անզգամ· սրիկայ·

scour (*սքաուր*) մաֆրել· խոզանակել· պրպտել· ֆերել· շրջիլ· արագ անցնիլ· *—er* գիշերով թափառող·

scourge (*սքարճ*) մտրակ· պատիժ· պատուհասաձաղկանֆ· խարազանել· պատժել· աւերել·

scout (*սքաութ*) հետախոյզ (զինուոր)· յառաջապահ (հետազօտիչ) գունդ·

ռահվիրայ· *boy scout* սկաուտ (արի)· լրտեսել· դիտել· խուզարկել· — *master* սկաուտապետ· *to* — մերժել· արհամարհել· *to — round* հետազօտել շրջակայքը·

scowl (*սքաուլ*) խոժոռ նայիլ՝ յօնքերը պռստելով· դժգոհութիւնով նայիլ· խոժոռադէմ նայուածք·

scrabble (*սքրէպ'լ*) մրոտել (թուղթը), անշահ գրել· ճանկռտել· ձեռքերուն եւ ծունկին վրայ յառաջանալ·

scrag (*սքրէկ*) ոեւէ նիհար (բարակ) էակ (բան)· կմախքացած անձ. վիզը ոլորելով փրցնել· կախաղան հանել· —*ged* անհարթ· գէշ տրամադրուած· —*gy* նիհար· ոսկրուտ·

scramble (*սքրէմ'պլ*) սողոսկելով (մագլցելով) յառաջանալ· չորս ոտքով քալել (ձեռքերուն ու ծունկերուն վրայ)· մաքառիլ· մրցիլ· ժողվել հապճեպով· անկանոն յառաջխաղացք (կռիւ)· —*ling* մագլցող· թափառական·

scranch (*սքրէնչ*) աղմուկով ծամել·

scrap (*սքրէփ*) կտոր· պատառ· զանազան կտորներ (առարկաներ)· աւելցուք· մէկդի նետել· անտեսել·

scrap-heap (*սքրէփ'-հիյփ*) անպէտ իրերու (հինցած երկաթներու) կոյտ· — *metal* (*սքրէփ-մէթ'ըլ*) մետաղներու կտորներ՝ որոնք վերստին հալեցնելով կը գործածուին·

scrap (*սքրէփ*) բռունցքով կռիւ· աղմկոտ դիպուած· թռչուն բռնելու վարմ·

scrape (*սքրէյփ*) մաքրել· քերել· խիստ խնայողութիւնով ապրիլ· գետին քերել (հաւերու պէս)· քերելու ձայն· *to — through an examination* դժուարութեամբ քննութիւն մը անցնել· —*er* (*սքրէյփ'ըր*) քերոց (կօշիկին ցեխը մաքրելու համար երկաթ)· գէշ ջութակահար·

scratch (*սքրէչ*) ճանկել· փորել· մրոտել· մորթը քերթել· ջնջել· թեթեւ վէրք·

scrawl (*սքրո՛լ*) մրոտել· անշահ գրել (գծել)· անխնամ գրութիւն· անարժէք շարադրութիւն·

scrawny (*սքրո՛նի*) նիհար· կմախքացած·

scream (*սքրիյմ*) ճչալ (ցաւէն)· պոռալ· ճիչ· աղաղակ· պոռչտուք· անզուսպ խնդուք·

screech (*սքրիյչ*) ճչել· պոռչտալ· ճիչ·

screed (*սքրիյտ*) երկայն նամակ կամ հատուած· տաղտկալի (երկայն) ճառ·

screen (*սքրիյն*) պաշտպանակ· հողմարգել· վարագոյր· պաստառ· աջապահ· պահպանել· պահել· քննադատութենէ պաշտպանել· ժապաւէնի (շարժանկարի) առնել·

շարժանկար (մոգական լապտերի պատկեր) ցուցադրել պաստառի վրայ· *the screen* շարժանկար·

screw (*սքրու*) պտուտակ· շոգենաւի պտուտակաւոր անիւ· բարոյական ճընշում· պտուտակել· խըստօրէն վերաքերուիլ· ճնշումով ձեռք ձգել· *a screw loose* սխալ բան մը· —-*driver* (*սքրու՛-տրայ՛վըր*) պտուտավարբանալի· *he has a screw loose* խենթ է.

scribble (*սքրիպ՛լ*) մրոտել· անխնամ գրել·

scribe (*սքրայպ*) գրագիր· հեղինակ· քարտուղար· չափով կտրել· գրել·

scrimage (*սքրիմ՛էյճ*) հըրմըշտուք· ոգորում (ոտնագնդակի խաղի մէջ)·

scrip (*սքրիփ*) պայուսակ· գրութիւն· բաժանորդագիր·

script (*սքրիփթ*) ձեռագիր· շեղագիր· տպագրութեան գիր· ձայնասփռուելիք գրութիւն· գլխաւոր վաւերաթուղթ·

scripture (*սքրիփ՛թիուր*) գրուածք· Աստուածաշունչէն հատուած մը· *S—s* Աստուածաշունչ· —, —*ral* (*սքրիփ՛թիուր, սքրիփ՛թիուրըլ*) աստուածաշնչական· ըստ Ս. Գրոց·

scrofula (*սքրաֆ՛իուլը*) վիզի ուռեցք պատճառող հիւանդութիւն· խուլախտ՝ որ յառաջ կու գայ մանկութեան ատեն բաւարար սնունդի պակասէն·

scroll (*սքրոլ*) մագաղաթ· զարդագիծ (ստորագրութեան ծայրը)·

scrotum (*սքրո՛թըմ*) ամորձիքի պարկ, փոշտ·

scrounge (*սքրաունճ*) գողնալ· իւրացնել·

scrub (*սքրապ*) խոզանակել· քերել· շփել· թեփան մացառ· մաշած վըրձին· անպէտ ձի· *scrubby* փոքր եւ անհանոյ·

scruff (*սքրաֆ*) ծոծրակ·

scruffy (*սքրաֆ՛ի*) թեփոտ·

scrumptious (*սքրամ՛շըս*) համեղ· հաճելի·

scrunch (*սքրանչ*) ճզմել (ակռաներով)·

scruple (*սքրու՛փլ*) կուտ, կշիռքի չափ՝ որ 1,29 կըրամի հաւասար է· չնչին բան· կասկած· խղճահարութիւն· *scrupulous* (*սքրու՛փիուլըս*) բծախնդիր·

scrutiny (*սքրու՛թինի*) հետազօտութիւն· խորաթափանց նայուածք· *scrutinize* (*սքրու՛թինայզ*) մանրազննին քննել·

scud (*սքատ*) փոթորիկէն փախչիլ· ապտակել· շաչեցնել· հովէն քշուած ամպ·

scuff տես՝ *scruff*.

scuff (*սքաֆ*) քալելու ատեն մէկուն քսուիլ (զարնուիլ)· ոտքերը գետին քսելով քալել·

scuffle (*սքաֆլ*) ծեծկուիլ· կռիւ·

scull (*սքալ*) կարճ թիակ (նաւակի)· մրցումի նաւակ․ երկու թիով նաւակ քշել․

scullery (սքա'լըրի) խոհանոցի կից աշխատանոց (լուացարան)․

sculp (սքալփ) քանդակել․ փորագրել․ —ture քանդակագործութիւն․ քանդակ․ արձանագործութիւն․

sculptor (սքալփ'թըր) քանդակագործ․

scum (սքամ) դիրտ․ փրփուր (հեղուկի)․ աղտ․ ստորին (անպէտ) մարդ․ դիրտը (փրփուրը) առնել․ —my փրփրոտ․ անկիրթ․

scurf (սքըրֆ) մազի (մորթի) թեփ․ թեփոտ․ —y թեփածածկ․

scurrilous, scurrile, scurril (սքըր'իլըս, սքըր'իլ) լկտիօրէն զեխիկ (խայտառակ)․ աղտոտ բերան, անբարոյ․

scurry, skurry (սքըր'ի) անապարանքով վազել․ փախուստ․

scurvy (սքըր'վի) լնդախտ․ բութիւն՝ որ վիթամին Cի պակասէն յառաջ կու գայ․ լնդախտ․ զեխիկ․ scurvily ստորնաբար․

scutter (սքաթ'ըր) հապճեպով փախչիլ․

scuttle (սքաթ'լ) լայն (թաց) կողով․ դռնակ․ խուփ․ նաւու փոքր, կըլոր պատուհաններուն կափարիչ․ to — a ship նաւուն տակը ծակել ծովուն յատակը տանելու համար զայն․ to — փախչիլ․

scythe (սայթհ) գերանդի․ գերանդիով հնձել, խոտ կտրել․

sea (սի՛) ծով․ ովկիանոս․ ալիք․ ագի լիճ․ *we are all at sea on this subject* բոլորս ալ չենք հասկնար այս հարցը․ —*-man* նաւաստի․ —*-mile* ծովային մղոն (շուրջ 6077 ոտք)․ —*-plane* (—փլէյն) ջրօդանաւ․ —*port* նաւահանգիստ քաղաք․ —*power* ծովուժ․ —*shore* ծովեզր․ ծովափ․ —*sickness* ծովախտ․ *half-seas over* կէս հարբած․ *high seas* ծովուն բացերը, ցամաքէն հեռու․

seal (սիյլ) փոկ․ ծովահորթ․ *to* — կնքել․ գոցել․ —*ing-wax* կնքամոմ․

seam (սիյմ) կարուածք․ կցուած․ ածուխի բարակ խաւ պարունակող ժայռ․ կարելով (կցել)․ սպիանել․ —*stress* դերձակուհի, կարուհի․

seance (սէ'անս) ժողով ոգեհարցական խնդիրներու յատուկ․

sear (սիյր) խարել (կրակով)․ չորցնել․ կարծրացնել․ կոշտացած․ —*ed* խանձուած․ *sear cloth* (սիյր'քլոթհ) բուժական մոմշոր․

search (սըրչ) փնտռել․ խուզարկել․ քննել․ խուզարկութիւն․ հետազօտութիւն․ —*er* մաքսատան քննիչ․ — *light* ելեկտր. զօրաւոր լուսարձակ.

season (սի՛զն) եղանակ (տարուան). տօնական օրեր. վարժուիլ (կլիմային). յարմարցնել. համեմել. *season-ticket* շրջեկառքի բաժանորդական տոմս. *—al* որոշ եղանակի մը յատուկ.

seat (սիյթ) նստարան. աթոռ. կայան. նստիլ. պառկիլ. նստարաններ հայթայթել. աթոռ տալ. *a seat in the country* գիւղական տուն. *—ed* հաստատուած. տեղաւորուած. *be seated* հաճեցէք նստիլ.

sebacious (սիպէյ՛շըս) ճարպային. ճարպաբեր.

secant (սի՛քէնթ) հատիչ.

secede (սիսիյտ՛) քաշուիլ. ձգել հեռանալ (ընկերակցութենէ մը). *secession* (սիսէ՛շըն) անջատում. մեկնում.

seclude (սիքլուտ՛) մեկուսացնել. մեկուսանալ. *—d* մեկուսացած. քաշուած (մէկդի).

second (սէ՛քընտ) երկրորդ. այլ. ստորադաս. եթակայ. երկվայրկեան. *my —* կռիւի մէջ օգնականս. *to —* (առաջարկը) երկրորդել, քաջալերել. — (սէքընտ՛) պաշտօնեայ մը փոխանակել. *S— Advent* Քրիստոսի տեսանելի երկրորդ Գալուստը. *—-class* ցածորակ. միջակ. *—-hand* (սէ՛քընտ-հէնտ) գործածուած (ոչ-նոր). անուղղակի. *— nature* կազմուած բնաւորութիւն. *to play — fiddle* երկրորդական մաս ունենալ. ստորադաս ըլլալ.

secondary (school) (սէ՛քընտէրի) երկրորդական (վարժարան). երկրորդ կարգի, դիրքի, արժէքի. երկրորդական (կրթութիւն). *— colour* հիմնական գոյներու միացումով գոյացած գոյն.

secret (սի՛քրէթ) գաղտնի. անձնական. գաղտնիք. *The S— Service* Գաղտնի սպասարկութիւն (ոստիկանութիւն).

secrecy (սի՛քրէսի) գաղտնիք. գաղտնապահութիւն. մեկուսացում. *secretive* (սի՛քրէթիվ, սիքրի՛թիվ) գաղտնապահ.

secretariat (սէքրըթէ՛րիըթ) կառավարական գրասենեակներ պարունակող շէնք. անոնց մէջ աշխատող անձերը.

secretary (սէ՛քրիթըրի) քարտուղար. գրասեղան. պաշտօնեայ. *S— of State* Պետական Քարտուղար. *Home —* Ներքին Գործոց Նախարար. *— of War* Պատերազմական Նախարար. *— for Foreign Affairs* (— ֆօր ֆօ՛րին էֆէյրզ՛) Արտաքին Գործոց Նախարար. *—ship* քարտուղարութիւն.

secrete (սիքրիյթ՛) պահել. ծածկել. (գեղձահիւթ) արտադրել. *secretion*

գեղձի արտադրութիւն։
sect (*սէքթ*) աղանդ։ կրօնական յարանուանութիւն։ խումբ։ հատած։ չաչ։ տնկելի (պատուաստելի) ճիւղ։ *—arian* աղանդաւոր։ նեղմիտ։ հերձուածող։
section (*սէք'շըն*) հատուած։ ջոկատ։ հատուածներու բաժնել։ *—al* տեղական։ մասնակի։
sector (*սէք'թար*) հատուած։ համեմատական կարկին։
secular (*սէք'իուլըր*) աշխարհիկ։ աշխարհային։ աշխարհական (ոչ-կրօնական)։
secure (*սիքիուր'*) ապահով։ վստահելի։ ապահովել։ ձեռք բերել։ վստահեցնել։ *security* ապահովութիւն։ անվտանգութիւն։ երաշխիք։ *Security Council* (*—քաունս'սըլ*) Ապահովութեան Խորհուրդ (Միացեալ Ազգերու Կազմակերպութեան Գործադիր Ցանձնախումբ, կազմըւած 1945ին, որ միջազգային վէճերը հարթելու եւ նախայարձակում մը արգիլելու պաշտօն ունի)։
sedan (*սիտան'*) գահաւորակ։ ձեռքով փոխադրելի փակ կառք (հին ատեններու գործածուող)։
sedate (*սիտէյթ'*) անվրդով։ անխռով։
sedative (*սէտ'էթիվ*) հանդարտեցնող (ամոքաբար) դեղ։ հանդարտութիւն յառաջացնող ազդակ (ներքին կամ արտաքին)։
sedentary (*սէտ'էնթըրի*) նստուկ։ նստողական։ ոչ-գործօն։ նստակեաց։
sedge (*սէճ*) կնիւնի նման խոտ։ որեւէ ճահճային խոտ։
sediment (*սէտ'իմընթ*) մըրուր, դիրտ՝ որ հեղուկի ընդունարանին յատակը կը մնայ։ *—ary rocks* ջուրին բերած տիղմերէն կարծրանալով գոյացած ժայռեր։
sedition (*սիտիշ'ըն*) խռովութիւն։
seduce (*սիտ'իուս*) մոլորեցնել։ պղծել։ *seduction* (*սիտաք'շըն*) հրապուրանք։ մոլորեցնում։
sedulous (*սէտ'իուլըս*) ծըրաջան։ յարատեւող։ *sedulousness, sedulity* (*սէտիու'լիթի*) ջանասիրութիւն։
See (*սի'*) Աթոռ (նուիրապետական)։ թեմ։ *the Holy See* պապական աթոռ։ պապական դատարան։
see (*սի'*) տեսնել։ նշմարել։ հասկնալ։ ընկերանալ։ այցելել։ ծանօթանալ։ նկատի առնել։ ըմբռնել։ *seer* (*սի'ըր*) տեսնող։ գուշակ։ մարգարէ։ *—ing* (*սի'ինկ*) նկատելով որ։ *see red* բարկացած ըլլալ։ *see the light* ծնիլ։ *see stars* գլխուն վրայ ստացած հարուածէն աստղեր կ'երեւնան աչքին։ *— the back* անկոչ հիւրէն ա-

զատուիլ· *cannot — the joke (point)* կատակը (ճպատակը) չեմ հասկընար· *may I — you home?* Ձեզ կրնա՞մ տուն հասցնել· *I saw him off* զինք ճամբեցի·

seed (սիյտ) սերմ· հունտ· սերունդ· աղբիւր· ցանել· սերմ կապել· սերմ տալ· *—ed* ցանուած· հասունցած· *seediness* զունատութիւն· թափթըփածութիւն· *—ling* (սիյտ'լինկ) նորատունկ· *—y* սերմնալից· թափթըփած· հիւանդ· *run to —* կործանուիլ· փճանալ·

seek (սիյք), *(sought* (սօթ) անց. եւ անց. ընդ. փընտրեց, փնտռած) փընտրել· հետախոյզ ըլլալ·

seem (սիյմ) թուել· յարմարցնել· *—ing* առերեւոյթ· փայլուն երեւոյթ· դատողութիւն· *—ingly* երեւութապէս· *—ly* վայել· պատշաճ·

seen անց. ընդ. *see*ի՝ տեսած· տեսնուած·

seep (սիյփ) մզել· զտել· քամել·

seer (սի'ըր) տես՝ *see.* գուշակ·

seesaw (սի'՛սօ՛) հեծանախաղ· փոխնիփոխ· վեր վար շարժիլ·

seethe (սիյտհ) անց· *seethed, (sod)* (սատ) անց· ընդ· *seethed, (sodden)* եռալ· յուզումի եւ տակնուվրայութեան մէջ ըլլալ·

segment (սէկ'մընթ) մասհատուած·

segregate (սէկ'րիկէյթ) անջատ· զատ· անջատուած· անջատել· անջատ պահել·

Seignior (սին'եօր), *Seigneur* (սին'երր) աւատապետ·իշխան· տէր· պարոն·

seine (սէյն, սին) ձկնորսական խոշոր ուռկան· ծովէն ձուկ որսալ·

seism (սայզմ) երկրաշարժ· *—ograph* ժաժաչափ· ժաժագիր· երկրաշարժ չափող գործիք· *—ology* (սայզմալ'աճի) երկրաշարժներու ուսումնասիրութիւն·

seize (սիյզ) ձերբակալել· գրաւել· կապել· *seizure* (սի'ժըր) ձերբակալութիւն· ինչք գրաւելը· անակնկալ հիւանդութիւն·

selamlik (սէլամ'լիք) այրերու յարկաբաժին·

select (սիլէքթ') ընտրել· որոշել· ընտրեալ· հատընտիր· ընտրանի մարդիկ· *—ion* (սիլէք'շըն) ընտրութիւն· ընտրանք· *—ive* խտրական·

Selene (սէլի'նի) (յոյն դիցաբ·) լուսնի չաստուածուհին· *selinograph* (սէլի'նակրէֆ) լուսնագիր·

selinite (սէլ'ինայթ) սելենայթ, լուսնաքար· (սիլի'նայթ) լուսնի բնակիչ·

selinium (սէլի'նիըմ) ոչմետաղային տարր, որուն ստացած լոյսին ուժգնութեան չափով դիմադրութիւնը կ'աւելնայ ելեկտրականութեան նկատմամբ·

self - (սէլֆ –) նախադաս բառ՝ ինքնա— անձնա—. նաեւ յետադաս բառ. անդրադարձ դերանուն շինելու համար (օր.՝ *yourself)* դուն ինքդ. իբր նախադաս բառ՝ բազմաթիւ բաղադրեալ բառեր կազմելու կը ծառայէ.

self-abandonment (սէլֆ'-էպէն'տընմընթ) ինքնալքում. — -*abnegation* (—'-էպնիկէյ'շըն) անձնուրացում. — -*abuse* (—'-էպեուս') գիջութիւն. անձնական ուժերու վատնում. — -*centred* (— -սէն'թըրտ) անձնակեդրոն. եսասէր. — -*confidence* (—'-քան'-ֆիտընս) ինքնավստահութիւն. — -*confident* (—'-քան'ֆիտընթ) ինքնավստահ. — -*conscious* (—'-քան'շըս) ինքնագիտակից. շփոթ մտավիճակ՝ որ ներկաներուն անձին հանդէպ քննադատական կեցուածքէն յառաջ կու գայ. — -*contained* (—'-քըն-թէյնտ') վերապահ. լուռ. — -*defense* (—'-տի-ֆէնս') ինքնապաշտպանութիւն. — -*determination* (—'-տիթըրմի-նէյ'շըն) ինքնորոշում. ազգի մը իր գործերը անձամբ վարելու իրաւունքը. — -*governing* (—'-կավ'ըրնինկ) ինքնավար. — -*indulgent* (—'ինտալ'ճընթ) ինքնահաճ. — -*interest* (—'-ին'թէրէսթ) շահախնդրութիւն. —*same* նոյն ինքն. — -*styled* (—'-սթայլտ) ինքնակոչ. (կարծեցեալ). — -*suggestion* (— -սակճէ'շըն) ինքնաթելադրութիւն. — -*supporting* (—'-սա-փոր'թինկ) ինքնապահ. ապրուստը նարելու ի վիճակի.

selfish (սէլ'ֆիշ) անձնասէր. եսասէր.

sell (սէլ) գահ. թամբ. նստարան.

sell (սէլ) (անց. եւ անց. ընդ. *sold)* ծախել. առուտուր ընել. մատնել. ծախուիլ. խաբէութիւն. յուսախաբութիւն.

seltzer (water) (սէլթ'սըր [ուոթըր]) հանքային ջուր՝ որ բնածխատ (քարպոնաթ) կը պարունակէ.

selvage, selvedge (սէլ'-վէյճ) ստայնեզր. չուխայի եզերք (տոկուն շինուած որ չպատռի).

semantics (սիմէնթ'իքս) իմաստաբանութիւն (բառերու).

semblable (սէմ'պլըպլ) նըման. համանման.

semblance (սէմ'պլընս) իրական կամ երեւութական նմանութիւն. ձեւ. երեւոյթ. պատկեր. կերպարանք.

semen (սի'մըն) արական սերմ՝ որ էգ ձուն կրնայ բեղմնաւորել.

semester (սիմէս'թըր) վեցամսեայ. կիսամեայ (դպրոցական շրջան).

semi - (սէմ՛ի -) Նախաբառ՝ կէս, մասամբ, անկատար իմաստով. (բարդ բառեր կազմելու կը ծառայէ). *semi - annual* (սէմ՛ի–էն՛իուըլ) կիսամեայ. *— - circle* (—՛-սըրքըլ) կիսաշրջանակ. *— - colon* (—քօլըն) միջակէտ (;). *— - tropical* (— -թրափ՛իքըլ) կէս արեւադարձային.

seminal (սէմ՛ինըլ) սերմնական. հիմնական. վերարտադրողական. *seminate* (սէմ՛ինէյթ) ցանել. տարածել.

seminar (սէմ՛ինար) գիտական պրպտումներ կատարող ուսանողներու խումբ. մասնագէտներու համաժողով. դասընթացքի մանրակրկիտ ուսումնասիրութիւն.

seminary (սէմ՛ինըրի) գոլէճ. ուսման կեդրոն. կաթողիկէ հոգեւորական պատրաստող դպրեվանք. դպրեվանք ճեմարանի, կղերանոցի.

Semite (սէմ՛այթ, սի-մ՛այթ) Սեմական. Սեմի սերունդ. *Semitic* սեմական (լեզուի, ցեղի, բարքերու յատուկ).

semolina (սէմօլին՛ը) կորկոտ.

sempiternal (սէմփիթըր՛նըլ) անվերջ. անսկիզբ եւ անվախճան.

sempster (սէմ՛սթըր) դերձակ. *sempstress* դերձակուհի. կարուհի.

senate (սէն՛էթ) ծերակուտական ժողով. *senator* (սէնէյ՛թըր) ծերակուտական.

send (սէնտ) (անց. եւ անց. ընդ. *sent*). ղրկել. փոխանցել. *to send down* համալսարանէն վտարել. *send for someone* մէկը ուզել տալ. *they gave him a good send-off* քաղաքավարութեամբ ճամբու դրին զինք.

senectitude (սէնէք՛թիթիուտ) ծերութիւն.

senile (սի՛նայլ) ծեր. տըկար.

senior (սին՛իըր) երէց. աւագ. մեծ. տարեց. աւարտական կարգի ուսանող. *—ity* երիցութիւն.

sennight (սէն՛այթ) շաբաթ. նաեւ՝ *se'nnight (seven night)*.

senor (սինեօր՛) տէր, պարոն. *—a* տիկին. *—ita* օրիորդ (Սպան.).

sensation (սէնսէյ՛շըն) ըզգայութիւն. զգացողութիւն. ցնցում. *—al* ըզգայացունց. *—alist* զգայացունց գրող. իմաստասիրական զգայականութեան ջատագով.

sense (սէնս) զգացում. ըզգայական խելք. իմաստ. նշանակութիւն. կարծիք. հասկնալ. կասկածիլ.

senseless անիմաստ. անըզգայ. անմիտ. ապուշ. խենթ. *to fall —* մարիլ.

sensible (սէն՛սիպլ) դիւրազգած. զգայուն. մտացի. խոհեմ. *sensibility* (սէնսիպիլ՛իթի) զգայնութիւն.

sensitize, —ise (սէնս՛ի-

թայզ) (լուսան․) ապակին զգայուն դարձնել․

sensitive (*սէնս՛իթիվ*) ըզգայուն․ զգացական․

sensory (*սէն՛սըրի*), *sensorial* զգայարան (զգացող ջիղերու)․

sensual (*սէն՛սիուըլ*) զգայասէր․ ցանկասէր․ —*ism* հեշտասիրութիւն․

sensuous (*սէն՛սիուըս*) ըզգայնոտ․

sent (*սէնթ*) (անց․ եւ անց․ ընդ․ *send*ի) ղրկեց․ ղըրկած․ ղրկուած․

sentence (*սէն՛թընս*) նախադասութիւն (ուր դիմաւոր բայ կայ)․ ասացուած․ առած․ դատավճիռ․ վճիռ տալ․ դատապարտել (դատարանի կողմէ)․

sentencious (*սէնթէն՛շըս*) վճռական․ կարճ․ ազդու․ իմաստալից․ առածներով նոխ․

sentient (*սէն՛շիընթ*) զգայուն․ զգացական․ խոհուն․

sentiment (*սէն՛թիմընթ*) զգացում․ զգացողութիւն․ գաղափար․ —*al* (*սէնթիմէն՛թըլ*) դիւրազգած․ զգացական․ —*alism* զգայականութիւն․ —*alist* դիւրազգած անձ․

sentinel (*սէն՛թինըլ*) պահակ․ պահակ դնել․

sentry (*սէն՛թրի*) պահակ զինուոր․ պահակ․ —*box* պահակի խուց․

sepal (*սէփ՛ըլ*) փերթ (ծաղիկի)․ պսակ (ծաղիկի)․

separate (*սէփ՛ըրէթ*) զատել․ բաժնել․ զատուիլ․ անջատուիլ․ բաժնուած․ — (*սէփըրէյթ՛*) որոշ․ անջատ․ *separable* (*սէփ՛ըրէպըլ*) անջատելի․ զատելի․ *separation* անջատում․ ամուսնալուծութիւն․

separatist (*սէփ՛ըրէթիսթ*) անջատողական․ հերձուածող․

sepia (*սիփ՛իէ*) սրճագոյն (ներկ)․

sepoy (*սի՛փոյ*) սիփահի․ հնդիկ զինուոր (Անգլ․ բանակի մէջ)․

sepsis (*սէփ՛սիս*) մարմնի միքրոպային վարակում (թունաւորում)․

sept- (*սէփթ*–) նախաբառ՝ եօթը․

September (*սէփթէմ՛պըր*) 7րդ ամիս (Հռովմ․)․ Սեպտեմբեր․

septenary (*սէփ՛թինըրի*), *septennial* (*սէփթէն՛իըլ*) եօթնամեայ․ եօթը տարի տեւող․ եօթը տարին մէկ անգամ պատահող․

Septuagint (*սէպ՛թիուըճինթ*) Հին Կտակարանի առաջին եւ միակ լման թարգմանութիւնը յունարէն լեզուի․ եօթանասնից թարգմանութիւն․

septuple (*սէփ՛թիուփլ*) եօթնապատիկ․

sepulchre (*սէփ՛իուլքըր*) գերեզման․ շիրիմ․ *sepulture* (*սէփ՛իուլթիուր*) թաղում․

sequatious (*սիքուէյ՛շըս*) հետեւողական․ հլու․ *sequacity* (*սիքուէս՛իթի*) հետեւողականութիւն․

sequal (*սի՛քուըլ*) շարունակութիւն. վախճան.
sequence (*սի՛քուընս*) շարք. յաջորդութիւն. *in* — մէկը միւսին ետեւէն. *sequent* (*սի՛քուընթ*) յաջորդ.
sequester (*սի՛քուէսթըր*) մեկուսացնել. արգելքի տակ առնել. մեկուսանալ (ընկերութենէն). խնամակալի հսկողութեան յանձնել. հրաժարիլ ամուսնոյն ստացուածքէն.
sequin(s) (*սի՛քուին(ս)*) մետաղէ սկուտեղ՝ որ հին ատեններ զգեստի վրայ կը դրուէր իբր զարդ. վենետիկեան հին ոսկեդրամ.
seraglio (*սէրալ՛իօ*) կանանոց. հարէմ (իսլամական երկիրներու մէջ).
serai (*սէրա՛յ*) պանդոկ. իջեւան (հնդկ.). *serail* (*սէրայ՛*) պալատ. կանանոց. կառավարչատուն.
Seraph (*սէր՛ըֆ*) Սերովբէ. յոգ *Seraphim*, —*s*.
Serb, Serbian Սերպ. սերպիական. սերպիացի. սերպերէն.
sere (*սի՛ր*) չոր (տերեւ). ցամաք.
serenade (*սէրընէյտ՛*) գայլերգ. գայգանուագ. գայլերգել.
serene (*սիրի՛յն*) անխռով. ջինջ. յստակ. խաղաղ. լուրջ. անամպ. յստակութիւն. խաղաղութիւն. —*ness*, *serenity* (*սիրիյն՛նէս*, *սիրէն՛իթի*) պայծառութիւն. հանդարտութիւն. զուարթութիւն.
serf (*սըրֆ*) ստրուկ. ճորտ. —*age* ստրկութիւն.
serge (*սըրճ*) ցփսի (կոշտ կերպաս մը).
sergeant, serjeant (*սար՛ճընթ*) քսանապետ (վարէն երրորդ աստիճան). — - *major* (—՛-*մէյ՛ճըր*) յիսնապետ.
serial (*սիր՛իըլ*) յաջորդական. պարբերական. պարբերական հրատարակութիւն. *a — story* ամէն օր մաս առ մաս երեւցող պատմութիւն.
series (*սի՛րիզ*) շարք. կարգ. յաջորդութիւն.
serious (*սի՛րիըս*) լուրջ. ծանր. կարեւոր. ծանրակշիռ. —*ly* լրջօրէն. ծանրօրէն. վտանգաւոր կերպով.
sermon (*սըր՛մըն*) սուրբգրային նիւթի մը վրայ քարոզ. ճառ. *S— on the Mount* Յիսուսի Լերան Քարոզը (Մատթ. Ե.-է.).
serpent (*սըր՛փէնթ*) օձ. իժ. նենգ (չարամիտ) անձ. ոլոր մոլոր ընթանալ.
serrate(d) (*սէր՛էյթ(ըտ)*) սղոցաւոր (եզերք). *serrature* (*սէր՛էյթիուր*) սղոցի բերնին պէս ակռաներ.
serried (*սէր՛իտ*) խիտ. սեղմ. գործակցութեամբ.
serum (*սի՛րըմ*) յարդագոյն հիւթ (հեղուկ). շիճուկ. արեան ջրոտ մասը. ներարկելի շիճուկ.
servant (*սըրվ՛ընթ*) սպա-

սաւոր. ծառայ. ստրուկ. *civil* — հանրային սպասարկութեանց պաշտօնեայ. *Your obedient* — Ձեր հնազանդ ծառան, նամակի վերջաւորան (խաղաքավար ձեւ).

serve (*սըրվ*) ծառայել. գործել. օգնել. հրամցնել (կերակուր). գոհացնել. *to — a notice* պաշտօնապէս յանձնել (կոչնագիր). զինուորութիւն ընել. *server* (*սըր-վըր*) ծառայող. ափսէ. (նաեւ *sulver*).

service (*սըր'վիս*) ծառայութիւն. սպասարկութիւն (սեղանի). սպասաւորութիւն. պաշտօն. պաշտամունք. զինուորութիւն. սեղանի սպասք. վաստակ. հայթայթում (ջուրի, փոխադրութեան եւայլն). *—able* օգտակար. յարմար. *dinner-table-service (tea-service)* ճաշի (թէյի) համար հարկ եղած պնակներ (ամաններ) սպաս.

servient (*սըր'վիընթ*) ծառայող. ստորադաս.

serviette (*սըրվիէթ'*) *table-napkin)* սեղանի ձեռալաթ.

servile (*սըր'վայլ*) ցածոգի. քծնող. ենթակայ. *servility* (*սըրվիլ'իթի*), *servileness, servitude* ստրկութիւն. ծառայականութիւն. *penal servitude* տաժանակիր աշխատանք (բանտի մէջ).

sesame (*սէս'ըմի*) շուշմայ. սուսամ. *open sesame* բացուէ Սէզամ. (որեւէ դուռ կը բացուի այս հրամանով). Արաբ. «Հազար ու մէկ Գիշերներ»ու պատմուածքներէն առնուած ոճ.

sesqui - (*սէս'քուի* –) նախաբառ՝ մէկ ու կէս իմաստով. *—pedalis* (— – *փիտ'ալիս*) մէկ ու կէս ոտք երկայն. *—centennial* (*—սէնթէն'նիըլ*) մէկ ու կէս դարու, 150–ամեակ.

session (*սէշ'ըն*) նիստ. ժողով. ատեան. դասընթացքի մը տեւողութիւնը.

set (*սէթ*) դնել. պատրաստել (սեղանը). շտկել. կոտրած (ելած) անդամը տեղը դնելով կապել. սրել. լարել. մարբը մրտնել (արեւը). թուխսի նստեցնել. բուսնիլ. պընդանալ (կրաշաղախը). տնկել. *to set at nought* սապարէզ կարդալ. բանի տեղ չդնել. *to — back* արգելք ըլլալ. վատթարացնել. *to — on foot* ծրագիրի (գործի) ձեռնարկել. *to — out* նամբայ ելլել. սկսիլ. *to — the teeth on edge* ակռաները առնել (օր.՝ թըթու պտուղ մը). *to — sail* նաւել. առագաստ բանալ.

set (*սէթ*) շարք. կազմած. ձեւք (հագուստի). ձեւաւորութիւն (պագելով, բիւրեղանալով, եւայլն). մատադատունեկ. ուղղութիւն. մարբը մտնելը.

հաստատուն. կանոնաւոր. ձեւական. յամառ. սահմանունած. *a wireless set* ձայնասփռումի լման գործիքները. *to set to* կռուիլ. ենզիլ.

(a)setback յորդում. յառաջդիմութեան արգելք.

settee (սէթի) երկար նըստարան.

setter (սէթ'ըր) որսախոյզ (շուն). գրաշար.

setting (սէթ'ինկ) կարգադրում. գրաշարութիւն. հաստատում. կողմ (ովի). կազմելը. յատակ. յետսամաս.

settle (սէթ'լ) տեղաւորել. հաստատել. կարգադրել. բնակիլ. համդարտիլ. քամուիլ. կարգի մտնել. —*d* հաստատուած. մընայուն. արմատացած. հանդարտ. կարգադրըրուած (համաձայնաբար).

settlement (սէթ'ըլմընթ) կարգադրութիւն. տեղաւորում. գաղութ. բնակարան.

settler (սէթ'լըր) նոր երկրի մը մէջ տեղաւորըուող. գաղթող.

settling (սէթ'լինկ) հաստատում. —*s* տիղմ, մըրուր, դիրտ.

seven (սէվ'ըն) եօթը, եօթըն. —*-fold* (—'-ֆոլտ) եօթնապատիկ. —*th* եօթներորդ.

seventeen (սէվ'ընթի'ն) տասնեւեօթը. —*th* տասնեւեօթներորդ.

seventy (սէվ'ընթի) եօթանասուն. *seventieth* եօթանասուներորդ.

sever (սէվ'ըր) զատել. բաժնել. զատուիլ.

several (սէվ'ըրըլ) քանի մը. շատ. տարբեր. այլ եւ այլ. —*ly* զատ զատ. առանձին.

severe (սիվիյր') պարզ. խիստ. խոժոռ. —*ness*, *severity* (սիվիյր'նէս, սիվէր'իթի) խստութիւն.

sew (սօ) կարել. կարելով գրաղիլ. —*er* (սօ'ըր) կարող. —*ing* կար. դերձակուհիի գործ. —*ing-machine* (սօ'ինկ-մըշիյն') կարի մեքենայ.

sewage (սիու'էճ) կոյուղի.

sewer (սիու'ըր, սու'ըր) կոյուղի (խողովակներ կամ փողրակներ՝ որոնք աղտոտ ջուրերը եւ կըղկըղանքները կը փոխադրեն).

sex (սէքս) սեռ (արու, էգ). — *appeal* սեռային գրաւչութիւն (հրապոյր). —*ual* (սէքս'իուըլ, սէ'շուըլ) սեռային.

sexagenary (սէքսէճ'ընըրի) վաթսունամեայ անձ.

sexcentenary (սէքսէնթի'նըրի) 600րդ տարեդարձ.

sexennial (սէքսէն'եըլ) վեցերորդ տարեդարձ.

sextain (սէքս'թէյն) վեց տողնոց (բանաստեղծութեան) տուն.

sexton (սէքս'թան) լուսարար. ժամկոչ. մեռելաթաղ.

sextuple (սէքս'թիուփլ) վեցպատիկ.

shabby (շէ'պի) ցնցոտիապատ. կծծի.

shack (շէք) փայտաշէն

հիւղակ· հունձքի մնացորդ (որանէր)· ցորեն թափել· սլքտալ·
shackle (շէքըլ') ձեռնակապ· շղթայ· —s շըղթայ· խոչ· զսպում· արգելք· շղթայակապ ընել·
shaddock (շէտ'աք) *grapefruit, pomelo* (փամ'ի-լօ) նարինջի ընտանիքէն դեղին խոշոր թթուաշ պտուղ·
shade (շէյտ) ստուեր· նըշոյլ· նուրբ երանգ· ուրուական· լուսամփոփ· ստուեր ձգել· հովանաւորել· նսեմացնել· շուք տալ (գծագրութեան մէջ)· անզգալաբար մէկ գոյնէն միւսը փոխանցուիլ·—*s* մեռելներու աշխարհ· ամբողջական խաւար· *shady* ստուերոտ· անորոշ· կասկածելի·
shadow (շէտ'օ) շուք· հովանի· պատկերի քիչ լուսաւոր(ուած) մասը· անբաժան ընկեր· մռայլութիւն· ոգի· թեթեւ հետք· շուք ձգել·*to — a person* հսկել անձի մը վրայ·
shady (շէյ'տի) անորոշ· ստուերոտ·
shaft (շէֆթ) ձող· կոթ· նետ· նետի (փետուրի) կոթ· ուղղաձիգ անցք (ծխնելոյզ, օդափող, վերելակի անցք,հանքի հոր)·
shag (շէկ) թաւ մազ (ասուի)· բարակ կտրուած՝ ծխախոտի տերեւ·
shaggy (շէկ'ի) մազոտ· կոշտ·
shagreen (շըկրիյն') շանաձուկի փորի մորթէն պատրաստուած կաշի· կանաչ ներկուած արուեստական կաշի·
Shah (շահ) կրճատ ձեւը *Shah-in-Shah*ի, որ թագաւոր թագաւորաց կը նշանակէ· Իրանի շահ·
shake (շէյք) (անց· *shook* ցնցեց, ցնցուեցաւ· անց· ընդ· *shaken* ցնցած, ցնցուած) ցնցել· դողալ· խախտել· խռովել· ցընցում· թրթռացում· *to — off* թօթափել· ձերբազատուիլ· *in two shakes* շուտով· *a — - up* շարժում· խռովութիւն· *shaky* (շէյ'քի) անկայուն· տկար·
shale (շէյլ) կենեպ· պատեան· պատիճ (փակլայի, եւայլն)· քարացած կաւ (տիղմ)՝ որ կրնայ խաւ խաւ ճեղքուիլ· հերձաքար·
shall (շէլ) (անց· *should)* ապառնի ժամանակ ցոյց տուող բայ, որ ստիպողութիւն, հրաման, պայման կամ մտադրութիւն կը յայտնէ· *tomorrow I shall be 17 years old* վաղը 17 տարեկան պիտի ըլլամ· *he shall do it* ստիպուած է ընել·
shallot (շըլաթ') սխտորուկ· սոխի նմանող բոյս (արմատ)·
shallow (շէ'լօ) ծանծաղ· թերի ուսումով· կեղծաւոր· թեթեւ· չնչին·
shalt (շէլթ) հին ձեւ *you shall*ի· *thou shalt* պէտք է· պարտիս·
sham (շէմ) կեղծիք· խա-

բէութիւն. կապկել. խաբել. կեղծել.

shambles (շէմ'պլզ) սպանդանոց. սպանութեան վայր.

shame (շէյմ) ամօթ. անպատուութիւն. նախատինք. ամօթխածութիւն. ամչցնել. նախատել. ամըչնալ. խայտառակել. —*faced* (շէյմ'ֆէյստ) ամօթխած. խպնոտ. —*ful* ամօթալի. —*less* անամօթ. լիրբ.

shammy (շէ'մի) քարայծենի.

shampoo (շէմփու') շփել, մարձել. գլուխը օճառել մասնաւոր հեղուկ օճառով.

shank (շէնք) սրունք. սըրունքի խոշոր ոսկոր.

shanty (շէնթ'ի) խեղճուկ բնակարան. հիւղակ. նաւազի երգ.

shape (շէյփ) ձեւ տալ. ձեւել (հագուստ). յարմարցնել. կազմել. ձեւ. կերպարանք. ուրուագիծ. պատկեր. տարազ. —*less* անձեւ. տձեւ. —*liness* վայելչութիւն. բարեձեւութիւն.

shard (շարտ) պտուկի կոտրրտուանք. կռվու բըրիք.

share (շէ'ր) բաժին. մասմասնակցութիւն. բաժնել. բաժին ունենալ. մասնակցիլ. —*holder* բաժնետէր.

share (շէ'ր) խոփ (արօրի).

shark (շարք) շնաձուկ. յափշտակիչ. խարեբայ. շորթող.

sharp (շարփ) սուր. սուր (ձայն). սրածայր. խորամանկ. կծու. խածնող. սրամիտ. ցցուն. —*en* սրել. միտքը զօրացնել. աւելի թթու (կծու) դարձնել. *a* —*er* դրամաշորթ. խարեբայ.

shatter (շէթ'ըր) խորտակել. ջախջախել. կտոր ,կտոր ըլլալ. ջախջախուիլ.

shave (շէյվ) ածիլել. ածիլուիլ. բարակ շերտերու (տաշեղի) վերածել. մօտէն (քսուելով) անցնիլ. ածիլում. սափրում. բարակ շերտ. տաշեղ. քերիչ. *close (near)* — վտանգէ մազապուրծ ազատում.

shawl (շո՝լ) ցփսի. շալ.

she (շի) ան (իգ.). անձնդեր. Գ. դէմք, եզակի. կը գործածուի նաեւ բարդ բառեր (էգ կենդանիներու անուններ) կազմելու. օր.՝ *she-bear* էգ արջ. *she-goat* էգ այծ. *she-ass* մատակ էշ. (փոխաբ.). *she-devil, she-cat* չարասիրտ, քինախնդիր կին.

sheaf (շիյֆ) (յոգ. *sheaves)* որայ. խուրձ (ցորենի, գարիի, հաճարի, վարսակի, եւայլն). որայ կապել. խուրձ շինել.

shear (շիյր) (անց. *sheared, shore* անց. ընդ. *shorn)* խուզել. մկրատով կտրել. հենձել. բաժնել. —*s* մկրատ. խուզակ.

—*ling* առաջին անգամ խուզուած ոչխար.

sheath (*շիյթհ*) պատեան. ծածկոյթ. —*e* (*շիյտհ*) պատեանը դնել. պատել.

sheave (*շիյվ*), *to sheaf* խուրձ (որայ) կապել.

shed (*շէտ*) (անց. եւ անց. ընդ. *shed)* հեղուլ. թափիլ. թափել. վազել. զատուիլ. ճառագայթել. բաժնել. — *tears* արցունք թափել. — *hair (feathers)* մազ (փետուր) թափել. կտուր, ծածք. սայլատուն, գոմ (կովերու). փայտանոց.

sheen (*շիյն*) փայլ. շող. փայլուն մակերեսէ արտացոլացող լոյս.

sheep (*շիյփ*) ոչխար. պարզամիտ (ամօթխած) անձ. յոգ. *sheep* ոչխարներ. եկեղեցիի զաւակները. *sheep-fold* փարախ. —-*dog* հովիւի շուն. —*ish* (*շի՛փ՛իշ*) ոչխարամիտ, ոչխարի պէս. ապուշ. անշնորհ. պակշոտ. վախկոտ. *black* — ընտանիքին վատահամբաւ անդամը. *to make sheep's eyes* սիրավառ ակնարկով դիտել.

sheer (*շիյր*) զուտ. յըստակ. բացարձակ ուղղահայեաց. քթանէ կամ մետաքսէ. շատ նօսր. լման. կատարելապէս.

sheer (*շիյր*) խոտորիլ. — *off* հեռանալ. ծռիլ.

sheet (*շիյթ*) սաւան. թերթ (թուղթի, մետաղի). օրաթերթ. ծաւալ. ջրակոյտ.

Sheik, Sheikh (*շէյք*) արաբ ցեղապետ. շէյխ.

sheldrake (*շէլ՛տրէյք*), իգ. *shelduck* (*շէլ՛տաք*) վայրի (պիսակաւոր) բադ.

shelf (*շէլֆ*) (յոգ. *shelves* [*շէլվզ*]) դարակ. խութ. խարակ. ծովուն աւազուտ յատակը. ժայռոտ յատակ, որ կը ծանծաղեցնէ ծովը.

shell (*շէլ*) կեղեւ. պատեան. խեցի. կճեպ. պատիճ (փակլայի). ռումբ. կեղեւել. կճեպել. կեղեւը հանել. կճեպը իյնալ. ռմբակոծել. —*ed* կճեպով. կճեպը հանուած. ռումբերէ վնասուած. —*fish* (*շէլ՛ֆիշ*) խեցեմորթ (ծովային կենդանի). —*proof* (—*՛փրուֆ*) ռումբի դիմացող.

shellac, shell-lac (*շէլաք՛*, *շէլ՛-լաք*) ճենաջնարակ. միջատներէ պատրաստուած ապակենման նիւթ՝ անգոյն ներկ եւ խէժ պատրաստելու համար. ջնարակել.

shelter (*շէլ՛թըր*) պատըսպարան. ապաստանարան. ծածկոյթ. պատսպարել (հովի, անձրեւի դէմ). ապաստանիլ. հովանի ըլլալ.

shelve (*շէլվ*) մէկդի դնել (անպէտ, անգործածելի բան կամ անձ). դարանել. առաջարկ մը բարձի թողի ընել. ծռիլ (հակիլ) աստիճանաբար.

shepherd (*շէփ՛ըրտ*) (իգ. —*ess)* հովիւ, (հովուուհի)․ եկեղեցիի հոգեւոր առաջնորդ․ ոչխարներ արածել․ հովուել․

sherbet (շէր՛պէթ) (արաբ․) օշարակ․

sherd (շըրտ) տես՝ *shard.*

sherif, shereef (շէրիֆ՛) իշխան․ շէրիֆ․ գիւղապետ․ դատաւոր (Անգ․, Ա․Մ․Ն․)․

sherry (շէր՛ի) սպանական գինի․

Shetland (շէթ՛լէնտ) Սկովտիոյ հիւսիս արեւելքը գտնուող Շէթլանտ կղզիները․

shibboleth (շիպ՛պոլէթհ) փորձախօս․ կարգախօս․

shield (շիյլտ) վահան․ ասպար․ պաշտպանութիւն․ պաշտպանել, ծածկել․

shift (շիֆթ) փոխել․ դիրքը փոխել․ փոխադրել․ ղեկավարել․ հնարք մը գտնել․ փոխուիլ․ խուսափիլ․ փոփոխութիւն․ խուսափում․ գործաւորներու (պաշտօնեաներու) հերթով աշխատող խումբեր․ կանանց ներքնազգեստ․ —*er* (շիֆ՛թըր) խաբեբայ․ բեմի տեսարանները փոխող․ —*iness* նենգութիւն․ *shifty* շարժուն․ փոփոխամիտ․ անվստահելի․ *to make* — գործը շտկել (կարգադրել)․

shilling (շիլ՛ինկ) շիլին, 12 փէնս, այսինքն՝ սթերլինի 1/20րդ մասը․

shimmer (շիմ՛ըր) թերթեւօրէն փայլիլ, փալփլիլ․ աղօտ (պլպլացող) լոյս․

shine (շայն) ցոլալ․ փայլիլ․ շողալ․ փայլեցնել․ փայլ․ պայծառութիւն․ ցոլք․ *shiny* (շայ՛նի) փայլուն․ սքանչելի․

shingle (շին՛կլ) ծովեզերքի մանր խիճ․ բարակ տախտակ (տանիք ծածկելու համար)․ կանանց մազը յարդարելու ոճ․

shingles (շին՛կլզ) օձախտ (ողնայարի)․

Shinto (շին՛թօ) նախնեացիներու կրօնքը․ հերոսներու (նախահայրերու), Միքատոյի պաշտամունք․

ship (– շիփ) վերջաբառ, օր․՝ *friendship* բարեկամութիւն․

ship (շիփ) նաւ․ եռակայմ նաւ․ նամբայ հանել․ նաւով ղրկել․ նաւ նստիլ․ բեռնաւորել․ — - *master* (շիփ՛–մէս՛թըր, —-մաս՛–թըր) նաւապետ․ —*mate* նաւազ ընկեր․ —*ment* (շիփ՛մընթ) առաքում․ նաւով ղրկուած ապրանք․ —*wreck* (—՛րէք) նաւաբեկութիւն․ կործանում․ —*yard* նաւարան․ *battleship* մարտանաւ․

shipshape (շիփշէյփ՛) կանոնաւորութեամբ․

shippon (շիբ՛ըն) գոմ, փարախ․

shire (շիր, շըր, շայր) գաւառ, բաժանում․ -*shire* վերջաբառ անգլիական շատ մը քաղաքներու անուան, օր․՝ *Hampshire* (հէմ՛շիր), *Yorkshire* (եօրք՛շիր), *Devonshire* (տէ՛վընշիր)․

shirk (շըրք) փախուստ տալ պարտաւորութենէ (գործէ)․

shirt (*շըրթ*) շապիկ (այրերու). բանկոն (կանանց).

shiver (*շիվ'ըր*) դողալ. սարսռալ. թրթռալ. դողացնել. թրթռացնել. դող (վախէ, ցուրտէ). —y դողդոջուն. սարսռուն.

shiver (*շիվ'ըր*) պատառ. կտորիկ. փշրուիլ. կտոր կտոր ըլլալ.

shoal (*շո'լ*) վտառ (ձուկերու). բազմութիւն. խումբ. խռնուիլ. վտառ կպզմել.

shoal (*շո'լ*) խրուտ. աւազուտք. ծանծաղ ջուր. ծանծաղ. ծանծաղիլ.

shock (*շաք, շոք*) ցնցում. հարուած. բախում. կաթուած. ելեկտր. հոսանքին մարմնոյն վրայ ըրած ազդեցութիւնը. անակընկալօրէն հարուածել. —*absorber* (*շա'ք-էպսար-պըր*) ցնցարգել միջոց (գործիք). —*proof* ցընցումէ (հարուածէ) չազդուող (ժամացոյց). —*troops* (—*թրո'ւփս*) բանակային գրոհի խումբեր.

shock (*շաք*) գիսախուռ. որանկրու կոյտ. որանէբը կոյտ ընել. *a — of hair* առատ մազ.

shocking (*շաք'ինկ*) ցնցող. ահռելի. զզուելի.

shod (*շատ*) (անց. եւ անց. ընդ. *shoe* բայի) պայտեց. պայտած.

shoddy (*շատ'ի*) ցածորակ հիւսուածեղէն. նոյնէն շինուած (հագուստ). ցածորակ. երկրորդ կարգի.

shoe (*շու'ւ*) կօշիկ. պայտել. կօշիկ հագուիլ. *horse* - — պայտ. —*black* (—'-*պլէք*) կօշիկի ներկարար. —*brush* (—'-*պրաշ*) կօշիկի խոզանակ. —*horn* (—'-*հորն*) կօշկաձիգ (կօշիկը հագուելու օգնող որեւէ մետաղէ գործիք). —*lace* (—'-*լէյս*) կօշիկի կապ. —*maker* (—'-*մէյ'քըր*) կօշկակար.

shog (*շակ*) հրել. ցնցել. ճօճել.

shone (*շո'ն*) (անց. եւ անց. ընդ. *shine*ի) փայլեցաւ.

shook (*շու'ւք*) (անց. *shake*ի) ցնցեց. դողաց. թօթուեց.

shoot (*շու'ւթ*) (անց. եւ անց. ընդ. *shot*) արձակել, (զէնքը) պարպել. գնդակով սպաննել. *shoot (at)* նշան առնելով կրակել. ձգել (ուռկանը). որսը հետապնդել. ծիլ. ընձիւղներ արձակել. պարպում. հարուած. պայթում. վազք. ծիլ. նիւղ. թեւ. —*ing* հրացանաձգութիւն. —*ing star* (*շու'թ'ինկ-սթար*) աստղ.

shop (*շափ, շափ*) կրպակ. խանութ. գործատուն. *to* — գնումներ ընել. —*ping* (*շափ'ինկ*) գնում. —*keeper* (*շափքի'փըր*) խանութպան. մանրավաճառ. *to talk* — տեւապէս առօրեայ գործի մասին խօսիլ.

shore (շոր) (անց. shearի) խուզեց.

shore (շոր) մորթել. ծովեզերքը հանել. ծովափ. ծովեզր. յեցակ. նեցուկ (պատի դէմ).

shorn (շորն) (անց. ընդ. shearի) խուզուած.

short (շորթ) կարճ. սակաւ. փխրուն. թերի. մերձաւոր. համառօտ. ամփոփում. համառօտութիւն. անմիջապէս. կըտրուկ. in — խօսքին կարճը. —s (շորթս) կարճ տաբատ. —age (շոր'թէճ) պակաս. անբաւարար մթերք. —-breathed (շորթ'-պրէթհըտ) դժուարաշունչ. —-coming (—'-քամինկ) թերութիւն. ձախողանք. —-cut (— -քաթ) կարճ ճամբայ (միջոց), ոչօրինաւոր (ընկալեալ) ձեւով).

shot (շաթ) (անց. եւ անց. ընդ. shootի) զարկւած. սպաննեց. որսաց. գընդակ. ռումբ. հարուած. լուսանկար. կապարէ գնդիկ (փամփուշտի մէջ). խոզի ձագ. շարժանկարի ժապաւէնին ըլման ցուցադրութիւնը (մէկ անգամով). փորձ. big — (պիկ' շաթ) կարեւոր անձնաւորութիւն.

should (շուտ) անկատար ապառնի գոյացնող օժանդակ բայ.

shoulder (շոլ'տըր) ուսամակ. կռնակ. թիկունք. ուսը առնել. շալկել. պատասխանատուութիւն ստանձնել. to give one the cold — մէկուն պաղ ընդունելութիւն ցոյց տալ. անհետ թողուլ.

shout (շաութ) ճչալ. պոռալ. օգնութի՛ւն աղաղակել. ճիչ. աղաղակ.

shove (շավ) հրել. մղել. թիավարելով եզերքէն հեռանալ. հրմշտուք.

shovel (շավ'ըլ) բահ. թիածէ շերեփ. թիով նետել. թիարկել.

show (շօ՛) (անց. եւ անց. ընդ. —ed, shown ցոյց տուաւ, ցոյց տրուած). ցոյց տալ. ցուցադրել. բուել յայտնել. ապացուցանել. առաջնորդել. ցոյց. ցուցադրութիւն. տեսարան. տողանցք. երեւոյթ. նմանութիւն. —-case ցուցափեղկ. showily (շօ''իլի) ցոյցի համար. ցուցամոլօրէն. —y (շօ'ի) ցուցասէր. փառաւոր. — off ցուցադրել.

shower (շո'ըր) ցոյց տըւող. ցուցադրող. — (շաու'ըր) տեղատարափ. բազմաթիւ. տեղալ. —-bath (— -պէթհ) ցընցղան (ցնցուղէ իջնող ջուրով լոգանք). բաղնիք. —-proof (—'-փրու՛ւֆ) անձրեւէ չազդուող.

shrank (շրէնք) (անց. shrinkի). կծկուեցաւ. ամփոփուեցաւ.

shred (շրէտ) կտոր. երկայն՝ նեղ շերտ. մաս–

ցրիկ· մանրել· շերտել·

shrew (շրու) խեռ (կռուասէր) կին· մկնաքիս.

shrewd (շրուտ) խորագէտ· խելացի· նենգ.

shriek (շրիյք) վախէն ճըչել· բարկութեամբ պոռալ· բարձրաձայն գոռիւն (պոռչտուք, ճիչ)·

shrift (շրիֆթ) խոստովանանք. *short* — կարճ միջոց դատապարտութեան եւ մահապատիժի գործադրութեան միջեւ.

shrill (շրիլ) զիլ· բարձըրանիչ (ձայն)· սուր ձայն· զիլ ձայն հանել·

shrimp (շրիմփ) ծովային մարախ· կարիտոս.

shrine (շրայն) մասունքի տուփ· սրբարան· աղօթատեղի (նամբու եզերքը)·

shrink (շրինկք) (անց. *shrank, shrunk* անց. ընդ. *shrunk, shrunken* [շրանկ՛ քըն]) կծկուիլ· քաշուիլ· ընկրկիլ· կըծկել· փոթփոթ· խորշոմած.

shrive (շրայվ) խոստովանիլ· խոստովանութիւն լսել· թողութիւն շնորհել·

shrivel (շրիվ՛ըլ) (անց. եւ անց. ընդ. *shrivelled*) կծկել· կծկուիլ· խորշոմիլ·

shroud (շրաուտ) ծածկոյթ· պատանք. —*s* մետաղէ կայմակալ պարան· պատանքել· ծածկել·

shrove (շրով) (անց. *shrive*) խոստովանեցաւ.

խոստովանութիւն. —. *tide* մեծ պահքէն անմիջապէս առաջ եկող օրերը՝ որոնք փակեալ խորանով կը վերջանան.

shrub (շրապ) թուփ· ծառիկ·

shrug (շրակ) (անց. եւ անց. ընդ. *shrugged* [շրակտ]) ուսը թօթուել· դժգոհութիւն ցուցաբերել·

shudder (շատ՛ըր) սարսափէն եւ վախէն դողալ, սարսռալ· ցնցուիլ· դող· սարսուռ.

shuffle (շաֆ՛ըլ) տեւապէս ոտքերը գետին քսելով քալել· տեսակէտ փոխել· խառնշտկել· խաղի թուղթերը խառնել·

shun (շան) (անց. եւ անց. ընդ. *shunned*) հեռու մնալ (մէկէ մը)· զգուշանալ·

shut (շաթ) գոցել· խափանել· նիգ դնել· գոցուիլ· —*down* (—՛տաուն) գործի դադար (կասեցում)· —*ter* փակող· փեղկ (պատուհանի)· — *up!* կտրէ՛ ձայնը.

shuttle (շաթ՛ըլ) կկոց· մագոգ.

shy (շայ) երկչոտ· զգայուն· համեստ· նետել· *have a — at* փորձ մը ընել·

Siamese (սայըմիյզ՛) սիամական· սիամցի· սիամերէն.

Siberian (սայպի՛րիըն) սիպերիական· սիպերիացի·

Sibyl (սիպ՛իլ) գուշակուհի․ հարցուկ կին․ փիուկ կին․

sic (*սիք*) (լատ․) այսպէս․ *sic in originali* բնագրին մէջ այսպէս է․

sick (*սիք*) սիրտը խառնուած․ զզուած․ յոգնած․ հիւանդկախ․ *to be* — փսխել (Անգլիա), անհանգիստ ըլլալ (Ա․ Մ․ Ն․)․ *sick of* յոգնած․ — *for* տենչավառ․ *homesick* հայրենաբաղձ․ *to —en* զանեցնել․ հիւանդկախ դարձնել․ զանիլ․ անհանգիստ զգալ․ — *- leave* (—*'-լիյվ*) անհանգստութեան պատճառով գործը ձգելու արտօնութիւն․ *sickness* անհանգստութիւն (ստամոքսի)․

sickle (*սիք'ըլ*) մանգաղ․

side (*սայտ*) կողմ․ կող․ եզերք (առարկայի մը)․ եզերք․ կուսակցութիւն․ ազանդ․ շրջան․ կողմնակի․ անուղղակի․ պատահական․ կողմ բռնել․ յարիլ․ — *- issue* (—*'-իշ'իու*) երկրորդական ապացոյց (գործ)․ — *- light* (—*'-լայթ*) կողմնակի տրուած լոյս․ կողմնակի դրուած լապտեր․ կողմնակի ծանօթութիւն․ *—r* (*սայ'տըր*) կուսակից, կողմնակից․ *—wise* կողմնակի․ — *by* — իրարու մօտ․ քով քովի․

siderial (*սայտի'րիըլ*) աստղական․ — *year* աստղերու երեւութական շարժման վրայ հաշուըուած տարի — 365 օր, 6 ժամ, 9–10 վայրկեան․

siege (*սիյճ*) պաշարում․ ջանք (սէր, ազդեցութիւն շահելու համար)․ *state of* — պաշարման վիճակ․

sierra (*սիէր'ա*) սղոցաձեւ շարք (լեռներու)․

siesta (*սիէս'թա*) ցերեկուան քուն․ տիւանդորր․

sieve (*սիյվ*) մաղ․ մաղել․

siffle (*սիֆ'ըլ*) սուլել․ շշելը․ շնչառութիւն․

sift (*սիֆթ*) մաղել․ մանրազնին քննել․

sigh (*սայ*) հառաչել․ ողբալ․ հառաչ․

sight (*սայթ*) տեսողութիւն․ տեսք․ տեսարան․ աչք․ նորոյթ․ տեսնել․ դիտել․ նշան առնել․ — *- less* կոյր․ *—ly* աչքին հանելի․ շնորհալի․ *unsightly* տգեղ․ *—seeing* (*սայթ'սի''ինկ*) շուրջը դիտել․ տեսարժան բաներ (տեղեր) դիտող․ *at* — անմիջապէս․ առանց նախապէս քննած (սերտած) ըլլալու․

sign (*սայն*) նշանակ․ նըշան․ կանխանշան․ խորհրդանշան․ հրաշք․ ցուցատախտակ․ անցաբառ․ թուաբանութեան նշաններ, ինչպէս +, ×, —, ÷, = եւայլն․ (երաժշ․) նշաններ, օր․՝ կիսվեր, կիսվար․ կէտ․ բնական․ ստորագրել․ վաւերացնել․ *to sign on* մէկը իբր աշխատաւոր արձանագրել․ *to — off* (*in radio)* հեռասփիւռի ունկընդիրներուն մնաք բարով ըսել·

signal (*սիկ'նըլ*) նշան· ազդանշան (ձայնով կամ դրօշակով)· երեւելի· նըշանաւոր· նշան ընել· —*led* (*սիկ'նըլտ*) նշանաւոր· բացառիկ· ակնբախ·

signatory (*սիկ'նըթըրի*), signatary (*սիկ'նըթէրի*) համաձայնութիւն (դաշինք) ստորագրող կողմերը·

signature (*սիկ'նըթիուր*, *սիկ'նէչըր*) ստորագրութիւն· նշան· կնիք· դըրոշմ·

significant (*սիկնիֆ'իքընթ*) նշանակալից· կարեւոր·

signify (*սիկ'նիֆայ*) ցուցնել· յայտնել· նշանակել· նշանակութիւն (արժէք) ունենալ· *significance* (*սիկնիֆ'իքընս*) կարեւորութիւն· ոյժ· կշիռ· իմաստ· միտք·

signor (*սին'եոր*) պարոն· *signora* (*սինեո'րը*) տիկին· *signorina* (*սինեըր'ինը*) օրիորդ (իտալ·)·

sike (*սայք*) գետակ·

silence (*սայ'լընս*) լռութիւն· անդորրութիւն· հանդարտութիւն· խլութիւն· հանդարտեցնել· հերքել· ջրել· լռեցնել· (հրամայական) լռեցէ՛ք· *silent* լուռ, խօսելու անտրամադիր· չինչուող (ձայնաւոր կամ բաղաձայն գիր)·

silhouette (*սիլուէթ'*) դիմաստուեր· ստուերագիր·

silk (*սիլք*) մետաքս· մետաքսէ· —*en* մետաքսանման· մետաքսէ շինուած· *silkworm* (—'-*ուըրմ*) շերամ· *artificial* — (*արթիֆիշ'ըլ սիլք*) արուեստական մետաքս·

sill (*սիլ*) շեմ· *window sill* յեցակ պատուհանի·

sillon (*սի'լոն*) թումբ, ամբարտակ·

silly (*սիլ'ի*) ապուշ· տկարամիտ· անխոհեմ· *sillily* (*սիլ'իլի*) տխմարօրէն· անխոհեմաբար·

silo (*սայլօ*) գուբ (խոտի, ցորենի)· պահել գուբի մէջ·

silt (*սիլթ*) տիղմ· ցեխ·

silvan, sylvan (*սիլ'վըն*) անտառային· անտառուտ· գիւղային· *silva, sylva* անտառաբանութիւն (երկրի մը)·

silver (*սիլ'վըր*) արծաթ· արծաթեղէն· արծաթագոյն· արծաթանման· արծաթ դրամ· ներմկած մազի պէս· արծաթազօծել· ներմկիլ· —*ware* արծաթեղէն· —*wedding* ամուսնութեան 25րդ տարեդարձ·

simia (*սիմ'իա*) մարդակերպ կապիկ (շէմբանզէ, օրանկութան, կորիլլա)·

similar (*սիմ'իլըր*) նման· համանման· (երկրաչ·) պատկերներ՝ որոնց իրարու համապատասխանող անկիւնները, ինչպէս նաեւ կողմերուն համեմատութիւնները՝ իրարու նման են· —*ity* (*սիմիլէր'իթի*) նմանութիւն· նոյնութիւն· —*ly* նմանապէս·

simile (*սիմ'իլի*) նմանաթանութիւն. համեմատութիւն. (օր.) *easy as ABC* այբուբենի չափ (պէս) դիւրին. *meek as Moses* Մովսէս (մարգարէի) պէս հեզ, եւյլն.

similitude (*սիմիլ՛իթիուտ*) նմանութիւն. առակ. նըմանաբանութիւն.

simmer (*սիմ՛ըր*) դանդաղօրէն եռացնել. եռալու մօտ ըլլալ. բարկութեան (խնդուքի) զսպուած վիճակի մէջ ըլլալ. դանդաղ (աստիճանական) ջեռուցում.

simoniac (*սիմոն՛իաք*) սիմոնական. վարձատրութիւն խոստանալով եկեղեցականի պաշտօն ապահովել ջանացող.

simony (*սիմ՛ոնի*) շնորհավաճառութիւն. *simonist* շնորհք վաճառող. եկեղեցական աթոռ գնելու արարքը.

simple (*սիմ՛փլ*) պարզ. անպաճոյճ. պարզամիտ. տարրական. անվտանգ (դեղ). դեղախոտ. —-*hearted* (*սիմփլ՛-հարթ՛ըտ*) աննենգ. անկեղծ. *simpleton* (*սիմ՛փըլթն*) ապուշ. պարզուկ. *simplicity* (*սիմփլիս՛իթի*) պարզութիւն. անկեղծութիւն. *simplify* (*սիմփ՛լիֆայ*) պարզաբանել. դիւրացնել. *simply* (*սիմ՛փլի*) որոշապէս. պարզապէս. յստակօրէն. ոչ-արուեստակեալ ձեւով. ապուշաբար. *simply terrible* չափէն աւելի գէշ.

simulant (*սիմ՛իուլընթ*) կեղծող. ձեւացնող. կեղծաւոր. օրինակող. *simular* (*սիմ՛իուլըր*) կեղծ. ձեւացուած.

simulate (*սիմ՛իուլէյթ*) ձեւացնել. կեղծել. —-*tion* (*սիմիուլէյ՛շըն*) կեղծիք. կապկում.

simultaneous (*սիմալթէյ՛նիըս*) համադէպ, նոյն ատեն պատահող. միասնական (հաւասարութիւններ). —*ly* միասնաբար. նոյն ատեն.

sin (*սին*) մեղք. օրինազանցութիւն. բարոյական անկում. չարութիւն. ոճիր. *to* — Աստուծոյ գծած պարտականութեանց ուղիէն շեղիլ. մեղանչել. սխալ գործ ընել. անիրաւութիւն ընել. —*ful* (*սին՛ֆուլ*) պիղծ. անօրէն. մեղսալի. —*ner* (*սին՛ըր*) մեղաւոր. մեղանչող. *mortal* — մահացու մեղք.

since (*սինս*) ի վեր. առաջ. քանի որ. ըստ որում.

sincere (*սինսիյր՛*) անկեղծ. հարազատ. անխարդախ. —*ly* անկեղծօրէն. —*rity* (*սինսէր՛իթի*) անկեղծութիւն.

sine qu'anon (*սայնը քէ-նոն*) համաձայնագրի մը հիմնական մասերը (լատիներէն).

sinew (*սին՛իու*) ջիղ. նեարդ. մկան. —*s* կորով. *the sinews of war* դրամ. *sinewed* ջղուտ. զօրաւոր. կորովի. —*y* (սինիու'ի) ջղուտ. մկանուտ. ուժեղ.

sing (սինկ) (անց. *sang*, անց. ընդ. *sung*) երգել. գեղգեղել. սաղմոսել. նուագել. սուլել (թէյամանի եռալու մօտ եղող ջուրը). —*er* երգիչ. —-*ing* երգեցողութիւն. երգելը.

singe (սինճ) խանձել. թեթեւօրէն այրել. —*ing* (սինճ'ինկ) թեթեւ այրուածք.

single (սին'կլ) միակ. մինակ. ամուրի. միայն երթալու (տոմսակ). պարզ. սրտանց. — *out* ընտրել. զատել. —-*handed* (— -հէնտ'ըտ) առանց օգնականի. —-*hearted* (—'-հարթ'ըտ) աննենգ. անկեղծ. —-*minded* (—'-մայնտ'ըտ) ուղղամիտ. —*ness* ամուրիութիւն. անկեղծութիւն.

singular (սին'կիուլըր) եզակի. եզական. առանձին. չնաշխարհիկ. եզակի թիւ (անունի, դերանունի). —*ity* եզականութիւն. մասնայատկութիւն. —*ly* բացառիկ կերպով. տարօրինակ կերպով. մեծապէս.

Sinic (սին'իք) չինական. —*ise*, —*ize* (սին'իսայզ) չինական բնոյթ տալ.

sinister (սին'իսթըր) ձախորդ. ձախլիկ. սպառնացող.

sink (սինկք) (անց. *sank* անց. ընդ. *sunk*) ընկըղմիլ. ընկղմել. իջեցնել. իջնել. թափանցել. մահամերձ ըլլալ. տեղի տալ. *a* — ծորանոց (խոհանոցի). աւազան. կոյուղի. աղտոտ բնակավայր. —*ing* պեղում. անկում.

Sino-Japanese (սինօ-ճէփընիյզ') չինօ-ճափոնական.

Sinology (սինոլ'ոճի) չինաբանութիւն. չինական մշակոյթի ուսումնասիրութիւն.

Sinophil (սայնոֆ'իլ) չինասէր. չինամոլ.

sinuate (սին'իուէյթ) ոլորել. ծամածռել. դարձնել. *sinuose, sinnous* ծամածուռ. օձապտոյտ. ճկուն. խարդախ.

sinus (սայ'նըս) ծոց. խոռոչ. փոքր ծակ (ոսկորի մէջ).

sip (սիփ) համը նայիլ. ումպ ումպ խմել. ումպ.

siphon, syphon (սայ'ֆըն) սիփոն. ծծափող. կորաձեւ խողովակ. կոր խողովակով հեղուկ պարպել.

sir (սըր) պարոն. տէր.

sire (սայր) *sir*ի հին ձեւը. հայր. ծնող. արքայ. անասունի արու ծնողը. —*s* նախնիք. *to* — (անասունի) ծնունդ տալ.

siren (սայր'րէն) յուշկապարիկ. գրաւիչ կին. ահազանգ յուշկապարիկի. գրաւիչ. կախարդական.

Sirius (սիր'իըս) մեծագոյն աստղերէն մէկը. Շնիկ աստղը՝ որ Հայկ համաստեղութեան մօտ կը տեսնուի.

sirloin (*սըր'լոյն*) ոչխարի գիստ (միս)։

sirocco (*սիրաքօ'*) փոշի բերող հարաւի տաք հով. խորշակ։

sirop, sirup տես՝ *syrup.*

sissy (*սիս'ի*) աղջկայ ձեւերով մանչ։

sister (*սիս'թըր*) քոյր. հաւատակից կին. կին կրօնաւոր. մայրապետ. միանձնուհի. *—hood* (*—'-հուտ*) մայրապետութիւն. *—-in law* (*—-ին-լօ'*) քենի. տալ. ներ.

sit (*սիթ*) նստիլ. բազմիլ. թառիլ. (թուխսի, ժողովի, եւայլն) նստիլ. խորհրդարանի անդամ ըլլալ. ննշել. նստեցնել. քննութեանց (մրցումին) մասնակցիլ. ներկայանալու համար կենալ. *the coat —s well* բաճկոնը լաւ կը հանգչի վրան. *to — on a person* մէկուն հետ խիստ վարուիլ զայն քաղաքավարութեան վարժեցնելու համար. *make a person — up* մէկը զարմացնել. *— up (late)* շատ ուշ ատեն անկողին երթալ. *—ting* նիստ. նստարան. նըստուածք. ժողով. *—ing* նստած. թառած. *—ing-room* նստասենեակ. սըրահ. դահլիճ. սպասման սրահ. ընդունելութեան սրահ. հիւրասրահ.

site (*սայթ*) վայր. դիրք. հող (տունով միասին). տեղաւորել.

situate (*սիթ'իուէյթ*) զետեղել. տեղաւորել. հաստատուած. *—d* բնակող. հաստատուած. տեղաւորուած. *situation* (*սիթիուէյ'շըն*) դիրք. պաշտօն. արոռ. վիճակ. կացութիւն. շփոթ վիճակ.

six (*սիքս*) վեց. 6 կամ *VI.* *—fold* (*սիքս'ֆոլտ*) վեցապատիկ. *—-shooter* (*սիքս'-շու'թըր*) վեցհարուածեան (հրազէն). *—teen* (*սիքսթին'*) տասնը վեց. *—teenth* 16րդ. *XVI.* *sixth* (*սիքսթհ*) վեցերորդ. *sixty* վաթսուն. *sixtieth* (*սիքս'թիէթհ*) վաթսուներորդ. *at sixes and sevens* տակն ու վրայ, խառնակութեան մէջ.

size (*սայզ*) մեծութիւն. ծաւալ. հասակ. չափ (հագուստի, կօշիկի). չափի (հասակի) համեմատ շարել. *—able* (*սայզ'էպլ*) խոշորկեկ. *to — up* չափը առնել. կարելիութիւնները նկատի ունենալ. սոսինձ.

sizzle (*սիզ'լ*) սոյլ. սուլել. չափազանց մեծ տաքութիւն.

skate (*սքէյթ*) սահամոյկ. չմուշկ. չմշկել (սառի վրայ սահիլ).

skate (*քէյթ*) խոշոր, տափակ ձուկ (կատուաձուկի ընտանիքէն).

skein (*սքէյն*) կարժ. հանգոյց դերձանի. վայրի բադերու (կարապներու) թռիչք.

skeleton (*սքէլ'էթըն*) կըմախք. ուրուագիծ կըմախքի. *— crew, —staff*

կարեւոր գործ մը կատարելու համար նուազագոյն թիւով մարդ.
skellum (սքէլ'ըմ) պնակալէզ. դատարկապորտ.
skerry (սքէր'ի) ժայռակզզի.
sketch (սքէչ) ուրուագիծ. նախագիծ. կարճ զաւեշտ. ուրուագծել.
skew (սքիու) շեղակի նետել (քալել). շեղ. կողմնակի. —-eyed շիլ (աչք).
ski(s) (սքի(զ), շի(զ) ձիւնամունակ(ներ). to — ձիւնամունակով քալել (վազել, ցատքել).
skiagraph (սքայ'ըկրէֆ, skiagram (սքայէ'կրէմ) Ք. ճառագայթով լուսանկար.
skid (սքիտ) սահիլ. սահելով իջեցնել (կոճղեր). արգելակ.
skiff (սքիֆ) մէկ անձով թիավարելի մակոյկ.
skill (սքիլ) ատակութիւն. ճարտարութիւն. խելք. —ful (սքիլ'ֆուլ) ճարտար. արագաշարժ. —ed ճարտար.
skillet (սքիլ'էթ) մետաղէ սան երկար կոթով.
skim (սքիմ) սերը (փրփուրը) վերցնել. քերել. մօտէն անցնիլ. վերիվերոյ քննել (գրութիւնը). փրփուր. սեր. —-milk (սքիմ-միլք) սերը առնուած կաթ.
skimp (սքիմփ) համառօտել. թերի կատարել. ճզճիմ. skimpy (սքիմ-փի) վտիտ. ժլատ. to — ժլատ (կծծի) ըլլալ.
skin (սքին) մորթ. կեղեւ (պտուղի). կեղեւել. մորթազերծ ընել. քերթել. խաբել. դրամ շորթել. մորթով ծածկուիլ. կեղեւը ելլել. —-grafting (սքին'-կրէֆթինկ) մորթ պատուաստել. —-ny (սքին'ի) շատ նիհար (մարդ). to have a thick — զգայնութեան զուրկ ըլլալ. by the — of one's teeth մազապուրծ, դժուարաւ (ազատուիլ).
skip (սքիփ) հակիլ. զանց ընել. ոստնուլ. ոստնում. չուան ցատքելու խաղ.
skipper (սքիփ'ըր) նաւախումբի վարիչ. նաւավար. խմբապետ.
skirl (սքըրլ) զիլ ձայնով ճչել. ճիչ.
skirmish (սքըր'միշ) թեթեւ ընդհարում. պզտիկ ճակատամարտ թշնամի յառաջապահ զունդերու միջեւ. կռուիլ.
skirt (սքըրթ) քղանցք. փէշ. եզերք. վտաւակ. ստործանի (անասունի). եզերել. պատել. սահմանին վրայ գտնուիլ (բընակիլ).
skit (սքիթ) հեգնանք. կատակ. զաւեշտագրութիւն. մեքենայ.
skittles (սքիթ'լզ) կոնաձեւ գլանիկներով խաղ.
skulduggery (սքըլտըկ'րի) նենգաւոր հնարքներ.
skull (սքալ) գանկ (ոսկոր).
skunk (սքանկք) ժանտա-

կուզ (գարշահոտ փոքր կենդանի մը)· ստորին անձ·

sky (*սքայ*) երկինք· երկնակամար· օդ· կլիմայ· բարձր նետել· բարձրէն կախել (պատկերը)· —-*gazer* (*սքայ'-կէյզ'ըր*) ցնորամիտ· երազական· —*lark* (*սքայ'լարք*) արտոյտ (թռչ·) —*line* (—'*լայն*) հորիզոն· —-*light* տանիքի մէջ պատուհան· —*scraper* (—'-*սքրէյ'փըր*) երկնասլաց շէնք· երկնաքեր·

slab (*սլէպ*) թերթաքար· թիթեղ· սալայատակի կրաձոյլ տախտակ· կարկանդակի հաստ շերտ· շերտել· կտրել·

slack (*սլէք*) թոյլ· ծոյլ· անփոյթ· ածխափոշի· —*s* թոյլ տաբատ· *to* —, —*en* (*սլէք'ըն*) թուլցնել· թուլնալ· —*er* (*սլէք'ըր*) գործէ փախչող·

slade (*սլէյտ*) հովիտ· անտառի մէջ բաց գետին·

slain (*սլէյն*) (անց· ընդ· *slay*ի) սպաննած· սպաննուած·

slake (*սլէյք*) ծարաւը անցընել· մարել (կիրը)· —*d lime* (*սլէյքտ' լայմ*) մարած կիր·

slam (*սլէմ*) ուժգին կերպով գոցել (դուռը)· գետին տապալել·

slander (*սլէնտ'ըր*) զրպարտութիւն· չարախօսութիւն·

slang (*սլէնկ*) ռամիկ բառ (ոճ)՝ որ մաքուր անգլերէն չի նկատուիր· ռամկերէն· ռամկական· *to* — ծաղրել· ձաղկել·

slant (*սլէնթ*) հակիլ· ծռիլ· սահիլ· տեսակէտ· *slanting* շեղ· հակեալ·

slap (*սլէփ*) անակնկալ կերպով ապտակել· անտարբեր· —-*up* (*սլէփ'-ափ*) գերազանց·

slash (*սլէշ*) կտրատել, յօշել· կտրուածք·

slate (*սլէյթ*) հերձաքար· թերթերու վերածուող կապտագոյն գորշ քար (տանիքները ծածկելու)· քարէ տախտակ· կշտամբել·

slattern (*սլէթ'ըրն*) թափթփած (աղտոտ) կին·

slaughter (*սլօ''թըր*) մորթել· ջարդել· սպաննել· սպանդ· ջարդ· —*er* ջարդարար· —*house* (*սլօ''թըրհաուս*) սպանդանոց·

Slav, Sclav (*սլավ*) Սլաւ· սլաւական· սլաւերէն· *Slavic* (*սլավ'իք*), *Slavonic* (*սլավոն'իք*), *Sclavonic* (*սլավոն'իք*) սլաւական·

slave (*սլէյվ*) ստրուկ· գերի· ծառայ· գերիի պէս աշխատիլ· —-*driver* (*սլէյվ'-տրայ'վըր*) չարաչար աշխատցնող գործատէր· —*ry* (*սլէյվ'ըրի*) ստրկութիւն· —-*trade* (—'-*թրէյտ*) գերեվաճառութիւն· *white* —*ry* (*հուայթ' սլէյ'վըրի*) ճերմակ գերեվաճառութիւն. (անբարոյական նպատակի համար օտար երկիրներ կիներ եւ աղջիկներ կաղապրկելը)։

slaw (*սլօ*) կաղամբի աղցան։

slay (*սլէյ*) (անց. *slew* անց. ընդ. *slain*) սպաննել. ջարդել։

sled, sledge, sleigh (*սլէտ, սլէճ*) սահնակ. բալխիր. բալխիրով տանիլ. սահնակ (բալխիր) նստիլ։

sledge (*սլէճ*) *sledge hammer* խոշոր մուրճ։

sleek (*սլիյք*) ողորկ. փայլուն (մազ). կոկիկ (մարդ)։

sleep (*սլիյփ*) քնանալ. ննջել. հանգիստ քուն. մահ. *—er* (*սլիյփ'ըր*) քնացող. հաստ գերան (երկաթուղիի գիծերուն տակ). ննջակառք (շոգեկառքի վագոն՝ որ անկողիններ ունի). *—ing draught* (*սլի'փ'ինկ տըրէֆթ*) քնացնող դեղ. *sleeping sickness* քընախտ. *—less* (*սլիյփ'-լէս*) անքուն. արթուն. աչալուրջ. *— - walking* (*սլիյփ'-ուոքինկ*) քնաշրջիկութիւն, գիշերաշրջիկութիւն։

sleet (*սլիյթ*) ձիւնախառն կարկուտ (անձրեւ)։

sleeve (*սլիյվ*) թեզանիք. զգեստի թեւ. կոնաձեւ տոպրակ սիւնէ կախուած՝ որ օդին ուղղութիւնը ցոյց կու տայ (նաւու, օդակայանի մէջ). *to laugh in (up) one's —* գաղտնի հրճուիլ (մէկուն վրայ)։

sleigh (*սլէյ*) սահնակ. բալխիր.

sleight (*սլայթ*) ճարպիկ արարք. աճպարարութիւն. *— - of-hand* (*ըսլայթ'-ավ-հէնտ*) աճպարարութիւն։

slender (*սլէնտ'ըր*) նուրբ. վտիտ. բարակ. տկար.

slept (*սլէփթ*) (անց. եւ անց. ընդ. *sleep*ի) քնացաւ. քնացած։

slew (*սլու*) (անց. *slay*ի) սպաննեց։

slice (*սլայս*) շերտ. տափակ դանակ (ձուկ կըտրելու եւ հրամցնելու). պատառ. բաժին. շերտել։

slick (*սլիք*) արագ. խելացի. շողոքորթող (լեզու). ճարպիկութեամբ. մէկէն. փայլեցնել։

slicker (*սլիք'ըր*) անձրեւանոց վերարկու։

slid, slidden տես՝ *slide.*

slidder (*սլիտ'ըր*) սահիլ ամէն ուղղութեամբ։

slide (*սլայտ*) (անց. *slid* անց. ընդ. *slidden* [*սլիտ'ըն*]) սահիլ. սողոսկիլ. սահեցնել. բարոյապէս վատթարանալ։

slight (*սլայթ*) քիչ. թեթեւ. չնչին. արհամարհանք. արհամարհել. *—ly* (*սլայթ' լի*) թեթեւօրէն։

slily (*սլայ' լի*) նաեւ *slyly.* տես՝ *sly.*

slim (*սլիմ*) բարեկազմ, նուրբ (աղջիկ). անարժէք. խորամանկ. *to —* մարզանքով եւ որոշ կերակուրներ գործածելով (սննդականոն) նիհարնալ։

slime (*սլայմ*) տիղմ. շո-

ղօճորդող բառեր (ա-րարք)։
sliness, slyness (*սլայ'նէս*) խորամանկութիւն. ծածկամտութիւն։
sling (*սլինկ*) (անց. ընդ. *slung*) պարսատիկով նետել. արձակել. կախել. բարձրացնել (շղթայով եւայլն). պարսատիկ. փոկ՝ որ հրացանին կապուած է. կախոց, շղթայ, պարան, եւայլն, ծանրութիւն վեր հանելու.
slink (*սլինկք*) (անց. եւ անց. ընդ. *slunk*) խորամանկօրէն (ծածկաբար) շարժիլ (մօտենալ)։
slip (*սլիփ*) սահիլ (սառին վրայէն). ծածկաբար յառաջանալ (փախչիլ). հագուիլ կամ հանուիլ. զանց ընել. միտքէն ելլել. առիթը կորսնցնել. կանացի ներքնազգեստ. կտոր (փորձի թուղթի). բարձի երես. *to slip up* սխալ գործել. *to — on a dress* անապարանքով հագուիլ. *a — of a girl* երիտասարդ աղջիկ. *—s* լողալու կարճ տաբատ (այրերու). *—pery* (*սլի-փ'ըրի*) սահուն. լպրծուն. դիւրասահ.
slipper (*սլիփ'ըր*) հողաթափ. մանկական գոգնոց.
slit (*սլիթ*) ճեղքել. կտրել. ճեղք. ճեղքուածք.
slog (*սլակ*) ուժգնօրէն հարուածել (գնդակը). վճռականութեամբ աշխատիլ. խոնջած քալել.
slogan (*սլո'կըն*) մարտակոչ. նշանաբան (կարգախօս) կուսակցութեան.
slop (*սլափ*) աղտոտ ջուրի լճակ. թափուած աղտոտ ջուր. *—s* (*սլափս*) կէս հեղուկ կերակուր (հիւանդներու համար). թափել. *—py* (*սլափ'ի*) խոնաւ. ցեխոտ. կեղտոտ. թափթփած.
slop (*սլափ*) գիշերանոց. *—s* լայն տաբատ. գործի հագուստ. պատրաստի կարուած հագուստ.
slope (*սլո՛փ*) զառիթափ. բլուրի կողը. ծռել. հակիլ.
slot (*սլաթ*) ակօս. ծակ. կիրճ. *— -machine* ինքնագործ մեքենայ՝ որուն վրայի փոքր ճեղքէն դրամ կը ձգուի զայն շարժումի մէջ դնելու համար.
sloth (*սլաթհ*) ծուլութիւն. անասնամ ստնաւոր մը, (Հարաւ. Ամեր.), յամրեբէ. *—ful* (*սլաթհ'ֆուլ*) ծոյլ.
slotter (*սլաթ'ըր*) կեղտապականել.
slouch (*սլաուչ*) անշնորհ քալուածք կամ կեցուածք. թափթփած քալել. *—y* (*սլաու'չի*) դանդաղկոտ.
slough (*սլաու*) ճահիճ.
slough (*սլաֆ*) օձի շապիկ. խորխ. (օձի) շապիկը փոխել. խորխափոխութիւն ընել. վէրքին վրայէն սպին վերցնել.
Slovak (*սլովաք'*) սլաւ ժողովուրդ մը. սլովաք. սլովաքերէն. սլովաքեան.

sloven (սլավն') թափթըփած (աղտոտ) մարդ· —*ly* կեղտոտ· անշնորհ·

slow (սլօ') դանդաղ· ծանրաշարժ· բթամիտ· դանդաղեցնել· ուշացնել· *the clock is* — ժամացոյցը ետ կը մնայ· — -*sighted* (սլօ'-սայթ'ըտ), — -*witted* (— -ուիթ'ըտ) բթամիտ·

slug (սլագ) ծոյլ· արգելք· առանց կարծր պատեանի խխունջ, լորտու· —*gard* (սլագ'արտ) ծոյլ մարդ· —*gish* (սլագ'իշ) դանդաղկոտ· ծոյլ·

slug (սլագ) հրացանի գնդակ· միակտուր տող՝ զոր տողաշար մեքենան կը շարէ· ծանր հարուած· *to* — ծանր հարուած տալ·

sluice (սլուս) դռնակ (դուռ)՝ որ ջրամբարի ջուրի հոսանքը կը հակակշռէ· արուեստական ջրանցք· վրայէն ջուր հոսեցնել· հոսուն ջուրի մէջ մխրճել (գլուխը)·

slum(s) (սլամ(ս)) աղտոտ թաղեր (տուներ)· *to* — նման թաղեր այցելել· — -*clearance* (սլամ'-քլիըր'ընս) հին (աղտոտ, աղքատ) թաղամասերը փլցնելով փոխարէնը նորեր շինելը·

slumber (սլամ'պըր) մրափել· թուլնալ· դանդաղիլ· անփութութիւն· ծուլութիւն· թեթեւ քուն· *slumbrous* (սլամ'-պրըս) մրափաբեր· թըմբած·

slummock (սլամ'աք) հապճեպով կլլել· անշնորհ քալել· ժամավաճառութիւն ընել·

slump (սլամփ) յանկարծական անկում (առեւտուրի, գիներու)· սահիլ, խրիլ (ձիւնի վրայ, ձիւնի մէջ, ձիւնախառն ցեխի մէջ)·

slung (սլանկ) անց· եւ անց· ընդ· *sling*ի· տես *sling.*

slunk (սլանք) անց· եւ անց· ընդ· *slink*ի· տես՝ *slink.*

slur (սլըր) թեթեւօրէն վրայէն անցնիլ· խայտառակել· անորոշ հնչել· մեղադրանք· խազի զօդ·

slush (սլաշ) կէս հալած ձիւն՝ ցեխով խառնուած· հիղոտ (կպչուն) նիւթ· անպիտան, անբարոյիկ գրականութիւն (պոռնըկագրութիւն)·

slut (սլաթ) թափթփած կին· քած·

sly (սլայ) խորամանկ· չարամիտ·

smack (սմէք) համ առնել, (տալ)· լաւ (համեղ) բան տեսնելով կամ հոտը առնելով, շրթունքի ձայն հանել· համբուրել· ապտակ· համ· շառաչ·

small (սմո'լ) չափով (թիւով, աստիճանով) քիչ, փոքր· նղնիմ· *the — of the back* մէջքին ետեւի նիհար մասը· — -*arms* (սմո'լ-արմզ) թեթեւ զէնք· — *change* (—'չէյնճ) մանր դրամ· — *talk* (—'-թոք) թեթեւ խօսակցութիւն· բամբասանք·

smallpox (սմո՛լ փաքս) ծաղկախտ·

smarm (սմարմ) շողոքորթել· —*y* (սմարմ՛ի) իւղոտած· շողոքորթող·

smart (սմարթ) սաստիկ ցաւ· վիշտ· ուժգին· վայելուչ· գործօն· սուր ցաւ զգալ· կսկծալ· —*en* վայելուչ (գործօն) դարձնել (ըլլալ)· փայլեցնել·

smash (սմէշ) փշրել· ոչնչանալ· խորտակում· սնանկացում· արկած՝ որ կառքերը կը ջախջախէ·

smatter (սմէթ՛ըր) վերիվերոյ խօսիլ· —*ing* թեթեւ (կէս) ծանօթութիւն (գիտութիւն)·

smear (սմիյր) իւղոտ (կպչուն) նիւթով օծել· ցեխոտել· մուր քսել (մէկուն վրայ)· արատ· մուր·

smell (սմէլ) հոտառութիւն· բոյր· հոտ առնել· —*y* (սմէլ՛ի) գարշահոտ· —*ing-salts* (սմէլ՛ինկ-սոլթս) անուշադրի աղեր որ գլխու ցաւը կամ նըւաղում փարատելու համար կը գործածուին·

smelt (սմէլթ) հալեցնել հանքանիւթը՝ որ զուտ մետաղը մէջէն զատուի· —*ery* (սմէլթ՛րի) ձուլարան·

smile (սմայլ) ժպտիլ· քմծիծաղիլ· — *on* բարեացակամութեամբ վարուիլ· — *at* ծաղրել· *smiling* (սմայլ՛ինկ) զըւարթ· ժպտալից· զուարթութիւն· քմծիծաղ·

smirch (սմըրչ) արատաւորել· կեղտ·

smirk (սմըրք) կեղծ ժըպիտ· ինքնահաւանութեամբ ժպտիլ·

smite (սմայթ), (smote (սմո՛թ) անց· զարկաւ, *smitten* (սմիթ՛ըն) (անց· ընդ· զարկած· զարնըւած· պարտուած)· հարուածել (բռունցքով, ձեռքով, զէնքով, եւ այլն)·

smith (սմիթհ) դարբին· երկաթագործ· —*y* (սմի՛թհի) դարբնոց· *gold*— (կոլտ—) ոսկերիչ· *copper*— (քափ՛ըր—) պըղընձագործ· *black*— (պլէք՛—) երկաթագործ· *tin*—, *white*— (թին՛—, հուայթ՛—) թիթեղագործ·

smithereens (սմիթհ՛ըրինզ) **smithers** (սմիթհ՛ըրզ) կոտրտուածքներ· փոքր կտորներ·

smitten (սմիթ՛ըն) տե՛ս **smite**·

smog (սմակ) մշուշախառն մուխ·

smoke (սմո՛ք) մուխ· ծուխ· ծխախոտ, գլանիկ· ծխել (ծխախոտ, ափիոն)· ծուխը ծծել· —*r* (սմոք՛ըր) ծխող· շոգեկառքի վակոն՝ ուր ծխելն արտօնուած է· *smoky* (սմո՛քի) ծխալից· մուխի գոյն (հոտ) ունեցող· *smoking-concert* (սմոք՛ինկ-քան՛սըրթ) ընկերային համերգ (ծխողներու)·

smooth (սմո՛ւթհ) ողորկ·

դիւրահոս. հանդարտ. հարթել. հեշտացնել.

smote (սմո՛թ) անցեալ՝ *smite*-ի.

smother (սմա՛ՏըՐ) փըճացնել. օդէ զրկել. շընչահեղձ ընել. թանձր մուխ կամ փոշի.

smoulder (սմո՛լտըր) մըխալով այրիլ (առանց բոցի).

smudge (սմաճ) արատ. տաք մուխ՝ որ ծառերու միջատները վանելու կը ծառայէ. մրոտել. սեւցնել.

smug (սմակ) շատ կոկիկ. ինքնահաճոյ.

smuggle (սմակ՛լ) մաքսանենգութիւն ընել. *—r* ապօրինի կերպով ապրանք ներածող (արտածող).

smut (սմաթ) սեւ բիծ. մուրի գնդիկ. հացահատիկներու յատուկ սնկային հիւանդութիւն (աղխահարութիւն). անպարկեշտ (լկտի) խօսակցութիւն (գրութիւն). *—ty* մրոտած. լկտի.

smutch (սմաչ) սեւցնել (մուրով). աղտ. արատ.

snack (սնէք) մաս, բաժին. թեթեւ ճաշ. *—-bar, —-counter, —-room* թեթեւ ճաշ մատակարարող ճաշարան.

snaffle (սնէֆլ) զողնալ. սանձ.

snag (սնէկ) ջետի մակերեսէն ցած ծառի կոճղ վտանգաւոր՝ նաւարկութեան համար. արգելքի հանդիպիլ. արգելքը վերցնել.

snail (սնէյլ) խխունջ. *—ery* (սնէյլ՛րրի) բուծարան ուտելի խխունջներու.

snake (սնէյք) օձ. քաշելով տանիլ (կոճղեր, եւ այլն). կեղծաւոր, ծածկուած թշնամի (փոխաբ.). *a — in the grass* դարանակալ թշնամի. *snaky* (սնէյ՛քի) օձերով լի. օձանման.

snap (սնէփ) յանկարծակի կոտրուիլ. ճայթիլ. փրթիլ. խածնել փորձել. վայրկենաբար նկարել. կտրուկ (ցասկոտ) խօսքեր խօսիլ. ճայթիւն. շաչիւն. խզում. ճարմանդ (գրքի, ապարանջանի). *—pish* (սնէփ՛իշ) խածան (շուն). զայրացկոտ. *—py* կայտառ. խածան. *—shot* (սնէփ՛շաթ) ակնթարթի մէջ առնուած նկար. *—dragon* (—՛տրէկըն) ցըռկածաղիկ. յանպատրաստից. անակնկալ.

snare (սնէյր) որոգայթ. ծուղակ. թնճուկ. ծուղակը ձգել. թնճկել.

snarl (սնարլ) խռլտոց. տրտունջ. խռլտալ (բարկացած շունի պէս). մըռմռալ.

snarl (սնարլ) թնճուկ (հանգոյց) (մազի, բուրդի եւայլն). բարդութիւն. թնճկիլ.

snatch (սնէչ) խլել. կորզել. խլում. պզտիկ կըտոր. յանկարծ խածնել.

sneak (սնիյք) սողալ. գողեալ. ցածոգի (գձուձ) մարդ. —*ers* (սնիյ'ջըրզ) (Ա.Մ.Ն.) թեթեւ (կաւ կուղ) ներբանով կօշիկ. —*ing* (սնիյք'ինկ) վախ- կոտ. նենգ. —*y* գձուձ.

sneer (սնիյր) քամահրանք. արհամարհել (ծփխոով. խօսքով կամ գրութիւ- նով).

sneeze (սնիյզ) փռնգտալ. փռնգտուք.

snicker (սնիք'ըր) քմծի- ծաղ. քեքեւ. քմծիծա- ղիլ. քեքեւիլ.

snig (սնիկ') օձաձուկ.

snip (սնիփ) կտրել. մկրա- տել. կտրուած. ձեւ. դերձակ. —*s* մետաղէ տախտակներ կտրելիք մկրատ (ձեռքի).

snipe (սնայփ) որսի թռչուն մը, աքար. պար- զամիտ. պահուըտած տե- ղէն կրակել. —*r* (սնայ'- փըր) պահուըտած տեղէն կրակող անձ.

snivel (սնիվ'ըլ) լալու ձա- մանակ քիթէն խլինք հո- սիլ (մանուկները).

snob (սնոպ, սնապ) ցու- ցամէր. իրմէ աւելի ցած նկատածները անտեսող անձ. հարուստներու եւ ազնուականներու մա- սին քարձր համարում ունեցող անձ.

snoop (սնու'փ) լրտեսել.

snooze (սնու'զ) մրափ. մրափել.

snore (սնօր) խռմփալ. խռկալ.

snout (սնաութ) դունչ. կնճիթ.

snow (սնօ') ձիւն. զազա- յին. ձիւնել. ձիւնով ծածկել. —*y* (սնօ'ւի) ձիւնոտ. ձիւնապատ. ներմակ. —-*ball* (սնօ'- պո'լ) ձիւնագնդակ. — *blindness* (—'-պլայնտ'- նէս) ձիւնակուրութիւն. —-*bound* ձիւնի շա- տութենէն արգելափակ- ուած. —*fall* ձիւնէջք. բուք. —-*flake* (սնօ'- ֆլէյք) փաթիլ. ձիւնա- հատիկ. —*man* ձիւնա- մարդ.

snub (սնապ) բրտօրէն կըշ- տամբել. դիտումնաւոր անտեսում (կշտամբանք). կարճ տափակ՝ ծայրը վեր դարձած քիթով.

snuff (սնաֆ) հոտուըտալ. քթախոտ քաշել. քթա- խոտ (ծխախոտի փոշի). —*le* (սնաֆ'լ) քիթէն դժուարաւ շնչել. քիթէն խօսիլ. ռնգախօսութիւն. —*ler* ռնգախօս.

snug (սնակ) վայելուչ. ջերմ ու հանգստաւէտ. պաշտպանուած.

so (սօ) այսքան. այնքան. որով. որպէսզի. այն պա- րագային որ. *if* — ու- րեմն. — *long! (good- bye)* մնաք բարով.

so-and-so (սօ-էնտ-սօ) անձ մը՝ որուն անունը չի տրուիր. մի ոմն.

so-so (սօ'-սօ) բոտ բաւա- կանին. միջակ. տանելի.

soak (սօ'ք) թրջել. թըր- ջուիլ. ծծել (հեղուկը). չափազանց խմել. թրջե- լը. թրջուիլը. տեղատա- րափ անձրեւ. —*er* (սօ'- քըր) թրջող. խման.

soap (սօ'փ) օճառ. օճանել. օծանուիլ. —y (սո՛փ'ի) օծանոտ. (փոխաբ.) շողոքորթ(ող).

soar (սո՛ր) սաւառնիլ. թռիչք առնել. բարձրանալ (օդը). բարձրացնել (գինը).

sob (սոպ, սապ) հեկեկալ. հեծկլտալ. հեկեկանք. հեծեծանք.

sober (սո՛պըր) զգաստ. չափաւոր. զգաստացնել. զգաստանալ. *sobriety* (սոպրայ'իթի) ժուժկալութիւն. չափաւորութիւն. անդորր կեանք ապրիլը. *a — judgment* խոհական դատողութիւն.

soccer (սաք'ըր) ֆութպոլի խաղ (ոտնագնդակ).

sociable (սո'շըպլ) ընկերական. մարդամօտ.

social (սո'շըլ) ընկերային. բարձր դասու (նորաձեւութեան, եւայլնի) յատուկ. *— party* ընկերային հաւաքոյթ (հանդիպում).

socialism (սո'շըլիզմ) ընկերվարութիւն. *socialist* (սո'շըլիսթ) ընկերվարական.

society (սոսայ'իթի) ընկերութիւն. ընկերակցութիւն. համայնք. *high —* զարգացած (ունեւոր) դասակարգ.

sociology (սոշիալ'աճի) ընկերաբանութիւն. *sociologist* (սոշիալ'աճիսթ) ընկերաբան.

sock(s) (սաք(ս) կարճ գուլպայ. զարնել.

socket (սաք'իթ) ծակ. պարունակ. աչքին (կռնքին, ակռային) փոսը.

Socrates (սաք'րըթիզ) Սոկրատ, յոյն փիլիսոփայ (Ք. Ա. 469–399). *Socratic (dialectic) method* հարցումներու եւ պատասխաններու որոշ շարքով ուսուցանելու կերպ.

sod (սատ) հողակոյտ (վրան խոտով).

soda (սո'տը) սոտա. ըմպելիք սոտա. *—-water* կազէօզ, սոտայի ջուր.

sodden (սատ'ըն) թըրջուած. թթամիտ.

sodium (սո'տիըմ) ներմակ մետաղ՝ որ ջուրը կը տարբաղադրէ. նատրոն. *— bicarbonate (— պայքար'պընէյթ)* նատրի երկբընածխատ (կերակուրի սոտա). *— carbonate (— քար'պընէյթ)* լուացքի սոտա. *— chloride (— քլոր'այտ)* աղ (խոհանոցի).

Sodom (սատ'ըմ) Սոդոմ, Գոմորի հետ կրակով բընաջնջուած քաղաք (հին Պաղեստին).

sofa (սո'ֆա) բազմոց (բարձր կռնակով).

soft (սոֆթ, սաֆթ) փափուկ. կակուղ. քնքուշ. կամ'ց. կեցի'ր (բազզ.). տկար. *— drinks* անալքոլ խմիչք. *—ly* մեղմիւ. *—-headed* (սաֆթ'-հէտ'ըտ) տկարամիտ. *—-hearted* (— -հարթ'ըտ) ողորմած.

soften (սաֆ'ն) թեթեւցնել. կակուղցնել. մեղմանալ. կակուղնալ.

soggy (*սակ'ի*) ջուրով յագեցած (տիղմ).

soi-disant (*սուա–տի'զան*) այսպէս ասած.

soigné (*սուան'եէ*) կոկիկ. լաւ հագուած (շքուած).

soil (*սօյլ*) աղտոտել. արատաւորել. բիծ. հող.

soiree (*սուարէյ'*) ընկերային երեկոյ. երեկոյթ.

sojourn (*սո'ճըրն*) գիշերել. բնակիլ. բնակութիւն. —*er* պանդուխտ. —*ment* առժամեայ բնակութիւն.

solace (*սալ'ըս*) մխիթարութիւն. մխիթարել.

solar (*սօ'լըր*) արեգակնային. — *system* (— *սիս'թէմ*) արեգակնային դրրութիւն.

sold (*սօլտ*) (անց. եւ անց. ընդ. *sell*ի) ծախեց. ծախուած. ծախուած.

solder (*սալ'տըր, սօլ'տըր, սատ'ըր*) դիւրահալ մետաղ. մետաղի կտորներ իրարու փակցնելու ծառայող մածոյց. փակցնել.

soldier (*սօլ'ճըր*) զինուոր.

sole (*սօլ*) ներբան (ոտքի կամ կօշիկի տակը). պատուանդան. լեզուաձուկ.

sole (*սօլ*) միակ. առանձին.

solemn (*սալ'ըմ*) հանդիսաւոր. տպաւորիչ. ակնածանք (վախ) ազդող. —*ize*, —*ise* պաշտօնական (ծիսական) կերպով տօնել. —*ity* տօնախմբութիւն.

solicit (*սալիս'իթ*) թախանձել. կոչ ընել. —*ous* (*սալիս'իթըս*) մտահոգ. անձկալից.

solicitor (*սալիս'իթըր*) խնդրարկու. դատախազ.

solid (*սալ'իտ*) կարծր. հաստատուն. միաձոյլ. —*arity* (*սալիտէ'րիթի*) համերաշխութիւն. միասնականութիւն.

solidify (*սալիտ'իֆայ*) ամրացնել. հաստատուն (մարմին) դառնալ. կարծրանալ.

soliloquy (*սալիլ'աքուի*) մենախօսութիւն. մասնաւորաբար դերասանի (բեմի վրայ). *soliloquise*, —*ze* (*սալիլ'աքուայզ*) մենախօսել.

solitary (*սալ'իթըրի*) մենակեաց. մենասէր. առանձին. *solitude* (*սալ'իթիուտ*) առանձնութիւն.

solo (*սո'լօ*) (յոգ. —*s*, *soli* (*սո'լոզ, սո'լի*) մենանուագ. —*ist* (*սո'լոիսթ*) մենակատար (երաժշտ.).

solstice (*սալ'սթիս*) արեւադարձ (ամառնուան եւ ձմեռնուան կիսուն).

soluble (*սալ'իուպլ*) հեղուկի մը մէջ լուծելի. լուծելի, բացատրելի. *solubility* (*սալիուպի'լիթի*) լուծելիութիւն.

solution (*սալիու'շըն*) լուծում (խնդիրի, հարցի). լուծոյթ հեղուկի մէջ (կազի, հեղուկի, հաստատուն մարմինի). անջատում.

solve (*սալվ*) լուծել. բացատրել. թուլցնել, զատել· *solvable* (սոլ՛վէ-պըլ) լուծելի· բացատրելի· —*r* լուծող· —*nt* (սոլ՛վընթ) լուծիչ նիւթ·

somatic (սոմէթ՛իք) մարմնական·

sombre (սոմ՛պըր) մթագին· թախծոտ· տխուր·

some (– սոմ) վերջաբառ՝ պատճառող իմաստով· *quarrelsome* (զուըրըլ՛սըմ) կռուազան· *tiresome* յոգնեցուցիչ· *troublesome* խնդիրներ ստեղծող·

some (սոմ) մաս մը· քիչ մը· որոշ· մօտաւորապէս· մէկը կամ միւսը· —*body* (սմ՛մպատի) մէկը· կարեւոր անձնաւորութիւն մը· —*how* կերպով մը· ամէն պարագայի տակ· —*thing* բան մը· —*time* ատեն մը (զալիքին)· ատենօք· —*where* (սոմ՛հուէյր) տեղ մը·

somersault (սոմ՛րրսօ՝լթ) գլխիվայր թաւալում· գլխիվայր թաւալիլ·

somnambulate (սոմնէմ՛-պիու լէյթ) գիշերաշրջիկ ըլլալ· քնոտ վիճակի մէջ շրջիլ· *somnambulation* (սոմնէմ՛պիու լէյշըն) քընաշրջիկութիւն· գիշերաշրջիկութիւն· *somnambulist* (սոմնէմ՛պիու-լիսթ) քնաշրջիկ· գիշերաշրջիկ·

somnolent (սոմ՛նոլընթ) քնոտ· քնած· *somnolence* (սոմ՛նոլընս) քնոտութիւն·

son (սան) որդի· արու սերունդ (մերձաւոր կամ հեռաւոր)· աշակերտ· —*-in-law* (սան՛-ին-լօ՝) փեսայ·

sonata (սոնա՛թը) երեք կամ չորս մասէ բաղկացած երաժշտութիւն, որ կը նուագուի մէկ կամ երկու գործիքներով· նըւագերգութիւն· հատանուագ·

song (սոնկ) երգ· տաղ· թռչներգ· *songster* (սոնկըս՛թըր) (իգ· *songstress*) (սոնկըս՛թրէս) երգիչ, երգչուհի· երգեցիկ թռչուն·

sonnet (սոն՛էթ) 14 տողէ բաղկացած չափական քերթուած, հնչեակ·

sonorous (սոնօ՛րըս) հընչուն· հնչական· քաղցր·

soon (սու՛ւն) շուտով· ի մօտոյ· յօժարութեամբ· *as — as* անմիջապէս (որ)·

soot (սու՛ւթ) մուր· մրոտել· —*y* մրախառն· սեւ· ապտոտ·

sooth (սու՛ւթհ) ճշմարտութիւն· հաւատարիմ· —·*sayer* (սու՛ւթհ՛սէյըր) գուշակող·

soothe (սու՛ւտհ) հանդարտեցնել· մեղմացնել·

sop (սափ) հեղուկի (արգանակի) մէջ թաթխուած պատառ (հացի, եւայլն)· կաշառք· հեղուկի մէջ թաթխել· —*py* թըրջուած· ծիծաղելիօրէն զգացական· *to throw a sop to Cerberus* ողոքել՝ կաշառք տալով·

sophism (սաֆ՛իզմ) իմաստակութիւն, սոփեստութիւն· *sophist* (հին) փիլիսոփայ ուսուցիչ· սոփեստ, իմաստակ· *sophisticated* (սաֆիսթիքէյ'թըտ) ոչ–հարազատ, աշխարհիկ առումով իմաստուն.

sophister (սաֆ'իսթըր) գոլէճի առաջին տարին լրացուցած ուսանող (հին անունով)· *sophomore* (սաֆ'ոմոր) (Ա· Մ· Ն·) համալսարանի (գոլէճի, երկրորդականի) երկրորդ տարուան ուսանող.

sopor (սո'փոր) խոր քուն· *—ific* (սոփորի'ֆիք) մըրափաբեր (դեղ)· *—iferous* (սոփորիֆ'էրըս), *—ose* (սո'փորոս), *—ous* (սոփ'որըս) քուն պատճառող.

soprano (սոփրա'նօ) իգական բարձրագոյն (գիլ) ձայն. սոփրանօ.

sorcery (սար'սըրի) կախարդութիւն. փիւկութիւն. հմայութիւն. *sorcerer* (սար'սըրըր) (իգ. *sorceress* [սար'սըրէս]) փիւկ. կախարդ. փիւկ կին.

sordid (սար'տիտ) գձուձ. շատ ագահ.

sore (սո'ր) ցաւ. փափուկ, ցաւի հանդէպ զգայուն. վէրք. սկրթուք. հիւանդկախ. կեղ. *—ly* խորապէս. կսկծագին. ցաւով. խիստ. *— eye* աչքի ցաւ. *— throat* (սոր թ-րո'թ) կոկորդի ցաւ. *he is very sore about it* շատ նեղացած է.

sorrel (սար'րլ) շառագոյն (ձի).

sorrow (սար'օ) վիշտ. տրտմութիւն. վշտանալ.

sorry (սար'ի) տխուր. վշտացած. ողորմելի. ցնցոտիներ հագած.

sort (սորթ) տեսակ. կերպ. վիճակ. որակ. նկարագիր. դասաւորել. զատել. *of a —, of —s* (ավ սորթս) միջակորեար. փանաքի. *out of —s* վատառողջ. անտրամադիր. ջղայնացած.

sortie (սոր'թի) դուրս խուժելը (պաշարուածներու). օդային արշաւանք.

S.O.S. (էս. օ. էս) *save the old soul* օգնութեան կոչ (... — — — ...) (անթել հեռագրով).

so-so (սօ'–սօ) միջակ. ոչ լաւ, ոչ–գէշ.

sot (սաթ) խման. ոգելից ըմպելիէն ապուշ դարձած.

soubrette (սուպրէթ') պըչրասէր նաժիշտ (սպասուհի).

sought (սո'թ) (անց. եւ անց. ընդ. *seek*ի) փնտըռած. փնտռուած.

soul (սո'լ) հոգի. իղձերու եւ զգացումներու կեդրոն. սիրտ. քաջութիւն. անձ.

sound (սաունտ) առողջ. ողջ. վստահելի. անվըթար. կորովի. խորունկ. կատարեալ. *safe and —* ողջ առողջ.

sound (սաունտ) ծովու նեղուց (ջրանցք).

sound (սաունտ) խորաչափել տրամալարով. կարծիՖները առնել· խորասուզուիլ յանկարծ (ինչպէս կէտ ձուկը)· —*ing* ծովու խորութիւնը չափելը· խորութեան չափը·

sound (*սաունտ*) ձայն· հնչիւն· հնչում· աղմուկ· պայթիւն (զէնքի)· հընչել· խորաչափել· իմաց տալ (նշանով)· կրծքադիտակով քննել (բժշկ·)· թուիլ· երեւնալ· —*ing* ձայն տուող· — *barrier* (*սաունտ՛ պէր՛իըր*) բնըբեւոյթներ իբր արդիւնք օդանաւի՝ ձայնէն արագ թռիչքին· — - *waves* (—՛-*ուէյվզ*) ձայնի ալիքներ·

soup (*սուփ*) ապուր· արգանակ·

soupcon (*սուփսոՆկ՛*) կասկած· դոյզն քանակութիւն· համ·

sour (*սաուր*) թթու· խածնող· թթուած (կաթ)· ցուրտ (թաց) հող· խըստաբարոյ· թթուեցնել· թթուիլ· —*ed* դառնացած·

source (*սորս*) ակ, աղբիւր·

sourdough (*սաուր՛տօ*) շաղուած խմոր՝ որ խըմորուելով բարձրանալէ ետք հաց եփելու կը ծառայէ·

souse (*սաուս*) թթուաշ պատրաստել· թաթխել (ջուրի մէջ)· աղի ջուրի մէջ պահել (կերակուրը)·

south (*սաութհ*) հարաւ· հարաւի· հարաւային· դէպի հարաւ երթալ· —*erly*, —*ern* (*սատհ՛ըրլի*, *սատհ՛ըրն*) հարաւային· հարաւէն· դէպի հարաւ· —*erner* հարաւի բնակիչ· *southermost* (*սատհ՛ըրմոսթ*), *southernmost* (*սատհ՛ըրնմոսթ*) ծայրագոյն հարաւի, ամենէն հարաւ·

souvenir (*սուվընիյր՛*) յիշատակ· յուշանուէր·

sovereign (*սավ՛ըրն*, *սավ՛ըրին*) գերիշխան· վեհապետ· գերիշխանական· անգլ· ոսկեդրամ՝ հին ատեն գործածուած (20 շիլին)· —*ty* գերիշխանութիւն·

soviet (*սավ՛իէթ*, *սո՛վիէթ*) խորհուրդ· ժողով· սովետ· խորհրդային Միութեան մէջ տեղամասային (գիւղ, գործարան, քաղաք, եւայլն) խորհուրդներ՝ որոնք իրենց ներկայացուցիչները կեդրոնական կառավարութեան կը ղրկեն· *S— Union* (*սո՛վիէթ եուն՛եըն*) Սովետական (խորհրդային) Միութիւն·

sow (*սօ՛*) (անց· ընդ· *sown* (*սօ՛ն*) ցանած· ցանուած· *sowed* (*սօ՛տ*) ցանուած· անց· *sowed* (*սօ՛տ*) ցանեց)· ցանել· տարածել· սփռել· —*er* (*սօ՛ըր*) սերմնացան· ցանող·

space (*սփէյս*) անջրպետ· միջոց· տարածութիւն· կապարէ տառերու միջոց· միջոց տալ· միջոց ձգելով շարել· բացատրել· *spacious* (*սփէյ՛շըս*) լայնատարած· ընդարձակ·

spade (*սփէյտ*) բահ· բահով փորել· — - *work* (*սփէյտ՛-ուըրք*) նախապատրաստական աշխատանք·

spaghetti (*սփըկէ՛թթի*) բարակ մաքարոն·

spake (*սփէյք*) (հին ձեւ) (անց· *speak*ի)· բսաւ· խօսեցաւ·

span (*սփէն*) (անց· *spin*ի)· մանեց·

span (*սփէն*) թիզաչափ· թիզ· կարճ ժամանակ (միջոց)· մէկ կողմէն միւսը հասնիլ·

spanner (*սփէն՛ըր*) պտուտակի բանալի· *throw a — in the works* գործի ընթացքը կեցնել·

Spaniard (*սփէն՛եըրտ*) սպանիացի· *Spanish* սպանական· սպաներէն·

spaniel (*սփէն՛եըլ*) երկայն մազերով եւ ականջներով շնիկ· սպանական շուն· կեղծաւոր մարդ·

spank (*սփէնկք*) արագ շարժիլ (քալել)· ապտակել· ապտակ·

spar (*սփար*) սիւն, գերան (նաւու)· փայլուն թերթաքար· բռունցքով խաղ (կռիւ)· զարկ·

spare (*սփէ՛ր*) խնայողութեամբ գործածել· զանց ընել· ձրի տալ· փոխնորդ· սակաւ· նիհար· յաւելեալ· պահեստի· —*s*, — - *parts* (*սփէ՛րս*, *սփէյր՛-փարթս*) փոխնորդ մասեր (մեքենայի, եւայլն)· մանրամաս· *sparing* (*սփէր՛ինկ*) խնայասէր· խնայող· սակաւապէտ· ողորմած·

spark (*սփարք*) կայծ· նրշոյլ· զուարթ· ցուցասէր· կայծեր արձակել·

sparkle (*սփարք՛ըլ*) կայծ· նարնատիւն· *sparkling* փրփրող (գինի)· շողշողուն·

sparrow (*սփէր՛օ*) ճընճղուկ· — - *grass* ծնեբեկ (բոյս)·

sparse (*սփարս*) ցանցառ· ցանուցիր·

spart (*սփա՛րթ*) աւել·

sparten (*սփա՛րթըն*) ըսպարտական· անողոք·

spasm (*սփէզմ*) մկաններու յանկարծական (ակամայ) պրկում· ջղաձգում· *spastic* (*սփէզ՛թիք*) ջղաձգումի· անձկում· պիրկ·

spat (*սփէթ*) (անց· *spit*ի)· թքաւ·

spate (*սփէյթ*) հեղեղ·

spatial (*սփէյ՛շըլ*) անջրպետային· ընդարձակ·

spatter (*սփէթ՛ըր*) ջուրի (ցեխի) կաթիլներ նետել (սրսկել)· չարախօսել· կաթիլ կաթիլ իյնալ· տիղմի (ջուրի) ցայտք·

spatula (*սփէթ՛իուլը*) դեղագործի լայն բերանով դանակ· լեզուն քննելու ատեն գործածուած տափակ տախտակ·

spavin (*սփէվ՛ին*) ձիու ոտքի ուռեցք· սպառան·

spawn (*սփո՛ն*) հաւկիթ ածել (ձուկ, գորտ)· ծըրտել· ցնկնել· ձու (ձուկի, գորտի)· ցեղ, սերունդ·

speak (*սփիյք*) խօսիլ· ճառել· ատենաբանել· արտայայտել (լուռ կերպով կամ նշաններով)· *speak up* աւելի բարձր խօսիլ· *nothing to — of* շատ քիչ խօսելիք ունենալ· —*er* խօսող· առենախօս· խօսնակ· ատենավար (խորհրդարանի, եւայլն)·

spear (սփիյր) նիզակ· գեղարդ· շամփուր· տէգով խոցել (սպաննել)· —*mint* (սփիյր'մինթ) անանուխ·

special (սփէշ'ըլ) մասնաւոր· մասնայատուկ· իւրեանոյն· —*ly* մասնաւորաբար· —*ize*, —*ise* (սփէշ'ըլայզ) մասնաւորել· մասնագիտութիւն ընել· —*ization* (սփէշէլիզէյ'շըն) մասնագիտութիւն ընելը· —*ist* մասնագէտ· —*ity* մասնագիտութիւն· մասնաւոր արտադրութիւն·

specie (սփի'շի) հնչուն դրամ·

species (սփի'շիզ) տեսակ· կարգ (կենդանիներու, բոյսերու)·

specific (սփէսիֆ'իք) մասնայատուկ· տեսակարար· ճշգրիտ· մասնաւոր դեղ· — *gravity* տեսակարար կշիռ·

specification (սփէսիֆիքէյ'շըն) մանրամասնում· յատուկ նկարագրութիւն կատարելիք գործի մը·

specimen (սփէս'իմէն) նըմոյշ·

specious (սփի'շըս) միայն երեւութապէս լաւ (ընդունելի)·

speck (սփէք) բիծ· արատ· բծաւորել· —*led* պիսակաւոր· բծաւոր· —*less* անբիծ· անարատ·

spectacle (սփէք'թէքլ) տեսարան· ներկայացում· —*s* ակնոց·

spectacular (սփէքթէք'իուլըր) շքեղ· տպաւորիչ·

spectator (սփէքթէյ'թըր) հանդիսատես·

spectre (սփէք'թըր) ուրուական·

speculate (սփէք'իուլէյթ) խորհիլ· ենթադրել· չարաչաշահութիւն ընել· *speculation* (սփէքիուլէյ'շըն) տեսութիւն· չարաշահութիւն· շահադիտութիւն·

sped (սփէտ) (անց· եւ անց· ընդ· *speed*ի) արագցուց· արագացած·

speech (սփիյչ) խօսք· խօսակցութիւն· ճառ· —*less* անխօս· համր· *parts of* — (քեր·) մասունք բանի· — *clinic* վայր մը ուր խօսակցութեան թերիները կը սրբագրուին ուսուցումով եւ վերադաստիարակութեամբ·

speed (սփիյտ) արագութիւն· արագաշարժութիւն· արագ շարժիլ, ըշտապել· յաջողիլ· *bid him Godspeed* բարի ճանապարհ մաղթել իրեն· —*y* արագաշարժ· արագ·

spelaean, spelean (սփէ'լիըն) քարայրաբնակ·

spell (սփէլ) հմայք· հմայեկ· կարգ (գործի)· —*bind* (սփէլ'պայնտ) հըմայել· —*bound* (սփէլ'պաունտ) հմայուած· կախարդուած·

spell (սփէլ) կարճ միջոց (ժամանակի)·

spell (սփէլ) (անց· *spelled*, *spelt*) հեգել· ուղղագրել·

spend (*սփէնտ*) (անց. եւ անց. ընդ. *spent*) ծախսել. անցընել (ժամանակը). վատնել. վատնուիլ. սպառիլ.

sperm (*սփըրմ*) սերմ (արու կենդանիի). — *oil* (*սփըրմ'-օյլ*) կէտ ձուկի ճարպ.

spew, spue (*սփիու*) փրսխել, դուրս տալ.

sphere (*սֆիյր*) գունդ. ոլորտ. շրջանակ. ծիր. ընկերային վիճակ (դիրք). գործունէութեան շրջանակ. — *of influence* (*սֆիյր ավ ին'ֆլուընս*) ազդեցութեան շրջանակ (գօտի).

spheral (*սֆի'ր'րլ*) գնդաձեւ.

Sphynx (*սֆինկս*) հսկայ քարէ արձան՝ որ կը ներկայացնէ թեւաւոր առիւծ մը (կնոջ գլուխով). Սփինքս (Եգիպտոսի մէջ). առեղծուածային անձ.

spice(s) (*սփայս(ս)*) համեմ. համեմներ (տեսակներով). հոտք. համեմել. համ տալ. *spicy* (*սփա'յսի*) բուրումնաւէտ. համեմոտ. կծու. սուր.

spick (*սփիք*) սեպ. կոկիկ. ճաշակաւոր. — *and span* կոկիկ եւ մաքուր.

spider (*սփայ'տըր*) սարդ.

spied (*սփայտ*) (անց. եւ անց. ընդ. *spy*ի (դիտել, լրտեսել). դիտեց, լրտեսեց.

spigot (*սփիկ'աթ*) խցան (տակառի). ծորակէն հոսող ջուրի քանակը համակշռող մասը.

spike (*սփայք*) սրածայր փայտ. երկաթ, սեպ. խոշոր գամ. հասկ. բեւեռել. գամով հաստատել (ծակել).

spikenard (*սփայք'նըրտ*) նարդոս. հնդկ. բոյս՝ որուն արմատէն անուշահոտ իւղ մը կը հանուի.

spill (*սփիլ*) թափել. տակնուվրայ ընել. թափիլ. հոսիլ. վատնուիլ. գլտորուիլ. իյնալ (կառքէն, ձիէն, եւայլն). յորդիլ. *to — blood* արիւն թափել. *—way* (*սփիլ'ուէյ*) ամբարտակէն աւելցած ջուրերու համար ջրանցք.

spill (*սփիլ*) թղթագլան, տաշեղ (կրակ վառելու գործածուող). սեպ.

spin (*սփին*) մանել. հիւսել. դարձնել. երկնցնել (պատմութիւնը). *to — a yarn* հէքիաթ պատմել. դառնալ. արագօրէն թաւալիլ. թաւալում. արագ վազք.

spinach, spinage (*սփին'էյճ*) շոմին, սպանախ.

spindle (*սփին'տլ*) իլիկ. երկայնքին անիլ (մեծնալ).

spine (*սփայն*) փուշ. ողնայար. *—less* անողնայար. անվճռական. *spiny* (*սփայ'նի*) փշանման. փշոտ (հարց). *spinal column* (*սփայն'ըլ քալըմ*) ողնայարի սիւն.

spinney (*սփին'ի*) պուրակ.

spinster (*սփինս'թըր*) ամուրի կին. մանող կին.

spiracle (սփայ'րըքլ) շընչելու գործարան (կէտ ձուկի)·

spirant (սփայ'րընթ) հագագային բաղաձայն գիր·

spire (սփայր) պարոյր· ոլորտագիծ· պարուրաձեւ շարժիլ· պլլել· փաթթուիլ· *spiral* (սփայ'րըլ) ոլորտագիծ. պարուրաձեւ.

spire (սփայր) խոտի տերեւ· ծիղ· ծիլ· սրածայր որեւէ բարձր բան (աշտարակ, զանգակատուն, եւայլն)· կատար· ցցուիլ (աշտարակի պէս)·

spirit (սփիր'իթ) հոգի· ոգի· կեանք· տրամադրութիւն· կորով· դեկավար· ոգելից ըմպելի· ոգեւորել· յափշտակել· *to — away* կախարդանքով առնել· *—s* տրամադրութիւն· մտային վիճակ· ոգելից ըմպելի· *—ed* աշխոյժ· *—ism* ոգեհարցութիւն.

spiritual (սփիր'իթիուըլ) հոգեկան· հոգեւոր· անհիւթական· հոգեղէն· եկեղեցական· *—ist* հոգեպաշտ. ոգեհարց·

spirometer (սփայրո'միթըր) շնչաչափ·

spit (սփիթ) շամփուր· աւազուտ ցամաքամաս՝ որ ծովուն մէջ երկնցած է, լեզու· շամփրել· *to —* թքնել· շողիք հանել· մլաւել (կատուի ձայն)· թուք· թքնելը· թեթեւ անձրեւ· կատարեալ նըմանութիւն· *—tle* (սփիթ'ըլ) շողիք· լորձունք·

spite (սփայթ) չարակամութիւն· ոխ· անարգել· նեղել· գէշ գործածել· *in — of* հակառակ (անոր որ)· չնայելով (թէ)· *—ful* (սփայթ'ֆուլ) ոխակալ· չարամիտ·

spitfire (սփիթ'ֆայր) զայրացկոտ մարդ· անգլ. ռմբաձիգ սաւառնակ (Բ. աշխարհամարտի ընթացքին գործածուած)·

spittle (սփիթ'ըլ) լորձունք· շողիք·

spiv (սփիվ) ծոյլ· գործէ խուսափող·

splash (սփլէշ) ջուր (տիղմ) ցատքեցնել· այդ ձեւով աղտոտել· մեծ տառերով խորագիր տպել· ջուր ցատքել· ջուրին զարնել· *—y* թաց ու ցեխոտ. աղտոտ ջուրով լի·

splatter (սփլէթ'թըր) անդադար ցեխ (ջուր) ցատքեցնել·

spleen (սփլին) փայծաղ· բարկութիւն. ոխ· մաղձ· թախիծ.

splendid (սփլէն'տիտ) հոյակապ· շքեղ· *splendour* (սփլէն'տըր) փառք· շուք. պայծառութիւն.

splice (սփլայս) զօդել· միացնել (չուաններու ծայրը)· ամուսնացնել· զօդում. հանգոյց·

splint (սփլինթ) փայտաշերտ· կտրուած ոսկորները տեղը ամրացնող տախտակներ (ոսկրակալ)· փայտաշերտերով կապել (կոտրուած ոսկորը).

split (սփլիթ) երկայնքին կտրել· ճեղքել· գաղտնիքը յայտնել· ճեղք· հերճուած (կուսակցութեան մէջ)․ —*s* ծալապատիկ նստիլը․ —*ting* (սփլի'թ'ինկ) խիստ․ տառապալի․ տագնապալի․ *to split one's sides with laughter* խնդալէն մարիլ․ *to split hairs* (— հէրզ) մանրամասնութեանց չափազանց բծախնդիր ըլլալ․ *hair-splitting* չափազանց բծախնդրութիւն․

spoil (սփոյլ) եղծանել․ փտիլ․ ապականել (նկարագիրը)․ աւրել․ կողոպուտ․

spoke (սփօ'ք) (անց․ *speak*ի) խօսեցաւ․ —*sman* (սփո'քս'մէն) խօսնակ․ ներկայացուցիչ․ թարգման․

spoke(s) (սփօ'ք(ս) անիւի շառաւիղ(ներ)․ սանդուխի մատներ․ —*shave* (սփո'ք'շէյվ) քերիչ, ատաղձ քերելու (յղկելու) գործիք․

spoliate (սփո'լիէյթ) կողոպտել․ յափշտակել․ *spoliation* (սփոլիէյ'շըն) աւարառութիւն․ կողոպուտ․

spōnge (սփանճ) սպունգ․ պնակալէզ․ խման․ ըսպունգով մաքրել․ *throw up the* — յանձնուիլ (կռիւի մէջ)․ *to — upon a person* մէկուն հաշւոյն ապրիլ․

sponsor (սփան'սըր) երաշխաւոր(ող)․ խնամակալ․ պաշտպան․ ձայնասփիւռէն ծանուցման, երաժըշտութեան համար վըճարող անձ․ սանահայր․ սանամայր․ քաջալերել․ հովանաւորել․ երաշխաւորել․

spontaneous (սփանթէյ'նիըս) ինքնայօժար․ ինքնամատոյց․ — *combustion* (— քըմպա'շըն) ինքնիրեն սկսող կրակ (կիզում)․ ինքնաբերական կիզարկութիւն․

spoof (սփո'ւֆ) խաբէութիւն․ պատրանք․ նենգել․ խաբել․

spool (սփո'ւլ) կարժառ․ կարժառի վրայ փաթթել (թելը, դերձանը)․ *H*ի ձեւով անիւ՝ որուն վրայ դերձան (ժապաւէն, եւայլն) կը փաթթուի․

spoon (սփո'ւն) դգալ․ կոլֆի գաւազան․ դգալով ուտել (վերցնել)․ —*ful* դգալ մը (լեցուն)․

spoon (սփո'ւն) սիրաբանիլ․ սիրոյ նառեր արտասանել․

spoonerism (սփո'ւնըրիզմ) բառերու գիրերուն տեղափոխում (սխալմամբ)՝ որ ծիծաղաշարժ իմաստ կու տայ անոնց․

spoor (սփո'ւր) հետք (վայրի կենդանիի)․

sporadic (սփարա'տիք) անջատ․ ցանցառ․ — *shots* անջատ կրակոցներ․

spore (սփոր) անծաղիկ բոյսերու սերմ․

sport (սփորթ) խաղ․ զբւարճութիւն․ դուրսի հաճելի ժամանց (որսորդութիւն, ձկնորսութիւն, եւայլն)․ մարզանք․ կատակ․ ծաղր․ ծաղրել․

խաղալ. զբօսցնել. —s մարզական գործունէու-թիւններ (խաղեր). *sportsman* մարզիկ. *sportsmanship* (սփոր-թս՛մէնշիփ) մարզասի-րութիւն. արդարամտու-թիւն. վեհանձնութիւն (հանդէպ մրցորդին). *sportive* մարզական.

spot (սփաթ) վայր. արատ. պիսակ. շուտ. բշտիկ. փոքրաքանակ բան. խը-միչք. արատաւորել. ե-րեւան հանել. ճանչնալ. —*less* (սփաթ՛լէս) ան-բիծ. անմեղ. — *cash* (—՛ քէշ) կանխիկ վճա-րում. պատրաստ դրամ. —-*light* (—՛-լայթ) լուսարձակ (բեմը լուսա-ւորելու). *on the* — ան-միջապէս.

spouse (սփաուզ) այր կամ կին. *spousals* (սփաու-զ՛ըլզ) ամուսնութիւն.

spout (սփաութ) վազցնել. ծորեցնել. ցայտեցնել. բխիլ. ցայտիլ. մեծխօսի-կութիւն ընել. փչել. ծո-րակ. ջրացայտք. բերան. փողրակ.

sprag (սփրէկ) փայտէ ձե-ցուկ (անիւը կեցնելու).

sprain (սփրէյն) ոտքը (ձեռքը) գալարելով ցաւ-ցնել. ոտքի (ձեռքի) գե-լում. մկանի գալարում.

sprang (սփրէնկ) (անց. *spring*ի) ցատկեց. երեւ-ցաւ, եւայլն.

sprawl (սփրո՛լ) անշնորհ նստիլ (երկննալ). անհո-գաբար (անխնամ) գրել.

spray (սփրէյ) ոստ. ճղիկ. տերեւով ու ծաղիկով ծածկուած ճիւղ.

spray (սփրէյ) շիթ. ծո-վու փրփուր (հովէն քըշ-ուած). սրսկում. սրսկել. ցանցնել.

spread (սփրէտ) տարածել. բանալ. լայնցնել. վարա-կել. տարածուիլ. ծաւա-լիլ. սեղան դնել. տարա-ծում. փռոց (սեղանի). վերմակ. տարածուած.

spree (սփրի՛) կերուխում. *go out on the spree* դուրսը խմելու (անկարգ զուարճութեան) երթալ.

sprig (սփրիկ) ճղիկ. ոստ (բողբոջներով եւ ծաղիկ-ներով). ժառանգորդ. —*ged* ոստերով զարդար-ուած.

spright (սփրայթ) հին ձե-ւով *sprite*. ոգի. ուրուա-կան. առոյգ.

spring (սփրինկ) ցատկել. ծագիլ. սերիլ. բուսնիլ. ընձիւղել. ուռենալ. պայթեցնել. ծագեցնել. ոստում. աղբիւր. ճեղք. զսպանակ. ծագում. գա-րուն, (նաեւ՝ *spring-time*). —-*balance* (ըս-փրինկ՛-պէլ՛էնս) զսպա-նակաւոր կշիռք.

springe (սփրին՛ճ) թա-կարդել. թակարդ.

sprinkle (սփրին՛կըլ) սրըս-կել (հեղուկ). սփռել. մաքրել. քանի մը կաթիլ անձրեւ. սրսկելու գոր-ծիք.

sprint (սփրինթ) արագ վազել (կարճ հեռաւո-րութիւն). արագ վազք.

sprite (սփրայթ) տես՝ *spright*.

sprout (սփրաութ) ծլիլ.

ծիլ. ընձիւղ. պտկունք.
Brussels — (պրաս'ըլզ) —) Պրիւքսէլի կաղամբ.
spruce (սփրուս) կոկիկ. պճնուած. կոկել. պճնել.
spruce (սփրուս) եղեւին (ծառ մը).
sprung (սփրանկ) (անց. եւ անց. ընդ. *spring*ի) ծագած. ցատկած.
spry (սփրայ) ճկուն. աշխոյժ. զուարթ.
spud (սփատ) նեղ բրիչ մը. գետնախնձոր.
spue (սփիու) տես՝ *spew*.
spume (սփիում) փրփուր. փրփրիլ. *spumous* (սփիու'մըս) փրփրուն. փրփրոտ. *spumy* (սփիու'մի) փրփրոտ.
spun (սփան) (անց. եւ անց. ընդ. *spin*ի) մանեց. մանած. մանուած.
spunk (սփանք) աբեթ. դիւրավառ փայտ. յուզկի. ոգի. —*y* (սփան'քի) վառվռուն.
spur(s) (սփըր(ս) խթան(ներ). գրգիռ. մղում. քիտ (աքաղաղի կարթ). խթանել. մտրակել. առաջարել.
spurious (սփիու'րիըս) անհարազատ. կեղծ.
spurn (սփըրն) մերժել. ազացել. արհամարհոտ մերժում.
spurt (սփըրթ), *spirt* ցայտել. ժայթքիլ. ցայտել. ժայթքեցնել. յանկարծական ճիգ.
sputnik (սփութնիք') արուեստական արբանեակ. (առաջին սփութնիքը արձակեցին սովետները, 6 Հոկտ. 1957ին).
sputter (սփաթ'ըր) արագօրէն ու ձայնով դուրս հանել. ցզացրգուած (տարտամ) բառեր արտասանել. արագ խօսելու ժամանակ թուքի կաթիլներ սրսկել չորս կողմը. արագօրէն խօսիլ.
sputum (սփիու'թըմ) լորձունք. (յոգ. *sputa*).
spy (սփայ) լրտես. գաղտնի գործակալ. նշմարել. քննել. լրտեսել. —*glass* (սփայ'-կլաս, — կլէս) դիտակ.
squab (սքուապ) գէր ու կարճ. անփետուր.
squabble (սքուապ'լ) անիմաստ վիճաբանիլ. կռուիլ. վէճ. կռուըտուք.
squad (սքուատ) խմբակ. ջոկատ. —*ron* (սքուատ'րըն) հեծելազունդի ջոկատ. նաւատորմ. օդանաւային ջոկատ.
squalid (սքուալ'իտ) կեղտոտ. հոտած. աղքատ. *squalor* (սքուա'լըր) աղտոտութիւն.
squall (սքուօ'լ) գոռում. պոռչտուք (մանուկի). գոչել. պոռչտալ. բարձրաձայն լալ.
squama (սքուէյ'մը) թեփ. ոսկորի թեփանման մասը. թեփանման փետուր.
squander (սքուան'տըր) մսխել. վատնել (դրամ). —*er* շռայլ. մսխող.
square (սքուէ՛ր) քառակուսի. հրապարակ. քառանկիւն ձեւով. ուղիղ. արդար. բիւ մը ինքնիրմով բազմապատկել. հա–

շիւը փակել· — *root* քառակուսի արմատ· *to — up* հարցերը կարգադրել· պարտքերը վճարել·

squash (*սքուաշ*) ճզմել· ճզմուիլ· դիւրաւ ճըզմուող բան· անալքոլ ըմպելիք (ճզմուած պտուղի համով)· խոճուած ամբոխ· (Ա·Մ·Ն·) դըդում·

squat (*սքուաթ*) կկզիլ· կկուզ նստիլ· ուրիշին հողին վրայ տեղաւորուիլ· գէր ու կլորիկ (մարդ)· կկզում· *—ter* (*սքուաթ'ըր*) կկզող· ապօրինի հողակալ·

squaw (*սքուօ'*) ամերիկեան հնդկուհի·

squawk (*սքուո'ք*) սուր ճիչ (ճռինչ)· ճչալ· պոռչըտալ·

squeak (*սքուիյք*) ճռինչ· ճչալ· ճռճչել· գաղտնիքը դուրս տալ·

squeal (*սքուիյլ*) երկար (սուր) ճիչ· երկար ճչալ (պոռչտալ)· գաղտնիքը դուրս տալ·

squeamish (*սքուի'միշ*) դիւրաւ սիրտը խառնուող· գժուարահաճ· շատ բծախնդիր·

squeeze (*սքուիյզ*) սեղմել· քամել· հրել· խոճուիլ· քամուիլ· ճնշում· խճողում· ոդջագուրում· ամբոխ·

squib (*սքուիպ*) հրգիծանք· կարճ պարսաւագիր· հրապիտ·

squid (*սքուիտ*) մելանաձուկ·

squint (*սքուինթ*) ծուռ (շիլ) նայիլ· կասկածով նայիլ· շլացնել· շիլ· *—er* (*սքուին'թըր*) շլաչեայ· չարամիտ·

squire (*սքուայր*) զինակիր, շքադիր (ասպետի)· գիւղացի ազնուական· տիկնոջ մը ընկերակցող· (իբր պաշտպան) ընկերակցիլ·

squirm (*սքուըրմ*) գալարուիլ, սողոսկիլ (օձի, որդի պէս)·

squirrel (*սքուի'րըլ*) ըսկիւռ·

squirt (*սքուըրթ*) ժայթքեցնել· գոեխ· հեղուկի բարակ ժայթքում փողածայրէ·

stab (*սթէպ*) դաշոյնով վիրաւորել· խոցել· զգացումները վիրաւորել· խոց· վէրք· դաշունահարութիւն· յանկարծական ցաւ· *to — in the back* կռնակէն հարուածել· դաւաճանութեամբ վնասել·

stabilise, —ize (*սթէ'պիլայզ*) կայունացնել· հաստատուն հիման վրայ դնել· *—r* կայունացնող· սաւառնակի պոչին հորիզոնական մասը· *stability* (*սթէպիլ'իթի*) կայունութիւն· անխախտութիւն·

stable (*սթէյպլ*) ամրապէս հաստատուած· մնայուն· վճռական· *stably* (*ըսթէյ'պլի*) տեւականօրէն·

stable (*սթէյպլ*) ախոռ· ախոռը դնել·

staccato (*սթէքա'թօ*) կարճ (յստակ, անջատ) նուագուելիք ձայնանիշ·

stack (սթէք) փայտի (յարդի, խոտի) դէզ. բազմածխան (ծխնելոյզ). բարձր ծխնելոյզ (գործարանի, վայրաշարժի, շոգենաւի). դիզել.

stadium (սթէյ'տիըմ) (յոգ. *stadia)* մրցարան. կրկէս՝ որ շուրջ 607 ոտնաչափ երկայնք ունէր. մարզադաշտ.

staff (սթաֆ) (յոգ. *staffs,* կամ *staves).* գաւազան (քալելու, մագլցելու). նեցուկ. մխիթարութիւն. մական (իշխանութեան խորհրդանիշ). դրօշաձող. ուսուցչական կազմ. աշխատակիցներու խումբ. — *of life* հաց.

stag (սթէկ) արու եղջերու.

stage (սթէյճ) թատերաբեմ. թատրոն. բեմ. յառաջդիմութեան աստիճան. հանրակառքի կայարան. յատակ. բեմադրել. *stagy* (սթէյ'ճի) թատերական. արուեստական. — *-coach* (սթէյճ'-քօ'չ) ուղեկառք (չորս անիւով). —*fright* (—'-ֆրայթ) ատենախօսելու վախ. *an old stager* երկար փորձառութիւն ունեցող մարդ.

stagger (սթէկ'ըր) երերալ. դողդղալ. վարանիլ. եերերցնել. դողացնել. —*ing* ապշեցուցիչ.

stagnate (սթէկ'նէյթ) լըճանալ. անշարժ մնալ.

stagnant լճացած. ճնխած. կայուն.

staid (սթէյտ) (անց. եւ անց. ընդ. *stay*ի) կեցաւ. կեցած. խոհեմ. լուրջ. մնայուն.

stain (սթէյն) ներկել. աղտոտել. բծաւորել. յանցանք վերագրել. բիծ, արատ. անպատուութիւն. յանցանքի վերագրում. —*less* անբիծ. բիծ կամ ժանգ չընող.

stair (սթէյր) աստիճան. սանդուխտ. —*s* սանդուխ. —*case* (սթէյր'քէյս), —*way* սանդխարան.

stake (սթէյք) նեցուկ. նշանաձող. խարոյկի ցից (մարտիրոսուողները կապելու). խարոյկի վրայ մարտիրոսացում. գրաւի դրուած դրամ. ցիցերով ամրացնել. գրաւ դնել. երաշխաւորել. *at* — վտանգուած.

stalactite (սթէլ'էքթայթ) շթաքար.

stale (սթէյլ) օթեկ. անհամ. հասարակ. անպիտան. անհամ դարձնել. մաշեցնել. թարմութիւնը կորսնցնել.

stale (սթէյլ) միզել (ձիու). (ձիու, արջառի) մէզ.

stalemate (սթէյլ'մէյթ) անշարժութիւն (օրինակ՝ ճատրակի մէջ). անել կացութիւն.

stalk (սթօ'ք) ցօղուն. կոթ եւ տերեւ. սիգաճեմ քալուածք. բարձր ծխնելոյզ. սոնքալով քալել. որսալ. դարանիլ. ծածկաբար մօտենալ որսին.

stall (սթօ'լ) ախոռ. մթերանոց. կրպակ. թատերասրահի առջեւի աթոռները․ մատի վրան անցընե֊լիք վիրակապ․ *to* — ա֊խոռի մէջ դնել․ անշարժ մնալ․ կենալ․ արագու֊թիւնը կորսնցնել (օդա֊նաւի)․ *book* — գիրքե֊րու կրպակ (շոգեկառքի կայարանի մէջ)․

stallion (*սթէլ'եըն*) արու ձի, յովատակ․

stalwart (*սթո՛լ'ուըրթ*) չարքաշ․ զօրաւոր․ քաջ․ յարատեւող․ զօրաւոր մարդ․ յուսալի պաշտ֊պան․

stamen (*սթէյ'մին*) սրձայ, առէջ․

stamena (*սթէմ'ինը*) կո֊րով․ զօրութիւն․

stammer (*սթէմ'ըր*) թո֊թովել․ թոթովանք․

stamp (*սթէմփ*) կոխկըռ֊տել․ ոտքը ամուր կո֊խել․ դրոշմել․ կնքել․ տպել․ խարանել․ դրամ կոխել․ դրոշմ․ կնիք․ նամականիշ․ կաղա֊պար․ տիպ․

stampede (*սթէմփիյտ'*) յանկարծական փախուստ կենդանիներու (խուժա֊նի, եւայլն)․ խուճապի մատնել (մատնուիլ)․ խուճապահար փախչիլ․

stanch (*սթէնչ*) արեան հո֊սումը դադրեցնել (կա֊սեցնել)․

stanch (*սթէնչ*), staunch (*սթո՛նչ*) քաջ․ հաստատ․ զօրաւոր․ —*ion* (*սթէն'֊չըն*) խնչակ․ նեցուկ (եր֊կաթէ)․

stand (*սթէնտ*) ոտքի կե֊նալ․ կանգնիլ․ տեւել․ տոկալ․ կանգ առնել․ դիրք գրաւել․ համբե֊րել․ դիմադրել․ սկըզ֊բունքի կառչիլ․ իբր թեկնածու ներկայանալ․ դիրք․ կայան․ բեմ․ դա֊րաւանդ․ գրակալ․ սե֊ղան․ ապրանքներ ցուցա֊դրելու կրպակ (սեղան)․ *It stands 6 feet high* 6 ոտք բարձր է․ —*-by* (*սթէնտ֊պայ*) իբր պա֊հեստ (օգնական)․ —*-off(ish)* (*սթէնտ'օֆ'(իշ)*) վերապահ․ հպարտ․ —*point* (—*' փոյնթ*) հիմ֊նական սկզբունք․ տեսա֊կէտ․ — *out* ցցուիլ․ ա֊կանաւոր (ակներեւ) ըլ֊լալ․ *£ stands for «pounds»* կը նշանակէ սթերլին․ *stand for an office* պաշտօնի մը թեկ֊նածու ըլլալ․ *I can't* — *it* չեմ կրնար տանիլ այդ․ *it —s to reason* հարկ չկայ բացատրելու այդ․ *to — by a person* օգնել (թիկունք կենալ) մէ֊կուն․ *a man of good standing* լաւ դիրքով մէկը․

standard (*սթէն'տըրտ*) չափանիշ․ դրօշակ․ կը֊շիռ․ տիպար օրինակ․ ուղիղ նեցուկ․ միօրի֊նակ․ նախնական․ բար֊ձրադաս․ մնայուն գին (արժէք) ունեցող․ *a* — *author* բոլորին կողմէ տաղանդաւոր նկատուած գրող․ —*ise*, —*ize* (*ըս֊թէն'տըրտայզ*) հիմնաչա֊փել․ նոյն գինը (չափը, ծանրութիւնը) որոշել․

standing (*սթէն'տինկ*) սո֊

վորութիւնով (օրէնքով) հաստատուած· մնայուն· կայուն· չիոսող· կանգնած· տեւողութիւն· գոյութիւն· համբաւ· — *army* մնայուն բանակ·

stang (*սթէնկ*) ձող· բառ·

stank (*սթէնք*) (անց· *stink*ի) կը հոտէր· նեխեցաւ·

stanza (*սթէն'զը*) տուն (երգի, քերթուածի)· բանաստեղծութեան բաժանում մը·

staple (*սթէյփլ*) գլխաւոր արտադրութիւն· հում նիւթ· կանեփի (բուրդի, բամպակի) թել· գլխաւոր· հաստատուած· ապրանքը (թելերը) դասաւորել· թել (— ձեւով) թուղթերը իրարու միացնել· նիզ՝ դուռը գոցելու, սողնակալ·

star (*սթար*) աստղ· աստղանիշ· գլխաւոր դերասան, դերասանուհի (երգիչ, երգչուհի)· աստղազարդել· գլխաւոր դերը կատարել· —*let* (*սթար'լէթ*) աստղիկ· —*ry* աստղազարդ· աստղանըման· փայլող· *S— of Bethlehem* Բեթղեհեմի (Ծնունդի) աստղը·

starboard (*սթար'պօ'րտ*) նաւու աջակող (դէպի առաջ նայելով)· նաւու աջակողմի·

starch (*սթարչ*) նշայ· նշայել (օձիք, եւայլն)· —*y* (*սթար'չի*) նշայուած· ձեւական·

stare (*սթէյր*) սեւեռել· ակնյայտնի ըլլալ· սեւեռում· անքթիթ նայուածք·

stark (*սթարք*) բացարձակ· ամուր· զօրաւոր· պարզ· լոկ· ամբողջովին· — *staring mad* բաւական խենդ·

starling (*սթար'լինկ*) աղմկարար փոքր թռչուն (տարմահաւ)·

start (*սթարթ*) ցնցուիլ· ցատքել· ցնցել· խրտչեցնել· սկսիլ· նամբայ ելլել· նամբայ հանել· շարժիլ· ծայր տալ· ծիլ տալ· մեկնում· սկսիլը· ցնցում· խրտչիլը· ձլարձակում· ակամայ ոստում· *by fits and —s* ընդհատաբար·

startle (*սթարթ'լ*) ցնցել· ցատքեցնել· վախցնել· վախնալով ցնցուիլ· *startling* ապշեցուցիչ· սոսկացնող·

starve (*սթարվ*) անօթութենէ (ցուրտէն) տառապիլ· սովամահ ըլլալ· սուաղիլ· ուժասպառ ընել· սովամահ ընել· տաքութենէ (սնունդէ) զուրկ մեռնիլ· —*ling* (*սթարվ'լինկ*) սովալլուկ· նիհարցած· տկարացած·

state (*սթէյթ*) վինակ· կացութիւն· բարձր դիրք· պետութիւն· նահանգ· պետական· արքայական· հանրութեան (վերաբերեալ)· շքահանդէսի· պատմել· հաստատել· բացատրել· յայտարարել· *in* — շուքով· — *of siege* (*սթէյթ ավ սիյճ*) պաշարման վիճակ․ *to be in a state of war* պատերազմական վիճակի մէջ ըլլալ․ *stated* որոշուած․ հաստատել․ —*ly* վեհաշուք կերպով․ —*ment* յայտարարութիւն․ խօսք․ տեղեկագիր․ հաշուեցոյց (ամսական)․ —*-craft* վարչագիտութիւն (քաղաքական)․ —*sman* (սթէյթս՛մէն) քաղաքագէտ, պետական մարդ․ —*smanship* դիւանագիտութիւն.

static (սթէթ՛իք) կայուն․ հաւասարակշիռ․ անշարժ․ ճարճատող (անախորժ) ձայներ ռատիոյի ընկալուչ մեքենային մէջ (փարազիթ)․ —*s* կայագիտութիւն.

station (սթէյ՛շըն) կայարան․ դիրք․ պաշտօն․ կեանքի վիճակ․ աստիճան․ ոստիկանատուն․ հրշէջ խումբ․ տեղաւորել․ պաշտօնի վրայ դնել․ *a fire station* հրշէջներու կեդրոն.

stationary (սթէյ՛շըների) կայուն․ անփոփոխ․ անշարժ․ կանոնաւոր.

stationer (սթէյ՛շըներ) թղթավաճառ․ —*y* գրենական պիտոյք․ թղթեղէն.

statistics (սթըթիս՛թիքս) վիճակագրութիւն․ *statistic(al)* վիճակագրական․ *statist* (սթը՛թիսթ), *statician* (սթըթիշ՛ըն) վիճակագիր․ դիւանապետ.

statue (սթէթ՛իու) արձան (անձի, անասունի)․ —*sque* (սթէթիուէսք՛) անշարժ․ արձանային․ —*tte* (սթէթիուէթ՛) արձանիկ․ *statuary* արձանագործութիւն․ արձաններու հաւաքածոյ.

stature (սթէթ՛իուր) հասակ (մարդու, անասունի).

status (սթէյ՛թըս) դրութիւն․ կացութիւն․ վիճակ․ — *quo* (— քուօ՛) նախկին վիճակ (իրերու, դէպքերու)․ գոյավիճակ․ հաստատուած սահման.

statute (սթէթ՛իութ) օրէնք․ կանոն.

staunch (սթօ՛նչ) տոկուն․ հաստատ․ զօրաւոր․ հաւատարիմ․ վստահելի.

stave (սթէյվ) տակառին կող տախտակները․ ձող․ գաւազան․ սանդխամատներ․ շարժական սանդուխի աստիճան, քերթողական տուն․ տակառը կազմող կող տախտակներ հայթայթել․ կողէն ծակել (տակառը)․ յետաձգել․ *to — off* արգիլել․ հեռու պահել.

stay (սթէյ) կենալը․ կայք․ նեցուկ․ յետաձգում (դատավարութեան)․ *to —* զսպել․ արգիլել․ կեցնել․ գոհացնել․ զօրացնել․ մնալ․ բնակիլ․ հանգչիլ․ շարունակել նոյն տեղը մնալ․ — *one's hand* գործի ձեռնարկելու ուշանալ․ *stay judgement* դատարանի առած որոշումներու գործադրութիւնը ուշացնել․ —*-in strike* գործի ժամերուն

նէրսը գործադրել ընդ-
դէր. *to stay one's appe-
tite* ախորժութիւնը յագե-
ցնել. —*er* (*սթէյ'ըր*)
կեցող. կեցնող. նեցուկ.
մրցումի մէջ տոկալու
կարող ձի (անձ).

stead (*սթէտ*) տեղ. ուրի-
շի մը ունեցած տեղը.
գործածութիւն. առաւե-
լութիւն. բնակավայր. —
(bed-stead) մահճակալ.
in — տեղը. *in* — *of*
փոխարէնը. *in good* —
օգտակար. —*ing* (*սթէ-
տ'ինկ*) ագարակին շուր-
ջը գտնուող տուներ.

steadfast, (*սթէտ'ֆէսթ*)
ամուր. հաստատուն.

steady (*սթէտ'ի*) ան-
խախտ. նոյնանձել. վըս-
տահելի. չափաւոր. ժը-
րաջան. *to* — անխախտ
մնալ. միաձել (վստահե-
լի) մնալ. աշխատասէր
ըլլալ. հաստատել. վեր
բռնել. *steadiness* (*սթէ-
տ'ինէս*) անխախտութիւն.
հաստատամտութիւն.

steak (*սթէյք*) շերտամիս
(կովու). ձուկի շերտ.

steal (*սթիյլ*) գողնալ. խա-
բելով առնել. ատտիճա-
նաբար շահիլ (սէրը,
վստահութիւնը, եւայլն).
գաղտագողի երթալ.

stealth (*սթէլթհ*) գաղտնի
արարք. —*y* (*սթէլթհ'ի*)
ծածկաբար գործուած.
stealthiness (*սթէլթհ'ի-
նէս*) գաղտնիք.

steam (*սթիյմ*) շոգի. գո-
լորշի. մէգ. շոգիով շար-
ժող. շոգի տալ. շոգիով
եփել. շոգիանալ. շոգիով
շարժիլ (ընթանալ). —*y*
շոգիոտ. շոգիով լի. շո-
գենման. —*er* (*սթիմ'ըր*)
շոգենաւ. շոգիով եփող
կամ լուացող մեքենայ.
շոգեգլան. —*boat* (*ըս-
թիյմ'պո'թ*) շոգենաւակ
(շոգեմակոյկ). —*ship*
շոգենաւ. — -*engine*
(—'-*էնճին*) շոգենաւ.
— -*roller* (—'-*րօլ'ըր*)
շոգեգլան (ճամբաներ շի-
նելու).

stearin (*սթի'ըրին*) ճար-
պին. —*e* (*սթի'ըրին*)
մոմանման մարմին՝ որ
մոմ շինելու կը գործած-
ուի.

steed (*սթի'տ*) ձի. ճժոյգ.

steel (*սթիյլ*) պողպատ
(որ կը գոյանայ երկա-
թին ածուխ խառնելէն).
պողպատէ գործիք կամ
զէնք. սրոց. պողպատ-
եայ. անթեքելի. ան-
զգայ. —*y* (*սթիյլ'ի*)
պողպատէ. կարծր. անո-
ղոք. անգութ. *to* —
one's heart անգութ ըլ-
լալ.

steep (*սթիյփ*) զառիվայր.
սեպ. զահավէժ. դժուա-
րին. բարձր (գին). լեռ-
նակարկառ. —*en* սեպա-
նալ.

steep (*սթիյփ*) թաթխել.
թրջել. թրջուիլ. հեղու-
կը ծծել.

steeple (*սթիյ'փլ*) աշտա-
րակ. զանգակատուն.
—*chase* փոսերու եւ այլ
արգելքներու վրայէն ձի-
արշաւ. երկար վազք
(մարզ.). —*jack* (*սթիյ'-
փլճէք*) բարձր ծխնելոյզ

(աշտարակ) մազլցող գործաւոր.

steer (ստիյր) եզնակ. զը-ւարակ.

steer (ստիյր) ղեկավարել. ուղղութիւն տալ (ինքնաշարժի, նաւու) ղեկով (անիւով). —*ing-wheel* (ստիյր'ինկ-հուիյլ) նաւու կամ շարժակի ղեկ.

stellar (ստէլ'ըր) աստղային. աստղազարդ. նառազայթող. աստղանըման.

stem (ստէմ) ծառի կոճղ, բուն. ցօղուն. ձող. ճիւղ. սերունդ. բառի արմատ. արմատը (բունը) վերցնել.

stem (ստէմ) ետ մղել. կասեցնել. (ջուրի հոսանքը) կեցնել.

stench (ստէնչ) ժահր, զարշահոտութիւն.

stencil (ստէն'սիլ) նկարելու տախտակ (մետաղէ, թուղթէ). նկարել.

Stengun (ստէն'կըն) թեթեւ՝ ինքնաձգօր հրազէն.

stenography (ստէնակ'րը-ֆի) սղագրութիւն. *stenograph* (ստէն'ոկրէֆ) սղագիր. սղագրութեան մեքենայ. *to stenograph* սղագրել. *stenographer* (ստէնակ'րէֆըր), *stenographist* (ստէնակ'րէ-ֆիսթ) սղագրող.

stentorian (ստէնթօ'րիըն) որոտաձայն. անամօթ պոռչտուք.

step (ստէփ) քալել. երթալ. ոտքը դնել. կոխել. քայլով չափել. քայլ. քայլաչափ. ոտքի հետք. ոտնաձայն. աստիճան. քալելու կերպ. քալելով կտրուած հեռաւորութիւն. չափ. —*s* շարժական սանդուխ. —*ping-stone* (ստէփ'ինկ-սթո'ն) ոտնդիր քար. ոտքի կայան (ջուրէն անցնելու համար). յառաջդիմութեան միջոց.

step- (ստէփ -) նախադաս բառ՝ խորթ իմաստով. — *brother* (ստէփ'պըր-տհըր) խորթ եղբայր. —*father* (—'ֆատհըր) խորթ հայր. —*mother* (—'մատհըր) խորթ մայր. —*sister* (—'սիսթըր) խորթ քոյր.

steppe (ստէփ) տափաստան.

- ster (- սթըր) վերջաբառ՝ ընողի իմաստով. *gamester* բախտախաղի մոլի.

stereo - (ստէ'րէօ -) նախաբառ (յուն.) տոկուն իմաստով. —*graph* (րըթէր'էոկրէֆ) պնդագիր. զոյգ լուսանկար՝ նոյն տեսարանի տարածացոյցով ներկայացնելու. —-*graphy* (ստէրէակ'րէ-ֆի) հաստատուն իրեր մակերեսի մը վրայ ներկայացնելու արուեստ.

sterioscope (ստէր'էոսքոփ, ստի'րիոսքոփ) գործիք՝ որուն մէջ միաժամանակ երկու նկարներու կը նայինք, այդ ձեւով նկարները աւելի իրաւանման կը թուին. տարածացոյց.

stereotype (ստէր'էօթայփ, ստի'րիօթայփ) պնդատիպ. պնդատպել. պնդատպական. *to* — պնդատիպ հանել. հաստատել. անիմաստ տարազի վերածել. միշտ նոյն բանը ընել.

sterile (*սթէր'իլ, սթէր'այլ*) ամուլ. անծին. աներերի. ապարդիւն. զերծ ամէն տեսակ մանրէէ. *sterilize, —ise* (*սթէր'իլայզ*) ամլացնել. մանրէները փճացնել (տաքութիւնով կամ հականեխիչով). *sterilization* (*սթէրիլիզէյ'շըն*) ամլացում. *sterilizer* (*սթէր'իլայզըր*) ամլացնող. *sterility* (*սթէրիլ'իթի*) ամլութիւն.

sterling (*սթըր'լինկ*) զուտ, հարազատ. չափանիշ, խորհրդանիշ. անգլիական թղթոսկի (5·00 Լ. ոսկիի շուրջ).

stern (*սթըրն*) խիստ. դաժան. խոժոռ. *—ness* (*սթըրն'նէս*) դաժանութիւն. խստութիւն. յետսակողմ (նաւու). անասունի զաւակ (պոչ).

sternum (*սթըր'նըմ*) կըրծոսկր.

sternutation (*սթըրնիութէյ'շըն*) փռնգտուք.

stertor (*սթըր'թըր*) խորդում. *—ous* (*սթըր'թըրըս*) խորդացող, խռմբացող.

stet (*սթէթ*) տպագրական փորձի վրայ նշան մը՝ որ ցոյց կու տայ թէ ջնջուած մաս մը պէտք չէ ջնջուի.

stethoscope (*սթէթօ'սքօփ*) կրծքադիտակ (թոքերու եւ սրտի գործունէութիւնը քննելիք գործիք) (բժշկ.).

stetson (*սթէթ'սըն*) լայնեզր (կակուղ) գլխարկ (այր մարդու).

stew (*սթիու*) շոգիով եփել. միսը, բանջարեղէնը, եւայլն, ջուրին մէջ դանդաղօրէն եփել. տաք զգալ. շոգիով եփուած միս. *Irish* — միսով եփուած գետնախնձոր եւ սոխ. ձկնարան.

steward (*սթիու'ըրտ*) տընտես. մատակարար. նաւու մառանապետ. *—ship* տնտեսութիւն.

stich (*սթիք*) որեւէ ոտանաւորի տող. *—ometry* (*սթիքամ'էթրի*) ձեռագիր մը չափելը (ունեցած տողերուն թիւին համաձայն).

stick (*սթիք*) նիզ. գաւազան. ցուպ. ձող. տաղաշար. *a sugar stick* շաքարեղէգ. *he's a* — կոշտ եւ անհետաքրքիր անձ է.

stick (*սթիք*) մխել. խոցել. փակցնել. դիմանալ. կառչիլ. հաստատ մնալ. շփոթ վիճակի մատնուիլ. *—y* յամառ. կպչուն. *—ing-plaster* (*սթիք'ինկ - փլէս'թըր*) կպչուն վիրակապ. *stuck-up* (*սթաք-ափ*) ինքնահաւան. *a stick in-the-mud* զարգանալու հետամուտ չեղող անձ. *he sticks of nothing* ո՛չ Աստուծմէ կը վախնայ, ո՛չ մարդոցմէ կ'ամչնայ.

stickle (սթիք'լ) յամառօրէն տոկալ· —*r* (սթիք'լըր) մանրամասնութիւններու խիստ պահանջկոտ անձ. փուշ. ողնայար.

stick-up կողոպտելու համար կեցնել.

stiff (սթիֆ) տոկուն· անթեք. խիստ. յամառ· դժուար. չափազանց պաշտօնական· —*en* (ըսթիֆ'ըն) խստացնել· պնդացնել· պնդանալ· բրտանալ· — -*necked* (սթիֆ'-նէքտ) յամառ· խստապարանոց.

stifle (սթայ'ֆլ) շունչը կտրել· խեղդել (ձայնը)· մարել· *stifling* (սթայֆ'լինկ) առանց օդի· տաք եւ խոնաւ· *to — one's tears* ջանալ արցունքները ուրիշներու ցոյց չտալ·

stigma (սթիկ'մը) ստրուկի մարմնի վրայի խարանը· դրոշմ (անպատիւ)· նկարագրին վրայ արատ· մորթի վրայ բիծ· ծաղիկի իգային գագաթի մասը· —*ta* Քրիստոսի հինգ վէրքերուն նշանները· —*tise,* —*tize* (ըսթիկ'մըթայզ) նշաւակել· խարանել.

stile (սթայլ) հեծան· շեմ· պատէն (ցանկապատէն) անցնելու աստիճան կամ անցք. պատ.

stiletto (սթիլէթ'օ) փոքր դաշոյն· սրածայր գործիք ասեղնագործութեան յատուկ.

still (սթիլ) անշարժ· լուռ· հանդարտ· լռութիւն· անդորրութիւն. դեռ· տակաւին. նոյնիսկ դարձեալ· բայց· այսուհանդերձ. հանդարտեցնել· — -*born* (սթիլ'պորն) մեռելածին.

still (սթիլ) ալքոլական հեղուկները թորելու գործիք. թորել.

stilt(s) (սթիլթ(ս)) ոտնացուպ(եր)· ոտնացուպերով քալել· —*ed* (սթիլթ'ըտ) պաշտօնական· փքուն· յաւակնոտ.

stimulus (սթիմ'իուլըս) խթան· գրգիռ· գրգռիչ· փուշ, ասեղ (բուս·)· (յոգ·) *stimuli* (սթիմ'իուլայ), *stimulate* (սթիում'իլէյթ) խթանել· գրգռել· ոգեւորել· *stimulant* (սթիմ'իուլէնթ) գրգռիչ (դեղ, նիւթ)·

sting (սթինկ) (*stung* [ըսթանկ] անց· եւ անց· ընդ· խայթեց· խայթած· խայթուած) խայթել· կծել· խթանել (գործելու)· խայթոց· խայթ·

stingy (սթին'ճի) կծծի· *stingily* կծծիօրէն· *stinginess* (սթին'ճինէս) կըծծիութիւն.

stink (սթինկք) (անց· եւ անց· ընդ· *stunk* [ըսթանկք]) գէշ հոտիլ· նեխիլ· գարշահոտութիւն.

stint (սթինթ) չափ· բաժին· օրապահիկ· խնայողութիւնով ապրիլ· չըծախսել· քիչ վարձք վըճարել (պաշտօնեային, գործաւորին)· որոշուած պարտականութիւն.

stipend (սթայ'փընտ) թոշակ· հոգեւոր պաշտօնհայի ռոճիկը (սկովտ.). —*iary* (*սթայփէնտ'իըրի*) թոշակաւոր. վարձկան.

stipple (*սթիփ'լ*) (կէտերով պատկեր) գծել, կիտանկարել, կիտանկարող. —*r* (*սթիփ'լըր*) կիտանկարող. վրձին (գործիք) որ կիտանկարման համար անհրաժեշտ է.

stipulate (*սթիփ'իուլէյթ*) պայմանաւորել. կարգադրել. *stipulation* (*սթիփիուլէյ'շըն*) մասնաւոր պայման. պայմանաւորում.

stir (*սթըր*) (ներկ. ընդ. *stirring,* անց. եւ անց. ընդ. *stirred*) շարժիլ. անկողինէն ելլել. խլրտիլ. յուզուիլ. շարժել. յուզել. աղմուկ. իրարանցում. շփոթութիւն. խռովութիւն. խլրտում. —*ring* (*սթըր'ինկ*) յուզիչ. գրգռիչ. կորովի. գործունեայ.

stirrup (*սթըր'ըփ*) ասպանդակ.

stitch (*սթիչ*) կար. կարուածք. հագուստեղէնի մէկ կտոր. յանկարծակի կողի սաստիկ ցաւ. *to* — կարել. հիւսել.

stiver (*սթայ'վըր*) հին դրամ մը (հոլանտական). չնչին բան.

stock (*սթաք*) կոճղ. բուն (ծառի). սիւն. նախնիք. գերդաստան. ագարակի անասուններ. պատրաստ ապրանք. բաժնետոմս. դրամագլուխ. քանակութիւն. մթերք. շահպրակ. ոտնակալ. մթերել. ծախելու համար մէկդի դնել. գործածուած. մատչելի. *livestock* արջառ. — - *breeder (farmer)* (*սթաք'-պրիյտ'ըր*) ձի, արջառ բուծանող. — *exchange* (*սթաք' էքսչէյնճ*) արժեթուղթերու առուծախի շէնք. — - *taking* (—'-*թէյք'ինկ*) ապրանքի ցուցակագրութիւն.

stockade (*սթաքէյտ'*) ցցապատնէշ. ձողարան. փակարան.

stocking (*սթաք'ինկ*) գուլպայ. օդակայանի հովին ուղղութիւնը ցոյց տուող կտաւէ կազմածք. *stockinette* (*սթաքինէթ'*) առձգական հիւսուածոյ.

stocky (*սթաք'ի*) կարճ ու գէր.

stodge (*սթաճ*) թխմել. խճողել.

stodgy (*սթաճ'ի*) ծանր. հաստ ու գէշ խառնուած. անմարսելի. անհետաքրքրական.

Stoic (*սթո'իք*) աշակերտ յոյն փիլիսոփայ Զենոնի (Ք. Ա. 342–270). *stoic* ստոյիկեան. ժուժկալ (ինքնազուսպ) անձ. անդրդուելի (անզգայ) մէկը.

stole (*սթոլ*) (անց. *steal*ի) (անց. ընդ. *stolen*) գողցաւ.

stole (*սթոլ*) երկայն ու լայն զգեստ. ուրար.

stolid (*սթալ'իտ*) պաղարիւն. բթամիտ. —*ly* ապուշօրէն.

stomach (*սթամ'ըք*) ստամոքս. ախորժակ. խանդ. հանդուրժել. ստամոքսի. —*al* (սթամ'ըքըլ), —*ic* (սթամըք'իք) ախորժաբեր, մարսողութեան նըպաստող. —-*pump* (—-փըմփ) քաուչուկէ 18 մատնաչափ երկար խողովակ՝ ստամոքսը լուալու կամ հիւանդները կերակրելու. *I can't stomach it* չեմ կրնար ըսածը մարսել.

stone (սթոն) քար. 14 լիպրա ծանրութեան չափ. կարծր կուտ (պտուղներու). գոհար. երիկամունքի կամ մաղձի պարկի քար. ամորձիք. խեցեղէն. բրուտեղէն. քարկոծել. (պտուղին) կուտը հանել. —*y* (սթոն'ի) քարո(ւ)տ. քարային. դաժան. անգութ. —-*blind* (—'-պլայնտ) ամբողջովին կոյր. —-*dead* (—'-տէ'տ) անկենդան. —-*deaf* (—'-տէֆ) ամբողջովին խուլ. —-*mason* (—'-մէյսըն) որմնադիր. —'*s-throw* (—'ս-թհրօ') մէկ քարընկէց (հեռաւորութիւն), մօտ.

stony broke սնանկ.

stood (սթուտ) (անց. եւ անց. ընդ. *stand*ի) կայնեցաւ.

stooge (սթու'ճ) (կոբնալեզու). ուրիշին ըսածը կրկնող (առանց մտածելու). ուրիշին տեղ պախարակուող. դերասան՝ որ ընկերոջ կատակին նշաւակ կ'ըլլայ. պախարակուիլ (ուրիշին տեղ).

stook (սթու'ք) որաներու խուրձ. խուրձ կապել.

stool (սթու'լ) փոքր աթոռ (առանց կռթնելիքի). նեմիշի աթոռ. կըղկղանք. —-*pigeon* (—'-փիճըն) հաւկոչ. (օտար ազաւնի հրապուրող) աղաւնի. *to pass a —* մարմնի կղկղանքը հաստ աղիքէն արտաքսել.

stoop (սթու'փ) ծռիլ. խոնարհիլ. զիջանիլ. գլուխը ծռել. վար խոյանալ (որսին վրայ). զիջում. խոյանք. խոնարհիլ (գըլուխը եւ ուսը վար). *to — to do* առանց հպարտութեան ընել (բան մը).

stop (սթափ) (անց. եւ անց. ընդ. *stopped*) դադրեցնել. կեցնել. խափանել. ընդհատել. վերջակէտ դնել. խցել. կենալ. դադրիլ. կանգ առնելը. կեցած ըլլալը. կայք, կայարան. խափան. վերջակէտ. —*per* (սթափ'ըր) խցան. կեցնող. —-*gap* (սթափ'-կէփ) առժամեայ փոխանորդ. —-*press* (—'-փրէս) վերջին լուր (թերթի մէջ). —-*watch* (—'-ուոչ) վազքերու (մրցումներու) ատեն մրցակիցները դասաւորելու ծառայող ժամացոյց. *full —* (ֆուլ —) վերջակէտ (.).

store (սթոր) մթերք. մթերանոց. առատութիւն. պահեստ. խանութ. կուտակել. մթերել. *storage* (սթո'րէյճ) մթերում.

մթերանոց. մթերողչէք. *—s* պաշար. պիտոյք.

storey, story (սթո'րի) յարկ (տան). *storied* յարկերով.

stork (սթորք) արագիլ.

storm (սթորմ) փոթորիկ. գրոհ. խռովութիւն. ըզգացումի պոռթկում. *to —* խուժումով գրաւել. փոթորիկ յարուցանել. փոթորկել. խստիւ բարկանալ. խստիւ պարսաւել. *—y* (սթորմ'ի) փոթորկոտ. կատաղի. կըրքոտ. *—-bound* (—'-պաունտ) փոթորիկի պատճառով ուշացած. *—-trooper* (—'-թրուփ'ըր) գրոհի զինուոր. *—-troops* (—'-թրուփս) գրոհի ջոկատ. *to storm a town* ուժեղ յարձակումով քաղաք մը գրաւել. *a — in a tea-cup* գաւաթ մը ջուրի մէջ փոթորիկ, այսինքն՝ ոչինչ բանի մը համար իրարանցում ստեղծել.

story (սթոր'ի) պատմութիւն. առասպել. աւանդավէպ. սուտ. *—-teller* (սթո'րի-թէլ'ըր) պատմախօս. վիպասան. ստախօս. *short-story* պատմուածք. *to tell stories* սուտեր հնարել.

stot (սթաթ) զուարակ (սկովտ.).

stout (սթաութ) հուժկու. չարքաշ. կորովի. յանդուգն. վճռական. գէր. խոշորակազմ. զօրաւոր գարեջուր մը. *—-hearted* (սթաութ'-հարթ'ըտ) արի. անվեհեր.

stove (սթով) ջերմոց. վառարան. տաքցնել. *—-pipe* (սթով'-փայփ) վառարանին մուխը դուրս մղող խողովակ.

stow (սթօ) խիտ կերպով լեցնել. տեղաւորել. ծածկել. բանի մը նկատմամբ լուռ մնալ. *—age* (սթո'էյճ) խիտ կերպով զետեղել. ապրանք զետեղելու տեղ. *—away* (ըս-թո'ըուէյ) մէկը որ նաւուն մէջ թագչած է (ձրի ճամբորդելու համար).

straddle (սթրէտ'լ) սըրունքները լայն բանալ. կայնիլ կամ քալել լայնարաց սրունքներով. թիրախէն անդին կամ ասդին ձգել (ռումբերը). սրունքներու բացուածք.

Stradivarius (սթրատիվէ'րիըս) թանկարժէք ջութակ մը Անթոնիօ Սթրատիվարիի (1649–1737) անունով ճանչցուած.

strafe (սթրաֆ) բուռն կերպով ռմբակոծել (պատժելու նպատակով).

straggle (սթրէկ'լ) խոտորիլ. սլքտալ. ետ մնալ (բանակէն). սահմանէն դուրս տարածուիլ (ճիւղը). ցրուիլ. *—r* խոտորող. ետ մնացող. սլքտացող.

straight (սթրէյթ) ուղիղ. շիտակ. ուղղամիտ. անկեղծ. ուղղակի. *—en* (սթրէյթ'ըն) հարթել, կարգի բերել. շտկել. շտկուիլ. *—away* (ըս-թրէյթ'ըուէյ) անմիջապէս. —*forward* (— -ֆոր'ուըրտ) ուղղակի. պարկեշտ. պարզ. անկեղծ. —*ness* (—'նէս) ուղիղ (պարզ) ըլլալը. սեղմութիւն. անձկութիւն.

strain (սթրէյն) ցեղ. սերունդ. ժառանգուած յատկութիւն.

strain (սթրէյն) պրկել. քաշքշել (իմաստը). ծայրայեղ ջանադրութեամբ ցուցնել (վնասել) մկանը. քամել. զտել. ճիգ. ճզտում. երգ. եղանակ. ոճ. —*er* (սթրէյն'ըր) քամոց. մաղ.

strait (սթրէյթ) նեղ. խիստ. դժուարին. նեղուց. դրամական անձկութիւն. դժուարութիւն. —*en* (սթրէյթ'ըն) նեղել. սեղմել. ճզտել. տառապեցնել. — -*jacket* (սթրէյթ'-ճէքիթ), — -*waistcoat* (—'-ուէսթ-քօ'թ) խենթերու բռնաշապիկ.

strand (սթրէնտ) լճափ. ծովեզր. խրեցնել. անօգնական ձգել. խրիլ. —*ed* (սթրէնտ'ըտ) ծովետիղ (նաւ). անօգն խրած.

strand առասան. չուան. մազի. (մետաղէ) թելի անջատ թել. անջատ թելերը իրարու ոլորելով տարան շինել.

strange (սթրէյնճ) օտար. օտարոտի. անծանօթ. անվարժ. անսովոր. այլանդակ. խորթ. սքանչելի. խպնոտ. անփորձ.

—*r* (սթրէյն'ճըր) տեղւոյն անծանօթ. օտարական. պանդուխտ. դրսեցի. անփորձ (բան մը ընելու).

strangle (սթրէնկ'կըլ) խեղդամահ ընել. հեղձել. խեղդել (ըմբոստութիւնը). *strangulate* (սթրէնկ'իուլէյթ) ճնշումով արեան շրջանը արգիլել. հեղձամահ ընել. *strangulation* (սթրէնկիուլէյ'շըն) խեղդում. հեղձամահութիւն.

strap (սթրէփ) երիզ. փոկ (կաշիի երկար շերտ). կապ. գօտի. փոկահարել. խարազանել. կապել. սրել (ածելին). —*ping* (սթրէփ'ինկ) փոկով կապելը. կապելու ծառայող նիւթ (չուան. թել, եւայլն). փոկով ծեծ (պատիժի համար).

strap (սթրէփ) բարձրահասակ, չարքաշ եւ աղուոր.

strata (սթրէյ'թը, սթրէ'թը) տես՝ *stratum*. խաւեր.

stratagem (սթրէթ'ըճէմ) ռազմահնարք. խորամանկութիւն.

strategy (սթրէթ'էճի), *strategics* (սթրէթէճ'իքս) ռազմավարութիւն. *strategic(al)* (սթրըթէճ'իք(ըլ) ռազմագիտական. *strategist* (սթրէթ'էճիսթ) ռազմագէտ.

stratify (սթրէթ'իֆայ) խաւարկել. խաւ կազմել. *stratification* (սթրէթիֆիքէյ'շըն) խաւադասութիւն.

stratosphere (*սթրէթ'ոս-ֆիյր*) մթնոլորտի վերի խաւը (շուրջ 6 մղոն վեր)։

stratum (*սթրէյ'թըմ, ըս-թրէթ'ըմ*) (յոգ. *strata*) երկրի խաւ. ժայռի (հանքածուխի, եւայլն) յաջորդական խաւեր. ընկերային դասակարգ. *stratus* (*սթրէյ'թըս*) (յոգ. *strati*) ցած, հորիզոնական խաւերով ամպ.

straw (*սթրօ՝*) յարդ. անարժէք բան. յարդէ. *man of* — (*մէն օվ* —) յարդէ մարդ. խամաճիկ. չքաւոր մարդ.

strawberry (*սթրո՝'պէրի*) ելակ. ելակենի.

stray (*սթրէյ*) մոլորիլ. ճամբայէն շեղիլ. թափառիլ. սխալ ճամբայէ առաջնորդել. թափառական. մոլորեալ. կորսուած (անասուն, մանուկ). *a — arrow (bullet)* (*սթրէյ' էր'օ, պու'լէթ*) պատահական նետ (զէնքի գնդակ).

streak (*սթրիյք*) գունաւոր գիծ. երիզ. փայլակ. յատկանիշ. *—y* երիզաւոր. խատուտիկ.

stream (*սթրիյմ*) գետակ. հոսանք. հոսող որեւէ հեղուկ. ընթացք. ձըգտում. ուղղութիւն. յարատեւօրէն եկող օդ (լոյս, բազմութիւն). վազել. ծորիլ. հոսեցնել. օդին մէջ ծփալ. ճառագայթներ արձակել. *—er* (*սթրիյմ'ըր*) երկայն, նեղ դրօշակ. այգաստք. *—let* (*—'լէթ*) վտակ.

street (*սթրիյթ*) հանրային ուղի քաղաքի մէջ (փողոց). — *walker* (*—'ուո'քըր*) փողոցը թափառող. պոռնիկ.

strength (*սթրէնկթհ*) ոյժ. զօրութիւն. կորով. նեցուկ. ապահովութիւն. *—en* (*սթրէնկթհ'ըն*) զօրացնել. զօրանալ.

strenuous (*սթրէն'իուըս*) անխոնջ. բազմաշխատ. ջանք պահանջող. յանդուգն: ջերմեռանդ.

streptococcus (*սթրէփթըքաք'ըս*), **streptococci** (*սթրէփթըքաք'այ*) (բըժշկական) շղթայաձեւ միացած մանրէներ՝ որոնք արեան թունաւորման պատճառ կ'ըլլան.

streptomycin (*սթրէփթոմայ'սին*) սթրէփթոմիսին՝ որ փէնիսիլինի հետ առնչութիւն ունի.

stress (*սթրէս*) ձգտում. ճնշում. շեշտ. կարեւորութիւն. ոյժ՝ որ մարմիններու ձեւին մէջ փոփոխութիւն կը յառաջացնէ. շեշտել.

stretch (*սթրէչ*) պրկել. քաշել. սփռել. չափազանցել. երկննալ (հասնելու համար). տարածուիլ. բացուիլ. տարածութիւն. հասողութիւն. ուղղութիւն. ընթացք. *—er* (*սթրէչ'ըր*) քաշող. պրկող, եւայլն. պատգարակ. *at a* — յարատեւօրէն, անդադար. *to*

—*a point* (—ը փոյնթ) զիջիլ, տեղի տալ·

strew (սթրու) (անց· *strewed,* անց· ընդ· *strewed* կամ *strewn*) ցանել· սփռել· ցրուել·

stricken (սթրիք'ըն) զարնուած· մաշած (հիւանդութենէ)·

strict (սթրիքթ) խիստ· խստապահանջ· սահմանափակ· ճշդապահ· անխտիր· —*ure* (սթրիք'չըր) լուրջ քննադատութիւն· —*ly* (սթրիքթ'լի) խստիւ·

stride (սթրայտ) (անց· *strode,* անց· ընդ· *stridden*) մեծաքայլ երթալ· քայլերը բանալ· մէկ քայլով անցնիլ·

strident (սթրայ'տընթ) անհաճոյ, խիստ (ձայնով)· խռպոտ·

strife (սթրայֆ) պայքար· ճիգ· մրցակցութիւն·

strike (սթրայք) (անց· *struck,* անց· ընդ· *struck, stricken*) զարնել· պատժել· յարձակիլ· բախիլ· հնչեցնել· ազդել· վար առնել (վրանը)· վաւերացնել· եզրակացնել· իջեցնել (դրօշակը, առագաստը)· անակնկալօրէն յայտնագործել (ոսկեհանք, քարիւղ, եւայլն)· պատճառել· գործադուլ ընել· արմատ նետել· գործադուլ·

striking (սթրայ'քինկ) տըպաւորիչ· ակնառու· յուզիչ·

string (սթրինկ) լար (ջութակի)· ժապաւէն· առասան· շղթայ· շարք· —*s* լարաւոր նուագարաններու ամբողջութիւնը· *to* — լար հայթայթել· թելարկել· շարել (ուլունք, մարգրիտ)· ներդաշնակել· *to pull* —*s* գաղտնի ազդեցութիւն ի գործ դնել· —*y* (սթրինկ'ի) թելաւոր, թելաձեւ· բարձրահասակ (նիհար) (մարդ)· —*beans* (սթրինկ'-պինզ) ֆրանսական լուբիա (կանաչ)·

stringent (սթրին'ճընթ) խիստ· խստապահանջ· —*ness, stringency* (սթրին'ճընսի) խստութիւն· խստապահանջութիւն·

strip (սթրիփ) կեղեւը հանել· մերկացնել· կողոպտել· մերկանալ (հագուստները հանել)· երիզ· երկայն (նեղ) որեւէ բան· —*pling* պատանի· լաճ·

stripe (սթրայփ) նեղ գիծ (երիզ)· նշան· մտրակի հարուած· մտրակի պատճառով ուռած մորթ· շերտաւորել· երիզաւորել· ծեծել· խարազանել·

strive (սթրայվ) (անց· *strove,* անց· ընդ· *striven*) ճգնիլ· մաքառիլ· պայքարիլ·

stroke (սթրոք) հարուած· կաթուած· ձախորդութիւն· զարկ (ժամացոյցի, զանգակի, եւայլն)· գրիչի (մատիտի, վրձինի) գիծ (հարուած)· հըպում· բախում· մէկ ճիգով յաջողութիւն (ա-

ռեւտրական, դիւանագիտական)· հպիլ· փայփայել· շոյել· ամոքել·
stroll (*սթրոլ*) դեգերում· պտոյտ· դեգերիլ· պըտոյտ ընել· —*er* դեգերող· թափառող·
strong (*սթրոնկ*) զօրաւոր· մկանուտ· առողջ· հաստատ· ուժեղ· վճռական· դրական· — *drink* բարկ (ոգելից) ըմպելի· —*hold* (*սթրոնկ'հոլտ*) ամրոց· ամրութիւն·
strop (*սթրափ*) ածելի սըրելու փոկ· փոկի վրայ սրել·
strophe (*սթրոֆ'ի*) հին յունական պարերգ· տուն (քերթուածի, երգի)·
strove (*սթրով*) (անց· *strive*ի) մաքառեցաւ· ճիգ ըրաւ·
struck (*սթրաք*) (անց· *strike*ի) զարկաւ· գործադրուլ ըրաւ·
structure (*սթրաք'չըր*, *սթրաքթիուր*) կառոյց· շէնք· կառուցուածք· կազմակերպութիւն·
struggle (*սթրակ'լ*) պայքար· մաքառում· ջանալ՝ ճգնիլ· մաքառիլ (մարմինի զալարումներով)· *the — for existence* գոյութեան պայքար·
strum (*սթրամ*) աղմկալի եւ վատ կերպով նուագել (լարաւոր գործիքը)·
strumpet (*սթրամ'փէթ*) բոզ· փոփոխամիտ· յեղյեղուկ·
strung (*սթրանկ*) (անց· ընդ· *string*ի) թելարկըւած· թելի վրայ շարուած· պրկուած· գրգըռուած·
strut (*սթրաթ*) սիգալ· հըպարտօրէն քալել· նեցուկ (գերանի)· հպարտ (արուեստակեալ) քալուածք·
strichnine (*սթրիք'նին*, *սթրիք'նայն*) խիստ թունաւոր նիւթ· մորմին·
stub (*սթապ*) ծառի բուն· ծայր, վերջամաս (մատիտի, գլանիկի, եւայլն)· (ծառի բուները) արմատէն հանել· ոտքի մատները առարկայի մը զարնել· —*bed* կոշտ (ծառի կոճղի պէս)· —*by* (*սթապ'ի*) կարճ ու գէր·
stubble (*սթապ'լ*) խոզան (հնձուած ցորենաբոյսի ծիղը)·
stubborn (*սթապ'ըրն*) յամառ· անտեղիտալի· —-*ness* կամակորութիւն· յամառութիւն·
stucco (*սթաք'օ*) կճածեփ· *to —* կճածեփել·
stuck (*սթաք*) (անց· եւ անց· ընդ· *stick*ի) փակաւ· փակած· փակցըւած· —-*up* (*սթաք'-ափ*) ինքնահաւան·
stud (*սթատ*) շապիկի կոճակ· ուռուցիկ գունդ կամ զարդ· բեւեռազարդել· —*ed* ցրուած· բեւեռազարդուած·
stud (*սթատ*) յովատակներու (մրցումի ձիերու) խումբ· անոնց ախոռը· —-*book* (*սթատ'-պուք*) տոհմագիր անխառն (ազնիւ) ձիերու·
student (*սթիու'տընթ*) ուսանող (գոլէճի, համա-

լսարանի)․ ուսումնական (անձ)․

studio (սթիու'տիօ) (յոգ․ —*s*) արուեստանոց (լուսանկարչութեան, շարժապատկերի, արձանագործութեան, եւայլն)․

studious (սթիու'տիըս) ուսումնասէր․ ժրաջան․ խորհրդածող․ խնամուած աշխատանք տանող․

study (սթա'տի) սերտողութիւն․ ուսումնասիրութիւն․ ուսման մասնաճիւղ․ խոկում․ նպատակ․ սերտարան․ նախնական ուրուագիծ (արուեստագէտի)․ *to —* սերտել․ ուսումնասիրել․ քննել․ ուսանիլ․ մտածել․ *in a brown —* խոր մտածումներու հետեւանքով՝ շրջապատէն անջատուած․ *studied* (ըսթա'տիտ) (անց․ եւ անց․ ընդ․ *study*ի) ուսումնասիրուած․ քննուած ու խնամքով ծրագրուած․

stuff (սթաֆ) հիւսկէն․ կերպաս (բուրդէ)․ կըտաւ․ ապրանք․ ինչք․ ոգի․ թխմել․ լեցնել (հաւ, մորթ, եւայլն)․ անյագօրէն ուտել․ *stuff and nonsense* (սթաֆ էնտ նան'սէնս) անպէտ բաներ․ *stuffed shirt* ինքզինք հաւնող մարդ․

stuffy (սթաֆ'ի) հեղձուցիչ (օդ)․

stultify (սթալ'թիֆայ) ծիծաղելի, ապուշ դարձնել․ ուժը ջլատել․ անազդեցիկ դարձնել․

stumble (սթամ'պլ) սայթաքիլ․ մոլորիլ․ վարանոտ խօսիլ․ գայթեցնել․ գայթում․ սխալ․ *stumbling block* (սթամ'պլինկ պլաք) գայթակղութեան քար․ *to — on* պատահմամբ գտնել․

stump (սթամփ) կոճղ (ծառի)․ մնացորդ (կտրուած ակռայի, կտրուած անդամի)․ մատիտի (գըլանիկի) նետուելիք մասը․ իրան․ թղթամատիտ․ ընտրապայքարի ճառ խօսիլ․ կոճղին զարնել (ոտքը)․ ծայրատել․ շփոթել․ *— about* ծանրօրէն քալել․ *— up* վճարել․

stumpy (սթամ'փի) կարճ ու գէր․

stun (սթան) ապշեցնել․ անզգայացնել (հարուած տալով)․ *—ning* գեղագանց․ ապշեցուցիչ․ գըլխու պտոյտ տուող․ *to look stunning* շատ գեղեցիկ երեւնալ․

stung (սթանկ) (անց․ եւ անց․ ընդ․ *sting*ի) խայթեց․ խայթած․ խայթուած․ *be stung by remorse* (րիմ'որս) խղճի խայթ ունենալ․

stunk (սթանք) (անց․ եւ անց․ ընդ․ *stink*ի) նեխեցաւ․ նեխած․ հոտած․

stunt (սթանթ) աճումը արգիլել․ ճղզեցնել․ ճարպիկ քաջագործութիւն, (հնարք)․

stupefy (սթիու'փիֆայ) անզգամ դարձնել․ ապուշցնել․ հիացնել․

stupendous (սթիուփէն'-

տըս) զարմանալի (մեծութեամբ, ուժով).

stupid (*ստիու'փիտ*) ապուշ. բթամիտ. —*ly* տխմարօրէն.

stupor (*ստիու'փըր*). թըմբրութիւն. բթամտութիւն. գերազգաց սքանչացում.

sturdy (*ստըր'տի*) չարքաշ, տոկուն. զօրաւոր կազմով.

sturgeon (*ստըր'ճըն*) խոշոր ձուկ մը (թառափ), որուն ձկնկիթը (խաւեարը) նշանաւոր է.

stutter (*ստաթ'ըր*) կակազել. վարանոտ խօսիլ.

sty (*ստայ*) խոզանոց. աղտոտ տեղ.

sty, stye (*ստայ*) փոքր պալար (ուռեցք) աչքի կոպին վրայ.

style, (*ստայլ*) **stylus, stilus** (*ստայ'լըս*) երկաթագրիչ. գրոց. սլաք. նորաձեւութիւն. նորոյթ. ոճ (խօսելու, գրելու, եւ այլն). կոկիկ երեւոյթ. մակդիր. տոմար (հին եւ նոր). տեսակ. ձեւ. սըլաք (արեւու ժամացոյցի). *to* — որակել. տիտղոս տալ (ուղերձի մէջ). անուանել.

stylise, —ize (*ստայ'լայզ*) աւանդական ոճի վերածել (արուեստի մէջ). *stylish* (*ստայ'լիշ*) նորաձեւեան. վայելուչ. ոճի (նորաձեւութեան) վարպետ.

stylograph (*ստայ'լոկրէֆ*) մատիտի ձեւով ինքնահոս գրիչ. սլաքագիր (գրիչ).

styptic (*ստիփ'թիք*) կծկիչ, պնդացնող (դեղ). արիւնահոսութիւնը կասեցնող որեւէ նիւթ.

suasion (*սուէյ'ժըն*) համոզում. համոզելը. *suasible* (*սուէյ'սիպլ*) համոզելի. *suasive* (*սուէյ'սիվ*) համոզիչ.

suave (*սուէյվ, սուավ*) հանելի. քաղաքավար. քաղցր. —*ly* ամոքիչ կերպով. շողոմօրէն. *suavity* (*սուավ'իթի*) քաղցրութիւն.

sub- (*սապ* –) նախաբառ՝ բազմաթիւ առումներով, ինչպէս ենթակայ, տակը, ցած, գրեթէ, քիչ մը, թեթեւօրէն. օր.՝ *subacute* թեթեւ, ոչ–շատ խիստ.

sub (*սապ*) կրճատ ձեւ կարգ մը բառերու. (օր.՝ *subaltern, sub-lieutenant, subscription, substitute,* եւայլն).

subaltern (*սապ'էլթըրն*) փոխ–հարիւրապետ. ստորադաս.

subaqueous (*սապէ'քիուըս*) ենթաջրային. ընդծովեայ.

subarctic (*սապարք'թիք*) ենթարջային, ենթահակարջային.

subatom (*սապէթ'ըմ*) բաղադրատարր հիւլէի.

subconscious (*սապքան'շըս*) ենթագիտակից. — *mind* ենթագիտակցական միտք. *subconsciousness* (*սապքան'շըսնէս*) ենթագիտակցութիւն· *to know —ly* բնազդօրէն գիտնալ.

subcutaneous (*սապքիու-թէյ'նիըս*) ենթամորթային.

subdean (*սապ'տիյն*) ենթատեսուչ.

subdivide (*սապտիվայտ'*) ստորաբաժանել. վերստին բաժնել.

subduce (*սապտիուս'*) նահանջել. ետ առնել.

subdue (*սապտիու'*) նուաճել. ենթարկել.

sub-edit (*սապ-էտ'իթ*) օգնական խմբագիր ըլլալ. —-—*or* օգնական խմբագիր.

subheading (*սապհէտ'ինկ*) ստորաբաժանում (վերնագիրի).

subject (*սապ'ճէքթ*) ենթակայ (տէր բայի). հըպատակ. հակամէտ. նիւթ (ճառի, գրութեան). փորձի համար գործողութեան ենթարկուելիք մարդ, անասուն. *to —* (*սապճէքթ'*) ենթարկել. հնազանդեցնել. ստորադասել. *—ion* (*սապճէք'շըն*) նուաճում. հնազանդութիւն. *—ive* (*սապճէք'թիվ*) ենթակայական, անձնական գաղափարի եւ զգացումներու հետ կապ ունեցող.

subjoin (*սապճոյն'*) կցել. յարել. *—der* յաւելուածական դիտողութիւն. յաւելուած.

subjugate (*սապ'ճուկէյթ*) նուաճել. հպատակեցնել. *subjugation* (*սապճու-կէյ'շըն*) նուաճում. հըպատակութիւն.

subjunctive (*սապճանք'-թիվ*) ստորադասուած. ստորադասական (եղանակ).

sublate (*սապլէյթ'*) հակասել. *—tion* հակասութիւն.

sublease (*սապլիյզ'*) վարձակալի կողմէ ուրիշի վարձու տալը. ենթավարձակալութիւն.

sublet (*սապլէթ'*) վարձու տալ (վարձուորի կողմէ).

sub-lieutenant (*սապ-լէֆթըն'էնթ*) դեր-տեղակալ.

sublimate (*սապ'լիմէյթ*) (քիմի.) հաստատուն մարմին մը շոգիացնել ուղղակիօրէն, եւ ապա ձգել որ ետ կարծրանայ. հրացնդել. վսեմացնել. մաքրազտել. սեռային մղումը գործածել այլ գրաղումի եւ նպատակի. հրացնդակ նիւթ.

sublimation (*սապլիմէյ'-շըն*) վերստին բիւրեղացում. ջերմածութիւն. վերացում. վսեմացում.

sublime (*սապլայմ'*) վեհ. բարձրագոյն. վեհաշուք. ակնածելի, պաշտելի. *to —* մաքրել. ազնուացնել. *sublimeness, sublimity* (*սապլիմ'իթի*) վեհութիւն. վսեմութիւն.

subliminal (*սապլիմ'ինըլ*) ենթագիտակից. թաքուն.

sub-machine-gun (*սապ-մըշիյն'-կըն*) պզտիկ գընդացիր (հրազէն).

submarine (*սապմըրիյն'*) ընդծովեայ. սուզանաւ. ենթածովային. *— chaser*

(—' *շէյս'ըր*) սուզանաւ հալածող.

submerge (*սապմըրճ'*), *submerse* (*սապմըրս'*) ընկղմել. մխրճել. ողողել. ընկղմիլ.

submersible (*սապմըր'սի-պըլ*) սուզուելու ատակ. սուզանաւ. *submersion* (*սապմըր'շըն*) ընդսուզում. ջրահեղձում.

submit (*սապմիթ'*) հնազանդիլ. ենթարկուիլ. յանձնուիլ. տալ. յանձնել (մէկու մը նկատառութեան). *submission* (*սապմի'շըն*) հնազանդութիւն. ենթարկում. յանձնուիլը. հեզութիւն. *submissive* (*սապմիս'իվ*) հնազանդ. խոնարհ.

subnormal (*սապնոր'մըլ*) բնականոնէն վար.

subordinate (*սապոր'տի-նէյթ*) ստորադաս (ոյժ, աստիճան, եւայլն). աստիճանով աւելի ցած պաշտօնեայ, մարդ. — *clause* ստորակայ նախադասութիւն. *to* — ըստորադասել.

suborn (*սապորն'*, *սա-պարն'*) սուտ երդում ընել տալ. կաշառել (չարիք գործել տալու համար). —*er* սուտ երդումնարար.

subpoena (*սապփի'նէ*) դատակոչ (գրութիւն). դատի կանչել.

subreption (*սապրէփ'շըն*) նենգակալութիւն. իրականութիւնը ծածկելով իրաւունքի տիրանալը.

subscribe (*սապսքրայպ'*) ստորագրել. հանգանակութեան նիւթապէս մասնակցութիւն խոստանալ (կամ մասնակցիլ). բաժանորդագրուիլ. հաստատել. ոյժ տալ. *subscription* (*սապսքրիփ'-շըն*) բաժանորդագրութիւն. ստորագրութիւն. խոստացուած (տրուած) դրամական նուէր. անդամավճար.

subsequent (*սապ'սիքուէնթ*) յետագայ. յետոյ պատահելիք. —*ly* յետոյ.

subserve (*սապսըրվ'*) նըպաստել. ծառայել. *subservient* (—'*իըընթ*) օժանդակ(ող). ենթակայ. ստրուկ.

subside (*սապսայտ'*) ընկղմիլ. նստիլ. հանդարտիլ. վերջ գտնել. *subsidence*, *subsidency* (*սապսայ'տընս(ի)*) նիստ. հանդարտեցում. իջնելը. վերջ գտնելը.

subsidiary (*սապսիտ'իըրի*) օգնական. նպաստ.

subsidy (*սապ'սիտի*) դրամական նպաստ (պետական). օժանդակութիւն. *subsidise*, —*ize* (*սըպ'-սիտայզ*) նպաստ տալ. օգնել.

subsist (*սապսիսթ'*) ապրիլ. կայանալ. ըլլալ. կերակրուիլ. ապրեցնել. կերակրել. —*ent* գոյութիւն ունեցող. —*ence* ուտեստեղէն. ապրելամիջոց. գոյութիւն.

subsoil (*սըպ'սոյլ*, *սապ'-սոյլ*) ենթահող.

subsonic (*սըպսա՛նիք*) ձայնէն պակաս արագութեամբ (ժամական 750 մղոնէն պակաս).

substance (*սա՛պսթընս*) նիւթ. մարմին. գոյացութիւն. էութիւն. հիմք. էական նիւթը (գիրքի, ճառի, հակաճառութեան մը). ինչք. հարստութիւն.

substantial (*սըպսթէ՛նշըլ*) հիմնական. իրական. նիւթական. սննդարար. *substantiate* (*սըպսթէ՛նշիէյթ*) գոյացնել. ապացուցանել. *substantiation* (*սըպսթէնշիէյ՛շըն*) ստուգում. փաստ. իրականացում.

substantive (*սա՛պսթէնթիվ*) գոյացական. գոյական, անուն.

substitute (*սա՛պսթիթիութ*) փոխանակել. փոխանորդել. փոխանորդ. *substitution* (*սըպսթիթիու՛շըն*) փոխանակութիւն.

substratum (*սըպսթրէյ՛թըմ*) (յոգ. *substrata*) ներքնախաւ (հողի, ժայռի). հիմնական նիւթ.

subtenant (*սըպթը՛նէնթ*) վարձակալէն վարձող, ներքնավարձակալ.

subterfuge (*սա՛պթըրֆիուճ*) բան մը շարժառիթը ծածկել՝ քննադատութենէ խուսափելու համար. փախուստ. ծածկաբար ծրագրուած խաղ.

subterranean (*սըպթէրէյ՛նիըն*), *subterraneous* (*սըպթէրրէյ՛նիըս*), *subterrene* (*սըպթէրի՛ն*), *subterrestrial* (*սըպթէրէ՛սթրիըլ*) ընդերկրեայ.

subtil, subtile (*սա՛թիլ, սա՛թ՛լ*) (հին ձեւ *subtle*ի) նուրբ. նուր. փափուկ. *subtilty* (*սա՛թըլթի*) նրբութիւն. նուրբութիւն.

sub-title (*սա՛պթայթլ*) ենթախորագիր.

subtle (*սա՛թ՛լ*) նուրբ. փափուկ. սրամիտ. խորամանկ. խուսափողական. —*ty* (*սա՛թլթի*) խորամանկութիւն. սրամտութիւն.

subtract (*սըպթրէքթ՛*) նուազեցնել. հանել (թիւէ մը). —*ion* (*սըպթրէք՛շըն*) հանում. *subtrahend* (*սա՛պթրահէնտ*) հանելի (փոքր թիւ).

subtropical (*սըպթրափ՛իքըլ*) ենթաարեւադարձ, այրեցեալ գօտիէն անմիջականօրէն դուրսը գտնուող.

suburb (*սա՛պըրպ*) արուարձան. —*s* շրջակայք (քաղաքի). —*an* (*սըպըր՛պըն*) արուարձանային. արուեստակեալ ձեւով գերադաս, ցուցամոլ. —*ia* (*սըպըր՛պիէ*) արուարձան՝ իր բնակիչներով.

subvention (*սըպվէն՛շըն*) օգնութեան հասնիլ. պետական նպաստ (դրամական).

subvert (*սըպվըրթ՛*) տակնուվրայ բնել. կործանել. տապալել. գլխէ հանել. ապականել. *subver-*

sion (*սապվըր'շըն*) տապալում (կառավարութեան)․ աւերում․ ապականում․ *subversive* (*սապվըր'սիվ*) աւերիչ, քանդիչ․

subway (*սապ'ուէյ*) գետնուղի․ ստորերկրեայ շոգեկառք․

succeed (*սաքսիյտ'*) յաջողիլ․ նպատակին հասնիլ․ յաջորդել․ հետեւիլ (կարգով)․ փոխանորդել․ ժառանգորդ ըլլալ․ *—er* յաջորդ(ող)․ *success* (*սաքսէս'*) յաջողութիւն․ *successful* յաջող․ բարեբախտ․ *succession* (*սաքսէ'շըն*) յաջորդութիւն․ անընդհատ շարք (իրերու, անձերու, եւայլն)․ սերունդ․ ցեղ․ *successive* (*սաքսէս'իվ*) յաջորդական․ *successor* (*սաքսէս'ըր*) յաջորդ(ող)․ ժառանգորդ (գահու, տիտղոսի)․

succinct (*սաքսինքթ'*) հակիրճ․ ամփոփ․ *—ness* համառօտութիւն․

succour (*սաք'ըր*) օգնութեան հասնիլ․ օգնել․ սփոփել․ օգնութիւն․ նեցուկ․

succulent (*սաք'իուլընթ*) հիւթեղ․ ջրոտ․ համեղ․ *succulence* հիւթեղութիւն․

succumb (*սըքամ'*) ընկնուիլ․ տեղի տալ․ մահանալ․ — *to enemies (temptation)* թշնամիներէ (փորձութենէ) պարտուիլ․ անոնց առջեւ տեղի տալ․

such (*սաչ*) նման․ այնպիսի․ որոշ․ մասնաւոր․ այն․ այնպիսին․ — *and* — այսինչ․ — *as* զոր օրինակ․ — *like* նման․ նման բաներ․

suck (*սաք*) ծծել․ քաշել․ կաթ ծծել․ ծծում․ ծըծուած կաթ․

sucker (*սաք'ըր*) ծծող․ մակաբոյծ․ ծիլ․ դիւրախաբ անձ (Ա․Մ․Ն․)․

sucking (*սաք'ինկ*) կաթընկեր․ մատղաշ․ անփորձ․

suckle (*սաք'ըլ*) ծծցնել․ ծիծ տալ․ *suckling* (*սաք'լինկ*) կաթնկեր երախայ (անասուն)․

sucrose (*սիու'քրոս*) շաքար (շաքարեղէգէ, ճակնդեղէ, եւայլնէ հանուած)․ շաքարուց․

suction (*սաք'շըն*) ծծում․ քաշելը․ ոյժ՝ որ երկու առարկաներ իրարու կը փակցնէ երբ անոնց միջեւ գտնուող օդը պարպուի․ —*-pump* օդի ճնշումով հեղուկ վեր քաշող ջրհան․

sudation (*սիուտէյ'շըն*) քրտնում․

sudden (*սատ'ն*) յանկարծական․ անակնկալ․ աճապարանօք․ *of a —, all of a —, on a —* յանկարծ․ անակնկալօրէն․

sudor (*սիու'տըր*) քրտինք․

suds (*սատզ*) (յոգ․) եռացող ջուր որուն մէջ օճառ լուծուած է․ փրփրոտ ջուր․

sue (*սիու*) դատի քաշել․ խնդրել․ դարպաս ընել․

suède (սուէյտ) կակուղ (չբանուած) մորթ՝ ձեռնոց (կօշիկ, եւայլն) շինելու· չբանուած մորթէ շինուած·

suet (սիւ'էթ, սու'էթ) ճարպ· —*y* ճարպոտ·

suffer (սաֆ'ըր) չարչարուիլ· կրել (վնաս)· ենթարկուիլ (ցաւի, պատիժի, եւայլն)· քաշել· տոկալ· —*ance* տառապանք· չարչարանք· թոյլտուութիւն· —*ing* տառապանք· տառապող· վշտակիր·

suffice (սաֆայս') գոհացնել· բաւարարել· գոհանալ· *sufficient* (սաֆի'շընթ) բաւական· կարող· *sufficiency* (սաֆիշ'ընսի) բաւականութիւն· կարողութիւն· ատակութիւն· ներգործութիւն·

suffix (սաֆ'իքս) յետադիր մասնիկ կամ անփոփոխ փոքր բառեր· *to* — բառին վերջը աւելցնել·

sufflate (սաֆլէյթ'), *inflate* ուռեցնել· պայթեցնել·

suffocate (սաֆ'օքէյթ) հեղձամահ ընել (ըլլալ)· *suffocation* (սաֆօքէյ'շըն) խեղդում· հեղձամահութիւն·

suffrage (սաֆ'րէյճ) քուէ· հաւանութիւն· ձայն· քուէ տալու իրաւունք· —*tte* (սաֆրէճէթ') կիներու քուէարկելու իրաւունք պահանջող կին·

suffuse (սաֆիուզ') տարածել (հեղուկ, ներկ)· ողողել· ծածկել (հեղուկով)·

sugar (շու'կըր) շաքար· որեւէ քաղցր բան· (փոխաբ·) անոյշ խօսքեր, շողոքորթութիւն· *to* — շաքարոտիլ· —*y* շաքարախառն· շողոքորթ(ող)· —-*cane* (—'-քէյն) շաքարեղէգ· —-*loaf* (—'-լո'ֆ) շաքարի գլուխ· —-*rifinery* (—'-րիֆայ'նըրի) շաքարի գտարան· —-*tongs* շաքարի կտորիկները վերցնելիք փոքր ունելի·

suggest (սըճէսթ') թելադրել· տուն տալ· առաջարկել· —*er* թելադրող· —*ion* (սըճէշ'ըն) թելադրութիւն· առաջարկ· պիղծ նպատակով քողարկուած առաջարկ (կնոջ մը եղած)· —*ive* թելադրական· անվայել· անպարկեշտ խորհուրդներ թելադրող (արթնցնող)·

suicide (սիու'իսայտ) անձնասպան· անձնասպանութիւն·

suit (սիութ) հետապնդում (դատի)· խնդրանք· դարպաս· ամուսնութեան խնդրանք· նոյն ապրանքի տեսակէն կուտակում· ձեռք մը հագուստ· շքախումբ· *to* — յարմարիլ, պատշաճիլ· պահանջը գոհացնել· յարմարցնել· —*able* յարմար· վայել· —*ing* ձեռք մը հագուստ· ասոր յարմար կերպաս· —*or* (սիութ'ըր) դատախազ· հայցող· սիրահար· —-*case*

(—'-քէյս) նամբու պայուսակ. պայուսակ (հագուստ, եւայլն դնելու).
suite (սուիթ) շքախումբ. հետեւորդներ. յաջորդութիւն. շարք, խումբ (յարկաբաժիններու, կարասիներու).
sulcus (սալ'քաս) ակօս. խորշում. *sulcate* (սալ'քէյթ) ակօսաւոր.
sulk (սալք), *sulks* վատտրամադրութեամբ լուռ կենալ. երեսը կախել. կախերեսութիւն. —*y* լուռ եւ կախերես. երկանիւ կառք.
sullen (սալ'ըն) խոժոռ. դաժան. տխրաբարոյ.
sully (սալ'ի) արատաւորել. աղտոտել. անուանարկել.
sulphate (սալ'ֆէյթ) ծըծմբատ. — *of copper* (— ավ քափ'ըր) ծանգառ. — *of iron* արջասպ. *sulphite* (սալ'ֆայթ) ծծմբական թթուիադ.
sulphonal (սալ'ֆոնէլ) բիւրեղային անգոյն նիւթ՝ որ կը գործածուի իբր թմրեցուցիչ.
sulphur (սալ'ֆըր) ծըծումբ. —*ate* (սալֆիուր'էյթ) ծծումբ խառնել. ծծումբով դարմանել. —*ic acid* (սալֆիու'րիք էսիտ) ծծմբական թթու.
sultan (սալ'թըն) սուլթան. —*a* (սալթա'նէ) սուլթանուհի. տեսակ մը չամիչ. —*ate* սուլթանութիւն.
sultry (սալ'թրի) հեղձուցիչ ու խոնաւ (տաք).
sum (սամ) գումար (թիւերու, դրամի). ամբողջութիւն. ամփոփում. խնդիր (թուաբ.). *to* — (*up*) գումարել. ամփոփել. պարունակել. ընդհ. գումարը գտնել.
summary (սամ'ըրի) ամփոփում. ամփոփ բովանդակութիւն. հակիրճ. *summarise*, —*ize* ամփոփել.
summer (սամ'ըր) ամառ. —*s* տարիներ. *to* — ամառանոց երթալ. — ամառնային, ամառուան. *y*— ամառի պէս. —*house* (—'-հաուս) ամառանոց.
summersault, summerset (սամ'ըրսօ՝լթ, սամ'ըրսէթ) տես *somersault*.
summit (սամ'իթ) կատար. գագաթ (լերան). գագաթնակէտ. *summit Conference* գագաթային ժողով (համաժողով).
summon (սամ'ըն) ատեան կոչել. կանչել տալ. հրաւիրել. —*s* կոչ, հրաւէր (դատարան ներկայանալու).
sumpter (սամփ'թըր) գըրաստ, բեռնակիր ձի.
sumptuary (սամփ'թիուըրի) ծախքերու յատուկ. ծախքերը հակակշռող. *sumptuous* (սամփ'թիուըս) մեծածախս. շռայլ. շքեղ.
sun (սան) արեւ. շատ փայլուն որեւէ բան. —*ny* (սան'ի) արեւոտ. զուարթ. *to* — արեւի

տակ կենալ. տաքնալ (արեւէն). —-*bathe* (սան'-պէյթհ) արեւի լոգանք ընել. — *beam* (—' պիյմ) արեւու ճառագայթ. —-*blind* (—'-պլայնտ) արեւարգել պատուհան. —*burn* (—'-պըրն) արեւակիզութիւն. —-*dial* (—'-տայ'ըլ) արեւի ժամացոյց. —*down* (—'տաուն), —*set* (—'-սէթ) արեւմուտ. —-*shine* (—'-շայն) արեւալոյս, արեւի փայլ. զուարթութիւն. —*spot* (—'սփոթ, —'սփաթ) արեւու վրայ տեսնուած բիծ, մութ կէտ. —*stroke* (—'սթրոք) արեւահարութիւն.

Sunday (սան'տէյ) Կիրակի. Կիրակի օրուան.

sunder (սան'տըր) խզել. բաժնել. զատուիլ. *sundry* (սան'տրի) զանազան. տարբեր. զատ. *sundries* այլեւայլք. *all and sundry* ամէն ոք. բոլորը.

sung (սանկ) (անց. ընդ. *sing*ի) երգած. երգուած.

sunk (սանկք) (անց. ընդ. *sink*ի) ընկղմած.

sup (սափ) ումպ ումպ խըմել. դգալով խմել (ապուրը). ընթրել. մէկ բերան. մէկ ումպ. *supper* (սափ'ըր) ընթրիք.

super (սիու'փըր) կրճատ ձեւ *superintendent*ի, *superfine*ի, եւայլն. առաջնակարգ.

super- (սիու'փըր -) նախաբառ՝ վեր. անդին. աւելի.

superable (սիու'փըրէպըլ) նուաճելի.

superabound (սիուփըրէպաունտ') առատ ըլլալ. *superabundant* (սիուփըրէպանտ'էնթ) չափազանց. շատ առատ. *superabundance* լիառատութիւն.

superannuate (սիուփըրէն'իուէյթ) հանգստեան թոշակ կապել.

superb (սիուփըրպ') ընտիր. գերազանց. փառաւոր.

supercharge (սիուփըրչարճ') չափազանց շատ լեցնել (բեռցնել).

superciliary (սիուփըրսիլ'իըրի) յօնական, յօնքի յատուկ. *supercilious* (սիուփէրսիլ'իըս) ամբարտաւան. հպարտ.

supercool (սիո'ւփըրքուլ) պաղեցնել (հեղուկը) սառուցման կէտէն աւելի (առանց հաստատուն մարմինի վերածելու).

supererogation (սիուփըրէրոկէյ'շըն) պարտականութենէն աւելին ընելը. գերհատուցում. *supererogate* (սիուփըրէր'ոկէյթ) գերակատարել.

superficies (սիուփըրֆիշ'իիզ) մակերես. տարածութիւններ. *superficial* (սիուփըրֆիշ'ըլ) մակերեսային. ծանծաղ. *superficiality* (սիուփըրֆիշիէլ'իթի) հարեւանցիութիւն. ծանծաղութիւն.

superfine (սիու'փըրֆայն)

գերընտիր. առաջնակարգ (տեսակէ). խիստ փափուկ.

superfluous (*սիուփըր'ֆլուըս*) աւելորդ. անպէտ. *superfluity* (*սիուփըրֆլու'իթի*) աւելորդութիւն. շատութիւն.

superheat (*սիուփըրհիյթ'*) տաքցնել (շոգին)՝ եռացման կէտէն աւելի. հեղուկ մը տաքցնել եռացման կէտէն աւելի (ճընշումի ներքեւ).

superheterodyne (*սիուփըրհէթ'ըրոտայն*) ձայնասփիւռի զօրաւոր ընկալուչ մեքենայ.

superhuman (*սիուփըրհիու'մէն*) գերմարդկային. աստուածային.

superimpose (*սիուփըրիմփոզ'*) մակադրել.

superintend (*սիուփըրինթէնտ'*) վարել. վերահսկել. դեկավարել. —*ence* վերատեսչութիւն. —*ent* վերահսկիչ. տեսուչ.

superior (*սիուփի'րիըր*) վերին. գերագոյն. բարձրադաս. ամբարտաւան. մեծաւոր (վանքի). գըլխաւոր (պաշտօնեայ). —*ity* (*սիուփիրիար'իթի*) գերազանցութիւն. գերակայութիւն.

superlative (*սիուփըր'լէթիվ*) գերադրական (քեր.) գերիվեր. —*ly* չափազանցուած կերպով.

superman (*սիու'փըրմէն*) Նիցչէի Գերմարդը. իտէալ մարդը. հասարակ մարդոցմէ վեր կարողութիւններով օժտուած մարդ.

supernal (*սիուփըր'նըլ*) վերին. երկնային. վսեմ.

supernatural (*սիուփըրնէթ'իուրըլ*) գերբնական. հրաշալի. հոգեւոր.

supernumerary (*սիուփըրնիու'մէրըրի*) գերաթիւ. պէտք եղածէն աւելի թիւով. անխօս դերասան.

superscribe (*սիուփըրսքրայպ'*) մակագրել. դուրսի երեսին (գագաթին) վրայ փորագրել անունը, եւայլն. *superscription* (*սիուփըրսքրիփ'շըն*) մակագրութիւն.

supersede (*սիուփըրսիյտ'*) տեղը բռնել, անցնիլ, յաջորդել, փոխանակել ուրիշ անձով (բանով).

supersonic (*սիուփըրսան'իք*) գերձայնային. լսելի չեղող (բարձր թրթըռացում ձայնի). ձայնէն աւելի արագ (սուրացող).

superstition (*սիուփէրսթի'շըն*) աւելորդապաշտութիւն. սնապաշտութիւն.

superstitious (*սիուփէրսթի'շըս*) աւելորդապաշտ.

superstructure (*սիուփըրսթրաք'թիուր*) մակակառոյց. շէնքին հիմերէն վեր գտնուող մասը.

supertax (*սիու'փըրթէքս*) յաւելուածական տուրք.

supervene (*սիուփըրվիյն'*) վրան հասնիլ. պատահիլ անակնկալօրէն.

supervise (*սիուփըրվայզ'*) վերահսկել. ուղղել եւ

կառավարել․ *supervision* (*սիուփըրվիժ՛ըն*) վերակացութիւն․ վերահսկողութիւն․ *supervisor* (*սիուփըրվայ՛զըր*) վերակացու․ վերահսկիչ․ հըսկիչ․

supine (*սիու՛փայն*) կռնակին վրայ պառկած․ անփոյթ․ անտարբեր․

supper (*սափ՛ըր*) ընթրիք․ *The Lord's Supper* Ս․ Հաղորդութիւն․

supplant (*սափլէնթ՛*) անարդար միջոցներով գործէն (տեղէն) հանել․ ուրիշի մը դիրքը (տեղը) գրաւել․ ոտքը առնել․ —*er* փոխանարկիչ․

supple (*սափ՛լ*) ճկուն․ դիւրաթեք․ ենթարկըւող․ հնազանդ․ թեքել, ճկուն դառնալ․ *supply* (*սափ՛լի*) ճկունօրէն․ —*ness* ճկունութիւն․

supplement (*սափ՛լիմընթ*) յաւելուած․ յաւելուածագիր․ յաւելեալ գին․ թերթի մասնաւոր համար․ (երկրաչ․) 180°ը ամբողջացնելու ծառայող անկիւնը․ լրացուցիչ․ — (*սափլիմէնթ՛*) լրացնել․ ամբողջացնել․ հայթայթել․ —*ary* (*սափլիմէնթ՛ըրի*) յաւելուածական․ յաւելեալ․

suppliant (*սափ՛լայընթ*) աղերսող, աղերսարկու․ *supplicant* (*սափ՛լիքէնթ*) հայցող․ աղաչող․ *supplication* (*սափլիքէյ՛շըն*) պաղատանք․

supply (*սափլայ՛*) մթերք․ պարենաւորում․ պաշար․ փոխանորդող (առժամապէս)․ *supplies* (*սափլայզ՛*) ուտեստեղէն․ դըրամ․ պետական յատկացում (դրամական)․

support (*սափորթ՛*) վեր բռնել․ կրել․ հանդուրժել․ ծախքը հոգալ․ փաստել․ պաշտպանել․ հոգալ․ պաշտպանութիւն․ նեցուկ․ օգնութիւն․ ցուպ․ հոգատարութիւն․

suppose (*սափոզ՛*) ենթադրել․ կարծել․ երեւակայել․ —*d* կարծուած․ ընդունուած․ վաւերական նկատուած․

supposition (*սափոզիշ՛ըն*) ենթադրութիւն․ վարկած․ կարծիք․ —*al* ենթադրական․ *supposititious* (*սափոզիթիշ՛ըզ*) կեղծ․ անհարազատ․

suppress (*սափրէս՛*) ընկնել․ սանձել․ ծածկել․ —*ion* (*սափրէշ՛ըն*) ճընշում․ նուաճում․ —*or* ճնշող․ զսպող․

suppurate (*սափ՛իուրէյթ*) շարաւոտիլ․ թարախ գոյանալ․ *suppuration* (*սափիուրէյ՛շըն*) թարախում․ շարաւ․

supra - (*սիու՛փրը* –) նախարառ՝ վերեւ(ի), անդրը, անդին իմաստով․

supreme (*սիուփրիյմ՛*) գերագոյն․ ծայրագոյն․ վըսեմ․ *The S— Being* Գերագոյն էակը, Աստուած․ *S— Soviet* Գերագոյն Սովետ (Ս․ Խ․ Հ․ Մ․)․ —*ly* գերագոյն աստիճանի․ *supremacy* (*սիու–

փըէմ՛ըսփ) գերակայու-թիւն. գերազանցութիւն.

sur - (*սըր*) նախաբառ՝ վեր, վերեւ, վրան, յաւելեալ իմաստով.

surcharge (*սըրչարճ՛*) ծանրաբեռնել. շատ լեցնել. աւելի գին պահանջել. մակագրել (դրոշմաթուղթ). աւելորդ բեռ. յաւելեալ բառ (նըշան) (դրոշմաթուղթի վրայ տպուած).

surcoat (*սըր՛քօ՛թ*) կըրկնոց, երկար վերարկու (զրահին վրայէն հագնելու).

surd (*սըրտ*) (*մաթեմ.*) անարմատ. համր. շունչով հնչուած (գիր), օր.՝ *f. p. k.* անարմատ թուանշան.

sure (*շո՛ւր*) դրական. որոշ. վստահ. ապահով. ստոյգ. — *as fate* ըստոյգ. անկասկած. —-*footed* (—՛-*ֆուԹըտ*) անսայթաք. —*ly* անշուշտ. —*ty* ստուգութիւն. երաշխաւորութիւն. տուգանք. երաշխաւոր. *stand surety for* մէկուն համար երաշխաւոր ըլլալ.

surf (*սըրֆ*) կոհակ. ալիքներու փրփուր. խարակներու վրայ փշրուող ալիք.

surface (*սըր՛ֆէյս*) մակերես. արտաքին մասմակերեսել. ողորկել. երեսը ելլել. —*man* երկաթուղին նորոգող գործաւոր.

surfeit (*սըր՛ֆիԹ*) յափրացնել. յագեցնել (հիւանդացնելու աստիճան). յափրացում, չափազանց կերուխում. —*er* որկրամոլ. —*ing* որկրամոլութիւն.

surge (*սըրճ*) կոհակ. ուռիլ (ալիքները). —*nt* (*սըր՛ճընԹ*) ուռող. բարձրացող. ալեծուփ.

surgeon (*սար՛ճըն*) վիրաբոյժ. վիրահատ (բժիշկ). *surgery* (*սըր՛ճըրի*) վիրաբուժութիւն. վիրաբուժութեան յատուկ հիւանդանոցի բաժին. բըժիշկի խորհրդակցութեան սենեակ. *surgical* (*սըր՛ճիքըլ*) վիրաբուժական.

surloin (*սըր՛լոյն*, *sirloin* միջնաթիկունք.

surly (*սըր՛լի*) խոժոռ. դէգ.

surmise (*սըրմայզ՛*) կասկծիլ. ենթադրել. վարկած. ենթադրութիւն.

surmount (*սըրմաունԹ՛*) յաղթել. գերազանցել.

surname (*սըր՛նէյմ*) մականուն. մականուանել.

surpass (*սըրփէս՛*) գերազանցել. գլել. —*ing* ըսքանչելի. գերազանցող.

surplus (*սըր՛փլաս*) մնացորդ. ծախսերէն դուրս աւելցած գումար (եկամուտ). բաւարար ըլլալէ աւելի.

surprise (*սըրփրայզ՛*) անակնկալի (յանկարծակիի) բերել. անակնկալ յարձակումով գրաւել. ապշեցնել, զարմացնել. անակնկալ. ապշանք. անակնկալ դէպք (լուր, նուէր, եւայլն)· *surprising* (—'*ինկ*) հրաշալի· տարօրինակ· անակնկալ·

surrealism (*սըրի'ըլիզմ*) գերիրապաշտութիւն. 20րդ դարու առաջին քառորդին արուեստի արտայայտութիւն (անկարգ ու անկապակից)·

surrender (*սըրէն'տըր*) յանձնուիլ· հրաժարիլ· զգացումներուն տեղի տալ· յանձնել· ընդդիմութիւնը դադրեցնել· անձնատուութիւն·

surreption (*սըրէփ'շըն*) նենգութիւնով առնելը·

surreptitious (*սըրէփթի'շըս*) գաղտագողի, նենգութեամբ եղած·

surround (*սըրաունտ'*) շրջապատել· սահման· շրջանակ· —*ings* շրջակայք· միջավայր·

surtax (*սըր'թէքս*) յաւելեալ տուրք· յաւելեալ տուրք դնել·

surveillance (*սըրվէյ'լընս, սըրվէյ'ընս*) հսկողութիւն·

survey (*սըրվէյ'*) նայիլ· դիտել· քննել· արտաչափել, երկրին ձեւը չափել· — (*սըր'վէյ*) քննաչափութիւն· փորձագիտանք· երկրի որեւէ շրջանի քարտէսը·

survive (*սըրվայվ'*) վերապրիլ· ողջ մնալ· *survival* վերապրում· յարատեւում· *survival of the fittest* յարմարագոյներն յարատեւումը (գոյատեւումը) (Տարվինի տեսութիւն)·

susceptible (*սըսէփ'թիպլ*) հակամէտ· ենթակայ· դիւրազգած· զգայուն· սիրահար· *susceptive* (*սըսէփ'թիվ*) դիւրազգաց·

suspect (*սասփէքթ'*) կասկածիլ· տարակուսիլ· — (*սաս'փէքթ*) կասկածելի (անձ)·

suspend (*սասփէնտ'*) առկախել· կախել· կախակայել· առկախ թողուլ· —*er* կախակայող· կախող· տաբատակալ (Ա. Մ. Ն.)· գուլպան վեր բռնող (ձգափոկ, ժապաւէն, եւայլն)· *suspense* (*սասփէնս'*) անորոշութիւն· մտահոգութիւն· կախակայում· *suspension* (*սասփէն'շըն*) առկախութիւն· ընդհատում· առժամեայ դադրում (պաշտօնի, անձնաշնորհումի)·

suspicion (*սասփի'շըն*) կասկած· անվստահութիւն·

suspicious կասկածոտ· կասկածելի·

suspire (*սըսփայր'*) երկար, խորունկ շունչ առնել·

sustain (*սըսթէյն'*) վեր բռնել· ոյժ տալ· կրել· տոկալ· ենթարկուիլ· շարունակել· *sustenance* (*սըս'թընէնս*) ապրուստ· սնունդ· պահպանութիւն·

suture (*սիու'թիուր*) կարկարուածք (վէրքի)· կարելու համար պէտք եղած բաներ· կցուածք (զանկի ոսկորներուն միջեւ). to — կարով միացնել.

suzerain (սիուզը'րէյն) գերիշխան. ապատապետական. լորտ. —ty գերիշխանութիւն.

svelte (սվէլթ) ճկուն. դիւրաթեք.

swab (սուապ) գետին սրբբելիք քուրջ.

swaddle (սուատլ) խանձարուրի մէջ փաթթել. *swaddling-band, swaddling-cloth* (սուատ'լինկ-պէնտ, —'-քլոթհ) խանձարուր.

swag (սուէկ) ծրար. կապոց. գողօն. աւար. —*ger* (սուէկ'ըր) տատանիլ. արհամարհոտ ձեւով սիգալ. յոխորտալ. արհամարհոտ կեցուածք. պարծենկոտութիւն.

swain (սուէյն) գեղջուկ պատանի. սիրահար հովիւ.

swallow (սուալ'օ) ծիծեռնակ. կլանում. կուլ. ումպ. կլլել. լափել. առանց քննելու ընդունել.

swam (սուէմ) (անց. *swim*ի) լողաց.

swamp (սուամփ) մօրուտ. ճահիճ. ջուրով լեցնել (նաւը). ընկղմիլ.

swan (սուան) կարապ. —-*song* (սուան'-սոնկ) կարապի երգ, զոր մեռնելէ անմիջապէս առաջ կ'երգէ (աւանդ.).

swank (սուէնկք) (ռամկական ոճ) ցուցամոլութիւն ընել. պարծենալ. յոխորտանք. ցուցամոլ. ցուցամոլութիւն.

swap (սուափ) տես *swop*.

sward (սուո'րտ) մարգագետին. դալարազարդել. —*ed* (սուորտ'ըտ) մարգով ծածկուած.

swarm (սուո'րմ) հոյլ (երամ). պարս. մեղուախումբ. բազմութիւն. պարս ելլել (երբ մեծաթիւ մեղուներ կը գաղթեն նոր փեթակ կազմելու). խմբուիլ. խռնուիլ.

swarm (սուո'րմ) մագլըցիլ.

swart, swarth (սուո'րթ, —թհ). թուխ. թխագոյն մորթ. արեւակէզ.

swastika, svastika (սուաստ'թիքա, սվաս'թիքա) կեռ խաչ. գերման նացիներու զինանշանը.

swat (սուաթ) արագ հարուած տալ. սպաննել (միջատներ).

swathe (սուէ'տհ) փաթթել. կապել. փաթոյթ. շոր.

sway (սուէյ) շարժել. ճօճել. հակել. ղեկավարել. ճօճիլ. հակիլ. կըշիռ. ազդեցութիւն.

swear (սուէյր) երդնուլ. վկայել. հայհոյել. Աստուծոյ անունը գործածել (սրբապղծութեամբ). երդում. հայհոյութիւն. —*ing* երդում. յիշոց. սրբապղծութիւն. *to — by* մեծ վստահութիւն ունենալ (մէկուն).

sweat (սուէթ) քրտինք. ջանք. խոնաւութիւն. արտաթորանք. քրտնիլ. դուրս տալ. աշխատիլ.

բռնցնել. կեղեքել. —er բուրդէ վերնաշապիկ.

Swede (սուիյտ) շուէտա-ցի. —n Շուէտ. Swedish (սուիտ'իշ) շուէտա-կան. շուէտերէն.

sweep (սուիյփ) աւլել. ա-բազութեամբ անցնիլ. մաքրել. շուէով քալել. աւելածութիւն. ճօճում. աւլելը. տատանում. (հարուածի) հասողու-թիւն. ծխանի մաքրիչ. ճօճուիլ. եզերքը լուալ (ծովը).

sweet (սուիյթ) քաղցր. անուշիկ. անուշութիւն. —s անուշեղէն. —en համեղի (քաղցր) դար-ձնել. մաքրել եւ առող-ջարար դարձնել. —heart (—'հարթ) սիրահար. սի-րուհի. —meat (—'միյթ) անուշեղէն. բանդակ. — -pea (— -փի') ոլոռ-նի նման տունկ. ոլոռնա-ծաղիկ. to be — on սի-րահարուիլ.

swell (սուէլ) ուռիլ. աւել-նալ. խռժռռիլ. ուռե-ցնել. մեծցնել. ուռե-ցում. կոհակ. անում ձայնի. հագուած շքե-ղուած (թեթեւսոլիկ) մէ-կը.

swelter (սուէլ'թըր) տա-քէն թմրիլ (մարիլ). ա-ռատօրէն քրտնիլ. քըրտ-նած վիճակ.

swept (սուէփթ) (անց. եւ անց. ընդ. sweepի) աւ-լեց. աւլած. աւլուած.

swerve (սուըրվ) շեղիլ. խոտորիլ, շեղիլ (պար-տականութենէն, նպա-տակէն, սովորութենէն). շեղել. շեղում.

swift (սուիֆթ) արագ. սրընթաց. կարճատեւ. —ly արագօրէն. քարա-ծիծառ.

swim (սուիմ) լողալ. ծը-փալ. հոսանքէն քշուիլ. լողալով անցնիլ. գլխու պտոյտ ունենալ. անար-գել. ծփացնել. լողացում. —mingly (սուիմ'ինկլի) դիւրաւ. յաջողապէս.

swindle (սուին'տլ) գող-նալ. խաբելով առնել. շորթել. դրամաշորթու-թիւն. խաբեբայութիւն.

swine (սուայն) (եզ. եւ յոգ.) խոզ. խոզեր. մա-տակը՝ sow (սաու). ա-րուն՝ boar (պո՛ր). —herd (—'հըրտ) խոզա-բած. — pipe արեղաձագ (թռչ.).

swing (սուինկ) տատանիլ. ճօճիլ. կախուիլ. թըթը-ռալ. առանցքի վրայ դառնալ. ճօճել. ճօճում. օրօրում. ճօճք. —. bridge (—'-պրիճ) բաց-խփիկ կամուրջ.

swinge (սուինճ) խարա-զանել. զարնել. պատ-ժել. —ging (—'ինկ) վիթխարի. չափազանց խոշոր.

swipe (սուայփ) ուժգին հարուած. կորզել. գող-նալ. ուժգին հարուած տալ.

swirl (սուըրլ) յորձանք. պտոյտք. դարձդարձել. պտուտքիլ.

Swiss (սուիս) զուիցերիա-կան. զուիցերիացի.

switch (սուիչ) ճպոտ. թե-
ֆելի ճիւղ. հիւսկ կեղ-
ծամի. երկճիւղ բանալի.
ելեկտրական հոսանքը
կապելու (կտրելու) գոր-
ծիք (բանալի). ծեծել.
թրքել. դարձնել. շոգե-
կառքը փոխել (մէկ գի-
ծէն ուրիշ գիծի մը).
—*man* (—'մէն) ափծա-
նավար.
swither (սուիտհ'ըր) վա-
րանիլ. տատանիլ.
Switzerland Զուիցերիա.
swivel (սուիվ'ըլ) առանց-
քի վրայ դարձող օղակ.
շրջադարձ կեռ. առանցքի
վրայ դառնալ (դարձնել).
swollen (սուոլն) (անց.
ընդ. *swell*ի) ուռած.
swoon (սուու'ւն) մարմը-
րուք. նուաղիլ. մարիլ.
swoop (սուու'ւփ) խոյանք.
խոյանալ. յափշտակել.
swop, swap (սուափ) փո-
խանակել. փոխանակու-
թիւն.
sword (սուորտ) սուր. ա-
ւերածութիւն. պատե-
րազմ. իշխանութեան
(պատիժի) խորհրդանիշ.
swore (սուոր) (անց.
*swear*ի. անց. ընդ.
sworn) երդում ըրաւ.
հայհոյեց.
swum (սուամ) (անց. ընդ.
*swim*ի) լողացած.
swung (սուընկ) (անց. եւ
անց. ընդ. *swing*ի) ճօճ-
ուեցաւ. ճօճեց.
sycamore (սիք'ըմոր) ժան-
տաթզենի. մոլաթզենի.
sycophant (սիք'ոֆընթ)
քամբասող. լրտեսելով
մատնող. շողոքորթ. մա-
կաբոյծ.
syllable (սիլ'ըպլ) վանկ.
հեգ. վանկերու վերածել.
հնչել.
syllabus (սիլ'ըպաս) ցու-
ցակ. ուրուագիծ, ծրա-
գիր (գիրքի, ճառի եւ-
այլն).
sylva, silva (սիլ'վը) ան-
տառի ծառերը. —*n* ան-
տառանման. անտառոտ.
անտառային. գեղջկա-
կան.
symbol (սիմ'պոլ, սիմ'-
պըլ) խորհրդանշան.
տիպ. պատկեր. նշանակ.
(քիմի.) տարրերու հիւ-
լէներու ներկայացնող գիր
կամ նշան. —*ic* (սիմ-
պալ'իք) խորհրդանշա-
կան. —*ise*, —*ize* նմանն-
ցնել. խորհրդանշել. ըն-
մանիլ.
symmetry (սիմ'էթրի) հա-
մաչափութիւն. *symmet-
ric(al)* (սիմէթ'րիք[ըլ])
համաչափ.
sympathy (սիմ'փըթհի)
համակրանք. ցաւակցու-
թիւն. կարեկցութիւն.
sympathetic(al) (սիմփէ-
թհէթ'իք[ըլ] կարեկցա-
կան. համակրալից. *sym-
pathise*, —*ize* (սիմ'փէ-
թհայզ) կարեկցիլ. հա-
մակրիլ. համաձայն գըտ-
նուիլ.
symphony (սիմ'ֆընի)
համանուագ. համերգ.
ներդաշնակութիւն. *sym-
phonic* (սիմֆան'իք) հա-
մերգային. ներդաշնակ.
symposium (սիմփո'զիըմ)
(յոգ. *symposia*). կո-
չունք. կերուխում. որեւէ

ընկերային հաւաքոյթ, ուր տեսակէտներու փոխանակութիւն կ'ըլլայ. նոյն նիւթի շուրջ յօդուածաշարք (տարբեր գըրողներու կողմէ գըրուած).

symptom (սիմ'թըմ) ախտանշան. *—atic(al)* (սիմթոմաթ'իք[ըլ]) ախտանշական.

syn - (սին -) (նախաբառ) հետ, միասին. նոյն ժամանակ. *b, p, m* գիրերէն առաջ «*sym*» կ'ըլլայ. *l* գիրէն առաջ «*syl*» կ'ըլլայ.

synagogue (սին'ըկակ) հրէական ժողովարան (աղօթատեղի).

synchronise, —ize (սին'-քրոնայզ) համադիպիլ. զուգադիպիլ. մեքենաներ աշխատցնել նոյն արագութիւնով.

syncopate (սին'քոփէյթ) կրճատել՝ բառին մէջէն հանելով գիրեր, վանկեր. կցերգել. (բժշկ.) մարիլ. նուաղիլ.

syncope (սին'քոփի) ուշագնացութիւն. կրճատում. կցերգութիւն.

syncretism (սին'քրէթիզմ) համահաշտութիւն (հակոտնեայ կրօնական դըրութիւններու). *syncretist* համահաշտութեան պաշտպան.

syndic (սին'տիք) գործակալ. սենտիկոս. հոգաբարձու. *—ate* (սին'տիքէյթ) գործակալութիւն. սենտիքաներու գործադիր ժողով. առեւտրականներու (արհեստակիցներու, պաշտօնակիցներու) ընկերակցութիւն. սենտիքա. սենտիքայի վերածել.

synod (սին'ըտ) սինոդ. եկեղեցական ժողով.

synonym (սին'ընիմ) հոմանիշ. նոյնանիշ. *—ous* (սինան'իմըս) հոմանշական.

synopsis (սինափ'սիս) ամփոփում. տեսութիւն. համացոյց.

syntax (սին'թէքս) շարադասութիւն. շարադրութիւն. *syntactic(al)* (սինթէք'թիք[ըլ] շարադասական.

synthesis (սին'թհէսիս) համադրութիւն. պարզ տարրերէ նիւթեր պատրաստել (քիմի.). *synthetic* (սինթհէթ'իք) համադրական. բաղադրական. ոչ-բնական, արուեստական. կեղծ. շինծու.

syphilis (սիֆ'իլիս) փրանկախտ. տռփախտ. տարափոխիկ սեռային հիւանդութիւն. *syphilitic* (սիֆիլիթ'իք) տռփախտական, փրանկախտաւոր (անձ).

syphon (սայ'ֆըն) տես *siphon.*

syren (սայ'րին) տես *siren.*

Syria (սի'րիա) Սուրիա. կ'ըսուի նաեւ *S.A.R. (Syrian Arab Republic).* մայրաքաղաքն է *(Damascus)* Դամասկոս.

syringe (սիրինճ', սիր'ինճ)

գրեխ. գրեխով մաքրել. *to* — ներարկել (գրեխով).

syringeal (*սիրին'ճիըլ*) խռչակային.

syringitis (*սիրինճայ'թիս*) եւստաքեան փողի բորբոքում.

syrt (*սըրթ*) աւազակոյտ.

syrup, sirup (*սիր'ափ*) օշարակ.

systasis (*սիս'թէսիս*) քաղաքական միութիւն.

system (*սիս'թէմ, սիս'թըմ*) դրութիւն. մեթոտ. կերպ. եղանակ. դասաւորութիւն. —*atic* կանոնաւոր. —*atise* (*սիս'թէմըթայզ*) կանոնաւորել. —*atology* մեթոտաբանութիւն.

systole (*սիս'թալի*) սրտի կծկումները. (քերակ.) երկայն վանկի կրճատում.

systyle (*սիս'թայլ*) համասիւն.

syzygy (*սիզ'իճի*) լծակցութիւն. լծորդութիւն.

szopelka (*սափէլ'քը*) ռուսական զիլ ձայնով սըրինգ.

T

T, t (Թի) անգլ. այբուբենի 20րդ տառը.

tab (Թէպ) կօշկակապ. ծայր. արգելակ. պիտակ.

tabby (Թէպ'ի) պիսակաւոր կատու (էգ). տարեց օրիորդ. բամբասող.

tabernacle (Թէպ'ըրնէքըլ) վկայութեան խորան (աղօթատեղի վրան). սրբարան. տաճար. (փոխաբ.) մարդկային մարմին.

table (Թէյ'պըլ) սեղան. ճաշ. տախտակ (մակագրուած). յուշեր պարունակող գիրք. ցանկ. ցուցակ. աղիւսակ. թանկագին քարի հարթ երեսը. սեղանի (վերաբերեալ). ցուցակագրել. արձանագրել. —-*land* (— -լէնտ) սարահարթ. լեռնադաշտ. —-*tennis* (Թէյ'պըլ-Թէն'իս), (*ping-pong* [փինկ-փանկ, — -փոնկ]) գնդիկ-գնդակ.

tableau (Թապ'լօ) պատկեր, նկար (պատմական, գրական, գեղարուեստական, եւայլն).

tablet (Թէպ'լէթ) տափակ որեւէ բան՝ որուն վրայ գիր գրել կարելի է. տախտակ (քարէ), որուն վրայ գրութիւն փորագրուած է. կտորներու վերածուած բանդակ. դեղահատ.

tabloid (Թէպ'լոյտ) դեղահատ. կէս չափով օրաթերթ.

taboo, tabu (Թըպու'.') (անձ, առարկայ) որպէս սուրբ, նուիրական կամ անիծուած նկատելու դրութիւն. բանադրանք (քաղաքական, ընկերային կամ կրօնական). բանադրել. արգիլել (բանի մը գործածութիւնը). վտարել, խեցեվճռել.

tabular (Թէպ'իուլըր) սեղանաձեւ. հարթերես. ցուցակագրուած (սիւնակուոր).

tacit (Թէս'իթ) լռելեայն. —*urn* (Թէս'իթըրն) վերապահ. սակաւախօս.

tack (Թէք) գամիկ. սեպիկ. կցիկ. լայն կար. գործելակերպ. վստահութիւն. կպչունութիւն. շուլլել. կցել. գամել (գամիկով). քաղաքականութիւնը փոխել. —*y* (Թէ'քի) կպչուն.

tackle (*թէքըլ*) ճախարակ. վերամբարձ մեքենայ. կազմածք. ճախարակել. լծել. բռնել. ձեռնարկել. տեսակէտը փաստել.

tact (*թէքթ*) կենցաղագիտութիւն. վարուելագիտութիւն. —*ful* կենցաղագէտ. —*ile* (*թէքթ'իլ*) հպելի, շօշափելի. —*less* (*—'լէս*) ձախաւեր. անփափկանկատ.

tactics (*թէք'թիքս*) ռազմավարութիւն. *tactic(al)* (*թէք'թիք[ըլ]*) վարուելագիտական. ռազմագիտական.

tadpole (*թէտ'փոլ*) շերեփուկ (գորտի ձագ).

tag (*թէկ*) երիզի ծայրամետաղ. պիտակ (կախուելիք). ծայրորդ. նշանաբառ. կալախաղ. խաղ՝ որուն մէջ խաղացող մը միւսին դպչիլ կը ջանայ. կցել. աւելցնել. հետեւիլ. —-*rag* (*—'-րէկ*), (նաեւ *bob-tail*) (*պապ'-թէյլ*) խուժան.

tail (*թէյլ*) պոչ. վերջամաս. յետսամաս. կռնակ. մետաղէ դրամի ետեւի մասը (որ պատկեր չունի). ծայրէն բռնել. ծայրատել. մօտէն հետեւիլ. պոչ բռնել. ետ մնալ. *turn* — (*թըրն' թէյլ*) կռիւէ խոյս տալ. վախկոտութիւն ցոյց տալ. պոչ ապահովել. կոթուկը կտրել.

tailor (*թէյլ'ըր*) իգ. —*ess* (*թէյլըրէս*) դերձակ. կարել. ձեւել. դերձակութիւն ընել. —*ing* (*—ինկ*) դերձակութիւն.

taint (*թէյնթ*) վարակում. ապականում. վարակել. թունաւոր դարձնել. արատ (բարոյական).

take (*թէյք*) (անց. *took*. անց. ընդ. *taken*) վերցնել (տեղէն). շահիլ. գնել. շնչել. ընտրել. սեպել. լուսանկարել. արմատաւորուիլ. յաջողիլ (պատուաստ). հանեցնել. երթալ. ուղղութիւն առնել. (տեղ մը) դիմել. կլլել. մարսել. որս (մէկ անգամով բռնուած ձուկեր). —-*in* (*—'-ին*) խաբէութիւն. խաբել. —*king* գրաւիչ. տարափոխիկ. —*king after* (*թէյք'ինկ էֆ'թըր, աֆթըր*) նմանիլ. *take for* սխալմամբ ուրիշ (անձ, բան) կարծել. *to — to* (*թէյք թու*) համակրիլ. ունակութիւն շինել.

tale (*թէյլ*) պատմուածք. մանրավէպ. համար. հաշիւ. սուտ տեղեկութիւն. —-*bearer* (*թէյլ'-պէ-րըր*) բանսարկու, քսու. *old wives' tale* անհաւատալի պատմութիւն. *fairy-tales* հէքիաթներ.

talent (*թէլ'ընթ*) տաղանդ (հին ժամանակ ծանրութեան չափ, դրամ). տաղանդ (կարողութիւն, ձիրք). —*ed* տաղանդաւոր.

talisman (*թէլ'իսմըն*) հըմայեակ, քօճանք, աւելորդապաշտական պահպանակ (վտանգներու դէմ).

talk (*Թո՛ք*) խօսիլ. խօսակցիլ. համոզել. խօսակցութիւն. ճառ. զրոյց. բամբասանք. —*ative* (*Թո՛քէԹիվ*) բուլբեռան. շատախօս. —*er* (*Թո՛քըր*) խօսող. բամբասող. *talkie* (*Թո՛քի*) (կորճալեզուով) խօսուն շարժանկար. *to — big* պարծենալ. *to — round* (— *րաունտ*) համոզել. եզրակացութեան չյանգիլ. *to — shop* (— *շոփ, շափ*) լոկ իննքինք, իր օրական զբաղմունքը խօսակցութեան նիւթ ընել.

tallow (*Թէլ՛օ*) նրագուճարպ. — -*candle* (— -*քէն՛տլ*) նրագուէ պատրաստուած մոմ.

Talmud (*Թէլ՛մատ*) Թալմուտ (հրեաներու կրօնական օրէնքներուն եւ անոնց մեկնաբանութեանց հաւաքածոն).

talon (*Թէլ՛ըն*) մագիլ.

tambour (*Թէմ՛պուր*) թըմբուկ. ասեղնագործի շըրջանակ (փայտէ, մետաղէ). ցցապատնէշ (դուռի պաշտպանութեան համար). —*in* (*Թան՛պուրէնկ*) գիւղական թըմբուկ. պարի եղանակ. —*ine* (*Թանպուրին՛*) դափ. փոքր թմբուկ.

tame (*Թէյմ*) ընտանի. ընտելացած. նուաճեալ. անհետաքրքիր. ընտանեցնել. նուաճել. հեզացնել. —*er* (*Թէյմըր*) վայրի անասուն ընտանեցնող.

tamper (*Թէմ՛փըր*) միջամտել. խառնուիլ. ապականել. — *with (a written paper)* չարամտօրէն փոխել, կեղծել (գրութիւն մը, վաւերաթուղթ, եւայլն).

tan (*Թէն*) կաղնիի կեղեւ, փոշի. թուխ գոյն. արեւակէզ. կաշին աղաղել. խաղախորդել. թխագոյն դարձնել. ժիր դարձնել. արեւակէզ ըլլալ. —*ner* (*Թէն՛ըր*) կաշեգործ. — -*nery* (*Թէն՛ըրի*) խաղախորդարան. —*nic acid* (*Թէն՛իք էսիտ*), tannin (*Թէն՛ին*) աղաղալ՝ան թթու.

tangent (*Թէն՛ճընԹ*) ուղիղ գիծ՝ որ կէտի մը վրայ շրջանակին կը դպչի. շօշափագիծ (շրջանակի, լարի) (երկրաչ.).

tangerine (*Թէն՛ճըրին*), — *orange, mandarin(e) orange* (*մանտարին*) փոքր տեսակ տափակ նարինջ. տանգիրին.

tangible (*Թէն՛ճիպլ*) շօշափելի. մեկին. իրական.

tangle (*Թէնկ՛կլ*) կճճիռ. թնճուկ. խառնաշփոթութիւն. թնճկել. խառնըշտկել.

tango (*Թէնկկօ*) դանդաղ պար՝ երկու անձերու համար.

tank (*Թէնկք*) ջրամբար. աւազան. վայրաշարժի (ինքնաշարժի, եւայլն) բեռնարան՝ ջուր, քարիւղ, վառելանիւթ ամբարելու. հրասայլ. ամբարել (աւազանի, ջրամբարի, ընդունմարանի մէջ)· —*er* (թէնկէ՛ըր) քարիւղատար նաւ· ձգախէժի հում հեղուկը փոխադրող նաւ·

tankard (թէն՛կըրտ) ջուր խմելու աման, թաս·

tantalise, —ize (թէն՛թըլայզ) չարչրկել· նեղել· ջղայնացնել·

tantamount (թէն՛թըմաունթ) համարժէք· *tantity* (թէն՛թիթի) հաւասար արժէք (կարեւորութիւն)·

tantrum (թէն՛թրըմ) տըղայական զայրոյթ·

Taoism (թէյ՛օիզմ) չին փիլիսոփայ Լաոցէի (ծընած Ք· Ա· 604ին) կրօնա-փիլիսոփայական դըրութիւնը·

tap (թէփ) թեթեւ զարնել· կօշիկին նորբան դնել· բանալ· նեղքել· թեթեւ հարուած· տափիւն· նորբանի, կրունկի կարկըտան·

tap (թէփ) ծորակ· պտուտակի գայլիկոն· տակառի մէջ խմորուած ըմպելիք· ելեկտրական թելէն հոսանք քաշելիք կապ· տակառին ծորակ դնել· մարմնէն հիւթ քաշել (բժշկ·)· ուրիշին հեռաձայնի խօսակցութիւնը մտիկ ընել (դիտումով)· —*-root* (—՛-րութ) ուղղարմատ· *to tap an electric wire* ելեկտրականութիւնը անջատել·

tape (թէյփ) նեղ ժապաւէն· երիզ· երիզաչափ· ժապաւէնով կապել· չափել· —*worm* (—՛ուըրմ) երիզորդ (աղիքի)· *red* — (րէտ —) պաշտօնական ձեւակերպութիւն·

tape-measure երկար նեղ կերպաս է երիզ՝ որ իբր չափ կը գործածուի·

taper (թէյ՛փըր) փոքր մոմ· պզտիկ նրագ· աստիճանաբար բարակցող· բրգաձեւ· բրգանալ· կոնաձեւել· —*ing* աստիճանաբար բարակցող·

tapestry (թէյփ՛ըսթրի) որմազորգ· զորգանկար·

tapir (թէյ՛փիր) մորթակինն· խոզանման անասուն (Կեդր· եւ Հարաւային Ամերիկայի)·

tapis (թէփի) գորգ· *question on the* — քննութեան մէջ եղող հարց·

tap-root գլխաւոր արմատ (ծառի)· ուղղարմատ·

tar (թար) կուպր· ձիւթ· կուպրով, ձիւթով պատել· — *-macadem* (—՛-մէքէտ՛էմ) ձիւթով խիճերու խառնուրդ՝ որով ճամբաները կը ծածկեն·

—*ry-fingered* (թար՛իֆինկ՛կըրտ) գող, թեթեւամատն· *tarred with the same faults* նոյն սխալները ունեցող·

tarantula (թէրէն՛թիուլէ) խոշոր, մազոտ թունաւոր սարդ·

tardy (թար՛տի) յամր· ուշ· դանդաղ· *tardiness* յապաղում· ուշ հասնիլը·

tare (թէր) որոմ· խոլորձ· ապրայ (ամանին, կողովին, տակառին կշիռը)·

target (*թար'կէթ*) թիրախ. նշանակէտ. նշաւակ. յարձակումի ենթակայ. շրջանակաձեւ նշան երկաթուղիի վրայ.

tariff (*թէր'իֆ*) սակագին. սակագրութիւն մաքսարկելի ապրանքներու. մաքսարկել. ցուցակագրել. պանդոկի (ճաշարանի) գիներուն ցուցակը.

tarn (*թարն*) լճակ.

tarnish (*թար'նիշ*) աղօտել. փայլատել. նսեմացնել. աղօտիլ. նսեմանալ. —*ed* աղօտած. նսեմացած.

tarry (*թէր'ի*) մնալ. յամենալ.

tarsus (*թար'սըս*) պնեղ. կրունկ. գարշապար.

tart (*թարթ*) թթուաշ. կըծու. դաժան. խիստ. մրգահայս. փուռի մէջ եփուած պտուղ՝ որ քաղցրաւենիով ծածկուած է.

Tartar (*թար'թար*) թաթար. նաեւ *Tatar*.

Tartarus (*թար'թըրըս*) դժոխք. տարտարոս.

task (*թէսք*) պարտք. հարկ. որոշուած դաս. պարտադրուած գործ. պաշտօն. գործ սահմանել (տալ). հրամայել. մղել. նեղել. —*master* (*թէսք'մէսթըր*) (իգ. —. *mistress*) գործատէր. վերակացու. *to take to* — յանդիմանել. հակաճառել.

Tass (*թէս, թաս*) ռուս հեռագրական գործակալութիւն. *tass* թաս, պըզտիկ բաժակ.

tassel (*թէս'լ*) ծոպ (գըլխարկի, դրօշակի).

taste (*թէյսթ*) համին նայիլ, համը առնել. ճաշակել. ըմբոշխնել. փորձառաբար գիտնալ. մասնակից ըլլալ. համտեսել. համ. ճաշակ. ճաշակելիք (զգայարանք). դատում. փոքր քանակութիւն. —. *ful* (*թէյսթ'ֆուլ*) ճաշակաւոր. համեղ. *tasty* (*թէյսթ'ի*) համեղ.

tatter(s) (*թէթ'ըր[ս]*) ցըցնոտի. քուրջ. թղթի պատառ. —*ed* (*թէթ'ըրտ*) ցնցոտիացած. պատառ պատառ եղած.

tattle (*թէթ'լ*) շաղակրատել. —*r* (*թէթ'լըր*) անկարեւոր նիւթերու շուրջ շատախօսող. բամբասող.

tattoo (*թըթու'*) վէտք. կտած (գունաւոր, անջնջելի մելանով). գիշերուան թմբկահարութիւն. —*ing* կտածում (մորթի վրայ նկարներ դրոշմել).

taught (*թո'թ*) (անց. եւ անց. ընդ. *teach*ի) սորվեցուց. սորվեցուցած.

taunt (*թո'նթ*) կշտամբել կծու կամ արհամարհական խօսքերով. ծաղրել. հեգնական դիտողութիւն.

taut (*թո'թ*) ձիգ. պըրկուած. —*en* (*թո'թ'ըն*) պրկել.

tautology (*թո'թալ'ըճի*) կրկնաբանութիւն.

tavern (*թէվ'ըրն*) պանդոկ. գինետուն. —*er* պանդոկապետ.

tawdry (*թօ՛տ՛րի*) անճաշակ. յաւակնոտ. սնոտի. շողշողուն տեսքով սակայն վատ որակով.

tax (*թէքս*) տուրք. բաժ. բեռ. հարկ դնել. ծանրաբեռնել. բեռցնել. —-*free* տուրքէ զերծ. —-*payer* (—՛*փէյըր*) տուրք վճարող. *to tax the powers* սպառիչ աշխատանք պահանջել.

taxi (*թէքս՛ի*) կրճատ ձեւ *taximeter cab*-ի. վարձու ինքնաշարժ. *to* — ինքնաշարժով ճամբորդել. —-*driver* (*թէքս՛իտրայվ՛ըր*) կառավար. շարժավար.

taxidermist (*թէքս՛իտըրմիսթ*) կենդանիներու մորթը լեցնող.

taxis (*թէքս՛իս*) դասաւորում (բոյսերու, կենդանիներու).

T. B. (*թի. պի.*) *tuberculosis* թոքախտ.

tea (*թի՛*) թէյ. թէյաճաշ. ընթրիք. —-*cosy* (—՛-*քօ՛զի*) թէյամանի ծածկոց (թէյը տաք պահելու համար գործածուած). —-*cup* (—՛-*քափ*) թէյի գաւաթ. —-*kettle* (—՛-*քէթ՛լ*) եռոց. թէյաման. սամավար. *storm in a — cup* թէյի գաւաթի մը մէջ փոթորիկ, այսինքն՝ ոչինչ բանի համար վէճ (կռիւ).

teach (*թիչ*) սորվեցնել. կրթել. մարզել. ուսուցչութիւն ընել. —*able* հլու. ուսուցանելի. —*er* (*թի՛չըր*) ուսուցիչ. —-*ing* ուսուցում. ուսուցչութիւն. *will teach him (not) to* այնպէս մը պիտի պատժեմ որ անգամ մըն ալ նոյն սխալը չկրկնէ.

team (*թիյմ*) լուծք. մէկտեղ լծուած երկու կամ աւելի կենդանիներ. խաղացող խումբ. խումբ. —*work*(—՛ուըրք) համագործակցութիւն (խումբի անդամներուն միջեւ).

tear (*թիյր*) արցունք. շիթ. —*s* վիշտ. տրտմութիւն. —*ful* (—՛*ֆուլ*) արտասուալի. լալկան. —-*bomb* (—՛-*պոմ*) արտասուահոս (արտասուաբեր) ռումբ. —-*gas* (—՛-*կէս*) արտասուաբեր կազ.

tear (*թէյր*) (անց. *tore*, անց. ընդ. *torn*). պատռել. խզել. բզքտել. կատղիլ. սաստկութեամբ վազել. ճեղք. պատռուածք. *tear-up* պատռել. *to — along* անպարանքով քալել.

tease (*թիյզ*) զզել. ծուատել. նեղել. ձանձրացնել. —*r* (*թիյ՛զըր*) շըփոթեցնող. խրթին հարցում.

teat (*թիյթ*) ստինքի պըտուկ (իգական). կենդանիներու (կովու) ծիծ, պտկունք. ձգախէժէ պըտուկ կաթնկեր մանուկներու (որ կաթի շիշին վրայ կ'անցնի). ծծակ.

technic(al) (*թէք՛նիք[ըլ]*)

գիտարուեստ(ական). —ian (Թէքնի'շըն) մասնագէտ որեւէ արուեստի կամ գիտական ճիւղի· արուեստագէտ· *technique* (Թէքնիյք') արուեստի հմտութիւն· գեղարուեստական գործադրութիւն· *technology* (Թէքնալ'աճի) արուեստագիտութիւն եւ ճարտարարուեստի ուսմունք.

technicolor (Թէք'նիքալ'ըր) գունաւոր լուսանկարչութիւն· բազմագունեան.

techy, tetchy (Թէչ'ի) ցասկոտ. նեղսիրտ. դէզ.

teddy-bear (Թէտ'ի-պէ'ր) արջ (խաղալիկ).

Te Deum (Թի տի'ըմ) փառաբանութեան երգ. «Զքեզ Աստուած Հրաշափառ» (լատին.).

tedious (Թի'տիըս) տաղտկալի· միօրինակ· *taedium, tedium* (Թի'տիըմ) տաղտուկ· միօրինակութիւն.

tee (Թի') նշանակէտ (խաղերու մէջ)· *T* գիրը· *T*-ի ձեւով.

teem (Թիյմ) ծնանիլ (անասուն). արտադրել· յորդիլ· վխտալ· —*ing* (Թիյմ'ինկ) զեղուն· պտղաբեր.

teem (Թիյմ) թափել· հոսեցնել· տեղատարափ իջնել.

teens (Թիյնզ) անչափահասութեան տարիք (13–19 տարիներ). *teen-ager* (Թիյն'-էյ'ճըր) պարման(ուհի), 13–19 տարեկաններ. պատանեակ.

teeny (Թիյն'ի), tiny (Թայ'նի) շատ պզտիկ.

teeth (ԹիյԹհ) (եզակի *tooth*) ակռաներ.

teething (Թիյտհ'ինկ) ակռայ հանելը (մանուկներու). *teethe* (Թիյտհ) առաջին ակռան հանել.

teetotaler (ԹիԹօ'Թէլըր) հակալքոլական.

tegmen (Թէկ'մէն) ծածկոյթ.

tegument (Թէկ'իումընԹ) պատեան. թաղանթ.

tela (Թի'լը) ոստայն· հիւսկէն. սարդ. —*rian* (Թիլէ'րիըն) ոստայն հիւսող.

tele - (Թէլէ –) նախդիր՝ հեռու իմաստով.

telecast (Թէլ'էքէսԹ) հեռատեսիլով հաղորդում.

telecommunication (Թէլըքըմիունիքէյ'շըն) հաղորդակցութիւն ելեկտրական միջոցներով (հեռագիր, հեռաձայն, ձայնասփիւռ, հեռատեսիլ).

telecontrol (Թէլէ'քանԹրոլ) ռատարով ուղղելը, կառավարելը (սաւառնակ, հրթիռ, տիեզերանաւ, եւայլն).

telegram (Թէլ'էկրամ) հեռագիր· հեռագրալուր· *telegraph* հեռագիր· հեռագրել· *wireless telegraphy* ռատիօ.

telemechanics (Թէլէմէքէն'իքս) ելեկտր. շողերով հեռուէն վարելու եւ ղեկավարելու արուեստ.

teleology (Թէլէալ'աճի) վախճանաբանութիւն.

telepathy (Թէլէփ'էԹհի) հեռազգացութիւն. հեռուէն հաղորդում (միտֆի, զգացումի, եւայլն)·

telephone (թէլ՛էֆօն) հեռաձայն· հեռաձայնել· —nist (թէլէֆ՛օնիսթ) հեռախօսիչ·

teleprinter (թէլէփրին՛թըր) հեռատպագրիչ (մեքենայ որ գրամեքենային կը նմանի)·

telescope (թէլ՛էսքօփ) հեռադիտակ· իրարու մէջ անցընել· *telescopic* հեռադիտակային·

televise (թէլ՛էվայզ) հեռուստատեսիլով հաղորդել·

television (թէլէվիժ՛ըն) հեռուստատես. հեռատեսիլ, հեռուստատեսիլ·

televitis (թէլիվայ՛թիս) հեռուստատեսի մոլութիւն·

telford (թէլ՛ֆըրտ) նամբու շինութիւն (նախ մեծ քարեր, վրայէն մանր քարեր, յետոյ խճաքարեր դնելով, ճնշումի տակ ամրացնելով)·

tell (թէլ) ըսել· պատմել· թուել· հաշիւ տալ· լուր տալ· յայտնել· ազդեցութիւնը յայտնի ընել· (զաղտնիքը) երեւան հանել· տեղեկութիւն տալ· —*er* (թէլ՛ըր) ըսող· պատմող· դրամատան մէջ դրամ վճարող գրագիր· (Անգլ· խորհրդարանի մէջ) քուէները համրող· *the hard work is beginning to tell on him* չարաչար աշխատանքը առողջութեան վըրանսելու սկսած է. —-*tale* (թէլ՛-թէյլ) քսու· տեղեկատու·

telling (թէլ՛ինկ) ազդու· տպաւորիչ·

temerity (թէմէր՛իթի) յանդգնութիւն· ժպրհութիւն· քաջութիւն·

temper (թէմ՛փըր) բարեխառնել· կակուղցնել (ջուր խառնելով կաւին)· մետաղը ջրարկել (ուզուած կարծրութեան հասցնել)· կանոնաւորել· չափաւորութիւն· բնաւորութիւն· կիրք· սրտմտութիւն· բարկութիւն· գրգռութիւն· *to get into a temper* ջղայնանալ·

tempered (թէմ՛փըրտ) տըրամադրեալ· ջրարկեալ· *good* - — բարեհամբոյր· զգաստ· *ill* - — (իլ - —), *bad* - — չարսիրտ· *tempering* (թէմ՛փըրինկ) ուզուած համեմատութիւնով խառնուրդ կազմելը·

temperament (թէմ՛փըրէմընթ) խառնուածք· բնաւորութիւն· ճշտարկութիւն (դաշնամուրի, եւայլն)· —*al* (թէմփէրըմէն՛թըլ) զգացական, դիւրաբորբոք·

temperance (թէմ՛փըրընս) ժուժկալութիւն· չափաւորութիւն (հանդէպ բընական ախորժակներու, ոգելից ըմպելիներու)· լման հրաժարում ոգելից ըմպելիէ·

temperate (թէմ՛փըրէյթ) չափաւոր· ժուժկալ· միջին· —*Zone* բարեխառն գօտի· —*ness* ժուժկալութիւն· չափաւորու-

թիւն. բարեխառնութիւն.
temperature (*թէմ'փըրէչըր, թէմ'փըրէթիուր*) ջերմաստիճան. բարեխառնութիւն. *to run a temperature* ջերմութիւն ունենալ.

tempest (*թէմ'փըսթ*) փոթորիկ. մրրիկ. սաստիկ խռովութիւն, յուզում. *—uous* (*թէմփէսթիուըս*) ալեկոծ. փոթորկալի. կատաղի.

temple (*թէմ'փլ*) տաճար. մեհեան. եկեղեցի. սրբարան. քունք (ականջին եւ աչքին միջեւ եղող մաս). *temporal* (*թէմ'փորըլ*) քունքի (ոսկոր).

tempo (*թէմ'փօ*) ժամանակ (երաժշ.). երգի (նուագի) արագութեան չափը.

temporal (*թէմ'փորըլ*) անցաւոր. ժամանակաւոր. աշխարհային, քաղաքական (իշխանութիւն). *—ty* աշխարհականք. *temporarily* (*թէմ'փորէրիլի*) առժամապէս. *temporary* (*թէմ'փըրէրի*) առժամեայ. *temporise, —ize* ատեն շահիլ. պարագային յարմարիլ.

tempt (*թէմթ*) փորձել. փորձութեան մէջ ձգել. հրապուրել. *—ation* (*թէմթէյ'շըն*) փորձութիւն. *—er, —ress* (*թէմ'թըր, թէմ'թրէս*) փորձիչ. Սատանայ. *—ing* հրապուրիչ. փորձիչ.

ten (*թէն*) տասը. 10. X.
—fold (*թէն'ֆոլտ*) տասնապատիկ.

tenth (*թէնթհ*), **tithe** (*թայտհ*) տասներորդ. տասանորդ.

tenable (*թէն'ըպլ*) *(opinion)* պահելի, պաշտպանելի (կարծիք). բռնելի. *—ness, tenability* (*թընէպիլ'իթի*) պաշտպանելիութիւն. բռնելիութիւն.

tenacious (*թինէյ'շըս*) կպչուն. յամառ. կծծի. *—ness, tenacity* (*թինէ'սիթի*) կառչածութիւն. պրկութիւն. դիմացկունութիւն.

tenant (*թէն'ընթ*) վարձակալ. օրինաւոր կալուած ունեցող. վարձու բռնել. վարձել.

tend (*թէնտ*) միտիլ. հակամէտ ըլլալ. *—ency* (*թէն'տէնսի*) միտում. ձգտում. յօժարութիւն.

tend (*թէնտ*) խնամել. հոգալ. հսկել. պահպանել. նպաստել. միջոց ըլլալ. *—er* հոգացող. հսկող. ածխասայլ. փոքր նաւ՝ որ նամբորդ կը հանէ (ցամաք), խոշոր նաւերուն պաշար (վառելանիւթ) կը մատակարարէ.

tender (*թէն'տըր*) փափուկ. մատղաշ. գթոտ. նուրբ. սիրասուն. փափկանկատ. *—foot* (*—ֆութ*) փափկոտն, ոչ-չարքաշ. համբակ. *—-hearted* (*— -հարթ'ըտ*) փափկասիրտ. *—ly* գուրգուրանքով. քաղցրօրէն.

—*ness* մատղաշութիւն. գորով. սէր.

tendon (*թէն'տըն*) ջիղ. ձգան. մկանը ոսկորին զօդող լար (ջիղ).

tendril (*թէն'տրիլ*) ոլորած ծիլ (որ բոյսը ուրիշ մարմինի կառչելու կ'օգնէ). խոպոպ (մազի). *to* — ոլորիլ. կառչիլ.

tenebrous (*թէն'էպրըս*) մութ. խաւար. նաեւ *tenebrose*. *tenebrosity* (*թէնէպրաս'իթի*) մթութիւն. խաւար.

tenement (*թէն'էմընթ*) յարկաբաժիններով (վարձու) տուն.

tenet (*թէն'էթ*) հաւատք. հաւատամք. վարդապետութիւն.

tennis (*թէն'իս*) թէնիս (գնդակախաղ մը). — *racquet* թէնիսի թակ. —-*court* (— -*քորթ*) թէնիսի դաշտ (խաղարան).

tenor (*թէն'ըր*) ընթացք. կեցուածք. նկարագիր. (խորհուրդի, ընթացքի) ընդհանուր ուղղութիւն. թէնօր (այր մարդու բարձրագոյն ձայն). (թէնօրի բաժին) երգող. թէնօրի յարմար, թէնօր ձայնի (վերաբերեալ).

tense (*թէնս*) (քերակ.) բայի ժամանակ. օր.՝ ներկայ, անցեալ, եւայլն.

tense (*թէնս*) ձիգ. ձըգտուած. պիրկ. —*ness* պրկում. ձգտեալ վիճակ. *tensile* (*թէն'սիլ*) ձգտելի. պրկելի. *tension* (*թէն'շըն*) ձգտուածութիւն.

tent (*թէնթ*) տաղաւար. վրան. փիլթայ (վէրքի շղարշ). խորան. —-*bed* (—'-*պէտ*) վրանի մահճակալ. —-*peg* (—'-*փէկ*) վրանի ցից (փայտէ, մետաղէ). *to* — բանակիլ. վէրքը փիլթայել.

tentacle (*թէն'թէքըլ*) շօշափուկ. միջատներու, սողուններու գլխուն (բերնին) վրայի մազանման գործարաններ, որոնցմով կը զգան, կը քննեն, կը հպին, կը բռնեն, եւայլն.

tentative (*թէն'թըթիվ*) փորձառական. փորձարկու. փորձ. նախափորձ. —*ly* փորձի համար.

tenterhooks (*թէն'թըրհուքս*), *on* — շատ մտահոգ (տակն ու վրայ եղած).

tepee (*թի'փի*) կարմիր հնդիկներու կոնաձեւ վրան.

tepefy (*թէփ'էֆայ*) գաղջացնել. եղկել. եղկանալ.

tepid (*թէփ'իտ*) գաղջ. եղկ.

tercentenary (*թըր'սէնթին'ըրի*) երեքհարիւրերորդ տարեդարձ.

tercet (*թըր'սէթ*), *tiercet* (*թիէր'սէթ*) երրեակ. (ոտանաւոր) 3 տողնոց տուներէ բաղկացած.

tergiversate (*թըր'ճիվըրսէթ*) տեւապէս կարծիք եւ գործելակերպ փոխող (անձ).

term (*Թըրմ*) եզր. առում. սահման. վերջ. պայմանաժամ. յարաբերութիւն. նիստ. շրջան պաշտօնի. միջոց. վճարօրկոչել. սահմանել. *to — something* անուն տալ (բանի մը). *to be on good —s* սիրով ըլլալ. *to come to —s* համաձայնիլ. *terminology* (*Թըրմինալ'աճի*) յատկարանութիւն. եզրաբանութիւն.

terminate (*Թըր'մինէյԹ*) վերջացնել. սահման դնել. վերջանալ. լմնալ. *terminal* (*Թըր'մինըլ*) ծայր. վերջակայան. ծայրադրուագ. ծայրական. ծայրարուս. ծայրի. շրջանային. *termination* (*Թէրմինէյ'շըն*) վերջաւորութիւն (բառի). աւարտում. վերջ. հետեւանք. *terminus* (*Թէր'մինըս*) վերջակայան (շոգեկառքի, սաւառնակի, եւայլն). վերջացիծ. աւարտ. սահման.

termite (*Թըր'մայԹ*) զուգաթեւ (ճերմակ գոյնով) մանր ճճի՝ որ կարասիներու մէջը կը ծակէ. (սրխալ գործածութիւնով՝ ճերմակ մրջիւն).

tern (*Թըրն*) երրեակ. *ternal, ternary* (*Թըր'նըլ, Թըր'նէրի*) եռատարր. եռակարգ. երրեակ.

terra (*Թէր'ա*) հող. երկիր. *— firma* (*— Ֆըր'մէ*) ցամաք. հաստատ գետին. *terranean* (*Թէրէն'իըն*) ցամաքային. երկրին մակերեսի.

terrace (*Թէր'էս*) տանիք. պատշգամ. դարատափ. ննմավայր. դարատափել. *—d roof* տափարակ տանիք (արեւելքի մէջ).

terrain (*Թէր'էյն*) գետին. տարածութիւն. ռազմավարութեան տեսակէտէն պաշտպանութեան յարմար (անյարմար) շրջան.

terrapin (*Թէրըփ'ին*) կրիայ.

terrestrial (*Թէրէս'Թրիըլ*) երկրային. երկրաբնակ. երկրաւոր. երկրի բնակիչ. *— ball* (*— պօ'լ*) երկրագունդ.

terrible (*Թէր'իպլ*) ահարկու. սոսկալի. չափազանց. *terribly* ահռելի կերպով.

terrier (*Թէր'իըր*) գետնաշուն (աղուէս, եւայլն որսալու կը գործածուի). տոմար՝ որ կալուածագիրերու արձանագրութիւնը կը պարունակէ.

terrify (*Թէր'իՖայ*) ահաբեկել. սարսափեցնել. *terrific* (*ԹէրԻ'Ֆիք*) ահռելի. սարսափելի.

territory (*Թէր'իԹօրի*) երկրամաս (որ դեռ անկախութիւն չէ ստացած). *the territorials* կամաւոր անգլիացի զինուոր. *territorial waters* երկրի մը հակակշիռին տակ գտնուող ծովային շրջան.

terror (*Թէր'ըր*) սարսափ. սարսափազդու (մարդ). *—ise, —ize* (*Թէր'արայզ*) ահաբեկել. սպառնալիքով տիրել· —*ism* ահաբեկչութիւն, տեռոր· *terrorist* ահաբեկիչ·

terse (*Թըրս*) հակիրճ, կուռ. լակոնական (ոճառ, գրութիւն, եւայլն)· կոշտ (անձ)· —*ly* հակիրճ կերպով·

test (*Թէսթ*) քուրայ, հալոց· քննութիւն· հակազդակ· փորձ· փորձել· փորձարկել· քննել· քուրայել· —*ing* (*Թէսթ'ինկ*) տոկունութիւն պահանջող· —*-paper* (*Թէսթ'-փէյ'փըր*) փորձաթուղթ (քիմի·)· քննութեան հարցումի թուղթ·

test (*Թէսթ*) կտակել·

testa (*Թէս'Թը*) պատեան (հունտի, խխունջի)·

Testament (*Թէս'Թըմընթ*) կտակ· Կտակարան· *The Old (The New)* — Հին (Նոր) Կտակարան·

testicle (*Թէս'Թիքըլ*), *testes* (*Թէս'Թիս*) ամորձիք·

testify (*Թէս'Թիֆայ*) վկայել· յայտարարել·

testimony (*Թէս'Թիմանի*) վկայութիւն· յայտարարութիւն· տասնաբանեայի երկու տախտակները· *testimonial* (*Թէսթիմօ'նիըլ*) վկայութեան· վըկայագիր· վկայութիւն· ապացոյց·

testy (*Թէս'Թի*) դիւրագրգիռ· դէգ·

tetanus (*Թէթ'ընաս*) դընդերները պրկող հիւանդութիւն· պրկախտ· ակռախփիկ·

tether (*Թէտհ'ըր*) երկար պախուրց· ոտնակապ չըւան (արածող անասունի ոտքին կապուած)· կաշկանդել· շարժումը սահմանափակել· *I'm at the end of my* — դըրամ (զործելու ոյժ) չէ մնացած ինծի·

tetra (*Թէթ'րը*) նախաբառ, որ 4 կը նշանակէ· —*d* 4 թիւը· քառեակ·

tetragon (*Թէթ'րըկան*) հարթ պատկեր՝ որ չորս անկիւն ունի (երկրաչ·)·

tetrapod (*Թէթ'րըփատ*) քառոտն (միջատ)·

tetrastyle (*Թէթ'րըսթայլ*) քառասիւն·

tetter (*Թէթ'ըր*) մորթային հիւանդութիւն· օղաձնի·

Teuton (*Թիու'Թան*) տեւտոն (ցեղ)· գերման· —*ic* (*Թիութան'իք*) տեւտոնեան·

text (*Թէքսթ*) բնագիր· նիւթ· Սուրբ Գիրքէն առնուած բնաբան (խօսելու, քարոզելու)· —*-book* (*Թէքսթ'-պուք*) դասագիրք· —*ual* (*Թէքս'Թիուըլ*) բնագրային· բառական· բառ առ բառ·

textile (*Թէքս'Թայլ*, *Թէքս'Թիլ*) հիւսուած· հիւսական· հիւսուածեղէն·

texture (*Թէքս'չըր*) հիւսուածք· հիւսկէն· կազմըւթիւն· որակ (միտքի)·

than (*տհէն*) քան· քան թէ·

thane (*Թհէյն*) անգլ· ազնուական 1066էն առաջ·

thank (*Թհէնկք*) շնորհակալութիւն յայտնել· շընորհակալութիւն (ընդհանրապէս յոգ.). —*ful* (թհէնկք'ֆուլ) երախտապարտ. —*less* ապերախտ. —*offering* (—'-աֆ'ըրինկ) շնորհակալութեան նուէր, գոհ. *T—sgiving day* (թհէնքս'կիվինկ) գոհաբանական օր (Նոյեմբերի վերջին Հինգշաբթի օրը) (Ա. Մ. Ն.).

that (տհէթ) (յոգ. *those*) այդ, այն (ցուցական դերանուն [ածական]). որ, զոր (յարաբ. դեր.) որ (թէ) (շաղկ.) — *is to say* այսինքն.

thatch (թհէչ) չոր խոտով եւ տերեւներով ծածկուած տանիք. կնիւն. երդայարդ. մագ. (կնիւնով, յարդով) ծածկել. —*ed* (թհէչ'ըտ) խոտով (յարդով) ծածկուած տընակ.

thaw (թհօ') հալեցնել. հալիլ. ձիւնհալք. սառնահալք.

the (տհը), շեշտուած եւ ձայնաւորէ առաջ (տհի). որոշիչ յօդ. մակբայ. *the ... the* որքան ... այնքան. *the sooner the better* որքա՛ն շուտ՝ այնքա՛ն լաւ.

theatre (թհի'ըթըր) թատրոն. թատերավայր. *the operating* — գործողութեան սենեակ (բժշկ.).

theatrical (թհիէթ'րիքըլ) թատերական. —*s* թատերախաղ.

thee (տհի') (հայց. հոլով *thou*ի) քեզ. զքեզ (հին առում). յոգ. *you*.

theft (թհէֆթ) գողութիւն. գողօն.

theine (թհի'ին) թէյին (քիմի.) *theic* (թհի'իք) թէյամոլ.

their (տհէյր) (սեռ. հոլով *they*ի) անոնց, իրենց (ստաց. ած.). —*s* իրենցը. անոնցը (ստաց. դեր.).

theism (թհի'իզմ) աստուածակրօնութիւն. *theist* (թհի'իսթ) աստուածակրօն.

them (տհէմ) հայց. եւ տրական հոլով *they*ի. զիրենք. զանոնք. իրենց. անոնց.

theme (թհիյմ) նիւթ. բնաբան. շարադրութիւն. բներգ(ութիւն). *thema* (թհիյ'մը) վիճաբանութեան դրուած նիւթ. թէմա.

themselves (տհէմսէլվզ') յոգ. *himself, herself* եւ *itself*ի. իրենք, իրենք իրենց. ինքզինքնին (անդրադարձ եւ շեշտող դերանուն).

then (տհէն) այն ատեն. յետոյ. այն ատենուան. այսպիսով. այս պատճառով. ուստի. անկէ զատ. *the then king* այն ատենուան թագաւորը. *now and* — երբեմն. դիպուածաւ.

thence (տհէնս) անկէ. այն ժամանակէն. այդ պատճառով. —*forth* (տհէնս'ֆորթհ), —*forward* (տհէնսֆոր'ուըրտ) այն ատենէն ի վեր.

theocracy (թհիաք'րըսի)

աստուածապետութիւն. կղերականներով կառավարութիւն.

theodolite (*թհիատ'ոլայթ*) դիտակւոր տարաչափ. անկիւնները չափելու գործիք (քարտէս գծելու ատեն).

theology (*թհիալ'ըճի*) աստուածաբանութիւն. *theologic(al)* (*թհիալը-ճ'իք[ըլ]*) աստուածաբանական.

theophany (*թհիաֆ'ընի*) մարդեղութիւն. աստուածայայտնութիւն.

theorem (*թհի'ըրըմ*) տեսութիւն. փաստելի առաջարկ (երկրաչ.). գրահաշուական տարազ.

theory (*թհի'ըրի*) տեսութիւն. կարծիք. *theoretic(al)* (*թհիըրէթ'իք[ըլ]*) տեսական. *theorise*, *—ize* (*թհի'ըրայզ*) տեսութիւն կազմել.

therapeutic (*թհէրըփիու'-թիք*) բուժական. *—s* բուժութիւն. ախտաբուժութիւն.

there (*տհէ'ր*) հոն. դէպի հոն. *— is* կայ. *— about(s)* (*— ըպաութ*) այդ կողմերը. մօտաւորապէս. *—fore* ուստի. հետեւաբար. *—in* (*տհէ-րին'*) այն ատեն, այնտեղ, անոր մէջ. *—with* (*—ուիտհ'*) ատով, առով. ուղղակի. *—by* այդ միջոցով. *—on* այդ ժամանակ.

thermodynamics (*թհըր-մոտայնէմ'իքս*) ջերմութեան մեքենական ուժի փոխուիլը (իբր գիտութիւն).

thermometer (*թհըրմա-մ'իթըր*) ջերմաչափ. *clinical —* (*քլի'նիքըլ —*) մարդկային մարմնի ջերմութեան աստիճանը չափելու ծառայող փոքր ջերմաչափ. *thermosetting* տաքնալով հաստատուն դառնալը.

thermos (*թհըր'մոս*), *vacuum flask* (*վէք'իուըմ ֆլասք*) ջերմապահ շիշ.

thermostat (*թհըր'մոսթէթ*) ինքնագործ կերպով տեղի մը ջերմութեան աստիճանը հակակշռող գործիք.

thesaurus (*թհէսո''րըս*) գանձարան. բառագիրք. համայնագիտարան.

these (*տհիյզ*) (յոգ. *this*-ի) այս (յոգ.). ասոնք. զանոնք.

thesis (*թհի'սիս*) ճառ. աւարտաճառ. բանամրցութիւն.

thew(s) (*թհիու[զ]*) ջիղ. մկան. մտային կորով (ոյժ).

they (*տհէյ*) (յոգ. *he, she, it*-ի) անոնք (անձ. դեր.).

thick (*թհիք*) հաստ. թանձր. խիտ. յաճախ պատահող. հաստագլուխ. խիտ-խիտ. *—en* հաստցնել. խտացնել. թանձրացնել. խտանալ. թանձրանալ. *—et* (*թհիք'էթ*) թաւուտ, մացառ. *—-headed* (*— -հէտ'ըտ*) բթամիտ. *—-set* (*—'-սէթ*) խիտ տնկուած. չարքաշ կազմով. *thick-*

skinned ուրիշի (հանրային) կարծիքին կարեւորութիւն չտուող մարդ.

thief (*թհիյֆ*) (յոգ. *thieves)* գող. *to thieve* գողնալ. *thievery* (*թհի՛վըրի*) գողութիւն. *thievish* (*թհի՛վիշ*) գողունակ, գողութեան հակամէտ.

thigh (*թհայ*) զիստ. երանք.

thimble (*թհիմ՛պլ*) մատնոց (կարի), մատնոցաձեւ որեւէ բան.

thin (*թհին*) բարակ. նօսր. լոյծ. թեթեւ. նիհար. բարակցնել. նօսրանալ. նիհարնալ. բարակնալ.

thine (*տհայն*) սեռ. հոլով *thee*ի. քուկդ (հին առում).

thing (*թհինկ*) բան. իր. առարկայ. նմոյշ. դէպք. գործ. —*s* առարկաներ, զգեստներ, կարասի.

think (*թհինկք*) մտածել. կարծել. հաշուել. երեւակայել. վերյիշել. —*er* (*թհինկք՛ըր*) խորհող. իմաստուն. փիլիսոփայ.

third (*թհըրտ*) երրորդ. —*estate* (—՛ էսթէյթ) հասարակ ժողովուրդը. — *rate* (*թհըրտ՛-րէյթ*) ցածորակ. ստորադաս. *T— Reich* (—՛ *րայխ*) նացիական վարչակարգ Գերմանիոյ (1933–45). *T— Republic* (— *րիփապ՛լիք*) Ֆրանսայի հանրապետական կառավարութիւնը (1871ին կազմուած). — *degree* ոստիկանական խիստ եւ մանրակրկիտ հարցաքննութիւն.

thirst (*թհըրսթ*) ծարաւ. տենչանք. երաշտութիւն (հողի). ծարաւիլ. տենչալ. —*y* ծարաւած. չոր. տենչացող.

thirteen (*թհըր՛թիյն*) 13, տասներեք. —*th* տասներեքերորդ.

thirty (*թհըր՛թի*) երեսուն. *thirtieth* (*թհըր՛թիէթհ*) երեսուներորդ.

this (*տհիս*) այս. յիշեալ կամ յիշուելիք բանը.

thistle (*թհիս՛լ*) ուղտափուշ. եկքան. տատասկ. *thistly* տատասկալից.

thither (*թհիթհ՛ըր*) հոն. դէպի հոն. դէպի այդ տեղը.

tho' (*թհօ*) թէպէտեւ.

thong (*թհանկ*) փոկ. կաշիի երկար շերտեր՝ որոնք իբր պախուրց (խարազան) կը գործածուին.

thorax (*թհո՛րէքս*) լանջք. կուրծք.

thorn (*թհարն*, *թհորն*) փուշ. տատասկ. արգելք. —*y* փշալից. դժուարին. խրթին.

thorough (*թհար՛օ*) ամբողջապէս. լման. անթերի. բացարձակ. —*bred* (— *-պրէտ*) անխառն (կենդանի). ազնուական բնտանիքէ սերած (մարդ). ձիարշաւի յատուկ ձի. —*ly* լիովին. կատարելապէս.

thorp (*թհարփ*) գիւղակ. նաեւ *hamlet* (*հէմ՛լէթ*).

those (*տհո՛զ*) յոգ. *that*ի. այդ, այն (յոգ.) *those*

men այդ՝ այն մարդիկ·
thou (*տհաու*) (յոգ· *you*) դուն (հին առում)·
though (*տհօ*) թէեւ· թէպէտեւ·
thought (*թհո՛թ*) (անց· եւ անց· ընդ· *think*ի) խորհեցաւ· խորհուած· խորհուրդ· կարծիք· խորհրդածութիւն· մտահոգութիւն· —*ful* (*թհո՛թ՛ֆուլ*) մտախոհ· մտածկոտ· հոգածու· —*less* անխորհուրդ· անհոգ·
thousand (one –) (*թհաու՛զընտ*) հազար· բազմաթիւ· —*fold* (—*ֆոլտ*) հազարապատիկ· —*th* (—*թհ*) հազարերորդ· *one in a* — շատ հազուադէպ·
thrash, thresh (*թհրէշ*) ցորենը յարդէն զատել· կամնել· մտրակել· —*ing* ծեծ· մարմնական պատիժ· — - *floor* (*թհրէշ՛ինկ ֆլո՛ր*) կալ· *to* — *out* ամէն անկիւնէ քննել (փաստելու համար)·
thread (*թհրէտ*) դերձան· թել· պտուտակի պարոյր· շարք (խորհուրդներու)· ասեղին դերձան անցընել· դերձանի վրայ շարել (ուլունք)· կշռադատութեամբ կտրել անցնիլ· — - *worm* (—՛ուըրմ) թելորդ· —*bare* (—՛պէ՛ր) մաշած· անպիտան· *hangs by a* — վտանգաւոր՝ կացութեան մէջ է· *to* — *one's way* զգուշութեամբ յառաջանալ· գծուարութեամբ նամբան գտնել·

threat (*թհրէթ*) սպառնալիք· —*en* (*թհրէթ՛ըն*) սպառնալ· —*ening* ըսպառնացող·
three (*թհրի՛*) երեք· — - *fold* (—՛-*ֆոլտ*) եռապատիկ· — - *legged race* երեք ոտքով վազք (երկու վազողներ մէյ մէկ ոտքը ընկերոջ կապուած)· —*score* (—՛ըսքոր) վաթսուն·
thresh (*թհրէշ*) տես *thrash*.
threshold (*թհրէշ՛ոլտ*) սեմ· մուտք· սկիզբ·
threw (*թհրո՛ւ*) (անց· *throw*ի) նետեց·
thrice (*թհրայս*) երեք անգամ· երիցս·
thrift (*թհրիֆթ*) —*iness* խնայողութիւն· —*less* (*թհրիֆթ՛լէս*) շռայլ· —*y* խնայասէր· բարգաւան·
thrill (*թհրիլ*) թունդ հանել· խայտացնել· խորապէս յուզել· խայտալ· *a thriller* զգայացունց տրամա (վէպ, եւայլն)·
thrive (*թհրայվ*) յաջողիլ· բարգաւանիլ· անիլ· ծաղկիլ·
thro (*թհրու*), (*through*) մէջէն·
throat (*թհրո՛թ*) որկոր· կոկորդ· —*y* (*թհրո՛թ՛ի*) կոկորդային· հազագային·
throb (*թհրապ*) բաբախել· տրոփել· բաբախում· տրոփում·
throe (*թհրօ՛*) երկունք· սաստիկ ցաւ· *in the throes of* պայքարի մէջ·
thrombosis (*թհրամպօ՛-*

սիս) երակի մէջ արեան թանձրացում. երակախցում.

throne (*թհրո՛ն*) գահ. իշխանութիւն. գահ նստեցնել. բարձրացնել. գովել. *come to the —* թագաւոր ըլլալ.

throng (*թհրանկ*) ամբոխ. բազմութիւն. հաւաքուիլ. խռնուիլ.

throttle (*թհրաթ'լ*) շնչափող. դռնակ (որ շոգիի ճնշումը կը հակակշռէ). խեղդել. խափանել. լռեցնել.

through (*թհրո՛ւ*) մէջէն. մէկ կողմէն միւսը. միջոցով. երկայնքին. ծայրէ ծայր. առանց երկրորդական կայաններէ կանգ առնող (շոգեկառք). *— and —* լման. ամբողջովին. *—out* (*—աութ'*) լման. ամբողջութեամբ. տեւողութեամբ. *to pull —* լուրջ հիւանդութենէ մը ազատիլ (ապաքինիլ).

throughout (*թհրու'աութ*) ամէն կողմով. ամբողջ ժամանակամիջոցի ընթացքին.

throw (*թհրօ՛*) նետել. արձակել. ձգել. տապալել. ոլորել (դերձանը). (կաւին) ձեւ տալ. նետել (օձի խորխը). ցնկնել. նարտ նետել. *— away* մէկ կողմ նետել. *to — light on* լոյս սփռել. պարզել. *— up* յանկարծ զգայռել. փսխել. *— dust in the eye* խաբել. *— a pot* աման մը (հողէ) շինել. *— over a friend* բարեկամ մը լքել.

thrum (*թհրամ*) անհաւ նուազել. մատներով ձայն հանել (թմբուկ զարնելու ձեւով).

thrush (*թհրաշ*) տորդիկ (թռչուն).

thrust (*թհրասթ*) մխել. խոթել. ծակել. մխուիլ. դաշունահարում. յարձակում. *—ful* ժրաջան. ինքզինք պարտադրող.

thud (*թհատ*) դափ. հարուածի (փափուկ առարկայի անկումի) ձայն.

thug (*թհակ*) աւազակ եւ մարդասպան. հնդիկ խեղդիչ (եղեռնագործ). (Ա. Մ. Ն.) խուլիգան, կէնկսթըր. *—gery, —gism* (*թհակ'ըրի, թհակ'իզմ*) խուլիգանութիւն.

thumb (*թհամ*) բթամատ. բոյթ. *—ed* բթամատ ունեցող. բթամատով աղտոտուած (էջեր). շատ կարդացուած գիրք. *under the — of* մէկուն իշխանութեան տակ.

thump (*թհըմփ*) բախիւն. հարուած. ծանր մարմնի մը իյնալով հանած ձայնը. տոփիւն. տոփել.

thunder (*թհան'տըր*) որոտում. գոռում. գոռալ (բարկացած). որոտալ. *—bolt* (*—պոլթ*) շանթ. կայծակ. շատ անհաճոյ բան. *—-storm* (*—-սթորմ*) որոտախառն անձրեւ (փոթորիկ). *—-struck* (*—-սթրաք*) շանթահար. շփոթած. ապշահար.

thurible (*թհիու'րիպլ*) բուրվառ.

Thursday (*թհըրզ'տեյ*) Հինգշաբթի.

thus (*տհըս*) այսպէս. այն (այս) կերպով. — *far* այսքան. մինչեւ հոս.

thwack (*թհուէք*) ծեծել. խարազանել. ծանր հարուած (ապտակ).

thwart (*թհուօ'րթ*) շեղակի. խոտորնակի. արգելք ըլլալ. ի դերեւ հանել. հակառակիլ. նստարան (նաւակի մէջ). *athwart* (*ըթհուօ'րթ*) լայնքին.

thy (*տհայ*) ստաց. ածական *thee*ի քու (հին առում).

thyme (*թայմ*) ծոթոր, ծոթրին. *զահտէր* (արաբ.).

thyroid (*թհայ'րոյտ*) վահանակերպ. —*gland* վահանագեղձ.

thyself (*տհայսէլֆ'*) անդրադարձ կամ շեշտող դերանուն. դուն ինքդ. դուն զքեզ.

tiara (*թայար'է*) խոյր. եռաթագ (պապի).

tibia (*թիպ'իէ*) ոլոք. սրունքի երկու ոսկորներէն հաստը.

tic (*թիք*) ցունց (դէմքի մկաններուն).

tick (*թիք*) թիք թաք ընել. յարատեւ զարնել. կարճ ժամանակամիջոց մը. ժամացոյց. սիրտ. կէտ կամ (V) նշանը. *to — off* յանդիմանել. *to buy on* — ապառիկ գնել.

ticket (*թիք'էթ*) տոմսակ. տոմս. ուղետոմս. ցանկը առնել. պիտակ դնել.

tickle (*թիք'լ*) խտղտել. խտղտանք. *ticklish* (*թիք'լիշ*) դժուարահաճելի. դժուար լուծելի. *that —s me* այդ կը զուարճացնէ զիս.

- tide (*- թայտ*) վերջաւորութ՝ ժամանակ, եղանակ առումով. օր.՝ *eventide, eastertide.*

tide (*թայտ*) ծովախաղացք. *low —, ebb* (*լօ' թայտ*), (*էպ*) տեղատուութիւն. *high — flow* (*հայ թայտ*), (*ֆլօ'*) մակընթացութիւն.

tidings (*թայ'տինկզ*) տեղեկութիւն. լուր. ծանօթութիւն.

tidy (*թայ'տի*) կոկիկ. կանոնաւոր. հանգստաւէտ. վայելուչ. կոկել. պճնել.

tie (*թայ*) կապել. հանգուցել. զօդել. հաւասար ըլլալ. արգելք ըլլալ. նոյնքան կէտ շահիլ (մարզական). *a tie* հանգոյց. փողկապ. յոդ. կապ. (Ա.Մ.Ն.) անկողինով շոգեկառքի «վակօն».

tier(s) (*թիր[զ]*) շարք(եր). կարգ(եր).

tig (*թիկ*) մանուկներու խաղ, որուն ընթացքին մէկը կը վազէ մինչեւ որ մէկուն դպչի.

tiger (*թայ'կըր*) վագր. (իգ. *tigress*) յովազ. կատուազգի. առաջնակարգ որսորդ (մարդ). — -*cat* վայրի կատու.

tight (*թայթ*) սեղմ. ձիգ. պինդ. անջրանցիկ. կըծծի. — -*fisted* (—'-*ֆիս'-թըտ*) ագահ. —*en*

(*Թայ'Թըն*) պրկել. ձիգանալ

Tigris (*Թայկ'րիս*) Տիգրիս.

tile (*Թայլ*) աղիւս. կղմինտրը (տանիք, սալայատակ ծածկելու, պատ հիւսելու). սալաքարել. կղմինտրով ծածկել. —*r* (*Թայլ'ըր*) *tyler* սալարկող. տանիք (սալայատակ) ծածկող.

tilka (*Թիլ'քը*) Հնդկաստանի որոշ դասակարգի մը դրոշմը (նշանը) ճակտին վրայ.

till (*Թիլ*), **until** մինչեւ. մինչեւ (այն ատեն) որ.

till (*Թիլ*) մշակել, հերկել ու ցանել. —*age* (*Թիլ'էյճ*) հողի պատրաստութիւն (մշակելու համար), մշակուած հող.

tilt (*Թիլթ*) մէկ ծայրը վերցնել. ծռել. մխել (նիզակը). ծռիլ. նիզակով կռուիլ (ձիու վրայ հեծած). մեքենական մուրճով կռել (դարբնել). նիզակախաղութիւն. մըխում. դէպի առջեւ հակում.

tilth (*Թիլթհ*) հողամշակութիւն. մշակուած հող.

Tim (*Թիմ*) հեռաձայնէն տեւապէս ժամանակը (ժամը) յայտնող ժամացոյց.

timber (*Թիմ'պըր*) ատաղձ (ծառի) տախտակ. գերան. հեծան. ատաղձ հայթայթել. —*ed* ատաղձ հայթայթուած. փայտով (տախտակով) շինուած. անտառով ծածկուած. —-*line* (— -լայն) բարձունք՝ ուրկէ վեր ծառեր չեն կրնար բուսնիլ ու աճիլ.

timbrel (*Թիմ'պրըլ*) թըմբկիկ. թմբուկ.

time (*Թայմ*) ժամ, ժամանակ(ամիջոց). տեւողութիւն. հեղ, անգամ. շըրջան. առիթ. —*s* դարաշրջան. ժամանակ որոշել. ժամացոյցը շտկել. —-*bomb* (*Թայմ'-պոմ*) ժամացուցաւոր (ժամացոյցով օժտուած) ռումբ. —-*honoured* (— —ան'ըրտ) պատկառելի. մեծարելի (տարիքին համար). —*less* յաւիտենական. անվերջ. —*ly* յարմար (ճիշդ) ատենին. պատեհ. —-*piece* (—'-փիյս) ժամացոյց. ժամաչափ. —*r* (*Թայմ'ըր*) նաեւ *stopwatch* ժամապահ (ժամացոյց՝ մրցումի, վազքի ճիշդ ժամանակը ցոյց տուող). —-*table* ժամացուցակ. ժամանակացոյց. դասացուցակ. *mark time* տեղքայլ ընել.

timid (*Թիմ'իտ*) երկչոտ. վախկոտ. նաեւ *timorous* (*Թիմ'արըս*), —*ity* (*Թիմիտ'իԹի*) երկչոտութիւն.

tin (*Թին*) թիթեղ. անագ. թիթեղաման. թիթեղով պատել. թիթեղէ տուփերու մէջ պահածոյ դնել. —-*opener* (—'-օփըն'ըր) թիթեղէ տուփեր բացող գործի. —*ware* (—'ուէյր) թիթեղանօթ. անագեղէն.

tincture (*թինկչ'թիուր*) ներկ. գոյն. թեթեւ համ. ալքոլի մէջ լուծուած նիւթ. երանգաւորել. գոյն տալ. տոգորել.

tinder (*թին'տըր*) աբեթ. կրակ սկսելու համար գործածուած որեւէ վառելի նիւթ.

ting (*թինկ*) որեւէ մետաղի ձայն. զանգակի ձայն. տիճկ, տանկ.

tinge (*թինճ*) գոյն տալ. գունաւորել. տոգորել. բարեխառնել.

tingle (*թինկ'կլ*) հնչել. զրնգալ. դռնչել. այրիլ (ապտակի ձգած ազդեցութիւնը). կծումի զգացում.

tinker (*թինկ'քըր*) ամանն նորոգող. շրջուն անագագործ.

tinkle (*թինկ'քլ*) հնչել (փոքր զանգակ). ղօղանջել. դռնչել. ղօղանջիւն. թնդիւն.

tinsel (*թին'սըլ*) փայլաթել (զարդի համար). կեղծ փայլ.

tint (*թինթ*) թեթեւ գոյն. երանգ. ներմակով խառնուած գոյն. երանգել. թեթեւօրէն գունաւորել.

tintinnabulation (*թինթինէպիուլէյ'շըն*) զանգակի ղօղանջներ. զանգիւն.

tiny (*թայ'նի*) շատ փոքր. գզտրիկ (մանկական ձեւով) *teeny* (*թի'նի*).

tip (*թիփ*) ծայր. քիթ. ճուէր. ձեռնաձիր (*պախշիշ*). թեթեւ հարել. ծայր շինել (ծածկել). անձայն (ոտքի մատներուն վրայ) քալել. *on — toe* գաղտագողի. *—top* (*թիփ'թափ'*) առաջնակարգ. լաւագոյն. մէկ կողմ հակիլ (ծռիլ). իջնալ. նետուիլ. ճուէր՝ ձեռնաձիր տալ. խրատ. *— -tilted* (*—'-թիլթ'ըտ*) (քիթը) քիչ մը վեր ծռած.

tipple (*թիփ'լ*) քիչ՝ բայց յաճախակի խմելով՝ ոգելից ըմպելիքի վարժուիլ. ծայրայեղօրէն խմել. զօրաւոր խմիչք (ալքոլի).

tipsy (*թիփ'սի*) հարբած. տատանող.

tirade (*թայրէյտ'*) երկարաձիգ ազդարարական ճառ. անարգական խօսքերու տարափ.

tire (*թայր*) յոգնեցնել. ձանձրացնել. յոգնիլ. տաղտկանալ. անհամբեր դառնալ. *—d* տաղտկացած. յոգնած. *—less* (*թայր'լէս*) անձանձիր. անխոնջ. անպարտելի. *—some* (*—'սըմ*) յոգնեցուցիչ. տաղտկալի. գրգռիչ.

tire, tyre (*թայր*) անուագոտի (ձգախէժէ). անիւ.

tire (*թայր*) (կրճատ ձեւը *attire*ի) հագուստ. զարդարանք. գլխանոց. հագուիլ (հին առում). *tiring-house, tiring-room* (*թայր'ինկ-հաուս, թայ-րինկ-րու'ում*) թատերաբեմին կից սենեակ, ուր դերասանները կը հագուին.

tiro, tyro (*թայրօ*) սկսնակ. համբակ.

tissue (*թի՛շիու*) հիւսկէն. նուրբ կտաւ ոսկեթելերով (արծաթէ թելերով) բանուած. մարմնի գործարանները կազմող բջիջային հիւսուած. —-*paper* շատ բարակ կակուղ թուղթ.

tit (*թիթ*) ծիտ (թռչ.). թեթեւ հարուած. փոխվրէժ. *tit for tat, (you killed my dog, I kill your cat)* շանս վրէժը կը լուծեմ կատուդ սպաննելով.

Titan (*թայ՛թըն*) Տիտան (դից.). մարմնական եւ մտային բացառիկ կարողութեան տէր անձ. տիտանական. վիթխարի. զօրաւոր. —*ic* (*թայթէ՛նիք*) տիտանական. ամեհի.

titanium (*թայթէյ՛նիըմ*) քիմիական տարր (մետաղ), տիտանիոն.

titbit, tidbit (*թիթ՛պիթ*) համեղ պատառ.

tithe (*թայտհ*) տասանորդ. *to* — տասանորդը վճարել (եկեղեցիին). տասանորդել. —*r* (*թայտհ՛ըր*) տասանորդի հաւաքիչ.

titillate (*թիթ՛իլլէյթ*) խտղտել. միտքը (ախորժակը) խթանել. *titilation* (*թիթիլէյ՛շըն*) որեւէ հաճելի զգայութիւն.

titivate (*թիթ՛իվէյթ*) ինքզինք կոկել.

title (*թայ՛թլ*) տիտղոսանուն. խորագիր. իրաւունք. թուղթ. պատուանուն. մակագրութիւն. —*d* տիտղոսաւոր. —-*deed* (— -*տիյտ*) կալուածագիր (*տափու*). —-*leaf* (— -*լիյֆ*) էջ՝ որուն վրայ կայ գիրքին եւ անոր հեղինակին անունը. *he has a title to* իրաւունք ունի.

titrate (*թայթ՛րէյթ*) լուծոյթի մը պարունակած տարրին քանակը որոշել՝ հոն աւելցնելով հեղուկ մը.

titter (*թիթ՛ըր*) քեքեւ. քեքեւել. զուսպ կերպով ծիծաղիլ (թեթեւօրէն).

tittle (*թիթ՛լ*) շատ մանր մասնիկ. հատիկ. կէտ. մակագրութիւն.

tittle-tattle (*թի՛թըլ-թէ-թըլ*) բամբասանք.

titular (*թիթ՛իուլըր*) տիտղոսային. անուական. անուանապէս տիրող. անուանապէս տիտղոսաւոր.

to (*թու*) առ. ի. դէպի. աներեւոյթ շինող մասնիկ. *to come* (— *գամ*) գալիք. — *wit* (— *ուիթ*) այսինքն.

toad (*թո՛տ*) դոդոշ. —-*eater* (— -*իյթ՛ըր*) քծնող. —*stool* (—*սթու՛լ*) սունկ (թունաւոր). —*y* (*թո՛տի*) շողոքորթող. քծնող. *toad-in-the-hole* պլիրի, հաւկիթի եւ կաթի մէջ եփուած միս.

toady (*թո՛տի*) հարուստին առջեւ քծնող.

toast (*թո՛սթ*) հացը կարմրցնել. կենաց խմել. —*er* կենաց խմող. ելեկտրական գործիք (հաց կարմրցնելու). —-*mas*-

ter (—'-մէսթ'ըր) թաժակապետ. սեղանապետ, սեղանավար. թամատա.

tobacco (թաբէք'օ) ծխախոտ. —*nist* ծխավաճառ.

tobaggan (թապակ'ըն) սահնակ. բլուրն ի վար սահիլ (սահնակով).

tocsin (թաք'սին) վտանգի զանգակ. անոր ձայնը. ահազանգ.

today, to-day (թուտէյ', թըտէյ') այսօր. ներկայիս.

toddler (թատ'լըր) նորաքայլ. տատիկ ընող.

to-do (թու-տու) ժխոր. աղմուկ.

toe (թօ) ոտնամատ. կեղակի (սմբակի) առջեւի մասը. կօշիկի (գուլպայի) ծայրամաս. ոտնամատով դպչիլ (հասնիլ).

toffee, toffy (թաֆ'ի) ռուպի շաքար. շաքարեղէն.

together (թուկէտհ'ըր) միասին (երկու անձ). նոյն տեղ. *for hours* — անընդհատ ժամերով.

toil (թօյլ) աշխատիլ. եզնիլ. նկրտիլ. դժուարաւ շարժիլ. աշխատանք. ջանք. յոգնութիւն. —*er* տքնող. —*ful* (թօյլ'ֆուլ), —*some* (—'սըմ) ժիր. բազմաշխատ. —-*worn* (—'ուորն) յոգնաբեկ. մաշած.

toil (թօյլ) ցանց. թակարդ. ուռկան. *in the toils* ուռկանի մէջ բըռնուած.

toilet (թօյլ'էթ) յարդարանք. արդուզարդ. նեմիշ. արտաքնոց. հագուստ (հագուելիք տեղ). արդուզարդի սեղան (ի հայելի). —-*paper* (—-փէյ'փըր) արտաքնոցի թուղթ.

token (թո'քըն) նշան. յիշատակ. նշանակալից. —*money* ընթացիկ դրամ (ներքին արժէքէն աւելի). —-*payment* (—-փէյ'մէնթ) կանխավճար. *in — of* ի յիշատակ.

told (թոլտ) (անց. եւ անց. ընդ. *tell*ի) ըսաւ. ըսած. ըսուած.

tolerate (թալ'ըրէյթ) հանդուրժել. ներել. *tolerable* (թալ'ըրէպլ) հանդուրժելի. տանելի. *tolerance* (թալ'ըրէնս), *toleration* (թալըրէյ'շըն) թոյլտուութիւն. համբերութիւն. լայնամտութիւն. *tolerant* (թալ'ըրէնթ) համբերող. ներող. տոկացող.

toll (թոլ) նամբու տուրք (զոր մարդիկ, կառքերը, նաւերը կը վճարեն). մեռելի զանգակ հնչեցնել (դանդաղօրէն). ղօղանջ. *to take — of* մեծ վնաս հասցնել.

Tom (թամ) կրճատ ձեւ *Thomas*ի Թովմաս. *tom* արու (կենդանիներ). —-*cat* արու կատու. —*boy* (թամ'պոյ) գռեհիկ (կոպիտ) աղջիկ. —*fool* (թամֆու'ւլ) փուճ մարդ.

tomahawk (թամ'էհո'ք) Ամեր. հնդիկներու կացին. կացինով վիրաւորել (սպաննել).

tomato (Թամէյ'Թօ) յոգ. —*es* լոլիկ. ոսկեխնձոր.

tomb (Թո'ւմ) գերեզման. շիրիմ. ստորերկրեայ կամար. —*stone* տապանաքար. գերեզմանաքար.

tome (Թոմ) գիրք. հատոր (խոշոր).

tommy (Թամ'ի) հաց. կերակուր, որ հին ատեն բանուորին կը տրուէր վճարումի փոխարէն. *tommy rot* ապուշութիւն. —-*gun* կարճ խողովակով փոքր խորտընկէց (արագահարուած գնդաձիր).

tomorrow, to-morrow (Թումար'օ) վաղը.

Tom Thumb շատ փոքրահասակ անձ՝ անգլ. հէքիաթներու մէջ.

tomtom (ԹամԹ'ամ) հընդկական թմբուկ.

ton (Թան, Թըն) 1000 քիլօ կամ 2240 լիպրա (ծանրութիւն. (Ա.Մ.Ն.ի մէջ 2000 լիպրա). թոն.

tone (Թոն) ձայնի աստիճան. ձայնական հնչում. երանգ՝ թոն. բնական առողջ գործունէութիւն մարմնի գործարաններուն. բարքերու, վարուելակերպի բնոյթը. շեշտ (մէկ վանկի վրայ). թոն տալ. կանոնաւորել. ներդաշնակել (նուագարան). *in a loving tone* քնքուշ ձայնով. *to tone down* ձայնը իջեցնել (մեղմացնել). գոյնի փայլունութիւնը պակսեցնել. *to — in* ներդաշնակել. *tonic* (Թան'իք) ձայնական. թոնական. կազդուրիչ (զօրացուցիչ) որեւէ բան.

tongs (Թանկզ) յոգ. ունելի.

tongue (Թանկ, Թոնկ) լեզու. խօսք. ժողովուրդ. նեղ երկիր. բոց. զանգակի լեզուակ. խօսիլ. շաղակրատել. յանդիմանել. լեզուարկել, ընդհատ ձայն հանել (սրինգ նուագելու ատեն). —-*tied* (Թանկ'-Թայտ) ծանրալեզու. խօսելու չհամարձակող (ամչկոտ). *to hold one's —* լռել. լուռ մնալ. *to give —* որսորդութեան ժամանակ մեծ աղմուկ հանել.

tonight, to-night (Թունայթ') այս գիշեր (իրիկուն).

tonnage (Թըն'էյճ) տակառաչափ. երկրի մը բոլոր նաւերուն ընդհ. տարողութիւնը.

tonneau (Թան'օ) ինքնաշարժին ետեւի մասը (նստարաններով).

tonsil (Թան'սիլ) նշիկ. նշագեղձիկ (կոկորդի երկու կողմերը). —*(l)itis* (Թանսիլայ'Թիս) նշիկի բորբոքում.

too (Թո'ւ) չափէն աւելի. ալ. նաեւ.

took (Թուք) (անց. *take*ի) առաւ.

tool (Թո'ւլ) գործիք. կազմածք. գործիքով կտրել (տաշել). *he is used as a tool* իբր գործիք ծառայած է.

toot (*թո՛ւթ*) փողը փչել (հնչեցնել)· ձայն (անախորժ)· յաջորդաբար կարճ ու սուր ձայն հանել (սրինգի, փողի)·

tooth (*թո՛ւթհ*) ատամ· ակռայ· (յոգ. *teeth* [*թիյթհ*])·ատամի (սանտրի ակռայ)· ատամնաւորել· *—ache* (*—'էյք*) ակռայի ցաւ· *— - brush* (*—'-պրաշ*) ակռայի վրրձին· *— - pick* (*թութհ'-փիք*) ակռափորիչ, ատամնակրկիտ· *to fight — and nail* (*ֆայթ — էնտ նէյլ*) կատաղօրէն կռուիլ· *armed to the —* մինչեւ ատամները զինուած· *to have a sweet tooth* քաղցրեղէնները սիրել·

top (*թափ, թոփ*) գագաթ· մակերեւոյթ· ծայր· բարձրութիւն· պետ· ամենաբարձր· սքանչելի· լաւագոյն· գլխաւոր· *to — պսակել*· ծածկել· գերազանցել· կտրել (գագաթը)· իշխել· *— - coat* (*թափ'-քո՛թ*) վերարկու· *— - heavy* (*—'-հէվ'ի*) անհաւասարակշիռ· *— - most* (*—մոսթ*) գերագոյն· ամենաբարձր·

top (*թափ*) հոլ· *sleep like a —* (*սլիյփ' լայք է —*) շատ խոր քնանալ·

topaz (*թոփէ'զ*) գոհար (սովորաբար դեղին)·

topic (*թափ'իք*) վերնագիր· նիւթ (շաբադրութեան, ճառի, եւայլն)· *—al* (*թափ'իքըլ*) ըստ նիւթի· տեղական· այժմէական·

top-notch (*թափ'-նոչ*) շատ լաւ· լաւագոյն·

topography (*թափակ'ըրէֆի*) տեղագրութիւն· *topographer, —graphist* տեղագիր·

topple (*թափ'լ*) վար նետել· տապալել· վար իյնալ· տապալիլ·

topsy - tervy (*թափ'սի-թըր'վի*) տակնուվրայ· խառնափնդոր·

tor (*թար*) սար· բլուր (կատարը սուր)·

torch (*թորչ*) ջահ· *— - bearer* (*թորչ'-պէր'ըր*) ջահակիր· *electric —* ելեկտրական ջահ (ձեռքի լամբար)·

tore (*թո՛ր*) (անց· *tear*ի) պատռեց·

torment (*թոր'մընթ*) տանջանք· կոտտուք· *—* (*թարմէնթ'*) տանջել· նեղել·

torn (*թորն* (անց· ընդ· *tear*ի) պատռած· պատռուած·

tornado (*թորնէյ'տօ*) բաբառ· փոթորկահով·

torpedo (*թարփի'տօ*) թորփիլ· թմբրաձուկ (որ ելեկտ. հոսանք արձակելով կը սպաննէ)· *to —* թորփիլահարել· *— - boat* (*— -պո՛թ*) թորփիլանաւ·

torpid (*թոր'փիտ*) ծանր եւ դանդաղ· թմրած· ընդարմացած· անզգայ· անտարբեր· հեզգ, թոյլ (մարմնով, մտքով)· *—ity* (*թորփիտ'իթի*, *—ness* (*թար'փիտնէս*), *torpitude* (*թոր'փիթի-*

ուռ), *torpor* (*Թոր'փըր*) թուլութիւն. թմրածութիւն. անտարբերութիւն. ծուլութիւն. *torporific* (*Թորփորիֆ'իք*) անզգայ (ծոյլ, անտարբեր) դարձնող. ընդարմացուցիչ. թմրեցուցիչ.

torque (*Թորք*) վզի շղթայ. մանեակ (հին ատեն գործածուող). թաւալում յառաջացնող ոյժ. (մեքեն.). նաեւ *torc*.

torrefy (*Թոր'իֆայ*) խանձել. կիզել. խարկել.

torrent (*Թար'էնԹ*) ուժգին հոսանք (գետակ, ծոր). հեղեղատ. թօն (ընկէց), տեղատարափ (անձրեւ). տարափ (բառերու). ուժգին հոսող, խուժող. —*ial* (*Թորէն'շըլ*) հեղեղային. ջախջախիչ.

torrid (*Թար'իտ*) տօթագին. այրեցեալ. չորցած. խանձուած (արեւէն). եռաշտ. —*ity* (*Թարիտ'իԹի*), —*ness* չորութիւն. եռաշտութիւն. — *Zone* (— զո'ն) այրեցեալ գօտի.

torsion (*Թոր'շըն*) ոլորում. գալարում.

torso (*Թոր'սօ*) (մարդու մարմնի) իրան. արձան առանց գլուխի եւ անդամներու.

tortoise (*Թոր'Թիս*, *Թոր'Թօյզ*) կրիայ. —-*shell* (—-շէլ) կրիայի պատեան (սանտր, եւայլն շինելու ծառայող).

tortuous (*Թոր'Թիուըս*) մանուածապատ, դարձդարձիկ, ծուռումուռ (ճամբայ). անպարկեշտ. խարդախ.

torture (*Թոր'Թիուր*, *Թոր'չըր*) տանջել. չարչարել. տանջանք. կոտտանք. նեղութիւն. —*r* չարչարող.

Tory (*Թո'րի*) անդամ Անգլ. Պահպանողական կուսակցութեան. *Tories* քաղաք. կուսակցութիւն՝ որ կը փափաքի ընկերային կեանքը եւ կեանքի այլ երեւոյթները պահել անփոփոխ, եւ կամ անոնք շատ դանդաղ փոխուին (կեանքի կոչուեցաւ շուրջ 1678ին).

toss (*Թաս*) ցնցումով վեր նետել. արձակել. ուժգին նետել (շարժել). ալեկոծիլ. ցունց. նետուածք. վիճակ ձգելը. —*pot* (*Թոս'փաԹ*) գինով. խման. *toss off* մէկ անգամէն խմել. —-*up* վիճակարկութիւն. դրամ մը օդը նետելով հարց մը լուծել այո կամ ոչ-ով, նայած թէ դրամի ո՛ր կողմը գետին կու գայ.

tot (*ԹաԹ*, *ԹոԹ*) պտլիկ. մանկիկ. ջուրի փոքր գաւաթ. *to — (up)* գումարել. գումարը գտնել. գումարուելիք սիւնակ.

total (*Թո'Թըլ*) լման. ամբողջական. կատարեալ. բացարձակ. ամբողջութիւն. գումարը. համագումարը. գումարը հասնիլ. ամբողջանալ. գումարել. —*iterian (government)* (*ԹոԹալիԹէյ'րիըն*) ամբողջատիրական (կառավարութիւն)․ —*ity* (*թոթէլ'ի-թի*) լմանութիւն․ ամբողջութիւն․

totem (*թո'թըմ*) կենդանի կամ բոյս առնուած իբր տոհմանշան․ տոտեմ․

totter (*թաթ'ըր*) տատանիլ․ դողդղալ․ անհաստատ քայլեր առնել․ —*ing* խախուտ․ դողդողուն․ անհաստատ․ երերուն․

touch (*թաչ*) դպչիլ․ հպիլ․ հասնիլ․ վերաբերիլ․ ազդել․ զարնել․ նուագել․ քսուիլ․ շփուիլ․ հպում․ յուզում․ տպաւորութիւն․ հարուած․ ձեռք (վարպետի)․ փորձաքար․ ոճ․ թեթեւ յարձակում (անհանգստութեան, պազառութեան, եւայլն)․ —*able* (*թաչ'էպլ*) հպելի․ —*ing* յուզիչ․ սրտառուչ․ նկատմամբ․ ակնարկելով (*հարցի մը*)․ —*stone* (—*սթո'ն*) փորձաքար․ —*y* դիւրայոյզ, դիւրագրգիռ․ *to — at* հանդիպիլ (նաւը նաւահանգիստ մը)․ *to — on* համառօտօրէն ակնարկել (յիշել)․ *— off (a quarrel)* կռիւի մը պատրուակ դառնալ․

tough (*թաֆ*) դիմացկուն․ տոկուն․ պինդ․ կարծր․ դժուարին․ կոպիտ (վըտանգաւոր) գէշ մարդ․ խիստ դժուար լուծելի․ —*en* (*թաֆ'ըն*) դժուարացնել․ խստացնել․ պընդանալ․ կարծրացնել․ —*luck* գէշ բախտ․

tour (*թո'ւր*) շրջան․ շրջապտոյտ․ շրջան ընել․ *tourism* (—'*իզմ*) զբօսաշրջիկութիւն․ —*ist* (—'*իսթ*) զբօսաշրջիկ․

tour de force (*թուր' տը ֆորս*) մասնաւոր ուշիմութիւն պահանջող գործ․

tournament (*թուր'նր-մընթ*) մարզահանդէս․ մրցակռիւ (միջին դարու մրցահանդէս)․ *tourney* (*թըր'նի*) մարզահանդէս (ասպետներու միջեւ՝ միջնադարեան)․

tourniquet (*թուր'նիքէ[թ]*) արիւնահոսութիւնը կասեցնելու միջոց (ճնշումով)․ կապ (վէրքի արիւնը կեցնելու)․

tousle, touse (*թաուզ'լ, թաուզ*) քաշել, խանգարել (մազը)․ խառնակել․

tow (*թօ'*) ջուրին մէջէն քաշել (պարանով)․ քաշել․ քարշ․ քաշարկութիւն․ *to take in —* քաշել տանիլ․ հոգածութիւնը ստանձնել․

toward(s) (*թո'արտ, թո'-արտ[զ]*) դէպի․ հանդէպ․ առնենները․ մօտ(իկ)․ մօտաւորապէս․ (հին առում) հլու, ընտանի․ նպատակին համար․

towel (*թաու'ըլ*) անձեռոց․ *to throw in the —* պարտութիւնը ընդունիլ․

tower (*թաու'ըր*) աշտարակ․ միջնաբերդ․ *to —* գերազանցել․ սաւառնիլ․ բարձր ըլլալ․ —*ing* բարձրացող․ խիստ․ սաստիկ․ ծայրայեղ․ *a —ing rage* շղթայազերծուած զայրոյթ·

town (*թաուն*) քաղաք· մէկ միլիոնէ պակաս բընակչութեամբ քաղաք· քաղաքի բնակիչները· —-*council* (—-*քաուն'սըլ*) քաղաքապետութիւն·

toxicology (*թաքսիքալ'ըճի*) թոյնի ուսումնասիրութիւն· *toxemia* (թաքսի'միա), *toxicemia* (*թաքսիսի'միա*) արեան թունաւորում· *toxemic* (*թաքսի'միք*), *toxic* (*թաք'սիք*), *toxical* (*թաք'սիքըլ*) թունաւոր·

toxin (*թաք'սին*) թոյն·

toy (*թօյ*) խաղալիք (մանուկներու). փանաքի բան· հետը խաղալ· ոչինչ բանով զբաղիլ· փուճ բանով խաղալ· —*ish* թեթեւամիտ·

trace (*թրէյս*) ուրուագծել· գծել· հետքը բռնել· բնթացքին (քայլերուն) հետեւիլ· շարժիլ· հետք· ոտնահետ· փոքր քանակութիւն· մնացորդ· աւելորդք· թեթեւ նշան (հետք)· —*able* (*թըրէյս'էպլ*) հետեւելի· հետագծելի· —*r* (*թրէյս'ըր*) հետագիր· հետախոյզ· —*r-bullet* (*թրէյս'ըր-պուլ'էթ*), —*r-shell* (—-*շէլ*) մուխի (բոցի) հետք ձգող գնդակ (ռումբ)· *to kick over the trace* հակակշիռէն դուրս ելլել·

trachea (*թրէյ'քիը*) շնչափող·

track (*թրէք*) ոտնահետք· անուահետք· ուղի· ընթացք· երկաթուղի· վազքի ուղի (դաշտի մասը)·

tract (*թրէքթ*) տարածութիւն· միջոց· երկիրներ· թռուցիկ· տետրակ (կրօնական նիւթի շուրջ)· —*ive* (*թրէք'թիվ*) քաշիչ· քաշելի· —*ile* կռանելի·

trade (*թրէյտ*) առեւտուր· արհեստ· գործառնութիւն· առեւտուր ընել· արհեստի մը հետեւիլ· փոխանակել· —-*mark* (*թրէյտ'-մարք*) վաճառանիշ· —-*price* (—'-*փրայս*) մեծաքանակ վաճառականի պահանջած գինը (փոքրաքանակ վաճառականէն)· —*sman* (*թրէյտս'մէն*) խանութպան· ճարտար գործաւոր· —-*union*, —*s-union* (*թրէյտ'[ս] եիու'նըն*) արհեստակցական միութիւն· —*wind* (—'-*ուինտ*) միշտ փչող հով՝ որ հիւսիսային կիսագունդի մէջ դէպի հիւ. արեւելք՝ հարաւ. կիսագունդի մէջ՝ դէպի հարաւ· արեւելք կը փչէ·

tradition (*թրըտիշ'ըն*) աւանդութիւն· սովորութիւն· կրօնական վարդապետութիւն (անգիր)· —*al* աւանդական·

traduce (*թրըտիուս'*) անուանարկել· —*r* զրպարտիչ· մէկուն նկարագրին դէմ խօսիլ·

traffic (*թրէֆ'իք*) վաճառականութիւն· փոխանակութիւն· առեւտուր (գաղտնի, ապօրինի)· երթեւեկութիւն (որեւէ փոխադրական միջոցով)· այս ձեւով ճամբորդողներ· — *lights* (—'լայթս) երթեւեկութիւնը հակակշռող ելեկտ. լոյսեր (կարմիր, սաթագոյն եւ կանաչ)·

tragedy (*Թրէ'ճէտի*) եղերերգ· ողբերգութիւն· տխուր (եղերական) դէպք· *tragedian* (*Թրէճէ'տիըն*) ողբերգակ· *tragic(al)* (*Թրէճ'իք[ըլ]*) ողբերգական, եղերական· *tragicomedy* (*Թըրէճ'ի-քամէտի*) եղերակատակ·

trail (*Թրէյլ*) հետքերուն հետեւիլ· հետք բանալ· փնտռել· քննել· տնտնալով քալել· հետք· արահետ· հոտ (որսի)· նշան· ասուպի պոչը (լուսաւոր հետքը)· *—er* (*Թրէյ'լըր*) յետակառք, ինքնաշարժին (թրաքթորին) ետեւը կապուած կառք.

train (*Թրէյն*) քաշել· կրթել· մարզել· ընտելացնել· որսալ· լծել· ուղղել (զէնքը)· հետեւախումբ· կառախումբ· բեռ տանող կենդանիներու շարք· դէպքերու (իրերու) շարք (յաջորդութիւն)· *—ed* ճարտար· մարզուած· որակեալ· *—ing College* ուսուցչանոց· *—-oil* (*Թրէյն'-օյլ*) կէտ ձուկի ճարպէն պատրաստուած իւղ· *to be in training* պատրաստուիլ (մրցումի)· *in train for* պատրաստութեան մէջ·

trait (*Թրէյթ*) յատկանշական գիծ (նկարագրի)· նշանագիծ· հպանք.

traitor (*Թրէյ'Թըր*) մատնիչ· դաւաճան (իր երկրին).

traject (*Թրէճէքթ'*) անցնել (մէջէն)· նետել (մէկ կողմէն միւսը)· *traject* (*Թրէ'ճէքթ*) նաւասայլ· *—ory* (*Թրէճէք'Թըրի*) հետագիծ· արձակուած ռումբի կոր շաւիղը (օդին մէջ).

tram (*Թրէմ*) հանրակառք· ածխակառք· տաշտ· —- (*Թրէմ'-ուէյ*) հանրակառքով փոխադրութեան դրութիւն.

trammel (*Թրէմ'ըլ*) շարժումը դժուարացնել.

tramp (*Թրէմփ*) ոտքը ծանրը զարնել· կոխկռտել· քալել մէջէն (միւս կողմը)· ոտքով ճամբորդել· թափառաշրջիկ· դատարկապորտ· երկայն պտոյտ (ոտքով)· բեռնատար նաւ (ոչ-կանոնաւոր ուղիով)·

trample (*Թրէմ'փլ*) կոխկռտել· ոտքով ճզմել· ճնշել· նեղել· արհամարհել· ոտքով ճզմելը· արհամարհանք.

trance (*Թրէնս*) յափշտակութիւն· վերացում (քունի ժամանակ).

tranquil (*Թրէնք'ուիլ*) խաղաղ· հանդարտ· անխռով· *—ity* (*Թրէնքուի'լիթի*) հանդարտութիւն· խաղաղութիւն· *—ize* հանդարտեցնել· *—izer* հանդարտեցուցիչ. ամոքարար (դեղ).

trans - (*թրէնզ–, թրէնս–*) (նախաբառ) մէջէն. ընդմէջ. մէկ կողմէն միւսը. վեր. անդին.

transact (*թրէնզէքթ'*) կատարել (գործը). բանակցիլ. գործ ունենալ. —*ion* գործառնութիւն. գործ.

transatlantic (*թրէնզէթլէն'թիք*) անդրատլանտեան.

transcend (*թրէնսէնտ'*) գերազանցել. վեր (անդին) ըլլալ (երթալ). —*ent* գերազանց. մարդկային կարողութենէ (գիտութենէ) վեր.

transcontinental (*թրէնզքանթինէն'թըլ*) անդրցամաքային.

transcribe (*թրէնսքրայպ'*) ընդօրինակել. սղագրուած բան մը ձեռագիրով նորէն գրել. եղանակ մը ուրիշ նուագարանի յարմար ձայնանիշերով գրել. *transcript* (*թրէնս'քրիփթ*) օրինակ. պատճէն. *transcription* ընդօրինակութիւն.

transect (*թրէնսէքթ*) շեղակի կտրել.

transfer (*թրէնսֆըր'*) փոխադրել. փոխանցել (կալուած). (*թրէնս'ֆըր*) փոխադրութիւն. —*able*, —*ible* փոխանցելի. —*ence* (*թրէնս'ֆըրէնս*) փոխանցում.

transfigure (*թրէնսֆիկ'իուր*) արտակերպել. փոխակերպել. երեւոյթը փոխել. — *ration* (*թըրէնսֆիկիուրէյ'շըն*) փոխակերպութիւն. այլակերպութիւն. Վարդավառի Տօն. *The Transfiguration* Այլակերպութիւն Քրիստոսի.

transfix (*թրէնսֆիքս'*) ընդմխել. ցցահարել. գամել. ապշեցնել.

transform (*թրէնսֆորմ'*) ձեւափոխել. այլափոխել. —*able* այլափոխելի. —*ation* (*թրէնսֆորմէյ'շըն*) այլափոխում (ձեւի կամ նկարագրի). —*er*, —*ator* (*թրէնսֆորմէյ'թըր*) ձեւափոխող. ելեկտրականութեան վոլթի քանակը փոխող գործիք.

transfuse (*թրէնզֆիուզ'*) հեղուկ պարպել. արիւն ներարկել. փոխարինել. տոգորել.

transgress (*թրէնզկրէս'*) օրինազանց ըլլալ. մեղանչել. սահմանէն անդին անցնիլ. —*ion* օրինազանցութիւն. մեղք. —*or* օրինազանց. մեղաւոր (անձ).

transient (*թրէն'զիընթ*) անցաւոր. վաղանցիկ. կարճատեւ. *transience* (*թրէն'սիընս*) վաղանցիկութիւն. անցաւորութիւն.

transit (*թրէն'զիթ*) փոխանցում. թրանզիթ. անցք (ատղ.). փոխադրութիւն. *transit-duty* (*թրէնզ'իթ – տիու'թի*) տուրք (ապրանք փոխադրելու). —*ion* (*թրէնզի'շըն*) փոփոխում. փոխանցում. անցնիլը (մէկ տեղէն ուրիշ տեղ մը). —*ional* (*թրէնզի՛շընիլ*), —*ionary* (*թրէնզի՛շընըրի*) փոխանցական, փոխանցման. —*ional period* (— *փի՛րիըտ*) փոխանցման շրջան. *transitive* (*թրէնզ՛իթիվ*) փոխանցիչ. (քերակ.) ներգործական (անցողական) բայ, որ սեռի խնդիր կ'առնէ. —*ory* (*թրէնզ՛իթըրի*) անցաւոր. ժամանակաւոր. կարճատեւ.

translate (*թրէնզլէյթ՛*) փոխադրել. պաշտօնի տեղը փոխել (եպիսկոպոսի). երկինք տանիլ մահ չճաշակած. թարգմանել (մէկ լեզուէ ուրիշ լեզուի). թարգմանելի ըլլալ. *translation* թարգմանութիւն. մեկնութիւն. *translator* թարգմանիչ, մեկնիչ.

transliterate (*թրէնզլիթ՛ըրէյթ*) տառադարձել. լեզուի մը տառերը գրել ուրիշ լեզուի մը տառերով. *transliteration* (*թրէնզլիթըրէյ՛շըն*) տառադարձում.

translucent (*թրէնզլու՛սընթ*) կիսաթափանց. *translucen(ce), —cy* կիսաթափանցութիւն.

transmigrate (*թրէնզ՛մայկրէյթ*) այլագաղթել (օտար երկիր մնալու). պանդխտել. մահանալէ ետք ուրիշ մարմին (վիճակ) առնել. *transmigration* (*թրէնզմայկրէյ՛շըն*) այլագաղթում. հոգեփոխութիւն.

transmit (*թրէնզմիթ՛*) հաղորդել, անցընել, փոխանցել մէկ տեղէ (անհատէ) ուրիշի մը. առաքել. —*tal* (—*՛ըլ*) փոխանցում. հաղորդում. —*ter* փոխանցող. ռատիոյի ձայնասփռող մեքենան.

transmontane (*թրէնզման՛թէյն*) անդրլեռնեան.

transmute (*թրէնզմիութ՛*) շրջել. այլափոխել. *transmutation* այլափոխութիւն. փոփոխութիւն. մէկ տեսակէ ուրիշ տեսակի փոխուիլը.

transparent (*թրէնզփէյ՛րէնթ*) թափանցիկ. անկեղծ. *transparence* թափանցիկութիւն.

transpire (*թրէնսփայր՛*) արտաշնչել. մորթին ծակտիքներէն դուրս տալ. *transpiration* (*թրէնսփիրէյ՛շըն*) արտաշնչում.

transplant (*թրէնզփլէնթ՛*) փոխատնկել. բոյս մը (տեղէն հանելով) ուրիշ տեղ տնկել. (վիրաբ.) մարմնի ապրող մէկ մասը պատուաստել ուրիշի մը մարմնին վրայ.

transport (*թրէնզփորթ՛*) փոխադրել. ուրիշ տեղ տանիլ. վերացնել. տարագրել (ոճրագործները). — (*թրէնզ՛փորթ*) փոխադրութիւն. փոխադրանաւ. (երկրի մը) փոխադրական միջոցները. զմայլում. վերացում. —*able* (—*՛էպլ*) փոխադրելի· —*ation* (—էյ'շըն) փոխադրութիւն· տարագրութիւն (անօրէններու).

transpose (Թրէնսփոզ') տեղափոխել· փոխադրել· բառերու շարքը փոխել· (երաժշ·) եղանակի մը մէջ բանալին փոխել· *transposition* (Թրէնսփոզի'շըն) տեղափոխում· փոխանակում.

transubstantiate (Թրէնսապսթէն'շիէյթ) գոյափոխել· ուրիշ նիւթի մը փոխել· *transubstantiation* (—շիէյ'շըն) գոյափոխութիւն.

transude (Թրէնսիուտ') քրտնիլ· արտածորիլ·

transverse (Թրէնսվըրս') շեղ· խոտորնակ· անդրառանցք, խաչաձեւ· *transversal* (Թրէնսվըր'սըլ) ընդմիջական· գիծ՝ որ երկու զուգահեռական գիծերը կը կտրէ.

trap (Թրէփ) թակարդ, ծուղակ· Սի ձեւով խողովակ (ջուրով լի)՝ որ հոտերուն (կազերուն) դուրս ելլելը կ'արգիլէ· խորամանկութիւնով բռնելու (ծուղակ ձգելու) ծրագիր· ծուղակով բռնել· ծուղակը ձգել· դարանել· հրապուրել·

trap (Թրէփ), **trappings** ձիու զարդարանք· *traps* ինչքեր· բեռ· ճամբորդի պայուսակ· *to* — զարդարել·

trapezium (Թրըփի'զիըմ) տրապիզ· քառակողմ պատկեր՝ որուն միայն երկու կողմերը զուգահեռական են.

trash (Թրէշ) յօտել· մաքրել· մէկդի նետել· զըսպել· խեշերանք· թափթըփուք· փուն անձ· —*y* անպէտ· աժան· անարժէք.

travail (Թրէ'վէյլ) երկունք· տղաբերքի ցաւեր· *to* — երկնել· ցաւ քաշել (որդեծնութեան).

travel (Թրէվ'ըլ) ճամբորդել· անցնիլ· շրջան ընել (օտար երկիր)· —*(l)ed* շատ տեղ տեսած· փորձառու· —*(l)er* ուղեւոր· ճամբորդ· շրջուն գործակալ· *travelogue* (Թրէվ'ըլո'կ) ճամբորդական դասախօսութիւն (լուսանկարի եւ ժապաւէնի ցուցադրութիւնով)· աշխարհագրական ժապաւէն·

traverse (Թրէ'վըրս) մէջէն (վրայէն) անցնիլ· կողմնակի դարձնել· առանցքին վրայ դառնալ· խոտոր գիծ· զիկզակ գիծով նաւել· (հարց մը) ամէն կողմէ քննարկել (ուսումնասիրել)· շարժական վարագոյր· գերան· գիծ կամ մակարդակներ՝ որոնք ուրիշ գիծեր կամ մակարդակներ կը կտրեն.

travesty (Թրէվ'էսթի) խեղկատակ· ծաղրական նմանութիւն.

trawl (Թրո'լ) ուռկան· ուռկանով բռնել (ձուկ)· —*er* (Թրո'լըր) ուռկանով ձուկ բռնող· ձկնորսութեան նաւակ·

tray (*Թրէյ*) ափսէ. տաշտիկ.

treachery (*Թրէշ'ըրի*) դաւաճանութիւն. մատնութիւն. անհաւատարմութիւն. *treacherous* (*Թրէշ'ըրըս*) նենգ. դաւաճան.

treacle (*Թրի'քըլ*) թանձր հիւթ՝ որ շաքարը զտելու ատեն կը հոսի. օշարակ (թանձր). *treacly* (*Թրի'քլի*) քաղցր, թանձր եւ կպչուն (հիւթ).

tread (*Թրէտ*) քալել. վրայէն քալել. կոխել. ոտնարկել. կոխելով ճըզմել (սխալմամբ). ոտքով ճմլել. կոխկռտել. ճնշել. ոտքով դարձնել. սանդուխի մատներուն հորիզոնական երեսը. քալուածք. քայլ. կօշիկի ներբան. ինքնաշարժի անիւին գետին քսուող երեսը (մասը). —*dle* (*Թրէտ'ըլ*) ոտնակ. հեծելանիւի (դաշնակի, երգեհոնի) ոտքով կոխելիք մասը. — *on a person's toes (corns)* զգացումները վիրաւորել.

treason (*Թրի'զըն*) մատնութիւն. *high* — դաւաճանութիւն (հայրենիքին դէմ).

treasure (*Թրէժ'ըր*) գանձ. մթերք. թանկարժէք որեւէ բան. ժողվել. մթերել. գուրգուրալ. —*r* գանձապահ. *treasury* (*Թրէժ'ըրի*) գանձատուն. գանձային պաշտօնատուն.

treat (*Թրիյթ*) վարուիլ. վերաբերում ունենալ. դեղ (դարման) տալ. ուտելիք եւ խմելիքով հիւրասիրել. ճառել (խօսիլ, գրել) նիւթի մը շուրջ. կոչունք. խնդութիւն. տաճանք. —*ise* (*Թրիյթ'իզ*) ճառ. բանագիտութիւն. —*ment* (—'*մէնթ*) վերաբերում. վնասի (հիւանդութեան) դարմանում. —*y* (*Թրի'թի*) դաշինք. դաշնագրութիւն (պետութիւններու միջեւ).

treble (*Թրէպըլ*) եռապատիկ. երրեակ. զիլ ձայն. սոփրանօ. եռապատկել. եռապատկուիլ.

tree (*Թրի'*) ծառ. խաչափայտ. որեւէ բան. Քրիստոսի խաչը. ծառ հանել. նեղ կացութեան մատնել. *family* — ազգագրական (ցեղդաստանային) ծառ.

trefoil (*Թրի'ֆօյլ*) առուոյտ. երեքտերեւուկ. կոր զարդարանք (ճարտարապետութեան մէջ).

trek (*Թրէք*) սայլով ճամբորդել. գաղթել (խմբովին). սայլով ճամբորդութիւն. գաղթ. քալուածք.

tremble (*Թրէմ'պըլ*) դողալ. երերալ. վախնալ. դող. սարսուռ. *tramulant, tremulous* (*Թրէմ'իուլըս*) դողացող. դողդոջուն.

tremendous (*Թրիմէն'տըս*) ահարկու. զարհուրելի. ահագին.

tremor (*թրէմ՛ըր*) դող. ցնցում. շարժ (երկրի).
trench (*թրէնչ*) կտրել. փոս փորել. ակօսել. խրամատել. փոս, խրամ(ատ). *—ency* (*թրէն՛չէնսի*) սրութիւն. *—ant* (*թրէն՛չէնթ*), *—ing* հատու. սուր. խածնող (փոխաբ.). *— -coat* (*— -քոթ*) անջրանցիկ վերարկու՝ որ Ա. Աշխարհամարտին գործածուեցաւ խրամներու մէջ. *— -mortar* (*—՛-մօրթըր*) ռմբաձիգ հրասանդ (մօտ թիրախներ ռմբակոծելու). *— -feet* ջուրի մէջ երկար ժամանակ մնալէն յառաջացած հիւանդութիւն.
trend (*թրէնտ*) ձգտում. միտում. ձգտիլ. հակիլ. ուղղուիլ.
trepan (*թրէփէն՛*) վիրաբոյժի կոնաձեւ գչիր (սղոց). գանկէն ոսկոր կտրել.
trepid (*թրէփ՛իտ*) դողդոջուն. *—ation* (*թրէփիտէյ՛շըն*) սոսկում. ցընցում.
trespass (*թրէս՛փըս*) ոտընձգութիւն ընել (ուրիշին կալուածը մտնելով). մեղանչել. ոտնձգութիւն. մեղք. օրինազանցութիւն. *—er* (*—փէս՛ըր*) իրաւազանց. յանցաւոր.
tress (*թրէս*) հիւսկ (մազի). խոպոպիկ. *—ed* հիւսուած.
tri- (*թրայ*) նախդաբառ՝ երեք, երեքպատիկ, երեք անգամ իմաստով.
triad (*թրայ՛ըտ*) երեքի միացում. եռաքիւ.
trial (*թրայ՛ըլ*) փորձ. փորձարկութիւն. տառապանք. դատական քննութիւն (ամբաստանեալի). փորձութիւն.
trialogue (*թրայ՛ըլակ*) եռախօսութիւն.
triangle (*թրայ՛էնկկլ*) եռանկիւն. երաժշտական գործիք. եռանկիւնաձեւ որեւէ բան.
triarchy (*թրայ՛արքի*) եռապետութիւն.
triatomic (*թրայըթամ՛իք*) երեք հիւլէէ բաղկացած. երեք հիւլէ իրեն կապելու յատկութիւն ունեցող.
tribe (*թրայպ*) ընտանիք. տոհմ. ցեղ. ցեղախումբ. *tribal* (*թրայպ՛ըլ*) ցեղախմբային. տոհմային.
tribulation (*թրիպիուլէյ՛շըն*) փորձանք. երկարատեւ տառապանք (մտային, եւայլն).
tribune (*թրի՛պիուն*) բեմ. ատեան. ժողովուրդի իրաւունքներուն պաշտպան տրիբուն (ատենակալ) (հին Հռովմի). *tribunal* (*թրիպիու՛նէլ*) դատաւորի նստած աթոռը. արդարութեան դատարան.
tribute (*թրիպ՛իութ*) տուրք. հարկ. նուէր. սատար. յարգանքի տուրք. գովաբանութիւն. *tributary* (*թրիպ՛իութըրի*) հարկատու. ենթակայ. օժանդակ (գետ).

tricennial (թրայսէն'իըլ) երեսնամեայ·

tricentenary (թրայսէն'թինըրի) երեքհարիւրամեայ (տարեդարձ)· նաեւ *tercentenary* (թըրսէն'թինըրի) երեքհարիւրերորդ տարեդարձ·

triceps (թրայ'սէփս) եռագլուխ դնդեր· եռագլուխ·

trichology (թրիքալ'աճի) մազաբանութիւն·

trick (թրիք) խաղ· նենգութիւն· հնարք· գէշ վարք· անպարարութիւն· ճարտարութիւն· խաբել· —*ery* (թրիք'ըրի) խաբէութիւն· —*ster* (—'սթըր) խաբեբայ· —*y* (թրիք'ի) խարդախութիւնով (նենգութիւնով) լեցուն· բարդ· ձեռքի ճարտարութիւն պահանջող·

trickle (թրիք'լ) դանդաղօրէն հոսիլ· կաթիլ· կաթկթել· հեղուկի դանդաղ հոսանք· կաթկթում·

tricolour (թրայ'քալըր) եռագոյն դրօշակ (ֆրանսական)·

tricot (թրի'քօ) հիւսակ· ձեռքով (մեքենայով) հիւսուած որեւէ բրդեղէն (հագուստ)·

tricycle (թրայ'սիքըլ) եռանիւ (հեծիկ)· եռանիւ հեծիկ հեծնել·

trident (թրայ'տընթ) եռաժանի մական· որեւէ երեքժանի գործիք (ձկնորսութեան նիզակ)·

tried (թրայտ) (*try* փորձել բային անց·) փորձեց· փորձուած·

triennial (թրայէն'իըլ) եռամեայ· եռամեակ·

trier (թրայ'ըր) փորձող·

trifle (թրայ'ֆլ) չնչին· փանաքի բան· կապարանագ, անագ· սնաբանել· փուճ բանով զբաղիլ· —*r* սնաբանող· չնչին բաներով զբաղող (մարդ)· *trifling, trivial* (թրի'վիըլ) ոչինչ· թեթեւամիտ·

trig (թրիկ) կոկիկ· վայելուչ· ամփոփ· արգելակ (անիւի)· անիւը արգելակել (շարժումէ արգիլել)·

trigamous (թրիկ'էմըս) եռամուսին· նոյն ատեն երեք կին (ամուսին) ունեցող·

trigger (թրիկ'ըր) բլթակ (հրազէնի)· արգելակ անիւին վրայ·

trigonometry (թրիկանամ'էթրի) եռանկիւնաչափութիւն·

trihedral (թրայհի'տրըլ) (մաթեմ·) երեք կողմ (երես) ունեցող· *trihedron* (թրայհի'տրան) եռանիստ· պատկեր՝ որ երեք հաւասար կողմեր ունի·

trilateral (թրայլէթ'ըրըլ) եռակողմ·

trilinear (թրայլին'իըր) երեք գիծով·

trilingual (թրայլինկ'կուըլ) երեք լեզուեան· երեք լեզու խօսող·

trill (թրիլ) գեղգեղել· դողդողալ· թրթռացնել (ձայնը, սրինգը, եւայլն)· ռ—ի ձայն հանել· թրթռացող ձայն·

trillion (*թրիլ՛եան*) տրիլիոն. 1 եւ աջ կողմը 18 զէրօ (անգլ.). 1 եւ 12 զէրօ (ամերիկեան).

trilogy (*թրիլ՛աճի*) երեք վէպ (թատերգութիւն) նոյն նիւթով (նոյն գլխաւոր դերակատարով).

trim (*թրիմ*) կոկիկ. վայելուչ. սեղմ. կանոնաւոր. առողջ. մաքրել. շտկել. կոկել. զարդարել (գլխարկը). յարդարել, կարճ կտրել (մազը). լամբարի պատրոյգը շըտկել եւ իւղ դնել. հաւասարակշռել. մտային ու ֆիզիքական տրամադրութիւն (վիճակ, պատրաստութիւն). —*mer* (*թրիմ՛ըր*) պատեհապաշտ. յարդարող. կեղծաւոր. —*ming* (*թրիմ՛ինկ*) յարդարանք. յարդարող. *trimmings* շրջազարդ. զարդեղէն.

trinitrotoluene (*թրայնայթրոթալ՛ուին*) (կրճատ՝ *T.N.T.)* զօրաւոր պայթուցիկ (տոլուէնի, բորակական թթուի եւ ծըծմբական թթուի խառնուրդէն կը պատրաստուի), որ Ա. եւ Բ. Աշխարհամարտերուն շատ գործածուեցաւ.

Trinity (*թրին՛իթի*) Ս. Երրորդութիւն (Հայր, Որդի եւ Ս. Հոգի). *trinity* որեւէ երեք բանի (անձի) միութիւն.

trinket (*թրին՛քէթ*) փոքր զարդեղէն (մատանի, զարդասեղ, եւայլն). աժան զարդեղէն.

trio (*թրի՛օ*) եռանուագ. երեք անձէ բաղկացած խումբ (երգող, նուագող).

triolet (*թրի՛օլէթ, թրա՛յօլէթ*) ոտանաւոր (8 տողով).

trip (*թրիփ*) սայթաքեցնել. նաւուն խարիսխը քուլցնել. սահեցնել. սխալիլ. արագ քալել. թեթեւօրէն պարել. զայթել (առարկայի, իրի մը վրայ իյնալով). արագ (թեթեւ) քալուածք. շրջան (կարճ պտոյտ). սայթաքում. սխալմունք (խօսքի, վարմունքի). —*per* շրջող. պտըտող.

tripartite (*թրայփար՛թայթ, թրայփ՛արթայթ*) եռամասն, երեք համապատասխան մասերով. երեք կողմի, երեքկողմեան (ազգի) միջեւ կարգադրուած (համաձայնըւած).

tripe (*թրայփ*) քաղիրք (կենդանիի ստամոքս). ապուշ խօսակցութիւն կամ գրութիւն.

triphthong (*թրիֆ՛թհանկ*) քով քովի երեք ձայնաւորով վանկ (ինչպէս *wooer, beauty).*

triple (*թրիփ՛լ*) եռապատիկ. երրեակ. եռապատկել. եռապատկուիլ. *triplet* (*թրիփ՛լէթ*) նոյնէն երեք հատ. (երեք տունով) ոտանաւոր՝ որոնց ոտքերը իրարու կը յարմարին. երրորեակ (մէկ անգամով ծնած երեք մանուկներէն իւրաքանչիւրը)· *triplex* (*Թրիփ'լէքս*) եռապատիկ· *Triplex glass* (*Թրիփ'լէքս կլէս*) չփշրուող ապակի (երկու խաւ ապակիի միջեւ սանտուիչ եղած «փլասթիքով»)·

tripod (*Թրայ'փատ*) եռոտանի·

tripoli (*Թրիփ'ոլի*), *tripolite* (*Թրիփ'ոլայԹ*) հանքային նիւթ՝ որ մետաղներ (քարեր եւ այլն) փայլեցնելու կը ծառայէ·

trisect (*Թրայսէքթ'*) երեք հաւասար մասի բաժնել (գիծը, անկիւնը)·

trist (*Թրիսթ*) տրտում· մելամաղձոտ· *—esse* (*Թրիսթէս'*) տխրութիւն· *—ful* տրտմած· տխրագին·

trisulphide (*Թրայսալ'ֆայտ*) քիմիական բաղադրութիւն՝ որ տարրի մը միացած երեք հիւլէ ծըծումբ ունի·

trisyllable (*Թրայ—, Թրիսիլ'ըպլ*) եռավանկ բառ· *trisyllabic(al)* (*Թրիսիլէպ'իք[ըլ]*) եռավանկ·

trite (*Թրայթ*) հին· մաշած (խօսք, ասացուածք)· օթեկ· *—ly* մաշած, հինցած կերպով· *—ness* մաշածութիւն· հինցածութիւն·

Triton (*Թրայ'Թըն*) Տրիտոն (դից·) ծովու չաստուածի որդին՝ որ փոթորիկ կամ հանդարտութիւն կը բերէ· տրիտոն, խեցեմորթ կենդանի (ծովային)·

triturate (*ԹրիԹ'իուրէյԹ*) մանրել· փշրել· փոշիի վերածել·

triumph (*Թրայ'ամֆ*) յաղթանակ· փառատօն· ցընծութիւն· մեծ յաջողութիւն· յաղթատօն կատարել· գերակայութիւն ապահովել· փառաւորուիլ· յաղթական մուտք գործել· *—ant* յաղթական·

triumvir (*Թրայամ'վիր*) երեք միասին իշխողներէն մէկը, եռապետ (հին Հըռովմ)·

triune (*Թրայ'իուն*) եռամէկ· *triunity* (*Թրայիուն'իԹի*) երրորդութիւն·

trivalent (*Թրայ'վէյլընԹ*) (քիմի·) (ջրածնի) 3 հիւլէի միանալու կարողութիւն ունեցող· *trivalence* այս կարողութիւնը· եռազօրութիւն·

trivial (*Թրիվ'իըլ*) չնչին· փանաքի հասարակ· անօրեայ· *—ity* ոչնչութիւն· սնոտիք·

troche (*Թրո'քի, Թրոք, Թրոշ, Թրոչ*) դեղի նըշխար· խիւսակ·

trod, trodden (*Թրատ, Թըրատ'ըն*) (անց· ընդ· *tread*ի) կոխել· կոխած· կոխկռտած· կոխուած· կոխկռտուած·

troglodyte (*Թրակ'լոտայԹ*) քարայրաբնակ (անձ)· նզնաւոր·

troika (*Թրոյ'քէ*) եռաձի կառք (բալխիր ռուսական)·

Trojan (*Թրո'ճըն*) տրովադացի· Տրովադայի·

troll (*Թրոլ*) կարգաւ երգել· հրապուրելով որսալ

(ձուկ)· պտըտցնել· յանկերգ· հրապոյր· այրաբնակ գանան (սֆանտ· դից·)· *trolley, trolly* (*Թրա՛լի*) կառք· ձեռնակառք (երկանիւ)· նախաբակ՝ որ հանրակառքի վերեւ եղող թելը կը կապէ հանրակառքին· *trolleybus* առանց գծի քալող ելեկտրակառք· հանրակառք· *trolley-car* (*Թրա՛լի-քար*) (Ա·Մ·Ն·) հանրակառք (գծակառք)·

trollop (*Թրա՛լափ*) ծոյլ, անհոգ կին· չլդիկ· պոռնիկ· *to —* շլխտի ըլլալ· կեղտոտ ըլլալ·

trombone (*Թրամպ՛ոն*), trombonist (*Թրամ՛պոնիսԹ*) փողային երաժշտ· գործիք· ււագափող·

troop (*Թրո՛ւփ*) խումբ· երամ· դերասանախումբ· *—s* զօրք· *—er* (*Թրու՛փըր*) հասարակ զինուոր էհեծելազօրք· *— -ship* զօրք փոխադրող նաւ· *— -carrier* զօրք փոխադրող օդանաւ· *air-born —s* օդի գրոհի խումբեր· *— -horse* պատերազմի ձի (հեծելազօրքի)· համախմբուիլ· հաւաքուիլ· խմբել·

trope (*Թրո՛փ*) փոխաբերաբար գործածուած բառ (նախադասութիւն)· *tropical* (*Թրա՛փիքըլ*) այլաբանական· *tropologic(al)* (*Թրոփոլաճ՛իք[ըլ]*) այլաբանական լեզուով·

trophic(al) (*Թրաֆ՛իք[ըլ]*) սննդական· *trophology* (*Թրաֆա՛լաճի*) սննդագիտութիւն·

trophy (*Թրո՛ֆի*) յաղթանակ· յաղթանշան· աւար (զէնքերու)·

tropic (*Թրափ՛իք*) արեւադարձ· *T— of capricorn* (*— ավ քէփ՛րիքորն*) արեւադարձ այծեղջիւրի· *T— of cancer* արեւադարձ խեցգետնի· *—*, *—al* արեւադարձային·

troppo (*Թրափ՛փօ*) խիստ շատ· *non troppo* չափաւոր (երաժշտ·)·

trot (*ԹրաԹ*) վազք, ընդոստ քալուածք (ձիու)· մէկէն քալելու սկսիլ· արագ քալել (մարդ)· *to trot out* մէկուն զաղափարներուն մասին խօսիլ·

troth (*ԹրոԹհ*) ճշմարտութիւն· *to plight one's —* նշանուելու խօսք տալ·

trotters (*Թրո՛Թըրզ*) ոտքեր (խոզի)·

troubadour (*Թրու՛պըտուր*) աշուղ· շրջիկ բանաստեղծ (11-13 դարերուն) Ֆրանսայի եւ այլ եւրոպական երկիրներու մէջ·

trouble (*Թրապ՛լ*) նեղութիւն· տագնապ· վիշտ· նեղել· յուզել· վրդովել· խանգարել· *—r* նեղող· խանգարող· չարչրկող· *—some* գրգռիչ· նեղիչ· խրթին· *troublous* (*Թըրապ՛լըս*) նեղուած, չարչարուած, խանգարուած· շփոթ· անձկալի· *troublous times* տագնապալից օրեր (ժամանակներ)·

trough (*Թրաֆ*) տաշտ· գուռ (անասուններու կեր

(ջուր) տալու աման)· ջրորդան· փոս (երկու ալիքներու միջեւ գոյացած)· թաթառի պարագային մթնոլորտային ցածագոյն ճնշում ունեցող տեղը·

trounce (*թրաունս*) խստիւ պատժել (ծեծել)· լման պարտել· ուղղել· քշփել· չեխել·

troupe (*թրուփ*) թատերախումբ, դերասանախումբ· լարախաղացներու խումբ· *—r* (*թրու-փ'ըր*) թատերախումբի անդամ·

trousers (*թրաու'զըրզ*) (միշտ յոգ·) տաբատ· վարտիք· թոյլ (լայն) տաբատ (այրերու, կիներու)·

trousseau (*թրու'սօ*) հարսի օժիտ (գոյք)·

trout (*թրաութ*) անոյշ ջուրի ձուկ· կարմրախայտ (ձուկ)·

trow (*թրօ*) հաւատալ· ենթադրել թէ իրաւ է·

trowel (*թրաուըլ*) ծեփիչ (պզտիկ բահի ձեւով)· տնկահան փոքր բահ· ծեփիչով յարդարել· տնկահանով վերցնել (հանել)·

trowsers տես *trousers*.

troy-weight (*թրոյ'-ուէյթ*) Տրոյ (կշռաչափ որ թանկագին մետաղներ կշռելու կը ծառայէ)· մէկ լիպրան = 12 ունսի· իսկ մէկ ունսը = 31·1 կրամի·

truant (*թրու'ընթ*) ժամավաճառ· դպրոցէն փախած (աշակերտ)· ծոյլ· գործատեաց· *to —, to play —* գործէ (դպրոցէն) փախչիլ· *truancy* (*թրու'ընսի*), *truantship* (*—'շիփ*) գործէ (դպրոցէ) փախչիլը·

truce (*թրուս*) զինադուլ· դադար·

truck (*թրաք*) փոխանակել· սայլով տանիլ· բեռնակառք (բեռի ինքնաշարժ)· (Ա·Մ·Ն·) *lorry*. փոխանակում (ապրանքներու)· փերեզակի ապրանքներ· հնոտիք· մնացորդք· *to have no truck with* առնչութիւն չունենալ (բանի մը հետ)· *—age* (*թրաք'էյճ*) փոխանակումի դրութիւն· պարտէզի բերք (Ա· Մ· Ն·)·

truckle (*թրաքըլ*), *—-bed* անուակ· անուակաւոր մահիճ· *to —* շողոքորթել· քծնիլ·

truculent (*թրաք'իուլընթ*) վայրագ· անողորմ· կռուազան· *truculence* (*թրաք'իուլընս*), *truculency* (*թրաք'իուլընսի*) անողորմութիւն· վայրագութիւն·

trudge (*թրաճ*) քալել (խոնջած)· քալուածք (խոնջած)·

true (*թրու*) իրական· ճշմարիտ· հարազատ· հաւատարիմ· ճիշդ շտկել (մեքենան)· *truly* (*թրու'լի*) անկեղծօրէն· արդարեւ· ճշմարիտ· *—-blue* (*թրու'-պլու*) հաւատարիմ (վստահելի) մարդ· *truism* բացայայտ ճշմարտութիւն· —-*penny* (—-*փէնի*) ուղղամիտ (պարկեշտ) մարդ·

truffle (*Թրաֆ'լ*) գետնասունկ (ուտելի)· հողածածկ սունկ·

trull (*Թրալ*) պոռնիկ· փողոցի կին·

trump (*Թրամփ*) փող(ի ձայն)· շեփոր· *ear*-—, *speaking*-— խուլերուն ականջին դրուելիք փող, ձայնափող· *the last trump* աշխարհի վերջին օրը· վերջին դատաստանի օրը· *to trumpet* (*Թրամ'փէԹ*) փող հնչել (փչել)· հռչակել· փառաբանել· ներբողել· *to blow one's own trumpet* ինքզինք գովել·

trump (*Թրամփ*) խաբել· խարդախութիւն ընել· —*ery* (*Թրամ'փըրի*) խաբուսիկ բան· սնոտիք· անարժէք· *to* — *up* նիւթել· անխտիր հաւաքել·

truncate (*Թրանկ'ըէյԹ*) ծայրատել· կտրատել· հաշմել· —*(d)* (*Թրանկ'ըէյԹ[ըտ]*) ծայրատ երեւոյթ ունեցող· բուք·

truncheon (*Թրան'չն*) կարճ բիր (ոստիկանի)· լախտ· ծեծել·

trundle (*Թրան'տլ*) կլոր եւ գլորուող որեւէ բան· անուակ· ցածանիւ կառք (լոռի)· փոքր անիւներու վրայ թաւալել· դառնալ· —-*bed* (—'-*պէտ*) անուակաւոր մահիճ·

trunk (*Թրանք*) բուն· կոճղ· իրան· գլխաւոր մաս· գլխաւոր գիծ (հանրակառքի, շոգեկառքի, հեռաձայնի, եւայլն)· (նաեւ *trunk-line*) մեծադէ սնտուկ (արկղ)· —*s* լողալու նեղ վարտիք· կնճիթ, պատիճ (փիղի)· ծծոց (փիղի, միջատներու)· —-*call* հեռու տեղ հեռաձայնելը·

truss (*Թրաս*) խուրձ· ծրար· աղեկապ· ներցուկ (տանիքը վեր բռնող)· ծրարել· խուրձ ընել· վեր բռնել (տանիքը, եւայլն)· շամփուրել (հաւը) եփելէ առաջ· ամուր կապել·

trust* (*ԹրասԹ*) վստահութիւն· յոյս· աւանդ· պաշտօն· խնամք· հոգաբարձութիւն· ինչքի (կալուածի) գործածութիւն՝ ի նպաստ ուրիշի մը· *to* — վստահիլ· վստահութեամբ յանձնել· աւանդ դնել· —*ee* (*ԹրասԹի'*) աւանդապահ· խնամակալ· *trustful* (*ԹրասԹ'ֆուլ*) ամբողջովին վստահ· հաւատացող· —*worthy* (—'*ուըրտհի*) վստահութեան արժանի· վստահելի· ճշգրիտ· —*y* հաւատալի· վստահելի·

truth (*ԹրուԹհ*) ճշմարտութիւն· անկեղծութիւն· իսկութիւն· հաւատարմութիւն· —*ful* պարկեշտ· վստահելի· —*fulness* ճշմարտախօսութիւն· ճշմարտասիրութիւն· —*less* անվստահելի·

try (*թրայ*) փորձել. դատել. զտել (մետաղը մաքրել). վճիռ տալ. պահանջ դնել. ջանալ. *tried* (*թրայտ*) փորձուած. տառապած. արկածեալ. *trying* (*—'ինկ*) սիրտ հատցնող. *to — the eyes* աչքերը յոգնեցնել. *this is very trying* շատ կը ցաւցնէ (ջղայնացնէ).

try-square ուղղաչափ.

tryst (*թրայսթ*) ժամադրութիւն. ժամադրավայր. ժամադրուիլ.

Tsar, czar (*թսար*) ցար (Ռուսիա).

tsetse (*թսէթ'սէ, ցէթ'սէ*) ափրիկեան ճանճ մը՝ որ քնախտ կը պատճառէ.

T-square (*թի'-սքուէ'ր*) քանակ Tի ձեւով.

T. T. milk (*թի. թի. միլք*) բժշկականօրէն քննուած կովու կաթ՝ ստուգելու թէ թոքախտի մանրէ կա՞յ մէջը.

tub (*թապ*) տաշտ. տակառակ. դանդաղաշարժ նաւ.

tube (*թիուպ*) խողովակ. փող. սնամէջ գլան. (կըրնատ *tube-railway*ի) երկաթուղի՝ որ վիթխարի պողպատեայ խողովակներու միջեւ հաստատուած է. գլանաձեւ գործարան (մարմնի մէջ). թիթեղէ փոքր ընդունարան (ներկի, օծանելիքի, կակուղ օճառի, ակռայի դեղի, խէժի, եւայլն). բոյսի ցօղուն. հեծելանիւի (ինքնաշարժի) անիւին մէջի ձգախէժէ խողովակաձեւ անիւը. *tubular* (*թիու'պիուլըր*), *tubulate(d)* (*թիու'պիուլէյթ[ըտ]*), *tubulous* (*թիու'պիուլըս*), *tubulose* (*թիու'պիուլոս*) խողովակաձեւ. փողաձեւ.

tuber (*թիու'պըր*) մսոտ (կլոր) արմատ, ընդհողեայ ցօղուն. բոյսի մը արմատին վրայ ուռեցք. ուռ. *—ous, —ose* (*թիուպ'ըրըս, թիուպ'ըրոս*) զնդաւոր. ելնդաւոր. *—cle* (*թիու'պըրքըլ*) ուռ. թոքախտի պալար. *—cled* (*թիու'պըրքըլտ*) ուռ ունեցող. պալարաւոր. *—cular* (*թիուպըր'քիուլըր*) պալարային. ուռախտաւոր, թոքախտաւոր. *—culosis* (*թիուպըրքիուլօ'սիս*) կրճատ ձեւը *T.B.* հիւծախտ. թոքախտ. պալարախտ.

tuck (*թաք*) ծալք (զգեստը կարճցնելու համար). ծալքոտել. սրբել. հանգրինել. վերմակին տակ տեղաւորել. ծապաւինել. տփանք (բմբուկի). *to — away* ապահով քաքրստոցի մը մէջ դնել. *to — in* ուտել.

Tuesday (*թիուզ'տէյ*) Երեքշաբթի.

tufa (*թիու'ֆը*) տուֆա. հողաքար.

tuft (*թաֆթ*) ծոպ. վարսփունջ (մազի, փետուրի, եւայլն). ծոպով զարդարել. *—-hunter* (*—'-հանթ'ըր*) հացկատակ. պնակալէզ.

tuft (*թաֆթ*) կանաչ բըլ-բակ·

tug (*թակ*) ճիգ թափելով քաշել· դէպի առաջ հրել (ցնցումով)· դժուարաւ սանտրել (մազը, եւայլն)· ձգանաւ· նաւ tug-boat. — *of-war* (*թակ'-ավ-ուոր*) քաշքըշուք· պարանէ բռնած զիրար քաշելու խաղ·

tuition (*թիուիշ'ըն*) ուսուցում· քննութեան պատրաստելը· ուսումնագին· կրթագին· կրթաթոշակ·

tulip (*թիու'լիփ*) կակաչ·

tulle (*թուլ*) շղարշ·

tumble (*թամ'պլ*) գլորիլ· թաւալիլ· թաւագլոր իյնալ· գահավիժել, գիները յանկարծ իյնալ· հոս հոն թափել (պարպել)· *to — to* մէկէն ըմբռնել· գլորում· անկում· թաւալում· *—r* (*թամ'պլըր*) լարախաղաց· խեղկատակ· ջուրի գաւաթ· *tumbledown* քայքայուած· խարխլած·

tumbrel, tumbril (*թամ'պրէլ*) ծածկուած սայլ (թանակի մթերք փոխադրելու)· աղբատար սայլ· կառափնատ երթալիք զոհեր փոխադրող կառք·

tumefy (*թիու'միֆայ*) ուռիլ· ուռեցնել· *tumefaction* (*թիումիֆէ'շըն*) ուռ(եցք)·

tumid (*թիու'միտ*) ուռած· ցցուած· ուռուցիկ· փըքուռոյց· *—ity* ուռածութիւն· ցցուածութիւն·

tumour (*թիու'մըր*) ուռեցք· ուռ· այտոյց· խըլիրդ (քէնսըր)· *—ous* ուռած· ցցուած·

tumult (*թիու'մալթ*) ժըխոր· վլվլուկ· աղմուկ· փոթորիկ· *—uous* (*թիումալթ'իուըս*) խռովալից· վրդովեալ· խառնափնդոր·

tun (*թըն*) տակառ·

tuna (*թունէ*) որթձուկ· փշաւոր տանձ, հնդկաթուզ (*օբպպէր*)·

tundra (*թուն'տրէ*) արջային շրջանի սառած դաշտագետին (Ռուսիա)·

tune (*թիուն*) նուագ· եղանակ· ձայն· խազ· մտքի տրամադրութիւն (վիճակ)· ներդաշնակել· հնչել· եղանակել· *—ful* քաղցրաձայն· *in tune* մէկու մը միտքը եւ զգացումները ներդաշնակ վիճակի մէջ (իր միջավայրին հետ)· *out of tune* անհամերաշխ· տարակարծութեան մէջ· *to — in* հեռասփիւռը անանկ դասաւորել՝ որ ուզուած ալիքով մտիկ ընել կարելի ըլլայ·

tungston (*թանկ'սթըն*) տունքստըն· ծանրաքար· մետաղային տարր մը՝ որմէ ելեկտրական լամբարներու մէջի թելերը կը շինեն· թխագոյն մետաղ մը՝ որ երկաթը աւելի տոկուն դարձնելու կը ծառայէ·

tunic (*թիու'նիք*) կարճ թեւով թիկնոց (հին յոյն. եւ հռովմ.)· մարզանքի զգեստ (աղջիկներու)·

զինուորական տարազի բաճկոն.

tunnel (*թան'ըլ*) փապուղի. ներքնուղի. պեղել. փապուղի բանալ.

tunny (*թընի*) ծովային խոշոր ձուկ.

tup (*թափ*) խոյ. ցից գամելիք մուրճի գլուխը. արու ոչխարը (խոյը) զուգաւորել.

turban (*թըր'պըն*) ապարօշ, փաթթոց (այրերու գլխուն կամ գլխարկին վրայ). նեղ գդակ (գըլխանոց) կիներու.

turbid (*թըր'պիտ*) պղտոր. ցեխոտ. *—ness, —ity* (*թարպիտ'իթի*) պղտորութիւն.

turbine (*թըր'պին, թըր'պայն*) ջրանիւ. հարթանիւ (ելեկտրականութիւն արտադրելու կը ծառայէ). *turbo-jet* (*թըր'պոճէթ'*) ինքնամուղ գլան (կազի). *turbo-prop* (*թըր'պօ-փրափ'*) ինքնամուղ մեքենայ՝ որ սաւառնակի շռնչանիւին միացած կը գործէ.

turbot (*թըր'պաթ*) վահանաձուկ (ծովային խոշոր ձուկ).

turbulent (*թըր'պիուլընթ*) խռովեալ. անհանդարտ. խռովայոյզ. աղմկարար. կամակոր. *turbulence, turbulency* (*թըր'պիուլընսի*) խռովութիւն. աղմկարարութիւն. անկարգութիւն.

turd (*թըրտ*) դիրտ. աղբ.

tureen (*թըր'ին*) խոշոր աման (ապուրի յատուկ).

turf (*թըրֆ*) խարձ. կիզահող. հողածուխ. խարձով ծածկել. դալարազարդել. *on the —* ձիարշաւի հետ առնչուած.

turgent (*թըր'ճընթ*) ուռող. ուռի պէս բարձրացող. ուռուցիկ. փքուն. *turgescence* (*թըրճէս'էնս*), *turgescency* (*թըրճէս'էնսի*) փքարանութիւն. ուռում. այտում. *turgid* (*թըր'ճիտ*) ուռած. *turgidity* (*թըրճիտ'իթի*), *turgidness* (*թըր'ճիտնէս*) ուռում. ուռուցիկութիւն.

Turk (*Թըրք*) թուրք. օսմանցի. կատաղի մէկը.

Turkey (*Թըր'քի*) Թուրքիա. մայրաքաղաքն է (*Ankara*) Գաղատիա (Անգարա). *Turkish* թրքական.

turkey (*Թըր'քի*) հնդկահաւ.

turmoil (*թըր'մոյլ*) աղմուկ. կռիւ. տաժանք. տուայտանք. չարչրկել, ուժասպառ դարձնել. նեղել.

turn (*թըրն*) դառնալ. շըրջիլ. կախում ունենալ. պտուտքիլ. փոխուիլ. աւրուիլ. քացխիլ. յանգիլ. դարձնել. ձեւի բերել. շրջել. փոխել. թարգմանել. փոխադրել. ընել. սիրտը խառնել. թաւալում. պտոյտք. հանգամանք. ռն. դարձուածք. եղանակ. կերպարանք. կարգ. շրջան. հակում. գործ. արարք. *—about* (*թըրն'ըպաութ*) գբօսանք՝ շուրջանակի դարձող խաղալիք ձիերու հեծած. —*coat* (*Թըրն'-քո՛Թ*) դասալիք. ուխտաջանց. իր կուսակցութիւնը փոխող. —*er* (*Թըր'-նըր*) դարձող. դարձաբար. ճախարակիչ. —*ing* դարձնող. դարձուածք (ճամբու). ճախարակագործութիւն. *turning-point* դարձակէտ. ճգնաժամ. —*key* (—'*քի'*) բանտապահ. — *one's head* հպարտացնել. գըլխու պտոյտ պատճառել.

turn-out (*Թըրն'-աուԹ*) ելք. բանբող. արտադրութիւն. գործադուլ ընող. որեւէ հաւաքոյթի ներկայ եղողները. կառք եւ ձի. *to — in* անկողին երթալ. *to — off* հոսանքը կեցնել. *to — up* անակնկալ կերպով ժամանել. *to — down an offer* առաջարկ մը մերժել. *turn upon* յարձակիլ. *it is my* — իմ կարգս է. *in turn* կարգաւ. *to do a good* — ազնուութիւն մը գործել. *done to a* — լաւ եփուած.

turnpike (*Թըրն'փայք*) բաժադուռ. անցադուռ. —*road* գլխաւոր պողոտայ՝ որ տուրք վճարելու դուռ ունի.

turn-screw (*Թըրն'-սքրու*) նաեւ *screw-driver* պըտուտակի բանալի. *turn-up* (*Թըրն'-ափ*) ներքին դժուարութիւններ (տունի). բարձրացում. յեղափոխութիւն. —*about* (—' *ըպաուԹ*) փոփոխակի.

turnip (*Թըր'նիփ*) շողգամ.

turpentine (*Թըր'փէնԹայն*) բեւեկնախէժ. կրճատ ձեւ *turps*.

turpitude (*Թար'փիԹիուտ*) ստորնութիւն. անարգութիւն. ցոփութիւն.

turquoise (*Թըր'քուօյզ, Թըր'քօյզ*) կանաչորակ կապոյտ գոհար. —*green* կանաչի զարնող կապոյտ (գոյն).

turret (*Թար'էԹ*) մանր աշտարակ. թաւալող մանր աշտարակ նաւու (օդանաւի, հրասայլի վրայ).

turtle (*Թար'Թլ*) ծովի կըրիայ. տատրակ. նաեւ —*dove* (*ԹարԹլ'-տավ*). *to turn — (of a ship)* գըլխիվայր դառնալ. *a pair of —s* սիրահարներու զոյգ մը.

Tuscan (*Թաս'քըն*) տոսկանիոն.

tusk (*Թըսք, Թասք*) ժանիք (որ բերնին երկու կողմէն դուրս կը ցցուի). —*er* (*Թաս'քըր*) ժանեւոր (փիղ, եւայլն).

tussle (*Թաս'լ*) պայքար. պայքարիլ (անկարգօրէն).

tut, tut-tut (*ԹըԹ, ԹըԹ-ԹըԹ'*) ճիչ, բարկութիւն (անհամաձայնութիւն) բացայայտող.

tutelage (*Թիու'Թըլէյճ*) խնամակալութիւն. *tutelar(y)* (*Թիու'Թըլէր[ի]*) խնամակալային. մէկուն խնամակալ եղող.

tutor (*Թիու'Թըր*) իգ.

—*ess* պաշտպան· ուսուցիչ· վարժապետ, վարժուհի· անձնական (մասնաւոր ուսուցիչ)· *to* — խնամակալել· մասնաւոր դասեր տալ· ուսուցանել· կառավարել·

tuxedo (*Թըքսի'տօ*) երեկոյթի կարճ բաճկոն (Ա· Մ· Ն·)·

twaddle (*Թուատ'լ*) փուճ (անիմաստ) խօսակցութիւն· շաղփաղփիւն· —*r* շաղակրատ·

twain (*Թուէյն*) երկու· երկեակ· *in* — երկու մասի (կտրուած, բաժնուած)·

twang (*Թուէնկ*) շառաչ· շաչիւն· ռնգահնչիւն· *to* — ձիգ լարը մատով հնչեցնել (նուագ)· շառաչող ձայնով խօսիլ·

tweak (*Թուիյք*) կսմթել· կսմիթ·

tweed (*Թուիյտ*) բրդէ կերպաս (շեղ հիւսուածքով)·

'tween (*Թուիյն*) (կրճատում *between*ի) միջեւ·

tweeny (*Թուի'յնի*) խոհարարի օգնական սպասուհի·

tweezers (*Թուիզ'ըրզ*) փոքր ունելիի ձեւով աքցան· մազխիլ·

twelve (*Թուէլվ*) տասներկու (12)· *XII*. *twelfth* (*ԹուէլՖԹհ*) տասներերկրորդ·

twenty (*Թուէն'Թի*) քսան (20)· *XX*. *twentieth* (*Թուէն'ԹիէԹհ*) քսաներորդ· —-*fold* քսանապատիկ·

twice (*Թուայս*) երկու անգամ·

twiddle (*Թուիտ'լ*) խաղալ (ոչինչ բաներով)· շուրջանակի ոլորել (դարձնել)· *to — one's thumb* ընելիք գործ չունենալ· անգործ նստիլ·

twig (*Թուիկ*) ոստ· ճղիկ· —*gy* (*Թուիկ'կի*) ոստոտ· ոստանման·

twig (*Թուիկ*) նշմարել· հասկնալ·

twilight (*Թուայ'լայԹ*) այգ· մութնուլոյս· աղջամուղջ· արշալոյս· վերջալոյս·

twill (*Թուիլ*) շեղ հիւսուածք·

twin (*Թուին*) երկուորեակ· զուգածին· զոյգ· —-*brother*, —-*sister* երկուորեակ եղբայր (քոյր)·

twine (*Թուայն*) առասան· հիւսուածք (երկու կամ աւելի լարերու)· փաթթել· ոլորել· միահիւսել· փաթթուիլ· ոլորուիլ· *to* — *round* շուրջանակի ոլորել·

twinge (*Թուինճ*) սայրասուր ցաւ· վիշտ· կըսմթել, կսմռթել·

twinkle (*Թուինկ'քլ*) պըլպլալ· շողալ· քթթել· շողշողալ· արագ շարժել (ոտքերը)·

twirl (*Թուըրլ*) արագ դարձնել· արագ (շուրջանակի) դարձուածք· *to — one's thumbs* (*Թուըրլ ուան'զ ԹհըմզQ*) (երկու բթամատները իրարու շուրջ ոլորել)· ընելիք գործ չունենալ·

twist (*Թուիսթ*) ոլորել· փաթթել· դարձնել· ծռել· խեղաթիւրել· խաբել· ոլորուիլ· թնճկիլ· կնճռոտիլ· փաթթուիլ· ոլորում· գալարում· պարան· անբնականութիւն· —*ed* (*Թուիսթ՛ըտ*) ծռած· խեղաթիւրուած· դարձուած· ոլորուած· թնճկած· —*er* ծռող· խեղաթիւրող, խաբեբայ (մարդ)· թել·

twit (*Թուիթ*) չեխել· կըշտամբել· կշտամբանք·

twitch (*Թուիչ*) ցնցում· կծկում· կորզում· կըծկել· կորզել· — - *grass* մոլախոտ, մոլախոտ· *twitchy* դիւրագրգիռ·

twitter (*Թուիթ՛ըր*) ճռուողիւն· թեթեւ խնդուք· ճռուողել, ջղայնացած եւ արագօրէն խօսիլ· քեքեւել· *in a —* շատ յուզուած·

'twixt (*Թուիքսթ*) (կրճատ ձեւ *between*ի կամ *betwixt*ի) միջեւ·

two (*Թո՛ւ*) երկու· — - *decker* (*Թու՛–տէք՛ըր*) երկյարկանի գծակառք (ելեկտրակառք), պասնաեւ *double-decker bus.* — - *edged* (—՛*էճտ*) երկսայրի· տարտամ (նշանակութիւնով)· — - *faced* (—՛–*ֆէյստ*) երկու կողմով (երեսով)· երկերես, կեղծաւոր· — - *fold* (—՛–*ֆոլտ*) երկու պատիկ·

twopence (*Թափ՛ընս*) երկու փէննիինոց դրամ· — - *seater* (—՛–*սիյԹ՛ըր*) երկու հոգիինոց ինքնաշարժ· երկու հեծակի հեծանիւ (նաեւ *tendem bicycle*). — - *sided* (—՛–*սայտ՛ըտ*) երկու երեսով (կողմով)· շրջելի (կերպաս)· (փոխաբ·) երկդիմի· խորամանկ· խաբեբայ·

tycoon (*Թայքուն՛*) գործի մարդ·

tymbal (*Թիմ՛պըլ*) նաեւ *timbal* թմբուկ·

tympanum (*Թիմ՛փընամ*) ականջի թմբուկ· թըմբկախորշ (միջին ականջի)· դուրսի երես (շէնքի դուռի)· *tympanal*, *tympanic* (*Թիմ՛փընըլ*, *Թիմ՛փընիք*) թմբկանըման· միջին ականջի· *tympanist* (*Թիմ՛փէնիսթ*) թմբկահար·

type (*Թայփ*) տիպ· տիպար· օրինակ· նախատիպ· կնիք (մետաղադրամի երկու կողմին վրայ)· ձուլուած գիրեր· նշանատառեր· օրինակել· ներկայացնել· տառագրել (գրամեքենայով գրել)· դասաւորել· գրամեքենայ գործածել· — - *founder* (*Թայփ՛–ֆաունտ՛ըր*) գրաձուլիչ· — - *metal* (—՛–*մէԹ՛ըլ*) գըրամետաղ· — - *setting* (—՛–*սէԹ՛ինկ*) գրաշարութիւն· —*write* մեքենայով տպագրել· —*writer* (—՛*րայԹըր*) գրամեքենայ, նոյնը գործածող· *typic(al)* (*Թիփ՛իք[ըլ]*) տիպար· բնատիպ· խորհըրդանշական· *typify* (*Թիփ՛իֆայ*) կերպարանել· խորհրդանշել· *typist* (*Թայփ'իսթ*) գրամեքենայի վրայ գրող· *typographer* (*Թայփակ'րէֆըր*) տպագրիչ· *typography* (*Թայփակ'րէֆի*) տպագրութիւն· տըպելու կերպ·

typhlitis (*Թիֆլայ'Թիս*) կոյր աղիքի բորբոքում· կուրաղետապ·

typhlotomy (*Թիֆլոթ'ոմի*) կոյր աղիքի հատում·

typhoid (*Թայ'ֆոյտ*) դընդերային տենդ· ժանտատենդ՝ որ ջուրի կամ կաթի միջոցով կը փոխանցուի· նաեւ *enteric fever*.

typhoon (*Թայֆո՛ւն'*) ուրական· փոթորիկ·

typhus (*Թայ'ֆըս*) թիւֆիւս· բծաւոր տենդ· բծատենդ·

tyrant (*Թայ'րընթ*) իգ· *tyrantess* (*Թայր'ընթէս*) բռնակալ· բռնապետ· իր կամքը ուրիշին պարտադրող· *tyrannic* (*Թիրէ-ն'իք*), *—al* (*Թիրէն'իքլ*), *tyranous* (*Թիրէն'ըս*) բռնապետական· բռնաւորական· *tyrannise, —ize* (*Թիր'ընայզ*) բռնակալել· *tyranny* (*Թիր'էնի*) բըռնութիւն· բռնապետութիւն·

tyre (*Թայր*) տես *tire*.

Tyrian (*Թիր'իըն*) Տիւրոսի յատուկ· Սուր քաղաքի·

tyro, tiro (*Թա'յրօ*) համբակ· սկսնակ·

tyroma (*Թայրո'մը*) մաքաթափութիւն·

tyronism (*Թայ'րոնիզմ*) արուեստասիրութիւն·

tythe (*Թայտհ*) տես *tithe* տասանորդ տալ (հաւաքել)·

Tzar, Tzarina տես *Czar* Ցար (Ռուսիոյ միապետ [ներ], մինչեւ 1917)·

tzigani, tzigane (*ցիկան'ի*) Հունգարիոյ բոշայ (գընչու)·

U

U, u (*եու*) անգլերէն այբուբենի 21րդ տառը եւ 5րդ ձայնաւոր գիրը.

ubiquity (*եուպիք'ուիթի*) միեւնոյն ժամանակ ամէն տեղ գտնուիլը. *ubiquitous* (*եուպիք'ուիթըս*), *ubiquitary* (*եուպիք'ուիթէրի*) ամէն տեղ գտնուող. ամէնուրեքեան.

U-boat (*եու'-պոթ*) գերմանական ընդծովեայ.

udder (*ըտ'ըր*) կովու (եւ այլ կենդանիներու) ըստինք, ծիծ.

udometer (*եուտոմ'իթըր*) անձրեւաչափ (գործիք).

ugh (*ուհ*) զզուանքի բացագանչութիւն.

ugly (*ակ'լի, ըկ'լի*) տգեղ. *it looks* — վտանգաւոր կը թուի. *an — customer* վտանգաւոր անձ.

uhlan (*ու'լան*) նիզակներով զինուած երբեմնի գերման կամ աւստրիական ձիաւոր զինուոր.

Uitlander (*ուիթ'լէնտըր*) Հարաւ. Ափրիկէի (Թրանսվալի) եկուորներուն (մեծ մասամբ անգլիացի) տրուած անուն. օտարական.

ukase (*եուքէյս'*) ցարական հրովարտակ. ուքազ.

Ukraine, Ukrainia (*եուքրէյն', եուքրին'իը*) Ուքրանիա.

Ukrainian (*եուքրէյն'իըն, ուքրայն'իըն*) ուքրանական. ուքրանացի.

ukulele (*եուքուլէյ'լի*) հաւայեան կիթառի նմանող փոքր նուագարան.

ulcer (*ըլ'սըր*) մորթի վրայ (մարմնէն ներս, յատկապէս ստամոքսի մէջ) վէրք. խոց. կեղ. *—ate* խոց (կեղ) գոյացնել. վէրքի վերածուիլ.

ulna (*ըլ'նը*) բազուկի վարի մասին ներքին ոսկորը. ծղոսկր.

ulster (*ըլ'սթըր*) երկար եւ մէջքէն գօտիով վերարկու. անձրեւանոց.

ult (*ըլթ*) (լատին. *ultimo* [*ըլթիմօ*] բառին կրճատ ձեւը) անցեալ ամիս. օր. *yours of 28th ult.* անցեալ ամսուան 28ի նամակդ.

ulterior (*ըլթիյ'րիըր*) անդին, միւս կողմը հաստատուած. յետին. անկեղծօրէն չբացայայտուած (շարժառիթ)։

ultimate (*ըլ'թիմիթ, ըլ'թիմէյթ*) ամենավերջին. ամենէն հեռաւոր. եզրափակիչ։

ultimatun (*ըլթիմէյ'թըմ*) վերջնագիր (պատերազմի սպառնալիքով)։

ultra - (*ըլ'թրը –*) նախաբառ՝ շատ, ծայրա—, անդրա— իմաստով. օր.՝ — - *careful* ծայրայեղ ուշադիր. — - *microscopic* անդրմանրադիտային, զոր կարելի չէ մանրադիտակով տեսնել։

ultramarine (*ըլ'թրըմըրի՛ն*) շատ փայլուն կապոյտ. անդրծովեան։

ultrasonic (waves) (*ըլ'թրըսոնիք*) (*ուէյվս*) անդրձայնային (ալիքներ)։

ultra-violet (*—'-վայըլէթ*) անդրմանիշակագոյն։

ultra vires (*ըլ'թրը վայրիզ*) մէկուն ուժերէն վեր։

umber (*ըմ'պըր*) թուխ գոյն. շուք. շուք ընել. թուխ ներկել. *burnt* — կարմիր-սրճագոյն։

umbilicus (*ըմպիլի'քըս*) պորտ. *umbelical cord* պորտալար։

umbra (*ըմ'պրը*) երկրագունդի շուքը լուսինի վրայ (լուսինի խաւարումի ժամանակ)։

umbrage (*ըմ'պրիճ*) դժգոհութիւն. շուք. *to take — at* ըսուած խօսքի մը դէմ զայրանալ։

umbrella (*ըմպրէլ'ը*) հովանոց։

umpire (*ըմ'փայր*) իրաւարար (խաղի մէջ)։

umpteen (*ըմփ'թի՛ն*) անթիւ, անհամար։

un - (*ըն –*) ժխտական նախդիր (գոյականներու, ածականներու, մակբայներու եւ բայերու). օր.՝ *unhappy* ապերջանիկ։

un - (*ըն –*) նախամասնիկ, որ ցոյց կու տայ՝ բան մը իր նախկին վիճակին բերել. օր.՝ *untie* քակել, թուլցնել։

unabashed (*ընըպէշթ'*) անամօթ։

unable (*ընէյ'պլ*) անկարող. անատակ։

unabridged (*ըն'էպրիճտ*) չկրճատուած. ամբողջական (բնագիր)։

unacceptable (*ընըքսէփ'թըպլ*) անընդունելի. անբաղձալի։

unaccommodating (*ընըքոմ'ոտէյթինկ*) դժուարահաճ. անբարեմոյն։

unaccordant (*ընըքոր'տընթ*) աններդաշնակ։

unaccountable (*ընըքաունթըպլ*) անբացատրելի. անպատմելի։

unaccustomed (*ընըքաս'թըմտ*) անվարժ. անսովոր։

unadulterate(d) (*ընըտըլ'թըրէյթ[տ]*) մաքուր. զուտ։

unaffected (*ընըֆէքթ'տ*) չազդուող. անկարեկիր. ուղիղ. անկեղծ։

unalterable (*ընօլ'թըրըպլ*) հաստատ. անփոփոխելի։

unamiable (ընէյ՛միըպըլ) անբարեհամբոյր·

unanimous (եունէն՛իմըս) միաձայն· բոլորը նոյն միտքով· —*ly* միաձայնութեամբ·

unapprehensible (ընէփրի-հէն՛սիպըլ) անըմբռնելի·

unarmed (ընարմ՛տ) անզէն· *to unarm* զինաթափ ընել·

unashamed (ընըշէյմտ՛) անամօթ·

unassuming (ընըսիու-մ՛ինկ) համեստ· չափաւոր· հանդարտաբարոյ·

unattended (ընընթէնտ՛տ) առանձինն (առանց սպասաւորի ընկերակցութեան)·

unauthorised (ընո՛թհարայզտ) անվաւեր· չլիազօրուած·

unavoidable (ընըվոյտ՛ըպըլ) անխուսափելի·

unaware (ընըուէյր՛) անտեղեակ· անծանօթ· —*s* անակնկալօրէն (առանց նախապէս տեղեակ ըլլալու)·

unbalanced (ընպէլ՛ընստ) անհաւասարակշիռ· *of — mind* խենդ·

unbearable (ընպէյր՛ըպըլ) անտանելի· անհանդուրժելի·

unbeaten (ընպի՛թըն) անյաղթելի· անկոխ· անգերազանցելի·

unbecoming (ընպիքա-մ՛ինկ) չվայլող· վրան անյարմար եկող·

unbeknown (ընպինօ՛ն) անծանօթ·

unbelief (ընպիլիյֆ՛) ըսկեպտիկութիւն· անհաստատութիւն· *unbeliever* սկեպտիկ· անհաւատ·

unbelt (ընպ՛էլթ) գօտին քակել (թուլցնել)·

unbend (ընպէնտ՛) թուլցնել· մեղմացնել· —*ing* անպարտելի· անկոտրուն· յամառ· դաժան·

unbind (ընպայնտ՛) քակել (կապերը)· թուլցնել· գիրքի մը կողքերը հանել·

unborn (ընպորն՛) տակաւին աշխարհ չեկած· ապագայ·

unbosom (ընպուզ՛ըմ) գաղտնիքները (մտածումներն ու զգացումները) բացայայտել·

unbowed (ընպաուտ՛) անընկճելի·

unbridled (ընպրայ՛տըլտ) անզուսպ (կիրք, զայրոյթ, եւայլն)·

unbroken (ընպրո՛քըն) ամբողջական· շարունակական· չընտելացած (ձի)·

unburden (ընպըր՛տըն) բեռնաթափել· միտքը խաղաղեցնել·

unbusinesslike (ընպիզ՛նէսլայք) ոչ-գործավարի· անմեթոտիկ·

uncage (ընքէյճ՛) ազատ արձակել (վանդակէն)·

uncalculated (ընքէլ՛քիուլէյթտ) չնախատեսուած· չակնկալուած·

uncanny (ընքէն՛ի) տարօրինակ· անբնական·

uncaused (ընքօ՛զտ) անպատճառական· առանց պատճառի· ինքնագոյակից·

uncertain (ընսըր՛թըն) անվստահ· անորոշ· անապահով·

unchain (*ընչէյն'*) շղթաներէն (ստրկութենէն) ազատագրել· շղթայազերծել·

unchangeable (*ընչէյնճ'ըպըլ*) անփոփոխելի·

uncharted (*ընչար'թտ*) տակաւին քարտէսին վրայ չարձանագրուած (տակաւին չհետազօտուած)·

uncivil (*ընսիվ'իլ*) անքաղաքավար· կոշտ· բարբարոս·

uncle (*ընկ'ըլ*) հօրեղբայր (քեռի)· ոեւէ տարիքոտ մարդ· *Uncle Sam* Միացեալ Նահանգները խորհրդանշող՝ ամերիկեան քաղաքացի·

uncomfortable (*ընքամ'ֆըրթըպըլ*) անհանգստաւէտ· անհանդարտ· աննպաստ·

uncommercial (*ընքամըր'շըլ*) ոչ-վաճառելի· առանց շահու շարժառիթի·

uncommon (*ընքամ'ըն*) անսովոր· արտակարգ· հազուագիւտ·

uncompleted (*ընքամփլի'թըտ*) անկատար· անաւարտ·

uncompromising (*ընքամփրոմայ'զինկ*) անզիջող· տեղի չտուող·

unconcealed (*ընքընսիյլտ'*) չպահուած· բաց կերպով ցոյց տրուած· անկեղծ·

unconscionable (*ընքան'շընըպըլ*) տրամաբանութեան հետ անհաշտ· անտրամաբանական· անարդար·

unconscious (*ընքան'շըս*) անգիտակից· անտեղեակ· *the unconscious* անգիտակիցը (հոգեվերլուծութեան մէջ միտքի այն մասը՝ որ կը թուի թէ կը գործէ առանց կամքի գիտակցական ուժին)·

unconstitutional (*ընքանսթիթիու'շընըլ*) հակասահմանադրական (պետութիւն, ընկերութիւն, եւայլն)·

uncontrollable (*ընքընթրոլ'ըպըլ*) անհակակշռելի· անկառավարելի· *uncontrolled* չհակակշռուած· կառավարութեան կողմէ չհակակշռուած գին·

uncover (*ընքավ'ըր*) քօղազերծել· տեսանելի դարձնել· անպաշտպան ձգել·

unction (*ընկք'շըն*) միւռոնով օծում· օծանելիք· շնորհալիութիւն· *extreme* — (մահամերձի) վերջին օծում (եկեղց· ծէս)·

undated (*ընտէյ'թտ*) անթուակիր (նամակ)·

undaunted (*ընտօն'թտ*) անվախ· *—ly* անվախօրէն· քաջաբար·

undeceive (*ընտիսիվ'*) խաբկանքէ ազատել· պատրանքը փարատել·

undecennial (*ընտիսէն'իըլ*) տեւական· 11 տարուան շրջան· 11 տարին անգամ մը պատահող·

undecided (*ընտիսայ'տտ*)

անվճռական. անվճռակամ. վարանոտ.

undecipherable (ընտիսայ'ֆըրըպլ) անլուծելի. անընթեռնլի.

undeclared (ընտիքլէյըտ') մաքսատան մէջ չյայտարարուած (ապրանքներ).

undefended (ընտիֆէն'տըտ) անպաշտպան. դատարանի մէջ անպաշտպան ձգուած (ամուսնալուծութեան եւ այլ պարագաներ).

undefined (ընտիֆայնտ') չսահմանուած. չփոթ. *undefinable* անսահմանելի.

undemocratic (ընտէմոք'րէթիք) հակաժողովրդավարական. հակադեմոկրատական. մենատիրական.

undeniable (ընտէնայ'ըպլ) անուրանալի. անժխտելի. որոշ. բացայայտ.

undependable (ընտիփէն'տըպլ) անվստահելի. վըրան կարելի չէ յոյս դընել.

under (ըն'տըր) տակը. վարը. աւելի պակաս (քան). ենթակայ. ստորադաս. — *age* 21 տարեկանէն պակաս. — *arms* զէնքի տակ. — *cover* պաշտպանութեան տակ (զէնքով). — *fire* կրակի տակ. — *the influence* կէս գինով. — *repair* նորոգութեան մէջ. — *sail* նաւարկութեան ընթացքին. — *these circumstances* այս պարագաներուն տակ. — *one's breath* փսփսալով. շշնջալով. — *the rose* գաղտնի. — *orders* հրամանի տակ.

undercover (men) (ըն'տըրքավըր) կառավարութեան դէմ քօղածածուկ (գաղտնի) աշխատանք տանող (անձեր). գաղտնի սպասարկութեան անդամներ.

under-developed (ընտըրտիվէլ'ոփտ) թերաճ (երկիր, մարդ). անյաջող (լուսանկար).

underdo (ընտըրտու') պակասաւոր ընել (բան մը). լաւ չեփել. —*ne* լաւ չեփած միս.

underestimate (ընտըրէս'թիմէյթ) ստորագնահատել. թերագնահատել.

undergarment (ըն'տըրկարմընթ) ներքնազգեստ.

undergo (ընտըրկօ') (անց. *underwent,* անց. ընդ. *undergone*) ենթարկուիլ. կրել (փոփոխութիւն, եւայլն).

undergraduate (ընտըրկրէտ'իուէյթ) համալսարանի ուսանող (որ *B.A.,* *B.Sc.* եւ այլ աստիճաններ պիտի ստանայ).

underground (ըն'տըրկրաունտ) ընդյատակեայ. գաղտնի (կազմակերպութիւն). մեթրօ.

undergrowth (ըն'տըրկրօ'թհ) մացառ. փոքր ծառեր, թուփեր՝ հսկայ ծառերու կողքին.

underhand (ըն'տըրհէնտ) ձեռքի տակէ. գաղտնի կերպով.

underived (*ընտիրայվտ'*) բնական. սկզբնական.

underlet (*ընտըրլէթ'*) աժան գինով վարձու տալ.

underline (*ընտըրլայն'*) ստորագծել. շեշտել.

underling (*ըն'տըրլինկ*) ստորադաս (պաշտօնեայ).

underman (*ընտըրմէն'*) սահմանափակ թիւով անձեր վարձել (աշխատանքի համար).

undermentioned (*ընտըր-մէն'շընտ*) ստորեւ յիշուած, աւելի վերջը յիշուած (գիրքի մը մէջ).

undermine (*ընտըրմայն'*) ականահարել. տակէն փորել. տկարացնել. —*d health* փխրուն առողջութիւն.

underneath (*ընտըրնիթհ'*) տակը. ցածը. աւելի վարը (տեղ մը).

undernourished (*ընտըր-նըր'իշտ*) անբաւարար կերպով սնած. վատ սընունդ ստացած.

under-populated (*ընտըր-փափ'իուլէյթտ*) ցած (նուազ) բնակուած (շըրջան).

underproof (*ըն'տըր-փրուֆ*) որոշուած չափէն պակաս ալքոհոլ պարունակող (խմիչք).

underrate (*ընտըրրէյթ'*) ստորագնահատել. — (*ըն'տըրրէյթ*) իրական արժէքէն աւելի ցած գին.

underscore (*ընտըրսքոր'*) բառերը ընդգծել (շեշտելու կամ ուշադրութիւն հրաւիրելու համար).

under-secretary (*ըն'տըր-սէք'րըթըրի*) օգնական քարտուղար. ենթաքարտուղար. խորհրդական.

undersign (*ընտըրսայն'*) ստորագրել. հաւանիլ. *I, the —ed* (ես,) ստորագրեալս.

under-sized (*ըն'տըր-սայզտ*) սովորական չափէն փոքր. թզուկ.

underskirt (*ըն'տըրսքըրթ*) կիսաշրջազգեստ.

understand (*ընտըրսթէնտ'*) հասկնալ, ըմբռնել (իմաստը). *an —ing with* համաձայնութիւն (մէկուն հետ).

understate (*ընտըրսթէյթ'*) ճշմարտութիւնը միայն մասամբ յայտնել.

understood (*ընտըրսթուտ'*) (անց. եւ անց. ընդ. *understand*ի) հասկցաւ. հասկցած. հասկցուած.

understrapper (*ընտըրսթրէփ'ըր*) ստորադաս (անկարեւոր) պաշտօնեայ.

understudy (*ըն'տըրսթըտի*) դերասանի մը դերը սորվիլ՝ որպէսզի իր տեղը կարելի ըլլայ խաղալ հիւանդութեան պարագային.

undertake (*ընտըրթէյք'*) (*undertook* անց. *undertaken* անց. ընդ.) պարտականութիւն (գործ) մը ստանձնել (իր վրայ առնել). —*r* ձեռնարկող. թաղման գործը կատարող.

undertone (*ըն'տըրթօն*)

ուրիշէ մը աւելի ցած ձայն (փսփսուք)․ հանդարտ գոյն․
undertow (ընտըրթօ՛) ծովեզերքէն դէպի ետ քաշուող ջուրի հոսանք․ ետքահոսանք․
undervalue (ընտըրվէլ՛իու) ստորագնահատել․ թերեւ գնահատել․
underwear (ըն՛տըրուէ՛ր) ներքնազգեստ(ներ)․
underwood (ըն՛տըրուտ) մացառուտ․ խսկայ ծառերուն կից անող փոքր ծառեր (թուփեր)․
underwork (ընտըրուըրք՛) աւելի ցած գինով աշխատիլ․ իրմէ ակնկալուածէն աւելի քիչ աշխատիլ․ ականահարել (գործ մը)․
underworld (ըն՛տըրուըրլտ) դժոխք․ ենթաշխարհ․ չարագործներ (խուլիգաններ)՝ որոնք քաղաքի մը մէջ կը գործեն․
underwrite (ընտըրրայթ՛) (անց․ *underwrote,* անց․ ընդ․ *underwritten)* երաշխաւորել․ ապահովութիւն տալ թէ վնասուց հատուցում պիտի տրուի՝ եթէ տուեալ ապրանք մը կորսուի (աւրուի, եւայլն)․ *—r* ապահովագրող․ *—ting* ապահովագրութիւն․
underwrought (ընտըրրո՛թ՛) (անց․ եւ անց․ ընդ․ *underwork*ի)․
undeserved (ընտիզըրվտ՛) անարժան․
undesirable (ընտիզայր՛ըպըլ), undesirous (ընտիզայր՛ըս) անցանկալի․
undetermined (ընտէթըր՛մինտ) անվճռական․ վարանոտ․ անվճռակամ․
undeveloped (ընտիվէ՛լըփթ) չզարգացած (երաժ)․ չմշակուած (խոպան) հող․
undid (ընտիտ՛) (անց․ *undo*ին)․
undies (ըն՛տիզ) կանանց ներքնազգեստներ․
undifferentiated (ընտիֆըրէն՛շիէյթտ) համասեր․ համազգի․
undigenous (ընտիճ՛էնըս) ջրածին․ ջուրէն սերած․
undigested (ընտիճէս՛թտ) չմարսուած․ չըմբռնուած․ չվերլուծուած․
undiluted (ընտայլիու՛թտ) զուտ․ մէջը ջուր չխառնուած․ պարզ․ կոկիկ․
undisciplined (ընտիս՛իփլինտ) կարգ կանոնի չենթարկուող․ անկարգ․
undisposed (ընտիսփոզտ՛) անտրամադիր․
undisputed (ընտիսփիու՛թըտ) որեւէ առարկութիւն չվերցնող․ անառարկելի․ անհերքելի․
undo (ընտու՛) (անց․ *undid,* անց․ ընդ․ *undone)* քակել (հանգոյցը)․ ջնջել (կատարուած գործ մը իր նախկին վիճակին բերել)․ քանդել․ թուլցնել․ *undone* կործանած․
undoubted (ընտաութ՛տ) անկասկած․ որոշապէս․
undress (ընտրէս՛) հանուիլ․ հագուստները հանել․ սպայի պարզ հա-

զուստ. ոչ-պաշտօնական հագուստ (երբ պաշտօնի վրայ չէ).

undue (*ընտիու'*) չափազանցուած. պոռոտ. անհարկի.

undulate (*ըն'տիուլէյթ*) ծածանիլ. ծփալ. ալիքաւորուիլ.

unearth (*ըներրթհ'*) պահուած բան մը երեւան հանել.

unearthly (*ըներրթհ'լի*) անսովոր. աներկրային. արտաքնական. *at an — hour* շատ կանուխ(էն).

uneasy (*ընի'զի*) տակնուվրայ եղած, մտահոգուած. անհանգստաւէտ.

unending (*ընէն'տինկ*) անվերջանալի. անդադրելի.

unenlightened (*ընինլայթ'ընտ*) շատ տգէտ. խաւարամիտ.

unequal (*ընի'քուըլ*) անհաւասար (երկայնութիւն, ծանրութիւն, ոյժ).

Unesco (*եունէս'քօ*) (*United Nations Educational, Scientific and Cultural Organisation*) Միացեալ Ազգերու Կըրթական, Գիտական եւ Մշակութային Կազմակերպութիւն. հիմնուած է 1945, Նոյեմբերին.

uneven (*ընի'վըն*) անհարթ. անհաւասար (երկարութեամբ կամ որակով). անզոյգ թուանըշան.

unfadable (*ընֆէյ'տըպըլ*) անթառամ. միշտ թարմ մնացող. *unfading* յարատեւ. յաւիտենական.

unfailing (*ընֆէյ'լինկ*) ուղիղ. անվրէպ. տեւապէս հաւատարիմ. անսպառ.

unfair (*ընֆէր'*) անարդար. անճիշդ. խաղի մը օրէնքներուն դէմ.

unfaithful (*ընֆէյթհ'ֆուլ*) անհաւատարիմ (կին, այր). անպարկեշտ. անվստահելի.

unfasten (*ընֆէս'ըն*) քակել. թուլցնել.

unfathomable (*ընֆէթհը'մըպըլ*) անչափելի. անյատակ. անըմբռնելի.

unfeeling (*ընֆի'լինկ*) կարծրասիրտ. դաժան. անազնիւ.

unfeigned (*ընֆէյն'տ*) իրական. հարազատ. անկեղծ.

unfounded (*ընֆաունտ'ըտ*) անհիմն. չհիմնաւորուած.

unfrock (*ընֆրոք', ընֆըրաք'*) փիլոնազուրկ ընել (քահանայ մը).

unfurl (*ընֆըրլ'*) քակել (ծալքերը). բանալ. տարածել.

ungainly (*ընկէյն'լի*) անճարակ. անշնորհ.

ungraceful (*ընկրէյս'ֆուլ*) անճոռնի. անվայելուչ.

ungrateful (*ընկրէյթ'ֆուլ*) ապերախտ. չգնահատող. աշխատանքի վարձքը չվճարող.

ungual (*ըն'կուըլ*) եղընգային, սմբակաւոր (կենդանիներ).

unguent (*ըն'կուընթ*) ըսպեղանի. մորթին քըս-

ուած իղ (իբր դեղ գործածուած)։
unhand (ընհէնտ՛) ազատ արձակել։ —y անճարակ։
unhappy (ընհէփ՛ի) ապերջանիկ։ թշուառ։ վարուելակերպ չգիտցող։
unheard (ընհըրտ՛) չլըսուած։ նախապէս տեղի չունեցած։
unheedy (անհի՛տի) անհոգ։ հապճեպ։
unhinged (ընհինճտ՛) խախտած։ խանգարուած։ *unhinged mind* խենթ։
uni- (եունի –) նախաբառ՝ որ կը նշանակէ մէկ։ *unicorn* (եու՛նիքորն) միեղջիւրեայ (կենդանի)։
uniaxial (եունիէքս՛իըլ) մէկ առանցք ունեցող։ մէկ ուղղութիւն ունեցող՝ որուն երկայնքէն լոյսի ճառագայթները կրնան ճամբորդել առանց երկճիւղուելու։
unicellular (եունիսէլ՛իուլըր) միաբջիջային։
uniform (եու՛նիֆորմ) համազգեստ։ համանման։
unify (եու՛նիֆայ) միաւորել։ միաձեւ դարձնել։ *unification* միաձուլում։ *unified party* միացեալ կուսակցութիւն։
unimpeachable (ընիմփի՛չըպլ) անմեղ։ կասկածելի չեղող։ անմեղադրելի։
Union (եուն՛իըն) միութիւն։ համադաշնակցութիւն։ ամուսնութիւն։ ներդաշնակութիւն։ *The Union Jack* Մեծն Բրիտանիոյ եւ Հիւս. Իրլանտայի դրօշակը։ *trade-Union* արհեստակցական միութիւն։ *U. S. S. R. (Union of Soviet Socialist Republics)* Ս. Ս. Ռ. Մ. (Խ. Ը. Հ. Մ.) Խորհրդային Ընկերվարական Հանրապետութիւններու Միութիւն։ *Unionist* Մեծն Բրիտանիոյ Պահպանողական Կուսակցութեան անդամ։ միութենական։
unique (եունի՛ք) իր տեսակին մէջ միակը։ անզուգական։
unison (եու՛նիսըն) ներդաշնակութիւն։ միաձայնութիւն։ *to sing in* — միաձայնութեամբ երգել։
unit (եու՛նիթ) միաւոր։ խումբը իբր մէկ նկատուող։ միութիւն։
Unitarian (եունիթէր՛իըն) Սուրբ Երրորդութիւնը (Հայր, Որդի, Սուրբ Հոգի) ժխտող։ միադաւան։
unite (եունայթ՛) միացնել։ միաւորել։ ընկերացնել։ կցել։ միասին ապրիլ։ ներդաշնակել։ —*d* միացեալ։ *United Nations* Միացեալ Ազգեր (Բ. Աշխարհամարտի ընթացքին՝ 1942, Յունուար 1ին Միացեալ Ազգերու Յայտարարութեան յարող պետութիւններ)։ *United Nations Organization (UNO)* Միացեալ Ազգերու Կազմակերպութիւն (ՄԱԿ)՝ որ կեանքի կոչուեցաւ Բ. Աշխարհամարտի աւարտին՝ 1945ին։

United States (of America) (U.S.A.) Ամերիկայի Միացեալ Նահանգներ (Ա.Մ.Ն.). *United Arab Republic (UAR)* Արաբական Միացեալ Հանրապետութիւն (Ա.Մ.Հ., Եգիպտոս). *United Kingdom* Միացեալ Թագաւորութիւն (Մեծն Բրիտանիա). *unity* (*եու՛նիթի*) միութիւն. միասնականութիւն. ամբողջութիւն.

universal (*եունիվըր՛սըլ*) տիեզերական. համաշխարհային. ընդհանուրին վերաբերող.

universe (*եու՛նիվըրս*) տիեզերք. աշխարհ. երկրագունդ.

university (*եունիվըր՛սիթի*) համալսարան.

unkempt (*ընքէմփթ՛*) թափթփած, անխնամ հագուած. — *hair* չսանտրըւած (չխոզանակուած) մազ.

Unknown (Soldier) (*ըննո՛ն՛ [սոլճըր]*) Անծանօթ Զինուոր.

unless (*ընլէս՛*) եթէ ոչ. այլապէս. բացի եթէ.

unlettered (*ընլէթ՛ըրտ*) անգրագէտ. անգրաճանաչ.

unload (*ընլո՛տ՛*) բեռնաթափ ընել. բեռը պարպել (թեթեւցնել).

unlock (*ընլոք՛, ընլաք՛*) բանալ դուռը՝ կղպանքը դարձնելով.

unlooked for (*ընլուքտ՛ ֆոր*) չակնկալուած. չնախատեսուած.

unman (*ընմէն՛*) քաջութիւնը (ուժը) առնել. առնազրկել. կրաւորական դարձնել. յուսահատեցնել. —*ly* նուաստ. գածոզի.

unmarried (*ընմէր՛իտ*) ամուրի. ամուսնալուծուած. *to unmarry* ամուսնալուծուիլ.

unmistakable (*ընմիսթէյ՛քըպըլ*) անսխալական. բացայայտ.

unmoral (*ընմոր՛ըլ*) ոչ-բարոյական. հակակենցաղային.

unmusical (*ընմիու՛զիքըլ*) աններդաշնակ. խժալուր. անհետաքրքիր (անատակ) երաժշտութեան մէջ.

unnatural (*ըննէչ՛ըրըլ*) անբնական. անհրապաշտ.

unnavigable (*ըննէվ՛իկըպըլ*) աննաւարկելի.

unnecessary (*ըննէս՛էսըրի*) անհարկի. անհրաժեշտ չեղող. անպէտ.

unnerved (*ըննըրվտ՛*) վախկոտ. անջիղ. տկար.

unpack (*ընփէք՛*) քակել (կապոցը). կապոցէն (սնտուկէն) հանել. պարպել (սնտուկի, եւայլն) բովանդակութիւնը.

unpaid (*ընփէյտ՛*) անվճար. անվճար մնացած. տակաւին առկախ. պատուակալ.

unpalatable (*ընփէլ՛էթըպըլ*) անհաճոյ. անհամ. անախորժ.

unparalleled (*ընփէր՛ըլէլտ*) հաւասարը չունեցող. անզուգական. աննախընթաց.

unpopular (*ընփափ՛իուլըր*)

անժողովրդական․ հաւանութեան չարժանացող․

unprecedented (ընփրէսէ-տէն'թտ) աննախընթաց․ բոլորովին նոր․

unpremeditated (ընփրի-մէտ'իթէյթտ) նախապէս չծրագրուած․ տարերային․ ոչ-կանխամտածուած․

unquote (ընքուօթ') մէջբերումի չակերտը գոցել․

unravel (ընրէվ'ըլ) թըն-նուկը (հանգոյցը) քակել․ դժուար խնդիր մը պարզաբանել․

unreal (ընրի'ըլ) անիրական․ խաբէական․

unreasonable (ընրի'զընը-պըլ) անտրամաբանական․ անհեթեթ․ այլանդակ․

unremitting (ընրիմի-թ'ինկ) անդադար․ յարատեւ․

unrest (ընրէսթ') անհանդարտութիւն․

unrighteous (ընրայ'թիըս, —չըս) անարդար․ անօրինական․ անհաւատար․

unripe (ընրայփ') չհասունցած․ խակ․

unrobe (ընրո'պ) մերկացնել․ հագուստները հանել․

Unrra (ըն'րա) *U. N. R. R. A. (United Nations Relief and Rehabilitation Administration)* Միացեալ Ազգերու Նըպաստի եւ Վերականգնումի Խնամակալութիւն․ Բ․ Աշխարհամարտէն ետք կեանքի կոչուած կազմակերպութիւն՝ պատերազմէն տուժած ժողովուրդներու տնտեսական դըժուարութիւնները բառնալու համար․ Իւնրա․

unruffled (ընրըֆ'ըլտ) հանդարտ․

unruly (ընրու'լի) անկառավարելի․ անզուսպ․ օրէնքներուն չհնազանդող․

unsafe (ընսէյֆ') անապահով․ վտանգալից․ *—ness* անապահովութիւն․

unsavoury (ընսէյ'վըրի) անհաճոյ․ անհամ․

unseal (ընսիլ') կնիքը քակել (բանալ)․

unseasonable (ընսիզ'ընը-պըլ) անժամանակ․ իր ժամանակէն դուրս․

unseen (ընսին') անտեսանելի․

unsew (ընսօ') կարը քակել․

unstrung (ընսթրընկ') անպիրկ․ թոյլ․ *his nerves are all —* միտքն ու ըզգացումները հակակշռէ դուրս ելած են․

unsuitable (ընսութ'էպըլ) անյարմար․

unsupportable (ըն'սըփոր-թ'ըպըլ) անտանելի․ անհանդուրժելի․

unthrone (ընթրօն') գահազրկել․

untidy (ընթայ'տի) թափթփած․ կոկիկ չեղող․

untie (ընթայ') քակել․ թուլցնել․

until (ընթիլ'), till (թիլ) մինչեւ որ․ *until now* մինչեւ տուեալ պահը․ ցարդ․

untitled (ընթայ'թըլ) տիտղոսազուրկ․ իրաւասութենէ (հանգամանքէ) զուրկ.

unto (ըն'թու) դէպի. մինչեւ. այնքան հեռու որքան.

untouchable(s) (ընթաչ'էպլ[ս]) անհպելի(ներ). (ստորադաս նկատուած դասակարգի մը պատկանող անձեր՝ որոնց հետ շփումը ապականում կը նշանակէ Հինդուսներու համար, Հնդկաստան). անձ(եր)՝ որոնց վրայ կարելի չէ յարձակիլ.

untoward (ընթո'ըրտ) աննպաստ. անբախտ. չակընկալուած. յամառ.

untravelled (ընթրէվ'ըլտ) տեղ չնամբորդած (անձ). նեղմիտ, նահանգային մտայնութիւն ունեցող անձ.

unvarnished (ընվար'նիշտ) ամբողջական (նշմարտութիւնը). անզարդ. պարզ.

unwary (ընվէյ'րի) անհոգ. վտանգին կարեւորութիւն չտուող. անզգոյշ.

unwieldy (ընուիլ'տի) շատ հսկայ (գործածելու կամ շարժելու համար). ծանրը. դանդաղ.

unwilling (ընուիլ'ինկ) անյօժար.

unwithered. (ընուիտհ'ըրտ) անթառամ.

unwitting (ընուիթ'ինկ) անտեղեակ. անծանօթ. նպատակ չունեցող.

unwonted (ընվոնթ'ըտ) անսովոր. սկսնակ.

unwritten law (ընրիթ'ըն լօ՛) անգիր օրէնք.

up (ըփ, ափ) աւելի վերը. վեր. ամբողջապէս. զանիվեր. *to eat —* ամբողջապէս ուտել. *it's — to you* քու պարտականութիւնդ է (դուն պէտք է որոշես). *what's you — to?* ի՞նչ ընելու վրայ ես. *he was — all night* ամբողջ գիշերը չքնացաւ (անկողին չմտաւ). *what's —* ի՞նչ է խնդիրը. *it's all —* ամէն ինչ վերջացած է (կործանուած եմ). *the game is —* խաղը երեւան ելած է. *the up-train* Լոնտոն առաջնորդող շոգեկառք. *ups and downs* վերիվայրումներ (բախտի). *on the up and up* բարելաւուող. պատուաւոր. *up with it* ջնջէ՛. հանէ՛. *— to date* այժմէական. ժամանակի ոգիին համաձայն. նոր. *— to you* ձեր կարգն է.

upas (եու'փըս) շատ թունաւոր ծառ մը (Ճավա). ուպասենի.

upbear (ըփպէր') վեր բռնել. փոխադրել.

upbraid (ըփպրէյտ') պախարակել. մեղադրել.

upheaval (ըփհիվ'լ) բարձրանալ (գետնէն). յանկարծական, հիմնական փոփոխութիւն (կառավարութեան մէջ).

upholster (ըփհոլ'սթըր) կահ-կարասիները զարդարուն լաթերով (կաշիով) ծածկել. գորգեր եւ վարագոյրներ դնել.

upkeep (ըփ'քիյփ) լաւ վիճակի մէջ պահել (կահ կարասի, եւայլն)։

uplift (ափլիֆթ', ըփլիֆթ') մտային (հոգեկան) վիճակի բարձրացում (Ա.Մ.Ն.)։

upmost (ըփ'մոսթ) ամենէն բարձրը։

upon (ըփան) վրայ։ *to put — a person* մէկը պէտք եղածէն աւելի աշխատցնել։

upper (ա'փըր, ը'փըր) աւելի բարձր։ *uppers* (ափըրզ) կօշիկի վերի մասը՝ որ կը ծածկէ ոտքին ծայրը։ *down on one's uppers* աղքատ եւ անյոյս։

uppish (ափ'իշ) անկիրթ։ մեծամոլ։ ինքզինք յառաջ քշող։

upright (ափ'րայթ, ըփ'րայթ) ուղիղ (կանգնած)։ պարկեշտ։ պատուաւոր։

uprise (ըփրայզ') ոտքի ելլել։ բարձրանալ։ վերելք։ *uprising* բարձրացում։ վերելք կատարելը։ ըմբոստութիւն։

uproar (ըփ'րոր) յուզում եւ աղմուկ։

uproot (ափրութ', ըփրութ') արմատախիլ ընել։

upset (ըփսէթ') շրջել (նաւակ, կառք, ինքնաշարժ, եւայլն)։ գլխիվայր դարձնել։ կործանել։ տակնուվրայութիւն։ իրարանցում։ արկած։ հիւանդութիւն։ *to — the government* կառավարութիւնը իշխանութենէ զրկել (հեռացնել)։ *I'm very — about* շատ մըտահոգ եւ տակնուվրայ եղած եմ։ *the food — me* կերակուրը անհանգըստացուց զիս։

upshot (ափ'շոթ, ըփ'շաթ) արդիւնք։ ելք։

upside-down (ափ'սայտտաուն) գլխիվայր (շըրջած)։

upstairs (ափ'սթէրզ, ըփ'սթէրզ) վերնայարկ (տուն)։ վերի յարկի (վերաբերող)։

upstart (ըփ'սթարթ) մէկէն հարստացած եւ կարեւոր անձնաւորութիւն դարձած մարդ։

up-to-date (տե'ս *up*) այժմէական։ նոր։

upward (ափ'ուըրտ), **upwards** (ափուըրտս) վեր։ դէպի վեր։

uraemia (եուրի'միը) արիւնամիզութիւն։

Ural (իու'րըլ) Ուրալեան լեռներ։ *—-Altaic* (— — էլթէյ'իք) Ուրալ-Ալտայեան լեզուներ։

uranium (իուրէյ'նիըմ) ծանր շողարձակ մետաղ (նշանը՝ U), որ խառնուրդ ձեւով կը գործածուի պողպատի արդիւնաբերութեան մէջ, եւ մէկ այլ տեսակը (U235)՝ հիւլէական ռումբի արտադրութեան մէջ։ ուրանիոմ։

urban (ըր'պըն) քաղաքային։ *urbanise* (ըրպընայզ') գաւառներու, քա–

ղաքներու դրութիւնը բարելաւել։

urbane (*ըրպէյն'*) շատ քաղաքավար. կենցաղագէտ. *urbanity* քաղաքավարութիւն.

urchin (*ըր'չին*) փողոցային լաճ. ստահակ. ոզնի.

urdu (*ըր'տու, ուր'տու*) հնդիկ մահմետականներու լեզուն (խառնուրդ պարսկերէնի, արաբերէնի եւ հնդկերէնի).

urge (*ըրճ*) պարտադրել. ստիպել. անասուն մը աւելի արագ քշել.

urgent (*ըրճ'ընթ*) ստիպողական. շատ կարեւոր.

urine (*եու'րին*) մէզ. *uresis* յաճախամիզութիւն. *urinal* միզաման. միզարան (հանրային).

urn (*ըրն*) սափոր՝ ուր հըրկիզուած դիակին մոխիրը կը պահեն. խոշոր թէյաման.

Ursa (*ըրս'ը*) Արջ (համաստեղութիւն). — *Major* Մեծ Արջ. — *Minor* Փոքր Արջ.

us (*ըս*) մեզ. զմեզ. մեզի (անձ. դերանունի հայց. եւ տրկ. հոլով). *usward* դէպի մեզ.

usage (*եուս'էյճ*) գործածութիւն. սովորութիւն. վերաբերմունք. *rough* — կոշտ վերաբերմունք.

use (*եուս*) գործածութիւն. շահ. վարժութիւն. սովորոյթ. — (*եուզ*) գործածել. կիրարկել. ի գործ դնել. *all the coal is used up* ամբողջ ածուխը վառած սպառած է. *he used to meet me every day* ամէն օր սովոր էր հանդիպիլ ինծի. *useful* օգտակար. —*less* անպէտ. անօգուտ.

usher (*ըշ'ըր*) ուսուցիչ. դատասրահի դռնապան. հիւրընկալող. հրամցնել. ներս առաջնորդել.

usual (*եուժ'ուըլ*) սովորական. հասարակ.

usurer (*եու'ժեուրըր*) վաշխառու. դրամ փոխ տըւող (բարձր տոկոսով). *usurious* (*եուժիու'րըս*) վաշխառուական. շատ բարձր տոկոսով.

usurp (*եուզըրփ'*) յափըշտակել. բռնագրաւել. *to — the throne* գահը բռնագրաւել. բռնի ինքզինք թագաւոր հռչակել տալ.

usury (*եու'ժուրի*) վաշխառութիւն.

utensil (*իութէն'սիլ*) գործիք. աման, անօթ որեւէ ձեւի (խոհանոցի մէջ գործածուող).

uterine (*եու'թըրին*) արգանդային կապ. նոյն մօրմէն, սակայն տարբեր հօրմէ ծնած.

uterus (*եու'թըրըս*) արգանդ.

utility (*եութիլ'իթի*) օգտակարութիւն. պիտանի ըլլալը. *utilitarian* (*եութիլիթէյ'րիըն*) օգտապաշտ. ան՝ որ կը հաւատայ թէ որեւէ բանի մէջ օգտակարութիւնը արժեւորման հիմքն է. *utilization* օգտագործում. *to utilize* օգտագործել.

utmost (*ըթ'մոսթ*) ամենամեծ. ամենէն հեռու. ամենէն վերջին. ամենէն բարձր.

Utopia (*եութօ'փիը*) «Ուտոպիա» (գիրքի մը անունը, հեղինակ անգլիացի Թհոմըս Մոր [1478–1535])՝ ուր կը նկարագրուի համայնավարական ընկերութիւն մը, որ գործնական չէ եւ գիտական հիմունքներէ զուրկ է. երեւակայական իտէալ կառավարական ձեւ (ընկերային կազմակերպութիւն). երազային աշխարհ. *—n* իտէալապէս կատարեալ՝ բայց երեւակայական եւ անկարելի. երազային.

utricle (*եու'թրիքըլ*) փոքր պարկ. խորշ.

utriculus (*եութրիգ'իուլըս*) փոքր արգանդ. պարկիկ.

utter (*ըթ'ըր*) ծայրայեղ. ամբողջական. արձակել (հնչում, խօսք). խօսիլ. շրջաբերութեան դնել. *to — false coin* կեղծ դրամ վճարել.

uttermost (*ըթ'ըրմօսթ*) ամենէն վերջին. ամենէն հեռու. ամենէն մեծ.

uvula (*եու'վեուլը*) լեզուակ.

uxor (*ըք'սօր*) կին. *—icide* (*ըքսօր'իսայտ*) կնասպան. կնասպանութիւն.

uxorious (*ըքսօ'րիըս*) մէկը որ իր կինը շատ կը սիրէ, անոր իշխանութեան տակ է.

V

V, v (*վի*) անգլերէն այբուբենի 22րդ տառը.

vacancy (*վէյ'քընսի*) պարապութիւն. միջոց. բաց տեղ (պաշտօնի համար). *vacant* պարապ. չգրաւուած. ազատ. անզբաղ. *vacate* (*վըքէյթ'*) պարապ ձգել. պարպել. անազդեցիկ դարձնել. *to vacate a house (a village)* տուն մը (գիւղ մը) պարպել.

vacation (*վըքէյ'շըն*) արձակուրդ. տօնական (ազատ) ժամանակ. դատարկում.

vaccinate (*վէք'սինէյթ*) պատուաստել (հարսանեբի դէմ). *vaccine* (*վէք'սին'*) պատուաստ. *vaccination* պատուաստում.

vacillate (*վէս'իլէյթ*) անհաստատ, յարափոփոխ (գաղափարներու մէջ). երերալ. անհաստատ ըլլալ.

vacuous (*վէք'իուըս*) պարապ. սնամէջ. բթամիտ. առանց արտայայտութեան. *a — look* անիմաստ (առանց արտայայտութեան) նայուածք.

vacuum (*վէք'իուըմ*) առանց օդի միջոց. դատարկութիւն. *— cleaner* (*վէք'իուըմ քլին'ըր*) տախտակամած (զորգերը) մաքրող ելեկտ. մեքենայ (օդը եւ փոշին միասին ներս ծծելով).

vade mecum (*վէյտի մի'քըմ*) փոքր ձեռագիրք (ձեռատետր) առօրեայ դէպքերու եւ կատարելիքներու արձանագրութեան համար.

vagabond (*վէկ'ըպոնտ*) թափառաշրջիկ. հաստատուն բնակավայր չունեցող անձ.

vagary (*վըկէյ'րի, վէյկըրի*) տարօրինակ գաղափար. քմայք. միտքի ցրուածութիւն.

vagina (*վըճայ'նը*) իգափող. հեշտոց. դէպի արգանդ առաջնորդող անցքը.

vague (*վէյկ*) անորոշ. չսահմանուած. տարտամ. աղօտ.

vain (*վէյն*) անպտուղ. անարժէք. անօգուտ. պարապ. սնապարծ. *in —* ի զուր. պարապ տեղը.

vainglorious (*վէյն'կլո-րէըըս*) հպարտ. ցուցամոլ. ունայնամիտ. *vainglory* սնապարծութիւն.
valance (*վէլ'ընս*) պատուհանի կարճ վարագոյր. անկողնի ծոպ.
vale (*վէյլ*) հովիտ. լեռներու միջեւ դաշտագետին. — *of tears* արցունքի հովիտ՝ անցաւոր աշխարհ.
vale (*վէյլ'ի*) ողջերթ. մընաք բարով. *valediction* ողջերթ մաղթելը.
valentine (*վէլ'ընթայն*) Ս. Սարգիսի օրը ընտրուած սիրուհի (սիրահար). սիրատոմս սիրահարին (սիրուհիին) ղրկուած Ս. Սարգիսի օրը (14 Փետրուար).
valerian (*վըլիը'րիըն*) շատ ուժեղ հոտով բոյս. կատուախոտ՝ որուն արմատէն ամոքարար դեղ մը կը պատրաստուի.
valet (*վէլ'իթ*) սպասաւոր՝ որուն պարտականութիւնն է յատկապէս իր տիրոջ հագուստներուն հոգ տանիլ.
valetudinarian (*վէլիթիուտինէյ'րիըն*) հիւանդկախ. անձնական առողջական վիճակով խիստ մտահոգ անձ.
valhala (*վլհէլէ*) անմահներու սրահ՝ ուր Օտինը պատերազմի մէջ նահատակուածներուն հոգին կ'ընդունի (Սկանտ.դից.).
valiant (*վէլ'իընթ*) քաջ. անվեհեր. հերոս.
valid (*վէլ'իտ*) ուղիղ (ըստ օրէնքի). վաւերական. ճշմարիտ. *a — argument* անհերքելի փաստարկութիւն. *—ate* վաւերացնել. հաստատել. ճշմարտութիւնը օրէնքով հաստատել.
valise (*վըլի'զ[ս]*) ճամբորդական պայուսակ.
valley (*վէլի*) ձոր. հովիտ. գետի աւազան. ջրորդան.
valour (*վէլ'ըր*) խիզախութիւն. դիւցազնութիւն.
valse (*վէլս*), walts (*վալս*) վալս (պար).
value (*վէլ'իու*) արժէք. գին. ձայնանիշի տեւողութիւն. արժեւորել. *to set a —* արժէք որոշել. *valuable* արժէքաւոր. *valuer* գնարկու.
valuta (*վէլու'թա*) դրամանիշ. կանխիկ արժէք.
valve (*վէլվ*) մեքենայի այն մասը՝ որ թոյլ կու տայ որ կազը (հեղուկը) իր մէջէն հոսի երբ բաց է. օդազերծ անօթ՝ որ կը պարունակէ ելեկտրասայրներ *(electrodes)* եւ զօրաւոր կերպով կը հակակշռէ ելեկտ. հոսանքին ընթացքը (ռատիօ) (ռատիոյի *valve*ը Ա.Մ.Ն.ի մէջ կը կոչուի *tube).* փեղկ (սրտի). բլթակ.
vamp (*վէմփ*) կարկտնել (կօշիկը). յանպատրաստից եւ առանց ձայնանիշի նուագել (երաժշտ. գործիք) երգի ընկերակցութեամբ. *to — up* նորի երեւոյթ տալ. անպաքանքով պատրաստել.
vamp (*վէմփ*) անառակ գե-

դեցիկ կնոջ նկարագիր (կերպար) ներկայացման (պատմուածքի, վէպի) մէջ. սիրային արկածներ ունենալ.

vampire (վէմ՛փայր) չար ոգի որ կը կարծուի թէ քնացած ժամանակ մարդոց արիւնը կը ծծէ. չղջիկ մը՝ որ գիշեր ատեն մարդոց եւ կենդանիներուն արիւնը կը ծծէ. կեղեքիչ.

van (վէն) բանակի յառաջամաս. հովահար. վրան գոց եսկայ բեռնակառք. (Անգլիա) թեթեւ գոց կառք. բեռներու յատուկ շոգեկառքի վակոն. *van-guard* բանակի յառաջապահ (գունդ).

vanadium (վնէյ՛տիըմ) ամենէն կարծր մետաղային նիւթը՝ որ կը գործածուի մետաղի արդիւնաբերութեան մէջ.

Vandal (վէն՛տըլ) գերմանական ցեղախումբերէն մէկը որ Ե. դարուն (Ք. Ե.) ներխուժեց կոլերու երկիրը, Սպանիա, Հիւս. Ափրիկէ եւ Հռովմ. մէկը, որ գիտակցաբար կը կործանէ արուեստի գործերը. վանտալ. բարբարոս.

Vandyke (beard) (վէն-տայք՛) ֆլէմիշ նկարիչ Վան Տայքի գծած նկարներուն հետեւողութեամբ՝ սրածայր մօրուք (օձիք, եւայլն). վանտագեան մօրուք.

vane (վէյն) հողմացոյց (դրուած աշտարակի մը գագաթը). ջրաղացի մէկ շեղբը.

vanguard (վէն՛կարտ) տես *van.* բանակի յառաջապահ (գունդ).

vanilla (վնիլ՛ը) բոյս մը՝ որուն հունտերը կը գործածուին համնելի համ մը տալու անուշեղէններու. համեմունք.

vanish (վէն՛իշ) աներեւութանալ. տեսողութենէ հեռանալ. զէրոյի վերածուիլ.

vanity (վէն՛իթի) ունայնութիւն. պարապութիւն. սնափառութիւն. *without* — մեծխօսիկութիւն չըլլայ. — *bag (case)* կանացի արդուզարդի տուփ. *Vanity Fair* հարուստներու զբօսութեամբ լի կեանքը. ունայնութեան երկիր.

vanquish (վէն՛քուիշ) նըւաճել (ճակատամարտի մէջ).

vantage (վան՛թիճ) աւելի լաւ կացութիւն (պատեհութիւն). առաւելութիւն. *point of* — յարձակման անցնելու համար յարմար դիրք.

vapid (վէփ՛իտ) թոյլ. կենսազուրկ. տափակ. հետաքրքրութենէ զուրկ.

vapour (վէյ՛փըր) կազային ձեւ. շոգի. գոլորշի. *water* - — մշուշ. *vapour-bath, vaporarium* թրքական բաղնիք (շոգեբաղնիք).

variable (վէյ՛րիէպլ) փոփոխական. դիւրափոփոխ. յաքափոփոխ. *variant* (վէյ՛րիընթ) փոփոխակ. տարբերակ. *variate* (վէյրիէյթ') փոխուիլ. *variation* փոփոխութիւն. տարափոխութիւն. հոլովում (քեր.). թեմայի կամ մեղեդիի կրկնութիւն՝ տարբեր զարդարանքներով եւ մըշակումներով (երաժշ.).

varicoloured (վէյ'րիքալըրտ) բազմագունեան. նաշխուած.

varicose (veins) ընդլայնած (ուռած) (երակ).

variegate (վէյ'րիըկէյթ) այլազան գոյներ տալ. —*d* գունազարդուած. խայտաբղէտ.

variety (վըրայ'ըթի) այլազանութիւն. բազմակողմանիութիւն. այլատեսակ հաւաքածոյ. — *show* քիչ մը ամէն բանի երեկոյթ. *various* այլազան. այլատեսակ.

varlet (վար'լիթ) սպասաւոր. թշուառական.

varnish (վար'նիշ, վըր'նիշ) ջնարակ. շպար. ջընարակել. փայլեցնել. ապակենման գունաւորում տալ.

vary (վէյ'րի) տարբերիլ. փոփոխել. զատորոշուիլ.

vascular (վէս'քիուլըր) երակային. արեան անօթներուն հետ կապ ունեցող. — *system* երակային դրութիւն.

vase (վէյզ) ծաղկաման. թաղար (Ա.Մ.Ն.).

vaseline (վէս'ըլին) մարմնին վրայ քսելիք օծանելիք (իւղ).

vassel (վէս'ըլ) ճորտ. ըստրուկ. կախեալ (ճորտատէրէն).

vast (վասթ) շատ ընդարձակ. տարածուն. մեծաթիւ. անսահման միջոց (բանաստ.).

vat (վէթ) խոշոր տակառ.

Vatican (վէթ'իքըն) Պապին պալատը եւ պաշտօնական բնակարանը Վատիկանի բլուրին վրայ (Հռովմ). պապական իշխանութիւն.

vaticinate (վէթիսին'էյթ) ապագան գուշակել (կանխատեսել).

vaudeville (վոտ'վիլ) գիշերային հանոյալի ժամանց՝ երգ, պար, ներկայացում, խաղեր, եւայլն.

vault (վոլթ) ցատկել. կամարակապ տանիք. նըկուղ. մառան. —*ed* կամարակապ.

vaunt (վոնթ) ամբարտաւանութեամբ խօսիլ. սընապարծութիւն.

V. C. (վի սի) *(Victoria Cross)* Վիքթորիայի խաչ. բրիտանական ամենէն բարձր պատուանշանը՝ որ կը տրուի բրիտանացի զինուորին (նաւաստիին եւ օդաչուներուն).

veal (վի'լ) հորթի միս.

Veda (վէյ'տա) հնդիկներու ամենէն հին սրբազան գրականութիւնը. հնդկական սրբազան մատեան.

veer (վիր) ուղղութիւն փոխել.

vegetable (վէճ'էթըպլ) բանջարեղէն. բոյս. *ve-*

getarian բանջարակեր, բուսակեր. *to vegetate* շատ տափակ եւ անիմաստ կեանք մը ապրիլ. աճիլ. սնանիլ. *vegetation* կանաչութիւն.

vegetaline (վէճ'իթէլին) բուսական իւղ.

vehement (վէհ'իմընթ) որոտաձայն խօսք. բուռն. վայրագ.

vehicle (վի'իքըլ) փոխադրութեան մեքենական միջոց (կառք, ինքնաշարժ, եւայլն).

veil (վէյլ) քօղ. լաչակ. վարագոյր. պահել. քօղածածուկ խօսիլ. *to take the* — մայրապետ դառնալ. *veiling* շղարշեղէն՝ որմէ քօղ կը պատրաստուի.

vein (վէյն) երակ (արեան). ջիղ (տերեւի). *a — of cruelty* կոշտութեան նշաններ.

veld, veldt (ֆէլթ, վէլթ) արօտավայր (Հարաւ. Ափրիկէի մէջ).

veleta (վէլի'թը) տեսակ մը վալս (պար).

vellum (վէլ'ըմ) նուրբ մագաղաթ (ներմակ գոյնով).

velocity (վէլօս'իթի) արագութիւն.

velours (վըլուր') թաւշանման կերպաս.

velvet (վէլ'վէթ) թաւիշ. թաւշեայ. *on* — կորսնցնելու միտքէն ձերբազատուած. նոխութեան մէջ. *—een* մետաքսի եւ բամպակի խառնուրդէն պատրաստուած թաւիշ.

venal (վի'նըլ) վարձկան. դրամով զէշ գործեր կատարող (անձ).

venatic, venatical (վէնէթ'իք, —'քըլ) որսորդական.

vend (վէնտ) ծախել. *vendible* ծախելի. *vendor* (վէն'տըր) վաճառող. ծախող.

vendetta (վէնտէթ'ը) արեան վրէժխնդրութիւն. (Գորսիքա կղզիին մէջ, սպաննուողի մը հարազատը պարտէր իր կարգին սպաննել ոճրագործը կամ անոր մէկ հարազատը).

veneer (վընիր') հաստարակ տախտակին վրայ փակցնել աւելի արժէքաւոր տախտակի շերտեր. մակդրուագել. արժէքաւոր տախտակի շերտեր. նուրբ տախտակով դըրուած. արտաքին երեւոյթ.

venerate (վէն'ըրէյթ) պատուել. յարգել. *venerable* յարգելի. տարիքը առած յարգելի (անձ).

venereal (վէնի'րիըլ) վեներական. փրանկախտի (ջերմամիզութեան) յատուկ.

venery (վէն'ըրի) որսորդութիւն. որսորդական խաղեր.

venetion (վէնի'շըն) վենետիկեան. վենետիկցի. — *blind* վենետիկեան փեղկ (պատուհանի).

Venezuela (վէնիզ'ուէլը)

վէնէզուէլա· *Venezuelan* վէնէզուէլեան·

vengeance (*վէն'ճրնս*) վրէժխնդրութիւն· *with a* — մեծ ուժով, առանց երկբայութեան·

venial (*վի'նըլ*) դիւրութեամբ ներուող (թերութիւն)·

venison (*վէն'իզըն, վէնզըն*) եղնիկի միս·

venom (*վէն'ըմ*) թոյն (օձի, մեղուի, եւայլն)· ժահր· —*ous* թունաւոր· ատելավառ·

venous, venose (*վի'նըս, վի'նոս*) երակային·

vent (*վէնթ*) ծակ· ելքի խողովակ· ձայն· արտայայտութիւն· փախուստ· հրատարակել· ձայնել· *to give vent to* հոսեցնել· թափել· արտայայտել· փախուստի մատնուիլ· *to vent one's anger on* բարկութիւնը մէկուն վրայ պայթեցնել·

ventilate (*վէն'թիլէյթ*) սենեակին օդը փոխել (թարմ օդ ներս առնելով)· հովահարել· խրողութիւն մը բացայայտել· *ventilation* օդափոխում·

ventilator (*վէնթիլէյ'թըր*) օդափոխիչ· հովահարող (մեքենայ)·

ventral (*վէն'թրըլ*) ստամոքսի հետ առնչուած· ստամոքսային· փորային·

ventricle (*վէն'թրիքըլ*) փոքր զբաղանձեւ միջոց (մարմնի մէջ), օրինակ՝ սրտի երկու մասերէն մէկը· փորոք·

venture (*վէն'չըր*) յանդգնութիւն· վտանգաւոր ձախաձեռնութիւն· խիզախել· դէպի վտանգ դիմել· *at a* — առանց յստակ նպատակի· բախտին ձգուած· *venturesome* յանդուգն·

venue (*վէ'նիու*) հանդիպման վայր· թափանցում·

venule (*վէ'նիուլ*) մանրերակ·

Venus (*վին'ըս*) հռովմէական դիցուհի (սիրոյ եւ գեղեցկութեան)· Աստղիկ· Արուսեակ (մոլ·)·

veracious (*վէրէյ'շըս*) ճշմարտալից· *veracity* (*վէրէ'սիթի*) ճշմարտութիւն·

veranda(h) (*վըրէն'տը*) տունի մը պատուհաններէն դուրս վրան փակ բացութիւն· վրան փակ պատշգամ· բացօդեայ պատկերասրահ· ծածօն·

verb (*վըրպ*) բայ·

verbal (*վըր'պըլ*) բառական· բերանացի· բառացի իմաստով· — *noun* բայանուն·

verbatim (*վըրպէյ'թիմ*) ճշգրտօրէն նոյն բառերով· բառ առ բառ·

verbiage (*վըր'պիճ*) շատ բառեր գործածելը· շատաբանութիւն·

verbose (*վէրպոս'*) երկաբաբան· տաղտկալի·

verdant (*վըր'տընթ*) կանանչ· թարմ· ծաղկուն·

verdict (*վըր'տիքթ*) դատավճիռ (դատական մարմնի)· որեւէ վճիռ·

verdigris (*վէր'տիկրիս*) ժանգ (պղինձի)·

verdure (*վըր՛ճըր, վըր–տ՛իուր*) թարմ կանաչ խոտ. դալարիք.
verge (*վըրճ*) ծայր. գաւազան. իրաւասութիւն. վարոց. հակիլ. ծայրը գալ.
verger (*վըր՛ճըր*) ժամկոչ. գաւազանակիր (եպիսկոպոսի).
verify (*վէր՛իֆայ*) ճշդել. ստուգել. *verily* ճշմարտօրէն. առանց կասկածի.
verisimilitude (*վէրիսիմի–լ՛իթիուտ*) ճշմարտանմանութիւն. իրաւանմանութիւն.
veritable (*վէր՛իթըպըլ*) իրական. ճշմարիտ.
vermi - (*վըր՛մի –*) նախաբառ՝ որդակերպ իմաստով.
vermicelli (*վըրմիսէլ՛ի, վըրմիչէլ՛ի*) տեսակ մը դդման (մաքարոնի).
vermicide (*վէր՛միսայտ*) որդասպան (որեւէ նիւթ).
vermiform (*վէր՛միֆորմ*) որդանման. որդակերպ.
vermilion (*վէրմիլ՛իըն*) փայլուն կարմիր. կարմրադեղ.
vermin (*վըր՛մին*) վնասաբեր կենդանիներ (մուկ, առնէտ, եւայլն). աղտոտ միջատներ. մակաբոյծ մարդիկ.
vermouth, vermuth (*վըր՛–մութհ, վըր՛մութ*) թունդ գինի մը. օշինդրագինի.
vernacular (*վըրնէք՛իու–լըր*) բնիկ լեզու. մայրենի լեզու. մայրենիք.
vernal (*վըր՛նըլ*) գարնանային (եղանակ). երիտասարդական (տարիք).
versatile (*վըր՛սըթայլ*) դիւրափոփոխ. ճկուն. յարափոփոխ.
verse (*վըրս*) չափածոյ (գրութիւն). բանաստեղծութիւն. տաղաչափութիւն.
versed (*վըրսթ*) ծանօթ. քաջատեղեակ. *well versed in* քաջածանօթ (բանի մը). յաջողակ (բանի մը մէջ).
version (*վըր՛շըն*) մեկնութիւն. թարգմանութիւն (գիրքի, եւայլն). Սուրբ Գիրքի թարգմանութիւն. բանի մը շուրջ տեղեկատուութիւն. *Authorised* — արտօնուած թարգմ. (անգլերէնի, 1611ին). *Septuagint* — եօթանասնից թարգմանութիւն.
vers libre (*վէր լիպր՛*) ազատ բանաստեղծութիւն.
versus (*վըր՛սըս*) ընդդէմ. հակառակ.
vertebra (*վըր՛թիպրը*) ողնայար. ողնասիւն. ողնոսկր. *vertebrate* (*վըր–թիպրէյթ՛*) *animals* ողնայարաւոր կենդանիներ.
vertex (*վըր՛թէքս*) գագաթը. բարձրագոյն կէտը.
vertical (*վըր՛թիքըլ*) ուղղահայեաց.
vertigo (*վըր՛թիկօ*) գլխու պտոյտ.
verve (*վըրվ*) խանդ եւ ուժեղ երեւակայութիւն (գրագէտի, նկարիչի կամ նուագողի).
very (*վէր՛ի*) իրական. միեւնոյն. ուղիղ. շատ.

յոյժ. *verily* ճշմարտօրէն.

vesical (*վէս'իքըլ*) քարախով լեցուն փոքր ուռեցք (մորթի վրայ). փամփըշտային.

vespers (*վէս'փըրզ*) երեկոյեան ժամ (ժամերգութիւն).

vessel (*վէսըլ*) անօթ, աման (որեւէ ձեւի). նաւ. *a blood-vessel* արեան խողովակ (երակ).

vest (*վէսթ*) բաճկոն. հագցնել. վիճակիլ. —-*coat* բաճկոնակ. *to vest power in* իրաւունք (ուժ) տալ (բան մը ընելու).

vesta (*վէս'թը*) լուցկի՝ որ որեւէ տեղ քսելով կը բռնկի. տան դիցուհի.

Vestal Virgin (*վէս'թըլ վըր'ճին*) հռովմէացի մաքրակենցաղ կոյս որ իր ժամանակը կ'անցընէ Վէսթա դիցուհիին ծառայելով.

vestibule (*վէս'թիպիուլ*) վրան զոց մուտք (տունի մը). նախասրահ.

vestige (*վէս'թիճ*) հետք (ոտքի, եւայլն). մնացորդներ.

vestments (*վէսթ'մընթս*) կրօնական արարողութեան ժամանակ քահանային հագած հագուստները.

vet (*վէթ*) անասնաբոյժ. տես *veterinary. to vet a person* մէկը բժշկական քննութեան ենթարկել.

veteran (*վէթ'ըրըն*) հին եւ փորձառու (զինուոր, եւայլն).

veterinary (*վէթ'ըրինըրի*) անասնաբուժական. անասնաբոյժ. *veterinarian* անասնաբոյժ.

Veto (*վիթ'օ*) կ'արգիլեմ. անձի մը (թագաւորի մը) տրուած իրաւունք՝ արգիլելու օրէնքի մը որոշեցումը. արգելք հանդիսանալ. վէթօ դնել.

vex (*վէքս*) նեղել. չղայնացնել.

V. H. F. (*վի. էյչ. էֆ.*) *Very High Frequency* հեռասփիւռ՝ որ կը գործածէ շատ փոքր ալիքներ, որոնք աւելի յստակ ձայներ կ'արտադրեն (առանց խժալուր աղմուկի).

via (*վա'յը, վի'ը*) վրայով, միջոցով. ճամբուն վրայ՝ մէջէն անցնելով. *via Beirut* Պէյրութի վրայով.

viable (*վայ'ըպլ*) *(baby)* ժամանակէն առաջ ծնելով հանդերձ ապրող (մանկիկ). ինքնուրոյնութեամբ ապրող (փոքր երկիր). ծլելու կարողութիւն ունեցող *(սերմ)*.

viaduct (*վայ'ըտաքթ*) երկարաձիգ կամուրջ որուն վրայէն խճուղի (երկաթուղի) կ'անցնի.

viagraph (*վայ'էկրաֆ*) ուղեգիր.

vial (*վայ'ըլ*) փոքր շիշ.

viands (*վայ'ընտզ*) ուտելիք. կերակուր. պաշար.

vibrate (*վայ'պրէյթ*) թրթռացնել (երաժշտական գործիքի մը լարերուն պէս). թրթռալ. շարժել.

vicar (*վիք՛ըր*) եկեղեցւոյ մը պատասխանատու երէց. ժողովրդապետ. —*age* ժողովրդապետութիւն. երիցատուն.

vicarious (*վայքէ՛րիըս*) փոխանորդական. ուրիշի մը տեղը աշխատող.

vice - (*վայս* –) նախաբառ՝ փոխ–, օրինակ՝ *vice-roy* փոխարքայ (Հընդկաստանի). *vice-admiral* փոխ ծովակալ. *vice-chairman* փոխ նախագահ. *vice-governor* փոխ կառավարիչ. *vice-president* փոխ նախագահ. *vice* - (*վայս* –) տեղը. *I will act as* —- *president for my friend* բարեկամիս տեղը իբր նախագահ պիտի գործեմ. *vice* նոյն օրինակը կարելի է գործածել (*վայ՛սի*) հնչումով. օր.՝ *I will act as president vice* (*վայ՛սի*) *my friend*. *vice* (*վայ՛սի*) փոխանակ.

vice (*վայս*) մոլութիւն. անառակութիւն. ինկածութիւն. կատաղի (անասուն). փոքր մամուլ (գործիք) սեղանի վրայ հաստատուած՝ փայտի (երկաթի) կտորը ամրօրէն բռնելու համար.

vicennial (*վայսէն՛իըլ*) քսանամեայ.

vice-regal (*վայս–րի՛կըլ*) փոխ արքայական.

vice versa (*վայ՛սէ վըր՛սը*) հակադարձաբար. փոխադարձաբար. *I don't like him and vice versa* հակադարձաբար զիրար չենք սիրեր.

vicinity (*վիսին՛իթի*) շրջակայք. մօտակայ տեղերը. դրացնութիւն.

vicious (*վիշըս*) ինկած. մոլորած. ապականած (նկարագրով). կատաղի (կենդանի). *a — circle* ժխտական պայմաններու շարք մը՝ որ իրարու վրայ հակազդելով փոխադարձաբար պատճառ եւ հետեւանք կը դառնան. օր.՝ վախը պատճառ կը հանդիսանայ հիւանդութեան եւ հիւանդութիւնը իր կարգին աւելի կը զօրացնէ վախի զգացումը.

vicissitudes (*վիսիս՛իթիուտս*) տեւական փոփոխութիւն (պայմաններու). յարափոփոխութիւն.

victim (*վիք՛թիմ*) զոհ (կենդանի մը աստուծոյ զոհ մատուցանուած). շատ տառապող անձ. արկածի հանդիպած մէկը.

victor (*վիք՛թըր*) յաղթական. շահող (անձը).

victoria (*վիքթօ՛րիա*) չորս անիւով թեթեւ կառք. *Victoria Cross* տես *V. C.* քաջագործութեան ամենէն բարձր զինուորական շքանշան (հաստատուած 1856ին). *Victorian* վիքթորիական. Վիքթորիա թագուհիին գահակալութեան շրջանին պատկանող.

victory (*վիք՛թըրի*) յաղթանակ (կռիւի, խաղի

մէջ)· յաղթութիւն.

victual(s) (*վի՛թըլ[զ]*) (յաճախ յոգ·) կերակուր· պարէն. պարենաւորել (բանակ մը)· *licensed victualler* (*վիթ՛ըլըր*) իջեւան պահելու արտօնութիւն ունեցող անձ.

vide (*վայա՛ի*) տե՛ս· նայէ՛.

videlicet (*վիտի՛լիսէթ*) (*viz*-ը կրճատ ձեւն է) օրինակ· այսինքն.

vie (*վայ*) (*with*) մրցիլ· գերակայ ըլլալ նկրտիլ·

view (*վիու*) տեսարան· տեսք. դիտում. տեսակէտ. նայիլ· տեսակէտ կազմել· *in full — of* ամենուն կողմէ տեսնըւած· *point of view* տեսակէտ· *in my —* ըստ իս· *in — of* պատճառաւ. նկատմամբ· *to air one's —s* կարծիքները (փափաքները) յայտնել· *from his angle of view* իր տեսանկիւնէն· *with this —* այս նպատակով· *viewer* դիտող. հանդիսատես. հեռուստատեսիլ դիտող.

vigesimal (*վայճէս՛իմըլ*) քսաներորդ.

vigil (*վիճ՛իլ*) արթուն· արթնութիւն. հսկում (գիշերը աղօթելով անցընելը)· խթում. տօնին նախընթաց օրը· *vigilant* արթնամիտ· աչալուրջ· շրջահայեաց.

vignette (*վինյէթ՛*) տպագրական փոքր զարդ (գիրքին մէջ)· զարդանկար· եզերքը պսակ ունեցող (նկար)·

vigour (*վի՛կըր*) զօրութիւն. ոյժ (միտքի եւ մարմնի)· *vigorous* (*վի՛կըրըս*) շատ ուժեղ· զօրաւոր (միտք, մարմին)·

Viking(s) (*վայք՛ինկ[զ]*) սքանտինաւցի ծովահէններ որոնք 8–10րդ դարերուն ողողեցին Եւրոպայի հիւսիս–արեւմտեան ծովեզերքները.

vile (*վայլ*) ստորին նկարագրով· հասարակ կամ անարժէք (հին գրութիւն)· *vilify* (*վիլիֆայ*) վատաբանել· չարախօսել· սեւցնել.

villa (*վիլ՛ը*) շուրջը անձնական պարտէզով փոքր շքեղ տուն.

village (*վիլ՛էճ*) գիւղ· շէն

villain (*վիլ՛ըն*) չարագործ· ստրկամիտ. անզգամ.

vim (*վիմ*) ոյժ. եռանդ· բարձր տրամադրութիւն·

vindicate (*վին՛տիքէյթ*) հաստատել թէ պահանջք մը արդար է. ապացուցանել թէ մէկուն նկարագիրը ազնիւ է հակառակ իր դէմ կազմուած ժխտական կարծիքին· պաշտպանել· ջատագովել.

vindictive (*վինտիք՛թիվ*) վրէժխնդիր· ոխակալ.

vine (*վայն*) որթատունկ· մագլցող բոյս. պատատունկ.

vinegar (*վէն՛էկըր*) քացախ.

vineyard (*վին՛երըտ, վին՛եարտ*) այգի· այգեստան.

vinous (*վայ՛նըս*) գինիի

վերաբերեալ. գինիի համ ունեցող.

vintage (*վին'թէճ*) այգեկութք. խաղողը հաւաքելը. այգիէն քաղուած ամբողջ խաղողը (մէկ տարուան բերքը)

vintner (*վինթ'նըր*) գինիի վաճառական.

viola (*վիօ'լէ*) ջութակ (սովորականէն քիչ մը աւելի մեծ). մանիշակի ընտանիքին պատկանող ծաղիկ.

violate (*վայ'ըլէյթ*) սրբապղծել. բռնաբարել. դրժել (խոստում).

violent (*վայ'ըլընթ*) ուժեղ. սաստիկ. անհակակշիռ ոյժ.

violet (*վայ'ըլէթ*) մանիշակ.

violin (*վայըլին'*) ջութակ.

violoncello (*վիալանչէլ'օ, վայալանչէլ'օ*) թաւ ջութակ.

V. I. P. (*վի. այ. փի.*) *Very Important Person* շատ կարեւոր անձնաւորութիւն.

viper (*վայփ'ըր*) թունաւոր օձ մը. իժ.

virago (*վիրա'կօ, վիրէյ'կօ*) կռուազան (աղմկարար) կին.

virgin (*վըր'ճին*) կոյս (աղջիկ), անարատ. անմշակ (երկիր).

virile (*վիր'այլ, վիր'իլ*) առնական. ուժեղ. գործօն. *virility* առնականութիւն. կորով.

virtu (*վըրթու'*) գեղեցիկ, գեղարուեստական (առարկայ).

virtual (*վըր'թիուըլ, վըր'չուըլ*) զօրութենական, իրական (թէեւ ոչ–օրինական). *the — president* իրական նախագահը (թէեւ անունով ուրիշ մըն է). առաքինի.

virtue (*վըր'չու*) ուժգնութիւն. առաքինութիւն. անոպայութիւն. *in — of someone's office* մէկուն դիրքէն օգտուելով.

virtuoso (*վըրթիուօ'զօ*) գեղարուեստի (երաժշտութեան) վարպետ. տաղանդաւոր արուեստագէտ.

virulent (*վիր'իուլընթ*) թունալից. ժահրոտ. մահաբեր. ատելավառ.

virus (*վայ'րըս*) մանրէներու յառաջացուցած թոյնը. զօրաւոր թոյն. ատելութիւն.

visa (*վի'զը*), vise (*վի'զէյ*) օտար երկիր մը մտնելու արտօնագիր (արձանագրուած մէկու մը անցագիրին վրայ). վիզա. անցագիրը վաւերացնել.

visage (*վիզ'էճ, վիզ'էյճ*) դէմք. տեսք. երեւոյթ.

vis-à-vis (*վիզ–ա–վի'*) դէմ առ դէմ (մէկու մը հետ).

viscera (*վիս'ըրը*) մարմնի (աղիքներու) ընդերքը.

viscid (*վիս'իտ*) փակչուն. կպչուն.

viscount (*վայ'քաունթ*) (իգ. *viscountess*) դերկոմս. դերկոմսուհի. ազնուական՝ իշխանէն չորս աստիճան վար.

viscous (*վիս'քըս*) կպչուն.

—*cosity* կպչունութիւն·
visible (*վիզ՛իպլ*) տեսանելի. նշմարելի·
Visigoth (*վիզ՛իկոթհ*) Գոթերու մէկ ճիւղը որ Հարաւային Ֆրանսայի եւ Սպանիոյ մէջ հաստատուեցաւ. Արեւմտեան գոթացի·
vision (*վի՛ժըն*) տեսողութիւն· տեսիլք· մտապատկերում· երեւակայութեան ուժգնութիւն· հեռապատկեր. —*ary* երազային· ցնորական·
visit (*վիզ՛իթ*) այցելութիւն (անձի, վայրի)· քննութիւն· այցելել· դատել· քննել· *visitor* այցելու· *visitant* այցելող· այցելու· *visitation* այցելութիւն· պատուհասուք· դատաստան (աստուածային)·
visor (*վայ՛զըր*) երկաթէ դիմակ·
vista (*վիս՛թը*) ծառուղի (հեռուէն դիտուած)· տեսարան· մտապատկեր·
visual (*վիզ՛իուըլ*, *վիժ՛ուըլ*) տեսողական· տեսանելի· *visualize* մտապատկերել·
vital (*վայ՛թլ*) կենսական· հիմնական· շատ կարեւոր· *vitals* ապրելու համար էական մարմնային օրկաններ· *vitality* կենսունակութիւն·
vitamin(s) (*վայ՛թէմին[զ]*) քնոյթը անծանօթ որոշ քիմիական նիւթեր որ կը գտնուին պտուղներու, թարմ կաթի, թարմ ձուկի, կանաչ տերեւներու, եւայլնի մէջ, նիւթեր որոնք անհրաժեշտ են մարդկային առողջութեան եւ աճին համար· կենսանիւթ·
vitiate (*վիշիէ՛յթ*) աւրել· արժեզրկել· փարկարեկել· ապականել·
vitreous (*վիթ՛րիըս*) ապակենման·
vitriol (*վիթ՛րիըլ*), *sulphuric acid* զօրաւոր թթու մը (ծծմբատ)· *vitriolic* (*վիթրիօ՛լիք*) ծըծմբային· *she has a vitriolic tongue* շատ կծու լեզու մը ունի· շատ վիրաւորիչ կը խօսի·
vituperate (*վայթիու՛փըրէյթ*) նախատել· պարսաւել· յանդիմանել·
viva (*վի՛վը*, *վի՛վա*) կեցցէ՛·
vivacious (*վիվէյ՛շըս*, *վայվէյ՛շըս*) կենսայորդ· կենսալից· վառվռուն·
viva voce (*վիվը վօ՛սի*) բերանացի քննութիւն· բերանացի·
vive (*վիվ*) կեցցէ՛ (ֆըրանս·)·
vivid (*վիվ՛իտ*) կենսալից· վառ· աշխոյժ· — *colour* պայծառ (վառ) գոյներ·
vivisect (*վիվ՛իսէքթ*) կենդանին ողջ-ողջ հատանել գիտական քննարկութեանց համար·
vixen (*վիք՛սըն*) էգ աղուէս. *a — (person)* կռուազան (կին)·
viz. (*վիզ·*) (կարճ ձեւը *videlicet* լատին· բառին) կարող ես տեսնել· այսինքն·

vizier (վիզիըր') նախարար (թրք.)· *Grand Vizier* Մեծ Եպարքոս (վարչապետ) Թուրքիոյ մէջ·

vizor, visor (վայ'զըր) երկաթէ դիմակ·

vocabulary (վոքէպ'իուլըրի) բառագիտութիւն· բառացանկ·

vocal (վո'քըլ) ձայնային· ձայնական· բարձրաձայն (խօսուած)· ձայնաւոր· *vocal music* ձայնական երաժշտութիւն· *vocal training* ձայնի մշակում· *vocalist* երգիչ·

vocation (վոքէյ'շըն) կոչում (որոշ գործի մէջ)· բնածին ընդունակութիւն· արհեստ· *—al school* արհեստներու վարժարան·

vocative (case) (վոք'ըթիվ) կոչական (հոլով)·

vociferate (վոսիֆըր'ըէյթ) պոռալ· ճչալ·աղաղակել·

vodka (վոտ'քը) ռուսական զօրաւոր խմիչք մը· վոտքա·

vogue (վոկ) ժողովրդական սիրուիլը (հռչակուիլը)· նորոյթ· *there is a great — for short skirts* ամէն կին կը փափաքի կարճ քղանցքներ հագնիլ·

voice (վոյս) ձայն· խօսք· քուէ· հնչել· ձայնել· արտայայտել· *active —* ներգործական բայ· *passive —* կրաւորական բայ· *with one —* միաձայնութեամբ· *the — of conscience* խղճի ձայն (խայթ)· *to have a — in* որոշման մը մէջ ձայն ունենալ·

voile (վուալ, վոյլ) շըղարշ· բամպակէ (բուրդէ, մետաքսէ) բարակ կերպաս (սաւան)·

volant (վո'լընթ) թռչող· արագաթռիչ·

Volapuk (վոլըփուք') միջազգային արուեստական լեզու (հիմնուած 1879ին)·

volatile (վալ'ըթայլ) *(liquid)* դիւրութեամբ կազի վերածուող հեղուկ· զուարթ· ցնցող· թեթեւ· յարափոփոխ նկարագրով, գաղափարներով (անձ)·

volcano (վալքէյ'նօ) հրաբուխ· հրաբխային լեռ·

vole (վոլ) առնէտանման փոքր կենդանի· դաշտամուկ·

volitant (վոլ'իթընթ) թըռչող· սաւառնող· թռչելու կարող·

volition (վոլի՛շըն) կամեցողութիւն· կամքի գործադրութիւն· *volitional* կամեցողական·

volley (վալ'ի) համազարկ· հրետանաձգութիւն· մէկ անգամէն արձակուած գնդակները· (խաղի մէջ) գնդակ մը հարուածել նախ քան գետին իյնալը· *a — of oaths* հայհոյանքներու տարափ մը·

volt (վոլթ) ելեկտրական ուժի չափ· վոլթ· *voltage* (վոլ'թիճ, վոլ'թէճ) վոլթերու թիւ·

volte-face (վալթ-ֆաս') ամբողջական փոփոխութիւն (կարծիքի կամ ըզգացումներու մէջ)·

voluble (վալ'իուպլ) դիւրասահ. հապճեպով խօսիլ. շատախօսել.

volume (վալ'իում) գիրք. հատոր. մեծ զանգուած. միջոց (հեղուկով, կազով կամ հաստատուն մարմնով լեցուած). ծաւալ (ձայնի, հեղուկի, ևայլն). *voluminous* (վալիու'մինըս) մեծ ծաւալ լեցնող. հսկայ. զանգուածային.

voluntary (վալ'ընթըրի) կամաւոր. կամաւոր կատարուած. ինքնակամ. *a* — եկեղեցւոյ մէջ երգեհոնով նուագուած նուագ.

volunteer (վալընթիյր') կամաւոր (անձ, զինուոր). ազատ կամքով վտանգաւոր գործեր ընելու տրամադիր անձ. առանց վճարումի աշխատող անձ. կամաւորագրուիլ. կամաւոր գործի մը տրամադրուիլ.

voluptuary (վալափ'թիուըրի) զեխ. հաճոյամոլական կեանք վարող (անձ). հեշտասէր անձ.

vomit (վամ'իթ) փսխել. ժայթքել (հրաբուխ). արձակել (մուխ). փսխուք. *black* — դեղին տենդ.

voodoo (վու'տու) Արեւմըտեան Հնդկաստանի մէջ կախարդութիւն. կախարդ. վհուկ. կախարդական.

voracious (վըրէյ'շըս) որկրամոլ. շատակեր. *voracity* (վըրէս'իթի) որկրամոլութիւն. շատակերութիւն.

vortex (վոր'թէքս) ջրապտոյտ (ծովու). յորձանք (ջուրի).

votary (վո'թըրի) անձ որ Աստուծոյ ուխտ ըրած է. ուխտապահ. ուխտանուէր.

vote (վոթ) քուէարկել. ընտրել. քուէ. քուէարկութիւն. ընտրութիւն. —*r* քուէարկող.

votive (վո'թիվ) ուխտանուէր. ուխտապահ.

vouch (վաուչ) *(for)* վկայել. հաստատել. երաշխաւորել. —*ee* երաշխաւոր. —*er* վկայ. վկայագիր. հաստատագիր.

vouchsafe (վաուչսէյֆ') արժանի սեպել. շնորհել. զիջանիլ.

vow (վաու) ուխտել. երդում ընել (Աստուծոյ անունով). ուխտ. երդում.

vowel (վաու'ըլ) ձայնաւոր գիր *(a, e, i, o, u)*.

vox populi (վոքս' փոփիուլայ) (լատին.) հանրային կարծիք. տարաձայնութիւն.

voyage (վոյ'էճ, վոյ'իճ) ճամբորդութիւն, ուղեւորութիւն (յատկապէս ծովային). նաւով ճամբորդել. —*r* ուղեւոր. ճամբորդ.

vraisemblance (վրէսամպլանս') հաւանականութիւն. կարելիութիւն. ճշմարտանմանութիւն.

Vulcan (վալ'քըն) կրակի չաստուածը (Հեփեստոս, Հռովմ. դից.). —*ian* հրաբխային. —*ite* կարծըր սեւանիւթ (քաուչուկէ շինուած)· կարծրախէժ· —*ise*, —*ize* ծծըմբարկել· ճառւչուկը աւելի կարծրացնել անոր խառնելով ծծումբ եւ զայն տաքցնելով·

vulcan powder ականային պայթուցիկ·

vulgar (*վալ'կըր*) ռամիկ· հասարակ· գռեհիկ· անճաղաճավար· — *herd* հասարակ ժողովուրդ· — *fraction* հասարակ կոտորակ· —*ity* գռեհկութիւն·

vulnerable (*վալ'ներըբըլ*) խոցելի· անպաշտպան յարձակումի դէմ·

vulpine (*վալ'փայն*, *վալ'փին*) խորամանկ· աղուէսի պէս·

vulture (*վալ'չըր*) անգղ (գիշատիչ թռչուն)·

vulva (*վալ'վը*) բունոց· պուց·

vulvitis (*վալվայ'Թիս*) բունոցի բորբոքում·

vying (*վայ'ինկ*) տես *vie* (*vie*ին ներկ· ընդ·)· մրցող· ճգնող· մրցում·

W

W, w (*տապ'լեու, տըպ'լ-եու*) անգլ. այբուբենի 23րդ գիրը.

wabble, wobble (*ուապ'լ*) անհանդարտ ձեւով շարժիլ. երերտկալ. յաճախ կարծիք (տեսակէտ) փոխել. երերում.

wad (*ուատ*) խուրձ (խոտի). խուրձ կազմել.

waddle (*ուատ'լ*) բադի պէս քալել (կարճ քայլերով).

wade (*ուէյտ*) ջուրի մէջէն քալել. ջուրէն անցնիլ. դժուարաւ ներս մտնել. հուն (ջուրի). *to — through a book* դժուարութեամբ կարդալ ընդարձակ գիրք մը. *waders* (*ուէյ'տըրզ*) բարձրասրուներ թոչուններ. բարձրասրունք կօշիկ (պոթին) ջուրէն անցնելու, ձուկ որսալու համար.

wadi(y) (*ուա'տի*) ձոր, ջուրի հուն (Ափրիկէի մէջ)՝ որ ամառ ատեն չոր կ'ըլլայ.

wafer (*ուէյ'ֆըր*) տեսակ մը բարակ բլիթ. քաքար. մաս, նշխար. նամակի պահարանը գոցող կպչուն թուղթի կտոր. փակցնել (նամակը).

waffle (*ուաֆլ*) քառակուսի ձեւով բարակ խոշոր բլիթ.

waft (*ուաֆթ*) օդի մէջ թռցնել (թուղթի կտոր մը). քշել. ծփալ. հով. բուք.

wag (*ուէ'կ*) նոնել. շարժել (պոչը). *to set tongues (chins) wagging* աննական արարքի մը հետեւանքով ըսի բսաւի դուռ բանալ.

wag (*ուէ'կ*) սրամիտ եւ հետաքրքիր խօսող.

wager (*ուէյ'ճըր*) գրաւ. գրաւի գալը. գրաւ դնել. գրաւի գալ.

wage(s) (*ուէյ'ճը[զ]*) թոշակ. աշխատավարձ. *a living wage* առօրեայ ապրուստին համար միայն բաւող դրամ.

wage war (*ուէյ'ճ ուօր*) պատերազմ շղթայազերծել.

waggle (*ուէկ'լ*) թեթեւ կերպով դէպի առաջ եւ դէպի ետ շարժել. երե-

րալ․ երերցնել․ երե-
րանք․

wagon (waggon) (*ուէ-կ՛ըն*) երկաթուղիի կառք․ բեռնակառք․ վակոն․ կառքով փոխադրել․ *on the water* — թունդ խը-միչք չգործածելը․

waif (*ուէյֆ*) տնանկ (անձ, կենդանի)․ կորսուած (իր, մանուկ)․

wail (*ուէյլ*) ողբալ․ լալ (ցաւէն)․ ողբ․ կոծ․

wain (*ուէյն*) կառք․ Մեծ Արջ (աստղ)․

wainscot (*ուէյն՛սքաթ*) փայտէ տախտակ՝ պատին եւ տախտակամածին ի-րարու հանդիպած տեղը դրուած․ որմադրուագ․

waist (*ուէյսթ*) մէջք (մարդու)․ հագուստի այն մասը՝ որ վիզէն մէջ-քը կը ծածկէ (Ա․Մ․Ն․)․ —*coat* բաճկոն․ *waist cloth* մէջքի լաթ․ խոն-ջան․

wait (*ուէյթ*) սպասել (մէ-կուն, բանի մը)․ կե-րակուր սպասարկել (սե-ղանի վրայ)․ *to lie in wait for* պահուըտիլ (վրան յարձակելու հա-մար)․ յարձակելու պատ-րաստուիլ․ դարանակալ ըլլալ․ *to — for* սպա-սել․ կենալ․ *wait a bit* քիչ մը պպասէ․ *to — on* ծառայել․ *to — upon (on)* կանչել․ ընկերա-նալ․

waiter (*ուէյթ՛ըր*) սպա-սեակ․ մանչ (պանդոկնե-րու մէջ)․ պնակակալ․ *waitress* կին սպասեակ․ *lady in-waiting* պատ-ուոյ տիկին (թագուհիի)․

waits (*ուէյթս*) Սուրբ Ծը-նունդի գիշերը տունէ տուն Ծննդեան երգեր եր-գող մարդոց խումբ․

waive (*ուէյվ*) լքել (առ-ժամապէս, ժամանակա-ւորապէս)․

wake (*ուէյք*) *(woke, waken)* ամբողջ գիշերը մեռածի մը վրայ հսկել․ արթննալ․ արթնցնել․ հսկել․ խնճոյք (նախա-տօնակ)․ *wake up* ար-թըննալ․ *in the — of* հետեւեալ․ ետեւէն․ *waken* արթնցնել․

wale (*ուէյլ*) հետք․ գիծ․ հիւսուածք․ դիզել․

walk (*ուոք*) քալել․ առաջ-նորդել․ ձիավարել (դան-դաղ)․ յանախել․ իբր ուրուական երեւիլ․ քալ-ուածք․ հանդարտ պը-տոյտ․ նեղ ճամբայ․ զբօսարան․ *walk away (over) with* դիւրու-թեամբ շահիլ․ *walk away* մեկնիլ․ — *off with* գողնալ․ — *about* պտըտիլ․— *after* ետեւէն քալել․ — *into* որկրա-մոլի պէս ուտել․ — *off* փախուստ տալ․ — *out with* դարպասել (աղջիկ մը)․ *to — the streets* մայթաղին ըլլալ․ *to — spanish* ձայն չհանելու մտքով՝ ոտքի մատներուն վրայ քալել․ գործէ ար-ձակուիլ․ *a — over* դիւրին յաղթանակ․ — *of life* աստիճան (պաշ-տօնի)․ կոչում․ արհեստ․

walker-on (ուո'քըր—օն, [ան]) անխօս դերասան·

walkie-talkie (վոք'ի—թոք'ի) զինուոր՝ որ կռնակը ռատիօ մը կը կրէ ի պահանջել հարկին խօսելու համար ռատիօ կրող ուրիշ զինուորի մը հետ·

walkout (ուոք'աութ) գործաթող (բանուոր)·

wall (ուո՝լ) պատ· պատնէշ· պարիսպ· *—s have ears* պատերն իսկ ականջ ունին· *run one's head against a —* անկարելի նկատուող բան մը ընել· *with one's back to the —* յուսահատ կռիւ (որմէ որեւէ ձեւով կարելի չէ խուսափիլ)· *go to the —* մէկ կողմ հրուիլ (իբր անպէտ անձ)· կորսընցնողը ըլլալ· *to take the —* առաջնութիւնը շահիլ·

wallaby (ուոլ'ըպի) փոքր ագեվազ (քանկարու) (աւըստրալիական կենդանի՝ ետեւի երկար ոտքերով, որ որովայնին տակ գըրպանի մը մէջ ձագերը կը պահէ)·

wallah, walla (ուալ'ը) սնձ· *a box-—* գործի մարդ· վաճառական (Հնդկաստանի մէջ)·

wallaroo (ուոլըրու') խոշոր ագեվազ (քանկարու)·

wallet (ուոլ'իթ) տոպրակ· դրամապանակ· թղթապանակ·

wallflower (ուո՝լ'ֆլաուըր) շահպրակ· ձեռնածաղիկ· պարանցիկի ընթացքին առանց պարընկերոջ կին·

wallop (ուո'լըփ, ուա'լըփ) ծեծել· վրան խընդալ· եռալ· ծանր հարուած· փառաւոր ծեծ· *to — along* արագօրէն շարժիլ·

wallow (ուոլ'օ, ուալ'օ) տիղմի մէջ թաւալիլ (տապլտկիլ) (ինչպէս խոզը)· տիղմի (աղտոտութեան) մէջ թաւալում·

wallpaper (ուոլ'փէյփըր) հտեւը մածուցիկ թուղթ՝ պատը փակցնելու·

Wall Street (ուոլ' սթրիյթ) Նիւ Եորքի մէջ սակարանի մեծ շուկայ, տընտեսական առաջնակարգ կեդրոն (առաջինը ամբողջ աշխարհի մէջ)·

walnut (ուո՝լ'նըթ) ընկոյզ· ընկուզենի· *—shell* ընկոյզի կեղեւ·

walrus (ուալ'րըս) ծովաձի· ծովային խոշոր կենդանի՝ որուն դէմքին վըրայ երկու խոշոր ժանիքներ կան՝ դէպի վար դիրքով·

waltz (վո՝լց) շրջապար երկու անձով· վալս· վալս պարել·

wan (ուան) տժգոյն· դալկադէմ· գունատիլ·

wand (ուանտ) ցպիկ (մոգութեան)· ցուպ (իշխանութիւն)·

wander (ուոն'տըր, ուան'տըր) թափառիլ· ուղիղ ճամբան ձգել· մոլորիլ· գիտակցաբար շփոթութիւն ստեղծել· *his mind is —ing* միտքը խառնափնդոր վիճակ մը կը ներկայացնէ (ծանր հիւանդութեան պատճառաւ)· *wanderer* թափառաշրջիկ· *wandering* թափառող· թափառում.

wanderlust (*ուոն'տըրլըսթ*) տեւապէս ճամբորդելու փափաք.

wane (*ուէյն*) նուազիլ· փոքրանալ (լուսին)· ձախողիլ· նուազում· անկում· քայքայում.

wangle (*ուէնկ'կլ*) ձեռք ձգել (ճարպիկութեամբ կամ խաղով մը).

want (*ուոնթ*) ուզել· փափաքիլ· ըղձալ· կարօտութիւն· պէտք· *to be in want* աղքատ ըլլալ· *—ing* անկատար· թերեւամիտ.

wanton (*ուան'թըն*) վայրագ (նկարագիր)· լիրբ· պոռնիկ· լրբանալ· գէշութիւն ընել· անհոգ խաղալ· ճոխութեան մէջ յղփանալ.

war (*ուո`ր*) պատերազմ (ազգամիջեան կամ միջազգային)· պատերազմ մղել· *civil —* քաղաքացիական պատերազմ· *holy —* կրօնական (սրբազան) պատերազմ· խաչակրութիւն· *nuclear —* հիւլէական (կորիզային) պատերազմ· *preventive —* կանխարգելիչ պատերազմ· *defensive (offensive) —* պաշտպանողական (յարձակողական) պատերազմ· *war to the knife* անողոք (մինչեւ մէկ կողմին կատարեալ պարտութիւնը) պատերազմ· *prisoner of — (P. O. W.)* պատերազմական գերի· *to declare — against* պատերազմ յայտարարել· *to be in a state of —* պատերազմական վիճակի մէջ ըլլալ· *to go into action —* պատերազմի սկսիլ· *to wage — against* պատերազմ շղթայազերծել· *— baby* պատերազմի ժամանակ ծնած ապօրինի զաւակ (զինուորի)· *— cry* պատերազմի աղաղակ· *— department* պատերազմական նախարարութիւն· *— of nerves* ջիղերու պատերազմ.

warble (*ուո`ր'բլ*) ձայնը թրթռացնելով երգել· գեղգեղել (սոխակի պէս).

ward (*ուո`րտ*) հսկել· պաշտպանել· ետ մղել· պաշտպանութիւն· դիրք· հսկողութիւն· քաղաքի թաղամաս (կառավարական բաժանմունքներով)· հիւանդանոցի մէջ սենեակ· դատարանի պաշտպանութեան տակ երիտասարդ.

-ward(s) (*– ուորտ[զ]*) վերջաբառ՝ ուղղութեամբ իմաստով· *westward* դէպի արեւմուտք.

warden (*ուո`րտ'ըն*) շրջանի մը կառավարիչ (հին առում)· վարժարանի մը խնամակալ (տնօրէն)· բանտապահ· պահակ.

warder (*ուո`ր'տըր*) բանտապահ.

wardrobe (ուո՝րտ՛րո՛պ) հանդերձարան. հագուստներու յատուկ պահարան.

wardroom (ուո՝րտ՛րո՛ւմ) սպաներու յատուկ ճաշարան (մարտանաւի մէջ).

ware (ուէր) ուշադիր ըլլալ. ուշադրութիւն ընել.

wares (ուէրզ) առարկայ, ապրանք (ծախու). *warehouse* (ուէր՛հաուս) ամբար. մթերանոց. *to warehouse* (ուէր՛հաուզ) ամբարել. մթերել.

warfare (ուո՝ր՛ֆէր) պատերազմ. կռիւ. *guerilla* — հրոսակային (փէտայական) կռիւ.

warm (ուո՝րմ) ջերմ.. թեթեւ (հաճելի) տաք. խանդավառ. կրակոտ. ջերմացնել. ջերմ (վառ) պահել. *warm work* սուր (վտանգաւոր) պայքար. *to make things — for* յարձակիլ. անհանգըստութիւն պատճառել. — *corner* վտանգաւոր անկիւն (տեղ). *a warm hearted person* խանդակաթ, ազնիւ հոգիով (անձ). *warm-blooded* տաք արիւն (կենդանի). առատաձեռըն. *warmth* (ուորմթհ) ջերմութիւն. եռանդ.

warmonger (ուո՝ր՛մընկ-կըր) պատերազմի հրձիգ. ռազմատենչ. ռազմամոլ.

warn (ուո՝րն) ազդարարել. զգուշացնել. —*ing* ազդարարութիւն. զգուշացում.

warp (ուո՝րփ) կապել. շաղկապել. ծռել. նաւը պարանով քաշել. նաւաձիգ պարան. —*ed mind* խոտորած միտք.

warrant (ուոր՛ընթ) վճիռ. հրովարտակ. արտօնութիւն (ձերբակալելու, եւայլն). պատուիրագիր (դրամ վճարելու կամ ստանալու). *you have no — for saying that* իրաւունք (պատճառ) չունիս այդպէս ըսելու. *I'll — you that* վստահ եմ թէ.

warren (ուոր՛ըն) ճագարանոց. որսարան (գետի մէջ).

warrior (ուո՝ր՛իըր) պատերազմիկ. ռազմիկ.

warship (ուո՝ր՛շիփ) մարտանաւ.

wart (ու՝որթ) փոքր կարծըր ան՝ մորթի մակերեսին վրայ. կոծիծ. կունտ (ձիու սրունքին վրայ).

wart-hog (ուո՝րթ՛-հոկ, —՛-հակ) ափրիկեան վայրի խոզ (վարազ).

wary (ուէր՛ի) ուշադիր. վտանգին ուշադրութիւն ընող.

was (ուազ) (*to be*–ին անց.) եզ. Ա. եւ Գ. դէմք էի. էր.

wash (ուոշ, ուաշ) լուալ. մաքրել. մաքրագտել (ոսկին ուրիշ տարրերէ). սրբել. լուացուիլ. լըւացք ընել. գոյն տալ. լուացք. հոսանք. գետեզերք. մաքրող հեղուկ. *the sea —es the rocks* ծովուն ջուրերը ժայռերուն վրայէն կը հոսին.

this washes well այս հագուստը առանց վնասուելու կը լուացուի. *I wash my hands of it* ձեռքերս կը լուամ այս գործէն. *that story won't —* այս պատմութիւնը որոշապէս սխալ է. *he looks washed out* յոգնած կ'երեւի. *to wash away* մաքրել (ջուրով). *to — up* կերակուրի ամանները լուալ. *eye -—* հնարքներու դիմել՝ աչքը խաբելով թէ գործ մը լաւ կատարուած է.

wash-clothes (ուոշ'-քըլոթհս) ներմակեղէն.

washer (ուոշ'ըր) լուացող. լուացքի մեքենայ.

washout (ուոշաու'ւթ) ըսպառած. խիստ մաշած. *it was a —* ամբողջապէս ձախողած է.

washstand (ուոշ'սթէնտ) լուացարան.

wasp (ուասփ) պիծակ. բոռ. *—ish* խայթող. անզգամ.

wassail (ուաս'էյլ) կերուխումի հաւաքոյթ. խըմիչք. ուտել-խմել. բարեմաղթանքներ ներկայացնել.

wast (ուասթ) *(to be*ին անց. եզ. բ. դէմք [հին առումը]) էիր. *thou wast* դուն էիր.

wastage (ուէս'թիճ) վատնում. վատնուած նիւթ.

waste (ուէյսթ) վատնել. անկանոն կերպով գործածել. ուժահատ ընել. ուժահատ ըլլալ. վատնում. վատնելը. անգործածելի. անբաղձալի. անօգուտ. *waste-pipe* աղտոտ ջուրը փոխադրող խողովակ. *—r, wastrel* ծոյլ, գործի չեկող (անպիտան) մարդ. *wasting* տկար (անձ). անառակութիւն.

watch (ուոչ, ուաչ) արթուն հսկել. աչքը վրան պահել. խնամել. պահակ. պահապան. հսկիչ. պահակութիւն. հսկողութիւն. նաւու վրայ պահակութիւն. թեւի (գրպանի) ժամացոյց. *alarum —* զարթուցիչ ժամացոյց. *watchmaker* ժամագործ. *— dog* պահապան շուն. *— house* պահականոց. *watchman* պահակ. *— tower* դիտարան.

watchword (ուաչ'ուըրտ) պատերազմի ընթացքին հերթապահ պահակին յայտնուած գաղտնի կարգախօս՝ որպէսզի անիկա գիտնայ թէ եւթական թշնամի չէ.

water (ուո'թըր, ուա'թըր) ջուր (գետ, լիճ, ծով, արցունք, մէզ, եւայլն). փայլ (թանկագին քարի). ջրել. ոռոգել (հողը). ջուր առնել (խմել). ջուր խառնել (բանի մը մէջ). *to get into hot —* դըժուարութեան մատնուիլ. *the story won't hold —* դիւրութեամբ կարելի է հաստատել թէ պատմութիւնը սուտ է. *throw cold — on a plan* ծրագրի մը դէմ խօսիլ՝

դժուարութիւններ ցոյց տալով. *high* — (*low* —) մակընթացութիւն (տեղատուութիւն). *I'am in law* — դրամ չունիմ. *jewel of the first* — առաջնակարգ գոհար. *makes one's mouth* — բերանը ջրոտել (փափաքով լեցնել). —*ed silk* ալիքաւոր գիծերով մետաքսեղէն. — *closet* պէտքարան, արտաքնոց. — -*colour* ջրաներկ (նկար). — -*diviner* անձ որ Y ձեւի գործիքով երեւան կը հանէ թէ ո'ւր ջուր կը գտնուի. —*fall* ջրվէժ. — *gauge* ջրաչափ. — -*gas* ջրային կազ. — -*glass* հեղուկ' ուր հաւկիթը թարմ կը պահուի. *watering-place* յատուկ վայրեր' ուր մարդիկ կ'երթան հանքային ջուր խմելու. ծովեզերեայ վայր. —*logged* ջուրով լեցուած (որպէսզի ջուրին երեսը չտատանի). —*man* նաւավար. մակոյկավար. —*mark* ջուրի բարձրութեան նըշան (չափ). —*proof* հագուստ (եւայլն)' ուր ջուր չի թափանցեր. — -*shed* ջրուղիներու համար որոշուած սահման. — -*tight* ջուրը զսպող, ներս կամ դուրս պահող. —*tight agreement* գըրաւոր համաձայնութիւն' որմէ կարելի չէ խուսափիլ. —*tight argument* անհերքելի դատողութիւն. — *wheel* ջրանիւ. —*works* ջրաբաշխական կեդրոն. *watery* ջրոտ. ջրառատ.

watt (*ուաթ*) ելեկտրուժի չափ. վաթ.

wattage (*ուաթ'էյճ*) վաթերու ընդհ. գումար.

wattle (*ուաթ'լ*) նիւղերով հիւսուած վանդակ. ոյորամաղ. ներմակ ակասիա (ծաղիկ). թռչունին վիզն ի վար կախուած կարմիր մորթը. վանդակ հիւսել.

wave (*ուէյ'վ*) ալիք (ծովու, ձայնի, լոյսի, եւայլն). արագ տարածուող փոփոխութիւն (օր. ըզգացումի ալիք մը. պաղ ալիք մը, եւայլն). ալիքաւորուիլ. տատանիլ. ծածանել (դրօշակը). շարժել. նշան տալ (ձեռքով, եւայլն). —*worn* ալեհեր. *hair* —*s* գանգուր (ալիքաձեւ) մազ.

waver (*ուէյ'վըր*) անհանդարտօրէն շարժիլ. յարափոփոխ ըլլալ. միշտ երկու գաղափարներու միջեւ տատանիլ. շարժող.

wavy (*ուէյվ'ի*) ալիքներով ծածկուած. ալեկոծ. *a* — *line* ալիքանման գիծ.

wax (*ուէքս*) աւելի մեծնալ. *they* —*ed merry* աւելի եւ աւելի զուարթ դարձան. *the moon* —*es and wanes* լուսինը կը մեծնայ եւ կը պզտիկնայ.

wax (*ուէքս*) մոմ. մեղրամոմ. մոմաշինութեան մէջ կը գործածուի. մոմ շինել. —*works* մոմէ շինուած պատկերներ (ծանօթ արուեստագէտներու կողմէ)։

way (*ուէյ*) ճամբայ. փողոց. լայն պողոտայ (մէկ կողմէն երթալ, միւս կողմէն գալ)։ խճուղի. ուղղութիւն. յառաջացում. ձեւ. գործելակերպ. սովորութիւն. ծրագիր. *it is a long way* երկար ճամբայ է. *make way for the hero* ճամբայ բացէք հերոսին. *to pave the way for* ուղի հարթել. գալը դիւրացնել. *by the way* նիւթէն անկախ. անցողաբար (ըսեմ). *out of the way* հեռաւոր. անսովոր. *the ship is under* — նաւը յառաջ կ'ընթանայ. *to give* — տեղի տալ. ենթարկուիլ. կոտրիլ. *she is in a bad way* գէշ վիճակի մէջ է. շատ հիւանդ է. —*s and means* գործը կառավարելու բոլոր անհրաժեշտ բաները (ծրագիր, դրամ եւայլն)։

way-bill (*ուէյ՛-պիլ*) ցանկ անձերու (առարկաներու)։ նաւու (շոգեկառքի) կողմէ փոխադրուած.

wayfarer (*ուէյ՛ֆէրըր*) ճամբորդ.

waylay (*ուէյ՛լէյ*) մէկուն սպասել (հետը խօսելու համար)։ դարանակալ սպասել՝ վրան յարձակելու համար.

wayward (*ուէյ՛ուըրտ*) հակակշիռի օրէնքներու չենթարկուող.

we (*ուի*) մենք (անձ. դեր. յոգ. Ա. դէմք)։

weak (*ուի՛ք*) տկար. նուաղուն. նուրբ. դիւրին ազդուող. պարզ. բարակ. ջրոտ. —*-minded* տըկարամիտ. —*en* տկարացնել. տկարանալ. *a weakling* տկար անձ.

weal (*ուիյլ*) յաջողութիւն. բարիք. բարօրութիւն.

weal (*ուիյլ*), wale (*ուէլ*) գաւազանի (եւայլն) հարուածին ձգած հետքը.

wealth (*ուէլթհ*) հարստութիւն. մեծաքանակ ինչք.

wean (*ուիյն*) կաթէն կտրելով ուրիշ սնունդ տալ (մանուկին)։ մէկը կամաց կամաց իր նախկին բարեկամներէն (սովորութիւններէն) հեռացընել.

weapon (*ուէփ՛ըն*) զէնք.

wear (*ուէր*) հագուստներ հագուիլ. մարմնին վրայ կրել (ունենալ)։ գործածել. մաշեցնել. մաշիլ. հագուստի մաշում. տոկունութիւն. սովորոյթ. *to — away* մաշիլ. *to — off* կամաց կամաց մաշիլ. *to — out* սպառել. անգործածելի դարձնել. *to — a troubled look* մտահոգ երեւնալ. *these shoes will — well* այս կօշիկները երկար պիտի դիմանան.

weary (*ուիր՛ի*) յոգնեցնել (աշխատանքով)։ անհետաքրքիր դարձնել. յոգնած. համբերատի կարօտ. հետաքրքրութիւնը կորսնցուցած. *wearisome* (*ուի՛րիսըմ*) անհետաքրքրական․ ձանձրանալի․ տաղտկալի․

weasel (*ուի՛զըլ*) փոքր, երկար մարմնով եւ կարճ սրունքներով վայրագ կենդանի․ (մկն)աքիս․

weather (*ուէտՀ՛ըր*) օդի վիճակ․ մթնոլորտ․ *bad —* գէշ օդ (անձրեւ, փոթորիկ)․ *under the —* տխուր (հիւանդ)․ *to — a storm* փոթորիկի մէջէն ապահով հասնիլ․

weathercock (*ուէտՀ՛ըրքոք*) հողմացոյց․ թռչունի ձեւով գործիք՝ որ աշտարակի վրայ կը դրուի հովին ուղղութիւնը ցոյց տալու համար․

weave (*ուիյվ՛*) հիւսուածք․ ծաղիկներով հիւսուած պաստառ․ հիւսել (հագուստ)․ կտաւ գործել․ *weaver* ջուլհակ․

web (*ուէպ*) ոստայն․ հիւսուածք․ աչքի աղտոտութիւն․ մաշկ․ հիւսել․

wed (*ուէտ*) ամուսնանալ․ ամուսնացնել․ *a wedding (ceremony)* պսակադրութեան արարողութիւն (եկեղեցւոյ մէջ)․ *silver wedding* ամուսնութեան արծաթեայ 25 ամեակ․ *golden wedding* ամուսնութեան ոսկի յիսնամեակ․

wedge (*ուէճ*) ▽ ձեւով մետաղէ (փայտէ) կտոր՝ որ առարկայի մը ճեղքին մէջ կը մխեն զայն երկու կտորի վերածելու համար․ սեպ․ բոյթ․ սեպը զարնել․ երկու կտոր ընել․ մխել․ *W— wood ware* անզլ․ յախճապակի․

wedge writing (*ուէճ՛ րայթինկ*) սեպագիր (արձանագրութիւն)․

wedlock (*ուէտ՛լոք, —լաք*) ամուսնութիւն․ հարսանիք․

Wednesday (*ուէնզ՛տէյ*) Չորեքշաբթի․

wee (*ուի*) շատ փոքր (ըսկովտ․)․

weed (*ուիյտ*) սէզ (վնասաբեր խոտ)․ տխուր․ անարժէք անձ (կենդանի)․ գլանիկ (սիկար)․ սէզերը մաքրել․ *to — out* անպէտ առարկաները (անձեր) հաւաքածոյէն հանել․

weed (*ուիյտ*) սուգի հագուստ․ այրի կնոջ հագած սեւ հագուստները (սուգի նշան)․

week (*ուիյք*) շաբաթ․ եօթնեակ․ *weekday* (*ուիյք՛տէյ*) շաբթուան մէջ որեւէ օր (բացի Կիրակիէն)․ յուր օր․ *—-end* (*ուիյք՛-էնտ*) Ուրբաթ երեկոյէն մինչեւ Երկուշաբթի առտու․ Շաբաթ եւ Կիրակի օրերը՝ իբր հանգիստի օրեր․ *—ly* շաբաթական․ *a —ly (paper)* շաբաթաթերթ․ *Holy —, Passion —* Աւագ Շաբաթ, Չարչարանաց շաբաթը․

ween (*ուիյն*) խորհիլ (բանաստ․)․ երեւակայել․ հաւատալ․

weep (*ուիյփ*) (անց․ եւ անց․ ընդ․ *wept*) ողբալ․ լալ․ արցունք թափել․

weevil (*ուի՛վիլ*) ցորենի ուտիճ. պտուղներու որդ.

weft (*ուէֆթ*) հիւսուած. ոստայն.

weigh (*ուէյ*) կշռել. կշռադատել. նկատի առնել. *to — one's words* ուշադրութեամբ խօսիլ. *to — anchor* խարիսխը վերցնել. *what —s with me most* ամենէն կարեւորը ինծի կը թուի. *weight* (*ուէյթ*) ծանրութիւն. կշիռ. կշռաքար. կարեւորութիւն.

weir (*ուիյր*) ջրարգել պատ (գետակին քով) ջուրին մակարդակը բարձրացնելու համար.

weird (*ուիյրտ*) վիուկ. կախարդ. հմայեակ. նակատագիր. բախտ. գերբնական. տարօրինակ. անբնական.

welcome (*ուէլ՛քըմ, ուէլ՛քըմ*) սիրալիր ընդունելութիւն. բարի գալուստ մաղթել. հանոյքով ընդունիլ. *you're — to it* սիրով կու տամ քայն քեզի.

weld (*ուէլտ*) մետաղի երկու կտորներու ծայրերը իրարու միացնել (կրակով հալելով). զօդել. իրարու միացնել. պլածահրի. մածուցք. զօդում.

welfare (*ուէլ՛ֆէր*) առողջութիւն. յաջողութիւն. բարեկեցութիւն. լաւ վիճակ.

we'll (*ուի՛իլ*) *we will*ի կրճատ ձեւը, մենք պիտի.

welkin (*ուէլ՛քին*) երկինք.

well (*ուէլ*) լաւ (հանելի ձեւով). խելացի (ուղիղ) ձեւով. առողջ. հանգիստ. *as well* նաեւ. *you may just as —* կը թելադրեմ քեզի որ. *very —, then* լաւ, համաձայն եմ քեզի. *well!* զարմանքի բացագանչութիւն. *well?* յետոյ ի՞նչ. *we are — enough where we are* մենք ապահով ենք. *well-to-do* հարուստ. *as well as* ինչպէս նաեւ.

well (*ուէլ*) հոր. աղբիւր. որեւէ խոր ծակ. *an ink-well* թանաքաման. կաղամար.

welsh (*ուէլշ*) կալլէսեան. կալլէսցի. կալլէսերէն (Մեծն Բրիտանիոյ արեւմըտեան կողմը). *welsh rabbit (rarebit)* եփուած պանիր.

welter (*ուէլ՛թըր*) թաւալում. թաւալիլ. գլտորուիլ. *— of confusion* մեծ տակնուվրայութիւն.

wen (*ուէն*) անվնաս ուռեցք (ուռ) մորթին տակ.

wench (*ուէնչ*) աղջիկ. ըսպասուհի, անառակ կին. անառակ կիներու ընկեր ըլլալ.

wend (*ուէնտ*) երթալ. մեկնիլ.

went (*ուէնթ*) (*go*ին անց.) գնաց.

wept (*ուէփթ*) (*weep*ին անց. եւ անց. ընդ.) լացաւ. ողբաց. լացած. ողբացած.

wert (*ուըրթ*) էիր (էիք) *thou wert (= you were)*

դուն էիր (դուք էիք) (հին առում).

west (*ուէսթ*) արեւմուտք· արեւմտեան· *to go —* մեռնիլ· *West End* Լոնտոնի արդիական թաղամասը· *western* արեւմըտեան· *a western* կովարածներու *(Cow boys)* մասին շարժանկար (1880ին կամ անկէ առաջ, Ա. Մ. Ն.ի մէջ)· *Western Church* Կաթողիկէ (Լատին) եկեղեցի· *Western Empire* Հռովմէական Կայսրութիւն (395էն ետք Ք. Ե.)· *westerly* արեւմտեան հով· *—erner* արեւմուտքցի·

Westminster (*ուէսթմինս'թըր, ուէսթ'մինսթըր*) Անգլիոյ խորհրդարանը·

westward(s) (*ուէսթ'ուըրտ[ս]*) դէպի արեւմուտք·

wet (*ուէթ*) թաց· տկար, անպէտ (Ա·Մ·Ն·)·

wet blanket (*ուէթ'-պլէնկ'քիթ*) մարդոց երջանկութեան (յոյսերուն) վրայ պաղ ջուր թափող անձ·

wether (*ուէտհ'ըր*) արու ոչխար (խոյ)·

wet-nurse (*ուէթ'-նըրս*) ստնտու· ուրիշի մը մանկիկին կաթ տուող կին·

whack (*հուէք*) հարուածի մը ձայնը· զարնել· հարուածել·

whale (*հուէյլ*) կէտ ձուկ·

wharf (*հուարֆ*) նաւամատոյց (նաւերու ապրանքները իջեցնելու կամ նոր ապրանքներ նաւ առնելու տեղը)· *wharfage* (*հուարֆ'իճ*) նաւամատոյցը գործածելու համար վճարուած գումար·

what (*հուաթ*) ի՞նչ· ո՞ր·

whatnot (*ուաթ'նաթ*) դարակներու շարք (գիրքերու յատուկ)· տակաւին ինչեր·

wheat (*հուիյթ*) ցորեն· հացահատիկ· *— bird* սարեակ (թռչ·)· նաեւ *—ear.*

wheedle (*հուի'տըլ*) փաղաքշելով մէկէն բան մը ձեռք ձգել·

wheel(s) (*հուիլ[զ]*) անիւ(ներ)· նախարակ· հեծիկ· ոճրագործները պատժելու գործիք (հին առում)· թաւալում· կառքով տանիլ· թաւալել· հոլովել· *to put a spoke in his —* ծրագիրները կործանել· *to put one's shoulder to the —* ջանալ աշխատանքին օգնել· *there are —s within —s* գաղտնի շատ ուժեր կան գործի վրայ· *wheel-barrow* (*հուիլ'-պէրօ*) ձեռնակառք· ձեռնասայլ· *wheel-chair* անիւաւոր կառք (հաշմանդամի համար)· բազկաթոռի մէջ գործածուող փոքր աթոռ. *—y* բոլորշի·

wheeze (*հուիյզ*) դժուարութեամբ (աղմուկով) շնչել·

whelk (*հուէլ'ք*) փոքր պատեանաձուկ մը· փողարդ·

whelp (*հուէլփ*) առիւծի (շունի, եւայլնի) ձագ·

խուլիգան (տղայ)· ցընկ-նիլ·

when (հուէն) երբ· երբ որ· —*as* մինչ· երբ·

whence (հուէնս) ուրկէ՞· ո՞ր վայրէն·

whene'er (հուէն'ըր') որ ժամանակին ալ·

whenever (հուէնէվ'ըր) երբ որ·

whensoever (հուէնսոէ-վ'ըր) ինչ պատճառաւ ալ·

where (հուէր) ո՞ւր· ի՞նչ պարագաներու տակ· ուր·

whereabout (հուէրըպա-ութ') ո՞ւր, ուր· որու նկատմամբ· —*s* տեղ, բնակութիւն·

whereas (հուէրէզ') նկա-տելով որ· մինչդեռ·

whereat (հուէրէթ') որուն (բանի մը) համար· առ որ·

whereby (հուէրպայ') ո-րով· ըստ որ (այս ինչ պատճառաւ··)·

wherefore (հուէր'ֆոր) ինչո՞ւ· ի՞նչ պատճառաւ· ատոր համար· ուստի·

wherin (հուէրին') ինչով·

whereof (հուէրաֆ') ի՞նչ բանէ· որուն (մասին)·

wheresoever (հուէրսոէ-վ'ըր) ուր որ ալ·

whereto (հուէրթ'ու) ո-րուն· դէպի ուր·

whereunto (հուէրըն'թու), *whereupon* (հուէրը-փան') որուն վրայ, ո-րուն իբր հետեւանք·

where'er (հուէր'ըր'), **wherever** (հուէրէվ'ըր) ինչ տեղ ալ, ուր որ·

wherewith (հուէրուիթ'հ) ինչով, ինչ բանով·

wherewithal (հուէրուիթ'-հոլ) ինչով, ինչ տեղով, որով· *the* — դրամը· միջոցները·

wherry (հուէր'ի) նաւակ· մակոյկ· նաւավարել·

whet (հուէթ) սրցնել (շը-փելով)· յուզել· գրգռել·

whether (հուէտհ'ըր) եր-կուքէն որ մէկը (ինն ա-ռում)· *I don't know* — չեմ գիտեր թէ· — *or not* ··· թէ ոչ·

whetstone (հուէթ'սթոն) սրցնող քար· յեսան·

whew! (հիու) սուլոցի ձայն՝ որ զարմանք, դըժ-գոհութիւն կամ ցաւ կ'արտայայտէ· ի՞նչ· օ-հօ՜·

whey (հուէյ) կաթի շի-նուկ· կաթի բոլոր սնըն-դարար տարրերը հանե-լէն ետք մնացած ջուրը·

which (հուիչ) որ, զոր· որ մէկը, ինչ որ·

whiff (հուիֆ) թեթեւ ծուխ պարունակող օդի հո-սանք· ծուխ·փչել· ծխել·

whig (հուիկ) Հանովրեան զահատոհմի ջատագով (Անգլիա)· 1832էն ի վեր ծանօթ իբրեւ Ազատական (կուսակցութիւն)·

while (հուայլ) մինչ· մինչ-դեռ· երբ· *once in a* — երբեմն (ոչ–յաճախ)· *it is worth one's* — յատ-կացուցած ժամանակիդ եւ աշխատանքիդ համար հաւանաբար պիտի վար-ձատրուիս· *to while away time* ժամանակ անցընել· *whilst* (հուա-

այլաթ) մինչ․ *worth-while* արժանի (ձեռնարկուած ծախսին կամ ճեղութեան)․

whim (*հուիմ*) քմայք․

whimper (*հուիմ'փըր*) անզօր կերպով ճչալ (մանկիկի պէս)․ ճզճզալ․

whimsy (*հուիմզ'ի*) տես *whim* քմայք․ *whimsical* (*հուիմ'զիքըլ*) քմայքային․ տարօրինակ․ անսովոր․

whine (*հուայն*) շունի հանած ցաւի ձայնը․ կաղկանձ, հեծ․ կաղկանձել․

whinny (*հուին'ի*) վրնջել․ խրխնջել (ձի)․

whip (*հուիփ*) խարազան․ մտրակ․ խարազանել․ մտրակել․ *to — up* ձեռք զարնել (արագ շարժումով)․ *to — out, — off* արագ (կերպով) քալել․ *— round* արագ կերպով դառնալ․ *to have the — hand* վրան իշխանութիւն ունենալ․ *a — up* դրամահաւաք մասնաւոր անձերէ՝ մեռած բարեկամի մը կնոջ համար․ *whip out* (*հուիփ' աութ*) արագ կերպով քաշել (սուրը)․

whipper-snapper (*հուիփ'ըր-սնէփ'ըր*) սնապարծ անձ․

whippet (*հուիփ'իթ*) արշաւի համար գործածուող շուն․ խառնածին բարակ (շուն)․

whip-poor-will (*հուիփ'-փուր-ուիլ*) գիշերները թռչող ամերիկեան թռչուն՝ որ իր անուան նմանող ձայն մը կը հանէ․

whir(r) (*հուիր[ր]*) երկինքէն արագօրէն անցնող բանի մը հանած ձայնը․ վզզիւն․ բզզիւն․ արագ ընթանալ․ վզզալ․

whirl (*հուըրլ*) արագ կերպով շուրջանակի դառնալ․ պտուտքել․ բաւալք․ դարձուածք․ *my brain is in a —* մտածումներս խառնակ վիճակ մը կը ներկայացնեն․

whirligig (*հուըր'լիկիկ*) մանիչ խաղալիք․ երջանկութենէն իւքն իր վրայ դառնալ․ հողմահար խաղալիք․

whirlpool (*հուըրլ'փու'լ*) ջուրի յորձանք (պըտոյտք)․

whirlwind (*հուըրլ'ուինտ*) պտուտահով․ յորձահով (սիքլոն)․

whisk (*հուիսք*) խոզանակել․ քշել․ արձակել․ խառնող գործիք (քշտոց) (հաւկիթի)․ *the horse —ed off the flies with its tail* ձին ճանճերը քշեց իր պոչով․ *to whisk eggs* հաւկիթները ծեծել եւ խառնել․ *to — round* արագօրէն շուրջանակի դառնալ․

whiskers (*հուիսք'ըրզ*) պեխ․ կիսամօրուս (մարդու)․ կատուի պեխ․

whisky (*հուիս'քի*), *whiskey* (*հուիս'քի*) այլազան հատիկներէ պատրաստըւած զօրաւոր ալքոլիկ խմիչք․ արմտօղի․ ուիսքի․

whisper (*հուիս'փըր*) փըսփսալ. փսփսուք. հըծծանք.

whist (հուիսթ) թղթախաղ մը. անձայն.

whistle (հուիս'ըլ) սուլել (շրթներով կամ այլ ձեւերով). սուլում. սուլիչ. *to wet one's whistle* խմել. *whistling* սոյլ.

whit (հուիթ) կարելի ամենափոքր մասնիկ. հիւլէ. *I don't care a* — երբեք հոգս չէ.

white (հուայթ) ճերմակ, ձիւնասպիտակ. անգոյն. ճերմակութիւն. ճերմըկցնել. *he is a — man* ազնիւ եւ պատուաւոր մարդ մըն է. *—-collar worker* գրասենեակային աշխատող (ոչ-սեւագործ). *a — night* անքուն գիշեր մը. *whiten* ճերմակցնել (ճերմկցընել).

white ant (հուայթ էնթ) միջատ մը՝ որ գետնին տակ կ'ապրի եւ տուները մտնելով՝ փայտ (թուղթ, եւայլն) կը փճացնէ. ճերմակ մրջիւն (սխալ առում).

whitebait (հուայթ'պէյթ) տեսակ մը փոքր ձուկ (ձուկի ձագ). մանիշաձուկ.

white elephant (հուայթ' էլէֆընթ) անարժէք (անգործածելի) առարկայ. ճերմակ փիղ (նուիրական՝ Սիամի մէջ).

white face (հուայթ' ֆէյս) միմոս.

white flag (հուայթ' ֆլէկ) ճերմակ (անձնատուութեան) դրօշակ.

White House (հուայթ' հաուս) Միացեալ Նահանգներու Նախագահին Տունը (Ուաշինկթընի մէջ). Ճերմակ Տուն.

white slavery (հուայթ' սլէյվըրի) ճերմակ գերեվաճառութիւն. կանանց առեւտուր.

white wash (հուայթ' ուոշ) կրածեփ. կրածեփով ճերմըկցնել. *to — a person* հակառակ յանցագործութեան՝ մէկը անմեղ ցոյց տալ.

whither (հուիտ'հըր) ո՞ւր ուղղութեամբ.

whiting (հուայ'թինկ) տեսակ մը ձուկ (արքայաձուկ). կաւիճ. փոշի կաւիճ (արծաթեղէն մաքրելու, կամ իբր ներկ գործածուած).

whitlow (հուիթ'լօ) մորթի (մատի) վրայ թունաւորուած տեղ.

Whitsun (հուիթ'սըն), *Whit-Sunday* Հոգեգալուստ (Զատիկէն 7 շաբաթ ետք, կիրակի օր).

whittle (հուիթ'լ) փայտը բարակ կտորներու բաժնել. տաշել. դանակ. *to — down* նուազեցնել.

whiz, whizz (հուիզ) վըզզիւն. տզզիւն.

who (հու) ո՞վ. որ. (սեռ. հոլ. *whose* որո՞ւն հայց. հոլ. *whom* զոր).

whoa (հուօ) ձիուն ուղղուած սաստ՝ կանգ առնելու.

whodunit (հուդըն'իթ)

գաղտնի ոստիկանական պատմութիւն.

whole (*հո՛լ*) ամբողջ. լըման. կատարեալ. քաջառողջ. *to go the — hog* միաժամանակ քանի մը կարծիքներու յարիլ. կարծիքի մը համաձայն գործել (առանց վախի).

whole-hearted (*հո՛լ-հար-թ՛ըտ*) սրտանց. անկեղծ. խանդավառութեամբ.

wholesale (*հո՛լսէյլ*) մեծաքանակ վաճառք. *to do a thing —, (by —)* գործ մը մէկ անգամէն ընել (եւ ոչ թէ կտոր կտոր).

wholesome (*հոլ՛սըմ*) առողջարար. օգտակար.

wholly (*հոլ՛ի*) ամբողջապէս. կատարեալ կերպով.

whom (*հում*) զոր. *of —* որմէ. *to —* որու. զո՞վ.

whomsoever (*հումսոէ-վըր*) որը որ, որ մէկը որ.

whoop (*հուփ*) բարձր ճիչ. *whooping-cough* (*հու-փ՛ինկ-քաֆ*, *—-քոֆ*) կապոյտ հազ.

whoopee (*հուփի՛*) զուարթարանութիւն եւ աղմուկ.

whop (*հուափ*, *հուափ*) ծեծել. տփել. տփոց. *a whopping lie* մեծ սուտ.

whorl (*հուըրլ*) տերեւավարդ. օձանման պըտոյտք.

whort (*հուըրթ*) հապալասի (ծառ մը).

whortle-berry (*հուըրթ՛լ-պէր՛ի*) փոքր ճերմակ (սեւ) պտուղ տուող ծառ. մրտենական հապալասի.

whose (*հուզ*) որո՞ւ(ն). որուն.

whoso (*հու՛սօ*) ով որ, որ մէկը որ.

whosoever (*հուսօ՛էվըր*) որ մէկը որ.

who's who (*հու՛զ՛ հու*) ապրող հռչակաւոր անձնաւորութիւններու կենսագրութիւնը.

why (*հուայ*) ինչո՞ւ. ի՞նչ բանի համար. թէ ինչո՛ւ.

wick (*ուիք*) պատրոյգ.

wicked (*ուիք՛էտ*) չարագործ. վատ (անձ, արարք).

wicker (*ուիք՛ըր*) կողովի գործ.

wicket (*ուիք՛իտ*) փոքր դուռ (մայր դուռ). ձողիկներ (քրիքէթի մէջ).

wide (*ուայտ*) լայն. ընդարձակ. *wide awake* լրիւ կերպով արթնցած. *—n* լայնցնել. *—spread* լայնատարած.

widgeon (*ուիտճ՛ըն*), *wigeon* տեսակ մը վայրի բադ. մրտիմ.

widow (*ուիտ՛օ*) այրի կին.

widower (*ուիտօ՛ըր*) այրի մարդ.

width (*ուիտթհ*) լայնք. լայնութիւն.

wield (*ուիլտ*) հակակշռել. ձեռքի մէջ ունենալ (գործածել). ճօճել (սուրը).

wife (*ուայֆ*) կին (ամուսնացած). (յոգ. *wives*).

—*less* ամուրի․ *wifely* կանացի․ ճնճուշ․
wig (*ուիկ*) կեղծամ․ կեղծամ գործածող դատաւոր․ *wigging* յանդիմանութիւն․
wiggle (*ուիկ'լ*) թեթեւօրէն շարժիլ․ երերտկալ․ եթերուժ․
wight (*ուայթ*) էակ, անձ (հին գիրքերու մէջ)․
wigwam (*ուիկ'ուէմ*) ամերիկեան հնդիկներու վրան (տաղաւար)․
wild (*ուայլտ*) վայրենի․ վայրի․ անընտել․ կատաղի․ անհակակշիռ․ *wild living* անկանոն ապրելակերպ․ — *with joy* ուրախութենէն ինքզինք կորսնցուցած․ — *talk* ապուշ խօսակցութիւն․ *he is wild about her* շատ կը սիրէ զինք (աղջիկը)․ — *fire* դիւրաբորբոք եւ անմարելի կրակ․ — *goose chase* անօգուտ ջանք․
wilderness (*ուիլ'տըրնէս*) անապատ․ ամայութիւն․
wile (*ուայլ*) խաղ․ հնարք․ վարպետորդիութիւն․
wilful (*ուիլ'ֆուլ*) դիտումնաւոր․ յամառ․ *a — act* կանխամտածուած արարք․
will (*ուիլ*) կամք․ կամեցողութիւն․ վճռակամութիւն․ փափաք․ իղձ․ կտակ․ կամքի գործադրութիւն․ կամենալ․ կտակել․ կամքովը ընտրել․ վճռել․ հրամայել․ *it is my will that* կը հրամայեմ որ․ *to work with a —* անձկութեամբ աշխատիլ․ *where there is a — there is a way* հոն ուր կամք կայ, կարելիութիւն կայ նաեւ․ *against my —* իմ կամքիս հակառակ․ *at will* ուզած ատեն (կերպով)․ *he had his —* ուզածին տիրացաւ․ *good —* բարեկամեցողութիւն․ *ill —* թշնամանք․ չարակամութիւն․ *nuncupative —* անգիր կտակ․ *willing* կամեցող․ պատրաստակամ․ *willingness* պատրաստակամութիւն․
will-O'-the-wisp (*ուիլ'-օ-տհը-ուիսփ*) շրջմոլիկ հուր (լոյս) (ճախճախուտներու վրայէն)․
willow (*ուիլ'օ*) ուռենի․ ուռի․ բամպակը զզող (կուտէն զատող) մեքենայ․ *mourning* — վարսաւոր ուռի․
willowy (*ուիլ'ոի*) երկարահասակ եւ շնորհալի․
willy-nilly (*ուիլ'ի-նիլ'ի*) կամայ թէ ակամայ․
wilsome (*ուիլ'սըմ*) դիտումնաւոր․
wilt (*ուիլթ*) պիտի․ *thou wilt = you will* դուն պիտի (հին առում)․ թառամիլ, թոշնիլ, գունատիլ (ծաղիկներ)․
wily (*ուայ'լի*) խորամանկ․ հնարամիտ․ դաւ նիւթող․ խարող․
wimple (*ուիմ'փլ*) լաչակ․ քօղ․
win (*ուին*) շահիլ․ յաջող ըլլալ․ նպատակակէտին հասնիլ․ *to win one's*

spurs ուժի ցուցադրութեամբ շահիլ· *to — over to my side* մէկը իմ խումբիս կողմը շահիլ· *to — out* յաջողակ ըլլալ· *to — through (upon)* յաջողիլ· ազդեցութեան տիրանալ· *winnings* շահուած դրամ·

wince (ուինս) ընկրկիլ (ցաւի կամ վախի հետեւանքով).

winch (ուինչ) վերհան մեքենայ. կռունկ (վինչ).

wind (ուայնտ) (անց. եւ անց. ընդ. *winded*) փչել, հնչեցնել (փող, շեփոր, կոչ).

wind (ուայնտ) (անց. եւ անց. ընդ. *wound*) շուրջանակի (ոլոր մոլոր) շարժիլ· փաթթել· դարձնել· կառավարել· — *(up)* — (ափ) լարել (ժամացոյցը)· — *up a business company* առեւտրական ընկերութիւն մը լուծարքի ենթարկել·

wind (ուինտ) հով. շունչ. փուք. տեռ. պարծենկոտութիւն. փոթորկել· *to see how the — blows* տեսնել թէ ի՛նչ պիտի պատահի յետոյ· *there is something in the —* գաղտնօրէն բան մը պատրաստուելու վրայ է· *to raise the —* դրամ ձեռք ձգել· *to sail close to the —* անպատուութեան մօտենալ· *to get the — up* վախնալ· *get — of* լուրերը առնել (բանի մը մասին)· *suffering from —* ստամոքսի փուքէ (հովէ) տառապիլ· *his talk is all —* սնամէջ անհեթեթ կը խօսի· *to —* շունչի առիթ տալ· *winded* շնչասպառ (արագ վազած ըլլալուն համար)· *wind instruments (of music)* փողային գործիքներ (երաժշտական)·

windbag (ուինտ՛պէկ) շատախօս անձ.

windfall (ուինտ՛ֆո՝լ) հովէն ինկած որեւէ բան (պտուղներ). չակնկալուած բախտաւորութիւն·

winding-sheet (ուայնտ՛ինկ-շի՛թ) պատանք.

wind-jammer (ուինտ-ճէ՛մըր) առագաստանաւ· շատախօս·

windlass (ուինտ՛լըս) բեռնաբարձ մեքենայ· կռունկ (վինչ).

windmill (ուինտ՛միլ) հողմաղաց·

window (ուին՛տօ) պատուհան. *window-dressing* ցուցափեղկին մէջ ապրանքներու ցուցադրութիւն· *window-sill* պատուհանի յեցակ·

wind pump (ուինտ՛ փըմփ) օդահան (ջրհան).

windpipe (ուինտ՛ փայփ) շնչափող·

wind-screen, — -shield (ուինտ՛-սքրիյն, ուին՛տ-շիյլտ) հովարգել (օդանաւորդի, ինքնաշարժի վարիչի կողմէ գործածուած).

wind-tunnel (ուինտ՛-թանըլ) օդանաւորդութեան մէջ, թիւնէլաձեւ սենեակ մօտէլ օդանաւերու փոր-

ձարկութեանց համար, արուեստական մթնոլորտի պայմաններու մէջ.
wind-up (ուայնտ՛-ափ) փակում. հաշուեյարդար (ձեռնարկութեան).
windward (ուինտ՛ուըրտ) հովին ուղղութեամբ.
windy (ուինտ՛ի) հովո(ւ)տ. սնամէջ.
wine (ուայն) գինի. գինի ըմպել. — *cellar* գինիի մառան. — *fat* հնձան. — *bibber* գինեմոլ.
wing (ուինկ) թեւ (թռչունի). շուք. բանակի թեւ. թռչիլ. թռցնել. *on the wing* թռչելու պատրաստ. թռչելով. *to take to itself wings* թռչիլ հեռանալ. *to clip the —s of* մէկուն գործելու ազատութիւնը կաշկանդել. *under the —s of* մէկուն պաշտպանութեան (թեւարկութեան) տակ. *the north — of the building* շէնքին հիւսիսային թեւը (կողմը). *the right — of the army* բանակին աջ թեւը. *to — one's way* արագօրէն հեռանալ. թռչիլ.
wink (ուինք) ակնթարթ. քթիթ. աչքը բանալ գոցելը. աչքը քթթել. թարթել. աչք ընել. *to — at* աչք գոցել արարքի մը վրայ՝. *forty —* կարճ մրափ.
winkle (ուին՛քլ) շատ փոքր պատեանաձուկ. փաղփուն. *to — him out* պահուըտած տեղէն դուրս հանել զինք.
winning (ուին՛ինկ) հանեցուցիչ. հրապուրիչ. շահողը (գումար).
winnow (ուին՛օ) ցորենը երնել (հատիկը յարդէն զատել). օգտակարը անպէտէն զատել.
winsome (ուին՛սըմ) հանելի. գրաւիչ.
winter (ուին՛թըր) ձմեռ. *to — in Armenia* Հայաստանի մէջ ձմեռել. *—ish* ձմեռնաշունչ.
wintergreen (ուին՛թըրկըրին) բոյս՝ որմէ քաղցրաբոյր հիւթ մը կը բխեցուի (բերանը մաքրող հեղուկներու մէջ կը գործածուի). տանձախոտ.
winter-quarters (ուին՛թըր-քուորթըրս) ձմեռնային բնակարան. զինուորներու ձմերանոց.
winter sports (ուին՛թըր սփորթս) բացօդեայ խաղեր (ձիւնին կամ սառին վրայ).
wintery (ուին՛թըրի) ձըմեռնային. շատ ցուրտ.
wipe (ուայփ) սրբել. մաքրել. հանել. սրբում. թաշկինակ. սրբիչ. ապտակ. *to — out* բնաջնջել. *to — away* շփելով մաքրել.
wire (ուայր) մետաղաթել. հեռագրաթել. հեռագիր. թելով փաթթել. բռնել. թակարդի մէջ ձգել. հեռագիր զարնել. *a live —* շատ արթուն մարդ. թել՝ որուն մէջ ելեկտրականութիւն կայ. *to give one the —* մէկը զգուշացնել (գաղտնապէս).

to — in սկսիլ եւ շարունակել· *to work the —s* ազդեցութիւնը գործադրել·

wireless (*ուայըր'լէս*) հեռասփիւռ· անթել հեռագիր (հեռաձայն)· *wireless-operator* անթել հեռագիր ստացող եւ յղող անձ·

wiry (*ուայ'ըրի*) թելանըման· կարշնեղ (անձ)·

wise (*ուայզ*) իմաստուն· շատ խելացի· գիտուն· *wisdom* (*ուիզ'տըմ*) իմաստութիւն·

wise (*ուայզ*) եղանակ· ձեւ· *in any —* որեւէ ձեւով· *in no —* ո՛չ մէկ ձեւով·

wise (– *ուայզ*) վերջաբառ՝ պէս, նման իմաստով· *lengthwise* մէկ ծայրէն միւս ծայրը· երկայնքին· *likewise* նըմանապէս·

wisecrack (*ուայզ'քրէք*) խելացի ասացուածք· սրամտութիւն·

wish (*ուիշ*) փափաքիլ· տենչալ· ցանկալ· փափաք· ցանկութիւն· մաղթանք· *—-bone* V ձեւով հաւու ոսկոր՝ որով «*ուիշպոն*» կը քաշեն· հաւքաշ·

wishy-washy (*ուիշ'ի-ուաշ'ի*) թարակ· անհամ· անհետաքրքիր·

wisp (*ուիսփ*) փոքր խուրձ մը խոտ· փոքր քանակութեամբ մազ· թափառաշրջիկ հիւր·

wistaria (*ուիսթէյ'րիը*) կապոյտ-կարմիր ծաղիկներով մագլցող բոյս· վիստարիա·

wistful (*ուիսթ'ֆուլ*) տենչավառ· տենչանք բանի մը՝ զոր կարելի չէ ձեռք ձգել· խոհուն·

wit (*ուիթ*) սրամտութիւն· պատրաստաբանութիւն· *a wit* սրամիտ (պատրաստաբան) մարդ· *at one's —'s end* շուարումի մէջ (ըլլալ)· *the five —s* հինգ զգայարանքները·

witch (*ուիչ*) վհուկ· կախարդուհի· հմայել· չար ոգիներու ազդեցութեան ենթարկել· *—-doctor* հրաշագործ բժիշկ· մոգ· *witching* դիւթանք· կախարդութիւն·

with (*ուիթհ*) հետ միատեղ· *— me* հետս· *I agree — you* համաձայն եմ քեզի· *dying with thirst* ծարաւէն մեռնիլը·

withal (*ուիթհո՛լ*) նաեւ· ասով միատեղ·

withdraw (*ուիթհտրօ՛*) ետ քաշուիլ· նահանջել· յետս կոչել· *—al* նահանջ· մեկնում· *—ing room* հիւրանոց·

withe (*ուիտհ'ի*), withy (*ուիթհ'ի*) դիւրաթեք, դիւրին ծռող (գաւազան)·

wither (*ուիտհ'ըր*) չորնալ· թառամիլ· թոշնիլ· *she —ed him* լռութեան դատապարտեց եւ ամչցուց զինք·

withering (*ուիտհ'ըրինկ*) քայքայիչ· թունալից· հեգնող·

withers (*ուիտհ'ըրզ*)

ձիուն՝ վիզին մօտ ուսի մասը. ուլն.
withhold (ուիտհ'հօլտ) զլանալ. ետ կեցնել (բան մը ընելէ). արգիլել.
within (ուիտհին') մէջը. ներսը.
without (ուիտհաութ') դուրսը. առանց. *that goes without saying* ըսելու հարկ չկայ. զօրութեամբ կը հասկցուի.
withstand (ուիտհսթէնտ') դիմադրել, տոկալ (յարձակումին). ընդդիմանալ.
witness (ուիթ'նէս) վկայ. վկայութիւն. վկայել. ականատես ըլլալ (պատահարի մը). *to bear* — վկայութիւն տալ.
wits (ուիթս) ուշիմութիւն. մտացիութիւն. *out of one's wits* խենդ. *live by one's* — միշտ ուրիշներ խաբելով եւ խաղի բերելով ապրիլ.
witticism (ուիթթի'սիզմ), witty (ուիթ'ի) ճարտար եւ զուարճալի սուութիւն. զուարճախօս.
wittingly (ուիթթինկ'լի) գիտակցաբար. որոշ նպատակով.
wive (ուայվ) կին առնել.
wives (ուայվզ) կիներ (*wife*ի յոգ.).
wizard (ուիզ'ըրտ) կախարդ. *a — (book)* շատ լաւ (գիրք).
wizen(ed) (ուիզ'ն[տ]) չորցած. զունատած. վտիտ. չորնալ. թառամիլ.
woad (ուօտ) կապոյտ գունաւորող նիւթ մը. կոկուկ.
wobble (ուպլ, ուապլ) անհանդարտօրէն շարժիլ. տեւապէս կարծիք փոխել. տես նաեւ *wabble*.
woe (ուօ), wo (ուօ) ցաւ. վիշտ. ո՜հ, աւա՜ղ. *woe is me!* վա՜յ ինձ.
woebegone (ուօ'պիկոն, ուօ'պիկան) տխրագին. վշտագին.
woeful (ուօ'ֆուլ), woesome (ուօ'սըմ) ցաւալի. տխուր. ողորմելի.
woke (ուօք), woken (ուօ'քըն) (անց. եւ անց. ընդ. *wake*ի) արթնցաւ. արթնցած.
wold (ուօլտ) բացատ. առանց ծառի, խոտով ծածկուած խորտուբորտ գետին.
wolf (ուուլֆ) գայլ (յոգ. *wolves*). անզգամ անձ. անյագօրէն ուտել. *to cry wolf* վտանգի մը մասին ազդարարել երբ իրականութեան մէջ որեւէ վտանգ չկայ. *a — in sheep's clothing* արտաքին երեւոյթով լաւ թուող, սակայն իրականութեան մէջ վտանգաւոր մարդ. *keep the — from the door* դժուար առօրեայ ապրուստը վաստկիլ.
woman (ուում'ըն) (յոգ. *women*) կին. իգական սեռին պատկանող էակ. *womanliness, womanly* կնոջական. իգական սեռի վայել (յատուկ). իգականութիւն. կնքշութիւն. *to play the woman*

տկարութիւն ցուցաբե-րել·
womb (*ուում*) արգանդ·
wombat (*ուոմ'պէթ*) պարկամուկ, փոքր արջի նմանող կենդանի (Աւստրալիա)·
won (*ուան*) (*win*ի անց· եւ անց· ընդ·) շահեցաւ· շահած·
wonder (*ուան'տըր*) զարմանալ· ինքն իրեն հարց տալ· զարմանք եւ հիացում· հրաշք· հրաշալիք· *it's a — he's here* զարմանալի որ հոս է· *I wonder who he is* կ'ուզեմ գիտնալ ո'վ է ան· *wonderful, wondrous* հիանալի· զարմանազան· *wonderment* (*ուոն'տըրմընթ*) հիացում· ըմբռնչացում·
wonderland (*ուան'տըրլէնտ*) հրաշալիքներու երկիր·
won't (*ուոնթ'*) (*will not*) պիտի չ...
wont(-ed) (*ուոնթ[-ըտ]*) սովոր· վարժուած·
woo (*ուու*) դարպաս ընել (կնոջ մը)·
wood (*ուուտ*) պուրակ· արուեստական անտառ· փայտ· վառելանիւթ· փայտ հայթայթել· փայտ առնել· *out of the —* վտանգէ զերծ·
woodbine (*ուուտ'պայն*) ծաղիկ տուող թուփ· այծտերեւուկ· կը կոչուի նաեւ *honeysuckle.*
woodchuck (*ուուտ'չըք*) հողին տակը ապրող առնէտանման կենդանի· մկնարջ (Ա·Մ·Ն·)· կըտցար (թռչ·)· նոյնը կը կոչուի նաեւ *woodcock* (Անգ·)·
woodcraft (*ուուտ'քրէֆթ*) որսորդութիւն ընելով՝ անտառի մէջ ապրիլ·
woodcut (*ուուտ'քըթ*) փորագրուած փայտի կտորէ մը տպագրուած նկար· փայտատիպ·
wooded (*ուուտ'ըտ*) ծառախիտ· անտառալից·
wooden (*ուուտ'ըն*) փայտեայ· տգեղ·
wood-engraver (*ուուտ'-էնկրէվ'ըր*), *wood-engraving* (*—'-էնկրէյ'վինկ*) փորագրուած փայտի կտորէն կատարուած տպագրութիւն· փայտագրութիւն·
wooden-head (*ուուտ'ըն-հէ'տ*) տխմար· անխելք (անձ)·
woodlouse (*ուուտ'լաուս*) փոքրիկ միջատ՝ որ փայտին մէջ կ'ապրի եւ երբ վախնայ գնդակի մը երեւոյթը կը ստանայ· ենպուկ·
woodman (*ուուտ'մէն*) փայտահատ· անտառապահ·
wood-nymph (*ուուտ'-նիմֆ*) անտառի դիցուհի· ծառանոյշ·
woodpecker (*ուուտ'փէքըր*) փայտփոր (թռչ·)·
woodpigeon (*ուուտ'փիճըն*) վայրի աղաւնի·
wood-wind (*ուուտ'-ուինտ*) փայտէ նուագարան (սրինգ, քլարինէթ, եւայլն)·

woof (*ուուֆ*) լաք· թե-
զանիք.
wool (*ուուլ*) բուրդ· —
card բուրդը գզելու մե-
քենայ. — *combing*
բուրդի գզում· *woollen*
բրդեղէն· բուրդէ շին-
ուած· *woolly* բրդեայ·
բրդանման· *woolsack*
(*ուուլ'սէք*) բուրդէ տոպ-
րակ· բուրդէ շինուած
աթոռ որուն վրայ կը
նստի *Lord Chanceller*-ը
(Անգլիոյ Բարձրագոյն
Ատեանի Նախագահը)· *to*
lose one's wool բարկա-
նալ· *to pull the — over*
his eyes խաբել զինք·
much cry, little — բա-
զում աղմուկ վասն ոչին-
չի· *he has gone —-*
gathering ուրիշ բանի
մը մասին կը մտածէ·
dyed in the — անբա-
ժան ըլլալ·
wop (*ուափ*) իտալացի
(ժողովրդային կոչում)·
word (*ուըրտ*) բառ· եզր·
խօսք· բերանացի արտա-
յայտութիւն· պատգամ·
հրաման· խոստում· ծած-
կաբառ· առած· նառ· բա-
նավէճ· խօսքերով արտա-
յայտել· խօսիլ· *—ed* ար-
տայայտուած· *—ily* եր-
կարաբանութեամբ· բա-
ռացիօրէն· *word perfect*
յիշողութեամբ զոց ըսե-
լու կարող· *the last —*
in ամենէն նորը եւ լաւը·
to have —s with բա-
նակռիւ բռնուիլ, վի-
ճիլ· *eat one's —s* ը-
սած խօսքերուն համար
ներողութիւն խնդրել·
word for word բառ
առ բառ· *receive* — լուր
ստանալ· *keep one's*
word, break one's —
խոստումը յարգել (դըր-
ժել)· *The Word* Բանն·
Աստուծոյ մասին ուս-
մունք. Ս. Գիրք.
wore (*ուոր*) (*wear*ի անց·)
հազաւ.
work (*ուըրք*) վարձու աշ-
խատանք. ծառայութիւն·
իրագործում. արարք·
արդիւնաբերութիւն.
միտքի ջանքի արգասիք
(գիրք, ձեռագործ, եւ-
այլն)· աշխատիլ· ջանալ·
պաշտօն կատարել· ներ-
գործել· յօրինել· ուղ-
ղել· *the works of Ch.*
Dickens Չ· Տիքընսի
երկերը (գրած գիրքե-
րը)· *iron work* երկաթէ
կառուցուած առարկա-
ներ· *works* գործարան·
կազմածք (ժամացոյցի,
եւայլն), ամրութիւն· *a*
brick works կղմինտրի
գործարան· *the —s of a*
clock ժամացոյցի ներսի
մեքենան· *he has his —*
cut out դժուարութեան
պիտի հանդիպի (այդպէս
ըսելով)· — *up a busi-*
ness գործ մը կառուցել
(յաջողցնել)· *to — out*
a plan ծրագիր մը պատ-
րաստել մանրամասնօրէն·
worked up խիստ յուզ-
ուած· *to — against*
ընդդիմանալ· *to — into*
զրգռել· *to — a miracle*
հրաշք մը յառաջացնել·
to — on հակազդել·
to set on — գործի

ձեռնարկել. *workaday* (ուըրք'ըտէյ) ամէնօրեայ. առօրեայ (գործ). *workhouse* անտուն աղքատ մարդոց ապաստարան (Անգ.). *workmanlike, workmanship* լաւ շինուած. *workshop* մեքենիկ աշխատանոց. *worker* աշխատաւոր.

world (ուըրլտ) աշխարհ (մեր երկրագունդն ու երկինքը). մեր երկիրը իր բնակիչներով. որեւէ մոլորակ. տիեզերք. մեր կեանքը. մարդկային ցեղը. *for all the — like* նիշդ նման. *the next —* հանդերձեալ կեանք. *the — and his wife* ամէն անձ. *— without end* ցկատարածն աշխարհիս. *New W—* Նոր Աշխարհ (Ամերիկա). *Old W—* Արեւելեան կիսագունդ. *World War (first, second)* համաշխարհային պատերազմ (առաջին, երկրորդ). *worldliness* աշխարհայնութիւն. աշխարհը սիրելը. *worldling* աշխարհիկ հանոյքներու անձնատուր եղած (անձ). *—wide* ամբողջ աշխարհի մէջ տարածուած.

worm (ուըրմ) որդ. թրթուր. սողուկիլ. գաղտնաբար գործել. *he's a little —* նկարագիր չունեցող անձ մըն է. *worm-one's way in* գաղտնօրէն ներս մտնել. *—y* որդոտ.

wormwood (ուըրմ'ուուտ) լեղուահամ տերեւներով բոյս. օշինդր. նզածաղիկ.

worn (ուորն) (*wear*ի անց. ընդ.) կրած. գործածած. մաշած. հինցած. *—out* գործածութենէն մաշած. *looking very —* շատ յոգնած երեւոյթով.

worry (ուըր'ի) բռնել եւ թզքտել. մտատանջել. յոգնեցնել. չարչարել. *worried* մտահոգուած. յոգնած. ուժասպառ եղած. *worrisome* մտահոգիչ. նեղող.

worse (ուըրս) աւելի գէշ. (*bad*ի բաղդատականը. *worst* ամենէն գէշ). *worsen* (ուըր'սըն) աւելի գէշցնել.

worship (ուըր'շիփ) պաշտել. կուռքի վերածել. երկրպագել (առջեւը). պաշտամունք. երկրպագութիւն. չափազանց մեծ սէր. *your —* դատաւորներու (բազաքապետներու) դիմելու յարգալից ձեւ.

worst (ուըրսթ) (*bad*ի գերադրականը) ամենէն գէշ. յաղեզոյն. յաղթել. *if the — comes to the —* եթէ դէպքերը յոռեգոյն կերպով վատթարանան.

worsted (ուուսթ'ըտ) մանած բուրդ (հագուստ հիւսելու համար).

wort (ուըրթ) բոյս. մըրմռուկ (գարեջուրի).

worth (ուըրթհ) արժանի. յարգ ու պատիւ. *worth seeing* տեսնելը կ'արժէ.

— *the trouble*, — *while* իրեն յատկացուած աշխատանքը (դրամը) կ'արժէ. *the game is not — the candle* աշխատանքին վարձքը աւելի շատ է քան ձեռք ձգուած շահը.

worthy (ուըր'տհի) արժանաւոր. յարգարժան. երեւելի (մարդ). *a —* ամենուն կողմէ յարգըւած քաջածանօթ անձնաւորութիւն.

would (ուուտ) (*will*ի անց.) անկ. ապառնի.

would-be (ուուտ'-պի) բան մը ըլլալու փափաքով լի. դաւանեալ. *a — - be poet* բանաստեղծ ըլլալ յաւակնող անձ.

wound (ուաունտ) (*wind*ի անց. եւ անց. ընդ.) փաթթեց. փաթթած. փաթթուած.

wound (ուունտ) վէրք պատճառել. վիրաւորել. վէրք. խոց. *to — the feelings* զգացումները վիրաւորել.

wove (ուով) (*weave*ի անց. *woven* անց. ընդ.) հիւսեց.

wrack (րէք) կործանում. նաւաբեկութիւն. ծովեզերք նետուած ծովային խոտեր. թեթեւ ամպ.

Wraf (րէֆ), Waaf (ուէֆ) Արքայական Օդուժի (Անգլ.) (*R.A.F.*) կանանց բաժնի անդամ.

wraith (րէյթհ) ուրուական. ոգի (մեռած անձի մը)՝ որ մէկուն այցելելով մահուան մասին կը խօսի.

wrangle (րէնկ'կլ) կռուիլ. ջղագրգռուած վիճիլ. տաք վիճաբանութիւն. բանակռիւ. *—r* ուսողութեան մէջ յաջող ուսանող (Քէմպրիճ Համալսարան). ուսողագէտ.

wrap (րէփ) փաթթել. շըրջապատել (առարկայ մը). վերարկու (թեթեւ). վրանոց. *wrapped up in his work* միայն իր գործով հետաքրքրուող անձ. *wrapper* ծածկոց. փաթթելիք (լաթ). թեթեւ վերարկու.

wrath (րէթհ) ցասում. զայրոյթ. մեծ բարկութիւն. *day of W—* վերջին դատաստանի օր.

wreak (րի'ք) գործադրութեան դնել (վրէժը, ցասումը). զայրոյթը թափել (մէկուն վրայ). *to — vengeance on* մէկէն վրէժ առնել (իր գործած մէկ չարիքին համար).

wreath (րի'թհ) ծաղկեպսակ. ծաղկեփունջ. *to wreathe* (րի'տհ) շրջանակել. օղակել. բոլորել. հիւսել. *wreathen* բոլորուած.

wreck (րէք) նաւաբեկել (նաւ). նաւաբեկութիւն. քանդել (նաւ, կամ ուրիշ որեւէ բան). *—age* (րէքի'ճ) նաւաբեկուած նաւուն բեկորները. խորտակում.

wren (րէն) երգեցիկ փոքրր թռչուն (ցախսարեկ). բրիտանական նաւատորմիղին մէջ ծառայող կին.

wrench (*րէնչ*) պրկել· գալարել· մեծ ուժով մէկէն քաշել· ասկէ պատճառուած մեծ ցաւը (գալարում)· բարեկամէ մը զատուելու ատեն զգացուած ցաւը· էգ պտուտակի բանալի·

wrest (*րէսթ*) քաշել· հեռացնել· խլել· քաշքշել· բռնի առնելը· բռնազբօսիկութիւն· *to — a bare living (from the soil)* տաժանելի աշխատանքով չոր հաց մը վաստկիլ·

wrestle (*րէս'լ*) գօտեմարտիլ (մէկուն հետ)· տեւապէս եւ մեծ ճիգով փորձել·

wretch (*րէչ*) թշուառ (տխրադէմ) անձ· վատ մարդ· *—ed* (*րէչ'էտ*) գութի արժանի, ողորմելի, անարժէք, վատաբարոյ (անձ)·

wriggle (*րիկլ*) սողալ (օձի պէս)· մարմինը գալարել·

wright (*- րայթհ*) վերջաբառ՝ աշխատողի, արուեստի գործեր կատարողի իմաստով· *ship-wright* նաւ շինող (նորոգող)·

wring (*րինկ*) (*wrung* անց. եւ անց. ընդ.) ոլորել· գարձնել· սեղմել· տանջել· բռնի առնել· *to — clothes* հագուստները սեղմել (ջուրը քամելու համար)· *to — one's hand* մեծ վիշտ արտայայտել· *—er* հագուստներու ջուրը քամելու գործիք·

wrinkle (*րինկ'քլ*) կնճիռ, խորշոմ (դէմքին, ճակատին վրայ)· ծալք· *a —* օգտակար խրատ. խորշոմել· կնճռոտեցնել·

wrist (*րիսթ*) դաստակ·

wristlet (*րիսթ'լէթ*) ձեռնակապ·

writ (*րիթ*) գրուած· հրամանագիր (թագաւորական, դատարանի)· վճիռ· *Holy Writ* Սուրբ Գիրք· *— of extent* գրաւագիր·

write (*րայթ*) (*wrote* անց. *written* անց. ընդ.) գրել· արձանագրել· *write off* որոշել թէ որեւէ տուեալ արժէք չունի· ջնջել· *— up* բանի մը շուրջ ամբողջական տեղեկութիւն տալ (օրինակ՝ թերթի մէջ)· *to — thing down* գրել· արժէքը փոքրացնել, նսեմացնել·

writer (*րայթ'ըր*) գրագէտ· խմբագիր· գրող·

writhe (*րայտհ*) գալարիլ· գալարել մարմինը (ցաւի պատճառով)· տանջուիլ·

written (*րիթ'ըն*) (*write* անց. ընդ.) գրած· գրեր·

wrong (*րոնկ*) սխալ· անուղիղ· անյարմար (նըպատակին)· անիրաւութիւն գործել· սխալ ձեւով ներկայացնել· *to get hold of the wrong end of the stick* ճշմարտութեան հակոտնեայ ձեւով խորհիլ· *he did me —* ինծի վնաս հասցուց, զիս անիրաւեց· *put me in the —* այնպէս մը ցոյց տուաւ որ իբր թէ իմ սխալս էր. *what's — with you?* դժուարութիւնդ ո՞ւր է. *don't get me —* զիս սխալ մի՛ հասկնար. *— headed* յամառ (մարդ). *—ous* ապօրինի.

wrote (րոթ) (*write*ի անց.) գրեց.

wroth (րոթհ, րաթհ) բարկացած. ցասկոտ.

wrought (րո՛թ) աշխատցուած. եղած. կատարուած. *— iron* կերտուած (ձուլէ անցուած) երկաթ. *— up* գրգռուած.

wrung (րընկ) (*wring*ի անց. ընդ.) ոլորած. ոլորուած. ոլորեց. դարձուց.

wry (րայ) ծռած. խեղաթիւրուած. ոլորուած. *— face* դիմածռութիւն. *— -necked* (րայ՛-նէքթ) ծռած վիզով.

wye (ուայ) երկժանի.

wynd (ուայնտ) նրբանցք. արահետ.

wyvern (ուայ՛վըրն) երկու ոտքով եւ երկու թեւերով վիշապ.

X

X, x (*էքս*) անգլերէն այբուբենի 24րդ տառը.

Xanthippe, xantipype (*զէնթհիփ'ի*) Սոկրատի կինը. կռուազան կին.

xanthoma (*զէնթհօ'մը*) կոպերու յատուկ մորթային հիւանդութիւն մը.

x - chromosome (*էքս'-քրօ'մօսօմ*) այն քրոմոսոմը (մարմնի բջիջներու զուգաւոր մասնիկներ)՝ որ կ'որոշէ ապագայ կենդանի էակին սեռը.

xebec (*զի'պէք*) եռակայմ նաւ (Միջերկրականի մէջ).

xenial (*զիյ'նիըլ*) հիւրասէր.

xenon (*զէն'ըն*) ոչ-մետաղային նիւթ, որ կը պատկանի հազուագիւտ կազերուն.

xenophobia (*զէնօֆօպ'իը*) օտարատեացութիւն.

Xmas (*քրիս'մըս*) *Christmas* Ս. Ծնունդ.

Xn, Xtn (*քրիս'թիըն*) *Christian* քրիստոնեայ.

X Rays (*էքս' րէյ*) Ք ճառագայթներ. ելեկտրական ճառագայթ (լոյս), որ հաստատուն առարկաներու մէջէն կը թափանցէ. րէոնթկըն ճառագայթներ.

xylo - (*զայ'լօ –*) նախաբառ՝ փայտ իմաստով.

xylograph (*զայ'լօկրէֆ*) փայտի վրայ փորագրութիւն՝ որմէ տպագրութիւն կը կատարուի.

xylophone (*զայ'լօֆօն*) երաժշտական գործիք՝ շինուած այլազան փայտի կտորներէ, որոնցմէ իւրաքանչիւրը տարբեր ձայնանիշ մը կ'արտաբերէ.

xyloid (*զայ'լօյտ*) փայտեայ. փայտի բնութեամբ. փայտակերպ. պայթուցիկ.

xylol (*զայ'լօլ*) քիմիական նիւթ մը (քարածուխի կուպրէն գոյացած)՝ որ իբր դեղ կը գործածուի եւ իւղը լուծելու յատկութիւն ունի.

xylonite (*զայ'լօնայթ*) ապակենման նիւթ մը՝ զոր կարելի է ծռել եւ դիւրավառ է. սանտր եւ այլ առարկաներ կը շինուին իրմէ. խորշակերպ.

xylose (*զայ'լօս*) անխմոր շաքար.

xyst (*զիսթ*) մարմնամարզութեան կեդրոն (հին Յունաստանի մէջ).

xyster (*զիս'թըր*) ոսկորի քերիչ (վիրաբուժութեան մէջ).

Y

Y, y (*ուայ*) անգլերէն այբուբենի 25րդ գիրը.
yacht (*եաթ*) զբօսանաւ. մրցանաւ.
yahoo (*եըհու՛*) կոշտ եւ անքաղաքավար մարդ. *Yahoo*՝ ծ. Սուիֆթի «Կիւլիվէրի Ճամբորդութիւնները» երկին մէջ երեւակայական մարդակերպ կենդանիներ՝ կենդանական սովորութիւններով.
yak (*եէք*) կովու նմանող երկար մազերով կենդանի. ձորախոյ.
yaller (*եէլ՛ըր*) ստորին. վատ. — *dog* մատնիչ (անձ).
yam (*եէմ*) ափրիկեան բոյսի մը ուտելի արմատը. խոտորուկ.
yank (*եէնկք*) կոշտ կերպով քաշել. ցնցել. ցնցում.
Yankee (*եէնկ՛քի*) ամերիկացի (ծողովրդային, ծաղրական առում). —*fied* ամերիկանացած. —*ism* ամերիկեան ոճաբանութիւն.
«Yankee Clipper» (*եէնկ՛քի քլի՛փըր*) Ամերիկեան «Ափոլօ–12»ի «Եէնկի Քլիփըր» կայանի «Լէմ» մոտիւլը լուսնէջք կատարեց 9 Նոյեմբեր, 1969ին, իր մէջ ունենալով աստղանաւորդներ՝ Չարլզ Կոնրատը եւ Ալան Պինըը. Չ. Կոնրատը առաջինը լուսին իջաւ Պէյրութի ժամանակով ժամը 6·01ին. 10 վայրկեան ետք իրեն հետեւեցաւ Ա. Պինըը. անոնք լուսնի վրայ մնացին 31 ժամ, 8 ժամ պտըտելով լուսնի մակերեսին վրայ. կտրեցին 1800 մեթր ճամբայ. հետերնին վերցուցին 45 քիլօ լուսնային քարեր, եւ նաեւ 2 տարի առաջ լուսին արձակուած «*Surveyor*» կայանէն կտորներ. մարդկութեան երկրորդ լուսնէջքն է ասիկա.
yaourt (*եա՛ուրթ*) մածուն (թրք.).
yap (*եէփ*) կաղկանձել. ոռնալ (շուն). կաղկանձ. ոռնոց.
yard (*եարտ*) առագաստի ձող (նաւուն վրայ). անգլիական երկարու–

թեան չափ (91,50 ս·մ·)· տան կից՝ բակ-գաւիթ· *Scotland Yard* Լոնտոնի Ոստիկանութեան Ոճբային Հետազօտութեանց Բաժանմունքի կեդրոնատեղի·

yarn (*եարն*) թել· դերձան· մանած (որմէ հագուստ կը հիւսուի)· հէքիաթ· պատմութիւն· *to have a — with* խօսակցութիւն մը ունենալ·

yashmak (*եաշ'մաք*) իսլամ կնոջ գործածած երեսի եւ գլխու քօղը·

yataghan (*եէթ'էկըն*) դաշոյն· եաթաղան·

yaw (*եօ'*) անկայուն կերպով յառաջանալ եւ ուղիղ նաւապարհէն դուրս ելլել (նաւ, օդանաւ)· բշտիկ·

yawl (*եո'լ*) փոքր առագաստանաւ·

yawn (*եո'ն*) յօրանջել· ցանկալ· յօրանջում· ցանկութիւն·

yaws (*եո'զ*) տաք երկիրներու յատուկ մորթի ուռեցքի հիւանդութիւն· ժոխացաւ·

ye (*եի*) դուք· որոշիչ յօդ (ը)· (Ս· Գիրքի եւ կրօնական քարոզի մէջ գործածելի)·

yea (*եէյ*) այո·

yean (*եիյն*) ծնիլ (ոչխար, այծ, եւայլն)·

year (*եըր*) տարի· տարեշրջան· *reach years of discretion* արբունքի (Անգլ· 14 տարեկանը) տարիքը թեւակոխել· *— in — out* տարուէ տարի շարունակուիլը· *a man in —s* ալեւոր մարդ· *astronomical year* աստղագիտական տարին 365 օր, 5 ժամ, 48 վայրկեան, 50 երկվայրկեան· *lunar —* լուսնային տարի 354 օր, 8 ժամ, 48 վայրկեան, 38 երկվայրկեան· *year-book* տարեգիրք· *leap-year* նահանջ տարի· *yearling (animal)* մէկ տարիէն աւելի եւ 2 տարիէն պակաս կենդանի· *yearly* առ տարի· ամէն տարի անգամ մը· տարեկան·

yearn (for) մեծապէս ցանկալ· մորմոքիլ· կարօտնալ·

yeast (*եիյսթ*) թթխմոր (ալիւրի)· մակարդ (գինիի, եւայլն)· թթխմոր դնել· խմորել· մակարդել·

yell (*եէլ*) աղաղակել· կաղկանձել, ոռնալ (շուն, գայլ)· կաղկանձ· աղաղակ·

yellow (*եէլ'օ*) դեղին, անպարկեշտ· դեղնիլ· *he is — վախկոտ է· the yellow press* ծողովուրդի նուաստ զգացումները շահագործող մամուլ; դեղին մամուլ· *—-back* թեթեւ բովանդակութեամբ վէպ· *— covered literature* քօղարկուած (անբարոյիկ) գրականութիւն· *—flag* նաւու վրայ վարակիչ հիւանդութեան դրօշակ (դեղին գոյնով)· *—ish* դեղնորակ· դեղնագոյն·

yelp (*եէլփ*) կաղկանձ (շունի)․ կաղկանձել․

yen (*եէն*) ճարոնական դրամ․

yeoman (*եո՛մէն*) ազարակապան․ կամաւոր հեծելազօր․ *Yeoman of the Guard* Լոնտոնի աշտարակին մէջ բնակող զինուորական խումբի անդամ․ *yeoman service* երկարատեւ եւ հաւատարիմ ծառայութիւն․ ազդու օգնութիւն․

yerba (*եըր՛պը*) թէյ (փարակուէյի)․

yes (*եէս*) այո․ *yes-man* հաւատարիմ եւ հնազանդ հետեւորդ․

yesterday (*եէս՛թըրտէյ*) երէկ․ *yester-year* անցի տարի․

yet (*եէթ*) տակաւին․ *while there is yet time* քանի տակաւին ուշ չէ․ — *more* նոյնիսկ աւելի քան այս․ բայց․

yew (*եու*) եկեղեցիներու կից անող մութ կանանչ տերեւներով կոնաձեւ ծառ․ զեղձ․

yiddish (*եիտ՛իշ*) հրեաներու կողմէ գործածուած գերմաներէնով խառն լեզու․

yield (*եիյլտ*) արտադրել․ հասցնել․ տալ․ արտօնել․ յանձնուիլ․ տեղի տալ․ արտադրութիւն․ բերք․ *the enemy —ed* թշնամին յանձնուեցաւ․ *the door —ed to a strong push* դուռը բացուեցաւ (զօրաւոր հրումէն հետեւանքով)․ *I — to none in my love for him* ո՛չ ոք ինծի չափ կը սիրէ զինք․

yodel (*եո՛տըլ*) ելեւէջներով երգել (ինչպէս լեռնաբնակ զուիցերիացիները)․

yoga (*եո՛կը*) հնդիկ խստակրօն իմաստասիրութիւն․ *yogi* (*եոկի*) (եոկըին հետեւող անձ)․

yoghourt, yoghurt (*եո՛կըրթ, եո՛կուրթ*) (թրք․) մածուն․

yoke (*եոք*) լուծ․ գերութիւն․ օտար իշխանութիւն․ *to pass under the* — նակատամարտի մէջ պարտուիլ․ *the — of a dress* ուսերուն վրայ հանգչող հագուստի մասը․

yokel (*եո՛քլ*) կոշտ ու պարզունակ գիւղացի․ հօտաղ․

yolk (*եոք*) հաւկիթի դեղնուց․

yon (*եոն, եան*) հոն․ այնտեղի․ *yonder* այնտեղ (գտնուող)․

yore (*եոր*) ժամանակին․ հին ատեն․ *of yore* հին ժամանակներուն․

Yorkshire (*եորք՛շըր*) Եորքշիր գաւառ (Անգլիա)․

you (*եու*) դուք․ ձեզ․

young (*եընկ, եանկ*) երիտասարդ․ ձագ․ նորատի․ տղէտ․ *with* — յղի․ *we need — blood* մեր խումբին մէջ աւելի երիտասարդներու պէտք ունինք․ *the night is* — ուշ չէ տակաւին․ —*ish* մատաղատի. —*ster* մանուկ. վառվռուն մանչ.

your, yours (*եուր, եուրզ*) ձեր (ստ. ած.) ձերինը (ստ. դեր.).

youth (*եութհ*) երիտասարդութիւն. պատանեկութիւն. երիտասարդ.

youth hostel (*եութհ հոս'թըլ, հաս'թլ*) տուն՝ ուր արձակուրդի առիթով ճամբորդող երիտասարդները շատ աժան գինով կրնան բնակիլ. հանրակացարան.

yowl (*եաուլ*) կաղկանձ. ոռնացող աղաղակ.

yttrium (*իթ'րիըմ*) հազուագիւտ մետաղ մը (Ծուէտիա).

Yugo-Slavia (*եուկօ-սլաւիա*) Եուկոսլաւիա.

Yuit (*եու'իթ*) ասիական էսքիմօ.

yulan (*եու'լէն*) դրախտավարդ.

Yule (*եուլ*) Ս. Ծնունդ. *Yule-tide* Ծնունդի օրեր.

yule tree տօնածառ.

yumpf (*եամփֆ*) կորով, կենսունակութիւն.

yurta (*ու'րթէ*) շարժուն վրան.

yuzluck (*եուզ'լըք*) թըրքական հարիւրնոց դրամ. իւզլիք.

Z

Z, z (զէտ) տնգլերէն այբուբենի 26րդ եւ վերջին տառը.

zamba (զամ'պա) լատինամերիկեան պար մը.

zamindar տես *zemindar.*

zany (զէյ'նի) խեղկատակ· յիմար.

zareba (զրէյ'պը) Սուտանի մէջ գիւղ՝ որ ինքնապաշտպանութեան մտահոգութեամբ ցիցերով պատնէշուած է.

zeal (զիյլ) կրքոտ ջերմեռանդութիւն. համատարած խանդավառութիւն· եռանդ· նախանձախնդրութիւն. —*ous* (զէ'լըս) մոլեռանդ. խանդավառ.

zebec տես *xebec.*

zebra (զի'պրը) վագրաձի· ձիանման կենդանի՝ մարմնին վրայ սրճագոյն եւ ներմակ երիզներով. Ափրիկէի յատուկ. — *crossing* նշմբայ երիզաձեւ գծուած ուրկէ անցորդները որեւէ ատեն կարող են անցնիլ եւ ինքնաշարժները պարտաւոր են կանգ առնել մինչեւ անոնց անցնիլը.

zebu (զի''պու) հնդկական սապատաւոր եզ. եզնուղտ.

zemindar (զէմ'ինտար) հնդիկ հողատէր՝ որ վարձքը ուղղակի կառավարութեան կը վճարէ.

zenana (զէնա'նը) հնդկական կանանոց.

Zend-Avesta (զէնտը-վէս-թ'ա) հին Պարսկաստանի սուրբ գիրքը. Զէնտավէստա.

zenith (զէն'իթհ) բարձրակէտ (երկնակամարի)· գենիթ. *the — of fame* փառքի ամենաբարձր գագաթը.

zephyr (զէֆ'ըր) զեփիւռ· սիւք. արեւմտեան հով· նուրբ բրդեղէնով շինուած ներքնազգեստ.

zeppelin (զէփ'էլին) սիկարի ձեւով գերմանական խոշոր օդանաւ կազով լեցուած՝ որ կը ծփայ օդին մէջ. ցէփլին.

zero (զի'րօ) զէրօ· — *hour* զէրօ ժամ՝ զինուորական գործողութեան սկսելու ժամ.

zest (զէսթ) բան մը աւելցնելով համը հաճելի դարձնելը· ախորժակա-

բեր դարձնելը· կծուու-
թիւն· համեմ դարձնել·
to add — to աւելի եե-
տաքրքրական, աւելի հա-
ճելի դարձնել· *to enter*
into the work with —
գործի սկսիլ բացայայտ
հաճոյքով·

zeugma (*զիու՛կ՛մը*) լծա-
կցութիւն·

Zeus (*զիուս*) Զեւս՝ չաս-
տուածներու հայրը յուն·
դիցաբանութեան մէջ· կը
համապատասխանէ հայոց
Արամազդին·

zigzag (*զիկ՛զէկ*) օձապը-
տոյտ (ճամբայ)· զիկ-
զակ· ծամածռել·

zinc (*զինք*) ճերմակ մե-
տաղ մը՝ որ կը գործած-
ուի ի միջի այլոց երկա-
թը խոնաւութեան (թա-
ցութեան) դէմ պաշտպա-
նելու. զինկ· զինկով պա-
տել· *— white* սպիտա-
կացեղ· *—ify* (*զին՛քի-
ֆայ*) զինկ ընել· *zinco,*
zincograph փորագրու-
թեան յատուկ մոմուած
զինկի մետաղատախտակ՝
ասիտով (ժանտաչուրով)
փորագրելու համար· այս
պատկերին տպագրու-
թիւնը·

Zion (*զայ՛ըն*) Երուսաղէ-
մի բլուրը· Սիոն· Աս-
տուծոյ եկեղեցին· դը-
րախտ· *Zionism* (*զայ՛ը-
նիզմ*) հրէական կայսե-
րապաշտական յետադի-
մական շարժում· Սիո-
նականութիւն·

zip (*զիփ*) երկինքէն արա-
գօրէն անցած առարկայի
մը հանած ձայնը· զիփ·
տզզալ· *zip fastener*
(*զիփ՛ֆէսնըր*), *zipper*
(*զիփ՛ըր*) *ֆէրմուԹուր,*
փակաքել·

zither (*զիԹ՛ըր*) լարային
երաժշտական գործիք մը·
ցիթերա·

zodiac (*զո՛տիէք*) երկինքի
վրայ երեւակայական գօ-
տի՝ որ կը հետեւի արեւի
ուղեգծին եւ բաժնուած է
12 հաւասար շրջաններու՝
12 համաստեղութեամբ՝
իւրաքանչիւրը ներկա-
յացուած համապատաս-
խան խորհրդապատկե-
րով, որոնք կը կոչուին
զոտիաքի նշաններ· *Aries*
(Ram) Խոյ, *Taurus*
(Bull) Ցուլ, *Gemini*
(Twins) Երկուորեակ-
ներ, *Cancer (Crab)*
Խեցգետին, *Leo (Lion)*
Առիւծ, *Virgo (Vingin)*
Կոյս, *Libra (Balance)*
Կշիռ, *Scorpio (Scor-
pion)* Կարիճ, *Sagittar-
ius (Archer)* Աղեղնա-
ւոր, *Capricornus*
(Goat) Այծեղջիւր,
*Aquarius (Water-bear-
er)* Ջրհան, *Pisces (Fish-
es)* Ձուկ·

zoic (*զոյ՛իք*) կենդանա-
կան· կենդանիի եւ բոյ-
սերու բրածոյ պարունա-
կող·

zoilus (*զոյ՛իլըս*) յետին
միտքէ թելադրուած քըն-
նադատ·

zone (*զոն*) գօտի· շրջան·
կամար· *the frigid zone*
սառուցեալ գօտի· *tem-
perate —* բարեխառն

գօտի· *the torrid* — այրեցեալ գօտի·

zoo (զու) կենդանաբանական պարտէզ·

zoo - (զո՛օ) յունԹ նախաբառ՝ կենդանի, կենդանական իմաստով· *zoochemistry* կենդանական քիմիաբանութիւն· *zoodynamics* կենդանական բնախօսութիւն· *zoogeny zoogony, zoogenic* ապրող էակներու ծագման տեսութիւն· *zoologist* կենդանաբան· *zoology* կենդանաբանութիւն· *zoological garden* կենդանաբանական պարտէզ·

zoolater (զոալ՛էԹըր) կենդանապաշտ·

zoold (զո՛ոյտ) կենդանակերպ·

zoon (զո՛ան) անհատ· անասուն· —*ic* կենդանական·

zoophyte (զո՛աֆայԹ) բուսակերպ ծովային կենդանի· (օր·՝ սպունգը)·

Zouave(s) (զուէյվ[ս՛]) ֆրանսացի զինուոր(ներ)՝ որոնք ալճերիական ձեւի համազգեստ կը կրեն·

zounds (զաունտզ) բարկութեան կամ զարմանքի նիշ (հին ժամանակներուն). բառացիօրէն՝ «Տէրոջ վէրքերը» *(God's wounds)* խօսքին կրճատ ձեւը·

Zulu (զու՛լու) Հարաւային Ափրիկէի մէջ՝ Նաթալ ցեղի բնիկներէն մէկը·

zygoma (զայկո՛մէ) այտոսկրի ցցուածքը·

zygote (զայ՛կոԹ) լծասերմ·

zymase (զայ՛մէյս) խմոր·

zyme (զայմ) ախտախմոր·

zymoma (զայմո՛մը) մակարդ·

zyzzle (զիզ՛լ) սոյլ· սուլել·

ԱՆԳԼԵՐԷՆԻ ՄԷՋ ԿԻՐԱՐԿՈՒՈՂ ԸՆԹԱՑԻԿ ՀԱՄԱՌՕՏԱԳՐՈՒԹԻՒՆՆԵՐ

A argon; adult (motion picture certificate).

A.D. in the year of our Lord [*L. anno Domini*].

A.D.G.B. Air Defence of Great Britain.

A.E.F. Allied Expeditionary Force.

A.E.R.E. Atomic Energy Research Establishment.

a.m. before noon [L. *ante meridiem*].

A.P. Associated Press.

A.R.A.L. Associate of the Royal Academy of Literature.

B.A. Bachelor of Arts [*Baccalaureus Artium*]; British Association.

B.B.C. British Broadcasting Corporation.

B.C. before Christ; British Columbia.

B.C.E. Bachelor of Civil Engineering.

B.C.L. Bachelor of Civil Law.

B.D. Bachelor of Divinity.

B.E.A. British European Airways.

B.L. Bachelor of Laws; Bachelor of Letters; British Legion.

B.M. Bachelor of Medicine; British Museum; of blessed memory [L. *Beatae Memoriae*].

Bn. baron.

B.O.A.C. British Overseas Airways Corporation.

B.R.C. British Red Cross.

B.S. Bachelor of Science; Bachelor of Surgery; British Standard; Blessed Sacrament; balance sheet.

B.Sc. Bachelor of Science.

Bt. Baronet.

B.U.P. British United Press.

C.B.C. Canadian Broadcasting Corporation.

C.E. Church of England; Civil Engineer.

C.E.A. Central Electricity Authority.

C.I.D. Criminal Investigation Department.

c.i.f. cost, insurance, and freight.

C.-in-C. Commander-in-Chief.

C.O. Colonial Office; Commanding Officer; conscientious objector.

C. of E. Church of England.

C. of S. Church of Scotland.

Col. Colonel; Colossians (N.T.).

Com. Communist.

Comdr. Commander.

cp. compare.

D.C. District of Columbia; Direct Current.

D.D. Doctor of Divinity.

D.D.S. Doctor of Dental Surgery.

D.Eng. Doctor of Engineering.

dept. department; deponent.

D.Litt. Doctor of Letters.

D. Lit(t). Doctor of Literature.

D.Mus. Doctor of Music.

D.Ph., D.Phil. Doctor of Philosophy (or Ph.D.).

D.Sc. Doctor of Science.

e.g. for example [L. *exempli gratia*].

F. Fahrenheit; Father (R. C.).

F.A. Fine Arts; Football Association.

F.B.I. Federation of British Industries; Federal Bureau of Investigation (U.S.).

F.O. Flying Officer; Foreign Office.

f.o.b. free on board.

Fr. Father; Frau; French; Friday.

G.A. General Assembly; general average.

G.C.V.O. Grand Cross of the Victorian Order.

G.H.Q. General Headquarters.

G.P.U. the Soviet Secret Political Police.

h. & c. hot and cold (water).

H.E. high explosive; His Eminence; His Excellency.

H.H. His (Her) Highness; His Holiness (the Pope).

H.L. House of Lords.

H.M. His (Her) Majesty.

H.O. Home Office.

Hon. Honorary; Honourable.

H.Q. headquarters.

H.R.H. His (Her) Royal Highness.

I.L.O. International Labour Organisation.

I.L.P. Independent Labour Party.

I.O.U. I owe you.

I.Q. Intelligence Quotient.

I.R.C. International Refugee Organisation; Inland Revenue Office.

Is. Island(s).

I.T.V. Independent Television.

J.C. Jesus Christ; Julius Caesar.

Jun., Junr. Junior.

L.C.J. Lord Chief Justice.

Litt.D. Doctor of Letters or Literature.

LLB. Bachelor of Laws [L. *Legum Baccalaureus*].

LL.D. Doctor of Laws [L. *Legum Doctor*].

LL.M. Master of Laws [L. *Legum Magister*].

L.P. Labour Party; Lord Provost; letters patent.

Ltd. Limited.

M. Monsieur (Fr.).

M.A. Master of Arts.

M.B. Bachelor of Medicine [L. *Medicinae Baccalaureus*].

M.B.E. Member of the Order of the British Empire.

M.D. Doctor of Medicine [L. *Medicinae Doctor*]; mentally deficient.

Mdm. madame.

mfg. manufacturing.

Mgr. Monsignor; Monseigneur.

M.I.5 Military Intelligence, Department 5.

Mlle(s) (Fr.) Mademoiselle; Mesdemoiselles.

Mme(s) Mesdames [Fr.].

M.O. Medical Officer; Money Order; Mass Observation.

M.P. Member of Parliament; Military Police; Metropolitan Police.

m.p.g. miles per gallon.

m.p.h. miles per hour.

M.S. Master of Surgery.

MS(S). manuscript(s).

M.Sc. Master of Science.

N.A.T.O. North Atlantic Treaty Organisation.

N.C.O. Non-commissioned officer.

N.P. Notary Public.

N.T. New Testament; National Trust.

N.U.T. National Union of Teachers.

O.C. Officer Commanding.

O.H.M.S. On His (Her) Majesty's Service.

O.M. Order of Merit.

Oxon. Oxford

P.C.I.J. Permanent Court of International Justice.

P. E. N. Poets, Playwrights, Essayists, Editors, and Novelists (Club).

Ph.D. Doctor of Philosophy.

p.m. after death [L. *post mortem*]; *after-noon* [L. *post meridiem*].

P.M.G. Paymaster-General; Postmaster-General.

P.O.W. Prisoner of War.

P.S. or PS (pl. PSS) written after; a postscript [L. *post scriptum*].

P.T.O. Please turn over.

P.W.D. Public Works Department.

R.A. Royal Academy; Royal Academician; Royal Artillery.

R.A.F. Royal Air Force.

R.A.M. Royal Academy of Music.

R.C. Roman Catholic; Red Cross.

R.I.A. Royal Irish Academy.

R.N. Royal Navy.

R.S.V.P. Please reply [Fr. *Répondez s'il vous plaît*].

R.T. Radio telephone.

R.V. Revised Version; Rifle Volunteers.

S.C.M. Student Christian Movement.

S.J. Society of Jesus (Jesuits).

S.O.S. signal of distress (Morse).

S.R.N. State Registered Nurse.

S.S. Steamship.

Stg. Sterling.

Supt. Superintendent.

T.C.D. Trinity College, Dublin.

T. N. T. trinitrotoluene (explosive).

T.U.C. Trades Union Congress.

U uranium; universal (film).

U.C.L. University College, London.

U.K. United Kingdom.

ult. in the preceding month [L. *ultimo*].

U.N.A. United Nations Association.

U.N.E.S.C.O. United Nations Educational, Scientific and Cultural Organisation.

U.N.O. United Nations Organisation.

U.S.A. United States of America.

U.S.S.R. Union of Soviet Socialist Republics.

V.C. Vice - Chairman; Victoria Cross.

V.D. Venereal Disease; Volunteer (Officers') Decoration.

V.H.F. very high frequency.
V.I.P. *(Colloq.)* very important person.
viz. namely [L. *videlicet*].
W.F.T.U. World Federation of Trade Unions.

W.H.O. World Health Organisation.

W.O. War Office; Warrant Officer.
W.R.A.F. Women's Royal Air Force.

Y.M.C.A. Young Men's Christian Association.
Y.W.C.A. Young Women's Christian Association.

ՕԳՏԱԳՈՐԾՈՒԱԾ ԱՂԲԻՒՐՆԵՐ

1) Collins Contemporary Dictionary, third impression, 1965, London — Glasgow.
2) The Concise Oxford Dictionary, 1961, Oxford.
3) Webster's World Dictionary of the American Language, Concise Edition, 1956.
4) The Handy Dictionary, 1961, Glasgow.
5) The New Method English Dictionary, 1967, London.
6) Advanced Learner's Dictionary of Current English, 1960.
7) Everyman's Encyclopaedia, 1964.
8) American People's Encyclopaedia, 1964.
9) "Pears" Cyclopaedia 1964, Bongay, Suffolk.

1) Բառարան Անգլիերէն–Հայերէն եւ Հայատառ Թուրքերէն։ Հեղինակ՝ Մ. Գ. Մինասեան, 1908, Պոլիս։
2) Ընդարձակ Բառարան Անգլ–Հայ։ Աշխատասիրեց՝ Փրոֆ. Ց. Ց. Ջագմագճեան, հրատարակութիւն «Ազդակ», Բ. տպագրութիւն, Պէյրութ։
3) Նոր Բառգիրք Հայ–Անգլիարէն, Հայր Մատաթիա Վրդ. Պետրոսեան, 1875–79, Վենետիկ։
4) Ընդարձակ Բառարան Անգլիերէնէ–Հայերէն։ Աշխատասիրեց՝ Մեսրոպ Կ. Գույումճեան, 1961, Գահիրէ։
5) Հայերէն Բացատրական Բառարան։ Ստ. Մալխասեանց, Հայպետհրատ, 1944, 1945։
6) Հայոց Լեզուի Նոր Բառարան։ Աշխատասիրութիւն՝ Արտ. Տէր Խաչատուրեանի, Հրանդ Գանգրունիի եւ Փարամազ Կ. Տօնիկեանի, 1968, Պէյրութ։

Տպաքանակ	5000
Գրակ	60,5
էջաչափ՝ սմ.	11×17

Տողաչարութիւն՝

Աւետիս Պավուկեանի

էջադրում՝

Պետրոս Քեքենեանի

Printed by G. DONIGUIAN & SONS

871 - 887, Armenia Street, St. Michel, Beirut - Lebanon

G. BONIGUIAN & SONS PUBLISHING HOUSE

ARMENIAN-ENGLISH Modern Dictionary

BY

REV. DICRAN KHANTROUNI

&

MARDIROS KOUSHAKDJIAN

G. DONIGUIAN & SONS PUBLISHING HOUSE

ARMENIAN-ENGLISH
Modern Dictionary

BY

REV. DICRAN KHANTROUNI

&

MARDIROS KOUSHAKDJIAN

ՀՐԱՏԱՐԱԿՉԱՏՈՒՆ Կ. ՏՕՆԻԿԵԱՆ ԵՒ ՈՐԴԻՔ

ՀԱՅԵՐԷՆԷ-ԱՆԳԼԵՐԷՆ

Արդի Բառարան

Աշխատասիրեցին՝

ՎԵՐ. ՏԻԳՐԱՆ ԽՆԴՐՈՒՆԻ

ԵՒ

ՄԱՐՏԻՐՈՍ ԳՈՒՇԱԳՃԵԱՆ

Գ. ՏՊԱԳՐՈՒԹԻՒՆ

ՊԷՅՐՈՒԹ

1986

ԾԱՆՕԹՈՒԹԻՒՆ

Ա տառէն մինչեւ Կ տառը (ներառեալ)՝ Վեր. Տիգրան Խնդրունի, իսկ Հ տառէն մինչեւ Ֆ տառը՝ Մարտիրոս Գուշագճեան աշխատասիրած են:

Ստուգիչ սրբագրողներ՝

ՓԱՐԱՄԱԶ Կ. ՏՕՆԻԿԵԱՆ

եւ

ԱՐՏԱՇԷՍ ՏԷՐ ԽԱՉԱՏՈՒՐԵԱՆ

Verifier proof-readers :

PARAMAZ G. DONIGUIAN

&

ARDACHES

DER KHATCHADOURIAN

ՄԵՐ ԲԱՌԱՐԱՆՆԵՐԸ

Մեր մտահոգութիւնը եղած է բառարաններու հրատարակութեամբ հայ կեանքէն ներս բաց մը գոցել:

Արդէն 1953ին, լոյս ընծայեցինք Գ. Գ. Աճէմեանի Անգլերէն-Հայերէն Բառարանը (576 երկսիւնակ էջ):

1968ին՝ լոյս տեսաւ Հայոց Լեզուի Նոր Բառարանը (922 երկսիւնակ էջ), աշխատասիրութիւն՝ Արտաշէս Տէր Խաչատուրեանի, Հրանդ Գանդրունիի եւ Փարամազ Կ. Տօնիկեանի, գործ մը՝ որ ջերմ ընդունելութիւն գտաւ ըլլա՛յ հայրենիքի, ըլլա՛յ արտասահմանի մէջ:

Շարունակելով բառարաններու գծով մեր հրատարակութեանց շարքը, 1970ի սեմին հրատարակեցինք Անգլերէն-Հայերէն Արդի Բառարանը, որուն արագ սպառումը մեզ քաջալերեց անմիջապէս ձեռնարկել հրատարակութեան Հայերէն-Անգլերէն Արդի Բառարանին, զոր ահաւասիկ մեր հանրութեան կը ներկայացնենք: Երկու հատորներն ալ տարիներու տքնաջան աշխատանքի եւ արդի տպագրական կարելի բարձր թեքնիքի արդիւնք են:

Ինչպէս մեր Հրատարակչատան վերոյիշեալ բառգիրքերը, վստահ ենք թէ Հայերէն–Անգլերէն Արդի Բառարան *ալ մեր հասարակութեան ընդհանրապէս, եւ մասնաւորապէս բառարաններով հետաքրքրուողներու եւ զանոնք օգտագործողներու ջերմ ուշադրութեան եւ գնահատութեան պիտի արժանանայ:*

ՀՐԱՏԱՐԱԿՉԱՏՈՒՆ
Կ. ՏՕՆԻԿԵԱՆ ԵՒ ՈՐԴԻՔ

ՆԱԽԱԲԱՆ

Այսօր ուրախ ենք որ ուսումնատենչ մեր նոր սերունդին տրամադրութեան տակ կը դնենք *Հայերէնէ–Անգլերէն Արդի Բառարանը*, որ նախապէս հրատարակուած *Անգլերէնէ–Հայերէն Արդի Բառարանին* հետ կոչուած է դառնալու անհրաժեշտ ամբողջութիւն մը:

Հայերէնէ–Անգլերէն Արդի Բառարանի առաւելութիւնները կը կայանան հետեւեալ կէտերուն մէջ.

ա. ՇՈՒՐՋ 20.000 ԳՈՐԾՆԱԿԱՆ ԵՒ ԱՆՀՐԱԺԵՇՏ ԲԱՌ.—

Բառարանս յօրինելու ատեն ջանացած ենք արեւմտահայ աշխարհաբար մեր լեզուին համարեա՛ թէ բոլոր գործնական եւ անհրաժեշտ բառերուն տեղ տալ եւ բծախնդրութեամբ, քննական ոգիով եւ կարելի ճշգրտութեամբ արձանագրել անոնց անգլերէն նշանակութիւններն ու առումները:

բ. ՆՈՐԱՀՆԱՐ ԲԱԶՄԱԹԻՒ ԲԱՌԵՐ.—

Յատուկ ջանք ի գործ դրած ենք ժամանակի ոգիին հետ քալելու՝ տեղ տալով նորահնար բազմաթիւ բառերու, որոնք յանախակիօրէն կը գործածուին քաղաքական, *թեքնիք*, գիտական, ընկերային-հասարակական եւ առօրեայ այլ արտայայտութեանց մէջ. օրինակ՝ լուսնէջք lunar landing. տիեզերանաւ space-ship. տիեզերագնաց cosmonot. օդանաւի բռնագրաւում hijacking. ոչ-յարձակողականի յանձնառութիւն denunciation of force. ոչ-յանձնառու երկիր non-alliance country. կրակմար curfew, եւ այլն:

գ. ՀԱՅԵՐԷՆ ԴԺՈՒԱՐ ՀԱՍԿՆԱԼԻ ԲԱՌԵՐՈՒ ԲԱՑԱՏՐՈՒԹԻՒՆ.—

Մեկնելով այն իրողութենէն, որ բառարանի մը դերը առաւելագոյնս յստակացնել եւ բացատրել է բառի (կամ եզրի) մը նշանակութիւնը, հայերէն դժուարահասկնալի բազմաթիւ բառերու բացատրութիւնը կամ հոմանիշները արձանագրած ենք յարակից փակագիծի մէջ, ապա տուած ենք անոր անգլերէն նշանակութիւնը: Հայերէն դժուարամատչելի բազմահարիւր բառերու այս ձեւի պարզացումը՝ կը հաւատանք թէ աւելի՛ անմիջական կը դարձնէ բառարանը:

Անխտիր ամէն բառի անգլերէն նշանակութիւնը տրուած է իր տեղը: Նոյնիսկ եթէ երբեմն ըսուած է՝ տես *այսինչ բառը*, միեւնոյն ժամանակ նշուած է սակայն՝ այդ բառին հիմնական առումը:

Ինչպէս *Անգ․–Հայ․ Արդի Բառարանի* պարագային՝ բառերուն ո՛ր *մասունք բանին* պատկանիլը չէ յիշուած․ այսուհանդերձ պահած ենք մասնաւոր կարգ մը․ նախ արձանագրուած են գոյականները, ապա բայերը, ածականները, դերանունները, եւ այլն։

Ոճերու բաժինը եւս նկատելի տեղ մը գրաւած է ներկայ բառարանին մէջ։ Յատկանշական եւ գործածական հայերէն բազմաթիւ ոճերու համապատասխան անգլերէնները տրուած են։

Կը հաւատանք թէ *Անգլերէնէ–Հայերէն* եւ *Հայերէնէ–Անգլերէն Արդի Բառարանը* իր մատչելի ոճով, բացատրութիւններու գործնական դրութեամբ եւ նորահնար բազմաթիւ բառերով օգտակար ձեռնարկ մը կոչուած է դառնալ յատկապէս մեր ուսանողութեան եւ մտաւորականութեան համար, որ հետամուտ է խորանալու անգլիական մշակոյթին մէջ։

20 Հոկտեմբեր 1970 ԽՄԲԱԳՐՈՒԹԻՒՆ

ԿԷՏԱԴՐՈՒԹԻՒՆ

Բառարանը գործածելէ առաջ անհրաժեշտ է ծանօթանալ հետեւեալ կէտերու եւ համառօտագրութիւններու նշանակութեան։

, (ստորակէտ) կը գործածուի՝ բառի մը առումին տարբեր մէկ երանգը ցոյց տուող բառերը կամ հոմանիշները իրարմէ զատելու համար։

· (միջակէտ) կը գործածուի՝ տարբեր առումներ ունեցող բառերը իրարմէ զատելու համար։

( ) (փակագիծ) կը գործածուի՝

ա) Տալու համար բառ մը (բառեր), որ անմիջականօրէն իրեն նախորդող բառին մօտաւոր առումը ունի, կամ անոր հոմանիշ է։

բ) Հայերէն խրթին բառերը բացատրելու համար։

— (գծիկ) կրճատուած (յապաւուած) բառի, վանկի կամ վանկերու տեղ կը դրուի, կրկնութիւններէ խուսափելու համար։

ՀԱՄԱՌՕՏԱԳՐՈՒԹԻՒՆՆԵՐ

agri. (agriculture) երկրագործութիւն

alg. (algebra) գրահաշիւ

anat. (anatomy) անդամազննութիւն

antiq. (antiquity) հնութիւն

arch. (architecture) ճարտարապետութիւն

arith. (arithmetic) թուաբանութիւն

astron. (astronomy) աստղաբանութիւն, աստղաբաշխութիւն

biol. (biology) կենսաբանութիւն

bot. (botany) բուսաբանութիւն

chem. (chemistry) քիմիաբանութիւն

com. (commerce) վաճառականութիւն

ecc. (ecclesiastic) կրօնական

elect. (electricity) ելեկտրականութիւն

elect. engin. (electrical engineering) ելեկտրական մեքենագիտութիւն

econ. (economics) տնտեսագիտութիւն

engr. (engraving) փորագրութիւն

entom. (entomology) միջատաբանութիւն

fort. (fortification) ամրութիւն

geog. (geography) աշխարհագրութիւն

geol. (geology) երկրաբանութիւն

geom. (geometry) երկրաչափութիւն

gram. (grammar) քերականութիւն

Heb. (Hebrew) եբրայերէն (հրէերէն)

int. (interjection) ձայնարկութիւն

log. (logic) տրամաբանութիւն

mam. (mammology) ստնաբանութիւն

math. (mathematics) ուսողութիւն

mech. (mechanics, mechanical) մեքենագիտութիւն, մեքենագիտական

med. (medical) բժշկական

metal. (metallurgy) մետաղագործութիւն

milit. (military) զինուորական

min. (mineralogy) հանքաբանութիւն

mus. (music) երաժշտութիւն

myth. (mythology) դիցաբանութիւն

nav. (navy) նաւատորմ

paint. (painting) նկարչութիւն

pharm. (pharmacy, pharmaceutical) դեղարան, դեղագիտական

phil. (philosophy) փիլիսոփայութիւն

phys. (physics) բնագիտութիւն

pl. (plural) յոգնակի

poet. (poetry) բանաստեղծութիւն

polit. (political) քաղաքական

poss. adj. (possessive adjective) ստացական ածական

poss. pron. (possessive pronoun) ստացական դերանուն

print. (printed) տպագրուած

rel. (religion) կրօն

rhet. (rhetoric) ճարտասանութիւն

sing. (singular) եզակի

surg. (surgery, surgical) վիրաբուժութիւն,
վիրաբուժական

sculp. (sculpture) քանդակագործութիւն

theol. (theology) աստուածաբանութիւն

theat. (theatre) թատրոն

zool. (zoology) կենդանաբանութիւն

Ա

Ա, ա (aïp) first letter and first vowel of the Armenian Alphabet. one. first.

Ա՛, Ա՛, Ա՛ ah!

աբբահայր abbot, prior.

աբբայ abba.

աբբայարան abbey, priory.

աբբայութիւն abbacy, abbotship.

աբեթ tinder, touchwood.

աբեղաձագ or աբեղուկ (թռչուն մը) crested lark.

աբեղայ monk, friar, lay brother.

աբեղանոց abbey, friary, priory.

ագահ miser, niggard, stingy, mean, miserly, greedy, covetous.

ագահաբար greedily, avariciously.

ագահութիւն avidity, avarice, illiberality.

ագաղաղ see աքլոր. աքաղաղ.

ագանելի(ք) wearable, dress, garment, clothes.

ագատ cropped, curtailed.

ագարակ farm, lands, plantation, ranch.

ագարակաբաշխ. ագարակագէտ agriculturist, landsman, cultivator.

ագաւենի (ծառ) agave. American aloe.

ագեվազ kangaroo.

ագի (պոչ) tail.

ագոյց ring, link (of a chain).

ագուգայ aqueduct, duct. conduit.

ագուռ palm (of the hand). brick, tile.

ագուցանել to clothe. to encase. to joint. to fit in, to put together.

ագուցում encasing, jointing, clamp.

ագռաւ crow, raven.

ագռաւուկ grappling-iron, grapnel. hook, crochet hook.

ադամաթզենի, բանանենի banana (the fruit and the tree).

ադամաթուզ or բանան banana.

ադամանդ diamond.

ազազիլ to dry up. wither.

ազազուն dried up, desiccated.

ազատ free, independent. disengaged. exempt

from. open, frank, sincere.
ազատ(աբար)օրէն freely, boldly, with no restraint, unrestricted.
ազատագրել to emancipate, set free, liberate, deliver, enfranchise.
ազատագրութիւն emancipation, enfranchisement, liberation.
ազատածին free-born, citizen, ingenuous.
ազատական liberal, generous, fit for a gentleman, liberal (of party).
ազատամիտ liberal, freethinker, freethinking.
ազատատոհմ noble, gentle.
ազատարար, ազատիչ *de*liverer, rescuer, liberator, saviour.
ազատել to deliver, to save, to rescue.
ազատիլ to escape, to be saved, get off, break away. to go (get off) scot free.
ազատորդի free-born.
ազատութիւն liberty, freedom, deliverance.
ազատում deliverance, release, բանտէ — discharge from prison.
ազատքեղ parsley.
ազգ nation, people, generation. race, genus, species. sort.
ազգաբան geneologist —-ական geneological —-ութիւն geneology.
ազգագրութիւն ethnography.
ազգախօս ethnologist.
ազգական relative, relation, kin. —ներ relatives, kinsfolk. —ութիւն relation, consanguinity.
ազգակից kin, kindred.
ազգահամար genealogy.
ազգային national
ազգայնական nationalist. —ութիւն nationalism.
ազգայնութիւն nationality.
ազգապետ ethnarch.
ազգապիղծ incestuous.
ազգապղծութիւն incest.
ազգատոհմ relatives. kindred, race.
ազգութիւն see ազգ.
ազդ notice, announcement. advertisement. —ագիր placard. summons.
ազդարար monitor. warner, advisor. —ագիր letter of warning, advertisement, placard. —ութիւն warning. denunciation, monition.
ազդարարել to warn.
ազդել to influence, to affect, to inspire. to inform.
ազդեցիկ influential. imposing, effectual.
ազդեցութիւն efficacy, effect, influence, sway, power.
ազդիչ inspiring, inspiratory.
ազդու efficacious, energetical. —մ influence, sensation.
ազդր thigh, leg.
ազն nation.
ազնիւ noble, genteel, gentle, excellent, exquisite, gracious. fine.

ազնուաբար, ազնուապէս nobly, splendidly, bravely.

ազնուագոյն noblest, best.

ազնուագութ tender-hearted, tender, kind-hearted.

ազնուազարմ, ազնուատոհմ well-born. princely.

ազնուազգի noble, high-born.

ազնուական noble, genteel, gentle. nobleman, gentleman. —ութիւն nobility, gentility. upper classes, high life. —օրէն nobly. gentlemanly, gentlemanlike.

ազնուանալ to be ennobled, exalted. to grow better.

ազնուապետական aristocratic.

ազնուապետութիւն aristocracy.

ազնուացնել to ennoble.

ազնուութիւն nobleness, gentleness. fineness.

ազոխ green grapes (unripe).

աթերայ pap, soft food for babies.

աթոռ chair, seat. —ակ stool, hassock. footstool.

աթոռակալ vicar. curate of a parish.

աժան cheap. —ութիւն cheapness.

ալ too, also.

ալապաստր alabaster.

Ալէլուիա hallelujah.

ալեծածան, ալեծուփ flowing. wavy.

ալեկերպ. ալեձեւ wave-like, undulatory.

ալեկոծ stormy, tempestuous. —ութիւն storm, tempest.

ալեւոր hoary, venerable. aged, senile, gray. hoar. —իլ to grow old, to age, to grow gray.

ալեւորութիւն hoariness, senility, old age.

ալիւր flour, meal, farina. —ային farinacious, of flour. —ոտ mealy, floured.

ալիք wave, billow.

ալկիոն, ադկիոն (թռչ.) halcyon.

ալոճ. ալոչ young goat. kid.

ալքոհոլ alcohol.

ախոյեան champion.

ախոռ stable, stall, shed. —ապան stable boy, stable man. —ապետ riding-master.

ախորժ(ելի) pleasant. agreeable, savoury.

ախորժակ appetite.

ախորժահամ savoury, appetizing, palatable, tasty, delicious.

ախորժանք taste, relish, savour. pleasure.

ախորժաշարժ relishing, tempting, toothsome.

ախորժելի see ախորժ.

ախորժիլ to like, to delight in. to be pleased with.

ախտ illness, malady, desease.

ախտաբան pathologist. —ական pathologic(al). —ութիւն pathology.

ախտաժէտ deseased, vicious.
ախտանանաչութիւն diagnostic.
ախտամոլ vicious.
ախտանալ to grow corrupt, to become tainted, conteminated.
ախտանիշ, ախտանշան sympton.
ախտաբոյլ, աստղամոգ astrologer.
ախտարք astrology. horoscope.
ախտացեալ affected with a desease.
ախտաւոր deseased, infirm, morbid. —ութիւն morbidness, infirmity.
ած sapling, sprout, a shoot. a slip.
ածական adjective. —օրէն adjectively.
ածանց(ական) derivative.
ածանցեալ derivative, derived from.
ածանցել to derive.
ածանցուիլ to be derived.
ածանցում derivation.
ածել fetch, to bring. to take to. հաւկիթ — to lay eggs. նուագարան — to play a musical instrument. տուեր — to bedim, to obscure.
ածելի razor.
ածիլել to shave.
ածիլուիլ to be shaved.
ածխագործ charcoal maker. coal-miner.
ածխախտ anthrax.
ածխահանութիւն colliery.
ածխահանք coal mine, coal pit.
ածխահարութիւն blight.
ածխանալ to be carbonized.
ածխավաճառ coal seller, coal dealer.
ածխատուն coal-store.
ածխացնել to carbonize.
ածխացում carbonization.
ածխաքար stone - coal, anthracite.
ածու bed, flower bed.
ածուխ coal, charcoal.
ակադեմական academic(al)..
ակադեմիա academy.
ակադեմօրէն academically.
ակամայ grudgingly, of necessity, willy-nilly. against one's will, unwillingly.
ական mine, receptacle filled with explosive.
ականակիտ clear, limpid.
ականակուռ mounted with gems.
ականատ mouse trap.
ականատես witness. — վկայ eye witness.
ականաւոր renowned, distinguished, signal.
ականջ ear, hearing. — դնել, — կախել to give ear. —ալուր auricular. —ալուր խոստովանութիւն auricular confession.
ականջամուտ ear-wig.
ականջացաւ pain in the ear. otalgy.
ականջուկ (բոյս) bear's ear.
ականջեղ lop-eared.
ականջբոռ lobe of the ear.

ականջատ cutear, crop-eared.
ակատ agate.
ակիշ shovel.
ական eye. jewel. spring, fountain.
ականաբոյժ oculist.
ականագործ jeweller. lapidary.
ականախտիղ transplendent, dazzling.
ականածել, ականածիլ to respect, to revere, to reverence.
ականածելի respectable.
ականածութեամբ respectfully, reverentially.
ականածութիւն, ականածանք respect, reverence, regard.
ականակապիճ orbit, eye-socket.
ականահաճոյ pleasing to the eye, pretty, nice-looking.
ականահատ see ականագործ.
ականաղբիւր source, spring, fountain-head.
ականապարար attractive, charming.
ականառու see աչառու.
ականավաճառ jeweller, lapidary —ութիւն jewellery.
ականարկ glance, look. glimpse. —ել to hint, make an allusion. —ութիւն allusion, hint.
ականերեւ evident, obvious. visible.
ակնթարթ wink (of an eye).
ակնկալել to expect, hope for.
ակնկալու expectant. futurist.
ակնկալութիւն hope, expectation.
ակնոց eyeglass, spectacles. —ավաճառ spectacle seller.
ակումբ circle, club.
ակռայ tooth. —կրկիտ toothpick. —պլիկ toothless.
ակքան thistle.
ակօս furrow, rut, groove. —ել to furrow, to groove, to plough.
ա՜հ ah! oh!
ա'հ fear, dread, awe.
ահա see here, behold! here is, here they are, this is.
ահաբեկ afraid, daunted. —ել to daunt, terrorize, intimidate. —ութիւն intimidation, terrorism.
ահագին tremendous. formidable. terrible.
ահագնութիւն terribleness.
ահարկու horrid, dreadful, fell. —թիւն horribleness.
Ահարոնեան Aaronic.
ահաւասիկ, ահաւադիկ behold. see here, see there, that is, here they are.
ահաւոր horrible. fearful.
ահեակ left-hand side. աջ եւ — right and left.
ահեկագործ left-handed (person).
ահեղ frightful. horrid.
աղ salt. —ագործարան salt mine, salt works.
աղալ to grind, to mill.
աղախին maid, maid-servant.

աղահանք salt mine, salt-pit.
աղաղակ cry, outcry, clamour. shout. —աւոր noisy. —ել to shout, to bluster, scream. —ող squaller, crier, bawler.
աղաման salt-cellar, salt-box.
աղային saline, salinous.
աղանդ sect. —աւոր sectarian. —աւորութիւն sectarianism.
աղանդեր dessert.
աղանձել to roast brown. parch.
աղանձիլ to be roasted, to broil.
աղաչանք prayer, request, supplication.
աղաչել to pray, to beg, to beseech.
աղաչող suppliant, supplicant.
աղաջուր brine. pickle.
աղավաճառ salt seller. աղավաճառանոց salt-shop.
աղարտական defamatory, libelous, slanderous.
աղարտանք, see աղարտութիւն.
աղարտել disparage, to slander.
աղարտիչ disparaging, libellous. detracter, traducer.
աղարտութիւն villification, disparagement.
աղացեալ, աղացուած ground, bruised.
աղաւաղել to corrupt. to disguise.
աղաւաղում, աղաւաղութիւն corruption, alteration. deterioration.
աղաւնետուն dovecot, pigeon-house.
աղաւնի pigeon.
աղաւնին (բոյս) servain.
աղաւնոց see աղաւնետուն.
աղբ trash, rubbish, dung, manure. excrement. —աբզէզ beetle.
աղբախուղբ sweepings, rubbish, dust.
աղբակիր night-man, dustman.
աղբակոյտ dunghill.
աղբանոց drain, sewer.
աղբել to manure, to dung.
աղբերակն source, spring, fountain-head.
աղբիւր source, fountain.
աղբորակ saltpeter.
աղեդարձութիւն illus, iliac passion.
աղեթափութիւն hernia.
աղել to salt, to pickle.
աղեկապ bandage, belt, truss.
աղեկատ distaff.
աղեկտուր heart-rending.
աղեղ bow, long-bow, arch, arc.
աղեղնակապարճ quiver.
աղեղնաձեւ arc-shaped, curved, bent.
աղեղնաւոր archer. Sagittarius.
աղետաբեր sinister. baneful.
աղետալի dismal, fatal, disastrous.
աղետալից tragic(al). sad. sorrowful.
աղետաւոր calamitous, disastrous.
աղերս supplication. petition. request. relevancy,

competibility. —ագիր petition, request, application (written). —ագրել to petition. —ագրող petitioner. —ական suppliant. —անք supplication. —արկու suppliant. petitioner.

աղերսել to pray, to beseech.

աղէ՛ ho! ah! good! now! there, thither. but.

աղէկ good. well.

աղէկութիւն well-being. goodness. kindness.

աղէտ(ք) misfortune, calamity, fatality, mishap.

աղի salt, salted, briny.

աղին strumpet, prostitute, whore.

աղիողորմ doleful, heart-rending, plaintive.

աղիտաբեր see աղետաբեր.

աղիտալի see աղետալի.

աղիտաւոր see աղետաւոր.

աղիւս brick. tile. —ագործ brick-maker. —ախաղ (տամա) draughts.

աղիւսակ multiplication table.

աղիւսանոց brick-field.

աղիւսավաճառ brick-seller.

աղիւսել cover, pave with bricks, or with tiles. to brick.

աղիք bowels. gut. intestines.

աղկեր sardine.

աղճատաբանել to talk idly. to rave, to dote.

աղճատաբանութիւն absurdity, nonsense. same as աղճատանք.

աղճատեալ unmeaningly uttered, ridiculous. inconsistent.

աղմկալից turbulent, tumultuous.

աղմկարար noisy. boisterous. blusterer.

աղմկել to trouble, to disturb, to alarm.

աղմկիչ disturber, agitator.

աղմուկ tumult, uproar. riot.

աղուամազ down, nap. աղուամազոտ downy, nappy.

աղուեսագի (բոյս) fox-tail.

աղուեսենի fox skin.

աղուէս fox. էգ — vixen.

աղուիսա(յին)նման vulpine, sly.

աղուհացք lent.

աղունակ rock-salt.

աղուոր fine, fair. handsome, lovely, beautiful. —ութիւն beauty. prettiness, loveliness.

աղուրի layer. — տնկել to layer.

աղջամղջին dark, sombre, tenebrous

աղջամուղջ darkness. obscurity.

աղջիկ girl, young lady. maiden. virgin, lass, lassie.

աղտ ordure, dirt. spot, blot, stain.

աղտեղել, աղտոտել to soil, to dirty, to stain, to blot.

աղտեղութիւն dirtiness, impurity, ordure.

աղտոտիլ to be soiled, become dirty.
աղցան salad. —աման salad dish.
աղքատ poor. beggar, pauper, needy, penniless, badly off. —աբար poorly, beggarly. —խընամ charitable, that takes care of the poor. —անալ to become poor. —անոց alms-house, bedehouse. —ասէր charitable.
աղքատացնել to render poor, to impoverish.
աղքատիկ a little poor. poor creature.
աղքատութիւն poverty.
աղքատ(ա)սիրութիւն charity.
աղօթագիրք prayer book.
աղօթանոց, աղօթարան prayer room.
աղօթատուն house of prayer, chapel, temple.
աղօթել to pray, to entreat.
աղօթք prayer. —ի ժողով prayer meeting.
աղօտ sombre, gloomy, dull, tarnished. undefined, confused. —աբար dimly, obscurely. —ացնել to dull, to tarnish, to render vague. —ութիւն dullness, obscurity, dimness.
աղօրեպան miller.
աղօրիք mill.
աճապարանք haste, hurry.
աճապարել to make haste, to hurry.
աճառ (օճառ) soap. cartilage. —ապատ cartilaginous. —ել to soap, to lather.
աճեցնել to increase, to enlarge, to amplify, to augment.
աճեցուն, աճուն, աճեցող, աճող growing, increasing.
աճիլ grow, increase, augment. to sprout, to shoot.
աճիւն ashes, embers, cinder. —ներ մեռելի ashes of the dead. —ակալ սափոր cinerary.
աճուկ the groin.
աճում growth, development, increase, augmentation.
աճուրդ auction, sale by auction.
աճպարար juggler, trickster. —ութիւն jugglery.
ամ (տարի) year. յ— ի Տեառն in the year of our Lord (A. D.).
ամայի desert(ed), waste, solitary, depopulated, uninhabited.
ամայութիւն waste, loneliness, solitude.
աման vase, pot, vessel.
ամանոր new year.
ամաչել, see ամչնալ.
ամառ summer
ամարանոց country house, summer resort.
ամբառնալ to arise, to rise, to ascend, to mount. to raise, to lift up.
ամբառնալիք seesaw. weighing-machine, lever.

ամբաստանեալ the accused person.

ամբաստանել to accuse, to indict, to impeach. to denounce. —ի impeachable, accusable, indictable.

ամբաստանիչ, ամբաստանող accuser, indicter, impeacher.

ամբաստանութիւն accusation, indictment, impeachment.

ամբար granary, corn-loft, barn.

ամբարել to store, lay up. gather into barns.

ամբարիշտ impious, ungodly.

ամբարհաւան proud, imperious, haughty, arrogant. —ութիւն pride, arrogance.

ամբարձում ascension.

ամբարշտութիւն impiety, ungodliness.

ամբարտակ dike, embankment, mound.

ամբարտաւան see ամբարհաւան, —ութիւն see ամբարհաւանութիւն.

ամբիծ, անբիծ spotless, pure, candid, immaculate.

ամբիւտ mole.

ամբծութիւն, անբծութիւն candour, purity.

ամբոխ crowd, multitude, tumult. rabble. —ալից tumultuous, riotous. —արար factious, mutinous, seditious. disturber, rioter. —ել to make a crowd. to gather together. to stir up, disturb.

ամբոխիլ to flock together.

ամբողջ entire, whole, complete, total. —ական total, integral. —ապէս entirely, completely. —ացնել to complete. —ացուցիչ, —ացնող complementary, integrant. —ութիւն completeness, completion.

ամեհի wild, impetuous, untamed.

ամեհութիւն fury, spiritedness, wildness.

ամենաբարձր highest, preeminent. most high.

ամենագարշ(ելի) very bad. abominable.

ամենագեղ(եցիկ) most beautiful.

ամենագէտ omniscient.

ամենագիտութիւն omniscience.

ամենազօր omnipotent. ամենազօրութիւն omnipotence.

ամենակալ omnipotent. —ութիւն omnipotence.

ամենակար(ող) almighty. —ութիւն almightiness.

ամենակեր omnivorous.

ամենամեծար most reverend.

ամենայն all, every. —ինչ every thing. —ոք every one. յ— ժամ every hour. — սիրով with pleasure.

ամենաչար most wicked.

ամենապատիւ most reverend.

ամենաստուածեան pantheist.

ամենատէրն the Almighty.

ամենևին entirely. — ո՛չ, ո՛չ — never, not at all.
ամենուստ, յամենուստ from every side, from everywhere.
ամէն amen.
ամէն all, whole, each, every.
ամէնարար (ծառայ) menial, factotum.
ամէնուրեք everywhere, omnipresent.
ամէնօրեայ daily, of every day.
ամիկ kid.
ամիս month.
ամիրայ lord, a man of high rank.
ամիրապետ kalif, caliph, calif. —ութիւն caliphate.
ամլացնել to render sterile, to reader, unproductive.
ամլութիւն sterility, barrenness, unfruitfulness.
ամոլ(ք) counterpart. fellow. couple, husband and wife.
ամորձիք testicle.
ամուլ sterile. infertile, that cannot beget children.
ամուսին husband, spouse. wife, bride.
ամուսնալուծում divorce.
ամուսնական marital, conjugal.
ամուսնանալ to marry, to wed, to espouse, to be united in marriage.
ամուսնացած, ամուսնացեալ married.
ամուսնացնել to marry, to unite, to match.
ամուսնութիւն marriage, wedlock.
ամուր tight, firm, strong, steadfast.
ամուրի single, bachelor.
ամուրիութիւն celibacy. single life, single state.
ամոքել to dress, to spice. to soften. to temper, to mitigate.
ամչկոտ shy, coy, shamefaced.
ամչնալ be modest, to be bashful, to be ashamed.
ամչցած ashamed, bashful.
ամչցնել to shame, to disgrace, to humiliate, to put to the blush.
ամպ cloud, mist, haze. gloom. —ախիտ, —ապատ cloudy. nebulous.
ամպիոն pulpit.
ամպհովանի baldachin.
ամպոտ cloudy. —իլ to cloud. to be clouded.
ամպրոպ storm, tempest.
ամսագլուխ the first day of the month. the end of the month.
ամսաթիւ day (of the month).
ամսական monthly. salary.
ամսօրեայ monthly.
ամրանալ to grow strong. to be fortified.
ամրաշէն firmly built, strong, stout.
ամրապնդել to strengthen.
ամրացնել to fortify, to secure. to harden.
ամրափակ hermitical, hermitically shut.

ամրոց fortress. stronghold. bulwark.

ամրութիւն fort, fortification. stronghold. firmness.

ամփիթատրոն amphitheatre.

ամփոփ narrow, tight. brief, compact, concise. —ել to contract, to confine, to circumscribe. to condense, to sum up.

ամփոփում contraction, shrinking, cramping, resumée, summary.

ամօթ shame, disgrace. —ալից shameful, ignominious. —ահար ashamed. confused. —երես shamefaced. —խած bashful, chaste, modest. —խածութիւն modesty, bashfulness, chastity. —ով shameful(ly).

ա՛յ holla! hoa!

այբբենարան, այբուբենք primer, alphabet.

այբուբենական alphabetic(al).

այգ dawn, morn, dayspring, morning.

այգածաղիկ convalvulus.

այգաստղ (planet) Venus, Lucifer.

այգեգործ, այգեպան vine dresser. —ութիւն culture of the grape vine.

այգեկութք vintage.

այգեստան, այգի vineyard.

այգուց early, at daybreak.

այդ, ադ that, those.

այդչափ that much, so much, as many.

այդպէս like that. that way, such.

այդպիսի(ն) such, the like, same, similar.

այժմ now, at present. just now, nowadays.

այժմեան modern, new, present.

այժմէական new, modern.

այժմէութիւն newness, recency, up-to-dateness.

այլ other. but. —եւս any more.

այլաբանական allegoric(al).

այլաբանող allegorizer, allegorist.

այլաբանութիւն allegory.

այլագունել to discolour.

այլազգի strange, foreign. heterogeneous, dissimilar.

այլակերպ different, dissimilar. —ել to transfigure. to metamorphose. transform. to disguise. —իլ to be transfigured, disguised. —ութիւն transfiguration.

այլակրօն dissident, dissenter.

այլայլեալ altered, changed.

այլայլել to alter, change. impair.

այլայլիլ to be altered. to be perplexed.

այլայլութիւն alteration.

այլանդակ fantastical, uncouth, strange, extraordinary. —ութիւն oddness, caprice, extravagance.

այլանման, այլանշան unlike, dissimilar.

այլաչափ incommensurable. —ութիւն incommensurability.

այլաչեայ (այլագոյն աչքեր ունեցող) odd-eyed.

այլասաց allegorist. —ութիւն allegory.

այլասեր heterogeneous. —իլ to degenerate. —ում degeneracy.

այլափառ heterodox. —ութիւն heterodoxy.

այլափոխ allegoric(al). —ել to disguise, to travesty. —ութիւն transformation.

այլեւայլ diverse, various. several.

այլեւս yet, still, further, moreover.

այլուկաց (ուրիշ տեղ ըլլալը) alibi.

այլուր(եք) elsewhere.

այծ goat.

այծամարդ Satyr.

այծարած goatherd.

այծեամն roebuck, roedeer.

այծեայ goat's hair.

այծեղջիւր Capricorn.

այծեմնիկ female roedeer.

այծենի kid-skin, kid.

այծոտն goat-footed (of Satyr).

այծուղտ llama.

այծտերեւ honeysuckle (ծաղիկ).

այծքաղ wild goat.

այն that. those. he, she, it. —չափ as much. as many. many. so much. that much. so far. as far. —պէս so, in such a way, so much, so long, so far.

այնպիսի such, like, similar, such an one.

այնքան so much, so many, as many, that many.

այո՛ yes, indeed. willingly.

այպանել to blame, dispraise, censure.

այս this, these.

այս (սատանայ) devil, demon —ակիր, —ահար, —ոտ devil-possessed, demoniac.

այսանուն, այսինչ such, like, such an one.

այսինքն that is, that is to say. viz.

այսուհետեւ henceforth, hereafter.

այսչափ so much, that much. so long.

այսպէս so, such, thus.

այսպիսի similar, such.

այսքան so many, that much, so long, so far.

այսօր today, this day.

այտ cheek.

այտնուլ (ուռիլ) to swell.

այտոյց (ուռեցք) a swelling, tumour, tubercle.

այտուցիկ varicose, varicous.

այր man. husband.

այր cave, cavern.

այրաբար manly, manfully.

այրածք a burn, scalding.

այրական male, virile, manly.

այրակին hermaphrodite, androgynous.
այրել to burn, to fire, to kindle. to inflame. —ի inflammable, combustible.
այրեցեալ (այրած) burnt. — գօտի torrid zone.
այրի widow. widower. widowed. —ութիւն widowhood.
այրիլ to be burnt.
այրող burning, caustic.
այրութիւն manliness, manhood. virility.
այրում burning, combustion.
այց visit, call. —տոմս, —աքարտ visiting card. —ել, —ելել to call (on), to visit, call at. pay a visit to.
այցելու visitor.
այցելութիւն visit. visitation.
անագ tin. pewter. —ագործ pewterer. —ագօծել to tin.
անագան late, tardy. tardily.
անագապղինձ brass.
անագել see անագագօծել.
անագորոյն cruel, merciless. savage, brutal. fiendish.
անագորունութիւն inhumanity, bruitishness, brutality. cruelty.
անազդ without warning.
անազդական invulnerable.
անազդելի insensible, callous.
անախորժ ungraceful. unseemly, ill - favoured. —ելի disagreeable, unpleasant, disgusting. —ութիւն dislike, aversion. loathing.
անակնածութիւն irreverence.
անակնկալ unexpected, unlooked for, unhoped.
անամուսին single (man or woman). spinster. bachelor.
անամպ cloudless. clear, unclouded.
անամօթ shameless, impudent. lewd. unblushing. —աբար shamelessly, impudently.
անայլայլելի inalterable, invariable.
անանձն(աւոր) impersonal. inanimate.
անանուխ mint.
անանուն unnamed. unknown. anonymous.
անանջատ inseparable. ան—անջատաբար inseparably.
անանջրպետ inseparable.
անանց(ական) eternal, imperishable.
անանցանելի impassable, insuperable.
անաչառ impartial, disinterested. strict. rigid. —աբար impartially. —ութիւն impartiality, severity. strictness.
անապակ pure, unadulterated.
անապական incurruptible. —ութիւն incorruptibility.
անապահով insecure. unsafe.
անապաշաւ, անապաշխար impenitent, unrepent-

ing. —ութիւն impenitence.

անապատ desert. wilderness. solitude, waste. —ական anchorite, hermit.

անապաւէն (անոք) abandoned, forlorn.

անառակ prodigal, dissolute, dibauched. —ութիւն prodigality.

անառակաբար dissolutely, prodigally.

անառարկելի unobjectionable.

անառիկ impregnable.

անառողջ unhealthy, unwholesome. —ութիւն unsalubrity, unhealthiness.

անասելի unspeakable, unexpressible.

անասնաբար brutally, bestially. —ոյ brutal, brutish, bestial.

անասնաբոյժ veterinary surgeon, veterinarian.

անասնաբոյծ cattle-breeder.

անասնաբուժական veterinary.

անասնաբուժութիւն veterinary surgery.

անասնաբուծութիւն cattle-breeding.

անասնագրութիւն zoography.

անասնազննութիւն zootomy.

անասնական bestial, animal. brutal.

անասնամիտ brute, blockhead.

անասնանալ to become stupid, to be besotted, to get brutalized.

անասնապաշտութիւն zoolatry.

անասնիկ small animal. animalcule.

անասնութիւն brutality. brutishness.

անասնօրէն see անասնաբար.

անասուն dumb creature, beast, brute. animal.

անաստուած atheist. godless. —ական atheistic. —ութիւն atheism.

անատամնունք (ակռայ չունեցող կենդանիներ) toothless animalcule.

անարատ immaculate, spotless, pure, irreprehensible.

անարար innate, inborn.

անարգ vile, base, abject, mean. ignoble, contemptible. —աբար ignobly, vilely. —ական contemptuous. —անք dishonour, contempt. —ել to scorn, to vilify, to contemn.

անարգել freely, readily, unhindered.

անարգութիւն abjection, vileness.

անարդար wrong, unfair, unjust, unequitable. —անալի unjustifiable. —ութիւն injustice, wrong.

անարդիւն uneffective, unefficacious.

անարժան unworthy, unmerited, inadmissible. —աբար, —ապէս unworthily. — unlawfully. —ութիւն unworthiness. indignity.

անարի loose, slack, sluggish. knave, rascal.

անարիւն bloodless. anaemic, suffering from anaemia. pale. —ութիւն anaemia, paleness.

անարծաթ penniless, moneyless, destitute, badly off.

անարուեստ artless. boorish. unaffected, plain. —ութիւն simplicity, sincerity. unskilfulness.

անաւարտ incomplete, unfinished.

անբաժան inseparable. անբաժանելիութիւն inseparableness.

անբախտ luckless, unlucky, ill-fated, ill-starred. —ութիւն mishap, mischance hard (bad) fortune or luck.

անբան brute. irrational. —ւոր irrational.

անբասիր faultless, spotless.

անբարբառ mute, dumb, speechless.

անբարեխառն intemperate.

անբարոյական immoral. —ութիւն immorality.

անբացատրելի inexpressible.

անբաւ immense. infinite. —արար inadequate. incompetent, insufficient. —արարութիւն inadequacy, insufficiency. incapacity, incompetence.

անբաւականութիւն immensity, infinity.

անբեղուն barren, unfruitful, unproductive, sterile. unprofitable.

անբեր(րի) unproductive, barren, fallow. unfruitful.

անբերրիութիւն unfruitfulness.

անբժշկելի, անբուժելի cureless, incurable. irrecoverable. —ութիւն incurability, curelessness.

անբիծ pure, spotless, clean, innocent. chaste.

անբծութիւն guiltlessness. innocence. clean hands. clear conscience.

անբնակ waste, desert, uninhabited. wild. —ելի uninhabitable.

անբնական affected, artificial, unnatural.

անբուժելի see անբժշկելի.

անբռնաբարելի inviolable, sacrosanct.

անբռնադատելի incoercible.

անգամ time, times, also, too. շատ — many times. երկու անգամ երկու two times two. երկու — twice. երեք — thrice. մի — ընդ միշտ once for all. մինչեւ — even. ես — I too.

անգայթ sure. not slippery.

անգայտ rarefied, rare, light. —անալ to be rarefied. rarefy. —աչափ manometer, pressure gauge for gases.

անգար megrim, headache.

անգէտ ignoramus, ignorant. new, raw.
անգթաբար ruthlessly, unmercifully, cruelly.
անգթութիւն brutality, savagery, atrocity, cruelty. want of pity.
անգին invaluable, beyond price, priceless, inestimable.
անգիտակ unlearned, ignorant. —ից unconscious. —ցաբար unconsciously.
անգիտանալ to be blind to, to ignore.
անգիտութիւն ignorance.
անգիր unwritten, verbal.
Անգլիա England. —ական English.
անգլիամոլ Anglomaniac. —ութիւն Anglomania.
անգլիասէր Anglophyl.
անգլիացի Englishman. a native of England.
անգլերէն English, the English language.
անգլխութիւն mob rule, mob law, lynch law, anarchy.
անգլուխ nihilistic, anarchic(al).
անգղ (թռչ.) vulture.
անգոյ nonexistent, inexistent. uncreated. —ութիւն nullity, nonentity, nonexistence.
անգոյն colourless. discoloured, hueless.
անգոսնել disdain, despise, scorn. to slight, to look down upon. —ի despised, contemptible. despicable.
անգոսնութիւն contemptuousness, derision. contempt, scorn.
անգործ inactive, unemployed, unoccupied. անգործածելի inutile, useless, unavailing. —անգործադրելի unpracticable, unachievable, infeasible. —ածելի infeasible.
անգործարան(աւոր) inorganic.
անգործութիւն inaction, inertia. unemployment.
անգործունեայ idle, indolent, inactive.
անգութ merciless, pitiless, cruel.
անգրագէտ unread, illiterate, unschooled, unlearned.
անգրագիտութիւն illiteracy, unlearnedness, ignorance.
անդ field, land.
անդ there.
անդադար unceasing, uninterrupted. continually, unceasingly.
անդամ member, limb. —ագէտ, —զնին anatomist. —ազննութիւն anatomy.
անդամալոյծ palsied, paralytic.
անդամալուծել to paralyze.
անդամալուծութիւն paralysis.
անդամակից associate member.
անդամակցիլ to join (as a member). to associate.
անդամակցութիւն association. membership.

անդամահատել to amputate. to dissect. to dismember.

անդամահատութիւն dissection. amputation. dismemberment.

անդաչափ land surveyor.

անդառնալի irrevocable.

անդաստակ lobby, vestibule. portico.

անդաստան piece of land. field.

անդարձ irrevocable, unconverted.

անդարման cureless, remediless. —ելի irremediable, irreparable. —ելիօրէն irreparably.

անդեղեայ antidote.

անդէորդ cowherd, drover.

անդէպ inconvenient, inopportune.

անդիմադրելի irresistible, resistless. mighty, overwhelming.

անդնդասոյզ submerged, drowned. — ընել to engulf, swallow up, to submerge, to drown.

անդորր quiet, calm, peaceful. —ութիւն tranquillity, calmness, quiet, peace.

անդուլ unceasing, continual. unceasingly, assiduously.

անդունդք abyss, hell. precipice.

անդր there. away. towards. օն — go to, go on, go away.

անդրադառնալ to reflect. to reverberate.

անդրադարձ reflection. answer, response. —բայ reflexive verb. —ել to respond, to rejoin. to retort. —ութիւն reflexion, reflection. reverberation. —ցնել to reflect. to send back. —ցող reflector.

անդրադլանտեան transatlantic.

անդրալպեան transalpine.

անդրանիկ first-born.

անդրավարտիք drawers, pants, breeches.

անդրդուելի unperturbed, inexcitable, unmoved, steady.

անդրժելի inviolable, inviolate.

անդրի statue. —ագործ sculptor, statuary.

անեզր boundless, unlimited, infinite, endless.

անել (անելի) inextricable, a deadlock.— փողոց a blind alley.

անեղ not created.

անեղծ incorruptible, eternal. imperishable. —ութիւն incorruption, imperishableness.

անեռանդ indevout.

աներ father-in-law.

աներանգ colourless, hueless.

աներասան(ակ) curbless, unchecked, unrestrained.

աներես forward, shameless, brazen. insolent, saucy. —ութիւն effrontery, audacity.

աներեւակայելի unimaginable.

աներեւելի obscure, dark.
աներեւոյթ invisible.
աներեւութանալ to vanish, to disappear.
աներկբայ(ելի) sure, certain. indubitable.
աներկիւղ dauntless, fearless, intrepid, daring. boldly. —ութիւն boldness, daring, dauntlessness, intrepidity.
աներձագ, աներորդի brother-in-law.
անեփ not cooked sufficiently, underdone.
անզարդ unadorned, simple, plain. without ornament.
անզգալաբար invisibly, imperceptibly. gradually, by degrees.
անզգալի imperceptible, unfelt.
անզգամ fool. insensible. insensitive. wicked. անզգամութիւն wickedness. insensibility. felony.
անզգայ apathetic, frigid. indifferent, unconcerned. —անալ to become unfeeling, apathetic.
անզգայացուցիչ (դեղ) anaesthetic.
անզգայութիւն apathy. anaesthesia.
անզգոյշ inadvertent, unmindful, careless, indiscreet.
անզգուշութիւն improvidence, carelessness, indiscretion.
անզեղջ impenitent, unrepentant. seared, remorseless. —ութիւն impenitence.
անզոյգ un-even, odd.
անզուգական unique, singular. incomparable, peerless.
անզուսպ uncontrolled, curbless.
անզսպելի see անզուսպ.
անզրաւ infinite, interminable. unending.
անզօր impotent, infirm, feeble. inefficacious. —ութիւն impotence, powerlessness. debility.
անէծք curse, malediction.
անէութիւն nonexistence. nullity. nothingness.
անըմբռնելի imperceptible. unintelligible. unseizable. inscrutable, incomprehensible.
անըմպելի not drinkable, not potable.
անընդհատ continual, uninterrupted, successive. continually.
անընդունակ inapt, incapable. —ութիւն inaptitude, unaptness.
անընդունելի inadmissible.
անընթեռնելի illegible, undecipherable.
անընկերական unsociable.
անընկղմելի unsinkable, not submergible.
անընտանի unaccustomed. untamed. strange.
անընտել, անընդել untamed, unaccustomed.
անընտրելի ineligible.
անընտրող indiscreet. —աբար indiscreetly. —ութիւն indiscretion.
անըսգիտ irreprovable.
անթաղ unburied.
անթառամ unfading.

(ծաղիկ) amaranth. cock'scomb.

անթացուպ crutch.

անթափանց impervious, impermeable. —իկ opaque.

անթեմ (ծաղիկ) camomile.

անթերի complete, perfect, impeccable.

անթեւ wingless.

անթիւ numberless, countless. innumerable.

անթլփատ uncircumcised.

անթողելի, անթողլի unpardonable, irremissible.

անժամ (տարաժամ) inopportune. untimely, ill-timed.

անժխտելի undeniable. irrefutable.

անժողովրդական unpopular.

անժուժկալ intemperate, incontinent. —ութիւն intemperance, excess, incontinence.

անժուժութիւն impatience.

անժպիտ unsmiling, serious.

անիծ nit.

անիծ(ած)(եալ) accursed,

անիծեա՜լ plague! dence! cursed, unblest.

անիմանալի unintelligible, incomprehensible.

անիմաստ meaningless, witless. senseless. nonsensical.

անիմաց unintelligible, inconceivable.

անինքնագէտ unconscious.

անիշխանական anarchist. anarchical.

անիշխանութիւն anarchy, reign of violence. disorder. interregnum.

անիսոն anise-seed, anise.

անիսօղի anisette.

անիրաւ unjust, wrong. —տեղը unjustly, wrongfully. —աբար unfairly, wrongfully. —ութիւն wrong, injustice, iniquity.

անիւ wheel.

անլծակից single, bachelor.

անլոյծ undissolved. unsolved.

անլոյս somber, destitute of light.

անլուծանելի insoluble, indissoluble.

անլուծելի insolvable.

անլուր unheard of.

անխաբ undeceived, sure. undeceivable.

անխախտ(ական)(ելի) immovable, unshaken, steady.

անխաղաղ agitated, restless, unquiet.

անխաղաղասէր turbulent, stirring, restless.

անխառն unmixed, pure. plain, distinct.

անխարդախ pure, unadulterated, not falsified.

անխափան freely. unhampered, unobstructed.

անխելք brainless, unintelligent, ungifted. thick-skulled, mindless. —աբար foolishly, imprudently. —ութիւն imbecility, want of intelligence (or intellect). folly.

անխզելի indissoluble, not to be severed.
անխիղճ pitiless, conscienceless, ruthless, cruel.
անխլիրտ quiet, still.
անխղճաբար. անխղճօրէն spitefully, coldbloodedly, cruelly.
անխղճութիւն hardness of heart, cruelty, inhumanity.
անխմոր unleavened. —հաց unleavened bread.
անխնամ neglected, uncared for, abandoned.
անխնայ cruelly, ruthlessly, without sparing.
անխոհեմ imprudent, indiscreet, injudicious, heedless. —աբար imprudently, heedlessly. —ութիւն imprudence, heedlessness, indiscretion.
անխոնջ unwearied, indefatigable. —աբար indefatigably. —ութիւն tenacity, endurance.
անխորհուրդ indiscreet, imprudent.
անխորհրդաբար inconsiderately.
անխորհրդութիւն indiscretion.
անխոցելի invulnerable.
անխուսափելի inevitable, unavoidable.
անխռով tranquil, imperturbable, unexcited, unmoved. —աբար calmly. tranquilly. —ութիւն tranquillity.
անխտիր, անխտրաբար indiscriminate(ly).

անխօս dumb, speechless, mute. —ութիւն dumbness.
անծածկոյթ coverless. uncovered.
անծայր endless.
անծանօթ stranger. unknown.
անծեղ magpie (թռչուն).
անծին, անծնունդ incapable of begetting, sterile.
անկ adapted to, fit, proper. առ որ — է to whom it may concern. անկ է it is befitting.
անկազմ not ready, not bound (for books).
անկախ independent. —աբար independently. անկախութիւն independence.
անկած prey. anything bought at a very low price.
անկահ unfurnished.
անկայ (ակայն), անկայուն insteady. fickle, unstable.
անկայութիւն inconstancy.
անկան mortar. (թրք. հաւան).
անկանիլ (իյնալ) to fall, drop.
անկանոն irregular. —ական apocryphal. —ական գիրքեր apocrypha. —ութիւն irregularity.
անկաշառ(ելի) that cannot be bribed, honest, upright.
անկապակից incoherent.
անկառավարելի ungovernable.
անկասելի dauntless, resolute.

անկասկած sure, doubtless.
անկատար incomplete, imperfect. —ութիւն imperfection. incompleteness.
անկար impotent, infirm. unsewn. —ութիւն infirmity.
անկարգ unruly, disorderly. —ութիւն disturbance, disorder.
անկարելի impossible. անկարելիութիւն impossibility.
անկարեկիր. անկարեկից unsympathizing, unmerciful.
անկարեւոր unimportant, petty, insignificant, trivial.
անկարծելի unexpected, unforeseen, unlooked for.
անկարող unable, incapable, impotent. —ութիւն inability, incapability, impotency.
անկելանոց alms - house. poor house, asylum.
անկեղծ sincere, artless. honest. open, frank, ingenuous. —աբար, —օրէն sincerely, ingenuously. —ութիւն sincerity, frankness, honesty.
անկենդան inanimate, lifeless.
անկերպարան shapeless, unformed. unshapely, amorphous.
անկէզ, անկիզելի incombustible, fireproof. asbestic. unflammable.
անկին without a wife.
անկիչ weaver.
անկիրթ impolite, ill-bred, uncivil. vulgar. unladylike.
անկիւն angle. turning. corner. —ագիծ diagonal. —ային angular. —աչափ goniometer. —աւոր angular. —աքար corner stone.
անկշիռ unweighed. inestimable. incomparable.
անկոթ sessile (flower, leaves). without handle.
անկոխ untrodden. solitary. unfrequented.
անկողին bedding, bed.
անկողմնակալ unbiased, impartial, fair, equitable. —ութիւն impartiality, fairness.
անկողնակալ see մահճակալ.
անկոտրելի inflexible.
անկորուստ, անկորստական imperishable.
անկուած textile, tissue, fabric. —ոյ woven.
անկում fall, decline. delapidation.
անկոփ unhewn.
անկրթութիւն impoliteness, rudeness, vulgarity.
անկրօն irreligious. unbeliever. —ութիւն irreligion, impiety.
անհալ infusible. undigested. —ութիւն infusibility, indigestibility.
անհակառակելի indisputable, incontestable.
անհաղորդ unconnected. —ական uncommunica-

tive, reticent, reserved.
անհաճոյ disagreeable, distasteful, unpleasing, displeasing.
անհամ tasteless, insipid. unflavoured. savorless. —ութիւն tastelessness, insipidity.
անհամաձայն discordant. ill-adapted. —ութիւն discord, dissent, disagreement.
անհամանալ, անհամնալ to become insipid, tasteless, savorless.
անհամաչափ incommensurate. —ութիւն incommensurateness.
անհամար innumerable, countless, numberless.
անհամբեր impatient, intolerant, irritable. —աբար impatiently. —ութիւն impatience, irritability.
անհամբոյր unsociable, unsocial.
անհամեմատ incomparable. disproportionate. —աբար disproportionately.
անհամեստ indecent, immodest. —աբար immodestly. —ութիւն immodesty.
անհանգիստ uneasy, anxious, disturbed, ill at ease.
անհանգստութիւն anxiety, uneasiness, discomfort, inquietude.
անհանդարտ agitated, active. excited, stirring. turbulent. —ութիւն agitation, stir, excitement, turbulence.
անհանդուրժ(ական)(ելի) intolerable, unbearable, insupportable.
անհանճար blockhead, unintelligent. senseless. —աբար absurdly, unintelligently.
անհաշտ(ական), —ելի irreconcilable, implacable. —ութիւն implacability. inclemency.
անհաս unfathomable, inscrutable, unintelligible. inaccessible. —ական, —անելի unattainable. inconceivable.
անհասկնալի unintelligible, incomprehensible.
անհաստատ inconstant, unstable, unsettled, versatile. —ութիւն versatility. inconsistancy, capriciousness.
անհատ individual. —աբար individually. —ական individual, personal. —ականութիւն individuality, personality. —ականացնել to individualize.
անհատնում inexhaustible.
անհատոյց (անգին) unpaid. **անհատուցում** invaluable.
անհարազատ spurious, unauthentic. illegitimate, unlawful. —ութիւն spuriousness, unauthenticity. unlawfulness.
անհարթ rough, uneven, unequal. —ութիւն unevenness, unequality, roughness.
անհարկ taxless. exempted

from taxes. —ի unnecessary.
անհաց breadless. needy. distressed, destitute.
անհաւանական unlikely, improbable. —ութիւն unlikelihood, improbability. —աբար, —օրէն improbably.
անհաւանութիւն indocility, unwillingness, untractableness.
անհաւասար disproportionate, unequal. —ապէս disproportionately, unequally. evenly. —ութիւն disproportion, inequality, disparity. incongruity, dissimilarity.
անհաւաստի unreliable, inexact. questionable, uncertain.
անհաւատ infidel, irreligious, impious. —ատալի incredible, unbelievable. —ութիւն infidelity, unbelief. irreligion.
անհաւատարիմ disloyal, unfaithful.
անհաւատարմաբար disloyally, unfaithfully.
անհաւատարմութիւն disloyally, unfaithfulness.
անհե(դեդ)(թեթ) absurd, monstrous, fantastical, whimsical. strange, odd. extravagant. clumsy. անհեթեթութիւն monstrosity, enormity, anomaly. absurdity.
անհետ trackless, without trace, vanished. — ըլլալ, —անալ to vanish, to disappear. —ացնել to cause to vanish. —ացում disappearance, vanishing.
անհետաքրքիր incurious, indifferent, uninquisitive.
անհետեւութիւն inconsequence, inconsistency.
անհերքելի irrefutable, indisputable.
անհիմն unfounded, without foundation.
անհմուտ inexpert, uninstructed, ill-qualified, incompetent.
անհմտութիւն incapacity, ignorance.
անհնազանդ insubordinate, disobedient. —ութիւն insubordination, disobedience.
անհնար(աւոր) impossible.
անհնարաւորութիւն impossibility.
անհնարին impractical, impracticable, unimaginable.
անհոգ careless, negligent, indolent. listless. —աբար carelessly, negligently. —անալ to become negligent. to disregard. —ութիւն carelessness, negligence. disregard.
անհոգի inanimate. spiritless.
անհոլով(ական) indeclinable.
անհովիւ shepherdless.
անհոտ scentless, inodorous.
անհուն endless, immense, infinite. ութիւն immensity infinity

պէս, —օրէն immensely, infinitely. endlessly.

անհրաժեշտ indispensable, crying, needful, necessary.

անհրաման without permission.

անհրաւէր without invitation, uninvited.

անձ, անձն (pl. անձեր, անձինք) person. individual, soul, man —նական personal.

անձայն noiseless. voiceless. aphonous, aphonic.

անձաւ cavern, cave, den. —ամուտ cave dweller. —անման cavelike.

անձեռն with no hand, handless.

անձեռնհաս incompetent, incapable.

անձեռնմխելի inviolable, not encroachable.

անձեռոց towel. napkin.

անձեւ shapeless, amorphous.

անձկալ, անձկանալ to wish for, to long for.

անձկալի desirable, lovely.

անձկացող desirous, anxious.

անձկութիւն strait, anxiety. mess, rub.

անձն see անձ.

անձնագով boastful, braggart, swaggering. —ութիւն boast, bragging. vaunt, bluff.

անձնագոհ self-sacrificing, self-denying, altruistic.

անձնախնդիր self-seeking, selfish, egotist.

անձնակամ self-willed. willful, wayward, headstrong.

անձնականութիւն personality.

անձնահան complacent. vain. self-satisfied, arrogant.

անձնամահ see անձնասպան.

անձնանուէր, անձնուէր devoted.

անձնապահ ըլլալ to beware. to refrain from. to guard oneself.

անձնապարծ see անձնագով, —ութիւն, անձնագովութիւն.

անձնապէս, անձամբ personnally, as a person, in one's person.

անձնասէր selfish, self-seeking. egotist, self-loving.

անձնասիրական egotistic(al), selfish.

անձնասիրութիւն self-love, self-worship. egotism. self-seeking.

անձնասպան one who commits suicide, self-murderer. —ութիւն suicide, self-murder.

անձնատուր addicted, given oneself up. surrendered. devoted, dedicated. —ըլլալ to give oneself up, to surrender. to succumb to. to be addicted to.

անձնատուութիւն addiction. surrender.

անձնաւորել personify. to impersonate.

անձնաւորութիւն personality.

անձնաւորում personification.

անձնիշխան free. independent.

անձնիւր every, each.

անձնուրացութիւն self-denial, self-abnegation. devotion.

անձնտէր independent.

անձուկ (նեղ) narrow, tight, close.

անձուկ (փափաք) wish, desire.

անձրեւ rain, rainfall. —աբեր rainy, laden with rain, bringing rain. —ային rainy, pluvial. —աչափ rain-gauge. —ջուր, —աջուր rain water. —ել to rain. —ոտ rainy, pluvious.

անճահ improper, unfit.

անճանաչելի unrecognizable.

անճաշակ insipid, tasteless. boorish.

անճառ inexpressible. unutterable. ineffable. wonderful. —ական unspeakable. —ելի inexpressible. —ութիւն ineffability.

անճար needy, destitute. —ակ weak, clumsy, stupid, awkward. maladroit. —անալ to be discouraged. to despair, give way.

անճարպ meagre, lean, fatless.

անճնշական incompressible. —ութիւն incompressibility.

անճողոպրելի inevitable. unavoidable. — կերպով unavoidably.

անճոռնի monstrous. անճոռնութիւն monstrosity.

անմազ hairless, without nap or down.

անմահ immortal. —ական immortal. —անալ to become immortalized. —ացնել to immortalize. —ութիւն immortality.

անմայր motherless.

անմաշ(ելի) that cannot be worn out.

անմասն exempted. foreign. unknown.

անմատոյց, անմատչելի unapproachable. untractable.

անմարդաբար brutally, inhumanly.

անմարդաբնակ uninhabited. waste.

անմարդանալ to become depopulated.

անմարդացնել to depopulate.

անմարմին, անմարմնական incorporeal.

անմարս(ելի) indigestible. undigested. —ողութիւն indigestion.

անմարտ(ական) impregnable. inexpugnable.

անմաքուր unclean, impure. slovenly, squalid. filthy.

անմաքրութիւն dirt, impurity, uncleanness. soil. filth, smut.

անմեկնելի inexplicable, indecipherable. inseparable.

անմեղ inoffensive, sinless, innocent. —աբար innocently. blamelessly.
անմեղադրելի unblamable, unimpeachable, irreproachable.
անմեղկելի constant.
անմեղկութիւն constancy.
անմեռ immortal.
անմեռուկ (փրփրեմ) purslane. (ծաղիկ) everlasting.
անմերժելի unexceptionable, unobjectionable.
անմերձենալի unapproachable.
անմիաբան miss-matched. inharmonious. discordant. disagreeing. —ութիւն discord, disagreement. dissidence.
անմիջական immediate.
անմիջապէս immediately, directly.
անմիջնորդ without a mediator.
անմիս without meat or flesh.
անմիտ mindless, brainless. idiot, simpleton, stupid.
անմխիթար disconsolate. inconsolable.
անմշակ uncultivated. fallow. —ելի untillable, not arable. not plowable.
անմոլար, անմոլոր unerring, infallible.
անմոռանալի, անմոռաց unforgotten, unforgettable.
անմոռուկ (ծաղիկ) forget-me-not.
անմորու(ս). անմօրու beardless.
անմռունչ silently.
անմտաբար foolishly, stupidly.
անմտադիր unmindful, inattentive.
անմտութիւն foolishness, silliness.
անյագ voracious, insatiable. —աբար insatiably. —ութիւն voracity, gluttony.
անյաղթ invincible, unconquerable.
անյայտ indistinct, uncertain, indeterminate. —անալ vanish. to disappear.
անյանգ without rhyme.
անյանց(աւոր) guiltless, innocent.
անյապաղ directly, without delay.
անյաջող unsuccessful, abortive. unavailing. foiled. ruined. —ակ unskilful, awkward. —ակութիւն unskilfulness, awkwardness. անյաջողութիւն failure, frustration, unsuccess.
անյատակ abysmal, bottomless.
անյարդար incorrect. unprepared.
անյարիր inconsistent.
անյարմար improper, unfit. incapable. —ութիւն discordance. disqualification. unsuitableness.
անյեղ(լի) immutable. permanent, constant.
անյիշաչար forgiver. —ութիւն pardon, forgiveness.

անյիշատակ immemorial.

անյիշողութիւն, անյիշութիւն oblivion, forgetfulness. amnesty.

անյողդողդ staunch, firm. resolute, immovable.

անյոյս desperate, hopeless, forlorn, undone.

անյուսանալ to despair, to be disheartened, to become hopeless.

անյուսութիւն despair. hopelessness. desperation.

անյօդ simple. inarticulate.

անյօժար unwilling. —աբար unwillingly. —ութիւն unwillingness.

աննախանձ unenvying. not envious.

աննահանջ without retreating, without falling back.

աննաւարկելի unnavigable.

աննենգ candid, guileless, open, sincere, candidly, sincerely. —ութիւն sincerity, frankness. artlessness.

աններելի unpardonable, irremissible.

աններող unforgiving. intolerant. —ութիւն intolerance.

աննեցուկ without support. without prop. unsupported, helpless.

աննիշ (սահմանագծերծ) unlimited. indeterminate.

աննիւթ (ական) spiritual, incorporeal. immaterial.

աննկարագրելի indescribable.

աննկուն invincible, indomitable.

աննման unlike, matchless, unequalled, peerless. dissimilar. —ելի inimitable. —ելիութիւն dissimilitude, dissimilarity.

աննշան trifle. nameless, unknown, insignificant.

աննշմարելի imperceptible. unseen, invisible.

աննշոյլ dark, somber, gloomy.

աննորոգելի irreparable, unchangeable.

աննուաճ (ելի) indomitable, invincible. untamable.

աննպաստ unpropitious, unfavourable.

անշահ useless, profitless. unprofitable. —ախնդիր, —ասէր unselfish, disinterested. —ութիւն inutility, uselessness.

անշարժ immovable, immobile, motionless. անշարժութիւն immobility. —(ական), — (ստացուածք) - real (estate).

անշէն uninhabited, waste.

անշէջ unextinguishable.

անշիջ (ական) (անելի) unquenchable.

անշնորհ graceless, disgraceful. unlovely, uncomely. —ակալ unthankful. ungrateful. —ակալութիւն ingratitude.

անշնորհելի can not be granted.

անշնորհութիւն disgrace.

անշնչական (անշնչաւոր) lifeless, inanimate.
անշնչանալ to be asphyxiated.
անշնչացած(եալ) suffocated, asphyxiated.
անշնչութիւն suffocation, asphyxia.
անշշուկ, անշշունչ noiseless, without buzzing.
անշունչ breathless. inanimate.
անշուշտ sure, of course. certainly, doubtless, undoubtedly.
անշուք inglorious, obscure. mean. paltry.
անշրջելի that cannot be upset or inverted.
անշփոթ(ելի) undisturbed, unruffled, unconfused.
անշքանալ to become inglorious. to lose one's radiency or beauty or richness. to fade, tarnish.
անշքութիւն obscurity.
անշօշափելի intangible, impalpable.
անոգի breathless, spiritless.
անոխակալ not vengeful, placable. —ութիւն placability.
անողորկ rough, uneven.
անողորմ pitiless, merciless, cruel. —աբար mercilessly, cruelly. —ութիւն inhumanity, cruelty.
անողոք(ելի) inexorable, implacable. inflexible. —աբար inexorably, implacably.
անոյժ powerless, weak. feeble, invalid.
անոյշ (անուշ) sweet. soft. easy. fragrant. agreeable. pleasant.
անոյշնալ (անուշնալ) to become sweet, pleasant, agreeable.
անոյշցնել (անուշցնել) to sweeten. to soften. to mitigate. allay.
անոպայ boorish, clumsy. ill-bred.
անոսկր boneless.
անոտն footless, apodal.
անոր his, her, its, to him, to her, to it.
անորդի childless.
անորոշ undefined, undecided, indistinct, indefinite. —աբար, —ակի indistinctly, indefinitely. —ելի indeterminable. undecided. —ութիւն indecision, suspense.
անուածաղիկ passion flower.
անուակալ brake.
անուահետ rut, old track.
անուան(կոչ)դիր nomenclator.
անուանական nominal.
անուանակարգութիւն nomenclature.
անուանակից homonymous.
անուանակոչութիւն nomenclature.
անուանապէս nominally.
անուանարկ infamous, defamed. —ել to defame. to vilify, to slander. —իչ defamatory. vilifying, slanderer. —ու–

թիւն defamation, vilification, libelling.

անուանեալ named, said, called. nominee.

անուանել to name, to call. to nominate. —ի to be named, to be nominated.

անուանի celebrated, renowned, noted. famous.

անուանող nominator.

անուանում nomination.

անուաւոր wheeled.

անութ armpit.

անուղիղ false. unfair.

անուղղակի indirectly.

անուղղայ, անուղղելի incorrigible. hardened, obdurate.

անուղղութիւն dishonesty. treachery.

անուն name. noun. Christian name. renown. fame, reputation.

անուշաբոյր fragrant, sweet-scented.

անուշադիր distracted, careless.

անուշադր salammoniac. —ակ ammonia.

անուշադրութիւն absence of mind, distraction, inattention.

անուշակ see անուշիկ.

անուշահամ savoury, delicious.

անուշահոտ odoriferous, fragrant. —ել to perfume, to scent, to embalm. —ութիւն perfume, scent. —իլ to use perfume.

անուշարար (ծաղարար) confectioner. ծաղարան confectionery.

անուշեղէն sweetmeat.

անուշիկ (անուշակ) sweetish.

անուշութիւն sweetness.

անուոր capstan, windlass.

անուս(ում) unread, unschooled, ignorant, unlearned. —ութիւն ignorance.

անուտելի uneatable.

անուր ring (of flash) round the neck of certain animals. necklace.

անուրանալի undeniable.

անուրջ(ք) dreams.

անօք lonely, abandoned. friendless.

անչարչար(ելի) impassible, incapable of suffering injury.

անչափ(ելի) measureless, immeasurable. excessive, exorbitant. —ութիւն immensity. excess.

անչափահաս minor, underage, in one's teens, green. —ութիւն minority, teens, tenderage.

անչափապէս immensely, immeasurably.

անչափաւոր intemperate, immoderate. —ութիւն immoderation, intemperance.

անսպառ(ելի) inexhaustible. perpetual. continually. perpetually.

անպաճոյճ modest, simple. unornamented.

անպայման unconditional(ly).

անպայմար(ելի) incontestable, indisputable.

անպաշար without provision or equipment.

անպաշարելի that cannot be blockaded or besieged.

անպատահար uneventful, with no incident.

անպաշտպան defenseless, undefended. —ելի indefensible.

անպաշտօն unofficial. without employment, situation or office.

անպատասխան(ելի) unanswered, unanswerable. incontestable.

անպատասխանատու irresponsible.

անպատեհ inopportune, out of season. unseemly, improper. unbecoming. untimely. —ութիւն inopportuneness, unseemliness, impropriety. inconvenience.

անպատիժ with impunity, unpunished. — մնալ to go scot-free.

անպատիւ dishonoured, in bad repute. inglorious. vile, foul.

անպատկառ impudent, irreverent, disrespectful. —ութիւն disrespect, irreverence.

անպատճառ causeless, without motive. without fail. absolutely.

անպատմելի see անպատում.

անպատշաճ unbecoming, improper, unseemly, indecent. —ակման improper, unsuitable. —ութիւն impropriety, unseemliness, inconvenience. indecency.

անպատուաբար dishonourably.

անպատուել to disgrace, to dishonour. bring shame, discredit to.

անպատում unspeakable. indefinable, ineffable.

անպատուութիւն discredit, dishonour, disgrace.

անպատսպար unsheltered.

անպատրաստ unready. յ—ից extemporary, impromptu. extempore.

անպատրուակ bare, uncovered.

անպարկեշտ immodest, indecent. impudent. scamp. —ութիւն immodesty, lewdness.

անպարսաւ(ելի) irreproachable, irreprovable.

անպարտ guiltless. innocent. —ութիւն innocency.

անպարտելի unconquerable, invincible, that cannot be overcome.

անպէտ useless, unprofitable unnecessary. յանպէտս in vain, needlessly.

անպիտան naughty. worthless. ill-natured. —անալ to become worthless, to fall to tatters, to decay. —ացնել to damage, to spoil. to make worthless. —ութիւն uselessness. inutility.

անպղտոր clear, limpid.
անպսակ uncrowned.
անպտղաբեր unfruitful, sterile.
անպտղութիւն unfruitfulness, sterility. unproductiveness.
անպտուղ unfruitful. infecund. sterile.
անջան easy, facile, without labour.
անջատ detached, uncombined. —աբար separately. apart. —եալ detached, isolated, disconnected. —ել to detach, to separate, to sever. to cut off. —ուիլ (զատուիլ) to be detached, to become loosened, to come off. —ում separation. divorce. disjunction.
անջինջ, անջնջ(ական)(ելի) ineffaceable, indelible.
անջուր waterless.
անջրդի arid, dry. — երկիր arid land.
անջրպետ space. interval, interstice. —ել to space (in printing). —ութիւն spacing. passage. interval, interspace.
անսալ to obey. to hear. to listen.
անսահման infinite. indefinite. unlimited, boundless. —ական illimitable. —ելի indefinable. —ութիւն infinity.
անսանձ unbridled, curbless.
անսասան firm, steady, immovable.
անսաստ indocile, indomitable. —ել to disobey, to infringe. —ող refractory. —ութիւն indocility, infraction, violation.
անսերմ seedless. sterile.
անսէր loveless. without affection.
անսիրտ heartless, merciless.
անսխալ faultless, correct. —ական infallible. —ութիւն infallib(ility)leness.
անսկիզբն having no beginning. — եւ անվախճան (without end). eternal (God.)
անսովոր queer, strange. unused. unusual. —ական unusual, extraordinary. —ութիւն strangeness, oddness.
անսուաղ hungry. starving. —ութիւն fast. abstinence. starvation.
անսուրբ impure, unholy, unclean. profane.
անսպառ(ելի)(ական) inexhaustible. indefectible. —ութիւն inexhaustibility.
անստացուածք proletary. proletarian.
անստգիւտ irreproachable. irreprovable.
անստեղծ uncreated. not made.
անստին (անծիծ) having no breast, teat, udder or dug.
անստոյգ uncertain. sham, false. apocryphal. inexact.

անստուգութիւն uncertainty, incertitude.
անստուեր unshaded. shadeless.
անսուտ true, trustworthy.
անստութիւն truth, veracity.
անսրբութիւն unholiness, impurity.
անվախ fearless, intrepid, undaunted. —աբար fearlessly, boldly, intrepidly. —ութիւն courage, daring.
անվախճան infinite, endless. eternal.
անվաճառելի unsalable.
անվայել indecent, unseemly, unbecoming. — կերպով indecently, unseemly. —ուչ indecent. ungraceful, uncomely. —չութիւն disgrace, indecency, unseemliness.
անվաստակ tireless, indefatigable. idle. unproductive.
անվարժ unused to. fresh. untamed, unaccustomed. unpractised.
անվարձ unpaid, without hire or recompense.
անվաւեր unauthentic, invalid. —ականութիւն invalidity, illegitimacy. —ացում invalidation, illegitimacy.
անվեհեր fearless, dauntless. —ութիւն fearlessness, courage, daring, valour.
անվերած(ելի)(ական) irreducible.
անվթար safe and sound. indemnified.
անվիճ(ական) indisputable. —(ելի) unquestionable.
անվիրաւորելի invulnerable.
անվկայ without witness.
անվկանդ unassailable.
անվճար unpaid. —ելի unpayable. unpaid.
անվնաս harmless. innocent. inoffensive. without damage or injury, hurt or loss.
անվնասակար not injurious, incapable of harming.
անվշտակից unsympathizing, pitiless. unkind.
անվստահ distrustful. —ութիւն distrust.
անվտանգ safe, safe and sound. safely.
անվրդով undisturbed, unperturbable. placid, serene. composed, unperturbed.
անվրէպ exact, punctual. exactly, punctually.
անվրիպելի unfailing. infallible.
անտագնապ without torment (anguish, anxiety, pain, agitation).
անտանելի unbearable, intolerable, insupportable. disheartening.
անտաշ unhewn. impolite, uncultured, clumsy, ill-bred.
անտառ forest, wood. grove. —աբնակ forester, backwoodsman. —ախիտ woody, wooded, copsy. —ակ, —իկ

grove, copse. —ական of groves, woody, copsy, sylvan. —ապահ forester, forest keeper. —տնտեսութիւն forestry, arboriculture. —ոտ see անտառախիտ.
անտարակոյս doubtless. undoubtedly, certainly.
անտարբեր insensitive, frigid, apethetic. unconcerned, indifferent. —ութիւն apathy. indifference. nonchalance. coolness.
անտեղեակ ignorant. unwitting, unaware.
անտեղի absurd, nonsensical. absurdly. irrationally. —տալի inflexible.
անտեղիութիւն nonsense. imbecility. absurdity.
անտես invisible, unperceived. unseen, blind. forlorn, abandoned. —անելի invisible. unperceptible. —ել. (անտես ընել) to neglect, to disregard. to forsake, to overlook.
անտերեւ leafless, aphyllous.
անտիական young. junior, underage. childish.
անտիպ unedited, unpublished.
անտիքրիստոս (նեռ) antichrist.
անտնօրինելի undisposable.
անտոհմ without descent.
անրակ clavicle, collar bone.
անց, անցք passage.
անցագիր passport.
անցական passing, transient, transitory.
անցաւ painless. impassible. —ութիւն painlessness.
անցաւոր transient, transitory, fleeting. —ութիւն transience. mortality.
անցեալ last. past, preceding, foregoing. — օր the other day. — տարի last year. yester-year.
անցընել ժամանակ to spend (pass) the time. to carry over, to transfer. ծարաւը — to slake the thirst. վրան — to put on. աչքէ — to look over. չափը — to overdo, to exaggerate. քամոցէ — to strain.
անցնիլ to pass, to pass on, to pass away, to die. to fade. to be gone. to elapse.
անցնող passing, transitory.
անցողաբար. —ակի in passing.
անցողական transitive. —բայ transitive verb.
անցողութիւն transition.
անցորդ passenger, voyager, traveller, wayfarer.
անփախուստ, անփախչելի unavoidable, inevitable.
անփայլ dull, tarnished.
անփառ(ունակ) inglorious. unhonoured, obscure. —ութիւն ingloriousness, ignominy.
անփետուր featherless, callow.

անփոյթ negligent, careless, heedless.

անփութութիւն neglect. negligence. improvidence.

անփորձ inexperienced, unexercised, fresh, inexpert. —ութիւն inexperience.

անփուտ, անփտելի imputrescible, not liable to rot.

անփոփոխ(ելի), —ական invariable. immutable. unchangeable, unchanging, constant. unalterable. անփոփոխ(ում) —ութիւն immutability.

անքակ(տելի) that cannot be untied. indissoluble, inseparable.

անքաղաքասէր unpatriotic.

անքաղաքավար uncivil, ill-mannered, impolite, discurteous. —ութեամբ rudely. uncivilly. impolitely. —ութիւն impoliteness, incivility.

անքաւ(ելի) inexpiable.

անքնին, անքննելի unfathomable, unscrutable.

անքուն sleepless. անքնութիւն sleeplessness.

անօգնական helpless, without a helper.

անօգուտ needless, vain. useless, unprofitable.

անօգտութիւն uselessness, inutility.

անօթ vase, vessel, pot, urn. —ական vascular.

անօթի hungry. starved.

անօթենալ to be hungry, to become hungered.

անօթութիւն hunger.

անօսր light, rare, thin, less. —անալ to be rarefied. to rarefy.

անօսրաչափ areometer.

անօսրացում rarefaction.

անօսրաց(նող)(ուցիչ) rarefying.

անօտարանալի inalienable.

անօրէն lawless. criminal, illegal. hector, bully. —ութիւն iniquity. unrighteousness.

աշակերտ pupil, student, scholar. learner, disciple. apprentice. —ակից schoolmate. —ել to teach, to instruct. —իլ to be a learner or a pupil. to be an apprentice. —ութիւն scholarship. pupilage. apprenticeship. the student body.

աշարայ rye.

աշխատակից fellow labourer, associate, colleague, fellow worker.

աշխատանոց workshop.

աշխատանք work. labour. toil. business.

աշխատասէր industrious, laborious.

աշխատաւոր workman, labourer.

աշխատիլ to work. to labour. to toil, to slave. to try.

աշխատցնել to work, to cause to work. to employ, to use as agent or servant.

աշխատցնող employer.

աշխատութիւն labour.

work, business. ծանր — toil, drudgery.

աշխարել to lament, to deplore. —ելի deplorable.

աշխարհ world, the globe. universe. —ային worldly. mundane.

աշխարհաբար modern. vulgar. common. vulgarly.

աշխարհաբնակ native.

աշխարհագէտ explorer.

աշխարհագիտութիւն exploration.

աշխարհագիր geographer.

աշխարհագիր numbering, census. — ընել to take the census.

աշխարհագունդ globe.

աշխարհագրական geographical.

աշխարհագրութիւն geography.

աշխարհախօսութիւն cosmology.

աշխարհածանօթ renowned, famous.

աշխարհածնութիւն cosmogony.

աշխարհակալ conqueror. —ութիւն conquest, victory.

աշխարհական layman, secular. worldling, mundane. —ացնել to secularize.

աշխարհասէր worldling, worldly.

աշխարհասիրութիւն worldliness.

աշխարհացոյց, — տախտակ map.

աշխարհաքաղաքացի citizen of the world, cosmopolitan.

աշխարհիկ vulgar. secular. modern.

աշխարում lamentation, plaint. groaning.

աշխէտ sorrel, chestnut. — ձի chestnut horse.

աշխոյժ alive, lively, vivacious. joyous. brisk. ardent.

աշխուժութիւն vivacity, vim, ardour.

աշկերտ see աշակերտ apprentice.

աշնանային, աշնան autumnal.

աշուն autumn. fall.

աշտանակ candlestick.

աշտարակ tower.

աչաբոյժ oculist.

աչազուրկ blind, sightless.

աչալուրջ awake. wary. circumspect. serious.

աչալրջութիւն seriousness. circumspection.

աչապահ screen for the eye. eye flap. — ձիու blinker (of a horse).

աչառութիւն partiality, favour, favouritism.

աչխուփ, աչխփիկ, աչկապուկ blind-man's-buff.

աչք eye, sight. — տնկել to fix the eyes upon. to desire with avidity. —երը բանալ to open the eyes. to be aware. — գոցել to ignore, to wink at. —ը վրան ըլլալ to watch. —ը առնել to take the risk. —ը բաց clever, awake. —ը ծակ, ծակ — voracious.

insatiate. — կուշտ satiated.

ապա then, afterwards. next. therefore, accordingly. — թէ ոչ otherwise, if not, or else.

ապագայ future.

ապաթարց apostrophe.

ապակային vitreous.

ապականարար corrupting, infectious.

ապականացու corruptible. —թիւն corruptibility.

ապականել to taint. to pollute. to deflower, to defile. to corrupt, to infect. to adulterate. —ի corruptible.

ապականիլ to become tainted. to fester, to be perverted. become debased. to rot.

ապական(իչ)(ող) corrupter. spoiler. infectious, destructive.

ապականութիւն corruption. destruction. infection.

ապակապատ glazed.

ապակավաճառ see ապակեվաճառ.

ապակափեղկ glass window.

ապակեգործ glass maker. —արան glass factory.

ապակեվաճառ dealer in glassware.

ապակեդարան shop window.

ապակեղէն glassy, of glass. ապակեղէնք glassware.

ապակի glass. window pane.

ապահարզան divorce. —եալ divorced, divorcée. —ել to divorce.

ապահով safe. sure. secure. —ագին premium. —ագիր insurance policy. —ագրել to insure. —ագրող insurer, underwriter. —ագրութիւն insurance. —ապէս safely, assuredly. —ել to secure. to guarantee. to affirm. —ութիւն safety, security, assurance.

ապաշաւ repentance. regret. remorse. —ել to regret, to repent.

ապաշխարանոց penitentiary.

ապաշխարանք penance, penitence, act of self mortification.

ապաշխարել to repent. to do penance.

ապաշխարող penitent, repentant.

ապաշխարութիւն repentance.

ապաշնորհ ungrateful. unappreciative, depreciated.

ապառաժ rock. —ուտ rocky.

ապառիկ on credit.

ապառնի future. future tense.

ապաստան refuge, shelter, asylum. haven. retreat. —իլ to take refuge. shelter from.

ապարանջան bracelet. armlet.

ապարանք mansion, courthouse. palace.

ապարդիւն futile, fruitless, infertile.
ապարօշ turban, head-band. diadem.
ապացոյց evidence, proof. testimony. demonstration.
ապացուցանել to prove. to demonstrate.
ապացուցում demonstration.
ապաւէն protection, refuge. assistant. protector.
ապաւինիլ to trust, to depend upon. Աստուծոյ — to trust in God.
ապաքէն indeed, truly. in reality.
ապաքինիլ to heal, to cure. to recover, to recuperate. to heal up.
ապաքինութիւն recovery, healing, recuperation.
ապերախտ ungrateful, unthankful. —ութիւն ingratitude.
ապերասան, անսանձ unbridled, unruly.
ապերջանիկ unlucky, unhappy.
ապիկար weak, faint, deficient, infirm. —ութիւն feebleness, frailty.
ապիկեզօծութիւն applying of varnish. glazing.
ապիկել to glaze, to varnish.
ապիկի varnish, glaze.
ապիրատ iniquitous. miserable. —ութիւն iniquity, villainy.
ապշած, ապշահար stupefied, astonished, surprised.
ապշանք see ապշութիւն.
ապշեցնել to stupefy, to surprise.
ապշեցնող, ապշեցուցիչ surprising, stupefying.
ապշիլ to be astonished, to be surprised, to be stupefied.
ապշութիւն, ապշում astonishment, surprise, stupefaction.
ապուխտ salted and spiced beef.
ապուխտ, խոզենի ham. gammon of bacon.
ապուշ stupid, idiot. a silly fellow.
ապուր soup, porridge.
ապսպրանք order.
ապսպրել to request, to command. to order. to give an order. to confirm, to recommend.
ապստամբ insurgent, rebel. rebellious, mutinous. defiant. —իլ to rebel. to revolt. to rise, to riot. —ութիւն rebellion, mutiny, insurrection, revolt.
ապտակ slap (in the face). box (on the ear). buffet. —ել to slap, to box. —ուիլ to be slapped.
ապրայ tare.
ապրանք goods, merchandise, ware, commodity.
ապրեցնել to keep alive, to make live.
ապրիլ to live, to be alive.
Ապրիլ April.
ապրուստ living, subsistence. — ճարել to

make a living. to earn a living.

ապօրինաբար, ապօրինապէս, ապօրինի illegally, illicitly, unlawfully.

ապօրէն illicit, illegal, unlawful. —ութիւն illegality, unlawfulness.

աջ right. — ձեռք right hand. — կողմ right hand side, to the right.

աջակից assistant, helper, helpmate.

աջակողմ, աջ կողմ right hand side.

աջակցիլ to coalesce, to be coadjutor.

աջաձեռնեայ right-handed.

աջող, —ակ, —ակութիւն, see յաջող. —ակ, —ակութիւն.

առ to, to the. by. with, per. for.

առագաստ sail. curtain. veil. nuptial chamber. —ալիր in full sail. —անաւ sailing-ship, boat. —եալ provided with sails. disguised.

առած maxim, adage. sentence, axiom. —ախօս, —աւոր sententious.

առակ parable, proverb, fable. enigma. —ագիր fabulist. —ական proverbial. enigmatic. —ել to say parables. to blame.

առաձգական elastic, springy.

առաձգութիւն elasticity, spring, springiness.

առ այժմ for the time being. at present.

առանձին alone. individual. peculiar. private. intimate.

առանձնական personal. particular.

առանձնակից, մենակեաց hermit, recluse. solitary, isolated.

առանձնանալ to retire, seclude oneself. to shut oneself up.

առանձնաշնորհ(եալ) privileged. authorized. —ում, —ութիւն privilege, authorization, prerogative.

առանձնասենեակ private room.

առանձնարան, առանձնոց retreat, resort, private room.

առանձներգ, մեներգ solo.

առանձնութիւն seclusion, privacy, retirement, loneliness.

առանց without, save, except, excepting.

առանցք pivot. axle. axletree.

առաջ before, forward. in front of. ahead of. formerly, first, heretofore. ahead. քիչ մ'— a short while ago. ինձմէ — before me. ahead of me.

առաջադրել propound, propose, to put forward a suggestion.

առաջադրութիւն proposition. exposition.

առաջակողմեան anterior, frontal.

առաջապահ vanguard. the van.

առաջարկ motion. offer. proposal. —ել to propose. to offer. propound. to move. —ութիւն proposal. motion.

առաջաւոր first, foremost, chief. principal.

առաջի before, in the presence of. opposite. in front of. յ—կայ coming, to come, next. —ն first, anterior. primitive. principal. firstly. in the first place.

առաջնակարգ first-rate, first-class. unequalled.

առաջնորդ leader. guide. conductor. premier. prelate. —ել to lead, to guide. to conduct, to direct. —ութիւն leadership. leading. guidance. prelacy.

առաջնութիւն supremacy, superiority, primacy, pre-eminence.

առասպել (արանութիւն) fable. fiction. myth, moonshine. —ական, —այօդ fictitious, fabulous.

առաստակ samovar, tea-urn.

առաստաղ (ձեղուն) ceiling.

առատ plentiful, abundant. —աբար, —ապէս abundantly. —աբեր fruitful. teeming. —աձեռն generous, liberal, munificient, open-handed. —աձեռնութիւն liberality, generosity. open (or large) heart, open (or free) hand. munificence. —ութիւն plenty, abundance, copiousness.

առարկայ object. subject. —ատես ապակի object-lens. —ական objective. —ապէս objectively.

առարկել to object to. frown upon, disapprove. —ի objectionable, improper. unlawful, immoral.

առարկութիւն criticism, objection, denunciation. despraise.

առաւել plus. more, most. also, moreover. առ —ն at most, at the most. — քան զ— more and more. —ագոյն preponderant. —ապէս particularly. —ութիւն excess. superiority, advantage.

առաւօտ morning, morn. —եան (առտուան). —ուն in the morning, early.

առաքեալ apostle.

առաքել to send, to forward. —ական apostolic. —ութիւն mission. apostleship.

առաքինաբար virtuously.

առաքինանալ to become virtuous.

առաքինի virtuous, chaste.

առաքինութիւն virtue, chastity.

առաք(իչ)(ող) sender, shipper.

առաքում sending. thing sent. goods forwarded.

package. expedition. shipment.

առեղծուած enigma, riddle.

առեւանգել to kidnap. to ravish.

առեւանգում rape, ravishment.

առեւտուր trading, traffic, business, buying and selling.

առեւտրական commercial.

առէջ, առէջ warp (weaving).

առընթեր by, near, close to. close by. next to. next. adjoining.

առթել to cause, to occasion.

առժամանակեայ, առժամեայ provisional, temporary.

առ ի for, to.

առիզած apron.

առիթ cause, occasion. mediator, means, chance.

առ ի՞նչ (ինչո՞ւ) why? what for?

առիւծ lion. էգ — lioness. —ենի lion skin. —աբար like a lion. —ագի (բոյս) mother-wort.

առիք ceiling. garret.

առկախ in question, unsettled, undecided. —ել suspend. —ութիւն, —ում suspension.

առհասարակ generally, usually.

առհաւատչեայ pledge, security. earnest-money.

առձեռն handy, portable.

առնաբար manfully, manly, like a man.

առնակոյս bethrothed, engaged.

առնացի virile, manly, strong.

առնել (ընել) to do, to make, to render. — to take, to receive, to get. to buy.

առնելիք assets, money lent, — եւ տալիք assets and liabilities. —ւոր creditor.

առնէտ rat, doormouse.

առնչակից correlative, relevant, connected, relative, relating to.

առնչութիւն correlation, connection.

առոգանութիւն pronunciation, enunciation.

առողջ sound, sane, healthy. —աբանութիւն hygiene. —ական sanitary, pertaining to health. —անալ to heal, recover, to be cured, to be healed, to get better. —ապահ(ական) (իկ) hygienic, sanitary. —ապահութիւն hygiene. —արար salubrious, wholesome. sanitary. —ացնել to heal, to cure. restore to health.

առողջ միտք առողջ մարմնի մէջ a sane mind in a sane body.

առողջութիւն soundness, health. — մտքի sanity.

առոյգ vigorous, sprightly, fresh, youthful.

առուգութիւն bloom, vigour. (perfect, excellent) health. vivacity, alacrity.

առու stream, brook, revulet.

առուակ brooklet, rill.

առում taking, capturing. sense, meaning.

առուոյտ clover, trefoil.

առջեւ before, in front. ahead.

առջինեկ firsborn. eldest. the eldest son or daughter.

առօրեայ daily.

առտու, առաւօտ morning.

աս, այս this, these.

ասացուածք expression, diction. mode of speech. delivery.

ասել, see ըսել.

ասեղ needle.

ասեղնագործ embroiderer. —ել to embroider. —ութիւն embroidery.

Ասիական Asiatic.

Ասիացի an Asiatic, an Asian.

ասկէց from this.

ասղնանոց needle-case.

ասղու (ձուկ) horn-fish.

ասորական Syriac.

ասորերէն Syriac (language).

ասուեակ flannel.

ասուեայ woollen.

ասուեգործ draper, drapery. —ութիւն cloth making, drapery. —անոց draper's mill, factory.

ասուեվաճառ drapery dealer.

ասուի woollen cloth, cloth.

ասուն reasonable, rational.

ասուպ falling-star, meteor.

ասպանդակ stirrup.

ասպատակ(ութիւն) invasion, foray, incursion. —ել to invade, to maraud, to pursue, to hunt. —ող invader, marauder.

ասպար shield, buckler. defense.

ասպարէզ race - course, stadium. hippodrome.

ասպետ cavalier. knight. —ութիւն knighthood. chivalry.

ասպնջական hospitable. —ել to put up, to take in, to receive. —ութիւն hospitality.

աստ here. — եւ անդ here and there.

աստառ lining. —ել to line.

աստի from here, hence.

աստիճան grade, gradation, step, stair. սանդու-խի — a step, a tread.

աստիճանաբար by degrees, gradually.

աստիճանազրկել defrock, depose, demote.

աստիճանաւոր graduated, gradual, a dignitary.

աստիճանում gradation.

աստղ star. — առաւօտեան morning star, lucifer, Venus.

աստղաբաշխ astronomer. —ական astronomical. —ութիւն astronomy.

աստղագէտ astronomer.

աստղագիտական astrological.

աստղագիտութիւն astrology.

աստղագէտ astrologer.

աստղազարդ starry, studded with stars. —ել to star, to stud with stars.

աստղածաղիկ aster.

աստղ(ական)(ային) astral, siderial.

աստղակերպ asteroid.

աստղաձեւ, աստղանման stellar, stelliform. stellular. radiated.

աստղամոգութիւն, աստղահմայութիւն astrology.

աստղային sidereal, astral.

աստղանշան, աստղանիշ asterisk.

աստղատուն zodiacal constellation.

աստղաւոր starry.

աստղափայլ shining, radiated.

աստղիկ Venus.

Աստուած God. Ամենակարող The Almighty God. Բարձրեալն Աստուած The Most High.

աստուածաբան theologian. —ական theological. —ութիւն theology. —օրէն theologically.

աստուածադաւան theist. —ական theistic. —ութիւն theism.

Աստուածածին, Աստուածամայր the Blessed Virgin. mother of God.

աստուածամարդ man-God, Jesus Christ.

աստուածայայտնութիւն epiphany.

աստուածային divine.

Աստուածաշունչ Holy Bible. inspired by God.

աստուածապաշտ godly. pious.

աստուածատուր heaven-sent, God-given. gift of God.

աստուածացնել to idolize. to worship. to deify.

աստուածացում idolization. deification.

աստուածեան deist.

աստուածորդի son of God.

աստուածութիւն deity, divinity, Godhead.

աստուածուհի (չաստուածուհի) goddess.

աստուածպաշտութիւն godliness, worship of God piety, religion.

աստուածպետական theocratical.

աստուածպետութիւն theocracy.

աստուածսիրութիւն love to God, piety.

ասր (բուրդ) wool, fleece. —աբեր fleecy, woolly. —աբոյս laniferous, wool-bearing. —ագործ wool-comber, wool sorter. —աման wool-spinning, spinning-jenny. —եղէն woollen. of wool.

ասփալտ asphalt.

ատաղձ timber. —ագործ carpenter, joiner. —ագործութիւն carpentry. —արան timber shop.

ատամն (ակռայ) tooth. —աբոյժ dentist. —ակրկիտ tooth-pick. see also քչփորիկ.

ատամնային dental.

ատամնացաւ toothache.

ատամնաւոր toothed, denticulated. (bot.) dentate.

ատեան judgment seat, court of justice, tribunal.

ատել to hate, to loathe, to detest. —ի hateful, detestable, odious. ատելութիւն hatred, spite, hate. odium, enmity.

ատեն time. — ատեն from time to time, sometimes. ուշ — at a late hour.

ատենաբան orator, speaker. —ութիւն speech, discourse.

ատենագրութիւն minutes. report.

ատենադպիր secretary.

ատենակալ magistrate. ատենակալութիւն magistracy.

ատենական judiciary, juridical.

ատիկել (ձեռքը) to be able, can, find the time for.

ատլաս atlas.

ատտիկական, ատտիկեան Attic.

ատրճանակ pistol, revolver.

ատրուշան temple devoted to fire worship.

արաբագէտ expert in Arabic.

արաբական Arab. Arabic.

արաբերէն the Arabic language.

Արաբիոյ of Arabia.

արագ speedy, rapid, fast. fleet. quick. — արագ at full speed, by leaps and bounds. rapidly. —ագնաց light-footed, nimble - footed, fleet, swift.

արագաթռիչ swift-winged.

արագամիտ keen, sharp, quick-witted. sharp as a needle, intelligent.

արագամտութիւն intelligence, understanding. brains, acumen.

արագընթաց swift, quick.

արագիլ (bird) stork.

արագոտն light of foot, light heels, nimble.

արագութիւն quickness, swiftness. speed, celerity.

արածել to graze, to feed.

արած(իլ) to graze, to feed.

արական masculine.

արահետ path, track, pathway.

արամբի married woman.

արատ blot, stain, spot. blemish, speck. —աւոր stained, spotted, defective. —ել, —աւորել to tarnish, to blemish, to stain.

արար(ք) making. effect. performance. act. deed.

արարած creature.

արարիչ creator.

արարողական ceremonial.

արարողապետ master of ceremonies.

արարուած act. deed.

արարչագործել to create.

արարչ(ագործ)ութիւն creation.
արբած, արբեալ drunk, tipsy. intoxicated.
արբանեակ satellite. retinue.
արբենալ to get drunk, see double, to tipple, to drink, to be drunk.
արբեցող drunkard, toper, winebibber.
արբեցութիւն drunkenness, intoxication, inebriation, drinking.
արբեցուցիչ intoxicating, intoxicant.
արբշիռ toper, bibber.
արբունք puberty, pubescence. —ի հասած pubescent.
արգահատական compassionate.
արգահատանք compassion, pity, sympathy.
արգահատել to pity, to sympathize, to feel for.
արգահատութիւն compassion, pity, sympathy.
արգանակ broth.
արգանդ womb, belly, uterus.
արգանդախեղդ (արգանդի ցաւ) hysteria, hysterics.
արգանդահատութիւն hysterotomy.
արգանդացաւ pain in the matrix (in the womb).
արգասաւոր fertile, fecund, fruitful. —ել to fertilize, to fecundate. —իչ fertilizing. —ութիւն fertility, fruitfulness.
արգասիք fruit, effect.
արգաւանդ see արգասաւոր.
արգել obstacle, impediment. opposition.
արգելակ brake. —ան prohibitive. prisoner. detained. captive. solitary.
արգելավանք cloister.
արգելիչ preventive, repressive, obstructive.
արգելոց menagerie. enclosure.
արգելք obstacle, impediment, prevention. interdiction.
արգիլել forbid, to inhibit, to impede, to obstruct, prevent.
արգիլում prevention. prohibition.
արդ now, but. եւ — therefore, then, consequently.
արդար just, righteous, equitable, lawful. —ադատ, —ախոհ fair, equitable. equable. just. impartial. —անալ to be justified, to be acquitted. —անալի justifiable.
արդարացի lawful, legitimate, rightful, just.
արդարացնել to justify, to acquit, exonerate, say in defense.
արդարացում justification, excuse, acquittal.
արդարացուցիչ justifying, vindicatory, extenuating, exculpatory.
արդարեւ indeed, truly. in effect.
արդարութիւն justice, integrity, uprightness, righteousness. equity.

արդեօք, — ի՞նչ կ'ուզէ I wonder what he wants. — պիտի գա՞յ I wonder whether he will come.

արդէն (իսկ) already.

արդի modern, novel, new.

արդիական modernist(ic).

արդիանալ to be modernized.

արդիւնաբեր productive, fruitful.

արդիւնաւոր practical, useful. —ել to realize.

արդիւնք fruit, product, effect, produce, proceeds.

արդուկ iron (for pressing clothes).

արդուկել to press, to iron (clothes).

արեգակ sun. — արդարութեան the Sun of Righteousness (God). —նային դրութիւն solar system.

արեգական solar.

արենակից akin, consanguineous, related, relative. next of kin.

արենակցութիւն ties of blood, blood relation, relationship, consanguinity.

արենաչափ hematometer.

արեւ (արեգ. արեգակ) sun.

արեւագալ dawn. day-spring.

արեւադարձ tropic.

արեւադէմ (ծաղիկ) sunflower, heliotrope.

արեւադէտ helioscope.

արեւածաղիկ sun-flower.

արեւակէզ sun-burnt.

արեւահարութիւն sunstroke.

արեւային solar. — ժամացոյց sun-dial.

արեւափորագրութիւն heliography. engraving obtained by exposure to sunlight.

արեւելագէտ Orientalist.

արեւելակողմ Orient, Levant.

արեւելեան eastern. oriental.

արեւելքցի a native of the East.

արեւելք East. Orient. Levant.

արեւմուտք West, Occident, sunset.

արեւմտեան western, occidental.

արթնամիտ wide-awake, discerning, quick-witted. alive. keen. sharp.

արթննալ to awake, wake up.

արթնութիւն awakening. vigilance.

արթնցնել to awaken, to rouse, to awake.

արթուն awake to, lively. aware of. alert. cautious.

արժանահաւատ reliable, credible, accredited, trustworthy.

արժանայիշատակ memorable.

արժանանալ to merit, be worthy of, to deserve. to be entitled to.

արժանապատիւ honourable, reverend.

արժանապատուութիւն dignity, honourableness.
արժանապէս worthily.
արժանավայել suitable, proper, apposite.
արժանաւոր worthy, meritorious, —ութիւն, արժանիք merit, worthiness.
արժանի worthy, deserving.
արժեգին cost price.
արժեթուղթ bills, paper.
արժել to be worth, to cost.
արժէք, արժողութիւն value, worth, price.
արի (քաջ) brave, valourous, courageous, valiant. —աբար valiantly, bravely.
Արիոսական holder of the doctrine of Arius. —ութիւն Arianism.
ար(ի)ութիւն virility, valour. masculinity. bravery.
արիւն blood. relationship. —աթիծ blood-stained. —ագոյն red, blood-coloured.
արիւնաթա(թախ)(թաւ) bloody.
արիւնաթոր blood-dripping.
արիւնալից bloody.
արիւնախանձ, արիւնածարաւ blood-thirsty.
արիւնախուժում congestion.
արիւնահեղ shedder of blood. —ութիւն bloodshed.
արիւնահոսութիւն bleeding.
արիւնարբու blood-thirsty.
արիւն(ք)ռուշտ bloody.
արիւնլուայ covered with blood.
արիւնոտ bloody, gory, sanguine. —ել to stain with blood.
արծաթ silver, silver coins. —ագոյն gray, silver, silvery. —ագործ silversmith. —ազօծ silver-plated. —ախառն mixed with silver. —ահանք silver mine. —ապատ silver-plated. —ասէր covetous, greedy. —ափայլ snowy, silvery. —եղէն of silver. —եղէնք table silver, silver-ware. —ասիրութիւն love of money, covetousness.
արծարծել to kindle, to revive, to stir up.
արծիւ eagle.
արծուաձագ, արծուիկ eaglet.
արկած accident, misfortune, adventure.
արկղ box, coffer. case, chest. trunk. —ակալ cashier.
արհամարհական scornful, contemptuous, derisive.
արհամարհանք contempt, derision. slight. spurn. scorn.
արհամարհել to slight, to sneer at. to despise, to scorn, to spurn.
արհամարհելի despicable, contemptible, downtrodden.
արհամարհ(ող)(ոտ) disdainful, scornful.

արհաւիրք terror, horror, dread. panic, dismay. consternation.
արհեստ craft, handicraft, trade. —աւոր craftsman, handicraftsman, artisan.
արձագանգ echo, reflection of sound. —ել to echo.
արձակ free, detached. unrhymed, prose. —ագիր prose writer, prosaist.
արձակել to release, to discharge, to untie. գերիները — to set the slaves free.
արձակ համարձակ boldly, fearlessly.
արձակուիլ to be set free, to be delivered, released. to be disbanded.
արձակում acquittal, absolution, discharge, divorce. disbanding. գերիներու — emancipation of slaves. manumission of slaves.
արձակուրդ holiday, vacation.
արձան statue, idol.
արձանագիր inscription. registry.
արձանագործ sculptor. statuary.
արձանագրել to register, to enter. to inscribe.
արձանագ(րող)(րիչ) registrar.
արձանագրութիւն registration. inscription.
արձանիկ statuette.
արմատ root, radicle.
արմատախիլ ընել to root up, to eradicate, to pull up by the root.
արմատ(ական)(ային) radical.
արմատանալ to take root.
արմաւ date. —ենի date palm.
արմուկ elbow. a bend.
արմտիք cereal, corn, grain.
արշալոյս dawn, daybreak, break of day, twilight.
արշաւ(անք) race, course. expedition, invasion. foray.
արշաւել to dash, to rush. to invade.
արշիպեղագոս archipelago.
արոյր brass.
արու male.
արուա(գէտ)(մոլ) sodomite, one guilty of sodomy.
արուարձան outskirts, suburbs. environs. —եայ suburban.
արուեստ art, profession. handicraft. —ագէտ artist.
արուեստաբանական technological.
արուեստաբանութիւն technology.
արուեստագիտական technical.
արուեստագործ manufacturer.
արուեստական artificial. technical.
արուեստակեալ affected, unnatural, insincere, overdone.
արուեստակից partner, associate, confrere, colleague.

արուեստահանդէս exhibition.

արուեստանոց factory, workshop.

արուեստասէր amateur.

արուեստավարժ professional.

արուէգ hermaphrodite.

արութիւն, see արիութիւն.

արուսեակ morning star, the planet Venus, Lucifer.

արջ bear. —ի ձագ cub.

արջամուկ raccoon.

արջային arctic. north.

արջառ cattle. —ամիս beef.

արջասպ vitriol, copper sulphate. —ական vitriolic.

արջենի bear-skin.

արջուկ young bear.

արջտակ cyclamen, sow-bread.

արտ field, land, piece of ground.

արտաբերել to utter, pronounce, speak.

արտադրեալ product (Arith.).

արտադրել to produce, bring forth.

արտադրիչ factor. producer.

արտադր(ում)(ութիւն) product, production, the produce.

արտաթոր(ում) excretion.

արտածել to export. —ի exportable.

արտածում exportation.

արտակե(ն)դրոն eccentric.

արտայայտել to express.

արտայայտութիւն expression.

արտաշնչել to transpire, to perspire. —ի perspirable.

արտաշնչում transpiration, perspiration.

արտաչափ land-surveyor. —ութիւն surveying.

արտասահման foreign country, oversea(s). outbound.

արտասանել to pronounce, to recite, to declaim.

արտասան(ութիւն)(ում) pronunciation. recitation, declamation.

արտասովոր unusual, extraordinary, strange.

արտասուաթոր tearful.

արտասուալի(ց) tearful, in tears.

արտասուել to cry, to weep, to shed tears.

արտասուք tears.

արտավար acre.

արտաքին external, exterior, outward.

արտաքնոց water-closet.

արտաքոյ out, beyond. externally, out of doors.

արտաքուստ outwardly.

արտաքսել to expel. to exclude.

արտաքսում expulsion.

արտեւանունք eyelash.

արտոյտ lark.

արտորալ to make haste, to hurry.

արտորացնել to hasten.

արտուղիլ (train) to run off the track or rails.

արտուղութիւն anomaly. inversion.

արտօնագիր licence, warrant.

արցունք tears. — թափել

to burst into tears, to shed tears.

արփի sun, sunlight.

արքայ king. —ական royal, regal.

արքայաձուկ red gurnet (ձուկ).

արքայամոր raspberry.

արքայանիստ royal. —քաղաք the royal city, capital.

արքայաջուր aquaregia.

արքայորդի prince, king's son.

արքայութիւն kingdom. Աստուծոյ —ը the kingdom of God.

արքեպիսկոպոս archbishop, primate. —արան archbishopric. —ութիւն archiepiscopacy.

արքիդուքս archduke.

արքիդքսութիւն archduchy.

արքիդքսուհի archduchess.

արքունական court. palace.

արօս (թռչուն) bustard. —իկ young bustard.

արօտ pasture, grassland, pasturage. —ավայր field, grazing-land. grassland.

արօր plough.

արօր(ադր)ել to plough, to till.

աւագ great, grand, high, senior member.

աւագաժողով parliament.

աւագանի assembly of lords.

աւագերէց archpresbyter, archpriest.

աւագորեար the highlife, the lords. the great people.

աւագութիւն eldership, seniority, lordship.

աւազ sand. (med.) gravel. —ախտ gravel (trouble).

աւազակ robber, brigand, bandit. —ութիւն banditry.

աւազահանք sand-pit.

աւազան pool, pond, bathing tub.

աւազացոյց hour-glass.

աւազաքար sandstone.

աւազուտ sandy, gravelly.

աւաղ alas! ah! —ել to deplore, to regret, to pity.

աւան burg, burgh, market-town, country-town.

աւանակ foal, young ass. donkey.

աւանդ deposit. — դնել to deposit.

աւանդական traditional.

աւանդապահ depository, trustee. conservative.

աւանդատու depositor.

աւանդատուն depository.

աւանդել (աւանդ դնել, տալ) to deposit, to consign, to deliver, to render, transmit.

աւանդութեամբ (ըստ աւանդութեան) according to tradition.

աւանդութիւն tradition.

աւատ fief, territory held in fee. —ապետութիւն feudalism. —ապետական feudal.

աւար spoils, pillage, booty, plunder. —առու plunderer, pillager. plundering, pillaging.

աւարել to pillage, to ransack, to plunder.
աւարտ end, termination. conclusion. —ել to end, to conclude, to terminate.
աւարտիլ to be over, to finish. to come to a close, to end.
աւարտում completion.
աւել broom, brush.
աւելաբանութիւն redundancy, verbosity.
աւելածու sweeper. scavenger.
աւելածք, աւելուկք dust. sweepings. rubbish.
աւելամիս (կովու, հնդկահաւի վիզին տակէն կախուած աւելորդ մորթ) dewlap.
աւելել, see աւլել.
աւելի more, plus. exceeding, superfluous.
աւելնալ to increase, to augment. to wax.
աւելորդ superfluous, redundant. —աբանութիւն superfluity of words.
աւելորդածախ lavish, prodigal, wasteful, spendthrift.
աւելորդապաշտ superstitious. —ութիւն superstition.
աւելորդութիւն superfluity.
աւելցնել to adjoin, to insert. to join, to add, augment. increase.
Աւետարան The Gospel, The New Testament. —ագիր evangelist. —ական Evangelical. —ել to evangelize, to preach the Gospel. —իչ Evangelist, preacher.
աւետաւոր bearer of good news.
աւետել to announce good tidings.
աւետի(ք)(ս) good news, good tidings.
աւետում annunciation.
աւեր ravage, destruction. ruin, devastation. —ակ ruin. —ել to ruin, to destroy, to ravage.
աւեր(իչ)(ող) destructive, destroying, ravager, spoiler.
աւերում destruction, ravage.
աւիշ serum, lymph. sap.
աւիւն vigour, enthusiasm.
աւլել to sweep.
աւուրչէք day's wages.
աւրել to spoil, blot out. erase, cancel, make void.
աւրուիլ to be spoiled, to be obliterated, to be ruined.
ափ palm (of one's hand). — յափոյ in haste, in a hurry. —աչափ handful.
ափեղցփեղ at random.
ափ ի բերան ընել to silence, to dumbfound. to cause one to hold his tongue.
ափիոն (աֆիոն) opium.
ափլափել to grope, to feel one's way.
ափկից double handful.
ափ(ն) bank, shore. border. —ունք seashore, beach. river bank.

ափսէ, ափսեայ tray, salver.
ափսինթ absinthe.
ափսո՛ս alas! what a pity!
ափսոսալ to pity, to deplore.
ափրոդիտական venereal.
աքաղաղ cock, rooster.
աքացել to kick (of the horse).
աքացող kicker.
աքիս weasel (կենդ․)․
աքլոր young cock.
աքլորախեղդ croup(pe).
աքծան, աքցան (շոգեկառքի ճամբան փոխելիք գործիք) switch, (railway) point, self-acting points.
աքծան (բժշկ․) forceps.
աքծան pincers.
աքծանող (railways) pointsman.
աքսոր banishment. exile. —եալ, —ուած exiled. —ել to banish, to exile.

Բ

Բ, բ (pen) second letter of the Armenian alphabet. two. second.
բա՛ pooh! pshaw!
բաբախել to beat, to throb, to palpitate.
բաբախող palpitating, panting.
բաբախում beating, palpitation.
բաբախուն palpitating.
բաբան see-saw. swing. catapult.
բա՛բէ alas! ah! what a pity!
բագորդ shareholder.
բագին altar (heathen).
բադ duck.
բազէ falcon, hawk.
բազէավարժ, բազէպան, բազէկիրթ falconer, hawker.
բազկաթոռ armchair.
բազկատարած with arms stretched out.
բազկերակ pulse.
բազմաբան talkative, prating, loquacious. **—ութիւն** babbling, garrulity. **—ել** to prate, blab. to babble, to gabble.
բազմաբեղուն productive, fertile, fruitful.
բազմագանձ opulent, affluent. moneyed, well-to-do, well off.
բազմագէտ polymathic person.
բազմագիր polygraph.
բազմագութ compassionate, merciful, clement.
բազմագոյն multicoloured. of many colours.
բազմադարեան of many centuries.
բազմադիմի sundry, diverse, multifarious, multiform.
բազմազբաղ much occupied, very busy.
բազմաթիւ numerous.
բազմալեզու polyglot. **բազմալեզուեան** polyglot, of many languages.
բազմախորշ having many shelves or compartments.
բազմախօս see **բազմաբան**.
բազմածախս expensive, costly, sumptuous.
բազմածին multiparous, generative, prolific, copious.
բազմածնութիւն prolific reproduction. copious-

ness in producing offspring.
բազմական guest, visitor.
բազմակերպ multiform, diverse.
բազմակին polygamous, polygamist.
բազմակնճիռ complicated, intricate, confused.
բազմակնութիւն polygamy.
բազմահատոր bulky, voluminous.
բազմահմուտ learned, erudite.
բազմահնար ingenious, inventive, resourceful.
բազմահոգ anxious, disturbed, full of care. worried.
բազմամանուած intricate.
բազմամասն(եան) complex, complicated.
բազմամարդ populous. —անալ to become populous.
բազմամեայ of many years. ancient.
բազմամուսին polygamous, polygamist. having more than one husband or one wife.
բազմայր woman practising polyandry. —ութիւն polyandry.
բազմայօդ, see բազմամասն.
բազմանալ to multiply, to increase.
բազմանկիւն polygon.
բազմաշառաչ noisy, blustering, hectoring.
բազմաշխատ laborious, toilsome.
բազմապատիկ multiple.
բազմապատկել to multiply. —ի multiplicable, multiplicand.
բազմապատ(կիչ)(կող) multiplier.
բազմապատկութիւն multiplication.
բազմատեղն(եան) branched.
բազմաստուածութիւն polytheism.
բազմավանկ polysyllable. polysyllabic.
բազմավաստակ laborious, toilsome.
բազմարդիւն fruitful, much productive.
բազմարուեստեան polytechnic.
բազմացնել to increase, to multiply.
բազմերանգ, see բազմագոյն.
բազմեցնել to seat, to set on a chair. to establish. գահ — to enthrone.
բազմիլ sit, sit down.
բազմոտանի polyp (hydra).
բազմոց sofa, couch, davenport, mattress.
բազմութիւն multitude, the people. numbers. plurality.
բազուկ arm. beet leaves.
բազում a great many. a great deal, considerable.
բազրիք handrails.
բաժ tax, duty, toll.
բաժակ cup. chalice. glass. —ակալ saucer, salver.
բաժանական divisible.
բաժանակից joint-sharer.
բաժանարար divisor.

բաժ(ա)նել to divide, to portion. to separate, disunite.
բաժանելի divisible, dividend. distributable.
բաժանիչ, բաժանող, բաժանող divider, divisor, distributer, sharer.
բաժանորդ subscriber. —ըլլալ, գրուիլ to be a subscriber. —ութիւն subscription.
բաժանում division. distribution, disunion, separation. partition, compartment. faction, party spirit.
բաժառու toll collector.
բաժատուն toll house.
բաժին share, portion, quota, contribution.
բաժնետէր share-holder, stock-holder.
բաժնուիլ to be divided. to be separated.
բալ sour cherry. —ենի sour cherry tree.
բալասան balsam, balm.
բալասենի balm-tree.
բալիստր ballista, catapult.
բալխիր sled, sledge, sleigh.
բալուտ acorn. ծովու — conch, acorn-shell.
բալօղի maraschino.
բախել to strike, to beat, hit, to tap, to rap, to flap (wings).
բախիւն beat, shock, collision, bump, crash.
բախուկ (բախած) crazy, crack-brained.
բախում blow, shock, collision.
բախտ fortune, lot, luck. fate, destiny. prosperity. adventure.
բախտախաղ gambling, game of chance.
բախտախնդիր adventurer.
բախտակից sharing the same lot. companions who share the same fate.
բախտագուշակ fortune-teller.
բախտաւոր lucky. fortunate, happy. —ութիւն good fortune, prosperity.
բաղդատական comparative.
բաղդատել to compare. —ի comparable.
բաղդատ(ում)(ութիւն) comparision.
բակ halo (around sun, moon), yard, campus, courtyard. sheep-fold.
բակեղաթ, բակեղէթ saddle-bag.
բակլայ broad bean, bean.
բահ spade. —ել to dig, to break the ground with a spade.
բաղադրած, բաղադրեալ compound. composed.
բաղադրութիւն combination, composition.
բաղաձայն consonant.
բաղնեպան bath keeper.
բաղնիք bath.
բաղարջ unleavened bread.
բաղեղ ivy, bind-weed.
բաղեստր cross-bow.
բաղկանալ to consist of. to be composed of.

բաղկացնել to compose, to constitute.
բաղկացուցիչ constituent, component.
բաղձալ to long for, wish for, pine for, crave. —ի desirable.
բաղձանք desire, longing, craving.
բաղնիք bath.
բաղրջուկ mallow.
բանզուր (նեցուկ) prop.
բանին pod, husk.
բանկոն vest, waistcoat.
բամբ bass, bass string.
բամբակ (բամպակ) cotton. —ենի cotton plant.
բամբասանք slander, gossip, back-biting.
բամբասել to speak ill of. to gossip. to backbite, to slander.
բամբասող a gossip, backbiter, scandalous.
բամբիշ princess, queen.
բամբոյ bamboo-cane, bamboo.
բայ verb. անդրադարձ — reflexive verb. կրաւորական — passive v. անդէմ — impersonal v. ներգործական — transitive v. չէզոք — intransitive v. օժանդակ — auxiliary verb.
բայածական participial adjective.
բայ(ական)ի verbal.
բայանուն verbal noun, gerund.
բայց but.
բան (խօսք) word, speech, term, sense, language. sentence, reason. discourse. oration. —ն Աստուած the Word. Christ.
բան thing.
բանագնաց delegate, negotiator, mediator. բանագնացութիւն transaction, negotiation.
բանագող plagiarist. —ութիւն plagiarism.
բանագրութիւն composition.
բանադատ critic, censurer. —ել to criticize. —ութիւն criticism, critique.
բանադրանք excommunication, anathema.
բանադր(եալ)ուած excommunicated, anathematized.
բանադրել to anathemize.
բանադրութիւն see բանադրանք.
բանալ to uncover, to open. unveil, to expose.
բանալի key. (երժշ․) clef.
բանախօս lecturer, speaker.
բանախօսել to address, to lecture.
բանախօսութիւն speech, talk, address, discourse, oration.
բանակ camp, army, troops. hosts. encampment.
բանական rational. logical. —ութիւն rationality. reason. sense.
բանակել, բանակ դնել to pitch tents, to encamp.
բանակռիւ disputation, wrangling, controversy.
բանակռուիլ to debate, to discuss, to controvert. to wrangle.

բանակրկիտ fault-finder, critic.

բանակցութիւն negotiation, parley.

բանահիւս poet.

բանան, բանանենի see ադամաթուզ.

բանապաշտ rationalist. —ութիւն rationalism.

բանասիրութիւն philology.

բանաստեղծ poet. պսակաւոր — poet laureate. —ական poetic(al). —ել to write verse. —ութիւն poem, poetry. —ուհի poetess.

բանբար poet. agent. errand-boy.

բանաւոր rational, reasonable, discursive, oral. —ապէս reasonably. —ութիւն reasonableness.

բանաքաղ plagiarist.

բանաքննութիւն criticism.

բանբեր messenger.

բանդագուշանք delirium.

բանդագուշել to rave, to talk idly.

բանդագուշող dreamer, muser, delirious.

բանդակ jelly, sweetmeat, preserve. —ավաճառ confectioner, dealer in preserves.

բանեցնել to make work, to cause to act. use, occupy.

բանթող one on strike, refusing to work.

բանիբուն instructed, skilled, exercised. informed. active.

բանիլ to act, to work, run.

բանիմաց intelligent.

բանուածք embroidery, needlework.

բանուկ (վարուն ճամբայ) well beaten path, often used (path). frequented.

բանուոր labourer, workman. worker.

բանջար (ճակնդեղ) beet, beet root.

բանջար vegetable, herb. —եղէն vegetal, green, vegetable. —ավաճառ green-grocer.

բանսարկել to plot, to act in an underhanded manner.

բանսարկու sower of discord, intriguing person.

բանտ(արան) prison, jail, gaol. imprisonment.

բանտական detainee, prisoner.

բանտապահ, բանտապետ jailer, turnkey, warder.

բանտարգել, բանտարկեալ, բանտեալ prisoner. imprisoned, behind bars.

բանտ(արկ)ել to imprison, to confine.

բանտարկութիւն imprisonment, confinement. arrest.

բաշ mane.

բաշխական distributive.

բաշխել to divide among, to distribute.

բաշխիչ, բաշխող distributor.

բաշխողական distributive.

բաշխում distribution.

բառ word, term. expression.

բառագիտութիւն lexicology.
բառագիր lexicographer.
բառագիրք dictionary, lexicon.
բառագրութիւն lexicography.
բառախաղ verbal quibble, pun.
բառական literal.
բառաչ(ում) bellow, low, moo.
բառաչել to bellow, to low, to moo.
բառաչող lowing, bellowing.
բառարան, բառագիրք dictionary. lexicon.
բառեղծուած (բառհանելուկ) charade (շէրադ).
բառնալ to lift, to take away. remove, obliterate.
բարակ (բարեձեւ) fine, slim, thin, slender.
բարակ (էգը՝ քերծէ) greyhound.
բարականալ to become thin, to slender.
բարակութիւն slimness, thinness, slenderness.
բարակցնել to make thinner or finer. to rarefy.
բարապան doorkeeper, usher.
բարացուցել describe, characterise.
բարաւոր (վերնասեմ դուռի) lintel.
բարբանջել talk nonsense. to drivel.
բարբանջող driveller, dotard.
բարբանջք raving, drivel.
բարբառ voice. sound. language. speech. dialect. —իլ speak, talk, drivel.
բարբարանք hesitation, wavering.
բարբարել to hesitate, to dilly-dally, to waver.
բարբարիկ, բարբարոս barbarian, barbarous.
բարբարոսաբար barbarously.
բարբարոսութիւն barbarism, barbarity.
բարգաւաճ(եալ) thriving, flourishing. civilized, advanced. —իլ to prosper, to thrive. —ում prosperity. progress.
բարդ heap of sheaves, pile of straw. complex, complicated. enigmatic(al), puzzling. (ելեք. սարք) battery. —ութիւն complication. enigma. intricacy. composition. —ել to compound, to heap. to pile up. —եալ, —ած composed, compound(ed).
բարեացակամ kind, kindly, gentle.
բարեբախտ happy, fortunate, prosperous. —աբար fortunately. —ութիւն happiness, prosperity.
բարեբանութիւն praise.
բարեբաստ(իկ) prosperous, successful.
բարեբաստութիւն prosperity, happiness.
բարեբարոյ good-natured. —ութիւն goodness. kindness.
բարեբեր fruitful, fertile.

productive. —ութիւն fertility, fecundity.

բարեգործ benefactor, munificent. —ութիւն munificence, beneficence. —ական benevolent.

բարեգութ, բարեգորով merciful, compassionate, clement.

բարեգուշակ of good omen.

բարեդէպ opportune, appropriate, timely.

բարեզարդ in trim, neat, tidy. —ել to tidy, to adorn.

բարելաւ perfect, amended.

բարեխառն temperate. — գօտի temperate zone. — կլիմաներ temperate climate. —ել to temper, to moderate, to allay. —ութիւն moderation, temperance.

բարեխնամ regardful, attentive, provident.

բարեխոհ, բարեխոհական prudent, cautious. thoughtful.

բարեխօս intercessor, advocate. —ել intercede. —ութիւն intercession.

բարեկազմ nicely formed, orderly.

բարեկամ friend, confidant (m.), confidante (f.). bosom friend. intimate. —աբար in a friendly manner, amicably. —ական friendly, amiable, amicable. —անալ to be friends, to be friend. —ութիւն amity, cordiality, friendship. — ուհի friend, confidante.

բարեկարգ(եալ) reformed, in good order.

բարեկարգական disciplinary, reformatory.

բարեկարգել to reform, to discipline.

բարեկարգիչ reformer.

բարեկարգութիւն reform, reformation, order.

բարեկեաց, բարեկեցիկ well-to-do, well off, fairly rich.

բարեկենդան carnival. բուն — quinquagesima.

բարեկիրթ civil, polite, wellbred.

բարեկրթութիւն civility, politeness.

բարեկրօն spiritual, godly, devout. —ութիւն piety, godliness.

բարեհաճիլ to be well-disposed, to show goodwill. to be pleased to.

բարեհաճութիւն consent. assent.

բարեհամ palatable, delicious, tasty, savory.

բարեհամբաւ of note, noted, celebrated.

բարեհամբոյր winsome, bonny. convincing. cheerful.

բարեհաւան docile, facile.

բարեձեւ well - formed, well-shaped.

բարեմաղթութիւն wish, toast.

բարեմասնութիւն qualification, quality.

բարեմիտ single-minded,

ingenuous, sincere. naïve, guileless.

բարեմտաբար sincerely, naïvely, ingenuously.

բարեմտություն sincerity, innocence, simplicity.

բարեյաջող propitious, favourable, prosperous.

բարեյիշատակ memorable, worthy of a memorial.

բարեյօժար well-disposed, willing, favourable, desirous.

բարենախանձ zealous.

բարենշան of good omen.

բարենորոգել to reform.

բարենորոգիչ reformer.

բարենորոգ(ում)(ություն) reformation, reform. amendment.

բարեշնորհ gracious.

բարեպաշտ pious, godly. կեղծ — sanctimonious. —ական godly, pious. —ություն godliness, piety. կեղծ — sanctimony.

բարեպատեհ propitious, timely. seasonable.

բարեսէր largehearted, benevolent, obliging, merciful.

բարեսիրաբար out of sympathy, kindly, benevolently.

բարեսիրություն good will, benevolence, benignity, mercy. beneficence.

բարեսիրտ liberal, benign, generous, humane.

բարեսրտություն loving-kindness, warmheartedness. tenderness.

բարեվայելուչ expedient, meet, fitting, seemly. suitable.

բարեվայելչություն expedience, propriety, desirability, decorum.

բարերար philanthropist. benefactor. munificent.

բարերարություն benevolence. benificence, loving-kindness.

բարեւ salute, greeting, salutation, compliment. բարեւս հաղորդէ եղբօրդ give my love to your brother. remember me to your brother. բարեւ կ'ընեմ եղբօրդ I send greetings to your brother. —ել to greet, to salute, to hail.

բարի kind, good, good-natured.

բարկ sour, tart, acrid.

բարկանալ to get angry, to fly into a passion, to take offense, to boil.

բարկա(սիրտ)(ցող) irritable.

բարկա(ցայտ)(ցոտ) irritable, choleric.

բարկացնել to irritate, to provoke, to vex, to anger, to offend.

բարկություն rage, indignation, anger.

բարկօղի brandy, rum.

բարձ (նստելու, կռթնելու, եւայլն) cushion, pad. (երեսի —) pillow.

բարձ (զիստ) thigh.

բարձային femoral.

բարձերես pillow-case, pillow-slip.

բարձի թողի ընել to ignore, to shelve, to pigeonhole.

բարձիկ small pad, cushion.

բարձոսկր femur, thigh-bone.

բարձում raising, removing, taking away, subtraction.

բարձունք eminence, altitude, height.

բարձր elevated, tall, high, towering. eminent, exalted. loud. —ամպերձ cloud-capped, heaven-kissing. overhanging. —ագոյն topmost, superior, uppermost. —աղաղակ in a loud cry. —աձայն aloud, in a loud voice. —միտ self-conceited, haughty.

բարձրամտութիւն haughtiness, superciliousness.

բարձրանալ to ascend, to mount, to rise, to get higher, to progress, to be promoted.

բարձրաչափ altimeter, hypsometer.

բարձրաստիճան titled, high-ranking, of high rank.

բարձրացնել to lift, to increase, to raise, to augment.

բարձրացում rise, ascent, promotion. increase.

բարձրաւանդակ heights, rising ground, table-land,

Բարձրեալն (Աստուած) the Most High (God).

բարձրութիւն altitude. elevation. eminence. height. sublimity.

բարոյագէտ moralist.

բարոյագիտութիւն ethics. ethical (or moral) philosophy, science of morals.

բարոյալից moral.

բարոյախօս moralist, moralizer. — ել to moralize.

բարոյական ethics, morals. moral, ethical. —ութիւն morality.

բարոյապէս ethically, morally.

բարով well, proper. — եկար welcome! մնաք — good-bye. farewell! երթաք — I wish you a happy journey, Godspeed.

բարութիւն goodness, kindness, good-heartedness.

բարունակ grape-vine branch, spray.

բարտի asp (tree), poplar, aspen.

բարւոք good, well, properly. fine. —ել to ameliorate, to better, to improve. —ում improvement. amelioration.

բարք morals, character, nature, habits. mores, conventions.

բարօրութիւն welfare, well-being.

բաց plain, uncovered, open. ի — առնել, —ի but, except, besides.

բացագանչական exclamatory.

բացագանչել to exclaim.

բացակայ absent, absentee. —ութիւն absence.

ի բացակայութեան դատել to pronounce a judgment by default.
բացայայտ evident, explicit, manifest. —օրէն explicitly. —ել to explain, to manifest. —իչ (քեր.) apposition. explanatory. —ութիւն explicitness.
բացառա(պէս)(բար) exceptionally.
բացառական (հոլով) ablative (case).
բացառիկ superior, exceptional, unique, rare.
բացառութիւն exception.
բացասական negative.
բացասութիւն negation. denial.
բացատ interspace. space. distance.
բացատրել to expound, to explain. մանրամասն — to specify.
բացատրութիւն explanation, elucidation. expression (algeb.).
բացարձակ absolute, arbitrary, unlimited. wide. —աբար, —ապէս indispensably, absolutely.
բացբերան tautologist, repeater.
բացէ ի բաց frankly, openly, publicly.
բացիչ, բացող opener.
բացուածք aperture, orifice, opening.
բացութիւն space, interspace, opening.
բացուիլ to open, to gape, to fly open.
բացում opening. beginning, inception, inauguration.
բաւական enough, sufficient. competent, capable. sufficiently. բատ —ի passably. —անալ to be content with, to have enough. —ութիւն sufficiency. adequacy.
բաւել to suffice, to be enough. այսչափը կը բաւէ so much will be sufficient, that will suffice, that will do.
բաւիղ labyrinth, maze.
բբուկ crest, comb (of a cock).
բդեշխ pasha, consul. —ութիւն consulship.
բեկած, բեկանել, բեկանիլ, see կոտրած, եւայլն.
բեկբեկել (phys.) to refract.
բեկբեկիլ to be refracted. to be affected in manners.
բեկբեկիչ refractive.
բեկբեկում refraction.
բեկոր fragment, piece, bit.
բեկտել shatter, break violently, suddenly in pieces.
բեկտում shattering, rupture, fracture.
բեհեզ muslin.
բեղմնաւոր fertile, fecund. —ել fertilize, fecundate. —ութիւն fertility, impregnation.
բեղմնափոշի pollen.
բեղուն (բեղմնաւոր) fertile.

բեմ(բ) judgment seat, tribunal. pulpit. stage.
բեմ(բ)ասաց orator.
բեռ load, weight, burden. beggage, freight. (նամ-բորդի) luggage. (նաւու) cargo. — ըլլալ to be a burden to someone.
բեռնաբարձ (մեքենայ) crane, loader.
բեռնագին freight.
բեռնագիր bill of lading.
բեռնաթափութիւն, բեռնահանութիւն unloading.
բեռնակառք freight car, van. carriage, wagon.
բեռնակիր porter, coolie, carrier.
բեռնատէր loader, freighter.
բեռնաւորել to burden, to encumber.
բեռցնել to load, to lade, to charge.
բեր(ք) fruit, produce, product.
բերան (հատու գործիքի) blade, edge. — mouth, opening. entrance. jaws. estuary. —ային oral.
բերանաբաց stupefied, stunned, flabbergasted.
բերանակապ curb chain. gag.
բերանակցիլ to have an interview.
բերանացի by word of mouth, orally.
բերանոց (ձիու) the bit.
բերդ castle, fortress, stronghold.
բերդապահ guard, garrison of the castle.
բերդարգելութիւն confinement in a castle.
բերել bring, fetch, take. արդիւնք —, produce. վնաս — cause damage. զաւակներ — bring forth children. միտքը — recall, remember. խելքը գլուխը — be sober, temperate. վերջը — to complete, to end. փաստեր — to prove. յառաջ — to produce, to present.
բերկրալի(ր) cheerful, merry. sprightly, buoyant.
բերկրանք, բերկրութիւն glee, joy, mirth, merriment.
բերկրիլ to be cheerful, to be elated, to be merry, delight oneself.
բերում inclination, tendency, propensity.
բերրի see բարեբեր.
բերք see բեր(ք).
բեւեկն (խէժ) turpentine.
բեւեկնի (ծառ) terebinth.
բեւեռ pole. հիւս. կամ արջային — North pole. հարաւային կամ հակարջային — South pole. —ային polar.
բեւեռ nail, spike. —ագիր cuneiform writing (characters). —աձեւ cuneiform.
բեւեռացում polarization.
բեւեռաքաշ see աքցան.
բզզ(ալ)(ել) to buzz, to hum.
բզզում buzz, buzzing.
բզէզ maybug.
բզիկ բզիկ ընել, բզքտել

to tear to shreds. to rend.
բթամիտ asinine, blockish, stupid, dull.
բթամտութիւն idiocy, stupidity.
բթանկիւն obtuse-angular.
բթացնել, բթել, բթեցնել to dull, to render blunt. to take off the point or edge.
բժիշկ physician, medical doctor.
բժիշկցու medical student.
բժշկական medical, medicinal.
բժշկապետ chief physician, head doctor.
բժշկել to cure, to heal, —ի curable.
բժշկիչ medicinal.
բժշկող healer, curer.
բժշկութիւն art of cure, medicine. healing, recovery.
բժշկուիլ to heal up. to be cured, to recover.
բժոժ cocoon.
բիլ sky-blue.
բիբ pupil (of the eye).
բիծ speck, blot, spot.
բիր club, mace, cudgel.
բիրտ rustic, boorish, uncouth, rude.
բիւր ten thousand. —ապատիկ ten thousand times.
բիւրեղ crystal. —անալ, —ացնել to crystallize.
բիւրեղագործ glass cutter.
բիւրեղա(կերպ)(նման) բիւրեղեայ cristalline.
բիւրեղացում crystallization.
բլթակ lobe, lobe of ear.
բլթակ seed-leaf, cotyledon.
բլթակ, ձգան (հրազէնի), trigger.
բլիթ a cake.
բլիթեն (կոշտուկ) corn (on the foot, toes). see կոճառ. callosity (նաև բրբ.).
բլուր hill, knoll.
բլրակ hillock, hummock.
բլրաձեւ hill-shaped.
բխել to rise, to spring up, to originate.
բխիլ to spring, to emanate, proceed, to arise.
բխում emanation, gushing out.
բծախնդիր very particular, censorious, critical, fastidious about (one's clothes, food, etc.).
բծաւոր speckled, spotted. —ել to spot, to speckle.
բղուկ a large jar.
բղջախոհ lewd, dissolute, sensual, lustful. —ութիւն lewdness, lust. luxuriousness, dissipation.
բնաբան text. — քարոզի theme, subject.
բնաբոյս innate, native, inborn, natural.
բնազաւառ native country, home.
բնագէտ physicist.
բնագիտական pertaining to physics. of physics.
բնագիտութիւն physics.
բնագիր original text, text.
բնագրական textual.
բնազանցութիւն metaphysics.

բնազդական instinctive.
բնազննական physiognomic.
բնազննութիւն physiognomy.
բնալոյծ chemist.
բնալուծական chemical.
բնալուծութիւն chemistry.
բնախօս physiologist. —ական physiological. —ութիւն physiology.
բնածին see բնարոյս.
բնածխական carbonic. —թթու carbonic acid.
բնածխային carbonic, carbonated.
բնածխատ carbonate.
բնածուխ carbon.
բնակ aborigine, native. —ակից inmate. —ակցիլ live together, cohabit. —ութիւն residence, dwelling.
բնական natural, physical. —աբար, —ապէս naturally.
բնականութիւն naturalness.
բնակարան abode, residence, living quarters, housing, habitation, dwelling.
բնակելի inhabitable.
բնակեցնել to house, to people, to cause to lodge, inhabit.
բնակիլ to live, to reside, to dwell, to inhabit, to stay.
բնակիչ inhabitant.
բնակրօն naturalist. —ութիւն naturalism.
բնաձէթ (chem.) olein.
բնամոմ (med.) strychnine.
բնանեղին aniline.
բնանիկոտ nicotine.
բնաշխարհիկ indigenous, aboriginal. — ընել to naturalize.
բնապաշտ see բնակրօն.
բնապաշտութիւն see բնակրօնութիւն.
բնապատմութիւն natural history.
բնապատում naturalist.
բնաջինջ ընել extirpate, annihilate, exterminate.
բնասպիտակ albumen.
բնավայր landscape.
բնատուր intuitive.
բնաւ(ին) never, not at all. in no wise, not in the least.
բնաւորական inherent, habitual, natural.
բնաւորութիւն nature, habit, character.
բնափինն morphine.
բնաfինայ quinquina, quinine.
բնդեռն horn - beetle, beetle.
բնիկ native, aboriginal, aborigine. —ցնել to naturalize, grant the right of citizenship.
բնութիւն nature. character. habit.
բշտեցնել to produce blisters.
բշտիլ to blister, to pustulate.
բշտիկ blister, pimple.
բոզ whore, harlot, prostitute. —անոց brothel, house of ill fame. —արած bawd, procuress. one who frequents prostitutes. բոզութիւն prostitution.

բոժոժ a little bell.
բոլոր all the, all of the, the whole, entire.
բոլորակ circle. ring. orb. round.
բոլորաձեւ, բոլորշի circular.
բոլորել to encompass, to surround.
բոլորովին wholly. completely, altogether, entirely.
բոկեղ (*քեահքէ*) biscuit.
բոկոտն barefooted.
բոհրել to toast, to roast.
բողբոջ shoot, sprout, bud. germ. —իլ to sprout, to shoot, to germinate. —ում germination.
բողկ radish, horse radish.
բողոք claim, complaint, protest. dissent. clamour. —ագիր protestation, protest.
բողոքական protestant. —ութիւն protestantism.
բողոքարկու claimant. բողոքարկութիւն claim, objection.
բողոքել complain, to protest, to object, to oppose, to appeal.
բողոքող protestant, one who claims or protests. claimant.
բոյթ thumb. peg. wooden pin.
բոյլ bevy, flock.
բոյծ nutrition. nutriment.
բոյն nest, aerie.
բոյս plant.
բոշայ gipsy.
բոռ hornet-fly. —եխ hornet.
բոսոր blood-red, crimson.
բով furnace. see հանք.
բովանդակ all the, the whole. entire. —ել to include, to contain, to comprise. —ութիւն contents. sum.
բովանդակ(իչ)(ող) container, holder.
բովհրել, see բոհրել.
բովհրում roasting, torrefaction (of metal ores).
բովք (հանք) mine, mineral.
բորակ nitre, saltpeter. —ական թթու nitric acid. —ային nitrous.
բորակածին nitrogen.
բորբոս mold, moldiness. —իլ to grow moldy, musty.
բորբոք eagerness, ardour. —ել to kindle, to incense, to provoke. to set on fire. —իլ to blaze, to be incensed. —ում inflammation.
բորբոքեալ incensed, provoked. inflamed, ignited.
բորոտ leper. leprous. —իլ, —անալ to become leprous. become a leper. —անոց leper hospital, lazar-house. —ութիւն leprosy.
բոց blaze, flame. flash. —ակէզ burning. in flames. scorching. torrid. —ավառ, —եղէն flaming. —ափայլում flare.

բու owl. —էն screech owl.
բուդուզ peg.
բութ optuse. blunt. —ակ wooden pin for stringed instrument. —ամատ thumb. —աչափ inch.
բուժել to heal, to cure.
բուժիլ to be healed or cured.
բուժ(իչ)(ող) healing. healer, curer.
բուժում healing. cure. recovery.
բուծ nutrition. feed, forage. lamb.
բուծանել to breed, raise, feed, to nourish.
բուն real, genuine, precise, natural. internal.
բուն (ծառի) trunk, stem. (գործիքի, զէնքի) handle, butt. օրն ի — all the day long.
բունկալ nest-egg.
բուշտ bladder, blister, pimple.
բուռ gypsum.
բուռն fist, palm.
բուռն ardent, fiery, violent, vigorous.
բուսաբան botanist. —ական botanical. —ութիւն botany.
բուսական vegetal, vegetable.
բուսակեր vegetarian.
բուսնիլ to sprout, to grow, to vegetate, to spring up.
բուստ coral.
բուրաստան flower garden.
բուրգ pyramid.
բուրդ wool, worsted. —ը գզել to comb, to card the wool.
բուրել to scent, to be fragrant.
բուրող fragrant, scenty. perfumed. aromatic.
բուրում scent, aroma.
բուրվառ incensory, censer.
բչել to bellow, to low.
բչիւն bellow, roaring.
բչող bellowing.
բջիջ cell (of body, honeycomb).
բռնաբար violently, by force. —ել to force, to do violence, to ravish. —ութիւն violence, ravishment.
բռնադատեալ constrained.
բռնադատել to force, to constrain.
բռնադատ(ում) compulsion, constraint.
բռնազբօսիկ affected, artificial, overdone.
բռնամարտիկ boxer, pugilist.
բռնամարտութիւն boxing.
բռնանալ to bully, to lord it over, to domineer, to prevail.
բռնատեղ (կոթ) handle.
բռնել to hold, to grasp, to take, to catch, to arrest, to entrap.
բռնի by sheer force, forcibly. — մտնել to force an entrance.
բռնկեցնել to set fire to, set on fire, kindle, inflame.
բռնկիլ to catch (take) fire, to blaze, to burn.
բռնութիւն force, violence, vehemence, outrage.

բռնութեամբ, see բռնի.
բռնուիլ to be caught, to be seized or arrested, to be taken, to be held.
բռնցամարտ boxing, pugilism.
բրաբիոն (անուշահոտ ծնրամակ ծաղիկ մը) tuberose. victory. trophy. crown.
բրածոյ fossil. old. useless.
բրաձուկ codfish.
բրդագործ wool-stapler, wool-comber, wool-sorter.
բրդավաճառ dealer in wool.
բրդեայ of wool, woollen.
բրդել to crumble.
բրդեղէն woollen stuff, goods.
բրդոտ fleecy, woolly, downy. —իլ to be covered with down or wool.
բրել (փորել) dig.
բրինձ rice.
բրիչ (փորիչ) pickaxe, mattock, a pick.
բրոմ bromine. —ական թթու bromic acid. բրոմատ bromate (աղ մը).
բրուտ potter.
բրտանալ to grow rough, become gruff, to stiffen.
բրտութիւն stiffness, rigidity, inflexibility.
բրտօրէն gruffly.
բօթ sad news. —աբեր messenger of sad news.
բօլ the yolk of an egg.

Գ

Գ, գ (kim) the third letter of the Armenian alphabet. Three. Third.
գագաթ summit, crest. top, peak. —նակէտ zenith, acme, climax.
գազան beast, brute. wild, ferocious beast. —աբար brutally, bestially. —ական, —ային beastly, bestial, ferocious. —ամարտիկ one condemned to fight wild beasts (in the arena). —ություն ferocity.
գազանացույց exhibitor of ferocious beasts (of a menagerie).
գազար parsnip.
գալ to arrive, to come, to come along. յարմար — to suit, to fit, to match. միտքը գալ to recall, to remember.
գալար plait, fold, crease.
գալարագիծ (ստուարագիծ) colon.
գալարափող horn (mus.).
գալարել to wind, to twist, to roll.
գալարիլ, գալարուիլ to roll, to wriggle, to writhe, to squirm.
գալարում twist, twisting. rolling up, twining.
գալոն gallon.
գալուստ arrival, advent. բարի — welcome.
գահ throne. դատաւորի — a magistrate's tribune.
գահաժառանգ crown-prince.
գահակալել to be enthroned.
գահակալություն enthronement, accession. succession.
գահավէժ precipitant.
գահավիժել to throw, to hurl.
գահավիժիլ to rush, to dash.
գահաւորակ litter, couch with covering curtain, in which a person may be carried about.
գահերէց chairman. president. —ություն presidency.
գահընկէց dethroned.
գաղափար idea, notion, conception, thought.
գաղափարական ideal, idealist. —ություն idealism.

գաղթադաղթեցնել colonize.
գաղթադաղթեցում colonization.
գաղթական (պանդուխտ) emigrant, immigrant. —ութիւն emigration, migration.
գաղթել emigrate.
գաղղիաբանութիւն gallicism.
գաղղիական French.
գաղղիամոլ fond of the French and their manners.
գաղղիացի a Frenchman, a French woman.
գաղղիերէն French (language).
գաղութ colony.
գաղջ tepid, lukewarm. indifferent. —ութիւն lukewarmness, indifference.
գաղտ(արար)(ագողի) secretly, in secret. in private. incognito.
գաղտադուռ a secret door, back door, postern.
գաղտնապահ one who keeps a secret, avoids telling it to others.
գաղտնի secret, hidden, undiscovered, private. — ոստիկան a detective.
գաղտնիք secret, secrecy.
գաղտորսակ poacher.
գաղտուկ, see գաղտ.
գաճ gypsum. plaster. —ել to plaster. to patch up.
գաճաճ dwarf, pigmy.
գաճոտ chalky.
գամ see բեւեռ. փոքրիկ — tack.
գամել to nail, to fix.
գամփռ (շուն) mastiff. —իկ bull-dog.
գայթ(ում) stumbling, slipping.
գայթակղական scandalous.
գայթակղեցուցիչ, գայթակղիչ scandalous.
գայթակղիլ to be scandalized.
գայթակղութիւն scandal.
գայթոտ slippery.
գայլ wolf. —ագռաւ rook, carrion-crow. —աձուկն pike. —ենի wolf-skin.
գայլախոտ dodder.
գայլիկոն gimlet, borer, drill.
գայլուկ hop.
գան (ծեծ) bastinado. beating with cane on sole of foot. —ակոծել to bastinade. —ահարութիւն beating. a drubbing. —ել beat.
գանգատ complaint, plaint. —իլ to complain.
գանգրել to curl, to frizzle.
գանգուր frizzled, curly.
գանգրոց curling-tongs.
գանկ skull, brain pan. pate, cranium. —աբան craniologist.
գանկային of the skull, encephalic.
գանձ treasure, treasury. —ահատ peculator, robber. —ային fiscal. —անակ charity box, money-box. —ապահ treasurer. —ապետ cashier. —ատուն treasury, pay-office.

գանձել to collect (money), to hoard.
գառազգեղ iron cage (for menagerie animals).
գառն(ուկ) lamb. Գառն Աստուծոյ the Lamb of God.
գառնականչ (bot.) sorrel. —իկ (bot.) oxalis.
գառնիկ lambkin.
գառնուկ lamb.
գասկոնիական gascon.
գաբզանշանք idle talk.
գաբզաչել to rave, to dote.
գարեակ, գարեկ (med.) sty. a sty in one's eye.
գարեհաց barley-bread.
գարեջուր beer.
գարեջրագործ brewer.
գարեջրատուն beer house.
գարի barley.
գարն(ան) ային vernal, spring.
գարնանածաղիկ primrose, cowslip, oxlip.
գարնցան spring sowing.
գարշաբան one who tells lewd stories, speaks indecent things. filthy.
գարշահոտ fetid, stinking. —ութիւն fetidness, stench, mustiness.
գարշապար heel.
գարշելի squalid, detestable, abominable.
գարշիլ to detest, to be disgusted, to loathe.
գարշութիւն, գարշում abhorrence, detestation, loathing.
գարուն spring. springtime. bloom.
գաւազան cane, stick, rod, staff.
գաւաթ tumbler. glass.
գաւաթ (թէյի) tea-cup.
գաւակ rump, buttock (of a horse). —ակալ breech of harness.
գաւառ province, region. —աբանութիւն provincialism. —ակ canton. —ական provincial, countrylike, country. —ապետ prefect. —ապետութիւն prefectship. —ացի provincial. native of a province.
գաւարս dog-berry tree.
գաւթիկ landing, platform between two flights of stairs. top stair.
գաւիթ hall, court. vestibule.
գգուանք caress. tenderness.
գգուել to fondle, to coax, to caress.
գդակ cap. night cap.
գել(ութիւն) crack, fissure, incision.
գել crooked, bent. —աթիւր wry, twisted.
գելարան, գելոց wooden horse (an instrument of torture).
գելուլ to rend, to lacerate, to twist.
գելում twist, strain, shock.
գեհեն hell.
գեղ village, country. country house.
գեղ beauty, loveliness, elegance, comeliness.
գեղագիտական aesthetic.
գեղագիտութիւն aesthetics.

գեղագրութիւն penmanship.
գեղադէմ good-looking, handsome, pretty, lovely, beautiful.
գեղազարդ adorned, embellished, ornate.
գեղածիծաղ cheerful, cheery, smiling.
գեղահրաշ delightful, ravishing, admirable.
գեղանի fair, elegant. pretty, lovely, beautiful.
գեղանկար picturesque.
գեղապանծ lofty. glorious.
գեղասէր, գեղարուեստասէր amateur, dilettante.
գեղարդնաւոր lancer.
գեղարուեստներ fine arts. (նկարչութիւն) painting. (քանդակագործութիւն) sculpture. (երաժշտութիւն) music. (ճարտարապետութիւն) architecture. (պարարուեստ) ballet.
գեղացի peasant, villager, boor.
գեղգեղ(անք) trill, humming. —ել to trill, to quaver.
գեղեցիկ beautiful, fair, handsome, elegant.
գեղեցկագիտական see գեղագիտական.
գեղեցկագիտութիւն see գեղագիտութիւն.
գեղեցկագիր calligraphist. good penman.
գեղեցկագրական calligraphic.
գեղեցկագրութիւն penmanship, calligraphy.
գեղեցկադէմ see գեղադէմ.
գեղեցկացնել beautify, embellish.
գեղեցկութիւն ▸ beauty, comeliness, delicacy, grace, gracefulness, charm.
գեղձ gland, (bot.) convolvulus.
գեղձային glandular.
գեղձանման glandulous.
գեղձում compassion, feeling.
գեղջային rural, rustic. boorish.
գեղջապար country dance (dancing).
գեղջկա(կան)(յին) rural, of the country, rustic.
գեղջուկ peasant. see գեղացի.
գեղօն ballad.
գետ river. —աբերան estuary, mouth of the river. —ակ rivulet.
գետաձի hyppopotamus.
գետանաւ ferry boat.
գետափն (գետեզր) river bank.
գետեզերեայ riparian.
գետեզրեցի riverain, one situated or dwelling by river.
գետին ground, plot, soil. land. field, earth.
գետնադամբան(ներ) catacomb.
գետնախնձոր potato.
գետնա(ծխակ)(ծուխ) coke, coal, pit coal.
գետնածխահանք coal-pit, coal-mine.
գետնահարկ land tax.
գետնայարկ ground-floor.
գետնաշարժ (երկրաշարժ) earthquake. convulsion of earth's surface.

գետնաչափ land-surveyor.
գետնառիւծ chameleon.
գետնատարած (գետնամած) prostrate(d).
գետնատուն cellar, cave.
գետնափոր subterranean. underground.
գետնաքարշ crawling. creeping.
գետներես see գետնայարկ.
գեր super, over, uppermost, beyond. —բնական supernatural.
գերաբարձ pre-eminent.
գերբնապէս supernaturally.
գերագոյն supreme. — էակը the Supreme Being (God).
գերադրական superlative.
գերազանց excellent, superior, unsurpassed. —ել to surpass, excel. to outdo, to eclipse, break the record. —ութիւն excellence, superiority, supremacy. —օրէն supremely, pre-eminently.
գերակայ see գերազանց. —ութիւն see գերազանցութիւն. գերահռչակ illustrious, eminent.
գերահրաշ marvellous, wondrous,
գերան beam, rafter.
գերանդաւոր reaper.
գերանդի scythe.
գերապատիւ the right reverend.
գերբնաբար (գերբնապէս) supernaturally.
գերբնական supernatural.
գերդաստան family. descendants of same ancestry. house.
գերեզման tomb, grave, sepulchre. —ագիր epitaph. —ատեղի cemetery. —ատուն graveyard, God's acre, charnel house.
գերել to enslave, to captivate, lead captive. hold in bondage.
գերի slave, captive. prisoner. enslaved. bondman, bondsman.
գերիշխան sovereign, suzerain. lord paramount. —ութիւն suzerainty, sovereignty.
գեր ի վեր over, uppermost.
գերիվերութիւն superiority.
գերծել to shave. to scrape.
գերմակ fine flour.
գերման(ացի)(ական) German.
գերմաներէն German (language).
Գերմանիա Germany.
գերմաս (թրմուս) Egyptian lupin.
գերութիւն bondage, slavery. captivity.
գզաթ fleece (on the hide).
գզած lint.
գզել to card or comb wool, flax, etc.
գզիչ, գզող wool-comber.
գզոց metal comb to card wool or flax, etc.
գզրոց drawer (of a desk).
գէթ at least.
գէշ ill, bad, evil.
գէշ (դիակ) carcass, carrion, corpse.

գէս hair. tail of a comet.
գէտ diviner, soothsayer.
գէր plump. fat, corpulent.
գթալ to have compassion, to pity, to be touched.
գթած compassionate, pitiful. merciful, tender-hearted. —ութիւն compassion. mercifulness.
գթութիւն pity, mercy. compassion.
գժտութիւն rupture, variance, breach.
գժտուիլ be at variance with, to conflict. to be on bad terms, to be at odds. break with.
գի, գիհի (ծառ մը) juniper tree.
գիբբոն (կապիկ) gibbon.
գիգի a humming bird.
գիծ line. trail, trace.
գին estimate. cost. price. — արժողութեան value. — կտրել to evaluate, to estimate. —ը կոտրել to reduce the price. արժէքէն աւելի — պահանջել to overcharge. to charge too much.
գինարբու drinker, drunkard.
գինարբուք bacchanalia, saturnalia, revelry. debauchery, carousal.
գինդ (օղ) ear-ring.
գինեգործութիւն wine-making.
գինեհատութիւն temperance.
գինեհար tipsy, intoxicated, dead drunk, inebriate(d). —իլ get (be) drunk, see double, tipple, inebriate, carouse. —ութիւն drunkenness. intoxication. inebriety.
գինեմոլ winebibber, sot, toper, hard drinker, boozy, fuddled, tipsy, drunk. —ոլութիւն intemperance, drinking, intoxication, alcoholism.
գինեմրուր dregs, lees. tartar.
գինեպան tavern-keeper, saloon-keeper.
գինեվաճառ wine-dealer, wine-merchant, vintner.
գինետուն saloon. drinking-bar.
գինեքար, գինեմրուր cream of tartar.
գինի wine. անոյշ — sweet wine. գաւաթ մը — a glass of wine.
գինձ coriander.
գինով drunk, tipsy, intoxicated. —նալ to be drunk. to get intoxicated, to see double. —ութիւն see գինեմոլութիւն. —ցած see գինեհար, գինով. —ցնող intoxicating.
գիշակեր ravenous, rapacious. —ութիւն ravenousness, rapaciousness.
գիշատել to eat up, devour, tear to pieces.
գիշատիչ ravenous, ferocious.
գիշեր night, darkness. —ածաղիկ marvel of Perou. —ահանդերձ

night-gown. —ահաւասար equinox. —այած nocturnal. night-walker, somnambulist. see also քնաշրջիկ.

գիշերայածութիւն noctambulism.

գիշերային nocturnal, nightly.

գիշերանոց night-gown.

գիշերանց by night, at night.

գիշերաշրջիկ night-walker, somnambulist.

գիշերապահ patrol, watch. —ութիւն night-watch.

գիշերավար the evening star.

գիշերել to pass the night, to put up for the night.

գիջականութիւն blearedness, lippitude.

գիջութիւն wetness. self-abuse, solitary sexual indulgence.

գիսախռիւ with tangled hair.

գիսաւոր comet.

գիտակ informed, learned, versed. connoisseur.

գիտական scientific.

գիտակից conscious of, alive to, aware of.

գիտակցութիւն sense, consciousness, judgment.

գիտելիք information. knowledge. understanding.

գիտնալ to know, have a knowledge of, to understand. to be aware of.

գիտնական scientist, erudite, learned.

գիտունօրէն (գիտունաբար) learnedly. knowingly.

գիտութիւն science. learning, information. skill.

գիտուն see գիտնական.

գիտցնել to make known, to keep informed, to notify.

գիր letter, writing. character.

գիր(ա)նալ to grow fat, to grow stout, to become corpulent, to put on weight.

գիրգ delicate, tender.

գիրկ (nav.) fathom.

գիրկ bosom. arm. breast.

գիրութիւն fatness, stoutness, plumpness, corpulence.

գիրուկ plump, fat.

գիրցնել to fatten, to make fleshy or plump.

գիրք book, volume. Սուրբ — Holy Bible. կանոնական գիրքեր canonical books (of the Bible). ոչ-կանոնական գիրքեր the apocryphal books, the Apocrypha.

գիւղ village, country, country house. —ը բնակիլ to live in the country.

գիւղաբնակ living in the village, in the country.

գիւղագնացութիւն going to, summering (or living in) the country.

գիւղական rustic, rural, of the village.

գիւղացի peasant, villager.

գիւղանկար landscape.

գիւղաքաղաք town.

գիւտ discovery, find.
գի օղի gin.
գլան cylinder, roller. cigar. rolling-pin. —աձեւ cylindric(al). —իկ cigarette.
գլխագիր capital letter.
գլխադրամ see դրամագլուխ.
գլխադրութիւն limited, joint-stock company.
գլխագարդ top-knot.
գլխակէտ see գագաթնակէտ.
գլխահարկ poll-tax.
գլխանշան nod.
գլխանոց, գլխադիր skull cap.
գլխատել to decapitate, to behead.
գլխատութիւն decapitation, beheading.
գլխարկ hat, bonnet.
գլխացաւ headache.
գլխաւոր chief, main, principal. —աբար, —ապէս mainly. —ութիւն supremacy.
գլխէ հանել to debauch.
գլխիբաց bear-headed.
գլխիվար head-down. —իլ to fall head over heels.
գլխիվեր head-up.
գլորատ chlorate.
գլորական (թթու) chloric acid.
գլորել to roll (up), to revolve.
գլորիլ, գլտորիլ to roll, to tumble.
գլուխ head, pate. chief. leader. top, summit. chapter. — գործոց master piece, chef-d'œuvre. մարդ — per head, per person. դդում — blockhead, bonehead. ոտքէն մինչեւ —ը from head to foot, cap-a-pie.
գծագրել to sketch, to draw.
գծագրիչ, գծագրող designer, draughtsman.
գծագրութիւն drawing, design, sketch.
գծա(կան)(յին) linear.
գծաչափ line ($^1/_{12}$ of an inch).
գծել draw, to trace, to strike out, to rule.
գծուծ base, wretched, vile, mean, abject.
գմբէթ dome, vault, cupola. —աձեւ domè-shaped, convex.
գնածոյ bought, purchased.
գնահատ(ող) appreciator, estimator.
գնահատական appreciating, estimative.
գնահատել to value, to rate, to estimate.
գնահատ(ութիւն)(ում) estimate, estimation, appraising, appreciation.
գնացք behaviour, course, pace, walking, route.
գնդախաղաց ball player.
գնդակ ball, pellet. shot, bullet, billiard-ball. —ախաղ ball game, golf. —ական spherical, globular. —աւոր globulous. —իկ globule.
գնդահար racket.
գնդաչափ bore (of gun) caliber. size of a bullet.
գնդապետ colonel.

գնդասեղ pin.
գնդիկ marble(s). shot.
գնել to buy, to purchase.
գնո(ղ)(րդ) buyer, customer.
գնում shopping, buying.
գնչու gipsy.
գոգ lap, bosom. —աձեւ, —աւոր concave.
գոգնոց apron.
գոգցես nearly. as it were.
գոթական gothic.
գոլ calory. —աչափ calory-meter.
գոլորշային vapourous.
գոլորշանալ to vaporize.
գոլորշացնել vaporize.
գոլորշացում vaporization.
գոլորշի vapour, stem.
գոհ satisfied, content(ed). pleased. — կերպով contentedly, satisfied.
գոհաբանել offer thanks.
գոհաբանութիւն thanksgiving, grace.
գոհացող see գոհ.
գոհացում satisfaction, gratification.
գոհացուցիչ satisfactory, gratifying.
գոհոլ see ալքոհոլ. —ական alcoholic —ութիւն (ալքոլականութիւն) alcoholism.
գոհութիւն thanks. contentment. — Աստուծոյ thanks to God.
գող thief, burglar. robber.
գողանալ (գողնալ) to steal, to rob, to pilfer.
Գողգոթա Calvary.
գողութիւն theft, thieving. burglary.
գորովոր(իկ) loving, affectionate. tender, delicate.
գողօն stolen (goods).
գոճան pig, bog. — միս pork.
գոճեմայր (էգ խոզ) sow.
գոմ stable. —էշ buffalo.
գոյ existent, existing.
գոյական substantive.
գոյական (gram.) noun.
գոյակից co-existent.
գոյակցութիւն co-existence, consubstantiation.
գոյանալ to exist.
գոյարար creator.
գոյացութիւն substance.
գոյաւոր convenient, commodious, easy.
գոյափոխութիւն transubstantiation.
գոյեւոր rich, moneyed.
գոյժ sad news.
գոյն colour, tint. shade.
գոյութիւն being, existence.
գոյք chattels, property, thing, matter.
գոնգեղ turnip-cabbage.
գոնէ at least.
գոնչութիւն ringworm of the scalp.
գոչել scream, call out, shout.
գոչիւն roar, cry, shout.
գոռ intrepid, warlike, valiant.
գոռալ to roar, to rumble. ամպի — to thunder. ծովու, հովի, առիւծի, եւայլն — to roar.
գոռոզ haughty, imperious. —աբար arrogantly, with a sneer. —անալ be proud, look big,

ride the high horse. —ութիւն arrogance, pride.

գոռում clamour, uproar. noise.

գովաբանել to praise, to laud.

գովաբանութիւն laud, praise, commendation.

գովական full of praise, eulogistic.

գովել see գովաբանել.

գովելի praiseworthy, commendable, worthy of praise.

գովեստ laud, praise.

գովող (ինքզինք) boaster, bluffer, braggart.

գովութիւն praise, commendation, eulogy.

գորգ rug, carpet, tapestry.

գորգինայ (bot.) dahlia.

գորգոն(այ) (myth.) Gorgon.

գործ affair, work, deed, act, action, occupation, employment, business, labour, toil. —ադուլ, —ադադար strike (of workmen). գործադուլ ընել to strike.

գործադրել to execute, to perform, to accomplish. —ի feasible, practicable.

գործադրող executor, doer.

գործադրութիւն execution, performance. application.

գործաթող striker, employee who is on strike.

գործածական usual, customary.

գործածել use, make use of. use up, consume to wear out. չարաչար — to abuse.

գործածութիւն usage, use.

գործակալ agent, middleman. transactor. —ութիւն agency.

գործակատար agent, middleman, man of business, chargé d'affaires.

գործակից fellow labourer, co-worker, assistant.

գործակցական co-operative.

գործակցիլ work together, to co-operate. to assist.

գործակցութիւն co-operation, assistance, contribution.

գործանոց factory, workshop.

գործառնութիւն affair, business, dealing.

գործավար overseer.

գործատուն see գործանոց.

գործարան factory, manufactory, work-shop. organ. —անաւոր organic. organized.

գործարարութիւն commission, errand.

գործաւոր labourer, workman.

գործել to labour, to work, to operate, to act, to do, to perform, to exert.

գործիական instrumental.

գործի(ք) implement, tool, instrument, apparatus.

գործնական practical. —ապէս practically.

գործողութիւն operation.

գործողչէք workmanship.

գործուած wrought. —երկաթ wrought iron.
գործունեայ active, busy.
գործունէութիւն activity.
գորշ gray. —ախառն grayish.
գորով love, affection, tenderness.
գորովագին, —ալի, —ալիր, —ագութ, —ալից affectionate, tender.
գորտ frog.
գորտնուկ (կոծիծ) wart.
գորփուրայ communion cloth.
գոց closed, shut, locked. — սորվիլ to commit to memory, to learn by heart. —ել to shut, to close, to lock, to fence up. to enclose.
գուբ pit, cistern, hole, grave.
գութ pity, compassion, mercy, quarter, grace. — ունենալ to have mercy, give someone quarter, to have compassion on.
գույժ sad news. —ել to give the sad news. —կան messenger of sad news.
գուլպայ sock, stocking. գոյգ մը — a pair of socks, a pair of stockings (կանանց).
գումար amount, sum. —ել to add, to assemble. —ում addition. assembly.
գումարտակ brigade, phalanx.
գունաթափ discoloured.
գունատ wan, pale, pallid. —ութիւն wanness, pallor, discolouration.
գունաւոր coloured, dyed, bright. —ել to dye, to coulour, to stain, to tinge.
գունդ globe, sphere, ball. troup, brigade, legion, swarm (մեղուի, մարախի)․
գնդախաղ (գնդախաղ) ball-game. tennis. մանկական — billiards.
գունտ globe.
գունտ ու կլոր plump.
գուշակ guesser. —ել to guess, to foretell. —ող medium, soothsayer, fortune-teller, seer. գուշակութիւն prediction, forecast, divination, horoscope.
գուպար wrestling. —իլ to struggle, to wrestle.
գուսան singer, vocalist. songstress.
գուրգուրալ to fondle, to dote on, idolize, to cherish.
գուցէ perhaps. lest.
գչիր gimlet, borer.
գռգռալ to cluck (hen). to croak (raven).
գռեհիկ vulgar, ignoble, vile, low-minded.
գռեհկութիւն vulgarity, ruffianism, lowness.
գռեհկօրէն vulgarly.
գռիհ street. mire. low morals. անել —, անել փողոց blind alley.
գռթգռթալ to cluck (հաւ)․
գռուզ frizzled.
գտակ see գդակ․

գտիչ (գտակ) inventor, author, contriver.
գտնել discover, find, find out, detect, to provide, to meet, to see. լաւ — to like. առողջութիւնը — recover. քանելիք մը գտնել to object, to criticize. ինքզինք — to come to one's senses, to come to oneself. բրածը — get one's deserts, to be punished, as one deserves. շնորհք — to find favour.
գրաբար literal. Armenian literal. ancient Armenian.
գրագէտ lettered, literate. a literary man. a man to letters. writer.
գրագիտական literary.
գրագիտութիւն literature.
գրագիր secretary. clerk.
գրադատ literary critic.
գրադարան book shelf, library.
գրադարանապետ librarian.
գրաժողով (print.) composing stick.
գրախօսական book review, critique of a book etc.
գրածախ bookseller.
գրակազմ bookbinder.
գրակալ bookstand.
գրական literary. —ութիւն literature.
գրահաշիւ algebra.
գրամոլ rage for collecting books, bibliomaniac.
գրաշար compositor.
գրապանակ pocket-book, wallet.
գրապանել (գրպանել) to appropriate, to pocket, to bag. to steal.
գրասեղան writing desk.
գրասենեակ office, bureau.
գրասէր bibliophile.
գրաստ pack-horse, beast of burden. —ամիտ simpleton, ass, dolt, goose.
գրավաճառ see գրածախ. շրջիկ — colporter. —անոց bookshop, bookseller's shop.
գրավարժութիւն exercise in writing, penmanship.
գրատուն library, bookshop.
գրացուցակ catalogue of books.
գրաւ bet, wager. — դնել to bet. earnest, earnest money.
գրաւ pledge, security. —աքափ ընել to disengage, to take out of pawn, to clear. —ական pledge. security, mortgage. — տալ to mortgage. —առու pledgee, tenant. —ատու pledger.
գրաւել to take as a pledge. to occupy. to appropriate. to invade. —ելի seizable, confiscable.
գրաւիչ thrilling, striking. alluring, charming.
գրաւող invading, invader.
գրաւոր written. in writing, in black and white.
գրաւում invasion, overrunning. seizure, usurpation, sequestration.
գրաքննիչ censor, critic.

գրաքննել to censure.
գրգալի delicious, delightful.
գրգանք fondling, tenderness, wheedling.
գրգել to fondle, to wheedle.
գրգիռ stimulus, impetus, impulse.
գրգռական provoking, irritating, vexing.
գրգռել to vex, to irritate, to excite, to provoke, to rouse, to incite.
գրգռիչ, գրգռող irritant, exciting. provokative. stimulant.
գրգռութիւն excitement, excitation, irritation, provokation.
գրեթէ almost, nearly.
գրել to write, to pen, to scribble, to note down, write down, to record, to scratch.
գրեխ syringe.
գրընկալ see գրաժողով.
գրթցել jostle, hustle, knock against (in a crowd).
գրիչ pen.
գրիչ, գրող writer, author.
գրիւ bushel.
գրկախառն embracing. —ութիւն embrace.
գրկաչափ (nav.) fathom.
գրկել to embrace, to clasp, to kiss.
գրոց graver, burin, tool for engraving (on copper).
գրուան bushel.
գրութիւն writing. handwriting, letter.
գրունդ (կարծր ազնիւ քար մը) corindon.
գրչագիր manuscript.
գրչակ scribbler, scrawler.
գրչակալ pen-holder.
գրչահատ penknife.
գրչատուփ inkhorn, penstand.
գրչութիւն writing, handwriting.
գրպան pocket.
գրպանախոյզ (քսակահատ) pick-pocket.
գրպանել to pocket, to acquire, to bag.
գրտնակ roller, rolling pin.
գրքատուն see գրատուն.
գրքոյկ booklet.
գօս(ացեալ) dry, dried up, dessicated. —ացնել to dry, to parch, to wither.
գօս(ացում)(ութիւն) dessication, drying up.
գօտեմարտիլ to wrestle. to struggle, grapple with.
գօտեմարտիկ wrestler.
գօտեմարտութիւն wrestling, wrestling-match. hard struggle.
գօտեւորել to gird on, to encircle, to girdle, to surround.
գօտի belt, girdle. այրեցեալ — torrid zone. սառուցեալ — frigid zone. բարեխառն — temperate zone.

Դ

Դ, դ (ta) fourth letter of the Armenian alphabet. four. fourth.

դա (այդ, ատիկա) that. that one.

դագաղ coffin. Քարէ — sarcophagus.

դադար rest, relaxation, pause, stop, break, intermission. —իկ stay.

դադ(ա)րիլ to stop, to repose, to relax, to cease, to be suspended, give up.

դադարում intermission, break, rest, stay.

դաժան stern, cross. hard, rough. —աբարոյ sullen, fierce, unsociable. —իլ to be exasperated, to turn sour. —ութիւն ill-nature, surliness.

դալ (կաթ ծննդաբերութեան) beastings (of a cow).

դալար fresh, green. —ագեղ verdant, green. —եղէն grass, herbage, herbaceous. —ուտ herby, grassy.

դալկահար wan, pallid, pale.

դալուկ jaundice.

դահեկան piaster.

դահիճ executioner, headsman, hangman.

դահլիճ cabinet.

դահնայ chopping-knife, cutlas.

դամասկ (դամասկեան կերպաս) damask.

դամբան tomb. monument. —ական funeral, funeral oration.

դայեակ mid-wife. wet-nurse.

դայլայլել to warble.

դայլայլիկ warbling, chirping, singing.

դանակ knife. —ագործ cutler. —ավաճառ cutler.

դանդաղ lingering, slow. —աշարժ dilatory, leisurely, tardy. slow-moving. —իլ to delay, to be long, to loiter, to dally. —կոտ, —ող tardy, slow. —ութիւն slowness, tardiness.

դանիական Danish. — լեզու Danish.

դանիացի Dane.

դաշինք, դաշն treaty, ag-

reement, concord, compact.
դաշխուրան bowl. platter, earthen pan.
դաշնագիր treaty, covenant, concordat.
դաշնակ piano. — նուագել to play the piano. —ահար pianist. —աչարդար tuner of pianos. harmonist.
դաշնակից ally. allied, federated.
դաշնակցիլ to ally, to league, to confederate.
դաշնամուր see դաշնակ·
դաշնաւորութիւն, դաշնակցութիւն federation, coalition, alliance.
դաշոյն dagger, poniard.
դաշտ plain, grounds, field. —ամուկ field-mouse. —ային rural, countrylike, abounding in fields.
դաշտամեկոն poppy.
դաշտան menses. —ային menstrual.
դաշտանկար landscape. —իչ landscape painter.
դաշտավայր field, plain. savanna.
դաշտացնել to level, to smooth, to make even.
դառապաչ partition wall (made of boards).
դառն bitter, sharp, harsh, ill-natured. —աբարոյ cross-grained, waspish. —ագոյն grivously, bitterly.
դառնալ to turn, to come back.
դառնակսկիծ lamenting. grievous.
դառնահամ bitter, briny.
դառնաղէտ disastrous, calamitous, tragical.
դառնանալ to turn sour, to grow bitter.
դառնապէս bitterly, grievous.
դառնացնել to embitter. to irritate.
դառնութիւն grief. surliness. sourness, bitterness.
դաս order, class. group. lesson. —ագիրք text book.
դասալիք deserter, turncoat.
դասալքութիւն desertion.
դասախօս lecturer.
դասախօսութիւն lecture, discourse, speech.
դասակ troop, flock, herd. ոչխարի — a flock of sheep. արջառի — a drove of cattle.
դասական classic(al)
դասակարգ class, order, rank, tribe, caste. —ել to classify, to assort. —ութիւն assortment, classification.
դասակից school-mate, class-mate.
դասապետ chief. leader.
դասասաց reader, lecturer. schoolmaster.
դասատետր copybook, writing book.
դասատու teacher, schoolmaster, instructor.
դասատուութիւն teaching. professorship.
դաս(տուն)(րան) classroom, schoolroom.
դասաւորել, դասել to ar-

range, to put in order, to class, to classify.
դասաւորում arrangement. classification, classing.
դասերգ(իչ)(ու) chorister.
դասընկեր class-mate.
դասընտիր classic.
դաստակ ~~wrist.~~ hilt (of swords). cuff (of gown).
դաստապան handle.
դաստառակ towel, napkin.
դաստիարակ pedagogue, teacher, tutor, educator. —ել to teach, to instruct, to bring up, to nurture, to educate. —ութիւն nurture, education. instruction. —ուհի instructress, governess.
դատ lawsuit, litigation. action. — վարել, —ի կոչել to sue.
դատազանց defaulter, contumacious.
դատախազ accuser, prosecutor, plaintiff. ընդհանուր — Attorney General.
դատապարտեալ convict.
դատապարտել to convict, to condemn, to sentence, to pass sentence on. —ի blamable, reprehensible, culpable.
դատապարտութիւն condemnation, sentence.
դատապարտուիլ to be convicted. to be sentenced. մահուան — to be sentenced to death.
դատաստան judg(e)ment, conviction, lawsuit. արդար — just or fair judg(e)ment. —ական judical, judiciary, legal.
դատավար litigant, suitor. — ութիւն action, lawsuit, suit in law, litigation.
դատավճիռ sentence, judgment, condemnation.
դատարան court, court of law (or justice), tribunal.
դատարկ empty, vacant, unoccupied, uninhabited. —ութիւն void, emptiness, vacuum.
դատարկակեաց sluggard, loiterer, slothful.
դատարկանալ to empty itself, to be emptied.
դատարկաշրջիկ stroller, saunterer, vagrant.
դատարկապորտ, դատարկասուն see դատարկակեաց.
դատաւոր judge, justice of assize, magistrate, justice, the court. —ական judiciary, judicial.
դատել to judge, to bring to trial. to sentence. to conjecture. սխալ — to mis-judge.
դատողութիւն, դատում understanding, judgment, mind.
դար (զոյգ) slope, declivity. even. like, similar. — կամ կենտ խաղալ even or odd (a game).
դար century, age. —աշրջան epoch, era, period. ոսկե— golden age. Միջին — Middle Ages. —է ի դար from age to age.

դարակ shelf. sideboard.
դարան trap, snare. ambush. closet, cupboard. —ակալ insidious, snary. —ակալութիւն lying in wait, ambuscade, ambushment. —ամուտ ըլլալ to lie in wait for, ensnare, to embush.
դարապղպեղ capsicum (hot pepper), pepper, paprika (red pepper).
դարաստան copse, grove, weald.
դարափն shore. bank (of river). wharf.
դարափոր subterran(ean), (eous).
դարբին, դարբնիչ blacksmith, smith.
դարբնել to hammer, to forge. —ի forgeable.
դարբնոց smithy, forge.
դարգին sedan. handbarrow.
դարեւանդակ dais, stage, estrade.
դարիճենիկ cinnamon.
դարձ turning. return, conversion. —ի գալ to be converted.
դարձեալ again.
դարձնել to turn, to return, to reduce. ետ — to return, to call back.
դարձուած(ք) turning, occurance. trickery.
դարման remedy, help. redress. cure, specific. —ել to cure, to remedy, to minister to, to doctor, to restore. —ելի curable, remediable. —ուիլ to be treated (medically). to be repaired, to be remedied. —ում cure, treatment. restoration.
դարպաս palace, court. love suit, courtship.
դաւադրել to intrigue, to plot.
դաւադրութիւն intrigue, plot, conspiracy, machination.
դաւակցիլ conspire, plot.
դաւաճան treacherous, perfidious. plotter, caballer. —ել to betray. —ութիւն betrayal, treachery, plot.
դաւանանք, դաւանութիւն profession, declaration, affirmation, statement.
դաւանիլ assert, profess, confess.
դափ tambourine.
դափնեպսակ laurel-wreath.
դափնեվարդ oleander, rose-bay.
դափնի laurel, bay tree. —է պսակ, դափնեպսակ laurel-wreath.
դգալ spoon. խոշոր — ladle. ծակոտկէն՝ փրփուրի — skimmer.
դդման (կլոր) macaroni.
դդմենի gourd, pumpkin, calabash tree.
դդում pumpkin, gourd. squash. — գլուխ dull, stupid.
դեզ (տղու ընկեր) afterbirth.
դեգ stern, austere, hard to please.
դեգերիլ to linger, to dilly-dally.
Դեկտեմբեր December.

դեղ remedy, medicament, medicine. —արան pharmacy.
դեղագործական pharmaceutical.
դեղագործութիւն pharmacology.
դեղագիր prescription.
դեղագիրք pharmacopœia.
դեղագործ druggist, chemist, pharmacist. —ութիւն pharmacy.
դեղաթափ antidote, counter-poison.
դեղարկղ medicine-chest.
դեղահատ pill.
դեղավաճառ druggist.
դեղին yellow. pale, wan. —կեկ yellowish. —նալ, դեղնիլ to turn yellow, to become pale.
դեղձ peach. —ի, —ենի peach tree.
դեղձան blonde, fair.
դեղձանիկ canary (bird).
դեղնութիւն yellowness, wanness, pallidness.
դեղնուց yolk (of an egg).
դեղնորակ yellowish.
դեղօրայք, դեղեր drugs.
դեղփեան delphian.
դեռ yet, still.
դեռածին new-born, newly born.
դեռափիրթ, դեռավարժ novice.
դեռահասակ young, junior.
դեռափթիթ infant, rising.
դեսպան minister, ambassador.
դեսպանաժողով conference.
դեսպանատուն legation, embassy.

դեր part, role.
դեր... vice..., —նախագահ vice-president. — կամ փոխ-արքայ viceroy. — կամ փոխ-տնօրէն vice-dean.
դերանուն pronoun. ստացական — possessive pronoun. անձնական — personal pronoun. ցուցական — demonstrative pronoun. յարաբերական — relative pronoun. անորոշ — indefinite pronoun.
դերասան actor. performer. —ուհի actress.
դեր ատենադպիր under-secretary.
դերբայ verbal noun, gerund. ներկայ — (ընդունելութիւն) present participle, gerund. անցեալ — (ընդունելութիւն) past participle.
դերբուկ rough, uneven, craggy.
դերեւ, ի — ելնել to be thwarted, to be foiled or baulked of one's purpose, to come to nothing.
դերձակ tailor. —ութիւն tailor's art, sewing. —ուհի dress-maker, seamstrees.
դերձան thread, sewing cotton.
դեւ devil, demon. fiend.
դէզ pile, stack, heap.
դէմ against, opposed to. about. by, near, close, close by. առտուան — towards morning. — յանդիման face to face

(դէմ առ դէմ). — առ — գալ to confront, to face. — դնել withstand, oppose. — երթալ to go to meet.

դէմք face, countenance, physiognomy.

դէպ suitable, meet, becoming, opportune.

դէպի to, towards. — ինձ դարձիր turn towards me.

դէպք event, happening, incident.

դէտ spy, lookout, watchman.

դժբախտ unfortunate, unlucky, ill-starred. —աբար unfortunately. —ութիւն misfortune, mishap, calamity, reverse.

դժգոհ dissatisfied, discontented, unsatisfied, malcontent, sour(ed), sore, sulky. —ութիւն dissatisfaction, discontent, soreness.

դժկամակ discontented, dissatisfied. —ցնել to vex, to dissatisfy. —իլ to be vexed, to be displeased with. —ութիւն discontent, vexation, aversion.

դժնդակ hard, dire, rigorous. laborious, toilsome, difficult. —ութիւն rigour, severity.

դժնիկ (Bot.) buck-horn.

դժոխային hellish, infernal.

դժոխապարտ damned.

դժոխք infernal regions, hell.

դժուար hard, difficult, knotty. intricate. critical. thorny. —աբարոյ sullen, sulky. inflexible, balky. difficult to live with. —ալուր dull of hearing. —ակիր burdensome. —ահալ indigestible, crude. —ահալութիւն indigestion, dyspepsia. —ահաճ, —ահաւան fastidious, nice, hard to please, finicky.

դժուարամատոյց unapproachable, inaccessible.

դժուարամարս indigestible. —ութիւն indigestion, dyspepsia.

դժուարամիզութիւն dysuria, strangury.

դժուարանալ to harden, to become difficult. to complain, to be unwilling.

դժուարաշնչութիւն asthma.

դժուարացնել to complicate, render difficult, entangle.

դժուարաւ hardly, scarcely.

դժուարիլ to take offence (umbrage, exception).

դժուարին hard, laborious, troublesome, painful.

դժուարութիւն hardship, difficulty. obstacle, impediment, hindrance.

դժպատեհ unbecoming, unseemly, improper.

դի(ակ) corpse, carrion (of animals), dead body. carcass.

դիազննութիւն autopsy.
դիաթաղ, մեռելաթաղ gravedigger.
դիապատել to mummify.
դիապատութիւն burying, burial, mummification.
դիել to suck (milk).
դիեցնել to suckle, to nurse.
դիզել to pile, to accumulate, to hoard, heap up.
դիզուիլ to be heaped or collected, to be accumulated.
դիկտատոր (ամբողջատէր) dictator. —ական dictatorial. —ութիւն dictatorship.
դիմագէտ physiognomist.
դիմագրաւ daring, bold, hardy. stout-hearted. —ել to face, to grapple with, confront.
դիմադարձել to oppose, confront.
դիմադարձութիւն opposition, resistance.
դիմադրել to withstand, to resist, to oppose.
դիմազուրկ (բայ) impersonal (verb),which has only the 3d person, singular, for example: it snows. it rains.
դիմակ mask. —աւոր masked.
դիմահատ opaque. —ութիւն opaqueness.
դիմամարտիլ to combat, to contest, to wrestle.
դիմանալ to endure, to last, to stand. to resist.
դիմաց opposite, against. —ը in the face of, opposite, in front of.
դիմացկուն tough, durable. — գոյն fast colour.
դիմել to apply to, to appeal to, to have recourse to, to go to.
դիմում recourse, application.
դիպել to reach, to come, to touch.
դիպեցնել, դպցնել to hit, to attain, to reach.
դիպող opportune, timely. —ութիւն appropriateness. opportunity. timeliness.
դիպուած accident, event, casualty. occasion. —ական accidental, casual, fortuitous.
դիպում encounter, meeting.
դիտակ spy-glass, telescope, field-glass. —իկ opera glass.
դիտանոց watch-tower.
դիտարան observatory.
դիտաւորութեամբ intentionally, deliberately, purposely, on purpose.
դիտաւորութիւն purpose, intention, intent, aim, object.
դիտել to observe, to remark, to consider, to watch, to await. աչքի ծայրով — to leer. —ի observable, noticeable.
դիտմամբ see դիտաւորութեամբ.
դիտող observer. —ութիւն observation, remark.
դիրտ lees, dregs, grounds (of coffee).

դիրք position, situation. stand. posture.
դիցաբան mythologist. դիցաբանական mythological. —ութիւն mythology.
դիցանոյշ, դիցուհի goddess.
դիցապաշտ (կռապաշտ) idolater. —ութիւն idolatry.
դիւաբանութիւն demonology.
դիւաբար devilishly, diabolically.
դիւաբերան blasphemer.
դիւական devilish, demoniac.
դիւակոչութիւն evocation.
դիւահար demoniac, devil-possessed. —ել to be possessed (by the devil). —ութիւն devil possession.
դիւան divan. archives. cabinet. —ագէտ diplomat, statesman. —ագիտական diplomatic. —ագիտութիւն diplomacy, statesmanship. —ապան keeper of archives. —ապետ Lord chancery. —ատուն chancery, chancellor's office.
դիւթ, դիւթող enchanter, bewitcher.
դիւթական magic(al).
դիւթել enchant, bewitch.
դիւթիչ enchanting. necromancer.
դիւթութիւն enchantment, bewitchery, necromancy, incantation.
դիւր smooth, even, plain. commodious. —աբար easily, readily.
դիւրաբեկ brittle, crisp, fragile. —ութիւն fragility, brittleness.
դիւրաբորբոք touchy, inflammable, irritable.
դիւրագայթ slippery. variable.
դիւրագին cheap, inexpensive.
դիւրագրգիռ excitable, irritable, touchy, thin-skinned, peevish.
դիւրագրգռութիւն excitement, peevishness, irritability.
դիւրազգած sensible, impressionable, easily offended. —ութիւն sensibility, susceptibility.
դիւրաթափանց penetrating.
դիւրաթեք pliable. —ութիւն pliancy, pliability.
դիւրալոյծ dissolvable.
դիւրախաբ deceivable, deludable.
դիւրախտիղ ticklish.
դիւրածալ pliable.
դիւրակեցիկ well-to-do, wealthy, well off, in easy circumstances.
դիւրակեցութիւն easy circumstances, comforts.
դիւրահասկնալի intelligible, clear.
դիւրահաւան credulous, gullible. —ութիւն credulity, gullibility.
դիւրամատոյց, դիւրամատչելի accessible, accostable.
դիւրամէտ inclined to, prone to, disposed to.

դիւրայոյզ passionate.
դիւրանալ to be facilitated.
դիւրաշարժ swift, fleet, nimble, nimble-footed. —ութիւն swiftness, suppleness, nimbleness.
դիւրառիկ pregnable, defenseless.
դիւրավառ inflammable, burning quickly and easily.
դիւրատար portable.
դիւրացնել to facilitate, to make easy.
դիւրաւ readily, easily.
դիւրափոփոխ variable, versatile. —ութիւն variableness, versatility.
դիւրել to make easy. to make plain, even, level.
դիւրիմանալի comprehensive, easily understood, clear.
դիւրիմաց intelligible, obvious.
դիւրիմացութիւն intelligibility, comprehensibility.
դիւրին easy, feasible, facile. —ցնել see դիւրացնել.
դիւրութիւն facility, ease, practicability.
դիւցազն hero. —աբար heroically. —ական heroic. —երգական epic. —ութիւն heroism. դիւցազնուհի heroine.
դիք gods, idols.
դլփին dolphin (կիտազգի).
դղեակ castle.
դղրդել to shake, to disturb.
դղրդիլ to shake, to be disturbed.
դղրդիւն racket, shock, tumult.
դղփի maple (tree).
դմակ tail of sheep (fatty).
դնդեր muscle.
դնել to place, to set, to put, to seat, to instate.
դշխոյ princess.
դող trembling, quaking, —ալ to tremble, to shiver, shake. ցուրտէն դողալ to shiver with cold.
դողդղալ to quiver, to shiver, to tremble.
դողդոջ(ուն) trembling, tottering, quivering, shivering.
դոյզն little, least.
դոյլ bucket, pail.
դոնդող jelly.
դու(ն) you, thou, yourself.
դուար (տաւար) cattle.
դուզնաքեայ futile, insignificant, very little.
դունըուրեք (հազիւ) scarcely, far between.
դունչ chin.
դուռ door, gate. գլխաւոր — main gate.
դուստր daughter.
դուր chisel, auger, wimble.
դուրս out, out of doors. abroad.
դուք you, ye.
դուքս duke.
դոփիւն footfall, noisy trampling, stampede (of horses).
դպիր clerk, secretary. scribe, chorist(er).

դպչիլ to touch, to feel, to finger, to tap lightly.
դպրապետ head clerk, head chorister.
դպրեվանք seminary.
դպրոց school. օրական — day school. գիշերօթիկ — boarding school. —ական pupil, student. academic, scholastic, pertaining to schools.
դպրութիւն letters, literature. գեղեցիկ —ներ polite letters, (grammar, rhetoric, poetry = քերականութիւն, հռետորութիւն, բանաստեղծութիւն).
դպցնել to touch, to tap lightly.
դռնակ valve, small door.
դռնահար doorknocker.
դռնապան porter, doorkeeper. —ուհի portress.
դռնչել (ականջը խօսիլ) to tingle.
դռնչիւն rustling noise, tingling.
դռնփակ in private, with doors closed.
դստիկոն floor, storey.
դսրով blame, censure. —ել to blame, to censure. —ելի blamable.
դրախտ paradise. —ահաւ bird of paradise. —ային paradisaic, beatific, heavenly.
դրական positive, practical. —ապէս positively. —ութիւն positivity. positiveness.
դրամ money. silver. coin, cash. մանր — change, small coin. պատրաստ — ready money, cash.
դրամագիտութիւն numismatics.
դրամագէտ numismatist.
դրամագլխատէր (դրամատէր) capitalist, man of substance, moneyed man.
դրամագլուխ capital.
դրամաթուղթ (թղթադրամ) paper - money, banknote.
դրամական pecuniary, fiscal, monetary.
դրամահատ minter, coiner. —ութիւն stamping, minting (of coins, money).
դրամապանակ purse, wallet.
դրամատուն bank.
դրամարկղ safe, case.
դրամափոխ money-changer.
դրամաքսակ (դրամապարկ) money-bag.
դրամընկալ collector (of taxes etc.).
դրացի neighbour, neighbouring, next door to.
դրաց(ն)ութիւն neighbourhood.
դրգալ see դգալ spoon.
դրդել to incite, to instigate, to push, to rouse, to prompt.
դրդիչ, դրդող instigator, prompter.
դրդուիլ to shake, to move.
դրդում instigation, inducement.
դրդչիւն chattering, babbling, gabbling.

դրբակ, (բակ) mallet, hammer with large wooden head.

դրժանք breach (of vow, promise), bad faith, foul play.

դրժել break one's word (or promise), to go back on, play false. օրէնքը, դաշինքը — transgress, to infringe upon, to violate.

դրժում see դրժանք.

դրնդիւն noise, bustle.

դրոշմ mark, print, stamp. նամակա— postal stamp. — զարնել to stamp. — տալ to confirm. —ել to stamp. to mark, to print. to confirm.

դրոշմել to sculpture, to engrave, to carve.

դրուագ episode. incident. chapter (of a book). տախտակէ — panel. —ագործութիւն plating, veneering (of wood). —եալ plated. —ել to incrust, to plate, to veneer.

դրուատել to praise, to laud, appreciate, eulogize.

դրուատիք (գովեստ) cheer, praise, eulogy, paean.

դրութիւն system, position.

դրսեցի outlandish. stranger, strange, foreign.

դրօշ(ակ) flag, banner, standard. ensign, colours.

դրօշազարդել adorn with flags.

դրօշակիր ensign bearer.

դքսութիւն duchy, dukedom.

դքսուհի duchess.

դօդօշ toad. —աքար bufonite, toad-stone.

դօղ band (around barrels).

Ե

Ե, ե (yetch) fifth letter of the Armenian alphabet, and the second vowel. five, fifth.
եբենագործ cabinet-maker. —ութիւն cabinet-making.
եբենեայ of ebony. like ebony.
եբենի ebony tree.
եբրայագէտ hebraist.
եբրայական Hebrew.
եբրայեցերէն Hebrew.
եբրայեցի a Hebrew, a Jew.
եգիպտական, եգիպտացի Egyptian.
Եգիպտոս Egypt.
եդեմ (դրախտ) eden.
եդեմական edenic, paradisaical.
եզ bull, ox. —ի միս beef.
եզական singular. unequalled, unparallelled, unique. —ութիւն uniqueness, singularity.
եզակի (gram.) singular.
եզերաբնակ riverain.
եզերք shore, bank, strand. edge, rim, brim, border, side, brink.
եզնալուծ yoke.
եզնակ bullfinch, gnat-snapper.
եզնավար cowherd, cowboy, herder.
եզնաքաղց (med.) bulimy, bulimia.
եզնենի see եզ.
եզր shore. bank (of river) edge, side. term. margin. ծով— sea-shore.
եզրակացնել to conclude, to infer.
եզրակացութիւն conclusion, inference.
եզրակացուցիչ conclusive.
եթեր ether. —ական ethereal.
եթէ if. — ոչ if not, otherwise.
ել(ում) ascent.
ելակ strawberry. —անոց strawberry-patch.
ելակենի strawberry-plant.
ելանելիք, ելարան ladder, stairs.
ելեկտրաբանութիւն electrology.
ելեկտրաբժշկութիւն cure by means of electricity.
ելեկտրագէտ electrician.
ելեկտրա(դէտ)(ցոյց) electroscope.
ելեկտրական electric. —

մարտկոց electric battery.

ելեկտրականացնել electrify.

ելեկտրականացում electrification.

ելեկտրականութիւն electricity.

ելեկտրամագնիս electromagnet. —ութիւն electro-magnetism.

ելեկտրանալ to be electrified.

ելեկտրաշարժ electromotive.

ելեկտրատարրաբանութիւն electro-chemistry.

ելեւէջ(ներ) ascent and descent. (mus.) modulation. — կեանքի ups and downs of life.

ելեւմուտ finance.

ելեւմտագէտ financier.

ելեւմտական financial.

ելլել to get (go) up, to ascend, to emanate, to shoot, to increase. վեր — to ascend. պառկած տեղէն — to rise. դուրս — to get out. ծառ — to climb up a tree. ոտքի — to stand, to rise. գործէն — to leave the job. տունէն — to move. — (բարձրանալ) to mount. ճամբայ — to start, to set out. գլխէ — to go astray, to be allured.

ելուզակ (յելուզակ) highwayman, robber. —ութիւն robbery.

ելուզում extraction.

ելում (ելլելը) coming out, emanation, departure. արեւու, լուսնի — rising.

ելք ascent, coming out. agression, issue, result, exodus. debit side (in bookkeeping).

եկ arrival, coming. stranger.

եկակոչ ընել to cite, to quote, to name.

եկակոչութիւն citation. summons.

եկամուտ income, revenue.

եկեղեցական ecclesiastic, clerical, clergyman. —ք clergymen, churchmen.

եկեղեցի church. մայր — cathedral, mother church. եպիսկոպոսական — Episcopal church. երիցական — Presbyterian church. աներեւոյթ — the invisible church. Անգլիքան պետական — the Established church. Զինուորեալ — The Church Militant. Յաղթական — The Church Triumphant.

եկեղեցպան church warden, sacristan.

եկեսցէ (հանգստեան ժամ) (c. rel.) compline.

եկքանիկ gold-finch (a bird).

եղ oil. եղաման cruet.

եղանակ manner, form. air, tune. season. բայի — mode (mood). —ել to modulate, to tune. —աւորել to form, to reform, to mend.

եղբայր brother. —աբար brotherly. —ական brotherly, fraternal. —ակից fellow-member. —ակցիլ, —անալ to fraternize.
եղբայրակցութիւն fraternity, brotherhood. (եղբայրութիւն).
եղբայրասէր charitable, altruistic.
եղբայրասիրաբար charitably.
եղբայրսիրութիւն brotherly love, charity, altruism.
եղբօրդուստր niece.
եղբօրորդի nephew.
եղեամ frost.
եղեգնացուպ cane, walking-stick.
եղեգնիկ clyster-pipe. quill.
եղեգնոց cane field.
եղելութիւն affair, fact.
եղեռն crime, atrocity, murder. —ագործ villainous, criminal. nefarious, malefactor. —ագործութիւն atrocity, brutality, criminality. —ական criminal, villainous. —ւոր tragic, tragical (եղերական).
եղեսպակ (bot.) sage.
եղերակատակ tragicomedy.
եղերակատակերգական tragicomical.
եղերգ funeral dirge.
եղերերգակ elegist.
եղերերգութիւն elegy.
եղեւին fir, cedar.
եղեւնաստան forest of fir-trees, cedars.
եղեւնափայտ fir, cedar (wood).
եղէգ reed, cane.
եղընգաքար onyx, sardonyx.
եղին nettle.
եղծական corruptible.
եղծանել to corrupt, defile, to mar, to deface, to spoil. —ի corruptible, that may be spoiled or marred.
եղծանիլ to fall to ruin, to be corrupted or marred.
եղծուած blotting out, obliteration.
եղծում corruption, obliteration.
եղկ tepid, lukewarm. indifferent. —անալ to grow cool. —ելի poor, deplorable, pitiful.
եղնիկ hind, roe.
եղնորթ fawn, doe.
եղուկ ah! alas!
եղունգ finger nail.
եղջերակերպ corneous, horny.
եղջերաւոր horned.
եղջերափող cornet.
եղջերիկ horned viper.
եղջերու deer, stag, hart.
եղջիւր horn, carob (խառնուկ).
եղտիւր marsh, swamp, bog.
եղրեւանի lilac.
եմ am (I am).
ենթադրաբար hypothetically.
ենթադրական assumptive, presumptive, hypothetical.

ենթադրել to suppose, to surmise.

ենթադրութիւն supposition, hypothesis.

ենթալեզուային sublingual.

ենթածովային sub-marine.

ենթակայ subject. —ական subjective. —ութիւն subjection. tendency, susceptibility.

ենթակզակային sub-maxillary.

ենթամնայ division (print.) (-).

ենթասպայ non-commissioned officer.

ենթավարձել sublet, sublease.

ենթատեղակալ sub-leutenant.

ենթարկեալ liable, subject, susceptible.

ենթարկել to subject.

ենթարկուիլ to become liable, subordinate, to be subjected.

եպարքոս vezier.

եպերանք blame, reprobation. reproach, condemnation.

եպերել to blame, to vituperate, to find fault.

եպիկուրեան Epicurean.

եպիսկոպոս bishop. —ական episcopal. —արան episcopate. —ութիւն episcopacy, episcopate.

եռաքաշխ (alg.) trinomial.

եռաբարբառ triphthong.

եռագոյն tricolour, three-coloured.

եռաժանի trident. fish-gig.

եռալ to boil, to gush out, to bubble.

եռաձայն triphthong.

եռամեայ triennial.

եռամսեակ quarter of a year.

եռամսեայ quarterly.

եռանդ ardour, fervency. —ով fervently, eagerly. —ոտ fervent, zealous. —ուն ardent, active.

եռանկիւն triangle. —աչափական trigonometrical. —աչափութիւն trigonometry.

եռանկիւնի triangular.

եռանուագ trio (mus.)

եռապատիկ triple, three-fold.

եռապատկել to triple, to treble.

եռապատկում trebling.

եռավանկ trisyllabic.

եռացկոտ stirring, ebullient, effervescent.

եռացնել to boil.

եռացում boiling, ebullition, effervescence.

եռեզր see եռաքաշխ.

եռոտանի tripod, tripedal.

եռուն boiling, stirring.

եռք tingling, eczema.

ես I. ego, self.

եսական selfish, egotistic. —ութիւն egotism, selfishness.

ետ back. — մնալ to fall behind. — գալ to be back, to return. — կեցնել to deter. — քաշուիլ to flinch. — — երթալ to go backward. — առաջ to and fro.

ետեւ back, behind, after. իրարու —էն one after another.

ետք after, afterwards.

երագ (արագ) speedy, rapid, fast, quickly, swiftly. —ագիր shorthand writer. —ագնաց swift. —ագրութիւն shorthand writing. —ամտութիւն perspicacity, acumen. —ափոյթ prompt, quick. —ել to make haste, to hurry, to press. —ոտն, —ընթաց fleet, light-footed, nimble-footed, also արագընթաց, արագոտն.

երազ dream. —ել to dream.

երազաբանել to rave, talk idly.

երազահան interpreter (handbook) of dreams.

երազատես dreamer, a visionary. thoughtful, dreamy.

երազափորձութիւն pollution.

երազող muser, dreamer.

երաժիշտ musician.

երաժշտախումբ choir, orchestra, band.

երաժշտական musical.

երաժշտանոց conservatory, school of music.

երաժշտապետ bandmaster, choirmaster, conductor, song leader.

երաժշտասէր philharmonic.

երաժշտարան orchestra. conservatory.

երաժշտութիւն music. ձայնական — vocal music. գործիական — instrumental music.

երաժշտօրէն, երաժշտապէս musically.

երախ mouth.

երախակալ (սուրի կոթ) hilt.

երախայ baby, babe, nursling. —ութիւն babyhood.

երախայրիք first fruits.

երախնան muzzle.

երախտագէտ grateful, thankful.

երախտագիտութիւն gratitude. thankfulness.

երախտապարտ see երախտագէտ.

երախտաւոր kind, obliging.

երախտիք kindness, favour, benefit, service.

երակ vein. —ահատութիւն venesection, blood-letting. —ային of veins, pertaining to veins. —աւոր veined, veiny. —իկ hairlike veins, capillary, capillary blood-vessels.

երամ group, bevy. —ակ flock. —ովին in flocks.

երանացնել beatify.

երանա(կան)(ւէտ) blissful.

երանգ colour, shade, hue. —ել to dye, to colour.

երանեալ, երանելի happy, blessed, blest.

երանել to beatify.

երանի՛ blessed. — թէ I wish.

երանութիւն bliss, happiness, felicity.

երանք the groin.

երաշխ(աւորութիւն) pledge.

երաշխաւոր bail, security, guarantee. —ել to bail,

to vouch for, to guarantee. — բլլալ to go bail for. —ութիւն surety, security.
երաշխէպ(ք) torment, torture. scar, mark, stigma.
երաշտ dry, drought, arid. —ութիւն drought. aridity. dryness.
երաշտահաւ (*ալը գուչու*) titmouse, tomtit.
երասան(ակ), սանձ rein, bridle.
երաստան buttock. breech.
երբ when. —որ when, whenever.
երբեմն sometimes, occasionally.
երբեք never, ever. ոչ — not at all.
երբուծ (լանջ) chest, breast, shoulders of mutton.
երգ song, sonnet. hymn, ditty, singing.
երգակ bird-call. —ցութիւն accompaniment.
երգահան, երգայարդար composer (of music).
երգապետ (եկեղ·) lay-clerk, precentor.
երգասէր one fond of music.
երգարան song-book, hymn-book.
երգել to sing. to warble (birds), to chant. —ի easily sung.
երգեհոն organ, church organ.
երգեցողութիւն singing.
երգիծա(բան)(խօս) satirist. —ել to satirize. —ութիւն satire.
երգիծական satiric(al), sarcastic(al).
երգիծանք sarcasm.
երգիոն see երգեհոն· —ահար organist. —իկ baby organ.
երգիչ, երգող singer. singing, vocalist. — խումբ choir (երգեցիկ խումբ)·
երգուսոյց singing-master, teacher of singing.
երգչուհի singer, songstress.
երդ garret window.
երդակից (դրացի) neighbour.
երդաշէն thrifty. frugal.
երդիք roof.
երդմնազանց perjurer, forsworn. —ութիւն perjury, false oath.
երդմնախոր, երդմնակիր perjurer.
երդմնեցուցիչ exorcist, exorciser.
երդնող swearer.
երդնուլ to swear, to take an oath.
երդուեալ sworn.
երդում oath.
երեկոյ evening, nightfall.
երեկոյթ evening party.
երես face, figure, countenance, appearance, surface. գիրքի — page. —ի face to face. —ի բերել to confront. —ին զարնել to rebuke. —ը կախել to pout. to look sour, to frown. առ երեսս, երեսանց apparently, to all appearance. — տալ (տըղու) to spoil, to indulge, to pamper. —

առած (մանուկ) spoiled (child). թթուած — sulky, scowling face.

երեսախօսութիւն confrontation.

երեսել to confront, to bring face to face.

երեսնամեայ of thirty years, thirty years old.

երեսներորդ thirtieth.

երեսուն thirty.

երեսփոխան member of parliament (M. P.), deputy.

երերալ to tremble, to vacillate, to move, to shake.

երերացող, երերուն trembling, wavering, vacillating.

երեւակ (մոլորակ) Saturn.

երեւակայական imaginary, unreal, visionary. fantastical.

երեւակայել to fancy, to imagine. —ի imaginable.

երեւակայող imaginative.

երեւակայութիւն imagination.

երեւելի visible. celebrated, noted, famous.

երեւիլ, երեւալ, երեւնալ to seem, to appear, to be visible (in sight). ինծի այնպէս կ'երեւի it seems to me, methinks. կ'երեւի թէ it looks as though, it seems that.

երեւոյթ appearance, sight. view, apparition. aspect, look. guise. ըստ —ին to all appearance(s).

երեւում apparition, appearing, phase.

երեւցնել to show, to exhibit, to feign. to make visible.

երեւցող plain, apparent.

երեք three.

երեքժանի trident, tricuspid.

երեքիլիոն thousand billions.

երեքլեզուեան trilingual.

երեքկողմանի three-cornered.

երեքնել to triple, to treble.

Երեքշաբթի Tuesday.

երեքութիւն triplicity, trebleness.

երեքպատիկ triple.

երեքտասան thirteen.

երեքտերեւեան triphyllous, trifoliate (as clover).

երեքտերեւուկ clover, trefoil.

երէ game (animals).

երէկ yesterday.

երէց pastor, priest, elder. eldest, senior. —որդի eldest son.

երէցութիւն, երիցութիւն priesthood, pastorate.

երթ course of time, run, going.

երթալ to go, to depart, start, set out, to leave.

երթեւեկ(ութիւն) road traffic, road movement of people and vehicles. travel.

երթեւեկել to travel.

երիզ ribbon, band, string.

երիկամ kidney. —ունք kidneys, reins, loins.

երինջ heifer, young cow.

երիվար horse, steed.

երիտասարդ youth, young-man, young person. —ական youthful, juvenile. —անալ to grow young again. —ութիւն youth, youthfulness, youthful days. —ուհի young lady, girl.

երիցագոյն eldest, senior. oldest member.

երիցական Presbyterian. —ութիւն Presbyterianism.

երիցատուն parsonage, parsonage house.

երիցութիւն pastorate, pastorship.

երիցուկ cammomile.

երիցուհի pastor's wife.

երկ(ասիրութիւն) works, writings.

երկաթ iron. —ագործ iron-smith, blacksmith. —ախառն containing iron. —պատ covered with iron, metalled. —ավաճառ ironmonger. —աքար basalt. —եղէն iron, ferrous. —եղէնններ iron goods.

երկաթուղի railway, railroad.

երկակենցաղ amphibious. — կենդանի amphibian.

երկամեայ biannial, two year-old.

երկամուսին bigamous, guilty of bigamy.

երկայն long. —ահասակ tall. —աբան verbose, wordy, prolix, long-winded. —աբանութիւն verbosity, prolixity, tautology. —ակեաց long-lived. —ակեցութիւն longevity.

երկայնակտուց long-beaked.

երկայնահեր long-haired.

երկայնաձեւ oblong.

երկայնամիտ patient, forbearing.

երկայն(ա)մտութիւն forbearance, patience.

երկայնութեանը (երկայնքին) lengthwise, along, longitudinally. from end to end. from stem to stern, from top to toe.

երկայնութիւն length. (geog.) longitude.

երկայնուկ somewhat long. pretty long.

երկայնում prolongation, lengthening, extension, elongation.

երկան mill. long. —աքար mill-stone.

երկասիրութիւն writings, literary works.

երկավանկ dissyllabic. —բառ dissyllable.

երկատութիւն bisection, dichotomy.

երկար long. — ժամանակ long time.

երկարակեաց see երկայնակեաց.

երկարաձգել to draw out, to protract. to delay. to prolong. to elongate.

երկարաձգութիւն prolongation, delay. elongation, respite. prorogation.

երկարաձիգ prolonged.

երկարավիզ long-necked.

երկարատեւ lasting, enduring, durable. —ութիւն

duration, persistence, endurance.

երկարել see երկնցնել.

երկարիլ see երկնNal.

երկարում extension, prolongation.

երկարօրէն at length, for a long time.

երկբայաբար doubtfully, dubiously.

երկբայական dubious, doubtful.

երկբայիլ to suspect, to doubt.

երկբարբառ diphtong.

երկբացիկ (դուռ) with two leaves (door).

երկբերանեան, երկսայրի two-edged.

երկբնածխատ bicarbonate.

երկգիր, երկատառ biliteral.

երկգլուխ bicephalous.

երկդիմի equivocal, ambiguous, bifacial.

երկդիմութիւն ambiguity.

երկդիմօրէն ambiguously.

երկեակ two, double. binary.

երկեզր (alg.) binomial.

երկընտրանք (փոխընտրութիւն) dilemma, paradox.

երկթեւ (միջատ) diptera.

երկժանի fork, pitchfork.

երկիլիոն billion.

երկինք heaven, the firmament. sky. paradise.

երկիր the earth, the world, the globe. land, ground, earth, country. region. soil, piece of land. birthplace, home.

երկիցս twice.

երկիւղ fear, dread, awe.

—ալի(ց) fearful, dreadful, frightful.

երկիւղած pious, reverent, awesome. —ութիւն reverence, piety, awe.

երկլեզուեան bilingual. bilinguous.

երկկայմ (նաւ) brig.

երկձայն (երգ) duet.

երկնութիւն bigamy.

երկճիւղ, երկճղի forked, split. cloven.

երկմատնեակ (երաժշտ.) tuning-fork.

երկմիլիոն (երկիլիոն) billion.

երկմիտ irresolute, wavering. unstable. unsteady.

երկմտիլ to doubt, to waver. to hesitate.

երկմտօրէն irresolutely. doubting.

երկնագէտ (աստղագէտ) astronomer.

երկնագոյն sky blue.

երկնակամար celestial vault, canopy of heaven.

երկնային heavenly. celestial.

երկնասլաց fervent.

երկնաւոր heavenly.

երկննալ to lengthen, to extend, to stretch.

երկնուագ duet.

երկնչիլ to fear, to be afraid.

երկնցնել to prolong, to lengthen, to elongate.

երկոտանի having two feet, biped.

երկոտասան twelve. —երորդ twelfth.

երկոտասնեակ, երկվեցեակ dozen. duodecimal.

երկու two. —շաբթի Monday. —որեակ twin. —որեակներ (astron.) Gemini, the Twins.

երկուտակ bent with old age. doubled.

երկչոտ timid, fearful, timorous. —ութեամբ timidly, timorously. —ութիւն apprehens(ion) iveness. scare, dread.

երկպառակել to disunite, to wrangle, to set at variance.

երկպառակող seceding, dissenter.

երկպառակութիւն dissent, discordance, division, wrangling, secession.

երկպատիկ double, doubly.

երկսայրաբանութիւն (փոխընտրութիւն) dilemma.

երկսայրի two-edged. —սուր two-edged sword.

երկսեռ bisexual. mixed. — դպրոց a mixed school, a co-educational institution.

երկսերմ (bot.) dispermous, containing two seeds.

երկվայրկեան second, moment, instant.

երկտերեւեան dipetalous, with two flower leaves.

երկտող a short note, a few lines.

երկրաբան geologist. —ական geological. —ութիւն geology. —օրէն geologically.

երկրաբաշխական geodesical.

երկրաբաշխութիւն geodesy.

երկրագէտ a specialist in geognosy.

երկրագիտութիւն geognosy.

երկրագիր geographer.

երկրագործ farmer, husbandman. —ական agricultural. —ութիւն agriculture, husbandry, farming.

երկրագունդ the globe.

երկրագրական geographic(al).

երկրագրութիւն geography.

երկրակալ (աշխարհակալ) conqueror, conquering. —ութիւն conquest.

երկրակեդրոնական (astro.) geocentric.

երկրամերձ (կէտ) perigee.

երկրային earthly, worldly.

երկրաշարժ earthquake.

երկրաչափ geometrician, geometer. —ական geometrical. —ութիւն geometry. —օրէն geometrically.

երկրասէր worldling.

երկրաւոր earthly, worldly. terrestrial.

երկրամայր earthworm.

երկրորդ second. —աբար secondarily. —ական secondary. —ել to second. to repeat, to reiterate. —ում reiteration.

երկրպագել to adore, to worship. —ի adorable, worthy of worship.

երկրպագու adorer, worshiper. —թիւն worship.

adoration, reverence. —թիւն ընել to worship, to adore.

երշիկ sausage.

երջանիկ happy. lucky, blissful.

երջանկաւէտ blessed, blissful.

երջանկութիւն felicity, happiness.

երրեակ three, ternary.

երրորդ third, thirdly. —ական tertiary. —ել to triple.

երրորդութիւն (Հայր, Որդի եւ Ս. Հոգի) The Holy Trinity. The Triune God. երրորդութիւնական trinitarian.

երփն (գոյն) shade, hue, tint. —ել to tint. —երանգ speckled, spotted, variegated, many-coloured.

եւ and. —եւս moreover. այլ— henceforth.

եւեթ only, merely.

եւս more, once more, again.

Եւրոպա Europe. —կան, —ցի, —յի of Europe, European.

եփ boiling, cooking. —ած, —ուած cooked, boiled, baked.

եփել to cook, to bake, to roast, to broil, to grill.

եփիլ to cook, to be cooked, to boil, to broil.

եփինոս sea urchin.

եփուտ ephod.

եօթանասներորդ seventieth.

եօթանասուն seventy, three score and ten.

եօթն seven. —ամեայ septennial. —ապատիկ sevenfold. —ապատկել to increase sevenfold. —եակ septenary. a week. —երրորդ seventh. —եւտասն seventeen. —եւտասներորդ seventeenth.

Զ

Զ, զ (za) sixth letter of the Armenian alphabet. six. sixth.
զազիր filthy, nasty.
զազրաբան, զազրախօս one who speaks filthy things, who talks indecent things. —ութիւն filthy talk, indecent conversation.
զազրա(լի)(լից) filthy, soiled.
զազրահոտ fetid, rancid, stinking, foul. noisome.
զազրատեսիլ hideous, odious, horrid, repulsive.
զազրութիւն filth(iness).
զածած (վտիտ) weazen, wizened, shrivelled, withered (face).
զակատիլ to be fond of, idolize, be in love with.
զաղապ down, fine short hair (on face, on fruits).
զաղփաղփուն frail. fragile. delicate. crumbling.
զամբիկ (էգ ձի) mare.
զամբիւղ basket, straw bag.
զամբուռ (բոռ) hornet.
զայրագին furious, fiery, furiously.
զայրագնիլ (զայրանալ) to fly into a rage, to become indignant, to get mad.
զայրացկոտ indignant, fuming, raging, turbulent, furious, flaming. —ութիւն rage, fury, irritability.
զայրացնել to vex, to infuriate, to madden, to inflame, to lash into fury.
զայրացում indignation, irritation, rage, fury, fit, hysterics. passion.
զայրացուցիչ vexatious, irritant, provoking, harassing, exasperating.
զայրոյթ fury, passion, wrath.
զանազան various, varied, diverse, different. —ել to distinguish, to vary, to diversify. —ութիւն variety, difference, diversity, distinction, contrast.
զանգակ bell. —ածաղիկ bell-flower, campanula. —ահար bell-ringer. —աձեւ bell - shaped.

—ատուն belfry, steeple. —իկ (բոժոժ) small bell.

գանգել to knead.

գանգուած (խմոր) dough, paste.

գանխուլ (թաքնուած) hidden, concealed, secretive.

գանկապան garter, legging, stocking.

գանց ընել to omit, to leave out, to exclude, strike off (or out).

գանցառու negligent, neglectful.

գանցառութիւն negligence, neglect.

գանցարարութիւն omission.

գաչացու blink, sightless.

գառածանել to mislead, to pervert.

գառածանիլ to go astray, to turn away.

գառամ(եալ) decrepit, senile, doting.

գառամանալ to dote, to become decrepit.

գառա(մական)(նցական) senile.

գառամութիւն decrepitude, senility.

գառանցանք delerium. dotage, nonsense, idle talk.

գառանցել to be delirious. to rave, to talk idly, to dote.

գառանցութիւն (հիւանդի) delirium.

գառիթափ descent, slope, dip.

գառիկ arsenic.

գառիվար steep, slope, declivity, descent.

գառիվեր up hill, steep, rising, ascending, precipitous. ascent.

գառկական թթու arsenic acid.

գառկային թթու arsenious acid.

գառքաշ long dress.

գատ separate, isolated, lonely. apart, detached.

գատ besides, apart. separately. —ել to separate, to sever, to detach. to choose, to pick, to select. —ուիլ to be detached, to be separated, to be chosen or elected.

Զատիկ Easter. Զատկի Paschal.

զատկաշաբաթ Easter-week, holy week.

զատում separation.

զարգանալ to get on, to progress, to advance, to improve.

զարգաց(ած)(եալ) advanced, improved. developed. proficient.

զարգացում progress, development, improvement. increase, growth, enlargement.

զարդ ornament, adornment. trimming, garniture. decoration. —ագիր flourished letter (print.) —ագործութիւն ornament making.

զարդախօս phraseologist. ranter.

զարդական decorative.

զարդասեղ brooch.

զարդասենեակ boudoir, lady's small, private room.
զարդասէր showy, tawdry, flashy, gaudy, given to display.
զարդարանք ornament, decoration, garniture, finery. toilet.
զարդարել to decorate, to adorn, to ornament, to garnish.
զարդարկոտ over-nice, finical, foppish. fop.
զարդա(րիչ)(րող) decorator. trimmer, adjuster.
զարդար(ուած)(ուն) ornate, ornamented, rich, gorgeous. well-groomed, smart. gay.
զարդի, զարդու see զարդական.
զարդիս (ներկայիս) at present.
զարթամամ (զարթուցիչ) alarm clock.
զարթնուլ to awake, to wake.
զարթնում awaking, waking, awakening.
զարթուցանել (արթնցնել) to awaken, to waken, to wake up. to arouse. revive, rekindle. to raise.
զարկ a beat. stroke. a blow. impetus, push, boost.
զարկ (բազկերակի) pulse, beat, throb.
զարհուրանք fright, horror, terror.
զարհուրելի frightful, horrible, terrible, formidable.
զարհուրեցնել to terrify, to frighten.
զարհուրեց(ուցիչ)(նող) terrific, terrifying, frightful.
զարհուրիլ to be terrified, to be frightened.
զարմ tribe, family, race.
զարմանազան marvelous.
զարմանալ to be astonished, to be surprised, to be amazed. to admire. —ի admirable, marvelous, wonderful. —իք wonder, marvel, miracle.
զարմանք wonder, marvel, amazement, admiration.
զարմացական ecstatic, of admiration. — նշան mark of exclamation (!).
զարմացնել to astonish, to surprise. to astound, to fascinate.
զարմացում see զարմանք.
զարմիկ cousin. զարմուհի cousin.
զարնել to beat, to strike, to hit, to slap, to box, to knock, to tap. աչքի — to notice. թռչուն — to shoot (birds).
զարնող beater, shooter. knocker.
զարնուած smitten, struck, hurt, wounded. shot.
զարտուղի irregular. anomalous. (շեղած) deviated. indirect. — բայ irregular verb. —լ to go astray, to swerve, to deviate.

զարտուղութիւն deviation, aberration.
զաւակ child, offspring. մանչ — son. աղջիկ — daughter. օրինաւոր — legitimate child. ապօրինի — natural child.
զաւեշտ farce. comedy. —արար comedian. player of farce.
զբաղած occupied, busy, engaged in.
զբաղեցնել to occupy, to employ.
զբաղեց(ուցիչ)(նող) entertaining, diverting.
զբաղիլ to be busy, to attend to, to occupy oneself.
զբաղկոտ busy, occupied, hard at it. hard at work.
զբաղում business, occupation. employment. work.
զբօսական recreational, recreative.
զբօսանաւ yacht (եաք), pleasure-boat.
զբօսանք recreation, pastime, amusement.
զբօսաշրջիկ tourist, excursionist.
զբօսասէր pleasure-loving, fond of amusements. worldly.
զբօսարան, զբօսավայր centre or place for amusements. club. playground.
զբօսնուլ to amuse oneself. to sport, make merry.
զբօսում see զբօսանք.
զբօսցնել to entertain, to amuse, to divert.
զգալ to feel, have a sense of. to taste, to smell, to sense, to be conscious of, to experience. —արար, —ապէս manifestly, plainly, perceptibly, palpably.
զգալի palpable, sensible, appreciable.
զգալիք see զգայարան.
զգայազիրկ swooned, fainted, with a fainting-fit, utterly insensible.
զգայական sensual.
զգայասէր sensual.
զգայասիրութիւն sensuality, dissipation, self-indulgence. animalism.
զգայարան sense. շօշափման — sense of touch. տեսողութեան — sense of sight. լսողութեան — sense of hearing. ճաշակելիք sense of taste. հոտառութեան — sense of smell.
զգայւորութիւն sensualism.
զգայութիւն sentiment, feeling. sensation.
զգայուն sensitive, sentimental.
զգայռ belch. —ել to belch. —ութիւն, —ում belch, belching.
զգաստ discreet, prudent. modest, temperate, quiet, heedful. —ական penitentiary, penitential. —անալ to become prudent, modest. to amend one's ways. —արան penitentiary, reformatory. —ացնել to

correct, to sober down. —ութիւն prudence, discretion, temperance, sobriety. modesty.

զգացող see զգայուն· —ութիւն sentiment, sensation.

զգացուիլ to be affected (with emotion), to be moved.

զգացում feeling, impression, emotion.

զգենուլ to clothe, to dress, put on.

զգեստ clothes, clothing, garment, garb. ձեռք մը — a suit of clothes.

զգեստակալ pegs for cloaks, hats, etc. portmanteau.

զգետնել knock down, to overthrow. to throw down.

զգեցեալ clothed, dressed, robed, draped.

զգլխել inebriate, to make drunk, intoxicate.

զգլխիլ to get tipsy, drunk.

զգլխիչ (զեղեցիկ) beautiful. intoxicating.

զգոյշ cautious, wary, careful, heedful. — be ware!

զգուշանալ to take heed. to be ware, to be careful.

զգուշացնել to warn, to caution, to forewarn.

զգուշաւոր cautious, discreet. heedful, careful. circumspect. —ութիւն caution, discretion, carefulness.

զգուշութիւն carefulness, wariness, circumspection.

զգուշ(ութեամբ)օրէն carefully, cautiously, heedfully.

զգօն wise, prudent. sober. —անալ to become wise, prudent, sober, serious. —ութիւն wisdom, prudence, sobriety. seriousness.

զեան injury, harm. loss, detriment.

զեխ debauched, lewd. debauchee. — (կեանք, վարք) dissolute. —ութիւն debauchery, dissoluteness.

զեկոյց advertisement, announcement, notice.

զեկուցանել to announce, to inform, to declare. to advertise, notify.

զեկուցում see զեկոյց·

զեղծ corrupt, spoiled. bribed. — (վարք, կեանք) dissolute. —աբար abusively. —ական abusive. —անել, —ել to corrupt, to spoil. to seduce.

զեղծութիւն misuse, error, abuse.

զեղծուցիչ seducer. debaucher.

զեղուլ to overflow, to run over. fill up, to abound with.

զեղում overflow. overflowing, pouring out, flood.

զեղուն full. replete.

զեղչ discount, reduction, rebate. —ական (fեբակ·) elliptical. —ել to discount. —ում ellipsis. discounting.

զեղչ (զիղչ) repentance, regret, remorse.

զեն (զոհ) sacrifice, victim. —արան altar. slaughter-house. —ուլ to slaughter, to sacrifice.

զենիթ zenith, apex, culmination, acme.

զեռալ to creep, to crawl.

զեռուն (սողուն) reptile.

զետեղել to put, to set, to fix, to instal, to place, to establish. to seat.

զետեղուիլ to settle, to be installed, established.

զետեղում location, placing.

զերդ, զերթ like, alike, as, as if, as it were.

զերծ exempt, exempted, free from. — կացուցանել to exempt. հիւանդութենէ — immmune against. —անել to save, deliver, to rid. —անիլ to be saved, delivered from.

զեւայ a set-square.

Զեւս (myth.) Zeus, Jupiter.

զեփիւռ zephyr, the west wind. breeze. a gentle wind.

զզուանք disguest, nausea. distaste.

զզուելի disgusting, nauseous, loathsome.

զզուեցնել to disgust, to nauseate.

զզուեց(ուցիչ)(նող) disgusting, nauseous.

զզուիլ to be disgusted, to loathe, to abhor.

զէն (զէնք) weapon, arm. կտրող — side arms (the sword, saber, dagger, bayonet, etc.). հրա— firearms (gun, piece, artillery, cannon etc.). small arms (musket, rifle, carbine, pistol, etc.).

զէնքնկէց ընել to disarm.

զէնքնկեցութիւն disarming.

զի because, for.

զիա՛րդ (ինչպէ՛ս) how, why! what!

զիա՞րդ (ինչպէ՞ս) how?

զիթիկ somersault.

զիթկել to somersault, turn head over heels while in the air, to turn a somersault.

զիլ (mus.) զիլ ձայն soprano.

զիղչ, զղջում penitence, repentance, contrition, regret, remorse.

զինագործ armourer, gunsmith.

զինադ(ադար)(ուլ) armistice, truce.

զինաթափ(ել) ընել disarm.

զինաթափութիւն disarming, disarmament.

զինախաղ(աց) fencer. զինախաղութիւն fencing, fight with swords.

զինակիր armour-bearer.

զինամարտիկ, զինամարզիկ gladiator.

զինամարտութիւն fencing.

զինամթերոց arsenal, armoury.

զինայր gendarme, man-at-arms.

զինանշան coat of arms. armorial bearings.
զինա(նոց)(րան) arsenal, armoury.
զինավաճառ arm seller, dealer in arms.
զինել to arm, to furnish with arms.
զինկ zinc.
զին(եալ)(ուած) armed.
զինուոր soldier, private (soldier). կամաւոր — volunteer. հետեւակ — infantry, foot-soldier. ձիաւոր —ներ cavalry, horse. թնդանօթ — artillery man, gunner.
զինուորագրել to enlist, to levy, to draft, to conscript.
զինուորագրութիւն conscription, enrolment (milit.).
զինուորագրուիլ to be enlisted or conscripted, to enter the army.
զինուորական military, soldierly. soldier, military man.
զինուորակից brother in arms. comrade.
զինուորանոց (զօրանոց) military barracks. quarters. cantonment.
զինուորիլ to enter the army, to become a soldier.
զինուորութիւն soldiery. militia. military service. soldiers.
զինուորօրէն, զինուորաբար militarily.
զի՞նչ, ի՞նչ what?
զիջանիլ to condescend, to comply with, to yield to, to acquiesce.
զիջանող condescending, yielding, compliant.
զիջողութիւն, զիջում condescension, compliance, acquiescence.
զիստ thigh, leg.
զիրկ, զուրկ deprived, devoid.
զլանալ to refuse, to deny, to deprive.
զլացում refusal. negative.
զկեռի medlar (tree).
զղալ dog-berry.
զղջալ, զղջանալ to repent, to regret.
զղջացեալ repentant, penitent.
զղջացող penitent.
զղջում contrition, repentance, penitence.
զմայ asthma.
զմայլանք rapture, rapturous transport.
զմայլեցնել to enrapture, to charm, to enchant, to ravish.
զմայլե(լի)(ցուցիչ) charming, delightful. admirable.
զմայլիլ to admire. to become enchanted, raptured, ravished.
զմայլում see զմայլանք.
զմելի penknife, pocket-knife.
զմուռս myrrh.
զմռսել to embalm, to mummify.
զմռսում embalming., mummifying.
զմրուխտ emerald.
զնդան dungeon.
զննել to observe. to explore. to survey. to

contemplate. —ի observable.

գննիչ, գննող observer. speculative. speculator. observer of stars.

գննութիւն observation. exploration. դիա— autopsy. անդամա— anatomy.

զոտիակոս zodiac. —ական zodiacal.

զոհ sacrifice. victim. —ագործել to sacrifice. —անոց altar. —ել to sacrifice. to make an offering. to devote time to a thing.

զոհողութիւն sacrifice.

զոհուիլ to offer oneself as a sacrifice. to be sacrificed.

զոմ (նաւակամուրջ) pontoon, bridge supported by boats or hollow metal cylinders.

զոյգ pair, couple. — մը կօշիկ a pair of shoes. նորապսակ — newly wedded couple. — մը եզ a pair (or a yoke) of oxen.

զոպայ (bot.) hyssop.

զով cool, fresh. —անալ to cool. to become cool. to take a refreshment. —արար cooling. —ացութիւն cooling (same զովացում). —ացնել to cool, to refresh, to refrigerate. —ացուցիչ cooling, refreshing. refreshment. —ութիւն cool, coolness. freshness.

զոր օրինակ for instance.

զուարակ bull, ox, steer.

զուարթ jolly, joyous, joyful. gay, jovial. sprightly, cheerful. —արար, —ութեամբ gaily, cheerfully, cheerily. —աբարոյ buoyant, light-hearted, sunny. jovial.

զուարթագեղ joyous, lively.

զուարթագին joyous. —երգ (mus.) allegro.

զուարթադէմ smiling (person).

զուարթամտութիւն serenity, placidness.

զուարթանալ to be gay, to cheer up.

զուարթաց(ուցիչ)(նող) enlivening. providing diversion.

զուարթերես see զուարթադէմ.

զուարթութիւն merriment, gaiety. joyousness.

զուարթուն see զուարթ.

զուարճա(բան)(խօս) humorist. joker, jester. punster.

զուարճա(բանական) (խօսիկ) humoristic, humorous. jocular, jocose.

զուարճաբանել to jest, to joke.

զուարճա(բանութիւն) (խօսութիւն) jocularity, wittiness, pleasantry, wit.

զուարճալի(ց) amusing, diverting, sportful, jocular.

զուարճանալ to amuse oneself, to disport, to make merry, to sport.

զուարճացնել to amuse, to entertain. to divert, to cheer.
զուարճութիւն pleasure, diversion, entertainment, sport. fun, merriment.
զուգաբարձ (երկկողմնազոյգ) (geom.) isosceles (of a triangle).
զուգադէպ coincident.
զուգադիպութիւն coincidence.
զուգադիր (alg.) coefficient.
զուգաթիւ even (of numbers).
զուգախոտոր divergent. —ութիւն divergence.
զուգական similar, identical. alike, equal. —ութիւն parity, equality.
զուգակշիռ parallel.
զուգակշռել to place in equilibrium. to poise.
զուգակողմ (geom.) equilateral.
զուգակցել to conjoin, to unite.
զուգահաւասար (համահաւասար) equivalent.
զուգահեռագիծ parallel line.
զուգահեռակ parallel. —ան parallel. —անութիւն parallelism. —ի in parallel lines.
զուգամանակ isochronal. —ութիւն isochronism.
զուգամերձ convergent. —ութիւն convergence.
զուգանկիւն (geom.) equiangular.
զուգանջրպետ equidistant.
զուգաչափ see համաչափ.
զուգաջերմ isothermal.
զուգաւորական venereal.
զուգաւորել to pair, to match.
զուգաւորութիւն coition, union, copulation.
զուգել to couple, to yoke, to pair, to match.
զուգերգ duet. —ել sing a duet.
զուգընթանալ to concur, to consent, to agree, to coexist.
զուգընթաց concomitant. —ութիւն concomitance.
զուգորդ parabola. —ական parabolic(al).
զուգութիւն equality. concord. union.
զուգում yoking, pairing, matching, mating.
զուգօրեայ, զուգօրական equinoctial.
զուգօրութիւն equinox.
զուլակ (հնձանի, կարասի ծորակ) tap, cork, spigot.
զուիրակ (bot.) marjoram.
զուսպ (զսպուած) curbed, restrained.
զուտ genuine, pure, unmixed.
զուր vain. ի — in vain. — տեղ in vain.
զուրկ deprived, devoid.
զուրցել, զրուցել to tell, to say, to speak, to relate.
զոփալ to shiver (with cold).
զոքանչ mother-in-law.
զռ(ալ)(նչել) to bray.
զռինչ, զռնչիւն bray, the braying of a donkey.

զսպական coercible.
զսպանակ spring. —աւոր springy.
զսպել to repress. to inhibit. to restrain.
զսպողական repressive, restrictive, coercive.
զսպ(ողութիւն)(ում) repression. restraint. coercion.
զտարան distillery, refinery.
զտել refine. purify. filter. to strain.
զտիլ, զտուիլ to filter, to be filtered.
զտիչ, զտող filtering, straining. refiner, filter, purifier.
զրաբանել to talk nonsense.
զրախնդիր curious. inquisitive.
զրահ coat of mail, armor, mail. —աւոր man-of-war, ironclad.
զրահաւորել to arm with a cuirass.
զրապանծ vain, vainglorious.
զրաջան ըլլալ to try in vain. to be ineffectual.
զրավաստակ ըլլալ to labour in vain.
զրաւել to finish, to end.
զրաւիլ to come to an end, to terminate.
զրափառ vainglorious. —ութիւն vainglory.
զրեւանդ (bot.) birth-wort, hard-wort.
զրկանք wrong, injustice, harm, bereavement.
զրկել to deprive. to defraud. to wrong. to bereave. to dispossess.
զրկում privation. dispossession.
զրոյ zero.
զրոյց tale, talk. hearsay, story. news. legend. parlance.
զրուցատրել to chat, to talk.
զրուցատրութիւն conversation.
զրուցել tell, say, speak, to relate.
զրպարտական calumnious, slanderous.
զրպարտել to slander. accuse falsely, defame. calumniate.
զրպար(տիչ)(ող) libelous, slanderous, libelant. slanderer.
զրպարտութիւն calumny. slander. slur. incrimination.
զօդ connection. joining. solder.
զօդել to link, to unite, to join.
զօդիչ conjunctive.
զօշաքաղ covetous, greedy. —ութիւն covetousness, cupidity, extortion.
զօշոտել to dazzle, to fascinate.
զօշոտիչ dazzling, transplendent.
զօր see (զօրք, զօրութիւն).
զօրաբաժին (milit.) division.
զօրագլուխ (milit.) general.
զօրագունդ regiment.
զօրաժողով levying, recruitment.
զօրական soldier.

զօրակարգութիւն tactics.
զօրահանդէս military parade, review.
զօրանալ to grow strong, to gather strength. to be encouraged.
զօրանոց see զինուորանոց.
զօրապետ see զօրավարութիւն,
—ութիւն generalship.
զօրապէս by force, forcibly, powerfully.
զօրավար see զօրավարութիւն.
—ութիւն generalship.
զօրավիգ support, stay. protection.
զօրացնել to strengthen, fortify.
զօրացուցիչ fortifying, strengthening.
զօրաւոր powerful, mighty, strong. vigorous.
—ութիւն see զօրութիւն.
զօրել to be able. can.
զօրեղ robust, powerful.
զօրութենաբանութիւն dynamics.
զօրութենական dynamic(al).
զօրութենաչափ dynameter.
զօրութիւն strength, force, might, power, authority. կեդրոնախոյս — centrifugal force. կեդրոնաձիգ — centripetal force. ձգողական — force of attraction, gravitation. զօրութեամբ by power.
զօրք army, forces, troops, soldiers.

Է

Է, է (eh) seventh letter and the third vowel of the Armenian alphabet. seven. seventh.

Է The Eternal Being, God.

է (he, she, it) is.

էաբանական ontological.

էա(կա)բանութիւն ontology.

էակ being. existence.

էական substantial, essential. — բայ auxiliary verb 'to be'.

էակից consubstantial.

էակութիւն entity.

էակցութիւն consubstantiality.

էանալ to be, to exist.

էապէս in reality, really.

էգ female.

է՜հ ah! well!

էշ donkey, ass.

էշայծեամ buck, deer.

էութիւն essence, substance.

էջ page (of books).

էջք descent.

է՞ր why? what for?

էր (he, she, it) was.

Ը

Ը, ը (ut) eighth letter and the fourth vowel of the Armenian alphabet. eight. eighth.

ըլլալ to become, to be, to grow into. —ու բան չէ it is impossible. Եղածն եղած է what is done can not be undone.

ըղեղ, ուղեղ brain. mind. head. intelligence.

ըղեղային, ուղեղային pertaining to the brain.

ըղձալ to wish, to desire. —ի desirable, to be desired.

ըղձութիւն presage, divination, soothsaying.

ըմբան (կոկորդ) pharynx.

ըմբերանել to confute, to gag, to silence.

ըմբիշ, ըմբշամարտիկ wrestler.

ըմբշամարտութիւն wrestling.

ըմբոշխնել to relish, to enjoy.

ըմբոստ restive, insubordinate, defiant, unruly. —անալ to become restive, unruly. defy, run riot. —ութիւն mutiny, riot, defiance.

ըմբռնել comprehend, apprehend, to realize, to discern, perceive, to understand. —ի intelligible, plain, explicit, definite, comprehensible.

ըմբռնող perceptive, comprehensive. —ութիւն comprehension, perception.

ըմբռնում comprehension, perception, grasp.

ըմպել to drink. —ի potable, drinkable. —իք beverage, liquor, drink, spirits, potion.

ընդ to, to the, on, over, by, about, in, with, under, amongst. beneath.

ընդաբեր leguminous.

ընդաբոյս innate, inborn, inbred, congenital.

ընդակաղամբ, ծաղկակաղամբ cauliflower.

ընդակեր granivorous, frugivorous.

ընդառաջ against, counter. — երթալ to go to meet.

ընդաստուն home-bred, sedantary.

ընդավաճառ dealer in seeds. —ութիւն seed trade.

ընդարձակ vast, extensive, expansive, spacious. —ապէս vastly, spaciously, amply. —ել to expand, to extend, to enlarge, to widen. —ութիւն wideness, vastness, amplitude. —ում expansion, extension.

ընդարմանալ to grow drowsy, drop asleep, to be benumbed, to prick, to prickle. to freeze.

ընդարմացում drowsiness, torpor. numbness.

ընդգոգել (բովանդակել) to comprise, to include, to contain.

ընդգրկել to embrace, to comprise, to include, contain. accept.

ընդդէմ opposed to, contrary to, against.

ընդդիմաբան, ընդդիմախօս contradictor. opponent. —ել to contradict, to gainsay. —ութիւն contradiction.

ընդդիմադարձ opponent, adversary. opposite, adverse.

ընդդիմադիր opposing. contrary. of opposition group. the left.

ընդդիմադրել to oppose, to resist.

ընդդիմադրութիւն opposition.

ընդդիմակ contrary. incompetible. opposed, opposing. irreconcilable.

ընդդիմահար firm, hard, impregnable. opaque.

ընդդիմամարտ opponant. opposing. antagonist. enemy.

ընդդիմանալ to resist, to object. to withstand. to oppose.

ընդդիմութիւն resistance. opposition, objection.

ընդել (վարժ), ընտել accustomed, skilled. exercised. used to.

ընդեղէն(ներ) legume, legumen. pulse (seeds of beans, peas, lentils, etc.).

ընդ երկար a great while.

ընդերք (աղիք) intestines, entrails.

ընդէր (ինչո՞ւ) why? what for.

ընդլայնել to amplify.

ընդլեզուեան sublingual.

ընդծովեայ submarine. —նաւ, սուզանաւ submarine, submersible, U-boat.

ընդհանուր general. —դատախազ attorney general.

ընդհանրական general, universal.

ընդհանրանալ to be spread abroad, to be popularized, to be generalized.

ընդհանրապէս generally, in general, for the most part.

ընդհանրացնել to generalize, to spread, to popularize.

ընդհանրացում generalization.

ընդհանրութիւն the mass, body. the multitude.

ընդհատ broken, interrupted, intermittant, disconnected. —ական disconnected, discontinuous, at intervals, by fits and starts. —եալ interrupted, fitful, discontinuous. —ել to intermit, interchange, interrupt, intervene, to alternate. —ութիւն, —ում interruption, suspension, break, intermission.

ընդհարել (բախել) to knock, to fall upon, to dash against, to attack. to fight, to quarrel. to cause to collide or bump.

ընդհարիլ to bump against, to collide, fight, strive, join issue.

ընդհարում blow, shock,

ընդհուպ soon, shortly, presently, anon.

ընդմէջ among, amongst, between.

ընդմիջել to interrupt, cut short, intermit.

ընդմիջող interrupter.

ընդմիջում interruption, suspension. cessation, stoppage.

ընդոծին domestic. servant born in master's home.

ընդածին, ընդաբոյս natural, innate.

ընդոստ start, sudden movement caused by fear, pain, etc. —ում sudden jumping, start.

ընդոտնել scorn, despise, trample underfoot, repudiate.

ընդունակ capable, receptive, apt. —ութիւն capableness, receptivity, aptitude. capacity.

ընդունայն vain, useless. —ութիւն vanity. futility.

ընդունարան container, inclosure. receptacle (vessel, cistern, etc.).

ընդունելի acceptable, admissible. — ըլլալ to be suitable, fit.

ընդունելութիւն reception. party. entertainment.

ընդունիլ to receive, to accept. to adopt. to admit. to allow. to approve.

ընդունող receiver.

ընդունուիլ to be received, to be admitted or accepted.

ընդվայրախոյզ curious, inquisitive.

ընդվայրացած (միտք) vagrant, roving, rambling.

ընդվզիլ to resent, to lower.

ընդվզում resentment, umbrage, pique.

ընդօրինակել to copy, to imitate.

ընդօրինակիչ copyist, imitator. transcriber.

ընդօրինակութիւն transcript, copy. imitation.

ընել to do, to make, to create, to work. դասը — to learn the lesson. գոց — to memorize.

խօսքը մէկ — to agree. մտիկ — to listen. հոգ — to worry. կոչ — to challenge. դուրս — expel, dismiss. ծիր բերան — to deride, to scorn. Աստուած չընէ God forbid.

ընթանալ to go, to run, to walk. to flow.

ընթացարան (մարզադաշտ) stadium, field for sports.

ընթացաւարտ graduate.

ընթացող running, ambulant. walker, runner.

ընթացք gait, pace, course. conduct, behaviour. race. proceeding.

ընթեռնլի legible, readable.

ընթեռնուլ read, analyze.

ընթերցանութիւն reading, perusal.

ընթերցասէր studious. fond of reading.

ընթերցարան reader, reading book. reading - room, study-room.

ընթերցող one who reads, reader.

ընթերցուած lesson, lecture, story. manner of reading.

ընթերցում reading, perusal. lection.

ընթրել to dine. to sup. to take supper.

ընթրիք dinner. supper. Տէրունական — The Lord's supper, holy communion.

ընթրող diner.

ընծախոտ wolf's-bane, aconite.

ընծայ gift, present, donation, offering.

ընծայագիր letter of credit. credential.

ընծայարան seminary, clerical school.

ընծայել to offer, to present.

ընծայութիւն testimony. evidence.

ընծայում dedication. offering.

ընկալեալ received. current, prevalent (custom, usage).

ընկալուչ bethrothed man, intended husband. — (մեքենայ) radio receiver.

ընկեր companion, comrade, partner, fellow. դպրոցի — school-mate. —աբար friendly, sociably. —ական public. altruistic. sociable.

ընկերաբան sociologist. —ութիւն sociology.

ընկերականութիւն sociability.

ընկերակից comrade, associate, member of a company or a society.

ընկերակցիլ to associate, to consort.

ընկերակցութիւն association.

ընկերային social.

ընկերութիւն society, company, partnership.

ընկերսիրութիւն altruism, philanthropy, benevolence.

ընկերվարական socialist.

ընկերվարութիւն socialism.

ընկեցիկ rejected. — երա-խայ foundling, waif.
ընկեցում casting out, rejection.
ընկլուզանել to engulf, to swallow up.
ընկղմել to immerse, to dip, to sink. to submerge.
ընկղմիլ to sink, to submerge.
ընկղմում immersion, submersion.
ընկճել to suppress, keep under. to press down.
ընկճիլ to succomb, to be overcome. to yield. to fail.
ընկողմանիլ incline, lean.
ընկոյզ walnut.
ընկուզաբեկ (գործիք) nutcrackers.
ընկուզենի walnut tree.
ընկրկիլ to recoil, to flinch, to draw back.
ընձախոտ (bot.) broom.
ընձառիւծ leopard.
ընձենի leopard skin.
ընձեռել to afford, to furnish, to supply.
ընձիւղ (ծիլ) shoot, sprout. germ.
ընձուղտ giraffe.
ընչադեղ (քթախոտ) snuff.
ընչազուրկ poor, destitute.
ընչասէր covetous, greedy.
ընչասիրութիւն covetousness, greed, cupidity.
ընչատուփ snuff - box.
ընչացք mustaches.
ընչաւէտ rich, moneyed.
ընչաքաղց covetous, greedy. —ութիւն covetousness, greed.
ընչեղ see ընչաւէտ.
ընտանեկան familiar, what concerns the family.
ընտանենալ to become intimate, familiar, to be acquainted with.
ընտանեցնել to familiarize. to tame, to domesticate. to render sociable.
ընտանի familiar. tame. domestic. intimate.
ընտանիք family, household.
ընտանութիւն familiarity, acquaintance.
ընտասուն sedantary. home - bred.
ընտել accustomed, familiar. —անալ to become tamed. to be accustomed, familiarized. —ական customary, habitual. familiar. —ացնել to habituate, to accustom, to domesticate, to tame. —ացնող tamer.
ընտիր selected, chosen, excellent, exquisite.
ընտրական elective. of election. — պայքար election campaign.
ընտրանի choice, pick. élite.
ընտրեալ elect, elected, chosen, selected.
ընտրել to choose, to elect, to cull, to select, to sort.
ընտրելի eligible, candidate. —ութիւն eligibility, candidateship.
ընտրող elector, selector. —ական electoral. eclec-

tic. —ականութիւն eclecticism.

ընտրողութեամբ discreetly, cautiously.

ընտրողութիւն discernment, discretion, taste. reasoning.

ընտրութիւն election, discernment. option.

ընքուի eye-brow, brow.

ըսել to tell, to say, to utter. — կ'ուզեմ թէ I mean (to say) that.

ըստ according to, in the opinion of. — իս, — իմ կարծիքիս in my opinion. — պատահմունքին at random.

Թ

Թ, թ (toh) ninth letter of the Armenian alphabet. nine. ninth.
թա՛գ crown, diadem, coronet.
թագադրամ crown, a coin worth 5 shillings.
թագադրութիւն coronation, crowning.
թագազարդ crowned. —ել to crown. to adorn with a crown.
թագաժառանգ (գահաժառանգ) crown prince, crown princess.
թագապահանջ pretender (to the throne).
թագաւոր crowned head, king. bridegroom.
թագաւորաբար in a kingly manner. as a king.
թագաւորազն prince.
թագաւորական royal. royalist.
թագաւորավայել royal. kingly, kinglike.
թագաւորել to reign, to rule.
թագաւորութիւն kingdom, reign. royalty, kingship. crown.
թագուհի queen.
թաթ paw. hand. foot. battledore.
թաթախ soaked, dipped.
թաթաղուն full to the brim, completely full.
թաթառ typhoon, hurricane.
թաթար Tartar.
թաթաւել to dip. to soak, to wet.
թաթիկ tender hand, little hand.
թաթխել to dip, to soak, to steep. to moisten.
թաթպան mitten.
թալանալ (մարիլ) to faint, to swoon.
թալկ talc, iringlass stone. —ահար pale, pallid, palefaced. —անալ to faint, to lose consciousness, to swoon. —ացեալ feeble, faint. weak. —ացում fainting, swooning.
թալուկ fainting fit, swoon.
թախանձանք entreaty, solicitation.
թախանձել to entreat, to solicit.
թախիծ sorrow, grief, regret. sadness.

թախծալից anxious, sad.
թախծիլ to fret, to grieve, to be sad, to be afflicted.
թախծութիւն grief, sadness, affliction.
թակ mallet, beetle. maul.
թակարդ snare, trap. —ել to trap. to catch in a trap.
թակել to maul, to beat.
թակոյկ pitcher, urn.
թաղ quarter. a particular district of a town.
թաղիք felt.
թաղագործ, թաղեգործ felt maker. joiner, carpenter.
թաղական the council in a quarter (of a town). town council.
թաղային communal, pertaining to the parish or the quarter.
թաղանթ membrane, film. —ային membranous, filmy. —ոտն web-footed (bird), palmiped(e).
թաղապետ alderman. թաղապետութիւն municipality.
թաղար flower pot.
թաղեգործ(ութիւն) see թաղագործ.
թաղել to inter, to bury, to entomb.
թաղթ(իկ) spinach, beet-leaf.
թաղում burial, interment. inhumation.
թամբ saddle. —ագործ saddler. —ագործութիւն saddlery. —ել to saddle.
թամբ the calf of the leg.
թայթաթոտ relation, kin.
թան soup, porridge. sour-milk mixed with water.
թանագ tin, tin-plate.
թանագագործ tin-smith, tinman.
թանագեղէնք tinware.
թանալ to wet, to moisten, to dip.
թանաք (մելան) ink. —ամահ inkstand, ink-well.
թանաքապահ գրիչ stylographic pen.
թանաքել, թանաքոտել to ink.
թանգար merchant, businessman.
թանգարան museum.
թանթոնիկ (bot.) alkali.
թանթրուենի elder, elder-tree.
թանկ dear, expensive, costly.
թանձր thick. heavy. dull. coarse. massy, bulky.
թանձրաբարոյ impolite, uncivil, ill-mannered.
թանձրագլուխ, թանձրամիտ idiot, stupid, blockish, thick-skulled, dull.
թանձրախիտ, թանձրահոծ thick, dense. tufted.
թանձրամարմին corpulent, stout. thick-set, lumpish.
թանձրամիտ see թանձրագլուխ.
թանձրամորթ pachyderm.
թանձրամտութիւն stupidity, imbecility, stolidity.
թանձրանալ to thicken, to clot. to harden. to condense. to curdle, coagulate.

թանձրացնել to thicken, to condense, to curdle, to coagulate.
թանձրութիւն thickness, mass, density, solidity.
թանչ(ք) dysentery.
թաշկինակ handkerchief.
թառ perch, roost.
թառամիլ fade, lose colour.
թառափ sturgeon.
թառիլ to perch, to roost.
թաս cup, bowl.
թասել (հեւալ) to pant, to puff.
թասող panter, blower.
թասկալ saucer, salver.
թատերախաղ play, drama, piece.
թատերական theatrical.
թատր(ոն) theatre, play house.
թատրերգութիւն drama.
թարախ (շարաւ) pus. —ալից purulent.
թարախ(ակ)ում suppuration.
թարախոտ purulent, sanious.
թարգման interpreter. dragoman. translator. —ել to interpret, to translate, to render. —իչ translator, interpreter. —ութիւն translation, version, rendering, interpretation.
թարթափ blinking, winking.
թարթափիլ to hesitate, to dilly-dally, to waver.
թարթափ(անք)(ում) lounging. stroll.
թարթիչ eye-lash.
թարմ fresh, recent. new. —անալ to freshen, to become renovated.
թաց wet, humid. —կեկ moist. —ութիւն humidity. wetness.
թաւ hairy, shaggy, tufty. thick.
թաւալական rotatory, rotative.
թաւալեցնել to roll, to revolve.
թաւալիլ to rotate. to roll. to tumble. տիղմի մէջ — to wallow (in mire).
թաւալոց wallowing place (of wild boars).
թաւալուկ (մանր ճճի մը) rotifer, wheel-animal. գլան (մեծ քարեր սահեցնելու) roller.
թաւալում rotation, rolling.
թաւարծի hairy, shaggy, thick.
թաւիշ velvet.
թաւշանման, թաւշակերպ velvety, velvetlike.
թաւութիւն shagginess, bushiness.
թաւուտք thicket, grove, the bush.
թաւքնչակ cock's comb.
թափ impetus, impetuosity.
թափան rectum, anus.
թափանցական penetrable. —ութիւն penetrability.
թափանցել pierce through, penetrate. խորը — scrutinize, investigate, fathom. —ի penetrable.
թափանցիկ transparent. clear, pervious.
թափանցկութիւն transparency.

թափանցող pervasive, penetrating.
թափառ sturgeon.
թափառական wanderer, rover, vagrant. wandering, errant. roving. —ութիւն vagrancy.
թափառիլ to roam, to wander, to ramble, to rove.
թափել to pour. to spill. to shed. to pour out. to drop. to cast. արցունք — to shed tears. կաթը թափել (վատնել) to spill milk. արձան — to cast a statue.
թափթափել (սրտի) to beat.
թափթփուք rubbish, junk, litter, refuse.
թափ(ու)իլ to spill, to be shed, to be poured. to drop, to fall.
թափծու cast iron, casting. smelting.
թափուր unoccupied, vacant.
թափօր procession. —ի processional.
թաքուն hidden, secret, concealed. secretive. underhand.
թաքուցանել to cover, to conceal, to hide.
թաքչիլ to hide, be concealed, lie in ambush, to lurk.
թաքստոց ambush, hiding place.
թեզան woof. —եակ cuff.
թեզանիք sleeve.
թեթեւ light, easy. nimble active. fickle. slight. — կերպով slightly.
թեթեւաբար slightly, lightly. nimbly. thoughtlessly.
թեթեւաբարոյ lightheaded. thoughtless, indecorous.
թեթեւազգեստ lightly dressed.
թեթեւակի slightly. swiftly. lightly.
թեթեւամիտ see թեթեւաբարոյ.
թեթեւամտութիւն lightness, levity, thoughtlessness, inconsiderateness.
թեթեւանալ, թեթեւնալ to find relief. to disburden one's mind of something. to be unloaded, to be lightened.
թեթեւանդամ agile, light-footed, fleet, active.
թեթեւաշարժ fleet, agile, nimble. —ութիւն suppleness, swiftness.
թեթեւութիւն lightness, nimbleness, swiftness, agility. assuagement.
թեթեւոլիկ pueril, childish, thoughtless.
թեթեւցնել to lighten, to disburden, to relieve. assuage, alleviate, to ease.
թել thread. երկաթի, արոյրի — iron wire, brass wire.
թելադ(իր)(րիչ) counselor, adviser. instigator. prompter. suggestive.
թելադրել suggest. to inspire, to counsel, to instigate.
թելադրութիւն suggestion,

inspiration, instigation, impulsion.

թելահայս vermicelli (for soup).

թելաձիգ, թելահան wire-drawer.

թելուկ (նուրբ թել) fine thread. fibre.

թեկնածու candidate, pretender. aspirant, claimant. —թիւն candidature.

թեղի (կնձնի) elm.

թեղօշ (կաղնի) oak.

թեմ diocese. եպիսկոպոսի — bishopric. —ական diocesan, parliamentary.

թեռ woollen yarn.

թեր part, party, side, for, pro. — ու դէմ for and against, pro and con (contra).

թերաբաց (կիսաբաց) partly opened, half open.

թերածին abortive. rudimentary (organ).

թերակատար incomplete, defective.

թերակղզի peninsula.

թերահաւատ skeptic(al). unbelieving. doubting. —ութիւն skepticism, unbelief, doubt. distrust.

թերամարտ skirmish.

թերանալ to fail, to miss. to be negligent, to be wanting.

թերաստուեր penumbra.

թերավարժ novice, apprentice. probationer.

թերացում omission. negligence. failure.

թերափք household gods.

թերեւս perhaps, probably.

թերթ sheet (of paper, metal.) leaf. journal, newspaper. ծաղիկի — petal, flower-leaf.

թերթաւոր foliated. petalous.

թերթաքար schist.

թերթել (թղթատել) to thumb (the pages of a book).

թերթիկ leaflet, tract.

թերթօն feuilleton, a novel printed as part of a newspaper.

թերի see թերակատար.

թերիմացութիւն see թիւրիմացութիւն.

թերխաշ underdone. lightly cooked. novice, unexercised, inexperienced.

թերխորով underdone, not cooked enough.

թերհաշիւ on account. instalment payment.

թերմօրուս whiskers.

թեր ու դէմ for or against.

թերութիւն fault, defect, default. imperfection.

թերուս unlettered, illiterate.

թեւ arm, wing. դրան — leaf (of a door, window). հողմաղացի — sail. բանակի — the wing (of an army). — —ի տուած, թեւանցուկ arm in arm. նաւակի — oar.

թեւածել to flutter, soar.

թեւակոխել to reach, to attain to (the age of...).

թեւանալ to take wings.

թեւանցիկ arm-in-arm.
թեւատ with one hand or arm amputated or cut off.
թեւատարած with open arms.
թեւարկել to defend, protect, sponser.
թեւարկու protector, patron.
թեւաւոր winged.
թեւնակ oar.
թեւնոց cuff.
թեփ bran. ձուկի — scale. գլխու — scurf, dandruff. —ամորթ scaly, squamous. —անման branlike. —աւոր scaly. —ոտ branny, scaly. scurfy.
թեքել to bend. to incline. to humble, to turn. to habituate. to train. դանակը — to sharpen, to whet, to grind the knife.
թզանալ (պտուղի կակուղնալ) to soften.
թզաչափ a span.
թզաքաղ, թզկերուկ (թռչ.) figpecker.
թզենի fig, fig-tree.
թզուկ pigmy. dwarf.
թէ if. that. չըլլայ — lest.
թէական conditional.
թէեւ though, although.
թէյ tea. —աման tea-pot.
թէյեփոց tea-urn.
թէութիւն condition.
թէպէտ(եւ) though, although.
թթախտութիւն hemorrhoids, piles.
թթենի mulberry-tree.
թթու sour, tart, acid, sharp. acidic. թնածխային — carbonic acid. ծծմբական — sulphuric acid. փենական — phenic acid. բորակական — nitric acid. լիմոնական — citric acid.
թթուածին oxygen.
թթուածնատ oxide.
թթուածնել to oxygenate.
թթուածնութիւն oxygenation.
թթուակաղամբ sauerkraut, pickled cabbage.
թթուահամ sour, sour to the taste.
թթուաշ sourish.
թթուեցնել to acidify, to render sour.
թթուիլ to turn sour, acetify.
թի, թիակ shovel. oar.
թիավար rower, oarsman. —ել to row, to pull.
թիզ span.
թիթեղ tin, tin plate, sheet metal. —ագործ tinsmith, tin-man. —ագործութիւն tin-man's art.
թիթեռն butterfly. —ակերպ papilionaceous.
թիկնադարձութիւն tergiversation. evasion. revocation.
թիկնաթոռ armchair.
թիկնապահ bodyguard, escort.
թիկնափոկ loinstrap (of a horse).
թիկնոց frock-coat.
թիկունք back. թեւ — support, supporter. vindicator.
թին (խաղողի, թուզի)

(fig, grape) seeds.
թիւ number. figure.
թիւմ (ուրձ, խազուր) (bot.) thyme.
թիւննիկ mackerel.
թիւննոս tunny, tuna.
թիւր slanting, oblique. tortuous.
թիւրել to slant, to pervert.
թիւրասրուն bandy-legged.
թիւրիմացութիւն misunderstanding.
թիւրոտն club-footed, clubfoot.
թլիփ tape.
թլփատել to circumcise.
թլփատութիւն circumcision.
թխագոյն, թխաթոյր brown, dark.
թխադէմ dark - faced, brown.
թխամորթ dark, brown.
թխել bake (bread).
թխորակ brownish.
թխսարան incubator, a box for hatching eggs.
թխսել to brood, to incubate.
թխսում hatching, incubation.
թխսմայր brooding hen.
թղթաբեր postman, mailman, letter carrier.
թղթագործարան paper mill.
թղթադրամ bank - note, paper money.
թղթադրոշմ (նամակադրոշմ, դրոշմաթուղթ) postage stamp.
թղ ախաղ card game.
թղթակազմ paper-binding, stiched.
թղթակից correspondent.
թղթակցել to correspond, to communicate by writing.
թղթակցութիւն correspondence, letter.
թղթավաճառ stationer. —անոց stationery. թղթավաճառութիւն paper trade.
թղթատար, թղթաբերութիւն post, courier's course. see also թղթաբեր.
թղթատել, թերթատել, թերթել to thumb (the pages of a book etc.).
թղթատուն post office.
թմբի linden tree, lime tree.
թմբիւն crash, din, racket. noise.
թմբկահար drummer.
թմբկապետ drum-major.
թմբուլ (bot.) betel, a pepper.
թմբուկ drum. — զարնել to beat the drum. — ականջի tympanum, eardrum.
թմրադեղ narcotic.
թմրած, թմրած drowsy, torpid. benumbed, numb.
թմրական soporific. drug which causes sleep.
թմրիլ, թմրիլ grow drowsy, sleepy. to fall asleep.
թմրութիւն drowsiness, numbness, torpor.
թնդալ to resound, to clank. to rumble.
թնդանօթ gun, cannon.

—աձիգ gunner. —աձիգ գունդ artillery.

թնդացնել to cause to rumble.

թնդացող resounding, ringing, echoing.

թնդել jostle, prod, poke, rouse.

թնդիւն noise. resounding. stamping (of feet).

թնկնիլ to be mixed up. to be complicated.

թնպուխ fleshy part of fruits.

թնօպ larch tree.

թշնամաբար hostilely, adversely.

թշնամական hostile.

թշնամանալ to break with. fall out. be at loggerheads. take umbrage.

թշնամանել to insult, to revile.

թշնամանիչ, թշնամանող insulting, reviling. reviler. insulter.

թշնամանք insult, abusiveness.

թշնամի enemy, foe, antagonist, opponent.

թշնամութիւն hostility, enmity. animosity.

թշուառ wretched, miserable, woebegone. poor. —աբար miserably, wretchedly. —ական evil, depraved, disgraceful. —ութիւն misery, wretchedness, distress.

թոթոշ(իկ) plump, fat.

թոթով stammering, lisping. —ել to stammer, to lisp.

թոթովախօս stammering. stammerer, lisper.

թոժինք sliva, drivel, slaver.

թոժիւն cub. young bear.

թոխոր (կուզ) marten. ferret.

թող(եալ)(ուած) abandoned, forlorn. divorced.

թողելի permissible.

թողուածութիւն destitution. forlornness.

թողութիւն remission, pardon. indulgence.

թողուլ to leave, to forsake, abandon. to give up. to allow. to pardon.

թոյլ slack, loose, flabby. lax, soft. flimsy. indolent. —ութիւն slackness, laxity, softness, looseness. indolence.

թոյլտուութիւն indulgence. permission. tolerance. license.

թոյն poison, venom, toxin.

թոյր (գոյն) colour, hue, tint, tinge.

թոնիր a big jar in which fire is built, used for baking bread.

թոշակ salary, pay, fee. wages. —առու salaried (person).

թոշակաւոր paid, salaried. — աշակերտ a pupil who receives education gratis or for reduced fees.

թոպամահ beaten to death.

թոռ grand son. աղջիկ — (թոռնուհի) grand daughter.

թառամիլ (թօշնիլ) to fade, to wither.
թոռնորդի great grandson.
թովել to charm, enchant.
թովիչ charmer of serpents.
թովչութիւն enchantment, charm, incantation.
թորանոց alembic.
թոր(ել)(իլ) to distill.
թորիչ distiller, distilling.
թորում distillation.
թուաբան, թուաբանագէտ arithmetician.
թուաբանական arithmetical.
թուաբանութիւն, թուագիտութիւն arithmetic.
թուաբանօրէն arithmetically.
թուագրել to number, to mark with a number.
թուական numeric(al). numeral. date.
թուահամար (թիւ) number, registration number.
թուանշան (թիւ) figure, number.
թուարկութիւն numeration.
թուել to count, to calculate.
թուզ fig.
թութ mulberry.
թութակ parrot.
թութք see թթախտութիւն.
թուիլ to look, to seem, to appear.
թուլակի loosely. sluggishly.
թուլամորթ soft, effeminate. —ութիւն effeminacy, weakness.
թուլնալ to soften. to relent, to grow slack, to relax, to grow loose.
թուլկեկ loosely.
թուլութեամբ sluggishly, slothfully, loosely.
թուլութիւն looseness, laxness. effeminacy, slackness. indolence.
թուլցնել to slacken, to loosen, to soften, to mollify.
թուխ brown, dark.
թուխկտար (երաշտահաւ) titmouse.
թուխս brood. incubation.
թուղթ paper. epistle, letter. գրի — writing paper. ծծուն — blotting paper. յղկիչ թուղթ glass paper. —ք առաքելոց the epistles of the apostles.
թումբ dam, dike. mound, embankment.
թունաւոր poisonous, venomous, toxic. —ել to poison, to envenom.
թունաւորիչ, թունաւորող. թունաւոր(ութիւն)(ում) poisoning.
թուր sabre, falchion.
թուր shuttle (of a weaver).
թուփ bush, shrub.
թուք spittle.
թոք lung, lungs, lights. —ագարութիւն pneumonia. —ախտ phthisis, consumption of the lungs. —ախտաւոր consumptive (person). —ային of the lungs, pulmonary. —ատապ inflammation of lungs.

թպրտալ to struggle, to strive.
թռած volatile. flying.
թռիչք flight. soaring. wings.
թռուցիկ kite. track.
թռչական volatile, flying. —**ութիւն** volatility.
թռչիլ to fly, to take wings, to soar.
թռչնաբան ornithologist.
թռչնաբոյծ nourisher or trainer of birds.
թռչնաբուծութիւն bird training.
թռչնանման humming bird.
թռչնարան aviary. large birdcage.
թռչնիկ young bird, little bird.
թռչնորսութիւն hunting of birds.
թռչող flying, volatile.
թռչուն bird, winged animal. flying.
թռչտիլ to flutter, to fly about.
թռցնել to cause to fly, to volatilize. **խելքը** — to go mad.
թրաձուկ sword-fish.
թրել to knead (the dough).
թրթնջուկ sorrel.
թրթուր larva, caterpillar.
թրթռալ to oscillate, to vibrate.
թրթռում vibration, oscillation, trembling.
թրթռուն trembling. vibrating. oscillatory.
թրիք dung. cow-dung.
թրծել to burn (bricks, pottery).
թրծուն well burnt (bricks).
թրկապ (**սուրի գոտի**) baldric.
թրնջի seville orange-tree, bitter orange-tree.
թրջել to wet, to soak, to dip. to steep.
թրջոց soaking linen (before washing).
թրջուած wet, watery. soggy.
թփաստան bush, thicket.
թփուտ bushy, shrubby.
թքնել to spit. **երեսը** — to spit upon, to despise.
թօթափում shake, shaking, jolt.
թօթուել to shake, to jolt, to joggle, to toss. **գլուխը** — to shake one's head.
թօն cloud-burst.
թօշնած languished, withered.
թօշնիլ to languish, to pine, to wither. to fade.

Ժ

Ժ, ժ (jeh) Tenth letter of the Armenian alphabet. Ten. Tenth. ժ is pronounced like the letter s in pleaSure.
ժախ (աղբ) filth, dirt. excrement. —անոց dust-bin, ash-can, garbage-box.
ժահահոտ stinking. —իլ to stink. —ութիւն stench, stink, offensive smell.
ժահնուկ (chem.) bromide.
ժահր virus. —աւոր virulent.
ժամ hour, time. o'clock. church. —ը քանի՞ է what time is it? այս ո՞ր —ն (եկեղեցի) է which church is this?
ժամագիրք (աղօթագիրք) prayer-book.
ժամագործ watch-maker.
ժամագրութիւն horography.
ժամադէտ horoscope.
ժամադիր appointed. — ըլլալ (ժամադրուիլ) to make an appointment. to agree on a rendez-vous.
ժամադրավայր meeting place. rendez-vous. place of resort.
ժամադրութիւն appointment. rendez-vous.
ժամական hourly, by the hour.
ժամ(ա)կոչ verger, sexton, beadle.
ժամահար clock.
ժամանակ time. —ին, —ով in good time. early.
ժամանակագիր chronologer, chronicler.
ժամանակագրական chronological.
ժամանակագրութիւն, ժամանակախօսութիւն chronology, chronography.
ժամանակակէտ termination, end, limit.
ժամանակակից contemporary. up to date.
ժամանակամիջոց period, interval, interim.
ժամանակավրէպ out of fashion, out of date.
ժամանակացոյց time-table, schedule.
ժամանց entertainment, pastime, amusement, diversion.

ժամասացութիւն divine service.

ժամավաճառ ըլլալ to idle away time, to fool away time. to loaf.

ժամավաճառութիւն loafing, idling away time, dawdling away time.

ժամացոյց watch, clock, time-piece, chronometer. թեւի — wrist-watch. զարթուցիչ — alarm clock. աւազի — hourglass. երկվայրկեանի կոտորակներ ցուցնող — stop-watch.

ժամերգութիւն see ժամասացութիւն.

ժամկոչ see ժամակոչ.

ժայթքել to jet, to spurt. to disgorge, to vomit. to emit. erupt. belch.

ժայթքում ejection, discharge, eruption. vomiting.

ժայռ rock. —ոտ rocky.

ժանգ rust. —առու oxidable. —ոտած rusty. —ոտիլ to rust, to become oxidized. —ոտութիւն rust, rustiness. oxidation.

ժանեակ lace, lace-work.

ժանիք fang (of beasts). tusk (of elephants).

ժանտ ill, malign, wicked, ill-natured. mischievous. — օդ close air.

ժանտաբարոյ surly, shrewish. pugnacious. peppery, waspish.

ժանտաբեր pestiferous, pestilential.

ժանտաթզենի sycamore tree.

ժանտախտ pest. pestilence.

ժանտահոտ reeky, fetid, putrid, rancid, offensive. —ութիւն putridity. fetidness.

ժանտամահ plague, pestilence.

ժանտաջուր (բորակական թթուատ) nitric acid, aqua fortis.

ժանտատենդ typhus. —ային typhoid. —ային ջերմ typhoid fever.

ժանտատեսիլ (ժահատեսիլ) hideous, monstrous. grim. squalid, odious, horrid.

ժանտութիւն wickedness, spitefulness, ill nature.

ժապաւէն ribbon. tape. cord, twist.

ժառանգ heir, heiress. —ական hereditary. ժառանգակից coheir, coheiress.

ժառանգաւոր seminarist. —աց դպրոց clerical college.

ժառանգել to inherit.

ժառանգորդ see ժառանգ.

ժառանգութիւն heritage, inheritance, possession. heirship.

ժժակ insect.

ժժմակ cockle, shell-fish.

ժիպակ mercury, quicksilver.

ժիր diligent, mindful, quick, active.

ժլատ niggard, avaricious, mean. greedy. —ութիւն greed, avarice. meanness.

ժխոր tumult, commotion. turmoil. din.

ժխտական negative. — կերպով negatively.
ժխտել to gainsay, to deny, to renounce. to negate. to contradict.
ժխտում negation, denial.
ժմիտ (ժպիտ) smile.
ժմտիլ (ժպտիլ) to smile.
ժոխ raspberry = արքայամոր.
ժոխիլ to taint, to be spoiled, to become corrupt.
ժողով meeting, assembly, convocation. union. party.
ժողովածոյ collection, selection.
ժողովական committee member, congregational. — եկեղեցի congregational church.
ժողովանոց, ժողովարան meeting hall, synagogue, chapel.
ժողովել to assemble, to gather, to collect, accumulate, to heap up.
ժողովում assembly, assembling, collecting. mustering. convocation.
ժողովուրդ people, multitude.
ժողովրդական popular. —ացնել to popularize. —ութիւն popularity.
ժողովրդապետ rector. curate, vicar. —անոց parsonage.
ժողվել see ժողովել.
ժողվող collector.
ժողվուած assembled, collected, heaped up.
ժողվուիլ to congregate, to assemble, to meet, to gather together.
ժուժկալ temperate, abstemious, sober. —ել to abstain, to refrain. —ութիւն abstinence, temperence, moderation.
ժում hour, time.
ժուռ գալ to take a walk, to promenade.
ժպիտ smile, grin.
ժպիրհ audacious, insolent.
ժպտիլ to smile.
ժպտուն smiling.
ժպրհիլ be insolent, to arrogate. outbrazen, brazen out.
ժպրհութիւն insolence, audacity, brazenness, bumptiousness.
ժտանք audacity, brazenness.
ժտիլ to take liberty, to be bold (audacious).
ժրագլուխ diligent, laborious, industrious, assiduous.
ժրաջան, ժրաջէր, ժրավաստակ see ժրագլուխ.
ժրութիւն industry, assiduity, diligence. eagerness, ardor.
ժոռատ (ակռապլիկ, ատամնաթափ) toothless, edentate(d).

Ի

Ի, ի (ini) Eleventh letter of the Armenian alphabet and the 5th vowel. twenty. twentieth.

ի բաց apart, afar, at a distance.

իբր as, like, so, nearly, almost, about.

իգաբարոյ effeminate, fainthearted, soft. womanish.

իգական feminine. female.

իգահանոյ, իգամոլ gallant. lustful, lascivious.

իգայ (բոյսերու էգ գործարան) pistil.

իգասէր, իգատենչ see իգամոլ.

ի դերեւ of no effect, of no avail, in vain.

ի դիմաց in behalf of.

իժ viper, adder. —աբարոյ viperine, viperish. —ակորիւն young viper.

իլ(իկ) spindle, distaff.

իլաձեւ spindle-shaped.

իղձ longing. desire, wish.

իղձ sorcerer, wizard, magician.

իմ my. իմս, —ինս mine.

իմանալ to understand, to comprehend. to be informed. to hear.

իմանալի comprehensible, intelligible.

իմաստ significance, sense. meaning. mind, opinion.

իմաստալից meaning, intelligible.

իմաստախոհ wise, judicious, prudent.

իմաստակ pedant, doctrinaire. sophistic(al). —ութիւն sophism, pedantry, sophistry.

իմաստասէր philosopher.

իմաստասիրական philosophical.

իմաստասիրել to philosophize.

իմաստասիրութիւն philosophy.

իմաստութեամբ wisely, prudently.

իմաստութիւն wisdom, prudence.

իմաստուն wise, prudent, sage, wise man.

իմացական intellectual, rational, mental. —ութիւն intelligence, intellect, mind. rationality.

իմացող intelligent. —ութիւն cognizance, cog-

nition, apprehension, comprehension, intelligence.
իմացութիւն intelligence.
իմացում understanding.
իմացնել to inform, to warn.
ի միասին together, conjointly.
ի միջի among.
իմովսանն as well as I can, to the best of my ability.
իյնալ to fall, fall down. perish. to descend. to die. to fail. (տերեւնե-րը) falling of leaves. (գին, ջերմ) prices, temperature fall. միտքը — to recall, to remember. հետը — to tease. քանի մը ետեւէն — to pursue, to follow up. աչքէ՝ երեսէ — to be disgraced, to be discredited. ուժէ — to be exhausted, to be unnerved, to become powerless. երկինքէն — to be stupefied, to be stunned (amazed). ջուրը — (ծրագիր, եւայլն) fall through, come to nothing. քեզի, ինծի կ'իյնայ it suits, it is becoming that you, I...
ինձ (ընձառիւծ) leopard.
ինհամ Indian potato, yam.
ինն (ինը) nine.
իններորդ ninth.
իննսնամեայ ninety years old. ninety-year old.
իննսուն ninety.
ինչ (բան) thing, anything.
something.
ի՞նչ what? ինչո՞ւ why? what for? why so?
ինչպէս as. — նաեւ, — որ and likewise.
ի՞նչպէս how? in what manner?
ի՞նչպիսի what sort? what kind?
ինչք possessions. wealth, riches.
ինք(ն) oneself. him (self), her(self). —իրմով, —իրմէ by himself. ինքն — the very person, he himself. ես ինքս I myself.
ինքնաբաց (bot.) dehiscent.
ինքնաբերաբար of its own accord. spontaneously.
ինքնաբերական automatic, spontaneous.
ինքնաբերութիւն spontaneity, spontaneousness.
ինքնաբոյս, ինքնաբուխ adventitious. spontaneous.
ինքնագիր autograph.
ինքնագլուխ, ինքնիշխան, ինքնավար free, independent, autonomous, selfgoverning.
ինքնագոյ self-existent.
ինքնագրութիւն autography.
ինքնադէպ casual, fortuitous.
ինքնախաբութիւն delusion, self-deception.
ինքնախօսութիւն (մենախօսութիւն) soliloquy, monologue, apostrophe.
ինքնակալ autocrat, autocratical. —ութիւն autocracy.

ինքնակամ voluntary. arbitrary.

ինքնակենսագրութիւն autobiography.

ինքնակոչ self-styled, intruder, would-be. —ութիւն intrusion.

ինքնահաւնոյ, ինքնահաւան self-conceited, presumtuous. —ութիւն presumption, self-conceit. self-importance, pomposity.

ինքնահնար imaginary, fictitious.

ինքնահոս (գրիչ) fountain-pen.

ինքնամուխ intrusive, intruding, intruder.

ինքնայօժար, ինքնանուէր voluntary, voluntarily.

ինքնաշարժ self-moving, self-moved, automatic. — կառք automobile, car.

ինքնասէր selfish, self-centered, self-seeking, egotistic, egoistic.

ինքնասիրութիւն self-love, self-worship, egotism, egoism, selfishness.

ինքնասպան committing suicide, self - murder.

ինքնավարժ self - taught, self-educated. self - trained.

ինքնատիպ original, creative, uncopied.

ինքնատպութիւն originality.

ինքնին by itself. spontaneously.

ինքնիշխան see ինքնագըլուխ.

ինքնիշխանութիւն independence. autonomy, self-government.

ինքնիրեն by oneself. to oneself. spontaneously.

ինքնութիւն identity, sameness.

ինքնուս self-taught, self - educated.

ինքնուրոյն characteristic. typical. individual, specific.

ինքնօգնութիւն self-help.

ինքնօրէն see ինքնագլուխ, ինքնիշխան.

ինքնօրինութիւն see ինքնավարութիւն.

իշամեղու (բոռ) hornet. wasp.

իշապան, իշավար donkey driver.

իշխան prince. ruler. —ական princelike, princely. խաւարի — satan. գահաժառանգ — crown-prince. —ազուն prince.

իշխանապետ dictator. իշխանապետական dictatorial. —ութիւն dictatorship. principality.

իշխանութիւն princedom. principality. power. reign, domination. բացարձակ — absolute power, authority.

իշխանուհի princess.

իշխել to reign, to rule, to dominate, to govern.

իշխող ruler, dominant, ruling.

իշութիւն gross ignorance, stupidity. gross blunder.

իշուկ (աւանակ) colt, young ass.

իշքուռակ colt (of an ass).

իջեցնել to lower, to take down. to reduce, diminish. նաւը ջուրը իջեցնել to launch.
իջեւան inn, public house, hotel. —իլ to lodge, to rest.
իջնել to go down, to descend, to diminish, to come down, to be reduced.
իջուած apoplexy.
իսկ in effect, really, indeed. but.
իսկական real, genuine, true. selfsame. identical.
իսկապէս truly, actually, really.
իսկատիպ original.
ի սկզբանէ in the beginning, at first.
իսկոյն forthwith, immediately.
իսկութիւն reality, essence.
իսպառ entirely, wholly, to the end.
ի վեր up, up to. above. since.
իր thing, object, matter. affair, case, fact. իրօք truly, really.
իր (իւր) his, her, its.
իրագիտութիւն general science, natural science.
իրագործել to realize, to carry into effect.
իրագործուիլ to be realized (completed).
իրագործում realization, completion.
իրադարձութիւն sudden turn of fortune. phase. aspect.
իրազեկ well informed, acquainted with, aware of.
իրական real, actual. —ացում realization. —ութիւն reality, fact.
իրան bust, body (not counting head and limbs).
իրանուն (ճուն) temple.
իրապաշտ realist. —ութիւն realism.
իրապէս really, actually.
իրար each other, one another.
իրաւ truly, in truth.
իրաւաբան, իրաւագէտ jurist, lawyer.
իրաւաբանութիւն jurisprudence, law.
իրաւախոհ, իրաւարար arbitrator, arbiter.
իրաւախոհութիւն arbitration.
իրաւախօս veracious.
իրաւակարգ regime.
իրաւասութիւն jurisdiction.
իրաւատու grantee.
իրաւարար arbiter, judge. —ութիւն arbitration.
իրաւացի just. right, reasonable.
իրաւընտիր see իրաւարար.
իրաւընտրաբար by arbitration.
իրաւընտրել to arbitrate.
իրաւի see յիրաւի.
իրաւունք right. justice. claim. share.
իրաւցնէ truly. indeed.
իրենց their. to them.
իրենք they.
իրիկուն evening.
իրողութիւն fact. case. matter.

իրօք really, truly, in effect.

իցիւ թէ I wish (that...)

իւղ (եղ) oil. ձիթաիւղ olive oil. կտաւատի — linseed oil. ձկան — codliver oil. արդար — melted butter.

իւղային oily, greasy.

իւղարան oil manufactory, oil-shop.

իւղել to oil, to anoint.

իւղեփեցութիւն perfumery.

իւղոտ see իւղային.

իւղոտել to oil, make oily, greasy.

իւր see իր.

իւրացնել to appropriate.

իւրացում appropriation.

իւրաքանչիւր each, every.

իւրովի(ն) by oneself.

իւրովսանն as well as he (she) can.

իք thing, object. matter.

Լ, լ (liun) Twelfth letter of the Armenian alphabet. thirty. thirtieth.

լաբիւրինթոս maze, labyrinth.

լաբրակ wolf fish.

լագան snow-shoe.

լազուարթ azure-stone.

լազուտ maize, corn, Indian corn.

լաթ dress, clothes, garment. cloth.

լալ to weep, to cry, to bewail, shed tears. —ագին doleful, plaintive. dolefully, plaintively. —ահառաչ plaintive, moaning, lamenting. —իւն, լաց weeping, crying, tears. —կան crying, weeping.

լախուր smallage (wild celery).

լախտ heavy club. bludgeon, mace.

լակ mess, dog food.

լական basin, washbasin.

լակել, լափել to eat up, to gulp down, to devour. to lap, lick.

լակոնական laconic. —ոնով laconically.

լակոտ pup. whelp. urchin. scoundrel.

լաճ boy, lad. scoundrel, urchin.

լամա, այծուղտ llama.

լամա Lama (of the Tartars).

լամբ handle (of a pot, basket, etc.).

լամբ (օղակ) ring.

լամբ(ար) lamp.

լամուկ (տղեկ, մանչ, լաճ, լակոտ) lad, boy. urchin, roguish boy or youngster.

լայն wide, broad, vast.

լայնալիճ long bow.

լայնածաւալ vast, extensive. extended. spacious.

լայնակտուց having a broad beak.

լայնատարած see լայնածաւալ.

լայննալ to broaden, to widen.

լայնցնել to widen, broaden, to amplify, to enlarge.

լայնք width, breadth.

լայքայ sealing wax.

լանջական pectoral, thoracic.

լանջապանոց bodice, corset.

լանջապանակ breastplate.
լանջոսկր sternum, breastbone.
լանջ(f) bosom. breast, chest, thorax.
լապտեր lantern.
լաչակ veil, cover.
լաստ raft. —ափայտ raft.
լաստակ scaffold. —ել to scaffold, to erect scaffolding.
լաստավար raftsman.
լատին Latin.
լատինաբանութիւն latinism.
լատիներէն Latin (language).
լար string, cord, line, rope.
լարախաղաց rope-dancer, funambulist, juggler, conjurer. trickster.
լարակալ bridge (of a violin).
լարել to set, to wind. to bend, to tighten.
լաց weeping, tears, crying. —ող crying, weeping. weeper, mourner.
լաւ good. well. —ագոյն best. —ագոյնը the best.
լաւանալ to amend, to improve. to get better, recover, recuperate.
լաւաշ (բաղարջ) unleavened bread.
լաւատեղեակ well informed.
լաւատես optimist. —ութիւն optimism.
լաւացնել, լաւցնել to better, to ameliorate, to amend, restore.
լաւացում recovery, amelioration, betterment, amendment.
լաւորակ praiseworthy, laudable.
լաւութիւն goodness, well-being. amendment.
լափել see լակել.
լափլիզել, լափլփել to eat up. to devour, gulp down.
լափլիզող devouring. lambent.
լեարդ liver.
լեգէոն legion. —ական legionary.
լեզու tongue. language.
լեզուագար babbler, tattler. —իլ to tattle, to speak against, to rail at.
լեզուագէտ linguist.
լեզուագիտական linguistic.
լեզուագիտութիւն linguistics. philology.
լեզուակ epiglottis. little tongue.
լեզուային linguistic, lingual.
լեզուանի loquacious, talkative, chatty, garrulous.
լեզուաfննին plilologian.
լեղ alum.
լեղակ indigo. blue. —ատուն indigo factory.
լեղային aluminous.
լեղապատառ (ընել) strike terror, appal, startle, frighten, terrify. — ըլլալ to be awe-stricken, appalled, startled, terrified.
լեղի gall, bile. bitter. acrid. acerb.

լեղութիւն bitterness, acridness, acerbity.

լեմոն (կիտրոն) lemon.

լեռ mountain, mount. height. — ելլել to ascend, to mount, to climb the mountain, go up the mountain. —նանալ to pile up.

լեռնաշղթայ mountain range, mountain chain.

լեռնցի, լեռնաբնակ highlander, mountaineer.

լեռնազաւառ country, mountainous region.

լեռնադաշտ plateau, uplands. highland.

լեռնակ (բլրակ) hillock, knoll.

լեռնային, լեռնոտ mountainous, hilly.

լեսան muller, tool for grinding powders, etc..

լեսատամունք molar (teeth), back teeth serving to grind.

լեսուլ to grind, to pound into powder.

լերդախոտ (bot.) germander.

լերկ bald, hairless. without down. —անալ to become bald, (pared, peeled). —ութիւն baldness.

լեցնել to fill, to fill up, to complete.

լեցուիլ to be filled. to fill oneself. to become full. to be crowded. սիրտը — to be moved.

լեցուն full, filled. լեփ — full to the brim. replete. brim-full.

լեւիաթան leviathan.

լզել to lick, to pass the tongue over.

լի see լեցուն.

լիաբերան mouthful.

լիաբուռն handful. plentifully.

լիազօր fully authorized, plenipotent. —ութիւն plenipotency.

լիալուսին full moon.

լիակատար full, complete, plenary.

լիզուիլ to be licked, to lick oneself.

լին lake.

լիմբոս (դժոխք) limbus.

լիմոն lemon. —ական թթու cidric acid.

լիմոնի lemon (tree).

լիմոնաջուր lemonade.

լինդ, լինտ gum (of teeth).

լիով(ին) fully, abundantly.

լիութիւն fulness, plenitude.

լիուլի fully, completely. perfectly. abundantly.

լիսեռն (սռնակ) axle-tree.

լիսեռնիկ pulley.

լիտր litre (1,76 pints).

լիրբ shameless, insolent, impudent, audacious, brazen.

լիցք charge (of a fire arm).

լլկել to bore (pester, torment, torture), to ravish, to force (rape, violate).

լխկիլ to be corrupted. to stick, to go bad.

լծակ lever, crowbar.

լծակից co-worker. conjoint. spouse.

լծակցել to join, to unite, to conjoin.
լծակցութիւն union, connexion, conjunction.
լծել to yoke, to join.
լծորդ conjunct, conjugate, similar. alike. **—ել** to conjugate. **—ութիւն** conjugation.
լծվար acre = 4 roods.
լկիլ to thaw, to melt (of ice).
լկուկ lukewarm, tepid.
լկտի lewd, immodest, unchaste, lascivious.
լկտիանալ to become shamelessly licentious.
լկտիութիւն immodesty, lewdness, lechery, lasciviousness.
լճակ pond, pool, puddle.
լճանալ to stagnate. stand still. to become a lake.
լճացեալ stagnant.
լճացում stagnation. immobility.
լճափ (**լճեզր**) the shore of the lake.
լման total, complete. perfect, blameless, flawless.
լմննալ to finish, to end, to terminate, to conclude, to be over.
լմնցնել to finish, to close, to end, to terminate. to consume, to squander. to crown.
լմշտոց (**օրորոց**) cradle.
լնդազար scorbutic(al). **—ութիւն** scurvy.
լնդատապ inflammation of the gums.
լնդել to churn (milk).
լոգանալ to bathe, to take a bath.
լոգանք bath, bathing.
լոգարան bath, bathroom.
լոգցնել to bathe, to wash.
լոգոր lure, decoy.
լոլիկ tomato, love-apple.
լոլոզել to wheedle.
լոկ only, simple. simply.
լող swimming. **—ալ** to swim. to float.
լողարան, **լուղակ** fin.
լողորդ, **լուղորդ** swimmer, diver.
լումլումել to chew, to munch. to mumble (words).
լոյծ fluid, liquid, watery.
լոյս light, daylight, day. lamp. **ի — բերել**, **հանել** bring to light. to publish (book). — **տեսնել** (**ծնանիլ**) see the light, be born. to be published (books).
լոսդի salmon.
լոր, **լորամարգ(ի)** quail.
լորի linden-tree.
լորձն see **լորձունք**.
լորձնային salivary.
լորձունք saliva, slaver.
լորտնուկ slug.
լորտու adder.
լու flea.
լուալ wash, bathe, rinse.
լուացանք ablution, washing. wash.
լուացարան wash-house, laundry. wash - basin, scullery. sink. wash - stand.
լուացարար(ուհի) washerman, laundress. washerwoman. bleacher. launderer.
լուացող washer, bather.

լուացուկ lavender.
լուացուող bather.
լուացուք dish-water.
լուացք washing. laundry. wash. lye-washing.
լուբիա bean, kidney-bean.
լուել to hem.
լուին plant-louse, aphis.
լուծ yoke.
լուծական soluble, solvable. —ութիւն solubility.
լուծել to unbind, untie, to release, to solve, to detach. to dissolve. to decompose. —ի solvable. soluble.
լուծիչ, լուծող solvent, dissolvent, analyst.
լուծողական purgative, aperient (medicin), purge.
լուծոյթ solution (with dissolved matter).
լուծուիլ to be solved. to be dissolved (of society, parliament, etc.). to be dissolved (in a liquid).
լուծում solution. dissolution. analysis.
լուղակ see լողակ.
լուղորդ see լողորդ.
լումայ liard (0.125 penny), half a farthing. —ափոխ money-changer.
լուռ silent, still. — կեցէք be quiet, sit still, keep still, hush!
լուսաբանել to explain, to illustrate.
լուսաբանող illustrative.
լուսաբանութիւն explanation, illustration.
լուսագրել (լուսանկարել) to photograph.
լուսագր(ող)(իչ) (լուսանկարիչ) photographer.
լուսագրութիւն (լուսանկարչութիւն) photography.
լուսաթափանց translucent.
լուսածին, փոսփոր phosphorus.
լուսածին photogenic.
լուսածնատ phosphate.
լուսակրօն illuminated. saint.
լուսանանանչ shining, sparkling, scintillant.
լուսանճի fire-fly, fire-worm. glow-worm.
լուսամիտ enlightened.
լուսամուտ window, casement.
լուսամփոփ lamp-shade.
լուսանալ see լուսնալ.
լուսանկար photograph. —ել to photograph. —իչ photographer. —չութիւն photography.
լուսանցք margin (of book, of a written page).
լուսաշտարակ light-house.
լուսափիւռ glistening.
լուսավառ glittering. illuminated.
լուսավառութիւն illumination.
լուսավիմագրութիւն photolithography.
լուսատու luminary, luminous.
լուսարար sexton.
լուսաւոր luminous, clear, bright.

լուսաւորական illuminative.
լուսաւորել enlighten, illuminate.
լուսաւորիչ illuminator, enlightener. Սբ. Գրիգոր Լ— Saint Gregory the Illuminator.
լուսաւորութիւն enlightenment.
լուսափայլ resplendent, glistening.
լուսեղէն luminous, of light.
լուսին moon.
լուսն (med.) cataract.
լուսնաբնակ lunarian. defunct.
լուսնագրութիւն selenography.
լուսնաժէտ see լուսնոտ, լուսնահար.
լուսնալ to dawn, to grow light, to lighten, to grow bright.
լուսնակ, լուսնկայ moon.
լուսնահար, լուսնոտ lunatic, epileptic.
լուսնային lunar, lunary. — ամիս lunar month ($29\frac{1}{2}$ days), lunation.
լուսնանոր, նորալուսին new-moon.
լուսնաշրջան lunar cycle, lunation.
լուսնաքար (chem.) selenite.
լուսնել, պայտել to shoe (horse, donkey, etc.).
լուսնէջք lunar landing.
լուսնթագ (մոլորակ) Jupiter.
լուսնող (պայտար) shoeing-smith, farrier.
լուսնոտ see լուսնահար.
—իլ to become lunatic. —ութիւն epilepsy, lunacy.
լուտանք insult, abuse.
լուտասենի lote-tree.
լուր news, message.
լուրջ grave, sedate, serious.
լուցան, լուցափայտ, լուցկի match.
լուցանել (վառել) to light, to kindle, to set on fire.
լուցատուփ match-box.
լպիրշ lewd, immodest, shameless. impudent.
լպրշանք insolence.
լպրշութիւն immodesty, lewdness, lechery.
լպիրծ, լպրծուն slippery.
լռակեաց taciturn, reserved, reticent. —ութիւն taciturnity, reserve, reticence.
լռասէր silent, still.
լռել to be quiet, to keep still, keep silence, hold one's tongue.
լռելեայն implied, implicit. tacitly, implicitly.
լռեցնել to silence. to confute, to refute. to gag.
լռիկ, լռին silent, still, silently.
լռիկ մնջիկ silent, still, silently.
լռութեամբ silently.
լռութիւն silence, taciturnity.
լսաբանական acoustic.
լսաբանութիւն, լսագիտութիւն acoustics.
լսական, լսողական auditory.
լսափրութիւն inquisitive-

ness.
լսարան lecture hall.
լսել to hear, to listen, to hearken.
լսելի audible.
լսելիք ear. musical ability.
լսող hearer, listener, auditor. attending, listening.
լսողական see լսական.
լսողութիւն hearing. ear.
լսուիլ to be heard, to become audible.
լրաբեր messenger, one who delivers messages, letters and parcels.
լրագիր newspaper, paper, daily.
լրագրապետ journalist, newspaperman.
լրագրավաճառ news-agent, newsboy.
լրագրող see լրագրապետ.
լրագրութիւն journalism.
լրանալ to be complete(d), to be finished.
լրապատում, լրաւէր newsmonger.
լրատար messenger.
լրացնել to complete, to finish.
լրացուցիչ complement, suppliment, complementary, supplimentary. completive.
լրբաբար, լրբութեամբ insolently, audaciously, shamelessly.
լրբենի audacious, insolent.
լրբութիւն effrontery. insolence, impudence.
լրբօրէն see լրբաբար.
լրթագոյն azure, sky-blue.
լրիկ (մայթ) sidewalk.
լրիւ fully, completely, perfectly.
լրութիւն completion, integrity. totality.
լրում completion, fulfilment, accomplishment. — լուսնի (լիալուսին) full-moon.
լրջամիտ serious, grave, sedate.
լրջօրէն seriously.
լրտես spy. scout. informer. —ել to spy, explore secretly. —ութիւն spying, espionage.
լցածու massive, bulky.
լփոտալ, լփոտել to stammer. to speak indistinctly, to mumble.
լփոտուք mumbling, stammering.
լքեալ abandoned, forlorn.
լքել to leave, to abandon, to desert. to quit. to give up.
լօդիկ coat, hood. mantle.
լօլիկ tipsy, drunk, intoxicated, dead drunk.
լօպկել to rob, to strip someone of his belongings.
լօռ seeweed.
լօբիկ, լօփ short and fat, stumpy, thickset, stocky.

Խ

Խ, խ (khéh) Thirteenth letter of the Armenian alphabet. forty. fortieth.

խաբ, խաբանք trick, deceit, knavery. fraud, trickery.

խաբեբայ deceiver, impostor. fraudulent, trickster. cheat, swindler. false. —ութիւն deception, imposture, fraud. deceit, guile.

խաբել to cheat, to mislead, to deceive, play false. throw dust into the eyes. delude, to beguile. to entrap.

խաբեպատիր, խաբէական tricky, cunning, elusive. illusory. deceptive, deceitful, feigned.

խաբէութեամբ deceitfully, under cover of, under false colors.

խաբէութիւն see խաբ(անք).

խաբկանք illusion, delusion, deception.

խաբուիլ to be deceived, to be the dupe of, to swallow whole, to fall into a trap. to be mistaken. to be taken in.

խաբուսիկ tricky, deceptive, elusive, illusory, delusive, mock, sham.

խազ nick, (V shaped cut). —ել to nick. (mus.) note.

խազմ row, quarrel. agitation, mutiny. tumult, uproar.

խազմուզ (քաղցու) must, unfermented wine, new wine.

խաթարել degrade, deteriorate, to harm. to corrupt, to adulterate.

խաթարիլ to deteriorate, to be corrupted or adulterated.

խաթարում deterioration, corruption, adulteration.

խաժախտ jaundice.

խաժածին cyanogen.

խաժակ blue-eyed. aquamarine, deep sea blue.

խաժամատ ring finger.

խաժամուժ vulgar, plebeian. mob, rabble. crowd, populace.

խաժատ (chem.) cyanate.

խալ beauty-spot.

խալիզոն conch, snail. (anat.) cochlea.

խալկին large kettle.

խախաց (մակարդ) rennet. —ել to curdle, to clot.

խախուտ inconstant, unstable. decrepit, tottering, shaky, loose. decayed, ruinous.

խախտել to move, to shake, to displace, to dislocate, luxate.

խախտում displacement, dislocation, duxation.

խածատել to nibble, mumble.

խածի (զուբսագ) crop, craw (of a bird, insect).

խածնել to bite, to nibble. to sting.

խածնող pungent, biting, sharp. acrid, bitter (temper). sarcastic. critical, sardonic, cutting. biter, nibbler.

խածուած (f) bite, biting.

խակ green, unripe. inexperienced. inexpert, probationary, raw. խակութիւն inexperience, want of skill, inaptitude.

խահ (կերակուր) dish (food), delicacy.

խահուաստան coffee plantation.

խահուենի coffee, the shrub that bears coffee-beans.

խահուէ coffee.

խահրել (այրել) to burn, to parch.

խաղ play, game, song, air, ditty. trick, intrigue, wile, strategem, invention, device. jesting, pleasantry, mockery. թատերա— drama, play. —ամոլ (մարդ) gambler.

խաղ joint, articulation (of the body). —ադրուժ (խաղի մէջ խարդախութիւն ընող) trickster, sharper.

խաղալ to play, to sport, to dance, to frolic. to romp. to joke. յառաջ — to progress, to go forward. դեր — to play a role, to act. մատնիկ — to play a trick, to cheat.

խաղալիկ (իf) toy, plaything, bauble. laughing-stock. (ծաղրանքի առարկայ) butt, fair game.

խաղախորդ, կաշեգործ tanner, currier.

խաղակից playmate, playfellow.

խաղաղ peaceful, quiet, placid, still, calm. restful, unruffled.

խաղաղաբար, խաղաղօրէն, խաղաղիկ quietly, calmly, peacefully, peaceably.

խաղաղական pacific. Խ— ովկիանոս Pacific Ocean.

խաղաղասէր peaceable, peace-loving, peaceful.

խաղաղարար peace maker. mediator, umpire, arbitrator.

խաղաղացում pacification, conciliation. suspension of arms (or hostilities).

խաղաղեցնել to pacify, to

reconcile, make peace, restore harmony.
խաղաղիլ to be calmed, to tranquilized, to quiet down, to quieten.
խաղաղութեամբ peacefully, calmly, in a friendly manner.
խաղաղութիւն peace, harmony, calm, amity. —ընել to make peace, pacify.
խաղամոլ gamester. gambler, dicer. —ութիւն mania for games. passion for gambling.
խաղավայր playground.
խաղարան gambling house.
խաղարար trickster, hoaxer.
խաղարկութիւն acting, performance, representation.
խաղացող player, actor, actress. dancer.
խաղաւարտ boil, blotch, swelling. պզտիկ — acne, pimple, pustule.
խաղբ snare, trap.
խաղխամք grating, railing.
խաղճախուղն cartillage.
խաղճմունք (գեղձ) gland.
խաղող grape. —իկ little tongue. epiglottis.
խաղտաբանել to talk gibberish, to gabble.
խաղտուտիկ, խաշնահաւ wag-tail.
խաղցնել to entertain, to cause to dance (or play). to trick. to make fun of.
խաղք ignominous, disreputable. — ըլլալ to be disgraced, dishonoured.
խամաճիկ puppet, toy.
խամաճկախաղ puppet show.
խամդաստ (անճարակ) unskillful, awkward, raw, clumsy, green.
խամրեցնել to wither, to dry up, to cause to fade.
խամրիլ to wither, to fade.
խայթ (ոց) sting. spur, goad.
խայթել to sting. to wound (by words).
խայթիչ, խայթող mordant, biting. satirical. one who bites, stings.
խայթուածք bite, puncture.
խայծ bait. lure, allurement.
խայծղան tar. —ել to paint with tar.
խայտ speckle, spot. —աբղէտ speckled, spotted. —աբղէտութիւն spottedness.
խայտալ to rejoice, to frolic. to leap, to bound.
խայտախրիւ see խայտ(աբղէտ).
խայտահաւ Guinea-fowl, a kind of pheasant.
խայտանք rejoicing, frolic.
խայտառակ see խաղք. —աբար shamefully, ignominously. —ել dishonour, to bring shame upon. —իչ infamous, ignominous. —ութեամբ see —աբար. —ութիւն ignominy, infamy, dishonour.

խայտիք (orni.) finch, chaffinch.
խայտղան see խայծղան.
խայտուց spot, speckle, spottedness.
խայրի(ք) fruit, produce.
խան khan, inn.
խանգարել to disturb, disrupt, to derange, disconcert, to trouble.
խանգարուիլ to be disturbed, to be deranged, disconcerted, to be upset, to be troubled, to be impaired (health).
խանգարիչ, խանգարող disturbing, deranging, disconcerting. disturber, spoiler.
խանգարում disturbance, derangement, disorder. impairment. dissolution.
խանդ enthusiasm, vim, vigour. impetus.
խանդալ to envy, to grudge, to be jealous of.
խանդակ, խրամ trench, ditch, drain.
խանդակաթ affectionate, fond, tender. — սիրով affectionately, tenderly.
խանդաղատանք tenderness, affection.
խանդաղատանօք tenderly.
խանդաղատիլ to be moved with compassion, to sympathize. to pity.
խանդանք envy, jealousy, heart-burning. grudge.
խանձ see խայծ. — նետել to bait.
խանձած parched, charred. —ի հոտ smell of burning.
խանձատել (խանձոտել) to burn, to parch, to scorch.
խանձարուր swaddling, clothes, swaddle.
խանձարուրել to swaddle.
խանձել to sear, to scorch.
խանձող fire-brand, brand.
խանութ shop, store. —պան shop-keeper.
խանչել (խոզին հանած ձայնը) to grunt.
խանչիւն grunt(ing).
խանտալայ (մլուկ) bedbug.
խաշ boil, pimple, pustule.
խաշել to boil, to cook, to bastinate.
խաշխաշ poppy, opium poppy.
խաշն, խաշինք sheep, flock of sheep.
խաշնահաւ see խաղտուտիկ.
խաշնարած shepherd. —կին shepherdess.
խաշոյ (խաշած) boiled beef, mutton.
խաշոյ (արգանակ) broth.
խաչ cross. affliction, tribulation, torment. —հանել to cross oneself, make the sign of the cross. —ը հանել, խաչել to crucify.
խաչաբարձ cross-bearer.
խաչաբլուր Calvary, mount Calvary.
խաչակնքել see խաչ հանել.
խաչակրութիւն crusade.
խաչակիր crusader.
խաչաձեւ cross-shaped, cruciform.

խաչանիշ, խաչանշան (print.) obelisk (†).
խաչապաշտ Christian. follower of Christ.
խաչափայտ cross.
խաչբակ cemetery, graveyard, churchyard.
խաչգիւտ discovery of the cross.
խաչեալ the crucified. — Փրկիչ The crucified Saviour.
խաչել see խաչ(ը) հանել· —ութիւն crucifix(ion).
խաչուիլ to be crucified.
խաչվերաց exaltation of the cross.
խառան pillory, frame of wood with hole for the head.
խառել to wring (a chicken's neck to kill it).
խառն mixt, mixed. confused. —ազնաց profligate. debauched, roué. —ազգի mongrel, of mixed breed. —ած mixed. —ածին mulatto, creole. mongrel. hybrid. —ածնունդ half-breed.
խառնակ complicated, puzzling. confused, perplexing. —ել to mix up. to confuse, cause a stir. to embroil, to complicate. — ութիւն confusion, disorder, jumble.
խառնակեաց rake, roué, libertine, dissolute, dissipated, debauchee.
խառնակիչ (խռովարար) agitator, mutineer. mutinous. shrewish, pugnacious, contentious.
խառնակում confusion, embroiling.
խառնաշփոթ confused, complicated. —ութիւն confusion, perplexity, jumble.
խառնարան crater, mouth of volcano.
խառնափնդոր confused, entangled. embroiled. — մազ tangled hair. —ել to confuse, to embroil, to tangle.
խառնել to mingle, to mix, to blend. join, combine, compose. to amalgamate.
խառնիխուռն confused, pell-mell.
խառնիճ small kind of grasshopper.
խառնիճաղանճ crowd, multitude. mob, populace.
խառնուած see խառն(ած)·
խառնուած mixture, composition. mass. amalgam. —ք constitution, temperament, disposition, propensity, make-up.
խառնուիլ to unite, to amalgamate, to be fused. ուրիշին գործին — meddle in, interfere with others' affairs. սիրտը — to be nauseated, to feel sick, to loathe. մազերու — to tangle. օտարի հետ — to marry a foreigner.
խառնուրդ mixture, alloy, compound. blending. medley. encounter, battle, clash of arms.

խատուտիկ see խայտաբղէտ.
խար hay.
խարազան whip, lash. —ել to whip.
խարակ cliff, high, steep face of rock (at the edge of sea).
խարամ dross.
խարան [տաղ(ած)] brand. stigma.
խարանաքար stone for cautery.
խարանել to blame, to vituperate. to cauterize, to brand, to stigmatize.
խարբալ riddle, sieve with large holes. —ել to riddle (soil, gravel, etc.).
խարդախ storyteller, impostor, fraud, knavish. treacherous, perfidious, actively faithless. —ել to cheat, to betray, to play false, to defraud. —իչ, —ող falsifier. —ութիւն fraud, lie, story. falsification, forgery.
խարդաւանել to force, ravish (a woman), to deflower. to entrap.
խարել see խարանել.
խարիսխ anchor. base. pedestal.
խարխափել to grope. stir. shake. to kindle, to revive.
խարխափանք groping. hesitation, wavering, indecision.
խարխուլ weak, tottering, decrepit, shaky.
խարկել (բոհրել) roast, toast.
խարձ reed, cane-field.
խարշատիլ to parch, to dry.
խարշափ (տերեւի խշրտուք) quivering, trembling.
խարոյկ bonfire, a pile of wood. pyre (for burning dead bodies).
խարուանք misery, suffering, strait.
խարուկել to make a burnt offering. to burn, to sacrifice.
խարում cauterization. dishonouring, ridicule.
խարսխանշան buoy (to mark dangerous spots at sea).
խարսխել to cast anchor, to fix, to base.
խարստի stallion. male horse.
խարտ, խարտուք, խարտոցուք filings.
խարտեաշ blonde, fair.
խարտ(ոց)(ել) to file.
խարտիշագեղ blonde and beautiful.
խարտիշահեր with fair hair, light-haired.
խարտիչ filer.
խարտոց (մետաղի) file. փայտի — rasp. —ել to file, to rasp.
խարտոցում, խարտում the act of filing.
խարտոցուք see խարտ(ուք).
խարտումայ shingle - board, slip of wood used like roof-tile.
խաւ layer, stratum. row.

fine hair, down. խաւ — compound (flower), composite.

խաւար dark(ness), obscure, obscurity.

խաւարածիր ecliptic.

խաւարա(մած)(կուռ) tenebrous, gloomy.

խաւարացնել to darken, to obscure, to dim.

խաւարիլ to become dark, obscure, to eclipse (sun, moon).

խաւարծիլ rhubarb.

խաւարում obscuration. արեւի, լուսնի — eclipse.

խաւարչուտ gloomy, tenebrous.

խաւարտ vegetable, herbacious plant, pot-herb, pot-roots.

խաւաքարտ cardboard.

խաւրել to send.

խափան obstacle, impediment. —արար saboteur, encumbering.

խափանել to obstruct, to prevent, to oppose, encumber.

խափանուիլ to fall into disuse. to be obliterated. to be hindered.

խափանում hindrance, impediment. suppression, abrogation.

խափշիկ negro, the coloured people (Amer.). black-skinned African (people).

խեթ, խէթ (ծուռ) squint-eyed.

խելաբերիլ to come to, to come round, become conscious after fainting. to become prudent, modest, to amend one's ways.

խելագար insane, crack-brained. —իլ to become insane. —ութիւն insanity, madness.

խելահաս of age, mature, grown up.

խելամուտ informed, erudite, accomplished. —ըլլալ to discern, to comprehend, to fathom.

խելամտութիւն comprehension, apprehension, perception.

խելայեղ insane, fitful, mad, foolish. —ութիւն frenzy, madness, fit, vertigo.

խելացի clever, mindful. keen, alive, sharp, bright, sagacious, intelligent. prudent.

խելացնոր insane, crazy, brain-sick, —ութիւն insanity, madness. mania, idiocy.

խելօք discreet. judicious, quiet. —ութիւն discretion, quietness.

խելք brains, mind, intelligence, wit. (նաւուն ե-տեւի կողմը) stern. —ը կորսնցնել to lose one's head. —ը կորսուիլ (խանգարուիլ) to be deranged mentally, to be crack-minded, lose one's senses. go mad.

խեղ impotent, crippled, disabled.

խեղաթիւրել to pervert,

misapply, distort, twist or wrest the sense.

խեղանդամ same as խեղ·

խեղդալար noose, bowstring (to strangle).

խեղդամահ suffocated, stifled.

խեղդել to choke, to strangle, to suffocate, to drown (in water), to suppress (a rising), to silence.

խեղել to disable, to cripple, mutilate.

խեղդուկ suffocating, sultry, hot and close (weather).

խեղկատակ jocose, jesting, humerous, comic, facetious. —ել to jest, cut jokes, crack a joke, make merry with, play the buffoon. —ություն buffoonery, tomfoolery, jocularity, comicality.

խեղճ wretched, poor, destitute, needy, distressed. — ողորմելի miseralbe. see թշուառ, —ություն wretchedness, poverty, distress, straits. wolf at the door.

խեղություն impotence, disability.

խեճեպ (կճեպ, կեղեւ) egg-shell, nut-shell.

խենդ (խենթ) foolish, senseless, insane. mad. cracked.

խենեշ, **խենէշ** sensual, voluptuous, dissolute.

խենթանոց insane asylum, madhouse, lunatic asylum. mental home or hospital.

խենթենալ to go mad or insane. lose one's senses.

խենթեցնել to drive mad, madden, derange, befool.

խենթություն folly. insanity. madness.

խենթուկ crazy, frolicsome, playful, sportive.

խեշերանք trash, rubbish, bauble, trinket.

խեչակ (hort.) prop, support.

խեչափառ shell-fish, crab.

խեչիլ to bend, to sink, to set (of wall).

խեռ obstinate, heady. restive, indocile, insubordinate, petulent. —ություն indocility, petulance. restiveness.

խեր cream.

խեցապատեան crustaceous.

խեցատ earthen pan, dish.

խեցբեկ (անիմաստ) meaningless, disconnected, unintelligible. talking gibberish.

խեցգետին craw-fish, crayfish. ծովու — lobster. (astron.) cancer. խեցգետնի արեւադարձ tropic of cancer.

խեցեգործ potter, crockery maker. —ություն pottery, potter's craft.

խեցեղէն of clay (pots), of porcelain.

խեցեմորթ with a shell, of shells or shellfish, testaceous.

խեցեփող conch, seashell.

խեցի broken piece of crockery, fragment of earthenware, shell (of turtle or sea animals).

խզել sever, cut off, break with. կապը — to sever connections. մէկուն հետ յարաբերութիւնը — to break with, to quarrel with.

խզում separation, parting, rupture, disruption, breach.

խէթ doubt, distrust, suspicion, fear.

խէժ gum. արաբական — gum Arabic. ձգախէժ India - rubber.

խթան spur (of cock), goad. stimulus.

խթանել, խթել to goad, to spur, to prick. to stimulate. stir.

խթանշան buoy (to mark danger spots at sea).

խժդժութիւն barbarism, barbarity, brutality, ruthlessness.

խժդուժ barbarous, ruthless, brutal, savage.

խժոտ gum-yielding, gummy, gummed. — կտաւ varnished or gummed cloth.

խիզախ daring, bold, fearless, undaunted, mettlesome. —ել to dare, to confront, to face, to take courage. —ութիւն valour, boldness, daring, intrepidity, audacity.

խիթ colic, pain in the side (stitch). gripes.

խիթալ to fear, to dread, to suspect.

խիժաբեր yielding gum, gummy, gummous.

խիժային gummous, slimy.

խիժենի gum tree.

խիղճ conscience, scruple. խղճի մտօք scrupulously, conscienciously.

խիճ gravel, grit, shingle.

խինդ joy, joyfulness, exultation.

խինձ, խինծ cavity, gulf, bay.

խիպար (mas.) rubble - stone, pebble.

խիպիլիկ (մղձաւանջ) nightmare.

խիստ tough, hard, rude. sharp, sour. severe, austere, stiff, rigid, violent.

խիտ bushy, thick, tufted, dense.

խից plug, stopper, cork.

խիւս pap, soft food for infants. pulp, poultice.

խլանալ, խուլնալ to go deaf.

խլացնել, խուլցնել to deafen.

խլացնող, խլացուցիչ deafening.

խլել to snatch, to pluck, to seize, tear from, bereave. to wrest (or wrench, wring) from. to root up, to root out, exterminate.

խլինք (vulg.) snot, mucus of the nose.

խլիչ, խլող destroyer, annihilator, one who blots out, destroys.

խլիրդ cancer.

խլնկաւոր (ուռուցուոր) tubercular, tubercul-

ous.
խլութիւն deafness.
խլում pulling out, eradication, extirpation, annihilation.
խլունկ tuber, tubercle.
խլուրդ mole. խլրդային secret, stealthy, surreptitious.
խլրտել to stir up. to actuate.
խլրտիլ to stir, to be agitated. shake.
խլրտում stir, agitation. movement. disturbance. commotion, turmoil, fuss.
խխնջել to nay, naying.
խխնջիւն nay.
խխում soaked, wet.
խծբծանք censure, blame, disparagement, sneer.
խծբծել to censure, to blame, to disparage, to depriciate.
խծբծող censorious, dry, hypercritical, cutting, carping. captious. — քննադատ a carping critic.
սծիպ hem.
ծպել to hem.
ղիկ cottage, little cabin. պահակ զինուորի — watch box.
խղխայթ boil, abscess. puss, suppuration. —իլ to form into an abscess, to apostemate.
խղճալ to pity, to be moved with compassion.
խղճալի poor, pitiable, pitiful.
խղճահար scrupulous, conscientious. remorseful, conscience - stricken. —իլ to feel remorse, to be conscience-stricken, to regret, to be sorry for. —ութիւն compunction, self-reproach, self-condemnation. qualms of conscience.
խղճամիտ conscientious, scrupulous, high-principled, punctilious.
խղճատանջութիւն see խըղճահարութիւն.
խղճմտանք conscience.
խղճմտութիւն scruple, scrupulosity, conscientiousness.
խղճմտօրէն conscientiously, faithfully. exactly.
խղունջ snail. conch. sea - shell. անպատեան — slug.
խճաքար sandstone, gritstone.
խճողակ (երշիկ), խճուղ sausage.
խճողել to cram. to stuff. to huddle, to crowd.
խճուղի macadam(ized) road.
խմած drunk, inebriate(d), intoxicated, tipsy.
խման alcoholic, drunkard, sot.
խմբագիր editor.
խմբագրական editorial (article).
խմբագրապետ chief editor.
խմբագրատուն editing house.
խմբագրել to edit, to compile, to write out.
խմբագրող compiler, editor.

խմբագրութիւն editorship, editing, compiling.
խմբապետ group leader, captain.
խմբել to group, to assemble, to gather together.
խմբերգ chorus, choir. —ական choral. —իչ, —ու chorister. singer in a choir.
խմել to drink. —իք something to drink, beverage. potion.
խմող drinker, drinking.
խմոր leaven, ferment, dough. —ել to ferment. —եղէն of pastry. —եղէնք pastry, cakes, puddings, etc.
խմորիլ to ferment.
խմորիչ fermenting, fermentative.
խմորուկ (խոշոր ելակ մը) hautboy, tall species of strawberry.
խմորում fermentation. agitation, discontent.
խմուելիք drinkable, potable.
խմցնել to give drink to, to make drink.
խնամակալ, խնամատար guardian, custodian, protector, trustee.
խնամել to take care of, look after. to attend to, to nurse. ինքզինք — to take care of oneself.
խնամենալ to be related by marriage.
խնամի allied by marriage, related by marriage, kin.
խնամող tutor, one who looks after.
խնամով carefully, with care.
խնամոտ careful, regardful.
խնամք attention, care.
խնայասիրութիւն, խնայողութիւն economy, thrift, frugality.
խնայել to save, to economize. to spare. to husband. provide against a rainy day.
խնայող thrifty, saving, sparing, economical. —աբար, —օրէն frugally, economically.
խնդաբարոյ jolly, gay, merry.
խնդագին (mus.) allegro.
խնդալ to laugh, to be glad.
խնդածաղիկ pansy.
խնդակցական congratulatory.
խնդակցիլ to congratulate, to felicitate. to wish many happy returns of the day.
խնդակցութիւն congratulation, good wishes. compliments, felicitation.
խնդամիտ gay, merry.
խնդամտութիւն gaiety, glee, high spirits. hilarity, mirth.
խնդրուն rough, uneven. craggy.
խնդիր problem. question. case, incident. thing. thesis. պատուոյ — point of honour. — մը լուծել to solve a problem. կենաց եւ մա-

հու — a matter of life and death. —ք inquiry, request, petition.

խնդութիւն joy, exultation.

խնդուք laughter, giggle, chuckle. roar or peal of laughter.

խնդրագիր petition, application (written).

խնդրական questionable. disputable, doubtful, debatable.

խնդրարկու applicant, solicitor. candidate. petitioner.

խնդրել to beg, to ask, to request, to pray, to implore. to apply for, to ask for. թախանձանօք — to ask with instancy. օրիորդի մը ձեռքը — to propose (marriage), to ask for a lady's hand.

խնդրելին demand, inquiry, request.

խնդրուածք request, prayer.

խնկագունիլ to grow fair or light.

խնկալից full of incense.

խնկածաղիկ (bot.) sweet marjoram.

խնկաման censer.

խնկարկել, **խնկել** to burn incense, to incense.

խնկարկու censer-bearer.

խնկիչ, **խնկող** flatterer.

խնկունի (bot.) rose-mary.

խնձոր apple. —ենի apple-tree, apple.

խնձորօղի cider.

խնճոյք, **խնջոյք** banquet, feast.

խնոցի churn.

խնուլ to stop, to choke up. to obstruct. խցանով — to plug, to put a stopper.

խնչել, **խնջել** to blow one's nose.

խշխշալ to be touched, to be affected. սիրտը — to be broken-hearted.

խշտեակ pallet, straw mattress. little mattress for cats, dogs, etc. niche.

խոզ pig, hog, swine. էգ — sow. —ի ձագ porkling, porker. —ախտ scrofula. king's - evil. —անոց sty. —արած swineherd.

խոզակ cocoon.

խոզան stubble.

խոզանակ brush. —ել to brush.

խոզենի pork.

խոզերամակ herd of swine.

խոզկաղին acorn.

խոզութիւն filth, nastiness. obscenity.

խոզուկ porcupine.

խոզտի lard.

խոթել insert, put in, introduce, inject, stick in, thrust in. drive in, pierce in. dip, immerse, plunge. քիթը մէջը — to interfere, to meddle with.

խոթոտանք (խոժոռութիւն) sulkiness, pouting.

խոթոտել (երեսը թթուեցնել) to look sour, to pout.

խոժոռ scowling, petulant, frowning, sulky. —ադէմ sulky. —իլ to

frown, to scowl. —ութիւն sulkiness, frown.
խոլխեցգետի (խլիրդ) cancer.
խոլորձ (bot.) salep, salop.
խոխոմ rill, brooklet, dale (with a brook).
խոխոմել to drench, to soak, to steep, to wet.
խոխոջ (անք) grumble, gurgle.
խոխոջել to gurgle, to grumble.
խոկ, խոհ, խոկումն meditation. thought, restrospection. musing, contemplation.
խոկալ to contemplate, to muse, to meditate, to ruminate.
խոկմունք see խոկ, խոհ·
խոհական discreet, prudent. wise. —աբար discreetly, prudently, wisely. —ութիւն discretion, prudence, precaution.
խոհ see խոկ· —եր reflection, musing, reverie.
խոհանոց kitchen.
խոհարար, —ուհի cook. —ել to dress victuals, to cook.
խոհեակ kitchen-maid, kitchen-drudge.
խոհեմ prudent, discreet. —աբար prudently. խոհեմութիւն prudence. —անալ to become prudent.
խոհեր filth, mud, dirt. —ական miry, muddy. nasty.
խոհուն see խոհեմ·
խողխողել to slaughter, to massacre, to murder.
խողովակ pipe, tube, conduit. —ով by means of, through.
խողովակա(ձեւ)(ւոր) tubular.
խոճկոր porkling. գիրցուած — porker.
խոյ ram. battering ram. Aries (one of the Zodiac).
խոյակ (սիւնազլուխ) capital.
խոյանալ to dash, to dart, to charge, set upon, pounce upon.
խոյզ see խուզարկութիւն·
խոյլ scirrhus, glandular swelling.
խոյս flight. — տալ to take the flight, to escape, to run away, to elude.
խոյր tiara, mitre.
խոնարհ lowly, humble. —աբար humbly. —ութիւն lowliness, humility. reverence.
խոնարհել (gram.) to conjugate.
խոնարհեցնել to humiliate, to humble, to lower. to bow.
խոնարհեցուցիչ humbling, humiliating.
խոնարհիլ to deign, to humble oneself, to stoop, to condescend.
խոնարհում (բայերու) conjugation.
խոնաւ humid, moist, damp.
խոնաւաչափ hygrometer.
խոնաւնալ to become hu-

mid, to become moistened.
խոնաւութիւն humidity, moisture.
խոնաւցնել to moisten, to damp.
խոնջ(ած) tired, weary, fatigued.
խոնջական wearisome, tiresome, wearying.
խոնջիլ to grow weary, to be fatigued, to be tired.
խոնջութիւն weariness, lassitude, fatigue.
խոշոր large, heavy, lumpish, bulky. —նալ to increase in size, to grow larger. —ութիւն bigness, bulk, largeness. —ցնել to make larger, bigger. to increase in size or bulk.
խոշտանգանք, խոշտանգում torment, torture.
խոշտանգել to torture, to torment.
խոչ(ընդոտ) obstactle, opposition, drawback, hindrance.
խոպան (դաշտ) uncultivated, fallow, barren, waste, desert (field).
խոպանուկ (bot.) furze.
խոպոպ tendril, cirrus. —ել to curl (hair), to frizzle. —իք curl, curls, curling.
խոռել to delve. to make hollow. to lessen, to diminish.
խոռոչ hollow, cavity.
խոստանալ to promise, to favour.
խոստովանահայր priest who hears confession. confessor.
խոստովանանք confession, avowal.
խոստովանիլ to acknowledge, to disclose, to confess.
խոստովանող confessor. penitent.
խոստովանութիւն confession, avowal.
խոստում promise, word, pledge. word of honour, vow. —ը պահել keep one's promise or word. պատիւի վրայ — word of honour.
խոստմնազանց, ուխտազանց, ուխտադրուժ violating one's vows or promise, perfidious.
խոստմնազանցութիւն, ուխտազանցութիւն perfidy, breach of faith.
խոստմնալից promising, hopeful. likely to turn out well.
խոտ grass. herb, green. չոր — hay. —ակ short grass. —ակեր herbivorous. —ային herbaceous.
խոտան bad, useless, ineffectual.
խոտանոց hayloft.
խոտաւէտ green, grassy, covered with grass.
խոտաքաղ grass-mower.
խոտոր indirect(ly), inverse(ly), oblique. —ութիւն slant, obliqueness. perversion.
խոտոր(ած)(եալ) astray, deviated, diverted, aberrant.
խոտորեցնել to lead ast-

ray, to cause to deviate, to divert, to pervert.
խոտորիլ to turn off, to go astray, to deviate.
խոտորնակ slanting, oblique, transversal, slanting, indirect. —ի indirectly, obliquely.
խոտորում dodging, digression, deviation. (astro-phys.) declination.
խոր profound, deep. — ծերութիւն advanced age, declining years, ripe age.
խորագէտ ingenious, cunning, sly.
խորագիտութիւն ingenuity, craftiness.
խորագիր title, caption. heading.
խորագոյն inmost, innermost.
խորաթափանց piercing, keen, penetrating.
խորամանկ sly, shrewd, cunning, artful. subtle, deceitful, crafty. —ութիւն cunning, guile, craft, ruse. —ութիւն բանեցնել to use deceit (craft).
խորան altar, tabernacle, tent used as sanctuary.
խորանալ to grow deeper, to sink.
խորանարդ cubic. — արմատ cubic root. —ել to cube.
խորաչափ sounding line, plummet.
խորապէս deeply, profoundly.
խորասուզել to plunge, to immerse, to dip.
խորացնել, խորունկցնել to deepen.
խորափիտ pit, depression, hole, abyss, precipice.
խորափոր very deep, deepened.
խորաքնին profound. one who examines or scrutinizes.
խորդ (կռունկ) crane.
խորդալ to snore.
խորդակ (mech.) crane.
խորդենի, կռնկենի (bot.) geranium.
խորդիւն snoring.
խորել misappropriate (money), to defalcate, to purloin. lessen.
խորթ illegitimate, bastard, strange, spurious, irrelevant. — որդի step son. —ութիւն spuriousness, strangeness, bastardy. խորթ (եղբայր, հայր, մայր, քոյր) step (brother, father, mother, sister).
խորթանալ to be estranged, to degenerate, to grow cold, indifferent.
խորհիմաց unfathomable, impenetrable, unintelligible.
խորհին see խոր.
խորհուխ honeycomb.
խորխ pod, husk, skin (of reptiles).
խորխորատ precipice. abyss, hole, depression, pit.
խորհիլ to think (of), to meditate, to deliberate, to consider, to reflect.
խորհող thinking. thinker.

խորհուրդ idea, thought. design, project, plan, counsel, coucil. mystery. եկեղեցւոյ — sacrament, rite, ceremony.
խորհրդախաղ mystery play.
խորհրդածել to think, to muse, ruminate, meditate, reflect.
խորհրդածու councillor. thinker.
խորհրդական councillor.
խորհրդակցիլ to confer, to consult.
խորհրդակցութիւն conference, deliberation, consultation.
խորհրդանշան emblem, symbol.
խորհրդապահ one who keeps a secret. discreet. reserved.
խորհրդատետր mass-book, (R. C.), missal.
խորհրդատու adviser, consulting.
խորհրդա(րան)(տուն) parliament, the lower chamber. house of commons. Լորտերու — House of Lords.
խորհրդարանական parliamentarian (M. P.).
խորհրդաւոր mysterious, mystical. symbolical. — կերպով mysteriously.
խորձուիլ buds, shoots of vine.
խորձունձ (շոր մանուկներու) baby's napkin, sanitary towel, diaper. swaddling cloth.
խորշ corner, cavity. cell. wrinkle. ծովա— gulf, recess. պատի մէջ — niche. տառերու արկղի — (print.) typè-box.
խորշադարան set of pigeonholes (of a desk, bureau).
խորշակ simmon, sirocco. հարաւի — scorching southwind. —ահար burnt by being exposed to heat of sun, sirocco or southwind.
խորշաւոր cellular. (bot.) sinuous.
խորշիլ to shun, to avoid, abhor, to feel repugnant.
խորշոմ wrinkle. —ած, —եալ wrinkled (face). —իլ to wrinkle, to shrivel.
խորշում, զարշանք abhorrence, detestation, aversion.
խորոց seal of virginity.
խորոված roasted, browned. — միս roast-beef or mutton.
խորովել to roast, to broil.
խորութիւն depth, profundity, profoundness.
խորում appropriation, defalcation, lessening.
խորունկ profound, deep. abysmal, yawning, fathomless. —նալ to sink, to deepen. —ցնել to deepen, make deeper.
խորտակել to shatter, break to pieces.
խորտակում breaking. destruction.
խորտըճկէց gun discharging missiles in rapid succession. case-shot.

խորտիկ delicacies, relishes for the table, dainty.
խորտուբորտ rugged, uneven, rough.
խորք see խորութիւն.
խոց sore, wound. —ել to hurt, to wound, to offend. —ոտ wounded.
խոցոտիչ offensive, shocking.
խոցուած see խոց(ոտ).
խոցտուկ colic, gripping.
խուզարկել to investigate, to search, to explore.
խուզարկող searching. investigator.
խուզարկու seeker, searcher, censurer. —մ search, investigation.
խուզել to search, to seek, look for. to shear, to crop.
խութ (խոչընդոտ) obstacle.
խութք reef, rock.
խուժ(դուժ) rude, barbarous.
խուժան crowd, multitude, mob, populace, rabble. riff-raff.
խուժել to rush, to fling oneself upon. to rush upon.
խուլ deaf, dull. — եւ համր deaf and mute. —նալ to grow deaf. —ցնել to deafen. to stun.
խուխ phlegm.
խուղ cot, hut, cottage.
խունապ(անք) turbulence, perturbation, disturbance, confusion.
խունապել to alarm, to startle.
խումբ group, band. — — in groups.
խունկ frankincense.
խունձ stump.
խուռն dense, thick, massy. —երամ in crowds, en mass, in large numbers.
խուսափական fugitive, fleeing.
խուսափանք flight, shunning, evasion, running away.
խուսափիլ to avoid, to evade, to shun, to flee, to get away.
խուսափում see խուսափանք.
խուրձ, ցորենի — sheaf. ճիւղերու — fagot. թուղթի, կերպասի — bundle, package. ծաղիկներու — bunch, bouquet. բանալիներու — bunch.
խուց room, cell, cabin.
խուփ lid, covercle, cover.
խոփ plough-share.
խպիպ (ուռեցք) goiter.
խպլիկ (մղձաւանջ) nightmare, spectre, phantom.
խպնիլ to blush, be shamed, to be abashed.
խռթիկ small kind of apricot.
խռիւ dry· twig, branch.
խռնել to mass together, to crowd, to huddle, gather together.
խռնչել see խռկալ.
խռնջայլ snail, conch, seashell.
խռով(ած) troubled, agitated, vexed, at vari-

ance. —ութիւն agitation, turbulence, disturbance, mutiny.
խռովալից, **խռովայոյզ** turbulent, clamorous, disturbed.
խռովասէր, **խռովարար**, **խռովարկու** restless, turbulent, mutinous, insurgent, mutineer, agitator.
խռովել to trouble, to disturb, to vex.
խռովիչ disturbing, disturber.
խռովութիւն, **խռովք** see **խռով**.
խռուիլ to wither, to grow old.
խռչակ (anat.) larynx. —բերան windpipe.
խսիր mat, straw-mat.
խստաբարոյ ill-natured, surly, shrewish, hard-hearted. —ութիւն rigidity, toughness, stiffness, ill-nature.
խստակրօն austere, puritanical, rigid. rigorist. —ութիւն austerity, rigorism.
խստամբակ insubordinate. difficile. restive.
խստամբեր enduring want, robust, sturdy.
խստանալ to become callous. to become hardened, severe, stern.
խստապահանջ exacting, stringent. punctilious.
խստապարանոց stiff-necked, stubborn, unbridled, curbless.
խստասիրտ pitiless, hard-hearted.
խստացնել to harden, to render obdurate.
խստերախ see **խստապարանոց**.
խստիւ strictly. rigidly, severely, rigorously.
խստոր (սխտոր) garlic.
խստորած (թէրաթուր, թրք.) garlic sauce.
խստութիւն rigour, rigidity, austerity. severity, stiffness.
խտականալի condensable. —ութիւն condensability.
խտանալ to condense.
խտարան (mec.) condenser.
խտացում condensation.
խտիր distinction, difference.
խտղտալ to get (feel) tickled.
խտղտանք, **խտղտում** tickling, titillation. աչքի — dazzling.
խտութիւն density.
խտրադիմացական metoposcopical.
խտրել to distinguish, to discern. to respect the person, to show partiality.
խտրոց space, trench. difference.
խտրութիւն partiality, difference, distinction.
խրախ jolly, merry, gay, joyful. —ալից lively, sportive, playful. —ամիտ gay, happy. —անալ to be merry. to enjoy oneself.
խրախճանք rejoicing, mer-

riment. revelry, banquet.

խրախոյս encouragement, admonition. incentive, incitement.

խրախ(ութիւն)(ունք) cheer, entertainment, merriment.

խրախուս(ական)(իչ) encouraging, inciting, spurring, rousing.

խրախուսել to encourage, to incite, to spur, to rouse.

խրամ trench, ditch, dike.

խրատ counsel, advice, warning, caution, admonition. —ական admonitive, advisory. —ել to advise, to counsel, to admonish, to give information. —ուիլ to be advised, to be chastised.

խրատատու, խրատող adviser, admonisher.

խրել, խրեցնել to strand, to run aground (in the sand).

խրթին difficult, hard. obscure, inexplicable, undecipherable.

խրթնութիւն complication, obscurity, unintelligibility. jargon.

խրիլ to be stranded or run aground.

խրխնջել to neigh.

խրխնջիւն neigh, neighing.

խրճիթ hut, cottage.

խրոխտ haughty, imperious, supercilious, courageous. —աբար imperiously, courageously. —ալ, —անալ to hector, to arrogate, to look big, to be insolent.

խրոխտանք boasting, bragging, bluff. prententsions, vaunt.

խրուանդել to mend, repair (shoes, old clothes).

խրուկ (chem.) cinnabar.

խրում running aground in the sand (of ships).

խրտնուլ, խրտչիլ to startle, to be scared, to take umbrage.

խրտուիլակ scare-crow.

խրտչեցնել to startle. to scare, to give umbrage.

խցան stopper, cork, plug.

խցանահան, խցահան corkscrew.

խցանել, խցել to plug, to stop, to cork a bottle.

խցիկ a little room, cell, cabin.

խցուիլ to be stopped.

խփել to shut.

խօզ (լօռ) alga, sea-weed.

խօթ weak, infirm, deseased, morbid. —ամիտ imbecile, blockish, stupid, asinine, weak-minded.

խօթութիւն illness, debility, weakness (of health).

խօլ blockhead, stupid, fool. —ական foolish, stupid, mad. —ութիւն stupidity, madness, foolishness.

խօլահաւ the solan-goose, gannet (a sea-bird).

խօշիւն rustling (of leaves), rustle, murmur.

խօսակից interlocutor. the speaker in a dialogue.
խօսակցիլ to have a talk with, to discuss, to enter into a conversation.
խօսասէր talkative.
խօսարան tongue. parlour.
խօսեալ, խօսեցեալ engaged, affianced. fiancé. fiancée.
խօսիլ to speak, to talk, to converse. to tell. չարախօսել vilify, backbite, slander. յանպատրաստից — (յանկարծաբանել) extemporize. speak extempore. հաւը — to crow.
խօսնակ councellor, lawyer. cock. organ.
խօսնայր fiancé.
խօսող speaker, teller. speech - maker.
խօսուածք utterance, delivery.
խօսուն speaking. reasonable, conclusive.
խօսք word, speech, language, utterance, expression. — տալ promise. պատուոյ — oath, promise, pledge. —ի մէջ մտնել to interrupt. մէկուն —ը կտրել to interrupt. —ը յարգել to keep one's promise. — տարածել to gossip.

Ծ

Ծ, ծ (dza) Fourteenth letter of the Armenian alphabet. fifty. fiftieth.
ծագ end, extremity. —իլ to rise, to dawn, to arise, to come out, to come forth, to break. to start.
ծագում beginning, origin, source, dawn, rise. արեւի — the rising of the sun. բառի — etymology.
ծաթրին (bot.) wild thyme.
ծալած folded, folding, crossed, wrinkled.
ծալապատիկ cross-legged. — նստիլ to sit down cross-legged.
ծալել to fold, to bend, to plait, to crease.
ծալուածք, ծալք plait, wrinkle, crease, folding.
ծախել to sell. to consume. to show off, pretend.
ծախիչ (սպառիչ) wasting, consuming, consumer. dealer, retailer.
ծախող seller, vendor.
ծախու for sale.
ծախուած bribed. sold.
ծախուիլ to be sold.
ծախում sale, consumption.
ծախսել to spend, to consume, to disburse, to exhaust.
ծախք expense, expenditure. disbursement.
ծածան (ich.) carp.
ծածանիլ to wave, to float, to undulate.
ծածանող waving, floating, undulating.
ծածանում undulation, floating.
ծածկաբանութիւն cant. professional slang. monogram.
ծածկաբար secretly, stealthily, incognito.
ծածկագրել to cipher.
ծածկամիտ dissembling. double-faced, artful.
ծածկանուն pen name, assumed name, pseudonym.
ծածկել to hide, to conceal, to cover, to dissemble.
ծածկոյթ cover, wrapper. protection, defense or defence.

ծածկոց cover, cloth, spread. coverlet, quilt.
ծածկուած covered, hidden.
ծածկութիւն mysterious ways.
ծածուկ secret, mysterious, occult. — կերպով secretly.
ծածք roof, cupola, coverlet.
ծակ gap, orifice, cavity, hole.
ծակ(ու)ած bored, pierced, perforated.
ծակաչք greedy, covetous.
ծակել to bore, to drill a hole, to perforate.
ծակիչ piercing, perforating.
ծակոտ bored, porous, pierced, with holes.
ծակոտել, ծակծկել to bore, to perforate, to riddle, to make holes.
ծակոտկէն porous, having pores, holes.
ծակոտութիւն porosity.
ծակուիլ to be bored or perforated, to have a hole.
ծակտիք (մորթի) pores.
ծաղ honeycomb.
ծաղիկ flower, blossom, bloom. — բանալ to bloom.
ծաղկաբեր floriferous.
ծաղկադարման florist, floriculturist.
ծաղկազարդ decorated with flowers. Ծ— Palm Sunday.
ծաղկալից flowery, full of flowers.
ծաղկախտ smallpox.
ծաղկած blooming. flourishing, prosperous, thriving.
ծաղկակաղամբ cauliflower.
ծաղկային floral.
ծաղկանոյշ (bot.) flora. anthology. (myth.) Flora.
ծաղկանոց flower garden, flower bed.
ծաղկանօթ, ծաղկաման flower pot, (flower) vase.
ծաղկապանոյն, ծաղկապատ flowery.
ծաղկապսակ wreath, garland.
ծաղկասփիւռ strewn with flowers.
ծաղկավաճառ florist, dealer in flowers.
ծաղկատի in tender age, youthful, green.
ծաղկաւէտ flowery.
ծաղկաքաղ bunch. collection, literary gleanings, analects.
ծաղկեալ thriving, prosperous, flourishing.
ծաղկեցնել to make to flourish.
ծաղկեփունջ bouquet, bunch of flowers.
ծաղկիլ to flower, to bloom, to blossom, to flourish, to progress, to mold(er).
ծաղկոտ pocky.
ծաղկոց flower garden, flower bed. kindergarten.
ծաղր ridicule, mocking, jest. — ընել to have (someone) in derision.
ծաղրաբան jocose, humor-

ous. —ել to jest, to ridicule, to banter. —ութիւն mockery, pleasantry, banter.

ծաղրածու jester, clown. joker, banterer. —թիւն derision, mockery, banter, jest.

ծաղրական ridiculous, derisory.

ծաղրանկար, ծաղրապատկեր caricature.

ծաղրանկարիչ caricaturist.

ծաղրաշարժ ridiculous, ludicrous, laughable.

ծաղրել to jeer, to jest, to scoff, to taunt, to have in derision. —ի ridiculous.

ծաղրող mocker. mocking. jeering.

ծամ (ձիու, իշու պախուրց) halter. մազ, վարս, կեղծ — (կեղծամ) wig, artificial head of hair.

ծամածուռ tortuous, sinuous. winding.

ծամածռիլ to wind, to twist, to writhe.

ծամել to masticate, to chew, to munch. մէկուն միսը — speak evil, backbite. —իք jaw, jawbone.

ծամծմել to chew with difficulty, to mumble, to munch. to craunch.

ծամոն chewing - gum, (gum sweetened and flavoured).

ծայր end, extremity, edge, border. peak, summit. զգեստի — hem. վերջին — extremely. գրչի — nib. —էն from the beginning. —է ի — completely, thoroughly. —ագոյն supreme, uppermost, last. —յեղ unusual, extreme, excessive, exorbitant. —այեղութիւն excess, exaggeration.

ծայրայեղական extremist, oppositionist, obstructionist.

ծայրատել to mutilate, to maim. to shorten, curtail, reduce. delete.

ծանակ disreputable, ignominous. ծաղր ու — ընել to ridicule, to hold up as laughing-stock. subject to ridicule (derision).

ծանծաղ shallow, fordable. superficial. —ամիտ thoughtless, unthinking, frivolous. optuse, stupid.

ծանծաղուտ see ծանծաղ.

ծանուցագիր notice, notification. placard, poster.

ծանուցանել to notify, to announce, to warn, to declare.

ծանուցում announcement, notification.

ծանր heavy, weighty. ponderous. laborious. grave, serious. sober. important. acute. slow. — յանցանք unpardonable offense. — վիճակ critical condition. ականջը — slow of hearing. —ին գալ to be displeased with.

ծանրաբարոյ serious, se-

date, grave. —ութիւն gravity, seriousness.
ծանրաբեռնել overload, overburden. surcharge.
ծանրաբեռն burdensome.
ծանրագին costly, precious, valuable.
ծանրագլուխ serious, grave.
ծանրագլխութիւն dignity, seriousness.
ծանրագնաց trudging, slow, slow-moving, walking leisurely.
ծանրագոյն heaviest.
ծանրակշիռ grave, serious, critical, vital.
ծանրանալ to grow heavy, to become critical, serious.
ծանրաշարժ sluggish, tardy, slothful, laggard.
ծանրաշնչութիւն asthma.
ծանրաշունչ asthmatical.
ծանրաչափ barometer.
ծանրապէս seriously, extremely. — վիրաւորուած mortally wounded.
ծանրատաղտուկ boring, wearisome, prosaic, irksome. tedious.
ծանրացնել to make heavy. շարժումը — to slow down. խնդիրը — to complicate, to aggravate. ծաւալով — to enlarge, make bigger, heavier. գինիով գլուխը — intoxicate, inebriate.
ծանրացնող aggravating.
ծանրաքայլ slow, trudging, slow-moving.
ծանրութիւն weight, burden, load, weariness, gravity, seriousness. importance.
ծանօթ known, renowned, acquaintance. գէշ կերպով — notorious. հանրա— well-known, celebrated, far-famed. well-informed, versed, instructed, skilled. acquainted with.
ծանօթագրութիւն note, annotation.
ծանօթանալ to get acquainted with. make the acquaintance of. get to know.
ծանօթութիւն note, notice, knowledge, information. annotation. մէկուն հետ — acquaintance.
ծառ tree. —ագարմանն arborist. —ազարդ ուղի, ծառուղի alley. boulevard. —ախիտ wooded. —ամշակութիւն arboriculture, horticulture, forestry.
ծառայ servant, footman, flunkey. —աբար slavishly, menially, servilely. —ական servile, menial, slavish.
ծառայել to serve, to wait on, to be of use, to help.
ծառայեցնել to make one serve. to enslave. to bring under subjection.
ծառայութիւն service. servitude. subjection, bondage. — մը ընել to render a service, to do (someone) a good turn.
ծառանալ to stand (up)

against, to withstand (oppose, revolt, defy). to rise.
ծառանոյշ wood nymph, fairy.
ծառապատնէշ palisade, fence of pales or iron railings.
ծառաստան grove, copse, coppice.
ծառատած see ծառադարման.
ծառաւէտ see ծառախիտ.
ծառկոտիկ, ծառկոտոր (փայտփոր) wood-pecker.
ծառուղի see ծառ.
ծառուտ woody, wooded.
ծարաւ thirst. —ն անցընել to quench, slake the thirst. —էն մարիլ to faint from thirst. —էն մեռնիլ to die of thirst.
ծարաւած, ծարաւի thirsty, athirst. — եմ I am thirsty.
ծարաւեցնել to cause thirst, to make thirsty.
ծարաւեցնող causing thirst, thirsty.
ծարաւիլ to be thirsty.
ծարիր, ծարոյր antimony.
ծաւալ volume, bulk, size, extent, compass. —ական expansible, dilatable. —ուն voluminous, expansible.
ծափ pan, earthen-pan, clap, applause. —ահար(ող) clapper, applauder. —ահարել to applaud, to clap, to cheer. —ահարութիւն clapping, applause, praise, cheering. —ել (—ահարել).
ծեծ beating, stroke, blow. — ուտել to be beaten. — տալ (ծեծել) to beat, to bastinate, to strike, to deal blows, to thrash, to whip. —ուիլ to be beaten.
ծեր old, aged, old man. —ագոյն oldest, eldest, senior member, dean.
ծերակոյտ senate. ծերակոյտի անդամ senator.
ծերակուտական senator. senatorial.
ծերանալ to grow old, to get old.
ծերանոց old people's home.
ծերութիւն old age, advanced age, senility, gray hairs.
ծերուկ, ծերունի old man.
ծեփ plaster, whitewash. —ել to cover with plaster, to whitewash. նաւը ծեփել to pay a ship (with pitch, tar, paint, etc.).
ծեփելիք cataplasm, poultice.
ծեփիչ trowel.
ծեքծեքանք affected manners, ceremony, etiquette. airs.
ծեքծեքող ceremonious, formal.
ծէս rite, ceremony.
ծթռած antiquated, old-fashioned, stale, lacking novelty.
ծթռիլ to become stale, rancid.
ծիածան (phys.) iris. rainbow.

ծիլ bud, sprout.

ծիծ breast, teat (human), udder (of animals). — ուտել to suck. — տալ to suckle, to give suck to.

ծիծաղ laugh, laughter. բարձրաձայն — roar.

ծիծաղաշարժ comical, laughable. mimicker.

ծիծաղելի ridiculous, risible, pleasant.

ծիծաղիլ to laugh, to smile.

ծիծաղկոտ laughing, cheerful. pleasant, smiling.

ծիծաղող laughing, laugher.

ծիծառ, ծիծեռնակ swallow.

ծիծեռնիկ, լիսեռնիկ (mech.) pulley.

ծիղ, ծղօտ sprig, stem.

ծին, ծնունդ germ. birth.

ծին birth-mark.

ծիսարան (Մաշտոց) book of rituals.

ծիտ sparrow.

ծիր orb, orbit. circle. — խաւարման ecliptic. — կաթին The Milky Way. Galaxy. — զուգօրութեան equinoctial line.

ծիրան apricot.

ծիրանահաւ (orni.) cardinal.

ծիրանաւոր (R. C.) Cardinal.

ծիրանեգոյն purple, purplish.

ծիրանի apricot-tree.

ծիրանի royal (purple) garb.

ծիրանի գօտի, ծիածան գօտի rain-bow.

ծիրտ droppings (of birds, insects, etc.), dung.

ծիւրախտ, հիւծախտ phthisis, consumption. tuberculosis.

ծիւրական pining, languishing.

ծիւրել to waste, to consume. to destroy.

ծիւրիլ to waste away, to decay, (one's health) to be undermined.

ծլարձակութիւն, ծլում (bot.) germination.

ծլիլ to shoot, to bud, to sprout.

ծխագլան cigar. —իկ cigarette.

ծխախոտ tobacco.

ծխածաղիկ (bot.) petunia.

ծխական parishioner, catholic prayer book.

ծխան, ծխնելոյզ, ծխահան smoke - stack, chimney.

ծխանայարդար chimney-sweep. chimney-sweeper.

ծխատէր rector, curate.

ծխատուն parson's house, parsonage.

ծխափող, ծխամորճ pipe (for smoking tobacco), tobacco-pipe.

ծխել to smoke (tobacco). to smoke meat.

ծխիկ cigarette.

ծխնի hinge.

ծխող smoker, smoking.

ծխում smoking.

ծծակ nipple.

ծծաշիշ (մանուկներու) feeding-bottle.

ծծել to suck, to absorb to imbibe.

ծծիչ, ծծող absorbent, absorbtive, sucking, sucker.

ծծմայր foster-mother.

ծծմբական sulphuric. — թթու sulphuric acid.

ծծմբային sulphurous, sulphureous.

ծծմբաջրատ (chem.) hydrosulphate.

ծծմբատ sulphate. — պըղինձի copper sulphate. — քինաքինայի sulphate of quinine.

ծծմբաւոր(եալ) sulphuretted.

ծծմբել, ծծմբոտել to sulphur, to apply sulphur to, sulphurate, sulphurise, fumigate or treat with sulphur.

ծծմբիչ one who sulphurates or fumigates.

ծծմբիտ sulphite.

ծծող see ծծիչ.

ծծում suction, sucking.

ծծումբ brimstone, sulphur.

ծծուն blotting, absorbent. — թուղթ blotting paper.

ծղի fore-arm.

ծղնի halcyon.

ծղրիդ, ծղրիթ (ent.) cricket.

ծղօտ (ցողուն) stem, sprig.

ծմականալ to turn pale (due to shade).

ծմակեցնել etiolate, turn pale by excluding light (from plants).

ծմել, ծիմել a kind of spinach.

ծնանիլ, ծնիլ to be born, see the light. to originate, to rise. to teem, to cub (of animals). to bear, to give birth to. to beget, to breed, to litter.

ծնանող procreant. generating.

ծնգիլ to waste, to wear away, to be emaciated.

ծնգոտ wizened, shrunk, lean, emaciated.

ծնեբեկ (bot.) asparagus.

ծնիչ, ծնող producing, generating. that gives birth, parent.

ծնծղայ cymbal.

ծնկակապ, ծնրակապ garter

ծննդաբերութեան հակակըշռում birth control.

ծննդաբերութիւն childbirth.

ծննդագործ prolific, copious, fertile, productive.

ծննդական genital, generative. — գործարան genitals, the genital organs (external).

ծնող(ք) parent(s). productive, generating.

ծնունդ birth, childbirth. beginning, origin. offspring, generation descendant. Ս— Քրիստոսի Christmas. —եան, —ի օր, —եան տարեդարձ birth-day.

ծնուցիչ (դայեակ) midwife

ծնրադրել to kneel, pay homage, worship, pray, submit, yield.

ծնրադրութիւն genuflection, kneeling.

ծնօտ chin, jaw. դրան —

(arch.) cornice. — (դուրս ցցուած եզերք) ledge.

ծոծրակ nape, the back of the neck.

ծոմ fast, fasting. — պահել to fast. —պահութիւն fasting.

ծոյլ lazy, sluggish. slothful, indolent. — ապրիլ to lead a lazy life, to laze.

ծոպ tassel, fringe. —արար fringe maker. —աւոր fringed, tasseled.

ծով sea. —ու ճամբով by sea. —ուն վրան at sea. քաղաք —ուն եզերքը a city (situated) on the sea. —ուն բացերը (3 մղոնէն անդին) high seas.

ծովագնացութիւն voyage. navigation.

ծովագրական hydrographical.

ծովագրութիւն hydrography.

ծովախոզ porpoise, sea-hog.

ծովախտ sea-sickness. —աւոր sea-sick.

ծովածաւալ immense, limitless, expansive.

ծովածոց gulf.

ծովածիծառ sea-gull.

ծովածուփ agitated.

ծովակ lake.

ծովակալ admiral, commander of a fleet of warships. —ութիւն admiralty. admiralship.

ծովակոծ shipwrecked. —ութիւն shipwreck.

ծովահայեաց overlooking the sea.

ծովահար see ծովախտ(աւոր).

ծովահէն pirate, buccaneer, sea-rover, corsair.

ծովահինութիւն piracy, act of piracy.

ծովահորթ (փոկ) seal, sea-dog.

ծովաձի sea-horse, walrus, hyppocampus.

ծովամոյն ըլլալ to drown, to be drowned in the sea.

ծովային naval. marine, maritime.

ծովանկար sea-piece. —իչ painter of sea-pieces.

ծովապետ see ծովակալ.

ծովապետութիւն see ծովակալութիւն.

ծովառումբ torpedo.

ծովասէզ sea-weed.

ծովափ sea-shore, shore of lakes. —նեայ (ծովեզերեայ) on the sea, on the sea-shore. on the shores of the lake. littoral, maritime. of the sea-coast.

ծովեզերք (ծովեզր) shore, coast, sea-shore.

ծորակ tap, faucet.

ծորել to cause to flow, to run. to pour (liquids).

ծորիլ to run. to flow, to leak.

ծործոր(ակ), ձոր dale, vale, dell, glen, valley.

ծորուն flowing, running (of liquids).

ծոց bosom, breast. gulf, bight. —ւոր with

child, pregnant. —ութ-թիւն pregnancy.
ծուաղ a kind of cherry.
ծուատ, ծուէն lint, carded wool.
ծուլաբար lazily, slothfully. sluggishly. idly.
ծուլանալ to relax, to idle, to dally, to slouch, to be inactive.
ծուլութիւն sloth, slothfulness, laziness, indolence.
ծուխ smoke, soot.
ծուխ bishopric. diocese.
ծուծ marrow, medulla.
ծուղակ snare, trap, gin. pitfall, ambush.
ծունգ, ծունկ knee. —ի գալ to kneel. pay homage. to humble oneself.
ծունր knee. ծնրադրութիւն genuflection, kneeling.
ծուռ wrong, wry, distorted, devious. oblique, askew, awry. crooked. — աչք (շիլ) squinting, squint - eyed.
ծուփ(ք), ծփանք vascillation, fluctuation. մտքի, խորհրդի — indecision, irresolution, trouble. — ծովու (ալիքներու) agitation (of sea), ruffling.
ծպեղ (հեծան) rafter, beam.
ծպտանք disguise, mask, camouflage, false colors.
ծպտում see ծպտանք.
ծռել to bend, to deviate, to divert, to warp, to deflect.
ծռութիւն curvature. inclination. crookedness. injustice.
ծրագիր plan, sketch, design.
ծրագրել to plan. to draw, to sketch, to trace, to intend.
ծրագրիչ, ծրագրող designer, draughtsman.
ծրար packet, package, bundle, parcel. թուղթի — ream.
ծրարել to wrap up, to pack up.
ծրարիչ, ծրարող packer.
ծրտել (աղբել, թռչունի) excrete, pass out of the body. to mute.
ծփալ float, undulate. ալիքները ծփծփալ to ripple.
ծփանք undulation. մտքի — agitation, indecision.
ծփացող floating, flowing, undulating.
ծփել to churn (milk).
ծփոց (խնոցի) churn.
ծփում undulating, undulation, rippling.

Կ

Կ, կ (gan) Fifteenth letter of the Armenian alphabet. sixty. sixtieth.

կագ (վէճ) brawl, row, quarrel. —ել to quarrel, to brawl.

կազ gas, gauze.

կազա(կերպ)(նման), կազային gaseous.

կազաչափ gasometer.

կազացնել, կազանալ to gasify.

կազացում gasification.

կազդուրել to invigorate, to brace, to vivify, to refresh, to fortify.

կազդուրիչ invigorating, refreshing, fortifying.

կազդուրուիլ to be invigorated (vivified, refreshed).

կազդուրում, կազդոյր restoration, convalescence. strengthening.

կազմ constitution, disposition. body. binding (of books).

կազմ ready, prepared, made ready, cosy. in readiness.

կազմալուծել disband, dissolve, break up.

կազմած apparatus. furniture, equipment, apparel, garniture. — մարմնի գործարաններու organism.

կազմական pertaining to organization, organic.

կազմակերպական organical.

կազմակերպել to organize.

կազմակերպիչ, կազմակերպող organizing. organizer.

կազմակերպութիւն organization.

կազմակերպուիլ to become organized.

կազմա(րան)(տուն) bindery.

կազմարար book binder.

կազմեալ formed, organized, shaped, bound (of books).

կազմել to organize, to constitute, to construct, to form, to shape. to bind (books).

կազմուածք temperament. character, body. disposition.

կազմութիւն structure, composition, preparation, equipment.

կաթ milk.

կաթել run, flow, to fall in small quantities.

կաթիլ drop.

կաթնաբեր lactiferous. —կով milk cow.

կաթնաբոյս lactiferous plant.

կաթնապուր rice - milk, milk - soup.

կաթնատու (կաթնտու կով) milch, giving (milk).

կաթնարան dairy, dairy farm.

կաթնեղբայր foster - brother.

կաթնեղէն(ք) (շաշ) milk - pudding.

կաթնկեր suckling, unweaned child.

կաթնտու (ստնտու) milky, lacteal. wet-nurse, foster-mother.

կաթնտուութիւն lactation, suckling.

կաթոգին affectionate, warm - hearted, affectionately, heartily.

Կաթոլիկ (Կաթողիկէ) Catholic, Roman Catholic. (R. C.) —ութիւն catholicism.

կաթողիկեայ (ընդհանրական) universal.

կաթողիկէ basilica, cathedral.

կաթողիկէութիւն, կաթոլիկութիւն catholicism.

կաթողիկոն (med.) catholicon, panacea.

կաթողիկոս Catholicos. the universal patriarch of Armenians.

կաթոտ passionate, lecherous, lewd, unchaste.

կաթուած apoplexy. —ոտ, —ահար apoplectic.

կաթսայ boiler. large kettle, caldron, pot. saucepan, copper. —ագործ brazier, copper - smith.

կաժ (կարժ) skein, hank.

կալ threshing floor.

կալ, կենալ stay, stop. remain, to be, to stand.

կալանաւոր prisoner, captive. detainee. —ութիւն arrest, retention, imprisonment.

կալափատել (ձիւթել) to smear with pitch, cover with pitch.

կալաքար soda. —ային alkaline.

կալոն gallon.

կալուած estate, property.

կալուածագիր deed, title - deed.

կալուածատէր landlord, landlady. proprietor.

կալուինական Calvinist(ic). —ութիւն Calvinism.

կալվանական galvanic. —մարտկոց galvanic battery.

կալվանակերտ electrotyped.

կալվանաչափ galvanometer.

կալվանացնել to galvanize.

կախ (ուած) hung. suspended.

կախակայել to suspend.

կախաղան gallows, gibbet. — հանել to hang.

կախանկողին hammock.

կախարդ magician, wizard, sorcerer, conjurer. —ական sorcerous,

magic(al). —անք enchantment, bewitchment, magic. —ել to bewitch, to enchant, to fascinate.
կախարդիչ enchanting, bewitching. magic, enchanter.
կախարդութիւն sorcery, witchcraft, magic, black art.
կախեալ hung, suspended. dependent.
կախել to hang, to suspend, to hook. hook up.
կախուածք hangings.
կախուիլ to be hanged. to hang oneself. to be hooked or suspended.
կախում suspension. dependence. — ունենալ to depend on. to be dependent on. to rest with. այդ ձեզմէ — ունի that depends on you (rests with you).
կախօրրան, կախօրոցք (child's) hanging cradle, hammock.
կածան (նրբուղի) narrow way, path.
կակա cacao, seed of cacao tree giving cocoa and chocolate.
կակազել to stammer, to lisp.
կակազոտ, կակազող stammering, stammerer.
կակայենի cacao-tree, cacao.
կակաչ (bot.) tulip.
կակաչել to crow. to cackle, to cluck (of hens).
կակիա (bot.) acacia.
կակղամորթ mollusc, soft-bodied, hard-shelled (animals).
կակղանալ, կակղիլ soften, to grow soft. to slacken. to be weakened, to yield. to become tender.
կակղացնել, կակղել to soften, to mollify, to make tender. to weaken.
կակղացում softening.
կակղեցուցիչ lenitive. — դեղ emollient, softening medicine.
կակղիլ see կակղանալ.
կակղութիւն softness, laxness. flexibility, suppleness. compliance, lenity.
կակուղ soft. tender. flexible, pliable. lenient. indulgent, easygoing.
կակտենի (կոզի, կանկատունկ) cactus.
կահ furniture. —ագործ carpenter, joiner. —ագործութիւն joinery, carpentry.
կահաւորեալ furnished.
կահաւորել, կահել to furnish (a room, a house etc.).
կահենի, մահոգենի mahogany.
կահոյք pitcher, jug. jar.
կաղ lame, limping, halt. —ալ to limp, to halt, to hobble.
կաղամախ poplar. դողդոջուն — (բարտի) aspen.
կաղամար inkstand.
կաղամբ cabbage.
կաղանդ (պապուկ) Santa Claus. New Year's day.

կաղանդել give a New Year's gift or Christmas box.
կաղանդչէք handsel, gift of New Year.
կաղապար mould, model, matrix. —իչ modeller. —ում modelling.
կաղին hazelnut. վայրի — խոզկաղին acorn.
կաղնաբեկ nut-crackers.
կաղնի oak, hazel-tree.
կաղնուտ hazel-copse.
կաղութիւն lameness.
կան, թաղիք (քէչէ) felt.
կանագործութիւն felt-making.
կանառ (գիտնականներու խումբ) academy. ուսուցիչներու — faculty.
կանառորդ (ակադեմական) academician.
կանեայ of felt.
կամ or. եւ կամ, եթէ or, or if. see կամք.
կամազնաց capricious, fanciful, whimsical. arbitrary.
կամածին optional. arbitrary.
կամակատար complaisant.
կամակար willing, compliant.
կամակոր obstinate. wilful. crooked, warped, tortuous. —ել to twist, to pervert. —իլ to turn, to twist. —ութիւն wilfulness. perverseness, perversity.
կամայ willingly. — ակամայ willy-nilly, whether he likes it or not.
կամայական wilful. deliberate, arbitrary.
կամապաշտ, կամասէր self-willed, heady. stubborn.
կամար vault, arch. երկինքի վրայ — canopy. —ակալ arched buttress, abutment. —ակապ arcade. —աձեւ arched, bent. curved. —իկ small arch, small vault.
կամաց(ուկ) slowly. gently, softly. — — gradually, by degrees, very slowly.
կամաւ voluntarily, willingly.
կամաւոր voluntary, optional, volunteer.
կամենալ to will, to be willing. to be pleased to, to wish. to require, to consent. to admit, to grant.
կամեցողութիւն volition, will. willingness.
կամկար (դանդաղ) slow, slack, tardy, dilatory.
կամնակ (կամնասայլ) flail.
կամնել to thresh.
կամովին willingly, voluntarily.
կամուրջ bridge. կախեալ — suspension-bridge. շարժական — drawbridge.
կամրջակ small bridge.
կամք will, intention. whims.
կայան station, centre, resting place.
կայարան station. stay. stoppage. —ապետ station-master.
կայացնել to place, to set.

to reduce, to put, to take decisions, to bring to light.

կայթ jump, caper, clapping. —ել to jump, to caper. to applaud. —իւն clapping, jumping, applause.

կայլակ drop, droplet.

կայծ spark, sparkle. embers. flash of fire. — (կարմիր յակինթ) (min.) carbuncle.

կայծակ lightning, thunderbolt. —ել to flash, to sparkle.

կայծականահար(ել) ընել to strike with thunderbolt, to blast, to crush.

կայծակունք (կաս կարմիր եղած ածուխ) embers, burning coal.

կայծոռիկ (փոսուռայ) glow-worm.

կայծոստ (կայծհան) steel (to strike a light).

կայծքար flint, silex, silica. —ային silicious. —ուտ silicate, of silex or silica.

կայմ mast.

կայուն stable, durable, permanent, steadfast. stagnent. —ացնել (դրամական արժէքը) stabilize.

կայսերազուն imperial prince.

կայսերական Imperial. —ութիւն, կայսերապաշտութիւն imperialism.

կայսր emperor. —ընտիր elector. —ընտրութիւն electorate. —ութիւն empire. —ուհի empress.

կայտառ lively, keen, frisky, active, acute, sensitive, alive, sprightly, vivacious.

կայտռալ, կայտռել to caper, to bounce, to bound, to frisk.

կանամբի (ամուսնացեալ այր մարդ) married man.

կանանոց moslem women's part of the house, harem, hareem.

կանա(ն)չ green. —ագոյն green coloured. բաց — light green. մութ — dark green. —ութիւն greenness.

կանանչեղէն, կանաչեղէն vegetable, green. herb. verdure.

կանանչազեղ verdant, green.

կանաչախտաւոր chloric.

կանաչախտութիւն chlorosis, green sickness (of young women).

կանաչ(ա)նալ to grow green, to be verdant.

կանաչացում becoming green.

կանաչեղէն vegetable, green, herb. —ներ pot-herbs, vegetables, greens.

կանարեակ (դեղձանիկ) canary.

կանացի pertaining to women, womanish, feminine.

կանգ առնել (կենալ) to pause, to stop.

կանգնել to erect, to lift.

to straighten, to construct, to institute.

կանգնիլ to stand up. to rise, to stand, to erect.

կանգնում raising, erection, establishment, erecting.

կանգուն linear measure equal to an arm's length, *draa'* (Arabic).

կանգուն straight. direct. standing, upright. firm, unmovable.

կանեփ hemp. —աստան hemp - field.

կանթ handle (of a pot, basket, etc.).

կանթեղ lamp.

կանթեղխոտ (bot.) calendine, swallow - wort (of opium family).

կանխաբանել, կանխագուշակել predict, foretell.

կանխաբանութիւն foretelling, prediction.

կանխագիտել, կանխաճայնել foreknow, prophesy.

կանխագիտութիւն foreknowledge, foresight.

կանխագոյն before, precedently.

կանխակալ (նախապաշարուած) prejudicial, prejudiced, prepossessed. —ութիւն prepossession, prejudice.

կանխահաս premature, precocious. —ութիւն precocity, precociousness.

կանխաճայնել see կանխագիտել.

կանխամտածութիւն making up one's mind ahead of time, premeditation, foregone conclusion.

կանխամտութիւն premeditation.

կանխավճար payment made in advance.

կանխատես provident. foresighted. —ութիւն prevision, foresight.

կանխարգելիչ precautionary.

կանխաւ beforehand, in advance, from the beginning.

կանխել to forestall, anticipate, take time by the forelock.

կանխիկ ready (of money). in cash (of payment). anticipated.

կանխում anticipation, prevention.

կանխորոշ premeditated. —ութիւն premeditation.

կանկառ artichoke.

կանկրուկ (կոշտ) corn, callosity (on the hand or foot).

կանոն rule, statute, law, by-laws. regulation. —ագրել to make regulations. —ազանց offender, infringer, breaker of rules. —ական canonical. —ապահ law-abiding, loyal, submissive, compliant, obedient.

կանոնաւոր regular, regulated, methodic(al). ordinate. —աբար, —ապէս regularly, punctually. methodically. —ել to regulate (adjust). to systematize. —իչ regulator. regulating. —ութիւն regularity, order, orderliness.

կանուխ early. in the morning, soon.

կանչ shout, shriek, call, cry, roar.

կանչել to shout, to shriek, to call. to roar. to cry, սեղանի (ժողովի) — invite to a meal (to a meeting). բժիշկ — call a physician.

կանչիւն cry, roar, scream, yell.

կանչող one crying (shouting, bawling).

կանչուըռտել to bawl, to clamour, to squeal.

կանչուըռտուք roaring, screaming, brawling, clamouring.

կաշառակերութիւն bribery, corruption, venality.

կաշառառու who receives bribes, venal. —թիւն venality.

կաշառասէր venal, corruptible.

կաշառել to bribe, to buy, to reward.

կաշառիչ (կաշառող) briber, corrupter, spoiler.

կաշառք bribery, corruption.

կաշեայ (կաշիէ) of leather, leather (made of).

կաշեգործ tanner, currier.

կաշի leather. —է see կաշեայ.

կաշկանդել to tie, to bind, hinder, to enchain, obstruct. suppress.

կաշկանդում band, hindrance, obstruction, suppression.

կաշմրուռն senewy, energetic. strong, powerful.

կաչաղակ (orni.) magpie.

կապ (յօդ, զօդ) tie, connection, band, string, strap, knot.

կապալական cabalistic, joining in a secret intrigue.

կապակցել to connect, to tie, to bind.

կապակցիլ to tie, to have a connection with.

կապակցութիւն relation, connection. conjunction. սերտ — intimacy, close connection.

կապայ gown, frock, cassack.

կապան gorge, defile, pass.

կապանք bonds, band, chains, fetters.

կապար lead. —ագոյն leaden, lead-coloured. —գործ plumber. —ակալ pencil-case. —ահանք lead-mine.

կապարարծաթ (min.) molybdenum.

կապարեայ of lead, leaden.

կապարճ quiver. —ակիր quiver - bearer, esquire.

կապել to tie, to bind, to join, to connect. բառերը — to spell. լեզուն — to control (restrain) one's tongue. սառ — to freeze. դաշինք — sign (make) a treaty. միս — to add weight. իւղ — — grow fat. սէր — to fall in love. պսակ — to marry, to unite in holy matrimony. կոճակ — to bud, to put forth buds. ժանգ — to rust. to undergo oxidation.

կապելայ tavern, cabaret (French tavern). saloon, drinking-bar. pub.

կապելապ(ետ)(ան) tavern keeper.

կապերտ (կարպետ) rag, tatter. carpet.

կապիկ monkey, baboon. մարդակերպ —, մարդակապիկ gorilla. extortioner. a cunning person. one who mimics (mocks).

կապին (ցորենի չափ) bushel (measure for wheat in ancient days). ակնա— eye-socket.

կապկել to copy, to mimic, to follow, to imitate.

կապկութիւն mimicry, fooling about. monkey tricks, monkeyishness.

կապոյտ blue, azure. — հազ hooping-cough whoopingcough.

կապոց bundle, package, packet. parcel.

կապուած tied, connected, joined, bound.

կապուիլ to be tied, bound. to be associated with.

կապուտ (կողոպուտ) loot, booty, plunder, stolen goods.

կապուտակ, կապուտակագոյն, կապուտագոյն bluish, azure, sky-blue.

կապտել to plunder, to rob. to pillage.

կառագործ coach-maker.

կառախումբ (կառաշար) train (of railways).

կառաձիգ անասուն draught-horse, draught-animal.

կառաչ(իւն) cry, clamour. —ել to cry, to bawl, to clamour.

կառապան coachman, cabman, driver.

կառավար, կառապետ coachman, driver. —ել to govern, to rule, to conduct, to guide, to menage.

կառավարիչ, կառավարող ruler, governor. conductor.

կառավարութիւն government, rule, administration, civil authorities. the cabinet.

կառարշաւ chariot race, automobile race.

կառափ (գանկ, գլուխ) head, skull, craneum. —ել decapitate, to behead.

կառափնատ (գլխատելու գործիք) guillotine.

կառափնատել see կառափել.

կառափնատեղի scaffold.

կառն (թաղիք) felt.

կառոյց structure, construction, constitution bodily.

կառուզիչ (վարիչ) conductor (of buses, railroad cars, etc.).

կառուցանել to construct, to erect. to build.

կառուցում construction, building, erection.
կառչիլ cling, cleave, adhere, stick to, take hold of.
կառք carriage, coach, car. vehicle, conveyance.
կասել see կասեցնել.
կասեցնել to stop, to arrest, to hinder, to deter, to delay.
կասիա (*տարչին*, թրք.). cinnamon.
կասիլ to stop, to rest, to close, to cease.
կասլա (դափնի) laurel, bay - tree.
կասկ (հերիսայ) pie made of meat and crushed wheat.
կասկած doubt, suspicion, distrust, mistrust. —ամուռ suspecting, suspicious. —իլ to suspect, to doubt, to surmise, to distrust. —ելի doubtful, dubious, to be doubted, to be suspected, suspect. —ելի (անձ) a suspect.
կասկամ screach - owl.
կասկարայ grate, grid - iron, broiler.
կասկենի chestnut-tree.
կաստ (կաստան) forceps, pincers, pliers.
կատակ fun, joke, sport. jesting. jocularity. facetiousness. ready wit, comicality. — ընել to crack a joke. —աբան (—ախօս) humorist, punster, epigrammist.
կատակաբանել, կատակել to joke, to jest. to jeer at. to laugh at. to make fun of.
կատակերգակ comedian, comic actor. jester, buffoon. —ական comical.
կատակերգութիւն comedy. mimic.
կատաղաբար vehemently, furiously, madly.
կատաղի furious, mad, impetuous. enraged.
կատաղութիւն fury, rage, madness, fire.
կատար summit, top, pinnacle, zenith, height, crest. աքաղաղի — (թռչուկ) crest, comb, tuft (of hens, etc.). —աւոր crested, having a comb.
կատարած end, termination, perfection, completion.
կատարեալ perfect, fulfilled, finished, accomplished.
կատարել to accomplish, to complete, to finish, to fulfil, put into practice, do.
կատարելագործել to perfect, to improve.
կատարելագործութիւն perfecting, perfection, improvement.
կատարելապէս entirely, fully, completely, perfectly.
կատարելութիւն perfection.
կատարուիլ to be accomplished, to be finished, to be done, to be over.
կատարում completion, accomplishment. execu-

tion (of music). finishing.

կատղած see կատաղի.

կատղեցնել to vex, to infuriate, to madden, to anger, enrage.

կատղեց(նող)(ուցիչ) vexing, enraging, maddening.

կատղիլ to be mad, enraged, to get angry, to be infuriated.

կատու cat. սեւ — variance, discord, breach, rupture.

կատուախոտ (bot.) cat's-mint.

կատուաձուկ ray, skate.

կատուիկ kitten, kitty.

կար seam. sewing, stitching.

կար see կարողութիւն.

կարագ butter. աղած — salted butter.

կարապ swan.

կարապետ forerunner, pioneer, precursor.

կարաս large water jar.

կարասի(ներ) household goods, furniture.

կարաւան caravan. —ապետ leader of a caravan.

կարգ class. row, rank, range, order, file, succession. —ը փոխել to be promoted. —էն իջնել to be demoted.

կարգադիր ordainer, orderer.

կարգադրել put in order, to regulate, to arrange, take care of. organize.

կարգադրութիւն arrangement, preparation, putting in order, regulating, organization.

կարգազուրկ unfrocked, defrocked.

կարգաթող, կարգուրաց apostate.

կարգապահ regular, punctual, law-abiding. —ական disciplinary. —ութիւն following regulations. discipline.

կարգաւիկ (յաջորդական) successive, alternative.

կարգաւոր regular. priest, elder. —աբար regularly, in an orderly manner.

կարգաւորեալ see կարգաւոր.

կարգաւորել put in order, to ordain, to arrange, to regulate.

կարգաւորութիւն regularity, arrangement, regulating.

կարգել to put in order, to ordain, to arrange, to dispose. to establish, to unite in marriage, to marry.

կարգերէց dean.

կարգուիլ to be destined. to be appointed. to marry. to get married.

կարգուրաց see կարգաթող.

կարդալ to read.

կարդացող reader.

կարդինալ Cardinal. —ութիւն cardinalship.

կարել to sew, to stitch.

կարելի feasible. possible.

կարեկից, կարեկիր compassionate.

կարեկցաբար compassionately.
կարեկցիլ to sympathize, to have compassion.
կարեկցութիւն sympathy, compassion.
կարենալ (կրնալ) to be able to, can, to be capable of. may.
կարեվէր seriously wounded, deadly (wound). fatal.
կարեւոր important, necessary, considerable, essential. շատ — urgent, indispensable. կարեւորութիւն importance.
կարթ (ձկնորսի) — fish-hook. կօշիկի — spur. պատուհանի — hook. ախաղաղի սրունքներուն —ը spur.
կարթել to fish, to angle.
կարթընկէց angler, one who fishes with hook and bait.
կարժ hank, skein. —ար reel. skein-winder. —ել to wind into skeins.
կարի highly, most, very, considerably, exceedingly.
կարիճ scorpion.
կարիք necessaries, necessities. passion.
կարծական (վարկածական) hypothetic(al), conjectural. supposed.
կարծել to suppose, to presume, to guess, to think that.
կարծեկից (համակարծիք) of one mind, agreed, unanimous, accordant.
կարծեցեալ pretending, presuming, presumptuous.
կարծիք opinion, supposition, conjecture, hypothesis.
կարծր hard, tough, stiff, rigid, firm. —անալ to harden, to stiffen. —ութիւն hardness, firmness, rigidity, stiffness.
կարկահ wooden frame (for needle work).
կարկամ curved, bent. —եցնել to bend, to make crooked. —իլ to bow, to bend, to make crooked, to contract.
կարկամութիւն contraction.
կարկանդակ cake, pastry, pie, fruit pie, tart.
կարկաչել, կարկաջել to babble, to cackle, to gurgle. (գորտը) to croak. (թխսող հաւը) to cluck.
կարկաչող, կարկաջող, կարկաչուն purling, babbling, croaking, clucking. gurgling, murmuring.
կարկաչահոս murmuring, babbling (brook).
կարկառ pile of stones, heap.
կարկառել (ձեռք) to lend, to stretch. (դիզել) to heap, to pile.
կարկառիլ to lead to, to tend.
կարկառում stretching.
կարկառուն protuberant, protruding, outstanding

(person). prominent. notable, celebrated.

կարկատանք (կարկըտուք) mending, repairing (old clothes).

կարկատել, կարկըտել to patch, to mend, to repair.

կարկատուն patched, repaired, mended.

կարկել, կարկեցնել to silence, to put to silence, to quiet, to hush, to suppress.

կարկըտ(ած)(նուած) see կարկատուն.

կարկըտան patch, botch, piece.

կարկիլ to hold one's tongue, to be silent. to keep quiet.

կարկին pair of compasses.

կարկուտ hailstone, hail.

կարկտահատ large hailstone.

կարճ short, brief. concise. curt. — ագի short-tailed.

կարճակոթ short-handled.

կարճահասակ short, thickset.

կարճամիտ simpleton, booby. dull, blockish, unintelligent, stupid.

կարճամտութիւն dullness, stupidity. simplicity.

կարճատել see կարճել.

կարճատես short-sighted, myope. —ութիւն short-sighted, myopy.

կարճատիլ see կարճնալ.

կարճել, կարճեցնել to shorten, to curtail, to abridge, to abbreviate.

կարճիլ, կարճնալ to become shorter, to contract, to be insufficient.

կարճոգի irritable, impatient. fearful, timid.

կարմելական Carmelite friar.

կարմիր red, ruddy, rubicund. —կեկ reddish, rubescent.

կարմրագոյն ruby, ruddy, rosy, vermilion.

կարմրադեղ vermilion carmine, red lead.

կարմրալանջ (orni.) robin, red-breast.

կարմրախայտ trout.

կարմրածառ yew, yew-tree.

կարմրախ scarlatina.

կարմրայտ ruddy-faced.

կարմրանալ see կարմրիլ.

կարմրաներկ red paint, red tint.

կարմրատտուն red-tail (a bird).

կարմրացաւ miliary fever.

կարմրերանգ see կարմրագոյն.

կարմրերես see կարմրայտ.

կարմրիլ, կարմրնալ to turn red, to redden.

կարմրորակ reddish.

կարմրութիւն blush, ruddiness, red, redness.

կարմրցնել to make red, to redden.

կարող capable, fit, able, potent, mighty. —անալ to be able, to be sufficient. —ութիւն ability, force, power, sway. faculty, capacity. նիւթական կարողութիւն material resources. մը-

տաւորական (մտքի) — intellectual faculty, mental ability.
կարող sewer, tailor. — կին seamstress, dress-maker. կօշիկ — shoe-maker.
կարուրայ bed-pan, chamber-pot.
կարպենի (տեսակ մը բնկուզենի) beech tree.
կարօս (բանջարեղէն) celery.
կարօտ needy, destitute, poor. —անալ, —իլ to be in want, to need, to be in need of. —ութիւն want, destitution. poverty, need.
կարօտ longing, earnest desire, yearning. —իլ to long for, to miss.
կացին hatchet, axe.
կացնակ little axe.
կացութիւն condition, position, state, circumstances.
կացուցանել see կեցնել.
կաւ clay. —ախառն mixed with clay. —յին clayey.
կաւ (բրուտի) argil.
կաւատ pander, procurer, go-between in clandestine amours. —ութիւն panderism.
կաւեայ, կաւեղէն of clay, earthen.
կաւիճ chalk.
կաւռ(տ)ւտ loamy, clayey.
Կափառնաւմ Capernaum.
կափարիչ lid, cover, valve.
կափկափել to chatter. to gnash (the teeth).
կաքաւ partridge. —ել to dance. —անք dance.
կաքաւասէր fond of dancing.
կաքաւարան dancing hall, dancing room.
կաքաւ(իկ)(ուկ) a young partridge.
կեանք life, existence, course of life. հանդերձեալ — the future life. յաւիտենական — eternal life.
կեդրոն centre. —ազանց eccentric. —ախոյս centrifugal. —աձիգ centripetal. —ական central. —ավայր centre. —ացում concentration, centralization. —ացնել concentrate, to centralize.
կեղ ulcer. — գոյանալ to ulcerate. —ալի(ց) ulcerous. —անք fistula.
կեղակարծ suspected, dubious. —ել to surmise, to suspect. —ութիւն incertitude, suspicion.
կեղաւորութիւն ulceration.
կեղեւ bark, rind. պտուղի — peel, skin, paring. ընկոյզի — shell. —անք crust. —ել to peel, to pare.
կեղեքել to exploit. to overtask, to exact, to impose, to plague.
կեղեքիչ (կեղեքող) exploiter. vexer, provoker, extortioner. vexatious, annoying.
կեղեքում exploitation, extortion, exaction, vexation.
կեղծ false, insincere, ar-

tificial, imitation, affected. —ել to feign, to pretend.

կեղծամ (կեղծ մազ) wig, peruke.

կեղծամաշկ, կեղծմաշկ diphtheria.

կեղծանոյշ affectedly mild, mawkish. mealy-mouthed.

կեղծանուն pseudonymous. pseudonyme. see ծածկանուն.

կեղծաւոր hypocrite, insincere, artful. —աբար hypocritically. —ական hypocritical. —անալ, —իլ disguise, to falsify, to gloss over, to feign. —ութիւն hypocrisy, prentense, sham, feint.

կեղծիք pretense, subterfuge, sham, flattery.

կեղծող artful. dissembler, flatterer, liar.

կեղտ blot, dirt, stain. pollution. —ալից squalid, stained, dirty. —ահան scourer. —աշոր dish-cloth, duster. —անուն in bad repute, infamous, vile. —ոտ dirty, filthy, corrupt.

կենալ to stay, to remain, to stop, to stand, to lie, to rest. դէմ — to resist, to oppose. ետ — to abstain from, to give up. կռնակ — to back up. to defend. առանց —ու ceaselessly, constantly.

կենակից spouse, husband, wife.

կենակցիլ to live together, to cohabit.

կենակցութիւն cohabitation.

կենարար saving, life-giving, vivifying, wholesome.

կենդանաբան zoologist. —ական zoological. կենդանաբանութիւն zoology, science of animals. կենդանաբանական պարտէզ Zoo.

կենդանաբոյս zoophite.

կենդանագիր portrait, picture, likeness, description.

կենդանածին viviparous.

կենդանակամար, կենդանակերպ sign of Zodiac.

կենդանանալ to regain health, to be enlivened.

կենդանապաշտ worshipper of animals, zoolater. —ութիւն zoolatry.

կենդանատուն menagerie.

կենդանատունկ see կենդանաբոյս.

կենդանարար see կենարար.

կենդանացնել to quicken, to stimulate, to revive, to animate.

կենդանացնող, կենդանացուցիչ quickening, vivifying.

կենդանի living, alive, quick, gay. animal, beast. վայրի —ներ wild animals. beasts of the field or of the forest.

կենդանութիւն vitality, animation. life, lifetime.

կենդինար (ծանրութիւն մը) quintar, hundredweight.

կենդրոն see կեդրոն·
կենսաբան biologist. —ական biological. —ութիւն biology.
կենսագիր biographer.
կենսագրական biographical.
կենսագրութիւն biography. ինքնա— autobiography.
կենսական vital, momentous.
կենսատու vivifying, quickening.
կենցաղ life, manners, conduct. —ագիտութիւն propriety, good manners. —ասէր worldly, mundane, pleasure-loving. —ավարութիւն courtesy, behaving. behaviour, conduct. way of living.
կեռ hook (for doors, windows). hooked, crooked.
կեռաս cherry. վայրի — wild cherry. —ենի cherry-tree.
կեռ ասեղ, կեռիք hook, crochet-needle.
կեռասօղի (ոգելից ըմպելի մը) kirschwasser.
կեռլիկ (դոյլ) bucket.
կեռնեխ (սարեակ) black bird.
Կեսար Caesar, emperor.
կեսուր mother - in - law (husband's mother).
կեսրայր father - in - law (husband's father).
կեր food, nourishment. bait. fodder, feed, pasture, pasturage.
կերակուր nourishment. victuals, meat. nutrition, meal, repast. առտուան — breakfast. կէսօրուան (թեթեւ) — lunch. կէսօրուան (զօրաւոր) — dinner. իրիկուան — (թեթեւ) supper. ընթրիք dinner.
կերակրել feed, nourish. to nurse.
կերատ carat.
կերկեր (խռպոտ) hoarse. husky, croaking (voice). —իլ to get hoarse or husky. —ում hoarseness, huskiness.
կերոն large candle.
կերուխում feast, banquet, good cheer.
կերպ way, manner, sort, style. stand, position. — — various, several, diverse.
կերպաս stuff, silk-cloth, woollen cloth, linen cloth.
կերպասագործ manufacturer of cloths.
կերպարանել to pretend, to feign, to assume, to counterfeit, to form, to shape.
կերպարանափոխել to metamorphose, to transform, to disfigure, to deface.
կերպարանափոխութիւն transformation, metamorphosis. disguise.
կերպարանիլ (կերպարանք առնալ) to take a form, a shape. to be formed. to be conformed to.
կերպարանք features, face,

aspect, form. appearance.

կերտ building. conformation. —ել to build, to construct. to erect. to form. —ող constructor, erector. —ուածք building, edifice, construction.

կերցաւ (կեղցաւ) ulcer.

կերցնել feed, nourish, to suckle. կաշառք — to bribe, to grease the palm, to corrupt. խիստ շատ — to satiate, to surfeit.

կեցնել to stop, to arrest. to set, to place. ետ — (մէկուն միտքը փոխել) to dissuade, to distract.

կեցցե՛ն, կեցցե՛ս, կեցցէ՛ long live! bravo! well done!

կզակ jaw. chin. —ակալ curb, curb-chain (for horses).

կզակակապ band (fixed to a hat) for the chin.

կզաքիս marten.

կզաքսենի marten skin.

կզենի sable skin.

կզուզիկ hump, hunch.

կզպատ veil.

կէս half, one half. half a (n). — ժամ half an hour. — հաց half a loaf (of bread). մէկ ու — one and a half. ժամը մէկ ու — է it is half past one (o'clock). — օր half a day. —օր midday, noon, noontide. —օրէ առաջ before noon (a. m.). —օրէ ետք afternoon (p. m.).

կէտ point, dot, full stop. term, place, time. —առ — exactly.

կէտադրել (կիտադրել) to punctuate, to dot.

կէտ whale. —որս (կիտորս) whaler.

կթան milch. — կով milch cow.

կթել to milk, to pick, to gather. կովը — to milk the cow. այգի — to gather grapes, to vintage.

կթող milking, milker, grape - gatherer.

կթոտ feeble, weak, staggering, trembling, quivering. —ել to enfeeble, to debilitate. —իլ to quiver, to tremble, to become feeble, to waver.

կթոց hamper, basket.

կթուիլ (խաղի մէջ) to be beaten. to lose. to be milked.

կիզական caustic, burning.

կիզահող (կիզակաւ) peat.

կիզանուտ (կիզելի) combustible. free-burning.

կիզել to burn, to inflame. to set on fire, to kindle.

կիզիչ, կիզող burning, scorching. caustic.

կիզում combustion. burning.

կիթառ guitar. — նուագել to play on the guitar. —ահար guitar player.

կին (կուն) marble.

կին woman, wife. married woman. մանկամարդ — young woman. մանկամարդ — կամ աղջիկ

young lady. մանկաքարձ — a midwife.
կիճաքարիս (կարմրաներկ) cinnabar.
կիճամոն (դարիճենիկ) cinnamon (տարչին).
կիճճ (արու վարազ) wild boar (male).
կիպերիս (bot.) gallingale.
կիսաբաց half-open, partly open.
կիսաբերան cold, cold-hearted.
կիսաբոլոր semicircular, a semicircle.
կիսագունդ hemisphere.
կիսադէմք profile.
կիսալուսին half moon (fort.).
կիսալուսնակ lunette.
կիսակատար (կիսկատար) incomplete, imperfect.
կիսակործան (կիսաւեր) half-ruined.
կիսակտուր bisected, cut in two.
կիսահարթ (կիսվար) (mus.) flat.
կիսաձայն half tone, semitone.
կիսաձեռնոց (առանց մատի) mitten.
կիսամաշ partly worn out. second-hand.
կիսամեայ semi-annual, semester, of the semester.
կիսամեռ half-dead.
կիսամերկ partly naked, half-naked.
կիսամսեայ semi-monthly, half-monthly, fortnightly. bi-weekly.
կիսանդրի (կիսարձան) bust.
կիսանկար see կիսադէմք.
կիսասեւ mulatto.
կիսատ see կիսակատար.
կիսարձան see կիսանդրի.
կիսաւեր see կիսակործան.
կիսափակ half-covered, partly closed.
կիսել divide into two halves.
կիսեփ(եայ) lightly cooked, underdone.
կիսովին half, partly.
կիտադրել (կէտադրել) to punctuate, to dot.
կիտադրութիւն (կէտադրութիւն) punctuation.
կիտազգի cetaceous, cetaceous animal.
կիտաժանի (խոշոր, կէտ ձուկ մը) cachalot.
կիտանարպ spermaceti.
կիտանիշ dotted. punctuated.
կիտոսկր whalebone.
կիտորս see կէտ(որս).
—անաւ whaling ship, whaler. —ութիւն whaling.
կիտուած dotting, stippling. ապակեայ — enamel. —անկար enamel. —անկարիչ enameller.
կիտրոն citron, large lemon-like fruit. —ի citron (tree).
կիր lime. չմարած — quick-lime. մարած — slaked lime.
Կիրակի Sunday. The Lord's day.
կիրարկել to use, to apply.
կիրառութիւն, կիրարկութիւն appliance, application, use.

կիրթ exercised, trained, expert. polished.

կիրճ pass, defile.

կիրք passion. fury, emotion, viciousness. sexual affection (passion).

կից joined, jointed. annexed, close by.

կից (ապացի) kick. — ճե-տել, — զարնել to give a kick to. to kick (of animals). —ընկեց that kicks. (horse) which kicks. kicker.

կիւ (ծիւթ) mastic, chewing gum.

կիւս (բախտագուշակ) soothsayer, augur, fortuneteller, sorcerer. կին — witch. medium, clairvoyante.

կիւրակէ see Կիրակի.

Կիւրոս Cyrus.

կլայեկ pewter. tin. —ել to tin.

կլիմայ clime, climate.

կլլել to swallow (up), to gulp, to devour, to engulf. to believe. to be patient. հով — to hope in vain.

կլլեցնել to deceive. to make someone believe. to defraud, to mislead.

կլկլալ to gurgle.

կլկլակ huble - bubble, hookak (նարկիլէ).

կլկլունք gurgle, gurgling.

կլմպոշտիկ (գլորում) tumbling, somerset. — ընել to turn a somerset.

կլոր round, circular. globular, spherical. —նալ to become round (circular, spherical).

կլորութիւն roundness, globosity, circularity.

կլորցնել to make a thing round (circular, spherical).

կծել, կճել to prick, to sting, to bite, to tingle, to provoke.

կծիկ clew, yarn, ball of thread.

կծիկը դնել to escape, make off, make one's escape.

կծծի niggard, miser. stingy, miserly, illiberal, niggardly.

կծծիութիւն stinginess, illiberality, niggardliness.

կծկել to make into balls of thread, to contract.

կծկել, կծկուիլ to contract, to gather into a round mass. to wind into a yarn.

կծկում contracting, contraction.

կծղիլ to be dried, parched.

կծմթել (կսմթել, կսմըր-թել) to nip, to pinch, to squeeze between tips of finger and thumb.

կծու acrid, sharp, mordant, acerb.

կծուահամ (ծթամծ) rancid.

կծուիլ to grow rancid.

կծուութիւն acerbity, acrimony.

կկզիլ to squat, to sit upon the heels. to cower.

կկզում squatting.

կկոց shuttle.

կկու cuckoo.
կկուզ նստիլ see կկզիլ.
կղեր(ական) clergy(man).
կղերական clerical, clergy. —ություն the clergy, clericalism.
կղերանոց seminary, clerical college.
կղզեակ islet.
կղզեխումբ archipelago.
կղզեցի islander.
կղզի island, isle.
կղզիացեալ isolated, lonely. insular.
կղկղանք excrement. մետաղի — dross, scum.
կղմինտր tile.
կղմինտրագործ tile maker.
կղմինտրոց tile works.
կղմուխ (լաստենի) alder-tree.
կղպակ, կղպանք lock.
կղպել to lock.
կնածեփ stucco.
կնեայ of marble.
կնել see կծել.
կնեպ shell (of eggs, walnuts, snails).
կնին earthen pot, pan, bed pan.
կնղակ cloven hoofs of cows, goats, etc. hoofs of horses, etc..
կնղակմ(բաշխ)(հերձ) cloven hoofed, cloven footed.
կնղա(կա)(նալ) to harden, become callous.
կմախք skeleton.
կմկմալ to lisp. to hesitate. to hum and haw.
կնահանոյ gallant. markedly attentive to women, amatory.
կնամարդի. կնատ effeminate, lax. loose, womanish.
կնատիլ to become loose, effeminate, to become lewd, lecherous.
կնատութիւն effeminacy.
կնգգաձեւ like a hood.
կնգգաւոր capuchin friar.
կնգուղ hood (of monk's cloak).
կնգում (նեբմակ կզաքիս անոր մորթէն՝ մուշտակ) ermine.
կնդրուկ (խունկ) frankincense.
կնիւն (նահնային խոտ) sedge, rush, bulrush. —ալից sedgy.
կնիք seal, stamp, coin, mark, impression, sign.
կնձնի elm.
կնենի flesh of boar.
կնճիթ snout. muzzle, nose. փիղի — trunk.
կնճիռ wrinkle. plot. difficulty.
կնճռալից, կնճռոտ intricate, complicated.
կնճռոտել to complicate, to make intricate, to wrinkle.
կնճռոտութիւն intricacy. complication.
կնոջական womanly, feminine.
կնունք baptism, christening.
կնտակ bald, bald-pated.
կնտանալ to become bald.
կնտնոց bow, fiddle stick.
կնքահայր godfather. sponsor at baptism.
կնքամայր godmother. sponsor at baptism.
կնքամոմ sealing wax.

կնքապահ keeper of the seals.

կնքատուն chancellor's office.

կնքել to seal. — խօսքը to conclude, to terminate. — to anoint (at baptism).

կշայ asphalt.

կշիռ weight. influence, balance. scales.

կշռադատել to rate, to weigh, to estimate, to appreciate.

կշռադատութիւն estimation, appreciation.

կշռել to weigh, to ponder, to measure, to compare, to consider.

կշռորդ steelyard, scales.

կշռոց pendulum (of clocks), weighing machine.

կշտամբանք scolding, reproach,

կշտամբել to rebuke, to reproach, to reprimand.

կշտանալ to be satisfied, to be full, to be replete (with food).

կշտապինդ satiated, glutted.

կշտացաւ (կուշտին մէջ ցաւ) pain in the side (stitch).

կշտացնել to satisfy, to fill, to satiate.

կոգեղէն (կարագեղէն, մածուն) buttery.

կոգեվաճառ butter-man.

կոգի (կարագ) butter.

կոթ stalk, stem, handle. hilt (of sword). peduncle of (blossoms, fruits). petiole (of leaves).

կոթատ cropped, shortened.

կոթող obelisk, stela. landmark, monument, statue.

կոլոհատ chocolate.

կոխած skins of grapes, residual, residuum.

կոխարան wine press.

կոխել to tread, to trample on, to press, to squeeze.

կոխիչ, կոխող pressing (down), presser.

կոխուիլ to be trampled on, to be pressed, squeezed.

կոծ weeping, wail(ing), lamentation.

կոծել to wail, to lament, to deplore. to beat (waves), to be stormy (sea).

կոծիծ wart. —աւոր warty.

կոկ neat. polished, bright, refined, polite.

կոկել to arrange, to set in order. to smooth, to polish.

կոկիկ neat, clean, tidy. well-arranged, suitable. —ութիւն tidiness, neatness.

կոկոզ puffed up, vaunting, proud.

կոկոզաբան bombastic, braggart. boaster. —ել to brag, to boast. —ութիւն bragging, boasting, vaunting.

կոկոն bud.

կոկոռ water lily.

կոկորդ throat. gullet. pharynx. —ալիր at the

top of one's voice.
կոկորդախօս gutteral speaker.
կոկորդային gutteral.
կոկորդիլոս crocodile. —ի արտասուք treacherous tears.
կոկոց cocoa, cocoa-nut.
կոհակ wave, billow.
կող side, rib, flank.
կողաթոքատապ pleuro-pneumonia.
կողախիթ ջերմ pleurish, enteritis.
կողակից spouse, husband, wife.
կողացաւական pleuritic.
կողիկ chop, cutlet.
կողինձ crust (of bread).
կողկողա(գին)(ձայն) plaintive, moaning, lamenting, plaintively.
կողկողանք plaint, lamentation, groaning.
կողկողիլ to groan, to moan, to sigh, to bewail.
կողմ side, way, part, party, region. մէկուն —ը բռնել to take sides, to be a partisan of.
կողմնակալ partial. —ութիւն partiality, respecting the person of.
կողմնական lateral.
կողմնակի transverse, obliquely, transversely, laterally.
կողմնակից partisan.
կողմնասէր see կողմնակալ.
կողմնասիրութիւն see կողմընակալութիւն.
կողմնացոյց compass.
կողոպուտ spoil, booty, plunder.
կողոպտել to spoil. to take booty, to plunder.
կողոպտիչ despoiler, robber.
կողոպտուիլ to be despoiled, to be robbed.
կողով basket, hamper.
կողովակ small basket, work - basket, osier - stand.
կողք cover (of books).
կոճ block, knuckle-bone (վէգ) ankle - bone.
կոճակ button, hook, clasp, bud, shoot. —ածիգ button-hook.
կոճանք corn (on the toes), callosity.
կոճապղպեղ (bot.) ginger.
կոճատ (անզոյգ) odd, uneven.
կոճէք curb - chain (for horses).
կոճկել to hook, to button, to clasp.
կոճկէն petticoat.
կոճկորակ (փրփրեմ) (bot.) purslane.
կոճղ block, log, stump.
կոճղէզ bulb. (ծաղկի սոխ).
կոճղիզաւոր bulbous.
կոճոպել to prune, to lop.
կոմս count, earl. —ութիւն county, earldom.
կոմսուհի countess.
կոյանոց sink, drain. sewer.
կոյզ (ողկոյզ) cluster.
կոյշ (փորհարութիւն) diarrhoea.
կոյս (կողմ) side. Virgin. pure, young girl. —

Մարիամ Madonna, The Virgin (Mary).
կոյտ heap, pile, mass, collection.
կոյր blind, sightless. — ծնած, ի ծնէ — born blind. —զկուրայն (կուրօրէն) blindly.
կոն cone, fir-apple. —աբեր coniferous. —ակաձ conical. —աձեւ conic(al).
կոնդակ papal bull, pastoral letter.
կոնիոն (bot.) hemlock, cow - bane.
կոնտոլ gondola.
կոնք basin. — (մարմինի) pelvis. — conch, sea - shell. —ային pelvic. աթոռի — the back of a chair.
կոշկոռ (ուռեցք) knob, node.
կոշտ (ոտքի) corn, callosity. — coarse, clumsy, rude, impolite, unmannerly, rustic. —աբար rudely, impolitely. կոշտութիւն clumsiness, rudeness, indecorum, boorishness.
կոչ invitation, appeal, convocation. —ել to call, to call to, to invite, to appeal, to name, to nominate. խորհուրդի —ել to convoke, to call. յետս կոչել (խօսքը ետ առնել) retract, recant, forswear.
կոչնագիր summons, citation, call to appear in law - court.
կոչնակ rattle. an appliance used as a bell to call to prayer.
կոչնական guest, the invited one.
կոչնատէր host, hostess, inviter.
կոչուիլ to be named, to be called. to be invited.
կոչում (մէջբերում) call, calling. գիրքէ մը — quotation, citation. ետ — retraction, recantation.
կոչունք feast, banquet, entertainment, treat. դաշտային — picnic.
կոպ (աչքի) eyelid.
կոպար boundary, landmark.
կոպէկ kopeck.
կոպիտ rude, ill-mannered, boorish, rough.
կողպէք (կախփական) padlock.
կոպտաբար rudely, bluntly.
կոպտութիւն rudeness, boorishness, clumsiness, indecorum.
կով cow. —ու միս beef. կթան — milch cow. —արոյծ cow keeper, cow feeder. —արած cowherd. —իկ (հորթ) calf, heifer. —անոց cow-house, cow-shed.
կովացնծուկ primrose, cowslip.
կովենի cow - hide, cow skin.
կոտակ baby food (honey with hazelnuts).
կոտակ short, thick - set (person).

կոտեմ (bot.) cress. ջրի — water cress, garden cress.
կոտոշ cupping horn, cupping glass.
կոտոր see կտոր.
կոտորած slaughter, massacre, carnage.
կոտորակ fraction. piece. —ային, —ավոր fractional.
կոտորել to slaughter, to decimate.
կոտտալ to grieve, to be afflicted, to suffer deeply, to ache, to ail.
կոտտուք affliction, suffering, anguish.
կոտրել to break, to shatter, break into pieces, to smash.
կոտրիլ to break. to be shattered. to be smashed.
կոտրուածք breakage, break.
կոտրտել see կոտրել.
կոտրտուիլ act affectedly, to mince (walk, act affectedly).
կոտրտուուք affected manners, lackadaisical manners.
կոր bent, curved, crooked. — քիթով one with an aquiline nose. — գիծ curved line. —ագիծ curvilinear.
կորագլուխ (գլխիկոր) humbled, crestfallen, abashed, mortified, shorn of one's glory, chap-fallen.
կորակոր see կորագլուխ.
կորակտուց (orni.) curvirostral.
կորաձեւ bent, curviform.
կորանալ to bend, to curve.
կորացնել to bend, to curve, to make crooked.
կորաքամակ hunchbacked, humpbacked.
կորբան sacrifice, burnt offering.
կորդակ (tech.) crane, machine for raising heavy weights.
կորե(ա)կ (bot.) millet.
կորզան (թելահան) draw-plate.
կորզարան wire-drawing mill.
կորզել to extort, to snatch from.
կորիզ stone (of fruits), kernel, core, nucleus. center, heart.
կորիւն whelp, cub.
կործանարար ruinous, devastating, destructive.
կործանել to destroy, to ruin, to overthrow, to pull down, to devastate.
կործանուիլ to fall. to be overthrown, to be ruined or devastated.
կործանում destruction, ruin. fall, overthrow, devastation.
կորկոտ cracked wheat.
կորն (mus.) quaver.
կորն (պասկուն) condor.
կորնարանել talk nonsense.
կորնթարդ convex, arched. —ութիւն convexity, swelling.

կործչելի perishable.
կործչիլ see կորսուիլ.
կորով vigour, vehemence, force.
կորովամիտ sagacious, acute, sharp, clearheaded, intelligent.
կորովամտութիւն sagacity, intelligence, perspicacity, acumen, brains, genius.
կորովի vigorous, vehement.
կորութիւն curvature, curve, turn. bending. arch, arc.
կորուստ loss. waste. perdition, wreck, ruin.
կորսնցնել to lose. to mislead, to destroy, to cause to perish.
կորսուիլ to be lost, to perish. կորսուէ՛, կորսուեցէ՛ք get away! go away! be gone!
կորստական see կործչելի.
կուենի (bot.) larch-tree.
կուզ sable, a black-furred mammal.
կուզ hunch - backed, hump - backed.
կութք harvest, crop, gathering of fruits. այգեք— vintage.
կուժ jug. pitcher.
կուլ տալ to swallow.
կուծուռի (երիցուկ) cammomile.
կուկուլիկու cry of roosters, cock-a-doodle-do.
կուղբ (ջրշուն) (mam.) castor, beaver.
կուղխ (շատակեր) gluttonous, voracious.
կուն marble.
կում (պուտ) drop (of water).
կունտ (կնտակ) bald, hairless.
կուշտ flank, side.
կուշտ full, satisfied. sated.
կուպր peat, tar, bitumen.
կուռ dense, thick. close, compact, tight, fast. — ոճ concise (pithy) style. — եւ կոխ ճամբայ beaten road (path).
կուռք idol, image.
կուսաբար maidenly.
կուսածաղիկ (bot.) periwinkle.
կուսակալ governor, prefect. —ութիւն prefecture.
կուսական virginal, maidenly.
կուսակից partisan.
կուսակրօն celibate, unmarried clergy (nuns, sisters, etc.). —ութիւն celibacy, single-life.
կուսակցութիւն party, side, faction.
կուսանոց nunnery.
կուսապղծութիւն violation, defloration (of a virgin).
կուսաստան see կուսանոց.
կուսութիւն maidenhead, maidenhood, virginity.
կուսօրէն see կուսաբար.
կուտ grain, seed. kernel. թուզի, խաղողի — pip. — դեղձի, ծիրանի, ելայլն stone.
կուտ (արծաթ, դրամ) money, wealth.
կուտակ (կոյտ) pile, heap, mass. swelling. —ական accumulative. —ել to

accumulate, to gather, to heap, to mass. to amass. —ում heap, pile, mass, accumulation.

կուտել to accumulate, to pile up, to hoard.

կուտիչ hoarder.

կուր small boat, longboat.

կուր trough, tub (for animals to drink (from). խմորի — (տաշտ) kneading trough.

կուրաբար see կոյրգկուրայն·

կուրաղի (վերնաղի) colon.

կուրանալ (կուրնալ) lose one's sight, to go blind. to be blind.

կուրծք breast, bosom. chest.

կուրութիւն sightlessness, blindness.

կուրտ (ներքինացում) eunuch. castrated, male sex glands removed.

կուրցնել to blind.

կուրօրէն see կոյրգկուրայն·

կուց (ափկից) two handfulls.

կուփուկ (տաշեղ) shaving.

կոփած (քանդակ) cutting, carving, sculpture. —ոյ well-shaped, carved, sculptured.

կոփել to sculpture, to carve, to hew.

կոփիւն noise of carving, hewing.

կպուր gang of pugnacious people.

կպուր կպուրի գալ to come to blows, to fight, to scuffle.

կպչիլ to stick. to cleave. to join.

կպչուն sticky, viscous, glutinous. —ութիւն viscosity, tenacity.

կպրալից bituminous, tarry. pitched, pitchy.

կպրախառն mixed with tar.

կպրաձիւթ cement of tar.

կպրային see կպրալից·

կպրել, կպրոտել to bituminate.

կպցնել to glue, to paste, to join, to stick together.

կռած sheet (metal), plate. —ոյ hammered, forged.

կռահել to guess at, to conjecture.

կռան hammer. —ակուռ hammered. —ահար hammerer. —ել to hammer. —ելի malleable.

կռապաշտ idolater, pagan, gentile. idolatrous.

կռապաշտական idolatrous.

կռապաշտութիւն idolatry, idol worship.

կռատուկ cactus.

կռատուն pagoda, shrine, heathen temple.

կռել see կռանել·

կռելի see կռանելի·

կռթնիլ to lean, lean upon, to lean against. to depend upon.

կռթնցնել to support, to prop on, to crutch, to set.

կռինչ creak, squeak, croak. see also ճռինչ·

կռիւ fight, brawl, strife. combat. battle.

կռկռալ to cackle, to cluck (the hen). to croak (the frog, the crow).

կռճիկ (anat.) cartillage.

կռնակ back. protector. —ը դարձնել to resign, give up. —էն (ետեւէն, հասցէին) behind one's back.

կռնկենի (bot.) geranium.

կռնչել to croak, to crack. to crackle. to grate. (ագռաւի, գորտի) to croak. (խոզի) to grunt. (եղջերուի) to bell.

կռնչիւն (սղոցի) squeak.

կռուան hold, footing, foothold.

կռուասէր, կռուազան quarrelsome, pugnacious, bellicose.

կռուասիրութիւն pugnacity, bellicosity, contentiousness.

կռուարար quarrelsome, bellicose, contentious, disputer.

կռուիլ to fight, to quarrel, to combat, to dispute, to struggle. to contend with.

կռուինչ (ապակեխոտ) (bot.) parietary (from the nettle family).

կռունկ (orni.) crane.

կռուող fighting man, combattant, fighter.

կռուփ fist, box. — տալ to box.

կռփահարել to box, beat with fists, to pommel.

կռփամարտ(ութիւն) boxing, pugilistic art, pugilism. —իկ pugilist, boxer.

կռփանք oppression, usurpation, extortion, exaction.

կռփել see կռփահարել·

կսկիծ grief, affliction, pain.

կսկծագին heart-rending, poignant.

կսկծալ, կսկծիլ to grieve, to be afflicted.

կսկծալի painful, grievous.

կսկծանք see կսկիծ·

կսկծացնող (կսկծացուցիչ) piercing, heartrending, caustic.

կսկծոտ (կծուահամ) sharp, hot (as radishes, mustard).

կսմթել see կծմթել·

կսմիթ pinching (with finger tips), pinch.

կտած (գունաւոր նկար մարմնոյն վրայ) tatoo, tatooing.

կտակ testament. will. legacy, bequest. —ագիր testator, testatrix (իգ·)· testament. —ագրել, —ել to make a will. to bequeath. —ագրող, —ող testator, testatrix, legator.

կտակակատար executor, executrix.

կտակառու heir under a will.

կտակարան testament. Նոր Կ— New Testament. Հին Կ— Old Testament.

կտակարար testator, bequeather, testatrix.

կտաւ linen (cloth), cotton

cloth. բարակ — combric. հաստ — coarse material. —ագործ manufacturer of cloth. —ավաճառ dealer in linen cloth.
կտաւատ linseed.
կտաւեայ, կտաւեղէն linen, cotton. of linen or cotton (cloth).
կտել to tattoo. to prick.
կտիկ tickling. — ընել (խտղտեցնել) to tickle.
կտղանք passion, flame, lust.
կտոր piece, bit, morcel. fragment. broken piece. —ուանք remains, waste, rubbish, broken pieces.
կտուել to nip off the buds.
կտուրք shearing, sheep-shearing.
կտուց beak, bill. —աւոր beaked.
կտրած cut, carved, notch.
կտրատել cut into pieces.
կտրել to cut, to cut off, to slay. to take, to pull off.
կտրիճ valiant, brave.
կտրիճութիւն bravery, valiance.
կտրիչ clipper, shearer.
կտրող see կտրիչ.
կտրոց knife, clasp knife. պատուաստի — grafting knife.
կտրուած cut, cut off. —ք cut, cutting, slit.
կտրուկ short, concise, sharp. decisive, terse. — կերպով tersely.
կտրօն part (of shares), piece of woollen cloth.
կտցել to peck.
կրաբեր calciferous.
կրագուբ lime pit.
կրադարձութիւն calcination, reducing to quicklime.
կրածին calcium.
կրակ fire. — ընել, կրակել to fire, to discharge (a fire arm). — կտրիլ to fret and fume. —ի պէս fast, rapidly. — առնել to catch fire, to be enraged. — բանալ to fire, to bombard, to shell.
կրակակալ brazier.
կրականն (զգացական) sensible, passible. impassioned.
կրակատուն (ատրուշան) temple of fire.
կրակարան brazier, fire grate, hearth.
կրակոտ fiery, ardent, spirited, animated.
կրակուբոց alive, fiery, animated.
կրաղիւս cement. —ել to cement.
կրային calcareous, limy.
կրանալ to calcine.
կրանիտ granite.
կրաջուր lime-water.
կրացեալ calcined, calcified.
կրացում calcination, calcification.
կրացնել to calcine, to turn to lime.
կրաւորա(բար)(պէս) passively.
կրաւորական passive. — բայ verb in the passive form.
կրափուռ lime-kiln.

կրաքար lime-stone.
կրել to bear, to endure, to suffer, to carry, to transport. վնաս — to suffer loss. բեռ — to carry a burden. —ի bearable.
կրելիք handbarrow, stretcher, litter.
կրթական educational, instructive.
կրթել to educate, to instruct, to exercise.
կրթիչ, կրթող instructing, edifying. instructor, educator.
կրթութիւն instruction, education, edification.
կրիայ tortoise, turtle.
կրծ(ա)կալ, կրծանոց pinafore, bib.
կրծել to nibble, to gnaw.
կրծող gnawing, rodent. corroding.
կրծոսկր breast - bone, sternum.
կրկէս arena, circus.
կրկին anew, again, double, doubly, duplicate.
կրկնաբան tautologist.
կրկնաբանել tautologize, to repeat, to say again.
կրկնաբանութիւն tautology, repetition.
կրկնագիր (պատճէն) duplicate, transcript, copy.
կրկնադիտակ double opera-glass.
կրկնակ binary, shawl.
կրկնակէտ (print.) colon, two points (:).
կրկնակի double, doubly.
կրկնակնիք (մկրտական) anabaptist.
կրկնամուճակ overshoe, rubbershoe, galosh.
կրկնամուսնութիւն bigamy.
կրկնայարկ of two floors. two-storey high. (a house) of two storys (stories).
կրկնապատիկ double, doubly.
կրկնապատկել to double, to increase, to raise.
կրկնատոմար double-entry. keeping accounts with the same thing written twice (once on debit and once on credit side).
կրկնել to repeat, to reiterate, to double. to reply. դասը — to recite. ճիւղը — to bend. ծունկերը — to kneel. հիւանդութիւնը — to relapse.
կրկներեւոյթ mirage, optical illusion.
կրկնոց (վերարկու) cloak, mantle.
կրկնուած fold, plait, crease.
կրկնութիւն repetition, reiteration. հիւանդութեան — relapse. (գոց դաս ընելը) recitation.
կրկտել (փնտռել) to search for, to search, look into. scan, rummage. to fish out.
կրճատ curt, shortened, curtailed. —ել to shorten, to curtail, abbreviate, reduce, condense,

summarize. —ութիւն circumcision, mutilation. —ում aphesis, syncope, elision (suppression of vowel or syllable).

կրճիւն, կրճում gnashing, grinding (of the teeth).

կրճտել to gnash (the teeth).

կրճտում, կրճիւն, կրճում gnashing, grinding (of the teeth).

կրող bearer, porter. passive.

կրուիլ to be carried. to move (change one's residence).

կրունկ heel (of foot), heel (of shoe).

կրպակ shop. —աւոր store-keeper, shop-keeper.

կրտեալ (կրտած անասուն) castrated, sex glands of male animal removed.

կրտել to castrate, to unsex a male animal.

կրտսեր junior, younger, minor. —ագոյն youngest.

կրքոտ passionate.

կրօն(ք) religion, faith. —ագիտութիւն catechism. —ական religious. —ակից co-religionist. —ամոլ religious fanatic, bigoted. —ամոլութիւն religious fanaticism, bigotry. —ասէր religious, spiritual. —ասիրութիւն devoutness, religiousness, devotion.

կրօնաւոր a (religious) minister, a spiritual leader, clergy. a clergyman. pastor. priest, bishop.

կրօնափոխ apostate, backsliding. — ըլլալ to apostatize.

կրօնաքննութիւն (հաւատաքննութիւն) inquisition, The Inquisition (Rom. Cath.) ecclesiastical tribunal for suppression of heresy, the Holy Office.

կրօնք religion, faith.

կցածել (հեստել) to kick (of animals).

կցակ sea-biscuit.

կցան (շլուլ) basting (պաֆթա).

կցել to attach, to join, to unite, to stitch, to baste.

կցուիլ to be joined or attached or united.

կցկտուր disconnected, unconnected, incoherent, desultory. — ոճ incoherent style, writing. — գաղափարներ disconnected ideas.

կցորդ associate, attaché (of an embassy). —ութիւն conjunction, connection, union.

կցուած joined, joint, jointing.

կցուածոյ fabricated, invented, devised, false.

կցուրդ anthem.

կքել to bend, to cause to bow.

կքիլ to bend, to be curved, to bow.

կօշ (bot.) (մէջը պարպուած դդում) calabash.

կօշիկ shoes, boots. գոյգ

մը — a pair of shoes. — ներկող shoeblack.
կօշկակար shoemaker.
կօշկամաիգ shoehorn (for helping shoe on to foot).
կոտ shell (of oisters, turtles, etc.).

Հ

Հ, հ (ho) the sixteenth letter of the Armenian alphabet and the eleventh of the consonants. seventy. seventieth.

հազագ breath, respiration, throat, aspiration, pronunciation. —ային guttural. —այք aspiration, pronunciation.

հազածիլ to become addicted, to give oneself up. to yield.

հազներգ (հազներգութիւն) rapsody. —ել to rapsodize. —ող rapsodist.

հագնիլ, հագուիլ to put on. to dress. to slip on.

հագուած dressed, clothed. wearing.

հագուեցնել, հագցնել to dress, to enrobe, to clothe.

հագուստ clothes, dress, garment, clothing. —եղէն clothing.

հազ cough, coughing. կապոյտ — whooping-cough. —ի դեղ tussilago.

հազալ to cough. անդադար — to do nothing but cough.

հազար thousand. innumerable. lettuce.

հազարակրամ kilogram (2.2055 lbs.).

հազարամեակ millenary.

հազարամետր kilometre.

հազարապատիկ thousand-fold, a thousand times as much.

հազարապետ major. chiliarch, intendant. փոխ-հազարապետ acting-major. —ութիւն command, majorate, intendance, administration.

հազարերորդ thousandth.

հազիւ, հազիւ թէ hardly, scarcely. barely.

հազուագիւտ, հազուադէպ scarce, rare, unusual.

հալածական persecuted, expelled, fugitive.

հալածանք persecution, pursuit.

հալածել to persecute. to chase. to pursue.

հալածիչ persecutor. persecuting.

հալածուիլ to be persecuted. to be pursued.

հալարան (ձուլարան) foundry. furnace.

հայլաւ (հագուստ) garment, clothes, garb.
հայլել, հալեցնել to melt, to smelt, to dissolve. to cast. to drain.
հալեւմաշ (հալումաշ) consumption, decline.
հալեւոր old, venerable.
հալիլ to melt. to dissolve.
հալոց crucible, melting-pot.
հալում melting, dissolution. սառնահալք thaw.
հակ contrary. opposed to, bale. մէկ — թուղթ a ream of paper.
հակաբան (ընդդիմախօս) contradictor. opponent. —ութիւն contradiction.
հակաբանել to contradict.
հակաբնական unnatural. abnormal.
հակագրոհ, հակայարձակում counter-attack.
հակադարձ contrary, inverted. —ութիւն inversion.
հակադիր opposite, antithetic.
հակադրել to oppose, to contrast with.
հակադրութիւն antithesis, opposition, contrast.
հակազդակ reactive.
հակազդել to react. to counteract.
հակազդեցութիւն reaction.
հակաթոյն antidote, antipoison.
հակակիր antipathic.
հակակշիռ counterpoise, counterbalance.
հակակշռել to countervail, to control.
հակակրելի, ատելի unsympathetic, anti-
հակակրութիւն antipathy. allergy. repugnance.
հակահարուած counter-coup.
հականառել to contradict. to dispute. to gainsay.
հականառութիւն discussion. dialectics. contradiction, controversy.
հակամանրէական antibacterial.
հակամարտ opposing, adverse.
հակամէտ disposed, leaning, inclined.
հակամիտիլ to lean, to be prone to, to be inclined. to be disposed to.
հակամիտութիւն inclination. tendency. disposition.
հակայեղափոխական counter-revolutionist.
հականեխական antiseptic.
հականեխել to purify. to disinfect, to cleanse.
հականեխում disinfection.
հականիշ antonym.
հակառակ contrary, opposed, opposite. inimical. in spite of. ընդհակառակը on the contrary.
հակառակիլ to oppose. to contradict. to counteract. to resist.
հակառակորդ opponent. adversary. enemy.
հակառակութիւն antagonism. opposition.
հակասական contradictory.

հակասութիւն contradiction.
հակարքտիկ antarctic. southern. — **բեւեռ** the south pole.
հակափաստ counter-proof, counter-evidence.
հակաքրիստոնէական antichristian.
հակիլ to incline. to lean.
հակիմաստ countersense.
հակիրճ brief. concise. precise. summary.
հակոտնեայ (ներ) antipode(s).
հակուղիղ hypotenuse.
հակում declination. inclination.
հակօրինական antinomian.
հակօրինութիւն antinomy.
հաղարջ gooseberry. —**ենի** currant - bush (- tree).
հաղորդ participating, sociable, sharing. Holy Communion. **հաղորդութիւն առնել** sharing in the Lord's Supper.
հաղորդական communicative. transmitting.
հաղորդակցիլ to communicate. to correspond.
հաղորդակցութիւն communication, intercourse. copartnership.
հաղորդել to communicate, to impart, to share, to be conductive, to impart.
հաղորդիչ communicative, conductor. **հեռասփիւռի հաղորդիչ** radio antenna.
հաղորդութիւն communication, relations. **Սուրբ հաղորդութիւն** communion, the Lord's supper. **աղօթք յետ հաղորդութեան** post-communion. **հաղորդութեան սրբատուփ** pyx, sacred vase.
հաղորդուիլ to receive the sacrament.
հաճար rye, common rye.
հաճելի pleasant, agreeable.
հաճեցնել to please, to satisfy, to gratify.
հաճոյ (**հաճոյալի**) pleasing, pleasant, agreeable.
հաճոյակատար complaisant, obliging.
հաճոյանալ to humour, to be pleased with, to consent. to delight in.
հաճոյապաշտ, հեշտասէր hedonist. —**ութիւն** hedonism (phil.).
հաճոյասէր pleasure - loving.
հաճոյացնել to render agreeable.
հաճոյք pleasure, caprice, humour.
համ savour, taste, check, relish.
համաբարբառ concordant. concordance.
համաբնակ, բնակակից cohabitant.
համագոյ, համագոյական. համագոյակից coexisting.
համագոյակցութիւն consubstantiality.
համագումար assembled, gathered together, general gathering. sum. total.

համագրաւել (մենաշնորհ ընել) to monopolize.
համագրաւող (մենաշնորհեալ) monopolist.
համադամ delicious, dainty, nice.
համադամք dainties, delicacies. tid-bits.
համադաս of the same class, coordinate. —ել to range, to rank, to place in order, to put together, to coordinate. —ութիւն coordination, being of the same rank.
համադէպ simultaneous.
համադրական (բաղադրական, արուեստական) synthetic.
համադրոյթ, համադրութիւն synthesis, coincidence.
համազարմ of the same race (family, generation).
համազգային national.
համազգեստ uniform. —ով in uniform.
համազգի of the same nation, homogenous.
համազօր equivalent.
համաթուրանականութիւն panturanism.
համաժողով conference.
համալսարան university.
համախառն (ընդոծին) connate.
համախմբել to bring together, to assemble.
համախոհ, կուսակից adherent, partisan.
համախոհութիւն, համաձայն unanimous, conformable, of the same opinion (mind).
համախռնում (կուտակում) congestion. ուղեղային — congestion of the brain.
համածին twinborn. connate.
համակ entirely, wholly. all.
համակարգ co-ordinate. —ել, համադասել to coordinate. to arrange well. —ութիւն co-ordination, proper arrangement.
համակարծիք of the same opinion.
համակեդրոն concentric.
համակել to affect, to cover.
համակերպիլ to accomodate, adjust oneself. to accept the reality.
համակերպութիւն resignation. submission.
համակիր sympathetic.
համակրական sympathetic.
համակուիլ sink in, to be affected. to be put on.
համակրական sympathetic.
համակրանք, համակրութիւն sympathy.
համակրիլ to sympathize.
համաձայն unanimous. see համախոհութիւն.
համաձայնագիր, համաձայնութիւն treaty, contract, concord.
համաձայնեցնել to tune (mus.).
համաձայնիլ to agree, to concord with, to come to terms, to comply

with. (mus.) to be in tune.
համաձայնութիւն see համաձայնագիր agreement. syntax. mutual understanding. սերտ — entente cordiale.
համաձեւ of the same form (shape), conform. —ութիւն hom(e)omorphism.
համաճարակ epizootic, epidemic, pest, all-devouring.
համամիտ (համաձայն) unanimous, of the same mind (opinion). — ըլլալ to agree with, to enter into the views of.
համամտութիւն unanimity, consent.
համայն whole, entire. complete. entirely, all, together with.
համայնագէտ encyclopedist.
համայնագիտական encyclopedic.
համայնագիտարան encyclopedia.
համայնակուլ pantophagist.
համայնաչափ pantometer (geom.).
համայնապատկեր panorama.
համայնավար communist.
համայնավարական communistic.
համայնավարութիւն communism.
համայնք community.
համայնքներու պալատ House of Commons (G. Britain).
համանման alike. like. congenial. uniform.
համանմանութիւն similitude, similarity.
համանշան synonymous. symbol. mark.
համանուագ symphony.
համանուն homonym. homonymous.
համաշխարհային universal. — պատերազմ World war.
համաշխարհիկ (հայրենակից) compatriot, fellow country man.
համաչափ equal, symmetrical, of the same measure. —ական symmetrical. —ութիւն symmetry.
համապաշտօն (պաշտօնակից) colleague, coworker.
համապատասխան corresponding. —ել to correspond. to suit.
համապատկեր panorama.
համապարփակ all-surrounding.
համաջինջ exterminating all. — կործանում entire destruction (extermination).
համառօտ brief, short, abridged, concise. —աբար, — կերպով briefly, summarily, in short, in a word.
համառօտել to abridge, to shorten, to abreviate.
համառօտութիւն abreviation, abridgement.
համասեռ homogeneous, congeneric.
համասպրամ (bot.) ca-

mion, holy basil.
համաստեղութիւն constellation. galaxy.
համաստուածութիւն pantheism.
համասփիւռ wide-spread, diffused, propagated, throughout. spacious.
համատարած very extended, universal, general. — ծով the Ocean.
համատարր homogenous.
համատեղ (chem.) isotope.
համատեսակ of the same kind (sort), equal, conformable.
համար account, calculation, count, number, list, statement, degree, lesson, verse.
համար for. ի՞նչ բանի համար what for?
համարաբականութիւն Pan - Arabism.
համարակալ book-keeper. censor.
համարատու accountable, responsible. rendering account. —ութիւն control, giving in (rendering of) accounts.
համարել to sum, to number, to count, to calculate, to esteem, to judge, to regard, to consider.
համարժէք adequate. equivalent.
համարիչ numerator (arith.).
համարիւն consanguineous, of the same blood.
համարձակ daring, bold, frank, free. without ceremony, daringly, boldly. (mus.) risoluto.
համարձակաբար frankly, boldly, plainly, freely.
համարձակաբարբառ (համարձակախօս) plain - spoken, open-hearted, ingenuous, frankly, without reserve.
համարձակիլ to venture, to dare, to grow bold, to allow oneself, to have the courage.
համարձակութիւն frankness, hardihood, courage, licence.
համարողական arithmetical. — յառաջատուութիւն arithmetical progression.
համարում value, esteem, credit, consideration. respect.
համացեղ homogeneal, of the same race (family).
համբակ little child, lad, apprentice, novice, inexpert. —ութիւն apprenticeship.
համբառնալ to rise up, to ascend, to go up, to mount.
համբար ware house, loft, larder, provision. —անոց granary. magazine.
համբարել to ware-house, to store, to provide, to gather, to amass.
համբարձում ascension, elevation, rising. Համբարձման Քրիստոսի Ascension Day.
համբարտակ (ամբարտակ) rampart, bulwark, dam.
համբաւ renown, fame,

reputation, honour, credit.

համբաւաբեր messenger, news monger.

համբաւաւոր famous, renowned, eminent.

համբերատար patient, tolerant.

համբերել to endure, to suffer, to undergo, to have patience, to remain firm.

համբերութիւն patience, suffering. —ը հատնիլ to lose one's patience, to grow impatient.

համբոյր kiss, embrace.

համբուն entirely.

համբուրել to kiss, to embrace.

համեղ delicious, flavorous, sweet.

համեղնալ to become appetizing.

համեղցնել to make delicious.

համեմ spice.

համեմատ comparable, corresponding, suitable, according.

համեմատաբար comparatively.

համեմատական proportional, analogical. —գիտութիւններ comparative sciences.

համեմատել to compare.

համեմատելի comparable.

համեմատութիւն comparison. proportion, harmony, symmetry. (math.) ratio, proportion.

համեմել to spice, to scent, to season, to powder. աղով — to sprinkle with salt.

համեմեղէն spices.

համեմուկ (bot.) vanilla.

համեստ moderate, decent, modest. —աբար modestly.

համեստանալ to become modest.

համեստացնել to render modest.

համեստութիւն modesty, politeness, temperance.

համետ saddle, harness. —ագործ saddler. —ել to saddle.

համերաշխ solidary. —ութիւն solidarity, joint liability.

համերգ concert, recital.

համերգակ (համերգիչ) symphonist, concertist.

համընթաց concomitant, attending.

համընկեր co-partner.

համիմաստ synonymous.

համհարզ adjutant.

համոզել to persuade, to impel, to appease, to win (bring) over.

համոզիչ convincing, persuasive, reconciling.

համոզուիլ to become persuaded.

համոզում persuasion.

համուռ (ամբոխ) crowd.

համտես taster.

համտեսել to taste. to savour.

համր dumb, speechless, mute. ի ծնէ — born-dumb.

համրանալ to become (re-

main) dumb. to be speechless.
համրացնել to make (render) dumb.
համրել to count.
համրիչ (վարդարան) chaplet, rosary.
համօրէն whole, entire, all, entirely, wholly.
հայ (հայերէն) Armenian. հայեր the Armenians. հայերէնի թարգմանել to translate into the Armenian language.
հայաբարբառ who speaks Armenian.
հայագէտ armenolog. հայագիտութիւն Armenology.
հայադաւան Armenizing, who belongs to the Armenian Apostolic church.
հայադրօշ Armenian flag.
հայազարմ (հայազն) of Armenian race (origin).
հայախառն mixed with Armenian.
հայածին (հայածնունդ) born of an Armenian.
հայանշան bearing the emblem of Armenia.
հայաշխարհ Armenia.
հայասէր Armenophile.
Հայաստան Armenia. Խորհրդային Հայաստան Soviet Armenia. Հ· Խ· Ս· Հանրապետութիւն Armenian Soviet Socialist Republic.
Հայաստանեայց Առաքելական Եկեղեցի the Armenian Apostolic Church.
հայդուկ (փէտայի) combatant, guerilla, guerrilla.
հայեացք gaze, glance, look.
հայելի mirror, looking glass. գոգաւոր — concave mirror. կոռնթարդ — convex mirror.
հայերէն Armenian (language).
հայերէնագէտ Armenist.
հայեցական theoretic.
հայեցի Armenian.
հայեցող contemplative. —ութիւն contemplation.
հայթայթել to provide with, to furnish, to procure, to assuage.
հայթայթիչ supplier, furnisher.
հայիլ to look at, to regard.
հայկաբան Armenist. հայկաբանութիւն Armenology.
հայկաբար courageously, like Haïg.
հայկազարմ from the race of Haïg. Armenian.
հայկազեան Armenian, Haïgazian. հայկազունք Armenians.
հայկական Armenian. armenic. armenoid.
Հայկարան the center of Armenia.
հայհոյանք, հայհոյութիւն swearing, abuse, blasphemy. defamation.
հայհոյել to curse, to swear.
Հայ Յեղափոխականների (Յեղափոխական) Դաշնակցութիւն (Հ· Յ· Դ·)

Armenian Revolutionary Federation.
հայուհի Armenian lady.
հայր father. Երկնաւոր Հայր Heavenly father. Ամենապատիւ Սրբազան Հայր most reverend father (in God). Խորթ հայր step father. Հայր, Որդի եւ Սուրբ Հոգի the Father, the Son and the Holy Ghost.
հայրաբար, հայրական fatherly.
հայրապետ (կաթողիկոս) catholicos, patriarch, pontiff. —ական patriarchal.
հայրապետութիւն patriarchy.
հայրասպան patricide.
հայրենաբաղձ (հայրենակարօտ) homesick. —ութիւն nostalgia.
հայրենադարձ(ութիւն) repatriation. resettler. repatriate.
հայրենադրուժ traitor to one's country (fatherland).
հայրենական paternal.
հայրենակից compatriot.
հայրենակցական compatriotic. —միութիւն compatriotic union.
հայրենասէր patriot.
հայրենասիրական patriotic.
հայրենասիրութիւն patriotism.
հայրենաւանդ ancestral.
հայրենի native.
հայրենիք fatherland, homeland, birth-place.
հայրիկ daddy, papa, father.
հայրութիւն fatherhood.
հայցական (հոլով) accusative (case).
հայցել, խնդրել request. to implore, to beg. Ձեր ներողամտութիւնը կը հայցեմ I beg your pardon.
հայցող solicitor, applicant.
հանածոյ mineral, ore.
հանապազ always, at all times, ever.
հանապազօրդ daily, continual.
հանաք joke.
հանգամանք condition, state, nature, circumstances, manner, function.
հանգանակ share, portion, assessment, rating. Հաւատոյ — Creed. Նիկիական — Nicene Creed.
հանգանակել to collect, to rate, to contribute.
հանգանակութիւն contribution. share, quota.
հանգիստ rest, repose. easy, still, tranquil.
հանգիտակ similar.
հանգիտութիւն (նմանութիւն) resemblance. equality. similarity.
հանգոյն alike, as.
հանգոյց knot. tie. Գորդեան — the Gordian knot.
հանգուցեալ reposed, defunct, deceased, the late.
հանգուցել to knot, to lie.
հանգչեցնել to repose. to give rest to, to rest.

հանգստանալ to repose. to have a rest.
հանգստաւէտ comfortable. cosy, peaceful. — կեանք peaceful life.
հանգստեան թոշակ pension.
հանգստոց (գերեզմաննոց) cemetery, grave-yard, resting place.
հանգստութիւն comforts, rest, easiness, repose.
հանգրէն (սոթտուածք) part tucked up, turning up. flap of a hat.
հանգրինել (սոթտել) to turn up, to tuck up, to pin.
հանգրուան (կայան) station, stay, terminus. (շոգեկառքի) platform.
հանդարտ quiet, tranquil, still, calm.
հանդարտեցնել to tranquilize, to quiet, to pacify.
հանդարտեցուցիչ calming, tranquillizing, sedative.
հանդարտիլ to become tranquil, to become quiet, to repose. հանդարտեցէք be quiet.
հանդարտութիւն tranquillity. quietness, stillness, calmness.
հանդերձ (մէկտեղ) together, with. (հագուստ) garment, dress, clothes.
հանդերձակալ coat peg, porte-manteau.
հանդերձանք dressing, equipage, preparation, apparatus.
հանդերձա(տուն)(րան) dressing-room, wardrobe, vestry.
հանդերձեալ prepared. future. — կեանք a future life.
հանդէպ (դէմը) in front of, before, opposite (to), towards.
հանդէս ceremony, celebrity, gala, feast, merry making, show. երաժշտական — concert. հարսանեկան (պսակի) — nuptials, wedding ceremony. — (պարբերական հրատարակութիւն) review.
հանդիպակաց opposite, facing.
հանդիպիլ to meet (with). to call in, to encounter. իրարու — to coincide. to meet with each other (with one another եթէ երկու անձէ աւելի են).
հանդիպման կէտ point of contact.
հանդիպում meeting, encounter, occurence.
հանդիսադիր performer (president) of public games (shows). officiating.
հանդիսական, հանդիսատես spectator, looker-on.
հանդիսարան any place of public show, arena, review.
հանդիսաւոր solemn, pompous. — կերպով pompously.
հանդիսաւորութիւն solemnity.
հանդուրժական (հանդուր-

ժողական) supportable, sufferable.

հանդուրժանք (հանդուրժողութիւն) sufferance.

հանդուրժել to tolerate, to suffer, to stand, to support. to bear.

հանդուրժելի supportable, tolerable, tenable. bearable.

հանել to draw (pull) out, to take out (away), to remove, to displace, to pull off. — թիւի մը քառակուսի արմատը to extract the square root of a number. աչքէ — to cause to lose the favour (affection) of. վիճակ հանել to draw (cast) lots. մէջտեղ հանել to bring to light.

հանելուկ riddle, enigma.

հանի (մեծ մայր) grandmother.

հանճար genius, intelligence. —եղ ingenious, intelligent, sage.

հանուեցնել to undress, to disrobe, to strip.

հանուիլ to undress oneself, to be taken (brought) out.

հանում subtraction (թըւաբ.). extraction.

հանուր whole, all. ընդհանուր general.

հանրագէտ (հանրագիտակ) encyclopedist.

հանրագիտական encyclopedic.

հանրագիտարան encyclopedia.

հանրակառք tramway, omnibus, street car.

հանրահաշիւ algebra. see also գրահաշիւ.

հանրահռչակ celebrated, eminent. well known.

հանրայայտ universally known.

հանրային public.

հանրապետութիւն republic.

հանրատուն brothel, bawdy house.

հանրութիւն the public.

հանրուղի (երթուղարձի յատուկ) highway.

հանրօգուտ of public use (utility).

հանք mine, mineral. ore.

հանքաբան mineralogist.

հանքաբանական mineralogical.

հանքաբանութիւն mineralogy.

հանքածուխ coal.

հանքահան (հանքագործ) miner.

հանքային mineral. — ջուր mineral water.

հաշել (մաշել) to consume, to destroy. to wear out (away).

հաշիշ hashish, bang.

հաշիւ account, calculation, score. կլոր — even money. ընթացիկ — current account. մայր — ledger. օր— journal, day-book.

հաշմ (հաշմանդամ) crippled. cripple.

հաշմութիւն hobbling. crippleness, lameness. halting.

հաշուագէտ calculator. mathematician.

հաշուագիտութիւն mathematics.

հաշուակալ accountable, bookkeeper. accountant.

հաշուակալութիւն bookkeeping. accounts.

հաշուակցիլ to balance.

հաշուացոյց budget.

հաշուել to count, to calculate.

հաշուեկշիռ balance sheet.

հաշուեմեքենայ comptograph, comptometer.

հաշուեյարդար liquidator.

հաշուետետր (հաշուետոմար) account book.

հաշուեցոյց (հաշուեցուցակ) bill, invoice, budget.

հաշուեփայտ tally stick, mark.

հաշտ propitious, reconciled.

հաշտարար conciliating, pacifier, reconciler. — դատաւոր justice of the peace.

հաշտեցնել to reconciliate, to reconcile. to pacify. to propitiate.

հաշտութիւն conciliation. propitiation.

հաշտուիլ to conciliate. to be friendly again. to be pacified.

հապալասենի (bot.) whimberry, cow-berry.

հապճեպ (հապշտապ) precipitation, haste. —ով hastily, in a haste, in a hurry.

հաչան (շուն) barker (dog). yelping.

հաչել to bark, to bay.

հաչիւն baying, bay. bark, barking.

հառաչ (հառաչանք) sigh, breath.

հառաչել to heave sighs, to sigh for grief.

հասակ height, size, age. stature. ծաղիկ — prime of life. հասուն — mature age.

հասակակից of the same age.

հասակաւոր good sized, high-grown up. old.

հասանելի conceivable, comprehensible.

հասարակ common. ordinary, usual. առ — generally, usually.

հասարակած equator. —ային equatorial.

հասարակական public, common.

հասարակական գիտութիւններ Social Sciences.

հասարակապետութիւն commonwealth.

հասարակավար (համայնավար) Communist.

հասարակարգ social class (orders). regime. բանուորական — working social order. working class.

հասարակաց common. — սեփականութիւն common property. — շուկայ common market.

հասարակութիւն (համայնք) public, community.

հասարակ օր noon-day, midday.

հասկ ear of corn, spike.

հասկ քաղել to glean.

հասկանալ (հասկնալ) to understand. to conceive, to comprehend, to comprise. to see.
հասկանալի (հասկնալի) comprehensible.
հասկացողութիւն understanding, intelligence. սխալ — misunderstanding.
հասկաքաղ gleaning, gleaner.
հասնիլ to reach, to arrive (at), to attain. to chance.
հասողութիւն apprehension. conception, reach (of the hand, arm). (philos.) perception.
հասոյթ yearly income, revenue, annuity. funds.
հասութաբեր income-producing.
հասուն ripe, mature. mellow.
հասուննալ (հասուննցնել) to ripen, to mature.
հասունութիւն maturation.
հաստ thick, coarse, clumsy, unpolished, rough.
հաստաբազուկ strong-armed, robust.
հաստաբեստ solid, strong.
հաստահիմն firm, well built. strongly founded.
հաստատ firm, stable, solid. sure.
հաստատագիր certificate.
հաստատակամ constant, steady.
հաստատական affirmative. positive.
հաստատամիտ resolute, firm.
հաստատապէս surely, certainly, firmly.
հաստատատիպ stereotype.
հաստատել to affirm, to support, to assure, to confirm, to fix.
հաստատուած established, confirmed.
հաստատութիւն establishment, institution. firm, firmness, stability, certitude.
հաստատուն solid, firm, stable. certain, sure.
հաստափոր big-bellied.
հաստեայ pastry, pie.
հաստել to invent, to create. to make firm.
հաստոց (ինքնագործ մեքենայ որ երկաթի կամ փայտի կտորը կը դարձնէ եւ փափաքուած ձեւը եւ հաստութիւնը կու տայ իրեն. *Թուրնոյ*) lathe (machine).
հասցէ address.
հասցնել to transmit, to convey, to make arrive.
հատ piece, singleness, cut. fragment. grain. berry. — մը, մէկ — one, only one.
հատադեղ (դեղահատ) (pharm.) pill.
հատած (հատուած) section, piece, scrap. գիրքի — passage. (geom.) segment.
հատանել to cut. to cut out. to carve.
հատանող cutter. (geom.) secant.
հատանուագ sonata.
հատապտուղ berry.
հատաքար granite.

հատընտիր analectic. select(ed), chosen. — գործեր selected works.
հատիկ grain.
հատիչ (հատանող) cutter, (geom.). — գիծ secant line.
հատնիլ to waste away. to decay.
հատոր volume. piece.
հատորաւոր (ծաւալուն) voluminous.
հատու cutting, sharp. decisive.
հատուած see հատած.
հատուածական divisional.
հատուկտոր fragment.
հատումն cutting. amputation. apocope. — սրտի cordiotomy. — անդամի amputation. — արգանդի metrotomy.
հատուցանել to pay. to render, to reimburse. վնասը — to indemnify. to make amendy for.
հատուցում payment. compensation. indemnity.
հատցնել to consume. to devour.
հարազատ authentic, true, pure. — եղբայրներ brothers born in wedlock.
հարազատութիւն legitimacy.
հարաւ, հարաւակողմ south.
հարաւային southern. meridional,
հարբենալ to be drunken. to be elated.
հարբուխ a cold, catarrh. քիթի — nasal catarrh. ուղեղային — coryza.
հարեւան (դրացի) neighbour, next door, bordering.
հարեւանցի superficial, futile, light. cursory. — նայուածք (ակնարկ) rapid view, cursory glance at.
հարթ even, level, plain, smooth. equal. — հաւասար plain and level.
հարթագիծ apothem.
հարթակ (արդուկ) iron. flounder.
հարթայատակ flat bottom.
հարթաչափ (հարթութիւն չափող գործիք) level.
հարթավայր esplanade.
հարթաքանդակ bas-relief.
հարթել to level, to smooth, to make even (equal), to plane. to destroy, to raze.
հարթիչ leveller.
հարթութիւն smoothness, evenness, flatness.
հարիւր hundred. 90 առ հարիւր ninety per cent. (90%).
հարիւր լիտր hectolitre (22,009668 imperial gallons).
հարիւր կրամ hectogram (3,527 oz.).
հարիւրակալ (հողամաս) hectare.
հարիւրամասն (ջերմաստիճան) centigrade.
հարիւրամեակ centenary.
հարիւրապատիկ a hundredfold, centuple.
հարիւրապետ captain.
հարիւրաւոր centuple, centenary, of hundred. hundreds of.

հարիւրեակ centumvir.
հարիւրերորդ hundredth.
հարիւրոտն centipede.
հարկ tribute, tax, impost. excise, necessity. obligation, service. — դնել to levy taxes. — է որ it is necessary. ի հարկէ, հարկաւ necessarily, forcibly. ի պահանջել հարկին in case of need (necessity).
հարկադրել to oblige. to force, to overtask.
հարկադրութիւն necessity. constraint.
հարկաժողով (հարկահաւաք, հարկահան) tax gatherer, exciseman.
հարկահանութիւն exaction.
հարկապահանջ collector of taxes, exciseman.
հարկատու tributary, tax payer.
հարկաւոր necessary.
հարկեցուցիչ obligatory, urgent, pressing, earnest.
հարճ concubine.
հարճորդի (փիճ) child of a concubine. natural child.
հարուած blow, stroke, hit. crack (of a whip). kick (with foot).
հարուածային striking. lasher.
հարուածել to strike. to whack, to beat, to slap. to tap.
հարուստ rich, wealthy. powerful, potent.
հարս bride, daughter-in-law. յաւերժահարս (myth.) nymph.
հարսանեկան nuptial, bridal. — հանդէս wedding, nuptial (bridal) feast.
հարսանիք (med.) measles, rougeole, wild poppy.
հարսանիք wedding ceremony, marriage, nuptials. wedding party. bridal feast.
հարսնախօսութիւն bethrothing, affiance.
հարսնատուն (հարսնետուն) nuptial chamber.
հարսնացնել to give in marriage.
հարսնացու (հարսնցու) future wife, nubile.
հարսնեակ (պատեանի մէջ փաթթուած որդ) (zool.) chrysalis, nympha.
հարսնեղբայր paranymph, match-maker.
հարսնեւոր nuptials, wedding party.
հարստահար, հարստահարեալ oppressed.
հարստահարել to oppress.
հարստահարող, հարստահարիչ oppressor.
հարստահարութիւն oppression, vexation.
հարստանալ to become rich (wealthy). to make fortune.
հարստացնել to render (make) rich, to enrich.
հարստութիւն (գահատոհմ) dynasty.
հարստութիւն richness. riches, fortune, wealth.
հարց problem. matter. question.
հարցական interrogative. — նշան (պարոյկ) in-

terrogation mark, note of interrogation.
հարցապնդել to question (in the parliament). to call upon, to require, to challenge.
հարցապնդում question (in the parliament). summons.
հարցարան question form, book of questions, questionnaire.
հարցափորձ inquiry.
հարցափորձել to interrogate. to inquire.
հարցափորձութիւն inquiry. interrogation.
հարցուկ diviner, soothsayer. oracle.
հարցում question. request.
հարցնել to ask, to request.
հաց bread. —ի շերտ slice of bread.
հացագործ baker.
հացադուլ hunger strike.
հացահատիկ grain.
հացիկ roll, small loaf.
հացկատակ parasite, sponger.
հացկերոյթ feast, banquet.
հաւ grandfather. (bird) hen, chick. fowl. հաւու տուն (հաւնոց) hen house (hen-roost). հաւու կատար comb of a hen. հաւու թաթ spur. հաւու բունկալ (քոյն) nest-egg.
հաւաբուծութիւն breeding of chickens.
հաւալուսն pelican.
հաւախօս cock-crow. daybreak.
հաւանաբար (հաւանօրէն) perhaps, probably.
հաւանական likely, probable.
հաւանիլ to agree, to be convinced (assent).
հաւանութիւն approval, agreement, assent. միաձայն հաւանութեամբ unanimously. in concert.
հաւասար equal, similar. հարթ —horizontal, level.
հաւասարազօր equivalent.
հաւասարակշիռ equilibrated, balanced.
հաւասարակշռել to equilibrate, to poise.
հաւասարակշռութիւն equilibrium, balance.
հաւասարանկիւն equiangular.
հաւասարապէս equally.
հաւասարիլ to be equal, to be equalized.
հաւասարութիւն equality, evenness. (alg.) equation. — գիշերուան եւ ցերեկուան equinox.
հաւաստել to assure, to certify.
հաւաստի sure. certain. reliable.
հաւաստիք assurance. security.
հաւատ(ք) faith, belief. trust.
հաւատալ to believe. to have faith in, to give credit to. I believe in God Աստուծոյ կը հաւատամ.
հաւատակից co-religionist.
հաւատամք (հաւատոյ հանգանակ) creed.

հաւատարիմ loyal, faithful. trusworthy.
հաւատարմութիւն fidelity, faith, loyalty.
հաւատացեալ believer.
հաւատաքննական inquisitorial.
հաւատաքննիչ inquisitor.
հաւատաքննութիւն inquisition.
հաւատուրաց apostate. —ութիւն apostacy.
հաւաքաբար collectively. in group.
հաւաքածոյ collection.
հաւաքական (սեփականութիւն) collective (property).
հաւաքել to collect, to compile. to amass.
հաւաքիչ collector. compiler.
հաւաքուիլ to gather, to come together, to assemble.
հաւծիրտ fowls-dung.
հաւկիթ egg. — ածել to lay eggs.
հաւկոյր, հաւկուր (մութի մէջ չտեսնող) sightless in darkness (as the hen).
հաւնիլ to like. to approve. to be pleased with.
հաւնոց hen-house.
հեգ (վանկ) syllable.
հեգ (դժբախտ) miserable, poor, unlucky.
հեգել to spell.
հեգնական ironic, —al.
հեգնել to quiz, to deride.
հեգնութիւն irony, sarcasm, quizzing.
հեզ soft, mild, meek.
հեզաբարոյ, հեզահամբոյր meek, mild.
հեզասահ (առուակ) slow-running (stream).
հեթանոս pagan, heathen. —ական heathenish. pagan.
հեթանոսութիւն paganism, heathenism.
հելլենաբանութիւն Hellenism.
հելլենական Hellenic.
հելլէն Hellene.
Հելուետիա (Զուիցերիա) Helvetia. հելուետիական Helvetic. —ցի Helvetic.
հեծան piece of wood. joist.
հեծանախաղ see-saw.
հեծեալ rider.
հեծել to moan, to lament.
հեծելազունդ (հեծելազօր) cavalry.
հեծելանիւ bycycle.
հեծեծանք moan, sob.
հեծեծել to sob. to groan. to moan.
հեծկլտալ to hiccough (hiccup).
հեծկլտանք (հեծկլտուք) hiccough, hickup.
հեծնել to ride.
հեծցնել to make ride.
հեկեկալ to sob, to sigh, to groan. to moan.
հեկեկանք sobs, crying.
հեղ time. ութ — eight times.
հեղանիւթ liquid.
հեղգ (դանդաղաշարժ, ծոյլ) lazy. slow, tardy. —ութիւն idleness, laziness.
հեղեղ flood, torrent, deluge.

հեղեղանման (անձրեւ) torrent-like (rain), torrential.
հեղեղատ torrent, ravine.
հեղեղել to inundate. to overflow.
հեղեղում effusion, flood.
հեղինակ author. հեղինակուհի authoress. —ի իրաւունք copyright.
հեղինակութիւն authority, rule.
հեղձամահ ընել to suffocate, to choke, to strangle. — ըլլալ to be suffocated, to be choked.
հեղձեալ (խեղդուած) drowned, stifled.
հեղձուցիչ choking, stifling.
հեղուլ to pour, to shed. արտասուք — to shed tears.
հեղուկ liquid. —աչափ areometer.
հեշտ sy, commodious. pleasure.
հեշտաբար voluptuously, easily.
հեշտալի voluptuous, pleasant, sensual.
հեշտանք delight. pleasure.
հեշտասէր voluptuary, epicure, sensualist.
հեշտասիրութիւն voluptuousness, sensuality, indulgence.
հեշտութիւն easiness, accomodation.
հեռագիր telegraph, telegram, cable. անթել — radio-telegraphy.
հեռագրական (գործակալութիւն) telegraphic agency.
հեռագրատուն telegraph office.
հեռագրացոյց telegaphoscope.
հեռագրել to telegraph, to cable, to send a telegram, to wire.
հեռագրութիւն telegraphy.
հեռադիտակ telescope, field glass. ցոլացման — reflecting telescope. բեկբեկող — refracting telescope.
հեռադիր apothem.
հեռազգայութիւն (med.) telaesthesia.
հեռազգացութիւն telepathy.
հեռաթիռ aeroplane. — ռմբաձիգ long-range bomber.
հեռալուսանկար telephoto.
հեռախօս (հեռաձայն) telephone, phone.
հեռախօսական telephonic.
հեռախօսել to telephone, to phone (up).
հեռահայեցութիւն optics.
հեռանալ to go away. to depart. to be absent.
հեռանկար (հեռապատկեր) perspective.
հեռաստան remote country.
հեռատես far-sighted.
հեռատեսիլ (հեռուստատես) television. optics.
հեռատեսիլով հաղորդել to televise.
հեռատեսիլի մոլութիւն televitis.
հեռատեսութիւն far-sightedness.
հեռատիպ (elect.) teletype.

հեռատպագրիչ (մեքենայ) teleprinter.
հեռաքձակ long-ranged.
հեռացնել to send away.
հեռաւոր far, off, distant.
հեռաւորութիւն distance.
հեռու (հեռի) far, distant, afar, far off, at a distance.
հեստ, հեստող stubborn. insubordinate, restive. —ել to resist. to be restive (unruly).
հետ with. ինծի (մեզի) հետ with me (us).
հետազօտել to search, to investigate, to inquire (into), to explore.
հետազօտիչ investigating, investigator, explorer.
հետազօտութիւն investigation, exploration. գիտական — researches.
հետախոյզ investigator.
հետամուտ aspirant, solicitor, suitor. — ըլլալ to pursue, to aim at.
հետամտութիւն pursuit, proceeding, search.
հետապնդել to pursue, to go after. to prosecute.
հետապնդիչ (հալածիչ) սաւառնակ fighter. pursuit plane.
հետապնդում pursuit.
հետաքնին curious, fond.
հետաքննութիւն inquiry.
հետաքրքիր curious, inquisitive.
հետաքրքրուիլ to be interested in.
հետաքրքրական interesting, curious, noteworthy.
հետաքրքրութիւն curiosity, interest, inquisitiveness.
հետեւաբար consequently.
հետեւակ pedestrian. foot passenger.
հետեւակազօրք infantry.
հետեւանք consequence.
հետեւեալ following.
հետեւիլ to accompany, to go after, to follow.
հետեւող, հետեւորդ follower, imitator. —ութիւն imitation.
հետեւութիւն conclusion, consequence.
հետեւցնել to conclude, to infer, to deduce, to make follow.
հետզհետէ little by little, successively.
հետէ (ի վեր) since, from. յորմէ հետէ since. յայսմ հետէ (ասկէ ետք) henceforth, hereafter.
հետիոտն pedestrian, on foot.
հետք trace, track, foot prints. վէրքի ձգած նըշանը stigma, spot, mark.
հեր hair. հերաթափ (մազը թափած, կամ մազ թափող դեղ) depilated, depilatory. հերաթափութիւն depilation.
հերակլեան Herculean.
Հերակլէս Hercules.
հերաքձակ dishevelled, whose hair hangs loose.
հերետիկոս heretic.
հերետիկոսութիւն heresy.
հերիւն awl (shoe maker's), punch, bodkin.
հերիք enough, sufficient.
հերկ ploughing.

հերկել to plough, to dig.
հերհեր (բուրդ գզելու սանտր) card, mortise-chisel.
հերձ (ճեղքուած) cleft, cloven, cracked.
հերձանել (ճեղքել) to cleave, to chap.
հերձատամ(ներ) incisor(s).
հերձատել to cleave, to crack.
հերձաքար (քարէ տախտակ) slate.
հերձուած scission, schism.
հերձուածող schismatical, schismatic, separatist, dissident.
հերձուածութիւն schism.
Հերմէս (myth.) Mercury.
հերոս hero. —ուհի heroine.
հերու last year.
հերքել to disprove, to repulse, to contradict, to remove. to refute.
հերքում refutation.
հեց (մետաղաթելէ կամ այլ շրջանակ) hoop.
հեցապար holla hoop.
հեւալ to pant. to gasp.
հեւք panting.
հզօր strong, powerful, mighty. ամենազօր Աստուած almighty God.
հզօրագոյն most powerful.
հզօրացնել to strengthen, to fortify.
հէն ծովու (ծովահէն) pirate.
հիանալ to admire, to wonder at. —ի admirable.
հիասքանչ enraptured.
հիացական admiring, of admiration.
հիացնել to astonish, to enrapture.
հիացում admiration. marvel, wonder.
հիպպի (երիտասարդական կիսավայրենի ապանդամոլութիւն) hippy.
հիդրա (եօթը գլխանի օձ) hydra.
հիմ(ք) foundation. basis.
հիմա now. հիմակուհիմա for the present.
հիմակուընէ henceforth, from now (this moment).
հիմն (մաղթերգ, քայլերգ) hymn.
հիմնագիր (յայտագիր) programme.
հիմնադիր founder, founder-member, promoter.
հիմնադրամ fund, basic-fund.
հիմնադրել, հիմքը դնել to found, to lay the foundation, to establish.
հիմնադրութիւն foundation, establishment.
հիմնական fundamental.
հիմնայատակ ընել to pull down, to destroy, to level with the ground.
հիմնաչափ standard.
հիմնարկ, հիմնարկու foundation. founder.
հիմնարկել to found, to lay the foundation, to construct.
հիմնարկութիւն foundation. institution.
հիմնաւոր fundamental. essential.
հիմնել see հիմնադրել.

հիմնովին wholly, from top to bottom.
հիմնուիլ to be built, to be founded.
հին old, second-hand. used, ancient. — Կտակարան Old Testament.
հինա (bot.) henna plant.
հինաւուրց old, antique, veteran.
հինգ five.
հինգամեայ (մանուկ) a child of five years old. — (ծրագիր) five-year plan (in U. S. S. R.).
հինգանկիւն (geom.) pentagon, pentagonal.
հինգերորդ fifth.
հինգ թզթուկի (Անգ. սթերլին) fiver.
Հինգշաբթի Thursday.
հինգպատիկ (հնգապատիկ) quintuple, fivefold.
հինել to weave.
հիննալ to grow old, to be worn out.
հինցած worn out, used, inveterate. — հիւանդութիւն chronic illness.
հինցնել to wear out, to wear off.
հիպարքոս (եպարքոս) Vizier, the grand Vizier. —ութիւն Vizierate.
Հիրիկ (չաստուածուհի) Iris.
հիւանդ sick (թեթեւ). ill (ծանր). diseased.
հիւանդանալ to sicken, to be sick (ill).
հիւանդանոց hospital.
հիւանդապահ nurse, nurse for the sick. hospital attendant.
հիւանդկախ unhealthy, infirm, unsound.
հիւանդութիւն sickness, illness, malady, weakness, disease.
հիւանդտեսի երթալ to visit a sick person.
հիւթ juice. essence. լորձնային — mucos. ստամոքսային — gastric juice.
հիւթալից (հիւթաւոր) succulent, juicy.
հիւթային lymphatic.
հիւթեղ (համեղ) juicy.
հիւլէ atom, molecule.
հիւլէաբանութիւն atomology.
հիւլէագիտութիւն atomism.
հիւլէական atomical, atomic. — ծանրութիւն atomic weight. — ույժ atomic energy. — ռումբ atomic bomb. — տաքութիւն atomic heat. — պատերազմ atomic warfare.
հիւծախտ (թոքախտ) tuberculosis. (կրճատ՝ T. B.). consumption. —աւոր consumptive.
հիւծել to emaciate, to make lean.
հիւծիլ to perish, to decay, to waste away.
հիւծում consumption.
հիւղ cottage, thatched house. —ակ small cottage, cell (prison).
հիւղաւան hacienda.
հիւպատոս (հիւպատ) consul. ընդհանուր — consul general.
հիւպատոսական consular.
հիւպատոսարան consulate.

հիւպատոսութիւն consulate.
հիւսել to weave, to knit. իրարու հետ — to twist. կտաւ — to weave. մազ — to braid hair. փսիաթ — to mat.
հիւսիս north. —ակողմ the north.
հիւսիսայգ aurora borealis.
հիւսիսային northern, arctic.
հիւսկէն see հիւսուածք.
հիւսն carpenter.
հիւսնութիւն carpentry.
հիւսող knitter, weaver.
հիւսուած(ք) tissue, texture, textile, woven. բամպակեղէնի հիւսուածք cotton cloth.
հիւսք tissue, knitting.
հիւր guest.
հիւրամեծար hospitable.
հիւրամեծարութիւն, հիւրընկալութիւն hospitality.
հիւրամերժ inhospitable.
հիւրընկալ host. hospitable. —ուհի hostess.
հիւրընկալել to receive guests. to welcome (guests). to entertain.
հլու pliant, docile, good-natured, obedient.
հլուութիւն obedience, docility.
հծծանք, հծծիւն whisper, murmur.
հծծել to whisper, to murmur.
հծծող whisperer.
հմայեակ talisman, phylactery.
հմայել to divine, to foretell, to augur, to charm. հմայող հայելի magic glass.
հմայութիւն divination, augury.
հմայք charm, sorcery, incantation.
հմուտ learned, expert, experienced, skilled.
հմտալից skilful, erudite.
հմտանալ to be learned, to be well instructed (informed).
հմտութիւն knowledge, erudition, experience, practice, proficiency.
հնաբանութիւն archaism.
հնագէտ antiquarian, antiquary.
հնագրավաճառ dealer in old books.
հնազանդ obedient, docile. submissive.
հնազանդեցնել to subdue, to subject, to make (someone) obey.
հնազանդիլ to obey. to be obedient, to submit.
հնազանդութիւն obedience, submission, homage, vassalage. կոյր — blind obedience.
հնախոյզ antiquarian.
հնախօս archaeologist. —ական archaeological. —ութիւն archaeology.
հնակարկատ mender (of old shoes, etc.). patcher.
հնավաճառ dealer in old clothes, etc.
հնար(ք) means, way, device, invention, intrigue.

Pentateuch, the first five books of Moses.

հնդեւրոպական, հնդեւրոպացի Indo-European.

հնդիկ Indian. — իշխան Nabab.

հնդկաթուզ prickly-pear.

հնդկախիւղ castor-oil.

հնդկահաւ turkey.

հնդկանուշ cacao, chocolatenut.

հնդկեղէգ bamboo, bamboo cane.

հնէաբան paleontologist.

հնէաբանութիւն paleontology.

հնձան wine-press.

հնձել to harvest, to mow, to reap.

հնձող harvest-man, reaper.

հնոտի(f) old, worn out, rubbish, old clothes.

հնոց furnace. —պան stoker, fire-man.

հնութիւն oldness, old age, antiquity. Անիի հնութիւնները the ancient monuments of Ani.

հնչակ hand bell.

հնչական sounding, sonorous, resounding.

հնչականութիւն sonorousness.

հնչափող (anat.) glottis.

հնչեակ sonnet. —ագիր sonneteer.

հնչել to ring, to resound. to accent.

հնչեցնել to make resound. to ring.

հնչիւն sound.

հնչում pronunciation. accent. emphasis.

հնչուն sounding, sonorous.

հնտախտ (ժանտախտ) cholera.

հնօրեայ of old times, old, aged.

հոգ care, anxiety. — ընել to be anxious. — տանիլ to take care. — չէ never mind, doesn't matter.

հոգաբարձու intendant, steward, trustee, manager. —թիւն intendance, management, solicitude. tutelage, trustee of a school.

հոգալ to care, to take care of, to provide, to procure, to nurse, to mind.

հոգածու (հոգատար) regardful, solicitous, full of care.

հոգածութիւն (հոգատարութիւն) carefulness.

հոգեբան psychologist. —ական psychological. —ութիւն psychology.

հոգեբուխ divine. spiritual.

Հոգեգալուստ Pentecost.

հոգեզաւակ adoptive child.

հոգեխօսութիւն pneumatology.

հոգեկան spiritual.

հոգեհանգիստ requiem.

հոգեղէն spiritual.

հոգեշահ salutary.

հոգեշարժ (յուզիչ) pathetic.

հոգեշնորհ gracious.

հոգեշունչ inspired.

հոգեպաշտ spiritualist.

հոգեպաշտութիւն spiritualism.

հոգեպէս spiritually.

հոգեվար dying, expiring. dying person.
հոգեվարք agony. —ի մէջ ըլլալ to agonize.
հոգեւոր pious, spiritual.
հոգեւորական spiritual, clergyman.
հոգեփոխութիւն metem-psychosis, transmigration of the soul.
հոգի spirit, soul, ghost. person. — ներշնչել to animate. —ն աւանդել to die away, to expire.
հոլով (gram.) case. —ել to decline. —ում declension, case-inflexion.
հոծ massive, massy, compact.
Հոկտեմբեր October.
հող earth, soil, land, ground. ոչ ոքի — no man's land.
հողագործ agriculturist, husbandman.
հողագործութիւն agriculture, husbandry.
հողաթափ slippers.
հողաթումբ dam, dyke, mole.
հողածին earth-born.
հողակոյտ clod. glebe. խլուրդի գոյացուցած — moll-hill.
հողահարկ land tax.
հողային earthly. agrarian.
հողատէր landholder, landlord.
հողատիրութիւն lordship.
հողմ wind.
հողմահար see հովահար.
հողմաղաց wind-mill.
հողմաչափ anemometer.
հողմարգել penthouse.
հողմացոյց weather-cock.
հոմանի (հոմանուհի) lover, mistress, wooer.
հոմանիշ synonym.
Հոմերոս Homer.
հոյակապ imposing, grand, splendid, superb. magnificient.
հոյլ troop, multitute, crowd.
հոն there.
հոս here. հոս-հոն here and there.
հոսանուտ flowing, fluid.
հոսանք current. stream, water-course. ելեկտրական — electric current. մագնիսական — magnetic current. փոփոխակի — alternating current.
հոսեցնել to make flow, to effuse, to pour away, to spill.
հոսիլ to flow, to run, to spill.
հոսող (հոսուն) flowing.
հով wind.
հովահար fan, ventilator. —ել to fan, to ventilate.
հովանալ to cool, to refresh oneself.
հովանաւոր umbellar, shady. protector.
հովանաւորել to patronize, to protect. to shade.
հովանաւորութիւն protection. unbrageousness, patronage.
հովանի protection. defence, shade.
հովանոց umbrella.
հովասուն cool.
հովել to fan.
հովիտ valley, glen.

հովիւ shepherd, minister. pastor.
հովկուլ (bird) fly-catcher, scissortail.
հովոց cool place.
հովուական pastoral.
հովուաշուն collie.
հովուապետ pontiff, chief pastor.
հովուապետութիւն pontificate.
հովուել to govern, to direct, to conduct, to pastor.
հովուերգ (հովուերգութիւն) eclogue, idyll.
հովուուհի shepherdess.
հոտ smell, odour, scent. թերթի — whiff.
հոտած spoiled, tainted.
հոտառութիւն sense of smell.
հոտաւէտ fragrant, odorous, sweet-scented.
հոտեցնել to taint, to corrupt.
հոտիլ to smell, to stink.
հոտոտել to smell, to scent. to sniff.
հոտոտելիք sense of smell. olfactory organ, nose.
հոր well. cistern. Արտեզեան — Artesian well.
հորթ calf. —ի միս veal.
հորիզոն horizon. առերեւոյթ — apparent horizon.
հորիզոնական horizontal.
հորիզոնական ռատիոհաղորդիչ horizontal antenna.
հորմոն (physiol.) hormones.
հուժկու strong, vigourous, energetic(al).
հուլան (նիզակաւոր հեծեալ զինուոր) Uhlan (German lancer).
հուղկահար bandit, highwayman.
հում uncooked, raw.
հումակեր (հում կինակի մէջ ուտող) eating raw flesh, vegetables and fruits. omophagic. հումակերութիւն omophagy.
հուն (գետի) ford. passage.
հունաւոր having an end.
հունձք harvest.
հունտ seed(s), grain.
հուպ (մօտ) near. ընդհուպ soon, all at once.
հուսամ (անուշահոտ տունկ մը) lavender.
հուսար (ձիաւոր զինուոր) hussar.
հուսկ last. հուսկ ուրեմն after, at last.
հուր fire, flames. հուրը (կրակը) դադրեցնել to cease fire.
հպատակ subject. Լիբանանեան հպատակ Lebanese subject.
հպատակեցնել to subdue. to bring under control. to subjugate.
հպատակիլ to yield. to give way, to obey.
հպատակութիւն submission, obedience. nationality.
հպարտ proud, arrogant.
հպարտանալ to be proud, to grow proud.
հպարտութիւն pride. boasting.
հպարտօրէն proudly.

հպիլ to touch. to draw near.
հպում touch. contraction. approachment.
Հռենոս Rhine.
հռետոր rhetorician, orator. —ական rhetorical.
հռետորական արուեստ rhetorical art.
հռետորութիւն rhetoric.
հռովմէացի, հռովմէական Roman.
հռովմէադաւան Roman catholic. կրճատ՝ R. C..
հռչակ reputation. fame. —աւոր famous, renowned.
հռչակել to proclaim, to announce.
հռչակուիլ to be proclaimed, to be announced.
հսկայ giant.
հսկայական titanic, gigantic, enormous.
հսկայաքայլ with giant strides.
հսկել to watch, to supervise, to attend, to superintend.
հսկիչ supervisor.
հսկողութիւն watchfulness, supervision. superintendence.
հտպիտ clown. buffoon, harlequin.
հրաբխային volcanic.
հրաբորբոք glowing, flaming, on fire.
հրաբուխ volcano.
հրագունդ fire ball.
հրադէտ pyroscope.
հրազէն(ք) guns, muskets, fire-arm.
հրաթեւ (bird) flamingo.
հրաժարական resignation.
— ներկայացնել to resign.
հրաժարեցնել to make resign. to urge to renounce (to retire).
հրաժարեցում dismissal.
հրաժարիլ to resign, to retire.
հրաժարում resignation.
հրաժեշտ leave, parting, farewell. — առնել to take leave.
հրախաղութիւն fire-works.
հրակէզ burning.
հրահալ(ք) metal, metals.
հրահան briquet.
հրահանգ instruction. information, order, command, exercise.
հրահանգել to order, to command, to instruct. to inform.
հրահրել to relight, to revive.
հրաձգութիւն firing.
հրամայական imperative.
— եղանակ imperative mood.
հրամայել to command, to impose, to order.
հրամայող commanding.
հրամայողական imperative.
հրաման command, commandment, order. authorization. վճարման — payment order.
հրամանագիր licence. decree, permit.
հրամանատար commander, commander-in-chief.
հրամանատարութիւն command, office of a commander.
հրամմեցէք help yourself

please, give pleasure to.
հրամցնել to serve, to attend.
հրայրք passion, fire.
հրանիւթ gunpowder, fiery matter.
հրանօթ cannon-ball, fire pot.
հրաշագեղ graceful, charming, ravishing.
հրաշագործ miraculous, prodigeous, wonderful.
հրաշագործել to work miracles.
հրաշագործութիւն thaumaturgy.
հրաշալի wonderful, miraculous, admirable.
հրաշալիք marvel, wonder, miracle. բնութեան հրաշալիքները the marvels of nature. աշխարհի եօթը հրաշալիքները the seven wonders of the world. Բաբելոնի առկախեալ պարտէզները the hanging gardens of Babylon. Եգիպտոսի բուրգերը the Pyramides. Աղեքսանդրիոյ Փարոսը the Pharos of Alexandria. Եփեսոսի Տաճարը the Temple of Diana at Ephesus. Արամազդի տաճարը the statue of Jupiter of Olympia. Հռոդոսի Արձանը the Colossus of Rhodes. Փիդիասի շինած Մաւսողէնը the Tomb of Mausolus of Caria.
հրաշակերտ (գործ) masterpiece. chef-d'oeuvre.
հրաշակերտել to make a masterpiece.
հրաշափառ admirable, Te Deum.
հրաշէկ red hot, candent.
հրաշք miracle, wonder, marvel.
հրաչեայ fire-eyed.
հրապարակ market-place, public place, square.
հրապարակագիր publicist.
հրապարակախօս orator, speech maker, prelector.
հրապարակախօսութիւն address, speech, oration, harangue.
հրապարակային public, solemn.
հրապարակաւ in public.
հրապարակել to publish, to proclaim, to divulge.
հրապոյր charms, attraction.
հրապուրել to attract, to charm, to allure, to incite.
հրապուրիչ (հրապուրող) attractive, charming, suborner.
հրավառ ardent, burning.
հրատ (մոլորակ) Mars.
հրատ ardour, fire.
հրատապ ardent.
հրատարակել see հրապարակել to publish (a book). պատերազմ հրատարակել to declare war.
հրատարակիչ publisher.
հրատարակութիւն publication, edition. նոր — a brand new publication.
հրացայտ sparkling.
հրացան gun, musket, rifle. երկփող — double-bareled gun. —ը լեցնել

to load a gun. —ով բարեւի կենալ to present arms.
հրացանազարկ fusillade. — ընել to execute by gun (shooting), to shoot.
հրացանակիր musketeer.
հրացանաձգութիւն fusillade, musketry.
հրացանաձիգ fusilier.
հրաւէր invitation.
հրաւիրել to invite.
հրաքար pyrite.
հրդեհ fire, burning.
հրդեհել to set fire to.
հրեայ Jew.
հրել to push, to drive.
հրեղէն igneous, fiery.
հրեշտակ angel.
հրեշտակային angelic.
հրեշտակապետ archangel.
հրետ (հրետանի) artillery.
հրետաձիգ gunner.
հրէական Jewish.
հրէերէն (եբրայերէն) Hebrew (language).
հրէշ monster. —ային monstrous.
հրէութիւն Judaism.
հրթիռ rocket, fusee, fuze.
հրկիզել to set fire to. to burn down.
հրկիզում burning.
հրձիգ incendiary. պատերազմի — warmonger.
հրճուալից joyful. delightful.
հրճուանք joy.
հրճուիլ to be glad.
հրմշտկել to push, to jostle.
հրոս (հրոսակ) bandit. horde.
հրովարտակ decree. edict.
հրուանդան cape, foreland.
հրուշակ nougat.
հօտ flock, drove (of sheep).
հօտաղած (հովիւ) shepherd.
հօրաքոյր aunt.
հօրեղբայր uncle.
հօրեղբօրորդի cousin.
հօրորդի nobleman.
հօրու (խորթ հայր) foster-father, step-father.
հօրուտ (bot.) jonquil.
հօրօտ մօրօտ hen bell.
հօփալ wood-pigeon.

Ձ

Ձ, ձ (tza) the seventeenth letter of the Armenian alphabet. eighty, eightieth.

ձաբռտել to mumble, to daub, to tremble with age.

ձաբռտուք daub, scribble, scrawl.

ձագ the young (of animals and birds). այծի ձագ (ուլ) kid. առիւծի — (կորիւն) lion's cub. արծուի — (արծուիկ) eaglet. արջի — (արջուկ) bear's cub. բադի — (բադիկ) duckling. կատուի — kitten. կովու — (հորթ) calf. ձիու — (մտրուկ) foal, colt.

ձագար funnel. —աձեւ funnel-shaped.

ձագուկ brat, youngster.

ձախ left. աջ ու — right and left .—ակողմեան of the left side. left. leftist.

ձախաւեր awkward, stupid.

ձախլիկ left-handed (person).

ձախող unlucky, sinister. failing. —ութիւն failure.

ձախողանք (ձախողութիւն) reverse, loss, tribulation.

ձախորդութիւն adversity. mischance, reversal, tribulation.

ձաղկել to scourge, to flagellate. to flog.

ձայն voice, sound. tone. vote.

ձայնագիտութիւն (հնչաբանութիւն) phonetics.

ձայնագիր (գործիք) phonograph. tape-recorder.

ձայնագրութիւն phonography.

ձայնական vocal. — երաժշտութիւն vocal music.

ձայնակցիլ to agree, to accompany. (mus.) to accord.

ձայնանիշ (mus.) note, keynote.

ձայնաշար gamut. a scale.

ձայնապնակ (երգապնակ) gramaphone record.

ձայնասանդուխ (mus.) scale, scala.

ձայնասփիւռ radio, broadcasting.

ձայնատիպ phonotype.

ձայնացույց diapason.
ձայնաւոր vowel. vocal. — պատարագ high mass.
ձայնաւորել to vocalize.
ձայնեղ sonorous, emphatic, harmonious.
ձայնորդ diapason.
ձանձրալի tiresome, tedious.
ձանձրանալ to be wearied. to grow tired, to be bored, to become annoyed. —ի tiresome, boring.
ձանձրացնել to annoy, to bother, to tire.
ձանձրացուցիչ annoying, importunate.
ձանձրոյթ (ձանձրութիւն) boredom, weariness, annoyance.
ձար czar (of Russia). ձարուհի czarina.
ձարխոտ (bot.) maidenhair fern, capillaire.
ձաւար cleaned and cracked wheat.
ձգաբանութիւն (ռումբերու տարողութիւնը հաշուող գիտութիւն) ballistics.
ձգախէժ India-rubber.
ձգական attractive, engaging.
ձգականութիւն attraction, springiness.
ձգան trigger (of a gun). —ը քաշել to pull the trigger.
ձգանք (լաթ փռելու չուան) lines to hang clothes to dry upon. (ջիղ) tendon.
ձգարան (լաթ չորցնելու տեղ) drying room. tender horse.
ձգափոկ braces, strap.
ձգել to bend, to strain. to cast, to drop. to let. give up.
ձգձգել to draw, to pull, to drag. ամէն օր — to put back. to delay.
ձգողական attractive.
ձգողականութիւն (ձգողութիւն) gravitation, attraction. ծանրութեան ձգողութիւն attraction of affinity. մագնիսական ձգողութիւն magnetic attraction.
ձգոց (գզրոց) drawer.
ձգռտալ (զգայոել) to belch, to eruct.
ձգտեալ tense.
ձգտիլ to tend, to strain.
ձգտում tendency, tension.
ձեթոտել to oil, to anoint.
ձեղնայարկ cockloft, loft.
ձեղուն ceiling. բերնի — (քիմք) palate (of the mouth).
ձեռագիր manuscript, handwriting.
ձեռագործ handicraft, handiwork, handmade.
ձեռագործարան manufactory.
ձեռագործել to manufacture, to make, to prepare.
ձեռագրատուն place for manuscript materials.
ձեռական manual, made by hand.
ձեռակերտ handicraft, handmade.
ձեռակնիք handstamp.
ձեռամբարձ քուէ vote by show of hands.

ձեռասրբիչ (անձեռոց) towel, napkin.

ձեռատետր (com.) journal, note-book, waste-book.

ձեռարուեստ artist, manual, artisan.

ձեռընտել (ընտելացած կենդանի) tamed, home-bred (animal).

ձեռ (ձեռք) hand, fist, arm, power.

ձեռնագրել (ստորագրել) to sign.

ձեռնադաշնակ accordion.

ձեռնադրել to ordain. ձեռնադրեալ ordained.

ձեռնադրիչ (ձեռնադրող) ordaining (bishop).

ձեռնադրութիւն ordination.

ձեռնածու juggler.

ձեռնակապ see ձեռակապ·

ձեռնաղաց handmill.

ձեռնամած in jointed hands.

ձեռնամուխ ըլլալ to undertake, to encroach.

ձեռնամուշտակ muff.

ձեռնասուն pupil, nursling.

ձեռնարկ (ձեռնարկութիւն) enterprise, undertaking. establishment.

ձեռներէց enterprising, daring, hardy. — ըլլալ to venture. to dare.

ձեռներէցութիւն presumption, effrontery, daring.

ձեռնթափ ըլլալ to retire, to leave, to abandon.

ձեռնթափութիւն defection.

ձեռնհաս capable, able. —ութիւն ability, capacity.

ձեռնոց glove, gauntlet.

ձեռնունայն in vain, empty-handed.

ձեռնպահ ըլլալ to abstain, to keep in, to beware. —ութիւն abstention.

ձեռնտու ըլլալ to help, to relieve. to succour. —ութիւն relief, help.

ձեռք hand. —ը քաշել to retire, to withdraw. — բերել to obtain. — վերցնել to lift up hands. — թօթուել to shake hands. —ի տակէն underhand. — մը հագուստ a suit of clothes.

ձեր (possessive adj.) your. ձերը, ձերինները (possessive pron.) yours.

ձերբազատ emancipated. —ել to emancipate. —ութիւն emancipation.

ձերբակալել to arrest, to capture, to seize.

ձերբակալութիւն arrest. arrestation. capture.

ձեւ shape, form, mode, formula, fashion.

ձեւազեղծել (ձեւափոխել) to deform, to put out of form.

ձեւական formal, assumed.

ձեւականութիւն (ձեւակերպութիւն) formality.

ձեւակերպել to form, to give a shape.

ձեւամոլ (ծէսերը սիրող) formalist.

ձեւանալ to pretend, to assume a form, to be bred.

ձեւացնել to figure, to affect, to fashion.

ձեւափոխել to transform.

ձեւափոխութիւն transformation.

ձեւել to fashion, to cut, to cut out (a dress).

ձեւող (ձեւիչ) cutter (of clothes).

ձէթ olive oil, oil.

ձի horse, nag. մատակ ձի (զամբիկ) mare. ձիու կեր forage. ձիու ոյժ horse power. ձիու սանձ bridle, rein. ձին պայտել to shoe a horse. ձին կը վրնջէ the horse neighs.

ձիաբոյժ veterinary surgeon.

ձիաբոյծ horse-breeder.

ձիաբուժութիւն veterinery art.

ձիագետի hippopotamus, riverhorse.

ձիադարման groom.

ձիակորն (թեւաւոր ձի, հէքիաթներու մէջ) (myth.) winged horse.

ձիապան horseman, horse-driver. groom.

ձիապիծակ (ձիանանն) ox-fly. gad-fly.

ձիաստաց (իշամեղու) hornet.

ձիավար rider, postillion. —ել to ride.

ձիավարիկ jockey.

ձիարձակ արշաւել to gallop.

ձիարձակարան hippodrome.

ձիարշաւ horse-race.

ձիացուլ hippocentaur.

ձիաւոր horseman, rider.

ձիգ tight, a long while.

ձիթապտուղ olive.

ձիթենի olive-tree.

ձիրք donation, talent, ability.

ձիւթ pitch, tar. ձիւթով ծեփել to pitch.

ձիւն snow.

ձիւնագնդակ snow-ball.

ձիւնաթոյր (ձիւնասպիտակ) snow-white.

ձիւնածաղիկ (bot.) colchicum.

ձիւնափայլ snow-white.

ձիւնել to snow.

ձկնաբուծութիւն pisciculture, fishculture.

ձկնավաճառ fishmonger.

ձկնարան fishing place, fish-pond, fishery.

ձկնկիթ caviar.

ձկնկուլ albatross.

ձկնորս fisher, fisherman. —ութիւն fishing.

ձմեռ winter, winter time. —նային wintery, hibernal.

ձմերել to hibernate, to winter.

ձմերուկ water-melon.

ձող rod, bar.

ձողիք (ցիցերու շարք) row of stakes (pales).

ձոյլ casting, melting.

ձոր valley, dale.

ձորձ coat, clothes, dress.

ձու egg. see also հաւկիթ. ձուկի (գորտի) — spawn.

ձուազեղ (ձուածեղ) omelet.

ձուակերպ (ձուաձեւ) oval, ovate.

ձուարան ovary.

ձուլածոյ smelted, cast.

ձուլարան melting (smelting) house. (տպագրական տառերու) — (letter) foundry.

ձուլել to cast, to smelt, to freeze. ի մի — to amalgamate.

ձուլում casting. amalgamation.

ձուկ fish.

ձուկ որսալ to fish, to catch fishes. կարթով — — to angle.

ձրի free of charge, gratuitous, gratis. — հիւանդանոց dispensary.

ձրիաբար for nothing, free, gratuitously.

ձօն dedication, present. —ել to dedicate, to offer. —ում dedication, oblation, offering. donation.

Ղ

Ղ, ղ (ghad) eighteenth letter of the Armenian alphabet. ninety. ninetieth.

ղակիշ (պատնէշ) intrenchment.

ղամբար lamp. see լամբար.

ղեկ helm, rudder. —ավար (nav.) helmsman, steerman. (political) leader. —ավարել to steer, to guide. to drive. —ավարութիւն steering, guidance. driving.

ղենջակ towel, apron.

ղեւտացի Levite. Գիրք Ղեւտացւոց third book of Moses, Leviticus.

ղուղան cylinder, rolling-pin.

ղպտի (հին եգիպտացի) Copt.

ղրկել to send, to forward.

ղրկուիլ to be sent.

ղօղանջել to ring, to tinkle, to sound.

ղօղանջիւն clink, tinkling.

ղօղիլ to hide, to squat.

Ճ

Ճ, ճ (jéh) nineteenth letter of the Armenian alphabet. hundred. hundredth.

ճագար rabbit. —անոց warren. hutch.

ճաքած cracked.

ճաքեցնել to crack, to break, to split.

ճաքիլ to crack (of glass). to chap. խնդալէն — to split one's side (laugh loudly).

ճաքոտեցնել to crack, to split.

ճաքոտիլ crack, cracking.

ճաքոտուք crevice. cracking.

ճախարակ pulley.

ճախարակագործ block maker. turnery.

ճախճախուտ marshy, swampy.

ճախր (ճախրանք) flight, soaring.

ճախրել to soar, to take wings. to fly about.

ճակատ forehead, front. ճակատ–ճակատի face to face.

ճակատագիր destiny, fate, doom.

ճակատագրական fatal.

ճակատագրել (նախասահմանել) to predestinate, to destine.

ճակատամարտ fighting, battle, combat.

ճակատիլ to resist, to face, to come face to face.

ճակնդեղ beet-root, beet.

ճահիճ marsh, swamp, fen.

ճահճաբնակ (կենդանիներ) animals that live in marshy places.

ճաղ coffin, bier.

ճաղատ bald. —ութիւն baldness.

ճաճանչ ray, beam.

ճաճանչագեղ (ճաճանչաւոր) radiant, sparkling, shining.

ճամարտակ declaimer, quack, charlatan. —ութիւն declamation, charlatanism.

ճամբայ way, road, path, avenue, track. ծառազարդ — boulevard. alley. լայն (երթուղարձի) — highway.

ճամբել to send away.

ճամբորդ traveller, passenger.

նամբորդել to travel, to voyage.
նամբորդութիւն journey, travel, travelling. ծովային — voyage.
նամոյկ ornament, decoration.
նայ jay.
նայթեցնել (նայթիլ) to crack, to burst, to split.
նայթիւն, նայթում bursting, cracking, explosion, blowing up.
նանաչել see նանչնալ.
նանաչելի recognizable.
նանաչողութիւն understanding, knowledge.
նանաչում recognition, knowledge.
նանապարհ see նամբայ.
նանապարհորդ see նամբորդ.
նանապորհորդութիւն see նամբորդութիւն.
նանկ claw, clasp.
նանկել (նանկռտել) to claw, to scratch.
նանկռտուք scratch (on the skin).
նանճ fly.
նանճաքաղ (թռչնիկ) fly catcher.
նանչնալ to recognize, to know, to appreciate, to be aware of.
նանչցնել to make known, to make acquainted with.
նաշ meal, food.
նաշակ (համ) taste, gust, style, fashion.
նաշակաւոր tasty, tasteful.
նաշակել to taste.
նաշակելիք (քիմք) taste, palate.
նաշատուն (սեղանատուն) dining - room, dining - hall.
նաշարան restaurant.
նաշել to eat, to dine.
նաշիկ (նաշ) lunch, dinner.
նաշկերոյթ feast, dinner party, repast.
նաշոց (eccl.) mass-book, missel.
նապաղ diffused, prolix. —աբանութիւն diffusion.
նապուկ (կակուղ) flexible, pliable.
նառ speech, allocution, address.
նառաբանութիւն dissertation, treatise.
նառագայթ ray, beam. արեւի — sun-beam. Րէօնթկէնեան — Röntgen ray, X-ray. — արձակել to radiate.
նառագայթաձեւ radiated.
նառագայթարձակ radiant, beaming, sparkling. luminous.
նառագայթել to radiate, to beam, to shine, to gleam.
նառագայթում radiation, radiant, splendor.
նառախօս speaker, speech maker.
նառախօսել to make a speech, to discourse, to dissert.
նառախօսութիւն discourse, speech.
նառել to discourse, to make a speech.
նարդակ chess. — խաղալ to play at chess.

ճար way, means, expedient, remedy.
ճարակ food, pasture. see also ճար.
ճարակաւոր grazer.
ճարակիլ to graze, to pasture.
ճարահատ hopeless, in despair.
ճարել to obtain, to get, to procure.
ճարճատել to crack, to crackle.
ճարճատիւն crack, cripitation, cracking noise.
ճարմանդ clasp, buckle. —ել to clasp, to hook.
ճարպ grease, fat. խոզի — lard.
ճարպալից (ճարպաւոր, ճարպոտ) fatty, greasy, adipose.
ճարպային greasy.
ճարպիկ clever, skilful, able, quick.
ճարպիկութիւն skilfulness, cleverness.
ճարտասան eloquent, orator. —ական rhetorical.
ճարտասանութիւն rhetoric, eloquence.
ճարտար clever, skilful, ingenious, expert.
ճարտարամիտ ingenious.
ճարտարամտութիւն ingeniousness.
ճարտարապետ architect. engineer. —ական architectural. —ութիւն architecture.
ճարտարութիւն skill, ingenuity, craft, industry.
ճգնաժամ crisis. քաղաքական (տնտեսական) — political (economic) crisis.
ճգնարան hermitage.
ճգնաւոր hermit, ascetic. —ական ascetic. —ութիւն asceticism.
ճգնիլ to endeavour, to labour very hard.
ճեղքել to split, to cleave, to cut open.
ճեղքուածք (ճեղք) slit, chap, crack, notch. (mil.) breakthrough.
ճեղքուիլ to split, to cleave, to fall off.
ճեմ walk, promenade.
ճեմականութիւն (phil.) peripateticism.
ճեմարան academy, college, lyceum. գեղեցիկ դպրութեանց — Academy of arts and letters.
ճեմարանական academic, academical.
ճեմել to take a walk, to promenade.
ճեմիշ watercloset (w.c.).
ճեն China. —ական Chinese. (հին առում).
ճենապակի porcelain, chinaware.
ճենճ, ճենճեր the reek and smell of parched meat (grease).
ճեպընթաց express, diligence.
ճետ (սերունդ) breed, descendant, stock.
ճերմակ white. —ութիւն whiteness.
ճերմակախառն (գորշ) gray, gray-haired.
ճերմակեղէն linen.
ճերմկցնել to whiten.
ճերմկիլ to grow white.

ճզմել to crush, to bruise, to squash.
ճզմուած crushed, bruised.
ճզմուածք bruisings, strain.
ճզմուիլ to be crushed. to bruise.
ճիգ effort. endeavour, exertion. ամէն — ի գործ դնել to use every endeavour.
ճիշդ just, precise, exact. accurate.
ճիչ cry, scream.
ճիտ neck.
ճիրան claw, pounce.
ճիւ foot.
ճիւաղ monster.
ճիւաղաբարոյ (ճիւաղային) monstrous.
ճիւղ branch, bough, spray.
ճիւղաւոր branchy.
ճիւղաւորուիլ to ramify, to branch.
ճիւղաւորում ramification.
ճկել to bend.
ճկիլ to yield, to give way.
ճկոյթ the little finger.
ճկուն flexible, pliant. —ութիւն flexibility, pliantness.
ճղճիմ shabby, mean.
ճճեկեր worm-eaten.
ճճի worm, maggot.
ճմլել to quash, to bruise, to press. պտուղը — to bruise fruit. սիրտը — to oppress the heart.
ճմլիչ (ճմլող) presser.
ճմլուած bruised.
ճմլուածք bruise.
ճմլուիլ to be compressed, to bruise.
ճմլում bruising, pressure (of fruit).
ճմռթքել (ճմռթկել) to wrinkle, to rumple.
ճնճղուկ sparrow. —ը կը ճռուողէ the sparrow chirps.
ճնշել to compress, to squeeze.
ճնշիչ, ճնշող depressing, depressor. (surg.) compressive.
ճնշուիլ to be pressed.
ճնշում compression, pressure.
ճշգրիտ precise, exact.
ճշդապահ punctual.
ճշդապահանչ regid, rigorous.
ճշդել to verify. to settle.
ճշդիւ precisely, exactly.
ճշդութիւն exactness, precision. exactitude.
ճշմարիտ true, certain, upright, sincere, in truth, truly, in reality.
ճշմարտաբան (ճշմարտախօս) truthful, veracious, credible.
ճշմարտախօսութիւն credibility, truthfulness.
ճշմարտապէս truly, really.
ճշմարտասէր veracious, true.
ճշմարտութիւն truth, veracity.
ճոխ wealthy, opulent, rich, abundant, potent.
ճոխաբանել to amplify, to talk big, to boast.
ճոխաբար opulently, richly.
ճոխանալ to prevail, to grow rich, to abound, to thrive.
ճոխացնել to enrich, to

make wealthy, to endow.
ճոխութիւն opulence, richness.
ճողոպրիլ to escape, to deliver, to set at liberty, to take refuge.
ճողոպրում escape, deliverance.
ճոռոմ tumid, emphatic, declamatory.
ճոռոմաբան pompous, diclaimer, rhetorician. —ել to boast, to vaunt, to declaim.
ճոռոմաբանութիւն declamation.
ճորտ vassal. —ութիւն vassalage.
ճուալ to groan, to moan.
ճուն (փոքրիկի) penis (of child).
ճուշ (bot.) common mistletoe.
ճուռ thigh, leg.
ճչել (ճչալ) to cry, to scream; to pule.
ճչիւն screaming, bawling, clamour.
ճպոտ switch, bow, fiddlestick.
ճպուռ (ճիպր) gum of the eye. ճպռոտ (աչք) blear eyed.
ճպուռ (միջատ) cicada. —ը կը ճռճռայ the cicada chirps.
ճռաքաղ grape - gleaner. —ել to glean grapes. —ութիւն gleaning.
ճռզիլ to be (become) stunted.
ճռճռալ to cry, to grate, to creak.
ճռճռացող warbling, chirper, croaker, warbler (bird).
ճռինչ creak (of a door).
ճռնչել to grate, to creak, to rustle.
ճռնչիւն creaking, clattering, cry, noise.
ճռուողել to chirp, to twitter (of birds), to warble.
ճռուողում chirping, twitter.
ճրագ light, lamp, candle. ճրագը վառել (մարել) to light (put out) the lamp.
ճրագալոյց Easter eve. lamplighter.
ճրագակալ candle-stick.
ճփճի (երիցուկ) camomile.
ճօճանակ pendulum.
ճօճանոց swing.
ճօճել to oscillate, to vibrate, to swing, to wave, to brandish.
ճօճում oscillation, swinging. vibration.
ճօճուն pendulous.
ճօճք (կախանկողին) swing, hammock.

Մ

Մ, մ (men) the twentieth letter of the Armenian alphabet. two hundred. two hundredth.

մագաղաթ parchment, scroll. առաջնակարգ — vellum. կրկնագիր — palimpsest. —ի գրչագէտ palaeographer.

մագաղաթագործ parchmentmaker. —ութիւն parchment-making.

մագաղաթեայ of parchment.

մագարեկոն (bot.) burdock.

Մագդաղինէ Magdalen.

մագիլ claw, paw. գիշատիչ թռչունի — talon.

մագիստրոս magister, tutor, magistrate.

մագիստրոսութիւն masterate.

մագլցիլ to climb, to clamber up, to scramble, to creep up.

մագլցող climbing, climber.

մագնիս magnet, loadstone.

մագնիսական magnetic, magnetical. — ագուցիկ (elec. eng.) magnetic clutch. — առանցք magnetic axis. — բաղկացուցիչ (radio) magnetic component. — բեւեռներ (elec. eng.) magnetic poles. — ընդդիմութիւն magnetic resistance. — խտութիւն (elec. eng.) magnetic density. — հակազդեցութիւն magnetic reaction. — հոսանք magnetic flux. — մակածութիւն (elec. eng.) magnetic induction. — փոթորիկ magnetic storm.

մագնիսականութիւն (բաշողականութիւն) magnetism.

մագնիսանալ to be magnetized.

մագնիսաչափ magnetometer.

մագնիսացնել to magnetize, to hypnotize.

մագնիտաբուժութիւն magnetotherapy.

մագնիտիոն (մետաղ) (chem.) magnesium.

մագնիտ see մագնիս.

մագոգ netting needle.

մազ hair. — մնաց որ ճա-

խողէր he was nearly to fail.
մազային hairy, of hair.
մազմզուք down, soft hair.
մազոտ hairy, downy.
մաթեմատիկոս (ուսողագէտ) mathematician.
մաթզենի arbute-tree.
մաթուզ arbute-berry.
Մալագա (Մալակա) Malaga (wine).
Մալայեան Malay.
մախաթ packing needle.
մախաղ wallet. որսորդի — game-bag.
մածան (կպչուն) viscous.
մածանիլ to stick, to adhere.
մածոյց solder.
մածուն goghourt (yoghurt), curdled milk.
մածուցիկ sticky, viscous, clammy.
մածուցիչ coagulant, agglutinative.
մակաբերական inductive.
մակաբերել to induce, to suppose, to infer.
մակաբերութիւն supposition, induction.
մակաբոյծ parasite.
մակաբուծութիւն parasitism.
մակագիր title.
մակագրել to entitle.
մակագրութիւն note, comment.
մականեղ (pharm.) epithem.
մակալեզու (փոքր լեզու) (anat.) epiglottis.
մակածական (մակաբերական) inductive.
մակածութիւն induction.
մակակէտ comma. apostrophe.
մական stick, cudgel.
մականուանել to surname.
մականուն surname.
մակարդ rennet (runnet). coagulator. —ել to curdle, to congeal.
մակարդակ even, level, plane, surface.
մակբայ adverb. —ական adverbial. մակբայական նախադասութիւն adverb(ial) clause.
մակդիր attribute, epithet.
մակերեւոյթ surface.
մակընթացութիւն tide. — եւ տեղատուութիւն flux and reflux, tide and ebb.
մակոյկ boat, yawl. —ավար bargeman, rower.
մահ death, decease, the eternal night. կանխահաս — premature (untimely) death. մահուան սեմին ըլլալ to be at the point of death. մահուան դատապարտել to condemn to death. մահուան վճիռ sentence of death.
մահարեմ catafalque.
մահաբեր mortal, mortiferous, deadly.
մահագոյժ mournful, funeral, gloomy.
մահադեղ (թոյն) poison.
մահադէմ pale, livid, logy.
մահազանգ death bell, knell, tolling.
մահագդ necrology.
մահածին death-bearing.
մահակ a heavy stick, club.
մահամերձ dying, at

death's door, sick unto death.
մահանալ to die, to expire. to perish. to give up the ghost.
մահապարտ convict.
մահապարտութիւն condemnation.
մահառիթ mortal, deadly, fatal.
մահավախութիւն thanatophobia.
մահատիպ deathlike.
մահարձան tomb, monument, pavilion.
մահացնել to put to death.
մահացութիւն mortality.
մահացում mortification.
մահիկ crescent.
մահիճ bed.
մահկանացու mortal.
մահկանացութիւն mortality.
մահճակալ bedstead.
մաղ sieve, riddle.
մաղաս (խուխ) phlegm.
մաղել to riddle, to sift.
մաղթանք wish, prayer, desire.
մաղթել to wish, to long for.
մաղձ gall, bile.
մաղձալից, մաղձային, մաղձոտ bilious.
մաղմաղ (մոխրանալու մօտ կրակ) soft fire.
մաղուած sifted.
մաճ (արօրին կոթը) tail (of a plough).
մամ (մամիկ) grandmother.
մամխի (bot.) sloe-tree.
մամմութ (փիղի ցեղէն՝ ներկայիս անհետացած հսկայ կենդանի) mammoth.
մամոնայ (դրամ) mammon. մամոնապաշտ greedy.
մամուլ printing press, press. կերպասի — calender. —ի տակ in the (under) press. —ի ազատութիւն freedom of the press.
մամուխ sloe.
մամուռ moss.
մամռապատ (մամռոտ) mossy.
մայել to bleat.
մայթ side walk.
Մայիս May (month).
մայիւն bleating (of a sheep).
մայր mother. — տառ matrice (matrix).
մայր արեւու (արեւամուտ, մայրամուտ) sun-set, the west. արեւը մարը կը մտնէ the sun sets. — արձանագրութիւն archives, record office. —դուռ gate, portal. — եկեղեցի cathedral. խորթ — step mother. — հաշիւ ledger. — հեղուկ water. մեծ — grandmother.
մայր (մայրի) cedar, pine tree.
մայրաբար like a mother. motherly.
մայրանոց maternity house (hospital).
մայրապետ nun, abbess.
մայրասպան matricide. —ութիւն matricide.
մայրավանք mother monastery.

մայրաքաղաք capital, metropolis.
մայրիկ mamma, mammy, ma, mother.
մայրութիւն maternity, motherhood.
ման walk, tour, ramble. — գալ to ramble, to stroll.
մանած yarn, spinning.
մանանայ manna.
մանանեխ (bot.) black mustard.
մանարան spinning mill (factory).
մանաւանդ especially, rather, in particular.
մանգաղ sickle.
մանգաղել (հնձել) to reap, to mow.
մանեակ necklace, collar.
մանել to spin.
մանիշակ (մանուշակ) (bot.) violet. —ագոյն violet, deep purple.
մանիչ (մանող) spinner. —կին spinster.
մանկաբար childishly.
մանկաբարձ widwife.
մանկաբարձական obstetric.
մանկաբարձութիւն obstetrics.
մանկաբարոյ childish.
մանկաբոյժ pediatrician.
մանկածնութիւն childbirth.
մանկածու see մանկավարժ· pedagogue.
մանկածութիւն see մանկավարժութիւն· pedagogy.
մանկական childish, childlike, infantine.
մանկահասակ young, beardless.
մանկամարդ young lady.
մանկամիտ puerile.
մանկամկրտութիւն pedobaptism, infant baptism.
մանկանալ to grow young again.
մանկանոց infant-school.
մանկասպան infanticide. —ութիւն infanticide, child murder.
մանկավարժ pedagogue. —ական pedagogical.
մանկավարժութիւն pedagogy.
մանկիկ baby, babe, a little child.
մանկլաւիկ court - page, page.
մանկութիւն childhood, infancy.
մանկտի (մանուկներ) children.
մանոց spinning wheel.
մանուած spinned. —ք winding, circuit.
մանուածապատ sinuous, winding, circuitous.
մանուկ little child, infant.
մանչ, մանչուկ boy, lad, young fellow.
մանր small, thin. —ծախք pocket money.
մանրադէտ (մանրադիտակ) microscope. բաղադրրեալ (պարզ) — compound (simple) microscope.
մանրադիտական microscopic(al).
մանրազնին scrupulous.
մանրաթել fiber, filament.
մանրակազմութիւն microplasia.

մանրակորիզ micronucleus.
մանրակրկիտ punctilious, strict.
մանրաննի animalcule.
մանրամասն narrative, minute, particular.
մանրամասնութիւն detail, particulars.
մանրանկար miniature.
մանրանկարիչ miniature painter.
մանրաչափ micrometer. —**ութիւն** micrometry.
մանրապատկեր miniature.
մանրապատում told in detail.
մանրավաճառ peddler, retailer. —**անոց** huckstery. —**ութիւն** huckstery.
մանրավէպ anecdote.
մանրատունկ microphyte.
մանրացոյց microscope.
մանրաքայլ with short steps, short-paced.
մանրել to cut, to reduce.
մանրուք small coin, change.
մաշել (**մաշեցնել**) to consume, to wear out, to fret.
մաշիլ to be used, to be worn out. to be consumed.
մաշկ cuticle, scarf skin. membrane.
մաշկոտն fintoed.
մաշում corrosion. **հագուստի** — wearing out.
մաշտոց Ritual, ceremonial.
մառախլամած (**մառախլապատ**) foggy, misty.
մառախուղ fog, mist.
մառան pantry, cellar, cave. —**ապետ** butler.
մաս share, part, portion. **մաս առ մաս** partially, part by part.
մաս consecrated bread.
մասամբ partly. **մեծաւ** — mostly.
Մասիս (**լեռ**) Massis.
մասնագէտ specialist.
մասնագիտութիւն speciality, specialty.
մասնաժողով committee.
մասնակից participant.
մասնակցիլ to take part in, to participate.
մասնակցութիւն participation.
մասնաճիւղ branch.
մասնայատկութիւն piculiarity.
մասնավճար(ք) instalment, never - never plan (system).
մասնատուփ (**սրբատուփ**) a sacred vase, pyx.
մասնաւոր special, peculiar. **ի մասնաւորի** especially.
մասնաւորաբար (**մասնաւորապէս**) particularly, especially.
մասնաւորել to specify.
մասնիկ particle, portion, molecule.
մասնիկ (gram.) particle. **յետադաս** — suffix. **նախադաս** — prefix.
մասնիկային molecular.
մասոն mason. freemason.
մասունք (**մասեր**) parts. — **բանի** parts of speech. — **սրբոց** the relics of saints.

մասուր (bot.) fruit of dog-rose.
մասուրենի (մասրենի) (bot.) dog-rose, dog-briar.
մատ finger. —ի արագութիւն jugglery. —ը խածնել to be astonished. դաշնակի — key of piano. ոտքի — toe.
մատակ female, dam.
մատակարար administrator. steward, butler.
մատակարարել to manage, to administer.
մատակարարութիւն administration, management.
մատաղ young, tender, offering (in honour of a dead person).
մատաղահասակ youthful, underage, juvenile.
մատանի ring, seal. հարսանեկան — wedding ring. —ով կնքել to seal with a ring.
մատեան book, roll, manuscript. Սուրբ — The Scripture.
մատենագէտ bibliographer.
մատենագիտութիւն bibliography.
մատենագիր author, literary man, writer.
մատենագրութիւն literature, ancient literature.
մատենադարան library. book shelves. —ապետ librarian.
մատենախօս bibliographer.
մատենամոլ bibliomaniac.
մատենասէր bibliophile.
մատենիկ little book.
մատիտ pencil.
մատղաշ young, tender. —ութիւն tenderness, youthfulness.
մատնագնաց (կենդանի) (mam.) digitigrade.
մատնանիշ ընել to point out.
մատնաչափ inch.
մատնացոյց ընել to betray.
մատնել to betray, to denounce.
մատնի see մատանի.
մատնուիլ to be betrayed.
մատնող (մատնիչ) treacherous, betrayer, traitor.
մատնոց thimble.
մատնութիւն treachery, treason.
մատուռ chapel.
մատուցանել to offer, to present. զոհ — to offer a sacrifice.
մատչիլ (մօտենալ) to approach, to draw near.
մատռուակ cup-bearer (of a king, noble-man). —ել to pour forth, to attend).
մատրանապետ chaplain.
մարագ hayloft.
մարախ grasshopper, locust.
Մարական Median.
Մարանաթա (Տէրը կու գայ) Maran-atha.
մարաջախտ marshal, field-marshal.
Մարաստան Media.
մարգ, մարգագետին meadow, prairie, sward.
մարգարէ prophet.

մարգարէական prophetic.
մարգարէանալ to prophesy.
մարգարէութիւն prophecy.
մարգարիտ pearl.
մարգարտազարդ pearled, pearly.
մարգարտածաղիկ daisy, Easter daisy.
մարգարտային bloated with pearls.
մարգարտեայ of pearl.
մարգիզ marquis. —ուհի marchioness.
մարգրիտ see մարգարիտ.
մարդ man, soul, person. human being.
մարդաբան anthropologist. —ութիւն anthropology.
մարդակ (գերան) joist.
մարդակապիկ gorilla.
մարդակեր cannibal, anthropophagous. (յոգ.) anthropophagi. —ութիւն cannibalism.
մարդակերպ anthropomorphous.
մարդահաճ(ոյ) adulatory, flatterer.
մարդահաճութիւն adulation.
մարդահարկ capitation-tax.
մարդաձի (myth. astron.) centour.
մարդանալ to become incarnate. to become man.
մարդաշատ peopled, populous.
մարդասէր humane, kind, obliging, altruistic.
մարդասիրաբար humanely, kindly.
մարդասիրական philanthropic(al), humane.
մարդասիրութիւն humanity, philanthropy.
մարդասպան homicide, murderer. —ութիւն murder, homicide.
մարդավար(ի) polite, well-bred.
մարդատեաց misanthropic.
մարդատեցութիւն misanthropy.
մարդացուլ (myth.) minotaur.
մարդեղութիւն incarnation.
մարդընտել (մարդամօտ) friendly, neighbourly, sociable.
մարդիկ men, mankind.
մարդկային human.
մարդկութիւն humanity, mankind.
մարդօգուտ useful to mankind, humanitarian.
մարել to put out, to quench.
մարզ border, frontier, confine, sphere, realm.
մարզադաշտ drill (parade) ground.
մարզախաղ athletics.
մարզահանդէս athletic show.
մարզանք exercise, physical training, gymnastics.
մարզասիրութիւն athletism.
մարզավայր see մարզադաշտ.
մարզել to train up, to discipline, to form.
մարզիկ exercised, athlete. մարզական athletic.

մարզական խաղեր athletics.
մարզիչ athletic teacher, coach, drill master, instructor.
մարզպան (մարզպետ) governor, exarch.
մարթ է possible, perhaps.
մարի hen.
մարիլ to be extinguished, to be put out (quenched). to faint away.
մարխ the resinous pine (tree).
մարմանդ lawn, grassplot.
մարմարագործ marble-cutter.
մարմարագործութիւն marble works.
մարմարաշէն made of marble.
մարմարեայ of marble.
մարմարիոն marble.
մարմին body, substance.
մարմնական (մարմնաւոր) corporal, sensual.
մարմնակրթանք, մարմնակրթութիւն gymnastics.
մարմնամարզ, մարմնամարզութիւն gymnastics.
մարմնանալ to become incarnate.
մարմնապէս corporally, bodily.
մարմնասէր carnal.
մարմնասիրութիւն sensuality. carnality.
մարմնացեալ incarnate.
մարմնացնել to incarnate.
մարմնացում embodiment. incarnation.
մարմնեղ bodied, corpulent.
մարսել to digest.
մարսեցուցիչ (մարսողական) digestive.
մարսողութիւն digestion.
Մարտ March.
մարտ war, battle, combat.
մարտակառք (mil.) caisson, war-chariot.
մարտակոչ challenge, war-cry.
մարտանաւ battleship.
մարտաշարք line of battle.
մարտաշունչ pugnacious, bellicose.
մարտասայլ (հրասայլ) tank. powder-cart.
մարտարուեստ military art.
մարտիկ combatant, warrior.
մարտիրոս martyr. —անալ to become a martyr. —ացնել to martyrize, to torment. —ութիւն martyrdom.
մարտկոց (mil.) bastion, bulwark, fortress, battery. —աւոր, —ական bastioned.
մարտնչիլ to fight fiercely, to combat, to wrestle.
մացառ bush, thicket.
մացառախիտ (մացառոտ) bushy, woody.
մաքառիլ to combat, to wrestle, to struggle.
մաքառում wrestling.
մաքի ewe, sheep.
մաքիաւելեան Machiavellian. practising duplicity in statecraft.
մաքուր clean, tidy, pure.
մաքս customs duty. —ըստ արժէքին advalorum duty. մասնայատուկ — specific duty.

մաքսազերծ duty-free.
մաքսային relating to customs.
մաքսանենգ smuggler. —**ել** to smuggle. —**ություն** smuggling, contraband.
մաքսատուն custom-house.
մաքսատուրք customs duty.
մաքսավոր custom-house official.
մաքրագործել to purify.
մաքրակենցաղ chaste, continent, virtuous.
մաքրակրոն puritan. —**ություն** puritanism.
մաքրել to clean, to purge.
մաքրողական purgative.
մաքրություն cleanness, neatness, purity.
մաքրուիլ to cleanse oneself.
մգլեցնել to mould, to make musty.
մգլած (**մգլոտած**) musty.
մգլել (**մգլոտիլ**) to mould.
մեթոդ method, way, custom.
մեթոդական methodist, —**ություն** methodism.
մեթր meter, metre. —**ական դրություն** metric system.
մելամաղձոտ melancholy. —**ություն** melancholy, sadness.
մելան ink.
մեխակ (bot.) clove.
մեծ great (spiritual). big (bodily). large, huge, grand. chief, principal, important. vast.
մեծաբան (**մեծախօս**) blustering, boasting, bombastic. swaggerer.
մեծաբանել to boast, to crack.
մեծաբանություն (**մեծախօսություն**) boasting, cracking.
մեծաբարբառ loud, clamorous, loudly, clamorously.
մեծագին very expensive (dear), high-priced.
մեծագոյն greatest, largest, biggest.
մեծագործ magnificient, superb. —**ություն** magnificence.
մեծադիր large-sized, large-formed.
մեծազօր very mighty, powerful.
մեծածախս costly, expensive.
մեծահամբաւ (**մեծահռչակ**) very famous, much celebrated.
մեծահանդէս solemn.
մեծահատոր voluminous.
մեծահոգի magnanimous, great.
մեծամասնություն plurality, majority.
մեծամիտ supercilious, high-minded. arrogant.
մեծամտություն haughtiness, arrogance.
մեծանուն illustrious, eminent, great.
մեծաշուք magnificent, pompous.
մեծապատիւ much honourable (respectable).
մեծապէս greatly.
մեծասիրտ magnanimous.
մեծասրտություն magnanimity.

մեծասքանչ wonderful, prodigious.
մեծատարած vast, very much extended. expansive.
մեծատուն rich, wealthy.
մեծարանք homage, compliment, respect.
մեծարգոյ respectable.
մեծարել to respect, to consider.
մեծաւոր superior.
մեծաւորութիւն (գերակայութիւն) superiority.
մեծափառ majestic. —ութիւն majesty.
մեծափոր big-bellied.
մեծաքայլ with long-strides.
մեծիմաստ very skilful.
մեծկակ pretty large.
մեծղի gross, corpulent.
մեծնալ to grow (big), to increase.
մեծութիւն greatness, bigness, largeness.
մեծավայելուչ majestic.
մեծցնել to enlarge, to augment, to increase, to make greater.
մեկենաս a protector of art and science.
մեկին simple, plain, precise.
մեկնաբանել to explain, to comment, to translate, to construe.
մեկնաբանութիւն (մեկնութիւն) commentary, explication.
մեկնել see մեկնաբանել.
մեկնիլ to separate, to leave, to go away, to be off.
մեկնիչ commentator, interpreter.
մեկնում departure, parting.
մեկոն poppy.
մեկուսանալ to retire, to withdraw.
մեկուսացնել to put away, to set aside, to isolate.
մեկուսի aside, apart.
մեհեան pagoda, temple (of idols).
Մեհեկան (հին հայ Փետրուար ամիս) February.
մեղ see also մեղք sin. offence.
մեղադրանք (մեղադրութիւն) reproach, blame.
մեղադրել to reproach, to blame. —ի reproachable.
մեղայ I have sinned, forgive me.
մեղանչել to sin, to offend, to traspass.
մեղապարտ guilty, sinful.
մեղեդի melody.
մեղկ lax, slack, effeminate. —անալ to grow effeminate (weak).
մեղկացնել to mollify, to mellow, to effeminate.
մեղկութիւն slackness, laxness.
մեղմ mild, sweet, soft, peaceful. —անալ to become sweet (soft, mild). —ացում sweetening, mitigation. —ացուցիչ emollient, lenitive.
մեղու bee, honey-bee.
մեղուն կը բզզայ the bee buzzes.
մեղուաբոյծ (մեղուադարման) beekeeper, apiarist.

մեղուաբոյն beehive, hive.
մեղուաբուծութիւն bee-keeping, apiculture.
մեղուանոց beehive, apiary.
մեղուակեր (թռչուն) (orni.) bee-eater.
մեղսակից accomplice, privy.
մեղսակցութիւն accomplicity.
մեղր honey.
մեղրալից full of honey.
մեղրախորիսխ honey-comb.
մեղրալուսին honeymoon, the first month after the marriage.
մեղրահոս melifluous.
մեղրաճանճ honey-fly.
մեղրամոմ wax, bees-wax.
մեղրաջուր (մեղրօղի) metheglin.
մեղք sin, offence. մահացու — heinous sin, mortal sin. մեղք՛ գործել to sin.
մեղքնալ to pity, to commiserate, to feel for.
մենագրութիւն monography.
մենախօսութիւն monologue.
մենակեաց (մենաւոր) solitary. recluse.
մենամարտ duel, duello. —իլ to duel. —իկ(ող) duellist. —ութիւն duelling.
մենամոլ monomaniac. —ութիւն monomania.
մենանուագ (mus.) solo.
մենաստան monastery, abbey.
մենավաճառ monopolist. —ութիւն monopoly.
մենաւոր single, alone, isolated. —ութիւն solitude.
մենտոր (առաջնորդ) guide, tutor, mentor.
մենք (pers. pron.) we.
մեռած dead.
մեռեալ (մեռած) defunct, deceased.
մեռել dead body, corpse.
մեռելաթաղ grave-digger.
մեռելածին stillborn.
մեռելական (տոմար, արձանագրութիւն) necrology. death-roll.
մեռելակառք hearse.
մեռելատիպ (դէմք) ghastly.
մեռելութիւն mortification.
մեռնիլ to die, to perish, to expire.
մեռոն (միւռոն) cherism.
մեռցնել to kill, to slay, to murder.
Մեսիա Messiah.
մետալ medal.
մետաղ metal. —ագիտութիւն metallography. —ագործ metallurgist.
մետաղագործութիւն metallurgy.
մետաղական metallic.
մետաղակերպ metalline.
մետաղահան miner, pitman.
մետաղաձոյլ nuggest.
մետաղեայ metallic, of metal.
մետասան eleven.
մետասաներորդ eleventh.
մետաքս silk. հում նիւթ մետաքս rawsilk.
մետաքսագործ silk spin-

ner. —ութիւն silk manufacturing.

մետաքսահիւս woven with silk.

մետաքսավաճառ dealer in silks.

մետաքսեայ (մետաքսեղէն) silken, silky.

մետաքսեղէնք silk goods.

մեր (poss. adj.) our. մերը, մերինը (poss. pron.) ours.

մերթ sometimes. մերթ ընդ մերթ now and then, occasionally.

մերժել to refuse, to reject, to drive back.

մերժող repelling, repulsory.

մերժողական repulsive, declinatory.

մերժուիլ to be refused (rejected).

մերժում refusal. rejection, denial.

մերկ naked, bare.

մերկ գլուխով bare-headed.

մերկանալ to undress oneself, to strip.

մերկանդամ naked, uncovered (body), undraped.

մերկապարանոց nakedly, openly.

մերկացնել to disrobe, to divest. to undrape.

մերկոտն bare-footed.

մերկութիւն nakedness, nudity.

մերձ near. see also մօտ.

մերձակայ (մօտակայ) proximate, next, approaching. —ք vicinage, vicinity.

մերձաւոր adjacent, approximative, neighbour, relative, near. Մերձաւոր Արեւելք Near East.

մերձաւորապէս (մօտ օրէն) shortly, soon.

մերձաւորութիւն vicinity. affinity, nearness. ամուսնական — copulation, sexual intercourse.

մերձենալ to approach, to come near.

մերձեցում approach.

մեքենաբար mechanically.

մեքենագէտ mechanician.

մեքենագիտական (մեքենական) mechanic(al).

մեքենագիտութիւն mechanics.

մեքենագործ machinist, mechanist, engineer.

մեքենագործութիւն machinery.

մեքենական mechanical.

մեքենայ machine, engine. կարի — sewing machine. երկրագործական — agricultural machine. ծակող — boring machine. կաղապարող — moulding machine. հաշուիչ մեքենայ calculating machine. մանող — spinning machine. շոգեշարժ — steam engine. ջրհան — pumping machine. սրսկիչ — sprinkling machine.

մեքենայաբար mechanically.

մեքենայութիւն machination. intrique.

մեքենավար mechanician, mechanist, engineer.
մզանոց filter.
մզել to extract, to filter.
մզիլ, մզուիլ to filter, to percolate.
մզկիթ mosque, mosk.
մզող filtering.
մզում filtration.
մէգ fog, mist.
մէկ one, a (an), any. —քանի a few, few, some.
մէկզմէկ (two persons) each other. (more than 2 persons) one another.
մէկիկ մէկիկ one by one. one at a time.
մէկ հատիկ unique, only.
մէն each, every. մէն մի each one, each.
մէջ in, into, at, among. amid(st).
մէջտեղ middle. —ը in the middle (midst) of.
մէջք back, loins. —ը կոտրել to break one's back.
մը a, an (indefinit article), some, any.
մթագնել (մթնցնել) to obscure, to darken.
մթագնիլ (մթննալ) to become obscure (dark). to grow din.
մթերանոց magazine, store - house, ware - house.
մթերել to store.
մթեր(ք) provision, stores. pile, heap.
մթին obscure, nebulous.
մթնշաղ twilight, crepuscule.
մթնոլորտ atmosphere. —ական atmospheric(al).
մթութիւն darkness, night, gloom.
մժեղ musquito (mosquito).
միաբան concordant, unanimous. monk, friar.
միաբանիլ to accord, to be of one accord.
միաբանութիւն accord, agreement. order.
միաբանութեամբ (միաբերան) unanimously.
միագոյն (պատկեր) monochromatic.
միադաւան unitarian.
միախորհուրդ unanimous.
միախուռն together, conjointly.
միածին the only begotten, single.
միակ single, only (one). unique.
միականի one-eyed (person).
միակերպ monotonous, uniform.
միակին monogamous, monogamist.
միակնութիւն monogamy.
միակողմանի partial, partially.
միակտուր monolithic, all in one piece.
միահամուռ all together, whole.
միահեծան absolute, despotical. — իշխանութիւն absolute power.
միաձայն unanimous(ly).
միաձայնութիւն unanimity.
միաձեւ uniform. —ութիւն uniformity.
միամիտ simple-minded, plain, naïve.

միամտաբար (միամտօրէն) simply, naïvely.
միամտութիւն simpleness, naïvety, naïveté.
միամօր only, unique. — որդի only son.
միայն only, mere, but, merely.
միայնակ alone, all alone.
միանալ to unite.
միանգամ only once. միանգամ ընդ միշտ once for all.
միանգամայն all together, at the same time.
միանձն monk, friar.
միանձնական unitarian.
միանձնուհի nun.
միաշունչ unanimous.
միապետ monarch. —ական monarchical, monarchist. —ութիւն monarchy.
միասին together.
միասիրտ unanimous.
միասնաբար with the generality. together.
միասնական unanimous.
միաստուածեան monotheist.
միաստուածութիւն monotheism.
միավանկ (gram.) monosyllable.
միատարր massive, coherent. homogenous
միատեղ together.
միացնել to unite, to join, to incorporate. to unify.
միացում unification. incorporation.
միաւոր unique, united, similar.
միաւոր (թիւ) unit, unity.
միաւորել (միացնել) to join.
միաւորիչ conjunctive.
միաւորութիւն union, junction.
միգամած nebulous.
միգապատ foggy, misty.
միեղջերու (կենդանի) unicorn.
միզաման urinal.
միզանցք (anat.) urethra.
միզարան public urinal.
միզել to pass urine, to urinate. յանախամիզութիւն uresis.
միզեցուցիչ (միզեցնող) diuretic.
միթէ՞ is it possible?
միլիոն million. —ատէր millionaire. —երորդ millionth.
միլորդ (միլորտ) lord, rich man.
միմոս buffoon, jester. —ական mimical. —ութիւն mimicry.
մինչ, մինչդեռ while, whilst.
մինչեւ till, until, down to, up to. — անգամ even. — ե՞րբ how long? — ո՞ւր how far?
միշտ always, forever.
միութիւն unit, unity. union.
միջակ mediocre, medium, middling.
միջակէտ semi colon (;).
միջակութիւն mediocrity.
միջահասակ middle-sized, middle-aged (person).
միջամուխ ըլլալ (միջամտել) to interfere, to intervene, to meddle with.

միջամտութիւն interference, intervention.
միջանցիկ in passing, intermediate, parenthetical.
միջավայր environment, atmosphere, medium.
միջատ insect. —աբան entomologist. —աբանութիւն entomology.
միջատակեր insectivorous.
միջատասպան insecticide.
միջարկութիւն interjection.
միջերկրական mediterranean. Միջերկրական Ծով the Mediterranean Sea.
միջերկրեայ midland.
միջեւ between (2 things or persons), among, amongst (more than two things or persons).
միջին middle, average, medium. — դար Middle Ages.
Միջինք Mid-Lent.
միջնաբերդ citadel.
Միջնադար Middle Ages. —եան midi(a)eval.
միջնակարգ (վարժարան) secondary (school).
միջնամատ(ն) middle finger.
միջնայարկ middle floor (decks), mezzanine.
միջնարար interact (between the acts), interlude.
միջնորդ mediator. broker.
միջնորդել to intercede. to mediate.
միջնորդութիւն mediation. agency.
միջնորդչէք commission, brokerage.
միջնորմ partition, bulk head (in a ship).
միջոց space, interval, place, medium. (mus.) intervallo, interval. Նոյն միջոցին in the meantime. միջոց չունիմ I have no means.
միջուկ medulla, marrow, pith.
միջցամաքային intercontinental.
միջօրէ, միջօրեայ midday, noon.
միջօրէական Meridian. of noon.
միս meat, flesh. եզի — beef. ոչխարի — mutton. խոզի — pork. Նապաստակի — game. որսի — venison. խորոված (—) rissole. կասկարայի — grilled meat. պտուղի — pulp, pap. — կապել (գիրնալ) to fatten, to grow fat. to put on weight.
միսթիքականութիւն (phil.) mysticism.
միսիոնար missionary, missioner.
միսիոնարական missionary.
միս մինակ all alone.
միտ see միտք. միտ դնել to pay attention.
միտում inclination, tendency.
միտք mind, intellect, idea, thought, sense. — բերել to recall, to recollect. to remember. —ը փոխել տալ to dissuade. —ը դնել to de-

cide, to make up one's mind. միտքս ինկաւ (խօսքդ կտրեմ) by the way. յետին — mental reservation.

միրգ fruit. չոր — dried fruit. միրգի կուտ stone of fruit. —ի կեղեւ shell of fruit, skin of fruit.

միւռոն chrism, holy oil. —ային chrismal. —ի սրուակ chrismatory.

միւռոնօրհնէք consecration of the Holy oil.

միւս other, following. ո'չ այս, ո'չ ալ միւսը neither this nor the other.

միւս անգամ the next time, again, anew.

միօրեայ ephemeral.

միօրինակ monotonous. —ութիւն monotony.

մլաւել to mew (of cat).

մլաւիւն mewing.

մլուկ bed-bug. bug.

մխալ to fume, to smoke.

մխել to thrust in, to sink, to plunge.

մխիթար comforter. consolator. —ական consolatory. —անք, —ութիւն comfort, consolation.

Մխիթարեան (Միաբանութիւն) Mekhitarist (Congregation).

մխիթարուիլ to be comforted (consoled).

մխոց (mech.) piston.

մխտել to thrust, to drive on.

մխրճել to drive in, to plunge, to immerse.

մխրճիլ to sink, to go deep.

մկան muscle, diaphragm. —ային muscular. —ացաւ (med.) myodynia.

մկանունք, մկաններ muscles.

մկանուտ muscular.

մկնականջ (bot.) mouse-ear.

մկնաքիս shrew mouse.

մկնդեղ arsenic, rat-sbane.

մկունդ lance, halberd.

մկունք the muscles.

մկրատ scissors.

մկրտական (չափահաս ըլլալէ ետք մկրտուող) baptist.

մկրտել to baptise, to baptize, to christen.

մկրտող, մկրտիչ baptist. Յովհաննէս Մկրտիչ John the Baptist.

մկրտութիւն baptism. մըկըրտութեան խորհուրդ the sacrament of baptism, christening.

մկրտուիլ to be baptized.

Մկրտչական Baptist.

մղել to give a push, to drive, to impel. առաջ (դուրս) մղել to push, to put forth (to extrude).

մղձաւանջ nightmare.

մղձկում oppression.

մղոն mile (1619 meters).

մղուիլ to be pushed forward. to be impelled. ետ — to be pushed back, to be repulsed.

մղում impulsion, impulse, impetus, push.

մնալ to remain, to stay, to lodge. ետ — to stay behind. մազ մնաց որ I was on the point of.

մնալի(f) (նամականան մէջ) poste restante.
մնայուն permanent, lasting, enduring.
մնացական permanent, lasting. remaining.
մնացորդ remainder, the rest, what is left, remnant. հաշիւի — balance.
մնչել to moan, to coo (pigeons).
մնջիկ without noise. լռիկ — silently.
մշակ cultivator, husbandman, farmer.
մշակել to cultivate. —ի cultivable.
մշակութիւն agriculture, cultivation.
մշկավարդ musk-rose.
մշտաբուխ, մշտահոս everflowing, inexhaustible.
մշտադալար evergreen.
մշտանորոգ renewing, fresh.
մշտել to poke, to give a gentle blow with the fist.
մշտնջենան (մշտնջենական) eternal.
մշտնջենաբար (մշտնջենապէս) for ever, everlastingly.
մշտնջենական, մշտնջենաւոր eternal. perpetual.
մշտնջենականութիւն perpetuity. eternity.
մոգ magian, mage, magus. magician. —ական magic(al). մոգական գաւազան magic wand. —լապտեր magic lamp (lantern).
մոգութիւն magiarism, charm. չարադիւթ — withcraft, black art. Վեցհազարեակ — Black Book, Conjuring Book.
մոգպետ archimage.
մոլաբոյս (bot.) couch grass. useless.
մոլաթզենի (bot.) sycamore.
մոլաթուզ sycamore fruit (figs).
մոլախինդ (մոլեխինդ) (bot.) hemlock.
մոլախոտ weeds.
մոլար wandering, errant. — գառնուկ lost lamb.
մոլեգին furious, fierce.
մոլեգնաբար furiously.
մոլեգնիլ to be enraged, to run mad.
մոլեգնութիւն fury, fierceness.
մոլեխանձ, մոլեռանդ fanatic(al).
մոլեռանդութիւն fanaticism, bigotry.
մոլի fond. մոլի ըլլալ to be fond of. to be addicted to.
մոլոր (մոլորեալ) wandering.
մոլորակ planet. —ային planetary.
մոլորանf straying, aberrance.
մոլորեալ wandering, roving, misguided.
մոլորեցնել to mislead, to misguide, to seduce.
մոլորեցուցիչ deceitful, seductive.
մոլորիլ to fall into mistake. to go astray.
մոլորութիւն wandering, seduction, aberration.

մոլութիւն vice, addiction.
մոլուցք fury, rage, impetuosity.
մոխիր ash(es), cinder. —ի սափոր cinerary urns. Մոխրոց Օր Ash-Wednesday.
մոխրագոյն ashy, ashy gray, cinereous.
մոխրաջուր lye.
մոխրատունկ (bot.) cineraria.
մոխրացնել to incinerate.
մողէզ lizard.
մոմ candle, wax-candle.
մոմիա mummy. mummify.
մոմլաթ oil-cloth.
մոյթ pillar, support.
մոռանալ see մոռնալ.
մոռացկոտ forgetful. absent-minded, dreamy.
մոռացկոտութիւն (մոռացութիւն, մոռացում) forgetfulness, oblivion.
մոռեխ cricket.
մոռնալ to forget, lose the memory of.
մոռցնել to cause to forget.
մոռցուիլ to be forgotten.
Մովսիսական Mosaic, of Moses.
մոր (մորմ) blackberry.
մորենի (bot.) brier, blackberry bush.
մորթ skin, hide. գոմէշի — buff. եզի — oxhide. խոզի — hog-skin. հորթի — vellum. մորթը քերթել to flay, to skin. —ի խազախորդ tanner.
մորթագործութիւն see կաշեգործութիւն currier's art. currying of leather.
մորթազերծ stripped, excoriated.
մորթային dermal, cutaneous. — հիւանդութիւն cutaneous diseases.
մորթել to slaughter, to butcher, to slay.
մորմենի (մորենի) brier.
մորմոն Mormon. —ութիւն Mormonism.
մորմոք, մորմոքում anguish. affliction.
մորմոքել to cause anguish, to rend (the heart).
մորմոքիլ to feel pain, to suffer, to grieve.
մութ darkness, gloom. dark.
մուխ smoke, fume, vapour. (steam, spray).
մուծանել to introduce, to put in. see also մտցնել.
մուկ mouse. մուկեր mice.
մունակ slippers.
մունետիկ town crier.
մունջ dumb, mute.
մուշտակ fur, fur greatcoat.
մուշտակագործ furrier. —ութիւն furriery.
մուշտակավաճառ dealer in furs, furrier.
մուսայ muse.
մուսէոն (թանգարան) museum.
մուտք entering, entrance, entry, admission. ել եւ — expenses and income.
մուր soot. — քսել մէկուն վրայ to disparage (someone).

մուրալ to beg, to implore.
մուրացիկ (մուրացկան) beggar, mendicant. —ութիւն mendicity.
մուրհակ bill, note, deed, contract. պարտամուրհակ bill payable to order. երկար վճարօրով (կարճ վճարօրով) մուրհակ) long-dated (short-dated) bill.
մուրհակաթուղթ bond paper.
մուրճ hammer.
մուրուք see մօրուք beard.
մուրտ (մրտենի) (bot.) myrtle, myrtle tree.
մռայլ nebulosity, fog, foggy.
մռմռալ to grunt, to growl. to grumble, to murmur.
մռնչացող (մռնչող) roaring.
մռնչել to roar, to groan.
մռնչիւն roar.
մռնչող roaring.
մսագործ butcher. —ութիւն butchery.
մսալից fleshy.
մսակեր flesh-eater, carnivorous, sarcophagous.
մսաջուր broth.
մսավաճառ butcher. —անոց butcher's shop (market).
մսեղէն fleshly, of meat.
մսիլ to feel cold, to freeze.
մսխել to spend lavishly, to consume, to waste.
մսխում lavishness, waste.
մսկոտ chilly. sensitive to cold.
մսոտ fleshy.
մսուր manger, crib.

մտաբերել to consider, to think of.
մտադիր intended. attentive.
մտադրութիւն attention. intention. մտադրութեամբ attentively. intentionnally.
մտախոհ reflecting. —ութիւն reflection, meditation.
մտածել to think, to cogitate.
մտածին see մտացածին·
մտածկոտ thoughtful, pensive.
մտածողութիւն, մտածում reasoning.
մտակորոյս mad, beside oneself.
մտահաճոյ agreeable.
մտահաճութիւն prejudice, presumption.
մտամարզանք gymnastics of mind.
մտամոլոր detrepit, lost in thoughts.
մտային mental.
մտայոյզ pensive, to be anxious (uneasy).
մտայուզութիւն anxiety.
մտառու intelligent.
մտավարժ intelligent. մըտավարժութիւն intelligence.
մտատանջութիւն anxiety, uneasiness.
մտացածին fantastic, fanciful, capricious.
մտացի intelligent.
մտաւոր mental.
մտաւորական intellectual.
մտերիմ intimate, cordial.
մտերմաբար intimately, cordially.

մտերմանալ to become intimate.
մտերմութիւն intimacy.
մտիկ ընել to listen, to give ear. to hearken.
մտմտուք cogitation.
մտնել to enter, to get in. to go through. մտնել (խորերը) to penetrate. մտնել (զգուշութեամբ) to slide, to creep.
մտրակ horse whip, lash. —ել to whip, to lash.
մտրուկ colt, foal.
մտցնել to introduce, to put in, to thrust.
մրափ nap, snooze, sleep. —ել to slumber, to take a nap.
մրգաւէտ fruit-bearing.
մրգաստան orchard.
մրգավաճառ fruit - seller (dealer), fruiterer.
մրգավաճառանոց fruit-market.
մրգօղի ratafia.
մրկել to burn.
մրմնջել to murmer, to hum, to gnarl. to grumble.
մրմունջ murmur, grumbling.
մրմռալ to grunt, to grumble.
մրմռացող grumbling, grumbler.
մրոտ smutty, smoked.
մրոտել to smut, to smoke.
մրուր lees, feces.
մրջիւն ant.
մրջնանոց ant-hill (nest).
մրջնաքեր (թռչուն) ant - eater (bird).
մրտենի myrtle.
մրրիկ tempest, storm.
մրրկալից, մրրկայոյզ tempestuous, stormy.
մրրկահաւ (orni.) petrel.
մրրկոտ stormy, tempestuous.
մրցակից competitor, rival.
մրցակցիլ to compete. to match.
մրցակցութիւն competition.
մրցանակ reward, prize. — շահիլ to win a prize. —աբաշխութիւն distribution of prizes.
մրցանք (մրցում) competition, palestra.
մրցարան (կրկէս) arena.
մրցիլ to compete, to rival, to combat. to match.
մրցութիւն, մրցում competition. match.
մօտ near by (to), close by.
մօտալուտ imminent, impending.
մօտակայ proximate, next.
մօտաւոր next. neighbour.
մօտաւորապէս nearly, approximately.
մօտենալ to approach, to come near.
մօտերս lately, recently. shortly, soon.
մօտեցնել to approach, to put near, to draw near. to near.
մօտիկ very near.
մօր(ա)քեռայր the husband of an aunt.
մօրաքոյր aunt. mother's sister.

մօրեղբայր (քեռի) uncle, mother's brother.

մօրու (կիսամայր) step-mother.

մօրուտ marshy.

մօրուք beard. ալեխառն — gray beard. նորաբոյս — soft - hair.

Յ

Յ, յ (hi) the twenty first letter of the Armenian alphabet. three hundred. three hundredth.

Յաբեթական, Յաբեթեան belonging to Japhet, Japhetic, pertaining to Indo - European race (Caucasian). Armenian. — տոհմ the Armenian nation, Armenians.

յագ (լեցուն) full, filled.

յագենալ to be satiated. to be satisfied or full.

յագեցում satiety, fulness.

յագեցնել to satiate, to cloy, to surfeit.

յագուրդ satiety. satiation.

յախճապակեայ of porcelain.

յախճապակի porcelain. Chinaware.

յախուռն rash, hardy.

յածանաւ cruiser.

յածիլ to go over, to wander, to ramble.

յածող stroller. rambler.

յածում wandering.

յակամայս (առանց ուզելու) involuntar(y)ily. willy-nilly.

յակինթ (bot.) hyacinth. (min.) ruby.

յաղագս for, in behalf (favour) of.

յաղթ great, enornous, colossal.

յաղթական triumphal, triumphant, victorious. **յաղթակիր** triumpher, conqueror. —օրէն triumphantly.

յաղթահասակ colossal, gigantic.

յաղթահարել to vanquish, to conquer.

յաղթամարմին enormous, stout, corpulent.

յաղթանակ triumph, victory.

յաղթանակել to triumph, to win the battle (the race). to overcome.

յաղթանդամ large-limbed. huge, stout.

յաղթել to vanquish, to overcome, to excel, to win.

յաղթող victorious, triumphant, victor, winner.

յաղթութիւն triumph, victory.

յաղթուիլ to be conquered, to yield. to lose (lick) the dust.

յաճախ often, frequently.

յաճախապատում dogmatics.

յաճախել to frequent. to attend, to resort to.

յաճախորդ customer, client.

յամառ stubborn, self-willed, heady.

յամառիլ to be obstinate. to insist upon.

յամառութիւն obstinacy.

յամենալ to delay, to stay for.

յամեցնել to retard, to put back.

յամոյր antelope.

յամր slow, slowly.

յամրացնել to retard, to put back. to slow down.

յամրաքայլ with slow steps.

յամրընթաց lingering.

յայնժամ then, at that time.

յայնկոյս (միւս կողմը) beyond, further on, on the other side.

յայտագիր programme, program.

յայտարար distinctive. (math.) denominator.

յայտարարող advertiser, declaratory.

յայտարարութիւն declaration, notification. announcement.

յայտնապէս obviously, evidently, explicitly.

յայտնել to declare, to manifest, to express, to make evident, to reveal.

յայտնի evident, manifest, clear, obvious. known.

յայտնութիւն manifestation, revelation.

յայտնուիլ to be revealed, to manifest oneself.

յանգ term, end, rhyme.

յանգ դնել to rhyme.

յանգիլ to come to an end, to terminate.

յանգուցիչ (յանկուցիչ) engaging, charming.

յանդգնաբար rashly, impudently.

յանդգնիլ to dare, to venture.

յանդգնութիւն rashness, daringness, temerity.

յանդիման opposite, before. դէմ — face to face.

յանդիմանել to scold, to chide.

յանդիմանող scolding.

յանդիմանութիւն scolding. reproof, rebuke.

յանդուգն venturous, audacious, rash, bold.

յանիրաւի wrongly, unjustly.

յանկարծ at once, suddenly, immediately.

յանկարծախօս improvisatore, extemporary speaker.

յանկարծախօսութիւն improvisation.

յանկարծական sudden, unlooked for.

յանկարծակի suddenly, all at once, all of a sudden. unexpectedly.

յանկարծամահ ըլլալ to die suddenly.

յանկարծօրէն all of a sudden, unexpectedly.

յանձանձել to take care of, to look after.
յանձնաժողով commission.
յանձնակատար commissioner. —ութիւն commissaryship.
յանձնապաստան (յաւակնոտ) presumptuous. —ութիւն presumption.
յանձն առնել to take charge of. to assume, to undertake.
յանձնառու undertaker. —թիւն engagement.
յանձնարարական recommendatory. — թուղթ letter of introduction.
յանձնարարել to recommend, to approve. to advise.
յանձնարարութիւն recommendation, approval. advice.
յանձնել to order, to surrender, to deliver up, to remit.
յանձնելի (ապրանք) deliverable (goods).
յանձնուիլ to surrender. to deliver oneself up.
յանձնում (ապրանքներու) delivery (of goods).
յանցանք guilt, fault, offense. — գործել to err, to transgress, to offend.
յանցաւոր guilty, blamable, culpable.
յապաղեցնել to retard, to delay. to hinder.
յապաղիլ to delay, to be late.
յապաղիչ delayer, lagger. — ռումբ delayer bomb.
յապաղում delay, retardment, tardiness.
յաջող successful, favourable. —ակ propitious, capable, clever, skilful.
յաջող(ե)ցնել to cause to succeed.
յաջողիլ to succeed, to be successful.
յաջողութիւն successfulness, prosperity, welfare. success.
յաջորդ next, the following. —աբար successively. —ական successive.
յաջորդականութիւն the order (right) of succession.
յաջորդել to succeed, to follow.
յառաջ forward, on. — բերել to bring forward. ամէն բանէ առաջ first of all. — գալ to proceed (to spring, to rise) from. to come forward.
յառաջաբան preface.
յառաջադէմ advanced. progressive.
յառաջադիմական (յառաջդիմական) progressist.
յառաջադիմել (յառաջդիմել) to progress.
յառաջադիմութիւն (յառաջդիմութիւն) progress, progression, proficiency. advancement.
յառաջադրել to propose, to propound.
յառաջադրութիւն proposition, proposal.
յառաջանալ to advance, to go forward, to progress.

յառաջապահ vanguard, out-post.
յառաջատուութիւն progression. երկրաչափական — geometrical progression.
յառաջացեալ դիրք advanced positions. — տարիք old age, advanced age.
յառաջացնել to bring forth (about).
յառաջացում advancement, progress, progression.
յառաջբերութիւն quotation, citation.
յառաջընթաց preceding, precursor, precedent.
յառաջխաղացութիւն progression, progress.
յառել to fix, to attach.
յառիլ to hold to, to be fixed, to be attached.
յառնել to arise, to mount, to ascend, to be resuscitated.
յասմիկ (bot.) jasmine.
յասպիս (թանկագին քար) jasper.
յատակ bottom.
յատակագիծ plan, map.
յատակամ(ած) pavement.
յատկաբանութիւն (ոճ) (gram.) idiom. idiotism.
յատկապէս particularly, especially.
յատկացեալ appropriated.
յատկացնել to appropriate. to assign. to allot.
յատկացում appropriation, apportionment, allotment.
յատկութիւն quality, property.
յատուկ own, appropriate, distinct. special. (gram.) proper. — անուն proper noun.
յար contiguous. contingent, adjacent. ever, always, continous.
յար (եւ նման) equivalent, same.
յարաբերական relative. (gram.) — դերանուն relative pronoun.
յարաբերեալ antecedent.
յարաբերութիւն relation, link. connection.
յարադրեալ intent.
յարադրել to apply, to affix.
յարադրութիւն application, inserting. (gram.) apposition, preposition.
յարաժամ always, ever, for ever.
յարալէզ vampire.
յարած associate. see also կցորդ.
յարակարծական (նոյնատեսակ կարծիք ունեցող) paradoxical.
յարակարծիք paradox.
յարակարծութիւն (rhet.) paradoxy.
յարակայութիւն stability.
յարակատար (gram.) past perfect.
յարակից connected, coherent.
յարակցութիւն connexion, cohesion.
յարանուանական denominative, denominational.
յարանուանութիւն denomination.

յարասութիւն (տարածում թարգմանութիւն) paraphrase.
յարատեւ perseverant, everlasting.
յարատեւել to persist, to persevere.
յարատեւող persevering, persisting.
յարատեւութիւն perseverence.
յարգ cost, worth, esteem. —ը գիտնալ to appreciate.
յարգանք respect, regard, compliment. reverence.
յարգել to venerate, to honour, to revere, to respect.
յարգելի respectable, venerable. reverent.
յարգի, յարգոյ estimable, respectable, valuable.
յարգող appreciator, venerator.
յարդ straw. —ով լեցնել to pack with straw.
յարդանկողին straw mattress.
յարդանոց barn.
յարդարել to set in order, to arrange, to adjust, to make up. to accomodate.
յարդարուած adjusted, arranged, fitted.
յարդարում arrangement.
յարդարուն arranged.
յարդգողի ճանապարհ the Milky Way. see Ծիր Կաթին.
յարել to connect, to adjoin, to retort, to reply. to say.
յարերգութիւն (ծաղրաբանութիւն) parody.
յարիլ to attach, to be jointed (fixed), to adhere to.
յարկ story, storey, floor, roof.
յարձակիլ to attack, to dart, to assault.
յարձակող attacker, assailant. նախայարձակ aggressor.
յարձակողական aggressive. attack. aggression.
յարձակում attack. assault.
յարմար convenient, suitable, proper, apt. fit - (ting).
յարմարիլ to suit, to fit, to be proper for.
յարմարութիւն aptitude, convenience, accord.
յարմարցնել to adjust, to accomodate, to arrange.
յարութիւն resurrection. rising. — առնել to rise from the dead.
յարում adherence, attachment.
յարուցանել to resuscitate. to raise.
յարքունիս գրաւել (պետութեան սեփականութիւնը դարձնել) to confiscate, to forfeit.
յաւակնիլ to pretend, to claim.
յաւակնութիւն pretense, pretension, (pretention). claim.
յաւելեալ added, additional, further.
յաւելիչ augmenter.
յաւելուած appendix, sup-

plement, annex. —ական additional.

յաւելուլ (աւելցնել) to add.

յաւելում addition.

յաւերժ eternal. —ական never ceasing, perpetual. lasting.

յաւերժաբար eternally.

յաւերժահարս nymph.

յաւերժայիշատակ unforgotten.

յաւերժանալ to be perpetuated. to be immortalized.

յաւերժացնել to eternize, to eternalize. — մէկուն անունը to immortalize someone's name.

յաւէտ always, for ever.

յաւիտեան (յաւիտենապէս) eternally. —ս յաւիտենից for ever and ever.

յաւիտենական eternal.

յաւիտենականութիւն eternity. perpetuality.

յափշտակել to seize, to rob, to usurp, to plunder. to ravish.

յափշտակիչ rapacious, ravishing. — թռչուններ birds of prey.

յափշտակութիւն rape. rapture, ecstasy.

յափշտակուիլ to be carried off, to be ravished. to be enraptured (rapt in).

յափրանալ to be satiated with, to get tired of, to be cloyed.

յափրանք satiety, surfeit, disgust.

յափրացնել to satisfy, to cloy (the desire or the appetite).

յելուզակ bandit, brigand. —ութիւն brigandage.

յեղակարծ unlooked for, unforeseen. unexpected, suddenly.

յեղաշրջել to upset, to overthrow.

յեղաշրջում subversion, reversion, upset. revolution.

յեղյեղել to repeat over and over. to reiterate.

յեղյեղուկ changeable, inconstant, unsteady, fickle.

յեղյեղում repetition, reiteration.

յեղուլ to transform, to translate.

յենակէտ (յեցակէտ) point of support. (phys.) fulcrum.

յենարան support, prop. պատուհանի — sill (of windows).

յենուլ to lean upon, to recline.

յեսան, յեսանաքար (դանակ սրող քար) hone. whetstone, grindstone. յեսանել to hone, to sharpen. յեսանող knife-grinder.

յետ after, next, afterwards. — այսորիկ (այնորիկ) after this (after that) time. — միջօրէ p. m. (post meridiem). afternoon. — գրութիւն (Յ. Գ.) P. S. (post script).

յետագայ next, following, subsequent.

յետագոյն posterior.

յետադարձ retrograde (motion). retrospective (mental), look backward.
յետադիմել to retrograde, to revert.
յետադիմութիւն retrogression, regression.
յետաձգել to postpone.
յետաձգում postponement.
յետամնաց in arrears, belated. backward.
յետին last, ulterior, extreme.
յետնեալ in arrears.
յետնորդ arrears. —ը վճարել to pay up arrears.
յետոյ then, afterwards.
յետոյք hind, buttock.
յետս behind (of time and place). — կոչել to take back.
յետսագոյն hindermost.
յերիւրել to form, to compose.
յիմար foolish, insane, bedlamite, stupid.
յիմարաբար foolishly.
յիմարաբոյժ alienist.
յիմարական foolish.
յիմարանալ to be mad, to become foolish.
յիմարանոց madhouse, lunetic asylum, bedlam.
յիմարեցնել to madden, to drive someone mad.
յիմարութիւն foolishness, insanity, folly.
յիշաչար spiteful. —ութիւն ill-will.
յիշատակ remembrance, memory, memorial. ի — in memory of.
յիշատակագիր memorandum.
յիշատակարան monument.
յիշատակել to recall, to commemorate. to cite. —ի memorable.
յիշատակութիւն commemoration, remembrance. citation.
յիշել to recollect, to remember.
յիշեցնել to put in mind, to remind, to warn.
յիշող recollecting.
յիշողութեան կորուստ (med.) amnesia.
յիշողութիւն memory.
յիշոց oath, blasphemy.
յիսնամեայ of jubilee.
յիսնապետ captain.
յիսնեակ fifty.
յիսուն fifty.
յիսուներորդ fiftieth.
Յիսուս Jesus. — Քրիստոս Jesus Christ.
Յիսուսածին Holy Virgin.
Յիսուսեան Jesuit.
յիրաւի truly, indeed.
յղանալ to conceive, to become pregnant.
յղացող conceptive.
յղեալ sent.
յղել to send, to forward.
յղի pregnant, enceinte.
յղկեալ polished, smooth.
յղկել to polish, to burnish.
յղկուիլ to be polished (planed).
յղկող burnisher, polisher.
յղկոց polisher (tool).
յղութիւն pregnancy, conception, gestation.
յղփանալ to be satiated with, to be wearied.
յղփացնել to fill up, to glut, to satiate.

Յո՞ where? — երթաս Quo Vadis?
յոբելեան jubilee.
յոբելեար persons (committee) who celebrate the anniversary of a intellectual person's 25th, 40th or 50th services anniversary.
յոգնաթախիծ sorrowful, very sad.
յոգնած weary, overworked.
յոգնածութիւն weariness, fatigue.
յոգնակի plural.
յոգնեցնել to wear, to fatigue. to tire.
յոգնեցուցիչ tiresome.
յոգնիլ to grow tired.
յոգնութիւն weariness, fatigue.
յոգւոց (հոգոց) հանել to sigh, to breathe forth.
յոխորտ haughty, proud.
յոխորտաբան bully, hector.
յոխորտալ to bully, to bridle up.
յոխորտանք proud look. bravado.
յողդողդ inconstant. fickle.
յոյզ emotion.
յոյժ many, much, most, extremely.
յոյլ slothful, slow.
յոյն Greek.
յոյս hope, confidence. —ը կորսնցնել to give up all hope.
յոպոպ (orni.) pevet, pewit.
յոռեգոյն evil, very bad.
յոռետես pessimist. —ութիւն pessimism.
յոռի evil, wicked.
յովազ (mam.) panther.
յովատակ stallion.
յորդ abundant, plentiful.
յորդաբուխ abundant, plentiful.
յորդահոս overflowing. abundant.
յորդառատ superabundant.
յորդիլ to overflow.
յորդոր (յորդորակ) exhortation. (mus.) andante.
յորդորել to exhort, to encourage.
յորդորում parenesis.
յորդում overflow.
յորժամ (երբ որ) when.
յորձանուտ eddying.
յորձանք whirlpool. eddy.
յորմէհետէ since, since that time.
յորջորջել to entitle, to name.
յորջորջում title.
Յուդա Judas. traitor.
—յական Judaical.
—յութիւն Judaism.
յուզել to agitate. to stir up.
յուզիչ stirring, affecting.
յուզուիլ to be stirred up.
յուզում agitation, emotion (of heart). trouble (of mind).
յուլանալ to become slothful (idle).
Յուլեան Julian.
Յուլիս July.
յուղարկաւորութիւն funeral.
յունաբանութիւն Hellenism.
յունագէտ hellenist.
յունական Greek.

յունարէն Greek (language).
Յունիս June.
Յունուար January.
յուշատետր scrap-book.
յուշարար monitor, (theat.) prompter.
յուշարձան monument.
յուշիկ slowly, smoothly.
յուշկապարիկ siren, mermaid.
յուռութ (յուռութք) talisman, enchantment. amulet, charm.
յուռթի fertile, fruitful.
յուսադրել hold out hope, hearten, assure.
յուսազրկել to make hopeless. cause to lose hope.
յուսազրկութիւն disappointment, desperation.
յուսալ to expect, to hope. — առ Աստուած to put one's trust in God.
յուսալի(ց) hopeful.
յուսախաբութիւն disappointment.
յուսակտուր, յուսահատ hopeless, desperate, in despair, forlorn.
յուսահատաբար desperately. hopelessly.
յուսահատեցնել to cause desperation.
յուսահատիլ to give up all hope.
յուսահատութիւն desperation. hopelessness.
յստակ clear, pure, (com.) net.
յստականալ to be manifest (plain).
յստակատես clear-sighted. —ութիւն clairvoyance, clearsightedness.
յստակութիւն clearness, clarity.
յօդ article, joint, jointing.
յօդակապ bond. (gram.) conjuction.
յօդատապ (med.) arthritis.
յօդացաւութիւն rheumatism.
յօդաւոր articulate(d).
յօդել to join, to combine.
յօդուած article, construction. joint.
յօդուածոյ (նախադրութեան) composed. — բառեր compound words. — խնդիր object of the preposition.
յօժար well-disposed, willing.
յօժարաբար, յօժարակամ willingly.
յօժարամիտ disposed, propense.
յօժարամտութիւն goodwill, proclivity.
յօժարեցնել to dispose, to incline.
յօժարիլ to be willing, to incline.
յօժարութիւն willingness.
յօնք eye-brow. —երը շարժել to frown.
յօշոտել to dismember. to cut (tear) to pieces.
յօշում dismembering.
յօտ(ք) lopped off, vine-shoot.
յօտել to lop, to prune.
յօտոց garden knife.
յօրանջ, յօրանջում yawning.
յօրանջել to yawn.
յօրինել to compose, to form, to invent.

յօրինող composer, former.

յօրինուած structure, construction. —ք arrangement, composition.

յօրինում, յօրինուածք making, construction, formation, creation.

Ն

Ն, ն (noo) The twenty second letter of the Armenian alphabet. four hundred. four hundredth.
նա (pers. pron.) he, she, it. see also ան.
նաեւ also, too, as well as.
նազանք coquetry.
նազելանեմ affable, obliging.
նազելի pretty, charming.
նազիկ delicate, dainty.
Նազովրեցի Nazarene.
նաժիշտ maidservant, waiting-maid, lady's maid.
նախ first, foremost, firstly. — եւ առաջ first of all. — քան before.
նախաբազուկ forearm.
նախաբան preface.
նախաբարբառ first speaker.
նախաբնակ native.
նախագահ president, chairman. փոխ — Vice-president. —ական presidential. —ել to preside. —ութիւն presidency. —ուհի lady president.
նախագաղափար prototype.
նախագաւիթ front court.
նախագիծ sketch, outline. նախագծել to outline, to sketch.
նախագին premium.
նախագոյ (նախագոյակ) pre-existent, pre-existing.
նախագոյն precedently. former.
նախագուշակ foreteller. predictor.
նախագուշակել to foretell, to predict.
նախագուշակութիւն prediction, foretelling.
նախագրաւել to prescribe, to prepossess, to preoccupy.
նախագրաւում prescription, limitation, preoccupation.
նախագրեալ previously written, prescribed.
նախագրել to write in advance. to prescribe.
նախադաս antecedent. preferable. fore rank. — մասնիկ (gram.) prefix.
նախադասական prepositive.
նախադասել to prefer. —ի preferable.
նախադասութիւն prefe-

rence. pre-eminence. (gram.) sentence.
նախադասում antiposition.
նախադատ(ական) ատեան primary jurisdiction. court of first instance.
նախադատել to prejudge.
նախադատութիւն prejudgment.
նախադիր prologue, preposition.
նախադուռ(ն) vestibule. entrance door.
նախադրական (gram.) prepositive.
նախադրեալ premise. preposed.
նախադրութիւն preposition. preface. introduction.
նախազգալ to have a presentiment of.
նախազգացութիւն (նախազգացում) presentiment.
նախազգուշութիւն precaution.
նախաթիւ antedate.
նախաթոռ president.
նախալոյս fore-gleam.
նախախնամ provident.
նախախնամական providential.
Նախախնամութիւն providence (of God). great care.
նախախորհուրդ premeditation.
նախածաղիկ (bot.) marguerite, daisy.
նախածանօթութիւն premotion.
նախածին first born.
նախածնողք first parents. forefathers.
նախածնութիւն premogeniture.
նախակարապետ forerunner.
նախակարգ pre-established. preliminary. —ել to pre-establish.
նախակարծիք (նախապաշարում) presupposition. prejudice.
նախակենդան(ի) protozoa. (յոգ.) protozoan.
նախակրթական primary, elementary (of schools). — դպրոց (նախակրթարան) primary (elementary) school.
նախակրթութիւն primary instruction.
նախահայր forefather, ancestor. —եր the ancients.
նախահոգակ provident.
նախահոգութիւն foresight.
նախաձեռնել to take the initiative.
նախաձեռնութիւն initiative.
նախաճաշ(իկ) breakfast.
նախաճաշակ foretaste, prelibation, antepast.
նախաճաշել to breakfast.
նախամայր foremother, first mother. Eve.
նախամասնիկ prefix.
նախամարդ(ն) the first man.
նախամարտիկ aggressor.
նախամարտիրոս (նախավկայ) protomartyr.
նախամեծար preferred, preferable. — նկատել to prefer.
նախամեծարել to like better.

նախամեծարութիւն preference.
նախամուտք anteport.
նախայարձակ aggressor. —ում aggression.
նախանիւթ raw material.
նախանկար prototype.
նախանձ envy, jealousy. բարի — emulation.
նախանձաբեկ (նախանձալից) jealous, envious.
նախանձախնդիր zealous, ardent, jealous.
նախանձախնդրութիւն (նախանձայուզութիւն) jealousness, zeal.
նախանձայոյզ (նախանձաւոր) jealous. emulator.
նախանձելի enviable, desirable.
նախանձիլ to envy. to be jealous of. to emulate.
նախանձող (նախանձոտ) jealous.
նախանձոտութիւն jealousness.
նախանձորդ emulator.
նախանուն pronomen.
նախաշարժիչ promoter. — ոյժ prime mover.
նախաշաւիղ preliminary, forerunner. introduction.
նախապաշարել to prejudice.
նախապաշարուիլ to be prejudiced.
նախապաշարում prejudice.
նախապաշտօնեայ (վարչապետ) prime minister, premier. secretary of state (U. S. A.).
նախապատիւ foremost. preferred. — նկատել to prefer.
նախապատճառ first cause.
նախապատմական prehistoric.
նախապատուութիւն preference.
նախապատրաստական preparative, preparatory.
նախապատրաստել to predispose.
նախապատրաստութիւն preparation. predisposition.
նախապէս at first, antecedently.
նախաջրհեղեղեան antediluvian.
նախասահմանեալ predestinate, foreordained.
նախասահմանել to predestinate.
նախավերջընթեր antepenultimate.
նախավկայ protomartyr.
նախավճար fore-gift.
նախատալի(ց) scurrile.
նախատական insulting.
նախատել to insult. to outrage.
նախատեսարան proscenium.
նախատեսել to foresee.
նախատեսող provident. foreseeing. foreseer.
նախատեսութիւն foresight.
նախատինք insult, outrage, injury.
նախատիչ (նախատող) insulting. offender.
նախատիպ(ար) prototype. the original thing (person).
նախատրամադրութիւն predisposition.
նախատօն(ակ) eve of a

feast, the night before a festivity.
նախարար minister. Armenian feodal. անպաշտօն — minister without portfolio. առեւտրական — minister of commerce. արդարութեան — minister of justice. արտաքին գործոց — minister of foreign affairs. ելեւմուտքի — minister of finance. կրթական — minister of public instruction (minister of education). հանրային շինութեանց — minister of public affairs. ներքին գործոց — minister of the interior (Home secretary). պատերազմական — minister (secretary) for war. օդատորմիղի — minister for air (air minister).
նախարարական ministerial. — տագնապ ministerial crisis.
նախարարապետ prime minister, premier.
նախարարատուն ministry.
նախարարաց խորհուրդ cabinet-council.
նախարարութիւն ministry.
նախարտակ (ստուերագիր) sketch, outline, shadowgram.
նախացուցակ first list. guide.
նախացռուկ fore-beak.
նախդիր preposition.
նախերգ prelude, prologue. preface.
նախերգան(ք) prelude, exodium, preface.
նախերէց dean.
նախընթաց precedent. antecedent. first. passed.
նախընթրակ (նախընթրիք) luncheon, light repost.
նախընթրել to collate.
նախընծայ first (gift, fruit). preliminary.
նախընտրաբար preferably.
նախընտրանք preference.
նախընտրեալ elect, preferred.
նախընտրել to prefer.
նախընտրելի preferable.
նախընտրութիւն preference. predilection.
նախիմացութիւն presentiment. foreboding. foreseeing.
նախիր flock. herd.
նախկին (նախորդ) former, prior. նախկին is used for things and dates. նախորդ is used for persons.
նախճիր(ք) massacre, carnage.
նախնադարեան prehistorical.
նախնական primitive. former. ancient.
նախնի primitive. old.
նախնիք the ancients, the forefathers. ancestry.
նախշել (նաշխել) to embroider, to portray.
նախշուն (նաշխուն) fair, beautiful. embroidered.
նախորդ previous. predecessor. antecedent. immediately before (someone).
նախորոշել to predetermine.

նախրապան (նախրորդ) cowherd. oxherd. country-lad.
նախօրեակ day before.
նախօրինակ original.
նախօրօք previously, from yesterday.
նահանգ state, province. region. Միացեալ Նահանգներ United States (of America).
նահանգագլուխ principal town. chief residence.
նահանգական, նահանգային provincial.
նահանգապետ governor. chief ruler. prefect.
նահանգապետութիւն provincial administration. profecture.
նահանջ retreat. falling back. — տարի leap-year.
նահանջել to retreat. to fall back. to retire.
նահապետ head of a tribe. patriarch. —ական patriarchal.
նահատակ martyr. champion. —ել to martyrize. —ուիլ to torture oneself (in defence of his faith).
նահատակութիւն martyrdom.
նամակ letter. message. messive. epistle. ապահովագրեալ — registered letter. շրջաբերական — a circular (letter, note). an encyclical letter.
նամակաբաշխ postman.
նամակաբեր post-boy. messanger.
նամակագին postage.
նամակագիր writer (of a letter).
նամակագրական epistolary.
նամակադրոշմ postage stamp.
նամականի letter-writer.
նամակատուն post-office.
նամակատուփ post-office box.
նամակարկղ (փոստարկղ) post-office box (P. O. B.).
նամակընկալ letter receiver. addressee.
նամէտ (թաց, խոնաւ) damp. moist, humid.
նայ (մեղմ, կակուղ) liquid letters, semi-vowels. նայ տառեր (in Armenian) լ, ղ, մ, ն, ր.
նայիլ to look (at, on), to stare at. to take care. to be interested. to copy. to turn back.
նայուածք gaze, glance, look, eye.
նանիր (պարապ, ունայն) vain. empty. frivolous.
նանրագիր uselessly written.
նանրամիտ foolish, empty-headed, vainglorious.
նանրասէր vain. foolish.
նանրասիրութիւն vanity.
նանրացնել to annul. to annihilate.
նաշիհ (ընտիր, բարակ ալիւր) very fine flour.
նապաստակ hare.
նարգէս (նարգիս, նարկիս) narcissus.
նարդոս (մանիշակագոյն

անուշաբոյր ծաղիկ) mat-grass. spikenard.
նարինջ orange.
նարնջագոյն orange-coloured.
նարնջենի orange-tree.
նարնջօղի curacao.
նարտ trick-track.
նարտիշան (միս կտրելու կոճղ) butcher's block.
նարօտ red or white string used by the priest at marriage ceremony.
նացի Nazi, a follower of Nazi party. —ականութիւն Nazism. —ասէր pro-Nazi.
նաւ ship, boat, vessel. ականաբձակ — torpedo-boat. թնդանօթակիր — gunner. սպառազինեալ — armed ship. վաճառականական — merchant ship. —ի խցիկ cabin. —ի կամրջակ gangway. —էն դուրս ելլել to disembark. —ը մտնել to embark.
նաւարաժին squadron.
նաւաբանտ brig.
նաւաբեկ shipwrecked. —եալ person shipwrecked.
նաւաբեկիլ to be shipwrecked.
նաւաբեկութիւն (նաւաբեկում) shipwreck.
նաւաբեռ(ն) cargo.
նաւագնաց voyager. navigator. —ութիւն navigation. voyaging.
նաւագործարան dockyard.
նաւազ sailor, seaman.
նաւազութիւն seamanship.
նաւաթափութիւն disembarkment.
նաւախումբ convoy. fleet.
նաւակ boat, barge, bark. վենետիկեան — gondola.
նաւակամուրջ pontoon.
նաւակայան naval base.
նաւակատիք inauguration.
նաւակոծ (նաւաբեկեալ) person shipwrecked.
նաւահանգիստ port. harbour.
նաւահար torpedo.
նաւամակոյկ boat, bark.
նաւամատոյց wharf.
նաւամարտ sea-fight.
նաւապետ captain.
նաւաստի sailor, seaman.
նաւաստի(ներ) crew.
նաւավար navigator, boatman.
նաւատորմ(իղ) fleet (from 15 to 27 ships).
նաւարկել to navigate. —ի navigable.
նաւարկութիւն navigation.
նաւացռուկ stem, prow.
նաւել to navigate, to sail.
նաւթ naphtha. petroleum.
նաւթալին(ա) naphtalene.
նաւթահոր rock-oil pit (petroleum).
նաւթամուղ (խողովակ) petroleum line.
նաւթուղի petroleum pipeline.
նաւողչէք freight.
նաւորդ navigator, seaman.
նաւուղիղ pilot boat.
նափորտ (շուրջառ լատին եկեղեցականներու) chasuble. mantle. cape.
նաքարակիտ (շատ փոքր

դրամ) obale. a farthing.
նգել to bolt, to bar.
նգոյր (եռոտանի սեղան) three-legged table. tripod.
նգոտիլ (մգլոտիլ) to get spoiled. to grow mouldy.
նեարդ fiber, fibre. —ային fibrous. cross (out of humour).
նեխ (փտութիւն) putrefaction. stench. —ած stunk, putrefied. —իլ to fester. to become infested. to rot.
նեխում putrefaction.
նեկտար nectar.
նեղ narrow, strait. close. —ը ձգել to put in trouble.
նեղանալ to be angry. to get into a passion.
նեղացնել to make angry.
նեղացուցիչ provoking. vexing.
նեղել to trouble. to vex.
նեղմիտ narrow-minded.
նեղնալ to grow narrow (strait).
նեղութիւն trouble, annoyance. narrowness.
նեղուիլ to be troubled. to be afflicted.
նեղուց isthmus, strait. channel. Ճիպրալթարի — Strait of Gibraltar.
նեղսիրտ impatient. cross, peevish.
նեղսրտութիւն impatience.
նեղցնել to make strait (narrow).
նենգ (նենգութիւն) ruse. intrigue. fraud, deceit.
նենգամէտ (նենգաւոր) insidious. defrauder.
նենգամիտ rascal. knavish.
նենգել to deceive. to trick.
նենգութիւն fraud. deceit.
նեռ(ն) (չար ոգի) antichrist.
Նեստոր Nestor. —ական Nestorian. —ականութիւն Nestorianism.
նետ arrow. shaft. — արձակել to discharge an arrow. —աձգութիւն discharge of arrows. —աձիգ bowman, archer.
նետել to throw. to dart. to shoot. ցասկոտ ակնարկ մը — to dart on angry look. խարիսխ — to cast anchor (a ship).
նետընկէց arrow reach.
նետուիլ to fall on (upon). to be thrown out.
ներ sister-in-law.
ներ– (a prefix) inside, in.
–ներ (–եր) (a suffix) makes plural, as *s* in English.
ներադրել to put inside.
ներազննել to make an autopsy.
ներաթաղանթ peritoneum.
ներածական introductory. preface.
ներածել to import. to introduce.
ներած(իչ)(ող) importer. introducer.
ներածութիւն introduction.

Ներածում import. importation.
Ներամուսնութիւն endogamy.
Ներանձնակալ to live in solitude, far from society. to contemplate.
Ներանձնական spiritual.
Ներաշխարհ inner world. the spiritual inner world.
Ներառեալ inclusive.
Ներարկել to inject.
Ներարկող injector.
Ներարկութիւն (Ներարկում) injection.
Ներբան sole of the foot.
Ներբանազնաց (կենդանիներ) plantigrade.
Ներբող praise. panegyric. —արան panegyrist. —ալի praiseworthy. —ալից full of praise. —ական panegyric. —ել to give praises.
Ներգաղթ repatriation, immigration. —ել to repatriate. to immigrate. —ող repatriate. resettler. immigrant.
Ներգոյ which is inside. natural.
Ներգոյական (gram.) commorative. locative.
Ներգործական active. (gram.) — բայ transitive active verb.
Ներգործել to affect. to influence. to act.
Ներգործող affective. energetic.
Ներգործութիւն effect. energy. deed.
Ներդաշնակ harmonious. —ել to harmonize. —ութիւն harmony. coordination.
Ներդրում investment, augmentation.
Ներել to forgive. to excuse. to spare. —ի pardonable. remissible. excusable.
Ներզօր that has inner (spiritual) power.
Ներխուժել to invade.
Ներխուժում invasion.
Ներծոր that flows inside. — գեղձ endocrine gland.
Ներկ paint, dye, tint.
Ներկարոյս(եր) convolvulaceae.
Ներկայ present. (gram.) — ժամանակ present tense.
Ներկայանալ to present oneself. to appear. —ի presentable.
Ներկայացնել to present. to introduce.
Ներկայացուցիչ representative. deputy. agent.
Ներկայացուցչական representative.
Ներկայացուցչութիւն representation.
Ներկայութիւն presence.
Ներկավաճառ color-man.
Ներկարար dyer, painter. —ութիւն dyeing, painting.
Ներկել to dye. to paint. կօշիկ — to black shoes.
Ներհակ opposite. contrary. —ութիւն opposition. contrariety. hostility. contest.
Ներհայեցողութիւն (Ներ-

քին աշխարհը դիտելը) (philos.) intuition.
Ներհուն learned, instructed.
Ներմուծել to introduce.
Ներմուծութիւն (ներմուծում) insertion.
Ներշնչել to inspire.
Ներշնչում inspiration.
Ներող (ներողամիտ) forgiver, lenient.
Ներողամտութիւն toleration. indulgence.
Ներողութի՛ւն (կը խնդրեմ) I beg your pardon!
Ներուժ (ներքին ուժ) vigour, energy.
Ներս inside. within. — մտէք come in.
Ներցայտել (ներարկել) to inject. ներցայտում injection.
Ներփակ(եալ) enclosed (inclosed). attached. —ել to enclose (inclose).
Ներքանոց (թրք. *մինտէր*) bedding. couch.
Ներքեւ under. below. beneath.
Ներքին interior. cordial.
Ներքինանալ to become a eunuch.
Ներքինապետ chief eunuch.
Ներքինացնել to emasculate. to render eunuch.
Ներքինի eunuch.
Ներքնաբակ backyard.
Ներքնաբերդ stronghold. citadel.
Ներքնազգեստ linen, underwear.
Ներքնակ (կնոջ ներմակեղէն) comisole. under-bodice.
Ներքնահոս endocrine. — գեղձ endocrine gland.
Ներքնամաշկ endodermis.
Ներքնայարկ mezzanine.
Ներքնաշապիկ undershirt, undervest.
Ներքնասենեակ backhouse.
Ներքնուղի tunnel.
Ներքուստ inwardly.
Նեցուկ support, prop. pillar. help. buttress. spur.
Նզով (նզովք, նզովանք) anathema. curse. malediction.
Նզովել to curse. to anathematize. նզովից արմատ rascal.
Նէ (gram.) she, her.
Նժար balance-scale, pan of a balance.
Նժդեհ (պանդուխտ) emigrant. pilgrim.
Նժդեհել(իլ) to emigrate.
Նժոյգ palfrey. courser.
Նիգ bolt. —երը դնել to place the bolts.
Նիզակ lance. spear. —ակալ lance bucket. —ակիր lanciferous. —ակից fellow-soldier. allied. —ակցիլ to become allied. —ակցութիւն alliance. —ահար lancer.
Նիկիոյ ժողով Nicene Council. — Հանգանակ Nicene Creed.
Նիհ list of prices. tariff.
Նիհար(ակազմ) meagre. lean, thin.
Նիհարանալ (նիհարնալ) to grow lean. to emaciate.
Նիհարութիւն meagreness. thinness.

նիհիլիստ Nihilist.
Նինուէ Nineveh.
նինջ slumber. repose. կէ-րակուրէ ետքի — (տի-ւանդորր) siesta.
նիշ mark. sign. spot.
նիստ seat, sitting. — (ժո-ղովի) session. դռնփակ — private meeting. — — ու կաց demeanour.
նիրհ light sleep. slumber. —ել to slumber.
Նիրվանա Nirvana.
նիւթ matter. material. substance. նախնական — raw material.
նիւթական material. physical.
նիւթականացնել to materialize.
նիւթապաշտ materialist. —ութիւն materialism.
նիւթել to plot. to spin. to hatch.
նկանակ a loaf (of bread).
նկատառութիւն consideration. contemplation. regard.
նկատել to consider. to observe. —ի visible, considerable, for consideration. —ով in consideration of.
նկատմամբ in regard.
նկատողութիւն (նկատում) consideration. regard. անձնական նկատում by view.
նկար picture. drawing. painting. image.
նկարագեղ pictorial, picturesque, vivid.
նկարագիր character. representation.
նկարագրական descriptive.
նկարագրել to describe. to paint.
նկարագրութիւն description. sketch.
նկարազարդել to decorate.
նկարել to paint. to picture. to describe.
նկարիչ painter. drawer.
նկարչական (նկարչագեղ) picturesque. romantic.
նկարչութիւն painting. արդիական — modern painting. իւղանկարկ — oil-painting.
նկուղ cavern. grotto. cellar.
նկուն humiliated. abject.
նկրտիլ to endeavour. to strive.
նման similar. alike. equal.
նմանաձայն homophonous. —ութիւն homophony.
նմանիլ to resemble. to look like. նմանիլ (իրարու) to resemble one another (eachother).
նմանութիւն likeness. conformity. analogy.
նմանցնել to resemble. to counterfeit. to imitate.
նմանօրինակ alike. like.
նմոյշ specimen. sample. pattern.
ննջարան bedroom.
ննջել to sleep, to slumber. to die. ի Տէր — to sleep in the Lord.
ննջեցեալ defunct. deceased. dead.
նշագեղձ tonsil.
նշաձեւ (աչքեր) almond-shaped (eyes).
նշայ starch. —ել to starch.

Նշան sign. signal. mark. token. — առնել to aim at. հարցական — note of interrogation.
Նշանաբան motto. slogan.
Նշանագիր cipher. symbol.
Նշանագրութիւն annotation.
Նշանախեց point. iota. letter.
Նշանախօսութիւն betrothal.
Նշանախօսք emblem. motto.
Նշանած՝ bethrothed. affianced (girl).
Նշանակ mark. ensign sign.
Նշանակալից significant.
Նշանակել to signify. to mean. to assign.
Նշանակելի notable. remarkable.
Նշանակէտ target, goal, objective.
Նշանակովի appointed, by appointment (not elected). — վարչութիւն appointed committee.
Նշանակութիւն signification, significance, sense, meaning.
Նշանաձող guide-post.
Նշանառու marksman. Նշանառութիւն target shooting.
Նշանատախտակ sign-board.
Նշանացի by signs. — կանչել to beckon.
Նշանաւոր famous. notable. eminent.
Նշանել to betroth. to sign.
Նշանուիլ to be affianced (betrothed).
Նշանտուք (Նշանախօսութիւն) betrothal. affiance.
Նշաւակ target. object, aim. —ել to expose. to ridicule. —ելի disgraceful. —իչ defamatory.
Նշենի almond-tree.
Նշիկ (anat.) tonsil.
Նշխար fragment, mortal remains. consecrated bread.
Նշխարատուփ shrine.
Նշկահել (ըմբոստանալ) to revolt.
Նշմար track. glimpse.
Նշմարել to observe. to remark. to perceive.
Նշոյլ beam, ray. glimpse.
Նշուլագեղ (Նշուլափայլ) brilliant, beamy.
Նշուլել to shine brightly. to glitter.
Նշտրակ (surg.) lancet.
Նոթ note. —ագրութիւն notation.
Նոթատետր notebook.
Նոխազ he-goat. քաւութեան — scape-goat.
Նողկալ to dislike. to take a disgust. to detest.
Նողկանք disgust, distaste.
Նողկացուցիչ (Նողկալի) nauseous, disgustful, loathsome.
Նոճ (Նոճի) (bot.) cypress (tree). cypress-wood. —աստան, (—եստան) cypress-grove.
Նոյեան Noah's.
Նոյեմբեր November.
Նոյն same, the same. equal. — ինքն he, himself. — բանն է it's the same thing. — գործով

ipso facto. — հետայն (շուտ) directly. soon.
Նոյնաբան analogue, having the same words. in accord with. —ութիւն tautology. repetition (of words).
Նոյնաբուժութիւն homeopathy.
Նոյնակերպ identical.
Նոյնահնչիւն homonymous.
Նոյնաձայն homophonous. consonant.
Նոյնայանգ rhymed. consonant.
Նոյնայանգ ըլլալ to rhyme.
Նոյնանալ to become identical, to become equal.
Նոյնանշան synonymous, that has the same sign (meaning).
Նոյնանուն homonymous. that has the same pronunciation.
Նոյնատեսակ that is of the same species. homogeneous.
Նոյնատիպ conformable, identical.
Նոյնացնել to identify.
Նոյնութիւն identity, sameness.
Նոյնչափ so much, as much, that much.
Նոյնպէս likewise, similarly. ditto.
Նոյնպիսի similar. equal.
Նոյնքան so many, that many. as many. —ով with that much.
Նոյնօրինակ alike, like.
Նոպայ crisis, attack. period.
Նովին գործով ipso-facto.
Նոտար notary. solicitor.
Նոտր գիր italic (type), cursive.
Նոր new. fresh. raw. recent. modern. newly. recently. — Կտակարան New Testament. — պատմութիւն new (contemporary) history.
Նորաբան (Նոր բառեր գործածող) neologist. —ել to neologize. —ութիւն neology.
Նորաբողբոջ (Նորաբոյս) nascent, newly born, tender.
Նորաբոյժ convalescent.
Նորագիր (զինուոր, կուսակցական) conscript. recruit.
Նորագիւտ recently invented.
Նորագոյն latest.
Նորադարձ (սուրբ հաւատքին Նոր դարձած) proselyte. neophyte.
Նորադէպ recently happened.
Նորաթագ (Նորապսակ) recently married.
Նորածագ incipient.
Նորածիլ newly grown up.
Նորածին newly born (baby), new-born.
Նորածնիլ to be reborn. to be born again.
Նորածնութիւն renascence. second birth.
Նորակազմ newly formed.
Նորակառոյց recently erected. newly built.
Նորակարգ (Հիթլէրի) New Order.

նորակերտ newly built, new-built.
նորակոչ see նորագիր.
նորահաս (սերունդ) new, young. younger (generation).
նորահաստատ newly established.
նորահարս new bride.
նորահաւատ newly converted. proselyte.
նորահնար newly invented.
նորահրաշ prodigious.
նորաձեւ in fashion. fashionable. —ութիւն mode. fashion. novelty.
նորամուտ proselyte. —սովորութիւն mode. novelty.
նորանշան astonishing, extraordinary. strange.
նորապսակ newly married.
նորասէր modish. stylish.
նորաստեղծ newly invented.
նորավարժ inexperienced.
նորավէպ a short novel. a new tale.
նորատեսակ of a new kind (style).
նորատի young.
նորատունկ newly planted.
նորարար who creates something new (up-to-date).
նորափեսայ newly married, bridegroom.
նորափթիթ blooming. new-blown.
նորելուկ novice. in fashion.
նորեկ new-comer.
նորէն again, once more.
նորընծայ consecrated. novice.
նորընծայարան house for novices.
նորընձիւղ newly born. young.
նորընտիր newly elected.
նորին (վսեմութիւն) his (excellency).
նոր լուսին New moon.
նորոգ new and fine. true. newly, recently.
նորոգել to renew. to repair. —ի renewable. which can be repaired.
նորոգ(իչ)ող reformer. patcher.
նորոգութիւն reparation. mending.
նորոգուիլ to be renewed, to be repaired.
նորոյթ fashion. novelty. mode.
նորութիւն novelty. innovation.
նորվեկացի (նորվեկեան, նորվեկերէն) Norwegian.
Նորվեկիա Norway.
նորօծ newly anointed.
նորօրինակ strange. unusual. extraordinary.
նոցա (անոնց) their, to them.
նուագ music. lune. melody time.
նուագախումբ chorus, orchestra, band.
նուագածու musician.
նուագակցիլ (mus.) to accompany.
նուագակցութիւն accompaniment.
նուագահանդէս concert.

նուագայարդար music composer.
նուագավար bandmaster. conductor.
նուագարան musical instrument. լարաւոր — stringed instrument. միալար — monochord instrument. փչողական — wind instrument.
նուագել to play music. դաշնակի վրայ — to play on the piano. ջութակ — to play the violin.
նուագերգ sonata. melody. —ու melodist. —ութիւն choral service.
նուագուսոյց music-teacher.
նուազ minus. less. little. աւելի կամ — (չափով) more or less.
նուազագոյն least. (math.) mininum.
նուազական diminutive. (math.) descending.
նուազեցնել to diminish. to lessen. to reduce. (arith.) to subtract.
նուազիլ to diminish. to lessen. to grow less.
նուազում diminution. lessening. — գինի reduction. — արիւնի impoverishment. — ուժի exhaustion. — ջերմութեան deperdition.
նուազուրդ (նուազագոյն գինով գործ մը կատարել տալը) diminution. reduction of price (discount).
նուալ (բարակ ձայն հանել) to mew (of cats).
նուաղ weak, feeble. languid.
նուաղիլ to faint. to swoom away.
նուաղկոտ languishing.
նուաղում fainting. languishment.
նուաճել to subdue. to subject. to overcome. —ի that can be subdued.
նուաճում submission. constraint.
նուաճուիլ to be subdued. to fall under (complete domination).
նուաստացնել to humble. to humiliate. to let down.
նուաստացուցիչ humiliating. disgraceful.
նուաստութիւն abatement. abjectness. inferiority.
նուէր gift, present.
նուիրագործել to consecrate.
նուիրագործութիւն (նուիրագործում) consecration.
նուիրակ envoy, delegate. պապական — internuncio.
նուիրական holy, sacred. divine. — (սրբազան) պատերազմ holy war. — Մատեան Holy Bible.
նուիրականութիւն consecration. sacredness.
նուիրահաւաք present (gift) collector.
նուիրապետութիւն hierarchy.
նուիրատու donator, doner.

նուիրատուութիւն donation.
նուիրեալ devoted.
նուիրել to present. to devote. to offer.
նուիրուիլ to dedicate oneself.
նուիրում dedication. offering. devotion.
նուկի a weight of 200 grams. ounce.
նումա mandarin.
Նունէ Nunia.
նունուփար (bot.) nenuphar. white water-lily.
նուշ almond.
նուոց the weeping of a child. the mew of cats.
նուռ pomegranate.
նուրբ slender, fine, thin. slim.
նոքա they.
նպաստ relief, succour, subsidy. help. ի — in favour.
նպաստամատոյց propitious. subsidiary.
նպաստաւոր favourable.
նպաստել to assist, to favour.
նպաստընկալ that takes a benifit.
նպաստող subsidiary.
նպատակ intention, purpose. aim. կէտ —ի point aimed at.
նպատակադրել to have as goal.
նպարավաճառ grocer.
նռնագոյն garnet coloured.
նռնակ grenade. —աւոր grenadier.
նռնենի pomegranate-tree.
նսեհ breath. luck. fate. happening.
նսեմ dark. pale. humble (man).
նսեմանալ to become obscure. to grow dim. to become insignificant (a person).
նսեմանուն of an obscure name.
նսեմացնել to obscure, to eclipse. to darken.
նսեմութիւն obscurity. gloom.
նստաշրջան (խորհրդարանի) session (of the parliament).
նստասենեակ sitting-room.
նստատեղ (anat.) anus.
նստատեղի seat. fundament.
նստարան bench. seat.
նստեցնել to place. to rest. to make sit.
նստիլ to sit. to be seated.
նստող sitter.
նստուկ seated. sitting.
նրբազեղ elegance. elegant.
նրբազէտ subtile. penetrating. clever.
նրբադատ tactful. —ութիւն tact.
նրբակազմ slim. slender.
նրբակածան lane. path. foot path.
նրբակերտ fine, artfully made.
նրբահասակ good-sized. fine, tall.
նրբաճաշակ that has fine taste.
նրբամաշկ (med.) pellicle.
նրբամիտ subtle-minded. penetrating.
նրբանցք corridor.
նրբաշաւիղ berm.

նրբերանգ shade.
նրբին suptile, fine.
նրբուղի narrow way (path).
նֆոյր (մաղ) sieve. riddle.
նօթ red, paint.
նօթի hungry. starved.
նօթութիւն hunger. famine.
նօնօշ (նօնօշիկ) lovely. pretty.
նօսր slender. coarse. —անալ to become slender.
նօտար public notary. նօտարութիւն profession of a notary.
նօտր (նօտրագիր, նօտրգիր) italic(s). cursive - hand.

Շ

Շ, շ (sha) the twenty-third letter of the Armenian alphabet. five hundred. five hundredth.

Շաբաթ (օր) Saturday. Sabbath.

շաբաթ week. ամբողջ —ը the whole week. —ական weekly.

շաբաթաթերթ weekly (paper).

շաբաթապահ sabbatarian.

շագանակ chestnut. —ագոյն auburn. nut-brown. —ենի chestnut-tree.

շալակ back. —ել (շալկել) to carry upon the back.

շահ profit. gain. interest. անձնական — self-interest.

Շահ (Իրանի) The Shah of Iran.

շահաբեր lucrative. profitable.

շահագործել to exploit. to work. to improve. —ի exploitable. cultivated.

շահագործող exploiter. achiever of feats.

շահագործութիւն (շահագործում) exploitation. working. employing, using.

շահադէտ speculator.

շահադիտութիւն speculation.

շահախնդիր selfish. mercenary.

շահախնդրութիւն selfishness. venality.

շահակից associate. partner.

շահակցական jointly interested.

շահակցութիւն joint interest. association of joint interests.

շահամոլ venal. —ութիւն venality.

շահապ mayor, sheriff, vice-roy (in Persia).

շահասպրամ (ռեհան) (bot.) sweet basil.

շահատակել to assault. to brave.

շահատակութիւն assault. adventure. exploit.

շահաւէտ advantageous.

շահաւոր profitable, lucrative. interesting.

շահեկան interesting. profitable. —ութիւն interest. usefulness.

շահեցնել to cause to gain.
շահիլ to win. to gain, to benefit.
շահող gainer. winner.
շահոքրամ (մեխակ) (bot.) pink. carnation.
շահպրակ (անուշահոտ ծաղիկ) gilly flower, stock.
շաղ dew. —ալ to rain.
շաղախ dirt. cement. concrete. mortar. beton.
շաղախել to cement. to dirt.
շաղախում cementation.
շաղակրատ charlatan. talkative. —անք babbling. quackery.
շաղակրատել to chatter. to prate. to prattle.
շաղակրատութիւն chattering. charlatanism. quackery.
շաղափ (վիրաբուժի գըչիր՝ ծակոց) (surg.) trepan. wimble.
շաղափել (գչիրով ծակել) to trepan. to bore with a wimble.
շաղել to lace. to twist. to mould. to knead. to dilute. ալիւրը հաւկիթով շաղել to beat up flour with eggs.
շաղկապ conjunction. —ական conjunctive. —ել to join. to attach. —ում attachment. linking.
շաղփաղփ (յիմարի խօսք) babbling. chattering. —ել to gossip. to prate. to twaddle. —անք gossip. twaddle.
շամանդաղ mist. fog. haze.
շամբշութիւն (խելագարութիւն) madness. lunacy.
շամբուշ mad. insane.
շամփուր spit (to roast meat on). skewer.
շամփրակ brooch.
շամփրել to spit.
շանաձուկ shark. dogfish.
շանթ thunderbolt. spark. շանթեր արձակել to hurl thunderbolts.
շանթակէզ (շանթահար) burnt by lightning. thunder-struck.
շանթահարել to fulminate.
շանթահարիչ (շանթահարող) fulminating. dreadful.
շանթաձիգ fulminant.
շանթամարտ (կայծակնամարտ) (գերմանական) blitzkrieg. lightning war.
շանթարգել lightning-rod.
շանթաքար meteoric stone.
շանթել to fulminate.
շանթընկէց fulminating.
շաչել to rustle. to clatter. to click.
շաչիւն rustling. click. զէնքերու — clanking of arms.
շապիկ shirt. shift. քահանայական — alb.
շապկագործ shirt maker.
շապկավաճառ shirt dealer.
շապկեակ (կիներու) chemisette.
շառագոյն reddish. blushy. ruddy.
շառագունել to become reddish. to redden.

շառաչել to clack. to smack.
շառաչ(իւն) bluster. crash. crackling.
շառաւիղ offset. shoot. spoke (of wheels). ray. radius.
շառտել (ածելիով մարմնին վրայ տեղ մը ճեղքել արիւն առնելու համար) to scarify.
շատ much. many. a big quantity of. a lot of. a great many.
շատախօս talkative. prater. —ել to chatter. to prattle. to prate —ութիւն garrulity.
շատակեր voracious. great eater. greedy. —ութիւն voracity.
շատանալ (շատնալ) to be multiplied. to augment. to grow. to suffice.
շատութիւն great number. numerousness.
շատուոր numerous.
շատրուան water-spout.
շատցնել to multiply. to increase. to augment.
շարագիր (խմբագիր) editor. writer.
շարադասութիւն syntax.
շարադրել to compose.
շարադրութիւն composition.
շարական hymn (sung in the church).
շարակարգել to classify.
շարահիւսել to coordinate. to dispose.
շարահիւսութիւն coordination.
շարամանել (հիւսել) to lace, to entwine. to join. to twist.
շարայարել to join. to twist. to adjoin. to continue.
շարայարութիւն continuation. succession.
շարան order. line. series of things connected.
շարաւ (թարախ) (med.) ichor. sanies, pus.
շարաւահիւթ (med.) ichor.
շարել to put in rows. to arrange. գիր — to compose. to set types.
շարժ (երկրաշարժ) movement. earthquake.
շարժականութիւն mobility.
շարժառիթ motive. object.
շարժել to move. to stir. գութը — to stir someone's compassion.
շարժիլ to move, to be moved.
շարժիչ (շարժող) motive power. impellent.
շարժուածք gesture. movement.
շարժում movement. impulsion. traffic. emotion. life.
շարժուն movable.
շարժտկիլ (շարժուձեւերով խօսիլ) to gesticulate.
շարմաղ (շատ բարակ մաղ, շատ մանր ալիւր) sieve. white and fine flour.
շարոց row. range. walnut stringed and dipped into the grape jelly.
շարուածք file. range.
շարուիլ to be put in rows.
շարունակ continuous, un-

interrupted. continually, always.

շարունակել to continue. to go on (with).

շարունակութիւն continuation. continuity.

շարք row. range. suite. file. a series of.

շաւիղ foot path. lane.

շափիւղայ sapphire.

շափրակ (ծաղիկի պսակ) corolla.

շաքար sugar. —ագործ confectioner. —ի գործարան sugar works. —ի փոշի powdered sugar. հում — raw sugar. խաղողի — grape sugar. ճակնդեղի — beetroot sugar.

շաքարագործութիւն sugar manufactory.

շաքարախտ (med.) diabetes. —ւոր diabetic.

շաքարավաճառ sugar seller.

շաքարեղէգ sugar-cane.

շաքարօղի (ֆրանս. ռոմ) rum, taffia.

շաքիլ (շաթիլ) shoot. sprout.

շեղ oblique, in bias.

շեղագիր running hand (of writing). italics.

շեղագրել to write in italics.

շեղանկիւն (math.) lozenge.

շեղբ blade.

շեղել to bend, to curve. to turn away.

շեղիլ to slope. to err.

շեղութիւն (շեղում) deviation.

շեղջ (շեղջակոյտ, կոյտ) heap, pile. mass.

շեմ (դրան) threshold (of a door).

շեշտ accent. stress (of the voice).

շեշտակի sharply. directly.

շեշտաւոր accentuated.

շեշտել to accent, to emphasize. to stress.

շեռ (մէզ) urine. stale (of animals). —աման urinal.

շերամ silkworm. —աբոյծ silkworm cultivator. —աբուծութիւն silk culture.

շերեփ soup-ladle.

շերեփուկ (գորտի ձագ) tadpole.

շերտ slice. piece. strip.

շեփոր trumpet.

շէկ tawny, reddish.

շէն village. hamlet.

շէն joyful, merry, full of life. —նալ to become peopled. —ցնել to populate. to make merry.

շէնք building.

շէնք շնորհք suitable. seemly. expedient, fit. presentable.

շէր (bot.) officinal storax, a resinous balsam.

շթաքար stalactite.

շիթ drop. little quantity. — առ շիթ drop by drop.

շիլ squint-eyed. — նայիլ to squint.

շիլին (շիլինկ) shilling.

շիկագոյն fawn - colored, russet.

շիկախոտ (bot.) cross wort.
շիկակարմիր reddish.
շիկահաւ warbler.
շիկահեր (շիկամազ) red-haired (person).
շիկամօրուս red-haired beard.
շիկնիլ to blush. to grow red.
շիկնոտ modest.
շիղ (ճիւղ, ծիլ) sprig. shoot.
շինուկ (առանց իւղի կաթ) butter-milk. serum.
շինական peasant, villager. rural, boorish.
շինանիւթ construction materials.
շինարար constructor, constructing.
շինել to build. to construct. to make.
շինիչ edifying, constructive.
շինծու artificial. untrue, false.
շինուածք construction, edifice.
շինուածոյ (արուեստական) artificial. built.
շինութիւն construction. structure.
շիշ bottle. carafe. decanter. ջուրի — water bottle. փոքր — phial. —ը բանալ (գոցել) to uncork the bottle (to cork the bottle). շիշի խցահան corkscrew.
շիշք (ծոծրակ) the back of the neck. nape.
շիպ (պաղլեղ) alum. — շիտակ directly.
շիջանիլ to die away. to be extinguished. to be put out. to expire.
շիջանելի extinguishable.
շիջել (շիջեցնել) to extinguish. to quench. to put out. լոյսը — to put out the light. ծարաւը — to quench the thirst.
շիջուցիչ extinguisher.
շիտակ right. straight. upright. correct. —ութիւն correctness. honesty.
շիրիկ (արաբ.՝ Թահինի) sesame-oil.
շիրիմ tomb. monument. փառաւոր — mausoleum. պարապ — cenotaph. —ին տապանագիրը epitaph. Յիսուսի —ը the Holy Sepulchre.
շիրմաքար tombstone.
շիւ (խաղողի, թութի կուտ՝ կեղեւ) warp-staff. skins of grapes.
շիւան weaping and crying.
շիւղ splinter (of wood). prickle.
շլան (մոխիր) ash.
շլանալ to be dazzled.
շլացնել to dazzle. to fascinate.
շլացում dazzling. fascination.
շլացուցիչ (շլացնող) dazzling. flaring.
շլդիկ (ծուռ աչք) squint-eyed.
շլխտի lewd. sluttish. lecherous.
շլմորիլ (շուարիլ) to be bewildered.

շխրտալ to tingle. to resound.
շխրտացնել to ring again.
շկահ the sharp end of the arrow.
շկահել (զէնքի, նետի ձայնը) hiss. to wheeze (whiz).
շկահիւն whizzling. clatter.
շկթել (մորթել) to kill.
շկօթակ (մշտական աքսոր) banishment, exile. —ել to exile.
շղարշ gauze. crape.
շղթայ chain. —ի զարնել to chain. to secure with chain.
շղթայազերծ disenchained.
շղթայակապ enchained.
շղթայակիր chain-bearer.
շղթայանիւ chain-wheel.
շղթայել to chain up.
շմոր (խռովութիւն) disorder. trouble. —եցնել to disturb. to stir up. —իլ to be confused.
շմուրայ (ցուրտին՝ բերնէն, քիթէն դուրս ելլող շոգի) steam that comes out of the mouth (nose).
շնագայլ jackal.
շնալ to commit adultery.
շնական (շնային) cynical. canine.
շնատամ(ն) canine, canine tooth.
շնացող (կին) adulteress.
շներամ pack of dogs.
շներես dogfaced.
շնթել (քծնիլ շան պէս) to flatter. to coax.
շնթռկիլ to crouch.
շնլակ (շան կերակուր) dog food.
շնոջիլ doglouse.
շնորհ(ք) grace. favour. —իւ owing to, as a result of, in care of, by the grace of. —(ք) ըրէք do me a favour. —աբաշխ granting favour. —ազարդ gracious, virtuous. —ազուրկ favourless. ill-favoured.
շնորհազրկել to disgrace.
շնորհազրկութիւն disgrace.
շնորհալի(ց) graceful, charming. handsome.
շնորհակալ thankful. grateful. — ըլլալ to thank. —ութեամբ with thanks. —ութիւն thanks, thanksgiving. thanksfulness.
շնորհապարտ obliged, grateful. — եմ ձեզի I am obliged to you. —ութիւն obligation, gratefulness.
շնորհահատոյց thankful.
շնորհաւորագիր letter of felicitation.
շնորհաւորական congratulatory.
շնորհաւորել to congratulate. to felicitate. to wish joy and happiness.
շնորհաւորութիւն congratulation. felicitation.
շնորհափայլ gracious.
շնորհել to grant. to accord. to pardon.
շնորհում grant.
Շնորհք The Three Graces (myth.).

շնորհքով graceful. seemly.
շնութիւն adultery. canine nature.
շնչաբանութիւն pneumatology.
շնչահատ out of breath.
շնչահեղձ asphyxiated. — ըլլալ to commit suicide by suffocation, to die of suffocation.
շնչահեղձութիւն asphyxia. suffocation.
շնչառական respiratory.
շնչառութիւն respiration. արուեստական — artificial respiration.
շնչասպառ out of breath, mortal. — ընել to put out of breath.
շնչասպառութիւն panting. breathlessness.
շնչատ breathless.
շնչարգել asthmatic(al). —ութիւն asthma, short-breath. pursiness.
շնչաւոր animate. sensual. —ել to animate.
շնչափող trachea. lung. windpipe.
շնչել to breathe.
շնչելի respirable.
շնչերակ artery. խոշոր — aorta. ողնային — vertabral artery. —ային arterial. aortal.
շնչերակութիւն arterialization.
շնչիւն hissing. breathing.
շնքել (գողնալ) to rob. to thieve.
շշմեցուցիչ astonishing. — հարուած very strong (blow).
շշմիլ to be astonished.
շշնջել to murmur. to whisper.
շշնջիւն (շշնջում) murmur, whisper. rumour.
շշուկ murmur. whisper.
շշունջ whispering. murmur.
շոգ heat. warmth. —աբեր (քամի) colorifer (wind).
շոգեբաղնիք vapor bath.
շոգեբուժում (med.) admiatry.
շոգելից voporous.
շոգեկաթսայ steam boiler.
շոգեկառք railway - carriage.
շոգեմակոյկ (շոգենաւակ) steamboat.
շոգեմեքենայ steam - engine.
շոգենաւ steamer. ship. liner.
շոգեշարժ locomotive.
շոգեպինդ at full steam (speed).
շոգի steam. vapour. —անալ to evaporate, to vaporize. to be vaporized.
շոգիացնել to evaporate.
շոգիացում evaporation, vaporization.
շոգմոգ (չարախօս) slanderous. backbiter.
շոթ (շօթ) (հաց, բոկեղ) bread. ring-biscuit.
շոհ (օսլայ) starch.
շող ray. flash of light. —ալ, շող արձակել to beam.
շողակաթ splendour. refulgent.
շողակն brilliant (diamond).

շողածիգ (օդաքար) shooting-star. large meteor.
շողարձակել to irradiate.
շողարձակում irradiation.
շողացնել to cause to glitter.
շողգամ (bot.) turnip.
շողիւն splendour. flash.
շողիք saliva. slaver.
շողհար (արեւահար) sun-struck.
շողշողալ to blaze. to flash.
շողշողուն glittering. beamy. shining.
շողոմ flattery. adulator.
շողոմել to flatter.
շողոքորթ flatterer, fawner. flattering. fawning. —ել to flatter. to cringe to. —ութիւն flattery, fawning.
շոճի pine (tree).
շոմին (սպանախ) (bot.) garden spinach.
շոյանք caress. care.
շոյել to caress. to take great care of.
շոյուիլ to be caressed.
շոշորթ (նշոյլ, ստուեր) glimmering light.
շոշորթ (բախուկ) crack-brained (person).
շոպել (շորթել) to rob. to steal.
շոր clothes for children. swaddling-clothes.
շորթել to plunder. to rob. to ravish.
շորիկ (խենթուկ) slanderous. wandering.
շուայտ crapulous. debauched. —աբարոյ debauched, dissolute. —ութիւն debauch.
շուառն (տէգ, նիզակ) lance, spear.
շուար(ած) astonished, surprised. —եցնել to astonish. to surprise. —իլ to be astonished. to be surprised. —ում astonishment.
շուլլել (հարեւանցի կարել, թելակարել) to baste. to sew slightly.
շուլլուիլ to climb up (a tree).
շուկայ market. market place. bazaar.
շուն dog. էգ — she dog. bitch. կատաղի — a mad dog. որսի — greyhound. պահապան — watch dog.
շունչ breath. breathing. wind. —ը կտրիլ to get out of breath. —ը փչել to die, to pass away.
շուշան (bot.) lily.
շուշմայ (bot.) sesamum.
շուշտ (տարակուսող) mistrustful. suspecting.
շուշտակ (կնոջ մահէն ետք կուսակրօն ձեռնադրուած անձ) a widower who has become a clergyman. (թաշկինակ) handkerchief. hairband.
շուշտանդամ (ներքինի) unable to copulate.
շուշփայ (մաքուր կտաւ, սկիհի մաքրիչ) communion cloth. corporal.
շուտ prompt, quick. quickly, rapidly.
շուտափոյթ prompt, rapid.
շուտիկ little devil.

շուտով at once. quickly. rapidly.
շուրթ (շրթունք) lip(s).
շուրջ around, round about.
շուրջանակի round about. around.
շուրջառ chasuble.
շուրջպար round dance. waltz (dancing).
շուք shade. shadow. splendour. glory. respect.
շչակ clapper. —ական whistling. wheezing.
շչել to whistle. to hiss.
շչիւն whistling. hissing.
շպար paint (for the face). —ուիլ to paint one's face.
շպետ (հովիւ) shepherd.
շպրտել to throw away (something). to do a thing in a hurry.
շռայլ extravagant. lavish. prodigal. —աբար prodigally. —ել to waste. —ութիւն lavishness. luxury.
շռան (տակը միզող) pisser.
շռել to urinate, to make water.
շռինդ (աղմուկ) noise, resounding.
շռնդալիր (շռնդալից) resounding. sonorous. loud.
շռնիտ (տաշտ) wash-basin.
շտապ haste. precipitation. — օգնութիւն first aid (medical).
շտապել to hurry up (on), to press.
շտապելի, շտապողական urgent.
շտապաւ (շտապով) hurridly. hastily. precipitantly.
շտեմարան storehouse. cellar. գինիի — wine-cellar.
շտկել to arrange. to put in order.
շտկուիլ to be arranged. to be straightened.
շրթնային labial.
շրթնաներկ lipstick.
շրթունք lips.
շրշիւն murmur. voice (of female dress, leaves).
շրշնջել to whisper. to mumble.
շրջաբերական circular. circular letter.
շրջաբնակ neighbouring.
շրջագայիլ to take a walk. to go for a walk. to promenade.
շրջագայութիւն promenade, walk. circulation.
շրջագիծ perimeter. outline.
շրջագծել to outline.
շրջադարձ vertiginous.
շրջազգեստ dress. gown. robe.
շրջակայ neighbouring.
շրջակայք neighbourhood. environs.
շրջահայեաց circumspect. discreet.
շրջահայեցութիւն circumspection, caution. discretion.
շրջան turn. circuit. going (turning) round. period. շրջանը ընել to make the tour.
շրջանակ circle. frame

(for a picture). district. —ագործ picture-frame maker. —ել to encircle. to frame.

շրջանաւարտ graduate, alumnus. (իգ·) alumna. տես նաեւ ընթացաւարտ·

շրջապատ perimeter. circumference. surrounding. —ել to surround. to encircle.

շրջափակ surrounded. enclosure. inclosed. close. —ել to enclose (inclose). to take in. to envelop.

շրջել to turn upside-down. to upset. to veer. to reverse.

շրջիլ to be overset. to veer. to roam, to ramble.

շրջիկ traveling, itinerant.

շրջուն turned. awry.

շփանալ to be spoiled. to be depraved.

շփացած spoiled.

շփացնել to spoil (someone).

շփել to rub down. to scrub.

շփոթ confused. disturbed. blended. —ած embarrassed. disturbed.

շփոթել (շփոթեցնել) to confound. to embroil. to disturb.

շփոթիլ to be confused. to be embarrassed.

շփոթութիւն confusion. disturbance. disorder. embarrassment.

շփուիլ (med.) to rub. to rub (oneself).

շփում rubbing. friction. coming in contact.

շքադիր one who renders honour.

շքանշան decoration. insignia. ribbon.

շքեղ magnificent.

շքեղազարդ (շքեղաշուք) magnificent. pompous. gaudy.

շքեղութիւն magnificence. splendour, gaudiness, pomp.

շքուիլ to make a show.

շօթ, շոթ (լաւաշ հաց) broad thin bread.

շօշափել to feel. to try. to graze.

շօշափելիք sense of feeling (touch).

Ո

Ո, ո (voh) the twenty-fourth letter of the Armenian alphabet and the sixth vowel. six hundred. six hundredth.

ոգեգէտ (ոգեհարցուկ) spiritist.

ոգեգիտութիւն spiritism.

ոգեգմայլ splendid, attractive.

ոգելից spirituous. — ըմպելի spirits. liquor.

ոգեխառն cordial. unanimous. —ել to join together. —ում great affection.

ոգեծնութիւն creation.

ոգեկան spiritual.

ոգեկոչել to call up (spirits). to evoke.

ոգեկոչութիւն (ոգեկոչում) conjuration. recall.

ոգեհարց(ուկ) spiritualist. spirit-rapper. —ութիւն spiritualism.

ոգեշնչել to animate. to inspire.

ոգեշնչուած animated.

ոգեշունչ animating.

ոգեսպառ exhausted.

ոգեվար(ք) agony. the state of dying.

ոգեւորել to enliver. to animate.

ոգեւորութիւն (ոգեւորում) animation, life.

ոգեւորուիլ to be encouraged.

ոգի spirit. mind. բանական — intelligence. չար — evil genius (spirit) խաւարի ոգիներ the spirits of darkness.

ոգորիլ to strive. to contend.

Ոդիսական Odyssey. adventuresome journey.

ոեւէ any (for a person).

ոզնի hedge-hog.

ոլոխ (ընկոյզի կանանչ կեղեւ) peel (of walnuts).

ոլոռ(ն) (bot.) pea. common pea.

ոլոր twisting, wrench. twisted, wreathed.

ոլորապտոյտ winding. sinuous.

ոլորել to twist. to twine.

ոլոր մոլոր winding, twisted.

ոլորուիլ to twist. to writhe.

ոլորում twisting.

ոլորուն crooked. twisted.

ոլորտ circuit.

ոխ spite, malice. grudge.

— պահել to resent. to bear one a grudge, to have a grudge against.
ոխակալ rancorous. spiteful. —ություն resentment.
ոխերիմ hostile, inimical. enemy, foe.
ո՛հ oh! ah!
ողբ lamentation. —ագին lamentably. deplorable. —ալ to lament. —ալի lementable.
ողբակցիլ to deplore. to weep together.
ողբաձայն plaintive.
ողբամայր paid mourner.
ողբասաց elegiac. —ություն plaintive ballad (song).
ողբացեալ deceased. defunct.
ողբերգ lament. elegy, dirge.
ողբերգակ tragedian. mournful.
ողբերգական tragic(al).
ողբերգություն tragedy. plaintive song.
ողիմպիական olympic. — խաղեր olympic games.
Ողիմպոս (լեռ) Olympus (mountain).
ողկոյզ bunch. խաղողի — bunch of grapes.
ողնաթեք (med.) rickety. —ություն rickets.
ողնածուծ spinal marrow. medulla.
ողնայար backbone. —աւոր vertebrate.
ողնաշար vertebra.
ողնափուտ pott's disease.
ողողել to inundate, to deluge.
ողողում inundation, deluge.
ողորկ smooth. plain. polished. slippery. —ել to smooth. to polish.
ողորմ compassion. pity. touching, affecting.
ողորմագին lamentable.
ողորմալից merciful.
ողորմած merciful. Աստուած — է God is merciful.
ողորմած հոգի deceased, the late (so and so).
ողորմածություն mercy. charity. alms.
ողորմաւէր merciful.
ողորմելի miserable. wretched. poor.
ողորմիլ to have pity. Տէր Ողորմեա litany.
ողորմություն charity. alms. mercy. — խնդրել to beg alms. — տալ to give alms.
ողոքանք tenderness. caress. attraction. request.
ողոքել to calm (the anger). to soften. to sweeten. to caress.
ողջ alive. safe, sound, healthy living. (ամբողջ) altogether. — առողջ safe and sound. — — all alive, alive.
ողջագուրանք (ողջագուրում) embrace. clasping.
ողջագուրել to embrace. to kiss.
ողջախոհ honest, modest. sensible. —ություն good sense. chastity. wisdom. sound judgment.

ողջակէզ burnt-offering, sacrifice. holocaust.

ողջակիզել to offer a sacrifice.

ողջահաւատ (ուղղափառ) Orthodox.

ողջամբ by good luck. safe and sound.

ողջամիտ (ողջմիտ) reasonable. sensible. rational. mindful. kind in dealing.

ողջամտութիւն (ողջմտութիւն) common sense.

ողջանդամ whole. perfect in body.

ողջացնել to restore to life. to cure.

ողջերթ good-bye. farewell. — մաղթել մէկուն to bid someone farewell (good-bye, good journey).

ողջմտութիւն good judgement. common sense.

ողջնանալ to come to life again.

ողջնցնել to revive. to heal. to reanimate.

ողջոյն salute. hail. good wishes (by a clergyman).

ողջութիւն health(iness). իր ողջութեանը in his life-time.

ողջունագիր letter of compliments.

ողջունել to salute. to greet.

ոզց (ասեղի ծակ) the eye (hole) of the needle.

ոճ system, style. manner. —աբան stylist.

ոճ(աբանութիւն) idiom. idiomology. treatise. idiotism.

ոճիր crime. villainy. — մահապատիժի ենթակայ capital crime. պետութեան դէմ ոճիր treason. Քրէական — high treason.

ոճրաբան, ոճրագէտ criminologist.

ոճրագործ criminal. offender. villain. —ական (ոճրադատ) ատեան criminal court. —ական դատ criminal affairs. —ութիւն crime.

ոճրամիտ villain-minded.

ոճրափորձ attempt on the life of.

ոմանք some, some people (indefinite).

ոմն anyone, anybody, somebody, someone.

ոյժ (ուժ) force, strength. weight. authority. Առանցքի Ուժեր Axis powers (Germany, Italy, Japan). կեդրոնախոյս — centrifugal force. կեդրոնաձիգ — centripetal force. կենսական — vital force. ձիու — horse-power. ցամաքային (օդային) — land (air) force. ուժի դիմել to use force. ուժի առջեւ տեղի տալ to yield to force. ամբողջ ուժով by all means.

ոչ no, not. nor. — այս եւ — ալ այդ neither this nor that. — եւս no longer.

ոչինչ nothing. mere nothing. no. not any. null.

— գիտեմ I know nothing.

ոչխար sheep. mutton (meat). արու — ram. էգ — (մաքի) ewe. —ի ձագ (գառնուկ) lamb. մոլորեալ — wandering (lost) sheep (lamb). —ի գիստ leg of a mutton. —ի կողիկ mutton chop (cutlet). —ի միս mutton.

ոչխարաբոյծ sheep breeder.

ոչխարաբուծութիւն sheep breeding.

ոչ-միջամտողական (խաղախականութիւն) non-interference.

ոչ-յանձնառու (երկիր) non-alliance (country).

ոչնչաբան palaverer. —ել to talk nonsense. to palaver. —ութիւն idle talk. palaver.

ոչնչական nihilist. —ութիւն nihilism.

ոչնչանալ to be annihilated.

ոչնչացնել to annihilate.

ոչնչացում annihilation.

ոչնչութիւն nullity.

ոչ ոք no one, none, nobody.

ոջիլ louse. (յոգ.) lice. փայտ— bug. — խաղել (հանել) to louse.

ոջլոտ lousy.

ոռ (յետոյք) posterior. backside. —աղի (anat.) rectum.

ոռնալ to howl. to yell.

ոռնաձայն howling, roar.

ոռոգել to irrigate.

ոռոգում irrigation.

ոսլայ glue (of starch), fecula.

ոսկեբեր (երկիր) auriferous (land).

ոսկեբերան golden-mouth, chrysostom.

ոսկեգեղմն (ոսկեգոյն մագերով) golden-fleece.

ոսկեգէս (ոսկեգիսակ) golden-haired.

ոսկեգոյն (ոսկեթոյր) golden. gilt. gilt over.

ոսկեգործ (ոսկերիչ) goldsmith.

ոսկեդար golden age. —հայ մատենագրութեան golden age of the ancient Armenian literature.

ոսկեդրամ gold-piece. a gold coin.

ոսկեզարդ adorned with gold.

ոսկեզօծ gilt over. —ել to gild. to gild over. —ում gilding.

ոսկեթել gold wire. trimmed, woven (of gold thread).

ոսկեխնձոր (լոլիկ) tomato.

ոսկեծաղիկ chrysanthemum.

ոսկեկազմ (գիրք) gilt (book).

ոսկեհանք gold-mine.

ոսկեհասկ(ք) (ոսկեհունձք) golden harvest.

ոսկեհեր gold-haired.

ոսկեհիւս (ոսկեհոււռ) kincob.

ոսկեձոյլ cast in gold.

ոսկեձուկ gold-fish.

ոսկեղենիկ (ոսկեղնիկ) as fine as gold. golden. gilt.

ոսկեղէն կանոն the golden rule.
ոսկեղջիւր golden horn.
ոսկենաճաճ all radiant with gold. shining as gold.
ոսկենամուկ embroidered with gold.
ոսկեմաճ woven with gold.
ոսկեմատեան golden book.
ոսկեշող chrysophane.
ոսկեջրել to gild.
ոսկերիչ goldsmith.
ոսկերոտի(ք) carcass, skeleton.
ոսկերչութիւն goldsmith's art.
ոսկեքանդակ embossed with gold.
ոսկէօղ golden ring (earing).
ոսկի gold. gold coin. pound (paper). golden. անգլիական — English pound (sterling, sovereign). լիբանանեան ոսկի Lebanese pound.
ոսկոր (ոսկր) bone. դաստակի — wrist bone. զիստի — thigh bone. ճեոքի — tarsal bone. լանջի — sternum. լեզուի — hyoides. ծունկի — knee-cap. ծոծրակի — occiput. կողի — rib. կռնակի — backbone. ճակատի — frontal bone. ողնայարի — vertebra. ուսի — collar bone. սրբանի — sacrum. սրունքի fibula. քիմքի — palatine. քունքի — temporal bone. —ի փտախտ osteo-necrosis.
ոսկրաբան osteologer. ոսկրաբանութիւն osteology.
ոսկրահատութիւն osteotomy.
ոսկրանալ to ossify.
ոսկրացաւ pain in bones.
ոսկրուտ bony. osseous.
ոսոխ adversary. antagonist. enemy. foe.
ոսպ lentil.
ոսպնեակ lens.
ոստ branch. knot. hillock.
ոստայն tissue. linen. texture. սարդի — cobweb. —ը քակել to unweave.
ոստայնագործ weaver. —ութիւն weaver's business.
ոստայնանկ weaver.
ոստան chief city. capital. metropolis.
ոստանիկ townsman. nobleman.
ոստիկան policeman. constable. cop (Ա·Մ·Ն·)· գաղտնի — secret police. զինուորական — military police. M. P. — զինուոր gendarme.
ոստիկանական pertaining to police.
ոստիկանապետ chief police officer, commissary.
ոստիկանատուն police headquarters.
ոստիկանութիւն police. ոստիկանական առժամեայ արգելարան guard-room.
ոստղ (թռչուն որսալու կպչուն նիւթ) lime-twig. bird-lime. glue.

ոստնուլ to leap. to jump. to spring.
ոստոստել to hop, to skip.
ոստոստող leaper. jumper. hopping.
ոստոստում hopping, jumping.
ոստում leap. jump.
ոստրէ oyster. shell-fish.
ո՞վ who? whoever. ո՛վ որ ալ ըլլայ whosoever.
ո՛վ oh! oh! — Աստուած իմ O, my God!
ովասիս oasis.
ովկիանոս ocean. Ատլանտեան — Atlantic Ocean. Խաղաղական — Pacific Ocean. Հնդկաց — Indian Ocean. Հիւսիսային Սառուցեալ — The Arctic Ocean. Հարաւային Սառուցեալ — The Antarctic Ocean.
ովսաննա (heb.) hosanna.
ոտանաւոր verse, poem. little verse. — յօրինել to make verses. ծայրանուն — acrostic. անյանգ — blank verse. —ի յանգ rhyme. —ի չափ meter. —ի տուն couplet. stanza.
ոտն (ոտք) foot.
ոտնալուայ (ոտնլուայ) foot-bath. footwashing. pediluvium.
ոտնակապ clog, shackle.
ոտնակոխ (ոտնահար) ընել to trample on, to tread under foot.
ոտնահետ(ք) footpath. track. footprint.
ոտնաձայն noise of foot steps. footfall.
ոտնաման shoe(s).
ոտնամաշ foot-worn.
ոտնաչափ foot measure.
ոտնձգութիւն misfeasance, encroachment.
ոտք foot. (յոգ.) feet. խորանարդ (քառակուսի) — cubic (square) foot.
ոտքի ելլել to get up.
ոտք կոխել (պնդել) to insist. to persist. —ը սահեցնել to supplant. մէկուն —ը իյնալ to fall at someone's feet. —ով երթալ to go on foot. —ով աքացի տալ to kick.
որ (յար. դեր.) which, who, what, that. ան — that which. the one who. ինչ — whatever. ով — whoever.
ո՞ր which? what? ո՞ր մէկը which? which one?
որ (շաղկ.) that. քանի — as (long as). since. այնքան ատեն որ կ'ապրիմ as long as I live.
որակ quality. qualification.
որակազրկել to disqualify.
որակական (ածական) (adjective) of quality.
որայ (ցորենի խուրձ) sheaf. որայ կապել to make into sheaves.
որբ orphan. —ածին (հօր մահէն ետք ծնած) posthumous (of child).
որբանալ to become (be) orphan.
որբանոց orphan asylum. orphanage.
որբեւայրի widow.
որբութիւն orphanage. orphanhood.

որդ(ն) worm. vermin.
որդան կարմիր cochineal. kermes.
որդեակ son.
որդեգիր adopted child.
որդեգրել to adopt.
որդեծնութիւն child-birth.
որդեսպան infanticide. որդեսպանութիւն infanticide. child-murder.
որդի son. child. Որդի Մարդոյ (Յիսուս) Son of Man (Christ). անառակ — the prodigal son. —աբար like a son. —ական filial.
որդնալից (որդնոտ, որդնոտած) maggoty, full of maggots.
որդնակեր vermivorous.
որդնային (որդանման) vermicular.
որդնոտիլ to be maggoty (worm eaten).
որեւէ any. anything that happens (for things).
Որ էն He who is (God).
որթ vine. basket. calf.
որթալուին puceron. phylloxera.
որթատունկ grape-vine.
որթենի (ընտիր մագաղաթ) vellum.
որիզ (բրինձ) rice.
ործ (ստամոքսէն վեր ելած կերակուրի մաս) belch. —ալ, ործկալ to belch, to eructate.
որկոր gullet.
որկորամէտ (որկրամոլ) greedy. voracious. ravenous.
որձ (արու) male. cock.
որձաժ (ծաղիկի արու գործարան) (bot.) stamen.
male organ.
որձատ (կրտած աքլոր) capon. —ել to capon. to castrate.
որձաքար granite.
որձեւէգ hermaphrodite. hermaphrodical.
որմ wall.
որմադարան (պատի մէջ պահարան) cupboard.
որմադիր mason, brick-layer.
որմադրութիւն masonry.
որմաթուղթ wallpaper.
որմախորշ alcove.
որմանկար fresco.
որմափակ enclosure.
որմափոր wall-piercing.
որմզդական belonging to Jupiter. — հուր sacred fire of Persians.
Որմիզդ Oromizda. Jupiter.
որնի (հացի ծառ) (bot.) flowering ash.
որոգայթ trap. snare. —լարել to set a snare. —ի մէջ իյնալ to fall into the snare. —ով բռնել to entrap.
որոճալ to ruminate. to think and think over. to chew the cud.
որոճացող ruminant.
որոմ darnel grass, tare. — ցանել to sow darnel (tares). —նացան (գըժտութիւն ցանող) sower of darnel and tare (discord).
որոնել to seek. to search.
որոնում search.
որոշ precise. distinct. plain. clear.

որոշաբար (որոշակի) distinctly. clearly.
որոշեալ determinate, definite. fixed. appointed.
որոշել to decide. to distinguish. to resolve.
որոշիչ (յօդ) definite (article).
որոշում decision. decree. resolution. award.
որովայն belly. womb. stomach.
որովայնախօս (իրր թէ փորէն խօսող կախարդ) ventriloquist. gastriloquist.
որովայնակեղ gastrelcosis.
որովայնամոլ greedy. gastromaniac.
որովհետեւ because, for, as.
որոտագոչ (որոտալիր) thundering.
որոտալ to thunder.
որոտաձայն thundering. — ծափահարութիւններ a thunder of applause.
որոտացող (որոտընդոստ) thundering (noise).
որոտում thunder.
որչափ how much. how many. as much. — որ as much as. — որ կարելի է as much as it is possible.
որպէս how, as, as well as, so as. —զի so that. — թէ as if.
որպէ՜ս how! what!
որպիսի what (kind of).
որպիսութիւն state. condition. manner. quality.
որջ den (of wild beasts).
որս hunt. game. —ի ելլել to go hunting (shooting). to hunt.
որսալ to hunt. to chase. ձուկ — to fish.
որսի թռչուն bird of prey.
որսաշուն (բարակ) hound.
որսավայր (որսարան) hunting-ground.
որսորդ hunter. huntsman. — օդանաւ fighter (plane). —ական hunting. —ութիւն hunting.
որքան how much. how many. — որ as many as, as much as. as long as.
ու and.
ուզել to will. to want (to).
ութ eight. — օր առաջ this day week.
ութածալ (գիրքի էջ) octavo. in octavo.
ութակողմ (մարմին) octahedron.
ութաձայն octave.
ութամեայ octennial.
ութանկիւն octagonal.
ութեակ eight days.
ութեակ (երաժշտ. 8 ձայները) octave.
ութերորդ eighth.
ութսուն eighty. —երորդ eightieth.
ուժ (ոյժ) strength. force. vigour. power. valour. — գործածել to use force. — տալ to back up. դրամի —ով by virtue of money.
ուժաբեկ (ուժաթափ) exhausted. drained. depressed.
ուժաբեկել (ուժաթափել) to exhaust. to use up.

ուժաբեկիլ (ուժաթափիլ) to be worn out.
ուժաբեկութիւն (ուժաթափութիւն) exhaustion.
ուժական dynamic. —ութիւն dynamism.
ուժահատ exhausted.
ուժանակ dynamite.
ուժասպառ exhausted, faltering. —ութիւն exhaustion.
ուժգին (ուժգնօրէն, ուժգնակի) strong. intense, violent. strongly. vigorously.
ուժգնաշեշտ emphasized.
ուժգնութիւն efficacy. stress. strength.
ուժեղ strong. valorous. powerful. —անալ to grow strong.
ուժի գործածութեան մերժում (ոչ-յարձակողական յանձնառութիւն) denunciation (of force).
ուժով strongly. (mus.) forte. — առնել to take by force.
ուժովնալ to grow strong.
ուլ(իկ) kid. young goat.
ուլենի kid-skin.
ուլն neck.
ուլունք bauble. bead.
ուխտ pact. alliance. treaty. vow. pilgrimage. clergy. congregation. հանդիսաւոր — a solemn vow. — ընել to vow.
ուխտագիր charter.
ուխտագնաց pilgrim. —ութիւն pilgrimage.
ուխտադիր vower. ally.
ուխտադրժութիւն apostasy.
ուխտադրուժ (ուխտազանց) apostate. infidel.
ուխտակից ally, allied. confederate.
ուխտապահ who observes his vow. faithful. —ութիւն faithfulness. fidelity.
ուխտավայր (ուխտատեղի) sanctuary, holy place.
ուխտաւոր pilgrim. professed person.
ուխտել to vow. to confederate.
ուծանալ to grow cool (cold). to withdraw. to be degenerated.
ուծացնել to cool, to chill. to degenerate.
-ուհի a suffix that shows feminine gender. for example. հերոս— heroine.
ուղարկել to send. to forward.
ուղեգիծ itinerary. route.
ուղեգիրք guide-book.
ուղեգրութիւն description of a journey.
ուղեկից companion of voyage. fellow traveller.
ուղեկցիլ to travel together. to go along with.
ուղեղ brain. cerebrum. marrow. մեծ — cerebrum. փոքր — cerebellum. —ի հիւս cerebriform.
ուղեղագարութիւն cerebropathy.
ուղեղային cerebral. — կաթուած cerebral apoplexy.

ուղեղայոգնութիւն brain fag.
ուղեղատապ encephalitis.
ուղերձ address. allocation. speech. — մը արտասանել to deliver a speech.
ուղեցոյց guide.
ուղեցուպ travelling stick.
ուղեւոր traveller. —ութիւն voyage. travel. journey.
ուղի way. route. path.
ուղիղ straight. right. correct. honest.
ուղխ (հեղեղ) torrent.
ուղղագիծ rectilinea(l)(r).
ուղղագիր orthographer.
ուղղագնաց who is straightforward.
ուղղագրել to write correctly.
ուղղագրութիւն orthography. dictation.
ուղղադատ just. correct. right. —ութիւն equity, square deal.
ուղղադաւան orthodox.
ուղղախօս who speaks the truth.
ուղղակի directly. — դըրութիւն direct method (in teaching).
ուղղահայեաց vertical. perpendicular.
ուղղահաւատ (ուղղափառ) orthodox.
ուղղաձիգ vertical. in a direct line.
ուղղամիտ honest. judicious.
ուղղամտութիւն honesty. integrity. uprightness.
ուղղանկիւն rectangle.
ուղղաչափ (ուղղանկիւն գործիք մը՝ ձեւոց) cathetometer.
ուղղափառ orthodox. —ութիւն orthodoxy.
ուղղել to direct. to lead on. to correct. to set up again. —ի corrigible.
ուղղիչ (radio) rectifier. regulator. driver. leader. — տուն reformatory prison.
ուղղութիւն direction. rectitude. correction.
ուղղում correction.
ուղտ camel.
ուղտայծ llama.
ուղտապան camel-driver (keeper).
ուղտափուշ (bot.) thistle.
ուղտենի camelskin.
ուղտինձ giraffe.
ումպ mouthful, gulp.
ումպէտ uselessly. յումպէտս in vain. to no purpose.
ունակութիւն custom. habit. practice.
ունայն empty. useless. vain. in vain.
ունայնամիտ vain, vainglorious.
ունայնամտութիւն vainglory, vanity.
ունայնութիւն vanity. — ունայնութեանց vanity of vanities.
ունգ (փոշի, մաղուք) wisp. rap. chaff, dust.
ունդ (հունտ) grain. vegetable. —ակեր vegetarian.
ունելեակ (փոքր ունելի) nippers, tweezers.
ունելի(ք) tongs. nippers.

ունենալ to possess. to have. to hold. կախում — to depend on.
ունեւոր wealthy. rich. —ութիւն wealth. riches.
ունկի (լիպրայի 1/16 մաս. 28,35 կրամ) ounce.
ունկ(ն) ear. hearing. — դնել to listen. — դրէ՛ք listen. attention!
ունկնդիր listener. submissive, obedient.
ունկնդրել to listen. to give ear. (med.) to auscultate.
ունկնդրութիւն audience, audition. — բժիշկի (սրտի, թոքի, եւայլն շարժումներուն) auscultation.
ունչք (քիթ, ռնգունք) nose, mustache.
ունք (յօնք) eye brow.
ուշ late (hour). ամենէն — at the latest.
ուշ(ք) mind, intelligence. attention. memory. — դնել to pay attention. —ի ուշով with great attention.
ուշաբարձ (ուշագնաց) cataleptic.
ուշաբերել to recollect. to remind of. to cause to recover (from a swoon).
ուշաբերիլ to recover from a swoon. to revive.
ուշագնացութիւն syncope.
ուշագրաւ remarkable.
ուշադիր attentive.
ուշադրութիւն attention.
ուշաթափ witless.
ուշաթափիլ to swoon away. to become witless.
ուշաթափութիւն losing one's wits (cognizance).
ուշակորոյս fainted.
ուշանալ to be late. to delay.
ուշացնել to retard. to delay.
ուշացում delay. retardation.
ուշիմ intelligent. —ութիւն intelligence, brains, high comprehension.
ուռ (խաղողի նիւղ) vine-shoot (branch).
ուռ (ուռեցք) swelling, knot. tumour.
ուռա (int.) hurrah!
ուռած (փքացած) swelled. (ուռեցքով) swollen.
ուռենի (ուռի) willow. վարսաւոր — weeping willow.
ուռեցնել to swell. to blow out.
ուռեցք swelling.
ուռիլ to swell. to be swollen.
ուռկան net. snare.
ուռնակ (դռնահար՝ փողոցի դուռը զարնելու ճկիկ) knocker. small hammer.
ուռոյցք swelling. tumor.
ուռուցիկ turgid. swelled, puffed. — ոճ turgid style.
ուս shoulder. — տալ to help someone. —երը թօթուել to shrug one's shoulders.
ուսադիր shoulder-strap.

ուսամբարձ taken upon the shoulders.
ուսանիլ to study. to learn. to be taught.
ուսանող student. undergraduate. բժշկական — medical student. ընծայարանի — seminarist.
ուսեալ learned, erudite.
ուսողութիւն mathematics.
ուսոսկր shoulder-blade, scapula.
ուսում instruction. teaching. study. education. նախնական — primary (elementary) education. երկրորդական — secondary education. բարձրագոյն — highest education.
ուսումնական learned. scientific.
ուսումնասէր studious.
ուսումնասիրութիւն study. love of study. philomathy. research.
ուսումնարան schoolroom, study.
ուսումնատենչ philomathic.
ուսումնարան educational institution. school.
ուսումնաւարտ graduate.
ուսուցանել to teach. to instruct.
ուսուցիչ (ուսուցանող) teacher. master. instructor. lecturer. professor.
ուսուցում teaching. instruction.
ուսուցչական professorial, tutorial. teaching.
ուսուցչանոց teachers' training school.
ուսուցչապետ head-master. professor.
ուսուցչարան teachers' room.
ուսուցչուհի school mistress. governess (household instructress).
ուստի՞ where from? whence?
ուստի therefore. whence. thus. so.
ուստր (արու զաւակ) boy. son (հականիշ՝ դուստր daughter).
ուտել to eat. to spend. to waste. մեծ ձուկը կ'ուտէ փոքրը (proverb) might is right.
ուտելիք (ուտեստ) provisions, victuals. nourishment, food.
ուտիճ (ցեց) weevil, moth.
ուտիք (օր) (պահք չեղած օր) meat day.
ուր where. — որ wherever.
ո՞ւր where? ո՞ւր կ'երթաս where are you going?
ուրագ adze.
ուրախ glad. merry. happy.
ուրախալի joyful, cheerful.
ուրախակցիլ to rejoice with (someone).
ուրախանալ to rejoice. to be glad (merry).
ուրախառիթ joyful. cheerful.
ուրախարար (ուրախացուցիչ) rejoicing. cheery. what gladdens.
ուրախացնել to rejoice. to gladden, to make merry.

ուրախութիւն gladness, joy, gaiety, glee.
ուրականն tempest. big storm. hurricane.
ուրանալ to deny, to adjure, to disown.
ուրար (rel.) amice, stole. vestment.
ուրացող apostate. denier.
ուրացութիւն denial. refusal. denying.
ուրացում denial. disowning. apostasy.
Ուրբաթ Friday. Աւագ Ուրբաթ Good Friday.
ուրդ (ջրանցք, առու) canal, gutter, water pipe.
ուրդել (նաւինը չորցնել) to drain.
ուրեմն therefore.
ուրեք (տեղ մը) somewhere. ամէն— everywhere. ոչ — nowhere.
ուրիշ other. else, different. — կերպով մը in a different way.
ուրկանոց (բորոտանոց) lazar - house, lazaret, lazaretto.
ուրոյն separate. distinct, particular. apart, separately, particularly.
ուրու (ցնորք) appearance, ghost, phantom.
ուրուագիծ sketch. design, outline.
ուրուագծել to sketch. to outline.
ուրուական phantom, shadow. spirit. ghost.
ուրուաքար (մատիտաքար) graphite. plumbago.
ուրուկ (բորոտ, քոսոտ) leprous. leper.
ուրուր (յափշտակիչ թռչուն մը) kite, buzzard.
ուրջու (խորթ որդի) stepson.
ուրջուհի stepdaughter.
ուցէ (սուրհանդակ) messenger. courier.
ոք certain one. anyone. someone. իւրաքանչիւր — each one, everyone. ոչ — no one.
ոքսիտ (ժանգ) oxide.
ոքսիտացում oxidation.

Չ

Չ, չ (tchah) the twenty-fifth letter of the Armenian alphabet. seven hundred. seven-hundredth.

չ (negative prefix) not, no. չեմ I am not.

չախորժիլ to dislike.

չակերտ inverted commas, quotation marks (« »).

չաման (bot.) cumin.

չամիչ raisin(s).

չաստուած idol, false god. divinity. —ուհի goddess.

չար naughty. wicked. bad. malicious. villainous.

չարաբախտ (չարաբաստ) ill-fated, ill-starred, unfortunate.

չարաբաստութիւն misfortune.

չարաբարոյ malicious. immoral.

չարագոյժ ill boding. fatal.

չարագոյն worst. the worst thing.

չարագործ evil-doer. mischievous, villainous.

չարագործութիւն evil-doing.

չարագուշակ sinister.

չարադէպ unlucky.

չարալեզու slanderous (tongue).

չարախորհուրդ evil-minded, malignant, ill-disposed (person).

չարախօս slanderous. detracting. —ել to slander. to speak ill, to detract. —ութիւն slander, gossip.

չարակամ ill-minded. wicked. —ութիւն wickedness. ill-will.

չարակն (չարակնեայ) evil-eyed. jealous.

չարահամբաւ ill-famed.

չարաղէտ wretched. unfortunate.

չարաննի malignant, shrewd, frolicsome (child).

չարաննիութիւն malice, waggishness.

չարամիտ evil-minded, malevolent, spiteful.

չարամտութիւն spite, ill-will, bad intent.

չարանալ to be naughty, to grow worse.

չարանախանձ extremely jealous.

չարանենգ treacherous.

perfidious. false-hearted (person). —ութիւն false-heartedness.
չարաշունչ perfidious.
չարաշուք evil, bad, wicked.
չարաչար severely, violently, cruelly. extreme, excessive. — գործածել to misuse. — վարուիլ to maltreat. — աշխատիլ to moil. to drudge.
չարամիրտ malignant, ill-hearted.
չարամտութիւն wickedness.
չարիք harm, mischief. — գործել to do evil.
չարութիւն wickedness. despite, malice. ill-doing. — ընել to do evil.
չարչարանք suffering, torture. — Յիսուսի passion.
չարչարել to torment, to torture, to vex, to maltreat.
չարչարուիլ to suffer, to be tormented, to be in pain.
չափ measure, measurement, dose. quantity. երկայնութեան — lineal measure. դեղի — dose. երաժշտութեան — musical measure. —է դուրս beyond measure. —ը անցնել to exaggerate. —ը առնել to take the measure.
չափագէտ mathematecian.
չափագիծ (mus.) bar.
չափագիտական mathematical.
չափագիտութիւն mathematics.
չափազանց exaggerated, excessive. immoderate. —ել to exaggerate. —ութիւն exaggeration. excess.
չափական rythmic. metrical.
չափակից symmetrical, proportional.
չափակշիռ equilibrium. balancing.
չափակցիլ to be in symmetry.
չափակցութիւն symmetry. proportion.
չափահաս(ակ) adult. grown-up. — ըլլալ to come of age.
չափահասութիւն full age. majority.
չափանիշ criterion. standard.
չափաւոր moderate. modest. — կերպով moderately.
չափաւորական moderate, reasonable.
չափաւորել to moderate.
չափաւորութիւն moderation, modesty.
չափել to measure. to ponder.
չափելի measurable.
չափող measurer.
չգիտնալ to ignore.
չգոյ naught, nothingness. առ ի չգոյէ in default of, for want of.
չգոյութիւն inexistence. want.
չեխ (յանդիմանութիւն) reproach. —ել to reproach.

չեչաքար pumice (stone).
չեչոտ poxed.
չեպիսկոպոս pseudobishop.
չերէց pseudopriest, pseudoparson.
չէ is not.
չէզոք neuter, neutral. — բայ intransitive (neuter) verb.
չէզոքանալ to become neuter. to be neutralized.
չէզոքապաշտ(ութիւն) neutral(ism).
չէզոքացեալ (չէզոքացուած) neutralized. — պետութիւն neutralized state.
չէզոքացնել to neutralize.
չէզոքացում neutralization.
չէզոքութիւն neutrality. զինեալ — armed neutrality.
չէրքէզ Circassian.
չէք (փոխգիր) cheque, check. բաց — open cheque. գծուած (չեղեալ) — cancelled cheque. հրամանի — cheque to order. անվճար մնացած — stumer cheque. —ի տետրակ cheque book.
չըլլայ թէ (որ) lest, for fear of (that).
չընդունելի unacceptable.
չընդունիլ not to receive (accept), to refuse.
չըրըտալ to crackle.
չըրըտում crack.
չիմանալ not to hear. not to understand.
չինագիտութիւն sinology.
չինական Chinese.
չինասէր sinophile.
Չինաստան China. Ժողովրդային Չինաստան People's China.
չինարէն (չինական, չինացի) Chinese.
չիր dried fruit.
չիք there is not.
չլսել not to hear.
չկամութիւն unwillingness.
չհաւատալի unbelievable, incredible, beyond all belief.
չղջիկ bat.
չղջկամարդ batman.
չմշկել to skate. to slip.
չմշկութիւն (չմշկում) skating, slipping.
չնաշխարհիկ supernatural, singular, matchless, very beautiful.
չնչին of little value. frivolous. mean.
չոր dry. barren. dried up. — պտուղ dried fruit.
չորաբեկ dry, easily broken.
չորակերութիւն (միայն չոր բաներով սնանիլը) xerophagy.
չորանալ (չորնալ) to dry. to wither.
չորացնել (չորցնել) to dry. to wither.
չորեակ quatrain.
չորեքանկիւն (geom.) tetragon, tetragonal.
չորեքկողմեան quadrilateral.
Չորեքշաբթի Wednesday.
չորեքվանկեան (բառ) quadrisyllable.
չորեքտասան fourteen. —

օր fortnight. —երորդ fourteenth.

չորիցս four times.

չորնալ to dry, to wither.

չորութիւն drought. dryness.

չորս four.

չորսնոց quaternion. four points (marks).

չորսոտանի (չորքոտանի) four-footed. quadruped.

չորրորդ fourth, quarter, (mus.) quarto.

չորցած dried, desiccated.

չորցնել to dry. to dry up. to drain.

չորքոտանի quadruped, four-footed.

չու departure. travel. decampment. չուել to depart, to go away. to die.

չուան string. twine. cord. հաստ չուան (պարան) rope.

չուառ (չուառական, թշուառական) wretched. miserable.

չուխա (կերպաս) woollen cloth. woollen fabric. —(յա)գործ one in draper's trade. —(յա)գործութիւն drapery.

չուկէտ point of departure.

չունեւոր needy, moneyless.

չուտուելիք uneatable.

չպէտ useless, worthless.

չտես covetous, desirous, upstart, snob.

չտեսութիւն avidity, pretence. snobism.

չքանալ to vanish, to disappear.

չքացնել to annihilate, to dissipate.

չքացում annihilation. destruction. dissipation.

չքաւոր needy. necessitous. poor. —ութիւն poverty, indigence. misery.

չքմեղանք apology. excuse.

չքմեղացնել (չքմեղել) to excuse, to exonerate.

չքնաղ (չքնաղագեղ) very beautiful. admirable. superb. —ագէմ graceful. handsome charming.

չքնաղակերտ superb. splendid.

Պ

Պ, պ (beh) the twenty-sixth letter of the Armenian alphabet. eight hundred. eight-hundredth.
պագնել to kiss.
պագշոտ (ցանկասէր) lascivious. lecherous. lewd. —ութիւն lubricity, lust.
պազալտ (geol.) basalt.
պալասան (բալասան) balm, balsam. —ի balm tree.
պալատ palace. արդարութեան — law-courts. —ական courtier.
պալար boil. abscess, pimple. pustule. —ալից pimpled. —անալ to blister. —ային(աւոր) pustulous.
Պալթիկ (Պալթեան) Ծով Baltic Sea.
պախարակել to blame. to reprove. to reproach. —ի contemptible.
պախարակուիլ to be blamed.
պախարակում blame. contempt.
պախուրց (պախուց) halter.
պակա̃ս defective, imperfect. minus. ո՛չ աւելի, ո՛չ պակաս neither more nor less.
պակասամիտ crackbrained. silly, simpleton.
պակասամտութիւն imbecility. silliness.
պակասաւոր defective. —բայ defective verb.
պակասութիւն default. fault. mistake. lack. want. deficiency.
պակշոտ (պագշոտ) lascivious.
պակուցիչ appalling, frightful.
պակսեցնել to diminish. to lessen.
պակսիլ to diminish. to decrease. to fail.
պակսող missing. short.
պահ time, hour. guard. defence. watching. —մը an instant, few minutes. ի — դնել (պահել) to reserve.
պահածոյ canned, conserve.
պահակ sentinel, sentry. guard, warden. — կենալ to be on guard, to keep watch.
պահակազունդ garrison.

պահակազօրք patrol, yeoman.
պահականաւ vedette boat.
պահականոց guard-house.
պահանորդ sentinel, guard.
պահանջ (com.) credit. creditor. debt. վճարելի — debt due. օրինական — a legal claim upon property.
պահանջել to demand. to require. to claim. —ի exigible, claimable.
պահանջմունք demand. claim. pretension (pretention).
պահանջող demander. claimer. pretentious.
պահապան guardian. overseer. watchman. գիշերային — watchman.
պահարան cupboard. կերակուրներու — pantry, meat-safe. նամակի — envelope.
պահել to preserve. to keep. to protect. to defend. ծոմ — to fast.
պահեստ reserve. reservation. maintenance. —ի reserved. —ի դնել to reserve. to lay by.
պահեցող faster. —ութիւն fast. fasting.
պահլաւ Pahlav. —երէն Pehlevi.
պահող preserver. detainer.
պահուըտիլ to hide. to abscond.
պահուըտուք hide and seek. — խաղալ to play at hide and seek.
պահպանակ armour. defender. բազուկի — brace-armour. լանջի — breast-plate.
պահպանել to guard. to protect. to maintain.
պահպանիչ (պահպանող) conservative. protec(tor)(tress).
պահպանողական conservative. defensive. Գ— Կուսակցութիւն Conservative Party (in Great Britain).
պահպանութիւն conservation, protection.
պահք fast, fasting. — բռնել to fast. մեծ — Lent.
պաղ cold. lifeless. indifferent. — առնել to catch cold. —առութիւն a cold.
պաղատագին suppliant, pressing, entreating.
պաղատանք imploration. supplication. solicitation.
պաղատիլ to implore. to entreat. to solicit.
պաղարիւն apathetic, phlegmatic. cold-natured (person). cold-blooded. —ութիւն apathy. coldness.
պաղեցնել to freeze, to ice. to chill. to cool.
պաղիլ to grow cold (cool). to freeze.
պաղլեղ alum. alumen.
պաղլեղածին aluminium.
պաղորակ cool, fresh.
պաղոց (սառնարան) refrigerator.
պաղութիւն coldness. congealing.

պաղպաղակ ice-cream, ice.
պաճոյճ adorned, ornamented. trinket.
պաճուճազարդ dressed out. adorned.
պաճուճակ (գէր. կարմիր երեսով տղայ) plump, chub-cheeked baby (boy, girl).
պաճուճանք attire. ornament. սնոտի — tawdriness.
պաճուճել to adorn, to decorate.
պայազատ (ժառանգ) heir, inheritor, successor.
պայթեցնել to burst. to explode, to detonate. to crack.
պայթիլ to burst. to blow up. to crack.
պայթիւն (պայթում) explosion. blowing up.
պայթուցիկ explosive.
պայծառ clear. bright. radiant. brilliant.
պայծառագեղ of a dazzling beauty.
պայծառացնել to brighten. to celebrate.
պայծառութիւն brightness, splendour. vivacity.
պայման condition. terms. contract. անհրաժեշտ — condition. sine qua non. — դնել to impose conditions. ծանր — burdensome condition. նպաստաւոր — advantageous condition.
պայմանագիծ charter.
պայմանագիր (պայմանագրութիւն) convention, agreement, contract. ամուսնութեան — contract of marriage. վարձակալութեան — lease. — մը ստորագրել to sign a deed.
պայմանագրել to stipulate.
պայմանադիր contractant.
պայմանադրական conventional. conditional. —ութիւն conventionalism.
պայմանաժամ falling due. term.
պայմանաւ upon condition. — որ on condition that, provided that.
պայուսակ valise. sack, bag. հագուստեղէնու — suitcase. ճամբորդութեան — travelling bag. մուրացիկի — beggar's wallet.
պայտ horse-shoe. —ահար shoeing smith. —ահարել (պայտել) to shoe (a horse).
պայքար struggle. debate. discussion. —իլ to struggle. to discuss. to dispute.
—պան (suffix that means keeper). for example. պարտիզպան gardener.
պանդխտանալ (պանդխտիլ) to emigrate (to migrate), to expatriate (oneself).
պանդխտացնել to exile, to deport.
պանդխտութիւն emigration. migration.
պանդոկ hotel. hostelry. —ապան (—ապետ) landlord, innkeeper.

Պանդորեան տուփ Pandora's box.
պանդուխտ emigrant. foreigner.
պանթէոն pantheon.
պանիր cheese.
պանծալ to boast. to vaunt. —ի glorious.
պանծացնել to glorify. to make vaunt, to extol.
պանրագործ cheese-maker. —ութիւն cheese-making.
պանքնոտ banknote.
պաշար provision. supply. food.
պաշարել to surround. to besiege. to blockade. to encircle.
պաշարեղէն provision.
պաշարում surrounding (milit.) besieging. (nav). blockade. —ը վերցնել to raise the siege (blockade). պաշարման վիճակ state of siege.
պաշտել to adore. to worship. to love passionately. —ի adorable, worshipful, exquisite.
պաշտում adoration. worship.
պաշտպան protector. defender.
պաշտպանակ (պատուար) screen.
պաշտպանողական defensive. protectionist.
պաշտպանութիւն protection, defence (defense). guard. support.
պաշտպանուիլ to be protected. to defend oneself. to be sheltered.
պաշտօն office. service. employment. position. function. ի —է ex-officio, officially. —ը կատարել to fulfil a function. —ը կորսնցնել to lose one's place (position). Ննջեցեալի — funeral service.
պաշտօնական official. officer. functionary.
պաշտօնական official. — կերպով (պաշտօնապէս) officially.
պաշտօնակից colleague. confrere.
պաշտօնանկ discharged, dismissed. — ըլլալ to be discharged, to be revoked. — ընել to dismiss. to remove (from office).
պաշտօնանկութիւն dismissal. removal (from office). repeal.
պաշտօնապէս officially.
պաշտօնավայր (պաշտօնատեղի) office, agency.
պաշտօնավար manager.
պաշտօնավարել to work, to serve as a, to hold office.
պաշտօնավարութիւն work, function, ministry.
պաշտօնատար official, officer, functionary.
պաշտօնատուն department, agency. office.
պաշտօնարկու functionary.
պաշտօնեայ officer. clerk. official. եկեղեցական — clergyman.
պաշտօնէութիւն administration. personnel, staff.
պաչիկ kiss.

պապ (մեծ հայր) grand father, dad.
Պապ The Pope. Սրբազան Պապ Pontiff, The Holy Father. —ական Pontifical.
պապակ thirst. —իլ to die of thirst. to be extremely thirsty. —ում extreme thirst.
պապանձել (պապանձեցնել) to put to (to command) silence.
պապանձիլ to keep silence. to hold one's tongue.
պապանձում taciturnity. silence. muteness.
պառակտել to disunite. to disjoin. to divide.
պառակտիլ (պառակտուիլ) to be divided (disunited).
պառակտում disunion.
պառաւ old woman, beldam. —ական anile. —իլ to grow old.
պառկեցնել to put to bed.
պառկիլ to lie (down). to rest. to go to sleep.
պառնաս (Պառնաս լեռ. բանաստեղծութիւն) Parnassus.
Պասեք (Ելից Տօն Եգիպտոսէն) Passaver. Easter.
պաստառ screen. fine linen. leyssus.
պասքէթ պոլ basket-ball.
պատ wall. ramparts. —է — from wall to wall. — քաշել to wall in (up).
պատահաբար (պատահմամբ) by chance. accidently.
պատահական accidental. contingent. —ութիւն contingency.
պատահար event. happening. accident. end.
պատահիլ to happen. to come to pass (about).
պատահմամբ by chance.
պատան (փիրակապ) bandage. wrapper.
պատանդ hostage. guarantee, sponsor. — առնել to take as a hostage. — տալ to give as a pledge.
պատանեակ lad.
պատանեկան juvenile.
պատանեկիկ lad, child - boy. urchin.
պատանեկութիւն (պատնեութիւն) adolescence. juvenility.
պատանի adolescent. lad. juvenile. անփորձ — greenhorn. youngster. գրասենեակի — office boy.
պատանուհի lass. maiden. virgin.
պատանք winding sheet. shroud. —ել to wrap up, to cover with.
պատառ slice, piece, bit. խոշոր — big mouthful.
պատառաքաղ fork. table - fork.
պատառել to tear. to split.
պատառիկ bit. գիրքի — fragment.
պատասխան answer, reply. return. լակոնական — laconic reply. սրամիտ — repartee.
պատասխանատու respon-

sible. —ություն responsibility.
պատասխանել to answer.
պատատուկ (բազեղ) mallow bindweed. any twining plant.
պատարագ holy mass. offering. հոգեհանգստեան — requiem. ձայնաւոր — high (grand) mass. —ի սկիհ chalice.
պատարագամատոյց messal, massbook, liturgy.
պատարագել to say mass.
պատարագիչ (քահանայ) officiating priest at mass.
պատգամ message. oracle. Դեղփեան — Delphian oracle.
պատգամաբեր messenger.
պատգամաւոր deputy. envoy. messenger, ambassador. —ություն message.
պատգարակ litter. stretcher.
պատեան scabbard. cover. shell (of peas, beans). ծաղիկներու — induviae. սուրը պատեանը դնել to put up (a sword). սուրը պատեանէն քաշել to unsheathe.
պատել to enclose (to inclose). to wall. to encompass, to fence. արծաթով — to plate. թիթեղով — to veneer. ոսկիով — to gild.
պատեհ suitable, favourable. opportune. — առիթ occasion.
պատեհապաշտ opportunist.
պատեհություն opportunity. occasion. —ը կորսնցնել to let slip the opportunity.
պատերազմ war, warfare. combat. ամբողջական — total war. ընդհանուր (համաշխարհային) պատերազմ world war. հրոսակային (քարթիզանական) — guerilla warfare. յարձակողական — offensive war. պաշտպանողական — defensive war. Սուրբ — holy war. քաղաքացիական (ներքին) — civil war. ջիղերու — war of nerves. — յայտարարել to declare war (against). —ական աւար booty, spoil. —ի ճակատ front. —ի մէջ ճահատակուիլ to lick the dust. —ի պատճառ casus belli. —ի հրձիգ warmonger.
պատերազմագէտ strategist.
պատերազմագիտություն strategy.
պատերազմական warlike. martial. — ատեան court martial. — գերի prisoner of war (p. o. w.). — նախարար minister of war. — զործողութեանց ձեռնարկել to take the field.
պատերազմաշունչ warlike.
պատերազմասէր fond of war.
պատերազմատեաց hating war. timid.
պատերազմիլ to make (to

wage) war, to fight. to be at war.

պատերազմիկ warrior. combatant. belligerent. ոչ — non-combatant.

պատժաման (խնկաման) incense box, thurible. toast. health.

պատժել to punish. to chastise. մահուամբ — (մահապատիժի ենթարկել) to put to death.

պատիժ punishment. chastisement. penalty. մահուան — capital punishment.

պատիճ cod, husk. փիղի — trunk (of elephant).

պատիր deceitful. fallacious. beguiling.

պատիւ honour. dignity. ի — in honour of. —ներ ընծայել to render honours, to pay homage to. պատուոյ խոստում word of honour. պատիւս արժանաւորաց honour to whom honour is due.

պատկան (առ որ անկ է) to whom it may concern. convenient. arrow.

պատկանելիութիւն property. harmony.

պատկանիլ to belong to, to pertain to, to have connection (with).

պատկառանք respect. veneration. modesty.

պատկառանքով respectfully.

պատկառելի respectable, august.

պատկառիլ to respect. to be ashamed.

պատկառոտ bashful. ashamed.

պատկեր picture, figure, image, portrait, tableau. likeness. իւղանկար — oil painting.

պատկերագիր iconographer. picture drawer.

պատկերագրութիւն iconography.

պատկերազարդ illustrated. —ել to illustrate.

պատկերալի (պատկերալից) full of images.

պատկերախաղ (շարժանկար) motion picture.

պատկերահան photographer. picture drawer.

պատկերահանդէս painting exposition. art exhibition.

պատկերամարտ iconomachus. image-breaker. —ութիւն iconomachy.

պատկերանալ to be reflected (in).

պատկերապաշտութիւն (կռապաշտութիւն) idolization. image worship, iconolatry.

պատկերասրահ picture gallery.

պատկերասփիւռ television.

պատկերատետր album.

պատկերացնել (պատկերել) to portray. to represent. to describe.

պատճառ cause. reason. motive. occasion. foundation. author. thing. — եւ արդիւնք cause and result. առանց —ի causeless.

պատճառաբանել to reason. to argue.

պատճառաբանութիւն reasoning. argument.

պատճառագիտութիւն (med.) etiology.

պատճառական causal. —ութիւն causality.

պատճառել to give rise to, to cause (pain or sorrow). to affect.

պատճէն copy.

պատմաբան historian. —ական historical. narratory. —ութիւն historiology.

պատմագէտ, պատմագիր historian. historiographer.

պատմագիրք historic book.

պատմագրական historical.

պատմագրութիւն history. historiography. narration.

պատմական historic(al).

պատմահայր (հայոց) Father of the Armenian History (Moses of Khoren).

պատմել to tell. to relate. to narrate. to inform.

պատմիչ historian. narrator.

պատմութիւն history. narration. tale. story. ընդհ. — universal (general) history. հին — ancient history. միջին դարերու — medieval history. ժամանակակից — contemporary (modern) history.

պատմուճան gown. garment. tunic.

պատնէշ rampart. barricade. — շինել to erect ramparts.

պատշաճ suitable, fit, proper. good for, becoming.

պատշաճեցնել to make proper, to render suitable. to match.

պատշաճիլ to suit. to agree. to be proper for.

պատշաճութիւն fitness, convenience, suitableness.

պատշգամ balcony. porch. terrace. verandah.

պատուաբեր honorable.

պատուախնդիր peevish, crabbed.

պատուակալ honorary. titular.

պատուական honourable. estimable. precious.

պատուանդան stepping stone. pedestal.

պատուանշան decoration. order. — կրել to wear an order. — տալ to decorate.

պատուանուն title.

պատուասէր eager for honours. ambitious.

պատուասիրել to honour. to glorify.

պատուասիրութիւն vainglory. obligingness.

պատուասիրուիլ to be honoured.

պատուաստ vaccination, inoculation. graft. —անիւթ vaccine. —ել to vaccinate. to annex. to graft.

պատուաստուիլ to be vaccinated.

պատուար bulwark, rampart.

պատուարժան honourable.

պատուաւոր respectable, honest.

պատուել to honour. to venerate.

պատուելի (վերապատուելի) reverend.

պատուէր commandment, order, injunction.

պատուիրակ delegate. envoy. legate. —ութիւն delegation. mission.

պատուիրան commandment. command. տասնաբանեայ պատուիրանքներ Ten Commandments.

պատուիրել to bid. to decree. to order. to prescribe.

պատուհան window, niche. casement. բոլորակ — rounded window. —ի ապակի window pane.

պատուհաս plague. scourge. —ել to chastise. to punish.

պատուոյ of honour. — պարտք debt of honour. — խօսք word of honour. — նաժիշտ maid of honour.

պատռել to tear. to cleave. to slit.

պատռտել to tear to pieces.

պատսպարան shelter. refuge. asylum.

պատսպարել to cover, to protect.

պատսպարուիլ to take shelter. to be put under a cover.

պատրալից illusive, delusive.

պատրանք illusion, delusion. cheat, deceit.

պատրաստ ready, prepared, at hand. ready-made.

պատրաստաբան ready-witted. —ութիւն witty. mindedness.

պատրաստակամ always ready (to do what is desired). prompt. —ութիւն the state of being ready (to do what is wanted). readiness.

պատրաստել to prepare. to accomodate. to get ready.

պատրաստուած prepared.

պատրաստութիւն preparation. disposition. —տեսնել to make preparations.

պատրաստուիլ to be prepared. to dispose oneself.

պատրել to cheat. to deceive.

պատրիարք patriarch. —ական patriarchal. —արան patriarchate. —ութիւն patriarchate. patriarchy.

պատրիկ (հռովմէացի ազնուական) patrick-noble. —եան patrician.

պատրինճ (թուրինջ) (bot.) lemon-balm.

պատրիհան (պատի մէջ՝ պահարան) cupboard.

պատրոյգ wick (of lamp). ականի — long fuse.

պատրուակ pretext. excuse. —ել to pretend. to allege as pretext.

պատրուճակ (մաքի) ewe, female sheep.

պար dance. ball. dancing. թատերական — ballet. —ի ընկեր partner of dancing. —սրահ dancing-hall.

պարագայ case. circumstance, event. ծանրացուցիչ — aggravation. մեղմացուցիչ — mitigating circumstance. հարկեցուցիչ — absolute necessity. ստիպողական — emergency. ըստ պարագային according to the case, as the case may be. —ական circumstantial.

պարագիծ perimeter.

պարագլուխ chief. ringleader.

պարագանել (ընդվզել) to wring. to revolt.

պարահանդէս ball. դիմակաւոր — masked ball.

պարան rope. cord. հանգուցուած — ladder-rope.

պարանախաղ rope-dancing.

պարանախաղաց rope-dancer.

պարանախաղութիւն acrobatics.

պարանաձգութիւն tug of war.

պարանոց neck. isthmus.

պարապ empty. vacant. unoccupied. — տեղը in vain.

պարապիլ to be occupied, to be busy. to do something.

պարապոյ (ազատ) ժամ leisure.

պարապորդ unemployed. idler.

պարապութիւն emptiness. frivolity.

պարապում work. occupation.

պարապուրդ vocation. holidays.

պարառական (պարունակող) comprehensive. containing.

պարառել to contain. to enclose.

պարասրահ dancing hall (room).

պարարել (գիրցնել) to fill, to fatten. to make wealthy.

պարարուեստ choreography.

պարարտ greasy, fat. fertile (land, soil).

պարարտանալ to grow fat. to become fertile.

պարարտացնել to fatten. հողը — to fertilize the soil.

պարարտացուցիչ cattle fattener, fertilizing. dung (natural and chemical).

պարաւանդ (կապ, կապանք) tie, rope, chain. —ել to tie, to enchain.

պարբերաբար periodically.

պարբերաթերթ (պարբերական) periodical (publication, paper).

պարբերութիւն a few sentences that give a full sense. clause. paragraph. period.

պարգեւ donation, present. gift.
պարգեւաբաշխութիւն distribution of gifts (presents, prizes).
պարգեւառու donee.
պարգեւատու (պարգեւող) donor.
պարգեւատուութիւն donation.
պարգեւատրել to give a gift (present).
պարգեւատրութիւն donation.
պարգեւել to grant. to make a gift.
պարեգօտ (երկար հագուստ) gown. robe.
պարել to dance.
պարենապահ store-keeper (in the army).
պարենապետ distributor of rations.
պարենաւորել to supply provisions.
պարենաւորում supply of provisions.
պարենաքարտ (պարենատոմս) ration card.
պարերգակ chorus-singer.
պարերգութիւն ballad. dancing-song.
պարզ simple. plain, naive. clean. — տոմար (com.) book keeping (by single entry).
պարզաբանել to simplify. to explain, to make clear.
պարզաբանութիւն simplification. explication.
պարզաբար simply, plainly.
պարզաբարոյ simple-minded, simpleton.
պարզախօս intelligible.
պարզամիտ simple-minded. simpleton.
պարզամտաբար (պարզամտօրէն) simply, openly.
պարզամտութիւն simplicity.
պարզաչափ (կազային մարմիններ տարրալուծելու գործիք) eudiometer.
պարզել to simplify. to set open, to explain. առագաստ — to set a sail. դրօշակ — to hoist a flag.
պարզերես frank, unblushing.
պարզեցնել to simplify.
պարզկայ night dew, clear and cold weather.
պարզութիւն simplicity, sincerity. clearness (of weather).
պարզուղիղ simple-minded. straight on.
պարզունակ (սողնակ) bolt.
պարզունակ simple, artless.
պարէն provisions. food. —ապետ distributor of rations. —աւորում revictualling.
պարէտ (զինուորական վերահսկիչ) army provost marshal (A. P. M.).
Պարթենոն Parthenon.
պարթեւ (պարթեւազն).
պարթեւական Parthian.
պարթեւահասակ giant.
Պարթեւաստան (պարթեւներու երկիր) Parthia.
պարիկ fairy, fay, nymph.
պարիսպ rampart, fortress. thick, high wall.
պարխուրց (հիւսիսային

պաղ քամի) north wind that throws down the leaves of the trees.
պարծանք boast, boasting. glory.
պարծենալ to boast, to glory in.
պարծենկոտ boasting, boaster. braggart. —ութիւն boasting, vaunting.
պարծիլ to boast. see also պարծենալ.
պարկ bag, sack.
պարկեշտ honest, virtuous. —ութիւն honesty, chastity.
պարկերէ (կենդանի՝ փորին տակ պարկով) marsupial (such as opossum, kangaroo).
պարկէն (խրամ քաղաքի շուրջ) contrevallation.
պարմանի young man.
պարոյկ (˚) circumflex. it corresponds to the mark of interrogation (?) (question) mark.
պարոն baron. master, mister, sir. —իկ baronet. —ուհի baroness.
պարունակ (միջոց) socket, sphere, orbit.
պարունակել to contain, to include.
պարունակութիւն contents. capacity.
պարուրել to wrap up, to enclose, to surround.
պարպել to unload, to empty. to discharge. հրացան — to fire. նաւը — to debark.
պարպուիլ to be unloaded. to be emptied. to be evacuated.
պարս (մեղուախումբ) swarm.
պարսատիկ sling.
պարսաւ blame. criticism.
պարսաւագիր diatribe.
պարսաւագրել to carp, to criticize.
պարսիկ, պարսկերէն, պարսկական Persian, Iranian.
Պարսկաստան Persia, Iran.
պարս մայր (մեղուափեթակի թագուհի) queen-bee.
պարսպաձեւ rampart-shaped.
պարսպաշինութիւն fortification.
պարսպապահ garrison.
պարսպապատ fortified.
պարսպել to fortify, to encircle with a rampart.
պարտ (պարտք) debt. obligation. due. — ընել to run into debt. — եւ պահանջք liabilities and assets. —քը վճարել to pay the debt.
պարտադիր obligatory, compulsory.
պարտադրանք obligation. compulsion.
պարտազանց undutiful. delinquent. —ութիւն undutifulness. neglect of duty.
պարտակ (ծածկոց) veil, cover.
պարտական debtor. obliged.
պարտականութիւն duty. obligation.
պարտահատոյց solvent,

that discharges his debts.

պարտաճանաչ duteous. correct. —ութիւն duteousness. exactness.

պարտամուրհակ bill payable to order. obligation.

պարտապահանջ creditor.

պարտապան debtor.

պարտապանաց very big, huge.

պարտասեալ completely exhausted, tired out.

պարտասեցուցիչ, պարտասիչ wearisome.

պարտասիլ to be wearied.

պարտատէր creditor.

պարտատոմս debt payable to order. bill. —ը ծախել to discount bills.

պարտաւոր obliged.

պարտաւորել (պարտաւորեցնել) to oblige, to compel.

պարտաւորիչ obligatory.

պարտաւորութիւն obligation. charge.

պարտաւորուիլ to be bound, to be obliged.

պարտէզ garden. բուսաբանական — botanical garden. կենդանաբանական — zoo. խնձորի (կեռասի) — apple-(cherry) orchard.

պարտի debit, debtor-side.

պարտիզագործութիւն, (պարտիզպանութիւն) horticulture, gardening.

պարտիզպան gardener.

պարտիլ to owe, to be obliged to.

պարտկել to excuse, to muffle.

պարտութիւն defeat.

պարտուիլ to be beaten. to be conquered (defeated).

պարտուողական defeatist. —ութիւն defeatism.

պարտուպատշաճ suitable, convenient, fit.

պարտք debt(s), liabilities. տակաւին վճարելի — balance of an account. պատուոյ — debt of honour. —ի ենթարկուիլ to run into debt, to contract debts.

պարփակել to enclose (to inclose). to shut in.

պարփակուիլ to be enclosed (inclosed).

պաքսիմաթ (պաքսիմատ) rusk. sea-biscuit.

Պեգաս (Բեգաս) Pegasus.

պեխ mustache. whisker(s). —աւոր moustached.

պեղել to dig. to sink. to hollow. to excavate.

պեղում digging, excavation.

Պենկալ Bengal.

պենկալեան կրակ Bengal light.

Պենտեկոստէ Pentecost.

պեպեր (դայեակ) fosterer. fostress. nurse.

պեպէն (ծաղկախտի հետք. չեչ) pock-mark, the scars left after smallpox. porous.

պետ chief, leader, head, master, principal.

պետական governmental. — խորհուրդ council of state. — հատուցում state compensation. —

հարուած coup d'état. — մարդ statesman.
պետականանալ to be nationalized.
պետականացնել to nationalize.
պետականացում nationalization.
պետնիշ governmental hatchment.
պետութիւն state, government, power.
Պետրոս Peter.
պերճ elegant, pompous, superb.
պերճաբան (պերճախօս) eloquent. —ութիւն (պերճախօսութիւն) eloquence.
պերճալից luxurious.
պերճահնչիւն sonorous.
պերճաղիճ (բոզ) whore, prostitute. street-walker.
պերճանք pomp, prodigality. luxury.
պերճաշուք magnificent.
պերճասէր pompous, gaudy. showy.
պերճասիրութիւն . pomp. display, ostentation.
պերճափայլ illustrious.
պերճիմաստ sententious. inscrutable.
պերճութիւն pomp, magnificence.
պերոզ (վզնոց) neck-band, collar.
պզզալ to hiss, to whistle, to shiver with cold.
պզտիկ little, small. —նալ to decrease, to become small. to diminish. —ութիւն smallness. —ցնել to diminish.
պէյ Bey.
պէս like, as. — պէս varied, different.
պէսպիսութիւն variety.
պէտ(ք) need, want. — եղած ատեն in case of need.
պժգալ to detest, to execrate. to loathe.
պժգալի execrable. detestable, disgusting, loathsome.
պժգանք disgust, loathing.
պիժիկ (եղունգի տակի ճերմակ նշան) (med.) lunula.
պիծակ hornet, wasp.
պիղծ impure, filthy, profane.
պինդ firm. steady.
պինդգլուխ hardheaded. not easily deceived (excited).
պինչ (ռնգունք) nostrils.
պիսակ (բիծ, նշան) spot, speckle.
պիսակաձուկ masooka.
պիսակաւոր spotted, speckled.
պիսակոտ (բորոտ) leprous. —ութիւն leprosy, lepra.
պեսիդոն Neptune.
պիստակ pistachio.
պիտակ label, etiquette. —ել to label. to ticket, to call.
պիտակութիւն impropriety. degeneracy.
պիտանապէս (պիտանաբար) usefully.
պիտանաւոր (պիտանի) useful, of use.
պիտանութիւն (պիտանիութիւն) need, necessity, exigence.

պիտառ (վկայ) witness. —ել to witness.

պիտի will (shall). — պատմեմ I will (shall) tell.

պիտոյք need. property, chattels (for a house, a person).

պիրկ bent, tight, firm, long.

պիւթակորաս Phythagoras. —եան phythagoric. —ականութիւն phythagorism. —եան phythagorean.

պիւտճէ budget.

պլլել to roll about, to twist, to wind.

պլլուիլ to be rolled, to be twisted.

պլշկել to dirty, to soil, to stain.

պլուզ (կարճահասակ, կապուտաչուի) short. with blue eyes.

պլպլալ to glitter, to sparkle, to twinkle (of stars, etc.).

պլպլացող (պլպլուն) sparkling, twinkling, showy, radiant.

պղակունտ (պլակունդ) cake, pastry. —ագործ pastry-cook.

Պղատոն Plato. —ական սէր platonic love. —ականութիւն platonism.

պղերգ (ծոյլ. թոյլ) idle, lazy, negligent. —անալ to become lazy. —ութիւն laziness. carelessness.

պղինձ copper. ոչ զուտ — crude copper. դեղին — brass. ձոյլ — pig copper.

պղինձի դար bronze age.

պղծաբան filthy, smutty-talker. —ութիւն filth, indecency.

պղծագործ nasty, unchaste. —ութիւն filthiness, nastiness, filthy action.

պղծալից impure, unchaste.

պղծել to soil, to profane, to violate, to abuse.

պղծիչ (պղծող) profaner, violater.

պղծութիւն contamination, impurity, obscenity.

պղծուիլ to be defiled (violated). to be ravished.

պղծում (կոյսի) rape, violation, defloration.

պղնձագիր chalcographer.

պղնձագոյն chalcedony.

պղնձագործ copper-smith. brazier. —ութիւն copper-smith's work (trade).

պղնձադրամ copper money (coin).

պղնձակերտ made of copper.

պղնձակուռ cast in copper.

պղնձահանք copper mine.

պղնձաձոյլ bronze.

պղնձաքար chalcocite.

պղող (թուխսի մէջ ցնին փճացած հաւկիթ) addle-egg.

պղպեղ (համեմ՝ սեւ, կարմիր) pepper. կանաչ, կարմիր — pepper (a fruit of a plant).

պղպղուն entirely full. dense, thick.

պղպջալ to bubble, to simmer.

պղպջակ bubble. օճառի — soap-bubble.

պղտոր unclear, muddy. turbid. misty. — գինի thick wine. — ջուր troubled water.

պղտորել to disturb, to trouble, to muddy.

պղտորիլ to become turbid (muddy).

պղտորութիւն turbidness, muddiness, trouble.

պճեղ (anat.) ankle-bone, սխտորի — clove of garlic.

պճեղաւոր forked.

պճնազարդ decked out. —ել to deck. to adorn.

պճնամոլ foppish.

պճնանք coquetry.

պճնասէր dandy, coquettish. elegant.

պճնասիրութիւն coquettishness.

պճնել to deck. to bedizen.

պճնուիլ to bedizen oneself.

պճնուհի a coquette, coquettish lady.

պճոճ (ծոծրակ) nape (back of neck), occiput.

պնակ plate, dish. լեցուն — մը a plateful. —ի մէջ դնել to dish up. — կոտրտող (ինքզինք հաւնող) swaggerer.

պնակալէզ bootlicker. sponger, parasite.

պնակիտ tablet. galley (print.).

պնդագլուխ stubborn, headstrong. tenacious.

պնդակազմ strong, vigorous, able-bodied.

պնդան (խցան) cork. plug.

պնդանալ to stiffen, to become hard. փորը — to be constipated.

պնդել to persist, to insist, to affirm.

պնդերակութիւն (med.) hardening of arteries, arteriosclerosis.

պնդում persistance. insistance.

պնչատ (քիթը կտրած) that has a cut nose. flat-nosed.

պնչլոտ (խլինքոտ) (vulg.) snotty. snivelling, mucous.

պշնել (պշնուլ) to stare at, to look attentively.

պոզ (եղջիւր) horn, plug.

պոէտ poet.

պոլոկել (կեղեւել) to bark (trees), to strip, to peel, to pare.

պոլոճ (որդ) worm.

պոկել to pick. to gather. to distribute, to divide.

պոկուիլ to be divided. to come out.

պող (կայծ, կրակ) spark, fire.

պողոտայ wide street, main road, high-way.

պողպատ steel. ժանգազերծ — stainless steel. ձուլածոյ — cast steel.

պողպատակամ steady, steadfast, resolute.

պողպատակուռ solid, sound, compact.

պողպատեայ steel, of steel. — թել steel wire.

պողպատել to steel, to cover with steel, to acierate.
պոռ (թնճուկ) disorder. knot.
պոնտացի Pontius.
Պոնտոս Pontus. —ի ծով The Euxine.
պոչ tail. end. — բռնել (սպասել) to queue up (for a bus, for bread, etc.).
պոչատ cropped.
պոչաւոր tailed.
պոպկել (պոպոկել, կեղեւել) to shell, to husk.
պոպոկենի (ընկուզենի) walnut (tree).
պոռալ to cry out. to shout.
պոռացնել to make cry.
պոռթկալ to burst. to blow up.
պոռթկում eruption.
պոռնիկ whore, prostitute, streetwalker.
պոռնկագիր pornographer.
պոռնկագրութիւն pornography.
պոռնկանալ to prostitute oneself, to fornicate.
պոռնկանոց brothel, house of ill fame.
պոռնկորդի bastard, an illegitimate child.
պոռնկութիւն prostitution. whoredom.
պոռոչել (կովու) to low, to bellow.
պոռոտ boastful, brawling. —աբան (—ախօս) boaster, braggart. —աբանել to boast, to brag. —աբանութիւն (—ախօսութիւն) boasting, bragging.
պոռչտալ to clamour, to brawl.
պոռչտուք clamouring, brawling.
Պոսիդոն (myth.) Neptune.
պորտ (anat.) navel. amphalos. եօթը —ը (եօթը սերունդ) the seven generations.
պորտաբոյծ gastronomer. sponger.
պորտաթափութիւն (med.) exomphalos.
պորտալար umbilical cord.
պորփիւր (ծիրանաքար) (min.) porphyry.
պուլ (գլխարկի ծոպ) tassel.
պուլկար (պուլկարական, պուլկարերէն) Bulgarian.
Պուլկարիա Bulgaria.
պուլպուլ (պլպուլ) Persian nightingale.
պուխերիկ chimney.
պուկ (կոկորդ) throat, gullet.
պուպրիկ doll.
պուտ drop, very little. (bot.) rose campion.
պուտուտակ roasted chick-pea.
Պուտտա Buddha. —յական Buddhist. —յականութիւն Buddhism.
պուրակ wood, grove, coppice, copse.
պուրգ (բուրգ, աշտարակ) pyramid, tower.
պուց vulva, pudendum.
պչրանք coquetry, primness.

պչրասէր coquettish. dandy.
պչրիլ to coquet, to flirt, to mince.
պչրուհի coquette.
պպի (ոտքի բութամատ) the great toe.
պռկունք (պռունկ, պըռունք, շրթունք) lips, muzzle.
պռստել to knit, to wrinkle. to be ill-tempered.
պռօսխումէ (ուշադրութիւն ընեն) proschume.
պսակ crown, coronet. oreola. ակռայի — crown of a tooth. դափնիէ — (դափնեպըսակ) laurel wreath. ծաղկե— wreath. փառքի — the crown of glory. փշոտ — crown of thorns.
պսակադիր crowner. marrying.
պսակադրութիւն crowning, marriage.
պսակազարդ crowned, rewarded.
պսակաթողութիւն (պսակալուծութիւն) divorce.
պսակահանդէս nuptials, wedding ceremony.
պսակաւոր crowned. laureate. Պսակաւոր Արուեստից Bachelor of Arts (B. A.).
պսակել to crown. to wreathe. to give nuptial blessing.
պսակուիլ to be crowned, to wear a crown. to be rewarded. to marry.
պսպղալ to glitter, to shine. to sparkle.
պսպղուն glittering, bright.
պտեղ (պտղունց) pinch.
պտըտիլ to take a walk. to promenade.
պտըտցնել to take out for a walk. to walk.
պտիկ (կաթիլ) drop. (անիսոն) anise, aniseed.
պտղաբեր fruit-bearing, fruitful, prolific. —ել to fructify, to produce. —իլ to bear fruit. —ութիւն fruitfulness.
պտղալի(ց) fruitful, fertile.
պտղակեր fruit-eating, carpophagous.
պտղահարկ field-rent.
պտղահաւաք picking (gathering) of fruits.
պտղահիւթ juice.
պտղաւէտ fructiferous, bearing fruit.
պտղաւորել to fructify.
պտղաքաղ gathering (picking) of fruits. gatherer of fruits.
պտղունց (քչիկ մը) pinch.
պտոյտ walk, promenade. going round. գլխու — vertigo, dizziness.
պտուկ (հողէ աման, կոկոն) pot. bud.
պտուղ fruit, effect. issue. կուտով — stone fruit. չոր — dried fruit. —ը կեղուել to peel, to strip.
պտուտակ screw, bolt. Արքիմեդեան — Archimedes water screw. պնդան —ի nut of a screw. մայր — female screw.
պտուտանիւ screw propeller.

պտուտաւոր (սանդուխ) winding (stair case).

պտուտել to wind. to wheel round.

պտուտկել to turn round.

պտուտկիլ to turn round and round.

պրակ a part of a printed book (16 pages). a chapter of a book. grove. thicket.

Պրահմա Brahma.

Պրահմականութիւն Brahminism.

պրաս (bot.) leek.

պրեխ (սեխ) musk melon.

պրիսմակ prism. —երպ prismoid.

պրծիլ to escape, to slip out.

պրկախտ (մկաններու կարկամութիւն) (med.) tetanus, lock-jaw.

պրկել to strain, to bend.

պրկոց (տանջանքի ոլորուն գործիք) a sort of instrument of torture. rack.

պրկում strain, tension.

պրոլետար (ընչազուրկ բանուոր) proletar.

պրոլետարական յեղափոխութիւն proletarian revolution.

պրոլետարիատ proletaria.

Պրոմեթէոս Prometheus.

պրպտել to search, to examine. to scrutenize.

պրպտող inquisitive (person).

պրպտում search, quest. examination. scrutiny.

պրտու (տեսակ մը եղէգ) nile papyrus, the paper reed.

պրտուաթուղթ papyrus.

պրօն (այծի մազ) goat's hair. fine, carded wool.

պրօշ (պղինձէ աման) copper pan.

պօա boa.

Պօղոս Paul.

Ջ

Ջ. ջ (chéh) The twenty-seventh letter of the Armenian alphabet. nine hundred. nine-hundredth.

ջաբառ very hot.

ջախել to reprimand, to rebuke. to crack. to insult.

ջախջախ iron hammer for knocking at the door. door-knocker.

ջախջախել to break to pieces. to overwhelm.

ջախջախիչ overwhelming.

ջախջախիւն (ջախջախում) crushing, breaking to pieces.

ջահ torch. flambeau. —աբարձ torch-bearer.

ջահաբորբ (ջահաբորբոք) shining like a torch.

ջահագնացութիւն march by torchlight.

ջահակալ torch-stand.

ջահակիր torch-bearer.

ջահավառ blazing.

ջահավառութիւն illumination.

ջահափայտ torch wood.

ջաղացպան miller. —ութիւն miller's trade (work).

ջաղաց(ք) (ջրաղացք) mill, water-mill.

ջաղք (կարճատեւ տեղատարափ) showers.

ջամբել to feed. to nurse. ուսում — to nurture, to educate.

ջայլամ ostrich.

ջայլանք (լացուկոծ՝ խումբով) lament, wailing.

ջանադիր attentive, diligent.

ջանալ to endeavour, to try.

ջանասէր diligent, sedulous.

ջանասիրութիւն diligence.

ջանք effort, exertion, endeavour.

ջատագովել to plead. to assert. to defend. to justify.

ջատագովութիւն pleading, vindication, defense (defence).

ջատուկ shrew, sorceress, witch.

ջարդ massacre, slaughter. —արար massacrer.

ջարդել to massacre. to kill. to cut to pieces. մեծ մեծ — to boast.

ջարդուիլ to be massacred.

ջարդուփշուր shattered into pieces.

ջեռացնել to heat. to provoke.

ջեռնուլ (ջեռիլ) to grow excited (inflamed).
ջեռուցիչ heater, heating.
ջեռուցում heating.
ջեր hot, warm. heat.
ջերանոց greenhouse. hothouse.
ջերաչափ calorimeter.
ջերմ warm, hot. fever.
ջերմաբեր calorifere.
ջերմագին warm, spirited. warmly.
ջերմագոյն ardent.
ջերմախտ malaria.
ջերմական calorific. — ճառագայթներ calorific rays.
ջերմակէտ heat spot.
ջերմամիզութիւն urethritis, gonorrhoea.
ջերմային ardent, burning.
ջերմանալ to grow warm.
ջերմանաւ steamship.
ջերմաչափ thermometer. Ֆարէնհայթի — Fahrenheit thermometer. —ը իջած է the thermometer has fallen.
ջերմաչափութիւն thermometry.
ջերմացնել to heat, to warm.
ջերմեռանդ pious, ardent. —ութիւն devoutness, fervency.
ջերմընկալ feverist.
ջերմոյժ (ջերմուժ) unit of heat, thermal unit.
ջերմոց stove.
ջերմութիւն heat, ardour, warmth.
ջերմուկ(ք) warm mineral waters. hot springs, thermal springs.
ջերմօրէն warmly. with open heart.
ջերոց (ջերմանոց) greenhouse, hothouse.
ջիղ nerve, tendon. լեզուի — hypoglossal nerves. լսելիքի — auditory nerves. ծոծրակի — cervical nerves. հոտոտելիքի — olfactory nerves. ձայնական — vocal nerves. ողնայարային — dorsal nerves. տեսողութեան — optic nerves.
ջինջ clear, pure, bright.
ջլախտ neurosis.
ջլախտաւոր neurasthenic. —ութիւն neuropathic condition.
ջլամարտ war of nerves.
ջլապինդ nervous, senewy, strong.
ջլատել to weaken, to enervate.
ջլատիչ enervating, weakening.
ջլատում enervation, weakening.
ջլացաւ neuralgia.
ջլթիկ dirty (prodigal, licentious) girl.
ջղագար neurotic. —ութիւն neurosis.
ջղագրգիռ over-excited. hysteric(al).
ջղագրգռել to excite, to enkindle.
ջղագրգռութիւն great excitation of nerves.
ջղաձգութիւն convulsion.
ջղաձիգ convulsive.
ջղամարտ war of nerves.
ջղային nervous.

ջղայնանալ to become nervous.
ջղայնացնել to make nervous.
ջղայնութիւն nervousness.
ջղապինդ vigorous. strong. nervy.
ջղացաւ neuralgia. —ական (med.) neuralgic. —ութիւն neuralgia.
ջղուտ nervous. senewy. — ոճ vigorous style.
ջղջիկ bat.
ջնար (ճնար) harp, lyre.
ջնարակ (փայլեցնող նիւթ) varnish, glaze.
ջնարակել to varnish, to polish.
ջնջագրել to revive old writing.
ջնջել to efface, to annul. to do away with. ամբողջովին — to exterminate.
ջնջուածք erasure.
ջնջուիլ to be effaced. to wash out.
ջոթ the urine of animals.
ջոլիր band (of men, beasts, enemies).
ջոկ band. part. —ել to detach. to unfasten.
ջոկատ (mil.) detachment (from 800-1000 soldiers). —ապետ detachment commander.
ջոջ important person. outstanding. rich (man).
ջորդան (ջրորդան. խողովակ) gutter. draught tube.
ջորեպան mule-driver, muleteer.
ջորի mule.
ջութակ violin. fiddle. մեծ — tenor violin. ստուարաձայն (թաւ) — violincello. ալթօ — viola. —ի ճպոտ fiddle-stick. — նուագել to play the violin.
ջութակահար violinist.
ջուլհակ weaver.
ջուխտ (զոյգ) pair. couple. —ակ (ամոլ. երկուորեակ) a pair. husband and wife. twin.
ջուր water. liquid.
ջրաբաշխ hydrant. —ական hydraulic. —ութիւն hydraulics.
ջրաբոյժ hydrotherapist.
ջրաբոյս (bot.) pondweed.
ջրագրութիւն hydrography.
ջրաթաթախ wet to the skin.
ջրալի(ց) watery. containing too much water.
ջրախառն mixed with water.
ջրածին hydrogen.
ջրածնային ռումբ hydrogen bomb.
ջրածուփ floating (on water).
ջրահաւ waterfowl.
ջրահեղձ drowned. — ըլլալ to be drowned.
ջրահիւթ (chem.) hydrate.
ջրահմայութիւն hydromancy.
ջրաղաց water-mill. mill (run by water).
ջրաղացպան (ջաղացպան) miller.
ջրաղուէս otter.
ջրաման water-pot. jug.

ջրամբար tank steamer. cistern.
ջրամոյն drowned.
ջրային watery, aquatic.
ջրայտուց bladder, blister (in the palm).
ջրաներկ water-colour.
ջրանիւ water-wheel.
ջրանկար aquarelle. —իչ aquarellist.
ջրանցիկ (ջրանցք) channel. canal. river, stream.
ջրաշոգի (water) vapour, steam.
ջրաշուշան water-lily.
ջրապիրկ waterproof.
ջրապտոյտ vortez, whirling.
ջրառատ with abundant water.
ջրասաւառնակ hydroplane, seaplane.
ջրասոյզ immersed (into the water). — ըլլալ to plunge into water.
ջրասուզակ plunger. diver.
ջրասուն (ջուրով սնանող) aquatic.
ջրավախութիւն hydrophobia.
ջրատար that carries water (water-pipe, water-main).
ջրարբի watery. permeable.
ջրացայտ water splash.
ջրաւէտ with abundant water.
ջրաքաշ hydragogue.
ջրգողիլ (փորը ջուրով լեցուիլ) to suffer from dropsy.
ջրդեղ (ճիլա բրք.) varnish.
ջրդեղել (երկաթին ջուր տալ) to temper (iron and steel).
ջրել to water, to soak.
ջրելեկտրակայան hydro-electric plant.
ջրեղէն watery.
ջրէջք little gutter (for water).
ջրթափ waterfall, affusion.
ջրթափել (սերմահոսութիւն ունենալ) to be at the age of puberty.
ջրի (ջրոտ) watery, insipid.
ջրիկ a little water.
ջրխոթան (ձկնկուլ թռչուն) albatross.
ջրկալ a person that waters the fields.
ջրկիր water-carrier.
ջրհան water-pump.
ջրհան(ա)կիր pump-carrier, fireman.
ջրհեղ (մէզ, առնանդամ) urine, penis.
ջրհեղեղ deluge.
ջրհոր well. արդեզեան — artesian well.
ջրհորդան gutter.
ջրմուղ water-pipe.
ջրշեղջ basin, pond.
ջրշուն castor, beaver.
ջրողող flooded.
ջրոտ watery, juicy.
ջրորդան gutter.
ջրուղի waterway.
ջրուռի water-willow.
ջրվէժ waterfall, cascade.
ջրտու a person that waters the fields.
ջրցան shower-bath.
ջրօրհնէք (ջրօրհնութիւն) blessing of the waters (by immersing the cross into it).

Ռ

Ռ, ռ (rah) the twenty-eighth letter of the Armenian alphabet. one thousand. one-thousandth.
ռաբբի (հրէից վարդապետ, տէր) rabbi, rabbin. master.
ռաբունական rabbinical.
ռաբունապետ chief rabbi.
ռազմ fight, struggle. war. front. brigade.
ռազմաբեմ front, battle-field.
ռազմագերի prisoner of war (կրճատ՝ P. O. W.).
ռազմագէտ strategist.
ռազմագիծ battle line.
ռազմագիտական strategic.
ռազմագիտութիւն strategy.
ռազմադաշտ battle-field.
ռազմական strategic. warfare.
ռազմակոչ cry as a signal in battle, war-cry.
ռազմաճակատ battle-field, battle-front.
ռազմամեքենայ war machine.
ռազմամթերանոց military stores.
ռազմամթերք ammunition.
ռազմամոլ (ռազմապաշտ) warmonger. militarist.
—ութիւն militarism.
ռազմանաւ battleship, warship.
ռազմանիւթ munition.
ռազմաշունչ militarist, warmonger.
ռազմավայր battle-ground, the scene of a battle. battle-field.
ռազմավարութիւն tactics.
ռազմափորձ manoeuvre, planned movement of troops, etc..
ռազմիկ combatant, fighting man. a fighter.
ռազմոյժ armament.
ռազմունակ combative.
—ութիւն combativeness.
ռահ (ճամբայ) road, way.
—ակից fellow-traveller.
ռահահորդ (ճամբայ բացող) pioneer, guide. explorer.
ռահան (ռեհան) wild basil, sweet basil.
ռահվիրայ sapper, guide. explorer.
ռամ (հասարակ ժողովուրդ) common people.

ռամիկ common people. vulgar, plebeian. տգէտ —ը the ignorant mob.

ռամկաբարոյ low-mannered.

ռամկական vulgar, democratic.

ռամկապետութիւն democracy.

ռամկավար democrat. —ական democratic.

Ռամկավար Ազատական Կուսակցութիւն (ՌԱԿ) Liberal Democratic Party (LDP) (founded in 1921).

ռամկավարութիւն democracy.

ռամկօրէն (միջին հայերէն) popularly. modern Armenian.

ռատար radar.

ռատիօկայան radio station.

ռատիոմ radium.

ռատիոպատկեր radiograph.

ռետին resin, rosin.

ռմբակոծել to shell. to bomb.

ռմբակոծութիւն (ռմբաձգութիւն) bombardment, bombing.

ռմբաձիգ grenadier. —օդանաւ bomber.

ռմբընկէց (ռմբարձակ) mortar.

ռնգախօս snuffler. —ութիւն snuffling. snuffle.

ռնգածոր (խլինքոտ) snivelly.

ռնգային nasal, rhinal.

ռնգունք (քիթին ծակերը) nostrils.

ռշտանալ (ագահանալ) to be mean. so become greedy.

ռոճիկ ration, wages.

ռոշնական (պայծառ) bright, frank, artless.

ռումանացի (ռումէն, ռումանական, ռումաներէն) Rumanian.

Ռումանիա Rumania.

ռումբ shell, bomb. թռչող — flying bomb. հակահրասայլային — anti-tank bomb. հիւլէական — atomic bomb. ջրածնային — hydrogen bomb.

ռուս (ռուսական, ռուսերէն) Russian.

ռուսասէր Russophile.

Ռուսիա (Ռուսաստան) Russia. Խորհրդային — Soviet Russia. Ռուսական Ընկերվարական Դաշնակցային Խորհրդային Հանրապետութիւն (Ռ.Ը.Դ.Խ.Հ.) Russian Socialist Federated Soviet Republic (R. S. F. S. R.).

ռուփ (ռուպ) sirup made of grape juice.

ռոմ rum.

Ս

Ս. ս (seh) the twenty-ninth letter of the Armenian alphabet. two thousand. two-thousandth.

սա (pron. and adj.) this, these.

սագ goose. (յոգ.) սագեր geese. —արած goose keeper.

սադայէլ satan. —ական satanic.

սադրանք intrigue, instigation.

սադրել to instigate. to provoke.

սաթ amber, succinum, electron.

սալ anvil. —ածածկ paved with stones.

սալամանդր. սալամանտր (երկակենցաղ սողուն) salamander.

սալայատակ pavement.

սալարկ paved road. —ել to pave.

սալոր plum. —ենի plum (tree).

սակ rate, price. —ագին tariff, rate (of prices).

սակադրութիւն taxation.

սակայն but, still, yet. —եւ այնպէս however. for all that.

սակառ basket, hamper.

սակարան exchange, the stock exchange.

սակարկել to bargain for.

սակարկութիւն bargain. bargaining.

սակաւ little, few, slight.

սակաւաբան concise (short) in speaking. —ութիւն brevity of speech.

սակաւաբեր slender, spase, lean. —ութիւն leanness, poorness.

սակաւագին cheap.

սակաւագիւտ rase, scarce.

սակաւաթիւ not many. few.

սակաւախօս taciturn.

սակաւակեաց living poorly, short living.

սակաւակեր frugal. sober. —ութիւն sobriety.

սակաւապետ (փոքրամասնութեամբ՝ մեծամասնութեան վրայ իշխող) oligarch. —ութիւն oligarchy.

սակաւութիւն lack. penury. slanderness.

սակաւունակ having only a few.

սակրապետ chief person.
սակրաւոր (տապարաւոր) sapper (milit.).
Սահակ Isaac.
սահանք sluice, lock.
Սահարա Sahara.
սահեցնել to cause to slip.
սահիլ to slide, to slip.
սահման bound, limits, boundary. definition.
սահմանագիծ demarcation line.
սահմանագլուխ borders, frontier.
սահմանազծել to demarcate.
սահմանազծութիւն demarcation.
սահմանադիր constituent. — ժողով constituent assembly.
սահմանադրական constitutional. — միապետութիւն constitutional monarchy.
սահմանադրութիւն constitution. statute.
սահմանակից (սահմանամերձ) neighbouring.
սահմանապահ frontiers-gard. linesman.
սահմանափակ limited, confined. — միտքով narrow-minded.
սահմանափակել to limit, to confine.
սահմանափակութիւն limitation.
սահմանաքար landmark.
սահմանել to destine. to limit, to define. —ի determinable.
սահմանում limitation. appropriation, definition.
սահմռկել to bewilder. to stupefy.
սահմռկեցուցիչ bewildering.
սահմռկիլ to be bewildered.
սահնակ sledge.
սահում slip, sliding.
սահուն slippery, sliding. fluent. —ութիւն fluency.
սաղարդ (սաղարթ) leaves. —ալի(ց) leafy.
սաղարդախիտ leafy, of thick leaves.
սաղմ foetus.
սաղմնաթոյն (սաղմնապարկ) (anat.) amnion.
սաղմնագիտութիւն embryology.
սաղմնային embryonic.
Սաղմոս Psalm. Գիրք Սաղմոսաց Book of Psalms. Psalter.
սաղմոսերգու psalmist. —թիւն psalmody.
սամոյր (կզաքիս) sable.
սայթաք fickle, inconstant. —իլ to stumble, to slip. to fall. —ում stumbling, slide, false step.
սայլ cart, waggon.
սայլակ dray-cart, small cart.
սայլաձի dray-horse.
սայլավար (սայլապան) dray-man, driver.
սայլատուն coach-house.
սայլորդ cartman, carter.
սայր (սուր ծայր) sharp point, edge.
սայրաքանութիւն (փոխ-ընտրութիւն) dilemma.
սայրասուր pointed, cutting.

սան caldron, saucepan.

սան (վարժարանի մը) pupil. alumnus. սանուհի alumna. սաներ alumni. սանուհիներ alumnae. Սանուց Միութիւն alumni association (union).

սանահայր (կնքահայր մըկըրտութեան) godfather.

սանամայր (կնքամայր մըկըրտութեան) godmother.

սան(ուկ) godson, nurse-child. goddaughter.

սանդ (հաւան, անկան) mortar. fire-cracker.

սանդալ wooden shoe.

սանդարամետ (դժոխք) hell. tartarus.

սանդիմ centime.

սանդխամատ stair, step.

սանդուխ ladder, stairs.

սանձ bridle, reins. բերանը —ել to bridle.

սանձակոտոր (ապերասան) unbridled, uncurbed.

սանձահարել to bring under control.

սանձահարութիւն bringing under subjection. reining.

սանձարձակ unbridled. —ութիւն licentiousness.

սանձել to bridle. to restrain.

Սանսկրիտ (հնդեւրոպական նախալեզու) Sanskrit.

սանտր comb. փղոսկրի — ivory comb.

սանտրագործ comb-maker.

սանտրել to comb.

սապատ (ուղտի կոնակի վրայ ցցուածք) hump.

սապէս such, so, like this, in this way (manner).

սառ ice. —ած frozen.

սառեցնել to freeze. to chili.

սառիլ to freeze, to chill.

սառնաբեկ ice-breaker.

սառնադաշտ ice-field.

սառնալեռ iceberg.

սառնակոյտ ice-pack, mass of ice.

սառնահալ thaw.

սառնամած covered with ice.

սառնամանիք snow storm. icy cold.

սառնորակ crystalline.

սառոյց frost, ice.

սառուցեալ frozen, frigid. — Գօտի Frigid Zone. — Ովկիանոս North Sea.

սառցաբեկ (նաւ) ice-breaker (ship).

Սասանեաններ Sassanids.

սասանիլ to shake, to be shaken.

սաստ rebuke, reproach.

սաստել to scold, to rebuke, to reproach.

սաստիկ violent, rugged, bitter.

սաստկանալ to grow severe (violent), to rage.

սաստկաշունչ blowing violently.

սաստկապէս intensely, violently.

սաստկութիւն intensity. violence, force, rigour.

սատակ dead body, carrion, carcass. —իլ to perish. to die. —ում death.

սատանայ satan, devil. —ի ծագ devil kin.
սատանայական devilish.
սատանայամիտ malicious.
սատանայապաշտ devil-worshipper.
սատանայութիւն deviltry.
սատանորդի sly fellow.
սատար auxiliary, aid, help. —ել to help, to aid.
սատկեցնել to kill, to slay.
սատկիլ to perish, to die.
սատրանջ (ճատրակ) chess. — խաղալ to play at chess.
սատրապ (նահանգապետ Պարսկաստանի մէջ) satrap. prefect. —ութիւն satrapy.
սար height, mountain.
սարահարթ uplain. flat-topped.
սարդ spider.
սարեակ (սարեկ) blackbird. siskin.
սարեկիկ (թռչ.) bullfinch.
սարկաւագ deacon. աւագ — arch deacon. —ութիւն deaconate. service.
սարսափ horror, dread. great fear. terror. —ահար dismayed.
սարսափելի (սարսափեցուցիչ) horrible, dreadful, terrible.
սարսափեցնել to frighten. to dismay. to terrify.
սարսափիլ to fear. to shudder. to be seized with terror.
սարսել to totter. to shake.
սարսիլ to tremble, to be shaken. to stagger.
սարսուռ shiver, fright. scare.
սարսռազդեցիկ shivering. shocking, frightful. —
սարսռալ to shudder, to tremble. —ի(ց) terrible, dreadful.
սարսռացնել to frighten. to startle. to terrify.
սարք furniture. —աւորում installation.
սարքել to furnish. to make.
սաւան sheet.
սաւառնակ aeroplane. plane. հետազօտիչ — scout plane. հետապնդիչ — fighter (fast aircraft).
սաւառնակակիր aircraft-carrier.
սաւառնիլ to hover. to fly about.
սաւառնորդ pilot.
սափիրայ (թանկագին քար) sapphire.
սափոր jar. jug. urn.
սափրել to shave, to crop. to clip the hair.
սափրիչ barber, hairdresser.
սաքու garret. attic.
սգազգեստ mourning (clothes).
սգալ to mourn, to deplore. to be in mourning.
սգակիր mourner.
սգակցիլ to deplore.
սգահանդէս commemoration.
սգաւոր in mourning.
սեաւ (սեւ) black, negro. gloomy.
սեթեւեթ (զարդարանք,

նազանք) attire, dress. affectedness.

սեթևեթել (զարդարել) to accoutre. to affect.

Սելևկյաններ Seleucids.

Սելևկիա Seleucia.

Սելևկոս Seleucus.

սեխ musk melon. —ի շերտ slice of melon.

սեղան table, counter. կերակուրի — dining-table. խորանի — the communion-table. — նստել to sit at table. Պիւթագորասի — (ազիւսակ) multiplication table.

սեղանաբեկ (սնանկ) bankrupt. —ութիւն bankruptcy.

սեղանակից commensal.

սեղանակցիլ to mess together.

սեղանապետ (թամատա) butler. steward.

սեղանատուն refectory. dining-room.

սեղանաւոր money-changer.

սեղմ dense, tight, close.

սեղմել to tighten, to squeeze. ակռաներր — to set the teeth.

սեղմիրան corset.

սեղմուիլ to be contracted. to restrain.

սեմ(տան) threshold.

սեմական Semitic. Semitist. —ացնել to semitize. —ութիւն semitism. հակասեմականութիւն anti-semitism.

սենեակ room. study. lodging. chamber. առեւտրական — (գրասենեակ) chamber of commerce. զարդի — dressing room. մութ — camera obscura.

սենեկակից room-mate.

սենեկապահ chamberlain.

սենեկապան valet de chambre.

սեպ steep (rock).

սեպագիր cuneiform characters.

սեպաձեւ արձանագրութիւններ cuneiform inscriptions.

սեպել to attribute, to impute, to consider. to reckon.

սեպհական own. proper, particular. —ատէր proprietor. owner. —ացնել to appropriate.

սեպհականութիւն (սեփականութիւն) property. ownership. անձնական — private property. պետական — state property. հաւաքական (հասարակաց) — collective (common) property. գրական — copyright.

սեպուիլ to be counted. to be considered.

սեպուհ nobleman. knight. principal.

Սեպտեմբեր September.

սեռ gender, sex, kind. արական — masculine gender, male sex. իգական — feminine gender, female sex. գեղեցիկ — the fair sex.

սեռաբջիջ gamete.

սեռազրկել to unsex.

սեռական (հոլով) genitive, possessive (case).

սեռականութիւն sexualty.
սեռային sexual, generic. — բնազդ sex(ual) instinct. — յարաբերութիւն sexual intercourse. — անկարողութիւն impotence.
սեր race, child. genus, kind. gender. cream.
սերիլ to be born, to descend from. to breed.
սերկեւիլ quince. —ի ծառ quince (tree).
սերմ seed, sperm. germ. semen.
սերմանացան (սերմնացան) sower. drill-plow (- machine).
սերմանել to sow (a field). to disseminate.
սերմանող sower, seedman. drill-plough.
սերմնաբեր spermatophorous.
սերմնաբուծութիւն germiculture.
սերմնաժայթքում gonorrhoea.
սերմնահեղութիւն self - pollution.
սերմնահոսութիւն gleet, gonorrhoea.
սերմնացայտ ejaculatory.
սերմնափոշի pollen.
սերմնցու seeds.
սերնդաբանութիւն (ազգաբանութիւն) genesiology.
սերնդագործ brood-stock. —ութիւն procreation.
Սերովբէ Seraph.
սերունդ generation, offspring, descent.
սերտ intimate, cordial. steady, hard.
սերտարան study (room).
սերտել to study, to learn.
սերտողութիւն study. attainment.
սեւ black, dark. gloomy. — շուկայ black market. — տախտակ blackboard. — ցանկ black list.
սեւագրութիւն rough copy (draft).
սեւազգեստ dressed in black.
սեւաչն black-eyed.
սեւահեր (սեւամազ) black - haired. melanocomous.
սեւամորթ dark-skinned. moor. negro. — կին negress.
սեւամօրուս black-bearded.
սեւաչուի black-eyed.
սեւ(ա)սիրտ black-hearted.
սեւեռել to fix, to stare at. to attach.
սեւեռում fixation. fixing.
սեւեռուն fixed, set.
սեւերես guilty, black - faced.
սեւորակ (սեւուլիկ) blackish.
սեւցնել to blacken.
սեփական own, proper. special.
սեփականատէր possessor.
սեփականացնել to appropriate.
սեփականութիւն property. possession. անհատական — private property. հաւաքական — collective property.

սէգ proud, imperious.
սէր love, affection, attachment. ազատ — free love. որդիական — filial love. — ներշնչել to inspire love. պղատոնական — platonic love. սիրոյ նուէր love favour. սիրոյ չաստուած (Հռոմի) Cupid. Աստուծոյ սիրոյն for God's sake.
սթափեցնել to animate. to awaken.
սթափում sobering, awaking.
սիգաբար haughtily, proudly.
սիգալ to strut. to bridle up.
սիգաճեմ strutting.
սիգապանծ haughty.
սիգաւէտ grassy.
սիկառ cigar.
Սիկիլիա Sicily.
սին vain, trifling.
սինլքոր. (թափթփուկ) base, rascal, vagabond.
սինձ gluten (bot.) shepherd's clock.
սինձ (սերկեւիլի. նարինջի անուշ) quince jelly (marmalade).
Սինոդ Synod.
Սիոն Zion.
սիոնական Zionist.
սիոնականութիւն (սիոնիզմ) Zionism.
Սիպերիա Siberia.
սիսեռ(ն) chick-pea.
սիրաբանիլ to make love.
սիրաբանութիւն love-making.
սիրաբորբոք burning with love.
սիրագիր love letter.
սիրագութ (սիրագեղ) loving, affectionate. tender.
սիրալիր (սիրալիրը. սիրալից) full of love (tenderness).
սիրական sweetheart, lover.
սիրակէզ burning with love. amorous.
սիրահար sweetheart. lover.
սիրահարիլ (սիրահարուիլ) to fall in love.
սիրահարութիւն falling in love. amorousness. passion.
սիրամարգ peacock.
սիրամեծար agreeable. obliging.
սիրայեղց affectionate.
սիրային erotic.
սիրայորդ fervent.
սիրայօժար eager. officious.
սիրաշահիլ to gain, the favour of, to win.
սիրասուն dear. loving.
սիրավառ burning with love.
սիրավէպ romance. love novel.
սիրատարփ(իկ), սիրատենչ(իկ), սիրատոչոր deeply in love, amorous. affectionate, love-sick.
սիրել to love. to be fond of.
սիրելի lovely, dear, beloved, amiable. —ութիւն loveliness.
սիրերգ love-song.
սիրուհի sweetheart, darling.

սիրուն lovely, pretty. charming, amiable.
սիրտ heart. courage. — առնել to take heart (courage). — տալ to encourage. —ը թունդ հանել to make the heart tremble. մէկ — մէկ հոգի ըլլալ to agree, to be of the same mind. մէկկուն —ը առնել to appease. to calm. —ի թաքախուս palpitation. —ի դող heart quake. —ի հանդարտութիւն heart ease. —ի կծկում systole. շնչերակ —ի coronary-artery. —ի ծաւալում (med.) diastole.
սիւզ (սիւք) breeze, zephyr.
սիւն pillar, column.
սիւնազաւիթ (arch.) peristyle.
սիւնազարդ (arch.) pillared. peristyle.
սիւնակ (գիրքի) column.
սիւնակագիր (թերթի) columnist.
սիւնաշար collonnade.
սլանալ to fly about, to dart.
սլացիկ slender, lank.
սլացք sudden spurt, dart.
սլաւ slav. —ական Slavonic.
սլաք (նետի) arrow. — ժամացոյցի hands of a watch.
սլքտալ to saunter. to stroll.
սլքտացող loiterer.
սխալ mistaken, false. wrong. mistake, defect, fault. — առաջնորդել to mislead. — դատել to misjudge. —ի վրայ բռնել to catch as someone is making a mistake.
սխալական fallible. at fault. frail. —ութիւն fallibility.
սխալեցնել to lead into an error.
սխալիլ to be mistaken.
սխալմամբ by mistake.
սխալմունք blunder. mistake.
սխտոր (bot.) garlic.
սխրագործ brave, advanturous, prodigious.
սխրալի admirable, delightful. charming.
սխրանալ to admire. to be astonished. to be surprised. to show daringness. to show braveness.
սխրատեսիլ ravishing. lovely, enchanting.
սկահակ cup. mug, cupping glass.
սկաւառակ record, plate. disc.
սկեպտական (սկեպտիկ) sceptic(al).
սկեպտիկ (իմաստակ) sceptic.
սկեսուր (կեսուր) mother-in-law. husband's mother.
սկեսրայր (կեսրայր) father-in-law. husband's father.
սկզբնագիր (բնագիր) original, text.
սկզբնական original, initial.

սկզբնատառ first letter. initial.

սկզբնատիպ prototype, original.

սկզբնաւորութիւն commencement, outset, origin, beginning.

սկզբնաքայլ first step.

սկզբունք principle. a clear attitute towards life. —է մը մեկնիլ to start from a principle.

սկիզբ beginning, commencement. origin. ի սկզբանէ in the beginning.

սկիհ chalice.

սկիւթական Scythic.

սկիւթացի Scythian.

սկիւռ squirrel.

սկուտեղ (ափսէ) porringer, bowl, tray.

սկսիլ to begin, to initiate, to start. վեր— to recommence. to resume.

սկսնակ beginner, debutant. novice.

սկրթած scratch.

սկրթել to scratch, to graze.

սղագիր stenographer. shorthand writer.

սղագրել to write in shorthand.

սղագրութիւն shorthand. stenography.

սղել to shorten. to grow dearer.

սղիլ (սուղնալ) to grow dearer. to become more expensive.

սղոց saw. —ել to saw. —ուք saw-dust.

սղութիւն dearness. high price. high cost.

սմբակ horse's hoof. (pl. hoofs, hooves).

սմբակաւորներ hoofed animals.

սմբուլ (մանիշակագոյն անուշահոտ ծաղիկ մը) hyacinth.

սմբուկ egg-plant. aubergine.

սմսեղուկ puny, scanty. sly.

սմքած depressed, cast down.

սմքիլ to be depressed. to stoop.

սնամիտ frivolous.

սնամտութիւն frivolity.

սնանիլ to live, to feed.

սնանկ insolvent, bankrupt. —անալ to break, to become bankrupt. —ացնել to lead to bankruptcy. —ութիւն bankrupcy.

սնապաշտ(ական) superstitious.

սնապաշտութիւն superstition.

սնապարծ vainglorious. boaster. —ութիւն boasting. conceit.

սնար pillow, head of a bed.

սնափառ vainglorious, ambitious. —ութիւն vainglory. ambition.

սնգոյր paint, rouge.

սնգուրել to paint (the face). to bedaub.

սնդիկ mercury, quicksilver.

սնդուկ (սնտուկ) trunk chest, case.

սնդուս satin.

սնձան (փակցնող նիւթ. սինձ) gluten.
սնձենի (bot.) azorole tree.
սննդաբաժին ration.
սննդագին alimony.
սննդական alimental, nutritive.
սննդակից nourished (bred) together. familiar.
սննդահիւթ (med.) trophoplasm.
սննդառութիւն nutrition. dietetics.
սննդարար nutritive, nutritious, nourishing.
սնոպար carminative plant (corlander).
սնոտի frivolous. vain.
սնոտիք futility, trash, trifle. nonsense.
սնունդ nourishment, diet, aliment.
սնուցանել to nourish. to feed.
սնուցանող nutritive. nourishing.
սնուցում nourishment.
սնտուկ trunk, chest. case. խնայողական — saving bank. —ի տետրակ cash book. —ին կափարիչը lid, cover (of the trunk).
Սոդոմ Sodom.
սոդոմական sodomite. —մեղք (արուագիտութիւն) sodomy, sexual relation between male persons.
սոդոմամոլ sodomite.
սոթտել to roll up, to turn up (the sleeves).
սոթթոտել to turn up (the sleeves). to get ready.
սոխ onion.
սոխակ nightingale. Արկադեան — (էշ) braying jackass.
Սոկրատ Socrates (469-399 B. C.).
սողալ to creep. to crawl.
սողնակ bolt (of a door).
Սողոմոն Solomon.
սողոսկել to insinuate, to instil. to slip over.
սողոսկում creeping, crawling.
սողուն reptile.
սոճի (bot.) pine-tree, fir-tree. —ի կոն fir-apple, fir-cone.
սոյլ whisling.
սոյն this, these.
սոյնօրինակ thus. so.
սոնքալ to grow fat. to brag. to vaunt.
սոնքութիւն corpulence.
սոսինձ glue. paste.
սոսկ only, mere. sole. simply.
սոսկալ to dread, to be frightened, to be seized with horror. —ի horrible. frightful. fearful.
սոսկական ordinary. simply.
սոսկավիթխարի gigantic.
սոսկում horror. dismay. fright.
սոսնձել to glue. to paste.
սով hunger, famine.
սովաբեկ (սովալլուկ. սովամահ) starved, famished. —ութիւն starvation.
Սովիէթ Soviet. —ական (խորհրդային) Soviet. Սովետական Սոցիալիստական Հանրապետու-

թիւններու Միութիւն (Ս.Ս.Հ.Մ.) Union of Soviet Socialist Republics (U. S. S. R.).

սովոր accustomed, used to.

սովորաբար (սովորապէս) habitually, usually.

սովորական ordinary, usual, customary. —է դուրս unusual.

սովորութիւն (սովորոյթ) habit, custom, practice.

սոտա soda. լուացքի — sodium carbonate. կերակուրի — sodium bicarbonate.

սոտաջուր (կազով) soda water.

սոտաքար sodalite.

սոր (որջ, քարայր) hollow, pit, den. —աբնակ den-dweller.

սորվեցնել (սովրեցնել) to teach, to instruct.

սորվիլ (սովրիլ) to learn, to study.

սոցիալ social.

Սոցիալ Դեմոկրատ Հնչակեան Կուսակցութիւն (Social Democrat(ic) Hntchag(ian) Party.

սոցիալիզմ (ընկերվարութիւն) socialism.

սուաղիլ to be hungry. to faint from hunger.

սուաղութիւն hunger. famine.

սուգ mourning, sorrow, grief. sadness.

սուզազգեստ diving-dress.

սուզակ diver.

սուզակէտ nadir. antarctic pole.

սուզանաւ submersible (boat). submarine. U-Boat.

սուզարգել life-preserver.

սուզուիլ to dive, to sink, to plunge.

սուին bayonet. —ահար bayonetted. —ամարտ bayonet fighting.

սուլել to whistle.

սուլիչ whistle.

սուլող whistler.

սուղ dear, expensive. costly.

սուղնալ to rise (in price). to grow more expensive.

սուղցնել to raise the price (of).

սումերեան (սումերական) Sumerian.

սունկ mushroom. fungus.

սուսեր sword. sabre. —ակալ sword-belt. —ակիր sword carrier.

սուսերամարտիկ gladiator.

սուսերամարտ(ութիւն) gladiature.

սուսիկ փուսիկ silent(ly).

սուտ lie, falsehood, fib. false, untrue. deceitful. — խօսիլ to lie, to tell lies. — վկայ false witness.

սուտակ (թանկագին քար մը) ruby.

սուր sharp, acute. sword. sabre.

սուրալ to gallop, to dash, to run, to dart.

սուրբ holy, sacred, saintly. — Գիրք The Holy Bible. — հաղորդութիւն Holy Communion. — Հոգի Holy Spirit. — պատերազմ holy war.

crusade, religious war (of Mohammedans).
Սուրիա Syria. —կան, —ցի Syrian.
սուրիմաց penetrating, sharp-witted. —ություն acuteness.
սուրհանդակ messenger, courier.
սուրճ coffee.
սոփեստ (իմաստակ) sophist. —ություն sophism.
սպայ officer (in the army). —ակոյտ The General Staff. —ություն command.
սպանախ spinach.
սպանդ slaughter, carnage. massacre.
սպանդանոց slaughter-house. shambles.
սպաներէն (սպանիական) Spanish.
Սպանիա Spain.
սպանացի Spaniard.
սպաննել to kill. to slay. to murder.
սպաննող (սպաննիչ) murderer. assassin. killer.
սպաննութիւն killing, assassination. murder, execution.
սպաննուիլ to be killed. to be assassinated.
սպանուհի Spanish lady.
սպառազէն (սպառազինեալ) armed (from head to foot).
սպառազինել to arm. to furnish with arms.
սպառազինութիւն arming. preparation for war.
սպառազինուիլ to be armed completely.
սպառած (գիրք) out of print.
սպառած (գերյոգնած) exhausted.
սպառել to consume. to spend.
սպառիլ to be exhausted. to expire, to be consumed.
սպառիչ consumer. devouring. exhaustive.
սպառնալ to threaten.
սպառնալից (սպառնական. սպառնացայտ) full of menaces. threatening.
սպառնալիք menace, threat.
սպառում consumption. exhaustion.
սպառսպուռ (ամբողջովին) entirely, wholly, utterly.
սպաս service, vessels, service of plates.
սպասասրահ waiting-room.
սպասարկութիւն service.
սպասաւոր servant, valet. shop-boy, waiter.
սպասաւորել to serve, to attend upon.
սպասաւորութիւն service.
սպասեակ waiter.
սպասողական expectative.
սպասուհի maid-servant.
սպասում waiting.
սպարապետ commander-in-chief. marshal. field-marshal. generalissimo.
սպեղանի ointment, cataplasm.
սպի cicatrice, scar. seam. —անալ to be cicatrized. —ացնել to cicatrize.
սփինքս sphinx.

սպիտ albumen.
սպիտակ white.
սպիտակահեր with white (gray) hair.
սպիտակամորթ with fair skin.
սպիտակամօրուս a gray beard. an old man.
սպիտակուց white (of egg and eyes). albumen.
սպնգային spongy.
սպունգ sponge.
սպրդեցնել to slip in.
սպրդիլ to slip, to creep.
սռնակ (առանցք) axle, axis.
սռնապան (սրունքի պահպանակ) legging, leg-armour.
ստաբան liar. —ել to lie, to tell a falsehood. —ություն falsehood.
ստալուր false news.
ստախօս liar. —ություն falsehood.
ստածել (խնամել) to treat, to entertain.
ստածին who tells lies.
ստակ money, coin.
ստահակ scoundrel. indocile. —ություն indocility. insolence.
ստամբակ (ստահակ) scoundrel. indocile. —ություն rebellion, mutiny.
ստամոքս stomach, belly. —ի կեղ stomach ulcer.
ստայօդ deceitful, feigned. —ություն falseness. deceitfulness.
ստանալ to receive, to attain, to get.
ստանձնել to take charge.
ստապատիր false, deceitful.
ստացագիր receipt.
ստացական possessive (adjective, pronoun). receipt. acquired.
ստացուածք possession, property. estate.
ստափաոություն error, aberration.
ստգիւտ (մեղադրանք) reproach. blame.
ստել to tell a lie. to fib.
ստեղծագործ creator. —ական creative. —ել to create. —ություն creation.
ստեղծել to create. to invent.
ստեղծիչ (ստեղծող) creator.
ստեղծուած creature. created.
ստեղծուիլ to be created.
ստեղն (բոյսի ծիլ) bough, shoot. (դաշնակի մատ) the ivory keys on the keyboard of the piano.
ստեղնաշար the keyboard (of the piano).
ստեպղին carrot.
ստեռլին sterling (pound).
ստերջ (ամուլ) sterile. birthless. —անալ to become sterile.
ստերջություն sterility.
ստէպ frequently, — ստէպ always, often, frequently.
ստինք breast (teat) of a woman. կովու — udder, dug.
ստիպել to constrain, to force, to press, to urge.
ստիպողաբար urgently.

perforce, against one's will.
ստիպողական urgent, pressing. —ութիւն urgency.
ստիպուիլ to be obliged. to be forced.
ստկել to pick, to clean, to purl.
ստկող cleaner, picker.
ստկուած cleaned, sifted.
ստնաբան mammology.
ստնաւոր mammal, mammiferous. —ներ mammalia.
ստնտու wet-nurse, foster-mother.
ստոծանի (anat.) diaphragm.
ստոյգ true, certain, sure.
ստոյիկեան stoic(al).
ստոր low, ill-tempered. (window) blind. windowshade (U.S.A.).
ստորաբաժանում subdivision.
ստորագիր signature.
ստորագծել to underline.
ստորագնահատել to underestimate.
ստորագնահատում (ստորագնահատութիւն) underestimation.
ստորագրեալս I, the undersigned.
ստորագրել to sign.
ստորագրող underwriter.
ստորագրուած undersigned.
ստորագրութիւն signature.
ստորադաս subordinate, inferior.
ստորադասական (եղանակ) (gram.) subjunctive (mood).
ստորադասել to subordinate. to submit.
ստորադասութիւն inferiority.
ստորակայ inferior. subordinate.
ստորակայութիւն inferiority. ստորակայութեան բարդոյթ inferiority complex.
ստորակէտ comma.
ստորաքարշ (մարդ) crawling, creeping (man).
ստորերկրեայ underground, subterranean.
ստորեւ below, lower part.
ստորին inferior. low.
ստորնամիտ low-minded.
ստորնանալ to abase.
ստորնացուցիչ abasing, debasing.
ստորնութիւն inferiority, meanness.
ստորոգեալ predicate.
ստորոգելի(ք) attribute. predicable.
ստորոտ foot (of a mountain, hill).
ստուար volumious, heavy, thick.
ստուարագիր (phys.) auxograph.
ստուարաթիւ numerous.
ստուարաձայն (mus.) bass (voice).
ստուարանալ to increase. to grow bigger (thick).
ստուարաչափ (phys.) auxometer.
ստուարապատ thick, bulky.
ստուարացնել to make bigger. to thicken. to enlarge.
ստուգաբան etymologist. —ական etymological.

—ել to etymologize.
—ութիւն etymology.
ստուգանիշ criterion.
ստուգաչափ standard. tester.
ստուգապատում veracious.
ստուգապէս, ստուգիւ surely.
ստուգատեսութիւն clear-sightedness.
ստուգատիպ standard.
ստուգաբան (փաստաթուղթ) document.
ստուգել to verify. to ascertain.
ստուգիչ justifying, verifier.
ստուգիւ certainly, surely.
ստուգութիւն veracity, certitude, truth.
ստուգուիլ to be verified.
ստուգում verification.
ստուեր shadow. spirit.
ստուերագիծ (ստուերագիր) outline. skiagraph.
ստուերագրել to sketch. to outline.
ստուերագրութիւն outline, skiagraphy.
ստուերախաղ galanty show.
ստուերամարտ skiamachy.
ստուերանալ to grow dark.
ստուերոտ shady.
ստութիւն lie, falsity.
ստրկամեծար who honours (respects) the slaves.
ստրկամիտ slavish, servile, menial.
ստրկամտութիւն slavishness, fawning.
ստրկային slavish.
ստրկանալ to fall into slavery. to turn slave.
ստրկատէր slave master.
ստրկատիրութիւն slavery, slave-holding.
ստրկացնել to enslave.
ստրկացում servitude.
ստրկութիւն slavery, bondage. serfdom.
ստրուկ slave. serf. —ներու վաճառք (գերեվաճառութիւն) slave-trade.
ճերմակ ստրկավաճառութիւն (կնավաճառութիւն) white slavery.
սրաթափանց clear-sighted.
սրաթեւ swift-winged.
սրաթռիչ swift-flying.
սրախաղաց fencer.
սրախողխող slain by a sword.
սրախօս witty. —ութիւն wittiness.
սրածայր painted, sharp.
սրածել (սրամահ ընել) to kill by a sword.
սրածեծ beaten with a sword.
սրածութիւն massacre.
սրահ hall, parlour. portico. court.
սրամերկ with naked sword.
սրամիտ sharp-witted, acute.
սրամտութիւն perspicacity. wit.
սրանալ to be sharp. to precipitate.
սրանկիւն acute-angled. —եռանկիւն oxygon.
սրաշարժ swift.
սրատես clear-sighted, sharp-sighted. —ութիւն sharpness. acuteness.
սրարշաւ rapid, swift.
սրբագործ sanctifying.

սրբագործել to sanctify, to consecrate.
սրբագործութիւն consecration.
սրբագրել to correct.
սրբագրիչ (սրբագրող) corrector.
սրբագրիչ (տպագրական փորձի) proof-reader.
սրբագրութիւն correction, proof-reading.
սրբազան holy, sacred, consecrated. — (հայր) his grace (holiness). — Պապ Holy Father (Pontiff).
սրբազնական holy, sacred.
սրբազնութիւն holiness. Ձերդ Ս— Your Holiness.
սրբալոյս pure, holy.
սրբակեաց virtuous, pure, saint.
սրբան anus, rectum.
սրբանալ to become holy, to be sanctified.
սրբանուէր holy, sacred.
սրբապիղծ sacrilegious.
սրբապղծել to desecrate.
սրբապղծութիւն sacrilege.
սրբավայր holy place, monastery. church.
սրբատաշ bright, shining.
սրբացնել to sanctify.
սրբել to wipe, to scour, to clean.
սրբիչ towel, serviette.
սրբութիւն holiness. — առնել to receive communion. Ձերդ Ս— Your Holiness. Նորին Ս— His Holiness.
սրբուիլ to be purified.
սրբուհի holy virgin.
սրդողիլ to fly into a passion, to be offended.
սրել to sharpen, to give a point (keen) edge. ախորժակը — to sharpen the appetite.
սրընթաց rapid, quick. —ութիւն rapidity.
սրիկայ rascal, scamp. rogue. —ութիւն trickery.
սրինգ flute. fife.
սրիչ (դանակի) (knife)-sharpener. knife-grinder.
սրճաղաց coffee-mill.
սրճաման coffee-pot.
սրճավաճառ coffee seller.
սրճարան (ինքնասպասարկութեամբ) cafeteria, restaurant with self-service.
սրճարան café, coffee-house.
սրճեփ café-keeper.
սրնգահար flute-player.
սրուակ phial, flagon.
սրութիւն sharpness. keenness.
սրունք leg, shank.
սրսկապան (առագաստի սենեակ) nuptial chamber.
սրսկապան (մժեղարգել) mosquito-net.
սրսկել sprinkle.
սրսկում sprinkling.
սրտաբաց ingenuous, frank.
սրտաբեկ broken-hearted. —իլ to be disheartened. —ութիւն discouragement.
սրտաբուխ (սրտագին. սրտազեղ) generous, sincere. cordial.

սրտագրաւ attracti(ng)(ve).
սրտադող heart-quake. afraid.
սրտազեղութիւն cordiality, heartiness.
սրտալիր hearty, sincere.
սրտախեցի cockle, mussel. heart-shell.
սրտախոց (սրտակէզ, սըրտակոտոր) heart-sick. broken-hearted.
սրտակից close. intimate.
սրտաճմլիկ heart-breaking. heart-rending.
սրտամորմոք piercing.
սրտայոյզ affecting, moving, stirring.
սրտապինդ courageous.
սրտապնդել to encourage.
սրտառուչ affecting, tender. moving.
սրտատապ heart-ache.
սրտատոչոր piercing. sharp.
սրտատրոփ palpitating.
սրտացաւ heart-ache.
սրտացաւութիւն cardiodynia. pity.
սրտացունց heart-struck (trembling).
սրտբացութիւն sincerity.
սրտեռանդ(ն) ardent, hot.
սրտխառնուք nausea.
սրտմաշուք anxiety, restlessness.
սրտմտիլ to be indignant.
սրտմտութիւն indignation.
սրտնեղիլ to be bored. to be out of temper.
սրտնեղիչ annoying, vexing, tedious.
սրտնեղութիւն boredom. anger.
սրտոտ brave, daring. —ութիւն intrepidity.
սրտցաւ affectionate, pitiful, friendly.
սրտցաւութիւն heart-ache. friendliness, compassion.
սփինքս sphinx.
սփիւռք diaspora. abroad.
սփիւռքի հայութիւն Armenians living abroad (in diaspora).
սփոփ (սփոփանք) comfort, relief. —ել to comfort. to relieve, to ease. —իչ comforter. —ուիլ to be consoled.
սփռոց table-cloth.
սքանչանալ to admire. to be attracted.
սքանչելի admirable, marvellous, wonderful. —ք. marvel, wonder.
սքեմ monachal garment. —աթող ըլլալ to throw off the cowl.
սքեմաւոր monk.
սքող veil, cover.
սքողել (սքօղել) to veil, to cover (with a veil).
սքօղում (mil.) camouflage.
սօս(ի) platane, plane tree.
սօսանուէր dedicated to platane.
սօսափիւն (սօսաւիւն) rustling (of leaves). sough.

Վ

Վ, վ (vé) the thirtieth letter of the Armenian alphabet. three thousand. three-thousandth.
վազել to run. to go hastily. see also վարգել.
վազերաձի zebra.
վագր tiger.
վազել to run. to hasten. — ետեւէն to chase, to run after.
վազվզել (վազվռտել) to run here and there.
վազվզուք (վազվռտուք) hopping and skipping.
վազցնել to hasten, to urge to run.
վազք race, course.
վաթսուն sixty. —ամեայ sixty years old. of sixty years.
վալս waltz.
վախ fright. fear. —կոտ coward, timid, shy. —կոտութիւն cowardice, timidity, shyness.
վախճան end, termination. death. ողերական — tragic end.
վախճանականութիւն finality.
վախճանիլ to die, to decease, to pass away.
վախնալ to be afraid, to fear.
վախցնել to frighten.
վահագն Hercules, Apollo.
վահան shield, buckler.
վահանազեղձ thyroid gland.
վահանակիր squire.
վահանակից fellow-soldier.
վահանաձուկ turbot.
վաղ early, ancient. — կամ ուշ sooner or later.
վաղաժամ (վաղահաս) premature, early.
վաղամեռ(իկ) prematurely dead.
վաղանցիկ (վաղանցուկ) momentary, transitory.
վաղեմի antiquated, of ancient times, of yore. former.
վաղը tomorrow.
վաղեմական ancient.
վաղնջուց antique, of old times.
վաղորդայն dawn, morning.
վաղուց for a long time.
վաղվաղակի quickly, swiftly.
վաճառ sale. merchandise.

վաճառագրել (գինը արձանագրել) to invoice.
վաճառադիր exhibitor.
վաճառադրոշմ (վաճառանիշ) trade-mark.
վաճառական merchant. dealer. մեծաքանակ — wholesale merchant. փոքրաքանակ — retail merchant.
վաճառականական commercial. — թղթակցութիւն commercial correspondence. — ձեռնարկ commercial undertaking (enterprise).
վաճառականութիւն commerce. trade.
վաճառակից (գործի ընկեր) business partner.
վաճառահանել (արտածել) to export.
վաճառանիշ trade-mark.
վաճառաշահ profitable. trading. —ութիւն gain, commerce.
վաճառասեղան (հաշուեսեղան) counter.
վաճառատեղի market-place.
վաճառատուն department store, store.
վաճառացուցակ inventory.
վաճառել to sell, to debit. —ի negotiable.
վաճառորդ (վաճառող) seller, vendor. շրջուն — (փերեզակ) pedlar (peddler), hawker.
վաճառում sale. ապառիկ — sale on credit. կանխիկ — sale for cash. մասնավճարներով — sale by instalment.
վաճառք merchandise, goods.
վամփիր (արիւն ծծող չղջիկ) vampire.
վա՜յ alas! — ինձ woe is me!
վայբերան (բամբասող) backbiter.
վայել to mourn, to deplore.
վայելել to enjoy.
վայելում enjoyment.
վայելուչ gallant. fit, elegant.
վայելչագեղ elegant.
վայելչազարդ highly ornamented.
վայելչազգեստ elegantly dressed.
վայելչախօս elocutionist.
վայելչակազմ charming.
վայելչասէր elegant.
վայելչասիրութիւն elegance.
վայելչափառ magnificent.
վայելչութիւն decency. elegance.
վայելցնել to dress well.
վայելք enjoyment, delight.
վայթել to discharge.
վայիւն moan, groan.
վայլել to suit, to become.
վայլեցնել to dress well.
վայնասուն lamentation.
վայոց (վայում) scream, moan.
վայր place, seat. ground.
վայրագ fierce, ferocious. —աբար cruelly.
վայրագնաց vagabond.
վայրագութիւն ferocity, cruelty.
վայրագօրէն widly, cruelly.
վայրահակ (հակամէտ)

disposed, prone. —ու-թիւն proneness.
վայրահաչ babbler, bawler. —ութիւն bawling.
վայրահար vulgar.
վայրաձիգ that dives.
վայրայարկ ground-floor.
վայրաշարժ locomotive.
վայրաչու (անկարգելաւոր) parachutist.
վայրապատ in vain.
վայրասայր (ժխտական մետաղաթերթ) cathode.
վայրավատիլ (տարածուիլ) to spread about.
վայրարկու (սրբան) anus.
վայրաքարշ low, decadent.
վայրաքիս (կատուանման կենդանի՝ նապաստակ որսացող) ferret.
վայրենաբար wildly, savagely.
վայրենաբարոյ (վայրենական) savage, brutal.
վայրենանալ to become savage.
վայրենի wild, barbarian.
վայրենութիւն savageness, ferocity.
վայրէջք going down, down grade, descent.
վայրի not tamed. wild, fierce, ferocious. — անանաս wild pineapple. — անանուխ common calamint. — անիսոն star anis tree. — երիցուկ golden marguerite. — ծնեբեկ asparagus. — ծոթրին creeping thyme. — կակաչ wild tulip. — կոտեմ candytuft. — քրքում blessed thistle.
վայրիկ small locality. an instant.
վայրկեան minute, moment. instant.
վայրկենաբար (վայրկենապէս) momentarily, instantly.
վայրկենական momentary. instantly.
վայրուղի (phys.) negative pole.
վայրուստ (ստորոտէն) from the lower part.
վանական monk, prior. —ութիւն monachism.
վանահայր abbot, superior of a monastery.
վանատու hospitable.
վանատուն monastery.
վանատուր host. inn-keeper.
վանդալ Vandal. —ութիւն vandalism.
վանդակ cage, grate, lattice. —ագործ lattice-maker. —ել to lattice, to grate. —որմ railing, grating.
վանել to repel, to expel.
վաներէց chaplain.
վանկ syllable. —ային syllabic.
վանկատել to aphetize.
վանողական repellent. repelling.
վանողութիւն repulsion.
վանք monastery, convent. — մայրապետներու nunnery.
վանքապատկան that belongs to the monastery.
վաշ hurrah!
վաշխ unfair interest.
վաշխառու usurer. —թիւն usury.

վաշտ batallion. —ապետ batallion commander (chief).
վաչ(է) (գնչունների սայլ) nomadic cart.
վաչկատուն nomadic.
վառ lighted. inflamed.
վառարան focus. stove, hearth.
վառեակ (վառեկ) chick, chicken.
վառել to light (up), to set on fire, to kindle.
վառելանիւթ (վառելիք) combustible. fuel.
վառելափայտ fire-wood.
վառիլ to be on fire. to catch fire, to kindle.
վառվռուն hot-spirited, animated.
վառօդ gun-powder, —ագործ gun-powder maker.
վասակ treacherous (person). —ութիւն treason.
վասն for the sake of.
վաստակ profit, earnings.
վաստակաբեկ fatigued, overweary.
վաստակալից (վաստակաբեր) lucrative.
վաստակակից collaborator.
վաստակաւոր husbandman, hard-working.
վաստակիլ (վաստկիլ) to gain, to win, to earn.
վատ loose, wicked, rascal, fearful.
վատաբանութիւն cacology.
վատաբար basely, dastardly. —ոյ dastard, ill-bred.
վատազգի base-born.
վատահամբաւ infamous. —ել to defame. to traduce.
վատահամբաւութիւն slandering, ignominy.
վատանալ to become loose.
վատանուն infamous. base.
վատաշնորհ ungraceful.
վատառողջ unhealthy. delicate. —ութիւն unhealthiness.
վատասերիլ to degenerate.
վատասիրտ poltroon. mean-spirited. fearful.
վատթար mischievous. naughty. —անալ to degenerate, to grow worse. —ացնել to make worse. —ացում deterioration.
վատթարիլ to degenerate.
վատնել to spend, to waste.
վատնող waster, prodigal.
վատոգի loose, lax.
վատոյժ (վատուժ) meager, weak.
վատորակ of bad quality.
վատութիւն baseness, meanness, cowardice.
վատուժ meager, weak.
վատուժութիւն meagerness, thinness, weakness.
վար below, down. inferior. — առնել to take down.
վարագ the 29th day of the Armenian month.
վարագոյր curtain, blind.
վարագուրել to veil, to cover, to blind.

վարազ boar. —ը կը խանչէ the boar grunts.
վարազահաւ condor.
վարազանման boar-like.
վարակել to infect, to defile, to corrupt.
վարակիչ contagious.
վարակուիլ to be infected with.
վարակում infection.
վարանիլ to hesitate.
վարանմունք hesitating, hesitation.
վարանոտ hesitating.
վարանում hesitation.
վարարել to prostitute oneself. to go whoring.
վարարութիւն whoredom.
վարզել (արագ վազել) to run, to trot, to toddle.
վարդ rose. Երիքովի — rose of Jericho. —ի կոկոն rose bud. —ի ջուր attar. — քաղել to pick (gather) roses.
վարդաբոյր rose-scented.
վարդագեղ rose, beautiful as a rose.
վարդագոյն rosy, pink.
վարդակարմիր rosy.
վարդանման like a rose.
վարդանոյշ (վարդանուշ) conserve of roses.
վարդապետ preceptor, vartabed, preacher. doctor.
վարդապետական doctrinal, dogmatic.
վարդապետանոց (վարդապետարան) clerical college, seminary.
վարդապետել to indoctrinate. to instruct (in).
վարդապետութիւն doctrine, dogma, teaching.
վարդապսակ rose-crowned.
վարդաջուր rose-water.
վարդաստան rosarium. roseland.
վարդասփիւռ strewn with roses.
վարդավառ transfiguration of Christ.
վարդարան rosary.
վարդափթիթ blooming as a rose.
վարդափունջ bunch of roses.
վարդենի rose-tree.
վարդօղի rossolio.
վարել to conduct, to drive. to labour. հողը — to cultivate. գերի — (գերեվարել) to capture.
վարելահող acreage.
վարելիք bridle.
վարժ trained, versed. — ձի trained horse.
վարժապետ professor, teacher, tutor.
վարժապետանոց (վարժապետարան) normal school. training school.
վարժապետութիւն tutorship.
վարժապետուհի mistress.
վարժատուն institution. school.
վարժարան school, college. արհեստից — trade school. բազմարուեստից — politechnical school. ժառանգաւորաց — seminary. խառն — mixed school.
վարժեցնել to train up. to instruct

վարժութիւն exercise, training.
վարժուիլ to get accustomed.
վարժուհի school-mistress.
վարիչ director, conductor. captain.
վարկ credit, trust, vogue.
վարկաբեկել to discredit.
վարկաբեկութիւն dishonour, ignominy.
վարկաբեկում defamation. disgrace.
վարկագիր (com.) letter of credit.
վարկած hypothesis.
վարկել to give credit. to accredit.
վարկպարագի (մակերեսային) superficial(ly), cursory, perfunctory.
վարձ(ք) salary, wages, reward. fare. rent.
վարձագիր contract of rent.
վարձակալ (վարձաւոր) tenant, lease holder. lessie. —ութիւն tenancy.
վարձահատոյց rewarder. one who recompenses.
վարձատրել to reward, to recompense.
վարձատրութիւն reward. recompense.
վարձատրուիլ to be recompensed. to be rewarded.
վարձել to hire, to let, to rent. to hire out.
վարձկան mercenary. —ութիւն mercenariness.
վարձող hirer.
վարձու rentable. rented.
վարձու տալ to let, to be rented.
վարձուոր tenant, lessie, lease holder.
վարձք wages, salary. rent. recompense.
վարմ net. snare.
վարմունք course of conduct, behaviour, demeanour.
վարնոց inferior, poor quality (goods). mean, vile (person).
վարշամակ (ծածկոյթ) amyss. shroud. amice.
վարոց penis, rod, verge. long thin stick.
վարուելագէտ tactful.
վարուելակերպ tact, process.
վարուժան male bird of prey.
վարուժնակ (տատրակ) young turtle dove.
վարուիլ to behave, to conduct oneself. to deal with.
վարունգ cucumber.
վարուցան sowing.
վարչագիտութիւն art of governing. state-craft.
վարչական administrative, directive. member of a committee.
վարչակարգ system of government, regime.
վարչաձեւ regime.
վարչապետ prime minister, primier.
վարչութիւն (կոմիտէ) committee. administration. directorate.
վարպետ master. instructor. — արհեստաւոր craftsman.

վարպետորդի cunning, crafty, skilful
վարպետորդիութիւն artifice.
վարպետութիւն ingenuity, ability. skill.
վարս hair. —ագեղ of fine hair.
վարսակ oats.
վարսակալ (ծամակալ, ադամանդակուռ թագ) diadem, riband. hair-pin.
վարսայարդար hair-dresser.
վարսավիրայ hair-dresser.
վարսաւոր long-haired.
վարսաւորիլ to be covered with hair.
վարտիք breeches, drawers.
վարք deportment, conduct, behaviour. manners.
վարքագիծ orientation.
վաւաշ debauched, lewd, lecherous.
վաւաշոտ debauched, lewd, lustful. —ութիւն lewdness, lustfulness,
վաւեր authentic.
վաւերագիր document.
վաւերագործել to ratify.
վաւերագործութիւն validation. ratification.
վաւերագրութիւն confirmation (in writing).
վաւերաթուղթ document.
վաւերական authentic, valid.
վաւերականացում legalization.
վաւերականութիւն authenticity. validness. validity.
վաւերացնել to ratify. to certify the authenticity.
վաւերացում ratification. authentication.
վեթերան veteran.
վեթօ (վեթո) veto.
վեհ high, supreme, majestic, imposing. — երեւոյթ imposing aspect.
վեհագոյն excellent, eminent, supreme.
վեհագործութիւն magnificence.
վեհազգի noble (super) race. noble.
վեհաժողով congress.
վեհանձն noble, magnanimous. —աբար (վեհանձնօրէն) magnanimously. —ութիւն magnanimity. generosity.
վեհաշուք (վեհապանծ) majestic, impressive.
վեհապետ sovereign. —ական supreme, sovereign. —ութիւն sovereignty, supremacy.
վեհատեսիլ imposing, majestic.
վեհարան apartments of the catholicos.
վեհափառ majestic. —ութիւն majesty.
վեհափառօրէն (mus.) maestoso.
վեհերիլ (վախնալ) to lose courage. to be afraid.
վեհերոտ recreant. timid, without courage. —իլ to lose courage. —ութիւն weakness (of spirit).
վեհիմաց divinely inspired

վեհութիւն majesty, eminence, grandeur.
վեղար hood. —աւոր (—ակիր) hooded. friar.
Վենետիկ Venice.
վեներական (հիւանդութիւն) venereal (disease).
վեստ free, noble, prince.
վեր high, up. over. ի — since. — ի վայր up side down.
վերաբանալ to reopen.
վերաբացուիլ to be reopened.
վերաբացում reopening.
վերաբերեալ concerning, relating to, with reference to.
վերաբերիլ to concern, to refer, to belong.
վերաբերութիւն (վերաբերում, վերաբերմունք) reference, relation. behaviour.
վերագիր title.
վերագնահատել to reestimate, revaluate.
վերագրել to refer to, to attribute.
վերագրում imputation, address.
վերադառնալ to return.
վերադաս superior. —ել to place above.
վերադարձ return. —նել to return.
վերադէտ inspector, overseer.
վերադիր epithet, index, added, adjective, noun, tittle. article (definite).
վերազարթնում reawakening.
վերազինել to rearm, to reequip.
վերազինութիւն rearmament.
վերածածկել to recover.
վերածաղկիլ to reblossom, to sprout.
վերածել to transform. to reduce, to convert, to render into.
վերածնիլ to be regenerated. to be reborn.
վերածնութիւն (վերածընունդ) revival, renaissance, new birth.
վերածող reducer.
վերակազմել to reorganize, to reform.
վերակազմութիւն reorganization.
վերակայ high place.
վերականգնել to raise again, to restore.
վերականգնիլ to rise again to rise up.
վերականգնում, restoration.
վերակառուցել to rebuild.
վերակառուցում restoration.
վերակարգել to bring to office again. reinstate.
վերակացու overseer, intendant. inspector. գործաւորներու — foreman. դպրոցի — superintendent.
վերակացութիւն inspection. superintendence.
վերակենդանանալ to revive, to come to life again.
վերակենդանացնել to reanimate, to revive.
վերակենդանացում revivification, revival.

վերակոչել to call again, to recall.
վերահայեաց surveyor, overseer.
վերահայեցողութիւն reflection, meditation.
վերահաս imminent, pressing. — վտանգ imminent danger.
վերահասու ըլլալ to understand.
վերահաստատել to restore, to reestablish, to set again.
վերահաստատում restoration.
վերահսկիչ inspector, overseer.
վերահսկողութիւն supervision, proctorship, charge.
վեր(ա)հրատարակել to republish.
վերաձայն (արական գիլ ձայն) tenor.
վերաձայնել to shout, to call, to announce, to bless.
վերամբարձ rising, ascending.
վերամբարձ (mech.) lift, elevator. —ութիւն ascension.
վերամկրտել to rebaptize.
վերամշակել to correct, to improve.
վերամուսնանալ to marry again, to remarry.
վերամուսնութիւն remarrying, remarriage.
վերամուտ reentrance, reopening.
վերանալ to arise, to mount, to be enraptured (ravished).
վերանորոգել to renew, to restore.
վերանորոգիչ restorer, renewer.
վերանորոգութիւն restoration, reform, renovation.
վերանուանել to rename, to recall.
վերաշինել to rebuild.
վերաշինող rebuilder.
վերաշինութիւն reconstruction.
վերաշրջում reconversion.
վերապահ reserved, wary. —ել to reserve, to set apart. —ութիւն reserve, reticence.
վերապատուել to revere, to honour, to venerate.
վերապատուելի reverend, very reverend.
վերապատուութիւն reverence.
վերապսակել to recrown.
վերապրիլ to survive.
վերապրող survivor.
վերապրուկ remains, remainder.
վերասլանալ to soar, to fly high.
վերասլաց that soars (that flies) high.
վեր(ա)ստանալ to reobtain, to receive again.
վերատեսութիւն reexamination, revision.
վերատեսուչ director.
վերատեսչութիւն intendance, management, administration.
վերատպել to reprint.
վերարծարծել to revive, to rekindle.

վերարկել to cover. to mark.
վերարկու overcoat. cloak.
վերարտադրել to reproduce.
վերարտադրություն reproduction.
վերացական abstract. վերացականություն abstraction.
վերացնել to raise. to lift up. to enrapture.
վերափոխել to transform.
վերափոխություն anabolism.
վերափոխում Assumption.
վերաքննական appellant.
վերաքննել to revise, to re-examine. —ի revisable.
վերաքննիչ reviser, appellate. — ատեան appellate court, court of appeal.
վերաքննություն re-examination, revisal, appeal.
վերելակ lift. elevator (U. S. A.).
վերելք ascension. ascent.
վերերևել to reappear.
վերեւ upwards. above. over.
վերընդունել to reaccept.
վերընթաց going up. ascension.
վերընծայել to offer.
վերընկող one who receives. successor.
վերընձյուղել to shoot. to bud again.
վերընտրել to re-elect (for the same post).
վերընտրություն re-election.
վերընտրուիլ to be re-elected.
վերին upper, high.
վերիվայր inverse, upset.
վերիվայրել to turn topsy. turvey.
վերիվերոյ (վերիվարոյ) about, superficially.
վերլուծական analytic.
վերլուծել to analize.
վերլուծում (վերլուծություն) analysis, resolution.
վերծանել to recite. to decipher.
վերծանող reader, lecturer. interpreter, explainer (of a book, a manuscript).
վերծանում reading. interpretation, explaining.
վերհսկողություն supervision.
վերմակ coverleet. blanket, quilt.
վերյիշել to remember. to recollect.
վերյիշում remembrance. recollection.
վերնաբերդ citadel. acropolis.
վերնազգեստ upper regions.
վերնագիր title. heading. head-line.
վերնագրել to give a name to. to entitle.
վերնազգեստ overcoat.
վերնալ to stand up, to rise to be effaced, to be annulled.
վերնամաշկ epidermis.
վերնայարկ upper floor. top floor.
վերնաշապիկ surplice.
վերնատուն the upper

room (hall). raised platform in a church. guest chamber (room).
վերնոտ (լուսնոտ) epileptic. cataleptic. —ութիւն epilepsy.
վերոգրեալ above-mentioned. foregoing.
վերոյիշեալ above-mentioned, above, above-cited.
վերուստ from above, from on high, from heaven. from the very beginning.
վերջ end, termination. limit. —ի վերջոյ finally, after all.
վերջաբան epilogue.
վերջագիծ terminus.
վերջադաս consequent. suffix.
վերջալոյս twilight, crepuscule.
վերջածին last born.
վերջակայան terminus.
վերջակէտ full stop, period (.).
վերջամնաց backward. remnant, survivor.
վերջանալ to terminate, to finish. to be over.
վերջանուագ (mus.) finale (ֆինալի). — codetta. the last time.
վերջապահ (յետսապահ) (mil.) rearguard.
վերջապէս at last.
վերջատիպ posthumous work (book, etc.).
վերջացնել to end, to finish, to terminate.
վերջաւորութիւն end, termination.
վերջերս lately, recently.
վերջընթեր last but one.
վերջին last, final, ulterior. — սահմանագիծը the extreme limit.
վերջինեկ the last child born.
վերջ ի վերջոյ at last, finally.
վերջնագիր ultimatum.
վերջնական final, ultimate, last. —ապէս definitively, at last, finally.
վերսկսիլ to recommence, to resume.
վերստ verst (Russian measure of length).
վերստանալ to recuperate, regain, recover.
վերստին again, anew.
վերտառութիւն epigram.
վերցնել to raise, to lift up, to support.
վեց six.
վեցամեայ sexennial. of six years.
վեցամսեայ six months old.
վեցանկիւն hexagon.
վեցեակ (6 թիւ կամ անձ) hexade, six.
վեցերորդ sixth.
վեցհարուածեան revolver.
վեցօրեայ of six days. — պատերազմը the six days' war.
վզանոց (վզնոց) neckerchief, necktie, collar.
վզոսկր atlas.
վզվզալ to buzz.
վէգ ankle-bone, osselet.
վէճ discussion, quarrel. dispute, argument.
վէմ (քար) stone, rock. անկիւնի — (անկիւնաքար) corner-stone.

վէպ novel, romance, story, narration.
վէպիկ (նորավէպ) novelette, fiction. small romance.
վէս haughty, cross, grained, irritable.
վէսութիւն arrogance, vanity. irascibility, crossness.
վէսօրէն haughtily.
վէտ little wave. scratch.
վէտվէտ like waves.
վէտվիտում waving motion. undulation.
վէրք wound, hurt, lesion, ulcer.
վթար damage, ruin, something very bad.
վթարել to damage, to endanger. to ruin.
վիթ gazelle.
վիթխարի gigantic, very big, colossal.
վիժած abortive (child). aborted.
վիժանք flow, abortion.
վիժեցնել to cause abortion.
վիժիլ to abort, to miscarry.
վիժուկ abortive (child).
վիժում miscarriage, abortion. պայօրինի — ընող abortion-monger.
վիհ abyss. whirlpool.
վիճաբանական polemical. — ժողով (academic) debate.
վիճաբանիլ to discuss. to dispute. to quarrel.
վիճաբանութիւն dispute, discussion, debate. quarrel.
վիճակ state, condition. position, district. — ձգել to cast (draw) lots. եպիսկոպոսական — episcopal diocese. պաշարման — state of siege. ստիպողական — state of emergency. պատերազմական — (in a) state of war.
վիճակագրութիւն statistics.
վիճակախաղ lotto.
վիճակակից being in the same condition. associate.
վիճակահանութիւն lottery, tombola, lot.
վիճակացոյց statistics, report (on pupil's work and conduct). inventory. stock-taking.
վիճակաւ (վիճակով) by lot.
վիճակաւոր ecclesiastic.
վիճակիլ (վիճակուիլ) to chance, to be the lot of. to fall by chance.
վիճելի disputable.
վիճիլ to discuss, to dispute, to quarrel.
վիմաբուխ (վիմածին) issuing from a rock.
վիմագիր (վիմագրական) lithographic.
վիմագիր (վիմագրիչ) lithographer.
վիմագրել to lithograph.
վիմագրութիւն lithography.
վիմալուսանկարչութիւն lithophotography.
վիմադամբան grave cut into a stone (rock).
վիմակառոյց (վիմակերտ) made (built) of stone.

վիմաշէն made (built) of stone.
վիմատառ petrifaction.
վիմատիպ lithotype.
վիմափոր cut into the stone.
վին (mus.) lute (բրբ. ուտ).
վինահար lutist.
վինեակ mandolin(e).
վիշապ dragon, typhon. vortex.
վիշապազունք (վիշապազօրք) dragons. dragooners.
վիշապաձուկ sea-dragon. cachalot.
վիշապաքաղ dragon-slaying.
վիշտ grief, sorrow, affliction. woe. deep pain. vexation.
վիպաբան narrator.
վիպագիր novelist.
վիպագրել to write short stories (fictitious stories or novels).
վիպագրութիւն novel-writing.
վիպակ novel.
վիպական (վիպային) romantic.
վիպականութիւն romanticism.
վիպապաշտութիւն romanticism.
վիպասան novelist, narrator, romance-writer.
վիպասանական romantic.
վիպասանութիւն novel, romance.
վիպել to relate, to narrate, to recite.
վիպերգ (վիպերգութիւն) ballad, romantic song.
վիրաբոյժ surgeon.
վիրաբուժական surgical. — գործողութիւն surgical operation.
վիրաբուժութիւն surgery, chirurgy.
վիրալ (մազերը սափրել) to crop, to clip (hair).
վիրալից (վէրքերով լի) ulcerous, full of wounds.
վիրակապ bandage.
վիրահատ surgeon. —ական surgical. —ութիւն surgery operation (to treat injuries, diseases, etc.).
վիրապ dungeon. խոր — deep pit, profound dungeon.
վիրաւոր wounded. hurt. —անք offence, trespass, assault. —ել to wound, to ulcerate. —ուիլ to be wounded. —իչ offensive.
վլվլուկ disturbance, uproar.
վխտալ to crawl with. to swarm. to stir.
վխտացող stirring, swarming.
վկայ witness. martyr. —կանչել to summon as witness. —աբանութիւն martyrology.
վկայագիր (հաստատագիր) certificate, attestation. affidavit. ծննդեան — certificate of birth. — վարք ու բարքի certificate of good conduct.
վկայաթուղթ certificate. attestation.

վկայական diploma, testimonial.
վկայասէր fond of martyrs.
վկայարան martyrium.
վկայել to testify, to witness. to certify.
վկայութիւն testimony, attestation. — բերել to quote.
վկանդել (նուաճել) to subdue, to defeat. to repel, to push back.
վհատ(ած) discouraged, disheartened.
վհատեցնել to dishearten, to discourage.
վհատեցուցիչ discouraging.
վհատիլ to lose heart (courage).
վհատութիւն discouragement, athymia.
վհուկ sorcerer. wizard. —ուհի (կախարդ) witch, sorceress.
վճար(ք) payment, reward.
վճարագին money paid.
վճարառու payee.
վճարել to pay (off), to refund. —ի payable.
վճարուիլ to be paid.
վճարում payment.
վճարօր falling due; term day.
վճիռ sentence. judg(e)ment. verdict. ժողովրդեան — (հանրաքուէ) plebiscite.
վճիտ clear, limpid. pure, clean.
վճռաբար decisively.
վճռաբեկ abrogating. — ատեան the court of cassation.
վճռագիր (դատավճիռ) decision writ, sentence.
վճռական decisive, resolute.
վճռապէս definitively. decisively.
վճռել to decide, to resolve.
վճռող(ական) decisive.
վնաս wrong. injury. hurt, harm.
վնասաբեր detrimental, causing damage.
վնասակար injurious, pernicious, hurtful, bad. —ութիւն hurtfulness, malice.
վնասատու saboteur.
վնասարար saboteur mischievous. malevolent. —ութիւն sabotage.
վնասել to hurt. to harm, to damage.
վնասուիլ to be hurt. to suffer.
վշտաբեկ afflicted. suffering. grieved.
վշտագին sorrowful, painful, doleful.
վշտալի(ր) (վշտալից) sorrowful, grievous.
վշտակեաց unfortunate.
վշտակիր sorrowful, grieved. afflicted.
վշտակից condoling with, comrade in suffering.
վշտակցիլ to sympathize with, to feel with.
վշտակցութիւն condolence, compassion, pity.
վշտահար grieved, afflicted.
վշտանալ to be afflicted, to be offended.

վշտացնել to offend, to vex. to grieve.
վոլթ (elect.) volt.
վոհմակ pack, band.
վուլ (հրովարտակ, կոնդակ) edict. bull (given by a Catholicos or Pope).
վուշ linen, flax.
վուշ վուշ exclamation that expresses feeling.
վողշիկ (շինական) peasant.
վոթվոթալ (բոցավառիլ) to be inflamed.
վոիկ (պահքի ապուր) soup of fasting.
վոնտել to expel, to send away, to dismiss.
վոնտուիլ to be expelled. to be sent away.
վսեմ eminent, noble. sublime. —աբար sublimely. —ագոյն topmost.
վսեմախօս eloquent.
վսեմաշուք most eminent.
վսեմապատիւ most honoured. most excellent.
վսեմափայլ most eminent.
վսեմութիւն excellency. Նորին Վսեմութիւն Հանրապետութեան Նախագահ His Excellency the President of the Republic.
վստահ sure. unsuspicious. —աբար surely.
վստահելի faithful, honest, dependable.
վստահիլ to be assured. to trust in. to rely on.
վստահութիւն confidence. safety. assurance. reliance.
վտակ brook. stream.
վտանգ danger, hazard, venture. —ալից dangerous. venturous. —աւոր dangerous, unsafe.
վտանգել to endanger, to risk.
վտառ (ձուկերու խումբ) crowd. shoal. flock. (—ք մարմնի վրայ բնական բացուածքներ) canal. chap.
վտարական (վտարանդի, հայրենիքէն հեռացուած) fugitive, exiled, deported.
վտարանդիութիւն expatriation. exile, deportation.
վտարել to exile, to expel, to drive away.
վտարուիլ to be driven away. to be expelled.
վտարում expulsion.
վտաւակ (տակի հագուստ) waistcoat, vest. shirt.
վտիտ meagre, thin, scraggy.
վտիտանալ to grow lean (thin).
վտիտութիւն scantiness, poorness, meagreness.
վրայ on. over. upon.
վրան tent. tabernacle. տօնավաճառի — pavilion. — կանգնել to set up a tent, to pitch a tent. —ի ցիցեր tent-pegs.
վրանաբնակ nomad, member of a wandering tribe. nomadic.
Վրաստան Georgia.
վրացերէն (վրացական, վրացի) Georgian.

վրդովել to agitate, to trouble. to disturb.

վրդովիլ (վրդովուիլ) to be uneasy, to be troubled. to be vexed.

վրդովիչ (լուրեր) startling, fearful (news).

վրէժ vengeance, revenge. —խնդիր revengeful. vindictive. —խնդրութիւն vengeance, revenge.

վրիժառու revengeful. vindictive. one who avenges himself upon (the murderer).

վրիժառութիւն vengeance. retaliation.

վրիպակ fault, errors. տըպագրական — erratum. ժամանակագրական — anachronism.

վրիպանք error. mistake.

վրիպեցնել to misguide. to mislay, to divert.

վրիպիլ to miss, to err, to fall wide of the mark.

վրիպում failing.

վրձին brush.

վրնջել (ձիուն հանած ձայնը) to neigh.

վրնջիւն neigh, neighing.

Տ

Տ, տ (dune) the thirty-first letter of the Armenian alphabet. four thousand. four-thousandth.

տաբատ trousers. pantaloons.

տաբատակալ (ձգափոկ) braces.

տագնապ crisis, trouble, agitation. torment, anxiety. —ալի(ց) critical, restless, troublesome.

տագնապեցնել to embarrass. to disquiet, to cause anxiety.

տագնապեցուցիչ alarming, pressing.

տագնապիլ to be in a critical condition. to be alarmed.

տագր brother-in-law (husband's brother).

տաժանակիր forced, hard.

տաժանելի troublesome, painful.

տաժանք toil, hardship, pain.

տալ sister-in-law (husband's sister).

տալ to give, to give away, to deliver, to remit. մրցանակ — to bestow a prize. տեղի — to give way. to submit.

տալիթա girl. maid, virgin.

տալիք debts. liabilities.

տախտ bench. seat.

տախտակ board, plank. աշխարհացոյց — map.

տախտակամած floor.

տախտակորմ (միջնորմ) partition made of masonry.

տածել to take care of, to entertain, to nourish.

տածիչ fosterer.

տածում alimentation.

տակ under, underneath, below.

տականք dregs. rust.

տակառ barrel, cask. —ագործ cooper. —ագործութիւն cooperage.

տակառաչափ tonnage. ton.

տակաւ little by little. by and by.

տակաւ առ տակաւ little by little. gradually.

տակաւին yet, still.

տակնուվրայ upset. in confusion, topsy-turvy. — ընել to reverse, to upset. to throw into disorder.

տակնուվրայութիւն disorder, confusion.
տակուք (մնացորդ) dregs. grounds. dross. remains, remnant.
տաղ verse, poem, a lyric poem.
տաղանդ talent. —աւոր talented.
տաղաչափ versifier. —ել to make verses. —ութիւն versification.
տաղասաց (տաղերգու) ballad-maker.
տաղարան song-book.
տաղաւար pavilion, tent, barrack.
տաղել (խարել) to cauterize. to sear.
տաղերգութիւն ode verse.
տաղտ (ձանձրոյթ) weariness, vexation. trouble. —ապել to trouble. to molest.
տաղտկալ (տաղտկանալ) to be disgusted. to be wearied of.
տաղտկալի(ց) tiresome tidious, displeasing.
տաղտկանալ to be wearied, to feel dull, to feel disgusted (bored).
տաղտկացնել to tease, to bother. to disgust.
տաճար temple. —ական templar.
տաճարապետ high-priest.
տաճարապուտ (Աստուծոյ տաճարը կողոպտող) sacrilegist.
տաճիկ Turk.
տաճիկ ուղտ dromedary.
տաճկախօս Turkish-speaking.
տաճկական Turkish.
Տաճկահայաստան Turkish Armenia.
տաճկամոլ Turcophile.
տաճկացնել to convert, to enrage, to make angry.
տամկանալ to grow moist.
տամկութիւն humidity. moisture.
տամուկ humid, moist.
տանելի bearable. tolerable. portable.
տաներէց chaplain.
տանիլ to take to, to carry off, to lead, to conduct, to bear, to tolerate.
տանիք roof. deck roof.
տանձ (bot.) pear.
տանձենի pear-tree.
տանուտէր master of a house. proprietor. patron.
տանջալից painful. toilsome. hard.
տանջանք torment. torture.
տանջել to torture, to torment.
տանջուիլ to be tortured. to suffer.
տանտէր master of a house. see also տանուտէր.
տանտիկին (տանտիրուհի) mistress of a house. the mother of the family.
տաշել to chip, to square (timber).
տաշեղ (տաշուք) chip. shaving of wood.
տաշտ trough, tub.
տապ heat. warmth. intense heat.
տապալել to overthrow,

to fell (trees). to knock down.

տապալի (նարտ) trick - track.

տապալիլ to be overthrown. to be subverted.

տապալում overthrow, subversion.

տապակ frying-pan.

տապ(ա)կել to fry. to roast.

տապակում frying.

տապան ark, tomb. Նոյի — Noah's ark.

տապանագիր epitaph.

տապանակ the ark of God. — ուխտի the Ark of the Covenant.

տապանաքար tombstone.

տապար axe, hatchet.

տապեղ (տապալի) trick - track.

տապեղուլունք (նարտի քարեր) die (pl. dice) (for playing trick - track).

տապլտկիլ to tumble. — ցեխի մէջ to wallow.

տապկել to fry, to roast.

տառ letter, character.

տառադարձական anagrammatic.

տառադարձել to permute, to anagrammatize.

տառադարձութիւն anagram.

տառանիշ letter, character.

տառաշար type-setter.

տառապագին (տառապալից) afflicting. troublesome.

տառապանք affliction, tribulation. suffering.

տառապեցնել to afflict, to grieve. to cause suffering.

տառապիլ to suffer, to languish.

տառասխալ orthographic (spelling) mistake.

տառացի literal. —օրէն literally.

տառեխ (ձուկ) herring. shad.

տառեղ (արագիլ) heron.

տառփանք lust, lewdness.

տասանորդ tithe, decime.

տաս(ա)նորդական դրութիւն decimal system. — կոտորակ decimal fraction.

տասանորդել to tithe, to decimate.

տասը ten.

տասնաբանեայ (պատուիրանք) the Ten Commandments.

տասնամեայ decennial, of ten years.

տասնապատիկ tenfold.

տասնապատկել to increase tenfold (ten times).

տասնապետ corporal.

տասնաւոր denary. — (թիւ) ten (number).

տասնեակ decade.

տասներեք thirteen.

տասնեօթը seventeen.

տասնինը nineteen.

տասնըութերորդ eighteenth.

տասնըութը eighteen.

տասնըչորս fourteen.

տասնըչորրորդ fourteenth.

տասնիլիոն decillion.

տասնիցս ten times.

տասնոտեայ decapodal.

տասնորդ decime.

տասնորդական decimal.

տասնոց dime.
տասնօրեակ decameron.
տասնօրեայ of ten days.
տատ grandfather, grandmother.
տատամսիլ to hesitate. to fluctuate.
տատանիլ to swing, to shake, to waver.
տատանում swinging, waving.
տատասկ (bot.) star-thistle.
տատրակ turtle-dove (pigeon).
տարաբաժին transferred, made over.
տարաբախտ unfortunate, unlucky. —աբար unfortunately. —ութիւն misfortune.
տարաբաստ(իկ) unfortunate, ill-starred.
տարաբնակ foreigner, stranger, who lives abroad.
տարագիր exiled, expatriated.
տարագնաց perignator, banished.
տարագրել to expatriate, to exile.
տարագրութիւն exile. elimination, deportation.
տարագրուիլ to be deported (exiled).
տարադէպ (անյարմար) unseemly, unsuitable, unbecoming.
տարազ costume, uniform, dress. manner, fashion, appearance. formula.
տարազագործութիւն manufacture.
տարաժամ (անժամանակ) unseasonable, premature.
տարաժամիլ to darken, to grow dim. to become dark.
տարալեզու foreign language.
տարախոհ (տարակարծիք) having strange thoughts, paradoxical.
տարած extented, spread out. —ք expansion. size.
տարածական (տարածուն) extensionist. expanding. extensible, expansive. —ութիւն expansivity.
տարածանք spreading.
տարածել to spread, to stretch. to enlarge, to widen.
տարածիչ (տարածող) propagator. expanding.
տարակայ (հեռաւոր) far-away. out of the way. absent.
տարականոն abnormal. anomalous.
տարակարծ (անակնկալ) unforeseen. unawares. unlooked for.
տարակարծիք dissident. divergent.
տարակարծութիւն divergency. dissension.
տարակերպ paradoxical. —ութիւն paradox.
տարակոյս hesitation, doubt, surmise. suspicion.
տարակուսական doubtful.
տարակուսանք doubt.
տարակուսելի doubtful.
տարակուսիլ to doubt. to be doubtful.
տարաձայն divergent.

տարածայնել to spread all about, to rumour.
տարածայնութիւն rumour. dissidence. divulgence.
տարածեւ deformed. ugly.
տարամերժ intolerant. —ութիւն intoleration.
տարամէտ different.
տարամիտ stupid.
տարամուսնութիւն marriage with foreigners.
տարանկիւն (շեղանկիւն) (geom.) rhomb(us). lozenge.
տարանջատ cut off. untied. —ել to separate.
տարանցիկ (com.) transit.
տարաշխարհ foreign country. abroad. —իկ foreign, outlandish.
տարապայման excessive.
տարապարհակ (անվարձ, ծանր [աշխատանք]) angaria, statute labour, fatigue-duty.
տարապարտ (ապօրինի, անարդար) undue. unreasonable. unjust.
տարասեռ heterogeneous.
տարասովոր extraordinary.
տարատեսակ of a different sex. heterogeneous.
տարացեղ stranger, foreigner, heterogeneous, gentile.
տարափ shower. torrent. flood.
տարափոխիկ contagious, infectious. — հիւանդութիւն epidemic disease.
տարբաղադրել to decompose.
տարբաղադրութիւն decomposition. analysis.
տարբաղադրուիլ to decompose.
տարբեր different. various. distinct.
տարբերակ diverse. sundry, distinct. version.
տարբերական differential. — համարողութիւն (math.) differential calculus. — համարտադրիչ differential coefficient. — հաւասարութիւն differential equation.
տարբերել (զատորոշել) to distinguish. to differentiate.
տարբերիլ to differ. to disagree. to be distinct.
տարեգիր annalist.
տարեգիրք annals, year-book. annual publication.
տարեգլուխ new year.
տարեգրող annalist.
տարեգրութիւն annals.
տարեդարձ anniversary. ծննդեան — birthday.
տարեթիւ date. year.
տարելից anniversary of an unhappy event.
տարեկան annual, yearly. քանի՞ — էք how old are you?
տարեկից who has the same age (as another person).
տարեհաշիւ budget.
տարեմուտ new year's day.
տարեշրջան a year. period of 12 months.
տարեվերջ the last day of the year.
տարեվճար annuity.

տարերային spontaneous.
տարերայնօրէն spontaneously.
տարերք (բնութեան ուժեր, նախագիտելիք) the elements. բնութեան չորս —ը՝ հող, օդ, կրակ եւ ջուր the four elements: earth, air, fire, water.
տարեց aged, old.
տարեցոյց almanach.
տարի year. դպրոցական — academic year. նահանջ — leap-year. տարուէ — year by year. մեր բուականութիւնը (Քրիստոսի տարին) in the year of our Lord. Anno Domini (A. D.).
տարիք age.
տարիքաւոր (տարիքոտ) aged. old.
տարհամոզել to dissuade.
տարմ (թռչունններու խումբ) flock. a group of flying birds.
տարողութիւն capacity. scope. tonnage.
տարորոշել to distinguish.
տարուբեր agitated.
տարուբերել to stir, to move, to shake.
տարուբերիլ to be agitated, to shake.
տարուիլ to be carried (away).
տարուինական Darwinian.
տարտամ perplexed. vague, indistinct, dim. —ութիւն uncertitude, —իլ to be perplexed. vagueness, perplexity.
Տարտանել Dardanelles.
Տարտարոս (դժոխք) (myth.) Tartarus. hell.
տարտղնել to scatter. to disperse.
տարտղնիլ to be dispersed. to be scattered.
տարր element.
տարրաբան (տարրագէտ) chemist. —ական chemical. —ութիւն chemistry.
տարրագիտութիւն chemistry.
տարրալոյծ analyst, chemist.
տարրալուծել to analyse.
տարրական elementary, primary. essential, necessary.
տարփ love. desire.
տարփագիր love-letter.
տարփալ to desire strongly. to sigh for. —ի desirable. beloved.
տարփածու lover.
տարփանք strong desire. passion.
տարփողել to announce. to proclaim.
տարփոտ wooer, amorous.
տարփուհի mistress, lover.
տարօրէն fantastical. wholly.
տարօրինակ curious. strange. odd, extraordinary. —ութիւն strangeness, oddity.
տաւար cattle.
տաւիղ harp.
տափ plain. even.
տափակ flat. even. insipid. tasteless. vulgar (style). —ութիւն flatness, vulgarity (of style). —նալ to be

flattened. —ցնել to flatten.

տափան (ցաքան) (agri.) clod-breaker.

տափաստան steppe.

տափարակ smooth, flat.

տաք hot. warm. vivid. friendly. —արիւն warm-blooded. — գլուխ hot-headed.

տաքնալ to grow warm.

տաքութիւն heat, warmth, fever (of illness).

տաքուկ warm. convenient.

տգեղ ugly. deformed. —ութիւն ugliness.

տգէտ ignorant, unlearned, ignoramus.

տգիտանալ to be unacquainted with.

տգիտութիւն ignorance. inexperience.

Տեառն (Տէրոջ) Lord's. Յամի — Anno Domini (A. D.).

Տեառնընդառաջ Candlemass.

տեղ place. office. room. —ագրական topographical. —ագրել to describe a locality. —ագրութիւն topography.

տեղալ to rain, to fall down.

տեղակալ (mil.) lieutenant. (ecc.) vicar.

տեղական local, home-made.

տեղահանութիւն deportation.

տեղանուն toponym.

տեղաշարժ change. locomotive.

տեղապահ vicar, substitute.

տեղատարափ shower.

տեղատուութիւն reflux of tide. ebb.

տեղացի aboriginal. indigenous. native.

տեղաւորել to establish. to place, to set, to settle. to arrange.

տեղաւորուիլ to be placed. to be settled.

տեղափոխել to displace, to convey.

տեղափոխութիւն displacement. migration.

տեղեակ aware. well informed.

տեղեկագիր report. bulletin.

տեղեկագրել to report.

տեղեկանալ to be aware. to be informed.

տեղեկատու that gives information (person, publication). — դիւան information bureau.

տեղեկատուութիւն information.

տեղեկացնել to inform. to acquaint.

տեղեկութիւն information. knowledge.

տեղին convenient. proper.

տեղի ունենալ to take place. to happen.

տեղի տալ to give way. to yield.

տեղիք places. cause. motive.

տենդ fever accompanied with shivering (fits). strong love. —ագին intense, violent.

տենդայնոյց feverish.

տենդոտ feverish. febrific. —իլ to have fever.
տենչ (տենչանք) desire. aspiration.
տենչալ to desire. to wish. to aspire.
տենչալի desirable.
տես sight. view.
տեսաբան theorist.
տեսաբանական theoretic(al).
տեսադաշտ, տեսածիր field of vision.
տեսակ sort, kind, species.
տեսական theoretic(al).
տեսակարար proper. specific. — կշիռ specific gravity.
տեսակէտ point of view.
տեսակցիլ to see (someone). to have an interview. to visit (each other).
տեսակցութիւն meeting. interview.
տեսանելիք eye.
տեսարան spectable. scene. sight.
տեսիլ aspect, appearance, semblance.
տեսիլք vision. insight.
տեսլական ideal.
տեսնել to see.
տեսնուիլ to be seen.
տեսողութիւն sight, the power of seeing.
տեսուչ director. superintendent.
տեսչութիւն direction. superintendence.
տեսք sight. beauty. appearance, form.
տետր (տետրակ) copy-book.
տերեւ leaf. (յոգ. leaves).
տերեւազարդ leafy.
տերեւաթափ leafless. autumn. death.
տեւական durable, lasting. յանուն տեւական խաղաղութեան for a lasting peace.
տեւել to endure. to last.
տեւողութիւն duration.
տզրուկ leech. blood-sucker. (նաեւ՝ դրամ քաշող)։
տէգ (նիզակ, գեղարդ) spear. pike. dart.
տէգամիգ quoit-player. — խաղ tournament (hist.).
տէլդա delta.
Տէր God. the Lord. master. sir, gentleman. Տեարք gentlemen. տանտէր the owner of a house, proprietor. տէր բայի subject (of verb).
տէրութիւն state. government.
տէրունական Lord's — աղօթք the Lord's prayer.
տէրտէր priest.
տէր տիրական the only owner.
տժգոյն pale. sallow.
տժգունիլ to grow pale.
տիար master, sir, gentleman.
տիեզերագնաց cosmonot.
տիեզերական universal. —ութիւն universality.
տիեզերանաւ space-ship.
տիեզերք universe. creatiation.
տիկ leather bottle.
տիկին madam, mistress. mrs.
տիղմ mud.

տիպ type. գիրքի տիպ (տպագրութիւն) edition.
տիպար model. example. typical.
Տիտան (myth.) Titan.
տիտղոս title. —աւոր who has a title.
Տիր (myth.) Dyr, the god of culture and literature in ancient pagan Armenia. Hermes.
տիրաբար masterly. supremely.
տիրամայր (տիրածին) the mother of Christ. Madonna. the Holy Virgin.
տիրանալ to take possession of. to dominate.
տիրապետել to dominate. to govern.
տիրապետութիւն domination.
տիրասէր faithful to his master (Lord).
տիրասիրութիւն devotion.
տիրացու one who sings in the church. church clerk.
տիրել to dominate. to reign. to govern.
տիրուհի mistress, lady.
տիւ day time. — եւ գիշեր day and night.
տիւանդորր (ցերեկուան քերեւ քուն) siesta. midday nap.
Տիւրզի Druse or Druze.
տլոն (հոմանի) lover.
տխեղծ deformed. ugly. —ութիւն ugliness, malformation.
տխմար stupid. idiot. blockhead. —ութիւն imbecility. foolishness.
տխուր cheerless, sad, sorrowful.
տխրաբեր (տխրագին, տխրալի, տխրալից) sorrowful, grievous, melancholic.
տխրադէմ (տխրատեսիլ) gloomy, sad.
տխրահռչակ infamous.
տխրայիշատակ with a sad memory.
տխրանոյշ melancholic.
տխրեցնել to sadden. to afflict.
տխրիլ to be sad (sorry). to sorrow.
տխրութիւն sadness. grief. sorrow.
տկար weak. impotent. invalid.
տկարակազմ lacking in strength, weak (with poor constitution).
տկարամիտ weak-minded. foolish. simple-minded.
տկարամտութիւն stupidity, feeble-mindedness. simple-mindedness.
տկարանալ to grow weak. to weaken.
տկարացնել to weaken, to enfeeble.
տկարութիւն weakness. feebleness. sickness. defect, default.
տկռիլ (շատ ուտելէն փորը ուռիլ) to cram. to eat greedily.
տհաճ malcontent. displeased. —ութիւն displeasure. dissatisfaction.
տհաս green. unripe. inexpert. —ութիւն im-

maturity. simple-mindedness.

տձեւ ugly. strange. ridiculous. deformed. —ութիւն ugliness.

տղաբերք (ծննդաբերութիւն) child-birth. parturition.

տղամարդ male. brave (man).

տղայ child, infant. lad, lass. շփացած — spoiled child.

տղայաբարոյ (տղայամիտ) childish, simple-minded.

տղայամտութիւն childishness. simple-mindedness.

տղայութիւն infancy. childhood. imprudence.

տղացկան (տղաբեր) parturient.

տղեկ little child. baby.

տղմաթաթաւ (տղմաթաթախ) muddy. dirty.

տղմուտ muddy. marshy (land).

տմարդի inhuman. ill-bred. rough.

տմարդութիւն inhumanity, rudeness.

տմոյն pale. dark. unhappy.

տնազ (ծաղր) jeer. mockery. joke.

տնակ hut, cottage.

տնական (տնային) domestic, what concerns the house. familiar (fine. chosen).

տնայնագործ (ոստայնանկ) weaver, knitter.

տնանկ homeless. needy. indigent. —ութիւն poverty, indigence.

տնաշէն thrifty, saving. house-wife.

տնասէր fond of keeping at home (husband).

տնարար thrifty, economist. house-wife. —ութիւն house-keeping.

տնաւեր (տնաքանդ) who ruins a house.

տնեցի(ք) the members of the family, the household.

տնկագործ gardener.

տնկել to plant. աչք — to desire.

տնկուիլ to be planted. to rise. to be raised up. to come into view.

տնտես (տնտեսուհի) manager(ess). steward(ess). purser (on ships).

տնտեսաբան (տնտեսագէտ) economist.

տնտեսագիտութիւն economics. առտնին — domestic science.

տնտեսական economic.

տնտեսել to economize. to manage.

տնտեսութիւն economy. management (of a house). տնային — domestic economy. գիւղական — rural economy. քաղաքական — political economy.

տնտնալ to move slowly. to trifle. to linger.

տնքալ to moan. to groan. to sigh for grief.

տնքոց sighs, groans.

տնօրէն director. principal. manager.

անօրէնութիւն direction. management.

անօրինել to dispose. to settle, to manage, to provide. to take care.

անօրինութիւն disposition. arrangement, regulation. նոր — until new orders.

անօրհնէք according to ecclesiastic rite the priest consecrates the houses of his diocese.

տոգորել to plunge. to steep. to soak. to impress.

տոգորուիլ to be impregnated. to be impressed.

տոկալ to endure. to bear.

տոկոս interest. illegal profit. պարզ — simple interest. բաղադրեալ — compound interest.

տոկուն solid. bard, tough (man). —ութիւն solidity, firmness.

տոհմ tribe. race. line. family. —աբանութիւն genealogy. lineage.

տոհմային national. pertaining (to race, family).

տոհմանուն the name of a family.

տոհմապետ (նահապետ) ethnarch, head of a tribe.

տոհմապետութիւն ethnarchy.

տոհմիկ high-born, noble, national.

տող line. row.

տողագլուխ (պարբերութիւն) new paragraph.

տողադարձ alinea.

տողադրել (շարուած տողերը էջերու վերածել) to put in lines. mise - en - pages.

տողանցել to parade. to march in procession.

տողանցք parade.

տողաշար linotype.

տումար a list of days (months, seasons and holidays). register. book. կրկնա— double entry book-keeping. պարզ — single entry book-keeping.

տումարագէտ (տումարակալ) accountant,

տումարագիտութիւն (տոմարակալութիւն) book - keeping.

տումս(ակ) ticket. bill of fare. այցետոմս visiting card.

տոմսավաճառ ticket seller.

տոչորիլ to burn. to desire. to be thirsty.

տոպրակ sack. bag.

տոռն (չուան) cord. twine. iron collar (of dogs).

տոտիկ little foot. the leg and foot of a sheep (goat).

տորմ (տորմիղ) fleet, navy.

տորումիլ (դիակը ուռիլ) to swell.

տուայտանք pain, affliction.

տուայտիլ to suffer. to be vexed.

տուայր (փեսայէն՝ հարսին օժիտ) wedding presents (by the husband).

տուար (տաւար) cattle.

տուարած (նախրապան)

shepherd. cowherd. cowboy.
տուգանք fine. forfeit. penalty ransom.
տուժել to lose. to forfeit.
տուիք (տուեալ) notion. given, known.
տուն (քերթուածի) stanza. couplet.
տուն house. home. family. firm. institution. Համայնքներու — House of Commons. Լորտերու տուն (պալատ) House of Lords. Թորգոմայ Տունը the Armenian nation.
տունկ plant.
տուչութիւն donation. delivery. remittance.
տուտք (կամուրջի կամարակալ) the arch of the bridge.
տուրիկ (տոպրակ հացի) sack for bread.
տուրմ chocolate.
տուրք taxes. duty. taxation. dues. անուղղակի — indirect taxes. ուղղակի — direct taxes. — դնել to put a tax on. to levy taxes on.
տուփ chest, box. նամակա— postal letter-box. post-office box (P. O. Box).
տպագրական printing.
տպագրատուն printing house (office). typography.
տպագրել to print. to publish.
տպագրիչ printer.
տպագրութիւն printing. impression. version. edition. տպագրութեան ծալուած էջերը folio. տպագրական պրակ format (16 pages). տպագրական փորձ proof-sheet.
տպածոյ (կերպաս) printed cotton.
տպարան printing-press.
տպաւորապաշտ impressionist. —ութիւն impressionism.
տպաւորել to impress.
տպաւորիչ impressive.
տպաւորութիւն impression.
տպաքանակ tirage.
տպել to print.
տռամ dram.
տռիփ (սեռային կիրք) sexual desire (passion).
տռտռալ to growl. to mutter.
տռտռուք (տռտռոց) grumbling.
տռփալ to desire. to wish. to covet. to long for.
տռփախտ (փրանկախտ) syphilis.
տռփոտ passionate.
տտուն (պոչ) tail.
տրական (հոլով) dative case.
տրամաբան logician.
տրամաբանական logical.
տրամաբանել to reason.
տրամաբանութիւն logic.
տրամագիծ diameter.
տրամագծօրէն diametrically.
տրամադիր disposed.
տրամադրելի disposable. at one's disposal.
տրամադրութիւն disposition. disposal.

տրամախոհ wise.
տրամախոհական նիւթապաշտութիւն dialectical materialism.
տրամախոհել to reason.
տրամախոհութիւն reasoning. judgment.
տրամախօսութիւն dialogue.
տրապէզ trapeze.
տրաքոց explosion.
տրեխ sandal(s). (չարըղ թրք.).
տրիբուն (հռետոր) tribune.
տրիտուր recompense.
տրմուխ (քարերը հաւաքող երկրագործական գործիք) rake.
տրոհագիծ (գծիկ) hyphen (-).
տրոհել to divide, to separate.
տրորել to rot, to putrify.
տրուպ (համեստ) humble. meek.
տրոփել to palpitate.
տրոփիւն stamping of the foot.
տրոփում palpitation. beating of the heart.
տրտմաբեկ (տրտմագին, տրտմաթախիծ, տրտմալի) sorry. sad. sorrowful. melancholic.
տրտմեցնել to grieve. to afflict.
տրտմիլ to be afflicted. to be unhappy.
տրտմութիւն sadness. sorrow. grief.
տրտնջալ to grumble. to murmur.
տրտնջիւն complaint. grambling.
տրտում sad. painful. melancholic.
տրտունջք complaint, grumbling.
տրցակ fagot. quire.
տփել to beat with a stick. to slap. to pommel.
տփոց a good beating (with a stick).
տքալ to moan.
տքնաջան laborious.
տքնիլ to work very hard (without going to sleep).
տքնութիւն hard work. vigilance.
տօթ fierce heat. burning sun. hot weather. —ագին scorching.
տօն holiday. celebration.
—ախմբել to celebrate.
—ախմբութիւն festivity. celebration.
տօնածառ Christmas-tree.
տօնական (օր) festive (day).
տօնակատարութիւն celebration.
տօնավաճառ fair. bazaar.
տօնացոյց calendar. almanac for feasts.
տօնել to celebrate.
տօսախ (ծառ) box-wood.

Ր

Ր, ր (reh) the thirty-second letter of the Armenian alphabet. five thousand. five thousandth.

րաբբուն doctor. master. rabbi.

րաբբունական (վարդապետական) doctoral, rabbinical.

րաբբունապետ (քահանայապետ) the great rabbin.

pontiff.

րաբբունաբան (եպիսկոպոսարան) residence of archirabbin (patriarch).

րաբբունի rabbi.

րոպէ second. —ական, —ապէս momentary.

րստին (նուաստ) meek. vile.

ռուբլի Rouble.

րոճ (թել մանելիք) distaff.

Ց

Ց, ց (tzoh) thirty-third letter of the Armenian alphabet. six thousand. six-thousandth.
ցաթիլ to rise. to dawn.
ցախաւել broom from brush-wood.
ցախսարիկ (փոքր թռչուն) wren.
ցած low. mean. —լիկ low.
ցածնալ to bend, to droop, to decline. to sink. to subside.
ցածոգի mean, vulgar.
ցածորակ cheap, worthless.
ցածութիւն meanness, vileness.
ցածուկ very low. simple. humble.
ցածցնել to lower.
ցամաք earth, land. dry.
ցամաքամաս continent.
ցամաքեցնել to dry up, to drain.
ցամքիլ to wither. to dry up. to be thirsty.
ցայգ night. from evening till dawn.
ցայգաբաց (ցայգալոյս) dawn. sunrise.
ցայգազգեստ evening dress.
ցայգաթիթեռ lepidopter.
ցայգային nocturnal.
ցայգանուագ (մէկուն պատուհանին տակ գիշերային նուագ) serenade.
ցայգասեղան (անկողնին քով փոքր սեղան) table for use at night. night-commode.
ցայսօր hitherto. till to day.
ցայտ spurt, jet, sprint.
ցայտաղբիւր geyser.
ցայտել to spurt. to spout.
ցայտուն outstanding.
ցան sowing. — ու ցիր· ցիր ու — scattered.
ցանել to sow.
ցանկ index. contents. fence. — նիւթոց table of contents.
ցանկալ to desire. to envy. —ի desirable.
ցանկամոլ lustful.
ցանկայարոյց that arouses desire.
ցանկապատ fence. enclosure.
ցանկութիւն desire, lust.
ցանուցիր scattered.
ցանց net.
ցանցառ sparse. far from

each other. thin. not thick (dense).
ցանք sowing.
ցասկոտ full of anger. impassioned. —ութիւն outburst. passion.
ցասմնալից hot-headed.
ցասում anger. outburst. wrath.
ցատկել (ցատքել) to spout. to spring. to jump.
ցար czar. —ուհի czarina.
ցարասի heather.
ցարդ till now.
ցաւ pain. ache, suffering.
ցաւագար broken down. lunatic. epileptic.
ցաւագին doleful. rueful.
ցաւալի(ց) doleful. sad, sorrowful.
ցաւակից compassionate.
ցաւակցական condoling. compassionate.
ցաւակցիլ to condole.
ցաւակցութիւն condolence. compassion.
ցաւառիթ grievous. painful.
ցաւատանջ pain-afflicted.
ցաւիլ to feel pain. to be sorry.
ցաւոտ weak, painful. sick. wounded.
ցաքանել (հերկուած դաշտը հաւասարեցնել) to harrow.
ցաք ու ցրիւ scattered.
ցելել (հերկել) to split, to plough. to rent (cut).
ցեխ mud. mire. —արաթախ muddy, dirty. —ոտել to draggle. to soil.
ցեղ race. tribe. մարդկային — human race.
ցեղաբան ethnologist.
ցեղաբանութիւն ethnology.
ցեղագրութիւն ethnography.
ցեղախումբ tribe.
ցեղակրօնութիւն racism.
ցեղային racial.
ցեղապաշտութիւն racism.
ցեղապետ chieftain. chief of a tribe.
ցեղասպանութիւն genocide.
ցերեկ daytime. —ին by day. օր —ով in broad daylight.
ցերեկոյթ matinée.
ցերեկօրիկ (վարժարան) day-school.
ցեց worm. clothes-moth.
ցից pile, stake. sharp. —ի հանել to empale.
ցլամարտ bull-fight. ցլամարտիկ matador. —ութիւն bull-fighting.
ցլաշուն bulldog.
ցկնիլ (կենդանիներ) to cub. to litter. to bring forth (whelps, cubs, etc.).
ցմահ till death.
ցնդաբանութիւն rigmarole.
ցնդած decrepit. —ութիւն dotage.
ցնդիլ to dote.
ցնծալ to rejoice. to be very happy. to be merry. —լի(ց) joyous. amusing.
ցնծերգ (mus.) a vivid tune.
ցնծութիւն joy, exultation.
ցնծուն gay. cheerful, happy.
ցնկնիլ to litter.

ցնորախոհ (երազախոհ) utopean. —ություն utopia.
ցնորական illusory.
ցնորամիտ vainglorious. mad. visionary.
ցնորամտություն madness, whim.
ցնորիլ to go mad. to be crazy.
ցնորք illusion, delusion. vision.
ցնցել to shake, to shock.
ցնցիչ shaking, touching, affecting, shocking.
ցնցղատապ (շնչափողի բորբոքում) (med.) bronchitis.
ցնցոտի(ք) rag. trifle.
ցնցուղ watering - pot. bronchus - duct.
ցնցում shake. jolt. shock.
ցոլալ to reflect. to flash.
ցոլանկար (med.) radiography.
ցոլարան reflector.
ցոլարձակ radioactive.
ցոլացնել to reflect.
ցոլացում reflection.
ցոլացուցիչ reflecting.
ցոլք reflections. ray, gleam.
ցոյց demonstration. show.
ցորեան (ցորեն) wheat. grain. corn.
ցորենազոյն (դէմք) sallow.
ցորչափ as long as.
ցուիք (քիւ) eaves.
ցուլ bull.
ցունց shake. blow. shock. toss.
ցուպ rod, stick. staff. մոգական — magic wand. պանդուխտի — Jacob's staff.
ցուպան (կպրաձիւթ) tar.
ցուրտ cold. indifferent.
ցուցաբերել to express. to show.
ցուցադրել to expose.
ցուցադրություն exhibition. exposition. show.
ցուցակ bill, list. index. catalogue. —ագրել to catalogue. to schedule. —ագրություն inventory. cataloging.
ցուցական (ածական, դերանուն) demonstrative (adjective, pronoun).
ցուցահանդէս exhibition. show. the fair.
ցուցամատ(ն) forefinger.
ցուցամոլ ostentatious. showing off. —ություն ostentation. pretentious display.
ցուցանակ token. index.
ցուցանիշ index. cockade.
ցուցատախտակ index.
ցուցարար demonstrator.
ցուցափեղկ show-window.
ցուցիչ indicative. (alg.) exponent.
ցուցնել to show. to indicate. to exhibit.
ցոփ lewd. sybarite. slack, lax.
ցոփակեաց lecherous. lewd. debauchee.
ցոփություն lechery, lewdness. debauchery.
ցոփուհի a lewd woman.
ցպիկ a little stick.
ցռկանաւ galley.
ցռուկ muzzle. nose, prow.
ցվերջ to the last. till the end.

ցտեսութիւն good-bye, adieu.
ցրել to disperse. to scatter.
ցրիւ here and there.
ցրուածութիւն dispersion. absent-mindedness.
ցրուել to dispel. to scatter. to distribute.
ցրուիլ to be dispersed. to be seperated. to be inattentive.
ցրուիչ postman, mailman.
ցրտաբեկ (ցրտահար) frost-bitten.
ցրտաբեր chilly.
ցրտահարութիւն chill.
ցրտանալ to grow cold. to go away. to relax.
ցրտաշունչ very cold, frosty.
ցրտացնել to chill. to estrange. to drive away.
ցրտութիւն coldness. indifference.
ցցապատնէշ (mil.) stockade.
ցցել to drive in. to protrude.
ցցուիլ to stand on end. to stand erect. to sprout.
ցցուն high-relief. gushing out. salient. — դէմք prominent person.
ցցունք (թռչուն յոպոպի) crest (of the peewit). tuft of feather on the head of a peacock.
ցքահան (օղի պատրաստող) alembic.
ցօղ dew.
ցօղաթաթախ full of dew.
ցօղաթուրմ dewy.
ցօղիկ fine dew.
ցօղուել to rinse. to cleanse.
ցօղուն stem, stalk.

Ւ

Ւ, ւ (hiune) the thirty-fourth letter of the Armenian alphabet and the seventh of the vowels. seven thousand. seven-thousandth.

It is used both as a vowel and as a consonant, as: իւրաքանչիւր, ուշ (vowel). հիւանդ (consonant).

Properly speaking there is no word beginning with this letter, but sometimes it is pronounced as *h*.

ւիւք (հիւք) essence.

ւիւծեալ (հիւծեալ) exhausted, wasted away.

ւիւծում (հիւծում) consumption.

ւիւսել (հիւսել) to weave.

Φ

Փ, փ (pure) the thirty-fifth letter of the Armenian alphabet. eight thousand. eight-thousandth.

փաղամ (փաղան) head-band, veil.

փաթաթ bundle.

փաթաթել (փաթթել) to wrap up. to pack up.

փաթթոց headband. long crape which religious Muslims wrap round their hats. —աւոր the religious man who wraps the crape round his hat. turbaned.

փաթթուիլ to embrace. to embosom.

փաթիլ a big flake snow.

փաթոյթ packing up.

փախուկ half-witted. foolish.

փախուստ escape, flight. —ի մատնել to put to flight.

փախչիլ (փախուստ տալ) to escape. to fly. to flee. to desert.

փախստական fugitive. deserter.

փախցնել to put to flight, to miss.

փակ closed. locked.

փակագիծ parenthesis ( ). — բանալ to open a parenthesis.

փակագիր (կրճատ ստո-րագրութիւն) monogram.

փակաղակ (փականք) padlock. hook.

փականք lock, padlock.

փականագործ locksmith.

փակբերան (գաղտնապահ) discreet.

փակել to close. to shut in. to lock. to prevent. to finish. to reglect. մէկուն բերանը — to silence.

փակեղ (վարդապետի գըլ-խանոց, վեղար, եւայլն) head-dress, shoulder-knot.

փակոց lock (for controlling amount of water). flood-gate. sluice.

փակուիլ to be shut in. to be closed.

փակում closing. closure. — (հաւաքոյթի մը) closing speech.

փակչիլ to adhere. to stick.

փակչուն sticky. adhesive.

փակցնել to stick. to affix.
փաղաղել (լափել) to devour. to eat up.
փաղանգ phalanx.
փաղաքշաբան fawning. flattering. deceitful.
փաղաքշանք caress. flattery. wheedling.
փաղաքշել to caress. to wheedle.
փաղփուն (փաղփունափայլ) shining, glittering.
փամփշտակալ (mil.) cartridge-belt.
փամփուշտ (mil.) cartridge. bullet.
փամփուշտ (մէզի պարկ) bladder.
փայլ(ք) shine, brilliancy. lustre.
Փայլածու (արեւին ամենէն մօտ մոլորակը) (astron). Mercury (which revolves round the sun in 88 days).
փայլակ lightning. light. rays. flash of lightning.
փայլակել (փայլատակել) to sparkle. to flash.
փայլակնացայտ flashing. alive, fiery, ardent.
փայլատակ lightning, spark.
փայլատակել to flash. to lighten.
փայլատակում lightning. scintillation.
փայլար (շողշողուն քար) mica.
փայլեցնել to make glitter. to give brightness. to polish.
փայլիլ to shine. to sparkle.
փայլուն bright, radiant. shiny, lustrous, brilliant, glamorous.
փայլփլիլ to shine. to gleam. to blaze.
փայլփլուն resplendent, twinkling, radiant. chatoyant. shining, gleaming.
փայծաղ spleen.
փայտ wood. stick.
փայտակերտ wooden.
փայտակոյտ wood-pile.
փայտահատ (փայտահար) wood-cutter.
փայտատ (կացին. բրիչ) axe. hoe.
փայտոջիլ bed-bug.
փայտփոր (թռչ.) woodpecker.
փայփայանք caress. flattery, wheedling.
փայփայել to caress. to flatter. to think about. to take care of.
փանաքի (նուաստ) medicre. worthless. weak.
փանդիռ (կիթառ, քնար) pandore. a lute-like ancient musical instrument, cithern.
Փանջունի utopean. false revolutionist. Armenian Don Quixote.
փաշա pasha (minister, statesman in ancient Turkish empire).
փաշկուն (պարկ) bag
փապար (քարայր) cavern, cave.
փապիլ (բաժնուիլ) to be separated.
փապուղի tunnel. underground (subway).
փառաբանել to glorify, to praise.

փառաբանութիւն praising. praise. glorification.
փառակ (թարմ ընկոյզի կիսամիջուկ) green walnut.
փառակազմ beautifully bound.
փառակերտ beautifully-made.
փառահեղ majestic. (mus.) grandiose.
փառամոլ ambitious. փառամոլութիւն ambition.
փառապանծ glorious.
փառապսակ aureola. corona.
փառասէր ambitious.
փառասիրութիւն ambition. vanity.
փառատենչ(իկ) ambitious.
փառատօն festival.
փառաւոր majestic. glorious. famous. —ել to glorify. to give honour.
փառք glory. celebrity. — Աստուծոյ glory to God. — ի բարձունս Աստուծոյ glory to God in the highest. — քեզ, Տէր glory to Thee, O Lord.
փասիան (հաւազգի փափկամիս խոշոր թռչուն մը) pheasant.
փաստ evidence. argument. reason. առանց —ի groundless.
փաստաբան lawyer, barrister. —ութիւն advocacy, pleading.
փաստաթուղթ document.
փաստական causative.
փարախ sheepfold. church convent.
փարատել to disperse. to avert. to make disappear.
փարատիլ to disappear. to be dispelled. to recognize one's fault.
փարատիչ dispelling.
Փարաւոն Pharaoh.
փարելի adherent. pleasant. sweet.
փարթամ rich, luxurious. pompous. —ութիւն wealth. opulence. pomp.
փարիլ to embrace. to kiss. to adhere to, to follow.
փարիսեցի pharisee. hypocrite.
փարոս lighthouse. pharos. beacon.
փարում embrace. caress. adherence.
փարսախ league (2½ English miles).
փափաք desire. eagerness.
փափաքելի desirable.
փափաքիլ to desire. to envy.
փափկակազմ delicate. dainty, weak (bodily).
փափկանկատ considerate, tactful. —ութիւն considerateness, tact.
փափկասէր (ցանկասէր) voluptuous. fond of delights.
փափկասիրտ tender-hearted. sensible.
փափկասուն delicate. dainty.
փափկութիւն tenderness. delicacy.
փափուկ tender. delicate.
փեթակ beehive.
փեղկ shutter.

փեղոյր (գլխարկ) man's hat.
փեսայ bridegroom. spouse. son-in-law.
փեսացու fiancé.
փեսաւէր (փեսեղբայր) best man.
փետատ hoe. mattock.
փետել to pull out. to extract (money).
փետուր feather.
փետրազարդ feathered.
փետրաթափ (փետրազուրկ) featherless. bare. —ընել to deplume. to shoot. to feather.
փետրատել to deplume.
Փետրուար February.
փերեզակ packman. pedler. —ութիւն haberdashery.
փերթել (կտոր կտոր ընել) to tear. to tatter.
փէշ skirt.
փթթիլ to blossom. to bloom. to sprout.
փթիթ blossoming. shoot. sprout.
փիլիսոփայ philosopher. —ական philosophical. —ել to philosophize. —ութիւն philosophy.
փիլոն priest's mantle. —ազուրկ unfrocked. defrocked.
փիղ elephant.
փիճ bastard.
փինկ–փոնկ ping-pong.
փիւնիկ (myth.) bird, phenix, phoenix.
Փիւնիկէ Phoenicia.
փիւրիտ (զամփիւղ) big basket. pannier.
փլատակ ruins. ruin.
փլիլ (փլչիլ) to collapse. to fall down (in).
փլուզում collapse. fall.
փլցնել to demolish. to pull down. to ruin.
փխրուն friable. easily crumbled. —ութիւն friability.
փղձկալի touching. moving. tending to cry.
փղձկում mourning.
փղշտացի Philistine.
փղոսկր ivory. —եայ of ivory.
փճանալ to be ruined.
փճացնել to destroy.
փնթի dirty, slovenly, sordid. —ութիւն slovenliness.
փնջիկ ear-knot.
փնտռել to look for. to rummage. to hunt (out).
փնտռուիլ to be looked for.
փնտռտուք search. inquiry.
փշաթել barbed wire.
փշալի(ց) thorny, spiny.
փշատ (քաղցր՝ բերնի մէջ հալող՝ դեղնակարմիր հատապտուղ) oleaster.
փշատ(են)ի oil tree.
փշաքաղիլ to stand on its end (hair). to be terrified.
փշեղէն thorny. of thorns.
փշեպսակ crown of thorns.
փշոտ thorny. — հարց complicated (intricate) problem.
փշուր crumb.
փշրանք crumbs.
փշրել to break into pieces.

փոթ (ծալք) plait.
փոթել (ծալել) to fold.
փոթորիկ storm. tempest. շրջապտոյտ հով–փոթորիկ (սիքլոն) whirlwind.
փոթորկաբեր stormy. that brings storm.
փոթորկալի(ց) stormy.
փոթորկածին tempestuous.
փոթորկահաւ fulmar.
փոթորկաշունչ tempestuous.
փոթորկիլ to storm, to blow.
փոթորկոտ stormy.
փոխ borrowing. second in order. — հիւպատոս vice-consul. —ն ի — by turns. alternately.
փոխաբերական metaphorical.
փոխաբերութիւն metaphor.
փոխադարձ mutual. —աբար mutually. vice versa. —ել to reciprocate. to retaliate. —ութիւն reciprocity.
փոխադրական of transport. contagious.
փոխադրակառք wagon.
փոխադրել to transport, to convey. — (թարգմանել) to translate, to render.
փոխադրութիւն transport, transmission. translation (of a writing).
փոխադրուիլ to be displaced. to move.
փոխակերպել to transform.
փոխակերպութիւն transformation, metamorphosis.
փոխան in place of, instead of. for.
փոխանակ for, instead of, in return.
փոխանակագին (com.) exchange, change.
փոխանակագիր (փոխգիր) (չէք) draft. bill.
փոխանակել to exchange. to barter.
փոխանորդ attorney, procurator, proxy, representative.
փոխանորդագիր letter (warrant) of attorney.
փոխանցել to transfer. to assign. փոխգիր — to endorse a check.
փոխանցիկ contagious, infectious.
փոխանցում endorsement.
փոխառութիւն loan.
փոխասացութիւն anthem.
փոխատուութիւն lending, loan. ապրանքի վրայ — advance on goods.
փոխարէն reward, provision. for, in the place, in return.
փոխարժէք value.
փոխարինել to recompense. to take the place, to replace.
փոխարինութիւն compensation.
փոխարինում replacement, charge.
փոխարկել to change, to transform.
փոխարքայ viceroy.
փոխգիր (չէք) check, draft, bill.
փոխել to change. to convert. to transform.

փոխինդ a food prepared from roasted flour.
փոխնորդ change of clothes.
փոխուիլ to be changed. to change (clothes).
փոխվրէժ reprisal.
փոկ (ծովաշուն. կաշիի նեղ շերտ) (mam.) seal. strap (of leather).
փող throat, neck. horn, trumpet. money.
փողերանոց the mint.
փողկապ necktie, cravat.
փողոտել to kill, to cut the throat. to butcher.
փողոց street. —ի կռիւ street-fighting.
փողոցային vulgar.
փողրակ (խողովակ) tube, pipe, drain.
փողփողիլ to wave, to shine, to blaze.
փոյթ care. attention. effort. work. speed.
փոշայ (բոշայ) gipsy.
փոշեթաթախ (փոշելից) dusty, very dirty.
փոշի dust. — դառնալ to be pulverized. to die.
փոշիանալ to turn into powder.
փոշոտ dusty. —իլ to be dusty.
փոս ditch, pit, grave.
փոսուռայ (կայծոռիկ, լուսատտիկ) glow-worm.
փոստարկղ post office box (P. O. B.).
փոսփոր phosphorus.
փոր swan. bowels. belly. stomach.
փորագրել to engrave.
փորագրիչ engraver.
փորագրութիւն engraving.
փորահատութիւն (surg.) gastrotomy.
փորահատութիւն (ճապոնական ձեւի անձնասպանութիւն) harakiri.
փոր(ա)հարութիւն (փորալոյծ) diarrhoea.
փոր(ա)ննի ascari(d)s. taenia. tapeworm.
փորամոլ (շատակեր) glutton, epicure. voracious. gluttonous.
փորացաւ colic, stomach-ache.
փորել to dig, to hollow.
փորձ trial, attempt. essay. expert.
փորձագէտ expert.
փորձագիր essayist.
փորձանաւոր tempted, tried. dangerous.
փորձանք peril. temptation.
փորձառագէտ practitioner.
փորձառական experimental.
փորձառու experienced.
փորձառութիւն experience.
փորձարկութիւն test, experimentation.
փորձաքար touchstone.
փորձել to try. to tempt. to test.
փորձութիւն temptation.
փորոտ ventricose.
փորոտիք entrails.
փորուածք digging.
փորուռեցք ascites.
փութալ to hurry, to hasten.
փութակամ earnest.
փութանակի hastily.
փութաջան diligent, prompt. —ութիւն diligence.

փութացնել to hasten. to press.
փութկոտ brisk, lively, rash, reckless.
փուն empty. vain.
փունջ bunch, bouquet.
փուշ thorn, thistle.
փուչիկ bubble, bladder.
փուռ oven, furnace, bakery.
փուտ rotten. rottenness.
փուք breath, wind. — արձակել to fart.
փոփոզանք (սփոփանք) comfort, relief.
փոփոզել to relieve, to ease.
փոփոխակ variation.
փոփոխական changeable. alterable, variable. —ություն variableness.
փոփոխակի alternately, by turns. mutually.
փոփոխամիտ unstable, inconstant. unsteady.
փոփոխամտություն instability, inconstancy.
փոփոխել to alter, to change. —ի alterable, changeable.
փոփոխություն change, alteration. transformation.
փոքր little, small, some, few, minor.
փոքրագոյն smallest.
փոքրահասակ short in stature, little, small.
փոքրամասնական minority. menshevik.
փոքրամասնություն minority.
փոքրանալ to diminish, to shrink, to lessen.
փոքրաստիճան (փոքրաքանակ) mininum.
փոքրատառ small letter.
փոքրաքանակ retail. by retail.
փոքրիկ little, small, slender.
փոքրոգի short - witted. mean, coward.
փոքրություն meanness.
փչել to blow out. to puff out. to blow. to praise too much.
փչող blower. liar. puffer.
փռապան oven-keeper.
փռել to spread, to expand. to extend.
Փռիւգիա Phrygia.
փռնգտալ to sneeze.
փռնգտուք (փռնգտոց) sneeze.
փռոց table-cloth.
փռուիլ to sprawl. to stretch out.
փսիաթ mat. ոտք սրբելու — doormat.
փսխել to vomit. to puke. to throw up.
փսխեցուցիչ (փսխեցնող) vomitive. emetic.
փսխուք vomit.
փսփսուք rumour.
փսփսալ to whisper.
փսփսոց (փսփսուք) whispering. whisper.
փտախտ (med.) gangrene. necrosis.
փտած rotten.
փտեցնել to decay. to rot. putrefy.
փտիլ to rot, to decay.
փտություն putrescence. decay. ոսկորներու — necrosis.
փրթիլ to break off. to snap, to be detached.

փրկագին ransom.
փրկագործ savior, redeemer. —ել to save. to redeem. —ություն salvation. redemption.
փրկանք ransom. deliverance. redemption.
փրկարար salutary.
փրկել to save. to rescue. to make free. to redeem.
փրկիչ savior. liberator.
փրկություն salvation. deliverance. redemption.
փրկության բանակ salvation army.
փրկուիլ to be saved. to escape. to be redeemed.
փրկչական saviour's.
փրոփականտ propaganda.
փրոֆէսոր professor.
փրցնել to detach. to pick. to extract (money), to draw forth.
փրփուր foam. օճառի — froth of soap and water. lather.
փրփրադէզ (փրփրալից) frothy. foaming.
Փրփրածին Aphrodite.
փրփրիմ (բանջարեղէն մը) garden purslain.
փրփրերախ frothing-mouthed.
փրփրիլ to foam.
փցուն (վատ) clumsy, awkward. useless.
փքանալ to swell. to grow proud.
փքոց bellows.
փքուն pompous.
փքուռոյց puffed-up, bombastic, high-flown.
փքուտ windy.

Ք

Ք, ք (ke) the thirty-sixth letter of the Armenian alphabet. nine thousand. nine-thousandth.
քայլել to walk, to go, to advance. to work.
քայլուածք see քայլուածք. march(ing).
քայլուածք walk(ing). march(ing). move.
քած bitch. slut.
քակել to untie, to detach. to disunite. to pull down. to free. to ruin.
քակոր (թրիք) cow-dung.
քակուիլ to be untied, to get loose.
քահանայ priest. clergyman. աւետարանական — minister, shepherd, pastor. հայ առաքելական — derder. հնդիկներու — brahmin. հրեաներու — rabbi. ռուսերու — pope. —ի ձեռնադրութիւն chirotomy. —ի փիլոնազրկում unfrocking.
քահանայագործել to consecrate.
քահանայագործութիւն consecration.
քահանայանալ to take orders. to be ordained.
քահանայապետ high priest. Jesus Christ. Pope. pontiff. —ութիւն pontificate.
քահքահ hearty laugh, a burst of laughter.
քաղ crop. weedings. extract. gathering. harvest.
քաղաք town (less than one million). city (more than one million).
քաղաքաբաշխ town councillor. —ական municipal.
քաղաքաբերդ fortress, citadel.
քաղաքաբնակ , townsman. citizen.
քաղաքագէտ politician. statesman.
քաղաքագիտական (քաղաքական) political.
քաղաքագիտութիւն (քաղաքականութիւն) politics. policy.
քաղաքագլուխ (քաղաքապետ) mayor.
քաղաքազօրք militia.
քաղաքական political. — տնտեսութիւն political economy. — ոճիր political offence (assassination, crime).
քաղաքականութիւն poli-

tics. policy. diplomacy. արտաքին — foreign policy. ներքին — interior (home) policy.
քաղաքակիրթ civilized.
քաղաքակրթական civilizing.
քաղաքակրթել to civilize.
քաղաքակրթութիւն civilization.
քաղաքակրթուիլ to be civilized.
քաղաքամայր (մայրաքաղաք) capital. metropolis.
քաղաքամաս quarter (of a town).
քաղաքամէջ the center of a city.
քաղաքային civic. civil. urban. — դատարան civil court. — երկրաչափութիւն civil engineering. — իրաւունքներ civil rights. — (քաղաքացիական) պատերազմ civil war. — օրինագիրք civil law.
քաղաքապահ civil guard. — զօրք garrison.
քաղաքապետ mayor.
քաղաքապետարան town hall, municipality.
քաղաքավար polite, civil, courteous. —ական civil, of civility. —ութիւն politeness, courtesy.
քաղաքատնտեսութիւն political economy.
քաղաքացի citizen, townsman.
քաղաքացիական (քաղաքական) պսակ civil marriage. — պատերազմ civil war.

Քաղդէա Chaldea.
քաղդէական Chaldean.
քաղել to pick, to collect, to gather.
քաղիրթ (որոնացող կենդանիներու փորոտիք) tripe.
Քաղկեդոն Chalcedon.
քաղոց (այգեկութք. հեթանոսական հայոց 5-րդ ամիսը) vintage. the 5th month of the Armenians (from December 9 till January 7).
քաղուած extract.
քաղուածագիր epitomist.
քաղուածք selection. extracts. epitome.
քաղց hunger.
քաղցկեղ (med.) cancer. ulcer.
քաղցր sweet. mild, pleasant. kind. gentle. gracious (mus.) dolce.
քաղցրաբարբառ canorous.
քաղցրաբարոյ good-tempered.
քաղցրաբոյր sweet-scented. fragrant. odoriferous.
քաղցրալեզու speaking sweetly. soft-spoken.
քաղցրալիր affectionate. full of tenderness.
քաղցրալուր canorous, melodious.
քաղցրախօս with a pleasant voice.
քաղցրահամ sweet savoury, delicious.
քաղցրահամբոյր gentle, kindly. sweet.
քաղցրահայեաց graceful. tender-looking.

քաղցրահնչիւն musical, harmonious.
քաղցրահոս that flows gently.
քաղցրաձայն with a sweet voice. musical, melodious.
քաղցրանալ to grow mild. to become sweet.
քաղցրանիւթ glucose.
քաղցրավաճառ confectioner.
քաղցրացնել to sweeten. to calm.
քաղցրաւենի preserve. jam.
քաղցրութիւն sweetness.
քաղքենի bourgeois, townsman.
քաղքենիութիւն bourgeoisie.
քամակ back. backbone.
քամահրանք (արհամարհանք) scorn. disdain.
քամահրել to disdain. to despise.
քամահրելի contemptible.
քամահր(իչ)(ող) contemptuous.
քամել to strain. to press. to filter.
քամի wind, storm.
քամոց filter. percolator. strainer, sieve.
քայլ step. pace.
քայլամոլոր groping(ly).
քայլաչափ pedometer.
քայլափոխ foot-step.
քայլերգ march.
քայր (մանեակ) necklace.
քայքայել to disunite. to destroy. to break up. to disrupt.
քայքայիչ destructive, disuniting.
քայքայուիլ to decay. to break up. to be disunited.
քայքայում dissolution. destruction. decay.
քան (քէ) than. rather than.
քանակ quantity. size. limit.
քանակ ruler.
քանակագիտութիւն (ուսողութիւն) mathematics.
քանակական quantitative.
քանակաչափ dosage. amount.
քանակ(ութիւն) quantity.
քանդադա cantata. choral work. lyric drama.
քանդակ carving. —ագործ sculptor, carver. —ագործութիւն sculpture.
քանդակել to carve. to emboss.
քանդանկար cameo.
քանդել to destroy. to ruin.
քանդիչ destructive.
քանդուիլ to be destroyed.
քանզի because, for, as.
քանի՛ how (much)! how (many)! what! as. while.
քանի որ as, because. whilst. since.
քանի՞ պատիկ how many times.
քանիցս several times.
քանորդ (բաժանումի պատասխանը եղող թիւը) (arith.) quotient.
քանքար (տաղանդ) an ancient money. talent.
քանքարաթաքոյց hiding one's genius (talent).

քանքարաւոր ingenious, talented.

քաշ Turkish weight (oke). heading.

քաշ (պատիւ) (՛) sign that shows a word is abbreviated.

քաշել to draw. to drag. ակռայ — to extract a tooth. թի — to oar. իրեն — to attract. ձիգ — (ձգտեցնել) to tighten. սուրը — to draw the sword. to pull out the sword.

քաշկռտել to pull. to tease. to torture.

քաշկռտուք pulling. torture.

քաշուիլ to retire. to draw. to withdraw. մէկ կողմ — to draw aside.

քաշքշել to bother.

քաշքշուք evasion. pulling. torture.

քաոս chaos. disorder. —ային chaotic.

քաուչու(կ) (ձգախէժ) caoutchouc.

քաչալ (ճաղատ) bald.

քաջ brave. gallant. courageous. daring.

քաջաբազուկ strong. mighty. robust, muscular.

քաջաբար bravely. courageously.

քաջազործ brave. gallant. —ութիւն bravery. heroism. feat.

քաջազարմ well - bred. noble.

քաջալաւ very good. best.

քաջալեր encouraging.

քաջալերական encouraging.

քաջալերել to encourage. to hearten.

քաջալերութիւն encouragement.

քաջալերուիլ to be encouraged. to take heart.

քաջածանօթ well known. noted.

քաջակազմ robust. in strong form.

քաջակորով energetic.

քաջահմուտ well-learned. erudite, instructed.

քաջառողջ healthy. with a sound body.

քաջասիրտ courageous. gallant. fearless.

քաջասրտութիւն courage. bravery. stout-heartedness.

քաջատեղեակ well-informed.

քաջատես clear-sighted.

քաջարի gallant; brave, valorous.

քաջութիւն bravery. valor. gallantry.

քառաթեւ with four wings. cross.

քառաժանի with four fangs. four-toothed.

քառալար tetrachord.

քառածալ four-folded.

քառակողմ quadrilateral.

քառակուսի square.

քառահատոր in four volumes.

քառաձայն (mus.) four part (music).

քառաձի drawn by four horses.

քառամեայ of four years.

քառանիւ four-wheeled.

քառանկիւն tetragon. quadrangle.
քառանուագ quartet.
քառաշարժակ quadri-motor.
քառապատիկ quadruple. fourfold.
քառապատկել to quadruplicate.
քառասմբակ gallop.
քառասնամեայ forty years of age, of forty years.
քառասնօրեայ of forty days.
քառասուն forty. Մուսա Տաղի քառասուն օրերը the 40 days of Mussa Dagh.
քառասունք forty days.
քառեակ quartetto. tetrad.
քառիցս four times.
քառորդ quarter.
քառուղի cross-road(s).
քար stone. — գայթակղութիւն stumbling-block. երիկամներու — colculus. երկանա— millstone. կրա— limestone.
քարաժայռ steep rock.
քարածուխ coal.
քարակերտ stone-built.
քարակոյտ a mass of stones.
քարակոփ quarrier, stone-cutter.
քարահանք stone-pit, quarry.
քարայծ chamois, wild-goat. —եամ steinbock.
քարայր cave, cavern, grotto.
քարանալ to be petrified.
քարանձաւ cavern, cave.
քարաշէն built of stone.
քարափ quay. wharf.
քարափոր hollowed in the stone (rock).
քարիւղ petroleum.
քարիւղանաւ tanker. oil carrying steamer.
քարիւղիտ vaseline.
քարկոծել to lapidate. to stone.
քարկոծուիլ to be stoned.
քարճիկ (թռչուններու երրորդ ստամոքս) gizzard.
քա(ր)շել to draw. to drag.
քարոզ sermon. herald.
քարոզագիրք a book of sermons.
քարոզել to preach. to evangelize.
քարոզչական preaching. pastoral.
քարոզչութիւն propaganda. preaching.
քարուկիր built of stone and mortar.
քարուտ stony.
քարուքանդ ruined. destroyed. in ruins.
քար(ա)սիրտ cruel, merciless.
քարտ cardboard. map. postcard.
քարտէս map. chart.
քարտուղար secretary. —ութիւն secretaryship.
քացախ vinegar.
քացխիլ to sour.
քացխեցնել mix with vinegar.
քաւարան purgatory.
քաւել to expiate. to atone for.
քաւլիցի God forbid that.
քաւոր (կնքահայր) Godfather.

քաւութիւն expiation. atonement.
քաք excrement.
քաքար (կարկանդակ) tart. cake.
քեղի (կառքի մը առջեւի երկար փայտը) pole. tiller. rudder.
քեմոն (bot.) cumin.
քենեկալ the husband of a sister-in-law.
քենի sister-in-law.
քեռադուստր (քեռաղջիկ) niece.
քեռայր brother-in-law.
քեռի (maternal) uncle. mother's brother.
քեռորդի cousin.
քերական spelling book. primer.
քերականագէտ grammarian.
քերականութիւն grammar.
քերականօրէն (քերականական) grammatically. —լուծում parsing. grammatical analysis.
քերել to scratch, to rub.
քերթել to skin, to flay. to write poems.
քերթող skinner. poet.
քերթողական poetic(al).
քերթողահայր father of poets.
քերթողութիւն poetry.
քերթուած poem. verse.
քերիչ plane.
քերծել (կտրել, ածիլել) to graze. to shave.
քերծէ (որսի էգ շուն) harrier, grey hound.
Քերովբէ Cherub. —ական Cherub.
քերոց (քերիչ) grater, rasp. plane.
քերուըտիլ (քերուիլ) to itch, to scratch oneself.
քերուըտուք itch(ing).
քեքեւել (ծաղրել) to mock, to laugh at.
քէմփէյն (արշաւ) campaign.
քէն spite.
քէննալ (քէնոտիլ) to disagree. to fall out.
քէշ (պարսից կրօնքը՝ զրադաշտականութիւն) heresy.
քթախոտ snuff.
քթածակ (քթափող) nostril.
քթթել (աչքերը թարթել) to winkle. to blink.
քթոց (կողով) basket.
քիթ nose. —ը կոտրել to put someone's nose out of joint. —ին տակէն խնդալ to laugh in (up) one's sleeve.
քիլ (լայն բացուած ձեռքով՝ բութամատի եւ ցուցամատի միջեւ եղած հեռաւորութիւն) the space between the tips of the thumb and forefinger widely opened.
քիլոկրամ kilogram(me).
քիլոմեթր kilometre.
քիլոյ (քիլօ) kilo.
քիմիաբանութիւն chemistry. անօրգանական — inorganic chemistry. օրգանական — organic chemistry. կիրառական — synthetic chemistry. վերլուծական — analytic(al) chemistry.
քիմիագէտ chemist.
քիմիագործ alchemist.

քիմիական (տարրաբանական) chemical.
քիմոն (bot.) cumin.
քիմք palate. taste.
քինախնդիր revenger. vindictive, rancorous.
քինախնդրական vindictive. avenging, retaliative.
քինախնդրութիւն rancor, spite. vengeance.
քիչ some. little. few.
քիչնալ to decrease. to lessen.
քիչուոր few in number.
քիչցնել to lessen. to diminish.
քիստ (հասկի մազը) awn, beard (of wheat barley, etc.).
քիրտ (ծանր աշխատանք· քրտինք) hardwork. perspiration. drudgery.
քիւ (տանիքի դուրս ցցըուած մասը, ցուիք) eaves. penthouse.
քիւրտ Kurd.
քծինք (դարպաս, շողոքորթութիւն) caresses. fawning. flattery.
քծնաբանել to coax. to wheedle.
քծնիլ to flatter. to tickle. to caress.
քծնող flattering. fawning. flatterer.
քղամիդ (իշխանական թիկնոց) mantle. cloak.
քղանցք (կնոջական հագուստի վարի եզերք) skirt, edge, border (of dress).
Ք ճառագայթ X Ray.
քմախորժ palatable.
քմածին capricious.
քմահաճ arbitrary, optional. whimsical.
քմահաճոյք caprice. whim.
քմահաճութիւն whim. caprice.
քմային palatal.
քմայք caprice. whim.
քմծիծաղ derisory smile.
քնաբեր (med.) soporific, narcotic.
քնադեղ substance inducing sleep. opiate, narcotic.
քնաթաթախ sleepy.
քնախտ lethargy. morbid drowsiness.
քնածական hypnotic.
քնածել to hypnotize
քնածութիւն hypnotism.
քնանալ to sleep.
քնաշրջիկ (գիշերաշրջիկ) somnambulant. noctambulant. noctambulist.
քնատ sleepless.
քնատութիւն sleepiness.
քնար lyre. —ական lyric (lyrical).
քնարահար lyrist.
քնարաձայն sweet-toned.
քնարաշունչ sweet-toned. toneful. melodious.
քնարերգակ (քնարերգու) lyrist. lyric (poet, author). —ական lyric, lyrical.
քնարերգութիւն lyricism. high-flown sentiments.
քնացնել to cause to sleep.
քնէածել to hypnotize.
քնէածութիւն hypnotism.
քննադատ critique. —ական critical. —ել to criticize. —ութիւն criticism.
քննախնդիր (բծախնդիր)

punctilious, conscientious, very particular.
Քննախօսութիւն (հարցի մը շուրջ վերլուծում) dissertation.
Քննական critical. scientific.
Քննաճառ dissertation.
Քննասէր inquiring. inquisitive.
Քննասիրութիւն curiosity.
Քննարշաւ excursion.
Քննել to examine. to inspect, to investigate. վերիվերոյ — to run through.
Քննիչ examiner. controller. inspector.
Քննութիւն examination. verification. investigation.
Քնոտ sleepy. —ութիւն sleeplessness.
Քնփուշ (ձիու ծածկոյթ) caparison. horse's trappings.
Քնքշալ to smirk.
Քնքշանք caress. delicacy.
Քնքուշ dainty. tender. effeminate.
Քշել to expel. to drive away. to repel.
Քշոց fly-flap. ringing-instrument.
Քշուիլ to be driven. to be expelled.
Քոթոթ (կենդանիներու ձագ) pup. bow-wow.
Քոլերա cholera.
Քող (քօղ) veil. disguise.
Քողազերծ unveiled. —ել to unveil. to disclose. to unmask.
Քողածածուկ (քողարկեալ) concealed.
Քոյր sister. nun. խորթ — half-sister, step sister.
Քոշ (արու այծ) male goat, billy-goat.
Քոս itch, scabies.
Քոսոտ itchy (scabious). —իլ to become itchy. —ութիւն scabbiness. having scabies.
Քով side. near (by) to, close to (by). —է քով side by side.
Քովնտի sideways.
Քորել (քերել) to scratch.
Քորեպիսկոպոս (սովորական եպիսկոպոս) chorepiscopus.
Քու your. thy.
Քուէ vote. suffrage. ballot. համեմատական — ballotage. միաձայնութեամբ — unanimous vote.
Քուէազրկել to deny someone the right of vote.
Քուէատուփ ballot-box.
Քուէարկել to vote. to cast votes.
Քուէարկու voter. —թիւն vote. poll. ballot. գաղտնի — election by secret vote.
Քուէ(ա)թուղթ ballot-paper.
Քուէհամար the poll, the counting of the votes.
Քուն sleep. slumber.
Քունք temple (between the eye and the ear).
Քուռակ colt.
Քուռկիկ the foal (feminine filly) of a horse.
Քուրայ (բով) crucible. melting-pot.
Քուրիկ little sister.

քուրձ (մազէ պարկ) cilive. hair-cloth. sack-cloth.
քուրմ (մոգ) heathen priest.
քուրջ rag. rubbish.
քուք (փշոտ գաւազան) stick. cudgel.
քսակ purse. wallet.
քսակահատ pick-pocket, swindler. robber.
քսան twenty. score. —ական by score.
քսանամեակ a period of twenty years.
քսանամեայ vecennial.
քսաներորդ twentieth.
քսել to rub. to massage. — մուր to denounce. to smut, to throw mud.
քսու (քսմսու) tale-bearer. slanderer.
քսուըոտիլ to wheedle.
քսուըոտուք caressing. wheedling.
քսութիւն intrigue. slander.
քսուիլ to be rubbed.
քստմնելի (քստմնեցուցիչ) horrid. awful.
քստմնիլ to shiver. to quiver.
քրէական criminal.
քրթմնջանք grumbling. complaint.
քրթմնջել to complain. to growl. to grumble.
քրթմնջիւն complaint. grumbling, growling.
քրիստոնեայ Christian.
քրիստոնէական Christian.
քրիստոնէութիւն Christianity. Christendom.
Քրիստոս Christ. Յիսուս — Jesus Christ.
քրմանոյշ the daughter of a heathen priest.
քրմապետ heathen pontiff. high priest.
քրմապետութիւն pagan pontificate.
քրմուհի priestess.
քրոմ chromium.
քրոնիկ (ժամանակագրութիւն) chronicle. news-summary. —ագիր chronicler. one who records the events.
քրոնիկոն history.
քրոջորդի nephew.
քրջահաւաք rag-gatherer.
քրտերէն (քրտական) Kurdish.
քրտինք perspiration. sweat. —խաշ prickly heat.
քրտնաբեր (քրտնաթոր, քրտնալի(ց)) sudorific. running with sweat, wet with sweat. sweaty.
քրտնախոնջ worn with sweat.
քրտնաջան toilsome.
քրտնեցուցիչ perspirative.
քրտնիլ to perspire. to sweat.
քրքիջ burst of laughter. giggle.
քրքիր (փափուկ) soft. crumbling. search.
քրքում (bot.) saffron.
քրքջալ to burst out laughing.
քրքրել to dispel. to seek for. to survey. հողը — to hoe, to loosen soil.
քօղ veil. hood, mask. pretext.
քօղընկէց (անպատկառ) impertinent.
քօշ (արու այծ) he-goat, billy-goat.

O

O, o (o) the thirty-seventh letter, and the eighth vowel of the Armenian alphabet.

օգնական auxiliary. assistant. aid. helper.

օգնել to help. to back. to aid. to assist.

օգնութիւն help. assistance. aid. backing. support.

օգոստափառ majestic, magnificent.

Օգոստոս August.

օգուտ use. utility. profit. gain. interest.

օգտակար useful. profitable. —ութիւն utility, usefulness. profit.

օգտաշատ very useful.

օգտապաշտ utilitarian.

օգտապաշտութիւն utilitarianism.

օգտաւէտ useful. advantageous.

օդ air. weather. wind. atmosphere. sky. —ի մէջ դղեակներ կառուցանել to build castles in the air. օդի մասին տեղեկութեան գրասենեակ weather bureau.

օդաբան aerologist. —ական aerographic. —ութիւն aerology.

օդագնաց (տիեզերագնաց) aeronaut. —ութիւն aerostation.

օդազուրկ without air, that does not contain air. airless.

օդախից (օդի մուտքը արգիլող) air-tight.

օդախոյզ aeroscope.

օդակազ gas.

օդակայան airport. aerodrome.

օդակառք (կառախումբ՝ ննշուած օդի զօրութեամբ ընթացող) pneumatic railway.

օդաձիգ (օդահան) air-pump.

օդամարտ war in the air.

օդամուղ (ջրհան) force pump.

օդայած wandering (in the air).

օդային aerial. — յարձակում air-raid.

օդանաւ airship, aeroplane. —ակայան aerodrome. airport.

օդանաւ թռնագրաւող hijacker.

օդանաւի թռնագրաւում

(պարտադրելով որ նախատեսուածէն այլ օդակայան մը էջք կատարէ) hijacking (of a plane).

օդանաւակիր aircraft-carrier.

օդանաւորդ aeronaut, aviator, pilot. —ութիւն aeronautics.

օդաչափ aerometer. —ութիւն aerometry.

օդաչու aeronaut.

օդապարիկ dirigible balloon.

օդասուն (օդաւէտ) airy.

օդարշաւ air-raid.

օդափոխող (մեքենայ) aspirator.

օդափոխութիւն (գիւղագնացութիւն) ventilation. (sojourn). staying in the country. going abroad.

օդաքար (geol.) meteoric stone, meteorite.

օդերեւոյթ meteor.

օդերեւութաբան meteorologist.

օդերեւութաբանական meteorological.

օդերեւութաբանութիւն meteorology.

օդոյժ air force.

օթ (օթեւան, օթանոց) inn. hotel.

օթեակ (theat.) lodge. box.

օթեկ stale. old (not fresh).

օթեւան inn, lodge. hotel. —ապետ innkeeper.

օթեւանիլ to lodge. to reside.

օթոց rug. carpet. bed.

օժանդակ auxiliary. assisting. — բայ auxiliary verb.

օժանդակել to assist. to help. to succour.

օժանդակութիւն help. aid. succour. support.

օժիտ dowry, dotation.

օժտել to endow. to give a dowry.

օժտուած endowed.

օժտուիլ to be endowed.

օխա (քաշ) oke.

օծանել to anoint. —իք ointment.

օծեալ anointed. Օծեալն Christ.

օծել to anoint. թագաւոր — to crown a king.

օծութիւն anointing. Նորին Սուրբ Օծութիւն His Holiness.

օծուիլ to be anointed.

օծում unction. anointing.

օձ snake. serpent.

օձաբարոյ perfidious (person). cunning.

օձահար (օձէ խայթուած) bitten by a snake.

օձահմայութիւն ophiomancy. serpent-charming.

օձաձուկ conger (eel).

օձիք collar.

օղ ear-ring.

օղակ ring. buckle. —աձեւ annular, ring-shaped.

օղեմոլութիւն alcoholism.

օղի brandy. arak.

օճառ soap. —ագործ soap-manufacturer. օճառագործութիւն soap-manufacture. —ավաճառ soap-dealer.

օճառել (օճառուիլ) to soap.

օն come on!

օշարակ syrup. sherbet.
օշինդր (դառնահամ համեմային բոյս մը) wormwood.
օսլայ starch. —ել to starch.
օսմանեան Ottoman. —կայսրութիւն Ottoman empire.
օսմանցի Ottoman. a Turk.
օտար foreign (from abroad). exotic, outlandish, strange (unfamiliar to the place). eccentric. alien, not familiar.
օտարաբանութիւն foreignism.
օտարազգի foreigner.
օտարածին foreign-born.
օտարածնութիւն proliferation.
օտարական foreigner.
օտարահպատակ foreign citizen (subject).
օտարամերժ (օտարատեաց) inhospitable. hostile to foreigners.
օտարամոլ xenomaniac. —ութիւն xenomania.
օտարամուտ foreign. introduced (custom, idea, etc.).
օտարանալ to become foreign. to be estranged.
օտարոտի strange. foreign. different.
օտարութիւն alienism. living abroad.
օր day. daytime. light. անցեալ — the other day. առջի — the day before yesterday. երեք —էն in three days. շան օրեր (շատ տաք օրեր) dog-days. վաղը չէ միւս — the day after tomorrow. պահքի — fast day. — ընդ մէջ every other day, every second day. —ն ի բուն all (the) day long.
օրաբաժին ration.
օրագիր diary. journal.
օրագրավաճառ news-boy, news-man.
օրագրող journalist.
օրագրութիւն journalism. diary.
օրաթերթ a daily (news paper).
օրական daily. a day's wage.
օրակարգ order of the day, program(me).
օրապահիկ board. ration.
օրավարձ pay. daily wage(s).
օրատետր day-book, journal.
օրացոյց calendar. Յուլեան — (Տոմար) Julian Calendar. Նոր — (տոմար) Gregorian Calendar.
օրէնսգէտ lawyer. legist.
օրէնսգիտական jurisprudential.
օրէնսգիտութիւն jurisprudence, legal science.
օրէնսդիր legislator.
օրէնսդրական legislative.
օրէնսդրութիւն legislation.
օրէնք law. order. code. անգիր — lex non scripta, unwritten law.
օրըստօրէ day by day.
օրինաբեկութիւն law-breaking.

օրինագիծ project.

օրինագիրք law-book. code of laws. դատաստանական — code of procedure. պատժական — penal code.

օրինազանց law-breaker. —ութիւն transgression. breaking of law.

օրինակ example. copy. pattern. model. specimen. sample. —ի համար for instance (for example).

օրինական lawful. legal.

օրինականութիւն legitimacy. lowfulness.

օրինակել to copy. to imitate.

օրինաչափ(ական) standard.

օրինապահ law-abiding, keeping the law. —ութիւն obeying the law. obedience to the law, peacefulness.

օրինավիճակ (օրինական կացութիւն) status.

օրինաւոր lawful. legitimate. —ապէս legally. —ութիւն lawfulness. legality.

օրիորդ miss. damsel. maiden.

օրիորդութիւն (կուսութիւն) maiden - hood. virginity.

օրհաշիւ journal. day-book.

օրհաս agony. last moment of life. —աբեր mortal. —ական expiring. agony.

օրհնաբանել to praise, to bless. to exalt.

օրհնաբանութիւն blessing. praise. benediction.

օրհնաբեր blissful, blessed.

օրհնագիր letter of benediction.

օրհնալից (օրհնալից) blessed.

օրհնաջուր holy water, lustral water.

օրհնեալ consecrated. blessed.

օրհնել to bless. to praise, to glorify.

օրհներգ gloria. —ութիւն doxology. benediction.

օրհնութիւն blessing.

օրնիբուն all (the) day long.

օր ու արեւ life.

օրչէք day's wage(s).

օրրան cradle.

օրօր cradle song. lullaby. —ել to rock to sleep.

օրօր կարդալ (միամտեցնել) to consent. to quiet by deception.

օրօրոց cradle.

օրօրք cradle song.

Ֆ

Ֆ, ֆ (fe) thirty-eighth and the last letter of the Armenian alphabet. Originally it is not Armenian. It was borrowed from Greek at the time of the crusaders and corresponds to the letter փ.

ֆա fa. a musical note.

ֆանֆար (փողային նուագախումբ) orchestra composed of wind-instruments.

ֆաշիզմ fascism.

ֆաշիստ fascist.

ֆարմասոն freemason.

ֆարմասոնական freemasonic.

ֆաքիր fakhir (fakir).

ֆեմինիզմ feminism.

ֆերման firman.

ֆիզիքական physical, bodily. — **երեւոյթներ** physical phenomena.

ֆիզիքապէս physically. bodily.

ֆիլմ film.

ֆին Finn.

ֆինլանտացի Finlander.

ֆիններէն Finnish.

ֆշալ to grumble. to get angry.

ֆոնտ fund. foundation.

ֆութպոլ football.

ֆրանկախտ syphilis. —**աւոր** syphilitic.

Ֆրանսա France. —**գէտ** specialist in French. —**կան** French.

ֆրանսացի Frenchman.

ֆրանսերէն French (language).

ֆրանսուհի Frenchwoman

ֆրանք franc.

Վ Ե Ր Ջ

ՕԳՏԱԳՈՐԾՈՒԱԾ ԱՂԲԻՒՐՆԵՐ

ՀԱՑԿԱԿԱՆ ԱՂԲԻՒՐՆԵՐ

1) Նոր Բառգիրք Հայ–Անգլիարէն ։ Հայր Մատաթիա Վրդ․ Պետրոսեան, Վենետիկ, 1875–79 ։

2) Առձեռն Բառարան Հայերէն–Անգղիերէն ։ Մ․ Գ․ Միհնասեան, Կ․ Պոլիս, 1902 ։

3) Ընդարձակ Բառարան Հայերէնէ–Անգլերէն ։ Աշխատասիրեց՝ Մեսրոպ Կ․ Գույումճեան, Ա․ տիպ, Գահիրէ, 1950 ։

4) Անգլերէնէ–Հայերէն Արդի Բառարան ։ Աշխատասիրեցին՝ Մարտիրոս Գուշագճեան եւ Վեր․ Տիգրան Խնդրունի, Պէյրութ, 1970 ։

5) Բազմալեզուեան Զրուցատրութիւն ։ Զ․ Տ․ Ա․ Փափազեան, Կ․ Պոլիս ։

6) Հայերէն Բացատրական Բառարան ։ Ստ․ Մալխասեանց, Հայպետհրատ, Երեւան, 1944, 1945 ։

7) Հայոց Լեզուի Հոմանիշների Բառարան ։ Ա․ Մ․ Սուքիասեան, Երեւան, 1967 ։

8) Առձեռն Բառարան Հայկազնեան Լեզուի։ Վենետիկ, 1865։

9) Հայոց Լեզուի Նոր Բառարան։ Աշխատասիրութիւն՝ Արտ․ Տէր Խաչատուրեանի, Հրանդ Գանգրունիի եւ Փարամազ Կ․ Տօնիկեանի, Պէյրութ, 1968։

10) Բառարան Հայերէնի մէջ գործածուող օտարազգի բառերու եւ ոճերու։ Պատրաստեց՝ Ա․ Մ․, Բոստըն։

11) Հանրագիտակ Գրպանի Բառարան։ Ալէֆսանդր Մելիք։

ОՏԱՐ ԱՂԲԻՒՐՆԵՐ

1) Collins Contemporary Dictionary, third impression, 1965, London — Glasgow.

2) The Concise Oxford Dictionary, 1961, Oxford.

3) Webster's World Dictionary of the American Language, Concise Edition, 1956.

4) American People's Encyclopaedia, 1964.

5) Everyman's Encyclopaedia, 1964.

6) "Pears" Cyclopaedia 1964, Bongay, Suffolk.

Տպաքանակ	5000
Պրակ	27,5
Էջաչափ՝ սմ.	11×17

Տողաշարութիւն՝

Աւետիս Պավուկեանի

Էջադրում՝

Յակոբ Տէր Ստեփանեանի

Տպագրիչ՝

Ժոզէփ Սալիպա

Printed by G. DONIGUIAN & SONS

871 - 887, Armenia Street, St. Michel, Beirut - Lebanon